ISBN 978-0-260-94497-9
PIBN 10991931

ARCHIVES

PARLEMENTAIRES

PUBLIÉES PAR

MM. J. MAVIDAL ET E. LAURENT

SOUS-BIBLIOTHÉCAIRES AU CORPS LÉGISLATIF

RECUEIL COMPLET
DES DÉBATS LÉGISLATIFS ET POLITIQUES

DES

CHAMBRES FRANÇAISES

DE

1800 à 1860

FAISANT SUITE A LA RÉIMPRESSION DE L'ANCIEN MONITEUR

ET COMPRENANT UN GRAND NOMBRE DE NOUVEAUX DOCUMENTS

TOME VIII

PREMIÈRE PARTIE

Du 28 Nivôse an XII (19 Janvier 1804) au 10 Nivôse an XIII (31 Décembre 1804)

COMPRENANT LA FIN DE LA DISCUSSION DU CONSEIL D'ÉTAT SUR LE PROJET DE CODE CIVIL.

PARIS

LIBRAIRIE ADMINISTRATIVE DE PAUL DUPONT

RUE DE GRENELLE-SAINT-HONORÉ, 45.

1866

ARCHIVES PARLEMENTAIRES.

Le **Second Consul** préside la séance.
Le **Troisième Consul** est présent.

LIVRE II.

TITRE PREMIER.

DE LA DISTINCTION DES BIENS.

Exposé des motifs.

Le citoyen **Treilhard**, nommé par le **Premier Consul**, avec les citoyens **Galli** et **Defermon**, pour présenter au Corps législatif, dans sa séance du 15 nivôse, le titre Iᵉʳ du livre II du projet de Code civil : *De la distinction des biens*, et pour en soutenir la discussion dans sa séance du 4 pluviôse, dépose sur le bureau l'exposé des motifs de ce titre :

Cet exposé est ainsi conçu :

« CITOYENS LÉGISLATEURS,

« Le moment est venu de reprendre l'édifice de notre législation, dont vous avez si heureusement posé les bases dans le cours de votre dernière session, et nous vous apportons le titre Iᵉʳ du livre II du Code civil : *De la distinction des biens.*

« Après avoir, par des lois sages, assuré l'état de tous les Français, il convient de s'occuper de leurs propriétés.

« C'est pour acquérir avec sécurité, c'est pour jouir en paix, que l'homme sacrifie une portion de son indépendance quand il se réunit en société.

« Dans un Etat où tout serait commun à tous, personne ne serait assuré de rien, et celui que la force mettrait aujourd'hui en possession, pourrait demain être dépossédé par la force.

« Ce n'est donc pas assez d'avoir considéré l'homme sous tous ses rapports; d'avoir placé sous la sauve-garde des lois, son état, l'état de son épouse, celui de ses enfants; d'avoir garanti une protection spéciale aux mineurs, aux absents, à tous ceux enfin qui, par la faiblesse de leur âge ou de leur raison, ou pour toute autre cause, ne peuvent repousser les attaques qui leur sont livrées; il faut aussi assurer le libre exercice de nos facultés, il faut nous conserver le fruit de nos travaux et de notre industrie, il faut enfin garantir la propriété : la propriété ! base fondamentale et des plus puissants mobiles de la société. Qui pourrait en effet aspirer à la qualité d'époux, désirer celle de père, si, en prolongeant notre existence au delà du trépas, nous ne transmettions pas avec elle les douceurs qui l'ont embellie, ou du moins consolée?

« Il est donc nécessaire, après s'être occupé des personnes, de s'occuper des biens; c'est l'objet des livre II et III du Code.

« Dans le livre II, on considère les biens sous leurs différentes modifications; dans le livre III, on les considère sous le rapport des différentes manières par lesquelles on peut les acquérir et les transmettre.

« Déjà, dans le cours de la dernière session vous avez sanctionné deux titres de ce dernier livre : celui *des successions* et celui *des Donations*; leur importance a fait intervenir pour eux l'ordre du travail et devancer l'instant où ils devaient vous être présentés; nous allons reprendre la première série des titres, et vous vous occuperez du livre II, c'est-à-dire des biens considérés sous leurs différentes modifications.

« Ce livre renferme quatre titres;

« *De la distinction des biens*;

« *De la propriété*;

« *De l'usufruit et de l'habitation*;

« *Des servitudes ou services fonciers.*

« Voilà en effet les seules modifications dont les propriétés soient susceptibles dans notre organisation politique et sociale; il ne peut exister sur les biens aucune autre espèce de droits : ou l'on a une propriété pleine et entière qui renferme également et le droit de jouir et le droit de disposer ; ou l'on n'a qu'un simple droit de jouissance, sans pouvoir disposer du fonds, ou enfin on n'a que des services fonciers à prétendre sur la propriété d'un tiers; services qui ne peuvent être établis que pour l'usage et l'utilité d'un héritage; services qui n'entraînent aucun assujettissement de la personne, services enfin qui n'ont rien de commun avec les dépendances féodales brisées pour toujours.

Nous ne vous présenterons aujourd'hui que l'article Iᵉʳ; celui de la *distinction des biens* : il ne renferme que trois chapitres : *des immeubles ; des meubles; des biens, dans leurs rapports avec ceux qui les possèdent.*

« Ces titres sont précédés d'un article unique qui distingue tous les biens en meubles ou immeubles: distinction sous laquelle se rangent évidemment toutes les espèces de biens; il est impossible d'en concevoir qui ne doivent pas être compris dans l'une de ces deux classes.

« Il fut un temps où les immeubles formaient la portion la plus précieuse du patrimoine des citoyens; et ce temps peut-être n'est pas celui où les mœurs ont été le moins saines. Mais depuis que les communications, devenues plus faciles, plus actives, plus étendues, ont rapproché entre-eux les hommes de toutes les nations; depuis que le commerce, en rendant, pour ainsi dire, les productions de tous les pays communes à tous les peuples, a donné de si puissants ressorts à l'industrie, et a créé de nouvelles jouissances, c'est-à-dire de nouveaux besoins, et peut-être des vices nouveaux, la fortune mobilière des citoyens s'est considérablement accrue, et cette révolution n'a pu être étrangère ni aux mœurs ni à la législation.

« On n'a pas dû attacher autant d'importance à une portion de terre, autrefois patrimoine unique des citoyens, et qui aujourd'hui ne forme peut-être pas la moitié de leur fortune. Ainsi ont disparu les affectations des biens aux familles, sous la désignation de *propres*, *propres anciens*, *retrait lignager*; et les transactions entre les citoyens, comme les lois sur les successions, se trouvent bien moins compliquées.

« Il serait déplacé d'examiner ici ce que la société peut avoir perdu; ce qu'elle peut avoir gagné dans ces changements. Le législateur adapte ses lois à l'état actuel des peuples pour qui elles sont faites : non que je prétende qu'il doive obéir aveuglément aux directions bonnes ou mauvaises de l'esprit et des mœurs publiques; mais il en prépare la réforme, quand elle est devenue nécessaire, par des voies lentes et détournées, par des règlements sages qui, agissant insensiblement, redressent sans briser, et corrigent sans révolter.

« Je reviens au chapitre 1er du titre *de la distinction des biens*; celui *des immeubles*.

« Il est des objets immeubles par leur nature, comme les fonds de terre, les bâtiments : on ne peut pas se méprendre sur leur qualité; elle est sensible : on ne peut pas davantage méconnaître la qualité d'immeuble dans les usines qui font partie d'un bâtiment, dans les tuyaux qui y conduisent des eaux, et dans d'autres objets de la même espèce, qui s'identifient avec l'immeuble et ne font qu'un seul tout avec lui.

« Il n'est pas moins évident que les récoltes, quand elles sont encore pendantes par les racines, les coupes de bois qui ne sont pas encore abattues, n'ayant pas cessé de faire partie du fonds, sont et restent immeubles jusqu'au moment où elles en seront séparées.

« Mais il est quelques objets qui, au premier aperçu, peuvent laisser des doutes sur leur qualité.

« Regardera-t-on en effet comme immeuble, un pressoir, par exemple, dont toutes les pièces peuvent être séparées et enlevées sans le dégrader le fonds, mais qui y a été placé comme nécessaire à l'exploitation?

« Mettra-t-on aussi dans la classe des immeubles un droit de passage sur un héritage voisin, l'usufruit d'une terre, une action en revendication d'un immeuble?

« Vous concevez que le législateur ne se propose pas de donner des décisions particulières sur chaque espèce douteuse qui peut se présenter; son devoir est de tracer des règles larges et générales, qui renferment des principes de solution pour toutes les questions : c'est ce que l'on a dû faire, et c'est aussi ce que l'on a fait.

« Pour déterminer si un objet doit être ou non considéré comme immeuble, il faut rechercher sa destination, il faut examiner quelle est la chose sur laquelle il s'exerce; voilà deux principes féconds en conséquences, et qui doivent résoudre tous les doutes.

« Ainsi toute action tendant à revendiquer un immeuble sera considérée comme immeuble par l'objet auquel elle s'applique; pourrait-on refuser la qualité d'immeuble à une action qui représente l'immeuble et qui en tient la place?

« L'usufruit d'un immeuble, les services fonciers sur un immeuble, seront également immeubles par le même motif, car ils s'appliquent sur des immeubles.

« La règle puisée dans la destination du père de famille n'est pas moins juste, moins nécessaire, ni moins facile à appliquer que la précédente.

« Tout ce qu'un propriétaire place dans son domaine, pour son service et son exploitation, prend la qualité d'immeuble par destination, les choses ainsi placées deviennent en effet une partie du fonds, puisqu'on ne pourrait les enlever sans le détériorer et le dégrader essentiellement,

et sans rendre son exploitation impossible : la règle établie sur la destination du propriétaire est donc fondée et sur la justice, et sur l'intérêt évident de la société.

« Cette règle embrasse dans son esprit tous les objets qu'un propriétaire attache au fonds à perpétuelle demeure, dans l'intention de l'améliorer ou de l'embellir.

« Ce principe n'est pas nouveau; mais il s'élevait de nombreuses difficultés sur son application : les tribunaux retentissaient de démêlés sur les questions de savoir si des tableaux, des glaces, des statues avaient été placés ou non à perpétuelle demeure, parce que les lois n'établissaient pas de règle précise pour juger cette question de fait. Nous proposons de prévenir à cet égard toute difficulté dans la suite, en fixant les signes caractéristiques d'une intention de placer des meubles à perpétuelle demeure. Ainsi se trouvera tarie une source abondante de procès entre les citoyens, et c'est un grand bien pour la société.

« Le chapitre II du titre traite *des meubles*.

« Une chose est meuble par sa nature quand elle est transportable d'un lieu à un autre, soit qu'elle se meuve par elle-même, comme les animaux, soit qu'elle ne puisse changer de place que par l'effet d'une force étrangère, comme les choses inanimées.

« Cette définition s'entend assez d'elle-même et n'a pas besoin d'être expliquée.

« Il serait sans doute inutile d'observer ici que les choses mobilières qui n'ont acquis la qualité d'immeubles que par leur destination, reprennent leur qualité de meubles, lorsque cette destination est changée : ainsi, une glace ou un tableau enlevés de leur parquet par le père de famille, avec l'intention de ne pas les y replacer, redeviennent meubles; ils n'étaient immeubles que par destination, ils cessent d'être immeubles par une destination contraire.

« Mais s'il est difficile qu'il s'élève des difficultés sérieuses sur la question de savoir si une chose est meuble par sa nature, il est permis et même prudent d'en prévoir sur certains objets dont la qualité n'est pas aussi sensible, comme par exemple des obligations, des actions ou intérêts dans les compagnies de finance, de commerce ou d'industrie, et enfin des rentes.

« Quant aux obligations, vous prévoyez bien qu'on a placé celles qui ont pour objet des sommes exigibles, ou des effets mobiliers, dans la classe des meubles, par le même motif qui fait réputer immeubles les actions tendant à revendiquer un immeuble.

« Les actions ou intérêts dans les compagnies de finance, de commerce ou d'industrie, sont aussi rangés dans la même classe, parce que les bénéfices qu'elles procurent sont mobiliers. Et la règle est juste, même lorsque les compagnies de commerce, de finance ou d'industrie ont dû acquérir quelques immeubles pour l'exploitation de l'entreprise; cette entreprise est le principal objet de l'association dont l'immeuble n'est que l'accessoire, et la qualité d'une chose ne peut être déterminée que par la considération de son objet principal.

« Observons cependant que les actions ou intérêts dans les compagnies de commerce, d'industrie ou de finance, ne sont réputées meubles qu'à l'égard de chaque associé seulement et tant que dure la société, car les immeubles appartenant à l'entreprise sont toujours immeubles, sans contredit, à l'égard des créanciers de ces compagnies, et ils sont encore immeubles à l'égard des associés lesque, la société étant rompue, il s'agit d'en régler et d'en partager les bénéfices ou les pertes.

« Nous avons aussi placé les rentes dans la classe des meubles.

« C'était autrefois une question très-controversée de savoir si les rentes constituées étaient meubles ou immeubles ; la coutume de Paris les réputait immeubles ; d'autres coutumes les réputaient meubles : dans cette diversité d'usages la nature de la rente était réglée par le domicile du créancier à qui elle était due · la rente, étant un droit personnel, ne pouvait en effet être régie que par la loi qui régissait la personne : il résultait de là que, dans un temps où les héritiers des meubles n'étaient pas toujours héritiers des immeubles, un homme qui ne possédait que des rentes, pouvait, sans dénaturer sa fortune, déranger à son gré l'ordre des successions, en rendant sa propriété mobilière ou immobilière, suivant qu'il lui convenait de fixer son domicile sous l'empire de telle ou telle coutume.

« Cette bizarrerie a dû disparaître ; et au moment où nous créons une législation fondée sur la nature même des choses, nous n'avons pas dû ranger dans la classe des immeubles, des objets purement personnels, qui n'ont en eux-mêmes rien d'immobilier et qui peuvent exister, sans même leur supposer une hypothèque sur des immeubles.

« Que les rentes constituées aient été considérées comme immeubles lorsqu'il était défendu de stipuler l'intérêt de l'argent, lorsqu'on ne pouvait constituer une rente sans feindre : 1° que celui qui en fournissait le capital l'aliénait à perpétuité ; 2° que celui qui constituait la rente se dessaisissait d'un héritage et en investissait son créancier, qui, en percevant ensuite les arrérages de cette rente, n'était censé recevoir que les fruits de l'immeuble dont son débiteur s'était fictivement dessaisi, cela peut se concevoir ; mais tant de subtilité n'est plus de notre siècle, il faut partir aujourd'hui de vérités généralement reconnues ; l'argent peut produire des intérêts très-légitimes, sans qu'il soit besoin de recourir à une aliénation fictive du capital, et une rente ne présentant dans son caractère rien d'immobilier, ne peut être déclarée que meuble dans nos lois.

« Il s'élevait aussi de grandes contestations sur l'acception des mots *meubles, meubles meublants, biens meubles, mobilier, effets mobiliers*, quand ils étaient employés dans les actes ; nous avons cru ne devoir pas laisser subsister une incertitude qui fut quelquefois très-embarrassante pour les juges, et toujours ruineuse pour les plaideurs. Nous avons en conséquence fixé le sens précis de toutes ces expressions.

Nous avons aussi fait disparaître les doutes sur quelques autres points qui nous étaient signalés par les nombreux procès dont ils furent l'objet. Il serait superflu de vous en entretenir dans ce moment et d'entrer dans les détails ; la lecture de la loi vous les fera suffisamment connaître, ainsi que la sagesse des motifs qui l'ont provoquée.

« Je passe au III° et dernier chapitre ; celui *des biens dans leurs rapports avec ceux qui les possèdent.*

Les lois romaines distinguaient dans les biens, ceux qui sont communs à tous les hommes, comme l'air, comme la mer, dont un peuple ne peut envahir la domination sans se déclarer le plus odieux et le plus insensé des tyrans ; les choses publiques, comme les chemins, les ports, les rivages de la mer et autres objets de cette nature ; les choses qui n'appartenaient à personne,

res nullius, telles étaient celles consacrées au service divin ; les choses qui appartenaient aux communautés d'habitants, comme les théâtres et autres établissements de cette espèce ; et enfin les choses dites *res singulorum*, c'est-à-dire celles qui se trouvaient dans le commerce, parce qu'elles étaient susceptibles de propriété privée.

« Les biens compris dans cette dernière classe sont les seuls dont le Code civil doive s'occuper ; les autres sont du ressort ou d'un code de droit public, ou de lois administratives, et l'on n'a dû en faire mention que pour annoncer qu'ils étaient soumis à des lois particulières.

« Les biens susceptibles de propriété privée peuvent être dans la possession de la nation ou des communes.

« Vous avez érigé en loi, dans le cours de votre dernière session, la maxime que les biens qui n'ont pas de maître appartiennent à la nation ; conséquence nécessaire de l'abolition du droit du premier occupant, droit inadmissible dans une société organisée.

« En vous proposant aujourd'hui de déclarer que les biens vacants et sans maître, et les biens des personnes qui ne laissent pas d'héritiers, appartiennent aussi à la nation, nous ne vous présentons pas une disposition nouvelle ; c'est une suite naturelle de ce que vous avez déjà sanctionné.

« Ces biens, quoique susceptibles de propriété privée, sont administrés et aliénés par des règles et dans des formes qui leur sont propres, pendant qu'ils se trouvent hors de la propriété des particuliers.

« Ce qu'il importait surtout d'établir solennellement dans le Code, c'est que les particuliers ont la libre disposition des biens qui leur appartiennent : voilà la principale disposition du chapitre III ; voilà la sauvegarde et la garantie de la propriété.

« Cependant, cette maxime elle-même pourrait devenir funeste, si l'usage que chacun peut faire de sa propriété n'était pas surveillé par la loi.

« Si un particulier s'obstinait à ne pas réparer sa maison et à mettre en danger, par cette manière d'user de la chose, la vie de ceux qui traverseraient la rue, point de doute qu'il devrait être forcé par la puissance publique à démolir ou à réparer : il serait facile de citer d'autres abus de propriété qui compromettraient et la sûreté des citoyens et quelquefois même la tranquillité de la société entière.

« Il a donc fallu en même temps qu'on assurait aux particuliers la libre disposition de leurs biens, ajouter à cette maxime inviolable le principe non moins sacré que cette disposition était néanmoins soumise aux modifications établies par les lois ; et c'est cette précaution sage et prudente que la sûreté et la propriété de tous se trouvent efficacement garanties : ce n'est pas par des mouvements capricieux et arbitraires que la faculté de disposer de sa chose pourra être modifiée ; c'est par la loi seule, c'est-à-dire par la volonté nationale, dont vous êtes les organes, et votre sagesse est un garant que cette volonté n'admet de modifications que pour des motifs d'une haute considération.

« Enfin, le dernier article de la loi nous ramène à ce que nous vous annoncions en commençant : on ne peut avoir sur les biens que trois sortes de droits ; ou un droit de propriété, ou une simple jouissance, ou seulement des services fonciers ; ainsi notre Code abolit jusqu'au moindre vestige de ce domaine de supériorité jadis connu sous les noms de *seigneurie féodale* et *censuelle.*

« Les titres de *la propriété*, de *l'usufruit*, des *servitudes*, vous seront bientôt présentés; notre mission se borne au titre de la *distinction des biens*, dont je vais donner lecture. »

LIVRE II.
TITRE II.
DE LA PROPRIÉTÉ.
Exposé des motifs.

Le citoyen **Portalis**, nommé par le **Premier Consul**, avec les citoyens **Berlier** et **Pelet**, pour présenter au Corps législatif, dans sa séance du 26 nivôse, le titre II du livre II du projet de Code civil : *De la propriété*, et pour en soutenir la discussion dans sa séance du 6 pluviôse, dépose sur le bureau l'exposé des motifs de ce titre. Cet exposé est ainsi conçu :

« CITOYENS LÉGISLATEURS,

« Le projet de loi qui vous est soumis définit la propriété et en fixe les caractères essentiels; il détermine le pouvoir de l'État ou de la cité sur les propriétés des citoyens; il règle l'étendue et les limites du droit de propriété, considéré en lui-même et dans ses rapports avec les diverses espèces de biens.

« Dans cette matière, plus que dans aucune autre, il importe d'écarter les hypothèses, les fausses doctrines, et de ne raisonner que d'après des faits simples, dont la vérité se trouve consacrée par l'expérience de tous les âges.

« L'homme, en naissant, n'apporte que des besoins; il est chargé du soin de sa conservation; il ne saurait exister ni vivre sans consommer : il a donc un droit naturel aux choses nécessaires à sa subsistance et à son entretien.

« Il exerce ce droit par l'occupation, par le travail, par l'application raisonnable et juste de ses facultés et de ses forces.

« Ainsi le besoin et l'industrie sont les deux principes créateurs de la propriété.

« Quelques écrivains supposent que les biens de la terre ont été originairement communs. Cette communauté, dans le sens rigoureux qu'on y attache, n'a jamais existé, ni pu exister. Sans doute, la Providence offre ses dons à l'universalité, mais pour l'utilité et les besoins des individus, car il n'y a que des individus dans la nature. La terre est commune, disaient les philosophes et les jurisconsultes de l'antiquité, comme l'est un théâtre public qui attend que chacun y prenne sa place particulière. Les biens, réputés communs avant l'occupation, ne sont, à parler avec exactitude, que des biens vacants. Après l'occupation, ils deviennent propres à celui qui les occupent. La nécessité constitue un véritable droit or, c'est la nécessité même, c'est-à-dire la plus impérieuse de toutes les lois, qui nous commande l'usage des choses sans lesquelles il nous serait impossible de subsister. Mais le droit d'acquérir ces choses et d'en user ne serait-il pas entièrement nul, sans *l'appropriation* qui seule peut le rendre utile, en le liant à la certitude de conserver ce que l'on acquiert?

« Méfions-nous des systèmes dans lesquels on ne semble faire de la terre la propriété commune de tous, que pour se ménager le prétexte de ne respecter les droits de personne.

« Si nous découvrons le berceau des nations, nous demeurons convaincus qu'il y a des propriétaires depuis qu'il y a des hommes. Le sauvage n'est-il pas maître des fruits qu'il a cueillis pour sa nourriture, de la fourrure ou du feuillage dont il se couvre pour se prémunir contre les injures de l'air, de l'arme qu'il porte pour sa défense, et de l'espace dans lequel il construit sa modeste chaumière? On trouve dans tous les temps, et partout, des traces du droit individuel de propriété. L'exercice de ce droit, comme celui de tous nos autres droits naturels, s'est étendu et s'est perfectionné par la raison, par l'expérience et par nos découvertes en tout genre. Mais le principe du droit est en nous; il n'est point le résultat d'une convention humaine ou d'une loi positive; il est dans la constitution même de notre être et dans nos différentes relations avec les objets qui nous environnent.

« Nous apprenons par l'histoire que d'abord le droit de propriété n'est appliqué qu'à des choses mobilières. À mesure que la population augmente, on sent la nécessité d'augmenter les moyens de subsistance. Alors, avec l'agriculture et les différents arts, on voit naître la propriété foncière, et successivement toutes les espèces de propriétés et de richesses qui marchent à sa suite.

Quelques philosophes paraissent étonnés que l'homme puisse devenir propriétaire d'une portion de sol qui n'est pas son ouvrage, qui doit durer plus que lui, et qui n'est soumise qu'à des lois que l'homme n'a point faites. Mais cet étonnement ne cesse-t-il pas, si l'on considère tous les prodiges de la main-d'œuvre, c'est-à-dire tout ce que l'industrie de l'homme peut ajouter à l'ouvrage de la nature?

« Les productions spontanées de notre sol n'eussent pu suffire qu'à des hordes errantes de sauvages, uniquement occupées à tout détruire pour fournir à leur consommation, et réduites à se dévorer entre elles après avoir tout détruit. Des peuples simplement chasseurs ou pasteurs n'eussent jamais pu former de grands peuples.

La multiplication du genre humain a suivi partout les progrès de l'agriculture et des arts; et cette multiplication, de laquelle sont sorties tant de nations qui ont brillé et qui brillent encore sur le globe, était entrée dans les vastes desseins de la Providence sur les enfants des hommes.

« Oui, citoyens législateurs, c'est par notre industrie que nous avons conquis le sol sur lequel nous existons; c'est par elle que nous avons rendu la terre plus habitable, plus propre à devenir notre demeure. La tâche de l'homme était, pour ainsi dire, d'achever le grand ouvrage de la création.

« Or que deviendraient l'agriculture et les arts sans la propriété foncière, qui n'est que le droit de posséder avec continuité la portion de terrain à laquelle nous avons appliqué nos pénibles travaux et nos justes espérances?

« Quand on jette les yeux sur ce qui se passe dans le monde, on est frappé de voir que les divers peuples connus prospèrent bien moins en raison de la fertilité naturelle du sol qui les nourrit, qu'en raison de la sagesse des maximes qui les gouvernent. D'immenses contrées dans lesquelles la nature semble, d'une main libérale, répandre tous ses bienfaits, sont condamnées à la stérilité et portent l'empreinte de la dévastation, parce que les propriétés n'y sont point assurées. Ailleurs, l'industrie, encouragée par la certitude de jouir de ses propres conquêtes, transforme des déserts en campagnes riantes, creuse des canaux, dessèche des marais, et couvre d'abondantes moissons des plaines qui ne produisaient jusque-là que la contagion et la mort. À côté de nous un peuple industrieux, aujourd'hui notre allié, a fait sortir du sein des eaux la terre sur laquelle il s'est établi, et qui est entièrement l'ouvrage des hommes.

« En un mot, c'est la propriété qui a fondé les sociétés humaines. C'est elle qui a vivifié, étendu, agrandi notre propre existence. C'est par elle que l'industrie de l'homme, ce esprit de mouvement et de vie qui anime tout, a été porté sur les eaux, et a fait éclore sous les divers climats tous les germes de richesse et de puissance.

« Ceux-là connaissent bien mal le cœur humain, qui regardent la division des patrimoines comme la source des querelles, des inégalités et des injustices qui ont affligé l'humanité. On fait honneur à l'homme qui erre dans les bois et sans propriété, de vivre dégagé de toutes les ambitions qui tourmentent nos petites âmes. N'imaginons pas pour cela qu'il soit sage et modéré : il n'est qu'indolent. Il a peu de désirs, parce qu'il a peu de connaissances. Il ne prévoit rien, et c'est son insensibilité même sur l'avenir qui le rend plus terrible quand il est vivement secoué par l'impulsion et la présence du besoin. Il veut alors obtenir par la force ce qu'il a dédaigné de se procurer par le travail : il devient injuste et cruel.

« D'ailleurs, c'est une erreur de penser que des peuples chez qui les propriétés ne seraient point divisées n'auraient aucune occasion de querelle. Ces peuples ne se disputeraient-ils pas la terre vague et inculte, comme parmi nous les citoyens plaident pour les héritages ? Ne trouveraient-ils pas de fréquentes occasions de guerre pour leurs chasses, pour leurs pêches, pour la nourriture de leurs bestiaux ?

« L'état sauvage est l'enfance d'une nation, et l'on sait que l'enfance d'une nation n'est pas son âge d'innocence.

« Loin que la division des patrimoines ait pu détruire la justice et la morale, c'est au contraire la propriété, reconnue et contractée pour cette division, qui a développé et affermi les premières règles de la morale et de la justice. Car, pour rendre à chacun le sien, il faut que chacun puisse avoir quelque chose. J'ajoute que, les hommes portant leurs regards dans l'avenir, et sachant qu'ils ont quelque bien à perdre, il n'y en a aucun qui n'ait à craindre pour soi la représaille des torts qu'il pourrait faire à autrui.

« Ce n'est pas non plus au droit de propriété qu'il faut attribuer l'origine de l'inégalité parmi les hommes.

« Les hommes ne naissent égaux ni en taille, ni en force, ni en industrie, ni en talents. Les hasard et les événements mettent encore entre eux des différences. Ces inégalités premières, qui sont l'ouvrage même de la nature, entraînent nécessairement celles que l'on rencontre dans la société.

« On aurait tort de craindre les abus de la richesse et des différences sociales qui peuvent exister entre les hommes. L'humanité, la bienfaisance, la pitié, toutes les vertus dont la semence a été jetée dans le cœur humain, suppossent ces différences, et ont pour objet d'adoucir et de compenser les inégalités qui en naissent et qui forment le tableau de la vie.

« De plus, les besoins réciproques et la force des choses établissent entre celui qui a peu et celui qui a beaucoup, entre l'homme industrieux et celui qui l'est moins, entre le magistrat et le simple particulier, plus de liens que tous les faux systèmes ne pourraient en rompre.

« N'aspirons donc pas à être plus humains que la nature, ni plus sages que la nécessité.

« Aussi vous vous empresserez, citoyens législateurs, de consacrer par vos suffrages le grand principe de la propriété, présenté dans le projet de loi, *comme le droit de jouir et de disposer des choses de la manière la plus absolue*. Mais comme les hommes vivent en société et sous des lois, ils ne sauraient avoir le droit de contrevenir aux lois qui régissent la société.

« Il est d'une législation bien ordonnée de régler l'exercice du droit de propriété comme on règle l'exercice de tous les autres droits. Autre chose est l'indépendance, autre chose est la liberté. La véritable liberté ne s'acquiert que par le sacrifice de l'indépendance.

« Les peuples qui vivent entre eux dans l'état de nature, sont indépendants sans être libres. Ils sont toujours forçants ou forcés. Les citoyens sont libres sans être indépendants, parce qu'ils sont soumis à des lois qui les protègent contre les autres et contre eux-mêmes.

« La vraie liberté consiste dans une sage composition des droits et des pouvoirs individuels avec le bien commun. Quand chacun peut faire ce qui lui plaît, il peut faire ce qui nuit à autrui, il peut faire ce qui nuit au plus grand nombre. La licence de chaque particulier opérerait infailliblement le malheur de tous.

« Il faut donc des lois pour diriger les actions relatives à l'usage des biens, comme il en faut pour diriger celles qui sont relatives à l'usage des facultés personnelles.

« On doit être libre avec les lois, et jamais contre elles. De là, en reconnaissant dans le propriétaire le droit de jouir et de disposer de sa propriété de la manière la plus absolue, nous avons ajouté : *pourvu qu'il n'en fasse pas un usage prohibé par les lois ou par les réglements.*

« C'est ici le moment de traiter une grande question : Quel est le pouvoir de l'État sur les biens des particuliers ?

« Au citoyen appartient la propriété et au souverain l'empire (1). » Telle est la maxime de tous les pays et de tous les temps. C'est ce qui a fait dire aux publicistes « que la libre et tranquille « jouissance des biens que l'on possède est le « droit essentiel de tout peuple qui n'est point « esclave ; que chaque citoyen doit garder sa pro- « priété sans trouble ; que cette propriété ne doit « jamais recevoir d'atteinte, et qu'elle doit être as- « surée comme la constitution même de l'État(2). »

« L'empire, qui est le partage du souverain, ne renferme aucune idée de domaine proprement dit (3). Il consiste uniquement dans la puissance de gouverner. Il n'est que le droit de prescrire et d'ordonner ce qu'il faut pour le bien général, et de diriger en conséquence les choses et les personnes. Il n'atteint les actions libres des citoyens qu'autant qu'elles doivent être tournées vers l'ordre public. Il ne donne à l'État sur les biens des citoyens que le droit de régler l'usage de ces biens par les lois civiles, le pouvoir de disposer de ces biens pour des objets d'utilité publique, la faculté de lever des impôts sur les mêmes biens. Ces différents droits réunis forment ce que *Grotius* (4), *Puffendorff* (5) et autres appellent le do.

---

(1) *Omnia rex imperio possidet, singuli domino.* Sénèque, lib. 7, cap. 4 et 5 *de Beneficiis.*
(2) Bohemer, *Introductio in jure publico*, p. 250. Le Bret, *De la souveraineté* liv. IV, chap. X. — *Esprit des lois,* liv. VIII, chap. II.
(3) *Imperium non includit dominium feudorum vel rerum quarumque civium.* Wolf, *Jus naturæ,* part. I, § CIII.
(4) *De la paix et de la guerre,* liv. Ier, chap. I, § VI ; chap. III, § VI ; livre II, chap. XIV, § VII ; liv. III, chap. XX.
(5) *Du droit de la nature et des gens,* liv. VIII, chap V.

maine éminent du souverain, mots dont le vrai. sens, développé par ces auteurs, ne suppose aucun droit de propriété, et n'est relatif qu'à des prérogatives inséparables de la puissance publique.

« Cependant des jurisconsultes célèbres, craignant que, dans une matière aussi délicate, on ne pût trop aisément abuser des expressions les plus innocentes, se sont élevés avec force contre les mots *domaine éminent*, qu'ils ont regardés comme pleins d'incorrection et d'inexactitude. Les discussions les plus solennelles sur ce point ont longtemps fixé l'attention de toutes les universités de l'Europe (1). Mais il faut convenir que cette dispute se réduisait à une pure question de mots, puisqu'en lisant les ouvrages qui ont été respectivement publiés, on s'aperçoit que tous nos controversistes s'accordent sur le fond même des choses, et que ceux d'entre eux qui parlaient des prérogatives du *domaine éminent* les limitaient aux droits que les autres faisaient dériver de l'*empire* ou de la *souveraineté*.

« En France, et vers le milieu du dernier siècle, nous avons vu paraître des écrivains dont les opinions systématiques étaient vraiment capables de compromettre les antiques maximes de l'ordre naturel et social. Ces écrivains substituaient au droit incontestable qu'a l'État ou le souverain de lever des subsides, un prétendu droit de *copropriété sur le tiers du produit net des biens des citoyens*.

« Les hommes qui prêchaient cette doctrine se proposaient de remplacer toutes les lois fondamentales des nations par la prétendue force de l'*évidence morale*, presque toujours obscurcie par les intérêts et les passions, et toutes les formes connues du gouvernement par un *despotisme légal* (2), qui impliquerait contradiction jusque dans les termes; car le mot *despotisme*, qui annonce le fléau de l'humanité, devait-il jamais être placé à côté du mot *légal*, qui caractérise le règne bienfaisant des lois?

« Heureusement toutes ces erreurs viennent échouer contre les principes consacrés par le droit naturel et public des nations. Il est reconnu partout que les raisons qui motivent pour les particuliers la nécessité du droit de propriété, sont étrangères à l'État ou au souverain, dont la vie politique n'est pas sujette aux mêmes besoins que la vie naturelle des individus.

« Nous convenons que l'État ne pourrait subsister s'il n'avait les moyens de pourvoir aux frais de son gouvernement; mais, en se procurant ces moyens par la levée des subsides, la souverain n'exerce point un droit de propriété; il n'exerce qu'un simple pouvoir d'administration.

« C'est encore, non comme propriétaire supérieur et universel du territoire, mais comme administrateur suprême de l'intérêt public, que le souverain fait des lois civiles pour régler l'usage des propriétés privées. Ces propriétés ne sont en matière des lois que comme objet de protection et de garantie; et non comme objet de disposition arbitraire. Les lois ne sont pas de purs actes de puissance : ce sont des actes de justice et de raison. Quand le législateur publie des règlements sur les propriétés particulières, il n'intervient pas comme maître, mais uniquement comme arbitre,

comme régulateur, pour le maintien du bon ordre et de la paix.

« Lors de l'étrange révolution qui fut opérée par l'établissement du régime féodal, toutes les idées sur le droit de propriété furent dénaturées, et toutes les véritables maximes furent obscurcies; chaque prince, dans ses États, voulut s'arroger des droits utiles sur les terres des particuliers, et s'attribuer le domaine absolu de toutes les choses publiques. C'est dans ce temps que l'on vit naître cette foule de règles extraordinaires qui régissent encore la plus. grande partie de l'Europe, et que nous avons heureusement proscrites. Cependant, à travers toutes ces règles, quelques étincelles de raison qui s'échappaient, laissaient toujours entrevoir les vérités sacrées qui doivent régir l'ordre social.

« Dans les contrées où les lois féodales dominent le plus, on a constamment reconnu des biens libres et *allodiaux*; ce qui prouve que l'on n'a jamais regardé la seigneurie féodale comme une suite nécessaire de la souveraineté. Dans ces contrées, on distingue dans le prince deux qualités : celle de supérieur dans l'ordre des fiefs, et celle de magistrat politique dans l'ordre commun. On reconnaît que la seigneurie féodale ou la puissance des fiefs n'est qu'une chose accidentelle qui ne saurait appartenir à un souverain, comme tel. On ne range dans la classe des prérogatives de la puissance souveraine que celles qui appartiennent essentiellement à tout souverain, et sans lesquelles il serait impossible de gouverner une société politique.

« On a toujours tenu pour maxime que les domaines des particuliers sont des propriétés sacrés qui doivent être respectées par le souverain lui-même.

« D'après cette maxime, nous avons établi, dans le pro et de loi, que *nul ne peut être contraint de céder sa propriété, si ce n'est pour cause d'utilité publique, et moyennant une juste et préalable indemnité.*

« L'État est, dans ces occasions, comme un particulier qui traite avec un autre particulier. C'est bien assez qu'il puisse contraindre un citoyen à lui vendre son héritage, et qu'il lui ôte le grand privilège qu'il tient de la loi naturelle et civile, de ne pouvoir être forcé d'aliéner son bien.

« Pour que l'État soit autorisé à disposer des domaines des particuliers, on ne requiert pas cette nécessité rigoureuse et absolue qui donne aux particuliers même quelque droit sur le bien d'autrui (1). Des motifs graves d'utilité publique suffisent, parce que, dans l'*intention raisonnablement présumée de ceux qui vivent dans une société civile*, il est certain que chacun s'est engagé à rendre possible, par quelque sacrifice personnel, ce qui est utile à tous; mais le principe de l'indemnité due au citoyen dont on prend la propriété est vrai dans tous les cas sans exception. Les charges de l'État doivent être supportées avec égalité et dans une juste proportion. De toute égalité, toute proportion serait détruite, si un seul ou quelques-uns pouvaient jamais être soumis à faire des sacrifices auxquels les autres citoyens ne contribueraient pas.

« Après avoir déterminé le pouvoir de l'État sur les propriétés particulières, on a cherché à régler l'étendue et les limites du droit de propriété, con

---

(1) Fleicher, *Istitutiones juris naturæ et gentium*, lib. III, chap. XI, § II. Leyser, dans sa dissertation *Pro imperio contra dominium eminens*, imprimée à Wirtemberg en 1673.
(2) Voyez un ouvrage intitulé : *De l'ordre essentiel des sociétés politiques.*

(1) On sait le droit qu'a tout propriétaire qui n'a point d'issue pour arriver à son domaine, d'obliger les propriétaires à lui donner, en payant, passage sur leurs propres terres.

sidéré en lui-même et dans ses rapports avec les diverses espèces de biens.

« Il résulte de tout ce qui a été dit que le droit de propriété s'applique tant aux meubles qu'aux immeubles.

« C'est un principe constant chez toutes les nations policées, que la propriété d'une chose, soit mobilière, soit immobilière, s'étend *sur tout ce que cette chose produit.*

« En conséquence,

« *Les fruits naturels ou industriels de la terre,*

« *Les fruits civils,*

« *Le croît des animaux,*

« Appartiennent au propriétaire.

« On appelle *fruits naturels de la terre* ceux qu'elle produit sans le secours de l'art. On appelle *fruits industriels* ceux que la terre ne produirait pas sans le travail de l'homme. On ne croit pas avoir besoin de motiver la disposition qui rend propriétaire de ces fruits celui qui est déjà propriétaire de la terre même ; car, dans l'ordre et la marche des idées, c'est la nécessité de reconnaître le droit du cultivateur sur les fruits provenus de son travail et de sa culture, qui, au moins jusqu'à la récolte, a fait supposer et reconnaître son droit sur le fonds même auquel il a appliqué ses labours. C'est ainsi que d'année en année le cultivateur s'assurant les mêmes droits par les mêmes travaux, la jouissance s'est changée pour lui en possession continue, et la possession continue en propriété. Il faut donc bien avouer que le propriétaire du fonds est nécessairement propriétaire des fruits, puisque c'est un droit originaire du cultivateur sur les fruits qui a fondé la propriété même du sol.

« De plus, la propriété du sol serait absolument vaine, si on la séparait des émoluments naturels ou industriels que ce sol produit. L'usufruit peut être séparé à temps de la propriété par convention ou par quelque titre particulier ; mais la propriété et l'usufruit vont nécessairement ensemble, si l'on ne consulte que l'ordre commun et général.

« La règle que nous avons établie pour les fruits naturels et industriels de la terre, s'applique au croît des animaux qui sont élevés et nourris par nos soins, et aux fruits civils qui sont le résultat d'une obligation légale ou volontaire.

« Comme on ne peut recueillir sans avoir semé, les fruits n'appartiennent au propriétaire du sol qu'à *la charge de rembourser les frais des labours, travaux et semences, faits par des tiers.*

« Il serait trop injuste de percevoir l'émolument sans supporter la dépense, ou sans payer les travaux qui le produisent.

« On a toujours distingué le simple possesseur d'avec le véritable propriétaire : la propriété est un droit, la simple possession n'est qu'un fait. Un homme peut être en possession d'une chose ou d'un fonds qui ne lui appartient pas : dès lors peut-il s'approprier le produit de cette chose ou de ce fonds ? On décide, dans le projet de loi, que *le simple possesseur ne fait les fruits siens que dans le cas où il possède de bonne foi.*

« La bonne foi est constatée, quand le possesseur jouit de la chose comme propriétaire, *et en vertu d'un titre translatif de propriété dont il ignore les vices.*

« Il est censé ignorer les vices de son titre tant qu'on ne constate pas qu'il les connaissait.

« La loi civile ne scrute pas les consciences. Les pensées ne sont pas de son ressort ; à ses yeux, le bien est toujours prouvé quand le mal ne l'est pas.

« Non-seulement le droit de propriété s'étend sur tout ce qui est produit par la chose dont on est propriétaire ; mais il *s'étend encore sur tout ce qui s'y unit et s'y incorpore, soit naturellement, soit artificiellement. C'est ce qu'on appelle droit d'accession.*

« Pour bien apprécier le droit d'*accession*, il est nécessaire de parler séparément des choses mobilières et des choses immobilières.

« Nous avons posé le principe que *la propriété du sol emporte la propriété du-dessus et du-dessous.*

« Nous en avons conclu que le propriétaire peut faire *au-dessus* toutes les plantations et constructions, *au-dessous toutes les constructions et fouilles qu'il juge convenables.*

« On comprend que la propriété serait imparfaite, si le propriétaire n'était libre de mettre à profit pour son usage toutes les parties extérieures et intérieures du sol ou du fonds qui lui appartient, et s'il n'était le maître de tout l'espace que son domaine renferme.

« Nous n'avons pourtant pas dissimulé que le droit du propriétaire, quelque étendu qu'il soit, comporte quelques limites que l'état de société rend indispensables.

« Vivant avec nos semblables, nous devons respecter leurs droits, comme ils doivent respecter les nôtres. Nous ne devons donc pas nous permettre, même sur notre fonds, des procédés qui pourraient blesser le droit acquis d'un voisin ou de tout autre. La nécessité et la multiplicité de nos communications sociales ont amené, sous le nom de *servitudes* et sous d'autres, des devoirs, des obligations, des services qu'un propriétaire ne pourrait méconnaître sans injustice, et sans rompre les liens de l'association commune.

« En général, les hommes sont assez clairvoyants sur ce qui les touche. On peut se reposer sur l'énergie de l'intérêt personnel du soin de veiller sur la bonne culture. La liberté laissée au cultivateur et au propriétaire fait de grands biens et de petits maux. L'intérêt public est en sûreté quand, au lieu d'avoir un ennemi, il n'a qu'un garant dans l'intérêt privé.

« Cependant, comme il est des propriétés d'une telle nature que l'intérêt particulier peut se trouver facilement et fréquemment en opposition avec l'intérêt général dans la manière d'user de ces propriétés, on a fait des lois et des règlements pour en diriger l'usage. Tels sont les domaines qui consistent en mines, en forêts, et en d'autres objets pareils, et qui ont dans tous les temps fixé l'attention du législateur.

« Dans nos grandes cités, il importe de veiller sur la régularité et même sur la beauté des édifices qui les décorent. Un propriétaire ne saurait avoir la liberté de contrarier par ses constructions particulières les plans généraux de l'administration publique.

« Un propriétaire, soit dans les villes, soit dans les champs, doit encore se résigner à subir les gênes que la police lui impose pour le maintien de la sûreté commune.

« Dans toutes ces occurrences, il faut soumettre toutes les affections privées, toutes les volontés particulières, à la grande pensée du bien public.

« Après avoir averti les propriétaires de l'étendue et des limites naturelles de leurs droits, on s'est occupé des hypothèses dans lesquelles la propriété foncière ou immobilière peut accidentellement s'accroître.

« Il peut arriver, par exemple, qu'un tiers vienne faire des plantations dans le fonds d'autrui, ou y construire un édifice. À qui appartient cet édifice ou cette plantation ? Nous supposons le tiers de bonne foi : car, s'il ne l'était pas, s'il n'avait fait qu'un acte d'émulation et de jalousie, son procédé ne serait qu'une entreprise, un attentat. Il ne s'agirait point de peser un droit, mais de réprimer un délit.

« Les divers jurisconsultes ne se sont point accordés, sur la question de savoir si la plantation faite dans le fonds d'autrui appartient à celui qui a planté, ou au propriétaire du fonds sur lequel la plantation a été faite. Les uns ont opiné pour le propriétaire du fonds, et les autres pour l'auteur de la plantation.

« Il en est qui ont voulu établir une sorte de société entre le planteur et le propriétaire foncier, attendu que d'une part les plantes sont alimentées par le fonds, et que d'autre part elles en par elles-mêmes un prix, une valeur qui ont été fournis par tout autre que celui à qui le fonds appartenait. Il faut, a-t-on dit, faire un partage raisonnable entre les parties intéressées. Cette opinion est celle *Grotius* et de quelques autres publicistes célèbres. *Grotius* a été réfuté par *Puffendorf*. Ce dernier a fait sentir avec raison tous les inconvénients qu'il y aurait à établir une société forcée entre des hommes qui n'ont pas voulu être associés. Il a prouvé qu'il serait impossible de conserver l'égalité entre les parties intéressées, dans le partage des produits d'une telle société. Il a observé qu'il serait dangereux d'asservir ainsi une propriété foncière à l'insu et contre le gré du propriétaire, et que d'ailleurs chacun étant maître par le droit de faire cesser toute possession indivise et de séparer ses intérêts de ceux d'autrui, il n'y avait aucun motif raisonnable d'imposer au propriétaire d'un fonds une servitude insolite et aussi contraire au droit naturel qu'au droit civil.

A travers les différents systèmes des auteurs, nous sommes remontés au droit romain, qui décide qu'en général tout doit céder au sol qui est immobile ; et qu'en conséquence, dans la nécessité de prononcer entre le propriétaire du sol et l'auteur de la plantation, qui ne peuvent demeurer en communion malgré eux, pour le même objet, le propriétaire du sol doit avoir la préférence et obtenir la propriété des choses qui ont été accidentellement réunies à son fonds. La loi romaine ne balance pas entre le propriétaire foncier et le tiers imprudent qui s'est permis, avec plus ou moins de bonne foi, une sorte d'incursion dans la propriété d'autrui.

« Dans le projet de loi, nous sommes partis du principe que toutes les plantations faites dans un fonds sont censées faites par le propriétaire de ce fonds et à ses frais, si le contraire n'est prouvé.

« Nous donnons au propriétaire du sol sur lequel un tiers a fait des plantations, la faculté de les conserver, ou d'obliger ce tiers à rétablir les lieux dans leur premier état.

« Dans le premier cas, nous soumettons le propriétaire à payer la valeur des plantations qu'il conserve et le salaire de la main-d'œuvre, sans égard à ce que le fonds même peut avoir gagné par la plantation nouvelle.

« Dans le second cas, le tiers planteur est obligé de rétablir les lieux à ses propres frais et dépens ; il peut même être exposé à des dommages et intérêts ; il supporte la peine de sa légéreté et de son entreprise.

« Nous avons suivi l'esprit des lois romaines.

« Nous décidons par les mêmes principes les questions relatives aux constructions de bâtiments et autres ouvrages faits par un tiers sur le sol d'autrui ; nous donnons au propriétaire la même alternative. Nous avons pensé qu'on ne saurait trop avertir les citoyens des risques qu'ils courent, quand ils se permettent des entreprises contraires au droit de propriété.

« Nous avons excepté de la règle générale le cas où celui qui aurait planté ou construit dans le fonds d'autrui, serait un possesseur de bonne foi qui aurait été évincé sans être condamné à la restitution des fruits, et qui aurait planté ou construit pendant sa possession. Dans ce cas, le propriétaire est tenu, ou de payer la valeur des constructions ou plantations, ou de payer une somme égale à l'augmentation de valeur que ces plantations et constructions peuvent avoir apportée au sol.

« Nous nous sommes occupés de l'hypothèse où le propriétaire d'un fonds fait des plantations et constructions avec des matériaux qui appartiennent à un tiers.

« Nous avons pensé, dans une telle hypothèse, que ce tiers n'a pas le droit d'enlever ses matériaux, mais que le propriétaire du fonds doit en payer la valeur, et qu'il peut même, selon les circonstances, être condamné à des dommages et intérêts. Cela est fondé sur le principe que personne ne peut s'enrichir aux dépens d'autrui.

« La projet de loi termine la grande question des *alluvions*. Il décide, conformément au droit romain, que l'*alluvion profite au propriétaire riverain, soit qu'il s'agisse d'un fleuve ou d'une rivière navigable, flottable ou non, à la charge, dans le premier cas, de laisser le marche-pied, ou chemin de halage, conformément aux règlements.*

« *L'alluvion est un atterrissement ou accroissement qui se forme insensiblement aux fonds riverains d'un fleuve ou d'une rivière.*

« Les principes de la féodalité avaient obscurci cette matière ; on avait été jusqu'à prétendre que les alluvions formées par les fleuves et rivières appartenaient au prince, lorsqu'il s'agissait d'une rivière ou d'un fleuve navigable, ou au seigneur haut justicier, lorsqu'il s'agissait d'une rivière ou d'un fleuve non navigable. Les propriétaires riverains étaient entièrement écartés par la plupart des coutumes.

« Dans les pays de droit écrit, ces propriétaires s'étaient pourtant maintenus dans leurs droits : mais on voulut les en dépouiller peu d'années avant la révolution, et l'on connaît à cet égard les réclamations solennelles de l'ancien parlement de Bordeaux, qui repoussa avec autant de lumières que de courage les entreprises du fisc et les intrigues ambitieuses de quelques courtisans dont le fisc n'était que le prête-nom.

« Il fut établi à cette époque que les alluvions doivent appartenir au propriétaire riverain, par cette maxime naturelle que le profit appartient à celui qui est exposé à souffrir le dommage. Des propriétés riveraines sont menacées plus qu'aucune autre. Il existe pour ainsi dire une sorte de contrat aléatoire entre le propriétaire du fonds riverain et la nature, dont la marche peut à chaque instant ravager ou accroître ce fonds.

« Le système féodal a disparu ; conséquemment il ne peut plus faire obstacle au droit des riverains.

« Mais dira-t-on que les fleuves et rivières navigables sont des objets qui appartiennent au droit public et des gens, et qu'ainsi les alluvions produites par ces fleuves et par ces rivières ne peuvent devenir la matière d'une propriété privée ?

« Nous répondrons, avec *Dumoulin*, que le

propriétés privées ne peuvent certainement s'accroître des choses dont l'usage doit demeurer essentiellement public, mais que toutes celles qui sont susceptibles de possession et de domaine, quoiqu'elles soient produites par d'autres qui sont régies par le droit public, peuvent devenir des propriétés privées, et le deviennent en effet, comme les *alluvions* qui sont produites par les fleuves et les rivières navigables, et qui sont susceptibles par elles-mêmes d'être possédées par des particuliers, à l'instar de tous les autres héritages.

« Nous avons cru devoir rétablir les propriétaires riverains dans l'exercice de leurs droits naturels. Nous les avons seulement soumis, relativement aux fleuves et rivières navigables, à laisser libre l'espace de terrain suffisant pour ne pas nuire aux usages publics.

« Ce que nous avons dit des *alluvions* s'applique *aux relais que forme l'eau courante qui se retire insensiblement de l'une de ses rives en se portant vers l'autre. Le propriétaire de la rive découverte profite de ces relais, sans que le riverain du côté opposé puisse venir réclamer le terrain qu'il a perdu.* Entre riverains, l'incertitude des accidents forme la balance des pertes et des gains, et maintient entre eux un équilibre raisonnable.

« Les délaissements formés par la mer sont régis par d'autres principes, parce qu'ils tiennent à un autre ordre de choses : ils sont exceptés des maximes que nous avons établies.

« Si un fleuve ou une rivière opèrent une révolution subite dans la propriété d'un riverain, et emportent une partie considérable de cette propriété pour la joindre à une autre, le propriétaire évincé par le fleuve ou par la rivière peut réclamer pendant un an la portion de terrain dont il a été si brusquement dépouillé ; mais après ce temps il ne peut plus réclamer.

« *L'alluvion n'a pas lieu à l'égard des lacs et étangs, dont le propriétaire conserve toujours le terrain que l'eau couvre, quand elle est à la hauteur de la décharge de l'étang, encore que le volume de l'eau vienne à diminuer.*

« *Réciproquement, le propriétaire de l'étang n'acquiert aucun droit sur les terres riveraines que son eau vient à couvrir dans les crues extraordinaires.*

« La justice de cette disposition est évidente par elle-même.

« Quant aux Iles, on distingue si elles se sont formées dans une rivière navigable ou flottable, ou dans une rivière qui n'a aucun de ces deux caractères. Dans le premier cas, elles appartiennent à la nation ; dans le second, elles se partagent entre les riverains des deux côtés, si elles sont sur le milieu de la rivière ; ou elles appartiennent au propriétaire riverain du côté où elles se sont formées.

« Si une rivière ou un fleuve, en se formant un bras nouveau, coupe et embrasse le champ d'un propriétaire riverain et en fait une île, ce propriétaire conserve la propriété de son champ, encore que l'île se soit formée dans une rivière ou dans un fleuve navigable ou flottable.

« C'est la justice même qui commande cette exception. La cité dédaignerait un moyen d'acquérir qui aurait sa source dans la ruine et le malheur du citoyen.

« Un fleuve ou une rivière abandonne-t-elle son ancien lit pour se former un nouveau cours, les propriétaires des fonds nouvellement occupés prennent, à titre d'indemnité, l'ancien lit abandonné, chacun dans la proportion du terrain qui lui a été enlevé.

« Les animaux peuvent sans doute devenir un objet de propriété. On distingue leurs différentes espèces.

« La première est celle des animaux sauvages ; la seconde, celle des animaux domestiques, et la troisième, celle des animaux qui ne sont ni entièrement domestiques, ni entièrement sauvages.

« Les animaux de la première espèce sont ceux qui ne s'habituent jamais ni au joug ni à la société de l'homme : le droit de propriété sur ces animaux ne s'acquiert que par l'occupation, et il finit avec l'occupation même.

« Les animaux domestiques ne sortent pas de la propriété du maître par la fuite : celui-ci peut toujours les réclamer.

« Les animaux de la troisième espèce, qui ne sont ni entièrement domestiques ni entièrement sauvages, appartiennent par droit d'accession, au propriétaire du fonds dans lequel ils ont été se réfugier, à moins qu'ils n'y aient été attirés par artifice.

Les animaux de cette troisième espèce sont l'objet d'une disposition particulière du projet de loi.

« Nous allons examiner actuellement le *droit d'accession* par rapport aux choses mobilières.

« Ici la matière est peu susceptible de principes absolus. L'équité seule peut nous diriger.

« La règle générale est que l'accessoire doit suivre le principal, à la charge par le propriétaire de la chose principale de payer la valeur de la chose accessoire.

« Mais, dans les choses mobilières, la difficulté est de discerner la chose qui doit être réputée principale d'avec celle qui ne doit être réputée qu'accessoire.

« On répute chose accessoire celle qui n'a été unie que pour l'usage et l'ornement d'une autre.

« Néanmoins, quand la chose unie est beaucoup plus précieuse que la chose principale, et quand elle a été employée à l'insu du propriétaire, celui-ci peut demander que la chose unie soit séparée pour lui être rendue, même quand il pourrait en résulter quelque dégradation de la chose à laquelle elle a été jointe.

« Dans le doute, on peut regarder comme l'objet principal celui qui est le plus précieux, et regarder comme simplement accessoire celui qui est de moindre prix : dans les choses d'égale valeur, c'est le volume qui détermine.

« Si un artiste a donné une nouvelle forme à une matière qui ne lui appartenait pas, le propriétaire de la matière doit obtenir la préférence en payant la main-d'œuvre.

« S'il s'agit pourtant d'une vile toile animée par le pinceau d'un habile peintre, ou d'un bloc de marbre auquel le ciseau d'un sculpteur aura donné par inspiration, le mouvement et la vie, dans ce cas et autres semblables, l'industrie l'emporte sur le droit du propriétaire de la matière première.

« Une personne a-t-elle employé à un ouvrage quelconque une portion de matière qui lui appartenait et une portion qui ne lui appartenait pas, la chose devient commune aux deux propriétaires dans la proportion de leur intérêt respectif.

« Si une chose a été formée par un mélange de plusieurs matières appartenant à divers propriétaires, le propriétaire de la matière la plus considérable et la plus précieuse peut demander à garder le tout, en remboursant le prix des matières qui ne lui appartenaient pas.

« Si on ne peut distinguer quelle est la plus précieuse des matières mélangées, la chose provenue du mélange demeurera commune à tous les divers propriétaires.

« La communauté donne ouverture à la licitation.

« Dans tous les cas où le propriétaire de la matière employée à un ouvrage sans son aveu peut réclamer l'entière propriété du tout, il lui est libre de demander le remplacement de sa matière en même nature, quantité, poids, mesure et bonté, ou d'exiger qu'on lui en paye la valeur.

« Au reste, suivant les circonstances, le propriétaire a l'action en dommages et intérêts, et même l'action criminelle contre celui qui a employé à son insu une matière qui ne lui appartenait pas.

« Les règles qui viennent d'être tracées ne sauraient convenir à toutes les hypothèses. Tout ce que peut le législateur en pareille occurrence, c'est de diriger le juge. C'est à la sagesse du juge dans une matière aussi arbitraire, à résoudre les différents cas qui peuvent se présenter, et qui n'ont pu être l'objet d'une prévoyance particulière.

« Tel est citoyens législateurs, dans son ensemble et dans ses détails, le projet de loi *sur la propriété*.

« Vous ne serez point surpris que ce projet se réduise à quelques définitions, à quelques règles générales : car le corps entier du Code civil est consacré à définir tout ce qui peut tenir à l'exercice du droit de propriété; droit fondamental sur lequel toutes les institutions sociales reposent, et qui, pour chaque individu, est aussi précieux que la vie même, puisqu'il lui assure les moyens de la conserver.

« La cité n'existe, disait l'orateur romain, que pour que chacun conserve ce qui lui appartient. Avec le secours de cette grande vérité, cet orateur philosophe arrêtait, de son temps, tous les mouvements des factions occupées à désorganiser l'empire.

« C'est à leur respect pour la propriété que les nations modernes sont redevables de cet esprit de justice et de liberté, qui, dans les temps même de barbarie, sut les défendre contre les violences et les entreprises du plus fort. C'est la propriété qui posa, dans les forêts de la germanie, les premières bases du Gouvernement représentatif. C'est elle qui a donné naissance à la constitution politique de nos anciens pays d'état, et qui, dans ces derniers temps, nous a inspiré, le courage de secouer le joug et de nous délivrer de toutes les entraves de la féodalité.

« Citoyens législateurs, la loi reconnaît que la propriété est le droit de jouir et de disposer de son bien de la manière la plus absolue, et que ce droit est sacré dans la personne du moindre particulier. Quel principe plus fécond en conséquences utiles!

« Ce principe est comme l'âme universelle de toute la législation; il rappelle aux citoyens ce qu'ils se doivent entre eux, et à l'État ce qu'il doit aux citoyens; il modère les impôts, il fixe le règne heureux de la justice; il arrête, dans les actes de la puissance publique, les grâces qui seraient préjudiciables aux tiers ; il déclare la vertu et la bienfaisance même; il devient la règle et la mesure de la sage composition de tous les intérêts particuliers avec l'intérêt commun ; il communique ainsi un caractère de majesté et de grandeur aux plus petits détails de l'administration publique.

« Aussi vous avez vu le génie qui gouverne la France établir sur la propriété les fondements inébranlables de la République.

« Les hommes dont les possessions garantissent la fidélité sont appelés désormais à choisir ceux dont les lumières, la sagesse et le zèle doivent garantir les délibérations.

« En sanctionnant le nouveau Code, civil vous aurez affermi, citoyens législateurs, toutes nos institutions nationales.

« Déjà vous avez pourvu à tout ce qui concerne l'état des personnes : aujourd'hui vous commencez à régler ce qui regarde les biens. Il s'agit pour ainsi dire de lier la stabilité de la patrie à la stabilité même du territoire. On ne peut aimer sa propriété sans aimer les lois qui la protègent. En consacrant des maximes favorables à la propriété, vous aurez inspiré l'amour des lois ; vous n'aurez pas travaillé seulement au bonheur des individus, à celui des familles particulières ; vous aurez créé un esprit public, vous aurez ouvert les véritables sources de la prospérité générale , vous aurez préparé le bonheur de tous. »

LIVRE III.

TITRE III.

DE L'USUFRUIT, DE L'USAGE ET DE L'HABITATION.

Exposé des motifs.

Le citoyen **Galli**, nommé par le **Premier Consul**, avec les citoyens **Treilhard** et **Bérenger**, pour présenter au Corps législatif, dans sa séance de ce jour, le titre III du livre II du projet de Code civil : *De l'usufruit, de l'usage et de l'habitation*, et pour en soutenir la discussion dans sa séance du 9 pluviôse, dépose sur le bureau l'exposé des motifs de ce titre.

Cet exposé est ainsi conçu :

« CITOYENS LÉGISLATEURS,

« Nous venons vous présenter, au nom du Gouvernement, le titre *de l'usufruit, de l'usage et de l'habitation*, qui est le IIIe du livre II du projet de Code civil.

« Ce titre est divisé en deux chapitres :

« Le premier concerne *l'usufruit*;

« Le deuxième *l'usage* et *l'habitation*.

« On commence, dans le 1er, par définir ce que c'est que *l'usufruit*. C'est *le droit de jouir des choses dont un autre a la propriété, comme le propriétaire lui-même, mais, à la charge d'en conserver la substance*.

« Quelque difficile que puisse être toute définition (1), et quoiqu'il soit très-dangereux d'en insérer dans un corps de lois, cependant comme le Code civil ne contient pas seulement des règles pour les juges, mais aussi des instruction pour chaque citoyen, il est bon d'en trouver quelques unes brièves et précises, qui, éclairant les juges et les parties en même temps, dissipent toute incertitude et ne laissent aucune ressource à la chicane.

« Aussi ne définit-on pas *l'usufruit*, comme d'autres l'ont défini (2), *le droit de jouir d'une chose dont on n'est pas le propriétaire, la conservant entière et sans la détériorer ni la diminuer*. Ces dernières paroles auraient emporté l'exclusion des choses qui se consomment par l'usage ou qui se détériorent, et desquelles cependant on peut avoir l'usufruit, sous le nom d'*usufruit impropre*, comme s'expriment les praticiens, ou de *quasi usufructus*, comme le dit formellement le texte dans les *Institutes* (3); et ce, par suite de la règle générale, que l'usufruit peut s'établir sur toutes

(1) L. **202** ff de *Regulis juris*.
(2) *Domat*, liv. I, tit. II, *de l'usufruit*, § I.
(3) § II. *De Usufr*.

les choses qui sont en notre patrimoine (1), soit qu'elles se conservent, soit qu'elles se détériorent, soit qu'elles se consomment.

« Voilà pourquoi, dans ce Code, on a préféré l'expression de la loi romaine (2), *salva rerum substantia.*

« Et c'est pour la même raison qu'on déclare, article 574, que *l'usufruit peut être établi sur toute* espèce *de biens meubles ou immeubles,* et par conséquent sur ces choses aussi qui se consomment par l'usage ou qui se détériorent.

« L'article 572 décide que *l'usufruit est établi par la loi ou par la volonté de l'homme.*

« *Par la loi,* tel que l'usufruit légal, appartenant aux *père et mère* sur le bien de leurs enfants, dont il est parlé à l'article 594 ;

« *Par la volonté de l'homme,* tel que celui qui est porté par un testament, par un contrat. C'est cet usufruit qui nous procure, qui nous facilite des libéralités, des actes de bienfaisance et de gratitude. C'est par le moyen de cet usufruit que les transactions les plus épineuses quelquefois se combinent, que les acquisitions les plus importantes et les plus difficiles se font; c'est par lui que les époux se rendent mutuellement les derniers témoignages de leur tendresse.

« *Les fruits civils sont réputés,* dit l'article 579, *s'acquérir jour par jour, et appartiennent à l'usufruitier, à proportion de la durée de son usufruit.*

« L'article applique ensuite cette règle au prix des baux à ferme, comme au loyer des maisons et aux autres fruits civils, dans la classe desquels l'article 577 range le prix des baux à ferme.

« Cette application fait cesser toutes les questions qui s'agitaient autrefois entre le propriétaire et l'héritier de l'usufruitier, sur le mode de répartir un prix qui, représentant des fruits naturels, paraissait devoir suivre la nature de ceux-ci et non celle des autres.

« A l'égard des arbres qu'on peut tirer d'une pépinière, il est dit, article 583, que l'on se conformera aux usages des lieux pour leur remplacement.

« Quant aux échalas pour les vignes, qu'on peut prendre dans les bois, et quant aux produits annuels ou périodiques qu'on peut prendre sur les arbres, l'article 586 statue que l'on doit suivre l'usage du pays ou la coutume du propriétaire.

« Ainsi sont respectées et maintenues partout où il le faut, les coutumes, les habitudes des citoyens.

« Cette excellente partie de la législation est également due aux *sages réflexions* des rédacteurs du projet de Code civil, puisqu'ils avaient, dans leur discours préliminaire, manifesté le désir qu'il y eût *une tradition suivie d'usages, de maximes et de règles, afin que l'on fût en quelque sorte nécessité à juger aujourd'hui comme on a déjà jugé hier* (3).

« L'article 595 porte : *Si l'usufruitier ne trouve pas de caution, les immeubles sont donnés à ferme ou mis en séquestre;*

« *Les sommes comprises dans l'usufruit sont placées;*

« *Les denrées sont vendues, et le prix en provenant est pareillement placé;*

« *Les intérêts de ces sommes et les prix des* fermes appartiennent, dans ce cas, à l'usufruitier.

« Cette jurisprudence est bien plus judicieuse, bien plus mûrie que celle de ces pays où l'usufruitier pauvre, isolé ou étranger, ne trouvant point de caution, l'on doit s'en tenir à la caution juratoire. Mais cette caution juratoire serait-elle aussi satisfaisante pour le propriétaire? cette caution, qui n'est que de paroles, pourrait-elle valoir au propriétaire autant que lui valent les moyens prescrits par l'article précité?

« Néanmoins, s'il est juste de n'admettre aucune caution juratoire dans le cas énoncé, il est également conforme à la justice et aux principes d'une équitable commisération, de l'avoir adoptée dans le cas de l'article 596, où il est précisément dit que *l'usufruitier peut demander et les juges peuvent accorder, suivant les circonstances, qu'une partie des meubles nécessaires pour son usage lui soit délaissée sous sa simple caution juratoire.*

L'article 612 établit que *l'usufruit qui n'est pas accordé à des particuliers ne dure que trente ans.*

« On n'a pas adopté ici l'opinion du texte romain (1) : *Placuit centum annis tuendos esse municipes.* A la vérité, on ne pourrait trouver bien solide la raison qui y est alléguée, *quia is finis vitae longaevi hominis est.* Comment! parce qu'un homme peut vivre cent ans, il faudra décerner l'usufruit aussi pour cent ans à une ville ou autre communauté! Je ne comprends pas la conséquence de ce principe : mais je comprends bien la doctrine de l'immortel *Domat,* qui, devançant l'opinion de notre Code, pensait qu'il y aurait eu bien plus de raison de fixer cet usufruit à trente années seulement (2).

« Après avoir donné avec beaucoup de précision la définition de l'usufruit, après en avoir expliqué la nature, après avoir dit comment et sur quelle chose il peut s'établir, on est passé de suite, articles 575 et suivants, aux droits de l'usufruitier, sans s'occuper des autres distinctions que les interprètes des siècles passés avaient inventées en les exprimant par des locutions étrangères au texte et vraiment barbares, telle que celle-ci : *inter usumfructum casualem et usumfructum formalem,* sous le prétexte qu'elles étaient plus propres à l'intelligence des anciens jurisconsultes, tandis qu'au contraire d'interminables disputes et d'innombrables procès ont été les seuls fruits de ces subtilités.

« Citoyens législateurs, je vous ai peut-être entretenus plus qu'il ne fallait du droit romain ; mais je suis né en Italie, d'où il tire son origine, où les *Pandectes* ont été retrouvées, où ses maximes triomphent, et où il faisait notre droit commun.

En sollicitant votre indulgence j'emprunterai la voix d'un Français, du célèbre *Dumoulin.* Il s'exprime ainsi dans sa préface de la coutume de Paris, n° 110. *E jure scripto mutuamur quod æquitati consonum invenitur, non quod fuerimus subditi Justiniano aut successoribus ejus, sed quia jus illo auctore a sapientissimis viris ordinatum, tam est æquum, rationabile, et undequaque absolutum, ut omnium fere christianarum gentium usu et approbatione commune sit effectum.*

« Je ne ferai pas une analyse plus étendue des dispositions du titre. Elles ne sont susceptibles d'aucune objection, et n'ont par conséquent pas besoin d'être développées : il suffira donc de vous en faire lecture pour que votre sagesse les apprécie.

---

(1) L. I. *De Usufr. juncto.* § 11. Inst., *de Usufr.*
(2) *In lege prima ff, de Usufr.*
(3) Projet de Code civ., t. VI. p. 195 (Discours préliminaire).

(1) L. 8 *ff, de Usuf. et Usuf. legato. L. An. Usuf.* 56 ff *de usuf.*
(2) *Titre XI, de l'Usufruit, in fine.*

LIVRE III.
TITRE XII.
DE L'ÉCHANGE.

Rédaction communiquée au Tribunal.

Le citoyen **Gaill** présente une nouvelle rédaction du titre XII du livre III du projet de Code civil.

Le Conseil l'adopte en ces termes :

De l'échange.

Art. 1er « L'échange est un contrat par lequel « les parties donnent respectivement une chose « pour une autre. »

Art. 2. « L'échange s'opère par le seul consen-« tement, de la même manière que la vente. »

Art. 3. « Si l'un des échangeurs a déjà reçu la « chose à lui donnée en échange, et qu'il prouve « ensuite que l'autre contractant n'est pas pro-« priétaire de cette chose, il ne peut pas être forcé « livrer celle qu'il a promise en contre-échange, « mais seulement à rendre celle qu'il a reçue. »

Art. 4. « Le copermutant, qui est évincé de la « chose qu'il a reçue en échange, a le choix de « conclure à des dommages et intérêts, ou de ré-« péter sa chose. »

Art. 5. « La rescision pour cause de lésion n'a « pas lieu dans le contrat d'échange. »

Art. 6. « Toutes les autres règles prescrites pour « le contrat de vente s'appliquent d'ailleurs à « l'échange. »

Le Consul ordonne que le titre ci-dessus sera communiqué officieusement, par le secrétaire général du Conseil d'Etat, à la section de législation du Tribunat, conformément à l'arrêté du 18 germinal an X.

LIVRE III.
TITRE XVI.
DU DÉPÔT ET DU SÉQUESTRE.

Rédaction communiquée au Tribunal.

Le citoyen **Portalis** présente le titre XVI du livre III : *Du dépôt et du séquestre.*

Il est ainsi conçu :

CHAPITRE PREMIER.

Du dépôt en général, et de ses diverses espèces.

Art. 1er « Le dépôt, en général, est un acte par « lequel on reçoit la chose d'autrui, à la charge de « la garder et de la restituer en nature. »

Art. 2. « Il y a deux espèce de dépôt : le dépôt « proprement dit, et le séquestre. »

CHAPITRE II.

Du dépôt proprement dit.

SECTION PREMIÈRE.

De la nature et de l'essence du contrat de dépôt.

Art. 3. « Le dépôt proprement dit est un con-« trat essentiellement gratuit. »

Art. 4. « Il ne peut avoir pour objet que des « choses mobilières. »

Art. 5. « Il n'est parfait que par la tradition « réelle ou feinte de la chose déposée. »

« La tradition feinte suffit, quand le dépositaire « se trouve déjà nanti, à quelque autre titre, de la « chose que l'on consent à lui laisser à titre de « dépôt.

Art. 6. « Le dépôt est nécessaire ou volontaire. »

SECTION II.

Du dépôt volontaire.

Art. 7. « Le dépôt volontaire se forme par le « consentement réciproque de la personne qui « fait le dépôt et de celle qui le reçoit. »

Art. 8. « Le dépôt volontaire ne peut régulière-« ment être fait que par le propriétaire de la « chose déposée, ou de son consentement exprès « ou tacite »

Art. 9. « Le dépôt volontaire doit être prouvé « par écrit. La preuve testimoniale n'en est point « reçue pour valeur excédant 150 francs. »

Art. 10. « Lorsque le dépôt n'est point prouvé « par écrit, celui qui est attaqué comme déposi-« taire en est cru sur sa déclaration, soit pour « le fait même du dépôt, soit pour la chose qui « en faisait l'objet, soit pour le fait de sa resti-« tution. »

Art. 11. « Le dépôt volontaire ne peut avoir « lieu qu'entre personnes capables de contracter.

« Néanmoins, si une personne capable de con-« tracter accepte le dépôt fait par une personne « incapable, elle est tenue de toutes les obliga-« tions d'un véritable dépositaire: elle peut être « poursuivie par le tuteur ou administrateur de « la personne qui a fait le dépôt. »

Art. 12. « Si le dépôt a été fait par une per-« sonne capable à une personne qui ne l'est pas, « la personne qui a fait le dépôt n'a que l'action « en revendication de la chose déposée, tant « qu'elle existe dans la main du dépositaire, ou « une action en restitution jusqu'à concurrence « de ce qui a tourné au profit de ce dernier. »

SECTION III
Des obligations du dépositaire.

Art. 13. « Le dépositaire doit apporter, dans la « garde de la chose déposée, les mêmes soins « qu'il apporte dans la garde des choses qui lui « appartiennent. »

Art. 14. « La disposition de l'article précédent « doit être appliquée avec plus de rigueur : 1° si « le dépositaire s'est offert lui-même pour rece-« voir le dépôt; 2° s'il a stipulé un salaire pour « la garde du dépôt; 3° si le dépôt a été fait uni-« quement pour l'intérêt du dépositaire; 4° s'il a « été convenu expressément que le dépositaire « répondrait de toute espèce de fautes. »

Art. 15. « Le dépositaire n'est tenu, en aucun « cas, des accidents de force majeure, à moins « qu'il n'ait été mis en demeure de restituer la « chose déposée. »

Art. 16. « Il ne peut se servir de la chose dé-« posée, sans la permission expresse ou présu-« mée du déposant »

Art. 17. « Il ne doit point chercher à connaître « quelles sont les choses qui lui ont été déposées, « si elles lui ont été confiées dans un coffre fermé « ou sous une enveloppe cachetée. »

Art. 18. « Le dépositaire doit rendre identi-« quement la chose même qu'il a reçue.

« Ainsi, le dépôt des sommes monnayées doit « être rendu dans les mêmes espèces dans les-« quelles il a été fait, soit dans le cas d'augmen-« tation, soit dans le cas de diminution de leur « valeur. »

Art. 19. « Le dépositaire n'est tenu de rendre « la chose déposée que dans l'état où elle se « trouve au moment de la restitution. Les dété-« riorations qui ne sont pas survenues par son « fait sont pour le compte du déposant. »

Art. 20. « Le dépositaire auquel la chose a été « enlevée par une force majeure, et qui a reçu

« un prix ou quelque chose à la place, doit res-
« tituer ce qu'il a reçu en échange. »

Art. 21. « L'héritier du dépositaire qui a vendu
« de bonne foi la chose dont il ignorait le dépôt
« n'est tenu que de rendre le prix qu'il a reçu,
« ou de céder son action contre l'acheteur, s'il
« n'a pas touché le prix. »

Art. 22. « Si la chose déposée a produit des
« fruits qui aient été perçus par le dépositaire, il
« est obligé de les restituer. Il ne doit aucun in-
« térêt de l'argent déposé, si ce n'est du jour où
« il a été mis en demeure d'en faire la restitu-
« tion. »

Art. 23. « Le dépositaire ne doit restituer la
« chose déposée qu'à celui qui la lui a confiée,
« ou à celui au nom duquel le dépôt a été fait. »

Art. 24. « Il ne peut pas exiger de celui qui a
« fait le dépôt la preuve qu'il était propriétaire
« de la chose déposée.

« Néanmoins, s'il découvre que la chose a été
« volée, et quel en est le véritable propriétaire, il
« doit dénoncer à celui-ci le dépôt qui lui a été
« fait, avec sommation de le réclamer dans un
« délai déterminé et suffisant. Si celui auquel la
« dénonciation a été faite néglige de réclamer le
« dépôt, le dépositaire est valablement déchargé
« par la tradition qu'il en fait à celui duquel il
« l'a reçu. »

Art. 25. « En cas de mort naturelle ou civile
« de la personne qui a fait le dépôt, la chose dé-
« posée ne peut être rendue qu'à son héritier.

« S'il y a plusieurs héritiers, elle doit être rendue
« à chacun d'eux pour leur part et portion.

« Si la chose déposée est indivisible, les héritiers
« doivent s'accorder entre eux pour la recevoir. »

Art. 26. « Si la personne qui a fait le dépôt a
« changé d'état; par exemple, si la femme, libre
« au moment où le dépôt a été fait, s'est mariée
« depuis et se trouve en puissance de mari ; si le
« majeur déposant se trouve frappé d'interdiction :
« dans tous ces cas et autres de même nature, le
« dépôt ne peut être restitué qu'à celui qui a l'ad-
« ministration des droits et des biens du dépo-
« sant. »

Art. 27. « Si le dépôt a été fait par un tuteur,
« par un mari ou par un administrateur, il ne
« peut être restitué qu'à la personne que ce tu-
« teur, ce mari ou cet administrateur représen-
« taient, si leur gestion ou leur administration
« est finie. »

Art. 28. « Si le contrat de dépôt désigne le lieu
« dans lequel la restitution doit être faite, le dé-
« positaire est tenu d'y porter la chose déposée.
« S'il y a des frais de transport, ils sont à la charge
« du déposant. »

Art. 29. « Si le contrat ne désigne point le lieu
« de la restitution, elle doit être faite dans le lieu
« même du dépôt. »

Art. 30. « Le dépôt doit être remis au déposant
« aussitôt qu'il le réclame, lors même que le con-
« trat aurait fixé un délai déterminé pour la res-
« titution ; à moins qu'il n'existe, entre les mains
« du dépositaire, une saisie-arrêt ou une oppo-
« sition à la restitution et au déplacement de la
« chose déposée. »

Art. 31 « Toutes les obligations du dépositaire
« cessent, s'il vient à découvrir et à prouver qu'il
« est lui-même propriétaire de la chose déposée. »

SECTION IV.

*Des obligations de la personne par laquelle le dépôt
a été fait.*

Art. 32. « La personne qui a fait le dépôt est
« tenue de rembourser au dépositaire les dépenses

« qu'il a faites pour la conservation de la chose dé-
« posée, et de l'indemniser de toutes les pertes
« que le dépôt peut lui avoir occasionnées. »

Art. 33. « Le dépositaire peut retenir le dépôt
« jusqu'à l'entier paiement de ce qui lui est dû
« à raison du dépôt. »

SECTION V.

Du dépôt nécessaire.

Art. 34. « Le dépôt nécessaire est celui qui a été
« forcé par quelque accident, tel qu'un incendie,
« une ruine, un pillage de maison, un naufrage
« ou autre événement imprévu. »

Art. 35. « La preuve par témoins peut être reçue
« pour le dépôt nécessaire, même quand il s'agit
« d'une valeur au-dessus de 150 francs. »

Art. 36. « Le dépôt nécessaire est d'ailleurs régi
« par toutes les règles précédemment énoncées. »

Art. 37. « Les aubergistes ou hôteliers sont res-
« ponsables, comme dépositaires, des effets ap-
« portés par le voyageur qui loge chez eux : le
« dépôt de ces sortes d'effets doit être regardé
« comme un dépôt nécessaire. »

Art. 38. « L'hôtelier ou aubergiste est respon-
« sable des effets apportés par le voyageur, eu-
« core qu'ils n'aient point été remis à sa garde
« personnelle. »

Art. 39. « Il est responsable du vol ou du dom-
« mage des effets du voyageur, soit que le vol
« ait été fait ou que le dommage ait été causé par
« les domestiques et préposés de l'hôtellerie, ou
« par des étrangers allant et venant dans l'hôtel-
« lerie. »

Art. 40. « Il n'est pas responsable des vols faits
« avec force armée ou autre force majeure. »

CHAPITRE III.

Du séquestre.

SECTION PREMIÈRE.

Des diverses espèces de séquestre.

Art. 41. « Le séquestre est ou conventionnel ou
« judiciaire. »

SECTION II.

Du séquestre conventionnel.

Art. 42. « Le séquestre conventionnel est le dé-
« pôt fait par une ou plusieurs personnes d'une
« chose qui est en litige, à un tiers qui s'oblige
« de la rendre, après la contestation terminée, à
« la personne qui sera jugée devoir l'obtenir. »

Art. 43. « Le séquestre peut n'être pas gratuit. »

Art. 44. « Lorsqu'il est gratuit, il est soumis
« aux règles du dépôt proprement dit, sauf les
« différences ci-après énoncées. »

Art. 45. « Le séquestre peut avoir pour objet,
« non-seulement des effets mobiliers, mais même
« des immeubles. »

Art. 46. « Le dépositaire séquestre ne peut être
« déchargé, avant la contestation terminée, que
« du consentement de toutes les parties intéres-
« sées, ou pour une cause jugée légitime. »

SECTION III.

Du séquestre ou dépôt judiciaire.

Art. 47. « Le séquestre peut être ordonné par
« justice :

« 1° Des meubles saisis sur un débiteur;

« 2° D'un immeuble ou d'une chose mobilière
« dont la propriété ou la possession est litigieuse
« entre deux ou plusieurs personnes;

« 3° Des choses qu'un débiteur offre pour sa
« libération. »

§ Ier.
Du dépôt ou de la garde des meubles saisis.

Art. 48. « L'établissement d'un séquestre judi-
« ciaire produit, entre le saisissant et le gardien,
« des obligations réciproques. Le gardien doit
« apporter, pour la conservation des effets saisis,
« les soins d'un bon père de famille.

« Il doit les représenter, soit à la décharge du
« saisissant pour la vente, soit à la partie contre
« laquelle les exécutions ont été faites, en cas
« de main levée de la saisie.

« L'obligation du saisissant consiste à payer au
« gardien le salaire fixé par la loi. »

§ II.
Du séquestre judiciaire.

Art. 49. « Le séquestre judiciaire est donné,
« soit à une personne dont les parties intéressées
« sont convenues entre elles, soit à une personne
« nommée d'office par le juge.

« Au premier cas, le séquestre est conven-
« tionnel.

« Au deuxième cas, il se forme un quasi-con-
« trat qui soumet, envers les parties litigantes,
« celui auquel la chose a été confiée à toutes les
« obligations qu'emporte le séquestre conven-
« tionnel. »

Le citoyen **Portalis** fait lecture du chapitre Ier.
Du dépôt en général et de ses diverses espèces.

Les articles 1 et 2 qui le composent sont adoptés.

Le citoyen **Portalis** fait lecture du chapitre II :
Du dépôt proprement dit.

La section 1re : *De la nature et de l'essence du
contrat de dépôt*, est soumise à la discussion.

Les articles 3, 4, 5 et 6 qui la composent, sont
adoptés.

La section II : *Du dépôt volontaire*, est soumise
à la discussion.

Les articles 7, 8 et 9 sont adoptés.

L'article 10 est discuté.

Le citoyen **Defermon** observe que la règle
établie par cet article est tellement générale, qu'on
pourrait croire qu'elle forme exception à la disposition de l'article précédent.

Il propose, pour prévenir toute équivoque, de
réduire l'article 10 au cas où le dépôt est d'une
valeur au-dessus de 150 francs.

Cet amendement est admis. En conséquence
le Conseil adopte l'article 10 dans les termes suivants :

« Lorsque le dépôt étant au-dessus de 150 francs
« n'est point prouvé par écrit, etc. »

Les articles 11 et 12 sont adoptés.

La section III : *Des obligations du dépositaire*,
est soumise à la discussion.

L'article 13 est discuté.

Le citoyen **Defermon** dit que sans doute cet
article tend à obliger le dépositaire aux soins d'un
bon père de famille. La rédaction ne paraît pas
rendre cette idée : on pourrait en tirer la conséquence, que s'il est négligent et inconsidéré dans
ses propres affaires, il peut l'être impunément à
l'égard du dépôt dont il s'est chargé.

Le citoyen **Portalis** répond qu'un dépositaire
qui rend un service d'ami ne doit pas être soumis à une responsabilité aussi étendue que celle
qui résulterait de la rédaction qui est proposée :
il suffit qu'il donne à la conservation du dépôt
les soins d'un bon administrateur. Le déposant
est libre dans son choix ; s'il place mal sa confiance, il commet une faute qui compense et qui

couvre, dans une certaine mesure, la négligence
du dépositaire. C'est par cette considération qu'on
n'oblige ce dernier qu'aux mêmes soins qu'il donne
à ses propres affaires, et non à la sollicitude extrême et scrupuleuse que l'on exige de celui qu'on
assujettit au soins d'un bon père de famille.

L'article est adopté.

Les articles 14, 15, 16, 17, 18, 19, 20, 21, 22 et 23
sont adoptés.

L'article 24 est discuté.

Le citoyen **Regnauld** (*de Saint-Jean d'Angély*)
dit qu'il serait extraordinaire, lorsque le propriétaire diffère de retirer la chose, de permettre au
dépositaire de la remettre à celui qu'il saurait
l'avoir volée. Il serait plus convenable de l'obliger
à faire sa déclaration à un officier public.

Le citoyen **Bigot-Préameneu** dit que cette
disposition est fondée sur ce que le propriétaire
a eu un temps suffisant pour faire valoir ses droits.

Le citoyen **Portalis** dit qu'il est possible qu'il
y ait eu des arrangements entre les parties ; alors,
pourquoi dénoncer un délit qu'elles ont voulu
effacer les traces, et qui ne blesse que des intérêts
privés, qui peut-être même n'a jamais existé ; car
il n'est pas certain que les renseignements donnés
aux dépositaires fussent vrais. Il suffit donc que
le propriétaire soit averti ; c'est à lui d'agir : s'il
garde le silence, le dépositaire n'est pas obligé de
veiller à ses intérêts avec plus de soin que lui-
même. Le dépositaire ne doit pas s'exposer à dif-
famer mal à propos un citoyen, ni à se voir poursuivi comme calomniateur.

Le citoyen **Regnauld** (*de Saint-Jean d'Angély*)
objecte que la sommation que l'article oblige de
faire au propriétaire suffit pour divulguer le délit.

Le citoyen **Portalis** répond qu'une sommation
n'est pas un acte public. Le tiers interposé entre
elles n'est là que comme le moyen de communication exigé
par la loi.

D'ailleurs, on est maître de la rédaction d'un
acte semblable, et dès lors on peut écarter toute
énonciation trop positive, et dire, par exemple,
que, faute de réclamation, on rendra le dépôt à
celui qui l'a confié. Au contraire, dans la déclaration faite à un officier public, on est forcé d'expliquer les faits et de nommer les personnes.

Le citoyen **Cretet** dit qu'on pourrait se borner
à obliger le dépositaire d'avertir, sans l'astreindre
à faire une sommation.

Le citoyen **Treilhard** répond qu'il est nécessaire que l'avertissement soit légalement constaté.

Le citoyen **Defermon** demande la suppression
de cette partie de l'article. Elle lui paraît inutile,
et même elle pourrait quelquefois exposer le dépositaire à l'accusation de recel. En la retranchant,
tout marchera naturellement et sans aucun embarras.

Le consul **Cambacérès** dit que la règle consacrée par l'article a existé dans tous les temps,
et est admise par tous les jurisconsultes. On s'é-
tonnerait de ne pas la retrouver dans le Code civil.

L'article est adopté.

Les articles 25 et 26 sont adoptés.

L'article 27 est discuté.

Le citoyen **Defermon** demande qu'on explique
que l'article ne s'applique qu'au cas où le dépôt
a été fait par un tuteur, par un mari, par un administrateur, dans sa qualité d'administrateur,
de tuteur ou de mari.

Le citoyen **Portalis** répond que l'article est
évidemment rédigé dans ce sens.

L'article est adopté dans les termes suivants :

« Si le dépôt a été fait par un tuteur, par un

« mari ou par un administrateur, dans l'une de
« ces qualités, il ne peut, etc. »

Les articles 28, 29, 30 et 31 sont adoptés.

La section IV : *Des obligations de la personne
par laquelle le dépôt a été fait*, est soumise à la
discussion.

Les articles 32 et 33 qui la composent sont
adoptés.

La section V : *Du dépôt nécessaire*, est soumise
à la discussion.

Les articles 34, 35, 36, 37, 38, 39 et 40, qui la
composent, sont adoptés.

Le citoyen **Jollivet** pense que c'est ici le lieu
de s'occuper des dispositions relatives aux voituriers, lesquelles ont été ajournées dans la séance
du 14 nivôse.

Le citoyen **Tronchet** dit que les engagements
des voituriers forment un contrat mêlé de dépôt
et de louage; qu'ainsi on doit reporter au titre
du louage les dispositions qui les règlent comme
tenant de la nature du louage, et ne placer dans
le titre en discussion que celles qui les concernent sous le rapport du dépôt.

Le consul **Cambacérès** dit qu'il convient de
se fixer d'abord sur les dispositions qu'on croira
devoir adopter ; que la question de savoir où elles
seront placées n'est que secondaire, et qu'on pourra
la décider ensuite.

Cet ordre de discussion est adopté.

En conséquence, le citoyen **Galli** fait lecture
de la section II du chapitre III du titre XIII : *Du
louage.*

Elle est adoptée ainsi qu'il suit :

LIVRE III.

TITRE XIII.

DU LOUAGE.

2ᵉ *Rédaction.*

Des voituriers par terre et par eau.

Art. 105. « Le marché fait avec les voituriers
« par terre est un contrat mixte, qui
« participe de la nature du contrat de louage et
« de celui de dépôt. »

Art. 106. « Les voituriers par terre et par eau
« sont assujettis, pour la garde et la conservation
« des choses qui leur sont confiées, aux mêmes
« obligations que les aubergistes, dont il est parlé
« au titre *du dépôt.* »

Art. 107. « Ils ne répondent pas seulement de
« ce qu'ils ont déjà reçu dans leur bâtiment ou
« voiture, mais encore de ce qui leur a été remis
« sur le port ou dans l'entrepôt, pour être placé
« dans leur bâtiment ou voiture. »

Art. 108. « Les entrepreneurs de voitures et
« roulages publics doivent tenir registre de l'ar-
« gent, des sacs et des paquets dont ils se char-
« gent. »

Art. 109. « Les voituriers sont responsables de
« la perte et des avaries des choses qui leur sont
« confiées, à moins qu'ils ne prouvent qu'elles
« ont été perdues et avariées par un cas fortuit
« ou force majeure. »

Art. 110. « Les entrepreneurs et directeurs de
« voitures et roulages publics, les maîtres de
« barques et navires, sont en outre assujettis à
« des règlements particuliers, qui font loi entre
« eux et les autres citoyens. »

Le **Consul** met aux voix la question de savoir
dans quel titre les articles qui viennent d'être
adoptés seront placés.

Le **Conseil** décide qu'ils conserveront leur
place dans le titre XIII : *Du louage.*

On reprend la discussion du titre XVI : *Du dépôt et du séquestre.*

Le citoyen **Portalis** fait lecture du chapitre III :
Du séquestre.

La section 1ʳᵉ : *Des diverses espèces de séquestres*,
est soumise à la discussion.

L'article 41, qui la compose, est adopté.

La section II : *Du séquestre conventionnel*, est
soumise à la discussion.

Les articles 42, 43, 44 et 45 sont adoptés.

L'article 46 est discuté.

Le citoyen **Regnauld** (*de Saint-Jean-d'Angély*)
demande s'il faut exiger le consentement de toutes
les parties intéressées, ou seulement de celles qui
ont comparu au séquestre. Par exemple, trois
héritiers ont consenti qu'un bien sur lequel ils
sont en contestation demeure en séquestre entre
les mains de l'un d'eux ; dans la suite, un quatrième héritier se présente : le séquestre peut-il
être levé par le consentement des trois qui l'ont
établi, ou faudra-t-il nécessairement le concours
du quatrième ?

Le citoyen **Treilhard** observe que le gardien
ne s'est pas obligé envers lui.

Le consul **Cambacérès** dit que le séquestre,
volontaire dans son principe, devient forcé, si un
tiers intéressé se présente. Alors c'est l'autorité
de la justice qui établit le séquestre.

Le citoyen **Treilhard** dit qu'il est nécessaire
de bien poser d'abord la question.

Trois personnes, alors seules connues pour parties intéressées, conviennent du séquestre. Une
quatrième se fait ensuite connaître. Elle est en
cause ou elle n'y est pas. Si elle n'est pas en cause,
son consentement est inutile pour la levée du
séquestre : on ne le connaît pas juridiquement.
Si elle est en cause, elle devient partie intéressée,
et le dépositaire la connaît. Ainsi l'article pourvoit
à tous les cas, lorsqu'il dit que le dépositaire est
déchargé par le consentement des parties intéressées, *ou pour une cause jugée légitime.*

Le citoyen **Tronchet** dit que le dépositaire
séquestre choisi par trois personnes ne se trouve
engagé qu'envers elles, et n'est pas obligé de savoir
si un tiers réclame quelque droit devant les tribunaux, à moins que ce tiers ne se fasse connaître à lui par une opposition. On pourrait donc
dire que le dépositaire est déchargé par le consentement de tous ceux qui ont fait le dépôt.

Le citoyen **Treilhard** observe que cette rédaction est exacte pour le cas qu'a supposé le
citoyen *Tronchet*, mais qu'elle aurait l'inconvénient d'autoriser le dépositaire à rendre le dépôt
à ceux qui l'ont fait, même lorsqu'il aurait été
mis personnellement en cause.

Le citoyen **Tronchet** dit qu'il est nécessaire
de ne pas confondre tous les cas dans l'application d'une règle trop générale; car le dépositaire
peut être déchargé avant que la contestation soit
terminée, et alors il lui est permis d'ignorer qu'il
existe un tiers réclamant.

Le citoyen **Regnauld** (*de Saint-Jean-d'Angély*)
ne pense pas qu'un dépositaire puisse se refuser
à rendre la chose, des diamants, par exemple.

Le consul **Cambacérès** distingue entre le séquestre conventionnel et le séquestre judiciaire.

Il n'y a pas de doute, dit-il, que si plusieurs
personnes, prêtes d'entreprendre un voyage ont
déposé entre les mains de quelqu'un des effets
tels que des diamans, le dépositaire doit les leur
rendre sans se permettre aucune recherche.

Mais si trois personnes qui sont en procès ont
déposé l'objet contentieux entre les mains d'un
tiers jusqu'à ce que le litige soit terminé, le dé-

positaire ne doit rendre la chose qu'après le jugement, même lorsque tous ceux qui ont fait le dépôt viennent le redemander. S'il s'écartait de cette règle, un tiers qui aurait droit à la chose serait fondé à lui reprocher de s'en être dessaisi avant de savoir à qui l'événement du procès la donnerait, avant de s'être fait représenter la transaction, la décision arbitrale ou le jugement qui ont terminé la contestation.

Le citoyen **Regnauld** (*de Saint-Jean-d'Angély*) regarde le séquestre purement conventionnel comme un contrat résoluble par le consentement de ceux-là seulement qui l'ont formé, sans que le dépositaire séquestre puisse régler sa conduite sur l'intérêt d'un tiers qu'il ne connaît pas. Si donc les personnes qui ont fait le dépôt s'accordent pour le retirer, on ne peut leur opposer l'intérêt de ce tiers.

Le citoyen **Treilhard** observe qu'on oublie dans cette discussion les dispositions de l'article 42.

Cet article, après avoir défini le séquestre conventionnel, décide que la chose ne peut être rendue qu'après la contestation terminée, et seulement à celui qui est jugé devoir l'obtenir.

Le citoyen **Portalis** dit que la rédaction de l'article doit être maintenue.

On s'est servi de l'expression *parties intéressées*, dans la prévoyance que les déposants pourraient vouloir retirer la chose avant que la contestation fût terminée, et pour leur en réserver le droit. Cette dénomination, en effet, ne convient qu'aux personnes qui ont confié leur intérêt au dépositaire, et qui l'on déduit en justice avant la contestation ; à ceux enfin qui se montrent, et non à des tiers inconnus.

Le citoyen **Tronchet** dit que rigoureusement cette explication des mots *parties intéressées* est conforme aux principes du droit ; mais le langage des lois n'étant pas entendu de tous, elle laissera des doutes. Il conviendrait donc de décider que le dépositaire sera déchargé par le consentement de ceux qui ont établi le séquestre, quand que d'autres ne se seront pas déclarés ; que si des tiers se font connaître, il faudra le concours de leur consentement pour assurer la décharge du dépositaire.

Le consul **Cambacérès** dit que les tiers intéressés auront toujours soin de former opposition entre les mains du dépositaire séquestre, et de convertir ainsi en séquestre judiciaire le séquestre qui, dans le principe, était conventionnel.

Personne n'est forcé d'accepter un séquestre : celui qui trouve cet engagement trop onéreux peut le refuser ; mais s'il s'y est soumis, il faut qu'il l'exécute de bonne foi ; autrement il serait préférable de ne permettre de séquestre qu'entre les mains d'officiers publics.

Le dépositaire séquestre ne connaît la vérité que ceux qui lui ont fait le dépôt ; mais il n'ignore pas que la chose est litigieuse ; c'en est assez pour s'interdire toute complaisance favorable à la fraude, même de la part de ceux qui ont fait le dépôt. S'ils s'accordent pour soustraire la chose aux droits d'un tiers, le dépositaire ne doit pas se prêter à cet arrangement.

En un mot, le séquestre conventionnel ne diffère du séquestre judiciaire qu'en ce que dans celui-ci le dépositaire est nommé par la justice, et dans l'autre par les parties.

Le **Consul** ajoute qu'il faut du moins obliger le dépositaire séquestre à faire une déclaration au greffe, afin que le séquestre ne soit pas ignoré des tiers qui peuvent avoir intérêt à le connaître.

La règle générale est que le dépositaire séquestre ne peut rendre la chose qu'après le litige.

Le citoyen **Tronchet** dit qu'il n'existe pas toujours de contestation : quelquefois les parties ne mettent la chose en séquestre que pour se donner le temps de transiger.

Le consul **Cambacérès** dit que ce cas est hors des termes de l'article 42, lequel ne se rapporte qu'à l'hypothèse où il y a procès. On peut cependant, si l'on veut, étendre plus loin la disposition de l'article, et dire que si la contestation n'est pas engagée, il est libre aux parties de retirer la chose ; mais que s'il y a procès, le dépositaire ne peut plus rendre la chose qu'après le jugement.

Le citoyen **Regnauld** (*de Saint-Jean-d'Angély*) dit qu'en effet il arrive quelquefois que des associés mettent leur actif en séquestre jusqu'après le règlement de leur compte. Il doit leur être permis de le retirer, tant qu'il n'y a point de contestation entre eux ; mais s'il s'élève un procès, le dépositaire doit attendre le jugement, pour rendre les effets séquestrés, conformément à ce qui sera décidé.

Le citoyen **Treilhard** dit que, c'est là un simple dépôt et non un séquestre. Le séquestre en effet suppose toujours une contestation.

Le citoyen **Portalis** dit que quand il existe une contestation, il y a séquestre ; quand il n'en existe pas, il n'y a qu'un dépôt. Ainsi, lorsque les parties conviennent de séquestrer la chose, ce ne peut être que parce qu'elle se trouve en litige, et alors il y a lieu d'appliquer l'article 42.

Le citoyen **Regnauld** (*de Saint-Jean-d'Angély*) dit qu'il existe encore d'autres différences ; que le dépôt n'a lieu que pour les choses mobilières, et le séquestre seulement pour les immeubles.

Le citoyen **Portalis** répond qu'il n'est point inhérent à la nature du séquestre de ne pouvoir être établi que sur des immeubles. Le dépôt, à la vérité, ne peut avoir lieu que pour choses mobilières ; mais le séquestre peut être également établi sur les meubles et sur les immeubles.

Le citoyen **Regnauld** (*de Saint-Jean-d'Angély*) dit qu'il y a encore cette autre différence, que le séquestre est toujours formé par le consentement de plusieurs, et le dépôt par la volonté d'un seul.

Le consul **Cambacérès** dit qu'il est possible de rapprocher toutes les opinions.

On est d'accord que les parties peuvent retirer la chose séquestrée, tant qu'il n'y a point de contestation ;

On reconnaît également que s'il existe une contestation, la chose ne peut plus être remise qu'à celui qui sera jugé devoir la retenir.

Un changement de rédaction dans l'article 42 suffirait pour remplir les vues du Conseil. On pourrait dire que *le séquestre conventionnel est le dépôt fait par plusieurs personnes d'une chose litigieuse à un tiers qui s'oblige de la rendre après la contestation terminée.*

Ces mots : *chose contentieuse et contestation terminée*, indiqueraient que la seule différence entre le séquestre judiciaire et le séquestre conventionnel consiste en ce que, dans ce dernier, le dépositaire est choisi par les parties.

D'un autre côté, on ne confondrait point des associés et d'autres qui auraient mis la chose en séquestre jusqu'à ce qu'ils aient pris leurs arrangements avec ceux qui auraient fait le dépôt, afin que la chose demeurât dans la main d'un tiers jusqu'à ce que la justice ait prononcé, car le mot *contentieux* suppose une contestation engagée.

Il deviendrait évident que dans ce dernier cas le dépositaire serait obligé, avant de rendre la chose, de savoir comment la contestation a fini : autrement, et dans les divers systèmes qui ont été proposés, tantôt le dépositaire se trouverait engagé, tantôt il ne le serait pas, tandis que lorsqu'il vient un litige, il doit être assimilé, pour la manière de rendre la chose, au dépositaire-séquestre nommé par la justice, car il a contracté avec elle comme avec les parties.

Le citoyen **Regnauld** (de *Saint-Jean-d'Angély*) admet cette distinction. Il convient que lorsque le dépositaire n'est chargé que par un simple contrat, son engagement doit pouvoir être résolu par le consentement contraire ; que s'il y a procès, il doit devenir dépositaire judiciaire.

L'article 46 est adopté.

L'article 42 sera rédigé ainsi qu'il suit :

« Le séquestre conventionnel est le dépôt fait par « une ou plusieurs personnes, d'une chose conten- « tieuse, entre les mains d'un tiers qui s'oblige « de la rendre, après la contestation terminée, à « la personne qui sera jugée devoir l'obtenir. »

La section III : *Du séquestre ou dépôt judiciaire*, est soumise à la discussion.

Les articles 47, 48 et 49 qui la composent, sont adoptés.

Le **Consul** ordonne que le titre qui vient d'être discuté sera communiqué officieusement, par le secrétaire général du Conseil d'État, à la section de législation du Tribunat, conformément à l'arrêté du 18 germinal an X.

La séance est levée.

Pour extrait conforme :
Le secrétaire général du Conseil d'État,
J. G. LOCRÉ.

SÉANCE
DU 5 PLUVIÔSE AN XII DE LA RÉPUBLIQUE.
(*Jeudi* 26 *janvier* 1804).

Le **Second Consul** préside la séance.

Le citoyen **Treilhard** annonce que le titre Ier du livre II du projet de Code civil : *De la distinction des biens*, a été décrété par le Corps législatif, dans sa séance du 1 de ce mois.

Le citoyen **Berlier** nommé par le **Premier Consul**, avec les citoyens **Regnauld** (de *Saint-Jean-d'Angély*) et **Jollivet** pour présenter au Corps législatif, dans sa séance du 29 nivôse, le titre IV du livre II du projet de Code civil : *des servitudes ou services fonciers*, et pour en soutenir la discussion dans sa séance du 10 pluviôse, dépose sur le bureau l'exposé des motifs de ce titre.

Cet exposé est ainsi conçu :

LIVRE II.
TITRE IV.
DES SERVITUDES OU SERVICES FONCIERS.
Exposé des motifs.

« CITOYENS LÉGISLATEURS,

« Un projet de loi sur la propriété vous a été soumis il y a peu de jours ; ses droits vous ont été développés avec beaucoup d'étendue ; mais la propriété est susceptible de modifications, comme toutes les institutions de l'ordre social.

« Ainsi diverses causes peuvent concourir à l'assujettissement d'un fonds originairement franc; ainsi à côté de la liberté des héritages se placent les *servitudes ou services fonciers*, dont nous venons vous entretenir aujourd'hui.

« Il ne s'agit point ici de ces prééminences d'un fonds sur l'autre, qui prirent naissance dans le régime à jamais aboli des fiefs.

« Il ne s'agit pas non plus de services imposés à la personne et en faveur d'une personne, mais seulement à un fonds et pour un fonds.

« Dans ce travail, le Gouvernement n'a point aspiré à la création d'un système nouveau : en respectant les usages autant qu'il était possible, il a rapproché et concilié les règles de la matière; et malgré son extrême désir d'établir l'*uniformité* dans cette partie de la législation comme dans les autres, il y a quelquefois renoncé quand des différences locales la repoussaient invinciblement.

« Pour vous mettre, citoyens législateurs, à même d'apprécier ce travail, je ne m'astreindrai point à justifier en détail chacun de ses nombreux articles.

« Tout ce qu'un usage constant et conforme aux règles de la justice a consacré depuis des siècles n'a pas besoin d'être motivé ; et notre projet compte bien peu de dispositions qui ne soient dans ce cas.

« Je me bornerai donc à vous offrir quelques notions générales de l'ordre qui a été suivi dans la rédaction de ce projet, et des vues qu'y ont présidé.

« Les servitudes se divisent en trois classes : les unes dérivent de la situation des lieux ; les autres sont établies par la loi ; la troisième espèce s'établit par le fait de l'homme.

« Les deux premières classes ont quelque affinité entre elles ; la troisième en est essentiellement distincte : mais comme elles ont chacune un caractère et des effets qui leur sont propres, je vais les examiner séparément et dans l'ordre qui leur est assigné par le projet de loi.

Des servitudes qui dérivent de la situation des biens.

« Les *eaux* se placent au premier rang des servitudes de cette espèce. C'est par la nature des choses que les fonds inférieurs sont assujettis à recevoir les eaux qui découlent des héritages supérieurs ; ainsi le propriétaire d'un héritage inférieur ne peut se soustraire à cette servitude, qui est une charge tracée par la nature elle-même ;

« De son côté, le propriétaire de l'héritage supérieur ne peut aggraver la servitude, ni changer le cours des eaux d'une manière qui porte dommage à l'héritage inférieur.

« Ces règles sont fondées d'une part sur la nécessité, et de l'autre sur l'équité.

« Mais la question des eaux se présente aussi sous un autre rapport.

« En effet, de même que les eaux peuvent être pour l'héritage inférieur une chose incommode, onéreuse, en un mot une vraie servitude, de même, et en plusieurs circonstances, elles peuvent lui offrir de grands avantages.

« Cette situation particulière, considérée dès son origine, ne confère aucun droit de plus à l'héritage inférieur envers l'héritage supérieur dans lequel il y a une source.

« Cette source faisant partie de la propriété comme le terrain même, le propriétaire du terrain où est la source peut en disposer à sa volonté.

« Mais si pendant plus de trente ans ce propriétaire a laissé aux eaux de sa source un cours à l'occasion duquel le propriétaire de l'héritage inférieur ait fait des travaux *apparents* dans la vue d'user de ces eaux, et qu'en cet état celui-ci en ait acquis la possession trentenaire, cette possession ainsi caractérisée a semblé suffisante pour établir les droits de l'héritage inférieur.

« Dans cette espèce, les rôles changent ; et c'est l'héritage supérieur qui est assujetti envers l'héritage inférieur à respecter une possession qui, accompagnée d'actes *patents* et *spéciaux*, peut être considérée comme la suite d'arrangements passés entre les deux propriétaires ou leurs auteurs.

« Hors ce cas et celui où l'utilité publique ou communale réclame l'usage d'une source, le propriétaire en a l'absolue disposition, de manière toutefois qu'il n'aggrave point la condition de ses voisins.

« Tels sont les principes que notre projet pose sur la matière des eaux, en y ajoutant quelques règles sur l'usage que peuvent tirer *des eaux courantes* les propriétés qui les bordent.

« Toutes ces décisions sont conformes à la raison et à la justice.

« Mais si les eaux et leur cours tiennent le premier rang parmi les servitudes *naturelles*, il en est d'autres que la situation des lieux entraîne aussi évidemment.

« Tels sont, en certains cas, les clôtures et le bornage.

« A la vérité, quelques auteurs, en ne considérant comme *servitude* que les devoirs susceptibles d'un exercice journalier ou du moins périodique, ont pensé que ce qui avait trait aux actions que nous examinons,et notamment *au bornage*, n'était que la matière d'un règlement entre voisins.

« Mais en mettant à l'écart toute dispute de mots, si le bornage est un devoir réciproque de tout propriétaire rural envers son voisin qui le réclame, cette règle se place naturellement ici.

« J'ai parlé des servitudes qui dérivent de la situation des lieux ; je passe à celles qui sont établies par la loi.

Des servitudes établies par la loi.

« Je dirai peu de chose des servitudes qui sont, en certains cas, établies pour l'utilité publique ou communale.

« Un chemin est-il à faire, un édifice public est-il à construire : la propriété particulière cède, moyennant indemnité, au besoin général.

« Ce principe, exprimé déjà au titre *De la propriété*, n'est rappelé ici que pour le complément du tableau.

« Mais cette espèce de servitude qui, planant sur tous les fonds, en atteint par intervalles quelques-uns et en absorbe plusieurs, peut n'être considérée que comme *accidentelle* ; et, malgré son importance, ne tenir ici qu'une place secondaire. !

« C'est sous ce point de vue que notre projet la considère ; il n'en parle que transitoirement, et s'occupe spécialement des servitudes qui, de leur nature, se rattachant à l'état *habituel* des propriétés particulières entre elles, ont leurs effets réglés par la loi, indépendamment de la volonté particulière, et nonobstant toute opposition dont l'un voudrait user envers l'autre.

« Cette classe de servitudes se divise elle-même en un fort grand nombre d'espèces : la *mitoyenneté des murs* ; *la distance requise pour certaines constructions, ou le contre mur; les vues sur la propriété du voisin ; l'égout des toits, et le droit de passage.*

« Peu de mots sur chacune de ces servitudes suffiront pour faire connaître l'organisation qui leur est propre.

« L'une des plus importantes, sans doute, est la *mitoyenneté des murs*, dont nos principales coutumes se sont occupées avec beaucoup d'étendue.

« Le droit romain a bien aussi de nombreux textes relatifs au *mur commun* ; mais cette source n'était point en cette occasion la meilleure ; car les maisons de Rome, bâties sans contiguïté entre elles (ainsi que nous l'apprennent les lois mêmes de ce peuple, où elles sont ordinairement désignées sous le nom d'*îles, insulæ*), ne pouvaient donner lieu entre voisins aux mêmes difficultés que chez nous, ou du moins ces difficultés devaient y être bien rares.

« Les dispositions de nos coutumes sur le mur mitoyen, nées de nos besoins et de la forme même de nos habitations, nous offraient un guide plus sûr et plus adapté à notre situation.

« Le projet les a donc suivies, et les a puisées surtout dans la coutume de Paris avec laquelle la plupart des autres s'accordent, et qui même est devenue en plusieurs points la base de la jurisprudence des pays de droit écrit.

« Une assez grave divergence pourtant existait entre quelques parties du territoire français, et notamment entre les pays coutumiers et ceux de droit écrit, non sur les effets de la mitoyenneté une fois acquise, mais sur le mode même de l'acquérir.

« Dans une partie de la République, *la mitoyenneté* ne s'acquérait et ne s'acquiert encore aujourd'hui que par le concours de deux volontés ; il ne suffit pas que l'une des parties veuille l'acquérir, il faut que l'autre y consente : c'est un contrat ordinaire ; et si le voisin refuse, à quelque prix que ce soit, de donner part à son mur, celui qui désire la mitoyenneté est tenu d'y renoncer, et de bâtir sur son fonds un mur, qui lui reste en totalité.

« Dans beaucoup d'autres contrées, et notamment dans le vaste ressort de la coutume de Paris, suivie sur ce point par un grand nombre d'autres, l'acquisition de la mitoyenneté s'opère par la disposition de la loi et sous la seule obligation de rembourser la moitié de la valeur du mur et du sol.

« Cette règle est celle que nous avons suivie comme la seule propre à prévenir des refus dictés par l'humeur ou le caprice, souvent contre l'intérêt même de celui à qui la mitoyenneté est demandée, et toujours contre les devoirs du bon voisinage.

« Ainsi, la mitoyenneté des murs est justement classée parmi les servitudes *légales* ; autrement elle eût appartenu aux servitudes *conventionnelles*.

« Je ne parlerai point de la manière dont le projet règle les effets et les droits de la mitoyenneté *des murs*, ainsi que les caractères auxquels devra se reconnaître la mitoyenneté *des fossés et des haies*.

« En établissant le sujet un droit commun, on l'a fondé sur nos habitudes et sur les usages reçus le plus universellement.

« Mais la conciliation des usages a été jugée impossible lorsqu'il a été question *des plantations limitrophes*, ou du moins il n'a pas été permis de les assujettir à une mesure commune et uniforme.

« Les principes généraux déduits de la seule équité indiquent suffisamment sans doute que le droit de tout propriétaire cesse là où commencerait un préjudice pour son voisin ; mais cette primitive donnée, commune à toutes les parties du territoire, n'écarte point la difficulté que nous venons d'indiquer. En effet, à quelle distance de l'héritage voisin sera-t-il permis de planter des arbres de haute tige, ou autres ? Sera-ce à un ou deux mètres pour les premiers, à un demi-mètre pour les seconds ? Et la fixation précise d'une distance quelconque est-elle compatible avec la variété des cultures et du sol sur un territoire aussi étendu que celui de la République?

« Pour ne rien retrancher du légitime exercice de la propriété, mais pour ne pas blesser non plus les droits du voisinage, il a donc fallu se borner à n'indiquer sur ce point, et par voie de disposition générale, une distance commune qu'en l'absence de règlements et usages locaux.

« Il n'a pas été moins nécessaire de renvoyer à ces règlements et usages tout ce qui se rapporte aux *contre-murs*, ou, à défaut de contre-murs, aux distances prescrites pour certaines constructions que l'on voudrait faire près d'un mur voisin, mitoyen ou non.

« En effet la loi ne saurait prescrire l'emploi de tels ou tels matériaux qui n'existent pas également partout : ici se trouve la pierre de taille, là il n'y a que de la brique, et pourtant ces éléments sont la vraie, l'unique mesure des obligations ultérieures ; car mon voisin, s'il veut construire une cheminée, une forge ou un fourneau, ne peut néanmoins mettre ma propriété en danger, et elle y sera selon qu'il emploiera tels matériaux au lieu de tels autres, ou que, selon la nature de mes constructions, il en rapprochera plus ou moins les siennes.

« Il a donc fallu encore s'en rapporter sur ce point aux règlements et usages locaux, et renoncer par nécessité au bénéfice de l'uniformité dans une matière qui ne la comportait pas.

« Au surplus, cet obstacle n'existe pas pour les autres servitudes légales que nous avons encore à examiner, savoir, *les vues*, *l'égout* et *le droit de passage*.

« Les servitudes de *vues* ou *jours* tiennent un rang assez important dans cette matière.

« On ne peut, en mur mitoyen, prendre des *vues* ou *jours* sur son voisin autrement que par convention expresse : c'est une règle qui n'a jamais été contestée. Mais il s'agit plus spécialement ici de déterminer jusqu'à quel point l'exercice de la propriété peut être gêné, même *en mur propre ;* et c'est sous ce rapport que l'incapacité d'ouvrir des *vues* ou des *jours* sur son voisin peut et doit être considérée comme une servitude établie par la loi.

« Ainsi l'on ne peut, même dans son propre mur, s'il est immédiatement contigu à l'héritage d'autrui, pratiquer des ouvertures ou prendre des jours sur le propriétaire voisin que sous les conditions que la loi impose.

« Cette modification du droit de propriété n'a pas besoin d'être justifiée ; l'ordre public ne permet pas qu'en usant de sa propriété on puisse alarmer les autres sur la leur.

« C'est dans ces vues que le projet indique les hauteurs auxquelles les fenêtres doivent être posées au-dessus du sol ou du plancher, avec les distinctions propres au rez-de-chaussée et aux étages supérieurs.

« Quelques voix avaient sur ce point réclamé des modifications pour les habitations champêtres ; mais une mesure commune et modérément établie a semblé devoir régir indistinctement les habitations des campagnes comme celles des villes, parce que l'ordre public veille également pour les unes et pour les autres.

« Un article du projet traite de *l'égout des toits*, et dispose que tout propriétaire doit établir ses toits de manière que les eaux pluviales s'écoulent sur son terrain ou sur la voie publique, sans qu'il puisse les faire verser sur le fonds de son voisin.

« Dira-t-on que cette disposition établit plus exactement un devoir qu'une servitude, parce qu'on n'exerce pas de servitude sur son propre fonds : mais l'usage de sa propre chose, limité dans l'intérêt de celle d'autrui, est aussi une servitude légale ; et d'ailleurs la cohérence de cette disposition avec les précédentes ne permettait pas de la placer ailleurs.

« Enfin le projet traite du *droit de passage* dû au propriétaire d'un fonds enclavé et sans issue.

« Cette servitude dérive tout à la fois et de la nécessité et de la loi ; car l'intérêt général ne permet pas qu'il y ait des fonds mis hors du domaine des hommes et frappés d'inertie, ou condamnés à l'inculture, parce qu'il faudra, pour y arriver, traverser l'héritage d'autrui.

« Seulement, en ce cas, le propriétaire qui fournit le passage doit être indemnisé, et celui qui le prend doit en user de la manière qui portera le moins de dommage à l'autre.

« Citoyens législateurs, je viens d'indiquer rapidement les diverses espèces de servitudes *légales* comprises au chapitre II du projet de loi.

« De cette dénomination *servitudes établies par la loi*, il ne faut pas au surplus conclure qu'il ne puisse y être apporté des dérogations ou modifications par la volonté de l'homme, mais seulement qu'elles agissent, en l'absence de toute convention, par la nature des choses et l'autorité de la loi.

« Je passe à la troisième classe de servitudes dont traite le projet de loi.

Des servitudes établies par le fait de l'homme.

« On appelle ainsi toutes servitudes qui dérivent ou d'une *convention* formelle, ou d'une *possession* suffisante pour faire présumer un accord, ou de *destination du père de famille*.

« La destination du père de famille équivaut à titre quand il est prouvé que deux fonds actuellement divisés ont appartenu à la même personne, et que c'est par elle que les choses ont été mises en l'état d'où résulte la servitude.

« Les servitudes conventionnelles imposées sur la propriété n'ont pour limites nécessaires que le point où elles deviendraient contraires à l'ordre public.

« Quelle qu'en soit la cause, elles sont, par l'objet auquel elles s'attachent, *urbaines* ou *rurales*, *continues* ou *discontinues*, *apparentes* ou *non apparentes*.

« Notre projet explique cette triple distinction ; mais je porterai spécialement votre attention sur les deux dernières, et sur la différence qui, entre les servitudes *continues* et *apparentes*, et les servitudes *discontinues* et *non apparentes*, exige qu'à défaut de titres les unes soient mieux traitées que les autres.

« Ainsi, les servitudes continues et apparentes pourront s'acquérir par une possession trentenaire ; car des actes journaliers et patents, exercés pendant si longtemps sans aucune réclamation, ont un caractère propre à faire présumer le consentement du propriétaire voisin : le titre même a pu se perdre ; mais la possession reste, et ses effets ne sauraient être écartés sans injustice.

« Il n'en est pas de même à l'égard des servitudes continues, non apparentes, et des servitudes discontinues, apparentes ou non.

« Dans ce dernier cas, rien n'assure, rien ne peut même faire légalement présumer que le propriétaire voisin ait eu une suffisante connaissance d'actes souvent fort équivoques, et dont la preuve est dès lors inadmissible.

« La preuve de la possession trentenaire sera donc recevable dans la première espèce ; mais nulle preuve de possession, *même immémoriale*, ne sera admise dans la seconde.

« Cette décision, conforme à la justice et favorable à la propriété, est l'une des plus importantes du projet, et mérite d'autant plus d'attention qu'elle n'était pas universellement admise dans le dernier état de la jurisprudence.

« Nulle part on n'avait pu méconnaître la différence essentielle qui existe entre ces diverses espèces de servitudes ; mais tout ce qui en était résulté dans quelques ressorts, c'est qu'au lieu de la possession trentenaire on exigeait, à défaut de titres, la possession *immémoriale* pour l'acquisition des servitudes discontinues.

« De graves auteurs, et notamment *Dumoulin*, avaient adopté cette opinion : mais qu'est-ce qu'une possession *immémoriale* pouvait ajouter ici, et quelle confiance pouvaient mériter, au-delà de trente ans, les mêmes faits, les mêmes actes que l'on avouait être équivoques et non concluants pendant cette première et longue série d'années ?...

« En rejetant cette possession immémoriale, notre projet a donc fait une chose qui, bonne en soi, s'accordera aussi avec les vues générales de notre nouvelle législation en matière de prescription : la plus longue doit être limitée à trente ans, et les actes qui ne prescrivent point par ce laps de temps, peuvent bien être considérés comme de nature à ne prescrire jamais.

« Il me reste peu de chose à dire sur le surplus du projet. Il traite des droits et devoirs respectifs des propriétaires d'héritages dont l'on doit une servitude à l'autre ; et les règles, prises à ce sujet dans l'équité et l'usage, ne pouvaient présenter ni embarras ni incertitude.

« Rien d'ardu ni de grave ne s'offrait d'ailleurs dans la partie du travail qui exprime comment s'éteignent les servitudes établies par le fait de l'homme.

« Le non-usage pendant trente ans, qui en fait présumer l'abandon ou la remise, et la réunion dans les mêmes mains du fonds qui doit la servitude et de celui à qui elle est due : telles sont les causes d'extinction, auxquelles il peut s'en joindre accidentellement une troisième lorsque le fonds qui doit la servitude n'est plus en état de la fournir.

« Au surplus, le but essentiel de toute la partie du projet relative aux servitudes qui s'établissent par le fait de l'homme a été de les protéger, mais de les circonscrire dans les limites précises de leur établissement : ainsi le voulait la faveur due à la liberté des héritages et à la franchise des propriétés.

« Citoyens législateurs, j'ai parcouru, et plutôt indiqué que discuté, tous les points du projet de loi relatif aux *servitudes ou services fonciers*.

« Sa sagesse n'échappera point à vos lumières.

« Vous n'y trouverez que peu de dispositions nouvelles, et remarquerez dans toutes ses parties la circonspection avec laquelle, en faisant disparaître quelques nuances entre divers usages, on a néanmoins respecté les habitudes générales, et même quelquefois les habitudes locales, quand des motifs supérieurs en ont imposé le devoir.

« Sous tous les rapports qui viennent d'être examinés, le Gouvernement a pensé que ce projet de loi obtiendrait de vous la sanction qui lui est nécessaire pour occuper dans le Code civil la place qui l'y attend.

LIVRE III.
TITRE XIX.

DES CONTRATS ALÉATOIRES.
Première Rédaction.

Le citoyen **Portalis** présente le titre XIX du livre III du projet de Code civil : *Des contrats aléatoires.*

DES CONTRATS ALÉATOIRES.

Art. 1er. « Le contrat aléatoire est celui par « lequel chacune des parties contractantes s'engage à donner ou à faire une chose, et ne reçoit en équivalent de ce qu'elle donne ou promet, que l'avantage casuel d'un événement incertain ;
« Tels sont:
« Le contrat d'assurance,
« Le prêt à grosse aventure,
« Le jeu et le pari,
« Le contrat de rente viagère.
« Les deux premiers sont régis par les lois maritimes. »

CHAPITRE PREMIER.
Du jeu et du pari.

Art. 2. « La loi n'accorde aucune action pour « le paiement de ce qui a été gagné au jeu ou par « un pari.

Art. 3. « Les jeux propres à exercer au fait des « armes, les courses à pied ou à cheval, les courses « de chariot, le jeu de paume et autres jeux de « même nature qui tiennent à l'adresse et à l'exer-« cice du corps, sont exceptés de la disposition « précédente.

« Néanmoins le tribunal peut rejeter la de-« mande, quand la somme lui paraît excessive.

Art. 4. « Dans aucun cas le perdant ne peut « répéter ce qu'il a volontairement payé, à moins « qu'il n'y ait eu, de la part du gagnant, dol, « supercherie ou escroquerie. »

CHAPITRE II.
Du contrat de rente viagère.

SECTION PREMIÈRE.
Des conditions requises pour la validité du contrat.

Art. 5. « La rente viagère peut être constituée « à titre onéreux, moyennant une somme d'ar-« gent ou une chose mobilière appréciable, ou « pour l'abandonnement d'un immeuble. »

Art. 6. « Elle peut être aussi constituée à titre « purement gratuit, par donation entre-vifs ou « par testament. Elle doit être revêtue alors des « formes requises par la loi. »

Art. 7. « Dans le cas de l'article précédent, la « rente viagère est réductible, si elle excède ce « dont il est permis de disposer : elle est nulle, « si elle est au profit d'une personne incapable « de recevoir. »

Art. 8. « La rente viagère peut être constituée, « soit sur la tête de celui qui en fournit le prix, « soit sur la tête d'un tiers qui n'a aucun droit « d'en jouir. »

Art. 9. « Elle peut être constituée sur une ou « plusieurs têtes. »

Art. 10. « Elle peut être constituée au profit « d'un tiers, quoique le prix en soit fourni par « une autre personne.

« Dans ce dernier cas, quoiqu'elle ait les carac-« tères d'une libéralité, elle n'est point assujettie « aux formes requises dans les donations, sauf « les cas de réduction et de nullité énoncés dans « l'article 7. »

Art. 11. « Tout contrat de rente viagère créée « sur la tête d'une personne qui était morte au « jour du contrat, est radicalement nul. »

Art. 12. « Il y a pareillement nullité dans le con-« trat par lequel la rente a été créée sur la tête « d'une personne atteinte de la maladie dont elle « est décédée dans les vingt jours de la date du « contrat. »

Art. 13. « La rente viagère peut être constituée « au taux qu'il plaît aux parties contractantes de « fixer. »

SECTION II.

De effets du contrat entre les parties contrac-
tantes.

Art. 14. « Celui au profit duquel la rente via-« gère a été constituée moyennant un prix peut « demander la résiliation du contrat, si le consti-« tuant ne lui donne pas les sûretés stipulées « pour son exécution.

« Le seul défaut de paiement des arrérages de « la rente n'autorise point celui en faveur de qui « elle est constituée, à demander le rembourse-« ment du capital, ou à rentrer dans le fonds par « lui aliéné ; il n'a que le droit de saisir et de « faire vendre les biens de son débiteur, et de « faire ordonner ou consentir, sur le produit « de la vente, l'emploi d'une somme suffisante « pour le service des arrérages. »

Art. 15. « Le constituant ne peut se libérer du « paiement de la rente, en offrant de rembourser « le capital, et en renonçant à la répétition des « arrérages payés ; il est tenu de servir la rente « pendant toute la vie de la personne ou des per-« sonnes sur la tête desquelles la rente a été con-« stituée, quelle que soit la durée de la vie de ces « personnes, et quelque onéreux qu'ait pu de-« venir le service de la rente. »

Art. 16. « Les arrérages d'une rente viagère « sont un fruit civil qui appartient à l'usu-« fruitier ; et celui-ci n'est point obligé, après la « cessation de l'usufruit, de les restituer au pro-« priétaire ni à ses héritiers. »

Art. 17. « La rente viagère n'est acquise au pro-« priétaire que dans la proportion du nombre de « jours qu'il a vécu, quand elle aurait été stipulée « payable par trimestre, semestre ou par mois, « ou par termes d'avance.

« Le constituant a l'action en répétition pour « les termes qu'il aurait payés d'avance, sans y « être obligé par le contrat. »

Art. 18. « La rente viagère ne peut être stipulée « insaisissable, que lorsqu'elle a été constituée à « titre gratuit. »

Art. 19. « La rente viagère ne s'éteint pas par « la mort civile du propriétaire ; le paiement doit « en être continué pendant sa vie naturelle. »

Art. 20. « Le propriétaire d'une rente viagère « n'en peut demander les arrérages qu'en justi-« fiant de son existence ou de celle de la per-« sonne sur la tête de laquelle elle a été con-« stituée. »

L'article 1er est soumis à la discussion et adopté.

Le citoyen **Portalis** fait lecture du chapitre 1er *Du jeu et du pari.*

Les articles 2, 3 et 4, qui le composent, sont adoptés.

Le citoyen **Portalis** fait lecture du chapitre II : *Du contrat de rente viagère.*

La section 1re : *Des conditions requises pour la validité du contrat,* est soumise à la discussion.

Les articles 5, 6, 7, 8, 9, 10, 11, 12 et 13, qui la composent, sont adoptés.

La section II : *Des effets du contrat entre les parties contractantes,* est soumise à la discussion.

L'article 14 est discuté.

Le Consul **Cambacérès** pense que les deux parties de cet article doivent former chacune un article séparé.

Il conviendrait aussi de faire sentir, dans la rédaction, que la règle générale que l'article établit n'est pas absolue ; qu'il est permis aux par-ties d'y déroger et de stipuler que, faute de paie-ment de la rente, le créancier pourra rentrer dans son capital ou dans l'immeuble dont elle est le prix. La rédaction proposée n'exclut pas cette clause dérogatoire ; mais il serait plus utile de l'autoriser formellement.

Les propositions du Consul sont renvoyées à la section.

L'article 15 est discuté.

Le citoyen **Defermon** demande pourquoi la faculté que cet article refuse au débiteur ne lui serait pas accordée, lorsque la rente a été con-stituée à prix d'argent.

Le citoyen **Tronchet** répond que ce serait dé-truire le contrat dans son essence, car l'intention du créancier a été de s'assurer irrévocablement une rente viagère.

Le citoyen **Defermon** objecte que cependant, lorsque le débiteur tombe en faillite, la condition de ses créanciers devient beaucoup trop dure, s'ils n'ont aucun moyen d'affranchir de la rente les biens qui forment leur gage.

Le citoyen **Portalis** répond que ni le change-ment survenu dans la fortune du débiteur, ni le fait de ses créanciers, ne peuvent détruire le con-trat antérieurement formé, ou modifier la condi-tion du créancier de la rente.

Le citoyen **Tronchet** ajoute que le taux de l'argent ou le signe représentatif pouvant changer, la faculté de rembourser une rente viagère pour-rait devenir très-préjudiciable à celui qui la per-çoit.

L'article est adopté.

Les articles 16, 17, 18, 19 et 20, sont adoptés.

Le citoyen **Berlier** présente le titre XVII du livre III : *Du mandat.*

Il est ainsi conçu :

DU MANDAT.

CHAPITRE PREMIER.

De la nature et de la forme du mandat.

Art. 1er. « Le mandat ou procuration est « un acte par lequel une personne donne à une « autre le pouvoir de faire quelque chose pour « le mandant en son nom.

« Le contrat ne se forme que par l'acceptation « du mandataire. »

Art. 2. « Le mandat doit être écrit : il peut être « donné ou par acte public, ou par écrit sous « seing privé, même par lettre.

« L'acceptation du mandat peut n'être que tacite « et résulter de l'exécution qui lui a été donnée « par le mandataire. »

Art. 3. « Le mandat est gratuit, s'il n'y a con-« vention contraire. »

Art. 4. « Il est ou *spécial* et pour une affaire ou « certaines affaires seulement, ou *général* et pour « toutes les affaires du mandant. »

Art. 5. « Soit qu'il s'agisse d'une affaire ou de « toutes, le mandat ne donne au mandataire d'au-« tres pouvoirs que ceux qui y sont formellement « exprimés. »

Art. 6. Si le mandat est conçu en termes géné-« raux, on fait la distinction suivante :

« Ou le mandat accorde simplement au manda-
« taire le pouvoir de faire tout ce qui lui semblera
« convenable aux intérêts du mandant, et alors
« le mandat n'embrasse que les actes de simple
« administration;

« Ou il exprime que le mandataire pourra faire
« tout ce que le mandant lui-même serait habile
« à faire, et dans ce cas le mandat embrasse les
« actes de propriété comme ceux d'administra-
« tion. »

Art. 7. « Le mandataire ne peut rien faire au
« delà de ce qui est porté dans son mandat : le
« pouvoir de transiger ne renferme pas celui de
« compromettre. »

Art. 8. « Les femmes et les mineurs émanci-
« pés peuvent être choisis pour mandataires;
« mais le mandant n'a d'action contre le manda-
« taire mineur que d'après les règles générales re-
« latives aux obligations des mineurs, et contre la
« femme mariée, et qui a accepté le mandat sans
« autorisation de son mari, que d'après les règles
« établies au titre *Du contrat de mariage et des*
« *droits respectifs des époux.*

CHAPITRE II
Des obligations du mandataire.

Art. 9. « Le mandataire est tenu d'accomplir le
« mandat tant qu'il en demeure chargé, et répond
« des dommages-intérêts qui pourraient résulter
« de son inexécution.

« Il est tenu de même d'achever la chose com-
« mencée au décès du mandant, s'il y a péril en
« la demeure. »

Art. 10. « Le mandataire répond, non-seule-
« ment du dol, mais encore des fautes qu'il com-
« met dans sa gestion.

« Néanmoins la responsabilité relative aux
« fautes est appliquée moins rigoureusement au
« mandataire gratuit qu'à celui qui reçoit un sa-
« laire. »

Art. 11. « Tout mandataire est tenu de rendre
« compte de sa gestion, et de faire état au man-
« dant de tout ce qu'il a reçu en vertu de sa pro-
« curation, quand même ce qu'il aurait reçu
« n'eût point été dû au mandant. »

Art. 12. « Le mandataire répond de celui qu'il
« s'est substitué dans la gestion, 1° quand il n'a
« pas reçu le pouvoir de se substituer quelqu'un;
« 2° quand ce pouvoir lui a été conféré sans dé-
« signation de personne, et que celle dont il a
« fait choix était notoirement suspecte sous le
« rapport de la capacité ou de la solvabilité.

« Dans tous les cas le mandant peut agir direc-
« tement contre la personne que le mandataire
« s'est subtituée. »

Art. 13. « Quand il y a plusieurs mandataires
« ou procureurs constitués par le même acte, il
« n'y a de solidarité entre eux qu'autant qu'elle
« est exprimée. »

Art 14. « Le mandataire doit l'intérêt des som-
« mes qu'il a employées à son usage, à dater de
« cet emploi, et de celles dont il est reliquataire,
« à compter du jour qu'il est mis en demeure. »

Art. 15. « Le mandataire qui a donné à la par-
« tie avec laquelle il contracte en cette qualité
« une suffisante connaissance de ses pouvoirs,
« n'est tenu d'aucune garantie pour ce qui a été
« fait au delà, s'il ne s'y est *personnellement* sou-
« mis. »

CHAPITRE III.
Des obligations du mandant.

Art. 16. « Le mandant est tenu d'exécuter ce
« qui a été fait suivant le pouvoir qu'il a donné.

« Il n'est tenu de ce qui a pu être fait au delà,
« qu'autant qu'il l'a ratifié expressément ou ta-
« citement. »

Art. 17. « Le mandant doit au mandataire le
« remboursement des avances et frais que celui-
« ci a payés pour l'exécution du mandat. »

« Le mandant ne peut s'en dispenser, sur le
« foudement que l'affaire n'a pas réussi, si elle
« n'a point manqué par la faute du mandataire,
« ni faire réduire le montant de ces frais et avan-
« ces, sur le fondement qu'ils pouvaient être
« moindres, s'il n'y a eu dol ou faute imputable
« au mandataire. »

Art. 18. « Le mandant doit aussi indemniser
« le mandataire des pertes que celui-ci a
« essuyées à l'occasion de sa gestion, sans im-
« prudence qui lui soit imputable. »

Art. 19 « L'intérêt des avances faites par le
« mandataire lui est dû par le mandant, à dater
« du jour des avances constatées. »

Art. 20. « Lorsque le mandataire a été con-
« stitué par plusieurs personnes pour une affaire
« commune, chacune d'elles est tenue solidaire-
« ment envers lui de tout l'effet du mandat.

CHAPITRE IV.
Des différentes manières dont le mandat finit.

Art. 21. « Le mandat finit :
« A Par la révocation du mandataire,
« Par la renonciation de celui-ci au mandat,
« Par la mort naturelle ou civile, l'interdiction
« ou la déconfiture, soit du mandant, soit du man-
« dataire. »

Art. 22 « Le mandant peut révoquer sa pro-
« curation quand bon lui semble, et contraindre
« le mandataire à lui remettre, soit l'original de
« la procuration, si elle a été délivrée en brevet,
« soit l'expédition, s'il en a été gardé minute. »

Art. 23. « La révocation notifiée au seul man-
« dataire n'être opposée aux tiers qui ont
« traité dans l'ignorance de cette révocation; sauf
« au mandant son recours contre le mandataire. »

Art. 24. « La constitution d'un nouveau manda-
« taire pour la même affaire vaut révocation du
« premier, à compter du jour où elle a été no-
« tifiée à celui-ci.

« Elle obtient son effet vis-à-vis des tiers, à
« compter du jour où elle leur a été notifiée. »

Art. 25. « Le mandataire peut renoncer au
« mandat, en notifiant sa renonciation au man-
« dant.

« Néanmoins si cette renonciation préjudicie au
« mandant, il devra en être indemnisé par le
« mandataire, à moins que celui-ci ne se trouve
« dans l'impossibilité de continuer le mandat,
« sans en éprouver lui-même un préjudice consi-
« dérable. »

Art. 26. « Si le mandataire ignore la mort du
« mandant ou l'une des autres causes qui font
« cesser le mandat, ce qu'il a fait dans cette igno-
« rance est de bonne foi est valide. »

Art. 27. « En cas de mort du mandataire, ses
« héritiers doivent en donner avis au mandant,
« et pourvoir, en attendant, à ce que les circon-
« stances exigent pour l'intérêt de celui-ci. »

Le citoyen **Berlier** fait lecture du chapitre 1ᵉʳ :
De la nature et de la forme du mandat.

Les articles 1ᵉʳ, 2, 3 et 4 sont adoptés.

L'article 5 est supprimé, attendu que la disposition qu'il établit se retrouve dans l'article 7.

Les articles 6, 7 et 8 sont adoptés.

Le citoyen **Berlier** fait lecture du chapitre II :
Des obligations du mandataire.

Les articles 9, 10, 11, 12, 13, 14 et 15, qui le

composent, sont soumis à la discussion et adoptés.

Le consul **Cambacérès** dit qu'il lui paraît nécessaire de défendre formellement au mandataire de substituer, lorsqu'il n'y a pas été autorisé par le mandant. Il est évident que dans ce cas, ce dernier n'a accordé sa confiance qu'au mandataire, et non à celui par lequel il s'est fait remplacer.

Le citoyen **Treilhard** dit que le mandataire répond de celui qu'il emploie, et qu'ainsi le mandant a une garantie.

Le consul **Cambacérès** dit que cette garantie peut n'être pas suffisante : quand on se choisit un mandataire, on ne règle pas toujours sa confiance sur la fortune, mais souvent sur la probité, le zèle et l'intelligence.

Le citoyen **Treilhard** dit qu'on pourrait ne permettre au mandataire de substituer que lorsque cette faculté ne lui a pas été refusée par le mandant.

Le consul **Cambacérès** dit que le mandant répugnera, pour l'ordinaire, à exprimer semblable défense. Il est plus naturel de la faire résulter de son silence.

Le citoyen **Treilhard** dit que la prohibition de substituer aura nécessairement des inconvénients. Le mandataire peut être malade ou empêché de toute autre manière ; il faut cependant que l'affaire dont il s'est chargé ne souffre pas de cet obstacle : mais s'il ne peut se faire remplacer, sa responsabilité se trouve compromise.

Il paraît donc convenable de forcer du moins le mandant à exprimer clairement sa volonté, lorsqu'il veut borner sa confiance à son mandataire immédiat.

Le citoyen **Tronchet** dit qu'il est dur de ne pas permettre au mandataire de se décharger du mandat lorsque les circonstances le réduisent à l'impossibilité d'agir par lui-même, et qu'on se dégageant il ne met pas en péril l'intérêt de celui qui l'a constitué : c'est assez de le soumettre à l'obligation rigoureuse de répondre de celui qu'il commet à sa place.

On pourrait décider que le mandataire sera déchargé du mandat pour toute cause jugée légitime contradictoirement avec le mandant.

Le citoyen **Treilhard** dit que cette question est différente de celle qui s'agite et qui a été élevée par le consul.

Le citoyen **Berlier** dit que la disposition proposée par le consul aurait pour tout résultat beaucoup de rigueur sans utilité.

D'abord, il ne faut pas perdre de vue que le mandat est gratuit de sa nature, et qu'en matière de bons offices, il ne faut pas faire la loi trop dure à celui qui les rend.

En second lieu, la loi ne doit pas prescrire des obligations telles que dans certaines circonstances il devienne presque louable d'y déroger, comme cela arriverait, si le mandataire tombait malade dans un moment où l'intérêt même du mandant exigerait quelques démarches actives.

Enfin, qu'y a-t-il de mieux que la responsabilité établie par l'article 12 ? Si celui que le mandataire s'est substitué fait mal, le mandataire en répondra ; mais s'il fait bien, qu'elle action le mandant pourrait-il avoir lors même que la clause prohibitive existerait ? Elle serait donc au moins inutile.

Le consul **Cambacérès** se rend à ces observations

Le citoyen **Berlier** fait lecture du chapitre III : *Des obligations du mandant.*

Les articles 16, 17, 18, 19 et 20, qui le composent, sont soumis à la discussion et adoptés.

Le citoyen **Berlier** fait lecture du chapitre IV : *Des différentes manières dont le mandat finit.*

Les articles 21, 22, 23, 24, 25, 26 et 27, qui le composent, sont soumis à la discussion et adoptés.

Le **Consul** ordonne que le titre qui vient d'être arrêté par le Conseil sera communiqué officieusement, par le secrétaire général du Conseil d'État, à la section de législation du Tribunat, conformément à l'arrêté du 18 germinal an X.

LIVRE III.
TITRE II.
DES CONTRATS OU DES OBLIGATIONS CONVENTIONNELES EN GÉNÉRAL.

Rédaction définitive.

Le citoyen **Bigot-Préameneu**, d'après la conférence tenue avec le Tribunat, présente la rédaction définitive du titre II du livre III : *Des contrats ou des obligations conventionnelles en général.*

Il dit que le Tribunat n'a proposé de changement au fond que sur l'article 112, suivant lequel le créancier perd toute action solidaire, lorsqu'il consent à la division de la dette à l'égard de l'un des débiteurs, ou lorsque, sans réserve, il reçoit divisément la part de l'un deux.

Le Tribunat a observé que de la division de la dette, à l'égard de l'un des débiteurs, on ne doit pas induire la renonciation à la solidarité contre les codébiteurs, et que le débiteur à l'égard duquel on a divisé la dette n'en doit pas moins être tenu de la contribution, en cas d'insolvabilité d'un ou plusieurs autres codébiteurs.

La section s'est rendue à ces observations.

Les autres articles n'ont subi que des changements de rédaction.

Le titre est adopté ainsi qu'il suit :

Des contrats et des obligations conventionnelles en général.

CHAPITRE PREMIER.
Dispositions préliminaires.

Art. 1er. « Le contrat est une convention par laquelle une ou plusieurs personnes s'obligent, envers une ou plusieurs autres, à donner, à faire ou à ne pas faire quelque chose. »

Art. 2. « Le contrat est *synallagmatique* ou *bilatéral*, lorsque les contractants s'obligent réciproquement les uns envers les autres. »

Art. 3. « Il est *unilatéral* lorsqu'une ou plusieurs personnes sont obligées envers une ou plusieurs autres, sans que de la part de ces dernières il y ait d'engagement. »

Art. 4. Il est *commutatif* lorsque chacune des parties s'engage à donner ou à faire une chose qui est regardée comme l'équivalent de ce qu'on lui donne ou de ce qu'on fait pour elle. « Lorsque l'équivalent consiste dans la chance de gain ou de perte pour chacune des parties, d'après un événement incertain, le contrat est *aléatoire.* »

Art. 5. « Le contrat de *bienfaisance* est celui dans lequel l'une des parties procure à l'autre un avantage purement gratuit. »

Art. 6. « Le contrat à *titre onéreux* est celui qui assujettit chacune des parties à donner ou a faire quelque chose. »

Art. 7. « Les contrats, soit qu'ils aient une dénomination propre, soit qu'ils n'en aient pas,

« sont soumis à des règles générales, qui sont
« l'objet du présent titre.

« Les règles particulières à certains contrats
« sont établies sous les titres relatifs à chacun
« d'eux ; et les règles particulières aux transac-
« tions commerciales sont établies par les lois
« relatives au commerce. »

CHAPITRE II.
Des conditions essentielles pour la validité des conventions.

Art. 8. « Quatre conditions sont essentielles
« pour la validité d'une convention :
« Le consentement de la partie qui s'oblige ;
« Sa capacité de contracter ;
« Un objet certain qui forme la matière de
« l'engagement ;
« Une cause licite de l'obligation. »

SECTION PREMIÈRE.
Du consentement.

Art. 9. « Il n'y a point de consentement valable
« si le consentement n'a été donné que par
« erreur, ou s'il a été extorqué par violence ou
« surpris par dol. »

Art. 10. « L'erreur n'est une cause de nullité
« de la convention que lorsqu'elle tombe sur la
« substance même de la chose qui en est l'objet.

« Elle n'est point une cause de nullité lors-
« qu'elle ne tombe que sur la personne avec la-
« quelle on a intention de contracter, à moins
« que la considération de cette personne ne soit
« la cause principale de la convention. »

Art. 11. « La violence exercée contre celui qui
« a contracté l'obligation est une cause de nul-
« lité, encore qu'elle ait été exercée par un tiers
« autre que celui au profit duquel la convention
« a été faite. »

Art. 12. « Il y a violence lorsqu'elle est de na-
« ture à faire impression sur une personne rai-
« sonnable, et qu'elle peut lui inspirer la crainte
« d'exposer sa personne ou sa fortune à un mal
« considérable et présent.

« On a égard, en cette matière, à l'âge, au
« sexe et à la condition des personnes. »

Art. 13. « La violence est une cause de nullité
« du contrat, non seulement lorsqu'elle a été
« exercée sur la partie contractante, mais encore
« lorsqu'elle l'a été sur son époux ou sur son
« épouse, sur ses descendants ou ses ascendants. »

Art. 14. « La seule crainte révérentielle envers
« le père, la mère, ou autre ascendant, sans qu'il
« y ait eu de violence exercée, ne suffit point
« pour annuler le contrat. »

Art. 15. « Un contrat ne peut plus être attaqué
« que pour cause de violence, si, depuis que la
« violence a cessé, ce contrat a été approuvé,
« soit expressément, soit tacitement, soit en lais-
« sant passer le temps de la restitution fixé par
« la loi. »

Art. 16. « Le dol est une cause de nullité de la
« convention lorsque les manœuvres pratiquées
« par l'une des parties sont telles, qu'il est évi-
« dent que sans ces manœuvres l'autre partie
« n'aurait pas contracté.

« Il ne se présume pas, et doit être prouvé »

Art. 17. « La convention contractée par erreur,
« violence ou dol, n'est point nulle de plein droit ;
« elle donne seulement lieu à une action en nullité
« ou en rescision, dans les cas et de la manière
« expliqués à la section VII du chapitre V du pré-
« sent titre. »

Art. 18. « La lésion ne vicie les conventions
que dans certains contrats ou à l'égard de certai-

nes personnes, ainsi qu'il sera expliqué en la
« même section. »

Art. 19. « On ne peut, en général, s'engager, ni
« stipuler en son propre nom que pour soi-
« même. »

Art. 20. « Néanmoins on peut se porter fort pour
« un tiers, en promettant le fait de celui-ci ; sauf
« l'indemnité contre celui qui s'est porté fort ou
« qui a promis de faire ratifier, si le tiers refuse
« de tenir l'engagement. »

Art. 21. « On peut pareillement stipuler au pro-
« fit d'un tiers, lorsque telle est la condition d'une
« stipulation que l'on fait pour soi-même, ou d'une
« donation que l'on fait à un autre. Celui qui a
« fait cette stipulation ne peut plus la révoquer si
« le tiers a déclaré vouloir en profiter. »

Art. 22. « On est censé avoir stipulé pour soi et
« pour ses héritiers et ayants cause, à moins que
« le contraire ne soit exprimé ou ne résulte de la
« nature de la convention. »

SECTION II.
De la capacité des parties contractantes.

Art. 23. « Toute personne peut contracter si
« elle n'en est pas déclarée incapable par la loi. »

Art. 24. « Les incapables de contracter sont :
« Les mineurs ;
« Les interdits ;
« Les femmes mariées, dans les cas exprimés
« par la loi ;
« Et généralement tous ceux auxquels la loi a
« interdit certains contrats. »

Art. 25. « Le mineur, l'interdit et la femme ma-
« riée ne peuvent attaquer, pour cause d'incapacité,
« leurs engagements, que dans les cas prévus par
« la loi.

« Les personnes capables de s'engager ne peu-
« vent opposer l'incapacité du mineur, de l'in-
« terdit ou de la femme mariée, avec qui elles ont
« contracté. »

SECTION III.
De l'objet et de la matière des contrats.

Art. 26. « Tout contrat a pour objet une chose
« qu'une partie s'oblige de donner, ou qu'une par-
« tie s'oblige de faire ou de ne pas faire. »

Art. 27. « Le simple usage ou la simple possession
« d'une chose peut être, comme la chose même,
« l'objet du contrat. »

Art. 28. « Il n'y a que les choses qui sont dans
« le commerce qui puissent être l'objet des con-
« ventions. »

Art. 29. « Il faut que l'obligation ait pour objet
« une chose au moins déterminée quant à son es-
« pèce.

« La quotité de la chose peut être incertaine,
« pourvu qu'elle puisse être déterminée. »

Art. 30. « Les choses futures peuvent être
« l'objet d'une obligation.

« On ne peut cependant renoncer à une succes-
« sion non ouverte, ni faire aucune stipulation sur
« une pareille succession, même avec le consente-
« ment de celui de la succession duquel il s'agit. »

SECTION IV.
De la cause.

Art. 31. « L'obligation sans cause, ou sur une
« fausse cause, ou sur une cause illicite, ne peut
« avoir aucun effet. »

Art. 32. « La convention n'est pas moins valable,
« quoique la cause n'en soit pas exprimée. »

Art. 33. La cause est illicite quand elle est pro-
« hibée par la loi, quand elle est contraire aux
« bonnes mœurs ou à l'ordre public. »

CHAPITRE III.
De l'effet des obligations

SECTION PREMIÈRE.
Dispositions générales.

Art. 34. « Les conventions légalement formées « tiennent lieu de loi à ceux qui les ont faites.

« Elles ne peuvent être révoquées que de leur « consentement mutuel, ou pour les causes que la « loi autrise.

« Elles doivent être exécutées de bonne foi. »

Art. 35. « Les conventions obligent non-seule- « ment à ce qui y est exprimé, mais encore à « toutes les suites que l'équité, l'usage ou la loi « donnent à l'obligation d'après sa nature. »

SECTION II.
De l'obligation de donner.

Art. 36. « L'obligation de donner emporte celle « de livrer la chose et de la conserver jusqu'à la « livraison, à peine de dommages et intérêts en- « vers le créancier. »

Art. 37. « L'obligation de veiller à la conser- « vation de la chose, soit que la convention n'ait « pour objet que l'utilité de l'une des parties, soit « qu'elle ait pour objet leur utilité commune, « soumet celui qui en est chargé à y apporter tous « les soins d'un bon père de famille.

« Cette obligation est plus ou moins étendue re- « lativement à certains contrats, dont les effets, « à cet égard, sont expliqués sous les titres qui « les concernent. »

Art. 38. « L'obligation de livrer la chose est « parfaite par le seul consentement des parties « contractantes.

« Elle rend le créancier propriétaire et met la « chose à ses risques dès l'instant où elle a dû « être livrée, encore que la tradition n'en ait « point été faite, à moins que le débiteur ne soit « en demeure de la livrer ; auquel cas la chose « reste aux risques de ce dernier. »

Art. 39. « Le débiteur est constitué en demeure, « soit par une sommation ou par autre acte équi- « valent, soit par l'effet de la convention, lors- « qu'elle porte que, sans qu'il soit besoin d'acte, « et par la seule échéance du terme le débiteur « sera en demeure. »

Art. 40. « Les effets de l'obligation de donner « ou de livrer un immeuble sont réglés au titre « de la vente et au titre des privilèges et hypo- « thèques. »

Art. 41. « Si la chose qu'on s'est obligé de donner « ou de livrer à deux personnes successivement « est purement mobilière, celle des deux qui en « a été mise en possession réelle est préférée et « en demeure propriétaire, encore que son titre « soit postérieur en date, pourvu toutefois que la « possession soit de bonne foi. »

SECTION III.
De l'obligation de faire ou de ne pas faire.

Art. 42. « Toute obligation de faire ou de ne « pas faire se résout en dommages et intérêts, « en cas d'inexécution de la part du débiteur. »

Art. 43. « Néanmoins le créancier a le droit de « demander que ce qui aurait été fait par con- « travention à l'engagement soit détruit ; et il « peut se faire autoriser à le détruire aux dépens « du débiteur, sans préjudice des dommages et « intérêts, s'il y a lieu. »

Art. 44. « Le créancier peut aussi, en cas « d'inexécution, être autorisé à faire exécuter « lui-même l'obligation aux dépens du débiteur. »

Art. 45. « Si l'obligation est de ne pas faire, « celui qui y contrevient doit les dommages et « intérêts par le seul fait de la contravention. »

SECTION IV.
Des dommages et intérêts résultant de l'inexécu-tion de l'obligation.

Art. 46. « Les dommages et intérêts ne sont « dus que lorsque le débiteur est en demeure de « remplir son obligation, excepté néanmoins « lorsque la chose que le débiteur s'était obligé « de donner ou de faire ne pouvait être donnée « ou faite que dans un certain temps qu'il a laissé « passer. »

Art. 47. « Le débiteur est condamné, s'il y a « lieu, au paiement de dommages et intérêts, soit « à raison de l'inexécution de l'obligation, soit à « raison du retard dans l'exécution, toutes les « fois qu'il ne justifie pas que l'inexécution pro- « vient d'une cause étrangère qui ne peut lui être « imputée, encore qu'il n'y ait aucune mauvaise « foi de sa part. »

Art. 48. « Il n'y a lieu à aucuns dommages et « intérêts lorsque, par suite d'une force majeure « ou d'un cas fortuit, le débiteur a été empêché « de donner ou de faire ce à quoi il était obligé, « ou a fait ce qui lui était interdit. »

Art. 49. « Les dommages et intérêts dus au « créancier sont, en général, de la perte qu'il a « faite et du gain dont il a été privé ; sauf les « exceptions et les modifications ci-après. »

Art. 50. « Le débiteur n'est tenu que des dom- « mages et intérêts qui ont été prévus ou qu'on « a pu prévoir lors du contrat, lorsque ce n'est « point par son dol que l'obligation n'est point « exécutée. »

Art. 51. « Dans le cas même où l'inexécution « de la convention résulte du dol du débiteur, « les dommages et intérêts ne doivent compren- « dre à l'égard de la perte éprouvée par le créan- « cier et du gain dont il a été privé, que ce qui « est une suite immédiate et directe de l'inexécu- « tion de la convention. »

Art. 52. « Lorsque la convention porte que « celui qui manquera de l'exécuter paiera une « certaine somme à titre de dommages-intérêts, « il ne peut être alloué à l'autre partie une « somme plus forte ni moindre. »

Art. 53. « Dans les obligations qui se bornent « au paiement d'une certaine somme, les dom- « mages et intérêts résultant du retard dans « l'inexécution ne consistent jamais que dans la « condamnation aux intérêts fixés par la loi ; sauf « les règles particulières au commerce et au cau- « tionnement.

« Ces dommages et intérêts sont dus sans que « le créancier soit tenu de justifier d'aucune « perte.

« Ils ne sont dus que du jour de la demande, « excepté dans les cas où la loi les fait courir de « plein droit. »

Art. 54. « Les intérêts échus des capitaux peu- « vent produire des intérêts, ou par une demande « judiciaire, ou par une convention spéciale, « pourvu que, soit dans la demande, soit dans la « convention, il s'agisse d'intérêts dus au moins « pour une année entière. »

Art. 55. « Néanmoins les revenus échus, tels « que fermages, loyers, arrérages de rentes per- « pétuelles ou viagères, produisent intérêt du « jour de la demande ou de la convention.

« La même règle s'applique aux restitutions de « fruits, et aux intérêts payés par un tiers au « créancier en acquit du débiteur. »

SECTION V.

De l'interprétation des conventions.

Art. 56. « On doit dans les conventions recher-
« cher quelle a été la commune intention des
« parties contractantes, plutôt que de s'arrêter au
« sens littéral des termes. »

Art. 57. « Lorsqu'une clause est susceptible de
« deux sens, on doit plutôt l'entendre dans celui
« avec lequel elle peut avoir quelque effet, que
« dans le sens avec lequel elle n'en pourrait pro-
« duire aucun. »

Art. 58. « Les termes susceptibles de deux sens
« doivent être pris dans le sens qui convient le
« plus à la matière du contrat. »

Art. 59. « Ce qui est ambigu s'interprète par
« ce qui est d'usage dans le pays où le contrat
« est passé. »

Art. 60. « On doit suppléer dans le contrat les
« clauses qui y sont d'usage, quoiqu'elles n'y
« soient pas exprimées. »

Art. 61. » Toutes les clauses des conventions
« s'interprètent les unes par les autres, en don-
« nant à chacune le sens qui résulte de l'acte
« entier. »

Art. 62. « Dans le doute, la convention s'inter-
« prète contre celui qui a stipulé, et en faveur de
« celui qui a contracté l'obligation. »

Art. 63. « Quelque généraux que soient les ter-
« mes dans lesquels une convention est conçue,
« elle ne comprend que les choses sur lesquelles
« il paraît que les parties se sont proposé de
« contracter. »

Art. 64. « Lorsque dans un contrat on a exprimé
« un cas pour l'explication de l'obligation, on
« n'est pas censé avoir voulu par là restreindre
« l'étendue que l'engagement reçoit de droit aux
« cas non exprimés. »

SECTION VI.

De l'effet des conventions à l'égard des tiers.

Art. 65. « Les conventions n'ont d'effet qu'entre
« les parties contractantes; elles ne nuisent point
« au tiers, et elles ne lui profitent que dans le cas
« prévu par l'article 21 du présent titre. »

Art. 66. « Néanmoins les créanciers peuvent
« exercer tous les droits et actions de leur débi-
« teur, à l'exception de ceux qui sont exclusive-
« ment attachés à la personne. »

Art. 67. « Ils peuvent aussi, en leur nom per-
« sonnel, attaquer les actes faits par leur débiteur
« en fraude de leurs droits. »

« Ils doivent néanmoins, quant à leurs droits
« énoncés au titre des *successions* et au titre du
« *contrat de mariage et des droits respectifs des*
« *époux*, se conformer aux règles qui y sont
« prescrites. »

CHAPITRE IV.

Des diverses espèces d'obligations.

SECTION PREMIÈRE.

Des obligations conditionnelles.

§ 1er.

De la condition en général, et de ses diverses espèces.

Art. 68. « L'obligation est conditionnelle lors-
« qu'on la fait dépendre d'un événement futur et
« incertain, soit en la suspendant jusqu'à ce que
« l'événement arrive, soit en la résiliant, selon
« que l'événement arrivera ou n'arrivera pas. »

Art. 69. « La condition *casuelle* est celle qui dé-
« pend du hasard, et qui n'est nullement au pou-
« voir du créancier ni du débiteur. »

Art. 70. « La condition *potestative* est celle qui

« fait dépendre l'exécution de la convention, d'un
« événement qu'il est au pouvoir de l'une ou de
« l'autre des parties contractantes de faire arriver
« ou d'empêcher. »

Art. 71. « La condition *mixte* est celle qui dé-
« pend tout à la fois de la volonté d'une des par-
« ties contractantes, et de la volonté d'un tiers. »

Art. 72. « Toute condition d'une chose impos-
« sible, ou contraire aux bonnes mœurs, ou pro-
« hibée par la loi, est nulle, et rend nulle la con-
« vention qui en dépend. »

Art. 73. « La condition de ne pas faire une chose
« impossible ne rend pas nulle l'obligation con-
« tractée sous cette condition. »

Art. 74. « Toute obligation est nulle lorsqu'elle
« a été contractée sous une condition potestative
« de la part de celui qui s'oblige. »

Art. 75. « Toute condition doit être accomplie
« de la manière que les parties ont vraisemblable-
« ment voulu et entendu qu'elle le fût. »

Art. 76. « Lorsqu'une obligation est contractée
« sous la condition qu'un événement arrivera dans
« un temps fixe, cette condition est censée défail-
« lie lorsque le temps est expiré sans que l'événe-
« ment soit arrivé. S'il n'y a point de temps fixe,
« la condition peut toujours être accomplie; et
« elle n'est censée défaillie que lorsqu'il est de-
« venu certain que l'événement n'arrivera pas. »

Art. 77. « Lorsqu'une obligation est contractée
« sous la condition qu'un événement n'arrivera
« pas dans un temps fixe, cette condition est ac-
« complie lorsque ce temps est expiré sans que
« l'événement soit arrivé; elle l'est également, si
« avant le terme il est certain que l'événement
« n'arrivera pas; et s'il n'y a pas de temps déter-
« miné, elle n'est accomplie que lorsqu'il est cer-
« tain que l'événement n'arrivera pas. »

Art. 78. « La condition est réputée accomplie
« lorsque c'est le débiteur, obligé sous cette con-
« dition, qui en a empêché l'accomplissement. »

Art. 79. « La condition accomplie a un effet
« rétroactif au jour auquel l'engagement a été
« contracté. Si le créancier est mort avant l'ac-
« complissement de la condition, ses droits passent
« à son héritier. »

Art. 80. « Le créancier peut, avant que la con-
« diton soit accomplie, exercer tous les actes con-
« servatoires de son droit. »

§ II.

De la condition suspensive.

Art. 81. « L'obligation contractée sous une con-
« dition suspensive est celle qui dépend ou d'un
« événement futur et incertain, ou d'un événe-
« ment actuellement arrivé, mais encore inconnu
« des parties.

« Dans le premier cas, l'obligation ne peut être
« exécutée qu'après l'événement.

« Dans le second cas, l'obligation a son effet
« du jour où elle a été contractée. »

Art. 82. « Lorsque l'obligation a été contractée
« sous une condition suspensive, la chose qui
« fait la matière de la convention demeure aux
« risques du débiteur qui ne s'est obligé de la
« livrer que dans le cas de l'événement de la
« condition.

« Si la chose est entièrement périe sans la faute
« du débiteur, l'obligation est éteinte.

« Si la chose s'est détériorée sans la faute du
« débiteur, le créancier a le choix ou de résoudre
« l'obligation, ou d'exiger la chose dans l'état où
« elle se trouve, sans diminution du prix.

« Si la chose s'est détériorée par la faute du
« débiteur, le créancier a le droit ou de résoudre

« l'obligation, ou d'exiger la chose dans l'état où
« elle se trouve, avec des dommages et intérêts. »

§ III.
De la condition résolutoire.

Art. 83. « La condition résolutoire est celle qui,
« lorsqu'elle s'accomplit, opère la révocation de
« l'obligation, et qui remet les choses au même
« état que si l'obligation n'avait pas existé.

« Elle ne suspend point l'exécution de l'obliga-
« tion; elle oblige seulement le créancier à res-
« tituer ce qu'il a reçu, dans le cas où l'événe-
« ment prévu par la condition arrive. »

Art. 84. « La condition résolutoire est toujours
« sous-entendue dans les contrats synallagma-
« tiques, pour le cas où l'une des deux parties
« ne satisfera point à son engagement.

« Dans ce cas, le contrat n'est point résolu de
« plein droit. La partie envers laquelle l'engage-
« ment n'a point été exécuté a le choix ou de
« forcer l'autre à l'exécution de la convention
« lorsqu'elle est possible, ou d'en demander la
« résolution avec dommages et intérêts.

« La résolution doit être demandée en justice,
« et il peut être accordé au défendeur un délai
« selon les circonstances. »

SECTION II.
Des obligations à terme.

Art. 85. « Le terme diffère de la condition, en
« ce qu'il ne suspend point l'engagement, dont il
« retarde seulement l'exécution. »

Art. 86. « Ce qui n'est dû qu'à terme ne peut
« être exigé avant l'échéance du terme; mais ce
« qui a été payé d'avance ne peut être répété. »

Art. 87. « Le terme est toujours présumé stipu-
« lé en faveur du débiteur, à moins qu'il ne
« résulte de la stipulation, ou des circonstances,
« qu'il a été aussi convenu en faveur du créan-
« cier. »

Art. 88. « Le débiteur ne peut plus réclamer le
« bénéfice du terme lorsqu'il a fait faillite, ou
« lorsque par son fait il a diminué les sûretés
« qu'il avait données par le contrat à son créan-
« cier. »

SECTION II.
Des obligations alternatives.

Art 89. « Le débiteur d'une obligation alterna-
« tive est libéré par la délivrance de l'une des
« deux choses qui étaient comprises dans l'obli-
« gation. »

Art. 90. « Le choix appartient au débiteur, s'il
« n'a pas été expressément accordé au créancier. »

Art. 91. « Le débiteur peut se libérer en déli-
« vrant l'une des deux choses promises; mais il
« ne peut pas forcer le créancier à recevoir une
« partie de l'une et une partie de l'autre »

Art. 92. « L'obligation est pure et simple, quoi-
« que contractée d'une manière alternative, si
« l'une des deux choses promises ne pouvait être
« le sujet de l'obligation.»

Art. 73. « L'obligation alternative devient pure
« et simple, si l'une des choses promises périt et
« ne peut plus être livrée, même par la faute du
« débiteur. Le prix de cette chose ne peut pas être
« offert à sa place.

« Si toutes deux sont péries, et que le débiteur
« soit en faute à l'égard de l'une d'elles, il doit
« payer le prix de celle qui a péri la dernière. »

Art. 94. « Lorsque, dans les cas prévus par l'ar-
« ticle précédent, le choix avait été déféré par la
« convention au créancier,

« Ou l'une des choses seulement est périe, et

« alors, si c'est sans la faute du débiteur, le créan-
« cier doit avoir celle qui reste; si le débiteur est
« en faute, le créancier peut demander la chose
« qui reste, ou le prix de celle qui est périe :

« Ou les deux choses sont péries; et alors, si
« le débiteur est en faute à l'égard des deux, ou
« même à l'égard de l'une d'elles seulement, le
« créancier peut demander le prix de l'une ou de
« l'autre, à son choix. »

Art. 95. « Si les deux choses sont péries sans
« la faute du débiteur, et avant qu'il soit en de-
« meure, l'obligation est éteinte conformément à
« l'article 201 du présent titre. »

Art. 96. « Les mêmes principes s'appliquent
« aux cas où il y a plus de deux choses comprises
« dans l'obligation alternative. »

SECTION IV.
Des obligations solidaires.

§ Ier.
De la solidarité entre les créanciers.

Art. 97. « L'obligation est solidaire entre plu-
« sieurs créanciers lorsque le titre donne expressé-
« ment à chacun d'eux le droit de demander le
« paiement du total de la créance, et que le paie-
« ment fait à l'un d'eux libère le débiteur, en-
« core que le bénéfice de l'obligation soit parta-
« geable et divisible entre les divers créanciers. »

Art. 98. « Il est au choix du débiteur de payer
« à l'un ou à l'autre des créanciers solidaires, tant
« qu'il n'a pas été prévenu par les poursuites de
« l'un d'eux.

« Néanmoins la remise, qui n'est faite que par
« l'un des créanciers solidaires, ne libère le dé-
« biteur que pour la part de ce créancier. »

Art. 99. « Tout acte qui interrompt la prescrip-
« tion à l'égard de l'un des créanciers solidaires
« profite aux autres créanciers. »

§ II.
De la solidarité de la part des débiteurs.

Art. 100. « Il y a solidarité de la part des débi-
« teurs, lorsqu'ils sont obligés à une même chose,
« de manière que chacun puisse être contraint pour
« la totalité, et que le paiement fait par un seul
« libère les autres envers le créancier. »

Art. 101. « L'obligation peut être solidaire quoi-
« que l'un des débiteurs soit obligé différemment
« de l'autre au paiement de la même chose; par
« exemple, si l'un n'est obligé que conditionnel-
« lement, tandis que l'engagement de l'autre est
« pur et simple, ou si l'un a pris un terme qui
« n'est point accordé à l'autre. »

Art. 102. « La solidarité ne se présume point;
« il faut qu'elle soit expressément stipulée.

« Cette règle ne cesse que dans les cas où la
« solidarité a lieu de plein droit, en vertu d'une
« disposition de la loi. »

Art. 103. « Le créancier d'une obligation con-
« tractée solidairement peut s'adresser à celui des
« débiteurs qu'il veut choisir, sans que celui-ci
« puisse lui opposer le bénéfice de division. »

Art. 104. « Les poursuites faites contre l'un des
« débiteurs n'empêchent pas le créancier d'en
« exercer de pareilles contre les autres. »

Art. 105. « Si la chose due a péri par la faute
« ou pendant la mise en demeure de l'un ou de
« plusieurs des débiteurs solidaires, les autres co-
« débiteurs ne sont point déchargés de l'obliga-
« tion de payer le prix de la chose; mais ceux-ci
« ne sont point tenus des dommages et intérêts.

« Le créancier peut seulement répéter les dom-
« mages et intérêts tant contre les débiteurs par la

« faute desquels la chose a péri, que contre ceux
« qui étaient en demeure. »

Art. 106. « Les poursuites faites contre l'un
« des débiteurs solidaires interrompent la pres-
« cription à l'égard de tous. »

Art. 107. « La demande d'intérêts formée con-
« tre l'un des débiteurs solidaires fait courir les
« intérêts à l'égard de tous. »

Art 108. « Le codébiteur solidaire poursuivi
« par le créancier peut opposer toutes les excep-
« tions qui résultent de la nature de l'obligation,
« et toutes celles qui lui sont personnelles, ainsi
« que celles qui sont communes à tous les codé-
« biteurs.

« Il ne peut opposer les exceptions qui sont
« purement personnelles à quelques-uns des au-
« tres codébiteurs. »

Art. 109. « Lorsque l'un des débiteurs devient
« héritier unique du créancier, ou lorsque le
« créancier devient l'unique héritier de l'un des
« débiteurs, la confusion n'éteint la créance soli-
« daire que pour la part et portion du débiteur
« ou du créancier. »

Art. 110. « Le créancier, qui consent à la divi-
« sion de la dette à l'égard de l'un des codébi-
« teurs, conserve son action solidaire contre les
« autres, mais sous la déduction de la part du
« débiteur qu'il a déchargé de la solidarité. »

Art. 111. « Le créancier qui reçoit divisément
« la part de l'un des débiteurs, sans réserver dans
« la quittance la solidarité ou ses droits en géné-
« ral, ne renonce à la solidarité qu'à l'égard de
« ce débiteur.

« Le créancier n'est pas censé remettre la soli-
« darité au débiteur lorsqu'il reçoit de lui une
« somme égale à la portion dont il est tenu, si la
« quittance ne porte pas que c'est *pour sa part*.

« Il en est de même de la simple demande for-
« mée contre l'un des codébiteurs *pour sa part*,
« si celui-ci n'a pas acquiescé à la demande, ou
« s'il n'est pas intervenu un jugement de con-
« damnation. »

Art. 112. « Le créancier qui reçoit divisément
« et sans réserve la portion de l'un des codébiteurs
« sans arrérages ou intérêts de la dette ne perd
« la solidarité que pour les arrérages ou intérêts
« échus, et non pour ceux à échoir, ni pour le
« capital, à moins que le paiement divisé n'ait
« été continué pendant dix ans consécutifs. »

Art. 113. « L'obligation contractée solidaire-
« ment envers le créancier se divise de plein
« droit entre les débiteurs, qui n'en sont tenus
« entre eux que chacun pour sa part et portion. »

Art. 114. « Le codébiteur d'une dette solidaire,
« qui l'a payée en entier, ne peut répéter contre
« les autres que les part et portion de chacun d'eux.

« Si l'un d'eux se trouve insolvable, la perte
« qu'occasionne son insolvabilité se répartit par
« contribution entre tous les autres codébiteurs
« solvables et celui qui a fait le paiement. »

Art. 115. « Dans le cas où le créancier a re-
« noncé à l'action solidaire envers l'un des débi-
« teurs, si l'un ou plusieurs des autres codébiteurs
« deviennent insolvables, la portion des insol-
« vables sera contributoirement répartie entre
« tous les débiteurs, même entre ceux précédem-
« ment déchargés de la solidarité par le créan-
« cier. »

Art. 116. « Si l'affaire pour laquelle la dette a
« été contractée solidairement ne concernait que
« l'un des coobligés solidaires, celui-ci serait tenu
« de toute la dette vis-à-vis des autres codébiteurs,
« qui ne seraient considérés par rapport à lui que
« comme ses cautions. »

Des obligations divisibles et indivisibles.

Art. 117. « L'obligation est divisible ou indivi-
« sible selon qu'elle a pour objet ou une chose
« qui, dans sa livraison, ou un fait qui, dans l'exé-
« cution, est ou n'est pas susceptible de division,
« soit matérielle, soit intellectuelle. »

Art. 118. « L'obligation est indivisible, quoique
« la chose ou le fait qui en est l'objet soit divisi-
« ble par sa nature, si le rapport sous lequel elle
« est considérée dans l'obligation ne la rend pas
« susceptible d'exécution partielle . »

Art. 119. « La solidarité stipulée ne donne point
« à l'obligation le caractère d'indivisibilité. »

§ 1er.
Des effets de l'obligation divisible.

Art. 120. « L'obligation, qui est susceptible de
« division, doit être exécutée entre le créancier
« et le débiteur comme si elle était indivisible.

« La divisibilité n'a d'application qu'à l'égard de
« leurs héritiers, qui ne peuvent demander la
« dette, ou qui ne sont tenus de la payer que
« pour les parts dont ils sont saisis, ou dont ils
« sont tenus comme représentant le créancier ou
« le débiteur. »

Art. 121. « Le principe établi dans l'article pré-
« cédent reçoit exception à l'égard des héritiers du
« débiteur :

« 1° Dans le cas où la dette est hypothécaire ;

« 2° Lorsqu'elle est d'un corps certain ;

« 3° Lorsqu'il s'agit de la dette alternative de
« choses au choix du créancier, dont l'une est
« indivisible ;

« 4° Lorsque l'un des héritiers est chargé seul,
« par le titre, de l'exécution de l'obligation ;

« 5° Lorsqu'il résulte, soit de la nature de
« l'engagement, soit de la chose qui en fait l'objet,
« soit de la fin qu'on s'est proposée dans le con-
« trat, que l'intention des contractants a été que
« la dette ne pût s'acquitter partiellement.

« Dans les trois premiers cas, l'héritier, qui
« possède la chose due ou le fonds hypothéqué
« à la dette, peut être poursuivi pour le tout sur
« la chose due ou sur le fonds hypothéqué, sauf
« le recours contre ses cohéritiers. Dans le qua-
« trième cas, l'héritier seul chargé de la dette ;
« et dans le cinquième cas, chaque héritier, peut
« aussi être poursuivi pour le tout ; sauf son re-
« cours contre ses cohéritiers. »

§ II.
De l'effet de l'obligation indivisible.

Art. 122. « Chacun de ceux qui ont contracté
« conjointement une dette indivisible en est tenu
« pour le total, encore que l'obligation n'ait pas
« été contractée solidairement. »

Art 123. « Il en est de même à l'égard des
« héritiers de celui qui a contracté une pareille
« obligation. »

Art. 124. « Chaque héritier du créancier peut
« exiger en totalité l'exécution de l'obligation
« indivisible.

« Il ne peut seul faire la remise de la totalité
« de la dette ; il ne peut recevoir seul le prix
« au lieu de la chose. Si l'un des héritiers a seul
« remis la dette ou reçu le prix de la chose, son
« cohéritier ne peut demander la chose indivi-
« sible qu'en tenant compte de la portion du
« cohéritier qui a fait la remise ou qui a reçu
« le prix. »

Art. 125 « L'héritier du débiteur, assigné pour
« la totalité de l'obligation, peut demander un

« délai pour mettre en cause ses cohéritiers, à
« moins que la dette ne soit de nature à ne pou-
« voir être acquittée que par l'héritier assigné,
« qui peut alors être condamné seul; sauf son
« recours en indemnité contre ses cohéritiers. »

SECTION VI.
Des obligations avec clauses pénales.

Art. 126. « La clause pénale est celle par la-
« quelle une personne, pour assurer l'exécution
« d'une convention, s'engage à quelque chose en
« cas d'inexécution. »

Art. 127. « La nullité de l'obligation principale
« entraîne celle de la clause pénale.

« La nullité de celle-ci n'entraîne point celle de
« l'obligation principale. »

Art. 128. « Le créancier, au lieu de demander
« la peine stipulée contre le débiteur qui est en
« demeure, peut poursuivre l'exécution de l'obli-
« gation principale. »

Art. 129. « La clause pénale est la compensa-
« tion des dommages et intérêts que le créancier
« souffre de l'inexécution de l'obligation prin-
« cipale.

« Il ne peut demander en même temps le prin-
« cipal et la peine, à moins qu'elle n'ait été
« stipulée pour le simple retard. »

Art. 130. « Soit que l'obligation primitive con-
« tienne, soit qu'elle ne contienne pas un terme
« dans lequel elle doive être accomplie, la peine
« n'est encourue que lorsque celui qui s'est obligé
« soit à livrer, soit à prendre, soit à faire, est en
« demeure. »

Art. 131. « La peine peut être modifiée par
« le juge lorsque l'obligation principale a été
« exécutée en partie. »

Art. 132. « Lorsque l'obligation primitive, con-
« tractée avec une clause pénale est d'une chose
« indivisible, la peine est encourue par la con-
« travention du seul des héritiers du débiteur,
« et elle peut être demandée, soit en totalité
« contre celui qui a fait la contravention, soit
« contre chacun des cohéritiers pour leur part et
« portion, et hypothécairement pour le tout, sauf
« leur recours contre celui qui a fait encourir la
« peine. »

Art. 133. « Lorsque l'obligation primitive con-
« tractée sous une peine est divisible, la peine
« n'est encourue que par celui des héritiers du
« débiteur qui contrevient à cette obligation, et
« pour la part seulement dont il était tenu dans
« l'obligation principale, sans qu'il y ait d'action
« contre ceux qui l'ont exécutée.

« Cette règle reçoit exception lorsque la clause
« pénale ayant été ajoutée dans l'intention que
« le paiement ne pût se faire partiellement, un
« cohéritier a empêché l'exécution de l'obligation
« pour la totalité. En ce cas, la peine entière
« peut être exigée contre lui et contre les autres
« cohéritiers pour leur portion seulement, sauf
« leur recours. »

CHAPITRE V.
De l'extinction des obligations.

Art. 134. « Les obligations s'éteignent :
« Par le paiement,
« Par la novation,
« Par la remise volontaire,
« Par la compensation,
« Par la confusion,
« Par la perte de la chose,
« Par la nullité ou la rescision,
« Par l'effet de la condition résolutoire, qui a
« été expliquée au chapitre précédent;

« Et par la prescription, qui fera l'objet d'un
« titre particulier. »

SECTION PREMIÈRE.
Du paiement.

§ Ier.
Du paiement en général.

Art. 135. « Tout paiement suppose une dette :
« ce qui a été payé sans être dû est sujet à répé-
« tition.

« La répétition n'est pas admise à l'égard des
« obligations naturelles qui ont été volontaire-
« ment acquittées. »

Art. 136. « Une obligation peut être acquittée
« par toute personne qui y est intéressée, telle
« qu'un coobligé ou une caution.

« L'obligation peut même être acquittée par
« un tiers qui n'y est point intéressé, pourvu que
« ce tiers agisse au nom et en l'acquit du débi-
« teur, ou que, s'il agit en son nom propre, il
« ne soit pas subrogé aux droits du créancier. »

Art. 137. « L'obligation de faire ne peut être
« acquittée par un tiers contre le gré du créan-
« cier, lorsque ce dernier a intérêt qu'elle soit
« remplie par le débiteur lui-même. »

Art. 138. « Pour payer valablement, il faut être
« propriétaire de la chose donnée en paiement,
« et capable de l'aliéner.

« Néanmoins le paiement d'une somme en ar-
« gent, ou autre chose qui se consomme par
« l'usage, ne peut être répété contre le créancier
« qui l'a consommée de bonne foi, quoique le
« paiement en ait été fait par celui qui n'en était
« pas propriétaire ou qui n'était pas capable de
« l'aliéner. »

Art. 139. « Le paiement doit être fait au créan-
« cier ou à quelqu'un ayant pouvoir de lui, ou
« qui soit autorisé par justice ou par la loi à re-
« cevoir pour lui.

« Le paiement fait à celui qui n'aurait pas pou-
« voir de recevoir pour le créancier est valable,
« si celui-ci le ratifie, ou s'il en a profité. »

Art. 140. « Le paiement fait de bonne foi à
« celui qui est en possession de la créance est
« valable, encore que le possesseur en soit par la
« suite évincé. »

Art. 141. « Le paiement fait au créancier n'est
« point valable s'il était incapable de le recevoir,
« à moins que le débiteur ne prouve que la chose
« payée a tourné au profit du créancier. »

Art. 142. « Le paiement fait par le débiteur à
« son créancier, au préjudice d'une saisie ou
« d'une opposition, n'est pas valable à l'égard
« des créanciers saisissants ou opposants : ceux-ci
« peuvent, selon leur droit, le contraindre à payer
« de nouveau, sauf, en ce cas seulement son re-
« cours contre le créancier. »

Art. 143. « Le créancier ne peut être contraint
« de recevoir une autre chose que celle qui lui
« est due, quoique la valeur de la chose offerte
« soit égale ou même plus grande. »

Art. 144. « Le débiteur ne peut point forcer le
« créancier à recevoir en partie le paiement d'une
« dette, même divisible.

« Les juges peuvent néanmoins, en considéra-
« tion de la position du débiteur, et en usant de
« ce pouvoir avec une grande réserve, accorder
« des délais modérés pour le paiement, et sur-
« seoir l'exécution des poursuites, toutes choses
« demeurant en état. »

Art. 145. « Le débiteur d'un corps certain et
« déterminé est libéré par la remise de la chose
« en l'état où elle se trouve lors de la livraison,

« faute desquels la chose a péri, que contre ceux
« qui étaient en demeure. »

Art. 106. « Les poursuites faites contre l'un
« des débiteurs solidaires interrompent la pres-
« cription à l'égard de tous. »

Art. 107. « La demande d'intérêts formée con-
« tre l'un des débiteurs solidaires fait courir les
« intérêts à l'égard de tous. »

Art 108. « Le codébiteur solidaire poursuivi
« par le créancier peut opposer toutes les excep-
« tions qui résultent de la nature de l'obligation,
« et toutes celles qui lui sont personnelles, ainsi
« que celles qui sont communes à tous les codé-
« biteurs.

« Il ne peut opposer les exceptions qui sont
« purement personnelles à quelques-uns des au-
« tres codébiteurs. »

Art. 109. « Lorsque l'un des débiteurs devient
« héritier unique du créancier, ou lorsque le
« créancier devient l'unique héritier de l'un des
« débiteurs, la confusion n'éteint la créance soli-
« daire que pour la part et portion du débiteur
« ou du créancier. »

Art. 110. « Le créancier, qui consent à la divi-
« sion de la dette à l'égard de l'un des codébi-
« teurs, conserve son action solidaire contre les
« autres, mais sous la déduction de la part du
« débiteur qu'il a déchargé de la solidarité. »

Art. 111. « Le créancier qui reçoit divisément
« la part de l'un des débiteurs, sans réserver dans
« la quittance la solidarité ou ses droits en géné-
« ral, ne renonce à la solidarité qu'à l'égard de
« ce débiteur.

« Le créancier n'est pas censé remettre la soli-
« darité au débiteur lorsqu'il reçoit de lui une
« somme égale à la portion dont il est tenu, si la
« quittance ne porte pas que c'est *pour sa part.*

« Il en est de même de la simple demande for-
« mée contre l'un des codébiteurs *pour sa part,*
« si celui-ci n'a pas acquiescé à la demande, ou
« s'il n'est pas intervenu un jugement de con-
« damnation. »

Art. 112. « Le créancier qui reçoit divisément
« et sans réserve la portion de l'un des codébiteurs
« sans arrérages ou intérêts de la dette ne perd
« la solidarité que pour les arrérages ou intérêts
« échus, et non pour ceux à échoir, ni pour le
« capital, à moins que le paiement divisé n'ait
« été continué pendant dix ans consécutifs. »

Art. 113. « L'obligation contractée solidaire-
« ment envers le créancier se divise de plein
« droit entre les débiteurs, qui n'en sont tenus
« entre eux que chacun pour sa part et portion. »

Art. 114. « Le codébiteur d'une dette solidaire,
« qui l'a payée en entier, ne peut répéter contre
« les autres que les part et portion de chacun d'eux.

« Si l'un d'eux se trouve insolvable, la perte
« qu'occasionne son insolvabilité se répartit par
« contribution entre tous les autres codébiteurs
« solvables et celui qui a fait le paiement. »

Art. 115. « Dans le cas où le créancier a re-
« noncé à l'action solidaire envers l'un des débi-
« teurs, si l'un ou plusieurs deviennent insolvables, la portion des insol-
« vables sera contributoirement répartie entre
« tous les débiteurs, même entre ceux précédem-
« ment déchargés de la solidarité par le créan-
« cier. »

Art. 116. « Si l'affaire pour laquelle la dette a
« été contractée solidairement ne concernait que
« l'un des cobligés solidaires, celui-ci serait tenu
« de toute la dette vis-à-vis des autres codébiteurs,
« qui ne seraient considérés par rapport à lui que
« comme ses cautions.

SECTION V.

Des obligations divisibles et indivisibles.

Art. 117. « L'obligation est divisible ou indivi-
« sible selon qu'elle a pour objet ou une chose
« qui, dans sa livraison, ou un fait qui, dans l'exé-
« cution, est ou n'est pas susceptible de division,
« soit matérielle, soit intellectuelle. »

Art. 118. « L'obligation est indivisible, quoique
« la chose ou le fait qui en est l'objet soit divisi-
« ble par sa nature, si le rapport sous lequel elle
« est considérée dans l'obligation ne la rend pas
« susceptible d'exécution partielle .»

Art. 119. « La solidarité stipulée ne donne point
à l'obligation le caractère d'indivisibilité. »

§ 1er.

Des effets de l'obligation divisible.

Art. 120. « L'obligation, qui est susceptible de
« division, doit être exécutée entre le créancier
« et le débiteur comme si elle était indivisible.

« La divisibilité n'a d'application qu'à l'égard de
« leurs héritiers, qui ne peuvent demander la
« dette, ou ne sont tenus de la payer que
« pour les parts dont ils sont saisis, ou dont ils
« sont tenus comme représentant le créancier ou
« le débiteur. »

Art. 121. « Le principe établi dans l'article pré-
« cédent reçoit exception à l'égard des héritiers du
« débiteur :

« 1° Dans le cas où la dette est hypothécaire ;
« 2° Lorsqu'elle est d'un corps certain ;
« 3° Lorsqu'il s'agit de la dette alternative de
« choses au choix du créancier, dont l'une est
« indivisible;

« 4° Lorsque l'un des héritiers est chargé seul,
« par le titre, de l'exécution de l'obligation;

« 5° Lorsqu'il résulte, soit de la nature de
« l'engagement, soit de la chose qui en fait l'objet,
« soit de la fin qu'on s'est proposée dans le con-
« trat, que l'intention des contractants a été que
« la dette ne pût s'acquitter partiellement.

« Dans les trois premiers cas , l'héritier, qui
« possède la chose due ou le fonds hypothéqué
« à la dette, peut être poursuivi pour le tout sur
« la chose due ou sur le fonds hypothéqué, sauf
« le recours contre ses cohéritiers. Dans le qua-
« trième cas, l'héritier seul chargé de la dette ;
« et dans le cinquième cas, chaque héritier, peut
« aussi être poursuivi pour le tout ; sauf son re-
« cours contre ses cohéritiers.

§ II.

De l'effet de l'obligation indivisible.

Art. 122. « Chacun de ceux qui ont contracté
« conjointement une dette indivisible en est tenu
« pour le total, encore que l'obligation n'ait pas
« été contractée solidairement.»

Art 123. « Il en est de même à l'égard des
« héritiers de celui qui a contracté une pareille
« obligation. »

Art. 124. « Chaque héritier du créancier peut
« exiger en totalité l'exécution de l'obligation
« indivisible.

« Il ne peut seul faire la remise de la totalité
« de la dette ; il ne peut recevoir seul le prix
« au lieu de la chose. Si l'un des héritiers a seul
« remis la dette ou reçu le prix de la chose, son
« cohéritier ne peut demander la chose indivi-
« sible qu'en tenant compte de la portion du
« cohéritier qui a fait la remise ou qui a reçu
« le prix. »

Art. 125 « L'héritier du débiteur, assigné pour
« la totalité de l'obligation, peut demander un

« délai pour mettre en cause ses cohéritiers, à
« moins que la dette ne soit de nature à ne pou-
« voir être acquittée que par l'héritier assigné,
« qui peut alors être condamné seul; sauf son
« recours en indemnité contre ses cohéritiers. »

SECTION VI.
Des obligations avec clauses pénales.

Art. 126. « La clause pénale est celle par la-
« quelle une personne, pour assurer l'exécution
« d'une convention, s'engage à quelque chose en
« cas d'inexécution. »

Art. 127. « La nullité de l'obligation principale
« entraîne celle de la clause pénale.
« La nullité de celle-ci n'entraîne point celle de
« l'obligation principale. »

Art. 128. « Le créancier, au lieu de demander
« la peine stipulée contre le débiteur qui est en
« demeure, peut poursuivre l'exécution de l'obli-
« gation principale. »

Art. 129. « La clause pénale est la compensa-
« tion des dommages et intérêts que le créancier
« souffre de l'inexécution de l'obligation prin-
« cipale.
« Il ne peut demander en même temps le prin-
« cipal et la peine, à moins qu'elle n'ait été
« stipulée pour le simple retard. »

Art. 130. « Soit que l'obligation primitive con-
« tienne, soit qu'elle ne contienne pas un terme
« dans lequel elle doive être accomplie, la peine
« n'est encourue que lorsque celui qui s'est obligé
« soit à livrer, soit à prendre, soit à faire, est en
« demeure. »

Art. 131. « La peine peut être modifiée par
« le juge lorsque l'obligation principale a été
« exécutée en partie. »

Art. 132. « Lorsque l'obligation primitive, con-
« tractée avec une clause pénale est d'une chose
« indivisible, la peine est encourue par la con-
« travention d'un seul des héritiers du débiteur,
« et elle peut être demandée, soit en totalité
« contre celui qui a fait la contravention, soit
« contre chacun des cohéritiers pour leur part et
« portion, et hypothécairement pour le tout, sauf
« leur recours contre celui qui a fait encourir la
« peine. »

Art. 133. « Lorsque l'obligation primitive con-
« tractée sous une peine est divisible, la peine
« n'est encourue que par celui des héritiers du
« débiteur qui contrevient à cette obligation, et
« pour la part seulement dont il était tenu dans
« l'obligation principale, sans qu'il y ait d'action
« contre ceux qui l'ont exécutée.
« Cette règle reçoit exception lorsque la clause
« pénale ayant été ajoutée dans l'intention que
« le paiement ne pût se faire partiellement, un
« cohéritier a empêché l'exécution de l'obligation
« pour la totalité. En ce cas, la peine entière
« peut être exigée contre lui et contre les autres
« cohéritiers pour leur portion seulement, sauf
« leur recours. »

CHAPITRE V.
De l'extinction des obligations.

Art. 134. « Les obligations s'éteignent :
« Par le paiement,
« Par la novation,
« Par la remise volontaire,
« Par la compensation,
« Par la confusion,
« Par la perte de la chose,
« Par la nullité ou la rescision,
« Par l'effet de la condition résolutoire, qui a
« été expliquée au chapitre précédent;

« Et par la prescription, qui fera l'objet d'un
« titre particulier. »

SECTION PREMIÈRE.
Du paiement.

§ Ier.
Du paiement en général.

Art. 135. « Tout paiement suppose une dette :
« ce qui a été payé sans être dû est sujet à répé-
« tition.
« La répétition n'est pas admise à l'égard des
« obligations naturelles qui ont été volontaire-
« ment acquittées. »

Art. 136. « Une obligation peut être acquittée
« par toute personne qui y est intéressée, telle
« qu'un coobligé ou une caution.
« L'obligation peut même être acquittée par
« un tiers qui n'y est point intéressé, pourvu que
« ce tiers agisse au nom et en l'acquit du débi-
« teur, ou que, s'il agit en son nom propre, il
« ne soit pas subrogé aux droits du créancier. »

Art. 137. « L'obligation de faire ne peut être
« acquittée par un tiers contre le gré du créan-
« cier, lorsque ce dernier a intérêt qu'elle soit
« remplie par le débiteur lui-même. »

Art. 138. « Pour payer valablement, il faut être
« propriétaire de la chose donnée en paiement,
« et capable de l'aliéner.
« Néanmoins le paiement d'une somme en ar-
« gent, ou autre chose qui se consomme par
« l'usage, ne peut être répété contre le créancier
« qui l'a consommée de bonne foi, quoique le
« paiement en ait été fait par celui qui n'en était
« pas propriétaire ou qui n'était pas capable de
« l'aliéner. »

Art. 139. « Le paiement doit être fait au créan-
« cier ou à quelqu'un ayant pouvoir de lui, ou
« qui soit autorisé par justice ou par la loi à re-
« cevoir pour lui.
« Le paiement fait à celui qui n'aurait pas pou-
« voir de recevoir pour le créancier est valable,
« si celui-ci le ratifie, ou s'il en a profité. »

Art. 140. « Le paiement fait de bonne foi à
« celui qui est en possession de la créance est
« valable, encore que le possesseur en soit par la
« suite évincé. »

Art. 141. « Le paiement fait au créancier n'est
« point valable s'il était incapable de le recevoir,
« à moins que le débiteur ne prouve que la chose
« payée a tourné au profit du créancier. »

Art. 142. « Le paiement fait par le débiteur à
« son créancier, au préjudice d'une saisie ou
« d'une opposition, n'est pas valable à l'égard
« des créanciers saisissants ou opposants : ceux-ci
« peuvent, selon leur droit, le contraindre à payer
« de nouveau, sauf, en ce cas seulement son re-
« cours contre le créancier. »

Art. 143. « Le créancier ne peut être contraint
« de recevoir une autre chose que celle qui lui
« est due, quoique la valeur de la chose offerte
« soit égale ou même plus grande. »

Art. 144. « Le débiteur ne peut point forcer le
« créancier à recevoir en partie le paiement d'une
« dette, même divisible.
« Les juges peuvent néanmoins, en considéra-
« tion de la position du débiteur, et en usant de
« ce pouvoir avec une grande réserve, accorder
« des délais modérés pour le paiement, et sur-
« seoir l'exécution des poursuites, toutes choses
« demeurant en état. »

Art. 145. « Le débiteur d'un corps certain et
« déterminé est libéré par la remise de la chose
« en l'état où elle se trouve lors de la livraison,

« pourvu que les détériorations qui y sont sur-
« venues ne viennent point de son fait ou de sa
« faute, ni de celle des personnes dont il est res-
« ponsable, ou qu'avant ces détériorations il ne
« fût pas en demeure. »

Art. 146. « Si la dette est d'une chose qui ne
« soit déterminée que par son espèce, le débi-
« teur ne sera pas tenu, pour être libéré, de la
« donner de la meilleure espèce : mais il ne
« pourra l'offrir de la plus mauvaise. »

Art. 147. « Le paiement doit être exécuté dans
« le lieu désigné par la convention. Si le lieu n'y
« est pas désigné, le paiement, lorsqu'il s'agit
« d'un corps certain et déterminé, doit être fait
« dans le lieu où était, au temps de l'obligation,
« la chose qui en fait l'objet.

« Hors ces deux cas, le paiement doit être fait
« au domicile du débiteur. »

Art. 148. « Les frais du paiement sont à la
« charge du débiteur. »

§. II.
Du paiement avec subrogation.

Art. 149. « La subrogation dans les droits du
« créancier au profit d'une tierce personne qui le
« paie est ou conventionnelle ou légale. »

Art. 150. « Cette subrogation est convention-
« nelle :

« 1° Lorsque le créancier recevant son paie-
« ment d'une tierce personne la subroge dans ses
« droits, actions, priviléges ou hypothèques con-
« tre le débiteur. Cette subrogation doit être ex-
« presse et faite en même temps que le paiement;

« 2°. Lorsque le débiteur emprunte une somme
« à l'effet de payer sa dette et de subroger le prê-
« teur dans les droits du créancier. Il faut, pour
« que cette subrogation soit valable, que l'acte
« d'emprunt et la quittance soient passés devant
« notaires; que dans l'acte d'emprunt il soit dé-
« claré que la somme a été empruntée pour faire
« le paiement, et que dans la quittance il soit dé-
« claré que le paiement a été fait de deniers
« fournis à cet effet par le nouveau créancier.
« Cette subrogation s'opère sans le concours de la
« volonté du créancier. »

Art. 151. « La subrogation a lieu de plein droit:

« 1° Au profit de celui qui étant lui-même
« créancier paie un autre créancier qui lui est pré-
« férable à raison de ses priviléges ou hypothèques;

« 2° Au profit de l'acquéreur d'un immeuble
« qui emploie le prix de son acquisition au paie-
« ment des créanciers auxquels cet héritage était
« hypothéqué;

« 3° Au profit de celui qui étant tenu avec
« d'autres ou pour d'autres au paiement de la
« dette, avait intérêt de l'acquitter;

« 4° Au profit de l'héritier bénéficiaire qui a
« payé de ses deniers les dettes de la succession. »

Art. 152. « La subrogation établie par les ar-
« ticles précédents a lieu tant contre les cautions
« que contre les débiteurs : elle ne peut nuire au
« créancier lorsqu'il n'a été payé qu'en partie ; en
« ce cas, il peut exercer ses droits, pour ce qui
« lui reste dû, par préférence à celui dont il n'a
« reçu qu'un paiement partiel. »

§ III.
De l'imputation des paiements.

Art. 153. « Le débiteur de plusieurs dettes a le
« droit de déclarer, lorsqu'il paie, quelle dette il
« entend acquitter. »

Art. 154. « Le débiteur d'une dette qui porte
« intérêt ou produit des arrérages ne peut point,
« sans le consentement du créancier, imputer le

« paiement qu'il fait sur le capital par préférence
« aux arrérages ou intérêts : le paiement fait sur
« le capital et intérêts, mais qui n'est point in-
« tégral, s'impute d'abord sur les intérêts. »

Art. 155. « Lorsque le débiteur de diverses
« dettes a accepté une quittance par laquelle le
« créancier a imputé ce qu'il a reçu sur l'une de
« ces dettes spécialement, le débiteur ne peut
« plus demander l'imputation sur une dette diffé-
« rente, à moins qu'il n'y ait eu dol ou surprise de
« la part du créancier. »

Art. 156. « Lorsque la quittance ne porte au-
« cune imputation, le paiement doit être imputé
« sur la dette que le débiteur avait pour lors le
« plus d'intérêt d'acquitter entre celles qui sont
« pareillement échues ; sinon, sur la dette échue,
« quoique moins onéreuse que celles qui ne le
« sont point.

« Si les dettes sont d'égale nature, l'imputation
« se fait sur la plus ancienne : toutes choses égales,
« elle se fait proportionnellement. »

§ IV.
Des offres de paiement et de la consignation.

Art. 157. « Lorsque le créancier refuse de rece-
« voir son paiement, le débiteur peut lui faire
« des offres réelles, et, au refus du créancier de
« les accepter, consigner la somme ou la chose
« offerte.

« Les offres réelles suivies d'une consignation
« libèrent le débiteur; elles tiennent lieu à son
« égard de paiement lorsqu'elles sont valablement
« faites, et la chose ainsi consignée demeure aux
« risques du créancier. »

Art. 158. « Pour que les offres réelles soient va-
« lables, il faut:

« 1° Qu'elles soient faites au créancier ayant la
« capacité de recevoir, ou à celui qui a pouvoir
« de recevoir pour lui ;

« 2° Qu'elles soient faites par une personne
« capable de payer;

« 3° Qu'elles soient de la totalité de la somme
« exigible, des arrérages ou intérêts dus, des frais
« liquidés, et d'une somme pour les frais non li-
« quidés, sauf à la parfaire;

« 4° Que le terme soit échu, s'il a été stipulé
« en faveur du créancier ;

« 5° Que la condition sous laquelle la dette a
« été contractée soit arrivée;

« 6° Que les offres soient faites au lieu dont on
« est convenu pour le paiement, et que, s'il n'y a
« pas de convention spéciale sur le paiement, elles
« soient faites ou à la personne du créancier, ou
« à son domicile, ou au domicile élu pour l'exé-
« cution de la convention;

« 7° Que les offres soient faites par un officier
« ministériel ayant caractère pour ces sortes
« d'actes. »

Art. 159. « Il n'est pas nécessaire, pour la vali-
« dité de la consignation, qu'elle ait été autorisée
« par le juge; il suffit:

« 1° Qu'elle ait été précédée d'une sommation
« signifiée au créancier, et contenant l'indication
« du jour, de l'heure et du lieu où la chose of-
« ferte sera déposée;

« 2° Que le débiteur se soit dessaisi de la chose
« offerte, en la remettant dans le dépôt indiqué
« par la loi pour recevoir les consignations, avec
« les intérêts jusqu'au jour du dépôt;

« 3° Qu'il y ait eu procès-verbal dressé par
« l'officier ministériel, de la nature des espèces
« offertes, du refus qu'a fait le créancier de les
« recevoir ou de sa non-comparution, et enfin du
« dépôt;

« 4°. Qu'en cas de non-comparution de la part
« du créancier, le procès-verbal du dépôt lui ait
« été signifié avec sommation de retirer la chose
« déposée. »

Art. 160. « Les frais des offres réelles et de la
« consignation sont à la charge du créancier, si
» elles sont valables. »

Art. 161. « Tant que la consignation n'a point
« été acceptée par le créancier, le débiteur peut
« la retirer; et, s'il la retire, ses codébiteurs ou
« ses cautions ne sont point libérés.»

Art. 162. « Lorsque le débiteur a lui-même
« obtenu un jugement passé en force de chose
« jugée, qui a déclaré ses offres et sa consigna-
« tion bonnes et valables, il ne peut plus, même
« du consentement du créancier, retirer sa con-
« signation au préjudice de ses codébiteurs ou de
« ses cautions. »

Art. 163. « Le créancier qui a consenti que le
« débiteur retirât sa consignation après qu'elle a
« été déclarée valable par un jugement qui a
« acquis force de chose jugée, ne peut plus pour
« le paiement de sa créance exercer les privilé-
« ges ou hypothèques qui y étaient attachés; il
« n'a plus d'hypothèque que du jour où l'acte par
« lequel il a consenti que la consignation fût re-
« tirée aura été revêtu des formes requises pour
« emporter hypothèque. »

Art. 164. « Si la chose due est un corps certain
« qui doit être livré au lieu où il se trouve, le
« débiteur doit faire sommation au créancier de
« l'enlever, par acte notifié à sa personne ou à
« son domicile, ou au domicile élu pour l'exécu-
« tion de la convention.

Cette sommation faite, si le créancier n'enlève
« pas la chose, et que le débiteur ait besoin du
« lieu dans lequel elle est placée, celui-ci pourra
» obtenir de la justice la permission de la mettre
« en dépôt dans quelque autre lieu. »

§. V
De la cession des biens.

Art. 165. « La cession de biens est l'abandon
« qu'un débiteur fait de tous ses biens à ses créan-
« ciers, lorsqu'il se trouve hors d'état de payer ses
« dettes. »

Art. 166. « La cession de biens est ou volon-
« taire ou judiciaire. »

Art. 167. « La cession de biens volontaire est
« celle que les créanciers acceptent volontaire-
« ment, et qui n'a d'effet que celui résultant des
« stipulations mêmes du contrat passé entre eux
« et le débiteur. »

Art. 168. « La cession judiciaire est un bénéfice
« que la loi accorde au débiteur malheureux et
« de bonne foi, auquel il est permis, pour avoir
« la liberté de sa personne, de faire en justice
« l'abandon de tous ses biens à ses créanciers,
« nonobstant toute stipulation contraire. »

Art. 169. La cession judiciaire ne confère point
« la propriété aux créanciers; elle leur donne
« seulement le droit de faire vendre les biens à
« leur profit, et d'en percevoir les revenus jus-
« qu'à la vente. »

Art. 170. « Les créanciers ne peuvent refuser
« la cession judiciaire, si ce n'est dans les cas
« exceptés par la loi.

« Elle opère la décharge de la contrainte par corps.

« Au surplus, elle ne libère le débiteur que jus-
« qu'à concurrence de la valeur des biens aban-
« donnés; et dans le cas où ils auraient été in-
« suffisants; s'il lui en survient d'autres, il est
« obligé de les abandonner jusqu'au parfait
« paiement. »

SECTION II.
De la novation.

Art. 171. « La novation s'opère de trois ma-
« nières :

« 1° Lorsque le débiteur contracte envers son
« créancier une nouvelle dette qui est substituée
« à l'ancienne, laquelle est éteinte ;

« 2° Lorsqu'un nouveau débiteur est substitué à
« l'ancien qui est déchargé par le créancier;

« 3° Lorsque, par l'effet d'un nouvel engagement,
« un nouveau créancier est substitué à l'ancien,
« envers lequel le débiteur se trouve déchargé. »

Art. 172. « La novation ne peut s'opérer qu'entre
« personnes capables de contracter. »

Art. 173. « La novation ne se présume point ;
« il faut que la volonté de l'opérer résulte claire-
« ment de l'acte. »

Art. 174. « La novation peut s'opérer par la substitution d'un
« nouveau débiteur peut s'opérer sans le con-
« cours du premier débiteur. »

Art. 175. « La délégation par laquelle un débi-
« teur donne au créancier un autre débiteur qui
« s'oblige envers le créancier n'opère point de no-
« vation, si le créancier n'a expressément dé-
« claré qu'il entendait décharger son débiteur qui
« a fait la délégation. »

Art. 176. « Le créancier qui a déchargé le dé-
« biteur par qui a été faite la délégation , n'a
« point de recours contre ce débiteur, si le délé-
« gué devient insolvable, à moins que l'acte n'en
« contienne une réserve expresse, ou que le dé-
« légué ne fût déjà en faillite ouverte, ou tombé
« en déconfiture au moment de la délégation. »

Art. 177. « La simple indication faite par le dé-
« biteur, d'une personne qui doit payer à sa place,
« n'opère point novation.

« Il en est de même de la simple indication
« faite par le créancier, d'une personne qui doit
« recevoir pour lui. »

Art. 178. « Les priviléges et hypothèques de
« l'ancienne créance ne passent point à celle qui
« lui est substituée, à moins que le créancier ne
« les ait expressément réservés. »

Art. 179. « Lorsque la novation s'opère par la
« substitution d'un nouveau débiteur, les privilé-
« ges et hypothèques primitifs de la créance ne
« peuvent point passer sur les biens du nouveau
« débiteur. »

Art. 180. « Lorsque la novation s'opère entre
« le créancier et l'un des débiteurs solidaires, les
« priviléges et hypothèques de l'ancienne créance
« ne peuvent être réservés que sur les biens de
« celui qui contracte la nouvelle dette. »

Art. 181. « Par la novation faite entre le créan-
« cier et l'un des débiteurs solidaires, les codébi-
« teurs sont libérés.

« La novation opérée à l'égard du débiteur
« principal libère les cautions.

« Néanmoins si le créancier a exigé, dans le
« premier cas, l'accession des codébiteurs, ou,
« dans le second, celle des cautions, l'ancienne
« créance subsiste, si les codébiteurs ou les cau-
« tions refusent d'accéder à un nouvel arrange-
« ment. »

SECTION III.
De la remise de la dette.

Art. 182. « La remise volontaire du titre origi-
« nal sous signature privée, par le créancier au
« débiteur, fait preuve de la libération. »

Art. 183. « La remise volontaire de la grosse
« du titre fait présumer la remise de la dette ou le
« paiement, sans préjudice de la preuve contraire. »

« pourvu que les détériorations qui y sont sur-
« venues ne viennent point de son fait ou de sa
« faute, ni de celle des personnes dont il est res-
« ponsable, ou qu'avant ces détériorations il ne
« fût pas en demeure. »

Art. 146. « Si la dette est d'une chose qui ne
« soit déterminée que par son espèce, le débi-
« teur ne sera pas tenu, pour être libéré, de la
« donner de la meilleure espèce : mais il ne
« pourra l'offrir de la plus mauvaise. »

Art. 147. « Le paiement doit être exécuté dans
« le lieu désigné par la convention. Si le lieu n'y
« est pas désigné, le paiement, lorsqu'il s'agit
« d'un corps certain et déterminé, doit être fait
« dans le lieu où était, au temps de l'obligation,
« la chose qui en fait l'objet.

« Hors ces deux cas, le paiement doit être fait
« au domicile du débiteur. »

Art. 148. « Les frais du paiement sont à la
« charge du débiteur. »

§. II.
Du paiement avec subrogation.

Art. 149. « La subrogation dans les droits du
« créancier au profit d'une tierce personne qui le
« paie est ou conventionnelle ou légale. »

Art. 150. « Cette subrogation est convention-
« nelle :

« 1° Lorsque le créancier recevant son paie-
« ment d'une tierce personne la subroge dans ses
« droits, actions, priviléges ou hypothèques con-
« tre le débiteur. Cette subrogation doit être ex-
« presse et faite en même temps que le paiement;

« 2°. Lorsque le débiteur emprunte une somme
« à l'effet de payer sa dette et de subroger le prê-
« teur dans les droits du créancier. Il faut, pour
« que cette subrogation soit valable, que l'acte
« d'emprunt et la quittance soient passés devant
« notaires; que dans l'acte d'emprunt il soit dé-
« claré que la somme a été empruntée pour faire
« le paiement, et que dans la quittance il soit dé-
« claré que le paiement a été fait de deniers
« fournis à cet effet par le nouveau créancier.
« Cette subrogation s'opère sans le concours de la
« volonté du créancier. »

Art. 151. « La subrogation a lieu de plein droit :
« 1° Au profit de celui qui étant lui-même
« créancier paie un autre créancier qui lui est pré-
« férable à raison de ses priviléges ou hypothèques;

« 2° Au profit de l'acquéreur d'un immeuble
« qui emploie le prix de son acquisition au paie-
« ment des créanciers auxquels cet héritage était
« hypothéqué;

« 3° Au profit de celui qui étant tenu avec
« d'autres ou pour d'autres au paiement de la
« dette, avait intérêt de l'acquitter;

4° Au profit de l'héritier bénéficiaire qui a
« payé de ses deniers les dettes de la succession. »

Art. 152. « La subrogation établie par les ar-
« ticles précédents a lieu tant contre les cautions
« que contre les débiteurs : elle ne peut nuire au
« créancier lorsqu'il n'a été payé qu'en partie; en
« ce cas, il peut exercer ses droits, pour ce qui
« lui reste dû, par préférence à celui dont il n'a
« reçu qu'un paiement partiel. »

§ III.
De l'imputation des paiements.

Art. 153. « Le débiteur de plusieurs dettes a le
« droit de déclarer, lorsqu'il paie, quelle dette il
« entend acquitter. »

Art. 154. « Le débiteur d'une dette qui porte
« intérêt ou produit des arrérages ne peut point,
« sans le consentement du créancier, imputer le

« paiement qu'il fait sur le capital par préférence
« aux arrérages ou intérêts : le paiement fait sur
« le capital et intérêts, mais qui n'est point in-
« tégral, s'impute d'abord sur les intérêts. »

Art. 155. « Lorsque le débiteur de diverses
« dettes a accepté une quittance par laquelle le
« créancier a imputé ce qu'il a reçu sur l'une de
« ces dettes spécialement, le débiteur ne peut
« plus demander l'imputation sur une dette diffé-
« rente, à moins qu'il n'y ait eu dol ou surprise de
« la part du créancier. »

Art. 156. « Lorsque la quittance ne porte au-
« cune imputation, le paiement doit être imputé
« sur la dette que le débiteur avait pour lors le
« plus d'intérêt d'acquitter entre celles qui sont
« pareillement échues; sinon, sur la dette échue,
« quoique moins onéreuse que celles qui ne le
« sont point.

« Si les dettes sont d'égale nature, l'imputation
« se fait sur la plus ancienne : toutes choses égales,
« elle se fait proportionnellement. »

§ IV.
Des offres de paiement et de la consignation.

Art. 157. « Lorsque le créancier refuse de rece-
« voir son paiement, le débiteur peut lui faire
« des offres réelles, et, au refus du créancier de
« les accepter, consigner la somme ou la chose
« offerte.

« Les offres réelles suivies d'une consignation
« libèrent le débiteur; elles tiennent lieu à son
« égard de paiement lorsqu'elles sont valablement
« faites, et la chose ainsi consignée demeure aux
« risques du créancier. »

Art. 158. « Pour que les offres réelles soient va-
« lables, il faut :

« 1° Qu'elles soient faites au créancier ayant la
« capacité de recevoir, ou à celui qui a pouvoir
« de recevoir pour lui;

« 2° Qu'elles soient faites par une personne
« capable de payer;

« 3° Qu'elles soient de la totalité de la somme
« exigible, des arrérages ou intérêts dus, des frais
« liquidés, et d'une somme pour les frais non li-
« quidés, sauf à la parfaire;

« 4° Que le terme soit échu, s'il a été stipulé
« en faveur du créancier;

« 5° Que la condition sous laquelle la dette a
« été contractée soit arrivée;

« 6° Que les offres soient faites au lieu dont on
« est convenu pour le paiement, et que, s'il n'y a
« pas de convention spéciale sur le paiement, elles
« soient faites ou à la personne du créancier, ou
« à son domicile, ou au domicile élu pour l'exé-
« cution de la convention;

« 7° Que les offres soient faites par un officier
« ministériel ayant caractère pour ces sortes
« d'actes. »

Art. 159. « Il n'est pas nécessaire, pour la vali-
« dité de la consignation, qu'elle ait été autorisée
« par le juge; il suffit :

« 1° Qu'elle ait été précédée d'une sommation
« signifiée au créancier, et contenant l'indication
« du jour, de l'heure et du lieu où la chose of-
« ferte sera déposée;

« 2° Que le débiteur se soit dessaisi de la chose
« offerte, en la remettant dans le dépôt indiqué
« par la loi pour recevoir les consignations, avec
« les intérêts jusqu'au jour du dépôt;

« 3° Qu'il y ait eu procès-verbal dressé par
« l'officier ministériel, de la nature des espèces
« offertes, du refus qu'a fait le créancier de les
« recevoir ou de sa non-comparution, et enfin du
« dépôt;

« 4°. Qu'en cas de non-comparution de la part
« du créancier, le procès-verbal du dépôt lui ait
« été signifié avec sommation de retirer la chose
« déposée. »

Art. 160. « Les frais des offres réelles et de la
« consignation sont à la charge du créancier, si
« elles sont valables. »

Art. 161. « Tant que la consignation n'a point
« été acceptée par le créancier, le débiteur peut
« la retirer; et, s'il la retire, ses codébiteurs ou
« ses cautions ne sont point libérés. »

Art. 162. « Lorsque le débiteur a lui-même
« obtenu un jugement passé en force de chose
« jugée, qui a déclaré ses offres et sa consigna-
« tion bonnes et valables, il ne peut plus, même
« du consentement du créancier, retirer sa con-
« signation au préjudice de ses codébiteurs ou de
« ses cautions. »

Art. 163. « Le créancier qui a consenti que le
« débiteur retirât sa consignation après qu'elle a
« été déclarée valable par un jugement qui a
« acquis force de chose jugée, ne peut plus pour
« le paiement de sa créance exercer les privilé-
« ges ou hypothèques qui y étaient attachés; il
« n'a plus d'hypothèque que du jour où l'acte par
« lequel il a consenti que la consignation fût re-
« tirée aura été revêtu des formes requises pour
« emporter hypothèque. »

Art. 164. « Si la chose due est un corps certain
« qui doit être livré au lieu où il se trouve, le
« débiteur doit faire sommation au créancier de
« l'enlever, par acte notifié à sa personne ou à
« son domicile, ou au domicile élu pour l'exécu-
« tion de la convention.

Cette sommation faite, si le créancier n'enlève
« pas la chose, et que le débiteur ait besoin du
« lieu dans lequel elle est placée, celui-ci pourra
« obtenir de la justice la permission de la mettre
« en dépôt dans quelque autre lieu. »

§. v
De la cession des biens.

Art. 165. « La cession de biens est l'abandon
« qu'un débiteur fait de tous ses biens à ses créan-
« ciers, lorsqu'il se trouve hors d'état de payer ses
« dettes. »

Art. 166. « La cession de biens est ou volon-
« taire ou judiciaire. »

Art. 167. « La cession des biens volontaire est
« celle que les créanciers acceptent volontaire-
« ment, et qui n'a d'effet que celui résultant des
« stipulations mêmes du contrat passé entre eux
« et le débiteur. »

Art. 168. « La cession judiciaire est un bénéfice
« que la loi accorde au débiteur malheureux et
« de bonne foi, auquel il est permis, pour avoir
« la liberté de sa personne, de faire en justice
« l'abandon de tous ses biens à ses créanciers,
« nonobstant toute stipulation contraire. »

Art. 169. La cession judiciaire ne confère point
« la propriété aux créanciers; elle leur donne
« seulement le droit de faire vendre les biens à
« leur profit, et d'en percevoir les revenus jus-
« qu'à la vente. »

Art. 170. « Les créanciers ne peuvent refuser
« la cession judiciaire, si ce n'est dans les cas
« exceptés par la loi.

« Elle opère la décharge de la contrainte par corps.

« Au surplus, elle ne libère le débiteur que jus-
« qu'à concurrence de la valeur des biens aban-
« donnés; et dans le cas où ils auraient été in-
« suffisants; s'il lui en survient d'autres, il est
« obligé de les abandonner jusqu'au parfait
« paiement. »

SECTION II.
De la novation.

Art. 171. « La novation s'opère de trois ma-
« nières :

« 1° Lorsque le débiteur contracte envers son
« créancier une nouvelle dette qui est substituée
« à l'ancienne, laquelle est éteinte ;

2° Lorsqu'un nouveau débiteur est substitué à
« l'ancien qui est déchargé par le créancier;

3° Lorsque, par l'effet d'un nouvel engagement,
« un nouveau créancier est substitué à l'ancien,
« envers lequel le débiteur se trouve déchargé. »

Art. 172. « La novation ne peut s'opérer qu'entre
« personnes capables de contracter. »

Art. 173. « La novation ne se présume point ;
« il faut que la volonté de l'opérer résulte claire-
« ment de l'acte. »

Art. 174. « La novation par la substitution d'un
« nouveau débiteur peut s'opérer sans le con-
« cours du premier débiteur. »

Art. 175. « La délégation par laquelle un débi-
« teur donne au créancier un autre débiteur qui
« s'oblige envers le crancier n'opère point de no-
« vation, si le créancier n'a expressément dé-
« claré qu'il entendait décharger son débiteur qui
« a fait la délégation. »

Art. 176. « Le créancier qui a déchargé le dé-
« biteur par qui a été faite la délégation, n'a
« point de recours contre ce débiteur, si le délé-
« gué devient insolvable, à moins que l'acte n'en
« contienne une réserve expresse, ou que le dé-
« légué ne fût déjà en faillite ouverte, ou tombé
« en déconfiture au moment de la délégation. »

Art. 177. « La simple indication faite par le dé-
« biteur, d'une personne qui doit payer à sa place,
« n'opère point novation.

« Il en est de même de la simple indication
« faite par le créancier, d'une personne qui doit
« recevoir pour lui. »

Art. 178. « Les privilèges et hypothèques de
« l'ancienne créance ne passent point à celle qui
« lui est substituée, à moins que le créancier ne
« les ait expressément réservés. »

Art. 179. « Lorsque la novation s'opère par la
« substitution d'un nouveau débiteur, les privilé-
« ges et hypothèques primitifs de la créance ne
« peuvent point passer sur les biens du nouveau
« débiteur. »

Art. 180. « Lorsque la novation s'opère entre
« le créancier et l'un des débiteurs solidaires, les
« privilèges et hypothèques de l'ancienne créance
« ne peuvent être réservés que sur les biens de
« celui qui contracte la nouvelle dette. »

Art. 181. « Par la novation faite entre le créan-
« cier et l'un des débiteurs solidaires, les codébi-
« teurs sont libérés.

« La novation opérée à l'égard du débiteur
« principal libère les cautions.

« Néanmoins si le créancier a exigé, dans le
« premier cas, l'accession des codébiteurs, ou,
« dans le second, celle des cautions, l'ancienne
« créance subsiste, si les codébiteurs ou les cau-
« tions refusent d'accéder au nouvel arrange-
« ment. »

SECTION III.
De la remise de la dette.

Art. 182. « La remise volontaire du titre origi-
« nal sous signature privée, par le créancier au
« débiteur, fait preuve de la libération. »

Art. 183. « La remise volontaire de la grosse
« du titre fait présumer la remise de la dette ou le
« paiement, sans préjudice de la preuve contraire. »

Art. 184. « La remise du titre original sous si-
» gnature privée ou de la grosse du titre à l'un
» des débiteurs solidaires a le même effet au pro-
» fit de ses codébiteurs. »

Art. 185. « La remise ou décharge convention-
» nelle au profit des codébiteurs solidaires libère
» tous les autres, à moins que le créancier n'ait
» expressément réservé ses droits contre ces
» derniers.

« Dans ce dernier cas, il ne peut plus répéter
» la dette que déduction faite de la part de celui
» auquel il a fait la remise. »

Art. 186. « La remise de la chose donnée en
» nantissement ne suffit point pour faire présu-
» mer la remise de la dette. »

Art. 187. « La remise ou décharge convention-
» accordée au débiteur principal libère les
» cautions;

« Celle accordée à la caution ne libère pas le
» débiteur principal ;

« Celle accordée à l'une des cautions ne libère
» pas les autres. »

Art. 188. « Ce que le créancier a reçu d'une cau-
» tion pour la décharge de son cautionnement doit
» être imputé sur la dette, et tournera la décharge
» du débiteur principal et des autres cautions. »

SECTION IV.
De la compensation,

Art. 189. « Lorsque deux personnes se trouvent
» débitrices l'une envers l'autre, il s'opère entre
» elles une compensation qui éteint les deux
» dettes, de la manière et dans les cas ci-après
» exprimés. »

Art. 190. « La compensation s'opère de plein
» droit par la seule force de la loi, même à l'insu
» des débiteurs ; les deux dettes s'éteignent réci-
» proquement, à l'instant où elles se trouvent
» exister à la fois, jusqu'à concurrence de leurs
» quotités respectives. »

Art. 191. « La compensation n'a lieu qu'entre
» deux dettes qui ont également pour objet une
» somme d'argent, ou une certaine quantité de
» choses fongibles de la même espèce, et qui sont
» également liquides et exigibles.

« Les prestations en grains ou denrées, non
» contestées, et dont le prix est réglé par les
» mercuriales, peuvent se compenser avec des
» sommes liquides et exigibles. »

Art. 192. « Le terme de grâce n'est point un
» obstacle à la compensation. »

Art. 193. « La compensation a lieu, quelles que
» soient les causes de l'une ou de l'autre des
» dettes, excepté dans le cas :

« 1o De la demande en restitution d'une chose
» dont le propriétaire a été injustement dépouillé;

« 2o De la demande en restitution d'un dépôt et
» du prêt à usage ;

« 3o D'une dette qui a pour cause des aliments
» déclarés insaisissables. »

Art. 194. « La caution peut opposer la com-
» pensation de ce que le créancier doit au débi-
» teur principal.

« Mais le débiteur principal ne peut opposer la
» compensation de ce que le créancier doit à la
» caution.

« Le débiteur solidaire ne peut pareillement op-
» poser la compensation de ce que le créancier
» doit à son codébiteur. »

Art. 195. « Le débiteur qui a accepté purement
» et simplement la cession qu'un créancier a faite
» de ses droits à un tiers, ne peut plus opposer
» au cessionnaire la compensation qu'il eût pu,
» avant l'acceptation, opposer au cédant.

« A l'égard de la cession qui n'a point été ac-
» ceptée par le débiteur, mais qui lui a été signi-
» fiée, elle n'empêche que la compensation des
» créances postérieures à cette notification. »

Art. 196. « Lorsque les deux dettes ne sont pas
» payables au même lieu, on n'en peut opposer
» la compensation qu'en faisant raison des frais
» de la remise. »

Art. 197. « Lorsqu'il y a plusieurs dettes com-
» pensables dues par la même personne, on suit,
» pour la compensation, les règles qui ont été éta-
» blies pour l'imputation par l'article 156. »

Art. 198. « La compensation n'a pas lieu au pré-
» judice des droits acquis à un tiers. Ainsi celui
» qui, étant débiteur, est devenu créancier depuis
» la saisie-arrêt faite par un tiers entre ses mains,
» ne peut, au préjudice du saisissant, opposer la
» compensation. »

Art. 199. « Celui qui a payé une dette qui était
» de droit éteinte par la compensation, ne peut
» plus, en exerçant la créance dont il n'a point
» opposé la compensation, se prévaloir, au pré-
» judice des tiers, des privilèges ou hypothèques
» qui y étaient attachés, à moins qu'il n'ait eu
» une juste cause d'ignorer la créance qui devait
» compenser sa dette. »

SECTION V.
De la confusion.

Art. 200. « Lorsque les qualités de créancier et
» de débiteur se réunissent dans la même per-
» sonne, il se fait une confusion de droit qui éteint
» les deux créances. »

Art. 201. « La confusion qui s'opère dans la
» personne du débiteur principal profite à ses cau-
» tions;

« Celle qui s'opère dans la personne de la cau-
» tion n'entraîne point l'extinction de l'obligation
» principale;

« Celle qui s'opère dans la personne du créancier
» ne profite à ses codébiteurs solidaires que pour
» la portion dont il était débiteur. »

SECTION VI.
De la perte de la chose due.

Art. 202. « Lorsque le corps certain et déterminé
» qui était l'objet de l'obligation vient à périr, est
» mis hors du commerce ou se perd de manière
» qu'on en ignore absolument l'existence, l'obliga-
» tion est éteinte si la chose a péri ou a été perdue
» sans la faute du débiteur et avant qu'il fût en
» demeure.

« Lors même que le débiteur est en demeure,
» et s'il ne s'est pas chargé des cas fortuits, l'obli-
» gation est éteinte dans le cas où la chose fût
» également périe chez le créancier si elle lui eût
» été livrée.

« Le débiteur est tenu de prouver le cas fortuit
» qu'il allègue.

« De quelque manière que la chose volée ait péri
» ou ait été perdue, sa perte ne dispense pas celui
» qui l'a soustraite de la restitution du prix. »

Art. 203. « Lorsque la chose est périe, mise hors
» du commerce ou perdue sans la faute du débi-
» teur, il est tenu, s'il y a quelques droits ou ac-
» tions en indemnité par rapport à cette chose, de
» les céder à son créancier. »

SECTION VII.
De l'action en nullité ou en rescision des conventions.

Art. 204. « Dans tous les cas où l'action en nul-
» lité ou en rescision d'une convention n'est pas
» limitée à un moindre temps par une loi parti-
» culière, cette action dure dix ans.

« Ce temps ne court, dans le cas de violence,
« que du jour où elle a cessé; dans le cas d'erreur
« ou de dol, du jour où ils ont été découverts; et
« pour les actes passés par les femmes mariées non
« autorisées, du jour de la dissolution du ma-
« riage.

« Le temps ne court, à l'égard des actes faits par
« les interdits, que du jour où l'interdiction est
« levée; et à l'égard de ceux faits par les mineurs,
« que du jour de la majorité. »

Art. 205. « La simple lésion donne lieu à la resci-
« sion en faveur du mineur non émancipé, contre
« toutes sortes de conventions; et en faveur du
« mineur émancipé, contre toutes conventions qui
« excèdent les bornes de sa capacité, ainsi qu'elle
« est déterminée au titre *de la minorité, de la tu-*
« *telle et de l'émancipation.* »

Art. 206. « Le mineur n'est pas restituable pour
« cause de lésion, lorsqu'elle ne résulte que d'un
« événement casuel et imprévu. »

Art. 207. « La simple déclaration de majorité,
« faite par le mineur, ne fait point obstacle à sa
« restitution. »

Art. 208. « Le mineur commerçant, banquier
« ou artisan, n'est point restituable contre les en-
« gagements qu'il a pris à raison de son commerce
« ou de son art. »

Art. 209. « Le mineur n'est point restituable
« contre les conventions portées en son contrat
« de mariage, lorsqu'elles ont été faites avec le
« consentement et l'assistance de ceux dont le
« consentement est requis pour la validité de son
« mariage. »

Art. 210. « Il n'est point restituable contre les
« obligations résultant de son délit ou quasi-dé-
« lit. »

Art. 211. « Il n'est plus recevable à revenir con-
« tre l'engagement qu'il avait souscrit en mino-
« rité, lorsqu'il l'a ratifié en majorité, soit que cet
« engagement fût nul en sa forme, soit qu'il fût
« seulement sujet à restitution. »

Art. 212. « Lorsque les mineurs, les interdits ou
« les femmes mariées sont admis, en ces qua-
« lités, à se faire restituer contre leurs engage-
« ments, le remboursement de ce qui aurait été, en
« conséquence de ces engagements, payé pen-
« dant la minorité, l'interdiction ou le mariage,
« ne peut en être exigé, à moins qu'il ne soit
« prouvé que ce qui a été payé a tourné à leur
« profit. »

Art. 213. « Les majeurs ne sont restitués pour
« cause de lésion que dans les cas et sous les
« conditions spécialement exprimés dans le pré-
« sent Code. »

Art. 214. « Lorsque les formalités requises à
« l'égard des mineurs ou des interdits, soit pour
« aliénation d'immeubles, soit dans un partage
« de successions, ont été remplies, ils sont, rela-
« tivement à ces actes, considérés comme s'ils les
« avaient faits en majorité ou avant l'interdic-
« tion. »

CHAPITRE VI.
De la preuve des obligations, et de celle du paie-
ment.

Art. 215. « Celui qui réclame l'exécution d'une
« obligation doit la prouver.

« Réciproquement, celui qui se prétend libéré
« doit justifier le paiement ou le fait qui a pro-
« duit l'extinction de son obligation. »

Art. 216. « Les règles qui concernent la preuve
« littérale, la preuve testimoniale, les présomp-
« tions, l'aveu de la partie et le serment, sont
« expliquées dans les sections suivantes. »

SECTION PREMIÈRE.
De la preuve littérale.
§ Ier.
Du titre authentique.

Art. 217. « L'acte authentique est celui qui a
« été reçu par officiers publics ayant le droit d'ins-
« trumenter dans le lieu où l'acte a été rédigé, et
« avec les solennités requises. »

Art. 218. « L'acte qui n'est point authentique
« par l'incompétence ou l'incapacité de l'officier,
« ou par un défaut de forme, vaut comme écri-
« ture privée, s'il a été signé des parties. »

Art. 219. « L'acte authentique fait pleine foi de
« la convention qu'il renferme entre les parties
« contractantes et leurs héritiers ou ayants cause.

« Néanmoins, en cas de plaintes en faux prin-
« cipal, l'exécution de l'acte argué de faux sera
« suspendue par la mise en accusation ; et en cas
« d'inscription de faux faite incidemment, les
« tribunaux pourront, suivant les circonstances,
« suspendre provisoirement l'exécution de l'acte. »

Art. 220. « L'acte, soit authentique, soit sous
« seing privé, fait foi entre les parties, même de
« ce qui n'y est exprimé qu'en termes énonciatifs,
« pourvu que l'énonciation ait un rapport direct
« à la disposition. Les énonciations étrangères à
« la disposition ne peuvent servir que d'un com-
« mencement de preuve. »

Art. 221. « Les contre-lettres ne peuvent avoir
« leur effet qu'entre les parties contractantes :
« elles n'ont point d'effet contre les tiers. »

§ II.
De l'acte sous seing privé.

Art. 222. « L'acte sous seing privé, reconnu par
« celui auquel on l'oppose, ou légalement tenu
« pour reconnu, à entre ceux qui l'ont souscrit et
« entre leurs héritiers ou ayants cause la même
« foi que l'acte authentique. »

Art. 223. « Celui auquel on oppose un acte sous
« seing privé est obligé d'avouer ou de désavouer
« formellement son écriture ou sa signature.

« Ses héritiers ou ayants cause peuvent se con-
« tenter de déclarer qu'ils ne connaissent point
« l'écriture ou la signature de leur auteur. »

Art. 224. « Dans le cas où la partie désavoue
« son écriture ou sa signature, et dans le cas où
« ses héritiers ou ayants cause déclarent ne les
« point connaître, la vérification en est ordonnée
« en justice. »

Art. 225. « Les actes sous seing privé, qui con-
« tiennent des conventions synallagmatiques, ne
« sont valables qu'autant qu'ils ont été faits en
« autant d'originaux qu'il y a de parties ayant
« un intérêt distinct.

« Il suffit d'un original pour toutes les personnes
« ayant le même intérêt.

« Chaque original doit contenir la mention du
« nombre des originaux qui en ont été faits.

« Néanmoins le défaut de mention que les ori-
« ginaux ont été faits doubles, triples , etc., ne
« peut être opposé par celui qui a exécuté de sa
« part la convention portée dans l'acte. »

Art. 226. « Le billet ou la promesse sous seing
« privé par lequel une seule partie s'engage en-
« vers l'autre à lui payer une somme d'argent ou
« une chose appréciable, doit être écrit en entier
« de la main de celui qui le souscrit; ou du moins
« il faut qu'outre sa signature il ait écrit de sa
« main un *bon* ou un *approuvé* portant en toutes
« lettres la somme ou la quantité de la chose;

« Excepté dans le cas où l'acte émane de mar-
« chands, artisans , laboureurs, vignerons, gens
« de journée et de service. »

Art. 227. « Lorsque la somme exprimée au corps
« de l'acte est différente de celle exprimée au
« bon, l'obligation est présumée n'être que de la
« somme moindre, lors même que l'acte ainsi que
« le bon sont écrits en entier de la main de celui
« qui s'est obligé, à moins qu'il ne soit prouvé
« de quel côté est l'erreur. »

Art. 228. « Les actes sous seing privé n'ont de
« date contre les tiers que du jour où ils ont été
« enregistrés, du jour de la mort de celui ou de
« l'un de ceux qui les ont souscrits, ou du jour
« où leur substance est constatée dans des actes
« dressés par des officiers publics, tels que pro-
« cès-verbaux de scellé ou d'inventaire. »

Art. 229. « Les registres des marchands ne font
« point, contre les personnes non marchandes,
« preuve des fournitures qui y sont portées ; sauf
« ce qui sera dit à l'égard du serment. »

Art. 230. « Les livres des marchands font preuve
« contre eux ; mais celui qui veut en tirer avan-
« tage ne peut les diviser en ce qu'ils contien-
« nent de contraire à sa prétention. »

Art. 231. « Les registres et papiers domestiques
« ne font point un titre pour celui qui les a écrits.
« Ils font foi contre lui : 1° dans tous les cas où
« ils énoncent formellement un paiement reçu ;
« 2° lorsqu'ils contiennent la mention expresse
« que la note a été faite pour suppléer le défaut
« du titre en faveur de celui au profit duquel ils
« énoncent une obligation. »

Art. 232. « L'écriture mise par le créancier à la
« suite, en marge ou au dos d'un titre qui est tou-
« jours resté en sa possession, fait foi, quoique
« non signée ni datée par lui, lorsqu'elle tend à
« établir la libération du débiteur. »

« Il en est de même de l'écriture mise par le
« créancier au dos, ou en marge, ou à la suite du
« double d'un titre ou d'une quittance, pourvu que
« ce double soit entre les mains du débiteur. »

§ III.
Des tailles.

Art. 233. « Les tailles corrélatives à leurs
« échantillons font foi entre les personnes qui
« sont dans l'usage de constater ainsi les fourni-
« tures qu'elles font et reçoivent en détail. »

§ IV.
Des copies des titres.

Art. 234. « Les copies, lorsque le titre original
« subsiste, ne font foi que de ce qui est contenu au
« titre, dont la représentation peut toujours être
« exigée. »

Art. 235. « Lorsque le titre original n'existe
« plus, les copies font foi, d'après les distinctions
« suivantes :

« 1° Les grosses ou premières expéditions font
« la même foi que l'original. Il en est de même
« des copies qui ont été tirées par l'autorité du
« magistrat, parties présentes ou dûment appe-
« lées, ou celles qui ont été tirées en présence des
« parties et de leur consentement réciproque ;

« 2° Les copies qui, sans l'autorité du magistrat,
« ou sans le consentement des parties, et depuis
« la délivrance des grosses ou premières expédi-
« tions, auront été tirées sur la minute de l'acte
« par le notaire qui l'a reçu ou par l'un de ses
« successeurs, ou par officiers publics qui, en cette
« qualité, sont dépositaires des minutes, peuvent,
« en cas de perte de l'original, faire foi quand
« elles sont anciennes.

« Elles sont considérées comme anciennes quand
« elles ont plus de trente ans ;

« Si elles ont moins de trente ans, elles ne peu-

« vent servir que de commencement de preuve
« par écrit ;

« 3° Lorsque les copies tirées sur la minute
« d'un acte ne l'auront pas été par le notaire qui
« l'a reçu, ou par l'un de ses successeurs, ou par
« officiers publics qui, en cette qualité, sont dé-
« positaires des minutes, elles ne pourront servir,
« quelle que soit leur ancienneté, que de com-
« mencement de preuve par écrit ;

« 4° Les copies de copies pourront, suivant les
« circonstances, être considérées comme simples
« renseignements. »

Art. 236. « La transcription d'un acte sur les re-
« gistres publics ne pourra servir que de commen-
« cement de preuve par écrit ; et il faudra même
« pour cela :

« 1° Qu'il soit constant que toutes les minutes du
« notaire, de l'année dans laquelle l'acte paraît
« avoir été fait, soient perdues, ou que l'on prouve
« que la perte de la minute de cet acte a été faite
« par un accident particulier ;

« 2° Qu'il existe un répertoire en règle du no-
« taire, qui constate que l'acte a été fait à la
« même date.

« Lorsqu'au moyen du concours de ces deux
« circonstances, la preuve par témoins sera ad-
« mise, il sera nécessaire que ceux qui ont été
« témoins de l'acte, s'ils existent encore, soient
« entendus. »

§ V.
Des actes récognitifs et confirmatifs.

Art. 237. « Les actes récognitifs ne dispensent
« point de la représentation du titre primordial,
« à moins que sa teneur n'y soit spécialement
« relatée.

« Ce qu'ils contiennent de plus que le titre pri-
« mordial, ou ce qui s'y trouve de différent, n'a
« aucun effet.

« Néanmoins, s'il y avait plusieurs reconnais-
« sances conformes, soutenues de la possession,
« et dont l'une eût trente ans de date, le créan-
« cier pourrait être dispensé de représenter le
« titre primordial. »

Art. 238. « L'acte de confirmation ou ratifica-
« tion d'une obligation contre laquelle la loi ad-
« met l'action en nullité ou en rescision, n'est
« valable que lorsqu'on y trouve la substance de
« cette obligation, la mention du motif de l'action
« en rescision, et l'intention de réparer le vice
« sur lequel cette action est fondée.

« A défaut d'acte de confirmation ou ratification,
« il suffit que l'obligation soit exécutée volontai-
« rement après l'époque à laquelle l'obligation
« pouvait être valablement confirmée ou ratifiée.

« La confirmation, ratification ou exécution
« volontaire dans les formes et à l'époque déter-
« minées par la loi, emporte la renonciation aux
« moyens et exceptions que l'on pouvait opposer
« contre cet acte, sans préjudice néanmoins du
« droit des tiers. »

Art. 239. « Le donateur ne peut réparer par
« aucun acte confirmatif les vices d'une donation
« entre-vifs ; nulle en la forme, il faut qu'elle
« soit refaite en la forme légale. »

Art. 240. « La confirmation ou ratification ou
« exécution volontaire d'une donation par les
« héritiers ou ayants cause du donateur, après son
« décès, emporte leur renonciation à opposer soit
« les vices de forme, soit toute autre exception. »

SECTION II.
De la preuve testimoniale.

Art. 241. « Il doit être passé acte devant no-

« taires ou sous signature privée, de toutes choses
« excédant la somme ou valeur de cent cinquante
« francs, même pour dépôts volontaires ; et il n'est
« reçu aucune preuve par témoins contre et outre
« le contenu aux actes, ni sur ce qui serait al-
« légué avoir été dit avant, lors ou depuis les
« actes, encore qu'il s'agisse d'une somme ou
« valeur moindre de cent cinquante francs.
« Le tout sans préjudice de ce qui est prescrit
« dans les lois relatives au commerce. »

Art. 242. « La règle ci-dessus s'applique au cas
« où l'action contient, outre la demande du
« capital, une demande d'intérêts qui, réunis
« au capital, excèdent la somme de cent cin-
« quante francs. »

Art. 243. « Celui qui a formé une demande
« excédant cent cinquante francs ne peut plus
« être admis à la preuve testimoniale, même en
« restreignant sa demande primitive. »

Art. 244. « La preuve testimoniale, sur la de-
« mande d'une somme même moindre de cent
« cinquante francs, ne peut être admise lorsque
« cette somme est déclarée être le restant, ou
« faire partie d'une créance plus forte qui n'est
« point prouvée par écrit. »

Art. 245. « Si, dans la même instance, une partie
« fait plusieurs demandes dont il n'y ait point de
« titre par écrit, et que, jointes ensemble, elles
« excèdent la somme de cent cinquante francs,
« la preuve par témoins n'en peut être admise,
« encore que la partie allègue que ces créances
« proviennent de différentes causes, et qu'elles
« se soient formées en différents temps, si ce
« n'était que des droits procédassent, par succes-
« sion, donation ou autrement, de personnes dif-
« férentes. »

Art. 246. « Toutes les demandes, à quelque titre
« que ce soit, qui ne seront entièrement justifiées
« par écrit, seront formées par un même exploit,
« après lequel les autres demandes dont il n'y
« aura point de preuves par écrit ne seront pas
« reçues. »

Art. 247. « Les règles ci-dessus reçoivent ex-
« ception lorsqu'il existe un commencement de
« preuve par écrit.
« On appelle ainsi tout acte par écrit qui est
« émané de celui contre lequel la demande est
« formée, ou de celui qu'il représente, et qui rend
« vraisemblable le fait allégué. »

Art. 248. « Elles reçoivent encore exception
« toutes les fois qu'il n'a pas été possible au
« créancier de se procurer une preuve littérale
« de l'obligation qui a été contractée envers lui.
« Cette seconde exception s'applique :
« 1° Aux obligations qui naissent des quasi-
« contrats et des délits ou quasi-délits ;
« 2° Aux dépôts nécessaires faits en cas d'in-
« cendie, ruine, tumulte ou naufrage, et à ceux
« faits par les voyageurs en logeant dans une
« hôtellerie ; le tout suivant la qualité des per-
« sonnes et les circonstances du fait ;
« 3° Aux obligations contractées en cas d'acci-
« dents imprévus, où l'on ne pourrait pas avoir
« fait des actes par écrit ;
« 4° Au cas où le créancier a perdu le titre qui
« lui servait de preuve littérale, par suite d'un
« cas fortuit, imprévu et résultant d'une force
« majeure. »

SECTION III.
Des présomptions.

Art. 249. « Les présomptions sont des consé-
« quences que la loi ou le magistrat tire d'un
« fait connu à un fait inconnu. »

§ Ier.
Des présomptions établies par la loi.

Art. 250. « La présomption légale est celle qui
« est attachée par une loi spéciale à certains
« actes ou à certains faits ; tels sont :
« 1° Les actes que la loi déclare nuls, comme
« présumés faits en fraude de ses dispositions,
« d'après leur seule qualité ;
« 2° Les cas dans lesquels la loi déclare la pro-
« priété ou la libération résulter de certaines cir-
« constances déterminées ;
« 3° L'autorité que la loi attribue à la chose
« jugée ;
« 4° La force que la loi attache à l'aveu de la
« partie ou à son serment. »

Art. 251. « L'autorité de la chose jugée n'a lieu
« qu'à l'égard de ce qui a fait l'objet du juge-
« ment. Il faut que la chose demandée soit
« la même ; que la demande soit fondée sur la
« même cause ; que la demande soit entre les
« mêmes parties, et formée par elles et contre elles
« en la même qualité. »

Art. 252. La présomption légale dispense de
« toute preuve celui au profit duquel elle existe.
« Nulle preuve n'est admise contre la présomp-
« tion de la loi, lorsque, sur le fondement de
« cette présomption, elle annule certains actes
« ou dénie l'action en justice, à moins qu'elle
« n'ait réservé la preuve contraire, et sauf ce qui
« sera dit sur le serment et l'aveu judiciaires. »

§ II.
Des présomptions qui ne sont point établies par la loi.

Art. 253. « Les présomptions qui ne sont point
« établies par la loi sont abandonnées aux lu-
« mières et à la prudence du magistrat, qui ne
« doit admettre que des présomptions graves, pré-
« cises et concordantes, et dans les cas seulement
« où la loi admet les preuves testimoniales, à
« moins que l'acte ne soit attaqué pour cause de
« fraude ou de dol. »

SECTION IV.
De l'aveu de la partie.

Art. 254. « L'aveu qui est opposé à une partie
« est ou extrajudiciaire ou judiciaire. »

Art. 255. « L'allégation d'un aveu extrajudi-
« ciaire purement verbal est inutile, toutes les
« fois qu'il s'agit d'une demande dont la preuve
« testimoniale ne serait point admissible. »

Art. 256. « L'aveu judiciaire est la déclaration
« que fait en justice la partie ou son fondé de
« pouvoir spécial.
« Il fait pleine foi contre celui qui l'a fait.
« Il ne peut être divisé contre lui.
« Il ne peut être révoqué, à moins qu'on ne
« prouve qu'il a été la suite d'une erreur de fait.
« Il ne pourrait être révoqué sous prétexte d'une
« erreur de droit. »

SECTION V.
Du serment.

Art. 257. « Le serment judiciaire est de deux
« espèces :
« 1° Celui qu'une partie défère à l'autre pour
« en faire dépendre le jugement de la cause : il
« est appelé *décisoire* ;
« 2° Celui qui est déféré d'office par le juge à
« l'une ou à l'autre des parties. »

§ Ier.
Du serment décisoire.

Art. 258. « Le serment décisoire peut être déféré

« sur quelque espèce de contestation que ce soit. »

Art. 259. « Il ne peut être déféré que sur un « fait personnel à la partie à laquelle on le défère. »

Art. 260. « Il peut être déféré en tout état de « cause, et encore qu'il n'existe aucun commen- « cement de preuve de la demande ou de l'excep- « tion sur laquelle il est provoqué. »

Art. 261. « Celui auquel le serment est déféré, « qui le refuse ou ne consent pas à le référer à « son adversaire, ou l'adversaire à qui il a été ré- « féré et qui le refuse, doit succomber dans sa de- « mande ou dans son exception. »

Art. 262. « Le serment ne peut être référé quand « le fait qui en est l'objet n'est point celui des « deux parties, mais est purement personnel à « celui auquel le serment avait été déféré. »

Art. 263. « Lorsque le serment déféré ou référé « a été fait, l'adversaire n'est point recevable à en « prouver la fausseté. »

Art. 264. « La partie qui a déféré ou référé le « serment ne peut plus se rétracter lorsque l'adver- « saire a déclaré qu'il est prêt à faire ce serment. »

Art. 265. « Le serment fait ne forme preuve « qu'au profit de celui qui l'a déféré ou contre lui, « et au profit de ses héritiers et ayants cause ou « contre eux.

« Néanmoins le serment déféré par l'un des « créanciers solidaires au débiteur ne libère celui- « ci que pour la part de ce créancier ;

« Le serment déféré au débiteur principal libère « également les cautions ;

« Celui déféré à l'un des débiteurs solidaires « profite aux codébiteurs ;

« Et celui déféré à la caution profite au débiteur « principal.

« Dans ces deux derniers cas, le serment du « codébiteur solidaire ou de la caution ne profite « aux autres codébiteurs ou au débiteur principal « que lorsqu'il a été déféré sur la dette, et non sur « le fait de la solidarité ou du cautionnement. »

§ II.
Du serment déféré d'office.

Art. 266. « Le juge peut déférer à l'une des par- « ties le serment, ou pour en faire dépendre la « décision de la cause, ou seulement pour déter- « miner le montant de la condamnation. »

Art. 267. « Le juge ne peut déférer d'office le ser- « ment, soit sur la demande, soit sur l'exception « qui y est opposée, que sous les deux conditions « suivantes : il faut,

« 1° Que la demande ou l'exception ne soit pas « pleinement justifiée ;

« 2° Qu'elle ne soit pas totalement dénuée de « preuves.

« Hors ces deux cas, le juge doit en adjuger ou « rejeter purement et simplement la demande. »

Art. 268. « Le serment déféré d'office par le juge « à l'une des parties ne peut être par elle référé « à l'autre. »

Art. 269. « Le serment sur la valeur de la chose « demandée ne peut être déféré par le juge au « demandeur, que lorsqu'il est d'ailleurs impos- « sible de constater autrement cette valeur.

« Le juge doit même, en ce cas, déterminer la « somme jusqu'à concurrence de laquelle le de- « mandeur en sera cru sur son serment. »

LIVRE III.
TITRE III.
DES ENGAGEMENTS QUI SE FORMENT SANS CON-
VENTION.

Le citoyen **Treilhard**, d'après la conférence tenue avec le Tribunat, présente la rédaction définitive du titre III du livre III, *des engagements qui se forment sans convention.*

Le Conseil l'adopte en ces termes :

Des engagements qui se forment sans convention.

Art. 1er. « Certains engagements se forment « sans qu'il intervienne aucune convention, ni de « de la part de celui qui s'oblige, ni de la part de « celui envers lequel il est obligé.

« Les uns résultent de l'autorité seule de la loi, « les autres naissent d'un fait personnel à celui « qui se trouve obligé.

« Les premiers sont les engagements formés « involontairement, tels que ceux entre proprié- « taires voisins, ou ceux des tuteurs et des autres « administrateurs qui ne peuvent refuser la fonc « tion qui leur est déférée.

« Les engagements qui naissent d'un fait per- « sonnel à celui qui se trouve obligé, résultent ou « des quasi-contrats, ou des délits ou quasi-délits.

« Ils font la matière du présent titre. »

CHAPITRE PREMIER.
Des quasi-contrats.

Art. 2. « Les quasi-contrats sont les faits pure- « ment volontaires de l'homme, dont il résulte un « engagement quelconque envers un tiers, et quel- « quefois un engagement réciproque des deux « parties. »

Art. 3. « Lorsque volontairement on gère l'af- « faire d'autrui, soit que le propriétaire connaisse « la gestion, soit qu'il l'ignore, celui qui gère con- « tracte l'engagement tacite de continuer la ges- « tion qu'il a commencée, et de l'achever jusqu'à « ce que le propriétaire soit en état d'y pourvoir « lui-même ; il doit se charger également de toutes « les dépendances de cette même affaire.

« Il se soumet à toutes les obligations qui ré- « sulteraient d'un mandat exprès que lui aurait « donné le propriétaire. »

Art. 4. « Il est obligé de continuer sa gestion, « encore que le maître vienne à mourir avant que « l'affaire soit consommée, jusqu'à ce que l'héri- « tier ait pu en prendre la direction. »

Art. 5. « Il est tenu d'apporter à la gestion de « l'affaire tous les soins d'un bon père de famille.

« Néanmoins les circonstances qui l'ont con- « duit à se charger de l'affaire peuvent autoriser « le juge à modérer les dommages et intérêts qui « résulteraient des fautes ou de la négligence du « gérant. »

Art. 6. « Le maître dont l'affaire a été bien ad- « ministrée doit remplir les engagements que le « gérant a contractés en son nom, l'indemniser « de tous les engagements personnels qu'il a pris, « et lui rembourser toutes les dépenses utiles ou « nécessaires qu'il a faites. »

Art. 7. « Celui qui reçoit par erreur ou sciem- « ment ce qui ne lui est pas dû s'oblige à le res- « tituer à celui de qui il l'a indûment reçu. »

Art. 8. « Lorsqu'une personne qui, par erreur, « se croyait débitrice, a acquitté une dette, elle a « le droit de répétition contre le créancier.

« Néanmoins ce droit cesse dans le cas où le « créancier a supprimé son titre par suite du « paiement, sauf le recours de celui qui a payé « contre le véritable débiteur. »

Art. 9. « S'il y a eu mauvaise foi de la part de « celui qui a reçu, il est tenu de restituer tant le « capital que les intérêts ou les fruits, du jour du « paiement. »

Art. 10. « Si la chose indûment reçue est un im- « meuble ou un meuble corporel, celui qui l'a « reçue s'oblige à la restituer en nature, si elle

« existe, ou sa valeur, si elle est périe ou dé-
« tériorée par sa faute ; il est même garant de sa
« perte par cas fortuit, s'il l'a reçue de mau-
« vaise foi. »

Art. 11. « Si celui qui a reçu de bonne foi a
« vendu la chose, il ne doit restituer que le prix
« de la vente. »

Art. 12. « Celui auquel la chose est restituée
« doit tenir compte, même au possesseur de mau-
« vaise foi, de toutes les dépenses nécessaires et
« utiles qui ont été faites pour la conservation de
« la chose. »

CHAPITRE II.
Des délits et des quasi-délits.

Art. 13. « Tout fait quelconque de l'homme,
« qui cause à autrui un dommage, oblige celui
« par la faute duquel il est arrivé à le réparer. »

Art. 14. « Chacun est responsable du dommage
« qu'il a causé non-seulement par son fait, mais
« encore par sa négligence ou par son impru-
« dence. »

Art. 15. « On est responsable non-seulement
« du dommage que l'on cause par son propre
« fait, mais encore de celui qui est causé par le
« fait des personnes dont on doit répondre, ou
« des choses que l'on a sous sa garde.

« Le père, et la mère, après le décès du mari,
« sont responsables du dommage causé par leurs
« enfants mineurs habitant avec eux ;

« Les maîtres et les commettants, du dommage
« causé par leurs domestiques et préposés dans
« les fonctions auxquelles ils les ont employés ;

« Les instituteurs et les artisans, du dommage
« causé par leurs élèves et apprentis pendant le
« temps qu'ils sont sous leur surveillance.

« La responsabilité ci-dessus a lieu, à moins
« que les père et mère, instituteurs et artisans
« ne prouvent qu'ils n'ont pu empêcher le fait
« qui donne lieu à cette responsabilité. »

Art. 16. « Le propriétaire d'un animal, ou celui
« qui s'en sert, pendant qu'il est à son usage,
« est responsable du dommage que l'animal a
« causé, soit que l'animal fût sous sa garde ,
« soit qu'il fût égaré ou échappé. »

Art. 17. « Le propriétaire d'un bâtiment est
« responsable du dommage causé par sa ruine,
« lorsqu'elle est arrivée par suite du défaut d'en-
« tretien ou par le vice de sa construction. »

La séance est levée.

Pour extrait conforme :
Le secrétaire général du Conseil d'État,
J. G. LOCRÉ.

SÉANCE
DU 7 PLUVIÔSE AN XII DE LA RÉPUBLIQUE.

(*Samedi* 28 *janvier* 1804).

Le **Second Consul** préside la séance.

Le citoyen **Portalis** annonce que le titre II
du livre II du projet de Code civil, *de la propriété*, a été décrété par le Corps législatif dans
sa séance du 6 de ce mois.

LIVRE III.
TITRE II.
DES CONTRATS OU DES OBLIGATIONS CONVENTION-
NELLES EN GÉNÉRAL.

Exposé des motifs.

Le citoyen **Bigot-Préameneu**, nommé par
le Premier Consul, avec les citoyens **Réal** et
Miot, pour présenter au Corps législatif, dans
sa séance de ce jour, le titre II du livre III du

projet de Code civil, *des contrats ou des obligations
conventionnelles en général*, et pour en soutenir la
discussion dans sa séance du 17 pluviôse, dépose
sur le bureau l'exposé des motifs de ce titre :

Cet exposé est ainsi conçu :

« Citoyens législateurs ,

« Le titre du Code civil, ayant pour objet les
contrats ou les obligations conventionnelles en
général, offre le tableau des rapports les plus
multipliés des hommes en société. Les obligations
conventionnelles se répètent chaque jour , à
chaque instant. Mais tel est l'ordre admirable de
la Providence, qu'il n'est besoin, pour régler
tous ces rapports, que de se conformer aux principes qui sont dans la raison et dans le cœur de
tous les hommes. C'est là, c'est dans l'équité,
c'est dans la conscience, que les Romains ont
trouvé ce corps de doctrine qui rendra immortelle leur législation.

« Avoir prévu le plus grand nombre de conventions auxquelles l'état des hommes en société
donne naissance, avoir balancé tous les motifs
de décision entre les intérêts les plus opposés et
les plus compliqués, avoir dissipé la plupart des
nuages dont souvent l'équité se trouve enveloppée,
avoir rassemblé tout ce que la morale et la philosophie ont de plus sublime et de plus sacré; tels
sont les travaux réunis dans cet immense et précieux dépôt qui ne cessera de mériter le respect
des hommes, dépôt qui contribuera à la civilisation du globe entier, dépôt dans lequel toutes les
nations policées se félicitent de reconnaître LA
RAISON ÉCRITE.

« Il serait difficile d'espérer que l'on pût encore
faire des progrès dans cette partie de la science
législative. Si elle est susceptible de quelque
perfectionnement , c'est en lui appliquant une
méthode qui la rende plus facile à ceux qui se
livrent à cette étude , et avec laquelle l'usage
puisse en devenir familier à ceux qui , pour diriger leur conduite, voudraient en connaître les
principales règles.

« Les jurisconsultes qui , sous *Justinien* , re-
cueillirent le *Digeste* et rédigèrent les *Institutes*,
reconnurent combien il serait utile de rassembler les principes qui avaient dicté le nombre infini des décisions dont le *Digeste* se compose.

« Ils réunirent à la fin de cette grande collection, et sous les deux titres *de verborum signifi-
catione* et *de regulis juris*, un assez grand nombre de propositions qui , par leur précision et
par leur fréquente application, sont de la plus
grande utilité : mais elles ne sont point classées
par ordre de matières ; elles ne présentent point
sur chaque partie du droit des notions suffisantes ; il en est même plusieurs qu'il est difficile de
concilier ou d'expliquer.

« Les *Institutes* sont comme les précédents ouvrages, dignes des plus grands éloges : mais on
regrette, et surtout dans la matière des obligations et des contrats, de ne pas trouver des éléments assez complets. L'objet d'utilité qu'on se
proposait n'a pas été entièrement rempli.

« Le *Digeste* a d'ailleurs un inconvénient, en
ce que des réponses données par les jurisconsultes , par les empereurs, sur des faits particuliers, ont été mises au nombre des règles générales ; tandis que les solutions ont pu souvent dépendre des circonstances particulières , tandis
qu'il était connu que, pendant un long temps, les
jurisconsultes ont été divisés dans le système de
leur doctrine, dont les résultats ne pouvaient se
concilier.

« Les auteurs du projet actuel de Code ont cru

« sur quelque espèce de contestation que ce soit. »
Art. 259. « Il ne peut être déféré que sur un
« fait personnel à la partie à laquelle on le défère. »
Art. 260. « Il peut être déféré en tout état de
« cause, et encore qu'il n'existe aucun commen-
« cement de preuve de la demande ou de l'excep-
« tion sur laquelle il est provoqué. »
Art. 261. « Celui auquel le serment est déféré,
« qui le refuse ou ne consent pas à le référer à
« son adversaire, ou l'adversaire à qui il a été ré-
« féré et qui le refuse, doit succomber dans sa de-
« mande ou dans son exception. »
Art. 262. « Le serment ne peut être référé quand
« le fait qui en est l'objet n'est point celui des
« deux parties, mais est purement personnel à
« celui auquel le serment avait été déféré. »
Art. 263. « Lorsque le serment déféré ou référé
« a été fait, l'adversaire n'est point recevable à en
« prouver la fausseté. »
Art. 264. « La partie qui a déféré ou référé le
« serment ne peut plus se rétracter lorsque l'adver-
« saire a déclaré qu'il est prêt à faire ce serment. »
Art. 265. « Le serment fait ne forme preuve
« qu'au profit de celui qui l'a déféré ou contre lui,
« et au profit de ses héritiers et ayants cause ou
« contre eux.
« Néanmoins le serment déféré par l'un des
« créanciers solidaires au débiteur ne libère celui-
« ci que pour la part de ce créancier;
« Le serment déféré au débiteur principal libère
« également les cautions;
« Celui déféré à l'un des débiteurs solidaires
« profite aux codébiteurs;
« Et celui déféré à la caution profite au débiteur
« principal.
« Dans ces deux derniers cas, le serment du
« codébiteur solidaire ou de la caution ne profite
« aux autres codébiteurs ou au débiteur principal
« que lorsqu'il a été déféré sur la dette, et non sur
« le fait de la solidarité ou du cautionnement. »

§ II.
Du serment déféré d'office.

Art. 266. « Le juge peut déférer à l'une des par-
« ties le serment, ou pour en faire dépendre la
« décision de la cause, ou seulement pour déter-
« miner le montant de la condamnation. »
Art. 267. « Le juge ne peut déférer d'office le ser-
« ment, soit sur la demande, soit sur l'exception
« qui y est opposée, que sous les deux conditions
« suivantes : il faut,
« 1° Que la demande ou l'exception ne soit pas
« pleinement justifiée;
« 2° Qu'elle ne soit pas totalement dénuée de
« preuves.
« Hors ces deux cas, le juge doit ou adjuger ou
« rejeter purement et simplement la demande. »
Art. 268. « Le serment déféré d'office par le juge
« à l'une des parties ne peut être par elle référé
« à l'autre. »
Art. 269. « Le serment sur la valeur de la chose
« demandée ne peut être déféré par le juge au
« demandeur, que lorsqu'il est d'ailleurs impos-
« sible de constater autrement cette valeur.
« Le juge doit même, en ce cas, déterminer la
« somme jusqu'à concurrence de laquelle le de-
« mandeur en sera cru sur son serment. »

LIVRE III.
TITRE III.
DES ENGAGEMENTS QUI SE FORMENT SANS CON-VENTION.

Le citoyen **Treilhard**, d'après la conférence
tenue avec le Tribunat, présente la rédaction
définitive du titre III du livre III, *des engagements
qui se forment sans convention.*
Le Conseil l'adopte en ces termes :
Des engagements qui se forment sans convention.

Art. 1er. « Certains engagements se forment
« sans qu'il intervienne aucune convention, ni de
« de la part de celui qui s'oblige, ni de la part de
« celui envers lequel il est obligé.
« Les uns résultent de l'autorité seule de la loi,
« les autres naissent d'un fait personnel à celui
« qui se trouve obligé.
« Les premiers sont les engagements formés
« involontairement, tels que ceux entre proprié-
« taires voisins, ou ceux des tuteurs et des autres
« administrateurs qui ne peuvent refuser la fonc
« tion qui leur est déférée.
« Les engagements qui naissent d'un fait per-
« sonnel à celui qui se trouve obligé, résultent ou
« des quasi-contrats, ou des délits ou quasi-délits.
« Ils font la matière du présent titre. »

CHAPITRE PREMIER.
Des quasi-contrats.

Art. 2. « Les quasi-contrats sont les faits pure-
« ment volontaires de l'homme, dont il résulte un
« engagement quelconque envers un tiers, et quel-
« quefois un engagement réciproque des deux
« parties. »
Art. 3. « Lorsque volontairement on gère l'af-
« faire d'autrui, soit que le propriétaire connaisse
« la gestion, soit qu'il l'ignore, celui qui gère con-
« tracte l'engagement tacite de continuer la ges-
« tion qu'il a commencée, et de l'achever jusqu'à
« ce que le propriétaire soit en état d'y pourvoir
« lui-même ; il doit se charger également de toutes
« les dépendances de cette même affaire.
« Il se soumet à toutes les obligations qui ré-
« sulteraient d'un mandat exprès que lui aurait
« donné le propriétaire. »
Art. 4. « Il est obligé de continuer sa gestion,
« encore que le maître vienne à mourir avant que
« l'affaire soit consommée, jusqu'à ce que l'héri-
« tier ait pu en prendre la direction. »
Art. 5. « Il est tenu d'apporter à la gestion de
« l'affaire tous les soins d'un bon père de famille.
« Néanmoins les circonstances qui l'ont con-
« duit à se charger de l'affaire peuvent autoriser
« le juge à modérer les dommages et intérêts qui
« résulteraient des fautes ou de la négligence du
« gérant. »
Art. 6. « Le maître dont l'affaire a été bien ad-
« ministrée doit remplir les engagements que le
« gérant a contractés en son nom, l'indemniser
« de tous les engagements personnels qu'il a pris,
« et lui rembourser toutes les dépenses utiles ou
« nécessaires qu'il a faites. »
Art. 7. « Celui qui reçoit par erreur ou sciem-
« ment ce qui ne lui est pas dû s'oblige à le res-
« tituer à celui de qui il l'a indûment reçu. »
Art. 8. « Lorsqu'une personne qui, par erreur,
« se croyait débitrice, a acquitté une dette, elle a
« le droit de répétition contre le créancier.
« Néanmoins ce droit cesse dans le cas où le
« créancier a supprimé son titre par suite du
« paiement, sauf le recours de celui qui a payé
« contre le véritable débiteur. »
Art. 9. « S'il y a eu mauvaise foi de la part de
« celui qui a reçu, il est tenu de restituer tant le
« capital que les intérêts ou les fruits, du jour du
« paiement. »
Art. 10. « Si la chose indûment reçue est un im-
« meuble ou un meuble corporel, celui qui l'a
« reçue s'oblige à la restituer en nature; si elle

« existe, ou sa valeur, si elle est périe ou dé-
« tériorée par sa faute ; il est même garant de sa
« perte par cas fortuit, s'il l'a reçue de mau-
« vaise foi. »

Art. 11. « Si celui qui a reçu de bonne foi a
« vendu la chose, il ne doit restituer que le prix
« de la vente. »

Art. 12. « Celui auquel la chose est restituée
« doit tenir compte, même au possesseur de mau-
« vaise foi, de toute les dépenses nécessaires et
« utiles qui ont été faites pour la conservation de
« la chose. »

CHAPITRE II.
Des délits et des quasi-délits.

Art. 13. « Tout fait quelconque de l'homme,
« qui cause à autrui un dommage, oblige celui
« par la faute duquel il est arrivé à le réparer. »

Art. 14. « Chacun est responsable du dommage
« qu'il a causé non-seulement par son fait, mais
« encore par sa négligence ou par son impru-
« dence. »

Art. 15. « On est responsable non-seulement
« du dommage que l'on cause par son propre
« fait, mais encore de celui qui est causé par le
« fait des personnes dont on doit répondre, ou
« des choses que l'on a sous sa garde.

« Le père, et la mère, après le décès du mari,
« sont responsables du dommage causé par leurs
« enfants mineurs habitant avec eux ;

« Les maîtres et les commettants, du dommage
« causé par leurs domestiques et préposés dans
« les fonctions auxquelles ils les ont employés ;

« Les instituteurs et les artisans, du dommage
« causé par leurs élèves et apprentis pendant le
« temps qu'ils sont sous leur surveillance.

« La responsabilité ci-dessus a lieu, à moins
« que les père et mère, instituteurs et artisans
« ne prouvent qu'ils n'ont pu empêcher le fait
« qui donne lieu à cette responsabilité. »

Art. 16. « Le propriétaire d'un animal, ou celui
« qui s'en sert, pendant qu'il est à son usage,
« est responsable du dommage que l'animal a
« causé, soit que l'animal fût sous sa garde,
« soit qu'il fût égaré ou échappé. »

Art. 17. « Le propriétaire d'un bâtiment est
« responsable du dommage causé par sa ruine,
« lorsqu'elle est arrivée par suite du défaut d'en-
« tretien ou par le vice de sa construction. »

La séance est levée.

Pour extrait conforme :
Le secrétaire général du Conseil d'État,
J. G. LOCRÉ.

SÉANCE
DU 7 PLUVIÔSE AN XII DE LA RÉPUBLIQUE.
(Samedi 28 janvier 1804).

Le **Second Consul** préside la séance.

Le citoyen **Portalis** annonce que le titre II
du livre II du projet de Code civil, *de la propriété,* a été décrété par le Corps législatif dans
sa séance du 6 de ce mois.

LIVRE III.
TITRE II.
DES CONTRATS OU DES OBLIGATIONS CONVENTION-
NELLES EN GÉNÉRAL.

Exposé des motifs.

Le citoyen **Bigot-Préameneu**, nommé par
le Premier Consul, avec les citoyens **Réal** et
Miot, pour présenter au Corps législatif, dans
sa séance de ce jour, le titre II du livre III du

projet de Code civil, *des contrats ou des obligations
conventionnelles en général,* et pour en soutenir la
discussion dans sa séance du 17 pluviôse, dépose
sur le bureau l'exposé des motifs de ce titre.

Cet exposé est ainsi conçu :

« Citoyens législateurs,

« Le titre du Code civil, ayant pour objet les
contrats ou les obligations conventionnelles en
général, offre le tableau des rapports les plus
multipliés des hommes en société. Les obligations
conventionnelles se répètent chaque jour, à
chaque instant. Mais tel est l'ordre admirable de
la Providence, qu'il n'est besoin, pour régler
tous ces rapports, que de se conformer aux principes qui sont dans la raison et dans le cœur de
tous les hommes. C'est là, c'est dans l'équité,
c'est dans la conscience, que les Romains ont
trouvé ce corps de doctrine qui rendra immortelle leur législation.

« Avoir prévu le plus grand nombre de conventions auxquelles l'état des hommes en société
donne naissance, avoir balancé tous les motifs
de décision entre les intérêts les plus opposés et
les plus compliqués, avoir dissipé la plupart des
nuages dont souvent l'équité se trouve enveloppée,
avoir rassemblé tout ce que la morale et la philosophie ont de plus sublime et de plus sacré ; tels
sont les travaux réunis dans cet immense et précieux dépôt qui ne cessera de mériter le respect
des hommes, dépôt qui contribuera à la civilisation du globe entier, dépôt dans lequel toutes les
nations policées se félicitent de reconnaître LA
RAISON ÉCRITE.

« Il serait difficile d'espérer que l'on pût encore
faire des progrès dans cette partie de la science
législative. Si elle est susceptible de quelque
perfectionnement, c'est en lui appliquant une
méthode qui la rende plus facile à ceux qui se
livrent à cette étude, et avec laquelle l'usage
puisse en devenir familier à ceux qui, pour diriger leur conduite, voudraient en connaître les
principales règles.

« Les jurisconsultes qui, sous *Justinien*, re-
cueillirent le *Digeste* et rédigèrent les *Institutes*,
reconnurent combien il serait utile de rassembler les principes qui avaient dicté le nombre infini des décisions dont le *Digeste* se compose.

« Ils réunirent à la fin de cette grande collection, et sous les deux titres *de verborum signifi-
catione et de regulis juris,* un assez grand nombre de propositions qui, par leur précision et
par leur fréquente application, sont de la plus
grande utilité : mais elles ne sont point classées
par ordre de matières ; elles ne présentent point
sur chaque partie du droit des notions suffisantes ; il en est même plusieurs qu'il est difficile de
concilier ou d'expliquer.

« Les *Institutes* sont comme les précédents ouvrages, dignes des plus grands éloges : mais on
regrette, et surtout dans la matière des obligations et des contrats, de ne pas trouver des éléments assez complets. L'objet d'utilité qu'on se
proposait n'a pas été entièrement rempli.

« Le *Digeste* a d'ailleurs un inconvénient, en
ce que des réponses données par les jurisconsultes, ou par les empereurs, sur des faits particuliers, ont été mises au nombre des règles générales ; tandis que les solutions ont souvent dépendre des circonstances particulières, tandis
qu'il était connu que, pendant un long temps, les
jurisconsultes ont été divisés dans le système de
leur doctrine, dont les résultats ne pouvaient se
concilier.

« Les auteurs du projet actuel de Code ont cru

que ce serait rendre service à la société, si on retirait du dépôt des lois romaines une suite de règles qui, réunies, formassent un corps de doctrine élémentaire, ayant à la fois la précision et l'autorité de la loi.

« C'est un ouvrage que, dans le siècle dernier, les jurisconsultes les plus célèbres des diverses parties de l'Europe ont désiré, qu'ils ont préparé par de grands travaux. Déjà ce vœu a été réalisé par plusieurs gouvernements. La France met sous ce rapport au nombre des ouvrages les plus parfaits ceux de *Domat* et de *Pothier*.

« Mais il était encore nécessaire de choisir dans ces vastes compilations les principes les plus féconds en conséquences. Il fallait aussi faire cesser les doutes qui, sur plusieurs points importants, n'avaient point encore été levés, et ceux qui, ayant donné occasion à diverses jurisprudences, faisaient regretter qu'il n'y eût pas d'uniformité dans la partie de la législation qui en est le plus susceptible.

« Mais ici on doit déclarer qu'en cherchant à remplir cet objet, on n'a point entendu arrêter ou détourner la source abondante de richesses que l'on doit toujours aller puiser dans le droit romain. Il n'aura pas l'autorité de la loi civile de France, il aura l'empire que donne la raison sur tous les peuples. La raison est leur loi commune. C'est un flambeau dont on suit spontanément la lumière. Elles seraient bien mal entendues les dispositions du Code civil relatives aux contrats, si on les envisageait autrement que comme des règles élémentaires d'équité, dont toutes les ramifications se trouvent dans les lois romaines. C'est là que sont les développements de la science du juste et de l'injuste ; c'est là que doivent s'instruire ceux qui voudront y faire quelques progrès, et en général tous ceux qui seront chargés de la défense ou de l'exécution des lois consignées dans le Code français.

« Le plan général de la division de ses titres, relativement aux contrats, est celui qui, déjà tracé depuis longtemps, est à la fois le plus simple et le plus méthodique.

« Les contrats, soit qu'ils aient une dénomination propre, soit qu'ils n'en aient pas, sont soumis à des règles générales : elles sont l'objet du titre dont je vais, citoyens législateurs, vous exposer les motifs.

« On a compris sous les titres relatifs à certains contrats, les règles qui leur sont particulières, et on a réservé pour les lois commerciales celles qui concernent spécialement ce genre de transaction.

« On a cherché à resserrer dans un cadre étroit, et en évitant l'obscurité ou la confusion , les règles qui sont communes aux contrats et aux obligations conventionnelles en général. Ce sont les bases de l'édifice entier. Il fallait que, malgré son immensité, l'ensemble fût facile à saisir.

« Diviser les obligations dans leurs différentes classes, déclarer quelles sont les conditions essentielles pour leur validité, quels doivent en être les effets, quelles sont leurs principales modifications, de combien de manières elles s'éteignent, comment on peut prouver qu'elles ont été formées ou acquittées ; tel est l'ordre dans lequel viennent naturellement se placer les principes qui, dans leur application aux divers contrats, sont le moins susceptibles d'exception.

Division des obligations.

« La division des obligations, telle qu'on la présente, diffère en plusieurs points de celle qui

s'était introduite dans le droit romain. Cette différence exige quelque explication.

« Les conventions, qui peuvent être multipliées et variées à l'infini, ne sauraient par ce motif être toutes prévues et réglées par la loi ; cependant la loi seule avait chez les Romains une autorité coërcitive. Aussi définissent-ils l'obligation, JURIS *vinculum quo necessitate astringimur alicujus rei salvendæ* SECONDUM NOSTRÆ CIVITATIS JURA.

« Les auteurs de la loi des Douze Tables craignirent de multiplier les procès et de troubler la tranquillité publique, si l'exécution de toutes les conventions était rigoureusement exigée. Ils eurent encore assez de confiance dans la bonne foi des citoyens, pour que chacun restât son juge : ils exceptèrent seulement les contrats qui, plus fréquents, plus importants, plus nécessaires à l'ordre social, ne devaient pas être impunément violés. Ils furent spécifiés dans la loi, et on les distingua sous le titre de *contrats nommés*. *Est contractuum nominatorum origo quibus legum romanarum conditores vim astringendi dederunt sub certo nomine, quo veluti signo secernerentur ab aliis quibus eadem vis tributa non est.*

« Bientôt l'inévitable et le plus fâcheux inconvénient de la civilisation se fit ressentir ; les rapports des citoyens entre eux se multiplièrent. En vain *Numa Pompilius* avait-il consacré à la Fidélité sur le Capitole, un temple auprès de celui de *Jupiter* : ce culte religieux ne put subjuguer la mauvaise foi, et le silence des lois lui laissa prendre un libre et funeste essor.

« D'abord la voix des jurisconsultes, soutenue par l'opinion publique, s'éleva pour que l'exécution des conventions pût être exigée lorsqu'elles auraient été accomplies par l'une des parties : *Ne alias contingeret, contra naturalem æquitatem, unum cum alterius jactura, et détrimento locupletiorem fieri.*

« Ce fut alors que l'on voulut comprendre, sous des expressions générales, et régler par des principes communs, les obligations qui, n'étant point désignées spécialement dans les lois, étaient, en général appelées *contrats innommés*. On trouva que tous les genres de contrats se réduisaient à ces formules : *Do ut des, do ut facias, facio ut des, facio ut facias.*

« Cependant l'intervention de la loi, pour contraindre l'une des parties à remplir son engagement, n'ayant lieu que quand l'autre partie l'avait exécuté, cela ne suffisait point encore pour faire triompher la bonne foi. Il n'y avait qu'un seul moyen de la maintenir, celui de rendre obligatoires les contrats du moment qu'ils auraient été formés, et avant même qu'ils fussent exécutés par l'une ou l'autre des parties. Les principes de la législation romaine atteignirent à la perfection que quand il fut établi que les contrats auraient entre les parties la force de la loi.

« Mais, dans les passages de cette législation d'un état à l'autre, il n'y a point eu d'abolition assez générale ou assez précise des anciens usages, et c'est la principale cause des difficultés que présente l'étude des lois romaines.

« Dans les premiers temps, des formules avaient été prescrites pour distinguer les contrats : sans ces formules, l'acte était nul et l'action judiciaire n'était point admise.

« Elles furent pour les gens de loi une science aussi utile qu'elle était obscure.

« *Appius-Claudius*, consul en 446, crut prévenir cet abus en faisant publier les formules sous le titre de *Code Flavien*, du nom de *Flavius*, son secrétaire, par qui elles furent rédigées. Il paraît

que cette mesure ne servit qu'à perpétuer leur usage. Il ne fut aboli que sous le règne de *Constantin*. Ce sont autant de subtilités fatigantes, et dont le droit romain fourmille.

« L'autorité des premiers magistrats et l'organisation des tribunaux furent aussi des obstacles à ce que la marche de la justice, relativement aux contrats, devînt uniforme. Le juge qui interprétait les conventions suppléait à la loi, et cette prérogative ne pouvait, dans la constitution romaine, appartenir qu'au premier magistrat. Ce fut une de ces causes qui fit, en l'an 387, créer un préteur pour le charger du département de la justice, exercée jusqu'alors par les consuls. Il était obligé de se conformer aux lois; mais dans tout ce qu'elles n'avaient pas réglé, il avait un pouvoir absolu. Il exerçait sa juridiction soit en rendant seul, ou avec des assesseurs, ses jugements sous le nom de *décrets*, soit en renvoyant les parties devant les juges qui, dans certains cas, étaient tenus de se conformer aux formules qu'il prescrivait, et alors les actions étaient appelées *stricti juris*, et qui, dans d'autres cas, pouvaient juger suivant l'équité; c'étaient les actions dites *bonæ fidei*.

« Chaque préteur faisait, à son entrée en charge, afficher l'édit par lequel il déclarait la manière dont il rendait la justice. Sous le règne et par les ordres d'*Adrien*, le jurisconsulte *Julien* fit de tous ces édits l'extrait dont fut composé celui qui, sous le nom d'*édit perpétuel*, servit de règle.

« Cette autorité des préteurs, égale à l'autorité de la loi dans tout ce qu'y était pas réglé, le renouvellement annuel de ces magistrats, la différence dans leurs lumières et dans leurs principes, avaient été autant de causes qui s'étaient opposées à ce que les décisions fussent uniformes.

« Ainsi les lois romaines, relatives aux contrats, nous sont parvenues embarrassées de formules et de distinctions sans nombre. Les simples pactes, les stipulations, les contrats, y forment autant de classes séparées. Les obligations sont ou civiles ou prétoriennes : les obligations prétoriennes se subdivisent encore.

« Les causes qui ont introduit à Rome et qui y ont maintenu ces formules et ces distinctions, n'existant point en France, les contrats n'ont été considérés dans ce dernier pays que sous les rapports qui naissent de leur nature, et dès lors on a pu les diviser en un petit nombre de classes.

« Les parties s'obligent mutuellement, et alors le contrat est *synallagmatique* ou *bilatéral*.

« Si entre les contractants il n'y a d'engagement que d'un côté, il est *unilatéral*.

« Si l'engagement de l'un est regardé comme l'équivalent de l'engagement de l'autre, le contrat est *commutatif*.

« Il est *aléatoire* si l'équivalent consiste dans la chance de gain ou de perte.

« Le contrat est de *bienfaisance* si l'une des parties procure à l'autre un avantage gratuit.

« Il est à *titre onéreux* si chacune des parties est assujettie à donner ou à faire quelque chose.

« Cette division, facile à saisir et qui renferme tous les genres de contrats, était nécessaire à placer à la tête de ce titre, pour faire connaître que le Code rejette ou regarde comme inutiles toutes les autres distinctions et divisions établies par les lois romaines; c'est à la fois un point de doctrine et de législation.

Conditions pour la validité des obligations.

« Après avoir ainsi distingué les divers genres de contrats, les premières règles à établir sont

celles qui fixent les conditions essentielles pour leur validité. Ces règles, comme toutes celles qui concernent les conventions, ont été prises dans la nature même des choses, c'est-à-dire dans l'inspiration de l'équité, si on peut s'exprimer ainsi.

« L'équité ne peut reconnaître comme obligatoire une convention, si la partie qui s'engage n'y a pas consenti, si elle est incapable de contracter, s'il n'y a pas un objet certain qui forme la matière de l'engagement, si cet engagement n'a pas une cause, et si cette cause n'est pas licite.

Du consentement.

« Le consentement n'est pas valable s'il n'a été donné que par erreur; il ne doit pas l'être davantage s'il a été extorqué par violence ou surpris par dol.

« Pour que l'erreur soit une cause de nullité de la convention, il faut qu'elle tombe, non sur une qualité accidentelle, mais sur la substance même de la chose qui en est l'objet. Il faut, s'il y a erreur sur la personne, que la considération de cette personne ait été la cause principale de la convention : en un mot, il faut que le juge puisse être convaincu que la partie ne se serait point obligée si elle n'avait pas été dans cette erreur.

« C'est en suivant cette règle que l'on doit décider, avec *Barbeyrac* et *Pothier*, que l'erreur dans les motifs d'une convention n'est une cause de nullité que dans le cas où la vérité de ces motifs peut être regardée comme une condition dont il soit clair que les parties ont voulu faire dépendre leur engagement.

« Celui qui consent doit être libre ; il n'y a point de liberté pour celui qui est forcé d'agir, soit par la violence de la personne même avec laquelle il contracte, soit par la violence d'une tierce personne.

« La violence qui prive de la liberté de contracter est caractérisée par la loi romaine, *metus non vani hominis, sed qui in homine constantissimo cadat, metus majoris malitatis, metus præsens, metus in se aut in liberis suis.* Ley. V, VI, VIII, IX. ff. *quod metus causa.*

« Ces expressions *in homine constantissimo* ont été rendues dans leur véritable sens, en déclarant qu'il y a violence lorsqu'elle est de nature à faire impression sur une personne raisonnable, et en donnant aux juges, pour l'instruction, qu'ils doivent avoir égard à l'âge, au sexe et à la condition des personnes.

« Il faut, comme dans la loi romaine, que ce soit une violence qui puisse inspirer la crainte d'exposer sa personne ou sa fortune à un mal considérable et présent.

« La loi romaine n'avait égard qu'à la crainte du père pour ses enfants; la crainte des enfants pour leurs ascendants, et des époux l'un pour l'autre, est aussi un sentiment trop vif pour qu'on puisse le présumer compatible avec une liberté suffisante.

« Mais ce serait en quelque sorte interdire les contrats entre les ascendants et les descendants, si la seule crainte révérentielle des descendants envers les ascendants était une cause suffisante de nullité.

« Le dol se compose de toutes les espèces d'artifices qui sont employés pour tromper : *Labeo definit dolum, omnem calliditatem, fallaciam, machinationem, ad circumveniendum, fallendum, decipiendum, alterum, adhibitam.* L. 1, §. II, ff. *de dolo.* Celui qui a ainsi extorqué le consentement ne doit pas en profiter; mais il faut que les manœuvres pratiquées par l'une des parties soient telles, qu'il y ait évidence que sans ces manœuvres l'autre partie n'eût pas contracté.

que ce serait rendre service à la société, si on retirait du dépôt des lois romaines une suite de
règles qui, réunies, formassent un corps de doctrine élémentaire, ayant à la fois la précision et
l'autorité de la loi.

« C'est un ouvrage que, dans le siècle dernier,
les jurisconsultes les plus célèbres des diverses
parties de l'Europe ont désiré, qu'ils ont préparé
par de grands travaux. Déjà ce vœu a été réalisé
par plusieurs gouvernements. La France met sous
ce rapport au nombre des ouvrages les plus parfaits ceux de *Domat* et de *Pothier*.

« Mais il était encore nécessaire de choisir
dans ces vastes compilations les principes les plus
féconds en conséquences. Il fallait aussi faire cesser les doutes qui, sur plusieurs points importants, n'avaient point encore été levés, et ceux
qui, ayant donné occasion à diverses jurisprudences, faisaient regretter qu'il n'y eût pas d'uniformité dans la partie de la législation qui en est
le plus susceptible.

« Mais ici on doit déclarer qu'en cherchant à
remplir cet objet, on n'a point entendu arrêter
ou détourner la source abondante de richesses
que l'on doit toujours aller puiser dans le droit
romain. Il n'aura pas l'autorité de la loi civile
de France, il aura l'empire que donne la raison
sur tous les peuples. La raison est leur loi commune. C'est un flambeau dont on suit spontanément la lumière. Elles seraient bien mal entendues les dispositions du Code civil relatives aux
contrats, si on les envisageait autrement que
comme des règles élémentaires d'équité, dont
toutes les ramifications se trouvent dans les lois
romaines. C'est là que les développements
de la science du juste et de l'injuste ; c'est là que
doivent s'instruire ceux qui voudront y faire
quelques progrès, et en général tous ceux qui
seront chargés de la défense ou de l'exécution
des lois consignées dans le Code français.

« Le plan général de la division de ses titres,
relativement aux contrats, est celui qui, déjà
tracé depuis longtemps, est à la fois le plus simple et le plus méthodique.

« Les contrats, soit qu'ils aient une dénomination propre, soit qu'ils n'en aient pas, sont
soumis à des règles générales : elles sont l'objet
du titre dont je vais, citoyens législateurs, vous
exposer les motifs.

« On a compris sous les titres relatifs à certains contrats, les règles qui leur sont particulières, et on a réservé pour les lois commerciales
celles qui concernent spécialement ce genre de
transaction.

« On a cherché à resserrer dans un cadre étroit,
et en évitant l'obscurité ou la confusion, les
règles qui sont communes aux contrats et aux
obligations conventionnelles en général. Ce sont
les bases de l'édifice entier. Il fallait que, malgré son immensité, l'ensemble fût facile à saisir.

« Diviser les obligations dans leurs différentes
classes, déclarer quelles sont les conditions essentielles pour leur validité, quels doivent en être
les effets, quelles sont leurs principales modifications, de combien de manières elles s'éteignent,
comment on peut prouver qu'elles ont été formées ou acquittées ; tel est l'ordre dans lequel
viennent naturellement se placer les principes
qui, dans leur application aux divers contrats,
sont le moins susceptibles d'exception.

Division des obligations.

« La division des obligations, telle qu'on la présente, diffère en plusieurs points de celle qui

s'était introduite dans le droit romain. Cette différence exige quelque explication.

« Les conventions, qui peuvent être multipliées
et variées à l'infini, ne sauraient par ce motif
être toutes prévues et réglées par la loi ; cependant la loi seule avait chez les Romains une autorité coërcitive. Aussi définissent-ils l'obligation,
JURIS *vinculum quo necessitate astringimur alicujus rei salvendæ* SECONDUM NOSTRÆ CIVITATIS JURA.

« Les auteurs de la loi des Douze Tables craignirent de multiplier les procès et de troubler la
tranquillité publique, si l'exécution de toutes les
conventions était rigoureusement exigée. Ils
eurent encore assez de confiance dans la bonne
foi des citoyens, pour que chacun restât son juge :
ils exceptèrent seulement les contrats qui, plus
fréquents, plus importants, plus nécessaires à l'ordre social, ne devaient pas être impunément violés. Ils furent spécifiés dans la loi, et on les distingua sous le titre de *contrats nommés*. *Est contractuum nominatorum origo quibus legum romanarum conditores vim astringendi dederunt sub
certo nomine, quo veluti signo secernerentur ab
aliis quibus eadem vis tributa non est.*

« Bientôt l'inévitable et le plus fâcheux inconvénient de la civilisation se fit ressentir ; les rapports des citoyens entre eux se multiplièrent. En
vain *Numa Pompilius* avait-il consacré à la bonne
Fidélité sur le Capitole, un temple auprès de celui de *Jupiter* : ce culte religieux ne put subjuguer la
mauvaise foi, et le silence des lois lui laissa prendre un libre et funeste essor.

« D'abord la voix des jurisconsultes, soutenue
par l'opinion publique, s'éleva pour que l'exécution des conventions pût être exigée lorsqu'elles
auraient été accomplies par l'une des parties : *Ne
alias contingeret, contra naturalem æquitatem,
unum cum alterius jactura, et détrimento locupletiorem fieri.*

« Ce fut alors que l'on voulut comprendre, sous
des expressions générales, et régler par des principes communs, les obligations qui, n'étant point
désignées spécialement dans les lois, étaient, en
général appelées *contrats innommés.* On trouva
que tous les genres de contrats se réduisaient à
ces formules : *Do ut des, do ut facias, facio ut
des, facio ut facias.*

« Cependant l'intervention de la loi, pour contraindre l'une des parties à remplir son engagement, n'ayant lieu que quand l'autre partie l'avait
exécuté, cela ne suffisait point encore pour faire
triompher la bonne foi. Il n'y avait qu'un seul
moyen de la maintenir, celui de rendre obligatoires les contrats du moment qu'ils auraient été
formés, et avant même qu'ils fussent exécutés par
l'une ou l'autre des parties. Les principes de la
législation romaine n'atteignirent à la perfection
que quand il fut établi que les contrats auraient
entre les parties la force de la loi.

« Mais, dans les passages de cette législation
d'un état à l'autre, il n'y a point eu d'abolition
assez générale ou assez précise des anciens usages, et c'est la principale cause des difficultés que
présente l'étude des lois romaines.

« Dans les premiers temps, des formules avaient
été prescrites pour distinguer les contrats : sans
ces formules, l'acte était nul et l'action judiciaire
n'était point admise.

« Elles furent pour les gens de loi une science
aussi utile qu'elle était obscure.

« *Appius-Claudius*, consul en 446, crut prévenir cet abus en faisant publier les formules sous
le titre de *Code Flavien*, du nom de *Flavius*, son
secrétaire, par qui elles furent rédigées. Il paraît

que cette mesure ne servit qu'à perpétuer leur usage. Il ne fut aboli que sous le règne de *Constantin*. Ce sont autant de subtilités fatigantes, et dont le droit romain fourmille.

« L'autorité des premiers magistrats et l'organisation des tribunaux furent aussi des obstacles à ce que la marche de la justice, relativement aux contrats, devint uniforme. Le juge qui interprétait les conventions suppléait à la loi, et cette prérogative ne pouvait, dans la constitution romaine, appartenir qu'au premier magistrat. Ce fut une de ces causes qui fit, en l'an 387, créer un préteur pour le charger du département de la justice, exercée jusqu'alors par les consuls. Il était obligé de se conformer aux lois; mais dans tout ce qu'elles n'avaient pas réglé, il avait un pouvoir absolu. Il exerçait sa juridiction soit en rendant seul, ou avec des assesseurs, ses jugements sous le nom de *décrets*, soit en renvoyant les parties devant les juges qui, dans certains cas, étaient tenus de se conformer aux formules qu'il prescrivait, et alors les actions étaient appelées *stricti juris*, et qui, dans d'autres cas, pouvaient juger suivant l'équité; c'étaient les actions dites *bonæ fidei*.

« Chaque préteur faisait, à son entrée en charge, afficher l'édit par lequel il déclarait la manière dont il rendait la justice. Sous le règne et par les ordres d'*Adrien*, le jurisconsulte *Julien* fit de tous ces édits l'extrait dont fut composé celui qui, sous le nom d'*édit perpétuel*, servit de règle.

« Cette autorité des préteurs, égale à l'autorité de la loi dans tout ce qui n'y était pas réglé, le renouvellement annuel de ces magistrats, la différence dans leurs lumières et dans leurs principes, avaient été autant de causes qui s'étaient opposées à ce que les décisions fussent uniformes.

« Ainsi les lois romaines, relatives aux contrats, nous sont parvenues embarrassées de formules et de distinctions sans nombre. Les simples pactes, les stipulations, les contrats, y forment autant de classes séparées. Les obligations sont ou civiles ou prétoriennes : les obligations prétoriennes se subdivisent encore.

« Les causes qui ont introduit à Rome et qui y ont maintenu ces formules et ces distinctions, n'existant point en France, les contrats n'ont été considérés dans ce dernier pays que sous les rapports qui naissent de leur nature, et dès lors on a pu les diviser en un petit nombre de classes.

« Les parties s'obligent mutuellement, et alors le contrat est *synallagmatique* ou *bilatéral*.

« Si entre les contractants il n'y a d'engagement que d'un côté, il est *unilatéral*.

« Si l'engagement de l'un est regardé comme l'équivalent de l'engagement de l'autre, le contrat est *commutatif*.

« Il est *aléatoire* si l'équivalent consiste dans la chance de gain ou de perte.

« Le contrat est de *bienfaisance* si l'une des parties procure à l'autre un avantage gratuit.

« Il est à *titre onéreux* si chacune des parties est assujettie à donner ou à faire quelque chose.

« Cette division, facile à saisir et qui renferme tous les genres de contrats, était nécessaire à placer à la tête de ce titre, pour faire connaître que le Code rejette ou regarde comme inutiles toutes les autres distinctions et divisions établies par les lois romaines; c'est à la fois un point de doctrine et de législation.

Conditions pour la validité des obligations.

« Après avoir ainsi distingué les divers genres de contrats, les premières règles à établir sont celles qui fixent les conditions essentielles pour leur validité. Ces règles, comme toutes celles qui concernent les conventions, ont été prises dans la nature même des choses, c'est-à-dire dans l'inspiration de l'équité, si on peut s'exprimer ainsi.

« L'équité ne peut reconnaître comme obligatoire une convention, si la partie qui s'engage n'y a pas consenti, si elle est incapable de contracter, s'il n'y a pas un objet certain qui forme la matière de l'engagement, si cet engagement n'a pas une cause, et si cette cause n'est pas licite.

Du consentement.

« Le consentement n'est pas valable s'il n'a été donné que par erreur; il ne doit pas l'être davantage s'il a été extorqué par violence ou surpris par dol.

« Pour que l'erreur soit une cause de nullité de la convention, il faut qu'elle tombe, non sur une qualité accidentelle, mais sur la substance même de la chose qui en est l'objet. Il faut, s'il y a erreur sur la personne, que la considération de cette personne ait été la cause principale de la convention : en un mot, il faut que le juge puisse être convaincu que la partie ne se serait point obligée si elle n'avait pas été dans cette erreur.

« C'est en suivant cette règle que l'on doit décider, avec *Barbeyrac* et *Pothier*, que l'erreur dans les motifs d'une convention n'est une cause de nullité que dans le cas où la vérité de ces motifs peut être regardée comme une condition dont il soit clair que les parties ont voulu faire dépendre leur engagement.

« Celui qui consent doit être libre; il n'y a point de liberté pour celui qui est forcé d'agir, soit par la violence de la personne même avec laquelle il contracte, soit par la violence d'une tierce personne.

« La violence qui prive de la liberté de contracter est caractérisée par la loi romaine, *metus non vani hominis, sed qui in homine constantissimo cadat, metus majoris malitatis, metus præsens, metus in se aut in liberis suis.* Ley. V, VI, VIII, IX. ff. *quod metus causa.*

« Ces expressions *in homine constantissimo* ont été rendues dans leur véritable sens, en déclarant qu'il y a violence lorsqu'elle est de nature à faire impression sur une personne raisonnable, et en donnant aux juges, pour l'instruction, qu'ils doivent avoir égard à l'âge, au sexe et à la condition des personnes.

« Il faut, comme dans la loi romaine, que ce soit une violence qui puisse inspirer la crainte d'exposer sa personne ou sa fortune à un mal considérable et présent.

« La loi romaine n'avait égard qu'à la crainte du père pour ses enfants; la crainte des enfants pour leurs ascendants, et des époux l'un pour l'autre, est aussi un sentiment trop vif pour qu'on puisse le présumer compatible avec une liberté suffisante.

« Mais ce serait en quelque sorte interdire les contrats entre les ascendants et les descendants, si la seule crainte révérentielle des descendants envers les ascendants était une cause suffisante de nullité.

« Le dol se compose de toutes les espèces d'artifices qui sont employés pour tromper : *Labeo definit dolum, omnem calliditatem, fallaciam, machinationem, ad circumveniendum, fallendum, decipiendum, alterum, adhibitam.* L. I, §. II, ff. de dolo. Celui qui a ainsi extorqué le consentement ne doit pas en profiter; mais il faut que les manœuvres pratiquées par l'une des parties soient telles, qu'il y ait évidence que sans ces manœuvres l'autre partie n'eût pas contracté.

que ce serait rendre service à la société, si on retirait du dépôt des lois romaines une suite de règles qui, réunies, formassent un corps de doctrine élémentaire, ayant à la fois la précision et l'autorité de la loi.

« C'est un ouvrage que, dans le siècle dernier, les jurisconsultes les plus célèbres des diverses parties de l'Europe ont désiré, qu'ils ont préparé par de grands travaux. Déjà ce vœu a été réalisé par plusieurs gouvernements. La France met sous ce rapport au nombre des ouvrages les plus parfaits ceux de *Domat* et de *Pothier*.

« Mais il était encore nécessaire de choisir dans ces vastes compilations les principes les plus féconds en conséquences. Il fallait aussi faire cesser les doutes qui, sur plusieurs points importants, n'avaient point encore été levés, et ceux qui, ayant donné occasion à diverses jurisprudences, faisaient regretter qu'il n'y eût pas d'uniformité dans la part e de la législation qui en est le plus susceptible. i

« Mais ici on doit déclarer qu'en cherchant à remplir cet objet, on n'a point entendu arrêter ou détourner la source abondante de richesses que l'on doit toujours aller puiser dans le droit romain. Il n'aura pas l'autorité de la loi civile de France, il aura l'empire que donne la raison sur tous les peuples. La raison est leur loi commune. C'est un flambeau dont on suit spontanément la lumière. Elles seraient bien mal entendues les dispositions du Code civil relatives aux contrats, si on les envisageait autrement que comme des règles élémentaires d'équité, dont toutes les ramifications se trouvent dans les lois romaines. C'est là que sont les développements de la science du juste et de l'injuste ; c'est là que doivent s'instruire ceux qui voudront y faire quelques progrès, et en général tous ceux qui seront chargés de la défense ou de l'exécution des lois consignées dans le Code français.

« Le plan général de la division de ses titres, relativement aux contrats, est celui qui, déjà tracé depuis longtemps, est à la fois le plus simple et le plus méthodique.

« Les contrats, soit qu'ils aient une dénomination propre, soit qu'ils n'en aient pas, sont soumis à des règles générales : elles sont l'objet du titre dont je vais, citoyens législateurs, vous exposer les motifs.

« On a compris sous les titres relatifs à certains contrats, les règles qui leur sont particulières, et on a réservé pour les lois commerciales celles qui concernent spécialement ce genre de transaction.

« On a cherché à resserrer dans un cadre étroit, et en évitant l'obscurité ou la confusion , les règles qui sont communes aux contrats et aux obligations conventionnelles en général. Ce sont les bases de l'édifice entier. Il fallait que, malgré son immensité, l'ensemble fût facile à saisir.

« Diviser les obligations dans leurs différentes classes, déclarer quelles sont les conditions essentielles pour leur validité, quels doivent en être les effets, quelles sont leurs principales modifications, de combien de manières elles s'éteignent, comment on peut prouver qu'elles ont été formées ou acquittées ; tel est l'ordre dans lequel viennent naturellement se placer les principes qui, dans leur application aux divers contrats, sont le moins susceptibles d'exception.

Division des obligations.

« La division des obligations, telle qu'on la présente , diffère en plusieurs points de celle qui

s'était introduite dans le droit romain. Cette différence exige quelque explication.

« Les conventions, qui peuvent être multipliées et variées à l'infini, ne sauraient par ce motif être toutes prévues et réglées par la loi ; cependant la loi seule avait chez les Romains une autorité coërcitive. Aussi définissent-ils l'obligation, JURIS *vinculum quo necessitate astringimur alicujus rei salvendœ* SECONDUM NOSTRÆ CIVITATIS JURA.

« Les auteurs de la loi des Douze Tables craignirent de multiplier les procès et de troubler la tranquillité publique, si l'exécution de toutes les conventions était rigoureusement exigée. Ils eurent encore assez de confiance dans la bonne foi des citoyens, pour que chacun restât son juge : ils exceptèrent seulement les contrats qui, plus fréquents, plus importants, plus nécessaires à l'ordre social, ne devaient pas être impunément violés. Ils furent spécifiés dans la loi, et on les distingua sous le titre de *contrats nommés*. *Est contractuum nominatorum origo quibus legum romanarum conditores vim astringendi dederunt sub certo nomine, quo veluti signo secernerentur ab aliis quibus eadem vis tributa non est.*

« Bientôt l'inévitable et le plus fâcheux inconvénient de la civilisation se fit ressentir ; les rapports des citoyens entre eux se multiplièrent. En vain *Numa Pompilius* avait-il consacré à la Fidélité sur le Capitole, un temple auprès de celui de *Jupiter* : ce culte religieux ne put subjuguer la mauvaise foi, et le silence des lois lui laissa prendre un libre et funeste essor.

« D'abord la voix des jurisconsultes, soutenue par l'opinion publique, s'éleva pour que l'exécution des conventions pût être exigée lorsqu'elles auraient été accomplies par l'une des parties : *Ne alias contingeret, contra naturalem œquitatem, unum cum alterius jactura, et détriment locupletiorem fieri.*

« Ce fut alors que l'on voulut comprendre, sous des expressions générales, et régler par des principes communs, les obligations qui, n'étant point désignées spécialement dans les lois, étaient, en général appelées *contrats innommés*. On trouva que tous les genres de contrats se réduisaient à ces formules : *Do ut des, do ut facias, facio ut des, facio ut facias.*

« Cependant l'intervention de la loi, pour contraindre l'une des parties à remplir son engagement, n'ayant lieu que quand l'autre partie l'avait exécuté, cela ne suffisait point encore pour faire triompher la bonne foi. Il n'y avait qu'un seul moyen de la maintenir, celui de rendre obligatoires les contrats du moment qu'ils auraient été formés, et avant même qu'ils fussent exécutés par l'une ou l'autre des parties. Les principes de la législation romaine n'atteignirent à la perfection que quand il fut établi que les contrats auraient entre les parties la force de la loi.

« Mais, dans les passages de cette législation d'un état à l'autre, il n'y a point eu d'abolition assez générale ou assez précise des anciens usages, et c'est la principale cause des difficultés que présente l'étude des lois romaines.

« Dans les premiers temps, des formules avaient été prescrites pour distinguer les contrats : sans ces formules, l'acte était nul et l'action judiciaire n'était point admise.

« Elles furent pour les gens de loi une science aussi utile qu'elle était obscure.

« *Appius-Claudius*, consul en 446, crut prévenir cet abus en faisant publier les formules sous le titre de *Code Flavius*, du nom de *Flavius*, son secrétaire, par qui elles furent rédigées. Il paraît

que cette mesure ne servit qu'à perpétuer leur usage. Il ne fut aboli que sous le règne de *Constantin*. Ce sont autant de subtilités fatigantes, et dont le droit romain fourmille.

« L'autorité des premiers magistrats et l'organisation des tribunaux furent aussi des obstacles à ce que la marche de la justice, relativement aux contrats, devînt uniforme. Le juge qui interprétait les conventions suppléait à la loi, et cette prérogative ne pouvait, dans la constitution romaine, appartenir qu'au premier magistrat. Ce fut une de ces causes qui fit, en l'an 387, créer un préteur pour le charger du département de la justice, exercée jusqu'alors par les consuls. Il était obligé de se conformer aux lois; mais dans tout ce qu'elles n'avaient pas réglé, il avait un pouvoir absolu. Il exerçait sa juridiction soit en rendant seul, ou avec des assesseurs, ses jugements sous le nom de *décrets*, soit en renvoyant les parties devant les juges qui, dans certains cas, étaient tenus de se conformer aux formules qu'il prescrivait, et alors les actions étaient appelées *stricti juris*, et qui, dans d'autres cas, pouvaient juger suivant l'équité; c'étaient les actions dites *bonæ fidei*.

« Chaque préteur faisait, à son entrée en charge, afficher l'édit par lequel il déclarait la manière dont il rendait la justice. Sous le règne et par les ordres d'*Adrien*, le jurisconsulte *Julien* fit de tous ces édits l'extrait dont fut composé celui qui, sous le nom d'*édit perpétuel*, servit de règle.

« Cette autorité des préteurs, égale à l'autorité de la loi dans tout ce qui n'y était pas réglé, le renouvellement annuel de ces magistrats, la différence dans leurs lumières et dans leurs principes, avaient été autant de causes qui s'étaient opposées à ce que les décisions fussent uniformes.

« Ainsi les lois romaines, relatives aux contrats, nous sont parvenues embarrassées de formules et de distinctions sans nombre. Les simples pactes, les stipulations, les contrats, y forment autant de classes séparées. Les obligations sont ou civiles ou prétoriennes : les obligations prétoriennes se subdivisent encore.

« Les causes qui ont introduit à Rome et qui y ont maintenu ces formules et ces distinctions, n'existant point en France, les contrats n'ont été considérés dans ce dernier pays que sous les rapports qui naissent de leur nature, et dès lors on a pu les diviser en un petit nombre de classes.

« Les parties s'obligent mutuellement, et alors le contrat est *synallagmatique* ou *bilatéral*,

« Si entre les contractants il n'y a d'engagement que d'un côté, il est *unilatéral*.

« Si l'engagement de l'un est regardé comme l'équivalent de l'engagement de l'autre, le contrat est *commutatif*.

« Il est *aléatoire* si l'équivalent consiste dans la chance de gain ou de perte.

« Le contrat est de *bienfaisance* si l'une des parties procure à l'autre un avantage gratuit.

« Il est à *titre onéreux* si chacune des parties est assujettie à donner ou à faire quelque chose.

« Cette division, facile à saisir et qui renferme tous les genres de contrats, était nécessaire à placer à la tête de ce titre, pour faire connaître que le Code rejette ou regarde comme inutiles toutes les autres distinctions et divisions établies par les lois romaines; c'est à la fois un point de doctrine et de législation.

Conditions pour la validité des obligations.

« Après avoir ainsi distingué les divers genres de contrats, les premières règles à établir sont

celles qui fixent les conditions essentielles pour leur validité. Ces règles, comme toutes celles qui concernent les conventions, ont été prises dans la nature même des choses, c'est-à-dire dans l'inspiration de l'équité, si on peut s'exprimer ainsi.

« L'équité ne peut reconnaître comme obligatoire une convention, si la partie qui s'engage n'y a pas consenti, si elle est incapable de contracter, s'il n'y a pas un objet certain qui forme la matière de l'engagement, si cet engagement n'a pas une cause, et si cette cause n'est pas licite.

Du consentement.

« Le consentement n'est pas valable s'il n'a été donné que par erreur ; il ne doit pas l'être davantage s'il a été extorqué par violence ou surpris par dol.

« Pour que l'erreur soit une cause de nullité de la convention, il faut qu'elle tombe, non sur une qualité accidentelle, mais sur la substance même de la chose qui en est l'objet. Il faut, s'il y a erreur sur la personne, que la considération de cette personne ait été la cause principale de la convention : en un mot, il faut que le juge puisse être convaincu que la partie ne se serait point obligée si elle n'avait pas été dans cette erreur.

« C'est en suivant cette règle que l'on doit décider, avec *Barbeyrac* et *Pothier*, que l'erreur dans les motifs d'une convention n'est une cause de nullité que dans le cas où la vérité de ces motifs peut être regardée comme une condition dont il soit clair que les parties ont voulu faire dépendre leur engagement.

« Celui qui consent doit être libre ; il n'y a point de liberté pour celui qui est forcé d'agir, soit par la violence de la personne même avec laquelle il contracte, soit par la violence d'une tierce personne.

« La violence qui prive de la liberté de contracter est caractérisée par la loi romaine, *metus non vani hominis, sed qui in homine constantissimo cadat, metus majoris malitatis, metus præsens, metus in se aut in liberis suis*. Ley. V, VI, VIII, IX. ff. *quod metus causa*.

« Ces expressions *in homine constantissimo* ont été rendues dans leur véritable sens, en déclarant qu'il y a violence lorsqu'elle est de nature à faire impression sur une personne raisonnable, et en donnant aux juges, pour l'instruction, qu'ils doivent avoir égard à l'âge, au sexe et à la condition des personnes.

« Il faut, comme dans la loi romaine, que ce soit une violence qui puisse inspirer la crainte d'exposer sa personne ou sa fortune à un mal considérable et présent.

« La loi romaine n'avait égard qu'à la crainte du père pour ses enfants ; la crainte des enfants pour leurs ascendants, et des époux l'un pour l'autre, est aussi un sentiment trop vif pour qu'on puisse le présumer compatible avec une liberté suffisante.

« Mais ce serait en quelque sorte interdire les contrats entre les ascendants et les descendants, si la seule crainte révérentielle des descendants envers les ascendants était une cause suffisante de nullité.

« Le dol se compose de toutes les espèces d'artifices qui sont employés pour tromper : *Labeo definit dolum, omnem calliditatem, fallaciam, machinationem, ad circumveniendum, fallendum, decipiendum, alterum, adhibitam*. L. I, §. II, ff. *de dolo*. Celui qui a ainsi extorqué le consentement ne doit pas en profiter ; mais il faut que les manœuvres pratiquées par l'une des parties soient telles, qu'il y ait évidence que sans ces manœuvres l'autre partie n'eût pas contracté.

« Quoique dans le consentement il y ait eu erreur, violence ou dol, il n'en est pas moins vrai que le contrat existe avec un consentement apparent, et que dès lors ce contrat conserve la même force que s'il était légitime, jusqu'à ce que ces exceptions aient été prouvées par celui qui les oppose. Ainsi le contrat n'est pas nul de plein droit; il faut que l'acte soit *rescindé*, c'est-à-dire déclaré nul par le juge.

« Il résulte de la nécessité du consentement de la personne qui s'oblige, que nul ne peut sans un pouvoir exprès en obliger un autre, et que celui auquel on aurait promis le fait d'un tiers n'aurait qu'une action en indemnité contre la personne ayant donné cette promesse, si le tiers refusait d'y accéder.

« Mais celui qui consent à s'engager peut contracter l'obligation non-seulement envers l'autre partie, mais encore envers une tierce personne. Il suffit que ce soit la condition d'une stipulation que l'un des contractants fait pour lui-même; telle est l'obligation contractée au profit d'un tiers par une donation : alors l'équité ne permet point que la personne ainsi obligée ne remplisse pas la condition de son contrat.

« Si la tierce personne a déclaré qu'elle entend profiter de la stipulation, l'engagement devient réciproque, et dès lors il ne peut plus être révoqué.

De la capacité des parties contractantes.

« Ce serait en vain qu'une personne aurait donné son consentement à un contrat, si elle n'avait pas la capacité de s'obliger.

« La règle générale à cet égard est que toute personne à qui la loi ne l'interdit pas est capable de contracter.

« Les causes d'incapacité sont ou dans la présomption que ceux qui contractent n'ont pas un discernement suffisant, ou dans des considérations d'ordre public.

« Ainsi les mineurs sont regardés, à cause de la faiblesse de leur raison et à cause de leur inexpérience, comme incapables de connaître l'étendue de leurs engagements : on peut contracter avec eux; mais s'ils sont lésés, on est censé avoir abusé de leur âge. Leur capacité cesse pour tout acte qui leur est préjudiciable.

« L'incapacité du mineur n'étant relative qu'à son intérêt, on n'a pas cru nécessaire d'employer la distinction entre les mineurs impubères et ceux qui ont passé l'âge de la puberté.

« C'est à raison du mariage que l'âge de la puberté a été fixé. Suivant la loi romaine, l'homme était regardé comme impubère jusqu'à l'âge de quatorze ans accomplis, et les filles jusqu'à douze. On distinguait même cette puberté, qui suffisait pour rendre le mariage licite, de la pleine puberté qui le rendait plus conforme à l'honnêteté publique, et qui était pour les hommes de dix-huit ans accomplis et pour les femmes de quatorze. Le mariage n'est pas permis en France aux hommes avant dix-huit ans révolus, aux femmes avant quinze.

« Malgré l'incertitude du cours de la nature, il fallait pour le mariage une règle fixe ; mais est-il nécessaire, est-il même convenable que cette incapacité résultant de l'âge soit appliquée d'une manière absolue aux obligations ?

« La loi elle-même reconnaît qu'un mineur peut, avant l'âge de dix-huit ans révolus, avoir un discernement suffisant pour contracter tous les engagements que comporte l'administration de sa fortune et la libre disposition de ses reve-

nus, puisqu'elle autorise l'émancipation du mineur qui a perdu ses père et mère lorsqu'il est parvenu à cet âge, et puisqu'il peut même être émancipé par son père, ou, au défaut du père, par sa mère, quoiqu'il n'ait encore que quinze ans révolus.

« La loi présume aussi dans le mineur âgé de seize ans assez d'intelligence pour disposer par testament de la moitié des biens dont peuvent disposer les majeurs.

« Il faudrait donc, si l'on voulait prononcer, à raison de l'âge, une incapacité absolue de contracter, il faudrait fixer une époque de la vie ; et comment discerner celle où on devrait présumer un défaut total d'intelligence? Ne faudrait-il point distinguer les classes de la société où il y a moins d'instruction ? Le résultat d'une opération aussi compliquée et aussi arbitraire ne serait-elle pas de compromettre l'intérêt des impubères, au lieu de le protéger ? Dans leur qualité de mineurs, la moindre lésion suffit pour qu'ils se fassent restituer : ils n'ont pas besoin de recevoir de la loi d'autres secours, et, dans aucun cas, des gens capables de contracter ne doivent être admis à faire prononcer la nullité d'un acte qui serait avantageux à des mineurs, même impubères.

« Supposera-t-on qu'une personne ayant la capacité de s'obliger, contracte avec un enfant qui n'ait point encore l'usage de la raison, lorsqu'elle ne pourra en tirer aucun avantage? On n'a point à prévoir dans la loi ce qui est contre l'ordre naturel, et presque sans exemple.

« La loi n'admettant l'interdiction que pour cause de démence, il est évident que les interdits sont incapables de s'obliger.

« Au nombre des droits et des devoirs respectifs des époux se trouve l'inhibition à la femme, à celle même qui est non commune ou séparée de biens, de donner, d'aliéner, d'hypothéquer ou d'acquérir, soit à titre gratuit, soit à titre onéreux, sans le concours du mari dans l'acte, ou sans son consentement par écrit, et, en cas de refus du mari, sans l'autorisation de la justice. Cette incapacité civile ne s'étend point au delà de ce qui est exprimé par la loi.

« Enfin, on a compris dans une expression générale l'incapacité de tous ceux auxquels la loi interdit certains contrats ; tels sont ceux qui peuvent être défendus aux administrateurs des communes, des hospices, etc. C'est l'objet de lois particulières, susceptibles de variations, et qui, par ce motif, ne doivent point faire partie du Code civil.

« Au surplus, l'incapacité du mineur, de l'interdit et de la femme mariée, n'a été prononcée que pour protéger et conserver leurs droits : elle ne peut pas leur être opposée par les personnes qui se sont obligées envers eux.

De l'objet et de la matière des contrats.

« Il ne peut y avoir d'obligation sans qu'une chose ou un fait en soit l'objet et la matière.

« Si c'est une chose, elle doit être dans le commerce.

« Il faut aussi qu'il soit possible de la distinguer, et pour cela il suffit qu'elle soit au moins déterminée quant à son espèce, et que sa quotité puisse, d'après l'obligation, être fixée. Un meuble, en général, ne pourrait être l'objet d'une obligation, lorsqu'on ne pourrait savoir quelle en est l'espèce ; il en serait de même si l'obligation avait pour objet du blé ou du vin, sans que l'intention des parties sur la quantité pût être connue.

« Mais si on vend un cheval, l'objet est déterminé quant à l'espèce et quant à la quantité : il est vrai que ce n'est encore qu'un être intellectuel ; le créancier ne peut demander que d'une manière indéterminée la chose vendue, et le débiteur a le choix parmi toutes celles du même genre, pourvu qu'elles soient loyales et marchandes.

« Les choses qui n'existent point encore peuvent être l'objet de l'obligation, qui alors dépend de la condition de leur future existence. Il faut seulement excepter les conventions incompatibles avec l'honnêteté publique ; telle serait la renonciation à une succession non ouverte, ou toute autre stipulation sur une pareille succession. Le consentement de celui sur la fortune duquel on stipulerait ne couvrirait pas un pareil vice.

« Il faut encore excepter les ventes sur lesquelles il y a des règlements de police rurale.

« Quant aux faits qui peuvent être l'objet d'une obligation, il faut qu'ils soient possibles, qu'ils puissent être déterminés, et que les personnes envers qui l'obligation est contractée aient, à ce que les faits s'accomplissent, un intérêt appréciable.

De la cause.

« Il n'y a point d'obligation sans cause : elle est dans l'intérêt réciproque des parties ou dans la bienfaisance de l'une d'elles.

« On ne peut pas présumer qu'une obligation soit sans cause parce qu'elle n'y est pas exprimée. Ainsi lorsque par un billet, une personne déclare qu'elle doit, elle reconnaît par cela même qu'il y a une cause légitime de la dette, quoique cette cause ne soit pas énoncée. Mais la cause que l'acte exprime ou fait présumer peut ne pas exister ou être fausse ; et si ce fait est constaté par des preuves que la loi autorise, l'équité ne permet pas que l'engagement subsiste.

« Toute obligation doit être proscrite, si elle a été contractée malgré la défense de la loi, ou si elle est contraire aux bonnes mœurs ou à l'ordre public.

De l'effet des obligations.

« Après avoir rassemblé les éléments nécessaires pour former une obligation valable, le consentement des parties, leur capacité, une chose ou un fait qui soit l'objet de la matière de l'engagement, une cause légitime, on a à régler quels sont les effets des obligations.

« C'est ici que se présente d'abord le principe qui sert de base à cette partie du Code civil, et qui s'y trouve exprimé en des termes clairs et simples.

« Les conventions légalement formées tiennent lieu de loi à ceux qui les ont faites.

« Elles ne peuvent être révoquées que de leur consentement, ou pour les causes autorisées par la loi.

« Elles doivent être contractées et exécutées de bonne foi.

« Elles obligent non-seulement à ce qui y est exprimé, mais encore à toutes les suites que l'équité, l'usage ou la loi donnent à l'obligation d'après sa nature.

« Il n'est aucune espèce d'obligation, soit de donner, soit de faire ou de ne pas faire, qui ne repose sur ces règles fondamentales : c'est à ces règles qu'on a recours pour les interpréter, pour les exécuter, pour en déterminer tous les effets.

De l'obligation de donner.

« L'obligation de donner emporte celle de livrer la chose, et de la conserver jusqu'à la livraison.

« Les soins que le débiteur doit apporter à la conservation de la chose sont plus ou moins rigoureusement exigés, suivant la nature des contrats.

« Les Romains avaient cru pouvoir distinguer les différents degrés de fautes qui se commettent dans l'exécution des conventions. La faute la plus grave était nommé *lata culpa et dolo proxima*. Ils distinguaient les autres fautes sous ces noms, *culpâ levis*, *culpa levissima*. Dans les contrats qui ne concernaient que l'utilité des créanciers, tels que le dépôt, le dépositaire était seulement tenu *lata culpâ* : si le contrat, tel que la vente, avait été formé pour l'utilité des deux parties, le vendeur était tenu *levi culpâ* : si, comme dans le prêt, l'avantage du débiteur avait été seul considéré, il était tenu *culpa levissima*.

« Cette division des fautes est plus ingénieuse qu'utile dans la pratique : il n'en faut pas moins sur chaque faute vérifier si l'obligation du débiteur est plus ou moins stricte ; quel est l'intérêt des parties ; comment elles ont entendu s'obliger ; quelles sont les circonstances. Lorsque la conscience du juge a été ainsi éclairée, il n'a pas besoin de règles générales pour prononcer suivant l'équité. La théorie dans laquelle on divise les fautes en plusieurs classes, sans pouvoir les déterminer, ne peut que répandre une fausse lueur et devenir la matière de contestations plus nombreuses. L'équité elle-même répugne à des idées subtiles. On ne la reconnaît qu'à cette simplicité qui frappe à la fois l'esprit et le cœur.

« C'est ainsi qu'on a décidé que celui qui est obligé de veiller à la conservation d'une chose, doit apporter tous les soins d'un bon père de famille, soit que la convention n'ait pour objet que l'utilité d'une des parties, soit qu'elle ait pour objet leur utilité commune, mais que cette obligation est plus ou moins étendue à l'égard de certains contrats, dont les effets sont expliqués sous les titres qui les concernent.

« C'est le consentement des contractants qui rend parfaite l'obligation de livrer la chose. Il n'est donc pas besoin de tradition réelle pour que le créancier doive être considéré comme propriétaire aussitôt que l'instant où la livraison doit se faire est arrivé. Ce n'est plus alors un simple droit à la chose qu'a le créancier, c'est un droit de propriété, *jus in re* : si donc elle périt par force majeure ou par cas fortuit depuis l'époque où elle a dû être livrée, la perte est pour le créancier, suivant la règle *res perit domino*.

« Mais si le débiteur manque à son engagement, la juste peine est que la chose qu'il n'a pas livrée au terme convenu reste à ses risques. Il faut seulement qu'il soit certain que le débiteur est en faute de ne pas l'avoir livrée ; il faut qu'il ait été constitué en demeure.

« Lorsqu'à l'époque convenue pour la livraison le créancier reste dans l'inaction, lorsqu'il ne fait pas au débiteur, pour le provoquer au paiement, une sommation ou un autre acte équivalent, on présume qu'il n'avait pas été dans son intention d'exiger cette livraison au terme ; il est considéré comme ayant suivi la foi du débiteur, et la chose doit rester aux risques de ce créancier.

« Il avait été établi par la jurisprudence que cette présomption ne doit pas cesser dans le cas même où la convention porte non-seulement le terme de la livraison, mais encore que, sans qu'il soit besoin d'acte, et par la seule échéance du terme, le débiteur sera en demeure. Le créancier qui, dans ce cas, ne remplit à l'échéance aucune formalité pour constituer en demeure celui qui doit, ne fait que se conformer à sa convention. On ne peut donc pas présumer qu'il y ait renoncé. Cette convention doit donc être exécutée.

« Les effets de l'obligation de donner ou livrer un immeuble sont réglés aux titres *du contrat de vente* et *des priviléges et hypothèques.*

« A l'égard des choses mobilières, quoique respectivement aux parties, le transport de la propriété s'opère à l'époque où la livraison doit se faire; cependant on a dû considérer l'intérêt d'un tiers dont le titre serait postérieur en date, mais qui, ayant acquis de bonne foi, aurait été mis en possession réelle. La bonne foi de cet acquéreur, la nécessité de maintenir la circulation libre des objets mobiliers, la difficulté de les suivre et de les reconnaître dans la main de tierces personnes, ont dû faire donner la préférence à celui qui est en possession, quoiqu'il y ait un titre antérieur au sien.

« Il ne faut pas perdre de vue que ces règles du Code civil ne dérogent point à celles du commerce.

Obligation de faire ou de ne pas faire.

« L'obligation de faire ou de ne pas faire se résout en dommages et intérêts en cas d'inexécution de la part du débiteur.

« Le motif est que nul ne peut être contraint dans sa personne à faire ou à ne pas faire une chose, et que, si cela était possible, ce serait une violence qui ne peut pas être un mode d'exécution des contrats.

« Mais si ce qui a été fait en contravention de l'engagement est susceptible d'être détruit, et si on peut faire faire par un tiers ce que le débiteur aurait dû faire lui-même, il suffit que ce soient des moyens possibles d'exécution de l'engagement pour qu'il soit juste de les autoriser, et le débiteur devra, outre la dépense, les dommages et intérêts qui pourront avoir lieu.

« Les dommages et intérêts peuvent être dus non-seulement à raison de l'inexécution, mais encore à raison du simple retard. Il faut, dans ce dernier cas, que le débiteur soit en demeure, et il y est constitué non-seulement par une sommation, par un acte équivalent ou par une stipulation formelle, mais encore par l'objet de l'obligation, lorsque la chose que le débiteur devait faire ne pourrait l'être utilement que dans un certain temps qu'il a laissé passer. On ne saurait douter que le débiteur ne soit en faute, lorsque le fait n'a pas été accompli en temps utile.

Règlement des dommages et intérêts.

« On entend par ces expressions, *dommages et intérêts*, la perte que le créancier a faite, et le gain dont il a été privé par l'inexécution de l'obligation; ils ne doivent pas en excéder les bornes.

« De là plusieurs conséquences.

« Les dommages et intérêts ne doivent pas s'étendre au delà de ce qui a été prévu ou de ce qu'on a pu prévoir lors du contrat.

« Si néanmoins le débiteur s'était rendu coupable de dol en manquant à son obligation, il devrait indemniser non-seulement à raison de ce qu'on eût prévu ou pu prévoir en contractant, mais encore à raison des conséquences particulières que le dol peut avoir entraînées. Le dol établit contre celui qui le commet une nouvelle obligation différente de celle qui résulte du contrat; cette nouvelle obligation n'est remplie qu'en réparant tout le tort que le dol a causé.

« Mais dans ce cas-là même les dommages et

intérêts n'en ont pas moins leur cause dans l'inexécution de la convention; il ne serait donc pas juste de les étendre à des pertes ou à des gains qui ne seraient pas une suite immédiate et directe de cette inexécution. Ainsi on ne doit avoir égard qu'au dommage souffert par rapport à la chose ou au fait qui était l'objet de l'obligation, et non à ceux que l'inexécution de cette obligation aurait d'ailleurs occasionnés au créancier dans ses autres affaires ou dans ses autres biens.

« Ces règles suffisent pour guider le juge : il y eût eu de l'inconvénient à dire que les dommages et intérêts doivent, lorsqu'il n'y a point de dol, être taxés avec modération. La modération est un des caractères de l'équité; mais lorsqu'il est réellement dû des dommages et intérêts au créancier, il ne fallait pas que, contre l'équité, on pût induire de la loi que sa cause est défavorable.

« On a prévu le cas où la somme à payer à titre de dommages et intérêts, en cas d'inexécution, aurait été fixée par la convention même. On avait d'abord craint que cette fixation ne fût pas toujours équitable; on avait craint trop de rigueur de la part du créancier, trop de facilité ou d'imprudence de la part du débiteur, qui, ne prévoyant point d'obstacles à l'exécution de sa convention, n'aurait pas imaginé qu'il eût sérieusement à craindre de payer la somme à laquelle il se serait soumis.Il avait paru prudent de faire intervenir le juge pour réduire la somme qui excéderait évidemment le dommage effectif.

« Mais cette évidence, comment la caractériser? Il faut supposer des conventions déraisonnables. Si on eût donné aux juges le droit de réduire la somme convenue, il eût aussi fallu leur donner celui de l'augmenter en cas d'insuffisance. Ce serait troubler la foi due aux contrats. La loi est faite pour les cas ordinaires, et ce n'est pas pour quelques exceptions que l'on devrait ici déroger à cette règle fondamentale, que les conventions sont la loi des parties.

« Il est néanmoins un cas où la loi générale a pu fixer les dommages et intérêts, et les parties sont obligées de s'y conformer; c'est lorsque l'obligation a pour objet le paiement d'une somme. Dans ce cas on présume toujours que la perte essuyée par le créancier, et le bénéfice dont il est privé sont compensés par les intérêts tels que les tribunaux les adjugent conformément à la loi.

« Il suffit que le capital n'ait pas été payé, pour que le créancier soit privé de ses intérêts : c'est une perte évidente, il n'a point à la justifier.

« Les intérêts ne sont dus que du jour de la demande, si ce n'est dans les cas où la loi les fait courir de plein droit : si néanmoins il a été convenu qu'à défaut de paiement à l'échéance le débiteur devrait les intérêts, celui-ci sera tenu, par la force de la convention, de les payer.

« On ne peut nier que la faculté de stipuler l'intérêt ne soit par elle-même juste et avantageuse à la société. On a seulement à craindre l'abus que l'on peut faire de cette faculté.

« A Rome, l'intérêt, sous le nom de *fœnus* ou *usura*, fut toujours permis : on chercha seulement à en réprimer l'excès par des lois qui en fixaient le taux.

« En France, une interprétation trop rigoureuse : de textes religieux, et une fausse conséquence de ce que les métaux ne peuvent par eux-mêmes produire aucuns fruits naturels, avaient conduit à une autre extrémité : le créancier ne pouvait stipuler l'intérêt d'une somme, à moins qu'il ne renonçât à exiger son capital; et pourvu que sa sûreté lui fût conservée, il ne devait être remboursé que quand il plaisait au débiteur. Il est vrai que cette doctrine n'avait pas été appliquée au commerce, et qu'elle avait pu y faire refluer des capitaux. Mais elle nuisait à la circulation générale; on ne pouvait, par aucun motif d'ordre social, la légitimer : le nombre toujours croissant des transactions de tout genre avait rendu, malgré les lois, le prêt à intérêt d'un usage général, et ces lois n'avaient d'effet que de rendre le débiteur victime de la prohibition, en lui faisant payer un intérêt plus fort. Ainsi, loin de préserver la société des usures excessives, elles en étaient devenues le prétexte.

« Il était d'ailleurs facile d'éluder l'autorité du juge en confondant le titre le principal et l'intérêt.

« Il y avait même en France, à cet égard, diversité de jurisprudence.

« Le prêt à intérêt avait été autorisé dans le ressort de quelques parlements.

« Dans tous il était permis en certain cas de stipuler l'intérêt ; ainsi on pouvait en tirer des sommes qui étaient considérées comme représentatives de fruits : telles étaient les sommes dues pour aliénation d'immeubles, pour revenus. On pouvait aussi stipuler les intérêts au profit des mineurs.

« Dans d'autres cas l'intérêt des sommes dues courait de plein droit, quoiqu'elles ne fussent pas représentatives des fruits; tels étaient l'intérêt des sommes dues aux femmes ou à leurs héritiers pour leurs dots et leurs droits nuptiaux, aux cohéritiers pour les légitimes, pour les rapports, pour les soultes de partage, etc.

« Il était d'ailleurs bizarre que l'intérêt de l'argent fût, dans le cas de retard de paiement, considéré comme des dommages et intérêts, et que cette indemnité ne dût avoir lieu que par jugement, sans que les parties pussent éviter ces frais par une convention.

« On demande encore pourquoi, lorsque le débiteur avait laissé accumuler des intérêts, il n'était pas regardé comme faisant au créancier, par le défaut de paiement, un tort également susceptible d'être réparé par une indemnité, comme il y était condamné pour le retard dans le paiement des sommes principales.

« Ces règles, quelque diverses et incohérentes qu'elles soient, offrent cependant un résultat; c'est que l'intérêt de l'argent était même considéré comme une chose en soi légitime, puisqu'en cas de retard de paiement les tribunaux ne pouvaient pas se dispenser de l'adjuger, puisque dans plusieurs cas on pouvait le stipuler, et que dans d'autres il courait de plein droit.

« Ces motifs, qui déterminèrent en 1789 l'Assemblée constituante à autoriser la stipulation d'intérêt, ont aussi dû faire consacrer cette règle dans le Code civil.

« Il n'en est point qui ne soit susceptible d'abus; mais les mesures qui pourraient être prises, soit pour fixer l'intérêt, soit pour réprimer l'usure, sont susceptibles de varier, et dès lors elles ne peuvent ni ne doivent trouver place dans le Code.

« On a regardé comme une conséquence de la faculté généralement accordée de stipuler les intérêts, la faculté de les stipuler ou le droit de les demander en justice, même pour les sommes provenant d'intérêts échus; mais en même temps on a prévenu l'abus dont se rendent coupables les usuriers par des accumulations trop fréquentes des intérêts avec les capitaux, pour faire produire aux sommes provenant de ces intérêts de nouveaux intérêts. On a statué que les intérêts échus

des capitaux ne pourraient en produire, soit par convention, soit en justice, à moins qu'il ne fût question d'intérêts dus au moins pour une année entière.

« Les revenus, tels que fermages, loyers, arrérages de rentes perpétuelles ou viagères, et les fruits à restituer, ne doivent point être assimilés aux intérêts ordinaires des capitaux. Ces revenus peuvent produire intérêt du jour de la demande, quoiqu'ils ne soient pas dus pour une année entière : il suffit qu'ils soient échus.

« Quant aux intérêts payés par un tiers en acquit du débiteur, la somme ainsi payée ne peut être considérée relativement à ce tiers que comme un capital qui peut par demande ou par convention produire intérêt.

De l'interprétation des conventions.

« La convention sert de loi aux parties; il faut donc, pour interpréter cette loi, rechercher quelle a été l'intention de ceux qui l'ont faite.

« Si elle est mal rendue par les termes qu'ils ont employés, il faut plutôt considérer la volonté que le sens littéral des expressions grammaticales : *In conventionibus contrahentium voluntatem potius quam verba spectari placuit.* L. 219. ff. de verb. signif.

« Si la clause est susceptible de deux sens, on doit plutôt l'entendre dans celui avec lequel elle peut avoir quelque effet, que dans le sens avec lequel elle n'en pourrait produire aucun. *Quoties in stipulationibus consuetudinis, ambigua oratio est, commodissimum est id accipi quo res de quâ agitur in tuto sit.* L. 80. ff. de verb. oblig.

« Si les termes sont susceptibles de deux sens, ils doivent être pris dans le sens qui convient le mieux à la matière du contrat.

« Ce qui est ambigu s'interprète par ce qui est d'usage dans le pays où le contrat est passé.

« Toutes les clauses des conventions s'interprètent les unes par les autres, en donnant à chacune le sens qui résulte de l'acte entier.

« *Semper in stipulationibus et in cæteris contractibus id sequimur quod actum est, aut si non appareat quod actum est, erit consequens ut id sequamur quod in regione in quâ actum est frequentatur.* L. 219. ff. de reg. jur.

« On doit suppléer dans le contrat les clauses qui sont d'usage, quoiqu'elles n'y soient pas exprimées. *In contractibus tacite veniunt ea quæ sunt moris et consuetudinis.* Leg.

« Dans le doute la convention s'interprète contre celui qui a stipulé, et en faveur de celui qui a contracté l'obligation. *In stipulationibus cum quæritur quid actum sit, verba contra stipulatorem interpretanda sunt.* L. 38, § 18, ff. de verb. obligat.

« Quelque généraux que soient les termes dans lesquels une convention est conçue, elle ne comprend que les choses sur lesquelles il paraît que les parties se sont proposé de contracter. *Iniquum est perimi pacto id de quo cogitatum non docetur.* L. 9, ff. de trans.

« Lorsque dans un contrat on a exprimé un cas pour l'explication de l'obligation, on n'est pas censé avoir voulu par là restreindre l'étendue que l'engagement reçoit de droit aux cas non exprimés. *Quæ dubitationis tollendæ causa contractibus inseruntur, jus commune non lædunt.* L. 81, ff. de reg. jur.

« Ces axiomes doivent être invariables comme l'équité qui les a dictés. Ils furent à la fois l'ornement et le fondement de la législation romaine : ils ont dû être consignés dans le Code civil.

De l'effet des conventions à l'égard des tiers.

« Après avoir vu comment les conventions doivent s'interpréter, il faut en suivre les conséquences et les effets.

« Chacun ne pouvant contracter que pour soi, les obligations ne doivent avoir d'effet qu'entre les parties contractantes et ceux qui les représentent. Il serait injuste qu'un acte auquel une tierce personne n'a point concouru pût lui être opposé. *Non debet alii nocere, quod inter alios actum est.* Leg. 10, ff. de jur.

« Mais celui qui contracte des dettes engage tous ses biens. Ce gage serait illusoire, si au préjudice de ses créanciers il négligeait d'exercer ses droits. Ils doivent donc être admis à agir directement. Leur intérêt et la crainte des fraudes établissent leur qualité.

« Si le débiteur négligeait de faire valoir une exception qui fût exclusivement attachée à sa personne, ils ne pourraient pas la faire valoir. C'est leur action directe que les créanciers intentent : ils ne représentent pas la personne du débiteur.

« Il faut encore, pour que les contrats ne puissent nuire aux tierces personnes, que les créanciers aient le droit d'attaquer en leur nom les actes faits en fraude de leurs droits.

« On n'a cependant pas voulu que des créanciers pussent troubler le repos des familles, en attaquant comme frauduleux certains actes qui sont nécessaires, actes qu'ils ne sont point censés avoir ignorés, et dans lesquels on leur donne seulement le droit d'intervenir pour y défendre leurs droits. Ces cas sont prévus dans le Code civil. Tel est celui d'un cohéritier dont les créanciers peuvent s'opposer à ce qu'il soit procédé hors leur présence au partage de la succession qu'il recueille, et y intervenir à leurs frais, mais sans avoir le droit d'attaquer ce partage lorsqu'il est consommé, à moins qu'on eût procédé sans égard à une opposition qu'ils auraient formée.

Des diverses espèces d'obligations.

« Après avoir établi les conditions essentielles pour la validité des obligations, après avoir déclaré leurs effets généraux, il faut, en entrant dans un examen plus détaillé, considérer les principales modifications sous lesquelles on peut les former.

« Il ne s'agit point ici de ces modifications qui, dans le droit romain, dépendaient des formules d'actions, ou qui étaient nécessaires pour le lien civil : les modifications à examiner sont celles qui sont inhérentes à la convention, qui en diversifient la nature et les effets ; et quoiqu'elles semblent se multiplier et varier comme les conventions elles-mêmes, il en est cependant plusieurs principales dont les règles doivent être posées.

« Ainsi, dans la même obligation, on peut trouver les modifications suivantes : elle peut être pure et simple ou conditionnelle, à terme, alternative, solidaire, divisible ou indivisible, sanctionnée par une clause pénale.

Des obligations conditionnelles.

« Il y a des conditions de diverses espèces. En effet, on peut faire dépendre une obligation d'un événement futur et incertain, soit en la suspendant jusqu'à ce que l'événement arrive, et alors elle est nommée *condition suspensive*, soit en la résiliant selon que l'événement arrivera ou qu'il n'arrivera pas, et c'est alors une *condition résolutoire.*

« Il est des règles communes à ces deux espèces de conditions.

« Et d'abord on prévoit le cas où il serait au pouvoir de l'une ou de l'autre des parties contractantes de faire arriver ou d'empêcher l'événement dont on aurait fait dépendre l'obligation. Cette condition est nommée *potestative.*

« Si elle ne dépend que du hasard, elle est désignée sous le nom de *casuelle.*

« On l'appelle *mixte*, si elle dépend tout à la fois de la volonté de l'une des parties contractantes, et de la volonté d'un tiers.

« Si la condition dépend de l'une des parties contractantes qui est la maîtresse de rompre ou de maintenir le lien que l'acte semble former, il n'y a po nt réellement d'obligation ; elle est nulle.

« Si la condition est impossible, si elle est contraire aux bonnes mœurs, si elle est défendue par la loi, elle est nulle ; et une convention faite sous une condition nulle ne peut elle-même avoir aucun effet.

« Cette règle n'a rien de contraire à celle qui a été établie pour les conditions opposées à un testament. La clause par laquelle le testateur a disposé est aux yeux de la loi sa principale volonté ; elle ne présume point qu'il ait réellement voulu la faire dépendre d'une condition impossible, contraire aux bonnes mœurs ou défendue par la loi : la condition n'est alors considérée que comme une simple erreur.

« Dans toutes les conventions, si la condition était de ne pas faire une chose impossible, cette condition serait extravagante, mais non pas impossible, puisque c'est l'événement contraire qui serait hors de la possibilité. C'est encore un cas où on ne peut pas présumer que la volonté des parties ait été de faire dépendre la convention d'une pareille condition.

« Les autres règles communes aux diverses espèces de conditions sont celles qui sont relatives à leur accomplissement.

« On a fait égard dans le droit romain une subdivision des conditions en *négatives* et *positives :* elles sont dites *positives*, si la condition est qu'un événement arrive ; négatives, si la condition est qu'un événement n'arrive pas : mais cette distinction et les décisions nombreuses qui y sont relatives peuvent se simplifier en les réduisant aux propositions suivantes :

« Lorsqu'une obligation est contractée sous la « condition qu'un événement arrivera dans un « temps fixe, cette condition est censée défaillie « lorsque le temps est expiré sans que l'événement « soit arrivé. S'il n'y a point de temps fixe, la « condition peut toujours être accomplie ; et elle « n'est censée défaillie que lorsqu'il est devenu « certain que l'événement n'arrivera pas.

« Lorsqu'une obligation est contractée sous la « condition qu'un événement n'arrivera pas dans « un temps fixe, cette condition est accomplie « lorsque ce temps est expiré sans que l'événe- « ment soit arrivé : elle l'est également si avant « le terme il est certain que l'événement n'arri- « vera pas ; et s'il n'y a pas de temps déterminé, « elle n'est accomplie que lorsqu'il est certain « que l'événement n'arrivera pas. »

« Si c'est le débiteur, obligé sous une condition, qui en a empêché l'accomplissement, il doit une indemnité dont l'effet est le même que si la condition avait été accomplie.

« On a aussi écarté les subtilités de l'école sur la manière dont les conditions doivent être accomplies.

« Doivent-elles être accomplies suivant la lettre

de l'obligation *in forma specifica?* Peuvent-elles l'être par *æquipollens et pro subjecta materia!* Il ne peut y avoir à cet égard d'autre règle générale que la recherche de l'intention des parties : il faut que toute condition s'accomplisse de la manière que les parties ont vraisemblablement voulu et entendu qu'elle le fût.

« Il résulte aussi de la règle suivant laquelle on contracte pour soi et pour ses héritiers, que les conditions des actes entre-vifs peuvent s'accomplir après la mort de celui au profit duquel est l'obligation. Il en est autrement de celui qui lègue; il n'a en vue que la personne du légataire : d'où il suit que si , avant l'accomplissement de la condition, le testateur décède, le légataire n'a pas encore de droit; si, dans ce cas, c'est le légataire qui meurt, son héritier n'a rien à prétendre, parce que le legs étant personnel ne peut lui être transmis qu'autant qu'il aurait été acquis au légataire.

« Un contrat, pour être subordonné à une condition, n'en est pas moins un engagement dont la condition n'est qu'une modification. Il est donc juste que son effet remonte au jour où il a été contracté, lorsque la condition a été accomplie : *in stipulationibus id tempus spectatur quo contrahimus.* L. 18, ff. de reg. jur. Cette règle devient un motif pour que celui au profit duquel est l'engagement conditionnel puisse , avant que la condition soit accomplie, faire tous les actes conservatoires de son droit.

De la condition suspensive.

« Les règles particulières aux conditions suspensives et aux conditions résolutoires ne sont que des déductions de ces principes généraux.

« Ainsi, à l'égard de la condition que les parties ont entendu faire dépendre d'un événement futur et incertain, elle ne produit d'effet qu'après l'événement; mais l'effet qu'elle produit alors remonte au temps de l'engagement.

« Si par erreur les contractants avaient cru futur et incertain un événement déjà existant, mais qui n'était point à leur connaissance , la modification qu'ils auraient eu l'intention de faire à leur engagement se trouverait remplie; conséquemment il serait valable, et il devrait avoir sur-le-champ son exécution.

« L'obligation sous une condition suspensive n'étant parfaite que par l'accomplissement de cette condition, il en résulte qu'avant l'accomplissement, la propriété de la chose qui est la matière de l'engagement n'est point transportée, et qu'ainsi elle demeure aux risques du débiteur.

« Si donc cette chose est entièrement périe sans sa faute, il n'est plus y avoir d'obligation, lors même que la condition s'accomplirait , puisqu'il ne peut y avoir d'obligation sans une chose qui en soit le sujet.

« La loi romaine 8 ff. *de peric. et com. rei vend.* décidait que si avant la condition accomplie il y avait diminution ou détérioration de la chose sans la faute du débiteur, le créancier devait en souffrir de même qu'il y profitait de l'augmentation qui serait survenue.

« Cette décision ne s'accorde pas avec le principe suivant lequel, dans le cas de la condition suspensive, il n'y a pas de transport de propriété. Ce doit être aux risques du débiteur encore propriétaire que la chose diminue ou se détériore, par la même raison que ce serait à ses risques qu'elle périrait. Voici seulement la distinction à laquelle conduit l'équité.

« Si le débiteur n'est pas en faute, le créancier doit avoir le choix ou de résoudre l'obligation ou d'exiger la chose dans l'état où elle se trouve, mais sans pouvoir demander une diminution de prix : il en doit être autrement si le débiteur est en faute; alors le créancier doit être autorisé à résoudre l'obligation ou à exiger la chose dans l'état où elle se trouve, avec dommages et intérêts.

« On ne peut pas argumenter contre cette décision de ce que le créancier profiterait des augmentations qui surviendraient. Le débiteur qui, même sous une condition suspensive, s'est obligé à donner une chose, est par cela même présumé avoir renoncé aux augmentations accessoires pour le cas où la condition s'accomplirait.

De la condition résolutoire.

« L'intention des contractants, lorsqu'ils stipulent une condition résolutoire, est que cette condition, lorsqu'elle s'accomplit, opère la révocation de l'engagement, et qu'elle remette les choses au même état que si l'engagement n'avait pas été contracté.

« L'exécution de l'obligation n'est point suspendue par cette condition; il en résulte seulement que le créancier est tenu de rendre ce qu'il a reçu, lorsqu'ensuite la condition résolutoire s'accomplit.

« Dans les contrats synallagmatiques , chaque partie n'est présumée s'être engagée que sous une condition résolutoire dans le cas où l'autre partie ne satisferait point à cet engagement.

« Mais la partie qui peut réclamer l'effet de cette condition doit être en même temps autorisée à contraindre, par les moyens de droit, l'autre partie d'exécuter la convention : il est alors nécessaire qu'elle ait recours aux tribunaux; et lors même que la condition résolutoire serait formellement stipulée , il faudrait toujours constater l'inexécution, en vérifier les causes, les distinguer de celles d'un simple retard; et dans l'examen de ces causes, il peut en être de si favorables que le juge se trouve forcé par l'équité à accorder un délai.

Des obligations à terme.

« Dans une obligation, le terme diffère de la condition en ce qu'il ne suspend point l'engagement dont il retarde seulement l'exécution.

« Lorsqu'on dit que *celui qui a terme ne doit rien,* c'est en ce sens seulement que ce débiteur ne peut être poursuivi avant le terme; mais l'obligation n'en existe pas moins : et si elle a été acquittée avant l'échéance du terme, le débiteur a librement, et d'avance, satisfait à son engagement; il ne serait pas juste de l'autoriser à en demander la répétition pour ne le payer qu'à l'échéance.

« Le créancier ne peut pas même refuser le paiement offert avant le terme. En effet, on présume que c'est une facilité accordée au débiteur. Mais cette présomption doit cesser lorsqu'il résulte de la stipulation ou des circonstances que le terme a aussi été convenu en faveur du créancier. Cette règle, que le cours variable du papier-monnaie a souvent fait appliquer, est une de celles consacrées dans le droit romain.(L. XVII,ff. *de reg. jur.*)

« On ne peut pas induire de la stipulation d'un terme, que le débiteur puisse altérer son obligation, et elle serait altérée, s'il avait diminué les sûretés qu'il a données par le contrat. Sur ce fait, comme sur toutes les clauses des contrats, l'équité guidera le juge : mais il est évident qu'en cas de faillite ou de déconfiture, le débiteur ne doit plus être autorisé à réclamer le bénéfice du terme.

Des obligations alternatives.

« Une obligation peut être alternative ; et cette modification est du nombre de celles qui sont susceptibles de règles particulières.

« Une obligation est alternative lorsque quelqu'un s'oblige à donner ou à faire une chose ou une autre, de manière qu'en s'acquittant d'une des choses il soit entièrement libéré.

« Si le choix de l'une des choses promises n'a pas été expressément réservé au créancier, on présume que le choix a été laissé au débiteur; celui-ci peut alors invoquer la règle suivant laquelle ce qui, dans un contrat, est incertain, doit s'interpréter en faveur de celui qui doit : mais il ne peut pas y avoir de doute sur ce que le débiteur qui a promis l'une des choses ne serait pas libéré en offrant partie de l'une et partie de l'autre. Ce ne serait pas interpréter la convention, ce serait la changer.

« Si l'une des deux choses promises n'était pas susceptible d'être l'objet de l'obligation contractée, il ne resterait à cette obligation qu'un seul objet; et dès lors elle serait pure et simple. Le débiteur ne pourrait pas exciper de ce qu'il comptait sur un choix qui n'existait pas. S'il a regardé comme pouvant être l'un des objets de l'obligation ce qui n'en était pas susceptible, c'est un fait qu'il ne peut imputer au créancier, à moins qu'il n'y ait fraude de la part de ce dernier.

« Lorsque l'une ou l'autre des deux choses a été promise, il y a incertitude sur celle des choses qui sera délivrée au créancier, et de cette incertitude il résulte qu'aucune propriété n'est transmise au créancier que par le paiement de l'une des choses. Jusqu'alors cette propriété reste sur la tête, et conséquemment aux risques du débiteur.

« Si l'une des choses, ou si les deux périssent, il faut distinguer le cas où, soit par le silence de l'acte, soit par convention, le débiteur a le choix, et le cas où ce choix a été réservé au créancier.

« Dans la première hypothèse, celle où le débita le choix, si l'une des deux choses périt ou ne peut plus être livrée, l'obligation devient pure et simple, et n'a plus pour objet que la chose existante. Il en résulte que, dans ce cas, il ne doit pas offrir le prix de la chose périe au lieu de celle qui existe; et réciproquement le créancier ne pourrait pas exiger qu'au lieu de la chose existante on lui donnât le prix de celle qui est périe : cette prétention ne serait pas fondée, lors même que la perte de l'une de ces choses serait arrivée par la faute du débiteur, parce que celui-ci ayant le choix, le créancier ne peut, même dans ce cas, se plaindre de ce que l'obligation, d'alternative qu'elle était, soit devenue pure et simple.

« Si, lorsque le débiteur a le choix, les deux choses sont péries, il est encore indifférent que ce débiteur soit en faute à l'égard de l'une d'elles, ou même à l'égard des deux, puisqu'il résulte également de ce que l'obligation était devenue pure et simple par la perte de la première chose, que c'est le prix de la chose qui est périe la dernière que le débiteur doit payer, comme il eût dû cette chose, si elle n'était pas périe.

« Le débiteur doit alors payer le prix de la chose qui est périe la dernière, dans le cas même où il ne serait pas en faute à l'égard de cette chose, mais seulement à l'égard de celle qui est périe la première, parce que cette faute causerait un préjudice évident au créancier si, cette seconde chose étant périe, il n'avait aucun recours.

En donnant à celui-ci le prix de la dernière chose périe, on maintient à la fois la règle suivant laquelle la convention, d'alternative qu'elle était, est devenue pure et simple, et la règle qui rend chacun responsable de sa faute.

« Lorsque le créancier, s'étant réservé le choix, se trouve dans le cas où l'une des choses seulement est périe, il faut examiner si c'est par la faute ou sans la faute du débiteur.

« Si le débiteur n'est pas en faute, et il serait en faute s'il était en demeure, le créancier doit avoir la chose qui reste. Il ne peut pas réclamer le prix de celle qui est périe, parce qu'elle a cessé d'être l'objet de l'obligation, sans que le débiteur ait manqué à la bonne foi.

« Si celui-ci est en faute, le créancier est fondé à demander soit la chose qui reste, comme étant l'objet direct de l'obligation, soit le prix de la chose périe, comme étant la juste indemnité de la faute du débiteur.

« Lorsque les deux choses sont péries, et que le débiteur est en faute, soit à l'égard des deux, soit à l'égard de l'une d'elles, le créancier peut demander le prix de l'une ou de l'autre à son choix. Le motif est que, dans le cas même où le débiteur n'est en faute qu'à l'égard de l'une des choses, il doit répondre de ce que cette faute a privé le créancier du choix entre les deux choses, et cette indemnité doit être dans le choix laissé au créancier de demander le prix de l'une ou de l'autre des choses péries.

« Dans tous les cas, soit que le débiteur ait le choix, soit qu'il ait été réservé au créancier, si les deux choses sont péries sans la faute du débiteur, l'obligation est éteinte, suivant les principes qui seront ci-après expliqués.

« Les mêmes principes s'appliquent au cas où il y a plus de deux choses comprises dans l'obligation alternative.

Des obligations solidaires.

« Une quatrième modification des obligations est la solidarité soit à l'égard des créanciers, soit de la part des débiteurs.

De la solidarité entre les créanciers.

« Lorsque quelqu'un est obligé à une même chose envers plusieurs personnes, chacune d'elles n'est créancière que pour sa part : tel est l'effet ordinaire d'une pareille obligation. Mais si, par une clause particulière, le titre donne à chacun de ces cocréanciers le droit de demander le total de la créance, de manière que, par le paiement entier fait à l'un d'eux, le débiteur soit libéré envers les autres, il y a solidarité d'obligation. Ces créanciers sont nommés en droit *correi stipulandi.*

« Cette faculté donnée à chacun des créanciers de demander le paiement total, et la convention qu'ils auraient faite en même temps de diviser entre eux le bénéfice de l'obligation, n'ont rien d'incompatible.

« Si le débiteur était poursuivi par l'un des créanciers, il perdrait la faculté de payer à l'autre. Ce débiteur ne pourrait pas par sa faute intervertir le droit du créancier qui a poursuivi; et le créancier, qui aurait formé sa demande le second, ne pourrait pas se prévaloir d'un droit dont l'autre serait déjà dans une sorte de possession par ses poursuites.

« Il semble, que chacun des créanciers pouvant exiger toute la dette, on doive conclure de ce droit qu'il a aussi celui de faire la remise au débiteur. On dit pour cette opinion que la remise de la dette est au nombre des moyens de libération, que chacun des créanciers paraît être relativement au débiteur comme s'il était l'unique créancier, qu'il faudrait, pour qu'il ne pût pas user du droit de faire remise, que ce droit fût excepté dans l'obligation, et que d'ailleurs le créancier solidaire pouvant recevoir le paiement, il lui est toujours facile de donner la quittance d'un paiement qui ne serait pas réel ; en un mot, que les cocréanciers suivent respectivement leur foi.

« Ces raisons avaient été adoptées par la loi romaine. (Leg. 2, ff. *de duobus rcis*).

« Mais cette décision a paru peu conforme à l'équité et trop favorable à la mauvaise foi.

« On doit suivre l'intention présumée des parties. Chaque créancier solidaire a droit d'exécuter le contrat. La remise de la dette est autre chose que l'exécution : c'est faire un contrat de bienfaisance d'un contrat intéressé. C'est un acte de libéralité personnel à celui qui fait la remise ; il ne peut être libéral que de ce qui lui appartient. S'il est bienfaisant envers le débiteur, il ne doit pas être malfaisant envers ses créanciers qui, sans la remise entière, auraient eu action contre ce débiteur. Une volonté n'est généreuse que quand elle n'est pas nuisible, et lorsqu'elle a ce dernier caractère l'équité la repousse : elle en conçoit des soupçons de fraude.

« Si le cocréancier donne une quittance, le contrat lui a donné le droit de recevoir, et conséquemment celui de donner quittance. C'est l'exécution directe et naturelle du contrat, et c'est à cet égard seulement que ses cocréanciers ont suivi sa foi. Ce serait à eux à prouver que la quittance n'est qu'un acte simulé, et que le cocréancier a fait contre son droit la remise de la dette.

« Quant à tous les actes conservatoires, celui qui peut recevoir le paiement entier de la dette peut, par la même raison, faire les actes propres à la conserver. Ainsi tout acte qui interrompt la prescription à l'égard de l'un des cocréanciers profite aux autres.

De la solidarité de la part des débiteurs.

« L'espèce de solidarité la plus ordinaire est celle de plusieurs codébiteurs envers leur créancier commun. Il y a solidarité de la part des codébiteurs lorsqu'ils sont obligés à une même chose, de manière que chacun puisse être contraint pour la totalité comme s'il était seul débiteur, et que le paiement fait par un seul libère les autres envers le créancier. Ces codébiteurs sont appelés en droit *correi debendi*.

« Il ne suffit pas que l'obligation soit contractée envers le même créancier, il faut qu'elle ait pour objet une même chose : si plusieurs étaient obligés à des choses différentes envers la même personne, chacun de ces débiteurs serait séparément tenu de la chose qui serait l'objet de son obligation ; ils ne seraient pas codébiteurs.

« Mais lorsque plusieurs débiteurs doivent une même chose, ils n'en sont pas moins codébiteurs, quoique l'obligation de chacun d'eux ait été contractée avec des modifications différentes ; tel serait le cas où l'un d'eux ne serait obligé que conditionnellement ou à terme, tandis que l'engagement de l'autre serait pur et simple et sans terme. Il suffit que d'une ou d'autre manière le créancier ait le droit d'exiger d'un seul des débiteurs la totalité de la dette, pour qu'il y ait solidarité ; mais il ne peut exiger que chaque codébiteur acquitte la dette autrement qu'elle n'a été convenue avec lui.

« Les exceptions qui résultent de la nature même de l'obligation sont communes à tous les codébiteurs ; mais les exceptions personnelles à l'un d'eux ne peuvent être opposées par les autres. C'est encore une des conséquences de ce que chacun d'eux est tenu de la manière dont il s'est obligé.

« L'obligation solidaire ne doit pas se présumer : lorsque plusieurs débiteurs s'obligent à une même chose envers la même personne sans que la solidarité, l'obligation se trouve remplie par le paiement que chacun fait de sa portion : exiger d'un seul la totalité, c'est supposer une obligation de plus ; et lors même qu'à cet égard il y aurait en faveur du débiteur,

« Il en serait autrement s'il s'agissait d'obligations pour lesquelles la solidarité serait prononcée par la loi. C'est ainsi qu'elle a été prononcée par l'ordonnance de 1673 (titre VI, art. 7), entre associés en fait de commerce, et, par les lois criminelles, contre ceux qui sont condamnés pour le même délit, etc.

« Chacun des codébiteurs étant tenu de la totalité de la dette comme s'il se fût obligé seul, il en résulte que le créancier peut s'adresser à celui des débiteurs qu'il veut choisir, sans que celui-ci puisse, en offrant sa part, demander que le créancier soit tenu d'exercer son action contre les autres, chacun pour leur part. La clause de renonciation au bénéfice de division, qui est de style dans les actes des notaires, suppose un droit qui n'existe pas.

« Non-seulement le créancier n'est point tenu d'accéder à la demande de division, mais encore, dans le cas même où il aurait fait des poursuites contre un ou plusieurs des codébiteurs il n'est point présumé avoir renoncé à son droit d'en exercer de pareilles, et pour la totalité contre les autres, jusqu'à ce qu'il soit entièrement payé.

« Le créancier qui interrompt la prescription à l'égard de l'un des codébiteurs, conserve son droit, non-seulement à la totalité de la dette, mais encore à la solidarité. Il n'a point alors d'acte conservatoire à faire contre les autres débiteurs. En agissant contre un d'eux, il a usé de son droit contre tous : aucun ne peut plus se prévaloir de la prescription.

« C'est par le même motif que quand le créancier forme une demande d'intérêts contre l'un des débiteurs solidaires, ces intérêts lui sont adjugés pour la totalité de la dette, et dès lors c'est comme si la demande avait été formée contre tous.

« Le créancier ayant le droit d'exiger la totalité de chaque codébiteur, comme si celui-ci était seul obligé, on doit encore en conclure que si la chose due a péri par la faute ou pendant la demeure de l'un des débiteurs solidaires, les codébiteurs ne sont point déchargés de l'obligation de payer le prix de la chose. La faute du codébiteur ne peut être pour les autres un moyen de libération.

« Mais aussi de ce que chacun d'eux est tenu comme s'il se fût seul obligé pour le tout, on ne peut pas en induire qu'il se soit engagé à répondre des dommages-intérêts auxquels donnerait lieu la faute ou la demeure de l'un des codébiteurs. Ces dommages et intérêts sont la peine d'une faute qui est personnelle. Si la faute de l'un des débiteurs ne peut pas libérer les autres, il ne peut pas, par la même raison d'équité, aggraver leur sort.

« Des difficultés assez fréquentes se sont jusqu'ici élevées sur les différents cas où le créancier doit être présumé avoir renoncé à son droit de solidarité.

« On doit admettre comme règle générale que cette renonciation doit être prouvée ou littéralement, ou au moins par un fait assez positif, pour qu'on ne puisse pas élever un doute raisonnable sur l'intention du créancier.

« L'un des débiteurs devient-il héritier unique du créancier, ou le créancier devient-il l'unique héritier de l'un des débiteurs ?

« La confusion des droits qui s'opère par leur réunion sur la même tête ne doit s'appliquer, dans ces deux cas, qu'à la part du débiteur. On doit dire de cette confusion, avec la loi romaine : *Mayis personam debitoris examit ab obligatione, quam extinguit obligationem.*

« Si le créancier consent à la division de la dette à l'égard de l'un des débiteurs, doit-on présumer qu'il ait renoncé à la solidarité à l'égard des autres?

« Il ne peut pas y avoir de doute, si, dans la quittance, le créancier a fait la réserve de la solidarité, ou si même il y a réservé ses droits en général, puisque, dans ce dernier cas, le droit de solidarité s'y trouve compris.

« Mais s'il n'y a pas de réserve, la question peut se présenter sous deux rapports, dont l'un est entre le créancier et le codébiteur, et l'autre entre le créancier et les autres codébiteurs.

« Le créancier est-il présumé avoir renoncé à son action solidaire à l'égard du codébiteur, dont il a reçu une somme égale à la portion dont il était tenu, lorsque la quittance ne porte point que c'est *pour la part* de ce codébiteur?

« Il y avait à cet égard diversité d'opinions : on a préféré celle qui maintient la solidarité. Le créancier avait droit au paiement entier. Il résulte sans doute une présomption contraire lui de ce que la part reçue est égale à celle du codébiteur ; mais une autre présomption résulte aussi en sa faveur de ce qu'aucune expression du créancier ne porte son intention de déroger à son droit, et alors la règle que personne n'est facilement présumé renoncer à son droit doit l'emporter.

« Mais de ces expressions, *pour sa part*, employées dans la quittance, on avait conclu avec raison, dans la loi romaine, que le codébiteur avait été reconnu comme étant débiteur d'une part, et dès lors comme n'étant plus débiteur solidaire.

« On a vu dans une quittance ainsi motivée une nouvelle convention qui rend parfaite le concours du créancier qui donne la quittance et du débiteur qui la reçoit.

« C'est par cette dernière considération que l'on ne regarde point le créancier comme étant lié par la demande qu'il aurait formée contre l'un des codébiteurs pour sa part, si celui-ci n'a pas acquiescé à la demande, ou s'il n'est pas intervenu un jugement de condamnation.

« Lorsqu'il y a plus de deux codébiteurs solidaires, le créancier qui, à l'égard de l'un d'eux, a consenti à la division de la dette, soit en recevant avec la déclaration, *pour sa part*, soit autrement, est-il présumé avoir renoncé à la solidarité contre les autres?

« Il y avait aussi sur ce point partage d'opinions.

« On dit, pour les codébiteurs, que la division de la dette sans réserve est un fait positif, et que la renonciation à la solidarité se trouve prouvée tant par ce fait en lui-même que par ses conséquences.

« Par le fait, puisqu'il est directement contraire à l'exercice du droit de solidarité. Si, quand on agit contre un des codébiteurs, leur sort est commun, l'équité ne demande-t-elle pas que réciproquement ils profitent de la décharge donnée à l'un d'eux ?

« Par les circonstances de ce fait, qui seraient de changer le contrat ; ce qui n'est pas permis au créancier.

« En effet, si parmi les codébiteurs il y en a d'insolvables, les autres paient par contribution entre eux la part des insolvables. Si nonobstant la division de la dette à l'égard de l'un d'eux, on voulait encore faire peser sur les autres la solidarité, au moins ce recours respectif devrait-il leur être conservé.

« Il faut donc,

« Ou que le créancier lui-même reste responsable des insolvabilités à raison de la part du débiteur acquitté ; mais on ne peut pas présumer qu'il ait entendu, en divisant sa dette, s'exposer à ces risques ;

« Ou que la contribution aux parts des insolvables continue à peser sur le codébiteur à l'égard duquel la dette a été divisée ; cependant ce codébiteur a une décharge pure et simple : comment ne pas admettre l'exception qu'il fonderait sur ce qu'il n'y a contre lui aucune réserve ?

« Les auteurs, qui soutiennent l'opinion favorable au créancier, partent de deux principes qui sont justes.

« Le premier est que la renonciation à un droit ne peut s'établir par présomption.

« Ils soutiennent que, du fait de la division de la dette, il ne résulte point de renonciation expresse ; que ce n'est point un acte qui détruise le droit de solidarité, puisque le créancier qui pouvait exiger de la totalité, pouvait à plus forte raison n'exiger que la part du codébiteur ; que les conventions ne peuvent faire acquérir de droit qu'aux parties entre lesquelles ces conventions interviennent ; que la bonté d'un créancier pour l'un de ses codébiteurs ne doit pas lui préjudicier à l'égard des autres, et que s'il n'en était pas ainsi, aucun créancier ne voudrait être victime de sa complaisance ; que l'on ne verrait plus d'exemples de codébiteurs déchargés de la solidarité.

« Le second principe dont on part en faveur du créancier, est que l'obligation contractée solidairement envers lui se divise de plein droit entre les débiteurs, qui ne sont tenus entre eux que chacun pour sa part et portion.

« Soit que des codébiteurs aient contracté l'obligation solidaire par le même contrat, ou que ce soit par des actes différents, l'équité veut que le codébiteur qui paie la part entière ait son recours contre ses codébiteurs. Chacun s'est obligé à payer la totalité au créancier ; aucun ne s'est obligé à payer pour les autres. C'est entre tous qu'existe un lien de droit que le créancier n'est pas le maître de rompre ; et s'il divise la dette à l'égard des codébiteurs, on ne doit pas en conclure qu'il ait interverti les recours respectifs des codébiteurs entre eux. La division de la dette n'a pu être consentie ni acceptée que sauf le droit d'autrui ; ainsi le codébiteur déchargé de la solidarité envers le créancier a dû compter qu'il lui resterait encore une obligation à remplir à l'égard de ses codébiteurs, en cas d'insolvabilité de quelques-uns d'entre eux.

« Les codébiteurs contre lesquels le créancier veut, après cette division de la dette, exercer la solidarité, n'ont point à se plaindre, puisque ce droit, au lieu d'être exercé pour la totalité, comme il l'aurait été s'il n'y avait pas un codébiteur déchargé, ne pourrait plus l'être que déduction faite de la portion de ce codébiteur, dont ils n'ont plus d'ailleurs à craindre l'insolvabilité.

« Ces considérations en faveur du créancier ont

prévalu et par leur justesse au fond, et parce que les créanciers se porteront plus facilement à diviser les obligations solidaires ; ce qui peut avoir une heureuse influence sur des établissements de tout genre auxquels la dette solidaire de celui qui voudrait les former pourrait mettre obstacle.

« Il est réglé que, nonobstant la division de la dette faite sans réserve à l'égard de l'un des codébiteurs, le créancier conservera l'action solidaire contre les autres, et que dans le cas d'insolvabilité d'un ou plusieurs des codébiteurs non déchargés, la part des insolvables sera contributoirement répartie entre tous les débiteurs, même entre ceux précédemment déchargés de la solidarité.

« Le recours des codébiteurs entre eux, soit que l'un d'eux a payé la totalité, soit lorsqu'il y eu a d'insolvables, ne peut être par action solidaire. La solidarité ne doit pas s'étendre au delà de ce qui est exprimé par la convention, et lors même que le débiteur qui a payé la totalité est subrogé dans tous les droits du créancier, il ne doit pas être admis à exercer celui de la solidarité, parce qu'alors il y aurait un circuit d'actions réciproques dont le résultat serait que chacun ne paierait qu'à raison de ce qu'il aurait participé à la cause de la dette.

« Lorsque le créancier a reçu divisément et sans réserve la portion de l'un des codébiteurs dans les arrérages ou intérêts de la dette, la solidarité n'est éteinte à l'égard de ce débiteur que pour les arrérages ou intérêts échus, et non pour ceux à échoir, ni pour le capital. Une convention ne doit pas être étendue au delà de son objet.

« Si néanmoins le paiement divisé des arrérages et intérêts avait été continué pendant dix ans consécutifs, cette dérogation à l'exercice de cette partie du droit de solidarité doit faire présumer que le créancier y a renoncé pour l'avenir ; et on en doit aussi conclure que la dette est divisée même pour le capital : en effet, les intérêts sont représentatifs du capital dû. Il ne serait pas conséquent de supposer que le créancier eût renoncé à n'exiger que les intérêts représentatifs d'une partie du capital, et qu'il eût entendu conserver contre ce débiteur son action pour le capital entier.

Des obligations divisibles et indivisibles.

« On donne à une obligation le nom de *divisible* lorsqu'elle a pour objet une chose qui, dans sa livraison, ou un fait qui, dans l'exécution, est susceptible de division. L'obligation est appelée *indivisible* si son objet ne peut se diviser.

« La division dont une chose est susceptible est réelle ou intellectuelle.

« Elle est réelle, s'il s'agit d'une chose qui, comme un arpent de terre, peut se diviser réellement en plusieurs parties.

« Elle est intellectuelle, s'il s'agit d'un simple droit ; tel serait le droit indivis qu'aurait un cohéritier dans un effet quelconque d'une succession : un pareil droit est mis au nombre des choses divisibles, parce qu'il consiste dans une quotité susceptible de subdivision. Il faut même observer qu'un droit indivis peut également se subdiviser, soit qu'il s'applique à une chose divisible réellement, soit même qu'il s'applique à une chose qui en soi est indivisible.

« Il y a des droits qui ne sont même pas susceptibles de division intellectuelle : telles sont plusieurs espèces de servitudes.

« Mais lors même qu'une chose ou un fait serait susceptible de division, si dans l'intention des parties son exécution ne doit pas être partielle l'obligation doit être regardée comme indivisible : telle serait l'obligation de construire une maison; telle serait l'obligation de donner une chose qui, divisée, ne serait plus propre à sa destination.

Des effets de l'obligation divisible.

« Les questions qui peuvent naître de ce qu'une obligation est divisible ou indivisible, ne peuvent s'élever entre les personnes qui ont contracté. Toute obligation, celle même qui serait susceptible de division, doit s'exécuter entre le créancier et le débiteur comme si elle était indivisible.

« Les effets de la divisibilité ou de l'indivisibilité qui exigent des règles spéciales ne concernent que les héritiers du débiteur ou ceux du créancier.

« Si l'obligation est divisible, les héritiers du créancier ne peuvent demander la dette que pour les parts et portions dont ils sont saisis comme représentant le créancier ; et réciproquement les héritiers du débiteur ne sont tenus de la payer qu'à raison de leurs parts ou portions comme représentant le débiteur.

« Mais il peut y avoir d'ailleurs des causes particulières qui empêchent que les héritiers du débiteur ne puissent opposer au créancier la règle générale de la division de la dette entre eux, quoique l'obligation soit divisible.

« Ainsi, lorsque la dette est hypothécaire, il résulte de cette obligation une double action : l'action personnelle, qui se divise entre les héritiers, et l'action fondée sur l'hypothèque, par laquelle l'immeuble est devenu le gage indivisible, dans quelques mains qu'il se trouve.

« Si la dette est d'un corps certain qui ait été compris dans le lot de l'un des héritiers, le créancier a le droit de l'exiger de lui en entier ; s'il s'adressait aux autres héritiers, il faudrait que ceux-ci revinssent vers le cohéritier qui en serait possesseur. Ce serait un circuit vicieux d'actions.

« S'il s'agit de la chose alternative des choses au choix du créancier et dont l'une soit indivisible, les héritiers ne sauraient réclamer une division qui serait contraire au droit que le créancier a de choisir au choix qu'il aura fait.

« Si l'un des héritiers est chargé seul de l'exécution par le titre de l'obligation ou par un titre postérieur, la volonté qu'a eue le débiteur de dispenser son créancier d'une division incommode doit être remplie.

« Enfin s'il résulte, soit de la nature de l'engagement, soit de la chose qui en fait l'objet, soit de la fin qu'on s'est proposée dans le contrat, que l'intention des parties ait été que la dette ne pût s'acquitter partiellement, les héritiers du débiteur ne peuvent se soustraire à cette obligation en demandant la division.

« Celui des héritiers qui, dans ces divers cas, a payé plus qu'il n'eût dû en cette qualité, a son recours, ainsi que de droit, vers ses cohéritiers, parce que ce n'est pas l'obligation, mais seulement le paiement qui a été à sa charge.

« Lorsque la chose divisible périt par la faute de l'un des héritiers, il est tenu de l'entière indemnité envers le créancier, sans recours contre ses cohéritiers. Ceux-ci sont libérés, comme l'eût été le défunt lui-même, par la perte de la chose arrivée sans sa faute. Chaque héritier est tenu des faits du défunt ; il ne l'est point des faits de ses cohéritiers.

« Les effets de la division de la dette entre les cohéritiers deviendront de plus en plus sensibles en observant que la réunion des portions, soit des héritiers du créancier, soit des héritiers du débiteur en une seule personne, fait cesser la faculté de payer la dette par partie. Le motif est que, nonobstant la division entre les héritiers, il n'y a cependant qu'une obligation ; conséquemment, si avant le paiement il ne se trouve plus qu'un seul débiteur ou un seul créancier de la dette, la cause de la division n'existe plus.

Des effets de l'obligation indivisible.

« Une obligation indivisible étant celle d'une chose ou d'un fait qui n'est susceptible de division ni réelle ni intellectuelle, une pareille obligation ne peut être remplie partiellement ; ainsi quiconque en est tenu l'est pour la totalité. Lorsqu'elle a été contractée par plusieurs , aucun ne peut opposer qu'il n'y a point eu de solidarité stipulée ; les héritiers du débiteur ne peuvent se prévaloir de ce qu'ils ne lui succèdent que pour une portion ; les héritiers de chaque héritier ne pourraient même point dans ce cas opposer cette qualité, comme ils pourraient le faire si l'obligation était solidaire sans être indivisible.

« Par la même raison que quiconque est tenu de l'obligation indivisible doit la remplir entièrement, quiconque aussi a droit à une chose indivisible peut l'exiger en totalité. Ainsi chacun des héritiers du créancier ce droit contre le débiteur.

« Mais il faut observer que si, par la nature de l'objet indivisible, l'un des héritiers du créancier peut l'exiger en entier, il n'a pas seul droit à la propriété. Ainsi, en cas d'inexécution, les dommages et intérêts qui sont indivisibles ne lui seraient pas dus en entier.

« Il résulte encore de ce que le cohéritier n'a pas seul droit à la propriété, qu'il ne peut ni faire remise de la dette ni recevoir le prix au lieu de la chose, et que, dans ce deux cas, l'autre cohéritier qui n'a pu être dépouillé de son droit peut l'exercer en demandant la chose entière au débiteur, pourvu qu'il tienne compte à ce débiteur de la valeur ou du prix de la chose jusqu'à concurrence de la portion du cohéritier qui en fait la remise ou qui en a reçu le prix. C'est ainsi que tous les droits, tant ceux des cohéritiers du créancier que ceux du débiteur, peuvent se concilier avec équité.

« De même que chaque cohéritier du créancier n'est pas propriétaire de la totalité, de même aussi chaque cohéritier ne doit pas la totalité, quoiqu'il ne puisse point payer partiellement. Les droits du créancier et ceux du cohéritier assigné seront encore conciliés en accordant à celui-ci, lorsqu'il le demandera, un délai pour mettre en cause ses cohéritiers. Si la dette est de nature à ne pouvoir être acquittée que par l'héritier assigné, la condamnation contre lui seul ne sera point ainsi différée. Il aura seulement son recours en indemnité contre ses cohéritiers.

« Si l'obligation était de nature à ne pouvoir être acquittée que par tous conjointement, il est hors de doute que l'action ne pourrait être dirigée contre un seul.

Des obligations avec clause pénale.

« Il nous reste à considérer dans les obligations une dernière espèce de modification, qui est la clause pénale.

« On nomme ainsi la clause par laquelle une personne, pour assurer que son obligation sera exécutée, s'engage à quelque chose en cas d'inexécution.

« La clause pénale n'est donc qu'un accessoire de l'obligation principale.

« Ainsi la nullité de l'obligation principale doit entraîner celle de la clause pénale ; au lieu que la nullité de la clause pénale n'entraîne point celle de l'obligation principale.

« La fin qu'on se propose par une clause pénale est d'assurer l'exécution de l'obligation principale. Le créancier doit donc avoir le droit ou de demander la peine stipulée contre le débiteur qui est en demeure, ou de poursuivre l'exécution de l'obligation principale.

« La peine stipulée est la compensation des dommages et intérêts résultant de l'inexécution de l'obligation principale. Ainsi le créancier ne peut demander et l'exécution de l'obligation principale et la peine.

« Si la peine n'avait été stipulée qu'à raison du retard, elle serait l'évaluation des dommages et intérêts résultant de ce retard : le créancier pourrait demander et le principal et la peine.

« Suivant les lois romaines, la peine était toujours encourue par l'échéance du terme. Nos usages avaient modéré cette rigueur : ils ont été en partie maintenus. Ainsi, dans les obligations à terme comme dans celles qui sont sans terme, la peine n'est encourue que lorsque celui qui est obligé est en demeure. C'est alors seulement que la faute dont il doit subir la peine est constante. Mais il sera considéré comme étant en demeure par la seule échéance du terme, si telle est la stipulation.

« Lorsque la clause pénale est ajoutée à l'obligation de ne pas faire une chose, la peine est due aussitôt que, contre la stipulation, la chose a été faite. La preuve de la faute est alors dans la chose même.

« La peine stipulée par les contractants fait la loi entre eux. Le créancier ne doit pas être admis à dire que cette peine est insuffisante, ni le débiteur à prétendre qu'elle est excessive. Quel serait le juge qui, mieux que les parties, pourrait connaître les circonstances et les intérêts respectifs qui ont déterminé la fixation de la peine ? On doit appliquer ici les raisonnements faits sur la fixation d'une somme stipulée pour dommages et intérêts.

« L'intervention des juges est nécessaire lorsque l'obligation principale a été exécutée en partie : c'est alors un cas différent de celui qu'elles ont prévu, et auquel la peine a été attachée. Le créancier ne peut pas avoir une partie de la chose et exiger la peine entière. C'est une évaluation nouvelle pour laquelle le défaut de convention rend indispensable d'avoir recours aux tribunaux.

« Les règles établies pour les effets d'une obligation divisible ou indivisible reçoivent leur application à la cause pénale.

« Si l'obligation est d'une chose indivisible, la peine entière est encourue par la contravention d'un seul des héritiers du débiteur, puisque seul il empêche l'exécution entière ; mais la peine n'étant pas indivisible, c'est seulement à raison de la faute que ce cohéritier peut être poursuivi pour la totalité. A l'égard des cohéritiers qui ne sont point en faute, ils ne peuvent être inquiétés que pour leur portion ou hypothécairement pour le tout, et ils ont leur recours contre celui qui a fait encourir la peine.

« Si l'obligation principale est divisible, chacun des héritiers, celui même qui contreviendrait à l'obligation, n'est tenu de la peine que jusqu'à

concurrence de sa part dans l'obligation ; et conséquemment, il ne doit y avoir aucune action contre les héritiers qui l'ont exécutée en ce qui les
concerne.

« Il en serait autrement si la clause ayant été
ajoutée dans l'intention que le paiement ne puisse
se faire partiellement, un cohéritier a empêché
l'exécution de l'obligation pour la totalité. En ce
cas, l'obligation est considérée comme indivisible,
et conséquemment la peine entière peut être exigée
de lui ; elle ne peut l'être des autres cohéritiers que
pour leur portion seulement et sauf leur recours.

De l'extinction des obligations.

« Après avoir établi quelles sont les conditions
essentielles des obligations, quelles sont leurs diverses espèces, et quels liens se forment, soit entre les contractants ou leurs héritiers, soit vis-à-
vis des tiers, on a posé les principes sur les diverses manières dont s'éteignent les obligations.

« Elles s'éteignent par le paiement, par la novation, par la remise volontaire, par la compensation, par la confusion, par la perte de la chose,
par la nullité ou la rescision, par l'effet de la condition résolutoire qui a déjà été expliquée, et
par la prescription, qui fera l'objet d'un titre particulier.

Du paiement en général.

« Le paiement est réel lorsque le débiteur accomplit réellement ce qu'il s'est obligé de donner
ou de faire.

« Tout paiement suppose une dette, et conséquemment ce qui aurait été payé pour une dette
qui n'existait pas pourrait être répété.

« Mais cette répétition doit-elle avoir lieu lorsqu'une obligation naturelle a été volontairement
acquittée ? La loi qui n'eût point admis l'action
contre le débiteur doit-elle le regarder comme
étant lié civilement lorsqu'il a payé ?

« Il ne s'agit point ici de ces obligations qui,
dans la législation romaine, avaient été mises au
nombre des obligations naturelles, parce que,
n'ayant ni la qualité du contrat ni la forme des
stipulations, elles étaient regardées comme de
simples conventions dont une action civile ne
pouvait naître. Ces conventions sont, dans notre
législation, au rang des obligations civiles, et ou
ne regarde comme obligations purement naturelles
que celles qui, par des motifs particuliers, sont
considérées comme nulles par la loi civile.

« Telles sont les obligations dont la cause est
trop défavorable pour que l'action soit admise, et
les obligations qui ont été formées par des personnes auxquelles la loi ne permet pas de contracter.
Telles sont même les obligations civiles, lorsque
l'autorité de la chose jugée, le serment décisoire,
la prescription ou toute autre exception péremptoire, rendraient sans effet l'action du créancier.

« Le débiteur qui a la capacité requise pour
faire un paiement valable, et qui, au lieu d'opposer
ces divers moyens, se porte de lui-même et sans
surprise à remplir son engagement, ne peut pas
ensuite dire qu'il ait fait un paiement sans cause.
Ce paiement est une renonciation de fait aux
exceptions sans lesquelles l'action eût été admise ;
renonciation que la bonne foi seule et le cri de la
conscience sont présumés avoir provoquée ; renonciation qui forme un lien civil que le débiteur
ne doit plus être le maître de rompre.

« L'obligation naturelle ne devenant un lien
civil que par induction tirée du paiement, cette
obligation ne peut avoir d'autre effet que celui
d'empêcher la répétition de ce qui a été payé.

Mais elle ne peut faire la matière d'une compensation, ni avoir les autres effets que leur donnait
la loi romaine par suite de cette distinction que
nous n'avons point admise entre les pactes et les
contrats.

« Il n'est pas nécessaire, pour qu'un paiement
soit valable, qu'il soit fait par ceux qui y sont
intéressés. L'obligation peut être acquittée par
un tiers qui n'y a aucun intérêt, lorsqu'il agit au
nom et en l'acquit du débiteur. Si, agissant en
son nom propre, il se fait subroger aux droits du
créancier, ce n'est plus un paiement, c'est un
transport de l'obligation.

« Le créancier ne pourrait se refuser à recevoir
le paiement de ce tiers, à moins qu'il n'eût un
intérêt à ce que l'obligation fût acquittée par le
débiteur lui-même. C'est ainsi que l'obligation
contractée pour un ouvrage d'art est déterminée
par le talent personnel de l'artiste ; un tiers ne
doit pas être admis à le suppléer.

« Le paiement est un transport de propriété :
pour payer valablement, il faut donc être à la
fois propriétaire et capable d'aliéner.

« Cette règle souffre une exception dans le cas
où, soit une somme d'argent, soit une autre chose
qui se consomme par l'usage, aurait été donnée
en paiement par celui qui n'en était pas propriétaire ou qui n'était pas capable de l'aliéner.
L'équité ne permet pas que le créancier qui, de
bonne foi l'a consommée, puisse être inquiété.
Ce serait une revendication, et il ne peut y en
avoir que contre le possesseur de mauvaise foi,
ou contre celui qui, par fraude, a cessé de posséder.

« Un paiement ne serait pas valable, s'il n'était
pas fait soit au créancier, soit à quelqu'un ayant
pouvoir de lui, ou autorisé par justice ou par la
loi à recevoir pour lui.

« La ratification du paiement donnée par le
créancier équivaut à un pouvoir, et il serait injuste qu'il pût contester le paiement lorsqu'il a
tourné à son profit.

« L'équité veut encore que le paiement soit valable, lorsqu'ayant été fait de bonne foi par le
débiteur à celui qui était en possession de la
créance, ce débiteur avait un juste sujet de le
regarder comme le véritable créancier ; tel serait
un héritier qui, d'abord possesseur légitime de
la succession, recevrait le paiement des sommes
dues, et serait ensuite évincé par un héritier plus
proche.

« Le débiteur serait en faute s'il faisait un
paiement à celui qui, par son âge ou par un autre
motif, n'aurait pas la capacité de recevoir. La
seule ressource de ce débiteur serait de prouver
que la chose payée a tourné au profit du créancier. La protection que la loi accorde à ce créancier ne saurait être pour lui un moyen de s'enrichir aux dépens d'autrui.

« Si des tierces personnes, envers lesquelles le
créancier est lui-même obligé, ont formé entre
les mains des débiteurs une saisie ou une opposition, le débiteur n'est plus, à l'égard des créanciers saisissants ou opposants, libre de payer. Si
dans ce cas, il paie à son créancier, le paiement
est valable à l'égard de ce créancier ; il est nul à
l'égard des saisissants ou opposants, qui peuvent
exiger de ce débiteur un second paiement, sauf
son recours contre le créancier.

« Un créancier ne peut être contraint de recevoir en paiement une autre chose que celle qui
lui est due ; et s'il l'avait reçue par erreur, il
pourrait, en offrant de la rendre, exiger celle qui
a été stipulée.

« On n'avait admis que dans une très-petite partie de la France la Nov. 4, chap. III, qui permet au débiteur n'ayant pas d'argent ou de mobilier, de donner en paiement son héritage sur le pied de l'estimation, à moins que le créancier n'aimât mieux lui trouver un acheteur. C'est soumettre celui-ci à des charges qui ne sont point dans son contrat ; et cette mesure n'est ni nécessaire ni juste dans un pays où, par la publicité des ventes d'héritages, on se procure facilement des acheteurs. Il ne peut y avoir aucune bonne raison pour contraindre le créancier de recevoir autre chose que celle due ; et lorsqu'on lui en offrirait une autre d'une valeur égale ou plus grande, il doit même en ce cas, puisque ce n'est plus l'exécution de son contrat, rester le maître de refuser.

« Par les mêmes motifs, il ne peut être forcé à recevoir partiellement le paiement d'une dette, lors même qu'elle est susceptible de division. Ainsi on ne pourrait pas lui offrir le capital entier sans payer en même temps les intérêts.

« Si néanmoins le débiteur se trouvait dans des circonstances telles, que par des motifs d'humanité, ou peut-être pour l'intérêt même du créancier, les juges fussent convaincus que, sans porter préjudice à ce créancier, ils feraient un acte d'humanité en accordant des délais modérés pour le paiement, la loi les y autorise, mais en leur rappelant le respect qu'ils doivent aux contrats, et en les avertissant de n'user de ce pouvoir qu'avec la plus grande réserve. Lorsqu'ils prennent sur eux l'exécution ainsi l'exécution des poursuites, ils doivent toujours conserver et les droits et l'effet des procédures du créancier, en ordonnant que toutes choses demeureront en état.

« Le débiteur d'un corps certain et déterminé est libéré en livrant la chose au terme convenu dans l'état où elle se trouve. Il ne répondrait pas de la perte même de la chose, à moins que cette perte ne fût survenue par sa faute ou par la faute de ceux dont il répond, ou à moins qu'il ne fût en demeure. Ainsi, hors le cas et que les mêmes motifs, il n'est pas responsable des détériorations.

« Si la dette est d'une chose qui ne soit déterminée que par son espèce, l'équité n'autorise point le créancier à l'exiger de la meilleure qualité ; mais aussi elle ne permet pas au débiteur de l'offrir de la plus mauvaise.

« Le contrat fait loi pour le lieu du paiement comme sur le reste. Lorsque le lieu n'a pas été désigné, le créancier est présumé avoir voulu, s'il s'agit d'un corps certain et déterminé, qu'il lui fût livré dans le lieu où il était lors de l'obligation ; ou si l'objet de la dette est indéterminé, le débiteur peut invoquer la règle suivant laquelle, dans le silence du contrat ou dans le doute qu'il fait naître, il doit être interprété de la manière la moins onéreuse pour lui. Le paiement doit donc alors être fait à son domicile.

« On n'a point admis l'exception du cas où la demeure du débiteur et celle du créancier sont peu éloignées, et où le transport de la chose à livrer est facile : ce serait une sorte de procès, et l'hypothèse même dans laquelle on place les contractants prouve que le créancier n'aurait pas un intérêt réel à ce que cette distinction fût faite.

« C'est le débiteur qui doit remplir son obligation, et qui a besoin d'avoir la preuve qu'il s'est libéré : les frais du paiement doivent donc être à sa charge.

Du paiement avec subrogation.

« L'obligation est éteinte à l'égard du créancier par le paiement que lui fait une tierce personne subrogée dans ses droits, sans que cette obligation soit éteinte à l'égard du débiteur.

« La subrogation est conventionnelle ou légale.

« Elle peut s'opérer par convention, de deux manières.

« D'abord, lorsque le créancier, recevant son paiement d'une tierce personne, la subroge dans ses droits, actions, privilèges ou hypothèques contre le débiteur.

« Cette convention diffère du contrat de transport de la créance.

« Le transport est une aliénation qui de droit emporte la garantie à laquelle le créancier reste obligé.

« Par le paiement avec subrogation, toute obligation est éteinte vis-à-vis du créancier, et conséquemment il n'en contracte aucun à l'égard du subrogé.

« De ce que l'obligation s'éteint à l'égard du créancier par le paiement, on doit tirer les conséquences suivantes :

« La première, que la subrogation doit être faite en même temps que le paiement ; le créancier ne pourrait postérieurement exercer aucun droit résultant d'une obligation éteinte à son égard ;

« La seconde, que la personne qui a payé ne peut se prévaloir du privilège ou de l'hypothèque dont il n'y aurait pas une réserve expresse à son profit ; autrement le paiement fait au créancier aurait opéré l'extinction des droits qu'il avait tant au fonds que pour sa sûreté.

« Il peut encore y avoir subrogation par convention, lorsque le débiteur emprunte une somme pour payer sa dette, et subroger le prêteur dans les droits du créancier. Cette subrogation s'opère sans le concours de la volonté du créancier, qui, obtenant son dû par le paiement de la dette, n'a point d'intérêt à s'y opposer.

« Mais si la subrogation dans les hypothèques ou privilèges du créancier est un moyen qu'on donne au débiteur pour trouver un créancier moins rigoureux, au moins faut-il, pour que des tiers ayant des hypothèques ou des privilèges postérieurs ne puissent pas se plaindre, qu'il soit certain que la somme a été empruntée pour le paiement, et qu'elle y a été employée. Ainsi on exige que l'acte d'emprunt et la quittance soient passés devant notaires ; que dans l'acte d'emprunt il soit déclaré que la somme a été empruntée pour faire le paiement, ce qui suppose que l'emprunt précède le paiement de l'ancien créancier, ou au moins que cet emprunt est de même date ; enfin on exige que dans la quittance il soit déclaré que le paiement a été fait des deniers fournis à cet effet par le nouveau créancier. Ce mode de subrogation est celui qui avait été consacré par un arrêt de règlement du parlement de Paris, du 6 juillet 1690.

« Quant à la subrogation de plein droit, elle a lieu dans tous les cas où un codébiteur, une caution, et en général tous ceux qui étaient tenus avec d'autres ou pour d'autres au paiement de la dette, avaient intérêt de l'acquitter. L'équité ne permettrait pas de se prévaloir de ce qu'ils n'ont pas requis la subrogation : ils en avaient le droit ; il ne peut être présumé ni que le créancier qui eût dû consentir à la subrogation, s'il en eût été requis, ait eu l'intention de ne pas mettre celui qui paie en état d'exercer ses recours, ni que le débiteur ait renoncé à un droit aussi important. Cette interprétation doit donc avoir son effet à l'égard des tiers créanciers. Tel avait été le sentiment de *Dumoulin* ; et quoiqu'il fût difficile à concilier avec les textes des lois romaines, il a dû être préféré à l'opinion suivant laquelle la subrogation ne devait être accordée par la loi que dans le cas de refus du créancier sur la réquisition qui lui en aurait été faite.

« Les mêmes motifs ont déterminé à regarder également comme subrogé de droit celui qui étant lui-même créancier paie un autre créancier qui lui est préférable à raison de ses priviléges ou hypothèques. Il n'y avait pas de doute à cet égard. La loi romaine était expresse (Leg. IV, Cod. *De his qui in prior cred.*). Le créancier qui a ainsi payé n'a pu avoir d'autre intérêt ni d'autre objet que celui de jouir des avantages de la subrogation.

« L'acquéreur d'un immeuble qui emploie le prix de son acquisition au paiement des créanciers auxquels cet héritage était hypothéqué, n'était point subrogé par les lois romaines, ou du moins elles offraient encore à cet égard de l'obscurité. Cependant l'acquéreur ne peut avoir d'autre but, lorsqu'il paie des créanciers ayant hypothèque sur l'héritage acquis, que celui d'éviter les poursuites en délaissement ; et sur ce point la justice est si évidente, que nonobstant le défaut de loi expresse, la jurisprudence accordait dans ce cas à l'acquéreur les droits de la subrogation, sinon sur tous les biens du vendeur, du moins sur l'héritage vendu que l'acquéreur avait eu intérêt de libérer de l'hypothèque. On avait reconnu que les créanciers postérieurs ne pourraient, sans se rendre coupables de mauvaise foi, prétendre que ce paiement tournât à leur profit.

« Enfin la subrogation s'opère de droit au profit de l'héritier bénéficiaire qui a payé de ses deniers les dettes de la succession. Il n'est jamais présumé avoir voulu, en cette qualité, confondre ses droits personnels avec ceux de la succession.

« Lorsqu'un créancier n'a été payé qu'en partie, les personnes qui lui ont fait des paiements partiels, et qui ont été à cet égard subrogées, ne peuvent venir en concurrence avec ce créancier pour ce qui lui reste dû. La personne qui l'a payé ne doit être à son égard considérée que comme ayant voulu acquitter la dette, et non comme ayant entendu acquérir un droit contre lui ou en concurrence avec lui.

De l'imputation des paiements.

« Lorsqu'il se fait un paiement par un débiteur ayant plusieurs dettes, ou ce paiement est imputé sur l'une des dettes, soit par le débiteur, soit par le créancier, ou il n'y a point d'imputation.

« Le débiteur a le droit de déclarer, lorsqu'il paie, quelle dette il entend acquitter.

« Mais lorsque la loi romaine en donne le motif : *possumus certam legem dicere ei quod solvimus* (Leg. 1, ff. *de Solut.*), l'expression *certam legem* explique que le débiteur ne doit pas, en usant de ce droit, causer un préjudice au créancier.

« Si le débiteur d'une dette qui porte intérêt ou produit des arrérages pouvait, sans le consentement du créancier, imputer le paiement qu'il fait sur le capital par préférence aux arrérages ou intérêts, il nuirait au créancier qui a dû compter que ces arrérages ou intérêts lui seraient payés avant qu'on pût lui rembourser le capital.

« C'est par ce motif que, dans le cas même où le débiteur voudrait payer le capital entier, sans comprendre dans le paiement les intérêts ou arrérages dus, le créancier pourrait exiger que l'im-

putation se fît d'abord sur ces intérêts ou arrérages.

« Lorsque dans la quittance acceptée par le débiteur, l'imputation a été faite sur l'une des dettes spécialement, il ne doit plus être admis à revenir contre son acquiescement, à moins qu'il y ait eu dol ou surprise de la part du créancier.

« Lorsqu'aucune imputation n'a été faite, le débiteur peut invoquer la règle suivant laquelle on doit, dans le doute, prononcer ce qui lui est le plus favorable. Ainsi le paiement doit être imputé sur la dette que le débiteur avait le plus intérêt d'acquitter. On exige néanmoins que les dettes entre lesquelles il faut choisir pour l'imputation soient toutes échues. Celles non échues ne seraient point présumées avoir été l'objet du paiement, lors même qu'elles seraient plus onéreuses.

« Si les dettes étaient d'égale nature, la présomption serait que le débiteur a voulu acquitter la plus ancienne.

« Si toutes choses étaient égales, l'imputation se ferait sur chacune d'elles proportionnellement au paiement : ni le créancier, ni le débiteur n'auraient intérêt qu'elle se fît autrement.

Des offres de paiement et de la consignation.

« Le débiteur, qui veut s'acquitter, doit d'abord offrir le pa ement ; il ne serait pas juste que, par le refus de le recevoir, le créancier pût priver le débiteur de l'avantage de se libérer. En ce cas, la loi l'autorise à consigner la somme ou la chose offerte, c'est-à-dire à la remettre dans le dépôt qu'elle lui indique.

« Cette consignation n'est pas un paiement proprement dit, en ce que le transport de propriété de la chose payée n'est pas accepté par le créancier : mais elle équivaut au paiement ; elle met la chose consignée aux risques du créancier, et elle éteint également la dette. Le consignataire est comme un mandataire que la loi donne au créancier lorsqu'il a fait un refus abusif d'offres légitimes.

« Mais elle n'intervient ainsi entre le créancier et le débiteur qu'en prenant toutes les précautions pour qu'il soit certain que le créancier est en faute d'avoir refusé les offres réelles qui lui ont été faites.

« Pour que ces offres soient valables, il faut qu'elles soient faites au créancier ayant la capacité de recevoir, ou à celui qui a pouvoir de recevoir pour lui ; il faut qu'elles soient faites par une personne capable de payer ; il faut que ce ne soient pas des offres partielles, et on les considère comme telles, si elles ne sont pas à la fois et de la totalité de la somme exigible, et des arrérages ou intérêts dus, et des frais liquidés, et d'une somme pour les frais non liquidés, sauf à la parfaire ; il faut que le terme soit échu, s'il a été stipulé en faveur du créancier ; il faut que la condition sous laquelle la dette a été contractée soit arrivée ; il faut que les offres soient faites au lieu dont on est convenu pour le paiement. Toutes ces règles sont celles précédemment établies pour les paiements ordinaires.

« S'il n'y a pas de convention spéciale sur le lieu du paiement, le débiteur ayant à procéder contre le créancier est tenu, suivant la règle *actor sequitur forum rei*, de faire des offres, soit à la personne, soit au domicile du créancier, soit au domicile élu pour l'exécution de la convention.

« Il ne faut pas qu'il puisse y avoir sur le fait même des offres aucun doute, et en conséquence on exige qu'elles soient faites par un officier ministériel ayant caractère pour ces sortes d'actes.

« Quant aux formes de la consignation, on les a bornées à celles qui suffisent pour que le créancier, même après son refus de recevoir les offres, soit encore mis à portée d'éviter une consignation pour laquelle la chose déposée est mise à ses risques.

« Suivant un usage presque général, la consignation devait être autorisée par le juge ; cette procédure n'a point été regardée comme nécessaire. Le débiteur ne doit pas souffrir des délais qu'elle entraînerait, et le créancier averti par les offres réelles, et ensuite par une sommation qui lui indiquera le jour, l'heure et le lieu où la chose offerte sera déposée, est mis à l'abri des surprises. Il peut prévenir la consignation en demandant la nullité des offres réelles. C'est alors seulement qu'un jugement est nécessaire pour autoriser la consignation, s'il est décidé que les offres sont valables.

« Telles sont les formes qui précèdent la consignation. Celles qui doivent l'accompagner et la suivre sont que le versement dans le dépôt indiqué par la loi soit effectif ; qu'il y ait un procès-verbal dressé par l'officier ministériel, de la nature des espèces offertes, du refus qu'a fait le créancier de les recevoir, ou de sa non-comparution, et enfin qu'on lui donne connaissance, en cas de non-comparution de la part du créancier, le procès-verbal du dépôt lui ait été signifié avec sommation de le retirer.

« C'est par cette longue suite de précautions que les droits du créancier sont garantis, sans qu'il puisse se plaindre, si la loi ne permet pas qu'un refus arbitraire et injuste nuise au débiteur.

« Quoiqu'après la consignation la chose déposée soit, quant aux risques, considérée comme la propriété du créancier, cependant il ne peut pas se plaindre si, avant qu'il ait acquiescé à la consignation, le débiteur retire la chose déposée. Il doit avoir cette liberté, même à l'égard des codébiteurs ou des cautions. Ils ne peuvent pas prétendre que la consignation ait plus de force à leur égard qu'elle n'en a respectivement au créancier lui-même.

« Il en est autrement si le débiteur a fait juger définitivement que ses offres et la consignation sont valables. Ce jugement équivaut à l'acceptation du créancier ; la dette est entièrement éteinte : dès lors le débiteur ne peut plus, même du consentement du créancier, retirer la consignation au préjudice de ses codébiteurs ou de ses cautions.

« Il résulte même encore de cette extinction de la dette, que si, depuis le jugement définitif, le créancier a consenti que la chose consignée fût retirée, il perd les droits de privilège ou d'hypothèque qui étaient attachés au titre primitif de la dette. Il n'a plus d'hypothèque que du jour où l'acte par lequel il a consenti que la consignation fût retirée, aura été revêtu des formes requises pour emporter hypothèque.

Si la chose due n'est pas une somme d'argent, et que ce soit un corps certain qui doit être livré au lieu où il se trouve, le débiteur qui a fait sommation de l'enlever doit, dans le cas où elle ne serait pas enlevée, être autorisé par la justice à la mettre en dépôt dans quelque autre lieu.

De la cession de biens.

« La cession de biens a été placée au nombre des divers modes de paiement.

« C'est l'abandon qu'un débiteur fait de tous ses biens à ses créanciers lorsqu'il se trouve hors d'état de payer ses dettes.

« Si les créanciers acceptent volontairement cette cession, elle n'a d'autre effet que celui résultant des stipulations mêmes du contrat passé entre eux et le débiteur.

« Mais si les créanciers refusent la cession, la loi intervient : elle fait examiner si les malheurs du débiteur sont réels, si sa bonne foi est sans reproche ; et lorsqu'il paraît que les créanciers n'ont aucun motif raisonnable pour refuser qu'on remette dans leur main le gage entier des créances, la loi regarde comme étant à la fois un acte d'humanité et d'utilité générale d'obliger ces créanciers à recevoir la cession, et de leur interdire les poursuites contre la personne du débiteur.

« La cession ainsi autorisée par les juges n'est point un paiement réel : elle ne transporte point la propriété des biens aux créanciers ; elle leur donne seulement le droit de les faire vendre à leur profit, et d'en percevoir les revenus jusqu'à la vente. Elle ne libère le débiteur que jusqu'à concurrence de la valeur des biens abandonnés ; et s'ils sont insuffisants, il est obligé de faire un abandon semblable, et jusqu'à parfait paiement, des biens qui lui surviendraient ensuite.

De la novation.

« La deuxième manière dont les obligations peuvent s'éteindre est la novation.

« On donne le nom de novation à la substitution d'une nouvelle dette à l'ancienne : l'ancienne est éteinte au moyen de ce qu'il y en a une autre contractée à sa place.

« Cette novation ou substitution d'une dette à l'autre peut s'opérer de trois manières.

« La première est lorsque le débiteur fait lui-même avec son créancier cette substitution d'une dette à l'autre. C'est ce qu'on appelait en droit simplement *novation*.

« La deuxième manière est lorsqu'un débiteur est substitué à l'ancien, qui est déchargé par le créancier. Cette deuxième espèce de novation se nommait *ex promission*.

« Enfin la troisième est lorsqu'un nouveau créancier est substitué à l'ancien, envers lequel le débiteur se trouve déchargé.

« Toute novation étant un nouveau contrat substitué à l'ancien, il faut que la volonté de former ce contrat résulte clairement de l'acte. La renonciation aux droits que donnait la première obligation ne doit pas dépendre d'une présomption ; et si on n'exige pas une déclaration en termes précis et formels, il faut au moins que l'intention ne puisse être révoquée en doute. Ainsi, lorsque la novation s'opère entre le créancier et le débiteur, il faut que l'acte présente des différences suffisantes pour caractériser cette intention.

« Dans le cas où la novation se fait par la substitution d'un débiteur à l'autre, ce nouveau contrat peut se former sans le concours du premier débiteur : alors la novation n'est autre chose que l'acquittement de la première dette par la nouvelle que le tiers contracte ; et ce tiers n'a point eu, pour payer en acquit du débiteur, besoin de son intervention.

« La délégation ne doit pas être confondue avec la simple novation.

« La délégation se fait entre trois personnes au moins : l'ancien débiteur qui donne à son créancier un autre débiteur en sa place ; la personne déléguée qui s'oblige envers le créancier à la place de l'ancien débiteur ou envers la personne indiquée par le créancier, et le créancier qui accepte l'obligation de la personne déléguée ou indiquée.

« Pour que la délégation opère une innovation, il faut que le créancier qui accepte la délégation de la personne déléguée ou indiquée décharge le premier débiteur : autrement son obligation ne serait point éteinte.

« Mais lorsqu'une fois le créancier a consenti à cette décharge, il ne peut plus avoir de recours contre le débiteur, dont l'obligation est éteinte lors même que la personne déléguée deviendrait insolvable.

« S'il avait mis dans l'acte de décharge une réserve en cas d'insolvabilité, ce serait une obligation que le premier débiteur serait tenu de remplir. Cette clause de réserve est considérée dans la loi romaine comme un mandat d'après lequel le créancier aurait, aux risques de son premier débiteur, pris un autre débiteur à sa place.

« Le créancier pourrait aussi être admis à revenir contre la décharge donnée, si elle avait été surprise, et on le présumerait si la personne déléguée était déjà en faillite ouverte ou tombée en déconfiture au moment de la délégation. L'équité a dû faire consacrer cette opinion. La délégation est un contrat commutatif dans lequel le créancier qui doit recevoir un équivalent de la décharge qu'il consent au profit du premier débiteur, n'en recevrait cependant aucun, si le débiteur substitué était dès lors notoirement insolvable.

La simple indication faite ou par le débiteur d'une personne qui doit payer à sa place, ou par le créancier d'une personne qui doit recevoir pour lui, n'opère point de novation. Le créancier, le débiteur et l'obligation restent toujours les mêmes. L'indication est un simple mandat donné par le débiteur à la personne indiquée pour payer à sa place, ou par le créancier à la personne indiquée pour recevoir.

« L'effet de la novation étant d'éteindre l'ancienne dette, cette extinction entraîne celle des hypothèques qui en étaient l'accessoire. Mais il a toujours été permis au créancier de transporter sur la seconde dette, et par l'acte même qui contient la novation, les hypothèques sous lesquelles la première avait été stipulée ; la position des autres créanciers hypothécaires reste la même ; ils n'ont pas de droit, parce qu'ils n'ont pas d'intérêt de s'y opposer. Mais pour que l'ancienne hypothèque soit ainsi transférée, il faut que le débiteur reste le même : on ne pourrait pas faire remonter l'hypothèque sur les biens d'un nouveau débiteur à une date antérieure à la novation, sans s'exposer à nuire aux autres créanciers de ce nouveau débiteur.

« On ne peut aussi, dans l'acte de novation, transporter l'hypothèque sur les biens d'un tiers, lors même que ce tiers aurait été un des codébiteurs solidaires de la première dette.

« Et en effet c'est encore une des conséquences de l'extinction de la première dette par la novation, que si cette novation s'opère entre le créancier et l'un des débiteurs solidaires, les codébiteurs sont libérés; si elle s'opère à l'égard d'un débiteur qui ait donné des cautions, le cautionnement cesse avec l'obligation principale.

« Si le créancier avait exigé que les codébiteurs ou les cautions accédassent au nouvel arrangement, cette condition devrait être remplie, sinon l'ancienne créance subsisterait.

De la remise de la dette.

« Les obligations s'éteignent encore par la remise que le créancier fait de la dette.

« Dans la législation romaine, la remise pouvait, à l'égard des obligations civiles contrac-tées par le seul consentement des parties, se faire par simple convention ; mais à l'égard des autres obligations civiles, il fallait remplir les formalités de l'*acceptation simple*, si l'obligation résultait d'une stipulation , et celle de l'*acceptation aquilienne*, si elle résultait d'un contrat réel. Une simple convention n'eût pas éteint de plein droit ces obligations, et n'eût pu servir que d'exception, ou de fin de non-recevoir au débiteur.

« Déjà on a vu que ces distinctions et ces subtilités n'ont point été admises en France : une simple convention entre le débiteur et le créancier suffit pour éteindre de plein droit une dette de quelque nature qu'elle soit.

« Cette convention peut être expresse ou tacite.

« Elle est tacite si elle résulte de certains faits dont les uns suffisent pour la prouver et les autres la font seulement présumer.

« Ainsi la remise volontaire du titre original sous signature privée, par le créancier au débiteur, fait preuve de la libération. Cette remise du titre équivaut à une quittance. Le créancier s'est lui-même mis hors d'état d'intenter aucune action.

« Il faut que la remise ait été volontaire. Il est possible que le titre ait tombé dans les mains du débiteur à l'insu ou contre le gré du créancier, et qu'il y ait eu surprise ou abus de confiance.

« La preuve de ces faits est admissible , lors même qu'il s'agit d'une somme de plus de cent cinquante francs. Ce n'est pas une obligation que l'on veuille établir, c'est l'allégation du fait d'une remise volontaire du titre qui est contestée.

« Cette preuve ne doit pas être à la charge du débiteur, parce que la remise du titre étant un moyen naturel et usité de se libérer, il faut, pour écarter ce moyen, prouver qu'il n'existe pas réellement, et que la remise n'est pas volontaire.

« S'il s'agit d'une obligation passée devant notaires, la grosse du titre est, sous plusieurs rapports , considérée dans la main du créancier comme le titre original; cependant, lors même qu'il serait certain que la grosse aurait été volontairement remise au débiteur, sa libération n'en serait pas une conséquence nécessaire.

« Le créancier a pu avoir plus de facilité à se dessaisir de la grosse et à la remettre au débiteur, en se reposant sur la minute existante sans quittance. Ainsi, quoique la grosse du titre ait été volontairement remise au débiteur , cette remise n'est considérée que comme une présomption qui peut être écartée par une preuve contraire.

« La remise ou décharge conventionnelle de la dette au profit de l'un des codébiteurs solidaires libère tous les autres, à moins que le créancier n'ait expressément réservé ses droits contre ces derniers.

« La remise d'une dette à l'un des débiteurs solidaires ne doit pas être confondue avec la division de la dette que le créancier consentirait à l'égard de ce débiteur, ou avec le paiement qu'il en recevrait pour sa part.

« Lorsque, comme dans ces deux derniers cas, il y a une division certaine de la dette, on a décidé que l'on ne devait pas en conclure l'extinction de la solidarité. Mais dans le cas de la remise ou décharge de la dette au profit de l'un des débiteurs solidaires, la question est de savoir s'il y a division de la dette; et il ne s'agit pas seulement de l'extinction de la solidarité, mais de l'extinction de la dette même. Or la loi décide que la division n'est point à présumer dans ce cas, et que la dette est entièrement éteinte s'il n'y a une réserve expresse. Le créancier pouvait remettre la dette totale au codébiteur, comme il pouvait l'exiger de lui; et dans le doute, la faveur de la libération doit l'emporter.

« Lorsque le créancier rend au débiteur le gage donné en nantissement, il est plutôt à présumer qu'il a consenti à se désister du gage qu'il n'est à présumer qu'il ait voulu remettre la dette.

« La dette étant éteinte par la remise qu'en fait le créancier, le cautionnement qui en était l'accessoire cesse également. Mais aussi, par la raison que le cautionnement n'est qu'un accessoire de l'obligation, la remise peut en être faite à la caution sans qu'elle serve au débiteur principal ; et s'il y a plusieurs cautions, la remise peut être faite à l'une d'elles sans que les autres puissent s'en prévaloir.

« Les jurisconsultes étaient partagés sur la question de savoir si ce que le créancier a reçu d'une caution pour le décharger de son cautionnement, doit être imputé sur la dette, et tourner à la décharge du débiteur principal et des autres cautions.

« On a dit, en faveur du créancier, que ce qu'il a reçu est le prix du risque auquel la caution était exposée, et que s'il a bien voulu prendre sur lui ce risque, on ne doit pas en induire qu'il ait donné décharge d'une partie de la dette.

« Cette opinion n'est spécieuse que dans le cas où l'insolvabilité du débiteur principal était à craindre. Mais comment prouver qu'il y avait des risques d'insolvabilité, et ne doit-on pas aussi craindre que ce ne soit un moyen de fraude à l'égard des autres cautions, si le créancier et la caution s'entendent pour que la somme payée ne soit pas imputée sur la dette ?

« Cette imputation a été ordonnée.

De la compensation.

« Les obligations s'éteignent aussi par la compensation. C'est la libération respective de deux personnes qui se trouvent débitrices l'une envers l'autre.

« Cette libération est de plein droit. Elle s'opère par la seule force de la loi, sans qu'il soit besoin de jugement, et même à l'insu des débiteurs. Ils n'ont pas d'autre intérêt que celui d'être respectivement quittes, et d'être dispensés d'un circuit de procédures long, inutile et dispendieux. C'est pour atteindre à ce but qu'il est établi que les deux dettes s'éteignent réciproquement à l'instant même où elles existent à la fois.

« Ces motifs de la loi seraient mal appliqués si toutes choses n'étaient pas égales entre les deux débiteurs, si l'un d'eux pouvait avoir par son action des droits différents.

« Ainsi la compensation n'a lieu qu'entre deux dettes qui ont également pour objet une somme d'argent, ou une certaine quantité de choses *fungibles* de la même espèce.

« Il faut que les deux dettes soient exigibles. Celui des débiteurs qui a un terme n'est point jusqu'à l'échéance réputé devoir. Un terme de grâce qui serait accordé par le juge ou par le créancier, ne serait pas un obstacle à la compensation.

« Il faut que les dettes soient liquides. Celle qui est liquide peut être exigée, tandis que la dette non liquide n'est pas encore susceptible de paiement.

« Dans plusieurs tribunaux, le désir de prévenir les actions judiciaires avait introduit l'usage de regarder comme liquides des dettes susceptibles d'une facile liquidation ; mais il était impossible qu'il n'y eût pas de l'arbitraire, et l'on a fait, pour prévenir l'inconvénient des procédures, ce que permet le maintien des droits respectifs des deux débiteurs, en décidant que des prestations en grains, ou denrées non contestées et dont le prix serait réglé par les mercuriales, peuvent se com-

penser avec des sommes liquides et **exigibles.**

« On a encore eu le même but en admettant **la** compensation dans le cas où deux dettes ne **sont** pas payables au même lieu. Quoiqu'alors **toutes** choses ne soient pas égales quant au paiement **dans** lequel les frais de transport peuvent occasionner des différences, et quoique ces frais ne soient **pas** encore liquides, la compensation ne s'en **opère** pas moins ; il suffit de faire raison des **frais de la** remise.

« Il n'est pas nécessaire que les deux dettes aient une cause semblable, et qu'elles soient de la **même** somme ou de la même quantité.

« Ce n'est point la cause de la dette que l'on considère ; on n'a égard qu'au paiement réciproque qui en est la fin, et pour lequel il y a un droit **égal.**

« Il n'est pas nécessaire qu'elles soient de **la** même somme ou de la même quantité. On ne **peut** être réellement créancier d'une personne que **sous** la déduction de ce qu'on lui doit. Ainsi la **compen-** sation s'opère jusqu'à concurrence de ce **qui est** respectivement dû.

« Ces règles générales souffrent peu d'**excep-** tions.

« La compensation ne peut être opposée par **celui** qui est spoliateur d'une chose, à la demande **de** restitution qui lui en est faite. Le spoliateur **ne** peut, sous quelque prétexte que ce soit, être au-torisé à retenir ce qu'il a volé ; l'ordre **public** l'exige. De là cette maxime : *Spoliatus ante omnia restituendus.*

« La demande en restitution d'un dépôt ou d'un prêt à usage ne saurait être repoussée par **la** compensation. La chose déposée ou prêtée est considérée dans les mains du dépositaire ou **de** l'emprunteur comme si elle était dans celles **du** propriétaire. Vouloir la retenir, même sous pré-texte de compensation, c'est faire acte de spo-liation.

« Le débiteur d'une somme pour aliments, qui, par le titre, sont déclarés insaisissables, ne peut en refuser le paiement par motif de compensation. Une tierce personne ne pourrait saisir cette somme entre les mains du débiteur : ce serait une sorte de saisie, s'il voulait retenir cette somme en la compensant.

« La compensation a pour but d'éviter le circuit d'action entre deux personnes qui se doivent. Chacune d'elles n'ayant pour sa dette d'action que contre l'autre, il en résulte que l'une ne peut pas opposer à l'autre la compensation avec ce qu'un tiers lui devrait.

« Ainsi, le débiteur principal ne peut opposer la compensation de ce que le créancier doit à la caution. L'action relative à ce que le créancier doit à la caution ne peut appartenir qu'à la cau-tion elle-même, et la circonstance du cautionne-ment ne donne à cet égard aucun droit au débi-teur principal contre le créancier.

« Par le même motif, le débiteur solidaire ne peut opposer la compensation de ce que le créan-cier doit à son codébiteur.

« Mais la caution peut opposer la compensation qui s'est opérée de plein droit entre le créancier et le débiteur principal ; l'extinction de l'obliga-tion principale a dû, en cas de la compensation, entraîner celle de l'obligation accessoire de la caution.

« La compensation ne s'opérant qu'entre deux personnes qui se trouvent redevables l'une envers l'autre, elle ne pourrait pas avoir lieu si la créance de l'une d'elles avait été transportée à une tierce personne ; mais lorsqu'il s'agit de transport ou de cession de droits, certaines formalités ont été établies pour fixer à quelle époque le débiteur est considéré comme ayant un nouveau créancier. Ainsi on exige que le créancier notifie la cession au débiteur ou la lui fasse agréer.

« Si le débiteur a accepté la cession qu'un créancier a faite de ses droits à un tiers, ce créancier ne peut plus opposer au cessionnaire la compensation qu'il eût pu, avant l'acceptation, opposer au cédant. Il y a dans ce cas renonciation de la part de ce débiteur à proposer l'exception de compensation.

« S'il s'agit d'une cession qui n'ait point été acceptée par le débiteur, mais qui lui ait été signifiée, le débiteur ne peut plus compenser avec la créance cédée celle qui lui surviendrait contre le cédant depuis la signification, parce qu'au moyen de cette formalité le cédant a cessé d'être créancier. Mais si le débiteur avait des créances antérieures à la signification, ni la cession faite, ni cette formalité, n'ont pu priver le débiteur d'opposer une compensation qui s'était opérée de plein droit avant la cession.

« Si l'une des personnes entre lesquelles se fait la compensation était obligée envers l'autre pour plusieurs dettes plus ou moins onéreuses, quelle est, entre ces dettes, celle que cette compensation doit éteindre ? Si, de ces dettes, il n'y en avait qu'une existante au moment où le débiteur est devenu créancier, il n'y aurait pas de question : cette dette aurait été dès lors éteinte de plein droit, et la compensation ne pourrait plus s'appliquer à une dette postérieure. Mais si l'une des deux personnes était obligée pour plusieurs dettes au moment où elle est devenue créancière, la compensation doit être considérée comme un paiement respectif ; et ce paiement se trouvant opéré de plein droit, il n'y a pas eu de convention sur l'imputation. Il faut donc alors appliquer les règles établies pour l'imputation.

« Lorsqu'une saisie-arrêt a été faite entre les mains d'un débiteur, il est devenu, quant à la somme due, dépositaire de justice : il ne peut plus payer au préjudice du saisissant. La compensation ne peut donc plus avoir lieu depuis la saisie-arrêt, puisqu'elle équivaudrait à un paiement que ce débiteur se ferait à lui-même.

« La compensation s'opérant de plein droit et éteignant l'obligation, le privilége ou l'hypothèque qui en étaient l'accessoire sont aussi anéantis. Ce serait donc en vain que le créancier voudrait faire revivre l'obligation en alléguant qu'il n'a point opposé la compensation. Il ne pourrait plus se prévaloir de son privilége ou de son hypothèque, au préjudice des autres créanciers.

« Cependant, si le débiteur ayant une juste cause d'ignorer la créance qui devait compenser sa dette, ne s'était point prévalu de la compensation, l'équité ne permettrait pas qu'il fût dépouillé de l'avantage du privilége ou de l'hypothèque attaché à son ancienne créance.

De la confusion.

« Lorsque les deux qualités de débiteur et de créancier se réunissent dans la même personne, l'une de ces qualités détruit l'autre : elles se confondent et ne peuvent plus se distinguer. Cette confusion de droits est encore une des manières dont s'éteignent les obligations.

« Si les deux qualités de caution et de débiteur principal se trouvaient confondues, l'obligation accessoire du cautionnement serait éteinte; mais les qualités de créancier et de débiteur resteraient distinctes, et dès lors l'obligation principale subsisterait.

« Si l'un des codébiteurs solidaires devient

créancier, cette confusion de droits ne profite à ses cohéritiers solidaires que pour la portion dont il était débiteur. C'est l'application des principes déjà expliqués.

De la perte de la chose due.

« On a vu que l'obligation de livrer mettait la chose aux risques du créancier devenu propriétaire dès l'instant où elle aurait dû être livrée, lors même que la tradition n'en aurait point été faite, et que cette chose ne restait aux risques du débiteur que dans le cas où il n'aurait apporté les soins d'un bon père de famille pour la conserver, et dans le cas où il serait en demeure.

« Plusieurs conséquences naissent de ce principe.

« Si la chose périt, si elle est mise hors du commerce, ou si elle se perd sans la faute du débiteur et avant qu'il soit en demeure, l'obligation est éteinte.

« Si le débiteur est en faute ou en demeure, l'obligation n'est pas éteinte. Ce n'est plus la chose même qui en est l'objet, mais le prix de cette chose. Il faut néanmoins, lorsque le débiteur est en demeure, excepter le cas où la chose fût également périe chez le créancier, si elle lui eût été livrée. En effet, malgré le défaut de livraison, le créancier n'en est pas moins propriétaire; si le débiteur est responsable de la perte, c'est à titre de dommages-intérêts : mais on ne peut plus lui imputer la perte, ni le condamner aux dommages-intérêts qui seraient la suite de cette faute, lorsque, ne s'étant pas chargé des cas fortuits, il prouve que la chose fût également périe si elle eût été livrée au créancier.

« Si la cause de la dette était un vol, l'ordre public s'opposerait à ce que le débiteur fût admis à proposer contre la demande de restitution aucune exception, pas même celle de la perte de la chose sans sa faute.

« Lorsque la chose est périe, lorsqu'elle est mise hors du commerce ou perdue sans la faute du débiteur, il n'en répond pas, et à cet égard l'obligation est éteinte ; mais il serait injuste que ces événements lui profitassent. Si donc il en résulte quelques droits ou actions en indemnité par rapport à cette chose, il ne peut se dispenser d'en faire la cession au créancier. Ainsi l'arpent de terre qu'on devait livrer, et qui a été pris pour un grand chemin, a été mis hors du commerce ; il ne peut plus être l'objet de l'obligation, qui conséquemment est éteinte : mais cet arpent n'ayant pu être pris pour le service public sans une indemnité, celui auquel il devait être livré doit profiter de cette indemnité.

De l'action en nullité ou en rescision des conventions.

« Au nombre des manières dont les conventions s'éteignent, est leur annulation.

« Elle se fait toujours par l'autorité du juge, qui prononce sur l'action en nullité ou en rescision.

« Un changement important a été fait à l'ancien ordre de choses, quant au délai pendant lequel cette action peut être intentée.

« Lorsqu'il s'agissait d'annuler un contrat, ce délai comprenait tout le temps pendant lequel le contrat pouvait être opposé, c'est-à-dire le long espace de trente années, à moins que la loi n'eût fixé un terme moindre.

« Il est vrai que, dans la plupart des cas où il pouvait y avoir lieu à de pareilles actions, on avait senti la nécessité de ne pas laisser dans

une aussi longue incertitude le sort des contractants, et le délai avait été limité à dix ans.

« Le temps de dix années a été regardé comme le plus long délai dont une partie puisse avoir besoin pour recourir à la justice. Ainsi, dans tous les cas où l'action en rescision ou en nullité n'est pas limitée à un moindre temps par une loi particulière, cette action ne durera que dix ans.

« On a maintenu les anciennes règles qui fixent de quelles époques ce temps doit commencer.

« Il ne commencera, s'il s'agit de violence, que du jour où elle aura cessé. Pendant tout le temps qu'elle dure, elle renouvelle et confirme le droit de se pourvoir, et le délai ne serait plus de dix ans s'il commençait plus tôt.

« Il faut, pour que le délai dans lequel l'action doit être formée commence, qu'il ait été possible de l'intenter : ainsi, dans le cas d'erreur ou dol, ce ne peut être que du jour où ils ont été découverts.

« On regarde comme étant dans l'impossibilité d'agir, les personnes qui n'ont pas l'exercice de leurs droits ou la capacité.

« Ainsi le temps ne commencera que du jour de la dissolution du mariage, à l'égard des femmes qui reviendront contre les actes passés par elles sans autorisation pendant leur mariage.

« Ainsi le temps ne doit courir, à l'égard des actes faits par les interdits, que du jour où l'interdiction est levée ; et à l'égard de ceux faits par les mineurs, que du jour de leur majorité.

« Il résulte de l'incapacité du mineur non émancipé, qu'il suffit qu'il éprouve une lésion pour que son action en rescision soit fondée. S'il n'était pas lésé, il n'aurait pas d'intérêt à se pourvoir ; et la loi lui serait même préjudiciable, si, sous prétexte de l'incapacité, un contrat qui lui est avantageux pouvait être annulé. Le résultat de son incapacité est de ne pouvoir être lésé, et non de pouvoir contracter. *Restituitur tanquam læsus, non tanquam minor.*

« Lorsque le mineur est émancipé, la loi l'assimile au majeur pour un certain nombre d'actes à l'égard desquels il ne doit plus être admissible à réclamer le privilège de minorité.

« Le mineur est encore assimilé au majeur, lorsqu'étant commerçant, banquier ou artisan, il prend des engagements à raison de son commerce et de son art. Il ne peut pas faire le commerce sans avoir la capacité de contracter avec toute garantie les engagements qui en sont la conséquence nécessaire. L'intérêt général du commerce exige que cela soit ainsi.

« Le mineur non émancipé ne serait pas admis à se plaindre de lésion, si elle ne pouvait aucunement être attribuée à la personne qui a traité avec lui ; tel serait le cas d'un événement casuel et imprévu. On ne l'admet à la restitution contre ses actes, que pour empêcher ceux qui traitent avec lui d'abuser de l'inexpérience de son âge.

« On a voulu proscrire un moyen souvent employé pour mettre obstacle à la restitution des mineurs ; on leur opposait la déclaration de majorité qu'ils avaient faite dans l'acte. La loi présume que cette déclaration, dont la fausseté pouvait facilement être vérifiée sur les registres des actes de l'état civil, a été demandée par le créancier pour exclure l'action en restitution, et elle ne veut pas qu'une pareille déclaration puisse être opposée. Si néanmoins celui qui veut s'en prévaloir prouvait que le mineur l'a trompé ; s'il prouvait, par exemple, que ce mineur a représenté des actes faux, ce ne serait plus cette simple déclaration dont il s'agit dans la loi.

« Déjà il a été réglé au titre *des donations entre-vifs et des testaments* (art. 384), que le mineur pourrait, avec le consentement et l'assistance de ceux dont le consentement est requis pour la validité de son mariage, donner tout ce que la loi permet à l'époux majeur de donner à l'autre époux. Le motif de cette disposition s'applique aux autres conventions portées dans le contrat de mariage du mineur, et pour lesquelles la même formalité se trouve remplie.

« Les obligations qui naissent d'un délit ou d'un quasi-délit ne sont point au nombre de celles dans lesquelles le mineur puisse se plaindre de lésion ; c'est la réparation d'un tort qu'il a lui-même fait. Ce n'est point une convention dans laquelle la personne qui aurait traité avec lui aurait eu un profit à son préjudice : elle ne profite point, elle ne fait que recevoir l'indemnité, et quiconque peut se rendre coupable d'une faute doit en subir la peine.

« Celui qui, devenu majeur, ratifie l'engagement qu'il avait souscrit en minorité, n'est plus recevable à revenir contre cet engagement, soit qu'il y eût nullité dans sa forme, soit qu'il y eût seulement lieu à restitution. Lorsque la ratification est donnée en majorité, elle ne fait plus qu'un acte avec l'engagement, qui rentre dans la classe des actes faits par le majeur.

« Ce serait en vain que les mineurs, les interdits ou les femmes mariées, seraient admis à se faire restituer contre leurs engagements, si le remboursement de ce qui aurait été, en conséquence de ces engagements, payé pendant la minorité, l'interdiction ou le mariage, ne pouvait pas être exigé. Mais en même temps la bonne foi ne leur permettrait pas de répéter ce qui aurait tourné à leur profit : si la loi ne veut pas qu'ils soient lésés, elle ne veut pas aussi qu'ils s'enrichissent aux dépens d'autrui.

« Il est certains cas dans lesquels les majeurs eux-mêmes sont restitués pour cause de lésion : ce sont ceux prévus et expliqués aux titres *de la vente et des successions.*

« Lorsque les formalités requises à l'égard des mineurs ou interdits, soit pour aliénation d'immeubles, soit dans un partage, ont été remplies, ils doivent, relativement à ces actes, être considérés comme s'ils les avaient faits en majorité ou avant l'interdiction ; ils peuvent conséquemment se faire restituer dans les mêmes cas où la loi donne ce droit aux majeurs. On a voulu par ces formalités mettre le mineur dans la possibilité de contracter, et non le placer dans une position moins favorable que le majeur.

PREUVES.

Titre authentique.

« Après avoir ainsi fixé les règles sur la nature des obligations, sur les effets, sur leurs diverses espèces, sur leur extinction, il ne reste plus qu'à déterminer par quelles preuves l'obligation dont on réclame l'exécution, et le paiement que la personne obligée prétendrait avoir fait, doivent être justifiés.

« Les obligations et leurs paiements sont des faits sur lesquels, comme sur tous les autres, il peut y avoir ou une preuve littérale, ou une preuve testimoniale, ou des présomptions, ou l'aveu de la personne obligée, ou son serment.

« La preuve littérale est celle qui, comme le nom l'indique, est fondée sur un écrit. Cet écrit est ou authentique, ou sous si\nature privée.

« Les actes authentiques sont ceux qui ont été reçus par des officiers publics ayant le droit d'in-

avec les solennités requises.

« Si l'officier public qui a reçu l'acte n'était pas compétent, s'il n'a pas rempli les formes prescrites, l'acte n'est pas authentique ; mais ce défaut d'authenticité n'entraîne pas la nullité, à moins qu'elle ne soit prononcée par la loi. On ne doit pas présumer que l'intention des parties ait été de regarder l'authenticité de l'acte comme une condition essentielle de l'engagement ; et dès lors que la volonté des parties est constatée par leur signature, l'acte est une preuve de la seconde classe, celle des écrits privés.

« L'acte authentique fait une pleine foi, et nulle cause ne peut en suspendre l'exécution, à moins qu'il n'y ait inscription de faux.

« Dans ce cas-là même, la loi romaine voulait que l'acte fût provisoirement exécuté, parce que le crime ne se présume pas. Leg. II, Cod. *ad leg. corn. De fal.*

Sans doute il ne doit pas dépendre de la personne obligée de suspendre son engagement par une plainte en faux : mais si lorsqu'il s'agit d'un faux principal le prévenu a été mis en accusation, et si, lorsqu'il s'agit d'une inscription de faux faite incidemment, les juges sont frappés des apparences de fausseté, n'y a-t-il pas trop d'inconvénients à une exécution provisoire, dont l'effet peut être irréparable ? Le prévenu doit subir dans le tribunal criminel, sur la vérité de cet acte, un examen dont dépendent son honneur et une peine corporelle très-grave ; on ne peut donc plus dire que l'acte ait une foi entière. La suspension de l'exécution provisoire des actes étant limitée à ces cas, on n'a point à craindre que la foi due aux contrats soit troublée.

« Un acte authentique ou sous seing privé a pour objet les obligations qui y sont contenues : il les constate ; mais il peut y avoir dans cet acte des faits énoncés de manière qu'il y ait du doute si les parties ont entendu que par cette énonciation ils fussent constatés.

« La règle pour lever ce doute est d'examiner si l'énonciation a un rapport direct avec la disposition, c'est-à-dire avec les obligations qui sont l'objet de l'acte. Alors l'énonciation fait foi comme le reste de l'acte. Ainsi, dans le cas où il s'agirait d'un prêt à intérêt, s'il était dit que les intérêts en ont été payés, sans qu'il y ait aveu de la partie qui doit les avoir reçus, ce serait une simple énonciation ; mais comme elle aurait un rapport direct avec le prêt qui est l'objet de l'acte, elle ferait preuve du paiement.

« Si au contraire le fait énoncé n'a point de rapport avec les obligations qui sont l'objet de l'acte, les parties ne sont point présumées avoir fixé leur attention sur un pareil fait, ni conséquemment avoir entendu qu'il dût être regardé comme reconnu par elles. Une pareille énonciation ne peut alors servir que d'un *commencement de preuves*, et dans la suite on verra ce qu'on entend par ces expressions.

« Les contractants peuvent révoquer ou modifier à leur gré leurs obligations : mais lorsqu'ils reviennent ainsi sur leurs engagements, et surtout lorsque c'est dans le même temps où ils ont été formés, il y a une intention coupable, celle de tromper des tierces personnes par un acte qui est en apparence sérieux. Ce n'est pas un motif pour défendre en général et sans distinction les contre-lettres : les contractants peuvent résoudre ou révoquer leurs engagements comme ils peuvent les former. Le droit naturel des contractants et celui des tierces personnes sont maintenus en

tre les parties, et ne peuvent être opposées aux tierces personnes. Il n'y a d'exception que pour les cas exprimés au titre *du contrat de mariage.*

De l'acte sous seing privé.

« Il y a plusieurs espèces d'écritures privées : ce sont, ou des actes ordinaires sous seing privé, ou des livres de marchands, ou des registres et des papiers domestiques signés ou non signés.

« L'acte sous signature privée ne peut pas avoir, aux yeux du Juge, la même foi que l'acte authentique. Il n'est point intervenu entre les parties un officier public n'ayant d'autre intérêt que celui de la vérité. Le crime ne se présume pas ; mais aussi l'obligation n'est point prouvée aux yeux du juge par une signature qu'il ne connaît pas ; il doit donc avant tout appeler la partie qu'on lui présente comme obligée, pour qu'elle reconnaisse ou qu'elle conteste la vérité de l'acte.

« Si elle ne comparaît pas, elle est présumée reconnaître son obligation.

« Dans le cas où elle la reconnaît, et dans celui où elle est présumée la reconnaître, l'acte sous seing privé a entre ceux qui l'ont souscrit, leurs héritiers ou ayants cause, la même foi que s'il était authentique. Si la partie que l'on présente comme obligée désavoue l'écriture ou la signature, si les héritiers ou ayants cause déclarent qu'ils ne connaissent point l'écriture ou la signature de leur auteur, la foi que l'on doit donner à l'acte est en suspens jusqu'à ce que la vérification en ait été faite.

« Pour qu'un acte sous signature privée puisse former un engagement réciproque, il faut que chacun de ceux qui l'ont contracté puisse en demander l'exécution. S'il n'y a qu'une copie de l'acte, elle ne peut servir de titre qu'à la partie qui en est saisie. Les autres parties sont comme si elles n'avaient pas de droit, puisqu'elles n'ont aucun titre pour l'exercer ; mais lorsqu'elles n'ont pas un droit qu'elles puissent réaliser, l'engagement doit être considéré comme s'il n'était pas réciproque, et dès lors il est nul. Il faut donc, pour la validité des actes sous seing privé qui contiennent des conventions synallagmatiques, qu'ils soient faits en autant d'originaux qu'il y a de parties ayant un intérêt distinct.

« Il faut aussi que chaque original il soit énoncé en combien de doubles il a été fait, afin que chaque partie ne puisse pas nier qu'elle ait eu le sien.

« Celui qui aurait exécuté l'obligation ne pourrait plus opposer que dans l'acte, sur lequel on intente l'action contre lui, il ne soit pas fait mention du nombre des originaux. On n'a pas besoin contre lui de cette preuve lorsqu'il en est une qui résulte de son propre fait.

« Les billets ou promesses sous seing privé pour valeur en argent ont toujours été une occasion d'escroquerie. Des signatures sont données à des actes dont on croit connaître le contenu au moment où l'on signe : on abuse d'une signature au-dessus de laquelle se trouve quelque blanc, ou même on parvient à supprimer l'écriture qui est au-dessus du nom. La crainte des peines ne suffisant point pour empêcher un genre de crime qui compromet la foi publique, on a cru pouvoir en France arrêter ce mal à la source : il a été réglé, par une déclaration du roi, du 22 septembre 1733, que le paiement de ces billets ou promesses ne pourrait être ordonné en justice, si le corps du billet n'est écrit de la main de celui qui l'aura signé, ou du moins si la somme portée au billet n'est reconnue par une approbation écrite en toutes lettres de sa main ; on a excepté les marchands, les artisans, les laboureurs, les vignerons, les gens de journée et de service. Il était sage de ne pas entraver par des peines de nullité la marche simple et rapide du commerce, et de ne pas priver de la facilité de traiter, sans avoir recours aux notaires, un grand nombre de personnes qui ne savent pas suffisamment écrire.

« Ces dispositions ont été maintenues, et on a levé les doutes qu'elles avaient fait naître. Ainsi on a prévu le cas où la somme portée au corps de l'acte est différente de celle exprimée au *bon*. On a décidé qu'il n'y a point à distinguer si la somme plus forte se trouve dans le corps de l'acte ou seulement dans le *bon*, et que dans ces deux cas, et lors même que le *bon* seraient écrits en entier de la main de celui qui se serait obligé, on ne peut exiger que la somme moindre. Il n'y a pas de motif pour supposer que celui qui s'oblige ait son attention plus fixée, et qu'il soit moins capable d'erreur quand il écrit le corps du billet que quand il met le *bon*. Il reste dans ce cas, comme dans les autres, un doute suffisant pour que la faveur de la libération doive prévaloir, à moins que ce doute ne soit levé par d'autres circonstances : telle serait l'énonciation faite dans l'acte de la cause de l'obligation, cause qui découvrirait de quel côté est l'erreur.

« Il est souvent du plus grand intérêt, soit pour les parties, soit pour les tierces personnes, que la date des actes sous seing privé soit prouvée. Ceux qui les ont écrits ont la facilité de les écrire une seconde fois sous une autre date. La date portée dans un écrit sous seing privé ne fait donc foi qu'à l'égard de ceux qui ont signé ; il faut qu'à l'égard des autres la date soit d'ailleurs assurée.

« Ainsi les écrits sous seing privé n'ont, à l'égard des tierces personnes, de date certaine que du jour où ils ont été enregistrés, du jour de la mort de celui ou de l'un de ceux qui l'ont souscrit, du jour où ils sont énoncés en substance dans des actes dressés par des officiers publics.

« La foi due aux livres des marchands doit être considérée respectivement à eux-mêmes et respectivement aux autres citoyens.

« Il ne s'agit point dans le Code civil des règles ou des usages particuliers aux marchands entre eux.

« Quant aux personnes qui ne sont pas dans le commerce, on a dû maintenir la règle suivant laquelle nul ne peut se faire de titre à lui-même, et l'ordre que les marchands sont tenus de tenir dans leurs registres ne saurait garantir que les fournitures qui y sont portées soient réelles. Ils n'ont à cet égard d'autre droit que celui d'exiger le serment des personnes qui contesteraient leurs demandes.

« D'un autre côté, il résulte de la tenue des livres est leur propre fait, et de ce qu'ils sont obligés de les tenir régulièrement, qu'ils ne sont point recevables à contester ce qui s'y trouve porté ; mais aussi celui qui demande la représentation des livres d'un marchand pour en tirer avantage, ne doit pas être admis à nier ce qui lui serait contraire, en ne prenant droit que de ce qui lui serait favorable.

« Quant aux registres et papiers domestiques, il est sans difficulté qu'ils ne peuvent faire un titre pour celui qui les a écrits. Mais dans quel cas font-ils foi contre lui? C'était la matière de nombreuses controverses. Elles seront au moins en grande partie terminées par les règles suivantes.

« Si les registres et papiers domestiques énoncent formellement un paiement reçu, on doit présumer qu'il y a eu une quittance donnée, ou que le débiteur s'est contenté de la mention faite par le créancier : elle fait foi au profit du débiteur.

« La mention sur les registres ou papiers domestiques devra encore être un titre contre celui qui l'aura faite, lorsqu'il y sera expressément déclaré que c'est pour suppléer au défaut de titre en faveur de celui au profit de qui est cette mention expresse de l'obligation : on n'a point admis l'opinion des auteurs qui regardaient comme suffisante la mention sur le journal ou sur les tablettes, lorsqu'elle était signée. On ne doit pas accorder, quand il s'agit d'établir un titre, la même faveur qu'on donne à la libération.

« L'écriture qu'un créancier met à la suite, en marge, ou au dos d'un titre qui est toujours resté en sa possession, fait foi contre lui, quoiqu'elle ne soit ni datée ni signée par lui, lorsqu'elle tend à établir la libération du débiteur.

« Il en est de même, et à plus forte raison, de l'écriture qui est mise par le créancier au dos, en marge, ou à la suite du double d'un titre ou d'une quittance, lorsque ce double est entre les mains du débiteur.

« Avoir mis cette écriture sur le titre même, c'est lui en avoir donné la force : c'est une sorte de déclaration faite à la justice, sous les yeux de laquelle ce qui a été ainsi écrit sur le titre ne peut plus en être divisé.

Tailles.

« Lorsque deux personnes se servent des deux parties d'un morceau de bois pour marquer par des coches correspondantes la fourniture que l'une fait à l'autre, celle des deux parties qui est aux mains du marchand se nomme *taille*, et celle qui est aux mains du consommateur se nomme *échantillon* : ces tailles tiennent lieu d'écritures, et font foi entre les personnes qui sont dans l'usage de constater ainsi les fournitures qu'elles font et reçoivent en détail.

Copies de titres.

« On vient de voir quelle est la foi due aux titres soit authentiques, soit privés : mais si on pouvait seulement des copies de ces titres, quelle confiance mériteront-elles, et comment sera-t-on assuré de leur exactitude?

« Il ne peut y avoir de difficulté lorsque l'acte original subsiste : on peut toujours exiger qu'il soit représenté.

« Mais si le titre original n'existe plus, on doit suivre les règles suivantes.

« On ne peut révoquer en doute que les grosses ou premières expéditions n'aient été prises sur la minute même ; elles sont en quelque sorte considérées dans les mains des contractants comme le titre original, et déjà on a vu que la remise volontaire qui en est faite au débiteur fait présumer le paiement.

« On doit encore donner une pleine foi aux copies qui ont été tirées par l'autorité du magistrat en présence des parties, ou après les avoir appelées, et aux copies qui ont été tirées en présence des parties, ou de leur consentement. Dans ces cas, les copies tirées sous les yeux des parties sont en quelque sorte leur propre fait, ou si ayant été appelées elles ont cru inutile d'être présentes, on peut en induire qu'elles ont regardé comme certaine l'exactitude avec laquelle ces copies seraient faites.

« Mais si les copies ont été tirées sous l'autorité

du magistrat ou sans le consentement des parties, si elles l'ont été depuis la délivrance des grosses ou premières expéditions, il faut distinguer le cas où ces copies auraient été tirées sur la minute de l'acte, soit par le notaire qui l'a reçu, soit par l'un de ses successeurs, soit par l'officier public dépositaire des minutes, et le cas où elles auraient été tirées sur la minute par d'autres notaires ou officiers publics.

« Dans le premier de ces deux cas, on a égard à l'ancienneté de la copie. Si le temps où elle a été faite n'était pas fort éloigné de celui où on s'en sert, l'impossibilité de la vérifier sur une minute qui n'existerait plus laisserait des inquiétudes et mettrait en action toutes les ruses des faussaires. Il n'y aurait pas de certitude lors même que la copie aurait été tirée par le notaire qui aurait reçu la minute. En effet lorsque, sur la demande des contractants, un notaire atteste un fait, il mérite une foi entière; mais quand il déclare qu'une copie a été tirée sur la minute, c'est un fait qui lui est personnel; et quand il ne peut plus le justifier par la présentation de la minute, il ne peut plus, même comme officier public, mériter le même degré de foi. Mais si la copie tirée sur la minute par le notaire qui l'a reçue ou par ceux qui lui ont succédé est ancienne, toute idée de fraude est hors de vraisemblance, et la vérité d'une pareille copie peut faire foi. C'est alors que s'applique la règle : *In antiquis enunciativa probant.*

« On doit regarder comme ancienne une copie qui a plus de trente ans de date. C'est le plus long délai pendant lequel on puisse, en vertu d'un contrat, intenter une action. Quand ce délai s'est écoulé depuis que la copie a été tirée, on doit en conclure que l'on n'avait point alors en vue l'affaire qui a donné occasion de la produire. Si ces copies ont moins de trente ans, elles ne pourront servir que de commencement de preuve par écrit.

« Mais si la copie n'avait pas été tirée sur la minute par le notaire, ou par ses successeurs, ou par les officiers publics dépositaires des minutes, l'ancienneté de cette copie, à quelque époque qu'elle remonte sa date, ne lui donne point la force d'une preuve complète : le notaire qui l'a tirée est sans caractère pour attester la vérité de minutes qui ne sont pas les siennes ou celles de ses prédécesseurs. Il n'a point alors de garantie de n'être point trompé par celui qui lui produit la minute sur laquelle il donne la copie; il excède les bornes de son ministère, et c'est encore conserver à sa qualité d'officier public une grande confiance que de considérer cette copie comme un commencement de preuve par écrit; c'est supposer non-seulement qu'il a été de bonne foi quand il a délivré cette copie, mais encore qu'il a pris alors les informations et les mesures qui dépendaient de lui pour n'être pas trompé.

« Quant aux copies de copies, la qualité de la personne qui les délivre ne saurait leur donner un caractère de vérité; et lors même que leur conformité au titre original serait vraisemblable, elles ne peuvent servir que de simples renseignements, auxquels les juges ont tel égard que de raison.

« La transcription de l'acte sur les registres publics ne peut pas suppléer à l'acte même. Cette transcription ne se fait que sur une copie, et il pourrait arriver que l'on ferait transcrire une copie infidèle, mais qui passerait pour vraie en supprimant l'original.

« Cependant s'il est constant que toutes les minutes de l'année dans laquelle l'acte paraît avoir été fait soient perdues, ou que la minute de cet acte ait été perdue par un accident particulier, et si en même temps il existe un répertoire en règle du notaire, ces circonstances donnent à la vérité de l'acte transcrit un tel degré de vraisemblance, que l'on doit regarder cette transcription comme un commencement de preuve par écrit dont l'effet est de rendre admissible la preuve par témoins. Mais dans ce cas là même, si les personnes qui ont été témoins de l'acte existent encore, elles ont une connaissance directe des faits. La loi exige qu'elles soient entendues.

Des actes récognitifs et confirmatifs.

« On vient d'exposer les règles sur les titres originaux et sur les copies : il est une troisième classe d'actes; ce sont ceux qui n'ont point été faits pour établir une obligation, mais seulement pour reconnaître ou confirmer une obligation déjà existante.

« Ces actes ne doivent point être assimilés au titre primordial; ils en supposent la vérité; ils ne sont obligatoires qu'autant qu'ils y sont conformes, et conséquemment ils ne dispensent point de le représenter.

« Si néanmoins il était expressément déclaré dans l'acte récognitif ou confirmatif que la teneur du titre primordial y est relatée, celui qui aurait souscrit cet acte ne pourrait plus démentir son propre témoignage.

« Quoiqu'en général les parties ne soient pas liées par les actes récognitifs ou confirmatifs dans tout ce qui diffère du titre primordial , cependant, lorsqu'il y a plusieurs reconnaissances conformes soutenues de la possession, et dont l'une a trente ans de date, le créancier peut être dispensé de représenter le titre primordial. Leur date, qui remonte à des temps plus rapprochés du titre primordial, et l'exécution donnée à ces actes pendant le temps nécessaire pour la plus longue prescription, sont des moyens que le juge appréciera; car alors même le créancier n'est pas de plein droit dispensé de la représentation du titre.

« Lorsqu'on veut confirmer ou ratifier un acte dont la nullité pourrait être prononcée, il faut que l'acte par lequel on confirme ou on ratifie fasse connaître d'une manière certaine celui qui est confirmé ou ratifié, en même temps que la volonté de faire disparaître le vice de nullité. Cette preuve ne peut être complète qu'autant qu'on trouvera dans l'acte de confirmation ou de ratification, la substance de l'acte primitif, la mention de la nullité et l'intention de la réparer. La distinction que l'on faisait entre la confirmation et la ratification a paru inutile. Leur effet est le même, celui d'emporter la renonciation aux moyens et exceptions que l'on pouvait opposer contre l'acte confirmé ou ratifié.

« Il est dans certains actes des vices qui ne peuvent être réparés par ce moyen, ce sont les vices de forme qui, dans un acte de donation entre-vifs, entraînent la nullité aux termes de la loi. Ces vices n'existeraient pas moins, quoique l'acte fût confirmé. D'ailleurs, ces formes ont été prescrites pour l'intérêt des tiers ; elles ne peuvent être suppléées : il est donc indispensable que l'acte de donation soit refait dans la forme légale.

« Au nombre des tierces personnes que ces formes intéressent, sont les héritiers ou ayants cause du donateur : ils ne peuvent, pendant sa vie, renoncer à opposer les vices de forme de la donation ; ils n'ont aucun droit ouvert, et ce serait une convention sur une succession non échue : ce qui est défendu. Mais si après la mort du donateur ses héritiers ou ayants cause confirment ou ratifient la donation, ou s'ils l'exécutent volontairement, il en résulte, comme dans tous les actes de confirmation ou de ratification, qu'ils renoncent à opposer soit les vices de forme, soit toute autre exception.

De la preuve testimoniale.

« Les actes écrits sont le premier genre de preuve et le plus certain. Le second genre est celui de la preuve testimoniale.

« Une première règle depuis longtemps consacrée en France, est qu'il doit être passé acte devant notaires, ou sous seing privé, de toutes choses excédant une somme de cent livres. Cette règle s'applique même aux dépôts volontaires.

« Une seconde règle, qui est la suite de la précédente, est que la foi due aux contrats ne peut être détruite par de simples témoignages, quelque modique que soit la somme dont il s'agit, et qu'aucune preuve par témoins n'est admissible ni contre ce qui est contenu dans les actes, ni pour constater ce qu'on prétendrait y avoir été omis, ni sur ce qui serait allégué avoir été dit avant, lors, ou depuis les actes.

« On avait pris toutes les précautions pour que cette règle ne fût point éludée.

« En vain celui qui aurait formé une demande excédant cent livres, eût ensuite voulu la réduire au-dessous de cette somme pour être admis à la preuve testimoniale, on n'aurait point eu d'égard à cette réduction : il suffisait qu'il fût connu que l'obligation avait pour objet une somme ou une valeur de plus de cent livres, pour qu'il fût certain que la loi avait été violée.

« C'est par ce même motif que la preuve testimoniale n'était point admise sur la demande d'une somme moindre de cent livres, lorsqu'on avait déclaré que cette somme était le restant d'une créance plus forte qui n'était point prouvée par écrit.

« Si dans la même instance une partie faisait plusieurs demandes dont il n'y avait point de preuve par écrit, et qui, jointes ensemble, excédaient la somme de cent livres, en vain alléguait-elle que ces créances provenaient de différentes causes, et qu'elles s'étaient formées en différents temps, on n'admettrait point la preuve de ce fait : les témoins ne méritent pas plus de foi sur la cause ou sur l'époque de la dette que sur la dette elle-même, et c'eût été un moyen facile d'éluder la loi.

« Si néanmoins il s'agissait de droits procédant par succession, donation ou autrement, de personnes différentes, ces faits, qui étaient autres que ceux de la dette, pouvaient être constatés par le genre de preuve dont ils étaient susceptibles.

« Enfin il avait été prévu pour ne pas se présenter à la justice comme formant à la fois plusieurs demandes excédant la somme pour laquelle il doit y avoir preuve par écrit, on parviendrait à diviser la dette en faisant les demandes successivement et par instances séparées. La loi a encore prévu ce subterfuge en déclarant que toutes les demandes, à quelque titre que ce soit, qui ne seraient pas entièrement justifiées par écrit, seraient formées par un même exploit, après lequel les autres demandes dont il n'y aurait point de preuves par écrit ne seraient pas reçues.

« On doit observer que cette exclusion de la preuve testimoniale ne s'étend ni aux cas de fraude ni aux tierces personnes.

« Telles sont les règles dont les bases avaient été consignées dans l'ordonnance de Moulins, en 1566,

et qui ont été développées dans l'ordonnance rendue en 1667 sur la procédure civile.

« Il eût été imprudent de ne pas maintenir aujourd'hui des mesures que la mauvaise foi des hommes a depuis si longtemps fait regarder comme indispensables.

« On n'a même pas cru devoir, en fixant à cent cinquante francs, au lieu de cent livres, la somme que l'on ne pourrait excéder sans une preuve écrite, avoir égard à toute la différence qui existe entre la valeur de l'argent à l'époque de ces lois et sa valeur actuelle.

« Cependant on peut demander pourquoi la loi a pris tant de précautions pour garantir de l'infidélité des témoignages pour des intérêts pécuniaires peu considérables, tandis que pour l'honneur et la vie elle s'en rapporte à ces mêmes témoignages.

« On n'admet en justice criminelle les preuves vocales que parce qu'il y a nécessité. Les crimes se commettent dans les ténèbres; il n'y a le plus souvent d'autres preuves possibles que celles qui sont données par les témoins : le faux témoignage contre un accusé est un forfait si atroce, que la loi a moins à craindre ce dernier degré de la perversité. Si l'humanité gémit des exemples fort rares des victimes de faux témoignages, l'humanité souffrirait bien davantage si, par l'impunité des crimes, nul n'était assuré de sa fortune ni de son existence.

« La preuve testimoniale est même admise en matière civile lorsque celui qui fait une demande n'a pu se procurer un titre pour la justifier. Dans ces cas on a encore moins à craindre l'infidélité des témoins, qui n'ont pas un intérêt personnel, que l'infidélité du débiteur lui-même, s'il lui était loisible de nier sa dette.

« C'est ainsi que la preuve testimoniale est admise lorsqu'il s'agit d'obligations qui se sont formées sans convention, comme celles qui résultent de quasi-contrats, de délits et de quasi-délits.

« Elle est admise pour les dépôts faits en cas d'incendie, de ruine, de tumulte, de naufrage; pour ceux faits par les voyageurs en logeant dans une hôtellerie.

« Dans ces cas, deux faits sont à prouver: celui du dépôt et celui de la quantité de la chose déposée. Il fallait mettre les dépositaires à l'abri des déclarations fausses ou exagérées, en recommandant aux juges d'avoir égard à la qualité des personnes et aux circonstances du fait.

« Il peut encore arriver que le créancier ait perdu le titre qui lui servait de preuve littérale : mais la loi qui l'exige serait facilement éludée, si cette perte pouvait être autrement constatée que par un fait susceptible d'une preuve positive : tels sont les cas fortuits, imprévus et résultant d'une force majeure, comme l'incendie, le naufrage, le pillage.

« Il est enfin une modification importante, qui a toujours été faite à la règle exclusive de la preuve testimoniale en matière civile.

« Lorsque celui qui n'a point pour établir sa demande un titre formel, représente néanmoins un écrit émané de la personne contre laquelle cette demande est formée, ou de celui que cette personne représente; lorsque cet écrit rend vraisemblable le fait allégué, les témoins sont admis pour compléter cette preuve. Alors un premier pas est fait vers la vérité : elle n'est plus entièrement dépendante de simples témoignages.

Des présomptions.

« Au nombre des moyens qui peuvent servir à

découvrir la vérité, sont les présomptions, c'est-à-dire les conséquences que la loi elle-même ou le magistrat tire d'un fait connu à un fait inconnu.

« Dans la législation romaine, on avait distingué trois espèces de présomptions :

« La présomption dite *juris et de jure*, parce qu'elle était introduite par le droit, et parce que la preuve contraire n'étant pas admissible, elle établissait le droit;

« La présomption de droit, qui est aussi établie par la loi, qui dispense de la preuve, mais qui n'exclut pas la preuve contraire;

« Et enfin la présomption qui, sans être établie par une loi, se présente à la conscience des juges, et à laquelle ils doivent avoir égard.

« Cette distinction, fondée sur une analyse exacte des présomptions, est maintenue dans le Code.

« On y pose la règle commune à toutes les présomptions établies par la loi, règle suivant laquelle celui au profit duquel une présomption légale existe est dispensé de toute preuve.

« On y rappelle les principaux exemples de présomptions légales.

« Telle est, à l'égard de certains actes, la nullité que la loi prononce, en présumant, d'après leur seule qualité, qu'ils ont ét' faits en fraude de ses dispositions.

« Tels sont les cas dans lesquels la loi déclare que la propriété ou la libération résulte de certaines circonstances déterminées.

« Telle est encore la présomption qui donne à la chose jugée une autorité irrévocable : s'il était permis de remettre en question ce qui aurait déjà été jugé, les contestations seraient interminables.

« Le Code judiciaire détermine les jugements qui ne sont plus susceptibles d'être attaqués : on a posé dans le Code civil la règle suivant laquelle l'autorité de la chose jugée ne doit avoir lieu qu'à l'égard de ce qui a fait l'objet du jugement. Il faut que la chose demandée soit la même, que la demande soit fondée sur la même cause, que cette demande soit entre les mêmes parties et formée par elles ou contre elles en la même qualité. Si toutes ces circonstances ne se rencontrent pas, on ne peut pas dire que le second jugement qui serait rendu fût le même que le premier, et la loi n'aurait plus un motif suffisant pour présumer que le premier jugement suffit.

« Un quatrième exemple des présomptions de la loi est celui qui résulte de l'aveu de la partie ou de son serment.

« Après avoir donné les exemples des présomptions légales, on pose une règle générale pour reconnaître entre ces présomptions celles nommées en droit *juris et de jure*, contre lesquelles nulle preuve n'est admise. Ce sont les présomptions sur le fondement desquelles la loi annule certains actes, ou dénie l'action en justice. Lorsque la loi elle-même tire du fait connu une telle conséquence qu'elle prononce la nullité, ou qu'elle dénie l'action, le juge ne doit pas tirer une conséquence différente en admettant une preuve contraire. On ne doit excepter que le cas où la loi, n'ayant pas cru la présomption assez forte pour prononcer d'une manière absolue la nullité de l'acte ou la dénégation de l'action, a réservé la preuve contraire.

« On fait cesser, par une règle aussi simple et aussi juste, de longues controverses sur les caractères distinctifs de présomptions de droit.

« A l'égard des présomptions qui ne sont point établies par la loi, elle les abandonne aux lumières et à la prudence du magistrat, en l'avertissant

que sa religion ne peut être réellement éclairée que par des présomptions graves, précises et concordantes, et en lui rappelant que de pareilles présomptions ne sont admissibles que dans les cas où la preuve par témoins est permise, à moins que l'acte ne soit attaqué pour cause de fraude ou de dol.

De l'aveu de la partie.

« Lorsqu'un fait opposé à une partie a été ou est avoué par elle, la présomption qui résulte de cet aveu est si forte et si directe, qu'elle ne doit pas être admise à le rétracter.

« Cet aveu est extrajudiciaire ou judiciaire.

« S'il est extrajudiciaire, il faut absolument qu'il soit écrit. Il vaudrait autant admettre directement la preuve par témoins pour sommes et valeurs excédant cent cinquante francs, que d'autoriser à prouver ainsi l'allégation d'un aveu verbal de la dette.

« Quant à l'aveu judiciaire que fait en justice la partie ou celui qui est fondé d'une procuration spéciale, cet aveu est consigné dans des écrits signifiés, ou il est fait en présence du juge. Il fait pleine foi contre celui qui l'a fait, et s'il l'a été par procuration, il faut que la partie ait pour le désaveu des moyens valables.

« Il ne serait pas juste que l'adversaire de celui qui fait l'aveu profitât de la déclaration en ce qu'elle lui est favorable, sans accorder la même foi à ce qui serait défavorable. L'aveu ne peut pas être divisé contre celui qui le fait.

« Cependant la preuve qui résulte de l'aveu n'est pas telle que cet aveu ne puisse être révoqué dans le cas où il serait prouvé qu'il y a erreur, et conséquemment cette présomption n'a pas tout l'effet de celle *juris et de jure*, qui n'admet aucune espèce de preuve contraire. Mais par la même raison que celui qui est dans l'erreur ne donne pas un consentement valable, de même aussi l'aveu de celui qui est dans l'erreur ne doit point être regardé comme réel : *Non fatetur qui errat.* L. 2. *de conf.*

« Il n'est ici question que d'erreur de fait : l'erreur de droit n'est autre chose que l'ignorance de la loi, ignorance qui ne doit être ni présumée ni excusée.

Du serment.

« Au nombre des présomptions légales, est encore celle qui résulte du serment fait en justice.

« On distingue les différents cas dans lesquels le serment est fait.

« Ou c'est une partie qui le défère à l'autre pour en faire dépendre le jugement de la cause, et alors il est appelé *décisoire*.

« Ou il est déféré d'office par le juge à l'une ou à l'autre des parties.

« Lorsqu'une partie se repose sur la probité de l'autre au point de prendre droit par son serment, ou lorsqu'une partie dénuée de preuves suffisantes pour établir sa demande, il est juste de l'admettre à déférer le serment, quel que soit l'objet de la contestation.

« On n'a point suivi l'opinion des jurisconsultes qui pensent que le serment ne peut être déféré par celui qui n'a pas au moins un commencement de preuve par écrit; et quoique l'on n'ait pas établi en France comme à Rome l'usage de faire prêter au demandeur le serment qu'il agit de bonne foi, *juramentum de calumnià*, on a cru devoir également décider que celui auquel on défère le serment ne peut s'y refuser, parce qu'il n'est censé souffrir aucun préjudice de ce qu'on lui demande la déclaration de la vérité : on a donc admis sans restriction ce principe de morale et d'équité consacré dans la loi romaine, qui met au nombre des actions les plus honteuses le refus du serment, et qui assimile ce refus à un aveu : *Manifestæ turpitudinis et confessionis est nolle jurare nec juramentum referre.* Leg . 38 . ff. de *Jur. jur.*

« Il résulte encore de ce principe, qu'il peut être déféré en tout état de cause : il faut seulement que ce soit sur un fait personnel à la partie à laquelle on le défère. On ne peut plus présumer que le fait soit à sa connaissance, ni qu'elle fasse à la justice une dissimulation coupable quand ce n'est pas son propre fait.

« Si la partie à laquelle on défère le serment croit avoir quelque intérêt de le référer à son adversaire, c'est-à-dire de prendre elle-même droit par la déclaration de cet adversaire, celui-ci ne peut se refuser de rendre à la justice le même témoignage qu'il voulait exiger de l'autre partie.

« Il faut seulement, pour que le serment puisse être ainsi référé, que le fait qui en est l'objet soit le fait des deux parties, et qu'il ne soit pas purement personnel à celui auquel il avait été déféré. C'est une conséquence de la règle qui n'assujettit au serment la partie à laquelle on le défère, que sur les faits qui lui sont propres.

« Ce serment déféré par une partie à l'autre est décisoire : c'est la condition sous laquelle la loi donne le droit de l'exiger. Ainsi, de l'exercice de ce droit résulte le consentement de se soumettre à la condition, et dès lors celui qui a déféré le serment ou qui l'a référé n'est plus recevable, lorsqu'il a été fait, à en prouver la fausseté ; et même avant le serment prêté, le consentement qui résulte de ce qu'on l'a déféré ou référé ne peut plus être révoqué, si l'adversaire a déclaré qu'il est prêt à le faire.

Ce sont ces motifs qui ont fait donner au serment décisoire respectivement à celui qui l'a déféré ou référé, et respectivement à ses héritiers ou ayants cause, toute la force d'une présomption *juris et de jure*, contre laquelle aucune preuve, pas même celle de pièces nouvellement recouvrées, n'est admissible. *Adversùs exceptionem jurisjurandi replicatio doli mali non debet dari, cùm prætor id agere debet, ne de jurejurando quæratur.* L. 15, ff. *de Except.*

« Le serment décisoire étant regardé comme une convention entre celui qui prête le serment et celui qui le défère, il en résulte que, comme toute autre convention, il n'a d'effet qu'entre les parties, leurs héritiers ou ayants cause, et à l'égard de la chose qui en a fait l'objet.

« Si le débiteur principal est libéré par le serment, ses cautions le sont également. L'obligation principale cessant, celle des cautions, qui n'est qu'accessoire, doit aussi cesser, puisqu'autrement les cautions qui seraient forcées de payer auraient leur recours contre le débiteur, et ce serait de la part du créancier éluder l'effet du serment.

« Si c'est à la caution que l'on défère le serment sur l'obligation principale, et si elle fait le serment qu'il n'est rien dû, le débiteur principal est libéré, parce que ce serment équivaut à un paiement, et que le paiement fait par la caution libère le débiteur principal.

« Par le même motif, le serment déféré à l'un des débiteurs solidaires profite aux codébiteurs.

« Il n'en est pas ainsi du serment déféré par l'un des créanciers solidaires au débiteur : chaque créancier solidaire peut exiger l'exécution entière de l'obligation ; mais il n'a pas seul le droit de

changer ou d'anéantir cette obligation ; ainsi on a déjà vu que le débiteur n'est libéré par la remise de la dette que lui fait un des créanciers solidaires, que jusqu'à concurrence de la part de ce créancier. Lorsqu'un cocréancier défère le serment au débiteur, c'est également une convention particulière entre eux ; elle ne doit pas lier les autres créanciers. Ce serait une occasion de fraudes.

« Le serment est au nombre des moyens par lesquels la loi espère que la vérité sera découverte. Ce moyen, comme tous les autres, a dû être confié à la prudence du juge, soit qu'en le déférant il en fasse dépendre la décision de la cause, soit qu'il le défère seulement pour déterminer le montant de la condamnation.

« Le juge ne peut pas avoir assez de confiance dans la probité des plaideurs pour regarder le serment comme une preuve suffisante de la demande : il ne doit donc pas le déférer lorsqu'elle est totalement dénuée de preuve.

« Il ne peut également exiger le serment lorsqu'il est inutile, et il l'est à son égard lorsque la preuve de la demande est complète.

« Lorsque le juge défère le serment à l'une des parties, c'est un choix dans lequel on a présumé qu'il a été déterminé par des motifs qui doivent influer sur la découverte de la vérité. Il ne doit pas dépendre de la partie à laquelle il a été déféré de se soustraire à ce jugement en référant le serment à son adversaire.

« Le droit de déférer le serment n'étant confié au juge que comme une dernière ressource à défaut d'autres moyens d'éclairer sa religion, il en résulte encore qu'il ne doit déférer le serment sur la valeur de la chose demandée que lorsqu'il est d'ailleurs impossible de constater autrement cette valeur. Il ne doit pas même, dans ce cas, avoir une confiance illimitée dans celui auquel il défère le serment : il doit déterminer la somme jusqu'à concurrence de laquelle ce serment fera foi.

« Telles sont, citoyens législateurs, les différentes espèces de preuves qu'il est possible d'employer pour constater qu'une obligation existe ou qu'elle a été acquittée.

« C'est ici que se termine la série des principes dont se compose le titre *des contrats ou des obligations conventionnelles en général.* Ces principes sont susceptibles de modifications et exceptions relativement à plusieurs contrats qui, par ce motif et par le développement qu'exige leur importance, seront la matière des titres qui vous seront successivement présentés et qui termineront le Code civil. »

LIVRE III.

TITRE IV.

CONTRAINTE PAR CORPS EN MATIÈRE CIVILE.

Le citoyen **Portalis** , d'après la conférence tenue avec le Tribunat, présente la rédaction définitive du titre IV du livre III, *de la contrainte par corps en matière civile.*

Le Conseil l'adopte en ces termes :

DE LA CONTRAINTE PAR CORPS EN MATIÈRE CIVILE.

Art. 1er « La contrainte par corps a lieu en « matière civile pour le stellionat.

« Il y a stellionat:

« Lorsqu'on vend ou qu'on hypothèque un « immeuble dont on sait n'être pas propriétaire ;

« Lorsqu'on présente comme libres des biens hy-« pothéqués, ou que l'on déclare des hypothèques

« moindres que celles dont ces biens sont chargés. »

Art. 2. « La contrainte par corps a lieu pareil-
« lement :

« 1° Pour dépôt nécessaire ;

« 2° En cas de réintégrande, pour le délaisse-
« ment ordonné par justice d'un fonds dont le
« propriétaire a été dépouillé par voie de fait ;
« pour la restitution des fruits qui ont été perçus
« pendant l'indue possession, et pour le paiement
« des dommages et intérêts adjugés au proprié-
« taire ;

« 3° Pour répétition de deniers consignés entre
« les mains de personnes publiques établies à cet
« effet ;

« 4° Pour la représentation des choses déposées
« aux séquestres, commissaires et autres gardiens ;

« 5° Contre les cautions judiciaires et contre
« les cautions des contraignables par corps, lors-
« qu'elles se sont soumises à cette contrainte ;

« 6° Contre tous officiers publics, pour la re-
« présentation de leurs minutes, quand elle est
« ordonnée ;

« 7° Contre les notaires, les avoués et huissiers,
« pour la restitution des titres à eux confiés, et
« des deniers par eux reçus pour leurs clients,
« par suite de leurs fonctions. »

Art. 3. « Ceux qui, par un jugement rendu au
« pétitoire, et passé en force de chose jugée, ont
« été condamnés à désemparer un fonds, et qui
« refusent d'obéir, peuvent, par un second juge-
« ment, être contraints par corps, quinzaine après
« la signification du premier jugement à personne
« ou domicile.

« Si le fonds ou l'héritage est éloigné de plus
« de cinq myriamètres du domicile de la partie
« condamnée, il sera ajouté au délai de quinzaine
« un jour par cinq myriamètres. »

Art. 4. « La contrainte par corps ne peut être
« ordonnée contre les fermiers pour le paiement
« des fermages des biens ruraux, si elle n'a été
« stipulée formellement dans l'acte de bail. Néan-
« moins les fermiers et les colons partiaires peu-
« vent être contraints par corps, faute par eux
« de représenter, à la fin du bail, le cheptel de
« bétail, les semences et les instruments aratoires
« qui leur ont été confiés ; à moins qu'ils ne jus-
« tifient que le déficit de ces objets ne procède
« point de leur fait. »

Art. 5. « Hors les cas déterminés par les articles
« précédents, ou qui pourraient l'être à l'avenir
« par une loi formelle, il est défendu à tous juges
« de prononcer la contrainte par corps, à tous
« notaires et greffiers de recevoir des actes dans
« lesquels elle serait stipulée, et à tous Français
« de consentir pareils actes, encore qu'ils eussent
« été passés en pays étrangers : le tout à peine
« de nullité, dépens, dommages et intérêts. »

Art. 6. « Dans les cas même ci-dessus énoncés,
« la contrainte par corps ne peut être prononcée
« contre les mineurs. »

Art. 7. « Elle ne peut être prononcée pour une
« somme moindre de trois cents francs. »

Art. 8. « Elle ne peut être prononcée contre les
« septuagénaires, les femmes et les filles, que
« dans les cas de stellionat.

« Il suffit que la soixante-dixième année soit
« commencée pour jouir de la faveur accordée aux
« septuagénaires.

« La contrainte par corps pour cause de stel-
« lionat pendant le mariage, n'a lieu contre les
« femmes mariées que lorsqu'elles sont séparées
« de biens, ou lorsqu'elles ont des biens dont
« elles se sont réservé la libre administration, et à
« raison des engagements qui concernent ces biens.

« Les femmes qui, étant en communauté, se
« seraient obligées conjointement ou solidaire-
« ment avec leurs maris, ne pourront être réputées
« stellionataires à raison de ces contrats. »

Art. 9. « La contrainte par corps, dans les cas
« même où elle est autorisée par la loi, ne peut
« être appliquée qu'en vertu d'un jugement. »

Art. 10. « L'appel ne suspend pas la contrainte
« par corps prononcée par un jugement provi-
« soirement exécutoire en donnant caution. »

Art. 11. « L'exercice de la contrainte par corps
« n'empêche ni ne suspend les poursuites et les
« exécutions sur les biens. »

Art. 12. « Il n'est point dérogé aux lois parti-
« culières qui autorisent la contrainte par corps
« dans les matières de commerce, ni aux lois de
« police correctionnelle, ni à celles qui concer-
« nent l'administration des deniers publics. »

LIVRE III.

TITRE V.

DU CAUTIONNEMENT.

Le citoyen **Bigot-Préameneu**, d'après la
conférence tenue avec le Tribunat, présente la
rédaction définitive du titre V du livre III, *du
cautionnement.*

Le Conseil l'adopte en ces termes :

DU CAUTIONNEMENT.

CHAPITRE PREMIER.

De la nature et de l'étendue du cautionnement.

Art. 1er. « Celui qui se rend caution d'une obli-
« gation se soumet envers le créancier à satis-
« faire à cette obligation, si le débiteur n'y sa-
« tisfait pas lui-même. »

Art. 2. « Le cautionnement ne peut exister que
« sur une obligation valable.

« On peut néanmoins cautionner une obliga-
« tion, encore qu'elle pût être annulée par une
« exception purement personnelle à l'obligé ;
« par exemple, dans le cas de minorité. »

Art. 3. « Le cautionnement ne peut excéder ce
« qui est dû par le débiteur, ni être contracté
« sous des conditions plus onéreuses.

« Il peut être contracté pour une partie de la
« dette seulement, et sous des conditions moins
« onéreuses.

« Le cautionnement qui excède la dette, ou qui
« est contracté sous des conditions plus oné-
« reuses, n'est point nul : il est seulement réduc-
« tible à la mesure de l'obligation principale. »

Art. 4. « On peut se rendre caution sans ordre
« de celui pour lequel on s'oblige, et même à son
« insu.

« On peut aussi se rendre caution, non-seule-
« ment du débiteur principal, mais encore de
« celui qui l'a cautionné. »

Art. 5. « Le cautionnement ne se présume point;
« il doit être exprès, et on ne peut pas l'étendre
« au delà des limites dans lesquelles il a été con-
« tracté. »

Art. 6. « Le cautionnement indéfini d'une obli-
« gation principale s'étend à tous les accessoires
« de la dette, même aux frais de la première de-
« mande, et à tous ceux postérieurs à la dénon-
« ciation qui en est faite à la caution. »

Art. 7. « Les engagements des cautions passent
« à leurs héritiers, à l'exception de la contrainte
« par corps, si l'engagement était tel que la cau-
« tion y fût obligée. »

Art. 8. « Le débiteur obligé à fournir une cau-

« tion doit en présenter une qui ait la capacité
« de contracter, qui ait un bien suffisant pour
« répondre de l'objet de l'obligation, et dont le
« domicile soit dans le ressort du tribunal d'appel
« où elle doit être donnée. »

Art. 9. « La solvabilité d'une caution ne s'es-
« time qu'eu égard à ses propriétés foncières,
« excepté en matière de commerce, ou lorsque la
« dette est modique.

« On n'a point égard aux immeubles litigieux,
« ou dont la discussion deviendrait trop difficile
« par l'éloignement de leur situation. »

Art. 10. « Lorsque la caution, reçue par le
« créancier volontairement ou en justice, est
« ensuite devenue insolvable, il doit en être
« donné une autre.

« Cette règle reçoit exception dans le cas seu-
« lement où la caution n'a été donnée qu'en vertu
« d'une convention par laquelle le créancier a
« exigé une telle personne pour caution. »

CHAPITRE II.
De l'effet du cautionnement.

SECTION PREMIÈRE.
*De l'effet du cautionnement entre le créancier et
la caution.*

Art. 11. « La caution n'est obligée envers le
« créancier à le payer qu'à défaut du débiteur,
« qui doit être préalablement discuté dans ses
« biens, à moins que la caution n'ait renoncé au
« bénéfice de discussion, ou à moins qu'elle ne
« se soit obligée solidairement avec le débiteur ;
« auquel cas l'effet de son engagement se règle
« par les principes qui ont été établis pour les
« dettes solidaires. »

Art. 12. « Le créancier n'est obligé de discuter
« le débiteur principal que lorsque la caution le
« requiert, sur les premières poursuites dirigées
« contre elle. »

Art. 13. « La caution qui requiert la discussion
« doit indiquer au créancier les biens du débiteur
« principal, et avancer les deniers suffisants pour
« faire la discussion.

« Elle ne doit indiquer ni des biens du débiteur
« principal situés hors de l'arrondissement du
« tribunal d'appel du lieu où le paiement doit être
« fait, ni des biens litigieux, ni ceux hypothéqués
« à la dette qui ne sont plus en la possession du
« débiteur. »

Art. 14. « Toutes les fois que la caution a fait
« l'indication de biens autorisée par l'article pré-
« cédent, et qu'elle a fourni les deniers suffi-
« sants pour la discussion, le créancier est, jus-
« qu'à concurrence des biens indiqués, respon-
« sable, à l'égard de la caution, de l'insolvabilité
« du débiteur principal survenue par le défaut de
« poursuites. »

Art. 15. « Lorsque plusieurs personnes se sont
« rendues cautions d'un même débiteur pour une
« même dette, elles sont obligées chacune à toute
« la dette. »

Art. 16. « Néanmoins chacune d'elles peut, à
« moins qu'elle n'ait renoncé au bénéfice de di-
« vision, exiger que le créancier divise préala-
« blement son action, et la réduise à la part et
« portion de chaque caution.

« Lorsque dans le temps où une des cautions
« a fait prononcer la division, il y en avait d'in-
« solvables, cette caution est tenue proportion-
« nellement de ces insolvabilités ; mais elle ne
« peut plus être recherchée à raison des insolva-
« bilités survenues depuis la division. »

Art. 17. « Si le créancier a divisé lui-même et

« volontairement son action, il ne peut revenir
« contre cette division, quoiqu'il y eût, même
« antérieurement au temps où il l'a ainsi con-
« sentie, des cautions insolvables. »

SECTION II.
*De l'effet du cautionnement entre le débiteur et
la caution.*

Art. 18. « La caution qui a payé a son recours
« contre le débiteur principal, soit que le cau-
« tionnement ait été donné au su ou à l'insu du
« débiteur.

« Ce recours a lieu tant pour le principal que
« pour les intérêts et les frais ; néanmoins la cau-
« tion n'a de recours que pour les frais par elle
« faits depuis qu'elle a dénoncé au débiteur prin-
« cipal les poursuites dirigées contre elle.

« Elle a aussi recours pour les dommages et
« intérêts, s'il y a lieu. »

Art. 19. « La caution qui a payé la dette est
« subrogée à tous les droits qu'avait le créancier
« contre le débiteur. »

Art. 20. « Lorsqu'il y avait plusieurs débiteurs
« principaux solidaires d'une même dette, la
« caution qui les a tous cautionnés a contre
« chacun d'eux, le recours pour la répétition du
« total de ce qu'elle a payé. »

Art. 21. « La caution qui a payé une première
« fois n'a point de recours contre le débiteur
« principal qui a payé une seconde fois, lors-
« qu'elle ne l'a point averti du paiement par elle
« fait ; sauf son action en répétition contre le
« créancier.

« Lorsque la caution aura payé sans être pour-
« suivie et sans avoir averti le débiteur principal,
« elle n'aura point de recours contre lui dans le
« cas où, au moment du paiement, ce débiteur
« aurait eu des moyens pour faire déclarer la
« dette éteinte ; sauf son action en répétition con-
« tre le créancier. »

Art. 22. « La caution, même avant d'avoir payé,
« peut agir contre le débiteur pour être par lui
« indemnisée :

« 1° Lorsqu'elle est poursuivie en justice pour
« le paiement ;

« 2° Lorsque le débiteur a fait faillite, ou est
« en déconfiture ;

« 3° Lorsque le débiteur s'est obligé de lui rap-
« porter sa décharge dans un certain temps ;

« 4° Lorsque la dette est devenue exigible par
« l'échéance du terme sous lequel elle avait été
« contractée ;

« 5° Au bout de dix années, lorsque l'obligation
« principale n'a point de terme fixe d'échéance,
« à moins que l'obligation principale, telle qu'une
« tutelle, ne soit pas de nature à pouvoir être
« éteinte avant un temps déterminé. »

SECTION III.
De l'effet du cautionnement entre les cofidéjusseurs.

Art. 23. « Lorsque plusieurs personnes ont cau-
« tionné un même débiteur pour une même dette,
« la caution qui a acquitté la dette a recours
« contre les autres cautions, chacune pour sa
« part et portion.

« Mais ce recours n'a lieu que lorsque la cau-
« tion a payé dans l'un des cas énoncés en l'arti-
« cle précédent. »

CHAPITRE III.
De l'extinction du cautionnement.

Art. 24. « L'obligation qui résulte du caution-
« nement s'éteint par les mêmes causes que les
« autres obligations. »

Art. 25. « La confusion qui s'opère dans la per-
« sonne du débiteur principal et de sa caution,
« lorsqu'ils deviennent héritiers l'un de l'autre,
« n'éteint point l'action du créancier contre celui
« qui s'est rendu caution de la caution. »

Art. 26. « La caution peut opposer au créancier
« toutes les exceptions qui appartiennent au débi-
« teur principal, et qui sont inhérentes à la dette ;
« Mais elle ne peut opposer les exceptions qui
« sont purement personnelles au débiteur. »

Art. 27. « La caution est déchargée, lorsque la
« subrogation aux droits, hypothèques et privi-
« léges du créancier, ne peut plus, par le fait de
« ce créancier, s'opérer en faveur de la caution. »

Art. 28. « L'acceptation volontaire que le
« créancier a faite d'un immeuble ou d'un effet
« quelconque en paiement de la dette principale
« décharge la caution, encore que le créancier
« vienne à en être évincé. »

Art. 29. « La simple prorogation de terme,
« accordée par le créancier au débiteur principal,
« ne décharge point la caution, qui peut, en ce
« cas, poursuivre le débiteur pour le forcer au
« paiement. »

CHAPITRE IV.

De la caution légale et de la caution judiciaire.

Art. 30. « Toutes les fois qu'une personne est
« obligée, par la loi ou par une condamnation, à
« fournir une caution, la caution offerte doit rem-
« plir les conditions prescrites par les articles 8
« et 9 du présent titre.

« Lorsqu'il s'agit d'un cautionnement judiciaire,
« la caution doit, en outre, être susceptible de
« contrainte par corps. »

Art. 31. « Celui qui ne peut pas trouver une
« caution est reçu à donner à sa place un gage
« en nantissement suffisant. »

Art. 32. « La caution judiciaire ne peut point
« demander la discussion du débiteur principal. »

Art. 33. « Celui qui a simplement cautionné la
« caution judiciaire ne peut demander la dis-
« cussion du débiteur principal et de la caution. »

LIVRE III.
TITRE XIII.
Du louage.

Le citoyen **Gally** présente le titre XIII du livre
III, du louage, rédigé conformément aux amendements adoptés dans les séances des 9, 14 et 28
nivôse.

Le Conseil l'adopte en ces termes :

Du louage.

CHAPITRE PREMIER.

Dispositions générales.

Art. 1er. « Il y a deux sortes de contrats de
« louage :
« Celui des choses,
« Et celui d'ouvrage. »

Art. 2. « Le louage des choses est un contrat
« par lequel l'un s'oblige à faire jouir l'autre
« d'une chose pendant un certain temps, et moyen-
« nant un certain prix que celui-ci s'oblige de
« lui payer. »

Art. 3. « Le louage d'ouvrage est un contrat
« par lequel l'une des parties donne quelque
« chose à faire à l'autre, moyennant un prix con-
« venu entre elles. »

Art. 4. « Ces deux genres de louage se subdivi-
« sent encore en plusieurs espèces particulières.

« On appelle *bail à loyer*, le louage des maisons
« et celui des meubles ;
« *Bail à ferme*, celui des héritages ruraux ;
« *Loyer*, le louage du travail ou du service ;
« *Bail à cheptel*, celui des animaux dont le pro-
« fit se partage entre le propriétaire et celui à qui
« il les confie.

« Les *devis*, *marché*, ou *prix fait*, pour l'entre-
« prise d'un ouvrage moyennant un prix déter-
« miné, sont aussi un louage, lorsque le maître
« fournit la matière.

« Ces trois dernières espèces ne sont comprises
« dans le louage que dans un sens très-étendu ;
« elles ont des règles particulières. »

Art. 5. « Les baux des biens nationaux, des
« biens des communes et des établissements pu-
« blics, sont soumis à des règlements particuliers. »

CHAPITRE II.
Du louage des choses.

Art. 6. « On peut louer toutes sortes de biens
« meubles ou immeubles. »

SECTION PREMIÈRE.

*Des règles communes aux baux des maisons et
des biens ruraux.*

Art. 7. « On peut louer ou par écrit, ou ver-
« balement. »

Art. 8. « Si le bail fait sans écrit n'a encore reçu
« aucune exécution, et que l'une des parties le
« nie, la preuve ne peut être reçue par témoins,
« quelque modique qu'en soit le prix, et quoiqu'on
« allègue qu'il y ait eu des arrhes données.

« Le serment peut seulement être déféré à celui
« qui nie le bail. »

Art. 9. « Lorsqu'il y aura contestation sur le
« prix du bail verbal dont l'exécution a com-
« mencé, et qu'il n'existera point de quittance,
« le propriétaire en sera cru sur son serment, si
« mieux n'aime le locataire demander l'estima-
« tion par experts ; auquel cas les frais de l'ex-
« pertise restent à sa charge, si l'estimation excède
« le prix qu'il a déclaré. »

Art. 10. « Le preneur a le droit de sous-louer,
« et même de céder son bail à un autre, si cette
« faculté ne lui a pas été interdite.

« Elle peut être interdite pour le tout ou par-
« tie.

« Cette clause est toujours de rigueur. »

Art. 11. « Les articles du titre IX *du contrat de
« mariage et des droits respectifs des époux*, rela-
« tifs aux baux des biens des femmes mariées,
« sont applicables aux baux des biens des mi-
« neurs. »

Art. 12. « Le bailleur est obligé par la nature
« du contrat, et sans qu'il soit besoin d'aucune
« stipulation particulière :
« 1° De délivrer au preneur la chose louée ;
« 2° D'entretenir cette chose en état de servir à
« l'usage pour lequel elle a été louée ;
« 3° D'en faire jouir paisiblement le preneur
« pendant la durée du bail. »

Art. 13. « Le bailleur est tenu de délivrer la
« chose en bon état de réparations de toute es-
« pèce.

« Il doit y faire, pendant la durée du bail, toutes
« les réparations qui peuvent devenir nécessaires,
« autres que les locatives. »

Art. 14. « Il est dû garantie au preneur pour
« tous les vices ou défauts de la chose louée qui
« en empêchent l'usage, quand même le bailleur
« ne les aurait pas connus lors du bail.

« S'il résulte de ces vices ou défauts quelque

« perte pour le preneur, le bailleur est tenu de
« l'indemniser. »

Art. 15. « Si, pendant la durée du bail, la chose
« louée est détruite en tout ou en partie par cas
« fortuit le preneur peut, suivant les circon-
« stances, demander ou une diminution du prix,
« ou la résiliation même du bail, mais sans au-
« cun autre dédommagement. »

Art. 16. « Le bailleur ne peut, pendant la
« durée du bail, changer la forme de la chose
« louée. »

Art. 17. « Si, durant le bail, la chose louée a
« besoin de réparations urgentes et qui ne puis-
« sent être différées jusqu'à sa fin, le preneur doit
« les souffrir, quelque incommodité qu'elles lui
« causent, et quoiqu'il soit privé, pendant qu'elles
« se font, d'une partie de la chose louée.

« Mais si ces réparations durent plus de qua-
« rante jours, le prix du bail sera diminué à con-
« currence du temps et de la partie de la chose
« louée dont il aura été privé.

« Si les réparations sont de telle nature qu'elles
« rendent inhabitable ce qui est nécessaire au lo-
« gement du preneur et de sa famille, celui-ci
« aura la faculté de résilier le bail. »

Art. 18. « Le bailleur n'est pas tenu de garantir
« le preneur du trouble que des tiers apportent
« par voies de fait à sa jouissance, sans prétendre
« d'ailleurs aucun droit sur la chose louée ; sauf
« au preneur à les poursuivre en son nom per-
« sonnel. »

Art. 19. « Si, au contraire, le locataire ou le fer-
« mier ont été troublés dans leur jouissance par
« suite d'une action concernant la propriété du
« fonds. le propriétaire leur doit toujours un ra-
« bais proportionné sur le prix du bail à loyer, ou
« à ferme, pourvu que le trouble et l'empêche-
« ment lui aient été dénoncés. »

Art. 20. « Si ceux qui ont commis les voies de
« fait prétendent avoir quelque droit sur la chose
« louée, ou si le preneur est lui-même cité en
« justice pour se voir condamné au délaissement
« de la totalité ou de partie de cette chose, ou à
« souffrir l'exercice de quelque servitude, il doit
« appeler le bailleur à sa garantie, et doit être
« mis hors d'instance, s'il l'exige, en nommant
« le bailleur pour lequel il possède. »

Art. 21. « Le preneur est tenu de deux obliga-
« tions principales:

« 1° D'user de la chose louée en bon père de
« famille, et suivant la destination qui lui a été
« donnée par le bail ou par l'usage à défaut de
« convention ;

« 2° De payer le prix du bail aux termes con-
« venus.»

Art. 22. « Si le preneur emploie la chose louée
« à un autre usage que celui auquel elle a été
« destinée, ou dont il puisse résulter un dom-
« mage pour le bailleur, celui-ci peut, suivant
« les circonstances, obtenir la résiliation du bail. »

Art. 23. « S'il a été fait un état des lieux entre
« le bailleur et le preneur, au commencement du
« bail, le preneur doit rendre la chose telle qu'il
« l'a reçue, suivant cet état, excepté ce qui a péri
« ou a été dégradé par vétusté ou force majeure. »

Art. 24. « S'il n'a pas été fait d'état des lieux,
« le preneur est présumé les avoir reçus en bon
« état de réparations locatives, et doit les rendre
« tels ; sauf la preuve contraire. »

Art. 25. « Le preneur est tenu des dégradations
« et des pertes qui arrivent par le fait des per-
« sonnes de sa maison, ou des sous-locataires
« qu'il y place. »

Art. 26. « Il répond aussi des dégradations ou des

pertes qui arrivent pendant sa jouissance, à
« moins qu'il ne prouve qu'elles ont eu lieu sans
« sa faute. »

Art. 27. « Il répond de l'incendie, à moins qu'il
« ne prouve :

« Que l'incendie est arrivé par cas fortuit ou
« force majeure, ou par vice de construction,

« Ou qu'il a été communiqué par une maison
« voisine. »

Art. 28. « S'il y a plusieurs locataires, tous sont
« solidairement responsables de l'incendie,

« A moins qu'ils ne prouvent que l'incendie a
« commencé dans l'habitation de l'un d'eux, au-
« quel cas celui-là seul en est tenu;

« Ou que quelques-uns ne prouvent que l'in-
« cendie n'a pu commencer chez eux, auquel cas
« ceux-là n'en sont pas tenus. »

Art. 29. « Si le bail a été fait sans écrit, l'une
« des parties ne pourra donner congé à l'autre
« qu'en observant les délais fixés par l'usage des
« lieux. »

Art. 30. « Le bail cesse de plein droit à l'expira-
« tion du terme fixé, lorsqu'il a été fait par écrit,
« sans qu'il soit nécessaire de donner congé. »

Art. 31. « Si, à l'expiration des baux écrits, le
« preneur reste et est laissé en possession, il
« s'opère un nouveau bail dont l'effet est réglé
« par l'article relatif aux locations faites sans
« écrit. »

Art. 32. « Lorsqu'il y a un congé signifié, le pre-
« neur, quoiqu'il ait continué sa jouissance, ne
« peut invoquer la tacite reconduction. »

Art. 33. « Dans le cas des deux articles précé-
« dents, la caution donnée pour le bail ne s'étend
« pas aux obligations résultant de la prolonga-
« tion. »

Art. 34. « Le contrat de louage se résout par la
« perte de la chose louée, et par le défaut respec-
« tif du bailleur et du preneur de remplir leurs
« engagements. »

Art. 35. « Le contrat de louage n'est point ré-
« solu par la mort du bailleur ni par celle du pre-
« neur.

« Les héritiers sont respectivement tenus des
« mêmes obligations. »

Art. 36. « Si le bailleur vend la chose louée,
« l'acquéreur ne peut expulser le fermier ou le
« locataire qui a un bail authentique ou dont la
« la date est certaine, à moins que la réserve n'en
« ait été faite dans le contrat de bail. »

Art. 37. « S'il a été convenu, lors du bail,
« qu'en cas de vente l'acquéreur pourrait expulser
« le fermier ou le locataire, et qu'il n'ait été fait
« aucune stipulation sur les dommages et intérêts,
« le bailleur est tenu d'indemniser le fermier ou
« le locataire de la manière suivante. »

Art. 38. « S'il s'agit d'une maison, appartement
« ou boutique, le bailleur paie, à titre de dom-
« mages et intérêts, au locataire évincé, une
« somme égale au prix du loyer pendant le temps
« qui, suivant l'usage des lieux, est accordé entre
« le congé et la sortie. »

Art. 39. « S'il s'agit de biens ruraux, l'indem-
« nité que le bailleur doit payer au fermier est
« du tiers du prix du bail pour tout le temps qui
« reste à courir. »

Art. 40. « L'indemnité se réglera par experts,
« s'il s'agit de manufactures, usines, ou autres
« établissements qui exigent de grandes avances.»

Art. 41. « L'acquéreur qui veut user de la fa-
« culté réservée par le bail, d'expulser le fermier
« ou le locataire en cas de vente, est, en outre,
« tenu d'avertir le locataire au temps d'avance
« usité dans le lieu pour les congés.»

« Il doit aussi avertir le fermier de biens ru-
« raux au moins un an à l'avance. »

Art. 42. « Les fermiers ou les locataires ne peu-
« vent être expulsés qu'ils ne soient payés par le
« bailleur, ou, à son défaut, par le nouvel acqué-
« reur, des dommages et intérêts ci-dessus expli-
« qués, et de toutes les autres reprises qu'ils peu-
« vent avoir. »

Art. 43. « Si le bail n'est pas fait par acte au-
« thentique, ou n'a point de date certaine, l'ac-
« quéreur n'est tenu d'aucuns dommages et in-
« térêts. »

Art. 44. « L'acquéreur à pacte de rachat ne peut
« user de la faculté d'expulser le preneur, jusqu'à
« ce que, par l'expiration du délai fixé pour le
« réméré, il devienne propriétaire incommu-
« table. »

SECTION II.

Des règles particulières aux baux à loyer.

Art. 45. « Le locataire qui ne garnit pas la mai-
« son de meubles suffisants peut être expulsé, à
« moins qu'il ne donne des sûretés capables de
« répondre du loyer. »

Art. 46. « Le sous-locataire n'est tenu envers
« le propriétaire que jusqu'à concurrence du prix
« de sa sous-location, dont il peut être débiteur
« au moment de la saisie, et sans qu'il puisse op-
« poser des paiements faits par anticipation.

« Les paiements faits par le sous-locataire, soit
« en vertu d'une stipulation portée en son bail,
« soit en conséquence de l'usage des lieux, ne
« sont pas réputés faits par anticipation. »

Art. 47. « Les réparations locatives ou de menu
« entretien dont le locataire est tenu, s'il n'y a
« clause contraire, sont celles désignées comme
« telles par l'usage des lieux, et entre autres les
« réparations à faire :

« Aux âtres, contre-cœurs, chambranles et ta-
« blettes des cheminées ;

« Au récrépiment du bas des murailles des ap-
« partements et autres lieux d'habitation, à la
« hauteur d'un mètre ;

« Aux pavés et carreaux des chambres, lorsqu'il
« y en a seulement quelques-uns de cassés ;

« Aux vitres, à moins qu'elles ne soient cassées
« par la grêle, ou autres accidents extraordinaires
« et de force majeure, dont le locataire ne peut
« être tenu ;

« Aux portes, croisées, planches de cloison ou
« de fermeture de boutiques, gonds, targettes et
« serrures. »

Art. 48. « Aucune des réparations réputées lo-
« catives n'est à la charge des locataires, quand
« elles ne sont occasionnées que par vétusté ou
« force majeure. »

Art. 49. « Le curement des puits et celui des
« fosses d'aisance sont à la charge du bailleur,
« s'il n'y a clause contraire. »

Art. 50. « Le bail des meubles fournis pour
« garnir une maison entière, un corps de logis
« entier, une boutique ou tous autres apparte-
« ments, est censé fait pour la durée ordinaire
« des baux de maisons, corps de logis, boutiques
« ou autres appartements, selon l'usage des
« lieux. »

Art. 51. « Le bail d'un appartement meublé est
« censé fait à l'année, quand il a été fait à tant
« par an ;

« Au mois, quand il a été fait à tant par mois ;

« Au jour, s'il a été fait à tant par jour.

« Si rien ne constate que le bail soit fait à tant
« par an, par mois ou par jour, la location est
« censée faite suivant l'usage des lieux. »

Art. 52. « Si le locataire d'une maison ou d'un
« appartement continue sa jouissance après l'expi-
« ration du bail par écrit, sans opposition de la
« part du bailleur, il sera censé les occuper aux
« mêmes conditions, pour le terme fixé par l'usage
« des lieux, et ne pourra plus en sortir ni en être
« expulsé qu'après un congé donné de la manière
« prescrite en l'article 12. »

Art. 53. « En cas de résiliation, le locataire est
« tenu de payer le prix du bail pendant le temps
« nécessaire à la relocation, sans préjudice des
« dommages et intérêts qui ont pu résulter de
« l'abus. »

Art. 54. « Le bailleur ne peut résoudre la loca-
« tion, encore qu'il déclare vouloir occuper par
« lui-même la maison louée, s'il n'y a eu conven-
« tion contraire.

Art. 55. « S'il a été convenu, dans le contrat de
« louage, que le bailleur pourrait venir occuper
« la maison, il est tenu de signifier un congé au
« temps d'avance usité dans le lieu. »

SECTION III.

Des règles particulières aux baux à ferme.

Art. 56. « Le colon partiaire n'a pas la faculté
« de sous-louer ni de céder, si elle ne lui a pas
« été expressément accordée par le bail. »

Art. 57. « En cas de contravention, le propriétaire
« a droit de rentrer, et le preneur est condamné à
« payer le prix du bail pendant le temps néces-
« saire pour la relocation, et en outre aux dom-
« mages-intérêts du bailleur. »

Art. 58. « Si, dans un bail à ferme, on donne
« aux fonds une contenance moindre ou plus
« grande que celle qu'ils ont réellement, il n'y a
« lieu à augmentation ou diminution de prix pour
« le fermier, que dans les cas et suivant les règles
« exprimés au titre *de la vente.* »

Art. 59. « Si le fermier d'un héritage rural ne le
« garnit pas des bestiaux et des ustensils néces-
« saires à son exploitation, s'il abandonne la
« culture, s'il ne cultive pas en bon ménager et
« père de famille, s'il emploie la chose louée à un
« autre usage que celui auquel elle a été destinée,
« ou, en général, s'il n'exécute pas les clauses du
« bail et qu'il en résulte un dommage pour le
« bailleur, celui-ci peut, suivant les circonstances,
« obtenir la résiliation du bail.

« En cas de résiliation, le fermier est tenu ainsi
« qu'il est dit à l'article 42 de ce titre. »

Art. 60. « Tout fermier de bien rural est tenu
« d'engranger dans les lieux à ce destinés d'après
« le bail. »

Art. 61. « Le fermier d'un bien rural est tenu,
« sous peine de tous dépens, dommages et intérêts,
« d'avertir le propriétaire des usurpations qui
« peuvent être commises sur les fonds.

« Cet avertissement doit être donné dans le
« même délai que celui qui est réglé en cas d'as-
« signation, suivant la distance des lieux. »

Art. 62. « Si le bail est pour plusieurs années,
« et qu'il arrive, dans quelqu'une de ces années,
« des cas fortuits qui enlèvent ou la totalité ou du
« moins la moitié de la récolte, leur effet sera
« réglé d'après la distinction suivante. »

Art. 63. « Si le cas fortuit arrive après plusieurs
« années écoulées du bail, on vérifie si le fermier
« est récompensé par les récoltes précédentes. »

Art. 64. « Si le cas fortuit arrive ou dans les
« premières années ou vers la fin du bail, ou si,
« arrivant après plusieurs années écoulées, le
« fermier ne se trouve pas récompensé par les
« récoltes précédentes, on attend la fin du bail
« pour faire la compensation de toutes les années.

« Et cependant le juge peut provisoirement dis-
« penser le fermier de payer une partie du prix
« correspondant à la perte qu'il a soufferte. »
Art. 65. « Si le bail n'est que d'une année et
« que la perte soit ou totale, ou, du moins, de
« moitié des fruits, le fermier sera déchargé d'une
« partie proportionnelle du prix de la ferme.
« Il ne pourra point prétendre de remise, si la
« perte est moindre de moitié. »
Art. 66. « Le fermier ne peut obtenir de remise,
« lorsque la perte des fruits arrive après qu'ils
« sont séparés de la terre, à moins que le bail ne
« donne au propriétaire une quotité de la récolte,
« telle que la moitié ou le tiers en nature; au-
« quel cas le propriétaire doit supporter sa part
« de la perte, pourvu que le fermier ne fût pas
« en demeure de lui délivrer sa portion de ré-
« colte.
« Il ne peut également en demander, lorsque
« la cause du dommage était existante et connue
« à l'époque où le bail a été passé. »
Art. 67. « Le fermier peut être valablement
« chargé des cas fortuits par une stipulation
« expresse. »
Art. 68. « Cette stipulation ne s'entend que des
« cas fortuits ordinaires, tels que grêle, feu du
« ciel, gelée ou coulure.
« Elle ne s'entend pas des cas fortuits extraor-
« dinaires, tels que les ravages de la guerre,
« ou une inondation, auxquels le pays n'est pas
« ordinairement sujet, à moins que le fermier
« n'ait été chargé de tous les cas fortuits prévus
« ou imprévus. »
Art. 69. « Le bail, sans écrit, d'un fonds rural,
« est censé fait pour le temps qui est nécessaire
« afin que le preneur recueille tous les fruits de
« l'héritage affermé.
« Ainsi, le bail à ferme d'un pré, d'une vigne,
« et de tout autre fonds dont les fruits se recueil-
« lent en entier dans le cours de l'année, est censé
« fait pour un an.
« Le bail des terres labourables, lorsqu'elles se
« divisent par soles ou saisons, est censé fait pour
« autant d'années qu'il y a de soles. »
Art. 70. « Le bail des héritages ruraux, quoique
« fait sans écrit, cesse aussi de plein droit à
« l'expiration du temps pour lequel il est censé
« fait, selon l'article précédent. »
Art. 71. « Si à l'expiration des baux ruraux
« écrits, le preneur reste et est laissé en posses-
« sion, il s'opère un nouveau bail dont l'effet est
« réglé par l'article relatif aux locations faites
« sans écrit. »
Art. 72. « Le fermier doit, la dernière année du
« bail, laisser à celui qui lui succède dans la cul-
« ture, la facilité et les logements nécessaires
« pour les travaux de l'année suivante, selon
« l'usage des lieux.
« Et réciproquement, le fermier entrant doit
« procurer à celui qui sort, la facilité et les loge-
« ments nécessaires pour la consommation des
« fourrages et pour les récoltes restant à faire. »
Art. 73. « Il doit aussi laisser les pailles et en-
« grais de l'année, s'il les a reçus lors de son en-
« trée en jouissance; et quand même il ne les
« aurait pas reçus, le propriétaire pourra les re-
« tenir suivant l'estimation. »

SECTION IV.
Du louage d'ouvrage et d'industrie.

Art. 74. « Ce louage a trois objets principaux :
« 1° Celui des gens de travail qui se louent au
« service de quelqu'un ;
« 2° Celui des voituriers, tant par terre que par

« eau, qui se chargent du transport des personnes
« ou des marchandises ;
« 3° Les devis ou marchés d'ouvrages,
« Pour le paiement du salaire,
« Et pour les à-comptes donnés. »

§ Ier.
Du louage des domestiques et ouvriers.

Art. 75. « On ne peut engager ses services qu'à
« temps, ou pour une entreprise déterminée. »
Art. 76. « Le maître est cru sur son affirmation,
« Pour la quotité des gages. »
Art. 77. « Si l'individu qui a loué ses services
« n'exécute pas son engagement, il est condamné
« aux dommages et intérêts ; mais il ne peut jamais
« être contraint personnellement à l'exécution. »

§ II.
Des voituriers par terre et par eau.

Art. 78. « Le marché fait avec les voituriers par
« terre et par eau est un contrat mixte, qui par-
« ticipe de la nature du contrat de louage et de
« celui du dépôt. »
Art. 79. « Les voituriers par terre et par eau
« sont assujettis, pour la garde et la conservation
« des choses qui leur sont confiées, aux mêmes
« obligations que les aubergistes, dont il est parlé
« au titre *du dépôt et du séquestre.* »
Art. 80. « Ils ne répondent pas seulement de ce
« qu'ils ont déjà reçu dans leur bâtiment ou voi-
« ture, mais encore de ce qui leur a été remis sur le
« port ou dans l'entrepôt, pour être placé dans
« leur bâtiment ou voiture. »
Art. 81. « Les entrepreneurs de voitures et rou-
« lages publics doivent tenir registre de l'argent,
« des sacs et des paquets dont ils se chargent. »
Art. 82. « Les voituriers sont responsables de
« la perte et des avaries des choses qui leur sont
« confiées, à moins qu'ils ne prouvent qu'elles
« ont été perdues et avariées pas cas fortuit ou
« force majeure. »
Art. 83. « Les entrepreneurs et directeurs de
« voitures et roulages publics, les maîtres de
« barques et navires, sont en outre assujettis à
« des règlements particuliers, qui font la loi entre
« eux et les autres citoyens. »

§ III.
Des devis et des marchés.

Art. 84. « Lorsqu'on charge quelqu'un de faire
« un ouvrage, on peut convenir qu'il fournira
« seulement son travail ou son industrie, ou bien
« qu'il fournira aussi la matière.
« Dans le premier cas, c'est un pur louage ;
« Dans le second, c'est une vente d'une chose
« une fois faite. »
Art. 85. « Si, dans le cas où l'ouvrier fournit la
« matière, la chose vient à périr, de quelque manière
« que ce soit, avant d'être livrée, la perte en est
« pour l'ouvrier, à moins que le maître ne fût en
« demeure de recevoir la chose. »
Art. 86. « Dans le cas où l'ouvrier fournit seu-
« lement son travail ou son industrie, si la chose
« vient à périr, l'ouvrier n'est tenu que de sa
« faute. »
Art. 87. « Dans le cas de l'article précédent,
« la chose vient à périr, quoique sans aucune
« faute de la part de l'ouvrier, avant que l'ou-
« vrage ait été reçu, et sans que le maître fût en
« demeure de le vérifier, l'ouvrier n'a point de
« salaire à réclamer, à moins que la chose n'ait
« péri par le vice de la matière. »
Art. 88. « S'il s'agit d'un ouvrage à plusieurs
« pièces ou à la mesure, la vérification peut s'en

« faire par parties; et elle est censée faite, si le
« maître paie l'ouvrier en proportion de l'ouvrage
« fait. »

Art. 89. « Si l'édifice donné à prix fait périt en
« tout ou en partie par le vice de la construction,
« même par le vice du sol, l'architecte en est res-
« ponsable pendant dix ans. »

Art. 90. « Lorsqu'un architecte ou un entrepre-
« neur s'est chargé de la construction à forfait
« d'un bâtiment, d'après un plan arrêté et convenu
« avec le propriétaire du sol, il ne peut demander
« aucune augmentation de prix, ni sous le pré-
« texte d'augmentation de la main-d'œuvre ou des
« matériaux, ni sous celui de changements ou
« d'augmentations faits sur ce plan, si ces chan-
« gements ou augmentations n'ont pas été auto-
« risés par écrit, et le prix convenu avec le pro-
« priétaire. »

Art. 91 « Le maître peut résilier, par sa seule
« volonté, le marché à forfait, quoique l'ouvrage
« soit déjà commencé, en dédommageant l'entre-
« preneur de toutes ses dépenses, de tous ses tra-
« vaux, et de tout ce qu'il aurait pu gagner dans
« cette entreprise. »

Art. 92. « Le contrat de louage d'ouvrage est
« dissous par la mort de l'ouvrier. »

Art. 93. « Mais le propriétaire est tenu de payer
« en proportion du prix porté par la convention,
« à la succession de l'entrepreneur, la valeur des
« ouvrages faits et celle des matériaux préparés,
« lors seulement que ces travaux ou ces maté-
« riaux peuvent lui être utiles. »

Art. 94. « Si l'ouvrier ne fait pas l'ouvrage con-
« venu, ou s'il ne le fait pas tel et dans le temps
« qu'il l'a promis, il est tenu de tous les dommages
« et intérêts qui peuvent résulter de l'inexécution
« de son obligation. »

Art. 95. « L'entrepreneur répond du fait des
« personnes qu'il emploie. »

Art. 96. « Les maçons, charpentiers et autres
« ouvriers qui ont été employés à la construction
« d'un bâtiment ou d'autres ouvrages faits à
« l'entreprise, n'ont d'action contre le propriétaire
« pour lequel les ouvrages ont été faits, que jus-
« qu'à concurrence de ce dont il peut se trouver
« débiteur envers l'entrepreneur au moment où
« leur action est intentée. »

Art. 97. « Les maçons, charpentiers, serruriers,
« et autres ouvriers qui font directement des mar-
« chés à prix fait, sont astreints aux règles pres-
« crites dans le présent paragraphe : ils sont en-
« trepreneurs dans la partie qu'ils traitent. »

CHAPITRE III.
Du bail à cheptel.

SECTION PREMIÈRE.
Dispositions générales.

Art. 98. « Le bail à cheptel est un contrat par
« lequel l'une des parties donne à l'autre un fonds
« de bétail pour le garder, le nourrir et le soigner,
« sous les conditions convenues entre elles. »

Art. 99. « Il y a plusieurs sortes de cheptels :
« Le cheptel simple ou ordinaire,
« Le cheptel à moitié,
« Le cheptel donné au fermier ou colon partiaire.
« Il y a encore une quatrième espèce de contrat
« improprement appelée cheptel. »

Art. 100. « On peut donner à cheptel toute es-
« pèce d'animaux susceptibles de croît ou de pro-
« fit pour l'agriculture ou le commerce. »

Art. 101. « A défaut de conventions particuliè-
« res, ces contrats se règlent par les principes
« qui suivent. »

SECTION II.
Du cheptel simple.

Art. 102. « Le cheptel simple est un contrat
« par lequel l'un donne à l'autre des bestiaux
« à garder, nourrir et soigner, à condition
« que celui-ci profitera de la moitié du croît, et
« qu'il supportera aussi la moitié de la perte »

Art. 103. « Le cheptel est estimé dans le bail
« pour fixer la perte ou le profit qui pourra se
« trouver à son expiration ;
« Mais le bailleur ne demeure pas moins pro-
« priétaire du cheptel. »

Art. 104. « Le preneur doit les soins d'un bon
« père de famille à la conservation du cheptel. »

Art. 105. « Il n'est tenu du cas fortuit que lors-
« qu'il a été précédé de quelque faute de sa part,
« sans laquelle la perte ne serait pas arrivée. »

Art. 106. « En cas de contestation, le preneur
« est tenu de prouver le cas fortuit, et le bailleur
« est tenu de prouver la faute qu'il impute au
« preneur. »

Art. 107. « Le preneur, qui est déchargé par le
« cas fortuit, est toujours tenu de rendre compte
« des peaux des bêtes. »

Art. 108. « Si le cheptel périt en entier sans
« la faute du preneur, la perte en est pour le
« bailleur.
« S'il n'en périt qu'une partie, la perte est sup-
« portée en commun, d'après le prix de l'estima-
« tion originaire et celui de l'estimation à
« l'expiration du bail. »

Art. 109. « On ne peut stipuler
« Que le preneur supportera la perte totale du
« cheptel, quoique arrivée par cas fortuit et sans
« sa faute,
« Ou qu'il supportera dans la perte une part
« plus grande que dans le profit,
« Ou que le bailleur prélèvera, à la fin du bail,
« quelque chose de plus que le cheptel qu'il a
« fourni.
« Toute convention semblable est nulle.
« Le preneur profite seul des laitages , du
« fumier et du travail des animaux donnés à
« cheptel.
« La laine et le croît se partagent. »

Art. 110. « Le preneur ne peut disposer d'au-
« cune bête du troupeau, soit du fonds, soit du
« croît, sans le consentement du bailleur, qui ne
« peut lui-même en disposer sans le consente-
« ment du preneur. »

Art. 111. « Lorsque le cheptel est donné au
« fermier d'autrui, il doit être notifié au proprié-
« taire de qui ce fermier tient ; sans quoi il peut
« le saisir et le faire vendre pour ce que son fer-
« mier lui doit. »

Art. 112. « Le preneur ne pourra tondre sans
« en prévenir le bailleur. »

Art. 113. « S'il n'y a pas de temps fixé par la
« convention pour la durée du cheptel, il est
« censé fait pour trois ans. »

Art. 114. « Le bailleur peut en demander plus tôt
« la résolution, si le preneur ne remplit pas ses
« obligations. »

Art. 115. « A la fin, ou lors de la résolution du
« bail , il se fait une nouvelle estimation du
« cheptel.
« Le bailleur peut prélever de chaque bête de
« espèce, jusqu'à concurrence de la première es-
« timation ; l'excédant se partage.
« S'il n'existe pas assez de bêtes pour remplir
« la première estimation, le bailleur prend ce
« qui reste, et les parties se feront raison de la
« perte. »

SECTION III.
Du cheptel à moitié.

Art. 116. « Le cheptel à moitié est une société
« dans laquelle chacun des contractants fournit la
« moitié des bestiaux, qui demeurent communs
« pour le profit ou pour la perte. »

Art. 117. « Le preneur profite seul, comme
« dans le cheptel simple, des laitages, du fumier
« et des travaux des bêtes.

« Le bailleur n'a droit qu'à la moitié des laines
« et du croît.

« Toute convention contraire est nulle, à moins
« que le bailleur ne soit propriétaire de la mé-
« tairie dont le preneur est fermier ou colon par-
« tiaire. »

Art. 118. « Toutes les autres règles du cheptel
« simple s'appliquent au cheptel à moitié. »

SECTION IV.
Du cheptel donné par le propriétaire à son fermier ou colon partiaire.
§ Ier.
Du cheptel donné au fermier.

Art. 119. « Ce cheptel (aussi appelé *cheptel de fer*)
« est celui par lequel le propriétaire d'une mé-
« tairie la donne à ferme, à la charge qu'à
« l'expiration du bail le fermier laissera des
« bestiaux d'une valeur égale au prix de l'esti-
« mation de ceux qu'il aura reçus. »

Art. 120. « L'estimation du cheptel donné au
« fermier ne lui en transfère pas la propriété,
« mais néanmoins le met à ses risques. »

Art. 121. « Tous les profits appartiennent au
« fermier pendant la durée de son bail, s'il n'y a
« convention contraire. »

Art. 122. « Dans les cheptels donnés au fermier
« ou au colon partiaire, le fumier n'est point dans
« les profits personnels des preneurs, mais appar-
« tient à la métairie, à l'exploitation de laquelle
« il doit être uniquement employé. »

Art. 123. « La perte, même totale et par cas
« fortuit, est aussi en entier pour le fermier, s'il
« n'y a convention contraire. »

Art. 124. « A la fin du bail, le fermier ne peut
« retenir le cheptel en en payant l'estimation
« originaire ; il doit en laisser un de valeur pa-
« reille à celui qu'il a reçu.

« S'il y a du déficit, il doit le payer ; et c'est
« seulement l'excédant qui lui appartient. »

§ II.
Du cheptel donné au colon partiaire.

Art. 125. « Si le cheptel périt en entier sans la
« faute du colon, la perte est pour le bailleur,
« s'il n'y a stipulation contraire. »

Art. 126. « On peut stipuler
« Que le colon délaissera au bailleur sa part de
« la toison à un prix inférieur à la valeur ordi-
« naire ;
« Que le bailleur aura une plus grande part du
« profit ;
« Qu'il aura la moitié des laitages :
« Mais on ne peut pas stipuler que le colon
« sera tenu de toute la perte. »

Art. 127. « Ce cheptel finit avec le bail à mé-
« tairie. »

Art. 128. « Il est d'ailleurs soumis à toutes les
« règles du cheptel simple. »

SECTION V.
Du contrat improprement appelé cheptel.

Art. 129. « Lorsqu'une ou plusieurs vaches sont

« données pour les loger et les nourrir, le bail-
« leur en conserve la propriété, et il a seulement
« le profit des veaux qui en naissent. »

Le Consul ordonne que le titre ci-dessus sera
communiqué officieusement, par le secrétaire général du Conseil d'État, à la section de législation
du Tribunat, conformément à l'arrêté du 18 germinal an X.

LIVRE III.
TITRE XIX.
DES CONTRATS ALÉATOIRES.

Le ci'oyen **Portalis** présente une nouvelle rédaction du titre XIX du livre III du projet de Code
civil, *des contrats aléatoires.*

Le Conseil l'adopte en ces termes :

Des contrats aléatoires.

Art. 1er. « Le contrat aléatoire est celui par le-
« quel chacune des parties contractantes s'engage
« à donner ou à faire une chose, et ne reçoit, en
« équivalent de ce qu'elle donne ou promet, que
« l'avantage casuel d'un événement incertain.
« Tels sont :
« Le contrat d'assurance,
« Le prêt à grosse aventure,
« Le jeu et le pari,
« Le contrat de rente viagère.
« Les deux premiers sont régis par les lois ma-
« ritimes. »

CHAPITRE PREMIER.
Du jeu et du pari.

Art. 2. « La loi n'accorde aucune action pour
« le paiement de ce qui a été gagné au jeu ou par
« un pari. »

Art. 3. « Les jeux propres à exercer au fait des
« armes, les courses à pied ou à cheval, les courses
« de chariot, le jeu de paume et autres jeux de
« même nature qui tiennent à l'adresse et à
« l'exercice du corps, sont exceptés de la dispo-
« sition précédente.

« Néanmoins le tribunal peut rejeter la demande,
« quand la somme lui paraît excessive. »

Art. 4. « Dans aucun cas, le perdant ne peut ré-
« péter ce qu'il a volontairement payé, à moins
« qu'il n'y ait eu, de la part du gagnant, dol, su-
« percherie ou escroquerie. »

CHAPITRE II.
Du contrat de rente viagère.
SECTION PREMIÈRE.
Des conditions requises pour la validité du contrat.

Art. 5. « La rente viagère peut être constituée
« à titre onéreux, moyennant une somme d'ar-
« gent ou une chose mobilière appréciable, ou
« pour l'abandonnement d'un immeuble. »

Art. 6. « Elle peut être aussi constituée à titre
« purement gratuit, par donation entre-vifs ou
« par testament. Elle doit être revêtue alors des
« formes requises par la loi. »

Art. 7. « Dans le cas de l'article précédent, la
« rente viagère est réductible, si elle excède ce
« dont il est permis de disposer : elle est nulle,
« si elle est au profit d'une personne incapable
« de recevoir. »

Art. 8. « La rente viagère peut être constituée,
« soit sur la tête de celui qui en fournit le prix,
« soit sur la tête d'un tiers qui n'a aucun droit
« d'en jouir. »

Art. 9. « Elle peut être constituée sur une ou « plusieurs têtes. »

Art. 10. « Elle peut être constituée au profit « d'un tiers, quoique le prix en soit fourni par « une autre personne.

« Dans ce dernier cas, quoiqu'elle ait les ca-« ractères d'une libéralité, elle n'est point assu-« jettie aux formes requises pour les donations, « sauf les cas de réduction et de nullité énoncés « dans l'article 7. »

Art. 11. « Tout contrat de rente viagère créé sur « la tête d'une personne qui était morte au jour « du contrat, est radicalement nul. »

Art. 12. « Il y a pareillement nullité dans le « contrat par lequel la rente a été créée sur la « tête d'une personne atteinte de la maladie dont « elle est décédée dans les vingt jours de la date « du contrat. »

Art. 13. « La rente viagère peut être constituée « au taux qu'il plaît aux parties contractantes de « fixer. »

SECTION II.

Des effets du contrat entre les parties contrac-
tantes.

Art. 14. « Celui au profit duquel la rente viagère « a été constituée moyennant un prix, peut de-« mander la résiliation du contrat, si le consti-« tuant ne lui donne pas les sûretés stipulées « pour son exécution. »

Art. 15. « Le seul défaut de paiement des arré-« rages de la rente n'autorise point celui en fa-« veur de qui elle est constituée à demander le « remboursement du capital, ou à rentrer dans le « fonds par lui aliéné : il n'a que le droit de sai-« sir et de faire vendre les biens de son débiteur, « et de faire ordonner ou consentir, sur le pro-« duit de la vente, l'emploi d'une somme suffi-« sante pour le service des arrérages. »

Art. 16. « Le constituant ne peut se libérer du « paiement de la rente, en offrant de rembourser « le capital, et en renonçant à la répétition des « arrérages payés ; il est tenu de servir la rente « pendant toute la vie de la personne ou des per-« sonnes sur la tête desquelles la rente a été con-« stituée, quelle que soit la durée de la vie de ces « personnes, et quelque onéreux qu'ait pu de-« venir le service de la rente. »

Art. 17. « La rente viagère n'est acquise au pro-« priétaire que dans la proportion du nombre de « jours qu'il a vécu, quand elle aurait été stipu-« lée payable par trimestre, semestre, ou par mois, « ou par termes d'avance.

« Le constituant a l'action en répétition pour « les termes qu'il aurait payés d'avance, sans y « être obligé par le contrat. »

Art. 17. « La rente viagère ne peut être stipulée « insaisissable que lorsqu'elle a été constituée à « titre gratuit. »

Art. 18. « La rente viagère ne s'éteint pas « par la mort civile du propriétaire ; le paie-« ment doit en être continué pendant sa vie natu-« relle. »

Art. 19. « Le propriétaire d'une rente viagère « n'en peut demander les arrérages qu'en justi-« fiant de son existence, ou de celle de la per-« sonne sur la tête de laquelle elle a été consti-« tuée. »

Le Consul ordonne que le titre ci-dessus sera communiqué officieusement, par le secrétaire général du Conseil d'État, à la section de légis-lation du Tribunat, conformément à l'arrêté du 18 germinal an X.

LIVRE III.
TITRE XV.
Du prêt.
Rédaction communiquée au Tribunat.

Le citoyen **Gally** présente le titre XV du li-vre III du projet de Code civil *du prêt.*
Il est ainsi conçu :

Du prêt.

Art. 1er. « Il y a deux sortes de prêt :
« Celui des choses dont on peut user sans les « détruire ;
« Et celui des choses qui se consomment par « l'usage qu'on en fait.
« La première espèce s'appelle *prêt à usage,* ou « *commodat ;*
« La deuxième s'appelle simplement *prêt.* »

Art. 2. « Cette seconde espèce se subdivise « encore en prêt gratuit et prêt à intérêt. »

CHAPITRE PREMIER.
Du prêt à usage ou commodat.

SECTION PREMIÈRE.
De la nature du prêt à usage.

Art. 3. « Le prêt à usage ou commodat est une « convention par laquelle l'un livre une chose à « l'autre pour s'en servir dans ses besoins, à la « charge par celui-ci de la rendre après qu'il s'en « sera servi. »

Art. 4. « Ce prêt est essentiellement gratuit. »

Art. 5. « Le prêteur demeure propriétaire de la « chose prêtée. »

Art. 6. « Tout ce qui est dans le commerce, et « qui ne se consomme pas par l'usage, peut être « l'objet de cette convention. »

Art. 7. « Les engagements qui se forment par « le commodat passent aux héritiers de celui qui « prête et aux héritiers de celui qui emprunte.

« Mais si l'on n'a prêté qu'en considération de « l'emprunteur, et à lui personnellement, alors « ses héritiers ne peuvent continuer de jouir du « prêt à usage. »

SECTION II.
Des engagements de l'emprunteur.

Art. 8. « L'emprunteur est tenu de veiller en « bon père de famille à la garde et à la conser-« vation de la chose prêtée. »

Art. 9. « Si l'emprunteur emploie la chose à « un autre usage, ou un temps plus long « qu'il ne le devait, il sera tenu de la perte arri-« vée, même par cas fortuit. »

Art. 10. « Si la chose prêtée périt par cas for-« tuit dont l'emprunteur aurait pu la garantir en « employant la sienne propre, ou si, ne pouvant « conserver que l'une des deux, il a préféré la « sienne, il est tenu de la perte de l'autre. »

Art. 11. « Si la chose a été estimée en la prê-« tant, la perte qui arrive, même par cas fortuit, « est pour l'emprunteur, s'il n'y a convention « contraire. »

Art. 12. « Si la chose se détériore par le seul « effet de l'usage pour lequel elle a été emprun-« tée, et sans aucune faute de la part de l'em-« prunteur, il n'en est pas tenu. »

Art. 13. « L'emprunteur ne peut pas retenir la « chose par compensation de ce que le prêteur « lui doit. »

Art. 14. « Si, pour user de la chose, l'emprun-« teur a fait quelque dépense, il ne peut pas la « répéter. »

Art. 15. « Si plusieurs ont conjointement em-

« prunté la même chose, ils en sont solidaire-
« ment responsables envers le prêteur. »

SECTION III.
Des engagements de celui qui prête à usage.

Art. 16. « Le prêteur ne peut retirer sa chose
« qu'après le terme convenu, ou, à défaut de
« convention, qu'après qu'elle a servi à l'usage
« pour lequel elle a été empruntée. »

Art. 17. « Néanmoins si, pendant ce délai, ou
« avant que le besoin de l'emprunteur ait cessé, il
« survient au prêteur un besoin pressant et impré-
« vu de sa chose, le juge peut, suivant les circons-
« tances, obliger l'emprunteur à la lui rendre. »

Art. 18. « Si, pendant la durée du prêt, l'em-
« prunteur a été obligé, pour la conservation de
« la chose, à quelque dépense extraordinaire, né-
« cessaire et tellement urgente qu'il n'ait pas pu
« en prévenir le prêteur, celui-ci sera tenu de la
« lui rembourser. »

CHAPITRE II.
Du prêt de consommation.

SECTION PREMIÈRE.
De la nature du prêt de consommation.

Art. 19. « Le prêt de consommation est une
« convention gratuite, par laquelle l'un livre à
« l'autre une certaine quantité de choses qui se
« consomment par l'usage, à la charge par ce der-
« nier de lui en rendre autant de même espèce et
« qualité. »

Art. 20. « Par l'effet du prêt, l'emprunteur de-
« vient le propriétaire de la chose prêtée; et c'est
« pour lui qu'elle périt, de quelque manière que
« cette perte arrive. »

Art. 21. « On peut donner à titre de prêt tout ce
« qui est tel qu'on peut en rendre de même espèce
« et qualité; mais on ne peut prêter à titre de
« prêt des choses qui, quoique de même espèce,
« diffèrent dans l'individu, comme les animaux :
« alors c'est un prêt à usage. »

Art. 22. « L'obligation qui résulte d'un prêt en
« argent n'est toujours que de la somme numé-
« rique énoncée au contrat.

« S'il y a eu augmentation ou diminution d'es-
« pèces avant l'époque du paiement, le débiteur
« doit rendre la somme numérique prêtée, et ne
« doit rendre que cette somme dans les espèces
« ayant cours au moment du paiement. »

Art. 23. « La règle portée en l'article précédent
« n'a pas lieu, si le prêt a été fait en lingots ou
« en marcs. »

Art. 24. « Si ce sont des lingots, ou des marcs,
« ou des denrées qui ont été prêtés, quelle que soit
« l'augmentation ou la diminution de leur prix,
« le débiteur doit toujours rendre la même quan-
« tité et qualité, et ne doit rendre que cela. »

SECTION II.
Des obligations du prêteur.

Art. 25.' « Lorsque la chose prêtée a des défauts
« tels qu'elle puisse causer du préjudice à celui
« qui s'en sert, le prêteur est responsable, s'il n'a
« pas fait connaître ces défauts à l'emprunteur. »

Art. 26. « Le prêteur ne peut pas redemander
« les choses prêtées avant le terme convenu. »

Art. 27. « S'il n'a pas été fixé de terme pour la
« restitution, le juge peut accorder à l'emprun-
« teur un délai suivant les circonstances. »

Art. 28. « S'il a été seulement convenu que l'em-
« prunteur paierait quand il le pourrait ou quand
« il en aurait les moyens, le juge lui fixera un
« terme de paiement suivant les circonstances. »

SECTION III.
Des engagements de l'emprunteur.

Art. 29. « Le premier engagement de l'emprun-
« teur est de rendre les choses prêtées en même
« quantité et qualité, et au terme convenu. »

Art. 30. « S'il est dans l'impossibilité d'y satis-
« faire, il est tenu d'en payer la valeur eu égard
« au temps et au lieu où la chose devait être ren-
« due par la convention.

« Si ce temps et ce lieu n'ont pas été réglés, le
« paiement se fait au prix du temps et du lieu
« où l'emprunt a été fait. »

Art. 31. « Si l'emprunteur ne rend pas les choses
« prêtées ou leur valeur au terme convenu, il
« en doit l'intérêt du jour de la demande en jus-
« tice. »

CHAPITRE II.
Du prêt à intérêt.

Art. 32. « Il est permis de stipuler des intérêts
« pour simple prêt soit d'argent, soit de denrées,
« ou autres choses mobilières. »

Art. 33. « L'emprunteur qui a payé des intérêts
« qui n'étaient pas stipulés ne peut ni les ré-
« péter ni les imputer sur le capital. »

Art. 34. « Le taux de l'intérêt est déterminé
« par des lois particulières.

« L'intérêt qui aura été stipulé à un taux plus
« fort sera réduit conformément à la loi.

« Si l'intérêt a été payé au-dessus du taux lé-
« gitime, l'excédant payé, imputé, année par année,
« sur le capital, qui sera réduit d'autant.

« Ces dispositions ne s'appliquent pas aux négo-
« ciations commerciales. »

Art. 35. « La quittance du capital, donnée sans
« réserve des intérêts, en fait présumer le paie-
« ment et en opère la libération. »

Art. 36. « On peut stipuler un intérêt moyen-
« nant un capital que le prêteur s'interdit d'exiger.
« Dans ce cas, le prêt prend le nom de consti-
« tution de rente. »

Art. 37. « Cette rente peut être constituée de
« deux manières, en perpétuel ou en viager. »

Art. 38. « La rente constituée est essentiellement
« rachetable.

« Les parties peuvent seulement convenir que le
« rachat ne sera pas fait avant un délai qui ne
« pourra excéder dix ans, ou sans avoir averti
« le créancier au terme d'avance qu'elles déter-
« mineront. »

Art. 39. « Le débiteur d'une rente constituée
« peut être contraint au rachat :

« 1° S'il cesse de remplir ses obligations pen-
« dant deux années;

« 2° S'il manque à fournir au prêteur les sûretés
« promises par le contrat. »

Art. 40. « Le capital de la rente constituée de-
« vient aussi exigible en cas de faillite ou de dé-
« confiture du débiteur. »

Les articles 1er et 2 sont soumis à la discussion
et adoptés.

Le citoyen **Gally** fait lecture du chapitre 1er,
du prêt à usage ou commodat.

La section 1re, de la nature du prêt à usage, est
soumise à la discussion.

Les articles 3, 4, 5, 6 et 7 qui la composent
sont adoptés.

La section II, des engagements de l'emprunteur,
est soumise à la discussion.

Les articles 8, 9, 10, 11, 12, 13, 14 et 15 qui la
composent sont adoptés.

La section III, des engagements de celui qui prête
à usage, est soumise à la discussion.

Les articles 16, 17 et 18 qui la composent sont adoptés.

Le citoyen **Gally** fait lecture du chapitre II, *du prêt de consommation.*

La section Iʳᵉ, *de la nature du prêt de consommation,* est soumise à la discussion.

Les articles 19, 20, 21 et 22 sont adoptés.

L'article 23 est discuté.

Le citoyen **Jollivet** demande la suppression du mot *marc*, lequel n'est plus en usage.

Le citoyen **Portalis** pense que l'on pourrait y substituer le mot *poids.*

Le citoyen **Jollivet** dit qu'il suffit d'employer le mot *lingot*, lequel suppose que la chose a été pesée.

L'article est adopté en retranchant ces mots, *ou en marcs.*

L'article 24 est adopté en retranchant également les mots *ou des marcs.*

La section II, *des obligations du prêteur,* est soumise à la discussion.

L'article 25 est discuté.

Le citoyen **Lacuée** demande comment et dans quel cas cet article rend le prêteur responsable.

Le citoyen **Jollivet** dit qu'au lieu d'établir une règle positive, il conviendrait de laisser le juge prononcer sur la responsabilité du prêteur; car le prêt étant gratuit, il faut sans doute des circonstances très-graves pour que le prêteur devienne responsable.

Le citoyen **Treilhard** répond que l'esprit de l'article n'est point d'imposer au prêteur une responsabilité hors des cas où l'équité l'exige.

On a demandé quand et comment il serait responsable.

Ce sera quand, faute d'avoir déclaré les défauts de la chose prêtée, il aura causé quelque dommage à l'emprunteur; par exemple, s'il a prêté un cheval morveux qui ait fait périr les chevaux de ce dernier.

Le citoyen **Lacuée** dit qu'on pourrait abuser de la règle pour inquiéter trop légèrement le prêteur. On prétendrait, par exemple, que lorsqu'il a prêté une échelle en mauvais état, il répond de l'accident arrivé à celui qui s'en est servi.

Le consul **Cambacérès** dit qu'il ne s'agit point ici du prêt à usage, dont les règles sont fixées par le chapitre Iᵉʳ, mais du prêt de consommation.

Le citoyen **Lacuée** craint que les dispositions de l'article 25 ne détournent les personnes officieuses de prêter.

Le citoyen **Treilhard** dit que cette règle n'est point nouvelle; qu'elle est dans les principes de l'équité naturelle, et que jusqu'à présent elle n'a point empêché de prêter.

Le citoyen **Jollivet** ajoute qu'en effet, si quelqu'un prête un blé avarié qui puisse nuire à la santé, il doit répondre de cette faute.

Le citoyen **Berlier** propose de ne rendre le prêteur responsable que lorsqu'il connaissait les défauts de la chose, et qu'il n'en a pas averti l'emprunteur.

L'article est adopté en substituant à ces mots : *Le prêteur est responsable s'il n'a pas fait connaitre ces défauts à l'emprunteur,* ceux-ci : *Le prêteur est responsable s'il connaissait les défauts et n'en a pas averti l'emprunteur.*

Les articles 26, 27 et 28 sont adoptés.

Le citoyen **Regnauld** (*de Saint-Jean-d'Angély*) fait une observation générale sur la totalité de la section II. Il dit qu'elle est intitulée : *Des obligations du prêteur;* que cependant, suivant *Pothier,* le prêt n'impose des obligations qu'à l'emprunteur.

Le citoyen **Berlier** dit qu'en effet les articles

27 et 28 n'imposent aucune obligation au prêteur. On peut donc supprimer la section II, en plaçant ailleurs l'article 25.

Le citoyen **Tronchet** observe que, l'article 25 devant être conservé, on est forcé de reconnaître que le prêt impose des obligations au prêteur; et même ce n'est point là l'unique engagement auquel ce contrat le soumette. L'article 26 ne lui permet pas de retirer la chose prêtée avant le terme convenu.

Le citoyen **Jollivet** ajoute que les articles 27 et 28 ne font que développer les articles 25 et 26. Ainsi tous les articles de la section II se rapportent aux engagements du prêteur.

Le consul **Cambacérès** dit que *Pothier* pense que le contrat de prêt étant unilatéral, ne soumet directement le prêteur à aucune obligation ; que néanmoins, comme ce contrat doit être exécuté de bonne foi, il impose au prêteur des devoirs.

Le Conseil maintient la section II.

La section III, *des engagements de l'emprunteur,* est soumise à la discussion.

Les articles 29, 30 et 31 qui la composent sont adoptés.

Le citoyen **Gally** fait lecture du chapitre III, *du prêt à intérêt.*

Les articles 32 et 33 sont adoptés.

L'article 34 est discuté.

Le consul **Cambacérès** propose de retrancher le dernier alinéa de cet article. On pourrait en conclure que le taux des négociations commerciales demeurera toujours abandonné aux parties. On verra, au contraire, lorsqu'on s'occupera des lois qui fixeront l'intérêt de l'argent, qu'il ne doit pas être réglé, même par rapport au commerce ; car il serait choquant que si, par exemple, l'intérêt était en général fixé à cinq pour cent, les négociants eussent le droit de le porter à vingt-cinq.

Le citoyen **Treilhard** voudrait que l'article fût moins absolu ; qu'il se bornât à dire que le taux de l'intérêt *pourra* être déterminé par des lois particulières.

Le citoyen **Regnauld** (*de Saint-Jean-d'Angély*) dit que cet article décide une question depuis longtemps controversée, celle de savoir si la loi doit fixer le taux de l'intérêt, et si les particuliers ne peuvent, dans leurs stipulations, l'élever plus haut.

L'affirmative a certainement des avantages, mais elle n'est pas sans inconvénient.

C'en est un d'abord que de porter une loi qui sera éludée au gré des parties ; car il serait facile de marquer la stipulation d'un intérêt excédant le taux que la loi aurait fixé.

C'est un autre inconvénient non moins fâcheux que de mettre le système de la législation en contradiction avec le système administratif, de lier les particuliers dans leurs négociations à une règle dont le Gouvernement sera forcé de s'écarter dans les siennes. On ne pourra, par exemple, placer qu'à cinq pour cent sur les particuliers, tandis qu'on placera à dix pour cent sur l'État en achetant des rentes à cinquante-quatre ou à cinquante-cinq pour cent, ou en prenant des effets publics à trois quarts pour cent par mois.

Cependant, si le Conseil adopte le principe, et que le taux de l'intérêt doive être réglé par la loi, du moins faut-il pourvoir à ce qu'on n'infère pas de cette disposition, que, jusqu'à ce qu'il ait été porté une loi nouvelle sur ce sujet, la loi qui fixe l'intérêt à cinq pour cent doit conserver sa force, ce qui n'est pas, quoique le tribunal de cassation paraisse aussi l'avoir décidé.

Le citoyen **Treilhard** dit qu'en rendant l'article facultatif, on ne pourra en conclure que la loi dont il vient d'être parlé soit maintenue.

Le citoyen **Regnauld** (de *Saint-Jean-d'Angély*) pense qu'il conviendrait de s'en expliquer d'une manière plus positive.

Le consul **Cambacérès** dit que la première question est de savoir si le taux de l'intérêt sera fixé par la loi : c'est celle qu'il faut d'abord traiter.

Les autres questions ne sont que secondaires ; elles viendront ensuite ; et parmi elles se place l'importante question qu'on vient d'élever sur la force de l'ancienne loi.

Le citoyen **Tronchet** pense qu'il faut d'abord examiner si le législateur a le droit de régler l'intérêt ; on verra ensuite s'il convient de le faire.

Le droit ne peut être contesté ; il est consacré par l'usage de tous les peuples civilisés. Dans tous les codes, on trouve des lois sur le taux de l'intérêt.

Il y a plus : ces lois sont indispensables pour le cas particulier des condamnations à des dommages-intérêts. Comment les tribunaux pourraient-ils les liquider, si la loi ne leur donnait une règle ?

Le citoyen **Berlier** observe que ce qu'a dit le citoyen *Tronchet* sur la nécessité de fixer l'intérêt considéré comme peine de l'inexécution des contrats, est vrai, mais ne résout pas la difficulté, et ne prouve pas même que la règle qu'il a rappelée, soit ici convenablement placée, si elle ne s'applique aux condamnations judiciaires, et doit ve rester sans influence sur le contrat de prêt, qui est le seul objet dont on traite dans le chapitre en discussion.

Le consul **Cambacérès** dit que le citoyen *Tronchet* n'a traité la question qu'à demi. La règle qu'il demande pour déterminer judiciairement les intérêts dépend de celle qui sera établie sur la stipulation d'intérêt. On pourrait, en effet, décider que les parties régleront les intérêts de gré à gré, et que lorsqu'elles n'auront pas usé de cette faculté, l'intérêt sera fixé à cinq pour cent.

Le citoyen **Jollivet** demande la suppression du premier alinéa de l'article. Il le croit inutile, attendu que le législateur n'a pas besoin de se réserver expressément un droit qui lui appartient par la nature de son pouvoir.

Il suffirait donc de dire que l'intérêt ne pourra être stipulé à un taux plus fort que celui qui aura été déterminé par la loi.

Le citoyen **Treilhard** est aussi d'avis de supprimer le premier alinéa de l'article, mais par d'autres motifs que ceux qui viennent d'être présentés.

Il partage l'opinion du citoyen *Regnauld* (de *Saint-Jean-d'Angély*) sur la nécessité de ne pas mettre en contradiction le système de la loi et le système administratif. Il adopte également la distinction faite par le citoyen *Tronchet*, entre l'intérêt légal et l'intérêt conventionnel. Mais il observe que la question sera beaucoup plus ardue, lorsqu'il y aura une convention.

Établira-t-on que l'intérêt conventionnel ne pourra jamais être élevé plus haut que l'intérêt légal ? Alors il est à craindre que la loi et les circonstances ne se trouvent pas toujours d'accord. La loi aura fixé l'intérêt à un taux modéré, et les circonstances cependant pourront quelquefois être telles qu'il deviendra impossible de trouver de l'argent à ce prix.

Pour se déterminer, il importe de se bien pénétrer de cette vérité, que ce ne sont pas les conventions qui gênent les emprunteurs. Jamais on ne stipule ouvertement vingt, trente, quarante pour cent d'intérêt ; et, d'un autre côté, la loi défendrait inutilement de semblables stipulations : comme actuellement on les ferait par des moyens indirects, on cumulerait dans l'obligation les intérêts avec le capital.

On doit donc se borner à décider que l'intérêt sera réglé par des lois particulières, lorsqu'il ne l'aura pas été par la convention.

Le citoyen **Tronchet** propose de dire que l'intérêt est ou légal ou conventionnel ; que l'intérêt légal est celui que la loi détermine ; que l'intérêt conventionnel peut s'élever plus haut, lorsque la loi ne l'a pas prohibé ; que si elle le prohibe, l'excédant est imputé sur le capital.

Le citoyen **Maleville** répond aux réflexions du citoyen *Treilhard*. Il dit qu'une loi sur le taux de l'intérêt aura l'avantage de donner aux citoyens honnêtes une règle à laquelle ils se conforment ; que si cette règle n'existe pas, ils prendront pour guide l'usage, et le suivront sans scrupule. Mais un État ne peut subsister sans une telle loi : la justice y serait paralysée, et les tribunaux ne sauraient que prononcer dans les cas si fréquents où il s'agit de déterminer la peine du refus ou du retard à remplir ses obligations.

Aussi, dans le moment actuel même, la loi qui a fixé l'intérêt à cinq pour cent est-elle en pleine vigueur : la Convention nationale l'avait abrogée, il est vrai, en déclarant l'argent marchandise ; mais les funestes inconvénients de cette déclaration furent bientôt sentis, et vingt-trois jours après elle fut rapportée. C'est donc bien mal à propos qu'on a dit qu'on pourrait conclure de l'article en discussion, que la loi qui fixe l'intérêt à cinq pour cent existe encore : oui, elle existe, et on ne peut la révoquer qu'en en portant une autre qui donne un nouveau taux à l'intérêt.

Il suffit, au reste, de la triste expérience que nous en avons faite, et de ce qui se passe chaque jour sous nos yeux, pour savoir s'il est bien utile de laisser le taux de l'intérêt à l'arbitraire des conventions, et de ne pas fixer au moins une mesure à ces conventions. A-t-on jamais vu en France l'intérêt porté à un taux aussi scandaleux que depuis que la Convention a lâché législativement cette déclaration imprudente, que l'argent était une marchandise ? Mais qui est-ce qui ignore que l'intérêt excessif de l'argent produit nécessairement l'avilissement des fonds de terre, la ruine du commerce, et un tel renchérissement des objets manufacturés, qu'il est impossible de soutenir la concurrence dans le marché des nations ?

On a dit que ce sont les circonstances qui font le taux de l'intérêt : c'est une erreur. L'opinant vient de parcourir des départements ravagés par l'usure, et là a reconnu que le prix excessif de l'argent est bien moins l'ouvrage des circonstances que de la cupidité qui abuse du besoin.

Le citoyen **Bérenger** dit que, dans l'ancienne législation, tout prêt à intérêt était réputé usuraire.

Ce préjugé a été écarté. Cependant on l'a ménagé encore en établissant l'intérêt légal comme un correctif et un remède du prêt à intérêt, dans lequel on semblait voir encore un mal qu'il était bon de restreindre.

De là sont venues les idées que vient de rappeler le citoyen *Maleville* ; on a distingué entre l'intérêt juste et l'intérêt injuste.

Si on raisonne d'après la loi, il n'y aura sans

doute d'intérêt juste que celui qu'elle détermine.

Cependant, dans les idées naturelles, un intérêt de sept pour cent peut n'être pas plus injuste qu'un intérêt de trois ; car il est de la nature de l'intérêt d'être variable comme le prix des loyers, comme toutes les choses sur lesquelles les circonstances peuvent influer.

Lorsqu'on a fixé l'intérêt à cinq pour cent, l'argent n'était employé qu'à l'exploitation des terres : ainsi les bénéfices qu'il pouvait donner se trouvaient plus circonscrits que dans nos temps modernes, où une industrie plus active l'emploie à beaucoup d'autres usages. Aujourd'hui, en empruntant à sept pour cent, on peut obtenir des gains beaucoup plus considérables que dans les temps plus reculés, où l'on avait l'argent à cinq.

Il n'y a donc pas de règle d'une justice absolue pour la fixation de l'intérêt ; on ne peut pas plus le déterminer qu'on ne peut fixer un *maximum* au prix des denrées et des marchandises.

D'ailleurs la loi serait presque toujours éludée ; car les consciences timorées dont a parlé le citoyen *Maleville* sont très-rares. Chacun se dit que, pouvant tirer dix pour cent de son argent, il donne la moitié de son bénéfice à l'emprunteur, s'il prête à cinq. Cependant il est dangereux d'accoutumer les citoyens à se soustraire à la loi. Celle qui serait portée sur l'intérêt de l'argent ne servirait qu'à le faire hausser, et à rendre les emprunts plus rares et plus difficiles.

L'intérêt de l'argent ne doit donc être fixé par la loi que pour le cas où il ne l'a pas été par les parties.

Le citoyen **Tronchet** dit qu'on vient de reconnaître que l'intérêt de l'argent doit être fixé par la loi, du moins pour un cas, et que cependant la conséquence des raisonnements qu'on a faits serait qu'il est impossible de trouver une juste règle pour le déterminer.

C'est ce qu'il faut éclaircir.

Il est vrai qu'autrefois, donnant un sens trop étendu à ce texte de l'évangile, *mutuum date, nihil inde sperantes*, et convertissant en précepte ce qui n'était qu'un conseil, on réprouvait comme usuraire toute espèce de prêt à intérêt. Mais depuis, ce principe a été abandonné dans le droit civil, et l'on a considéré l'intérêt comme une indemnité juste des bénéfices que le prêteur aurait pu tirer de son argent, s'il s'en était réservé l'usage.

Cependant quelle règle la loi pouvait-elle établir ?

Elle a dû considérer que celui qui stipule des intérêts les évalue d'après les bénéfices ordinaires que peuvent lui donner les moyens d'emploi qui existent. C'est par cette raison qu'autrefois la législation fixait à cinq pour cent l'intérêt de l'argent, parce que c'était le bénéfice ordinaire de tout emploi de fonds.

Mais les circonstances faisant varier l'espoir des bénéfices, la loi peut-elle prendre ces bénéfices pour base d'une règle générale sur la fixation de l'intérêt ?

Tout ce qu'il faudrait conclure de là, c'est que la loi devant se régler sur les circonstances qui changent et qui varient, elle ne peut être invariable.

La rédaction proposée par l'opinant est dans ces termes. Elle décide qu'il appartient à la loi de fixer l'intérêt légal, et qu'il lui appartient également de prohiber l'intérêt conventionnel, si les circonstances permettent une telle prohibition.

Le citoyen **Treilhard** propose d'ajouter qu'on n'aura égard aux conventions d'intérêts que lorsqu'elles seront rédigées par écrit : autrement, la stipulation sera réduite au taux de l'intérêt légal.

L'article 34 est supprimé et remplacé par la rédaction du citoyen *Tronchet*, amendé par le citoyen *Treilhard*.

Cette rédaction est ainsi conçue :

« L'intérêt est légal ou conventionnel. L'intérêt légal est fixé par la loi. L'intérêt conventionnel peut excéder celui de la loi toutes les fois que la loi ne le prohibe pas.

« Le taux de l'intérêt conventionnel doit être fixé par écrit. »

Les articles 35, 36 et 37 sont adoptés.

L'article 38 est discuté.

Le citoyen **Jollivet** propose d'ajouter à ces mots, *la rente constituée*, ceux-ci, *en perpétuel*, afin de ne pas déroger à ce qui a été dit relativement aux rentes viagères.

L'article est adopté avec cet amendement.

Les articles 39 et 40 sont adoptés.

Le Consul ordonne que le titre ci-dessus, qui vient d'être arrêté par le Conseil sera communiqué officiellement, par le secrétaire général du Conseil d'État, à la section de législation du Tribunat, conformément à l'arrêté du 18 germinal an X.

LIVRE III.
TITRE XX.
DE LA PRESCRIPTION.

Le citoyen **Portalis** présente le titre XX du livre III du projet de Code civil, *de la prescription.*

CHAPITRE PREMIER.
Dispositions générales.

Art. 1er. « La prescription est un moyen d'acquérir ou de se libérer par un certain laps de temps, et sous les conditions déterminées par la loi. »

Art. 2. « On ne peut, d'avance, renoncer au bénéfice de la prescription : on peut renoncer à la prescription acquise. »

Art. 3. « La renonciation à la prescription est expresse ou tacite : la renonciation tacite résulte d'un fait qui suppose l'abandon du droit acquis. »

Art. 4. « Celui qui ne peut aliéner ne peut renoncer à la prescription acquise. »

Art. 5. « Les juges ne peuvent pas suppléer d'office le moyen déduit de la prescription. »

Art. 6. « La prescription peut être opposée en tout état de cause, même devant le tribunal d'appel, à moins que la partie qui n'aurait pas opposé le moyen de la prescription ne doive, par les circonstances, être présumée y avoir renoncé. »

Art. 7. « Les créanciers, ou toute autre personne ayant intérêt à ce que la prescription soit acquise, peuvent l'opposer, encore que le débiteur ou le propriétaire y renonce. »

Art. 8. « On ne peut prescrire le domaine des choses qui ne sont point dans le commerce. »

Art 9. « La nation, les établissements publics et les communes sont soumis aux mêmes prescriptions que les particuliers, et peuvent également les opposer. »

CHAPITRE II.
De la possession.

Art. 10. « La possession est la détention d'une chose ou d'un droit que nous tenons en notre

« puissance, ou par nous-mêmes, ou par un autre
« qui la tient en notre nom. »

Art. 11. « Pour pouvoir prescrire, il faut une
« possession continue et non interrompue, pai-
« sible, publique, non équivoque, et à titre de
« propriétaire. »

Art. 12. « On est toujours présumé posséder
« pour soi, et à titre de propriétaire, s'il n'est
« prouvé qu'on a commencé à posséder pour un
« autre. »

Art. 13. « Quand on a commencé à posséder
« pour autrui, on est toujours présumé posséder
« au même titre, s'il n'y a preuve du contraire. »

Art. 14. « Les actes facultatifs et ceux de
« simple tolérance ne peuvent fonder ni posses-
« sion ni prescription. »

Art. 15. « Les actes de violence ne peuvent
« fonder non plus une possession capable d'opé-
« rer la prescription, tant que cette violence
« dure. »

Art. 16. « Le possesseur actuel qui prouve
« avoir possédé anciennement, est présumé avoir
« possédé dans le temps intermédiaire. »

Art. 17. « Pour compléter la prescription, on
« peut joindre à sa possession celle de son auteur,
« soit qu'on lui ait succédé à titre universel ou
« particulier, lucratif ou onéreux. »

CHAPITRE III.

Des causes qui empêchent la prescription.

Art. 18. « Ceux qui possèdent pour autrui ne
« prescrivent jamais par quelque laps de temps
« que ce soit.

« Ainsi le fermier, le dépositaire, l'usufruitier,
« et tous autres qui détiennent précairement la
« chose du propriétaire, ne peuvent la prescrire. »

Art. 19. « Les héritiers de ceux qui tenaient la
« chose à quelqu'un des titres désignés par l'ar-
« ticle précédent, ne peuvent non plus pres-
« crire. »

Art. 20. « Néanmoins, les personnes énoncées
« dans les articles 18 et 19 peuvent prescrire, si
« le titre de leur possession se trouve interverti,
« soit par une cause venant d'un tiers, soit par
« la contradiction qu'elles ont opposée aux droits
« du propriétaire. »

Art. 21. « Ceux à qui les fermiers, dépositaires
« et autres détenteurs précaires, ont transmis la
« chose par un titre translatif de propriété, peu-
« vent la prescrire. »

Art. 22. « On ne peut pas prescrire contre son
« titre, en ce sens que l'on ne peut point se chan-
« ger à soi-même la cause et le principe de sa
« possession. »

Art. 23. « On peut prescrire contre son titre, en
« ce sens que l'on prescrit la libération de l'obli-
« gation que l'on a contractée. »

CHAPITRE IV.

*Des causes qui interrompent ou qui suspendent le
cours de la prescription.*

SECTION PREMIÈRE.

Des causes qui interrompent la prescription.

Art. 24. « La prescription peut être interrompue
« ou naturellement ou civilement. »

Art. 25. « Il y a interruption naturelle, lorsque
« le possesseur est privé, pendant plus d'un an,
« de la jouissance de la chose, soit par l'ancien
« propriétaire, soit même par un tiers. »

Art. 26. « Une citation en justice, un comman-
« dement ou une saisie signifiés à celui qu'on
« veut empêcher de prescrire, forment l'interrup-
« tion civile. »

Art. 27. « La citation en conciliation devant le
« bureau de paix interrompt la prescription,
« du jour de sa date, lorsqu'elle est suivie d'une
« assignation en justice donnée dans les délais de
« droit. »

Art. 28. « La citation en justice donnée, même
« devant un juge incompétent, interrompt la
« prescription. »

Art. 29. « Si l'assignation est nulle par défaut
« de forme,

« Si le demandeur se désiste de sa demande,

« S'il laisse périmer l'instance.

« Ou si le possesseur est relaxé de sa demande,

« L'interruption est regardée comme non
« avenue. »

Art. 30. « La prescription est interrompue par
« la reconnaissance que le débiteur ou le posses-
« seur font du droit de celui contre lequel ils
« prescrivaient. »

Art. 31. « L'interpellation judiciaire faite à l'un
« des débiteurs solidaires, ou sa reconnaissance,
« interrompent la prescription contre tous les au-
« tres, même contre leurs héritiers.

« L'interpellation ou la reconnaissance de l'un
« des héritiers d'un débiteur solidaire n'interrompt
« pas la prescription à l'égard des autres cohé-
« ritiers, quand même la créance serait hypo-
« thécaire, si l'obligation n'est indivisible.

« Cette interpellation ou cette reconnaissance
« de l'un des héritiers du débiteur solidaire n'in-
« terrompt la prescription, à l'égard des autres
« codébiteurs, que pour la part dont cet héritier
« est tenu.

« Pour interrompre la prescription pour le tout,
« à l'égard des autres codébiteurs, il faut l'inter-
« pellation ou la reconnaissance de tous les hé-
« ritiers débiteurs du décédé. »

Art. 32. « L'interpellation ou la reconnaissance
« du débiteur principal interrompt la prescrip-
« tion contre la caution. »

SECTION II.

Des causes qui suspendent le cours de la prescription.

Art. 33. « La prescription court contre toutes
« personnes, à moins qu'elles ne soient dans quel-
« que exception établie par une loi. »

Art. 34. « Elle ne court point entre époux. »

Art. 35. « La prescription court contre la femme
« mariée, encore qu'elle ne soit point séparée par
« contrat de mariage ou en justice, à l'égard des
« biens dont le mari a l'administration, sauf son
« recours contre le mari. »

Art. 36. « Néanmoins elle ne court point, pen-
« dant le mariage, contre l'aliénation d'un fonds
« constitué selon le régime dotal et sans commu-
« nauté. »

Art. 37. « La prescription est pareillement sus-
« pendue pendant le mariage :

« 1° Dans le cas où l'action de la femme ne pour-
« rait être exercée qu'après une option à faire
« sur l'acceptation ou la renonciation à la com-
« munauté ;

« 2° Dans le cas où le mari, ayant vendu le bien
« propre de la femme sans son consentement, est
« garant de la vente, et dans tous les autres cas où
« l'action de la femme réfléchirait contre le mari. »

Art. 38. « La prescription ne court point :

« A l'égard d'une créance qui dépend d'une con-
« dition, jusqu'à ce que la condition arrive ;

« Contre une action en garantie, jusqu'à ce que
« l'éviction ait lieu ;

« Contre une créance à jour fixe, jusqu'à ce
« que ce jour soit arrivé. »

Art. 39. « La prescription ne court pas contre

« l'héritier bénéficiaire , à l'égard des créances
« qu'il a contre la succession.
« Elle court contre une succession vacante,
« quoique non pourvue de curateur. »
Art. 40. « Elle court encore pendant les trois
« mois pour faire inventaire, et les quarante jours
« pour delibérer. »

CHAPITRE V.

Du temps requis pour prescrire.

SECTION PREMIÈRE.

Dispositions générales.

Art. 41. « La prescription se compte par jours,
« et non par heures. Elle est acquise lorsque le
« dernier jour du terme est accompli. »
Art. 42. « Dans les prescriptions qui s'accom-
« plissent dans un certain nombre de jours, les
« jours complémentaires sont comptés.
« Dans celles qui s'accomplissent par mois,
« celui de fructidor comprend les jours complé-
« mentaires. »

SECTION II.

De la prescription trentenaire.

Art. 43. « Toutes les actions, tant réelles que
« personnelles, sont prescrites par trente ans,
« sans que celui qui allègue cette prescription
« soit obligé d'en rapporter un titre, ou qu'on
« puisse lui opposer l'exception déduite de la
« mauvaise foi. »
Art. 44. « Les règles de la prescription sur
« d'autres objets que ceux mentionnés dans le
« présent titre, sont expliquées dans les titres qui
« leur sont propres. »

SECTION III.

De la prescription par dix et vingt ans.

Art. 45. « Celui qui acquiert de bonne foi et
« par juste titre un immeuble, en prescrit la pro-
« priété par dix ans, si le véritable propriétaire
« habite dans le ressort du tribunal d'appel dans
« l'étendue duquel l'immeuble est situé; et par
« vingt ans, s'il est domicilié hors dudit res-
« sort. »
Art. 46. « Si le véritable propriétaire a eu son
« domicile en différents temps dans le ressort et
« hors du ressort, il faut, pour compléter la pres-
« cription, ajouter à ce qui manque aux dix ans
« de présence, un nombre d'années d'absence
« double de celui qui manque, pour compléter
« les dix ans de présence. »
Art. 47. « Le titre, nul par défaut de forme,
« n'autorise pas la prescription de dix et vingt
« ans. »
Art. 48. « La bonne foi est toujours présumée,
« et c'est à celui qui allègue la mauvaise foi à la
« prouver. »
Art. 49. « Il suffit que la bonne foi ait existé
« au moment de l'acquisition. »
Art. 50. « Après dix ans, l'architecte est déchargé
« de la garantie des gros ouvrages qu'il a faits
« ou dirigés. »

SECTION IV.

De quelques prescriptions particulières.

Art. 51. « L'action des maîtres et instituteurs
« des sciences et arts, pour les leçons qu'ils don-
« nent au mois;
« Celle des hôteliers et traiteurs, à raison du
« logement et de la nourriture qu'ils fournissent;
« Celle des ouvriers et gens de travail, pour le
« paiement de leurs journées, fournitures et sa-
« laires,

« Se prescrivent par six mois. »
Art. 52. « L'action des médecins, chirurgiens
« et apothicaires, pour leurs visites, opérations
« et médicaments;
« Celle des huissiers et sergents, pour le salaire
« des actes qu'ils signifient, et des commissions
« qu'ils exécutent;
« Celle des marchands, pour les marchandises
« qu'ils vendent aux particuliers non marchands;
« Celle des maîtres de pension contre leurs
« élèves, pour le prix de cette pension; et des
« autres maîtres contre leurs apprentis, pour le
« prix de leur apprentissage;
« Celle des domestiques qui se louent à l'année,
« pour le paiement de leur salaire,
« Se prescrivent par un an. »
Art. 53. « L'action des avoués, pour le paie-
« ment de leurs frais et salaires, se prescrit par
« deux ans, à compter du jugement des procès,
« ou de la conciliation des parties, ou depuis la
« révocation desdits avoués. À l'égard des affaires
« non déterminées, ils ne peuvent former de de-
« mandes pour leurs frais et salaires qui remon-
« teraient à plus de cinq ans. »
Art. 54. « La prescription, dans les cas ci-dessus,
« a lieu, quoiqu'il y ait eu continuation de four-
« nitures, livraisons, services et travaux.
« Elle ne cesse de courir que lorsqu'il y a eu
« compte arrêté, cédule ou obligation, ou citation
« en justice non périmée. »
Art. 55. « Néanmoins ceux auxquels ces pres-
« criptions seront opposées peuvent déférer le
« serment à ceux qui les opposent, sur le fait de
« savoir si la chose a été réellement payée.
« Le serment pourra être déféré aux veuves et
« héritiers, ou aux tuteurs de ces derniers, pour
« qu'ils mineurs, pour qu'ils aient à déclarer s'ils
« ne savent pas que la chose est due. »
Art. 56. « Les juges et avoués sont déchargés
« des pièces cinq ans après le jugement des procès;
« Les huissiers et sergents, après deux ans,
« depuis l'exécution de la commission, ou la si-
« gnification des actes dont ils étaient chargés. »
Art. 57. « Les arrérages de rentes perpétuelles
« et viagères;
« Ceux des pensions alimentaires;
« Les loyers des maisons, et le prix de ferme
« des biens ruraux;
« Les intérêts des sommes prêtées, et généra-
« lement tout ce qui est payable par année, ou à
« des termes périodiques plus courts,
« Se prescrivent par cinq ans. »
Art. 58. « Les prescriptions dont il s'agit dans
« les articles de la présente section courent
« contre les mineurs et interdits, sauf leur recours
« contre leurs tuteurs. »
Art. 59. « En fait de meubles, la possession
« vaut titre.
« Néanmoins celui qui a perdu ou auquel il a
« été volé une chose, peut la revendiquer pendant
« trois ans, à compter du jour de la perte ou du
« vol, contre celui dans les mains duquel il la
« trouve : sauf à celui-ci son recours contre celui
« duquel il la tient. »
Art. 60. « Si le possesseur actuel de la chose
« volée ou perdue, l'a achetée dans une foire ou
« dans un marché, ou dans une vente publique,
« ou d'un marchand vendant des choses pareilles,
« le propriétaire originaire ne peut se la faire
« rendre qu'en remboursant au possesseur le prix
« qu'elle lui a coûté. »

Le citoyen **Portalis** fait lecture du chapitre 1er,
contenant les *dispositions générales.*
Les articles 1. 2, 3, 4, 5, 6, 7, 8 et 9 qui com-

posent ce chapitre sont soumis à la discussion et adoptés.

Le citoyen **Portalis** fait lecture du chapitre II, *de la possession.*

Les articles 10, 11, 12, 13, 14, 15, 16 et 17 qui composent ce chapitre sont soumis à la discussion et adoptés.

Le citoyen **Portalis** fait lecture du chapitre III, *des causes qui empêchent la prescription.*

Les articles 18, 19, 20, 21, 22 et 23 qui composent ce chapitre sont soumis à la discussion et adoptés.

Le citoyen **Portalis** fait lecture du chapitre IV, *des causes qui interrompent ou qui suspendent le cours de la prescription.*

La section Ire, *des causes qui interrompent la prescription*, est soumise à la discussion.

Les articles 24, 25, 26, 27, 28 et 29 sont adoptés.

L'article 30 est discuté.

Le citoyen **Jollivet** dit que la jurisprudence variait sur le délai après lequel le titre nouvel d'une rente pouvait être demandé, et qu'il importe de le fixer.

Le citoyen **Berlier** observe que la discussion de cet amendement se lie à l'article 43.

La proposition du citoyen *Jollivet* est ajournée après la discussion de cet article.

Les articles 31 et 32 sont adoptés.

La section II, *des causes qui suspendent le cours de la prescription*, est soumise à la discussion.

Les articles 33, 34, 35, 36, 37, 38, 39 et 40 qui la composent sont adoptés.

Le citoyen **Portalis** fait lecture du chapitre V, *du temps requis pour prescrire.*

La section Ire, contenant les *dispositions générales*, est soumise à la discussion.

Les articles 41 et 42 qui la composent sont adoptés.

La section II, *de la prescription trentenaire*, est soumise à la discussion.

L'article 43 est discuté.

Le citoyen **Jollivet** rappelle l'observation qu'il a faite sur l'article 30 : il propose de fixer le délai à vingt ans.

Le citoyen **Berlier** dit que ce délai est trop court.

Le citoyen **Jollivet** propose de le fixer à vingt-cinq ans.

Le citoyen **Berlier** dit que la loi ne doit, à cet égard, accorder que ce qui est strictement nécessaire; or puisque la prescription ne s'acquiert, relativement aux rentes, que par trente ans, pourquoi l'action en renouvellement du titre serait-elle accordée avant l'expiration de la vingt-neuvième année ? Une année est bien suffisante pour poursuivre le titre nouvel, ou du moins pour en former la demande, qui seule est interruptive de la prescription : il faut donc s'arrêter là; car d'ailleurs la passation du nouveau titre est aux frais du débiteur, et il ne faut pas aggraver sa condition sans nécessité.

Le citoyen **Jollivet** dit que les créanciers qui reçoivent régulièrement leurs arrérages sont ordinairement insouciants à l'égard du titre nouvel; que cependant cette négligence leur ferait perdre la rente par la prescription. Elle paraît en effet acquise contre eux, lorsqu'ils n'ont pas pris de titre nouvel; car les quittances étant entre les mains du débiteur, ils ne peuvent justifier que la rente leur a été payée exactement pendant les trente années antérieures.

Le citoyen **Tronchet** dit qu'abréger le délai après lequel le titre nouvel peut être exigé, c'est abréger la prescription elle-même; car elle ne doit s'accomplir qu'après trente ans.

Le citoyen **Treilhard** dit qu'il suffit d'une année pour que le créancier ne soit pas surpris par l'accomplissement de la prescription; qu'ainsi le délai pour exiger le titre nouvel paraît devoir être fixé à vingt-neuf ans.

L'article est adopté.

Le Conseil adopte l'article suivant, qui sera le 44e :

« Après vingt-neuf ans de la date du dernier « titre, le débiteur d'une rente peut être contraint à « fournir à ses frais un titre nouvel à son créan- « cier ou à ses ayants cause. »

L'article 30, ajourné après la discussion de l'article 43, est adopté.

L'article 44 est adopté.

La section III, *de la prescription par dix et vingt ans*, est soumise à la discussion.

Les articles 45, 46, 47, 48, 49 et 50 qui la composent sont adoptés.

La section IV, *de quelques prescriptions particulières*, est soumise à la discussion.

Les articles 51 et 52 sont adoptés.

L'article 53 est discuté.

Le citoyen **Pelet**, afin d'empêcher que les avoués n'abusent de cet article pour prolonger inutilement des procédures dispendieuses, propose de ne faire durer que pendant deux ans au lieu de cinq, leur action, même pour les affaires non encore terminées.

Le citoyen **Berlier** dit que la distinction faite par l'article est juste et doit être maintenue.

Quand une affaire est terminée, l'avoué doit plus spécialement songer à se faire payer; et la prescription, qui n'est qu'une présomption légale de paiement, peut, en ce cas, s'acquérir par un moindre temps.

Mais tant que l'affaire dure, la loi peut et doit présumer quelques ménagements de plus envers le client; et dans ce cas, la présomption légale ne doit s'établir que par un plus grand laps de temps.

Ne serait-ce pas d'ailleurs aggraver la condition des clients en général, que d'obliger l'avoué, même pendant le litige, à poursuivre son paiement dans le terme de deux ans, sous peine de prescription ? On peut bien croire qu'il n'y manquerait pas; et la règle qui le forcerait à être dur envers son client, ne tournerait certainement pas au profit de celui-ci.

Le citoyen **Portalis** ajoute que si la proposition du citoyen *Pelet* était adoptée, le pauvre ne trouverait plus d'avoués qui voulussent faire des avances pour lui; que d'ailleurs elle n'enchaînerait pas la cupidité, car il est possible de faire, en deux ans, des frais aussi considérables que dans un laps de temps beaucoup plus long.

L'article est adopté.

Les articles 54, 55, 56, 57, 58, 59 et 60 sont adoptés.

Le Consul ordonne que le titre qui vient d'être arrêté par le Conseil sera communiqué officieusement, par le secrétaire général du Conseil d'État, à la section de législation du Tribunat, conformément à l'arrêté du 18 germinal an X.

RÉGIME HYPOTHÉCAIRE.

Impression des deux rapports de la section.

Le Consul charge la section de législation de présenter, jeudi prochain 12 pluviôse, les deux rapports qu'elle a préparés sur les deux systèmes du régime hypothécaire; savoir, celui proposé par les rédacteurs du projet de Code civil et celui de la loi du 1er brumaire an VII.

Ces rapports seront imprimés.

RENTES FONCIÈRES.
Renvoi de la section à la question de savoir s'il convient de les rétablir.

Le Consul charge également la section d'examiner la question de savoir s'il convient de rétablir l'usage des rentes foncières.

LIVRE III.
TITRE XIII.
DE LA VENTE.

D'après le principe adopté dans la séance du 21 nivôse, sur la rescision entre majeurs pour cause de lésion énorme, la section II du chapitre VI du titre XIII, *de la rescision de la vente pour cause de lésion*, est soumise à la discussion.

L'article 94, qui est le premier de cette section, est discuté.

Le citoyen **Jollivet** dit que si l'action en rescision est accordée à l'acheteur, il sera indispensable d'élever pour lui le taux de la lésion, et qu'alors il paraît juste de l'élever également pour le vendeur.

Le citoyen **Cretet** dit que l'objet de cette proposition est d'adoucir, dans l'application, le rétablissement de l'action en rescision ; mais que, sous ce rapport, la quotité de la lésion paraît indifférente : c'est principalement sur la durée de l'action qu'il importe de s'arrêter. Sur le taux de la lésion, on pourrait, sans inconvénient, suivre l'ancienne maxime, qui voulait qu'elle fût d'outre moitié. Or la proposition de la porter à sept douzièmes s'éloigne si peu de la règle autrefois en usage, qu'elle n'appelle aucune objection.

Le citoyen **Bérenger** dit que s'il reproduit les arguments par lesquels il a combattu le principe de la rescision, ce n'est point pour atténuer de nouveau ce principe ; c'est uniquement pour prouver qu'il importe d'élever le taux de la lésion. En effet, pour estimer la véritable valeur de l'immeuble au temps de la vente, il faut voir dans quelle circonstance et à quelle époque les parties ont contracté ; car il est possible que le vendeur ait fait un marché utile, quoique, si l'on s'en rapportait aux apparences, il parût avoir souffert une lésion énorme.

L'opinant propose d'exiger une lésion des deux tiers.

Le citoyen **Cretet** dit qu'il existe déjà dans la législation une rescision qu'on peut prendre pour modèle, quant à la quotité de la lésion et quant à la durée de l'action ; c'est celle qui s'opère par l'effet de la surenchère des créanciers hypothécaires.

Le citoyen **Tronchet** dit qu'il ne faut pas perdre de vue le principe qui a fait adopter l'action en rescision. On l'a puisé dans la nature du contrat de vente, lequel est cumulatif. Or il n'y a plus d'équivalent, mais il y a lésion, quand on voit, d'un côté, plus de la moitié de la valeur du contrat.

On a cru néanmoins devoir exiger une lésion de sept douzièmes, parce que c'était établir une règle trop incertaine que de se borner à la moitié : la différence la plus légère, ne fût-elle que d'un franc, aurait emporté la balance ; mais aller plus loin, et regarder celui qui a reçu moins de sept douzièmes du prix comme ayant obtenu l'équivalent de ce qu'il donne, ce serait détruire le principe même.

Le Conseil adopte en principe qu'il y aura rescision pour lésion des sept douzièmes du juste prix.

L'article 95 est discuté.

Le citoyen **Jollivet** demande l'ajournement de cet article, parce que, dit-il, il tient au mode d'estimer l'immeuble, lequel n'est pas encore déterminé.

Le consul **Cambacérès** dit que l'article ne préjuge rien sur le mode d'estimation ; qu'il suppose seulement que l'immeuble sera estimé, ce qui est incontestable ; et qu'il veut que, dans ce cas, on s'arrête à la valeur qu'il avait au temps de la vente. Cette règle ne peut pas souffrir de difficulté.

Cependant on peut calmer toutes les craintes en adoptant une autre rédaction ; il suffit de dire : *La valeur de l'immeuble sera estimée, etc.*

L'article est renvoyé à la section.

L'article 96 est discuté.

Le citoyen **Cretet** examine s'il est nécessaire de faire durer l'action pendant deux ans.

L'une des plus grandes difficultés contre le principe même de la rescision, c'est qu'il laisse pendant un temps la propriété incertaine ; ce qui gêne le propriétaire dans l'exercice de son droit, et prive la société de tous les avantages qu'elle retire des améliorations.

C'est sans doute déjà beaucoup faire que de réduire à deux ans cet état fâcheux qui, dans l'ancienne législation, durait pendant le long espace de dix années.

Mais y a-t-il quelque motif de prolonger l'action, même pendant deux ans ?

La lésion vient, ou de l'erreur de celui qui vend, ou de ses besoins.

Il ne lui faut point deux ans pour se détromper, s'il n'y a qu'erreur.

S'il a voulu se procurer un secours que les circonstances lui rendaient nécessaire ou utile, il cesse d'être favorable ; on ne lui doit aucune garantie pour les fausses spéculations auxquelles il a pu se livrer. Il y a plus : la loi ne pourrait le secourir sans fournir à l'agiotage un moyen nouveau. En effet, on vendrait à vil prix, pour se procurer des fonds dont on tirerait des bénéfices considérables, et on les rendrait après deux ans à l'acheteur, en reprenant sa chose.

Lorsqu'on n'accorde que deux mois à des créanciers pour reconnaître si la vente de leur gage leur est préjudiciable, et pour surenchérir, pourquoi accorderait-on deux ans à un vendeur? Six mois devraient lui suffire ; mais afin de n'être pas trop rigoureux, on peut lui donner un an.

Le citoyen **Maleville** dit que le délai n'est pas seulement établi pour que le vendeur puisse reconnaître la lésion qu'il a soufferte, mais aussi pour qu'il trouve des ressources avec lesquelles il puisse la réparer. Ce n'est pas parce qu'il a été trompé que la loi le restitue en pareil cas, mais parce que le besoin l'a forcé de donner sa propriété à vil prix.

C'est à tort qu'on a dit que, pendant la durée de l'action, les terres demeurent sans culture : l'acheteur ne doit pas craindre de se livrer aux améliorations, puisqu'il en sera remboursé en cas de rescision.

Le citoyen **Jollivet** dit que l'acheteur sera toujours très-circonspect, parce qu'il craindra que les améliorations qu'il aura faites ne soient pas estimées à leur juste valeur : la durée de l'action en rescision lui porte donc préjudice.

Le vendeur, au contraire, qui connaît sa chose, ne peut pas se tromper longtemps sur le prix.

Il pouvait d'ailleurs, en vendant à réméré, se donner tout le temps nécessaire pour reprendre son bien.

La proposition du citoyen *Cretet* paraît donc devoir être admise.

Le citoyen **Portalis** combat cette proposition.

Il observe d'abord qu'autrefois l'action en rescision subsistait pendant dix ans, et que c'est en abréger prodigieusement la durée que de la réduire à deux.

Il ajoute qu'elle existera au profit des femmes, des mineurs, enfin de tous ceux que la loi regarde comme privilégiés, et que, par cette raison, elle n'a pas soumis à la prescription ordinaire. Il est difficile de la réduire, à l'égard de toutes ces personnes, à une durée d'un an.

Un absent, par exemple, qui a agi par un fondé de pouvoir, ne peut, dans un délai si court, se procurer les renseignements dont il a besoin pour reconnaître s'il a été lésé.

On objecte que la loi ne donne que deux mois aux créanciers pour surenchérir : mais on ne prend pas garde qu'ils n'ont aucune lésion à prouver ; qu'ils exercent leurs droits sans rencontrer aucun obstacle ; et qu'enfin ce qu'ils obtiennent au delà du prix vendu est en bénéfice pour eux.

Ce qu'on a dit sur les améliorations se tournerait également en objection contre toutes les causes qui peuvent opérer l'expulsion d'un acquéreur. Mais tout acquéreur, s'il est prudent, a soin, lorsqu'il entre en jouissance, de faire constater l'état dans lequel il prend le terme, et alors il ne craint plus de se permettre des améliorations. Quelles améliorations, d'ailleurs, peut-on faire en deux ans ? Il faut au moins ce terme, et plus d'une récolte, pour connaître le produit d'un domaine.

Le **Premier Consul** vient présider la séance.

Le citoyen **Bérenger** répond aux objections du citoyen *Maleville*. Si le vendeur, dit-il, étant pressé de vendre, n'a pu trouver un acquéreur qui lui donnât un prix plus haut que celui qu'il a reçu, il ne peut pas prétendre qu'il a été lésé. Le bien a été vendu à la valeur qu'il pouvait avoir dans les circonstances ; car le cours est la mesure la plus exacte de l'évaluation : autrement il faudrait également soumettre à la rescision les ventes qui sont faites par autorité publique ; mais on les en exempte, parce qu'il est évident que lorsque le domaine a été livré au concours des acheteurs, il a été vendu à son juste prix. En général, on confond trop la valeur exacte des biens avec leur valeur relative, qui résulte de la situation des parties. Celui qui retire d'une vente les ressources dont il a besoin dans les circonstances où il se trouve, a obtenu tout l'avantage qu'il voulait s'assurer en vendant.

Le terme de deux ans ne servirait qu'à donner des facilités à la fraude ; on en profiterait pour faire valoir le prix qu'on aurait retiré de la vente ; et après s'être assuré les bénéfices qu'on espérait de cette spéculation, on reviendrait déposséder l'acquéreur en lui rendant ses fonds, dont on n'aurait plus besoin.

Le citoyen **Cretet** dit qu'il n'est point touché de ce que le citoyen *Portalis* a dit relativement aux personnes privilégiées.

Elles méritent sans doute la faveur de la loi ; mais la loi a épuisé sa protection à leur égard, lorsqu'elle a entouré les aliénations qui les intéressent des formes propres à les rendre aussi avantageuses qu'il soit possible. Elle peut donc, au delà, les confondre avec les majeurs, et ne leur pas accorder un délai plus long pour exercer l'action en rescision.

Les précautions qu'on a supposé être prises par les acquéreurs, lorsqu'ils entrent en possession, sont très-rarement employées. Sur ce fait on peut attester l'usage. Il y a peu de pères de famille qui

fassent constater l'état dans lequel ils prennent un bien. Ces formalités sont trop embarrassantes et trop dispendieuses, quand on veut les rendre régulières ; car un simple procès-verbal fait hors de la présence de la partie adverse, ne forme pas contre elle une preuve complète ; il donne seulement le droit de contester ses assertions : ainsi, un acquéreur prudent ne se contentera pas de ces formalités illusoires ; il trouvera plus sage de ne point faire d'améliorations.

Le citoyen **Jollivet** croit qu'un délai d'un an doit suffire à l'acquéreur ; car il a encore, pour trouver des ressources, tout le temps que dure la contestation, puisque, pour la commencer, il n'est point obligé de faire d'offres réelles.

Le citoyen **Tronchet** dit que, loin de trouver le délai trop long, il le trouve au contraire trop court, et qu'il ne l'admet que pour concilier les opinions diverses.

On sera convaincu que ce terme est évidemment trop court, si l'on jette les yeux sur les diverses classes des vendeurs.

Ce sont des majeurs, dira-t-on : oui, sans doute ; mais ce sera un jeune homme de vingt et un ans qui aura sacrifié son héritage à la fougue de ses passions, et qu'un acquéreur avide aura dépouillé.

Ce sera un homme dans le malheur, et que la nécessité aura forcé de vendre. Il est étonnant qu'on dise qu'en aliénant son bien, il se place dans une position meilleure. Quoi ! parce qu'à défaut des ressources qu'il espérait, il aura sacrifié sa propriété pour sauver son honneur et se soustraire à la poursuite de ses créanciers, sa situation sera améliorée.

Ce sera une femme qui, n'administrant pas par elle-même, n'aura pas connu la valeur du bien qu'on lui a fait vendre.

Comment toutes ces personnes profiteront-elles de l'action en rescision, si la durée en est abrégée ? Ce ne sera pas dans un délai de six mois qu'un jeune homme reviendra de ses égarements, qu'une femme reconnaîtra le tort qu'elle a souffert, qu'un malheureux réparera le désordre de ses affaires. Mais, dit-on, puisqu'il n'est pas forcé de faire des offres réelles, le délai pour trouver des ressources se prolonge à son égard. Vaine défaite ! L'acquéreur, qui connaît la position malheureuse du vendeur, se hâte d'acquiescer à sa demande, bien certain de l'exclure plus sûrement en le réduisant à l'impuissance puisqu'il est forcé de faire les offres réelles dans le cours du procès.

Autrefois l'action en rescision durait dix ans, et ce terme n'était pas trop long. Maintenant il va être infiniment abrégé ; mais si l'on veut l'abréger encore d'avantage, le bienfait de la rescision deviendra illusoire.

Le **Premier Consul** propose de fixer le délai à quatre ans, afin qu'un jeune homme de vingt et un ans ait le secours de la rescision jusqu'à l'âge de vingt-cinq ans, c'est-à-dire pendant tout le temps que durait autrefois la minorité.

Le citoyen **Cretet** demande que, du moins, un délai aussi long ne soit pas accordé à tous les autres vendeurs.

Le consul **Cambacérès** dit qu'à l'égard du jeune homme de vingt et un ans, la nouvelle jurisprudence abrégera le délai de douze ans, car il ne sera plus restitué après l'expiration de sa vingt-troisième année, tandis qu'autrefois il était restituable jusqu'à l'âge de trente-cinq ans.

On a rétabli l'action en lésion, comme un remède contre l'usure devenue trop commune ; il ne faut donc point rendre ce remède inutile, en ne laissant pas le temps d'en faire usage. Déjà on a fait, à l'égard des mineurs et des interdits, des innovations qui peuvent ne leur être pas avantageuses ; du moins faut-il ne pas aller plus loin. Ce ne serait pas trop les favoriser que de leur accorder l'action en rescision pendant quatre ans.

A l'égard de tous les autres, peu importe que le délai soit d'une ou de deux années.

Le **Premier Consul** dit qu'il ne faut pas perdre de vue qu'en rétablissant l'action en rescision, on s'est surtout proposé de prévenir la lésion. Plus on multipliera les chances défavorables contre celui qui oserait se la permettre, plus on atteindra sûrement ce but. On le manquera, au contraire, si l'on organise le principe de la lésion de manière que dans l'application il devienne illusoire.

Le Consul désirerait que, le délai pût être de quatre ans ; dix ans même ne lui paraîtraient pas trop longs : mais puisque la majorité a été fixée à vingt et un ans, et que la loi ne doit pas se contredire, que le délai soit du moins de deux ans.

Le citoyen **Jollivet** dit que le cas de lésion n'étant pas patent, il est à craindre que les vendeurs, par la menace d'un procès, ne tourmentent les acquéreurs, et ne parviennent à leur arracher des suppléments de prix, sans qu'il y ait réellement lésion.

Le **Premier Consul** demande si l'on a vu beaucoup d'actions en rescision formées sans qu'il y eût lésion réelle.

Le citoyen **Portalis** dit que, dans le ressort du parlement d'Aix, on formait rarement de telles actions sans qu'il y eût un juste motif.

Le citoyen **Maleville** dit que peu de vendeurs ont demandé la rescision sans avoir été réellement lésés. Quand ils ont échoué, c'est parce que la moindre erreur dans l'évaluation ne portait plus la lésion à la proportion exacte de plus de la moitié du juste prix, ou parce qu'en effet la lésion n'avait pas été précisément portée à ce taux ; mais en rejetant leur demande, les tribunaux étaient bien convaincus qu'ils avaient réellement souffert une lésion très-considérable : et souvent la seule action produisait ce bien que, sans attendre le jugement, l'acquéreur rendait justice au vendeur par un supplément de prix.

Le citoyen **Berlier** dit que, pour répondre à la demande du *Premier Consul*, il importe de savoir ce qu'on entend par ces mots *lésion réelle*.

Si l'on veut dire une *lésion quelconque*, comme de cinq, dix ou quinze pour cent, le résultat des expertises a pu souvent offrir une lésion de cette espèce ; lésion au surplus insignifiante, puisqu'elle n'opérerait pas la rescision du contrat.

Mais si l'on veut parler d'une lésion propre à rescinder le contrat, l'opinant nie formellement que, sur aucun point du territoire, il y eût souvent lieu de l'appliquer. Sur trente actions dirigées vers ce but, il en échouait vingt-neuf : cette considération est l'une de celles qui, dans les précédentes séances, avaient engagé l'opinant à s'élever contre le rétablissement du système dont il s'agit : la décision contraire a passé, et il la respecte ; mais cela ne change pas la nature des faits.

Le citoyen **Defermon** dit que, pour éluder la loi de la rescision, il suffira d'exprimer dans l'acte un prix plus élevé que celui qui aura été réellement reçu.

Le **Premier Consul** dit qu'on attaquerait l'acte comme frauduleux.

Le citoyen **Defermon** répond que la fraude serait difficile à prouver.

Il ajoute que d'ailleurs un acquéreur de bonne foi peut être surpris. Il aura pris chez un notaire chargé de vendre un bien, des renseignements sur le produit ; on lui en aura donné d'inexacts ; il croira avoir payé le bien son juste prix, et neuf ans après, c'est-à-dire lorsqu'il aura dénaturé ce bien, qu'il l'aura changé de forme et peut-être démembré, on viendra lui dire qu'il valait deux fois ce qu'il l'a payé, et le menacer d'un procès.

Le **Premier Consul** dit que si le domaine vaut réellement le double de ce qu'il a été acheté, il n'y a pas d'inconvénient que l'acquéreur en complète le prix ; car il n'est pas juste que pour enrichir sa famille, il en appauvrisse une autre. Si on voulait le lui faire rendre, on serait injuste ; il s'y est établi : mais qu'il paie la différence.

Le citoyen **Tronchet** s'étonne que, lorsqu'il ne s'agit plus que de régler l'application du principe, on revienne sur le principe même.

On a fait une hypothèse fort extraordinaire, lorsqu'on a présenté un homme qui achète d'après quelques renseignements pris chez un notaire. Ce n'est pas ainsi que traitent ordinairement les acquéreurs ; ils examinent avec beaucoup plus de soin, et presque toujours ils se transportent ou ils envoient sur les lieux.

Mais quand il y aurait eu incertitude et erreur, à qui nuisent-elles ? A l'acquéreur : qu'il descende dans sa conscience. Plus la loi sera sévère, plus elle sera morale.

Le **Premier Consul** demande qui est le plus favorable du vendeur ou de l'acheteur : c'est sans doute le vendeur ; il a été violenté par le besoin ; il a dépouillé sa famille : l'acheteur au contraire était parfaitement libre ; rien ne le forçait d'acquérir ; il a tous les profits du contrat.

D'ailleurs il ne faut pas toujours voir ici des domaines considérables, des vendeurs opulents : il faut aussi descendre dans les petites familles, dans les petites fortunes qui ne se composent que d'une seule propriété. Celui qui la sacrifie déshérite sa postérité toute entière ; il la fait descendre de l'aisance quelconque dont elle était appelée à jouir, pour la réduire à la misère : voilà ce qui n'arrive point à l'acheteur ; il ne dépouille point sa famille, il consolide au contraire le patrimoine qu'il lui laisse.

L'article est adopté.

L'article 97 est adopté.

Le citoyen **Jollivet** dit que cet article est inutile, puisque l'action en rescision pour lésion ne peut être admise que par un jugement.

Le citoyen **Tronchet** répond que l'article est destiné à avertir le juge qu'il ne doit admettre à la preuve de la lésion que lorsqu'il y a déjà quelque présomption que le vendeur a été lésé. Cette disposition est nécessaire, parce que, dans l'ancienne jurisprudence, il suffisait de se pourvoir au greffe.

Le consul **Cambacérès** pense qu'on pourrait ramener les dispositions de la section en discussion à un ordre plus naturel.

On pourrait déclarer d'abord que les juges devront examiner par eux-mêmes les circonstances de la cause ; et si la lésion leur paraît évidente, prononcer la rescision, sans employer le ministère d'experts. Il y a en effet des cas où l'inspection des titres suffit pour vérifier la lésion, comme dans le cas où un bien est vendu six mois après avoir été estimé à l'occasion d'un partage.

On ajouterait que, si la lésion ne peut pas être vérifiée directement par les juges, ils ordonneront que l'immeuble sera estimé par des experts.

On placerait ensuite les articles qui organiseraient l'expertise.

Le **Premier Consul** dit que la loi doit donner aux juges une règle pour les trois cas suivants :
Celui où ils sont convaincus qu'il y a lésion ;
Celui où ils voient clairement qu'il n'en existe pas ;
Celui où ils croient que le fait articulé doit être vérifié par des experts.

Cette proposition est admise et renvoyée à la section.

Les articles 97, 98, 99, 100 et 101 sont adoptés.

L'article 102 est discuté.

Le **Premier Consul** dit qu'il est peut-être trop rigoureux d'imposer à l'acquéreur l'obligation de parfaire le juste prix.

Celui qui a acheté à cinquante pour cent de la valeur n'est point exposé à l'action en rescision ; il y est soumis s'il a acheté à quarante. Il semble que c'est mettre trop de différence dans la condition de l'un et de l'autre, que d'obliger ce dernier à payer la valeur exacte de la chose. Il paraît mieux de ne lui en faire payer que quatre-vingts ou quatre-vingt-dix pour cent.

Le citoyen **Bigot-Préameneu** dit que la disposition est prise dans les lois romaines. Elle est fondée sur ce que, quand la loi intervient pour tenir la balance entre les parties, elle ne peut plus permettre que l'une ait l'avantage sur l'autre.

Le **Premier Consul** dit que la réponse à ce raisonnement est que, si le vendeur avait voulu tenir rigoureusement au juste prix, l'acquéreur n'aurait pas acheté. Il est donc raisonnable de réduire le juste prix de dix pour cent. Rarement on achète une chose à sa valeur exacte. L'acquéreur, après tout, est venu au secours du vendeur ; et celui-ci aurait certainement consenti à recevoir quatre-vingt-dix pour cent de la valeur de son bien.

Le citoyen **Bérenger** dit que la section ne peut exciper de la rigueur du principe : elle veut que la lésion soit mesurée sur le juste prix, et cependant elle n'accorde la rescision que lorsqu'il y a une différence de sept douzièmes. Pourquoi cette modification ? C'est parce qu'il est difficile de déterminer le juste prix ; or cette incertitude doit également engager à ne pas exiger de l'acquéreur la différence exacte.

Le **Premier Consul** propose d'ajouter à l'article : *Le juste prix s'évalue d'après la valeur exacte de la chose, diminuée de dix pour cent.*

Le citoyen **Tronchet** dit que cette déduction est toujours faite dans l'estimation des experts.

Le citoyen **Treilhard** dit qu'il admet tout ce qui peut affaiblir l'action en rescision. Il applaudit en conséquence à l'idée de diminuer de dix pour cent l'exacte valeur de la chose ; mais il pense que le but serait encore mieux rempli si l'on n'obligeait l'acquéreur qu'à fournir la moitié de ce qui manque au juste prix.

Le citoyen **Bérenger** dit qu'il importe de considérer qu'il y a ici deux personnes à indemniser, celui qui a vendu à bas prix, et celui dont la rescision change toutes les convenances, les combinaisons et la situation quant à ses affaires.

Le citoyen **Bigot-Préameneu** dit que c'est toujours offrir une chance et une prime au dol.

Le **Premier Consul** dit que la déduction d'un dixième ne peut tenter la mauvaise foi, puisqu'il lui est facile de s'assurer impunément des avantages beaucoup plus considérables en achetant le bien à cinquante pour cent.

On ne voit plus d'autre motif, pour refuser cette déduction, que le principe très-moral que celui qui achète à vil prix ne mérite ni ménagement ni considération.

Mais il serait injuste d'appliquer rigoureusement ce principe à tous les acquéreurs indistinctement ; une telle sévérité ne conviendrait que contre ceux qui, en achetant la chose au-dessous de sa valeur, ont eu l'intention de frauder le vendeur : or il y a sous ce rapport des distinctions à faire entre les acheteurs. Il en est qui n'ont pas agi dans des vues aussi coupables, et desquels le vendeur a tiré des secours utiles, qu'il n'a pas cru payer trop cher en faisant des sacrifices sur le prix. Si tous les acquéreurs étaient également odieux, il faudrait casser le contrat ; mais comme il y a des nuances qu'il est cependant difficile de fixer, on laisse la chose à l'acheteur, et on ne l'oblige qu'à en parfaire le prix.

La proposition du *Premier Consul* est adoptée.

L'article 103 est adopté.

L'article 104 est discuté.

Le citoyen **Ségur** dit que quoique l'acheteur soit moins exposé à être trompé, la justice semble cependant exiger que lorsqu'il l'a été la loi vienne à son secours.

Le citoyen **Jollivet** pense que cette protection serait d'autant plus juste que, dans ces derniers temps, on a imaginé une fraude infâme pour surprendre les acquéreurs : on leur présente des baux simulés qui donnent au domaine un produit apparent beaucoup supérieur au produit réel.

Le citoyen **Tronchet** dit que ces manœuvres ne constituent pas une simple lésion, mais le dol et la surprise, qui ne seront pas l'objet du titre en discussion ;

À l'égard de l'action en lésion, les lois romaines la refusaient à l'acheteur par la raison que personne n'est forcé d'acheter, au lieu que les circonstances et le besoin des affaires forcent quelquefois de vendre.

Les auteurs ont adopté le système du droit romain. Ils ont pensé que l'acheteur qui mettait un trop haut prix à la chose s'y étant déterminé librement, soit par des raisons solides, ou pour augmenter ses jouissances, avait calculé ses sacrifices et y avait consenti ; que dès lors il ne devait être relevé que dans le cas où il aurait été trompé par des déclarations mensongères et par de faux renseignements.

Il y avait diversité dans la jurisprudence.

Le citoyen **Portalis** dit qu'il avait pensé que l'action en lésion devait être accordée aux deux parties ; mais que la section a cru devoir la restreindre au vendeur.

Lui était-elle particulière dans le principe ?

On ne peut la décider cette question par le texte de la loi C, *de rescind. vend.* ; car il faut se rappeler qu'à Rome on rendait des rescrits sur des cas particuliers, et qu'ainsi le silence de la loi ne préjugeait rien contre les cas différents de celui sur lequel elle s'est expliquée. Mais on voit, par d'autres lois, quel était sur la question l'esprit de la législation romaine : elles déclarent que toutes les dispositions sur la vente sont communes au vendeur et à l'acheteur.

La jurisprudence était d'abord divisée.

Un arrêt du parlement de Paris, rendu en 1676, et rapporté au Journal du palais, a paru fixer les principes.

On a considéré que toutes les fois que le dol est prouvé par la chose même, la loi ne peut se dispenser de réparer la lésion, de quelque côté qu'elle se rencontre.

L'acquéreur peut sans doute avoir des raisons pour suracheter, savoir qu'il paie la chose au delà de son prix, y consentir librement ; mais on est forcé de reconnaître aussi qu'il peut être trompé, ou même se tromper ; or, dans cette dernière hypothèse, il est lésé.

Aussi *Pothier* veut-il que la rescision lui soit accordée ; et d'*Aguesseau*, qui écrivait avant que la jurisprudence fût fixée, est de la même opinion.

Depuis, la jurisprudence est devenue uniforme, et les acheteurs lésés ont obtenu la rescision.

Le citoyen **Tronchet** dit qu'il ne s'oppose pas à ce que l'action en rescision soit accordée aux acheteurs lorsqu'ils se trouvent lésés ; mais que, pour rendre cette disposition juste, il faut la restreindre par un amendement.

Il arrive en effet, assez souvent, qu'un propriétaire qui désire s'agrandir sollicite le propriétaire voisin de lui céder une partie de sa chose. Celui-ci se détermine avec peine : l'acheteur le sait en lui offrant des conditions très-avantageuses. Il ne serait pas juste que, dans ces circonstances, il pût se faire restituer.

Le **Premier Consul** dit qu'en accordant l'action en rescision à l'acheteur lésé, on embarrassera souvent les propriétés.

Un particulier, qui a le projet d'établir une manufacture, achète un terrain où il trouve un courant d'eau dont il a besoin pour son entreprise. Les circonstances changent; il ne réalise pas ses projets, ou il vient à mourir : lui-même ou ses héritiers viennent alléguer qu'ils ont payé ce terrain cinq fois sa valeur, et demandent la restitution. Le vendeur cependant s'est défait des terres voisines; il les a aliénées à un prix inférieur à celui qu'elles auraient eu si l'héritage eût été entier, et il s'y est déterminé par l'indemnité que lui offrait la première vente. Il est évident que, dans cette hypothèse, la rescision du contrat ne le replacerait pas dans la position où il se trouvait.

On voit, par cet exemple, que si l'on accordait la rescision à l'acheteur, ce ne pourrait être qu'en distinguant entre les divers cas ; ce qui rendrait la loi très-confuse, en même temps qu'incomplète, car il serait impossible de prévoir ni de saisir toutes les distinctions qu'exigerait l'équité.

Il n'en est pas de même de la rescision accordée au vendeur; elle ne porte jamais préjudice à l'acheteur : son intérêt et sa volonté sont d'avoir la chose qu'il a achetée. Si la rescision la lui ôtait, elle serait mauvaise et injuste ; mais elle la lui laisse, et ne l'oblige qu'à en payer le véritable prix.

La loi qui accorderait la rescision à l'acheteur blesserait les intérêts du fisc, en ouvrant la porte aux fraudes. Le prix réel de la vente ne serait plus exprimé dans les contrats; le vendeur exigerait que ce qui est au delà de l'exacte valeur de la chose fût donné par forme de pot-de-vin.

Enfin, un dernier inconvénient serait que, si le prix exprimé dans le contrat n'est plus certainement le véritable prix, on ne saurait pas quelle valeur donner à l'héritage dans les partages de famille.

La proposition d'accorder à l'acheteur l'action en rescision est rejetée.

Le Conseil adopte l'article 104.

Les articles 105 et 106 sont adoptés.

La séance est levée.

Pour extrait conforme :
Le secrétaire général du Conseil d'État,
J. G. LOCRÉ.

SÉANCE
DU 12 PLUVIÔSE AN XII DE LA RÉPUBLIQUE.

(*Jeudi 2 février* 1804).

Le **Premier Consul** préside la séance.

Le second et troisième Consul sont présents.

Le citoyen **Gally** annonce que le titre III du livre II du projet de Code civil, *de l'usufruit, de l'usage et de l'habitation*, a été décrété par le Corps législatif, dans sa séance du 9 pluviôse.

Le citoyen **Berlier** annonce que le titre IV du livre II du projet de Code civil, *des servitudes ou services fonciers*, a été décrété par le Corps législatif, dans sa séance du 10 pluviôse.

LIVRE III.
TITRE III.

DES ENGAGEMENTS QUI SE FORMENT SANS CONVENTION.

Exposé des motifs.

Le citoyen **Treilhard**, nommé par le Premier Consul, avec les citoyens **Fourcroy** et **Laumond**, pour présenter au Corps législatif, dans sa séance du 9 pluviôse, le titre III du livre III du projet de Code civil *des engagements qui se forment sans convention*, et pour en soutenir la discussion dans sa séance du 19 du même mois, dépose sur le bureau l'exposé des motifs de ce titre.

Cet exposé est ainsi conçu :

« Citoyens législateurs,

« Le titre du Code civil que le Gouvernement vous présente aujourd'hui ne contient qu'un petit nombre d'articles : il a pour objet *les engagements qui se forment sans convention*.

« Une société politique serait bien imparfaite, si les membres qui la composent n'avaient entre eux d'autres engagements que ceux qu'ils auraient prévus et réglés par une convention.

« Quel est celui qui pourrait se flatter de lire dans les profondeurs de l'avenir tous les rapports que les événements établiront entre lui et ses concitoyens ? Et quelle opinion devrait-on se former de la sagesse d'un législateur qui laisserait les hommes errants, sans guide et sans boussole, dans cette vaste mer dont personne ne sonda jamais les abîmes?

« Que le philosophe recherche si l'homme est sorti bon des mains de la nature ; le législateur ne saurait ignorer que les passions ont trop souvent étouffé la raison et fait taire la nature.

« La loi doit donc vouloir pour nous ce que nous voudrions nous-mêmes si nous étions justes, et elle suppose entre les hommes, dans les cas imprévus, les obligations nécessaires pour le maintien de l'ordre social.

« Voilà le principe des *engagements qui se forment sans convention*.

« Ces engagements peuvent être considérés sous deux rapports : ou ils résultent de la seule autorité de la loi, ou ils ont pour cause un fait personnel à celui qui se trouve obligé.

« Les engagements des tuteurs, obligés en cette qualité, quoiqu'il n'ait pas été en leur pouvoir de la refuser; les engagements des voisins, obligés entre eux à raison de leur seule position et sans aucun acte de leur volonté particulière, sont dans la première classe. Ces obligations et les autres de la même nature prennent leur racine dans les besoins de la société.

« Quel serait le sort d'un malheureux, privé des soins paternels dans sa plus tendre enfance,

si la loi ne réparait pas envers lui les torts de la nature?

« Où serait la garantie des propriétés, si nos voisins pouvaient jouir de la leur d'une manière qui compromettrait la nôtre? L'autorité du législateur a dû y pourvoir. Mais les engagements de cette espèce ne sont pas l'objet du présent titre ; les règles qui les concernent sont répandues dans les diverses parties du Code : il s'agit dans ce moment des engagements qui se forment par le fait d'une seule personne. Un projet de loi vous fut présenté, il y a peu de jours, sur les engagements qui résultent du concours des volontés de toutes les parties intéressées : ici nous ne nous occupons que des engagements qui naissent d'un fait, et sans qu'il intervienne aucune convention.

« Les faits qui peuvent donner lieu à ces engagements sont, ou permis ou illicites.

« Les faits permis forment ce qu'on a appelé des *quasi-contrats*; les faits illicites sont des *délits* ou des *quasi-délits* : cette division fournit la matière de deux chapitres.

« Dans les contrats, c'est le consentement mutuel des parties contractantes qui produit entre elles l'obligation.

« Dans les *quasi-contrats*, au contraire, comme dans les *délits* et les *quasi-délits*, l'obligation, ainsi que je l'ai déjà observé, résulte d'un fait : c'est la loi qui le rend obligatoire. Les engagements de cette espèce sont fondés sur ces grands principes de morale si profondément gravés dans le cœur de tous les hommes, qu'il faut faire aux autres ce que nous désirerions qu'ils fissent pour nous dans les mêmes circonstances, et que nous sommes tenus de réparer les torts et les dommages que nous avons pu causer.

« Les dispositions dont vous entendrez la lecture sont toutes des conséquences plus ou moins éloignées, mais nécessaires, de ces vérités éternelles.

« Ainsi celui qui, volontairement et sans mandat, gère l'affaire d'autrui, s'oblige par ce seul fait à continuer sa gestion jusqu'à ce que l'affaire soit terminée : il est tenu d'y porter les soins d'un bon père de famille.

« N'est-ce pas là en effet ce qu'il exigerait pour lui dans la même position? Si c'est une action louable de prendre en main l'affaire d'un absent, cet acte de bienfaisance ne serait-il pas une véritable trahison, si, après avoir commencé de gérer, après avoir peut-être prévenu et écarté, par une diligence apparente, des amis plus éclairés et plus solides, l'on pouvait abandonner l'affaire sans l'avoir terminée, ou si on ne la suivait qu'avec une incurie fatale au propriétaire?

« En prenant la gestion d'une affaire, on contracte donc nécessairement l'obligation de la finir; et s'il ne faut pas glacer le zèle des amis par trop d'exigence, il ne convient pas moins de se garantir de ces officieux indiscrets, si actifs quand il s'agit d'offrir des services, si prompts à se mettre en mouvement, mais dont l'ardeur se calme avec la même promptitude, et dont les empressements seraient une véritable calamité, si la loi ne les chargeait pas de toutes les suites de leur légèreté et de leur inconstance.

« En forçant celui qui s'est ingéré dans une affaire à la terminer, il est aussi bien juste, lorsqu'il l'aura gérée avec loyauté, qu'il puisse réclamer l'indemnité de tous les engagements qu'il aura pris, et le remboursement de toutes les dépenses utiles et nécessaires qu'il aura faites.

« Cette indemnité, ce remboursement, sont une obligation étroite et sacrée pour celui dont on a géré l'affaire; obligation qui résulte du fait seul de la gestion, et qui se forme sans le consentement et même à l'insu de celui qui est obligé.

« Je ne m'attacherai pas à prouver la sagesse de dispositions si constamment fondées sur l'équité naturelle; il ne serait pas moins superflu de m'arrêter sur les autres articles du chapitre 1er. Qui pourrait en effet contester que celui qui a reçu une somme, ou toute autre chose qui ne lui était pas due, est obligé par le fait à la rendre; que celui qui l'a reçue de mauvaise foi est responsable même des cas fortuits; que celui à qui la chose est restituée doit, de son côté, tenir compte des dépenses nécessaires et utiles faites pour sa conservation?

« Toutes ces propositions sont d'une évidence à laquelle il n'est permis à personne de se refuser.

« Les dispositions du chapitre II, des *délits* et des *quasi-délits*, ne sont pas moins nécessaires, moins justes, moins incontestables.

« Celui qui, par son fait, a causé du dommage est tenu de le réparer; il est engagé à cette réparation, même quand il n'y aurait de sa part aucune malice, mais seulement négligence ou imprudence : c'est une suite nécessaire de son *délit* ou *quasi-délit*. Il offrirait lui-même cette réparation, s'il était juste, comme il l'exigerait d'un autre, s'il avait éprouvé le dommage.

« Dirai-je que de graves docteurs ont mis en question si un interdit pour cause de prodigalité s'oblige de réparer les dommages causés par ses délits? Dirai-je que quelques-uns ont eu le courage de décider qu'il n'était pas tenu de cette réparation? qu'il pouvait, à la vérité, compromettre par son délit sa liberté, même sa vie, mais qu'il ne pouvait pas compromettre sa fortune, parce que toute aliénation lui est interdite?

« Vous croirez sans peine, citoyens législateurs, que nous n'avons pas dû supposer qu'une pareille question pût s'élever de nos jours, et vous nous approuverez de n'avoir pas fait à notre siècle l'injure de la décider.

« Le principe une fois établi, nous n'avons eu qu'une disposition à ajouter : c'est qu'on est responsable non-seulement du dommage qu'on a causé par son propre fait, mais encore de celui qui a été causé par le fait des personnes dont on doit répondre, ou des choses que l'on a sous sa garde.

« La responsabilité des pères, des instituteurs, des maîtres, est une garantie et souvent la seule garantie de la réparation des dommages; sans doute elle doit être renfermée dans de justes limites. Les pères ne répondront que du fait de leurs enfants mineurs et habitant avec eux ; les maîtres, que du fait des domestiques dans les fonctions auxquelles ils sont employés; les instituteurs, les artisans, que des dommages causés pendant le temps que les élèves ou les apprentis sont sous leur surveillance.

« Ainsi réglée, la responsabilité est de toute justice. Ceux à qui elle est imposée ont à s'imputer, pour le moins, les uns de la faiblesse, les autres de mauvais choix, tous de la négligence : heureux encore si leur conscience ne leur reproche pas d'avoir donné de mauvais principes et de plus mauvais exemples !

« Puisse cette charge de la responsabilité rendre les chefs de famille plus prudents et plus attentifs ! Puisse-t-elle faire sentir aux instituteurs toute l'importance de leur mission ! Et puissent les pères surtout se pénétrer fortement de l'étendue et de la sainteté de leurs devoirs ! La vie que nos enfants tiennent de nous n'est plus un bien-fait, si nous ne les formons pas à la vertu, et si nous n'en faisons pas de bons citoyens. »

LIVRE III.
TITRE X.
DU CONTRAT DE MARIAGE ET DES DROITS RESPECTIFS DES ÉPOUX.

Exposé des motifs.

Le citoyen **Berlier**, nommé par le Premier Consul, avec les citoyens **Portalis** et **Treilhard**, pour présenter au Corps législatif, dans sa séance du 10 pluviôse, le titre X du livre III du projet de Code civil, *du contrat de mariage et des droits respectifs des époux*, et pour en soutenir la discussion dans sa séance du 20 du même mois, dépose sur le bureau l'exposé des motifs de ce projet.

Cet exposé est ainsi conçu :

« Citoyens législateurs,

« L'une des lois que vous avez portées dans votre dernière session détermine les conditions requises pour le mariage, en règle les formes, et statue sur les droits et devoirs principaux qu'établit entre les époux le lien justement révéré qui est le fondement des familles et de la société.

« Cette loi s'est occupée de tout ce qui touche à l'état civil des époux, et a laissé à d'autres dispositions du Code le soin de régler ce qui regarde les conventions que les époux peuvent établir par rapport à leurs biens, et les droits que, dans leur silence, la loi doit suppléer.

« C'est ce complément que renferme le projet que nous vous apportons aujourd'hui, intitulé *du contrat de mariage et des droits respectifs des époux.*

« Dans cette importante matière, le Gouvernement a dû ne rien admettre qui pût blesser l'institution fondamentale, fût-on capable de ralentir cet heureux élan que la nature elle-même a pris soin d'imprimer aux hommes en les dirigeant vers le mariage.

« Ainsi, point d'inutiles entraves ; car si la volonté doit essentiellement présider aux contrats, c'est surtout lorsqu'il s'agit de conventions matrimoniales.

« Cependant cette volonté doit être limitée en quelques circonstances, éclairée toujours et suppléée quelquefois.

« De là la nécessité d'une loi ; puisse celle dont nous vous offrons le projet, remplir les vues qu'on s'est proposées !

« Pour bien comprendre et surtout pour juger ses dispositions, il n'importe pas seulement de connaître le dernier état de notre législation sur les rapports qui existent entre les époux *quant aux biens ;* mais il ne sera pas inutile peut-être de remonter à la source de cette législation, et de porter un coup d'œil général sur cette partie de notre droit.

« Ici, comme en beaucoup d'autres matières, il serait difficile de ne point citer Rome et ses lois. Les femmes, qui y furent longtemps incapables de succéder, ne pouvaient rien apporter à leurs maris : ceux-ci les prenaient sans biens ; ils les recevaient de leurs familles sous la formule d'une vente, et ce contrat fut appelé *mariage par achat.*

« Mais cet état de choses cessa quand les femmes furent rendues habiles à succéder : alors s'établit le régime dotal, dont les principaux effets consistèrent à donner les fruits de la dot au mari pour soutenir les charges du mariage, en frappant d'inaliénabilité les immeubles dotaux de la

femme, et en laissant à celle-ci la pleine disposition de tout ce qui n'avait point été stipulé dotal.

« Cette règle de l'inaliénabilité des fonds dotaux de la femme fut puisée dans cette considération d'ordre public qui devint une maxime, *interest reipublicæ dotes mulierum salvas esse.*

« Dans ce dernier état de la législation romaine, la séparation entière des deux patrimoines fut le but constant de ses dispositions : la femme devait, à la dissolution du mariage, recouvrer le principal de sa dot ; elle conservait, pendant le mariage, la disposition de ses biens paraphernaux, et demeurait étrangère à tout le reste.

« Cet isolement des intérêts respectifs était en harmonie avec les autres institutions du peuple qui nous a transmis un si grand nombre de ses lois.

« Celle-ci, pourtant, est loin d'avoir obtenu un succès général en France.

« Je n'entreprendrai point la recherche de l'époque précise où la communauté conjugale s'introduisit dans un grand nombre de nos provinces.

« Le voile qui couvre cette origine, comme tant d'autres, n'a pas besoin d'être levé pour fixer nos résultats.

« Il serait sans doute difficile de déterminer le degré d'influence que purent obtenir soit le régime dotal, soit la communauté, quand les lois étaient sans territoire, et lorsque le Romain, le Franc, le Bourguignon et le Gaulois, quoique habitant le même pays, étaient jugés chacun selon les lois personnelles qui pouvaient les régir d'après le seul titre de leur origine ; ce qui a fait dire à *Montesquieu* que *le territoire était le même, et les nations diverses.*

« Sans recourir à de vagues hypothèses, il est du moins certain que la communauté conjugale était déjà et depuis longtemps dans les habitudes d'une grande partie de la nation française, lorsque nos coutumes furent rédigées par écrit, et vinrent toutes (à l'exception de celles de *Normandie, Reims et Auvergne*) consacrer, chacune dans leur ressort, la communauté comme une loi *territoriale* qui devenait le droit commun de quiconque n'y avait pas formellement dérogé.

« Tel est le dernier état des choses qui nous laisse apercevoir la France divisée sur ce point en deux grandes parties, se composant, l'une des pays appelés *de coutume*, et l'autre des pays restés fidèles au droit romain ; les premiers vivant sous le régime de la communauté, et les seconds sous le régime dotal.

« Dans une telle situation, on comprend combien de ménagements exige la matière que nous traitons ; car loin de heurter les habitudes qui ne nuisent point au corps social, celui-ci doit, sans distinction de lieux, inviter les citoyens au mariage ; et cet appel de la patrie sera d'autant mieux reçu, que chacun pourra plus librement régler ses conventions matrimoniales.

« Que la plus grande liberté y préside donc, et qu'elle n'ait d'autres limites que celles que lui assignent les bonnes mœurs et l'ordre public ; car rien en cette matière ne doit être spécialement commandé ; mais ce qui serait contraire à l'ordre public peut et doit être positivement défendu.

« C'est d'après ces vues que notre projet exprime, dans ses dispositions générales, que *les époux ne peuvent déroger ni aux droits résultant de la puissance maritale sur la personne de la femme et des enfants, ou qui appartiennent au mari comme chef, ni aux droits conférés au survivant des époux par le titre de la puissance paternelle et par le titre de la minorité, de la tutelle et de l'émancipation;* et c'est dans les mêmes vues que toutes conventions tendantes à intervertir l'ordre légal des successions sont spécialement défendues.

« Mais sera-t-il aussi défendu de stipuler, en termes généraux, que les droits des époux seront réglés selon *telle* ancienne loi ou coutume?

« Cette disposition qui, au premier coup d'œil, ne semble renfermer rien de contraire à l'ordre social, aurait cependant l'inconvénient majeur de perpétuer comme lois de l'État cette foule d'usages divers qui couvraient le territoire français.

« Le but du Code civil serait totalement manqué, s'il pouvait en être ainsi : notre projet défend donc de tels référés, sans néanmoins porter atteinte à la faculté qui appartient aux époux de stipuler *spécialement*, et sauf les limites ci-dessus indiquées, tout ce qui leur conviendra.

« Cependant, comme cette spécification même, si elle devait s'appliquer à toutes les parties d'un grand système, serait presque toujours accompagnée de graves difficultés, il a été jugé non-seulement commode, mais utile pour les citoyens, de tracer séparément et les règles qui s'adaptent le mieux au régime de la communauté, et celles qui ont paru le mieux convenir au régime dotal.

« Ces règles, posées dans deux chapitres distincts, et parallèlement, auront pour avantage certain d'offrir aux citoyens une collection de principes auxquels ils pourront se référer en termes généraux; et s'ils veulent y déroger en quelques points, le soin du rédacteur se bornera à exprimer les modifications dictées par la volonté particulière des contractants.

« Jusqu'à présent, citoyens législateurs, la marche de notre projet est simple et facile; mais il faut aborder une difficulté plus sérieuse.

« Nous n'avons vu encore que des époux stipulant leurs intérêts avec toute la liberté que la matière réclame, adoptant l'un des deux systèmes qui leur sont offerts, ou les modifiant selon leur volonté.

« Mais il fallait apercevoir aussi le cas assez fréquent où nulles conventions particulières n'auront précédé l'acte civil du mariage.

« En l'absence de toutes conventions, la loi doit nécessairement régler les droits respectifs des époux, ou, en d'autres termes, il doit y être pourvu par *un droit commun* quelconque; mais quel sera-t-il?

« On avait à se décider ici entre les deux systèmes que j'ai exposés : car il n'était pas possible, sans renverser toutes les idées d'uniformité, d'établir un droit commun qui ne fût pas le même pour toute la République; il était nécessaire d'opter, et le plus mûr examen a présidé au choix qu'a fait le projet.

« Sans doute le régime dotal pourvoit mieux à la conservation de la dot, puisqu'il en interdit l'aliénation.

« Sans doute aussi il présente quelque chose de plus simple que la communauté : voilà ses avantages; mais la communauté a aussi les siens.

« D'abord l'union des personnes ne conduit-elle pas à la société des biens, et la communauté des travaux n'établit-elle point la communauté des bénéfices?

« A la vérité, quelques personnes ont voulu rapporter au mari seul les bénéfices, comme provenant presque exclusivement de son propre travail; mais cette proposition est-elle bien vraie, et doit-elle surtout s'appliquer à la classe nombreuse des artisans et des agriculteurs? Leurs

femmes ne travaillent-elles pas autant qu'eux, et ne sont-elles pas ordinairement plus économes? Et comme c'est principalement dans cette classe qu'on se marie sans contrat, n'est-ce pas elle que le législateur doit avoir en vue quand il établit un droit commun précisément pour le cas où il n'y a point de contrat?

« Au surplus, si l'on examine la question d'une manière plus générale, on trouvera qu'un grand nombre de femmes, autres que celles dont nous venons de parler, contribuent aux bénéfices, sinon par des travaux semblables à ceux de leurs maris, du moins par les capitaux qu'elles ont versés dans la communauté, et par les soins qu'elles prennent du ménage.

« Mais d'ailleurs cette société serait-elle la seule où l'on exigeât une mise parfaitement égale, et la femme devrait-elle rester sans participation aux bénéfices, parce qu'elle n'y aurait pas contribué autant que son mari?

« Laissons ces froids calculs, et revenons à ce que prescrit, en cette matière, la simple qualité d'époux, en l'absence de toutes conventions; car alors c'est la nature des choses qui exerce son empire, et certes elle ne saurait prononcer la séparation des intérêts pécuniaires de toute espèce entre personnes aussi étroitement unies que le sont un mari et une femme.

« Jusqu'ici je n'ai examiné la communauté que sous les rapports de la *justice;* mais ce régime a paru aussi plus favorable à l'ordre social et plus conforme au caractère national.

« Loin de nous l'idée d'imprimer aucun caractère de réprobation au régime dotal; nous avons indiqué ses avantages, et le projet lui réserve une place honorable parmi ses dispositions : cependant si l'on calcule la juste influence des deux régimes sur l'union conjugale, on devra trouver sous l'un plus de froides compagnes, et sous l'autre plus de femmes affectionnées et attachées par leur propre intérêt aux succès communs.

« Disons aussi que les mœurs françaises sont généralement plus en harmonie avec le régime de la communauté, et que peut-être les femmes n'ont acquis chez nous la juste considération dont elles jouissent que par ce titre d'*associées*, qui, en leur imprimant plus de dignité, ne saurait être sans influence sur le bonheur domestique.

« Comment d'ailleurs pourrait-on méconnaître la tendance de l'esprit national vers la communauté conjugale, quand on voit que les stipulations de sociétés d'acquêts étaient devenues très-communes, même dans plusieurs ressorts soumis au régime dotal?

« Tant de considérations ne pouvaient être impuissantes sur l'esprit du Gouvernement, et il croit avoir répondu au vœu de la nation, en lui présentant la communauté non comme un système absolu qu'il faille suivre, mais comme la loi qui régit les époux quand ils ne l'ont pas exclue.

« Cette disposition du projet, l'une des plus importantes du chapitre 1er, est suivie de deux autres dont l'utilité sera facilement sentie.

« L'une porte que *toutes conventions matrimoniales seront rédigées avant le mariage, devant notaire.*

« L'autre interdit tout changement après la célébration du mariage, et prescrit la manière dont les changements faits antérieurement devront être constatés pour être valables.

« Ces dispositions, communes aux deux régimes que nous venons d'examiner, ont eu pour objet d'empêcher, dans l'un et dans l'autre, des fraudes envers les tiers, telles que celles dont le passé n'a offert que trop d'exemples.

« Le Gouvernement entre certainement dans vos vues, toutes les fois qu'il enlève à la mauvaise foi quelques-uns de ses nombreux asiles, ou qu'il en rend l'accès plus difficile.

« Je viens, citoyens législateurs, de vous exposer les dispositions générales comprises au chapitre 1er de notre projet de loi; mais je n'ai rempli qu'une très-faible partie de ma tâche : et je dois maintenant vous faire connaître la route qu'on a suivie pour organiser soit le *régime en communauté*, soit le *régime dotal*, objet des chapitres II et III.

« Le régime en communauté se divise lui-même en deux parties : l'une relative à *la communauté légale* (c'est celle qui a lieu quand les parties se sont mariées sans contrat); l'autre relative à la communauté *conventionnelle*, ou modifiée par des conventions particulières.

De la communauté légale.

« Il n'entre pas dans mon plan, citoyens législateurs, de fixer successivement votre attention sur chaque article du projet; il en est beaucoup dont l'extrême simplicité ou la justice évidente repousse tout commentaire.

« Je me bornerai donc à motiver les vues principales du système, et si je m'arrête sur quelques dispositions d'un ordre secondaire, je ne le ferai qu'autant qu'elles porteront sur des points controversés ou qu'elles seront nécessaires pour l'explication ou l'intelligence du plan général.

« De quoi la communauté se compose-t-elle? Par qui et comment sera-t-elle administrée? Comment se dissoudra-t-elle? Et quels seront, après sa dissolution, les droits des époux, et principalement ceux de la femme? Telles sont les matières dont je vais vous entretenir.

« Je reprends successivement ces diverses questions.

« *De quoi la communauté légale se composera-t-elle?*

« Dans le dernier état des choses, les coutumes variaient entre elles sur la composition de cette communauté : dans quelques-unes, la communauté ne portait que sur les acquêts; mais, dans le plus grand nombre, elle embrassait les meubles comme les acquêts.

« Cependant les meubles mêmes étaient régis diversement par les diverses coutumes : ainsi, dans plusieurs, la communauté ne profitait que des meubles existants lors du mariage, tandis qu'ailleurs on ne faisait nulle distinction entre les meubles existants lors du mariage et ceux qui échéaient pendant son cours.

« Notre projet a adopté cette dernière vue; et si vous lui accordez votre sanction, la communauté conjugale embrassera, outre les acquêts, les meubles respectifs des époux, *présents et futurs ;* car, en toute institution, le but du législateur doit être d'éviter les embarras qui deviennent eux-mêmes des sources de discorde.

« Que l'on admette cette dernière vue; et l'on ne pourra plus y faire un pas sans inventaire. Que d'embarras dans cette seule obligation, et que de difficultés dans le récolement! Reconnaîtra-t-on facilement, après un long usage, les meubles qui auront appartenu au mari ou à la femme, et qui auront été longtemps confondus? Et si, à défaut de documents écrits, il faut arriver par la preuve vocale à la connaissance de ce qui appartient à chacun, où en sera-t-on? Que deviendront surtout le bonheur et le repos des familles?

« Ces puissantes considérations ont dicté les dispositions de notre projet, contre lesquelles on objecterait vainement que souvent le mobilier peut être d'un grand prix ; car s'il en est ainsi, et que cette considération influe sur les parties, elles stipuleront ce qui leur conviendra le mieux; cette faculté ne leur est point ravie ; mais le droit commun pécherait par la base, s'il se réglait sur quelques situations particulières, et non sur les cas généraux.

« Ainsi les meubles présents et futurs entreront dans la communauté, et par la même raison, les dettes mobilières respectives seront à la charge de cette communauté, soit qu'elles existent au moment du mariage, soit qu'elles dépendent de successions ou de donations échues pendant son cours.

« Ces dispositions tendent toutes à simplifier une institution respectable et utile.

« Cependant une succession ou une donation peut être ou purement mobilière ou totalement immobilière, ou composée d'objets qui participent de l'une et de l'autre espèce ; et ces cas divers doivent trouver chacun des règles qui leur soient propres et qui, sans grever la communauté au delà de son émolument, assurent aux tiers l'exercice de leurs droits légitimes, et aux époux de suffisantes indemnités quand il y a lieu. Notre projet y a pourvu.

« Je passe à la seconde question.

« *Par qui et comment la communauté sera-t-elle administrée ?*

« Sans doute il est inutile d'énoncer que le mari sera seul administrateur légal de la communauté; cette qualité ne pouvait être conférée qu'à lui.

« Ainsi il pourra seul vendre, aliéner et hypothéquer les biens de la communauté.

« Ainsi la femme (à moins qu'elle ne soit marchande publique) ne pourra s'obliger ni exercer aucune action, non-seulement par rapport aux biens de la communauté, mais même relativement à ses biens propres, sans le consentement de son mari.

« Mais le mari, chef de communauté et maître des acquêts, ne pourra néanmoins disposer entre-vifs et à titre gratuit ni des immeubles acquis pendant la communauté, ni de l'universalité ou d'une quotité du mobilier.

« Il ne pourra non plus donner par testament au delà de sa part dans la communauté ; car les facilités qui lui sont dues pour sa gestion ne vont pas jusqu'à autoriser des dispositions qui, évidemment hors de l'intérêt de la société, ne tendraient qu'à dépouiller la femme.

« Au surplus, il administrera les immeubles propres à celle-ci, mais il ne pourra les aliéner sans son consentement; car la femme en est essentiellement restée propriétaire ; et la mise qu'elle en a faite dans la communauté, n'a eu lieu que pour les fruits et non pour le fonds.

« Par une suite du même principe, si le mari, simple usufruitier des immeubles appartenant à sa femme, meurt après en avoir passé des baux par anticipation ou à trop long cours, leur effet sera nul ou réductible, selon que les limites ordinaires auront été dépassées.

Dans cette partie du projet, vous reconnaîtrez, citoyens législateurs, les soins qu'on a pris pour garantir les biens propres de la femme, autant que cela se pouvait dans un système qui n'en prescrit point l'inaliénabilité, et qui ne suppose ni le mari disposé à ruiner sa femme (parce qu'il n'y a pas d'intérêt ou qu'il a même l'intérêt contraire), ni la femme assez faible et docile pour acquiescer à des actes qui mettraient ses biens personnels en péril.

« Vous remarquerez aussi qu'en cas d'aliénation de tout ou partie des biens de la femme, ses remplois s'exercent et sur les biens de la communauté et sur ceux de son mari.

« Nous voici arrivés à la discussion d'une autre partie du système; je veux parler de la dissolution de la communauté.

« *Comment la communauté sera-t-elle dissoute?*

« Toutes les causes qui dissolvent le mariage opèrent naturellement la dissolution de la communauté, car l'accessoire ne peut survivre au principal. Ainsi la mort naturelle ou civile et le divorce font cesser la communauté ; mais elle est aussi dissoute par la séparation de corps et par celle de biens, quoiqu'en ces deux derniers cas le mariage continue de subsister.

« De ces diverses causes de dissolution de la communauté, la plus fréquente, sans doute, celle qui s'opère par la mort naturelle, recevait néanmoins dans plusieurs coutumes, et notamment dans celle de Paris, une exception que notre projet a rejetée ; c'est celle qui, à défaut d'inventaire, faisait continuer la communauté entre l'époux survivant et ses enfants.

« Le but de cette disposition était louable sans doute; mais le moyen était-il bien choisi?

« Le défaut d'inventaire n'est pas toujours l'effet de la mauvaise foi; il est plus souvent peut-être le fruit de l'ignorance ou la suite de l'extrême modicité de l'héritage et du désir d'éviter des frais : et comme les petites successions sont en grand nombre, il est évident que la disposition qu'on examine a dû atteindre beaucoup d'innocents; aussi peu de coutumes l'avaient-elles adoptée, et la raison, d'accord avec la justice, la repousse invinciblement aujourd'hui.

« Toute société se rompt par la mort d'un des associés : ce principe est incontestable, et il ne l'est pas moins qu'on ne peut être placé malgré soi dans les liens d'une société qu'on n'a point contractée ni voulu contracter.

« L'esprit d'ailleurs conçoit-il les suites d'une pareille disposition et toutes les difficultés naissantes d'une société involontaire? La loi peut infliger des peines; mais son autorité ne doit point faire violence à la nature des choses.

« Enfin qu'arrivait-il quand l'époux survivant se remariait? Que le nouvel époux entrant dans la société y prenait une part qui faisait décroître celle des autres associés et en opérait la division, non plus en deux, mais en trois parties.

« Tant d'embarras ne doivent point renaître quand on a d'ailleurs un moyen simple et facile d'atteindre le but qu'on se propose. De quoi s'agit-il en effet? De veiller à la conservation des droits qui appartiennent aux enfants du mariage. Mais de deux choses l'une, ou ils sont majeurs, ou ils ne le sont pas.

« S'ils sont majeurs et qu'ils ne provoquent point l'inventaire, ils partagent la faute de l'époux survivant : il ne leur est dû aucune indemnité.

« S'ils sont mineurs, leur subrogé-tuteur, qui aura négligé de faire procéder à l'inventaire, en deviendra personnellement responsable envers eux, et l'époux survivant perdra de plus les droits que la loi lui accordait sur les revenus de ses enfants. Voilà la peine.

« Dans tous les cas, la preuve par commune renommée sera admise pour établir la consistance de la communauté.

« Un tel ordre de choses a paru sur ce point bien

préférable à ce qui était autrefois pratiqué, seulement dans quelques coutumes.

« Je reviens sur une autre cause de dissolution de la communauté, sur celle qui s'opère par la *séparation de biens.*

« Ce mot ne pouvait être prononcé sans rappeler les fraudes qui se sont trop souvent pratiquées à ce sujet; mais il n'était pas possible de rejeter toutes les séparations de biens, parce qu'il y en a eu quelquefois de frauduleuses : de quelle institution n'a-t-on pas abusé !

« Le secours de la séparation, dû à l'épouse malheureuse d'un mari dissipateur, ce secours dû dans tous les systèmes et sous le régime dotal comme sous celui de la communauté, ne pouvait disparaître de nos lois ; mais il est aussi du devoir du législateur de rendre la fraude plus difficile, en appelant surtout la surveillance de ceux qu'elle peut blesser.

« Notre projet tend à ce but. Mais le complément de la garantie réclamée sur ce point par l'ordre public se trouve dans les formes mêmes qui seront employées pour arriver à la séparation de biens ; et ce travail n'a pu qu'être renvoyé au Code de la procédure civile. Le zèle du Gouvernement pour tout ce qui est bon et utile vous est un sûr garant que cet objet ne sera point perdu de vue.

« Dois-je au surplus observer que la femme, simplement séparée de corps ou de biens, ne recouvre point la faculté d'aliéner ses immeubles sans l'autorisation de son mari? Le projet en contient une disposition expresse, dont le principe réside dans la puissance maritale, qui existe toujours tant que le mariage n'est point dissous.

« Mais qu'arrive-t-il après la dissolution de la communauté? Il convient de considérer principalement cette dissolution dans sa cause la plus ordinaire, c'est-à-dire dans la mort de l'un des époux.

« La proposition ainsi établie, elle doit être examinée sous le double rapport du prédécès du mari ou du prédécès de la femme.

« Si la femme survit, elle pourra accepter la communauté ou y renoncer, sans être privée du droit d'exercer ses reprises ou remplois relativement à ses biens personnels.

« Si la femme prédécède, les mêmes droits appartiendront à ses héritiers.

« Quelques coutumes, il est vrai, distinguaient ces deux cas, et considéraient la faculté de renoncer comme un droit personnel à la femme, et qui, sans une stipulation spéciale, ne passait point à ses héritiers.

« Notre projet n'a point admis cette distinction, et ne devait point l'admettre. En effet, la loi n'a introduit la faculté dont il s'agit qu'en considération des différences qui existent entre la communauté conjugale et les autres sociétés.

« Dans la communauté conjugale, le mari est maître absolu; la femme ne peut s'opposer à aucun de ses actes : en un mot, après avoir mis dans la masse commune son mobilier, la jouissance de ses immeubles et son travail, tous les droits de la femme se réduisent à l'espoir de partager les bénéfices s'il y en a.

« Rien donc de plus juste que la faculté dont il s'agit : mais sa justice n'est pas seulement relative, elle est absolue, et n'appartient pas moins aux héritiers de la femme qu'à la femme elle-même. Quels seront-ils d'ailleurs, ces héritiers? Le plus souvent ce seront les enfants du mariage, dignes sous ce rapport de toute la faveur des lois.

« La faculté accordée à la femme ou aux siens

de renoncer à la communauté est essentiellement d'ordre public : sans cette faculté, les biens personnels de la femme seraient à la merci du mari, puisqu'une mauvaise administration donnerait lieu aux créanciers de les atteindre; et c'est bien alors que les détracteurs de la communauté pourraient dire que les biens de la femme restent sans protection dans ce système; mais notre projet a prévenu cette objection, en interdisant formellement toute stipulation tendante à l'abandon de ce privilége.

« Ainsi, par la prévoyance d'une disposition inaltérable, la femme ou ses héritiers pourront, lors même que le contrat de mariage contiendrait une clause contraire, accepter la communauté ou y renoncer; mais cette faculté cessera par l'immixtion, et son exercice sera accompagné de quelques règles propres à ne pas laisser trop longtemps les qualités incertaines; car la loi doit pourvoir aussi aux intérêts des tiers. Il y aura donc, soit pour faire inventaire, soit pour délibérer, un délai passé lequel la femme ou ses héritiers pourront être personnellement poursuivis; et ce que nous avons dit pour le cas où la communauté est dissoute par la mort naturelle, s'applique sans restriction à la dissolution par la mort civile, et, sous de très-légères modifications, à la dissolution qui s'opère par le divorce et la séparation de corps.

« Je viens de nommer le *divorce*, et ceci appelle quelques explications; car il résulte de ce qui vient d'être dit, que le divorce ne sera point un obstacle au partage des bénéfices que la communauté pourra offrir, lors même que le divorce aura été obtenu contre la femme.

« Le motif de cette disposition est qu'il ne s'agit point d'une libéralité que la femme recueille comme dans le cas de l'article 293 du livre Ier du Code civil, mais d'un droit qu'elle exerce et qui ne fait que représenter la mise qu'elle a faite de son mobilier, des fruits de ses immeubles et de son travail dans la masse commune : tout cela pourrait-il être perdu pour elle-même sans entrer en compte?

« Mais reprenons les idées générales qu'appelle le chapitre que nous discutons.

« La femme ou ses héritiers accepteront ou répudieront la communauté; la loi doit poser des règles pour cette double hypothèse.

« Dans l'un et l'autre cas, ces règles seront fort simples.

« Si la communauté est acceptée, il faudra faire une masse commune de l'actif et du passif et après l'acquittement des charges et le prélèvement réciproque des biens personnels de chacun des époux, faire le partage du surplus.

« Si quelques-uns des biens propres à l'un des époux ont été aliénés, le remploi s'en fera préalablement sur la masse.

« Si, au contraire, ces biens ont été améliorés aux frais de la communauté, celle-ci en sera indemnisée ou récompensée.

« Rien de plus juste ni de plus clair que ces règles; cependant, comme toutes les choses humaines, elles peuvent se compliquer accidentellement.

« Il peut arriver, par exemple, que la femme laisse plusieurs héritiers, et que ceux-ci soient divisés entre eux de telle manière que l'un accepte la communauté tandis que l'autre y renoncera.

« Notre projet pourvoit à ce cas d'une manière juste, et que la simple lecture du texte justifiera suffisamment.

« Il peut arriver aussi que des soustractions ou des recélés aient été faits par l'un des époux ; et ce ne serait point faire assez que d'obliger le recéleur à rapporter à la masse ce qu'il a voulu lui dérober ; il est juste de le priver du droit de prendre part dans l'effet rapporté ou dans sa valeur.

« Ces divers accidents n'offrent d'ailleurs rien qui puisse sensiblement embarrasser le système, et il faut en dire autant de tout ce qui touche au paiement des dettes après le partage et à la distinction de ce qui est à la charge de chacun des époux, selon les diverses espèces de dettes.

« Parmi les dispositions de cette catégorie comprises dans le projet de loi qui vous est soumis, il n'en est qu'une qui soit en ce moment digne de remarque : c'est celle qui statue qu'en tout état la femme n'est tenue des dettes de la communauté que *jusqu'à concurrence de son émolument*, pourvu qu'il y ait eu inventaire, et qu'elle rende compte du contenu de cet inventaire et de ce qui lui en est échu par le partage.

« C'est encore une disposition protectrice et qui prouve tout le soin qu'on a pris pour que le régime de la communauté ne vînt point compromettre les intérêts de la femme.

« Nous venons de voir ce qui a lieu lorsque la communauté est acceptée ; et si toutes les règles qui se rapportent à ce cas ne présentent aucune difficulté sérieuse, celles relatives au cas de renonciation sont plus simples encore.

« Ici tout se réduit de la part de la femme à poursuivre la reprise de ses biens personnels, s'ils existent en nature, ou de leur valeur s'ils ont été aliénés, et des indemnités qui peuvent lui être dues.

« Elle ne peut répéter le mobilier qu'elle a mis dans la communauté, et ne retire que les linges et hardes à son usage.

« Elle est au surplus déchargée de toute contribution aux dettes de la communauté, excepté de celles pour lesquelles elle se serait personnellement obligée, et sauf en ce cas son recours sur les biens de la communauté ou sur ceux de son mari.

« Cette dernière situation, qui vous présente le côté malheureux d'un contrat sur lequel les parties avaient fondé de plus grandes espérances, ne fera point sortir de votre mémoire tous les avantages qui doivent généralement résulter du régime auquel elle appartient.

« La renonciation à la communauté est une exception, et l'on a même, dans ce cas, pourvu aux intérêts de la femme autant qu'il était possible.

« Citoyens législateurs, j'ai retracé les principaux caractères du régime en communauté, j'en ai motivé les principales dispositions, et je crois avoir établi moins par des arguments que par la simple exposition de ses règles, que la société dont il s'agit est beaucoup moins environnée de difficultés et d'embarras que ne l'ont craint de bons esprits peu habitués à en suivre les mouvements et l'action.

« Sans doute un système dans lequel, sans participation à la société, la femme n'a qu'à retirer ses apports constatés, est plus simple : mais celui qui vient de vous être exposé est aussi simple qu'une société puisse l'être, et doit gagner beaucoup aux dispositions qui y font entrer tout le mobilier; car les principales difficultés résultant des distinctions que plusieurs coutumes admettaient à ce sujet.

« Amélioré sous ce rapport et sous plusieurs autres, le régime de la communauté, depuis longtemps si cher à une grande partie du territoire français, le deviendra davantage encore et remplira mieux son objet.

« Mais le système que nous venons de vous développer recevra-t-il quelques modifications ou amendements, quand les époux ou l'un d'eux auront des enfants d'un précédent mariage? Cette circonstance, d'une application assez fréquente, ne pouvait échapper à la sollicitude du Gouvernement.

« On a donc examiné la question; et sans puiser sa décision dans la loi *Fœminæ* 3. C. *De secc. nup.*, ni dans l'édit de François II sur les secondes noces, on l'a facilement trouvée dans l'article 387 du livre III du Code civil, déjà décrété.

Cet article règle et limite les libéralités que toute personne ayant des enfants peut faire à son second époux.

« Dans le cas particulier, il suffit donc de se référer à cet article, en exprimant que si, par la mise de son mobilier dans la communauté ou le paiement des dettes de l'autre époux, celui qui a des enfants se trouvait donner au delà de la portion disponible, les enfants du premier lit auront l'action en retranchement.

« De cette manière, et sous cette seule modification, le droit commun peut sans nul inconvénient exercer son empire sur cette espèce comme sur toutes les autres.

« On conçoit d'ailleurs que la même restriction s'étendra au cas de la communauté *conventionnelle* dont il sera ci-après parlé; mais, dans tous les cas, les simples bénéfices résultant des travaux communs et des économies faites sur les revenus respectifs, quoique inégaux, des époux, ne devront point être classés parmi les avantages sujets à réduction.

« Tout ce qui vient d'être dit, citoyens législateurs, s'applique à la communauté légale, à cette communauté qui, dans le silence des parties, doit former le droit commun de la France.

« Mais si les époux s'y soumettent par leur silence, et à plus forte raison par leur adhésion expresse, ils peuvent aussi modifier ce droit commun par des conventions particulières, et la communauté devient alors purement conventionnelle dans les points qui ont été l'objet de stipulations spéciales.

De la communauté conventionnelle.

« En traitant particulièrement de plusieurs modifications de la communauté légale, comme on l'a fait dans la seconde partie du chapitre II, notre projet n'a pas eu pour but d'embrasser toutes les espèces dont se compose le vaste domaine de la volonté des hommes.

« Le tableau de quelques-unes n'entrait donc pas essentiellement et nécessairement dans le plan de ce travail; et après avoir tracé les règles de la communauté légale, on pouvait se borner à laisser agir au surplus la liberté des conventions, sans autres limites que celles qui sont assignées par le chapitre 1er du projet de loi.

« Mais sans vouloir restreindre cette liberté, si nécessaire et si fortement consacrée en cette matière, le Gouvernement a pensé qu'il était digne de sa sollicitude de s'occuper spécialement de certaines modifications, surtout de celles qui sont le plus usitées, et que des stipulations journalières indiquent comme étant plus dans les habitudes de quelques parties de notre immense population.

« C'est dans ces vues que le projet exprime ce qui résultera des diverses conventions qui auront

eu pour objet d'établir l'un des points suivants, savoir :

« 1° Que la communauté n'embrassera que les acquêts ;

« 2° Que le mobilier présent ou futur n'entrera point en communauté, ou n'y entrera que pour une partie ;

« 3° Qu'on y comprendra tout ou partie des immeubles présents ou futurs, par la voie de l'ameublissement ;

« 4° Que les époux paieront séparément leurs dettes antérieures au mariage ;

« 5° Qu'en cas de renonciation, la femme pourra reprendre ses apports francs et quittes ;

« 6° Que le survivant aura un préciput ;

« 7° Que les époux auront des parts inégales ;

« 8° Qu'il y aura entre eux communauté à titre universel.

« Chacune de ces espèces s'éloigne diversement du système général : les unes le restreignent, les autres y ajoutent, mais toutes le modifient, et chacune est susceptible de quelques règles qui seront posées ou comme la conséquence du pacte spécial auquel elles se rapportent, ou comme mesures propres à prévenir les difficultés qui naîtraient du texte isolé.

« Voilà, citoyens législateurs, le but qu'on s'est proposé dans la rédaction d'un assez grand nombre d'articles, dont les dispositions, puisées pour chaque cas, ou dans nos coutumes, ou dans la jurisprudence, seront facilement comprises et appliquées.

« Je ne les analyserai donc pas, car elles sont peu susceptibles d'analyse, et il ne s'agit pas ici d'expliquer un système : cette partie de notre projet n'offre qu'une série de propositions indépendantes les unes des autres, quelquefois contraires, et toujours aussi variées que la volonté humaine.

« Vous jugerez, lors de la lecture qui en sera faite, si les décisions qu'elles renferment sont en harmonie avec les situations diverses auxquelles elles se rapportent.

« Mais je ne puis terminer la discussion relative au chapitre II du projet de loi, sans arrêter un moment votre attention sur la section IX et dernière de la seconde partie de ce chapitre.

« Cette section fixe la condition des époux qui, sans se soumettre au régime dotal, se marient sans communauté ou stipulent qu'ils seront séparés de biens.

« Au premier coup d'œil, on serait porté à classer séparément cette espèce, qui exclut tout à la fois et la communauté et le régime dotal ; mais si, pour ne rien omettre, il a fallu parler de cette stipulation très-rare et en régler les effets, c'eût été trop faire pour elle que de la considérer comme constituant un troisième système, et de la placer sur le niveau des deux autres régimes.

« Ce pacte particulier, qui est une preuve de la liberté indéfinie qui régnera dans les conventions matrimoniales, termine convenablement le chapitre où sont placées les conventions qui modifient, quant aux biens, la situation naturelle des époux.

« J'atteins, citoyens législateurs, la partie du projet qui traite du régime dotal.

Du régime dotal.

« Déjà vous connaissez les motifs qui ont conseillé de maintenir le régime dotal non plus comme la loi spéciale ou le droit commun d'une partie du territoire français, mais comme un corps de règles auquel tous les citoyens de la

République, quelque part qu'ils habitent, puissent se référer quand ils préféreront ce régime à celui de la communauté.

« De là l'obligation pour nous de motiver encore, sinon tous les détails, du moins les principales dispositions de ce régime.

« Le régime dotal ne tire pas son nom de la seule circonstance qu'il y a une dot constituée, car le régime de la communauté admet aussi la constitution de dot.

« Le régime dotal n'est donc ainsi appelé qu'à raison de la manière particulière dont la dot se trouve non pas constituée, mais régie après la constitution qui en a été faite. Il n'est pas inutile de bien connaître la valeur des mots pour s'entendre sur le fond des choses. »

« Il peut être utile aussi de remarquer dès à présent que sous les deux régimes les dots sont assujetties à plusieurs règles semblables.

« Telles sont, entre autres, celles relatives à la garantie de la dot, au paiement des intérêts de cette dot, et même à la portion contributoire des père et mère, quand ils ont conjointement doté leurs enfants ; dispositions qui, après avoir été placées dans le chapitre II relatif à la *communauté*, se retrouvent dans le chapitre III relatif au *régime dotal*, et dont on eût pu faire un chapitre commun, si l'on n'eût pas craint de morceler l'un et l'autre système par cette voie plus courte sans doute, mais moins favorable au but qu'on s'était proposé. En effet ce but a été de réunir dans chacun des chapitres toutes les règles qui étaient propres à chacun des régimes, de manière qu'il n'y eût ni confusion ni renvoi de l'un à l'autre, ou de l'un et de l'autre à un chapitre de dispositions communes.

« Après ces observations, je dois fixer votre attention sur les points qui différencient essentiellement le régime dotal d'avec celui de la communauté.

« Dans le régime dotal, le mari n'a pas, comme dans celui de la communauté, l'administration de tous les biens de la femme, sans distinction de ceux qui ont été constitués en dot à celle-ci, ou qui lui sont échus depuis le mariage ; il n'a que l'administration et la jouissance des biens stipulés *dotaux* ; mais une autre différence existe encore, en ce que les immeubles dotaux deviennent de leur nature inaliénables pendant le mariage.

« Ainsi ce n'est point seulement le mari qui ne pourra aliéner les immeubles dotaux de sa femme, car dans aucun système cette aliénation ne saurait être l'ouvrage de celui qui n'est pas propriétaire ; mais c'est la femme elle-même qui ne pourra aliéner ses immeubles dotaux lors même que son mari y consentirait.

« Cette disposition du droit romain, née du désir de protéger la femme contre sa propre faiblesse et contre l'influence de son mari, est l'un des points fondamentaux du système. Notre projet l'a conservé.

« Cependant, comme il est peu de principes qui n'admettent des exceptions, celui que nous discutons aura les siennes.

« Ainsi, et pour parler de la dérogation qui pourra y être faite par le contrat de mariage même, la dot de la femme pourra être par elle aliénée, avec l'autorisation de son mari, pour l'établissement de ses enfants ; car la cause de l'inaliénabilité se plaçant essentiellement dans l'intérêt même de ces enfants, on n'est point censé l'enfreindre quand l'aliénation n'a lieu que pour leur avantage.

« Après cette exception d'un ordre supérieur,

il en est quelques autres que les juges seuls pourront appliquer ; car s'il est sans inconvénient et même avantageux de laisser à la femme autorisée par son mari le soin de remplir un devoir naturel en dotant ses enfants, en toute autre circonstance la collusion des époux serait à redouter si l'intervention de la justice n'était ordonnée.

« L'aliénation des immeubles dotaux pourra donc être autorisée par la justice dans les cas suivants :

« Ou pour tirer de prison le mari ou la femme,

« Ou pour fournir des aliments en certains cas et à certain membre de la famille,

« Ou pour payer des dettes de la femme antérieures au mariage,

« Ou pour pourvoir aux grosses réparations de l'immeuble dotal,

« Ou enfin pour sortir d'indivision, quand cette indivision ne peut cesser que par une licitation.

« Mais c'eût été s'arrêter trop rigoureusement à la ligne tracée par le besoin que de l'en tenir là.

« Dans ces divers cas, lorsqu'ils sont bien constatés, il est aisé de reconnaître l'empire de la nécessité ; et la loi ne saurait avec sagesse refuser ce que réclame une telle cause.

« Dans le cours ordinaire de la vie, il est des choses si éminemment utiles, qu'il y aurait de la dureté à ne les point placer quelquefois sur le niveau des choses nécessaires.

« Supposons donc le cas assez fréquent sans doute où l'immeuble dotal sera situé à une grande distance du domicile des époux, tandis qu'il se trouvera à leur portée un autre immeuble de valeur égale ou à très-peu de chose près, dont l'administration, infiniment plus facile, offrirait d'immenses avantages.

« Dans cette hypothèse, les lois romaines permettaient l'échange avec l'autorisation de la justice, et en reportant sur le fonds acquis tous les caractères et privilèges du fonds aliéné. Notre projet a adopté cette exception, qui a paru ne point blesser les intérêts de la femme.

« Au delà des espèces que je viens de récapituler, le principe de l'inaliénabilité du fonds dotal ne peut recevoir aucune atteinte, même par la prescription, à moins qu'elle n'ait commencé avant le mariage.

« Il restera d'ailleurs peu de chose à dire sur les suites de l'administration du mari, quand on aura exprimé qu'il en est tenu comme tout usufruitier.

« Mais au décès de l'un ou de l'autre des époux, la dot devra être restituée à la femme ou à ses héritiers, et ceci appelait quelques dispositions.

« Si la dot consiste en immeubles, la restitution s'en fera en nature et sans délai ;

« Si elle consiste en mobilier, on distinguera si ce mobilier a été estimé ou non : au premier cas, le mari sera débiteur du prix, *dos æstimata, dos vendita* ; au second cas, la restitution sera due en nature, quelque dépérissement que la chose ait souffert, si c'est par l'usage et sans la faute du mari.

« Telles sont les distinctions essentielles qui devront présider à la restitution, dont, en certain cas, notre projet n'ordonne l'accomplissement qu'après des délais dont la faveur est due au souvenir du lien qui a existé entre les époux. L'événement malheureux de la mort de la femme ne doit pas, dans des moments consacrés à la douleur, laisser son mari exposé à de rigoureuses poursuites de la part des héritiers mêmes de celle qui fut son épouse.

« Cette partie du projet de loi ne contient au surplus que des dispositions peu susceptibles de discussion. Je ne puis cependant passer à d'autres objets sans arrêter un moment votre attention sur l'article qui porte que *la femme et ses héritiers n'ont point de privilége pour la répétition de la dot sur les créanciers antérieurs à elle en hypothèques.*

« On pourrait demander à quoi sert cette disposition, si elle ne tendait à abolir formellement la loi *Assiduis*, qui, successivement tombée en désuétude dans la plupart des pays même de droit écrit, était pourtant, encore de nos jours, observée dans quelques-uns, notamment dans le ressort du ci-devant parlement de Toulouse.

« Cette loi, qui sacrifiait à la dot la société toute entière, et qui fut l'occasion d'une multitude de fraudes envers des tiers de bonne foi, n'était qu'une faveur mal entendue, et ne pouvait trouver place dans notre nouvelle législation.

« Je viens, citoyens législateurs, d'indiquer les principales dispositions comme les principaux effets du régime dotal; mais dans ce régime, ou plutôt à l'occasion de ce régime, viennent les biens paraphernaux.

« Ces biens, qui comprennent tout ce qui n'a pas été expressément stipulé dotal, restaient dans le droit romain à la pleine disposition de la femme, qui, pour les aliéner, n'avait pas besoin du consentement de son mari.

« Notre projet offre un changement notable à ce sujet, ou plutôt ce changement existait déjà dans l'une des lois que vous avez portées dans votre dernière session.

« L'article 211 du premier livre du Code civil a posé la règle relative à la nécessité du consentement du mari ou de l'autorisation judiciaire, en cas que le mari refuse son consentement : le projet actuel devait se conformer à cette sage disposition; il l'a fait.

« Ainsi le pouvoir de la femme sur ses biens paraphernaux se réduira, comme le prescrivaient la raison et son propre intérêt, à l'administration et jouissance de cette espèce de biens.

« Mais qu'arrivera-t-il si le mari gère et jouit lui-même? Notre projet le considère dans l'une des trois situations suivantes :

« Ou il n'aura joui qu'en vertu d'un mandat exprès, et il sera tenu des mêmes actions que tout mandataire;

« Ou il se sera entremis et maintenu dans la jouissance par la force et contre le gré de sa femme; et alors il devra les fruits, car il n'a pu les acquérir par un délit;

« Ou enfin sa jouissance aura été paisible ou du moins tolérée; et dans ce cas il ne sera tenu, lors de la dissolution du mariage, qu'à la représentation des fruits existants.

« Il importe sans doute de prévoir tous ces cas et de les distinguer; car si les biens paraphernaux ont une existence et une administration à part, s'ils sont *de droit séparés* et de la dot et des biens du mari, souvent et par la nature des choses ils leur seront unis *de fait* : il fallait donc pourvoir à ce qu'à raison de cette jouissance les époux ne laissassent pas des procès pour héritage.

« Je vous ai exposé, citoyens législateurs, tous les points essentiels du régime dotal

« Une disposition particulière, terminant le chapitre qui lui est consacré, exprime qu'*en se soumettant au régime dotal, les époux peuvent néanmoins stipuler une société d'acquêts*.

« Sans doute les dispositions générales du projet de loi, sainement interprétées, eussent été suffisantes pour établir ce droit ou cette faculté;

mais le Gouvernement n'a pas cru qu'il dût en refuser l'énonciation précise, réclamée pour quelques coutumes du droit écrit, où cette stipulation est fréquente.

« Cette mesure aura d'ailleurs le double avantage et de calmer des inquiétudes, et de prouver que nos deux régimes ne sont pas ennemis, puisqu'ils peuvent s'unir jusqu'à un certain point.

« Citoyens législateurs, ma tâche est fort avancée, mais elle n'est pas finie. Je n'ai plus à justifier les dispositions écrites du projet, mais son silence sur certains avantages qu'en quelques lieux les femmes survivantes obtenaient à titre d'augment de dot, et, dans le plus grand nombre de nos coutumes, sous le nom de *douaire*.

« Sur ce point, le projet a imité la sage discrétion du droit écrit; et il le devait d'autant plus, qu'en établissant *la communauté* pour droit commun, il donne assez à la femme si la communauté est utile, puisqu'elle en partagera les bénéfices, et lui accorderait trop, au cas contraire, puisque la libéralité de la loi s'exercerait sur une masse déjà appauvrie ou ruinée.

« En se dépouillant d'ailleurs de tous les souvenirs de la routine, il fallait revenir aux premières règles de la raison. Or la loi permet les libéralités, mais elle ne les fait pas, et ne doit point, en cette matière, substituer sa volonté à celle de l'homme, parce que souvent elle la contrarierait sous prétexte de la suppléer.

« Que les époux puissent donc stipuler des droits de survie avec ou sans réciprocité, la loi ne doit point s'y opposer; mais comme les libéralités sont dans le domaine de la volonté particulière, on ne saurait en établir par une disposition de droit commun sans blesser tous les principes.

« Citoyens législateurs, je vous ai retracé tout le plan de la loi qui vous est proposée.

« Dans une matière de si haute importance, et que la diversité des usages rendait si délicate et si difficile, on a moins cherché à détruire qu'à concilier, et surtout on a désiré que chacun pût facilement jouir de la condition légale dans laquelle il voudrait se placer.

« Si donc on a pu scinder la France pour donner des règles diverses aux diverses contrées qui la composent, on a fait beaucoup, on a fait ce qu'il était possible de faire, en disant à tous les citoyens de la République :

« Voilà deux régimes qui répondent à vos habitudes diverses; choisissez.

« Voulez-vous même les modifier, vous le pouvez.

« Tout ce qui n'est pas contraire à l'ordre pu« blic ou formellement prohibé peut devenir l'ob« jet de vos conventions; mais si vous n'en fai« tes point, la loi ne saurait laisser les droits des « époux à l'abandon; et la communauté, comme « plus conforme à la situation des époux et à « cette société morale qui déjà existe entre eux par « le seul titre de leur union, sera votre droit com« mun. »

« Citoyens législateurs, si cette communauté a été bien organisée, et si elle a conservé tout ce qu'il y avait de bon dans nos anciens usages en rejetant seulement ce qui pouvait l'embarrasser sans fruit;

« Si, d'un autre côté, le régime dotal, quoique dirigé vers une autre fin, mais organisé dans les mêmes vues, a recueilli et conservé les meilleurs éléments que nous eussions sur cette matière;

« Si enfin le projet a laissé à la volonté la juste latitude qu'elle devait avoir, le Gouvernement aura rempli ses vues.

« Et vous, citoyens législateurs, en consacrant son travail par votre approbation, vous acquerrez de nouveaux droits à la reconnaissance publique. »

LIVRE III.
TITRE IV.
DE LA CONTRAINTE PAR CORPS EN MATIÈRE CIVILE.

Exposé des motifs.

Le citoyen **Bigot-Préameneu**, nommé par le Premier Consul, avec les citoyens **Bégouen** et **Fleurieu**, pour présenter au Corps législatif, dans sa séance de ce jour, le titre IV du livre III du projet de Code civil, *de la contrainte par corps en matière civile*, et pour en soutenir la discussion dans sa séance du 23 pluviôse, dépose sur le bureau l'exposé des motifs de ce titre.

Cet exposé est ainsi conçu :

« Citoyens législateurs,

« Les règles établies dans le Code civil sur la contrainte par corps sont conformes aux sentiments généreux et humains qui sont propres au caractère français : elles sont conformes au respect que toute nation policée doit à la dignité de l'homme et à sa liberté individuelle.

« *Montesquieu* était pénétré de ces sentiments, lorsqu'au sujet de la contrainte par corps il s'exprimait ainsi :

« Dans les affaires qui dérivent des contrats « civils ordinaires, la loi ne doit pas donner la « contrainte par corps, parce qu'elle fait plus de « cas de la liberté d'un citoyen que de l'aisance « d'un autre ; mais dans les conventions qui dé- « rivent du commerce, la loi doit faire plus de « cas de l'aisance publique que de la liberté d'un « citoyen. »

« Un système contraire à cette doctrine a toujours été suivi à Rome.

« Vivant au milieu des combats, les Romains ne voyaient, même dans les affaires civiles, que des exécutions militaires. Les créanciers traitaient leurs débiteurs comme des vaincus qu'ils pouvaient réduire à l'esclavage, charger de fers, ou même dépouiller de la vie.

« On ne se rappelle point sans surprise et sans indignation les traitements cruels que les débiteurs souffrirent à Rome au commencement et même dans les plus beaux temps de cette République.

« Le créancier donnait à son débiteur, après que celui-ci avait avoué la dette, ou qu'il avait été condamné à le payer, un délai de trente jours. Si à l'expiration de ce délai la dette n'était pas acquittée, le débiteur était saisi au corps et conduit devant le préteur : s'il était dans l'impuissance de payer, ou si personne ne se rendait sa caution, le préteur le livrait entre les mains de son créancier, qui avait le droit de le tenir dans les fers jusqu'à ce qu'il eût payé. Le débiteur qui se trouvait insolvable à l'égard de plusieurs créanciers pouvait, après quelques formalités, être mis à mort ou vendu à des étrangers.

« A ces coutumes barbares succéda l'usage encore très-inhumain d'emprisonner les débiteurs, et de les réduire à une espèce d'esclavage, sous le nom de *nexi*, pour indiquer qu'ils étaient dans les liens de la servitude jusqu'au paiement de leurs dettes.

« Ces lois éprouvèrent ensuite des changements qui adoucirent le sort des débiteurs, et il leur fut enfin permis par la loi *Julia* d'assurer la liberté de leur personne, en faisant une cession entière de leurs biens à leurs créanciers.

« Mais ces lois ne sont jamais parvenues à un degré de modération tel qu'il fût défendu à un créancier de stipuler la contrainte par corps, à moins qu'il n'y fût autorisé par une loi spéciale.

« La contrainte par corps pour dette avait autrefois lieu en France lorsqu'il y en avait une clause expresse ; mais cette clause était en quelque sorte une formule des actes des notaires. On disait communément alors : *Nullum sine corpore pignus.*

« L'ordonnance rendue à Moulins, en 1566, fut encore plus rigoureuse envers les débiteurs, puisque dans le cas même où la contrainte par corps n'avait pas été stipulée, il fut statué que cette mesure serait employée contre quiconque serait condamné pour dette, quelle que fût la cause de cette dette, si elle n'était pas acquittée dans les quatre mois du jour de la condamnation signifiée.

« Le chancelier de *L'Hôpital* avait espéré que par une loi aussi sévère on ferait cesser tous les subterfuges que les condamnés emploient pour ne pas payer, et qu'on préviendrait la multiplicité des jugements par la crainte que les débiteurs auraient d'en subir l'exécution : mais cette loi ne pouvait convenir longtemps aux mœurs douces et bienfaisantes des Français, et les magistrats philosophes qui, en 1667, rédigèrent un code judiciaire, firent adopter, relativement à la contrainte par corps, le système dans lequel on balance le respect dû à la liberté individuelle avec le respect dû à la foi des contrats.

« L'exagération des idées dans des temps de trouble et l'oubli des principes sur la liberté civile, avaient fait adopter l'opinion que chez un peuple libre il ne doit point exister de loi qui autorise la contrainte par corps, et elle fut abolie. C'était donner un champ libre à la mauvaise foi dans un temps où le besoin de la comprimer était le plus pressant. Aussitôt que les orages révolutionnaires furent un peu calmés, le rétablissement des anciennes lois sur la contrainte par corps fut réclamé avec force par l'opinion publique : ces lois furent remises en vigueur avec quelques modifications par les décrets des 24 ventôse an V et 15 germinal an VI.

« On a déclaré dans le décret de l'an VI, ainsi qu'on le fait encore dans le présent Code, comme règle fondamentale, que la contrainte par corps ne peut être prononcée si elle n'est autorisée par une loi formelle.

« Ce qui intéresse la liberté des personnes est ce qui tient le plus essentiellement au droit public ; cela ne doit dépendre de la volonté des parties, ni même être laissé à l'arbitrage des juges : c'est seulement à la volonté générale exprimée par la loi que peut être subordonnée la liberté individuelle, parce qu'alors chacun est sûr d'être à l'abri des passions, et qu'un aussi grand sacrifice ne sera exigé que dans le cas où l'intérêt particulier du créancier se trouvera jointe une considération assez puissante d'intérêt public.

« Il vous sera facile, citoyens législateurs, de reconnaître les motifs du petit nombre d'exceptions faites à la règle générale qui, en matière civile, interdit la contrainte par corps.

« Dans ces exceptions, la loi recherche si la cause de la dette n'est pas telle que le débiteur soit indigne de toute protection, et si, lorsque son immoralité ne l'expose pas à des poursuites criminelles, l'ordre social n'exige pas qu'elle soit réprimée par la privation de sa liberté jusqu'à ce qu'il ait réparé sa faute en payant sa dette. C'est alors le premier degré des peines nécessaires pour maintenir l'ordre public.

« Le *stellionat* a toujours été au nombre des causes qui ont fait prononcer la contrainte par corps.

« Mais l'expression même de *stellionat* n'a jamais été suffisamment déterminée. Dans le droit romain, on regardait comme stellionataire, non-seulement celui qui vendait, cédait, engageait à l'un ce qu'il avait déjà vendu, cédé ou engagé à un autre, ou celui qui donnait en paiement ce qui ne lui appartenait pas, mais encore celui qui avait soustrait ou altéré des effets déjà engagés, ceux entre lesquels il y avait eu collusion au préjudice des tiers, ceux qui faisaient de fausses déclarations dans les actes, et en général tous ceux qui s'étaient rendus coupables de fraude.

« Dans le droit français, on a donné le nom communément le nom de stellionat à la déclaration frauduleuse que fait dans un contrat celui qui vend un bien immeuble, comme lui appartenant, lorsqu'il sait qu'il n'en a pas la propriété, ou celui qui engage comme franc et quitte de toute charge un bien déjà hypothéqué. Mais aucune règle fixe n'avait été à cet égard établie. Des personnes ont été condamnées comme stellionataires pour avoir donné en gage une chose au lieu d'une autre ayant plus de valeur, d'autres personnes pour avoir passé des actes simulés.

« La contrainte par corps étant considérée comme une sorte de peine, il était nécessaire de spécifier la faute qui la ferait encourir. Le stellionat a été réduit au cas qui avait été le plus généralement reconnu comme distinguant ce genre de fraude. Il y a stellionat, lorsqu'on vend ou qu'on hypothèque un immeuble dont on sait n'être pas propriétaire, et encore lorsqu'on vend comme libres des biens hypothéqués, ou que l'on déclare des hypothèques moindres que celles dont ces biens sont chargés.

« Il est possible que le stellionat soit accompagné de circonstances qui caractérisent un vol punissable suivant la loi criminelle; il est possible aussi que, par des circonstances atténuantes, cette fraude ne soit pas au nombre des délits contre lesquels s'arme la vengeance publique; mais, dans tous les cas, la loi présume une faute assez grave pour que la personne envers laquelle on doit la préparer ait le droit de contrainte par corps.

« Celui qui s'est volontairement établi dépositaire, et qui viole le dépôt, manque à un des devoirs les plus sacrés de l'honneur : mais il ne s'agit alors que de l'intérêt privé du déposant; celui-ci doit s'imputer d'avoir mal placé sa confiance; et il n'y a pas d'intérêt général pour lui donner le droit de contrainte par corps.

« Mais lorsque l'hôte ou le voiturier ont la garde des effets du voyageur; lorsque dans un tumulte, dans un naufrage, dans un incendie, on dépose à la hâte ce qu'il est possible de sauver; dans ces cas et dans tous ceux de dépôt nécessaire, on doit avoir pour garantie, contre celui qui en est chargé, la contrainte par corps.

« C'est sur la foi publique que les effets du voyageur sont mis à la garde de l'hôte ou du voiturier : lorsqu'ils exercent cet état, ils se constituent responsables de la violation de la foi publique.

« C'est au nom de l'hum⬛⬛ ⬛ c'est sur la foi due à l'infortune, que le ⬛ ⬛⬛est reçu en cas d'incend⬛⬛ ⬛⬛⬛⬛⬛ ⬛so-ciété entière es⬛ d'aussi grands ⬛ la ressource q⬛⬛ leurs effets.

« A plus forte raison la contrainte par corps doit-elle être ordonnée pour la restitution de tout ce qui, ayant été mis sous la main de la justice, est confié par elle à ceux qui se constituent ou qu'elle établit ses dépositaires.

« D'une part, ce n'est plus alors le dépositaire seul qui répond, c'est là justice elle-même; et l'ordre public veut que tous les moyens, celui même de la contrainte par corps, soient employés pour que la foi qu'elle doit inspirer ne soit pas violée.

« D'une autre part, celui dont les biens sont sous la garde de la personne commise par la justice, est dans le cas du dépôt nécessaire. Ce n'est point un acte de confiance; par cette raison seule, ce dépositaire devrait être assujetti à la contrainte par corps.

« Elle a donc dû être admise contre les personnes publiques établies pour recevoir les deniers consignés, contre les séquestres, les commissaires et autres gardiens.

« On doit assimiler à ces dépositaires la caution judiciaire qui s'oblige également non-seulement envers le créancier, mais encore envers la justice.

« Quant aux cautions des contraignables par corps, dès lors que par des motifs d'intérêt public l'obligation principale est assujettie à cette exécution rigoureuse, le même intérêt général doit autoriser l'obligation accessoire de la caution.

« Lorsqu'il est ordonné à des officiers publics de représenter leurs minutes, s'ils s'y refusent, ils arrêtent le cours de la justice; ils enfreignent un des devoirs sous la condition desquels ils ont été admis à remplir leurs fonctions, ils violent la foi publique; ils doivent être contraints par corps.

« Il en est ainsi des notaires, des avoués et des huissiers, pour la restitution des titres qui leur sont confiés, et des deniers qu'ils reçoivent de clients par suite de leurs fonctions. On ne peut employer ces officiers publics sans être dans la nécessité de leur confier les titres et l'argent nécessaires pour agir. Ministres secondaires de la justice, ils doivent être mis dans la classe de ceux qui sont ses dépositaires; et s'ils manquent ainsi à la confiance publique, ils sont assujettis à la contrainte par corps.

« Elle est encore autorisée en cas de réintégrande pour le délaissement ordonné par justice d'un fonds dont le propriétaire a été dépouillé par voie de fait, ainsi que pour la restitution des fruits perçus pendant l'indue possession, et pour le paiement des dommages et intérêts adjugés au propriétaire.

« Dans ce cas, il y a une faute très-grave, celle de s'être emparé par voie de fait du fonds d'autrui. Un pareil trouble à la propriété ne serait point suffisamment réprimé par une action civile ordinaire; et c'est pour servir de garantie à la paix publique que la contrainte par corps est décernée contre ceux qui se sont rendus coupables de ces voies de fait. La restitution des fruits et le paiement des dommages et intérêts sont la suite de la même faute, et doivent conséquem-men⬛ assujettir à la même peine.

⬛⬛⬛ns le cas où le fonds n'aurait pas
⬛⬛⬛⬛ r voie de fait, si un jugement rendu
passé en force de chose jugée, con-
ur à désemparer ce fonds, et
eut être condamné par corps
t dans lequel on lui ac-

ce fonds, ce n'est
la justice, c'est

une sorte de rébellion caractérisée par la sommation d'exécuter le premier jugement, par la signification d'un second jugement qui le constitue en état de résistance ouverte, et enfin par le délai qui lui est encore donné pour venir à résipiscence. L'ordre social exige que l'autorité de la chose jugée soit respectée, que force reste à la justice, et qu'il y ait enfin un terme à l'opiniâtreté des plaideurs. Il faut donc que celui qui est victime de cette coupable résistance puisse alors mettre à exécution la contrainte par corps.

« On doit observer combien la loi prend de précautions pour n'autoriser cette mesure que quand elle est devenue absolument nécessaire.

« Il faut que le jugement ait été rendu au pétitoire; il faut qu'il soit passé en force de chose jugée; il faut, dans le cas de la réintégrande comme dans celui du simple délaissement, qu'il soit question d'un fonds, parce que la possession de celui qui est condamné à le délaisser est certaine : mais lorsqu'il s'agit d'une somme ou d'une chose mobilière, il n'est pas également possible de prouver qu'elle soit encore dans les mains de celui qui s'en est emparé, ni qu'il soit en état d'acquitter sa dette; l'intérêt public n'est plus le même : cette dette est mise au rang des dettes civiles ordinaires, à moins que, par les circonstances, il n'y ait un délit caractérisé.

« Les fermages des biens ruraux sont destinés à la nourriture du propriétaire, et sont représentatifs des fruits que le fermier recueille. Si ce fermier en dispose sans acquitter le fermage, cette infidélité est mise par la loi romaine au nombre des larcins. (L. 3, § Locavi. ff. de Furt.).

« Malgré ces motifs, la loi n'autorise point la contrainte par corps contre le fermier, à moins qu'elle n'ait été stipulée formellement dans l'acte de bail.

« Mais la loi permet cette stipulation, parce que c'est une sorte de dépôt qui, par sa nature et son objet, constitue le fermier dans une faute qui, si elle n'est pas, comme dans la loi romaine, mise au nombre des délits, est celle qui en approche le plus ; parce que les propriétaires, qui la plupart sont éloignés, n'ont presque jamais aucun moyen de se garantir de pareille infidélité; parce qu'enfin, si la soumission à la contrainte est rigoureuse, il peut aussi être utile au fermier le plus honnête de donner cette espèce de garantie au propriétaire qui ne lui confierait pas son héritage sans exiger des cautionnements que ce fermier ne pourrait pas fournir.

« L'intérêt général de l'agriculture veut encore que les fermiers et les colons partiaires puissent être contraints par corps faute par eux de représenter, à la fin du bail, le cheptel de bétail, les semences et les instruments aratoires qui leur ont été confiés. Ils ne peuvent s'excuser à l'égard de ceux de ces objets qu'ils ne remettraient pas, qu'en justifiant que, s'ils manquent, ce n'est point par leur fait.

« L'ordonnance de 1667, sur la procédure civile, avait, relativement aux causes qui peuvent motiver la contrainte par corps, consacré en grande partie la doctrine qui vient d'êtreexposée : mais elle avait, à l'égard des dépens, maintenu toute la sévérité de la loi de 1566, en statuant que la contrainte par corps pourrait être prononcée pour les dépens adjugés, après quatre mois écoulés depuis la signification du jugement, et qu'il en serait de même pour la restitution des fruits et pour les dommages et intérêts, lorsque, pour ces divers objets, il s'agirait d'une somme excédant deux cents livres.

T. VIII.

« Cette disposition n'a point été adoptée.

« Il est vrai, en général, que les dépens sont la peine du téméraire plaideur : mais il est également certain qu'un grand nombre de contestations ont pour cause des doutes qui s'élèvent de bonne foi dans l'esprit des plaideurs; et c'est aux tribunaux que la loi elle-même leur indique de s'adresser. Cette considération avait sans doute déterminé les auteurs des lois de 1566 et 1667 à ne pas statuer d'une manière absolue que la contrainte par corps serait prononcée pour les dépens, la restitution des fruits et les dommages et intérêts, et à laisser ce pouvoir à la discrétion des juges.

« Les principes que j'ai exposés ne peuvent se concilier avec l'autorisation de la contrainte par corps dans des cas qui ne sont point spécifiés par la loi; et quoique le caractère des juges mérite toute confiance, leur autorité ne saurait suppléer celle de la loi, qui seule peut prononcer sur la liberté individuelle.

« Les prérogatives des Français, relativement à leur liberté, sont les mêmes, quoiqu'ils se trouvent en pays étranger; mais à l'égard des étrangers, les divers moyens que l'on doit employer contre eux pour les contraindre à remplir leurs obligations, font partie des lois commerciales et du Code de procédure civile.

« Vous venez d'entendre, citoyens législateurs, les motifs du petit nombre d'exceptions à la règle générale qui défend, sous peine de nullité, des dépens et des dommages et intérêts, à tous juges de prononcer la contrainte par corps en matière civile, à tous notaires et greffiers de recevoir des actes dans lesquels elle serait stipulée, et à tous Français de consentir pareils actes, lors même qu'ils eussent été passés en pays étranger, si ce n'est dans les cas déterminés par cette même loi, et dans ceux qui pourraient l'être à l'avenir par une loi formelle.

« Ces exceptions sont elles-mêmes modifiées, et elles ne reçoivent leur application, ni dans les cas où ceux qui seraient ainsi contraignables peuvent invoquer les privilèges personnels que la loi leur accorde sous d'autres rapports, ni dans les cas où cette rigueur a paru excessive.

« Si on voulait exercer la contrainte par corps pour l'accomplissement d'une obligation contractée par un mineur, il opposerait la loi qui le met à l'abri de toute lésion par suite de ses engagements personnels. Il n'est point de lésion plus grave que la privation de la liberté. La loi lui fait supporter la peine de ses délits; mais nul, en matière civile, ne peut le priver du privilège de la minorité.

« La rigueur de la contrainte par corps serait excessive, si elle était prononcée pour une somme moindre de trois cents livres. L'impossibilité d'obtenir ce paiement par les voies ordinaires suppose l'indigence du débiteur et fait présumer que la contrainte par corps ne procurerait pas le paiement. On présume encore qu'en général une somme aussi modique n'a pas assez d'influence sur la fortune du créancier pour lui sacrifier la liberté du débiteur.

« La rigueur de la contrainte par corps serait encore, excessive si elle était prononcée contre les septungénaires.

« A l'âge de soixante-dix ans, l'homme parvenu à la dernière période de la vie est courbé sous le poids des infirmités ; la privation des soins et des secours de sa famille est une peine qui peut devenir mortelle. L'humanité s'oppose à ce que, pour l'intérêt pécuniaire du créancier, la vie de son débiteur soit exposée.

« La contrainte par corps a toujours aussi paru trop rigoureuse contre les femmes et les filles. Ceux qui contractent avec elles connaissent la faiblesse de leur sexe, combien leurs travaux sont en général peu lucratifs. Les bonnes mœurs sont même intéressées à ce qu'on ne les mette pas dans une aussi grande dépendance de leurs créanciers. C'est ce dernier motif qui, dans la loi romaine, avait déterminé la même exception.

« Ainsi les septuagénaires, les femmes et les filles ont été, par ce motif, mis à l'abri de la contrainte par corps dans tous les cas, si ce n'est un seul, celui de stellionat. Quand on se rappelle combien cette faute est énorme, on reconnaît que ni la vieillesse ni le sexe ne peuvent servir d'excuse.

« Et même encore a-t-on fait à cet égard une distinction entre les femmes mariées qui seraient séparées de biens ou qui auraient des biens dont elles se seraient réservé l'administration, et celles qui, étant en communauté, se seraient obligées conjointement ou solidairement avec leur mari.

« Celles qui sont séparées de biens, et celles qui ont des biens dont elles se sont réservé l'administration, sont soumises à la contrainte par corps pour stellionat à raison des engagements qui concernent ces biens.

« Le stellionat est alors la faute personnelle de la femme, sans qu'elle puisse le rejeter sur son mari, sous prétexte de l'autorisation qui lui aurait été donnée. Cette prérogative du mari ne saurait être un motif pour le rendre responsable de la mauvaise foi de sa femme relativement à des biens qu'il n'a jamais administrés, sur lesquels la loi ne lui donne pas de surveillance. Il faudrait, pour soutenir que le mari est responsable du stellionat, pouvoir dire que dans le cas où la femme séparée vendrait un bien qu'elle saurait ne pas lui appartenir, le mari qui n'aurait pas reçu le prix et qui n'en aurait pas profité, serait tenu de rendre ce prix, et pourrait y être contraint par corps. Quelque ascendant que l'on suppose aux maris sur leurs femmes, ce ne peut pas être un motif pour les présumer coupables dans l'exercice d'une prérogative qui ne leur donne aucun droit pécuniaire. S'il en était autrement, aucun mari ne voudrait courir des risques personnels par une autorisation. Les femmes auraient recours à la justice, qui pourrait encore moins que le mari connaître leurs engagements antérieurs. Il n'est pas douteux que la femme qui, coupable de stellionat, aurait surpris la religion du juge, pût être contrainte par corps; elle n'en doit pas être dispensée par le motif que c'est d'abord à son mari qu'elle a dû demander l'autorisation.

« La loi voit d'un autre œil la femme qui est en communauté. Lorsque dans ce cas elle s'oblige conjointement et solidairement avec son mari, c'est le mari qui, comme chef de la communauté et comme administrateur général des biens, est présumé avoir la connaissance de tout ce qui est relatif au contrat : c'est alors que la femme est présumée ne jouer qu'un rôle secondaire et subordonné. La loi, ne voulant atteindre que celui du mari ou de la femme qui doit être présumé coupable, décide qu'en cas de communauté les femmes ne peuvent être réputées stellionataires à raison des contrats dans lesquels elles se sont obligées conjointement ou solidairement avec leurs maris.

« C'est ainsi qu'un édit du mois de juillet 1680 avait interprété l'article 8 du titre XXXIV de l'ordonnance de 1667 sur la procédure civile.

« Enfin, la loi donne à ceux même qu'elle assujettit à la contrainte par corps, une garantie que les créanciers ne pourront en abuser, et en même temps un délai pour satisfaire à leur dette. La contrainte par corps ne pourra être appliquée qu'en vertu d'un jugement.

« Il avait été réglé par la même ordonnance de 1667 (tit. XXXIV, art. 12), que si une partie appelait de la sentence, si elle s'opposait à l'exécution de l'arrêt ou du jugement portant condamnation par corps, la contrainte serait sursise jusqu'à ce que l'appel ou l'opposition eussent été terminés; mais que si, avant l'appel ou l'opposition signifiée, les huissiers ou sergents s'étaient saisis de sa personne, il ne serait point sursis à la contrainte.

« On vous propose une disposition qui a paru plus simple et plus conforme aux règles ordinaires de la procédure.

« L'appel ne suspendra point la contrainte par corps prononcée par un jugement provisoirement exécutoire en donnant caution.

« Ainsi l'exécution du jugement ne dépendra point de la célérité qu'aura mise le créancier à poursuivre le débiteur ou de celle qu'aura mise le débiteur à se rendre appelant ou opposant; ce qui n'est pas fondé en raison : mais cette exécution dépendra de l'objet et des circonstances de l'affaire, et ce seront les juges eux-mêmes qui, d'après les règles prescrites par le Code de procédure, déclareront dans leur jugement s'il est ou s'il n'est pas provisoirement exécutoire.

« La loi présentée procure d'ailleurs au condamné par corps une garantie qu'il n'avait pas lorsque, conformément à la loi de 1667, il avait été arrêté : c'est celle d'une caution qui lui répondra des dommages et intérêts, s'il est définitivement jugé que la contrainte par corps a été exercée mal à propos lui sans que les faits fussent fondés ou sans qu'elle eût été autorisée par la loi.

« Les dispositions du présent titre n'ayant pour objet la contrainte par corps qu'en matière civile, elles ne dérogent ni aux lois particulières qui l'autorisent dans les matières de commerce, ni aux lois de police correctionnelle, ni à celles qui concernent l'administration des deniers publics. »

LIVRE III.

TITRE XI.

DE LA VENTE.

Le citoyen **Gally** présente le titre XI du livre III du projet de Code, civil *de la vente*, rédigé conformément aux amendements adoptés dans les séances des 30 frimaire, 9 et 21 nivôse et 7 pluviôse.

Le Conseil l'adopte en ces termes :

De la vente.

CHAPITRE PREMIER.

De la nature et de la forme de la vente.

Art. 1er. « La vente est une convention par laquelle l'un s'oblige à livrer une chose, et l'autre à la payer.

« La vente d'un immeuble peut être faite par acte authentique ou sous seing privé. »

Art. 2. « Elle est parfaite entre les parties, et la propriété est acquise de droit à l'acheteur vis-à-vis du vendeur, dès qu'on est convenu de la chose et du prix, quoique la chose n'ait pas encore été livrée ni le prix payé.

Art. 3. « Elle peut être faite purement et simplement, ou sous une condition soit suspensive, soit résolutoire.

« Elle peut aussi avoir pour objet deux ou plu-
« sieurs choses alternatives.

« Dans tous ces cas, son effet est réglé par les
« principes généraux des conventions. »

Art. 4. « Lorsque des marchandises ne sont pas
« vendues en bloc, mais au poids, au compte ou
« à la mesure, la vente n'est parfaite qu'après que
« les marchandises ont été pesées, comptées ou
« mesurées. »

Art. 5. « Si au contraire les marchandises ont
« été vendues en bloc, la vente est parfaite, quoi-
« que les marchandises n'aient pas encore été
« pesées, comptées ou mesurées. »

Art. 6. « A l'égard du vin, de l'huile et des
« autres choses que l'on est dans l'usage de goûter
« avant d'en faire l'achat, il n'y a point de vente
« tant que l'acheteur ne les a pas goûtées et
« agréées. »

Art. 7. « La vente faite à l'essai est toujours
« présumée faite sous une condition suspensive,
« si le contraire n'est prouvé par la convention. »

Art. 8. « La promesse de vente vaut vente, lors-
« qu'il y a consentement réciproque des deux
« parties sur la chose et sur le prix. »

Art. 9. « Si la promesse de vendre a été faite
« avec des arrhes, chacun des contractants est
« maître de s'en départir :

« Celui qui les a données, en les perdant ;

« Et celui qui les a reçues, en restituant le
« double. »

Art. 10. « Le prix de la vente doit être certain,
« et consister dans une chose déterminée. »

Art. 11. « Il peut cependant être laissé à l'arbi-
« trage d'un tiers. »

Art. 12. « Les frais d'actes et autres accessoires
« à la vente sont à la charge de l'acheteur. »

CHAPITRE II.
Qui peut acheter ou vendre.

Art. 13. « Tous ceux auxquels la loi ne l'interdit
« pas peuvent acheter ou vendre. »

Art. 14. « Le contrat de vente ne peut avoir lieu
« entre époux que dans les trois cas suivants :

« 1° Celui où l'un des deux époux cède des
« biens à l'autre, séparé judiciairement d'avec lui,
« en paiement de ses droits ;

« 2° Celui où la cession que le mari fait à sa
« femme, même non séparée, a une cause légi-
« time, telle que le remploi de ses propres aliénés,
« ou de deniers à elle appartenant qui ne tombent
« pas en communauté ;

« 3° Celui où la femme cède des biens à son
« mari en paiement d'une somme qu'elle lui au-
« rait antérieurement apportée en dot, et lors-
« qu'il y a exclusion de communauté ;

« Sauf, dans ces trois cas, les droits des héri-
« tiers des parties contractantes, s'il y a avantage
« indirect. »

Art. 15. « Ne peuvent se rendre adjudicataires,
« sous peine de nullité, ni par eux-mêmes, ni
« par personnes interposées :

« Les tuteurs, des biens de ceux dont ils ont
« la tutelle ;

« Les mandataires, des biens qu'ils sont char-
« gés de vendre ;

« Les administrateurs, de ceux des communes
« ou des établissements publics confiés à leurs
« soins ;

« Les officiers publics, des biens nationaux
« dont les ventes se font par leur ministère. »

Art. 16. « Les juges, leurs suppléants, les com-
« missaires du Gouvernement, leurs substituts,
« les greffiers, huissiers, avoués, défenseurs
« officieux, ne peuvent prendre cession des pro-

« cès, droits et actions litigieux qui sont de la
« compétence du tribunal où ils exercent leurs
« fonctions, à peine de nullité, et des dépens
« et dommages et intérêts. »

CHAPITRE III.
Des choses qui peuvent être vendues.

Art. 17. « Tout ce qui est dans le commerce
« peut être vendu, lorsque des lois particulières
« n'en ont pas prohibé l'aliénation. »

Art. 18. « La vente de la chose d'autrui, encore
« qu'elle soit qualifiée telle dans le contrat, est
« nulle, et n'est point obligatoire. Cependant le
« vendeur sera toujours obligé à la restitution du
« prix avec les intérêts. »

Art. 19. « On ne peut vendre la succession
« d'une personne vivante, même de son consente-
« ment. »

Art. 20. « Si, au moment de la vente, la chose
« vendue était périe en totalité, la vente serait
« nulle.

« Si une partie seulement de la chose est périe,
« il est au choix de l'acquéreur d'abandonner la
« vente ou de demander la partie conservée, en
« faisant déterminer le prix par la ventilation. »

CHAPITRE IV.
Des obligations du vendeur.

SECTION PREMIÈRE.
Dispositions générales.

Art. 21. « Le vendeur est tenu d'expliquer clai-
« rement ce à quoi il s'oblige.

« Tout pacte obscur ou ambigu s'interprète
« contre le vendeur. »

Art. 22. « Il a deux obligations principales,
« celle de délivrer et celle de garantir la chose qu'il
« vend. »

SECTION II.
De la délivrance.

Art. 23. « La délivrance est le transport de la
« chose vendue en la puissance et possession de
« l'acheteur. »

Art. 24. « L'obligation de délivrer les immeubles
« est remplie de la part du vendeur, lorsqu'il a
« remis les clefs, s'il s'agit d'un bâtiment, ou
« lorsqu'il a remis les titres de propriété. »

Art. 25. « La délivrance des effets mobiliers
« s'opère :

« Ou par leur délivrance réelle,

« Ou par la remise des clefs des bâtiments qui
« les contiennent,

« Ou même par le seul consentement des parties
« si le transport ne peut pas s'en faire au moment
« de la vente, ou si l'acheteur les avait déjà en
« son pouvoir à un autre titre. »

Art. 26. « La tradition des droits incorporels se
« fait ou par la remise des titres, ou par l'usage
« que l'acquéreur en fait du consentement du
« vendeur. »

Art. 27. « Les frais de la délivrance sont à la
« charge du vendeur, et ceux de l'enlèvement à
« la charge de l'acheteur, s'il n'y a eu stipulation
« contraire. »

Art. 28. « La délivrance doit se faire au lieu
« où était, au temps de la vente, la chose qui en
« fait l'objet, s'il n'en a été autrement convenu. »

Art. 29. « Si le vendeur manque à faire la dé-
« livrance dans le temps convenu entre les par-
« ties, l'acquéreur pourra, à son choix, demander
« la résolution de la vente, ou sa mise en posses-
« s on, si le retard ne vient que du fait du ven-
« deur. »

Art. 30. « Dans tous les cas, le vendeur doit « être condamné aux dommages et intérêts, s'il « en résulte pour l'acquéreur, du défaut de dé-« livrance au terme convenu. »

Art. 31. « Le vendeur n'est pas tenu de délivrer « la chose si l'acheteur n'en paie pas le prix, et « que le vendeur ne lui ait pas accordé un délai « pour le paiement. »

Art. 32. « Il ne sera pas non plus obligé à la dé-« livrance, quand même il aurait accordé un délai « pour le paiement, si, depuis la vente, l'acheteur « est tombé en faillite ou en état de déconfiture, « en sorte que le vendeur se trouve en danger « imminent de perdre le prix ; à moins que l'ache-« teur ne lui donne caution de payer au terme. »

Art. 33. « La chose doit être délivrée en l'état « où elle se trouve au moment de la vente.

« Depuis ce jour, tous les fruits appartiennent « à l'acquéreur. »

Art. 34. « L'obligation de délivrer la chose « comprend ses accessoires et tout ce qui a été « destiné à son usage perpétuel. »

Art. 35. « Le vendeur est tenu de délivrer la « contenance telle qu'elle est portée au contrat, « sous les modifications ci-après exprimées. »

Art. 36. « Si la vente d'un immeuble a été faite « avec indication de la contenance, à raison de « tant la mesure, le vendeur est obligé de déli-« vrer à l'acquéreur, s'il l'exige, la quantité indi-« quée au contrat;

« Et si la chose ne lui est pas possible, ou si « l'acquéreur ne l'exige pas, le vendeur est obligé « de souffrir une diminution proportionnelle du « prix. »

Art. 37. « Si au contraire, dans le cas de l'article « précédent, il se trouve une contenance plus « grande que celle exprimée au contrat, l'acqué-« reur a le choix de fournir le supplément du « prix, ou de se désister du contrat, si l'excé-« dant est d'un vingtième au-dessus de la con-« tenance déclarée. »

Art. 38. « Dans tous les autres cas,

« Soit que la vente soit faite d'un corps certain « et limité,

« Soit qu'elle ait pour objet des fonds distincts « et séparés,

« Soit qu'elle commence par la mesure ou par « la désignation de l'objet vendu, suivie de la « mesure,

« L'expression de cette mesure ne donne lieu à « aucun supplément de prix en faveur du ven-« deur, pour l'excédant de mesure, ni en faveur « de l'acquéreur à aucune diminution du prix, « pour moindre mesure, qu'autant que la diffé-« rence de la mesure réelle est celle exprimée au « contrat est d'un vingtième en plus ou en « moins, eu égard à la valeur de la totalité des « objets vendus, s'il n'y a stipulation contraire.»

Art. 39. « Dans le cas où, suivant l'article « précédent, il y a lieu à augmentation de prix « pour excédant de mesure, l'acquéreur a le choix « ou de se désister du contrat, ou de fournir le « supplément du prix, et ce, avec les intérêts s'il « a gardé l'immeuble. »

Art. 40. « Dans tous les cas où l'acquéreur a le « droit de se désister du contrat, le vendeur est « tenu de lui restituer, outre le prix, s'il l'a reçu, « les frais de ce contrat. »

Art. 41. « L'action en supplément de prix, de « la part du vendeur, et celle en diminution de « prix ou en résiliation du contrat, de la part de « l'acquéreur, doivent être intentées dans l'année, « à compter du jour du contrat, à peine de dé-« chéance. »

Art. 42. « S'il a été vendu deux fonds par le même « contrat, et pour un seul et même prix, avec « désignation de la mesure de chacun, et qu'il se « trouve moins de contenance en l'un et plus en « l'autre, on fait compensation jusqu'à due « concurrence ; et l'action, soit en supplément, « soit en diminution du prix, n'a lieu que sui-« vant les règles ci-dessus établies. »

Art. 43. « La question de savoir sur lequel, du « vendeur ou de l'acquéreur, doit tomber la perte « ou la détérioration de la chose vendue, avant « la livraison, est jugée d'après les règles pres-« crites au titre II du présent livre. »

SECTION III.
De la garantie.

Art. 44. « La garantie que le vendeur doit à « l'acquéreur a deux objets : le premier est la « possession paisible de la chose vendue; le se-« cond les défauts cachés de cette chose, ou les « vices rédhibitoires. »

§ Ier.
De la garantie en cas d'éviction.

Art. 45. « Quoique, lors de la vente, il n'ait été « fait aucune stipulation sur la garantie, le ven-« deur est obligé de droit à garantir l'acquéreur « de l'éviction qu'il souffre dans la totalité ou « partie de l'objet vendu, ou des charges préten-« dues sur cet objet, et non déclarées lors de la « vente. »

Art. 46. « Les parties peuvent, par des conven-« tions particulières, ajouter à cette obligation de « droit, ou en diminuer l'effet; elles peuvent « même convenir que le vendeur ne sera soumis « à aucune garantie. »

Art. 47. « Quoiqu'il soit dit que le vendeur ne « sera soumis à aucune garantie, il demeure ce-« pendant tenu de celle qui résulte d'un fait qui « lui est personnel : toute convention contraire « est nulle. »

Art. 48. « Dans le même cas de stipulation de « non-garantie, le vendeur, en cas d'éviction, est « tenu à la restitution du prix;

« A moins que l'acquéreur n'ait connu, lors de « la vente, le danger de l'éviction, ou qu'il n'ait « acheté à ses périls et risques. »

Art. 49. « Lorsque la garantie a été promise, « ou qu'il n'a rien été stipulé à ce sujet, si l'acqué-« reur est évincé, il a droit de demander contre « le vendeur :

« 1° La restitution du prix ;

« 2° Celle des fruits, lorsqu'il est obligé de les « rendre au propriétaire qui l'évince ;

« 3° Tous les frais faits tant sur la demande « en garantie de l'acheteur que ceux faits par le « demandeur originaire;

« 4° Enfin les dommages et intérêts, ainsi que « les frais et loyaux coûts du contrat. »

Art. 50. « Lorsque, à l'époque de l'éviction, la « chose vendue se trouve diminuée de valeur, « ou considérablement détériorée, soit par la né-« gligence de l'acheteur, soit par des accidents « de force majeure, le vendeur n'en est pas moins « tenu de restituer la totalité du prix.»

Art. 51. « Mais si l'acquéreur a tiré profit des « dégradations par lui faites, le vendeur a droit « de retenir sur le prix une somme égale à ce « profit. »

Art. 52. « Si la chose vendue se trouve avoir « augmenté de prix à l'époque de l'éviction, in-« dépendamment même du fait de l'acquéreur, le « vendeur est tenu de lui payer ce qu'elle vaut « au-dessus du prix de la vente. »

Art. 53. « Le vendeur est tenu de rembourser,
« ou de faire rembourser à l'acquéreur, par celui
« qui l'évince, toutes les réparations et améliora-
« tions utiles qu'il aura faites au fonds. »

Art. 54. « Si le vendeur avait vendu de mau-
« vaise foi, et en connaissance de cause, le fonds
« d'autrui, il sera obligé de rembourser à l'acqué-
« reur toutes les dépenses, même voluptuaires
« ou d'agrément, que celui-ci aura faites au fonds. »

Art. 55. « Si l'acquéreur n'est évincé que d'une
« partie de la chose, et qu'elle soit de telle con-
« séquence relativement au tout, que l'acquéreur
« n'eût point acheté sans la partie dont il a été
« évincé, il peut faire résilier la vente. »

Art. 56. « Si, dans le cas de l'éviction d'une
« partie du fonds vendu, la vente n'est pas rési-
« liée, la valeur de la partie dont l'acquéreur se
« trouve évincé lui est remboursée suivant l'es-
« timation à l'époque de l'éviction, et non pro-
« portionnellement au prix total de la vente, soit
« que la chose vendue ait augmenté ou diminué
« de valeur. »

Art. 57. « Si l'héritage vendu se trouve grevé,
« sans qu'il en ait été fait de déclaration, de ser-
« vitudes non apparentes, et qu'elles soient de
« telle importance qu'il y ait lieu de présumer
« que l'acquéreur n'aurait pas acheté s'il en avait
« été instruit, il peut demander la résiliation du
« contrat, si mieux il n'aime se contenter d'une
« indemnité. »

Art. 58. « Les autres questions auxquelles peu-
« vent donner lieu les dommages et intérêts ré-
« sultant, pour l'acquéreur, de l'inexécution de
« la vente, doivent être décidées suivant les règles
« générales établies au titre II du présent livre. »

Art. 59. « La garantie pour cause d'éviction
« cesse lorsque l'acquéreur s'est laissé condam-
« ner par un jugement en dernier ressort, ou dont
« l'appel n'est plus recevable, sans appeler son
« vendeur, si celui-ci prouve qu'il existait des
« moyens suffisants pour faire rejeter la de-
« mande. »

§ II.
De la garantie des défauts de la chose vendue.

Art. 60. « Le vendeur est tenu de la garantie à
« raison des défauts cachés de la chose vendue, qui
« la rendent impropre à l'usage auquel on la des-
« tine, ou qui diminuent tellement cet usage que
« l'acheteur ne l'aurait pas acquise, ou n'en au-
« rait donné qu'un moindre prix, s'il les avait
« connus. »

Art. 61. « Le vendeur n'est pas tenu des vices
« apparents et dont l'acheteur a pu se convaincre
« lui-même. »

Art. 62. « Il est tenu des vices cachés, quand
« même il ne les aurait pas connus ; à moins que,
« dans ce cas, il n'ait stipulé qu'il ne sera obligé
« à aucune garantie. »

Art. 63. « Dans les cas des articles 60 et 62,
« l'acheteur a le choix de rendre la chose et de
« se faire restituer le prix, ou de garder la chose
« et de se faire rendre une partie du prix, telle
« qu'elle sera arbitrée par experts. »

Art. 64. « Si le vendeur connaissait les vices de
« le chose, il est tenu, outre la restitution du prix
« qu'il en a reçu, de tous les dommages et inté-
« rêts envers l'acheteur. »

Art. 65. « Si le vendeur ignorait les vices de la
« chose, il ne sera tenu qu'à la restitution du prix
« et à rembourser à l'acquéreur les frais occa-
« sionnés par la vente. »

Art. 66. « Si la chose qui avait des vices a péri
« par suite de sa mauvaise qualité, la perte est
« pour le vendeur, qui sera tenu, envers l'ache-
« teur, à la restitution du prix et aux autres dé-
« dommagements expliqués dans les deux articles
« précédents.

« Mais la perte arrivée par cas fortuit sera pour
« le compte de l'acheteur. »

Art. 67. « L'action résultant des vices rédhibi-
« toires doit être intentée par l'acquéreur, dans
« un bref délai, suivant la nature des vices rédhi-
« bitoires et l'usage du lieu où la vente a été faite. »

Art. 68. « Elle n'a pas lieu dans les ventes faites
« par autorité de justice. »

CHAPITRE V.
Des obligations de l'acheteur.

Art. 69. « La principale obligation de l'acheteur
« est de payer le prix au jour et au lieu réglés par
« la vente. »

Art. 70. « S'il n'a rien été réglé à cet égard lors
« de la vente, l'acheteur doit payer au lieu et
« dans le temps où doit se faire la délivrance. »

Art. 71. « L'acheteur doit l'intérêt du prix de
« la vente jusqu'au paiement du capital, dans
« les trois cas suivants :

« S'il a été ainsi convenu lors de la vente ;
« Si la chose vendue et livrée produit des fruits
« ou autres revenus ;

« Et si l'acheteur a été sommé de payer.
« Dans ce dernier cas, l'intérêt ne court que
« depuis la sommation. »

Art. 72. « Si l'acheteur est troublé, ou a juste
« sujet de craindre d'être troublé par une action
« soit hypothécaire, soit en revendication, il peut
« suspendre le paiement du prix jusqu'à ce que
« le vendeur ait fait cesser le trouble, si mieux
« n'aime celui-ci donner caution, ou à moins
« qu'il n'ait été stipulé que, nonobstant le trouble,
« l'acheteur paiera. »

Art. 73. « Si l'acheteur ne paie pas le prix, le ven-
« deur peut demander la résolution de la vente. »

Art. 74. « La résolution de la vente d'immeu-
« bles est prononcée de suite, si le vendeur est en
« danger de perdre la chose et le prix.

« Si ce danger n'existe pas, le juge peut accorder
« à l'acquéreur un délai plus ou moins long, sui-
« vant les circonstances.

« Et ce délai passé sans que l'acquéreur ait
« payé, la résolution de la vente sera prononcée. »

Art. 75. « S'il a été stipulé, lors de la vente
« d'immeubles, que, faute de paiement du prix
« dans le terme convenu, la vente serait résolue
« de plein droit, l'acquéreur peut néanmoins
« payer après l'expiration du délai, tant qu'il n'a
« pas été mis en demeure par une sommation :
« mais après cette sommation, le juge ne peut
« pas lui accorder de délai. »

Art. 76. « En matière de vente de denrées et
« effets mobiliers, la résolution de la vente aura
« lieu de plein droit, et sans sommation, au profit
« du vendeur, après l'expiration du terme con-
« venu pour le retirement. »

Art. 77. « Le privilège du vendeur sur la chose
« vendue, et les cas où il peut la revendiquer à
« défaut de paiement, sont expliqués au titre VI
« du présent livre. »

CHAPITRE VI.
De la nullité et de la résolution de la vente.

Art. 78. « Indépendamment des causes de nul-
« lité ou de résolution déjà expliquées dans ce
« titre, et de celles qui sont communes à toutes
« les conventions, le contrat de vente peut être
« résolu par l'usage de la faculté de rachat et
« par la vileté du prix. »

SECTION PREMIÈRE.

De la faculté du rachat.

Art. 79. « La faculté de rachat est un pacte par « lequel le vendeur se réserve de reprendre la « chose vendue, moyennant la restitution du prix « principal et le remboursement dont il est parlé « à l'article 93. »

Art. 80. « La faculté de rachat ne peut être sti-« pulée pour un terme excédant cinq années.

« Si elle a été stipulée pour un terme plus « long, elle est réduite à ce terme. »

Art. 81. « Le terme fixé est de rigueur, et ne « peut être prolongé par le juge. »

Art. 82. « Faute par le vendeur d'avoir exercé « son action de réméré dans le terme prescrit, « l'acquéreur demeure propriétaire irrévocable. »

Art. 83. « Le délai court contre toutes per-« sonnes, même contre le mineur, sauf, s'il y a « lieu, le recours contre qui de droit. »

Art. 84. « Le vendeur à pacte de rachat peut « exercer son action contre un second acquéreur, « quand même la faculté de réméré n'aurait pas « été déclarée dans le second contrat. »

Art. 85. « L'acquéreur à pacte de rachat exerce « tous les droits de son vendeur ; il peut pres-« crire tant contre le véritable maître que contre « ceux qui prétendraient des droits ou hypothè-« ques sur la chose vendue. »

Art. 86. « Il peut opposer le bénéfice de la dis-« cussion aux créanciers de son vendeur. »

Art. 87. « Si l'acquéreur à pacte de réméré d'une « partie indivisible d'un héritage s'est rendu « adjudicataire de la totalité sur une licitation « provoquée contre lui, il peut obliger le vendeur « à retirer le tout, lorsque celui-ci veut user du « pacte. »

Art. 88. « Si plusieurs ont vendu conjointe-« ment, et par un seul contrat, un héritage com-« mun entre eux, chacun ne peut exercer l'action « en réméré que pour la part qu'il y avait. »

Art. 89. « Il en est de même si celui qui a vendu « seul un héritage a laissé plusieurs héritiers.

« Chacun de ses cohéritiers ne peut user de la « faculté de rachat que pour la part qu'il prend « dans la succession. »

Art. 90. « Mais, dans le cas des deux articles « précédents, l'acquéreur peut exiger que tous « les covendeurs ou tous les cohéritiers soient « mis en cause, afin de se concilier entre eux « pour la reprise de l'héritage entier ; faute de ce, « il sera renvoyé de la demande. »

Art. 91. « Si la vente d'un héritage appartenant « à plusieurs n'a pas été faite conjointement et de « tout l'héritage ensemble, et que chacun n'ait « vendu que la part qu'il y avait, ils peuvent « exercer séparément l'action en réméré sur la « portion qui leur appartenait ;

« Et l'acquéreur ne peut forcer celui qui l'exer-« cera de cette manière à retirer le tout. »

Art. 92. « Si l'acquéreur a laissé plusieurs héri-« tiers, l'action en réméré ne peut être exercée « contre chacun d'eux que pour sa part, dans le « cas où elle est encore indivise, et dans celui où « la chose vendue a été partagée entre eux.

« Mais s'il y a eu partage de l'hérédité, et que « la chose vendue soit échue au lot de l'un des « héritiers, l'action en réméré peut être intentée « contre lui pour le tout. »

Art. 93. « Le vendeur qui use du pacte de ra-« chat doit rembourser non-seulement le prix « principal, mais encore les frais et loyaux coûts « de la vente, les réparations nécessaires et celles « qui ont augmenté la valeur du fonds, jusqu'à

« concurrence de cette augmentation. Il ne peut « entrer en possession qu'après avoir satisfait à « toutes ces obligations.

« Lorsque le vendeur rentre dans son héritage « par l'effet du pacte de rachat, il le reprend « exempt de toutes les charges et hypothèques « dont l'acquéreur l'aura grevé : il est tenu d'exé-« cuter les baux faits sans fraude par l'acquéreur. »

SECTION II.

De la rescision de la vente pour cause de lésion.

Art. 94. « Si le vendeur a été lésé de plus de « sept douzièmes dans le prix d'un immeuble, il « a le droit de demander la rescision de la vente,

« Quand même il aurait expressément renoncé, « dans le contrat, à la faculté de demander cette « rescision, et qu'il aurait déclaré donner la plus-« value. »

Art. 95. « Pour savoir s'il y a lésion de plus de « sept douzièmes, il faut estimer l'immeuble sui-« vant son état et sa valeur au moment de la « vente. »

Art. 96. « La demande n'est plus recevable « après l'expiration des deux années, à compter « du jour de la vente.

« Ce délai court contre les femmes mariées et « contre les absents, les interdits et les mineurs, « venant du chef d'un majeur qui a vendu.

« Ce délai court aussi et n'est pas suspendu « pendant la durée du temps stipulé pour le pacte « du rachat. »

Art. 97. « La preuve de la lésion ne pourra être « admise que par jugement, et dans le cas seu-« lement où les faits articulés seraient assez vrai-« semblables et assez graves pour faire présumer « la lésion. »

Art. 98. « Cette preuve ne pourra se faire que « par un rapport de trois experts, qui seront tenus « de dresser un seul procès-verbal commun, et · « de ne former qu'un seul avis à la pluralité des « voix. »

Art. 99. « Le procès-verbal contiendra les mo-« tifs des avis différents, si aucun y a, sans qu'il « soit permis de faire connaître de quel avis « chaque expert a été. »

Art. 100. « Les trois experts seront nommés « d'office, à moins que les parties ne se soient ac-« cordées pour les nommer tous les trois conjoin-« tement. »

Art. 101. « Pourront néanmoins les juges res-« cinder un acte de vente, sans qu'il soit besoin « d'estimation d'experts, lorsqu'une lésion suf-« fisante sera déjà établie par preuve littérale. »

Art. 102. « Dans le cas où l'action en rescision « est admise, l'acquéreur a le choix ou de rendre la « chose en retirant le prix qu'il en a payé, ou de « garder le fonds, en payant le supplément du « juste prix, sous la déduction du dixième du « prix total.

« Le tiers possesseur a le même droit, sauf sa « garantie contre son vendeur. »

Art. 103. « Si l'acquéreur préfère garder la « chose en fournissant le supplément réglé par « l'article précédent, il doit l'intérêt du supplé-« ment du jour de la demande en rescision.

« S'il préfère la rendre et recevoir le prix, il « rend les fruits du jour de la demande.

« L'intérêt du prix qu'il a payé lui est aussi « compté du jour de la même demande, ou du « jour du paiement, s'il n'a touché aucuns fruits. »

Art. 104. « La rescision pour lésion n'a pas lieu « en faveur de l'acheteur. »

Art. 105. « Elle n'a pas lieu en vente forcée. »

Art. 106. « Les règles expliquées dans la sec-

« tion précédente, pour les cas où plusieurs ont
« vendu conjointement ou séparément, et pour
« celui où le vendeur ou l'acheteur a laissé plu-
« sieurs héritiers, sont pareillement observées
« pour l'exercice de l'action en rescision. »

CHAPITRE VII.
De la licitation.

Art. 107. « Si une chose commune à plusieurs
« ne peut être partagée commodément et sans
« perte,
« Ou si, dans un partage fait de gré à gré de biens
« communs, il s'en trouve quelques-uns qu'aucun
« des copartageants ne puisse ou ne veuille
« prendre,
« La vente s'en fait aux enchères, et le prix en
« est partagé entre les copropriétaires. »
Art. 108. « Chacun des copropriétaires est le
« maître de demander que les étrangers soient
« appelés à la licitation. Ils sont nécessairement
« appelés lorsque l'un des copropriétaires est mi-
« neur. »
Art. 109. « Le mode et les formalités à observer
« pour la licitation sont expliqués au titre des
« successions et au Code judiciaire. »

CHAPITRE VIII.
Du transport des créances et autres droits incor-
porels.

Art. 110. « Dans le transport d'une créance,
« droit ou action sur un tiers, la délivrance s'opère,
« entre le cédant et le cessionnaire, par la remise
« du titre. »
Art. 111. « Le cessionnaire n'est saisi, à l'égard
« des tiers, que par la signification du transport
« faite au débiteur.
« Néanmoins le cessionnaire peut être égale-
« ment saisi, soit par l'acceptation du transport
« faite par le débiteur présent à l'acte authen-
« tique, soit par ladite acceptation contenue dans
« tout autre acte authentique? »
Art. 112. « Si, avant que le cédant ou le ces-
« sionnaire eussent signifié le transport au débi-
« teur, celui-ci avait payé le cédant, il sera vala-
« blement libéré. »
Art. 113. « La vente ou cession d'une créance
« comprend les accessoires de la créance, tels
« que caution, privilège et hypothèque. »
Art. 114. « Celui qui vend une créance ou autre
« droit incorporel doit le garantir l'existence
« au temps du transport, quoiqu'il soit fait sans
« garantie. »
Art. 115. « Il ne répond de la solvabilité du dé-
« biteur que lorsqu'il s'y est engagé, et jusqu'à
« concurrence seulement du prix qu'il a retiré de
« la créance. »
Art. 116. « Lorsqu'il a promis la garantie de
« la solvabilité du débiteur, cette promesse ne
« s'entend que de la solvabilité actuelle, et ne
« s'entend pas au temps à venir, si le cédant ne
« l'a expressément stipulé. »
Art. 117. « Celui qui vend une hérédité sans en
« spécifier en détail les objets, n'est tenu de ga-
« rantir que sa qualité d'héritier. »
Art. 118. « S'il avait déjà profité des fruits de
« quelque fonds, ou reçu le montant de quelque
« créance appartenant à cette hérédité, ou vendu
« quelques effets de la succession, il est tenu de
« les rembourser à l'acquéreur, s'il ne les a
« expressément réservés lors de la vente. »
Art. 119. « L'acquéreur doit, de son côté, rem-
« bourser au vendeur ce que celui-ci a payé pour
« les dettes et charges de la succession, et lui

« faire raison de tout ce dont il était créancier,
« s'il n'y a stipulation contraire. »
Art. 120. « Celui contre lequel on a cédé un
« droit litigieux peut s'en faire tenir quitte par
« le cessionnaire, en lui remboursant le prix réel
« de la cession, avec les frais et loyaux coûts, et
« avec les intérêts à compter du jour où le ces-
« sionnaire a payé le prix de la cession à lui
« faite. »
Art. 121. « La chose est censée litigieuse dès
« qu'il y a procès et contestation sur le fond du
« droit. »
Art. 122. « La disposition portée en l'article 120
« cesse :
« 1° Dans le cas où la cession a été faite à un
« cohéritier ou copropriétaire du droit cédé ;
« 2° Lorsqu'elle a été faite à un créancier en
« paiement de ce qui lui est dû ;
« 3° Lorsqu'elle a été faite au possesseur de
« l'héritage sujet au droit litigieux. »
Le Premier Consul ordonne que le titre ci-dessus sera communiqué officieusement, par le secrétaire général du Conseil d'État, à la section de
législation du Tribunat, conformément à l'arrêté
du 18 germinal an X.

RÉGIME HYPOTHÉCAIRE.

Le citoyen **Bigot-Préameneu**, au nom d'une
partie de la section de législation, fait l'exposé
suivant des motifs du régime hypothécaire adopté
dans le projet de Code civil.
Ce rapport est ainsi conçu :
« Le nouveau système de la publicité et de la
spécialité des hypothèques est-il préférable aux
règles suivies dans cette matière jusqu'à la loi du
11 brumaire an VII?
« Les motifs qui s'opposent à ce que ce système
soit adopté vont être exposés.
« On rappellera quelle est, dans cette matière,
l'ancienne législation que l'on propose de maintenir, et l'on discutera ensuite les questions de
publicité et de spécialité.

SECTION PREMIÈRE.
État de la législation jusqu'à l'an VII.

« Un principe fondamental sur lequel il ne peut
« y avoir diversité d'opinions, se trouve rappelé
« en tête de tous les projets de loi sur les hypo-
« thèques : *Quiconque s'est obligé personnellement,*
« *est tenu de remplir son engagement sur tous ses*
« *biens mobiliers et immobiliers présents et à ve-*
« *nir.*
« La conséquence de ce principe est que le cré-
« dit de celui qui contracte un engagement se
« compose, non-seulement de ses immeubles,
« non-seulement de tous ses biens actuels, mais
« encore de ceux que sa bonne conduite, que son
« industrie, que l'ordre naturel des successions,
« peuvent lui faire espérer.
« Les Romains, nos maîtres en législation, n'ont
jamais fait la moindre dérogation à un princ pe
aussi fécond dans ses heureux effets. Si, d'une
part, ils ont voulu faire reposer la foi des engagements sur tout ce que le débiteur possède et
pourra posséder, ils auraient également cru porter atteinte au droit de propriété du débiteur, s'ils
l'avaient privé de l'avantage d'offrir, dans toute
son étendue, la garantie qui est en son pouvoir.
« Quant aux droits des créanciers entre eux,
ils étaient réglés sur des principes d'équité.
« Dans tous les temps, il s'est trouvé des créanciers qui, non contents d'une obligation personnelle et générale, ont voulu rendre leur créance

préférable à celle des autres créanciers. Ils ont exigé qu'on mit en leur possession des choses mobilières, qui devinssent ainsi leur gage spécial, ou que le débiteur affectât, sous le nom d'hypothèque, tout ou partie de ses biens présents et à venir. Le débiteur n'était point dépossédé par l'effet de cette hypothèque, mais il ne pouvait disposer du bien hypothéqué qu'avec la charge dont il était grevé envers le créancier : celui-ci pouvait le suivre entre les mains des tierces personnes auxquelles il aurait été transmis, et son droit ne se perdait que par la prescription.

« Ainsi le créancier avait, du moment où l'engagement était contracté, un droit réel sur le bien hypothéqué, droit considéré comme un accessoire à l'engagement, et conséquemment s'appliquait aux biens présents et aux biens futurs.

« De là ces règles que le créancier hypothécaire est préféré à celui qui n'a qu'une obligation personnelle, et que dans le concours de plusieurs créanciers hypothécaires, celui dont l'hypothèque remonte à une date antérieure est préférable.

« Tel était l'ordre simple entre les créanciers qui avaient obtenu l'hypothèque par convention avec le débiteur; mais il est aussi des engagements qui, par leur objet et par des principes d'humanité ou de justice, doivent être exécutés de préférence aux autres conventions, et conséquemment aux hypothèques qui en sont l'accessoire; ce sont les créances qui, par ces motifs, sont mises comme privilégiées dans une classe à part. Il faut qu'à cet égard les règles de l'équité soient aussi impérieuses que certaines, puisqu'elles se retrouvent dans tous les temps et dans tous les Codes.

« Il est encore des engagements qui se forment sans convention, et par l'autorité de la loi. Elle intervient alors pour conserver aux créanciers un droit que la nécessité de maintenir l'ordre public doit garantir; et du moment que ce droit légal est établi, il ne doit plus dépendre du débiteur d'attribuer à un autre, par simple convention, un droit d'hypothèque qui puisse prévaloir.

« Telles sont les hypothèques que la loi donne à la femme sur les biens de son mari, aux mineurs et aux interdits sur les biens des tuteurs, etc.

« La force des jugements n'eût été qu'illusoire, si le condamné eût pu ensuite, par une simple convention d'hypothèques, donner sur ses biens un droit préférable : il était encore d'une nécessité absolue que les condamnations judiciaires, comme les engagements légaux, eussent, suivant leur date, rang au nombre des dettes hypothécaires.

« Telle est en peu de mots cette théorie simple qui, depuis tant de siècles, fixe les droits entre les créanciers et les débiteurs, et les droits des créanciers entre eux; théorie fondée sur l'usage le plus étendu du droit de propriété, soit pour assurer le sort des créanciers, soit pour multiplier le crédit et les ressources du débiteur; théorie qui n'a jamais souffert d'altération chez le peuple le plus profond dans la science des lois civiles; théorie avec laquelle la France était parvenue au plus haut degré de prospérité; théorie qui ne peut être détruite ou altérée sans porter atteinte à l'ordre public, et spécialement au droit le plus sacré de tous, celui de la propriété.

« Les changements que la législation romaine avait essuyés en France avant la loi du 11 brumaire an VII n'avaient rien de contraire aux principes qui viennent d'être exposés.

« Les Romains donnaient à l'hypothèque le même effet sur les meubles que sur les immeubles, et cette règle s'était conservée dans quelques parties de la France.

« Mais on avait en général reconnu qu'il était très-difficile, ou le plus souvent impossible, de suivre les meubles dans les mains des tierces personnes auxquelles le débiteur les avait transmis. Cette sorte d'hypothèque a été regardée comme nulle, ou comme moins utile que nuisible au créancier, à cause de la difficulté de l'exercer. De là cette règle que les meubles *n'ont point de suite par hypothèque*, règle regardée comme si raisonnable, que, dans les divers projets de loi qui sont présentés, on la conserve.

« A Rome, l'hypothèque pouvait s'établir par le seul effet d'une convention, sans qu'il fût besoin du ministère d'un officier public, et même sans écrit. L'empereur *Léon* exigea seulement qu'une pareille stipulation se fît en présence de trois témoins dignes de confiance.

« En France, on a voulu que l'hypothèque eût une date certaine, et il a été statué que, pour la constater, il était nécessaire qu'il y eût un acte passé devant notaire ou reconnu en jugement.

« Cette mesure a encore été, quelque parti que l'on prenne, regardée comme nécessaire.

« Les partisans de la loi nouvelle ne cessent de répéter que, par l'édit de 1771, on a créé, pour les hypothèques, un système qu'ils prétendent mettre en opposition avec celui de l'an VII.

« L'édit de 1771 n'est qu'un règlement de procédure. On a voulu faire cesser l'abus des décrets volontaires.

« Les lois sur les ventes forcées avaient établi que l'adjudication, précédée des formes prescrites, mettait l'adjudicataire à l'abri des recherches de tous les créanciers, de ceux même ayant hypothèque.

« Mais, dans les ventes volontaires, l'acquéreur pouvait, suivant les règles ordinaires du droit, être inquiété pendant tout le temps que la loi donnait aux créanciers pour exercer leurs droits d'hypothèque. La crainte de laisser les acquéreurs dans une trop longue incertitude avait fait introduire l'usage de remplir, sous le nom de décret volontaire, les mêmes formalités que si le décret eût été forcé. L'acquéreur parvenait ainsi à rendre son immeuble libre des hypothèques dont le vendeur l'avait grevé; mais cette procédure, quoique longue et dispendieuse, n'était, dans la vérité, qu'un vain simulacre. D'une part elle était onéreuse à l'acquéreur, et, de l'autre, les créanciers se trouvaient le plus souvent dépouillés de leurs droits sans avoir eu connaissance de ces poursuites illusoires.

« Ce fut pour prévenir ce double abus qu'on voulut, par l'édit de 1771, donner aux ventes une publicité telle, que les créanciers pussent en être avertis. On imposa aux acquéreurs l'obligation d'afficher leurs contrats pendant deux mois, et de les notifier aux créanciers qui auraient formé leurs oppositions au bureau des hypothèques. Au moyen de ces formalités, qui, sans contredit, étaient préférables au décret volontaire, les acquéreurs recevaient, sous le titre de lettres de ratification, un acte d'affranchissement de toutes les hypothèques des créanciers qui auraient négligé de s'opposer avant le sceau de ces lettres. (Art. 7).

« Dans ce système, l'opposition n'était point nécessaire pour établir le droit d'hypothèque, mais seulement pour l'exercer sur le prix de l'immeuble vendu, et les créanciers n'étaient point payés suivant l'ordre des oppositions, mais suivant la date de leurs hypothèques. Le droit des créanciers était conservé, lors même qu'ils n'avaient point formé d'opposition avant l'aliénation de l'immeuble, pourvu qu'ils s'opposassent avant le sceau des lettres. Ils étaient regardés comme suffisamment avertis par une affiche dans l'auditoire pendant deux mois ; et la peine de leur négligence était d'être privés du droit qu'ils auraient eu dans la distribution de l'immeuble vendu, lorsqu'ils ne se présentaient pas à cet appel. On n'avait cependant pas cru pouvoir mettre ainsi les acquéreurs à l'abri des hypothèques légales qui sont énoncées dans l'édit.

« La forme de déchéance, établie par cet édit, était sans doute sujette à des inconvénients : les rédacteurs du projet de Code sont les premiers à désirer que de meilleurs moyens lui soient substitués ; il leur suffit d'avoir observé que la loi de 1771 n'a eu aucunement pour objet d'établir un nouveau régime d'hypothèque, et qu'il ne porte aucune atteinte aux principes en cette matière.

« Changer le mode de créer les hypothèques, vouloir que de simples hypothèques, si elles sont inscrites, l'emportent, malgré l'évidence de l'équité, sur des priviléges résultant de la nature même de la créance, réduire le débiteur à n'offrir pour gage que ses biens présents, ne l'autoriser à hypothéquer tous ses biens présents qu'avec des formalités ruineuses, voilà ce qu'on doit appeler une grande et effrayante innovation ; et ce qui doit encore être ainsi qualifié, lorsque l'on compare son existence depuis cinq ans, avec plus de vingt siècles pendant lesquels il n'est point à croire que l'on ait méconnu quels sont les droits respectifs des débiteurs vis-à-vis des créanciers, et des créanciers entre eux, et quel est le régime le plus convenable soit au crédit général, soit à l'ordre public.

« Cependant les auteurs de la loi de l'an VII ont cru qu'il n'y aurait de propriété en France que sous les conditions suivantes :

« La première, qu'aucune hypothèque ou privilége n'aurait d'effet que du jour de l'inscription sur un registre public ;

« La deuxième, que chaque créancier serait tenu de se contenter d'une hypothèque spéciale.

SECTION II.

De la publicité des hypothèques.

§ Ier.

Divers essais du fisc pour établir cette publicité.

« L'idée de la publicité des hypothèques n'est point nouvelle ; les gens de finance ont depuis très-longtemps provoqué ce régime, avec la perspective que ce serait pour le fisc une mine très-riche à exploiter. Elle a été introduite dans la Belgique et dans quelques parties de la France par les seigneurs de fiefs, sous le nom de *nantissement*, pour multiplier leurs droits de mutations.

« L'origine du contrôle des actes remonte à *Henri III*. Un édit du mois de juin 1581 créa dans chaque siège royal un office de contrôleur des titres, pour enregistrer tous les contrats qui excéderaient cinq écus de principal, ou trente sous de rente foncière ; et l'on mit, pour peine du défaut de contrôle et d'enregistrement de ces actes, qu'ils n'emporteraient point de droit de propriété ni d'hypothèques.

« On ne songeait certainement pas, dans cette loi, à établir le crédit général : les offices ne purent être établis que dans un petit nombre de lieux ; l'opinion publique l'emporta ; l'édit fut révoqué en 1588.

« Le moyen d'assurer la date des actes par le contrôle fut reproduit et mis à exécution sous le règne de *Henri IV;* mais il ne fut plus question de faire dépendre de cette formalité les hypothèques et la transmission de propriété.

« Le fisc avait réussi à établir le contrôle, en présentant un motif d'utilité, celui d'assurer la date des actes ; il fit, en 1673, à cette époque où *Louis XIV* épuisait tous les moyens d'asseoir des impôts, un nouvel essai, sous le prétexte de conserver les fortunes en assurant les hypothèques, et de donner aux débiteurs solvables les moyens de constater leur solvabilité, en garantissant leurs biens d'être consumés en frais de justice. L'édit du mois de mars 1673 créa des greffes où les créanciers devaient former leurs oppositions, et ces oppositions devaient contenir les sommes ou les droits pour lesquels elles étaient formées.

« Les hypothèques enregistrées sur les biens présents, dans le délai de quatre mois, à compter de la date des titres, et dans un pareil délai, à compter du jour où de nouveaux biens surviendraient au débiteur, étaient préférés aux hypothèques antérieures ou même privilégiées qui n'auraient pas été enregistrées.

« Les créanciers avaient aussi un délai de quatre mois, en cas de mort du débiteur, pour obtenir, par l'enregistrement, la préférence sur les créanciers personnels de l'héritier.

« Les créanciers en sous-ordre étaient admis à se conformer au même régime.

« L'enregistrement avait son effet, sans qu'il fût besoin de le renouveler.

« Les hypothèques non enregistrées venaient dans l'ordre de leurs dates sur les biens restants.

« Les titres de propriété des biens survenus aux débiteurs étaient notifiés aux créanciers dont les hypothèques étaient enregistrées.

« On dispensa de l'enregistrement les hypothèques légales sur les biens des maris, des tuteurs, des comptables de deniers publics, des receveurs de consignations, etc.

« Ces principales dispositions de l'édit de 1673 suffisent pour convaincre que le crédit public et le droit de propriété y étaient beaucoup moins compromis que dans le nouveau système.

« Les partisans de la loi de l'an VII disent que si cet édit fut retiré l'année suivante, il faut l'imputer aux brigues du parlement. Ils citent le testament politique de *Colbert*, dans lequel on lit :
« Que le parlement, qui tirait sa substance des
« cent têtes de l'hydre, craignit qu'elle ne les
« perdît ; qu'il voulut favoriser les gens de la
« cour, qui n'eussent pu trouver des ressources
« quand leurs affaires eussent été découvertes. »

« Personne n'ignore que le livre qui a paru sous le titre de *Testament de Colbert*, n'est point en général regardé comme l'ouvrage de ce grand ministre : on en est même encore plus persuadé à la lecture d'un passage qui ne présente que de l'animosité, des faits erronés, des idées fausses.

« C'est en 1673 que le parlement est accusé d'avoir voulu sacrifier le bien public à la chicane, lorsqu'il venait de concourir à ces ordonnances célèbres, devenues des modèles de sagesse et de simplicité, et qui avaient détruit, autant que l'intelligence humaine le permettait, l'hydre de la chicane. On n'a point reproché aux parlements, jaloux de leur pouvoir, d'être d'accord avec les gens de cour. *Colbert* n'eût point dit que, pour les favoriser, il fallait les laisser se ruiner de fond en comble. En effet, lorsqu'ils empruntaient au delà de leurs facultés, le moment de la déconfiture arrivait, et la famille perdait sa vraie puissance, celle de la richesse.

« Ce n'est point à ces motifs vagues et dénués

de fondement qu'il faut attribuer la révocation de l'édit de 1673. Une réclamation universelle en démontra l'injustice et les inconvénients.

« Son premier défaut était d'être impraticable.

« Cette loi, dit *Basnage* (*Traité des hypot.*, cha-« pitre 1er), était si bursale et si difficile à exécuter, « qu'elle n'a point eu d'effet. »

« On voulait rendre les hypothèques publiques, afin que le créancier connût pour quelle somme le bien était déjà grevé d'hypothèques antérieures; et l'on ne songeait pas que les hypothèques les plus nombreuses sont affectées à des créances indéterminées.

« Elle ne procurait point aux créanciers la sûreté promise, puisque, dans le délai de quatre mois donné pour inscrire les hypothèques sur les registres, on pouvait y porter des hypothèques antérieures, et que le dernier prêteur ignorait.

« Il ne restait de certain que la surcharge d'un nouvel impôt, et la loi de l'an VII n'a point encore eu d'autre résultat.

« Les auteurs de cette dernière loi avaient sous les yeux le tableau des malheurs de tout genre dont les créanciers n'ont cessé d'être accablés pendant la Révolution. Non-seulement les débiteurs avaient payé avec un papier-monnaie déprécié, ou de nulle valeur, mais encore ils continuaient à employer sans pudeur les moyens les plus répréhensibles pour tromper leurs créanciers.

« La nation a paru aux législateurs dépravée au point qu'il ne restait plus, pour rétablir la bonne foi, d'autre ressource que celle de chercher à enchaîner les débiteurs de manière que la fraude devînt impossible. Ils n'ont vu, pour y parvenir, d'autre moyen que de réduire toutes les transactions avec hypothèque à la forme d'un prêt sur gage public et spécial. Ils ont cru que la publicité donnerait aux créanciers une connaissance certaine de l'état de la fortune de leurs débiteurs, et les mettrait à l'abri de toute inquiétude sur des hypothèques antérieures. Il est impossible d'atteindre ainsi ce but, ni même d'en approcher.

§ II.

EFFETS DE LA PUBLICITÉ.

Insuffisance de ce moyen pour constater la fortune des débiteurs.

« Il faut distinguer plusieurs causes principales des transactions qui opèrent la circulation générale.

« Au premier rang sont les transactions commerciales et industrielles, qui, fort heureusement, se font presque toutes sans recourir à des hypothèques, et pour lesquelles les seules règles de l'équité ont été conservées dans leur pureté : il n'est point ici question de ce genre de créance.

« Au second rang, pour le nombre et l'importance, doivent être placées les hypothèques légales.

« Ce ne sont pas quelques personnes seulement, mais des classes entières de citoyens, dont les biens sont grevés de ces hypothèques :

« 1° Les maris, pour sûreté des droits de leurs femmes ;

« 2° Celui des époux qui survit avant la majorité de tous ses enfants, ce qui est dans le cours ordinaire de la nature ;

3° Tous les autres tuteurs, soit de min**s**. **t** d'interdits ;

« 4° Tous les héritiers acceptan**t** sous bénéfice d'inventaire :

« 5° Tous les comp

« 6° Tous les dépositaires de justice.

« Au troisième rang sont les hypothèques conventionnelles ; elles se sous-divisent en deux classes.

« L'une comprend les engagements pour des sommes déterminées.

« L'autre classe se compose des obligations qui peuvent être indéterminées, soit relativement à la quotité, soit parce qu'elles dépendent d'une condition ou d'un événement incertain.

« Telles sont les garanties, en cas d'éviction totale ou partielle, en matière de vente ou de partage ;

« Les obligations contractées sous la condition qu'un événement arrivera ou n'arrivera pas, et en général sous des conditions suspensives ou résolutoires ;

« Les libéralités faites pour le cas de survie ;

« Les obligations dont l'objet est susceptible d'une liquidation plus ou moins longue, plus ou moins incertaine.

« Au quatrième rang sont les hypothèques judiciaires, dont un très-grand nombre est encore ou indéterminé, ou incertain.

« Elles sont indéterminées, lorsque les jugements portent des condamnations à des sommes non liquides, à des restitutions de fruits, à des dommages et intérêts, à des redditions de compte, à des garanties éventuelles de valeurs incertaines.

« Les hypothèques judiciaires incertaines sont celles que donnent les jugements qui, rendus par défaut, ou susceptibles d'appel, peuvent être réformés.

« On ne saurait contester que la quantité des hypothèques indéterminées ne soit immense, et que le nombre des maris, des tuteurs, des comptables, ne soit pas beaucoup plus considérable que celui des emprunteurs par hypothèque.

« Il faut de plus observer que, par la nature des obligations que garantissent les hypothèques légales, elles sont d'une longue durée.

« Les hypothèques que la loi a établies au profit des femmes ne doivent cesser qu'avec le mariage ; les hypothèques au profit des mineurs durent jusqu'à ce que les comptes de tutelle aient été rendus et soldés ; celles au profit des interdits, pendant toute leur vie ; celles au profit du trésor national, pendant la gestion des comptables.

« Si, d'une part, les obligations pour prêt se renouvellent, cela est plus que balancé par la longue durée des engagements indéterminés.

« Le résultat final et certain est que la plus grande masse d'immeubles est habituellement grevée d'hypothèques indéterminées, et que, par ce motif, on ne peut connaître la situation de la fortune du plus grand nombre de propriétaires.

« Cet obstacle au nouveau projet est insurmontable : c'est en vain que ses auteurs cherchent à l'éluder en proposant de soumettre à une évaluation une partie des hypothèques indéterminées.

Les hypothèques indéterminées ne sont pas susceptibles d'évaluation.

« C'est une mesure que l'on n'avait même pas cru pouvoir admettre dans la loi de l'an VII ; il serait impossible de l'exécuter : elle causerait des procès sans nombre ; elle ne   rait être favorable ni au créancier ni au débi

« l hypothèq   minées ne sont pas
  ...les d'évi.   e approximative.
  ...nt appréc.   qui peuvent,
  ...nt le c   venir l'objet
                        biens de
        "   d'une

mauvaise administration, les droits qu'il aura laissé prescrire, les biens qui surviendront à la femme par succession ou autrement, et qu'il n'aura ni constatés, ni conservés; en un mot, tous les genres de fautes dont il est responsable?

« Comment évaluer les gains nuptiaux, qui dépendent de l'événement de la survie?

« La responsabilité des tuteurs n'est ni moins étendue, ni moins incertaine; et il serait également impossible d'évaluer à une somme fixe la dette éventuelle des comptables ou des dépositaires publics.

« Mais d'ailleurs quel serait le mode possible d'exécution? Quel est le genre d'arbitrage ou d'expertise qui serait employé pour fixer l'hypothèque d'une femme ou d'un mineur?

« Il n'y aurait, pour une semblable opération, aucune base. Les femmes et les mineurs ne seraient-ils pas exposés à des risques évidents, si l'on jugeait du mari ou du tuteur par les apparences, qui sont toujours favorables à l'époque où le mariage et la tutelle commencent, et si l'on calculait sur les biens alors existants, tandis que le plus souvent la fortune s'accroissant pendant la tutelle, exige une garantie plus forte. La loi, plus sage et plus prévoyante, a jusqu'ici établi cette hypothèque sur tous les biens présents et à venir; elle ne peut donc pas être évaluée.

« Des contestations scandaleuses s'élèveraient, ou plutôt les parents eux-mêmes de la femme ou du mineur aimeraient mieux éviter toute discussion, en se rendant trop faciles, que d'ouvrir ainsi l'arène judiciaire pour une évaluation de biens et de droits respectifs de la femme contre le mari, au moment même du mariage, de l'enfant contre son père ou sa mère, au moment où la nature les appelle à se témoigner plus d'affection et à se consoler d'un malheur commun.

« L'évaluation des autres hypothèques indéterminées serait également presque toujours impossible.

« Comment prévoir à quel degré seront responsables des comptables de deniers publics, des héritiers négligents ou infidèles, qui accepteront des successions sous bénéfice d'inventaire? Comment prévoir quel sera le résultat d'une liquidation? etc.

« Cependant les auteurs du nouveau projet reconnaissent que, sans évaluation, la publicité des hypothèques ne serait rien pour les tiers, auxquels il serait inutile de savoir qu'il y a une hypothèque, s'ils ignoraient pour quelle somme l'héritage serait grevé; mais ils croient pouvoir autoriser des opérations purement arbitraires; et ils en donnent pour motifs « que la dette principale n'a pas besoin d'une estimation anticipée, mais que l'hypothèque n'est qu'une sûreté, un cautionnement qui survient à la dette et l'appuie ; que c'est là ce qui doit être limité à une somme déterminée à forfait, selon le plus ou le moins d'étendue probable de la dette. »

« C'est ainsi que, pour lever un obstacle insurmontable, ils oublient ce que l'on entend par hypothèque, ils en dénaturent l'idée. Ce n'est pas la personne du débiteur qui peut répondre d'une dette, ce sont ses biens. Ses biens ne sont point un accessoire de la dette, un cautionnement ; ils sont la matière directe de l'engagement. L'hypothèque est encore moins un cautionnement ; elle n'a pour objet que d'assurer le droit acquis sur les biens par la priorité de date. Évaluer à forfait la partie des biens sur laquelle le créancier conservera son droit de priorité, c'est altérer ce droit; c'est soustraire une partie de la matière de la dette ; c'est faire un nouveau contrat entre lui

et le débiteur ; contrat qui d'ailleurs serait illicite, lorsqu'il s'agit d'une hypothèque, qui, créée par la loi et par des considérations d'ordre public, ne doit pas dépendre d'une convention.

« Il reste donc pour constant, d'une part, que la plus grande masse des immeubles est grevée d'hypothèques indéterminées, et, de l'autre, que toute évaluation de ces hypothèques serait impossible et injuste.

« Or les partisans de la publicité reconnaissent eux-mêmes qu'elle est inutile si elle ne fait pas connaître l'étendue des engagements du débiteur; ainsi ce système manque par sa base.

Le système de publicité est une interdiction aux familles de garder le secret de leurs affaires.

« Ne devrait-on pas encore être arrêté par la crainte de dépouiller les familles de la faculté de garder le secret de leurs affaires?

« Ce secret a toujours été regardé comme un des principaux droits de la liberté individuelle.

« Il n'est presque aucune affaire, aucun événement de famille, qui ne soit l'occasion d'une hypothèque.

« Il faudrait, pour exiger de tous les citoyens une renonciation absolue à tout secret sur ce qu'ils ont de plus intime et de plus précieux, non-seulement qu'il n'y eût pas de doute sur l'utilité d'un pareil dévoilement, mais encore que la nécessité en fût clairement démontrée.

« Dire qu'on ne peut désirer de conserver le secret de ses affaires sans être de mauvaise foi, c'est une proposition démentie par ce sentiment que les hommes les plus probes ont de tout temps éprouvé, et par leur conduite habituelle.

« S'il se trouve des emprunteurs qui abusent d'un pareil secret, doit-on sacrifier le droit général à la crainte qu'inspirent les gens de mauvaise foi? Devrait-on écouter celui qui porterait le mépris de ses concitoyens au point de supposer que les fripons composent la généralité, et que les gens honnêtes ne font qu'une exception? Est-ce sur une pareille théorie qu'on peut faire des lois?

« Mais, d'ailleurs, le propriétaire que l'on voudrait ne point admettre à emprunter avec hypothèque, si pendant toute sa vie il n'avait mis au plus grand jour toutes les transactions qui peuvent grever son patrimoine, ne devrait-il pas rester le maître de dire : « Je consens de subir cette « incapacité ; j'aime beaucoup mieux ne trouver « jamais à emprunter que sur mon crédit person- « nel ; il sera pour moi plus avantageux. Mais, « lorsque je me soumets à l'interdiction que vous « prononcez, ne me dépouillez pas de mes droits « de privilége ou d'hypothèque, parce que je ne « vous aurai pas rendu, par une inscription, le « compte public de toutes mes affaires ; compte « qui n'est à mes intérêts, qui n'est à mes yeux « qu'une inquisition odieuse, et dont on peut « abuser contre moi. »

SECTION III.

De l'inscription considérée comme moyen d'établir les hypothèques.

Incompatibilité de ce moyen avec le droit de propriété.

« Supposons qu'il soit possible de procurer au créancier une parfaite sécurité, en exigeant des inscriptions publiques ; on ne doit pas employer un pareil moyen, s'il ne peut se concilier avec les principes du droit de propriété.

« Ne les renverse-t-on pas ces principes, en proposant qu'un privilége, qu'une hypothèque légale, n'aient point d'effet sans inscription?

« Et d'abord, quel est le fondement des priviléges? ils n'en ont pas d'autre que des motifs d'humanité, ou un motif évident d'équité.

« Ainsi, c'est par humanité que l'on donne privilége aux médecins, aux chirurgiens, aux pharmaciens et pour les frais quelconques de dernière maladie, à ceux qui fournissent des subsistances; les frais funéraires seraient dus par privilége, même chez le peuple le moins civilisé.

« C'est à la fois sur l'humanité et sur l'équité qu'est établi le privilége du propriétaire.

« C'est sur la foi publique que repose le privilége sur les biens des fonctionnaires publics coupables d'abus ou de prévarications.

« C'est par l'évidence de l'équité que se forment les priviléges du vendeur ou de celui qui a fourni le prix de la vente sur l'immeuble vendu, du cohéritier sur les immeubles de la succession, de l'entrepreneur et de l'ouvrier sur les bâtiments qu'ils construisent.

« Les priviléges du trésor public sont dans un ordre supérieur à celui des intérêts privés.

« Les partisans du nouveau système consentent de ne pas exiger d'inscription pour quelques créances privilégiées, à cause de leur peu d'importance. Cette idée arbitraire n'obtiendra point la préférence sur des principes d'éternelle justice.

« Lorsqu'un privilége est fondé sur l'humanité, celui qui fait l'acte d'humanité a dès ce moment un droit acquis; l'existence d'un droit acquis ne doit pas dépendre d'une formalité.

« Comment persuadera-t-on que la loi elle-même ne commettrait pas une injustice, si un propriétaire, si un vendeur ou celui qui a fourni le prix de la vente, étaient privés, par un simple défaut de formalité, d'un gage que nul autre ne peut avoir comme eux?

« Il n'est pas douteux que tout est facile à celui qui a le droit de faire la loi, et que quand elle sera promulguée, le créancier, celui même qui sera privilégié, et qui ne l'exécutera point, sera en faute; mais la loi ne doit faire que ce qui est juste; elle peut établir des formalités pour créer ou constater des obligations; elle ne doit pas faire dépendre d'une simple formalité des droits acquis par la nature des choses. Elle doit plutôt éviter de compromettre les droits de l'humanité et de l'équité, que de procurer des facilités pour des emprunts éventuels. Agir autrement, c'est ébranler l'ordre social plutôt que l'établir.

« Enfin il est des priviléges qui intéressent la nation entière; ce sont ceux sur les biens des personnes qui ont le maniement des deniers publics, et sur ceux des contribuables.

« Il est à désirer que l'on puisse maintenir la règle qui soumet le Gouvernement, pour tout ce qui a trait à la propriété, aux mêmes règles que les simples citoyens. L'expérience seule apprendra s'il n'y a pas trop d'inconvénients à faire dépendre les revenus de l'État de l'infidélité ou de la négligence des agents; et s'il est même possible que ces agents connaissent tous les biens que des comptables achèteront dans des lieux plus ou moins éloignés de leur résidence; si ces comptables auront sur les lieux des supérieurs qui les surveillent; en un mot, si l'on devrait imposer aux agents du trésor public une formalité qui pourrait être impossible dans l'exécution.

« Nous dira-t-on que le bien public exige que le créancier privilégié remplisse cette formalité; que, malgré toute la faveur de son droit, il ne doit pas laisser son débiteur dans une sorte d'interdiction; et qu'ordonner une inscription pour former le privilége, ce n'est pas imposer une plus grande gêne que d'exiger, comme le fait l'édit de 1771, une opposition avant les lettres de ratification?

« On répond que le bien public exige encore bien plus impérieusement que les droits fondés sur l'humanité ou sur un motif d'équité incontestable soient toujours respectés. Malheur à la nation qui, pour seconder des vues de commerce ou d'industrie, commencerait par violer dans les lois ce que la bonne foi, ce que le droit de propriété, auraient de plus sacré!

« Mais il n'est point vrai qu'il so t nécessaire de mettre cette entrave aux priviléges, pour qu'un débiteur ne tombe pas dans l'état d'interdiction. Les débiteurs de créances privilégiées ont-ils jamais imaginé qu'ils fussent dans un pareil état? Il faut même observer ou que les dettes privilégiées ne sont pas d'une grande importance dans la fortune du débiteur, ou que si ces dettes s'élèvent à des sommes considérables, il est toujours facile au prêteur de les connaître. Les priviléges sur immeubles, les plus ordinaires et les plus importants, sont ceux des vendeurs, des bailleurs de fonds, des cohéritiers; ces priviléges seront toujours facilement connus par la demande de communication des titres de propriété de l'acquéreur; et cette précaution, usitée avant la loi de l'an VII, était regardée comme suffisante pour la sûreté d'un créancier postérieur.

« L'inscription exigée pour établir un privilége ne peut être assimilée avec les oppositions prescrites par la loi de 1771.

« Que l'acquéreur soit autorisé à faire l'appel de tous les créanciers pour s'acquitter, aucun n'a droit de se plaindre; la juste peine de la négligence est que le prix de l'immeuble vendu soit distribué aux créanciers opposants. Il est présumé consentir à cette distribution, et se contenter d'exercer son action sur les autres biens. Si l'immeuble dont le prix aurait été distribué n'est pas celui sur lequel repose le privilége, il le conserve nonobstant le défaut d'opposition; si c'est le même immeuble, il lui reste encore pour sa sûreté une hypothèque sur les autres biens. En un mot, la loi de 1771 ne porte aucune atteinte aux règles d'humanité ou d'équité qui constituent les priviléges.

« Quant aux simples hypothèques, on ne peut les faire dépendre d'une inscription sans oublier que, par la nature des engagements, il existe un droit acquis au profit du créancier le premier en date; prior est tempore, potior est jure. Ce n'est point une simple considération d'équité, c'est un droit positif : potior est jure.

« Pour éviter toute incertitude sur les dates, on avait réglé en France que nulle hypothèque ne pourrait être établie que par un acte authentique ou par un jugement; mais il suffisait que le droit de priorité fût ainsi constaté, pour qu'il acquis sur tous les immeubles, sans qu'il pût y en avoir d'exceptés.

« Dans le système où l'hypothèque n'est point acquise par le contrat, mais seulement par une inscription sur chaque immeuble, le droit de priorité n'existe plus qu'altéré et dénaturé, lorsqu'un créancier qui voudrait avoir pour gage tous les biens de son débiteur ne les connaît pas, ou lorsqu'un créancier postérieur s'inscrit avant celui qui devait avoir le premier rang.

« Ces observations sont communes à toutes les hypothèques; il en est de particulières aux hypothèques légales et judiciaires.

« Ce n'est pas seulement pour l'intérêt privé des parties que les hypothèques légales ont été établies indépendamment de leurs conventions; c'est encore par des motifs d'ordre public.

« Ces motifs furent regardés, en 1673, comme assez puissants pour ne pas faire dépendre d'un enregistrement de semblables hypothèques , et pour en excepter plusieurs dans l'édit de 1771.

« Si, à cette dernière époque, les mineurs furent déclarés déchus de leur droit à la distribution du prix de l'immeuble vendu, lorsque le tuteur ne s'était pas opposé, c'est parce que celui qui a un droit à exercer contre un mineur peut le poursuivre dans la personne du tuteur; et que l'acquéreur ayant le droit de se libérer, ne devait pas en être privé par la négligence du tuteur averti dans les formes légales.

« Mais la loi serait en contradiction avec elle-même, si d'une part elle déclarait que l'ordre public que le droit d'hypothèque soit inhérent à telle créance, tandis que d'une autre part elle ferait dépendre cette hypothèque d'une inscription qui pourrait être involontairement ou même volontairement omise. Ce serait créer d'une main ce que l'on détruirait de l'autre.

« A l'égard des femmes, la réclamation est générale en leur faveur. L'expérience a appris que non-seulement à l'époque du changement de loi, en l'an VII, mais encore depuis que le système nouveau est en pleine activité, cette classe, formant une moitié de la société et jusqu'alors protégée, a été en grande partie dépouillée sans retour de ses biens.

« Les femmes n'ont aucune part à la formation ni à l'exécution de la loi. On ne peut pas supposer qu'elles la connaîtront mieux à l'avenir. Elles sont, sous tous les rapports, dans la dépendance de leurs maris intéressés à ce que les formalités ne soient pas remplies; et parmi ceux même qui ne voudraient pas faire tort à leurs femmes, combien n'en est-il pas qui négligent ou qui regardent comme inutile la formalité de l'inscription? et c'est en vain que des malheurs imprévus font ensuite regretter de ne l'avoir pas remplie.

« On a établi pour droit général la communauté de biens, qui donne au mari, dans son administration, une telle autorité, que les femmes sont dans l'impuissance même de payer les frais de l'inscription sans laquelle leur patrimoine est perdu.

« Pourrait-on n'être pas indigné, en voyant une femme ainsi dépouillée du patrimoine qu'elle aurait apporté, où il serait livré aux créanciers envers lesquels il aurait plu au mari de s'obliger, et qui pourraient même être de collusion avec lui?

« Voudrait-on rendre responsables du défaut d'inscription les parents qui dotent? Mais déjà on a statué que les pères et mères eux-mêmes ne sont pas obligés de doter; à plus forte raison ne doivent-ils pas être responsables de la dot.

« Si les femmes qui se marient avant leur majorité ont perdu leurs pères et mères, le tuteur ne peut pas, avant le mariage, couvrir d'inscription les biens du futur époux; les devoirs et les droits de ce tuteur cessent aussitôt que le mariage est célébré; on ne peut plus alors faire concourir son autorité avec celle du mari.

« Les immeubles restent ordinairement dans les mains des pères et mères, lorsqu'ils marient leurs enfants. Le mari n'aura point alors de biens sur lesquels la femme puisse prendre inscription. Il serait injuste que des créanciers pussent s'inscrire avant elle sur les biens qui écherraient au mari et dont souvent elle n'aurait même pas connaissance. Observez enfin qu'il s'est toujours fait un assez grand nombre de mariages sans que les conditions en aient été réglées par un contrat;

aucune loi ne l'exige encore, le système des inscriptions en imposerait la nécessité. C'est, en oubliant la nature de l'hypothèque légale, mettre une gêne aux mariages, lorsque tout devrait tendre à les favoriser.

« Les mineurs ont le plus souvent pour tuteur le survivant des père et mère. Il faut toujours éviter de mettre en opposition d'intérêts les maris et les femmes, les enfants et leurs pères ou mères. La paix des familles constitue le bonheur public : cette idée morale et politique a été jusqu'à présent suivie dans la composition du Code, et elle a eu l'assentiment général ; on s'en écartera si l'on fait dépendre d'une inscription la fortune des femmes et des mineurs ; c'est, au lieu de la paix, établir dans les familles l'injustice, la fraude et la discorde.

« Quant aux hypothèques judiciaires, elles ont été établies pour que l'autorité de la chose jugée ne fût pas compromise par les hypothèques que la partie condamnée, ou sur le point de l'être, accorderait à un tiers qui deviendrait aussi préférable. Le système dans lequel une condamnation ne doit donner l'hypothèque que par l'inscription donne à la fraude plus de facilité qu'elle n'en eut jamais.

SECTION IV.
De l'inscription considérée comme moyen de publicité des hypothèques.

1° *Inutilité de l'inscription des hypothèques légales.*

« Le motif pour lequel on veut exiger l'inscription est l'intérêt des créanciers postérieurs. C'est, à l'égard des hypothèques légales, une formalité inutile.

« L'état de femme mariée n'est-il pas rendu complètement notoire par les solennités qui l'accompagnent et par la cohabitation des époux ? La qualité de tuteur, celle de comptable, ne sont-elles pas publiques? Il ne résulte donc, pour les autres créanciers, aucun avantage réel de cette inscription; et c'est de cette vaine formalité que l'on veut faire dépendre le sort des femmes, des mineurs, et le recouvrement des deniers publics.

« Les réflexions qui viennent d'être faites sur la nature et sur l'objet des hypothèques légales, avaient arrêté en 1673 les premiers auteurs du système de la publicité des hypothèques. On dispensa de l'enregistrement les hypothèques des mineurs sur les biens des tuteurs pendant la minorité; et les mineurs eurent une année, à compter de leur majorité, pour remplir cette formalité.

2° *De la nécessité d'un délai pour l'inscription.*

« Les partisans du système de publicité se trouvent entre deux écueils : ou ils donneront un certain délai pour s'inscrire, et alors celui qui contracte ignore quels sont les créanciers antérieurs qui peuvent lui être préférés par une inscription prise dans ce délai; ou bien ils ne donneront l'hypothèque que du moment de l'inscription, et dès lors le créancier ayant une hypothèque légale ou judiciaire est dans l'impossibilité de conserver son droit.

« En 1673, on crut qu'il était indispensable de donner un certain délai pour l'enregistrement des titres hypothécaires; ce délai fut fixé à quatre mois pour avoir hypothèque sur les biens présents, et à pareil délai pour étendre cette hypothèque aux biens qui surviendraient au débiteur par acquisition, succession ou autrement.

« On avait ainsi, dans cette loi, maintenu le principe suivant lequel le débiteur peut donner et le créancier prendre pour gage tous les biens présents et futurs; mais, d'une autre part, le créancier, ainsi qu'on l'a observé, avait à craindre, lorsqu'il contractait, que des créanciers antérieurs, à l'égard desquels le délai de quatre mois ne serait pas encore expiré, n'obtinssent la préférence par l'enregistrement fait dans ce délai.

« On a voulu, dans la loi de l'an VII, parer à cet inconvénient : on ne donne aucun délai au créancier; son hypothèque n'a d'effet que du jour de l'inscription.

« S'agit-il d'une hypothèque légale ou judiciaire; c'est mettre le créancier dans l'impossibilité de conserver sa propriété. En effet, on ne peut pas supposer qu'il connaisse ainsi, sur-le-champ, tous les biens de son débiteur; que ces biens soient à sa portée; jamais on ne doit faire dépendre le droit de propriété d'une formalité sans constituer en demeure, par délai suffisant, celui qui, étant tenu de la remplir, la négligerait. Et dans quel cas écarte-t-on ce principe? C'est lorsqu'on prononce la peine la plus rigoureuse, celle de la perte de la propriété.

3° *De la possibilité de la fraude, lors même qu'il n'y a pas de délai pour l'inscription.*

« S'agit-il d'une hypothèque pour prêt, le prêteur ne peut, dans le cas même où il n'y pas de délai pour inscrire, être assuré qu'un autre créancier ne sera pas plus prompt que lui à prendre une inscription sur un immeuble éloigné du lieu où le contrat aura été fait; le prêteur, tourmenté par cette inquiétude, ne veut point délivrer la somme avant qu'il soit prouvé que son inscription sera utile.

« Mais la loi qui lui impose la nécessité de s'inscrire n'a aucun moyen de le mettre à l'abri de la mauvaise foi. Il ne peut même pas faire deux actes, dont l'un qui ne serait qu'une promesse de prêter serait inscrit, sauf ensuite à réaliser le prêt; on ne peut prendre d'hypothèque sur une simple promesse de prêt.

« Les parties ne croient pouvoir sortir de cette perplexité qu'en faisant un acte faux. On y suppose que la somme a été versée à l'emprunteur; elle reste déposée dans les mains du notaire, pour n'être délivrée qu'après l'inscription. Déjà il est notoire que l'usage d'un moyen aussi répréhensible s'introduit; on croit pouvoir en rejeter l'odieux sur une loi impossible à pratiquer.

« Quel contraste entre cette loi, qui provoquerait au crime de faux, et qui dans l'opinion publique semblerait l'excuser, et celles qui ont prononcé les peines les plus rigoureuses pour sauver la société de ce dangereux fléau!

« Il est impossible de maintenir un système dans lequel le prêteur, pour se garantir de la mauvaise foi de l'emprunteur, est obligé non-seulement de souscrire à un faux, mais encore de suivre la foi du tiers qui est sans caractère public pour recevoir le dépôt, et qui ne donne aucune garantie de la restitution.

« Dira-t-on que l'on ne peut présumer ni un accord criminel entre le dépositaire et l'emprunteur, ni même que l'emprunteur se rende coupable de stellionat en donnant une hypothèque qui pût être inscrite avant celle qu'il aurait déjà consentie, lorsqu'il aurait la certitude d'être promptement découvert et puni?

« On ne songe pas que le prêteur ne pourrait exercer de poursuites contre le dépositaire ou l'emprunteur, sans se découvrir lui-même comme complice du crime de faux.

« D'ailleurs, si la peine du stellionat est un moyen suffisant de prévenir les fraudes, on a également ce moyen dans tous les systèmes sur les hypothèques, puisque, dans tous, l'intérêt du créancier lésé fait inévitablement découvrir l'infidélité du débiteur dans la déclaration des hypothèques dont ses biens sont grevés.

« La peine infligée au débiteur coupable n'empêche pas que le créancier trompé ne soit victime.

« Mais il y a plus : le cas dont il s'agit peut arriver très-souvent sans qu'il y ait fraude de la part du débiteur.

« L'emprunteur peut avoir, sur les lieux où l'immeuble est situé, un fondé de pouvoir qui, à son insu et sans qu'il ait le temps de le prévenir, fasse un emprunt dont le titre soit inscrit avant celui de l'emprunt fait par le débiteur direct.

« Des titres peuvent se trouver entre les mains de créanciers qui ne les ont point encore fait inscrire au moment où le débiteur contracte une nouvelle obligation, et qui remplissent cette formalité avant qu'elle l'ait été par le nouveau créancier : tels seraient des jugements; ceux qui les ont obtenus peuvent toujours s'inscrire sur le bien qu'ils jugent à propos : tels seraient encore des titres qui emporteraient une hypothèque légale sur tous les biens.

« Quant aux créanciers par jugement, ils seraient entièrement livrés à la mauvaise foi du débiteur, qui, se voyant condamné, et avant que l'on ait pu, en exécution du jugement, prendre une inscription, pourrait s'entendre avec un tiers dont la dette supposée et antérieurement inscrite absorberait la fortune de ce débiteur. »

4° *De la possibilité des erreurs.*

« Les formalités de l'inscription sont multipliées; elles sont exigées sous peine de nullité.

« Souvent les noms sont mal indiqués : ceux des domaines varient, ou ces domaines ne sont point connus sur les lieux par les noms qui se trouvent dans les titres; on ne peut plus les distinguer à cause des changements dans la contenance, dans les bornages, dans la culture; le créancier est le plus souvent obligé de s'en rapporter à la désignation que fait le débiteur, qui trompera s'il est de mauvaise foi, et qui, même avec de la probité, ne sera pas sûr de ne point induire en erreur.

« Ajoutez à tous ces risques ceux auxquels le créancier est encore exposé, si le conservateur des hypothèques se trompe, soit dans l'inscription qu'il porte sur le registre, soit dans le certificat qu'il délivre sur la franchise de l'immeuble ou sur les hypothèques dont il est grevé. Rendre les conservateurs responsables, sur toute leur fortune, d'une simple erreur, ce serait un moyen excessivement rigoureux, et presque toujours insuffisant.

« L'expérience a prouvé que, soit pour les inscriptions, soit pour les expropriations, les exemples de nullité dans la forme sont très-multipliés. Lorsque, d'une part, l'on est forcé de reconnaître que l'hypothèque est un droit de propriété résultant de la loi ou de la convention, comment, de l'autre, peut-on faire dépendre ce droit d'une formalité qui expose à d'aussi grands risques, sans aucun moyen de les prévenir?

SECTION V.

De la spécialité des hypothèques.

§ Ier.

Règles observées jusqu'à l'an VII sur la généralité et sur la spécialité des hypothèques.

« De tout temps il a été permis de donner une

hypothèque générale sur tous ses biens présents et futurs : le créancier pouvait même encore exiger, et le débiteur consentir, que parmi les biens généralement hypothéqués il y eût des biens présents spécialement affectés.

« Les règles sur ce genre de convention sont rappelées dans le projet de Code ; on y prévient les difficultés qu'elles avaient fait naître.

« Des doutes s'étaient élevés sur le point de savoir si celui qui avait stipulé une hypothèque spéciale n'avait point par là dérogé à l'hypothèque générale que lui eût donnée son contrat authentique, ou s'il du moins, en conservant l'hypothèque générale il n'était pas tenu de commencer par discuter l'immeuble spécialement hypothéqué.

« On a décidé que celui à qui l'acte authentique donne l'hypothèque générale, n'est point censé avoir renoncé à ce droit en stipulant une hypothèque spéciale, à moins qu'il n'y ait une clause formelle.

« Le droit que donne l'hypothèque générale est de pouvoir discuter, soit le bien spécialement hypothéqué, soit les autres immeubles du débiteur.

« Ces décisions, loin d'être contraires à la volonté des parties, sont la présomption la plus juste de cette volonté, à moins qu'il n'y en ait une autre exprimée dans l'acte.

« Il y avait encore dissentiment sur la question de savoir si, dans l'ordre entre les créanciers, l'hypothèque spéciale ne devait pas être préférée à l'hypothèque générale, même antérieure.

« Cette préférence eût été contraire aux autres règles et à l'équité. Il serait d'une injustice évidente que le débiteur pût, sans le concours de son créancier, lui enlever une partie de son gage, en créant, au profit d'un créancier postérieur, une hypothèque spéciale. Cela était ainsi décidé par la loi romaine. Tout l'avantage que la justice permettait d'accorder au créancier ayant une hypothèque spéciale, était de lui donner sur le bien ainsi hypothéqué la préférence, lorsqu'il se trouvait en concurrence avec un créancier ayant une hypothèque générale de même date.

« Telles ont été les règles admises jusqu'à l'an VII sur les hypothèques spéciales. On les a regardées comme un avantage particulier que chaque créancier pouvait toujours se procurer sans nuire à son droit d'hypothèque générale, et ce droit lui était certainement plus avantageux que le système dans lequel on le réduirait à une hypothèque spéciale.

§ II.

De l'hypothèque spéciale telle qu'on la propose.

« La loi de l'an VII établit les règles suivantes :

« La nature et la situation des immeubles doivent être indiquées dans l'acte qui établit l'hypothèque. Il résulte de cette première règle, que les biens futurs ne peuvent être hypothéqués ; la même exclusion des biens futurs a été prononcée à l'égard des hypothèques judiciaires.

« Quant à toutes les hypothèques légales, elles frappent tous les biens du débiteur situés dans l'arrondissement où se fait l'inscription. Le créancier peut aussi, par des inscriptions ultérieures, mais sans préjudice de celles antérieures à la sienne, faire porter son hypothèque sur les biens qui écherront au débiteur ou qu'il acquerra par la suite.

« Les partisans de cette loi y proposent quelques modifications.

« Ils veulent que si les biens présents et libres du débiteur sont insuffisants pour la sûreté de la créance, il puisse, en exprimant cette insuffisance, consentir que le créancier s'inscrive sur chacun des biens à venir, à mesure de leur acquisition ; sauf à faire réduire ces inscriptions, si elles sont excessives.

« Ils prévoient le cas du dépérissement ou de la dégradation de l'immeuble hypothéqué ; et, dans ce cas, ils donnent au créancier le droit ou de se faire rembourser, ou d'obtenir un supplément d'hypothèque, ou de s'inscrire sur chacun des biens à venir, à mesure qu'ils surviendront au débiteur, et sauf encore, dans ce dernier cas, la réduction des inscriptions.

« Quant aux hypothèques légales, on veut que si les biens hypothéqués ont été spécifiés, ou si les droits d'hypothèque à réaliser par l'inscription ont été déterminés, le créancier ne puisse prendre inscription que sur les biens indiqués, et seulement jusqu'à concurrence de la somme réglée.

« On veut même que s'il n'y a point de convention de cette espèce, et que le créancier ait pris inscription sur une masse de biens excessive, eu égard au montant des créances fixes et à la valeur estimative des créances conditionnelles ou indéterminées, le débiteur soit autorisé à demander la réduction des inscriptions, en ce qu'elles excéderaient la proportion convenable avec les créances.

« On ne donne aux femmes, pour le remploi de leurs biens aliénés, ou pour indemnité de dettes contractées par elles avec leurs maris, d'hypothèque qu'à compter du jour de l'inscription faite depuis les aliénations ou depuis les dettes contractées ; on accorde néanmoins à la femme une hypothèque du jour de l'inscription que le créancier, envers qui elle sera obligée, aura prise sur les biens du mari.

« L'hypothèque sur les biens des tuteurs et des subrogés-tuteurs pourra être fixée dans les actes de tutelle, sauf au tuteur à obtenir des réductions.

« Quant à la nation et aux établissements publics, on leur donne un délai de deux mois, à compter de la transcription des contrats d'acquisition faits par les comptables, pour prendre inscription sur les immeubles acquis.

« Les auteurs du dernier projet proposent d'abroger la disposition de la loi de l'an VII, suivant laquelle l'hypothèque judiciaire ne pouvait affecter que les biens appartenant au débiteur lors du jugement : ils consentent que le créancier puisse prendre inscription sur les biens qui surviendront au débiteur, sauf réduction.

§ III.

L'inscription limitée aux biens présents est contraire au droit de propriété.

« Pour établir le régime dans lequel l'hypothèque ne doit avoir d'effet que du jour de l'inscription, on a été entraîné à faire une innovation contraire au principe fondamental du droit de propriété. On a limité aux biens présents du débiteur la faculté de les hypothéquer, tandis que jusqu'alors on avait mis au nombre des biens qu'il pouvait donner pour gage, même ses biens futurs. Il est vrai que, si l'on avait maintenu cette règle, il aurait fallu donner au créancier un délai pour s'inscrire sur les biens nouvellement acquis de son débiteur, et que cette hypothèque aurait dû remonter au temps de la première inscription.

« On ose affirmer que celui qui le premier conçu cette idée de réduire aux biens présents la faculté d'hypothéquer, a méconnu la nature des obligations; qu'il a resserré l'exercice du droit de propriété dans des limites qui n'avaient encore jamais été posées, et qu'il en doit résulter une grande altération dans le crédit public.

« Les auteurs de ce système disent que l'engagement des biens présents et futurs est maintenu au moyen des poursuites que peut toujours faire le créancier ; mais que le crédit du débiteur ne doit pas être paralysé par des inscriptions excessives; que les biens sont, à mesure qu'ils surviennent, le gage de tous les créanciers alors existants; qu'aucun d'eux ne pouvait avoir en antérieurement le gage qui n'existait pas, et qu'ainsi la priorité des dettes est à cet égard indifférente.

« Toutes ces assertions sont contraires aux premiers éléments du droit.

« Quel a pu être le motif pour autoriser celui qui s'engage à hypothéquer des biens futurs, si ce n'est de procurer à chacun, soit pour seconder son industrie, soit pour remplir des besoins ou réparer des malheurs, tous les moyens qu'il peut avoir d'inspirer la confiance ? Ainsi, non-seulement ses biens actuels, mais encore sa bonne conduite, sa probité, son travail, ses talents, les biens que l'ordre de la nature doit lui transmettre, composent l'actif qu'il peut offrir pour gage. Oserait-on dire que réduire ce gage aux biens présents, ce soit le multiplier? Celui qui n'a que peu d'immeubles ou qui n'en a point au moment où il a besoin d'emprunter, trouvera-t-il donc un prêteur aussi facilement que si, avec ses biens présents, il pouvait hypothéquer ceux à venir?

« Depuis plus de vingt siècles qu'il est permis d'hypothéquer ses biens présents et à venir, on n'avait point encore entendu dire que cette faculté fût immorale, et, encore moins qu'elle fût contraire au droit de propriété.

« Elle est, nous dit-on, contraire au droit de propriété, en ce qu'on ne peut disposer d'une propriété que l'on n'a point encore et que l'on n'aura peut-être jamais.

« Mais celui qui s'oblige n'est-il pas astreint à remplir son engagement par tous les moyens qui seront en son pouvoir, et conséquemment sur tous ses biens présents et futurs? Quiconque s'oblige dispose donc par cela même de ses biens à venir; et les partisans de l'hypothèque spéciale n'entendent pas les affranchir des dettes antérieures à l'acquisition : s'ils les affectent d'une manière générale, il n'y a aucune raison pour qu'ils ne les affectent pas par hypothèque.

« Comment pourrait-il se faire que ce qui tient à la nature même des obligations fût immoral et contraire à l'ordre public?

« On paraît effrayé de l'abus qui pourra être fait de l'hypothèque des biens à venir. On spéculera sur des successions futures, on les consommera d'avance; la jeunesse sera victime de ses passions et de la cupidité des créanciers.

« La loi doit remédier aux abus que chacun peut faire de la propriété, lorsqu'ils intéressent l'ordre public; mais c'est toujours en respectant et en maintenant le droit de propriété; et déjà les règles contre les abus dont il s'agit ici, ont été posées par la défense de traiter sur des successions futures, et par la faculté donnée aux mineurs de se restituer contre les engagements qui leur seraient préjudiciables. Ainsi on ne pourrait pas hypothéquer spécialement les biens d'une succession; mais il est juste que ces biens soient, dès le temps d'une obligation non défendue par la loi, affectés au paiement dans le cas où ils écherront.

« C'est une erreur de dire que le bien, au moment qu'il échoit au débiteur, doit être le gage commun des créanciers alors existants, parce que ce débiteur n'a lui-même de droit sur ces biens qu'au moment où il en devient propriétaire.

« Pour dissiper cette erreur, il suffit encore de rappeler que, par la nature même des obligations, ces biens à venir leur ont été affectés conditionnellement à la propriété future; que s'ils ont pu être affectés, les mêmes règles d'équité doivent exister pour la préférence entre les créanciers sur les biens présents comme sur ceux à venir.

« Il est un grand nombre de droits d'hypothèque qui seraient souvent nuls, si l'application ne pouvait en être faite aux biens futurs.

« Telles seraient les hypothèques légales, et notamment celles des femmes sur les biens de leurs maris. Il arrive le plus ordinairement que le patrimoine reste en totalité, ou au moins en grande partie, dans la possession des pères et mères à l'époque où ils marient leurs enfants. La faveur due à ceux qui ont ces hypothèques a paru aux auteurs même du nouveau projet, tellement nécessaire à maintenir, qu'ils ont cru que de pareilles hypothèques doivent s'étendre aux biens futurs.

« Ils sont aussi forcés de faire le même aveu pour les hypothèques qui résultent de condamnations judiciaires; il est possible que le débiteur n'ait pas d'immeubles, ou qu'ils soient insuffisants; et comment celui qui peut exécuter son jugement sur tous les biens présents et à venir du condamné, ne pourrait-il pas exercer un droit moindre, celui d'hypothèque? Ne pas laisser au débiteur ce moyen d'obtenir des facilités, c'est le livrer à toutes les rigueurs des poursuites.

« N'y aurait-il pas de la contradiction à soutenir qu'on ne peut, sans blesser la morale ou sans donner trop d'extension à l'exercice du droit de propriété, appliquer le droit d'hypothèque aux biens futurs du débiteur, tandis qu'on est forcé de convenir que, dans des cas très-nombreux, non-seulement cela est juste, mais encore nécessaire?

§ IV.
Motifs qui s'opposent à la réduction d'inscriptions de trop fortes sommes.

« L'idée de réduire les inscriptions d'hypothèques indéterminées, sous prétexte que ces inscriptions seraient de trop fortes sommes, est inadmissible.

« 1° Parce qu'un pareil droit donné au débiteur serait contraire à la nature de son engagement;

« 2° Parce que ce serait une source de procès interminables, et dont la plupart seraient entre personnes qui ne doivent pas être mises en opposition.

« Comment a-t-on pu imaginer de donner le droit d'enlever au créancier actuel une partie de son gage, pour laisser au débiteur la faculté de l'affecter à d'autres dettes?

« Ou le débiteur avait consenti à cette inscription, ou, comme dans le cas d'une hypothèque soit légale, soit judiciaire, l'inscription avait été prise sans participation.

« Dans le premier cas, comment le débiteur serait-il recevable à revenir contre son propre fait? Serait-ce sous prétexte de lésion? mais il a été reconnu que cette action n'a lieu que dans le cas de partage ou de vente d'immeubles; il y a une différence décisive entre l'exercice de la vente et l'hypothèque. La vente est un contrat commutatif dans lequel l'immeuble est transporté pour un prix : l'hypothèque plus ou moins étendue n'est que le résultat naturel de l'engagement du débiteur, et n'ajoute rien à sa dette.

« Dans quelle position placera-t-on le débiteur qui demandera la réduction? Sera-ce simplement pour lui procurer la faculté de faire d'autres emprunts? Mais il serait trop déraisonnable de permettre au débiteur de violer son contrat, pour se ménager une faculté éventuelle.

« Supposera-t-on que le débiteur ne demande la réduction que pour procurer à un créancier postérieur existant une plus grande sûreté? Ce ne serait plus le débiteur, mais ce créancier, auquel l'action pourrait appartenir, s'il n'y avait pas une injustice évidente à la lui accorder.

« S'il s'agit d'une inscription pour hypothèque légale ou judiciaire, la demande en réduction doit être, à plus forte raison, rejetée : on ne peut pas déroger à un engagement dont la cause est dans l'ordre public.

« Les procès qui s'élèveraient entre les femmes et les maris, entre les mineurs et les pères, mères ou autres tuteurs, sur les réductions, seraient encore plus scandaleux et plus contraires à la paix des familles que les procès dont on a déjà fait le tableau, en repoussant l'idée de l'évaluation des hypothèques.

« Comment, d'ailleurs, procéderait-on à de pareilles réductions? Au moyen de contre-lettres, le prix des baux des immeubles peut être enflé. Tous les biens ne sont pas donnés à bail, ou ne le sont pas à prix déterminé. Il faudrait essuyer des lenteurs, les frais et l'incertitude des estimations. Les débiteurs eux-mêmes ne voudraient pas, pour se procurer une simple faculté, commencer par entreprendre un procès ruineux; et s'ils y étaient provoqués par le besoin actuel d'emprunter, ils ne trouveraient aucun prêteur qui voulût attendre l'issue de pareils procès.

SECTION VI.
RÉSULTATS DU NOUVEAU SYSTÈME.

1° *Les hypothèques légales et judiciaires, et les hypothèques indéterminées, resteront générales sur les biens présents et à venir.*

« Il faut partir d'une idée que l'expérience a toujours confirmée; c'est qu'un créancier emploie tous les moyens qui sont en son pouvoir pour ne courir aucun risque : son intérêt le lui commande, et il fait la loi. Il y sera encore plus porté, il se croira moins rigoureux, lorsqu'il verra qu'on fonde le système entier de la législation sur ce qu'il n'y a que mauvaise foi parmi les débiteurs, sur ce que les créanciers doivent, pour conserver leur fortune, mettre les débiteurs dans l'impossibilité de tromper, et que l'ordre public y est lui-même intéressé.

« Il est facile de prévoir ce que produira ce sentiment de défiance de la part de chaque espèce de créancier.

« Suivant la loi de l'an VII, les hypothèques légales peuvent grever tous les biens présents au moyen d'inscriptions dans chaque arrondissement ; on peut même, par des inscriptions ultérieures, les étendre aux biens futurs à mesure qu'ils surviendront.

« Les créanciers d'hypothèques légales manqueront d'autant moins d'exercer ce droit, que presque toujours ce sont des tierces personnes qui agissent pour eux, et qui se rendraient responsables si elles ne prenaient pas une sûreté que la loi leur commande, par cela même qu'elle l'autorise.

« Les dots reçues par le mari et la femme sont le plus souvent proportionnées l'une à l'autre. Si la dot a été reçue par le mari en immeubles et par la femme en argent, le mari sera, par l'inscription sur tous ses biens, en état d'interdiction.

« Les partisans du nouveau système permettent au créancier, par jugement, de prendre des inscriptions sur les biens présents du débiteur et sur ceux qui lui surviendront.

« De deux choses l'une : ou le créancier qui sera obligé d'obtenir un jugement pour exercer ses poursuites sera exposé à la mauvaise foi du débiteur qui, avant que le jugement soit expédié et inscrit, peut faire inscrire des dettes simulées, ou le créancier qui croira son débiteur incapable d'un pareil délit, préférera avoir pour titre un jugement qui lui donne le droit d'étendre son inscription aux biens présents et futurs.

« Ainsi on donne un moyen de fraude au débiteur, ou on provoque des jugements ruineux pour le débiteur et qui rendent trop inégal le sort des créanciers.

2° *L'inscription de chaque hypothèque conventionnelle sera prise sur tous les biens.*

« Quant aux hypothèques conventionnelles, si la dette est indéterminée, le créancier prendra des inscriptions sur tous les biens présents.

« Si la dette est déterminée, le prêteur commencera par demander une hypothèque spéciale sur tous les immeubles qu'il trouvera non grevés, fussent-ils d'une valeur plus que double de la somme prêtée. Le débiteur sera toujours trop pressé par le besoin d'un emprunt actuel, pour être arrêté par la considération d'un emprunt ultérieur que souvent il ne prévoit pas.

« Ce même prêteur, persuadé que les biens antérieurement hypothéqués sont d'une valeur beaucoup plus grande que les dettes inscrites, aura intérêt à prendre une inscription, même en second ordre, sur ces biens; il lui suffit d'ailleurs de Le pas connaître leur valeur, ou d'ignorer le prix auquel ils seraient vendus, pour qu'à tout événement il prenne cette inscription, qui peut lui être utile sans qu'elle puisse lui préjudicier.

« On ne sera point surpris que des calculs aussi simples soient ceux qui se réalisent depuis la loi de l'an VII; et il serait difficile de citer un seul exemple de gens devenus insolvables depuis cette loi, dont chaque immeuble ne soit grevé de l'inscription de tous les créanciers, de ceux dont les titres sont postérieurs à l'an VII, comme de ceux dont les titres sont antérieurs.

3° *Jamais le créancier ne se contentera d'une hypothèque proportionnée à la dette.*

« Dans l'hypothèse même où le créancier renoncerait au droit de priorité sur une partie des biens, et bornerait son inscription à ceux qui lui seraient spécialement hypothéqués, on ne croira pas que, dans l'incertitude de la valeur du bien hypothéqué, et surtout s'il est éloigné, le débiteur se contente d'une valeur égale ou à peu près égale à la somme prêtée. Il calculera tous les événements qui peuvent faire périr l'immeuble ou en diminuer la valeur, l'incendie des maisons, les inondations, des dégradations par le défaut soit de culture, soit d'entretien, par les coupes extraordinaires d'arbres, par les grandes variations que les événements politiques peuvent mettre dans la valeur des immeubles; il aura égard aux embarras d'une expropriation, aux frais inévitables d'une discussion; il voudra que toutes les chances soient en sa faveur; et un immeuble d'une valeur au moins double ne lui paraîtra qu'une garantie nécessaire. Ainsi le propriétaire d'un immeuble de 100,000 francs n'aura même pas de crédit pour 50,000 francs ; tandis que si la confiance n'est pas anéantie par le système de prêt sur gage immobilier, ce propriétaire aura un crédit proportionné à sa fortune entière et à sa bonne conduite.

« Dans le nouveau projet, on donne au créancier dont le gage immobilier périra ou sera détérioré, le droit d'exiger son remboursement ou un supplément d'immeubles à hypothéquer ; ainsi, dans ce cas, et si le débiteur avait aliéné ses autres biens ou s'ils n'étaient pas libres, le créancier serait privé de sa propriété, parce qu'il n'aurait pas d'abord exigé une hypothèque sur des biens d'une valeur beaucoup plus grande. Nul ne voudra s'exposer à ces risques.

4° De l'ordre entre créanciers.

« Il n'est pas plus possible, sous la loi de l'an VII que sous le régime antérieur, d'empêcher qu'il n'y ait un ordre à discuter et à le régler entre les créanciers ; et si l'on a cru que les créanciers ayant des hypothèques spéciales pourront s'isoler pour recevoir, sans essuyer ni lenteurs ni frais, le montant de leurs créances, c'est une erreur qui devait être bientôt démentie par l'expérience. On imaginait qu'il n'y aurait, sur chaque immeuble spécialement hypothéqué, que l'inscription du créancier ayant cette hypothèque, mais depuis on a toujours vu que, sur chaque immeuble d'un débiteur, il y a autant d'inscriptions qu'il y a de créanciers.

« D'ailleurs, n'est-il pas évident que quand le débiteur tombe en déconfiture, ses biens sont le gage de tous ses créanciers, qu'ils aient ou non des hypothèques ? Et plus le titre de celui qui se présente avec un privilége ou avec une hypothèque spéciale devra lui procurer d'avantages sur les autres créanciers, et plus ce titre devra être soumis à un sévère examen, soit sur sa validité, soit sur la validité de l'hypothèque.

« Que l'on simplifie les frais de la procédure entre les créanciers, c'est le vœu général : cette mesure doit être complète et s'appliquer à tous les créanciers, aux simples chirographaires comme à ceux qui ont des hypothèques. La loi rendue en l'an VII a réformé, à cet égard, plusieurs abus : il en reste encore que l'on peut prévenir ; mais la spécialité des hypothèques ne saurait être mise au nombre des moyens de parvenir à ce but.

5° Circulation moindre.

« La publicité et la spécialité ont pour objet de donner à chaque citoyen une plus grande facilité pour emprunter.

« Mais, en supposant possibles et justes de pareils moyens, les emprunts n'en deviendraient pas plus faciles.

« Il est évident que tout système qui tend à réduire les créances au petit nombre de celles qui n'offriront au créancier aucun doute, doit beaucoup diminuer la circulation générale. D'une part, il est fort peu de citoyens, même des plus riches, dont les biens ne soient frappés de quelque hypothèque indéterminée, et qui puissent donner une entière certitude sur l'état de leur fortune : d'une autre part, on renonce à la principale cause du crédit public, la confiance dans la moralité, dans l'industrie de l'emprunteur.

« L'expérience prouve malheureusement qu'il n'est pas vrai que, pour les transactions relatives au commerce, il y ait une garantie suffisante dans l'intérêt qu'a le débiteur de ne pas perdre son crédit, et dans les contraintes rigoureuses qui peuvent être exercées. C'est dans le commerce

qu'arrivent la plupart des faillites, et surtout ces faillites ruineuses qui ne laissent aucun espoir aux créanciers.

« Voudrait-on aussi établir la doctrine que, pour parvenir à ce qu'il n'y ait plus de commerçants trompeurs, et pour multiplier ce genre de circulation, aucun prêt ne serait légitime s'il n'était sur un gage mobilier ou immobilier ?

« Il n'est que trop certain que l'influence de la loi de l'an VII sur les emprunts commerciaux se fait ressentir, et qu'à Paris notamment, la plupart de ces opérations, lorsqu'elles sont de quelque importance, ne se font que sur un nantissement.

« Les partisans de la publicité et de la spécialité conviennent que si la confiance, qui anime l'industrie de toutes les nations commerçantes, était bannie du commerce de France, ce serait le plus grand malheur. Est-il plus sage de vouloir bannir la confiance réciproque des citoyens qui ne sont pas commerçants ? Il semble, au contraire, qu'elle doive avoir plus d'effet où il y a moins de risques. Les propriétaires ne sont point exposés aux hasards du commerce ; les causes de leurs emprunts sont presque toujours connues ; la plus fréquente est celle des acquisitions, et le bien acquis sert de gage privilégié. Si ce sont des entreprises de bâtiments ou d'agriculture, le prêteur calcule lui-même les degrés de confiance que lui inspirent ces spéculations, et il a un nouveau gage dans la plus grande valeur ainsi donnée à l'immeuble. Si les emprunteurs sur hypothèque ne font pas un emploi extérieur et facile à apprécier, ils découvrent par cela même que la personne qui emprunte dissipe ; et d'ailleurs la dissipation est elle-même un abus de fortune qui ne saurait être secret, et qui écarte toute confiance. Les grandes fraudes dans ce genre ont été celles des propriétaires qui, grevés de substitution, semblaient présenter pour gage une fortune immense qui n'était point à leur disposition. Cet abus a été réformé.

« Si la confiance est une cause de circulation dans le commerce, à plus forte raison à l'égard des propriétaires.

« Supprimer cette cause, c'est supprimer une grande partie de la circulation.

5° Obstacle à la baisse de l'intérêt.

« Les partisans de la publicité et de la spécialité regardent comme certain que, si les emprunteurs étaient tous des propriétaires d'immeubles, pouvant et voulant rendre leurs affaires publiques et donner un gage spécial et à l'abri de tout risque, le prêteur serait moins exigeant pour les intérêts ; ce qui en opérerait la baisse générale.

« Ils sont encore à cet égard dans l'erreur. Le nombre le plus considérable d'emprunteurs, parmi ceux même qui ne sont pas négociants, sera toujours celui des gens dont les immeubles ne seront point libres d'hypothèques antérieures, ou même qui n'auront pas d'immeubles. Il faudra qu'ils rachètent par un taux excessif d'intérêts la sûreté qu'ils ne peuvent pas procurer. Les prêteurs séduits par cet intérêt ; et quand les prêts de confiance se soutiendront ainsi à un gros intérêt, il ne faut pas croire que l'on obtienne une grande différence dans l'intérêt du prêt sur gage en immeubles. C'est un résultat devenu par l'expérience aussi positif qu'il est inévitable.

« Loin que le véritable intérêt du commerce et de l'Etat soit d'établir un système qui tende à détruire ou à diminuer la confiance, qui sera toujours le principal ressort de la circulation générale, il faudrait au contraire que le but de toutes nos lois fût de la rétablir, soit au moyen de peines sévères contre les nouveaux genres de fraude que les événements de la Révolution ont fait naître, soit en faisant une distinction consolante des débiteurs malheureux dont la bonne foi serait certaine : mais soutenir que l'on ne doit avoir aucune confiance, et que l'on ne doit prêter qu'à celui qui rendra un compte public de ses affaires, afin de pouvoir donner un gage spécial et certain, c'est démentir toutes les notions reçues jusqu'ici, c'est aller contre son but ; c'est, après une tourmente dans laquelle tous les genres de crédit ont été anéantis ou ébranlés, mettre un obstacle insurmontable à ce qu'ils se rétablissent.

« Les auteurs de la loi de l'an VII ont commis une grande erreur, quand ils ont pensé que les causes d'immoralité avaient acquis tant de force, et qu'elles étaient en même temps devenues si générales, qu'il n'y avait plus d'autre ressource que celle de substituer à la confiance un système dans lequel elle ne fût pas nécessaire. Il ne faut pas établir les règles permanentes d'un Code civil sur des circonstances passagères.

« Pendant la Révolution, l'agiotage avait détruit et remplacé tous les genres d'industrie ; son principal aliment était dans un papier-monnaie variable chaque jour et répandu sans mesure : spéculer d'abord sur la valeur casuelle de ce papier, pour spéculer ensuite avec le papier sur les marchandises de tout genre, sur les immeubles même, comme sur tous les effets mobiliers, tel était le mouvement rapide et périlleux imprimé à toutes les affaires. Les habitants des villes étaient tous commerçants, c'est-à-dire agioteurs ; et les habitants des campagnes ont aussi su employer ce moyen de profiter de leur position. Cependant, l'agiotage n'était que l'art de se tromper, celui d'enrichir l'un aux dépens de l'autre ; au lieu que, dans les affaires industrielles et commerciales, l'objet et le résultat des transactions sont l'avantage réciproque de ceux qui contractent ensemble.

« Il n'était pas possible que tout à coup ce fléau disparût entièrement ; un certain nombre d'années est nécessaire, après que toutes les bases des transactions ont été bouleversées par un papier-monnaie, pour que le cours des valeurs et des prix se fixe. Chacun a voulu maintenir les anciens prix des effets mobiliers ou immobiliers qu'il possédait ; on a fait des efforts que la bonne foi n'eût pas dû permettre ; mais chaque jour cette cause de variations dans le cours des prix disparaît. La tourbe des commerçants agioteurs a été victime de sa cupidité ; le nombre des spéculateurs se réduit chaque jour à ceux qui se livrent aux divers genres d'industrie ou de commerce auxquels ils sont propres. Tout reprend cet équilibre dans lequel chacun des contractants peut apprécier ses engagements ; et c'est cette connaissance mutuelle qui est le moyen le plus efficace pour démasquer les trompeurs, pour faire triompher la bonne foi, et pour rétablir ainsi la confiance.

« Comment l'opinion publique elle-même n'eût-elle pas été dépravée, lorsque tous les citoyens se livraient à des spéculations immorales ? Mais autant l'opinion publique encourageait alors les trompeurs, autant elle doit démasquer et flétrir ceux dont la mauvaise foi ferait contraste avec le rétablissement de l'ordre.

« Lorsqu'un contrat devant notaires ou un jugement suffisaient pour créer et conserver l'hypothèque, il était un nombre infini de créances pour lesquelles on ne croyait même pas nécessaire de s'opposer à la vente des biens.

« S'il n'y avait point d'hypothèques sans inscriptions, la conséquence inévitable serait que bientôt presque toutes les propriétés foncières de la France se trouveraient inscrites sur les registres des hypothèques. Ainsi on organiserait une des plus grandes contributions qui puissent être établies.

SECTION VII.
Des pays de nantissement.

« Les partisans de la nouvelle loi citent l'exemple de divers pays connus sous le nom de *pays de nantissement*, où les hypothèques s'établissent par l'inscription sur des registres publics, et en y spécifiant les immeubles qui en sont grevés.

« Il est vrai qu'une loi rendue en 1611 pour la Belgique, avait établi que nul droit réel, soit en tout par vente ou donation, soit en partie par hypothèque, ne pourrait s'établir que par les œuvres de loi, c'est-à-dire par un dessaisissement ou une mainmise devant les officiers publics.

« L'hypothèque étant ainsi assimilée à une aliénation, il était nécessaire de spécifier les immeubles qui en étaient l'objet.

« Il n'est personne qui soutienne que la loi de 1611 ait eu pour objet de créer un nouveau système d'hypothèque plus convenable à la prospérité publique : elle fut, au contraire, une mesure oppressive, pour assurer l'usurpation des seigneurs féodaux, qui, afin de multiplier leurs droits de mutation, parvinrent à faire décider que de simples hypothèques seraient considérées comme des aliénations effectives. Ainsi, d'une part, les créanciers exigeaient dans ces pays, comme dans tous les autres, que les débiteurs leur fournissent des hypothèques, et, de l'autre, les seigneurs exigeaient des droits de mutation, comme si ces débiteurs eussent aliéné leurs immeubles.

« Mais au moins, nous dit-on, il a résulté de ce régime que toutes les hypothèques étant spéciales et publiques, chaque débiteur a pu, dans les pays de nantissement, faire connaître sa situation, et que chaque créancier avait une pleine sûreté.

« Ce résultat n'est pas exact ; et le régime des pays de nantissement avait d'ailleurs des conséquences funestes.

« On doit distinguer dans ces pays ceux où, par suite de cette idée d'aliénation et de gage effectif attachée à la stipulation d'hypothèques, on n'admettait ni les hypothèques légales, ni les hypothèques judiciaires, ni même celles pour conventions dont l'objet était indéterminé.

« Un pareil système est étranger à nos principes, trop contraire aux droits de propriété les plus sacrés, pour pouvoir être adopté.

« Dans l'autre partie des pays de nantissement, et de ce nombre étaient ceux situés dans le ressort du parlement de Paris, les formalités du nantissement n'étaient point exigées dans tous les cas où, soit en vertu de la loi, soit par jugement, les biens étaient hypothéqués sans qu'il fût besoin d'actes notariés.

« Dans ces pays, il était impossible que les registres hypothécaires fissent connaître l'état de la fortune du débiteur, et donnassent, pour la sûreté de la dette, un témoignage complet.

« Le vrai résultat du régime des pays de nantissement était donc qu'un propriétaire n'y pouvait emprunter qu'avec les formalités, avec les frais et tous les inconvénients d'une aliénation effective.

« Et c'est cette vexation, cette gêne dans la circulation, que l'on dit être une cause de la prospérité de la Belgique. Comme s'il n'était pas évident que la circulation eût été beaucoup plus libre, si les hypothèques n'eussent été soumises qu'aux règles résultant de la nature de cet engagement, comme s'il n'était pas notoire que la Belgique doit sa prospérité à la fertilité de son sol, aux facilités de transport que lui donnent ses canaux et ses rivières, et à son heureuse situation pour le commerce tant extérieur qu'intérieur.

« Il est vrai que, comme tous les genres d'oppression féodale, celle qui, relativement aux hypothèques, pesait sur la Belgique, s'était propagée dans d'autres contrées.

« Ainsi, en Prusse, nul ne peut céder son domaine direct, ni le grever d'hypothèques, sans le consentement du seigneur, sous peine de félonie ; et lors même qu'il a consenti à l'aliénation, on ne peut pas en induire qu'il est permis d'hypothéquer. Cette prohibition a plusieurs causes, dont la principale est dans le droit qu'a le seigneur de succéder à la tenure, au défaut des descendants des personnes expressément comprises dans l'investiture originaire. Le grand intérêt qu'ont les seigneurs de connaître les dettes, a donné naissance à toutes les mesures prises pour que toutes les transactions des vassaux soient tellement publiques, qu'ils ne puissent soustraire leurs biens à la puissance féodale. Ainsi on y a fait dresser des registres publics sur lesquels sont portés les états de toutes les propriétés foncières, avec toutes les mutations. Les hypothèques étant, comme en Belgique, assimilées à de véritables aliénations, doivent aussi y être inscrites. Non-seulement il faut établir ainsi le nantissement ou gage effectif au profit du créancier, mais encore il faut que l'inscription soit précédée d'une publication judiciaire.

« Jamais régime plus oppressif ne fut inventé : et loin d'avoir été imaginé comme un moyen de multiplier les transactions, il n'a eu, comme en Belgique, d'autre objet que de sacrifier l'industrie générale à la puissance et à la richesse des seigneurs de fiefs.

SECTION VIII.
MOTIFS DE LA PRÉFÉRENCE DUE A L'ANCIEN RÉGIME HYPOTHÉCAIRE.

1° *Faculté de stipuler les hypothèques spéciales.*

« Il est surprenant que les auteurs de la loi de l'an VII aient voulu établir de droit et forcément l'hypothèque spéciale, lorsque, sous les lois anciennes, il a toujours été libre aux parties d'en convenir, et lorsque, sous ce régime, la convention donnait au créancier le même rang et la même préférence qu'on veut lui procurer par une loi coërcitive.

« Plus ils sont dans l'opinion que ce moyen est préférable, et que ceux même qui pourraient prendre des hypothèques sur tous les biens des créanciers, reconnaîtront bientôt qu'il est de leur intérêt de n'avoir qu'une hypothèque spéciale, et moins ils doivent s'armer d'une loi qui restreigne la liberté naturelle. C'est surtout dans les lois relatives à la propriété qu'il faut laisser chacun en disposer par les conventions qui lui conviennent, et que la loi ne doit pas intervenir pour défendre ce qui en soi n'a rien d'illicite, et encore moins pour interdire des stipulations de généralité d'hypothèques qui dérivent de la nature même des obligations.

« Si les créanciers se contentent d'une hypothèque spéciale sans exiger qu'elle soit générale, les débiteurs ne manqueront pas de ne stipuler que l'hypothèque spéciale, et de convenir que les autres biens ne seront pas grevés de l'hypothèque générale. Ainsi le cours naturel des choses amènera cet ordre que l'on veut établir par contrainte ; et la liberté, à laquelle il devrait naissance, en démontrerait l'utilité.

« Mais puisque le contraire est arrivé jusqu'ici, puisque chaque créancier, voulant avoir toutes les sûretés possibles, a constamment préféré la double hypothèque générale et spéciale à la simple hypothèque spéciale ; puisque, même sous le régime nouveau, les créanciers ne manquent pas de se procurer l'avantage des hypothèques générales, soit en prenant pour leurs hypothèques, ou légales, ou judiciaires, ou indéterminées, des inscriptions sur tous les biens présents et sur ceux qui surviennent, soit en prenant pour les hypothèques conventionnelles et déterminées des inscriptions qui, sous le nom de spécialité, couvrent tous les biens qu'ils savent appartenir au débiteur, il vaut mieux laisser au débiteur la liberté d'emprunter, soit par hypothèque spéciale, soit par hypothèque à la fois générale et spéciale. Il ne faut pas croire qu'il grève sa fortune plus que ne l'exigeront sa position et la volonté de celui avec lequel il croit de son intérêt de traiter.

2° *Faculté de stipuler l'hypothèque générale plus utile au débiteur.*

« La liberté de stipuler l'hypothèque générale doit avoir, pour le débiteur, des effets plus avantageux que le régime proposé.

« Les hypothèques générales n'ont point été, jusqu'à la loi de l'an VII, un obstacle à ce qu'un débiteur pût trouver de nouveaux emprunts, parce qu'à l'égard des créanciers postérieurs sa déclaration, garantie par sa moralité ou par la peine du stellionat, donnait la sûreté dont communément ils se contentaient.

« Mais s'il en est une fois établi qu'il n'y a d'hypothèque sûre que celle qui est spéciale sur un bien franc, en vain le débiteur qui voudra faire un nouvel emprunt cherchera-t-il à prouver que le créancier antérieur a pris des hypothèques spéciales trop étendues. Celui qui prête n'entrera point dans ces discussions; et tout débiteur qui ne possédera que des immeubles sur lesquels auront été prises des inscriptions, soit excessives, soit convenables, soit même inutiles ou non existantes, ne pourra plus les présenter comme gage d'une nouvelle dette.

3° *Privilége résultant de la plupart des prêts sur immeubles.*

« Une dernière réflexion se présente. Quel est l'objet de presque tous les prêts sur les immeubles? L'expérience apprend que plus des sept huitièmes se font à des acquéreurs qui donnent une hypothèque privilégiée sur l'immeuble acquis : ce privilége donnait au prêteur une pleine sûreté; et si le débiteur voulait ensuite hypothéquer le même bien à un autre créancier, celui-ci reconnaissait, à la première inspection des titres de propriété, pour quelle somme cet immeuble était déjà grevé. C'est ainsi que, sans contrainte et en laissant à chacun le plein exercice de sa propriété, les prêteurs pouvaient, sous les anciennes lois, se mettre à l'abri de tout risque par des priviléges. Ce n'est pas au petit nombre de prêteurs non privilégiés que l'on peut sacrifier les droits du débiteur sur ses biens présents et à venir, et les droits résultant des hypothèques légales et judiciaires.

4° Nul inconvénient dans le changement de loi.

« Les partisans de la loi de l'an VII supposent que le retour à l'ancien régime hypothécaire aurait des inconvénients.

« Le plus grand des maux, celui qu'il faut s'empresser de réparer, c'est l'atteinte portée au droit de propriété. On n'examinera point si le législateur pouvait faire une mainmise générale sur des droits antérieurement acquis, pour ne les rendre qu'à ceux qui rempliraient cette formalité ; mais ce qui est évident, c'est que le retour aux anciens principes ne peut causer aucune secousse. Le Code civil ne statuant que pour l'avenir, tous les droits acquis par l'inscription seront maintenus. Les créanciers par hypothèque spéciale conserveront tout leur avantage, puisqu'il ne peut y avoir que des hypothèques postérieures, et puisque les droits dont sont déchus ceux qui, sous le régime de l'an VII, n'ont pas pris d'inscription ne seraient point rétablis.

5° L'opinion générale contraire à la loi du 11 brumaire an VII.

« La substitution de l'ancien régime hypothécaire à celui de l'an VII a été proposée dans le projet de Code civil. Tous les tribunaux d'appel, au nombre de trente, et le tribunal de cassation, ont fait leurs observations. Neuf seulement ont exprimé le vœu de conserver la loi de l'an VII avec des modifications.

RÉSUMÉ.

« On a démontré que le nouveau système de publicité et de spécialité ne procure ni la connaissance de la fortune du débiteur, ni la sûreté du prêteur, ni la plénitude du crédit de l'emprunteur ; que ce système ne préserve point des lenteurs et des frais de discussions ; que les hypothèques légales, établies par des considérations d'ordre public, ne doivent pas dépendre d'une simple formalité ; que l'on doit, à cet égard, préférer un régime hypothécaire qui maintient tous les droits de propriété, et sous lequel la France s'établit, pendant un grand nombre de siècles, élevée au plus haut degré de prospérité. »

Le citoyen **Treilhard** dit qu'il ne prend la parole que pour établir l'état de la question, et sans prétendre répondre dans le moment à une dissertation écrite et longtemps méditée.

L'hypothèque est l'affectation d'un immeuble au paiement d'une créance pour la sûreté du créancier.

Autrefois l'hypothèque s'acquérait de plein droit par un acte authentique ou par un jugement, et s'étendait sur tous les biens.

Il en résultait que le créancier, qui croyait s'être assuré un gage suffisant, se trouvait écarté par des créanciers antérieurs à lui, mais qu'il n'avait eu aucun moyen de connaître. Les créances hypothécaires étaient classées suivant leur ordre de date. Comme elles étaient ordinairement très-nombreuses, et que chaque créancier avait son procureur, l'ordre donnait lieu à des frais immenses, qui absorbaient le gage et en faisaient la proie des gens de justice.

On avait souvent réclamé contre un système aussi vicieux et dont les conséquences étaient aussi désastreuses. Sous *Henri III*, sous *Henri IV*, sous *Louis XIV*, on avait inutilement tenté d'en corriger les abus. Il ne s'était présenté qu'un remède, qu'on pouvait considérer comme un simple palliatif, c'était l'usage des lettres de ratification. Elles étaient scellées à la charge des opposi-

tions, et ainsi elles éclairaient chaque créancier sur sa situation véritable ; mais elles n'étaient pas pour lui un moyen de contracter avec sûreté. Tel est l'état de choses que la loi du 11 brumaire an VII a changé.

On s'est dit qu'il était nécessaire de rassurer enfin les citoyens honnêtes et de prendre des précautions contre ceux qui voudraient les tromper. A cet effet, on a décidé que l'hypothèque serait tout à la fois publique et spéciale, c'est-à-dire que le débiteur serait obligé de désigner l'immeuble qui deviendrait passible de la créance. Il suffit donc, pour vérifier les charges de l'immeuble, de se transporter au bureau des hypothèques, et d'y consulter les registres ; car, comme l'hypothèque n'est acquise que du jour de l'inscription et non du jour de la date de l'acte, il est facile à chacun de savoir si l'immeuble se trouve chargé d'inscriptions, et quel est le montant de celle dont il est frappé. D'après ces renseignements, chacun se décide ou se refuse à traiter.

Voilà le régime qui existe actuellement : il est certainement préférable, pour les hommes de bonne foi, à celui qui l'a précédé.

Il faut maintenant examiner les objections qu'on y oppose.

On dit d'abord qu'on parvient à en éluder l'effet en ne formant les inscriptions qu'on veut dérober à la connaissance du prêteur, que dans l'intervalle de l'acte à l'inscription que lui-même il doit prendre.

Une imprudence aussi grande, aussi déshonorante, aussi facile à vérifier à l'instant même, ne peut pas être très-commune. Mais quand on supposerait qu'elle soit à craindre, rien n'empêche de la déjouer, en différant l'exécution de l'acte et la délivrance des deniers jusqu'après l'inscription du prêteur.

On objecte, en second lieu, que le nouveau système n'épargne pas aux parties les frais d'ordre auxquels elles étaient exposées sous l'ancien, puisqu'il y a toujours un ordre.

On se trompe : la différence est immense quant aux frais entre un ordre qui s'étendait à tous les biens et qui se faisait avec une foule de créanciers, et celui qui n'a pour objet qu'un seul immeuble et qui n'a lieu qu'entre deux ou trois personnes.

On répond qu'un prêteur se contente rarement d'une hypothèque sur un immeuble d'une valeur à peu près équivalente à la somme qu'il donne ; qu'il veut des sûretés beaucoup plus grandes ; qu'ordinairement il exige pour un prêt de dix mille francs un immeuble du prix de cent mille francs ; qu'ainsi la spécialité ne dispense pas de mettre en vente des biens beaucoup plus considérables que la créance, et n'épargne pas aux parties ces frais énormes qu'on reproche à l'ancien système.

Cette assertion, dit le citoyen *Treilhard*, est certainement hasardée. Un créancier ne veut qu'une sûreté suffisante. Il l'obtient dès que la valeur de l'immeuble excède le montant de la créance. Pour un prêt de dix mille francs, il exigerait tout au plus un gage de quinze à vingt mille francs.

On reproche encore à la loi du 11 brumaire de ne permettre d'hypothèques que sur les biens actuels.

C'est une assurance de plus donnée aux gens honnêtes, et un moyen de moins pour la mauvaise foi. On ne traite jamais avec sûreté que sous la garantie des biens présents : les biens à venir sont trop incertains.

Mais, dit-on, pourquoi ces entraves ? Les biens

sont-ils donc l'unique sûreté que cherche ordinairement un créancier? N'accorde-t-il pas autant de confiance à la bonne conduite, à la moralité?

La moralité, la bonne conduite, sont bien les meilleurs garants des obligations, mais les apparences sont souvent bien trompeuses; il est donc nécessaire que le créancier puisse en prendre de moins équivoques. Loin de nuire au crédit, on le fortifie au contraire, quand on met celui qui a besoin de fonds dans une situation telle qu'il ne puisse pas tromper sur l'état de sa fortune.

On oppose l'intérêt du commerce; on craint qu'il ne trouve point de fonds, si l'on habitue les prêteurs à ne chercher leur sûreté que dans un gage.

Ce ne serait peut-être pas un grand inconvénient que le commerce ne pût attirer à lui tous les capitaux consacrés à des prêts; que l'agriculture et des établissements qui ne sont pas moins intéressants pour la prospérité publique eussent la facilité d'obtenir une partie de ces secours.

Mais l'inconvénient qu'on oppose est imaginaire. Les personnes qui placent dans le commerce consentent à n'avoir point d'hypothèques, et s'en rapportent à la bonne conduite, à la bonne réputation du négociant auquel elles confient leur argent. L'hypothèque sur les immeubles n'est donc que pour ceux qui veulent un intérêt moindre et une sûreté plus grande.

On parle enfin de l'avantage des hypothèques légales.

Il y en a de peu considérables, tels que les frais de maladie, et quelques autres que le nouveau système admet sans inscription.

Il ne repousse point celles qui sont d'une plus haute importance, telle que l'hypothèque à laquelle la tutelle donne lieu; mais il veut qu'elles soient inscrites, afin que tout prêteur puisse les vérifier.

Le Conseil aura cependant à examiner s'il convient d'exiger que l'hypothèque prise sur les biens du tuteur, ou toute autre hypothèque légale, soit déterminée par l'inscription. S'il décide qu'elle doit l'être, le tuteur trouvera du crédit sur la partie de ses biens non grevés. Si l'inscription doit être indéterminée, il lui deviendra impossible d'emprunter, à moins que ce ne soit par la confiance qu'il inspirera personnellement. Ainsi le système de la loi du 11 brumaire remédie à tout, et ne compromet dans aucun cas la sûreté du prêteur.

Le consul **Cambacérès** dit que si le citoyen *Treilhard* a discuté avec avantage le système qui est dans son opinion, sous le double rapport de la publicité et de la spécialité des hypothèques, il a paru moins fort lorsqu'il a parlé des hypothèques légales.

Toutefois cette partie du système n'est pas la moins importante.

Il est du devoir du législateur de veiller à la sûreté de ces sortes d'hypothèques; elles se lient à l'intérêt public. L'État est intéressé à ce que les femmes ne perdent point leur dot, à ce que les mineurs ne soient pas dépouillés de leur patrimoine, à ce que les comptables ne puissent soustraire leurs biens à l'affectation dont ils doivent être frappés envers la République.

Or c'est ici le côté faible de la loi du 11 brumaire, car ne faisant plus résulter l'hypothèque de la nature de la dette, mais de la formalité de l'inscription, il s'ensuit que, si l'inscription n'a pas été formée, les intérêts des femmes, des mineurs, de la République, se trouvent compromis.

Dans la vue de corriger cet inconvénient par rapport aux mineurs, on a imaginé d'obliger les personnes qui nomment le tuteur de veiller à ce qu'il soit formé des inscriptions sur ses biens, et de les rendre responsables du dommage que leur négligence, à cet égard, peut occasionner. Cette législation, qui soumet des citoyens à une responsabilité aussi embarrassante et aussi dispendieuse, pour avoir rempli des devoirs de parenté, d'amitié et de bon voisinage, n'est pas digne d'une nation civilisée.

Il en est de même des dispositions de la loi relatives à la dot. Elles rendent tous ceux qui ont signé le contrat de mariage responsables des inscriptions que le mari doit former sur ses propres biens. C'est ainsi qu'une simple formalité impose des obligations exorbitantes auxquelles la plupart des signataires se trouvent soumis sans le savoir. Et encore cette rigueur peut-elle être sans effet; car si les parents sont insolvables, et que le mari, d'accord avec eux, ne fasse pas les inscriptions, la dot n'a plus d'hypothèque.

On répondra qu'il est possible d'abolir cette solidarité incommode; qu'il restera toujours au père la ressource de vérifier sur les registres hypothécaires en quel état sont les affaires de l'homme auquel il destine sa fille.

Mais comment compulser soi-même ces volumineux registres? on est forcé de s'en rapporter au certificat du conservateur, qui, par négligence ou par fraude, peut omettre des inscriptions.

A la vérité, celui à qui cette faute cause quelque dommage a son recours contre le cautionnement du conservateur : mais quelle faible garantie que celle d'un cautionnement aussi modique!

Toutes les difficultés qui embarrassent le nouveau système hypothécaire viennent de ce que les auteurs de la loi ne se sont occupés que de l'intérêt des acquéreurs et des prêteurs. Il fallait ménager et protéger également tous les intérêts, et ne pas sacrifier les uns à la sûreté des autres.

Le citoyen **Bigot-Préameneu** dit que le système existant dénature les hypothèques légales.

La loi les a créées et distribuées elle-même, afin qu'elles fussent indépendantes de toute convention, de toute formalité; qu'elles existassent de plein droit; qu'aucune négligence, qu'aucune fraude, ne pût en dépouiller. Elle les avait tirées, ainsi que les privilèges, de la nature des choses et du caractère de la dette; et cependant il suffit aujourd'hui d'un défaut d'inscription pour les faire perdre.

La femme, le mineur, n'ont plus de sûreté si l'on omet de former des inscriptions; et cependant l'obligation de faire cette formalité est confiée précisément à ceux contre lesquels elles sont exigées, au tuteur et au mari.

On objecte qu'autrefois la femme et le mineur perdaient également leur hypothèque, faute d'opposition ou sceau des lettres de ratification.

Du moins ils ne la perdaient que sur l'immeuble qui était vendu : ils la conservaient sur tous les autres biens.

On a proposé de faire examiner par un conseil de famille comment on peut asseoir l'hypothèque sur les biens du tuteur et du mari, et s'il ne convient pas de la rendre déterminée.

Il faudrait d'abord un procès pour en fixer le montant; et d'ailleurs il est de la nature des hypothèques légales d'être indéterminées.

Le citoyen **Treilhard** dit qu'il est moins embarrassé de répondre à ce qu'on vient de dire sur le danger auquel le système de la loi du 11 brumaire expose les mineurs de perdre leurs hypothèques faute d'inscription, lorsqu'il jette les yeux sur le projet de Code civil, et qu'il y lit les deux articles suivants :

Art. 17. « Toutes personnes, même les mineurs, « les interdits, les femmes en puissance de mari, « et sans qu'elles aient besoin d'autorisation, les « absents, les agents ou préposés du Gouverne- « ment, et les administrateurs des communes et « de tous établissements publics, sont tenus, sous « peine de déchéance, de former opposition entre « les mains des conservateurs des hypothèques, « à l'effet de conserver leurs priviléges et hypo- « thèques, sauf le recours, ainsi que de droit, « contre ceux qui, étant chargés de l'administra- « tion des biens, auraient négligé de former op- « position. »

Art. 18. « L'opposition des mineurs sur les im- « meubles de leur tuteur doit être faite par le « subrogé-tuteur, à peine, contre ce dernier, d'être « responsable du préjudice qui résulterait du « défaut d'opposition. »

Ces articles n'entraînent-ils pas tous les inconvénients qu'on reproche au nouveau système hypothécaire?

Leurs auteurs paraissent les désavouer aujourd'hui ; mais ces dispositions sont infiniment sages.

Il n'est pas aussi difficile qu'on le pense de former des inscriptions sur les biens d'un tuteur et d'un mari.

Le tuteur est un membre de famille nommé par les autres parents ; ceux-ci connaissent sa fortune : ils savent donc sur quels biens ils doivent former soit des inscriptions, dans le nouveau système hypothécaire, soit des oppositions, dans le système de l'édit de 1771.

Ce sont aussi des parents qui assistent aux conventions matrimoniales ; les biens du mari leur sont connus ; ils leur sont même indiqués dans le contrat : où est donc la difficulté de faire des inscriptions?

S'il est décidé que l'on déterminera la nature et la quotité de la dette pour laquelle ces inscriptions seront faites, ceux qui voudront traiter avec le tuteur ou avec le mari auront la sûreté la plus entière : si elles sont indéterminées, on sera du moins averti que les biens ne sont pas libres, et pour traiter on examinera de plus près la moralité.

Les raisonnements qu'on a faits pour défendre le régime de 1771, ont tous également ce défaut qu'ils sont dans l'hypothèse de la vente, et qu'ils ne prouvent rien pour celle du prêt. Mais par rapport à la vente même, on ne lève pas la difficulté ; car s'il n'a pas été formé d'oppositions, les lettres de ratification purgent les hypothèques du mineur et de la femme. Or il n'est pas plus difficile de former des inscriptions que de former des oppositions.

En un mot, le citoyen *Treilhard* admet sans inscription l'hypothèque légale pour quelques créances légères, et qui de leur nature doivent emporter privilége.

Il admet également l'hypothèque légale pour les autres créances susceptibles de la produire ; mais il veut que le public en soit averti par des inscriptions.

Et qu'on ne dise pas que le système de la loi du 11 brumaire gêne la liberté qui doit naturellement appartenir à tout propriétaire, de donner en gage la totalité de ses biens. Le propriétaire conserve cette faculté. La loi a seulement combiné ses dispositions sur les cas les plus ordinaires ; car communément un créancier n'exige qu'une hypothèque suffisante pour répondre de la dette.

Le **Premier Consul** observe que le citoyen *Treilhard* ne répond pas à ce qui a été dit sur l'inconvénient d'exposer les citoyens à être trompés par de faux certificats des conservateurs.

Le citoyen **Treilhard** dit qu'il n'est pas impossible qu'un conservateur se prête à cette fraude, mais que le législateur ne doit pas être arrêté par des inconvénients aussi rares, aussi extraordinaires, et qu'il est aussi difficile de prévenir qu'il le serait d'empêcher le vol des deniers déposés chez un notaire. Si l'on se jetait dans les hypothèses, il faudrait donc prévoir aussi l'infidélité possible de l'huissier qui, dans le système de l'édit de 1771, se trouverait chargé de signifier l'opposition.

Le citoyen **Berlier** dit que le cautionnement du conservateur ne constitue pas la limite de la garantie qu'il peut devoir aux parties lésées par son fait ; son cautionnement est le gage, mais non la mesure des actions qu'on a contre lui, et qu'on peut exercer sur le surplus de ses biens.

A la vérité, la totalité de ses biens pourrait ne point répondre à l'étendue du dommage causé, et laisser celui qui l'a souffert en éviction.

Mais on peut croire que, pour son propre intérêt, le conservateur évitera soigneusement de manquer à des devoirs dont l'inobservation pourrait entraîner sa ruine absolue.

Voilà pour les cas généraux, et il est bien difficile de le supposer en collusion ; car, quelque bénéfice frauduleux qu'il voulût faire faire à un tiers, il en deviendrait, par sa responsabilité, le payeur personnel.

Ainsi et à moins de pousser la supposition jusqu'à le voir s'expatrier avec les sommes dont on aurait acheté sa criminelle complaisance, il faut abandonner l'objection.

Or si l'objection se réduit à cela, il faut convenir qu'elle est peu frappante : d'abord elle repose sur un crime, et les crimes ne se présument point ; en second lieu, il n'est pas dans la nature de se livrer à de criminelles combinaisons dont le résultat immédiat serait une ruine certaine ou l'expatriation : enfin il n'y aurait plus d'institutions civiles, si l'on rejetait celles où la fraude peut s'introduire ; et celle dont il s'agit est peut-être celle qui, par son organisation particulière, en est la moins susceptible.

Le consul **Cambacérès** dit que le législateur n'en serait pas moins imprévoyant, s'il se dissimulait qu'il est dangereux d'abandonner l'intérêt des citoyens à la fidélité d'un employé qui, souvent, est sans fortune, et n'a pas même la propriété du cautionnement qu'il fournit.

Le citoyen **Réal**, au nom des membres de la section qui n'ont point partagé l'opinion présentée par le citoyen *Bigot - Préameneu*, fait l'exposé suivant.

Il est ainsi conçu :

« Lorsque la section de législation, continuant son examen du projet de Code civil, est arrivée à cette partie du projet où ses auteurs, sous les titres VI, VII et VIII, en traitant des *priviléges, hypothèques, lettres de ratification et ventes forcées*, substituent au système actuel qu'ils abrogent, le système établi par l'édit de 1771, la première question qui s'est présentée à la discussion , et qui devait naturellement précéder tout examen, a été celle de savoir si ce changement absolu de système, si l'abrogation du régime actuellement en vigueur, était d'absolue nécessité.

« Cette question avait été également, et préalablement à toute autre , agitée par un grand nombre de tribunaux ; et les tribunaux de Cassation, de Paris, de Lyon, Bruxelles, Rouen, Caen, Douai, Grenoble et Montpellier, se hâtèrent de déclarer, et ont, selon nous, démontré que l'innovation contenue au projet de Code, loin d'être utile, était dangereuse ; loin d'être provoquée par l'opinion comme un bienfait, était repoussée par elle comme une calamité.

« Aucun autre titre du Code n'a éprouvé d'aussi nombreuses, d'aussi violentes contradictions.

« Et ces tribunaux réclamants, qui tous siégent dans les villes les plus peuplées, les plus industrieuses de la République, et où les transactions sont le plus multipliées, ne se sont point contentés d'attaquer en détail quelques parties du système présenté par le projet; c'est contre le système même, c'est contre cette théorie incomplète et désastreuse de 1771, c'est contre la résurrection du régime universellement abhorré, solennellement proscrit, des saisies réelles, que, de tous les points du territoire français, ces tribunaux se sont élevés avec un concert d'autant plus imposant, qu'aucune réunion n'avait pu le provoquer et l'effectuer.

« Et ce ne sont pas seulement quelques tribunaux dont on pourrait dire, comme de ceux de Bruxelles et de Douai, que des habitudes anciennes ont pu commander l'opinion, qui ont demandé la conservation du régime consacré par la loi de brumaire an VII; ce sont aussi des tribunaux que des habitudes devaient, au contraire, environner de préjugés opposés; des tribunaux dont les membres, dont les justiciables, avaient été élevés dans les principes consacrés par l'édit de 1771 et par celui des criées; ce sont les tribunaux de Paris, de Caen, de Rouen ; c'est celui de Lyon, de Grenoble, de Poitiers; c'est celui de Montpellier, enfin c'est celui de Cassation, qui tous se réunissent pour demander la conservation du régime hypothécaire actuel ; qui se réunissent pour l'affirmer, comme juges, et d'après leur actuelle expérience, que le principe de la publicité et de la spécialité des hypothèques est essentiellement conservateur de la propriété, créateur du crédit public et du crédit particulier, régénérateur de la bonne foi et des mœurs; ce sont ces mêmes tribunaux qui signalent comme le plus cruel ennemi de la propriété, du crédit et de la bonne foi, le principe de l'hypothèque clandestine et générale qui se trouve présenté dans le projet de Code.

« Une improbation aussi solennellement manifestée aurait seule, et abstraction faite de toute autre considération, imposé à la section le devoir d'examiner avec le plus grand soin les motifs d'une innovation de nature à inspirer autant de craintes; mais elle y était également obligée par la solennelle et longue discussion qui, pendant quatre années entières, occupant quatre législateurs, avait enfin donné à la France le système si simple, si facile, si complet, que renferment et développent les trente-six articles de la loi de brumaire an VII, que le projet veut abroger.

« Cet examen sévère lui était encore commandé par la seule existence du sentiment, et par ce sentiment conservateur qui, après tant de secousses, de bouleversements, après les malheurs enfantés par la versatilité qui a flétri notre législation, doit animer l'ami du repos, surtout lorsqu'il s'agit d'innover dans une partie de législation qui régit tous les biens, qui est la base de tous les contrats, qui touche à tous les intérêts.

« La section s'est donc occupée, avant tout, de savoir si le système actuel serait conservé, ou si l'innovation présentée par le projet de Code serait adoptée.

« Après plusieurs délibérations, les voix ont été comptées.

« Huit membres assistaient à la délibération.

« Quatre d'entre eux ont opiné pour la conservation du système actuel, modifié dans quelques détails.

« Deux autres ont voté pour le projet ; deux autres ont d'abord déclaré n'avoir point d'avis, et leur voix a cependant été comptée au nombre de celles qui votaient pour le projet.

« C'est de cette manière qu'il s'est établi un partage dans la commission.

« Il a été résolu que les deux projets seraient présentés au Conseil ; le citoyen *Bigot-Préameneu* a été chargé de présenter les motifs qui déterminent les membres de la commission qui ont voté pour l'innovation que renferme le projet de Code.

« Je suis chargé de vous présenter les motifs qui ont déterminé les quatre membres de la commission à voter pour la conservation du système actuel modifié.

« Il n'y a qu'une opinion sur la nécessité d'un régime hypothécaire, d'un régime qui régisse particulièrement, qui protége spécialement, efficacement, les traités qui ont les immeubles pour objet. *Dans les matières civiles*, disent les rédacteurs du Code, *où l'on suit plutôt les biens que la personne, il faut des lois hypothécaires ; c'est-à-dire il faut des lois qui puissent donner sur les biens toutes les sûretés que l'on cherche.*

« Nous ajouterons, avec les tribunaux qui ont traité cette question, et en empruntant les expressions du tribunal de Rouen, que la matière des hypothèques est, sans contredit, la plus importante de toutes celles qui doivent entrer dans la composition d'un Code civil. Elle intéresse la fortune mobilière et immobilière de tous les citoyens ; elle est celle à laquelle toutes les transactions sociales se rattachent.

« Suivant la manière dont elle sera traitée, elle donnera la vie et le mouvement au crédit public et particulier, ou elle en sera le tombeau.

« La France est agricole autant que commerçante ; les capitaux sont aussi nécessaires à l'agriculture qu'au commerce ; et la législation doit être telle que les capitaux puissent facilement arriver à cette double source de la prospérité nationale.

« L'espoir de plus grands bénéfices promptement réalisés, des voies de contrainte plus rigoureuses, la rapidité des mouvements dans les fonds, la courte durée du prêt, la prompte rentrée des fonds, l'impossibilité où se trouve l'emprunteur de manquer à son engagement sans se déshonorer et s'exposer aux derniers malheurs, sont autant d'appâts qui attireront toujours au commerce un très-grand nombre de capitaux.

« Et bientôt il les absorberait tous au détriment de l'agriculture et des autres besoins de la société, si, dans les prêts hypothécaires et dans les autres transactions qui ont pour objet ou moyens les immeubles, l'infériorité des bénéfices n'était compensée par la facilité et la solidité du placement.

« Les immeubles entrent dans les transactions, soit pour être aliénés, soit pour être affectés au paiement d'une somme prêtée ou à l'exécution d'une obligation.

« Le but à remplir, dans un régime hypothécaire, est donc de procurer à ce double genre de transaction la plus grande solidité, sans en altérer l'essence ni en embarrasser la forme.

« Si l'acquéreur trouve dans votre législation sécurité dans son acquisition, facilité, sécurité dans sa libération; si le vendeur y trouve le moyen de toucher promptement et sans frais le prix de l'immeuble non grevé qu'il aura vendu; s'il y trouve le moyen de faire payer en son acquit, promptement et à peu de frais, les créanciers auxquels il avait affecté pour gage l'immeuble qu'il aura vendu; si, par l'effet de votre législation, le propriétaire d'un immeuble non grevé peut jouir de la totalité du crédit que lui assure sa propriété; si le propriétaire d'un immeuble dont la valeur est affectée à quelque créance, trouve dans votre loi le moyen de jouir d'un crédit égal à la valeur dont sa propriété surpasse l'engagement qui la grève; si le capitaliste qui voudra prêter, ou tout autre qui voudra contracter avec un tiers, trouve dans votre législation un moyen sûr, infaillible, de connaître la fortune de celui avec qui il traite; si surtout votre législation lui donne la certitude que la garantie qu'il a acquise ne pourra plus lui être enlevée; et si la conséquence nécessaire de toutes ces dispositions est qu'un homme de mauvaise foi ne pourra jamais vendre ce qui ne lui appartient pas, ni présenter au capitaliste un crédit mensonger, nous ne dirons pas encore que la loi qui procurera tous ces avantages sera parfaite et ne présentera aucun inconvénient; mais nous affirmerons et nous prouverons facilement que, comparée à tout ce qui a précédé en France la loi de brumaire an VII, elle approchera le plus de la perfection, et offrira, sans aucune comparaison, beaucoup moins d'inconvénients.

« Nous en conclurons qu'en offrant plus d'avantages, et faisant courir moins de dangers aux propriétaires et aux capitalistes, elle appellera aux ventes d'immeubles un concours plus nombreux d'acquéreurs et que, par conséquent, elle contribuera puissamment à faire remonter le prix des biens territoriaux à leur véritable valeur; et que le capitaliste, trouvant sûreté, sécurité parfaite dans les prêts sur immeubles, se contentera d'un plus léger bénéfice; qu'un double avantage résultera de cette disposition : le premier, que les besoins de l'agriculture seront facilement satisfaits; le second, que l'intérêt de l'argent baissera à proportion que les risques du prêteur diminueront.

« Il sera facile maintenant de démontrer que tous ces avantages se trouvent dans le système hypothécaire créé par la loi de brumaire an VII, et qu'ils sont dus aux principes de la *publicité* et de la *spécialité* des hypothèques que consacre cette loi.

« Il sera aussi facile de démontrer que cette théorie n'est point nouvelle; que son institution remonte à la plus haute antiquité; qu'elle fut la loi générale de toute la Grèce; qu'elle y fut recueillie par les Romains, et conservée par eux jusqu'au temps de l'empereur *Léon;* qu'elle fut longtemps la loi des deux tiers de la France coutumière; qu'elle n'a jamais cessé de régir la plus grande partie des provinces dont les conquêtes de *Louis XIV* ont agrandi la France monarchique; qu'elle faisait jouir de la plénitude de ses bienfaits les populeuses, riches et heureuses contrées dont la France républicaine s'est agrandie, au nord et à l'est, par la conquête de la Belgique, du pays de Liége, et des départements du Rhin.

« Nous pourrons dire qu'à plusieurs époques les ministres les plus sages, *Colbert* entre autres, ont, à diverses époques, tenté de restituer à la France cette belle institution; et nous démontrerons qu'elle ne fut repoussée que par le malheur des temps, les préjugés, et plus encore par l'intrigue et le besoin où se trouvèrent alors les grands seigneurs d'en imposer au public et de continuer à tromper leurs créanciers.

« Nous démontrerons qu'aucun des bienfaits procurés par le système de brumaire an VII ne se trouve dans le système de 1771, renouvelé par le projet de Code.

« Et si quelques inconvénients sont attachés au système qui institue des hypothèques publiques et spéciales, nous forcerons les ennemis de ce système de convenir que ces inconvénients sont communs aux deux systèmes, et qu'ils sont bien plus graves dans celui des hypothèques clandestines.

« Enfin nous démontrerons que ce dernier système a des inconvénients qui lui sont propres, et dont la plupart non-seulement contrarient, mais anéantissent l'objet essentiel que doit se proposer tout législateur qui établit un régime hypothécaire.

Théorie de la loi de brumaire an VII.

« La base du régime établi par cette loi pour les mutations d'immeubles et pour la conservation des droits hypothécaires est uniforme : c'est la publicité des contrats translatifs de propriété et des actes constitutifs d'hypothèque.

« Chaque acquéreur fait transcrire son contrat au bureau de la situation de l'immeuble vendu.

« Chaque créancier fait inscrire son titre au bureau de la situation de l'immeuble affecté à sa créance.

« Le conservateur des hypothèques, outre les registres de transcription et d'inscription, tient un *livre de raison*, à l'aide duquel il découvre à l'instant le nom et la qualité du propriétaire actuel; il aperçoit d'un coup d'œil toutes les charges qui existent sur la propriété; et la publicité s'acquiert par les certificats en due forme que le conservateur délivre à toute réquisition, sous sa responsabilité, du nom du véritable propriétaire, de la situation et des charges de l'immeuble qu'il veut aliéner ou hypothéquer.

« L'effet de la *transcription* est que, du moment qu'elle est faite, l'acquéreur devient propriétaire incommutable, sans pouvoir jamais être troublé pour des causes postérieures à cette même transcription, ni pour des causes antérieures dont la connaissance lui aurait été dérobée.

« L'effet de l'inscription est d'assigner au créancier le rang invariable qu'il doit tenir, et de lui donner la certitude que, sur l'immeuble qui lui est engagé, il ne sera préféré à aucun créancier que celui qu'il a su à l'avance être inscrit antérieurement à lui.

« Voilà dans toute sa simplicité, mais aussi dans son énergie, la théorie de la loi de brumaire an VII. »

Le citoyen **Tronchet** dit qu'il aurait désiré que la discussion fût précédée de l'impression des deux rapports de la section de législation : elle aurait eu plus de suite et de méthode. Il essaiera cependant d'exposer ses idées.

Le système de la loi du 11 brumaire, continue-t-il, n'est qu'une invention fiscale qui, au surplus, n'a pas même le mérite de la nouveauté.

Le préambule de l'édit de 1673 portait : « Les « plaintes que nous recevons depuis longtemps « de nos sujets, sur les rentes que nos prédéces- « seurs rois et nous avons constituées sur nos « tailles, gabelles, aides, entrées, décimes et clergé, « dons gratuits et autres nos revenus, sont hors « de tout commerce, à cause de la difficulté qu'il « y a de les acquérir avec sûreté sans les forma- « lités d'un décret, qui ne se peuvent faire qu'avec « de très-grands frais qui consument le plus sou- « vent la plus grande partie du principal, mais « encore un temps infini par la nécessité de pra- « tiquer toutes les formalités, sans lesquelles les « propriétaires ne peuvent les vendre, ni les ac- « quéreurs en jouir avec sûreté; ce qui nous au- « rait porté à faire rechercher toutes sortes de

« moyens pour y remédier, en donnant à ceux
« qui ont desdites rentes des moyens aisés et fa-
« ciles de les vendre et en disposer dans leurs be-
« soins, et à ceux qui les voudront acheter, des
« assurances de la propriété sans crainte d'y être
« troublés, et sans être obligés aux dépenses et
« longueurs des adjudications par décret. »

Depuis, on a défendu le même système, par
d'autres raisons, il est vrai, mais toujours par des
raisons qui ne sont que spécieuses, et qu'on
ne peut considérer que comme de vains prétextes.

On a prétendu que *Colbert* avait assigné, pour
cause du rejet de l'édit de 1673, l'intérêt des grands
d'alors, qui ne voulaient pas qu'on pût porter un
œil trop curieux sur leurs affaires.

Il est assez naturel qu'un ministre, dont le projet est repoussé, se venge par des injures, et suppose que ce rejet a été produit par des causes
défavorables ; mais il faut se rappeler qu'au contraire le gouvernement d'alors avait pris des précautions pour faire passer son édit, et qu'au moment où il l'a présenté, la voix des parlements
venait d'être étouffée par un autre édit qui gênait
leurs délibérations. Au surplus, leur silence forcé
a été inutile à la cour ; la puissance de l'opinion
a proscrit une loi qu'ils n'avaient pu se dispenser
d'enregistrer.

Plusieurs raisons doivent faire aujourd'hui rejeter ce même système.

D'abord il introduit un impôt énorme (le proportionnel) et qui est nécessairement inégal, puisqu'il ne porte que sur une classe de citoyens.

Tous les citoyens sans doute doivent contribuer
aux charges de l'État, mais chacun dans la mesure
de sa fortune et sur ses revenus seulement ; c'est
ce qui rend justes les impôts mis sur les objets de
consommation et les contributions foncières, puisque c'est le propriétaire du fonds qui vend les
matières premières qui fournissent les consommations. L'impôt de l'hypothèque au contraire se
prélève sur les capitaux ; et ce qui le rend plus
odieux encore, il se prend sur le malheur et absorbe les ressources de l'industrie. La fortune d'un
citoyen se trouve dérangée, il est forcé d'emprunter pour faire honneur à ses engagements, et le
fisc vient lui arracher une partie des secours qu'il
se procure ; car c'est toujours sur l'emprunteur
que portent les frais du contrat. Un citoyen vend
sa propriété pour en employer le prix à des entreprises utiles, à des spéculations commerciales, le
fisc vient encore partager avec lui.

Mais quand on abandonnerait la partie fiscale
de la loi du 11 brumaire, quand on consentirait
à ne plus faire des hypothèques un moyen d'impositions, le système devrait donc être rejeté :

1° Parce qu'il ne remplit point l'objet des hypothèques et qu'il ne le peut pas ;

2° Parce qu'il n'est pas applicable à tous les
contrats ;

3° Parce qu'il ne l'est pas surtout aux contrats
les plus importants ;

4° Parce qu'il en détruit l'essence et le caractère
des contrats ;

5° Enfin parce que dans l'exécution il produit
beaucoup d'autres inconvénients.

Le citoyen *Tronchet* développe ses idées.

Il prend les deux principaux contrats, *la vente*
et *le prêt*.

Dans la vente, dit-il, la transcription est superflue.

Est-ce pour assurer la propriété à l'acquéreur
qu'on l'emploie ?

La garantie de l'acquéreur résulte de l'antériorité de la date de son acquisition ; et cette date
est rendue certaine par le contrat.

Est-ce pour assurer au vendeur son paiement ?
La question est la même que pour le prêt, et le
citoyen *Tronchet* y reviendra.

Est-ce pour que le tiers acquéreur ne se trouve
pas trompé, en achetant d'un homme qui ne soit
plus propriétaire ?

L'expérience a prouvé que les moyens ordinaires de s'instruire de ce point de fait lui donnent
des renseignements suffisants.

Est-ce pour que l'acquéreur paie avec sûreté ?
L'acquéreur ne paie jamais avant de s'être assuré qu'il paie utilement.

Mais on fait valoir les avantages du système
par rapport aux emprunts et à la grande sûreté
qu'il donne au prêteur.

Quoi, le prêt est-il donc un contrat privilégié
dont la loi doive s'occuper aux dépens de tous
les autres ?

Mais cette sûreté même du prêteur, à laquelle
la loi du 11 brumaire sacrifie tout, elle ne parvient pas à la lui assurer. Qu'on se place, en
effet, dans la position la plus favorable, dans
celle où l'immeuble, sur lequel l'hypothèque doit
s'asseoir, est situé sous les yeux du prêteur dans
la commune où le contrat est consommé. Avec la
plus grande diligence, il faut au moins quatre
jours pour obtenir l'enregistrement ; et cependant
l'emprunteur, s'il est de mauvaise foi, tient toute
prête une obligation antérieure et peut-être fictive, qu'il présente et fait enregistrer avant celle
qu'il a réellement souscrite.

Et qu'on ne dise pas que c'est ici une hypothèse imaginaire ; elle est tellement fréquente,
que les notaires, qui savent qu'on ne peut pas
enregistrer un contrat soumis à une condition
potestative, sont obligés, pour prévenir la fraude,
de supposer le prêt exécuté, et de retenir les deniers jusqu'à l'enregistrement.

Quelle sûreté peut donc résulter d'une loi qui,
pour la garantie des parties, les oblige de confier
leurs fonds à un homme qui n'a point le caractère
de dépositaire public, qui se trouve même dans
l'impossibilité de leur donner un titre ? A la vérité,
à Paris et dans beaucoup d'autres lieux, les notaires méritent la confiance des citoyens : mais
en est-il de même partout, et surtout dans les
campagnes ? Si ces inconvénients sont réels lorsque l'emprunteur et le prêteur habitent la même
ville, que sera-ce s'ils sont à une grande distance l'un de l'autre, et que, par une suite nécessaire, le délai de l'enregistrement doive être encore plus reculé ? Alors les fonds demeurent bien
plus longtemps exposés. Quand on supposerait
même que tous les notaires sont de bonne foi, il
peut arriver qu'un créancier qui fera saisir chez
eux, enveloppe dans la saisie des deniers que
rien n'atteste ne pas appartenir au notaire qui se
trouve son débiteur.

Les notaires de Paris réclament tous qu'on facilite davantage les emprunts, parce que, disent-
ils, la loi du 11 brumaire ne fait que les entraver.
Autrefois du moins le propriétaire, en se ména-
geant une sorte de privilège fictif, pouvait offrir dans son
immeuble un gage certain sur lequel il trouvait
des ressources. Aujourd'hui ce moyen lui échappe ;
le fisc vient se mêler de toutes les transactions,
et on ne peut pas multiplier les contrats sans
payer des frais d'enregistrement énormes.

Il est donc prouvé que la loi du 11 brumaire ne
donne point et ne peut pas donner une sûreté
réelle au prêteur.

Mais il y a bien d'autres contrats, tels que les

baux, par exemple, où l'hypothèque est nécessaire, et où l'on n'a pas la faculté, comme dans la vente et dans le prêt, de tenir les fonds en dépôt.

Il en est de même, et ce sont les transactions les plus importantes, auxquelles le système de la loi du 11 brumaire ne peut être appliqué sans dénaturer le contrat.

Tel est le mariage, par exemple : un père n'accorde pas toujours la main de sa fille à l'homme qui possède le plus d'immeubles ; très-souvent il la donne à celui dont la bonne conduite, l'état, l'industrie, paraissent offrir une garantie suffisante. Il n'exige pas toujours l'emploi de la dot, parce qu'elle est quelquefois nécessaire pour faire prospérer les affaires des deux époux et leur ménage commun. Souvent c'est à cause des espérances du mari par rapport à la succession future de son père, que le mariage se conclut. Dans tous ces cas, ou il est impossible de se conformer à la loi du 11 brumaire, ou on ne s'y conforme qu'en contrariant les vues des familles.

On répond que quand le mari n'est point propriétaire d'immeubles, la loi du 11 brumaire donne du moins à la femme l'assurance de voir inscrire sa dot sur les immeubles qui pourront survenir.

Une telle assurance est bien illusoire. C'est contre le mari dissipateur qu'elle est établie : or un tel mari se gardera bien de prévenir son épouse des changements qui seront survenus dans sa fortune. Que si la femme le découvre par quelque autre moyen, il lui est bien difficile d'en tirer avantage, n'ayant sous la main ni le contrat de mariage qui forme son titre, ni les fonds nécessaires pour payer les frais d'inscription. Et quand elle parviendrait à forcer ces obstacles, voilà le trouble et la désunion entre les deux époux.

Supposons cependant, contre toute vraisemblance, que l'inscription puisse être prise : comment la spécialiser ? Les reprises des femmes sont indéterminées.

On a proposé à ce sujet de les évaluer et de les inscrire pour ainsi dire à forfait.

Il en résulterait d'abord un procès sur l'évaluation. Ensuite, peut-on prévoir les événements qui, peut-être, changeront l'état actuel des choses ? Il est possible qu'une femme, dont les droits présents ne s'élèvent qu'à une modique somme de trois ou quatre mille francs, recueille une succession mobilière qui porte les reprises à deux cent mille. D'ailleurs, c'est détruire l'essence du contrat de déterminer à l'avance les reprises, car le mari est indéfiniment engagé à restituer tous les biens qui écherront à la femme.

Le système de la loi du 11 brumaire ne détruit pas seulement l'essence des contrats les plus importants ; il détruit l'essence de tous les contrats sans distinction, en prohibant l'hypothèque sur les biens à venir. En effet, il n'est point d'obligation qui ne doive être exécutée sur tous les biens du débiteur ; les partisans de la loi du 11 brumaire en conviennent : or il est difficile de concilier ce principe et cet aveu avec la distinction qu'on voudrait faire sous ce rapport, entre les biens immeubles et les biens meubles, et qui tendrait à n'appliquer le principe qu'à ces derniers. Cependant si les biens meubles à venir doivent répondre des engagements, pourquoi n'en serait-il pas de même des immeubles ?

On répond que c'est parce que l'hypothèque s'assoit sur un immeuble, et suppose en conséquence qu'il est là.

Il semble que l'hypothèque soit un sceau apposé par la main de l'homme, tandis qu'elle est constituée par la loi qui force les particuliers à se conduire les uns envers les autres d'après les principes de la bonne foi ; par la loi vengeresse de la fraude ; par la loi qui se saisit d'un immeuble, et déclare au propriétaire qu'il n'en aura la disposition qu'après avoir satisfait à ses engagements.

Telles sont les bases vicieuses sur lesquelles repose ce système.

Dans l'exécution, il entraîne beaucoup d'inconvénients, dont l'importance devient moins frappante auprès de l'inconvénient décisif d'admettre une théorie vicieuse dans son principe même.

Il est enfin ici une réflexion générale bien capable de faire impression sur le législateur, parce qu'elle intéresse les mœurs publiques :

La bonne foi est le seul pivot sur lequel roule le commerce entre les hommes.

La moralité est la garantie la plus sûre qu'ils puissent se donner :

C'est sur ces principes que contracte la moitié de la France : pourquoi jeter dans l'autre une défiance qui ajoute à la démoralisation ?

On a beaucoup parlé de la nécessité de faire cesser l'abus de la saisie réelle.

Elle était ruineuse, il est vrai, et surtout à Paris ; mais cet abus venait de la complication des formes : ainsi, pour faire cesser l'abus, il suffit de les simplifier. Déjà dans quelques parlements on y était parvenu. A Rouen, par exemple, l'ordre s'introduisait par un simple procès-verbal du commissaire.

Le citoyen **Portalis** dit qu'il proposerait de repousser également et le système de la loi du 11 brumaire et celui de la commission, s'il n'était persuadé que cette opinion ne serait pas adoptée par le Conseil.

L'hypothèque en effet n'est pas inhérente aux engagements personnels ; c'est une institution toute civile : elle n'existe que par l'autorité de la loi, qui l'attache aux actes faits dans les formes qu'elle détermine, et par la force des jugements : aussi les actes passés en pays étranger ne donnent-ils pas hypothèque.

En Provence, on avait conclu de ce principe que l'ordre des hypothèques doit être réglé par la date des actes.

Ce système était au surplus fondé sur la nature des choses. La société est composée d'hommes qui traitent les uns avec les autres ; mais les transactions n'ont lieu qu'entre des individus qui se connaissent, qui ont pris sur leur fortune et sur leur probité respectives tous les renseignements que la prudence commande. Si la loi intervient pour les protéger, leurs affaires, qui ne sont que privées, prennent aussitôt le caractère d'affaires publiques, et en les soumettant à des règles, on empêche certainement beaucoup d'alliances, beaucoup de contrats qui n'ont rien de commun avec le prêt. Le système le plus naturel et le plus simple est donc de laisser chacun veiller par lui-même à ses intérêts, et chercher principalement sa sûreté dans la moralité de ceux avec lesquels il contracte.

Mais ce système ne trouverait pas de partisans dans le Conseil ; il faut donc choisir entre les deux autres.

L'édit de 1771 est insuffisant ; il promet une sûreté qu'il ne donne pas ; car, en offrant des moyens de conserver des hypothèques, il n'avertit pas de celles qui existent au moment où l'on contracte.

La publicité établie par la loi du 11 brumaire serait certainement plus avantageuse, si l'on ne voulait pas en faire un principe absolu. Le citoyen *Portalis* l'admet, pourvu qu'on ne l'étende pas aux engagements qui naissent du mariage et de la tutelle.

Il est absurde, en effet, de vouloir donner de la publicité au fait du mariage, qui déjà est public. Quand on traite avec un homme marié, on n'ignore pas qu'il se trouve engagé dans le mariage : aussi en Provence les articles non publics du contrat de mariage donnaient-ils hypothèque, parce que, disait-on, chacun est averti par le fait de prendre ses précautions. La publicité que donnent les inscriptions est donc un bienfait inutile, puisqu'elle est acquise, et d'une manière bien plus certaine, par la notoriété.

A l'égard des tutelles, on doit se demander d'abord pourquoi la loi rend le tuteur responsable. C'est parce qu'elle veut venir au secours d'un pupille, qui ne peut se protéger lui-même.

La protection de la loi doit donc être efficace et utile : or elle ne l'est pas, lorsque l'effet des précautions que la loi ordonne dépend de la fidélité de ce même tuteur, contre lequel elles sont établies, et surtout lorsqu'elles ont pour objet des engagements indéterminés.

Le fait de la tutelle est public : il n'est pas besoin d'en avertir des acquéreurs et des prêteurs. On leur sacrifie donc la sûreté du pupille, sans leur donner plus d'avantages.

Dans tous les autres cas, il est bon d'assurer la publicité : quand elle existe déjà, cette précaution est superflue. Chacun sait si celui avec lequel il traite est marié, est tuteur, est comptable.

Ce n'est pas, au surplus, sous le rapport de l'impôt qu'elle établit, que la loi du 11 brumaire doit être attaquée.

Les impôts sont nécessaires, et ceux-là sont préférables, sans doute, qui se paient doucement, et qui sont perçus dans le moment où le redevable peut le plus facilement les payer : or l'homme qui achète jouit évidemment d'un peu d'aisance; l'homme qui emprunte reçoit un secours qui le met dans une position commode : l'un et l'autre peuvent faire quelques sacrifices.

Ainsi, sous le rapport de la publicité, le système de la loi du 11 brumaire paraît devoir être maintenu, pourvu qu'on ne l'étende pas aux hypothèques légales.

Quant à la spécialité, on peut l'admettre à l'égard de tous les engagements, si ce n'est ceux qui, de leur nature, sont indéterminés.

On a observé qu'autrefois, au moyen d'un privilège fictif que le propriétaire se réservait, il parvenait à donner à l'emprunteur une sûreté même plus grande que celle qu'on peut espérer de la spécialité.

Mais la loi ne doit ni supposer, ni autoriser de simulation.

Le citoyen **Treilhard** répond d'abord au citoyen *Portalis.*

Il s'est reporté, dit le citoyen *Treilhard*, à la législation primitive, qui réglait l'ordre des hypothèques par la date des contrats.

Ce sont précisément les vices de ce système, reconnus par l'expérience, qui ont amené l'édit de 1771, et depuis la loi du 11 brumaire.

Il est certain que s'il suffisait de la date de contrats connus seulement des parties, pour établir l'ordre des hypothèques, il n'est personne qui ne dût craindre d'être dépossédé ou primé par des créanciers inconnus. On a eu tellement lieu de

s'en convaincre, qu'on a tenté de corriger du moins cet inconvénient par le moyen de la prescription en faveur des tiers détenteurs.

Dans l'impossibilité de soutenir ce système, on compose sur le système de la publicité, et l'on propose d'y soustraire les hypothèques légales.

Si la publicité est utile, il faut n'y rien soustraire. Il n'est pas sans exemple qu'un homme soit marié, quoiqu'il passe pour célibataire; il ne suffit même pas, après tout, qu'on sache qu'un homme est marié, pour traiter sûrement avec lui; il importe encore de connaître l'étendue des engagements que son mariage lui impose.

Mais, dit-on, quelles lumières peut donner à cet égard l'inscription, puisque ces engagements sont indéterminés?

Cette objection a bien plus trait au système de la spécialité, dont le système de la publicité est très-indépendant.

Au reste, on a déjà indiqué, dans le cours de cette discussion, des moyens de rendre les hypothèques légales déterminées. Et enfin, quand elles ne le seraient pas, toujours les tiers pourront-ils vérifier si les biens du mari sont frappés d'hypothèques; avantage qu'ils n'ont dans aucun autre système.

Passant à l'opinion du citoyen *Tronchet*, le citoyen *Treilhard* observe que la longue durée de l'ancienne législation n'est pas un préjugé qui doive être ici de quelque poids. On sait d'abord qu'il est de longues erreurs. Mais celles dont on parle n'ont pas même l'avantage d'une possession paisible : souvent on a réclamé contre ce dangereux système des hypothèques, et d'*Héricourt*, dans son traité de la vente des immeubles, dit positivement, à l'occasion de l'édit de 1673, que le régime qu'il établit a toujours été désiré par les jurisconsultes les plus recommandables.

Il est inutile de s'arrêter sur ce qui a été dit des charges que la loi du 11 brumaire impose aux citoyens : le citoyen *Portalis* a réfuté cette objection. Il a observé, avec raison, que les impositions qui se perçoivent dans les moments les plus favorables sont les meilleures. Si les droits d'hypothèque sont trop considérables, il faut les diminuer : ce point n'appartient pas à la discussion.

On prétend que le système de la loi du 11 brumaire n'atteint que le prêt; qu'il ne peut convenir qu'au prêt et à la vente.

Il convient également à tous les actes translatifs de propriété, même à titre gratuit.

On a dit que la loi du 2 brumaire ne donne ni au prêteur ni à l'acquéreur une sûreté suffisante, parce qu'il est possible qu'à l'aide d'une fausse obligation, on parvienne à les primer, et que s'ils veulent prendre des précautions contre cette fraude, ils sont forcés de laisser leurs fonds en dépôt, même sans avoir de titre.

Il y a deux réponses à cette objection :

La première, qu'il n'est pas présumable qu'un homme soit assez imprudent pour se permettre une fraude qui ruinerait à jamais son crédit, et qui l'exposerait aux peines du stellionat, puisqu'il aurait vendu et engagé comme libre un bien qui ne l'était pas ;

La seconde, qu'il est un moyen simple de se procurer ces sûretés : c'est de stipuler que l'acte ne recevra son exécution qu'après un délai, et seulement dans le cas où l'immeuble ne se trouverait pas chargé au delà des hypothèques qui ont été déclarées dans le contrat.

On réplique que ce dernier expédient ne peut être utile que lorsque l'immeuble est situé dans la ville qu'habitent également les deux parties.

Mais, répond le citoyen *Treilhard*, si cet immeuble était à une trop grande distance, il ne donnerait point de crédit au propriétaire. Ce point a été reconnu au tire *du cautionnement*, et c'est parce qu'il est dans l'habitude des hommes de vouloir que leur gage soit sous leur main, qu'on a limité l'étendue dans laquelle devait être situé l'immeuble présenté par la caution.

On ajoute que le système de la loi, du 2 brumaire ne peut convenir aux transactions les plus importantes, et particulièrement aux contrats du mariage.

Ce système s'adapte à toutes les conventions, et aux contrats de mariage comme aux autres. Il est facile de concevoir, en effet, qu'il donne entière sûreté pour la dot.

Ce n'est pas cependant que le mari ait toujours des meubles à offrir en garantie ; mais alors le père et l'épouse ne cherchent leur sûreté dans aucun système hypothécaire : ils croient la trouver dans la confiance que leur inspire la moralité du mari, et ils s'en contentent. Mais, dans ce cas même, la loi du 11 brumaire leur est utile, en ce qu'elle soumet à l'hypothèque de la dot les biens qui peuvent échoir par la suite. La femme peut prendre inscription sur ses biens, sans être arrêtée par les obstacles dont on a parlé ; si elle n'a pas le contrat sous la main, elle le lèvera chez le notaire. Quant aux frais de l'inscription, ils sont tellement modiques qu'aucune femme ne peut se trouver dans l'impuissance de les faire.

Les difficultés ne sont pas plus grandes à l'égard des hypothèques du pupille.

Le tuteur est ordinairement un membre de la famille ; il est nommé par d'autres parents qui nécessairement connaissent ses biens et sa fortune, et auxquels dès lors il est facile de former des inscriptions. Au surplus, sous ce rapport, le système de la loi du 11 brumaire n'est pas plus embarrassé que celui de l'édit de 1771 ; car d'après cette dernière loi, le défaut d'opposition anéantissait les hypothèques.

Mais, dit-on, la loi du 11 brumaire empêche de donner aux créanciers une sûreté complète, puisqu'elle ne permet pas d'hypothéquer les biens à venir. Elle blesse les principes de la matière, car il est juste qu'un débiteur paie tout à la fois et sur les biens qu'il a et sur ceux qu'il pourra avoir.

Il y a quelque chose d'immoral dans tous les calculs fondés sur la dépouille d'un homme encore vivant, et d'ailleurs l'espérance des biens à venir est souvent trompeuse. Si cependant il survient des biens au débiteur, la loi ne s'oppose pas à ce que le créancier s'en empare, comme d'un gage nouveau, et ne forme inscription à mesure qu'ils arrivent.

L'hypothèque légale, a-t-on dit encore, est établie par la seule force de la loi ; qu'est-il donc besoin, pour qu'elle ait ses effets, du fait de l'homme ou de formalités extérieures ?

Sans doute c'est la loi qui donne l'hypothèque ; mais la loi ne suppose pas, lorsqu'elle accorde son recours, qu'on demeurera dans l'inaction. C'est ainsi que, quoiqu'elle accorde la contrainte par corps, ceux-là seuls profitent de cette garantie qui ne négligent pas de la demander.

On observe enfin que la bonne foi étant l'âme des contrats, il faut bien se garder d'accoutumer les citoyens à une défiance et à des précautions qui changeraient le principe des conventions entre les hommes.

La conséquence rigoureuse de cette doctrine se

rait qu'il ne faut point du tout d'hypothèque. Cependant elle est professée par ceux-là même qui se plaignent de ce qu'on ne permet pas d'étendre l'hypothèque sur tous les biens, même à venir. Ils sont au surplus dans l'erreur. Les partisans de la loi du 11 brumaire accordent l'hypothèque sur tous les biens ; ils veulent seulement qu'elle soit publique et spéciale, parce que l'expérience leur apprend que les hypothèques occultes nuisent aux citoyens honnêtes qui, dans leur aveugle confiance, s'en rapportent trop facilement aux fausses apparences de fortune. La justice veut qu'on leur fournisse un moyen de les vérifier et d'éviter les surprises. Il est possible que cette trop grande évidence de la situation de chacun prive quelques hommes de leur crédit : mais quel est l'inconvénient de ruiner un crédit qui ne reposait que sur la fourberie ?

Le **Premier Consul** dit qu'il aperçoit ici trois systèmes différents :

Celui des lois romaines, qui n'admet ni publicité ni spécialité ;

Celui de l'édit de 1771, qui admet la publicité sans spécialité ;

Celui enfin de la loi du 11 brumaire an VII, qui admet également et la publicité et la spécialité.

Le Consul ajoute que d'après ce qu'il vient d'entendre, le système du droit romain lui paraît plus dans la nature et dans les principes de la justice civile, en ce qu'il donne la garantie la plus entière pour les hypothèques légales.

L'édit de 1771 leur est moins favorable, puisqu'il exige, pour les maintenir, la formalité de l'opposition.

Mais la loi du 11 brumaire an VII les anéantit dans leurs effets, car les femmes et les mineurs ne les obtiennent que dans le cas où il a été formé inscription à leur profit.

Serait-il impossible de concilier ces divers systèmes ?

Ne pourrait-on pas laisser subsister la nécessité de l'inscription pour toutes les hypothèques légales, car la loi doit défendre celui qui ne peut se défendre lui-même ? On n'a point répondu à cette raison : or la femme, le mineur, sont incapables de veiller à leurs intérêts ; et cependant, dans l'état actuel des choses, il ne faut que l'omission d'une formalité pour leur enlever l'hypothèque que la loi a entendu leur assurer.

Le citoyen *Treilhard* a objecté que, sous l'empire de l'édit de 1771, il suffisait aussi qu'il n'eût point été formé d'opposition pour que le mineur et la femme perdissent leur hypothèque.

Mais il y a une grande différence entre faire dépendre d'une formalité l'effet d'une hypothèque qui doit être forcée par cela seul qu'elle est déclarée légale, et laisser périr des hypothèques acquises, en négligeant de former opposition ; et le citoyen *Bigot-Préameneu* a fort bien observé, à cet égard, que le défaut d'opposition n'efface du moins l'hypothèque que sur un seul immeuble, tandis que le défaut d'inscription en affranchit tous les biens du débiteur.

Pour que le Code porte une profonde impression de justice civile, il est nécessaire de concilier ces différents systèmes ; la justice civile s'oppose à ce qu'on reporte sur le mineur et sur la femme les suites d'une négligence qu'il n'était pas en leur pouvoir d'empêcher. Ce principe ne doit pas être sacrifié au désir, très-louable d'ailleurs, de rendre les transactions plus sûres. Il ne faut pas acheter, au prix d'une injustice, l'avantage de simplifier la loi : tous les principes doivent être également respectés.

Il semble qu'on parviendrait à tout concilier, si on décidait que les hypothèques légales frapperont de plein droit les immeubles du mari et du tuteur; que cependant il est permis au mari de les restreindre à une portion suffisante de ses biens, si la femme y consent; que la même faculté est donnée au tuteur; et que si les biens sont insuffisants, pour restreindre ainsi l'hypothèque à une partie seulement du patrimoine soit du tuteur, soit du mari, l'acquéreur achètera à la charge des hypothèques, ainsi que le décidait l'édit de 1771.

Le citoyen **Réal** dit que ce serait aller directement contre le but qu'on se propose. On veut, en effet, garantir les droits de la femme, et cependant on rendrait sa condition bien plus désavantageuse qu'elle ne l'était sous l'édit de 1771; car alors l'acquéreur, sachant qu'elle perdrait son recours faute d'opposition, trouvait dans cette disposition une garantie suffisante. Si, au contraire, il est indéfiniment soumis aux hypothèques de la femme, il ne traitera avec le mari que sous la condition qu'elle interviendra et qu'elle s'obligera solidairement.

Le **Premier Consul** dit que depuis qu'il entend discuter le Code civil, il s'est souvent aperçu que la trop grande simplicité dans la législation est l'ennemie de la propriété. On ne peut rendre les lois extrêmement simples sans couper le nœud plutôt que de le délier, et sans livrer beaucoup de choses à l'incertitude de l'arbitraire.

Cependant si la justice civile est la base de la loi, chacun est frappé du sentiment que les droits des hommes reposent sur des principes immuables. On perd au contraire le respect pour la propriété, lorsqu'on la regarde comme soumise à des chances qui peuvent facilement et sans raison la porter d'une main dans une autre. Partout les hypothèques des femmes et des mineurs ont été considérées comme naissant et s'identifiant avec l'engagement qui les fait naître; c'est ce principe qu'il faut parvenir à concilier avec la sûreté des acquéreurs et des prêteurs. La loi sera moins simple, mais elle sera conforme aux principes de la justice civile.

Le citoyen **Réal** dit que le système de la loi du 11 brumaire ne blesse point le principe de la propriété, puisqu'il est né dans un pays où la propriété était infiniment respectée, dans la ci-devant Belgique.

Le citoyen **Bigot-Préameneu** dit que le régime de la Belgique était entièrement féodal; là le seigneur était considéré comme le propriétaire du domaine direct et universel.

Le citoyen **Réal** dit qu'il n'examine le système qu'en soi et indépendamment de ses abus. Dans le Brabant il n'y avait d'hypothèque légale que pour les droits du prince, et encore n'en était-il pas ainsi dans toutes les parties de ce pays.

Au reste les choses ne sont plus entières. Depuis l'an VII le système de la spécialité et de la publicité existe en France; on ne peut plus l'abolir sans rétrograder.

Le **Premier Consul** dit qu'il ne s'agit point de revenir sur ce système; il faut la publicité, il faut la spécialité; mais il faut aussi qu'elle ne puisse nuire aux hypothèques légales.

Le citoyen **Treilhard** a observé que les frais de saisie réelle consument le bien du débiteur et le gage du créancier; qu'avec des hypothèques cachées il n'y a plus de sûreté pour les acquéreurs ni pour les prêteurs, qui peuvent se laisser tromper par de fausses apparences: il a présenté la publicité et la spécialité comme le remède de

ces inconvénients; on les lui accorde; **mais on** désire en même temps que sans rien **changer au** fonds du système, la loi évite de **commettre une** injustice civile, en sacrifiant un **principe à** l'autre, et en rendant sans effet les **hypothèques** légales.

Le citoyen **Jollivet** dit que pour **affranchir** les hypothèques légales de la nécessité de l'inscription, on s'est fondé sur la publicité **du fait** du mariage et de la tutelle. Cette notoriété, continue le citoyen **Jollivet**, n'existe pas **toujours**: il est des maris qui vivent loin de leurs **femmes**; et à la mort de la femme n'éteint pas ses droits: **ils** passent à ses héritiers. Egalement, on peut ignorer l'époque où une tutelle a fini, et ne **pas savoir** si les comptes ont été rendus. Le mari et le **tuteur** se trouvent donc placés dans une **dépendance** indéfinie.

Le **Premier Consul** dit qu'on leur propose un moyen de s'y soustraire, en rendant **spéciale** l'hypothèque générale dont leurs biens sont grevés; qu'au surplus, il n'y a peut-être pas **beaucoup** d'inconvénients à placer le mari dans **une** situation qui l'empêche de dissiper son bien; **car** il est hors de doute que s'il ne veut faire **que des** emprunts nécessaires, la femme ne refusera point d'y consentir.

La discussion est continuée à la **prochaine** séance.

La séance est levée.

Pour extrait conforme:
Le secrétaire général du Conseil d'État,
J. G. LOCRÉ.

SÉANCE

DU 19 PLUVIÔSE AN XII DE LA RÉPUBLIQUE.

(*Jeudi 9 février* 1804).

Le **Premier Consul** préside la séance.
Le second et le troisième Consuls sont **présents**.

Le citoyen **Bigot-Préameneu** annonce que le titre II du livre III du projet de Code **civil**, *des contrats ou des obligations conventionnelles en général*, a été décrété par le Corps législatif, **dans** sa séance du 17 pluviôse.

Le citoyen **Treilhard** annonce que le titre III du livre III du projet de Code civil, *des engagements qui se forment sans convention*, a été **décrété** par le Corps législatif, dans sa séance de ce jour.

LIVRE III.
TITRE V.
DU CAUTIONNEMENT.
Exposé des motifs.

Le citoyen **Treilhard**, nommé par le Premier Consul, avec les citoyens **Lacuée** et **Jollivet**, pour présenter au Corps législatif, dans **sa** séance du 13 pluviôse, le titre V du livre III du projet de Code civil, *du cautionnement*, et pour en soutenir la discussion dans sa séance du 24 du même mois, dépose sur le bureau l'exposé des motifs de ce titre.

Cet exposé est ainsi conçu:

« Citoyens législateurs,

« Les hommes ne traitent ensemble que dans l'espoir légitime que leurs engagements respectifs seront exécutés; et toute transaction serait bientôt suspendue, si une confiance mutuelle ne rapprochait pas les citoyens pour leur commun intérêt.

« Celui qui ne nous inspire pas cette confiance sera-t-il donc absolument exclu de l'avantage de contracter avec nous?

« Non, citoyens législateurs, la garantie qu'il ne nous offre pas, nous pouvons la recevoir d'un autre qui, le connaissant mieux peut-être, ou par tout autre motif, consent à s'engager pour lui.

« Déjà vous voyez quelle grande influence peut avoir sur la vie civile l'usage du cautionnement; et ce titre n'est pas le moins important du Code.

« Pour établir des règles sur cette matière, il faut se pénétrer avant tout et de la nature et de l'objet d'un cautionnement : les difficultés les plus graves en apparence s'aplanissent bientôt pour celui qui sait remonter au principe des choses; c'est par cette marche qu'on parvient à les bien connaître : et savoir bien, je ne crains pas de le dire, est encore plus utile que de savoir beaucoup.

« Le cautionnement a pour objet d'assurer l'exécution d'un engagement : il faut donc que le fidéjusseur ou la caution remplisse cet engagement au défaut du principal obligé, et il est juste aussi que la caution qui l'a rempli soit subrogée aux droits du créancier.

« Toutes les règles de ce titre découlent de ce premier aperçu.

« Un cautionnement est l'accessoire d'une obligation principale : il ne peut donc pas exister de cautionnement quand il n'existe pas une première obligation à laquelle le cautionnement se rattache.

« Une obligation contractée contre la défense de la loi, surprise par le dol, arrachée par la violence, entachée enfin de quelque vice de cette nature, est absolument nulle; l'acte qui la cautionne tombe par conséquent avec elle.

« Mais si l'obligation principale, valable en elle-même, ne se trouvait caduque que par une exception personnelle au principal obligé, la restitution de celui-ci ne détruirait pas l'essence de l'obligation, et le cautionnement devrait produire son effet.

« J'ai dit que le cautionnement était l'accessoire d'une obligation; il ne peut donc pas l'excéder : il est contre la nature des choses que l'accessoire soit plus étendu que le principal. Comment peut-on cautionner trois mille francs quand il n'en est dû que deux mille? Comment la caution serait-elle contraignable par corps quand le débiteur principal lui-même n'est pas soumis à cette exécution rigoureuse?

« Mais le cautionnement, quand il excède l'obligation principale, est-il absolument réductible aux termes de cette obligation? Cette question fut autrefois controversée; les deux parties s'appuyaient également sur des textes et sur des autorités. Le règne des subtilités est passé; et comme il est bien évident que celui qui voulut s'engager à plus que l'obligation principale, fut dans l'intention de garantir au moins cette obligation, nous avons pensé que le cautionnement excessif n'était pas nul, et qu'il était seulement réductible. Il ne faut pas créer des nullités sans un motif réel : c'est bien assez de voir les nullités partout où elles existent en effet.

« Si on ne peut pas dans un cautionnement s'engager au delà des termes de l'obligation principale, on peut, sans contredit, ne pas s'obliger à cautionner la totalité de cette obligation, ou ne la cautionner que sous des conditions plus douces.

« L'engagement de la caution est volontaire, il doit être par conséquent renfermé dans les limites qu'elle a posées; si elle s'était engagée indéfiniment, son engagement embrasserait toute l'obligation principale avec ses accessoires. Il n'était pas dans son intention d'y apposer des restrictions, puisqu'elle n'y en a pas apposé en effet.

« L'objet du cautionnement est d'assurer l'exécution d'une obligation; il faut donc que celui qui se présente pour caution soit capable de contracter, qu'il ait des biens dont la discussion ne soit pas trop pénible.

« A quoi servirait l'engagement d'un homme qui ne pourrait pas s'engager? Quel fruit tirerait-on d'une caution qu'il faudrait aller chercher et discuter à des distances infinies? La facilité de poursuivre un débiteur fait partie de sa solvabilité, et une discussion qu'il faudrait suivre de loin serait presque toujours plus ruineuse qu'utile. Nous avons donc établi pour règle que la caution devait présenter des biens dans le ressort du tribunal d'appel où elle doit être donnée.

« La caution doit être solvable, non d'une solvabilité fugitive, telle que celle qu'offrirait une fortune mobilière, ni d'une solvabilité incertaine, telle que celle qui ne serait fondée que sur des biens litigieux; mais d'une solvabilité constante et assurée par des propriétés foncières et libres.

« On a demandé si celui qui devait une caution, et qui en avait présenté une qu'on avait acceptée, était tenu d'en donner une autre lorsque la première devenait insolvable.

« D'un côté on a prétendu que le débiteur n'ayant promis qu'une caution, ayant satisfait à son engagement, puisque le créancier avait accepté comme bonne celle qui lui était offerte, ne pouvait plus être inquiété pour une insolvabilité survenue depuis, et dont il n'était pas le garant : mais on a considéré d'un autre côté qu'un créancier n'exigeait une caution que pour s'assurer invinciblement de l'exécution d'un acte; qu'il était dans son intention d'avoir une caution qui fût toujours solvable et qui offrît une garantie réelle jusqu'à l'exécution effective de l'obligation. Cette opinion s'accorde mieux avec la nature et l'objet du cautionnement; et nous en avons tiré cette conséquence, que si la caution devenait insolvable, le débiteur était tenu d'en fournir une autre.

« Après avoir considéré le cautionnement dans sa nature et dans son objet, on a dû le considérer dans ses effets. Une caution a des rapports et des engagements avec le créancier, avec le débiteur, avec les autres cautions, s'il en existe plusieurs pour la même obligation; ces cofidéjusseurs, le débiteur, le créancier, contractent aussi des engagements envers la caution.

« Voyons d'abord l'effet du cautionnement entre le créancier et le fidéjusseur : son objet étant d'assurer l'exécution d'une obligation principale, il faut que la caution exécute lorsque le débiteur manque à son engagement.

« Il ne peut s'élever ici que deux questions : le créancier s'adressera-t-il au fidéjusseur avant d'avoir discuté le débiteur principal? Une caution poursuivie pour la totalité pourra-t-elle exiger que le créancier divise ses poursuites quand il existera plusieurs fidéjusseurs?

« Dans l'ancien droit romain le créancier, pouvait contraindre les cautions sans avoir préalablement discuté le principal débiteur : c'était une rigueur bien grande contre des personnes qui, souvent, ne s'étaient obligées que par un sentiment de bienfaisance et de générosité. *Justinien* crut devoir apporter des adoucissements à ce droit, et il introduisit, en faveur des cautions, l'exception qu'on a appelée *de discussion* : son effet est d'obliger le créancier à discuter le débiteur principal avant de l'admettre à la poursuite des fidéjusseurs

« Cette exception reçue parmi nous est toute

en faveur des cautions, et de là il résulte, 1° qu'une caution peut y renoncer; 2° que les poursuites du créancier contre la caution sont valables, si celle-ci ne réclame pas le bénéfice de la discussion; 3° que la caution doit réclamer ce bénéfice dans le principe, toute exception étant couverte par une défense au fond.

« Suffira-t-il à la caution de dire vaguement qu'elle demande la discussion préalable du débiteur principal; et le créancier ne pourrait-il pas lui répondre qu'il ne connaît pas les propriétés du débiteur? Il faut donc que la caution indique les biens dont elle réclame la discussion : c'est son premier devoir; elle doit indiquer, non pas des biens litigieux déjà absorbés par les charges, car le créancier ne trouverait dans cette indication qu'une source de procès, mais des biens libres et qui présentent une garantie du paiement.

« Elle doit indiquer des biens qui ne soient pas dans un trop grand éloignement : nous en avons déjà dit la raison; le créancier a voulu des gages, et des gages à sa portée.

« Enfin, en indiquant ces biens, la caution doit aussi fournir des biens suffisants pour poursuivre la discussion : le créancier n'avait exigé un fidéjusseur que pour s'assurer davantage un paiement facile, et lorsque le fidéjusseur réclame une discussion préalable du débiteur, c'est à ses risques et à ses frais que cette discussion doit être faite : quel avantage tirerait donc le créancier de la caution, si, pour faire une discussion réclamée par elle, on était obligé d'avancer des sommes excédant peut-être la créance?

« Mais si la caution doit faire l'indication des biens et avancer les frais, c'est ensuite au créancier à poursuivre. Là commence son obligation : il est de toute justice qu'il supporte la peine de sa négligence; c'est donc sur lui que retomberont les suites d'une insolvabilité du débiteur, survenue par le défaut de poursuites qu'il était obligé de faire. On a dû pourvoir à la sûreté du créancier; il faut aussi veiller à l'intérêt de la caution, et ne pas la rendre victime d'une inertie dont elle n'est pas coupable.

« J'ai annoncé une seconde difficulté, celle de savoir si une caution, poursuivie pour la totalité de la dette, peut demander que le créancier divise son action entre tous les fidéjusseurs.

« L'exception de la *division* est puisée dans le droit romain, et elle a été admise parmi nous.

« Les cautions, sans contredit, sont tenues de toute la dette; il suit bien de là que si parmi plusieurs cautions une seule se trouvait solvable, elle supporterait la totalité de la charge. Mais si plusieurs cautions sont en état de payer, pourquoi le créancier ne demanderait-il pas sa part à chacune? Il a voulu assurer son paiement, il ne court aucun risque quand plusieurs cautions sont solvables; la division de l'action ne porte dans ce cas aucun préjudice, et on a pu l'admettre sans blesser l'objet du cautionnement.

« L'intérêt du créancier exige seulement que la part des cautions insolvables, *au moment où la division est prononcée*, soit supportée par les autres, et nous en avons fait une disposition précise.

« Au reste, la division étant un bénéfice introduit en faveur de la caution, il est hors de doute qu'elle peut y renoncer; comme il est aussi hors de doute que le créancier peut de son côté diviser volontairement son action, et renoncer au droit de poursuivre une de ses cautions pour la totalité.

« Il faut actuellement examiner le cautionnement dans ses effets entre la caution et le débiteur.

« La caution paie à défaut de paiement de la part du débiteur. Le premier effet de ce paiement a dû être la subrogation de la caution à tous les droits du créancier. C'est un troisième bénéfice que la loi accorde au fidéjusseur : il n'a pas besoin de requérir cette subrogation; elle est prononcée par la loi, parce qu'elle résulte du seul fait du paiement, et nous avons écarté les vaines subtilités par lesquelles on se croyait obligé de substituer à une subrogation qui n'était pas expressément donnée, une action prétendue de mandat. L'action du créancier passe dans la main de la caution, et le recours de celle-ci contre le débiteur embrasse le principal, les intérêts, les frais légitimes, ceux du moins qui ont été faits par la caution depuis la dénonciation des poursuites.

« Si le fidéjusseur avait cautionné plusieurs débiteurs solidaires, il aurait le droit de répéter la totalité de ce qui fut payé contre chacun d'eux, parce qu'en effet chacun d'eux était débiteur de la totalité.

« Nous supposons qu'une caution a payé valablement, qu'elle n'a pas payé à l'insu du débiteur et au préjudice d'une défense péremptoire qu'il aurait pu opposer.

« Enfin, si le débiteur, dans l'ignorance d'un paiement fait par la caution, payait lui-même une seconde fois son créancier, cette caution n'aurait pas de recours contre le débiteur, à qui en effet elle ne pourrait adresser aucun reproche.

« Il ne me reste qu'une observation à faire sur les effets du cautionnement entre le débiteur et la caution.

« On ne peut pas refuser à celle-ci le droit de prendre des sûretés contre le débiteur; ainsi elle peut agir pour être indemnisée, lorsqu'elle est poursuivie par le créancier, lorsque le débiteur est en faillite, quoiqu'elle ne soit pas encore poursuivie; elle le peut également quand le débiteur est en demeure de rapporter la décharge promise à une époque déterminée, ou lorsque le terme de la dette est échu. Le créancier peut bien oublier sa créance et ne pas exercer de poursuites; ce n'est pas pour la caution un motif de sommeiller aussi, et elle a dans tous ces cas une action pour poursuivre le débiteur, afin de le forcer d'éteindre son obligation. Nous avons même pensé qu'il était de toute justice, lorsque le temps de la durée du cautionnement n'était pas réglé, ou lorsque le cautionnement n'était pas donné pour une obligation principale qui, par sa nature, devait avoir un cours déterminé, tel, par exemple, qu'une tutelle; nous avons, dis-je, pensé qu'il fallait fixer une époque à laquelle la caution pourrait forcer le débiteur à lui procurer sa décharge. Le principe de cette disposition existe dans la loi romaine. Elle n'avait pas à la vérité indiqué le moment où le fidéjusseur pouvait exercer cette action; ce temps était laissé à l'arbitrage du juge : nous l'avons fixé, et au bout de dix années la caution pourra commencer ses poursuites.

« Nous voici parvenus à l'effet du cautionnement entre les cautions.

« La caution qui paie est subrogée aux droits du créancier; la caution peut donc exercer contre les colidéjusseurs, chacun pour leur part, les droits que le créancier exercerait lui-même s'il n'était pas payé. Il est sans doute inutile de répéter qu'on suppose un paiement valable de la part de la caution; si elle avait payé sans libérer le débiteur, ou lorsque le débiteur ne devait plus rien, elle devrait supporter seule la peine de son imprudence.

« Je crois avoir suffisamment développé les

divers effets du cautionnement entre le créancier, le débiteur, la caution, et les cautions entre elles : il nous reste à examiner comment s'éteignent les cautionnements.

« Celui qui cautionne s'oblige; et les mêmes causes qui éteignent les autres obligations doivent aussi éteindre la sienne.

« L'orateur qui vous a présenté le projet de loi sur les obligations conventionnelles en général, a épuisé sur cette partie tout ce qu'on pouvait dire, et je me donnerai bien de garde de traiter ce sujet après lui. Je dois donc me borner à ce qui peut être particulier au cautionnement.

« La caution peut repousser le créancier par toutes les exceptions inhérentes à la dette qui appartiennent au débiteur principal; elle n'a pas le droit d'opposer une exception qui serait purement personnelle à ce débiteur : mais elle peut s'emparer de toute défense qui ferait tomber l'obligation, telle que celle du dol, de la violence, d'un paiement déjà effectué, de la chose jugée, et de toutes autres défenses de cette nature.

« Nous avons vu que le paiement fait au créancier devait opérer une subrogation de droit au profit de la caution : le créancier n'est donc plus recevable à la poursuivre quand, par son fait, il s'est mis dans l'impossibilité d'opérer cette subrogation.

« Enfin, si le créancier a volontairement accepté un immeuble ou toute autre chose en paiement, la caution est déchargée, même quand le créancier se trouverait dans la suite évincé de la chose qu'il aurait reçue. L'obligation primitive avait été éteinte par l'acceptation du créancier; l'accessoire du cautionnement avait cessé avec elle : si le créancier a ensuite une action résultant de l'éviction qu'il souffre, cette action est toute différente de la première, et ce n'est pas elle que la caution avait garantie.

Tels sont, citoyens législateurs, les motifs qui ont déterminé les divers articles du titre *du cautionnement* : je l'annonçais en commençant, toute la théorie de cette loi est fondée sur cette idée bien simple qu'un cautionnement est l'accessoire d'une obligation première, et que la caution, à défaut du principal obligé, doit payer le créancier dont elle exerce ensuite les droits contre le débiteur ou contre les codéjusseurs.

« Ma tâche serait finie si je ne devais dire encore un mot de deux espèces de cautions dont il est parlé dans le dernier chapitre de ce titre ; c'est la caution légale et la caution judiciaire. Elles sont ainsi appelées, parce qu'elles sont fournies, la première, en vertu d'une loi qui l'a exigée; la seconde, en vertu d'un jugement.

« Toutes les règles que nous avons établies sur la capacité de contracter, et sur la solvabilité des cautions, s'appliquent avec plus de force aux cautions légales et judiciaires. La caution judiciaire doit même être susceptible de la contrainte par corps, et la discussion de l'obligé principal ne peut jamais être réclamée par elle : il faut des liens plus forts et de plus grandes sûretés pour les obligations qui se contractent avec la justice; et si cette rigueur peut quelquefois être un obstacle à ce qu'on exige des cautions, le débiteur a du moins la ressource de pouvoir donner un gage en nantissement. La justice est alors satisfaite, puisqu'elle obtient une garantie entière.

Citoyens législateurs, le développement des motifs d'une loi sur un acte obscur de la vie civile est nécessairement fort aride; il ne vous présente pas ce grand intérêt qui s'attache à tout ce qui touche l'état des personnes; mais rien de ce qui contribue à maintenir l'ordre et l'union parmi les citoyens ne peut vous être indifférent : en donnant des règles sur les contrats les plus habituels, vous travaillez pour le bonheur et pour la tranquillité de tous les jours; le fléau de l'incertitude en cette matière se ferait sentir à tous les instants. Les dispositions que nous vous avons présentées découlent naturellement d'un principe qui ne fut jamais désavoué; elles ne peuvent donc laisser dans vos esprits aucun doute sur le bon effet qu'elles doivent produire. »

Régime hypothécaire.

On reprend la discussion des bases du régime hypothécaire,

Le citoyen **Portalis** dit qu'il est possible de concilier avec la loi du 11 brumaire les véritables principes sur les hypothèques légales.

Cette loi veut la publicité et la spécialité.

Les inscriptions sont inutiles pour établir la publicité des hypothèques légales, puisqu'elles existent par la notoriété du fait du mariage et de la tutelle.

Ces précautions seraient même dangereuses. Le moment où l'on s'occupe des apprêts du mariage est le moment de la confiance entre les époux. Peut-être que l'altérer alors, ce serait la détruire à jamais. Ce serait même compromettre les intérêts de la femme et des enfants, et opérer leur ruine, que de faire crouler, pour un simple défaut de formalité, le contrat de mariage qui devient le fondement de la famille.

Les tiers sont inexcusables, quand ils voient des personnes mariées, de n'avoir point prévu qu'il pouvait exister un contrat. C'est par cette raison que quelques parlements attachaient, même aux actes sous seing privé, l'effet de produire l'hypothèque légale au profit de la femme.

Si c'est la spécialité qu'on veut obtenir, elle est impossible, puisqu'il s'agit de droits qui ne sont pas encore fixés, et qui peuvent naître d'événements postérieurs.

Ce qui vient d'être dit s'applique également à la tutelle : elle est aussi publique que le mariage; elle est déférée aussi solennellement, et les citoyens peuvent aller au greffe vérifier les nominations aussi facilement qu'ils peuvent vérifier les inscriptions sur les registres hypothécaires.

A l'égard de la spécialité, comment l'établir, lorsque l'hypothèque a pour objet une gestion indéterminée ?

En général, toute hypothèque légale existant par la seule force de la loi, ne peut plus être subordonnée à une formalité extérieure sans cesser d'être légale.

C'est sous ce rapport qu'on la distingue de l'hypothèque conventionnelle; celle-ci est un fait accidentel dont il faut avertir; mais l'hypothèque légale est de droit général; elle est établie, non pour le droit de l'individu, mais pour l'intérêt public. Il importe à l'État que la dot des femmes, que le patrimoine des mineurs, soient conservés. La loi est donc intervenue pour remplir directement cet objet par l'hypothèque qu'elle établit. Ce serait la dégrader et tromper sa sollicitude, que de ne pas se contenter de sa volonté suprême, et d'exiger un fait particulier. L'hypothèque qu'elle crée ne doit pas seulement être légale dans le mot, elle doit être encore légale dans la chose.

Tous les inconvénients qu'on oppose à cette doctrine n'ont pas l'importance qu'on leur prête.

On ne voit pas, en effet, qu'avant la loi du 11 brumaire, il se commît plus de fraudes qu'aujourd'hui.

Le **Premier Consul** pense qu'il est nécessaire de fixer les idées par quelques propositions.

Il remarque dans la loi du 11 brumaire, qui est placée sous ses yeux, des articles par lesquels certaines créances, que la loi nomme *privilégiées*, sont dispensées d'inscriptions : ainsi, dit-il, les auteurs de la loi ont reconnu que le système de la publicité et de la spécialité n'est pas absolument incompatible avec l'hypothèque légale que la loi fait résulter de plein droit de quelques engagements à raison de leur nature. Or on ne propose que de donner un peu plus d'étendue à ce principe admis par la loi même.

On pourrait laisser subsister la publicité et la spécialité à l'égard de toutes les hypothèques, et se borner à affranchir de la formalité de l'inscription celles dont parle le chapitre IV de la loi du 11 brumaire.

Peut-être objectera-t-on que la condition des acheteurs sera moins avantageuse que sous le régime de l'édit de 1771, parce que du moins alors, en prenant des lettres de ratification, ils se mettaient en sûreté.

Le Consul voit dans l'édit de 1771 des exceptions en faveur des droits du domaine et du douaire non ouvert, à l'égard desquels ces hypothèques n'étaient point purgées par des lettres de ratification. Il en conclut que, sous ce dernier rapport, on se retrouve dans le système du droit romain, suivant lequel l'ordre des hypothèques était réglé par la date des créances ; qu'ainsi aucune loi n'a encore donné de sûreté complète aux acquéreurs et aux prêteurs : mais, continuet-il, on peut établir cette sûreté et faciliter l'affranchissement des immeubles, même grevés d'hypothèques légales, en autorisant à rendre ces hypothèques spéciales d'après une procédure sommaire, ou d'après le consentement de la femme.

Le citoyen **Tronchet** dit que la question était d'abord de savoir si l'inscription ordonnée par la loi du 11 brumaire serait exigée pour toute espèce de créances ; mais que dans les termes auxquels le Consul vient de la réduire, elle ne peut être bien décidée qu'en fixant les idées sur toutes les exceptions qui sont nécessaires. On n'en a réclamé que pour les hypothèques légales ; et cependant les créances privilégiées et les créances indéterminées paraissent ne pouvoir pas recevoir l'application de la loi du 11 brumaire.

À l'égard de l'hypothèque légale qui garantit les droits de la femme, elle existait dans le droit romain et dans le droit français, par le seul fait du mariage, et même lorsqu'il n'y avait pas de contrat. Or il est impossible de la soumettre à la formalité de l'inscription, sans forcer tous ceux qui se marient à consigner dans un contrat leurs conventions matrimoniales ; et cependant beaucoup de citoyens s'en rapportent à cet égard à la loi. La publicité est-elle utile à l'égard de cette hypothèque? C'est ce qui est encore en question. Quant à la spécialité, elle paraît impossible.

Le citoyen **Treilhard** dit qu'on a perpétuellement confondu, dans le cours de cette discussion, l'obligation qui peut produire l'hypothèque avec l'hypothèque elle-même.

De ce que celui qui s'oblige s'oblige sur tous ses biens, on en a conclu que toute obligation devait nécessairement produire une hypothèque générale. C'est une erreur : une obligation peut existar sans produire d'hypothèque ; les engagements sous seing privé, et ceux qui naissent d'un fait, sont un exemple de cette vérité.

En considérant les choses dans leur essence, on aperçoit facilement que, sans la publicité et sans la spécialité de toute espèce d'hypothèques, l'hypothèque devient illusoire. En effet, on ne prend un immeuble pour gage qu'afin d'assurer son paiement ; mais cette précaution devient inutile, si elle ne donne une entière sûreté. L'hypothèque cependant peut-elle avoir un tel résultat, lorsque celui qui prend cette garantie est hors d'état de vérifier la situation de celui avec lequel il traite? Des créanciers antérieurs et inconnus paraissent tout à coup et absorbent le gage où l'on croyait trouver sa sûreté. C'est ce qui a fait imaginer la publicité et la spécialité.

Mais, dit-on, où est donc la différence entre les hypothèques légales et les hypothèques conventionnelles ?

Ces dernières, répond le citoyen *Treilhard*, ne sont pas moins sacrées que les autres ; car l'état social suppose nécessairement des conventions, et les conventions des sûretés. Ce n'est donc point sous ce rapport qu'on peut établir une différence entre les deux sortes d'hypothèques ; ce qui les distingue, c'est la cause qui les produit : les unes naissent de la convention, les autres de la loi.

On réplique qu'assujettir les hypothèques légales à la formalité de l'inscription, c'est les détruire.

C'est au contraire en assurer l'effet ; car depuis longtemps l'expérience a prouvé que sans cette précaution elles sont inutiles. Trop souvent un père se laisse tromper par des apparences de fortune et par les manœuvres de l'homme qui recherche sa fille : ensuite ce vain appareil s'évanouit, et l'hypothèque légale de la femme ne trouve plus de prise. La cause de ces supercheries était l'obscurité qui enveloppait autrefois toutes les fortunes. On pouvait plus facilement en imposer alors qu'il n'existait aucun moyen de vérifier les affaires d'un particulier. La publicité et la spécialité préviennent ces sortes de surprises.

D'un autre côté, quelque sacrés que soient l'intérêt de la femme et celui du mineur, ils ne doivent pas cependant absorber tout autre intérêt.

C'est dans cet esprit qu'a été porté l'édit de 1771, qui a été combattu sous le rapport de la bursalité, mais dont le fond et l'objet ont été universellement adoptés.

Cependant cette loi n'est utile que dans le cas de la vente : or ce contrat n'est pas le seul auquel il fallait pourvoir.

D'après cette considération, on est insensiblement arrivé au système de la loi du 11 brumaire, qui ne fut pas une loi de circonstance amenée par l'existence du papier-monnaie, mais la conséquence d'un système profondément réfléchi, dans la vue d'empêcher les fraudes et de ranimer le crédit.

Ce n'est point alors qu'on a imaginé de faire dépendre l'effet de l'hypothèque de certaines formalités extérieures. Cette idée est empruntée de l'édit de 1771, qui exigeait des oppositions pour la conservation de toutes les hypothèques, à l'exception de celle du douaire. On avait donc senti dès lors que la protection due à la femme et au mineur ne pouvait empêcher la loi d'établir des moyens de purger l'hypothèque à leur égard, et que négliger de le faire c'était troubler l'ordre et blesser la justice.

Il n'y a de différence, quant à l'hypothèque légale, entre ce système et celui de la loi du 11 brumaire, qu'en ce que la formalité des inscriptions a été substituée à celle des oppositions : or l'une n'est pas plus difficile que l'autre.

Mais il faut discuter les objections.

On oppose que les inscriptions sont inutiles pour faire connaître que le mari est engagé ; le fait du mariage suffit pour en avertir le public.

Il a déjà été répondu à cette objection :

D'abord, que le fait du mariage n'est pas toujours connu ; le mari quelquefois vit loin de sa femme ;

Ensuite, que le seul fait du mariage n'apprend pas au public pour quelle somme les biens du mari sont hypothéqués.

Si l'on disait qu'il faut chercher des moyens de parvenir à ce que les inscriptions soient toujours prises en effet pour la femme et pour le mineur, le citoyen *Treilhard* partagerait cet avis.

Certainement il en existe.

Il faut d'abord charger le mari de prendre inscription, et ne pas craindre de ruiner à jamais la confiance entre les époux : loin qu'au moment du mariage les précautions soient déplacées, c'est au contraire alors que le mari ne se refuse à aucune des sûretés qui lui sont demandées.

Si l'on croit qu'il ne suffise pas de charger le mari du soin de prendre les inscriptions, qu'on charge le notaire qui reçoit le contrat et qui le fait enregistrer, de veiller à ce qu'elles soient formées ; qu'il ne puisse délivrer d'expédition sans qu'on lui justifie que l'on a fait inscrire ; qu'on en charge le receveur de l'enregistrement ; qu'on prenne enfin tous les moyens qu'on voudra, pourvu qu'il y ait des inscriptions qui avertissent le public que les biens du mari sont grevés.

On a dit encore : L'hypothèque légale est donnée directement par la loi ; elle ne doit donc dépendre d'aucune formalité extérieure.

Sans doute l'hypothèque légale est l'ouvrage de la loi seule ; mais la loi suppose qu'on en assurera l'effet en remplissant les conditions qu'elle prescrit.

C'est ainsi que sous l'édit de 1771, l'hypothèque légale périssait faute d'opposition, que même on était obligé de renouveler cette opposition tous les trois ans.

Tout ce qui vient d'être dit s'applique également au tuteur. La famille assemblée peut exiger qu'il désigne ses biens, qu'il forme lui-même l'inscription. On peut la faire prendre par le juge de paix ou par le receveur de l'enregistrement.

Enfin, personne ne conteste l'excellence du système de la publicité et de la spécialité en soi ; on ne l'attaque que par les inconvénients qu'il a produits dans son organisation actuelle.

Que conclure de là ? Qu'il faut abolir le système ? Non ; mais qu'il faut en corriger les abus.

Ce n'est pas cependant qu'il faille espérer, quelque organisation qu'on lui donne, qu'on le dégagera de tout inconvénient. Mais il en est ainsi de toutes les lois ; aucune n'atteindra jamais la perfection : quand elles préviennent la plus grande partie des inconvénients, elles sont aussi bonnes qu'elles puissent l'être.

Le citoyen **Tronchet** dit qu'on a beaucoup argumenté de la nécessité de former opposition dans le système de l'édit de 1771, et qu'on a raisonné dans la supposition que les adversaires de la loi du 11 brumaire veulent dispenser de cette formalité et de toute autre.

Ce n'est point là leur idée ; ils veulent des oppositions et non des inscriptions, parce qu'ils pensent qu'il existe une différence immense entre ces deux sortes de formalités.

Dans le système de l'édit de 1771, la femme a de plein droit, sans inscription et par le seul fait de son mariage, une hypothèque générale sur les biens de son mari. Si, faute d'opposition, un des immeubles échappe à cette hypothèque, la perte du moins n'est que partielle ; la femme conserve ses sûretés sur les autres. Voilà l'avantage qu'on lui enlève, si son hypothèque ne s'établit plus que par des inscriptions, qui peuvent n'être pas formées.

D'ailleurs, et on l'a déjà observé, souvent le mari ne possède pas d'immeubles au moment du mariage. C'est sur l'espérance des successions qu'il doit recueillir par la suite, de celles de son père, de sa mère, d'un oncle, que l'épouse lui est accordée. Comment alors former des inscriptions ? Sera-ce sur les biens de ceux dont le mari est l'héritier ? Ils n'y consentiront pas, et le mariage sera manqué. Ce ne peut donc être que par la suite et à mesure que les biens échoient au mari. Mais qui charge-t-on de prendre ces inscriptions ? Le mari lui-même, c'est-à-dire celui contre lequel elles sont établies.

La femme, répond-on, a son recours contre lui, s'il a négligé de les former.

Ne voit-on pas que ce recours est illusoire, puisqu'il n'est pas appuyé d'une hypothèque qui s'établisse de plein droit sur les biens du mari ?

Ces raisonnements s'appliquent également à la tutelle.

La perte de l'hypothèque sur un immeuble particulier du tuteur ne ruinait pas le pupille, puisque son hypothèque générale subsistait sur les autres biens.

Tel était l'édit de 1771, qui, au surplus, n'avait pas pour objet la manière de constituer l'hypothèque, mais la manière de la purger.

Le consul **Cambacérès** dit que la question est de savoir si l'on doit faire dépendre l'effet des hypothèques légales de la formalité, soit de l'opposition, soit de l'inscription.

Il est de la nature de ces sortes d'hypothèques d'exister par la seule force de la loi, et dès lors d'être indépendantes du fait de l'homme. Voilà le principe d'après lequel il faut juger les divers systèmes, les raisons sur lesquelles on les appuie, et les objections par lesquelles on les combat.

Or, si l'on examine sous ce rapport l'édit de 1771, on reconnaît qu'il est plus conforme à la nature de l'hypothèque légale que la loi du 11 brumaire.

Le reproche qu'on a fait à ceux qui partagent cette opinion, de confondre l'obligation avec l'hypothèque, n'est pas fondé : personne ne conteste que toute hypothèque, même générale, ne naisse toujours que de la nature de la dette ou du caractère de l'acte.

Les autres objections n'ont pas plus de consistance.

Il est certain que ce sont les dangers de la clandestinité des créances qui ont amené l'édit de 1771 ; mais il est certain aussi que ce ne sont point les modifications que cet édit apporte au système de la publicité qui l'ont fait critiquer. Les objections qu'il a éprouvées ne sont venues que de ce qu'il contrariait les lois de quelques provinces, et de ce qu'on soupçonnait qu'il pouvait devenir un moyen d'étendre les droits du fisc.

On a observé encore que l'édit de 1771, et même le projet de Code civil, apportant des modifications au système absolu de l'hypothèque légale, qu'il était indifférent que ces modifications donnassent lieu aux formalités de l'opposition ou à celles de l'inscription ; que toujours devenait-il incontestable que le législateur avait jugé nécessaire de corriger, en faveur de l'acquéreur, la trop grande rigidité du principe de l'hypothèque légale absolue.

Tous les acquéreurs ne méritent pas une égale faveur; s'il en est de bonne foi, il en est aussi qui ne le sont pas : mais dans tous les cas, l'équité ne permet pas de balancer entre un acquéreur qui a toute la capacité nécessaire pour défendre ses intérêts, et le mineur qui, par lui-même, ne peut veiller aux siens.

On a prétendu enfin que, faute d'inscription de toutes les hypothèques, beaucoup de familles s'étaient laissé tromper par des apparences de fortune, et avaient indiscrètement confié la dot d'une fille à des hommes qui n'avaient aucune sûreté réelle à offrir.

Cependant si l'on interroge l'expérience, on verra que beaucoup de familles se sont relevées de ce défaut de précaution par l'effet des hypothèques légales sur les biens échus au mari depuis le mariage.

Il faut donc écarter toutes ces objections, et examiner si l'hypothèque légale peut exister avec les conditions dont la loi du 11 brumaire en fait dépendre l'effet.

Le Consul ne le croit pas.

Cette loi prescrit des formalités qui peuvent n'être pas remplies, et alors l'hypothèque légale n'existe plus que dans le mot.

Cette loi précipite l'expropriation et facilite ainsi les translations de propriété frauduleuses et clandestines. Un acheteur, qui saurait payer la diligence des employés des hypothèques, parviendrait à faire transcrire son contrat à l'instant même; et ainsi l'éveil n'étant point donné aux créanciers hypothécaires, ils ne pensent point à prendre des inscriptions ou à vérifier s'il en a été formé; et leurs droits sont éteints sans retour. Dans l'édit de 1771, au contraire, le contrat demeurait exposé pendant deux mois avant que les lettres de ratification fussent expédiées, et par là les créanciers qui avaient négligé de former opposition pouvaient être avertis.

Il y avait d'ailleurs, dans l'édit de 1771, des exceptions qu'on ne retrouve point dans la loi du 11 brumaire : il n'était pas besoin d'opposition pour conserver l'usufruit, le douaire non ouvert, les droits seigneuriaux.

Dans le droit actuel, il n'y a d'exception à la nécessité de prendre des inscriptions que pour le fisc seulement; et encore, d'après les termes de la loi, cette exception est-elle douteuse.

Le Consul pense que l'effet des hypothèques légales ne doit pas dépendre de la formalité de l'inscription, à moins qu'on ne prenne des précautions tellement sûres, que cette formalité soit toujours indubitablement remplie, et que la femme ne puisse pas être dépouillée brusquement par une translation de propriété clandestine. Il est possible d'adopter les moyens proposés par le citoyen *Treilhard*. On peut aussi exiger que, du contrat pendant un certain temps; on peut exiger que l'acquéreur notifie son opposition à la femme. Ce n'est point lui imposer une obligation onéreuse que de le soumettre à quelques formalités qui assurent son repos sans le constituer en frais.

Quant aux comptables envers le trésor public, le Consul pense que leurs biens doivent être frappés d'hypothèques légales sans aucune condition de formalité; mais qu'une prescription de courte durée, comme de cinq ans, par exemple, doit

éteindre l'hypothèque et donner à l'acquéreur une entière sûreté.

À l'égard des mineurs, le Consul consent à ce que le juge de paix soit chargé de faire les inscriptions, pourvu que le contrat d'aliénation demeure déposé pendant un délai avant d'être transcrit.

La loi du 11 brumaire, ajoute le Consul, n'était pas, à la vérité, une loi de circonstance; néanmoins on ne peut se dissimuler qu'elle tenait au système de mobiliser les propriétés, et de rendre les mutations rapides et faciles; système qui n'a rien d'avantageux pour l'État, lequel trouve au contraire sa garantie dans la fixité des propriétés dans les mêmes familles.

En un mot, les hypothèques légales doivent être affranchies de la formalité de l'inscription, qu'on peut au surplus conserver pour les hypothèques conventionnelles. Si l'on trouve quelque avantage à spécialiser les hypothèques légales, que ce soit du moins par des formes particulières.

Le citoyen **Treilhard** est, sur beaucoup de points, de l'avis du Consul.

Il repousse également le système de la mobilisation et de la transmission trop rapide des propriétés.

Il croit cependant qu'il est possible de soumettre les hypothèques légales à la formalité de l'inscription, et il y voit de l'avantage. Au surplus, il consent à ce que cette hypothèque soit toujours générale, et qu'elle donne le droit de former inscription sur tous les biens, même ceux à venir.

S'il ne s'était point engagé dans les détails de l'exécution, c'est que la question principale lui avait paru en être indépendante. Mais il sait que le moyen d'exécution établi par la loi du 11 brumaire a besoin d'être amélioré et en est susceptible.

À l'égard du fisc, le citoyen *Treilhard* ne voit ses droits qu'avec beaucoup d'intérêt, parce qu'il sait que, sans le secours des contributions, un État ne peut se maintenir. Cependant il lui semble que le fisc doit demeurer dans l'ordre commun, et doit traiter, relativement à l'exercice de ses droits, comme le sont les individus. Cette disposition ne compromettrait pas les revenus publics : l'administration a une foule de moyens pour prendre ses sûretés; et le système de la loi du 11 brumaire lui donne encore plus de facilité, puisqu'elle la met en état de vérifier si les immeubles des cautions sont libres ou chargés d'hypothèques. On peut ajouter encore la précaution de rendre les agents locaux responsables du défaut d'inscription. Quelques exemples de sévérité contre ceux d'entre eux qui se seraient montrés négligents donneraient le plus grand effet à cette responsabilité.

Si, malgré tant de précautions, le trésor public éprouvait encore quelques banqueroutes, elles seraient peu considérables. Le privilège qu'on réclame pour lui, les lui épargnerait peut-être, mais ce ne serait qu'en ruinant des familles, et en rendant le fisc odieux.

Le citoyen **Bigot-Préameneu** dit que ces détails qu'on présente comme peu importants, sont ici des objets principaux, et qu'il ne serait pas raisonnable d'adopter comme principe ce qui ne serait pas susceptible d'exécution.

La faveur due aux droits des femmes, des mineurs, du Gouvernement, a fait établir des hypothèques légales; elles sont nulles, si elles n'ont leur effet par la seule disposition de la loi, parce que de leur nature elles répondent d'obligations indéterminées. En effet, la responsabilité des comptables, des maris, des tuteurs, est éventuelle : personne ne peut en prévoir d'avance les limites; et c'est là ce qui rend très-importants ces détails d'exécution, qu'on paraît vouloir négliger.

On parle de charger les juges de paix, les employés de l'enregistrement, les notaires, du soin de prendre les inscriptions pour assurer l'effet des hypothèques légales.

On ne réfléchit pas que toutes ces personnes ne connaissent pas même les biens présents du débiteur, encore moins ceux qui lui échoient par la suite.

La notification qui serait faite à la femme par l'acquéreur d'un immeuble du mari ne lui donnerait de renseignements que sur ce bien particulier, et la laisserait sans lumière sur les autres.

Enfin, quelque moyen qu'on imagine, on n'en trouvera aucun de sûr; ou plutôt on finira par reconnaître que les hypothèques légales sont essentiellement indéterminées, et que si on leur ôtait ce caractère elles deviendraient inutiles.

Or, si elles demeurent indéterminées, elles ne sont pas susceptibles d'inscription.

Le citoyen **Berlier** dit qu'il lui serait difficile d'exposer dès à présent des moyens qui dussent infailliblement pourvoir à l'inscription dans l'intérêt des *pupilles* et des *femmes mariées*.

On conçoit pourtant qu'à l'égard des premiers, on pourrait imposer au juge de paix qui reçoit la tutelle, l'obligation d'interroger et le tuteur et la famille sur les biens qui devraient être frappés d'inscription, en raison combinée des droits pupillaires, évalués par aperçu, et de la valeur des biens qui seraient frappés d'inscription : le concours de l'officier public et de la famille offrirait, en cette circonstance, des éléments très-utiles pour la fin qu'on se propose.

A l'égard des femmes, et surtout par rapport à celles qui sont majeures, on n'aperçoit plus de conseils de famille, ni d'officiers tels qu'un juge de paix; et, sous ce point de vue, il pourrait sembler plus difficile de pourvoir à leurs intérêts; mais on n'a peut-être pas, jusqu'à présent, assez remarqué une grave différence qui existe, à l'avantage de la femme mariée, entre elle et le pupille.

L'hypothèque légale, résultant de l'incapacité légale d'agir, est entière à l'égard du pupille, que la loi ne peut pas habiliter à pourvoir lui-même à ses intérêts : mais la loi du 11 brumaire an VII habilite la femme; elle peut faire ses inscriptions sans l'autorisation de son mari, et même sans frais, puisque la même loi ordonne au conservateur d'y procéder sur l'exhibition d'une simple note, et sauf à recouvrer ses frais sur le grevé.

La femme mariée est donc relevée, *quant à ce*, de la puissance maritale : il n'y a plus d'incapacité de *droit;* et si l'on dit qu'il reste une espèce d'incapacité de *fait*, en ce que la femme n'osera pas faire d'inscription, quand cela déplaira à son mari, l'on argumente d'une exception et d'un cas dont l'application n'est pas beaucoup à redouter.

En effet, de tous les créanciers du mari, celui dont ce dernier a le plus pressant intérêt de conserver les droits, c'est sa femme; et il ne faut pas croire qu'il agira en sens contraire de ce que lui prescrit l'intérêt de sa femme, qui se confond, sous plusieurs rapports, avec le sien propre et avec celui de leurs enfants.

D'un autre côté, ne peut-on assurer l'exercice de la faculté laissée à la femme, à l'aide de quelques autres précautions, dont l'esprit ne saurait, dès à présent, repousser la possibilité?

S'il ne faut pas, continue le citoyen *Berlier*, retirer à la femme une juste protection, il ne faut pas non plus qu'une protection exagérée vienne nuire au mari, et empêche celui-ci de vendre et d'emprunter.

On a reconnu que, pour la vente, il devait être permis à l'acquéreur de purger l'hypothèque légale par des lettres de ratification ou autres mesures imitées de l'édit de 1771; mais, outre que cette voie n'est point aussi simple que celle ouverte par la loi du 11 brumaire, cet expédient ne répond qu'au cas de vente, et non aux autres contrats pour lesquels le mari ne pourra pas user de son crédit avec autant d'avantage que s'il présentait un immeuble dégrevé.

Pour écarter l'obligation d'inscrire spécialement les titres de la femme, on a dit que ses droits étant le plus souvent indéterminés, il faudrait frapper d'inscription chacun des immeubles du mari; ce qui équivaudrait à une inscription générale et indéfinie, et ne ferait rien pour conserver à celui-ci sa juste latitude de crédit : mais, cela fût-il ainsi, ce serait toujours un avertissement pour les tiers; et puis, dans les objets même indéterminés, n'y a-t-il pas une mesure d'estimation arbitraire? Pour une dot ou des droits matrimoniaux en valeur approximative de cinquante mille francs, on frapperait d'inscription un immeuble de soixante à quatre-vingt mille francs. La volonté particulière ne conduirait pas notablement au delà du besoin, comme la loi le fera dans le système des hypothèques légales, exerçant leur empire sans inscription, et d'une manière absolue sur tous les immeubles présents et futurs du mari.

Dans ces considérations, l'opinant ne conclut pas qu'il ne fallait rien faire pour les femmes, au delà des dispositions de la loi du 11 brumaire; mais il pense que, pour prendre un parti définitif, il faudrait examiner plus mûrement qu'on ne l'a fait. tout ce qui, sans dispenser de l'inscription, pourrait assurer qu'elle sera faite, et qu'elle le sera avec fruit. La chose est difficile peut-être; mais l'impossibilité n'en est pas encore démontrée : et jusque-là il faut bien se garder de porter atteinte au système éminemment utile de la publicité et de la spécialité des hypothèques; système qui repose essentiellement sur la nécessité de l'inscription, et qui deviendrait très-imparfait s'il y avait des cas, et surtout des cas nombreux et fréquents, où l'on pût se dispenser d'inscrire le titre qui est l'origine de l'hypothèque.

Le **Premier Consul** dit que la question n'est plus entière. Le titre *des hypothèques* n'est point un Code particulier, mais une partie du Code civil; on ne peut donc établir ici des principes de justice civile différents de ceux qui ont été consacrés dans les autres titres.

Or il a été décidé que les obligations sont exécutoires du jour de leur date : maintenant on propose d'en reporter l'effet à la date de l'inscription qui est subséquente.

Il a été décidé que les mineurs étaient sous la protection de la loi : on propose un système qui rend cette protection inefficace.

Il a été décidé que la femme aurait un recours, pour ses droits, sur les biens de son mari : ce recours, on veut le rendre sans effet.

Il a été décidé enfin que les biens du tuteur répondraient de plein droit de sa gestion : on ruine cette garantie, puisque, dans le système proposé, le tuteur peut donner la préférence à un de ses créanciers, en le laissant prendre inscription avant le pupille.

Mais il faut aller plus loin, et suivre ce système dans ses conséquences.

Un tuteur n'a point de biens, ou du moins il en

a très-peu ; il ruine son pupille, et du produit de ses dilapidations il fait des acquisitions considérables ; ensuite, à l'aide d'une inscription prise sous le nom d'un faux créancier, il met ses larcins à couvert : et le malheureux pupille n'a pas de recours, même sur ses propres dépouilles, tandis que ce seraient au contraire les biens que le tuteur acquiert qui devraient principalement répondre de sa gestion. Il fallait, si on ne répugne pas à un pareil résultat, ne pas donner de garantie au pupille sur les biens de son tuteur.

On a également donné un recours aux femmes sur les biens de leurs maris ; et néanmoins, quand on vient à la partie du Code où l'exécution de ce principe doit être organisée, on trouve que cette garantie n'existe plus dans l'effet : car, comme l'a très-bien observé le citoyen *Tronchet*, auquel on n'a point répondu, souvent la sûreté de la femme repose en entier sur les biens qui échoient ensuite au mari ; au moment du mariage, il n'y a pas de biens ; tout se réduit à des espérances pour l'avenir.

Détruire ainsi par les formes les principes qu'on a posés, c'est faire les lois de fantaisie, des lois aussi mobiles que le caprice qui les a produites. S'il existait beaucoup de lois semblables, il n'y aurait plus de justice civile ; car il n'y aurait plus de principes fixes et convenus : la propriété deviendrait flottante ; les biens seraient au premier occupant.

Ce n'est pas cependant qu'on ne rencontre quelques légers embarras en donnant aux hypothèques légales leur effet par la seule force de la loi. Mais cet inconvénient n'est rien auprès de celui de porter des lois contradictoires, et d'imprimer à la législation toute entière le cachet de l'instabilité. D'ailleurs, on a déjà indiqué des moyens de concilier le système des hypothèques légales avec celui de la publicité et de la spécialité

On a prétendu que la formalité de l'inscription n'avait pas plus d'inconvénient que celle de l'opposition. Le consul *Cambacérès* a répondu à cette objection. On peut ajouter à ce qu'il a dit, que la formalité de l'opposition ne permet pas du moins, comme celle de l'inscription, de donner aux hypothèques une date postérieure à celle qu'elles doivent avoir.

Le Consul admet, dans tout le reste, le système de la loi du 11 brumaire.

Le citoyen **Jollivet** dit que ce système ne peut plus se soutenir, si les hypothèques légales existent de plein droit. Les maris, les tuteurs, les comptables, forment la moitié de la société. Dès lors, la publicité, la spécialité des créances perdent presque tous leurs avantages ; elles ne sont utiles en effet que pour faire connaître quels biens sont engagés et pour quelle somme ; et cependant, il devient impossible de s'assurer de ce point de fait, si des immeubles peuvent être grevés d'hypothèques légales inconnues et indéterminées.

Le citoyen **Tronchet** dit que le *Premier Consul* a touché le vrai point de la difficulté.

En effet, on accorde d'abord que l'hypothèque légale doit être générale, puis on veut la soumettre à la formalité de l'inscription, ce qui la rend nécessairement spéciale. Ainsi, on ne l'appelle générale que parce qu'il est possible de la faire inscrire sur chacun des biens de l'individu responsable.

Or il est impossible que l'hypothèque légale de la femme et du mineur puisse être spécialisée. L'hypothèque de la femme ne peut être déterminée au moment du mariage, parce qu'elle a pour

objet, non-seulement les biens présents, mais encore tous ceux qui pourront lui échoir jusqu'à la dissolution de l'union conjugale.

Souvent même, comme on l'a dit, cette hypothèque n'aurait point de prise, parce que souvent l'époux ne possède point d'immeubles à l'époque où le mariage se forme.

On répond que la femme, ayant une hypothèque générale, peut prendre des inscriptions sur les biens que le mari acquiert par la suite.

Mais on ne prend pas garde que les précautions ne sont nécessaires que contre le mari dissipateur, et que le mari dissipateur se garde bien d'avertir la femme des acquisitions qu'il fait, ni de désigner surtout l'immeuble dont il devient propriétaire ; et cependant la désignation est nécessaire pour former inscription. Ce mari, au contraire, charge sa nouvelle propriété d'inscriptions fausses ; quelquefois même il en survient de réelles. Il est donc impossible de maintenir à la femme les avantages des hypothèques légales, si on les fait dépendre de la formalité de l'inscription.

La même difficulté se présente à l'égard du pupille.

Son actif, objecte-t-on, est constaté par un inventaire. Dès lors rien ne s'oppose à ce que l'hypothèque soit spécialisée.

Mais d'abord, l'actif peut être augmenté par des successions, par des donations ou par d'autres événements. Ensuite le tuteur doit plus que la restitution du fonds des biens, il doit aussi le compte des fruits.

On a proposé de faire prendre les inscriptions du mineur par le juge de paix du domicile.

Cet expédient est impossible. Comment un juge de paix connaîtra-t-il les biens dépendant d'une succession qui s'est ouverte à cinquante lieues de sa résidence ?

Le citoyen **Treilhard** dit que la question est entière, et que le système qu'il adopte se concilie parfaitement avec les dispositions du Code civil antérieurement admises.

Si l'on suppose un mari dissipateur, alors on fait à la femme un présent funeste en lui accordant l'hypothèque légale ; car le mari la forcera de s'engager solidairement avec lui, et alors à quoi lui serviront ses hypothèques.

Le régime que le citoyen *Treilhard* propose lui paraît beaucoup plus simple. La femme, pour prendre inscription, n'est obligée à aucune dépense. Elle n'a pas besoin de son contrat de mariage ; elle peut même former inscription à l'insu de son mari.

On craint que le mari ne la prime par de fausses inscriptions.

Dans le système contraire, il la primerait par un faux privilége.

Au reste, l'expérience n'a pas justifié toutes ces craintes ; mais un point beaucoup plus certain, c'est que les hypothèques légales, quand elles s'établiraient de plein droit, seraient toujours une faible ressource pour la femme, tant que par des inscriptions la fortune de son mari n'aurait pas été mise à découvert.

Le citoyen **Bigot-Préameneu** dit qu'on se persuade faussement que la fortune d'un citoyen puisse être vérifiée à l'aide des inscriptions. On parviendra sans doute à connaître par ce moyen les hypothèques conventionnelles qui existent sur les immeubles ; mais les inscriptions ne peuvent faire connaître la quotité des hypothèques légales, puisque ces hypothèques sont essentiellement indéterminées.

L'inconvénient d'exposer la femme à être forcée par son mari à s'engager avec lui se rencontre dans tous les systèmes; mais celui du citoyen *Treilhard* a un inconvénient de plus, c'est d'obliger à réduire les hypothèques légales de la femme, afin que, devenant indéterminées, elles puissent être inscrites.

Le **Premier Consul** pense que les hypothèques de la femme seront bien plus certaines, si, pour les conserver, il lui suffit de ne pas y renoncer, que s'il lui fallait, pour en obtenir l'effet, agir et prendre des inscriptions. On sait qu'en général les femmes refusent avec beaucoup de fermeté de signer tout acte qui peut compromettre leur dot; qu'au contraire elles sont peu capables de faire des démarches et de conduire les affaires.

Le citoyen **Cretet** observe au citoyen *Bigot-Préameneu* qu'il est impossible qu'il n'y ait pas des hypothèques indéterminées, et que cependant il est utile de les inscrire.

On conçoit en effet deux espèces de bilans: l'un très-précis, et qui présente la balance exacte de l'actif et du passif de chacun; l'autre indéfini, et qui ne fait pas connaître positivement la quotité des dettes. Si le dernier ne donne pas une idée claire de la situation de la personne avec laquelle on veut traiter, du moins a-t-il l'effet d'avertir que les biens de cette personne sont grevés, et d'empêcher les surprises. Quand on n'inscrirait pas la quotité des reprises de la femme, des engagements des tuteurs, des comptables, c'est toujours beaucoup faire pour le public, que de lui apprendre qu'un particulier, comme mari, comme tuteur, comme comptable, est responsable sur ses biens. On ne désire pas obtenir un autre effet de l'inscription d'hypothèques indéterminées.

Le **Premier Consul** dit qu'il se rend aux raisons qu'on a proposées, pour faire dépendre de la formalité de l'inscription l'effet de l'hypothèque légale du fisc: il en pourra résulter quelques pertes pour l'État; mais cet inconvénient est moins grand que celui de sacrifier au fisc la sûreté des citoyens. Le Consul désire que les hypothèques légales des femmes et des mineurs aient leur effet par la seule force de la loi.

Il admet la publicité et la spécialité pour toutes les autres hypothèques; mais il pense que celles de la femme et du mineur ne doivent pas dépendre de la formalité de l'inscription. Il voudrait cependant que l'acquéreur fût admis à les purger par une procédure particulière qui garantît également ses droits et ceux de la femme, et que cette procédure ne pût avoir lieu qu'après que le contrat serait demeuré exposé pendant deux ou trois mois au bureau des hypothèques.

Le consul **Cambacérès** pense que l'exposition du contrat est une formalité indispensable. La clandestinité ne peut être utile qu'à la fraude: tantôt c'est un acquéreur qui veut consommer dans les ténèbres un marché scandaleux; tantôt un vendeur qui cherche à frustrer ses créanciers: que du moins les hypothèques légales soient mises hors d'atteinte.

On peut au surplus les inscrire. Il suffirait qu'elles le fussent au domicile du débiteur, et que cette inscription valût pour les biens qu'il peut posséder dans d'autres arrondissements; mais l'inscription ne doit pas être une condition dont l'oubli expose la femme ou le mineur à perdre son hypothèque; il faut qu'ils aient leur garantie par la seule force de la loi.

On objecte que les maris feront obliger leurs femmes.

Il faudrait le défendre; car les familles n'ont de consistance que là où la dot est en sûreté.

Sous l'ancienne législation, qui ne s'occupait que de l'intérêt des femmes et des mineurs, les acquéreurs savaient pourvoir par eux-mêmes à leur sûreté. S'ils avaient des doutes, ils ne délivraient pas le prix, ou ils stipulaient un emploi.

Dans la législation nouvelle, on peut établir pour leur sûreté toutes les précautions qu'on jugera convenables, pourvu qu'on n'oblige pas ceux à qui la loi accorde l'hypothèque légale, d'agir pour la conserver. On peut, par exemple, ordonner que le contrat demeurera déposé; que le commissaire du Gouvernement veillera à ce que les formalités prescrites pour avertir les tiers soient remplies; que l'acquéreur sera tenu d'avertir la femme; qu'il pourra exiger l'emploi des deniers.

Le **Premier Consul** dit que l'inscription des hypothèques légales ne doit être qu'une simple formalité, et non une condition nécessaire pour en assurer l'effet; qu'il faut cependant établir des moyens de les purger; que, s'il était impossible d'organiser un système qui mît tous les intérêts à couvert, il faudrait faire céder la sûreté d'un majeur qui prête et qui acquiert, à celle de la femme et du mineur, que leur état rend incapables de se protéger eux-mêmes.

Le Conseil adopte en principe:

Que toute hypothèque sera publique;

Que l'hypothèque conventionnelle sera toujours spéciale;

Que la sûreté de la femme et du mineur doit être préférée à celle des acquéreurs et des prêteurs.

La séance est levée.

Pour extrait conforme:
Le secrétaire général du Conseil d'État,
J. G. LOCRÉ.

SÉANCE

DU 21 PLUVIÔSE AN XII DE LA RÉPUBLIQUE.

(Samedi 11 février 1804).

Le **Premier Consul** préside la séance.
Le second et le troisième Consuls sont présents.

Le citoyen **Berlier** annonce que le titre X du livre III du projet de Code civil, *du contrat de mariage et des droits respectifs des époux,* a été décrété par le Corps législatif, dans sa séance du 20 pluviôse.

Le citoyen **Bigot-Préameneu** dit que la section a examiné un projet de loi présenté par le *grand-juge, ministre de la justice,* pour fixer le mode d'exécution de l'article 151 au titre *du mariage,* lequel impose aux majeurs qui se marient l'obligation de demander par un acte respectueux le conseil de leur père et de leur mère, ou, à défaut des père et mère, celui de leurs aïeuls et aïeules.

La section a pensé que ce projet était susceptible de quelques modifications; elle a, en conséquence, rédigé un autre projet.

Le rapporteur fait lecture des deux projets de loi.

Ils sont ainsi conçus:

PROJET DE LOI

Présenté par le grand juge ministre de la justice.

Art. 1er. « Les enfants de famille qui, aux termes « de l'article 151 de la 1re partie du Code civil, sont « obligés, avant de se marier, de demander le con- « seil de leurs père et mère par un acte respec- « tueux et formel, seront tenus, si le conseil est « contraire à leur demande, de la réitérer deux

« autres fois ; l'une deux mois après la première
« demande, l'autre deux mois après la se-
« conde. »

Art. 2. « Si, après le dernier acte, le conseil des
« père et mère continue à être contraire à la de-
« mande, le mariage ne pourra être célébré que
« deux mois après la date dudit acte. »

Art. 3. « Sont exceptés des dispositions ci-dessus
« les enfants mâles âgés de plus de trente ans, et
« les filles de plus de vingt-cinq. »

Art. 4. « Les trois actes respectueux seront no-
« tifiés aux père et mère, par le ministère d'un no-
« taire, assisté de deux témoins, lesquels signeront
« avec lui le procès-verbal qui sera dressé de la ré-
« ponse desdits père et mère. »

Art. 5. « Les officiers de l'état civil et les mi-
« nistres des cultes qui procéderaient à la célébra-
« tion des mariages mentionnés en l'article 1er, sans
« qu'il leur apparût des trois actes respectueux qui
« doivent être notifiés aux père et mère, et avant
« l'expiration des deux mois, à compter de la date
« du dernier, seront, outre l'amende portée par
« l'article 186 du Code civil, qui leur sera applica-
« ble, condamnés correctionnellement à une réclu-
« sion qui ne pourra être moindre d'une année. »

Art. 6. « Seront sujets aux mêmes peines les of-
« ficiers de l'état civil ou ministres des cultes qui
« se permettraient de marier des enfants mineurs,
« sans qu'il apparût de consentement de leurs
« père et mère, aïeuls ou aïeules ; et au défaut des-
« dits ascendants, de celui du conseil de famille. »

PROJET DE LOI
Présenté par la section de législation.

Art. 1er. « Les fils qui ont atteint l'âge de vingt-
« cinq ans accompli, les filles qui ont atteint l'âge
« de vingt et un ans accomplis, lesquels, aux termes
« du Code civil (titre *du mariage*, article 151), sont
« tenus, avant de contracter mariage, de demander
« le conseil de leur père et de leur mère, ou celui
« de leurs aïeuls et aïeules, lorsque leur père et leur
« mère sont décédés ou dans l'impossibilité de ma-
« nifester leur volonté, satisferont à ce devoir
« ainsi qu'il suit. »

Art. 2. « La demande de conseil sera faite par
« acte respectueux que deux notaires, ou un no-
« taire assisté de deux témoins, notifieront à celui
« ou ceux des ascendants désignés en l'article pré-
« cédent, en faisant mention de la réponse dans
« le procès-verbal, qui sera signé des notaires,
« des témoins et de l'ascendant. En cas de refus de
« ce dernier, il en sera fait mention. »

Art. 3. « Depuis l'âge de vingt-cinq ans accom-
« plis pour les fils et de vingt et un ans accompli
« pour les filles, jusqu'à l'âge de trente accompli
« pour les uns et les autres, si, sur un premier
« acte respectueux, le conseil de l'ascendant n'est
« pas pour le mariage, il sera fait, après le délai
« d'un mois, un second acte respectueux ; si sur
« ce second acte, l'ascendant insiste, il en sera
« fait, un mois après, un troisième ; et si, sur ce
« troisième acte, l'ascendant insiste encore, il
« pourra être, un mois après, passé outre au ma-
« riage. »

Art. 4. « Après l'âge de trente ans pour les fils
« et pour les filles, la demande de conseil sera
« faite par un seul acte respectueux ; et si le con-
« seil de l'ascendant n'est pas pour le mariage, il
« pourra être, un mois après, passé outre au ma-
« riage. »

Art. 5. « Les dispositions des articles précédents
« sont applicables aux enfants naturels légalement
« reconnus. »

Art. 6. « Les officiers de l'état civil qui auraient

« procédé à la célébration des mariages contrac-
« tés par des fils n'ayant pas atteint l'âge de vingt-
« cinq ans accomplis, ou par des filles n'ayant
« pas atteint l'âge de vingt et un ans accomplis,
« sans que le consentement des pères et mères,
« aïeuls et aïeules, et celui de la famille dans les
« cas où ils sont requis, soit énoncé dans l'acte de
« mariage, seront punis de l'amende portée en
« l'article 186 du Code civil, au titre *du mariage*,
« sans préjudice des peines correctionnelles qui
« pourront leur être infligées, s'il y échet. »

Art. 7. « Les mêmes peines seront encourues
« par les officiers de l'état civil qui auraient pro-
« cédé au mariage des fils âgés de plus de vingt-
« cinq ans, et des filles âgées de plus de vingt et un
« ans, sans que les actes respectueux prescrits
« par les articles précédents aient été énoncés dans
« l'acte de mariage. »

Le citoyen **Bigot-Préameneu** reprend et dit
que la principale différence qui existe entre les
deux projets porte sur la disposition par laquelle
le *grand-juge* appelle les ministres du culte cumulativement avec les officiers de l'état civil, à
vérifier si l'acte respectueux a été
remplie, et leur impose une peine s'ils manquent
à ce devoir.

La section a pensé que cette disposition est inutile, parce que les ministres du culte ne pouvant
donner la bénédiction nuptiale qu'aux mariages
qu'on leur justifie par un acte avoir été célébrés
devant l'officier de l'état civil, il y a certitude
que les parties qui se présentent devant eux ont
satisfait à l'obligation de faire un acte respectueux:

D'un autre côté, on ne pourrait autoriser les
ministres du culte à réviser les actes de mariage
et les en rendre juges, sans blesser les principes
de la législation actuelle.

Ainsi, si quelque peine doit leur être imposée,
ce ne peut être que pour avoir béni des mariages
sans s'être fait représenter l'acte qui justifie qu'ils
ont été célébrés devant l'officier de l'état civil.

C'est au Code correctionnel à établir cette peine,
ainsi que celle contre l'officier qui a négligé de
vérifier si l'acte respectueux a eu lieu. La disposition serait déplacée dans le Code civil.

Le **Grand-Juge** dit que la formalité de l'acte
respectueux est tellement importante, qu'il a cru
ne devoir négliger aucune des précautions capables d'en prévenir l'omission.

Il est évident que les ministres des cultes sont
obligés de se conformer aux lois : il n'y a donc
aucune difficulté à énoncer cette obligation ; et
c'est un avantage de se ménager une garantie de
plus pour le cas où l'officier de l'état civil aurait
été surpris ou négligent. Les parties osent moins
se hasarder à s'écarter de la loi, lorsqu'elles su-
vent qu'elles rencontreront un double obstacle à
masquer leur fraude.

Au surplus, les ministres des cultes ne sont pas
appelés à juger ces actes de mariage. Leur fonction se bornera à vérifier si une formalité prescrite par la loi a été remplie.

Quelle que soit la responsabilité qu'on leur impose pour les forcer à se faire représenter les actes
de mariage, elle ne conduirait jamais à faire réparer l'omission de la formalité dont on veut assurer l'effet. Puisque la loi ne prévient pas les
contraventions en imposant une peine aux parties,
elle ne peut plus les empêcher qu'en s'appesan-
tissant sur les fonctionnaires.

Le citoyen **Berlier** dit que le surcroît de garantie qu'on cherche échappera lorsque les parties s'en tiendront à l'acte civil, qui seul constitue

le mariage; ainsi point ou peu d'avantage dans la cumulation proposée, parce que, dans le cas d'absence du ministre du culte, on passera outre.

Mais n'y aurait-il pas de graves inconvénients à immiscer les ministres des cultes dans les jugements des formalités requises pour la validité des mariages? Quand on a retiré les registres de l'état civil aux prêtres, ç'a été une grande conquête qu'il ne faut pas compromettre.

Il est vrai qu'aujourd'hui les ministres des cultes ne peuvent bénir un mariage sans se faire représenter l'acte de célébration rédigé par l'officier de l'état civil; mais il n'y a rien à conclure de cette obligation à l'attribution qu'on discute.

Sans doute il fallait obvier aux déplorables erreurs de ceux qui se seraient crus valablement mariés par le seul acte passé à l'église ou au temple; mais la disposition prise à ce sujet met chaque chose à sa place : la bénédiction du mariage est subordonnée à sa célébration devant l'officier de l'état civil; nulle concurrence n'est établie entre cet officier et le ministre du culte, et ils ne sont pas constitués en même temps juges et garants du même fait, comme cela arriverait dans l'espèce qu'on examine, si la proposition du *grand-juge* était suivie : un tel point de contact ne donnerait-il pas naissance à de fréquentes contradictions entre les officiers de l'état civil et les ministres des cultes, et à beaucoup de fausses prétentions de la part de ces derniers? C'est ce qu'il faut éviter.

Le citoyen **Bigot-Préameneu** ajoute qu'indépendamment des raisons qui viennent d'être exposées, la section a encore considéré qu'il serait impossible de vérifier si les ministres des cultes se sont fait représenter l'acte respectueux, puisqu'ils ne tiennent point de registres.

Le **Premier Consul** dit que le ministre du culte n'est pas en faute lorsqu'il imprime le sceau de la religion au mariage qui a déjà reçu le sceau de la loi; qu'on ne peut néanmoins l'obliger à bénir les mariages valables suivant les lois civiles, lorsqu'il aperçoit quelque empêchement canonique. Cependant si son refus était mal fondé, il pourrait y avoir un appel comme d'abus, lequel serait porté devant le Conseil d'État.

Le prêtre ne peut donc unir ceux qui ne l'ont pas été devant l'officier de l'état civil; et s'il se le permet, la contravention doit être punie, attendu qu'elle met les parties dans une fausse position. Si au contraire le mariage dont on lui a représenté l'acte a été illégalement célébré par l'officier de l'état civil, c'est sur ce dernier que doit retomber la peine.

Il serait nécessaire que cette peine fût déterminée par la loi.

Le citoyen **Bigot-Préameneu** dit qu'elle sera fixée par le Code correctionnel.

Le **Grand-Juge** dit qu'il est nécessaire de multiplier les obstacles à la contravention.

On objecte que ce serait donner lieu à une résistance mal fondée de la part du ministre du culte, qui peut-être s'ingérerait à juger de la validité du mariage, et même contrarierait l'officier de l'état civil.

Mais il faut observer qu'il ne s'agit ici que d'un fait sur lequel il ne peut pas y avoir contradiction.

Le **Premier Consul** dit que l'obligation qu'on veut imposer aux ministres des cultes serait certainement une garantie de plus, mais qu'elle ne serait point dans l'esprit de la législation, laquelle exclut entièrement les ministres des cultes de tout ce qui concerne la validité du contrat civil du mariage.

Le citoyen **Treilhard** dit qu'il est convaincu de cette vérité.

Il y a des formalités plus essentielles encore que l'acte respectueux. Ainsi, d'après le système de multiplier les garanties, il faudrait autoriser les ministres du culte à examiner également si ces formalités ont été remplies.

Le projet de la section obtient la priorité.

Le **Premier Consul** dit qu'il serait nécessaire de faire entrer dans le Code civil le projet que l'on discute, comme contenant des dispositions additionnelles, et n'étant destiné qu'à fixer l'application d'un de ses articles.

Le citoyen **Treilhard** dit que ce serait peut-être affaiblir le respect dû au Code civil, que de le modifier dans un temps aussi rapproché de sa confection.

On ne peut espérer que le Code civil, avec quelque sagesse qu'il ait été fait, soit entièrement exempt de fautes et ne présente aucune lacune. La sagesse humaine ne va point jusqu'à faire un ouvrage parfait; mais c'est à l'expérience seule qu'il appartient d'indiquer les modifications véritablement utiles; et après que le temps aura essayé la législation nouvelle, on la révisera dans son universalité, et on y mettra la dernière main. Les changements partiels en détruiraient l'ensemble et seraient hasardés. Du moment qu'on s'en permettrait un seul, on verrait arriver de tous côtés des réclamations et des demandes produites par l'esprit d'innovation, ou par l'intérêt personnel.

Le consul **Cambacérès** partage cette opinion; il voudrait qu'on ne se permît pas avant dix ans au moins de faire aucun changement au Code civil. Alors seulement, par la manière dont les tribunaux l'auront appliqué, on connaîtra véritablement l'opinion nationale, les avantages et les inconvénients de chaque disposition. Jusque-là le tribunal de cassation rectifiera les erreurs graves et réprimera les écarts. Ceci ne regarde que les dispositions interprétatives.

Il n'en est pas de même des dispositions supplétives. Il peut y en avoir de nécessaires; celle qu'on propose l'est certainement, puisqu'elle tend à régler une formalité sur laquelle le Code civil ne s'est point expliqué, et à l'assurer par une sanction pénale.

Une édition officielle du Code civil sera indispensable, tant pour réunir en un seul corps de lois et pour placer dans leur ordre naturel les divers titres dont le Code civil se compose, que pour donner une série unique aux articles; on est donc encore à temps d'insérer dans le Code la loi qui est proposée, et qui en fait évidemment partie.

Le citoyen **Treilhard** dit qu'on pourrait aussi placer cette loi dans le Code de procédure civile, dont la seconde partie concernera les procédures extraordinaires, et comprendra d'autres dispositions sur les matières du Code civil. Cette loi n'établit en effet que le mode d'exécution d'un article du titre *du mariage*, et n'en diffère qu'en ce qu'elle prescrit un plus grand nombre de sommations respectueuses.

Le Conseil arrête que le projet de loi proposé sera inséré dans le *Code civil*.

Le projet de la section est soumis à la discussion.

Les articles 1 et 2 sont adoptés.

L'article 3 est discuté.

Le **Grand-Juge** demande que le délai entre l'acte respectueux et la célébration du mariage soit porté à six mois. Le respect dû aux ascendants paraît exiger cette modification. Elle est surtout nécessaire pour que l'objet de la loi soit rempli : son but en effet est de donner aux passions le temps de s'amortir, soit qu'il s'agisse de faire revenir les parents de préventions mal fondées, soit qu'il faille ramener à la raison le fils qui se porte à un mariage mal assorti.

Le citoyen **Bigot-Préameneu** répond que la section a voulu concilier ce qui est dû aux parents avec les droits que la loi donne à un homme de vingt-cinq ans et à une fille de vingt-un ans.

Il est difficile d'espérer qu'un délai de six mois suffise pour calmer les passions, et il pourrait résulter de ces passions même des désordres scandaleux qu'il faut aussi prévenir. On doit compter beaucoup sur de sages représentations plusieurs fois réitérées. D'ailleurs il importe de ne pas perdre de vue que la famille de celui au mariage duquel l'autre famille s'oppose, est dans une position désagréable, et que le refus de consentement ne doit pas être un obstacle de trop longue durée au mariage que la loi autorise.

Le citoyen **Treilhard** ajoute qu'un délai trop long pourrait produire des désordres plus fâcheux même qu'un mariage nul.

Le Conseil arrête que le délai sera de trois mois.

Les articles 4 et 5 sont adoptés.

L'article 6 est discuté.

Le citoyen **Bigot-Préameneu** dit que la section a cru devoir renvoyer au Code correctionnel, pour la fixation de la peine, attendu que le délit est susceptible de différentes nuances, d'après lesquelles la peine doit être graduée.

Le citoyen **Regnauld** (*de Saint-Jean-d'Angély*) dit que cependant jusque là la contravention demeurera impunie, puisqu'il n'existe point de peine dans notre législation actuelle.

Le citoyen **Treilhard** répond que toutes les parties du système de la pénalité doivent être coordonnées entre elles, afin que le châtiment soit toujours mesuré sur le plus ou le moins de gravité du délit. Il serait donc possible, si l'on fixait ici la peine de la contravention, que cette peine fût ou plus forte ou plus faible qu'elle ne devrait l'être dans le système général de la législation criminelle.

Le citoyen **Berlier** ajoute que d'ailleurs le Code civil ne contient aucune peine proprement dite, parce que la matière des peines appartient en entier au Code criminel ou correctionnel.

Le citoyen **Bérenger** propose d'établir la peine par une loi particulière et séparée du Code civil.

Le citoyen **Cretet** demande qu'après avoir prononcé la peine de l'amende, on se borne à dire, *sans préjudice des peines correctionnelles, s'il y échet.*

Le citoyen **Regnauld** (*de Saint-Jean-d'Angély*) objecte que si la loi n'impose qu'une peine pécuniaire, elle sera impunément violée par les particuliers opulents, qui indemniseront l'officier de l'état civil de l'amende qu'il aura encourue; qu'il paraît donc nécessaire de prononcer la nullité du mariage.

Le citoyen **Bigot-Préameneu** observe qu'il y a nullité relative.

Le citoyen **Regnauld** (*de Saint-Jean-d'Angély*) pense que la nullité devrait être absolue.

Le **Grand-Juge** dit qu'il est contre la dignité de la loi d'offrir elle-même un moyen de la violer impunément, ou du moins sous une peine tellement légère qu'elle punit pas réellement prévaricateur. Il ne ~~~~ ~~~~ l'état civil de c ~~~~ ~~~~ ~~~~ ble am

Le citoyen **Treilhard** dit que l'officier civil, convaincu d'avoir manqué à son devoir pour de l'argent, serait puni comme prévaricateur, et par conséquent avec beaucoup plus de sévérité que par une peine purement pécuniaire. Au reste, si l'on suppose qu'il soit capable de se laisser séduire, même un emprisonnement d'un an ne l'arrêtera pas, lorsqu'il en résultera pour lui des avantages considérables et que sa fortune sera à ce prix.

Mais la question est de savoir s'il y a ici tellement urgence, qu'il soit nécessaire de mettre dans le Code civil une disposition qui appartient au Code correctionnel, et qu'il faudra peut-être incessamment changer, pour la coordonner avec le système général de pénalité qui sera établi. Il ne paraît pas qu'on soit réduit à cette nécessité, puisqu'il y a très-peu d'exemples d'enfants qui se marient sans avoir requis le consentement de leurs ascendants.

Le **Grand-Juge** répond que s'il en était ainsi la loi serait inutile, mais que déjà le Conseil en a décidé autrement, puisqu'il a jugé la loi nécessaire, et qu'il a arrêté qu'elle serait insérée dans le Code civil. Or, si elle est nécessaire, il faut en assurer l'exécution. Ce ne sera pas par une modique amende; ce ne sera pas même en punissant comme prévaricateur l'officier civil qui se serait fait indemniser; car on ne saisira presque jamais les preuves de la prévarication. Il ne reste donc plus d'autre moyen que de fixer dès à présent une peine déterminée.

L'inconvénient de transporter ensuite cette disposition dans le Code criminel est de peu d'importance. Il serait malheureux que jusqu'à la confection de ce Code, on ne pût plus établir aucune peine. Cependant toutes celles qui seront prononcées pour d'autres cas devront aussi, par la suite, être coordonnées avec le système général de la pénalité.

Le Conseil adopte la peine proposée par le projet du Grand-Juge, et arrête que la disposition pénale sera insérée dans la loi en discussion.

L'article 7 est adopté.

La séance est levée.

Pour extrait conforme :

Le secrétaire général du Conseil d'État,

J. G. LOCRÉ.

SÉANCE

DU 24 PLUVIÔSE AN XI DE LA RÉPUBLIQUE.

(*Mardi, 14 février 1804*).

Le **Second Consul** préside la séance.

Le citoyen **Bigot-Préameneu** annonce que le titre IV du livre III du projet de Code civil, *de la contrainte par corps en matière civile*, a été décrété par le Corps législatif dans sa séance du 23 pluviôse.

Le citoyen **Treilhard** annonce que le titre V du livre III, *du cautionnement*, a été décrété par le Corps législatif dans sa séance de ce jour.

LIVRE PREMIER.

TITRE V.

DES ACTES RESPECTUEUX A FAIRE PAR LES ENFANTS AUX PÈRES ET MÈRES, AÏEULS ET AÏEULES.

Le citoyen **Bigot-Préameneu** présente le de loi sur les *actes respectueux à faire par* *aux pères et mères, aïeuls et aïeules,* « *où ils sont prescrits au titre du mariage* conformément aux amendements la séance du 21 pluviôse.

Le Conseil l'adopte en ces termes :

Art. 1er. « Depuis la majorité fixée par l'article 148 « au titre *du mariage*, jusqu'à l'âge de trente ans « accomplis pour les fils, et jusqu'à l'âge de vingt- « cinq ans accomplis pour les filles, l'acte respec- « tueux, prescrit par l'article 151, et sur lequel il « n'y aurait pas de consentement au mariage, sera « renouvelé deux autres fois, de mois en mois ; « et un mois après le troisième acte, il pourra être « passé outre à la célébration du mariage. »

Art. 2. « Après l'âge de trente ans, il pourra être, « à défaut de consentement sur un acte respec- « tueux, passé outre un mois après à la célébra- « tion du mariage. »

Art. 3. « L'acte respectueux sera notifié, à « celui ou ceux des ascendants désignés en « l'article 151, par deux notaires, ou par un no- « taire et deux témoins. »

Art. 4. « En cas d'absence de l'ascendant au- « quel eût dû être fait l'acte respectueux, il sera « passé outre à la célébration du mariage, en re- « présentant le jugement qui aurait été rendu « pour déclarer l'absence ; ou, à défaut de ce ju- « gement, celui qui aurait ordonné l'enquête ; « ou, s'il n'y avait point encore eu de jugement, « un acte de notoriété délivré par le juge de paix « du lieu où l'ascendant a eu son dernier domicile « connu. Cet acte contiendra la déclaration de qua- « tre témoins appelés d'office par ce juge de paix. »

Art. 5. « Les officiers de l'état civil qui auraient « procédé à la célébration des mariages con- « tractés par des fils n'ayant pas atteint l'âge de « vingt-cinq ans accomplis, ou par des filles « n'ayant pas atteint l'âge de vingt-un ans accom- « plis, sans que le consentement des pères et « mères, celui des aïeuls et aïeules et celui de la « famille, dans le cas où ils sont requis, soient « énoncés dans l'acte de mariage, seront, à la « diligence des parties intéressées et du commis- « saire du Gouvernement près le tribunal de pre- « mière instance du lieu où le mariage aura été « célébré, condamnés à l'amende portée par l'ar- « ticle 186 du Code civil, et en outre à un em- « prisonnement dont la durée ne pourra être « moindre de six mois. »

Art. 6 « Lorsqu'il n'y aura pas eu d'actes respec- « tueux, dans les cas où ils sont prescrits, l'officier « de l'état civil qui aurait célébré le mariage sera « condamné à la même amende, et à un emprison- « nement qui ne pourra être moindre d'un mois. »

Le Consul ordonne que le projet ci-dessus sera communiqué officieusement, par le secrétaire géné- ral du Conseil d'État, à la section de législation du Tribunat, conformément à l'arrêté du 18 ger- minal an X.

La séance est levée.

Pour extrait conforme :
Le secrétaire général du Conseil d'État,
J. G. LOCRÉ.

SÉANCE

DU 3 VENTÔSE AN XII DE LA RÉPUBLIQUE.

(Jeudi 23 février 1804).

Le **Second Consul** préside la séance.

Le citoyen **Gally**, d'après la conférence tenue avec le Tribunat, présente la rédaction définitive du titre XI du livre III du projet de Code civil, *de la vente.*

Le Conseil l'adopte en ces termes :

DE LA VENTE.

CHAPITRE PREMIER.

De la nature et de la forme de la vente.

Art. 1er. « La vente est une convention par laquelle « l'un s'oblige à livrer une chose, et l'autre à la payer.

« Elle peut être faite par acte authentique ou « sous seing privé. »

Art. 2. « Elle est parfaite entre les parties, et la « propriété est acquise de droit à l'acheteur à « l'égard du vendeur, dès qu'on est convenu de « la chose et du prix, quoique la chose n'ait pas « encore été livrée ni le prix payé. »

Art. 3. « La vente peut être faite purement et « simplement, ou sous une condition soit sus- « pensive, soit résolutoire.

« Elle peut aussi avoir pour objet deux ou plu- « sieurs choses alternatives.

« Dans tous ces cas, son effet est réglé par les « principes généraux des conventions. »

Art. 4. « Lorsque des marchandises ne sont pas « vendues en bloc, mais au poids, au compte ou « à la mesure, la vente n'est point parfaite, en « ce sens que les choses vendues sont aux ris- « ques du vendeur jusqu'à ce qu'elles soient pe- « sées, comptées ou mesurées ; mais l'acheteur « peut en demander ou la délivrance ou des « dommages-intérêts, s'il y a lieu, en cas d'inexé- « cution de l'engagement. »

Art. 5. « Si au contraire les marchandises ont « été vendues en bloc, la vente est parfaite, quoi- « que les marchandises n'aient pas encore été « pesées, comptées ou mesurées. »

Art. 6. « A l'égard du vin, de l'huile et des autres « choses que l'on est dans l'usage de goûter avant « d'en faire l'achat, il n'y a point de vente tant « que l'acheteur ne les a pas goûtées et agréées. »

Art. 7. « La vente faite à l'essai est toujours « présumée faite sous une condition suspensive. »

Art. 8. « La promesse de vente vaut vente, lors- « qu'il y a consentement réciproque des deux « parties sur la chose et sur le prix. »

Art. 9. « Si la promesse de vendre a été faite « avec des arrhes, chacun des contractants est « maître de s'en départir :

« Celui qui les a données, en les perdant ;

« Et celui qui les a reçues, en restituant le « double. »

Art. 10. « Le prix de la vente doit être déter- « miné et désigné par les parties. »

Art. 11. « Il peut cependant être laissé à l'arbi- « trage d'un tiers : si le tiers ne veut ou ne peut « faire l'estimation, il n'y a point de vente. »

Art. 12. « Les frais d'actes et autres accessoi- « res à la vente sont à la charge de l'acheteur. »

CHAPITRE II.

Qui peut acheter ou vendre.

Art. 13. « Tous ceux auxquels la loi ne l'inter- « dit pas peuvent acheter ou vendre. »

Art. 14. « Le contrat de vente ne peut avoir « lieu entre époux que dans les trois cas suivants :

« 1° Celui où l'un des deux époux cède des « biens à l'autre, séparé judiciairement d'avec lui, « en paiement de ses droits ;

« 2° Celui où la cession que le mari fait à sa « femme, même non séparée, a une cause lé- « gitime, telle que le remploi de ses immeubles « aliénés, ou de deniers à elle appartenant, si ces « immeubles ou deniers ne tombent pas en com- « munauté ;

« 3° Celui où la femme cède des biens à son « mari en paiement d'une somme qu'elle lui au- « rait promise en dot, et lorsqu'il y a exclusion « de communauté :

« Sauf, dans ces trois cas, les droits des héri- « tiers des parties contractantes, s'il y a avantage « indirect. »

Art. 15. « Ne peuvent se rendre adjudicataires,

« sous peine de nullité, ni par eux-mêmes, ni par
« personnes interposées :

« Les tuteurs, des biens de ceux dont ils ont
« la tutelle ;

« Les mandataires, des biens qu'ils sont char-
« gés de vendre ;

« Les administrateurs, de ceux des communes ou
« des établissements publics confiés à leurs soins ;

« Les officiers publics, des biens nationaux
« dont les ventes se font par leur ministère. »

Art. 16. « Les juges, leurs suppléants, les com-
« missaires du Gouvernement, leurs substituts,
« les greffiers, huissiers, avoués, défenseurs offi-
« cieux et notaires, ne peuvent devenir cession-
« naires des procès, droits et actions litigieux
« qui sont de la compétence du tribunal dans le
« ressort duquel ils exercent leurs fonctions, à
« peine de nullité, et des dépens, dommages et
« intérêts. »

CHAPITRE III.

Des choses qui peuvent être vendues.

Art. 17. « Tout ce qui est dans le commerce
« peut être vendu, lorsque des lois particulières
« n'en ont pas prohibé l'aliénation. »

Art. 18. « La vente de la chose d'autrui est
« nulle : elle peut donner lieu à des dommages-
« intérêts lorsque l'acheteur a ignoré que la chose
« fût à autrui. »

Art. 19. « On ne peut vendre la succession
« d'une personne vivante, même de son consen-
« tement. »

Art. 20. « Si au moment de la vente la chose ven-
« due était périe en totalité, la vente serait nulle.

« Si une partie seulement de la chose est périe,
« il est au choix de l'acquéreur d'abandonner la
« vente, ou de demander la partie conservée, en
« faisant déterminer le prix par la ventilation. »

CHAPITRE IV.

Des obligations du vendeur.

SECTION PREMIÈRE.

Dispositions générales.

Art. 21. « Le vendeur est tenu d'expliquer clai-
« rement ce à quoi il s'oblige.

« Tout pacte obscur ou ambigu s'interprète con-
« tre le vendeur. »

Art. 22. « Il a deux obligations principales,
« celle de délivrer et celle de garantir la chose
« qu'il vend. »

SECTION II.

De la délivrance.

Art. 23. « La délivrance est le transport de la
« chose vendue en la puissance et possession de
« l'acheteur. »

Art. 24. « L'obligation de délivrer les immeubles
« est remplie de la part du vendeur, lorsqu'il a
« remis les clefs, s'il s'agit d'un bâtiment, ou lors-
« qu'il a remis les titres de propriété. »

Art. 25. « La délivrance des effets mobiliers
« s'opère :

« Ou par la tradition réelle,

« Ou par la remise des clefs des bâtiments qui
« les contiennent,

« Ou même par le seul consentement des parties,
« si le transport ne peut pas s'en faire au moment
« de la vente, ou si l'acheteur les avait déjà en
« son pouvoir à un autre titre. »

Art. 26. « La tradition des droits incorporels
« se fait, ou par la remise des titres, ou par l'usage
« que l'acquéreur en fait du consentement du ven-
« deur. »

Art. 27. « Les frais de la délivrance sont à la

« charge du vendeur, et ceux de l'enlèvement à
« la charge de l'acheteur, s'il n'y a eu stipulation
« contraire. »

Art. 28. « La délivrance doit se faire au lieu où
« était, au temps de la vente, la chose qui en a fait
« l'objet, s'il n'en a été autrement convenu. »

Art. 29. « Si le vendeur manque à faire la déli-
« vrance dans le temps convenu entre les parties,
« l'acquéreur pourra, à son choix, demander la
« résolution de la vente, ou sa mise en possession,
« si le retard ne vient que du fait du vendeur. »

Art. 30. « Dans tous les cas, le vendeur doit
« être condamné aux dommages et intérêts, s'il
« résulte un préjudice pour l'acquéreur du défaut
« de délivrance au terme convenu. »

Art. 31. « Le vendeur n'est pas tenu de délivrer
« la chose, si l'acheteur n'en paie pas le prix, et
« que le vendeur ne lui ait pas accordé un délai
« pour le paiement. »

Art. 32. « Il ne sera pas non plus obligé à la
« délivrance, quand même il aurait accordé un
« délai pour le paiement, si, depuis la vente,
« l'acheteur est tombé en faillite ou en état de
« déconfiture, en sorte que le vendeur se trouve
« en danger imminent de perdre le prix ; à moins
« que l'acheteur ne lui donne caution de payer au
« terme. »

Art. 33. « La chose doit être délivrée en l'état
« où elle se trouve au moment de la vente.

« Depuis ce jour, tous les fruits appartiennent
« à l'acquéreur. »

Art. 34. « L'obligation de délivrer la chose com-
« prend ses accessoires et tout ce qui a été des-
« tiné à son usage perpétuel. »

Art. 35. « Le vendeur est tenu de délivrer la
« contenance telle qu'elle est portée au contrat,
« sous les modifications ci-après exprimées. »

Art. 36. « Si la vente d'un immeuble a été faite
« avec indication de la contenance, à raison de
« tant la mesure, le vendeur est obligé de délivrer
« à l'acquéreur, s'il l'exige, la quantité indiquée
« au contrat ;

« Et si la chose ne lui est pas possible, ou si l'ac-
« quéreur ne l'exige pas, le vendeur est obligé de
« souffrir une diminution proportionnelle du prix. »

Art. 37. « Si, au contraire, dans le cas de l'ar-
« ticle précédent, il se trouve une contenance plus
« grande que celle exprimée au contrat, l'acquéreur
« a le choix de fournir le supplément du prix, ou
« de se désister du contrat, si l'excédant est d'un
« vingtième au-dessus de la contenance déclarée. »

Art. 38. « Dans tous les autres cas,

« Soit que la vente soit faite d'un corps certain
« et limité,

« Soit qu'elle ait pour objet des fonds distincts
« et séparés,

« Soit qu'elle commence par la mesure, ou par la
« désignation de l'objet vendu suivie de la mesure,

« L'expression de cette mesure ne donne lieu à
« aucun supplément de prix en faveur du ven-
« deur, pour l'excédant de mesure, ni en faveur
« de l'acquéreur à aucune diminution du prix
« pour moindre mesure, qu'autant que la diffé-
« rence de la mesure réelle à celle exprimée au
« contrat est d'un vingtième en plus ou en moins,
« eu égard à la valeur de la totalité des objets
« vendus, s'il n'y a stipulation contraire. »

Art. 39. « Dans le cas où, suivant l'article pré-
« cédent, il y a lieu à augmentation de prix pour
« excédant de mesure, l'acquéreur a le choix ou
« de se désister du contrat, ou de fournir le sup-
« plément du prix, et ce, avec les intérêts s'il a
« gardé l'immeuble. »

Art. 40. « Dans tous les cas où l'acquéreur a le

« droit de se désister du contrat, le vendeur est
« tenu de lui restituer, outre le prix, s'il l'a reçu,
« les frais de ce contrat. »

Art. 41. « L'action en supplément de prix de la
« part du vendeur, et celle en diminution de prix
« ou en résiliation du contrat de la part de l'ac-
« quéreur, doivent être intentées dans l'année, à
« compter du jour du contrat, à peine de dé-
« chéance. »

Art. 42. « S'il a été vendu deux fonds par le
« même contrat, et pour un seul et même prix,
« avec désignation de la mesure de chacun, et qu'il
« se trouve moins de contenance en l'un et plus en
« l'autre, on fait compensation jusqu'à due con-
« currence; et l'action, soit en supplément, soit
« en diminution du prix, n'a lieu que suivant les
« règles ci-dessus établies. »

Art. 43. « La question de savoir sur lequel, du
« vendeur ou de l'acquéreur, doit tomber la perte
« ou la détérioration de la chose vendue, avant la
« livraison, est jugée d'après les règles prescrites
« au titre *des contrats ou des obligations conven-*
« *tionnelles en général.* »

SECTION III.
De la garantie.

Art. 44. « La garantie que le vendeur doit à
« l'acquéreur a deux objets : le premier est la
« possession paisible de la chose vendue; le se-
« cond, les défauts cachés de cette chose ou les
« vices rédhibitoires. »

§ Ier.
De la garantie en cas d'éviction.

Art. 45. « Quoique, lors de la vente, il n'ait été
« fait aucune stipulation sur la garantie, le ven-
« deur est obligé de droit à garantir l'acquéreur
« de l'éviction qu'il souffre dans la totalité ou par-
« tie de l'objet vendu, ou des charges prétendues
« sur cet objet, et non déclarées lors de la vente. »

Art. 46. « Les parties peuvent, par les conven-
« tions particulières, ajouter à cette obligation
« de droit, ou en diminuer l'effet; elles peuvent
« même convenir que le vendeur ne sera soumis
« à aucune garantie. »

Art. 47. « Quoiqu'il soit dit que le vendeur ne
« sera soumis à aucune garantie, il demeure ce-
« pendant tenu de celle qui résulte d'un fait qui
« lui est personnel : toute convention contraire
« est nulle. »

Art. 48. « Dans le cas même de stipulation de
« non-garantie, le vendeur, en cas d'éviction,
« est tenu à la restitution du prix;
« A moins que l'acquéreur n'ait connu lors de
« la vente le danger de l'éviction, ou qu'il n'ait
« acheté à ses périls et risques. »

Art. 49. « Lorsque la garantie a été promise, ou
« qu'il n'a rien été stipulé à ce sujet, si l'acqué-
« reur est évincé, il a droit de demander contre
« le vendeur :
« 1° La restitution du prix;
« 2° Celle des fruits, lorsqu'il est obligé de les
« rendre au propriétaire qui l'évince;
« 3° Les frais faits sur la demande en garantie de
« l'acheteur et ceux faits par le demandeur origi-
« naire;
« 4° Enfin les dommages et intérêts, ainsi que
« les frais et loyaux coûts du contrat. »

Art. 50. « Lorsqu'à l'époque de l'éviction, la
« chose vendue se trouve diminuée de valeur, ou
« considérablement détériorée, soit par la négli-
« gence de l'acheteur, soit par des accidents de
« force majeure, le vendeur n'en est pas moins
« tenu de restituer la totalité du prix. »

Art. 51. « Mais si l'acquéreur a tiré profit des
« dégradations par lui faites, le vendeur a droit
« de retenir sur le prix une somme égale à ce
« profit. »

Art. 52. « Si la chose vendue se trouve avoir
« augmenté de prix à l'époque de l'éviction, in-
« dépendamment même du fait de l'acquéreur, le
« vendeur est tenu de lui payer ce qu'elle vaut
« au-dessus du prix de la vente. »

Art. 53. « Le vendeur est tenu de rembourser,
« ou de faire rembourser à l'acquéreur, par celui
« qui l'évince, toutes les réparations et améliora-
« tions utiles qu'il aura faites au fonds. »

Art. 54. « Si le vendeur avait vendu de mauvaise
« foi le fonds d'autrui, il sera obligé de rem-
« bourser à l'acquéreur toutes les dépenses,
« même voluptuaires ou d'agrément, que celui-ci
« aura faites au fonds. »

Art. 55. « Si l'acquéreur n'est évincé que d'une
« partie de la chose, et qu'elle soit de telle consé-
« quence, relativement au tout, que l'acquéreur
« n'eût point acheté sans la partie dont il a été
« évincé, il peut faire résilier la vente. »

Art. 56. « Si, dans le cas de l'éviction d'une
« partie du fonds vendu, la vente n'est pas rési-
« liée, la valeur de la partie dont l'acquéreur se
« trouve évincé lui est remboursée suivant l'es-
« timation à l'époque de l'éviction, et non pro-
« portionnellement au prix total de la vente, soit
« que la chose vendue ait augmenté ou diminué
« de valeur. »

Art. 57. « Si l'héritage vendu se trouve grevé,
« sans qu'il en ait été fait de déclaration, de ser-
« vitudes non apparentes, et qu'elles soient de
« telle importance qu'il y ait lieu de présumer
« que l'acquéreur n'aurait pas acheté s'il en avait
« été instruit, il peut demander la résiliation du
« contrat, si mieux il n'aime se contenter d'une
« indemnité. »

Art. 58. « Les autres questions auxquelles peu-
« vent donner lieu les dommages et intérêts ré-
« sultant pour l'acquéreur de l'inexécution de la
« vente, doivent être décidées suivant les règles
« générales établies au titre *des contrats ou des*
« *obligations conventionnelles en général.* »

Art. 59. « La garantie pour cause d'éviction
« cesse lorsque l'acquéreur s'est laissé condamner
« par un jugement en dernier ressort, ou dont
« l'appel n'est plus recevable, sans appeler son
« vendeur, si celui-ci prouve qu'il existait des
« moyens suffisants pour faire rejeter la de-
« mande. »

§ II.
De la garantie des défauts de la chose vendue.

Art. 60. « Le vendeur est tenu de la garantie à
« raison des défauts cachés de la chose vendue
« qui la rendent impropre à l'usage auquel on la
« destine, ou qui diminuent tellement cet usage,
« que l'acheteur ne l'aurait pas acquise, ou n'en
« aurait donné qu'un moindre prix, s'il les avait
« connus. »

Art. 61. « Le vendeur n'est pas tenu des vices
« apparents et dont l'acheteur a pu se convaincre
« lui-même. »

Art. 62. « Il est tenu des vices cachés, quand
« même il ne les aurait pas connus, à moins que,
« dans ce cas, il n'ait stipulé qu'il ne sera obligé
« à aucune garantie. »

Art. 63. « Dans le cas des articles 60 et 62,
« l'acheteur a le choix de rendre la chose et de
« se faire restituer le prix, ou de garder la chose
« et de se faire rendre une partie du prix, telle
« qu'elle sera arbitrée par experts. »

Art. 64. « Si le vendeur connaissait les vices
« de la chose, il est tenu, outre la restitution du
« prix qu'il en a reçu, de tous les dommages et
« intérêts envers l'acheteur. »

Art. 65. « Si le vendeur ignorait les vices de la
« chose, il ne sera tenu qu'à la restitution du
« prix, et à rembourser à l'acquéreur les frais
« occasionnés par la vente. »

Art. 66. « Si la chose qui avait des vices a
« péri par suite de sa mauvaise qualité, la perte
« est pour le vendeur, qui sera tenu envers l'ache-
« teur à la restitution du prix, et aux autres dédom-
« magements expliqués dans les deux articles
« précédents.

« Mais la perte arrivée par cas fortuit sera
« pour le compte de l'acheteur. »

Art. 67. « L'action résultant des vices rédhibi-
« toires doit être intentée par l'acquéreur, dans
« un bref délai, suivant la nature des vices rédhi-
« bitoires et l'usage du lieu où la vente a été
« faite. »

Art. 68. « Elle n'a pas lieu dans les ventes faites
« par autorité de justice. »

CHAPITRE V.
Des obligations de l'acheteur.

Art. 69. « La principale obligation de l'acheteur
« est de payer le prix au jour et au lieu réglés par
« la vente. »

Art. 70. « S'il n'a rien été réglé à cet égard lors
« de la vente, l'acheteur doit payer au lieu et
« dans le temps où doit se faire la délivrance. »

Art. 71. « L'acheteur doit l'intérêt du prix de la
« vente jusqu'au paiement du capital, dans les
« trois cas suivants :

« S'il a été ainsi convenu lors de la vente ;

« Si la chose vendue et livrée produit des fruits
« ou autres revenus ;

« Si l'acheteur a été sommé de payer.

« Dans ce dernier cas, l'intérêt ne court que
« depuis la sommation. »

Art. 72. « Si l'acheteur est troublé ou a juste
« sujet de craindre d'être troublé par une action
« soit hypothécaire, soit en revendication, il peut
« suspendre le paiement du prix jusqu'à ce que
« le vendeur ait fait cesser le trouble, si mieux
« n'aime celui-ci donner caution, ou à moins
« qu'il n'ait été stipulé que, nonobstant le trouble,
« l'acheteur paiera. »

Art. 73. « Si l'acheteur ne paie pas le prix, le
« vendeur peut demander la résolution de la
« vente. »

Art. 74. « La résolution de la vente d'immeu-
« bles est prononcée de suite, si le vendeur est
« en danger de perdre la chose et le prix.

« Si ce danger n'existe pas, le juge peut accor-
« der à l'acquéreur un délai plus ou moins long,
« suivant les circonstances.

« Ce délai passé sans que l'acquéreur ait payé,
« la résolution de la vente sera prononcée. »

Art. 75. « S'il a été stipulé, lors de la vente
« d'immeubles, que, faute du paiement du prix
« dans le terme convenu, la vente serait résolue
« de plein droit, l'acquéreur peut néanmoins
« payer après l'expiration du délai, tant qu'il n'a
« pas été mis en demeure par une sommation :
« mais après cette sommation, le juge ne peut
« pas lui accorder de délai. »

Art. 76. « En matière de vente de denrées et
« effets mobiliers, la résolution de la vente aura
« lieu de plein droit et sans sommation, au profit
« du vendeur, après l'expiration du terme con-
« venu pour le retirement. »

CHAPITRE VI.
De la nullité et de la résolution de la vente.

Art. 77. « Indépendamment des causes de nul-
« lité ou de résolution déjà expliquées dans ce
« titre, et de celles qui sont communes à toutes
« les conventions, le contrat de vente peut être
« résolu par l'exercice de la faculté de rachat et
« par la vileté du prix. »

SECTION PREMIÈRE.
De la faculté de rachat.

Art. 78. « La faculté de rachat ou de réméré
« est un acte par lequel le vendeur se réserve de
« reprendre la chose vendue moyennant la resti-
« tution du prix principal, et le remboursement
« dont il est parlé à l'article 92. »

Art. 79. « La faculté de rachat ne peut être
« stipulée pour un terme excédant cinq années.

« Si elle a été stipulée pour un terme plus
« long, elle est réduite à ce terme. »

Art. 80. « Le terme fixé est de rigueur, et ne
« peut être prolongé par le juge. »

Art. 81. « Faute par le vendeur d'avoir exercé
« son action de réméré dans le terme prescrit,
« l'acquéreur demeure propriétaire irrévocable. »

Art. 82. « Le délai court contre toutes per-
« sonnes, même contre le mineur, sauf, s'il y a
« lieu, le recours contre qui de droit. »

Art. 83. « Le vendeur à pacte de rachat peut
« exercer son action contre un second acquéreur,
« quand même la faculté de réméré n'aurait pas
« été déclarée dans le second contrat. »

Art. 84. « L'acquéreur à pacte de rachat exerce
« tous les droits de son vendeur ; il peut prescrire
« tant contre le véritable maître que contre ceux
« qui prétendraient des droits ou hypothèques
« sur la chose vendue. »

Art. 85. « Il peut opposer le bénéfice de la dis-
« cussion aux créanciers de son vendeur. »

Art. 86. « Si l'acquéreur à pacte de réméré d'une
« partie indivise d'un héritage s'est rendu adju-
« dicataire de la totalité sur une licitation provo-
« quée contre lui, il peut obliger le vendeur à
« retirer le tout lorsque celui-ci veut user du
« pacte. »

Art. 87. « Si plusieurs ont vendu conjointement,
« et par un seul contrat, un héritage commun
« entre eux, chacun ne peut exercer l'action en
« réméré que pour la part qu'il y avait. »

Art. 88. « Il en est de même si celui qui a vendu
« seul un héritage a laissé plusieurs héritiers.

« Chacun de ses cohéritiers ne peut user de la
« faculté de rachat que pour la part qu'il prend
« dans la succession. »

Art. 89. « Mais, dans le cas des deux articles
« précédents, l'acquéreur peut exiger que tous
« les covendeurs ou tous les cohéritiers soient
« mis en cause, afin de se concilier entre eux
« pour la reprise de l'héritage entier ; et s'ils ne
« se concilient pas, il sera renvoyé de la de-
« mande. »

Art. 90. « Si la vente d'un héritage appartenant
« à plusieurs n'a pas été faite conjointement et
« de tout l'héritage ensemble, et que chacun n'ait
« vendu que la part qu'il y avait, ils peuvent
« exercer séparément l'action en réméré sur la
« portion qui leur appartenait ;

« Et l'acquéreur ne peut forcer celui qui l'exer-
« cera de cette manière à retirer le tout. »

Art. 91. « Si l'acquéreur a laissé plusieurs héri-
« tiers, l'action en réméré ne peut être exercée
« contre chacun d'eux que pour sa part, dans le
« cas où elle est encore indivise, et dans celui

« où la chose vendue a été partagée entre eux.

« Mais s'il y a eu partage de l'hérédité, et que
« la chose vendue soit échue au lot de l'un des
« héritiers, l'action en réméré peut être intentée
« contre lui pour le tout. »

Art. 92. « Le vendeur qui use du pacte de ra-
« chat doit rembourser non-seulement le prix
« principal, mais encore les frais et loyaux coûts
« de la vente, les réparations nécessaires, et celles
« qui ont augmenté la valeur du fonds, jusqu'à
« concurrence de cette augmentation. Il ne peut
« entrer en possession qu'après avoir satisfait à
« toutes ces obligations.

« Lorsque le vendeur rentre dans son héritage
« par l'effet du pacte de rachat, il le reprend
« exempt de toutes les charges et hypothèques
« dont l'acquéreur l'aurait grevé : il est tenu
« d'exécuter les baux faits sans fraude par l'ac-
« quéreur. »

SECTION II.
De la rescision de la vente pour cause de lésion.

Art. 93. « Si le vendeur a été lésé de plus de
« sept douziémes dans le prix d'un immeuble, il
« a le droit de demander la rescision de la vente,
« quand même il aurait expressément renoncé
« dans le contrat à la faculté de demander cette
« rescision et qu'il aurait déclaré donner la
« plus-value. »

Art. 94. « Pour savoir s'il y a lésion de plus de
« sept douzièmes, il faut estimer l'immeuble
« suivant son état et sa valeur au moment de la
« vente. »

Art. 95. « La demande n'est plus recevable
« après l'expiration de deux années, à compter
« du jour de la vente.

« Ce délai court contre les femmes mariées et
« contre les absents, les interdits et les mineurs,
« venant du chef d'un majeur qui a vendu.

« Ce délai court aussi et n'est pas suspendu
« pendant la durée du temps stipulé pour le
« pacte du rachat. »

Art. 96. « La preuve de la lésion ne pourra
« être admise que par jugement, et dans le cas
« seulement où les faits articulés seraient assez
« vraisemblables et assez graves pour faire pré-
« sumer la lésion. »

Art. 97. « Cette preuve ne pourra se faire que
« par un rapport de trois experts, qui seront
« tenus de dresser un procès-verbal commun, et
« de ne former qu'un seul avis à la pluralité
« des voix. »

Art. 98. « S'il y a des avis différents, le procès-
« verbal en contiendra les motifs, sans qu'il soit
« permis de faire connaître de quel avis chaque
« expert a été. »

Art. 99. « Les trois experts seront nommés
« d'office, à moins que les parties ne se soient
« accordées pour les nommer tous les trois con-
« jointement. »

Art. 100. « Dans le cas où l'action en rescision
« est admise, l'acquéreur a le choix ou de rendre
« la chose en retirant le prix qu'il en a payé, ou
« de garder le fonds en payant le supplément du
« juste prix, sous la déduction du dixième du
« prix total.

« Le tiers possesseur a le même droit, sauf sa
« garantie contre son vendeur. »

Art. 101. « Si l'acquéreur préfère garder la
« chose en fournissant le supplément réglé par
« l'article précédent, il doit l'intérêt du supplé-
« ment du jour de la demande en rescision.

« S'il préfère la rendre et recevoir le prix, il
« rend les fruits du jour de la demande.

« L'intérêt du prix qu'il a payé lui est aussi
« compté du jour de la même demande, ou du
« jour du paiement, s'il n'a touché aucun fruit. »

Art. 102. « La rescision pour lésion n'a pas
« lieu en faveur de l'acheteur. »

Art. 103. « Elle n'a pas lieu en toutes ventes
« qui, d'après la loi ne peuvent être faites que
« d'autorité de justice. »

Art. 104. « Les règles expliquées dans la sec-
« tion précédente, pour les cas où plusieurs ont
« vendu conjointement ou séparément, et pour
« celui où le vendeur ou l'acheteur a laissé plu-
« sieurs héritiers, sont pareillement observées
« pour l'exercice de l'action en rescision. »

CHAPITRE VII.
De la licitation.

Art. 105. « Si une chose commune à plusieurs
« ne peut être partagée commodément et sans
« perte ;

« Ou si, dans un partage fait de gré à gré de
« biens communs, il s'en trouve quelques-uns
« qu'aucun des copartageants ne puisse ou ne
« veuille prendre,

« La vente s'en fait aux enchères, et le prix en
« est partagé entre les copropriétaires. »

Art. 106. « Chacun des copropriétaires est le
« maître de demander que les étrangers soient
« appelés à la licitation ; ils sont nécessairement
« appelés lorsque l'un des copropriétaires est
« mineur. »

Art. 107. « Le mode et les formalités à obser-
« ver pour la licitation sont expliqués au titre des
« successions et au Code judiciaire. »

CHAPITRE VIII.
Du transport des créances et autres droits incor-
porels.

Art. 108. « Dans le transport d'une créance, d'un
« droit ou d'une action sur un tiers, la délivrance
« s'opère entre le cédant et le cessionnaire par la
« remise du titre. »

Art. 109. « Le cessionnaire n'est saisi à l'égard
« des tiers que par la signification du transport
« faite au débiteur.

« Néanmoins le cessionnaire peut être également
« saisi par l'acceptation du transport fait par le
« débiteur dans un acte authentique. »

Art. 110. « Si, avant que le cédant ou le cession-
« naire eût signifié le transport au débiteur, celui-
« ci avait payé le cédant, il sera valablement li-
« béré. »

Art. 111. « La vente ou cession d'une créance
« comprend les accessoires de la créance, tels que
« caution, privilège et hypothèque. »

Art. 112. « Celui qui vend une créance ou autre
« droit incorporel doit en garantir l'existence au
« temps du transport, quoiqu'il soit fait sans ga-
« rantie. »

Art. 113. « Il ne répond de la solvabilité du dé-
« biteur que lorsqu'il s'y est engagé, et jusqu'à
« concurrence seulement du prix qu'il a retiré de
« la créance. »

Art. 114. « Lorsqu'il a promis la garantie de la
« solvabilité du débiteur, cette promesse ne s'en-
« tend que de la solvabilité actuelle, et ne s'étend
« pas au temps à venir, si le cédant ne l'a expressé-
« ment stipulé. »

Art. 115. « Celui qui vend une hérédité sans en
« spécifier en détail les objets n'est tenu de garan-
« tir que sa qualité d'héritier. »

Art. 116. « S'il avait déjà profité des fruits de
« quelque fonds, ou reçu le montant de quelque
« créance appartenant à cette hérédité, ou vendu

« quelques effets de la succession, il est tenu de
« les rembourser à l'acquéreur, s'il ne les a ex-
« pressément réservés lors de la vente. »

Art. 117. « L'acquéreur doit de son côté rem-
« bourser au vendeur ce que celui-ci a payé pour
« les dettes et charges de la succession, et lui
« faire raison de tout ce dont il était créancier,
« s'il n'y a stipulation contraire. »

Art. 118. « Celui contre lequel on a cédé un droit
« litigieux peut s'en faire tenir quitte par le ces-
« sionnaire, en lui remboursant le prix réel de la
« cession avec les frais et loyaux coûts, et avec
« les intérêts à compter du jour où le cessionnaire
« a payé le prix de la cession à lui faite. »

Art. 119. « La chose est censée litigieuse, dès
« qu'il y a procès et contestation sur le fond du
« droit. »

Art. 120. « La disposition portée en l'article 118
« cesse :
« 1° Dans le cas où la cession a été faite à un
« cohéritier ou copropriétaire du droit cédé ;
« 2° Lorsqu'elle a été faite à un créancier en
« paiement de ce qui lui est dû ;
« 3° Lorsqu'elle a été faite au possesseur de
« l'héritage sujet au droit litigieux. »

Le citoyen **Berlier**, d'après la conférence tenue
avec le Tribunat, présente la rédaction définitive
du titre XVII du livre III du projet de Code civil,
du mandat.

Le Conseil l'adopte en ces termes :

DU MANDAT.

CHAPITRE PREMIER.

De la nature et de la forme du mandat.

Art. 1er. « Le mandat ou procuration est un acte
« par lequel une personne donne à une autre le
« pouvoir de faire quelque chose pour le mandant
« et en son nom.
« Le contrat ne se forme que par l'acceptation
« du mandataire. »

Art. 2. « Le mandat peut être donné ou par
« acte public, ou par écrit sous seing privé, même
« par lettre. Il peut aussi être donné verbalement ;
« mais la preuve testimoniale n'en est reçue que
« conformément au titre *des contrats ou des obliga-
« tions conventionnelles en général.*
« L'acceptation du mandat peut n'être que ta-
« cite, et résulter de l'exécution qui lui a été donnée
« par le mandataire. »

Art. 3. « Le mandat est gratuit, s'il n'y a con-
« vention contraire. »

Art. 4. « Il est ou spécial et pour une affaire ou
« certaines affaires seulement, ou général et pour
« toutes les affaires du mandant. »

Art. 5. « Le mandat conçu en termes généraux
« n'embrasse que les actes d'administration.
« S'il s'agit d'aliéner ou hypothéquer, ou de
« quelque autre acte de propriété, le mandat
« doit être exprès. »

Art. 6. « Le mandataire ne peut rien faire au
« delà de ce qui est porté dans son mandat : le
« pouvoir de transiger ne renferme pas celui de
« compromettre. »

Art. 7. « Les femmes et les mineurs émancipés
« peuvent être choisis pour mandataires ; mais le
« mandant n'a d'action contre le mandataire mi-
« neur que d'après les règles générales relatives
« aux obligations des mineurs, et contre la femme
« mariée, et qui a accepté le mandat sans autori-
« sation de son mari, que d'après les règles éta-
« blies au titre *du contrat de mariage et des droits
« respectifs des époux.* »

CHAPITRE II.

Des obligations du mandataire.

Art. 8. « Le mandataire est tenu d'accomplir le
« mandat tant qu'il en demeure chargé, et répond
« des dommages-intérêts qui pourraient résulter
« de son inexécution.
« Il est tenu de même d'achever la chose com-
« mencée au décès du mandant, s'il y a péril en
« la demeure. »

Art. 9. « Le mandataire répond non-seulement
« du dol, mais encore des fautes qu'il commet
« dans sa gestion.
« Néanmoins la responsabilité relative aux fautes
« est appliquée moins rigoureusement à celui dont
« le mandat est gratuit qu'à celui qui reçoit un
« salaire. »

Art. 10. « Tout mandataire est tenu de rendre
« compte de sa gestion, et de faire raison au
« mandant de tout ce qu'il a reçu en vertu de sa
« procuration, quand même ce qu'il aurait reçu
« n'eût point été dû au mandant. »

Art. 11. « Le mandataire répond de celui qu'il
« substitue dans la gestion : 1° quand il n'a pas
« reçu le pouvoir de se substituer quelqu'un ;
« 2° quand ce pouvoir lui a été conféré sans dé-
« signation d'une personne, et que celle dont il
« a fait choix était notoirement incapable ou in-
« solvable.
« Dans tous les cas, le mandant peut agir direc-
« tement contre la personne que le mandataire
« s'est substituée. »

Art. 12. « Quand il y a plusieurs fondés de pou-
« voir ou mandataires établis par le même acte,
« il n'y a de solidarité entre eux qu'autant qu'elle
« est exprimée. »

Art. 13. « Le mandataire doit l'intérêt des
« sommes qu'il a employées à son usage, à dater
« de cet emploi, et de celles dont il est reliqua-
« taire, à compter du jour qu'il est mis en de-
« meure. »

Art. 14. « Le mandataire qui a donné à la partie
« avec laquelle il contracte en cette qualité une
« suffisante connaissance de ses pouvoirs, n'est
« tenu d'aucune garantie pour ce qui a été fait
« au delà, s'il ne s'y est personnellement soumis. »

CHAPITRE III.

Des obligations du mandant.

Art. 15. « Le mandant est tenu d'exécuter les
« engagements contractés par le mandataire, con-
« formément au pouvoir qui lui a été donné.
« Il n'est tenu de ce qui a pu être fait au delà,
« qu'autant qu'il l'a ratifié expressément ou taci-
« tement. »

Art. 16. « Le mandant doit rembourser au man-
« dataire les avances et frais que celui-ci a faits
« pour l'exécution du mandat, et lui payer ses
« salaires lorsqu'il en a été promis.
« S'il n'y a aucune faute imputable au manda-
« taire, le mandant ne peut se dispenser de faire
« ces remboursement et paiement, lors même que
« l'affaire n'aurait pas réussi, ni faire réduire le
« montant des frais et avances sous le prétexte
« qu'ils pouvaient être moindres. »

Art. 17. « Le mandant doit aussi indemniser le
« mandataire des pertes que celui-ci a essuyées
« à l'occasion de sa gestion, sans imprudence qui
« lui soit imputable. »

Art. 18. « L'intérêt des avances faites par le
« mandataire lui est dû par le mandant, à dater
« du jour des avances constatées. »

Art. 19. « Lorsque le mandataire a été cons-
« titué par plusieurs personnes pour une affaire

« commune, chacune d'elles est tenue solidaire-
« ment envers lui de tous les effets du mandat. »

CHAPITRE IV.
Des différentes manières dont le mandat finit.

Art. 20. « Le mandat finit :
« Par la révocation du mandataire,
« Par la renonciation de celui-ci au mandat,
« Par la mort naturelle ou civile, l'interdiction
« ou la déconfiture, soit du mandant, soit du man-
« dataire. »

Art. 21. « Le mandant peut révoquer sa procura-
« tion quand bon lui semble, et contraindre, s'il
« y a lieu, le mandataire à lui remettre, soit l'écrit
« sous seing privé qui la contient, soit l'original
« de la procuration, si elle a été délivrée en
« brevet, soit l'expédition , s'il en a été gardé
« minute. »

Art. 22. « La révocation notifiée au seul man-
« dataire ne peut être opposée aux tiers qui ont
« traité dans l'ignorance de cette révocation;
« sauf au mandant son recours contre le manda-
« taire. »

Art. 23. « La constitution d'un nouveau man-
« dataire pour la même affaire vaut révocation
« du premier, à compter du jour où elle a été noti-
« fiée à celui-ci. »

Art. 24. « Le mandataire peut renoncer au
« mandat, en notifiant au mandant sa renoncia-
« tion.
« Néanmoins si cette renonciation préjudicie au
« mandant, il devra en être indemnisé par le
« mandataire, à moins que celui-ci ne se trouve
« dans l'impossibilité de continuer le mandat
« sans en éprouver lui-même un préjudice consi-
« dérable. »

Art. 25. « Si le mandataire ignore la mort du
« mandant, ou l'une des autres causes qui font
« cesser le mandat, ce qu'il a fait dans cette igno-
« rance est valide. »

Art. 26. « Dans les cas ci-dessus, les engage-
« ments du mandataire sont exécutés à l'égard
« des tiers qui sont de bonne foi. »

Art. 27. « En cas de mort du mandataire, ses
« héritiers doivent en donner avis au mandant,
« et pourvoir, en attendant, à ce que les circons-
« tances exigent pour l'intérêt de celui-ci. »

Le citoyen **Treilhard** présente la rédaction
du titre VI du livre III du projet de Code civil,
des priviléges et hypothèques.

Il est ainsi conçu :

DES PRIVILÉGES ET HYPOTHÈQUES.

CHAPITRE PREMIER.
Dispositions générales.

Art. 1er. « Quiconque s'est obligé personnelle-
« ment, est tenu de remplir son engagement sur
« tous ses biens mobiliers et immobiliers présents
« et à venir. »

Art. 2. « Les biens du débiteur sont le gage
« commun de ses créanciers; et le prix s'en dis-
« tribue entre eux par contribution, à moins
« qu'il n'y ait entre les créanciers des causes lé-
« gitimes de préférence. »

Art. 3. « Les causes légitimes de préférence sont
« les priviléges et hypothèques. »

CHAPITRE II.
Des priviléges.

Art. 4. « Le privilége est un droit que la qualité
« de la créance donne à un créancier d'être pré-
« féré aux autres créanciers , même hypothé-
« caires. »

Art. 5. « Entre les créanciers privilégiés, la pré-
« férence se règle par le plus ou le moins de fa-
« veur de la créance. »

Art. 6. « Les créanciers privilégiés qui sont dans
« le même rang sont payés par concurrence. »

Art. 7. « Les priviléges peuvent être sur les
« meubles ou sur les immeubles. »

SECTION PREMIÈRE.
Des priviléges sur les meubles.

Art. 8. « Les priviléges sont ou généraux, ou
« particuliers sur certains meubles. »

§ Ier.
Des priviléges généraux sur les meubles.

Art. 9. « Les créances privilégiées sur la géné-
« ralité des meubles sont celles ci-après expri-
« mées, et s'exercent dans l'ordre suivant :
« 1° Les frais de justice ;
« 2° Les frais funéraires ;
« 3° Les frais quelconques de la dernière ma-
« ladie, concurremment entre eux ;
« 4° Les salaires des gens de service , pour
« l'année échue et ce qui est dû sur l'année cou-
« rante ;
« 5° Les fournitures de subsistances faites au
« débiteur et à sa famille; savoir, pendant les
« six derniers mois, par les marchands en détail,
« tels que boulangers, bouchers et autres; et pen-
« dant la dernière année, par les maîtres de pen-
« sion et marchands en gros. »

§ II.
Des priviléges sur certains meubles.

Art. 10. « Les créances privilégiées sur certains
« meubles sont :
« 1° Les loyers et fermages des immeubles, sur
« le prix de tout ce qui garnit la maison louée
« ou la ferme, et de tout ce qui sert à l'exploita-
« tion de la ferme; savoir, pour tout ce qui est
« échu, et pour tout ce qui est à échoir , si les
« baux sont authentiques ; et dans ce cas, les au-
« tres créanciers ont le droit de relouer la mai-
« son ou la ferme pour le restant du bail, et de
« faire leur profit des baux ou fermages ;
« Et à défaut de baux authentiques, ou lors-
« qu'étant sous signature privée, ils n'ont pas une
« date certaine, pour une année à partir de l'ex-
« piration de l'année courante.
« Le même privilége a lieu pour les réparations
« locatives et pour tout ce qui concerne l'exécu-
« tion du bail.
« Néanmoins les sommes dues pour les semen-
« ces ou pour les frais de la récolte de l'année,
« sont payées sur le prix des récoltes; et celles
« dues pour ustensiles, sur le prix de ces usten-
« siles, de préférence au propriétaire, dans l'un
« et l'autre cas.
« Le propriétaire peut saisir les meubles qui
« garnissent sa maison ou sa ferme, lorsqu'ils ont
« été déplacés sans son consentement, et il con-
« serve sur eux son privilége, pourvu qu'il ait
« fait la revendication ; savoir, lorsqu'il s'agit du
« mobilier qui garnissait une ferme, dans le dé-
« lai de quarante jours ; et dans celui de quinzaine,
« s'il s'agit des meubles garnissant une maison ;
« 2° La créance sur le gage dont le créancier
« est saisi ;
« 3° Le prix d'effets mobiliers non payés, s'ils
« sont encore en la possession du débiteur, soit
« qu'il ait acheté à terme ou sans terme.
« Si la vente a été faite sans terme, le vendeur
« peut même revendiquer ces effets tant qu'il
« sont en la possession de l'acheteur, et en e,n.

« pêcher la revente, pourvu que la revendica-
« tion soit faite dans la huitaine de la livraison,
« et que les effets se trouvent dans le même état
« dans lequel cette livraison a été faite ;

« 4° Les fournitures d'un aubergiste, sur les
« effets du voyageur qui ont été transportés dans
« son auberge ;

« 5° Les frais de voiture et les dépenses acces-
« soires, sur la chose voiturée ;

« 6° Les créances résultant d'abus et prévari-
« cations commis par les fonctionnaires publics
« dans l'exercice de leurs fonctions, sur les fonds
« de leur cautionnement et sur les intérêts qui
« en peuvent être dus. »

Art. 11. « Le privilége à raison des contributions
« publiques, et l'ordre dans lequel il s'exerce,
« sont réglés par les lois qui les concernent. »

SECTION II.
Des priviléges sur les immeubles.

Art. 12. « Les créanciers privilégiés sur les
« immeubles sont :

« 1° Le vendeur, sur l'immeuble vendu, pour
« le paiement du prix.

« S'il y a plusieurs ventes successives dont le
« prix soit dû en tout ou en partie, le premier
« vendeur est préféré au second, le deuxième au
« troisième, et ainsi de suite :

« 2° Ceux qui ont fourni les deniers pour l'ac-
« quisition d'un immeuble, pourvu qu'il soit au-
« thentiquement constaté, par l'acte d'emprunt,
« que la somme était destinée à cet emploi, et,
« par la quittance du vendeur, que ce paiement
« a été fait des deniers empruntés ;

« 3° Les cohéritiers, sur les immeubles de la
« succession, pour la garantie des partages faits
« entre eux, et des soultes ou retour de lots ;

« 4° Les architectes, entrepreneurs, maçons et
« autres ouvriers employés pour édifier, recon-
« struire ou réparer des bâtiments quelconques,
« pourvu néanmoins que, par un expert nommé
« d'office par le tribunal de première instance
« dans le ressort duquel les bâtiments sont si-
« tués, il ait été dressé préalablement un procès-
« verbal à l'effet de constater l'état des lieux
« relativement aux ouvrages que le propriétaire dé-
« clarera avoir dessein de faire, et que les ouvra-
« ges aient été, dans les six mois au plus de leur
« perfection, reçus par un expert également
« nommé d'office ;

« Mais le montant du privilége ne peut excéder
« les valeurs constatées par le second procès-verbal,
« et il se réduira à la plus-value existant à l'épo-
« que de l'aliénation de l'immeuble et résultant des
« travaux qui y ont été faits ;

« 5° Ceux qui ont prêté les deniers pour payer
« ou rembourser les ouvriers, jouissent du même
« privilége, pourvu que cet emploi soit authenti-
« quement constaté, et que, pour les construc-
« tions, reconstructions ou réparations, les for-
« malités ci-dessus aient été observées. »

SECTION III.
Des priviléges qui s'étendent sur les meubles et les immeubles.

Art. 13. « Les priviléges qui s'étendent sur les
« meubles et les immeubles sont :

« 1° Ceux pour les frais de justice, les frais fu-
« néraires, ceux de dernière maladie, ceux pour
« la fourniture des subsistances, et les gages des
« gens de service ;

« 2° Le privilége en faveur du trésor public sur
« les meubles des comptables et sur les immeu-
« bles acquis depuis leur entrée en exercice ;

« 3° Le privilége en faveur de la régie des do-
« maines, relativement aux droits dus pour les
« ouvertures des successions. »

Art. 14. « Lorsque, à défaut de mobilier, les privi-
« léges énoncés en l'article précédent se présen-
« tent pour être payés sur le prix d'un immeuble,
« en concurrence avec les créanciers privilégiés
« sur l'immeuble, les paiements se font dans l'or-
« dre qui suit :

« 1° Les frais de scellés, inventaire et vente, et
« autres désignés au n° 1er de l'article 13 ;

« 2° Les créances désignées en l'article 12 ;

« 3° Les créances désignées aux n°s 2 et 3 de
« l'article 13. »

SECTION IV.
Comment se conservent les priviléges.

Art. 15. « Entre les créanciers, les priviléges ne
« produisent d'effet à l'égard des immeubles
« qu'autant qu'ils sont rendus publics par inscrip-
« tion sur les registres du conservateur des hypo-
« thèques, de la manière déterminée par la loi, et
« à compter de la date de cette inscription, sous
« les seules exceptions qui suivent. »

Art. 16. « Sont exceptés de la formalité de l'in-
« scription :

« 1° Les frais de scellés, inventaire et vente ;

« 2° Les frais funéraires ;

« 3° Ceux de dernière maladie ;

« 4° Les fournitures pour subsistances ;

« 5° Les gages des domestiques ;

« 6° Les droits de mutation dus à la Républi-
« que pour les ouvertures de successions. »

Art. 17. « Le vendeur privilégié conserve son
« privilége par la transcription du titre qui a
« transféré la propriété à l'acquéreur, et qui con-
« state que la totalité ou partie du prix lui est
« due ; à l'effet de quoi, le conservateur fait d'of-
« fice l'inscription sur son registre des créances
« non encore inscrites qui résultent de ce titre :
« le vendeur peut aussi faire faire la transcription
« du contrat de vente, à l'effet d'acquérir l'inscrip-
« tion de ce qui lui est dû à lui-même sur le prix. »

Art. 18. « Le cohéritier ou copartageant conserve
« son privilége sur les biens de chaque lot ou sur
« le bien licité, pour la soulte et retour de lots,
« ou pour le prix de la licitation, par l'inscription
« faite à sa diligence, dans quarante jours, à da-
« ter de l'acte de partage ou de l'adjudication par
« licitation ; durant lequel temps aucune hypothè-
« que ne peut être consentie par le propriétaire
« du bien chargé de soulte ou adjugé par licitation,
« au préjudice du créancier de la soulte ou du
« prix. »

Art. 19. « Les architectes, entrepreneurs, ma-
« çons et autres ouvriers employés pour édifier, re-
« construire ou réparer un bâtiment, et ceux qui
« ont, pour les payer ou rembourser, prêté les
« deniers dont l'emploi a été constaté, conser-
« vent, par la double inscription faite, 1° du pro-
« cès-verbal qui constate l'état des lieux, 2° du
« procès-verbal de réception, leur privilége à la
« date de l'inscription du premier procès-verbal. »

Art. 20. « Les créanciers et légataires d'un dé-
« funt conservent, à l'égard des créanciers des
« héritiers ou représentans du défunt, leur pri-
« vilége sur les immeubles de la succession, par
« les inscriptions faites sur chacun de ces biens,
« dans les six mois à compter de l'ouverture de la
« succession.

« Avant l'expiration de ce délai, aucune hypo-
« thèque ne peut être consentie avec effet sur ces
« biens, par les héritiers ou représentans, au pré-
« judice de ces créanciers ou légataires. »

Art. 21. « Les cessionnaires de ces diverses « créances privilégiées exercent tous les mêmes « droits que les cédants, en leur lieu et place. »

Art. 22. « Toutes les créances privilégiées sou- « mises à la formalité de l'inscription, à l'égard « desquelles les conditions ci-dessus prescrites « pour conserver le privilége n'ont pas été accom- « plies, restent néanmoins hypothécaires; et cette « hypothèque ne date, à l'égard des tiers, que « de l'époque des inscriptions qui en auront dû « être faites. »

CHAPITRE III.
Des hypothèques.

Art. 23. « L'hypothèque est un droit réel sur les « immeubles affectés à l'acquittement d'une obli- « gation.

« Elle est, de sa nature, indivisible, et subsiste « en entier sur tous les immeubles affectés, sur « chacun et sur chaque portion de ces immeu- « bles.

« Elle les suit dans quelques mains qu'ils pas- « sent. »

Art. 24. « L'hypothèque n'a lieu que dans les cas « et suivant les formes autorisées par la loi. »

Art. 25. « Elle est ou légale, ou judiciaire, ou « conventionnelle. »

Art. 26. « L'hypothèque légale est celle qui ré- « sulte de la loi.

« L'hypothèque judiciaire est celle qui résulte « des jugements ou actes judiciaires.

« L'hypothèque conventionnelle est celle qui « dépend des conventions et de la forme exté- « rieure des actes et des contrats. »

Art. 27. « Sont seuls susceptibles d'hypothè- « ques :

« 1° Les biens immobiliers qui sont dans le « commerce, et leurs accessoires réputés immeu- « bles;

« 2° L'usufruit des mêmes biens et accessoires « pendant le temps de sa durée. »

Art. 28. « Les meubles n'ont pas de suite par « hypothèque. »

Art. 29. « Il n'est rien innové par le présent « Code aux dispositions des lois maritimes concer- « nant les navires et batiments de mer. »

SECTION PREMIÈRE.
Des hypothèques légales.

Art. 30. « Les droits et créances auxquels l'hypo- « thèque légale est attribuée, sont :

« Ceux des femmes mariées sur les biens de « leurs maris;

« Ceux des mineurs et interdits sur les biens « de leurs tuteurs et subrogés-tuteurs;

« Ceux de la nation, des communes et des éta- « blissements publics, sur les biens des receveurs « et administrateurs comptables. »

Art. 31. « Le créancier qui a une hypothèque « légale peut exercer son droit sur tous les im- « meubles appartenant à son débiteur, et sur ceux « qui pourront lui appartenir dans la suite, sous « les modifications qui seront ci-après exprimées. »

SECTION II.
Des hypothèques judiciaires.

Art. 32. « L'hypothèque judiciaire résulte des « jugements, soit contradictoires, soit par défaut, « définitifs ou provisoires, en faveur de celui qui « les a obtenus. Elle résulte aussi des reconnais- « sances ou vérifications faites en jugement, des « signatures apposées à un acte obligatoire sous « seing privé. Elle peut s'exercer sur les immeu- « bles actuels du débiteur et sur ceux qu'il pourra

« acquérir, sauf aussi les modifications qui se- « ront ci-après exprimées.

« Les décisions arbitrales n'emportent hypothè- « que qu'autant qu'elles sont revêtues de l'ordon- « nance judiciaire d'exécution.

« L'hypothèque ne peut pareillement résulter « des jugements rendus en pays étranger, qu'au- « tant qu'ils ont été déclarés exécutoires par un « tribunal français. »

SECTION III.
Des hypothèques conventionnelles.

Art. 33. « Les hypothèques conventionnelles ne « peuvent être consenties que par ceux qui ont « la capacité d'aliéner les immeubles qu'ils y sou- « mettent. »

Art. 34. « Ceux qui n'ont sur l'immeuble qu'un « droit suspendu par une condition, ou résoluble « dans certains cas, ou sujet à rescision, ne peu- « vent consentir qu'une hypothèque soumise aux « mêmes conditions ou à la même rescision. »

Art. 35. « Les biens des mineurs, des interdits, « et ceux des absents, tant que la possession « n'en est déférée que provisoirement, ne peu- « vent être hypothéqués que pour les causes et « dans les formes établies par la loi, ou en vertu « de jugements. »

Art. 36. « L'hypothèque conventionnelle ne peut « être consentie que par acte passé en forme au- « thentique devant deux notaires, ou devant un « notaire et deux témoins. »

Art. 37. « Les contrats passés en pays étranger « ne peuvent donner d'hypothèque sur les biens « de France, s'il n'y a des dispositions contraires « à ce principe dans les lois politiques ou dans « les traités. »

Art. 38. « Il n'y a d'hypothèque conventionnelle « valable que celle qui, soit dans le titre authen- « tique constitutif de la créance, soit dans un acte « authentique postérieur, déclare spécialement la « nature et la situation de chacun des immeubles « actuellement appartenant au débiteur, sur les- « quels il consent l'hypothèque de la créance.

« Chacun de tous ses biens présents peut être no- « minativement soumis à l'hypothèque.

« Les biens à venir ne peuvent pas être hypo- « théqués. »

Art. 39. « Si cependant les biens présents et « libres du débiteur sont insuffisants pour la sû- « reté de la créance, il peut, en exprimant cette « insuffisance, consentir que chacun des biens qu'il « acquerra par la suite y demeure affecté à me- « sure des acquisitions. »

Art. 40. « Pareillement, en cas que l'immeuble « ou les immeubles présents assujettis à l'hypo- « thèque, eussent péri ou éprouvé des dégrada- « tions, de manière qu'ils fussent devenus insuffi- « sants pour la sûreté du créancier, celui-ci pourra « ou poursuivre dès à présent son rembourse- « ment, ou obtenir un supplément d'hypothèque. »

Art. 41. « L'hypothèque conventionnelle n'est « valable qu'autant que la somme pour laquelle « elle est consentie est certaine et déterminée par « l'acte. Si la créance résultant de l'obligation est « conditionnelle pour son existence, ou indéter- « minée dans sa valeur, le créancier ne pourra « requérir l'inscription dont il sera parlé ci-après, « que jusqu'à concurrence d'une valeur estima- « tive par lui déclarée expressément, et que le « débiteur aura droit de faire réduire, s'il y a « lieu. »

Art. 42. « L'hypothèque acquise s'étend à toutes « les améliorations survenues à l'immeuble hypo- « théqué. »

SECTION IV.

Du rang que les hypothèques ont entre elles.

Art. 43. « Entre les créanciers, l'hypothèque, « soit légale, soit judiciaire, soit conventionnelle, « n'a de rang que du jour de l'inscription prise « par le créancier sur les registres du conserva- « teur, dans la forme et de la manière prescrites « par la loi, sauf les exceptions portées en l'arti- « cle suivant. »

Art. 44. « L'hypothèque existe, *indépendamment « de toute inscription :*

« 1° Au profit des mineurs, sur les immeubles « appartenant à leur tuteur, à raison de sa ges- « tion, du jour de l'acceptation de la tutelle ; et « sur les immeubles du subrogé-tuteur, pour les « cas où, d'après les lois, il devient responsable;

« 2° Au profit des femmes, pour raison de leurs « dot et conventions matrimoniales, sur les im- « meubles appartenant à leur mari, et à compter « du jour du mariage. »

Art. 45. « Sont toutefois, les maris, les tuteurs « et subrogés-tuteurs, chacun pour sa gestion, te- « nus de requérir eux-mêmes, sans aucun délai, « inscription aux bureaux à ce établis, sur les « immeubles à eux appartenant, et sur ceux qui « pourront leur appartenir par la suite.

« Les maris et les tuteurs qui, ayant manqué « de requérir et de faire faire les inscriptions or- « données par le présent article, auraient consenti « ou laissé prendre des priviléges et hypothèques « sur leurs immeubles, sans déclarer expressé- « ment que lesdits immeubles étaient affectés à « l'hypothèque légale des femmes et des mineurs, « seront réputés stellionataires et comme tels con- « traignables par corps. »

Art. 46. « Les subrogés-tuteurs seront tenus, « sous leur responsabilité personnelle, et sous « peine de tous dommages et intérêts, de veiller « à ce que les inscriptions soient prises sans délai « sur les biens du tuteur, pour raison de sa ges- « tion, même de faire faire lesdites inscriptions. »

Art. 47. « A défaut par les maris, tuteurs, su- « brogés-tuteurs de faire faire les inscriptions « ordonnées par les articles précédents, elles se- « ront requises par le commissaire du Gouverne- « ment près le tribunal civil du domicile des maris « et tuteurs, ou du lieu de la situation des biens. »

Art. 48. « Pourront les parents, soit du mari, « soit de la femme, et les parents du mineur, ou, « à défaut de parents, ses amis, requérir lesdites « inscriptions; elles pourront aussi être requises « par la femme et par les mineurs. »

Art. 49. « Lorsque, dans le contrat de mariage, « les parties seront convenues qu'il ne sera pris « aucune inscription sur les immeubles du mari, « ou qu'il n'en sera pris que sur un ou certains « immeubles, tous les immeubles du mari, ou « ceux qui ne seraient pas indiqués pour l'ins- « cription, resteront libres et affranchis de l'hy- « pothèque pour la dot de la femme et pour « ses reprises. »

Art. 50. « Il en sera de même pour les immeu- « bles du tuteur, lorsque les parents, dans l'as- « semblée de famille, auront été d'avis qu'il ne « soit pas pris d'inscription, ou qu'il n'en soit « pris que pour certains immeubles. »

Art. 51. « Dans les cas des deux articles pré- « cédents, le mari, le tuteur et le subrogé-tuteur « ne seront tenus de requérir inscription que sur « les immeubles indiqués. »

Art. 52. « Lorsque l'hypothèque n'aura pas été « restreinte par l'acte de nomination du tuteur, « celui-ci pourra, dans le cas où l'hypothèque

« générale sur ses immeubles excéderait notoire- « ment les sûretés suffisantes pour sa gestion, « demander que cette hypothèque soit restreinte « aux immeubles suffisants pour opérer une « pleine garantie en faveur du mineur.

« La demande sera formée contre le subrogé- « tuteur, et elle devra être précédée d'un avis de « famille. »

Art. 53. « Pourra pareillement le mari, du con- « sentement de sa femme, et après avoir pris « l'avis des quatre plus proches parents d'icelle « réunis en assemblée de famille, demander que « l'hypothèque générale sur tous ses immeubles, « pour raison de la dot et conventions matrimo- « niales, soit restreinte aux immeubles suffisants « pour la conservation entière des droits de la « femme. »

Art. 54. « Les jugements sur les demandes des « maris et des tuteurs ne seront rendus qu'après « avoir entendu le commissaire du Gouverne- « ment, et contradictoirement avec lui.

« Dans le cas où le tribunal prononcera la ré- « duction de l'hypothèque à certains immeubles, « les inscriptions prises sur tous les autres seront « rayées. »

CHAPITRE IV.

Du mode de l'inscription des priviléges et hypo- thèques.

Art. 55. « Les inscriptions se font au bureau de « conservation des hypothèques dans l'arrondis- « sement duquel sont situés les biens soumis au « privilége ou à l'hypothèque. Elles ne produisent « aucun effet, si elles sont prises dans le délai « pendant lequel les actes faits avant l'ouverture « des faillites sont déclarés nuls.

« Il en est de même entre les créanciers d'une « succession, si l'inscription n'a été faite par l'un « d'eux que depuis l'ouverture, et si la succession « n'est acceptée que par bénéfice d'inventaire. »

Art. 56. « Tous les créanciers inscrits le même « jour exercent en concurrence une hypothèque « de la même date, sans distinction entre l'ins- « cription du matin et celle du soir, quand cette « différence serait marquée par le conserva- « teur. »

Art. 57. « Pour opérer l'inscription, le créan- « cier représente, soit par lui-même, soit par un « tiers, au conservateur des hypothèques, l'origi- « nal en brevet, ou une expédition authentique « du jugement ou de l'acte qui donne naissance « au privilége ou à l'hypothèque.

« Il y joint deux bordereaux écrits sur papier « timbré, dont l'un peut être porté sur l'expédi- « tion du titre; ils contiennent :

« 1° Les nom, prénoms, domicile du créancier, « sa profession, s'il en a une, et l'élection d'un « domicile pour lui dans un lieu quelconque de « l'arrondissement du bureau;

« 2° Les nom, prénoms, domicile du débiteur, « sa profession, s'il en a une connue, ou une dési- « guation individuelle et spéciale, telle que le « conservateur puisse reconnaître et distinguer, « dans tous les cas, l'individu grevé d'hypo- « thèque;

« 3° La date et la nature du titre;

« 4° Le montant du capital des créances expri- « mées dans le titre, ou évaluées par l'inscrivant, « pour les rentes et prestations, ou pour les droits « éventuels, conditionnels ou indéterminés, dans « les cas où cette évaluation est ordonnée; comme « aussi le montant des accessoires de ces capi- « taux, et l'époque de l'exigibilité;

« 5° L'indication de l'espèce et de la situation

« des biens sur lesquels il entend conserver son
« privilége ou son hypothèque.

« Cette dernière disposition n'est pas nécessaire
« dans le cas des hypothèques légales ou judiciai-
« res : à défaut de conventions, une seule inscrip-
« tion, pour ces hypothèques, frappe tous les im-
« meubles compris dans l'arrondissement du
« bureau. »

Art. 58. « Les inscriptions à faire sur les biens
« d'une personne décédée pourront être faites
« sous la simple désignation du défunt, ainsi qu'il
« est dit au n° 2 de l'article précédent. »

Art. 59. « Le conservateur fait mention, sur son
« registre, du contenu aux bordereaux, et remet
« au requérant, tant le titre ou l'expédition du
« titre, que l'un des bordereaux, au pied duquel
« il certifie avoir fait l'inscription. »

Art. 60. « Le créancier inscrit pour un capital
« produisant intérêt ou arrérages, a droit de venir,
« pour deux années seulement, et pour l'année
« courante, au même rang d'hypothèque que pour
« son capital; sans préjudice des inscriptions par-
« ticulières à prendre, portant hypothèque à
« compter de leur date, pour les arrérages échus
« depuis, à mesure de leur échéance, et non pres-
« crits. »

Art. 61. « Il est loisible à celui qui a requis une
« inscription, ainsi qu'à ses représentants ou ces-
« sionnaires, de changer sur le registre des hypo-
« thèques le domicile par lui élu, à la charge d'en
« choisir et indiquer un autre dans le même ar-
« rondissement. »

Art. 62. « Les droits d'hypothèque purement
« légale de la nation et établissements publics sur
« les comptables, des mineurs ou interdits sur les
« tuteurs ou subrogés-tuteurs, des femmes mariées
« sur les époux, seront inscrits sur la représenta-
« tion de deux bordereaux, contenant seulement :

« 1° Les nom, prénoms, profession et domicile
« réel du créancier, et le domicile qui sera par
« lui, ou pour lui, élu dans l'arrondissement;

« 2° Les nom, prénoms, profession, domicile
« ou désignation précise du débiteur;

« 3° La nature des droits à conserver, et le mon-
« tant de leur valeur quant aux objets déterminés,
« sans être tenu de la fixer quant à ceux qui sont
« conditionnels, éventuels ou indéterminés.

« Ces inscriptions seront reçues sans aucune
« avance des salaires du conservateur, sauf son
« recours contre les grevés d'hypothèques. »

Art. 63. « Les inscriptions conservent les pri-
« viléges et hypothèques, à compter du jour de
« leur date, pendant tout le temps que durent
« l'obligation et l'action personnelle contre le dé-
« biteur, ou pendant tout celui que dure l'action
« hypothécaire contre le tiers détenteur, quand le
« bien chargé d'hypothèque est dans ses mains. »

Art. 64. « Les frais des inscriptions sont à la
« charge du débiteur, s'il n'y a stipulation con-
« traire; l'avance en est faite par l'inscrivant, si
« ce n'est quant aux hypothèques légales, pour
« l'inscription desquelles le conservateur a son
« recours contre le débiteur : il en est de même
« des frais de la transcription qui peut être requise
« par le vendeur; ils sont à la charge de l'acqué-
« reur. »

Art. 65. « Les actions auxquelles les inscrip-
« tions peuvent donner lieu contre les créanciers
« seront intentées devant le tribunal compétent,
« par exploits faits à leur personne, ou au dernier
« des domiciles élus sur le registre ; et ce, no-
« nobstant le décès soit des créanciers, soit de
« ceux chez lesquels ils auront fait élection de
« domicile. »

CHAPITRE V.
De la radiation et de la réduction des inscriptions.

Art. 66. « Les inscriptions sont radiées du con-
« sentement des parties intéressées, ou en vertu
« d'un jugement exécutoire qui l'ordonne. »

Art. 67. « Dans l'un et l'autre cas, ceux qui re-
« quièrent la radiation déposent au bureau du
« conservateur l'expédition de l'acte authentique
« portant consentement, ou celle du jugement. »

Art. 68. « La radiation non consentie est de-
« mandée au tribunal dans le ressort duquel
« l'inscription a été faite, si ce n'est lorsqu'elle
« l'a été pour sûreté d'une condamnation éven-
« tuelle ou indéterminée, sur l'exécution ou liqui-
« dation de laquelle le débiteur et le créancier
« prétendu sont en instance ou doivent être jugés
« dans un autre tribunal ; auquel cas la demande
« en radiation doit y être portée ou renvoyée. »

Art. 69. « La radiation doit être ordonnée par les
« tribunaux, lorsque l'inscription a été faite sans
« être fondée ni sur la loi, ni sur un titre, ou lors-
« qu'elle l'a été en vertu d'un titre soit irrégulier,
« soit éteint ou soldé, ou lorsque les droits de
« privilége d'hypothèque sont effacés par les voies
« légales. »

Art. 70. « Toutes les fois que les inscriptions
« prises par un créancier qui, d'après la loi, au-
« rait droit d'en prendre sur les biens présents
« ou sur les biens à venir d'un débiteur, sans li-
« mitation convenue, seront portées sur plus de
« domaines différents qu'il n'est nécessaire à la
« sûreté des créances, l'action en réduction des
« inscriptions, ou en radiation d'une partie de ce
« qui excède la proportion convenable, est ouverte
« au débiteur. On y suit les mêmes règles de com-
« pétence établies dans l'article précédent. »

Art. 71. « Sont réputées excessives les inscrip-
« tions qui frappent sur plusieurs domaines, lors-
« que la valeur d'un seul ou de quelques-uns
« d'entre eux excède de plus d'un tiers en fonds
« libres le montant des créances en capital et ac-
« cessoires légaux. »

Art. 72. « Peuvent aussi être réduites comme
« excessives, les inscriptions prises d'après l'éva-
« luation faite par le créancier, des créances qui,
« en ce qui concerne l'hypothèque à établir pour
« leur sûreté, n'ont pas été réglées par la con-
« vention, et qui, par leur nature, sont condition-
« nelles, éventuelles ou indéterminées. »

Art. 73. « L'excès, dans ce cas, est arbitré par
« les juges, d'après les circonstances, les proba-
« bilités des chances et les présomptions de fait,
« de manière à concilier les droits vraisemblables
« du créancier avec l'intérêt du crédit raisonna-
« ble à conserver au débiteur; sans préjudice des
« nouvelles inscriptions à prendre avec hypothè-
« que du jour de leur date, lorsque l'événement
« aura porté les créances indéterminées à une
« somme plus forte. »

Art. 74. « La valeur des immeubles dont la
« comparaison est à faire avec celle des créances
« et le tiers en sus, est déterminée par quinze
« fois la valeur du revenu déclaré par la matière
« du rôle de la contribution foncière, ou indiqué
« par la cote de contribution sur le rôle, selon la
« proportion qui existe dans les communes de la
« situation, entre cette cote et le revenu, pour
« les immeubles non sujets à dépérissement, et
« dix fois cette valeur pour ceux qui y sont sujets;
« sans préjudice néanmoins aux juges de s'aider,
« en outre, des éclaircissements qui peuvent ré-
« sulter des baux non suspects, des procès-ver-
« baux d'estimation qui ont pu être dressés pré-

« cédemment à des époques rapprochées, et autres
« actes semblables, et d'évaluer le revenu au taux
« moyen entre les résultats de ces divers rensei-
« gnements. »

CHAPITRE VI.
*De l'effet des privilèges et hypothèques contre les
tiers détenteurs.*

Art. 75. « Les créanciers ayant privilége ou
« hypothèque inscrite sur un immeuble, le sui-
« vent en quelques mains qu'il passe, pour être
« colloqués et payés suivant l'ordre de leurs créan-
« ces. »

Art. 76. « Si le tiers détenteur ne remplit pas
« les formalités qui seront ci-après établies pour
« consolider et purger sa propriété, il jouit des
« mêmes termes et délais accordés au débiteur
« originaire; mais, par l'effet seul des inscrip-
« tions, il demeure obligé, comme détenteur, à
« toutes les dettes hypothécaires. »

Art. 77. « Le tiers détenteur est tenu, dans ce
« cas, ou de payer tous les intérêts et capitaux
« exigibles, à quelque somme qu'ils puissent mon-
« ter, ou de délaisser l'immeuble hypothéqué,
« sans aucune réserve. »

Art. 78. « Faute par le tiers détenteur de satis-
« faire pleinement à l'une de ces obligations, cha-
« que créancier hypothécaire a droit de faire
« vendre sur lui l'immeuble hypothéqué, trente
« jours après commandement fait au débiteur
« originaire, et sommation faite au tiers détenteur
« de payer la dette exigible ou de délaisser l'héri-
« tage. »

Art. 79. « Néanmoins le tiers détenteur qui n'est
« pas personnellement obligé à la dette peut
« s'opposer à la vente de l'héritage hypothéqué
« qui lui a été transmis, s'il est demeuré d'autres
« immeubles hypothéqués à la même dette dans
« la possession du principal ou des principaux
« obligés, et en requérir la discussion préalable
« selon la forme réglée au titre *du cautionne-*
« *ment* : pendant cette discussion, il est sursis à
« la vente de l'héritage hypothéqué. »

Art. 80. « L'exception de discussion ne peut
« être opposée au créancier privilégié ou ayant
« hypothèque spéciale sur l'immeuble. »

Art. 81. « Quant au délaissement par hypothè-
« que, il peut être fait par tous les tiers déten-
« teurs qui ne sont pas personnellement obligés
« à la dette, et qui ont la capacité d'aliéner. »

Art. 82. « Il peut l'être même après que le tiers
« détenteur a reconnu l'obligation ou subi con-
« damnation en cette qualité seulement : le délais-
« sement n'empêche pas que, jusqu'à l'adjudica-
« tion, le tiers détenteur ne puisse reprendre
« l'immeuble en payant toute la dette et les
« frais. »

Art. 83. « Le délaissement par hypothèque se
« fait au greffe du tribunal de la situation, et il
« en est donné acte par ce tribunal.

« Sur la pétition du plus diligent des intéres-
« sés, il est créé à l'immeuble délaissé un cura-
« teur sur lequel la vente de l'immeuble est pour-
« suivie dans les formes prescrites pour les expro-
« priations. »

Art. 84. « Les détériorations qui procèdent du
« fait ou de la négligence du tiers détenteur au
« préjudice des créanciers hypothécaires ou pri-
« vilégiés, donnent lieu contre lui à une action
« en indemnité; mais il ne peut répéter ses im-
« penses et améliorations que jusqu'à concur-
« rence de la plus-value. »

Art. 85. « Les fruits de l'immeuble hypothéqué
« ne sont dus par le tiers détenteur à compter

« du jour de la sommation de payer ou de délais-
« ser, et si les poursuites commencées ont été
« abandonnées pendant trois ans, à compter de la
« nouvelle sommation qui sera faite. »

Art. 86. « Les servitudes et droits réels que le
« tiers détenteur avait sur l'immeuble avant sa
« possession, renaissent après le délaissement ou
« après l'adjudication faite sur lui.

« Ses créanciers personnels, après tous ceux
« qui sont inscrits sur les précédents propriétai-
« res, exercent leur hypothèque à leur rang sur
« le bien délaissé ou adjugé. »

Art. 87. « Le tiers détenteur qui a payé la dette
« hypothécaire, ou délaissé l'immeuble hypothé-
« qué, ou subi l'expropriation de cet immeuble,
« a le recours en garantie, tel que de droit, contre
« le débiteur principal. »

Art. 88. « Le tiers détenteur qui veut consoli-
« der et purger sa propriété en payant le prix,
« observe les formalités qui seront établies dans
« le chapitre VIII. »

CHAPITRE VII.
De l'extinction des privilèges et hypothèques.

Art. 89. « Les privilèges et hypothèques s'étei-
« gnent :

« 1° Par l'extinction de l'obligation principale ;
« 2° Par la renonciation du créancier à l'hypo-
« thèque;
« 3° Par la prescription.

« Elle n'est acquise, quant aux biens étant dans
« les mains du débiteur, que par le temps fixé
« pour la prescription de l'action personnelle.

« Elle s'acquiert, quant aux biens qui sont dans
« les mains d'un tiers détenteur, par le temps ré-
« glé pour la prescription de la propriété au pro-
« fit du tiers détenteur, mais seulement, dans le
« cas où la prescription suppose un titre, à comp-
« ter du jour où ce titre a été transcrit sur les re-
« gistres du conservateur.

« Les inscriptions prises par le créancier n'in-
« terrompent pas le cours de la prescription éta-
« blie par la loi en faveur du débiteur ou du tiers
« détenteur;

« 4° Par l'accomplissement des formalités et
« conditions prescrites aux tiers détenteurs pour
« purger les biens par eux acquis. »

CHAPITRE VIII.
*Du mode de consolider les propriétés, et de les pur-
ger des privilèges et hypothèques.*

Art. 90. « Les contrats translatifs de propriété
« que les tiers détenteurs voudront purger de
« priviléges et hypothèques, seront transcrits en
« entier par le conservateur des hypothèques dans
« l'arrondissement duquel les biens sont situés.

« Cette transcription se fera sur un registre à
« ce destiné, et le conservateur sera tenu d'en
« donner reconnaissance au requérant. »

Art. 91. « Les actes translatifs de propriété qui
« n'ont pas été ainsi transcrits, ne peuvent être
« opposés aux tiers qui auraient contracté avec
« le vendeur et qui se seraient conformés aux
« dispositions de la présente. »

Art. 92. « La simple transcription des titres
« translatifs de propriété sur le registre du con-
« servateur, ne purge pas les hypothèques et pri-
« vilèges établis sur l'immeuble.

« Il ne passe au nouveau propriétaire qu'avec
« les droits qui appartenaient au précédent, et
« affecté des mêmes priviléges ou hypothèques
« dont il est chargé. »

Art. « Si le nouveau propriétaire veut se
« disp r l'intégralité des dettes hypo-

« thécaires ou privilégiées, et se garantir de l'effet
« des poursuites autorisées dans le chapitre VI, il
« est tenu, soit avant les poursuites, soit dans le
« mois au plus tard, à compter de la première
« sommation qui lui est faite, de notifier par
« extrait, aux créanciers, aux domiciles par eux
« élus dans leurs inscriptions :
    « 1° Extrait de son titre, contenant la date et la
« qualité de l'acte, le nom et la désignation pré-
« cise du vendeur, la nature et la situation de la
« chose vendue ;
    « 2° Le certificat de la transcription de l'acte de
« vente ;
    « 3° L'état des charges et hypothèques dont
« l'immeuble est grevé, et la déclaration de l'ac-
« quéreur ou donateur qu'il est prêt à acquitter
« sur-le-champ les dettes et charges hypothé-
« caires, jusqu'à concurrence seulement du prix. »
    Art. 94. « L'état des charges dont l'immeuble
« est grevé, contiendra les époques des hypo-
« thèques, les noms et désignations des créanciers
« inscrits, les sommes pour lesquelles ils sont
« inscrits en capital et accessoires, ou la nature
« de celles des créances éventuelles ou indéter-
« minées qui ont pu être inscrites sans évalua-
« tion. »
    Art. 95. « Lorsque le nouveau propriétaire
« a fait cette notification dans le délai fixé, tout
« créancier dont le titre est inscrit peut requérir
« la mise de l'immeuble aux enchères et adjudi-
« cations publiques, à la charge :
    « 1° Que cette réquisition sera signifiée au nou-
« veau propriétaire dans quarante jours, au plus
« tard, de la notification faite à la requête du der-
« dernier, en y ajoutant deux jours par cinq myria-
« mètres de distance entre le domicile élu et le
« domicile réel de chaque créancier requérant ;
    « 2° Qu'elle contiendra soumission du requé-
« rant, de porter ou faire porter le prix à un
« dixième en sus de celui qui aura été stipulé
« dans le contrat, ou déclaré par le nouveau pro-
« priétaire ;
    « 3° Que la même signification sera faite dans
« le même délai au précédent propriétaire, débi-
« teur principal ;
    « 4° Que l'original et les copies de ces exploits
« seront signés par le créancier requérant, ou par
« son fondé de procuration expresse, lequel, en
« ce cas, est tenu de donner copie de sa procura-
« tion ;
    « 5° Qu'il offrira de donner caution.
    « Le tout à peine de nullité. »
    Art. 96. « A défaut, par les créanciers, d'avoir
« requis la mise aux enchères dans le délai et
« les formes prescrites, la valeur de l'immeuble
« demeure définitivement fixée au prix stipulé
« dans le contrat, ou déclaré par le nouveau
« propriétaire, lequel est, en conséquence, libéré
« de tout privilége et hypothèque, en payant ledit
« prix aux créanciers qui seront en ordre de re-
« cevoir. »
    Art. 97. « En cas de revente sur enchère, elle
« aura lieu suivant les mêmes formes qui sont
« établies pour les expropriations forcées, à la
« diligence soit du créancier qui l'aura requise,
« soit du nouveau propriétaire.
    « Le poursuivant énoncera dans les affiches le
« prix stipulé dans le contrat ou déclaré, et la
« somme en sus à laquelle le créancier s'est
« obligé de la porter ou faire porter. »
    Art. 98. « L'adjudicataire est tenu, au delà du
« prix de son adjudication, de restituer à l'acqué-
« reur ou au donataire dépossédé, les frais et
« loyaux coûts de son contrat, ceux de la trans-

« cription sur les registres du conservateur, ceux
« de notification, et ceux faits par lui pour par-
« venir à la revente. »
    Art. 99. « L'acquéreur ou le donataire conserve
« l'immeuble mis aux enchères, soit en soldant
« toutes les dettes privilégiées et hypothécaires,
« soit en se rendant dernier enchérisseur. »
    Art. 100. « Le désistement du créancier requé-
« rant la mise aux enchères ne peut, même en
« payant le montant de la soumission, empêcher
« l'adjudication publique, si ce n'est du consen-
« tement exprès de tous les autres créanciers
« hypothécaires. »
    Art. 101. « L'acquéreur qui se sera rendu adjudi-
« cataire aura son recours tel que de droit contre
« le vendeur, pour le remboursement de ce qu'il
« aura payé ou dû payer au delà du prix stipulé
« par son titre, et pour l'intérêt de cet excédant,
« à compter du jour de chaque paiement. »
    Art. 102. « Dans le cas où le titre du nouveau
« propriétaire comprendrait des immeubles et des
« meubles, ou plusieurs immeubles, les uns hypo-
« théqués, les autres non hypothéqués, situés
« dans le même ou dans divers arrondissements
« de bureaux, aliénés pour un seul et même prix,
« ou pour des prix distincts et séparés, soumis
« ou non à la même obligation, le prix de
« chaque immeuble frappé d'inscriptions par-
« ticulières et séparées, sera déclaré dans la no-
« tification du nouveau propriétaire, par ventila-
« tion, s'il y a lieu, du prix total exprimé dans
« le titre.
    « Le créancier surenchérisseur ne pourra, en
« aucun cas, être contraint d'étendre sa soumis-
« sion ni sur le mobilier, ni sur d'autres immeu-
« bles que ceux qui sont hypothéqués à sa créance
« et situés dans le même arrondissement ; sauf
« le recours du nouveau propriétaire contre ses
« auteurs, pour l'indemnité du dommage qu'il
« éprouverait, soit de la division des objets de
« son acquisition, soit de celle des exploitations. »

CHAPITRE IX.

Du mode de purger les hypothèques légales des femmes et des mineurs, quand il n'existe pas d'inscription sur les biens des maris et des tuteurs.

    Art. 103. « Pourront les acquéreurs d'immeu-
« bles appartenant à des maris ou à des tuteurs,
« lorsqu'il n'existera pas d'inscriptions sur les-
« dits immeubles à raison de la gestion de tu-
« teur, ou des dots, reprises et conventions
« matrimoniales de la femme, purger les hypo-
« thèques qui existeraient sur les biens par eux
« acquis du chef de la femme ou des mineurs. »
    Art. 104. « A cet effet, ils déposeront copie dû-
« ment collationnée du contrat translatif de
« propriété au greffe du tribunal civil du lieu de
« la situation des biens. Extrait de ce contrat,
« contenant sa date, les noms, prénoms, profes-
« sions et domiciles des contractants, la désigna-
« tion de la nature et de la situation des biens,
« le prix et les autres charges de la vente, sera
« et restera affiché pendant deux mois dans l'au-
« ditoire du tribunal, pendant lequel temps les
« maris, tuteurs, subrogés-tuteurs, parents ou
« amis, et le commissaire du Gouvernement, sont
« reçus à requérir s'il y a lieu, et à faire faire au
« bureau du conservateur des hypothèques des
« inscriptions sur l'immeuble aliéné, qui auront
« le même effet que si elles avaient été prises le
« jour du contrat de mariage ou le jour de l'entrée
« en gestion de tuteur ; sans préjudice des pour-
« suites qui pourraient avoir lieu contre les maris

« et les tuteurs, ainsi qu'il a été dit ci-dessus,
« pour hypothèques par eux consenties au profit
« de tierces personnes, sans leur avoir déclaré
« que les immeubles étaient déjà grevés d'hypo-
« thèques, en raison du mariage ou de la tutelle. »
Art. 105. « Si, dans le cours des deux mois
« de l'exposition du contrat, il n'a pas été fait
« d'inscription sur les immeubles vendus, ils
« passent à l'acquéreur sans aucune charge, à rai-
« son des conventions matrimoniales de la femme,
« ou de la gestion du tuteur. »

CHAPITRE X.

Publicité des registres, et responsabilité des con-
servateurs.

Art. 106. « Les conservateurs des hypothèques
« sont tenus de délivrer à tous ceux qui le re-
« quièrent, copie des actes transcrits sur leurs
« registres et celle des inscriptions subsistantes,
« ou certificat qu'il n'en existe aucune. »
Art. 107. « Ils sont responsables du préjudice
« résultant :
« 1° Du défaut de mention sur leurs registres
« des transcriptions d'actes de mutation, et des
« inscriptions requises en leurs bureaux ;
« 2° De l'omission qu'ils feraient dans leurs
« certificats, d'une ou de plusieurs des inscriptions
« existantes, à moins, dans ce dernier cas, que
« l'erreur ne provint de désignations insuffisantes
« qui ne pourraient lui être imputées. »
Art. 108. « L'immeuble à l'égard duquel le con-
« servateur aurait omis dans ses certificats une
« ou plusieurs des charges inscrites, en demeure,
« sauf la responsabilité du conservateur, affran-
« chi dans les mains du nouveau possesseur,
« pourvu qu'il ait requis le certificat depuis la
« transcription de son titre ; sans préjudice néan-
« moins du droit des créanciers de se faire collo-
« quer suivant l'ordre qui leur appartient, tant
« que le prix n'a pas été payé par l'acquéreur,
« ou tant que l'ordre fait entre les créanciers n'a
« pas été homologué. »
Art. 109. « Dans aucun cas, les conservateurs ne
« peuvent refuser ni retarder la transcription des
« actes de mutation, l'inscription des droits hypo-
« thécaires, ni la délivrance des certificats requis,
« sous peine des dommages et intérêts des par-
« ties ; à l'effet de quoi procès-verbaux des refus
« ou retardements seront, à la diligence des re-
« quérants, dressés sur-le-champ soit par un
« juge de paix, soit par un huissier audiencier du
« tribunal, soit par un autre huissier ou un no-
« taire assisté de deux témoins. »
Art. 110. « Tous les registres des conservateurs
« destinés à recevoir les transcriptions d'actes
« et les inscriptions des droits hypothécaires,
« sont en papier timbré, cotés et paraphés à chaque
« page par première et dernière, par l'un des
« juges du tribunal dans le ressort duquel le
« bureau est établi.
« Les conservateurs sont tenus d'observer cette
« règle, et de se conformer, dans l'exercice de
« leurs fonctions, à toutes les dispositions du
« présent chapitre, à peine d'une amende de
« deux cents à mille francs pour la première con-
« travention, et de destitution pour la seconde ;
« sans préjudice des dommages et intérêts des
« parties, lesquels seront payés avant l'amende. »
Art. 111. « Les inscriptions et transcriptions
« sont faites sur les registres, de suite, sans aucun
« blanc ni interligne, à peine, contre le conser-
« vateur, de mille à deux mille francs d'amende,
« et des dommages intérêts des parties, payables
« aussi par préférence à l'amende. »

Le citoyen **Treilhard** fait lecture du chapi-
tre Iᵉʳ, contenant *les dispositions générales.*
Les articles 1, 2 et 3 sont soumis à la discussion
et adoptés.
Le citoyen **Treilhard** fait lecture du chapi-
tre II, *des privilèges.*
Les articles 4, 5, 6 et 7 sont adoptés.
La section Iʳᵉ, *des privilèges sur les meubles,*
est soumise à la discussion.
L'article 8 est adopté.
Le § Iᵉʳ, *des privilèges généraux sur les meubles,* est discuté.
L'article 9 est adopté.
Le § II, *des privilèges sur certains meubles,* est
soumis à la discussion.
L'article 10 est discuté.
Le citoyen **Bégouen** dit que les baux ruraux
étant notoires, il semble qu'ils doivent donner au
propriétaire un privilège, même lorsqu'ils sont rédigés sous seing privé.
Le citoyen **Treilhard** répond que la section
aurait craint de donner ouverture à la collusion,
si elle eût attaché cet effet aux baux qui n'ont
pas une date certaine, pour un temps plus long
que l'espace d'une année.
Le citoyen **Bégouen** dit que la fraude serait
difficile, lorsque le fait du bail est notoire, que
le système de la section a l'inconvénient d'embarrasser le propriétaire et de l'obliger à être rigoureux avec son fermier.
Le citoyen **Defermon** dit que la disposition
proposée serait utile au trésor public, en ce qu'elle
assurerait le droit d'enregistrement sur les baux ;
mais qu'elle est désavantageuse pour le propriétaire, parce qu'elle l'expose à perdre les fermages
arriérés.
La collusion n'est pas vraisemblable. Comment
la supposer entre le propriétaire et un fermier
qu'il est obligé de faire exécuter ?
Le citoyen **Bérenger** dit que la collusion serait possible, si l'on accordait aux baux sous seing
privé un privilège qui primerait même les créances dont la date serait certaine.
Le citoyen **Treilhard** dit que cette réflexion
est décisive.
Il ajoute que si le fait du bail est notoire, les
conditions ne le sont pas ; qu'ainsi rien n'est plus
facile au propriétaire que de se concerter avec le
fermier pour exagérer le prix de la ferme et frustrer les créanciers.
La proposition du citoyen *Bégouen* est renvoyée
à la section.
Le citoyen **Jollivet** observe qu'il peut arriver
que le fermier achète des bestiaux à crédit, et
que dans cette hypothèse le propriétaire de la
ferme ne doit pas être préféré au vendeur.
Le citoyen **Treilhard** répond qu'il est impossible de supposer qu'après dix-huit mois, le prix
de ces bestiaux ne soit pas payé, et qu'on ne peut
même reconnaître si ceux qui se trouvent dans
la ferme sont identiquement ceux dont on réclame
le paiement.
Le citoyen **Defermon** dit que les vaches sont
ordinairement signalées avec beaucoup d'exactitude ; que dans l'usage actuel, le vendeur est
préféré au propriétaire qui n'exerce son privilège
que sur l'excédant du prix.
Le citoyen **Bégouen** dit que cet usage n'est
pas suivi dans les départements formés du territoire de la ci-devant Normandie ; qu'au surplus,
comme la question intéresse les usages du commerce, elle doit être renvoyée au Code du commerce.
Le consul **Cambacérès** dit que l'article ne

préjuge rien à l'égard de la revendication en matière de commerce, laquelle se trouve réglée par une disposition insérée dans le projet de Code du commerce, disposition que le Consul est loin d'approuver, mais qui sert à justifier que l'article en discussion ne se rapporte point à cette matière.

Le citoyen **Bégouen** dit qu'il croit nécessaire, pour prévenir toute équivoque, d'exprimer ici la réserve, comme on l'a fait dans d'autres titres; qu'il serait très-dangereux de restreindre à huit jours le délai de revendication en matière de commerce.

Le consul **Cambacérès** dit qu'il ne voit aucun inconvénient à adopter cette proposition, quoiqu'elle tende à établir une précaution surabondante, attendu qu'évidemment il ne s'agit pas ici de la revendication usitée dans le commerce; qu'on pourrait donc rédiger ainsi : « Il n'est rien « innové aux lois et usages du commerce sur la « revendication. »

Cet amendement est adopté.

Le citoyen **Regnauld** (*de Saint-Jean-d'Angély*) craint que l'article ne facilite la fraude des locataires qui, garnissant les lieux de meubles dont ils ne sont pas propriétaires, ou qu'ils n'ont pas payés, n'offrent au locateur qu'un gage apparent, et qui lui échappe au moment où il veut s'en saisir.

Le consul **Cambacérès** dit que cette observation est fondée.

Le Consul pense qu'il est nécessaire de trancher la difficulté, en accordant positivement au locateur le privilège sur le tapissier qui a fourni ou loué les meubles.

Le citoyen **Treilhard** ajoute qu'en effet, sans cette disposition, le locataire a toujours un moyen de frauder le propriétaire; il lui suffit de présenter une fausse vente ou un bail de meubles simulé.

Le citoyen **Jollivet** observe que souvent on hiverne dans une ferme un troupeau de moutons qui n'appartient pas au fermier; qu'il faudrait du moins ne pas faire porter sur ces bestiaux le privilège du propriétaire, et admettre la preuve qu'ils n'ont été placés là que pour un temps.

Le citoyen **Treilhard** répond que, ces bestiaux n'étant pas vendus, la disposition qu'on propose ne s'étendrait pas à eux.

Le consul **Cambacérès** pense qu'il est d'autant plus nécessaire d'établir la préférence du propriétaire, que l'article 6 dit que les créanciers de même degré viennent par concurrence entre eux.

Le citoyen **Treilhard** dit que cependant la règle ne doit pas être établie d'une manière trop absolue, car les circonstances peuvent quelquefois justifier la prétention du vendeur. Si, par exemple, la vente est récente, et qu'il soit prouvé que le prix n'a pas été payé, la cause du vendeur devient tellement favorable, qu'il serait injuste de lui préférer le propriétaire.

Le citoyen **Tronchet** dit qu'en effet il faut laisser aux tribunaux assez de latitude pour qu'ils puissent avoir égard à la bonne foi du vendeur, et examiner s'il n'a pas été induit en erreur par la négligence du propriétaire; mais que, hors quelques circonstances particulières qui peuvent nécessiter cette exception, la préférence doit être donnée à ce dernier, attendu que lorsqu'une maison est garnie de meubles, il est ordinairement très-difficile au locateur de savoir s'ils appartiennent au locataire. Au contraire, le marchand qui les a vendus peut prendre ses sûretés.

Le consul **Cambacérès** partage cette opinion.

Il propose de décider que le privilège du loca-

teur primera tout autre privilège, à moins qu'il ne résulte des circonstances que le locateur a été instruit que les meubles dont la maison était garnie n'appartenaient pas au locataire.

Le citoyen **Cretet** dit que déjà, dans la jurisprudence actuelle, le propriétaire est préféré au tapissier qui a vendu ou loué les meubles, lorsque celui-ci ne présente pas un acte authentique.

Le citoyen **Maleville** dit qu'un acte même authentique ne doit pas nuire au privilège du propriétaire. Il ignore cet acte et ne voit que le fait, sans savoir si les meubles qui garnissent sa maison sont achetés à crédit ou pris à loyer.

L'amendement du Consul est adopté.

Le citoyen **Regnauld** (*de Saint-Jean-d'Angély*) demande, sur le n° 6 de l'article, qu'il soit accordé à celui qui a fourni le cautionnement un privilège, lequel, comme bailleur de fonds, le fasse venir immédiatement après les créanciers pour abus et prévarications.

Le citoyen **Treilhard** objecte que les bailleurs de fonds sont propriétaires du cautionnement, et qu'on n'a pas besoin de privilège sur sa propre chose.

Le citoyen **Jollivet** dit que ce principe n'est pas consacré par l'usage.

Le citoyen **Defermon** dit que si la disposition demandée par le citoyen *Regnauld* (*de Saint-Jean-d'Angély*) était placée dans le Code civil, elle deviendrait une règle absolue, et gênerait les opérations de la caisse d'amortissement, qui n'a pas de bureau d'opposition; mais qu'on pourra la prendre en considération, lorsqu'on s'occupera des lois annoncées par l'article 2.

Le citoyen **Regnauld** (*de Saint-Jean-d'Angély*) dit que sa proposition ne se rapporte pas à l'intérêt du trésor public, mais à l'intérêt du tiers bailleur de fonds.

Il est certain qu'autrefois il avait privilège sur la finance de la charge. Aujourd'hui il faut exprimer dans la quittance du cautionnement qu'il a fourni les deniers : cette déclaration doit lui assurer un privilège.

Le citoyen **Bérenger** dit que l'usage est d'expédier la quittance à celui qui fournit les fonds, en énonçant qu'ils l'ont été pour le cautionnement d'un tiers; qu'ainsi la propriété des deniers est conservée au bailleur.

Le citoyen **Tronchet** dit qu'autrefois le récépissé était au nom du titulaire; mais que, dans l'acte du prêt, celui qui fournissait les fonds en faisait exprimer la destination, et que le récépissé lui était remis par forme de nantissement.

Le citoyen **Treilhard** dit que cet usage est maintenu et autorisé par la disposition du n° 2 de l'article.

L'article est renvoyé à la section pour le rédiger d'après les amendements adoptés.

L'article 11 est discuté.

Le citoyen **Defermon** demande : 1° que la disposition de cet article soit généralisée et étendue à toutes les espèces de privilèges que peut avoir le trésor public; 2° que l'article soit placé après l'article 6.

Ces propositions sont adoptées.

La section II, *des privilèges sur les immeubles*, est soumise à la discussion.

L'article 12 est discuté.

Le citoyen **Cretet** demande que le privilège accordé par le n° 4 de cet article soit étendu à toute espèce de construction, et particulièrement à celle des canaux.

Le citoyen **Treilhard** adopte cet amendement, .

et propose d'ajouter, les canaux, les digues, les desséchements et autres ouvrages.

L'article est adopté avec cet amendement.

La section III, *des priviléges qui s'étendent sur les meubles et les immeubles*, est soumise à la discussion.

L'article 13 est discuté.

Le citoyen **Defermon** demande que la disposition de cet article ne soit pas restreinte aux biens des comptables acquis depuis leur entrée en exercice.

Le citoyen **Tronchet** objecte que le trésor public ne peut avoir qu'une hypothèque sur les biens acquis avant la gestion, attendu que le privilége qui lui est accordé sur les biens acquis depuis, n'est fondé que sur la présomption qu'ils ont été achetés des deniers dont les comptables ont le maniement.

Le citoyen **Béranger** ajoute que le trésor public a dû prendre ses sûretés en exigeant des cautions et en prenant inscription sur les biens. Il n'y a pas de motifs pour le faire sortir de la classe commune des créanciers. Ce privilége exorbitant serait d'ailleurs sans effet; car si le comptable est de bonne foi, il n'achètera pas d'immeubles, afin de ne pas se mettre dans un état d'interdiction. Il évitera encore plus d'acheter s'il est de mauvaise foi.

Le citoyen **Defermon** dit que l'article 11 offre un moyen de corriger tous les inconvénients que l'article 13 pourrait avoir par rapport au trésor public. Seulement, pour laisser les choses entières, il est nécessaire de dire, dans ce dernier article, que les priviléges du trésor public seront réglés par des lois particulières.

Le consul **Cambacérès** dit que cette réserve est impossible; car si, par exemple, le privilége du trésor public était étendu, ainsi qu'on l'a proposé, à tous les immeubles des comptables, les lois particulières sur ce sujet renverseraient en entier le système adopté par le Code civil. Il faut, sans doute, que le trésor public ait ses sûretés; mais on ne doit pas les lui donner aux dépens de la justice et des droits du vendeur. Il est même nécessaire d'exprimer cette limitation pour prévenir toute inquiétude, et de dire que néanmoins les priviléges du trésor public ne pourront détruire ceux qui existeraient antérieurement à la gestion du comptable.

L'article est adopté avec l'amendement du Consul.

L'article 14 est renvoyé à la section, pour être rédigé conformément à l'amendement adopté sur l'article 13.

La section IV, intitulée, *comment se conservent les priviléges*, est soumise à la discussion.

Les articles 15 et 16 sont adoptés.

L'article 17 est discuté.

Le consul **Cambacérès** trouve la disposition de cet article fort sage. Il voudrait cependant que l'effet ne dépendît point de l'exactitude du conservateur.

Il est utile de faire inscrire la créance du vendeur, afin que chacun sache si l'immeuble est grevé, et qu'il n'y ait pas de surprise : quand la transcription atteste que le prix n'a pas été payé en entier, le public est suffisamment averti; ni les acquéreurs ni les prêteurs ne peuvent plus être trompés. Toute inscription particulière devient donc inutile, et il n'y a pas de motif d'en faire une condition qui expose la créance du vendeur, si le conservateur est négligent.

On répondra que le vendeur peut veiller à ce que l'inscription soit faite.

Mais pourquoi l'exposer à une chance qu'on peut sans inconvénient lui épargner ?

Le citoyen **Treilhard** propose de déclarer que la transcription vaudra inscription pour la partie du prix qui n'aurait pas été payée.

Le citoyen **Jollivet** demande que néanmoins, afin que le registre des inscriptions soit complet, la loi oblige le conservateur d'y porter la créance du vendeur, sans cependant que l'omission de cette formalité nuise à la conservation du privilége.

L'article est adopté avec ces amendements.

L'article 18 est discuté.

Le citoyen **Bigot-Préameneu** dit que cet article impose aux cohéritiers une charge trop onéreuse, en les obligeant de prendre inscription les uns sur les autres.

Le citoyen **Treilhard** répond que le système de la publicité, qui a été adopté, serait blessé si une seule hypothèque pouvait demeurer ignorée.

L'article est adopté.

Le citoyen **Regnauld** (*de Saint-Jean-d'Angély*) observe que, dans la section IV, on ne trouve aucune disposition qui assure au bailleur de fonds son privilége.

Le citoyen **Treilhard** répond que le bailleur de fonds doit s'appliquer les dispositions générales et faire, comme tout autre créancier, inscrire sa créance. Les dispositions de la section IV ne concernent que les créances qui exigent un mode particulier d'inscription.

Le citoyen **Regnauld** (*de Saint-Jean-d'Angély*) dit que l'objet des articles de cette section étant de déterminer la manière dont les priviléges se conservent, et, par cette raison, tous ceux qu'établit la section II s'y trouvant énumérés, à l'exception de celui du bailleur de fonds, on pourrait conclure de cette exception que ce privilége n'a pas été conservé.

Le citoyen **Tronchet** dit que, dans le langage des lois, on n'entend par bailleur de fonds que le vendeur qui a livré l'immeuble et auquel le prix est dû, et non celui qui a fourni les deniers pour l'acheter.

Le consul **Cambacérès** dit qu'on a pleinement pourvu à la sûreté du vendeur par l'article 17. Mais celui qui prête les deniers pour payer le prix ne peut être assimilé au vendeur : c'est un créancier ordinaire qui a un privilége et qui conserve ses droits de la même manière que les autres créanciers.

L'observation du citoyen *Régnauld* (*de Saint-Jean-d'Angély*) n'a pas de suite.

Les articles 19, 20, 21 et 22 sont adoptés.

La séance est levée.

Pour extrait conforme :
Le secrétaire général du Conseil d'État,,
J. G. LOCRÉ.

SÉANCE

DU 5 VENTÔSE, AN XII DE LA RÉPUBLIQUE.

Le **Premier Consul** préside la séance.

Le second et le troisième Consuls sont présents.

Le citoyen **Gally**, d'après la conférence tenue avec le Tribunat, présente la rédaction définitive du titre XII du livre III du projet de Code civil, *de l'échange*.

De l'échange.

Le Conseil l'adopte en ces termes :

Art. 1er. « L'échange est un contrat par lequel

« les parties se donnent respectivement une chose
« pour une autre. »

Art. 2. « L'échange s'opère par le seul consen-
« tement, de la même manière que la vente. »

Art. 3. « Si l'un des copermutants a déjà reçu
« la chose à lui donnée en échange, et qu'il prouve
« ensuite que l'autre contractant n'est pas proprié-
« taire de cette chose, il ne peut pas être forcé
« à livrer celle qu'il a promise en contre-échange,
« mais seulement à rendre celle qu'il a reçue. »

Art. 4. « Le copermutant qui est évincé de la
« chose qu'il a reçue en échange a le choix de
« conclure à des dommages et intérêts, ou de ré-
« péter sa chose. »

Art. 5. « La rescision pour cause de lésion n'a
« pas lieu dans le contrat d'échange. »

Art. 6. « Toutes les autres règles prescrites pour
« le contrat de vente s'appliquent d'ailleurs à
« l'échange. »

Le citoyen **Gally**, d'après la conférence tenue
avec le Tribunat, présente la rédaction définitive
du titre XIII du livre III du projet de Code civil,
du louage.

Le Conseil l'adopte en ces termes :

Du louage.

CHAPITRE PREMIER.
Dispositions générales.

Art. 1er. « Il y a deux sortes de contrats de
« louage :
« Celui des choses,
« Et celui d'ouvrage. »

Art. 2. « Le louage des choses est un contrat
« par lequel l'une des parties s'oblige à faire
« jouir l'autre d'une chose pendant un certain
« temps, et moyennant un certain prix que celle-
« ci s'oblige de lui payer. »

Art. 3. « Le louage d'ouvrage est un contrat par
« lequel l'une des parties s'engage à faire quelque
« chose pour l'autre, moyennant un prix convenu
« entre elles. »

Art. 4. « Ces deux genres de louages se subdi-
« visent encore en plusieurs espèces particuliè-
« res :
« On appelle *bail à loyer* le louage des mai-
« sons et celui des meubles ;
« *Bail à ferme*, celui des héritages ruraux ;
« *Loyer*, le louage du travail ou du service ;
« *Bail à cheptel*, celui des animaux dont le pro-
« fit se partage entre le propriétaire et celui à
« qui il les confie.
« Les *devis*, *marché* ou *prix fait*, pour l'entre-
« prise d'un ouvrage moyennant un prix déter-
« miné, sont aussi un louage, lorsque la matière
« est fournie par celui pour qui l'ouvrage se
« fait.
« Ces trois dernières espèces ont des règles par-
« ticulières. »

Art. 5. « Les baux des biens nationaux, des
« biens des communes et des établissements pu-
« blics, sont soumis à des règlements particuliers. »

CHAPITRE II.
Du louage des choses.

Art. 6. « On peut louer toutes sortes de biens
« meubles ou immeubles. »

SECTION PREMIÈRE.
*Des règles communes aux baux des maisons et
des biens ruraux.*

Art. 7. « On peut louer ou par écrit, ou verba-
« lement. »

Art. 8. « Si le bail fait sans écrit n'a encore

reçu aucune exécution, et que l'une des par-
« ties le nie, la preuve ne peut être reçue par té-
« moins, quelque modique qu'en soit le prix, et
« quoiqu'on allègue qu'il y a eu des arrhes don-
« nées.
« Le serment peut seulement être déféré à ce-
« lui qui nie le bail. »

Art. 9. « Lorsqu'il y aura contestation sur le
« prix du bail verbal dont l'exécution a com-
« mencé, et qu'il n'existera point de quittance,
« le propriétaire en sera cru sur son serment, si
« mieux n'aime le locataire demander l'estima-
« tion par experts ; auquel cas les frais de l'ex-
« pertise restent à sa charge, si l'estimation excède
« le prix qu'il a déclaré. »

Art. 10. « Le preneur a le droit de sous-louer,
« et même de céder son bail à un autre, si cette
« faculté ne lui a pas été interdite.
« Elle peut être interdite pour le tout ou partie.
« Cette clause est toujours de rigueur. »

Art. 11. « Les articles du titre *du contrat de ma-
« riage et des droits respectifs des époux*, relatifs
« aux baux des biens des femmes mariées, sont
« applicables aux baux des biens des mineurs. »

Art. 12. « Le bailleur est obligé, par la nature
« du contrat, et sans qu'il soit besoin d'aucune
« stipulation particulière :
« 1° De délivrer au preneur la chose louée ;
« 2° D'entretenir cette chose en état de servir
« à l'usage pour lequel elle a été louée ;
« 3° D'en faire jouir paisiblement le preneur
« pendant la durée du bail. »

Art. 13. « Le bailleur est tenu de délivrer la
« chose en bon état de réparations de toute espèce.
« Il doit y faire, pendant la durée du bail, tou-
« tes les réparations qui peuvent devenir néces-
« saires, autres que les locatives. »

Art. 14. « Il est dû garantie au preneur pour
« tous les vices ou défauts de la chose louée qui
« en empêchent l'usage, quand même le bailleur
« ne les aurait pas connus lors du bail.
« S'il résulte de ces vices ou défauts quelque
« perte pour le preneur, le bailleur est tenu de
« l'indemniser. »

Art. 15. « Si, pendant la durée du bail, la chose
« louée est détruite en totalité par cas fortuit, le
« bail est résilié de plein droit ; si elle n'est dé-
« truite qu'en partie, le preneur peut, suivant les
« circonstances, demander ou une diminution du
« prix, ou la résiliation même du bail.
« Dans l'un et l'autre cas, il n'y a lieu à aucun
« dédommagement. »

Art. 16. « Le bailleur ne peut, pendant la durée
« du bail, changer la forme de la chose louée. »

Art. 17. « Si, durant le bail, la chose louée a
« besoin de réparations urgentes et qui ne puis-
« sent être différées jusqu'à sa fin, le preneur doit
« les souffrir, quelque incommodité qu'elles lui
« causent, et quoiqu'il soit privé, pendant qu'elles
« se font, d'une partie de la chose louée.
« Mais si ces réparations durent plus de qua-
« rante jours, le prix du bail sera diminué à pro-
« portion du temps et de la partie de la chose
« louée dont il aura été privé.
« Si les réparations sont de telle nature qu'elles
« rendent inhabitable ce qui est nécessaire au lo-
« gement du preneur et de sa famille, celui-ci
« pourra faire résilier le bail. »

Art. 18. « Le bailleur est tenu de garantir le
« preneur du trouble que des tiers apportent par
« voies de fait à sa jouissance, sans prétendre
« d'ailleurs aucun droit sur la chose louée ; sauf
« au preneur à les poursuivre en son nom per-
« sonnel. »

Art. 19. « Si, au contraire, le locataire ou le
« fermier ont été troublés dans leur jouissance
« par suite d'une action concernant la propriété
« du fonds, ils ont droit à une diminution pro-
« portionnée sur le prix du bail à loyer ou à
« ferme, pourvu que le trouble et l'empêchement
« aient été dénoncés au propriétaire. »

Art. 20. « Si ceux qui ont commis les voies de
« fait prétendent avoir quelque droit sur la chose
« louée, ou si le preneur est lui-même cité en
« justice pour se voir condamner au délaissement
« de la totalité ou de partie de cette chose, ou à
« souffrir l'exercice de quelque servitude, il doit
« appeler le bailleur en garantie, et doit être mis
« hors d'instance, s'il l'exige, en nommant le bail-
« leur pour lequel il possède. »

Art. 21. « Le preneur est tenu de deux obliga-
« tions principales :
« 1° D'user de la chose louée en bon père de
« famille, et suivant la destination qui lui a été
« donnée par le bail, ou suivant celle présumée
« d'après les circonstances, à défaut de conven-
« tion ;
« 2° De payer le prix du bail aux termes con-
« venus. »

Art. 22. « Si le preneur emploie la chose louée
« à un autre usage que celui auquel elle a été
« destinée, ou dont il puisse résulter un dom-
« mage pour le bailleur, celui-ci peut, suivant
« les circonstances, faire résilier le bail. »

Art. 23. « S'il a été fait un état des lieux entre
« le bailleur et le preneur, celui-ci doit rendre la
« chose telle qu'il l'a reçue, suivant cet état, ex-
« cepté ce qui a péri ou a été dégradé par vétusté
« ou force majeure. »

Art. 24. « S'il n'a pas été fait d'état des lieux,
« le preneur est présumé les avoir reçus en bon
« état de réparations locatives, et doit les rendre
« tels, sauf la preuve contraire. »

Art. 25. « Il répond des dégradations ou des
« pertes qui arrivent pendant sa jouissance, à
« moins qu'il ne prouve qu'elles ont eu lieu sans
« sa faute. »

Art. 26. « Il répond de l'incendie, à moins qu'il
« ne prouve :
« Que l'incendie est arrivé par cas fortuit ou
« force majeure, ou par vice de construction ;
« Ou que le feu a été communiqué par une mai-
« son voisine. »

Art. 27. « S'il y a plusieurs locataires, tous sont
« solidairement responsables de l'incendie ;
« A moins qu'ils ne prouvent que l'incendie a
« commencé dans l'habitation de l'un d'eux ; au-
« quel cas celui-là seul en est tenu ;
« Ou que quelques-uns ne prouvent que l'incen-
« die n'a pu commencer chez eux : auquel cas
« ceux-là n'en sont pas tenus. »

Art. 28. « Le preneur est tenu des dégradations
« et des pertes qui arrivent par le fait des person-
« nes de sa maison ou de ses sous-locataires. »

Art. 29. « Si le bail a été fait sans écrit, l'une
« des parties ne pourra donner congé à l'autre
« qu'en observant les délais fixés par l'usage des
« lieux. »

Art. 30. « Le bail cesse de plein droit à l'expira-
« tion du terme fixé, lorsqu'il a été fait par écrit,
« sans qu'il soit nécessaire de donner congé. »

Art. 31. « Si, à l'expiration des baux écrits, le
« preneur reste et est laissé en possession, il s'o-
« père un nouveau bail dont l'effet est réglé par
« l'article relatif aux locations faites sans écrit. »

Art. 32. « Lorsqu'il y a un congé signifié, le
« preneur, quoiqu'il ait continué sa jouissance,
« ne peut invoquer la tacite réconduction. »

Art. 33. « Dans le cas des deux articles précé-
« dents, la caution donnée pour le bail ne s'étend
« pas aux obligations résultant de la prolonga-
« tion. »

Art. 34. « Le contrat de louage se résout par
« la perte de la chose louée, et par le défaut res-
« pectif du bailleur et du preneur de remplir leurs
« engagements. »

Art. 35. « Le contrat de louage n'est point résolu
« par la mort du bailleur, ni par celle du pre-
« neur. »

Art. 36. « Si le bailleur vend la chose louée,
« l'acquéreur ne peut expulser le fermier ou le
« locataire qui a un bail authentique ou dont la
« date est certaine, à moins qu'il ne se soit ré-
« servé ce droit par le contrat de bail. »

Art. 37. « S'il a été convenu, lors du bail, qu'en
« cas de vente l'acquéreur pourrait expulser le
« fermier ou locataire, et qu'il n'ait été fait au-
« cune stipulation sur les dommages et intérêts,
« le bailleur est tenu d'indemniser le fermier ou
« le locataire de la manière suivante. »

Art. 38. « S'il s'agit d'une maison, appartement
« ou boutique, le bailleur paie, à titre de dom-
« mages et intérêts, au locataire évincé, une
« somme égale au prix du loyer, pendant le
« temps qui, suivant l'usage des lieux, est ac-
« cordé entre le congé et la sortie. »

Art. 39. « S'il s'agit de biens ruraux, l'indem-
« nité que le bailleur doit payer au fermier est
« du tiers du prix du bail pour le temps qui reste
« à courir. »

Art. 40. « L'indemnité se réglera par experts,
« s'il s'agit de manufactures, usines, ou autres
« établissements qui exigent de grandes avances. »

Art. 41. « L'acquéreur qui veut user de la fa-
« culté réservée par le bail d'expulser le fermier
« ou locataire en cas de vente, est en outre tenu
« d'avertir le locataire au temps d'avance usité
« dans le lieu pour les congés.
« Il doit aussi avertir le fermier de biens ruraux
« au moins un an à l'avance. »

Art. 42. « Les fermiers ou les locataires ne peu-
« vent être expulsés qu'ils ne soient payés par le
« bailleur, ou, à son défaut, par le nouvel acqué-
« reur, des dommages et intérêts ci-dessus expli-
« qués. »

Art. 43. « Si le bail n'est pas fait par acte au-
« thentique, ou n'a point de date certaine, l'ac-
« quéreur n'est tenu d'aucuns dommages et in-
« térêts. »

Art. 44. « L'acquéreur à pacte de rachat ne peut
« user de la faculté d'expulser le preneur jusqu'à
« ce que, par l'expiration du délai fixé pour le
« réméré, il devienne propriétaire incommu-
« table. »

SECTION II.

Des règles particulières aux baux à loyer.

Art. 45. « Le locataire qui ne garnit pas la maison
« de meubles suffisants peut être expulsé, à
« moins qu'il ne donne des sûretés capables de
« répondre du loyer. »

Art. 46. « Le sous-locataire n'est tenu envers
« le propriétaire que jusqu'à concurrence du prix
« de sa sous-location dont il peut être débiteur au
« moment de la saisie, et sans qu'il puisse oppo-
« ser des paiements faits par anticipation.
« Les paiements faits par le sous-locataire, soit
« en vertu d'une stipulation portée en son bail,
« soit en conséquence de l'usage des lieux, ne
« sont pas réputés faits par anticipation. »

Art. 47. « Les réparations locatives ou de menu
« entretien dont le locataire est tenu, s'il n'y a

« clause contraire, sont celles désignées comme
« telles par l'usage des lieux, et, entre autres, les
« réparations à faire :

« Aux âtres, contre-cœurs, chambranles et ta-
« blettes des cheminées;

« Au recrépiment du bas des murailles des ap-
« partements et autres lieux d'habitation, à la hau-
« teur d'un mètre;

« Aux pavés et carreaux des chambres, lorsqu'il
« y en a seulement quelques-uns de cassés;

« Aux vitres, à moins qu'elles ne soient cassées
« par la grêle ou autres accidents extraordinai-
« res et de force majeure, dont le locataire ne
« peut être tenu;

« Aux portes, croisées, planches de cloison ou
« de fermeture de boutiques, gonds, targettes
« et serrures. »

Art. 48. « Aucune des réparations réputées lo-
« catives n'est à la charge des locataires, quand
« elles ne sont occasionnées que par vétusté ou
« force majeure. »

Art. 49. « Le curement des puits et celui des
« fosses d'aisances sont à la charge du bailleur,
« s'il n'y a clause contraire. »

Art. 50. « Le bail des meubles fournis pour
« garnir une maison entière, un corps de logis
« entier, une boutique, ou tous autres apparte-
« ments, est censé fait pour la durée ordinaire
« des baux de maisons, corps de logis, boutiques
« ou autres appartements, selon l'usage des
« lieux. »

Art. 51. « Le bail d'un appartement meublé est
« censé fait à l'année, quand il a été fait à tant
« par an;

« Au mois, quand il a été fait à tant par mois;

« Au jour, s'il a été fait à tant par jour.

« Si rien ne constate que le bail soit fait à
« tant par an, par mois ou par jour, la location
« est censée faite suivant l'usage des lieux. »

Art. 52. « Si le locataire d'une maison ou d'un
« appartement continue sa jouissance après l'ex-
« piration du bail par écrit, sans opposition de la
« part du bailleur, il sera censé les occuper aux
« mêmes conditions, pour le terme fixé par l'u-
« sage des lieux, et ne pourra plus en sortir ni
« être expulsé qu'après un congé donné suivant
« le délai fixé par l'usage des lieux. »

Art. 53. « En cas de résiliation par la faute du
« locataire, celui-ci est tenu de payer le prix du
« bail pendant le temps nécessaire à la relocation,
« sans préjudice des dommages et intérêts qui
« ont pu résulter de l'abus. »

Art. 54. « Le bailleur ne peut résoudre la loca-
« tion encore qu'il déclare vouloir occuper par
« lui-même la maison louée, s'il n'y a eu conven-
« tion contraire. »

Art. 55. « S'il a été convenu, dans le contrat de
« louage, que le bailleur pourrait venir occuper
« la maison, il est tenu de signifier d'avance un
« congé aux époques déterminées par l'usage
« des lieux. »

SECTION III.

Règles particulières aux baux à ferme.

Art. 56. « Celui qui cultive sous la condition
« d'un partage de fruits avec le bailleur ne peut
« ni sous-louer ni céder, si la faculté ne lui en a
« été expressément accordée par le bail. »

Art. 57. « En cas de contravention, le proprié-
« taire a droit de rentrer en jouissance, et le pre-
« neur est condamné aux dommages-intérêts ré-
« sultant de l'inexécution du bail. »

Art. 58. « Si, dans un bail à ferme, on donne
« aux fonds une contenance moindre ou plus

« grande que celle qu'ils ont réellement, il n'y a
« lieu à augmentation ou diminution de prix pour
« le fermier que dans les cas et suivant les règles
« exprimés au titre *de la vente.* »

Art. 59. « Si le preneur d'un héritage rural ne
« le garnit pas de bestiaux et des ustensiles né-
« cessaires à son exploitation, s'il abandonne la
« culture, s'il ne cultive pas en bon père de fa-
« mille, s'il emploie la chose louée à un autre
« usage que celui auquel elle a été destinée, ou,
« en général, s'il n'exécute pas les clauses du
« bail, et qu'il en résulte un dommage pour le
« bailleur, celui-ci peut, suivant les circonstan-
« ces, faire résilier le bail.

« En cas de résiliation provenant du fait du pre-
« neur, celui-ci est tenu des dommages-intérêts,
« ainsi qu'il est dit en l'article 57 de ce titre. »

Art. 60. « Tout preneur de bien rural est tenu
« d'engranger dans les lieux à ce destinés d'après
« le bail. »

Art. 61. « Le preneur d'un bien rural est tenu,
« sous peine de tous dépens, dommages et inté-
« rêts, d'avertir le propriétaire des usurpations
« qui peuvent être commises sur les fonds.

« Cet avertissement doit être donné dans le
« même délai que celui qui est réglé en cas d'assi-
« gnation suivant la distance des lieux. »

Art. 62. « Si le bail est fait pour plusieurs an-
« nées, et que, pendant la durée du bail, la tota-
« lité ou la moitié d'une récolte au moins soit
« enlevée par des cas fortuits, le fermier peut de-
« mander une remise du prix de sa location, à
« moins qu'il ne soit indemnisé par les récoltes
« précédentes.

« S'il n'est pas indemnisé, l'estimation de la re-
« mise ne peut avoir lieu qu'à la fin du bail, au-
« quel temps il se fait une compensation de toutes
« les années de jouissance.

« Et cependant le juge peut provisoirement dis-
« penser le preneur de payer une partie du prix,
« en raison de la perte soufferte. »

Art. 63. « Si le bail n'est que d'une année, et
« que la perte soit de la totalité des fruits, ou au
« moins de la moitié, le preneur sera déchargé
« d'une partie proportionnelle du prix de la loca-
« tion.

« Il ne pourra prétendre aucune remise, si la
« perte est moindre de moitié. »

Art. 64. « Le fermier ne peut obtenir de remise,
« lorsque la perte des fruits arrive après qu'ils sont
« séparés de la terre, à moins que le bail ne donne
« au propriétaire une quotité de la récolte en na-
« ture ; auquel cas le propriétaire doit supporter
« sa part de la perte, pourvu que le preneur ne
« fût pas en demeure de lui délivrer sa portion de
« récolte.

« Le fermier ne peut également demander une
« remise, lorsque la cause du dommage était exis-
« tante et connue à l'époque où le bail a été passé. »

Art. 65. « Le preneur peut être chargé des cas
« fortuits par une stipulation expresse. »

Art. 66. « Cette stipulation ne s'entend que des
« cas fortuits ordinaires, tels que grêle, feu du
« ciel, gelée ou coulure.

« Elle ne s'entend point des cas fortuits extraor-
« dinaires, tels que les ravages de la guerre, ou
« une inondation, auxquels le pays n'est pas or-
« dinairement sujet, à moins que le fermier
« n'ait été chargé de tous les cas fortuits prévus
« ou imprévus. »

Art. 67. « Le bail sans écrit d'un fonds rural
« est censé fait pour le temps qui est nécessaire
« afin que le preneur recueille tous les fruits de
« l'héritage affermé.

« Ainsi le bail à ferme d'un pré, d'une vigne, « et de tout autre fonds dont les fruits se recueil- « lent en entier dans le cours de l'année, est censé « fait pour un an.

« Le bail des terres labourables, lorsqu'elles se « divisent par soles ou saisons, est fait pour autant « d'années qu'il y a de soles. »

Art. 68. « Le bail des héritages ruraux, quoique « fait sans écrit, cesse de plein droit à l'expira- « tion du temps pour lequel il est censé fait, selon « l'article précédent. »

Art. 69. « Si, à l'expiration des baux ruraux « écrits, le preneur reste et est laissé en posses- « sion, il s'opère un nouveau bail dont l'effet est « réglé par l'article 67. »

Art. 70. « Le fermier sortant doit laisser à celui « qui lui succède dans la culture les logements « convenables et autres facilités pour les travaux « de l'année suivante ; et réciproquement, le fer- « mier entrant doit procurer à celui qui sort les « logements convenables et autres facilités pour « la consommation des fourrages et pour les ré- « coltes restant à faire.

« Dans l'un et l'autre cas, on doit se conformer « à l'usage des lieux. »

Art. 71. « Le fermier sortant doit aussi laisser « les pailles ou engrais de l'année, s'il les a reçus « lors de son entrée en jouissance ; et quand « même il ne les aurait pas reçus, le propriétaire « pourra les retenir suivant l'estimation. »

CHAPITRE III.
Du louage d'ouvrage et d'industrie.

Art. 72. « Il y a trois espèces principales de « louage d'ouvrage et d'industrie :

« 1° Le louage des gens de travail qui s'enga- « gent au service de quelqu'un ;

« 2° Celui des voituriers, tant par terre que par « eau, qui se chargent du transport des personnes « ou des marchandises;

« 3° Celui des entrepreneurs d'ouvrages par « suite de devis ou marchés. »

SECTION PREMIÈRE.
Du louage des domestiques et ouvriers.

Art. 73. « On ne peut engager ses services « qu'à temps, ou pour une entreprise déterminée. »

Art. 74. « Le maître est cru sur son affirmation :

« Pour la quotité des gages;

« Pour le paiement du salaire de l'année échue ;

« Et pour les à-comptes donnés pour l'année « courante. »

SECTION II.
Des voituriers par terre et par eau.

Art. 75. « Les voituriers par terre et par eau « sont assujettis, pour la garde et la conservation « des choses qui leur sont confiées, aux mêmes « obligations que les aubergistes, dont il est « parlé au titre du dépôt et du séquestre. »

Art. 76. « Ils répondent non-seulement de ce « qu'ils ont déjà reçu dans leur bâtiment ou voi- « ture, mais encore de ce qui leur a été remis sur « le port ou dans l'entrepôt, pour être placé dans « leur bâtiment ou voiture. »

Art. 77. « Ils sont responsables de la perte et « des avaries des choses qui leur sont confiées, « à moins qu'ils ne prouvent qu'elles ont été « perdues et avariées par un cas fortuit ou force « majeure. »

Art. 78. « Les entrepreneurs de voitures publi- « ques par terre et par eau, et ceux des roulages « publics, doivent tenir registre de l'argent, des « effets et des paquets dont ils se chargent. »

Art. 79. « Les entrepreneurs et directeurs de « voitures et roulages publics, les maîtres de « barques et navires, sont en outre assujettis à « des règlements particuliers qui font la loi « entre eux et les autres citoyens. »

SECTION III.
Des devis et des marchés.

Art. 80. « Lorsqu'on charge quelqu'un de faire « un ouvrage, on peut convenir qu'il fournira « seulement son travail ou son industrie, ou bien « qu'il fournira aussi la matière. »

Art. 81. « Si, dans le cas où l'ouvrier fournit la « matière, la chose vient à périr, de quelque ma- « nière que ce soit, avant d'être livrée, la perte « en est pour l'ouvrier, à moins que le maître ne « fût en demeure de recevoir la chose. »

Art. 82. « Dans le cas où l'ouvrier fournit seu- « lement son travail ou son industrie, si la chose « vient à périr, l'ouvrier n'est tenu que de sa « faute. »

Art. 83. « Si, dans le cas de l'article précédent, « la chose vient à périr, quoique sans aucune faute « de la part de l'ouvrier, avant que l'ouvrage ait « été reçu, et sans que le maître fût en demeure « de le vérifier, l'ouvrier n'a point de salaire à « réclamer, à moins que la chose n'ait péri par « le vice de la matière. »

Art. 84. « S'il s'agit d'un ouvrage à plusieurs « pièces ou à la mesure, la vérification peut s'en « faire par parties; elle est censée faite pour tou- « tes les parties payées, si le maître paie l'ouvrier « à proportion de l'ouvrage fait. »

Art. 85. « Si l'édifice, construit à prix fait, périt « en tout ou en partie par le vice de la construc- « tion, même par le vice du sol, les architectes et « entrepreneurs en sont responsables pendant dix « ans. »

Art. 86. « Lorsqu'un architecte ou un entrepre- « neur s'est chargé de la construction à forfait « d'un bâtiment, d'après un plan arrêté et convenu « avec le propriétaire du sol, il ne peut demander « aucune augmentation de prix, ni sous le pré- « texte d'augmentation de la main-d'œuvre ou « des matériaux, ni sous celui de changements « ou d'augmentations faits sur ce plan, si ces « changements ou augmentations n'ont pas été « autorisés par écrit, et le prix convenu avec le « propriétaire. »

Art. 87. « Le maître peut résilier, par sa seule « volonté, le marché à forfait, quoique l'ouvrage « soit déjà commencé, en dédommageant l'entre- « preneur de toutes ses dépenses, de tous ses tra- « vaux, et de tout ce qu'il aurait pu gagner dans « cette entreprise. »

Art. 88. « Le contrat de louage d'ouvrage est « dissous par la mort de l'ouvrier, de l'architecte « ou entrepreneur. »

Art. 89. « Mais le propriétaire est tenu de payer « en proportion du prix porté par la convention, « à leur succession, la valeur des ouvrages faits et « celle des matériaux préparés, lors seulement « que ces travaux ou ces matériaux peuvent lui « être utiles. »

Art. 90. « L'entrepreneur répond du fait des « personnes qu'il emploie. »

Art. 91. « Les maçons, charpentiers et autres « ouvriers qui ont été employés à la construction « d'un bâtiment ou d'autres ouvrages faits à « l'entreprise, n'ont d'action contre celui pour le- « quel les ouvrages ont été faits que jusqu'à « concurrence de ce dont il se trouve débiteur « envers l'entrepreneur au moment où leur ac- « tion est intentée. »

Art. 92. « Les maçons, charpentiers, serruriers, « et autres ouvriers qui font directement des mar- « chés à prix fait, sont astreints aux règles pres- « crites dans la présente section : ils sont entre- « preneurs dans la partie qu'ils traitent. »

CHAPITRE IV.
Du bail à cheptel.

SECTION PREMIÈRE.
Dispositions générales.

Art. 93. « Le bail à cheptel est un contrat par « lequel l'une des parties donne à l'autre un fonds « de bétail pour le garder, le nourrir et le soi- « gner, sous les conditions convenues entre elles. »

Art. 94. « Il y a plusieurs sortes de cheptels :
« Le cheptel simple ou ordinaire,
« Le cheptel à moitié,
« Le cheptel donné au fermier ou colon partiaire.
« Il y a encore une quatrième espèce de contrat « improprement appelée *cheptel*. »

Art. 95. « On peut donner à cheptel toute es- « pèce d'animaux susceptibles de croît ou de profit « pour l'agriculture ou le commerce. »

Art. 96. « A défaut de conventions particu- « lières, ces contrats se règlent par les principes « qui suivent. »

SECTION II.
Du cheptel simple.

Art. 97. « Le bail à cheptel simple est un con- « trat par lequel on donne à un autre des bes- « tiaux à garder, nourrir et soigner, à condition « que le preneur profitera de la moitié du croît, « et qu'il supportera aussi la moitié de la perte. »

Art. 98. « L'estimation donnée au cheptel dans « le bail n'en transporte pas la propriété au pre- « neur ; elle n'a d'autre objet que de fixer la « perte ou le profit qui pourra se trouver à l'expi- « ration du bail. »

Art. 99. « Le preneur doit les soins d'un bon « père de famille à la conservation du cheptel. »

Art. 100. « Il n'est tenu du cas fortuit que lors- « qu'il a été précédé de quelque faute de sa part, « sans laquelle la perte ne serait pas arrivée. »

Art. 101. « En cas de contestation, le preneur « est tenu de prouver le cas fortuit, et le bailleur « est tenu de prouver la faute qu'il impute au « preneur. »

Art. 102. « Le preneur qui est déchargé par « le cas fortuit est toujours tenu de rendre « compte des peaux des bêtes. »

Art. 103. « Si le cheptel périt en entier sans la « faute du preneur, la perte en est pour le bailleur.
« S'il n'en périt qu'une partie, la perte est « supportée en commun, d'après le prix de l'es- « timation originaire et celui de l'estimation à « l'expiration du cheptel. »

Art. 104. « On ne peut stipuler :
« Que le preneur supportera la perte totale du « cheptel, quoique arrivée par cas fortuit et sans « sa faute ;
« Ou qu'il supportera dans la perte une part « plus grande que dans le profit ;
« Ou que le bailleur prélèvera, à la fin du bail, « quelque chose de plus que le cheptel qu'il a « fourni.
« Toute convention semblable est nulle.
« Le preneur profite seul des laitages, du fumier « et du travail des animaux donnés à cheptel.
« La laine et le croît se partagent. »

Art. 105. « Le preneur ne peut disposer d'au- « cune bête du troupeau, soit du fonds, soit du « croît, sans le consentement du bailleur, qui ne

« peut lui-même en disposer sans le consente- « ment du preneur. »

Art. 106. « Lorsque le cheptel est donné au « fermier d'autrui, il doit être notifié au proprié- « taire de qui ce fermier tient ; sans quoi il peut « le saisir, et le faire vendre pour ce que son « fermier lui doit. »

Art. 107. « Le preneur ne pourra tondre sans « en prévenir le bailleur. »

Art. 108. « S'il n'y a pas de temps fixé par la « convention pour la durée du cheptel, il est « censé fait pour trois ans. »

Art. 109. « Le bailleur peut en demander plus « tôt la résolution, si le preneur ne remplit pas « ses obligations. »

Art. 110. « A la fin du bail, ou lors de sa résolu- « tion, il se fait une nouvelle estimation du cheptel.
« Le bailleur prélève des bêtes de chaque « espèce jusqu'à concurrence de la première es- « timation ; l'excédant se partage.
« S'il n'existe pas assez de bêtes pour remplir « la première estimation, le bailleur prend ce qui « reste, et les parties se font raison de la perte. »

SECTION III.
Du cheptel à moitié.

Art. 111. « Le cheptel à moitié est une société « dans laquelle chacun des contractants fournit « la moitié des bestiaux, qui demeurent communs « pour le profit ou pour la perte.
« Le bailleur n'a droit qu'à la moitié des laines « et du croît.
« Toute convention contraire est nulle, à moins « que le bailleur ne soit propriétaire de la mé- « tairie dont le preneur est fermier ou colon par- « tiaire. »

Art. 112. « Le preneur profite seul, comme dans « le cheptel simple, des laitages, du fumier et des « travaux des bêtes. »

Art. 113. « Toutes les autres règles du cheptel « simple s'appliquent au cheptel à moitié. »

SECTION IV.
Du cheptel donné par le propriétaire à son fermier ou colon partiaire.

§ Ier.
Du cheptel donné au fermier.

Art. 114. « Ce cheptel (aussi appelé *cheptel de fer*) « est celui par lequel le propriétaire d'une mé- « tairie la donne à ferme, à la charge qu'à l'expi- « ration du bail le fermier laissera des bestiaux « d'une valeur égale au prix de l'estimation de « ceux qu'il aura reçus. »

Art. 115. « L'estimation du cheptel donné au « fermier ne lui en transfère pas la propriété, « mais néanmoins le met à ses risques. »

Art. 116. « Tous les profits appartiennent au « fermier pendant la durée de son bail, s'il n'y a « convention contraire. »

Art. 117. « Dans les cheptels donnés au fermier, « le fumier n'est point dans les profits personnels « des preneurs, mais appartient à la métairie, à « l'exploitation de laquelle il doit être uniquement « employé. »

Art. 118. « La perte, même totale et par cas « fortuit, est en entier pour le fermier, s'il n'y a « convention contraire. »

Art. 119. « A la fin du bail, le fermier ne peut « retenir le cheptel en en payant l'estimation origi- « naire ; il doit en laisser un de valeur pareille « à celui qu'il a reçu.
« S'il y a du déficit, il doit le payer ; et c'est « seulement l'excédant qui lui appartient. »

§ II.
Du cheptel donné au colon partiaire.

Art. 120. « Si le cheptel périt en entier sans la « faute du colon, la perte est pour le bailleur. »

Art. 121. « On peut stipuler que le colon dé- « laissera au bailleur sa part de la toison à un « prix inférieur à la valeur ordinaire;

« Que le bailleur aura une plus grande part du « profit;

« Qu'il aura la moitié des laitages.

« Mais on ne peut pas stipuler que le colon « sera tenu de toute la perte. »

Art. 122. « Ce cheptel finit avec le bail à métai- « rie. »

Art. 123. « Il est d'ailleurs soumis à toutes les « règles du cheptel simple. »

SECTION V.
Du contrat improprement appelé cheptel.

Art. 124. « Lorsqu'une ou plusieurs vaches sont « données pour les loger et les nourrir, le bail- « leur en conserve la propriété; il a seulement « le profit des veaux qui en naissent. »

Le citoyen **Berlier**, après la conférence tenue avec le Tribunat, présente la rédaction défini- tive du titre XIV du livre III, *du contrat de société.*

Le Conseil l'adopte en ces termes :

DU CONTRAT DE SOCIÉTÉ.

CHAPITRE PREMIER.
Dispositions générales.

Art. 1er. « La société est un contrat par lequel « deux ou plusieurs personnes conviennent de « mettre quelque chose en commun, dans la vue « de partager le bénéfice qui pourra en résul- « ter. »

Art. 2. « Toute société doit avoir une chose li- « cite, et être contractée pour l'intérêt commun « des parties.

« Chaque associé doit y apporter ou de l'argent, « ou d'autres biens, ou son industrie. »

Art. 3. « Toutes sociétés doivent être rédigées « par écrit, lorsque leur objet est d'une valeur de « plus de cent cinquante francs.

« La preuve testimoniale n'est point admise « contre et outre le contenu en l'acte de société, « ni sur ce qui serait allégué avoir été dit avant, « lors ou depuis cet acte, encore qu'il s'agisse « d'une somme ou valeur moindre de cent cin- « quante francs. »

CHAPITRE II.
Des diverses espèces de sociétés.

Art. 4. « Les sociétés sont universelles ou par- « ticulières. »

SECTION PREMIÈRE.
Des sociétés universelles.

Art. 5. « On distingue deux sortes de sociétés « universelles, la société de tous biens présents, « et la société universelle de gains. »

Art. 6. « La société de tous biens présents est « celle par laquelle les parties mettent en commun « tous les biens meubles et immeubles qu'elles « possèdent actuellement, et les profits qu'elles « pourront en tirer.

« Elles peuvent aussi y comprendre toute autre « espèce de gains; mais les biens qui pourront « leur avenir par succession, donation ou legs, « n'entrent dans cette société que pour la jouis- « sance : toute stipulation tendant à y faire en-

« trer la propriété de ces biens est prohibée, « sauf entre époux, et conformément à ce qui est « réglé à leur égard. »

Art. 7. « La société universelle de gains ren- « ferme tout ce que les parties acquerront par « leur industrie, à quelque titre que ce soit, pen- « dant le cours de la société : les meubles que « chacun des associés possède au temps du con- « trat y sont aussi compris; mais leurs immeu- « bles personnels n'y entrent que pour la jouis- « sance seulement. »

Art. 8. « La simple convention de société uni- « verselle, faite sans autre explication, n'emporte « que la société universelle de gains. »

Art. 9. « Nulle société universelle ne peut avoir « lieu qu'entre personnes respectivement capa- « bles de se donner ou de recevoir l'une de l'au- « tre, et auxquelles il n'est point défendu de « s'avantager au préjudice d'autres personnes. »

SECTION II.
De la société particulière.

Art. 10. « La société particulière est celle qui « ne s'applique qu'à certaines choses détermi- « nées, ou à leur usage, ou aux fruits à en perce- « voir. »

Art. 11. « Le contrat par lequel plusieurs per- « sonnes s'associent, soit pour une entreprise « désignée, soit pour l'exercice de quelque mé- « tier ou profession, est aussi une société parti- « culière. »

CHAPITRE III.
Des engagements des associés entre eux et à l'égard des tiers.

SECTION PREMIÈRE.
Des engagements des associés entre eux.

Art. 12. « La société commence à l'instant « même du contrat, s'il ne désigne une autre « époque. »

Art. 13. « S'il n'y a pas de convention sur la « durée de la société, elle n'est censée contractée « pour toute la vie des associés, sous la modifi- « cation portée en l'article 38 ci-après ; ou, s'il « s'agit d'une affaire dont la durée soit limitée, « pour tout le temps que doit durer cette affaire. »

Art. 14. « Chaque associé est débiteur envers la « société de tout ce qu'il a promis d'y apporter.

« Lorsque cet apport consiste en un corps cer- « tain, et que la société en est évincée, l'associé « en est garant envers la société, de la même « manière qu'un vendeur l'est envers son ache- « teur. »

Art. 15. « L'associé qui devait apporter une « somme dans la société, et qui ne l'a point fait, « devient, de plein droit et sans demande, débi- « teur des intérêts de cette somme, à compter du « jour où elle devait être payée.

« Il en est de même à l'égard des sommes qu'il « a prises dans la caisse sociale, à compter du « jour où il les en a tirées pour son profit par- « ticulier.

« Le tout sans préjudice de plus amples dom- « mages-intérêts, s'il y a lieu. »

Art. 16. « Les associés qui se sont soumis à « apporter leur industrie à la société lui doivent « compte de tous les gains qu'ils ont faits par « l'espèce d'industrie qui est l'objet de cette so- « ciété. »

Art. 17. « Lorsque l'un des associés est, pour « son compte particulier, créancier d'une somme « exigible envers une personne qui se trouve « aussi devoir à la société une somme également

« exigible, l'imputation de ce qu'il reçoit de ce
« débiteur doit se faire sur la créance de la so-
« ciété et sur la sienne dans la proportion des
« deux créances, encore qu'il eût par sa quit-
« tance dirigé l'imputation intégrale sur sa créance
« particulière : mais s'il a exprimé dans sa quit-
« tance , que l'imputation serait faite en entier
« sur la créance de la société , cette stipulation
« sera exécutée. »

Art. 18. « Lorsqu'un des associés a reçu sa part
« entière de la créance commune, et que le dé-
« biteur est depuis devenu insolvable, cet asso-
« cié est tenu de rapporter à la masse commune
« ce qu'il a reçu, encore qu'il eût spécialement
« donné quittance *pour sa part*. »

Art. 19. « Chaque associé est tenu, envers la so-
« ciété, des dommages qu'il lui a causés par sa
« faute, sans pouvoir compenser avec ces dom-
« mages les profits que son industrie lui aurait
« procurés dans d'autres affaires. »

Art. 20. « Si les choses dont la jouissance seu-
« lement a été mise dans la société sont des corps
« certains et déterminés , qui ne se consomment
« point par l'usage, elles sont aux risques de
« l'associé propriétaire.

« Si ces choses se consomment, si elles se dé-
« tériorent en les gardant, si elles ont été desti-
« nées à être vendues, ou si elles ont été mises
« dans la société sur une estimation portée par
« un inventaire, elles sont aux risques de la so-
« ciété.

« Si la chose a été estimée, l'associé ne peut
« répéter que le montant de son estimation. »

Art. 21. « Un associé a action contre la société,
« non-seulement à raison des sommes qu'il a
« déboursées pour elle , mais encore à raison
« des obligations qu'il a contractées de bonne foi
« pour les affaires de la société, et des risques
« inséparables de sa gestion. »

Art. 22. « Lorsque l'acte de société ne déter-
« mine point la part de chaque associé dans les
« bénéfices ou pertes, la part de chacun est en
« proportion de sa mise dans le fonds de la so-
« ciété.

« À l'égard de celui qui n'a apporté que son
« industrie, sa part dans les bénéfices ou dans
« les pertes est réglée comme si sa mise eût été
« égale à celle de l'associé qui a le moins ap-
« porté. »

Art. 23. « Si les associés sont convenus de s'en
« rapporter à l'un d'eux ou à un tiers pour le
« règlement des parts, ce règlement ne peut être
« attaqué s'il n'est évidemment contraire à l'équité.

« Nulle réclamation n'est admise à ce sujet,
« s'il s'est écoulé plus de trois mois depuis que
« la partie qui se prétend lésée a eu connaissance
« du règlement, ou si ce règlement a reçu de sa
« part un commencement d'exécution. »

Art. 24. « La convention qui donnerait à l'un
« des associés la totalité des bénéfices est nulle.

« Il en est de même de la stipulation qui affran-
« chirait de toute contribution aux pertes, les
« sommes ou effets mis dans le fonds de la société
« par un ou plusieurs des associés. »

Art. 25. « L'associé chargé de l'administration
« par une clause spéciale du contrat de société,
« peut faire, nonobstant l'opposition des autres
« associés, tous les actes qui dépendent de son
« administration, pourvu que ce soit sans fraude.

« Ce pouvoir ne peut être révoqué sans cause
« légitime, tant que la société dure ; mais s'il n'a
« été donné que par acte postérieur au contrat
« de société, il est révocable comme un simple
« mandat. »

Art. 26. « Lorsque plusieurs associés sont char-
« gés d'administrer sans que leurs fonctions soient
« déterminées, ou sans qu'il ait été exprimé que
« l'un ne pourrait agir sans l'autre, ils peuvent
« faire chacun séparément tous les actes de cette
« administration. »

Art. 27. « S'il a été stipulé que l'un des admi-
« nistrateurs ne pourra rien faire sans l'autre, un
« seul ne peut, sans une nouvelle convention,
« agir en l'absence de l'autre, lors même que
« celui-ci serait dans l'impossibilité actuelle de
« concourir aux actes de l'administration. »

Art. 28. « À défaut de stipulations spéciales sur
« le mode d'administration, l'on suit les règles
« suivantes :

« 1° Les associés sont censés s'être donné ré-
« ciproquement le pouvoir d'administrer l'un pour
« l'autre. Ce que chacun fait est valable, même
« pour la part de ses associés, sans qu'il ait pris
« leur consentement ; sauf le droit qu'ont ces
« derniers, ou l'un d'eux, de s'opposer à l'opéra-
« tion avant qu'elle soit conclue ;

« 2° Chaque associé peut se servir des choses
« appartenant à la société, pourvu qu'il les em-
« ploie à leur destination fixée par l'usage, et
« qu'il ne s'en serve pas contre l'intérêt de la
« société, ou de manière à empêcher ses associés
« d'en user selon leur droit ;

« 3° Chaque associé a le droit d'obliger ses
« associés à faire avec lui les dépenses qui sont
« nécessaires pour la conservation des choses de
« la société ;

« 4° L'un des associés ne peut faire d'innova-
« tions sur les immeubles dépendant de la so-
« ciété , même quand il les soutiendrait avan-
« tageuses à cette société, si les autres associés
« n'y consentent. »

Art. 29. « L'associé qui n'est point administra-
« teur ne peut aliéner ni engager les choses
« même mobilières qui dépendent de la société. »

Art. 30. « Chaque associé peut, sans le consen-
« tement de ses associés, s'associer une tierce
« personne relativement à la part qu'il a dans
« la société : il ne peut pas, sans ce consentement,
« l'associer à la société, lors même qu'il en au-
« rait l'administration. »

SECTION II.

Des engagements des associés à l'égard des tiers.

Art. 31. « Dans les sociétés autres que celles de
« commerce, les associés ne sont pas tenus soli-
« dairement des dettes sociales ; et l'un des asso-
« ciés ne peut obliger les autres si ceux-ci ne
« lui en ont conféré le pouvoir. »

Art. 32. « Les associés sont tenus envers le
« créancier avec lequel ils ont contracté, chacun
« pour une somme et part égales ; encore que la
« part de l'un d'eux dans la société fût moindre,
« si l'acte n'a pas spécialement restreint l'obliga-
« tion de celui-ci sur le pied de cette dernière part. »

Art. 33. « La stipulation que l'obligation est
« contractée pour le compte de la société ne lie
« que l'associé contractant et non les autres, à
« moins que ceux-ci ne lui aient donné pouvoir,
« ou que la chose n'ait tourné au profit de la so-
« ciété. »

CHAPITRE IV.

Des différentes manières dont finit la société.

Art. 34. « La société finit :

« 1° Par l'expiration du temps pour lequel elle
« a été contractée ;

« 2° Par l'extinction de la chose, ou la consom-
« mation de la négociation ;

« 3° Par la mort naturelle de quelqu'un des as-
« sociés ;

« 4° Par la mort civile, l'interdiction ou la dé-
« confiture de l'un d'eux ;

« 5° Par la volonté qu'un seul ou plusieurs ex-
« priment de n'être plus en société. »

Art. 35. « La prorogation d'une société à temps
« limité ne peut être prouvée que par un écrit
« revêtu des mêmes formes que le contrat de
« société. »

Art. 36. « Lorsque l'un des associés a promis
« de mettre en commun la propriété d'une chose,
« la perte survenue avant que la mise en soit ef-
« fectuée opère la dissolution de la société par
« rapport à tous les associés.

« La société est également dissoute dans tous
« les cas par la perte de la chose, lorsque la jouis-
« sance seule a été mise en commun, et que la
« propriété en est restée dans la main de l'associé.

« Mais la société n'est pas rompue par la perte
« de la chose dont la propriété a déjà été apportée
« à la société. »

Art. 37. « S'il a été stipulé qu'en cas de mort
« de l'un des associés la société continuerait avec
« son héritier, ou seulement entre les associés
« survivants, ces dispositions seront suivies : au
« second cas, l'héritier du décédé n'a droit qu'au
« partage de la société, eu égard à la situation de
« cette société lors du décès, et ne participe aux
« droits ultérieurs qu'autant qu'ils sont une suite
« nécessaire de ce qui s'est fait avant la mort de
« l'associé auquel il succède. »

Art. 38. « La dissolution de la société par la
« volonté de l'une des parties ne s'applique
« qu'aux sociétés dont la durée est illimitée, et
« s'opère par une renonciation notifiée à tous les
« associés, pourvu que cette renonciation soit de
« bonne foi et non faite à contre-temps. »

Art. 39. « La renonciation n'est pas de bonne foi
« lorsque l'associé renonce pour s'approprier à
« lui seul le profit que les associés s'étaient pro-
« posé de retirer en commun.

« Elle est faite à contre-temps lorsque les choses
« ne sont plus entières, et qu'il importe à la so-
« ciété que sa dissolution soit différée. »

Art. 40. « La dissolution des sociétés à terme
« ne peut être demandée par l'un des associés
« avant le terme convenu, qu'autant qu'il y en a
« de justes motifs, comme lorsqu'un autre associé
« manque à ses engagements, ou qu'une infirmité
« habituelle le rend inhabile aux affaires de la
« société, ou autres cas semblables, dont la légi-
« timité et la gravité sont laissées à l'arbitrage
« des juges. »

Art 41. « Les règles concernant le partage des
« successions, la forme de ce partage et les obli-
« gations qui en résultent entre les cohéritiers,
« s'appliquent aux partages entre associés. »

Disposition relative aux sociétés de commerce.

Art. 42. « Les dispositions du présent titre ne
« s'appliquent aux sociétés de commerce que dans
« les points qui n'ont rien de contraire aux lois et
« usages du commerce. »

Le citoyen **Bigot-Préameneu**, d'après la
conférence tenue avec le tribunat, présente la
rédaction définitive du projet de loi concernant
*les actes respectueux à faire par les enfants aux
pères et mères, aïeuls et aïeules, dans les cas où ils
sont prescrits au titre du mariage.*

Le Conseil l'adopte en ces termes :

Art. 1er. « Depuis la majorité, fixée par l'article
« 148, au titre du mariage, jusqu'à l'âge de trente
« ans accomplis pour les fils, et jusqu'à l'âge de

vingt-cinq ans accomplis pour les filles, l'acte
« respectueux prescrit par l'article 151, et sur le-
« quel il n'y aurait pas de consentement au ma-
« riage, sera renouvelé deux autres fois, de mois
« en mois ; et un mois après le troisième acte, il
« pourra être passé outre à la célébration du ma-
« riage. »

Art. 2. « Après l'âge de trente ans, il pourra
« être, à défaut de consentement sur un acte res-
« pectueux, passé outre, un mois après, à la célé-
« bration du mariage. »

Art. 3. « L'acte respectueux sera notifié à celui
« ou ceux des ascendants désignés en l'article 151,
« par deux notaires, ou par un notaire et deux
« témoins : et dans le procès-verbal qui doit en
« être dressé, il sera fait mention de la ré-
« ponse. »

Art. 4. « En cas d'absence de l'ascendant au-
« quel eût dû être fait l'acte respectueux, il sera
« passé outre à la célébration du mariage, en re-
« présentant le jugement qui aurait été rendu pour
« déclarer l'absence, ou, à défaut de ce jugement,
« celui qui aurait ordonné l'enquête, ou, s'il n'y a
« point encore eu de jugement, un acte de notoriété
« délivré par le juge de paix du lieu où l'ascendant
« a eu son dernier domicile connu. Cet acte con-
« tiendra la déclaration de quatre témoins appelés
« d'office par ce juge de paix. »

Art. 5. « Les officiers de l'état civil qui auraient
« procédé à la célébration des mariages contractés
« par des fils n'ayant pas atteint l'âge de vingt-
« cinq ans accomplis, ou par des filles n'ayant
« pas atteint l'âge de vingt-un ans accomplis, sans
« que le consentement des pères et mères, celui
« des aïeuls et aïeules, et celui de la famille, dans
« le cas où ils sont requis, soient énoncés dans
« l'acte de mariage, seront, à la diligence des par-
« ties intéressées et du commissaire du Gouver-
« nement près le tribunal de première instance
« du lieu où le mariage aura été célébré, con-
« damnés à l'amende portée par l'article 186 au
« titre du mariage, et en outre à un emprison-
« nement dont la durée ne pourra être moindre
« de six mois. »

Art. 6. « Lorsqu'il n'y aura pas eu d'actes res-
« pectueux, dans les cas où ils sont prescrits,
« l'officier de l'état civil qui aurait célébré le
« mariage sera condamné à la même amende, et
« à un emprisonnement qui ne pourra être moin-
« dre d'un mois. »

On reprend la discussion du titre VI du livre III
du projet de Code civil, *des privilèges et hypothèques.*

Le citoyen **Treilhard** fait lecture du chapitre II, *des hypothèques.*

Les articles 23, 24, 25, 26, 27, 28 et 29 sont
adoptés.

Le citoyen **Jollivet** dit que l'emphytéose n'a
jamais été susceptible d'hypothèque. Il observe
que ce principe n'est pas rappelé dans le chapitre II. Sans doute que le silence de la section vient
de ce qu'elle n'a pas cru devoir parler de l'emphytéose dans les autres parties du Code civil.

Le citoyen **Tronchet** dit qu'on n'employait
autrefois l'emphytéose que pour éviter les droits
seigneuriaux : maintenant elle n'aurait plus
d'objet. Il était donc inutile d'en parler.

La section 1re, *des hypothèques légales*, est
soumise à la discussion.

Les articles 30 et 31 qui la composent sont
adoptés.

La section II, *des hypothèques judiciaires*, est
soumise à la discussion.

L'article 32 est discuté.

Le citoyen **Jollivet** dit que l'on a souvent agité la question de savoir si les reconnaissances faites devant les bureaux de conciliation donnaient hypothèque. La section s'est refusée avec raison à décider l'affirmative ; c'eût été ouvrir un moyen de frauder le droit d'enregistrement : mais il est peut-être utile que l'intention de la loi soit connue et que le proc's-verbal s'en explique.

Le consul **Cambacérès** dit que l'observation du citoyen *Jollivet*, qui est juste et conforme aux intentions du Conseil, se trouvera nécessairement au procès-verbal.

L'article est adopté.

La section III, *des hypothèques conventionnelles*, est soumise à la discussion.

Les articles 33, 34 et 35 sont adoptés.

L'article 36 est discuté.

Le citoyen **Duchâtel** demande qu'on attribue à la reconnaissance de la signature, lorsqu'elle est faite devant notaires, la même force que lorsqu'elle est faite en jugement.

Le citoyen **Berlier** dit qu'il n'y a point de motif pour admettre l'amendement proposé par le citoyen *Duchâtel*.

En effet, s'il s'agit d'un titre sous seing privé dont la reconnaissance ait été poursuivie en justice, l'article 32 y pourvoit ; l'hypothèque en ce cas devient judiciaire : si, au contraire, il s'agit d'un titre sous seing privé que toutes les parties intéressées aient porté à un notaire pour lui donner la forme authentique par la transcription, l'annexe, ou une nouvelle rédaction, l'article en discussion suffit ; car l'acte notarié donne ouverture à l'hypothèque, et dès ce moment elle peut être acquise en observant les formalités prescrites par la loi.

Le citoyen **Treilhard** dit que les actes sous seing privé, ainsi reconnus, deviennent des actes devant notaires, pourvu que la reconnaissance ait lieu de la part de ceux contre lesquels ils font preuve. S'ils n'étaient déposés que par l'une des parties, à moins que ce ne fût le débiteur, la reconnaissance ne serait pas complète.

L'article est adopté.

Les articles 37, 38, 39, 40 et 41 sont adoptés.

L'article 42 est discuté.

Le citoyen **Gally** demande une explication sur cet article.

Si, dit-il, l'héritage grevé d'hypothèque se trouve considérablement agrandi, soit par alluvion, soit parce que le fleuve qui l'avoisine a changé de lit, l'hypothèque s'étend-elle sur l'accroissement ?

Cette question s'est élevée quelquefois dans le ci-devant Piémont et ailleurs.

Le citoyen **Treilhard** dit que les accroissements produits par l'effet de l'alluvion sont insensibles et deviennent ainsi des parties du même fonds. Il n'y a donc point de doute qu'ils ne supportent l'hypothèque.

Mais il n'en serait pas de même si l'augmentation produite par un événement extraordinaire ajoutait à la fois à l'héritage une étendue assez considérable de terre pour qu'on dût la considérer comme un fonds nouveau et distinct du premier.

Le citoyen **Tronchet** dit que les diverses dispositions du Code civil déterminent ce qu'il faut considérer comme des accessoires de la chose principale ; que ces accessoires, s'identifiant avec la chose, deviennent ainsi passibles de toutes les charges dont elle est grevée.

L'article est adopté.

La section IV, *du rang que les hypothèques ont entre elles*, est soumise à la discussion.

L'article 43 est discuté.

Le citoyen **Tronchet** dit que cet article pourrait nuire à l'hypothèque qui aurait pour objet la garantie d'une vente. Il est impossible en effet de réduire l'engagement que le vendeur prend à cet égard à une somme déterminée, qui devienne la matière d'une inscription ; car la garantie que le vendeur doit à l'acquéreur évincé n'est pas bornée au prix qui avait été donné à l'immeuble par le contrat ; elle se règle sur sa valeur au temps de l'éviction, et oblige ainsi le vendeur à payer l'augmentation que la chose a reçue, souvent par le seul effet du temps et des circonstances.

Le citoyen **Treilhard** dit que, pour concilier le système des inscriptions avec l'intérêt et l'engagement du vendeur, il suffit aux parties d'évaluer cet engagement à la plus haute somme à laquelle la valeur de l'immeuble puisse être élevée ; mais que ce serait ruiner le système de la spécialité que de dispenser l'acquéreur de prendre inscription.

Le citoyen **Tronchet** dit qu'il n'est pas dans sa pensée d'affranchir l'acquéreur de l'obligation de faire inscrire ; qu'il veut seulement que l'inscription soit indéterminée. Ce serait porter atteinte à la propriété que d'obliger les parties à réduire à une somme déterminée un engagement dont on ne peut mesurer d'avance l'étendue.

Le citoyen **Treilhard** pense que l'usage de la propriété serait beaucoup plus compromis si, par l'effet d'une inscription indéterminée dont l'objet ne pourrait peut-être jamais excéder trente mille francs, le propriétaire d'une terre d'un million n'offrait plus assez de sûreté pour obtenir un prêt de dix mille francs.

L'acquéreur a une sûreté suffisante lorsque l'obligation du vendeur est portée aussi loin qu'elle puisse aller.

Le citoyen **Jollivet** dit que la question présente peu d'intérêt, l'usage de l'action en garantie pour cause d'éviction ayant toujours été très-rare.

Le citoyen **Berlier** dit que le citoyen *Treilhard* a suffisamment répondu à l'objection proposée contre la première partie de cet article.

A l'égard des difficultés qui pourront naître de la fixation des hypothèques, relativement aux créances indéterminées, il ne faut pas croire qu'il y aura autant de procès que d'inscriptions : l'intérêt des parties les portera presque toujours à déterminer dans l'obligation principale la somme pour laquelle l'inscription pourra être prise, sans néanmoins que cette fixation devienne la limite nécessaire de la dette ou de la créance ; et il n'y a pas lieu de douter que cette stipulation accessoire ne devienne, par son intitulé, une clause de style.

L'article est adopté.

Le **Premier Consul** vient présider la séance.

L'article 44 est discuté.

Le consul **Cambacérès** voudrait qu'on changeât la définition que l'article 26 donne de l'hypothèque légale, et qu'on exprimât que cette hypothèque est celle qui existe par la seule force de la loi. Cette rédaction en indiquerait beaucoup mieux la nature.

Au reste, de quelque manière qu'on s'exprime, il sera toujours de l'essence des hypothèques légales de tirer toute leur force de la loi.

Cependant lorsqu'on rapproche les articles 30, 43 et 44, il semble que les hypothèques de la nation, qui sont certainement légales, ne pourront plus être conservées que par des inscriptions.

Le citoyen **Treilhard** répond que la définition

de l'article 26 pose sur le principe que, quoique toute hypothèque légale ne soit ainsi appelée que parce qu'elle dérive de la loi immédiatement, il est cependant de ces hypothèques dont l'effet ne doit être assuré que par des inscriptions.

Il en est ainsi surtout du privilége de la nation sur les biens des comptables.

Les anciennes lois ont dû donner au trésor public une préférence indéfinie. C'était le seul moyen de lui conserver ses droits, alors que les biens pouvaient être clandestinement affectés par des hypothèques.

Mais depuis que l'hypothèque est publique, depuis qu'il est possible de vérifier les charges d'un immeuble et d'en reconnaître la valeur, qu'il est facile au trésor public de conserver ses droits par des inscriptions que forment les agents qu'il a sur tous les points de la France, la préférence que lui donnait les anciennes lois est devenue inutile. On arrive au même but par des moyens plus doux, et qui ne rendent pas le fisc odieux. il ne faut que de l'exactitude de la part de ses agents pour lui donner les sûretés les plus entières ; et certainement on l'obtiendra avec un peu de sévérité contre ceux de ses agents qui négligeraient leurs devoirs. Les pertes, en supposant qu'il y en ait, ne seront que légères : toujours seront-elles un mal moins fâcheux que la haine dont on entoure le trésor public, si, par des priviléges exorbitants et qui pèsent sur tous les citoyens, on le soustrait à l'ordre commun de la législation.

Le Conseil adopte en principe, que l'effet des hypothèques légales de la nation dépendra de la formalité de l'inscription.

Le citoyen **Tronchet** observe qu'on pourrait inférer du mot *appartenant* employé dans l'article 44, que l'hypothèque légale des femmes et des mineurs ne frappe que sur les biens présents des maris et des tuteurs : il demande qu'on exprime qu'elle s'étend également sur les biens qui leur surviennent par la suite.

Cet amendement est adopté.

L'article 45 est discuté.

Le consul **Cambacérès** dit qu'il conviendrait de faire sentir, dans la rédaction, que les inscriptions exigées par cet article n'ont d'autre objet que d'avertir les tiers; autrement, ceux qui n'auraient pas la discussion sous les yeux concevraient difficilement comment des hypothèques qui, suivant les articles précédents, ont de plein droit toute leur force, se trouvent cependant soumises à cette formalité.

Le citoyen **Tronchet** dit qu'il importe aussi d'expliquer à ces inscriptions donneront lieu aux droits d'hypothèque.

Le citoyen **Treilhard** dit que la section ne s'est pas occupée des hypothèques sous ce rapport; que ce qui concerne les droits à payer appartient non au Code civil, mais aux lois sur les finances.

Le citoyen **Tronchet** dit que dans le silence de la loi nouvelle, le conservateur exigera les droits. Cependant, si l'on oblige le mari de les payer, ils seront supportés par la communauté, c'est-à-dire en partie par la femme; si on les exige du tuteur; ils retomberont sur le mineur.

Il paraît donc nécessaire de s'en expliquer.

On pourrait décider que les droits ne seront perçus qu'au moment où l'on fera valoir l'hypothèque.

Le citoyen **Treilhard** convient qu'il faut une loi sur ce sujet ; mais il persiste à penser qu'elle ne doit pas être placée dans le Code civil.

Le citoyen **Tronchet** dit que la loi à inter-

venir aura pour objet de fixer la quotité des droits; mais que la question de savoir par qui ils seront payés appartient au Code civil, et qu'elle se trouvera même décidée par son silence, contre la femme et contre le mineur.

Le citoyen **Jollivet** dit que les inscriptions étant prises au nom des femmes et des mineurs, il est juste que les frais en retombent sur eux. Le mari et le tuteur doivent cependant en faire l'avance, car il serait contre l'équité de rendre le conservateur responsable, et de retenir cependant son salaire.

Le citoyen **Tronchet** dit qu'il n'a pas entendu parler du salaire du conservateur, mais du droit proportionnel.

Au surplus, ce n'est pas pour l'intérêt des femmes et des mineurs que les inscriptions sont formées, puisque leur hypothèque est indépendante de cette formalité; c'est pour la sûreté des tiers. On ne conçoit donc pas pourquoi la femme et le mineur en feraient les frais.

Le citoyen **Jollivet** dit que l'acquéreur purgeant les hypothèques contre la femme et contre le mineur, après un délai, les inscriptions sont un acte conservatoire dont ils profitent.

Le citoyen **Berlier** dit que la proposition du citoyen *Tronchet* ne tend pas à faire supposer définitivement au mari ou au tuteur les droits fiscaux de l'inscription; cela serait injuste envers eux, puisqu'ils n'en retirent aucun profit personnel; cela serait injuste aussi envers la femme et le mineur, auxquels cette inscription est inutile, puisque la loi veille pour eux, et que leur hypothèque a lieu *indépendamment de toute inscription*.

Cette inscription a donc purement lieu dans l'intérêt public, et n'a pour objet que d'avertir les tiers; mais puisqu'elle est d'ordre public, elle devrait être affranchie de tous droits fiscaux : il semble à l'opinant que la proposition est là tout entière, et il la trouve fort juste.

Le citoyen **Duchâtel** pense que sous le rapport de l'intérêt du fisc, le paiement des droits peut être différé, mais que le salaire du conservateur doit être payé à l'instant.

Le citoyen **Bérenger** dit que la loi sur l'enregistrement recevra nécessairement des modifications. Lorsqu'on s'en occupera, on pourra régler aussi les droits d'hypothèque; mais toute disposition sur ce sujet serait déplacée dans le Code civil.

Le **Premier Consul** dit que l'article ne préjuge pas la question.

L'article est adopté.

Les articles 46, 47 et 48 sont adoptés.

L'article 49 est discuté.

Le citoyen **Bérenger** observe que cet article, en soi très-sage, est cependant incomplet : il pourvoit aux mariages à venir, mais il ne s'occupe pas des mariages déjà contractés, et n'offre aux maris actuellement engagés aucun moyen d'affranchir une partie de leurs immeubles.

Le citoyen **Tronchet** dit qu'une loi transitoire sur ce sujet serait inutile. Les maris qui voudront aliéner ou engager quelques-uns de leurs immeubles, feront, comme autrefois, intervenir leurs femmes au contrat, pour s'engager avec eux, ou pour renoncer à leurs hypothèques.

Le citoyen **Bérenger** demande que cette modification soit généralisée par le Code civil, attendu que, sous le régime dotal, la femme ne peut s'obliger que dans un petit nombre de cas.

Le citoyen **Treilhard** dit que l'observation

du citoyen *Bérenger* se rattache à l'article 53.

Le citoyen **Bigot-Préameneu** voudrait que l'article 49 n'autorisât les parties qu'à restreindre les hypothèques, et ne permît pas d'en affranchir la totalité des immeubles du mari.

On objectera que si les parties peuvent se donner tous leurs biens, elles peuvent, à plus forte raison , stipuler qu'ils ne seront pas grevés d'hypothèques.

Mais on suppose ici entre les deux hypothèses une parité qui n'existe pas ; car les donations sont soumises à des conditions, et surtout à celle d'être révocables par la survenance d'enfants.

Le citoyen **Treilhard** répond qu'au moment où les parties arrêtent leurs conventions matrimoniales, elles jouissent de la liberté la plus illimitée de stipuler ce qu'il leur plaît ; elles peuvent se donner tous leurs biens : comment donc leur refuser le droit, beaucoup moins considérable, de convenir que les biens du mari ne seront point chargés des hypothèques de la femme ?

On objecte qu'une donation devient réductible par la survenance d'enfants.

Mais il faut prendre garde qu'elle n'est réduite que pour les enfants. Par rapport à la femme, tout est consommé, et la donation a irrévocablement ses effets.

Le **Premier Consul** dit que le citoyen *Treilhard* s'est appuyé sur le principe que qui peut plus peut moins.

Ce principe est incontestable, lorsqu'il s'agit de choses du même ordre ; mais il ne peut être appliqué, lorsqu'il s'agit de choses d'un ordre différent : alors il faut examiner si celui qui peut faire une chose peut aussi en faire une autre. Point de doute que celui à qui la loi permet de donner cent mille francs ne puisse à plus forte raison en donner cinquante mille ; mais il est difficile de concevoir comment une femme qui manifeste l'intention de retenir la propriété de ses biens pourrait cependant, dans un excès de confiance, se dépouiller de toute sûreté, et renoncer à des hypothèques que la loi lui donne sans son fait, parce que la loi a jugé qu'elles lui sont nécessaires.

Le consul **Cambacérès** dit que l'objection a la même force contre l'article 50, qui autorise les parents à dépouiller un enfant de toutes les hypothèques que la loi lui assure.

À l'égard de l'article 49, si sa disposition devait être admise, il conviendrait d'en borner du moins l'effet à la femme majeure.

Le citoyen **Maleville** dit qu'il n'y a aucune raison solide pour autoriser la femme, même majeure, à renoncer, par son contrat de mariage, à toute hypothèque sur les biens de son mari : pour un cas absolument possible, où il serait de l'intérêt des deux époux que cette renonciation se fît, il y en aurait cent où, au moyen d'une pareille clause, un séducteur corrompu abuserait de la faiblesse du sexe pour satisfaire impunément ses passions aux dépens de la fortune de sa femme.

Et l'on ne peut pas dire que les parents de la femme s'opposeront à une pareille stipulation, si elle est contraire à ses intérêts ; car une femme majeure n'a besoin du consentement de personne pour régler les conventions de son mariage.

Ce n'est pas, d'ailleurs, pour l'intérêt de la femme seule que la loi a voulu qu'elle eût de droit une hypothèque sur les biens de son mari ; c'est bien plutôt pour l'intérêt des enfants, et

pour leur réserver une ressource en cas que le mari vienne à perdre sa fortune. Mais peut-on mettre en balance, avec cette vue bienfaisante de la loi, l'appât accidentel, et si souvent trompeur, de quelque spéculation mercantile, et pour cela compromettre la subsistance des enfants, et priver les familles de cette ressource assurée?

Que si la renonciation à toute hypothèque ne peut être adoptée, même à l'égard de la femme majeure, à plus forte raison doit-elle être rejetée dans l'intérêt de la femme mineure, ou dans celui des mineurs, relativement à leur tuteur.

Il y a une maxime vulgaire qui dit que celui qui est habile à contracter mariage l'est aussi pour faire toutes les conventions y relatives ; mais cela s'entend des conventions ordinaires à ces sortes de contrats, et non d'une clause aussi insolite, aussi greveuse que celle qu'on propose : ainsi, dans les cas d'une association générale de tous biens ou d'un ameublissement de tous leurs immeubles, consentis par des femmes mineures, elles ont été restituées contre ces conventions extraordinaires ; comment donc la loi pourrait-elle les autoriser à mettre bien plus ouvertement tout leur patrimoine dans le danger imminent de périr, tandis que la justice devrait les relever d'une renonciation aussi étrange, si elles avaient eu la faiblesse de s'y prêter?

Le citoyen **Bérenger** dit que la proposition du citoyen *Bigot-Préameneu* est appuyée sur un principe qu'il ne croit pas exact ; elle suppose que les personnes qui se marient n'entendent pas leurs intérêts, tandis que la loi suppose le contraire, en leur laissant, à tous autres égards, la liberté indéfinie de régler leurs conventions.

Il y a des positions qui donnent à la femme intérêt à ce que les biens de son mari demeurent libres. Dans l'état actuel des choses, les hypothèques gênent l'amélioration des fortunes. Or le mari étant choisi par la femme et par la famille, qui donne la dot, comment empêcher les parties d'arrêter ce qui leur convient également à toutes ?

Elles prendront certainement les précautions qui sont nécessaires ; et s'il en est qu'elles écartent, ce ne peut être que par la raison qu'elles les jugent dangereuses.

On parlera de l'intérêt des enfants ; mais c'est sur cet intérêt que les parties règlent leur stipulation, beaucoup plus que sur leur intérêt individuel.

La prohibition qu'on propose ne doit donc être admise que pour le cas exprimé dans l'article 50.

Le citoyen **Bigot-Préameneu** dit que la conséquence de ce système serait qu'il ne faut pas d'hypothèques légales ; car si elles sont reconnues nécessaires, on ne peut permettre à la femme d'y renoncer sans supposer qu'elle sera plus sage que la loi : tout ce qu'on peut lui accorder, c'est la faculté de les restreindre.

Le citoyen **Bérenger** répond que ces sortes d'hypothèques ne sont appelées légales que parce qu'elles sont établies par la loi ; mais il ne s'ensuit pas que ceux à qui la loi les donne doivent être privés du droit d'y renoncer.

Le consul **Cambacérès** dit que personne n'a le pouvoir de renoncer à ce qui est d'ordre public.

Le Consul ajoute qu'il prévoyait cette difficulté, lorsqu'il proposait une définition qui tendait à faire sentir que les hypothèques légales étant établies par la seule autorité de la loi, indépendamment de toute autre volonté et de toute formalité, il était impossible d'y renoncer.

Si cette faculté existait, l'hypothèque ne serait plus l'hypothèque de la loi ; ce serait une hypothèque proposée par la loi à ceux à qui il plairait de la laisser subsister. Quand la loi couvre un individu de sa protection, il n'est permis ni à celui qu'elle protège, ni à tout autre, de repousser ce bienfait.

On est convenu qu'il en doit être ainsi à l'égard de la femme mineure. Peut-être le principe ne s'applique-t-il pas aussi évidemment à la femme majeure. Cependant les lois la considèrent aussi comme un être faible et qui a besoin de protection. Cette supposition est la base de plusieurs dispositions : on ne pourrait l'écarter, à l'égard des hypothèques légales, sans mettre la législation en contradiction avec elle-même.

Le citoyen **Treilhard** dit que les hypothèques légales sont établies pour la conservation des droits de la femme pendant le mariage; leur effet ne doit pas s'étendre plus loin : mais avant le mariage, les parties peuvent tout ce qu'elles veulent, et la femme ne peut avoir de droits que ceux qui lui ont été assurés par son contrat, et tels qu'il a plu aux parties de les régler. C'est par ce motif qu'il leur est permis de se donner indéfiniment : sans cette liberté absolue de régler les conditions du mariage, beaucoup de mariages n'auraient pas lieu.

Le citoyen **Regnauld** (de Saint-Jean-d'Angély) dit qu'autrefois la femme avait la faculté de lever son hypothèque légale sur un bien, en apposant sa signature à l'acte par lequel il était aliéné : elle n'est donc pas, comme on le prétend, dans l'impossibilité absolue de donner main levée. Quelquefois même, il y a intérêt très-pressant d'affranchir les biens du mari de toute hypothèque, ne fût-ce que lorsqu'il faut établir les enfants. Or, puisque la femme peut anéantir l'hypothèque légale après le mariage, elle le peut à plus forte raison avant, si quelque motif raisonnable la porte à y consentir.

Le consul **Cambacérès** dit que la faculté de lever ses hypothèques légales n'était accordée à la femme que dans le système coutumier.

Le citoyen **Regnauld** (de Saint-Jean-d'Angély) répond qu'elle n'existait pas dans le système du droit écrit, parce que le bien dotal était inaliénable.

Le consul **Cambacérès** dit que ce motif ne s'applique pas au cas où la dot était en argent : cependant il n'y en avait aucun où il fût permis à la femme de se dépouiller de ses hypothèques légales.

Le **Premier Consul** dit qu'il conçoit fort bien qu'on admette la femme à donner tout ce qu'elle possède, même sa dot ; mais qu'il ne conçoit pas qu'on puisse lui permettre de changer sa condition. La qualité d'épouse est un état dans l'ordre social ; donc, si la femme pouvait renoncer aux droits inhérents à sa qualité, il lui serait permis de changer son état. Un tel droit ne peut appartenir à personne.

La section fonde son système sur ce que, de droit commun, les parties ont la liberté la plus indéfinie de régler comme il leur plaît leurs conventions matrimoniales. Cependant la section reconnaît, d'un autre côté, que, de droit commun, cette liberté ne va pas jusqu'à faire renoncer la femme à la totalité de ses hypothèques légales ; car elle propose une disposition formelle pour l'y autoriser.

Au surplus, cette disposition anéantirait en entier les hypothèques légales. La renonciation deviendrait une clause de style, et la femme, qui l'aurait souscrite sans en comprendre l'effet, serait dans la suite fort étonnée de se trouver, contre son intention, privée de toute sûreté.

Le citoyen **Berlier** dit que la loi récemment portée, relativement au *contrat de mariage*, ne limite la volonté des parties qu'autant que leurs conventions deviendraient contraires ou aux bonnes mœurs, ou à certains droits de famille exprimés aux articles 2 et 3 de cette loi, ou à une disposition formellement prohibitive.

Cela posé, et faisant application de ces principes à la question actuelle, on ne saurait soutenir que la stipulation dont il s'agit soit contraire aux bonnes mœurs ; et l'on ne trouvera dans les parties déjà décrétées du Code, nulle disposition qui la défende : elle est donc conforme à la législation la plus récente.

Reviendra-t-on sur ce point pour imposer une restriction nouvelle ? Il faudrait, pour cela, que la loi qu'on discute modifiât celle qui a déjà été adoptée ; et outre l'inconvénient de varier en si peu de temps, l'opinant n'aperçoit dans la proposition restrictive, qu'une entrave peu conciliable avec beaucoup d'autres dispositions du Code.

Le consul **Cambacérès** dit qu'il est persuadé que les hypothèques légales et l'inaliénabilité de la dot conservent les familles, en assurant la subsistance des enfants. La législation a toujours reposé sur ce principe. Si depuis quelque temps on s'en est écarté, ce n'a été que pour faciliter la circulation des immeubles, ou plutôt pour les obtenir à vil prix, car toute la faveur des lois nouvelles a été pour les acquéreurs.

Aujourd'hui on revient à d'autres maximes. On rétablit les hypothèques légales ; il ne faut donc pas atténuer ce système par des dispositions qui en ruineraient presque entièrement l'effet.

La renonciation des femmes aux hypothèques légales n'est un avantage légal que dans le cas où la spécialisation devient nécessaire. Il est certain, en effet, qu'un homme opulent ne consentirait point à se marier, s'il devait par cela seul tomber dans un état d'interdiction. Il est donc raisonnable et juste de permettre à la femme de renoncer à une partie de ses hypothèques légales. Si, par exemple, un citoyen qui possède pour trois cent mille francs d'immeubles, épouse une personne qui lui apporte en dot cinquante mille francs, il n'y a point de nécessité que tous ses biens soient grevés ; et alors la femme doit pouvoir renoncer aux hypothèques que la loi lui donne sur l'universalité des immeubles, pour se réduire à un gage plus proportionné aux obligations du mari. Mais cette modification est la seule qui puisse se concilier avec le système des hypothèques légales. Une renonciation totale de la part de la femme anéantirait ce système.

Le citoyen **Treilhard** dit que si l'on admet le principe que ce n'est point la loi qui fait les contrats de mariage, mais qu'ils doivent être l'ouvrage des parties, il est impossible de leur refuser la liberté indéfinie de stipuler ce qu'il leur plaît.

Le citoyen *Treilhard* est d'avis que les hypothèques légales de la femme doivent exister de plein droit sur tous les biens du mari. Peut-être consentirait-il à ce qu'elles ne fussent point être restreintes dans leur généralité pendant le cours du mariage, mais avant le mariage ; mais lorsque la dot n'existe pas encore, comment refuser aux parties le droit de stipuler qu'il n'y aura point d'hypothèques légales ?

Les parents de la femme pouvaient ne lui point constituer de dot. Ils doivent donc être maîtres des conditions sous lesquelles ils lui en constituent une.

Le citoyen **Tronchet** dit que ce raisonnement pose sur une équivoque. Sans doute, il n'y a point de dot tant que le mariage n'est pas fait; mais le contrat de mariage et le mariage sont deux choses indivisibles. Le contrat règle la condition de la femme, non dans le cas où elle resterait fille, mais pour le temps où elle aura revêtu la qualité d'épouse.

Quel est l'objet des hypothèques légales ? C'est de défendre la faiblesse de la femme, même contre le mari. Si donc on lui accorde le droit d'y renoncer, on lui donne en même temps le pouvoir de changer son état de femme. Ce serait blesser l'ordre public, qui seul peut régler l'état de chacun.

Il suffit que la femme ait la faculté d'affranchir des immeubles déterminés.

Le citoyen **Treilhard** convient que l'effet du contrat de mariage, est de régler la condition de la femme sous le mariage ; mais il n'admet pas les conséquences qu'on vient de tirer de ce principe.

Avant le mariage, les époux peuvent tout se donner ; après le mariage, ils ne le peuvent plus. Avant le mariage, les parties sont tellement libres de régler comme il leur plaît la constitution de dot, qu'elles peuvent même accorder au mari le pouvoir d'aliéner les biens dotaux. Cette faculté est certainement bien plus étendue que celle de renoncer aux hypothèques légales.

On ne doit pas craindre l'abus du droit de renoncer aux hypothèques, lorsqu'au moment où les parties en usent, elles sont entourées des conseils d'une famille entière.

Enfin, il est impossible que ceux qui ont le droit de ne point donner de dot, ne soient pas les maîtres des conditions, lorsqu'ils veulent bien en constituer une.

Le **Premier Consul** dit qu'ils n'en sont pas les maîtres ; qu'il n'est permis à personne de donner sous des conditions qui dérogent à une loi d'ordre public.

Le citoyen **Berlier** dit que, dans cette discussion, l'attention s'est fixée d'une manière peut-être trop exclusive sur la *dot*, c'est-à-dire sur les deniers dotaux que la femme se constitue, ou qui lui sont constitués par ses parents : il faut apercevoir aussi le cas très-ordinaire où le mari fait des avantages considérables à une femme qui n'a aucun bien personnel : peut-il être, en ce cas, interdit au mari d'affranchir ses biens de l'inscription, et ne peut-il faire de cet affranchissement une condition de sa libéralité? Il faut aller jusque-là pour accueillir la prohibition générale qu'on provoque.

L'opinant repousse cette idée, et trouve dans l'espèce qu'il vient de citer un motif de plus en faveur de la liberté des stipulations : il observe, au surplus, que la vigilance de l'intérêt personnel est le guide le plus éclairé qu'on puisse avoir en cette matière ; la femme et sa famille ne se départiront pas du bénéfice légal sans de bonnes raisons ; mais il leur appartient essentiellement d'être les régulateurs d'une affaire qui est bien la leur.

Le **Premier Consul** répond qu'on doit refuser au mari, même lorsqu'il avantage sa femme, le droit de la faire renoncer aux hypothèques légales ; sa libéralité n'est pas désintéressée ; il ne donne que pour obtenir la main d'une femme qui lui convient. Ce mari est ordinairement un vieillard. Il ne faut pas qu'après avoir fait consentir la femme à l'épouser, en lui présentant certains avantages, il puisse à son gré les lui retrancher et la laisser sans ressource.

Le citoyen **Regnauld** (*de Saint-Jean-d'Angély*) dit qu'il ne tient point à l'article 49, si l'on admet que la femme, pendant le mariage, pourra donner mainlevée de ses hypothèques légales. Dans le cas contraire, et si l'on se propose d'établir, sous ce rapport, un régime plus sévère que celui qui existait avant la loi du 11 brumaire, la disposition qu'on discute paraît indispensable.

D'ailleurs on a déclaré les biens dotaux aliénables sous le régime de la communauté ; ils ne sont inaliénables que sous le régime dotal : cependant on généralise ce dernier régime, si l'on étend le système de l'inaliénabilité.

Le consul **Cambacérès** dit qu'il ne s'agit point de changer les dispositions qui se trouvent au titre du *contrat de mariage*, mais seulement de donner des effets sérieux et réels au système des hypothèques légales qui a été adopté. Ce serait, par exemple, une dérision que de réduire à un immeuble de mille francs l'hypothèque d'une dot de trois cent mille francs.

La renonciation générale aux hypothèques légales ne peut, dans aucun cas, être avantageuse à la femme ; on ne peut donc l'admettre sans ruiner le système.

Le Consul propose de réduire l'article à ces termes :

« Lorsque, dans le contrat de mariage, les parties majeures seront convenues qu'il ne sera pris d'inscription que sur un ou certains immeubles du mari, immeubles qui ne seraient pas indiqués, etc. »

Cette rédaction est adoptée.

Le citoyen **Tronchet** voudrait que l'article contînt une prohibition formelle de toute stipulation tendant à opérer une renonciation générale de la part de la femme.

Le citoyen **Jollivet** propose de distinguer entre le régime dotal et celui de la communauté, ce dernier ne pouvant se concilier avec aucun système prohibitif, attendu qu'il permet à la femme de s'obliger avec son mari.

Le citoyen **Tronchet** dit que, même en pays coutumier, jamais la renonciation générale aux hypothèques légales n'a été permise dans les contrats. Avant le mariage, la conduite du mari n'est pas encore connue ; elle l'est après le mariage. Ainsi la femme qui renonce alors à une partie de ses hypothèques n'agit qu'avec discernement.

Le citoyen **Treilhard** préférerait d'interdire la renonciation aux hypothèques pendant le mariage. Avant, le mari ne peut trouver mauvais que la femme et sa famille s'y refusent ; au lieu que le refus qui interviendrait après le mariage, pourrait blesser le mari et troubler la paix du ménage.

Le Conseil admet la disposition de l'article 49, qui permet la spécialisation, et rejette celle qui autoriserait la femme à renoncer, avant le mariage, à la totalité de ses hypothèques légales.

Le citoyen **Tronchet** reproduit la proposition qu'il a faite de prohiber formellement la renonciation générale, avant le mariage, aux hypothèques légales. Il la croit nécessaire, afin d'empêcher qu'on ne tire de fausses conséquences de la disposition du titre du *contrat de mariage*, qui donne aux époux une liberté indéfinie dans les stipulations.

Le citoyen **Berlier** avoue que, pour remplir le vœu que du Conseil vient de manifester, il ne suffirait pas de retrancher de l'article ce qui a déplu au plus grand nombre ; qu'il faut que la restriction soit formellement énoncée et en termes prohibitifs ; sans quoi, la faculté qu'on a voulu proscrire résulterait du système général de la législation.

Cet amendement est adopté.

L'article 50 est discuté.

Le citoyen **Treilhard** dit que cet article doit être restreint conformément à ce qui a été décidé pour l'article précédent.

L'article est adopté avec cet amendement.

Les articles 51 et 52 sont adoptés.

L'article 53 est discuté.

Le citoyen **Bérenger** demande que la loi se borne à dire qu'on prendra l'avis de l'assemblée de famille, sans exiger que cette assemblée soit composée des parents les plus proches, parce qu'ils peuvent être actuellement éloignés.

Le consul **Cambacérès** dit qu'il craint, si cet amendement est admis, que la disposition de l'article ne dégénère en pure formalité ; qu'alors on composera l'assemblée de personnes indifférentes et que rien n'attache aux intérêts des parties.

Le citoyen **Berlier** dit que la loi ne doit point vouloir l'impossible et qu'il faut ici, comme au titre *des tutelles*, entendre par *plus proches parents* les plus proches parmi ceux qui se trouvent dans un rayon donné.

L'article est adopté.

L'article 54 est adopté.

La séance est levée.

Pour extrait conforme :
Le secrétaire général du Conseil d'État,
J. G. LOCRÉ.

SÉANCE
DU 10 VENTÔSE AN XII DE LA RÉPUBLIQUE.
(*Jeudi 1er mars* 1804).

Le **Second Consul** préside la séance.

Le citoyen **Gally**, d'après la conférence tenue avec le Tribunat, présente la rédaction définitive du titre XV du livre III du projet de Code civil, *du prêt.*

Le Conseil l'adopte en ces termes :

Du prêt.

Art. 1er. « Il y a deux sortes de prêt :

« Celui des choses dont on peut user sans les « détruire,

« Et celui des choses qui se consomment par « l'usage qu'on en fait.

« La première espèce s'appelle *prêt à usage*, ou « *commodat ;*

« La deuxième s'appelle *prêt de consommation,* « ou simplement *prêt.* »

CHAPITRE PREMIER.
Du prêt à usage, ou commodat.

SECTION PREMIÈRE.
De la nature du prêt

Art. 2. « Le prêt à usage
« contrat par lequel l'
« chose à l'autre pou
« le preneur de la re

Art. 3. « Ce prêt es

Art. 4. « Le prêteu
« chose prêtée. »

Art. 5. « Tout ce qu
« qui ne se consomm
« l'objet de cette conven

Art. 6. « Les engagemen
« commodat passent aux
« prête, et aux héritiers de c
« Mais si l'on n'a prêté qu'en
« l'emprunteur, et à lui, person
« ses héritiers ne peuvent contin
« la chose prêtée. »

SECTION II.
Des engagements de l'emprunteur.

Art. 7. « L'emprunteur est tenu de veiller, en « bon père de famille, à la garde et à la conser- « vation de la chose prêtée. Il ne peut s'en servir « qu'à l'usage déterminé par sa nature ou par la « convention ; le tout à peine de dommages-inté- « rêts, s'il y a lieu. »

Art. 8. « Si l'emprunteur emploie la chose à un « autre usage, ou pour un temps plus long qu'il « ne le devait, il sera tenu de la perte arrivée, « même par cas fortuit. »

Art. 9. « Si la chose prêtée périt par cas fortuit « dont l'emprunteur aurait pu la garantir en em- « ployant la sienne propre, ou si, ne pouvant con- « server que l'une des deux, il a préféré la sienne, « il est tenu de la perte de l'autre. »

Art. 10. « Si la chose a été estimée en la prêtant, « la perte qui arrive, même par cas fortuit, est « pour l'emprunteur, s'il n'y a convention con- « traire. »

Art. 11. « Si la chose se détériore par le seul « effet de l'usage pour lequel elle a été emprun- « tée, et sans aucune faute de la part de l'emprun- « teur, il n'est pas tenu de la détérioration. »

Art. 12. « L'emprunteur ne peut pas retenir la « chose par compensation de ce que le prêteur « lui doit. »

Art. 13. « Si, pour user de la chose, l'emprun- « teur a fait quelque dépense, il ne peut pas la « répéter. »

Art. 14. « Si plusieurs ont conjointement em- « prunté la même chose, ils en sont solidairement « responsables envers le prêteur. »

SECTION III.
Des engagements de celui qui prête à usage.

Art. 15. « Le prêteur ne peut retirer la chose « prêtée qu'après le terme convenu, ou, à défaut « de convention, qu'après qu'elle a servi à l'usage « pour lequel elle a été empruntée. »

Art. 16. « Néanmoins, si, pendant ce délai, ou « avant que le besoin de l'emprunteur ait cessé, « il survient au prêteur un besoin pressant ou « imprévu de sa chose, le juge peut, suivant les « circonstances, obliger l'emprunteur à la lui « rendre. »

Art. 17. « Si, pendant la durée du prêt, l'em- « prunteur a été obligé, pour la conservation de « la chose, à quelque dépense extraordinaire, né- « cessaire, et tellement urgente qu'il n'ait pas pu « en prévenir le prêteur, celui-ci sera tenu de la « lui rembour

Art. 18. « la chose prêtée a des dé- « fauts tels, c cause du préjudice à « celui qui s prêteur est responsable, « s'il connai et n'en a pas averti « l'emprunteu

« c'est pour lui qu'elle périt, de quelque manière
« que cette perte arrive. »

Art. 21. « On ne peut pas donner à titre de prêt
« de consommation des choses qui , quoique de
« même espèce, diffèrent dans l'individu, comme
« les animaux : alors c'est un prêt à usage. »

Art. 22. « L'obligation qui résulte d'un prêt en
« argent n'est toujours que de la somme numé-
« rique énoncée au contrat.

« S'il y a eu augmentation ou diminution d'es-
« pèces avant l'époque du paiement, le débiteur
« doit rendre la somme numérique prêtée, et ne
« doit rendre que cette somme dans les espèces
« ayant cours au moment du paiement. »

Art. 23. « La règle portée en l'article précédent
« n'a pas lieu, si le prêt a été fait en lingots. »

Art. 24. « Si ce sont des lingots ou des den-
« rées qui ont été prêtés, quelle que soit l'aug-
« mentation ou la diminution de leur prix , le
« débiteur doit toujours rendre la même quantité
« et qualité, et ne doit rendre que cela. »

SECTION II.
Des obligations du prêteur.

Art. 25. « Dans le prêt de consommation , le
« prêteur est tenu de la responsabilité établie par
« l'article 18 pour le prêt à usage. »

Art. 26. « Le prêteur ne peut pas redemander
« les choses prêtées avant le terme convenu. »

Art. 27. « S'il n'a pas été fixé de terme pour la
« restitution, le juge peut accorder à l'emprun-
« teur un délai suivant les circonstances. »

Art. 28. « S'il a été seulement convenu que
« l'emprunteur paierait quand il le pourrait, ou
« quand il en aurait les moyens , le juge lui
« fixera un terme de paiement suivant les cir-
« constances. »

SECTION III.
Des engagements de l'emprunteur.

Art. 29. « L'emprunteur est tenu de rendre les
« choses prêtées en même quantité et qualité, et
« au terme convenu. »

Art. 30. « S'il est dans l'impossibilité d'y satis-
« faire, il est tenu d'en payer la valeur eu égard
« au temps et au lieu où la chose devait être ren-
« due d'après la convention.

« Si ce temps et ce lieu n'ont pas été réglés, le
« paiement se fait au prix du temps et du lieu où
« l'emprunt a été fait. »

Art. 31. « Si l'emprunteur ne rend pas les cho-
« ses prêtées ou leur valeur au terme voulu, il
« en doit l'intérêt du jour de la demande en jus-
« tice. »

CHAPITRE III.
Du prêt à intérêt.

Art. 32. « Il est permis de stipuler des intérêts
« pour simple prêt soit d'argent, soit de denrées,
« ou autres choses mobilières. »

Art. 33. « L'emprunteur qui a payé des intérêts
« qui n'étaient pas stipulés, ne peut ni les répé-
« ter, ni les imputer sur le capital. »

Art. 34. « L'intérêt est légal ou conventionnel.
« L'intérêt légal est fixé par la loi. L'intérêt con-
« ventionnel peut excéder celui de la loi toutes
« les fois que la loi ne le prohibe pas.

« Le taux de l'intérêt conventionnel doit être
« fixé par écrit. »

Art. 35. « La quittance du capital , donnée sans
« réserve des intérêts, en fait présumer le paie-
« ment et en opère la libération. »

Art. 36. « On peut stipuler un intérêt moyennant
« capital que le prêteur s'interdit d'exiger.

« Dans ce cas, le prêt prend le nom de consti-
« tution de rente. »

Art. 37. « Cette rente peut être constituée de
« deux manières, en perpétuel ou en viager. »

Art. 38. « La rente constituée en perpétuel est
« essentiellement rachetable.

« Les parties peuvent seulement convenir que
« le rachat ne sera pas fait avant un délai qui ne
« pourra excéder dix ans, ou sans avoir averti le
« créancier au terme d'avance qu'elles auront dé-
« terminé. »

Art. 39. « Le débiteur d'une rente constituée
« en perpétuel peut être contraint au rachat,

« 1° S'il cesse de remplir ses obligations pen-
« dant deux années ;

« 2° S'il manque à fournir au prêteur les sûretés
« promises par le contrat. »

Art. 40. « Le capital de la rente constituée en
« perpétuel devient aussi exigible en cas de fail-
« lite ou de déconfiture du débiteur. »

Art. 41. « Les règles concernant les rentes via-
« gères sont établies au titre des contrats aléa-
« toires. »

Le citoyen **Portalis**, d'après la conférence tenue avec le Tribunat, présente la rédaction définitive du titre XVI du livre III du projet de Code
civil, du dépôt et du séquestre.¹

Le Conseil l'adopte en ces termes :

Du dépôt et du séquestre.

CHAPITRE PREMIER.
Du dépôt en général et de ses diverses espèces.

Art. 1er. « Le dépôt en général est un acte par
« lequel on reçoit la chose d'autrui, à la charge de
« la garder et de la restituer en nature. »

Art. 2. « Il y a deux espèces de dépôt : le dépôt
« proprement dit et le séquestre. »

CHAPITRE II.
Du dépôt proprement dit.

SECTION PREMIÈRE.
De la nature et de l'essence du contrat de dépôt.

Art. 3. « Le dépôt proprement dit est un contrat
« essentiellement gratuit. »

Art. 4. « Il ne peut avoir pour objet que des
« choses mobilières. »

Art. 5. « Il n'est parfait que par la tradition
« réelle ou feinte de la chose déposée.

« La tradition feinte suffit, quand le dépositaire
« se trouve déjà nanti, à quelque autre titre, de
« la chose que l'on consent à lui laisser à titre de
« dépôt. »

Art. 6. « Le dépôt est volontaire ou nécessaire. »

SECTION II.
Du dépôt volontaire.

Art. 7. « Le dépôt volontaire se forme par le
« consentement réciproque de la personne qui
« fait le dépôt et de celle qui le reçoit. »

Art. 8. « Le dépôt volontaire ne peut régulière-
« ment être fait que par le propriétaire de la chose
« déposée, ou de son consentement exprès ou
« tacite. »

Art. 9. « Le dépôt volontaire doit être prouvé
« par écrit. La preuve testimoniale n'en est point
« reçue pour valeur excédant cent cinquante
« francs. »

Art. 10. « Lorsque le dépôt, étant au-dessus de
« cent cinquante francs, n'est point prouvé par
« écrit, celui qui est attaqué comme dépositaire
« en est cru sur sa déclaration, soit pour le fait
« même du dépôt, soit pour la chose qui en fai-

« sait l'objet, soit pour le fait de sa restitution. »

Art. 11. « Le dépôt volontaire ne peut avoir « lieu qu'entre personnes capables de contracter.

« Néanmoins, si une personne capable de con- « tracter accepte le dépôt fait par une personne « incapable, elle est tenue de toutes les obligations « d'un véritable dépositaire ; elle peut être pour- « suivie par le tuteur ou administrateur de la « personne qui a fait le dépôt. »

Art. 12. « Si le dépôt a été fait par une personne « capable à une personne qui ne l'est pas, la per- « sonne qui a fait le dépôt n'a que l'action en re- « vendication de la chose déposée, tant qu'elle « existe dans la main du dépositaire, ou une action « en restitution jusqu'à concurrence de ce qui a « tourné au profit de ce dernier. »

SECTION III.
Des obligations du dépositaire.

Art. 13. « Le dépositaire doit apporter dans la « garde de la chose déposée, les mêmes soins qu'il « apporte dans la garde des choses qui lui appar- « tiennent. »

Art. 14. « La disposition de l'article précédent « doit être appliquée avec plus de rigueur, 1° si « le dépositaire s'est offert lui-même pour recevoir « le dépôt ; 2° s'il a stipulé un salaire pour la « garde du dépôt ; 3° si le dépôt a été fait unique- « ment pour l'intérêt du dépositaire ; 4° s'il a été « convenu expressément que le dépositaire répon- « drait de toute espèce de faute. »

Art. 15. « Le dépositaire n'est tenu, en aucun « cas, des accidents de force majeure, à moins « qu'il n'ait été mis en demeure de restituer la « chose déposée. »

Art. 16. « Il ne peut se servir de la chose dépo- « sée sans la permission expresse ou présumée « du déposant. »

Art. 17. « Il ne doit point chercher à connaître « quelles sont les choses qui lui ont été déposées, « si elles lui ont été confiées dans un coffre fermé « ou sous une enveloppe cachetée. »

Art. 18. « Le dépositaire doit rendre identique- « ment la chose même qu'il a reçue.

« Ainsi le dépôt des sommes monnayées doit « être rendu dans les mêmes espèces qu'il a été « fait, soit dans le cas d'augmentation, soit dans « le cas de diminution de leur valeur. »

Art. 19. « Le dépositaire n'est tenu de rendre la « chose déposée que dans l'état où elle se trouve « au moment de la restitution. Les détériorations « qui ne sont pas survenues par son fait sont à « la charge du déposant. »

Art. 20. « Le dépositaire auquel la chose a été « enlevée par une force majeure, et qui a reçu un « prix ou quelque chose à la place, doit restituer « ce qu'il a reçu en échange. »

Art. 21. « L'héritier du dépositaire, qui a vendu « de bonne foi la chose dont il ignorait le dépôt, « n'est tenu que de rendre le prix qu'il a reçu, « ou de céder son action contre l'acheteur, s'il « n'a pas touché le prix. »

Art. 22. « Si la chose déposée a produit des « fruits qui aient été perçus par le dépositaire, il « est obligé de les restituer. Il ne doit aucun in- « térêt de l'argent déposé, si ce n'est du jour où « il a été mis en demeure de faire la restitution. »

Art. 23. « Le dépositaire ne doit restituer la « chose déposée qu'à celui qui la lui a confiée, « ou à celui au nom duquel le dépôt a été fait, « ou à celui qui a été indiqué pour le recevoir. »

Art. 24. « Il ne peut pas exiger de celui qui a « fait le dépôt la preuve qu'il était propriétaire « de la chose déposée.

« Néanmoins, s'il découvre que la chose a été « volée, et quel en est le véritable propriétaire, « il doit dénoncer à celui-ci le dépôt qui lui a « été fait, avec sommation de le réclamer dans « un délai déterminé et suffisant. Si celui auquel « la dénonciation a été faite néglige de réclamer « le dépôt, le dépositaire est valablement déchargé « par la tradition qu'il en fait à celui duquel il l'a « reçu. »

Art. 25. « En cas de mort naturelle ou civile « de la personne qui a fait le dépôt, la chose dé- « posée ne peut être rendue qu'à son héritier.

« S'il y a plusieurs héritiers, elle doit être ren- « due à chacun d'eux pour leur part et portion.

« Si la chose déposée est indivisible, les héri- « tiers doivent s'accorder entre eux pour la rece- « voir. »

Art. 26. « Si la personne qui a fait le dépôt a « changé d'état ; par exemple, si la femme, libre « au moment où le dépôt a été fait, s'est mariée « depuis et se trouve en puissance de mari ; si le « majeur déposant se trouve frappé d'interdic- « tion ; dans tous ces cas et autres de même na- « ture, le dépôt ne peut être restitué qu'à celui « qui a l'administration des droits et des biens du « déposant. »

Art. 27. « Si le dépôt a été fait par un tuteur, « par un mari ou par un administrateur, dans « l'une de ces qualités, il ne peut être restitué « qu'à la personne que ce tuteur, ce mari ou cet « administrateur représentaient, si leur gestion « ou leur administration est finie. »

Art. 28. « Si le contrat de dépôt désigne le lieu « dans lequel la restitution doit être faite, le dé- « positaire est tenu d'y porter la chose déposée. « S'il y a des frais de transport, ils sont à la charge « du déposant. »

Art. 29. « Si le contrat ne désigne point le lieu « de la restitution, elle doit être faite dans le lieu « même du dépôt. »

Art. 30. « Le dépôt doit être remis au déposant « aussitôt qu'il le réclame, lors même que le con- « trat aurait fixé un délai déterminé pour la res- « titution ; à moins qu'il n'existe, entre les mains « du dépositaire, une saisie-arrêt ou une opposi- « tion à la restitution et au déplacement de la « chose déposée. »

Art. 31. « Le dépositaire infidèle n'est point « admis au bénéfice de cession. »

Art. 32. « Toutes les obligations du dépositaire « cessent, s'il vient à découvrir et à prouver qu'il « est lui-même propriétaire de la chose dé- « posée. »

SECTION IV.
Des obligations de la personne par laquelle le dé- pôt a été fait.

Art. 33. « La personne qui a fait le dépôt est « tenue de rembourser au dépositaire les dépen- « ses qu'il a faites pour la conservation de la « chose déposée, et de l'indemniser de toutes les « pertes que le dépôt peut lui avoir occasionnées. »

Art. 34. « Le dépositaire peut retenir le dépôt « jusqu'à l'entier paiement de ce qui lui est dû « à raison du dépôt. »

SECTION V.
Du dépôt nécessaire.

Art. 35. « Le dépôt nécessaire est celui qui a « été forcé par quelque accident, tels qu'un in- « cendie, une ruine, un pillage, un naufrage, ou « autre événement imprévu. »

Art. 36. « La preuve par témoins peut être re- « çue pour le dépôt nécessaire, même quand il

« s'agit d'une valeur au-dessus de cent cinquante
« francs. »

Art. 37. « Le dépôt nécessaire est d'ailleurs régi
« par toutes les règles précédemment énoncées. »

Art. 38. « Les aubergistes ou hôteliers sont res-
« ponsables, comme dépositaires, des effets ap-
« portés par le voyageur qui loge chez eux : le
« dépôt de ces sortes d'effets doit être regardé
« comme un dépôt nécessaire. »

Art. 39. « Ils sont responsables du vol ou du
« dommage des effets du voyageur, soit que le
« vol ait été fait ou que le dommage ait été causé
« par les domestiques et préposés de l'hôtellerie,
« ou par des étrangers allant et venant dans l'hô-
« tellerie. »

Art. 40. « Ils ne sont pas responsables des vols
« faits avec force armée ou autre force majeure. »

CHAPITRE III.
Du séquestre.

SECTION PREMIÈRE.
Des diverses espèces de séquestres.

Art. 41. « Le séquestre est ou conventionnel ou
« judiciaire. »

SECTION II.
Du séquestre conventionnel.

Art. 42. « Le séquestre conventionnel est le dé-
« pôt fait par une ou plusieurs personnes, d'une
« chose contentieuse, entre les mains d'un tiers
« qui s'oblige de la rendre, après la contestation
« terminée, à la personne qui sera jugée devoir
« l'obtenir. »

Art. 43. « Le séquestre peut n'être pas gratuit. »

Art. 44. « Lorsqu'il est gratuit, il est soumis
« aux règles du dépôt proprement dit, sauf les
« différences ci-après énoncées. »

Art. 45. « Le séquestre peut avoir pour objet,
« non-seulement des effets mobiliers, mais même
« des immeubles. »

Art. 46. « Le dépositaire chargé du séquestre
« ne peut être déchargé, avant la contestation
« terminée, que du consentement de toutes les
« parties intéressées, ou pour une cause jugée lé-
« gitime. »

SECTION III.
Du séquestre ou du dépôt judiciaire.

Art. 47. « La justice peut ordonner le séquestre :
« 1° Des meubles saisis sur un débiteur ;
« 2° D'un immeuble ou d'une chose mobilière
« dont la propriété ou la possession est litigieuse
« entre deux ou plusieurs personnes;
« 3° Des choses qu'un débiteur offre pour sa
« libération. »

Art. 48. « L'établissement d'un gardien judi-
« ciaire produit, entre le saisissant et le gardien,
« des obligations réciproques. Le gardien doit
« apporter pour la conservation des effets saisis
« les soins d'un bon père de famille.

« Il doit les représenter, soit à la décharge du
« saisissant pour la vente, soit à la partie contre
« laquelle les exécutions ont été faites en cas de
« mainlevée de la saisie.

« L'obligation du saisissant consiste à payer au
« gardien le salaire fixé par la loi. »

Art. 49. « Le séquestre judiciaire est donné, soit
« à une personne dont les parties intéressées sont
« convenues entre elles, soit à une personne nom-
« mée d'office par le juge.

« Dans l'un et l'autre cas, celui auquel la chose
« a été confiée est soumis à toutes les obliga-
« tions qu'emporte le séquestre conventionnel. »

Le citoyen **Portalis**, d'après la conférence tenue avec le Tribunat, présente la rédaction définitive du titre XIX du livre III du projet de Code
civil, *des contrats aléatoires.*

Le Conseil l'adopte en ces termes :

Des contrats aléatoires.

Art. 1er. « Le contrat aléatoire est une conven-
« tion réciproque dont les effets, quant aux avan-
« tages et aux pertes, soit pour toutes les parties,
« soit pour l'une ou plusieurs d'entre elles, dé-
« pendent d'un événement incertain.

« Tels sont :
« Le contrat d'assurance,
« Le prêt à grosse aventure,
« Le jeu et le pari,
« Le contrat de rente viagère.

« Les deux premiers sont régis par les lois ma-
« ritimes. »

CHAPITRE PREMIER.
Du jeu et du pari.

Art. 2. « La loi n'accorde aucune action pour
« une dette du jeu ou pour le paiement d'un
« pari. »

Art. 3. « Les jeux propres à exercer au fait des
« armes, les courses à pied ou à cheval, les cour-
« ses de chariot, le jeu de paume et autres jeux
« de même nature qui tiennent à l'adresse et à
« l'exercice du corps, sont exceptés de la dispo-
« sition précédente.

« Néanmoins le tribunal peut rejeter la de-
« mande, quand la somme lui paraît excessive. »

Art. 4. « Dans aucun cas le perdant ne peut ré-
« péter ce qu'il a volontairement payé, à moins
« qu'il y ait eu, de la part du gagnant, dol, su-
« percherie ou escroquerie. »

CHAPITRE II.
Du contrat de rente viagère.

SECTION PREMIÈRE.
Des conditions requises pour la validité du contrat.

Art. 5. « La rente viagère peut être constituée à
« titre onéreux, moyennant une somme d'argent,
« ou pour une chose mobilière appréciable ou
« pour un immeuble. »

Art. 6. « Elle peut être aussi constituée, à titre
« purement gratuit, par donation entre-vifs ou
« par testament. Elle doit être alors revêtue des
« formes requises par la loi. »

Art. 7. « Dans le cas de l'article précédent, la
« rente viagère est réductible, si elle excède ce
« dont il est permis de disposer : elle est nulle, si
« elle est au profit d'une personne capable de re-
« cevoir. »

Art. 8. « La rente viagère peut être constituée,
« soit sur la tête de celui qui en fournit le prix,
« soit sur la tête d'un tiers qui n'a aucun droit
« d'en jouir. »

Art. 9. « Elle peut être constituée sur une ou
« plusieurs têtes. »

Art. 10. « Elle peut être constituée au profit
« d'un tiers, quoique le prix en soit fourni par
« une autre personne.

« Dans ce dernier cas, quoiqu'elle ait les carac-
« tères d'une libéralité, elle n'est point assujettie
« aux formes requises pour les donations, sauf les
« cas de réduction et de nullité énoncés dans
« l'article 7. »

Art. 11. « Tout contrat de rente viagère créée
« sur la tête d'une personne qui était morte au
« jour du contrat, ne produit aucun effet. »

Art. 12. « Il en est de même du contrat par le-

« quel la rente a été créée sur la tête d'une per-
« sonne atteinte de la maladie dont elle est décédée
« dans les vingt jours de la date du contrat. »

Art. 13. « La rente viagère peut être constituée
« au taux qu'il plaît aux parties contractantes de
« fixer. »

SECTION II.
Des effets du contrat entre les parties contractantes.

Art. 14. « Celui au profit duquel la rente viagère
« a été constituée moyennant un prix peut deman-
« der la résiliation du contrat, si le constituant
« ne lui donne pas les sûretés stipulées pour son
« exécution. »

Art. 15. « Le seul défaut de paiement des arré-
« rages de la rente n'autorise point celui en faveur
« de qui elle est constituée à demander le rem-
« boursement du capital, ou à rentrer dans le
« fonds par lui aliéné : il n'a que le droit de saisir
« et de faire vendre les biens de son débiteur, et
« de faire ordonner ou consentir, sur le produit
« de la vente, l'emploi d'une somme suffisante
« pour le service des arrérages. »

Art. 16. « Le constituant ne peut se libérer
« du paiement de la rente en offrant de rem-
« bourser le capital, et en renonçant à la répéti-
« tion des arrérages payés; il est tenu de servir
« la rente pendant toute la vie de la personne ou
« des personnes sur la tête desquelles la rente a
« été constituée, quelle que soit la durée de la
« vie de ces personnes, et quelque onéreux qu'ait
« pu devenir le service de la rente. »

Art. 17. « La rente viagère n'est acquise au
« propriétaire que dans la proportion du nombre
« de jours qu'il a vécu.

« Néanmoins, s'il a été convenu qu'elle serait
« payée d'avance, le terme qui a dû être payé
« est acquis du jour où le paiement a dû en être
« fait. »

Art. 18. « La rente viagère ne peut être stipulée
« insaisissable que lorsqu'elle a été constituée à
« titre gratuit. »

Art. 19. « La rente viagère ne s'éteint pas par
« la mort civile du propriétaire; le paiement doit
« en être continué pendant sa vie naturelle. »

Art. 20. « Le propriétaire d'une rente viagère
« n'en peut demander les arrérages qu'en justi-
« fiant de son existence, ou de celle de la per-
« sonne sur la tête de laquelle elle a été con-
« stituée. »

Le citoyen **Portalis**, nommé par le Premier
Consul, avec les citoyens **Fleurieu** et **Dauchy**,
pour présenter au Corps législatif, dans sa séance
du 7 ventôse, le titre XI du livre III du projet de
Code civil, de la vente, et pour le soutenir la
discussion dans sa séance du 15 du même mois,
dépose sur le bureau l'exposé des motifs de ce
projet.

Cet exposé a été ainsi conçu :

« Citoyens législateurs,

« Nous vous apportons un projet de loi sur le
contrat de vente.

« Ce projet est divisé en huit chapitres.

« Dans le premier on s'est occupé de la nature
et de la forme de la vente.

« Le second déclare quelles sont les personnes
qui peuvent acheter ou vendre.

« Le troisième est relatif aux choses qui peuvent être vendues.

« Dans les quatrième et cinquiè .
mine les obligations du vend
l'acheteur.

« On s'est occupé dans le
et de la résolution de la ¹

« Le septième a pour objet la licitation.

« Le transport des créances et autres droits incorporels est la matière du huitième et dernier
chapitre.

« Tel est le plan général du projet de loi.

CHAPITRE PREMIER.
De la nature et de la forme du contrat de vente.

« Les hommes ont des besoins réciproques ; de
là naissent les relations commerciales entre les
nations diverses et entre les individus de la
même nation.

« D'abord on ne connut pas l'usage de la monnaie ; on ne trafiqua que par échanges. C'est l'u-
nique commerce des peuples naissants.

« L'expérience découvrit bientôt les embarras,
et démontra l'insuffisance de ce genre de commerce ; car il arrivait souvent qu'un individu
qui avait besoin des marchandises d'un autre,
n'avait pas celles que celui-ci désirait acquérir
pour lui-même. Deux personnes qui traitaient
ensemble ne savaient comment se rapprocher,
ni comment solder leurs comptes respectifs. Les
difficultés que l'on rencontrait dans les communications entre particuliers existaient également
dans les communications entre les différents
peuples ; elles opposaient des obstacles journaliers à toutes les spéculations et à toutes les
entreprises.

« Les nations, éclairées par la nécessité, établirent une monnaie, c'est-à-dire un signe de
toutes les valeurs. Avec ce signe, les opérations
devinrent moins compliquées et plus rapides.
Ceux qui prenaient plus de marchandises qu'ils
ne pouvaient vendre, se soldaient ou payaient
l'excédant avec de l'argent. Dans ce nouvel ordre
de choses, on procéda presque toujours par vente
et par achat.

« Quand on connaît l'origine du contrat de vente,
on connaît sa nature.

« La vente est un contrat par lequel l'un s'oblige
à livrer une chose, et l'autre à la payer.

« Considérés dans leur substance, les contrats
appartiennent au droit naturel ; et en tout ce qui
regarde leur forme, ils appartiennent au droit
civil. En matière de vente, comme en toute autre
matière, c'est le consentement, c'est la foi qui fait
le contrat ; conséquemment, il existe une véritable
vente dès que les parties sont d'accord sur la
chose et sur le prix.

« Mais comment doit-il conster de cet accord,
pour qu'il puisse devenir obligatoire aux yeux de
la société ? Ici commence l'empire de la loi civile.

« Les jurisconsultes romains, plus frappés de
ce qui tient à la substance du contrat que de ce
qui peut garantir sa sûreté, pensaient qu'il était
libre au vendeur et à l'acheteur de traiter par parole ou par écrit.

« Parmi nous il a été un temps où l'on avait
presque perdu jusqu'au souvenir de l'usage de
l'écriture. Dans ce temps, on avait proclamé cet
adage qui nous a été conservé par quelques anciens
coutumiers : Témoins passent lettres. Dans les affaires publiques on plaçait des usages
ou des traditions plutôt que par des lois. Dans
les affaires privées, des paroles fugitives, recueillies par quelque affidé ou quelque voisin, faisaient
toute la sûreté des contrats.

« Les choses chau   ent quand l'instruction re-
ut. On vit   te autre maxime : Lettres
nt tém
    rdon;   ¹ et celle de 1667
                            ê par témoins en
                            n'y eût un com-

mencement de preuve par écrit, ou qu'il ne fût question d'une valeur infiniment modique. La vente ne fut pas distinguée des autres conventions.

« Le projet de loi suppose et consacre à cet égard les pr ncipes existants.

« Quand on parle de l'usage de l'écriture relativement aux différents actes, il faut distinguer les cas. Ordinairement l'écriture est exigée comme simple preuve de l'acte qu'il s'agit de constater; quelquefois elle est exigée comme une forme nécessaire à la solennité même de l'acte. Dans ce second cas, l'écriture n'est pas rédigé par écrit et dans la forme prescrite par la loi. Mais, dans le premier cas, l'écriture n'étant exigée que comme une simple preuve, la seule absence de l'écriture n'opère pas la nullité d'un acte dont il consterait d'ailleurs par d'autres preuves équivalentes et capables de rassurer le juge.

« L'ordonnance des *donations* voulait que toute donation entre-vifs fût rédigée par contrat public, à peine de nullité. Il est évident que dans cette espèce de contrat, l'écriture n'était pas simplement exigée pour la preuve de l'acte, mais pour sa solennité et sa validité, *non tantum ad probationem sed ad solemnitatem*.

« Quelques jurisconsultes, et entre autres l'auteur du *Traité des assurances*, enseignent que, dans le système de l'ordonnance de la marine, l'écriture est exigée comme une forme essentielle au contrat d'assurance (1).

« Dans la vente et dans les autres contrats ordinaires, l'écriture n'est exigée que comme preuve, *tantum ad probationem*. Ainsi une vente ne sera pas nulle par cela seul qu'elle n'aura pas été rédigée par écrit. Elle aura tout son effet s'il constate d'ailleurs de son existence. Il sera seulement vrai de dire, comme à l'égard des autres conventions, que la preuve par témoins n'en doit point être admise, s'il n'y a des commencements de preuve par écrit.

« L'écriture n'étant exigée dans la vente que pour la preuve de l'acte, le projet de loi laisse aux parties contractantes la liberté de faire leurs accords par actes *authentiques ou sous seing privé*.

« Il est de principe que l'on n'est pas moins lié par un acte que l'on rédige et que l'on signe soi-même, que par ceux qui se font en présence d'un officier public. Les derniers sont revêtus de plus d'authenticité; mais l'engagement que l'on contracte par les premiers n'est pas moins inviolable.

« Deux parties, en traitant ensemble sous seing privé, peuvent s'obliger à passer un contrat public à la première réquisition de l'une d'elles. L'acte sous seing privé n'est pas pour cela un simple projet; on promet seulement d'y ajouter une forme plus authentique; mais le fond du contrat demeure toujours indépendant de cette forme. On peut réaliser ou ne pas réaliser le vœu que l'on a exprimé de donner une plus grande publicité à la convention, sans que la substance des engagements pris puisse en être altérée.

« On a jugé constamment qu'une vente sous seing privé était obligatoire, quoique dans l'acte on se fût réservé de faire rédiger les accords en acte public, et que cette réserve n'eût jamais été réalisée. Toutes les fois qu'en pareil cas une partie a voulu se soustraire à ses engagements, elle a toujours été condamnée à les exécuter.

« La rédaction d'une vente privée en contrat

(1) Emérigon, *Traité des assurances*, page 26.

public ne peut être réputée essentielle, qu'autant qu'il aurait été déclaré par les parties que jusqu'à cette rédaction leur premier acte demeurerait aux termes d'un simple projet.

« On décide, dans le projet de loi, que la vente en général est *parfaite, quoique la chose vendue n'ait pas encore été livrée, et que le prix n'ait point été payé*.

« Dans les premiers âges, il fallait *tradition et occupation corporelle* pour consommer un transport de propriété. Nous trouvons dans la jurisprudence romaine une multitude de règles et de subtilités qui dérivent de ces premières idées.

« Nous citerons, entre autres, cette maxime : *Traditionibus et non pactis dominia rerum transferuntur*.

« Dans les principes de notre droit français, le contrat suffit, et ces principes sont à la fois plus conformes à la raison et plus favorables à la société.

« Distinguons le contrat en lui-même d'avec son exécution. Le contrat en lui-même est formé par la volonté des contractants. L'exécution suppose le contrat; mais elle n'est pas le contrat même.

« On est libre de prendre un engagement ou de ne pas le prendre; mais on n'est pas libre de l'exécuter ou de ne pas l'exécuter quand on l'a pris. Le premier devoir de toute personne qui s'engage est d'observer les pactes qu'elle a consentis, et d'être fidèle à la foi promise.

« Dans la vente, la délivrance de la chose vendue et le paiement du prix sont des actes qui viennent en exécution du contrat, qui en sont une conséquence nécessaire, qui en dérivent comme l'effet dérive de sa cause, et qui ne doivent pas être confondus avec le contrat.

« L'engagement est consommé dès que la foi est donnée. Il serait absurde que l'on fût autorisé à éluder ses obligations, en ne les exécutant pas.

« Le système du droit français est donc plus raisonnable que celui du droit romain; il a sa base dans les rapports de moralité qui doivent exister entre les hommes.

« Ce système est encore plus favorable au commerce. Il rend possible ce qui ne le serait pas si la tradition matérielle d'une chose vendue était nécessaire pour rendre la vente parfaite. Par la seule expression de notre volonté, nous acquérons pour nous-mêmes, et nous transportons à autrui toutes les choses qui peuvent être l'objet de nos conventions. Il s'opère par le contrat une sorte de tradition civile qui consomme le transport du droit, et qui nous donne action pour forcer la tradition réelle de la chose et le paiement du prix. Ainsi la volonté de l'homme, aidée de toute la puissance de la loi, franchit toutes les distances, surmonte tous les obstacles, et devient présente partout comme la chose même.

« La règle que la vente est parfaite, bien que la chose vendue ne soit point encore livrée, et que le prix n'ait point encore été payé, ne s'applique qu'aux ventes pures et simples, et non aux ventes conditionnelles ou subordonnées à quelque événement particulier. Il faut alors se diriger d'après la nature des conditions stipulées, et d'après les principes qui ont été établis à cet égard sur les conventions en général.

« Nous avons dit qu'il est de l'essence du contrat de vente que les parties soient d'accord sur la chose et sur le prix; mais comment cet accord pourrait-il exister, s'il n'était intervenu sur une chose déterminée et sur un prix certain?

« La nécessité de stipuler un prix certain

n'empêche pourtant pas qu'on ne puisse s'en rapporter à un tiers pour la fixation de ce prix. Mais la vente est nulle si ce tiers refuse la mission qu'on lui donne, ou s'il meurt avant de l'avoir remplie. Une des parties ne pourrait exiger qu'il fût remplacé par un autre.

« On dira peut-être que le prix n'est pas certain, quand on s'en rapporte à un tiers pour le fixer. Mais les parties contractantes peuvent convenir de tels pactes que bon leur semble, pourvu que ces pactes ne soient contraires, ni à l'ordre public, ni aux bonnes mœurs. Sans doute un prix, dont la fixation est soumise à l'arbitrage d'un tiers, n'est point encore certain ; mais il le deviendra après cette fixation, et la vente ne sera parfaite qu'autant que cette fixation aura eu lieu.

« De la nécessité de s'accorder sur une chose déterminée, il suit que, lorsque des marchandises ne sont pas vendues en bloc, mais au poids, au compte ou à la mesure, la vente n'en est point parfaite en ce sens que les choses vendues sont aux risques du vendeur jusqu'à ce qu'elles soient pesées, comptées ou mesurées : mais l'acheteur peut en demander ou la délivrance, ou des dommages-intérêts, s'il y a lieu, en cas d'inexécution de l'engagement ; car il y a au moins une obligation précise de vendre.

« À l'égard du *vin*, de l'*huile* et des autres choses que l'on est dans l'usage de goûter avant d'en faire l'achat, il n'y a pas de vente tant que l'acheteur ne les a pas goûtées et agréées, parce que, jusqu'à cette époque, il n'y a pas même un véritable consentement de sa part.

« La vente faite à l'essai est toujours présumée faite *sous une condition suspensive.*

« *La promesse de vendre vaut vente, lorsqu'il y a consentement réciproque des deux parties sur la chose et le prix.*

« On trouve effectivement, en pareil cas, tout ce qui est de la substance du *contrat de vente* (1).

« Dans l'usage on traite quelquefois en donnant et en recevant des arrhes. Si les arrhes tiennent à une convention qui en détermine l'effet, il faut suivre exactement cette convention. S'il n'y a point de convention expresse, alors, faute d'exécution du contrat de la part de l'acheteur, les arrhes sont perdues pour lui ; et faute d'exécution de la part du vendeur, celui-ci est tenu de rendre à l'acheteur le double des arrhes qu'il a reçues.

« Il est de droit commun et général que *les frais d'actes et autres frais accessoires à la vente sont à la charge de l'acheteur.*

CHAPITRE II.
Qui peut acheter ou vendre.

« Après avoir déterminé la nature et la forme du contrat de vente, on s'est occupé de ceux qui peuvent vendre et acheter.

« En thèse, la faculté de vendre et d'acheter appartient à tous ceux auxquels la loi ne l'interdit pas.

« Le projet soumis à votre examen restreint cette faculté entre époux. On a craint, avec raison, l'abus que le mari peut faire de son autorité, et celui qui aurait sa source dans l'influence que la femme peut se ménager par les douces affections qu'elle inspire.

« Ces motifs avaient déterminé la loi romaine et la plupart des coutumes à prohiber les donations entre-vifs, entre la femme et le mari, hors du contrat de mariage. Entre personnes si intimement unies, il serait bien à craindre que la

vente ne masquât presque toujours une donation.

« De plus, le mari est chef de la société conjugale : il est l'administrateur des intérêts communs ; la femme ne peut faire aucun acte sans son autorisation : pourrait-on se promettre que la même personne sût concilier l'intérêt exclusif et personnel du contractant avec la sage vigilance d'un protecteur ?

« Il répugne que l'on puisse être à la fois juge et partie : *Nemo potest esse œauctor in re sua.* Or, quand on autorise on est juge, et on est partie quand on traite. On peut, comme partie, chercher son bien propre et particulier ; comme autorisant, on ne doit travailler qu'au bien d'autrui.

« Le projet de loi reconnaît pourtant qu'il est des circonstances dans lesquelles il est permis entre époux de vendre et d'acheter. Ces circonstances sont celles où il a moins le caractère d'une vente proprement dite, que celui d'un paiement forcé ou d'un acte d'administration.

« Nous avons renouvelé la défense faite aux *tuteurs, mandataires, administrateurs et officiers publics, de se rendre adjudicataires par eux-mêmes, ou par personnes interposées, des biens qui* sont sous leur protection ou leur surveillance.

« Les raisons de sûreté et d'honnêteté publiques qui motivent ces défenses sont trop évidentes pour qu'il soit nécessaire de les développer.

« Dans l'ancienne Rome, les gouverneurs ne pouvaient rien acquérir dans l'étendue de leur gouvernement, et les magistrats ne pouvaient rien acquérir dans le ressort de leur juridiction. On voulait écarter d'eux jusqu'au soupçon de mêler des vues d'intérêt privé avec les grands intérêts publics confiés à leur sollicitude.

« Une novelle de Valentinien vint adoucir la rigueur de cette législation ; et cette novelle, d'après le témoignage de Cujas, a formé le droit de la France.

« Mais une foule d'arrêts intervenus en forme de règlements ont constamment prononcé la nullité des adjudications faites à des juges et à des administrateurs chargés par état de la surveillance des biens adjugés. Si l'on a cru que la condition des officiers publics ne doit pas être pire que celle des citoyens ordinaires, dans les choses étrangères au fait de leur administration, on a pensé aussi que le *titre public* de leur charge les soumet à de plus grandes précautions que les *personnes privées,* pour les mettre à couvert du soupçon d'abuser de leur autorité dans les occasions où ils ne peuvent et ne doivent se montrer que comme administrateurs ou comme magistrats.

« Les ordonnances ont toujours prohibé aux juges, à tous ceux qui exercent quelques fonctions de justice, ou quelque ministère près les tribunaux, de se rendre cessionnaires d'actions et de *droits litigieux qui sont ou peuvent être portés devant le tribunal dans le ressort duquel ils exercent leurs fonctions, à peine de nullité, dépens, dommages et intérêts.*

« Cette disposition est rappelée par le projet de loi ; elle est la sauvegarde des justiciables.

« Un juge est établi pour terminer les contestations des parties, et non pour en trafiquer. Il ne peut et il ne doit intervenir entre les citoyens que comme ministre des lois, et non comme l'agent des intérêts, de la haine et des passions des hommes. S'il descend l'honteusement de son tribunal, s'il abandonne le sacerdoce auguste qu'il exerce, pour échanger sa qualité d'officier de justice contre celle d'acheteur d'actions, il avilit le caractère honorable dont il ⟨est⟩ revêtu ; il menace, par le scandale ⟨…⟩ les ⟨…⟩ hostiles et intéressés, les

(1) *Cochin*, t. VI, page 160.

familles qu'il ne doit que rassurer par ses lumières et ses vertus : il cesse d'être magistrat : il n'est plus qu'oppresseur.

« La prohibition faite aux juges d'acheter des actions litigieuses n'est donc qu'une conséquence nécessaire des principes religieux qui veillent sur la sainteté de leur ministère. Il importe à la société que ceux par qui la justice doit être rendue puissent être respectés comme s'ils étaient la justice même.

CHAPITRE III.
Des choses qui peuvent être vendues.

« Toutes les choses qui s'offrent à nous dans la nature sont, ou commerçables, ou hors du commerce.

« Parmi les choses qui sont hors du commerce, il faut d'abord ranger celles qui ont été destinées par la Providence à demeurer communes, et qui ne pourraient cesser de l'être sans cesser d'être ce qu'elles sont. Ces choses ne sont point susceptibles de devenir l'objet d'une propriété privée, et ne peuvent appartenir, à titre de domaine proprement dit, à qui que ce soit, pas même à l'État, qui, selon le langage des jurisconsultes, n'en a que la simple *tuition*, et qui ne doit que garantir et protéger leur destination naturelle.

« La seconde classe des choses qui sont hors du commerce embrasse toutes celles qui sont actuellement consacrées à des usages publics, et qui, par cela seul, n'appartiennent à personne.

« Toutes ces choses ne peuvent devenir l'objet d'une vente.

« Il est encore des biens qui, quoique possédés à titre de domaine proprement dit, ne sont point dans le commerce, parce que la loi défend de les aliéner.

« De là vient que le projet de loi, en déclarant que *tout ce qui est* dans le commerce peut être vendu, ajoute : *lorsque des lois particulières n'en ont pas prohibé l'aliénation.*

« On ne peut sciemment acheter ni vendre la chose d'autrui : nous avons écarté, à cet égard, toutes les subtilités du droit romain. L'acte par lequel nous disposons de ce qui ne nous appartient pas ne saurait être obligatoire, si l'acquéreur a connu le vice de la chose vendue ; car dès lors cet acquéreur n'ignore pas qu'on ne peut céder ni transporter à autrui un droit qu'on n'a pas soi-même ; et il est contre toute raison et contre tous principes que deux parties puissent, avec connaissance de cause, disposer d'une propriété qui appartient à un tiers à l'insu duquel elles traitent.

« Les lois romaines proscrivaient la vente de la succession d'une personne vivante ; la jurisprudence française s'était conformée à la disposition des lois romaines : nous avons cru qu'il importait de conserver une maxime essentiellement bonne, et dictée par l'humanité même.

« Il est sans doute permis de traiter sur des choses incertaines, de vendre et d'acheter de simples espérances ; mais il faut que les incertitudes et les espérances qui sont à la matière du contrat, ne soient contraires ni aux sentiments de la nature, ni aux principes de l'honnêteté.

« Nous savons qu'il est des contrées où les idées de la saine morale ont été tellement obscurcies et étouffées par un vil esprit de commerce, qu'on y autorise les assurances sur la vie des hommes (1).

« Mais en France de pareilles conventions ont

toujours été prohibées. Nous en avons la preuve dans l'ordonnance de la marine de 1681, qui n'a fait que renouveler des défenses antérieures.

« L'homme est hors de prix : sa vie ne saurait être un objet de commerce ; sa mort ne peut devenir la matière d'une spéculation mercantile.

« Ces espèces de pactes sur la vie ou sur la mort d'un homme sont odieux, et ils peuvent n'être pas sans danger. La cupidité qui spécule sur les jours d'un citoyen est souvent bien voisine du crime qui peut les abréger.

« La vente de la succession d'une personne vivante est un contrat éventuel sur la vie de cette personne. Elle a donc tous les vices, tous les dangers qui ont fait proscrire le contrat d'assurance sur la vie des hommes ; elle en a de plus grands encore : elle nous offre le spectacle affligeant d'un parent, d'un proche assez dénaturé pour consulter, avec une sombre et avide curiosité, le livre obscur des destinées, pour fonder de honteuses combinaisons sur les tristes calculs d'une prescience criminelle, et, je ne crains pas de le dire, pour oser entr'ouvrir la tombe sous les pas d'un parent, d'un bienfaiteur peut-être.

« Une chose ne pouvant être vendue qu'autant qu'elle existe, la vente est nulle si, au moment du contrat, la chose vendue n'existe plus. S'il en reste quelque partie, l'acquéreur a le choix de renoncer à la vente, ou de réclamer la partie conservée, ou d'en faire déterminer le prix.

CHAPITRES IV ET V.
Des obligations du vendeur et de l'acheteur.

« Nous arrivons aux obligations qui naissent du contrat de vente.

« Les deux principales obligations du vendeur sont de délivrer la chose vendue et de la garantir.

« Le projet de loi détermine le mode de délivrance selon la nature des choses mobilières ou immobilières, corporelles ou incorporelles, qu'il s'agit de délivrer. Il fixe les droits de l'acquéreur dans les cas où le vendeur est en demeure de faire la délivrance. Il déclare que dans ces cas l'acquéreur a le choix de demander la résolution de la vente, ou la mise en possession de la chose vendue, avec dommages et intérêts pour le préjudice qu'il a souffert.

« Le vendeur n'est point réputé en demeure de faire la délivrance, si l'acquéreur est en demeure de payer le prix, ou si depuis la vente il est tombé en faillite, ou dans un état de décadence qui puisse sérieusement menacer la sûreté du prix.

« La chose vendue doit être délivrée en l'état où elle se trouve au moment de la vente, et avec tous ses accessoires. On range dans la classe des accessoires, tout ce qui était destiné d'une manière permanente à l'usage de la chose.

« On distingue dans les ventes d'immeubles faites avec déclaration de contenance, l'hypothèse où l'on a fixé le résultat de cette contenance à un nombre déterminé de mesures, en distribuant proportionnellement le prix sur chaque mesure, d'avec celle où la déclaration de contenance se trouve liée à la vente d'un ou de plusieurs corps certains, séparés ou unis, avec stipulation d'un prix général pour le tout.

« Dans la première hypothèse, il peut arriver de deux choses l'une, ou qu'il y ait un déficit dans la contenance déclarée, ou qu'il y ait un excédant. Y a-t-il un déficit ? L'acquéreur peut exiger que le vendeur complète la contenance portée par le contrat, ou se contenter d'une diminution proportionnelle dans le prix. Ce dernier parti est même forcé, si le vendeur est dans l'im-

---

(1) En Angleterre, par exemple. Voyez, Émérigon, *Traité des assurances.*

possibilité de remplir la contenance annoncée. Y a-t-il un excédant? cet excédant est-il d'un vingtième au-dessus de la contenance déclarée? L'acquéreur a le choix de fournir le supplément du prix ou de se désister de son achat.

« Dans l'hypothèse, au contraire, où la déclaration de contenance se trouve liée à la vente d'un ou de plusieurs corps certains, séparés ou unis, avec stipulation d'un prix général pour le tout, cette déclaration ne donne lieu à aucun supplément de prix en faveur du vendeur, pour l'excédant de contenance, ni en faveur de l'acquéreur, à aucune diminution de prix sous prétexte d'un *déficit*, à moins que le *déficit* ou l'excédant ne soit d'un vingtième en plus ou en moins, eu égard à la valeur totale des objets vendus.

« Il était essentiel de fixer d'une manière uniforme le degré d'importance que doit avoir l'*excédant* ou le *déficit* de contenance, pour fonder les droits respectifs du vendeur et de l'acquéreur. Les coutumes variaient sur ce point. Nous avons opté pour l'usage le plus universel.

« Nous avons déclaré que, dans les occurrences dont nous venons de parler, l'action en résiliation ou un supplément de prix ne doit durer qu'une année. Ce temps est suffisant pour reconnaître une erreur dans la vérification qui est possible à chaque instant. Un terme plus long jetterait trop d'incertitude dans les affaires de la vie.

« Indépendamment de l'obligation de délivrer fidèlement la chose vendue, le vendeur doit la garantir.

« Cette garantie a deux objets : le premier, d'assurer à l'acquéreur la paisible possession de la chose vendue ; le second, de lui répondre des défauts cachés ou des vices qui donnent lieu à l'action rédhibitoire.

« La garantie est de droit : elle dérive de la nature même du contrat de vente ; mais on peut convenir que le vendeur n'y sera point soumis : car il ne s'agit ici que d'un intérêt privé ; et en matière d'intérêt privé, chacun peut renoncer à son droit.

« Nous avons pourtant prévu le cas où l'événement qui ouvrirait l'action en *garantie* aurait sa source dans le propre fait du vendeur. Nous avons pensé avec tous les jurisconsultes que, dans un pareil cas, le pacte portant dispense de toute garantie ne pourrait être appliqué, et que même, si l'on stipulait que le vendeur ne serait pas tenu de répondre de son propre fait, une telle stipulation serait évidemment nulle comme contraire à la justice naturelle et aux bonnes mœurs.

« Le projet de loi détermine l'étendue de la garantie, soit en cas d'éviction, soit en cas de défauts ou de vices cachés dans la chose vendue. Nous n'entrerons point à cet égard dans des détails inutiles. On se convaincra, par la seule lecture du projet, qu'il ne fait que rappeler des maximes consacrées par la jurisprudence de tous les temps, et liées aux principes de l'éternelle équité.

« Si les principales obligations du vendeur sont de délivrer la chose vendue et de la garantir, la principale obligation de l'acquéreur est de payer le prix.

« L'acquéreur ne peut suspendre ce paiement qu'autant qu'il serait en péril d'être évincé. Un tel danger l'autorise à garder le prix ou à exiger une caution suffisante et solvable.

« Si l'acquéreur est en demeure de satisfaire à ses engagements, le vendeur est fondé à demander la résolution de la vente.

« Cette résolution doit être prononcée sans hésitation, dans le cas où le vendeur court le risque de perdre la chose et le prix. Un tel risque n'existant pas, le juge peut accorder à l'acquéreur un délai raisonnable pour se libérer. Une excessive rigueur dans l'administration de la justice aurait tous les caractères d'une tyrannique oppression : *Summum jus, summa injuria*. Le bien se trouve entre deux limites ; il finit toujours où l'excès commence.

« Quelquefois on convient que la vente sera résolue de plein droit, si l'acquéreur ne paie le prix dans un délai déterminé. On demande si, dans une telle situation, l'acquéreur peut utilement, après le délai, satisfaire à ses obligations. L'affirmative est incontestable, tant que l'acquéreur n'a pas été mis en demeure par une sommation. Dira-t-on qu'il était suffisamment averti par le contrat? Mais la rigueur du contrat pouvait être adoucie par la volonté de l'homme. Le silence du vendeur fait présumer son indulgence. Une sommation positive peut seule empêcher ou détruire cette présomption.

« Quand cette sommation a été faite, si l'acquéreur ne paie pas, le juge ne peut plus accorder de délai. Un délai accordé par le juge, en pareille circonstance, serait une infraction manifeste du contrat. L'équité du juge ne peut intervenir que quand la circonstance du non-paiement, dans le temps convenu, n'a pas été formellement présentée dans le contrat comme résolutoire de la vente ; car alors il reste quelque latitude à cette équité.

« Ce que nous venons de dire n'est relatif qu'à des ventes d'immeubles. S'il s'agit de denrées et d'effets mobiliers, la vente sera résolue de plein droit et sans sommation préalable, au profit du vendeur, après le délai dans lequel il était convenu que l'acheteur retirerait la chose vendue et en paierait le prix.

« Les raisons de différence entre les ventes d'immeubles et les ventes de denrées et d'effets mobiliers sont sensibles. Les denrées et les effets mobiliers ne circulent pas toujours dans le commerce avec le même avantage ; il y a une si grande variation dans le prix de ces objets, que le moindre retard peut souvent occasionner un préjudice irréparable. Les immeubles n'offrent pas les mêmes inconvénients.

« En développant les règles générales sur les obligations respectives du vendeur et de l'acheteur, nous n'avons rappelé que les principes qui appartiennent au droit commun, et qui ont été adoptés par les lois civiles et toutes les nations policées. Mais nous n'avons pas laissé oublier que les règles générales du droit qui ont été posées, peuvent être modifiées de mille manières par les conventions des parties. Le contrat est la véritable loi qu'il faut suivre, à moins que les pactes qu'il renferme ne soient vicieux en eux-mêmes, ou dans leurs rapports avec l'ordre public de l'État. Quand le contrat est clair, il faut en respecter la lettre ; s'il y a de l'obscurité et du doute, il faut opter pour ce qui paraît le plus conforme à l'intention des contractants. Les pactes dans lesquels cette intention n'est pas facile à découvrir, doivent être interprétés contre le vendeur, parce qu'il dépendait de lui d'exprimer plus clairement sa volonté.

CHAPITRE VI.
De la nullité et de la résolution de la vente.

« L'ordre naturel des idées nous a conduits à l'examen des moyens et des causes qui peuvent opérer la nullité ou la dissolution du contrat de vente. Nous n'avons pas dû rappeler les règles communes à tous les contrats, et qui ont été exposées dans des projets de loi que vous avez sanctionnés. Nous nous sommes attachés à celles qui sont particulières au contrat de vente.

« Il a toujours été permis de stipuler, dans une vente, la faculté de rachat. Cette faculté consiste dans la réserve que se fait le vendeur de reprendre la chose vendue, moyennant la restitution du prix et le remboursement de tout ce qui est de droit.

« Par l'exercice de cette faculté, la vente est résolue ou annulée.

« Nous avons cru, d'après l'ancienne jurisprudence, devoir autoriser la stipulation de la faculté de rachat. Ce pacte offre au citoyen ou au père de famille malheureux, des ressources dont il ne serait pas juste de le dépouiller. Avec la liberté de se réserver le rachat, on peut vendre pour se ménager un secours, sans perdre l'espérance de rentrer dans sa propriété.

« Mais autrefois la faculté de rachat pouvait être stipulée pour un temps très-long et même pour un temps illimité. Quand on la stipulait pour un temps illimité, elle n'était prescriptible que par le laps de trente ans.

« Dans le projet de loi, on limite à cinq ans l'action en rachat. On ne permet pas de stipuler la durée de cette action pendant un plus long terme.

« Le bien public ne comporte pas que l'on prolonge trop une incertitude qui ne peut que nuire à la culture et au commerce.

« Dans l'ancien régime, on distinguait, en matière de rachat, la prescription légale d'avec la prescription conventionnelle. La prescription légale se vérifiait lorsque la faculté de rachat, stipulée pour un temps illimité, n'était prescrite que par le laps de trente ans. La prescription conventionnelle se vérifiait, lorsque la faculté de rachat ayant été stipulée pendant un temps convenu entre les parties, le vendeur avait laissé passer ce temps sans exercer son droit. On pensait que dans l'hypothèse de la prescription légale l'action en rachat était éteinte par la seule force de cette prescription ; mais que dans le cas de la prescription conventionnelle, il était nécessaire que l'acquéreur obtînt contre le vendeur ou ses ayants cause un jugement de déchéance.

« Cette distinction ne nous a offert qu'une vaine subtilité. Est-il nécessaire de faire déchoir un vendeur d'une action qui n'existe plus ? Cette action, dont la durée avait été déterminée par le contrat, peut-elle se survivre à elle-même ? Pourquoi vouloir qu'une partie soit obligée de rapporter un jugement, quand sa sûreté est pleinement garantie par la convention ?

« Le projet de loi décide que l'action en rachat est éteinte de plein droit après le délai convenu, qui ne peut excéder cinq années.

« Le temps des cinq années court contre toute personne, même le mineur, sauf à ce dernier à exercer son recours contre qui de droit. Nous devons encore faire remarquer ici une différence entre l'ancienne jurisprudence et le projet de loi. L'ancienne jurisprudence, en distinguant la prescription légale d'avec la prescription conventionnelle, établissait que, quand le rachat ne s'éteignait que par la prescription légale, cette prescription ne courait pas contre les mineurs, et que le mineur ne pouvait être frappé que par la prescription conventionnelle.

« Il nous a paru que, dans tous les cas, la prescription soit légale, soit conventionnelle, doit courir contre toute personne sans exception.

« D'abord cette règle ne peut être douteuse dans aucun système, quand il s'agit de la prescription conventionnelle ; car, dans ce cas, il s'agit de l'exécution d'un pacte : or les pactes ne peuvent être que le résultat et l'ouvrage de la volonté. Il serait donc absurde qu'un acquéreur se trouvât soumis par un événement étranger au contrat, à une prorogation qu'il n'aurait ni voulue ni consentie. Quant à la prescription légale, elle serait acquise, dans le système du projet de loi, par le laps de cinq ans, puisque, par ce projet, l'action en rachat ne peut avoir une plus longue durée. Or une prescription de cinq ans est une prescription abrégée, qui ne saurait être régie comme les prescriptions ordinaires.

« Dans les prescriptions ordinaires, les lois ont plus en vue l'intérêt du propriétaire dépouillé que celui d'un simple possesseur ou d'un usurpateur ambitieux. De là vient qu'elles admettent, avec une grande faveur, dans ces sortes de prescriptions, tout ce qui peut en interrompre le cours.

« Dans les prescriptions abrégées, les lois, par quelques considérations majeures d'utilité publique, ont plus en vue l'intérêt de celui qui peut s'aider de la prescription que l'intérêt de la personne à laquelle la prescription peut être opposée. De là les mineurs mêmes sont frappés par les prescriptions abrégées, parce que les motifs de bien public qui ont fait réduire ces prescriptions à un moindre temps, luttent toujours avec avantage pour les personnes que les lois se proposent de secourir et de protéger.

« Le projet de loi, après avoir déterminé la durée de l'action en rachat, rappelle quelques règles connues sur la manière d'exercer cette action, et sur les obligations respectives du vendeur qui rentre dans sa propriété, et de l'acquéreur qui s'en dessaisit.

« Une question vraiment importante s'est élevée. Doit-on admettre la rescision du contrat de vente pour cause de lésion ?

« La loi 2, au code, *de rescindendâ venditione*, admet cette rescision lorsque la lésion est *d'outre moitié du juste prix.*

« Cette loi avait été adoptée en France, tant dans les pays de coutume que dans les pays de droit écrit.

« L'introduction du papier-monnaie pendant la Révolution eut une telle influence sur les opérations commerciales, et produisit une si grande mobilité dans la valeur relative de toutes choses, que l'action rescisoire pour cause de lésion parut incompatible avec les circonstances dans lesquelles on vivait.

« Les affaires prenant ensuite un cours plus réglé, on proposa de rétablir l'action rescisoire. Il y eut quelque diversité d'avis. On renvoya à statuer sur cet objet lorsqu'on s'occuperait de la rédaction d'un Code civil.

« Le moment est arrivé ; et il s'agit aujourd'hui de savoir si l'action rescisoire pour cause de lésion, sera ou ne sera pas consacrée par notre législation civile.

« En France, nos jurisconsultes ont été uniformes jusqu'ici sur la justice de cette action. Quelques auteurs étrangers, et entre autres des docteurs allemands, ont publié une doctrine contraire à celle de nos jurisconsultes. Parmi ces auteurs, il en est qui attaquent le principe même de l'action rescisoire, et qui soutiennent que la lésion, quelque énorme qu'elle soit, ne peut donner lieu à la rescision du contrat de vente. D'autres reconnaissent que le principe sur lequel on fonde l'action rescisoire est bon en soi, mais qu'il ne peut être réalisé dans la pratique sans entraîner des dangers et des abus de toute espèce.

« Quelques-uns, avec plus de science que de lumières, ont cherché à établir que la loi 2, au code, *de rescindendá venditione*, sur laquelle repose tout le système de l'action rescisoire pour cause de lésion, n'est pas l'ouvrage des empereurs auxquels on l'attribue ; que ce texte se trouve en contradiction avec toutes les lois romaines publiées dans le temps de la république, et avec d'autres lois faites par les empereurs même que l'on suppose auteurs de la loi dont il s'agit.

« Nous avons examiné la question sous les différents points de vue qu'elle présente.

« D'abord, nous avons écarté toutes les discussions de date et de chronologie. Quelle est la véritable époque de la promulgation de la loi 2, au code, *de rescindendá venditione?* Par quel prince a-t-elle été promulguée? Existe-t-il des lois contraires dans la vaste compilation du droit romain? Dans ce moment, toutes ces recherches sont plus curieuses qu'utiles. Nous savons que la loi 2, au code, *de rescindendá venditione*, est dans le recueil de *Justinien*, et qu'elle a été constamment suivie et respectée parmi nous et dans presque tous les États de l'Europe. Quel poids peuvent donc avoir des dissertations obscures, uniquement relatives à la date de cette loi, lorsque tant de siècles et tant de peuples ont rendu si solennellement hommage à la sagesse de ses dispositions ?

« Dire que dans les temps florissants de la république, on ne connaissait point à Rome l'action rescisoire pour cause de lésion, c'est proposer une observation inconcluante. Les lois n'ont été faites que successivement, selon les besoins et les circonstances. L'orateur romain remarque qu'il fut un temps où il n'existait aucune loi contre le parricide. Une loi naît ordinairement d'un abus qui se manifeste, et qu'il importe à la société de réprimer. Tant que les mœurs gouvernent, on a peu de lois. Les codes des nations se développent et s'étendent à mesure qu'on sent davantage le besoin de faire des lois pour corriger les mœurs. On a établi des lois contre le péculat, quand la fréquence de ce crime les a provoquées. On a vraisemblablement établi l'action rescisoire quand des surprises ou des fraudes jusque-là inouïes, ont averti le législateur qu'il était temps de ramener la bonne foi dans les ventes et les achats. Ainsi il serait absurde de chercher un préjugé contre la loi 2, au code, *de rescindendá venditione*, dans l'époque plus ou moins ancienne à laquelle cette loi peut avoir été publiée. Ceux qui croient avoir fait une découverte chronologique veulent tout rapporter à cette découverte, parce qu'on s'attache toujours fortement à ce que l'on sait le mieux. Mais le législateur et le jurisconsulte ont une tâche plus importante à remplir. Ils ne doivent pas se borner à recueillir et à concilier tout rapports épars ; ils doivent choisir, au milieu de toutes les idées et de toutes les maximes de législation qui ont été jetées dans le monde, celles qui se combinent le mieux avec les besoins de la société et le bonheur des hommes.

« En conséquence, laissant à l'écart tout ce qui est étranger au fond des choses, nous avons uniquement pesé les principes qui pouvaient éclairer notre détermination.

« Les auteurs qui attaquent l'action rescisoire pour cause de lésion jusque dans sa source, prétendent que le contrat fait tout ; que les hommes ne doivent pas être admis à revenir contre leur propre fait ; que la valeur des choses varie journellement ; qu'elle n'est souvent relative qu'à la situation et à la convenance des personnes qui vendent et qui achètent ; qu'il est impossible d'avoir une mesure fixe et commune ; qu'il serait conséquemment déraisonnable de supposer et de chercher un *juste prix* autre que celui qui a été convenu entre contractants.

« A Dieu ne plaise que nous voulions affaiblir le respect qui est dû à la foi des contrats. Mais il est des règles de justice qui sont antérieures aux contrats mêmes, et desquelles les contrats tirent leur principale force. Les idées du juste et de l'injuste ne sont pas l'unique résultat des conventions humaines. Elles ont précédé ces conventions, et elles doivent en diriger les pactes. De là, les jurisconsultes romains, et, après eux, toutes les nations policées, ont fondé la législation civile des contrats sur les règles immuables de l'équité naturelle.

« Or quelles sont ces règles ?

« Déjà, citoyens législateurs, vous les avez consacrées par vos suffrages.

« Vous avez proclamé la maxime qu'aucune obligation ne peut exister sans cause, qu'aucune obligation ne peut même exister sans une cause raisonnable et proportionnée. Quel est donc le sens, quelle est l'application de cette maxime ?

« Distinguons les contrats de bienfaisance d'avec les contrats intéressés. Pour la validité des uns et des autres, il faut sans doute une cause ; car la nécessité de la cause s'applique indéfiniment à toutes les obligations, à tous les contrats.

« Pour ce qui concerne les contrats de bienfaisance, la cause se trouve suffisamment dans le sentiment qui les produit. On n'a pas voulu priver les hommes du doux commerce des bienfaits.

« On peut examiner, relativement à ces sortes de contrats, si la cause est contraire aux bonnes mœurs, si elle est licite, ou si elle ne l'est pas ; mais on ne peut jamais exciper du défaut de cause, parce que la cause d'un acte de bienfaisance est toujours dans la bienfaisance même.

« Il en est autrement des contrats intéressés.

« La cause de ces sortes de contrats est, selon les jurisconsultes, l'intérêt ou l'avantage, qui est le motif et comme la raison de l'engagement.

« Il y a donc à examiner si cet intérêt, cet avantage, est réel ou imaginaire, s'il est proportionné, c'est-à-dire s'il y a un équilibre raisonnable entre ce que l'on donne et ce que l'on reçoit.

« Dans un contrat de vente, la cause de l'engagement est, pour le vendeur, d'échanger une chose quelconque contre de l'argent, et pour l'acquéreur, d'échanger son argent contre la chose qu'on lui transporte. Ce contrat a été rangé dans la classe des contrats commutatifs. On définit le contrat commutatif, celui par lequel on donne une chose pour en recevoir l'équivalent.

« De là vient le principe qu'il ne peut exister de vente, proprement dite, sans la stipulation d'un prix ; et puisque le prix doit être l'équivalent de la chose vendue, il faut que le prix réponde à la valeur de cette chose : s'il y a lésion, c'est-à-dire s'il n'y a point d'équilibre entre la chose et le prix, le contrat se trouve sans cause, ou du moins sans une cause raisonnable et suffisante à l'égard de la partie.

« Ainsi, l'action rescisoire pour cause de lésion a son fondement dans les maximes communes à tous les contrats, et elle est une conséquence im-

médiate, une conséquence nécessaire de la nature particulière du contrat de vente.

« Tout cela est bon en théorie, dit-on ; mais comment connaître dans la pratique que le prix stipulé dans un acte de vente est équivalent à la chose vendue ? Peut-on avoir une mesure connue et fixe ? La situation respective des parties, leur convenance, n'exigeraient-elles pas une mesure particulière pour chaque hypothèse, pour chaque contrat ?

« Pourquoi donc la convention ne serait-elle pas l'unique loi des parties, puisqu'elle est le plus sûr et même l'unique garant de leur désir et de leurs besoins réciproques ?

« La réponse à ces objections exige un certain développement.

« En général, la valeur de chaque chose n'est que l'estimation de son utilité.

« On appelle *prix* la portion ou la somme d'argent qui, comparée à cette valeur, est réputée lui être équivalente.

« On a toujours distingué le *juste prix* d'avec le prix conventionnel : on a eu raison ; car le prix conventionnel et le juste prix diffèrent souvent l'un de l'autre.

« Le prix conventionnel n'existe que par le fait même de la convention : il ne peut être que le résultat des rapports singuliers qui rapprochent les contractants. Le juste prix est déterminé par des rapports plus étendus, qui ne tiennent pas uniquement à la situation particulière dans laquelle deux contractants peuvent accidentellement se trouver.

« Le prix conventionnel n'est que l'ouvrage des volontés privées qui ont concouru à le fixer. Le juste prix est le résultat de l'opinion commune.

« Nous vivons en société. Tout ce qui forme la propriété parmi les hommes réunis dans la même patrie, dans la même cité, n'est pas tout à la fois dans le commerce. Les métaux ou les monnaies, qui sont les signes de la valeur des choses, ne circulent pas toujours en même quantité ; la concurrence des vendeurs et des acheteurs n'est pas constamment la même : tout cela dépend de la situation et des besoins variables de ceux qui se présentent pour vendre et pour acheter. Il est vrai néanmoins que la situation et les besoins de tous les vendeurs et de tous les acheteurs, ou du plus grand nombre, diffèrent peu, si on considère les choses et les hommes dans le même temps, dans le même lieu, et dans les mêmes circonstances ; or c'est de cette espèce de conformité de situation et de besoins que se forme, par l'opinion publique, une sorte de prix commun ou courant qui donne aux objets mobiliers ou immobiliers une valeur à peu près certaine tant que les mêmes circonstances subsistent. De là on voit journellement le prix des marchandises et des immeubles annoncé dans les feuilles périodiques de nos cités principales.

« Il y a donc pour chaque chose un juste prix qui est distinct et indépendant du prix conventionnel. Le prix conventionnel peut s'écarter et s'écarte réellement du juste prix, quand la cupidité d'une part, et la nécessité de l'autre deviennent la seule balance des pactes ou des accords arrêtés entre les parties qui traitent ensemble.

« On reconnaît si bien un juste prix indépendamment du prix conventionnel, que l'on confronte tous les jours le prix conventionnel avec le juste prix, pour savoir si un contrat auquel on donne le nom de *contrat de vente* en a véritablement les caractères et la nature. Ainsi on juge par la vileté du prix stipulé dans un acte, que

cet acte présenté comme une vente n'est qu'une donation déguisée. On juge encore, par la vileté du prix, que, sous la forme d'une vente faite avec faculté de rachat, on a voulu cacher un prêt sur gage. Enfin, c'est par la vileté du prix que l'on découvre si l'abandon d'un immeuble, sous la condition d'une rente viagère, présente un contrat onéreux ou une pure libéralité.

« Or si les lois présupposent l'existence d'un juste prix indépendamment du prix conventionnel, lorsqu'il s'agit de prononcer sur les questions que nous venons d'annoncer, comment pourrait-on méconnaître ce juste prix quand il s'agit de lésion ? La lésion n'est-elle pas une injustice inconciliable avec les principes d'équité et de réciprocité, qui doivent être l'âme de tous les contrats ? n'avons-nous pas démontré qu'elle choque l'essence même du contrat de vente ? Pourquoi donc voudrait-on renoncer à l'espoir de la découvrir et de la faire réparer ?

« La lésion en soi est odieuse et illicite. Déjà l'action rescisoire pour cause de lésion est admise, dans notre Code civil, comme un moyen légal de restitution ; car la lésion simple fait restituer les mineurs, et la loi déclare qu'ils ne sont point restitués comme mineurs, mais comme lésés : *Non tanquam minor, sed tanquam læsus*.

« Lorsque vous avez adopté la partie du Code qui concerne les successions, vous avez décrété, citoyens législateurs, que la lésion du tiers au quart suffit pour faire rescinder un acte de partage passé entre majeurs.

« En admettant, dans le projet de loi qui vous est aujourd'hui soumis, la lésion comme moyen de rescision contre le contrat de vente, nous n'avons donc fait qu'appliquer à ce contrat un principe récemment et solennellement consacré par vos suffrages.

« Les partisans du système contraire à celui du projet de loi remarquent qu'il y a une très-grande différence entre un acte de partage et un contrat de vente ; qu'un acte de partage exige une égalité plus parfaite entre les parties ; que, dans cette espèce d'acte, chacun doit exactement retirer ce qui lui appartient, tandis que, dans un contrat de vente, les contractants se livrent en quelque sorte à des spéculations purement volontaires, déterminées par le besoin ou par la convenance du moment ; d'où l'on conclut que des majeurs qui sont arbitres de leur fortune, et qui doivent savoir ce qu'ils font, sont peu recevables à se plaindre d'avoir été lésés. On ajoute que si l'action rescisoire pour cause de lésion pouvait être admise en matière de vente, il arriverait souvent que l'on viendrait au secours d'un vendeur qui, après s'être ménagé par son contrat un secours d'argent auquel il serait redevable du rétablissement de ses affaires, ne craindrait pas de revenir ensuite contre son propre fait, et de se jouer de la foi de ses engagements. De plus, les propriétés, dit-on, seraient trop incertaines ; il n'y aurait plus rien de fixe dans le commerce de la vie. L'intérêt public, la sûreté des contrats et des patrimoines, exigent donc qu'une vente ne puisse être rescindée pour cause de lésion.

« Ces objections sont visiblement dictées par l'esprit de système, qui ne considère jamais les choses avec une certaine étendue, et qui, dans ses observations, se jette ordinairement d'un seul côté, en perdant de vue tous les autres.

« Nous convenons qu'il y a de la différence entre un acte de partage et un contrat de vente ; il faut une égalité plus parfaite entre des copartageants qu'entre des individus qui vendent et qui achètent : mais cette différence n'a jamais été méconnue. Les lois qui ont admis l'action rescisoire dans les actes de partage et dans les contrats de vente n'ont exigé qu'une lésion du tiers au quart pour faire rescinder les actes de partage ; tandis qu'elles ont requis une lésion plus forte, telle, par exemple, qu'une lésion d'outre moitié du juste prix, pour faire rescinder un contrat de vente. Sans doute, il faut observer l'égalité dans les actes de partage : mais est-il un seul contrat dans lequel il soit permis de ne point garder la bonne foi ou de ne point observer la justice ?

« On ne cesse de répéter que les contrats de vente ne sont que des spéculations déterminées par le besoin ou par la convenance. Expliquons-nous une fois pour toutes sur ce point. Nous l'avons déjà dit : en matière de vente, on appelle en général besoin ou convenance du vendeur le besoin ordinaire que tout vendeur a de vendre pour avoir un argent qui lui convient mieux que sa marchandise ou son immeuble.

« On appelle besoin ou convenance de l'acheteur le besoin que tout acheteur a d'acheter, pour avoir un immeuble ou une marchandise qui lui convient mieux que son argent.

« Mais le désir immodéré de s'enrichir aux dépens d'autrui ne saurait être un besoin ni une convenance légitime pour personne.

« Il est sans doute naturel que l'on veuille vendre cher et acheter à bon marché : c'est ce que les lois civiles de toutes les nations reconnaissent lorsqu'elles déclarent qu'il est permis, jusqu'à un certain point, à un vendeur et à un acheteur, de se circonvenir mutuellement, *sese invicem circumvenire*, pour tirer le meilleur parti possible de leur position respective. Mais il ne faut pas étendre trop loin cette sorte de permission ou de tolérance.

« Le juste prix des choses ne réside pas dans un point indivisible ; il doit se présenter à nous avec une certaine latitude morale : deux choses, quoique de la même espèce, ne sont jamais absolument ni mathématiquement semblables. L'avantage que l'on peut retirer des mêmes choses n'est jamais exactement le même pour tout vendeur et pour tout acheteur ; il serait donc impossible de partir, pour la fixation du juste prix, d'une règle absolue et inflexible dans tous les cas : mais si l'on veut asseoir le règne de la justice, il ne faut pas que l'on puisse s'écarter trop considérablement de ce prix commun, qui est réglé par l'opinion, et qu'on appelle le juste prix, puisqu'il est le résultat équitable et indélibéré de toutes les volontés et de tous les intérêts.

« La lésion résulte de la différence qui existe entre le prix commun ou le juste prix, et le prix conventionnel.

« Toute lésion pratiquée sciemment est un acte d'injustice aux yeux de la morale, mais ne saurait être un moyen de restitution aux yeux de la loi. La vertu est l'objet de la morale. La loi a plus pour objet la paix que la vertu. Si la moindre lésion suffisait pour résoudre la vente, il y aurait parmi les hommes presqu'autant de procès qu'il se fait d'acquisitions. C'est pour éviter cet inconvénient général que les lois romaines avaient cru devoir fermer les yeux sur quelques inconvénients particuliers, et prendre une sorte de milieu entre les règles d'une justice trop exacte et les spéculations odieuses de la cupidité humaine.

« Ces lois avaient en conséquence abandonné à la liberté du commerce tout l'espace qui est entre le juste prix et la lésion d'outre moitié de ce juste prix, espace dans lequel le vendeur et

l'acheteur ont la faculté de se jouer. Dans le nouveau projet de loi, nous allons plus loin que les législateurs romains, nous exigeons que la lésion excède les sept douzièmes du juste prix ; mais il faut convenir que quand une lésion aussi énorme est constatée, on ne pourrait la tolérer sans renoncer à toute justice naturelle et civile.

« Il importe peu d'observer que l'on peut rencontrer des hypothèses dans lesquelles un vendeur qui n'aurait aucune ressource s'il ne vendait pas, trouve dans le modique prix qu'on lui donne un secours suffisant pour commencer sa fortune ou la rétablir. Ce sont là des circonstances extraordinaires sur lesquelles on ne saurait fonder un plan de législation. Le plus souvent un acquéreur avide abuse de la misère et de la triste situation de son vendeur pour obtenir à vil prix une propriété arrachée, pour ainsi dire, au malheur et au désespoir.

« Nous ajouterons que pour juger si un contrat est lésif, ou s'il ne l'est pas, il faut confronter le prix avec la chose, et non avec des circonstances accidentelles et fortuites, qui ne font pas partie du prix. La vente n'est point ordinairement un contrat aléatoire ; elle ne le devient que quand elle porte sur des choses incertaines, et alors l'action rescisoire pour cause de lésion n'a pas lieu : mais toutes les fois qu'une vente porte sur une chose déterminée, il serait absurde qu'au lieu de juger du prix stipulé pour la valeur de la chose vendue, on fût admis à exciper de circonstances singulières et extraordinaires, dont les suites sont incertaines et qui sont absolument étrangères au contrat.

« On prétend que des majeurs doivent savoir ce qu'ils font, qu'on ne doit point présumer qu'ils ont été lésés, et qu'ils ne doivent conséquemment pas pouvoir revenir contre la foi de leurs engagements, sous prétexte de lésion.

« A entendre cette objection, on dirait que des majeurs ne doivent jamais être écoutés quand ils se plaignent. Nous avons pourtant vu que dans le Code civil ils sont écoutés, même pour cause de lésion, quand ils se plaignent de l'inégalité qui s'est glissée dans un acte de partage.

« Dans tous les contrats, le dol, l'erreur, une crainte grave, sont, par la disposition précise de nos lois, des moyens légitimes et suffisants pour faire restituer les majeurs. Or la lésion, telle que le projet de loi la fixe, pour qu'elle puisse devenir un moyen de restitution, n'équivaut-elle pas au dol ? Les jurisconsultes romains appelaient la lésion *ultra-dimidiaire* un dol réel, *dolum re ipsâ*, c'est-à-dire un dol prouvé non par de simples présomptions, mais par la chose même.

« Nos jurisconsultes français n'ont pas tenu un autre langage [1]. *Dumoulin*, en parlant de celui qui est lésé d'outre moitié du juste prix, dit qu'on peut le regarder et qu'on doit même le regarder, par le fait seul d'une telle lésion, comme trompé, *deceptus ultra dimidiam partem*.

« Dans plusieurs textes du droit, la lésion ultra-dimidiaire est présentée plutôt comme une fraude que comme une simple lésion : *Non læsio, sed potius deceptio*.

« Ce serait donc évidemment autoriser le dol et la fraude que de refuser l'action rescisoire dans le cas d'une lésion aussi considérable que celle qui est énoncée dans le projet de loi, et qui est plus qu'ultradimidiaire.

« Au surplus, pourquoi le dol, l'erreur et la crainte, sont-ils des moyens de restitution pour les majeurs eux-mêmes ? C'est, entre autres raisons,

---

(1) *Dumoulin*, dans son traité *De usuris*.

parce que l'on présume qu'il n'intervient point un véritable consentement de la part de celui qui se trompe ou qui est trompé, *errantis aut decepti nullus est consensus.* Or peut-on dire que celui qui est énormément lésé aurait adhéré au contrat, s'il avait connu cette lésion, ou s'il avait été dans une situation assez libre pour ne pas la souffrir?

« Quels sont les effets ordinaires du dol, de l'erreur et de la crainte? En dernière analyse, ces effets aboutissent à une lésion que les lois veulent prévenir ou réparer, en protégeant les citoyens contre les diverses espèces de surprises qui peuvent être pratiquées à leur égard. Comment donc, dans quelque hypothèse que ce soit, les lois pourraient-elles voir avec indifférence un citoyen lésé au delà de toutes les bornes, et d'une manière qui constate évidemment quelque fraude ou quelque erreur?

« La majorité du contractant qui a été lésé empêche-t-elle qu'on n'assure à ce contractant l'action rédhibitoire pour les vices cachés de la chose vendue, une indemnité raisonnable pour les servitudes non apparentes qui lui auront été dissimulées, ou pour défaut de contenance qui sera d'un vingtième au-dessus ou au-dessous de la contenance annoncée dans l'acte de vente? Ne vient-on pas au secours d'un majeur dans toutes ces occurrences? Comment donc pourrait-on penser qu'un majeur qui souffre une lésion plus qu'ultra-dimidiaire n'a aucun droit à la vigilance et à la sollicitude des lois? Est-ce qu'on se montrerait plus jaloux de réparer un moindre mal qu'un mal plus grand?

« Nous savons qu'en général les majeurs sont présumés avoir toute la maturité convenable pour veiller sur leurs propres intérêts. Mais la raison dans chaque homme suit-elle toujours les progrès de l'âge? On est aujourd'hui majeur à vingt et un ans. Nous avons devancé à cet égard le terme qui avait été fixé par notre ancienne législation. Or, croit-on qu'un jeune homme de vingt et un ans soit, dans l'instant métaphysique où la loi déclare sa majorité, tout ce qu'il doit devenir un jour par l'habitude des affaires et par l'expérience du monde? Des majeurs peuvent être absents; ils sont alors obligés de s'en rapporter à un procureur fondé. D'autres sont vieux ou infirmes; on peut abuser de leur faiblesse pour surprendre leur bonne foi.

« Il en est qui peuvent être travaillés par quelque passion, et à qui l'on peut alors arracher des actes qui, selon le langage des jurisconsultes, ressemblent à la démence, *quasi non sanæ mentis.* Ne faut-il pas protéger les hommes non-seulement contre les autres, mais encore contre eux-mêmes?

« Tout majeur, quel qu'il soit, qui éprouve un dommage grave, n'est-il pas autorisé à en demander la réparation? Cela n'est-il pas dans le vœu de la nature, dans celui de toutes les lois?

« Mais, dit-on, si l'on donne aux majeurs l'action rescisoire pour cause de lésion, toutes les propriétés seront incertaines; il n'y aura plus de sûreté dans le commerce de la vie.

« Nous répondrons d'abord que cette objection ne prouve rien, ne fût-ce que parce qu'elle prouverait trop. Car, en lui donnant toute l'étendue dont elle serait susceptible, il faudrait proscrire toutes les actions en nullité, toutes celles qui pourraient être fondées sur le dol, l'erreur, la crainte, la violence; il faudrait proscrire généralement tous les moyens par lesquels on peut ébranler un contrat de vente, parce que tous ces moyens tendent à rendre la propriété plus ou moins incertaine dans les mains des acquéreurs.

« En second lieu, le projet de loi, en admettant l'action rescisoire pour cause de lésion, ne l'a admise que dans les ventes d'immeubles. Il déclare que la vente des effets mobiliers ne comporte point cette action. On conçoit que les fréquents déplacements des effets mobiliers, et l'extrême variation dans le prix de ces effets, rendraient impossible un système rescisoire pour cause de lésion dans la vente et l'achat de pareils objets, à moins qu'on ne voulût jeter un trouble universel dans toutes les relations commerciales, et qu'on ne voulût arrêter le cours des opérations journalières de la vie. Dans ces matières, il faut faire plus de cas de la liberté publique du commerce que de l'intérêt particulier de quelques citoyens. Il en est autrement des immeubles. Leur prix est plus constant, et leur circulation est certainement moins rapide. Des immeubles appartiennent longtemps au même propriétaire. Ils ne sortent guère des mains de celui qui les possède que par l'ordre des successions. Combien de familles dans lesquelles les diverses générations se partagent pendant longtemps le même patrimoine! on peut donc et on doit, quand il s'agit d'immeubles, se montrer plus occupé de réparer la lésion ou l'injustice que peut éprouver un citoyen, que de protéger la cupidité d'un autre.

« Dans l'ancien régime, on recevait l'action rescisoire, même pour les objets mobiliers, quand ces objets étaient précieux. Nous avons cru devoir écarter cette exception, qui pouvait apporter des gênes trop multipliées dans la circulation des effets mobiliers, et entraîner des discussions trop arbitraires pour savoir si un objet est plus ou moins précieux. Nous avons absolument borné l'action rescisoire à la vente des choses immobilières. Objectera-t-on que si l'action rescisoire, limitée à la vente d'immeubles, n'est point préjudiciable au commerce proprement dit, elle peut l'être à l'agriculture par l'espèce d'inaction dans laquelle se tient un nouveau propriétaire qui n'ose rien entreprendre quand il peut craindre d'être évincé?

« Nous répondrons qu'il était possible d'avoir ces craintes lorsque l'action rescisoire durait dix ans; mais le projet de loi ne lui donne plus que deux ans de durée, à compter du jour de la vente. Ce terme est assez long pour que l'action rescisoire puisse être utile à celui qui est en droit de l'exercer, et il est assez court pour que l'agriculture n'ait point à souffrir d'un délai qui, loin d'empêcher les entreprises du nouveau propriétaire, ne lui laisse que le temps convenable pour les préparer.

« Les écrivains, qui pensent que l'action rescisoire pour cause de lésion ne doit point être admise, se replient ensuite sur les prétendus dangers de la preuve à laquelle on est forcé de recourir pour constater la lésion.

« Mais quelle est donc cette preuve qui inspire tant d'inquiétudes? L'estimation par experts. Rien n'est moins sûr, dit-on, que cette estimation. On sait comment des experts opèrent; chaque partie a le sien. Un tiers est appelé, et l'opinion de ce tiers fait la loi. Ainsi les propriétés se trouvent à la disposition d'un seul homme.

« Avec des objections semblables, il n'y aurait de sûreté que pour les hommes injustes et méchants. S'agirait-il du dol personnel qui annule tous les contrats? On dirait que la plainte n'en doit point être reçue, parce que le dol personnel ne peut être constaté que par la preuve testimoniale, qui est la plus incertaine et la plus dangereuse de toutes les preuves. On renverserait bientôt tous les moyens de recours contre l'injus-

qui achètent : mais cette différence n'a jamais été méconnue. Les lois qui ont admis l'action rescisoire dans les actes de partage et dans les contrats de vente n'ont exigé qu'une lésion du tiers au quart pour faire rescinder les actes de partage ; tandis qu'elles ont requis une lésion plus forte, telle, par exemple, qu'une lésion d'outre moitié du juste prix, pour faire rescinder un contrat de vente. Sans doute, il faut observer l'égalité dans les actes de partage : mais est-il un seul contrat dans lequel il soit permis de ne point garder la bonne foi ou de ne point observer la justice ?

« On ne cesse de répéter que les contrats de vente ne sont que des spéculations déterminées par le besoin ou par la convenance. Expliquons-nous une fois pour toutes sur ce point. Nous l'avons déjà dit : en matière de vente, on appelle en général besoin ou convenance du vendeur le besoin ordinaire que tout vendeur a de vendre pour avoir un argent qui lui convient mieux que sa marchandise ou son immeuble.

« On appelle besoin ou convenance de l'acheteur le besoin que tout acheteur a d'acheter, pour avoir un immeuble ou une marchandise qui lui convient mieux que son argent.

« Mais le désir immodéré de s'enrichir aux dépens d'autrui ne saurait être un besoin ni une convenance légitime pour personne.

« Il est sans doute naturel que l'on veuille vendre cher et acheter à bon marché : c'est ce que les lois civiles de toutes les nations reconnaissent lorsqu'elles déclarent qu'il est permis, jusqu'à un certain point, à un vendeur et à un acheteur, de se circonvenir mutuellement, *sese invicem circumvenire*, pour tirer le meilleur parti possible de leur position respective. Mais il ne faut pas étendre trop loin cette sorte de permission ou de tolérance.

« Le juste prix des choses ne réside pas dans un point indivisible ; il doit se présenter à nous avec une certaine latitude morale : deux choses, quoique de la même espèce, ne sont jamais absolument ni mathématiquement semblables. L'avantage que l'on peut retirer des mêmes choses n'est jamais exactement le même pour tout vendeur et pour tout acheteur ; il serait donc impossible de partir, pour la fixation du juste prix, d'une règle absolue et inflexible dans tous les cas : mais si l'on veut asseoir le règne de la justice, il ne faut pas que l'on puisse s'écarter trop considérablement de ce prix commun, qui est réglé par l'opinion, et qu'on appelle le juste prix, puisqu'il est le résultat équitable et indélibéré de toutes les volontés et de tous les intérêts.

« La lésion résulte de la différence qui existe entre le prix commun ou le juste prix, et le prix conventionnel.

« Toute lésion pratiquée sciemment est un acte d'injustice aux yeux de la morale, mais ne saurait être un moyen de restitution aux yeux de la loi. La vertu est l'objet de la morale. La loi a plus pour objet la paix que la vertu. Si la moindre lésion suffisait pour résoudre la vente, il y aurait parmi les hommes presqu'autant de procès qu'il se fait d'acquisitions. C'est pour éviter cet inconvénient général que les lois romaines avaient cru devoir fermer les yeux sur quelques inconvénients particuliers, et prendre une sorte de milieu entre les règles d'une justice trop exacte et les spéculations odieuses de la cupidité humaine.

« Ces lois avaient en conséquence abandonné à la liberté du commerce tout l'espace qui est entre le juste prix et la lésion d'outre moitié de ce juste prix , espace dans lequel le vendeur et l'acheteur ont la faculté de se jouer. Dans le nouveau projet de loi, nous allons plus loin que les législateurs romains, nous exigeons que la lésion excède les sept douzièmes du juste prix ; mais il faut convenir que quand une lésion aussi énorme est constatée, on ne pourrait la tolérer sans renoncer à toute justice naturelle et civile.

« Il importe peu d'observer que l'on peut rencontrer des hypothèses dans lesquelles un vendeur qui n'aurait aucune ressource s'il ne vendait pas, trouve dans le modique prix qu'on lui donne un secours suffisant pour commencer sa fortune ou la rétablir. Ce sont là des circonstances extraordinaires sur lesquelles on ne saurait fonder un plan de législation. Le plus souvent un acquéreur avide abuse de la misère et de la triste situation de son vendeur pour obtenir à vil prix une propriété arrachée, pour ainsi dire, au malheur et au désespoir.

« Nous ajouterons que pour juger si un contrat est lésif, ou s'il ne l'est pas, il faut confronter le prix avec la chose, et non avec des circonstances accidentelles et fortuites, qui ne font pas partie du prix. La vente n'est point ordinairement un contrat aléatoire; elle ne le devient que quand elle porte sur des choses incertaines, et que l'action rescisoire pour cause de lésion n'a pas lieu : mais toutes les fois qu'une vente porte sur une chose déterminée, il serait absurde qu'au lieu de juger du prix stipulé pour la valeur de la chose vendue, on fût admis à exciper de circonstances singulières et extraordinaires, dont les suites sont incertaines et qui sont absolument étrangères au contrat.

« On prétend que des majeurs doivent savoir ce qu'ils font, qu'on ne doit point présumer qu'ils ont été lésés, et qu'ils ne doivent conséquemment pas pouvoir revenir contre la foi de leurs engagements, sous prétexte de lésion.

« À entendre cette objection, on dirait que des majeurs ne doivent jamais être écoutés quand ils se plaignent. Nous avons pourtant vu que dans le Code civil ils sont écoutés, même pour cause de lésion, quand ils se plaignent de l'inégalité qui s'est glissée dans un acte de partage.

« Dans tous les contrats, le dol, l'erreur, une crainte grave, sont, par la disposition précise de nos lois, des moyens légitimes et suffisants pour faire restituer les majeurs. Or la lésion, telle que le projet de loi la fixe, pour qu'elle puisse devenir un moyen de restitution, n'équivaut-elle pas au dol ? Les jurisconsultes romains appelaient la lésion *ultra-dimidiaire* un dol réel, *dolum re ipsâ*, c'est-à-dire un dol prouvé non par de simples présomptions, mais par la chose même.

« Nos jurisconsultes français n'ont pas tenu un autre langage (1). *Dumoulin*, en parlant de celui qui est lésé d'outre moitié du juste prix, dit qu'on peut le regarder et qu'on doit même le regarder, par le fait seul d'une telle lésion, comme trompé, *deceptus ultra dimidium partem*.

« Dans plusieurs textes du droit, la lésion ultradimidiaire est présentée plutôt comme une fraude que comme une simple lésion : *Non læsio, sed potius deceptio*.

« Ce serait donc évidemment autoriser le dol et la fraude que de refuser l'action rescisoire dans le cas d'une lésion aussi considérable que celle qui est énoncée dans le projet de loi, et qui est plus qu'ultradimidiaire.

« Au surplus, pourquoi le dol, l'erreur et la crainte, sont-ils des moyens de restitution pour les majeurs eux-mêmes ? C'est, entre autres raisons,

_____

(1) *Dumoulin*, dans son traité *De usuris*.

parce que l'on présume qu'il n'intervient point un véritable consentement de la part de celui qui se trompe ou qui est trompé, *errantis aut decepti nullus est consensus.* Or peut-on dire que celui qui est énormément lésé aurait adhéré au contrat, s'il avait connu cette lésion, ou s'il avait été dans une situation assez libre pour ne pas la souffrir ?

« Quels sont les effets ordinaires du dol, de l'erreur et de la crainte ? En dernière analyse, ces effets aboutissent à une lésion que les lois veulent prévenir ou réparer, en protégeant les citoyens contre les diverses espèces de surprises qui peuvent être pratiquées à leur égard. Comment donc, dans quelque hypothèse que ce soit, les lois pourraient-elles voir avec indifférence un citoyen lésé au delà de toutes les bornes, et d'une manière qui constate évidemment quelque fraude ou quelque erreur ?

« La majorité du contractant qui a été lésé empêche-t-elle qu'on n'assure à ce contractant l'action rédhibitoire pour les vices cachés de la chose vendue, une indemnité raisonnable pour les servitudes non apparentes qui lui auront été dissimulées, ou pour défaut de contenance qui sera d'un vingtième au-dessus ou au-dessous de la contenance annoncée dans l'acte de vente ? Ne vient-on pas au secours d'un majeur dans toutes ces occurrences ? Comment donc pourrait-on penser qu'un majeur qui souffre une lésion plus qu'ultra-dimidiaire n'a aucun droit à la vigilance et à la sollicitude des lois ? Est-ce qu'on se montrerait plus jaloux de réparer un moindre mal qu'un mal plus grand ?

« Nous savons qu'en général les majeurs sont présumés avoir toute la maturité convenable pour veiller sur leurs propres intérêts. Mais la raison dans chaque homme suit-elle toujours les progrès de l'âge ? On est aujourd'hui majeur à vingt et un ans. Nous avons devancé à cet égard le terme qui avait été fixé par notre ancienne législation. Or, croit-on qu'un jeune homme de vingt et un ans soit, dans l'instant métaphysique où la loi déclare sa majorité, tout à coup assez devenu en un jour par l'habitude des affaires et par l'expérience du monde ? Les majeurs peuvent être absents ; ils sont alors obligés de s'en rapporter à un procureur fondé. D'autres sont vieux ou infirmes ; on peut abuser de leur faiblesse pour surprendre leur bonne foi.

« Il en est qui peuvent être travaillés par quelque passion, et à qui l'on peut alors arracher des actes qui, selon le langage des jurisconsultes, ressemblent à la démence, *quasi non sanæ mentis.* Ne faut-il pas protéger les hommes non-seulement contre les autres, mais encore contre eux-mêmes ?

« Tout majeur, quel qu'il soit, qui éprouve un dommage grave, n'est-il pas autorisé à en demander la réparation ? Cela n'est-il pas dans le vœu de la nature, dans celui de toutes les lois ?

« Mais, dit-on, si l'on donne aux majeurs l'action rescisoire pour cause de lésion, toutes les propriétés seront incertaines ; il n'y aura plus de sûreté dans le commerce de la vie.

« Nous répondrons d'abord que cette objection ne prouve rien, ne fût-ce que parce qu'elle prouverait trop. Car, en lui donnant toute l'étendue dont elle serait susceptible, il faudrait proscrire toutes les actions en nullité, toutes celles qui pourraient être fondées sur le dol, l'erreur, la crainte, la violence ; il faudrait proscrire généralement tous les moyens par lesquels on peut ébranler un contrat de vente, parce que tous ces moyens tendent à rendre la propriété plus ou moins incertaine dans les mains des acquéreurs.

« En second lieu, le projet de loi, en admettant l'action rescisoire pour cause de lésion, ne l'a admise que dans les ventes d'immeubles. Il déclare que la vente des effets mobiliers ne comporte point cette action. On conçoit que les fréquents déplacements des effets mobiliers, et l'extrême variation dans le prix de ces effets, rendraient impossible un système rescisoire pour cause de lésion dans la vente et l'achat de pareils objets, à moins qu'on ne voulût jeter un trouble universel dans toutes les relations commerciales, et qu'on ne voulût arrêter le cours des opérations journalières de la vie. Dans ces matières, il faut faire plus de cas de la liberté publique du commerce que de l'intérêt particulier de quelques citoyens. Il en est autrement des immeubles. Leur prix est plus constant, et leur circulation est certainement moins rapide. Des immeubles appartiennent longtemps au même propriétaire. Ils ne sortent guère des mains de celui qui les possède que par l'ordre des successions. Combien de familles dans lesquelles les diverses générations se partagent pendant longtemps le même patrimoine ! on peut donc et on doit, quand il s'agit d'immeubles, se montrer plus occupé de réparer la lésion ou l'injustice que peut éprouver un citoyen, que de protéger la cupidité d'un autre.

« Dans l'ancien régime, on recevait l'action rescisoire, même pour les objets mobiliers, quand ces objets étaient précieux. Nous avons cru devoir écarter cette exception, qui pouvait apporter des gênes trop multipliées dans la circulation des effets mobiliers, et entraîner des discussions trop arbitraires pour savoir si un objet est plus ou moins précieux. Nous avons absolument borné l'action rescisoire à la vente des choses immobilières. Objectera-t-on que si l'action rescisoire, limitée à la vente d'immeubles, n'est point préjudiciable au commerce proprement dit, elle peut l'être à l'agriculture par l'espèce d'inaction dans laquelle se tient un nouveau propriétaire qui n'ose rien entreprendre quand il peut craindre d'être évincé ?

« Nous répondrons qu'il était possible d'avoir ces craintes lorsque l'action rescisoire durait dix ans ; mais le projet de loi ne lui donne plus que deux ans de durée, à compter du jour de la vente. Ce terme est assez long pour que l'action rescisoire puisse être utile à celui qui est en droit de l'exercer, et il est assez court pour que l'agriculture n'ait point à souffrir d'un délai qui, loin d'empêcher les entreprises du nouveau propriétaire, ne lui laisse que le temps convenable pour les préparer.

« Les écrivains, qui pensent que l'action rescisoire pour cause de lésion ne doit point être admise, se replient ensuite sur les prétendus dangers de la preuve à laquelle on est forcé de recourir pour constater la lésion.

« Mais quelle est donc cette preuve qui inspire tant d'inquiétudes ? L'estimation par experts. Rien n'est moins sûr, dit-on, que cette estimation. On sait comment des experts opèrent ; chaque partie a le sien. Un tiers est appelé, et l'opinion de ce tiers fait la loi. Ainsi les propriétés se trouvent à la disposition d'un seul homme.

« Avec des objections semblables, il n'y aurait de sûreté que pour les hommes injustes et méchants. S'agirait-il du dol personnel qui annule tous les contrats ? On dirait que la plainte n'en doit point être reçue, parce que le dol personnel ne peut être constaté que par la preuve testimoniale, qui est la plus incertaine et la plus dangereuse de toutes les preuves. On renverserait bientôt tous les moyens de recours contre l'injustice, on assurerait l'impunité de tous les crimes, faute de trouver une preuve qui pût rassurer suffisamment l'innocence.

« Heureusement il faut que les affaires marchent, et nous nous résignons par nécessité à chercher non un mieux idéal, mais le bien qui est possible et qui nous paraît présenter le moins d'imperfections et le moins d'inconvénients.

« La preuve par témoins a des dangers ; mais l'impunité des délits en aurait davantage. On a donc fait plus d'attention aux dangers de l'impunité qu'à ceux de la preuve testimoniale.

« Il serait sans doute à désirer que tout ce que l'on a intérêt de prouver pût être constaté par écrit ; mais la force des choses y résiste. L'écriture n'accompagne que les conventions ou les choses qui sont susceptibles d'une certaine publicité. Les coupables se cachent et n'écrivent pas. La preuve testimoniale est la preuve naturelle des faits. La déclaration d'experts est la preuve naturelle de tout ce qui requiert, dans certaines matières, le jugement ou l'opinion des gens de l'art.

« Dans les procès en lésion, les preuves littérales ne sont point exclues. On peut administrer des baux, des documents domestiques, des actes et d'autres titres qu'il serait inutile d'énumérer ; mais nous convenons que l'estimation par experts est la véritable preuve en pareille occurrence.

« Que peut-on craindre de cette preuve ? Elle est bien moins incertaine que celle par témoins. On n'a pour garant de la sincérité d'une déposition que la bonne foi et la mémoire de la personne qui dépose. Un témoin peut être corrompu ou suborné ; sa mémoire peut être infidèle. Les faits sur lesquels on rend ordinairement témoignage sont, pour la plupart, fugitifs ; ils ne laissent aucune trace après eux. Ainsi, en matière de preuve testimoniale, la nature des choses qui sont à prouver augmente les dangers de la preuve.

« Les mêmes inconvénients ne sauraient accompagner l'estimation par experts. Des experts sont des espèces de magistrats qui ont l'habitude de leurs fonctions, et qui ont besoin de conserver la confiance. Ils sont obligés de motiver leur décision : s'ils se trompent, ou s'ils veulent tromper, leur erreur ou leur fraude est à découvert. Ils ne peuvent s'égarer dans leurs opérations. Ayant à estimer s'il y a ou s'il n'y a pas lésion dans un contrat de vente, ils ont sous les yeux l'immeuble qui est l'objet de l'estimation, et ils peuvent confronter facilement le prix qui a été stipulé dans le contrat, et avec les circonstances qui établissent le juste prix et qui sont garanties par l'opinion commune, étayée de tout ce que les localités peuvent offrir d'instruction et de lumières. Rien de plus rassurant.

« La loi sur la propriété, que vous avez récemment décrétée, porte que quand on prendra le fonds d'un particulier pour cause d'utilité publique, on donnera à ce particulier une juste et préalable indemnité. Or ce sont des experts qui fixent cette juste indemnité par un rapport d'estimation.

« Tous les jours, pour un partage à faire dans une succession, ou pour la rescision d'un partage déjà fait, on a recours à l'estimation par experts, qui seule peut faire connaître la véritable valeur des immeubles qui seront ou qui ont été l'objet du partage.

« L'estimation par experts est encore d'un usage journalier dans les cas où l'on est évincé d'un immeuble, et où l'on demande le remboursement des améliorations qu'on y a faites.

« Nous ne finirions pas, si nous voulions énoncer toutes les hypothèses dans lesquelles l'intervention des experts est utile ou nécessaire.

« Pourquoi donc concevrait-on des alarmes sur les prétendus dangers de l'estimation par experts, lorsqu'il s'agit d'un procès de lésion, tandis qu'on n'aurait pas les mêmes inquiétudes pour ce genre de preuve dans les occasions multipliées où elle est d'un si grand usage ?

« Le projet de loi indique d'ailleurs toutes les précautions qui peuvent empêcher qu'on n'abuse de l'action rescisoire. Il exige une sorte de jugement préparatoire sur l'état des procès, c'est-à-dire sur le point de savoir si les circonstances apparentes présentent quelques doutes assez raisonnables pour faire désirer aux juges de recevoir de plus grands éclaircissements, et d'admettre le demandeur en rescision à tous les genres de preuves dont la matière peut être susceptible. On montre tant de respect pour la sainteté des contrats et pour la sûreté du commerce, qu'une question rescisoire est traitée avec la même circonspection que pourrait l'être une question d'État.

« On entoure ensuite la preuve de l'estimation par experts de toutes les formes qui peuvent nous rassurer sur l'intérêt de la justice et de la vérité. Les trois experts doivent être nommés à la fois ; ils doivent tous être choisis d'office par le juge, ou du commun accord des parties ; ils doivent opérer ensemble ; ils *sont tenus de dresser un seul procès-verbal commun, et de ne former qu'un seul avis à la pluralité des voix.*

« *S'il y a des avis différents , le procès-verbal en contiendra les motifs, sans qu'il soit permis de faire connaître de quel avis chaque expert a été.*

« Ainsi les experts se trouvent soumis , dans leurs opérations, aux mêmes règles et au même secret que les juges. Est-il donc possible d'offrir aux parties une plus forte garantie contre les abus réels ou imaginaires qu'elles pourraient redouter ?

« Dans l'ancienne jurisprudence, on doutait si l'action rescisoire pour cause de lésion devait compéter à l'acquéreur comme au vendeur, ou si elle ne devait compéter qu'au vendeur seul. Les cours souveraines s'étaient partagées sur cette question ; il y avait diversité d'arrêts. Le projet de loi déclare que le vendeur seul pourra exercer l'action rescisoire pour cause de lésion. On a cru avec raison que la situation de celui qui vend peut inspirer des inquiétudes toujours étrangères à la situation de celui qui acquiert. On peut vendre par besoin, par nécessité. Il serait affreux qu'un acquéreur avide pût profiter de la misère d'un homme ou de son état de détresse pour l'aider à consommer sa ruine, en cherchant à profiter de ses dépouilles. On ne peut avoir les mêmes craintes pour l'acquéreur. lui-même ; on n'est jamais forcé d'acquérir ; on est toujours présumé dans l'aisance quand on fait une acquisition.

« Quand un vendeur aura exercé l'action rescisoire pour cause de lésion, et quand cette action aura été accueillie, l'acquéreur aura le choix d'abandonner la chose ou de la garder, en fournissant un supplément de prix. Ce supplément consiste dans ce qui manquait pour arriver au juste prix ; il doit être payé sous la déduction du dixième du prix total.

« On voit aisément les motifs qui ont dicté ces deux dispositions.

« La première, qui donne à l'acquéreur le choix d'abandonner la chose ou de payer un supplément de prix, a existé dans tous les temps ; c'est un hommage rendu à la foi des contrats. Il a toujours été de maxime, quand un contrat n'est pas nul de plein droit, quand il n'est entaché que d'un vice réparable, qu'il faut laisser aux parties tous les moyens de remplir leurs engagements en réparant tout ce qui est vicieux ou injuste, et en respectant tout ce qui ne l'est pas.

« La seconde des dispositions que nous discutons et qui veut que l'acquéreur, s'il garde la chose, paie le supplément du juste prix sous la déduction du dixième du prix total, présente une décision nouvelle ; car autrefois il n'y avait point lieu à cette déduction : mais nous avons cru qu'elle est équitable, parce que l'estimation des experts n'étant pas susceptible d'une précision mathématique, on ne peut l'adopter avec une rigueur qui supposerait cette exactitude et cette précision.

« L'action rescisoire n'a pas lieu dans les ventes qui, d'après la loi, sont faites d'autorité de justice. Quand la justice intervient entre les hommes, elle écarte tout soupçon de surprise et de fraude. Elle leur garantit la plus grande sécurité.

« Au reste un vendeur ne peut d'avance renoncer par le contrat au droit de se plaindre de la lésion, même sous prétexte de faire don à l'acquéreur de la plus-value. Un tel pacte serait contraire aux bonnes mœurs. Il ne serait souvent que le fruit du dol et des pratiques d'un acquéreur injuste qui arracherait cette sorte de désistement prématuré à l'infortune et à la misère.

« De plus, autoriser dans les contrats de vente la renonciation à l'action rescisoire, c'eût été détruire cette action. Tout acquéreur eût exigé cette clause, et la loi n'eût prêté qu'un secours impuissant et illusoire au malheureux et à l'opprimé.

« Il résulte de tout ce que nous venons de dire que l'équité, que la saine morale ne permettaient pas de retrancher de notre Code civil l'action rescisoire pour cause de lésion.

« Vainement allèguerait-on que les lois à cet égard n'auront d'autre effet que de produire des procès sans prévenir les injustices. Nous convenons qu'il y aura toujours des injustices malgré les lois ; mais sans les lois les injustices n'auraient point de bornes. C'est mal juger des bons effets d'une loi que de ne s'occuper que du mal qu'elle réprime, sans s'occuper de celui qu'elle prévient. Il y a toujours des crimes à punir ; donc les lois n'empêchent pas toujours le crime. Mais n'opposez aucune digue au torrent des vices, des délits et des passions, et vous jugerez alors quelle est la force invisible que les lois exercent sur les actions des hommes.

« S'il était une fois permis de tromper impunément quand on contracte avec que l'on traite avec ses semblables ; si la lésion la plus énorme ne pouvait être utilement dénoncée, il n'y aurait plus de honte ni de pudeur dans les engagements publics : le plus fort ferait la loi au plus faible ; la morale, bannie de la législation, le serait bientôt de la société ; car, désabusons-nous, si quelquefois les mœurs suppléent les lois, plus souvent encore les lois suppléent les mœurs. La législation et la jurisprudence sont comme les canaux par lesquels les idées du juste et de l'injuste coulent dans toutes les classes de citoyens.

« Répétera-t-on que l'intérêt public exige qu'il n'y ait point d'incertitude dans les possessions et les propriétés légitimement acquises : mais l'intérêt public ne veut-il pas aussi qu'on ne soit point perfide et injuste dans la manière de les acquérir ?

« A ne parler même que d'après des principes non de morale, mais d'économie politique, quel est le véritable intérêt public et général ? Ne consiste-t-il pas à conserver un sage équilibre, à maintenir une juste proportion entre les choses et les signes qui les représentent ? Un État est dans la prospérité quand l'argent y représente bien toutes choses, et que toutes choses y représentent bien l'argent ; ce qui ne se vérifie que lorsqu'avec une telle valeur en immeubles ou en marchandise, l'on peut avoir, sitôt qu'on le désire, une valeur proportionnée ou équivalente en argent. Si les lois favorisent un acquéreur avide et injuste, les choses qui appartiennent au vendeur ne représentent pas bien l'argent, puisque celui-ci peut être dépouillé de tout en ne recevant pour les choses qu'il abandonne qu'un prix misérable et infiniment au-dessous de leur valeur.

« Nous avons donc cru qu'une loi qui rétablit l'action rescisoire pour cause de lésion est aussi favorable à la saine politique que conforme à la bonne morale. Les circonstances les plus impérieuses ne nous invitent-elles pas à faire rentrer le commerce dans le sein de la probité ?

CHAPITRE VII.
De la licitation.

« Après nous être occupés du contrat de vente en général, nous avons fixé notre attention sur un mode particulier de vente qu'on appelle licitation.

« La licitation a lieu lorsqu'il s'agit d'une chose commune à plusieurs, qu'il est impossible ou bien difficile de diviser, et que l'on est forcé de vendre, parce qu'aucun des copartageants ou des copropriétaires ne veut s'en accommoder en payant aux autres ce qui leur revient à chacun.

« Cette manière de vente se fait aux enchères. La chose est adjugée au copartageant, au copropriétaire ou à l'étranger qui a été reçu à enchérir. Le prix est partagé entre ceux qui ont droit à la chose.

« Chacun des copartageants ou des copropriétaires est autorisé à demander que des étrangers soient appelés à la licitation, pour qu'il y ait un plus grand concours d'offrants, et que l'on puisse tirer un meilleur parti de la chose qui est à vendre.

« Le concours des étrangers est indispensable s'il y a des mineurs intéressés.

« Les formalités à observer pour la licitation sont expliquées ailleurs.

CHAPITRE VIII.
Du transport des créances et autres droits incorporels.

« Indépendamment des choses mobilières et immobilières, il est une troisième espèce de biens, celle des créances et autres droits incorporels.

« Cette espèce de biens est de la création de l'homme ; elle est l'ouvrage de nos mains ; elle est dans le commerce comme tous les autres biens.

« Elle est conséquemment susceptible d'être vendue, cédée et transportée. Le projet de loi détermine le mode de délivrance et les cas de garantie. Il rappelle à cet égard des maximes trop connues pour que nous ayons besoin d'indiquer les motifs de sagesse et de justice sur lesquels elles sont appuyés.

« Par les lois romaines, le débiteur des droits, des actions ou des créances légitimes cédés à un tiers, avait le droit de racheter la cession et de se subroger au cessionnaire, en remboursant uniquement les sommes payées par ce dernier, avec les intérêts, à dater du jour du paiement.

« Cette disposition légale était dirigée contre ces hommes avides du bien d'autrui, qui achètent des actions ou des procès pour vexer le tiers ou pour s'enrichir à ses dépens.

« La jurisprudence française avait adopté en ce point le droit romain. Nous avons cru devoir consacrer par le projet de loi une jurisprudence que la raison et l'humanité nous invitaient à conserver.

« Nous avons en même temps indiqué les cas auxquels la règle qui vient d'être posée sera applicable. Ces cas sont tous ceux où l'on ne rapporte cession de quelque droit litigieux que pour se maintenir soi-même dans quelque droit acquis.

« Ainsi, la règle ne peut être appliquée lorsque la cession est rapportée par un cohéritier ou copropriétaire du droit cédé, par un créancier qui la prend en paiement de ce qui lui est dû, ou par le possesseur de la chose ou de l'héritage sujet au droit litigieux.

« Vous vous apercevez sans doute, citoyens législateurs, de l'attention que nous avons apportée à conserver de notre ancienne jurisprudence sur les contrats de vente, tout ce qui est juste et utile, et à modifier tout ce qui pouvait ne plus convenir aux circonstances présentes.

« Il ne suffit pas de faire de bonnes lois, il faut en faire de convenables.

« En sanctionnant le projet qui vous est soumis, vous aurez fixé les règles qui veillent sur les pactes, la forme et l'exécution du plus important de tous les contrats, de celui qui est l'âme de toutes nos relations commerciales. Il est dans toute législation civile des choses qui sont particulières au peuple pour qui cette législation est promulguée. Mais quand on proclame des maximes sur des objets qui appartiennent au code de tous les peuples, on travaille au bonheur de la société générale des hommes; on devient, pour ainsi dire, les législateurs du monde. »

LIVRE III.
TITRE XII.
DE L'ÉCHANGE.
Exposé des motifs.

Le citoyen **Bigot-Préameneu**, nommé par le Premier Consul, avec les citoyens **Lacuée** et **Fourcroy**, pour présenter au Corps législatif, dans sa séance du 8 ventôse, le titre XII du livre III du projet de Code civil, *de l'échange*, et pour en soutenir la discussion dans sa séance du 16 du même mois, dépose sur le bureau l'exposé des motifs de ce titre.

Cet exposé est ainsi conçu :

« Citoyens législateurs,

« Le plus ancien des contrats est l'échange. Si l'imagination pouvait se figurer les temps où le droit de propriété n'était pas encore établi, on verrait les hommes en prêtant des secours mutuels, l'un aidant l'autre de sa force, lorsque l'autre l'aidait de son adresse, et faisant ainsi l'échange des avantages qu'ils avaient reçus de la nature.

« Le droit de propriété ayant attribué à chacun exclusivement le produit de son travail, et la civilisation ayant multiplié avec les besoins les différents genres d'ouvrages, aucun n'a pu embrasser tous divers genres de travaux pour fournir aux sa propres besoins l'échange, le droit de propriété étant un voir établi, c'est à l'échange faut attribuer les premiers degrés et les progrès de la civilisation

« La multiplicité toujours croissante des échanges a fait rechercher les moyens de les rendre plus faciles : telle a été l'origine des monnaies, que tous les peuples ont prises pour un signe représentatif de la valeur de tous les travaux et de toutes les choses qui peuvent être dans le commerce.

« Les métaux qui servent de monnaie peuvent aussi être un objet direct d'échange, parce qu'ils ont par eux-mêmes une valeur intrinsèque fondée sur l'emploi qu'on en fait en bijoux ou en meubles, et encore plus sur le besoin qu'en ont tous les peuples pour en faire leurs monnaies. Lorsqu'à ce titre, et revêtus des empreintes qui servent de garantie au public, ils sont mis en circulation, on les considère moins comme marchandise que comme signe représentatif des valeurs et comme instrument d'échange ; et les transports de propriété qui se font ainsi pour de la monnaie, ont été dès les temps les plus reculés désignés par le nom de vente.

« Les échanges faits par le moyen des monnaies, et distingués sous le nom de vente, parurent aux législateurs romains d'une telle importance pour l'ordre social, qu'ils mirent le contrat de vente dans la classe des contrats *nommés*, à l'exécution desquels la loi contraignait les parties, et ils laissèrent les échanges au nombre des contrats *consensuels*, des simples pactes dont l'exécution fut d'abord livrée à la bonne foi des contractants, et pour lesquels il n'y eut ensuite, pendant plusieurs siècles, d'action civile que quand ils avaient été exécutés par l'une des parties.

« Ces divers effets, donnés par la jurisprudence romaine à la vente et à l'échange, ont fixé l'attention sur les différences dans la nature de ces contrats. Ces différences ne sont point essentielles, puisque des deux sectes entre lesquelles se divisaient les jurisconsultes, celle des Sabiniens soutenait que l'échange était un vrai contrat de vente. Il fut reconnu, par la loi 1re ff. *de contrah. emptione*, que l'échange ne doit point être confondu avec la vente ; que dans l'échange on ne peut pas distinguer celle des choses échangées qui est le prix, de celle qui est marchandise; au lieu que dans la vente, celui qui livre la marchandise est toujours, sous le nom de *vendeur*, distingué de celui qui, ne livrant que la monnaie ou le prix pécuniaire, est appelé *acheteur*. *Aliud est pretium, aliud merx quod in permutatione discerni non potest uter emptor, uter venditor sit.* L. I. ff. *de contrah. empt.*

« La vente et l'échange ne diffèrent pas seulement dans leur dénomination : ces contrats ont encore quelques effets qui ne sont pas les mêmes.

« Dans l'une et l'autre, les deux contractants sont obligés de livrer une chose; mais, dans l'exécution de cet engagement, il y a une différence entre la vente et l'échange.

« Dans la vente, celui qui achète doit livrer le prix consistant en une somme d'argent, et cette obligation a les effets suivants :

« Le premier, que toute chose pouvant se convertir en argent, il suffit qu'il soit possible à l'acheteur d'en réaliser le prix en vendant lui-même tout ce qu'il possède, pour que l'acheteur ait le droit de l'y contraindre.

« Le second effet est que la propriété de ce prix est transférée au vendeur par le seul fait du paiement, sans qu'il reste exposé à aucune éviction : *Emptor nummos venditori facere cogitur.* L. II, § 2. ff. *act. vend.*

« De son côté, le vendeur doit aussi livrer la chose vendue; mais lorsque c'est un corps certain et déterminé, il est possible que la propriété en soit avec fondement réclamée par une tierce personne ; le vendeur doit alors être garant, et l'obligation de transmettre cette propriété ne pouvant plus s'accomplir, il est tenu, par l'effet de la garantie, de restituer le prix, de rembourser les frais et de payer les dommages et intérêts.

« Dans l'échange, il s'agit d'objets mobiliers ou immobiliers qui sont à livrer de part et d'autre ; chaque contractant ne peut donc aussi être contraint de livrer la chose même dont il n'est pas propriétaire, et d'en maintenir la possession s'il l'a livrée. Mais alors, quelle est l'espèce de garantie que l'équité peut admettre ?

« L'objet déterminé, qui n'a été promis ou livré que pour un autre objet déterminé, ne peut pas être effectivement remplacé par une somme d'argent.

« Il est donc juste que si l'un des copermutants a déjà reçu la chose à lui donnée en échange, et s'il prouve ensuite que l'autre contractant n'est pas propriétaire de cette chose, il ne puisse être forcé à livrer celle qu'il a promise en contre-échange, mais seulement à rendre celle qu'il a reçue. Il est également juste que celui qui est évincé de la chose qu'il a reçue en échange ait le choix de conclure à des dommages et intérêts, ou de répéter sa chose.

« La rescision pour cause de lésion a été admise dans le contrat de vente d'immeubles au profit du vendeur. Il était nécessaire de maintenir une règle dictée par des sentiments d'humanité ; c'est le moyen d'empêcher que la cupidité n'abuse du besoin qui, le plus souvent, force le vendeur à ces aliénations.

« Ce genre de réclamation n'a point été admis au profit de l'acheteur : c'est toujours volontairement qu'il contracte. S'il donne un prix plus considérable que la valeur réelle, on peut présumer que c'est par des considérations de convenance que lui seul pouvait apprécier ; qu'ainsi le contrat doit à cet égard faire la loi.

« Les motifs qui ont fait rejeter à l'égard de l'acheteur l'action en rescision de vente d'immeubles pour cause de lésion, l'ont aussi fait exclure dans le contrat d'échange. C'est également l'effet de la volonté libre et de la convenance des copermutans. Chacun d'eux est d'ailleurs à la fois vendeur et acquéreur. Il y aurait donc contradiction si, dans le contrat d'échange, l'action dont il s'agit était admise, lorsque dans le contrat de vente elle n'a point été accordée à l'acheteur.

« Telles sont les observations particulières dont le contrat d'échange est susceptible : on doit d'ailleurs lui appliquer toutes les règles prescrites par le contrat de vente.

Le citoyen **Gally**, nommé par le Premier Consul avec les citoyens **Treilhard** et **Bérenger**, pour présenter au Corps législatif, dans sa séance du 9 ventôse, le titre XIII du livre III du projet, de Code civil, du louage, et pour en soutenir la discussion dans sa séance du 16 du même mois, dépose sur le bureau l'exposé des motifs de ce titre.

Cet exposé est ainsi conçu :

« Citoyens législateurs,

« Le Gouvernement vous a présenté, pour être converti en loi, le titre de la vente ;

« Celui du louage, que l'on vous soumet aujourd'hui, lui ressemble beaucoup, et la différence qu'il y a entre eux n'empêche pas qu'ils aient aussi de grands rapports.

« Le premier contrat que firent les hommes fut celui de l'échange(1).

« Le second fut celui de la vente : Orige emendi vendendique à permutationibus cœpit, dit le texte dans la loi première, ff. De contrahend, empt.

« C'est par l'invention de la monnaie que l'usage de la vente s'est introduit (2). Or il est probable que le contrat de louage a suivi immédiatement celui de la vente.

« Les anciens jurisconsultes locationem sœpe venditionem appellarunt et conductorem emptorem ; et cela propter vicinitatem emptionis et locationis : c'est entre autres Cujas qui nous l'observe (3).

« De là il résulte que plusieurs règles sont communes à l'un et à l'autre des deux contrats.

« Nous en avons un exemple dans la loi 39, ff. de Pactis, ibi : veteribus placet pactionem obscuram vel ambiguam venditori, et qui locavit nocere. En voici la raison : parce qu'il est au pouvoir, soit du vendeur, soit du locateur, legem apertiùs conscribere (4).

« Le contrat de louage doit être envisagé comme très-utile à l'agriculture. Tel a une métairie qui depuis quelque temps est fort dégradée ; tel autre un héritage qui pourrait être amélioré par des canaux, par des aplanissements ; tel pourrait en augmenter les revenus au moyen de quelques défrichements ou d'autres variations : mais comment pourrait-il se livrer à ces travaux, s'il n'a pas de fonds suffisants ? Un contrat de louage, un fermier, mettent le propriétaire dans le cas de remplir ses vues. D'après ces réflexions, je ne puis comprendre qu'il puisse y avoir une opinion contraire. Un ancien philosophe (5) disait fort bien : Pauca admodùm sunt sine adversario.

« Mais, quoi qu'il en soit de cette question, examinons la matière et ce dont il s'agit ; voyons quels en furent les principes et les bases.

« La plus grande partie des dispositions de ce titre appartiennent à la substance et à la nature du contrat de louage, et ne sont appuyées que sur les règles générales du droit écrit, du droit commun, enfin sur les principes de cette philosophie qui est l'âme et la source de la jurisprudence.

« Je me resserrerai donc dans des bornes plus étroites, et je ne vous occuperai que de matières les plus importantes, ou les plus douteuses, et susceptibles de discussion.

« Les six premiers articles ne consistent que dans la division de plusieurs sortes de louages, dans leurs définitions et dans d'autres matières de toute évidence.

« Le seul consentement sur la chose qui est louée et sur le prix, fait le louage (6) ; il peut donc se faire par écrit, ou verbalement, comme il est dit dans l'article 7 : car les actes qui en sont dressés soit sous signature privée, soit pardevant notaires, ne sont dressés que pour servir la preuve du contrat, ou pour acquérir des droits d'hypothèque et d'exécution (7).

L'article 8 porte : « Si le bail sans écrit n'a « encore reçu aucune exécution, et que l'une des « parties le nie, la preuve ne peut être reçue par « témoins, quelque modique qu'en soit le prix, et

---

(1) Domat, Lois civiles, page 26, colonne 2, édition de Paris, 1771.
(2) Idem, page 44.
(3) Ad. LL. 19 et 28, ff. de Actionibus empt.
(4) Domat, page 48.
(5) Senec. natural. Aquœst. lib. 5.
(6) Pothier, du Louage, page 3, édition d'Orléans, 1771.
(7) Idem, pages 34, 38 et 30.

« quoiqu'on allègue qu'il y a eu des arrhes données.

« Le serment peut seulement être déféré à celui « qui nie le bail. »

« Cet article, tel qu'il est conçu, évite bien des procès sans que l'intérêt d'aucun y soit lésé, puisqu'il est dans l'hypothèse que le bail n'aura pas encore eu d'exécution.

« L'article 10 déclare que « le preneur (1) a le « droit de sous-louer, et même de céder son bail « à un autre, si cette faculté ne lui a pas été in- « terdite. »

« La loi romaine nous l'avait déjà dit : *nemo prohibetur rem quam conduxit fruenda~ · care, si nihil aliud conve~~·~ ~, atii lo- « L'article 1~ ~~~~(2).

« ~ ~~... porte que « le bailleur (3) doit faire « ~endant la durée du bail toutes les réparations « qui peuvent devenir nécessaires, autres que les « *locatives.* »

« Notez, *autres que les locatives;* car il y a certaines menues réparations qu'on appelle *locatives,* dont l'usage a chargé les locataires des maisons (4).

« Dans le cas de réparations urgentes durant le bail, il est dit, article 17, que « si elles durent « plus de quarante jours, le prix du bail sera di- « minué à proportion du temps et de la partie de « la chose louée dont le preneur aura été privé. »

« La fixation du terme ne permettra plus aux parties de s'entraîner dans des questions peut-être de peu d'importance, mais qui toujours ont des suites très-dispendieuses.

« L'article 29 porte que « si le bail a été fait sans « écrit, l'une des parties ne pourra donner congé « à l'autre qu'en observant les détails fixés par « l'usage des lieux. »

« On a respecté dans cet titre, comme dans tous les autres, les usages des lieux : *Inveterata consuetudo pro lege custoditur, et hoc est jus quod dicitur moribus constitutum.* L. 32. § 1er ff. de *Legibus.*

« Il est bon de remarquer que la loi romaine les respectait également en matière de louage. L. 19, Cod. Loc. (5).

« L'article 33 porte que « la caution donnée par « le bail ne s'étend pas aux obligations résultant « de la prolongation. »

« Rien de plus de juste, parce que l'obligation de la caution est censée fixée au temps du bail, et non à une prolongation à laquelle celui qui s'est rendu garant n'aurait eu aucune part, et à laquelle il n'aurait point acquiescé (6).

« Cette disposition doit paraître d'autant plus sage qu'elle est aussi appuyée sur la maxime constante, que *fidejussores in leviorem causam accipi possunt, in duriorem non possunt* (7).

« La maxime du droit romain *emptorem fundi necesse non est stare colono cui prior dominus locavit, nisi eâ lege emit,* L. 9 Cod. (8), a été très-judicieusement rejetée dans l'article 36, puisqu'il y est dit : « Si le bailleur vend la chose louée, « l'acquéreur ne peut expulser le fermier ou le « locataire qui a un bail authentique ou dont la « date est certaine, à moins qu'il ne se soit ré- « servé ce droit par le contrat de bail.

« Cette loi *emptorem fundi* avait bien son motif; mais ce n'était après tout qu'une subtilité (1). L'acquéreur, disait-on, n'étant que successeur à titre singulier, ne doit pas, comme le successeur à titre universel, être tenu des engagements personnels de son auteur (2).

« Par l'article du projet, combien de contestations ne va-t-on pas écarter, surtout dans ces pays où l'on fait à cet égard une foule de distinctions entre les locations verbales et celles faites par instru~~·~ ~~~ent; entre l'écriture privée ayant ou non hypothèque et clause de *constitus;* entre hypothèque générale et hypothèque spéciale (3), etc.?

« En outre, que d'altercations, que de débats n'y a-t-il pas aussi entre le vendeur et le fermier pour le plus ou le moins d'indemnité qui peut être dû à ce dernier?

« Les articles 37 à 40 terminent une foule de difficultés.

« Il y est dit : « S'il a été convenu, lors du « bail, qu'en cas de vente l'acquéreur pourrait « expulser le fermier ou locataire, et qu'il n'ait été « fait aucune stipulation sur les dommages et in- « térêts, le bailleur est tenu d'indemniser le fermier « ou locataire de la manière suivante :

« S'il s'agit d'une maison, appartement ou bou- « tique, le bailleur paie, à titre de dommages et « intérêts, au locataire évincé, une somme égale « au prix du loyer, pendant le temps qui, suivant « l'usage des lieux, est accordé entre le congé et « la sortie.

« S'il s'agit de biens ruraux, l'indemnité que « le bailleur doit payer au fermier est du tiers « du prix du bail, pour tout le temps qui reste à « courir.

« L'indemnité se réglera par experts, s'il s'agit « de manufactures, usines, ou autres établisse- « ments qui exigent de grandes avances. »

« L'article 42 porte que « les fermiers ou les « locataires ne peuvent être expulsés qu'ils ne « soient payés par le bailleur, ou, à son défaut, « par le nouvel acquéreur, des dommages et in- « térêts et de toutes les autres reprises qu'ils « peuvent avoir. »

« C'est ici une autre disposition bien équitable; car l'objet principal de l'indemnité du fermier ou locataire est précisément celui de ne pas être expulsé qu'il ne soit payé.

« L'article 47 dit que les réparations locatives sont à la charge du locataire; il explique ensuite que ces réparations locatives sont celles désignées comme telles par l'usage des lieux.

« À l'article 49, il est statué que « le curement « des puits doit être à la charge du bailleur. »

« Cela doit être ainsi (4); car, dans une maison où il y aurait beaucoup de locataires, cet ouvrage ne se ferait pas ou serait mal fait, ou pour le moins très-retardé, s'il dépendait du fait de plusieurs locataires, que l'humeur, la fortune et les circonstances empêcheraient de s'accorder entre eux.

« Il est statué, par l'article 54, que « le bailleur « ne peut résoudre la location, encore qu'il dé-

---

(1) Preneur, soit *conducteur,* Domat, titre IV, *du Louage,* pages 2 et 44, colonne 2, édition de Paris, 1771.

(2) L. 16. C. de *Locato.* L. 60, ff. *eodem.*

(3) Bailleur, soit *locateur,* Domat, titre IV, *du Louage,* page 44.

(4) Selon ce que dit *Pothier,* page 176.

(5) Voyez aussi *Pothier,* page 268.

(6) Domat, *du Louage,* titre IV, section IV, § IX, page 49.

(7) L. 8, ff VII, VIII et IX, L. 34, ff, *Fidejussoribus,* § V. *Inst. Cod.* tit.

(8) *Pothier,* pages 228 à 231.

(1) Aussi ce n'est pas d'aujourd'hui que les Français se vantent non sans raison d'avoir banni toute subtilité de leur droit. *Pothier,* tome II, partie 1re, chapitre II *du prêt,* article 2, édition de 1781.

(2) Voyez le procès-verbal, no 13, séance du Conseil d'État du 9 nivôse an XII, p. 515.

(3) *Pothier, du Louage,* page 330.

(4) Quoi qu'en dise *Desgodets* en son livre des *Lois des bâtiments,* part II, sur l'art. 172 de la *coutume de Paris,* no 10. Voyez aussi Pothier, *du Louage,* pages 180 et 181.

« clare vouloir occuper par lui-même la maison
« louée, s'il n'y a eu convention contraire. »

« Cette jurisprudence est en opposition avec le
texte du droit romain : *Æde quam te conductam
habere dicis, si pensionem in solidum solvisti in-
vitum te expelli non oportet, nisi propris usibus
dominus eam necessariam esse probaverit* (1).

« On a trouvé qu'il y avait de très-fortes raisons
pour abolir une loi qui n'est fondée sur rien de
solide (2).

« Effectivement, nous ne la voyons basée que
sur les besoins qu'a de sa maison le propriétaire
pour l'occuper par lui-même, et sur ce qu'on doit
présumer qu'il n'eût pas voulu la louer s'il eût
prévu ce besoin. D'où l'on tire la conséquence
qu'on doit sous-entendre dans le bail à loyer qu'il
en a fait une condition par laquelle il s'est tacitement réservé la faculté de résoudre le bail, en
indemnisant le locataire, s'il venait à avoir besoin
de sa maison pour l'occuper par lui-même (3).

« L'on a donc observé que la loi *æde* est une
décision qui n'a aucun fondement sur la raison
naturelle, et qui est purement arbitraire et contraire aux principes généraux (4).

« Sous ce prétexte de nécessité, un locateur
pourrait voiler sa malignité, sa vengeance, son
injustice aux dépens d'un locataire. Le serment
même du locateur, à l'égard de la prétendue nécessité (5), est-il suffisant pour assurer la sincérité de sa prétention? Ne peut-il pas être très-
souvent suspect, et ne peut-il pas y avoir une
espèce de parjure sans qu'il y ait le moyen de le
prouver?

« Remarquez ensuite, citoyens législateurs,
que ce sera en outre un bénéfice pour la société,
et un mérite pour le nouveau Code, que d'avoir
emporté le germe de si fréquents litiges, toujours
vifs et toujours coûteux.

« L'article 56 nous invite à parler du colon
partiaire, dont parle aussi la loi 25, § 6, ff. *loc. ibi.*
*Partiarius colonus quasi societatis jure et damnum
et lucrum cum domino partitur.*

« Leur bail forme entre eux une espèce de société où le propriétaire donne le fonds, et le colon la semence et la culture, chacun hasardant
la portion que cette société lui donnait aux
fruits (6).

« Il est donc dit, à l'article 56, que « celui qui
« cultive sous la condition d'un partage de fruits
« avec le bailleur, ne peut ni sous-louer, ni céder,
« si la faculté ne lui en a été expressément ac-
« cordée par le bail. »

« C'est là une disposition dans toutes les règles,
puisque dans ces sortes de contrats, ainsi que
disent les praticiens, *electa est industria.*

« Or le colon partiaire étant celui *qui terram
colit non pactá pecuniá, sed pro ratá ejus quod in
fundo nascetur dimidiá, tertiá,* etc., il est bien
clair que c'est là le cas d'*electa industria* : pour
labourer mes terres, pour les exploiter, j'ai choisi

l'adresse, la capacité de telle personne et non de
telle autre.

« Je vendrais bien à qui que ce soit un héritage,
pourvu qu'il me le paie ce que j'en demande ;
mais je ne ferais pas un contrat de colonie partiaire avec un homme inepte, quelque condition
onéreuse qu'il fût prêt à subir, et quelques avantages qu'il voulut m'accorder.

« Il est établi dans l'article 67 « que le bail
« des terres labourables, lorsqu'elles se divisent
« par soles ou saisons, est censé fait pour autant
« d'années qu'il a de soles. »

« Par exemple, si les terres de telle métairie
sont partagées en trois soles ou saisons, c'est-à-
dire si la coutume est d'ensemencer une partie
en blé, une autre en petits grains, qui se sèment
au mois de mars, et qu'une autre se repose, le
bail est présumé fait pour trois ans, lorsque le
temps que doit durer le bail n'est pas exprimé
dans le contrat (1).

« Venons au· louage d'ouvrage et d'industrie,
qui commence par l'article 72.

« Le contrat de louage, ainsi que nous l'avons
déjà dit ailleurs, a beaucoup d'analogie avec le
contrat de vente; et il est bon de remarquer ici
qu'à l'égard des doutes qui peuvent s'élever sur
certains contrats, s'ils sont de vente ou de louage,
Justinien, dans ses *Institutes* (2), nous donne des
règles pour les discerner (3).

« L'article 73 dit « qu'on ne peut engager ses
« services qu'à temps, ou pour une entreprise
« déterminée. »

« Il serait étrange qu'un domestique, un ouvrier pussent engager leurs services pour toute
leur vie. La condition d'homme libre abhorre
toute espèce d'esclavage.

« Passons maintenant aux devis et marchés.

« L'article 85 porte : « Si l'édifice, construit à
« prix fait, périt en tout ou en partie par le vice
« de la construction, même par le vice du sol, les
« architecte et entrepreneur en sont responsables
« pendant dix ans. »

« *Quod imperitiá peccavit culpam esse*, dit le
texte *in lege 9, § 5,* ff, *loc. imperitiam culpæ adnu-
meratur*, dit la loi 142, ff, *de Regulis juris.*

« Quant au bail à cheptel dont il est parlé à
l'article 93 et suivants , il est à observer que
« c'est un contrat par lequel l'une des parties
« donne à l'autre un fonds de bétail pour le
« garder, le nourrir et le soigner, sous les con-
« ditions convenues entre elles. »

« L'article 104 dit formellement « qu'on ne peut
« stipuler que le preneur supportera la perte to-
« tale du cheptel, quoique arrivée par cas fortuit
« et sans sa faute,

« Ou qu'il supportera dans la perte une part
« plus grande que dans le profit,

« Ou que le bailleur prélèvera, à la fin du bail,
« quelque chose de plus que le cheptel qu'il a
« fourni,

« Et que toute convention semblable est nulle. »

« Cette disposition est fondée sur les principes
de la justice , sur les bonnes mœurs et sur
cette égalité qui doit triompher dans les contrats.

« Et c'est aussi d'après les mêmes règles qu'il
est écrit à l'article 121, « qu'on ne peut pas sti-
« puler que le cheptel donné au colon par-
« tiaire, celui-ci sera tenu de toute la perte. »

---

(1) L. 3, Cod. *de Locato.*
(2) Cambacérès, *second consul*, Tronchet, *sénateur* (*),
deux jurisconsultes des plus savants et des plus profonds que j'aie connu de mes jours.
(3) C'est précisément ce que nous rapporte *Pothier*
dans son *Appendice du Contrat de Louage*, pages 380
et 381, édition d'Orléans, 1771.
(4) Ce sont les précises paroles de *Pothier*, page 380,
même édition.
(5) *Pothier*, pages 259 et 260.
(6) *Domat*, page 50, article 3.

(*) Dans le procès-verbal du Conseil d'État, séance
du 7 nivôse an XII.

---

(1) *Pothier*, pages 23 et 24.
(2) *Lib. III.* tit. XXV, *de Locatione et Conductione.*
(3) *Pothier*, page 304.

« Citoyens législateurs, le titre que nous venons de parcourir est à la portée de tout le monde, et les matières que l'on y traite intéressent toute classe, tout ordre de personnes.

« Presque toutes les maisons sont louées à baux à loyer ; une grande partie des biens ruraux le sont à baux à ferme : tous les citoyens de la France ont donc un égal intérêt pour en être instruits, et par conséquent les Piémontais aussi. Mais pour bien comprendre une loi dans son véritable esprit, dans la justesse du sens, il faut la lire, il faut l'apprendre dans son original, dans sa langue primitive. C'est donc avec beaucoup de raison que le Gouvernement, par son arrêté du 24 prairial an XI, a pour ainsi dire pressé l'ordre administratif et judiciaire du Piémont à étudier votre langue, à s'y familiariser.

« Le délai peut-être a été trop court, n'importe : les Piémontais tâcheront de se conformer aux vœux du Gouvernement. Les Piémontais seront désormais les émules de leurs frères aînés. Certainement ils le seront dans la bravoure, dans les vertus, dans les sciences, dans les arts. Quant à la langue, je l'avoue, ils auront quelque difficulté ; mais avec le temps ils atteindront sans doute le but proposé.

« Un *Gilles Ménage*, d'Angers ; un *François Régnier*, de Paris, ont su écrire, ont pu imprimer en langue italienne (1), ont pu être inscrits en Toscane académiciens de la Crusca ; les Piémontais ne pourront-ils pas un jour se rendre dignes d'être inscrits dans la classe de la langue et de la littérature française (2) ? Je l'espère. »

Le citoyen **Treilhard**, nommé par le Premier Consul, avec les citoyens **Réal** et **Sainte-Suzanne**, pour présenter au Corps législatif, dans sa séance de ce jour, le titre XIV du livre III du projet de Code civil, *du contrat de société*, et pour en soutenir la discussion dans sa séance du 17 ventôse, dépose au bureau l'exposé des motifs de ce projet.

Cet exposé est ainsi conçu :

« Citoyens législateurs,

« Avant d'exposer les motifs du projet que le Gouvernement présente à votre sanction, il convient d'en bien déterminer l'objet.

« Il ne s'agit pas aujourd'hui de cette société que contractent deux personnes d'un sexe différent, qui établit des rapports plus étroits entre deux familles et enrichit l'État d'une troisième qui, si elle est fondée sur une conformité d'humeur, de goûts, de sentiments, prête un nouvel éclat à tous les charmes de la vie, ou présente des adoucissements à tous ses revers.

« Le projet est aussi étranger à une autre espèce de société qui se forme entre des personnes rapprochées par quelque événement quelquefois indépendant de leur volonté particulière, comme, par exemple, entre des cohéritiers tenus de supporter *en commun* les charges d'une succession dont ils partagent les bénéfices, ou entre deux voisins que la loi soumet à des *obligations communes* pour leur sûreté particulière et pour le maintien de l'ordre public.

« Enfin il se forme tous les jours des sociétés de commerce : régies par les lois et les usages

de cette matière, elles peuvent être soumises aux règles générales de la société ; mais elles ont aussi leurs règles particulières, et n'entrent pas dans le plan du titre dont vous allez vous occuper.

« Il s'agit uniquement de cette espèce de société qui se forme entre deux ou plusieurs personnes à l'effet de mettre en commun ou une propriété ou des jouissances, pour se rendre compte et partager les bénéfices de l'association.

« Ce contrat peut avoir une infinité de causes particulières. On s'associe pour un achat, pour un échange, pour un louage, pour une entreprise, enfin pour toute espèce d'affaires ; des associés peuvent donc en cette qualité être soumis à toutes les règles des différents contrats, suivant le motif qui les a réunis.

« Tel est le caractère distinctif du contrat de société. Les autres contrats ont des engagements bornés et réglés par leur nature particulière ; mais le contrat de société a une étendue bien plus vaste, puisqu'il peut embrasser dans son objet tous les engagements et toutes les conventions.

« Tout ce qui est licite est de son domaine ; il ne trouve de limites que dans une prohibition expresse de la loi. Ainsi, on ne peut s'associer ni pour un commerce de contrebande, ni pour exercer des vols, ni pour tenir un mauvais lieu, ni pour des manœuvres qui tendraient à faire hausser le prix d'une denrée, ni enfin pour aucun fait réprouvé par la loi ou par les bonnes mœurs.

« Mais tout ce qui ne se trouve pas frappé de cette prohibition peut être l'objet du contrat de société.

« Les parties sont libres d'insérer dans leurs traités toutes les clauses qu'elles jugent convenables ; rien de ce qui est honnête et permis ne doit en être exclu.

« Ce contrat est de droit naturel ; il se forme et se gouverne par les seules règles de ce droit ; il doit surtout reposer sur la bonne foi ; sans doute elle est nécessaire dans tous les contrats ; mais elle est plus expressément encore requise dans le contrat de société ; elle devrait être excessive, s'il est permis de le dire, et s'il pouvait y avoir des excès dans la bonne foi.

« Si la société n'était formée que pour l'intérêt d'un seul, la bonne foi ne serait-elle pas étrangement violée ? Il faut donc s'unir pour l'intérêt commun des parties qui contractent. C'est là la première règle, la règle fondamentale de toute société. Il est contre la nature qu'une société de plusieurs, à quelque espèce qu'on la suppose, se forme pour l'intérêt particulier, pour le seul intérêt d'une des parties. On n'a pas pu marquer plus fortement les vices d'une pareille société qu'en la qualifiant de *léonine* ; c'est d'une part la force, de l'autre la faiblesse : il ne peut y avoir entre elles aucun traité, parce qu'il ne peut exister ni liberté, ni consentement : or la société est un contrat consensuel, et la loi ne peut ou de consentement véritable dans un contrat de société dont un seul recueillerait tout le profit, et dont l'intérêt commun des parties ne serait pas la base.

« Tel est, citoyens législateurs, l'esprit de quelques dispositions générales contenues dans le premier chapitre du projet.

« Je ne parle pas de la nécessité de rédiger un écrit pour toute espèce de société dont l'objet est d'une valeur de plus de cent cinquante francs. La formalité de l'écriture n'est pas nécessaire pour la substance d'un contrat ; elle est prescrite seulement pour la preuve : le contrat est parfait

---

(1) Leurs ouvrages sont très-connus en Italie. On raconte de *Régnier*, que l'académie de la Crusca prit pour une production de *Pétrarque* une ode qu'il avait composée.

(2) Ils ont déjà un bon modèle à suivre dans leur compatriote *Cerutti*, auteur de l'*Apologie des Jésuites*, et d'autres ouvrages.

entre les parties contractantes par le consentement, et indépendamment de tout écrit : mais les
tribunaux n'en peuvent reconnaître l'existence
que lorsqu'elle est prouvée, et la prudence ne
permet pas d'admettre d'autres preuves que celles
qui résultent d'un acte, quand il a été possible
d'en faire. Cette disposition n'est pas particulière
au contrat de société ; elle s'applique à toute
espèce de convention. Vous avez déjà plusieurs
fois entendu sur ce point des discussions lumi-
neuses qui me dispensent de m'en occuper. Je
passe donc aux diverses espèces de sociétés.

« Elles peuvent être universelles ou particulières. Elles sont universelles quand elles comprennent tous les biens des associés ou tous les
gains qu'ils pourront faire.

« Elles sont particulières quand elles n'ont pour
objet que des choses déterminées : c'est la volonté, et la volonté seule des parties, qui règle ce
qui doit entrer dans la société, et qui la range
par conséquent dans l'une ou l'autre de ces deux
classes.

« Ici je ne remarquerai que deux dispositions
du projet : l'une défend de comprendre dans la
société, même universelle, la propriété des biens
qui pourraient échoir dans la suite par succession, donation ou legs.

« L'autre ne permet de société universelle
qu'entre personnes respectivement capables de se
donner ou de recevoir, et qui ne sont frappées
d'aucune prohibition de s'avantager entre elles.

« Le motif de cette dernière disposition se fait
assez sentir : c'est par des considérations d'une
haute importance que vous avez établi entre quelques personnes des incapacités de se donner au
préjudice de quelques autres. Ces prohibitions ne
sont pas nombreuses dans notre législation ; mais
enfin il en existe : or ce que vous avez expressément défendu, ce qu'on ne peut faire directement, il serait inconséquent et dérisoire de le
tolérer indirectement ; il ne faut donc pas que,
sous les fausses apparences d'une société, on
puisse, en donnant en effet, éluder la prohibition de la loi qui a défendu de donner, et que
ce qui est illicite devienne permis, en déguisant
sous les qualités d'associés celles de donateur et
de donataire.

« Les motifs de la prohibition de comprendre
dans la société la propriété des biens à venir ne
se font peut-être pas sentir si promptement ni si
vivement.

« Dans le droit romain, les biens à venir pouvaient être mis en société comme les biens présents ; et une pareille convention n'offre, il faut
l'avouer, rien qui répugne précisément à l'ordre
naturel : mais lorsque nous en avons examiné les
conséquences, nous avons pensé qu'il était plus
convenable de la défendre.

« Les donations des biens à venir étaient aussi
permises par le droit romain, et cependant peu
de personnes ont refusé des applaudissements à
la disposition de l'ordonnance de 1731, qui les a
proscrites en général, et sauf les cas du mariage.

« Si les actes de société peuvent déguiser des
actes de donation, la prohibition de comprendre
les biens à venir dans ces derniers doit entraîner,
par une conséquence inévitable, la prohibition de
les comprendre dans les premiers.

« S'il doit y avoir une égalité de mises dans la
société, dans quelle classe pourrait-on ranger celle
qui se formerait entre deux hommes, aujourd'hui
peut-être égaux en fortune, mais dont l'un n'aurait aucune perspective d'augmentation pour la
sienne, pendant que l'autre aurait des perspecti-

ves immenses, prochaines, immanquables ; et
peut-on se dissimuler que dans ce cas l'égalité ne
serait qu'apparente, mais que l'inégalité serait
monstrueuse?

« Enfin il faut que tout ce qui entre dans la société au moment où elle se forme puisse être
connu et apprécié : c'est le seul moyen d'assurer
une répartition de profits proportionnés aux apports et de se soustraire aux désastreux effets
d'une société léonine, ou quasi-léonine.

« Nous n'avons pu voir dans la société des biens
à venir aucun avantage réel qui pût compenser
les inconvénients qu'elle entraînerait après elle, et
nous avons prévenu, en la prohibant, les surprises et les fraudes dont elle serait presque toujours
suivie.

« Passons actuellement aux engagements des
associés, soit entre eux, soit à l'égard des tiers.

« Les associés peuvent insérer dans leur contrat toute clause qui ne blesse ni la loi ni les
bonnes mœurs ; la mesure de leurs engagements
est celle dont il leur a plu de convenir.

« Nous l'avons déjà dit, la bonne foi est surtout nécessaire dans le contrat de société ; et
comme toute clause qui tendrait à jeter sur l'un
toutes les charges, et à gratifier l'autre de tous les
bénéfices, se trouverait en opposition manifeste
avec la bonne foi et la nature de l'acte, pareille
convention serait essentiellement nulle. Il faut,
pour que l'égalité ne soit pas violée, qu'il y ait entre les associés répartition des charges et des bénéfices : non qu'il soit nécessaire que toutes les
mises soient égales ou de même nature, et que la
part dans les profits soit la même pour tous ; mais
il faut une proportion équitable entre la mise et le
profit de chaque associé ; il faut que la différence
dans la répartition des bénéfices, s'il en existe
une, soit fondée ou sur une mise plus forte, ou
sur des risques plus grands, ou sur de plus éminents services, ou enfin sur toute autre cause légitime en faveur de celui qui est le plus avantagé.

« La mise de chaque associé peut être différente :
l'un peut apporter de l'argent comptant, un autre
une maison, un troisième son industrie ; et ce
n'est peut-être pas celui dont la mise sera la moins
utile : mais il faut toujours de la réalité dans
cette mise ; si elle n'est qu'illusoire et en paroles,
la convention serait en effet léonine.

« Elle est contraire à l'honnêteté et aux bonnes
mœurs quand la mise ne consiste que dans une
promesse de crédit, vaine le plus souvent, mais
toujours coupable quand elle est payée. Loin de
nous ces vils intrigants qui, vendant leurs manœuvres et leur protection, trompent également
et l'autorité dont ils surprennent la confiance, et
l'honnête homme qui compte sur eux.

« Au reste, toutes les règles que les associés
pourront établir sur le mode d'administration et
de partage doivent être scrupuleusement observées
quand elles ont été faites de bonne foi. Les dispositions que nous présentons à cet égard ne sont
applicables qu'à défaut de convention par les
parties : on ne doit y avoir recours que dans le
cas où l'acte serait muet. Alors seulement la loi
est consultée, et comme elle supplée la volonté
de l'homme dans un contrat du ressort du droit
naturel, et tout de bonne foi, il faut, en cette matière surtout, que la raison dicte, et que le législateur écrive.

« Vous trouverez ce caractère, j'ose le dire,
dans les dispositions qui vous sont présentées ;
elles règlent l'époque où la société doit commencer, la durée qu'elle doit avoir, les engagements
des associés, soit pour fournir la mise, soit pour

se faire mutuellement raison de leurs frais et avances, soit pour la réparation des dommages qu'ils ont pu causer, soit pour le mode d'administration, soit pour le partage des bénéfices, soit enfin pour tous les incidents qui peuvent survenir dans le cours d'une société ; mais, nous le répétons encore, ces règles ne sont applicables que dans le silence des parties intéressées.

« Ainsi, à défaut de convention, la société commence à l'instant du contrat ; elle dure pendant la vie des associés, ou jusqu'à une renonciation valable de la part de l'un d'eux, ou jusqu'à ce que l'affaire particulière qui en est l'objet soit terminée.

« L'associé doit apporter tout ce qu'il a promis : il est garant de l'éviction de ce qu'il a porté ; il doit les intérêts à compter du jour où il a dû faire son paiement ; il les doit aussi des sommes appartenant à la société qu'il aurait employées à son usage personnel.

« S'il a promis son industrie, il doit tous les gains qu'elle peut lui procurer.

« S'il est créancier d'une somme exigible, et que son débiteur soit aussi le débiteur de la société, il doit faire de ce qu'il touche une juste imputation sur les deux créances ; la bonne foi ne permet pas qu'il s'occupe moins de celle de la société que de celle qui lui est personnelle.

« S'il a causé des dommages par sa faute, il est tenu de les réparer sans offrir en compensation les profits que son industrie a pu d'ailleurs procurer ; car ces profits ne sont pas à lui, ils appartiennent à la société.

« Par le même motif, l'associé a le droit de réclamer les sommes qu'il a déboursées pour elle ; il est indemnisé des obligations qu'il a aussi contractées de bonne foi.

« Si l'acte de société n'a pas déterminé les portions dans les bénéfices ou les pertes, elles sont égales.

« Si le mode d'administration n'est pas réglé, les associés sont censés s'être donné réciproquement le pouvoir d'administrer l'un pour l'autre ; ils peuvent, sans le consentement de leurs coassociés, admettre un tiers à leur part dans la société ; mais ils ne peuvent pas l'adjoindre à la société même : la confiance personnelle est la base de ce contrat, et l'ami de notre associé peut n'avoir pas notre confiance.

« Enfin, si les associés conviennent de s'en rapporter à un arbitre pour le règlement des contestations qui pourraient s'élever entre eux, ce règlement doit être sacré, à moins que quelque disposition évidemment contraire à l'équité n'en sollicitât hautement la réforme ; encore a-t-on dû fixer un terme court à la partie lésée pour faire sa réclamation.

« Je crois, citoyens législateurs, que de pareilles dispositions se trouvent dans un accord parfait avec l'équité naturelle et la saine raison.

« Quelles seront les règles des associés entre eux, quand ils n'auront pas fait de conventions différentes ; car, on ne saurait trop le répéter, les conventions des associés sont leurs premières lois, si elles ne se trouvent empêchées par aucune prohibition.

« C'est aussi dans l'acte même de société qu'il faut chercher la mesure des engagements des associés envers des tiers.

« Un associé ne peut engager la société qu'autant qu'il contracte en son nom, et qu'il a reçu le pouvoir de le faire. Celui qui traite avec l'associé peut demander, s'il a des doutes, la communication de l'acte de société. S'il n'a voulu que l'en-

gagement personnel de celui avec qui il traitait, il n'est certainement pas fondé à prétendre que les autres associés soient engagés avec lui : bien entendu toutefois que tout se passe sans fraude, et que le tiers n'est pas en état de prouver qu'il a été trompé par l'associé, ou que la chose a tourné au profit de la société.

« Les dettes de la société sont supportées également par tous ses membres ; ils ne sont point solidaires entre eux lorsque l'acte qui les a réunis ne présente rien de contraire : n'oublions pas qu'il ne s'agit pas ici des sociétés de commerce, mais seulement des autres sociétés qui peuvent se former entre les citoyens et pour tout autre objet.

« Vous avez consacré la maxime qu'une obligation n'est solidaire que lorsque le titre donne expressément le droit de poursuivre chacun des débiteurs pour le tout : la disposition du projet sur ce point n'est qu'une application de cette disposition générale déjà sanctionnée.

« Enfin, nous arrivons au dernier chapitre du projet, sur les différentes manières dont finit la société.

« C'est dans la nature même du contrat qu'il faut rechercher les causes de sa dissolution.

« Le contrat de société est consensuel ; on ne peut pas être en société malgré soi, la bonne foi est la première base du contrat ; la confiance mutuelle des associés dans leurs personnes respectives en est le véritable bien : il est facile, d'après ces notions, de déterminer la durée des sociétés.

« Ce contrat étant formé par le consentement, peut se résoudre sans contredit par une volonté contraire.

« Le contrat peut avoir pour objet une affaire déterminée ; la société expire donc naturellement lorsque l'affaire est finie.

« Le contrat peut être formé pour un temps limité ; la société cesse donc d'exister à l'expiration du terme convenu. Elle ne doit pas finir plus tôt, à moins toutefois que l'un des associés n'eût un juste motif d'en provoquer le terme, comme par exemple, si le coassocié n'exécutait pas les conditions du contrat. La société repose sur la bonne foi, et celui qui viole ses engagements ne peut pas retenir un autre sous les liens qu'il a brisés lui-même.

« Si le contrat de société avait pour objet des affaires indéterminées, s'il était fait sans limitation de temps, il serait censé, comme on l'a déjà dit, devoir se prolonger pendant la vie des associés ; mais comme personne ne peut être perpétuellement retenu en société malgré lui, chaque associé conserve toujours le droit de déclarer sa renonciation, et la société se termine.

« Cette faculté cependant ne peut être exercée ni de mauvaise foi, ni à contre-temps.

« Si l'associé renonçait dans un moment où, par l'effet de cette déclaration, il s'approprierait les bénéfices que les associés s'étaient proposés de faire en commun, sa renonciation serait évidemment de mauvaise foi.

« Elle serait faite à contre-temps, si, les choses n'étant plus entières, elle blessait l'intérêt commun de la société : la volonté particulière et l'intérêt privé de celui qui veut rompre le contrat ne doivent pas être seuls consultés. S'il a le droit de renoncer, parce que sa volonté ou son intérêt ne sont plus les mêmes, il faut aussi qu'il ne compromette pas les intérêts d'autrui par la précipitation excessive qu'il mettrait à pourvoir aux siens.

« La société se compose d'objets mis en commun; s'ils viennent à périr, il est évident qu'il n'y a plus de société. Il n'est pas même nécessaire que tous ces objets périssent pour que la société soit rompue. Si de deux associés, l'un se trouve dans l'impossibilité d'apporter la chose qu'il avait promise, parce qu'elle n'existe plus, il ne peut plus y avoir de société. Il en est de même lorsque deux associés n'ayant mis en commun que des jouissances, en conservant chacun sa propriété, la chose de l'un vient à périr; il n'y a plus de mise de sa part, et par conséquent plus de société.

« Le contrat est aussi rompu par la mort naturelle ou civile de l'un des associés : on s'associe à la personne; quand elle n'est plus, le contrat se dissout. On tenait si rigoureusement à ce principe dans le droit romain, qu'il était même interdit aux associés de convenir que l'héritier de l'un d'eux prendrait la place du défunt; nous n'avons pas été jusque-là. Nous ne trouvons rien qui blesse la bonne foi, les convenances, ni les bonnes mœurs dans la clause qui admettait l'héritier de l'associé; si telle a été la volonté des parties, pourquoi ne serait-elle pas exécutée ?

« La faillite de l'un des associés opère aussi la dissolution de la société; il ne peut plus y avoir ni confiance dans la personne, ni égalité dans le contrat, qui tombe aussitôt, parce qu'il reposait principalement sur ces deux bases.

« Quand la société est finie, les associés procèdent à la liquidation et au partage : c'est dans leurs conventions particulières qu'ils trouvent les règles de la contribution de chacun aux charges, et de sa part dans les bénéfices. À défaut de convention, les règles générales que nous avons établies reçoivent leur application; mais pour tout ce qui concerne les formes du partage, ses effets et les causes qui peuvent en opérer la rescision, nous avons dû renvoyer au chapitre VI du titre *des successions*, qui présente sur cette matière des dispositions auxquelles nous n'avons rien à ajouter.

« Vous connaissez actuellement, citoyens législateurs, tous les motifs du projet qui vous est soumis. Le Gouvernement croit avoir rempli dans toute son étendue l'objet qu'il a dû se proposer; mais, il faut en convenir, les dispositions les plus sages peuvent être impuissantes et même devenir dangereuses, quand elles ne sont pas appliquées avec discernement et impartialité. La sagesse des tribunaux est en quelque sorte le complément de la loi et la première garantie de son exécution. Nous n'eûmes jamais plus de droit d'espérer qu'ils acquitteront fidèlement cette dette sacrée.

« Il est déjà bien loin de nous le temps où des juges nommés par un parti et dans un parti disparaissaient avec lui.

« La nation entière se presse autour d'un Gouvernement juste et ferme, et promet à la magistrature stabilité, confiance, respect : le besoin de la justice est vivement et universellement senti. S'il faut de la force pour réprimer les ennemis de l'État, la justice n'est pas moins nécessaire pour régler sagement les droits des citoyens.

« Lorsque toutes les autorités rivalisent entre elles d'amour pour le Gouvernement, de talents et de zèle, la magistrature, n'en doutons pas, saura se distinguer encore par les vertus qui lui sont particulières, par cette probité sévère que rien ne peut ébranler; par cette abnégation absolue d'affections, d'opinions, de préjugés, sans laquelle le juge de la nation ne serait plus que l'homme d'un parti; par ces méditations profondes auxquelles rien ne peut échapper de ce qu'il est utile de connaître; par cette modestie enfin, cette simplicité de mœurs, qui font de la vie d'un magistrat une leçon vivante et perpétuelle pour tous ses concitoyens.

« Voilà les traits qui distingueront dans tous les âges le véritable magistrat, voilà les vertus qui mériteront à la magistrature le respect et la vénération des peuples.

« Nous avons devancé nos rivaux dans bien des carrières; je ne crains pas de dire qu'il n'en est aucune dans laquelle ils nous aient surpassés. Que la vertu de nos magistrats égale la sagesse de nos lois, et rien ne manquera au bonheur des citoyens, comme il ne manque rien à la gloire de la nation. »

Le citoyen **Berlier** présente le titre XVIII du livre III du projet de Code civil, *du nantissement.*
Il est ainsi conçu :

Du nantissement.

Art. 1er. « Le nantissement est un contrat par « lequel un débiteur remet une chose à son créan- « cier pour sûreté de la dette. »
Art. 2. « Quand le nantissement est d'une chose « mobilière, il s'appelle *gage*.
« Quand il est d'une chose immobilière, il s'ap- « pelle *antichrèse*. »

CHAPITRE PREMIER.

Du gage.

Art. 3. « Le gage confère au créancier à qui il « a été remis le droit de se faire payer sur la « chose qui en est l'objet, par privilège et préfé- « rence aux autres créanciers de la personne qui « a donné le gage. »
Art. 4. « Ce privilège n'a lieu qu'autant qu'il y « a un acte dûment enregistré, contenant la dé- « claration de la somme due, ainsi que l'espèce « et la nature des choses remises en gage, ou un « état annexé de leurs qualité, poids et mesure.
« La rédaction de l'acte par écrit et son enre- « gistrement ne sont néanmoins prescrits qu'en « matière excédant la valeur de cent cinquante « francs. »
Art. 5. « Le privilège énoncé en l'article pré- « cédent ne s'établit sur les meubles incorporels, « tels que les créances mobilières, que par acte « aussi enregistré, et signifié au débiteur de la « créance donnée en gage. »
Art. 6. « Dans tous les cas, le privilège ne sub- « siste sur le gage qu'autant que ce gage a été « mis et est resté en la possession du créancier. »
Art. 7. « La chose donnée en gage par une per- « sonne à qui elle n'appartenait pas n'en est pas « moins valablement engagée, sauf le droit du « véritable propriétaire. »
Art. 8. « Le gage peut être donné par un tiers « pour le débiteur. »
Art. 9. « Le créancier ne peut, à défaut de paie- « ment, disposer du gage; sauf à lui à faire or- « donner en justice que ce gage lui demeurera « en paiement, et jusqu'à due concurrence, d'après « une estimation faite par experts, ou qu'il sera « vendu aux enchères.
« Toute clause qui autoriserait le créancier à « s'approprier le gage, ou à en disposer sans les « formalités ci-dessus, est nulle. »
Art. 10. « Jusqu'à l'expropriation du débiteur, « s'il y a lieu, il reste propriétaire du gage, qui « n'est, dans la main du créancier, qu'un dépôt « assurant le privilège de celui-ci. »
Art. 11. « Le créancier répond, selon les règles « établies au titre *des contrats ou des obligations* « *conventionnelles en général*, de la perte ou dété-

« rioration du gage qui serait survenue par sa
« négligence.

« De son côté, le débiteur doit tenir compte au
« créancier des dépenses utiles et nécessaires que
« celui-ci a faites pour la conservation du gage. »

Art. 12. « S'il s'agit d'une créance donnée en
« gage, et que cette créance porte intérêts, le
« créancier impute ces intérêts sur ceux qui peu-
« vent lui être dus.

« Si la dette pour sûreté de laquelle la créance
« a été donnée en gage ne porte point elle-même
« intérêt, l'imputation se fait sur le capital de la
« dette. »

Art. 13. « Le débiteur ne peut, à moins que le
« détenteur du gage n'en abuse, en réclamer la
« restitution qu'après avoir entièrement payé, tant
« en principal qu'intérêts et frais, la dette pour
« sûreté de laquelle le gage a été donné.

« Si néanmoins il existait de la part du même
« débiteur envers le même créancier une autre
« dette contractée postérieurement à la mise en
« gage, et devenue exigible avant le paiement de
« la première dette, le créancier ne pourra être
« tenu de se dessaisir du gage avant d'être en-
« tièrement payé de l'une et l'autre dette, lors
« même qu'il n'y aurait eu aucune stipulation pour
« affecter le gage au paiement de la seconde. »

Art. 14. « Le gage est indivisible nonobstant
« la divisibilité de la dette entre les héritiers du
« débiteur ou ceux du créancier.

« L'héritier du débiteur, qui a payé sa portion
« de la dette, ne peut demander la restitution de
« sa portion dans le gage, tant que la dette n'est
« pas entièrement acquittée.

« Réciproquement, l'héritier du créancier, qui
« a reçu sa portion de la dette, ne peut remettre
« le gage au préjudice de ceux de ses cohéritiers
« qui ne sont pas payés. »

Art. 15. « Les dispositions ci-dessus ne sont
« point applicables aux maisons de prêt sur gages
« autorisées, et à l'égard desquelles on suit les
« règlements qui les concernent. »

CHAPITRE II.
De l'antichrèse.

Art. 16. « L'antichrèse ne s'établit que par écrit.

« Le créancier n'acquiert par ce contrat que la
« faculté de percevoir les fruits de l'immeuble, à
« la charge de les imputer annuellement sur les
« intérêts, s'il lui en est dû, et ensuite sur le ca-
« pital de sa créance. »

Art. 17. « Le créancier est tenu, s'il n'en est
« autrement convenu, de payer les contributions
« et les charges annuelles de l'immeuble qu'il
« tient en antichrèse.

« Il doit également, sous peine de dommages
« et intérêts, pourvoir à l'entretien et aux répa-
« rations utiles et nécessaires de l'immeuble;
« sauf à prélever sur les fruits toutes les dépenses
« relatives à ces divers objets. »

Art. 18. « Le débiteur ne peut, avant l'entier
« acquittement de la dette, réclamer la jouissance
« de l'immeuble qu'il a remis en antichrèse.

« Mais le créancier qui veut se décharger des
« obligations exprimées en l'article précédent
« peut toujours, à moins qu'il n'ait renoncé à ce
« droit, contraindre le débiteur à reprendre la
« jouissance de son immeuble. »

Art. 19. « Le créancier ne devient point pro-
« priétaire de l'immeuble par le seul défaut de
« paiement au terme convenu; toute clause con-
« traire est nulle : en ce cas, il peut poursuivre
« l'expropriation de son débiteur par les voies
« légales. »

Art. 20. « Lorsque les parties ont stipulé que
« les fruits se compenseront avec les intérêts, ou
« totalement, ou jusqu'à une certaine concurrence,
« cette convention s'exécute comme toute autre
« qui n'est point proh bée par les lois. »

Art. 21. « Les dispositions des articles 8 et 14
« ci-dessus s'appliquent à l'antichrèse comme au
« gage. »

Art. 22. « Tout ce qui est dit au présent chapitre
« ne préjudicie point au droit que des tiers pour-
« raient avoir sur le fonds de l'immeuble remis
« à titre d'antichrèse.

« Si le créancier, muni à ce titre, a d'ailleurs
« sur le fonds des priviléges ou hypothèques lé-
« galement établis et conservés, il les exerce à
« son ordre et comme tout autre créancier. »

Le citoyen **Berlier** fait lecture du chapitre 1er,
du gage.

Les articles 1er et 2 sont soumis à la discussion
et adoptés.

L'article 3 est adopté.

L'article 4 est discuté.

Le consul **Cambacérès** propose de rédiger
ainsi l'article : « Ce privilège n'a lieu qu'autant
« qu'il y a un acte public ou sous seing privé, dû-
« ment enregistré, etc. »

Cette rédaction est adoptée.

L'article 5 est adopté en le rédigeant conformément à l'article précédent.

L'article 6 est discuté.

Le consul **Cambacérès** dit qu'il est possible
que les parties soient convenues de déposer le
gage entre les mains d'un tiers par lequel le créancier possède ; que la rédaction doit embrasser
ce cas.

L'amendement du Consul est adopté ; en conséquence l'article est rédigé ainsi qu'il suit :

« Dans tous les cas, le privilége ne subsiste
« sur le gage qu'autant que ce gage a été mis et
« est resté en la possession du créancier, ou d'un
« tiers convenu entre les parties. »

L'article 7 est discuté.

Le citoyen **Lacuée** dit que les deux dispositions de cet article paraissent se contredire ; car
la chose donnée en gage peut être valablement
engagée, si le propr éta re a le droit de la reprendre exempte de toute charge.

Le citoyen **Berlier** répond que la dernière
partie de cet article ne détruit pas la première,
en ce que celle-ci a seulement eu pour objet
d'empêcher que le débiteur ne pût, après coup,
se prévaloir lui-même du vice de la chose, et
que nul autre que le propriétaire ne pût la réclamer.

Au surplus, l'opinant avoue que cette règle
n'en existera pas moins quoique moins exprimée,
et il pense que l'article peut être supprimé, non
comme contradictoire dans ses diverses parties,
mais comme inutile.

L'article est retranché.

L'article 8 est adopté.

L'article 9 est discuté.

Le citoyen **Bégouen** pense que la seconde
partie de l'article doit être supprimée : c'est assez
d'avoir établi le droit commun dans la première
partie ; la loi doit ensuite laisser aux parties la
faculté d'y déroger.

Le citoyen **Berlier** répond que la seconde
partie de cet article doit être maintenue dans
toute sa rigueur, parce que, s'il en était autrement, le créancier d'une somme de mille francs,
qui aurait en gage un effet de trois mille francs,
se hâterait, au terme, de le vendre à vil prix pour
être plus promptement payé.

La loi doit pourvoir à ce que les intérêts du débiteur ne soient point sacrifiés. L'obligation de vendre le gage en justice peut néanmoins cesser, si le débiteur lui-même change son titre et vend à son créancier la chose qu'il lui avait primitivement engagée ; mais du moins faut-il qu'il s'explique à ce sujet.

L'article est adopté.

Les articles 10, 11 et 12 sont adoptés.

L'article 13 est discuté.

Le citoyen **Tronchet** attaque la seconde partie de l'article. Il observe que le gage ne s'établit pas de plein droit, mais seulement par une convention qui doit même être rédigée par écrit : c'est donc ajouter au contrat primitif, que d'en étendre l'effet à une autre créance que celle qui en a été l'objet.

Le citoyen **Berlier** répond que la disposition attaquée n'est point introductive d'un droit nouveau, et qu'elle résulte de la loi unique *C. etiam ob. chirogr. pecuniam*, qu'à la vérité le projet de Code n'avait pas conservée, mais dont plusieurs tribunaux ont demandé le rétablissement.

Au fond, l'opinant pense qu'elle est très-juste : comment, en effet, forcer un créancier qui aura reçu un gage pour la dette A, et qui depuis aura acquis une nouvelle dette B, devenue exigible avant le paiement de la première, à se dessaisir du gage sans être payé de l'une et de l'autre ; et comment le débiteur pourrait-il être admis à dire : *Je reconnais que je vous dois l'une et l'autre somme, mais je veux retirer le gage en vous payant seulement la première !*

Une telle exception ne serait-elle pas choquante ?

L'article est adopté.

Les articles 14 et 15 sont adoptés.

Le citoyen **Berlier** fait lecture du chapitre II, *de l'antichrèse.*

Les articles 16, 17, 18, 19, 20, 21 et 22 qui composent ce chapitre, sont soumis à la discussion et adoptés.

Le Consul ordonne que le titre qui vient d'être arrêté par le Conseil sera communiqué officieusement, par le secrétaire général du Conseil d'État, à la section de législation du Tribunat, conformément à l'arrêté du 18 germinal an X.

On reprend la discussion du titre VI du livre III du projet de Code civil, *des priviléges et hypothèques.*

Le citoyen **Treilhard** fait lecture du chapitre IV, *du mode de l'inscription des priviléges et des hypothèques.*

L'article 55 est adopté.

L'article 56 est discuté.

Le consul **Cambacérès** objecte que celui qui a fait inscrire le matin a l'avantage de l'antériorité de date sur celui qui n'a fait inscrire que le soir, et qu'il paraît juste de le lui conserver.

Le citoyen **Treilhard** répond que la section a craint la collusion entre le conservateur des hypothèques et les créanciers. En effet, lorsque plusieurs créanciers se présenteraient le même jour, le conservateur deviendrait le maître de donner l'antériorité à celui qu'il lui plairait, si l'inscription faite le matin devait primer celle qui se serait faite que le soir.

Le citoyen **Jollivet** dit que la règle établie par l'article a toujours été en usage depuis la loi du 11 brumaire.

L'article est adopté.

Les articles 57, 58, 59 et 60 sont adoptés.

L'article 61 est discuté.

Le citoyen **Jollivet** propose d'expliquer que la

disposition de cet article n'est applicable qu'au cas où la cession et le transport sont constatés par un acte authentique. On ne pourrait donner le même effet aux actes sous seing privé sans favoriser les changements frauduleux de domicile.

L'article est adopté avec cet amendement.

L'article 62 est discuté.

Le citoyen **Regnauld** (*de Saint-Jean-d'Angély*) demande si celui qui fera inscrire les hypothèques dont parle cet article sera tenu d'avancer les droits du fisc.

Le citoyen **Treilhard** répond que cette question doit être renvoyée aux lois particulières annoncées par l'article 2.

Le citoyen **Regnauld** (*de Saint-Jean-d'Angély*) dit qu'on ne peut en différer la décision jusqu'à l'époque où ces lois seront portées, parce que les commissaires du Gouvernement rencontreraient peut-être quelque difficulté à requérir l'inscription des hypothèques légales.

Le citoyen **Treilhard** répond qu'ils peuvent se servir de la disposition de l'article 64.

Le citoyen **Regnauld** (*de Saint-Jean-d'Angély*) dit que l'article 64 contenant une disposition suffisante, le dernier alinéa de l'article 62 devient inutile ; il en demande la suppression.

L'article est adopté avec cet amendement.

L'article 63 est discuté.

Le citoyen **Treilhard** dit qu'on a observé que si l'effet des inscriptions avait la durée que lui donne cet article, un temps viendrait où il serait presque impossible de les découvrir dans des énormes volumes des registres hypothécaires.

La section a pensé que cet inconvénient ne se ferait sentir que dans un certain nombre d'années, et que si alors il a quelque réalité, on pourra y remédier par une loi particulière.

Le consul **Cambacérès** dit que cependant si les registres sont trop volumineux et trop anciens, il sera plus facile d'intercaler frauduleusement des inscriptions.

Le citoyen **Regnauld** (*de Saint-Jean-d'Angély*) dit que cette fraude sera toujours difficile avec une régie aussi bien organisée que la régie de l'enregistrement. Elle serait aperçue par les inspecteurs et par les contrôleurs. Elle ne se pratiquera pas plus pour les hypothèques que pour l'enregistrement, à l'égard duquel on n'en a pas d'exemple.

Le citoyen **Cretet** dit qu'on s'attache trop à ménager la négligence des citoyens. Il ne faut pas que les égards aillent jusqu'à donner occasion au désordre. Cependant il serait inévitable s'il fallait, comme à Paris, où cinq cents registres font le service, chercher les traces d'une inscription faite depuis longtemps par un homme décédé. D'ailleurs les frais de recherches seraient très-considérables.

Il serait préférable de fixer un temps pendant lequel l'inscription conserverait ses effets. Si dix ans paraissent trop courts, on peut porter le délai à quinze ou vingt ans.

Le citoyen **Berlier** partage l'avis du citoyen *Cretet* ; il lui semble en effet impossible de calculer la durée de l'inscription sur celle de l'obligation personnelle, car alors il n'y aurait plus de terme connu.

En effet, bien que la plus longue prescription doive être désormais de trente ans, l'obligation personnelle peut durer cent ans et plus, si elle est suffisamment entretenue par des actes conservatoires.

D'un autre côté, et sans cela même, la prescription de l'obligation personnelle peut ne s'accomplir que par un laps de temps supérieur à trente ans, s'il y a ou des minorités.

Il faut donc renoncer à prendre la durée de l'obligation personnelle pour mesure de celle de l'inscription, si l'on ne veut point embarrasser le système adopté; et s'il faut prendre un terme fixe pour la durée de l'inscription, il est fort simple de s'en tenir à celui de dix ans, établi par la loi du 11 brumaire an VII, et en usage aujourd'hui.

Le citoyen **Treilhard** dit que la section ne s'est pas dissimulé ces objections; mais elle a considéré que l'article ne change rien au passé, en même temps qu'il concilie plus de faveur à la loi.

Le citoyen **Cretet** dit que le public est accoutumé à l'idée que les inscriptions ne durent que dix ans, et qu'elle ne se présente pas à lui avec défaveur; mais qu'il faut ne pas donner aux inscriptions une durée tellement longue, qu'on ne puisse presque plus les retrouver sur les registres.

Le citoyen **Bérenger** dit que cet inconvénient serait inévitable dans le système de la section.

Il ajoute que le citoyen *Berlier* a fait un raisonnement péremptoire. Pourquoi l'inscription durerait-elle plus longtemps que l'action qui se prescrit par trente ans?

Le citoyen **Jollivet** dit que l'article 63 pourrait faire durer la responsabilité du conservateur pendant cent ans, si la prescription avait été interrompue. Aucune disposition n'oblige, par exemple, de lui notifier le titre nouvel qui peut avoir été fait.

Le citoyen **Bigot-Préameneu** dit que la section aurait voulu épargner aux citoyens la charge de payer plusieurs fois le droit proportionnel; mais qu'on pourrait remplir ces vues en dispensant les parties de payer de nouveau le droit à la seconde inscription et aux inscriptions subséquentes.

Le consul **Cambacérès** rappelle qu'on est convenu de ne pas parler des droits dans le Code civil. Il peut se faire qu'ils soient trop considérables; mais ce n'est pas ici le lieu de les modérer.

L'idée de la section est bonne en soi. Pourquoi exiger que des formalités régulièrement remplies soient renouvelées? Mais ce qui est effrayant, c'est l'embarras et les procès dans lesquels l'article jettera dans la suite. Il se peut que l'on n'ait pas eu jusqu'ici d'exemples d'enregistrement frauduleux; cependant, dans cinquante ans, deux créanciers peuvent se présenter chacun avec un bordereau d'inscription à la même date et sur le même bien : que faire alors? Il faudra donc les faire concourir.

L'article est adopté avec l'amendement que l'effet des inscriptions continuera à ne durer que dix ans.

L'article 64 est adopté sauf rédaction.

L'article 65 est discuté.

Le citoyen **Regnauld** (de Saint-Jean-d'Angély) dit qu'il est nécessaire d'indiquer quel tribunal est compétent. Il s'est élevé des doutes sur ce sujet. On a hésité à décider que la cause devait être portée devant le tribunal de l'arrondissement où l'inscription a été faite, et où le créancier a élu un domicile. Il semble que l'action étant réelle doit être poursuivie devant ce tribunal et non devant celui du domicile ordinaire.

Le citoyen **Treilhard** dit que l'article 68 décide la question dans ce sens.

L'article est adopté.

Le citoyen **Treilhard** fait lecture du chapitre v, *de la radiation et réduction des inscriptions*.

Les articles 66 et 67 sont adoptés.

L'article 68 est discuté.

Le consul **Cambacérès** demande si, quoique tous les scels attributifs de juridiction soient supprimés, les parties ne pourraient pas stipuler qu'elles seront jugées par un attribut déterminé et dont elles conviendraient.

Le citoyen **Berlier** doute que cela se puisse, les juridictions étant d'ordre public.

Le citoyen **Treilhard** dit que les parties ont cette liberté : puisqu'il leur est permis de convenir de s'en rapporter à l'arbitrage de particuliers sans caractère public, à plus forte raison peuvent-elles choisir un tribunal.

Le citoyen **Maleville** ajoute que cette faculté leur est textuellement accordée par la loi du 24 août 1790.

Le consul **Cambacérès** dit que, puisque telle est l'intention de la section, il serait utile de l'exprimer clairement dans l'article; car on pourrait inférer de la rédaction que la juridiction est forcée.

Le citoyen **Jollivet** observe que cette faculté pourrait nuire aux tiers, qui ont toujours le droit de réclamer les juges que la loi leur assigne.

Le citoyen **Treilhard** répond que l'effet de la stipulation est renfermé entre les parties stipulantes, et ne change pas l'ordre des juridictions à l'égard des tiers.

L'article est adopté avec l'amendement du Consul.

L'article 69 est adopté.

L'article 70 est discuté.

Le consul **Cambacérès** demande si, en vertu de cet article, le juge pourrait prononcer la réduction même des hypothèques conventionnelles et spéciales.

Le citoyen **Treilhard** dit que l'article ne s'étend pas à ces sortes d'hypothèques.

L'article est adopté avec cet amendement.

Les articles 71, 72, 73 et 74 sont adoptés.

Le citoyen **Treilhard** fait lecture du chapitre VI, *de l'effet des privilèges et hypothèques contre les tiers détenteurs.*

Les articles 75, 76, 77, 78 et 79 sont adoptés.

L'article 80 est discuté.

Le citoyen **Tronchet** dit que cet article anéantit la discussion à l'égard des hypothèques légales. En effet, le créancier ne peut faire valoir une hypothèque de cette nature tant que son droit n'est pas ouvert; et aussitôt qu'il l'est, l'hypothèque se spécialise.

La disposition ne serait pas juste, même à l'égard des hypothèques conventionnelles; car lorsque le détenteur de l'immeuble engagé indique les autres biens du débiteur, et fait l'avance des frais, il ne doit être troublé que dans le cas où les biens indiqués seraient insuffisants.

Le citoyen **Treilhard** répond que le changement de système a dû amener cette disposition. Autrefois on ne connaissait que des hypothèques générales, et ce système il n'y avait pas de raison pour s'en prendre à un immeuble plutôt qu'à un autre; mais aujourd'hui que la spécialité est admise, l'immeuble grevé d'hypothèque devient le gage direct et exclusif du créancier.

Le citoyen **Tronchet** observe que la question ne peut s'élever que lorsque le créancier a pris inscription sur plusieurs immeubles, car autrement il serait impossible de lui opposer la discussion. Dans cette hypothèse, il est juste de lui rappeler qu'il n'a d'autre intérêt que celui d'être payé qu'ainsi son objet se trouve rempli dès qu'on lui indique des biens sur lesquels il peut prendre sa créance, et qu'on lui avance les frais nécessaires pour en obtenir le paiement.

On a conservé le bénéfice de la discussion aux codébiteurs solidaires et aux cautions : il n'y a pas de motifs de traiter plus durement ceux que l'article concerne.

L'opinant se réduit à demander que lorsque plusieurs immeubles se trouvent grevés d'hypothèques, et que l'un d'eux a été vendu, le créancier exerce ses droits sur ceux qui sont demeurés dans la main de son débiteur.

L'article est renvoyé à la section.

Les articles 81, 82, 83, 84, 85, 86, 87 et 88 sont adoptés.

Le citoyen **Treilhard** fait lecture du chapitre VII, *de l'extinction des priviléges et hypothèques.*

L'article 89 est discuté.

Le citoyen **Berlier** observe de la rédaction de cet article est évidemment vicieuse. Il lui paraît indispensable de rapprocher les diverses causes d'extinction, sauf à expliquer, par un ou plusieurs articles séparés, les modifications propres à la prescription.

L'article est renvoyé à la section.

Le citoyen **Treilhard** fait lecture du chapitre VIII, *du mode de consolider les propriétés et de les purger des priviléges et hypothèques.*

L'article 90 est discuté.

Le citoyen **Jollivet** demande si les actes sous seing privé pourront être présentés à la transcription. La question a été diversement décidée. Le ministre de la justice l'a décidée négativement, et quelques tribunaux affirmativement.

Le consul **Cambacérès** dit que la question a été résolue au titre de *la vente* par la disposition qui attribue aux actes de vente, rédigés sous seing privé, l'effet de transférer la propriété. La conséquence nécessaire de cette disposition est que ces sortes d'actes peuvent être transcrits. Ce serait la rapporter que de décider ici le contraire.

Le citoyen **Jollivet** dit qu'il conviendrait cependant de ne les admettre à la transcription qu'après qu'ils auraient été reconnus devant notaire ou en justice; car, sans cette précaution, il y a lieu de craindre que le vendeur ne se donne un faux crédit, ou qu'il n'y ait un faux ordre, une fausse distribution de deniers.

Le consul **Cambacérès** dit que les lois de police correctionnelle prononcent des peines contre l'escroquerie; que ce n'est pas sous ce rapport que dans le Code civil, on doit s'occuper de la question. Il ne s'agit ici que de décider de la validité de la vente faite sous seing privé. On l'a déclarée valable par une disposition précédente, et cependant, dans le fait, elle serait nulle si l'acte ne pouvait être transcrit, et qu'un acquéreur plus récent pût, en faisant transcrire son contrat, enlever la propriété à l'acquéreur sous seing privé.

L'article est adopté.

Les articles 91 et 92 sont discutés.

Le citoyen **Maleville** demande si l'effet de l'article 91 sera d'investir de la propriété le nouvel acheteur qui aura fait transcrire, au préjudice de l'acheteur plus ancien qui n'aura pas rempli cette formalité. Cet article semblerait le supposer d'abord par la généralité de ses expressions; mais comme l'article suivant dit que, malgré la transcription, l'immeuble ne passe à l'acquéreur qu'avec les droits qui appartenaient au vendeur, et qu'on ne peut pas transférer ce qu'on n'a plus, il n'y a pas lieu de douter si l'article 91 a voulu en effet que le premier acquéreur pût être dépouillé de sa propriété par le seul défaut de transcription; cette disposition présenterait des inconvénients bien graves.

Le citoyen **Treilhard** dit que telle sera la conséquence de l'article.

Il était nécessaire de régler la préférence entre les acquéreurs, dans le cas d'une double vente. L'article veut qu'elle soit accordée à l'acquéreur qui a fait transcrire, sauf le recours de l'autre contre le vendeur.

Le citoyen **Jollivet** ajoute que cette disposition est encore nécessaire pour ôter au vendeur la faculté de charger d'hypothèques l'immeuble vendu.

Le citoyen **Tronchet** dit que c'est précisément cette conséquence qui rend la disposition désastreuse. Elle aurait les effets les plus funestes.

On a vu dans tous les temps des ventes faites par des individus qui n'étaient pas réellement propriétaires; on a vu aussi des ventes doubles faites par le propriétaire véritable; mais les tribunaux, dans tous ces cas, prononçaient entre les parties. Aujourd'hui, et d'après l'article qu'on propose, tout dépend de la transcription; en sorte qu'un citoyen qui aurait acheté et qui posséderait un immeuble depuis dix et depuis vingt ans, mais qui n'aurait pas fait transcrire, serait obligé de le céder à l'acheteur très-récent dont le contrat aurait été transcrit.

Il faut même observer que l'effet de cette étrange disposition n'est pas borné aux ventes faites depuis la loi du 11 brumaire, mais qu'elle embrasse également les ventes antérieures; qu'ainsi il n'y a plus en France une seule propriété dont on ne puisse être dépouillé faute de transcription, en vertu d'une vente faite par un individu qui n'a jamais été propriétaire, pourvu que l'acheteur fasse transcrire le contrat.

Il est impossible de justifier une disposition qui expose à de si grands dangers le droit sacré de propriété, et qui sacrifie un propriétaire légitime à un acquéreur nouveau, à un nouveau créancier.

On ne voit pas quel motif a pu leur faire accorder cette injuste faveur. Que la loi établisse la spécialité des hypothèques, on aperçoit le motif de cette disposition; elle consacre le seul moyen qui existe d'empêcher le prêteur de placer faussement sa confiance dans un gage déjà absorbé par des hypothèques antérieures. Mais celui qui achète n'a pas besoin que la loi pourvoie d'une manière particulière à sa sûreté : il a sous les yeux les titres; il peut vérifier la possession du vendeur. Et ce serait pour le dispenser de cet examen qu'on ne craindrait pas de compromettre la propriété d'un citoyen qui se repose avec sécurité sur un contrat légal!

Cette disposition, à la vérité, n'est pas nouvelle : on l'a empruntée de la loi du 11 brumaire; mais elle n'y avait été placée, comme beaucoup d'autres, que pour l'intérêt du fisc, et sans avoir de droit d'appui dans les principes de la matière; car comment colorer même une préférence évidemment arbitraire, ou plutôt évidemment injuste?

On n'a cessé de répondre à ceux qui répugnaient au système de la transcription, qu'il ne tendait qu'à établir le bilan des fortunes; que la transcription était entièrement facultative.

Voilà, certes, une étrange faculté que celle dont on ne peut user sans s'exposer à perdre son bien!

Le consul **Cambacérès** invite la section à s'expliquer positivement sur ces deux points.

Les ventes faites avant la loi du 11 brumaire seront-elles assujetties à la formalité de la transcription?

La transcription conférera-t-elle la propriété de l'acheteur, même lorsqu'il aura acheté d'un particulier qui n'était pas propriétaire?

Le citoyen **Treilhard** dit que l'article 92 résout la difficulté, en décidant que l'héritage ne passe au nouveau propriétaire qu'avec les droits qui appartiennent au vendeur.

Le citoyen **Tronchet** dit que l'article 92 ne sert qu'à mieux faire ressortir la conséquence de l'article 91.

On commence en effet par établir qu'un contrat de vente non transcrit ne pourra militer avec un contrat transcrit : on dit ensuite que la transcription ne purge pas les priviléges et les hypothèques; il est donc évident qu'elle ne purge la propriété.

On prétend que les intérêts de l'acheteur qui n'a pas fait transcrire sont mis à couvert par le recours qu'on lui réserve contre le vendeur.

Quand on lui accorderait même la poursuite en stellionat, toujours serait-il vrai qu'on le dépouille de sa propriété pour le réduire à une action, et qu'on préfère ainsi au propriétaire légitime l'acquéreur imprudent qui n'a pas pris la peine d'examiner les titres du vendeur.

Le citoyen **Treilhard** répond que l'usage où sont les acquéreurs d'examiner les titres de propriété est déjà une première garantie contre l'abus de l'article 91 ; car certainement ceux qui découvriraient, par cet examen, que le vendeur n'est pas propriétaire, s'abstiendraient d'acheter.

Mais quand on supposerait qu'il se trouve des hommes assez inconsidérés pour acheter sans avoir vérifié les titres, eux seuls porteraient la peine de leur imprudence; elle ne nuirait pas au propriétaire véritable , puisque , d'après l'article 92, ils n'acquièrent sur la chose que les droits que pouvait avoir le vendeur.

Les inconvénients dont on a parlé n'ont donc rien de réel, et ne doivent pas faire rejeter la disposition.

Voici maintenant les raisons qui doivent la faire admettre.

On a voulu que les prêteurs ne fussent pas obligés de se livrer à une confiance aveugle; qu'ils eussent des moyens de vérifier la situation de ceux auxquels ils prêtent leurs capitaux : de là la publicité des hypothèques.

Cependant l'effet de ce système serait manqué, si l'on n'était pas autorisé à regarder comme propriétaire celui qu'on trouve inscrit sous cette qualité.

Si cet individu a vendu son héritage, et que néanmoins il l'engage comme s'il lui appartenait encore, point de doute qu'il ne se rende coupable de stellionat.

Mais sur qui les suites de cette faute doivent-elles retomber ? Sera-ce sur le prêteur qui n'a pu s'éclairer que par l'inspection des registres hypothécaires? Non, sans doute : ce sera sur l'acquéreur qui était obligé de faire connaître son contrat, et qui, pour ne l'avoir pas fait transcrire, a jeté dans l'erreur celui que la loi renvoyait aux registres.

On voudrait qu'un acheteur fût libre de ne pas faire transcrire.

Il peut s'en dispenser ; mais alors il ne lui restera d'autre garantie contre les hypothèques à venir que la moralité de son vendeur.

Au reste, la disposition n'ébranle pas les anciennes acquisitions. Elle n'a d'effet qu'aux hypothèques créées par le vendeur sur une chose dont il s'est dessaisi, et elle donne, en ce cas, la préférence au prêteur qui n'a rien à se reprocher, sur l'acheteur qui ne peut imputer qu'à lui-même

les suites fâcheuses de sa négligence ou de sa crédulité. Elle ne concerne que le vendeur propriétaire véritable, et non le faux propriétaire qui a vendu l'héritage d'autrui. Si le vendeur n'a point la propriété de l'immeuble, la transcription du contrat ne la transmet pas à l'acheteur.

L'article 91 est d'ailleurs un moyen de prévenir la collusion frauduleuse de l'acquéreur et du vendeur, qui, si le contrat suffisait sans la transcription, pourraient se concerter pour faire des dupes en offrant un faux gage.

Le consul **Cambacérès** dit que la rédaction de l'article ne rend pas assez clairement le sens que vient de lui donner le citoyen *Treilhard.*

Elle laisse des doutes sur les contrats antérieurs à la loi du 11 brumaire, et peut-être serait-on porté à penser qu'elle en ordonne la transcription.

D'un autre côté, l'article 92, tel qu'il est rédigé, ne décide pas nettement que la transcription ne transfère pas la propriété à celui qui achète d'une personne non propriétaire. Le mot *droits* qu'il emploie s'applique naturellement aux services fonciers, à l'usufruit et aux autres charges réelles dont l'immeuble peut être grevé; mais dans son sens le plus direct, il ne comprend pas la propriété.

L'opinion du Consul est que l'acheteur doit être forcé de purger les hypothèques, mais que la transcription ne doit pas avoir l'effet de purger la propriété.

A la vérité il est rare qu'un particulier vende sciemment un héritage qui ne lui appartient pas ; cependant ce cas peut se présenter; et d'ailleurs, dans les campagnes, rien n'est plus ordinaire que les empiétements. Si les terres ainsi ajoutées sont vendues avec le fonds, il est juste que la transcription du contrat n'empêche pas le propriétaire de les revendiquer.

Le Consul demande que la rédaction soit réformée, afin que l'article ne laisse aucun doute sur l'intention de la loi.

Le Conseil adopte en principe :

1° Que la disposition de l'article n'est pas applicable aux contrats de vente antérieurs à la loi du 11 brumaire ;

2° Que la transcription du contrat ne transfère pas à l'acheteur la propriété, lorsque le vendeur n'était pas propriétaire.

Les deux articles sont renvoyés à la section pour les rédiger dans le sens des amendements adoptés.

La séance est levée.

Pour extrait conforme :
Le secrétaire général du Conseil d'Etat,
J. G. LOCRÉ.

SÉANCE
DU 12 VENTÔSE AN XII DE LA RÉPUBLIQUE.
(*Samedi 3 mars 1804*).

Le **Premier Consul** préside la séance. Le second et le troisième Consuls sont présents.

Le citoyen **Portalis**, d'après la conférence tenue avec le Tribunat, présente la rédaction définitive du titre XX du livre III du projet de Code civil, *de la prescription.*

Le Conseil l'adopte en ces termes :

DE LA PRESCRIPTION.
CHAPITRE PREMIER.
Dispositions générales.

Art. 1er. « La prescription est un moyen d'ac-

« quérir ou de se libérer par un certain laps de
« temps, et sous les conditions déterminées par
« la loi. »

Art. 2. « On ne peut d'avance renoncer à la
« prescription : on peut renoncer à la prescrip-
« tion acquise. »

Art. 3. « La renonciation à la prescription est
« expresse ou tacite : la renonciation tacite résulte
« d'un fait qui suppose l'abandon du droit acquis. »

Art. 4. « Celui qui ne peut aliéner ne peut re-
« noncer à la prescription acquise. »

Art. 5. « Les juges ne peuvent pas suppléer d'of-
« fice le moyen résultant de la prescription. »

Art. 6. « La prescription peut être opposée en
« tout état de cause, même devant le tribunal
« d'appel, à moins que la partie qui n'aurait pas
« opposé le moyen de la prescription ne doive,
« par les circonstances, être présumée y avoir
« renoncé. »

Art. 7. « Les créanciers, ou toute autre personne
« ayant intérêt à ce que la prescription soit ac-
« quise, peuvent l'opposer, encore que le débiteur
« ou le propriétaire y renonce. »

Art. 8. « On ne peut prescrire le domaine des
« choses qui ne sont point dans le commerce. »

Art. 9. « La nation, les établissements publics
« et les communes sont soumis aux mêmes pres-
« criptions que les particuliers, et peuvent les
« opposer. »

CHAPITRE II.
De la possession.

Art. 10. « La possession est la détention ou la
« jouissance d'une chose ou d'un droit que nous
« tenons ou que nous exerçons par nous-mêmes,
« ou par un autre qui la tient ou qui l'exerce en
« notre nom. »

Art. 11. « Pour pouvoir prescrire, il faut une
« possession continue et non interrompue, pai-
« sible, publique, non équivoque, et à titre de
« propriétaire. »

Art. 12. « On est toujours présumé posséder
« pour soi, et à titre de propriétaire, s'il n'est
« prouvé qu'on a commencé à posséder pour un
« autre. »

Art. 13. « Quand on a commencé à posséder
« pour autrui, on est toujours présumé posséder
« au même titre, s'il n'y a preuve du contraire. »

Art. 14. « Les actes de pure faculté et ceux
« de simple tolérance ne peuvent fonder ni pos-
« session ni prescription. »

Art. 15. « Les actes de violence ne peuvent fon-
« der non plus une possession capable d'opérer la
« prescription.

« La possession utile ne commence que lorsque
« la violence a cessé. »

Art. 16. « Le possesseur actuel qui prouve avoir
« possédé anciennement est présumé avoir pos-
« sédé dans le temps intermédiaire ; sauf la preuve
« contraire. »

Art. 17. « Pour compléter la prescription, on
« peut joindre à sa possession celle de son auteur,
« de quelque manière qu'on lui ait succédé, soit
« à titre universel ou particulier, soit à titre lu-
« cratif ou onéreux. »

CHAPITRE III.
Des causes qui empêchent la prescription.

Art. 18. « Ceux qui possèdent pour autrui ne
« prescrivent jamais, par quelque laps de temps
« que ce soit.

« Ainsi, le fermier, le dépositaire, l'usufruitier
« et tous autres qui détiennent précairement la
« chose du propriétaire, ne peuvent la prescrire. »

Art. 19. « Les héritiers de ceux qui tenaient la
« chose à quelqu'un des titres désignés par l'ar-
« ticle précédent, ne peuvent non plus pres-
« crire. »

Art. 20. « Néanmoins les personnes énoncées
« dans les articles 18 et 19 peuvent prescrire, si
« le titre de leur possession se trouve interverti,
« soit par une cause venant d'un tiers, soit par
« la contradiction qu'elles ont opposée aux droits
« du propriétaire. »

Art. 21. « Ceux à qui les fermiers, dépositaires
« et autres détenteurs précaires, ont transmis la
« chose par un titre translatif de propriété, peu-
« vent la prescrire. »

Art. 22. « On ne peut pas prescrire contre son
« titre, en ce sens que l'on ne peut point se
« changer à soi-même la cause et le principe de
« sa possession. »

Art. 23. « On peut prescrire contre son titre, en
« ce sens que l'on prescrit la libération de l'obli-
« gation que l'on a contractée. »

CHAPITRE IV.
Des causes qui interrompent ou qui suspendent le cours de la prescription.

SECTION PREMIÈRE.
Des causes qui interrompent la prescription.

Art. 24. « La prescription peut être interrompue
« ou naturellement ou civilement. »

Art. 25. « Il y a interruption naturelle, lorsque
« le possesseur est privé, pendant plus d'un an,
« de la jouissance de la chose, soit par l'ancien
« propriétaire, soit même par un tiers. »

Art. 26. « Une citation en justice, un comman-
« dement ou une saisie signifiés à celui qu'on
« veut empêcher de prescrire, forment l'inter-
« ruption civile. »

Art. 27. « La citation en conciliation devant le
« bureau de paix, interrompt la prescription, du
« jour de sa date lorsqu'elle est suivie d'une as-
« signation en justice donnée dans les délais de
« droit. »

Art. 28. « La citation en justice donnée, même
« devant un juge incompétent, interrompt la
« prescription. »

Art. 29· « Si l'assignation est nulle par défaut
« de forme,

« Si le demandeur se désiste de sa demande,

« S'il laisse périmer l'instance,

« Ou si sa demande est rejetée,

« L'interruption est regardée comme non ave-
« nue. »

Art. 30. « La prescription est interrompue par
« la reconnaissance que le débiteur ou le posses-
« seur fait du droit de celui contre lequel il pres-
« crivait. »

Art. 31. « L'interpellation faite, conformément
« aux articles ci-dessus, à l'un des débiteurs so-
« lidaires, ou sa reconnaissance, interrompt la
« prescription contre tous les autres, même
« contre leurs héritiers.

« L'interpellation faite à l'un des héritiers d'un
« débiteur solidaire, ou la reconnaissance de cet
« héritier, n'interrompt pas la prescription à
« l'égard des autres cohéritiers, quand même la
« créance serait hypothécaire, si l'obligation n'est
« indivisible.

« Cette interpellation ou cette reconnaissance
« n'interrompt la prescription, à l'égard des au-
« tres codébiteurs, que pour la part dont cet
« héritier est tenu.

« Pour interrompre la prescription pour le
« tout, à l'égard des autres codébiteurs, il fau

« l'interpellation faite à tous les héritiers du dé-
« biteur décédé, ou la reconnaissance de tous ces
« héritiers. »

Art. 32. « L'interpellation faite au débiteur
« principal, ou sa reconnaissance, interrompt la
« prescription contre la caution. »

SECTION II.
Des causes qui suspendent le cours de la pres-
cription.

Art. 33. « La prescription court contre toutes
« personnes, à moins qu'elles ne soient dans
« quelque exception établie par une loi. »

Art. 34. « La prescription ne court pas contre
« les mineurs et les interdits, sauf ce qui est dit
« à l'article 60 ci-après, et à l'exception des au-
« tres cas déterminés par la loi. »

Art. 35. « Elle ne court point entre époux. »

Art. 36. « La prescription court contre la
« femme mariée, encore qu'elle ne soit point
« séparée par le contrat de mariage ou en justice,
« à l'égard des biens dont le mari a l'adminis-
« tration, sauf son recours contre le mari »

Art. 37. « Néanmoins elle ne court point, pen-
« dant le mariage, à l'égard de l'aliénation d'un
« fonds constitué selon le régime dotal, confor-
« mément à l'article 174, au titre *du contrat de*
« *mariage et des droits respectifs des époux.* »

Art. 38. « La prescription est pareillement sus-
« pendue pendant le mariage :

« 1° Dans le cas où l'action de la femme ne
« pourrait être exercée qu'après une option à
« faire sur l'acceptation ou la renonciation à la
« communauté ;

« 2° Dans le cas où le mari, ayant vendu le
« bien propre de la femme sans son consente-
« ment, est garant de la vente, et dans tous les
« autres cas où l'action de la femme réfléchirait
« contre le mari. »

Art. 39. « La prescription ne court point :

« À l'égard d'une créance qui dépend d'une
« condition, jusqu'à ce que la condition ar-
« rive ;

« À l'égard d'une action en garantie, jusqu'à
« ce que l'éviction ait lieu ;

« À l'égard d'une créance à jour fixe, jusqu'à ce
« que ce jour soit arrivé. »

Art. 40. « La prescription ne court pas contre
« l'héritier bénéficiaire, à l'égard des créances
« qu'il a contre la succession.

« Elle court contre une succession vacante,
« quoique non pourvue de curateur. »

Art. 41. « Elle court encore pendant les trois
« mois pour faire inventaire, et les quarante jours
« pour délibérer. »

CHAPITRE V.
Du temps requis pour prescrire.

SECTION PREMIÈRE.
Dispositions générales.

Art. 42. « La prescription se compte par jours,
« et non par heures. Elle est acquise lorsque le
« dernier jour du terme est accompli. »

Art. 43. « Dans les prescriptions qui s'accom-
« plissent dans un certain nombre de jours, les
« jours complémentaires sont exceptés.

« Dans celles qui s'accomplissent par mois, ce-
« lui de fructidor comprend les jours complémen-
« taires. »

SECTION II.
De la prescription trentenaire.

Art. 44. « Toutes les actions, tant réelles que

personnelles, sont prescrites par trente ans,
« sans que celui qui allègue cette prescription soit
« obligé d'en rapporter un titre, ou qu'on puisse lui
« opposer l'exception déduite de la mauvaise foi. »

Art. 45. « Après vingt-huit ans de la date du
« dernier titre, le débiteur d'une rente peut être
« contraint de fournir à ses frais un titre nouvel
« à son créancier ou à ses ayants cause. »

Art. 46. « Les règles de la prescription sur
« d'autres objets que ceux mentionnés dans le pré-
« sent titre, sont expliquées dans les titres qui
« leur sont propres. »

SECTION III.
De la prescription par dix et vingt ans.

Art. 47. « Celui qui acquiert de bonne foi, et
« par juste titre, un immeuble, en prescrit la
« propriété par dix ans, si le véritable propriétaire
« habite dans le ressort du tribunal d'appel dans
« l'étendue duquel l'immeuble est situé ; et par
« vingt ans, s'il est domicilié hors dudit ressort. »

Art. 48. « Si le véritable propriétaire a eu son
« domicile en différents temps dans le ressort et
« hors du ressort, il faut, pour compléter la pres-
« cription, ajouter à ce qui manque aux dix ans
« de présence, un nombre d'années d'absence
« double de celui qui manque, pour compléter
« les dix années de présence. »

Art. 49. « Le titre nul par défaut de forme ne
« peut servir de base à la prescription de dix et
« vingt ans. »

Art. 50. « La bonne foi est toujours présumée,
« et c'est à celui qui allègue la mauvaise foi à la
« prouver. »

Art. 51. « Il suffit que la bonne foi ait existé au
« moment de l'acquisition. »

Art. 52. « Après dix ans, l'architecte et les en-
« trepreneurs sont déchargés de la garantie des
« gros ouvrages qu'ils ont faits ou dirigés. »

SECTION IV.
De quelques prescriptions particulières.

Art. 53. « L'action des maîtres et instituteurs
« des sciences et arts, pour les leçons qu'ils don-
« nent au mois ;

« Celle des hôteliers et traiteurs, à raison du
« logement et de la nourriture qu'ils fournissent ;

« Celle des ouvriers et gens de travail, pour le
« paiement de leurs journées, fournitures et sa-
« laires,

« Se prescrivent par six mois. »

Art. 54. « L'action des médecins, chirurgiens
« et apothicaires, pour leurs visites, opérations
« et médicaments ;

« Celle des huissiers, pour le salaire des actes
« qu'ils signifient, et des commissions qu'ils exé-
« cutent ;

« Celle des marchands, pour les marchandises
« qu'ils vendent aux particuliers non marchands ;

« Celle des maîtres de pension, pour le prix de
« la pension de leurs élèves ; et des autres maîtres,
« pour le prix de l'apprentissage ;

« Celle des domestiques qui se louent à l'année,
« pour le paiement de leur salaire,

« Se prescrivent par un an. »

Art. 55. « L'action des avoués, pour le paie-
« ment de leurs frais et salaires, se prescrit par
« deux ans, à compter du jugement des procès,
« ou de la conciliation des parties, ou depuis la
« révocation desdits avoués. À l'égard des affaires
« non terminées, ils ne peuvent former de de-
« mandes pour leurs frais et salaires qui remon-
« teraient à plus de cinq ans. »

Art. 56. « La prescription, dans les cas ci-des-

« sus, a lieu, quoiqu'il y ait eu continuation de
« fournitures, livraisons, services et travaux.

« Elle ne cesse de courir que lorsqu'il y a eu
« un compte arrêté, cédule ou obligation , ou ci-
« tation en justice non périmée. »

Art. 57. « Néanmoins ceux auxquels ces pres-
« criptions seront opposées peuvent déférer le
« serment à ceux qui les opposent, sur la ques-
« tion de savoir si la chose a été réellement payée.

« Le serment pourra être déféré aux veuves et
« héritiers, ou aux tuteurs de ces derniers, s'ils
« sont mineurs, pour qu'ils aient à déclarer s'ils
« ne savent pas que la chose soit due. »

Art. 58. « Les juges et avoués sont déchargés
« des pièces cinq ans avant le jugement des
« procès ;

« Les huissiers, après deux ans, depuis l'exé-
« cution de la commission, ou la signification des
« actes dont ils étaient chargés, en sont pareil-
« lement déchargés. »

Art. 59. « Les arrérages de rentes perpétuelles
« et viagères ;

« Ceux des pensions alimentaires ;

« Les loyers des maisons, et le prix de ferme
« des biens ruraux ;

« Les intérêts des sommes prêtées, et généra-
« lement tout ce qui est payable par année ou à
« des termes périodiques plus courts,

« Se prescrivent par cinq ans. »

Art. 60. « Les prescriptions dont il s'agit dans
« les articles de la présente section, courent con-
« tre les mineurs et interdits, sauf leur recours
« contre leurs tuteurs. »

Art. 61. « En fait de meubles, la possession
« vaut titre.

« Néanmoins celui qui a perdu ou auquel il a
« été volé une chose peut la revendiquer pendant
« trois ans, à compter du jour de la perte ou du
« vol, contre celui dans les mains duquel il la
« trouve; sauf à celui-ci d'exercer son recours
« contre celui duquel il la tient. »

Art. 62. « Si le possesseur actuel de la chose
« volée ou perdue, l'a achetée dans une foire ou
« dans un marché, ou dans une vente publi-
« que, ou d'un marchand vendant des choses pa-
« reilles, le propriétaire originaire ne peut se la
« faire rendre qu'en remboursant au possesseur
« le prix qu'elle lui a coûté. »

Art. 63. « Les prescriptions commencées à l'épo-
« que de la publication du présent titre seront
« réglées conformément aux lois anciennes.

« Néanmoins les prescriptions alors commen-
« cées, et pour lesquelles il faudrait encore, sui-
« vant les anciennes lois, plus de trente ans à
« compter de la même époque, seront accomplies
« par ce laps de trente ans. »

Le citoyen **Gally**, nommé par le Premier Consul, avec les citoyens **Réal** et **Najac**, pour présenter au Corps législatif, dans sa séance du
11 ventôse, le titre XV du livre III du projet de Code
civil, *du prêt*, et pour en soutenir la discussion dans sa séance du 18 du même mois, dépose sur le bureau l'exposé des motifs de ce projet.

Cet exposé est ainsi conçu :

« Citoyens législateurs,

« Le Gouvernement vous a présenté, ces jours
passés, les titres de *la vente*, de *l'échange* et du
louage.

« On ne peut pas toujours acheter, échanger ou
louer pour avoir certaines choses dont nous man-
quons et dont nous avons besoin. Ce fut donc une
suite de notre liaison, de notre humanité, de nous
accommoder les uns avec les autres, et de nous
aider mutuellement par divers moyens, notam-

ment par celui *du prêt* (1).

« C'est la matière du projet de loi qui vous est
soumis aujourd'hui. Il est divisé en trois chapitres. Le premier traite *du prêt à usage* ou *commodat* ; le second, *du prêt de consommation* ou *simple
prêt* ; le troisième, *du prêt à intérêt*.

« L'article 2 nous donne la définition du prêt à
usage ou commodat : « C'est un contrat par lequel
« l'une des parties livre une chose à l'autre pour
« s'en servir, à la charge par le preneur de la
« rendre après s'en être servi. »

« Le prêt à usage n'est pas un contrat commutatif, il est entièrement lucratif vis-à-vis de l'emprunteur (2).

« Aussi les jurisconsultes placent-ils ce contrat
parmi les contrats de bienfaisance, étant de son
essence d'être gratuit (3).

« Notez bien ces dernières paroles : *à la charge
de la rendre après s'en être servi;* autrement ce
serait, non pas un prêt à usage, non pas un commodat, mais *un précaire.*

« *Præcarium est, quod precibus petenti utendum
conceditur tamdiù quamdiu is qui concessit patitur* (4).

« L'article 3 nous dit que « ce prêt est essen-
« tiellement gratuit. » Et, en effet, s'il y avait un
prix, ce serait un louage, § 11. *Inst. quib. mod. re
const. oblig.* Ib : *Commodat res tunc proprie intel-
ligitur, si nullâ mercede acceptâ vel constitutâ res
utenda data est.... Gratuitum enim debet esse com-
modatum.*

« L'article 12 porte que « l'emprunteur ne peut
« pas retenir la chose par compensation de ce
« que le prêteur lui doit. « *Pretextu debiti resti-
« tutio commodati non probabiliter excusatur. L.*
« *ult. Cod. Commodati.* »

« L'article 15 s'exprime ainsi : « Le prêteur ne
« peut retirer la chose prêtée qu'après le terme
« convenu, ou, à défaut de convention, qu'après
« qu'elle a servi à l'usage pour lequel elle a été
« empruntée. »

« C'est aussi la doctrine du texte dans la loi 17,
§ 3, ff. *Commodati,* où cette opinion est confirmée
par l'exemple du mandat. Ib : *Voluntatis est sus-
cipere mandatum, necessitatis consummare.* C'est
une suite du principe général : *Quæ sunt ab initio
nudæ voluntatis, sæpius fiunt postea necessitatis* (5).

« Néanmoins, dit l'article 16, « si, pendant ce
« délai, ou avant que le besoin de l'emprunteur
« ait cessé, il survient au prêteur un besoin pres-
« sant et imprévu de sa chose, le juge peut, sui-
« vant les circonstances, obliger l'emprunteur à
« la lui rendre. »

« C'est ici une disposition pleine d'équité. Elle
présume, s'il survient au prêteur un besoin pressant et imprévu, la condition tacite de pouvoir
résoudre le *commodat*, et demander que la chose
lui soit rendue, quoique avant l'expiration du
temps pour lequel il l'a prêtée, ou avant que le
besoin de l'emprunteur ait cessé.

« Observez en outre que cette faculté n'est pas
absolue en faveur du prêteur; elle dépend du
juge, par qui elle peut être accordée ou refusée
suivant les circonstances qu'il doit peser.

« L'on n'ignore pas l'aphorisme de Bacon :

___

(1) Domat, *Lois civiles,* liv. Ier, tit. V, *du Prêt à
usage,* page 55, colonnes 1re et 2e ; édition de Paris, 1781.

(2) Pothier, tome II, *du Prêt à usage,* page 701,
édition d'Orléans, 1781.

(3) *Idem,* p. 669 et 671.
Puffendorff, liv. V, § VI, du *Droit de la Nature et
des Gens.*

(4) L. Iere, ff. de *Prest.* L. II, § ult. Cod.

(5) L. 17, § 3, ff. *Commodati.*

Optima est lex quæ minimùm relinquit arbitrio judicis : optimus judex qui minimùm sibi (1).

« Mais cela n'empêche aucunement de laisser cette affaire à la discrétion du juge, c'est-à-dire rien n'empêche de donner au juge quelque degré de latitude pour qu'il puisse délibérer dans sa sagesse s'il doit ou non obliger l'emprunteur à rendre la chose avant le terme convenu, ou avant que le besoin de l'emprunteur ait cessé.

« L'article 19 définit le prêt de consommation ; on ne peut prêter à usage les choses qui se consomment par l'usage, comme du blé, du vin, de l'huile et autres denrées : *Non potest commodari id quod usu consummitur* (2).

« L'article 26 porte que « le prêteur ne peut pas « redemander les choses prêtées avant le terme « convenu. »

« S'il n'a pas été, dit l'article 27, fixé de terme « pour la restitution, le juge peut accorder à l'em-« prunteur un délai suivant les circonstances. »

« L'article 28 ajoute que « s'il a été seulement « convenu que l'emprunteur paierait quand il le « pourrait, ou quand il en aurait les moyens, le « juge lui fixera un terme de paiement suivant « les circonstances. »

« Voilà d'autres latitudes bien sagement confiées à la prudence du juge, ainsi que je l'ai déjà observé à l'égard de l'article 16.

« Le prêt à intérêt est l'objet des articles 32 et suivants. « Il est permis, porte l'article 32 de « stipuler des intérêts pour simple prêt, soit « d'argent, soit de denrées ou autres choses mo-« bilières. »

« Puffendorff dit (3) qu'il était défendu de prêter à usure, de Juif à Juif, pour deux raisons politiques, l'une tirée du naturel de ce peuple, l'autre de la constitution du gouvernement ; mais qu'il leur était permis de mettre en usage toute leur adresse dans le commerce à l'égard des étrangers..... D'ailleurs, en ce temps-là, tous les revenus des Israélites se tiraient du bétail, de l'agriculture ou du travail des artisans. Le commerce y était aussi fort simple et fort petit, les secrets du négoce et l'usage de la navigation ne leur étant pas encore connus comme ils l'étaient des plupart des nations voisines.

« Dans un pays où les choses sont sur ce pied, tous ceux qui empruntent ne le font que parce que la nécessité et l'indigence les y réduisent.

« Le même auteur ajoute que c'est en vain qu'on objecte que la monnaie étant de sa nature une chose stérile qui ne sert de rien aux besoins de la vie, on ne doit rien exiger pour l'usage d'un argent prêté. Car, dit-il, quoiqu'une pièce de monnaie n'en produise pas par elle-même physiquement une autre semblable, néanmoins depuis l'on a attaché à la monnaie *un prix éminent,* l'industrie humaine rend l'argent très-fécond, puisqu'il sert à acquérir bien des choses qui produisent ou *des fruits naturels* ou *des fruits civils* (4) ; et

c'est au rang de ces derniers qu'il met les intérêts qu'un débiteur paie à son créancier.

« Par suite de ce sentiment, un auteur célèbre, d'une fameuse contrée d'Italie (1), nous observe que l'intérêt ne s'exige pas comme un fruit de l'argent, mais bien comme le prix de la commodité et de l'avantage qui en résulte à celui qui prend l'argent à prêt.

« Effectivement, on a considéré l'intérêt comme une indemnité juste des bénéfices que le prêteur aurait pu tirer de son argent s'il s'en était réservé l'usage (2).

« Le même auteur italien, *Antoine Genovesi,* voudrait cependant que le taux de l'intérêt fût modique, parce que cette modicité invite et engage plusieurs personnes à emprunter de l'argent pour le verser ensuite dans des ouvrages d'industrie, dans la culture des champs, dans l'éducation des animaux, dans des manufactures, dans le commerce (3).

« L'article 34 est d'une extrême sagesse. Il porte : « L'intérêt est légal ou conventionnel. L'intérêt « légal est fixé par la loi. L'intérêt conventionnel « peut excéder celui de la loi toutes les fois que « la loi ne le prohibe pas. »

« Oui, il appartient à la loi de fixer l'intérêt légal, et il lui appartient également de prohiber l'intérêt conventionnel, si les circonstances permettent une telle prohibition.

« A l'égard de l'intérêt conventionnel, on doit considérer que celui qui stipule des intérêts les évalue d'après les bénéfices ordinaires que peuvent lui donner les moyens d'emploi qui existent (4).

« Mais les circonstances faisant varier l'espoir de ces bénéfices, la loi ne peut les prendre pour base d'une règle générale sur la fixation de l'intérêt.

« Et c'est de là qu'il faut conclure que la loi devant se régler sur les circonstances qui changent et qui varient, elle ne peut être invariable (5).

« Locke, dans ses *Lettres sur la monnaie,* croyait que le taux de l'intérêt ne devait jamais être déterminé par des lois particulières, mais devait être abandonné à l'estimation, au vœu et à la volonté publique (6).

« Quoi qu'il en soit de son opinion, la disposition de notre Code n'est pas moins bonne et moins juste : c'est ce qu'on fait d'autres nations ; c'est ce qui fut fait en Piémont par le manifeste du ci-devant Sénat, du 24 avril 1767.

« Et d'ailleurs Tive-Live (7) avait dit : *Nulla lex satis commoda omnibus est ; in modo quæritur si majori parti et in summum prodest.*

« L'article 40 porte « que le capital de la rente « constituée en perpétuel devient aussi exigible « en cas de faillite ou de déconfiture du débi-« teur. »

---

(1) *De dignitate et augmentis scientiarum,* aphorisme 46.

(2) L. 3, *ult.* ff. *Commod.* Domat, page 42, art. 4, et page 56, art. 6.

(3) Tome II, liv. V, chap. VIII, *du Droit de la Nature et des Gens.*

(4) Voyez *Pothier,* tome II, pages 765, 766, 768 et 769, §§ 118, 119, 124 et 126. Où il est fait mention des intérêts, *ratione* AUT *damni emergentis,* AUT *lucri cessantis,* AUT *periculi sortis, a mutuante suscepti.*

En Piémont, il s'est introduit depuis longtemps la présomption du DAMNUM EMERGENS ou LUCRUM CESSANS, *ne lites ex litibus fiant ut contingeret si lucri cessantis, vel damni emergentis specifica et præcisa exigeretur probatio.* C'est le ci-devant Sénat de Pié-

mont qui parle dans sa décision du 10 décembre 1744, *referente Honorato.*

(1) *Antoine Genovesi,* de Naples, *Lezioni di commercio,* tome II, page 184, édition de Bassano, 1769.

(2) Procès-verbaux du Conseil d'État, contenant la discussion du projet de Code civil, séance du 7 pluviôse an XII.

(3) *Genovesi,* page 84.

(4) C'est par cette raison qu'autrefois la législation fixait à cinq pour cent l'intérêt de l'argent, parce que c'était le bénéfice de tout ordinaire emploi de fonds *.

(5) Procès-verbaux de la discussion du projet de Code civil, pages 617 et 618.

(6) Voyez aussi *Genovesi,* tome II, page 168.

(7) XXXIV. chap. III.

* Procès-verbaux de la discussion du projet de Code civil.

« Cette disposition est très-juste, et basée d'après les principes reçus en France et partout ailleurs.

« Quant à l'article 41, qui est le dernier du titre. il y est dit « que les règles concernant les « rentes viagères sont établies au titre *des con-* « *trats aléatoires.* »

« La compilation du Code civil touche à sa fin, le temps de sa publication s'approche : c'est aux soins du Gouvernement que la France en sera redevable; c'est à la sollicitude paternelle du premier magistrat que nous devrons ce bénéfice; c'est lui qui, autant par son activité que par ses mûres réflexions, l'a porté à ce point de bonté et de sagesse où il est parvenu; c'est son zèle qui lui a fait accélérer un ouvrage qui fera à jamais la félicité du peuple et la gloire du Gouvernement. »

Le citoyen **Berlier,** nommé par le Premier Consul, avec les citoyens **Sainte-Suzanne** et **Dubois,** pour présenter au Corps législatif, dans sa séance de ce jour, le titre XVI du livre III du projet de Code civil, *du mandat,* et pour en soutenir la discussion dans sa séance du 19 ventôse, dépose sur le bureau l'exposé des motifs de ce titre.

Cet exposé est ainsi conçu :

« Citoyens législateurs,

« S'il est dans les affections naturelles de l'homme et dans l'ordre commun de ses habitudes qu'il pourvoie lui-même à ses propres affaires, les maladies, l'absence, les obstacles de tous genres qui prennent leur source et dans la nature et dans l'état social, l'obligent souvent à confier à autrui ce que tant de causes viennent l'empêcher de faire en personne.

« De là le *mandat,* objet du titre que nous venons vous présenter aujourd'hui.

« Le contrat de mandat, comme tous les autres contrats, repose essentiellement sur la volonté réciproquement manifestée des parties qui le forment.

« Ainsi le seul pouvoir donné ne constitue point le contrat, s'il n'a été accepté expressément ou tacitement, et réciproquement; sans ce pouvoir, la simple gestion d'un tiers ne le constitue point mandataire.

« Dans ce dernier cas, le maître de la chose peut bien poursuivre le gérant à raison de sa gestion, de même que celui-ci peut réclamer ses avances et même des indemnités s'il a géré utilement pour le propriétaire; mais ces actions n'appartiennent point au contrat qui est l'objet de cette discussion.

« De sa nature, le mandat est gratuit; c'est un office de l'amitié : ainsi le définit le droit romain (1), et notre projet lui conserve ce noble caractère.

« Cependant cette règle tournerait souvent au détriment de la société, si elle était tellement absolue qu'on ne pût y déroger par une stipulation expresse.

« Cette stipulation sera donc permise, car elle n'a rien de contraire aux bonnes mœurs; et même elle sera d'une exacte justice toutes les fois que le mandataire n'aura point assez de fortune pour faire à son ami le sacrifice de son temps et de ses soins, circonstance qui peut arriver souvent, et dans laquelle la rétribution sera moins un lucre qu'une indemnité.

« Le mandataire devra se renfermer strictement dans les termes de sa procuration.

« Si le mandat spécifie les actes qui en sont l'objet, cette spécification deviendra la mesure

précise des pouvoirs conférés par le mandant; et tout ce qui serait fait au delà sera nul.

« Rien de plus simple ni de plus facile que l'application de cette règle, quand elle sera tracée par le contrat même; mais comment fixera-t-on le sens et l'étendue des mandats conçus en termes généraux?

« Parmi les divers modes de constituer de tels mandats, il en est deux qui méritaient une attention particulière, comme plus usités; savoir, la faculté de faire *tout ce que le mandataire jugera convenable aux intérêts du mandant,* ou celle de faire *tous les actes que le mandant pourrait faire lui-même.*

« Dans l'examen de ces deux locutions, on a vu des jurisconsultes renfermer l'effet de la première dans les simples actes d'administration, et attribuer à la seconde des effets plus étendus, et notamment la faculté de disposer de la propriété même.

« On n'a pas suivi cette distinction; car en matière de propriété l'on ne doit pas facilement présumer qu'on ait voulu remettre à un tiers le pouvoir d'en disposer; et si on l'a voulu, il est si facile de l'exprimer formellement, que la loi peut bien en imposer l'obligation, seul moyen de prévenir toute équivoque et d'obvier aux surprises et aux erreurs.

« Ainsi, en suivant et expliquant à cet égard les dispositions du droit romain (1), tout mandat conçu en termes généraux n'embrassera que les actes d'administration; et s'il s'agit d'aliéner ou hypothéquer, ou de quelque autre acte de propriété, le mandat devra être exprès.

« Les femmes mariées et les mineurs émancipés pourront être mandataires; cette aptitude, qui n'est pas de droit nouveau, trouve sa cause dans la faveur due à tous les développements d'une juste confiance.

« Celui qui remet ses intérêts à une personne de cette qualité a jugé sa capacité suffisante, et la loi peut adhérer à ce jugement, pourvu que les intérêts de la femme mariée et du mineur (mandataire) n'en reçoivent aucune atteinte, et que leur condition n'en soit pas changée; car le mandant ne saurait avoir contre eux les mêmes actions que contre les personnes qui jouissent de tous leurs droits.

« Avec de telles précautions, la faculté dont il s'agit a semblé exempte de tout inconvénient, même en n'astreignant point la femme mariée à se munir de l'autorisation de son mari; car ici la question n'est pas de savoir si le mari pourra s'opposer à ce que la femme reçoive ou exécute le mandat (il a incontestablement ce droit), mais si, à défaut d'une autorisation préalable et expresse, le mandat et ses effets seront nuls à l'égard des tiers et du mandant lui-même.

« Une réflexion bien simple lève cette difficulté. En effet, si le mari laisse sa femme exécuter le mandat, il est réputé y consentir; et si des absences ou d'autres empêchements de cette nature écartent cette présomption, comment, en ce cas, la femme pourrait-elle se pourvoir d'une autorisation? Et pourquoi lui lierait-on les mains pour un acte qui ne peut blesser ni ses intérêts ni les droits de son mari, puisqu'on n'aura d'action contre elle que conformément aux règles établies au titre du *contrat de mariage et des droits respectifs des époux?*

« Citoyens législateurs, je viens de parcourir les dispositions du projet, qui composent son pre-

---

(1) L. 1. § ult. ff. *Mand.*

(1) LL. LX et LXIII, ff. *de Procur.*

mier chapitre, intitulé : *de la nature et de la forme du mandat ;* je vais maintenant vous entretenir des obligations qui en naissent.

« Ces obligations sont de deux sortes : les unes sont imposées au mandataire, les autres au mandant.

« Le mandataire doit pourvoir à l'objet du mandat, rendre compte de sa gestion, et même indemniser le mandant s'il lui a causé du dommage ; car s'il était loisible au premier de ne pas accepter le mandat, il ne lui était plus permis, après l'avoir accepté, de ne pas remplir convenablement sa charge.

« Cependant, en cas de fautes suivies de dommages, on fera une distinction entre le mandataire salarié et celui qui ne l'est pas ; car on sent que celui qui reçoit un salaire est plus rigoureusement que l'autre astreint à tous les soins que la chose comporte.

« Responsable de ses faits, le mandataire pourra être tenu même des faits d'autrui, en certains cas : comme si, par exemple, il s'est substitué quelqu'un sans y être autorisé, ou si, n'ayant à ce sujet qu'une autorisation générale, il a fait choix d'une personne notoirement incapable ou insolvable.

« Il devra aussi à son mandant l'intérêt des sommes qu'il aurait touchées comme mandataire et employées à son propre usage.

« Enfin, et outre les actions qui peuvent être exercées contre lui de la part du mandant, le mandataire est encore soumis à celle des tiers, s'il a excédé les termes du mandat sans le leur faire connaître ; car, s'ils l'ont connu, la faute commune exclut toute action en garantie pour ce qui a été fait au delà, à moins que le mandataire ne s'y soit personnellement obligé.

« Toutes ces règles, déduites de la simple équité, sont assez justifiées par l'heureuse application qui en est faite depuis bien des siècles.

« Il faut en dire autant des obligations du mandant.

« Exécuter envers les tiers ce qu'a fait avec eux, ou ce que leur a promis le mandataire agissant dans les limites de ses pouvoirs ; rembourser à celui-ci ses frais et avances ; l'indemniser des pertes qu'il aura souffertes à l'occasion du mandat, et payer au mandataire l'intérêt des sommes que celui-ci aurait personnellement avancées, même ses salaires, s'il lui en a été promis : tels sont les devoirs du mandant.

« S'il y a plusieurs mandants pour une affaire commune, ils seront solidairement tenus envers le mandataire.

« Cette disposition, tirée du droit romain (1), n'implique point contradiction avec celle qui statue que lorsqu'il y a plusieurs mandataires, ils ne sont tenus chacun que pour ce qui les concerne ; car s'il est juste que, dans un acte officieux et souvent gratuit, celui qui rend le service ait une action solidaire contre ceux qui tirent d'un mandat un profit commun, il serait injuste de le charger du fait d'autrui sans une convention expresse : l'extrême différence de ces deux situations ne permet pas de conclure de l'une à l'autre.

« Je viens, citoyens législateurs, de retracer les obligations respectives du mandataire et du mandant ; il me reste à examiner de quelle manière le contrat se dissout.

« Je n'arrêterai point votre attention sur les causes qui le dissolvent nécessairement, telles que la mort naturelle ou civile, l'interdiction ou la

(2) L. LIX, § 3, ff. *Mand.*

déconfiture, soit du mandant, soit du mandataire.

« J'observerai seulement qu'après la mort du mandant les actes passés par le mandataire dans l'ignorance de cet événement sont valides, et qu'après la mort du mandataire, ses héritiers ne sont pas dès l'instant même dégagés de toute obligation envers le mandant, puisqu'ils doivent l'avertir du décès, et pourvoir dans l'intervalle aux choses urgentes.

« Dans cette double hypothèse, l'équité proroge l'effet du mandat.

« Mais ce n'est point seulement par les causes qu'on vient de désigner que le mandat finit.

« Quand un homme confie ses intérêts à un autre, il est toujours sous-entendu que celui-ci n'en restera chargé qu'autant que la confiance qui lui a été accordée continuera ; car le mandant n'aliène ni à perpétuité, ni même à temps, le plein exercice de ses droits, et le mandat cesse quand il plaît au mandant de notifier son changement de volonté.

« Il cesse de même quand le mandataire veut se rédimer de cette charge ; cependant, si le moment était évidemment inopportun et qu'il dût en résulter du préjudice pour le mandant, celui-ci devra en être indemnisé.

« L'obligation où est le mandataire d'indemniser le mandant dans le cas posé, n'admet qu'une exception. Cette exception a lieu si le mandataire établit qu'il n'a pu continuer de gérer les affaires du mandant sans éprouver lui-même des pertes considérables ; car la loi ne saurait, sans faire violence aux affections humaines, frapper celui qui, dans le péril imminent de sa chose et de celle d'autrui, aura voulu préserver la sienne.

« Il ne suffit pas, au reste, que le mandat ait été révoqué par le mandant, ou qu'il y ait été renoncé par le mandataire, pour qu'il cesse à l'égard des tiers de bonne foi.

« En effet, si après la révocation notifiée au mandataire, mais avant que celui-ci ait remis le titre qui contient ses pouvoirs, il en use encore pour traiter avec des tiers qu'on ne puisse soupçonner de connivence avec lui, de tels actes devront être exécutés ; car le mandant doit s'imputer d'avoir, dès le principe, mal placé sa confiance, et des tiers de bonne foi ne sauraient être victimes de cette première faute qui leur est étrangère. Le mandant est donc en ce cas valablement engagé envers eux, sauf son recours contre le mandataire.

« Citoyens législateurs, j'ai terminé l'exposé des motifs qui ont dicté les dispositions du projet de loi soumis en ce moment à votre sanction.

« Dans une telle matière, dont les principes étaient fixés depuis longtemps, il était difficile, et il eût été imprudent peut-être, de vouloir innover.

« L'idée heureuse et féconde de réunir en un seul corps les lois civiles du peuple français a donc seule imposé le devoir de recueillir sur le *mandat* les règles qui lui étaient propres, pour les joindre à cette imposante collection.

« Si, sans être nouvelles, elles ont l'avantage d'être simples, et surtout d'être justes, elles obtiendront encore une place honorable à côté de celles que vous avez déjà décrétées. »

On reprend la discussion du titre VI du livre III du projet de Code civil, *des priviléges et hypothèques.*

L'article 93, au chapitre VIII, *du mode de consolider les propriétés et de les purger des priviléges et hypothèques,* est discuté.

Le consul **Cambacérès** dit que cet article renouvelle la disposition de la loi du 11 brumaire, qui rendait l'acquéreur responsable de la totalité des dettes dont l'immeuble était chargé ; que cette disposition a toujours été critiquée, comme beaucoup trop sévère, attendu qu'il convient de laisser à l'acheteur l'alternative ou de payer les dettes, ou de déguerpir l'héritage.

Le citoyen **Treilhard** dit qu'il n'a pas été dans l'intention de la section de la lui refuser. Elle a seulement voulu lui offrir un moyen de purger les hypothèques, et dans le cas où il n'en userait pas, qu'il fût tenu de payer ou de déguerpir.

Le citoyen **Tronchet** fait une observation sur le n° 3 de l'article.

Il dit que la loi du 11 brumaire dispensait ceux qui voulaient purger leurs hypothèques de payer à l'instant les créances non exigibles, et que cette disposition jetait beaucoup d'embarras dans les liquidations. Par exemple, s'il existait sur un immeuble trois créances hypothécaires, l'une de 15 mille francs, l'autre de cinq mille et l'autre de dix mille francs, et que la deuxième ne fût pas exigible, le premier créancier était payé, le second s'opposait à ce que le troisième le fût, attendu que, s'il permettait ce paiement et que le bien vînt à diminuer de valeur, il courait le hasard de ne plus trouver dans le gage une sûreté suffisante pour le recouvrement de sa créance. On a vu tel ordre qu'il a été impossible de terminer, parce qu'il se composait de beaucoup de créances exigibles et non exigibles qui se trouvaient entremêlées.

Il serait donc utile d'abandonner ce système, et de décider que l'acquéreur qui voudra purger les hypothèques sera tenu de payer toutes les créances exigibles ou non.

Le citoyen **Treilhard** dit que ce point a été convenu dans la section, et que c'est dans cette vue qu'on s'est servi des expressions *acquitter sur-le-champ*, et qu'on n'a point fait de distinction entre les dettes exigibles et non exigibles.

L'article est adopté sauf rédaction.

L'article 94 est adopté.

L'article 95 est discuté.

Le citoyen **Jollivet** demande qu'on ajoute au n° 5 de cet article, *jusqu'à concurrence du prix et des charges.*

Cet amendement est adopté.

Le citoyen **Bérenger** observe qu'on donne au créancier un délai trop court ; il lui sera difficile de s'instruire, dans un temps moindre de trois mois, du prix et des conditions de la vente.

Le citoyen **Tronchet** dit que ce délai serait trop long. L'un des plus grands inconvénients des formes actuelles est qu'un acquéreur ne peut parvenir à se libérer.

L'article est adopté avec l'amendement du citoyen *Jollivet.*

L'article 96 est discuté.

Le citoyen **Tronchet** dit que cet article forcerait l'acquéreur d'attendre la confection de l'ordre, c'est-à-dire une époque souvent fort reculée, avant de pouvoir se libérer. Il convient donc de l'autoriser à consigner le prix.

L'article est adopté avec cet amendement.

L'article 97 est adopté.

L'article 98 est discuté.

Le citoyen **Dupuy** demande que cet article soumette l'acquéreur à payer également les impenses et améliorations.

Le citoyen **Treilhard** répond que cette obligation étant de droit commun, il devient inutile de l'exprimer.

L'article est adopté.

Les articles 99, 100, 101 et 102 sont adoptés.

Le citoyen **Treilhard** fait lecture du chapitre XI, *du mode de purger les hypothèques légales des femmes et des mineurs, quand il n'existe pas d'inscription sur les biens des maris et des tuteurs.*

L'article 103 est adopté.

L'article 104 est discuté.

Le citoyen **Tronchet** propose d'ajouter que les maris et les tuteurs seront tenus de signifier le contrat au commissaire du Gouvernement, et que ce dernier requerra l'inscription.

Le citoyen **Maleville** dit que cet amendement est nécessaire pour mettre la disposition en harmonie avec le système des hypothèques légales. Il serait même utile d'aller plus loin et d'obliger le mari de dénoncer le contrat à la femme, et le tuteur de le dénoncer à ceux qui l'ont nommé. Il faut en un mot prendre toutes les précautions possibles pour ne pas enlever à la femme et aux mineurs, par l'article en discussion, l'hypothèque de droit et sans inscription que l'article 44 leur assure.

Ce qui a fait introduire l'hypothèque légale des femmes mariées et des mineurs, c'est que, ne pouvant agir par eux-mêmes pour la conservation de leurs droits, ils ne devaient pas souffrir de la négligence d'un tiers : mais la femme, depuis et pendant le mariage, les mineurs, tant que dure la tutelle, sont-ils en meilleure position pour veiller à leurs intérêts qu'à l'époque du contrat de mariage ou de la nomination du tuteur ?

Le consul **Cambacérès** pense aussi que la disposition n'est pas concordante avec le système des hypothèques légales ; mais les moyens proposés lui paraissent insuffisants.

On a établi, dit-il, que les hypothèques légales existent de plein droit, et que les inscriptions n'ont d'autre objet que d'en avertir les tiers. Cependant l'article 105 décide que ces hypothèques sont purgées dans le cas de la vente, si dans le délai de deux mois il n'a pas été informé d'inscriptions pour les conserver, et c'est afin de donner l'éveil à ceux par qui elles doivent être prises que l'article 104 ordonne le dépôt du contrat. Peut-être n'est-ce pas faire assez pour la sûreté des femmes et des mineurs, et, pour compléter le système de précautions, faudrait-il obliger l'acquéreur à veiller à l'emploi du prix sous peine de répondre de sa négligence ?

Le citoyen **Treilhard** répond que lorsque les inscriptions sont formées, et que l'acquéreur est averti des hypothèques dont l'immeuble se trouve grevé, tout rentre dans le droit commun et doit être réglé par les principes généraux.

Le citoyen **Tronchet** demande si l'acquéreur purgera également les hypothèques qui répondent des droits éventuels.

Le citoyen **Treilhard** répond que les fonds qui en répondent demeurent dans la main de l'acquéreur où ils sont déposés.

Le citoyen **Tronchet** observe que quelquefois des contrats de mariage contiennent des donations éventuelles et sous la condition de survie, lesquelles peuvent ne jamais s'ouvrir, et dont il est impossible d'évaluer à l'avance le montant.

Il conviendrait donc d'établir une réserve pour les droits non ouverts.

Le citoyen **Treilhard** dit que l'immeuble demeure grevé de ces sortes de charges ; que néanmoins l'acquéreur est en sûreté, s'il prend la précaution de retenir le prix.

Le citoyen **Maleville** observe que si ces charges subsistent, l'immeuble n'est donc pas libéré.

Le citoyen **Treilhard** répond qu'il demeure grevé, mais que l'acquéreur a ses sûretés.

Le citoyen **Jollivet** observe que le donataire sous condition de survie ne prend que ce qui reste des biens du donateur.

Le citoyen **Bigot-Préameneu** dit que l'équivoque vient ici du mot *purger;* il n'est pas vrai que la transcription purge les hypothèques des droits non ouverts; elles ne sont effacées que par un paiement valable.

Dans le système de l'édit de 1771, l'opposition laissait subsister toutes les hypothèques pour dettes qui ne pouvaient pas être liquidées

Le citoyen **Treilhard** dit que l'acquéreur est averti de la situation de son vendeur, au moyen des formes qui forcent le mari et le tuteur à faire inscrire les droits du mineur et de la femme.

Le citoyen **Tronchet** trouve que cette précaution est insuffisante. Aucune créance de la femme ne peut être payée sur le prix de l'immeuble vendu pendant le mariage, pas même sa dot; car l'action en restitution n'est ouverte qu'après la mort du mari.

Les articles 104 et 105 sont renvoyés à la section.

Le citoyen **Treilhard** fait lecture du chapitre X, *de la publicité des registres, et de la responsabilité des conservateurs.*

Les articles 106, 107, 108, 109, 110 et 111, qui composent ce chapitre, sont soumis à la discussion et adoptés.

Le citoyen **Treilhard** présente le titre VII du livre III du projet de Code civil, *de l'expropriation forcée, et des ordres entre les créanciers.*

Il est ainsi conçu :

De l'expropriation forcée, et des ordres entre les créanciers.

CHAPITRE PREMIER.
De l'expropriation forcée.

Art. 1er. « Le créancier peut poursuivre l'expro-« priation des immeubles et des accessoires réputés « immeubles, appartenant à son débiteur, en pro-« priété ou en usufruit. »

Art. 2. « Néanmoins la part indivise d'un cohé-« ritier dans les immeubles d'une succession, ne « peut être mise en vente par ses créanciers person-« nels avant le partage ou la licitation qu'ils peu-« vent provoquer s'ils le jugent convenable, ou dans « lesquels ils ont le droit d'intervenir, conformé-« ment à l'article 172 du titre *des successions.* »

Art. 3. « Les immeubles d'un mineur, même « émancipé, ou d'un interdit, ne peuvent être « mis en vente avant la discussion du mobilier. »

Art. 4. « La discussion du mobilier n'est pas « requise avant l'expropriation des immeubles « possédés par indivis un majeur et un « mineur ou interdit, si la dette est commune, et « aussi dans le cas où les poursuites ont été « commencées contre un majeur, ou avant l'in-« terdiction. »

Art. 5. « L'adjudication de l'immeuble d'un « mineur ou interdit, sans discussion de son mo-« bilier, ne peut être annulée qu'autant qu'il « serait prouvé qu'à l'époque des affiches le mi-« neur ou l'interdit avait des meubles ou deniers « suffisants pour acquitter la dette.

« L'action en nullité ne peut être par eux « exercée après l'année révolue du jour où ils « ont acquis ou recouvré l'exercice de leurs « droits »

Art. 6. « L'expropriation des immeubles con-« quêts de communauté se poursuit contre le

« mari débiteur seul, quoique la femme soit « obligée à la dette.

« Celle des immeubles de la femme, propres de « communauté, se poursuit contre le mari et la « femme, laquelle, au refus du mari de procéder « avec elle, peut être autorisée en justice.

« En cas de minorité du mari et de la femme, « ou de minorité de la femme seule, si son mari « majeur refuse de procéder avec elle, il est « nommé par le tribunal un tuteur à la femme, « contre lequel la poursuite est exercée. »

Art. 7. « Le créancier ne peut poursuivre la « vente des immeubles qui ne lui sont pas hypo-« théqués, que dans le cas d'insuffisance des « biens qui lui sont hypothéqués. »

Art. 8. « La vente forcée des biens situés dans « différents arrondissements ne peut être pro-« voquée que successivement, à moins qu'ils ne « fassent partie d'une seule et même exploitation.

« Elle est suivie dans le tribunal dans lequel se « trouve le chef-lieu de l'exploitation, ou, à défaut « du chef-lieu, la partie des biens qui porte le « plus grand revenu, d'après la matrice du rôle. »

Art. 9. « Si les biens hypothéqués au créancier, « et les biens non hypothéqués, ou les biens si-« tués dans divers arrondissements, font partie « d'une seule et même exploitation, la vente des « uns et des autres est poursuivie ensemble, si « le débiteur le requiert; et ventilation se fait du « prix de l'adjudication, s'il y a lieu. »

Art. 10. « Si le débiteur justifie, par baux au-« thentiques, que le revenu net et libre de ses « immeubles pendant une année, suffit pour le « paiement de la dette en capital, intérêts et frais, « et s'il en offre la délégation au créancier, la « poursuite peut être suspendue par les juges, « sauf à être reprise s'il survient quelque oppo-« sition ou obstacle au paiement. »

Art. 11. « La vente forcée des immeubles ne peut « être poursuivie qu'en vertu d'un titre authen-« tique et exécutoire, pour une dette certaine et « liquide. Si la dette en espèces non liquidées, « la poursuite est valable; mais l'adjudication ne « pourra être faite qu'après la liquidation. »

Art. 12. « Le cessionnaire d'un titre exécutoire « peut poursuivre l'expropriation comme le cé-« dant, après la signification du transport a « été faite au débiteur. »

Art. 13. « La poursuite peut avoir lieu en vertu « d'un jugement provisoire ou définitif, exécu-« toire par provision, nonobstant appel; mais « l'adjudication ne peut se faire qu'après un ju-« gement définitif en dernier ressort, ou passé en « force de chose jugée.

« La poursuite ne peut s'exercer en vertu de « jugements par défaut durant le délai de l'oppo-« sition. »

Art. 14. « La poursuite ne peut être annulée « sous prétexte que le créancier l'aurait com-« mencée pour une somme plus forte que celle « qui lui est due. »

Art. 15. « Toute poursuite en expropriation « d'immeubles doit être précédée d'un comman-« dement de payer, fait à la diligence et requête « du créancier, à la personne du débiteur ou à « son domicile, par le ministère d'un huissier.

« Les formes du commandement et celle de la « poursuite sur l'expropriation sont réglées par « les lois sur la procédure. »

CHAPITRE II.
De l'ordre et de la distribution du prix entre les créanciers.

Art. 16. « L'ordre et la distribution des immeu-

« bles, et la manière d'y procéder, sont réglés par
« les lois sur la procédure. »

Le citoyen **Treilhard** fait lecture du chapitre
premier, *de l'expropriation forcée.*

Les articles 1, 2, 3, 4, 5, 6, 7, 8, 9, 10, 11, 12,
13, 14 et 15 qui le composent sont adoptés.

Le citoyen **Treilhard** fait lecture du chapitre II, *de l'ordre et de la distribution du prix entre les créanciers.*

L'article 16 qui le compose est adopté.

Le citoyen **Treilhard** présente les titres VI et
VII du livre III du projet de Code civil, rédigé conformément aux amendements adoptés dans les
séances des 3, 5 et 10 ventôse et dans celle
de ce jour.

Le Conseil les adopte en ces termes :

TITRE VI.

DES PRIVILÉGES ET HYPOTHÈQUES.

CHAPITRE PREMIER.

Dispositions générales.

Art. 1er. « Quiconque s'est obligé personnelle-
« ment est tenu de remplir son engagement sur
« tous ses biens mobiliers et immobiliers présents
« et à venir. »

Art. 2. « Les biens du débiteur sont le gage
« commun de ses créanciers ; et le prix s'en
« distribue entre eux par contribution, à moins
« qu'il n'y ait entre les créanciers des causes légi-
« times de préférence. »

Art. 3. « Les causes légitimes de préférence sont
« les priviléges et hypothèques. »

CHAPITRE II.

Des priviléges.

Art. 4. « Le privilège est un droit que la qua-
« lité de la créance donne à un créancier d'être
« préféré aux autres créanciers, même hypothé-
« caires. »

Art. 5. « Entre les créanciers privilégiés, la
« préférence se règle par le plus ou le moins de fa-
« veur de la créance. »

Art. 6. « Les créanciers privilégiés qui sont dans
« le même rang sont payés par concurrence. »

Art. 7. « Le privilège, à raison des droits du
« trésor public, et l'ordre dans lequel il s'exerce,
« sont réglés par les lois qui les concernent.

« Le trésor public ne peut cependant obtenir
« de privilège au préjudice des droits antérieure-
« ment acquis en faveur des tiers. »

Art. 8. « Les priviléges peuvent être sur les
« meubles ou sur les immeubles. »

SECTION PREMIÈRE.

Des priviléges sur les meubles.

Art. 9. « Les priviléges sont ou généraux, ou
« particuliers sur certains meubles. »

§ Ier.

Des priviléges généraux sur les meubles.

Art. 10. « Les créances privilégiées sur la géné-
« ralité des meubles sont celles ci-après expri-
« mées, et s'exercent dans l'ordre suivant :

« 1° Les frais de justice ;
« 2° Les frais funéraires ;
« 3° Les frais quelconques de la dernière mala-
« die, concurremment entre eux ;
« 4° Les salaires des gens de service, pour l'an-
« née échue et ce qui est dû sur l'année courante ;
« 5° Les fournitures de subsistances faites au
« débiteur et à sa famille ; savoir : pendant les six
« derniers mois, par les marchands en détail, tels
« que boulangers, bouchers et autres ; et pendant

« la dernière année, par les maîtres de pension
« et marchands en gros. »

§ II.

Des priviléges sur certains meubles.

Art. 11. « Les créances privilégiées sur certains
« meubles sont :

« 1° Les loyers et fermages des immeubles, sur
« les fruits de la récolte de l'année, et sur le prix
« de tout ce qui garnit la maison louée ou la ferme,
« et de tout ce qui sert à l'exploitation de la
« ferme ; savoir, pour tout ce qui est échu, et pour
« tout ce qui est à échoir, si les baux sont authen-
« tiques, ou si, étant sous signature privée, ils
« ont une date certaine ; et, dans ce cas, les au-
« tres créanciers ont le droit de relouer la maison
« ou la ferme pour le restant du bail, et de faire
« leur profit des baux ou fermages ;

« Et à défaut de baux authentiques, ou lors-
« qu'étant sous signature privée, ils n'ont pas une
« date certaine, pour une année à partir de l'ex-
« piration de l'année courante.

« Le même privilège a lieu pour les répara-
« tions locatives et pour tout ce qui concerne
« l'exécution du bail.

« Néanmoins les sommes dues pour les se-
« mences ou pour les frais de la récolte de l'an-
« née, sont payées sur le prix de la récolte ; et
« celles dues pour ustensiles, sur le prix de ces
« ustensiles, de préférence au propriétaire, dans
« l'un et l'autre cas.

« Le propriétaire peut saisir les meubles qui
« garnissent sa maison ou sa ferme, lorsqu'ils
« ont été déplacés sans son consentement, et il
« conserve sur eux son privilège, pourvu qu'il ait
« fait la revendication ; savoir, lorsqu'il s'agit du
« mobilier qui garnissait une ferme, dans le délai
« de quarante jours ; et dans celui de quinzaine,
« s'il s'agit des meubles garnissant une maison ;

« 2° La créance sur le gage dont le créancier
« est saisi.

« 3° Le prix d'effets mobiliers non payés, s'ils
« sont encore en la possession du débiteur soit
« qu'il ait acheté à terme ou sans terme ;

« Si la vente a été faite sans terme, le vendeur
« peut même revendiquer ces effets tant qu'ils
« sont en la possession de l'acheteur, et en empê-
« cher la revente, pourvu que la revendication
« soit faite dans la huitaine de la livraison, et
« que les effets se trouvent dans le même état
« dans lequel cette livraison a été faite.

« Le privilège du vendeur ne s'exerce toute-
« fois qu'après celui du propriétaire de la maison
« ou de la ferme, à moins qu'il ne soit prouvé
« que le propriétaire avait connaissance que les
« meubles et autres objets garnissant sa maison
« ou sa ferme n'appartenaient pas au locataire.

« Il n'est rien innové aux lois et usages du
« commerce sur la revendication ;

« 4° Les fournitures d'un aubergiste, sur les
« effets du voyageur qui ont été transportés dans
« son auberge.

« 5° Les frais de voiture et les dépenses acces-
« soires sur la chose voiturée ;

« 6° Les créances résultant d'abus et prévarica-
« tions commis par les fonctionnaires publics dans
« l'exercice de leurs fonctions, sur les fonds de
« leurs cautionnements, et sur les intérêts qui en
« peuvent être dus. »

SECTION II.

Des priviléges sur les immeubles.

Art. 12. « Les créanciers privilégiés sur les immeubles sont :

« 1º Le vendeur, sur l'immeuble vendu, pour
« le paiement du prix;

« S'il y a plusieurs ventes successives dont le
« prix soit dû en tout ou en partie, le premier
« vendeur est préféré au second, le deuxième au
« troisième, et ainsi de suite;

« 2º Ceux qui ont fourni les deniers pour l'ac-
« quisition d'un immeuble, pourvu qu'il soit au-
« thentiquement constaté, par l'acte d'emprunt,
« que la somme était destinée à cet emploi, et, par
« la quittance du vendeur, que ce paiement a été
« fait des deniers empruntés;

« 3º Les cohéritiers, sur les immeubles de la
« succession, pour la garantie des partages faits
« entre eux, et des soultes ou retour de lots;

« 4º Les architectes, entrepreneurs, maçons et
« autres ouvriers employés pour édifier, recon-
« struire ou réparer des bâtiments, canaux ou
« autres ouvrages quelconques, pourvu néanmoins
« que, par un expert nommé d'office par le tri-
« bunal de première instance dans le ressort du-
« quel les bâtiments sont situés, il ait été dressé
« préalablement un procès-verbal à l'effet de con-
« stater l'état des lieux relativement aux ouvrages
« que le propriétaire déclarera avoir dessein de
« faire, et que les ouvrages aient été, dans les
« six mois au plus de leur perfection, reçus par
« un expert également nommé d'office;

« Mais le montant du privilège ne peut excéder
« les valeurs constatées par le second procès-ver-
« bal, et il se réduit à la plus-value existant à
« l'époque de l'aliénation de l'immeuble et résul-
« tant des travaux qui ont été faits;

« 5º Ceux qui ont prêté les deniers pour payer
« ou rembourser les ouvriers jouissent du même
« privilège, pourvu que cet emploi soit authenti-
« quement constaté par l'acte d'emprunt et par la
« quittance des ouvriers, ainsi qu'il a été dit ci-
« dessus pour ceux qui ont prêté les deniers pour
« l'acquisition d'un immeuble. »

SECTION III.
Des privilèges qui s'étendent sur les meubles et les immeubles.

Art. 13. « Les privilèges qui s'étendent sur les
« meubles et les immeubles sont ceux pour les
« frais de justice, les frais funéraires, ceux de
« dernière maladie, ceux pour la fourniture des
« subsistances, et les gages des gens de service.»

Art. 14. « Lorsqu'à défaut de mobilier, les pri-
« vilèges énoncés en l'article précédent se pré-
« sentent pour être payés sur le prix d'un immeu-
« ble en concurrence avec les créanciers privilé-
« giés sur l'immeuble, les paiements se font dans
« l'ordre qui suit :

« 1º Les frais de scellé, inventaire et vente, et
« autres désignés dans l'article 10 ;

« 2º Les créances désignées en l'article 12. »

SECTION IV.
Comment se conservent les privilèges.

Art. 15. « Entre les créanciers, les privilèges
« ne produisent d'effet à l'égard des tiers
« qu'autant qu'ils sont rendus publics par ins-
« cription sur les registres du conservateur des
« hypothèques, de la manière déterminée par la
« loi, et à compter de la date de cette inscrip-
« tion, sous les seules exceptions qui suivent. »

Art. 16. « Sont exceptés de la formalité de
« l'inscription :

« 1º Les frais de scellé, inventaire et vente ;

« 2º Les frais funéraires ;

« 3º Ceux de dernière maladie ;

« 4º Les fournitures pour subsistance ;

« 5º Les gages des domestiques. »

Art. 17. « Le vendeur privilégié conserve son
« privilège par la transcription du titre qui a
« transféré la propriété à l'acquéreur, et qui cons-
« tate que la totalité ou partie du prix lui est due;
« à l'effet de quoi, la transcription du contrat
« faite par l'acquéreur vaudra inscription pour le
« prêteur qui lui aura fourni les deniers payés, et
« qui sera subrogé aux droits du vendeur par le
« même contrat : sera néanmoins le conservateur
« des hypothèques tenu, sous peine de tous dom-
« mages et intérêts envers les tiers, de faire
« d'office l'inscription sur son registre, des cré-
« ances résultant de l'acte translatif de propriété,
« en faveur du vendeur qui pourra aussi faire
« faire, si elle ne l'a été, la transcription du con-
« trat de vente, à l'effet d'acquérir l'inscription
« de ce qui est dû à lui-même sur le prix. »

Art. 18. « Le cohéritier ou copartageant conserve
« son privilège sur les biens de chaque lot ou
« sur le bien licité, pour les soultes et retour de
« lots, ou pour le prix de la licitation, par l'in-
« scription faite à sa diligence, dans soixante
« jours, à dater de l'acte de partage ou de l'adju-
« dication par licitation, durant lequel temps
« aucune hypothèque ne peut avoir lieu sur le
« bien chargé de soulte ou adjugé par licitation,
« au préjudice du créancier de la soulte ou du
« prix. »

Art. 19. « Les architectes, entrepreneurs, ma-
« çons et autres ouvriers employés pour édifier,
« reconstruire ou réparer un bâtiment, et ceux
« qui ont, pour les payer et rembourser, prêté
« les deniers dont l'emploi a été constaté, con-
« servent, par la double inscription faite : 1º du
« procès-verbal qui constate l'état des lieux ; 2º du
« procès-verbal de réception, leur privilège à
« la date de l'inscription du premier procès-
« verbal. »

Art. 20. « Les créanciers et légataires d'un
« défunt conservent, à l'égard des créanciers
« des héritiers ou représentants du défunt, leur
« privilège sur les immeubles de la succession,
« par les inscriptions faites sur chacun de ces
« biens, dans les six mois à compter de l'ouver-
« ture de la succession.

« Avant l'expiration de ce délai, aucune hypo-
« thèque ne peut être consentie avec effet sur ces
« biens par les héritiers ou représentants au pré-
« judice de ces créanciers ou légataires. »

Art. 21. « Les cessionnaires de ces diverses
« créances privilégiées exercent tous les mêmes
« droits que les cédants, en leur lieu et place. »

Art. 22. « Toutes créances privilégiées soumises
« à la formalité de l'inscription, à l'égard des-
« quelles les conditions ci-dessus prescrites pour
« conserver le privilège n'ont pas été accomplies,
« ne cessent pas néanmoins d'être hypothécaires ;
« mais l'hypothèque n'a lieu, à l'égard des tiers,
« que de l'époque des inscriptions qui auront dû
« être faites, ainsi qu'il sera ci-après expliqué. »

CHAPITRE III.
Des hypothèques.

Art. 23. « L'hypothèque est un droit réel sur
« les immeubles affectés à l'acquittement d'une
« obligation.

« Elle est de sa nature indivisible, et subsiste
« en entier sur tous les immeubles affectés, sur
« chacun et sur chaque portion de ces immeubles.

« Elle les suit dans quelques mains qu'ils pas-
« sent. »

Art. 24. « L'hypothèque n'a lieu que dans les
« cas et suivant les formes autorisés par la loi. »

Art. 25. « Elle est ou légale, ou judiciaire, ou
« conventionnelle. »

Art. 26. « L'hypothèque légale est celle qui ré-
« sulte de la loi.

« L'hypothèque judiciaire est celle qui résulte
« des jugements ou actes judiciaires.

« L'hypothèque conventionnelle est celle qui
« dépend des conventions et de la forme exté-
« rieure des actes et des contrats. »

Art. 27. « Sont seuls susceptibles d'hypothèque :
« 1° Les biens immobiliers qui sont dans le
« commerce et leurs accessoires réputés immeu-
« bles ;

« 2° L'usufruit des mêmes biens et accessoires
« pendant le temps de sa durée. »

Art. 28. « Les meubles n'ont pas de suite par
« hypothèque. »

Art. 29. « Il n'est rien innové par le présent
« Code aux dispositions des lois maritimes con-
« cernant les navires et bâtiments de mer. »

SECTION PREMIÈRE.
Des hypothèques légales.

Art. 30. « Les droits et créances auxquels l'hy-
« pothèque légale est attribuée, sont :

« Ceux des femmes mariées, sur les biens de
« leur mari ;

« Ceux des mineurs et interdits, sur les biens
« de leur tuteur ;

« Ceux de la nation, des communes et des éta-
« blissements publics, sur les biens des receveurs
« et administrateurs comptables. »

Art. 31. « Le créancier qui a une hypothèque
« légale, peut exercer son droit sur tous les im-
« meubles appartenant à son débiteur et sur ceux
« qui pourront lui appartenir dans la suite, sous
« les modifications qui seront ci-après exprimées. »

SECTION II.
Des hypothèques judiciaires.

Art. 32. « L'hypothèque judiciaire résulte des
« jugements, soit contradictoires, soit par défaut,
« définitifs ou provisoires, en faveur de celui qui
« les a obtenus. Elle résulte aussi des reconnais-
« sances ou vérifications, faites en jugement, des
« signatures apposées à un acte obligatoire sous
« seing privé.

« Elle peut s'exercer sur les immeubles actue's
« du débiteur et sur ceux qu'il pourra acquérir,
« sauf aussi les modifications qui seront ci-après
« exprimées.

« Les décisions arbitrales n'emportent hypo-
« thèque qu'autant qu'elles sont revêtues de l'or-
« donnance judiciaire d'exécution.

« L'hypothèque ne peut pareillement résulter
« des jugements rendus en pays étrangers, qu'au-
« tant qu'ils ont été déclarés exécutoires par un
« tribunal français. »

SECTION III.
Des hypothèques conventionnelles.

Art. 33. « Les hypothèques conventionnelles ne
« peuvent être consenties que par ceux qui ont
« la capacité d'aliéner les immeubles qu'ils y
« soumettent. »

Art. 34. « Ceux qui n'ont sur l'immeuble qu'un
« droit suspendu par une condition, ou résoluble
« dans certains cas, ou sujet à rescision, ne peu-
« vent consentir qu'une hypothèque soumise aux
« mêmes conditions ou à la même rescision. »

Art. 35. « Les biens des mineurs, des interdits,
« et ceux des absents, tant que la possession n'en
« est déférée que provisoirement, ne peuvent être
« hypothéqués que pour les causes et dans les

« formes établies par la loi, ou en vertu de juge-
« ments. »

Art. 36. « L'hypothèque conventionnelle ne peut
« être consentie que par acte passé en forme au-
« thentique devant deux notaires, ou devant un
« notaire et deux témoins. »

Art. 37. « Les contrats passés en pays étranger
« ne peuvent donner d'hypothèque sur les biens
« de France, s'il n'y a des dispositions contraires
« à ce principe dans les lois politiques ou dans
« les traités. »

Art. 38. « Il n'y a d'hypothèque conventionnelle
« valable que celle qui, soit dans le titre authen
« tique constitutif de la créance, soit dans un
« acte authentique postérieur, déclare spéciale-
« ment la nature et la situation de chacun des
« immeubles actuellement appartenant au débi-
« teur, sur lesquels il consent l'hypothèque de la
« créance. Chacun de tous ses biens présents peut
« être nominativement soumis à l'hypothèque.

« Les biens à venir ne peuvent pas être hypo-
« théqués. »

Art. 39. « Si cependant les biens présents et
« libres du débiteur sont insuffisants pour la sû-
« reté de la créance, il peut, en exprimant cette
« insuffisance, consentir que chacun des biens
« qu'il acquerra par la suite y demeure affecté à
« mesure des acquisitions. »

Art. 40. « Pareillement, en cas que l'immeuble
« ou les immeubles présents, assujettis à l'hypo-
« thèque, eussent péri ou éprouvé des dégrada-
« tions, de manière qu'ils fussent devenus insuffi-
« sants pour la sûreté du créancier, celui-ci pourra
« ou poursuivre dès à présent son remboursement,
« ou obtenir un supplément d'hypothèque. »

Art. 41. « L'hypothèque conventionnelle n'est
« valable qu'autant que la somme par laquelle
« elle est consentie est certaine et déterminée
« par l'acte : si la créance résultant de l'obligation
« est conditionnelle pour son existence, ou in-
« déterminée dans sa valeur, le créancier ne pourra
« requérir l'inscription dont il sera parlé ci-après,
« que jusqu'à concurrence d'une valeur estimative
« par lui déclarée expressément, et que le débi-
« teur aura droit de faire réduire, s'il y a lieu. »

Art. 42. « L'hypothèque acquise s'étend à toutes
« les améliorations survenues à l'immeuble hy-
« pothéqué. »

SECTION IV.
Du rang que les hypothèques ont entre elles.

Art. 43. « Entre les créanciers, l'hypothèque,
« soit légale, soit judiciaire, soit conventionnelle,
« n'a de rang que du jour de l'inscription prise
« par le créancier sur les registres du conserva-
« teur, dans la forme et de la manière prescrites
« par la loi, sauf les exceptions portées en l'article
« suivant. »

Art. 44. « L'hypothèque existe *indépendamment*
« *de toute inscription :*

« 1° Au profit des mineurs et interdits, sur les
« immeubles appartenant à leur tuteur, à raison
« de sa gestion, du jour de l'acceptation de la tu-
« telle, et sur les immeubles du subrogé-tuteur,
« pour les cas où, d'après les lois, il devient res-
« ponsable, et à compter du jour de son accepta-
« tion ;

« 2° Au profit des femmes, pour raison de leurs
« dot, reprises et conventions matrimoniales, sur
« les immeubles de leur mari, et à compter du
« jour du mariage. »

Art. 45. « Sont toutefois les maris, les tuteurs
« et subrogés-tuteurs, chacun pour sa gestion,
« tenus de rendre publiques les hypothèques dont

« ils sont grevés, et, à cet effet, de requérir eux-
« mêmes, sans aucun délai, inscription aux bu-
« reaux à ce établis, sur les immeubles à eux ap-
« partenant, et sur ceux qui pourront leur appar-
« tenir par la suite. »

« Les maris et les tuteurs qui, ayant manqué
« de requérir et de faire faire les inscriptions or-
« données par le présent article, auraient con-
« senti ou laissé prendre des priviléges et hypo-
« thèques sur leurs immeubles, sans déclarer
« expressément que lesdits immeubles étaient
« affectés à l'hypothèque légale des femmes et
« des mineurs, seront réputés stellionataires et,
« comme tels, contraignables par corps. »

Art. 46. « Les subrogés-tuteurs seront tenus,
« sous leur responsabilité personnelle, et sous
« peine de tous dommages et intérêts, de veiller
« à ce que les inscriptions soient prises sans délai
« sur les biens du tuteur. pour raison de sa gestion,
« même de faire faire lesdites inscriptions. »

Art. 47. « A défaut par les maris, tuteurs, su-
« brogés-tuteurs, de faire faire les inscriptions
« ordonnées par les articles précédents, elles se-
« ront requises par le commissaire du Gouverne-
« ment près le tribunal civil du domicile des
« maris et tuteurs, ou du lieu de la situation des
« biens. »

Art. 48. « Pourront les parents, soit du mari,
« soit de la femme, et les parents du mineur, ou,
« à défaut de parents, ses amis, requérir les-
« dites inscriptions ; elles pourront aussi être re-
« quises par la femme et par les mineurs. »

Art. 49. « Lorsque, dans le contrat de mariage,
« les parties majeures seront convenues qu'il ne
« sera pris d'inscription que sur un ou certains
« immeubles du mari, les immeubles qui ne se-
« raient pas indiqués pour l'inscription resteront
« libres et affranchis de l'hypothèque pour la dot
« de la femme et pour ses reprises et conventions
« matrimoniales. Il ne pourra pas être convenu
« qu'il ne sera pris aucune inscription. »

Art. 50. « Il en sera de même pour les immeu-
« bles du tuteur lorsque les parents, dans l'assem-
« blée de famille, auront été d'avis qu'il ne soit
« pris d'inscription que sur certains immeu-
« bles. »

Art. 51. « Dans le cas des deux articles précé-
« dents, le mari, le tuteur et le subrogé-tuteur ne
« seront tenus de requérir inscription que sur
« les immeubles indiqués. »

Art. 52. « Lorsque l'hypothèque n'aura pas été
« restreinte par l'acte de nomination du tuteur
« ou subrogé-tuteur, ils pourront, dans le cas où
« l'hypothèque générale sur leurs immeubles ex-
« céderait notoirement les sûretés suffisantes
« pour leur gestion, demander que cette hypo-
« thèque soit restreinte aux immeubles suffisants
« pour opérer une pleine garantie en faveur du
« mineur.

« La demande sera formée contre le subrogé-
« tuteur, et elle devra être précédée d'un avis de
« famille. »

Art. 53. « Pourra pareillement le mari, du
« consentement de sa femme, et après avoir pris
« l'avis des quatre plus proches parents d'icelle
« réunis en assemblée de famille, demander que
« l'hypothèque générale sur tous les immeubles,
« pour raison de la dot, des reprises et conven-
« tions matrimoniales, soit restreinte aux immeu-
« bles suffisants pour la conservation entière des
« droits de la femme. »

Art. 54. « Les jugements sur les demandes des
« maris et des tuteurs et subrogés-tuteurs ne
« seront rendus qu'après avoir entendu le com-

« missaire du Gouvernement, et condratictoi-
« rement avec lui.

« Dans le cas où le tribunal prononcera la ré-
« duction de l'hypothèque à certains immeubles,
« les inscriptions prises sur tous les autres sont
« rayées. »

CHAPITRE IV.
Du mode de l'inscription des priviléges et hypo-thèques.

Art. 55. « Les inscriptions se font au bureau
« de conservation des hypothèques dans l'arron-
« dissement duquel sont situés les biens soumis
« au privilége ou à l'hypothèque. Elles ne pro-
« duisent aucun effet si elles sont prises dans le
« délai pendant lequel les actes faits avant l'ou-
« verture des faillites sont déclarés nuls.

« Il en est de même entre les créanciers d'une
« succession, si l'inscription n'a été faite par l'un
« d'eux que depuis l'ouverture, et si la succes-
« sion n'est acceptée que par bénéfice d'inven-
« taire. »

Art. 56. « Tous les créanciers inscrits le même
« jour exercent en concurrence une hypothèque
« de la même date, sans distinction entre l'inscrip-
« tion du matin et celle du soir, quand cette dif-
« férence serait marquée par le conservateur. »

Art. 57. « Pour opérer l'inscription, le créan-
« cier représente, ou lui-même, soit par un
« tiers, au conservateur des hypothèques, l'ori-
« ginal en brevet ou une expédition authentique
« du jugement ou de l'acte qui donne naissance
« au privilége ou à l'hypothèque.

« Il y joint deux bordereaux écrits sur papier
« timbré, dont l'un peut être porté sur l'expédi-
« tion du titre ; ils contiennent :

« 1° Les nom, prénoms, domicile du créancier,
« sa profession s'il en a une, et l'élection d'un do-
« micile pour lui dans un lieu quelconque de
« l'arrondissement du bureau ;

« 2° Les nom, prénoms, domicile du débiteur,
« sa profession s'il en a une connue, ou une dési-
« gnation individuelle et spéciale, telle, que le
« conservateur puisse reconnaître et distinguer
« dans tous les cas l'individu grevé d'hypo-
« thèque ;

« 3° La date et la nature du titre ;

« 4° Le montant du capital des créances expri-
« mées dans le titre, ou évaluées par l'inscrivant,
« pour les rentes et prestations, ou pour les droits
« éventuels, conditionnels ou indéterminés, dans
« les cas où cette évaluation est ordonnée ; comme
« aussi le montant des accessoires de ces capi-
« taux, et l'époque de l'exigibilité ;

« 5° L'indication de l'espèce et de la situation
« des biens sur lesquels il entend conserver son
« privilége ou son hypothèque.

« Cette dernière disposition n'est pas nécessaire
« dans le cas des hypothèques légales ou judi-
« ciaires : à défaut de convention, une seule in-
« scription, pour ces hypothèques, frappe tous les
« immeubles compris dans l'arrondissement du
« bureau. »

Art. 58. « Les inscriptions à faire sur les biens
« d'une personne décédée pourront être faites
« sous la simple désignation du défunt, ainsi qu'il
« est dit au n° 2 de l'article précédent. »

Art. 59. « Le conservateur fait mention, sur son
« registre, du contenu aux bordereaux, et remet
« au requérant, tant le titre que l'expédition du
« titre, que l'un des bordereaux, au pied duquel
« il certifie avoir fait l'inscription. »

Art. 60. « Le créancier, inscrit pour un capital
« pr.....t intérêt ou arrérages, à droit de venir,

« pour deux années seulement, et pour l'année
« courante, au même rang d'hypothèque que pour
« son capital, sans préjudice des inscriptions
« particulières à prendre, portant hypothèque à
« compter de leur date, pour les arrérages échus
« depuis, à mesure de leur échéance, et non
« prescrits. »

Art. 61. « Il est loisible à celui qui a requis
« une inscription, ainsi qu'à ses représentants, ou
« cessionnaires par acte authentique, de changer
« sur le registre des hypothèques le domicile par
« lui élu, à la charge d'en choisir et indiquer un
« autre dans le même arrondissement. »

Art. 62. « Les droits d'hypothèque purement
« légale de la nation et des établissements publics
« sur les comptables, des mineurs ou interdits
« sur les tuteurs ou subrogés-tuteurs, des femmes
« mariées sur leurs époux, seront inscrits sur la
« représentation de deux bordereaux contenant
« seulement :
« 1° Les nom, prénoms, profession et domicile
« réel du créancier, et le domicile qui sera par
« lui, ou pour lui, élu dans l'arrondissement ;
« 2° Les nom, prénoms, profession, domicile ou
« désignation précise du débiteur ;
« 3° La nature des droits à conserver, et le mon-
« tant de leur valeur quant aux objets déterminés,
« sans être tenu de le fixer quant à ceux qui sont
« conditionnels, éventuels ou indéterminés. »

Art. 63. « Les inscriptions conservent l'hypo-
« thèque et le privilège pendant dix années, à
« compter du jour de leur date : leur effet cesse,
« si ces inscriptions n'ont été renouvelées avant
« l'expiration de ce délai. »

Art. 64. « Les frais des inscriptions sont à la
« charge du débiteur, s'il n'y a stipulation con-
« traire; l'avance en est faite par l'inscrivant, si
« ce n'est quant aux hypothèques légales, pour
« l'inscription desquelles le conservateur a son
« recours contre le débiteur. Les frais de la tran-
« scription, qui peut être requise par le vendeur,
« sont à la charge de l'acquéreur. »

Art. 65. « Les actions auxquelles les inscrip-
« tions peuvent donner lieu contre les créanciers
« seront intentées devant le tribunal compétent,
« par exploits faits à leur personne, ou au der-
« nier des domiciles élus sur le registre; et ce,
« nonobstant le décès soit des créanciers, soit de
« ceux chez lesquels ils auront fait élection de
« domicile. »

CHAPITRE V.
De la radiation et réduction des inscriptions.

Art. 66. « Les inscriptions sont radiées du con-
« sentement des parties intéressées, ou en vertu
« d'un jugement en dernier ressort ou passé en
« force de chose jugée. »

Art. 67. « Dans l'un et l'autre cas, ceux qui re-
« quièrent la radiation déposent au bureau du
« conservateur l'expédition de l'acte authentique
« portant consentement, ou celle du jugement. »

Art. 68. « La radiation non consentie est de-
« mandée au tribunal dans le ressort duquel l'in-
« scription a été faite, si ce n'est lorsqu'elle l'a été
« pour sûreté d'une condamnation éventuelle ou
« indéterminée, sur l'exécution ou liquidation de
« laquelle le débiteur et le créancier prétendu sont
« en instance ou doivent être jugés dans un autre
« tribunal ; auquel cas la demande en radiation
« doit y être portée ou renvoyée.
« Cependant la convention faite par le créancier
« et le débiteur, de porter, en cas de contestation,
« la demande à un tribunal qu'ils auraient dési-
« gné, recevra son exécution. »

Art. 69. « La radiation doit être ordonnée par
« les tribunaux, lorsque l'inscription a été faite
« sans être fondée ni sur la loi, ni sur un titre,
« ou lorsqu'elle l'a été en vertu d'un titre soit ir-
« régulier, soit éteint ou soldé, ou lorsque les
« droits de privilège ou d'hypothèque sont effacés
« par les voies légales. »

Art. 70. « Toutes les fois que les inscriptions
« prises par un créancier qui, d'après la loi, au-
« rait droit d'en prendre sur les biens présents
« ou sur les biens à venir d'un débiteur, sans li-
« mitation convenue, seront portées sur plus de
« domaines différents qu'il n'est nécessaire à la
« sûreté des créances, l'action en réduction des
« inscriptions, ou en radiation d'une partie en ce
« qui excède la proportion convenable, est ouverte
« au débiteur. On y suit les règles de compétence
« établies dans l'article 68.
« La disposition du présent article ne s'applique
« pas aux hypothèques conventionnelles. »

Art. 71. « Sont réputées excessives les inscrip-
« tions qui frappent sur plusieurs domaines, lors-
« que la valeur d'un seul ou de quelques-uns
« d'entre eux excède de plus d'un tiers en fonds
« libres le montant des créances en capital et ac-
« cessoires légaux. »

Art. 72. « Peuvent aussi être réduites comme
« excessives, les inscriptions prises d'après l'éva-
« luation faite par le créancier, des créances qui,
« en ce qui concerne l'hypothèque à établir pour
« leur sûreté, n'ont pas été réglées par la conven-
« tion, et qui par leur nature sont conditionnelles,
« éventuelles ou indéterminées. »

Art. 73. « L'excès, dans ce cas, est arbitré par
« les juges, d'après les circonstances, les proba-
« bilités des chances et les présomptions de fait,
« de manière à concilier les droits vraisemblables
« du créancier avec l'intérêt du crédit raisonna-
« ble à conserver au débiteur; sans préjudice des
« nouvelles inscriptions à prendre avec hypothè-
« que du jour de leur date, lorsque l'événement
« aura porté les créances indéterminées à une
« somme plus forte. »

Art. 74. « La valeur des immeubles dont la
« comparaison est à faire avec celle des créances
« et le tiers en sus, est déterminée par quinze
« fois la valeur du revenu déclaré par la matrice
« du rôle de la contribution foncière, ou indi-
« qué par la cote de contribution sur le rôle, se-
« lon la proportion qui existe dans les commu-
« nes de la situation entre cette cote et le revenu,
« pour les immeubles non sujets à dépérissement,
« et dix fois cette valeur pour ceux qui y sont
« sujets. Pourront néanmoins les juges s'aider,
« en outre, des éclaircissements qui peuvent ré-
« sulter des baux non suspects, des procès-ver-
« baux d'estimation qui ont pu être dressés pré-
« cédemment à des époques rapprochées, et autres
« actes semblables, et évaluer le revenu au taux
« moyen entre les résultats de ces divers rensei-
« gnements. »

CHAPITRE VI.
De l'effet des privilèges et hypothèques contre les tiers détenteurs.

Art. 75. « Les créanciers ayant privilège ou
« hypothèque inscrite sur un immeuble le sui-
« vent en quelques mains qu'il passe, pour être
« colloqués et payés suivant l'ordre de leurs créan-
« ces. »

Art. 76. « Si le tiers détenteur ne remplit pas
« les formalités qui seront ci-après établies, pour
« consolider et purger sa propriété, il jouit des
« mêmes termes et délais accordés au débiteur

« originaire; mais par l'effet seul des inscriptions, il demeure obligé, comme détenteur, à toutes les dettes hypothécaires. »

Art. 77. « Le tiers détenteur est tenu, dans ce cas, ou de payer tous les intérêts et capitaux exigibles, à quelque somme qu'ils puissent monter, ou de délaisser l'immeuble hypothéqué, sans aucune réserve. »

Art. 78. « Faute par le tiers détenteur de satisfaire pleinement à l'une de ces obligations, chaque créancier hypothécaire a droit de faire vendre sur lui l'immeuble hypothéqué, trente jours après commandement fait au débiteur originaire, et sommation faite au tiers détenteur de payer la dette exigible ou de délaisser l'héritage. »

Art. 79. « Néanmoins le tiers détenteur qui n'est pas personnellement obligé à la dette peut s'opposer à la vente de l'héritage hypothéqué qui lui a été transmis, s'il est demeuré d'autres immeubles hypothéqués à la même dette dans la possession du principal ou des principaux obligés, et en requérir la discussion préalable selon la forme réglée au titre *du cautionnement* pendant cette discussion ; il est sursis à la vente de l'héritage hypothéqué. »

Art. 80. « L'exception de discussion ne peut être opposée au créancier privilégié ou ayant hypothèque spéciale sur l'immeuble. »

Art. 81. « Quant au délaissement par hypothèque, il peut être fait par tous les tiers détenteurs qui ne sont pas personnellement obligés à la dette, et qui ont la capacité d'aliéner. »

Art. 82. « Il peut l'être même après que le tiers détenteur a reconnu l'obligation ou subi condamnation en cette qualité seulement : le délaissement n'empêche pas que, jusqu'à l'adjudication, le tiers détenteur ne puisse reprendre l'immeuble en payant toute la dette et les frais. »

Art. 83. « Le délaissement par hypothèque se fait au greffe du tribunal de la situation, et il en est donné acte par ce tribunal.

« Sur la pétition du plus diligent des intéressés, il est créé à l'immeuble délaissé un curateur sur lequel la vente de l'immeuble est poursuivie dans les formes prescrites pour les expropriations. »

Art. 84. « Les détériorations qui procèdent du fait ou de la négligence du tiers détenteur au préjudice des créanciers hypothécaires ou privilégiés, donnent lieu contre lui à une action en indemnité ; mais il ne peut répéter ses impenses et améliorations que jusqu'à concurrence de la plus-value résultant de l'amélioration. »

Art. 85. « Les fruits de l'immeuble hypothéqué ne sont dus par le tiers détenteur qu'à compter du jour de la sommation de payer ou de délaisser, et si les poursuites commencées ont été abandonnées pendant trois ans, à compter de la nouvelle sommation qui sera faite. »

Art. 86. « Les servitudes et droits réels que le tiers détenteur avait sur l'immeuble avant sa possession, renaissent après le délaissement ou après l'adjudication faite sur lui.

« Ses créanciers personnels, après tous ceux qui sont inscrits sur les précédents propriétaires, exercent leur hypothèque à leur rang sur le bien délaissé ou adjugé. »

Art. 87. « Le tiers détenteur qui a payé la dette hypothécaire, ou délaissé l'immeuble hypothéqué, ou subi l'expropriation de cet immeuble, a le recours en garantie, tel que de droit, contre le débiteur principal. »

Art. 88. « Le tiers détenteur qui veut consolider

et purger sa propriété en payant le prix, observe les formalités qui seront établies dans le chapitre VII du présent titre. »

CHAPITRE VII.
De l'extinction des privilèges et hypothèques.

Art. 89. « Les privilèges et hypothèques s'éteignent :

« 1° Par l'extinction de l'obligation principale;

« 2° Par la renonciation du créancier à l'hypothèque ;

« 3° Par l'accomplissement des formalités et conditions prescrites aux tiers détenteurs pour purger les biens par eux acquis ;

« 4° Par la prescription.

« La prescription est acquise, quant aux biens qui sont dans les mains du débiteur, par le temps fixé pour la prescription des actions qui donnent l'hypothèque ou le privilège.

« Quant aux biens qui sont dans la main d'un tiers détenteur, elle est acquise par le temps réglé pour la prescription de la propriété à son profit : dans le cas où la prescription suppose un titre, elle ne commence à courir que du jour où il a été transcrit sur les registres du conservateur.

« Les inscriptions prises par le créancier n'interrompent pas le cours de la prescription établie par la loi en faveur du débiteur ou du tiers détenteur. »

CHAPITRE VIII.
Du mode de purger les propriétés des privilèges et hypothèques.

Art. 90. « Les contrats translatifs de la propriété d'immeubles ou droits réels immobiliers que les tiers détenteurs voudront purger de privilèges et hypothèques, seront transcrits en entier par le conservateur des hypothèques dans l'arrondissement duquel les biens sont situés.

« Cette transcription se fera sur un registre à ce destiné, et le conservateur sera tenu d'en donner reconnaissance au requérant. »

Art. 91. « La simple transcription des titres translatifs de propriété sur le registre du conservateur ne purge pas les hypothèques et privilèges établis sur l'immeuble.

« Le vendeur ne transmet à l'acquéreur que la propriété et les droits qu'il avait lui-même sur la chose vendue : il les transmet sous l'affectation des mêmes privilèges et hypothèques dont il était chargé. »

Art. 92. « Si le nouveau propriétaire veut se garantir de l'effet de poursuites autorisées dans le chapitre VI du présent titre, il est tenu, soit avant les poursuites, soit dans le mois, au plus tard, à compter de la première sommation qui lui est faite, de notifier aux créanciers, aux domiciles par eux élus dans leurs inscriptions :

« 1° Extrait de son titre, contenant la date et la qualité de l'acte, le nom et la désignation précise du vendeur, la nature et la situation de la chose vendue, le prix et les charges de la vente ;

« 2° Le certificat de la transcription de l'acte de vente ;

« 3° L'état des charges et hypothèques dont l'immeuble est grevé, et la déclaration de l'acquéreur ou donataire qu'il est prêt à acquitter sur-le-champ les dettes et charges hypothécaires, jusqu'à concurrence seulement du prix, sans distinction des dettes exigibles ou non exigibles. »

Art. 93. « L'état des charges dont l'immeuble

« est grevé contiendra les époques des hypothè-
« ques, les noms et désignations des créanciers
« inscrits, les sommes pour lesquelles ils sont
« inscrits en capital et accessoires, ou la nature
« de celles des créances éventuelles indétermi-
« nées qui ont pu être inscrites sans évalua-
« tion. »

Art. 94. « Lorsque le nouveau propriétaire a
« fait cette notification dans le délai fixé, tout
« créancier dont le titre est inscrit peut requérir
« la mise de l'immeuble aux enchères et adjudi-
« cations publiques, à la charge :

« 1° Que cette réquisition sera signifiée au nou-
« veau propriétaire dans quarante jours, au plus
« tard, de la notification faite à la requête de ce
« dernier, en y ajoutant deux jours par cinq myria-
« mètres de distance entre le domicile élu et le do-
« micile réel de chaque créancier requérant ;

« 2° Qu'elle contiendra soumission du requé-
« rant, de porter ou faire porter le prix à un dixième
« en sus de celui qui aura été stipulé dans le con-
« trat, ou déclaré par le nouveau propriétaire ;

« 3° Que la même signification sera faite dans
« le même délai au précédent propriétaire, débiteur
« principal ;

« 4° Que l'original et les copies de ces exploits
« seront signés par le créancier requérant, ou par
« son fondé de procuration expresse, lequel, en ce
« cas, est tenu de donner copie de sa procuration ;

« 5° Qu'il offrira de donner caution jusqu'à con-
« currence du prix et des charges ;

« Le tout à peine de nullité. »

Art. 95. « A défaut, par les créanciers, d'avoir
« requis la mise aux enchères dans le délai et les
« formes prescrits, la valeur de l'immeuble demeure
« définitivement fixée au prix stipulé dans le con-
« trat, ou déclaré par le nouveau propriétaire,
« lequel est, en conséquence, libéré de tout pri-
« vilège et hypothèque, en payant ledit prix aux
« créanciers qui seront en ordre de recevoir, ou
« en le consignant. »

Art. 96. « En cas de revente sur enchère, elle
« aura lieu suivant les formes établies pour les
« expropriations forcées, à la diligence soit du
« créancier qui l'aura requise, soit du nouveau pro-
« priétaire.

« Le poursuivant énoncera dans les affiches le
« prix stipulé dans le contrat ou déclaré, et la
« somme en sus à laquelle le créancier s'est obligé
« de la porter ou faire porter. »

Art. 97. « L'adjudicataire est tenu, au delà du
« prix de son adjudication, de restituer à l'acqué-
« reur ou au donataire dépossédé les frais et loyaux
« coûts de son contrat, ceux de la transcription
« sur les registres du conservateur, ceux de notifi-
« cation et ceux faits par lui pour parvenir à la
« revente. »

Art. 98. « L'acquéreur ou le donataire peut con-
« server l'immeuble mis aux enchères en se ren-
« dant dernier enchérisseur. Il n'est pas tenu de
« faire transcrire le jugement d'adjudication. »

Art. 99. « Le désistement du créancier requé-
« rant la mise aux enchères ne peut, même
« quand le créancier paierait le montant de la
« soumission, empêcher l'adjudication publique,
« si ce n'est du consentement exprès de tous les
« autres créanciers hypothécaires. »

Art. 100. « L'acquéreur qui se sera rendu adju-
« dicataire aura son recours tel que de droit con-
« tre le vendeur, pour le remboursement de ce
« qu'il aura payé ou dû payer au delà du prix
« stipulé par son titre, et pour l'intérêt de cet ex-
« cédant, à compter du jour de chaque paiement. »

Art. 101. « Dans le cas où le titre du nouveau

« propriétaire comprendrait des immeubles et
« des meubles, ou plusieurs immeubles, les uns
« hypothéqués, les autres non hypothéqués, situés
« dans le même ou dans divers arrondissements
« de bureaux, aliénés pour un seul et même prix,
« ou pour des prix distincts et séparés, soumis
« ou non à la même exploitation, le prix de cha-
« que immeuble frappé d'inscriptions particuliè-
« res et séparées sera déclaré dans la notification
« du nouveau propriétaire, par ventilation, s'il y
« a lieu, du prix total exprimé dans le titre.

« Le créancier surenchérisseur ne pourra, en
« aucun cas, être contraint d'étendre sa soumis-
« sion ni sur le mobilier, ni sur d'autres immeu-
« bles que ceux qui sont hypothéqués à sa créance
« et situés dans le même arrondissement ; sauf le
« recours du nouveau propriétaire contre ses au-
« teurs, pour l'indemnité du dommage qu'il éprou-
« verait soit de la division des objets de son acqui-
« sition, soit de celle des exploitations. »

CHAPITRE IX.

Du mode de purger les hypothèques quand il
n'existe pas d'inscription sur les biens des maris et
des tuteurs.

Art. 102. « Pourront les acquéreurs d'immeubles
« appartenant à des maris ou à des tuteurs, lors-
« qu'il n'existera pas d'inscriptions sur lesdits im-
« meubles à raison de la gestion du tuteur, ou des
« dot, reprises et conventions matrimoniales de
« la femme, purger les hypothèques qui existe-
« raient sur les biens par eux acquis. »

Art. 103. « A cet effet ils déposeront copie dû-
« ment collationnée du contrat translatif de pro-
« priété au greffe du tribunal civil du lieu de la
« situation des biens, et ils certifieront par acte au
« commissaire civil près le tribunal le dépôt
« qu'ils auront fait : extrait de ce contrat, conte-
« nant sa date, les noms, prénoms, professions et
« domiciles des contractants, la désignation de la
« nature et de la situation des biens, le prix et
« les autres charges de la vente, sera et restera
« affiché pendant deux mois dans l'auditoire du
« tribunal ; pendant lequel temps les maris, tu-
« teurs, subrogés-tuteurs, parents ou amis, et le
« commissaire du Gouvernement, seront reçus à
« requérir s'il y a lieu, et à faire faire au bureau
« du conservateur des hypothèques des inscrip-
« tions sur l'immeuble aliéné, qui auront le même
« effet que si elles avaient été prises le jour du
« contrat de mariage, ou le jour de l'entrée en
« gestion du tuteur ; sans préjudice des pour-
« suites qui pourraient avoir lieu contre les maris
« et les tuteurs, ainsi qu'il a été dit ci-dessus,
« pour hypothèques par eux consenties au profit
« de tierces personnes sans leur avoir déclaré
« que les immeubles étaient déjà grevés d'hypo-
« thèques en raison du mariage ou de la tutelle. »

Art. 104. « Si, dans le cours des deux mois de
« l'exposition du contrat, il n'a pas été fait d'in-
« scription du chef des femmes, mineurs ou in-
« terdits, sur les immeubles vendus, ils passent à
« l'acquéreur sans aucune charge, à raison des
« conventions matrimoniales de la femme, ou de
« la gestion du tuteur.

« S'il a été pris des inscriptions du chef desdits
« femmes, mineurs ou interdits, et s'il existe des
« créanciers antérieurs qui absorbent le prix en
« totalité ou en partie, l'acquéreur est libéré du
« prix ou de la portion du prix par lui payé aux
« créanciers placés en ordre utile ; et les inscrip-
« tions du chef des femmes, mineurs ou interdits,
« seront rayées, ou en totalité ou jusqu'à due
« concurrence.

« Si les inscriptions du chef des femmes, mi-
« neurs ou interdits, sont les plus anciennes,
« l'acquéreur ne pourra faire aucun paiement du
« prix au préjudice desdites inscriptions, qui au-
« ront toujours, ainsi qu'il a été dit ci-dessus, la
« date du contrat de mariage ou de l'entrée en
« gestion du tuteur; et, dans ce cas, les autres
« inscriptions seront rayées. »

CHAPITRE X.
*De la publicité des registres, et de la responsabilité
des conservateurs.*

Art. 105. « Les conservateurs des hypothèques
« sont tenus de délivrer à tous ceux qui le re-
« quièrent, copie des actes transcrits sur leurs
« registres et celle des inscriptions subsistantes,
« ou certificat qu'il n'en existe aucune. »

Art. 106. « Ils sont responsables du préjudice
« résultant :
    « 1° Du défaut de mention sur leurs registres
« des transcriptions d'actes de mutation, et des
« inscriptions requises en leurs bureaux;
    « 2° De l'omission qu'ils feraient dans leurs
« certificats, d'une ou de plusieurs des inscrip-
« tions existantes, à moins, dans ce dernier cas,
« que l'erreur ne provînt de désignations insuf-
« fisantes qui ne pourraient leur être impu-
« tées. »

Art. 107. « L'immeuble à l'égard duquel le con-
« servateur aurait omis dans ses certificats une
« ou plusieurs des charges inscrites, en demeure,
« sauf la responsabilité du conservateur, affranchi
« dans les mains du nouveau possesseur, pourvu
« qu'il ait requis le certificat depuis la transcription
« de son titre; sans préjudice néanmoins du droit
« des créanciers de se faire colloquer suivant l'or-
« dre qui leur appartient, tant que le prix n'a pas
« été payé par l'acquéreur, ou tant que l'ordre
« fait entre les créanciers n'a pas été homolo-
« gué. »

Art. 108. « Dans aucun cas, les conservateurs
« ne peuvent refuser ni retarder la transcription
« des actes de mutation, l'inscription des droits
« hypothécaires, ni la délivrance des certificats
« requis, sous peine des dommages et intérêts
« des parties; à l'effet de quoi procès-verbaux
« des refus ou retardements seront, à la diligence
« des requérants, dressés sur-le-champ, soit par
« un juge de paix, soit par un huissier audiencier
« du tribunal, soit par un autre huissier ou un
« notaire assisté de deux témoins. »

Art. 109. « Tous les registres des conservateurs,
« destinés à recevoir les transcriptions d'actes et
« les inscriptions des droits hypothécaires, sont
« en papier timbré, cotés et paraphés à chaque
« page par première et dernière, par l'un des
« juges du tribunal dans le ressort duquel le bu-
« reau est établi. Les registres seront arrêtés
« chaque jour comme ceux d'enregistrement des
« actes.
    « Les conservateurs sont tenus d'observer ces
« règles et de se conformer, dans l'exercice de
« leurs fonctions, à toutes les dispositions du pré-
« sent chapitre, a peine d'une amende de deux
« cents a mille francs pour la première contra-
« vention, et de destitution pour la seconde; sans
« préjudice des dommages et intérêts des parties,
« lesquels seront payés avant l'amende. »

Art. 110. « Les inscriptions et transcriptions sont
« faites sur les registres, de suite, sans aucun
« blanc ni interligne, à peine, contre le conser-
« vateur, de mille à deux mille francs d'amende,
« et des dommages et intérêts des parties, paya-
« bles aussi par préférence à l'amende. »

TITRE VII.
*De l'expropriation forcée et des ordres entre les
créanciers.*

CHAPITRE PREMIER.
De l'expropriation forcée.

Art. 1er. « Le créancier peut poursuivre l'ex-
« propriation des immeubles et des accessoires
« réputés immeubles, appartenant à son débiteur
« en propriété ou en usufruit. »

Art. 2. « Néanmoins la part indivise d'un cohé-
« ritier dans les immeubles d'une succession ne
« peut être mise en vente par ses créanciers per-
« sonnels avant le partage ou la licitation qu'ils
« peuvent provoquer, s'ils le jugent convenable,
« ou dans lesquels ils ont le droit d'intervenir,
« conformément à l'article 172 du titre *des suc-
« cessions.* »

Art. 3. « Les immeubles d'un mineur, même
« émancipé, ou d'un interdit, ne peuvent être mis
« en vente avant la discussion du mobilier. »

Art. 4. « La discussion du mobilier n'est pas
« requise avant l'expropriation des immeubles
« possédés par indivis entre un majeur et un
« mineur ou interdit, si la dette est commune, et
« aussi dans le cas où les poursuites ont été com-
« mencées contre un majeur, ou avant l'interdic-
« tion. »

Art. 5. « L'adjudication de l'immeuble d'un mi-
« neur ou interdit, sans discussion de son mobi-
« lier, ne peut être annulée qu'autant qu'il
« serait prouvé qu'à l'époque des affiches le mi-
« neur ou l'interdit avait des meubles ou deniers
« suffisants pour acquitter la dette.
    « L'action en nullité ne peut être par eux exer-
« cée après l'année révolue du jour où ils ont
« acquis ou recouvré l'exercice de leurs droits. »

Art. 6. « L'expropriation des immeubles con-
« quêts de communauté se poursuit contre le
« mari débiteur seul, quoique la femme soit
« obligée à la dette.
    « Celle des immeubles de la femme, propres de
« communauté, se poursuit contre le mari et la
« femme, laquelle, au refus du mari de procéder
« avec elle, peut être autorisée en justice.
    « En cas de minorité du mari et de la femme,
« ou de minorité de la femme seule, si son mari
« majeur refuse de procéder avec elle, il est
« nommé par le tuteur ou un tuteur à la femme,
« contre lequel la poursuite est exercée. »

Art. 7. « Le créancier ne peut poursuivre la
« vente des immeubles qui ne lui sont pas hypo-
« théqués, que dans le cas d'insuffisance des biens
« qui lui sont hypothéqués. »

Art. 8. « La vente forcée des biens situés dans
« différents arrondissements ne peut être provo-
« quée que successivement, à moins qu'ils ne
« fassent partie d'une seule et même exploi-
« tation. »
    « Elle est suivie dans le tribunal dans lequel
« se trouve le chef-lieu de l'exploitation, ou à dé-
« faut de chef-lieu la partie de biens qui porte le
« plus grand revenu, d'après la matrice du rôle. »

Art. 9. « Si les biens hypothéqués au créancier,
« et les biens non hypothéqués, ou les biens
« situés dans divers arrondissements, font partie
« d'une seule et même exploitation, la vente des
« uns et des autres est poursuivie ensemble, si
« le débiteur le requiert; et ventilation se fait
« du prix de l'adjudication, s'il y a lieu. »

Art. 10. « Si le débiteur justifie, par baux au-
« thentiques, que le revenu net et libre de ses
« immeubles pendant une année suffit pour le

« paiement de la dette en capital, intérêts et frais,
« et s'il en offre la délégation au créancier, la
« poursuite peut être suspendue par les juges,
« sauf à être reprise s'il survient quelque opposi-
« tion ou obstacle au paiement. »

Art. 11. « La vente forcée des immeubles ne
« peut être poursuivie qu'en vertu d'un titre
« authentique et exécutoire, pour une dette cer-
« taine et liquide. Si la dette est en espèces non
« liquidées, la poursuite est valable ; mais
« l'adjudication ne pourra être faite qu'après la
« liquidation. »

Art. 12. « Le cessionnaire d'un titre exécutoire
« peut poursuivre l'expropriation, comme le
« cédant, après que la signification du transport
« a été faite au débiteur. »

Art. 13. « La poursuite peut avoir lieu en vertu
« d'un jugement provisoire ou définitif, exécutoire
« par provision, nonobstant appel ; mais l'adjudi-
« cation ne peut se faire qu'après un jugement
« définitif en dernier ressort, ou passé en force
« de chose jugée.

« La poursuite ne peut s'exercer en vertu de
« jugements par défaut durant le délai de l'oppo-
« sition. »

Art. 14. « La poursuite ne peut être annulée
« sous prétexte que le créancier l'aurait commen-
« cée pour une somme plus forte que celle qui
« lui est due. »

Art. 15. « Toute poursuite en expropriation
« d'immeubles doit être précédée d'un comman-
« dement de payer, fait, à la diligence et requête
« du créancier, à la personne du débiteur ou à
« son domicile, par le ministère d'un huissier.

« Les formes du commandement et celles de la
« poursuite sur l'expropriation sont réglées par
« les lois sur la procédure. »

CHAPITRE II.
De l'ordre et de la distribution du prix entre les créanciers.

Art. 16. « L'ordre et la distribution du prix des
« immeubles, et la manière d'y procéder, sont
« réglés par les lois sur la procédure. »

Le Consul ordonne que les deux titres ci-dessus seront communiqués officieusement, par le
secrétaire général du Conseil d'État, à la section
de législation du Tribunat, conformément à l'arrêté du 18 germinal an X.

La séance est levée.

Pour extrait conforme :
Le secrétaire général du Conseil d'État,
J. G. LOCRÉ.

SÉANCE
DU 15 VENTÔSE AN XII DE LA RÉPUBLIQUE.
(Mardi 6 mars 1804).

Le **Premier Consul** préside la séance.

Le second et le troisième Consul sont présents.

Le citoyen **Portalis** annonce que le titre XI
du livre III du projet de Code civil, *de la vente,*
a été décrété par le Corps législatif dans sa séance
de ce jour.

Le citoyen **Portalis**, nommé par le Premier
Consul, avec les citoyens **Bégouen** et **Français**, pour présenter au Corps législatif, dans sa
séance du 14 ventôse, le titre XIV du livre III du
projet de Code civil, *des contrats aléatoires*, et
pour en soutenir la discussion dans sa séance du
19 du même mois, dépose sur le bureau l'exposé
des motifs de ce projet.

Cet exposé est ainsi conçu :

« Citoyens législateurs,

« Les contrats aléatoires sont la matière du
projet de loi qui vous est soumis. Il définit ces
contrats, il énumère leurs diverses espèces ; et
après avoir distingué ceux qui appartiennent au
droit maritime d'avec ceux qui appartiennent au
droit civil, il fixe les règles convenables à ces
derniers.

« Dans l'ordre simple de la nature, chacun est
tenu de porter le poids de sa propre destinée.
Dans l'ordre de la société, nous pouvons, au moins
en partie, nous soulager de ce poids sur les autres. C'est la fin principale des contrats aléatoires.
Ces contrats sont le produit de nos espérances et
de nos craintes. On veut tenter la fortune ou être
rassuré contre ses caprices.

« Aussi, dans tous les temps, on a commencé
des choses incertaines et éventuelles. Les plus
anciennes lois prouvent que les hommes, toujours jaloux de soulever le voile mystérieux qui
leur dérobe l'avenir, ont constamment cherché à
embrasser par leurs conventions des objets qu'ils
peuvent à peine atteindre par leur faible prescience.

« Quel est le résultat de ces conventions ? Nous
créons des biens présents en assignant un prix
à des probabilités plus ou moins éloignées. De simples espérances deviennent des richesses réelles ;
et des maux qui peut-être ne seront que trop réels
un jour, sont écartés ou adoucis par la sagesse de
nos combinaisons. Nous amortissons les coups
du sort en nous associant pour les partager.

« Énoncer le principe des contrats aléatoires,
c'est avoir suffisamment justifié la légitimité de
ces contrats. Quoi de plus légitime que de mettre
en commun nos craintes, nos espérances et toutes
nos affections, pour ne pas abandonner au hasard
ce qui peut être réglé par le conseil, et pour nous
aider mutuellement par des actes secourables à
courir avec moins de dangers les diverses chances
de la vie ?

« Tous les contrats qui peuvent être réputés
aléatoires ne sauraient recevoir un nom particulier. Les principaux sont :

« L'assurance, le *prêt à grosse aventure*, le *jeu*
et le *pari*, la *rente viagère*.

« Parmi ces contrats, il en est dans lesquels
une seule des parties contractantes s'expose à un
risque au profit de l'autre partie, moyennant une
somme que celle-ci donne pour prix de ce risque.
Dans le plus grand nombre, chacune des parties
court un risque à peu près égal.

« En conséquence, le contrat aléatoire en général est défini par le projet de loi, *une convention
réciproque dont les effets, quant aux avantages et
aux pertes, soit pour toutes les parties, soit pour
l'une ou plusieurs d'entre elles, dépendent d'un
événement incertain.*

« Dans l'énumération des contrats aléatoires,
l'assurance et le prêt à grosse aventure occupent
le premier rang.

« Le prêt à grosse aventure était connu des anciens : nous en avons la preuve dans les lois
romaines. L'argent prêté dans la forme et selon
les principes qui régissent cette espèce de contrat était appelé *Pecunia trajectitia*. L'emprunteur
n'était tenu de rendre ni la somme principale ni
le change, si le navire venait à périr par fortune
de mer dans le cours du voyage déterminé : il
était au contraire obligé de tout restituer avec
l'intérêt nautique stipulé, si le voyage était heureux.

« Mais les anciens n'avaient aucune idée de
l'*assurance*, contrat infiniment plus étendu dans

son application, et plus important par ses effets.

« Avant que la boussole ouvrît l'univers, on ne connaissait que quelques bords de l'Asie et de l'Afrique; l'existence de l'Amérique n'était pas même soupçonnée. Le commerce maritime avait peu d'étendue et d'activité; les vues des armateurs étaient rétrécies comme leur commerce. Avec la boussole, des voyageurs hardis virent une mer immense qui se présentait à eux sans bornes; ils s'élancèrent avec intrépidité dans cette vaste région des orages, et ils découvrirent un nouveau ciel et une nouvelle terre. Alors l'industrie humaine se fraya des routes jusque-là inconnues; l'univers s'étendit, et l'Italie qui, selon l'expression d'un auteur célèbre, avait été si longtemps le centre du monde commerçant, ne se trouva plus sous ce rapport que dans un coin du globe.

« Cette époque fut celle des grandes entreprises commerciales. Le négociant ne fut plus étranger nulle part; ses affaires particulières se trouvèrent liées avec les affaires publiques des différents États; il fut obligé d'avoir l'œil sur toutes les nations pour porter à l'une ce qu'il exportait de l'autre; et de grands moyens devinrent nécessaires pour exécuter de grands projets.

« Dans le nombre de ces moyens, le plus efficace peut-être fut l'invention du contrat d'assurance. Par ce contrat, qui consiste à prendre sur soi les périls que courent sur mer les marchandises d'un autre, il arrive que la fortune privée d'un armateur se trouve garantie par celle d'une foule d'assureurs de tous les pays, de toutes les contrées, qui consentent à lui répondre de tous les événements. Un seul particulier peut ainsi faire le commerce le plus riche et le plus étendu avec le crédit, la force et les ressources de plusieurs nations.

« Ce n'est sans doute pas le moment de développer les règles relatives au contrat d'assurance et au prêt à grosse aventure. Ces deux contrats demeurent étrangers au Code civil : le projet de loi n'en fait mention que pour déclarer qu'ils sont dans la classe des contrats aléatoires, et qu'*ils sont régis par les lois maritimes*.

« On s'est occupé du jeu, du pari et de la rente viagère.

CHAPITRE PREMIER.
Du jeu et du pari.

« Il est déclaré que *la loi n'accorde aucune action pour une dette du jeu ou pour le paiement d'un pari*.

« *Les jeux propres à exercer au fait des armes, les courses à pied ou à cheval, les courses de chariots, le jeu de paume et autres jeux de même nature qui tiennent à l'adresse et à l'exercice du corps, sont exceptés de la disposition précédente*.

« *Néanmoins on a cru devoir laisser aux tribunaux le droit de rejeter la demande quand la somme leur paraît excessive*.

« Le principe que la loi n'accorde aucune action pour les dettes du jeu n'est donc rigoureusement appliqué, dans le système du projet de loi, qu'aux obligations qui ont leur source dans un jeu dont le hasard est l'unique élément. Les lois pourraient-elles protéger de telles obligations?

« Nul engagement valable sans cause. La maxime est incontestable.

« Or quelle est la cause d'une promesse ou d'une obligation contractée au jeu? L'incertitude du gain ou de la perte : il serait impossible d'assigner une autre cause.

« Nous savons que des événe~~ ~~ n ains

sont une matière licite à contrat, et que les espérances et les risques peuvent recevoir un prix; mais nous savons aussi qu'il faut quelque chose de plus solide et de plus réel que le désir bizarre de s'abandonner aux caprices de la fortune pour fonder des causes sérieuses d'obligation entre les hommes.

« Il est une grande différence entre un contrat qui dépend d'un événement incertain, et un contrat qui n'a pour cause que l'incertitude quelconque d'un événement. L'assurance, par exemple, le prêt à la grosse aventure, dépendent d'un événement incertain. Mais l'incertitude de l'événement n'est pas le seul motif du contrat. La faveur accordée par les lois à l'assurance et au prêt à grosse aventure est fondée sur deux choses : le péril de la mer, qui fait que l'on ne s'expose à prêter son argent ou à garantir celui des autres que moyennant un prix proportionné aux chances que l'on court; et la facilité que les assureurs et les prêteurs donnent à l'emprunteur ou à l'associé de faire promptement de grandes affaires et en grand nombre : au lieu que les obligations contractées au jeu, n'étant fondées sur aucun motif utile ni raisonnable, ne peuvent appeler sur elles la protection du législateur.

« Que font deux joueurs qui traitent ensemble? Ils se promettent respectivement une somme déterminée, dont ils laissent la disposition à l'aveugle arbitrage du hasard. Où est donc la cause de l'engagement? On n'en voit aucune.

« Le désir et l'espoir du gain sont pour chaque partie les seuls mobiles du contrat. Ce désir et cet espoir ne s'attachent à aucune action; ils ne supposent aucune réciprocité de services : chaque joueur n'espère que de sa fortune, et ne se repose que sur le malheur d'autrui. À la différence des contrats ordinaires qui rapprochent les hommes, les promesses contractées au jeu les divisent et les isolent.

« On ne peut être heureux au jeu que de l'infortune des autres : tout sentiment naturel entre joueurs est étouffé, tout lien social est rompu. Un joueur forme le vœu inhumain et impie de prospérer aux dépens de ses semblables; il est réduit à maudire le bien qui leur arrive et à ne se complaire que dans leur ruine.

« On ne peut donc trouver, dans les promesses et les contrats dont nous parlons, une cause capable de les rendre vraiment obligatoires. Sans doute le jeu peut n'être qu'un délassement, et dans ce cas il n'a rien d'odieux ni d'illicite; mais il est également vrai que sous ce rapport il ne saurait être du ressort des lois : il leur échappe par son objet et par son peu d'importance.

« Le jeu dégénère-t-il en spéculation de commerce : nous retombons dans la première hypothèse que nous avons posée; car, dès lors, si les obligations et les promesses présentent un intérêt assez grave pour alimenter une action en justice, elles offrent une cause trop vicieuse pour motiver et légitimer cette action.

« Il est des choses qui, quoique licites par elles-mêmes, sont proscrites par la considération des abus et des dangers qu'elles peuvent entraîner; conséquemment, si le jeu, sous le point de vue que nous l'envisageons, n'était pas déjà réputé mauvais par sa nature, il faudrait encore le réprouver par rapport à ses suites.

« Quelle faveur peuvent obtenir auprès des lois les obligatio~~ ~~ t les promesses que le jeu produit, que la r~~ ~~ une, et que l'équité désavoue? Ignore-t~~ ~~ eu favorise l'oisiveté, en séparant l'~~ ~~ de colle du travail, et qu'il dispose les âmes à la dureté, à l'égoïsme le plus atroce? Ignore-t-on les révolutions subites qu'il produit dans le patrimoine des familles particulières, au détriment des mœurs publiques et de la société générale ?

« Dans l'administration d'un grand État, la tolérance des jeux est souvent un acte nécessaire de police. L'autorité, qui ne saurait étouffer les passions, ne doit point renoncer aux moyens de surveiller ceux qui s'y livrent. Dans l'impuissance d'empêcher les vices, sa tâche est de prévenir les crimes.

« Mais tolérer les jeux, ce n'est pas les autoriser.

« La loi romaine notait d'infamie ceux qui faisaient profession de jouer aux jeux de hasard. Justinien avait prohibé ces jeux jusque dans les maisons des particuliers.

« En France, les lois ont quelquefois puni le jeu comme un délit; elles ne l'ont jamais protégé comme un contrat. Une ordonnance de 1629 déclare *toutes dettes contractées par le jeu nulles, et toutes obligations et promesses faites pour le jeu, quelque déguisées qu'elles soient, nulles et de nul effet, et déchargées de toutes obligations civiles et naturelles.*

« La jurisprudence ne s'est jamais écartée des dispositions de cette ordonnance. On admet la preuve par témoins quand un citoyen se plaint de ce qu'une promesse contractée au jeu a été cachée sous la forme d'un simple prêt.

« Nous n'avons pas cru devoir abandonner une jurisprudence si favorable aux bonnes mœurs, et si nécessaire pour prévenir les désordres d'une passion dont tous les législateurs ont cherché à réprimer les excès.

Notre âme est froissée, nous frissonnons quand on nous présente sur la scène le spectacle d'un joueur déchiré par ses remords, environné des débris de son patrimoine, accablé sous son infortune, et ne pouvant supporter le fardeau de la vie au milieu des reproches et des pleurs d'une famille désolée. Eh quoi ! la justice, en donnant une action utile pour les promesses contractées au jeu, viendrait-elle consommer avec son glaive le sacrifice commencé par la cupidité ? Non, citoyens législateurs, la morale de nos lois ne peut être ni moins pure ni moins austère que celle de nos théâtres.

« Mais en refusant en général toute action pour promesses contractées au jeu, nous avons excepté de cette disposition les engagements et les promesses qui ont leur source dans des jeux d'adresse et d'exercice. Ces sortes de jeux sont utiles; on les a peut-être trop négligés dans nos temps modernes.

« Cependant, d'après une jurisprudence constante, nous avons autorisé les tribunaux, même quand il s'agit du paiement des promesses ou obligations produites par ces sortes de jeux, à rejeter la demande, si la somme réclamée leur paraît excessive.

« Les motifs de cette jurisprudence, adoptés par le projet de loi, sont évidents. On conçoit que des citoyens qui jouent à un jeu d'adresse ou d'exercice, peuvent, pour soutenir entre eux l'émulation et l'intérêt, stipuler un prix pour le plus adroit ou le mieux exercé. Mais si le gain ou le prix convenu est immodéré, il devient illicite, parce que, dès lors, la cause d'un tel gain cesse d'être proportionnée à l'objet qui doit le produire. Le jeu, quel qu'il soit, n'est qu'une récréation, et il y aurait danger à le laisser dégénérer en commerce. Tous les gains qui passent certaines bornes sont injustes, parce qu'ils n'ont point

d'autre cause que la corruption du cœur et l'égarement de l'esprit.

« On a examiné, en terminant ce qui regarde le jeu, si celui qui a volontairement acquitté ce qu'il a promis ou perdu, peut répéter ou faire réduire ce qu'il a payé. On a pensé qu'aucune demande en répétition ou en réduction n'est recevable : cette décision est conforme à l'ordonnance de Moulins, qui, en pareil cas, vient seulement au secours des mineurs. Le droit des majeurs est consommé quand les choses ne sont plus entières ; la loi ne saurait les écouter quand ils l'invoquent pour le fait même dans lequel ils l'ont méconnue. Nous ajouterons que le repentir de l'avare qui a payé volontairement une dette du jeu n'est pas assez favorable pour réveiller l'attention de la justice.

« Le par, autrement appelé *gageure*, participe à tous les vices du jeu ; il est gouverné par les mêmes principes : les assurances par forme de gageure sont même formellement prohibées par l'ordonnance de la marine de 1681.

CHAPITRE II.
Du contrat de rente viagère.

« Le projet de loi conserve les constitutions de rentes viagères.

« Nous savons tout ce que l'on a dit pour et contre ces sortes de contrats ; mais on ne peut raisonnablement les approuver ni les critiquer, si l'on n'a égard en même temps aux circonstances ou à la situation dans lesquelles peuvent se trouver les personnes qui se lient par de semblables engagements.

« Les rentes viagères peuvent être considérées sous un point de vue économique et sous un point de vue moral.

« Sous un point de vue moral, la rente viagère peut être regardée comme un contrat peu favorable, si elle n'a sa source que dans des principes d'égoïsme et dans la volonté d'augmenter un revenu déjà suffisant, en aliénant des fonds dont la disparition laisse des enfants, des proches sans ressources et même sans espérances. Mais on n'aperçoit plus rien de répréhensible dans la rente viagère, si elle n'est qu'un moyen de subsistance pour un homme isolé qui n'a point d'héritiers, ou pour une personne âgée et infirme qui a besoin de recourir à cet expédient pour vivre. Ici, comme ailleurs, il faut savoir distinguer la chose de l'abus que l'on peut en faire.

« Sans doute le législateur devrait proscrire les rentes viagères si l'usage n'en pouvait être qu'injuste et dangereux ; mais il doit les maintenir, puisque l'usage en est souvent utile et nécessaire.

« Dans un vaste État comme la France, la situation des hommes peut être modifiée par tant de manières, il y a tant de mobilité dans les choses et tant de distinctions à faire entre les personnes, qu'il est impossible à la loi de régler dans un système de justice distributive ce qui peut être utile à chacun et à tous. La multiplicité des ressources doit être proportionnée à celle des besoins ; on doit se reposer sur la liberté de chaque individu du soin de veiller à sa conservation et à son bien-être. La loi gouvernerait mal si elle gouvernait trop ; la liberté fait de grands biens et de petits maux, pourvu qu'on ne lui laisse pas franchir les limites que l'intérêt public nous force de lui prescrire. Nous n'avons donc pas cru que l'abus possible des constitutions de rentes viagères fût un motif suffisant de bannir de notre législation civile ces espèces de contrats. Dans le cœur d'un père de famille, la nature saura défendre ses droits. C'est une longue expérience qui a fait consacrer la rente viagère comme une institution qui peut secourir l'humanité souffrante, et réparer à l'égard d'une foule d'individus les torts et les injustices de la fortune. Or on sait que l'expérience est maîtresse et des lois et des hommes.

« Dira-t-on que l'usage des rentes viagères habitue les hommes à calculer froidement sur la vie et la mort de leurs semblables, et peut leur inspirer des affections contraires à l'humanité? Mais combien d'institutions civiles qui peuvent donner lieu aux mêmes inconvénients et aux mêmes calculs! Nous citerons en preuve les redevances et les servitudes viagères stipulées dans un contrat de vente, les legs et les réserves d'usufruit, les transmissions de propriété d'une tête à l'autre, et une foule d'autres actes de même nature. On a proscrit avec raison les assurances sur la vie des hommes, la vente de la succession d'une personne vivante, parce que de pareils actes sont vicieux en eux-mêmes, et n'offrent aucun objet réel d'utilité qui puisse compenser les vices et les abus dont ils sont susceptibles. Mais parce que le débiteur d'une rente viagère pourra, dans le secret de ses pensées, envisager ma mort comme une chance de bonheur, faudra-t-il que je renonce au droit de me constituer créancier de cette rente qui doit soutenir mon existence et ma vie?

« Si nous considérons les constitutions de rentes viagères sous un point de vue économique, nous pourrons nous convaincre que ces contrats peuvent devenir une spéculation de commerce, et que dans plus d'une occasion ils sont plutôt un moyen d'acquérir que d'aliéner. On peut, par de sages combinaisons, multiplier les chances heureuses. Dans tous les contrats où le hasard entre pour quelque chose, l'imagination n'oublie rien pour atteindre aux bienfaits possibles de la fortune.

« *Une rente viagère peut être constituée à titre onéreux, moyennant une somme d'argent, ou pour une chose mobilière appréciable, ou pour un immeuble.*

« Dans tous ces cas, la constitution d'une rente viagère n'est qu'une manière de vente, même lorsqu'elle est faite à prix d'argent ; car l'argent est susceptible d'être loué ou vendu comme toutes les autres choses qui sont dans le commerce. On en dispose par forme de louage quand on le prête à intérêt ; on le vend quand on aliène le fonds principal moyennant une rente.

« *La rente viagère peut aussi être constituée à titre purement gratuit, par donations entre-vifs ou par testament ; mais alors elle doit être revêtue des formes requises par la loi dans les actes qui la constituent.*

« Quand la constitution d'une rente viagère n'offre qu'une libéralité, et nulle si elle est constituée en faveur d'une personne prohibée ; elle est réductible si elle excède ce dont le donateur ou le testateur peut disposer.

« *La rente viagère peut être constituée, soit sur la tête de celui qui fournit le prix, soit sur la tête d'un tiers qui n'a aucun droit d'en jouir.*

« *Elle peut être constituée sur une ou plusieurs têtes.*

« *Elle peut être constituée au profit d'un tiers, quoique le prix en soit fourni par une autre personne.*

« *Dans ce dernier cas, quoiqu'elle ait les caractères d'une libéralité, elle n'est point assujettie aux formes requises pour les donations ; sauf les cas de réduction, si la libéralité est excessive, et* sauf les cas de nullité si une personne prohibée en est l'objet.

« Toutes ces règles sont anciennes ; le projet de loi ne fait que les rappeler.

« Tout contrat de rente viagère créée sur la tête d'une personne qui était morte au jour du contrat, ne produit aucun effet ; cela est évident, car le contrat se trouve sans cause.

« Nous avons cru devoir aussi déclarer la nullité du contrat quand la rente a été créée sur la tête d'une personne atteinte de la maladie dont elle est décédée dans les vingt jours de la date du contrat.

« En effet, il est certain que si les contractants eussent connu la maladie de la personne sur la tête de laquelle on se proposait d'acquérir la rente, l'acquisition n'eût pas été faite, puisqu'une rente viagère sur la tête d'une personne mourante n'est d'aucune valeur. Or on sait qu'il n'y a point de véritable consentement quand il y a erreur ou sur la chose, ou sur les qualités essentielles de la chose qui forme la matière du contrat.

« Nous décidons que la rente viagère peut être constituée au taux qu'il plaît aux parties contractantes de fixer.

« Il ne peut y avoir de mesure absolue pour régler des choses incertaines ; aussi l'action rescisoire a toujours été refusée dans les contrats aléatoires, c'est-à-dire dans tous les contrats qui dépendent d'un événement incertain.

« La constitution d'une rente viagère est résolue si le constituant ne donne pas les sûretés stipulées pour son exécution.

« Cette règle est commune à tous les contrats intéressés.

« Le seul défaut de paiement des arrérages de la rente n'autorise pas celui en faveur de qui elle est constituée à demander le remboursement du capital, ou à rentrer dans les fonds par lui aliénés ; il n'a que le droit de saisir et de faire vendre les biens de son débiteur, et de faire ordonner ou consentir sur le produit de la vente l'emploi d'une somme suffisante pour le service des arrérages.

« S'il en était autrement, il n'y aurait point de solidité dans les contrats ; ils seraient dissous par la plus légère infraction de la part d'un des contractants. On ferait prononcer la nullité d'un acte lorsqu'on n'a que le droit d'en demander l'exécution.

« Le constituant ne peut se libérer du paiement de la rente en offrant de rembourser le capital, et en renonçant à la répétition des arrérages payés ; il est tenu de servir la rente pendant toute la vie de la personne ou des personnes sur la tête desquelles la rente a été constituée, quelle que soit la durée de la vie de ces personnes, et quelque onéreux qu'ait pu devenir le service de la rente ; car le système contraire changerait entièrement la nature du contrat.

« La rente viagère n'est acquise au propriétaire que dans la proportion du nombre de jours qu'il a vécu.

« Néanmoins, s'il a été convenu qu'elle serait payée d'avance, le terme qui a dû être payé est acquis du jour où le paiement a dû en être fait.

« On peut constituer une rente viagère successivement réversible sur plusieurs têtes ; on peut donc, par majorité de raison, stipuler qu'une rente viagère sera payée d'avance. Cette clause n'entraîne, pour le terme payé d'avance, qu'une sorte de réversion tacite en faveur des héritiers, si celui en faveur de qui la rente est constituée est mort dans l'intervalle.

« La rente viagère ne peut être stipulée insaisissable que lorsqu'elle a été constituée à titre gratuit.

« Les motifs de cette disposition sont sensibles. On a toujours distingué, avec raison, les rentes viagères créées à titre onéreux d'avec celles qui sont créées à titre gratuit, par don ou par legs. Il a toujours été reconnu que les premières peuvent être saisies par les créanciers du propriétaire, quand même il serait stipulé par le contrat qu'elles ne pourront pas l'être. On conçoit que personne ne peut s'interdire à soi-même la faculté de contracter des dettes, ni à ses créanciers celle de s'en faire payer sur ses biens.

« Mais il en est autrement des rentes viagères créées par don ou par legs. Le testateur ou donateur peut valablement ordonner que la rente viagère qu'il lègue ou qu'il donne ne pourra être saisie par aucun créancier du donataire ou légataire. La raison en est que celui qui fait une libéralité peut la faire sous telle condition qu'il juge à propos.

« La rente viagère ne s'éteint pas par la mort civile du propriétaire, car c'est la vie naturelle que les contractants ont en vue.

« Mais comme le terme de la vie naturelle est la mesure de la durée d'une rente viagère, le propriétaire d'une telle rente n'en peut demander les arrérages qu'en justifiant de son existence, ou de celle de la personne sur la tête de laquelle la rente a été constituée.

« Citoyens législateurs, tel est le projet de loi sur les contrats aléatoires. En le sanctionnant par vos suffrages, vous aurez posé une nouvelle pierre au grand édifice de notre législation civile. Cet édifice s'élève rapidement et avec majesté. Encore quelques jours, et grâces au génie qui gouverne la France, et à votre sagesse qui sait si bien le seconder, nous offrirons à nos amis, à nos ennemis, le spectacle le plus imposant qu'une nation puisse donner au monde, et le plus beau monument qu'elle puisse consacrer à sa propre gloire et à son propre bonheur. »

Le citoyen **Berlier** pour le citoyen *Bigot-Préameneu*, présente le titre *des transactions.*

Il est ainsi conçu : »

LIVRE III.
TITRE XV.
DES TRANSACTIONS.

Art. 1er. « La transaction est un contrat par lequel les parties terminent une contestation née, « ou préviennent une contestation à naître.

« Ce contrat doit être rédigé par écrit. »

Art. 2. « Pour transiger, il faut avoir la capacité de disposer des objets compris dans la transaction.

« Le tuteur ne peut transiger pour le mineur « ou l'interdit que conformément à l'article 161 « au titre *de la minorité, de la tutelle et de l'éman-* « *cipation;* et il ne peut transiger avec le mineur « devenu majeur, sur le compte de tutelle, que « conformément à l'article 166 au même titre. »

Art. 3. « On peut transiger sur l'intérêt civil « qui résulte d'un délit.

« La transaction n'empêche pas la poursuite du « ministère public. »

Art. 4. « On peut ajouter à une transaction la stipulation d'une peine contre celui qui manquera « de l'exécuter. »

Art. 5. « Les transactions ne règlent que les « différends qui s'y trouve nettement compris, « soit que les parties aient manifesté leur intention

« par des expressions spéciales ou générales, soit « que l'on reconnaisse cette intention par une « suite nécessaire de ce qui est exprimé. »

Art. 6. « La renonciation faite dans une tran- « saction à tous droits, actions et prétentions, ne « doit s'entendre que de ce qui est relatif à l'objet « du différend qui y a donné lieu. »

Art. 7. « Si celui qui avait transigé un droit « qu'il avait de son chef, acquiert ensuite un « droit semblable du chef d'une autre personne, « il n'est point, quant au droit nouvellement ac- « quis, lié par la transaction antérieure. »

Art. 8. « La transaction faite avec l'un des in- « téressés ne lie point les autres intéressés, et « ne peut être opposée par eux. »

Art. 9. « Les transactions ont, entre les parties, « l'autorité de la chose jugée. »

Art. 10. « Il y a lieu à rescision, lorsqu'il y a « erreur dans la personne ou sur l'objet de la « contestation.

« La transaction ne pourrait être attaquée pour « cause d'erreur dans la nature du droit litigieux, « ni pour cause de lésion.

« Elle peut l'être dans tous les cas où il y a dol.»

Art. 11. « Il y a lieu à l'action en rescision « contre une transaction, lorsqu'elle a été faite « en exécution d'un titre nul, à moins que les « parties n'aient expressément traité sur la nul- « lité. »

Art. 12. « La transaction faite sur des pièces « fausses est entièrement nulle. »

Art. 13. « Pour que la transaction sur un pro- « cès déjà terminé, même à l'insu des parties, « par un jugement, soit valable, il faut que ce « jugement soit susceptible d'être attaqué par « appel. »

Art. 14. « Lorsque les parties ont transigé gé- « néralement sur toutes les affaires qu'elles pou- « vaient avoir ensemble, les titres qui leur étaient « alors inconnus et qui auraient été postérieu- « rement découverts ne sont point une cause de « rescision.

« Mais la transaction serait nulle si elle n'avait « qu'un objet sur lequel il serait constaté par des « titres nouvellement découverts que l'une des « parties n'avait aucun droit. »

Art. 15. « L'erreur de calcul, dans une tran- « saction, doit être réparée.

« Mais la transaction sur un compte litigieux « ne peut être attaquée pour cause de découverte « d'erreurs ou inexactitudes dans les articles du « compte. »

Art. 16. « Il n'y a point lieu à la garantie des « objets auxquels chaque partie prétendait avoir « des droits, dont elle s'est désistée en faveur de « l'autre, lors même que ce désistement aurait « été consenti moyennant une somme.

« Néanmoins, si une partie est évincée par un « tiers, avant qu'elle ait, de sa part, exécuté la « transaction, elle ne peut pas y être contrainte, à « moins que le cas de l'éviction n'ait été prévu. »

Art. 17. « On ne peut préjudicier par une tran- « saction à une caution qui n'y est pas appelée : « cette caution peut se prévaloir des dispositions « de la transaction qui seraient à la décharge du « débiteur principal. »

« L'article 1er est adopté.

L'article 2 est discuté.

Le citoyen **Regnauld** (*de Saint-Jean-d'Angély*) demande qu'on ajoute à cet article les dispositions du règlement qui a été fait sur la manière dont les communes peuvent transiger.

L'article est adopté avec cet amendement.

Les articles 3 et 4 sont adoptés.

L'article 5 est discuté.

Le consul **Cambacérès** demande quel sens la section entend attacher au mot *nettement*.

Le citoyen **Tronchet** dit que le but de l'article est de réduire l'effet de la transaction à l'objet en litige, parce que la convention n'est réellement transaction que dans ce point ; mais que la rédaction pourrait rendre cette idée avec plus de clarté, et que cette observation s'applique également à l'article 6.

Les articles 5 et 6 sont adoptés sauf rédaction.

Les articles 7 et 8 sont adoptés.

Les articles 9 et 10 sont discutés.

Le citoyen **Berlier** observe que plusieurs membres de la section ont pensé que la rédaction de ces deux articles serait meilleure et s'adapterait mieux à l'ordre naturel des idées, si on leur substituait les deux articles qui suivent :

Art. 9. « Les transactions ont, entre les parties, « l'autorité de la chose jugée.

« Elles ne peuvent être attaquées pour cause « d'erreur dans la nature du droit litigieux, ni « pour cause de lésion. »

Art. 10. « Néanmoins une transaction peut être « rescindée, lorsqu'il y a erreur dans la personne « ou sur l'objet de la contestation.

« Elle peut l'être dans tous les cas où il y a « dol ou violence. »

Le citoyen **Tronchet** demande qu'à la fin de la première partie de l'article 9 on ajoute ces mots : *en dernier ressort*.

Le citoyen **Berlier** dit que l'addition proposée lui semble inutile ; l'autorité de la chose jugée ne s'est jamais appliquée qu'aux jugements non susceptibles d'appel.

Mais tel jugement qui n'était pas rendu *en dernier ressort* en acquérait la force, quand la partie condamnée ne se pourvoyait pas en temps utile : cette règle ne sera certainement point changée, et l'on peut sans inconvénient s'en tenir aux expressions consacrées par l'usage, et qui sont peut-être plus exactes.

La rédaction du citoyen *Berlier* est adoptée avec l'amendement du citoyen *Tronchet*.

L'article 11 est adopté.

L'article 12 est discuté.

Le citoyen **Jollivet** demande que la nullité prononcée par l'article n'ait lieu que dans le cas où les pièces ont été reconnues fausses depuis la transaction.

L'article est adopté avec cet amendement.

L'article 13 est discuté.

Le consul **Cambacérès** dit que la disposition qui déclare valable la transaction sur un procès jugé, même lorsque le jugement n'aura pas été connu des parties, pourra sembler étrange.

Le citoyen **Muraire** observe que l'effet de la disposition est limité au cas où le jugement serait sujet à appel, et qu'en effet, tant qu'il y a matière à appel, le procès n'est pas éteint.

Le consul **Cambacérès** dit que néanmoins la partie qui, ayant gagné en première instance, aurait cependant renoncé à ses droits par une transaction, ne se présenterait plus sur l'appel qu'avec une extrême défaveur.

Le citoyen **Berlier** dit que l'article dont il s'agit est en parfaite concordance avec les dispositions du droit romain, qui, dans la section, ont obtenu la préférence sur l'opinion contraire d'*Argou*, exprimée en ses Institutio   droit français.

Il n'est pas vrais   blah saction eût eu lieu,

donner plus ou consent à recevoir moins, eût connu le titre irréfragable qui rendait sa condition meilleure.

D'un autre côté, quand le procès est terminé, il n'y a réellement plus matière à transaction ; de sorte que celle qui est intervenue après un jugement en dernier ressort, et sans que rien indique qu'on en ait eu connaissance, doit être considérée comme le pur effet d'une erreur, et, à ce titre, ne saurait subsister.

Le citoyen **Berlier** propose en conséquence la rédaction suivante : « La transaction sur un « procès terminé par un jugement passé en force « de chose jugée, dont les parties ou l'une d'elles « n'avaient point connaissance, est nulle.

« Si le jugement ignoré des parties était sus- « ceptible d'appel, la transaction serait valable. »

Cette rédaction est adoptée.

L'article 14 est discuté.

Le consul **Cambacérès** trouve la disposition de cet article trop absolue. Il peut arriver qu'un titre qui n'aura pas été connu des parties change entièrement leur situation.

Le **Premier Consul** demande si l'on peut revenir contre un jugement en dernier ressort, quand on découvre des pièces nouvelles qui changent le droit des parties.

Le citoyen **Tronchet** répond qu'il y a ouverture à requête civile.

Le **Premier Consul** dit que cette jurisprudence semble devoir être également appliquée aux transactions.

Le citoyen **Maleville** dit que l'article en discussion est littéralement calqué sur la disposition des lois romaines qui sont à cet égard observées dans toute la France : une transaction n'est point rescindée sous prétexte de la découverte de quelque titre plus avantageux à l'un des contractants, à moins que l'autre partie n'eût soustrait ce titre, ou que l'on eût transigé sur pièces fausses : telle est l'autorité que les lois ont voulu accorder à cet acte, l'un des plus favorables à la société et à l'ordre public.

Le **Premier Consul** dit qu'alors les transactions ont donc un caractère plus sacré que les jugements.

Le citoyen **Tronchet** répond que ce principe est notoire, qu'il est fondé sur ce que, dans les transactions, les parties se jugent elles-mêmes.

Le citoyen **Berlier** dit qu'à la vérité la voie de la requête civile, contre un jugement en dernier ressort, peut résulter de la découverte faite postérieurement de titres qui eussent pu donner lieu à un jugement différent, s'ils eussent été connus ; mais que cette ouverture n'est cependant admise que lorsque les pièces décisives ont été retenues par la partie adverse, ou celées par son fait.

Veut-on retracer ici cette exception ? L'opinant n'y voit d'autre inconvénient que d'insérer en article un amendement, peut-être inutile, car la partie qui retient les pièces se rend coupable de dol ; et l'article qui admet la rescision pour cause de dol paraît avoir suffisamment pourvu à ce cas.

L'article est adopté en ajoutant à la première partie les mots : *à moins que ces titres n'aient été retenus par le fait de l'une des parties.*

L'article 15 est discuté.

Le citoyen **Tr**   t dit que la seconde partie de cet article n   e principe généralement recu, qu'on est   a tous les cas à revenir c re d   rr   article   nchant la seconde

L'article 16 est discuté.

Le **Premier Consul** dit que cet article lui paraît injuste; qu'il lui semble que, dans le cas prévu, la transaction doit être nulle, à moins qu'il n'y ait renonciation pure et simple de la part de la partie évincée.

Le citoyen **Berlier** dit qu'en effet cette disposition, quoiqu'elle ne soit point nouvelle, mais copiée du droit romain, paraît blesser la justice dans la première partie.

Quant à la seconde partie, elle est inutile, car, soit dans le cas dont elle s'occupe, soit dans tout autre, on peut prévoir l'éviction et se départir des droits qui en sont la suite.

L'article est supprimé.

L'article 17 est discuté.

Le citoyen **Berlier** pense que cet article peut être retranché comme inutile.

Dans plusieurs titres du Code, et notamment dans ceux des *obligations conventionnelles en général* et du *cautionnement*, il a été suffisamment exprimé que le débiteur principal pouvait alléger et non aggraver par de nouveaux pactes la condition de sa caution. Cette règle recevra son application dans cette espèce comme dans toutes les autres.

L'article est supprimé.

Le citoyen **Berlier** présente ensuite le titre qui vient d'être discuté, rédigé conformément aux amendements adoptés.

Le Conseil l'adopte en ces termes :

DES TRANSACTIONS.

Art. 1er. « La transaction est un contrat par lequel les parties terminent une contestation née, « ou préviennent une contestation à naître.

« Ce contrat doit être rédigé par écrit. »

Art. 2. « Pour transiger, il faut avoir la capacité « de disposer des objets compris dans la transaction.

« Le tuteur ne peut transiger pour le mineur « ou l'interdit que conformément à l'article 161 « au titre *de la minorité, de la tutelle et de l'éman-* « *cipation;* et il ne peut transiger avec le mineur « devenu majeur, sur le compte de tutelle, que « conformément à l'article 166 au même titre.

« Les communes et établissements publics ne « peuvent transiger qu'avec l'autorisation expresse « du Gouvernement. »

Art. 3. « On peut transiger sur l'intérêt civil « qui résulte d'un délit.

« La transaction n'empêche pas la poursuite « du ministère public. »

Art. 4. « On peut ajouter à une transaction la « stipulation d'une peine contre celui qui man- « quera de l'exécuter. »

Art. 5. « Les transactions se renferment dans « leur objet : la renonciation qui y est faite à « tous droits, actions et prétentions, ne s'entend « que de ce qui est relatif au différend qui y a « donné lieu. »

Art. 6. « Les transactions ne règlent que les « différends qui s'y trouvent compris, soit que les « parties aient manifesté leur intention par des « expressions spéciales ou générales, soit que « l'on reconnaisse cette intention par une suite « nécessaire de ce qui est exprimé. »

Art. 7. « Si celui qui avait transigé sur un droit « qu'il avait de son chef acquiert ensuite un « droit semblable du chef d'une autre personne, « il n'est point, quant au droit nouvellement « acquis, lié par la transaction antérieure. »

Art. 8. « La transaction faite avec l'un des inté- « ressés ne lie point les autres intéressés, et ne « peut être opposée par eux. »

Art. 9. « Les transactions ont, entre les par- « ties, l'autorité de la chose jugée en dernier « ressort.

« Elles ne peuvent être attaquées pour cause « d'erreur dans la nature du droit litigieux, ni « pour cause de lésion. »

Art. 10. « Néanmoins une transaction peut être « rescindée, lorsqu'il y a erreur dans la personne, « ou sur l'objet de la contestation.

« Elle peut l'être dans tous les cas où il y a « dol ou violence. »

Art. 11. « Il y a également lieu à l'action en « rescision contre une transaction, lorsqu'elle a « été faite en exécution d'un titre nul, à moins « que les parties n'aient expressément traité sur « la nullité. »

Art. 12. « La transaction faite sur pièces qui « depuis ont été reconnues fausses, est entière- « ment nulle. »

Art. 13. « La transaction sur un procès terminé « par un jugement passé en force de chose jugée, « dont les parties ou l'une d'elles n'avaient point « connaissance, est nulle.

« Si le jugement ignoré des parties était sus- « ceptible d'appel, la transaction sera valable. »

Art. 14. « Lorsque les parties ont transigé gé- « néralement sur toutes les affaires qu'elles pou- « vaient avoir ensemble, les titres qui leur étaient « alors inconnus, et qui auraient été postérieu- « rement découverts, ne sont point une cause de « rescision, à moins qu'ils n'aient été retenus « par le fait de l'une des parties.

« Mais la transaction serait nulle si elle n'avait « qu'un objet sur lequel il serait constaté, par « des titres nouvellement découverts, que l'une « des parties n'avait aucun droit. »

Art. 15. « L'erreur de calcul dans une transac- « tion doit être réparée. »

Le Premier Consul ordonne que le titre ci-dessus sera communiqué officieusement, par le secrétaire général du Conseil d'État, à la section de législation du Tribunat, conformément à l'arrêté du 28 germinal an X.

Question sur le rétablissement des rentes foncières.

Le consul **Cambacérès** dit qu'il est une matière sur laquelle le Code civil ne contient aucune disposition, et qu'il importe cependant d'examiner ; c'est celle des rentes foncières. On s'est divisé sur l'utilité qu'il pourrait y avoir à les permettre : la question n'a pas été décidée; cependant le législateur ne doit point la négliger. Le contrat de rente foncière convient à beaucoup de personnes qui sont dans l'impossibilité d'exploiter elles-mêmes leurs terres. Il n'est pas essentiellement féodal. Peut-être y aurait-il de l'avantage à le rétablir. On examinera ensuite si ces sortes de rentes doivent être déclarées rachetables.

Le citoyen **Tronchet** dit qu'on ne peut pas mettre en question si les rentes foncières seront irrachetables, car elles perdraient leur caractère, qui est de représenter le fonds, s'il était permis de les racheter.

Ces sortes de rentes étaient avantageuses aux personnes qui ne pouvaient faire les frais d'une grande exploitation, et à qui l'ancienne jurisprudence ne permettait pas de faire des baux au-dessus de neuf ans. Cette dernière difficulté n'existe plus aujourd'hui : on peut faire des baux même de cent ans, et dès lors le colon a la faculté de s'assurer une jouissance assez longue pour ne pas craindre de perdre le fruit de ses améliorations.

L'inconvénient des rentes foncières était qu'à raison de ce qu'il n'était point permis de les racheter, elles imprimaient à l'héritage une tache perpétuelle qui le suivait dans toutes les mutations de propriété, et qui gênait la circulation des immeubles : peu de personnes consentaient à se soumettre à une charge dont rien n'était capable de les affranchir.

D'ailleurs cette matière comportait un grand nombre de règles très-compliquées et dont l'application en certains cas devenait très-embarrassante.

Le citoyen **Maleville** dit qu'avant de se décider sur l'admission ou le rejet du contrat de bail à rente foncière, il faut se bien fixer sur sa nature et sur son objet.

Ce bail est un contrat par lequel un propriétaire qui a des fonds incultes ou qu'il ne peut facilement cultiver, les cède à un autre, à la charge par celui-ci de lui payer en argent ou en denrées une rente convenue, pour tout le temps qu'il possèdera le fonds.

Ce contrat était connu des Romains, qui l'appelaient *emphyteusis*, c'est-à-dire bail pour améliorer : ce n'est en effet que des fonds en friche et dont on ne retire presque aucun profit que l'on donne communément à rente ; s'ils étaient en rapport, on les donnerait à ferme, ou on les vendrait.

Ce n'est non plus que de pauvres habitants des campagnes qui prennent des fonds à rente foncière ; un homme riche n'en voudrait pas, parce qu'obligé de faire faire par d'autres les travaux nécessaires pour mettre le fonds en culture, il n'y trouverait pas le même profit ; il aimerait d'ailleurs mieux acheter que de se soumettre à la rente ; mais le propriétaire du fonds inculte ne veut pas le vendre, parce qu'il n'en retirerait qu'un prix vil et à peu près nul.

Le pauvre habitant des campagnes, au contraire, qui n'a pas d'argent pour acheter, qui n'a de capitaux que ses bras, recherche beaucoup les baux à rente, parce qu'ils lui assurent une propriété, un établissement stable, et il les préfère sans contredit à un bail à ferme dont il prévoit toujours la fin, et dont l'expiration laisse sa famille sans asile assuré.

C'est ce contrat de bail à rente foncière qui a repeuplé les Gaules dévastées par les barbares et par les guerres intestines et non moins funestes de la première et de la seconde race ; c'est par le moyen de ce bail que la grande majorité du peuple est redevenue propriétaire, a pu racheter sa liberté, a défriché les forêts et desséché les marais qui couvraient la surface de l'empire.

Il est vrai qu'avec la rente foncière les bailleurs stipulèrent des droits seigneuriaux pour maintenir leur supériorité ; mais ces droits ne sont pas essentiels à ce contrat, et les Romains ne les connurent jamais.

D'après ces données et cette expérience, il est difficile de concevoir quelque raison solide qui puisse empêcher de rétablir la faculté de donner des fonds à rente foncière. N'y a-t-il plus en France de terrains en friche ? Le nombre des propriétaires est-il trop grand pour sa culture ? Et n'est-il pas au contraire du plus grand intérêt de l'Etat de multiplier ce nombre ? Sa tranquillité, son immutabilité, sa puissance, ne dépendent-elles pas essentiellement du meilleur emploi de son terrain et de l'attachement des citoyens pour le sol qui les a vu naître ? Un homme qui n'a que ses bras est citoyen du monde, et par cela même ne l'est d'aucun pays particulier.

Pour faire rejeter ce con^   'n'un fonds soumis à une rente fonci   'ors du

commerce ; que personne ne se soucie de l'acheter, parce qu'on ne veut pas s'assujettir à une charge irrachetable.

Mais quand il serait vrai qu'un fonds soumis à une rente foncière serait hors du commerce et invendable, il vaudrait toujours mieux, pour l'Etat et pour le particulier, qu'un fonds en friche qui est bien aussi hors du commerce et qui ne rapporte rien, tandis que l'autre paie un impôt et produit des denrées.

Mais de plus, c'est au hasard et contre l'expérience du passé qu'on prétend qu'un fonds soumis à une rente foncière serait hors du commerce ; la presque universalité des terres, dans le midi de la France, était possédée à ce titre, et ces terres se vendaient comme les autres, moins le capital de la rente ; encore étaient-elles grevées alors de droits seigneuriaux, qui depuis ont été abolis.

Il serait sans doute à désirer que toutes les rentes fussent créées rachetables, et les habitants des campagnes prendraient sans doute bien plus volontiers les fonds en friche avec cette stipulation : mais ce sont les propriétaires de ces fonds qu'il faut d'abord engager à s'en dessaisir ; or il est bien constant qu'ils ne les donneront point moyennant une rente qui ne peut être que très-modique, vu l'état des fonds au moment du bail, s'ils ne sont pas assurés de la stabilité de cette rente, et s'ils prévoient au contraire que le preneur l'éteindra moyennant un prix bien bas, dès qu'il aura mis les fonds en pleine production.

Tout ce qu'il importe de faire pour alléger la condition du preneur, c'est de lui laisser la pleine liberté d'abandonner le fonds dès que la rente lui devient à charge ; et c'est là encore un grand avantage de ce contrat sur le bail à ferme, dans lequel le cultivateur, quoique trompé dans ses spéculations, n'en est pas moins obligé de payer le prix de ferme jusqu'à la fin.

On objecte encore que le bail à rente exige une législation à part et très-compliquée, qu'il peut devenir la source de mille procès.

Oui, sans doute, ce contrat devait donner lieu à beaucoup de procès, dans un temps où il était presque toujours mêlé de droits seigneuriaux, où ses règles n'étaient déterminées par aucune loi précise, et n'avaient d'autre base que des opinions d'auteurs et la jurisprudence peu uniforme des tribunaux.

Mais maintenant que les droits seigneuriaux sont abolis, il est facile de réduire cette matière, comme toutes les autres, à des règles simples, et l'opinant en a déjà fait le projet dans un travail qu'il a distribué à la section de législation.

Le citoyen **Tronchet** dit que l'expérience n'a pas justifié les résultats avantageux qu'on attribue aux rentes foncières par rapport à la culture.

Au surplus, des baux de vingt-sept ans suffisent pour favoriser les défrichements ; à plus forte raison des baux de cinquante années, et même de plus. On peut désormais se passer des rentes foncières, et l'on débarrassera le Code civil de cette multitude de règles dont il aurait fallu le surcharger, sans pouvoir cependant espérer de prévenir toutes les difficultés.

Un des principaux inconvénients des rentes foncières, était que non-seulement le fonds se trouvait affecté à leur paiement, mais encore tous les autres biens du débiteur, de manière qu'elles grevaient successivement le patrimoine ^nération entière.

^n **Pelet** dit que, dans les provinces . les autres biens du débiteur n'étaient point hypothéqués pour le paiement du capital de la rente, et qu'on pouvait même s'en affranchir par le déguerpissement.

Le citoyen **Jollivet** dit que cette faculté était refusée à celui qui avait promis de *fournir et faire valoir*, clause qui était devenue de style.

Le citoyen **Pelet** dit que les départements méridionaux ont toujours réclamé le rétablissement des rentes foncières.

Leur situation n'est pas la même que celle des pays du nord. Le terroir de ces contrées est stérile. Il ne doit sa prospérité qu'aux baux à rente. Les propriétaires qui n'avaient pas assez de force pour exploiter donnaient leurs biens à rente à ceux qui avaient des bras, mais qui manquaient de fonds pour acheter des terres : il en résultait un avantage précieux pour le bailleur comme pour le preneur.

Là, un bail de quatre-vingt-dix ans ne donnerait pas une sûreté suffisante pour entreprendre des plantations de vignes et d'oliviers, construire des canaux d'irrigation et élever des terrasses.

Le citoyen **Tronchet** dit que cependant l'emphytéose est venue des contrées méridionales.

Le citoyen **Defermon** dit que si les propriétaires du midi ont besoin, pour mettre leurs terres en exploitation, d'en transférer la propriété aux colons, ils peuvent arriver à ce résultat par une vente à rente rachetable. Ce moyen aura même de grands avantages sur le bail à rente foncière. Du moins le colon n'est pas privé de l'espoir de s'affranchir un jour de la redevance, et, dans cette vue, il redouble d'activité et d'efforts pour fertiliser les terres et en obtenir des bénéfices qui, dans la suite, le mettent en état de rembourser la rente.

Mais les vraies causes de l'amélioration de la culture sont la suppression des rentes féodales et le rachat possible des rentes foncières. Presque toutes les rentes foncières ont été rachetées.

Le citoyen **Bérenger** dit que les résultats du bail à rente foncière détruisent l'illusion qu'on pourrait se faire sur l'excellence de ce contrat.

D'abord, il est très-difficile au colon de tirer de sa terre un produit suffisant pour acquitter tout à la fois la rente et ses contributions foncières.

Le fonds chargé à jamais d'une semblable rente perd nécessairement de sa valeur vénale.

Dès lors les mutations qui surviennent à l'égard de ces sortes de biens produiront moins de droits d'enregistrement.

Le fonds chargé d'une rente foncière ne peut être chargé de contributions aussi fortes que le fonds libre, et cependant les impositions ne sont pas réparties sur le propriétaire de la rente.

Ainsi, de tous côtés, on n'aperçoit que des inconvénients qui ne se trouvent balancés par aucun avantage ; tandis que les baux à long terme, ou les ventes à rente rachetable, donneront les effets utiles qu'on prête aux rentes foncières, sans en reproduire les inconvénients.

Il importe aussi de prévoir ce qui pourrait arriver dans la suite des temps. On a ici un exemple qui ne doit pas être perdu : les rentes foncières étaient véritablement le prix de l'héritage, et cependant une loi est survenue, qui, les confondant avec les rentes féodales, les a supprimées sans indemnité.

Le consul **Cambacérès** dit que les raisons qu'on a données ne sont pas suffisantes pour rejeter de la législation le contrat de rentes foncières.

On fait un Code civil pour régler l'état des personnes, la nature des choses et la manière d'en disposer. Il faut que les dispositions de ce Code soient concordantes, et qu'il soit complet.

Peut-on, sous ce rapport, en retrancher le contrat de rentes foncières ?

Il y a lieu d'en douter. Le Code civil autorise l'usage le plus illimité, même l'abus du droit de propriété ; il permet à chacun la disposition indéfinie de son bien ; ce principe n'est borné que par les exceptions que réclament les mœurs et l'intérêt public : comment, dans cet état de la législation, pourrait-on, sans arbitraire, défendre à un propriétaire d'aliéner son domaine, pour le prix d'une redevance foncière, si d'ailleurs les mœurs et l'intérêt de l'État ne sont pas offensés par cet arrangement ?

Il est évident d'abord qu'il ne blesse pas les mœurs.

Voyons s'il blesse l'intérêt de l'État.

On a eu raison de dire que l'État a intérêt à ce que les propriétaires ne soient pas grevés de charges tellement pesantes, qu'il ne reste plus de matière aux impositions.

Mais ce principe ne reçoit pas ici d'application ; car il faut prendre garde que la concession à rente foncière n'est employée que par le vendeur qui n'a pas les facultés nécessaires pour exploiter, et par l'acquéreur qui n'a pas de fonds pour acheter. Si on leur refuse ce moyen, les terres ne rendent plus de produits, et n'offrent pas dès lors de matière imposable.

Au reste, le propr éta re de la rente représentative du fonds doit supporter les impositions sur la rente, comme il les supporterait sur le fonds même.

On a observé encore que les aliénations à rente foncière diminueraient les produits de l'enregistrement.

Il y a lieu de croire, au contraire, que la fréquence des mutations sera en raison des facilités plus grandes que le contrat de rente foncière donne pour aliéner le bien et pour l'acquérir.

On a parlé des rachats multipliés dont avait été suivie la loi qui autorisait à racheter les rentes foncières.

Le fait est incontestable, mais il n'est pas concluant.

Pour juger la loi qu'on rappelle et les résultats qu'elle a eus, il est nécessaire de remonter à l'esprit qui l'a dictée.

L'Assemblée constituante avait à lutter contre la classe des privilégiés, qui était en même temps celle des grands propriétaires ; elle l'a attaquée en attaquant la propriété d'où cette classe tirait sa force, et par ce même moyen elle s'est attaché le tiers état qu'elle voulait opposer aux privilégiés. Ce système a produit entre autres lois, celle qui permet le rachat des rentes foncières.

Une telle loi n'est pas fondée sur des principes de législation ; elle est toute politique, toute de circonstance, et l'effet en est tellement passé, que peut-être ceux qui s'en sont servi pour racheter donneraient aujourd'hui leurs propriétés à rente foncière, si la législation les y autorisait.

La question n'a donc pas été jugée en principe par l'Assemblée constituante. Une loi de circonstance sur les rentes foncières ne peut pas plus être considérée comme un préjugé que ne l'ont paru des lois de la même nature sur d'autres matières. C'est ainsi qu'on vient de rétablir la faculté de tester, et plusieurs autres dispositions qui, comme les rentes foncières, avaient été sacrifiées aux circonstances.

Enfin, l'on a porté ses regards sur l'avenir, et

l'on a craint qu'un jour les rentes foncières ne fussent de nouveau supprimées.

La prévoyance du législateur ne doit pas s'étendre aussi loin. Ce serait entreprendre l'impossible que de vouloir lire dans l'histoire des siècles les plus reculés. On doit supposer que la postérité sera juste ; mais si cet espoir devait être trompé, toute précaution législative contre l'injustice serait assurément sans succès.

Le Consul demande que la question qui n'a pas encore été approfondie soit renvoyée à la section de législation pour faire un rapport.

Le citoyen **Maleville** dit que la question se réduit à des termes très-simples. Il serait sans doute plus avantageux que toute terre fût possédée dégagée de rente foncière ; mais si un propriétaire qui a des fonds incultes ne veut s'en dessaisir qu'en se réservant une rente de cette espèce, y a-t-il quelque raison pour l'en empêcher ? Est-il préférable de laisser ces fonds dans ses mains sans profit pour lui ni pour la société ? Pourquoi la loi, qui permet tous les autres moyens d'aliénation, interdirait-elle le seul qui peut convenir à un grand nombre de citoyens, et qui, en facilitant la culture, tourne au profit de l'État ?

Le citoyen **Cretet** dit qu'il ignore si le défrichement des terres est dû au bail à rente foncière ; mais il sait que ce contrat a été, dans la main des usurpateurs, un moyen puissant pour tenir les propriétaires sous leur dépendance.

Au reste. ce contrat a toujours produit des inégalités énormes. Toujours on a vu des hommes habiles s'en servir pour circonvenir les gens simples par l'appât d'avantages imaginaires ; s'assurer les fruits de leurs travaux, et ne leur laisser que l'indigence avec le vain titre de propriétaire. Si l'usage de ce contrat s'étendait, on verrait la nation partagée en deux classes, l'une qui jouirait paisiblement et sans labeur des produits de la terre, l'autre des serfs condamnés aux travaux les plus rudes pour payer les impositions et la rente foncière, sans pouvoir obtenir de leurs sueurs la subsistance de leurs familles.

Indépendamment de ces vices du fond, les rentes foncières présentent de grandes difficultés de détail.

Dans les partages des biens grevés, elles produisent des effets désastreux ; car, quoique la rente soit indivisible, il faut régler la part qui en sera portée par chaque enfant, et ensuite, à raison de l'indivisibilité, les enfants se trouvent constitués codébiteurs solidaires ; de là résulte que tous les biens de la famille demeurent affectés au paiement de la rente et frappés d'hypothèques. Dans la liquidation de la succession du bailleur, il faut décomposer la propriété pour régler la part que chaque héritier prendra de la rente, en proportion de celle qu'il prend dans le fonds. Il en résulte aussi, dans la suite des temps, que des héritiers, si le bailleur avait stipulé une certaine quantité de mesures de blé, n'en reçoivent plus chacun qu'une poignée.

Le citoyen **Pelet** répond que dans l'état actuel des choses, les habitants de la campagne entendent trop bien leurs intérêts et y sont trop attachés, pour qu'on doive craindre que le bail à rente devienne un moyen de les circonvenir : on pourrait avec plus de fondement concevoir des inquiétudes semblables pour le bailleur.

Ce contrat ne partagera pas les Français en deux classes, l'une de propriétaires, l'autre de colons. Cette division existe déjà par l'effet des baux à ferme. Le bail à rente ne fera que rectifier à cet égard les inégalités, en donnant au preneur une part plus forte dans les produits de la terre.

Enfin le partage d'une rente foncière n'est pas aussi embarrassant qu'on a prétendu : il n'est pas nécessaire de la diviser ; on peut la placer en entier dans le lot de l'un des partageants.

Le citoyen **Bigot-Préameneu** dit qu'il est aussi parfaitement rassuré sur les surprises auxquelles on prétend que le bail à rente donnerait lieu.

L'avantage de ce contrat est de donner à ceux qui n'ont pas de facultés pécuniaires la facilité d'acquérir des propriétés. Les conditions peuvent être réglées de manière à ne leur pas devenir trop onéreuses. Si la rente est constituée en grains, on la calcule en proportion du produit de la terre.

Mais l'inconvénient de ces sortes de contrats est de jeter de l'embarras dans les partages, surtout lorsque la rente est ancienne, et d'obliger à établir une multitude de règles très-compliquées sur le déguerpissement.

Au reste, la question mérite d'être approfondie. On pourrait donc la renvoyer à la section, qui examinerait s'il n'est pas des moyens de corriger les inconvénients que peuvent avoir les rentes foncières, et d'empêcher qu'elles ne deviennent la cause d'une multitude de procès.

Le **Premier Consul** dit que la question première n'est pas de savoir si le bail à rente donnera lieu à des procès : les règles trop simples et qui préviennent toute contestation ne sont pas les plus favorables au droit de propriété.

Mais il importe d'examiner, avant tout, s'il est de l'intérêt de l'État qu'il y ait beaucoup de rentes foncières, et que l'usage de ces sortes de contrats se propage.

Jusqu'à ce que ce point soit décidé, tout travail ultérieur devient inutile.

Considérées sous ce rapport, les rentes foncières ne paraissent pas présenter d'avantage. On conçoit difficilement qu'il puisse être utile à l'État que les terres soient chargées envers lui d'une imposition du quart de leur produit ; qu'un bailleur en prélève encore un autre quart ou même une portion plus forte ; qu'enfin le preneur les donne encore à ferme à des cultivateurs.

Tel est cependant le résultat que ce contrat doit avoir après un certain laps de temps.

Dans l'ancien système politique, il pouvait être utile. Alors la féodalité avait placé la propriété des terres dans un petit nombre de mains, et il était dans ses principes de les y maintenir. C'était donc adoucir le sort du peuple que de lui donner sur les terres un droit plus fort que celui de simple fermier.

Mais cette considération devient maintenant impuissante. L'avantage que les rentes foncières donneraient aujourd'hui à ceux qui n'ont pas de moyens pécuniaires d'acquérir des propriétés, en peut également l'obtenir par l'achat à rente rachetable.

Il est vrai que les variations qui surviennent dans l'intérêt de l'argent, détermineront les propriétaires à élever le taux de la rente, afin de ne pas éprouver de perte dans le cas de remboursement ; mais cet inconvénient même n'est pas sans remède. Qu'on permette de stipuler que la rente ne pourra être rachetée avant un terme un peu reculé, comme de cinquante ans, par exemple, et le propriétaire qui se verra assuré pendant longtemps d'un revenu fixe et invariable, quelque puisse être le taux de l'argent, se rendra moins difficile.

Le citoyen **Jollivet** observe que la législation actuelle sanctionne la stipulation qu'une rente ne sera pas rachetée avant vingt ans.

Le **Premier Consul** dit que cette disposition suffit.

Le citoyen **Pelet** dit que tout est concilié, si l'on fixe un terme au delà duquel les rentes foncières deviendront rachetables.

Le citoyen **Jollivet** dit que néanmoins elles auront toujours l'effet fâcheux d'appauvrir les habitants des campagnes au profit des citadins. Les travaux, les frais de défrichement et la dépense du titre nouvel, sont pour les premiers, tandis que les habitants des villes recueillent paisiblement les produits d'une terre qui était stérile dans leurs mains.

Il est même certain que l'usage du bail à rente ne sera pas borné aux terres en friche.

Le citoyen **Maleville** dit que tous les reproches qu'on vient de faire aux baux à rente s'appliquent également aux baux à ferme, et même avec plus de force, car le taux du fermage est toujours plus élevé que celui des rentes foncières. Faut-il pour cela interdire aussi les baux à ferme, et obliger chaque propriétaire à cultiver lui-même son bien ?

Le **Premier Consul** dit qu'il y a cependant cette différence entre les deux contrats, que le créancier de la rente foncière, dégagé de toute sollicitude, va consommer tranquillement son revenu dans la ville; au lieu que le propriétaire d'une ferme s'établit près de son héritage pour veiller aux réparations, pour suivre le fermier, voir s'il amende ses terres comme elles doivent l'être, et s'il satisfait aux engagements accessoires du fermage.

Le citoyen **Tronchet** dit que quiconque a suivi les tribunaux, sait que les rentes foncières sont une source intarissable de procès et de vexations.

Si, pour en corriger les inconvénients, on les déclare rachetables après un terme, d'abord, on les dépouille de leur caractère de *rentes foncières*, ensuite, il n'est pas besoin de disposition nouvelle : le droit commun permet ces sortes de clauses.

Le citoyen **Regnauld** (de Saint-Jean-d'Angély) dit qu'il faut surtout juger les rentes foncières par les effets qu'elles produiraient dans l'état actuel des choses.

Il est évident que le propriétaire, pour se soustraire aux variations qu'éprouve l'intérêt de l'argent, ne constituerait la rente qu'en nature, en la fixant soit à une quotité déterminée, soit à une quotité proportionnelle du produit de l'héritage. Il se créerait donc une nouvelle sorte de suprématie dans le village dont le fonds lui appartiendrait. Ainsi, si les rentes foncières ne rétablissaient pas divers ordres, elles formeraient du moins plusieurs classes de citoyens. On verrait reparaître aussi une partie des inconvénients de la féodalité : si le colon avait mis quelque négligence dans la culture des terres, le propriétaire ferait aujourd'hui comme faisait autrefois le seigneur, il l'obligerait à lui payer une indemnité d'après l'estimation du produit que la terre aurait dû donner.

C'est ainsi qu'une loi en apparence toute civile, produirait de grands effets politiques, et des effets très-étendus, car tous les citoyens que leurs fonctions obligent de vivre loin de leurs propriétés les donneraient à rente foncière.

Le citoyen **Portalis** dit que les rentes foncières peuvent être utiles dans un temps et chez un peuple où il y a beaucoup de terres en friche et beaucoup de desséchements à faire. Alors elles multiplient les cultivateurs en facilitant les acquisitions à ceux qui n'ont pas de moyens pécuniaires. C'est cette considération qui les a fait établir, et non la féodalité; car il ne faut pas les confondre avec le cens, qui n'était qu'une marque de seigneurie et une redevance d'honneur, et qui ne représentait pas le produit de la terre.

Mais quand on veut organiser le système des rentes foncières, on tombe dans des embarras inextricables. Dans la suite même, l'origine de la rente s'oublie, et alors la redevance ne paraît plus qu'une servitude sans cause et qui devient insupportable.

Aujourd'hui où la plus grande partie du territoire français est livrée à la culture, où il reste peu de défrichements à faire, il n'est pas évident que le rétablissement des rentes foncières fût un bien, quoiqu'il ne soit également pas certain qu'il fût un mal.

Le Conseil rejette la proposition de rétablir les rentes foncières.

Classement des lois du Code civil.

Le Premier Consul charge la section de législation de présenter un projet pour classer les diverses lois qui doivent former le Code civil, et donner une série unique de numéros aux articles.

La séance est levée.

Pour extrait conforme :
Le secrétaire général du Conseil d'État,
J. G. LOCRÉ.

SÉANCE

DU 17 VENTÔSE AN XII DE LA RÉPUBLIQUE.
(Jeudi 8 mars 1804).

Le **Second Consul** préside la séance.

Le citoyen **Bigot-Préameneu** annonce que le titre XII du livre III du projet de Code civil, *de l'échange*, a été décrété par le Corps législatif, dans sa séance du 16 de ce mois.

Le citoyen **Gally** annonce que le titre XIII du livre III du projet de Code civil, *du louage*, a été décrété par le Corps législatif, dans sa séance du 16 de ce mois.

Le citoyen **Treilhard** annonce que le titre XIV du livre III du projet de Code civil, *du contrat de société*, a été décrété par le Corps législatif, dans sa séance de ce jour.

Le citoyen **Bigot-Préameneu**, nommé par le Premier Consul, avec le citoyen **Bérenger**, pour présenter au Corps législatif, dans sa séance du 15 ventôse, le projet de loi relatif *aux actes respectueux à faire par les enfants aux pères et mères, aïeuls et aïeules, dans les cas où ils sont prescrits au titre du mariage*, et pour en soutenir la discussion dans sa séance du 21 du même mois, dépose sur le bureau l'exposé des motifs de ce titre.

Cet exposé est ainsi conçu :

« Citoyens législateurs,

« Le but que l'on s'est toujours proposé dans le Code civil, est de régénérer et de perfectionner les mœurs publiques en maintenant l'autorité légitime des pères et mères; cette autorité, sans laquelle il n'y aurait point, à proprement parler, de famille; sans laquelle, d'une part, l'affection des pères et mères voudrait en vain, dirigeant la conduite de leurs enfants, former des hommes vertueux, leur inspirer l'obéissance aux lois, le dévouement à la patrie, et sans laquelle, d'une autre part, les enfants pourraient donner impunément à la société le scandale de manquer à des devoirs que tous les peuples ont regardé comme sacrés.

« C'est surtout à l'époque où, par leur mariage, les enfants vont former une nouvelle famille, et fixer ainsi leur destinée, qu'ils ont besoin du secours des père et mère pour ne pas être égarés par leurs passions ; c'est aussi au moment de cette séparation que les enfants doivent aux auteurs de leurs jours un hommage particulier de reconnaissance et de respect.

« L'accomplissement de ces devoirs n'a rien de contraire à cette liberté dont il est raisonnable que les enfants jouissent pour leur mariage.

« Lorsque les fils n'ont pas encore atteint l'âge de vingt-cinq ans, et les filles celui de vingt et un ans, et sous cette expression générale de fils et de filles sont compris ceux qui, avant cet âge, n'auraient point encore été mariés, ou qui seraient veufs, la loi présume que, s'ils ne sont pas aidés par la prudence et par l'affection de leurs parents, leur sort serait le plus souvent compromis.

« Il a été statué au titre concernant le mariage, que celui qui aurait été contracté sans le consentement des père et mère, des ascendants ou du conseil de famille, dans les cas où ce consentement était nécessaire, peut être attaqué par ceux dont le consentement était requis. Les motifs de cette disposition sage et nécessaire vous ont été développés.

« Lorsque les enfants de famille sont parvenus à l'âge auquel il convient de leur laisser le droit de pourvoir eux-mêmes à leur mariage, ils doivent encore, en l'exerçant, à quelque époque de leur vie que ce soit, écouter la voix et les conseils de ceux qui sont les plus intéressés à leur bonheur, et envers lesquels, après tant de soins prodigués pendant un grand nombre d'années, ils ne peuvent, sans une ingratitude coupable, manquer à cette déférence.

« Ces motifs ont déterminé une seconde disposition au même titre du Code (art. 151). Elle porte :
« Les enfants de famille, ayant atteint la majorité
« fixée par l'article 148, sont tenus, avant de
« contracter mariage, de demander, par un acte
« respectueux et formel, le conseil de leur père
« et de leur mère, ou celui de leurs aïeuls et
« aïeules, lorsque leur père et leur mère sont
« décédés, ou dans l'impossibilité de manifester
« leur volonté. »

« Des explications sont nécessaires à l'exécution de cet article. Il ne faudrait pas que l'on appelât respectueux un acte dans lequel les père et mère seraient fondés à leur voir qu'une vaine formalité, qui, loin d'être un témoignage de respect, ne leur paraîtrait qu'une nouvelle preuve d'oubli de leurs bienfaits et de mépris de leur autorité. Pourrait-on porter un autre jugement du fils de famille qui, contre l'esprit et le but de la loi, croirait l'avoir remplie en demandant conseil à ses père et mère, et en dédaignant ce conseil au point de ne pas même prendre le temps d'y réfléchir, et de célébrer le mariage à l'instant même que ses père et mère refusent de le bénir ?

« Un des plus grands malheurs qu'un enfant puisse éprouver, est de ne point avoir le consentement spontané de ses père et mère à son mariage : alors le flambeau de l'hymen serait la fois une torche de discorde, si la loi qui veille à la paix des familles comme au fondement de l'ordre social, ne venait au secours de l'enfant et des père et mère, en les rapprochant, en les forçant de s'expliquer, en donnant à la sagesse des conseils des père et mère un nouv   ids. et ?
l'enfant un moyen de désarmer,   '
piété filiale, dès père et mère '

ne serait pas fondé sur des motifs irrésistibles.

« Mais pour parvenir à ce but, il faut qu'il y ait un rapprochement réel de l'enfant et de ses père et mère ; il faut qu'il y ait un temps suffisant pour qu'au milieu des passions trop vives et des premiers éléments de la discorde, la tendresse du père et la confiance de l'enfant puissent exercer leur première et mutuelle influence.

« C'est dans cet esprit que paraissent avoir été jusqu'à présent rendues les lois françaises sur le même objet ; mais aucune n'a tracé des règles assez positives, et l'usage n'y avait suppléé que d'une manière imparfaite.

« Elles avaient mis dans la main des pères et mères auxquels on n'aurait pas fait de sommation respectueuse, le moyen le plus terrible de venger leur autorité, celui de l'exhérédation ; et cependant les mesures nécessaires pour rendre efficace le rapprochement des enfants et de leurs pères n'avaient point été prises.

« Ni l'autorité donnée par la nature aux pères et mères, ni la piété filiale, ni les préceptes de la religion, n'étant des moyens suffisants pour arrêter le scandale et le désordre occasionnés par la multiplicité des mariages clandestins, une ordonnance du mois de février 1556 remit aux mains des pères et mères le soin et le pouvoir de leur vengeance, en les autorisant à prononcer dans ce cas l'exhérédation, et à révoquer les donations et les avantages qu'ils auraient faits.

« Cette subordination des enfants fut établie pour les fils jusqu'à trente ans, pour les filles jusqu'à vingt-cinq ans. Au delà de cet âge, le consentement des pères et mères ne fut plus aussi rigoureusement exigé ; on leur enjoignait seulement *de se mettre en devoir de requérir l'avis et le conseil de leurs pères et mères.*

« Une expérience acquise pendant environ un siècle fit connaître quels effets on pouvait espérer de ces mesures. On lit dans la déclaration du 26 novembre 1639, que l'indulgence des pères et mères les portant à remettre leur offense particulière, ils oubliaient ce qu'ils devaient eux-mêmes à l'ordre public : on crut donc que le pouvoir d'exhéréder n'était point à la loi une sanction suffisante. Les mariages des fils et filles âgés de moins de vingt-cinq ans, faits en contravention de ces lois, furent déclarés déchus des effets civils à l'égard des contractants et de leurs enfants. Quant aux fils âgés de plus de trente ans, et aux filles âgées de plus de vingt-cinq ans, auxquels la loi de 1556 avait enjoint *de se mettre en devoir de requérir l'avis et le conseil de leurs pères et mères*, il fut expliqué que ces avis et conseil seraient requis *par écrit*, et on étendit à ce cas, comme à celui où le consentement était nécessaire, la faculté aux pères et mères d'exhéréder.

« Telle fut l'origine des actes connus sous le nom de *sommations respectueuses.*

« Le plus souvent la foi de ces actes était très-suspecte, et le ministère du sergent qui les dressait les faisait considérer par les pères et mères comme des actes d'agression, comme un nouvel outrage.

« Ces motifs déterminèrent le parlement de Paris à publier, le 27 août 1692, un règlement dans lequel on établit des formes plus respectueuses. On exigea que, pour faire aux pères et mères une sommation de consentir au mariage, fils et filles en obti   it du juge la permis-
· on ordonne '   sommations seraient
Paris '   taires, et ailleurs par
en   ' ux témoins.
ut assez claire-

ment si ces sommations doivent être répétées; et en admettant qu'il exige de les réitérer, il laisse une entière incertitude tant sur le nombre que sur l'intervalle de temps de l'un à l'autre de ces actes.

« Aussi le nombre des sommations était à peine déterminé par l'usage. Elles n'excédaient pas celui de trois. Dans plusieurs pays on n'en faisait que deux ; et dans aucun on n'a vu les peines de l'exhérédation prononcées contre l'enfant qui n'aurait fait qu'une seule sommation.

« L'incertitude sur des points aussi importants serait la même, et le vœu de la loi ne serait point rempli, si, à la suite de la disposition de l'article 151 du nouveau Code civil, qui impose l'obligation de demander, par un acte respectueux et formel, le conseil des pères et mères, on ne trouvait pas quelles sont les formes nécessaires pour que cette demande puisse procurer un effet vraiment utile et pour les pères et mères, et pour les enfants, et pour les mœurs publiques.

« Le pouvoir d'exhéréder n'a été donné dans aucun cas par le nouveau Code aux pères et mères. J'ai déjà eu occasion d'en exposer les motifs; mais si on avait à considérer cette peine dans le cas où on voudrait l'appliquer à l'infraction de la loi qui ordonne l'acte respectueux, on serait averti par l'expérience du passé et par l'aveu des anciens législateurs de la France, que ce moyen est inefficace; qu'en donnant aux pères et mères le pouvoir le plus illimité, c'est leur donner occasion d'user d'indulgence, et qu'ils ne doivent pas être chargés de maintenir l'ordre public par des peines contre leurs enfants.

« Lorsque des enfants de famille sont parvenus à l'âge où le consentement des pères et mères n'est plus nécessaire pour leur mariage, la loi qui intervient entre eux doit se borner à suivre et à diriger les mouvements du cœur. Si on peut les rendre à leurs affections, les peines seront inutiles; et si on ne peut atteindre ce but, en vain prononcerait-on des peines ; elles deviendraient une cause d'éternelle dissension; elles aggraveraient le mal plutôt qu'elles ne le répareraient.

« La loi doit donc chercher à éclairer les pères et mères sur les préventions et les préjugés qu'ils peuvent avoir, les enfants sur la passion qui peut les égarer. Les rapprocher les uns des autres plusieurs fois; laisser de part et d'autre à la raison et à l'affection le temps d'exercer leur influence, c'est un moyen que la nature elle-même indique. Lorsque ce sont des pères et mères vis-à-vis de leurs enfants, se voir et entrer en explication, c'est presque toujours dissiper les nuages et rétablir l'harmonie.

« L'obligation imposée en 1692 d'obtenir un jugement qui autorise les sommations respectueuses n'a paru ni utile, ni convenable. Il vaut mieux ne mêler à ces actes aucune forme judiciaire. Un enfant ne doit point avoir besoin de se faire autoriser par la justice à remplir ses devoirs.

« On atteindra le but qu'on se propose, celui de donner aux pères et mères l'occasion et le temps de s'expliquer, en ordonnant que si la réponse à un premier acte respectueux n'est pas conforme au vœu de l'enfant, cet acte sera renouvelé deux autres fois de mois en mois, et que le mariage ne pourra être célébré qu'un mois après le troisième acte.

« La suspension du mariage ne doit pas avoir lieu pendant un plus long délai : la loi serait en contradiction si, en déclarant qu'après un certain âge le consentement des pères et mères n'est pas

nécessaire, et que l'on doit seulement leur demander conseil, elle prononçait une suspension qui, trop longue, pourrait devenir un empêchement au mariage, ou occasionner le scandale le plus dangereux pour les mœurs publiques. Il faut songer que pendant le temps des actes respectueux dans l'une des familles, l'autre est mise en un état fâcheux d'incertitude, et l'on doit entre elles tenir la balance en n'excédant pas le délai nécessaire pour que les enfants de famille ne se livrent pas au premier mouvement de leur passion, et que la voix des pères et mères puisse pénétrer au fond de leur cœur.

« On avait encore à observer que la cause du dissentiment des pères et mères étant presque toujours dans la fougue des passions des enfants, et dans leur inexpérience qui les empêche de distinguer leurs véritables intérêts, la loi ne doit plus présumer de pareils motifs lorsqu'une fille est parvenue à vingt-cinq-ans et un fils à trente ans. Elle doit toujours maintenir le respect dû aux pères et mères par leurs enfants; mais alors il n'est plus nécessaire que le temps de la suspension du mariage soit aussi long : un seul acte respectueux est dans ce cas exigé, et après un mois écoulé depuis cet acte le mariage pourra être célébré.

« Il était important de donner à ces actes la forme la plus respectueuse, et d'éviter l'impression toujours fâcheuse que fait le ministère des officiers publics chargés d'exécuter les actes rigoureux de la justice. Les actes respectueux ne devront plus être notifiés par des huissiers; on emploiera les notaires; ce sont les officiers publics dépositaires des secrets de famille, ceux dont elles réclament habituellement le ministère pour régler amiablement tous leurs intérêts. On doit éviter l'expression même de sommation, qui désigne mal un acte de soumission et de respect. Cet acte n'aura ni la domination, ni les formes judiciaires; il sera seulement nécessaire que son existence soit constatée par un procès-verbal, qui d'ailleurs apprenne si le consentement est donné. Mais en ordonnant de faire mention de la réponse, on n'a point entendu que les pères et mères dont l'avis serait contraire au mariage fussent obligés d'en donner des motifs. La déclaration de ne vouloir répondre sera elle-même une réponse suffisante pour manifester la volonté. Si dans le cas même où le défaut de consentement est un empêchement au mariage, la confiance due aux pères et mères, le respect pour leur qualité, la crainte de les compromettre ou de les forcer au silence, les ont fait dispenser de révéler, en motivant leur refus, la honte de leurs enfants, ou de dénoncer au moins à l'opinion publique la personne dont ils redoutent l'alliance, à plus forte raison les pères et mères doivent-ils être dispensés d'exposer les motifs de leur réponse, lorsqu'elle n'a d'effet que de suspendre pendant un temps limité la célébration du mariage.

« On a dû prévoir le cas de l'absence de l'ascendant auquel eût dû être fait l'acte respectueux. Lorsque le défaut de consentement n'est plus, à raison de l'âge, un obstacle au mariage, et que l'absence empêche de faire les actes respectueux, le motif de suspendre la célébration du mariage n'existe point ; mais il faut que le fait de l'absence soit certain, et sur ce point on doit se conformer aux règles déjà établies dans le Code.

« On ne regardera point comme absent celui qui, pour ses affaires ou par d'autres motifs, serait éloigné de son domicile sans avoir laissé ignorer le lieu où on peut le trouver. Il ne faudrait pas que, sous prétexte d'un simple éloignement, un enfant de famille pût se soustraire à un devoir aussi essentiel : la volonté que cet enfant aurait de se prévaloir d'un pareil éloignement serait une nouvelle cause pour désirer de connaître la volonté de ses père et mère.

« Mais si l'ascendant ne se trouve plus dans son domicile et que l'on ignore où il s'est transporté, le mariage pourra être célébré sans qu'il lui ait été fait d'acte respectueux, en constatant cette absence. Si déjà elle a été déclarée par jugement, ce jugement devra être représenté. La faveur due au mariage, et la nécessité de ne pas trop le différer, ont même fait admettre comme preuve suffisante, s'il n'y a point eu de jugement de déclaration d'absence, celui qui aurait ordonné l'enquête ; ou enfin, s'il n'y a encore eu aucun jugement, un acte de notoriété délivré par le juge de paix sur la déclaration de quatre témoins appelés par lui d'office.

« On a vu qu'il entrait dans le système de la loi actuelle de ne s'occuper qu'à gagner à la fois le cœur des pères et mères et des enfants, plutôt qu'à retenir les enfants par la crainte des peines que les pères et mères ne prononceraient point, ou qui rendraient la plaie incurable plutôt que de la guérir. Il a été possible de concilier cette théorie avec la sanction nécessaire à la loi, en prononçant des peines sévères contre les officiers de l'état civil qui procéderaient à la célébration des mariages des enfants de famille sans qu'on leur produise, soit le consentement des ascendants ou des parents, soit des actes respectueux, dans les cas où ils sont exigés.

« Cette espèce de sanction n'avait pas été prononcée dans les titres déjà publiés du Code ; il était nécessaire de réparer cette omission. Les peines que l'on propose contre les officiers de l'état civil sont graduées en raison de la gravité des fautes. Célébrer le mariage d'un fils n'ayant pas vingt-cinq ans, ou d'une fille n'ayant pas vingt et un ans, sans qu'ils aient les consentements exigés, et lorsque ces mariages peuvent, par ce motif, être attaqués, c'est la plus grande faute dont puissent se rendre coupables ces officiers dans la mission importante qui leur est confiée d'exécuter les lois dont dépendent l'état des personnes et les mœurs publiques. La moindre peine qui doive être infligée contre un pareil délit est la privation de la liberté ; aucune circonstance ne peut atténuer cette faute au point que l'emprisonnement qui devra être prononcé puisse être moindre de six mois. S'il s'agit seulement d'actes respectueux dont la représentation n'ait pas été exigée par les officiers de l'état civil, les conséquences n'en sont pas aussi fâcheuses ; puisque les parents auxquels les actes respectueux auraient dû être faits ne peuvent par ce ~~attaquer le~~ mariage, la peine ~~ment pourra n'être~~

« On n'a point où les officiers d~~ pables encore. C~~ leur part collusi~~ pour les soustra~~ fait aussi coupe~~ crime qu'il ser~~ Code pénal, au ·~~ punis d'une pei.~~

« Il faut encou~~ auxquelles on as~~ ne seront point l~~ riages clandestins, .~~ on a réuni toutes le~~

venir ce désordre, telles que la proclamation des bans, la célébration dans la commune du domicile, l'assistance des témoins, etc.

« Les dispositions que je viens vous proposer, citoyens législateurs, jointes à celles que vous avez précédemment consacrées pour conserver l'influence que les pères et mères doivent avoir sur le mariage de leurs enfants, sont nécessaires pour assurer les bons effets de cette influence, et pour que la loi déjà rendue soit exécutée dans le même esprit qui l'a dictée. Ces nouveaux articles seront un complément du titre du *mariage*, et leur place dans le Code civil sera déterminée lorsqu'on fixera définitivement l'ordre des numéros et des titres de ce Code. »

DE LA PRESCRIPTION.
Exposé des motifs.

Le citoyen **Bigot-Préameneu**, nommé par le Premier Consul, avec les citoyens **Miot** et **Najac**, pour présenter au Corps législatif, dans sa séance de ce jour, le titre XX du livre III du projet de Code civil, *de la prescription*, et pour en soutenir la discussion dans sa séance du 24 ventôse, dépose sur le bureau l'exposé des motifs de ce titre.

Cet exposé est ainsi conçu :

« Citoyens législateurs.

« La prescription est un moyen d'acquérir ou de se libérer.

« Par la prescription, une chose est acquise lorsqu'on l'a possédée pendant le temps déterminé par la loi.

« Les obligations s'éteignent par la prescription, lorsque ceux envers qui elles ont été contractées ont négligé, pendant le temps que la loi a fixé, d'exercer leurs droits.

« A la seule idée de prescription, il semble que l'équité doive s'alarmer ; il semble qu'elle doive repousser celui qui, par le seul fait de la possession, et sans le consentement du propriétaire, prétend se mettre à sa place, et qu'elle doive condamner celui qui, appelé à remplir son engagement d'une date plus ou moins reculée, ne présente aucune preuve de sa libération. Peut-on opposer la prescription et ne point paraître dans le premier cas un spoliateur, et dans le second un débiteur de mauvaise foi qui s'enrichit de la perte du créancier ?

« Cependant, de toutes les institutions du droit civil, la prescription est la plus nécessaire à l'ordre social ; et loin qu'on doive la regarder comme un écueil où la justice soit forcée d'échouer, il faut, avec les philosophes et avec les jurisconsultes, la maintenir comme une sauvegarde nécessaire du droit de propriété.

« Des considérations sans nombre se réunissent pour légiti~~ e prescription.

« La p~~ ~~ve consista d'abord que dans la possessi~~ ancien des axiomes de droit est celu~~ dans le doute la préférence soit acc~~ ur : *Melior est causa possidentis*.

Possé~~ se propose le proprié-~~ ~~: pos~~ sitif, extérieur et ~~q~~ té. La possession et une preuve

plus en plus, ~~, ne res-~~ ~~hommes~~ Il n'est ~~qui~~ ~~évo-~~

nements dans lesquels ils peuvent être perdus, détruits, altérés, falsifiés. La faux du temps tranche de mille manières tout ce qui est l'ouvrage des hommes.

« Lorsque la loi, protectrice de la propriété, voit d'une part le possesseur qui, paisiblement et publiquement, a joui pendant un long temps de toute les prérogatives qui sont attachées à ce droit, et que d'une autre part on invoque un titre de propriété resté sans aucun effet pendant le même temps, un doute s'élève à la fois et contre le possesseur qui ne produit pas de titre, et contre celui qui représente un titre dont on ne saurait présumer qu'il n'eût fait aucun usage, s'il n'y eût pas été dérogé, ou s'il n'eût pas consenti que le possesseur actuel lui succédât.

« Comment la justice pourra-t-elle lever ce doute? Le fait de la possession n'est pas moins positif que le titre ; le titre sans la possession ne présente plus le même degré de certitude ; la possession démentie par le titre perd une partie de sa force : ces deux genres de preuves rentrent dans la classe des présomptions.

« Mais la présomption favorable au possesseur s'accroît par le temps, en raison de ce que la présomption qui naît du titre diminue. Cette considération fournit le seul moyen de décider que la raison et l'équité puissent avouer : ce moyen consiste à n'admettre la présomption qui résulte de la possession, que quand elle a reçu du temps une force suffisante pour que la présomption qui naît du titre ne puisse plus la balancer.

« Alors la loi elle-même peut présumer que celui qui a le titre a voulu perdre, remettre ou aliéner ce qu'il a laissé prescrire.

« C'est donc dans la fixation du temps nécessaire pour opérer la prescription qu'il faut, avec tous les calculs, et sous tous les rapports de l'équité, trouver les règles qui puissent le moins compromettre le droit réel de propriété. Ces règles doivent, par ce motif, être différentes suivant la nature et l'objet des biens.

« Si ensuite l'équité se trouve blessée, ce ne peut être que dans des cas particuliers. La justice générale est rendue, et dès lors les intérêts privés qui peuvent être lésés doivent céder à la nécessité de maintenir l'ordre social.

« Mais ce sacrifice exigé même le bien public, ne rend que plus coupable dans le for intérieur celui qui ayant usurpé, ou celui qui étant certain que son engagement n'a pas été rempli, abuse de la présomption légale. Le cri de sa conscience, qui lui rappelle sans cesse son obligation naturelle, est la seule ressource que la loi puisse laisser au propriétaire ou au créancier qui aura laissé courir contre lui la prescription.

« S'il en était autrement, il n'y aurait aucun terme après lequel on pût se regarder comme propriétaire ou comme affranchi de ses obligations ; il ne resterait au législateur aucun moyen de prévenir ou de terminer les procès ; tout serait incertitude et confusion.

« Ce qui prouve encore plus que les prescriptions sont un des fondements de l'ordre social, c'est qu'on les trouve établies dans la législation de tous les peuples policés.

« Elles furent en usage chez les Romains, dans les temps les plus reculés ; leurs lois n'en parlent que comme d'une garantie nécessaire à la paix publique : *Bono publico usucapio introducta est, ne scilicet quarumdam rerum diù et ferè semper incerta dominia essent, cum sufficeret dominis ad inquirendas res suas statutî temporis spatium.* (Leg. I, ff. *de usurp. et usuc*). La prescription

est mise, dans ces lois, au nombre des aliénations de la part de celui qui laisse prescrire. *Alienationis verbum etiam usucapionem continet. Vix est enim ut non videatur alienare qui patitur usucapi.* (Leg. 28, ff. *de verb. signif*). On y donne à la prescription la même force, la même irrévocabilité qu'à l'autorité des jugements, qu'aux transactions. *Ut sunt judicio terminata, transactione composita, longioris temporis silentio finita.* (Leg. 230, ff. *de verb. signif.*).

« La nécessité des prescriptions, leur conformité avec les principes d'une sévère justice, seront encore plus sensibles par le développement des règles qui font la matière du présent titre du Code civil.

« On y a d'abord établi celles qui sont relatives à la prescription en général.

« On considère ensuite plus spécialement la nature et les effets de la possession.

« On y énonce les causes qui empêchent la prescription, celles qui l'interrompent ou la suspendent.

« On finit par déterminer le temps nécessaire pour prescrire.

« Après avoir, dans les dispositions générales, indiqué la nature et l'objet de la prescription, on a réglé dans quel cas on peut renoncer à s'en prévaloir.

« Lorsque le temps nécessaire pour prescrire s'est écoulé, on peut renoncer au droit ainsi acquis, pourvu que l'on ait la capacité d'aliéner : il ne peut y avoir à cet égard aucun doute.

« Mais cette faculté que chacun a de disposer de ses droits peut-elle être exercée relativement à la prescription, avant qu'elle ait eu son cours? Celui qui contracte un engagement peut-il stipuler que ni lui ni ses représentants n'opposeront cette exception?

« Si cette convention était valable, la prescription ne serait plus, pour maintenir la paix publique, qu'un moyen illusoire : tous ceux au profit desquels seraient les engagements ne manqueraient pas d'exiger cette renonciation.

« S'agit-il d'une obligation? La prescription est fondée sur la présomption d'une libération effective : non-seulement la loi intervient pour celui qui ayant succédé au débiteur peut présumer que ce dernier s'est acquitté ; mais encore elle vient au secours du débiteur lui-même, qui, s'étant effectivement acquitté, n'a plus le titre de sa libération. Comment croire que celui qui renoncerait à la prescription eût entendu s'exposer, lui ou ses représentants, à payer plusieurs fois? Ce serait un engagement irréfléchi et désavoué par la raison.

« S'agit-il de la prescription d'un fonds? S'il a été convenu entre deux voisins que l'un posséderait le fonds de l'autre sans pouvoir le prescrire, ce n'est point de la part de celui au profit duquel est la stipulation une renonciation à la prescription ; c'est une reconnaissance qu'il ne possédera point à titre de propriétaire, et nul autre que celui qui possède à ce titre ne peut prescrire.

« Observez encore que la prescription étant nécessaire pour maintenir l'ordre social, elle fait partie du droit public, auquel il n'est pas libre à chacun de déroger : *Jus publicum pactis privatorum mutari non potest.* (Leg. ff. *de pactis*).

« La prescription n'est, dans le langage du barreau, qu'une fin de non-recevoir, c'est-à-dire qu'elle n'a point d'effet, si celui contre lequel on veut exercer le droit résultant d'une obligation ou contre lequel on revendique un fonds, n'oppose pas cette exception.

drait pas que, sous prétexte d'un simple éloignement, un enfant de famille pût se soustraire à un devoir aussi essentiel : la volonté que cet enfant aurait de se prévaloir d'un pareil éloignement serait une nouvelle cause pour désirer de connaître la volonté de ses père et mère.

« Mais si l'ascendant ne se trouve plus dans son domicile et que l'on ignore où il s'est transporté, le mariage pourra être célébré sans qu'il lui ait été fait d'acte respectueux, en constatant cette absence. Si déjà elle a été déclarée par jugement, ce jugement devra être représenté. La faveur due au mariage, et la nécessité de ne pas trop le différer, ont même fait admettre comme preuve suffisante, s'il n'y a point eu de jugement de déclaration d'absence, celui qui aurait ordonné l'enquête ; ou enfin, s'il n'y a encore eu aucun jugement, un acte de notoriété délivré par le juge de paix sur la déclaration de quatre témoins appelés par lui d'office.

« On a vu qu'il entrait dans le système de la loi actuelle de ne s'occuper qu'à gagner à la fois le cœur des pères et mères et des enfants, plutôt qu'à retenir les enfants par la crainte des peines que les pères et mères ne prononceraient point, ou qui rendraient la plaie incurable plutôt que de la guérir. Il a été possible de concilier cette théorie avec la sanction nécessaire à la loi, en prononçant des peines sévères contre les officiers de l'état civil qui procéderaient à la célébration des mariages des enfants de famille sans qu'on leur produise, soit le consentement des ascendants ou des parents, soit des actes respectueux, dans les cas où ils sont exigés.

« Cette espèce de sanction n'avait pas été prononcée dans les titres déjà publiés du Code ; il était nécessaire de réparer cette omission. Les peines que l'on propose contre les officiers de l'état civil sont graduées en raison de la gravité des fautes. Célébrer le mariage d'un fils n'ayant pas vingt-cinq ans, ou d'une fille n'ayant pas vingt et un ans, sans qu'ils aient les consentements exigés, et lorsque ces mariages peuvent, par ce motif, être attaqués, c'est la plus grande faute dont puissent se rendre coupables ces officiers dans la mission importante qui leur est confiée d'exécuter les lois dont dépendent l'état des personnes et les mœurs publiques. La moindre peine qui doive être infligée contre un pareil délit est la privation de la liberté ; aucune circonstance ne peut atténuer cette faute au point que l'emprisonnement qui devra être prononcé puisse être moindre de six mois. S'il s'agit seulement d'actes respectueux dont la représentation n'ait pas été exigée par les officiers de l'état civil, les conséquences n'en sont pas aussi fâcheuses ; puisque les parents auxquels les actes respectueux eussent dû être faits ne peuvent par ce motif attaquer le mariage, la peine sera moindre : l'emprisonnement pourra n'être que d'un mois.

« On n'a point prévu dans la loi actuelle le cas où les officiers de l'état civil seraient plus coupables encore. Ce serait celui où il y aurait eu de leur part collusion avec les enfants : la famille pour les soustraire à la loi ou pour l'éluder : un fait aussi coupable prendrait le caractère d'un crime qu'il sera nécessaire de mettre, dans le Code pénal, au nombre de ceux qui devront être punis d'une peine afflictive.

« Il faut encore ici se rappeler que les peines auxquelles on assujettit les officiers de l'état civil ne seront point la seule garantie contre les mariages clandestins, et que déjà dans le Code civil on a réuni toutes les précautions propres à pré-

venir ce désordre, telles que la proclamation des bans, la célébration dans la commune du domicile, l'assistance des témoins, etc.

« Les dispositions que je viens vous proposer, citoyens législateurs, jointes à celles que vous avez précédemment consacrées pour conserver l'influence que les pères et mères doivent avoir sur le mariage de leurs enfants, sont nécessaires pour assurer les bons effets de cette influence, et pour que la loi déjà rendue soit exécutée dans le même esprit qui l'a dictée. Ces nouveaux articles seront un complément du titre du *mariage*, et leur place dans le Code civil sera déterminée lorsqu'on fixera définitivement l'ordre des numéros et des titres de ce Code. »

DE LA PRESCRIPTION.
Exposé des motifs.

Le citoyen **Bigot-Préameneu**, nommé par le Premier Consul, avec les citoyens **Miot** et **Najac**, pour présenter au Corps législatif, dans sa séance de ce jour, le titre XX du livre III du projet de Code civil, *de la prescription*, et pour en soutenir la discussion dans sa séance du 24 ventôse, dépose sur le bureau l'exposé des motifs de ce titre.

Cet exposé est ainsi conçu :

« Citoyens législateurs.

« La prescription est un moyen d'acquérir ou de se libérer.

« Par la prescription, une chose est acquise lorsqu'on l'a possédée pendant le temps déterminé par la loi.

« Les obligations s'éteignent par la prescription, lorsque ceux envers qui elles ont été contractées ont négligé, pendant le temps que la loi a fixé, d'exercer leurs droits.

« À la seule idée de prescription, il semble que l'équité doive s'alarmer ; il semble qu'elle doive repousser celui qui, par le seul fait de la possession, et sans le consentement du propriétaire, prétend se mettre à sa place, ou qu'elle doive condamner celui qui, appelé à remplir son engagement d'une date plus ou moins reculée, ne présente aucune preuve de sa libération. Peut-on opposer la prescription et ne point paraître dans le premier cas un spoliateur, et dans le second un débiteur de mauvaise foi qui s'enrichit de la perte du créancier ?

« Cependant, de toutes les institutions du droit civil, la prescription est la plus nécessaire à l'ordre social ; et loin qu'on doive la regarder comme un écueil où la justice soit forcée d'échouer, il faut, avec les philosophes et avec les jurisconsultes, la maintenir comme une sauvegarde nécessaire du droit de propriété.

« Des considérations sans nombre se réunissent pour légitimer la prescription.

« La propriété ne consista d'abord que dans la possession, et le plus ancien des axiomes de droit est celui qui veut que dans le doute la préférence soit accordée au possesseur : *Melior est causa possidentis.*

« Posséder est le but que se propose le propriétaire : posséder est un fait positif, extérieur et continu, qui indique la propriété. La possession est donc à la fois l'attribut principal et une preuve de la propriété.

« Le temps qui, sans cesse et de plus en plus, établit et justifie le droit du possesseur, ne respecte aucun des autres moyens que les hommes ont pu imaginer pour constater ce droit. Il n'est point de dépôt, il n'est point de vigilance qui mette les actes publics ou privés à l'abri des événements dans lesquels ils peuvent être perdus, détruits, altérés, falsifiés. La faux du temps tranche de mille manières tout ce qui est l'ouvrage des hommes.

« Lorsque la loi, protectrice de la propriété, voit d'une part le possesseur qui, paisiblement et publiquement, a joui pendant un long temps de toute les prérogatives qui sont attachées à ce droit, et que d'une autre part on invoque un titre de propriété resté sans aucun effet pendant le même temps, un doute s'élève à la fois et contre le possesseur qui ne produit pas de titre, et contre celui qui représente un titre dont on ne saurait présumer qu'il n'eût fait aucun usage, s'il n'y eût pas été dérogé, ou s'il n'eût pas consenti que le possesseur actuel lui succédât.

« Comment la justice pourra-t-elle lever ce doute? Le fait de la possession n'est pas moins positif que le titre; le titre sans la possession ne présente plus le même degré de certitude; la possession démentie par le titre perd une partie de sa force : ces deux genres de preuves rentrent dans la classe des présomptions.

« Mais la présomption favorable au possesseur s'accroît par le temps, en raison de ce que la présomption qui naît du titre diminue. Cette considération fournit le seul moyen de décider que la raison et l'équité puissent avouer : ce moyen consiste à n'admettre la présomption qui résulte de la possession, que quand elle a reçu du temps une force suffisante pour que la présomption qui naît du titre ne puisse plus la balancer.

« Alors la loi elle-même peut présumer que celui qui a le titre a voulu perdre, remettre ou aliéner ce qu'il a laissé prescrire.

« C'est donc dans la fixation du temps nécessaire pour opérer la prescription qu'il faut, avec tous les calculs, et sous tous les rapports de l'équité, trouver les règles qui puissent le moins compromettre le droit réel de propriété. Ces règles doivent, par ce motif, être différentes suivant la nature et l'objet des biens.

« Si ensuite l'équité se trouve blessée, ce ne peut être que dans des cas particuliers. La justice générale est rendue, et dès lors les intérêts privés qui peuvent être lésés doivent céder à la nécessité de maintenir l'ordre social.

« Mais ce sacrifice exigé pour le bien public, ne rend que plus coupable dans le for intérieur celui qui ayant usurpé, ou celui qui étant certain que son engagement n'a pas été rempli, abuse de la présomption légale. Le cri de sa conscience, qui lui rappelle sans cesse son obligation naturelle, est la seule ressource que la loi puisse laisser au propriétaire ou au créancier qui aura laissé courir contre lui la prescription.

« S'il en était autrement, il n'y aurait aucun terme après lequel on pût se regarder comme propriétaire ou comme affranchi de ses obligations; il ne resterait au législateur aucun moyen de prévenir ou de terminer les procès; tout serait incertitude et confusion.

« Ce qui prouve encore plus que les prescriptions sont un des fondements de l'ordre social, c'est qu'on les trouve établies dans la législation de tous les peuples policés.

« Elles furent en usage chez les Romains, dans les temps les plus reculés; leurs lois n'en parlent que comme d'une garantie nécessaire à la paix publique : *Bono publico usucapio introducta est, ne scilicet quarumdam rerum diù et ferè semper incerta dominia essent, cum sufficeret dominis ad inquirendas res suas statuti temporis spatium.* (Leg. 1, ff. *de usurp. et usuc*). La prescription

est mise, dans ces lois, au nombre des aliénations de la part de celui qui laisse prescrire. *Alienationis verbum etiam usucapionem continet. Via est enim ut non videatur alienare qui patitur usucapi.* (Leg. 28, ff. *de verb. signif*). On y donne à la prescription la même force, la même irrévocabilité qu'à l'autorité des jugements, qu'aux transactions. *Ut sunt judicio terminata, transactione composita, longioris temporis silentio finita.* (Leg. 230, ff. *de verb. signif*.).

« La nécessité des prescriptions, leur conformité avec les principes d'une sévère justice, seront encore plus sensibles par le développement des règles qui font la matière du présent titre du Code civil.

« On y a d'abord établi celles qui sont relatives à la prescription en général.

« On considère ensuite plus spécialement la nature et les effets de la possession.

« On y énonce les causes qui empêchent la prescription, celles qui l'interrompent ou la suspendent.

« On finit par déterminer le temps nécessaire pour prescrire.

« Après avoir, dans les dispositions générales, indiqué la nature et l'objet de la prescription, on a réglé dans quel cas on peut renoncer à s'en prévaloir.

« Lorsque le temps nécessaire pour prescrire s'est écoulé, on peut renoncer au droit ainsi acquis, pourvu que l'on ait la capacité d'aliéner : il ne peut y avoir à cet égard aucun doute.

« Mais cette faculté que chacun a de disposer de ses droits peut-elle être exercée relativement à la prescription, avant qu'elle ait eu son cours? Celui qui contracte un engagement peut-il stipuler que ni lui ni ses représentants n'opposeront cette exception?

« Si cette convention était valable, la prescription ne serait plus, pour maintenir la paix publique, qu'un moyen illusoire : tous ceux au profit desquels seraient les engagements ne manqueraient pas d'exiger cette renonciation.

« S'agit-il d'une obligation? La prescription est fondée sur la présomption d'une libération effective : non-seulement la loi intervient pour celui qui ayant succédé au débiteur peut présumer que ce dernier s'est acquitté; mais encore elle vient au secours du débiteur lui-même, qui, s'étant effectivement acquitté, n'a plus le titre de sa libération. Comment croire que celui qui renoncerait à la prescription eût entendu s'exposer, lui ou ses représentants, à payer plusieurs fois? Ce serait un engagement irréfléchi et désavoué par la raison.

« S'agit-il de la prescription d'un fonds? S'il a été convenu entre deux voisins que l'un posséderait le fonds de l'autre sans pouvoir le prescrire, ce n'est point de la part de celui au profit duquel est la stipulation une renonciation à la prescription; c'est une reconnaissance qu'il ne possédera point à titre de propriétaire, et nul autre que celui qui possède à ce titre ne peut prescrire.

« Observez encore que la prescription étant nécessaire pour maintenir l'ordre social, elle fait partie du droit public, auquel il n'est pas libre à chacun de déroger : *Jus publicum pactis privatorum mutari non potest.* (Leg. ff. *de pactis*).

« La prescription n'est, dans le langage du barreau, qu'une fin de non-recevoir, c'est-à-dire qu'elle n'a point d'effet, si celui contre lequel on veut exercer le droit résultant d'une obligation ou contre lequel on revendique un fonds, n'oppose pas cette exception.

« Telle en effet doit être la marche de la justice : le temps seul n'opère pas la prescription ; il faut qu'avec le temps concourent ou la longue inaction du créancier, ou une possession telle que la loi l'exige.

« Cette inaction ou cette possession sont des circonstances qui ne peuvent être connues et vérifiées par les juges que quand elles sont alléguées par celui qui veut s'en prévaloir.

« Mais aussi la prescription peut être opposée en tout état de cause, même devant le tribunal d'appel ; le silence a cet égard pendant une partie du procès peut avoir été déterminé par l'opinion que les autres moyens étaient suffisants, et le droit acquis par la prescription n'en conserve pas moins toute sa force jusqu'à ce que l'autorité de la chose définitivement jugée par le tribunal d'appel ait irrévocablement fixé le sort des parties.

« Cette règle doit néanmoins se concilier avec celle qui admet la renonciation même tacite à la prescription acquise, cette renonciation résultant de faits qui supposent l'abandon du droit. Ainsi, quoique le silence de celui qui, avant le jugement définitif, n'a pas fait valoir le moyen de prescription, ne puisse seul lui être opposé, les juges auront à examiner si les circonstances ne sont point telles que l'on doive en induire la renonciation tacite au droit acquis.

« Ce serait une erreur de croire que la prescription n'a d'effet qu'autant qu'elle est opposée par celui qui a prescrit, et que c'est au profit de ce dernier une faculté personnelle. La prescription établit ou la libération, ou la propriété ; et les créanciers peuvent, ainsi qu'on l'a déclaré au titre *des obligations*, exercer les droits et les actions de leurs débiteurs, à l'exception de ceux qui sont exclusivement attachés à la personne : la conséquence est que les créanciers ou toute autre personne ayant intérêt à ce que la prescription soit acquise, peuvent l'opposer, quoique le débiteur ou le propriétaire y renonce.

« La prescription est un moyen d'acquérir : on ne peut acquérir, et conséquemment on ne peut prescrire que les choses qui sont dans le commerce, c'est-à-dire qui sont susceptibles d'être exclusivement possédées par des individus.

« Mais a-t-on dû regarder comme n'étant point dans le commerce les biens et les droits appartenant à la nation, à des établissements publics ou à des communes ?

« A l'égard des domaines nationaux, si, dans l'ancien régime, ils étaient imprescriptibles, c'était une conséquence de la règle suivant laquelle ils ne pouvaient en aucune manière être aliénés. On induisait de cette règle que le domaine ne pouvait être possédé en vertu d'un titre valable et sans mauvaise foi ; que cette possession ne pouvait être imputée qu'à la négligence des officiers publics, et que cette négligence ne devait pas entraîner la perte des biens nécessaires à la défense et aux autres charges de l'État.

« La règle de l'inaliénabilité a été abrogée pendant la session de l'Assemblée constituante, par des considérations de bien public qui ne sauraient être méconnues.

« Les lois multipliées qui autorisent la vente des domaines anciens et nouveaux, et les aliénations générales faites en exécution de ces lois, et l'irrévocabilité de ces aliénations prononcées dans les chartes constitutionnelles, ont dû faire consacrer dans le Code civil, comme une règle immuable, celle qui, en mettant les domaines dans le commerce, les assujettit aux règles du droit commun sur la prescription.

« Ces règles, étant applicables pour ou contre la nation, doivent à plus forte raison être observées à l'égard des établissements publics et des communes.

« Pour que la possession puisse établir la prescription, elle doit réunir tous les caractères qui indiquent la propriété ; il faut qu'elle soit à titre de propriétaire ; il faut qu'il ne puisse y avoir sur le fait même de cette possession aucune équivoque ; il faut qu'elle soit publique, qu'elle soit paisible, qu'elle soit continue et non interrompue pendant le temps que la loi a fixé.

« La possession en général est la détention d'une chose ou la jouissance d'un droit que nous tenons ou que nous exerçons par nous-mêmes ou par un autre qui tient cette chose ou qui exerce ce droit en notre nom.

« Cette possession par soi-même ou par autrui est un fait qui ne peut pas d'abord établir un droit, mais qui indique la qualité de propriétaire ; cette indication serait illusoire, si celui qui a la possession pouvait être évincé autrement que sur la preuve qu'il possède au nom d'autrui, ou qu'un autre a la propriété.

« Quand on a commencé à posséder pour autrui, doit-on être toujours présumé posséder au même titre ?

« L'une des plus anciennes maximes de droit est que nul ne peut, ni par sa volonté, ni par le seul laps de temps, se changer à soi-même la cause de sa possession : *illud à verteribus praeceptum est, neminem sibi ipsum causam possessionis mutare posse.* (Leg. 3. § 19. ff. *de acquir, possess.*). Ainsi le fermier, l'emprunteur, le dépositaire, seront toujours censés posséder au même titre. Le motif est que la détention ne peut être à la fois pour soi et pour autrui. Celui qui tient pour autrui perpétue et renouvelle à chaque instant la possession de celui pour lequel il tient, et le temps pendant lequel on peut tenir pour autrui étant indéfini, on ne saurait fixer l'époque où celui pour lequel on tient serait dépossédé.

« La règle suivant laquelle on est toujours présumé posséder au même titre doit être mise au nombre des principales garanties du droit de propriété.

« Cette présomption ne doit céder qu'à des preuves positives.

« Tel serait le cas où le titre de la possession de celui qui tient pour autrui se trouverait interverti.

« Ce titre peut être interverti par une cause provenant d'une tierce personne.

« Il peut l'être au possesseur à titre de propriétaire, s'il transmet cette espèce de possession à la personne qui ne tenait que précairement.

« Enfin la personne même qui tient au nom d'autrui peut intervertir le titre de sa possession, soit à son profit par la contraction qu'elle aurait opposée au droit du possesseur à titre de propriétaire, soit au profit d'un tiers auquel ce détenteur aurait transmis la chose par un titre translatif de propriété.

« Le successeur à titre universel de la personne qui tenait la chose pour autrui n'a point un nouveau titre de possession. Il succède aux droits tels qu'ils se trouvent ; il continue donc de posséder pour autrui, et conséquemment il ne peut pas prescrire.

« Mais le successeur à titre universel et le successeur à titre singulier diffèrent en ce que celui-ci ne tient point son droit du titre primitif de son prédécesseur, mais du titre qui lui a été personnellement consenti. Ce dernier titre peut donc établir un genre de possession que la personne qui l'a transmis n'avait pas.

« Cette règle n'a rien de contraire à celle suivant laquelle nul ne peut transmettre plus de droit qu'il n'en a. Le titre translatif de propriété, donné par celui qui n'est pas propriétaire, ne transmet pas le droit de propriété; mais la possession prise en conséquence de ce titre est un fait absolument différent de la détention au nom d'autrui, et dès lors cette possession, continuée pendant le temps réglé par la loi, peut établir le droit résultant de la prescription.

« Il faut encore, lorsqu'on dit que nul ne peut prescrire contre son titre, distinguer la prescription comme moyen d'acquisition, de celle qui est un moyen de libération. Celui qui acquiert en prescrivant ne peut se changer à lui-même la cause et le principe de sa possession, et c'est de lui que l'on ditiproprement qu'il ne peut pas prescrire contre son titre.

« Mais s'il s'agit de la libération par prescription, cette prescription devient la cause de l'extinction du titre, et alors on prescrit contre son titre, en ce sens qu'on se libère, quoiqu'il y ait un titre.

« Les actes de pure faculté, ceux de simple tolérance, ne peuvent même pas être considérés comme des actes de possession, puisque ni celui qui les fait n'entend agir comme propriétaire, ni celui qui les autorise n'entend se dessaisir.

« Celui qui, pour acquérir la possession, en a dépouillé par violence l'ancien possesseur, a-t-il pu se faire ainsi un titre pour prescrire?

« La loi romaine excluait toute prescription jusqu'à ce que la personne ainsi dépouillée eût été rétablie en sa possession, et celui même qui, avant cette restitution, aurait acheté de bonne foi du spoliateur, ne pouvait pas prescrire.

« Cette décision ne pourrait se concilier avec le système général des prescriptions.

« Sans doute celui qui est dépouillé par violence n'entend pas se dessaisir; et si, lorsqu'il cesse d'éprouver cette violence, l'usurpateur posséder paisiblement, ce dernier n'a encore qu'une possession de mauvaise foi; mais cette possession peut alors réunir toutes les conditions exigées pour opérer l'espèce de prescription contre laquelle l'exception de mauvaise foi ne peut pas être opposée.

« D'ailleurs la règle exclusive de toute prescription serait injuste à l'égard de ceux qui, ne connaissant point l'usurpation avec violence, auraient eu depuis une possession que l'on ne pourrait attribuer à cette violence.

« Ces motifs ont empêché de donner aux actes de violence, sur lesquels la possession serait fondée, d'autre effet que celui d'être un obstacle à la prescription tant que cette violence dure.

« La possession de celui qui veut prescrire doit être continue et non interrompue.

« Plusieurs causes interrompent ou suspendent le cours de la prescription.

« Lorsqu'il s'agit d'acquérir une chose par prescription, l'interruption est naturelle ou civile.

« Il y a interruption naturelle, lorsque le fait même de la possession est interrompu.

« Si, quand il s'agit d'un fonds, cette interruption ne s'est pas prolongée un certain temps, on présume que c'est une simple erreur de la part de celui qui s'en est emparé.

« On présume aussi que celui qui était en possession s'en est ressaisi, ou a réclamé aussitôt qu'il a eu connaissance de l'occupation, et qu'il n'a aucunement entendu la souffrir.

« On a considéré que si l'occupation momentanée d'un fonds suffisait pour priver des effets de la possession, ce serait une cause de désordre; que chaque possesseur serait à tout moment exposé à la nécessité d'avoir un procès pour justifier son droit de propriété.

« Dans tous les jugements rendus à Rome en matière possessoire, et qui furent d'abord distingués sous le nom d'*interdits*, il fallait, pour se prévaloir des avantages de la possession nouvelle de toutes choses mobilières ou immobilières contre un précédent possesseur, que cette possession fût d'une année.

« La règle de la possession annale a toujours été suivie en France à l'égard des immeubles: elle est la plus propre à maintenir l'ordre public. C'est pendant la révolution d'une année que les produits d'un fonds ont été recueillis; c'est pendant une pareille révolution qu'une possession publique et continue a pris un caractère qui empêche de la confondre avec une simple occupation.

« Ainsi nul ne peut être dépouillé du titre de possesseur que par la possession d'une autre personne pendant un an, et, par la même raison, la possession qui n'a point été d'un an n'a point l'effet d'interrompre la prescription.

« L'interruption civile est celle que forment une citation en justice, un commandement ou une saisie signifiés à celui que l'on veut empêcher de prescrire.

« Il ne peut y avoir de doute que dans le cas où la citation en justice serait nulle.

« On distingue à cet égard la nullité qui résulterait de l'incompétence du juge et celle qui a pour cause un vice de forme.

« Dans le premier cas, l'ancien usage de la France, contraire à la loi romaine, était qu'une action libellée interrompait la prescription lors même qu'elle était intentée devant un juge incompétent: cet usage, plus conforme au maintien du droit de propriété, a été conservé.

« Mais lorsque les formalités exigées pour que le possesseur soit valablement assigné n'ont pas été remplies, il n'y a pas réellement de citation, et il ne peut résulter de l'exploit de signification aucun effet.

« Au surplus, la citation n'interrompt pas la prescription d'une manière absolue, mais conditionnellement au cas où la demande est adjugée. Ainsi l'interruption est regardée comme non avenue, si le demandeur se désiste de son action, s'il laisse périmer l'instance, ou si la demande est rejetée.

« Les effets de l'interruption de la prescription à l'égard des débiteurs solidaires ou de leurs héritiers, soit dans le cas où l'obligation est divisible, soit dans le cas où elle est indivisible, ne sont que la conséquence des principes déjà exposés au titre des *obligations en général*.

« Quant à la caution, son obligation accessoire dure autant que l'obligation principale, et dès lors la caution ne peut opposer la prescription qui aurait été interrompue contre le débiteur.

« La possession qui a précédé l'interruption ne peut plus être à l'avenir d'aucune considération pour la prescription: c'est en cela que l'interruption de la prescription diffère de la suspension qui empêche seulement la prescription de commencer à courir, ou qui en suspend le cours jusqu'à ce que la cause de cette suspension ait cessé.

« La règle générale est que la prescription court contre toutes personnes, à moins qu'elles ne soient dans quelque exception établie par une loi.

« Ces exceptions sont fondées sur la faveur due

à certaines personnes, et en même temps sur la nature des prescriptions.

« Ainsi, lorsque la prescription est considérée comme un moyen d'acquérir, celui qui laisse prescrire est réputé consentir à l'aliénation : *alienare videtur qui patitur usucapi*. Or les mineurs et les interdits sont déclarés par la loi incapables d'aliéner. La règle générale est d'ailleurs qu'ils sont restituables en ce qui leur porte préjudice ; et par ce motif, ils devraient l'être contre la négligence dont la prescription aurait été la suite. Le cours de la prescription doit donc être suspendu pendant le temps de la minorité et de l'interdiction.

« La prescription est-elle considérée comme un moyen de libération, le mineur et l'interdit sont réputés ne pouvoir agir par eux-mêmes pour exercer les droits que l'on voudrait prescrire contre eux ; et souvent ces droits peuvent être ignorés par leurs tuteurs. La prescription de libération doit donc aussi être à leur égard suspendue : *contra non valentem agere non currit prescriptio.*

« Ces règles générales, à l'égard des mineurs et des interdits, ne souffrent d'exception que dans les cas déterminés par la loi.

« Quant aux époux, il ne peut y avoir de prescription entre eux ; il serait contraire à la nature de la société du mariage que les droits de chacun ne fussent pas l'un à l'égard de l'autre respectés et conservés. L'union intime qui fait leur bonheur est en même temps si nécessaire à l'harmonie de la société, que toute occasion de la troubler est écartée par la loi. Il ne peut y avoir de prescription quand il ne peut même pas y avoir d'action pour l'interrompre.

« À l'égard des tiers, la loi prononce au profit des femmes, avec certaines modifications, la suspension de la prescription, dans le cas où un fonds constitué suivant le régime dotal a été aliéné. Elle ne court point au profit de l'acquéreur pendant le mariage. C'est une conséquence de la règle suivant laquelle, dans ce régime, le fonds dotal est inaliénable ; cette incapacité d'aliéner deviendrait souvent illusoire si le fonds dotal pouvait être prescrit.

« La prescription est encore suspendue contre les tiers pendant le mariage au profit de la femme, soit dans le cas où son action ne pourrait être exercée qu'après une option à faire sur l'acceptation ou la renonciation à la communauté, soit dans le cas où le mari ayant vendu le bien propre de la femme sans son consentement est garant de la vente, et dans tous les cas où l'action de la femme réfléchirait contre le mari.

« Si la femme exerçait contre un tiers une action pour laquelle ce tiers serait fondé à mettre en cause le mari comme garant, il en résulterait une contestation judiciaire entre le mari et la femme. Ainsi la femme est alors considérée comme ne pouvant agir même contre cette tierce personne, qu'il serait injuste de traduire en justice, si elle ne pouvait exercer son recours contre le mari ; et la prescription de l'action contre la tierce personne se trouve par ce motif suspendue.

« La prescription est, par la nature même des choses, suspendue jusqu'à l'événement de la condition, s'il s'agit d'une créance conditionnelle ; jusqu'à l'éviction, s'il s'agit d'une action en garantie ; jusqu'à l'échéance, s'il s'agit d'une créance à jour fixe.

« L'effet du bénéfice d'inventaire ... de conserver à l'héritier ses droi... ... La succession ne peut d...

« La prescription do...

« cession vacante lors même qu'elle n'est pas pourvue de curateur. Cette circonstance ne peut pas nuire aux tiers, qui ne pourraient même pas, sans interrompre la prescription, faire nommer un curateur à raison de cet intérêt.

« Lorsque la loi donne à l'ouverture d'une succession ou d'une communauté de biens un délai pour faire inventaire et pour délibérer, il est indispensable que la prescription de tous biens et droits soit suspendue pendant le temps que la loi elle-même présume nécessaire pour les connaître.

« Après avoir exposé les causes qui empêchent la prescription, celles qui l'interrompent, celles qui la suspendent, il reste à vous rendre compte des règles relatives au temps requis pour prescrire.

« Et d'abord, il faut examiner comment ce temps doit se calculer, de quel moment, de quel jour il commence, à quel jour il expire.

« Le temps de la prescription ne peut pas se compter par heures : c'est un espace de temps trop court et qui ne saurait même être uniformément déterminé.

« Suivant la loi romaine, lorsque la prescription était un moyen d'acquérir, l'expiration du temps n'était pas réglée de la même manière que quand c'était un moyen de se libérer.

« Dans le premier cas, lorsqu'il s'agissait d'une prescription de dix ans entre présents, et de vingt ans entre absents, pour laquelle la bonne foi était exigée, on regardait la loi comme venant au secours du possesseur, et il suffisait que le dernier jour du temps requis fût commencé pour que la prescription fût acquise.

« Il en était autrement lorsqu'il s'agissait de la prescription de libération. Cette prescription était considérée comme une peine de la négligence, et, jusqu'à ce que le dernier jour du temps requis fût expiré, cette peine n'était pas encourue.

« C'était une distinction plus subtile que fondée en raison. L'ancien propriétaire contre lequel on prescrit un fonds n'est pas moins favorable que le créancier contre lequel on prescrit la dette.

« Il était plus simple et plus juste de décider que la prescription n'est dans aucun cas acquise que quand le dernier jour du terme est accompli.

« On a également prévenu toutes difficultés en statuant que, dans les prescriptions qui s'accompliront par un certain nombre de jours, les jours complémentaires seront comptés, et que, dans celles qui s'accompliront par mois, celui de fructidor comprendra les jours complémentaires.

« Le point le plus important était ensuite à régler, celui de la durée du temps pour prescrire.

« La prescription connue chez les anciens Romains sous le nom d'*usucapio* s'acquérait d'abord par un an pour les meubles et par deux ans pour les immeubles. On exigeait un titre légal, la tradition et la possession. Ce moyen d'acquérir ne s'appliquait qu'aux biens dont le plein domaine pouvait appartenir aux particuliers, et qu'ils distinguaient sous le nom de *res mancipi*. On ne mettait point de ce nombre les biens situés hors d'Italie, sur lesquels le peuple romain conservait des droits.

« Les conquêtes hors de l'Italie s'étant étendues, et les propriétés des citoyens romains dans ces contrées s'étant multipliées, les jurisconsultes introduisirent ... urs réponses une jurisprudence suivant laque... ... qui avait possédé pendant dix ans un b'... ...ors de l'Italie, et en général un bien de ...ux appelés *res nec mancipi*. pouva... ...emande de revendica-...n l'excep... ...le laps de temps, et nommée *præscriptio*, pour la distinguer du droit nommé *usucapio*.

« Cette jurisprudence, confirmée par les empereurs, était encore très-imparfaite. L'intervalle d'une et de deux années n'était point suffisant pour veiller à la conservation de la majeure partie des propriétés. Les droits réservés au peuple romain sur les biens situés hors d'Italie s'étaient abolis. Cette législation fut simplifiée par *Justinien*, qui supprima des distinctions et des formalités devenues inutiles. Un mode général de prescription fut établi ; le terme en fut fixé pour les meubles à trois ans, et pour les immeubles à dix ans entre présents, et vingt ans entre absents, avec titre et bonne foi.

« On avait, dans les temps antérieurs à cette dernière loi, senti la nécessité d'admettre un terme après lequel on pût établir, en faveur du possesseur, une présomption contre laquelle nulle exception, pas même celle résultant de la mauvaise foi, pût être admise. Ce terme avait été fixé au nombre de trente années ; et c'est de cette prescription que l'on peut dire : *Humano generi profundâ quiete prospexit.*

« Avant que cette prescription de trente ans fût introduite, les actions personnelles, dérivant des obligations, n'avaient point été considérées comme susceptibles de prescription, par le motif que celui qui s'est obligé ne peut point se prévaloir d'une possession, et que c'est démentir sa promesse ou celle de la personne qu'on représente.

« Mais quand il fut reconnu que pour le maintien de la tranquillité publique il était indispensable d'écarter toute exception, les mêmes considérations s'élevèrent contre celui qui avait, pendant trente ans, négligé d'exercer ces droits. *Sicut in rem speciales, itâ de universitate ac personales actiones ultra trigenta annorum spatium non protendantur.* L. 3, Code *Præser*, 30 et 40 *ann.*

« Cependant toute prescription, quelque importants que soient ses motifs, ne devant pas s'étendre au delà de ce qui est exprimé dans la loi, il se trouvait encore des droits et des actions qui n'y étaient pas compris, ou ne l'étaient pas assez clairement. Une autre loi ordonna, dans les termes les plus généraux, que ce qui n'aurait pas été sujet à la prescription de trente ans le fût à celle de quarante ans, sans distinction des droits et des actions de l'Église, du public ou des particuliers. Cette règle ne souffrit d'exceptions que celles qui étaient spécifiées dans une loi.

« On est surpris de trouver dans cette législation une règle suivant laquelle, lorsque celui qui s'était obligé personnellement possédait des immeubles hypothéqués à la dette, on regardait l'action hypothécaire, dont la durée était de dix ans, comme distincte de l'action personnelle qui durait trente ans ; de manière qu'une dette hypothécaire n'était prescrite que par quarante ans. Il était contraire aux principes que l'obligation principale fût éteinte par trente ans, et que l'hypothèque conventionnelle, qui n'était qu'une obligation accessoire, ne le fût pas.

« En France, le temps des longues prescriptions n'était uniforme, ni en matière personnelle, ni en matière réelle.

« Dans plusieurs provinces du pays de droit écrit et du pays coutumier, on n'avait admis que la prescription de trente ans, soit entre présents, soit entre absents, tant contre les propriétaires que contre les créanciers ; et dans la plupart de ces pays la prescription de dix ans entre présents, et de vingt ans *entre absents*, n'a lieu qu'à l'égard des hypothèques des créanciers.

« Dans d'autres, la prescription est acquise par vingt ans en matière personnelle comme en matière réelle, et ces vingt ans sont exigés même entre présents.

« Dans d'autres, ces vingt années sont aussi le temps fixé même entre présents, mais en matière réelle seulement.

« Suivant plusieurs coutumes, l'action personnelle jointe à l'action hypothécaire ne se prescrivait que par quarante ans. Ailleurs il y avait eu à cet égard diversité de jurisprudence.

« D'autres coutumes ne reconnaissaient pour les immeubles que la prescription de quarante ans.

« La majeure partie de la France en avait admis à la fois et la prescription générale de trente ans en matière personnelle et réelle, et la prescription de dix et vingt ans avec titre et bonne foi en matière réelle.

« Il a fallu choisir entre ces divers modes de prescription.

« La première distinction qui se présentait était celle entre les droits personnels et les droits réels.

« Dans la prescription des actions personnelles on présume qu'elles sont acquittées, ou on considère la négligence du créancier, et on peut sans inconvénient lui accorder contre son débiteur le temps de la plus longue prescription, celui de trente ans.

« Dans la prescription pour acquérir, on n'a point seulement à considérer l'intérêt du propriétaire ; il faut aussi avoir égard au possesseur qui ne doit pas rester dans une éternelle incertitude. Son intérêt particulier se trouve lié avec l'intérêt général. Quel est celui qui bâtira, qui plantera, qui s'engagera dans les frais de défrichement ou de dessèchement, s'il doit s'écouler un trop long temps avant qu'il soit assuré de n'être pas évincé ?

« Mais cette considération d'ordre public est nécessairement liée à une seconde distinction entre les possesseurs avec titre et bonne foi, et ceux qui n'ont à opposer que le fait même de leur possession.

« Le possesseur avec titre et bonne foi se livre avec confiance à tous les frais d'amélioration. Le temps après lequel il doit être dans une entière sécurité doit donc être beaucoup plus court.

« Quant aux possesseurs qui n'ont pour eux que le fait même de leur possession, on n'a point la même raison pour traiter à leur égard les propriétaires avec plus de rigueur que ne le sont les créanciers à l'égard des débiteurs. L'importance attachée aux propriétés foncières pourrait même être un motif pour ne les laisser prescrire que par un temps plus long, comme on l'a fait dans quelques pays ; mais d'autres motifs s'y opposent. Si le possesseur sans titre ne veut point s'exposer à des dépenses, il est déjà fort contraire à l'intérêt public que toute amélioration puisse être suspendue pendant trente ans ; et après une aussi longue révolution, pendant laquelle le propriétaire doit se reprocher sa négligence, il convient de faire enfin cesser un état précaire qui nuit au bien public.

« Pour que cette théorie, conforme à l'économie politique, le fût en même temps à la justice, il fallait encore admettre la distinction faite par les Romains entre les possesseurs avec titre et bonne foi, qui prescrivent contre un propriétaire présent, et les possesseurs qui prescrivent contre un absent.

« Dans le cas où le vrai propriétaire est présent, d'une part sa négligence est moins excusable, et d'une autre part sa présence donne au nouveau possesseur une plus grande sécurité. Le propriétaire qui n'est pas à portée de veiller, mérite plus de faveur. C'est en balançant ces considérations que l'on a été conduit à fixer, dans le cas de la possession avec titre et bonne foi, le temps de la prescription à dix ans et entre présents, et à vingt ans entre absents.

« Ainsi la règle générale sera que toutes les actions, tant réelles que personnelles, se prescriront par trente ans, sans que celui qui se prévaudra de cette prescription soit obligé de rapporter un titre, ou qu'on puisse lui opposer l'exception déduite de la mauvaise foi; et que celui qui aura acquis de bonne foi et par juste titre un immeuble, en prescrira la propriété par dix ans, si le véritable propriétaire habite dans le ressort du tribunal d'appel dans l'étendue duquel l'immeuble est situé, et par vingt ans, s'il est domicilié hors du ressort.

« A Rome, la prescription courait entre présents, lorsque celui qui prescrivait et celui contre lequel on prescrivait avaient leur domicile dans la même province, sans que l'on eût égard à la situation de l'héritage.

« Le plus généralement en France on réputait présents ceux qui demeuraient dans le même bailliage royal ou dans la même sénéchaussée royale, et il n'y avait qu'une coutume où on eût égard à la distance dans laquelle l'héritage se trouvait du domicile des parties.

« Un changement important a été fait à cet égard dans l'ancienne législation.

« Le but que l'on se propose est de donner à celui qui possède une plus grande faveur en raison de la négligence du propriétaire; et cette faute est regardée comme plus grande s'il est présent. Mais ceux qui sont attachés qu'à la présence du propriétaire et du possesseur dans le même lieu ou dans un lieu voisin, n'ont pas songé que les actes possessoires se font sur l'héritage même. C'est donc par la distance à laquelle le propriétaire se trouve de l'héritage qu'il est plus ou moins à portée de se maintenir en possession; il ne saurait le plus souvent retirer aucune instruction du voisinage du nouveau possesseur. Ces lois ont été faites dans des temps où l'usage le plus général était que chacun vécût auprès de ses propriétés.

« Cette règle a dû changer avec nos mœurs, et le vœu de la loi sera rempli, en ne regardant le véritable propriétaire comme présent que lorsqu'il habitera dans le ressort du tribunal d'appel où l'immeuble est situé.

« C'est aussi à raison de la plus grande facilité des communications que l'on a cru qu'il suffisait, pour être considéré comme présent, que le domicile fût dans le ressort du tribunal d'appel.

« La loi exige pour cette prescription de dix ou de vingt ans un juste titre et la bonne foi.

« Nul ne peut croire de bonne foi qu'il possède comme propriétaire, s'il n'a pas un juste titre, c'est-à-dire s'il n'a pas un titre qui soit de sa nature translatif du droit de propriété, et qui soit d'ailleurs valable.

« Il ne serait pas valable s'il était contraire aux lois; et lors même qu'il ne serait nul que par un vice de forme, il ne pourrait autoriser la prescription.

« Il suffisait, dans le droit romain, que l'on eût acquis de bonne foi et par juste titre. On n'était pas admis à opposer au possesseur qu'il eût depuis et pendant le cours de la prescription appris que la chose n'appartenait pas à celui dont il la tenait. Cette règle est consignée dans plusieurs textes du Digeste et du Code.

« Elle est fondée sur ce que la prescription de dix et vingt ans est, comme celle de trente ans, mise au nombre des longues prescriptions que la paix et la prospérité publiques rendent également nécessaires. Si le temps de la prescription de dix et vingt ans est moins long que le temps de la prescription trentenaire, on n'a eu et on n'a pu avoir en vue que le juste titre et la bonne foi au temps de l'acquisition. Ces deux conditions étant remplies, la loi assimile le possesseur de dix et vingt ans à celui qui prescrirait par trente ans. C'est le laps de temps sans réclamation de la part du propriétaire et la possession à titre de propriété qui sont également le fondement de ces prescriptions. Tels sont les seuls rapports communs à celui qui prescrit et à celui contre lequel on prescrit. Quant à la mauvaise foi qui peut survenir pendant la prescription, c'est un fait personnel à celui qui prescrit : sa conscience le condamne; aucun motif ne peut, dans le for intérieur, couvrir son usurpation. Les lois religieuses ont dû employer toute leur force pour prévenir l'abus que l'on pourrait faire de la loi civile; et c'est alors, surtout, que le concours des unes dans le for intérieur, et de l'autre dans le for extérieur, est essentiel. Mais aussi, on ne peut pas douter que la nécessité des prescriptions ne l'emporte sur la crainte de l'abus; et la loi civile deviendrait elle-même purement arbitraire et incohérente, si, après avoir donné des règles fondamentales, on les détruisait par des règles qui seraient en contradiction. Ce sont ces motifs qui ont empêché de conserver celle qu'on avait tirée des lois ecclésiastiques, et suivant laquelle la bonne foi était exigée pendant tout le cours des prescriptions de dix et vingt ans.

« Il est un grand nombre de cas relatifs aux obligations, et dans lesquels la loi a limité à dix années ou même à un moindre temps celui des prescriptions. Tels sont ceux où il s'agit de faire annuler ou rescinder des actes. Les motifs en ont été exposés en présentant les titres qui contiennent ces dispositions.

« Il restait un cas qu'il convenait de ne pas omettre, c'est celui de la prescription en faveur des architectes ou des entrepreneurs, de la garantie des gros ouvrages qu'ils ont faits ou dirigés. Le droit commun qui exige dix ans pour cette prescription a été maintenu.

« Il est encore quelques prescriptions qui sont particulières au droit français, et dont l'usage a fait sentir la nécessité.

« Il avait été statué par l'article 68 de l'ordonnance de *Louis XII*, en 1512 « que les drapiers, « apothicaires, boulangers, pâtissiers, serruriers, « chaussetiers, taverniers, couturiers, cordon- « niers, selliers, bouchers, ou distribuant leurs « marchandises en détail, seraient tenus de de- « mander leur paiement dans six mois, pour ce « qui aurait été livré dans les six mois précé- « dents, lors même que les livraisons auraient « continué. »

« Ce genre de prescription fut établi sur les présomptions de paiement qui résultent du besoin que les créanciers de cette classe ont d'être promptement payés, de l'habitude dans laquelle on est d'acquitter ces dettes sans un long retard, et même sans exiger de quittance, et enfin sur les exemples trop souvent répétés de débiteurs, et surtout de leurs héritiers, contraints en pareil cas à payer plusieurs fois ; *Sunt introductæ* (dit *Dumoulin* en parlant de ces prescriptions, Tract. *De usuris, quæst.* 22), in *favorem debitorem qui sine instrumento et testi-*

bus, ut sit, solverunt et præcipue hæredum eorum.

« Les rédacteurs de la coutume de Paris observèrent, avec raison, qu'en s'appuyant sur ces bases, le délai de six mois n'était pas suffisant dans tous les cas, et ils firent la distinction suivante.

« Ils ne donnèrent que six mois aux marchands, gens de métiers et autres vendeurs de marchandises et denrées en détail, comme boulangers, pâtissiers, selliers, bouchers, bourreliers, passementiers, maréchaux, rôtisseurs, cuisiniers et autres semblables.

« Ils donnèrent un an aux médecins, chirurgiens et apothicaires, ainsi qu'aux drapiers, merciers, épiciers, orfèvres et autres marchands grossiers, maçons, charpentiers, couvreurs, barbiers, serviteurs et autres mercenaires.

« Cette distinction a été confirmée sans presque aucune différence dans l'ordonnance rendue sur le commerce en 1673.

« Mais il est à observer que cette ordonnance ayant particulièrement pour objet le commerce, ne porte point, dans sa disposition finale, une dérogation formelle aux coutumes contraires, de manière que dans la plupart de celles où il y avait pour ces divers objets des prescriptions plus ou moins longues, on a continué de s'y conformer.

« Une autre observation sur ces dispositions de la coutume de Paris et de l'ordonnance de 1673, est qu'il serait difficile de trouver des motifs satisfaisants pour ne pas mettre dans la même classe tous les marchands, à raison des marchandises qu'ils vendent à des particuliers non marchands. S'il est quelques marchands en détail pour lesquels le délai d'un an soit long, il faut songer qu'il s'agit d'une dérogation au droit commun, et qu'il vaut encore mieux éviter le reproche de distinctions arbitraires, et s'en tenir, dans une matière aussi délicate, à une règle générale sur la nécessité de laquelle il ne puisse y avoir aucun doute.

« Ces motifs ont déterminé à soumettre également à la prescription d'une année tous les marchands, pour les marchandises qu'ils vendent aux particuliers non marchands.

On a seulement excepté les hôteliers et les traiteurs, à raison du logement et de la nourriture qu'ils fournissent, parce qu'il est notoire que ce sont des objets dont le paiement est rarement différé.

« On a limité leur action à six mois, et par des considérations semblables on a fixé au même temps l'action des maîtres et instituteurs des sciences et arts, pour les leçons qu'ils donnent au mois ; celle des ouvriers et gens de travail pour le paiement de leurs journées, fournitures et salaires.

« On a maintenu le droit commun, suivant lequel la prescription d'un an court contre les médecins, chirurgiens et apothicaires, pour leurs visites, opérations et médicaments.

« Les mêmes raisons se sont présentées à l'égard des maîtres de pension, pour le prix de la pension, et des autres maîtres, pour le prix de l'apprentissage.

« On a aussi conservé à l'égard des domestiques l'usage le plus général, suivant lequel l'action pour le paiement de leur salaire est prescrite par un an, s'ils se sont loués à l'année. Les autres sont dans la classe des gens de travail dont l'action se prescrit par six mois.

« Quant aux officiers ministériels, le temps pendant lequel l'action, soit à leur profit, soit contre eux, doit durer, dépend de la nature de leurs fonctions.

« Il y avait sur la durée de l'action des procureurs contre leurs clients, pour le paiement de leurs frais et salaires, une grande variété de jurisprudence.

« Un arrêt du parlement de Paris, du 28 mars 1692, avait réglé que les procureurs ne pourraient demander le paiement de leurs frais, salaires et vacations, deux ans après qu'ils auraient été révoqués, ou que leurs parties seraient décédées, quoiqu'ils eussent continué d'occuper pour les mêmes parties ou pour leurs héritiers en d'autres affaires.

« Il portait encore que les procureurs ne pourraient, dans les affaires non jugées, demander leurs frais, salaires et vacations, pour les procédures faites au delà des six années précédentes immédiatement, quoiqu'ils eussent toujours continué d'y occuper, à moins qu'ils ne les eussent fait arrêter ou reconnaître par leurs clients.

« Le parlement de Normandie avait adopté ces dispositions dans un règlement du 15 décembre 1703, en limitant dans le second cas le temps à cinq années au lieu de six.

« Dans d'autres pays l'action des procureurs était d'une plus longue durée.

« Il a paru que l'intérêt des parties et celui de leurs avoués seraient conciliés en maintenant la prescription de deux ans, à compter du temps, soit du jugement, soit de la conciliation des parties, soit de la révocation des avoués, et la prescription de cinq ans à l'égard des affaires non terminées ; l'événement de la mort du client n'a point paru un motif suffisant pour réduire à deux ans l'action de l'avoué à raison des affaires non finies.

« Le temps de la prescription à l'égard des huissiers ne doit pas être aussi long.

« Leur ministère n'est point employé pour des actes multipliés et qui se prolongent autant que ceux des avoués ; il est d'usage de les payer plus promptement. Leur action sera prescrite par une année.

« Les prescriptions de six mois, d'un, de deux et de cinq ans dont on vient de parler, étant toutes principalement fondées sur la présomption de paiement, il en résulte plusieurs conséquences déjà reconnues par l'ordonnance de 1673.

« La première est que la continuation des fournitures, livraisons, services ou travaux pouvant également avoir lieu, soit que le paiement ait été fait, soit qu'il ne l'ait pas été, n'altère point la présomption de paiement ; ainsi la prescription ne doit cesser de courir que lorsqu'il y a eu compte arrêté, cédule ou obligation, ou citation en justice non périmée.

« La seconde, que le serment peut être déféré à ceux qui opposeront ces prescriptions, sur le fait de savoir si la chose a été payée, ou à leurs représentants, pour qu'ils déclarent s'ils ne savent pas que la chose soit due.

« La prescription établie contre les avoués et les huissiers étant fondée sur la présomption de leur paiement, cette présomption fait naître celle que les parties ont, après le jugement de leurs affaires, retiré leurs pièces.

« Il fallait donc aussi fixer un délai après lequel ni les huissiers, ni les avoués, ni les juges eux-mêmes ne pourraient être à cet égard inquiétés.

« Il y avait encore sur ce point une grande variété de jurisprudence.

« Quelques parlements rejetaient l'action en remise de pièces après trois ans depuis que les affaires étaient terminées ; mais dans le plus grand nombre les procureurs ne pouvaient plus être à cet égard recherchés après cinq ans pour les procès jugés, et après dix ans pour les procès indécis ; et cette prescription était, en faveur de leurs héritiers, de cinq ans, soit que les procès fussent jugés, soit qu'ils ne le fussent pas.

« Dans la loi proposée, on conserve la prescription de cinq ans après le jugement des procès.

« Il est une autre prescription établie dans le droit français concernant les arrérages de rentes. Elle n'est pas seulement fondée sur la présomption de paiement, mais plus encore sur une considération d'ordre public énoncée dans l'ordonnance faite par *Louis XII* en 1510; on a voulu empêcher que les débiteurs ne fussent réduits à la pauvreté par des arrérages accumulés : l'action pour demander ces arrérages au delà de cinq années a été interdite.

« Il ne fut question dans cette loi que des rentes constituées, qui étaient alors d'un grand usage.

« Une loi du 20 août 1792 étendit cette prescription aux arrérages des cens, redevances et rentes foncières.

« La ruine du débiteur serait encore plus rapide, si la prescription ne s'étendait pas aux arrérages de rentes viagères ; et les auteurs ni les tribunaux n'ont pas toujours été d'accord sur le point de savoir si ces arrérages étaient prescriptibles par un temps moindre de trente années.

« La crainte de la ruine des débiteurs était admise comme un motif d'abréger le temps ordinaire de la prescription ; on ne doit excepter aucun des cas auxquels ce motif s'applique.

« On a par ce motif étendu la prescription de cinq ans aux loyers des maisons, au prix de ferme des biens ruraux, et généralement à tout ce qui est payable par année, ou à des termes périodiques plus courts.

« La faveur due aux mineurs et aux interdits ne saurait les garantir de ces prescriptions.

« Si un mineur remplit quelqu'un des états pour lesquels l'action est limitée, soit à six mois, soit à un an, soit à cinq ans, il est juste qu'il soit assujetti aux règles générales de la profession qu'il exerce ; si on pourrait même pas l'exercer s'il n'obtenait le paiement de ce qui lui est dû à mesure qu'il le gagne : lorsqu'il a l'industrie pour gagner, il n'est pas moins qu'un majeur présumé avoir l'intelligence et l'activité pour se faire payer.

« Quant aux arrérages et à tout ce qui est payable par année, déjà, suivant le droit commun, cette prescription courait contre les mineurs et interdits, à l'égard des arrérages de rentes constituées. On avait pensé à cet égard qu'ils avaient une garantie suffisante dans la responsabilité des tuteurs, dont la fonction spéciale est de recevoir les revenus, et qui seraient tenus de payer personnellement les arrérages qu'ils auraient laissé prescrire. Les mêmes considérations s'appliquent aux autres prestations annuelles.

« Le droit romain accordait, sous le nom de *interdictum ut rubi*, une action possessoire à ceux qui étaient troublés dans la possession d'une chose mobilière. Mais dans le droit français, on n'a point admis à l'égard des meubles une action possessoire distincte de celle sur la propriété ; on y a même regardé le seul fait de la possession comme un titre : on n'en a pas ordinairement d'autres pour les choses mobilières. Il est d'ailleurs le plus souvent impossible d'en constater l'identité, et de les suivre dans leur circulation de main en main. Il faut éviter des procédures qui seraient sans nombre, et qui le plus souvent excéderaient la valeur des objets de la contestation. Ces motifs ont dû faire maintenir la règle générale suivant laquelle, en fait de meubles, la possession vaut titre.

« Cependant ce titre n'est pas tel qu'en cas de vol ou de perte d'une chose mobilière, celui auquel on l'aurait volée ou qui l'aurait perdue n'ait aucune action contre celui qui la possède.

« La durée de cette action a été fixée à trois ans : c'est le même temps qui avait été réglé à Rome par *Justinien* : c'est celui qui était le plus généralement exigé en France.

« Si le droit de l'ancien propriétaire est reconnu, la chose perdue ou volée doit lui être rendue ; le possesseur a son recours contre celui duquel il la tient : mais ce possesseur prouvait l'avoir achetée sur la foi publique, soit dans une foire ou dans un marché, soit dans une vente publique, soit d'un marchand vendant des choses pareilles, l'intérêt du commerce exige que celui qui possède à ce titre ne puisse être évincé sans indemnité : ainsi l'ancien propriétaire ne peut, dans ces cas, se faire rendre la chose volée ou perdue qu'en remboursant au possesseur le prix qu'elle lui a coûté.

« S'il s'agissait d'une universalité de meubles, telle qu'elle échoit à un héritier, le titre universel se conserve par les actions qui lui sont propres.

« Enfin il a été nécessaire de prévoir qu'au moment où ce titre du Code aurait la force de loi, des prescriptions de tout genre seront commencées.

« C'est surtout en matière de propriété que l'on doit éviter tout effet rétroactif : le droit éventuel résultant d'une prescription commencée ne peut pas dépendre à la fois de deux lois, de la loi ancienne et du nouveau droit. Or il suffit qu'un droit éventuel soit attaché à la prescription commencée pour que ce droit doive dépendre de l'ancienne loi, et pour que le nouveau Code ne puisse pas régler ce qui lui est antérieur.

« Ce principe général étant admis, il ne se présentera aucun cas difficile à résoudre.

« Si la prescription qui serait acquise par le droit nouveau ne l'est pas par l'ancien, soit à raison du temps, soit à raison de la bonne foi, il faudra se conformer à l'ancienne loi, comme si la nouvelle n'existait pas.

« Une seule exception a été jugée nécessaire pour qu'il y eût un terme après lequel il fût certain que la loi nouvelle recevra partout son exécution. Le temps le plus long qu'elle exige pour les prescriptions est celui de trente années. S'il ne s'agissait ici que des prescriptions qui, dans certains temps, exigent quarante ans ou un temps plus long, il n'y eût point eu lieu au reproche d'effet rétroactif, en statuant que les trente années prescrites par la loi nouvelle étant ajoutées au temps qui se serait déjà écoulé avant cette loi, suffiraient pour accomplir la prescription. Le droit des propriétaires des pays contre lesquels la prescription, qui ne devait s'accomplir que par quarante ans, est déjà commencée, n'est pas plus favorable que le droit des propriétaires de ce même pays contre lesquels il n'y a pas de prescription commencée, mais contre lesquels la plus longue prescription eût, en vertu de la loi nouvelle, s'accomplir par trente ans.

« Ces motifs ont déterminé la disposition finale de ce titre, qui porte que les prescriptions commencées à l'époque de la publication du présent titre s'accompliront conformément aux anciennes lois; et que néanmoins les prescriptions commencées et pour lesquelles il faudrait encore, suivant les lois anciennes, plus de trente ans à compter de la même époque, seront accomplies par ce laps de trente ans.

« Quoique ce dernier article du titre *des prescriptions* ne soit que pour le passage d'un régime à l'autre, il était néanmoins nécessaire de l'insérer dans le Code, à cause de la longue durée de temps « pendant lequel il recevra son exécution.

Projet de loi sur le classement des lois du Code civil.

Le citoyen **Bigot-Préameneu** dit que la section de législation s'est occupée du projet de loi qu'elle a été chargée de présenter sur le classement des lois qui doivent former le Code civil, et sur le numérotage des articles, et qu'elle le soumettra incessamment à la discussion.

La section a reconnu qu'il sera nécessaire de faire disparaître dans la nouvelle édition qui sera publiée, quelques fautes purement typographiques, qui déparent les articles, et même en altèrent quelquefois le sens.

Le consul **Cambacérès** dit que la correction des fautes et des erreurs est de droit, et qu'il est inutile d'en parler dans le projet de loi. Il n'en serait pas de même, sans doute, si l'on voulait faire quelques changements au fond des dispositions; alors il faudrait les présenter à la sanction du Corps législatif : mais une révision générale aurait de graves inconvénients. On remettrait en question tout ce qui a été décidé : on en reviendrait à refaire le Code civil tout entier; et indépendamment du retard qu'entraînerait ce travail, il n'aurait d'autre effet que de substituer à des dispositions arrêtées après un mûr examen, des dispositions dont tout le mérite peut-être serait d'être nouvelles, et qui n'auraient, pas plus que les dispositions réformées, reçu la sanction du temps et de l'expérience.

Le citoyen **Maleville** dit qu'il y a une sanction à mettre à la fin du Code civil, mais que cette sanction exige un profond examen.

Comme ce Code ne renferme pas toutes les décisions justes et raisonnables que l'on trouve dans les lois romaines, les ordonnances et les coutumes, il s'ensuivrait que si on abrogeait toutes ces lois pour ne donner aux juges d'autres règles que le Code, on serait livré à l'arbitraire pour une infinité de contestations.

Mais, d'autre part aussi, si on laisse subsister ensemble et ce Code et ces lois, en abrogeant seulement ce que ces lois ont de contraire au Code, on n'aura fait qu'ajouter à cette immense législation dont nous étions accablés.

Le citoyen **Maleville** pense qu'il faudrait dans un article final abroger toutes les lois contraires aux dispositions du Code, et ajouter que celles qui, sans y être contraires, statuent sur des matières qui sont l'objet des titres du Code, cesseront d'avoir force de loi, et ne pourront plus être citées que comme raison écrite.

Le consul **Cambacérès** ne trouve d'autre inconvénient à la première de ces deux propositions, que de surcharger le Code d'un article inutile; car c'est un principe incontestable, que les lois nouvelles dérogent aux lois anciennes.

Mais la seconde proposition aurait des suites fâcheuses. Il est impossible que le Code civil contienne la solution de toutes les questions qui peuvent se présenter. Dès lors on ne doit pas priver les tribunaux de l'avantage de puiser leurs décisions dans d'autres autorités.

Le citoyen **Maleville** dit que si les lois anciennes conservaient leur force dans les dispositions non rappelées, le tribunal de cassation serait obligé de venger l'infraction, en anéantissant les jugements qui les blessent.

Le consul **Cambacérès** répond qu'il n'y aura infraction à la loi que lorsque la disposition méconnue par les tribunaux se trouvera rappelée dans le Code civil.

Il ajoute qu'au surplus cette discussion est prématurée; qu'il faut attendre que la section ait achevé son travail, et que son projet soit imprimé.

La séance est levée.

Pour extrait conforme :
Le secrétaire général du Conseil d'État,
J. G. LOCRÉ.

SÉANCE
DU 19 VENTÔSE AN XII DE LA RÉPUBLIQUE.
(*Samedi 10 mars 1804*).

Le **Second Consul** préside la séance.

Le citoyen **Gally** annonce que le titre XV du livre III du projet de Code civil, *du prêt*, a été décrété par le Corps législatif, dans sa séance du 18 de ce mois.

Le citoyen **Berlier** annonce que le titre XVII du livre III du projet de Code civil, *du mandat*, a été décrété par le Corps législatif, dans sa séance de ce jour.

Le citoyen **Portalis** annonce que le titre XIX du livre III du projet de Code civil, *des contrats aléatoires*, a été décrété par le Corps législatif, dans sa séance de ce jour.

Le citoyen **Réal**, nommé par le Premier Consul avec les citoyens **Lacuée** et **Ségur**, pour présenter au Corps législatif, dans sa séance du 18 ventôse, le titre XVI du livre III du projet de Code civil, *du dépôt et du séquestre*, et pour en soutenir la discussion dans sa séance du 23 du même mois, dépose sur le bureau l'exposé des motifs de ce projet.

Cet exposé est ainsi conçu :

« Citoyens législateurs,

« Le Gouvernement vous présente aujourd'hui le titre XVI du III° livre du Code civil; c'est celui qui traite du *dépôt et du séquestre*.

« Dans une matière où les principes sont fixés depuis longtemps, il s'agissait non de créer des règles, mais de recueillir celles dont un long usage a démontré la justice et l'utilité; c'est ce que nous faisons dans le projet de loi qui vous est soumis.

« Après avoir défini le dépôt, désigné sa *gratuité* comme son principal caractère, et déclaré qu'il ne peut avoir que des choses mobilières pour objet, le projet conserve sa division naturelle en *dépôt volontaire* et *dépôt nécessaire*.

« Le dépôt volontaire est un contrat dont les règles, en ce qui touche à la manière de le former et à la capacité des personnes, ne présentent rien que de conforme aux principes admis pour les conventions en général. i i

« Il faut en dire à peu près autant des obligations respectives qui en naissent.

« Ainsi le dépositaire doit tous ses soins à la chose déposée, et si elle se détériore par son fait ou su négligence, il en répondra selon le degré d'intensité que donneront à cette responsabilité, soit les conventions des parties, soit les circonstances dans lesquelles le contrat se sera formé; mais il ne répondra des accidents de force majeure qu'autant qu'il aura été mis en demeure de restituer la chose déposée.

« Tous les contrats sont de bonne foi, et nulle part dans le Code l'on n'a attribué plus spécialement ce caractère aux uns qu'aux autres; il est néanmoins difficile de ne pas reconnaître dans le dépôt quelque chose qui place la bonne foi inhérente à ce contrat dans les limites plus étroites que celles qui sont assignées à d'autres contrats.

« Le dépositaire ne pourra donc se servir de la chose déposée, si l'usage ne lui en a été permis; car la chose peut recevoir du préjudice de ce simple usage.

« Si elle lui a été remise scellée ou cachetée, il ne devra rien se permettre pour la découvrir : ce serait un abus de confiance.

« Quelle que soit cette chose, il devra rendre celle qui lui aura été confiée, la rendre identiquement, et cette règle sera observée même quand il s'agirait des sommes monnayées; autrement, et s'il suffisait de rendre en pareille quantité ou espèce, le contrat serait dénaturé, et le dépôt se trouverait converti en un simple prêt ou *commodat*.

« Si la chose déposée produit des fruits, ils appartiennent au déposant, comme un accessoire de la propriété qui n'a point changé de mains : le dépositaire devra donc en faire raison.

« Telles sont ses principales obligations; mais il peut accidentellement en être rédimé, comme il peut lui en survenir d'autres : par exemple, si la chose lui a été enlevée par une force majeure et remplacée par une autre, il ne devra plus la restitution de la chose déposée, mais bien de celle qui aurait été laissée en remplacement.

« En thèse générale, l'héritier est tenu de la même manière et avec la même étendue que celui qu'il représente; mais en matière de dépôt, cette règle recevra une exception. Ainsi, si l'héritier du dépositaire aliène la chose déposée, mais qu'il aura cru lui appartenir, sa bonne foi viendra à son secours, et il ne devra que le prix qui aura été convenu dans l'acte de vente.

« Mais en quel temps la restitution sera-t-elle faite, et à qui ?

« Le dépôt doit être restitué dès qu'il est réclamé; il n'y a point à cet égard de stipulation de délai qui puisse s'opposer à la remise du dépôt; et le dépositaire, qui doit toujours être prêt à le rendre, peut y être nécessairement contraint, si d'ailleurs il n'existe pas entre ses mains des saisies ou des oppositions qui empêchent la restitution de la chose déposée.

« Cette restitution ne peut être valablement faite qu'au déposant ou à la personne qu'il a proposée; ou, s'il est mort, à ceux qui le représentent, et qui, en cas que le dépôt soit indivisible, doivent s'accorder pour le recevoir.

« S'il y a eu changement d'état dans la personne du déposant, comme si le dépôt a été fait par une femme, qui depuis est mariée et aura transporté l'administration de ses biens à son mari, la restitution du dépôt sera faite à celui-ci.

« Dans l'hypothèse inverse, si un mari ou un tuteur ont déposé une chose appartenant à la femme ou au pupille, et que le titre de l'administration cesse avant la remise du dépôt, la restitution s'en fera soit à la veuve, soit au pupille devenu majeur.

« L'extrême simplicité de ces règles diverses exclut toute controverse à ce sujet : mais si le dépositaire est instruit que la chose qui lui est remise à ce titre n'appartient pas au déposant, que devra-t-il faire, et comment, en ce cas, la restitution s'opérera-t-elle?

« Cette question, la seule qui présentât quelque difficulté, a été examinée avec soin, et suivie de la décision comprise dans l'article 24 du projet de loi.

« Quelques avis tendaient à interdire dans l'espèce proposée toute restitution au déposant; mais on a jugé pré   ble de valider   restitution qui lui sera fai   u   le dén   aire   udrait d   p   ec

sommation de le réclamer dans un délai suffisant.

« Cet avertissement satisfait à la morale et à la justice; mais si celui qui a été averti ne fait point ses diligences, la loi doit présumer que le déposant et le propriétaire se sont arrangés : en tous cas, le dépositaire ne saurait être astreint ni à des poursuites ultérieures qui pourraient l'exposer personnellement à des dommages-intérêts, ni à rester indéfiniment chargé du dépôt.

« Je vous ai retracé, citoyens législateurs, les obligations du dépositaire : celles du déposant sont beaucoup moins étendues.

« De la part de ce dernier, tout consiste à rembourser au dépositaire les dépenses qu'il a faites pour la conservation du dépôt, et à l'indemniser des pertes que ce dépôt aurait pu lui causer : mais jusqu'au paiement de ces dépenses et indemnités, le dépôt peut être retenu; car il est naturellement, et sans le secours d'aucune stipulation, le gage des créances dont il est la cause.

« Après avoir traité du dépôt volontaire, le projet de loi qui vous est soumis règle ce qui est relatif au dépôt nécessaire.

« Il ne s'agit plus ici d'un contrat, mais plus exactement d'un *quasi-contrat* fondé sur la nécessité, et dont les suites méritent d'autant plus la protection de la loi, que dans la plupart des cas où il y a lieu d'en faire l'application, cette application est réclamée par des êtres malheureux, victimes d'un incendie, d'une ruine, d'un pillage ou d'un naufrage.

« Quand, au milieu d'une telle catastrophe, on peut sauver ses effets, on le fait sans recourir aux moyens que la loi prescrit pour établir les conventions ordinaires; ainsi la preuve par témoins d'un tel dépôt sera admise, quand même son objet s'élèverait au delà de cent cinquante francs.

« C'est aussi un dépôt regardé comme nécessaire, que celui des effets qu'un voyageur apporte dans une auberge ou hôtellerie, car ils y sont placés sous la foi publique, et l'aubergiste répond et du dommage qui leur aurait été causé, et même du vol qui en aurait été fait, à moins qu'il ne soit l'effet d'une force majeure.

« Cette disposition, depuis longtemps admise par nos lois, était trop utile pour n'être pas maintenue dans un nouveau Code. Sans doute elle impose de grandes obligations aux aubergistes et hôteliers; mais elle pourvoit à l'ordre public, et elle est indispensable pour la sécurité des voyageurs.

« Je viens, citoyens législateurs, d'indiquer rapidement les dispositions qui s'appliquent au dépôt et leurs motifs; il me reste à vous entretenir de la partie du projet relative au séquestre.

« Il y a deux espèces de séquestres, le séquestre conventionnel et le séquestre judiciaire.

« Le séquestre conventionnel et le dépôt diffèrent principalement entre eux, en ce que, dans le dépôt, la chose déposée, soit qu'elle soit la propriété d'un seul ou la propriété indivise de plusieurs, appartient sans contradiction à ceux qui font le dépôt, au lieu que le séquestre s'applique de sa nature à des objets litigieux.

« Ainsi, lorsque plusieurs personnes se disputent la propriété d'une chose, et conviennent néanmoins que, durant le litige, elle restera en la possession d'un tiers désigné, c'est un séquestre conventionnel.

« Un tel séquestre peut s'établir même sur des immeubles, et les obligations de celui qui en est chargé sont d'ailleurs très-peu différentes de celles du dépositaire.

« Cependant la restitution de l'objet séquestré

ne s'accomplit pas toujours d'une manière aussi simple que celle d'un dépôt.

« Dans cette dernière espèce, les propriétaires sont connus ; dans le cas du séquestre, ils sont incertains, puisque leurs droits sont litigieux.

« Celui qui est chargé d'un séquestre, même conventionnel, ne pourra donc le remettre qu'après le jugement du litige, ou, si les parties s'arrangent, du consentement de toutes celles intéressées au séquestre : nous disons du consentement de toutes les parties intéressées , car l'on n'a pas cru que cette disposition dût se borner aux seules personnes qui auraient constitué ce séquestre, mais qu'elle devait s'étendre à toutes celles qui, par leur intervention au litige, auraient manifesté des prétentions capables d'exiger leur concours lors de la remise de l'objet séquestré.

« Ce qui vient d'être dit à l'égard du séquestre conventionnel laisse peu de chose à dire sur le séquestre judiciaire.

« En effet, si l'on en excepte la disposition qui assigne de plein droit un salaire au gardien judiciaire, on trouvera que l'un et l'autre de ces séquestres sont régis par des règles communes ou semblables ; et il ne pourrait en être autrement, car la seule différence qui existe entre ces deux séquestres, c'est que dans l'un le gardien est nommé par les parties, et dans l'autre par la justice, mais dans les mêmes vues et, dans l'un comme dans l'autre cas, pour la conservation d'une chose litigieuse.

« Citoyens législateurs, la matière dont je viens de vous entretenir n'offrait point de difficultés sérieuses ; simple dans son objet et juste dans ses détails, le projet qui vous est présenté n'a sans doute pas besoin de plus amples développements pour mériter et obtenir votre sanction.

Le citoyen **Berlier**, d'après la conférence tenue avec le Tribunat, présente la rédaction définitive du titre XVIII du livre III du projet de Code civil, *du nantissement.*

Le Conseil l'adopte en ces termes :

Du nantissement.

Art. 1ᵉʳ. « Le nantissement est un contrat par « lequel un débiteur remet une chose à son créan- « cier pour sûreté de la dette. »

Art. 2. « Le nantissement d'une chose mobi- « lière s'appelle *gage.*

« Celui d'une chose immobilière s'appelle *anti-* « *chrèse.* »

CHAPITRE PREMIER.

Du gage.

Art. 3. « Le gage confère au créancier le droit « de se faire payer sur la chose qui en est l'objet, « par privilége et préférence aux autres créan- « ciers. »

Art. 4. « Ce privilége n'a lieu qu'autant qu'il y « a un acte public ou sous seing privé dûment « enregistré, contenant la déclaration de la somme « due, ainsi que l'espèce et la nature des choses « remises en gage, ou un état annexé de leurs « qualité, poids et mesure.

« La rédaction de l'acte par écrit et son enre- « gistrement ne sont néanmoins prescrits qu'en « matière excédant la valeur de cent cinquante « francs. »

Art. 5. « Le privilége énoncé en l'article pré- « cédent ne s'établit sur les meubles incorporels, « tels que les créances mobilières, que par un « acte public ou sous seing privé, aussi enregis- « tré, et signifié au débiteur de la créance donnée « en gage. »

Art. 6. « Dans tous les cas, le privilége ne sub- « siste sur le gage qu'autant que ce gage a été « mis et est resté en la possession du créancier, « ou d'un tiers convenu entre les parties. »

Art. 7. « Le gage peut être donné par un tiers « pour le débiteur. »

Art. 8. « Le créancier ne peut, à défaut de paie- « ment, disposer du gage ; sauf à lui à faire or- « donner en justice que ce gage lui demeurera en « paiement, et jusqu'à due concurrence, d'après « une estimation faite par experts, ou qu'il sera « vendu aux enchères.

« Toute clause qui autoriserait le créancier à « s'approprier le gage, ou à en disposer sans les « formalités ci-dessus, est nulle. »

Art. 9. « Jusqu'à l'expropriation du débiteur, « s'il y a lieu, il reste propriétaire du gage, qui « n'est, dans la main du créancier, qu'un dépôt « assurant le privilége de celui-ci. »

Art. 10. « Le créancier répond, selon les règles « établies au titre *des contrats ou des obligations* « *conventionnelles en général,* de la perte ou dé- « térioration du gage qui serait survenue par sa « négligence.

« De son côté, le débiteur doit tenir compte au « créancier des dépenses utiles et nécessaires que « celui-ci a faites pour la conservation du gage. »

Art. 11. « S'il s'agit d'une créance donnée en « gage, et que cette créance porte intérêts, le « créancier impute ces intérêts sur ceux qui peu- « vent lui être dus.

« Si la dette pour sûreté de laquelle la créance « a été donnée en gage ne porte point elle-même « intérêts, l'imputation se fait sur le capital de « la dette. »

Art. 12. « Le débiteur ne peut, à moins que le « détenteur du gage n'en abuse, en réclamer la « restitution qu'après avoir entièrement payé, tant « en principal qu'intérêts et frais, la dette pour « sûreté de laquelle le gage a été donné.

« S'il existait de la part du même débiteur en- « vers le même créancier une autre dette con- « tractée postérieurement à la mise en gage, et « devenue exigible avant le paiement de la pre- « mière dette, le créancier ne pourra être tenu « de se dessaisir du gage avant d'être entièrement « payé de l'une et de l'autre dettes, lors même « qu'il n'y aurait eu aucune stipulation pour af- « fecter le gage au paiement de la seconde. »

Art. 13. « Le gage est indivisible, nonobstant la « divisibilité de la dette entre les héritiers du « débiteur ou ceux du créancier.

« L'héritier du débiteur qui a payé sa portion « de la dette ne peut demander la restitution de « sa portion dans le gage, tant que la dette n'est « pas entièrement acquittée.

« Réciproquement, l'héritier du créancier qui « a reçu sa portion de la dette ne peut remettre « le gage au préjudice de ceux de ses cohéritiers « qui ne sont pas payés. »

Art. 14. « Les dispositions ci-dessus ne sont « applicables ni aux matières de commerce, ni « aux maisons de prêt sur gage autorisées, et à « l'égard desquelles on suit les lois et règlements « qui les concernent. »

CHAPITRE II.

De l'antichrèse.

Art. 15. « L'antichrèse ne s'établit que par écrit.

« Le créancier n'acquiert par ce contrat que la « faculté de percevoir les fruits de l'immeuble, à « la charge de les imputer annuellement sur les « intérêts, s'il lui en est dû, et ensuite sur le « capital de sa créance. »

Art. 16. « Le créancier est tenu, s'il n'en est « autrement convenu, de payer les contributions « et les charges annuelles de l'immeuble qu'il « tient en antichrèse.

« Il doit également, sous peine de dommages « et intérêts, pourvoir à l'entretien et aux répara- « tions utiles et nécessaires de l'immeuble ; sauf « à prélever sur les fruits toutes les dépenses re- « latives à ces divers objets. »

Art. 17. « Le débiteur ne peut, avant l'entier « acquittement de la dette, réclamer la jouissance « de l'immeuble qu'il a remis en antichrèse.

« Mais le créancier qui veut se décharger des « obligations exprimées en l'article précédent « peut toujours, à moins qu'il n'ait renoncé à ce « droit, contraindre le débiteur à reprendre la « jouissance de son immeuble. »

Art. 18. « Le créancier ne devient point pro- « priétaire de l'immeuble par le seul défaut de « paiement au terme convenu ; toute clause con- « traire est nulle : en ce cas, il peut poursuivre « l'expropriation de son débiteur par les voies « légales. »

Art. 19. « Lorsque les parties ont stipulé que « les fruits se compenseront avec les intérêts, ou « totalement, ou jusqu'à une certaine concurrence, « cette convention s'exécute comme toute autre « qui n'est point prohibée par les lois. »

Art. 20. « Les dispositions des articles 7 et 13 « s'appliquent à l'antichrèse comme au gage. »

Art. 21. « Tout ce qui est statué au présent « chapitre ne préjudicie point aux droits que des « tiers pourraient avoir sur le fonds de l'im- « meuble remis à titre d'antichrèse.

« Si le créancier, muni à ce titre, a d'ailleurs « sur le fonds des priviléges ou hypothèques lé- « galement établis et conservés, il les exerce à « son ordre et comme tout autre créancier. »

Projet de loi sur la réunion des lois civiles.

Le citoyen **Bigot-Préameneu** présente le projet de loi sur *la réunion des lois civiles en un seul corps de lois, sous le titre de* Code civil.

Il est ainsi conçu :

Art. 1er. « Seront réunies en un seul corps de « lois, sous le titre de *Code civil*, les lois suivan- « tes, savoir :

« 1° La loi du 14 ventôse an XI. *Sur la publica- « tion, les effets et l'application des lois en général.*

« 2° Loi du 17 ventôse an XI. *Sur la jouissance « et la privation des droits civils.*

« 3° Loi du 20 ventôse an XI. *Sur les actes de « l'état civil.*

« 4° Loi du 23 ventôse an XI. *Sur le domicile.*

« 5° Loi du 24 ventôse an XI. *Sur les absents.*

« 6° Loi du 26 ventôse an XI. *Sur le mariage.*

« 7° Loi du 30 ventôse an XI. *Sur le divorce.*

« 8° Loi du 2 germinal an XI. *Sur la paternité « et la filiation.*

« 9° Loi du 2 germinal an XI. *Sur l'adoption « et la tutelle officieuse.*

« 10° Loi du 3 germinal an XI. *Sur la puis- « sance paternelle.*

« 11° Loi du 5 germinal an XI. *Sur la minorité, « la tutelle et l'émancipation.*

« 12° Loi du 8 germinal an XI. *Sur la majo- « rité, l'interdiction et le conseil judiciaire.*

« 13° Loi du 4 pluviôse an XII. *Sur la distinc- « tion des biens.*

« 14° Loi du 6 pluviôse an XII. *Sur la pro- « priété.*

« 15° Loi du 9 pluviôse an XII. *Sur l'usufruit, « l'usage et l'habitation.*

« 16° Loi du 10 pluviôse an XII. *Sur les servi- « tudes ou services fonciers.*

« 17° Loi du 29 germinal an XI. *Sur les suc- « cessions.*

« 18° Loi du 13 floréal an XI. *Sur les dona- « tions entre-vifs et les testaments.*

« 19° Loi du 17 pluviôse an XII. *Sur les contrats « ou les obligations conventionnelles en général.*

« 20° Loi du 19 pluviôse an XII. *Sur les engage- « ments qui se forment sans convention.*

« 21° Loi du 20 pluviôse an XII. *Sur le contrat « de mariage et les droits respectifs des époux.*

« 22° Loi du 15 ventôse an XII. *Sur la vente.*

« 23° Loi du 16 ventôse an XII. *Sur l'échange.*

« 24° Loi du 16 ventôse an XII. *Sur le contrat « de louage.*

« 25° Loi du 17 ventôse an XII. *Sur le contrat « de société.*

« 26° Loi du 18 ventôse an XII. *Sur le prêt.*

« 27° Loi de l'an XII. *Sur le dépôt et le séques- « tre.*

« 28° Loi du 19 ventôse an XII. *Sur les contrats « aléatoires.*

« 29° Loi de l'an XII. *Sur le nantissement.*

« 30° Loi du 19 ventôse an XII. *Sur le mandat.*

« 31° Loi du 24 pluviôse an XII. *Sur le caution- « nement.*

« 32° Loi de l'an XII. *Sur les transactions.*

« 33° Loi du 23 pluviôse an XII. *Sur la con- « trainte par corps en matière civile.*

« 34° Loi de l'an XII. *Sur les priviléges et hy- « pothèques.*

« 35° Loi de l'an XII. *Sur l'expropriation for- « cée et les ordres entre les créanciers.*

« 36° Loi de l'an XII. *Sur la prescription.* »

Art. 2. « Les six articles dont est composée « la loi concernant les actes respectueux à faire « par les enfants aux pères et mères, aïeuls et, « aïeules, dans les cas où ils sont prescrits se- « ront insérés au titre *du mariage*, à la suite de « l'article qui se trouve maintenant au n° 151. »

Art. 3. « Sera insérée au titre *de la distinction « des biens*, à la suite de l'article qui se trouve « maintenant au n° 529, la disposition contenue « en l'article qui suit :

Art.... « Toute rente établie à perpétuité, moyen- « nant un capital en argent, ou pour le prix, éva- « lué en argent, de la vente d'un immeuble, ou « comme condition de la cession à titre onéreux « ou gratuit d'un fonds immobilier, est essentiel- « lement rachetable.

« Il est néanmoins permis au créancier de sti- « puler que la rente ne pourra lui être rembour- « sée qu'après un certain terme, lequel ne peut « jamais excéder trente ans : toute stipulation « contraire est nulle. »

Art. 4. « Le Code civil sera divisé en trois « livres : le premier livre sera composé des douze « premières lois ; le second, des quatre suivantes ; « et le troisième, des vingt dernières ; le tout « dans l'ordre qu'elles sont énoncées en l'arti- « cle 1er ci-dessus.

« Chaque livre sera divisé en autant de titres « qu'il y a de lois qui doivent y être comprises. »

Art. 5. « Il n'y aura pour tous les articles du « Code civil qu'une seule série de numéros. »

Art. 6. « Le Code civil est exécutoire dans tout « le territoire français, en vertu de la promul- « gation faite à la faire de chacune des lois qui « le composent ; et à compter du jour où cette « promulgation est réputée connue, les lois ro- « maines, les ordonnances, les coutumes géné- « rales ou locales, les statuts, les réglements, « cessent d'avoir force de loi générale ou parti- « culière dans les matières qui sont l'objet de ce « Code. »

L'article 1er est discuté.

Le consul **Cambacérès** propose de rédiger ainsi la première partie de cet article : « Seront « réunies en un seul corps de lois, sous le titre « de *Code civil des Français*, les lois qui sui- « vent. »

Cette rédaction est adoptée.

L'article 2 est adopté.

L'article 3 est discuté.

Le citoyen **Bigot-Préameneu** dit que si le Code civil eût gardé le silence sur les rentes fon- cières, on aurait pu les croire autorisées en vertu de l'axiome que tout ce que la loi ne défend pas est permis. La section a donc pensé qu'il serait utile de réduire en disposition législative la dé- cision du Conseil sur ce sujet.

Le citoyen **Jollivet** demande la suppression de ces mots *en argent*, parce que, dit-il, on pourrait en inférer que la prohibition ne tombe pas sur les rentes foncières qui seraient constituées en nature.

Le citoyen **Pelet** demande si la section entend interdire aux parties la faculté de fixer le taux et les conditions du rachat : il est nécessaire de leur accorder cette faculté.

Le citoyen **Bigot-Préameneu** observe que cette question rentre dans celle de la fixation de l'intérêt légal, de laquelle le Conseil d'État s'est déjà occupé lors de la discussion du titre *du prêt*.

Le consul **Cambacérès** dit qu'il ne serait pas juste de refuser aux parties la faculté de stipuler que le rachat ne pourra être fait qu'en argent.

A la vérité, les lois qui changeraient la forme ordinaire des paiements, et dont les parties au- raient voulu prévenir l'effet, rendraient pres- que toujours cette stipulation illusoire ; mais il pourrait arriver aussi qu'elles la respectassent, et, dans tous les cas, il est toujours satisfaisant pour le bailleur de porter la prévoyance aussi loin qu'elle puisse s'étendre.

L'article est adopté avec les amendements des citoyens *Jollivet* et *Pelet*.

L'article sera ainsi rédigé :

Art. 3. « Sera insérée au titre *de la distinction* « *des biens*, à la suite de l'article qui se trouve « maintenant au n° 529, la disposition contenue « en l'article qui suit :

Art... « Toute rente établie à perpétuité, moyen- « nant un capital en argent, ou pour le prix de « la vente d'un immeuble, ou comme condition « de la cession à titre onéreux ou gratuit d'un « fonds immobilier, est essentiellement rache- « table.

« Il est néanmoins permis au créancier de ré- « gler les clauses et conditions du rachat.

« Il lui est aussi permis de stipuler que la rente « ne pourra lui être remboursée qu'après un cer- « tain terme, lequel ne peut jamais excéder « trente ans : toute stipulation contraire est nulle. »

L'article 4 est adopté.

L'article 5 adopté.

L'article 6 est discuté.

Le consul **Cambacérès** propose une addition. Il est évident, dit-il, que les lois qui entreront dans le Code civil doivent continuer à avoir leur exécution à compter du jour où elles ont été ré- putées publiées. Cependant la nouvelle publica- tion qui va être faite au Code civil pourrait lais- ser quelques doutes sur ce point. Il paraît donc nécessaire d'exprimer formellement que la dis- position de l'article 1er ne change pas l'époque à laquelle les lois comprises dans le Code civil sont devenues exécutoires.

Cette proposition est adoptée.

En conséquence le citoyen *Bigot-Préameneu* propose, et le Conseil adopte, l'article suivant, qui sera placé avant l'article 6.

« La disposition de l'article 1er n'empêche pas « que chacune des lois qui y sont énoncées n'ait « son exécution du jour qu'elle a dû l'avoir en « vertu de sa promulgation particulière. »

Le consul **Cambacérès** reprend et dit qu'il est sans difficulté que les dispositions nouvelles font tomber les dispositions antérieures ; mais qu'il serait utile de réduire l'article 6 à ces ter- mes, afin de laisser aux lois anciennes leur auto- rité par rapport aux questions et aux cas qui ne se trouveraient pas décidés par le Code civil. On ne peut se dissimuler, en effet, qu'il est au-des- sus de la prévoyance humaine de tout embras- ser dans les lois. C'est donc un avantage de ne pas ôter aux tribunaux le secours qu'ils peuvent trouver dans les lois antérieures pour se fixer, lorsque le Code civil ne leur offrira point de lu- mières. Déjà, même au titre *des services fonciers*, *du louage*, *des conventions en général*, et dans quelques autres, on a été forcé de renvoyer aux lois anciennes sur les développements et l'appli- cation de diverses dispositions du Code civil.

A la vérité, les gens de loi seront forcés de faire des études plus étendues, mais c'est plutôt là un avantage qu'un inconvénient. La nouvelle loi sur l'enseignement du droit le suppose, car elle oblige d'étudier le droit romain.

Le citoyen **Bigot-Préameneu** dit que si on laissait aux lois antérieures leur force, il en ré- sulterait des procès, même sur les cas prévus par le Code civil, dont les dispositions deviendraient moins décisives.

Dans les cas non prévus, on ne peut laisser au droit romain la force qu'il avait dans les pays de droit écrit, sans introduire dans le tribunal de cassation une grande diversité de principes et de jurisprudence. Il serait forcé de prononcer la cas- sation du jugement rendu par certains tribunaux, parce qu'ils auraient contrevenu au droit romain, qui faisait loi dans leur ressort ; tandis que la même décision ne donnerait pas ouverture à la cassation, lorsqu'elle aurait été rendue par d'au- tres tribunaux auxquels le droit romain a tou- jours été étranger.

Le droit romain aura toujours partout l'autorité de la raison écrite, et, renfermé dans ces limites, il n'en sera que plus utile, en ce que, dans l'usage, on pourra n'employer que les maximes d'équité qu'il renferme, sans être forcé de se ser- vir des subtilités et des erreurs qui s'y mêlent quelquefois ; mais il faut que, sur aucun point de la République, il ne fournisse des moyens de cas- sation.

Le consul **Cambacérès** consent à ce que l'in- fraction aux lois anciennes ne donne pas ouver- ture à cassation, pourvu qu'on ne refuse pas d'ailleurs aux juges la faculté de les prendre pour guide.

L'article est adopté dans ce sens.

Le Consul ordonne que le projet de loi qui vient d'être arrêté par le Conseil sera commu- niqué officiellement, par le secrétaire général du Conseil d'État, à la section de législation du Tri- bunat, conformément à l'arrêté du 18 germinal an XI.

La séance est levée.

Pour extrait conforme :
Le secrétaire général du Conseil d'État,
J. G. LOCRÉ.

SÉANCE
DU 22 VENTÔSE AN XII DE LA RÉPUBLIQUE.
(Mardi 13 mars 1804).

Le **Second Consul** préside la séance.

Le citoyen **Bigot-Préameneu** annonce que le projet de loi relatif aux *actes respectueux à faire par les enfants aux pères et mères, aïeuls et aïeules, dans les cas où ils sont prescrits au titre du mariage*, a été décrété par le Corps législatif, dans sa séance du 21 de ce mois.

LIVRE III.
TITRE XVIII.
DU NANTISSEMENT.
Exposé des motifs.

Le citoyen **Berlier**, nommé par le Premier Consul, avec les citoyens **Fourcroy** et **Laumond**, pour présenter au Corps législatif, dans sa séance de ce jour, le titre XVIII du livre III du projet de Code civil, *du nantissement*, et pour en soutenir la discussion dans sa séance du 25 ventôse, dépose sur le bureau l'exposé des motifs de ce titre.

Cet exposé est ainsi conçu :

« Citoyens législateurs,

« La confiance, qui est la base ordinaire des contrats, n'existe pas toujours entre les hommes à un tel degré qu'il ne leur soit souvent convenable et utile de rechercher les moyens propres à garantir leurs obligations, et la législation ne saurait s'opposer à de telles précautions, qui n'offensent point les mœurs, et multiplient les conventions de toute espèce, par la faculté qu'elle laisse de stipuler tout ce qui peut en assurer l'exécution.

« Déjà, dans ces vues, le Code a réglé ce qui regarde les cautions *personnelles*.

« Nous venons aujourd'hui vous entretenir du *nantissement*, qu'on peut considérer comme un cautionnement *réel*.

« Le nantissement, ainsi que l'indique sa seule dénomination, est un acte par lequel un débiteur remet une chose à son créancier pour sûreté de la dette.

« Ainsi la mise effective du créancier en possession de la chose appartenant à son débiteur est de l'essence de ce contrat.

« Sans cette mise en possession, il peut bien, surtout en matière immobilière, exister des affectations propres à assurer les droits du créancier : telles sont les hypothèques, qui ont leurs règles particulières ; mais ces hypothèques ne doivent point ... le nantissement.

... le gage et l'... ... ... romain : Pro ... transit; ... ad c...

... de ... tep ... me ... cou. l'exp ... souv ... mobili- tive du la posse...

« Il nou... cet égard, p... Romains, tou... avons adoptée, ...

cette matière, et ne laisse plus, en quelque sorte, apercevoir parmi ses débris que ce qui est relatif au nantissement proprement dit.

« En circonscrivant donc, comme nous le devons, le contrat de nantissement dans ses véritables limites, et en le coordonnant avec nos institutions nouvelles, cette matière acquerra beaucoup de simplicité.

« On peut donner en nantissement ou une chose mobilière ou une chose immobilière.

« Le nantissement d'une chose mobilière s'appelle *gage*; et cette dénomination qui, dans son sens restreint, pourrait être justifiée par des textes même du droit romain (1), l'est bien mieux encore par l'acception que le mot *gage* a obtenue dans nos usages; car le langage des lois doit s'accorder avec les idées qu'y attache le peuple pour qui elles sont faites.

« Le nantissement d'une chose immobilière s'appellera *antichrèse*.

« Le projet de loi, divisé en deux chapitres, contient les règles propres à chacun de ces contrats : je vais les examiner séparément.

Du gage.

« Pour dégager cette discussion de tout ce qui lui est étranger, il convient de remarquer d'abord que les matières de commerce en sont exceptées, et il n'est pas moins utile d'observer que les maisons de *prêt sur gage ou nantissement*, soit celles qui existent encore aujourd'hui, soit celles qui seront organisées en exécution de la loi du 16 pluviôse an XII, sont, par un article exprès, mises hors des dispositions du projet de loi qui vous est actuellement soumis.

« Cet objet important sans doute, et trop longtemps abandonné aux spéculations particulières, sera enfin ramené à des règles protectrices de l'intérêt des pauvres : mais ce bienfait, préparé par la loi du 16 pluviôse, et que le Gouvernement est chargé d'accomplir, n'est point le sujet de la discussion présente. Il ne s'agit pas aujourd'hui de savoir comment seront organisés des établissements spécialement autorisés à prêter sur gages, mais quels seront, dans les transactions particulières des citoyens, la forme et les effets du contrat par lequel le débiteur aura remis un gage à son créancier.

« Ce contrat, licite en soi, se forme comme toute autre convention, et le *gage* peut même être donné par un tiers pour le débiteur; car la condition de celui-ci ne saurait être blessée par cet office d'ami.

« Le gage donné n'en transmet pas la propriété au créancier; mais celui-ci acquiert un gage et un privilége sans lequel le contrat n'aurait point ... gage produit des fruits, comme si, par ... est un capital de rente portant in- ... ncier doit imputer ces intérêts ... x qui peuvent lui être dus à lui- ... te sur le capital de sa créance. ... gage, le créancier doit veiller à ... f à répéter les sommes qu'il ... y pourvoir. ... une telle simplicité, qu'il ... ber à les justifier. ... e si le débiteur ne ... à ce point est l'une ... t.

... législateurs, le ... roprier le gage

de plein droit et par le seul défaut de paiement au terme; ses droits se borneront à faire ordonner en justice ou que le gage lui restera pour sa valeur estimée par experts, ou qu'il sera vendu aux enchères, et toute stipulation contraire sera nulle.

« Les motifs de cette disposition sont faciles à saisir. Le créancier fait la loi à son débiteur; celui-ci remet un gage dont la valeur est ordinairement supérieure au montant de la dette : le besoin qu'il éprouve, et l'espoir qu'il a de retirer le gage en payant, font que le débiteur s'arrête peu à la différence de valeur qui existe entre le gage et la dette. Si pourtant il ne peut payer au terme convenu, et que le gage devienne, sans autre formalité, la propriété de son créancier, un effet précieux n'aura souvent servi qu'à acquitter une dette modique.

« Voilà ce qu'il convenait d'empêcher. Le gage, considéré comme un moyen d'assurer l'exécution des engagements, est un contrat favorable sans doute; mais il deviendrait odieux et contraire à l'ordre public, si son résultat était d'enrichir le créancier en ruinant le débiteur.

« On a, il est vrai, opposé l'inconvénient de s'adresser toujours à la justice pour la vente d'un gage qui sera quelquefois de très-peu de valeur, et on a paru désirer des exceptions : mais comment pourrait-on les établir, et quelles limites fixerait-on? Le montant de la dette ne fournit aucun document sur la valeur du gage. Combien d'ailleurs n'abuserait-on pas de l'exception?

« Si le principe est bon, il faut l'admettre sans restriction, et pourvoir seulement à ce que le recours à la justice soit simple et peu dispendieux : cet objet ne sera pas négligé dans le Code de la procédure.

« Je viens d'indiquer, citoyens législateurs, de quelle manière le créancier pourra exercer ses actions sur le gage à défaut de paiement.

« Jusqu'à ce que ce paiement soit effectué, il est fondé à retenir le gage (c'est l'objet du contrat), et il ne peut être contraint à s'en dessaisir avant cette époque qu'autant qu'il en abuserait.

« Ici s'est présentée la question de savoir si le créancier, payé de la dette pour laquelle le gage lui avait été remis, mais ayant, depuis le premier contrat, acquis une nouvelle créance dont l'objet est aussi devenu exigible, pourra retenir le gage à raison de cette dernière dette.

« Notre projet, en adoptant l'affirmative, n'a fait que se conformer au dernier état de notre législation (1); cependant, comme cette décision a été controversée, il ne saurait être superflu d'en indiquer les motifs.

« L'opposition qu'elle a éprouvée se déduisait principalement de ce que l'impignoration consentie pour un objet ne pouvait s'étendre à un autre sans ajouter aux conventions des parties et sans aggraver le sort du débiteur; mais cette objection, appliquée à la situation particulière que nous examinons, n'était que spécieuse.

« Sans doute il ne faut pas arbitrairement ajouter aux contrats; mais la circonspection dont le législateur doit user en pareille matière, n'est point blessée lorsque la règle qu'il trace n'est que le complément naturel des conventions, et n'a pour objet que de faire observer ce que les parties ont vraisemblablement voulu elles-mêmes dans la circonstance sur laquelle le législateur statue.

« Or quelle est la situation des parties dans l'espèce proposée? Le créancier a déjà pris un gage pour une première dette; s'il n'en demande pas pour une seconde dette qui devra être acquittée ou avant la première ou en même temps qu'elle, ce sera indubitablement parce qu'il aura considéré le gage dont il est saisi déjà comme suffisant pour répondre de l'une et de l'autre dettes.

« Quel tort d'ailleurs cette application fait-elle au débiteur lorsqu'il peut et doit même la faire cesser en payant?

« L'on suppose en effet que la deuxième dette est exigible comme la première (et la disposition dont il s'agit n'est que pour ce cas); mais comment alors le débiteur pourrait-il être admis justement à diviser sa dette et à réclamer son gage sans payer tout ce qu'il doit?

« En repoussant l'objection qu'on vient d'examiner, notre projet n'a donc rien fait que de conforme à la stricte équité.

« La règle posée et touchant l'indivisibilité du gage, n'est ni moins juste ni moins nécessaire.

« Ainsi, l'héritier du débiteur qui aura payé sa portion de la dette ne pourra, avant l'entier paiement de cette dette, exiger la restitution de sa portion dans le gage; car le créancier ne saurait être contraint à scinder ses droits, lors même que le gage serait divisible : il l'a reçu d'une seule main et sans division; il n'en doit la restitution que de la même manière et après avoir été totalement payé.

« De même l'héritier du créancier qui aurait reçu sa portion de la dette ne pourra remettre le gage au préjudice de ses cohéritiers non payés, car le gage n'est dans ses mains, et pour les parts de ses cohéritiers, qu'une espèce de dépôt qu'il violerait s'il osait s'en dessaisir sans avoir pourvu à leurs intérêts.

« Je viens, citoyens législateurs, de retracer les principales règles relatives au *gage* proprement dit; il me reste à vous entretenir de l'antichrèse.

De l'antichrèse.

« L'antichrèse, d'après la définition qu'en donne le projet, consiste dans la remise que le débiteur fait à son créancier d'une chose immobilière pour assurer le paiement de la dette.

« L'antichrèse est donc à l'immeuble ce que le gage est au meuble.

« Cependant la matière du gage et celle de l'antichrèse présentent plusieurs différences.

« Ainsi le gage ne produit pas ordinairement de fruits; et l'immeuble, objet de l'antichrèse, est toujours susceptible d'en produire.

« Dans le gage, il est nécessaire que le capital réponde de la dette, puisque le plus souvent le gage ne produit pas de fruits.

« Dans l'antichrèse, il y a des fruits qui répondent de la dette; et c'est sur la perception de ces fruits que s'exerce spécialement le droit du créancier.

« Cette dernière disposition, qui semble d'abord attribuer à l'antichrèse des effets moins étendus que ceux qui résultent du gage, n'offre pourtant que la moindre restriction possible; car le droit de percevoir les fruits, combiné avec celui de poursuivre l'expropriation du fonds, en cas de non-paiement, donne au créancier tout ce qu'on peut lui attribuer dans un contrat qui ne lui confère ni droit de propriété (car le fonds n'est pas aliéné), ni droit hypothécaire, puisqu'un tel droit ne peut s'acquérir que d'après les formes générales établies par les lois et par une inscription régulière.

« Ce qui vient d'être dit met à même d'apprécier la vraie différence qui existe entre le créan-

---

(1) L. uniq. Cod. *Etiam ob chirogr. pecuniam.*

cier légalement saisi d'un gage, et celui qui se trouve détenteur d'un immeuble à titre d'antichrèse.

« Le premier ne saurait craindre l'intervention de personne, si ce n'est celle de tiers qui prouveraient que le meuble donné en gage leur a été dérobé : hors cette exception et les cas de fraude, le créancier muni du gage est préféré à tous autres, même plus anciens que lui, parce que le meuble était sorti de la possession du débiteur, et que *les meubles n'ont pas de suite en hypothèques*, principe qui est devenu une maxime de notre droit français.

« Dans l'antichrèse, au contraire, si l'expropriation du fonds est poursuivie, soit par le créancier détenteur à défaut de paiement au terme, soit par tout autre créancier, le nantissement de l'immeuble n'établira ni priviléges ni hypothèques.

« Le créancier simplement nanti à titre d'antichrèse ne pourrait en effet raisonnablement prétendre qu'un tel acte effaçât les titres des tiers, et lui donnât sur eux une prééminence qui deviendrait subversive de l'ordre social.

« L'antichrèse ne saurait donc prévaloir sur les droits hypothécaires acquis par des tiers, ni même concourir avec eux ; mais si le créancier nanti est lui-même créancier hypothécaire et inscrit, il exercera ses droits à son ordre et comme tout autre créancier.

« La différence qui vient d'être remarquée, et qui existe entre le gage et l'antichrèse, résulte donc de celle que la nature des choses a établie entre les meubles et les immeubles, et du besoin de coordonner entre elles nos diverses institutions sur cette matière.

« Après ces observations, celles qui me restent à faire sur la partie du projet relative à l'antichrèse sont fort simples, et d'ailleurs en petit nombre.

« L'antichrèse ne s'établit que par écrit. Cette règle, qu'il eût été inutile de retracer si l'on eût voulu la laisser circonscrite dans les termes ordinaires de la législation sur les contrats, indique ici que, lors même que le fonds vaudrait moins de cent cinquante francs, nul ne peut s'y entremettre ou du moins s'y maintenir contre le vœu du propriétaire, en alléguant des conventions verbales qui, en cette matière, pourraient devenir le prétexte de nombreux désordres.

« Au surplus, les obligations que l'antichrèse impose au détenteur de l'immeuble résultent si naturellement de son propre titre, qu'il suffit sans doute de les énoncer pour que la justice en soit aisément reconnue.

« Ainsi il devra imputer les fruits qu'il percevra sur les intérêts, s'il lui en est dû, et ensuite sur le capital de sa créance.

« Il devra de même payer les charges foncières qui courront pendant la jouissance, et pourvoir, sous peine de dommages et intérêts, à l'entretien et aux réparations de l'immeuble, sauf à prélever sur les fruits le montant de ces diverses dépenses.

« De la situation respective du débiteur et du créancier, il résulte aussi le vœu d'entrer en compte des jouissances et de gestion que l'antichrèse aura procurées au créancier ; mais cette obligation de droit commun exclura-t-elle la faculté de stipuler en bloc la compensation des fruits avec les intérêts dus au créancier ?

« Dans plusieurs des ci-devant parlements, et surtout dans les ressorts qui suivaient le droit écrit, les pactes de cette espèce étaient souvent invalidés par les arrêts, sur le fondement de la lésion qui pouvait en résulter pour le débiteur.

« Ces extrêmes entraves n'ont point paru convenir à notre législation, et ce n'est pas légèrement qu'une convention doit être réputée illicite.

« Suppose-t-on un créancier rigoureux à l'excès ? Il tâchera de se faire céder le fonds à un prix très-médiocre, et il gagnera plus à un tel marché que dans une clause de l'espèce de celle que nous examinons.

« Cette clause d'ailleurs n'aura souvent pour objet que d'éviter des embarras au créancier et des frais au débiteur lui-même. Comment donc l'interdirait-on ? Et en l'interdisant ne s'exposerait-on pas à blesser celui-là même qu'on veut protéger ? Si d'ailleurs cette voie était fermée, combien ne resterait-il pas d'autres issues à des contrats plus réellement onéreux ?

« Citoyens législateurs, je viens de motiver les principales dispositions du projet qui vous est soumis sur le *nantissement*.

« Ce contrat, qui a toujours figuré parmi nos institutions civiles, n'existe pas seulement en faveur du créancier ; il est utile au débiteur même, qui souvent ne pourrait traiter sans un tel secours. Le projet de la loi aura rempli son objet, s'il a concilié ce double intérêt et posé avec justice les règles qui doivent désormais régir cette matière. »

LIVRE III.

TITRE VI.

Des priviléges et hypothèques.

Le citoyen **Treilhard** rend compte du résultat de la conférence qui a eu lieu avec le **Tribunat** sur le titre VI du livre III du projet de Code civil, *des priviléges et hypothèques.*

Il en est résulté de légers changements de rédaction, dont il est inutile de parler.

Les observations qui touchent au fond concernent les articles 44, 92, 93, 103 et 108.

Sur le n° 1er de l'article 44, le Tribunat a pensé qu'il n'était pas convenable de donner au mineur une hypothèque légale sur les biens du subrogé-tuteur, attendu que celui-ci n'administre pas, et n'agit qu'accidentellement.

La section propose d'adopter ce changement. La partie de l'article relative *au subrogé tuteur* est retranchée.

Sur le n° 2 du même article, le Tribunat observe qu'il n'est juste de faire remonter l'hypothèque légale de la femme à la date de son mariage que pour la dot seulement ; mais que l'hypothèque, pour remploi et indemnité, ne doit remonter qu'à l'époque de la vente ou de l'obligation qui y donne lieu.

On a dit que la jurisprudence que le parlement de Paris avait adoptée à cet égard, et qui se trouve consignée dans l'article 44, n'était pas universelle. On a ajouté que la rétroactivité qu'il introduit facilite la fraude ; car la femme, à l'aide d'une obligation simulée, peut parvenir à primer les créanciers anciens.

On a proposé en conséquence d'ajouter à l'article ce qui suit :

« La femme n'a hypothèque pour les sommes « dotales qui proviennent de successions à elle « échues, ou de donations à elle faites pendant « le mariage, qu'à compter de l'ouverture des « successions, ou du jour que les donations ont « eu leur effet.

« Elle n'a hypothèque pour l'indemnité des « dettes qu'elle a contractées avec son mari, et « pour le remploi de ses propres aliénés, qu'à « compter du jour de l'obligation ou de la vente.

« Dans aucun cas, la disposition du présent ar-
« ticle ne pourra préjudicier aux droits acquis à
« des tiers avant la publication du présent titre. »
La section propose au Conseil d'adopter cette
rédaction.

Le consul **Cambacérès** dit que cette rédaction
peut n'être pas suffisante, lorsque, dans un contrat de mariage fait dans le système dotal, la
femme se sera réservé le privilége de la loi *Assiduis*. On n'a pas vu de ces sortes de stipulations
sous le règne de la loi du 11 brumaire, parce
qu'elle les rejetait; mais, sous le régime hypothécaire qui va être établi, on les croira permises.

Le citoyen **Treilhard** répond que la rédaction
proposée les exclut.

La rédaction proposée est adoptée.

Le citoyen **Treilhard** continue et dit que, sur
l'article 92, le Tribunat avait proposé un changement auquel il a ensuite lui-même renoncé, mais
qui a conduit à une rédaction nouvelle des articles 92 et 93 : elle tend à diminuer les frais, sans
compromettre la sûreté du créancier.

Cette rédaction est adoptée.

Le citoyen **Treilhard** dit que sur l'article 103,
le Tribunat a demandé que, pour que la vente
soit mieux connue des parties intéressées, le
contrat soit signifié à la femme ou au subrogé-
tuteur.

La section propose d'adopter cet amendement.

L'amendement est adopté.

Le Tribunat a proposé d'ajouter à l'article 108
une disposition pour empêcher les conservateurs,
qui ne peuvent inscrire tous les titres au moment
où ils sont présentés, d'intervertir l'ordre de la
présentation.

La section, qui adopte cette addition, propose
en conséquence l'article suivant :

« Néanmoins les conservateurs seront tenus
« d'avoir un registre sur lequel ils inscriront
« jour par jour, et par ordre numérique, les re-
« mises qui leur seront faites d'actes de mutation
« pour être transcrits, ou de bordereaux pour
« être inscrits ; ils donneront aux requérants une
« reconnaissance sur papier timbré, qui rappel-
« lera le numéro du registre sur lequel la remise
« aura été inscrite, et ils ne pourront transcrire
« les actes de mutations ni inscrire les bordereaux
« sur les registres à ce destinés, qu'à la date et
« dans l'ordre des remises qui leur en auront été
« faites. »

Cette rédaction est adoptée.

Le citoyen **Treilhard** fait lecture d'une rédaction nouvelle du titre entier, avec les changements que la section vient de proposer, d'après
les observations du Tribunat.

Le Conseil l'adopte en ces termes :

DES PRIVILÉGES ET HYPOTHÈQUES.

CHAPITRE PREMIER.
Dispositions générales.

Art. 1er. « Quiconque s'est obligé personnelle-
« ment est tenu de remplir son engagement sur
« tous ses biens mobiliers et immobiliers, présents
« et à venir. »

Art. 2. « Les biens du débiteur sont le gage
« commun de ses créanciers ; et le prix s'en dis-
« tribue entre eux par contribution, à moins qu'il
« n'y ait entre les créanciers des causes légitimes
« de préférence. »

Art. 3. « Les causes légitimes de préférence
« sont les priviléges et les hypothèques. »

CHAPITRE II.
Des priviléges.

Art. 4. « Le privilége est un droit que la qualité
« de la créance donne à un créancier d'être préféré
« aux autres créanciers, même hypothécaires. »

Art. 5. « Entre les créanciers privilégiés, la pré-
« férence se règle par les différentes qualités des
« priviléges. »

Art. 6. « Les créanciers privilégiés qui sont
« dans le même rang sont payés par concur-
« rence. »

Art. 7. « Le privilége à raison des droits du
« trésor public, et l'ordre dans lequel il s'exerce,
« sont réglés par les lois qui les concernent.

« Le trésor public ne peut cependant obtenir
« de privilége au pré ud ce des droits antérieure-
« ment acquis à des tiers. »

Art. 8. « Les priviléges peuvent être sur les
« meubles ou sur les immeubles. »

SECTION PREMIÈRE.
Des priviléges sur les meubles.

Art. 9. « Les priviléges sont ou généraux, ou
« particuliers sur certains meubles. »

§ Ier.
Des priviléges généraux sur les meubles.

Art. 10. « Les créances privilégiées sur la géné-
« ralité des meubles sont celles ci-après expri-
« mées, et s'exercent dans l'ordre suivant :

« 1° Les frais de justice ;

« 2° Les frais funéraires ;

« 3° Les frais quelconques de la dernière ma-
« ladie, concurremment entre ceux à qui ils
« sont dus ;

« 4° Les salaires des gens de service, pour
« l'année échue et ce qui est dû sur l'année cou-
« rante ;

« 5° Les fournitures de subsistance faites au
« débiteur et à sa famille ; savoir, pendant les
« six derniers mois, par les marchands en détail,
« tels que boulangers, bouchers et autres ; et
« pendant la deuxième année, par les maîtres de
« pension et marchands en gros. »

§ II.
Des priviléges sur certains meubles.

Art. 11. « Les créances privilégiées sur certains
« meubles sont :

« 1° Les loyers et fermages des immeubles sur
« les fruits de la récolte de l'année, et sur le
« prix de tout ce qui garnit la maison louée ou la
« ferme, et de tout ce qui sert à l'exploitation de
« la ferme ; savoir, pour tout ce qui est échu, et
« pour tout ce qui est à échoir, si les baux sont
« authentiques, ou si, étant sous signature privée,
« ils ont une date certaine ; et, dans ces deux cas,
« les autres créanciers ont le droit de relouer la
« maison ou la ferme pour le restant du bail, et
« de faire leur profit des baux ou fermages, à la
« charge toutefois de payer au propriétaire tout ce
« qui lui serait encore dû.

« Et, à défaut de baux authentiques, cu lors-
« qu'étant sous signature privée ils n'ont pas une
« date certaine, pour une année à partir de l'ex-
« piration de l'année courante ;

« Le même privilége a lieu pour les réparations
« locatives, et pour tout ce qui concerne l'exécu-
« tion du bail ;

« Néanmoins les sommes dues pour les semen-
« ces ou pour les frais de la récolte de l'année,
« sont payées sur le prix de la récolte, et celles
« dues pour ustensiles, sur le prix de ces usten-

« siles, par préférence au propriétaire, dans l'un
« et l'autre cas ;

« Le propriétaire peut saisir les immeubles qui
« garnissent sa maison ou sa ferme, lorsqu'ils ont
« été déplacés sans son consentement, et il con-
« serve sur eux son privilége, pourvu qu'il ait fait
« la revendication ; savoir, lorsqu'il s'agit du mo-
« bilier qui garnissait une ferme, dans le délai
« de quarante jours ; et dans celui de quinzaine,
« s'il s'agit des meubles garnissant une mai-
« son ;

« 2° La créance sur le gage dont le créancier est
« saisi ;

« 3° Les frais faits pour la conservation de la
« chose ;

« 4° Le prix d'effets mobiliers non payés, s'ils
« sont encore en la possession du débiteur, soit
« qu'il ait acheté à terme ou sans terme ;

« Si la vente a été faite sans terme, le vendeur
« peut même revendiquer ces effets tant qu'ils
« sont en la possession de l'acheteur, et en empê-
« cher la revente, pourvu que la revendication
« soit faite dans la huitaine de la livraison, et que
« les effets se trouvent dans le même état dans
« lequel cette livraison a été faite.

« Le privilége du vendeur ne s'exerce toutefois
« qu'après celui du propriétaire de la maison ou
« de la ferme, à moins qu'il ne soit prouvé que le
« propriétaire avait connaissance que les meubles
« et autres objets garnissant sa maison ou sa ferme
« n'appartenaient pas au locataire ;

« Il n'est rien innové aux lois et usages du
« commerce sur la revendication ;

« 5° Les fournitures d'un aubergiste, sur les
« effets du voyageur qui ont été transportés dans
« son auberge ;

« 6° Les frais de voitures et les dépenses acces-
« soires, sur la chose voiturée ;

« 7° Les créances résultant d'abus et prévarica-
« tions commis par les fonctionnaires publics dans
« l'exercice de leurs fonctions, sur le fonds de
« leur cautionnement, et sur les intérêts qui en
« peuvent être dus. »

SECTION II.
Des priviléges sur les immeubles.

Art. 12. « Les créanciers privilégiés sur les im-
« meubles sont :

« 1° Le vendeur, sur l'immeuble vendu, pour
« le paiement du prix ;

« S'il y a plusieurs ventes successives dont le
« prix soit dû en tout ou en partie, le premier
« vendeur est préféré au second ; le deuxième au
« troisième, et ainsi de suite ;

« 2° Ceux qui ont fourni les deniers pour l'ac-
« quisition d'un immeuble, pourvu qu'il soit au-
« thentiquement constaté, par l'acte d'emprunt,
« que la somme était destinée à cet emploi, et
« par la quittance du vendeur, que ce paiement
« a été fait des deniers empruntés ;

« 3° Les cohéritiers, sur les immeubles de la
« succession, pour la garantie des partages faits
« entre eux, et des soultes ou retour de lots ;

« 4° Les architectes, entrepreneurs, maçons et
« autres ouvriers employés pour édifier, recon-
« struire ou réparer des bâtiments, canaux, ou au-
« tres ouvrages quelconques, pourvu néanmoins
« que, par un expert nommé d'office par le tri-
« bunal de premi   instance da   le ressort du-
« quel les   im   sont situ   ait été dressé
« pr   c   ve   de con-
« stt   j.

« mois au plus de leur perfection, reçus par un
« expert également nommé d'office ;

« Mais le montant du privilége ne peut excéder
« les valeurs constatées par le second procès-
« verbal, et il se réduit à la plus-value existant
« à l'époque de l'aliénation de l'immeuble et ré-
« sultant des travaux qui y ont été faits ;

« 5° Ceux qui ont prêté les deniers pour payer
« ou rembourser les ouvriers jouissent du même
« privilége, pourvu que cet emploi soit authenti-
« quement constaté par l'acte d'emprunt, et par
« la quittance des ouvriers, ainsi qu'il a été dit
« ci-dessus pour ceux qui ont prêté les deniers
« pour l'acquisition d'un immeuble. »

SECTION III.
Priviléges qui s'étendent sur les meubles et sur les immeubles.

Art. 13. « Les priviléges qui s'étendent sur les
« meubles et les immeubles sont ceux énoncés en
« l'article 10.

Art. 14. « Lorsqu'à défaut de mobilier, les pri-
« vilégiés énoncés en l'article précédent se pré-
« sentent pour être payés sur le prix d'un im-
« meuble en concurrence avec les créanciers
« privilégiés sur l'immeuble, les paiements se
« font dans l'ordre qui suit :

« 1° Les frais de justice et autres énoncés en
« l'article 10 ;

« 2° Les créances désignées en l'article 12. »

SECTION IV.
Comment se conservent les priviléges.

Art. 15. « Entre les créanciers, les priviléges
« ne produisent d'effet à l'égard des immeubles
« qu'autant qu'ils sont rendus publics par in-
« scription sur les registres du conservateur des
« hypothèques, de la manière déterminée par la
« loi, et à compter de la date de cette inscription,
« sous les seules exceptions qui suivent. »

Art. 16. « Sont exceptées de la formalité de
« l'inscription les créances énoncées en l'ar-
« ticle 10. »

Art. 17. « Le vendeur privilégié conserve son
« privilége par la transcription du titre qui a
« transféré la propriété à l'acquéreur, et qui cons-
« tate que la totalité ou partie du prix lui est due ;
« à l'effet de quoi, la transcription du contrat
« faite par l'acquéreur vaudra inscription pour le
« vendeur et pour le prêteur qui lui aura fourni
« les deniers payés, et qui sera subrogé aux droits
« du vendeur par le même contrat : sera néan-
« moins le conservateur des hypothèques tenu,
« sous peine de tous dommages et intérêts envers
« les tiers, de faire d'office l'inscription sur son
« registre, des créances résultant de l'acte trans-
« latif de propriété, tant en faveur du vendeur
« qu'en faveur des prêteurs, qui pourront aussi
« faire faire, si elle ne l'a été, la transcription du
« contrat de vente, à l'effet d'acquérir l'inscrip-
« tion de ce qui leur est dû sur le prix. »

Art. 18. « Le cohéritier ou copartageant conserve
« son privilége sur les biens de chaque lot ou
« sur le bien licité, pour les soultes et retour de
« lots, ou pour le prix de la licitation, par l'in-
« scription faite à sa diligence, dans soixante jours
« à dater de l'acte de partage ou de l'adjudication
« par licitation ; durant lequel temps, aucune
« hypothèque ne peut avoir lieu sur le bien
« chargé de soulte ou adjugé par licitation, au
« préjudice du créancier de la soulte ou du
« prix. »

Art. 19. « Les architectes, entrepreneurs, maçons
« et autres ouvriers employés pour édifier, re-

« construire ou réparer des bâtiments, canaux,
« ou autres ouvrages, et ceux qui ont, pour les
« payer et rembourser, prêté les deniers dont
« l'emploi a été constaté, conservent, par la dou-
« ble inscription faite, 1° du procès-verbal qui
« constate l'état des lieux ; 2° du procès-verbal
« de réception, leur privilége à la date de l'in-
« scription du premier procès-verbal. »

Art. 20. « Les créanciers et légataires qui de-
« mandent la séparation du patrimoine du défunt,
« conformément à l'article 168 au titre *des suc-*
« *cessions*, conservent, à l'égard des créanciers des
« héritiers ou représentants du défunt, leur pri-
« vilège sur les immeubles de la succession, par
« les inscriptions faites sur chacun de ces biens,
« dans les six mois à compter de l'ouverture de
« la succession. »

« Avant l'expiration de ce délai, aucune hypo-
« thèque ne peut être établie avec effet sur ces
« biens par les héritiers ou représentants au pré-
« judice de ces créanciers ou légataires. »

Art. 21. « Les cessionnaires de ces diverses
« créances privilégiées exercent tous les mêmes
« droits que les cédants, en leur lieu et place. »

Art. 22. « Toutes créances privilégiées soumises
« à la formalité de l'inscription, à l'égard des-
« quelles les conditions ci-dessus prescrites pour
« conserver le privilége n'ont pas été accomplies,
« ne cessent pas néanmoins d'être hypothécaires ;
« mais l'hypothèque ne date, à l'égard des tiers,
« que de l'époque des inscriptions qui auront dû
« être faites, ainsi qu'il sera ci-après expliqué. »

CHAPITRE III.
Des hypothèques.

Art. 23. « L'hypothèque est un droit réel sur
« les immeubles affectés à l'acquittement d'une
« obligation.

« Elle est de sa nature, indivisible et subsiste
« en entier sur tous les immeubles affectés sur
« chacun et sur chaque portion des ces immeu-
« bles.

« Elle les suit dans quelques mains qu'ils pas-
« sent. »

Art. 24. « L'hypothèque n'a lieu que dans les
« cas et suivant les formes autorisés par la loi. »

Art. 25. « Elle est ou légale, ou judiciaire, ou
« conventionnelle. »

Art. 26. « L'hypothèque légale est celle qui
« résulte de la loi. »

« L'hypothèque judiciaire est celle qui résulte
« des jugements ou actes judiciaires. »

« L'hypothèque conventionnelle est celle qui
« dépend des conventions et de la forme exté-
« rieure des actes et des contrats. »

Art. 27. « Sont seuls susceptibles d'hypothè-
« ques :

« 1° Les biens immobiliers qui sont dans le
« commerce, et leurs accessoires réputés im-
« meubles;

« 2° L'usufruit des mêmes biens et accessoires
« pendant le temps de sa durée. »

Art. 28. « Les meubles n'ont pas de suite par
« hypothèque. »

Art. 29. « Il n'est rien innové par le présent
« Code aux dispositions des lois maritimes con-
« cernant les navires et bâtiments de mer. »

SECTION PREMIÈRE.
Des hypothèques légales.

Art. 30. « Les droits et créances auxquels
« l'hypothèque légale est attribuée, sont :

« Ceux des femmes mariées, sur les biens de
« leur mari ;

« Ceux des mineurs et interdits, sur les biens
« de leur tuteur ;

« Ceux de la nation, des communes et des éta-
« blissements publics, sur les biens des receveurs
« et administrateurs comptables. »

Art. 31. « Le créancier qui a une hypothèque lé-
« gale peut exercer son droit sur tous les immeu-
« bles appartenant à son débiteur et sur ceux qui
« pourront lui appartenir dans la suite, sous les
« modifications qui seront ci-après exprimées. »

SECTION II.
Des hypothèques judiciaires.

Art. 32. « L'hypothèque judiciaire résulte des
« jugements, soit contradictoires, soit par défaut,
« définitifs ou provisoires, en faveur de celui qui
« les a obtenus. Elle résulte aussi des reconnais-
« sances ou vérifications faites en jugement, des
« signatures apposées à un acte obligatoire sous
« seing privé.

« Elle peut s'exercer sur les immeubles actuels
« du débiteur et sur ceux qu'il pourra acquérir,
« sauf aussi les modifications qui seront ci-après
« exprimées.

« Les décisions arbitrales n'emportent hypo-
« thèque qu'autant qu'elles sont revêtues de l'or-
« donnance judiciaire d'exécution.

« L'hypothèque ne peut pareillement résulter
« des jugements rendus en pays étranger, qu'au-
« tant qu'ils ont été déclarés exécutoires par un
« tribunal français; sans préjudice des disposi-
« tions contraires qui peuvent être dans les lois
« politiques ou dans les traités. »

SECTION III.
Des hypothèques conventionnelles.

Art. 33. « Les hypothèques conventionnelles ne
« peuvent être consenties que par ceux qui ont
« la capacité d'aliéner les immeubles qu'ils y
« soumettent. »

Art. 34. « Ceux qui n'ont sur l'immeuble qu'un
« droit suspendu par une condition, ou résoluble
« dans certains cas, ou sujet à rescision, ne peu-
« vent consentir qu'une hypothèque soumise aux
« mêmes conditions ou à la même rescision »

Art. 35. « Les biens des mineurs, des interdits,
« et ceux des absents, tant que la possession
« n'en est déférée que provisoirement, ne peuvent
« être hypothéqués que pour les causes et dans
« les formes établies par la loi, ou en vertu de
« jugements. »

Art. 36. « L'hypothèque conventionnelle ne
« peut être consentie que par acte passé en forme
« authentique devant deux notaires, ou devant
« un notaire et deux témoins. »

Art. 37. « Les contrats passés en pays étranger
« ne peuvent donner d'hypothèque sur les biens
« de France, s'il n'y a des dispositions contraires
« à ce principe dans les lois politiques ou dans
« les traités. »

Art. 38. « Il n'y a d'hypothèque conventionnelle
« valable que celle qui, soit dans le titre authen-
« tique constitutif de la créance, soit dans un acte
« authentique postérieur, déclare spécialement
« la nature et la situation de chacun des im-
« meubles actuellement appartenant au débiteur,
« sur lesquels il consent l'hypothèque de la
« créance. Chacun de tous ses biens présents peut
« être nominativement soumis à l'hypothèque.

« Les biens à venir ne peuvent pas être hypo-
« théqués. »

Art. 39. « Néanmoins, si les biens présents et
« libres du débiteur sont insuffisants pour la
« sûreté de la créance, il peut, en exprimant cette

« insuffisance, consentir que chacun des biens
« qu'il acquerra par la suite y demeure affecté
« à mesure des acquisitions. »

Art. 40. « Pareillement, en cas que l'immeuble
« ou les immeubles présents, assujettis à l'hypo-
« thèque, eussent péri, ou éprouvé des dégrada-
« tions, de manière qu'ils fussent devenus in-
« suffisants pour la sûreté du créancier, celui-ci
« pourra ou poursuivre dès à présent son rem-
« boursement, ou obtenir un supplément d'hypo-
« thèque. »

Art. 41. « L'hypothèque conventionnelle n'est
« valable qu'autant que la somme pour laquelle
« elle est consentie est certaine et déterminée
« par l'acte : si la créance résultant de l'obliga-
« tion est conditionnelle pour son existence, ou
« indéterminée dans sa valeur, le créancier ne
« pourra requérir l'inscription dont il sera parlé
« ci-après, que jusqu'à concurrence d'une valeur
« estimative par lui déclarée expressément, et
« que le débiteur aura droit de faire réduire, s'il
« y a lieu. »

Art. 42. « L'hypothèque acquise s'étend à toutes
« les améliorations survenues à l'immeuble hypo-
« théqué. »

SECTION IV.
Du rang que les hypothèques ont entre elles.

Art. 43. « Entre les créanciers, l'hypothèque,
« soit légale, soit judiciaire, soit conventionnelle,
« n'a de rang que du jour de l'inscription prise
« par le créancier sur les registres du conserva-
« teur, dans la forme et de la manière prescrites
« par la loi, sauf les exceptions portées en l'ar-
« ticle suivant. »

Art. 44. « L'hypothèque existe *indépendamment*
« *de toute inscription* :

« 1° Au profit des mineurs et interdits, sur les
« immeubles appartenant à leur tuteur, à raison
« de sa gestion, du jour de l'acceptation de la tu-
« telle ;

« 2° Au profit des femmes, pour raison de leurs
« dot et conventions matrimoniales, sur les im-
« meubles de leur mari, et à compter du jour du
« mariage.

« La femme n'a hypothèque pour les sommes
« dotales qui proviennent de successions à elle
« échues, ou de donations à elle faites pendant
« le mariage, qu'à compter de l'ouverture des
« successions, ou du jour que les donations ont
« eu leur effet.

« Elle n'a hypothèque pour l'indemnité des
« dettes qu'elle a contractées avec son mari, et
« pour le remploi de ses propres aliénés, qu'à
« compter du jour de l'obligation ou de la vente.

« Dans aucun cas, la disposition du présent
« article ne pourra préjudicier aux droits acquis à
« des tiers avant la publication du présent titre. »

Art. 45. « Sont toutefois les maris et les tuteurs
« tenus de rendre publiques les hypothèques dont
« leurs biens sont grevés, et, à cet effet, de requérir
« eux-mêmes, sans aucun délai, inscription aux
« bureaux à ce établis, sur les immeubles à eux
« appartenant, et sur ceux qui pourront leur ap-
« partenir par la suite.

« Les maris et les tuteurs qui, ayant manqué
« de requérir et de faire faire les inscriptions
« ordonnées par le présent article, auraient con-
« senti ou laissé prendre des privilèges ou des
« hypothèques sur leurs immeubles, sans déclarer
« expressément que lesdits immeubles étaient
« affectés à l'hypothèque légale des femmes et
« des mineurs, seront réputés stellionataires et
« comme tels contraignables par corps. »

Art. 46. « Les subrogés-tuteurs seront tenus,
« sous leur responsabilité personnelle, et sous
« peine de tous dommages et intérêts, de veiller
« à ce que les inscriptions soient prises sans dé-
« lai sur les biens du tuteur, pour raison de sa
« gestion, même de faire faire lesdites inscrip-
« tions. »

Art. 47. « A défaut par les maris, tuteurs, su-
« brogés-tuteurs, de faire faire les inscriptions or-
« données par les articles précédents, elles seront
« requises par le commissaire du Gouvernement
« près le tribunal civil du domicile des maris et
« tuteurs, ou du lieu de la situation des biens. »

Art. 48. « Pourront les parents, soit du mari,
« soit de la femme, et les parents du mineur, ou,
« à défaut de parents, ses amis, requérir lesdites
« inscriptions ; elles pourront aussi être requises
« par la femme et par les mineurs. »

Art. 49. « Lorsque, dans le contrat de mariage,
« les parties majeures seront convenues qu'il ne
« sera pris d'inscription que sur un ou certains
« immeubles du mari, les immeubles qui ne se-
« raient pas indiqués pour l'inscription resteront
« libres et affranchis de l'hypothèque pour la dot
« de la femme et pour ses reprises et conventions
« matrimoniales. Il ne pourra pas être convenu
« qu'il ne sera pris aucune inscription. »

Art. 50. « Il en sera de même pour les immeu-
« bles du tuteur lorsque les parents, en conseil
« de famille, auront été d'avis qu'il ne soit pris
« d'inscription que sur certains immeubles. »

Art. 51. « Dans le cas des deux articles précé-
« dents, le mari, le tuteur et le subrogé tuteur,
« ne seront tenus de requérir inscription que sur
« les immeubles indiqués. »

Art. 52. « Lorsque l'hypothèque n'aura pas été
« restreinte par l'acte de nomination du tuteur
« celui-ci pourra, dans le cas où l'hypothèque
« générale sur ses immeubles excéderait notoire-
« ment les sûretés suffisantes pour sa gestion,
« demander que cette hypothèque soit restreinte
« aux immeubles suffisants pour opérer une
« pleine garantie en faveur du mineur.

« La demande sera formée contre le subrogé-
« tuteur, et elle devra être précédée d'un avis de
« famille. »

Art. 53. « Pourra pareillement le mari, du con-
« sentement de sa femme, et après avoir pris
« l'avis des quatre plus proches parents d'icelle
« réunis en assemblée de famille, demander que
« l'hypothèque générale sur tous ses immeubles,
« pour raison de la dot, des reprises et conven-
« tions matrimoniales, soit restreinte aux im-
« meubles suffisants pour la conservation entière
« des droits de la femme. »

Art. 54. « Les jugements sur les demandes des
« maris et des tuteurs ne seront rendus qu'après
« avoir entendu le commissaire du Gouverne-
« ment, et contradictoirement avec lui.

« Dans le cas où le tribunal prononcera la ré-
« duction de l'hypothèque à certains immeubles,
« les inscriptions prises sur tous les autres seront
« rayées. »

CHAPITRE IV.
Du mode de l'inscription des privilèges et hypo-
thèques.

Art. 55. « Les inscriptions se font au bureau
« de conservation des hypothèques dans l'arron-
« dissement duquel sont situés les biens soumis
« au privilège ou à l'hypothèque. Elles ne pro-
« duisent aucun effet si elles sont prises dans le
« délai pendant lequel les actes faits avant l'ou-
« verture des faillites sont déclarés nuls. »

« Il en est de même entre les créanciers d'une
« succession, si l'inscription n'a été faite par l'un
« d'eux que depuis l'ouverture, et dans le cas
« où la succession n'est acceptée que par béné-
« fice d'inventaire. »

Art. 56. « Tous les créanciers inscrits le même
« jour exercent en concurrence une hypothèque
« de la même date, sans distinction entre l'ins-
« cription du matin et celle du soir, quand cette
« différence serait marquée par le conserva-
« teur. »

Art. 57. « Pour opérer l'inscription, le créancier
« représente, soit par lui-même, soit par un tiers,
« au conservateur des hypothèques, l'original en
« brevet, ou une expédition authentique du ju-
« gement ou de l'acte qui donne naissance au
« privilége ou à l'hypothèque.

« Il y joint deux bordereaux écrits sur papier
« timbré, dont l'un peut être porté sur l'expédi-
« tion du titre; ils contiennent:

« 1° Les nom, prénoms, domicile du créancier,
« sa profession s'il en a une, et l'élection d'un
« domicile pour lui dans un lieu quelconque de
« l'arrondissement du bureau;

« 2° Les nom, prénoms, domicile du débiteur,
« sa profession s'il en a une connue, ou une dé-
« signation individuelle et spéciale, telle que le
« conservateur puisse reconnaître et distinguer
« dans tous les cas l'individu grevé d'hypothè-
« que;

« 3° La date et la nature du titre;

« 4° Le montant du capital des créances expri-
« mées dans le titre, ou évaluées par l'inscrivant,
« pour les rentes et prestations, ou pour les droits
« éventuels, conditionnels ou indéterminés, dans
« les cas où cette évaluation est ordonnée, comme
« aussi le montant des accessoires de ces capitaux,
« et l'époque de l'exigibilité;

« 5° L'indication de l'espèce et de la situation
« des biens sur lesquels il entend conserver son
« privilége ou son hypothèque.

« Cette dernière disposition n'est pas néces-
« saire dans le cas des hypothèques légales ou
« judiciaires : à défaut de convention, une seule
« inscription, pour ces hypothèques, frappe tous
« les immeubles compris dans l'arrondissement
« du bureau. »

Art. 58. « Les inscriptions à faire sur les biens
« d'une personne décédée pourront être faites
« sous la simple désignation du défunt, ainsi qu'il
« est dit au n° 2 de l'article précédent. »

Art. 59. « Le conservateur fait mention, sur son
« registre, du contenu aux bordereaux, et remet
« aux requérants, tant le titre ou l'expédition du
« titre, que l'un des bordereaux, au pied duquel
« il certifie avoir fait l'inscription. »

Art. 60. « Le créancier inscrit pour un capital
« produisant intérêt ou arrérages a droit d'être
« colloqué pour deux années seulement, et pour
« l'année courante, au même rang d'hypothèque
« que pour son capital; sans préjudice des inscrip-
« tions particulières à prendre, portant hypothè-
« que à compter de leur date, pour les arrérages
« autres que ceux conservés par la première in-
« scription. »

Art. 61. « Il est loisible à celui qui a requis une
« inscription, ainsi qu'à ses représentants ou
« cessionnaires par acte authentique, de changer
« sur le registre des hypothèques le domicile par
« lui élu, à la charge d'en choisir et indiquer un
« autre dans le même arrondissement. »

Art. 62. « Les droits d'hypothèque purement
« légale de la nation, des communes et des établis-
« sements publics sur les biens des comptables,

« ceux des mineurs ou interdits sur les tuteurs,
« des femmes mariées sur leurs époux, seront
« inscrits sur la représentation de deux borde-
« reaux, contenant seulement:

« 1° Les nom, prénoms, profession et domicile
« réel du créancier, et le domicile qui sera par
« lui, ou pour lui, élu dans l'arrondissement;

« 2° Les nom, prénoms, profession, domicile, ou
« désignation précise du débiteur;

« 3° La nature des droits à conserver, et le mon-
« tant de leur valeur quant aux objets déterminés,
« sans être tenu de le fixer quant à ceux qui sont
« conditionnels, éventuels ou indéterminés. »

Art. 63. « Les inscriptions conservent l'hypo-
« thèque et le privilége pendant dix années, à
« compter du jour de leur date : leur effet cesse
« si ces inscriptions n'ont été renouvelées avant
« l'expiration de ce délai. »

Art. 64. « Les frais des inscriptions sont à la
« charge du débiteur, s'il n'y a stipulation con-
« traire; l'avance en est faite par l'inscrivant, si
« ce n'est quant aux hypothèques légales, pour
« l'inscription desquelles le conservateur a son
« recours contre le débiteur. Les frais de la tran-
« scription, qui peut être requise par le vendeur,
« sont à la charge de l'acquéreur. »

Art. 65. « Les actions auxquelles les inscrip-
« tions peuvent donner lieu contre les créanciers,
« seront intentées devant le tribunal compétent,
« par exploits faits à leurs personnes, ou au der-
« nier des domiciles élus sur le registre; et ce,
« nonobstant le décès soit des créanciers, soit de
« ceux chez lesquels ils auront fait élection de
« domicile. »

CHAPITRE V.

De la radiation et réduction des inscriptions.

Art. 66. « Les inscriptions sont rayées du con-
« sentement des parties intéressées et ayant capa-
« cité à cet effet, ou en vertu d'un jugement en
« dernier ressort ou passé en force de chose ju-
« gée. »

Art. 67. « Dans l'un et l'autre cas, ceux qui re-
« quièrent la radiation déposent au bureau du
« conservateur l'expédition de l'acte authentique
« portant consentement, ou celle du jugement. »

Art. 68. « La radiation non consentie est deman-
« dée au tribunal dans le ressort duquel l'inscrip-
« tion a été faite, si ce n'est lorsque cette inscrip-
« tion a eu lieu pour sûreté d'une condamnation
« éventuelle ou indéterminée, sur l'exécution ou
« liquidation de laquelle le débiteur et le créan-
« cier prétendu sont en instance ou doivent être
« jugés dans un autre tribunal; auquel cas la de-
« mande en radiation doit y être portée ou ren-
« voyée.

« Cependant la convention faite par le créan-
« cier et le débiteur, de porter, en cas de contes-
« tation, la demande à un tribunal qu'ils auraient
« désigné, recevra son exécution entre eux. »

Art. 69. « La radiation doit être ordonnée par
« les tribunaux, lorsque l'inscription a été faite
« sans être fondée ni sur la loi, ni sur un titre, ou
« lorsqu'elle l'a été en vertu d'un titre soit irrégu-
« lier, soit éteint ou soldé, ou lorsque les droits
« de privilége ou d'hypothèque sont effacés par
« les voies légales. »

Art. 70. « Toutes les fois que les inscriptions
« prises par un créancier qui, d'après la loi, au-
« rait droit d'en prendre sur les biens présents ou
« sur les biens à venir d'un débiteur, sans limi-
« tation convenue, seront portées sur plus de do-
« maines différents qu'il n'est nécessaire à la
« sûreté des créances, l'action en réduction des in-

« scriptions, ou en radiation d'une partie en ce
« qui excède la proportion convenable, est ouverte
« au débiteur. On y suit les règles de compétence
« établies dans l'article 68.

« La disposition du présent article ne s'appli-
« que pas aux hypothèques conventionnelles. »

Art. 71. « Sont réputées excessives les inscrip-
« tions qui frappent sur plusieurs domaines, lors-
« que la valeur d'un seul ou de quelques-uns
« d'entre eux excède de plus d'un tiers en fonds
« libres le montant des créances en capital et ac-
« cessoires légaux. »

Art. 72. « Peuvent aussi être réduites comme
« excessives, les inscriptions d'après l'évaluation
« faite par les créanciers des créances qui, en ce
« qui concerne l'hypothèque à établir pour leur
« sûreté, n'ont pas été réglées par la convention,
« et qui par leur nature sont conditionnelles,
« éventuelles ou indéterminées. »

Art. 73. « L'excès, dans ce cas, est arbitré par
« les juges, d'après les circonstances, les proba-
« bilités des chances et les présomptions de fait,
« de manière à concilier les droits vraisembla-
« bles du créancier avec l'intérêt du crédit rai-
« sonnable à conserver au débiteur; sans préju-
« dice de nouvelles inscriptions à prendre avec
« hypothèque du jour de leur date, lorsque l'évé-
« nement aura porté les créances indéterminées
« à une somme plus forte. »

Art. 74. « La valeur des immeubles dont la
« comparaison est à faire avec celles des créan-
« ces et le tiers en sus, est déterminée par quinze
« fois la valeur du revenu déclaré par la matrice
« du rôle de la contribution foncière, ou indiqué
« par la cote de contribution sur le rôle, selon la
« proportion qui existe dans les communes de la
« situation entre cette matrice ou cette cote et le
« revenu, pour les immeubles non sujets à dépé-
« rissement, et dix fois cette valeur pour ceux
« qui y sont sujets. Pourront néanmoins les juges
« s'aider, en outre, des éclaircissements qui peu-
« vent résulter des baux non suspects, des pro-
« cès-verbaux d'estimation qui ont pu être dres-
« sés précédemment à des époques rapprochées,
« et autres actes semblables, et évaluer le revenu
« au taux moyen entre les résultats de ces divers
« renseignements. »

CHAPITRE VI.
De l'effet des priviléges et hypothèques contre les tiers détenteurs.

Art. 75. « Les créanciers ayant privilége ou hy-
« pothèque inscrite sur un immeuble le suivent
« en quelques mains qu'il passe, pour être collo-
« qués et payés suivant l'ordre de leurs créances
« ou inscriptions. »

Art. 76. « Si le tiers détenteur ne remplit pas
« les formalités qui seront ci-après établies pour
« purger sa propriété, il demeure, par l'effet seul
« des inscriptions, obligé comme détenteur à tou-
« tes les dettes hypothécaires, et jouit des termes
« et délais accordés au débiteur originaire. »

Art. 77. « Le tiers détenteur est tenu, dans le
« même cas, ou de payer tous les intérêts et capi-
« taux exigibles, à quelques sommes qu'ils puis-
« sent monter, ou de délaisser l'immeuble hypo-
« théqué, sans aucune réserve. »

Art. 78. « Faute par le tiers détenteur de satis-
« faire pleinement à l'une de ces deux obligations,
« chaque créancier hypothécaire a droit de faire
« vendre sur lui l'immeuble hypothéqué, trente
« jours après command fait débiteur ori-
« ginaire, et som lou « teur de
« payer la dette ge.

Art. 79. « Néanmoins le tiers détenteur qui
« n'est pas personnellement obligé à la dette peut
« s'opposer à la vente de l'héritage hypothéqué
« qui lui a été transmis, s'il est demeuré d'autres
« immeubles hypothéqués à la même dette dans
« la possession du principal ou des principaux
« obligés, et en requérir la discussion préalable
« selon la forme réglée au titre du cautionnement :
« pendant cette discussion, il est sursis à la vente
« de l'héritage hypothéqué. »

Art. 80. « L'exception de discussion ne peut être
« opposée au créancier privilégié ou ayant hypo-
« thèque spéciale sur l'immeuble. »

Art. 81. « Quant au délaissement par hypothè-
« que, il peut être fait par tous les tiers détenteurs
« qui ne sont pas personnellement obligés à la
« dette, et qui ont la capacité d'aliéner. »

Art. 82. « Il peut l'être même après que le tiers
« détenteur a reconnu l'obligation ou subi con-
« damnation en cette qualité seulement : le délais-
« sement n'empêche pas que, jusqu'à l'adjudica-
« tion, le tiers détenteur ne puisse reprendre
« l'immeuble en payant toute la dette et les frais. »

Art. 83. « Le délaissement par hypothèque se
« fait au greffe du tribunal de la situation des
« biens, et il en est donné acte par ce tribunal.

« Sur la pétition du plus diligent des intéressés,
« il est créé à l'immeuble délaissé un curateur
« sur lequel la vente de l'immeuble est poursui-
« vie dans les formes prescrites pour les expro-
« priations. »

Art. 84. « Les détériorations qui procèdent du
« fait ou de la négligence du tiers détenteur au
« préjudice des créanciers hypothécaires ou pri-
« vilégiés donnent lieu contre lui à une action
« en indemnité; mais il ne peut répéter ses im-
« penses et améliorations que jusqu'à concur-
« rence de la plus-value résultant de l'améliora-
« tion. »

Art. 85. « Les fruits de l'immeuble hypothéqué
« ne sont dus par le tiers détenteur qu'à compter
« du jour de la sommation de payer ou de dé-
« laisser, et si les poursuites commencées ont
« été abandonnées pendant trois ans, à compter
« de la nouvelle sommation qui sera faite. »

Art. 86. « Les servitudes et droits réels que le
« tiers détenteur avait sur l'immeuble avant sa
« possession renaissent après le délaissement ou
« après l'adjudication faite sur lui.

« Ses créanciers personnels, après tous ceux
« qui sont inscrits sur les précédents proprié-
« taires, exercent leur hypothèque à leur rang
« sur le bien délaissé ou adjugé. »

Art. 87. « Le tiers détenteur qui a payé la dette
« hypothécaire, ou délaissé l'immeuble hypothé-
« qué, ou subi l'expropriation de cet immeuble,
« a le recours en garantie tel que de droit contre
« le débiteur principal. »

Art. 88. « Le tiers détenteur qui veut purger
« sa propriété en payant le prix observe les for-
« malités qui sont établies dans le chapitre VIII
« du présent titre. »

CHAPITRE VII.
De l'extinction des priviléges et hypothèques.

Art. 89. « Les priviléges et hypothèques s'étei-
« gnent :

« 1° Par l'extinction de l'obligation principale;
« 2° Par la renonciation du créancier à l'hypo-
« thèque;
« 3° Par l'accomplissement des formalités et
« conditions prescrites aux tiers détenteurs pour
« purger les biens par eux acquis ;
« 4° Par prescription.

« La prescription est acquise au débiteur, quant
« aux biens qui sont dans ses mains, par le temps
« fixé pour la prescription des actions qui don-
« nent l'hypothèque ou le privilége.

« Quant aux biens qui sont dans la main d'un
« tiers détenteur, elle lui est acquise par le temps
« réglé pour la prescription de la propriété à son
« profit : dans le cas où la prescription suppose
« un titre, elle ne commence à courir que du jour
« où il a été transcrit sur les registres du conser-
« vateur.

« Les inscriptions prises par le créancier n'in-
« terrompent pas le cours de la prescription éta-
« blie par la loi en faveur du débiteur ou du tiers
« détenteur. »

CHAPITRE VIII.
Du mode de purger les propriétés des priviléges et
hypothèques.

Art. 90. « Les contrats translatifs de la pro-
« priété d'immeubles ou droits réels immobiliers,
« que les tiers détenteurs voudront purger de
« priviléges et hypothèques, seront transcrits en
« entier par le conservateur des hypothèques dans
« l'arrondissement duquel les biens sont situés.

« Cette transcription se fera sur un registre à
« ce destiné, et le conservateur sera tenu d'en
« donner reconnaissance au requérant. »

Art. 91. « La simple transcription des titres
« translatifs de propriété sur le registre du con-
« servateur, ne purge pas les hypothèques et
« priviléges établis sur l'immeuble.

« Le vendeur ne transmet à l'acquéreur que la
« propriété et les droits qu'il avait lui-même sur
« la chose vendue : il les transmet sous l'affecta-
« tion des mêmes priviléges et hypothèques dont
« il était chargé. »

Art. 92. « Si le nouveau propriétaire veut se
« garantir de l'effet des poursuites autorisées
« dans le chapitre VI du présent titre, il est tenu,
« soit avant les poursuites, soit dans le mois, au
« plus tard, à compter de la première sommation
« qui lui est faite, de notifier aux créanciers, aux
« domiciles par eux élus dans leurs inscriptions :

« 1° Extrait de son titre, contenant seulement
« la date et la qualité de l'acte, le nom et la dési-
« gnation précise du vendeur ou du donateur, la
« nature et la situation de la chose vendue ou
« donnée; et s'il s'agit d'un corps de biens, la
« dénomination générale seulement du domaine
« et des arrondissements dans lesquels il est situé,
« le prix et les charges faisant partie du prix de
« la vente, ou l'évaluation de la chose, si elle a
« été donnée;

« 2° Extrait de la transcription de l'acte de
« vente;

« 3° Un tableau sur trois colonnes, dont la
« première contiendra la date des hypothèques
« et celle des inscriptions; la seconde, le nom
« des créanciers; la troisième, le montant des
« créances inscrites.

Art. 93. « L'acquéreur ou le donataire décla-
« rera, par le même acte, qu'il est prêt à acquitter
« sur-le-champ les dettes et charges hypothécai-
« res, jusqu'à concurrence seulement du prix,
« sans distinction des dettes exigibles et non
« exigibles. »

Art. 94. « Lorsque le nouveau propriétaire a
« fait cette notification dans le délai fixé, tout
« créancier dont le titre est inscrit peut requérir
« la mise de l'immeuble aux enchères et adjudi-
« cations publiques à la charge :

« 1° Que cette réquisition sera signifiée au
« nouveau propriétaire dans quarante jours, au

« plus tard, de la notification faite à la requête
« de ce dernier, en y ajoutant deux jours par
« cinq myriamètres de distance entre le domicile
« élu et le domicile réel de chaque créancier re-
« quérant;

« 2° Qu'elle contiendra soumission du requé-
« rant de porter ou faire porter le prix à un
« dixième en sus de celui qui aura été stipulé
« dans le contrat ou déclaré par le nouveau pro-
« priétaire;

« 3° Que la même signification sera faite dans
« le même délai au précédent propriétaire, débi-
« teur principal;

« 4° Que l'original et les copies de ces exploits
« seront signés par le créancier requérant ou par
« son fondé de procuration expresse, lequel, en
« ce cas, est tenu de donner copie de sa procu-
« ration;

« 5° Qu'il offrira de donner caution jusqu'à
« concurrence du prix et des charges.

« Le tout à peine de nullité. »

Art. 95. « À défaut par les créanciers d'avoir
« requis la mise aux enchères dans le délai et les
« formes prescrits, la valeur de l'immeuble de-
« meure définitivement fixée au prix stipulé
« dans le contrat, ou déclaré par le nouveau pro-
« priétaire, lequel est, en conséquence, libéré
« de tout privilége et hypothèque, en payant
« ledit prix aux créanciers qui seront en ordre de
« recevoir ou en le consignant. »

Art. 96. « En cas de revente sur enchère, elle
« aura lieu suivant les formes établies pour les
« expropriations forcées, à la diligence soit du
« créancier qui l'aura requise, soit du nouveau
« propriétaire.

« Le poursuivant énoncera dans les affiches le
« prix stipulé dans le contrat, ou déclaré, et la
« somme en sus à laquelle le créancier s'est
« obligé de la porter ou faire porter. »

Art. 97. « L'adjudicataire est tenu, au delà du
« prix de son adjudication, de restituer à l'acqué-
« reur ou au donataire dépossédé les frais et
« loyaux coûts de son contrat, ceux de la trans-
« cription sur les registres du conservateur, ceux
« de notification et ceux faits par lui pour par-
« venir à la revente. »

Art. 98. « L'acquéreur ou le donataire qui con-
« serve l'immeuble mis aux enchères, en se ren-
« dant dernier enchérisseur, n'est pas tenu de
« faire transcrire le jugement d'adjudication. »

Art. 99. « Le désistement du créancier, requé-
« rant la mise aux enchères, ne peut, même
« quand le créancier paierait le montant de la
« soumission, empêcher l'adjudication publique,
« si ce n'est du consentement exprès de tous les
« autres créanciers hypothécaires. »

Art. 100. « L'acquéreur qui se sera rendu adju-
« dicataire aura son recours tel que de droit
« contre le vendeur, pour le remboursement de ce
« qui excède le prix stipulé par son titre, et pour
« l'intérêt de cet excédant, à compter du jour de
« chaque paiement. »

Art. 101. « Dans le cas où le titre du nouveau
« propriétaire comprendrait des immeubles et des
« meubles, ou plusieurs immeubles, les uns hypo-
« théqués, les autres non hypothéqués, situés dans
« le même ou dans divers arrondissements de
« bureaux, aliénés pour un seul et même prix,
« ou pour des prix distincts et séparés, soumis ou
« non à la même exploitation, le prix de chaque
« immeuble frappé d'inscriptions particulières et
« séparées sera déclaré dans la notification du
« nouveau propriétaire, par ventilation, s'il y a
« lieu, du prix total exprimé dans le titre.

« Le créancier surenchérisseur ne pourra, en
« aucun cas, être contraint d'étendre sa soumis-
« sion ni sur le mobilier, ni sur d'autres immeu-
« bles que ceux qui sont hypothéqués à sa créance,
« et situés dans le même arrondissement ; sauf le
« recours du nouveau propriétaire contre ses au-
« teurs, pour l'indemnité du dommage qu'il éprou-
« verait, soit de la division des objets de son ac-
« quisition, soit de celle des exploitations. »

CHAPITRE IX.
*Du mode de purger les hypothèques, quand il
n'existe pas d'inscription sur les biens des maris
et des tuteurs.*

Art. 102. « Pourront les acquéreurs d'immeubles
« appartenant à des maris ou à des tuteurs, lors-
« qu'il n'existera pas d'inscription sur lesdits im-
« meubles à raison de la gestion du tuteur, ou des
« dot, reprises et conventions matrimoniales de
« la femme, purger les hypothèques qui existe-
« raient sur les biens par eux acquis. »

Art. 103. « A cet effet, ils déposeront copie dû-
« ment collationnée du contrat translatif de pro-
« priété au greffe du tribunal civil du lieu de la
« situation des biens, et ils certifieront par acte
« signifié, tant à la femme ou au subrogé tuteur
« qu'au commissaire civil près le tribunal, le dé-
« pôt qu'ils auront fait. Extrait de ce contrat, con-
« tenant sa date, les noms, prénoms, professions
« et domiciles des contractants, la désignation de
« la nature et de la situation des biens, et
« les autres charges de la vente, sera et restera af-
« fiché pendant deux mois dans l'auditoire du
« tribunal; pendant lequel temps les femmes, les
« maris, tuteurs, subrogés tuteurs, mineurs, in-
« terdits, parents ou amis, et le commissaire du
« Gouvernement, seront reçus à requérir, s'il y a
« lieu, et à faire faire au bureau du conservateur
« des hypothèques, des inscriptions sur l'immeu-
« ble aliéné, qui auront le même effet que si elles
« avaient été prises le jour du contrat de mariage,
« ou le jour de l'entrée en gestion du tuteur; sans
« préjudice des poursuites qui pourraient avoir
« lieu contre les maris et les tuteurs, ainsi qu'il
« a été dit ci-dessus, pour hypothèques par eux
« consenties au profit de tierces personnes sans
« leur avoir déclaré que les immeubles étaient
« déjà grevés d'hypothèques, en raison du mariage
« et de la tutelle. »

Art. 104. « Si dans le cours des deux mois de
« l'exposition du contrat, il n'a pas été fait d'in-
« scriptions du chef des femmes, mineurs ou in-
« terdits, sur les immeubles vendus, ils passent à
« l'acquéreur sans aucune charge, à raison des
« dot, reprises et conventions matrimoniales de
« la femme ou de la gestion du tuteur, et sauf le
« recours, s'il y a lieu, contre le mari et le tu-
« teur.

« S'il a été pris des inscriptions du chef des-
« dits femmes, mineurs ou interdits, et s'il existe
« des créanciers antérieurs qui absorbent le prix
« en totalité ou en partie, l'acquéreur est libéré
« du prix ou de la portion du prix par lui payée
« aux créanciers placés en ordre utile; et les in-
« scriptions du chef des femmes, mineurs ou in-
« terdits, seront rayées ou en totalité ou jusqu'à
« due concurrence.

« Si les inscriptions du chef des femmes, mineurs
« ou interdits, sont les plus anciennes, l'acquéreur
« ne pourra faire aucun paiement du prix au pré-
« judice desdites inscriptions, qui auront toujours,
« ainsi qu'il a été dit ci-dessus, la date du contrat
« de mariage ou de l'entrée en gestion du tuteur;
« et, dans ce cas, les inscriptions des autres créan-

« ciers qui ne viennent pas en ordre utile seront
« rayées. »

CHAPITRE X.
*De la publicité des registres, et de la responsabilité
des conservateurs.*

Art. 105. « Les conservateurs des hypothèques
« sont tenus de délivrer, à tous ceux qui le requiè-
« rent, copie des actes transcrits sur leurs regis-
« tres et celle des inscriptions subsistantes, ou
« certificat qu'il n'en existe aucune. »

Art. 106. « Ils sont responsables du préjudice ré-
« sultant:

« 1° De l'omission sur leurs registres des in-
« scriptions d'actes de mutation, et des inscriptions
« requises en leurs bureaux;

« 2° Du défaut de mention dans leurs certificats
« d'une ou de plusieurs des inscriptions exi-
« stantes, à moins, dans ce dernier cas, que
« l'erreur ne provint de désignations insuffisantes
« qui ne pourraient leur être imputées. »

Art. 107. « L'immeuble à l'égard duquel le con-
« servateur aurait omis dans ces certificats une
« ou plusieurs des charges inscrites, demeure,
« sauf la responsabilité du conservateur, affranchi
« dans les mains du nouveau possesseur, pourvu
« qu'il ait requis le certificat depuis la transcrip-
« tion de son titre; sans préjudice néanmoins du
« droit des créanciers de se faire colloquer sui-
« vant l'ordre qui leur appartient , tant que le
« prix n'a pas été payé par l'acquéreur, ou tant
« que l'ordre fait entre les créanciers n'a pas été
« homologué. »

Art. 108. « Dans aucun cas, les conservateurs
« ne peuvent refuser ni retarder la transcription
« des actes de mutation, l'inscription des droits
« hypothécaires, ni la délivrance des certificats
« requis, sous peine des dommages et intérêts des
« parties; à l'effet de quoi procès-verbaux des
« refus ou retardements seront, à la diligence des
« requérants, dressés sur-le-champ, soit par un
« Juge de paix, soit par un huissier audiencier
« du tribunal, soit par un autre huissier ou un
« notaire assisté de deux témoins. »

Art. 109. « Néanmoins les conservateurs seront
« tenus d'avoir un registre sur lequel ils inscri-
« ront, jour par jour et par ordre numérique, les
« remises qui leur seront faites d'actes de muta-
« tion pour être transcrits, ou de bordereaux pour
« être inscrits ; ils donneront au requérant une
« reconnaissance sur papier timbré, qui rappel-
« lera le numéro du registre sur lequel la remise
« aura été inscrite, et ils ne pourront transcrire
« les actes de mutation ni inscrire les bordereaux
« sur les registres à ce destinés, qu'à la date et
« dans l'ordre des remises qui leur en auront été
« faites. »

Art. 110. « Tous les registres des conservateurs
« sont en papier timbré, cotés et paraphés à cha-
« que page par première et dernière, par l'un
« des juges du tribunal dans le ressort duquel le
« bureau est établi. Les registres seront arrêtés
« chaque jour comme ceux d'enregistrement des
« actes. »

Art. 111. « Les conservateurs sont tenus de se
« conformer, dans l'exercice de leurs fonctions,
« à toutes les dispositions du présent chapitre, à
« peine d'une amende de deux cents à mille
« francs pour la première contravention, et de
« destitution pour la seconde; sans préjudice des
« dommages et intérêts des parties, lesquels se-
« ront payés avant l'amende. »

Art. 112. « Les mentions de dépôt, les inscrip-
« tions et transcriptions, sont faites sur les regis-

« tres, de suite, sans aucun blanc ni interligne,
« à peine, contre le conservateur, de mille à
« deux mille francs d'amende, et des dommages
« et intérêts des parties, payables aussi par pré-
« férence à l'amende. »

LIVRE III.

TITRE VII.

De l'expropriation forcée et des ordres entre les
créanciers.

Le citoyen **Treilhard** rend compte du résultat
de la conférence tenue avec le Tribunat sur le
titre VII du livre III du projet de Code civil,
de l'expropriation forcée et des ordres entre les
créanciers.

Le Tribunat a demandé la suppression de l'article 5, qu'il croit inutile et dangereux.

La disposition est inutile, parce qu'on ne passe
aux immeubles qu'après avoir discuté les meubles, et que la présence du tuteur garantit que
cet ordre ne sera pas interverti.

Elle est dangereuse, parce que si les acquéreurs se voient exposés à une expropriation, ils
achèteront à un prix plus bas.

La section a adopté cette observation.

L'article est supprimé.

Le citoyen **Treilhard** présente la rédaction
définitive du titre.

Elle est adoptée ainsi qu'il suit :

De l'expropriation forcée et des ordres entre les
créanciers.

CHAPITRE PREMIER.

De l'expropriation forcée.

Art. 1er. « Le créancier peut poursuivre l'expro-
« priation : 1° des biens immobiliers et de leurs
« accessoires réputés immeubles appartenant en
« propriété à son débiteur ; 2° de l'usufruit ap-
« partenant au débiteur sur les biens de même
« nature. »

Art. 2. « Néanmoins la part indivise d'un cohé-
« ritier, dans les immeubles d'une succession, ne
« peut être mise en vente par ses créanciers per-
« sonnels, avant le partage ou la licitation qu'ils
« peuvent provoquer s'ils le jugent convenable,
« ou dans lesquels ils ont le droit d'intervenir,
« conformément à l'article 172 au titre *des suc-*
« *cessions.* »

Art. 3. « Les immeubles d'un mineur, même
« émancipé, ou d'un interdit, ne peuvent être mis
« en vente avant la discussion du mobilier. »

Art. 4. « La discussion du mobilier n'est pas
« requise avant l'expropriation des immeubles
« possédés par indivis entre un majeur et un mi-
« neur ou interdit, si la dette leur est commune,
« ni dans le cas où les poursuites ont été commen-
« cées contre un majeur, ou avant l'interdiction. »

Art. 5. « L'expropriation des immeubles qui
« font partie de la communauté se poursuit contre
« le mari débiteur seul, quoique la femme soit
« obligée à la dette.

« Celle des immeubles de la femme qui ne sont
« point entrés en communauté se poursuit contre
« le mari et la femme, laquelle, au refus du mari
« de procéder avec elle, ou si le mari est mineur,
« peut être autorisée en justice.

« En cas de minorité du mari et de la femme,
« ou de minorité de la femme seule, si son mari
« majeur refuse de procéder avec elle, il est
« nommé par le tribunal un tuteur à la femme,
« contre lequel la poursuite est exercée. »

Art. 6. « Le créancier ne peut poursuivre la

vente des immeubles qui ne lui sont pas hypo-
« théqués que dans le cas d'insuffisance des biens
« qui lui sont hypothéqués. »

Art. 7. « La vente forcée des biens situés dans
« différents arrondissements ne peut être provo-
« quée que successivement, à moins qu'ils ne fas-
« sent partie d'une seule et même exploitation.

« Elle est suivie devant le tribunal dans le res-
« sort duquel se trouve le chef-lieu de l'exploi-
« tation, ou à défaut de chef-lieu, la partie de
« biens qui présente le plus grand revenu, d'après
« la matrice du rôle. »

Art. 8. « Si les biens hypothéqués au créancier,
« et les biens non hypothéqués, ou les biens situés
« dans divers arrondissements, font partie d'une
« seule et même exploitation, la vente des uns et
« des autres est poursuivie ensemble, si le débi-
« teur le requiert ; et ventilation se fait du prix
« de l'adjudication, s'il y a lieu. »

Art. 9. « Si le débiteur justifie, par baux authen-
« tiques, que le revenu net et libre de ses immeu-
« bles, pendant une année, suffit pour le paiement
« de la dette en capital, intérêts et frais, et s'il
« en offre la délégation au créancier, la poursuite
« peut être suspendue par les juges, sauf à être
« reprise s'il survient quelque opposition ou obs-
« tacle au paiement. »

Art. 10. « La vente forcée des immeubles ne
« peut être poursuivie qu'en vertu d'un titre au-
« thentique et exécutoire, pour une dette certaine
« et liquide. Si la dette est en espèces non liqui-
« dées, la poursuite est valable ; mais l'adjudica-
« tion ne pourra être faite qu'après la liquida-
« tion. »

Art. 11. « Le cessionnaire d'un titre exécutoire
« ne peut poursuivre qu'après que la signification du transport a été faite au
« que la signification du transport a été faite au
« débiteur. »

Art. 12. « La poursuite peut avoir lieu en vertu
« d'un jugement provisoire ou définitif, exécu-
« toire par provision, nonobstant appel ; mais
« l'adjudication ne peut se faire qu'après un
« jugement définitif en dernier ressort, ou passé
« en force de chose jugée.

« La poursuite ne peut s'exercer en vertu de
« jugements rendus par défaut durant le délai de
« l'opposition. »

Art. 13. « La poursuite ne peut être annulée
« sous prétexte que le créancier l'aurait com-
« mencée pour une somme plus forte que celle
« qui lui est due. »

Art. 14. « Toute expropriation d'immeubles
« doit être précédée d'un commandement de
« payer, fait, à la diligence et requête du créan-
« cier, à la personne du débiteur ou à son domi-
« cile, par le ministère d'un huissier.

« Les formes du commandement et celles de la
« poursuite sur l'expropriation sont réglées par
« les lois sur la procédure. »

CHAPITRE II.

De l'ordre et de la distribution du prix entre les
créanciers.

Art. 15. « L'ordre et la distribution du prix
« des immeubles, et la manière d'y procéder, sont
« réglés par les lois sur la procédure. »

Le citoyen **Bigot-Préameneu**, d'après la
conférence tenue avec le Tribunat, présente la
rédaction définitive du titre *des transactions.*

Le Conseil l'adopte en ces termes :

DES TRANSACTIONS.

Art. 1er. « La transaction est un contrat par le-

« Le créancier surenchérisseur ne pourra, en
« aucun cas, être contraint d'étendre sa soumis-
« sion ni sur le mobilier, ni sur d'autres immeu-
« bles que ceux qui sont hypothéqués à sa créance,
« et situés dans le même arrondissement ; sauf le
« recours du nouveau propriétaire contre ses au-
« teurs, pour l'indemnité du dommage qu'il éprou-
« verait, soit de la division des objets de son ac-
« quisition, soit de celle des exploitations. »

CHAPITRE IX.
Du mode de purger les hypothèques, quand il
n'existe pas d'inscription sur les biens des maris
et des tuteurs.

Art. 102. « Pourront les acquéreurs d'immeubles
« appartenant à des maris ou à des tuteurs, lors-
« qu'il n'existera pas d'inscription sur lesdits im-
« meubles à raison de la gestion du tuteur, ou des
« dot, reprises et conventions matrimoniales de
« la femme, purger les hypothèques qui existe-
« raient sur les biens par eux acquis. »

Art. 103. « A cet effet, ils déposeront copie dû-
« ment collationnée du contrat translatif de pro-
« priété au greffe du tribunal civil du lieu de la
« situation des biens, et ils certifieront par acte
« signifié, tant à la femme ou au subrogé tuteur
« qu'au commissaire civil près le tribunal, le dé-
« pôt qu'ils auront fait. Extrait de ce contrat, con-
« tenant sa date, les noms, prénoms, professions
« et domiciles des contractants, la désignation de
« la nature et de la situation des biens, le prix et
« les autres charges de la vente, sera et restera af-
« fiché pendant deux mois dans l'auditoire du
« tribunal ; pendant lequel temps les femmes, les
« maris, tuteurs, subrogés tuteurs, mineurs, in-
« terdits, parents ou amis, et le commissaire du
« Gouvernement, seront reçus à requérir, s'il y a
« lieu, et à faire faire au bureau du conservateur
« des hypothèques, des inscriptions sur l'immeu-
« ble aliéné, qui auront le même effet que si elles
« avaient été prises le jour du contrat de mariage,
« ou le jour de l'entrée en gestion du tuteur ; sans
« préjudice des poursuites qui pourraient avoir
« lieu contre les maris et les tuteurs, ainsi qu'il
« a été dit ci-dessus, pour hypothèques par eux
« consenties au profit de tierces personnes sans
« leur avoir déclaré que les immeubles étaient
« déjà grevés d'hypothèques, en raison du mariage
« et de la tutelle. »

Art. 104. « Si dans le cours des deux mois de
« l'exposition du contrat, il n'a pas été fait d'in-
« scriptions du chef des femmes, mineurs ou in-
« terdits, sur les immeubles vendus, ils passent à
« l'acquéreur sans aucune charge, à raison des
« dot, reprises et conventions matrimoniales de
« la femme ou de la gestion du tuteur, et sauf le
« recours, s'il y a lieu, contre le mari et le tu-
« teur.

« S'il a été pris des inscriptions du chef des-
« dits femmes, mineurs ou interdits, et s'il existe
« des créanciers antérieurs qui absorbent le prix
« en totalité ou en partie, l'acquéreur sera libéré
« du prix ou de la portion du prix par lui payée
« aux créanciers placés en ordre utile ; et les in-
« scriptions du chef des femmes, mineurs ou in-
« terdits, seront rayées ou en totalité ou jusqu'à
« due concurrence.

« Si les inscriptions du chef des femmes, mineurs
« ou interdits, sont les plus anciennes, l'acquéreur
« ne pourra faire aucun paiement du prix au pré-
« judice desdites inscriptions, qui auront toujours,
« ainsi qu'il a été ci-dessus, la date du contrat
« de mariage ou de l'entrée en gestion du tuteur ;
« et, dans ce cas, les inscriptions des autres créan-

« ciers qui ne viennent pas en ordre utile seront
« rayées. »

CHAPITRE X.
De la publicité des registres, et de la responsabilité
des conservateurs.

Art. 105. « Les conservateurs des hypothèques
« sont tenus de délivrer, à tous ceux qui le requiè-
« rent, copie des actes transcrits sur leurs regis-
« tres et celle des inscriptions subsistantes, ou
« certificat qu'il n'en existe aucune. »

Art. 106. « Ils sont responsables du préjudice ré-
« sultant :

« 1° De l'omission sur leurs registres des in-
« scriptions d'actes de mutation, et des inscriptions
« requises en leurs bureaux ;

« 2° Du défaut de mention dans leurs certificats
« d'une ou de plusieurs des inscriptions exi-
« stantes, à moins, dans ce dernier cas, que
« l'erreur ne provint de désignations insuffisantes
« qui ne pourraient leur être imputées. »

Art. 107. « L'immeuble à l'égard duquel le con-
« servateur aurait omis dans ces certificats une
« ou plusieurs des charges inscrites, demeure,
« sauf la responsabilité du conservateur, affranchi
« dans les mains du nouveau possesseur, pourvu
« qu'il ait requis le certificat depuis la transcrip-
« tion de son titre ; sans préjudice néanmoins du
« droit des créanciers de se faire colloquer sui-
« vant l'ordre qui leur appartient, tant que le
« prix n'a pas été payé par l'acquéreur, ou tant
« que l'ordre fait entre les créanciers n'a pas été
« homologué. »

Art. 108. « Dans aucun cas, les conservateurs
« ne peuvent refuser ni retarder la transcription
« des actes de mutation, l'inscription des droits
« hypothécaires, ni la délivrance des certificats
« requis, sous peine des dommages et intérêts des
« parties ; à l'effet de quoi procès-verbaux des
« refus ou retardements seront, à la diligence des
« requérants, dressés sur-le-champ, soit par un
« juge de paix, soit par un huissier audiencier
« du tribunal, soit par un autre huissier ou un
« notaire assisté de deux témoins. »

Art. 109. « Néanmoins les conservateurs seront
« tenus d'avoir un registre sur lequel ils inscri-
« ront, jour par jour et par ordre numérique, les
« remises qui leur seront faites d'actes de muta-
« tion pour être transcrits, ou de bordereaux pour
« être inscrits ; ils donneront au requérant une
« reconnaissance sur papier timbré, qui rappel-
« lera le numéro du registre sur lequel la remise
« aura été inscrite, et ils ne pourront transcrire
« les actes de mutation ni inscrire les bordereaux
« sur les registres à ce destinés, qu'à la date et
« dans l'ordre des remises qui leur en auront été
« faites. »

Art. 110. « Tous les registres des conservateurs
« sont en papier timbré, cotés et paraphés à cha-
« que page par première et dernière, par l'un
« des juges du tribunal dans le ressort duquel le
« bureau est établi. Les registres seront arrêtés
« chaque jour comme ceux d'enregistrement des
« actes. »

Art. 111. « Les conservateurs sont tenus de se
« conformer, dans l'exercice de leurs fonctions,
« à toutes les dispositions du présent chapitre, à
« peine d'une amende de deux cents à mille
« francs pour la première contravention, et de
« destitution pour la seconde ; sans préjudice des
« dommages et intérêts des parties, lesquels se-
« ront payés avant l'amende. »

Art. 112. « Les mentions de dépôt, les inscrip-
« tions et transcriptions, sont faites sur les regis-

« tres, de suite, sans aucun blanc ni interligne,
« à peine, contre le conservateur, de mille à
« deux mille francs d'amende, et des dommages
« et intérêts des parties, payables aussi par pré-
« férence à l'amende. »

LIVRE III.

TITRE VII.

De l'expropriation forcée et des ordres entre les
créanciers.

Le citoyen **Treilhard** rend compte du résultat
de la conférence tenue avec le Tribunat sur le
titre VII du livre III du projet de Code civil,
de l'expropriation forcée et des ordres entre les
créanciers.

Le Tribunat a demandé la suppression de l'article 5, qu'il croit inutile et dangereux.

La disposition est inutile, parce qu'on ne passe
aux immeubles qu'après avoir discuté les meubles, et que la présence du tuteur garantit que
cet ordre ne sera pas interverti.

Elle est dangereuse, parce que si les acquéreurs se voient exposés à une expropriation, ils
achèteront à un prix plus bas.

La section a adopté cette observation.

L'article est supprimé.

Le citoyen **Treilhard** présente la rédaction
définitive du titre.

Elle est adoptée ainsi qu'il suit :

De l'expropriation forcée et des ordres entre les
créanciers.

CHAPITRE PREMIER.

De l'expropriation forcée.

Art. 1er. « Le créancier peut poursuivre l'expro-
« priation : 1° des biens immobiliers et de leurs
« accessoires réputés immeubles appartenant en
« propriété à son débiteur ; 2° de l'usufruit ap-
« partenant au débiteur sur les biens de même
« nature. »

Art. 2. « Néanmoins la part indivise d'un cohé-
« ritier, dans les immeubles d'une succession, ne
« peut être mise en vente par ses créanciers per-
« sonnels, avant le partage ou la licitation qu'ils
« peuvent provoquer s'ils le jugent convenable,
« ou dans lesquels ils ont le droit d'intervenir,
« conformément à l'article 172 au titre *des suc-*
« *cessions.* »

Art. 3. « Les immeubles d'un mineur, même
« émancipé, ou d'un interdit, ne peuvent être mis
« en vente avant la discussion du mobilier. »

Art. 4. « La discussion du mobilier n'est pas
« requise avant l'expropriation des immeubles
« possédés par indivis entre un majeur et un mi-
« neur ou interdit, si la dette leur est commune,
« ni dans le cas où les poursuites ont été commen-
« cées contre un majeur, ou avant l'interdiction. »

Art. 5. « L'expropriation des immeubles qui
« font partie de la communauté se poursuit contre
« le mari débiteur seul, quoique la femme soit
« obligée à la dette.

« Celle des immeubles de la femme qui ne sont
« point entrés en communauté se poursuit contre
« le mari et la femme, laquelle, au refus du mari
« de procéder avec elle, ou si le mari est mineur,
« peut être autorisée en justice.

« En cas de minorité du mari et de la femme,
« ou de minorité de la femme seule, si son mari
« majeur refuse de procéder avec elle, il est
« nommé par le tribunal un tuteur à la femme,
« contre lequel la poursuite est exercée. »

Art. 6. « Le créancier ne peut poursuivre la

vente des immeubles qui ne lui sont pas hypo-
« théqués que dans le cas d'insuffisance des biens
« qui lui sont hypothéqués. »

Art. 7. « La vente forcée des biens situés dans
« différents arrondissements ne peut être provo-
« quée que successivement, à moins qu'ils ne fas-
« sent partie d'une seule et même exploitation.

« Elle est suivie devant le tribunal dans le res-
« sort duquel se trouve le chef-lieu de l'exploi-
« tation, ou à défaut de chef-lieu, la partie de
« biens qui présente le plus grand revenu, d'après
« la matrice du rôle. »

Art. 8. « Si les biens hypothéqués au créancier,
« et les biens non hypothéqués, ou les biens situés
« dans divers arrondissements, font partie d'une
« seule et même exploitation, la vente des uns et
« des autres est poursuivie ensemble, si le débi-
« teur le requiert ; et ventilation se fait du prix
« de l'adjudication, s'il y a lieu. »

Art. 9. « Si le débiteur justifie, par baux authen-
« tiques, que le revenu net et libre de ses immeu-
« bles, pendant une année, suffit pour le paiement
« de la dette en capital, intérêts et frais, et s'il
« en offre la délégation au créancier, la poursuite
« peut être suspendue par les juges, sauf à être
« reprise s'il survient quelque opposition ou obs-
« tacle au paiement. »

Art. 10. « La vente forcée des immeubles ne
« peut être poursuivie qu'en vertu d'un titre au-
« thentique et exécutoire, pour une dette certaine
« et liquide. Si la dette est en espèces non liqui-
« dées, la poursuite est valable ; mais l'adjudica-
« tion ne pourra être faite qu'après la liquida-
« tion. »

Art. 11. « Le cessionnaire d'un titre exécutoire
« ne peut poursuivre l'expropriation qu'après
« que la signification du transport a été faite au
« débiteur. »

Art. 12. « La poursuite peut avoir lieu en vertu
« d'un jugement provisoire ou définitif, exécu-
« toire par provision, nonobstant appel ; mais
« l'adjudication ne peut se faire qu'après un
« jugement définitif en dernier ressort, ou passé
« en force de chose jugée.

« La poursuite ne peut s'exercer en vertu de
« jugements rendus par défaut durant le délai de
« l'opposition. »

Art. 13. « La poursuite ne peut être annulée
« sous prétexte que le créancier l'aurait com-
« mencée pour une somme plus forte que celle
« qui lui est due. »

Art. 14. « Toute expropriation d'immeubles
« doit être précédée d'un commandement de
« payer, fait, à la diligence et requête du créan-
« cier, à la personne du débiteur ou à son domi-
« cile, par le ministère d'un huissier.

« Les formes du commandement et celles de la
« poursuite sur l'expropriation sont réglées par
« les lois sur la procédure. »

CHAPITRE II.

De l'ordre et de la distribution du prix entre les
créanciers.

Art. 15. « L'ordre et la distribution du prix
« des immeubles, et la manière d'y procéder, sont
« réglés par les lois sur la procédure. »

Le citoyen **Bigot-Préameneu**, d'après la
conférence tenue avec le Tribunat, présente la
rédaction définitive du titre *des transactions.*

Le Conseil l'adopte en ces termes :

DES TRANSACTIONS.

Art. 1er. « La transaction est un contrat par le-

« quel les parties terminent une contestation née, « ou préviennent une contestation à naître.

« Ce contrat doit être rédigé par écrit. »

Art. 2. « Pour transiger, il faut avoir la capa-« cité de disposer des objets compris dans la « transaction.

« Le tuteur ne peut transiger pour le mineur « ou l'interdit que conformément à l'article 461 « au titre *de la minorité, de la tutelle et de l'éman-*« *cipation ;* et il ne peut transiger avec le mineur « devenu majeur, sur le compte de tutelle, que « conformément à l'article 466 au même titre.

« Les communes et établissements publics ne « peuvent transiger qu'avec l'autorisation expresse « du Gouvernement. »

Art. 3. « On peut transiger sur l'intérêt civil « qui résulte d'un délit.

« La transaction n'empêche pas la poursuite du « ministère public. »

Art. 4. « On peut ajouter à une transaction la « stipulation d'une peine contre celui qui man-« quera de l'exécuter. »

Art. 5. « Les transactions se renferment dans « leur objet : la renonciation qui y est faite à « tous droits, actions et prétentions, ne s'entend « que de ce qui est relatif au différend qui y a « donné lieu. »

Art. 6. « Les transactions ne règlent que les « différends qui s'y trouvent compris, soit que les « parties aient manifesté leur intention par des « expressions spéciales ou générales, soit que « l'on reconnaisse cette intention par une suite « nécessaire de ce qui est exprimé. »

Art. 7. « Si celui qui avait transigé sur un « droit qu'il avait de son chef acquiert ensuite « un droit semblable du chef d'une autre per-« sonne, il n'est point, quant au droit nouvel-« lement acquis, lié par la transaction anté-« rieure. »

Art. 8. « La transaction faite par l'un des inté-« ressés ne lie point les autres intéressés, et ne « peut être opposée par eux. »

Art. 9. « Les transactions ont, entre les parties, « l'autorité de la chose jugée en dernier ressort.

« Elles ne peuvent être attaquées pour cause « d'erreur de droit, ni pour cause de lésion. »

Art. 10. « Néanmoins, une transaction peut être « rescindée, lorsqu'il y a erreur dans la personne « ou sur l'objet de la contestation.

« Elle peut l'être dans tous les cas où il y a dol « ou violence. »

Art. 11. « Il y a également lieu à l'action en « rescision contre une transaction, lorsqu'elle a « été faite en exécution d'un titre nul, à moins « que les parties n'aient expressément traité sur « la nullité. »

Art. 12. « La transaction faite sur pièces qui « depuis ont été reconnues fausses, est entière-« ment nulle. »

Art. 13. « La transaction sur un procès terminé « par un jugement passé en force de chose jugée, « dont les parties ou l'une d'elles n'avaient point « connaissance, est nulle.

« Si le jugement ignoré des parties était suscep-« tible d'appel, la transaction sera valable. »

Art. 14. « Lorsque les parties ont transigé gé-« néralement sur toutes les affaires qu'elles pou-« vaient avoir ensemble, les titres qui leur étaient « alors inconnus, et qui auraient été postérieure-« ment découverts, ne sont point une cause de « rescision, à moins qu'ils n'aient été retenus par « le fait de l'une des parties;

« Mais la transaction serait nulle, si elle n'avait « qu'un objet sur lequel il serait constaté par des

« titres nouvellement découverts, que l'une des « parties n'avait aucun droit. »

Art. 15. « L'erreur de calcul dans une transac-« tion doit être réparée. »

La séance est levée.

Pour extrait conforme :
Le secrétaire général du Conseil d'État,
J. G. LOCRÉ.

SÉANCE

DU 26 VENTÔSE AN XII DE LA RÉPUBLIQUE.

Le Second **Consul** préside la séance.

Le citoyen **Réal** annonce que le titre XVI du livre III du projet de Code civil, *du dépôt et du séquestre,* a été décrété par le Corps législatif dans sa séance du 23 de ce mois.

Le citoyen **Bigot-Préameneu** annonce que le titre XX du livre III du projet de Code civil, *de la prescription,* a été décrété par le Corps lé-gislatif dans sa séance du 24 de ce mois.

Le citoyen **Berlier** annonce que le titre XVIII du livre III du projet de Code civil, *du nantis-sement,* a été décrété par le Corps législatif dans sa séance du 25 de ce mois.

LIVRE III.

TITRES VI ET VII.

Des privilèges et hypothèques, de l'expropriation forcée et des ordres entre les créanciers. Exposé des motifs.

Le citoyen **Treilhard**, nommé par le Premier Consul, avec les citoyens **Jollivet** et **Lacuée,** pour présenter au Corps législatif, dans sa séance du 24 ventôse, le titre VI et le titre VII du livre III du projet de Code civil, *des privilèges et hypo-thèques,* et *de l'expropriation forcée et des ordres entre les créanciers,* et pour en soutenir la discus-sion dans sa séance du 28 du même mois, dépose sur le bureau l'exposé des motifs de ces deux titres.

Cet exposé est ainsi conçu :

« Citoyens législateurs.

« Le système hypothécaire a successivement occupé toutes les assemblées représentatives de-puis 1789.

« La mesure qui doit garantir l'efficacité des transactions, et protéger avec un égal succès et le citoyen qui veut du crédit, et le citoyen qui peut en faire, méritait en effet de fixer les regards de la nation.

« Les rapports qui rapprochent les hommes sont tous fondés, ou sur le besoin, ou sur le plaisir qui est aussi une espèce de besoin. Quel est donc le premier soin de deux personnes qui traitent ensemble ? D'assurer l'exécution de leurs engagements. Le contrat suppose l'intention et contient la promesse de les remplir ; mais la pro-messe n'est pas toujours sincère, et les moyens peuvent ne pas répondre à l'intention.

« Concilier le crédit le plus étendu avec la plus grande sûreté, voilà le problème à résoudre.

« Si les parties connaissaient leur situation res-pective, l'un n'obtiendrait que ce qu'il mérite, l'autre n'accorderait que ce qu'il peut accorder sans risque ; il n'y aurait de part et d'autre ni réserve déplacée, ni surprise fâcheuse.

« Si donc on trouve un moyen d'éclairer chaque citoyen sur l'état véritable de celui avec lequel il traite, il faut s'empresser de le saisir. On aura alors tout ce que désirent, tout ce que peuvent désirer les personnes de bonne foi ; et si la mau-vaise foi s'en alarme, ce sera une preuve de plus en faveur de la mesure.

« Vous jugerez, citoyens législateurs, jusqu'à

quel point le Gouvernement a approché du but qu'il a dû se proposer; il n'a pas cherché et vous n'attendez pas un degré de perfection que ne comporte pas la nature humaine : la meilleure loi est celle qui laisse subsister le moins d'abus, puisqu'il n'est pas en notre pouvoir de les détruire tous; mais tout ce qu'on peut attendre des recherches les plus grandes et d'une profonde méditation, vous le trouverez dans le projet, et je me plais à reconnaître qu'il a beaucoup acquis par les communications officieuses avec les membres du Tribunat.

« L'hypothèque affecte un immeuble à l'exécution d'un engagement : si le contractant n'était pas propriétaire, ou ce qui revient au même, si cet immeuble était déjà absorbé par des affectations précédentes, l'hypothèque serait illusoire, et les conventions resteraient sans garantie.

« Il n'est pas de législateur qui, frappé de cet inconvénient, n'ait cherché à y porter un remède. Les Grecs plaçaient sur l'héritage engagé des signes visibles qui garantissaient les créanciers de toute surprise : il paraît que cet usage a été connu et pratiqué à Rome ; mais il y avait aussi de l'excès dans cette précaution ; s'il est bon que les parties qui traitent aient une connaissance respective de leur état, il n'est pas également nécessaire de le proclamer, pour ainsi dire, par une affiche, et de l'annoncer à tous les instants aux personnes même qui n'ont aucun intérêt de le connaître.

« Cet usage disparut, et devait disparaître ; il a suffi depuis, pour hypothéquer un immeuble, d'en faire la stipulation ; même l'hypothèque fut attachée de plein droit à toute obligation authentique.

« On réparait un mal par un mal plus grand. Les signes apposés sur l'héritage affecté n'étaient fâcheux que pour le propriétaire, dont la situation devenait trop publique ; ils avaient du moins l'avantage de commander à tous les citoyens de la prudence et de la réserve lorsqu'ils traiteraient avec lui.

« Mais l'hypothèque donnée par des actes occultes ne laissait aucune garantie contre la mauvaise foi.

« L'homme qui semble fournir le plus de sûretés est souvent celui qui en donne le moins, et l'hypothèque acquise par un citoyen modeste et probe se trouvait enlevée par une foule d'hypothèques antérieures, dont il n'avait pas même pu soupçonner l'existence.

« De là naissaient des discussions multipliées et ruineuses, dont l'effet, le plus souvent, était de dévorer le gage des créanciers, dépouillés comme le débiteur lui-même.

« Les lois ne présentaient que de vaines ressources contre tant de maux. Le créancier pouvait faire déclarer par le débiteur que ses biens étaient libres ; et si la déclaration était fausse, on avait la contrainte par corps contre le débiteur ; mais on n'exigeait pas toujours cette déclaration, et quand on l'avait exigée, elle ne tenait pas lieu au créancier du gage qui avait disparu.

« Que de plaintes n'avons-nous pas entendues contre ce régime désastreux !

« Henri III, en 1581, Henri IV, en 1606, Louis XIV, en 1673, voulurent donner aux hypothèques le degré de publicité nécessaire pour la sûreté des contractants : comment un dessein aussi louable ne fut-il pas suivi de l'exécution? La cause en est connue : les hommes puissants voyaient s'évanouir leur funeste crédit; ils ne pouvaient plus absorber la fortune de citoyens crédules, qui, jugeant sur les apparences, supposaient de la réalité partout où ils voyaient de l'éclat. Sans doute on colora de beaux prétextes les motifs d'attaque contre les mesures salutaires qui étaient proposées; elles étaient, disait-on, entachées de fiscalité ; le crédit des hommes puissants importait à l'éclat du trône; affaiblir cet éclat, c'était diminuer le respect des peuples : d'un autre côté, les efforts d'une classe d'hommes accoutumés à confondre l'habitude avec la raison, et le cri des praticiens qui défendaient leur proie, vinrent fortifier les plaintes des courtisans : les mesures prises contre la mauvaise foi restèrent sans effet.

« Ainsi se prolongea l'usage de l'hypothèque occulte. Ce mal ne se faisait pas sentir peut-être dans les lieux où le défaut de communications et de commerce tenait, pour ainsi dire, les fortunes dans un état absolu de stagnation, parce qu'une vente, un emprunt, y forment un événement que personne n'ignore; mais partout ailleurs la bonne foi était presque toujours victime de la fraude et de l'imprudence.

« L'édit de 1771 donna aux acquéreurs d'immeubles un moyen de connaître les hypothèques dont ils étaient grevés, et de payer le prix de leur acquisition sans courir les risques d'être inquiétés par la suite (1).

« Cet édit n'attaquait cependant pas le mal dans sa source. La publicité de l'hypothèque n'était pas établie; on offrait seulement un moyen d'accélérer la discussion des biens d'un débiteur et de faire connaître un peu plus tôt aux créanciers ceux d'entre eux qui devenaient ses victimes ; les hommes immoraux, accoutumés à en imposer par leur faste et leur assurance, avaient toujours la même facilité de tromper les hommes crédules et de les précipiter dans l'abîme.

« Dans les parties de la France assez heureuses pour jouir sur cette matière d'une législation plus saine, les parlements opposèrent à la publication de l'édit de 1771 cette résistance qui prenait à la vérité sa racine dans un vice du Gouvernement, mais qui, dans l'état sous lequel on vivait alors, pouvait être quelquefois utile.

« Le parlement de Flandre déclara qu'il regardait la publicité des hypothèques comme le chef-d'œuvre de la sagesse, comme le sceau, l'appui et la sûreté des propriétés, comme un droit fondamental dont l'usage avait produit dans tous les temps les plus heureux effets, et avait établi autant de confiance que de facilité dans les affaires que les peuples belges traitent entre eux. Par cette forme, toutes les charges et hypothèques étaient mises à découvert; rien n'était plus aisé que de s'assurer de l'état de chaque immeuble par la seule inspection des registres.

« Les hypothèques (ajoutait le parlement) se conservent de la même manière dans les Pays-Bas français, autrichiens, hollandais et dans le pays de Liége, et les peuples de ces différentes dominations font entre eux une infinité d'affaires avec une confiance entière.

« Pense-t-on avoir affaibli le poids de cette autorité, fondée sur l'expérience de tant de siècles et de tant de peuples, quand on a dit que les formes pratiquées en Flandre tenaient au système de la féodalité si justement proscrite?

« Dans notre ancien droit français, on ne pouvait acquérir sur des immeubles aucun droit

_____

(1) Les lettres de ratification furent substituées, par l'édit de 1771, aux décrets volontaires ; ces deux mesures étaient également insuffisantes, puisqu'elles ne donnaient aux parties contractantes aucun moyen de connaître leur état.

de propriété ou d'hypothèque que par la voie du nantissement; l'acquéreur ou le créancier était saisi, ou par les officiers du seigneur, ou par les juges royaux, dans le ressort desquels était le bien vendu ou hypothéqué.

« Ces formalités, jugées depuis inutiles, ne s'étaient conservées que dans quelques coutumes; le nantissement s'y effectuait devant les juges: mais il était si peu un accessoire nécessaire de la féodalité, qu'il avait cessé d'avoir lieu dans la plus grande partie de la France, asservie néanmoins au joug féodal; et *Louis XV*, qui ne voulait pas certainement relâcher ce joug, prétendit cependant, par son édit de juin 1771, et par sa déclaration du 23 juin de l'année suivante, abroger partout l'usage des nantissements.

« Qu'on cesse donc d'appeler sur un système de publicité d'hypothèques la défaveur acquise au système féodal totalement étranger à l'objet qui nous occupe.

« On gémissait encore sous l'empire de l'hypothèque occulte lorsque la France se réveilla d'un long assoupissement; elle voulut, et à l'instant s'écroula une vieille masse d'erreurs qui, depuis longtemps, n'était soutenue que par une habitude de respect dont on ne s'était pas encore rendu compte. Heureux si des génies malfaisants n'avaient pas quelquefois égaré notre marche, et si chaque jour, témoin de la destruction de quelque institution avilie, avait pu éclairer aussi son remplacement par une institution plus saine!

« Toutes les branches de la législation durent être soumises à la discussion. Le régime hypothécaire occupa toutes les assemblées politiques; les recherches les plus profondes, les discussions les plus vives amenèrent enfin la loi du 11 brumaire de l'an VII

« Je n'en examine pas les détails dans ce moment; il me suffit d'annoncer qu'elle repose sur deux bases, la publicité et la spécialité; c'est-à-dire que d'après cette loi, un dépôt public renferme toutes les affectations dont un immeuble est grevé, et que les affectations doivent être spéciales pour mettre le créancier en état de s'assurer de la valeur et de la liberté du gage. C'était notre droit ancien, heureusement conservé dans quelques provinces, le droit conservé par plusieurs fois on tenta vainement de rétablir, que *Colbert* avait sollicité, que les auteurs les plus instruits en cette partie avaient provoqué (1), dont on ne put se dissimuler les avantages, même à l'instant où il succombait sous l'intrigue (2), que quelques provinces enfin avaient conservé malgré l'édit de 1771.

« Les bases de la loi que propose le Gouvernement sont celles de la loi du 11 brumaire; nous avons pris un juste milieu entre l'usage de ces marques extérieures apposées sur les héritages affectés, qui plaçaient à tous les instants et sous les yeux de tous la situation affligeante d'un citoyen, et cette obscurité fatale qui livrait sans défense la bonne foi à l'intrigue et à la perversité.

---

(1) Voyez d'Héricourt, *Traité de la vente des immeubles*, chap. 14, vers la fin.

(2) Dans l'édit d'avril 1674, portant suppression des greffes d'enregistrement créés par l'édit de mars 1673, on lit :

« Quoique nos sujets *puissent recevoir de très-con-« sidérables avantages de son exécution*; néanmoins « comme il arrive ordinairement que les règlements les « plus utiles ont leurs difficultés dans *leur premier éta-« blissement*, et qu'il s'en rencontre dans celui-ci qui « ne peuvent être surmontées *dans un temps où nous « sommes obligés de donner notre approbation prin-« cipale aux affaires de la guerre, etc.* »

« Les actes produisant hypothèque seront inscrits dans un registre, et les personnes intéressées pourront vérifier si le gage qu'on leur propose est libre, ou jusqu'à quel point il peut être affecté.

« Mais ce principe ne doit-il pas éprouver quelques modifications ? Peu de maximes sont également bonnes et applicables dans tous les cas. En général tous les systèmes sont assis sur quelque vérité ; celui qui ne porterait que sur des erreurs ne serait pas à craindre, il n'aurait pas de partisans : c'est le mélange adroit de l'erreur avec la vérité qui en est en effet dangereux ; c'est l'exagération des conséquences qui corrompt tout. Quelle sagacité ne faut-il pas souvent pour discerner le vrai de ce qui n'en a que l'apparence, et pour renfermer l'application d'un principe dans les bornes qu'elle doit avoir ? Examinons si dans tous les cas le défaut d'inscription doit nécessairement empêcher l'effet de l'hypothèque.

« L'hypothèque peut s'établir de trois manières. ,

« Deux personnes se donnent respectivement dans un acte authentique des sûretés pour la garantie de leurs conventions. C'est le cas le plus ordinaire : voilà l'hypothèque conventionnelle.

« On obtient des condamnations contre un citoyen ; les Jugements ont un caractère qui ne permet pas de leur accorder moins d'effet qu'à des contrats authentiques : voilà l'hypothèque judiciaire.

« Enfin il est une autre espèce d'hypothèque que la loi donne à des personnes ou à des établissements qui méritent une protection spéciale; c'est l'hypothèque légale.

« L'hypothèque conventionnelle doit être nécessairement rendue publique par l'inscription, afin qu'on ne puisse pas tromper sans cesse les citoyens en leur donnant pour gage des immeubles cent fois absorbés par des dettes antérieures.

« Cette hypothèque ne peut frapper que les biens que les contractants y ont soumis spécialement, parce qu'ils sont les seuls juges des sûretés qui leur sont nécessaires; la formalité de l'inscription ne peut jamais leur nuire, et l'ordre public la réclame pour le bien de la société.

« L'hypothèque judiciaire doit aussi acquérir la publicité par l'inscription ; aucun motif raisonnable ne sollicite d'exception pour elle : mais il est juste que celui qui a obtenu une condamnation puisse prendre son inscription sur chacun des immeubles appartenant au condamné, même sur ceux qu'il pourra acquérir, s'il en a besoin pour l'exécution totale de la condamnation qu'il a obtenue.

« On ne peut pas dire dans ce cas, comme dans le cas de l'hypothèque conventionnelle, que les parties ont réglé la mesure du gage ; les tribunaux condamnent, et leurs jugements sont exécutoires sur tous les biens du condamné.

« Quant à l'hypothèque légale, elle est donnée à trois sortes de personnes :

« Aux femmes, sur les biens des maris, pour la conservation de leurs dots, reprises et conventions matrimoniales;

« Aux mineurs et aux interdits, sur les biens des tuteurs, à raison de leur gestion;

« A la nation, aux communes et aux établissements publics, sur les biens de leurs receveurs et administrateurs comptables.

« Une première observation s'applique à ces trois espèces d'hypothèques. Elles résultent de la loi ; elles ne doivent donc pas avoir moins d'effet que l'hypothèque judiciaire qui résulte des jugements; l'hypothèque légale pourra donc en général être étendue sur tous les biens des maris, des tuteurs, des administrateurs.

« Mais l'inscription sera-t-elle nécessaire pour en assurer l'effet ?

« Ici, nous avons cru devoir adopter une distinction tirée de la différente position de ceux à qui la loi a donné l'hypothèque.

« La femme, les mineurs, les interdits sont dans une impuissance d'agir qui souvent ne leur permettrait pas de remplir les formes auxquelles la loi attache le caractère de la publicité : perdront-ils leur hypothèque parce que ces formes n'auront pas été remplies ? Serait-il juste de les punir d'une faute qui ne serait pas la leur ?

« Le mari, le tuteur, chargés de prendre les inscriptions sur leurs propres biens, ne peuvent-ils pas avoir un intérêt à s'abstenir de cette obligation ? En ne leur supposant pas d'intérêt contraire à celui de la femme ou des mineurs, ne peuvent-ils pas se rendre coupables de négligence ? Sur qui retombera le poids de la faute ? Sur le mari, dira-t-on, ou sur le tuteur, qui, sans difficulté, sont responsables de toutes les suites de leurs prévarications ou de leur insouciance. Mais le mari et le tuteur peuvent être insolvables et le recours contre eux fort inutile : quel est celui qui se trouvera réduit à ce triste recours, ou de la femme et du mineur, ou des tiers qui, ne voyant pas d'inscriptions prises sur les biens du mari ou du tuteur, auraient contracté avec eux ?

« Nous avons pensé que l'hypothèque de la femme ou du mineur ne pouvait pas être perdue, parce que ceux qui devaient prendre des inscriptions ne les auraient pas prises, et nous avons été conduits à ce résultat par une considération qui nous a paru sans réplique.

« Les femmes, les mineurs, ne peuvent agir ; le défaut d'inscription ne peut donc leur attirer aucune espèce de reproche. Celui qui a traité avec le mari ou avec le tuteur en est-il aussi parfaitement exempt ? Il a dû s'instruire de l'état de celui avec qui il traitait ; il a pu savoir qu'il était marié ou tuteur : il est donc coupable d'un peu de négligence ; c'est donc à lui qu'il faut réserver le recours contre la mari ou le tuteur, et l'hypothèque de la femme ou du mineur ne doit pas être perdue pour eux, puisque enfin seuls ils sont ici sans reproche : le défaut d'inscription ne leur est donc pas opposé ; c'est un changement aux dispositions de la loi du 11 brumaire an VII : mais ce changement est une amélioration, puisqu'il est sollicité par les règles d'une exacte justice.

« Au reste, à côté de cette disposition qui ne permet pas d'opposer aux femmes et aux mineurs le défaut d'inscription, nous avons placé toutes les mesures coercitives contre les maris et les tuteurs, pour les forcer à prendre les inscriptions que la loi ordonne : s'il a été juste de protéger la faiblesse des mineurs et des femmes, il n'a pas été moins convenable, moins nécessaire de pourvoir à ce que les tiers ne fussent pas trompés.

« Les maris et les tuteurs qui n'auront pas fait les inscriptions ordonnées, et qui ne déclareront pas à ceux avec qui ils traitent les charges dont leurs biens sont grevés à raison de la tutelle ou du mariage, seront poursuivis comme stellionataires. Les parents de la femme et des mineurs demeurent chargés de veiller à ce que les inscriptions soient prises : ce devoir est aussi imposé au commissaire du Gouvernement. Enfin on n'a rien omis pour s'assurer que les registres du conservateur présenteront au public l'état des charges dont les immeubles des maris et des tuteurs seront grevés. Les inscriptions seront tou-

jours prises, nous avons lieu de l'espérer; mais si elles ne l'étaient pas, celui qui aurait contracté avec un homme marié ou avec un tuteur, ne pourrait pas être présumé avoir ignoré leur état ; il aurait su qu'il pouvait exister sur leurs immeubles des charges, quoiqu'il n'en eût pas trouvé de traces sur les registres du conservateur, et s'il n'avait pas apporté dans sa conduite une sage circonspection, c'est sur lui seul que devraient retomber les suites de son imprudence.

« La faveur attachée à l'état de femme mariée, de minorité ou d'interdiction, a-t-on dû l'attacher à la nation, aux communes et aux établissements publics ? Nous ne le pensons pas. La loi leur donne une hypothèque sur les biens de leurs agents comptables ; mais pour avoir le droit de l'opposer à des tiers, il faut la rendre publique par l'inscription sur les immeubles qui en sont grevés.

« Si l'hypothèque des femmes, des mineurs et des interdits n'est pas perdue par le défaut d'inscription, c'est, comme nous l'avons déjà dit, parce qu'ils sont dans l'impuissance d'agir, et qu'on ne doit pas les punir quand il n'y a pas de faute de leur part : cette exception leur est particulière.

« La nation a sur tous les points de la République des préposés qu'on ne peut supposer sans connaissance et sans zèle ; le choix du Gouvernement garantit dans leurs personnes une intelligence au-dessus ou du moins égale à l'intelligence commune, et la surveillance des premiers administrateurs ne peut pas laisser craindre l'assoupissement des agents subalternes.

« A Dieu ne plaise que je méconnaisse toute la faveur qui est due au trésor public ; que dans un Gouvernement où le peuple ne serait compté pour rien, où l'administration couvrirait ses opérations d'un voile impénétrable, où l'emploi des deniers publics serait un profond mystère, le mot seul de fisc dût inspirer la défiance et l'effroi ! cela peut être : mais dans une nation dont le Gouvernement n'exerce que l'autorité légitime qui lui fut déléguée par le peuple, lorsque des comptes annuels instruisent des besoins, des ressources et de leur emploi, le trésor public est nécessairement environné d'une grande faveur ; elle ne doit cependant pas être portée au point d'en faire un être privilégié et revêtu de droits exorbitants. Tout privilège est pénible pour ceux qui ne le partagent pas ; il est odieux quand il n'est pas nécessaire : or nous n'avons vu aucune raison sans réplique qui dût affranchir de l'inscription les hypothèques sur les comptables. Je dirai plus, jamais privilège sur ce point ne fut moins nécessaire que dans le régime hypothécaire actuel ; car enfin, on n'a qu'un registre à consulter pour savoir si le bien présenté pour gage est libre ou non, et les agents du Gouvernement ont aussi, par l'inscription du rôle des contributions, un moyen facile de connaître, au moins à peu près, la valeur du gage.

« Nous n'avons pas dû par conséquent proposer de soustraire à la nécessité de l'inscription les hypothèques sur les biens des comptables. Le trésor public ne sera pas plus avantagé que les citoyens ; le Gouvernement s'honore d'avoir placé ce principe libéral dans le Code de la nation ; elle est soumise par le même motif aux délais ordinaires de la prescription. Quel citoyen pourrait regretter ensuite d'observer une loi dont le Gouvernement lui-même n'est pas affranchi ?

« J'ai cru, citoyens législateurs, devoir présenter avec quelques développements les bases de la loi qui vous est proposée; je vais actuellement m'occuper des attaques qu'on lui a livrées. Lorsque j'aurai répondu aux objections, le projet sera suffisamment motivé; car les principes une fois admis, les conséquences de détail ne sont plus contestées.

« On a d'abord opposé au projet une prétendue tache de bursalité qui, dit-on, a déjà fait plusieurs fois écarter différentes tentatives pour établir un dépôt des actes produisant hypothèque. La tache de bursalité se tire de quelques droits qu'on paie pour les transcriptions ou inscriptions des actes.

« Ici je vous prie de ne pas confondre la mesure proposée avec le mode d'exécution.

« La mesure est-elle bonne? Je crois l'avoir démontré, et l'objection ne suppose pas le contraire.

« Que prétend-on ensuite quand on dénonce la mesure comme bursale? Veut-on dire que l'inscription devrait être faite gratuitement? Mais, dans ce cas, il faudrait que le Gouvernement salariât les employés : il ne pourrait les salarier qu'avec des fonds qui lui seraient fournis; il faudrait donc un impôt particulier pour cet objet. ·

« Prétend-on qu'il serait préférable de prélever cet impôt sur tous les citoyens, et de ne pas le prendre sur les seules parties intéressées? Je doute que cette opinion trouve beaucoup de partisans.

« Veut-on dire que le droit qu'on exigera sera trop fort? Mais il n'est pas question de le fixer dans le projet qui vous est soumis : ce n'est pas dans un Code civil qu'on doit placer une disposition bursale; ce droit doit être établi par la loi, c'est-à-dire par l'autorité qui sanctionne toutes les contributions, et qui, dans tous les cas, ne doit accorder et n'accorde certainement que ce qui est nécessaire.

« Il faut donc écarter cette singulière objection, qui consiste à combattre une chose bonne en elle-même par l'abus possible dans la manière de l'exécuter; comme si cette exécution pouvait être arbitraire de la part du Gouvernement.

« Mais on attaque le système par le fondement.

« La mesure de l'inscription est, dit-on, insuffisante pour atteindre le but qu'on se propose. Elle est insuffisante par plusieurs motifs.

« Ne pourra-t-on pas, dans l'intervalle de temps qui s'écoulera nécessairement entre le moment de la passation de l'acte et l'instant où il sera inscrit, prendre des inscriptions qui absorberont la totalité du gage? Le créancier n'aura donc plus de sûretés.

« D'ailleurs, il y a des hypothèques dont l'objet est nécessairement indéterminé. Dans un acte de vente, par exemple, le vendeur s'oblige à la garantie; quelle sera la mesure d'un pareil engagement, et comment pourra-t-on prendre une inscription pour en assurer l'effet?

« Enfin un créancier voudra toujours la sûreté la plus entière : il demandera l'affectation de tous les biens de son débiteur, et la spécialité de l'hypothèque ne sera qu'une chimère.

« Reprenons chaque partie de cette objection. Observons cependant que rien de tout ce que vous venez d'entendre n'attaque le fond du système; on ne prouve pas que la publicité de l'hypothèque ne soit pas bonne en elle-même, que la spécialité ne soit pas désirable : il résulterait seulement de l'objection que ces deux bases ne produiront pas tout le bien qu'on croit devoir en attendre.

« Je ne nierai pas qu'il soit possible qu'entre le moment où se passe un contrat et celui où l'inscription est faite, il puisse arriver que des tiers auront pris, ou de bonne foi, ou frauduleusement, des inscriptions qui auront le mérite de l'antériorité.

« Mais doit-on supposer que la personne qui contracte cachera ses engagements antérieurs par un mensonge qui serait nécessairement mis à découvert au bout de quelques jours?

« Rien d'ailleurs n'est plus facile que de se mettre à l'abri des suites de ce mensonge très-improbable : on peut convenir que l'acte n'aura d'effet que dans un délai suffisant pour obtenir l'inscription, et que, dans le cas d'une inscription antérieure, il demeurera nul.

« Enfin, en supposant à l'objection toute la force dont elle est dépourvue, il en résulterait que des parties pourraient éprouver quelques jours d'inquiétude, et cela est sans contredit préférable à l'incertitude perpétuelle dans laquelle on est retenu dans le système des hypothèques occultes.

« Quant aux hypothèques indéterminées ou conditionnelles, l'objection qu'on tire de leur qualité n'a pas plus de réalité que la précédente.

« Rien n'empêcherait de prendre inscription pour des créances indéterminées, et les tiers seraient du moins avertis qu'un héritage est affecté à des engagements antérieurs : ce serait déjà un avantage; on prendrait des renseignements sur la mesure de ces engagements, ou, si on ne les prenait pas, on ne pourrait imputer qu'à soi et à son insouciance les préjudices qu'on éprouverait dans la suite.

« Mais pourquoi ne forcerait-on pas le créancier qui veut s'inscrire pour une obligation indéterminée, à déclarer une valeur estimative d'après laquelle serait faite l'inscription? Voilà l'objection résolue.

« On dira peut-être que le créancier fera une évaluation trop forte : cela est possible; mais pourquoi ne donnerait-on pas dans ce cas au débiteur le droit de la faire réduire?

« C'est ce que propose le projet, et il trace aux tribunaux des règles faites pour concilier l'intérêt du créancier qui veut des sûretés, et l'intérêt du débiteur qui ne voudrait donner que celles qui sont nécessaires.

« Ainsi disparaissent les objections qui, en leur supposant un peu de réalité, n'attaqueraient pas même le fond du système.

« *Mais le créancier voudra toujours la sûreté la plus ample : il fait la loi, il exigera l'affectation de tous les biens du débiteur, et la spécialité ne produira aucun effet.*

« Cette objection, si elle était fondée, prouverait seulement tout au plus qu'on ne tirera pas de la spécialité tout l'avantage qu'elle semble présenter au premier coup d'œil.

« Est-il bien vrai, au surplus, qu'un créancier voudra toujours qu'on affecte tous les biens que possédera le débiteur qui, dit-on, pour obtenir dix mille francs, sera forcé de donner hypothèque sur cent mille francs?

« Il y a ici beaucoup d'exagération : certainement un créancier veut une sûreté ample et entière, et il a raison; mais quand on la lui donne, il est satisfait; je parle de ce qui arrive communément, et non pas de ce que peuvent vouloir quelques esprits inquiets outre mesure, et qui sont heureusement fort rares.

« Mais quand il serait vrai qu'un créancier voudra une hypothèque sur deux immeubles lorsqu'un seul devrait suffire, il y a toujours de l'avantage dans le système de la loi proposée. Les tiers seront avertis de l'engagement antérieur, et le débiteur ne sera cependant pas pour cela plus grevé, parce que les deux immeubles ne se trouvant affectés l'un et l'autre qu'à la même dette, présenteront toujours la même portion de biens libres qu'ils présenteraient si l'un des deux seulement en était grevé; le débiteur ne serait donc pas sacrifié, même dans le cas d'une exigence excessive de la part du créancier; et l'avantage de la publicité pour les tiers serait toujours incontestable.

« On élève contre nos bases des objections d'une autre nature, et qui seraient alarmantes en effet si elles avaient la moindre réalité.

« *La spécialité des hypothèques est incompatible,* « dit-on, *avec le droit de propriété.*

« *Quiconque s'est obligé personnellement, est* « *tenu de remplir son engagement sur tous ses biens* « *mobiliers et immobiliers, présents et à venir. Le* « *crédit du citoyen se compose non-seulement des* « *biens qu'il a déjà, mais encore de ceux qu'il pourra* « *acquérir. De quel droit proposons-nous de réduire* « *l'action du créancier et de la restreindre à cer-* « *tains biens? De quel droit voulons-nous interdire* « *à un citoyen le crédit qu'il peut obtenir sur les* « *biens qu'il pourra acquérir dans la suite? C'est de* « *notre part une atteinte directe à la propriété.* »

« Il serait bien extraordinaire que le Gouvernement, qui montre tous les jours un respect si scrupuleux pour les droits de propriété, se fût abusé au point de vous proposer d'y porter quelque atteinte, à vous, citoyens législateurs, qui, dans toutes les lois émanées de vous, avez établi cette même propriété sur des fondements inébranlables.

« Rassurez-vous, cette objection n'a pas plus de réalité que les précédentes; elle ne porte que sur un jeu de mots.

« Celui qui est obligé doit remplir ses engagements sur tous ses biens, rien de plus vrai : et cela signifie que tant qu'il lui reste quelque bien, il est soumis à l'action et aux poursuites de son créancier.

« Mais l'obligation et l'hypothèque sont deux choses tout à fait différentes. Celui qui est obligé par un acte sous signature privée, est tenu de remplir son engagement sur tous ses biens mobiliers, immobiliers, présents et à venir, et cependant aucun de ses biens n'est hypothéqué à son engagement.

« L'hypothèque est pour le créancier une sûreté particulière sur un immeuble; mais l'obligation du débiteur est indépendante de cette sûreté, elle peut exister avec ou sans hypothèque. On ne porte donc aucune atteinte à la propriété, quand on dit que l'hypothèque ne sera pas donnée par une clause générale, mais qu'elle sera spéciale sur un bien qu'on désignera : cela n'empêche pas le créancier de poursuivre le débiteur sur tous ses biens jusqu'à ce qu'il soit payé; cela n'empêche même pas le débiteur d'affecter à une créance tous ses immeubles par des affectations spéciales. On ne proscrit que la clause d'affectation générale, sans désignation particulière, parce que cette clause ne présente aucune sûreté réelle, et qu'elle est le plus souvent un piège tendu à la bonne foi.

« La défense d'hypothéquer en général les biens à venir est la conséquence de ce que je viens de dire.

« Tout ce que peut désirer un citoyen, c'est de pouvoir, quand ses facultés présentes sont trop faibles, donner à son créancier le droit de s'inscrire par la suite sur le premier ou le second immeuble qu'il acquerra : c'est une affectation spéciale qui se réalise par l'inscription, lorsque l'immeuble est acquis.

« Le projet contient cette disposition, et vous pouvez juger par là que si le Gouvernement a voulu pourvoir à ce que les créanciers ne fussent pas exposés aux suites de la mauvaise foi d'un débiteur, il a pourvu avec le même soin à ce que le débiteur ne fût pas la victime des circonstances malheureuses dans lesquelles il pourrait se trouver, et il lui conserve son crédit entier et sans la moindre altération.

« J'ai fait de grands pas dans la carrière, et les objections qui me restent à résoudre méritent à peine d'être réfutées.

« *La publicité viole le secret des familles!* Je conçois que si nous voulions rétablir les signes perpétuels et visibles sur les immeubles d'un débiteur, il pourrait en être alarmé; mais le dépôt des hypothèques n'est pas affiché ou exposé à tous les regards; il s'ouvre à ceux qui ont besoin ou intérêt de le connaître : depuis cinq ans qu'il existe, nous n'avons entendu aucune plainte contre les abus de cette institution : nous n'avons pas appris que la seule curiosité en ait sollicité l'entrée; et si le débiteur pouvait être affligé de ce que ses engagements y reposent, cet inconvénient serait, après tout, bien léger en comparaison des maux que nous a faits la clandestinité des hypothèques.

« *La publicité des hypothèques altère le crédit et nuit à la circulation?*

« Renfermons ce reproche dans ses justes limites. Il est possible que l'espèce de circulation qui porte la fortune de l'homme de bonne foi dans la main de l'homme astucieux et immoral, soit diminuée par cette publicité, et c'est un des grands avantages du projet : car la République ne gagne rien, au contraire, quand le fripon s'enrichit en trompant l'honnête homme.

« Mais le crédit de tous les hommes qui ne sont pas dans la classe de ceux dont je viens de parler augmentera nécessairement. Le crédit se compose de l'opinion qu'on se forme sur la moralité d'un homme et sur sa fortune, et l'on traite bien plus facilement avec celui qui laisse moins de doute sur l'une et sur l'autre.

« Le résultat de la loi doit être nécessairement une diminution du crédit des hommes sans foi, et cette diminution tournera au profit de la loyauté.

« Au moins, vous voyez, citoyens législateurs, qu'il ne s'agit ici nullement du crédit des commerçants. Ce n'est pas sur leurs immeubles qu'on leur prête, mais sur leur réputation d'intelligence et de probité; on ne demande pas d'hypothèque pour les fonds qu'on place dans le commerce; on s'y détermine par d'autres combinaisons, par la perspective d'un intérêt plus fort, d'une rentrée plus prompte, des voies d'exécution plus rigoureuses. Et quand il serait vrai, ce que je ne crois nullement, que quelque petite portion des fonds qu'on aurait destinés au commerce se trouvât arrêtée par le régime proposé, qui oserait prononcer que ces fonds versés dans l'agriculture ne seraient pas utilement employés pour la République?

« *Au moins,* dit-on, *on ne peut pas désavouer que l'inscription des hypothèques légales est inutile; car c'est la loi qui donne cette hypothèque; elle ne peut donc pas se perdre par un défaut de formalité.*

« Vous ne verrez encore ici, citoyens législateurs, qu'un abus de l'art de raisonner.

« Toutes les actions reposent sur la loi; elles périssent toutes cependant lorsqu'on ne les exerce pas dans un temps utile, ou lorsqu'on ne les exerce pas dans les formes prescrites.

« La loi donne le droit, ou tient d'elle le pouvoir d'agir; mais d'autres lois en règlent le mode, et elles ne sont pas moins respectables et ne doivent pas être moins respectées que la loi qui a donné le droit.

« Une convention aussi est une loi pour les parties; elle ne les oblige pas moins fortement que la loi publique : cependant l'hypothèque conventionnelle doit être suivie d'inscription pour produire son effet.

« La loi qui donne l'hypothèque pourvoit à la sûreté d'une personne, et tient lieu d'une convention; la loi qui attache l'effet de l'hypothèque à l'inscription pourvoit à l'intérêt général.

« Si nous avons proposé une exception pour l'hypothèque des femmes et des mineurs ou interdits, c'est par un motif d'une autre nature, et qui leur est particulier; la perte de leur hypothèque pour le défaut d'inscriptions les punirait d'une faute qui leur est étrangère : il a donc fallu en rejeter toutes les suites sur les maris et les tuteurs, ou même sur les tiers qui ont traité avec eux, parce que les premiers ont à se reprocher de la prévarication, ou du moins de la négligence, et les derniers au moins de l'imprudence, tandis que les femmes et les pupilles sont bien évidemment exempts de tout reproche.

« Dans une matière aussi importante, je ne dois laisser aucune objection sans réponse; il en est une tirée des oublis, des erreurs ou des prévarications dont les conservateurs peuvent se rendre coupables : *Ils ne feront pas mention dans leurs registres, ou dans leurs certificats, de toutes les inscriptions; et soit qu'il y ait de leur part prévarication ou simplement oubli, le créancier se trouvera déchu, sauf son recours contre ce fonctionnaire, qui peut-être ne sera pas solvable.*

« Je réponds que cet inconvénient existe dans tous les systèmes et dans tous les établissements : un huissier peut oublier de signer un exploit et entraîner par cet oubli la perte d'une action, perte qui sera souvent irréparable.

« Un notaire peut faire une nullité dans un testament qui aurait assuré des millions au légataire, ou dans tout autre acte très-important.

« Un avoué peut laisser écouler le délai d'opposition à un jugement par défaut, et opérer ainsi la ruine d'une famille entière.

« Faut-il pour cela supprimer les huissiers, les notaires, les avoués? La loi ne suppose pas ces événements qui sont possibles, mais qui n'arrivent pas.

« Le conservateur, l'huissier, l'avoué, le notaire ne s'exposent pas ainsi à perdre en un instant leur état, leur honneur, leur fortune, et les citoyens dorment heureusement en paix, sans se tourmenter de ces possibilités qui, ne se réalisant pas une fois dans un siècle, ne doivent pas entrer dans les calculs du législateur. Nous avons établi des règles claires, précises et sévères pour assurer une tenue exacte des registres, et une grande fidélité dans les extraits qui en seront délivrés : c'est tout ce que nous pouvions faire.

« Enfin il ne reste aux partisans de l'hypothèque occulte que l'autorité des Romains, *nos maîtres en législation.*

« Je sais tout le respect que méritent les lois romaines; mais, sans me jeter ici dans les justes considérations qui pourraient affaiblir notre vénération, au moins pour quelques parties, je dirai que lorsqu'il s'agit d'opinions, je ne donne à l'autorité, quelle qu'elle soit, que l'avantage de commander un examen plus réfléchi et une méditation plus grande. Nous ne connaissons pas de respect

servile; et ces profonds jurisconsultes, dont tant de fois nous avons admiré le savoir et la pénétration, s'indigneraient eux-mêmes d'un hommage qui ne serait rendu qu'à leur nom.

« Ils ont été quelquefois nos guides; mais ce n'est pas à leur autorité que nous avons cédé, c'est à leur raison.

« Vous vous êtes déjà plusieurs fois écartés de leurs décisions, et votre sagesse ne s'est pas moins manifestée dans ces occasions que dans celles où vous avez adopté le texte des lois romaines.

« Sans parler des dispositions qui peuvent être convenables dans un temps, et qui cessent de l'être lorsque les circonstances ne sont plus les mêmes, il est des choses qui ne peuvent jamais être bonnes, et que ni le temps ni l'autorité ne peuvent justifier. Je n'hésite pas à mettre dans cette classe les hypothèques occultes, et je crois avoir suffisamment démontré leurs inconvénients.

« Les principes de la loi une fois justifiés, les dispositions de détail dont vous entendrez la lecture ne sont pas susceptibles d'être contestées, parce qu'elles en sont les conséquences nécessaires.

« Je ne m'arrêterai pas à vous retracer tout ce qui concerne, soit le mode d'inscription, le lieu où elle doit être prise, la manière d'en obtenir la radiation; soit la forme, la tenue et la publicité des registres; soit les devoirs des conservateurs et leur responsabilité. Si l'on a pu être divisé sur le fond, on ne l'a pas été sur ces détails. Leur nécessité se fait sentir à la simple lecture.

« Je ne fixerai votre attention que sur un petit nombre d'articles qu'il convient de signaler pour vous faire connaître la loi dans toutes ses parties.

« Les motifs qui ont fait maintenir l'hypothèque des femmes et des mineurs ou des interdits, malgré le défaut d'inscription, vous ont déjà été développés; nous avons été conduits à ce résultat par des considérations d'une justice exacte. Cependant nous n'avons pu nous dissimuler d'un autre côté que s'il avait été convenable de protéger la faiblesse des femmes et des mineurs, il était aussi du devoir rigoureux d'un législateur de garantir les autres citoyens de toute surprise; nous avons encore pensé qu'il ne fallait pas enchaîner les maris et les tuteurs au delà d'une juste nécessité : c'est le seul moyen de ne pas leur rendre odieuses leurs obligations. De toutes les manières d'assurer l'exécution d'une loi, la plus efficace sans contredit est celle de ne pas en outrer les conséquences.

« C'est dans cet esprit, et même en consultant l'intérêt bien entendu des femmes, que nous avons permis aux contractants majeurs de convenir en se mariant que les inscriptions pour la sûreté des conventions matrimoniales ne seraient prises que sur certains immeubles spécialement désignés, et que les autres immeubles appartenant au mari resteraient libres.

« Cette disposition n'est pas nouvelle; elle remplace la disposition usitée, par laquelle on permettait dans le contrat de mariage à un mari d'aliéner librement une partie de ses immeubles.

« Au moment où deux familles jurent entre elles une alliance qui doit être éternelle, elles ont sans contredit le droit d'en régler les articles suivant leur volonté et leur intérêt; c'est là une maxime déjà reconnue et sanctionnée par le Corps législatif. Il est une foule d'occasions où l'usage de cette liberté est infiniment utile à la femme elle-même, par les moyens qu'elle fournit au mari de développer son industrie et son activité.

« Nous avons pensé qu'il convenait aussi de permettre aux parents réunis pour la nomination d'un tuteur, de ne faire prendre inscription que sur une partie de ses immeubles; l'interdiction absolue dont on le frappe en couvrant tous ses biens d'inscriptions, peut quelquefois lui porter les plus grands préjudices. Conservons le bien des pupilles; mais ne ruinons pas les tuteurs, s'il est possible. Il ne faut pas qu'une tutelle soit regardée comme un désastre; elle est mal exercée quand elle est prise sous des augures aussi sinistres.

« C'est à la famille assemblée, sous les yeux et par l'autorité du magistrat, à fixer la mesure des précautions qui peuvent être utiles, et à faire entrer pour quelque partie dans la balance la moralité, la bonne conduite et l'intelligence du tuteur.

« Lorsque le contrat de mariage ou l'acte de tutelle n'auront pas limité le nombre des inscriptions à prendre, faudra-t-il toujours, et sans aucune exception, que tous les biens des maris et des tuteurs demeurent grevés, lors même qu'une partie pourrait suffire, et au delà, pour donner une ample sûreté?

« Un homme peut n'avoir qu'un immeuble quand il se marie ou quand il est nommé tuteur : toute sa fortune est engagée. Depuis ce moment il succède ou il acquiert, par son industrie ou autrement, plusieurs autres immeubles. Le laissera-t-on dans l'impossibilité de disposer de la moindre partie, quelque avantage qui dût résulter pour lui d'une opération qu'il ne pourrait faire sans aliéner?

« Nous ne le pensons pas; nous croyons au contraire que lorsque l'hypothèque sur tous les biens excède notoirement les sûretés nécessaires à la femme et au mineur, il est juste qu'il puisse s'opérer une réduction.

« Mais cette faculté doit être environnée de précautions qui préviennent tous les abus. Ainsi un tuteur ne pourra former sa demande qu'après une autorisation précise de la famille; sa demande sera formée contre le subrogé-tuteur, et sera jugée contradictoirement avec le commissaire du Gouvernement.

« Il en sera de même du mari; il ne pourra obtenir la réduction qu'avec le consentement de la femme et l'avis de quatre de ses plus proches parents, fort intéressés sans contredit à veiller à la conservation d'un patrimoine dont ils pourront hériter un jour; et c'est encore avec le commissaire du Gouvernement que la demande sera instruite et jugée.

« Ces dispositions sont faites pour calmer toute inquiétude sur les intérêts des femmes et des mineurs ou interdits; elles leur assurent tout ce qui leur est dû, sans accabler les maris et les tuteurs sous le poids d'une chaîne trop pesante.

« La date de l'hypothèque accordée aux femmes a aussi attiré toute notre attention.

« Sans doute elles doivent avoir hypothèque du jour du mariage pour leurs dot et conventions matrimoniales. Mais l'hypothèque pour le remploi des propres aliénés, ou pour l'indemnité des dettes contractées dans le cours du mariage, doit-elle aussi remonter à cette époque? On le jugeait ainsi dans le ressort du parlement de Paris : d'autres cours supérieures avaient adopté une jurisprudence contraire, et ne donnaient l'hypothèque que du jour de l'événement qui en était le principe.

« Cette décision nous a paru préférable. La rétroactivité de l'hypothèque pourrait devenir une source intarissable de fraudes. Un mari serait donc le maître de dépouiller ses créanciers légitimes en s'obligeant envers des prête-noms, et en faisant paraître sa femme dans ses obligations frauduleuses, pour lui donner une hypothèque du jour de son mariage; il conserverait aussi, sous le nom de sa femme, des propriétés qui ne devaient plus être les siennes. Nous avons mis un terme à cet abus en fixant l'hypothèque aux époques des obligations.

« Je passe à un autre objet.

« Les inscriptions, comme vous l'avez déjà vu, conservent les hypothèques; il en résulte que l'héritage n'est transmis à un tiers qu'avec ses charges, dont le nouveau possesseur a pu facilement s'instruire; mais il est juste de lui donner un moyen de libérer sa propriété. Un immeuble ne peut fournir de sûreté au delà de sa valeur réelle; ainsi, toutes les fois que cette valeur est donnée aux créanciers, l'immeuble doit rester libre.

« Il faut pourvoir cependant à ce que des créanciers aient réellement l'intégrité de leur gage, et qu'ils ne soient pas les victimes d'actes clandestins et frauduleux entre le vendeur et l'acquéreur.

« Le projet y a pourvu. L'acquéreur qui voudra libérer sa propriété fera transcrire en entier son titre par le conservateur de l'arrondissement; il sera tenu, dans les délais fixés, de notifier par extrait seulement aux créanciers son contrat et le tableau des charges, en leur offrant de payer toutes les dettes jusqu'à concurrence du prix.

« J'observe en passant qu'en imposant l'obligation de notifier au créancier ce qu'il lui importe de savoir, nous avons réglé le mode de notification de manière à supprimer tous les frais inutiles (1).

« Les créanciers ont de leur côté le droit de surenchérir pendant un temps limité : c'est un moyen ouvert pour faire porter l'immeuble à sa juste valeur.

« Si les créanciers provoquent la mise aux enchères, on procède suivant les formes usitées pour les expropriations; mais s'ils n'usent pas de leurs droits, il est à présumer qu'ils n'ont pas à se plaindre du prix du contrat, et la valeur de l'immeuble demeure irrévocablement fixée : le nouveau propriétaire est libéré de toute charge en payant ou en consignant.

« Ce mode de dégager les propriétés est suffisant, sans doute, pour purger toutes les hypothèques inscrites; mais il peut en exister qui ne le soient pas, celles de la femme et des pupilles dont le vendeur aurait la tutelle; il faut bien qu'il y ait aussi possibilité de purger ces hypothèques comme les autres. L'édit de 1771 en donnait le moyen, et le projet qui vous est soumis serait incomplet, s'il ne présentait pas à cet égard quelque disposition.

« Un double intérêt a dû nous occuper; l'intérêt de l'acquéreur et celui des hypothécaires. On a pourvu à l'acquéreur par les formalités qui le

---

(1) La loi du 11 brumaire an VII a dû laisser aux créanciers qui avaient des hypothèques générales acquises suivant les lois antérieures, la faculté de les conserver en s'inscrivant, dans le délai fixé, sur tous les immeubles de leur débiteur. Ils ont usé de ce droit, et un grand nombre d'immeubles se trouve aujourd'hui grevé d'hypothèques tant au delà de leur valeur.

Il n'en sera plus de même dans la suite : au moyen de la spécialité des hypothèques, on ne prêtera sur un immeuble que jusqu'à concurrence de la sûreté qu'il pourra offrir; les ordres seront plus simples et moins dispendieux.

conduisent à sa libération, et aux hypothécaires en donnant une telle publicité à la vente qu'il sera impossible de supposer l'existence d'une hypothèque sur le bien vendu, s'il n'a pas été pris en effet d'inscription dans le délai que la loi a **fixé.**

« Les nouveaux acquéreurs qui voudront purger les propriétés des hypothèques qu'ils pourraient craindre à raison de mariage ou de tutelle, quoiqu'il n'en existât aucune trace dans les registres du conservateur, seront tenus de déposer copie dûment collationnée de leur contrat au greffe du tribunal civil du lieu de la situation des biens.

« Ils notifieront ce dépôt à la femme, s'il s'agit d'immeubles appartenant au mari ; au subrogé-tuteur, s'il s'agit d'immeubles du tuteur, et toujours au commissaire du Gouvernement.

« Indépendamment de ce dépôt, un extrait du contrat sera affiché pendant deux mois dans l'auditoire du tribunal ; pendant ce temps, tous ceux à qui il est enjoint ou permis de prendre des inscriptions seront reçus à les requérir. S'il n'en a pas été pris dans ce délai, les immeubles passeront libres au nouveau propriétaire, parce qu'il sera constant qu'on n'a eu ni la volonté ni le droit d'en prendre.

« Si, au contraire, il a été pris des inscriptions, chaque créancier sera employé à son *rang* dans l'ordre, et les inscriptions de ceux qui ne seraient pas employés en *rang* utile seront rayées.

« C'est par ces moyens bien simples, mais très-efficaces, que nous avons su concilier les intérêts opposés de toutes les parties.

« Il me reste, pour terminer tout ce qui concerne les hypothèques, à dire un mot de la manière dont elles s'éteignent.

« Vous venez de voir par quelles formalités on peut parvenir à en débarrasser les propriétés ; l'hypothèque s'éteint aussi par l'anéantissement de l'obligation principale, dont elle n'est que l'accessoire ;

« Par le consentement ou la renonciation du créancier, toujours maître de renoncer aux droits qui lui sont acquis, et enfin par la prescription qui met un terme à toutes les actions, de quelque nature qu'elles puissent être.

« Le désir d'exposer de suite tout ce qui concerne les hypothèques, ne m'a pas permis jusqu'à cet instant de vous parler des priviléges ; ils forment cependant le premier chapitre du titre.

« L'hypothèque est un droit qu'on tient d'une convention, d'un jugement, ou de la loi.

« Le privilége, au contraire, est un droit qui dérive de la qualité et de la nature de la créance : ne nous abusons pas sur l'acception du mot *privilége*, employé dans ce titre. Cette expression emporte ordinairement avec elle l'idée d'une faveur personnelle : ici elle signifie un droit acquis, fondé sur une justice rigoureuse, parce que la préférence donnée à celui qui l'exerce lui est due, soit parce qu'il a conservé ou amélioré la chose, soit parce qu'il en est encore en quelque manière le propriétaire, le paiement du prix, condition essentielle de la vente, ne lui ayant pas encore été fait, soit par d'autres motifs de la même force.

« On peut avoir privilége sur les meubles ou sur les immeubles, et même sur les uns et les autres.

« Les priviléges sur les meubles sont ou particuliers, c'est-à-dire sur certains meubles, comme celui des propriétaires sur les effets qui garnissent une maison ou une ferme, celui du voiturier pour ses frais de transport sur la chose voitu-

rée, etc., ou généraux sur tous les meubles, comme les frais de justice, de dernière maladie, les salaires de domestiques, fournitures de subsistances pendant un temps déterminé : ces créances sont sacrées en quelque manière, puisque c'est par elles que le débiteur a vécu, et c'est par ce motif qu'elles frappent également les meubles et les immeubles.

« Quant au privilége sur les immeubles, il est acquis au vendeur pour son prix, ou à celui qui, ayant fourni les deniers de l'acquisition, se trouve subrogé au vendeur ; aux architectes et ouvriers qui ont reconstruit et réparé les choses, ou à ceux qui ont prêté les deniers pour les payer ; enfin à des cohéritiers sur les immeubles d'une succession pour la garantie de leurs partages, parce que ces cohéritiers sont pour ainsi dire vendeurs les uns à l'égard des autres.

« Le projet règle les formalités nécessaires pour acquérir le privilége ; il ne présente rien de nouveau ni sur ce point, ni sur le nombre, ni sur l'ordre des priviléges.

« Mais faudra-t-il aussi une inscription pour la conservation du privilége sur les immeubles ?

« Nous avons distingué des créances privilégiées celles pour frais de justice, de dernière maladie, funéraires, gages de domestiques et fournitures de subsistances, et nous n'avons pas cru qu'il fût ni convenable ni nécessaire de les soumettre à la formalité de l'inscription : ces créances en général ne sont pas considérables, et il est du vendeur que ne sache ou ne doive savoir si le bien qu'il achète est grevé de cette espèce de charges.

« A l'égard des autres créances privilégiées, elles doivent, sans contredit, être publiques par la voie de l'inscription ; les tiers ne peuvent pas les supposer : le projet contient sur ce point des dispositions qui n'ont pas besoin d'être justifiées.

« Enfin j'arrive au titre de l'*expropriation*, c'est-à-dire à la mesure la plus rigoureuse pour forcer un citoyen de remplir ses engagements.

« Nous n'avons pas dû nous occuper des formes de la poursuite en expropriation, ni de la manière de procéder à l'ordre et à la distribution du prix. Ces objets tombent dans le domaine des lois sur la procédure.

« Les articles que nous présentons sont peu nombreux, et ils ont presque tous pour objet de prévenir des excès de rigueur de la part de créanciers aigris peut-être par la mauvaise conduite de leur débiteur, ou égarés par des conseils intéressés.

« C'est dans cet esprit qu'on défend aux créanciers personnels d'un héritier de mettre en vente les biens indivis d'une succession : la loi leur a donné le droit de provoquer un partage ; c'est tout ce qu'elle a dû faire ; il ne faut pas leur laisser la faculté de saisir, même les portions des cohéritiers qui ne leur doivent rien.

« Il est pareillement défendu d'attaquer les immeubles d'un mineur ou d'un interdit avant d'avoir discuté son mobilier. Ne serait-il pas injuste d'employer contre eux les dernières rigueurs, sans s'assurer auparavant qu'elles sont nécessaires ?

« Vous reconnaîtrez le même esprit de modération et de sagesse dans les articles qui ne permettent pas la vente d'immeubles non hypothéqués, lorsque l'insuffisance des biens hypothéqués n'est pas constante ; dans ceux qui défendent de provoquer cumulativement la vente des biens situés dans divers arrondissements, à moins qu'ils ne fassent partie d'une seule et même exploitation ;

dans ceux enfin qui ne veulent pas qu'on passe à l'expropriation lorsque le revenu net des immeubles, pendant une année, suffit pour désintéresser le créancier, et que le débiteur en offre la délégation.

« À côté de ces dispositions bienfaisantes, nous avons placé celles qui étaient nécessaires pour empêcher qu'on n'en abusât contre le créancier, qui mérite aussi toute la protection de la loi.

« Je n'ajouterai pas qu'on ne peut agir en expropriation qu'en vertu d'un titre exécutoire, et après un commandement : je me hâte de terminer ; j'ai été long, je le sens ; mais la matière est vaste et très-importante.

« Les titres que nous vous présentons forment le complément du Code ; l'hypothèque et l'expropriation sont les vrais garants de l'exécution de toute espèce de contrat, de toute transaction, de toute obligation de quelque nature qu'elle puisse être. C'est, qu'il me soit permis de le dire, la clef de la voûte qui couronne cet immeuse édifice.

« Le Gouvernement l'a élevé avec une constance que n'ont pu altérer ni les embarras d'une administration immense, ni les soins d'une guerre qui nous fut si injustement déclarée, ni les complots obscurs et atroces dont un ennemi donne le honteux exemple chez les peuples civilisés.

« Le calme du chef de la nation n'a pas été un seul instant troublé, ni son travail interrompu, et rien n'a été négligé de tout ce qui pouvait en assurer le succès.

« Des jurisconsultes d'un savoir profond et d'une haute sagesse en avaient posé les premiers fondements. Le tribunal de la nation, garant auprès d'elle de l'exécution de la loi, les tribunaux chargés de la pénible et éminente fonction de distribuer la justice en dernier ressort, ont transmis sur le projet le résultat de leurs savantes méditations.

« Entouré de tant de lumières, dirigé par ce génie qui sait tout embrasser, le Conseil d'État en a discuté toutes les parties, sans préjugés, sans préventions, avec calme et maturité.

« Les communications officieuses avec le Tribunat ont encore amené d'utiles et précieuses observations, et le fruit de tant de veilles et de méditations reçoit enfin de vous, par le caractère que vous lui imprimez, de nouveaux droits à la confiance, et de nouveaux titres au respect de tous les citoyens.

« Le Gouvernement le présente au peuple français et à notre siècle avec une noble assurance et sans inquiétude sur le jugement des nations et de la postérité. »

Le citoyen **Bigot-Préameneu**, nommé par le Premier Consul, avec les citoyens **Boulay et Dupuy**, pour présenter au Corps législatif, dans sa séance du 24 ventôse, le titre *des transactions*, et pour en soutenir la discussion dans sa séance du 29 du même mois, dépose sur le bureau l'exposé des motifs de ce titre.

Cet exposé est ainsi conçu :

« Citoyens législateurs,

« De tous les moyens de mettre fin aux différends que font naître entre les hommes leurs rapports variés et multipliés à l'infini, le plus heureux dans tous ses effets est la transaction, ce contrat par lequel sont terminées les contestations existantes, ou par lequel on prévient les contestations à naître.

« Chaque partie se dégage alors de toute prévention. Elle balance de bonne foi et avec le désir de la conciliation l'avantage qui résulterait

d'un jugement favorable et la perte qui entraînerait une condamnation ; elle sacrifie une partie de l'avantage qu'elle pourrait espérer pour ne pas éprouver toute la perte qui est à craindre ; et lors même que l'une d'elles se désiste entièrement de sa prétention, elle se détermine par le grand intérêt de rétablir l'union, et de se garantir des longueurs, des frais et des inquiétudes d'un procès.

« Un droit douteux et la certitude que les parties ont entendu balancer et régler leurs intérêts ; tels sont les caractères qui distinguent et qui constituent la nature de ce contrat.

« Il n'y aurait pas de transaction si elle n'avait pas pour objet un droit douteux. On a souvent, en donnant à des actes d'une autre nature, ou même à des actes défendus, le nom de transactions, cherché à leur en attribuer la force et l'irrévocabilité ; mais il sera toujours facile aux juges de vérifier si l'objet de l'acte était susceptible de doute. Il n'y a point, pour une pareille vérification, de règle générale à établir.

« La capacité nécessaire pour transiger est relative à l'objet de la transaction. Ainsi le mineur émancipé pourra transiger sur les objets d'administration qui lui sont confiés, et sur ceux dont il a la disposition.

« Une transaction excède les bornes de la gestion d'un tuteur ; cependant on ne peut se dissimuler qu'il ne soit avantageux pour un mineur même, que ce moyen de terminer ou de prévenir les procès ne lui soit pas absolument interdit ; et si la vente de ses biens peut, lorsqu'il y a des motifs suffisants, être faite avec l'autorisation du conseil de famille et de la justice, ces formalités mettront également à l'abri ses intérêts dans les transactions. Plusieurs coutumes avaient, en prenant ces précautions, donné aux tuteurs la faculté de transiger. Lorsqu'au titre de la *minorité* on en a fait le droit commun, on a de plus assujetti les tuteurs à prendre l'avis de trois jurisprudences, ils en obtiendront des lumières qui leur sont nécessaires et qui doivent aussi éclairer la famille dans ses délibérations.

« Quant aux transactions que le mineur devenu majeur consentirait à faire avec son tuteur sur son compte de tutelle, on a aussi maintenu et perfectionné l'ancienne règle, en statuant, au même titre *de la minorité*, que tout traité qui pourra intervenir entre le tuteur et le mineur devenu majeur sera nul, s'il n'a été précédé de la reddition d'un compte détaillé et de la remise des pièces justificatives ; le tout constaté par un récépissé ayant au moins dix jours de date avant le traité.

« Un délit peut-il être l'objet d'une transaction ?

« On trouve dans les lois romaines plusieurs textes relatifs à cette question. On y distingue à cet égard les délits privés et les crimes publics.

« À l'égard des délits privés, *quæ non ad publicam lesionem, sed ad rem familiarem respiciunt*, tels que le larcin ou l'injure, il y avait toute liberté de transiger. (*Leg. 7 et 27 ff. de Pact.*).

« On pouvait aussi transiger sur les crimes publics lorsqu'ils emportaient peine capitale. Il n'y avait d'exception que pour l'adultère. Cette faculté de transiger sur de pareils crimes était fondée sur le motif qu'on ne peut pas interdire à chacun les moyens de sauver sa vie.

« Quant aux crimes publics contre lesquels la peine n'était pas capitale, il n'était pas permis de transiger.

« Les accusateurs étaient obligés de poursuivre

la punition de ces crimes : il n'y avait point de partie publique.

« Le crime de faux était-il excepté? Ou doit-on entendre par ces mots *citrà falsi accusationem*, employés dans la loi XVIII, au Cod. *de Trans.*, que tout pacte sur les crimes publics non capitaux était regardé comme une imposture qui pouvait devenir le sujet d'une nouvelle accusation? C'est une question sur laquelle l'obscurité de cette loi et la diversité d'opinion des auteurs laissent encore du doute.

« Cette législation sur la poursuite des crimes, sur la faculté de la défense de transiger, était très-défectueuse.

« En France le délit a toujours été distingué des dommages et intérêts qui peuvent en résulter.

« Dans tous les délits publics ou privés, contre lesquels s'arme la vengeance publique, elle ne dépend point de l'action des particuliers; un pareil intérêt, qui est celui de la société entière, est confié à des officiers publics.

« La vengeance publique étant ainsi assurée, et celui auquel le délit a porté préjudice ne pouvant pas traiter sur le délit même, mais seulement sur son indemnité, cette indemnité a toujours été considérée comme un intérêt privé sur lequel il est permis de transiger.

« Mais celui qui exerce la vengeance publique peut-il présenter comme aveu d'un délit l'acte par lequel on a transigé sur l'indemnité qui en résulte?

« On avait mis dans le projet de l'ordonnance de 1670 un article qui portait défense à toute personne de transiger sur des crimes de nature à provoquer une peine afflictive ou infamante, et, dans ce cas, une amende de cinq cents livres eût été prononcée tant contre la partie civile que contre l'accusé qui eût été tenu pour convaincu.

« Cet article fut retranché comme trop rigoureux, et comme n'étant point nécessaire dans nos mœurs, où l'intérêt social, qui exige que les crimes soient punis, est indépendant de toutes conventions particulières. On a dû encore considérer que celui même qui est innocent peut faire un sacrifice pécuniaire pour éviter l'humiliation d'une procédure, dans laquelle il serait obligé de se justifier, et on a dû en conclure que, la transaction n'étant pas faite sur le délit même avec celui qui est chargé de le poursuivre, on ne doit pas en induire un aveu. C'est aussi par ce motif que toute transaction entre ceux qui remplissent le ministère public et les prévenus serait un délit.

« On a établi comme règle générale dans le projet de loi que l'on peut transiger sur l'intérêt civil qui résulte d'un délit, mais que la transaction n'empêche pas la poursuite du ministère public.

« Cette règle s'applique au crime de faux comme à tous les délits. Lorsque celui contre lequel on veut se prévaloir d'une pièce fausse, et qui en opposait la fausseté, cesse d'user de cette exception, et transige, on ne peut pas induire de cette transaction qu'il n'y ait plus de corps de délit, et que non-seulement les dommages et intérêts, mais encore la poursuite du même délit pour l'intérêt public, soient subordonnés à la volonté des parties. Si la transaction ne fait pas preuve contre le prévenu, elle ne doit aussi, en aucun cas, lier les mains au ministère public, qui ne pourrait pas lui-même transiger.

« Quoique la transaction ait pour but de régler définitivement la contestation qui en est l'objet, cependant il est permis, dans une tout autre convention, de stipuler une peine en cas d'inexécution. Si, pour faire subir cette peine, il s'élève un nouveau débat, c'est une contestation différente de celle réglée par la transaction.

« La transaction termine les contestations qui y donnent lieu : mais le plus souvent elle ne porte pas l'énumération de tous les objets sur lesquels on a entendu transiger; le plus souvent encore elle contient des expressions générales qui peuvent faire douter si tel objet y est compris.

« On a rappelé à cet égard les règles les plus propres à guider les juges.

« La première est que les transactions ne doivent avoir d'effet qu'à l'égard des contestations qui en ont été l'objet : *iniquum est perimi pacto id de quo cogitatum non est.* (Leg. 9. in fine *de transact.*).

« Quant aux clauses générales qui sont le plus souvent employées, voici comment on doit les entendre :

« Si dans une transaction sur un différend il y a renonciation à tous droits, actions et prétentions, cette renonciation ne doit pas être étendue à tout ce qui n'est point relatif au différend.

« Pour connaître si plusieurs différends sont terminés par la même transaction, il faut, ou que les parties aient manifesté leur intention par des expressions spéciales ou générales, ou que l'on reconnaisse cette intention par une suite nécessaire de ce qui est exprimé.

« Il peut arriver que celui qui aurait transigé sur un droit douteux ait ensuite, du chef d'une autre personne, un droit pareil; quoique l'un et l'autre de ces droits soient d'une nature semblable et présentent le même doute, cependant on ne peut pas dire que celui qui n'était point encore acquis dans le temps de la transaction en ait été l'objet. Il y a même raison de transiger; mais il n'y a point de lien de droit qui puisse, à l'égard du droit nouvellement échu, être opposé. C'est la décision de la loi 9 au Cod. *de transact.*, où on l'applique à l'espèce d'un mineur qui a transigé avec son tuteur sur la part qu'il avait de son chef dans la succession de son père, et qui devient ensuite héritier de son frère pour l'autre part.

« On tirerait aussi de ce qu'il y a parité de raison pour transiger, une fausse conséquence, si l'on en induisait que la transaction, faite seulement avec l'un de ceux qui ont le même intérêt, doive servir son effet à l'égard des autres. Il est d'ailleurs de règle générale que les obligations n'ont de force qu'entre ceux qui les ont contractées, et que si celui qui n'a point été partie dans un acte ne peut pas s'en prévaloir, cet acte ne doit pas aussi lui être opposé.

« Les transactions se font sur une contestation née ou à naître, et les parties ont entendu y balancer et régler leurs intérêts. C'est donc en quelque sorte un jugement que les parties ont prononcé entre elles; et lorsqu'elles-mêmes se sont rendu justice, elles ne doivent plus être admises à s'en plaindre. S'il en était autrement, les transactions ne seraient elles-mêmes qu'une nouvelle cause de procès. C'est l'irrévocabilité de ce contrat qui le met au rang de ceux qui sont les plus utiles à la paix des familles et à la société en général. Aussi, l'une des plus anciennes règles de droit, est que les transactions ont entre les parties une force pareille à l'autorité de la chose jugée. *Non minorem auctoritatem transactionum quam rerum judicatarum esse rectà ratione placuit.* (Leg. 20. Cod. De trans.).

« Les transactions comme les jugements ne peuvent donc point être attaquées à raison des dispositions par lesquelles les parties ont terminé leur différend; il suffit qu'il soit certain que les parties ont consenti à traiter sous ces conditions.

« Ce serait donc en vain qu'une partie voudrait réclamer contre une transaction, sous prétexte qu'il y aurait une erreur de droit. En général les erreurs de droit ne s'excusent point ; et dans les jugements auxquels on assimile les transactions, de pareilles erreurs n'ont jamais été mises au nombre des motifs suffisants pour les attaquer.

« Mais c'est surtout sous le prétexte de la lésion que les tentatives, pour revenir contre les transactions, ont été le plus multipliées. Cependant il n'y a point de contrat à l'égard duquel l'action en lésion soit moins admissible. Il n'est point en effet dans la classe des contrats commutatifs ordinaires, dans lesquels les droits ou les obligations des parties sont possibles à reconnaître et à balancer par la nature même du contrat. Dans la transaction, tout était incertain avant que la volonté des parties l'eût réglé. Le droit était douteux, et on ne peut pas déterminer à quel point il était convenable à chacune des parties de réduire sa prétention ou même de s'en désister.

« Lorsqu'en France on a négligé de se conformer à ces principes, on a vu revivre des procès sans nombre qu'aucune transaction ne pouvait plus amortir. Il fallut, dans le seizième siècle (avril 1560), qu'une ordonnance fût rendue pour confirmer toutes les transactions qui auraient été passées entre majeurs, sans dol ni violence, et pour interdire, sous de grandes peines, aux juges d'avoir égard à l'action en rescision pour cause de lésion- d'outre moitié ou même de lésion plus grande, aux officiers des chancelleries de délivrer les lettres alors nécessaires pour intenter cette action, et à toutes personnes d'en faire la demande.

« Il n'y a ni consentement ni même de contrat lorsqu'il y a erreur dans la personne. Telle serait la transaction que l'on croirait faire avec celui qui aurait qualité pour élever des prétentions sur le droit douteux, tandis qu'il n'aurait aucune qualité, et que ce droit lui serait étranger.

« Il n'y a point de consentement s'il a été surpris par dol ou extorqué par violence. Ce sont les principes communs à toutes les obligations.

« Lorsqu'un titre est nul, il ne peut en résulter aucune action pour son exécution : ainsi, lors même que dans ce titre il y aurait des dispositions obscures, elles ne pourraient faire naître de contestation douteuse, puisque celui contre qui on voudrait exercer l'action aurait dans la nullité un moyen certain d'en être déchargé. Il faut donc, pour que dans ce cas la transaction soit valable, que les parties aient expressément traité sur la nullité.

« Il a toujours été de règle qu'une transaction faite sur le fondement de pièces alors regardées comme vraies, et qui ont ensuite été reconnues fausses, est nu le. Celui qui voudrait en profiter serait coupable d'un délit, lors même que dans le temps du contrat il aurait ignoré que la pièce était fausse, s'il voulait encore en tirer avantage lorsque sa fausseté serait constatée.

« Mais on avait dans la loi romaine tiré de ce principe une conséquence qu'il serait difficile d'accorder avec la nature des transactions et avec l'équité. On suppose dans cette loi que dans une transaction il peut se trouver plusieurs chefs, qui soient indépendants et auxquels la pièce fausse ne soit pas commune. On y décide que la transaction conserve sa force pour les chefs auxquels la pièce fausse ne s'applique pas. Cette décision n'est point admise dans le projet de loi. On ne doit voir dans une transaction que des parties corrélatives ; et lors même que les divers points sur lesquels on a traité sont indépendants quant à leur objet, il n'en est pas moins incertain s'ils ont été indépendants quant à la volonté de contracter, et si les parties eussent traité séparément sur l'un des points.

« On eût moins risqué de s'écarter de l'équité en décidant que celui contre lequel on se serait servi de la pièce fausse aurait l'option, ou de demander la nullité du contrat en entier, ou d'exiger qu'il fût maintenu quant aux objets étrangers à la pièce fausse ; mais la règle générale que tout est corrélatif dans une transaction est celle qui résulte de la nature de ce contrat ; et ce qui n'y serait pas conforme ne peut être exigé par celui même contre lequel on s'est servi de la pièce fausse.

« La transaction qui aurait été faite sur un procès terminé par un jugement passé en force de chose jugée, dont les parties ou l'une d'elles n'avaient point connaissance, doit être nulle, puisque le droit n'était plus douteux lorsque les parties ont transigé.

« Si le jugement était ignoré des parties, le fait qu'il n'existait plus ni procès ni droit douteux n'en serait pas moins certain. Il y aurait eu erreur sur l'objet même de la transaction.

« Si le jugement n'était ignoré que de l'une des parties, il y aurait une seconde cause de rescision, celle résultant du dol de la partie qui savait qu'elle était irrévocablement condamnée.

« Il en serait autrement si le jugement ignoré des parties était susceptible d'appel. On peut à la vérité présumer que si la partie qui aurait obtenu ce succès l'eût connu, elle eût cherché à en tirer avantage dans la transaction ; mais il suffit que le jugement rendu fût alors susceptible d'appel pour qu'il y eût encore du doute ; et lorsque la base principale de la transaction reste, on ne saurait l'anéantir sur une simple présomption.

« On ne fait point mention, dans la loi, du pourvoi en cassation, qu'elle autorise, en certains cas, contre les jugements qui ne sont pas susceptibles d'appel. Le pourvoi en cassation n'empêche pas qu'il n'y ait un droit acquis, un droit dont l'exécution n'est pas suspendue ; mais si les moyens de cassation présentaient eux mêmes une question douteuse, cette contestation pourrait, comme toute autre, être l'objet d'une transaction.

« La transaction sur un procès précédemment jugé est nulle, parce qu'il n'y avait pas de question douteuse qui pût en être l'objet. Le motif est le même pour déclarer nulle la transaction ayant un objet sur lequel il serait constaté par des titres nouvellement découverts, que l'une des parties n'avait aucun droit. Il eût pu arriver que la partie à laquelle les titres sont favorables eût été condamnée par un jugement sans appel avant que son adversaire fût coupable de les avoir retenus ; mais ce n'est pas sur cette espèce d'incertitude que les parties ont traité, on ne peut encore moins intervertir le véritable objet de la transaction, lorsque l'effet de cette intervension serait d'enrichir, aux dépens de l'une des parties, celle qui n'avait même pas un droit douteux.

« Il en serait autrement si les parties ayant transigé généralement sur toutes les affaires qu'elles pouvaient avoir ensemble, des titres alors inconnus eussent été postérieurement découverts, On doit alors décider, d'après la règle de cor. rélation entre toutes les clauses de la transaction que les parties n'ont souscrit aux autres dispositions que sous la condition qu'elles ne pourraient élever l'une contre l'autre de nouvelle contestation sur aucune de leurs affaires antérieures. Cette condition emporte la renonciation à tout usage des titres qui pourraient être postérieurement découverts.

« Si, dans les opérations arithmétiques sur les conventions qui sont le résultat de la transaction, il y avait erreur, cette erreur serait évidemment contre la volonté réciproque des parties.

« Mais on ne pourrait pas également regarder comme certaine cette volonté, s'il s'agissait d'erreurs de calcul faites par les parties dans l'exposition des prétentions sur lesquelles on a transigé. Ainsi la transaction sur un compte litigieux ne pourrait être attaquée pour cause de découverte d'erreurs ou d'inexactitude dans les articles du compte.

« Telles sont, citoyens législateurs, les règles générales sur les transactions, et les observations dont ces règles ont paru susceptibles. »

PROJET DE LOI
SUR LA RÉUNION DES LOIS CIVILES.

Rédaction définitive.

Le citoyen **Bigot-Préameneu**, d'après la conférence tenue avec le Tribunal, présente la rédaction définitive du projet de loi *sur la réunion des lois civiles en un seul corps, sous le titre de* CODE CIVIL DES FRANÇAIS.

Le Conseil l'adopte en ces termes :

Article 1er. « Seront réunies en un seul corps de lois, sous le titre de CODE CIVIL DES FRANÇAIS, les lois qui suivent; savoir :

« 1°. Loi du 11 ventôse an II, sur la publication,
« *les effets et l'application des lois en général.*

« 2° Loi du 17 ventôse an XI, *sur la jouissance*
« *et la privation des droits civils.*

« 3° Loi du 20 ventôse an XI, *sur les actes de*
« *l'état civil.*

« 4° Loi du 23 ventôse an XI, *sur le domicile.*

« 5° Loi du 24 ventôse an XI, *sur les absents.*

« 6° Loi du 26 ventôse an XI, *sur le mariage.*

« 7° Loi du 30 ventôse an XI, *sur le divorce.*

« 8° Loi du 2 germinal an XI, *sur la paternité*
« *et la filiation.*

« 9° Loi du 2 germinal an XI, *sur l'adoption et la*
« *tutelle officieuse.*

« 10° Loi du 3 germinal an XI, *sur la puissance*
« *paternelle.*

« 11° Loi du 5 germinal an XI, *sur la minorité,*
« *la tutelle et l'émancipation.*

« 12° Loi du 8 germinal an XI, *sur la majorité,*
« *l'interdiction et le conseil judiciaire.*

« 13° Loi du 4 pluviôse an XII, *sur la distinc-*
« *tion des biens.*

« 14° Loi du 6 pluviôse an XII, *sur la propriété.*

« 15° Loi du 9 pluviôse an XII, *sur l'usufruit,*
« *l'usage et l'habitation.*

« 16° Loi du 10 pluviôse an XII, *sur les servi-*
« *tudes ou services fonciers.*

« 17° Loi du 29 germinal an XI, *sur les succes-*
« *sions.*

« 18° Loi du 13 floréal an XI, *sur les donations*
« *entre-vifs et les testaments.*

« 19° Loi du 17 pluviôse an XII, *sur les contrats*
« *ou les obligations conventionnelles en général.*

« 20° Loi du 19 pluviôse an XII, *sur les engage-*
« *ments qui se forment sans convention.*

« 21° Loi du 20 pluviôse an XII, *sur le contrat*
« *de mariage, et les droits respectifs des époux.*

« 22° Loi du 15 ventôse an XII, *sur la vente.*

« 23° Loi du 16 ventôse an XII, *sur l'échange.*

« 24° Loi du 16 ventôse an XII, *sur le contrat*
« *de louage.*

« 25° Loi du 17 ventôse an XII, *sur le contrat*
« *de société.*

« 26° Loi du 18 ventôse an XII, *sur le prêt.*

« 27° Loi du 23 ventôse an XII, *sur le dépôt et*
« *le séquestre.*

« 28° Loi du 19 ventôse an XII, *sur les contrats*
« *aléatoires.*

« 29° Loi du 19 ventôse an XII, *sur le mandat.*

« 30° Loi du 24 pluviôse an XII, *sur le caution-*
« *nement.*

« 31° Loi du 29 ventôse an XII *sur les transac-*
« *tions.*

« 32° Loi du 23 pluviôse an XII, *sur la con-*
« *trainte par corps en matière civile.*

« 33° Loi du 25 ventôse an XII, *sur le nantis-*
« *sement.*

« 34° Loi du 28 ventôse an XII, *sur les privilèges*
« *et hypothèques.*

« 35° Loi du 28 ventôse an XII, *sur l'expropria-*
« *tion forcée et les ordres entre les créanciers.*

« 36° Loi du 24 ventôse an XII, *sur la prescrip-*
« *tion.* »

Art. 2. « Les six articles dont est composée la
« loi du 21 du présent mois, concernant les actes
« respectueux à faire par les enfants aux pères et
« mères, aïeuls et aïeules, dans les cas où ils sont
« prescrits, seront insérés au titre du *mariage*, à
« la suite de l'article qui se trouve maintenant au
« n° 151. »

Art. 3. « Sera insérée au titre de la *distinction*
« *des biens*, à la suite de l'article qui se trouve
« maintenant au n° 529, la disposition contenue
« en l'article qui suit :

« Toute rente établie à perpétuité pour le prix
« de la vente d'un immeuble, ou comme condition
« de la cession à titre onéreux ou gratuit d'un
« fonds immobilier, est essentiellement rache-
« table.

« Il est néanmoins permis au créancier de régler
« les clauses et conditions du rachat.

« Il lui est aussi permis de stipuler que la rente
« ne pourra lui être remboursée qu'après un cer-
« tain terme, lequel ne peut jamais excéder
« trente ans : toute stipulation contraire est
« nulle. »

Art. 4. « Le Code civil sera divisé en un titre
« préliminaire et en trois livres.

« La loi du 14 ventôse an XI, *sur la publication,*
« *les effets et l'application des lois en général*, est
« le titre préliminaire.

« Le livre premier sera composé des onze lois
« suivantes, sous le titre *des personnes.*

« Le second livre sera composé des quatre lois
« suivantes, sous le titre *des biens et des diffé-*
« *rentes modifications de la propriété.*

« Le troisième livre sera composé des quatre
« lois suivantes sous le titre *des différentes ma-*
« *nières dont on acquiert la propriété.*

« Chaque livre sera divisé en autant de titres
« qu'il y a de lois qui doivent y être comprises. »

Art. 5. « Il n'y aura pour tous les articles du
« Code civil qu'une seule série de numéros. »

Art. 6. « La disposition de l'article premier
« n'empêche pas que chacune des lois qui y sont
« énoncées n'ait son exécution, du jour qu'elle a
« dû l'avoir en vertu de sa promulgation parti-
« culière. »

Art. 7. « A compter du jour où ces lois sont
« exécutoires, les lois romaines, les ordonnances,
« les coutumes générales ou locales, les statuts,
« règlements, cessent d'avoir force de loi géné-
« rale ou particulière dans les matières qui sont

« l'objet desdites lois composant le présent Code. »
La séance est levée.

Pour extrait conforme :
Le secrétaire général du conseil d'État,
J. G. LOCRÉ.

SÉANCE

DU 29 VENTÔSE AN XII DE LA RÉPUBLIQUE.

(*Mardi 20 mars* 1804).

Le Second **Consul** préside la séance.

Le citoyen **Treilhard** annonce que les titres VI et VII du livre III du projet de Code civil, *des priviléges et hypothèques, et de l'expropria- tion forcée et des ordres entre les créanciers,* ont été décrétés par le Corps législatif dans sa séance du 28 ventôse.

Le citoyen **Bigot-Préameneu** annonce que le titre *des transactions* a été décrété par le Corps législatif dans sa séance de ce jour.

PROJET DE LOI

SUR LA RÉUNION DES LOIS CIVILES.

Exposé des motifs.

Le citoyen **Portalis**, nommé pas le Premier Consul, avec les citoyens **Bigot-Préameneu** et **Treilhard**, pour présenter au Corps législatif, dans sa séance du 28 ventôse, le projet de loi sur *la réunion des lois civiles en un seul corps, sous le titre de* CODE CIVIL DES FRANÇAIS, et pour en soutenir la discussion dans sa séance du 30 du même mois, dépose sur le bureau l'exposé des mo- tifs de ce projet.

Cet exposé est ainsi conçu :

« Citoyens législateurs,

« Le 30 pluviôse an XI, le titre préliminaire du Code civil fut présenté à votre sanction. Une an- née s'est à peine écoulée, et nous vous apportons le projet de loi qui termine ce grand ouvrage.

« Dans ce projet, on s'est proposé de classer les différentes matières dont la législation civile se compose, et de les réunir en un seul corps de *lois, sous le titre de* CODE CIVIL DES FRANÇAIS.

« Chaque partie de ce Code vous a été successi- vement soumise. Chaque projet est devenu loi dès qu'il a été consacré par vos suffrages. Dans la présentation des divers projets, on a été forcé de se conformer à l'ordre du travail. Dans leur réunion actuelle, on rétablit l'ordre des matières et des choses. On indique la place naturelle de toutes les lois destinées à former un même tout, quelle qu'ait été l'époque de leur promulgation. Il n'y aura qu'une seule série de numéros pour tous les articles du Code ; on a pensé que cette mesure ne devait point être négligée. Elle rend plus apparent le caractère réel d'unité qui con- vient à l'ouvrage ; elle ménage le temps et elle abrége la peine de ceux qui étudient et qui appli- quent les lois.

« Nous réparons une omission importante. On avait oublié de régler le sort des rentes foncières. Ces rentes seront-elles rachetables, ou ne le seront- elles pas ? La question avait été vivement contro- versée dans ces derniers temps ; il était nécessaire de la décider.

« On appelle *rentes foncières* celles qui sont éta- blies dans l'instant même de la tradition du fonds.

« Il ne faut pas se dissimuler que ces sortes de rentes ont dans l'origine favorisé parmi nous l'utile division des patrimoines. Des hommes qui n'avaient que leurs bras ont pu, sans argent et sans fortune, devenir propriétaires, en consentant à être laborieux. D'autre part, des guerriers, des

conquérants qui avaient acquis par les armes de vastes portions de terrain, ont été invités à les distribuer à des cultivateurs, par la facilité de sti- puler une rente non rachetable, qui les associait aux profits de la culture, sans leur en faire par- tager les soins ou les embarras, et qui garantis- sait à jamais leur fortune et celle de leur postérité.

« L'histoire des rentes foncières remonte, chez les divers peuples de l'Europe, jusqu'au premier établissement de la propriété. S'agit-il d'un pays où il y a de grands défrichements à faire et de vastes marais à dessécher ? On doit y autoriser les rentes foncières non rachetables. Elles y se- ront un grand moyen de favoriser l'industrie par l'espérance de la propriété, et d'améliorer un sol inculte, ingrat, par l'industrie.

« Mais les rentes foncières non rachetables ne sauraient présenter les mêmes avantages dans des contrées où l'agriculture peut prospérer par les secours ordinaires du commerce, et où le com- merce s'étend et s'agrandit journellement par les progrès de l'agriculture. Dans ces contrées on ne peut supporter des charges ou des servitudes éter- nelles. L'imagination inquiète, accablée par la perspective de cette éternité, regarde une servitude ou une charge, qui ne doit pas finir, comme un mal qui ne peut être compensé par aucun bien. Un premier acquéreur ne voit, dans l'établissement de la rente à laquelle il se soumet, que ce qui la lui rend profitable. Ses successeurs ne sont plus sensibles qu'à ce qui peut la leur rendre odieuse.

« On sait d'ailleurs combien il fallait de formes et de précautions contre le débiteur d'une rente perpétuelle, pour assurer au créancier une ga- rantie suffisante qui pût avoir la même durée que son droit.

« Nous eussions cru choquer l'esprit général de la nation sans aucun retour d'utilité, en ré- tablissant les rentes non rachetables.

« La disposition la plus essentielle du projet qui vous est soumis est celle par laquelle on déclare qu'à *compter du jour où les nouvelles lois civiles que vous avez sanctionnées sont exécutoires, les lois romaines, les ordonnances, les coutumes gé- nérales ou locales, les statuts, les règlements, cessent d'avoir force de loi générale ou particu- lière dans les matières qui sont l'objet desdites lois composant le présent Code.*

« Cette disposition nous rappelle ce que nous étions, et nous fait apprécier ce que nous sommes.

« Quel spectacle s'offrait à nos yeux ! on ne voyait devant soi qu'un amas confus et informe de lois étrangères et françaises, de coutumes gé- nérales et particulières, d'ordonnances abrogées et non abrogées, de maximes écrites et non écrites, de réglements contradictoires et de dé- cisions opposées ; on ne rencontrait partout qu'un dédale mystérieux, dont le fil nous échap- pait à chaque instant ; on était toujours prêt à s'égarer dans un immense chaos.

« Ce désordre s'explique par l'histoire.

« Les nations ont un droit public avant que d'avoir des lois civiles.

« Chez les peuples naissants, les hommes vivent plutôt entre eux comme des confédérés que comme des concitoyens ; ils n'ont besoin que de quelques maximes générales pour régler leur association : la puissance qui s'élève au milieu d'eux n'est oc- cupée qu'à organiser ses moyens de sûreté et de défense. Dans tout ce qui concerne les affaires ordinaires de la vie, on est régi par des usages, par des habitudes, plutôt que par des lois.

« Ce serait un prodige que des hommes, tour

à tour conquérants et conquis, placés dans des lieux différents, sous des climats divers, à des distances plus ou moins éloignées, et souvent sans autres communications entre eux que celles qui naissent du pillage et des hostilités, eussent les mêmes habitudes et les mêmes usages : de là cette diversité de coutumes qui régissaient souvent les différentes provinces du même empire, et même les différentes villes de la même province.

« L'Europe, inondée par les barbares, fut, pendant des siècles, ensevelie dans l'ignorance la plus profonde. On ne pouvait penser à faire des lois, quand on n'était pas assez éclairé pour être législateur ; de plus, les souverains étaient intéressés à ne pas choquer des peuples enivrés de la prétendue excellence de leurs coutumes. Pourquoi se seraient-ils permis des changements qui eussent pu produire des révolutions ?

« *Charlemagne*, fondateur d'un vaste empire, jeta, par ses règlements politiques, les fondements des grandes institutions qui ont tant contribué dans la suite à éclairer l'Europe ; il constitua les premiers ordres de l'État ; mais, dans le gouvernement civil, son génie eût vainement aspiré à la gloire de contrarier trop ouvertement les mœurs et les préjugés de son siècle.

« *Louis IX*, dans ses *Etablissements*, se proposa d'embrasser l'universalité des matières civiles. Le temps ne comportait pas une si haute entreprise, les vues de ce prince demeurèrent aux termes d'un simple projet. Elles n'eurent quelque réalité que pour les vassaux de ses domaines.

« On crut, dans des temps moins reculés, avoir fait un grand pas vers le bien, quand on eut l'idée et le courage, je ne dis pas de réformer les anciennes coutumes, mais d'ordonner qu'elles seraient rédigées par écrit. Cette époque est célèbre dans l'histoire de notre ancienne législation ; car des coutumes écrites, quoique d'ailleurs plus ou moins barbares, plus ou moins sages dans leurs dispositions, firent disparaître les inconvénients attachés à des conditions incertaines et variables. Les affaires de la vie prirent un cours plus fixe et plus régulier : il y eut plus de sûreté dans l'ordre des successions, dans les propriétés privées et dans toutes les transactions sociales.

« Par intervalles, dans des moments de crises et de trouble, on promulguait quelque acte solennel de législation destiné à rétablir l'ordre, à réformer quelques abus ou à prévenir quelque danger. C'est au milieu des troubles civils que les belles ordonnances du chancelier de *L'Hôpital* furent publiées ; mais des lois isolées, que le choc des passions et des intérêts faisait sortir du sein des orages politiques comme l'acier fait jaillir le feu du caillou, ne produisaient qu'une lumière vacillante, passagère, toujours prête à s'éteindre, et incapable de diriger longtemps une nation dans la route de la prospérité et du bonheur.

« Insensiblement les connaissances s'accrurent, diverses causes hâtèrent le progrès de l'instruction. Mais, dans une nation guerrière comme la nôtre, les premières classes de la société se vouaient au service militaire ; elles avaient plutôt une discipline qu'une police ; elles dédaignèrent longtemps l'étude de la jurisprudence et des lois ; cette partie des connaissances humaines, qui n'est certainement pas la moins importante de toutes, était abandonnée à des hommes qui n'avaient ni le loisir ni la volonté de se livrer à des recherches qu'ils eussent regardées comme plus curieuses qu'utiles.

« L'antiquité nous avait laissé des collections précieuses sur la science des lois ; malheureusement ces collections n'étaient connues que dans les contrées régies par le droit écrit, et encore faut-il observer qu'elles n'y étaient connues que de ceux qui se destinaient à la judicature ou au barreau.

« Les littérateurs ne cherchaient dans les anciens que les choses d'agrément : et les philosophes se bornaient à ce qui regarde les sciences spéculatives.

« Il ne faut pas s'étonner de cette indifférence. Nous naissons dans des sociétés formées, nous y trouvons des lois et des usages, nous ne regardons point au delà. Il faut que les événements donnent l'éveil à l'esprit ; nous avons besoin d'être avertis pour prendre une direction nouvelle, et porter notre attention sur des objets jusque-là inconnus ou négligés.

« Ce sont nos découvertes dans les arts, nos premiers succès dans la navigation et l'heureuse fermentation née de nos succès et de nos découvertes en tout genre, qui produisirent, sous *Louis XIV*, les règlements de *Colbert* sur les manufactures, l'ordonnance des eaux et forêts, l'ordonnance du commerce et celle de la marine.

« Le bien naît du bien. Quand le législateur eut fixé sa sollicitude et ses regards sur quelques matières importantes, il sentit la nécessité, et il eut le désir de toucher à toutes. On fit quelques réformes dans l'ordre judiciaire, on corrigea la procédure civile, on établit un nouvel ordre dans la justice criminelle, on conçut le vaste projet de donner un Code uniforme à la France.

« Les *Lamoignon*, les *d'Aguesseau* entreprirent de réaliser cette grande idée. Elle rencontrait des obstacles insurmontables dans l'opinion publique, qui n'y était pas suffisamment préparée, dans les rivalités de pouvoir, dans l'attachement des peuples à des coutumes dont ils regardaient la conservation comme un privilège, dans la résistance des cours souveraines qui craignaient toujours de voir diminuer leur influence et dans la superstitieuse incrédulité des jurisconsultes sur l'utilité de tout changement qui contrarie ce qu'ils ont laborieusement appris ou pratiqué pendant toute leur vie.

« Cependant les idées de réforme et d'uniformité avaient été jetées dans le monde. Les savants et les philosophes s'en emparèrent ; ils portèrent dans les matières législatives le coup d'œil d'une raison exercée par l'observation et par l'expérience. On compara les lois aux lois, on les étudia dans leurs rapports avec les droits de l'homme et avec les besoins de la société. Le judicieux *Domat* et quelques auteurs contemporains commencèrent à se douter que la législation est une véritable science. J'appelle *science* une suite de vérités ou de règles liées les unes aux autres, déduites des premiers principes, réunies en corps de doctrine et de système sur quelqu'une des branches principales de nos connaissances.

« Les jurisconsultes ne furent plus de simples compilateurs, les magistrats raisonnèrent. Le public éclairé prit part aux querelles des jurisconsultes ; il examina les décisions du magistrat, et, s'il est permis de le dire, il osa juger *les justices*.

« Dans les sciences, comme dans les lettres et dans les arts, tandis que les talents ordinaires luttent contre les difficultés et s'épuisent en vains efforts, il paraît subitement un homme de génie qui s'élance et va poser le modèle au delà des bornes connues. C'est ce que fit, dans le dernier siècle, le célèbre auteur de l'*Esprit des lois;* il laissa loin derrière lui tous ceux qui avaient écrit sur la jurisprudence; il remonta à la source de toute législation; il approfondit les motifs de chaque loi particulière; il nous apprit à ne jamais séparer les détails de l'ensemble, à étudier les lois dans l'histoire, qui est comme la physique expérimentale de la science législative; il nous mit, pour ainsi dire, en relation avec les législateurs de tous les temps et de tous les mondes.

« Telle était parmi nous la disposition des esprits; telles étaient nos lumières et nos ressources, lorsque tout à coup une grande révolution éclate.

« On attaque tous les abus à la fois; on interroge toutes les institutions. A la simple voix d'un orateur, les établissements, en apparence les plus inébranlables, s'écroulent; ils n'avaient plus de racines dans les mœurs. La puissance se trouve subitement conquise par l'opinion.

« Il faut l'avouer : c'était ici une de ces époques décisives qui se rencontrent quelquefois dans la durée des États, et qui changent la position et la fortune des peuples, comme certaines crises changent le tempérament des individus.

« A travers tous les plans qui furent présentés pour améliorer les choses et les hommes, l'idée d'une législation uniforme fut une de celles qui occupèrent d'abord plus particulièrement nos assemblées délibérantes.

« Proposer une telle idée, c'était énoncer le vœu constant des magistrats les plus distingués et celui de la nation entière; c'était énoncer ce vœu dans un moment où l'on entrevoyait la possibilité de le réaliser.

« Mais comment préparer un Code de lois civiles au milieu des troubles politiques qui agitaient la France?

« La haine du passé, l'ardeur impatiente de jouir du présent, la crainte de l'avenir, portaient les esprits aux mesures les plus exagérées et les plus violentes; la timidité et la prudence, qui tendent à tout conserver, avaient été remplacées par le désir de tout détruire.

« Des privilèges injustes et oppressifs, qui n'étaient que le patrimoine de quelques hommes, avaient pesé sur la tête de tous. Pour recouvrer les avantages de la liberté, on tomba pendant quelques instants dans les abus de la licence. Pour écarter les préférences odieuses et les empêcher de renaître, on chercha à niveler toutes les fortunes après avoir nivelé tous les rangs.

« Des nations ennemies, rivales et jalouses, menaçaient notre sûreté; en conséquence nous voulions, par nos lois, nous isoler de toutes les nations.

« La France avait été déchirée par les guerres religieuses qui avaient laissé dans un grand nombre de familles des souvenirs amers. On crut devoir porter la coignée au pied de l'arbre, et détruire toute religion pour prévenir le retour de la superstition et du fanatisme.

« Les premières lois qui furent promulguées par nos assemblées passèrent à travers tous ces systèmes exagérés, et s'y teignirent fortement. On détruisit la faculté de tester, on relâcha le lien du mariage, on travailla à rompre toutes les anciennes habitudes. On croyait régénérer et refaire, pour ainsi dire, la société : on ne travaillait qu'à la dissoudre.

« On revint ensuite à des idées plus modérées, on corrigea les premières lois, on demanda de nouveaux plans; on comprit qu'un Code civil

devait être préparé avec sagesse, et non décrété avec fureur et précipitation.

« Alors le *consul Cambacérès* publia un projet de Code, qui est un chef-d'œuvre de méthode et de précision. Ce magistrat laissa aux circonstances et au temps le soin de ramener des vérités utiles qu'une discussion prématurée n'eût pu que compromettre. Ses premiers travaux préjugèrent dès lors la sagacité et la sagesse avec lesquelles il devait un jour, sur ces grands objets, éclairer nos délibérations. Les événements publics qui se succédaient rapidement suspendirent tous les travaux relatifs à la confection du Code civil. Mais tous les bons esprits demeurèrent préoccupés de ce grand projet.

« Au 18 brumaire, le premier soin du héros que la nation a choisi pour son chef fut, après avoir agrandi la France par des conquêtes brillantes, d'assurer le bonheur des Français par de bonnes lois.

« Des commissions furent nommées pour continuer des travaux jusque-là toujours repris et abandonnés.

« La guerre, qui a si souvent l'effet de suspendre le cours des projets salutaires, n'arrêta point les opérations qui devaient amener le résultat de ces travaux. Les tribunaux furent consultés. Chaque magistrat, chaque jurisconsulte acquitta le tribut de ses lumières : en quelques années nous avons acquis l'expérience de plusieurs siècles. L'homme extraordinaire qui est à la tête du Gouvernement sut mettre à profit le développement d'idées que la Révolution avait opéré dans toutes les têtes, et l'énergie de caractère qu'elle avait communiqué à toutes les âmes. Il réveilla l'attention de tous les hommes instruits; il jeta un souffle de vie sur des débris et des matériaux épars, qui avaient été dispersés par les tempêtes révolutionnaires; il éteignit les haines et réunit les partis : sous ses auspices, la justice et la paix s'embrassèrent, et dans le calme de toutes les passions et de tous les intérêts, on vit naître un projet complet de Code civil, c'est-à-dire le plus grand bien que les hommes puissent donner et recevoir.

« Citoyens législateurs, le vœu de la nation, celui de toutes nos assemblées délibérantes, est rempli. Les différentes parties du Code civil, discutées dans le Tribunat par des hommes dont les lumières nous ont été si profitables, ont déjà reçu votre sanction, et vous allez proclamer, à la face de l'Europe, *le Code civil des Français.*

« Lors de la présentation de chaque loi, on vous a exposé les raisons qui la motivaient, et ces raisons ont obtenu vos suffrages. Il nous suffit dans ce moment de jeter un coup d'œil général sur l'ensemble des lois que vous avez sanctionnées. Ces lois ne sont point l'ouvrage d'une volonté particulière, elles ont été formées par le concours de toutes les opinions; elles paraissent, après la Révolution, comme ces signes bienfaisants qui se développent dans le ciel pour nous annoncer la fin d'un grand orage.

« Et en effet, eût-il été possible de terminer l'important ouvrage du Code civil, si nos travaux et les vôtres eussent été traversés par des factions? Eût-on pu transiger avec les opinions, si déjà on n'avait réussi à concilier les intérêts et à rapprocher les cœurs? Oui, citoyens législateurs, la seule existence d'un Code civil uniforme est un monument qui atteste et garantit le retour permanent de la paix intérieure de l'État. Que nos ennemis frémissent, qu'ils désespèrent de nous diviser, en voyant toutes les parties de la République ne plus former qu'un seul tout; en voyant plus de trente millions de Français, autrefois divisés par tant de préjugés et de coutumes différentes, consentir solennellement les mêmes sacrifices, et se lier par les mêmes lois ; en voyant enfin une grande nation, composée de tant d'hommes divers, n'avoir plus qu'un sentiment, qu'une pensée, marcher et se conduire comme si tout entière elle n'était qu'un seul homme.

« Quels seront les effets de cette unité de législation établie par le nouveau Code ? Les esprits ordinaires ne peuvent ne voir dans cette unité qu'une perfection de symétrie ; l'homme instruit, l'homme d'Etat y découvre les plus solides fondements de l'Empire.

« Des lois différentes n'engendrent que trouble et confusion parmi des peuples qui, vivant sous le même Gouvernement et dans une communication continuelle, passent ou se marient les uns chez les autres, et, soumis à d'autres coutumes, ne savent jamais si leur patrimoine est bien à eux.

« Nous ajoutons que les hommes qui dépendent de la même souveraineté, sans être régis par les mêmes lois, sont nécessairement étrangers les uns aux autres ; ils sont soumis à la même puissance, sans être membres du même Etat ; ils forment autant de nations diverses qu'il y a de coutumes différentes. Ils ne peuvent nommer une patrie commune.

« Aujourd'hui, une législation uniforme fait disparaître toutes les absurdités et les dangers ; l'ordre civil vient cimenter l'ordre politique. Nous ne serons plus Provençaux, Bretons, Alsaciens, mais Français. Les noms ont une plus grande influence que l'on ne croit sur les pensées et les actions des hommes.

« L'uniformité n'est pas seulement établie dans les rapports qui doivent exister entre les différentes portions de l'Etat ; elle est encore établie dans les rapports qui doivent exister entre les individus. Autrefois, les distinctions humiliantes que le droit politique avait introduites entre les personnes s'étaient glissées jusque dans le droit civil. Il y avait une manière de succéder pour les nobles, une autre manière de succéder pour ceux qui ne l'étaient pas ; il existait des propriétés privilégiées que ceux-ci ne pouvaient posséder, au moins sans une dispense du souverain. Toutes ces traces de barbarie sont effacées ; la loi est la même commune des citoyens, elle accorde une égale protection à tous.

« Un des grands bienfaits du nouveau Code est encore d'avoir fait cesser toutes les différences civiles entre les hommes qui professent des cultes différents. Les opinions religieuses sont libres. La loi ne doit point forcer les consciences ; elle doit se diriger d'après ce grand principe, qu'il faut souffrir ce que Dieu souffre. Ainsi, elle ne doit connaître que des citoyens, comme la nature ne connaît que des hommes.

« On n'a pas cherché, dans la nouvelle législation, à introduire des nouveautés dangereuses. On a conservé des lois anciennes tout ce qui pouvait se concilier avec l'ordre présent des choses ; on a pourvu à la publicité des mariages ; on a posé de sages règles pour le gouvernement des familles ; on a établi la magistrature des pères ; on a rappelé toutes les formes qui pouvaient garantir la soumission des enfants ; on a laissé une latitude convenable à la bienfaisance des testateurs ; on a développé tous les principes généraux des conventions et ceux qui dérivent de la nature particulière de chaque contrat ; on a veillé sur le maintien des bonnes mœurs, sur la liberté raisonnable du commerce, et sur tous les objets qui peuvent intéresser la société civile.

« En assurant par de bonnes lois notre prospérité et notre gloire à l'intérieur, nous aurons encore accru notre gloire et notre puissance au dehors. L'histoire moderne ne présente aucun exemple pareil à celui que nous donnons au monde. Le courage de nos armées a étonné l'Europe par des victoires multipliées, et il s'apprête à nous venger de la perfidie d'un ennemi qui ne respecte point la foi des traités, et qui ne place sa confiance et sa force que dans le crime. C'est alors que la sagesse du Gouvernement, calme comme si elle n'était pas distraite par d'autres objets, jette les fondements de cette autre puissance, qui captive peut-être plus sûrement le respect des nations : je veux parler de la puissance qui s'établit par les bonnes institutions et par les bonnes lois.

« Nos ressources politiques et militaires peuvent n'inspirer que de la crainte aux étrangers ; mais en nous voyant propager toutes les saines idées d'ordre, de morale et de bien public, ils trouvent dans nos principes et dans nos vertus de quoi se rassurer contre l'abus possible de nos ressources.

« Citoyens législateurs, vous touchez au terme de vos glorieux travaux. Qu'il sera consolant pour vous, en retournant dans vos départements et dans vos familles, d'y être bénis par vos concitoyens, et d'y jouir personnellement, comme enfants, comme époux, comme pères, de toutes les sages institutions que vous aurez sanctionnées comme législateurs ! Vous aurez travaillé à votre bien particulier en travaillant au bien commun ; et à chaque instant de la vie, chacun de vous se trouvera heureux du bonheur de tous. »

La séance est levée.

Pour extrait conforme :
Le secrétaire général du Conseil d'Etat,
J. G. LOCRÉ.

_____

SÉANCE
DU 1er GERMINAL AN XII DE LA RÉPUBLIQUE.

(Jeudi 22 mars 1804.)

Le Second **Consul** préside la séance.

Le citoyen **Portalis** annonce que le projet de loi sur la réunion des lois civiles en un seul corps, sous le titre de CODE CIVIL DES FRANÇAIS, a été décrété par le Corps législatif dans sa séance du 30 ventôse.

La séance est levée.

Pour extrait conforme :
Le secrétaire général du Conseil d'Etat,
J. G. LOCRÉ.

FIN DE LA DISCUSSION DU CODE CIVIL AU CONSEIL D'ÉTAT.

REPRISE

DES SÉANCES DU TRIBUNAT ET DU CORPS LÉGISLATIF

(v. t. vi, page 191).

TRIBUNAT.

PRÉSIDENCE DU CITOYEN GILLET-LAJACQUEMINIÈRE.

Séance du 3 floréal an XII (lundi, 23 avril 1804).

Le procès-verbal de la séance du 3 germinal est adopté.

Il est rendu compte des adresses et pétitions ainsi qu'il suit :

Le citoyen Gilbert, juge suppléant, doyen et président de la chambre des avoués du tribunal civil de Melun, adresse au Tribunat des observations sur les jugements criminels.

Le citoyen Casaquy, maire de la commune de Roumont, département des Forêts, expose que mal à propos Henri-Ignace Casaquy, son fils, a été inscrit le 16 germinal an VI, par l'ancienne administration centrale, sur le deuxième supplément de la liste des émigrés. Il réclame contre cette inscription, et demande la levée du séquestre mis sur ses biens à cause de la prétendue émigration de son fils.

Le Tribunat ordonne le renvoi de ces pétitions au Gouvernement.

Le citoyen Bournel, ex-directeur des domaines du département de l'Ourthe, expose qu'il a perdu sa place après trente ans de services, et réclame contre sa destitution.

Le Tribunat passe à l'ordre du jour sur cette pétition.

Le citoyen Firmin-Didot, imprimeur-libraire, fait hommage au Tribunat d'un exemplaire de l'*édition stéréotype du Code civil* qu'il vient d'imprimer dans l'ordre prescrit par la loi du 30 ventôse dernier, suivi du tableau des distances de Paris aux chefs-lieux des départements, pour servir de régulateur et d'indicateur du jour où, conformément à l'article premier du Code civil, la promulgation de chaque loi est réputée connue dans chacun des départements de la République.

Le Tribunat ordonne la mention au procès-verbal.

Koch. Je suis chargé de faire hommage au Tribunat d'un ouvrage intéressant et infiniment utile sur les douanes, qu'un de mes compatriotes du Bas-Rhin a publié, c'est le *Code des Douanes de la République française*, par le citoyen Magnier-Grandprez, receveur principal des douanes à Strasbourg, membre du collège électoral du département et de la société d'agriculture, sciences et arts de la ville.

Cet ouvrage, distribué en deux volumes, présente les lois, décisions ou arrêtés encore en vigueur sur les douanes, depuis le mois de novembre 1790 jusqu'au moment actuel, avec des commentaires et des explications propres à concilier les différents règlements et à fixer toute incertitude.

Le second volume de l'ouvrage est suivi d'un traité sur le contentieux des douanes et sur les acquits-à-caution. Le développement de chaque affaire y est présenté avec tant de méthode, que non-seulement on y trouve des modèles de tous les rapports et actes à rédiger, mais aussi la marche à suivre dans les tribunaux de paix, civils, correctionnels, spéciaux et de cassation, pour la discussion et la conclusion de toutes les causes.

Il s'ensuit que cet ouvrage sera d'une utilité indispensable aux préposés des douanes de toutes les classes, aux hommes de loi qui discutent ces matières dans les tribunaux, et aux commerçants qui ont à soigner leurs intérêts; il ne pourra donc être accueilli que favorablement par le Tribunat. Je demande que mention honorable en soit faite dans le procès-verbal, et que l'exemplaire offert par l'auteur soit déposé à la bibliothèque.

Cette proposition est adoptée.

Le Sénat conservateur annonce par un message que, dans sa séance du 6 germinal, il a nommé membres du Sénat, les citoyens Garnier (Germain) et Cacault, et que, dans la séance du 1er floréal, les citoyens Bruneteau Sainte-Suzanne, Beauharnais, Delannoy, Saint-Martin Lamothe, ont également été élus à ces places vacantes de sénateur.

Mention au procès-verbal.

Le tribun Girardin demande et obtient un congé.

Il est procédé au renouvellement du bureau et d'un membre de la commission administrative.

Le citoyen Fabre (*de l'Aude*) est élu président. Les citoyens Siméon, Jard-Panvilliers, Faure et Arnould sont nommés secrétaires.

Le citoyen Dacier remplace le citoyen Mallarmé à la commission administrative.

La séance est levée.

TRIBUNAT.

PRÉSIDENCE DU TRIBUN FABRE (*de l'Aude*).

Séance du 10 floréal an XII (lundi, 30 avril 1804).

Le procès-verbal de la séance du 3 floréal est adopté.

Le **Président.** Le 3 de ce mois, notre collègue Curée a déposé sur le bureau une motion d'ordre par laquelle il demande l'*établissement d'un Gouvernement héréditaire.*

J'invite le citoyen Curée à développer sa motion.

Curée. Citoyens collègues, je me présente à cette tribune pour appeler votre attention sur des objets graves et éminemment nationaux. Dans une matière aussi importante, j'ai besoin que vous m'accordiez une attention suivie et une indulgence que la pureté de mon patriotisme me donne lieu d'espérer.

Citoyens tribuns, le succès et la durée de tout système politique dépendent de la stabilité du Gouvernement, qui y forme comme le point central auquel tout vient aboutir. Ce principe est incontestable pour tous les temps, pour toutes les circonstances : mais son application devient d'une nécessité encore plus incontestable, lorsque de grandes mutations dans l'État ayant amené, ayant développé un ordre de choses qui fixe sous des rapports nouveaux la destinée des peuples, on peut démontrer avec évidence que c'est sanctionner les siècles ces mutations politiques, et assurer à jamais le maintien des grands résultats qu'elles ont laissés après elles, que de ramener et de rétablir dans un cours de succession certain, authentique et héréditaire, le Gouvernement qui est incorporé à ces grands résultats, et qui s'y trouve lié d'une manière aussi intime que le tronc d'un arbre l'est à ses racines.

Pour mieux concevoir cette idée, veuillez, mes collègues, vous reporter un moment par le souvenir à cette époque mémorable de notre Révolution, ou 30 millions de Français, par un mouvement spontané, par une volonté unanime, et d'une voix qui fut aussi puissante que celle du Créateur au premier jour de l'univers, s'écrièrent : « Que l'égalité s'établisse, que les privilèges disparaissent, et que la nation soit tout ce qu'elle doit être. »

En vain les factions nées au milieu des ordres privilégiés vinrent s'opposer aux destins du peuple. La raison et la liberté triomphèrent, et tous les obstacles furent surmontés par la force et l'union nationales.

Charlemagne avait gouverné la France en homme qui était supérieur de beaucoup à son siècle , au milieu de l'ignorance universelle, il avait montré un génie universel, tout à la fois profond législateur, grand homme d'État et conquérant infatigable. Quelque temps après cette époque glorieuse, une des familles les plus puissantes dans le régime féodal fut appelée à la souveraineté. Cet odieux système couvrit la France d'abus, en bannit toute liberté nationale, et sembla anéantir sans retour jusqu'au principe de ces idées libérales que l'histoire admire encore dans les institutions de Charlemagne.

Les nobles mouvements dont le peuple français fut animé en 1789 se dirigeaient principalement contre les institutions de tout genre où la féodalité s'était attachée ; et cependant on commit la faute grave de laisser le pouvoir suprême entre les mains d'une famille essentiellement féodale. Dans cette fausse position, la défiance universelle qu'inspirait le pouvoir chargé de maintenir la Constitution de 1791 ne fit qu'accroître la haine de ce pouvoir contre la nation, et n'en corrigea pas les vices. Roi de France, Louis XVI ne voulut jamais être roi des Français : né souverain, il ne put consentir de bonne foi à devenir magistrat. Votre Charte fut violée aussitôt que proclamée ; et l'anarchie, au milieu de l'embrasement d'une guerre générale, succéda à la chute effrayante du trône.

S'il est vrai que l'Assemblée constituante commit la faute de ne point amener dans un nouvel ordre de choses une nouvelle dynastie, à Dieu ne plaise que j'en fasse contre elle la matière d'une accusation ! La Révolution était dans sa naissance ; aucune grande réputation ne s'élevait parmi les citoyens pour leur inspirer une grande confiance. La nature des choses l'emporta. Les événements révolutionnaires parcoururent leurs diverses périodes ; et quoi qu'en disent les ennemis de la nation française, au milieu du désordre le plus général, au sein de la plus grande confusion, on reconnut encore le caractère de ce peuple, le plus doux et le plus magnanime de l'univers.

Tous les bons esprits jugèrent donc facilement que la Constitution de 1791 serait de peu de durée. Qu'était-ce en effet qu'un gouvernement qui devait défendre la nation et qui n'avait pas le droit de défendre son palais sans la permission de l'autorité municipale ? Qu'était-ce qu'un gouvernement qui devait régir un grand État, et qui n'avait pas le droit de nommer ses agents ?

Si nous jurâmes alors avec toute la France d'être fidèles au pacte qui venait d'être formé, c'est que cet engagement était réciproque, c'est que notre volonté était de le tenir tant que le pouvoir chargé spécialement de le défendre ne l'attaquerait pas lui-même ; c'est qu'enfin de deux maux il fallait choisir le moins funeste, et

qu'il valait encore mieux adopter un gouvernement borné dans son pouvoir au delà de ce qu'exigeait la nature de ses fonctions, que de compromettre les droits conquis en 1789.

Eh ! pourquoi nous arrêter si longtemps à une époque séparée du présent par un si grand intervalle ? Il est essentiel cependant de rappeler que les princes de cette maison revêtue de l'autorité nationale coururent l'Europe en chevaliers errants, et, pour prix des serments que nous faisions de leur être fidèles, coalisèrent les puissances contre nous.

La Convention nationale dut appeler au secours de la patrie le peuple tout entier. Un million de braves périrent sur les frontières pour la défense de nos droits : leur courage garantit cette indépendance nationale, noble et précieux héritage de nos pères. Il replaça la nation dans ce haut degré de gloire où nous appelaient la position de la France, le génie belliqueux de son peuple, et les lumières du siècle. La victoire demeura donc aux armes françaises ; et Dieu lui-même sembla prononcer dans cette lutte entre les Bourbons et le régime féodal d'un côté, et les droits de la nation de l'autre : les Bourbons et le régime féodal furent proscrits à jamais.

Ici commence un nouvel ordre de choses. Quand on nous vit dans un état plus paisible, les ennemis de nos droits, désespérant de nous vaincre sur le champ de bataille, cherchèrent à nous combattre par les factions. L'or des étrangers, des émissaires nombreux et perfides, et le nom de cette maison proscrite à jamais, prolongèrent encore les agitations et les désordres intérieurs.

Des esprits superficiels crurent un instant qu'un gouvernement confié à un directoire de cinq personnes fixerait les destins de la France. Vaine espérance ! On réunit inutilement les chefs des différentes factions ; ils employèrent à se surveiller réciproquement le temps qu'exigeaient les affaires de l'État ; et l'on ne tarda pas à s'apercevoir que le caractère aimant de la nation ne pouvait s'attacher à un gouvernement dont les membres, par leur institution même, étaient passagers, sans consistance personnelle, et divisés d'intérêts et d'opinions.

Nous marchâmes, sous un tel gouvernement, de réactions en réactions, de changements en changements, de convulsions en convulsions ; et tous les vœux, tous les regards, se tournant bientôt vers l'Orient, appelèrent, pour mettre un terme à nos malheurs, cette grande et majestueuse réputation qui s'était formée au milieu des camps, des négociations, et du gouvernement des peuples conquis.

Le général Bonaparte touche le rivage français. Depuis cette époque, nous n'avons cessé de jouir des fruits d'une sage, prévoyante et laborieuse administration. Dans quel temps, chez quelle nation, les comptes du trésor public et des finances ont-ils été établis avec une règle plus sévère et une plus scrupuleuse exactitude ? La paix, mais une paix glorieuse, n'a-t-elle pas été conquise, et n'a-t-il pas été permis au peuple français d'espérer pour son bonheur et pour sa gloire tout ce qui serait utile et grand ? Le Code civil, attendu depuis plusieurs années par tant d'intérêts, et toujours depuis plusieurs années ou différé ou entrepris sans succès et réduit à quelques lois éparses, qui ne servaient qu'à augmenter le désordre, le Code civil n'est-il pas sorti avec majesté des savantes et laborieuses discussions des jurisconsultes et des hommes d'État? système de législation le plus complet et le plus méthodique qui ait jamais existé, et dont l'heureux effet sera de rendre en quelque sorte populaire la connaissance des droits civils. En un mot, tout ce que le peuple avait voulu en 1789 a été rétabli; l'égalité a été maintenue; la loi, qui seule peut imposer aux citoyens des charges pour le bien de l'État, a été respectée. L'administration a repoussé avec sévérité tout ce qui aurait pu porter atteinte à l'irrévocabilité des ventes des biens nationaux, et au droits des acquéreurs. Enfin les autels ont été relevés, et les dogmes religieux consacrés, en même temps que la liberté des consciences.

Dans cette heureuse situation, où le peuple français est en possession de tous les droits qui furent l'unique but de la Révolution de 1789, l'incertitude de l'avenir vient seule troubler l'État du présent.

Les ennemis de notre patrie se sont en effet effrayés de sa prospérité comme de sa gloire; leurs trames se sont multipliées, et l'on eût dit qu'au lieu d'une nation tout entière ils n'avaient plus à combattre qu'un homme seul. C'est lui qu'ils ont voulu frapper pour la détruire; trop assurés que la France en deuil, par la perte qu'elle aurait faite, dans le même jour, et du grand homme qui l'a organisée et du chef qui la gouverne, partagée entre des ambitions rivales, déchirée par les partis, succomberait au milieu des orages déchaînés dans tous les sens.

Quelle garantie peut-on lui donner contre la crainte de tant de malheurs? quels remèdes opposer à tant de maux? L'opinion, les armées, le peuple entier l'ont dit.

L'hérédité du pouvoir dans une famille que la Révolution a illustrée, que l'égalité, la liberté auront consacrée; l'hérédité dans la famille d'un chef qui fut le premier soldat de la République avant d'en devenir le premier magistrat; d'un chef que ses qualités civiles auraient distingué éminemment, quand il n'aurait pas rempli le monde entier du bruit de ses armes et de l'éclat de ses victoires.

Vous le voyez, mes collègues, nous avons été ramenés par la pente irrésistible des événements au point que le vœu national avait hautement marqué en 1789, et où nous avait laissés l'Assemblée constituante elle-même; mais pourtant avec cette différence essentielle dans notre position, qu'au lieu que cette Assemblée, comme je l'ai dit, ou n'avait pu, ou n'avait voulu, ou n'avait osé, en établissant un nouveau pacte social, changer la dynastie à qui elle en confiait l'exécution, ce qui entraîna bientôt la ruine de son ouvrage. Ici, au contraire, nous avons l'inappréciable avantage de trouver à la tête de la nation le chef auguste d'une famille propre à former le premier anneau de la nouvelle dynastie, et certes d'une dynastie qui sera dans le nouvel ordre de choses, et dans les fondements mêmes de ce nouvel ordre.

Ainsi une barrière éternelle s'opposera au retour, et des factions qui nous déchirèrent, et de cette maison que nous proscrivîmes en 1792, parce qu'elle avait violé nos droits; de cette maison que nous proscrivons aujourd'hui, parce que ce fut elle qui alluma contre nous la guerre étrangère et la guerre civile; qui fit couler dans la Vendée des torrents de sang français; qui suscita les assassinats par la main des chouans, et qui depuis tant d'années enfin a été la cause générale des troubles et des désastres qui ont déchiré notre patrie.

Ainsi le peuple français sera assuré de conserver sa dignité, son indépendance et son territoire.

Ainsi l'armée française sera assurée de conserver un état brillant, des chefs fidèles, des officiers intrépides, et les glorieux drapeaux qui

l'ont si souvent conduite à la victoire; elle n'aura à redouter ni d'indignes humiliations, ni d'infâmes licenciements, ni d'horribles guerres civiles; et les cendres des défenseurs de la patrie ne seront point exposées, selon une sinistre prédiction, a être jetées au vent.

Hâtons-nous donc, mes collègues, de demander l'hérédité d'un chef, car en votant l'hérédité d'un chef, comme disait Pline à Trajan, nous empêcherons le retour d'un maître.

Mais en même temps donnons un grand pouvoir; concilions à la suprême magistrature du premier empire du monde le respect d'une dénomination sublime.

Choisissons celle qui, en même temps qu'elle donnera l'idée des premières fonctions civiles, rappellera de glorieux souvenirs, et ne portera aucune atteinte à la souveraineté du peuple.

Je ne vois pour le chef du pouvoir national aucun titre plus digne de la splendeur de la nation que le titre d'Empereur.

S'il signifie consul victorieux, qui mérita mieux de le porter? Quel peuple, quelles armées furent dignes d'exiger qu'il fût celui de leur chef?

Je demande donc que nous reportions au Sénat un vœu qui est celui de toute la nation, et qui a pour objet:

1° Que Napoléon Bonaparte, actuellement premier consul, soit déclaré Empereur, et en cette qualité demeure chargé du gouvernement de la République française;

2° Que la dignité impériale soit déclarée héréditaire dans sa famille;

3° Que celles de nos institutions qui ne sont que tracées soient définitivement arrêtées.

Tribuns, il ne nous est plus permis de marcher lentement; le temps se hâte: le siècle de Bonaparte est à sa quatrième année, et la nation veut un chef aussi illustre que sa destinée.

Le Tribunat ordonne l'impression et la distribution, au nombre de six exemplaires, du discours de Curée.

Le **Président**. Plusieurs membres ont demandé la parole sur la motion de notre collègue Curée. Ils seront successivement entendus dans l'ordre de leur inscription.

J'invite le citoyen Siméon à paraître à la tribune.

Siméon. Tribuns, la motion que vous venez d'entendre et que je seconde, présente une opinion qui se formait depuis plus de deux ans, et que les événements ont mûrie. Des communes, des conseils généraux de départements, plusieurs corps la manifestent; elle éclate de toute part: il est temps qu'elle soit accueillie et solennellement consacrée.

Quelle longue et terrible expérience nous avons faite!

L'excès des abus croissant en foule autour d'un trône décrépit, un prince faible qui ne savait plus comment maintenir, mitiger ou défendre le pouvoir souverain qu'il voulait garder; une Constitution que l'on crut faire monarchique, renfermant tous les principes d'anarchie qui ne tardèrent pas à désorganiser la France; la restauration de thermidor troublée par les orages de vendémiaire; la Constitution de l'an III plus d'une fois déchirée par diverses secousses; le vaisseau de l'État flottant incertain au milieu d'écueils opposés sur lesquels il risquait tour à tour de se briser, lorsqu'enfin une main victorieuse et ferme vint en saisir le timon et diriger sa marche vers le port.

C'est dans le port qu'on se rappelant les dangers auxquels on a échappé et visitant ses dommages, on songe à les réparer et à se prémunir

contre de nouveaux désastres. Dix ans de sollicitudes et de malheurs, quatre ans d'espérances et d'améliorations nous ont fait connaître les inconvénients du gouvernement de plusieurs et les avantages du gouvernement d'un seul.

Les révolutions sont les maladies des corps politiques; résultats d'un régime vicieux, elles font une explosion d'autant plus violente que leurs causes sont plus profondes, plus accumulées, et ont subi une plus longue fermentation. Alors une fièvre ardente se déclare, qui dévore et consume tout, et le mal qui l'a produite, et les organes conservateurs qui étaient trop usés pour lui résister. Si l'Etat survit à cette crise, débarrassé en grande partie des vices qui altéraient sa construction, il reprend son assiette, et avec une nouvelle vie, de nouveaux moyens de force et de prospérité.

Tout ce qui a été bouleversé n'était pas mauvais. Il est dans l'existence des nations des bases essentielles dont le temps et les abus qu'il mène à sa suite les arrachent quelquefois; mais elles y sont naturellement ramenées par leur propre poids, et si une main habile prend soin de réparer ces fondements ébranlés, elles s'y rasseyent affermies pour plusieurs siècles.

L'histoire ne nous montre le gouvernement de plusieurs que chez des peuples peu nombreux et encore récents, fortement unis parce que le cercle de leur intérêt commun est étroit; s'exerçant à l'amour de la patrie par l'usage d'une liberté sage, par la modicité des besoins, des désirs et des fortunes; arrivant enfin, à mesure qu'ils augmentent en richesses, en territoire et en population, au gouvernement d'un seul.

Pourquoi la démocratie et l'aristocratie se sont-elles conservées dans les petites nations qu'il serait, ce semble, plus facile de dominer? Pourquoi les grandes nations, où il y aurait plus de moyens de s'opposer au gouvernement d'un seul, ont-elles constamment incliné vers ce gouvernement? Où trouver la cause de ce phénomène, si ce n'est dans la nécessité des choses, qui ramène toujours les peuples à ce qui leur est le plus utile, nonobstant l'effort des prétentions individuelles et l'orgueil des vaines théories?

Il y a douze ans que cette question aurait fourni le sujet de longues et brillantes dissertations; mais le problème n'existe plus : il a été résolu par la foule de maux dont nous ont accablé de funestes essais. Il n'y a que des insensés qui voulussent se replonger dans cet océan d'erreurs politiques, où nous aurions été submergés si la victoire et le génie ne nous eussent jeté une planche secourable.

Ce n'est donc pas sur des raisons qui sont écrites partout et que chacun connaît, que je fonde la prééminente utilité du gouvernement d'un seul; c'est sur l'expérience et le souvenir de ce que nous avons éprouvé. Je n'en retracerai pas le tableau; il fatigue encore les yeux et pèse sur tous les cœurs. Il n'est pas besoin de rouvrir des plaies à peine fermées; il suffit d'en indiquer les cicatrices encore si sensibles. Il n'est pas un Français qui, après tant de mouvements, de chocs et de secousses, ne sente qu'il faut enfin se reposer dans une partie de ces institutions dont on s'était écarté.

Déjà les inconvénients d'une suprême magistrature élective et temporaire ont été aperçus et élo   pour qu'un jour elle ne fut pas,
ж   *¹ *notre sang, dis-
s'en verraient
rière, le
ilté de
"ue les

préliminaires, les pierres d'attente de l'hérédité qui doit enfin rendre à l'Empire français la stabilité qu'exigent son étendue et sa puissance.

Par les avantages que nous avons recueillis dès nos premiers pas, jugeons de ceux qui nous attendent. A mesure que nous nous sommes éloignés des formes mobiles du gouvernement de plusieurs, les gouvernements d'Europe avec lesquels nous étions en trop grande disparité nous ont rendu plus d'égards, de considération et de confiance. Ils ont compté davantage sur la solidité des négociations et des traités, sur l'unité et la persévérance dans les vues; ils désirent pour leur propre tranquillité ce que nous voulons pour la nôtre.

Avec l'hérédité dans le Gouvernement, se consolideront ces institutions qui furent formées avec lui pour en être le soutien et l'ornement. Si elles avaient à éprouver quelques modifications, ce serait pour garantir d'autant mieux les droits réciproques de la nation et de son chef, intéressés l'un et l'autre à ce que le pacte définitivement arrêté entre eux demeure inaltérable. On ne saurait se passer de corps intermédiaires : par le pouvoir qu'ils ont d'éclairer l'autorité, ils facilitent l'obéissance. On ne saurait se passer de grandes magistratures; elles forment les degrés par lesquels on arrive au sommet de la hiérarchie politique.

La reconnaissance publique nomme ici ces deux illustres citoyens que le discernement le plus heureux appela en être le soutien du Gouvernement naissant. Dans l'heureux développement qu'il va recevoir, leurs talents, leur expérience et leurs services marquent toujours leur place à la tête du peuple français, près de son chef suprême : elle n'a rien d'incompatible; nous avons même les preuves de sa constante utilité, depuis que le gouvernement s'est naturellement concentré dans une seule main. Tout ce qui existe peut donc se coordonner facilement avec l'hérédité, et par elle tout s'améliore et se fortifie.

La religion, occupée à relever ses autels, n'a plus à demander au ciel d'écarter les guerres civiles qui les ensanglanteraient et les renverseraient de nouveau : la source en est tarie.

La justice, si richement dotée d'un Code composé de tous les trésors de la jurisprudence ancienne et moderne, se promet d'en jouir et d'en répandre les bienfaits.

Les finances s'accroissent du crédit inséparable d'un ordre fixe et perpétuel.

Les armées savent à qui elles auront toujours à obéir, et ne craignent plus qu'un jour les lieutenants d'Alexandre les divisent et les opposent les uns aux autres.

Une immense multitude est rassurée sur la jouissance de ses propriétés nombreuses, menacées tour à tour par l'anarchie qui les dévorerait, et par le royalisme qui en dépouillerait les possesseurs.

Tous les citoyens enfin se livrent avec sécurité aux travaux, aux spéculations de leur commerce, de leur état, de leur profession. Plus d'inquiétudes qui les en détournent, parce que la clef de la voûte sera posée : l'ouvrage des hommes sera fini; le reste sera l'ouvrage du temps, qui ne manque jamais de consolider avec promptitude ce qu'on a su construire avec unité.

Quel empire s'éleva ou se rétablit jamais avec plus de force et de gloire : étouffant comme Hercule les serpents qui s'étaient glissés dans son berceau, marchant de cette victoire intérieure à d'innombrables victoires, terrassant ses ennemis, relevant ses alliés, n'ayant plus qu'un ennemi hors du continent pacifié ; ennemi dont l'infâme et criminelle politique est dévoilée, qui, réduit à consumer ses trésors dans une guerre défensive, à bloquer de ses orgueilleuses flottes les nacelles prêtes à porter dans son sein notre vengeance et notre fortune, ne sait plus nous attaquer que par des conspirations et des assassinats !

Notre indépendance n'a-t-elle pas été conquise, promulguée par la victoire, sanctionnée par la paix ? Et quand nous perfectionnerons ce que nous nous sommes donné ; quand nous décernerons à notre Premier Consul un nouveau titre ; quand nous proclamerons empereur le guerrier qui triompha, comme Annibal et Charlemagne, des roches inaccessibles des Alpes ; qui couvrit l'Italie de ses trophées, ressaisit les anciennes limites de notre empire, qui oserait nous disputer le droit de le revêtir de la majesté qui appartient à une grande nation ?

C'est moins d'une récompense dont il n'a pas besoin, que de notre propre dignité et de notre sûreté que nous nous occuperons. C'est pour eux-mêmes que les peuples élèvent leurs magistrats suprêmes, qu'ils les munissent d'autorité, qu'ils les environnent de puissance et de splendeur. C'est pour n'être pas exposés à chaque vacance à la stagnation ou aux bourrasques d'un interrègne qu'ils placent dans une famille l'honorable, mais pesant fardeau du gouvernement. L'hérédité est bien plutôt une assurance de tranquillité pour ceux qui la donnent, qu'une prérogative pour ceux qui la reçoivent.

Cependant elle a aussi trop d'importance et d'éclat pour n'être pas remise dans les mains les plus dignes et les plus éprouvées. Chez tous les peuples, la gloire et l'illustration du chef de famille se répandent sur tous les membres, et deviennent le patrimoine de la famille entière.

Quels titres comparer à ceux que tant de succès, de prodiges de guerre et d'administration ont accumulés sur la tête du Premier Consul, ne servant pas seulement l'Etat comme un illustre et grand citoyen, mais le dirigeant et le gouvernant comme magistrat suprême !

Opposerait-on la possession longue, mais si solennellement renversée, de l'ancienne dynastie ? Les principes et les faits répondent.

Le peuple, propriétaire et dispensateur de la souveraineté, peut changer son gouvernement et par conséquent destituer dans cette grande occasion ceux auxquels il l'avait confié. L'Europe l'a reconnu, en reconnaissant notre indépendance, ses suites et notre nouveau gouvernement. La maison qui règne en Angleterre n'a pas eu d'autres droits pour exclure les Stuarts que le principe que je rappelle ici.

Les catastrophes qui frappent les rois sont communes à leur famille ainsi que l'étaient leur puissance et leur bonheur. L'incapacité qui abandonne leur tête à la foudre des révolutions s'étend sur leurs proches, et ne permet pas de leur rendre le timon échappé à des mains trop débiles : il fallut que, après les avoir repris, la Grande-Bretagne chassât les enfants de Charles Ier.

Le retour d'une dynastie détrônée, abattue par le malheur moins encore que par ses fautes, ne saurait convenir à une nation qui s'estime. Il ne peut y avoir de transaction sur une querelle aussi v olemment décidée.

Si la Révolution nous a fatigués, n'aurions-nous d'autre moyen, lorsqu'elle est arrivée à son terme, que de nous replacer sous un joug brisé depuis douze années ?

Si la Révolution a été sanglante, n'en sont-ils pas coupables ceux qui attisèrent parmi nous les fureurs de la démagogie et de l'anarchie? qui, s'applaudissait à mesure qu'ils nous voyaient nous déchirer, espéraient nous ressaisir comme une proie affaiblie par ses propres morsures ? Ne sont-ils pas coupables ceux qui, portant de contrée en contrée leur ressentiment et leur vengeance, excitèrent cette coalition qui a coûté tant de pleurs et de sang à l'humanité gémissante? Ils vendaient aux puissances, dont ils s'étaient fait les clients, une partie de cet héritage dans lequel ils les conjuraient de les rétablir. Et maintenant ne redoublent-ils pas d'efforts auprès de ce gouvernement, leur antique ennemi autant que le nôtre, et qui, trahissant leur cause tout en nous combattant, ne les replacerait sur le trône, s'il en avait le pouvoir, que comme ces impuissants nababs de l'Inde, dont il a fait ses vassaux?

Parlerai-je de ces dernières trames, de ces machinations, de ces essais répétés d'assassinats, dont la malveillance la plus prononcée est forcée de rougir, mais qu'elle ne peut nier? Est-ce ainsi que l'on fait revivre des droits que tant d'événements ont annulés? Non,c'est ainsi qu'on en efface jusqu'aux dernières traces.

Détournons les yeux de ce triste tableau, et, revenant aux leçons de l'expérience et de l'histoire, voyons dans le passé une image moins vive, mais non moins fidèle du présent.

De grands hommes fondent ou rétablissent des empires; ils transmettent à leurs héritiers leur gloire et leur puissance. Le gouvernement se perpétue paisiblement dans leur famille tant qu'elle produit des sujets capables, et que de bonnes et fortes institutions aident ou suppléent les talents.

Lorsque les institutions s'affaiblissent, et que la famille dégénérée ne peut plus soutenir le poids des affaires publiques, une autre famille s'élève. C'est ainsi que l'Empire français a vu les descendants de Mérovée remplacés par ceux de Charlemagne, et ces derniers par ceux de Hugues Capet. C'est ainsi que les mêmes causes et des événements à peu près semblables (car rien n'est nouveau sous le soleil) nous amènent une quatrième dynastie. La troisième n'avait pas eu d'autres titres ni de plus grands droits.

Nous possédons un homme auquel s'applique ce que Montesquieu a dit de Charlemagne (1) : « Jamais prince ne sut mieux braver les dangers, » jamais prince ne les sut mieux éviter; il se joua « de tous les périls et particulièrement de ceux « qu'éprouvent presque toujours les grands con- « quérants, je veux dire les conspirations. »

« Quand Pépin, dit encore Montesquieu, fut « couronné, ce ne fut qu'une cérémonie de plus « et un fantôme de moins. Il n'acquit rien par là « que des ornements; il n'y eut rien de changé « dans la nation (2). »

Quand les successeurs de Charlemagne perdirent la suprême puissance, Hugues Capet tenait les deux clefs du royaume : « On lui déféra une couronne qu'il était seul en état de défendre (3). »

Nous sommes dans les mêmes circonstances. Qu'on ne se trompe pas en regardant comme une révolution ce qui n'est qu'une conséquence de la Révolution : nous la terminerons; rien ne sera changé dans la nation; nous passerons d'un Gouvernement au même Gouvernement (4) : si ce n'est qu'avec un

(1) Livre XXI, chap. xix.
(2) Chap. xiv du même livre.
(3) Chap. xxxi.
(4) Liv. XXXI, chap. xiv.

titre plus conforme à notre grandeur, plus analogue à celui dont les autres peuples ont décoré leurs chefs, il acquerra la force de la perpétuité, et la sécurité de l'avenir autant qu'il est au pouvoir des hommes de s'en rendre maîtres par de sages précautions.

Le **Président**. Le citoyen Jaubert a la parole.

Jaubert (*de la Gironde*). Oui, tribuns, l'opinion publique ne peut plus se contenir; le vœu qu'on vous propose d'émettre a déjà retenti d'une extrémité de la France à l'autre; l'honneur du nom français, la dignité de la nation, les plus chers intérêts de la République, vous pressent, vous commandent de l'exprimer avec cette énergie qui vous caractérise.

Une vérité que le temps avait consacrée, c'est qu'un grand État ne peut éviter les déchirements qu'avec un pouvoir exécutif héréditaire.

Le système électif n'est, en quelque sorte, qu'une théorie effrayante de révolutions. Chaque mutation fait éclater des ambitions particulières, nourrit l'esprit de factions, ouvre des chances à l'intrigue, fournit des prétextes aux novateurs, flatte la jalousie de l'étranger, entretient ses espérances.

En France, la doctrine de l'hérédité est nationale.

J'en appelle aux quatorze siècles qui nous ont précédés, et à ces cahiers des assemblées bailliagères, véritable expression de la volonté du peuple.

Cependant, après de longs orages et par le choc de diverses factions, le trône disparut.

Au milieu de l'entraînement des passions, les amis de la patrie n'en conservaient pas moins dans leur conscience la tradition des siècles et de l'expérience sur la nécessité d'un pouvoir héréditaire à la tête d'une grande nation; ils obéissaient aux lois que l'homme de bien respecte toujours; mais ils se reposaient sur l'influence de la raison publique, vivant ainsi dans l'avenir de leurs descendants.

Qui l'eût espéré, que cet avenir arriverait pour nous-mêmes? Ah! quelle fut notre émotion lorsqu'au 18 brumaire le sauveur de la France fit entendre ces paroles mémorables: *La Révolution est fixée aux principes qui l'ont commencée.*

Que voulions-nous en 1789? L'intervention de nos délégués dans la création de l'impôt, l'abolition du régime féodal, l'anéantissement de toute distinction outrageante pour les vertus et les talents, la réforme des abus, le culte de toutes les idées libérales, la garantie de notre prospérité au dedans et de notre considération au dehors: voilà quel avait été le véritable vœu national, et tous les Français avaient bien senti que ce vœu ne pourrait s'accomplir qu'avec un trône héréditaire et des institutions protectrices des citoyens contre les erreurs de l'autorité, protectrice du trône lui-même contre la faiblesse des gouvernants.

La sagesse de ces principes trouve un grand appui dans notre propre expérience.

Que d'horreurs, que d'infortunes, que de catastrophes!

En l'an IV, après les temps qui avaient précédé, ce fut beaucoup que de remettre le pouvoir exécutif dans un petit nombre de mains.

Mais enfin le 18 brumaire vint remplir l'objet d'une partie des sollicitudes et des vœux de la nation; le pouvoir fut confié à un seul.

Combien la France s'est trouvée heureuse dès les premiers instants du Consulat! Le peuple français, également entraîné par son intérêt et sa reconnaissance, proclama Napoléon Bonaparte premier consul à vie; mais il n'y a en lui d'immortel que sa gloire. Un nouvel acte investit le Premier Consul du droit de nommer son successeur: mesure généralement applaudie de la nation, qui semblait garantir sa tranquillité future, mais dont le plus épouvantable complot a démontré l'insuffisance. Français, vous aurez toujours présentes ces époques où, remplis d'effroi, nous apprîmes les dangers dont la vie de notre héros avait été environnée. Notre premier sentiment était bien dû à notre amour pour lui; mais pouvions-nous ne pas songer aussi à notre repos et au sort de nos enfants?

Regardons autour de nous. Comment les grandes puissances de l'Europe sont-elles constituées? Avec un pouvoir héréditaire. Chaque peuple est seul arbitre de la forme de son gouvernement et de ses institutions.

L'Europe sait bien que la France ne peut recevoir des lois d'aucune partie du monde; mais les mutations dans le siège du pouvoir ne peuvent que trop servir d'occasion à des troubles intérieurs. Gardons-nous d'offrir une telle perspective aux autres gouvernements!

La force des choses autant que celle des principes nous ramène donc à l'hérédité du pouvoir, et parce qu'elle est l'appui d'une grande société, et parce qu'elle se concilie avec l'existence de grands corps qui peuvent seuls garantir sa propre durée, en même temps qu'ils doivent garantir la liberté publique et l'égalité des droits.

Le peuple français veut tarir la source des troubles politiques, mais il veut aussi conserver le fruit de ses longs et pénibles travaux. Il veut l'assurer à la postérité la plus reculée.

La nation ne relève pas un trône féodal appuyé sur des institutions dont les éléments ne pouvaient plus se rassembler.

Les erreurs, les illusions sont dissipées.

Les Français qui avaient été séduits par d'antiques idées, ou aigris par le malheur, ou entraînés par des exemples, sont au milieu de nous, heureux du bonheur général, et bien convaincus par leurs propres infortunes que les droits de citoyen français sont au-dessus de toute protection étrangère.

À quel horrible ministère sont réduits ceux qui se sont déclarés les ennemis irréconciliables de la patrie? Objets du mépris et de la défiance du continent, ils ne trouvent d'accueil qu'en Angleterre, où le gouvernement semble les tenir en réserve pour être les instruments des crimes qu'il médite.

La famille des Bourbons a régné autrefois en France; mais celle de Charlemagne avait régné avant elle. Comment Hugues Capet fut-il élevé sur le trône? Lothaire, duc de Lorraine, dernier rejeton de la race Carlovingienne, prétendait le couper: il invoquait les lois fondamentales de la monarchie. Les seigneurs dirent: il s'est lié avec un prince ennemi de la France; un transfuge, un déserteur de l'État n'a plus aucun droit à la couronne. Hugues Capet fut élu; et à l'instant même où il ceignit le bandeau royal, il prononça d'avance le jugement de ses derniers descendants, qui n'ont pas craint de se liguer avec tous nos ennemis, et de prendre les armes contre la patrie. Les Capétiens ont donc été exclus par la force même des principes qui avaient servi de titre à leur race.

Et lorsque les Français veulent créer un nouveau trône, lorsqu'il s'agit de l'édifier sur des bases dignes de la plus grande nation de l'univers, quel peuple éclairé, quel gouvernement de bonne foi pourrait les croire assez imprudents, assez ennemis de leur gloire, des intérêts de chaque citoyen et de la dignité de la nation, pour songer à des débris qu'il serait impossible de réunir sans renoncer au repos dont nous jouissons, et qui nous a coûté de si grands sacrifices? Que dis-je? des convulsions, des vengeances, la guerre civile, le démembrement de la France, l'anéantissement de tous les traités conclus sous la foi nationale, voilà les malheurs qu'il nous faudrait subir; tout le fruit de la Révolution serait à jamais ravi aux Français qui survivraient, et aux générations futures.

Mais détournons nos regards d'un aussi déchirant tableau; mais ne songeons qu'à rendre grâce à la Providence, qui depuis longtemps nous a signalé le chef d'une nouvelle dynastie.

Napoléon Bonaparte avait étonné de ses exploits cette Italie accoutumée depuis des siècles à ne parler que des armées romaines; il donne la paix au continent; l'Afrique est témoin de nouveaux prodiges; son nom retentit en Asie : il remplit le monde.

Romains du temps des Scipion, des Pompée et des Auguste, vous avez transmis jusqu'à nous des traces de vos triomphes!

Mais quelle marche triomphale excita jamais ces élans, cet enthousiasme que la nation tout entière fit éclater lorsque Napoléon fut rendu à nos vœux!

Ah! l'étoile de la France avait disparu de notre horizon! Depuis longtemps on se disait : « Quand s'élèvera-t-il un grand homme pour mettre un terme à tant de calamités? »

Napoléon reparaît, et tous les Français, par une inspiration simultanée, se croient déjà sauvés par sa présence.

Ce pressentiment s'est réalisé. Eh! qui pourrait dire toutes les merveilles opérées depuis son avénement au Consulat?

Fixer les bases de l'administration, appeler l'ordre dans les finances, organiser l'armée, improviser la bataille de Marengo, qui décida le sort du continent, pacifier l'Europe, rendre l'activité au commerce, encourager les manufactures, les arts, les sciences, relever les autels et rendre la paix aux consciences, doter les asiles de l'humanité souffrante, recréer l'instruction publique, ordonner, achever des travaux immenses, donner à la France un code uniforme de lois civiles, auquel il a imprimé le sceau de son génie, éteindre tout esprit de parti, calmer tous les ressentiments, concilier tous les intérêts, rappeler toutes les victimes des malheurs des temps, faire trembler un gouvernement parjure par des préparatifs qui lui annoncent la plus terrible catastrophe, s'il ne s'empresse de revenir à des idées de justice ; voilà, voilà ce que ces quatre années ont produit, ce qui expliquera aux siècles à venir le dévouement profond dont les Français sont pénétrés pour Napoléon Bonaparte, ces témoignages d'amour que la nation s'empresse de lui adresser, ce vœu si fortement prononcé : Que celui à qui la République doit une si grande gloire et de si grands bienfaits consente à être nommé son Empereur, et à fixer le pouvoir exécutif dans sa famille.

Eh! quelle autre pourrait être rendue dépositaire de nos intérêts les plus chers, si ce n'est celle du plus grand capitaine, du plus grand homme d'État dont le nom seul sera une égide pour ses successeurs?

Quelle autre serait aussi intéressée à la conservation de nos principes libéraux?

O vous, guerriers généreux, qui avez acquis tant de droits à la reconnaissance nationale, qui êtes si célèbres chez toutes les nations, et méritez une si belle place dans l'histoire; où donc l'intérêt de votre gloire personnelle pourrait-il trouver une garantie aussi solide que dans la famille du héros qui vous a si souvent conduits à la victoire?

Et ceux qui regretteront toujours des parents morts pour la cause de la liberté, la seule consolation qui puisse leur rester, n'est-ce pas la certitude que la famille de l'Empereur conservera l'honneur dû à leur mémoire?

Magistrats, administrateurs, votre dévouement à des fonctions aussi nécessaires que laborieuses, quelle autre pourrait mieux l'apprécier?

L'agriculture, les arts, les sciences, le commerce, toutes les professions libérales, ceux qui ont contracté sous la foi de la République, ceux qui possèdent des domaines nationaux, tous les hommes qui ont été utiles, tous ceux qui ont acquis de la gloire, ne peuvent désirer, obtenir de plus grande sauvegarde que celle d'une famille à qui Napoléon Bonaparte aura légué toutes ses pensées et ses sentiments, et dans laquelle de grands services se joignent déjà à d'heureuses espérances.

Et puisqu'il est vrai que la vie la plus glorieuse et la plus utile au genre humain doit aussi avoir un terme, à quelle autre famille le peuple français pourrait-il se confier qu'à celle qui devra ellemême trouver sa sûreté dans l'accomplissement des grandes vues du fondateur de sa puissance?

Que tous les cœurs s'ouvrent à la félicité! Que les Français, en songeant à leur postérité, se livrent à cette confiance dont ils éprouvaient un si pressant besoin! Que l'établissement de l'hérédité du pouvoir exécutif dans la famille de Napoléon Bonaparte vienne former entre elle et la nation un pacte dont les bases perpétuent la grandeur et la dignité de l'Empire, et dont la solennité frappe l'Europe comme elle remplira nos âmes!

Oui, oui, que Napoléon cède au vœu des Français, qu'il accomplisse leurs hautes destinées! tous les attributs de gloire composent ses trophées ; le sceptre impérial recevra dans ses mains un nouvel éclat, le pavois est prêt, il est élevé par tous les Français, qui répéteront avec enthousiasme : La Révolution est fixée aux principes qui l'ont commencée.

Le **Président.** Je donne la parole au citoyen Duveyrier.

Duveyrier. Tribuns, c'est une circonstance extraordinaire pour le Tribunat, pour tous les corps constitués, pour toutes les autorités de l'État, pour la France entière, de n'avoir pu proclamer qu'aujourd'hui une vérité que provoquent et appellent, au moins depuis trois ans, la nécessité manifeste, le vœu de tous les cœurs, la conviction de tous les esprits.

Et ce qui est plus remarquable encore, ce qui n'a pas d'exemple, c'est d'avoir trouvé l'obstacle le plus long et le plus difficile à vaincre, dans la crainte de contredire les principes et d'affliger les sentiments du héros sur lequel était fixée notre unique espérance.

Vous ne l'avez point oublié, tels étaient notre conviction intime et nos désirs secrets, lorsque, le 16 floréal an X, sur la proposition du président Chabot (de l'Allier), nous avons émis le vœu public qu'il fût donné à Napoléon Bonaparte un témoignage éclatant de la reconnaissance nationale.

Nous savions bien que dans les grands États, le mode d'élection temporaire, accidentelle, toujours

forcée à chaque vacance du chef du Gouvernement, était un système d'ularmes permanentes,
d'ambitions individuelles, de tentatives étrangères, de révoltes intestines, de révolutions, de destruction.

L'histoire nous offrait, à cet égard, des exemples
rares, toujours funestes.

Dans les temps anciens, l'empire du monde,
livré aux fureurs légionnaires, aux irruptions
barbares ; et dans les temps modernes, l'un des
plus beaux royaumes de l'Europe démembré et
détruit.

La raison, dégagée de tout enthousiasme, nous
disant hautement qu'il n'était pas sage de confier
l'expérience de nos malheurs, le prix de notre
courage, notre gloire, notre force, notre existence,
aux hasards d'une épreuve déjà condamnée par
l'exemple des siècles et des nations, et contraire
au système politique de nos voisins comme à nos
habitudes nationales.

Qui d'entre nous pouvait ignorer que chez les
Français, le droit immémorial d'élire ses chefs fut,
pendant quatorze siècles, conservateur de l'empire
et de lui-même, parce que, entraînant toujours avec
lui l'hérédité de puissance dans la famille du chef
élu, comme une nécessité politique bien plus que
comme une conséquence indirecte de la loi salique, ce droit d'élection n'était exercé que pour réparer les maux d'une hérédité corrompue, et transporter ailleurs le droit héréditaire, lorsque celui-
ci ne trouvait plus que des successeurs ineptes,
vicieux et dégradés ?

Il fut exercé lorsque la débauche et la mollesse
eurent subjugué les enfants de Clovis, plutôt que
l'ambition des maires du palais.

Charlemagne n'a-t-il pas trouvé dans l'élection
seule de son glorieux père le droit légitime de
saisir sur l'autel et de poser sur sa tête la couronne
que ses descendants avilis et dégénérés n'ont pu
conserver ?

L'institution salutaire de l'hérédité, et six cents
ans de possession, semblaient fixer la troisième
race sur des fondements inébranlables, lorsqu'en
France ses derniers rejetons, tombés au dernier
rang des hommes méprisés, auteurs constants de
l'humiliation nationale et de la misère publique,
proscrits par l'indignation générale, et condamnés
par une loi solennelle, ont forcé le peuple français de reprendre, de conquérir, d'exercer encore
son droit immémorial d'élire ses chefs.

L'histoire dira comment l'élection de Napoléon
Bonaparte fut un acte de l'estime, de la gratitude,
de la confiance d'une grande nation, le plus solennel et le plus unanime dont les annales du monde
puissent conserver le souvenir.

Ces vérités étaient bien senties par chacun de
nous ; et s'il nous parut possible de respecter encore ses vertueux scrupules et sa touchante réserve, c'est qu'enivrés de notre bonheur, le danger
imminent de le perdre ne nous montrait pas encore ouvertement la nécessité de le garantir.

Mais, depuis, l'imprudente scélératesse de nos
ennemis a trahi leur espérance, et laissé a découvert le seul péril qui nous reste, mais un péril
qui menace chaque instant de notre existence.

Ils ont tourné contre nous les résultats mêmes
de notre sentiment trop discret et de notre politique trop circonspecte, l'acte imparfait sur lequel
nous bercions notre sécurité.

L'enfer a dicté tout ensemble et les projets et
les moyens : un nouveau sacrilège a perverti les
idées pures, profané les notions saintes, brisé les
nœuds sacrés ; l'ordre moral du monde a été bouleversé, et les éléments du bien façonnés en in-

struments du mal. La paix a rallumé les torches
de la guerre, et la foi des nations a marqué et
guidé la trahison et l'assassinat.

L'image de la paix sur le front, des hommes inviolables partout, pour écarter du milieu des hommes le carnage et la destruction, ont semé, fo-
menté, armé partout le meurtre et le carnage.

Les débris dispersés de la famille bannie ont
mendié contre la terre natale le refus honteux de
leurs bras efféminés.

La guerre elle-même a trouvé de nouvelles
horreurs et transformé ses armes, opposant le
poignard au glaive et le poison au courage.

Le crime nous enveloppait de toutes parts, et
nous dormions dans notre force et notre loyauté.

Notre salut fut un don du ciel ; mais l'abîme
creusé pour un seul s'est ouvert sous les pas de
tous, et le même cri a porté dans tous les cœurs
français la terreur du danger et l'impatience du
préservatif.

La crainte altère les jouissances et suspend les
résolutions ; l'incertitude du lendemain énerve
les forces du jour ; l'avenir empoisonne le présent : tout est mort au milieu de la vie. Un tel
état est intolérable.

Les départements, les cantons, les familles,
tous les états, toutes les professions, tous les ordres de citoyens, nos guerriers pour la sûreté de
leur gloire et de leur récompense, les acquéreurs
nationaux pour le gage de leur contrat, les propriétaires pour le maintien de leurs propriétés, le
commerce pour la solidité de ses transactions, la
religion pour le calme de ses offrandes et de ses
prières, le ministre des lois pour la stabilité des
lois elles-mêmes, les pères pour la jeunesse de
leurs enfants, les enfants pour la vieillesse de
leurs pères ; la France entière se soulève et demande cette antique garantie, fondue dans son
système politique et dans ses institutions, cette garantie qui a fait de l'empire français le plus ancien
comme le plus puissant empire moderne, et qui
donne aux grands États, non pas la promesse de
quelques années, mais la permanence des siècles.

Seul il résiste encore ! il balance ! Peut-il balancer ? en a-t-il le droit ?

C'est à cette tribune à porter jusqu'à lui, avec
la volonté nationale, l'ordre immuable de sa
destinée.

Un chef héréditaire, des institutions garantes
de la liberté publique, et des lois universelles ;
voilà le vœu du peuple français en 1789, vœu
spontané, unanime, universel ; vœu trahi par
la perfidie des possesseurs et des partisans du
trône, autant que par l'excès des fureurs opposées.

Nous réclamons aujourd'hui le pacte solennel
demandé et promis en 1789.

Et c'est ainsi que la Révolution doit rentrer
dans sa carrière, terminer sa course, et remplir
son objet.

Depuis la fondation de l'Empire français, l'élection d'un chef a toujours fixé le gouvernement
dans sa famille.

Les temps sont arrivés où la troisième race,
effacée du livre héréditaire, laisse voir la race
de Charlemagne demandant vengeance, et un
successeur digne des trois héros qui l'ont fondée.

Ce successeur, la Providence l'a formé pour
nous, et le montre par d'assez nombreux et
éclatants témoignages, par les œuvres héroïques
dont elle a déjà surchargé sa vie.

Elle l'a fait grand pour nous, victorieux pour
nous, sage et magnanime pour nous. Sa personne,
sa vie, sa famille, sa gloire, son exemple, son
souvenir, tout ce qui est lui nous appartient : le

bien qu'il a fait, le bien qu'il doit faire, sont nos titres absolus. Le passé et l'avenir le dévouent, le consacrent à la France.

Peut-il se dérober à sa patrie, qui veut splendeur et prospérité ; à l'Europe, qui demande harmonie et repos ; aux décrets éternels qui, par ce qui a été, et par ce qui est, règlent et annoncent ce qui doit être ?

Le **Président.** Par tour d'inscription, la parole appartient à notre collègue Duvidal.

Duvidal. Citoyens tribuns, quand les résultats contredisent les aperçus de notre raison, nous sommes avertis de sa faiblesse, nous apprenons à douter de nos propres conceptions, et le plus sage abandonne les sentiers ouverts par une chimérique industrie, pour rentrer dans les routes tracées par l'expérience et conservées par le temps.

Durant une longue suite de siècles, le plus grand nombre des peuples a renoncé à l'honneur de se choisir un chef, et, par un consentement exprès ou tacite, a consacré les droits de l'hérédité.

Souvent l'indignation et le désespoir ont brisé un joug tyrannique ; souvent le sceptre est tombé dans des mains languissantes, incapables de le supporter ; mais dans ces révolutions mémorables où le peuple ressaisit l'exercice de tous ses droits, on l'a vu presque toujours peu jaloux de son orgueilleuse prérogative, en abjurer l'instant même l'usage périlleux. La dynastie a changé : l'ordre d'hérédité est resté intact.

Cette persévérance dans un système présente en sa faveur de fortes présomptions. Il est difficile de penser que tant de peuples, de tous les degrés de civilisation, se soient accordés pour vivre dans un ordre de choses qui les eût exposés à de graves et de continuels inconvénients.

Il est temps d'apprécier des théories séduisantes ; il est temps d'examiner un système adopté par l'enthousiasme.

La France, tourmentée par une crise longue et violente, respire enfin sous les auspices du héros qui l'a sauvée. Une sérénité apparente brille sur sa surface, et promet une époque mémorable de bonheur et de paix.

Mais les esprits inquiets percent dans l'avenir et entrevoient déjà le nuage qui doit amener de nouveaux désastres.

Si vous persistez dans un système électif, disent-ils, avant peu de générations vous aurez dans l'État cinq ou six familles dominant sur toutes les autres par leurs richesses et par une influence très-étendue. Elles ne tarderont point à se disputer, d'abord par la brigue, ensuite par les armes, les honneurs qui seront exclusivement devenus leur patrimoine.

Trop heureuse alors la République si elle ne reçoit de blessures que de la main de ses propres enfants, si l'étranger n'est point appelé ou ne vient pas de lui-même pour prendre part à ses sanglants débats ; trop heureuse si elle tombe entière entre les mains du plus fortuné, et si la dissolution du corps politique n'arrive point avant le terme de leurs dissensions.

En se reportant sur des temps plus rapprochés, les amis de la patrie sont effrayés par la difficulté d'obtenir de bons choix, quelque soit le mode de l'élection.

Conserverez-vous le mode actuellement établi? Votre premier magistrat, en garde contre les plus douces affections, cherchera-t-il dans tous les rangs l'homme le plus digne de lui succéder? Vous le verrez, d'un côté, attaqué par l'artifice et

par la séduction, de l'autre, atteint peut-être par le soupçon.

À peine il a jeté un regard de bienveillance sur le mérite, et déjà la crédulité s'enorgueillit, déjà l'envie s'indigne ; l'homme qui avait servi l'État s'égare dans un espoir insensé, ou succombe vaincu par la calomnie : l'heure suprême du prince est empoisonnée par des sollicitations odieuses, ou précipitée par de coupables craintes ; sa volonté dernière est surprise par l'imposture, ou violée par l'ambition.

Si un ordre quelconque de citoyens est chargé de cette mission délicate et dangereuse, quelle carrière ouverte à l'intrigue! La chance du succès tourne tout entière en faveur de celui qu'anime le plus la soif du pouvoir, que les scrupules retiennent le moins. L'audace et la bassesse des moyens sont proportionnées à la grandeur de la récompense ; les haines éteintes se raniment ; les factions dispersées se rallient ; la vertu se cache ; le crime se montre, et le plus hardi accepte ou arrache le droit d'opprimer ceux qu'il est incapable de régir.

Mais c'est ici surtout qu'il importe de prendre en considération les circonstances extérieures de la République. Vous avez à vos portes un ennemi invétéré, dont la haine vous surveille ; le signal de vos élections deviendra celui de sa vengeance ; la réunion de vos assemblées sera le moment marqué pour son triomphe. Aussi prodigue de ses richesses qu'il est peu délicat sur le moyen de les accroître, il infectera votre sein des germes de corruption qui minent sa propre existence ; il emploiera, pour vous ranger sous sa domination, les mêmes armes dont il éprouve chaque jour les fatales influences ; il achètera au prix de l'or le droit de vous nommer un maître, et ce maître sera le moins digne de vous commander, le plus incapable de vous défendre.

Si la confiance et le respect rendent plus facile la tâche de celui qui gouverne, on ne peut se dissimuler que le chef héréditaire a sous ce rapport de grands avantages sur le magistrat électif.

À peine l'homme a-t-il délégué le pouvoir, qu'il le regrette et l'envie ; les vertus éclatantes qui ont décidé son choix commandent l'enthousiasme et l'admiration plutôt qu'elles n'inspirent l'amour. Ces sentiments passent comme la plante qui jette promptement sa tige, et sèche aussitôt qu'elle a donné ses fruits.

D'ailleurs, tous ceux qui ont concouru à son élévation croient avoir sur lui une créance proportionnée à l'importance de leurs services ; ses bienfaits leur paraissent l'acquit d'un juste salaire ; ses refus, la dénégation d'une dette : sa faveur n'est à leurs yeux que de la reconnaissance, sa justice est taxée d'ingratitude.

Le chef héréditaire, au contraire, est un don de la Providence, sollicité par les vœux, accueilli par la joie du peuple ; la mission éclatante à laquelle il est appelé, dès qu'il respire, imprime à sa personne un caractère auguste et même sacré.

Le vulgaire se persuade facilement que Dieu honore de faveurs et de dons particuliers ceux qu'il a marqués de tous les temps pour gérer de si grands intérêts : il n'a jamais eu d'égal, il est impossible qu'il connaisse de jaloux ; l'amour et le respect s'attachent à son berceau et croissent avec lui.

Comme il ne s'est point mis sur les rangs, comme on l'a placé sans le consulter, on trouverait injuste d'exiger de lui cette supériorité qui peut seule justifier les grandes prétentions.

Il a été pris au sort, ses talents sont un lot incertain : on n'avait droit de rien espérer; c'est un motif pour qu'on lui tienne compte de tout. L'amour et le respect exagèrent ses bonnes qualités, et trouvent des excuses pour ses faiblesses; on lui pardonne l'erreur ; on suppose qu'il peut avoir besoin de conseils, et que ses conseils peuvent l'égarer ; tout le bien lui appartient, le mal est un tort de ses ministres.

S'il le savait ! dit celui qu'on opprime; et une larme étouffe le murmure prêt à s'élever. *S'il le savait !* cette phrase consolante n'est point appliquée au chef électif; il a présumé de ses forces, il s'est porté comme supérieur à tous. Il doit tout voir, tout savoir; il n'a le droit de s'en reposer sur personne, et l'orgueil humilié se console en l'accablant de tout le poids de son immense responsabilité.

La première condition pour la bonne administration d'un État, c'est que celui qui le gouverne n'ait point d'intérêt séparé des intérêts du peuple. Dans l'ordre électif, le chef a presque toujours des espérances et des craintes étrangères à la prospérité de la nation. Chaque mutation est une crise, et présente une nouvelle famille à orner et à enrichir, de nouvelles créatures à enchaîner dans les liens de la faveur et des bienfaits, d'anciens ennemis à punir et dont il faut paralyser le ressentiment.

Le chef héréditaire est en communauté de gloire et de puissance avec l'État ; il arrive entouré de l'immense clientèle de ses ancêtres, et , tranquille sur l'avenir lorsqu'il acquitte la dette de la nature, il dépose sans crainte sa famille et ses amis sous la protection de son successeur.

En un mot, citoyens tribuns, l'ordre électif est une mer orageuse qu'affronte passagèrement l'inexpérience ou le caprice des peuples. L'hérédité est un port où le vaisseau de l'empire trouve un asile pendant la durée des siècles, vers lequel le cours des choses humaines, plus puissant que nos vains projets, tend toujours à le diriger.

Les temps sont arrivés , citoyens tribuns , de quitter l'océan des songes et d'aborder l'empire des réalités.

La France vous redemande la place que depuis quatorze siècles elle a occupée parmi les nations. Elle vous redemande, pour un grand homme, le rang et les honneurs qui ont rendu ses chefs respectables aux yeux des autres souverains. L'accroissement de sa puissance et de sa gloire réclame pour celui qu'elle investit du dépôt de ses destinées une auréole de majesté digne de lui-même et du peuple qu'il doit représenter.

Les yeux des Français ne seront point éblouis d'une pompe étrangère; ces honneurs sont un antique patrimoine dans lequel tout les autorise à rentrer. La couronne de Charlemagne est le juste héritage de celui qui a su l'imiter. Les rives de la Seine verront renaître les plus beaux jours dont le Tibre s'est honoré.

Par cette grande institution, citoyens tribuns, l'espérance et la sécurité s'affermissent dans tous les cœurs ; les amis de la Révolution ont un gage contre les vengeances d'une famille dégénérée, qui, même dans l'asile des malheurs, médite encore le carnage et les spoliations. Vous rendez à jamais inutiles les complots d'une nation parjure; vous armez d'une force invincible le bras qui doit lui porter les derniers coups.

Vous serez bénis par la génération présente, dont vous :   :ez la gloi   et la f   :lité: votre
m   )ire se.   '   :ntur   a
au   )our
Da   ...

temps, nous avons planté un jeune arbre dont les branches vigoureuses promettent de longues et d'abondantes récoltes.

La motion de notre collègue est appelée par le vœu public et gravée déjà dans le cœur de tous les bons Français.

Je m'empresse de l'appuyer.

Le **Président**. J'invite le citoyen Gillet à user de son tour de parole.

Gillet (*de Seine-et-Oise*). Tribuns, dans la délibération qui vous occupe, les hommes des générations contemporaines ne sont pas vos seuls spectateurs ; vous êtes en présence de l'histoire.

Consultez-la donc elle-même, et demandez-lui par quels grands exemples le passé peut éclairer vos résolutions actuelles.

L'histoire vous répondra que vers le milieu du huitième siècle, l'ardeur des conquêtes, exaltée par l'enthousiasme religieux, entraîna les Sarasins hors des barrières de l'Afrique. La France les vit se dérober jusqu'aux rivages de la Vienne : un héros jeune encore la sauva du péril redoublé dont la menaçaient la fainéante inexpérience du descendant de Mérovée et la valeur fanatique des soldats d'Abdérame. Peu après, l'inutile héritier des rois, dégradé de la dignité de Français, fit place à la race de celui sans lequel la nation entière eût cessé d'être française.

L'histoire vous dira encore qu'au dixième siècle un autre orage accourut du Nord. Des flots de barbares, qui se poussent et se succèdent, viennent fondre sur notre patrie. Avec eux, le pillage, l'incendie et la mort descendent de la mer Baltique, et couvrent les bords de la Seine et de la Loire. L'empire des Francs ne sut plus se maintenir qu'autour du plus grand des débris échappés à la dissolution générale , tandis que la postérité dégénérée des héros Carliens, également incapable de se faire estimer des peuples et de s'estimer elle-même, voyait le dernier de ses rejetons détacher ses intérêts de ceux de la France, et, vassal volontaire d'une puissance rivale, lui porter un hommage dont eussent rougi ses ancêtres. La nation refusa sa foi à celui qui ne lui avait pas donné la sienne ; et la première dignité de l'État passa dans la maison qui offrait aux intérêts subsistant alors la garantie la plus puissante.

Ainsi deux fois l'invasion étrangère eût détruit l'existence politique de la nation, si la résistance ne fût venue d'ailleurs que du trône, et deux fois la nation effaça de la liste de ses chefs les noms des hommes inertes qui n'avaient pas su mettre obstacle à la domination ennemie, pour y substituer les noms des hommes forts qui lui avaient servi de rempart.

Tribuns, quand les causes sont pareilles, les résultats ne doivent pas être différents.

Dans les époques mémorables que je viens de vous citer, y eût-il des périls plus grands, une ruine en apparence plus prochaine que dans les événements qui ont signalé la fin du dix-huitième siècle ? Ce n'est plus sous l'irruption impétueuse des bandes mahométanes ou barbares que la France a craint de succomber, c'est sous les efforts combinés de l'Europe civilisée. Ces nations nombreuses, dont la puissance et les lumières influent sur les destinées du reste du monde, ont tourné en même temps leurs armes contre elle. Elle a vu ses alliés l'abandonner pour conjurer sa perte, ses rivaux s'irriter dans leurs ressentiments avec une animosité qu'ils n'avaient pas connue encore ; tous prodiguer l'or et le sang pour   indre, s'il se pouvait, jusqu'au souvenir de la   )ire. À peine, après douze années de travaux et de calamités, le torrent de la destruction s'est-il arrêté devant les cadavres amoncelés de deux millions d'hommes morts glorieusement dans les combats, ou douloureusement immolés dans les sacrifices sanglants de la discorde.

Eh! qui donc avait soulevé tant de haines, et dévoué tant de victimes? Qui avons-nous remarqué dans la foule des suivants attachés à la marche de nos ennemis? Vous le savez, tribuns (et tout ce qu'il y a d'âmes généreuses, même chez nos adversaires, en a rougi comme vous), c'étaient les membres de cette famille qui se flattait de présider aux destinées de la France, parce qu'elle avait osé consentir d'avance à en distribuer les dépouilles. Non moins voués au néant que les derniers Mérovingiens, le sentiment de leur propre insuffisance a paralysé leurs bras dans le poste où les exposa la grandeur de leurs aïeux; non moins étrangers que le dernier des Carlovingiens, ils ont oublié que l'élévation de leur race fut le châtiment de la désertion, et ils se sont rendus transfuges eux-mêmes. Le seul caractère par lequel ils ont distingué leur chute de celle des autres dynasties, c'est l'hostilité de leurs projets et la félonie de leurs entreprises. Egalement funestes au pays qu'ils ont fui et à ceux qu'ils ont été chercher, partout les trésors et le sang ont été épuisés pour le prix de leur séjour; et dans ce moment même l'Angleterre ne recueille de la préférence qu'ils lui donnent, que la honte de s'être associée avec eux pour l'assassinat.

Depuis longtemps leur arrêt est prononcé. Il existe pour la nation française une règle primitive gravée dans tous les cœurs, développée par toutes les circonstances de son histoire, et consacrée par l'exemple unique de quatorze siècles d'indépendance; c'est que quiconque est séparé d'elle n'est plus digne d'être son chef (1): tout lui est possible hormis de souffrir que son gouvernement lui vienne de celui qui est l'homme d'une puissance étrangère.

C'est ce noble caractère que nous avons vu éclater parmi les alarmes de nos jours: il a créé des armées, et la patrie a été défendue comme par un prodige.

Un autre prodige encore était plus nécessaire pour la sauver.

Il fallait qu'au milieu d'elle il se montrât un homme capable d'imposer à toutes les passions par l'élévation de son âme, à la renommée par la hauteur de ses actions; intrépide dans les dangers, inébranlable parmi les bouleversements des empires, assez pénétrant pour découvrir au travers des ruines le germe d'une prospérité nouvelle, assez prudent pour ne point devancer leur maturité, infatigable à tous les genres de travaux, ardemment épris de cette véritable gloire, qui veut que la force ne soit employée qu'au repos des peuples, et la politique qu'à leur bonheur. Cet homme, la France l'a trouvé dans Napoléon Bonaparte.

Si donc il est vrai que ses nobles services égalent en nombre et en éclat tous ceux qui ont élevé autrefois les héros pour l'instauration d'un nouvel ordre dans l'Etat; si, comme Pépin de Héristal, il a su calmer les mécontentements et les troubles; si, comme Charles Martel, il a brisé

l'effort des guerres ennemies et rendu son nom fameux jusque chez les peuples de l'Orient; si, comme Pépin le Bref, il a rétabli l'union entre la puissance civile du Gouvernement et la puissance morale de la religion; si, comme Charlemagne, il a été le vainqueur des Germains, le protecteur de l'Italie, le législateur de la France, l'honneur des guerriers, l'émule des savants, le restaurateur de l'instruction publique; si, avec une pensée plus vaste et une puissance plus haute que le fils de Robert le Fort, il a opposé enfin une digue aux attaques des peuples maritimes que la cupidité a rendus dévastateurs; s'il reproduit en lui tous les titres qu'a sanctionnés la nation dans les régénérateurs de ses dynasties: Tribuns, hésiteriez-vous à voter pour qu'une nouvelle dynastie commence sous les auspices de son génie et sous l'augure de sa gloire?

Non, l'intérêt de la République ne vous permet pas de balancer (car ce n'est pas à vous, ce n'est pas à des hommes familiers avec l'étude de toutes les idées politiques, que ces deux mots *République* et *dynastie* paraîtront inalliables). La République, en général, c'est la chose du peuple, ou, en d'autres termes, c'est le bien de l'universalité des citoyens (1). Du reste, cette dénomination n'a point servi jusqu'ici parmi nous à désigner aucune forme exclusive dans l'administration politique; seulement les esprits en général l'ont conçue comme l'indication d'un ordre tel que tout ce qui existe d'utile et de libéral parmi les résultats de la Révolution puisse fructifier à l'abri des tempêtes d'une révolution opposée.

Or, quand il existe une maison qui, pour mieux perpétuer le danger de ces tempêtes, a associé l'opiniâtreté de ses projets avec l'acharnement invétéré des haines britanniques, croirez-vous que des chefs élus, dont l'intérêt et la pensée périssent avec les individus, suffiront pour décourager ses animosités héréditaires? Des alarmes encore trop récentes ne vous permettent plus cette opinion. Tant que dans la dignité suprême il existera la possibilité d'une vacance, nos ennemis se flatteront toujours qu'elle s'ouvrira à leur profit. En effet, des concurrences, des partialités inséparables du régime électif, ne leur ont promis jusqu'ici que trop d'occasions; et nous savons maintenant si, pour les faire naître, il est, au gré de leur impatience, des crimes assez lâches pour qu'ils en rougissent, ou infernaux pour qu'ils en soient épouvantés.

Il faut donc que la France puisse leur opposer un obstacle également persévérant dans la continuité d'une famille attachée au sort de l'Etat, dont les membres se transmettent sans interruption la nécessité de travailler à sa défense.

Alors sera raffermie la sûreté extérieure; les relations subsistantes entre la France et les puissances étrangères seront confirmées par une plus grande évidence de l'avenir, et la stabilité de notre Gouvernement sera pour elles comme pour nous un gage de la stabilité des traités.

Alors croîtra la sécurité intérieure. Notre armée,

---

(1) Cette loi contre quiconque était accusé n'être plus de la nation a été constamment observée depuis le commencement de la monarchie jusqu'à présent. Hugues Capet l'allégua contre Charles, duc de la Basse-Lorraine, et contre ses enfants. (Sainte-Foix, *Essais sur Paris*, tome II).

(1) *Res publica est res populi, sive ab uno, sive ab optimatibus, sive ab universo populo regnatur.* (*Cicéron*).

J'appelle République tout État régi par des lois, sous quelque forme d'administration que ce puisse être. (J. J. Rousseau).

Un Etat ou un Gouvernement quelconque est la chose publique, et la chose publique est la chose du peuple. Quand je dis le peuple, j'entends parler de la collection ou de la totalité des citoyens. (*Discours d'un député aux Etats Généraux de 1484*, rapporté par l'abbé *Millot*).

glorieuse de tant et de si mémorables triomphes, trouvera une succession de reconnaissance dans la succession d'une maison liée avec elle par une communauté de travaux et de gloire; le même esprit qui a si heureusement présidé au concordat et aux lois qui en sont la suite, sera continué d'âge en âge pour en entretenir la paisible influence; l'agriculture, d'intelligence avec le commerce, exploitera sans inquiétude, sous une protection désormais immuable, ces millions de propriétés qu'a fécondées l'acquisition des domaines nationaux ou l'affranchissement des servitudes féodales.

Alors la sage gradation de la dignité consulaire consacrée par l'exemple de Rome et par l'attachement éclairé de la France, sera, ainsi que toutes nos grandes institutions politiques, assise sur les bases d'une institution fixe et profonde; les droits privés, entre lesquels le Code civil vient de préparer une si belle harmonie, seront consolidés par la solidité du droit public; les citoyens trouveront une garantie dans les lois, et les lois dans l'autorité des magistrats, parce que l'autorité des magistrats sera fortifiée elle-même par la majesté de l'empire (1).

Voilà, tribuns, les grandes vues qui s'offrent à votre méditation; elles pénètrent tous les esprits; elles percent jusqu'à vous de toutes les parties de la France. C'est peu que le présent nous environne de tout ce qui est bien: le bonheur se compose aussi de la confiance dans l'avenir, et ce dernier élément de la prospérité publique est encore attendu. Toute organisation sociale qui, dans le retour de ses mouvements, n'a pour se remonter d'autre instrument que les volontés humaines, subit leurs hésitations, leurs chocs et leurs incertitudes; celle qui se remonte par le moyen de la nature roule de ses propres forces, constante et noble comme elle en sa simplicité.

J'appuie la motion d'ordre.

Le **Président**. C'est au tour de notre collègue Fréville d'user de la parole.

Fréville. Citoyens tribuns, je ne devrais ni solliciter votre attention, ni me promettre votre indulgence, s'il était possible qu'à l'instant où je parais à cette tribune on me supposât l'idée de rien ajouter à la force des raisons ou à l'intérêt des considérations que viennent de développer, avec leur talent ordinaire, les orateurs qui m'ont précédé. Certes il n'est aucune question, quelque vaste qu'on veuille la supposer, qui, après avoir été traitée avec tant de supériorité, pût vous laisser le moindre éclaircissement à désirer. D'ailleurs aujourd'hui, citoyens tribuns, votre persuasion avait devancé l'éloquence de nos collègues: aussi ai-je pensé que cette circonstance n'avait rien de commun avec une discussion ordinaire. Ici rien n'est douteux, ou ne ressemble à une opinion pour laquelle il reste à conquérir votre assentiment. Chacun des membres de cette assemblée connaît depuis longtemps le vœu de ceux qui la composent sur la proposition importante dont vous êtes occupés. Cette proposition n'est elle-même qu'une occasion pour déclarer un fait qui ne laisse plus rien à désirer. Il est d'une heureuse et incontestable notoriété que le peuple français, pressé par les motifs les plus puissants, déterminé par les intérêts les plus chers, entraîné par les sentiments les plus nobles, veut l'hérédité du pouvoir, qui garantit sa liberté, sa gloire et son bonheur.

(1) Lex enim cavet civibus, magistratus legibus, magistratuum autem auctoritas pendet ex majestate imperii. (Bacon, De Justitiâ universali).

Ce n'est donc pas une discussion qui vient de s'ouvrir parmi vous; c'est l'expression même de la volonté nationale qui s'est fait entendre. Quand elle se prononce d'une manière aussi frappante, quels raisonnements peuvent être encore nécessaires? Mais aussi quelles réflexions peuvent être totalement dénuées d'intérêt, lorsqu'elles tendent à mettre au jour quelques-unes des causes qui doivent avoir établi cette admirable harmonie entre l'opinion des Français et la prospérité de l'Empire?

Me tromperais-je, citoyens tribuns, en rangeant parmi ces causes la conscience de notre position à l'égard des autres puissances, et la nécessité d'un gouvernement analogue au rang que nous occupons entre les nations?

Bien avant la Révolution qui nous a préparé de nouvelles destinées, l'histoire offrait des preuves multipliées d'un rapport constant entre l'état du gouvernement en France et la situation politique de l'Europe. Pour arriver aux rapprochements les plus instructifs à cet égard, nous n'avons pas besoin de remonter plus haut que le milieu du dix-huitième siècle.

La paix d'Aix-la-Chapelle précède de peu d'années l'époque où commencent les erreurs, les calamités, et l'avilissement du gouvernement français. Aussitôt de vives agitations se manifestent: la guerre de Sept ans menace l'existence d'un État important que sauve, il est vrai, le courage indomptable de Frédéric; mais la France reste humiliée par une paix honteuse, et ainsi l'Europe manque de garantie contre de nouvelles secousses. Un fameux partage ne tarde pas à s'effectuer dans le Nord, et les limites de l'empire Ottoman se resserrent d'une manière alarmante pour ses alliés. Lorsque après l'éclat passager de la guerre d'Amérique, le dernier des Bourbons commet toutes les fautes qui préparent l'anéantissement du pouvoir en le dégradant, une république voisine est obligée de composer sur des prétentions contre lesquelles la simple possibilité de notre intervention aurait dû être une protection suffisante; et à peine essayons-nous de renouer avec elle des liaisons assez intimes pour défendre un système constitutionnel, qu'il est attaqué, détruit sans que nous osions nous y opposer. Mais quelque remarquables que soient ces effets de la nullité où une dynastie dégénérée avait laissé tomber la France, la démonstration qu'ils fournissent est surpassée encore par les résultats que les vicissitudes de la Révolution ont fait éclore. Tant qu'elle empêcha en France l'institution d'un gouvernement régulier, le système politique de l'Europe fut altéré par les plus monstrueuses combinaisons; elles ne commencèrent à disparaître qu'au moment où se prépara dans ce pays l'organisation d'un gouvernement bien faible encore sans doute, mais qui au moins substituait des formes constitutionnelles à la mobilité révolutionnaire. Si nous avons vu enfin la politique européenne se reposer sur des bases solides, c'est depuis que l'empire français est gouverné par ce génie puissant qui l'a élevé au plus haut degré de splendeur.

De cette influence si évidente ne doit-il résulter aucune conséquence pour l'établissement du pouvoir public en France? Tout ce qui resterait comme cause de désordre et d'affaiblissement ne doit-il pas être observé sous le double aspect de l'effet qui en émanerait directement dans l'intérieur, et de celui qu'opérerait d'une manière indirecte la réaction du dehors?

Loin de nous, citoyens tribuns, toute idée qui

puisse porter la moindre atteinte à la délicatesse de l'honneur national. Si nous nous livrons à l'examen de tant de rapports nécessaires entre l'état de la France et celui du monde civilisé, ce n'est pas pour découvrir ce qui peut le mieux convenir à la manière de voir ou aux habitudes des étrangers. De trop mémorables victoires ont consacré notre indépendance, pour qu'il existe dans l'âme d'un Français la moindre disposition à déroger jusqu'à ce genre de calcul. Il ne s'agit ici que de considérer l'intérêt de la patrie, et de reconnaître l'ordre de choses qui doit assurer à l'action de la politique le plus d'énergie, donner le plus de force à nos armes, rendre les chances de la guerre plus rares, et consolider les avantages de la paix.

La France se trouvant placée pour le premier rôle dans la grande société de l'Europe, et la stabilité de ce bel empire étant une condition indispensable pour le maintien d'un système régulier de politique entre les autres nations, la tranquillité générale pourrait-elle paraître bien assurée tant que notre organisation intérieure ne serait pas fixée par un principe qui offrit une garantie suffisante? Cette garantie, l'Europe pourrait-elle la voir dans un gouvernement électif?

Une expérience récente a dû former complètement son opinion à cet égard. Il est arrivé plusieurs fois dans le cours du siècle dernier que la guerre a éclaté parce qu'il n'existait qu'un gouvernement électif dans un pays que sa position et surtout le servage du peuple retenaient fort en arrière du rang des grandes puissances. Si parmi elles, si à leur tête il s'en trouvait une qui restât soumise à la même cause de discorde, d'agitations, de destruction, toutes devraient exister dans l'attente d'une commotion universelle pour chaque époque où s'exercerait ce funeste droit d'élection.

Alors rien de stable dans la politique, rien que des arrangements provisoires. On ne verrait que le présent, le présent seul, si ce n'est le sombre nuage d'un avenir menaçant. Pas d'alliés qui ne dussent regarder leurs liaisons avec nous comme susceptibles de s'anéantir le lendemain même du jour où elles auraient été formées; pas d'ennemis qui dussent être encouragés à la persévérance par la considération des chances continuellement existantes contre notre repos intérieur. On ne pourrait jouir de la paix qu'au milieu de mille incertitudes, et il faudrait s'attendre, pour la promulgation de la guerre, à la plus furieuse opiniâtreté. Qu'on réfléchisse sur les rêves meurtriers du cabinet de Saint-James, et qu'on dise si en violant avec tant d'impudeur le traité d'Amiens, si en joignant aux hostilités les tentatives les plus atroces, les plans britanniques n'ont pas été déterminés par l'attrait de tous les succès que l'avenir pouvait ménager à leur haine contre une nation qu'ils supposaient assez imprudente pour se borner à la création d'un gouvernement électif.

Dans cette occasion encore, citoyens tribuns, comme à tant d'autres époques qui auront été saisies par votre sagacité, la Providence a voulu que les projets de nos ennemis tournassent à leur détriment. Ils ont repris les armes, et toutes les craintes, tous les dangers sont de leur côté. Ils ont salarié des assassins; et ce crime, en faisant leur opprobre, n'a servi qu'à motiver les plus éclatants témoignages de l'amour national pour le chef auguste de l'Empire. Ils ont fondé tous leurs plans, tous leurs complots sur l'imperfection qu'ils remarquaient dans notre organisation politique; et tous ces plans, tous ces complots n'ont abouti qu'à provoquer des réflexions salutaires. Il n'est pas un bon Français qui n'ait découvert l'espérance des ennemis et l'unique moyen de la déconcerter. L'évidence, je risquerais presque de dire l'instinct de l'intérêt national, a propagé cette opinion avec une extrême rapidité. Tous ceux qui ont une patrie se sont trouvés convaincus en même temps. Pourrait-on s'en étonner, puisque l'expérience la plus frappante, le raisonnement le plus simple et le serment le plus généreux, la reconnaissance d'un grand peuple envers un grand homme, agissaient à la fois et dans le même direction?

Ainsi s'explique, citoyens tribuns, ce vœu universel qui a devancé le nôtre, et sans lequel notre devoir ne nous permettrait pas d'élever la voix dans cette circonstance. Vous avez été constitués organes du peuple: cette noble mission, vous l'avez constamment remplie avec une religieuse fidélité; mais jamais plus qu'aujourd'hui vous n'aurez eu la certitude d'exprimer réellement le vœu national.

Quelque graves, quelque irrésistibles que soient les considérations qui l'ont produit et qui en pressent l'accomplissement, il me semble, citoyens tribuns, qu'il nous reste une question à nous faire. Quand nous sollicitons avec tous les Français accessibles à l'amour de la patrie, l'hérédité du pouvoir suprême, est-ce un sacrifice que l'expérience et la nécessité nous arrachent au préjudice des principes que la France invoqua lorsqu'elle demanda compte au dernier des Bourbons? Nous ne pouvons pas nous le dissimuler : si après avoir maintenu ces principes par tant d'efforts; si après les avoir consacrés par tant de victoires, nous venions à les démentir, un sentiment pénible tourmenterait la nation. Dans les villes et dans les campagnes, comme sous les drapeaux, on se demanderait pourquoi des flots de sang auraient été versés. Déprimés aux yeux de l'Europe, et, ce qui serait plus douloureux encore, déprimés à nos propres yeux, nous serions forcés de nous avouer que nous n'aurions acheté à si haut prix que le droit de choisir nous-mêmes la formule d'une tardive et honteuse abjuration.

Plus cette ignominie serait flétrissante, plus nous avons à nous féliciter en voyant la malveillance, même la plus absurde, réduite à l'impossibilité de nous l'attribuer. Quand les citoyens, quand les étrangers eux-mêmes, veulent rappeler les beaux moments de la Révolution française, les uns et les autres s'accordent à citer cette journée d'impérissable mémoire où, de toutes les parties de l'Empire, des hommes libres se réunirent pour serrer les nœuds d'un nouveau pacte social. A cette époque, fameuse par le généreux enthousiasme qui échauffait, qui transportait la nation, parut-elle croire que ses représentants eussent eu la faiblesse de conserver aucune institution incompatible avec la liberté et l'égalité? Cependant on venait de reconstituer un gouvernement héréditaire, parce que le gouvernement héréditaire peut se combiner avec une constitution libre; parce qu'il n'entre dans son essence aucun rapport nécessaire avec cette multitude de priviléges odieux, de distinctions féodales et d'institutions incohérentes dont la Révolution a pour toujours débarrassé notre patrie. C'est par les mêmes motifs que nous désirons aujourd'hui l'hérédité du pouvoir suprême. Nous n'avons pas cessé d'être Français de 1790, que l'histoire n'accusera d'aucune concession servile.

Je me trompe, citoyens tribuns, il n'est pas

question pour nous de revenir à la même position ; celle que les événements nous ont préparée est bien préférable. Alors, le pouvoir héréditaire restait le partage d'une famille sur laquelle il avait fallu conquérir la liberté, d'une famille qui avait laissé avilir l'autorité, et dont une méfiance trop raisonnable écartait les affections de la France. Cette méfiance ne tarda pas à être amplement justifiée par la fuite de Louis XVI. Ce fut à cette époque, quand l'Assemblée constituante essaya de replacer le sceptre dans les mains si débiles d'un roi détrôné par l'opinion ; ce fut, dis-je, à cette époque que se manifesta le premier dissentiment entre la nation et ses représentants. Il est inutile d'examiner dans ce moment, et il sera peut-être toujours très-difficile de reconnaître si l'Assemblée constituante, au milieu des conjonctures où elle se trouvait, aurait eu la possibilité de prendre une détermination différente de celle qu'elle adopta, et dont elle ne devait pas se dissimuler les inconvénients. Ce qui est incontestable, c'est que les amis les plus chaleureux de la liberté auraient été au comble de leurs vœux, si la crise que je viens de rappeler avait conduit à fonder une nouvelle dynastie. Mais alors comment auraient-ils pu s'accorder sur le choix d'un chef digne de la commencer, de monter sur le pavois des Francs ?

Ce n'est pas inutilement, citoyens tribuns, que nous aurons subi les longues angoisses de la Révolution. Il fallait que la maturité des temps produisît un héros dont la Providence avait décrété l'alliance avec les destinées de la première nation du monde ; il fallait qu'il parût avec tant d'éclat que toutes prétentions dussent se taire devant sa gloire ; il fallait qu'il eût sauvé plusieurs fois la patrie ; il fallait qu'il unît à la supériorité des talents militaires ce génie caractéristique du petit nombre d'hommes appelés à fixer le sort des générations ; il fallait enfin que dans sa famille, digne d'un si grand nom, on remarquât toutes les qualités propres à obtenir le respect et l'attachement d'une nation éclairée ; que ce nom fût consacré par les négociations les plus habiles comme les plus importantes, et qu'après avoir été inscrit à deux reprises dans les fastes du Tribunat pour de solennelles actions de grâces, il se retrouvât partout où il y a d'éminents services à rendre, sous la tente aussi bien que dans le cabinet.

Il ne s'agit pas seulement d'une dynastie qui commence, c'est aussi la fondation d'un nouvel empire qui s'achève. Même entre les trois races que comptait la monarchie française, on ne saurait méconnaître de grandes différences de pouvoir, de gouvernement et de constitution. Cependant ces dissemblances, quoique très-notables, ne sont rien en comparaison du contraste frappant qui se prononce entre la monarchie que nous avons vu tomber, et l'Empire qui va s'affermir sous les auspices de la gloire et de la liberté.

La vieille monarchie était un des jeux du hasard ; l'Empire qui se fonde sur ses ruines est l'ouvrage de la victoire et du génie. Ce qu'on appelait le royaume de France se divisait en une infinité de parties hétérogènes. Une agrégation fortuite n'avait pu abolir l'ancienne distinction qui séparait les provinces françaises lorsqu'elles n'étaient réunies en apparence que par le faible lien de la suzeraineté féodale : les droits et le langage de l'autorité variaient avec les localités. Ici commandait le roi de France, là sollicitait le duc de Bretagne, ailleurs des pays conquis réclamaient l'exécution de leurs capitulations. On était

Breton ou Alsacien avant d'être Français ; les habitants des différentes portions du territoire étaient plutôt alliés que concitoyens. Les privilèges de la province passaient avant le bien public. Le Gouvernement, lors même qu'il avait les meilleures intentions, était obligé de s'arrêter devant les barrières qu'il ne pouvait franchir ; il était réduit, ou à délaisser absolument les projets d'amélioration qu'il avait formés, ou à les atténuer par des négociations plus ou moins adroites entre les intérêts provinciaux.

Ce ne sont plus aujourd'hui d'antiques chartes qui décident, c'est la loi qui ordonne ; elle règne uniformément sur toute la France. Nulle part il n'est question des privilèges de la province ; partout le bien public a la même acception. Au nord comme au midi de l'empire, on vit sous le Code Napoléon ; on obéit aux mêmes ordres, on acquitte des contributions semblables. Ce n'est pas à vous, citoyens tribuns, qu'il est nécessaire de faire remarquer l'heureuse influence de cette uniformité sur les finances. Rien ne doit contribuer davantage à la création et au soutien du crédit public, qui se rattache toujours à des idées de morale, d'ordre et de stabilité.

Si les distinctions de territoire rappelaient des temps de barbarie, comment caractériser celles qui classaient les hommes ? Que les auteurs de mille systèmes se disputent le prix des conjectures les plus ingénieuses sur la manière dont ces distinctions s'établirent dans les forêts de la Germanie, ou au milieu des Gaules conquises par les Francs, pour les hommes d'État, il suffit de savoir que de tels privilèges n'étaient plus compatibles avec la diffusion des lumières, avec l'accumulation des richesses, avec les mœurs dominantes dans les sociétés modernes. Comment, en effet, concilier ce mouvement d'émulation qui ne porte sans cesse en avant, et un système où tout était décidé sans retour sur les générations qui devaient venir à la lumière ? Alors, citoyens tribuns, une affreuse proscription, celle de l'humiliation, était prononcée sur les berceaux de la roture ; elle atteignait le plus grand nombre des Français destinés à recevoir une éducation libérale. On aurait pu leur appliquer cette inscription terrible que le poëte de Florence grava sur les portes de l'enfer : « O vous qui arrivez malheureux, pour vous pas d'espérance ! »

Actuellement, personne ne naît sous le poids de l'exhérédation ; des armées sont commandées par tel homme à qui les ordonnances auraient interdit l'espoir de sortir des rangs. Sans doute, il est impossible que dans l'Empire français il n'y ait pas des emplois considérables, des dignités éminentes, de nombreux degrés de hiérarchie politique ; mais là on ne peut voir d'humiliation pour personne ; la carrière reste ouverte à tous les talents, la récompense est préparée pour tous les services.

Ne différons plus le dernier terme d'une comparaison si flatteuse pour l'orgueil national. Contemporains à diverses époques des derniers temps de la monarchie, qu'avez-vous vu ?

Une politique erronée avait conduit à des plans tellement absurdes, que la France devait se féliciter des revers de son gouvernement. Le courage des armées françaises n'avait pu empêcher les désastres de la guerre de Sept ans. Les conséquences ultérieures des mêmes fautes réduisirent de plus en plus l'influence et la considération de la cour de France au dehors. Dans l'intérieur, elle avait éprouvé le choc irrésistible de l'opinion indignée. N'est-il pas possible de dépeindre une race dégénérée, sans crainte d'insulter au malheur ?

Où m'égare un sentiment que vous partagez, mes collègues ? et que puis-je espérer d'ajouter à l'éloge de celui que Napoléon a loué devant les sages (1) ?

C'est assez s'abandonner aux doux mouvements de la joie et de l'espérance, et saluer la brillante aurore de notre bonheur politique.

Tournons de ce côté où il ne fait pas jour encore ; chassons ces nuages ; dissipons ces fantômes ; répondons à ces murmures, à ces craintes vraies ou affectées : réfutons les préjugés, les objections, le silence même de ceux que nos opinions étonnent ou qui se refusent à partager nos sentiments.

Sans doute il est des hommes estimables, de bons citoyens que gênent encore et qu'embarrassent la puissance de certains noms, l'habitude de certains souvenirs. Il est des Français dont l'hésitation tient moins à la malveillance qu'à la pusillanimité, esprits faibles ou blessés qu'il ne faut point effaroucher par des reproches. mais ramener par des raisons.

Dans des temps ordinaires et calmes, leur dirais-je s'ils daignaient m'écouter ; aux époques peu fécondes en événements ; quand la société présente une surface monotone et. uniforme ; lorsqu'enfin les grands vices et les grandes vertus dorment également dans leur germe : alors la puissance des souvenirs, la magie des noms, exercent un légitime empire ; car enfin, après les grandes actions, il n'y a rien de mieux que la mémoire des grandes actions.

Mais quand les tempêtes politiques ont soufflé ; quand les crises se sont prolongées ; quand tout a été porté à l'excès, le bien et le mal, la gloire et la honte, la générosité et la tyrannie, l'audace et la patience : alors il est simple que les hauts faits éclipsent les grands noms.

Ceux qui préparent avec une vigueur extraordinaire des souvenirs pour l'histoire, prévalent sans injustice sur ceux qui portent avec un mérite ordinaire les souvenirs de l'histoire.

La multitude est lente à percevoir ces nouveaux rapports.

Beaucoup d'esprits frivoles et routiniers, ou opiniâtres et aveugles, se refusent à l'évidence. C'est ce qui leur inspire de si fausses démarches, ce qui les pousse si follement à menacer la patrie et à se perdre eux-mêmes.

Cependant du sein des révolutions et, appuyés sur elles, sortent l'homme et la famille, les hommes et les familles dont l'élévation doit être la garantie de ces révolutions et de tous les intérêts qu'elles ont créés.

Dans toutes les régénérations des empires et des pouvoirs, on est toujours parti des bases primitives ; on s'est toujours, pour ainsi dire, retrempé dans les principes et dans les sources. Toujours dans ces grandes époques (tous les monuments en font foi) on reconnaît, on stipule, on consacre ;

Et cette égalité naturelle entre les hommes, que sont tentées de nier et de méconnaître les vieilles dynasties abreuvées de longues injustices, et cette souveraineté des nations qu'un abus immémorial du pouvoir parvient à réduire en problème ;

Et l'origine, les conditions, les pénibles devoirs qu'impose le rang suprême, et qu'une jouissance trop facile met souvent en oubli ;

Et enfin le châtiment qui menace le sort qui attend les chefs des empires quand ils perdent de vue ou qu'ils méconnaissent, et cette égalité primitive, et cette souveraineté incontestable, et cette origine certaine, et ces conditions rigoureuses, et ces indispensables devoirs.

On a beaucoup cité, au commencement de la Révolution, un monument remarquable de ces contrats solennels passés dans ces grandes circonstances ; je veux parler de ce fameux serment des Cortès de la vieille Espagne, qui, si j'en crois l'histoire, fut longtemps prêté et reçu par mes propres ancêtres (1).

La formule est frappante en effet, et surtout aujourd'hui que nous avons vu en action tout ce qu'elle enferme en si peu de paroles.

Nous autres, dit ce serment, *qui valons autant que toi* : voilà l'égalité native.

Qui pouvons plus que toi : voilà la souveraineté nationale.

Nous te faisons notre chef : voilà le contrat.

Pour être le gardien de nos intérêts : voilà la condition.

Sinon, non : voilà la peine qui suivra l'oubli du devoir.

Famille que la France appelle à régner, vous venez d'entendre votre titre.

Famille que la France écarte à jamais, vous avez entendu votre condamnation.

Que l'une serve à l'autre d'un exemple vivant et salutaire ; que nos neveux soient longtemps préservés du retour des mêmes fautes et des mêmes malheurs.

Le détail des fautes comme des malheurs des derniers Bourbons appartient à l'histoire. Marquons cependant l'erreur capitale qui, entre mille autres, les a précipités du rang qu'ils occupaient, qui, plus que tout le reste, les en éloigne sans espoir.

L'antique ignorance, les lumières nouvelles se partageaient l'Europe. Depuis François 1er, la France était à la tête du parti des lumières, l'alliée, la protectrice des nations qui s'élevaient sous cette moderne influence.

Tout à coup, au milieu du dernier siècle, cette cause fut abandonnée ; le Gouvernement français, je ne dis pas la nation, passa du côté des ténèbres et se trouva dans une position inférieure vis-à-vis la puissance rivale qui était restée à la tête de ce parti.

La nation ne marchait pas dans le même sens que le Gouvernement ; la Révolution signala cette séparation : quinze années ont rendu l'intervalle immense, infranchissable.

La nation a fait des pas de géant dans la carrière. Ceux qui prétendent encore à la dominer sont restés au même point. Le temps et l'expérience ne leur ont rien appris et ne leur ont rien fait oublier : principes, idées, prétentions, langage, tout en eux est étranger, tout en eux est ennemi ; et ceux-là qui se croient peut-être encore leurs partisans seraient étonnés des nombreux titres de proscription qu'ils auraient auprès d'eux.

Le délire de l'orgueil, de la vengeance, tous les genres de délire sont encore chez eux au même point d'exaltation.

Et cependant que prétendent-ils, que proposent-ils, et à qui s'adresseront-ils ? que veulent-ils ?

L'ancien territoire ? Ils ne purent le garder.

(1) Message du Premier Consul au Sénat, pour lui annoncer que Joseph Bonaparte était nommé colonel, etc., etc.

(1) Voyez les histoires d'Espagne, etc. Voici le texte du serment que prête le *Justitia* d'Arragon : *Nos che valemos tanto come vos, y che podemos mos che vos, vos hazemos no rey y senor por guarder nos fueros, se no, no.*

les cœurs qu'écrite dans les livres, selon l'expression de nos historiens, a été tant de fois une loi de salut pour le peuple français.

Et comme dans toutes les sociétés vieillies et éclairées, une révolution ou plutôt le résultat d'une révolution, quand il n'est pas la perte de la liberté publique et de l'indépendance de l'Etat, n'est autre chose qu'un retour aux anciens principes avec des moyens nouveaux, nous sentons aujourd'hui la nécessité de ressusciter ce pacte antique et d'en faire une nouvelle application.

Digne sujet de méditation, que ce retour des mêmes événements par les mêmes causes, des mêmes châtiments par les mêmes fautes !

Ce que nous voulons faire aujourd'hui pour cette famille dont nous avons tout à espérer et rien à craindre, nos pères l'ont fait par les mêmes motifs et dans les mêmes circonstances pour cette autre famille dont nous avons aujourd'hui tout à craindre et rien à espérer.

L'héritier des Carlovingiens, innocent encore d'avoir porté les armes contre sa patrie, mais coupable de s'être rendu vassal et stipendiaire de l'étranger et de l'ennemi des Français, fut parlà même, et d'un consentement universel, déchu de la couronne.

Les partisans de Hugues Capet, dit un historien (1), dont le texte est d'autant plus remarquable qu'il écrivait par l'ordre et en quelque façon sous la dictée de Louis XIV : « Les partisans « de Hugues Capet, disaient partout qu'un trans- « fuge et un déserteur de l'Etat, le vassal d'un « roi de Germanie, dont les peuples étaient enne- « mis soumis à la couronne, et qui étaient devenus « ses plus ordinaires ennemis, n'était guères « propre à être roi des Français; qu'en renonçant « ainsi à sa patrie il avait à plus forte raison « renoncé à toutes les prétentions qu'il pou- « vait avoir au trône , et qu'il fallait trouver « dans le royaume un homme digne de gouver- « ner. »

Huit cents ans après cette époque, nous nous retrouvons dans les mêmes termes; nous répudions par les mêmes raisons une famille qui, après avoir rendu de longs et importants services, est devenue, par l'oubli de tous ses devoirs, inutile à notre gloire, funeste à notre repos, ennemie de nos lois, étrangère à nos mœurs.

Comme nos ancêtres, nous avons été obligés de chercher un homme parmi nous digne de nous gouverner.

Dans la décrépitude de la monarchie et dans la lie d'un gouvernement tout corrompu, nous ne pouvions rien trouver qui ressemblât à un pareil homme.

Nous avons supporté avec le courage de la résignation tous les inconvénients attachés à des gouvernements multiples et électifs, passage triste mais inévitable. Tous ont porté dès leur naissance un germe de discordes intestines, qui s'est développé en discordes publiques, celui-là seul qui a fait une si glorieuse exception , qui a formé un si heureux prélude, et dans lequel nous avons trouvé l'homme digne de l'empire, et deux hommes dignes d'être ses amis, ses coopérateurs, dont la patrie n'oubliera jamais les services, les talents, les vertus.

Dans la fermentation de toutes les passions généreuses qu'une grande révolution exalte sans mesure, et dans une nation aussi forte, il devait

sans doute se former, se montrer enfin, cet homme digne d'elle.

L'événement était infaillible; l'époque était incertaine.

Enfin il a paru.

Vous n'attendez pas que je vous parle ici de sa personne et de sa gloire.

Que sont les bornes d'une opinion de quelques minutes pour embrasser cette vaste renommée, pour caractériser cette supériorité si grande et si incontestable que le plus vain ne trouve pas même qu'il y ait du mérite à la reconnaître?

Je remarquerai seulement qu'il réunit au même point la gloire civile et la gloire militaire; concours rare , mais condition indispensable; il fallait attendre jusqu'à ce qu'elle fût remplie.

On le compare à Charlemagne, et je suis étonné de la persévérance de cette comparaison éternelle.

A Dieu ne plaise que je veuille déprécier un grand conquérant et un grand législateur! mais Charlemagne devait la moitié de sa force et de sa grandeur à l'épée de Charles Martel et à celle des Pépins.

Celui-ci doit tout à lui-même et à la génération qui a combattu, servi, commandé, administré avec lui, et c'est par ce caractère surtout qu'il nous plaît et qu'il nous convient.

C'est par ses propres travaux et ceux des compagnons et des concitoyens qui lui défèrent l'Empire, qu'il a agrandi cet Empire même, en dix années, de plus de provinces que la dynastie entière à laquelle il va succéder n'en avait su recouvrer en plusieurs siècles.

Je ferai encore une autre remarque que la circonstance m'inspire; je releverai en lui et en nous un autre bonheur, puisque désormais nos avantages sont inséparables.

Sa famille, cette famille que nous dévouons à combler ce gouffre politique, où la méfiance d'une part, l'ambition de l'autre, précipiteraient toujours de nouvelles victimes, tant qu'il demeurerait ouvert; cette famille dont les membres vont être les chefs et les princes de la grande famille, rendons-en grâce à notre fortune, elle nous offre un noble assemblage, une réunion consolante de tous les genres de services, de vertus, de talents, de tous les titres à la faveur dont la nation veut la couvrir.

Quel faisceau glorieux! Ici les palmes de l'Egypte et de l'Idumée, les lauriers de l'Italie, et ceux qui croissent sous le tropique; là le chêne de la couronne civique, les fleurs et les foudres de l'éloquence et du génie : le souvenir en est cher et récent pour vous (1).

C'est parmi vous aussi, après la paix du continent signée à Lunéville, qu'a retenti avec un applaudissement solennel le nom de celui sur lequel, au milieu de ce groupe auguste, une voix dont nous chérissons les oracles vient d'appeler plus particulièrement nos regards ; de celui que son rang approche le plus près du rang suprême, où puisse-t-il ne monter jamais ! L'olivier brille dans ses mains, l'olivier dont il eût couvert le monde sans le crime de ce gouvernement perfide qu'il va contribuer à punir. La patrie, enchantée et incertaine, ne sait ce qu'elle doit chérir le plus en lui de la beauté de l'âme, de la solidité de l'esprit, ou de l'aménité des mœurs.

---

(1) Le P. Daniel. Voyez dans *Saint-Simon* l'extrême protection dont Louis XIV favorisait cet écrivain.

(1) Le général Louis Bonaparte, compagnon du Consul en Italie, en Afrique, en Asie, etc. Jérôme Bonaparte, officier de marine, etc. Lucien Bonaparte, président des Cinq-Cents, ministre, ambassadeur, tribun, etc., etc.

Où m'égare un sentiment que vous partagez, mes collègues ? et que puis-je espérer d'ajouter à l'éloge de celui que Napoléon a loué devant les sages (1) ?

C'est assez s'abandonner aux doux mouvements de la joie et de l'espérance, et saluer la brillante aurore de notre bonheur politique.

Tournons de ce côté où il ne fait pas jour encore ; chassons ces nuages ; dissipons ces fantômes ; répondons à ces murmures, à ces craintes vraies ou affectées : réfutons les préjugés, les objections, le silence même de ceux que nos opinions étonnent ou qui se refusent à partager nos sentiments.

Sans doute il est des hommes estimables, de bons citoyens que gênent encore et qu'embarrassent la puissance de certains noms, l'habitude de certains souvenirs. Il est des Français-dont l'hésitation tient moins à la malveillance qu'à la pusillanimité, esprits faibles ou blessés qu'il ne faut point effaroucher par des reproches. mais ramener par des raisons.

Dans des temps ordinaires et calmes, leur dirais-je s'ils daignaient m'écouter ; aux époques peu fécondes en événements; quand la société présente une surface monotone et. uniforme; lorsqu'enfin les grands vices et les grandes vertus dorment également dans leur germe : alors la puissance des souvenirs, la magie des noms, exercent un légitime empire; car enfin, après les grandes actions, il n'y a rien de mieux que la mémoire des grandes actions.

Mais quand les tempêtes politiques ont soufflé ; quand les crises se sont prolongées; quand tout a été porté à l'excès, le bien et le mal, la gloire et la honte, la générosité et la tyrannie, l'audace et la patience : alors il est simple que les hauts faits éclipsent les grands noms.

Ceux qui préparent avec une vigueur extraordinaire des souvenirs pour l'histoire, prévalent sans injustice sur ceux qui portent avec un mérite ordinaire les souvenirs de l'histoire.

La multitude est lente à percevoir ces nouveaux rapports.

Beaucoup d'esprits frivoles et routiniers, ou opiniâtres et aveugles, se refusent à l'évidence. C'est ce qui leur inspire de si fausses démarches, ce qui les pousse si follement à menacer la patrie et à se perdre eux-mêmes.

Cependant du sein des révolutions, et appuyés sur elles, sortent l'homme et la famille, les hommes et les familles dont l'élévation doit être la garantie de ces révolutions et de tous les intérêts qu'elles ont créés.

Dans toutes les régénérations des empires et des pouvoirs, on est toujours parti des bases primitives ; on s'est toujours, pour ainsi dire, retrempé dans les principes et dans les sources. Toujours dans ces grandes époques (tous les monuments en font foi) on reconnaît, on stipule, on consacre ;

Et cette égalité naturelle entre les hommes, que sont tentées de nier et de méconnaître les vieilles dynasties abreuvées de longues illusions, et cette souveraineté des nations qu'un abus immémorial du pouvoir parvient à réduire en problème;

Et l'origine, les conditions, les pénibles devoirs qu'impose le rang suprême, et qu'une jouissance trop facile met souvent en oubli ;

Et enfin le châtiment qui menace le sort qui attend les chefs des empires quand ils perdent de vue ou qu'ils méconnaissent, et cette égalité primitive, et cette souveraineté incontestable, et cette origine certaine, et ces conditions rigoureuses, et ces indispensables devoirs.

On a beaucoup cité, au commencement de la Révolution, un monument remarquable de ces contrats solennels passés dans ces grandes circonstances ; je veux parler de ce fameux serment des Cortès de la vieille Espagne, qui, si j'en crois l'histoire, fut longtemps prêté et reçu par mes propres ancêtres (1).

La formule est frappante en effet, et surtout aujourd'hui que nous avons vu en action tout ce qu'elle enferme en si peu de paroles.

Nous autres, dit ce serment, *qui valons autant que toi* : voilà l'égalité native.

Qui pouvons plus que toi : voilà la souveraineté nationale.

Nous te faisons notre chef : voilà le contrat.

Pour être le gardien de nos intérêts : voilà la condition.

Sinon, non : voilà la peine qui suivra l'oubli du devoir.

Famille que la France appelle à régner, vous venez d'entendre votre titre.

Famille que la France écarte à jamais, vous avez entendu votre condamnation.

Que l'une serve à l'autre d'un exemple vivant et salutaire; que nos neveux soient longtemps préservés du retour des mêmes fautes et des mêmes malheurs.

Le détail des fautes comme des malheurs des derniers Bourbons appartient à l'histoire. Marquons cependant l'erreur capitale qui, entre mille autres, les a précipités du rang qu'ils occupaient, qui, plus que tout le reste, les en éloigne sans espoir.

L'antique ignorance, les lumières nouvelles se partageaient l'Europe. Depuis François 1er, la France était à la tête du parti des lumières, l'alliée, la protectrice des nations qui s'élevaient sous cette moderne influence.

Tout à coup, au milieu du dernier siècle, cette cause fut abandonnée ; le Gouvernement français, je ne dis pas la nation, passa du côté des ténèbres et se trouva dans une position inférieure vis-à-vis la puissance rivale qui était restée à la tête de ce parti.

La nation ne marchait pas dans le même sens que le Gouvernement; la Révolution signala cette séparation : quinze années ont rendu l'intervalle immense, infranchissable.

La nation a fait des pas de géant dans la carrière. Ceux qui prétendent encore à la domination sont restés au même point. Le temps et l'expérience ne leur ont rien appris et ne leur ont rien fait oublier : principes, idées, prétentions, langage, tout en eux est étranger, tout en eux est ennemi ; et ceux-là qui se croient peut-être encore leurs partisans seraient étonnés des nombreux titres de proscription qu'ils auraient auprès d'eux.

Le délire de l'orgueil, de la vengeance, tous les genres de délire sont encore chez eux au même point d'exaltation.

Et cependant que prétendent-ils, que proposent-ils, et à qui s'adresseront- ils ? que veulent-ils ?

L'ancien territoire? Ils ne purent le garder.

---

(1) **Message** du Premier Consul au Sénat, pour lui annoncer que Joseph Bonaparte était nommé colonel, etc., etc.

(1) Voyez les histoires d'Espagne, etc. Voici le texte du serment que prête le *Justitia* d'Arragon : *Nos che valemos tanto come vos, y che podemos mos che vos, vos hazemos no rey y senor por guarder nos fueros, se no, no.*

Les nouvelles conquêtes? on les fit malgré eux. Quelles lois vont-ils faire régner sur nous? Les anciennes? les tables s'en sont brisées dans leurs mains. Nos codes nouveaux? ils ne les comprennent pas, et chaque article les condamne.

Où est leur armée? Est-ce cette poignée de désespérés qui ont tenté vainement d'envahir des lambeaux de provinces, vétérans de la croisade révolutionnaire, dont le temps éclaircit sans cesse les rangs, que rien ne recrute? Sera-ce cette innombrable multitude tous les jours renaissante de guerriers qui les ont vaincus, ou qui ne les connaissent pas, et qui ont appris à en admirer d'autres qu'eux?

Où seront leurs tribunaux? Ceux qui les ont entraînés dans leur propre chute, ou ceux qui depuis dix ans condamnent leurs complices.

À qui vont-ils confier l'administration? Aux restes en démence de ceux qui jadis se traînaient sous leurs ordres dans une routine méprisée, ou à ceux qui ont mis leurs biens en distribution et foulé leurs droits aux pieds? Quels citoyens, quels propriétaires viennent-ils favoriser? par les vœux de qui seront-ils appelés? Sera-ce par ces fonctionnaires qu'ils dévouent avec autant de rage que d'impuissance à la mort et à l'opprobre? Par ces propriétaires de biens nationaux que rend tous les jours plus nombreux la division continuelle des héritages, et qu'ils condamnent tous sans difficulté à être dépouillés, en faisant peut-être à quelques-uns grâce de la vie? par les autres propriétaires? Mais quinze années de dîmes et de prestations féodales accumulées menacent tous les pères de famille d'une ruine complète.

Cependant ils avaient des partisans, et en assez grand nombre; ils en avaient, dis-je, car une part a cru devoir demeurer ferme sur la terre natale, dont l'autre part presque entière, après avoir gémi longtemps éloignée des champs paternels, est revenue du moins y mourir. Mais ceux-ci sont des traîtres à leurs yeux, ils sont des lâches, et tous seront jugés sur ces maximes étranges et inouïes parmi les nations qu'une démence sans exemple a, pendant dix ans, voulu mettre en crédit, et qu'un écrivain ingénieux a réduites en ces termes, savoir, *que quand un chef d'empire est en péril, celui qui le quitte le premier et qui se sauve le plus loin atteint le plus haut degré de la pureté et de la fidélité d'un sujet loyal*. voilà leur politique (1). Et qu'on ne dise pas qu'ils sont changés : d'abord il ne serait plus temps; mais le contraire est trop prouvé, et l'espérance de leur amendement peut bien être encore sur les lèvres de quelques-uns, mais elle n'est plus dans le cœur de personne.

Cependant (car je sens que c'est aujourd'hui la pieuse tâche d'un bon citoyen) je veux entrer encore, et aussi avant qu'il me sera possible, dans les idées, dans les sentiments qui ont égaré, ou, si l'on aime mieux, qui ont conduit longtemps le parti opposé à la Révolution, le parti que je cherche à ramener. J'admettrai, si l'on veut, qu'à des époques funestes à la patrie, qu'en 93, qu'au commencement de l'an VIII, se montrant tout à coup dans l'Ouest ou dans le Midi soulevés, les chefs de ce parti auraient pu paraître à un grand nombre des libérateurs.

Mais quoi! dans les maux, dans les calamités de la patrie, je les ai vus partout; nulle part dans

les efforts, dans les succès par qui ces maux ont été combattus ou surmontés.

Et lorsqu'au milieu d'un tumulte où ils pouvaient trouver leur place, ils n'ont point paru à la tête des armées des Français mécontents; aujourd'hui, au milieu des Français tranquilles et heureux, on les verrait sans horreur derrière une poignée d'incendiaires et d'assassins!

C'en est trop. Et si quelque insensé osait encore les appeler au fond de son cœur dans cette patrie qui les rejette, il n'oserait en articuler le vœu. Sur ce long cordon de frontières où le sang d'un million de braves de tout âge, de tout état, de toute opinion, a ruisselé dix ans à cause d'eux, nous verrions ces ombres généreuses soulever leur tombe récente pour repousser leur approche; et l'indignation leur rendrait la vie et la voix!

« Lâches! nous diraient-ils à nous-mêmes, quelle est votre ingratitude et quelle est votre infamie? Ne nous avez-vous survécu que pour laisser indignement fouler nos cendres et nos lauriers par ceux dont, au prix de notre sang, nous avons écarté loin de vos têtes menacées les proscriptions et les vengeances? »

Reposez en paix, ombres sacrées, les lauriers qui fleurissent sur vos tombes ne seront point flétris, ne seront point atteints par des mains parricides. Ceux pour qui coula votre sang généreux auront à jamais horreur de ceux par qui ce sang a coulé; s'ils osent toucher la terre où dorment vos mânes, cette terre les dévorera, et vos mânes seront contents.

Mais j'entends parmi ceux-là mêmes qui vous doivent le jour qu'ils respirent, les champs qu'ils cultivent, la liberté qu'ils chérissent, j'entends des craintes qui méritent une attention d'autant plus favorable que la source en est plus pure : elles naissent de cette jalousie de la gloire nationale et de la liberté, sentiment toujours si respectable lors même qu'il est exagéré.

« Jusque-là, disent ces amis de la patrie, jusque-là nous pensons comme vous; vous lancez l'anathème sur une famille dénaturée (1), double fléau de la France qui l'avait nourrie, et de l'Europe qu'elle a trompée.

« Vous craignez, vous signalez les maux infinis que toutes les prétendues restaurations ont entraînés, fléaux que surpasseraient tous ceux qu'a multipliés cette Révolution même qui fut leur ouvrage comme le nôtre, cette Révolution que la faiblesse des dépositaires du pouvoir rendit nécessaire, et que rendit affreuse l'aveugle fureur de ceux qui voulaient la ressaisir.

« Par eux tous les éléments de la société dissoute se sont livré une horrible guerre. Dans ce choc ténébreux, nous n'avons pas désespéré de la République: notre vertu, notre constance, et, si l'on veut, notre fortune, ont enchaîné la victoire à notre parti. Nous sommes résolus, vous l'êtes comme nous, à n'en céder jamais ni l'honneur ni le fruit; et cependant si nous aliénons successivement ces droits que nous avons conquis; si nous faisons chaque jour le sacrifice de quelques-uns des principes au nom desquels nous avons combattu, que nous restera-t-il enfin de cette Révolution si fortement voulue, si chèrement achetée? »

Alarmes généreuses, mais frivoles. Eh! d'abord que parlez-vous d'aliénations et de sacrifices? Loin d'aliéner, il s'agit d'assurer; loin de sacrifier, il s'agit d'affermir.

(1) Ces par-
1   ties   1

(1) Expressions du discours du conseiller d'Etat
V. à   clôture du Corps législatif.

Vos craintes sont fondées tant que des chances d'élection vous montrent en perspective ceux qui, à chaque occasion, ne manqueraient pas de s'offrir à vous avec ce dont vous sentirez de plus en plus le besoin, c'est-à-dire un système tout fait de succession et de transmission de pouvoir.

Ce besoin se ferait de jour en jour sentir si vivement que bientôt peut-être il finirait par affaiblir la crainte que les anciens éléments de ce système devraient inspirer au plus grand nombre.

C'est alors que les intéressés, toujours nourris de cette espérance dont nous allons les sevrer, vous nourriraient à leur tour avec persévérance de ces mêmes craintes dont vous avez souvent été travaillés, feraient jouer ces ressorts familiers aux factions qui se flattent, ces rumeurs, ces menées, ces écrits, tous les moyens qui produisent l'aberration de l'esprit public, l'incertitude, le vague, la fatigue, l'abattement des courages, et enfin l'abandon des intérêts les plus chers.

Méditez sur ces considérations, et cependant souffrez que je réponde en peu de mots à cette question que j'ai bien entendue : que nous restera-t-il de la Révolution, de sa gloire, de ses résultats?

Ce qui vous restera?

Vous avez reconquis votre considération et le premier rang en Europe.

Tous les Français sont égaux devant la loi, et leur admission à tous les honneurs est également pleine et entière : ce fut toujours là leur première passion.

Il y a une représentation, et l'impôt est consenti par elle, et réparti surtout avec égalité. La religion est épurée et dégagée de liens indignes d'elle.

L'Eglise, placée dans l'Etat, l'édifie d'autant plus qu'elle le domine moins.

Vos juges ne sont plus vos législateurs.

La glèbe est affranchie ; la féodalité, proscrite dès longtemps par tous les bons esprits, est abolie dans ses derniers vestiges.

La terre est délivrée des prestations ecclésiastiques comme des prestations féodales.

Une immense quantité de biens est entrée dans la circulation ; ces biens, mieux cultivés, nourrissent une population qui s'accroît en proportion et que tout favorise. Ces biens sont assurés à vos familles ; ils vous sont assurés ainsi que vos femmes, que vos enfants, que vos têtes jusqu'ici exposées à tant de dangers qui s'évanouissent, à des menaces qui ne sont plus qu'un vain bruit. Me demanderez-vous encore ce qui vous restera ? Il vous restera ce que tous les législateurs ont voulu vainement introduire, l'uniformité dans toutes les parties de la législation et de l'administration ; il vous restera la plus glorieuse armée de l'univers, et le seul moyen par lequel elle doit être toujours digne de la nation, puisqu'elle est la nation elle-même.

Ce qui vous restera, ô mes concitoyens ! demandez-le à cette légion d'honneur, à cette agrégation qui offre tous les avantages des institutions correspondantes en Europe et aucun de leurs inconvénients ; qui enferme déjà tant de talents, de services, de vertus, et que presse encore de ses honorables sollicitations cette foule immense de concurrents dont aucun ne présente des titres méprisables.

Heureuse nation, qui se trouve si riche encore quand la tombe, dix ans ouverte par la guerre étrangère ou les fureurs civiles, lui a dérobé avant l'heure tant de richesses !

Ce qui vous restera ? Regardez autour de vous. Sur votre sol, sans doute, l'agriculture est plus florissante que jamais ; les arts sont en honneur. Ne vous arrêtez pas dans cette vieille enceinte que vos efforts ont voulu régénérer et rajeunir : le succès a passé vos espérances ; mais ce n'est pas tout : contemplez ces riches provinces, ces magnifiques frontières, telles que des siècles entiers ne vous auraient rien amené de semblable et que vous n'auriez pas osé même le souhaiter, et demandez encore ce qu'il vous restera de cette Révolution?

Mais, a votre tour, répondez-moi. Qu'entendez-vous par cette Révolution dont vous craignez de voir évanouir les avantages et les résultats? De quelle Révolution me devez-vous parler? est-ce de celle qu'on vous faisait vouloir en 1793 au milieu des échafauds ? de celle qui, en fructidor, confondait dans la même proscription le crime et la vertu ? de celle qui, en l'an VII, relevait les mille têtes de l'anarchie ? Non, sans doute, dites-vous ; et je le crois. Vous voulez celle qu'en 1789 un sentiment unanime sollicitait, en faveur de laquelle conspiraient toutes les idées libérales, tous les sentiments généreux ; celle que contrairait alors dans sa marche l'impéritie ou la trahison d'un pouvoir nourri d'erreurs, d'un chef qui pensait tout y perdre ; celle que conservera, par son propre intérêt, un chef qui ne peut oublier qu'il lui doit tout et qu'il en est lui-même l'ouvrage comme son pouvoir en est le ciment.

Détrompez-vous donc et convenez avec nous, avec l'Europe qui nous contemple, avec l'histoire qui nous jugera, que, loin d'offrir le spectacle de l'inconséquence, de la faiblesse, de la légèreté, jamais nation n'aura montré au milieu de tant de vicissitudes et de formes diverses, une contenance plus mâle et plus héroïque, une volonté plus ferme et plus éclairée, n'aura poursuivi avec plus de persévérance et à travers tant d'obstacles, n'aura atteint enfin avec plus de bonheur, le but que ses représentants avaient marqué dès leur entrée dans la carrière.

Et nous, rendons grâce à la destinée favorable, qui, plutôt que des mérites particuliers, nous place aujourd'hui à la tête de ce peuple. Organes de son vœu, nous naturalisons les premiers, au milieu de l'Europe, ce nouvel empire dont les institutions et les emblèmes seront plus intelligibles à tous les peuples, plus analogues à tout ce qu'ils connaissent et respectent. En donnant cette forme plus régulière et imprimant ce mouvement plus sage au corps politique, nous consolidons à jamais les intérêts de la Révolution sans en altérer les principes ; nous ouvrons enfin les portes d'un siècle qui brillera de la gloire civile et militaire et de celle de tous les arts. Cette gloire si pure embellit toujours les époques tranquilles qui suivent les grandes crises ; car dans tous les arts, la grande étude est l'homme, et l'homme n'a tous ses développements que dans les efforts de la société, dans les douleurs et les convulsions qui précèdent les grands enfantements politiques.

Notre jeunesse a été usée dans ces luttes opiniâtres et douloureuses dont l'issue fut longtemps incertaine : jusqu'à présent, nous avons combattu sans relâche ; d'aujourd'hui, nous commencerons à vivre.

Presque tous arrivés au penchant de l'âge, plus ou moins avancés sur la déclivité de la vie, nous marcherons du moins sous un horizon épuré ; nous pourrons marquer de loin le lieu de notre repos sur une terre affermie, et nous flatter, en y descendant, de léguer à nos enfants une paix et une sécurité qui nous furent longtemps inconnues.

Tribuns, en appuyant de toute ma conscience les propositions qui vous sont faites, souffrez que j'en ajoute une autre qui me semble en être une conséquence naturelle.

La puissance impératoriale, ce mode de pouvoir exécutif suprême dont nos vœux appellent l'organisation, se forme, si j'en ai bien étudié la nature, de cinq éléments ou attributs principaux qui renferment tous les autres; savoir :

La puissance impératoriale proprement dite, c'est-à-dire la haute direction des forces de terre et de mer ;

La suprématie consulaire, c'est-à-dire la grande main de l'administration au dedans, et de la négociation au dehors;

Le pouvoir censorial, ou la départition des marques d'honneur, la distribution du blâme et de la louange;

La tutelle pontificale, c'est-à-dire le soin des rapports sous lesquels le culte sont soumis aux lois, et le sacerdoce à l'empire ;

Enfin, la puissance tribunitienne ou la suprême sollicitude des intérêts populaires, soit qu'elle s'entende et s'exerce par le droit d'initiative ou par celui d'empêchement.

L'histoire nous enseigne que le pouvoir exécutif impératorial est incomplet et insuffisant quand il n'a pas ces cinq attributs ; comme aussi qu'il est excessif et monstrueux quand il empiète sur le pouvoir judiciaire ou sur le pouvoir législatif, dont l'indépendance et la liberté doivent être entières et toujours respectées.

Donc, pour éviter qu'aucun abus de mots n'entraîne quelque confusion dans les choses, je vous invite à charger votre commission, à laquelle je soumettrai les détails et les développements de mon opinion, à la charger, dis-je, d'examiner s'il ne nous conviendrait pas de résigner en même temps l'appellation et les prérogatives tribunitiennes au magistrat qu'on croit devoir revêtir du nom et du pouvoir impératorial.

Je ne vous propose pas d'examiner sous quel nom et en quelle forme vous continuerez à rendre à la chose publique ces services si assidus et si utiles, auxquels le peuple et le Gouvernement rendent un égal hommage; je ne vous proposerai point de discuter le nom de chambre d'orateurs, de parlement, de conseil des cinquante, qui tous exprimeraient vos fonctions d'une manière plus ou moins juste, plus ou moins exacte : il semblerait que vous vous occupez de vous-mêmes, et vous ne vous êtes jamais occupés que de la patrie.

Ainsi, ô vous que nos vœux et nos besoins appellent à l'empire, vous allez voir de toutes parts les hommes et les corps s'empresser de remettre en vos mains ces prérogatives plus opéreuses qu'honorables, qui vont bien moins ajouter à votre puissance qu'à vos devoirs ! C'est d'aujourd'hui surtout que ces devoirs deviennent sévères et terribles ; c'est d'aujourd'hui que vous n'existez plus ou pour vous-même. Sans le titre de consul et comme agissant au nom et dans les besoins pressants du peuple, c'était, pour ainsi dire, lui-même qui était votre garant, qui assumait toute responsabilité : pourvu qu'il fût sauvé, tout était bien ; mais c'est d'aujourd'hui que vous allez surtout lui répondre, et que vous lui devrez compte d'un pouvoir définitif et constitué. Jusqu'à présent, l'espérance enchantée n'a su que vous admirer ; aujourd'hui la raison plus tranquille va vous juger : les routes pour arriver au pouvoir suprême

sont diverses et infinies, il n'est qu'un moyen de s'y maintenir ; vous avez égalé, surpassé la gloire des guerriers et des législateurs les plus renommés ; ambitionnez, portez, s'il se peut, à un degré inconnu (rien ne vous est difficile) cette gloire qui est propre aux dépositaires d'un pouvoir durable et affermi.

Vivez heureux du bonheur de la France, il n'en est plus d'autre pour vous ; vivez heureux de vos veilles, de vos travaux, de vos sacrifices.

Ainsi puissiez-vous fournir une carrière aussi longue que glorieuse ! et nous-mêmes, atteignant les bornes que la nature a prescrites à chacun de nous, puissions nous laisser nos enfants sous votre empire !

Tels sont mes vœux, mes présages, mes espérances ; reconnaissez-y un hommage digne de vous, une admiration généreuse qui ne vous sépare point de la vertu, un amour sincère qui ne vous sépare point de la patrie, et les fermes accents d'une voix libre et pure que la licence n'égara jamais, et que la flatterie ne corrompra point.

Le Tribunat ordonne l'impression de tous les discours prononcés dans cette séance, et leur distribution au nombre de six exemplaires.

Savoye-Rollin. Je ferai observer que presque tous les membres du Tribunat se sont fait inscrire pour parler sur la motion. Je propose que cette motion soit renvoyée à une commission de treize membres, à laquelle s'adjoindraient le président et les secrétaires.

Carnot. Tous les orateurs entendus dans cette séance ont parlé dans le sens de la motion d'ordre. Comme je me propose de la combattre, je réclame la liberté des opinions, et je demande à parler avant la clôture de la discussion.

Le Président. Il est d'usage que les membres se fassent inscrire pour l'ordre de la parole. Je vous invite à vous présenter au bureau et à vous faire inscrire, afin d'obtenir la parole à votre tour.

Un membre renouvelle la proposition de nommer une commission de treize membres.

Cette proposition est mise aux voix et adoptée.

Le bureau est chargé de désigner les membres de la commission. Il les choisit dans l'ordre suivant :

Curée, Sahuc, Jaubert, Duveyrier, Duvidal, Gillet (*de Seine-et-Oise*), Fréville, Carrion-Nisas, Savoye-Rollin, Albisson, Grenier, Delaistre et Chabaud-Latour.

La commission présentera son rapport dans la séance du 13 floréal.

La séance est levée.

TRIBUNAT.

PRÉSIDENCE DU TRIBUN FABRE (*de l'Aude*).

Séance du 11 floréal an XII (mardi 1er mai 1804).

Le procès-verbal de la séance d'hier est adopté.

L'ordre du jour appelle la suite de la *discussion de la motion d'ordre de Curée, relative au pouvoir héréditaire.*

Le Président. Notre collègue Carnot, qui avait demandé hier à combattre la motion d'ordre qui est soumise à vos délibérations, s'est fait inscrire au bureau. Comme il est le seul inscrit pour parler contre, je l'invite, en conformité du règlement, à monter le premier à la tribune.

Carnot. Citoyens tribuns, parmi les orateurs qui m'ont précédé, et qui tous ont appuyé la motion d'ordre de notre collègue Curée, plusieurs ont été au-devant des objections qu'on pouvait faire contre elle, et ils y ont répondu avec autant de talent que d'aménité : ils ont donné l'exemple d'une modération que je tâcherai d'imiter, en proposant d'autres observations qui m'ont paru leur avoir échappé. Et quant à ceux qui, parce que je combattrai leur avis, pourraient m'attribuer des motifs personnels indignes du caractère d'un homme entièrement dévoué à sa patrie, je leur livre pour toute réponse l'examen scrupuleux de ma conduite politique depuis le commencement de la Révolution, et celui de ma vie privée.

Je suis loin de vouloir atténuer les louanges données au Premier Consul : ne dussions-nous à Bonaparte que le Code civil, son nom mériterait de passer à la postérité ; mais quelques services qu'un citoyen ait pu rendre à sa patrie, il est des bornes que l'honneur autant que la raison impose à la reconnaissance nationale. Si ce citoyen a restauré la liberté publique, s'il a opéré le salut de son pays, sera-ce une récompense à lui offrir que le sacrifice de cette même liberté? et ne serait-ce pas anéantir son propre ouvrage, que de faire de son pays son patrimoine particulier?

Du moment qu'il fut proposé au peuple français de voter sur la question du consulat à vie, chacun put aisément juger qu'il existait une arrière-pensée et prévoir un but ultérieur.

En effet on vit se succéder rapidement une foule d'institutions évidemment monarchiques : mais à chacune d'elle on s'empressa de rassurer les esprits inquiets sur le sort de la liberté, en leur protestant que ces institutions n'étaient imaginées qu'afin de lui procurer la plus haute protection qu'on pût désirer pour elle.

Aujourd'hui se découvre enfin d'une manière positive le terme de tant de mesures préliminaires : nous sommes appelés à nous prononcer sur la proposition formelle de rétablir le système monarchique, et de conférer la dignité impériale et héréditaire au Premier Consul.

Je votai dans le temps contre le consulat à vie ; je voterai de même contre le rétablissement de la monarchie, comme je pense que ma qualité de tribun m'oblige à le faire : mais ce sera toujours avec les ménagements nécessaires pour ne point réveiller l'esprit de parti ; ce sera sans personnalités, sans autre passion que celle du bien public, en demeurant toujours d'accord avec moi-même dans la défense de la cause populaire.

Je fis toujours profession d'être soumis aux lois existantes, même lorsqu'elles me déplaisaient le plus : plus d'une fois je fus victime de mon dévouement pour elles, et ce n'est pas d'aujourd'hui que je commencerai à suivre une marche contraire : je déclare donc d'abord que tout en combattant la proposition faite, du moment qu'un nouvel ordre de choses sera établi, qu'il aura reçu l'assentiment de la masse des citoyens, je serai le premier à y conformer toutes mes actions, à donner à l'autorité suprême toutes les marques de déférence que commandera la hiérarchie constitutionnelle. Puisse chacun des membres de la grande société émettre un vœu aussi sincère et aussi désintéressé que le mien!

Je ne me jetterai point dans la discussion de la préférence que peut mériter en général tel ou tel système de gouvernement, sur tel ou tel autre; il existe sur ce sujet des volumes sans nombre : je me bornerai à examiner en très-peu de mots, et dans les termes les plus simples, le cas particulier où les circonstances nous ont placés.

Tous les arguments faits jusqu'à ce jour sur le rétablissement de la monarchie en France se réduisent à dire que, sans elle, il ne peut exister aucun moyen d'assurer la stabilité du Gouvernement et la tranquillité publique, d'échapper aux discordes intestines, de se réunir contre les ennemis du dehors; qu'on a vainement essayé le système républicain de toutes les manières possibles; qu'il n'est résulté de tant d'efforts que l'anarchie, une révolution prolongée ou sans cesse renaissante, la crainte perpétuelle de nouveaux désordres, et, par suite, un désir universel et profond de voir rétablir l'antique gouvernement héréditaire en changeant seulement la dynastie. C'est à cela qu'il faut répondre.

J'observerai d'abord que le gouvernement d'un seul n'est rien moins qu'un gage assuré de stabilité et de tranquillité. La durée de l'empire romain ne fut pas plus longue que ne l'avait été celle de la république. Les troubles intérieurs y furent encore plus grands, les crimes plus multipliés : la fierté républicaine, l'héroïsme, les vertus mâles, y furent remplacés par l'orgueil le plus ridicule, la plus vile adulation, la cupidité la plus effrénée, l'insouciance la plus absolue sur la prospérité nationale. A quoi eût remédié l'hérédité du trône? Ne fut-il pas regardé par le fait comme l'héritage légitime de la maison d'Auguste? Un Domitien ne fut-il pas le fils de Vespasien, un Caligula le fils de Germanicus, un Commode le fils de Marc-Aurèle?

En France, à la vérité, la dernière dynastie s'est soutenue pendant huit cents ans ; mais le peuple fut-il moins tourmenté? Que de dissensions intestines! que de guerres entreprises au dehors pour des prétentions, des droits de succession que faisaient naître les alliances de cette dynastie avec les puissances étrangères! Du moment qu'une nation entière épouse les intérêts particuliers d'une famille, elle est obligée d'intervenir dans une multitude d'événements qui, sans cela, lui seraient de la plus parfaite indifférence.

Nous n'avons pu établir parmi nous le régime républicain, quoique nous l'ayons essayé sous diverses formes plus ou moins démocratiques ; mais il faut observer que, de toutes les constitutions qui ont été successivement éprouvées sans succès, il n'en est aucune qui ne fût née au sein des factions, et qui ne fût l'ouvrage de circonstances aussi impérieuses que fugitives : voilà pourquoi toutes ont été vicieuses. Mais depuis le 18 brumaire, il s'est trouvé une époque, unique peut-être dans les annales du monde, pour méditer à l'abri des orages, pour fonder la liberté sur des bases solides avouées par l'expérience et par la raison. Après la paix d'Amiens, Bonaparte a pu choisir entre le système républicain et le système monarchique ; il eût fait tout ce qu'il eût voulu, il n'eût pas rencontré la plus légère opposition. Le dépôt de la liberté lui était confié, il avait juré de la défendre : en tenant sa promesse, il eût rempli l'attente de la nation, qui l'avait jugé seul capable de résoudre le grand problème de la liberté publique dans ses vastes États; il se fût couvert d'une gloire incomparable. Au lieu de cela, que fait-on aujourd'hui? On propose de lui faire une propriété absolue et héréditaire d'un pouvoir dont il n'avait reçu que l'administration. Est-ce là l'intérêt bien entendu du Premier Consul lui-même? Je ne le crois pas.

Il est très-vrai qu'avant le 18 brumaire l'État tombait en dissolution, et que le pouvoir absolu l'a retiré des bords de l'abîme : mais que conclure de là ? ce que tout le monde sait ; que les corps politiques sont sujets à des maladies que l'on ne saurait guérir que par des remèdes violents; qu'une dictature momentanée est quelquefois nécessaire pour sauver la liberté. Les Romains, qui en étaient si jaloux, avaient pourtant reconnu la nécessité de ce pouvoir suprême par intervalles. Mais parce qu'un remède violent a sauvé un malade, doit-on lui administrer chaque jour un remède violent? Les Fabius, les Cincinnatus, les Camille, sauvèrent la liberté romaine par le pouvoir absolu ; mais c'est qu'ils se dessaisirent de ce pouvoir aussitôt qu'ils le purent : ils l'auraient tuée par le fait même s'ils l'eussent gardé. César fut le premier qui voulut le conserver : il en fut la victime; mais la liberté fut anéantie pour jamais. Ainsi tout ce qui a été dit jusqu'à ce jour sur le pouvoir absolu prouve seulement la nécessité d'une dictature momentanée dans les crises de l'État, mais non celle d'un pouvoir permanent et inamovible.

Ce n'est point par la nature de leur gouvernement que les grandes républiques manquent de stabilité ; c'est parce qu'étant improvisées au sein des tempêtes, c'est toujours l'exaltation qui préside à leur établissement. Une seule fut l'ouvrage de la philosophie organisée dans le calme, et cette république subsiste pleine de sagesse et de vigueur. Ce sont les États-Unis de l'Amérique septentrionale qui offrent ce phénomène, et chaque jour leur prospérité reçoit des accroissements qui étonnent les autres nations.

Ainsi il était réservé au nouveau monde d'apprendre à l'ancien qu'on peut subsister paisiblement sous le régime de la liberté et de l'égalité. Oui, j'ose poser en principe que lorsqu'on peut établir un nouvel ordre de choses, sans avoir à redouter l'influence des fonctions, comme a pu le faire le Premier Consul, principalement après la paix d'Amiens, comme il peut le faire encore, il est moins difficile de former une république sans anarchie qu'une monarchie sans despotisme. Comment concevoir une limitation qui ne soit point illusoire dans un gouvernement dont le chef a toute la force exécutive dans les mains, et toutes les places à donner? On a parlé d'institutions que l'on dit propre à produire cet effet : mais avant de proposer l'établissement du monarque, n'aurait-on pas dû s'assurer préalablement et montrer à ceux qui doivent voter sur la question que de pareilles institutions sont dans l'ordre des choses possibles? que ce ne sont pas de ces abstractions métaphysiques qu'on reproche sans cesse au système contraire? Jusqu'ici on n'a rien inventé pour tempérer le pouvoir suprême, que ce qu'on nomme des corps intermédiaires ou privilégiés : serait-ce d'une nouvelle noblesse qu'on voudrait parler par ce mot d'institutions? Mais le remède n'est-il pas pire que le mal? car le pouvoir absolu n'ôte que la liberté, au lieu que l'institution des corps privilégiés ôte tout à la fois et la liberté et l'égalité; et quand même dans les premiers temps les grandes dignités ne seraient que personnelles, on sait assez qu'elles finiraient toujours, comme les grands fiefs d'autrefois, par devenir héréditaires.

À ces principes généraux j'ajouterai quelques observations particulières. Je suppose que tous les Français donnent leur assentiment à la mesure proposée : mais sera-ce bien le vœu libre des Français, que celui qui résultera de registres où chacun est obligé de signer individuellement son vote? Qui ne sait quelle est en pareil cas l'influence de l'autorité qui préside? De toutes les parties de la France éclate, dit-on, le désir des citoyens pour le rétablissement d'une monarchie héréditaire : mais n'est-on pas autorisé à regarder comme factice une opinion concentrée presque exclusivement jusqu'ici parmi les fonctionnaires publics, lorsqu'on connaît les inconvénients qu'il y aurait à manifester une opinion contraire, lors-

qu'on sait que la liberté de la presse est tellement anéantie, qu'il n'est pas possible de faire insérer dans un journal quelconque la réclamation la plus respectueuse et la plus modérée?

Sans doute il n'y aurait pas à balancer sur le choix d'un chef héréditaire, s'il était nécessaire de s'en donner un. Je serais absurde de vouloir mettre en parallèle avec le Premier Consul les prétendants d'une famille tombée dans un juste mépris, et dont les dispositions vindicatives et sanguinaires ne sont que trop connues. Le rappel de la maison de Bourbon renouvellerait les scènes affreuses de la Révolution, et la proscription s'étendrait infailliblement, soit sur les biens, soit sur les personnes de la presque totalité des citoyens. Mais l'exclusion de cette dynastie n'entraîne point la nécessité d'une dynastie nouvelle. Espère-t-on, en élevant cette dynastie, hâter l'heureuse époque de la paix générale? Ne sera-ce pas plutôt un nouvel obstacle? A-t-on commencé par s'assurer que les autres grandes puissances de l'Europe adhéreront à ce nouveau titre? Et si elles n'y adhèrent pas, prendra-t-on les armes pour les y contraindre? Ou, après avoir rabaissé le titre de Consul au-dessous de celui d'Empereur, se contentera-t-on d'être Consul pour les puissances étrangères, tandis qu'on sera Empereur pour les seuls Français? Et compromettra-t-on pour un vain titre la sécurité et la prospérité de la nation entière?

Il paraît donc infiniment douteux que le nouvel ordre de choses puisse offrir plus de stabilité que l'état présent : il n'est pour le Gouvernement qu'une seule manière de se consolider, c'est d'être juste, c'est que la faveur ne l'emporte pas auprès de lui sur les services ; qu'il y ait une garantie contre les déprédations et l'imposture. Loin de moi toute application particulière, toute critique de la conduite du Gouvernement ; c'est contre le pouvoir arbitraire en lui-même que je parle, et non contre ceux entre les mains desquels ce pouvoir peut résider.

La liberté fut-elle donc montrée à l'homme pour qu'il ne pût jamais en jouir? fut-elle sans cesse offerte à ses vœux comme un fruit auquel il ne peut porter la main sans être frappé de mort? Ainsi la nature, qui nous fait de cette liberté un besoin si pressant, aurait voulu nous traiter en marâtre! Non, je ne puis consentir à regarder ce bien si universellement préféré à tous autres, sans lequel tous les autres ne sont rien, comme une simple illusion. Mon cœur me dit que la liberté est possible, que le régime en est facile et plus stable qu'aucun gouvernement arbitraire, qu'aucune oligarchie.

Cependant, je le répète, toujours prêt à sacrifier mes plus chères affections aux intérêts de la commune patrie, je ne contenterai d'avoir fait entendre encore cette fois l'accent d'une âme libre ; et mon respect pour la loi sera d'autant plus assuré, qu'il est le fruit de longs malheurs, et de cette raison qui nous commande impérieusement aujourd'hui de nous réunir et faisceau contre l'ennemi implacable des uns comme des autres, de cet ennemi toujours prêt à fomenter nos discordes, et pour qui tous les moyens sont légitimes, pourvu qu'il parvienne à son but d'oppression universelle et de domination sur toute l'étendue des mers.

Je vote contre la proposition.

Carrion-Nisas. Je demande à relever immédiatement quelques erreurs de fait commises par le citoyen Carnot.

Le Président. Vous répondrez à la fin de la séance. C'est le tour de parole du citoyen Faure.

Faure. Tribuns, avant de vous présenter mes

observations sur la motion d'ordre qui vous fut soumise à l'ouverture de la séance d'hier, je vous dois compte des idées qu'a fait naître en moi la réclamation de notre collègue Carnot.

N'ayant pu disposer une réponse préparée à des objections qui m'étaient inconnues, je me contenterai d'opposer quelques faits, bien convaincu que si quelque chose m'est échappé, les orateurs qui parleront après moi y suppléeront complétement.

Ai-je besoin de m'arrêter à cette observation faite par notre collègue, qu'il n'a point voté le consulat à vie ? Ce vote a réuni plusieurs millions de suffrages ; il mérite autant de respect de la part de chacun de nous, que le peuple a mis d'empressement à le souscrire.

Quant à l'hérédité, la proposition faite à cet égard est commandée par la nécessité la plus réelle et la plus urgente, celle de nous mettre à l'abri de toutes secousses et convulsions ; et les puissances étrangères sont trop intéressées à la tranquillité de l'Europe pour voir avec peine une institution qui contribuera si efficacement à l'assurer, et qui d'ailleurs est le résultat de l'exercice du droit sacré appartenant à chaque nation, de se donner telle forme de gouvernement qui lui plaît.

Que notre collègue cesse donc d'être agité par la crainte sur les résultats de l'hérédité.

Nous avons essayé plusieurs régimes dans le cours de la Révolution ; il n'est aucun d'eux qui n'ait produit les effets les plus funestes.

Qui peut avoir oublié cette époque affreuse où un comité décemviral couvrit la France de prisons et d'échafauds ?

Qui peut avoir oublié ce temps où l'on disposait de la vie des hommes sur de simples blancseings ?

Qui peut avoir oublié cette autre époque où le directoire ne put empêcher les réactions qui eurent lieu dans le midi, et qui y firent verser des torrents de sang ?

Qui peut avoir oublié ces agitations de l'an VII qui manquèrent de nous précipiter une seconde fois dans le gouffre de 1793, et qui eussent de nouveau ensanglanté la France, sans l'heureuse journée du 18 brumaire ?

J'ai passé rapidement sur ces divers temps auxquels on ne peut songer sans horreur ; et si, comme j'aime à le croire, notre collègue ne regrette aucun d'eux, pourquoi vient-il réclamer contre des institutions qui seules peuvent empêcher le retour de tant de malheurs ?

Je me hâte d'examiner la motion d'ordre.

Le véritable intérêt de la France et les services immenses rendus par le héros à qui les Français ont confié leur destinée, ne nous permettent pas d'hésiter à l'adopter.

L'expérience des siècles a démontré mieux que la théorie des plus profonds publicistes combien, lorsqu'il s'agit du gouvernement d'un seul, l'hérédité du pouvoir dans la famille du gouvernant est préférable à tout autre mode.

Tout autre mode en effet entraînerait à sa suite les inconvénients les plus graves.

Il suffit, pour être convaincu, de connaître l'histoire de l'Empire romain et celle de plusieurs États modernes.

« Si la monarchie tombe en choix, dit Bodin
« dans son *Traité de la République*, chacun y vou-
« dra aspirer, et entre plusieurs égaux il est im-
« possible qu'il n'y ait pas de grandes factions qui
« diviseront les sujets et formeront des partisans ;
« et quand ils ne seraient pas égaux en mérite et
« en biens, encore présumeront-ils l'être, et ils

« ne voudront obéir l'un à l'autre. Les plus mé-
« chants et ambitieux ou les plus téméraires ha-
« sarderont tout pour se faire nommer, et si le
« plus vertueux est élu, sa vie est en danger des
« autres compétiteurs plus puissants. »

Bodin ne manque pas de citer une époque où il y eut à la fois trente empereurs romains élus en divers lieux. « Tout l'Empire était, dit-il, en
« guerre et combustion à qui l'emporterait. »

Le mode de succession qui fut constamment suivi parmi nous dans la troisième race paraît le mieux combiné pour prévenir les troubles et les dissensions.

La première proposition qui vous est faite est de consacrer l'hérédité de la magistrature suprême dans la famille de Bonaparte, ou, ce qui est la même chose, de donner au Gouvernement la plus grande stabilité possible.

Ce n'est point ici l'avantage de quelques hommes qu'il faut considérer, c'est celui d'une nation entière placée au premier rang par sa population, sa bravoure, ses lumières et la fécondité de son génie, qui ne peut être comparée qu'à celle de son territoire.

La nation française a repris les pouvoirs que les aïeux de la famille des Bourbons avaient reçus d'elle.

Tout l'invite à les transmettre à la famille du grand homme qui la gouverne.

Combien de fois n'a-t-on pas répété que le peuple n'existe point pour les princes, que les princes ont été créés par le peuple et pour le peuple !

Il n'est point de nation assez insensée pour déléguer ses pouvoirs dans le dessein de faire son propre malheur. En mettant à sa tête un magistrat suprême, elle lui impose la condition expresse ou tacite de lui laisser toute l'étendue de liberté dont le sacrifice n'est pas nécessaire pour assurer sa tranquillité au dedans et au dehors, et de garantir à chaque citoyen la jouissance paisible de ses propriétés, ainsi que tous les avantages qu'il a droit d'attendre de ses talents, de son commerce et de son industrie.

Malheur aux princes qui ont oublié ces éternelles vérités ! Tôt ou tard la justice divine a puni par leur chute leurs coupables erreurs.

C'est ainsi que les dynasties ont péri.

La dynastie de Hugues Capet nous en offre un nouvel exemple.

Une famille qui, depuis douze ans rejetée par la nation française, veut ressaisir un sceptre qu'elle s'est montrée incapable de conserver ; qui, après avoir soulevé l'Europe entière contre nous, liée encore aujourd'hui avec nos plus cruels ennemis, ne cherche qu'à rallumer le flambeau des discordes civiles, et détruirait une partie du peuple pour donner des fers à l'autre ; une telle famille nous avertit qu'il est temps de songer aux moyens les plus propres à faire disparaître jusqu'à la moindre lueur de ses chimériques espérances.

Jetons un coup d'œil rapide sur les motifs puissants qui doivent nous déterminer en faveur de la famille de Bonaparte. Ils vont se présenter naturellement en rapprochant la situation où la France se trouve aujourd'hui de celle où elle était lors de la Révolution.

À l'époque de la Révolution, la France était sans considération ni crédit ; le Gouvernement avait perdu toute confiance.

Maintenant le crédit public a reparu ; l'État est plus considéré qu'il ne le fut jamais, et la confiance sans bornes dont jouit le Gouvernement actuel est le digne prix de ses soins.

En 1789, la France languissait dans un état de faiblesse qui la rendait, chez l'étranger, un objet d'humiliation et de mépris.

Aujourd'hui la France, comblée de gloire, voit ses bornes reculées au nord et au midi. Respectée de toutes les nations qui savent apprécier la véritable grandeur, elle partage la magnanimité de son chef, qui n'a vaincu que pour assurer à l'Europe le bonheur et la paix.

En 1789, la France était encore plongée dans ce chaos de lois barbares qui rappelaient ces temps d'ignorance et d'anarchie où elles étaient nées.

Aujourd'hui le chaos a fait place à la lumière ; la France jouit du Code civil fondé sur des principes si purs, que la sagesse même semble les avoir dictés ; monument qui seul suffirait pour illustrer à jamais le génie qu'on vit présider à cet important ouvrage.

A l'époque de la Révolution, on n'aperçoit plus nulle règle, nul ensemble, nulle vigueur dans les diverses branches de l'administration civile et militaire ; on ne voyait rien enfin qui n'annonçât une ruine totale, déplorable effet de la caducité des empires.

Aujourd'hui, grâce aux tendres sollicitudes d'un Gouvernement paternel, la France a recouvré cette fraîcheur de jeunesse, cette santé vigoureuse qui lui promet les plus brillantes destinées.

Tant de biens si précieux sont dus à Bonaparte.

Quel serait le fruit du retour des Bourbons ?

Bientôt nos lois actuelles seraient détruites, les plus belles espérances des générations futures évanouies ; bientôt on verrait reparaître l'hydre féodale et tout ce qu'elle a jamais enfanté de plus injuste et de plus odieux.

A sa suite seraient rappelés ces trois cent soixante coutumes et usages locaux qui divisaient les provinces et même les villes et bourgs en autant d'Etats partiels, et ne servaient qu'à favoriser une autre hydre non moins hideuse, celle de la chicane.

Les acquéreurs de biens nationaux ne tarderaient pas à se voir dépouillés de leurs domaines.

Bientôt enfin la France n'offrirait qu'un théâtre sanglant de proscriptions et de confiscations.

Détournons les yeux de tous ces fléaux, et reposons-les avec satisfaction sur une famille dont le chef a créé tant de prodiges en si peu d'années, et qui sera toujours intéressée à maintenir les institutions auxquelles elle devra son élévation.

Nous ne serons privés d'aucun des avantages qui furent l'objet des premiers vœux de la nation française.

La distinction des ordres est irrévocablement éteinte. Les talents et les vertus sont encouragés dans chaque citoyen, puisque avec eux chacun peut arriver aux premières places. Voilà ce que demandaient ces cahiers fameux où le peuple déposa ses anciens griefs.

On demandait aussi l'abolition de tout privilège tenant au régime féodal. Nos nouvelles lois ont conservé pour ce vœu un respect si religieux, que le Code civil déclare solennellement que la servitude imposée sur un héritage n'établit aucune prééminence d'un fonds sur l'autre : « Car, disait l'orateur du Gouvernement en exposant les motifs de cette disposition, il ne peut plus être question de ces privilèges qui prirent naissance dans le régime à jamais aboli des fiefs. »

On demandait qu'aucun culte ne fût persécuté, que personne ne fût privé des emplois publi sur le fondement que la religi à était attaché n'était point celle

nombre. Ce juste désir n'est-il pas rempli ? Le Gouvernement n'a-t-il pas prouvé quel prix il y attache, dans toutes les occasions où le mérite a réclamé d'honorables récompenses ?

On demandait que les jugements criminels ne fussent plus rendus en secret, qu'il y eût un débat public où les accusés pourraient se faire entendre, qu'ils eussent le droit d'appeler le ministère d'un défenseur et d'invoquer la déclaration des témoins justificatifs.

Ces précieux avantages, si vainement désirés avant la Révolution, n'en sont-ils pas le fruit, et ne nous seront-ils pas conservés pour toujours ?

On demandait enfin qu'il y eût un corps représentatif chargé de décréter les lois au nom du peuple, et sans lequel surtout le peuple ne pût être grevé d'aucun nouvel impôt. Ce corps existe, et ne continuera-t-il pas d'exister ? Ne s'est-on pas même occupé dernièrement à lui donner un nouveau lustre ?

Je pourrais citer beaucoup d'autres bienfaits que nous a procurés la Révolution, et dont nous ne cesserons point de jouir, que dis-je ! dont au contraire nous serons d'autant plus assurés, qu'ils distingueront d'autant mieux la nouvelle dynastie de l'ancienne.

Ce changement pouvait-il s'opérer sous de plus heureux auspices ?

Les autres dynasties commencèrent dans des temps d'ignorance et de préjugés.

Celle-ci s'élève lorsque les préjugés sont bannis et dans un siècle de lumières.

Trente millions d'hommes sont gouvernés par le plus grand des héros, et l'Etat qu'il gouverne est le plus beau des empires.

Quel autre titre que celui d'Empereur pourrait dignement répondre à l'éclat d'une si haute magistrature ?

Ce titre fut honoré dans le neuvième siècle par un prince qui donna son nom à la famille des Carlovingiens. Le portrait que les historiens nous en ont tracé semblerait avoir été fait pour l'homme extraordinaire du dix-neuvième siècle. Je ne suis en ce moment que l'écho des écrivains les plus célèbres ; ils s'expriment ainsi : « Ni la paix, ni « la guerre, ni l'été, ni l'hiver, ne furent pour « lui des temps de repos, et l'activité de notre « imagination peut à peine suivre celle de ses « opérations(1).

« Il pensait que la force ne sert qu'à vaincre, « et qu'il faut des lois pour gouverner. Il cultiva « et protégea les lettres et les arts, car la véritable « grandeur n'existe point sans cela (2). »

« Il voulut tout voir et tout faire autant que « les circonstances et les ressources de son génie « le lui permettaient, et ce fut ce qui donna tant « de vigueur et tant d'énergie à ses entreprises(3).

« Vaste dans ses desseins, simple dans l'exé- « cution, personne n'eut à un plus haut degré « l'art de faire les plus grandes choses avec fa- « cilité, et les difficiles avec promptitude. Jamais « prince ne sut mieux braver les dangers, jamais « prince ne les sut mieux éviter. Il se joua de « tous les périls, et particulièrement de ceux « qu'éprouvent presque toujours les grands con- « quérants, c'est-à-dire des conspirations. Son « génie se répandit dans toutes les parties de « l'Empire (4). »

« Comme ses vues embrassaient également l'ave-

(4) Gibbon.
Hénault.
Id.

« nir et le présent, il ne voulut pas faire le bon-
« heur de ses contemporains aux dépens de la
« nation qui lui succéderait. Sous lui, les Fran-
« çais eux-mêmes furent leurs propres législa-
« teurs (1). »

Quel portrait fut plus frappant et plus susceptible d'application ?

Il ne s'agit ici que d'une comparaison entre les
qualités personnelles de deux héros.

Les prodiges opérés par Bonaparte n'en com-
portent aucune : leur étendue ne peut être égalée
que par celle de notre gratitude et de notre attachement.

Les sentiments qui de toutes parts se manifestent pour sa personne lui font éprouver combien
il est doux de travailler au bonheur d'un tel peuple ; et lorsque nos descendants voudront connaître les événements les plus glorieux pour le
nom français, leurs regards se fixeront sur le
siècle de Bonaparte.

Je vote l'adoption des propositions contenues
dans la motion d'ordre.

Le **Président**. Le citoyen Arnould est maintenant le premier inscrit.

Arnould. Citoyens tribuns, avant d'entrer en
matière, je ne puis me défendre de réflexions pénibles, ni d'exprimer toute ma surprise de l'opinion de notre collègue *Carnot*.

Quelle est donc cette fâcheuse destinée qui
poursuit notre collègue dans toutes les périodes
de sa vie politique, lui qui, placé au *Directoire*
pour y prévenir d'infâmes complots, paraît encore
à peine persuadé des liaisons conspiratrices de
Pichegru au 18 fructidor, liaisons qui ont renouvelé les proscriptions, et mis la France en
péril, si elle n'eût été sauvée par le héros du
18 brumaire ? Et aujourd'hui, notre collègue retarde l'émission d'un vœu que réclame la nation
française, et que commandent la terreur du passé
et les craintes de l'avenir.

Fatales perceptions, que celles qui nous réduisent à opiner ou à agir continuellement en sens
contraire des intérêts d'une grande nation !

J'aborde la question importante qui nous occupe.
Ce que j'ai à dire et la suite de la discussion répondront aux erreurs de notre collègue comme
publiciste relativement au pouvoir *impérial romain*, et au *représentatif des modernes*.

Citoyens tribuns, il est des instants décisifs
pour les glorieuses destinées des empires comme
pour le sort des individus. Ce moment, ne le
laissons pas échapper dans la nuit des siècles.
L'impatience de tous les Français, l'ardeur héroïque des guerriers, la garantie des institutions civiles et militaires, la permanente périodicité de
la représentation nationale, les acclamations qui
partent de tous les points de l'Empire français
pour fixer l'hérédité du pouvoir exécutif en France
dans la famille du Premier Consul Bonaparte,
tout nous commande de déférer au désir national
en concourant, en vertu de notre prérogative, au
vote de cette hérédité !

Je n'ajouterai, citoyens tribuns, aux grands et
beaux développements qui vous ont déjà été présentés, que des considérations générales, mais
également décisives.

Ces considérations embrassent trois points fondamentaux.

*Les Bourbons sont-ils à jamais déchus du pou-
voir exécutif en France ?*

Le pouvoir exécutif en France sera-t-il hérédi-

*taire dans la famille du Premier Consul Napoléon
Bonaparte ?*

*Quelle garantie obtient la nation dans le chan-
gement de dynastie ?*

Et d'abord.

*Les Bourbons sont-ils à jamais déchus du pou-
voir exécutif en France ?* Je répète avec tous les
Français : Oui ! oui ! Et en effet, qui peut prendre intérêt au rétablissement d'une famille qui
s'est dégradée aux yeux de l'Europe entière, soit
en abandonnant par impéritie et par lâcheté le
gouvernement et le sol français, soit en appelant
pendant quinze années le meurtre et le carnage sur
la nation française, soit en contemplant froidement et activant même sur nos frontières et sur
nos côtes le massacre du petit nombre de leurs
partisans égarés ? Qui peut désormais en France
s'armer pour les derniers des Bourbons condamnés à mendier l'or de l'Angleterre, et même à le
gagner, en livrant à cet ennemi éternel du nom
français notre armée, nos flottes, nos villes, nos
champs, nos moissons, notre commerce, et toutes
nos institutions civiles, militaires et politiques ?

Je ne dis pas : *nul* ne peut rien effectuer en
France en faveur des *derniers Bourbons* dégradés ;
mais je dis : *nul* n'est disposé, sous aucun rapport
d'intérêt ni de préjugé, à rien désirer pour une
dynastie qui se complaît dans le mépris universel.
Les Français réconciliés eux-mêmes, accessibles
aux idées généreuses de leur antique renommée
militaire, les Français, doivent à jamais méconnaître d'indignes chefs qui les ont cruellement
abandonnés à une affreuse misère chez l'étranger.

D'un autre côté, ces mêmes Français réconciliés comme propriétaires, et disposés à faire
partie des nouvelles institutions, sont également appelés sous de nouveaux chefs magnanimes à recommencer les hautes destinées de
la France, et à les voir porter au plus haut degré
de gloire.

Quant à la nation française, considérée dans
l'universalité des citoyens, les dernières conspirations et les révélations qu'elles nous ont procurées dans les menaces des derniers Bourbons,
doivent suffisamment apprendre ce que la généralité des citoyens devait obtenir si les complots
eussent été réalisés ; et dans la conviction de la politique exterminatrice des derniers des Bourbons,
les huit millions d'acquéreurs de domaines nationaux, les nombreux fonctionnaires employés successivement depuis 1789 dans tout le
système administratif ou de la représentation nationale, et les 500 mille guerriers, illustres défenseurs de la patrie, tous repoussent inexora-
blement l'affreuse anarchie, et deux siècles d'horribles guerres civiles qu'entraînerait le retour au
système féodal.

Les Capétiens n'ont jamais voulu sincèrement
en affranchir la nation, non plus qu'assurer la
permanence et la périodicité des *états généraux*
ou de la représentation nationale.

« Sous Charles VI, c'est au milieu des exécu-
« tions dont Paris et la France voyaient tous les
« jours renouveler l'infâme spectacle, que ce roi,
« supprimant les officiers municipaux de la capi-
« tale, défendit aux bourgeois, sous peine de la
« vie, toute espèce d'assemblée, les priva de leurs
« droits de commune, rétablit les impôts qui
« avaient été levés par son père, sans le consen-
« tement des Etats, et donna à ses élus et à ses
« conseillers des aides un pouvoir arbitraire (1). »

---

(1) Mably.

(1) Mably, *Observations sur l'histoire de France*.

Les leçons de l'histoire, comme l'intérêt national, sanctionnent donc la déchéance des Bourbons.

Le pouvoir exécutif en France doit-il être héréditaire dans la famille du Premier Consul Bonaparte?

Je ne connais rien de plus précis ni de plus concluant sur les avantages qu'a le système *d'hérédité* sur le système électif que ce que dit sur la France même l'un des députés aux états généraux d'Orléans et de Blois, en 1560 et 1588 (1).

« En toutes monarchies électives, dit-il, il y a « un danger qui advient toujours ; c'est qu'après « la mort du roi, l'État demeure en pure anar-« chie, sans roi, sans seigneur, sans gouverne-« ment, et au hasard de sa ruine, comme le na-« vire sans patron, et qui doit son naufrage au « premier vent ; cependant les voleurs et meur-« triers assassinent comme il leur plaît, avec es-« pérance d'impunité. Aussi lisons-nous que, « pendant les élections des sultans d'Égypte, le « pauvre peuple et les meilleures villes de tout le « pays étaient saccagés par les mameluks : si on « dit que cependant on établira un gouverneur, « je dis qu'il n'y aura pas moins de difficulté qu'à « faire un roi.

« Mais posons le cas qu'il se fasse sans con-« tredit, sans assembler les états, auxquels appar-« tient de nommer le gouverneur, qui sera ga-« rant de sa foi? Qui l'empêchera d'envahir l'État, « l'ayant en sa puissance? Qui est-ce qui le dé-« sarmera s'il ne veut? On a vu comme s'y porta « Gustave, père de Jean de Suède, qui de gou-« verneur se fit roi sans attendre l'élection. Et on « laisse le gouvernement au Sénat, comme il se « fait en Pologne, et se faisait à Rome ancienne-« ment : le danger n'est pas moindre que cepen-« dant les plus forts ne s'emparent des forteres-« ses. Quant aux guerres des Romains et puis des « Allemands, advenues pour les élections des « empereurs, toutes leurs histoires ne sont plei-« nes d'autre chose, où chacun peut voir le pi-« teux spectacle des villes saccagées, des pro-« vinces pillées et fourragées des uns ou des au-« tres.

« Encore y a-t-il un autre inconvénient, c'est « que le plus beau domaine public est tourné en « particulier, comme il s'est fait du domaine Saint-« Pierre et de l'empire d'Allemagne ; car les prin-« ces élus, sachant bien qu'ils ne peuvent laisser « l'État à leurs enfants, font leur profit du public « par venditions et donations. »

Mais l'hérédité reconnue comme système pré-férable pour la stabilité du Gouvernement fran-çais, quel homme illustre, quelle famille accré-ditée en Europe doit être élevée à cette éminente dignité?

Tribuns! Français! Je répondrais comme le pape Zacharie le fit à Pépin : *Celui-là qui porte avec gloire tout le poids des affaires d'une grande nation est seul digne du rang suprême* (2).

Ce grand homme, l'histoire l'a déjà nommé, c'est *Napoléon Bonaparte*. Les contemporains le béniront, et il sera l'admiration de la postérité la plus reculée, encore moins par la gloire qu'il s'est acquise que pour avoir fait tourner à la pacifica-tion de la France et au repos de l'Europe. Bona-parte a mérité et justifié le titre d'Empereur ou de victorieux, que la nation va se complaire à lui décerner avec la stipulation fondamentale d'héré-

dité dans sa famille, dont les membres sont illus-trés par d'importants services dans l'armée, dans les négociations et dans les délibérations publi-ques.

Quant à la garantie pour la nation.

Cette garantie réside sur une base fondamen-tale; sa participation au *pouvoir législatif*, et le droit *inaliénable* qu'elle exerce par ses délégués, de délibérer publiquement l'impôt, de le voter et de requérir toutes pièces originales *des recettes et des dépenses publiques, pour motiver, dans tous les temps, la confiance.*

Je dis participation *inaliénable* au pouvoir législatif et au vote libre et public de l'impôt, parce que ce droit, les Francs l'apportèrent des forêts de Germanie, et qu'ils l'exercèrent même sous le gouvernement conquérant et politique de Clovis et de Charlemagne.

Mais « Charlemagne oublia d'affermir la puis-« sance publique sur une base inébranlable. Il « fallait, par une loi fondamentale, fixer l'ordre « de la succession au trône, rendre inviolable « l'autorité souveraine, et proscrire à jamais le « partage de la monarchie. Il fallait déclarer, par « une loi solennelle, que tous pouvoirs n'existant « que pour l'intérêt commun, cet intérêt s'oppose « à leur *aliénabilité.* Quelles effroyables calamités « ce petit nombre de lois constitutives eût épar-« gnées aux générations suivantes (1)! »

Je dis aussi *inaliénable*, parce qu'après que le système féodal, fruit de l'imprévoyance de Char-lemagne et de l'incapacité de ses successeurs, commença à se briser, les Français cherchèrent à reconquérir leurs droits à la *puissance législa-tive et au vote libre de l'impôt,* d'abord par des priviléges de bourgeoisie, ensuite par l'affranchis-sement des communes, par des états provinciaux ou particuliers ; enfin par l'admission des dépu-tés de toutes les classes de citoyens aux *états généraux.*

Je dis encore *inaliénable*, parce que si les *der-niers Bourbons* ont été cent dix-huit ans sans convoquer d'*états généraux*, le comble des abus et des malheurs publics, et les grandes catastro-phes dont ils sont journellement les victimes, démon-treront à la postérité qu'on ne viole pas impuné-ment les droits sacrés qu'a une nation libre au pouvoir législatif et au vote libre de l'impôt.

Je dis enfin *droit inaliénable*, parce que toutes les classes de citoyens chargèrent, en 1789, expressément leurs députés aux *états généraux* de prononcer la permanence et la périodicité du *pouvoir législatif,* et que toutes les instructions s'accordèrent à demander le vote annuel et libre de l'impôt.

Cette garantie, que la nation s'est toujours ré-servée, et qu'elle exerce dans ce moment, se con-solide donc en rendant héréditaire le pouvoir exécutif en France dans une famille dont les services, la gloire et la fortune ont pour origine ce principe fondamental de la liberté française; principe exercé ou réclamé, dans la prospérité comme dans l'adversité, pendant treize cents ans; principe cimenté de nouveau aujourd'hui durant quinze années par les triomphes des héros et le sang d'un million de Français.

Enfin la garantie de la nation dans l'exercice du pouvoir législatif, et le vote annuel et libre de l'impôt étant *identique* avec les titres qui condui-sent au rang suprême Napoléon Bonaparte et sa

---

(1) Jean Bodin.
(2) *Anciennes Annales des Francs, et Annales de Fulde,* Dom Bouquet.

(1) Résumé des cah[...]rs [...] pouvoirs aux états généraux de 1789. *Discours préliminaire.*

famille, et l'union intime de cette illustre famille avec l'universalité des citoyens français, avec nos institutions civiles, politiques et militaires, devant assurer la stabilité du Gouvernement, et devenir le germe de la prospérité publique en France, je vote pour l'examen, par une commission, de la motion d'ordre de notre collègue Curée.

Le Président. J'appelle à la tribune notre collègue Albisson.

Albisson. Tribuns, si nous étions encore à faire la Révolution, ou qu'après l'avoir commencée avec courage, étant encore aux prises avec le régime qui a si longtemps exercé notre patience, nous nous retrouvassions dans la crise du 10 août, le vœu qui nous est proposé pourrait en effet présenter des questions graves et capables d'en suspendre un moment l'adoption.

Mais, après dix ans d'une lutte infatigable contre la coalition des préjugés et des forces qui pouvaient arrêter son cours et traverser ses succès; après les triomphes qui, illustrant sa marche héroïque, ont élevé la République française au plus haut degré de gloire et de puissance; quatre ans enfin après le 18 brumaire, et lorsque, bénissant à chaque instant ce jour salutaire, et jouissant de ses heureux résultats, il ne s'agit plus que de couronner les institutions qui le signalent, et de leur donner une stabilité rassurante pour nous, pour l'Europe entière, pour notre postérité à qui nous avons tant sacrifié; la proposition qui nous est faite me semble pouvoir être réduite à cette question simple et peu susceptible de discussion : faut-il achever le 18 brumaire ?

Le besoin d'épancher notre reconnaissance, et de donner de la solennité à son explosion ; de marquer d'un signe ineffaçable de réprobation une dynastie dont le régime égoïste, autant qu'inepte et insouciant, avait conduit la France au dernier terme de la misère, de la faiblesse et de la déconsidération politique, et dont les restes, jouet d'un gouvernement avide et astucieux, acharné à votre ruine, ne rougissent pas de recevoir de son insolente et perfide pitié un pain qu'il leur fait partager avec les instruments de ses assassinats ; ce bien a ramené des questions dont les développements ont honoré la sagacité, l'érudition et les talents de cette foule d'orateurs qui m'ont devancé dans cette tribune, et mis dans le plus beau jour le fonds de richesses en ce genre que possède le Tribunat.

J'ai éprouvé le même besoin, et j'aurais obéi aux mêmes mouvements, si j'avais les mêmes moyens et si j'avais pu me flatter d'ajouter à ce qu'ils ont dit quelque chose d'essentiel qui leur fût échappé; mais l'un et l'autre me manquant, je me borne à discuter le plus simplement possible la question que j'ai présentée: *Faut-il achever le 18 brumaire?*

Or quel fut le but de ce grand jour ? *De fixer la Révolution aux principes qui l'ont commencée,* et ce but fut solennellement proclamé le 24 brumaire an VIII. Mais ce but, il était difficile de l'atteindre parfaitement, au sortir de l'orage qui avait dû épurer notre atmosphère politique, par la séparation des éléments destructifs de l'ordre, de ses éléments conservateurs.

La Révolution avait eu pour base le fait incontestable de la souveraineté du peuple, seul propriétaire du pouvoir, et à qui seul il appartient d'en déléguer l'exercice par lui-même ou par ses représentants.

Ce fait, jusque-là méconnu, devait être enfin légalement constaté et authentiquement établi par une constitution qui, dans sa vraie et pure acception, n'est autre chose qu'un ensemble de lois fondamentales, par lesquelles les pouvoirs délégués sont tellement séparés et distincts entre eux, que l'un ne puisse se confondre avec l'autre ; tellement déterminés et définis, que l'un ne puisse empiéter sur l'autre, sans que son invasion soit bientôt reconnue ; tellement circonscrits et limités, qu'aucun ne puisse sortir de la sphère de son activité, sans que son écart soit d'abord aperçu et puisse être légalement réprimé ; tellement combinés, que chacun, en suivant la ligne de sa direction constitutionnelle, produise nécessairement l'effet qu'on s'en est promis, et que de leur concours et de leur action réciproque résulte infailliblement le succès du vœu final de toute association politique, le plus grand bonheur commun possible et la plus grande sûreté individuelle possible.

La Constitution de 1791, premier produit de la Révolution, ne réunissait pas à beaucoup près ces beaux caractères : greffée sur le tronc antique des droits primitifs de l'homme, elle eût dû être indestructible et inaltérable comme eux ; mais, née au milieu des orages, elle ne pouvait s'élever à un tel point de perfection : Dieu seul a pu faire sortir l'ordre et l'harmonie imperturbables de toutes les parties de ce vaste univers, du sein du chaos et de la confusion de leurs éléments.

Il y manquait surtout une institution principale, fruit précieux du 18 brumaire, dont on ne trouve le modèle ni l'équivalent dans la législation politique du gouvernement connu, soit ancien, soit moderne ; un pouvoir conservateur et régulateur de tous les autres pouvoirs, tel qu'il réside dans notre vénérable Sénat.

Elle avait du moins pourvu bien sagement à l'exercice du pouvoir exécutif, tout en le déclarant une pure délégation.

Une longue expérience avait fait connaître au peuple français tous les inconvénients et les dangers des élections périodiques : il distingua donc ce pouvoir de tous les autres ; il refusa l'hérédité à ceux-ci, pour prévenir le retour des castes dont il avait eu tant à souffrir, et qu'il supprima comme contraires à l'égalité civile, dont tout le pressait de faire la base de son état politique. Mais il attacha l'hérédité au pouvoir exécutif, au dépôt de la suprême magistrature qu'il déclara transmissible, par voie de succession, de mâle en mâle dans la famille à laquelle il le confia, à l'exclusion perpétuelle des femmes et de leur descendance, conformément à un usage consacré par le sens donné au texte de la loi salique.

Tel est un des principes fondamentaux qui ont commencé la Révolution et qui étaient destinés à la consommer ; et nous nous y trouvons nécessairement ramenés au moment où il importe de consommer l'œuvre du 18 brumaire, dont le but a été, comme je l'ai observé, de terminer la Révolution en la *fixant aux principes qui l'ont commencée.*

Mais comment consommer ce grand œuvre, si nous en laissons les résultats exposés aux chances inévitables d'une nouvelle révolution, tant que la magistrature suprême n'aura d'autre durée légale que celle de la vie du citoyen à qui elle aura été déléguée ?

Ici, je n'ai pas besoin d'interroger les siècles passés pour leur demander s'ils ont regardé l'hérédité du pouvoir exécutif comme un gage assuré de la stabilité des gouvernements qu'ils ont vu naître. Notre propre expérience me suffirait pour me faire connaître les inconvénients et les dangers d'une magistrature suprême temporaire ; et je ne puis taire mon étonnement d'avoir entendu l'apologie d'une magistrature élective et tempo-

raire, sortir d'une bouche à qui les seuls souvenirs de l'an II et de l'an V auraient bien dû, ce
semble, l'interdire ; et enfin le peuple français y
a prononcé en applaudissant à la sage prévoyance
du sénatus-consulte qui a pourvu à la transmission du pouvoir attribué au chef du Gouvernement,
dans le cas d'un événement dont l'éloignement
sera, j'espère, un bienfait de plus de cette Providence qui veille si visiblement à sa conservation.
Mais cette prévoyance ne saurait suffire pour
nous rassurer ; pensons aux circonstances dans
lesquelles nous aurait trouvés la réussite d'une
seule des machinations infernales dont la bonté
divine a garanti la tête de notre auguste chef. Le
tableau nous en a été présenté avec une vérité et
une énergie bien capables de nous consterner et
de nous convaincre de l'urgente nécessité de prévenir un si grand malheur. Soutenons-en, s'il se
peut, un moment l'idée, et mettons-nous en présence de la postérité.
Vous aviez tout fait pour moi, nous dirait-elle ;
vous aviez supporté pour moi, avec une constance
digne de toute ma reconnaissance et de l'admira-
ration des siècles à venir, toutes les sortes de
malheurs et d'angoisses que la plus étonnante et
la plus complète des révolutions ait pu traîner à
sa suite. La Providence vous avait ménagé un
héros digne et capable de tout réparer ; sa valeur
et sa modération avaient désarmé tous vos ennemis; sa sagesse avait muselé tous les monstres
prêts à s'élancer sur votre République naissante;
son vaste et infatigable génie avait en effet tout
réparé, tout rétabli de ce que le délire seul avait
pu détruire : les attentats les plus atroces, les
plus audacieux, vous avaient avertis plus d'une
fois de donner, au moyen de l'hérédité, une base
solide à ce gouvernement, chef-d'œuvre d'une
profonde politique; et vous vous êtes endormis
stupidement au bord des précipices creusés de
toutes parts autour de vous; et au lieu de cet
héritage de bonheur que vous disiez me préparer,
vous m'avez légué plus de calamités que vous
n'en avez souffertes vous-même; et me forcez à
maudire une révolution qu'il n'a tenu qu'à vous
de me faire bénir; et les immenses travaux de cet
homme dont la terre étonnée ne prononçait le
nom qu'avec respect, entièrement perdus pour
moi, ne produiront plus chez moi que des regrets
stériles et un désespoir déchirant!
Je me hâte d'écarter cette triste perspective.
Oui, nous allons voter l'hérédité de la magistrature suprême de la République; nous allons voter
l'attache de cette hérédité à la famille de *Napoléon Bonaparte*, qui, compagne assidue de nos
travaux et de nos dangers dans la traversée orageuse de la Révolution, dépositaire de sa pensée
et de ses grandes vues, nous promet une longue
suite de magistrats dignes de la confiance de la
grande nation. Nous allons décorer cette magistrature d'un titre qui réponde à la majesté dont
nous voulons l'environner; et si la bonté céleste
ajoute aux bienfaits que je tiens d'elle, celui de
me rendre témoin du jour qui éclairera ce grand
événement, rassuré désormais sur la durée de la
gloire et du bonheur de ma chère patrie, je pourrai dire, à l'approche du terme de ma course mortelle : Enfin, la France c   reuse;
j'ai   vécu.
Le ▪ ▪ ▪   1
Grenier est ▪▪▪▪
Grenier. C▪
d'un événeme
heur du peup
générations à

l'attention de l'univers, parce que les nations en
donnent rarement l'exemple, il serait superflu de
se livrer à de grandes dissertations politiques.
Les quinze ans de révolution que nous venons
de parcourir valent quinze siècles pour l'instruction. Autrefois, l'histoire était invoquée pour se
décider dans les cas difficiles; aujourd'hui, le
grand livre de la Révolution nous apprend à distinguer ce qu'il y a de vérités et d'erreurs dans
ce qui nous a été transmis par les anciens; et
tout Français, avec un esprit droit, peut démêler
aisément ce qui r ste à faire pour affermir les
bases de notre situation politique.
Aussi les discours des préopinants ne sont ni
ne doivent être des traités de politique; mais un
aperçu profond, quoique rapide par une juste application de faits qui viennent au secours de l'expérience que nous avons déjà acquise, par une
indication exacte de ce qu'exige l'intérêt national,
ils ont porté une telle conviction dans les esprits,
que je me vois obligé de convertir un discours
en quelques observations qui pourront même
n'être regardées que comme la simple expression
d'un vœu, qu'à raison de son importance et de ses
suites, on est naturellement jaloux de motiver.
Une réflexion bien rassurante se présente encore à nos esprits; c'est qu'il est difficile, j'oserai
même dire impossible, qu'on ne nous suppose pas
la pureté des intentions. Nous pouvons appeler
pour garantie de cette vérité les preuves non
équivoques que nous en avons données dans le
cours des travaux auxquels nous avons été appelés. D'ailleurs, pouvons-nous ne pas désirer ardemment le bonheur de nos concitoyens, puisque
le nôtre est inséparable du leur; puisque la plus
douce idée sur laquelle nous puissions nous reposer est d'y avoir coopéré? et tout ce que je viens
de dire à ce sujet s'applique également aux premières autorités de l'État.
La nécessité de fixer héréditairement la suprême magistrature de la République dans la famille du Premier Consul, est une de ces vérités
auxquelles on ne peut refuser son assentiment
lorsqu'on n'est préoccupé par aucun motif étranger à la gloire et à la tranquillité de l'État.
C'est surtout dans la position où nous sommes
que nous pouvons apprécier toute la sagesse des
peuples anciens et modernes, qui pensaient que
le bonheur et le repos des grandes nations tenaient à l'hérédité de leur gouvernement. Cette
institution ne peut pas même être attribuée à leur
sagacité; elle était le résultat d'une expérience
constatée le plus souvent par de tristes essais.
On voit cette hérédité adoptée par tous les
grands peuples de l'antiquité, par les Babyloniens,
les Égyptiens, chez qui Homère, Pythagore, Lycurgue, Platon, Solon étaient allés puiser des lumières; par les Indiens, les Chinois et les Hébreux.
Elle n'a pas été admise d'abord par les nations
du Nord; mais dans la suite, et à des époques
plus ou moins reculées, on y a recouru comme
au plus puissant préservatif contre les secousses
violentes, contre les déchirements sanglants qui
seraient arrivés, au plus pouvait craindre à chaque mutation. La Pologne s'obstine pour le système d'un pouvoir électif, et la Pologne enfin
di   la liste des puissances de l'Europe.
jo   ▪nce le pouvoir suprême y a tou-
so   aire; mais sous la première et
.   nastic, il fut soumis à la loi
               'n bien particulier, et per-
               dres affreux qui en résul-
               ▪ous la troisième dynas-
               ▪ndue, réunie à

l'indivisibilité. C'est une institution établie principalement pour l'intérêt des peuples, qui allégea les maux dont on les voit si souvent accablés, et qui contribua puissamment à élever la France monarchique à l'état de grandeur où on la voit à quelques époques. Cet ordre successif n'existe par aucune convention écrite ; il fut produit par instinct d'intérêt national ; et c'est dans ce sens que le célèbre Jérome Bignon disait que cette coutume établie *était plus forte que la loi même : cette loi ayant été gravée non dans du marbre ou en du cuivre, mais dans le cœur des Français* (1).

Quelques personnes pourraient m'opposer que je viens de parler de grandes monarchies, et que la France s'est constituée en république.

Sans doute, la France est et sera toujours une république, c'est-à-dire, d'après l'acception dans laquelle cette dénomination est ordinairement prise, un Etat dans lequel les citoyens jouissent des avantages de la liberté civile, où l'on ne voit aucune trace de féodalité, où l'on n'admet d'autres distinctions que celles des vertus et des talents, où l'on ne reconnaît d'autre volonté que celle de la loi, qui est la volonté de tous.

Mais pourrait-on dire sérieusement qu'un tel Etat ne puisse pas exister avec une magistrature héréditaire ?

A Lacédémone, on voulait sans doute la liberté politique ; et cependant, dès la naissance même de cette célèbre et étonnante république, on y voit un pouvoir héréditaire, qui encore avait le titre de roi. Ce n'est donc pas l'hérédité d'un pouvoir qui exclut la liberté ; elle devient, au contraire, indispensable pour le maintenir : l'essentiel est que ce pouvoir soit accompagné d'institutions telles qu'il ne puisse être ni opprimé ni oppresseur.

A Rome, lorsqu'une partie des citoyens n'opprime pas les autres, on les voit tous gémir sous la tyrannie de tous. De grandes vertus, de grandes actions, un esprit public animé par un ardent patriotisme, triomphèrent des vices de la constitution politique, et donnèrent à la République l'éclat avec lequel elle figure dans l'histoire.

Mais dans combien de circonstances n'y désire-t-on pas un pouvoir permanent et régulier? Et n'est-on pas forcé de convenir que si le patriotisme n'eût pas été souvent changé en esprit de conquête, cette même Rome, qui dévora presque tout l'univers, se serait dévorée elle-même ?

Oserait-on affirmer qu'un pouvoir permanent et héréditaire, constitué dans des idées libérales, eût privé cette République de quelques siècles non pas seulement brillants, mais encore heureux ?

Je ne parle pas de l'Empire romain, parce qu'il est trop évident que tous les vices de son organisation, qui produisirent tant d'horreurs dont le récit afflige l'âme, ne doivent être attribués qu'à l'absence d'un pouvoir héréditaire régulièrement constitué ; et on a lieu d'être étonné que celui de nos collègues qui vient de combattre la motion, et qui a rappelé ces horreurs, n'en ait pas aperçu la cause.

Nous pouvons même dire que c'est sur cet exemple mémorable qu'après la chute de la monarchie française, il s'est élevé des sollicitudes à ce sujet dans tous les bons esprits : mais, pour l'intérêt même de la vérité, il faut attendre le temps où elle puisse être utilement proclamée.

(1) Voyez le président Henault, *Abrégé chronologique de l'histoire de France*, au commencement de la seconde race.

D'ailleurs, où était l'homme à qui on pût conférer un titre qui imposât de si grands devoirs, qui pût porter dignement le fardeau le plus honorable mais aussi le plus pesant, et dans la famille duquel on pût le transmettre? Heureusement cet homme existe avec toutes les qualités qui constituent un héros : il est puissant par son génie, grand par ses exploits, fort de l'amour des Français. La renommée l'a fait connaître à toutes les nations, l'histoire le fera passer aux générations les plus reculées comme un des plus grands capitaines du monde, comme grand homme d'Etat et législateur d'un grand peuple ; et les Français peuvent se livrer avec sécurité à l'espoir de continuer de jouir du bonheur et de la gloire qu'ils ont acquis par tant de peine et de sacrifices. La famille dans laquelle le gouvernement sera héréditaire sentira tous les devoirs que lui imposent un si grand modèle d'un côté, et un aussi loyal dévouement d'un autre.

Le droit qui a été donné au Premier Consul d'élire son successeur ne peut suffisamment rassurer contre les entreprises des hommes puissants ou des factieux qui pourraient oser encore nous replonger dans les troubles. L'élection se montre trop comme une faculté particulière ; elle se détache trop aisément dans l'esprit, de l'origine du droit dont elle n'est que l'exécution. Il n'y a que l'hérédité, qui sera regardée comme loi fondamentale de l'Etat, qui puisse être une barrière insurmontable contre toutes les ambitions. Ce ne sera pas un droit de famille, ce sera celui de la nation.

Enfin, l'hérédité dans la famille du héros qui a conquis tant de droits à la confiance et à l'amour des Français, indépendamment de tant de considérations, deviendrait nécessaire quand il ne s'agirait que d'éloigner sans retour les prétentions d'une maison qui se repaît d'espérances chimériques, mais qui ne peut ignorer qu'il est écrit dans le cœur des Français qu'elle ne peut ni ne doit plus régner en France. Qui voudra jamais consentir que la patrie soit exposée à un débordement de vengeances, de passions dévastatrices, à toutes les calamités, enfin, qui suivraient le retour, ou, pour mieux dire, la conquête que serait obligée de faire une famille qui en est la plus mortelle ennemie, qui ne pourrait y voir que des sujets et des victimes? Que l'exemple que la famille des Stuarts a donné au monde ne soit pas perdu pour nous?

J'adhère à la motion qui a été faite par notre collègue Curée.

Le **Président.** Le citoyen Chabaud-Latour a la parole.

Chabaud-Latour. Tribuns, le vœu vraiment *national* que vous allez émettre est depuis longtemps dans le cœur et dans la tête de tous les Français.

Les puissants motifs qui viennent d'être exposés par les orateurs qui se sont succédé à cette tribune n'ont pas besoin sans doute de nouveaux développements ; mais il doit être permis aux hommes qui élevèrent la voix au 18 *brumaire*, de la faire retentir dans cette enceinte à une époque qui en est la suite et la *conséquence nécessaire*.

Alors, fatigués des vains essais d'un gouvernement qui ne s'adaptait ni à l'étendue du sol de la France, ni au caractère et aux habitudes de ses nombreux habitants, d'un gouvernement tyrannique par faiblesse, impuissant pour le bien et tout-puissant pour le mal, nous nous jetions dans les bras du sauveur que la Providence ramenait au milieu de nous comme par la main; alors nous

nous disions : celui qui a fait triompher la France saura y ramener l'ordre et la justice ; celui qui a vaincu l'Europe coalisée saura la forcer à la paix. Nous concevions donc les espérances les mieux fondées... Mais enfin, ce n'étaient que des espérances... Quatre années ont suffi pour les réaliser, pour les surpasser de telle sorte, qu'elles ont produit ce qui jadis était l'ouvrage des siècles.

Nous devons tous ces bienfaits à un seul homme ; et tandis qu'il a tout remis à sa place dans la France régénérée, *lui seul n'est pas encore à la sienne.*

Les meilleurs esprits, ceux que de vains systèmes n'égarent point, ont toujours pensé que la France ne pouvait être gouvernée et administrée que par un seul : *l'expérience des siècles sanctionnait cette opinion ; dix ans d'erreurs, de folies et de crimes l'ont irrévocablement consacrée.*

Mais si la France avait besoin d'une magistrature suprême, à la fin du dernier siècle, comme dans ceux qui le précédèrent, elle repoussait depuis longtemps la féodalité, la distinction des ordres, les abus inhérents aux deux premiers, l'exclusion du tiers de tous les emplois, les entraves de toute espèce mises au développement des facultés humaines, et tout ce qui servait de base à l'ancienne royauté féodale. Elle croula donc lorsqu'elle fut dénuée de ses appuis, et le fantôme de pouvoir que l'Assemblée constituante mit à sa place s'évanouit.

Cette Assemblée, exaltée par les uns, violemment attaquée par les autres, commit l'immense faute de croire sa mission remplie lorsqu'elle eut achevé ce qu'elle appela une Constitution, abandonnant aux orages des passions et à la tourmente révolutionnaire ces feuilles légères sur lesquelles elle croyait avoir tracé les destinées immuables de la France. Elle remplit donc en partie les vœux de l'immense majorité du peuple français, en détruisant toutes les institutions qui n'étaient plus en harmonie avec l'esprit du siècle ; mais elle ne les remplaça par aucun ordre de choses durable, puisqu'elle remit la *nouvelle* magistrature entre les mêmes mains dont elle venait d'enlever *l'ancienne royauté.* Aussi le reproche le plus grave que lui fera l'histoire sera de n'avoir pas senti la nécessité indispensable de changer la dynastie, et de prendre pour gouverner le peuple français un homme sorti de son sein, et qui reçût comme un bienfait ce que la race ancienne des rois regardait comme un outrage, la *royauté constitutionnelle.*

Si la royauté féodale, si la race des Capets ne pouvait être maintenue sur le trône dès 1789, un mur d'airain s'est élevé depuis entre eux et nous.

Non, jamais les avantages conquis par la Révolution ne seront anéantis, non jamais, en reconnaissant ses erreurs, nous ne nous rejetterons dans les erreurs anciennes. Irons-nous, pour guérir les maux qu'elle enfanta, en appeler de mille fois plus terribles encore, et pour apaiser les mânes de ses victimes, leur immoler la génération présente ? Telles seraient, tribuns, les conséquences inévitables du retour des Bourbons, de cette race dégénérée qui n'a su ni régner, ni combattre, ni souffrir. A cette seule idée, il n'est pas un Français qui ne frémisse, pas un qui ne voie son existence, celle de sa famille, mise en problème, sa fortune anéantie, ses jours en péril, et la patrie éplorée, rejetée dans l'océan des révolutions.

Et vous-mêmes, hommes que je ne puis appeler Français, vous-mêmes qui formez ce vœu, comment ne voyez-vous pas cet abîme de v... et de malheurs vous englou...

Rendons donc, Français de toutes les classes et de toutes les opinions, rendons d'immortelles actions de grâces à cette Providence qui a donné au monde, dans de telles circonstances, un héros fait pour les maîtriser, et pour recréer l'ordre social et le tirer du chaos.

Mais les législateurs des nations ne peuvent rester dans une sécurité funeste sur l'avenir, et ils doivent s'occuper de la postérité. Bonaparte surtout doit se survivre éternellement dans son ouvrage, et, fondant une nouvelle dynastie, transmettre à nos derniers neveux son nom et ses grandes institutions.

Ainsi disparaissent les dangers d'un avenir effrayant et sinistre pour la France ; ainsi sont déjoués les complots de ses lâches ennemis, et leurs efforts se brisent contre un ordre de choses durable comme la nature, et qui se perpétue comme elle.

C'est par l'établissement d'une dynastie nouvelle, née avec les idées et l'opinion du siècle, illustrée par tout ce qui frappe et attache les nations ; c'est par l'affermissement de la suprême magistrature dans une seule famille, que la France rentre dans la grande république européenne. Les souverains, les peuples qui la composent, ne pouvant plus craindre la propagation de principes subversifs de tout ordre, verront dans l'établissement d'une institution qui assure le repos et la félicité des Français, le gage le plus certain de leur tranquillité.

Les intérêts de la France, de l'Europe, du monde entier, sont ici confondus en un seul, si l'on en excepte peut-être celui de la puissance qui voit le sien dans la destruction de tous les autres.

Je vote pour la motion.

Le **Président.** Je donne la parole au citoyen Delaistre.

Delaistre. Tribuns, c'est l'abus du pouvoir c'est l'excès de l'oppression qui détruit les gouvernements ; c'est le bon usage de la puissance et la reconnaissance des grands services qui les reconstituent. Chez un peuple sensible et aimant, la confiance et l'admiration sont des titres puissants sur lesquels ne s'appuya jamais en vain le héros qui sut les mériter et les justifier. Ce n'est pas à vous, citoyens tribuns, qu'il est nécessaire de citer des exemples : la gloire et l'honneur les ont consignés dans les fastes de notre histoire ; mais vous savez aussi qu'ils le cèdent tous à ceux dont nous sommes les témoins, et que le siècle présent n'a rien à envier aux siècles qui l'ont précédé.

Lorsqu'interprètes de l'opinion publique, vous provoquâtes, en l'an X, une mesure de gratitude pour le grand homme qui gouverne, et de sécurité pour la nation, vous pûtes pressentir déjà que la sollicitude générale n'était que rassurée et non pleinement satisfaite. C'était un grand pas vers la stabilité ; mais il laissait des chances dangereuses à prévoir, des crimes à redouter, et comme si la crainte du plus grand des malheurs eût ouvert et dévoilé l'avenir, chacun tremblait de la possibilité d'un forfait qui nous eût replongés dans l'abîme qu'une main puissante n'était point encore parvenue à combler.

Tous les cœurs étaient agités par ces alarmes, quand une atrocité à laquelle je ne trouve point de nom dans le code des peuples civilisés, qu'on ne pouvait attendre d'un gouvernement violateur des traités et avouant publiquement la doctrine de l'assassinat dont ses ministres sont en Europe les courtiers et les instigateurs, a mis le comble à l'anxiété... a provoqué l'émission d'un vœu plu... plus positif.

Ce n'est plus aujourd'hui par une simple manifestation de ses craintes, par un avertissement de veiller à ses destinées, que le peuple s'exprime ; c'est sa volonté qu'il réclame, et vos devoirs ne vous laissent point d'alternative : la voix publique se fait entendre dans toutes les classes de la société, dans tous les ordres hiérarchiques des fonctions civiles et militaires, dans tous les rangs de l'armée, sur tous les vaisseaux de nos flottes, dans tous les rassemblements : elle vous crie :

« Jusques à quand laissera-t-on exposé aux
« poignards des assassins, aux complots et aux
« trames des ambitieux, une tête sur laquelle re-
« posent l'existence et la gloire de la République?
« Est-ce pour livrer la patrie sans défense aux
« armes de l'étranger, aux fers honteux de la
« maison de Bourbon, aux convulsions et aux
« discordes d'un siècle de guerres civiles, qu'on
« hésite de recourir au seul moyen qui puisse
« garantir ses malheurs, par l'établissement d'un
« ordre héréditaire de succession à la prem ère
« dignité de l'État, sanctionné par la volonté igé-
« nérale, et reconnu en Europe?

« Quoi ! nous avons conquis la liberté, l'égalité
« des droits, établi le gouvernement représentatif,
« confié les rênes du gouvernement au héros que
« nous envient tous les peuples ; qui, à la tête
« des armées, a enchaîné la victoire, étendu et
« fixé nos limites, assuré notre rang et notre con-
« sidération en Europe ; qui, par une adminis-
« tration pleine de sagesse, de vigueur et de pré-
« voyance, a su concilier tous les partis, attacher
« à un centre commun les intérêts les plus op-
« posés, les opinions les plus diverses ; qui a mis
« le comble à sa gloire et à ses grands services par
« ce Code de lois civiles uniformes, réclamé de-
« puis si longtemps, et que lui seul pouvait le ter-
« miner au milieu de tant de travaux, de tant d'im-
« menses préparatifs de guerre qui semblaient
« devoir en ajourner les bienfaits. Nous sentons
« vivement le prix de tant de biens, et nous
« n'avons point encore adopté la mesure qui doit
« nous les conserver ! Nous n'avons point irrévo-
« cablement uni notre destinée, notre fortune à
« celle de l'homme extraordinaire que la Provi-
« dence ne nous a montré sous tant et de si glo-
« rieux aspects que pour le désigner à notre choix,
« pour terminer, par le plus grand et le plus
« heureux des Empires, une longue et pénible
« révolution.

« Vous avez, dites-vous, attaché, consacré sa
« vie à votre établissement politique ; vous avez
« même trouvé dans la faculté qu'il a de désigner
« son successeur un motif de sécurité ; mais
« croyez-vous avoir assez fait pour la postérité?
« Vous n'avez pas même assez fait pour nous ;
« vous avez seulement désigné deux têtes au lieu
« d'une aux coups de nos ennemis ; vous avez
« laissé à la haine étrangère, à l'ambition des
« chefs de parti, aux trames d'une maison pro-
« scrite, mais titulaire, un aliment toujours stimu-
« lant, parce que votre système politique n'a
« point fermé le champ de l'espérance, et qu'il
« n'exclut point, dans l'avenir, le retour d'une
« dynastie nouvelle.

« Ah ! ne souffrez pas plus longtemps cette ter-
« rible et funeste perspective, ô vous que la Con-
« stitution a appelés à exercer une portion de la
« suprême puissance ! Le moment de fonder un
« empire durable est arrivé ; c'est le besoin de
« tous : jamais il ne fut plus senti que dans ce
« moment où la perfidie anglaise vient de tenter
« un si horrible effort en faveur de cette maison

« à jamais bannie par l'opinion, comme par tous
« les intérêts actuels de la France.

« Demandez à l'Angleterre, à ce gouvernement
« égaré par la haine et par les plus viles passions,
« ce que lui a valu de calamités la restauration
« des Stuarts, auxquels il tendit les bras après
« les malheurs de sa révolution. Voyez-le, en proie
« aux vengeances et aux réactions sanglantes,
« expier sous Charles II et sous ses successeurs
« le crime d'avoir osé croire à ses droits, d'avoir
« fait une révolution et de n'avoir pas su en as-
« surer les résultats par un changement de dynas-
« tie auquel la tyrannie des consciences et le
« despotisme absolu de Jacques II le forcent en-
« fin de recourir.

« Voilà, sans doute, ce que veut nous imposer
« de calamités et d'opprobres ce cabinet aveugle
« qui oublie que l'histoire est la leçon des peuples
« et des gouvernements. Mais les exemples du
« passé ne sont pas plus perdus pour nous que les
« souvenirs du présent ne s'éteindront dans l'ave-
« nir ; les vertus et les forfaits vivent également
« sous l'inflexible burin. Le siècle qui commence,
« comme tous les beaux tableaux que l'histoire
« retrace, aura des ombres qui en feront ressor-
« tir l'éclat. Les crimes de l'Angleterre, son humi-
« liation ou sa chute relèveront aux yeux de la
« postérité la grandeur et la magnanimité du
« héros français ; et pendant qu'une famille avilie
« aux yeux des peuples par ses forfaits politiques,
« par les flots de sang qu'elle a fait verser dans
« l'Inde et en Europe, par la honte de ses expé-
« ditions sur le continent, accable l'Angleterre
« du poids de son incapacité et de sa faiblesse, la
« France présentera à l'Europe et au monde son
« gouvernement fixé dans une famille illustrée
« par tous les genres de gloire, qui réunit à la
« fois les lauriers de la victoire, les palmes de
« l'éloquence et l'olivier de la paix, tout ce qui
« captive l'admiration, la confiance et l'amour
« des peuples, tout ce qui garantit des succes-
« seurs dignes d'un chef auguste et révéré, tout
« ce qui doit assurer à jamais à la patrie la liberté
« et la prospérité. »

Voilà, citoyens tribuns, le langage que vous adresse le peuple français : voilà le vœu qu'il vous charge d'exprimer, parce que la Constitution vous a investis de la prérogative honorable de parler en son nom. Vous répondez à son appel avec cette touchante pureté d'intentions et de patriotisme qui, parmi vous, présida toujours à la décision des grandes questions d'intérêt public. L'état où est parvenue la discussion, les lumières dont l'ont environnée ceux de mes honorables collègues qui m'ont précédé, ne me laisseraient rien à ajouter, si je ne pensais que dans une circonstance aussi importante, dans une question aussi véritablement nationale, je dois motiver mon opinion et joindre le faible tribut de mon dévouement à la brillante offrande qu'ont déjà présentée à cette tribune l'éloquence et le talent des orateurs que vous avez entendus.

La supériorité du système héréditaire sur le système électif pour la première dignité de l'État, de quelque nom qu'on la décore, ne peut être le sujet d'une controverse lorsqu'il s'agit d'une nation puissante par son immense population, par l'étendue de son territoire, riche par l'industrie, par le commerce et par tous les arts du luxe et d'une civilisation perfectionnée. En m'exprimant ainsi, je n'entends pas considérer ces deux sys-tèmes isolément, et abstraction faite de tout ce qui existe ou peut exister en France ; je suppose à l'hérédité les contre-poids qui modèrent l'autonous disions : celui qui a fait triompher la France saura y ramener l'ordre et la justice; celui qui a vaincu l'Europe coalisée saura la forcer à la paix. Nous concevions donc les espérances les mieux fondées... Mais enfin, ce n'étaient que des espérances... Quatre années ont suffi pour les réaliser, pour les surpasser de telle sorte, qu'elles ont produit ce qui jadis était l'ouvrage des siècles.

Nous devons tous ces bienfaits à un seul homme; et tandis qu'il a tout remis à sa place dans la France régénérée, *lui seul n'est pas encore à la sienne.*

Les meilleurs esprits, ceux que de vains systèmes n'égarent point, ont toujours pensé que la France ne pouvait être gouvernée et administrée que par un seul : l'*expérience des siècles sanctionnait cette opinion ; dix ans d'erreurs, de folies et de crimes l'ont irrévocablement consacrée.*

Mais si la France avait besoin d'une magistrature suprême, à la fin du dernier siècle, comme dans ceux qui le précédèrent, elle repoussait depuis longtemps la féodalité, la distinction des ordres, les abus inhérents aux deux premiers, l'exclusion du tiers de tous les emplois, les entraves de toute espèce mises au développement des facultés humaines, et tout ce qui servait de base à l'ancienne royauté féodale. Elle croula donc lorsqu'elle fut dénuée de ses appuis, et le fantôme de pouvoir que l'Assemblée constituante mit à sa place s'évanouit.

Cette Assemblée, exaltée par les uns, violemment attaquée par les autres, commit l'immense faute de croire sa mission remplie lorsqu'elle eut achevé ce qu'elle appela une Constitution, abandonnant aux orages des passions et à la tourmente révolutionnaire ces feuilles légères sur lesquelles elle croyait avoir tracé les destinées immuables de la France. Elle remplit donc en partie les vœux de l'immense majorité du peuple français, en détruisant toutes les institutions qui n'étaient plus en harmonie avec l'esprit du siècle ; mais elle ne les remplaça par aucun ordre de choses durable, puisqu'elle remit la *nouvelle* magistrature entre les mêmes mains dont elle venait d'enlever l'*ancienne royauté.* Aussi le reproche le plus grave que lui fera l'histoire sera de n'avoir pas senti la nécessité indispensable de changer la dynastie, et de prendre pour gouverner le peuple français un homme sorti de son sein, et qui reçût comme un bienfait ce que la race déchue des rois regardait comme un outrage, la *royauté constitutionnelle.*

Si la royauté féodale, si la race des Capets ne pouvait être maintenue sur le trône dès 1789, un mur d'airain s'est élevé depuis entre eux et nous.

Non, jamais les avantages conquis par la Révolution ne seront anéantis, non jamais, en reconnaissant ses erreurs, nous ne nous rejetterons dans les erreurs anciennes. Irions-nous, pour guérir les maux qu'elle enfanta, en appeler de mille fois plus terribles encore, et pour apaiser les mânes de ses victimes, leur immoler la génération présente ? Telles seraient, tribuns, les conséquences inévitables du retour des Bourbons, de cette race dégénérée qui n'a su ni régner, ni combattre, ni souffrir. A cette seule idée, il n'est pas un Français qui ne frémisse, pas un qui ne voie son existence, celle de sa famille, mise en problème, sa fortune anéantie, ses jours en péril, et la patrie éplorée, rejetée dans l'océan des révolutions.

Et vous-mêmes, hommes que je ne puis appeler Français, vous-mêmes qui formez ce vœu, comment ne voyez-vous pas cet abîme de vengeances et de malheurs vous engloutir les premiers ?

Rendons donc, Français de toutes les classes et de toutes les opinions, rendons d'immortelles actions de grâces à cette Providence qui a donné au monde, dans de telles circonstances, un héros fait pour les maîtriser, et pour recréer l'ordre social et le tirer du chaos.

Mais les législateurs des nations ne peuvent rester dans une sécurité funeste sur l'avenir, et ils doivent s'occuper de la postérité. Bonaparte surtout doit se survivre éternellement dans son ouvrage, et, fondant une nouvelle dynastie, transmettre à nos derniers neveux son nom et ses grandes institutions.

Ainsi disparaissent les dangers d'un avenir effrayant et sinistre pour la France ; ainsi sont déjoués les complots de ses lâches ennemis, et leurs efforts se brisent contre un ordre de choses durable comme la nature, et qui se perpétue comme elle.

C'est par l'établissement d'une dynastie nouvelle, née avec les idées et l'opinion du siècle, illustrée par tout ce qui frappe et attache les nations ; c'est par l'affermissement de la suprême magistrature dans une seule famille, que la France rentre dans la grande république européenne. Les souverains, les peuples qui la composent, ne pouvant plus craindre la propagation de principes subversifs de tout ordre, verront dans l'établissement d'une institution qui assure le repos et la félicité des Français, le gage le plus certain de leur tranquillité.

Les intérêts de la France, de l'Europe, du monde entier, sont ici confondus en un seul, si l'on en excepte peut-être celui de la puissance qui voit le sien dans la destruction de tous les autres.

Je vote pour la motion.

Le **Président.** Je donne la parole au citoyen Delaistre.

Delaistre. Tribuns, c'est l'abus du pouvoir c'est l'excès de l'oppression qui détruit les gouvernements ; c'est le bon usage de la puissance et la reconnaissance des grands services qui les reconstituent. Chez un peuple sensible et aimant, la confiance et l'admiration sont des titres puissants sur lesquels ne s'appuya jamais en vain le héros qui sut les mériter et les justifier. Ce n'est pas à vous, citoyens tribuns, qu'il est nécessaire de citer des exemples ; la gloire et l'honneur les ont consignés dans les fastes de notre histoire ; mais vous savez aussi qu'ils le cèdent tous à ceux dont nous sommes les témoins, et que le siècle présent n'a rien à envier aux siècles qui l'ont précédé.

Lorsqu'interprètes de l'opinion publique, vous provoquâtes, en l'an X, une mesure de gratitude pour le grand homme qui gouverne, et de sécurité pour la nation, vous pûtes pressentir déjà que la sollicitude générale n'était que rassurée et non pleinement satisfaite. C'était un grand pas vers la stabilité ; mais il laissait des chances dangereuses à prévoir, des crimes à redouter, et comme si la crainte du plus grand des malheurs eût ouvert et dévoilé l'avenir, chacun tremblait de la possibilité d'un forfait qui nous eût replongés dans l'abîme qu'une main puissante n'était point encore parvenue à combler.

Tous les cœurs étaient agités par ces alarmes, quand une atrocité à laquelle je ne trouve point de nom dans le code des peuples civilisés, qu'on ne pouvait attendre d'un gouvernement violateur des traités et avouant publiquement la doctrine de l'assassinat dont ses ministres sont en Europe les courtiers et les instigateurs, a mis le comble à l'anxiété générale, et a provoqué l'émission d'un vœu plus prononcé et plus positif.

Ce n'est plus aujourd'hui par une simple manifestation de ses craintes, par un avertissement de veiller à ses destinées, que le peuple s'exprime; c'est sa volonté qu'il réclame, et vos devoirs ne vous laissent point d'alternative : la voix publique se fait entendre dans toutes les classes de la société, dans tous les ordres hiérarchiques des fonctions civiles et militaires, dans tous les rangs de l'armée, sur tous les vaisseaux de nos flottes, dans tous les rassemblements : elle vous crie :

« Jusques à quand laissera-t-on exposé aux
« poignards des assassins, aux complots et aux
« trames des ambitieux, une tête sur laquelle re-
« posent l'existence et la gloire de la République?
« Est-ce pour livrer la patrie sans défense aux
« armes de l'étranger, aux fers honteux de la
« maison de Bourbon, aux convulsions et aux
« discordes d'un siècle de guerres civiles, qu'on
« hésite de recourir au seul moyen qui puisse
« garantir ses malheurs, par l'établissement d'un
« ordre héréditaire de succession à la première
« dignité de l'Etat, sanctionné par la volonté gé-
« nérale, et reconnu en Europe?
« Quoi! nous avons conquis la liberté, l'égalité
« des droits, établi le gouvernement représentatif,
« confié les rênes du gouvernement au héros que
« nous envient tous les peuples; qui, à la tête
« des armées, a enchaîné la victoire, étendu et
« fixé nos limites, assuré notre rang et notre con-
« sidération en Europe; qui, par une adminis-
« tration pleine de sagesse, de vigueur et de pré-
« voyance, a su concilier tous les partis, attacher
« à un centre commun les intérêts les plus op-
« posés, les opinions les plus diverses; qui a mis
« le comble à sa gloire et à ses grands services par
« ce Code de lois civiles uniformes, réclamé de-
« puis si longtemps, et que lui seul pouvait le ter-
« miner au milieu de tant de travaux, de tant d'im-
« menses préparatifs de guerre qui semblaient
« devoir lui ajourner les bienfaits. Nous sentons
« vivement le prix de tant de biens, et nous
« n'avons point encore adopté la mesure qui doit
« nous les conserver! Nous n'avons point irrévo-
« cablement uni notre destinée, notre fortune à
« celle de l'homme extraordinaire que la Provi-
« dence ne nous a montré sous tant et de si glo-
« rieux aspects que pour le désigner à notre choix,
« pour terminer, par le plus grand et le plus
« heureux des Empires, une longue et pénible
« révolution.

« Vous avez, dites-vous, attaché, consacré sa
« vie à votre établissement politique; vous avez
« même trouvé dans la faculté qu'il a de désigner
« son successeur un motif de sécurité; mais
« croyez-vous avoir assez fait pour la postérité?
« Vous n'avez pas même assez fait pour nous;
« vous avez seulement désigné deux têtes au lieu
« d'une aux coups de nos ennemis; vous avez
« laissé à la haine étrangère, à l'ambition des
« chefs de parti, aux trames d'une maison pro-
« scrite, mais titulaire, un aliment toujours stimu-
« lant, parce que votre système politique n'a
« point fermé le champ de l'espérance, et qu'il
« n'exclut point, dans l'avenir, le retour d'une
« dynastie nouvelle.

« Ah! ne souffrez pas plus longtemps cette ter-
« rible et funeste perspective, ô vous que la Con-
« stitution a appelés à exercer une portion de la
« suprême puissance! Le moment de fonder un
« empire durable est arrivé; c'est le besoin de
« tous : jamais il ne fut plus senti que dans le
« moment où la perfidie anglaise vient de tenter
« un si horrible effort en faveur de cette maison

« à jamais bannie par l'opinion, comme par tous
« les intérêts actuels de la France.
« Demandez à l'Angleterre, à ce gouvernement
« égaré par la haine et par les plus viles passions,
« ce que lui a valu de calamités la restauration
« des Stuarts, auxquels il tendit les bras après
« les malheurs de sa révolution. Voyez-le, en proie
« aux vengeances et aux réactions sanglantes,
« expier sous Charles II et sous ses successeurs
« le crime d'avoir osé croire à ses droits, d'avoir
« fait une révolution et de n'avoir pas su en as-
« surer les résultats par un changement de dynas-
« tie auquel la tyrannie des consciences et le
« despotisme absolu de Jacques II le forcent en-
« fin de recourir.
« Voilà, sans doute, ce que veut nous imposer
« de calamités et d'opprobres ce cabinet aveugle
« qui oublie que l'histoire est la leçon des peuples
« et des gouvernements. Mais les exemples du
« passé ne sont pas plus perdus pour nous que les
« souvenirs du présent ne s'éteindront dans l'ave-
« nir; les vertus et les forfaits vivent également
« sous l'inflexible burin. Le siècle qui commence,
« comme tous les beaux tableaux que l'histoire
« retrace, aura des ombres qui en feront ressor-
« tir l'éclat. Les crimes de l'Angleterre, son humi-
« liation ou sa chute relèveront aux yeux de la
« postérité la grandeur et la magnanimité du
« héros français; et pendant qu'une famille avilie
« aux yeux des peuples par ses forfaits politiques,
« par les flots de sang qu'elle a fait verser dans
« l'Inde et en Europe, par la honte de ses expé-
« ditions sur le continent, accablé l'Angleterre
« du poids de son incapacité et de sa faiblesse, la
« France présentera à l'Europe et au monde son
« gouvernement fixé dans une famille illustrée
« par tous les genres de gloire, qui réunit à la
« fois les lauriers de la victoire, les palmes de
« l'éloquence et l'olivier de la paix, tout ce qui
« captive l'admiration, la confiance et l'amour
« des peuples, tout ce qui garantit des succes-
« seurs dignes d'un chef auguste et révéré, tout
« ce qui doit assurer à jamais à la patrie la liberté
« et la prospérité. »

Voilà, citoyens tribuns, le langage que vous adresse le peuple français : voilà le vœu qu'il vous charge d'exprimer, parce que la Constitution vous a investis de la prérogative honorable de parler en son nom. Vous répondez à son appel avec cette touchante pureté d'intentions et de patriotisme qui, parmi vous, présida toujours à la décision des grandes questions d'intérêt public. L'état où est parvenue la discussion, les lumières dont l'ont environnée ceux de mes honorables collègues qui m'ont précédé, ne me laisseraient rien à ajouter, si je ne pensais que dans une circonstance aussi importante, dans une question aussi véritablement nationale, je dois motiver mon opinion et joindre le faible tribut de mon dévouement à la brillante offrande qu'ont déjà présentée à cette tribune l'éloquence et le talent des orateurs que vous avez entendus.

La supériorité du système héréditaire sur le système électif pour la première dignité de l'Etat, de quelque nom qu'on la décore, ne peut être le sujet d'une controverse lorsqu'il s'agit d'une nation puissante par son immense population, par l'étendue de son territoire, riche par l'industrie, par le commerce et par tous les arts du luxe et d'une civilisation perfectionnée. En m'exprimant ainsi, je n'entends pas considérer ces deux systèmes isolément, et abstraction faite de tout ce qui existe ou peut exister en France ; je suppose à l'hérédité les contre-poids qui modèrent l'autorité, qui s'opposent à l'envahissement du pouvoir et à sa marche toujours progressive, comme je place auprès de l'élection les formes actuelles qui l'environnent. C'est dans cet état de choses que je ne balance pas à me prononcer pour le système héréditaire comme le seul vraiment national en France, le plus approprié à notre caractère, à nos mœurs, aux circonstances actuelles, et le plus capable de nous garantir des horreurs de l'anarchie et des déchirements prolongés des tentatives de restauration. Je sais que ce système a aussi son côté faible ; qu'il présente des minorités, des interrègnes, des régences ; qu'il a des inconvénients dans l'administration des princes faibles ou inappliqués ; mais ces dangers peuvent être prévenus ou neutralisés en partie par des institutions. Tout dépend de l'organisation de ces institutions ; et la France possède, avec l'expérience de douze années, tous les éléments qui peuvent garantir au système héréditaire une organisation également forte et libérale, capable d'écarter les dangers prévus, de faire ressortir tous les avantages qu'il promet, et de le rendre enfin digne de la nation et de son chef.

Rien au contraire ne peut parer aux dangers de l'ordre électif, même avec toutes les précautions établies par notre sénatus-consulte organique, parce qu'ils sont inhérents à sa nature et sans cesse imminents. Source intarissable de difficultés, dans son titre même, il peut chaque jour, à chaque instant, devenir un prétexte dans la main des ambitieux, être arraché par l'obsession ou la violence, commandé par l'enthousiasme d'une armée, céder à la crainte d'un parti puissant ou aux menaces de l'étranger ; enfin il justifie pleinement toutes les anxiétés de notre situation actuelle, en offrant un aliment aux factions, des chances à l'ambition, des moyens de troubles sans cesse renaissants, et la perspective toujours présente du retour des malheurs auxquels nous avons si heureusement échappé au 18 brumaire. Depuis la décadence et la dissolution de l'empire romain jusqu'au partage de la malheureuse Pologne, le système électif n'a offert pour résultat que les débris des empires déchirés par des dissensions intestines, envahis par des armes étrangères, ou courbés sous la verge du despotisme absolu.

J'ai dit que le système héréditaire était le seul vraiment national en France.

Quatorze siècles d'existence sous la monarchie sont une preuve que personne ne s'avisera de contester. Cet argument a reçu ici même aujourd'hui, et dans la dernière séance, des développements que je n'essayerai pas de reproduire, dans la crainte d'affaiblir non leur force et la conviction qu'ils ont produite, mais les sensations vives autant qu'entraînantes dont ils ont reçu d'éclatants témoignages. Je me bornerai à insister, à l'appui de cette démonstration, sur la nécessité de revenir à un système qui enchaîne notre légèreté naturelle à l'autorité toute puissante de nos affections et de notre gloire ; qui prend sa source dans la sensibilité, dans la générosité d'un peuple qui ne prononce encore qu'avec amour et respect les noms de Charlemagne, de Louis XII, de Henri IV ; d'un peuple chez qui l'honneur fut toujours le premier mobile, et la reconnaissance le premier des devoirs ; qui chante ses héros, les aime avec idolâtrie, et ne peut se détacher de leurs descendants que par l'excès de leur dégénération, de leur avilissement ou de leur tyrannie.

Ce système est le plus approprié aux circonstances actuelles : j'ai démontré qu'il s'appuie sur les plus nobles affections, sur l'honneur, l'amour, la reconnaissance. Eh ! dans quels temps ces sentiments se développèrent-ils avec plus de force et d'énergie que dans la circonstance présente ? Quel personnage, dans notre histoire et dans les fastes du monde, s'offrit jamais à sa nation avec des titres plus généralement reconnus à l'amour et à l'admiration des peuples ? Tout à la fois conquérant, législateur, pacificateur, qui plus que lui mérita bien de son pays, qui plus que lui donna dans ses vertus personnelles, dans la libéralité de ses principes, dans la grandeur de ses vues, ces garanties augustes qui font au pouvoir lui-même une opposition dans celui qui l'exerce ? De tous les grands hommes arrivés à la suprême puissance, il est peut-être le seul qui ait mérité par autant de services inappréciables, de grandes actions, par une réputation sans tache, et par l'exemple de mœurs sévères, une élévation que les autres n'ont fait que justifier par leur conduite postérieure. Jamais en France aucune dynastie n'a eu un chef dont la supériorité fût aussi incontestable, les droits plus sacrés, et la grandeur personnelle mieux établie en Europe, qui ait rallié autour de lui plus d'intérêts et plus de suffrages : Est-il, en effet, en France, un intérêt senti et bien calculé qui ne vienne de lui-même se ranger sous cette autorité tutélaire pour y trouver le gage de sa conservation et de sa stabilité ?

Je vois en première ligne ces armées de braves, dont le sang a cimenté la République, fiers du héros qui les guida tant de fois au milieu des phalanges ennemies, porter devant lui leurs enseignes victorieuses, l'élever sur le pavois antique, et le proclamer chef d'un empire héréditaire qui leur assure leurs honorables distinctions et les récompenses de leurs nobles travaux ; tous les fonctionnaires qui se sont signalés dans la carrière civile pendant la Révolution applaudir à un ordre de choses qui leur garantit la considération due à leurs talents, à leur dévouement, le prix mérité de leurs services dans l'obligation d'en rendre de nouveaux ; je vois les ministres des autels rassemblés dans les temples, offrant des vœux pour le Gouvernement restaurateur du culte et de la morale, et pour la conservation d'une famille à laquelle la reconnaissance et la religion les unissent irrévocablement ; cette foule innombrable d'acquéreurs de domaines nationaux, à qui la Révolution a créé une existence et des propriétés nouvelles, s'empresser de se rallier à une famille qui leur donne pour garantie de leurs acquisitions le gage de son origine et la sauvegarde de sa durée : enfin toutes les classes des citoyens paisibles, qui ne demandent qu'à jouir des bienfaits de l'administration actuelle, las des agitations et des tempêtes politiques, environner de leur confiance un Gouvernement sur lequel ils peuvent désormais laisser reposer leurs intérêts, leurs vœux, leur avenir ; tout ce qui tient à la société par les liens de la propriété, de l'industrie, du commerce, se livrer aux améliorations, aux entreprises nouvelles, aux opérations utiles ; les capitaux, resserrés par la crainte des événements, circuler avec abondance et porter la vie dans toutes les parties du corps social ; et la plus grande des nations, sous l'autorité légitime et révérée du plus grand homme du siècle, jouir enfin de tout le développement de sa prospérité, fortifiée de toute l'intensité de son système héréditaire.

Ainsi, après douze années d'oscillations et d'essais ; après tant d'infortunes diverses, d'agitations, de succès, de gloire, l'hérédité, cette base antique des grandes sociétés, ce gage d'une existence durable, vient nous rassurer sur nos destinées et sur

celles de nos enfants, consolider la liberté, l'égalité, les droits de la représentation, et consacrer
par la perpétuité d'une succession légitime les
grands résultats des lumières et de l'expérience
dont il est le plus bel ouvrage, la conséquence la
plus heureuse.

Parmi tous les biens que nous assure ce centre
unique de tous les vœux comme de tous les besoins actuels de la France, j'ai parlé du premier
de tous, de la liberté, parce qu'il est en effet celui
dont le système héréditaire promet la plus sûre
et la plus tranquille jouissance. Écoutons nos plus
grands publicistes, et reconnaissons avec eux que le
seul gouvernement dans le sein duquel les grands
États puissent jouir de la vraie liberté, est la monarchie tempérée, dans laquelle les pouvoirs sont
distincts et sagement balancés. Tournons nos regards vers la première et la plus illustre de nos
assemblées nationales, et puisons dans l'autorité
du plus imposant de ses actes la confirmation de
ce principe, auquel la nature des choses et le sentiment intime de notre bien-être nous ramènent.
Ah! sans doute, s'il eût été donné de voir auprès
de cette assemblée le grand homme qui vient aujourd'hui replacer le Gouvernement sur les fondements qu'elle avait consacrés, jamais nous
n'eussions eu à déplorer les terribles épreuves à
travers lesquelles nous sommes revenus au système héréditaire. Que de maux eussent été épargnés à la France et à l'Europe!

Mais il était dans l'ordre des immuables destinées que la maison de Bourbon servît d'exemple
aux peuples et aux rois. Sa chute, les malheurs
qui l'ont précédée et suivie, devaient préparer
l'établissement de l'Empire qui va s'élever majestueusement, fort de tous les intérêts, de tous les
vœux, de toutes les espérances du siècle de Bonaparte. Sous quels heureux auspices va commencer notre ère impériale! gloire, liberté, sûreté,
prospérité, tout est là sous l'égide de la sagesse
et du génie. Jamais dépôt plus sacré ne fut confié
à des mains plus sûres, plus dignes de le conserver.

J'appuie la motion d'ordre de mon collègue
Curée.

Le **Président**. Le citoyen Challan est maintenant le premier inscrit pour parler.

Challan. Citoyens tribuns, en me faisant inscrire pour l'ordre de la parole, je me félicitais
de n'avoir à exprimer que mon assentiment au
vœu général ; je me disais que tout ce qui a été fait
de grand et d'utile depuis que les rênes du gouvernement sont confiées à Napoléon Bonaparte a
dû rassurer le petit nombre de ceux qui ont résisté à l'impulsion de l'immense majorité lors de
l'élection à vie, et ils doivent être maintenant
réunis à la volonté générale, à cause de la félicité publique et de la tranquillité dont ils ont
joui ; car nul ne se refuse à l'évidence. J'ai moins
à croire que le temps qui s'est écoulé avait permis à la réflexion de comparer et de calculer les
funestes effets de l'influence étrangère lorsque
l'existence d'un Gouvernement dépend, ou d'une
élection orageuse, ou du mouvement des factions,
qui se reproduisent sous mille formes diverses ;
je considérais que pour être gouverné par des
chefs temporaires, on n'était pas à l'abri du despotisme : et pour s'en convaincre, ne suffit-il
pas de se rappeler la terrible dictature du Comité de salut public, et le moment où le Directoire éloignait du Luxembourg une partie de ses
membres, et cette journée où nous sûmes résister
à une minorité égarée qui voulait déclarer la patrie en danger, au risque de renouveler les scènes

d'horreur que les ennemis de la France avaient
si cruellement multipliées.

Alors n'était-ce pas le peu de stabilité du Gouvernement et la division du pouvoir exécutif, qui
faisait qu'aucune digue n'était assez forte pour
arrêter le torrent dévastateur?

Sans doute, le peuple a le droit de se choisir des
chefs ; sans doute, il a celui de repousser tout
Gouvernement qui viole le pacte social : mais, en
exerçant cette souveraine faculté, il est loin sans
doute de se livrer comme un patrimoine : cette
démarche serait indigne de lui et du chef qu'il
se serait donné. Que doit-il chercher? le bonheur.

Or les nations ne sont vraiment heureuses que
par le calme, qui permet à tous de se livrer sans
trouble à l'industrie, avec la certitude d'en recueillir les fruits et de les consommer sans inquiétude.

C'est vers ce but que tendent toutes les volontés, et si quelques peuples de l'antiquité ont souvent lutté au sein des orages politiques, c'est
parce que, dans ces temps dont nous admirions
quelquefois l'héroïsme et dont nous plaignons encore plus l'agitation, nulle autorité prépondérante
n'empêchait qu'une portion ne fût déchirée par
les dissensions, ou qu'une autre ne gémît sous le
poids de la servitude : et si l'on me cite les Romains, je prierai que l'on se rappelle ces empereurs aussitôt massacrés qu'élus, et ces proscriptions qui font frémir la nature.

Le perfectionnement des sociétés a fait apprécier ces théorèmes dont l'esprit de système nous
a dissimulé les dangers, et tiré des conséquences
si brillantes. Les États-Unis de l'Amérique ne
peuvent pas plus servir d'exemple à une nation
dont les hautes destinées sont élevées au-dessus
de toute comparaison. Laissez arriver ce peuple
naissant, et nous verrons s'il conserva un régime bon pour ce moment, et qui pourrait lui
être funeste avec plus de grandeur.

L'esprit de civilisation qui a maintenant pénétré dans toutes les classes fait que, ni le despotisme, ni l'anarchie, ne peuvent plus dominer
longtemps sur les nations ; car l'un et l'autre causent également la ruine des empires : ainsi nulle
crainte sur la rénovation des privilèges, que l'on
suppose devoir étayer le pouvoir absolu; et si
le problème pouvait être douteux, le peuple français ne l'aurait-il pas résolu? Éclairé autant que
brave, il a su renverser l'un et se soustraire aux
désordres de l'autre; il ne peut donc plus être en
proie aux illusions : l'expérience du passé, la
jouissance d'un temps meilleur, que le génie de
Bonaparte a fait naître, lui ont appris à chérir
uniquement la véritable liberté.

En vain les fauteurs du despotisme, ces fils ingrats qui se plaisent encore dans l'horreur des
séditions, méconnaissent-ils la volonté nationale :
instruments coupables d'un gouvernement perfide, ils ne réussiront plus à tromper notre loyauté.

Cependant, se livrer à une sécurité sans bornes
serait imprudence, et l'intérêt du peuple nous
commande d'enlever tout espoir à leur coalition
impie. Pour cela, il ne suffit pas de défendre la
génération qui existe contre leurs attentats, mais
encore il faut assurer le bonheur de celle qui
arrive : les prétentions que l'on conserve sur
l'avenir sont toujours funestes au temps présent.

Ce sont ces principes qui, sans doute, ont dicté
les propositions de notre collègue Curée : j'y
adhère, parce que je les crois salutaires, j'y
ques, conformes au vœu de la nation, qui a
la liberté, et non la licence, qui a **voulu**

forme des abus, et non la dissolution de tous les rapports sociaux; qui a applaudi au courage de ses représentants, et blâmé l'erreur de quelques-uns : en sorte que la gloire de la Révolution lui appartient, et ses fureurs sont les crimes de la nouvelle Carthage.

Quel moment plus favorable pour obéir à la volonté première du peuple français, que celui où un héros préside à ses destinées, dont la rare sagesse a tout fait par la vérité et la raison; un chef enfin dont la famille féconde en vertus et en talents, s'est, à son exemple, illustrée dans les conseils, dans les cabinets et dans les camps?

Et lorsqu'une nation grande, généreuse, pénétrée d'admiration pour son premier magistrat, l'élève sur le pavois et le proclame à la face de l'univers, qui osera attaquer le gage de son amour?

Je le demande même aux conquérants qui foulent orgueilleusement la terre des vaincus : est-il un titre plus sacré que celui de l'affection et de la reconnaissance? Et comment pourrait-on redouter un pouvoir qui prend sa source dans de tels sentiments, et dont la force est tout entière dans la justice?

Citoyens et magistrats, je le répète, chérissez un Gouvernement paternel, mais craignez un Gouvernement faible; c'est lui qui forge des chaînes à la liberté : la main forte, au contraire, soutient le niveau dans son équilibre. Mais qu'ai-je besoin de m'étendre? Des orateurs plus habiles, vos propres lumières, ont fait passer la conviction dans vos âmes; et je ne dois pas retarder l'expression du vœu national, auquel je m'unis et comme citoyen et comme tribun.

Le **Président**. Le citoyen Carrion-Nisas, qui a demandé à relever quelques erreurs de fait avancées par le tribun Carnot, a la parole.

Carrion-Nisas. Citoyens tribuns, j'ai besoin de toute l'indulgence de l'assemblée, ne portant à cette tribune que quelques notes recueillies à la hâte pendant le discours du citoyen Carnot, dans lequel j'ai observé quelques erreurs que je crois pouvoir réfuter.

Je me ferai aussi un devoir de la plus exacte modération, et du seul langage qui convienne au caractère dont nous sommes revêtus.

Le citoyen Carnot craint que les mesures qu'on propose, la nomination d'un empereur et l'institution de l'hérédité, ne soient la destruction totale et absolue de la République, et que ceux qui appuient ces mesures n'aient l'intention, ou du moins le malheur de livrer la liberté et la patrie en proie à un despote. Quoi! parce que le premier magistrat s'appellera *empereur*, parce qu'il sera héréditaire, il n'y aura plus en France ni patrie, ni liberté! Nous n'aurons donc ni loi, ni pacte social! Et, selon mon opinion, ces premiers besoins des peuples sont incompatibles avec telle dénomination et telle forme de magistrature suprême. Ainsi ne pensait pas J.-J. Rousseau, ce zélé républicain. Il a dit formellement que tout gouvernement légitime, c'est-à-dire régi par les lois, était républicain. Eh! qui parle ici de mettre un homme au-dessus des lois?

Salluste avait eu longtemps avant la même pensée, et il s'explique très-clairement en parlant du gouvernement des premiers rois de Rome. C'était, dit-il, un gouvernement légitime avec un titre royal : *imperium legitimum nomen imperii regium habebant.*

Quel gouvernement est plus légitime que celui qui se propose, s'organise, s'accepte, se consent avec la liberté, la maturité, la solennité qui ont précédé, qui ont inspiré les mesures que nous adoptons, et qui président à leur discussion?

Le citoyen Carnot croit voir revenir l'ancienne royauté de France, la royauté féodale, propriétaire. Avec un peu de réflexion, il est cependant facile d'apercevoir qu'entre cette espèce de royauté et la forme d'empire que nous espérons, il y a autant de différence qu'entre la lumière même et les ténèbres.

La royauté procédait, par la prise de possession du territoire, à l'envahissement du corps même des hommes qui l'habitaient : hommes, *de poeta, homines potestatis addicti glebæ*. C'était sur cette monstrueuse fiction qu'elle établissait ses droits, ses titres, le jeu de son gouvernement.

Le roi des Français, tel que voulut le faire l'Assemblée constituante; l'empereur de la République française, tel que nous voulons l'établir, n'est le propriétaire ni du sol, ni de ceux qui l'habitent; il est le chef des Français par leur volonté : son domaine est moral, et aucune servitude ne peut légalement découler d'un tel système.

Enfin, pour me faire entendre par une comparaison prise dans le droit civil, et appliquée au droit politique, l'autorité du roi de France, cette autorité originairement toute féodale, ressemblait au domaine matériel d'un citoyen; et originairement aussi le royaume se partageait entre les enfants du roi.

Au contraire, l'Empire, cette autorité toute morale, toute légitime, que nous établissons, ressemble au droit de tutelle dans les familles, lequel ne suit point le bien, ne saurait se partager, va toujours à celui qui est présumé le plus digne, par une marche certaine et indépendante de toute volonté, et enfin est de sa nature purement spirituel, et aussi inoppressif qu'il est indivisible.

Le citoyen Carnot semble croire que le résultat auquel nous touchons est de longue main préparé par le Premier Consul, avec un art aussi adroit qu'une volonté constante et infatigable. Cependant il est vrai, et j'en atteste tous ceux qui peuvent avoir les mêmes connaissances de détail que moi; j'atteste que le Premier Consul a été le dernier à entrer dans cette sorte de conspiration sainte en faveur de la patrie, conçue depuis le 18 brumaire par un petit nombre, dont je m'honore d'avoir fait partie; petit nombre qui s'est successivement grossi, et qui est devenu bientôt une innombrable multitude, le peuple français, enfin, auquel il est désormais impossible de ne pas obéir.

Il est vrai qu'on a caché d'abord, montré ensuite avec ménagement, le but qu'on voulait atteindre : précaution nécessaire pour marcher sûrement, et pour arriver à bon port. Il y avait, et le citoyen Carnot en est encore un exemple, beaucoup de citoyens, dont le nombre a tous les jours diminué, qui, pleins de préjugés et d'erreurs révolutionnaires, n'avaient pas mûri les leçons de la réflexion et de l'expérience, et qui n'étaient pas encore capables de recevoir la vérité. C'est ainsi qu'on rend, avec des ménagements délicats, la lumière du jour à un malade qui en a été longtemps privé.

Au milieu de ce mouvement des opinions erronées qui revenaient d'elles-mêmes, le Premier Consul a montré une résistance et une répugnance aussi sincères que longtemps invincibles au résultat dont ils sont aujourd'hui la nécessité.

Il l'a sentie le dernier; et depuis quelques jours à peine, forcé par le cri public, vous le voyez publier ces adresses, qui depuis six mois lui arrivent en foule de toutes les parties de la République, appuyées des vives sollicitations de tous les magistrats et de tous les fonctionnaires publics, et qu'il a longtemps retenues captives.

Les alarmes inspirées par les assassinats tentés contre la personne du Premier Consul, par la perspective des maux affreux qui s'en seraient suivis, ont mûri toutes les résolutions, pressé toutes les mesures.

Le Premier Consul est ambitieux de gloire, il en est jaloux ; mais il s'en faut de beaucoup qu'il traite le pouvoir comme la gloire. Un mot de lui, un mouvement de cette grande âme, qu'il faut révéler à la patrie, rendra cette vérité plus palpable que les détails et toutes les assertions que je pourrais ajouter.

Un jour le Premier Consul parlait avec la plus profonde sensibilité des malheurs de la Révolution. Quelqu'un sembla vouloir combattre son émotion par le tableau des résultats de cette grande crise. « Et enfin, lui dit-il, citoyen Consul, ce n'est pas à vous à vous affliger de la Révolution : sans elle vous ne seriez pas au rang où vous êtes, et vous n'auriez pas eu l'occasion d'acquérir cette gloire immense dont vous êtes couvert.

« Eh ! plût à Dieu, s'écria Bonaparte, que la France n'eût jamais entendu parler de moi, et que son Gouvernement n'eût jamais fait de telles fautes, et son peuple éprouvé de tels malheurs ! »

Non : l'homme dont le cœur a laissé échapper ces paroles que je confie à l'histoire, ne voit dans l'accroissement de son pouvoir que des moyens nouveaux de félicité publique ; il ne cherche dans sa grandeur que la gloire de la nation ; il accepte le rang qu'on lui confie, et il n'en a pas eu soif : une certaine ambition est au-dessous de certains caractères.

Le citoyen Carnot a voulu nous effrayer par l'exemple des Césars et des désordres de l'Empire romain. Une partie très-remarquable de l'opinion de notre collègue Grenier a pleinement répondu à cette crainte si peu fondée, et à cette comparaison si peu juste. En effet, le grand malheur, comme il l'a très-bien remarqué, le grand vice de l'autorité des Césars vint de ce qu'elle n'était pas héréditaire : l'adoption y corrompait tout, l'élection y troublait tout ; et ce sont précisément les inconvénients auxquels s'oppose le plus directement le système que nous voulons introduire aujourd'hui. En persistant dans un système à peu près semblable à celui de Rome, la Pologne a été détruite ; en adoptant à peu près le nôtre, la Russie a fait un grand pas vers la conservation.

J'ajouterai que le mal vint surtout à Rome de l'hypocrisie ou de la pusillanimité d'Auguste, qui affecta de ne rien changer dans la dénomination des institutions républicaines, tout en retenant une autorité d'autant plus absolue qu'elle était vague, sans limites connues, sans aveu public.

De là suivit la position fausse et désastreuse où se trouvèrent ses successeurs vis-à-vis des peuples, et les peuples vis-à-vis de ses successeurs. On conspirait contre les Césars au nom d'une république qui n'était pas légalement détruite, et eux s'opposaient aux conspirations au nom d'une monarchie qui n'était pas légalement rétablie : de sorte qu'on mettait beaucoup d'audace et de force à les attaquer, eux beaucoup de fureur, de violence, de cruauté à prévenir ou repousser l'attaque. Voilà pourquoi il y eut à Rome, sous les Césars, tyrannie immodérée, immodérée servitude ou furieuse révolte, et qu'enfin tout dépendit dans l'État du caractère personnel du prince : ce qui est un danger toujours imminent.

Le citoyen Carnot est remonté ensuite à la république romaine, et nous a fait voir un parfait gouvernement et une liberté sagement conservée dans ce vaste État. Sans doute il devint immense ; mais, à mesure qu'il s'agrandit, que devint sa démocratie ? Ne sentit-il pas la nécessité d'un gouvernement ferme, du gouvernement d'un seul ? Le citoyen Carnot en convient, et il admet le remède temporaire de la dictature. Temporaire : oui, pour le peuple qui ne prétend pas l'établir autrement que pour un temps très-court, mais éternel pour un dictateur habile et ambitieux ; passage sanglant de la licence démagogique à un empire improvisé et sans constitution, c'est-à-dire à un véritable despotisme.

Le citoyen Carnot a reproché au système héréditaire un inconvénient réel et impossible à nier. Il est certain que ces sortes de gouvernements font quelquefois entrer les peuples dans les intérêts domestiques et leur font épouser des querelles de famille. Voilà sans doute un danger véritable : eh quelle chose humaine n'en a pas ? Mais ces intérêts au moins ont quelque réalité, quelque utilité pour les peuples eux-mêmes ; et ce danger est moindre que le danger où sont exposés les gouvernements populaires d'épouser les passions, les querelles et les intérêts personnels de leurs magistrats.

Périclès n'était pas un prince héréditaire ; et pour une insulte faite à Aspasie, la Grèce républicaine fut en feu.

Dans les plus beaux temps de la république romaine, le peuple, épousant tantôt l'intérêt d'un tribun, tantôt celui de tout autre factieux, donnait des alarmes perpétuelles au sénat ; le sénat, à son tour, immolant le peuple à son propre intérêt et à sa propre querelle, le lançait au dehors, le jetait sur les voisins offensifs ou inoffensifs : et le prétexte d'une guerre étrangère ne manquait jamais quand le sénat craignait quelque discorde civile ; et le sang du peuple coulait toujours.

Ceci me ramène aux considérations que le citoyen Carnot a mises en avant relativement aux puissances étrangères. Certes, il suffit des simples lumières du bon sens pour sentir qu'elles aimeront mieux mille fois un gouvernement analogue à leur propre gouvernement qu'un gouvernement toujours menaçant, parce que son principe serait opposé, et par conséquent ennemi. Le gouvernement d'un seul a pour garantie au dehors la sagesse, la maturité, l'expérience du prince ; il n'y a ni sagesse, ni maturité, ni expérience dans un prince sans cesse renouvelé ; et cette éternelle effervescence des gouvernements populaires, en proie à toutes les passions, menace et choque sans cesse tous les intérêts de voisinage, et bouleverse toutes les relations de politique extérieure.

Et ceci me rappelle le mot profond et prophétique d'un homme d'État (1), serviteur de la maison d'Autriche, à qui, vers les temps de la plus grande effervescence révolutionnaire, on demandait s'il croyait sérieusement, avec les armées allemandes, remettre sur le trône de France la maison de Bourbon, et s'il ne valait pas mieux laisser la République tranquille et se gouverner comme elle voudrait.

« Nous savons bien, répondit ce sage politique, que nous ne ferons pas accepter à la France des maîtres qu'elle ne veut plus ; nous savons bien aussi que ses armées, toutes récentes et inexpérimentées qu'elles sont, battront plus d'une fois les nôtres, et nous causeront de grandes pertes. Nous supporterons ces revers, et nous continuerons à nous battre, tantôt en avant, tantôt en

(1) M. de Merci d'Argenteau.

retraite, selon la fortune : au bout de quelques années il s'élèvera nécessairement en France un général, homme d'Etat, qui s'emparera du gouvernement, qui ramènera toutes choses à une forme régulière ; et alors nous ferons la paix avec lui ; elle serait impossible, elle serait frivole avec une ochlocratie qui menacerait toujours d'incendier l'Europe. »

J'avoue que cet homme d'Etat me paraît plus prévoyant et plus sage que notre collègue, qui nous propose de nouveau sérieusement l'exemple des Etats-Unis de l'Amérique.

Ce n'est pas la première fois que cet exemple est proposé, ce n'est pas la première fois qu'il est combattu.

Lors de la fuite honteuse et perfide du dernier roi à Varennes, on proposa (c'était Vadier) à l'Assemblée constituante l'exemple du gouvernement américain, et on invita cette Assemblée à en donner à la France un semblable.

Barnave s'éleva contre cette proposition. Pourquoi cette victime si regrettable des proscriptions décemvirales n'a-t-elle pas été préservée, et ne peut-elle pas ici répondre avec cette éloquente facilité que nous avons tant admirée ! ou que n'ai-je assez bien retenu ses arguments et ses paroles pour pouvoir les reproduire à notre collègue ! Si je m'en souviens, il disait qu'une population rare sur un sol immense ; un peuple neuf sur une terre vierge ; un peuple dont l'activité sera longtemps facilement assouvie par des moyens aisés et nombreux de travail et de subsistance ; un Etat isolé sur son vaste hémisphère, entouré d'une ceinture d'impénétrables forêts et de vastes mers, ne pouvait se prêter à aucune comparaison avec un Etat placé au milieu de la vieille Europe, pressé entre des peuples inquiétants et inquiets, inquiet lui-même et entreprenant comme tous les peuples nombreux et policés chez qui les moyens de subsistance sont précieux et rares en proportion de leur luxe et de leur population.

Voilà ce qu'il disait à peu près, et ce qui fit sur l'Assemblée constituante une impression si favorable, qu'il n'y fut plus question de la proposition d'un gouvernement présidential ni fédéral.

C'est à la sagesse de cette Assemblée constituante sur ces grandes matières qu'il en faut souvent revenir, et c'est à l'Assemblée constituante et à son origine que me reporte naturellement une autre objection du citoyen Carnot, qui craint que le vœu émis par le consulat à vie, ou à émettre pour l'empire, n'ait été ou ne soit susceptible de recevoir quelque influence.

Quelle influence autre que celle de la raison, que celle de la sagesse, du véritable patriotisme, agit sur les assemblées bailliagères, qui voulaient, quand on leur fit appel, ce que nous voulons aujourd'hui ? C'est alors que le vœu du peuple eut une incontestable liberté ; c'est depuis que ce vœu a été frelaté en tous sens.

Rappelez-vous, mes collègues, cette femme célèbre dans les anecdotes de l'antiquité. Se trouvant mal jugée par le roi Philippe, qui était dans un état d'ivresse, elle en appela de Philippe ivre à Philippe à jeun. Eh bien ! les assemblées qui ont suivi l'Assemblée constituante ont fait tout le contraire : après avoir enivré le peuple de toutes sortes de passions furieuses, elles l'ont interrogé ou plutôt elles l'ont fait parler ; elles en ont appelé de Philippe à jeun à Philippe ivre.

Nous revenons au calme, à la tranquillité, à la sagesse d'un premier vœu ; les ivresses sont dissipées, et nous nous retrouvons dans notre état naturel.

Le citoyen Carnot se plaint que la presse n'est pas assez libre. Il sait ou il doit savoir combien cette liberté est funeste, combien promptement elle dégénère en licence ; et je le renvoie, pour les excellentes raisons que je pourrais donner, au message du Directoire qu'il signa dans le temps pour en demander la limitation.

Quant à la liberté d'émettre son opinion sur toute matière, le citoyen Carnot est un exemple vivant qu'il n'y a ni difficulté ni danger à l'émettre tout entière. Il a voté, comme il vient de vous le rappeler, contre le consulat à vie : en a-t-il depuis siégé parmi nous avec moins de paix et de sécurité ?

Il vient d'émettre, et d'émettre seul une opinion contraire à celle de tous ses autres collègues. Ce serait partout une sorte de témérité. A-t-il été entendu avec moins de calme et de respect que ceux dont l'opinion jouissait de la faveur de l'Assemblée ?

Enfin, il me semble que le citoyen Carnot devrait plus que personne être intimement ramené par la réflexion et l'expérience, et, si j'ose le dire, par ses malheurs et par ses fautes, aux sentiments qui dominent dans cette Assemblée et dans la nation. Dans un premier système de démocratie, le citoyen Carnot a eu le malheur d'être exposé à siéger parmi les proscripteurs ; dans un autre système, il a été lui-même proscrit ; et le Gouvernement contre l'achèvement duquel il s'élève est celui-là même qui se félicite de l'avoir retiré de la proscription.

Le Tribunat ordonne l'impression et la distribution au nombre de six exemplaires de tous les discours prononcés dans cette séance.

Chabot (de l'Allier). Tribuns, je ne parlerai pas, en ce moment, des questions importantes soumises à votre discussion ; je ne suis monté à cette tribune que pour répondre à un passage de l'opinion que vient d'émettre le citoyen Carnot.

Il y eut, a dit le citoyen Carnot, *une arrière-pensée, lorsqu'on proposa le consulat à vie.*

Oui, je le déclare franchement, les propositions de notre collègue Curée ne sont que le développement, elles sont la pensée tout entière de la proposition que je fis à la séance du 16 floréal an X, et que le Tribunat convertit en vœu national.

Oui, nous voulions alors ce qu'on va faire aujourd'hui. Les amis de la patrie nous entendirent bien, et ils unissaient leurs vœux au nôtre.

Alors, comme aujourd'hui, le moment était favorable pour consolider le Gouvernement, et pour assurer, par des institutions fixes et permanentes, la tranquillité du peuple.

La paix était signée avec toutes les puissances du continent ; elle venait d'être conclue avec l'Angleterre : elle était établie au dedans comme au dehors.

Le prestige des vaines théories s'était dissipé : une longue et fatale expérience avait signalé nos erreurs politiques, et tous les Français étaient réunis autour d'un seul vainqueur et pacificateur, aussi grand à la tête de l'administration qu'à la tête des armées.

Des considérations qu'il ne m'appartient pas de juger, et plus encore la magnanime générosité du Premier Consul, arrêtèrent l'élan national. On ne proposa qu'une mesure insuffisante, et cependant elle fut accueillie avec enthousiasme, parce qu'elle était un pas avancé vers le but principal, et qu'elle donnait l'espoir prochain d'une organisation complète et définitive.

Nous n'avons que trop longtemps attendu. Le peuple est las de ces gouvernements provisoires qui , se culbutant les uns les autres , ont constamment compromis son repos et son existence. Il manifeste aujourd'hui sa volonté de la manière la plus positive ; elle éclate de toutes parts ; elle nous presse ; elle commande : on ne peut plus lui résister.

Ceux qui feignent de la méconnaître , et qui s'opposent au gouvernement héréditaire , voudraient-ils rétablir la constitution de 1793 , ou celle de l'an III ?

Nous, tribuns , qui n'avons d'autres passions que l'amour du bien public, terminons l'ouvrage commencé le 18 brumaire an VIII , fortement avancé le 16 floréal an X, et mettons enfin la dernière pierre à l'édifice social.

Je vote pour la motion d'ordre de notre collègue Curée.

L'impression et la distribution à six exemplaires est ordonnée pour les observations de Chabot (de l'Allier).

La séance est levée.

TRIBUNAT.

PRÉSIDENCE DU TRIBUN FABRE (de l'Aude).

Séance du 12 floréal an XII (mercredi, 2 mai 1804).

Le procès-verbal de la séance d'hier est adopté.

L'ordre du jour appelle la suite de la discussion de la *motion d'ordre de Curée, relative au gouvernement héréditaire.*

Chassiron. Citoyens tribuns, je ne prendrais point la parole après les orateurs qui m'ont précédé, si, dans une circonstance tellement importante que le sort de la France et le repos de l'Europe y semblent attachés, le peuple français n'avait le droit de connaître les motifs qui déterminent chacun de ceux qui prononcent aujourd'hui sur ses destinées.

Et ici, tribuns, notre intérêt est d'accord avec notre devoir. Il vaut mieux prévenir qu'attendre le jugement des siècles à venir , et si jamais des factions devaient encore agiter notre patrie, ne leur laissons pas le dangereux privilège d'interpréter nos intentions, qu'hier encore on a méconnues à cette tribune. Fixons dès ce moment le jugement de la postérité, comme nous voulons fixer la destinée du grand peuple que nous présentons.

Loin de moi la pensée de chercher dans les souvenirs de la Révolution un titre d'accusation contre nos pères; je sais respecter le malheur. C'est moins aux hommes qu'aux inévitables événements qu'il faut s'en prendre, si toutes les parties de l'État étaient tombées en dissolution, tous les ordres, tous les pouvoirs dans l'anarchie ; mais nous avons assez cruellement expié ces erreurs pour qu'elles soient pour nous une puissante leçon.

L'État a péri parce que l'anarchie était dans l'État. Serrons donc tellement les pouvoirs dans l'État, que l'anarchie ne puisse plus les désunir.

Nous avons tous voulu, nous voulons encore terminer une grande révolution ; mais malgré tous nos efforts, le peuple français n'est-il pas dans la position d'un homme qui , dans une longue convalescence, se remue, s'agite sans cesse pour chercher la situation qui peut lui procurer le repos? Tout est précaire, tout est provisoire , tout est viager. Voilà ce que nos ennemis répétaient *avec ironie* , et nous-mêmes *avec inquiétude ; et* lorsque nous avons cru les prévenir, ces inquié-

tudes, en appelant des consuls à vie, lorsque nous avons transmis au chef du Gouvernement le droit de nommer son successeur , un poignard parricide n'a-t-il pas été près de renverser le chef de l'État, et nous et nos institutions? — Si nous oublions aujourd'hui cette terrible leçon , demain peut-être la responsabilité du sort de la France pèserait sur nos têtes. Au dehors des guerres étrangères, au dedans des partis comprimés, mais qui ne disparaîtront qu'avec la génération présente ; des haines, des discordes, des *vengeances héréditaires*, des guerres civiles *religieuses*, des guerres civiles *politiques* : voilà donc quel pourrait devenir le sort du peuple français.

Et nous léguerions à notre postérité ce sanglant héritage ! et nous balancerions sur les moyens, quand nous n'avons pas le choix des moyens !

Tout ce qui porte un caractère extraordinaire frappe, étonne le vulgaire. — Cependant il ne s'agit ici que d'un événement plusieurs fois retracé dans notre histoire, et dont le dernier exemple est dans cette même race des Capétiens, que proscrivent aujourd'hui ses fautes et ses malheurs.

Nous ne voulons que ce que la nation libre, unie alors de volonté et d'intention , délibérant dans chaque bailliage, ce que tous les ordres de l'État, votant séparément, ont voulu, ont demandé d'un bout de la France à l'autre.

Et je ne présume point qu'on veuille opposer aujourd'hui au vœu libre de 1789, ceux qui ont été émis depuis jusqu'au 18 brumaire ; je prie mon collègue de me dispenser de toute preuve à cet égard.

Je sais respecter les erreurs quand elles ont eu pour motif l'enthousiasme de la liberté : mais remercions au moins l'Etre suprême d'avoir mis un terme à ces erreurs.

Rendons d'immortelles actions de grâces à ce grand modérateur des empires, d'avoir placé au milieu de nous cet homme qu'il doua d'un vaste génie, un de ces hommes qui commandent à leur siècle, et qui prononcent d'avance les destinées à venir.

Nous sommes aujourd'hui aussi libres, mais plus éclairés que les Francs, nos aïeux, qui, voulant constituer un Etat dans leur conquête, élevaient leurs chefs sur le bouclier. — N'avons-nous pas conquis le sol que nous habitons? Ne l'avons-nous pas conquis sur les puissances étrangères qui voulaient le partager, sur les partis, les factions intérieures qui voulaient le diviser ? Ne l'avons-nous pas conquis sur nous-mêmes, sur tous les préjugés, les intérêts révoltés, les haines, les passions qui tendaient à tout dissoudre. — Qu'on nous permette donc d'user du plus beau droit de la conquête, *celui de la conserver*.

Mais une telle conquête ne peut être conservée que par la force des institutions qui la défendent. La fortune des armes n'est pas impérissable comme la gloire qui les accompagne; elle ne se conserve que par des institutions prises dans les mœurs, dans le caractère même de la nation qu'elles doivent protéger; et si à la tête de ces institutions se présente l'unité de pouvoir dans le chef du Gouvernement, l'hérédité dans la famille consacrée à l'État, nous n'oublierons pas que, parmi ces institutions chères à la nation, le pouvoir représentatif est la seule garantie des droits de la nation.

Voilà la réponse à celui de mes collègues qui a combattu la motion proposée; nous lui répéterons sans cesse :

Nous déléguons le pouvoir exécutif, nous conservons les droits du peuple français.

La postérité n'aura point à nous reprocher d'avoir oublié que les premiers Francs choisissaient et proclamaient leurs chefs dans les assemblées du Camp-de-Mars ;

Qu'à ces assemblées tumultueuses, qui ne pouvaient plus convenir à un grand peuple, à des guerriers devenus propriétaires et citoyens, succédèrent des états généraux, dont la suspension fut peut-être le coup le plus funeste porté par nos rois à la monarchie ; que les différentes provinces ne s'agrégèrent à l'Empire qu'en conservant, par une capitulation expresse, leurs assemblées d'État ; que, dans d'autres provinces, le *simulacre des États* fut au moins conservé dans les parlements ; qu'au moment de la Révolution, le premier cri de tous les Français, de tous les partis, de tous les ordres, si divisés sur tous les autres objets, fut de réclamer la convocation, à époque fixe et déterminée, des états généraux ; que, pendant la Révolution même, au milieu de nos désastres et de nos malheurs, celui qui affecta le plus douloureusement la nation, ce furent les attentats contre la représentation nationale. Nous savons que jamais un grand peuple n'exprima pendant une longue suite de siècles un vœu aussi prononcé.

Qui donc osera nous accuser d'avoir oublié, méconnu cette grande institution politique, que les Français regardèrent toujours leurs assemblées d'États comme le palladium de leur liberté, et qui précéda parmi eux celui de l'hérédité et de l'unité dans le pouvoir exécutif? »

Loin de nous encore ces hommes qui veulent avilir toutes nos institutions parce qu'ils sont vils eux-mêmes, qui osent dire que le peuple français, fatigué de malheurs, *n'a plus de volonté*, que toutes les formes de gouvernement *lui sont indifférentes :* dernier cri, dernière ressource d'un parti vaincu.

Qu'il me soit permis, citoyens tribuns, de lui répondre au moment où nous allons consacrer le plus grand acte de la volonté nationale.

Ah! sans doute, le peuple français a été indifférent, incertain sur toutes les formes de gouvernement qui lui ont été offertes depuis la Révolution, ou plutôt il les a dédaignées parce qu'il n'y voyait ni garantie ni stabilité ; mais nous présenter cette incertitude, cette vague inquiétude qui nous agitait, pour de l'indifférence et du découragement, ce serait le plus grand des crimes de lèse-nation.

Et à quelle époque le peuple français fut-il indifférent sur ses destinées? Était-ce au moment de nos désastres? lorsque, resté debout au milieu des ruines de son gouvernement, de ses lois, de ses institutions, il volait aux frontières sous des chefs encore inconnus à la victoire, pour aller disputer ces ruines aux puissances coalisées et sauver au moins son indépendance? Était-ce au moment où, après les plus grands malheurs, fruits amers de son ambition, un de nos rois rallia la nation tout entière, en lui disant : *Tout est perdu hors l'honneur?*

Les Français n'ont plus de volonté nationale. Ah! combien cette criminelle pensée a coûté cher à la longue dynastie de nos rois! combien elle a été fatale à cette coalition des peuples armés, auxquels on criait aussi *du haut de la tour de Londres :*

« Vous triompherez aisément d'un peuple qui n'a plus d'énergie, plus de volonté! »

Combien elle deviendrait encore funeste, cette pensée criminelle, aux pouvoirs que nous allons instituer, s'ils osaient jamais s'y livrer !

Non, ce n'est point au chef que nous choisissons aujourd'hui qu'il faut apprendre qu'il est une volonté nationale, lui dont le plus haut titre de gloire pour lui, de reconnaissance pour nous, est d'avoir, malgré tous les obstacles, tous les intérêts contraires, deviné, prévenu le vœu national, en rappelant parmi nous les institutions les plus chères à la nation.

Ce n'est point encore à ce grand citoyen, dont le plus beau titre est d'avoir porté aux nations étrangères le vœu national pour le repos de l'Europe, en paraissant parmi elles *comme un ministre de clémence et de paix.*

Ce n'est point à celui dont la mâle éloquence soutient si souvent les droits du peuple dans nos assemblées nationales, et surtout dans cette enceinte. Ce n'est point enfin à ceux qui, par cette auguste volonté, ont atteint de si hautes destinées, qu'il faudra jamais apprendre qu'il est au-dessus d'eux une *volonté nationale.*

Mais, a-t-on dit encore, qui peut répondre de leurs successeurs? L'empire romain n'eut-il pas ses Néron, ses Commode, avec ses Titus et ses Antonin?

Sans doute ce malheur peut affliger l'humanité. Mais faut-il renoncer à cultiver, à ensemencer la terre, parce que quelques récoltes peuvent être détruites par les orages? Et si jamais, parmi les successeurs d'un grand homme que nous élevons aujourd'hui sur le pavois, il pouvait en exister un seul qui méconnût les droits de la nation, j'oserais lui dire dans cet instant : Regardez cette antique monarchie, elle n'a tombé que parce que des rois faibles et orgueilleux ont osé douter que la nation française eût une volonté, ou qu'ils ont pris pour elle les passions et les intérêts de leurs courtisans, vous tomberiez comme cette ancienne dynastie, si vous initiez ses erreurs. Si toutes vos institutions ne s'appuyaient point sur les mœurs, sur le caractère national, elles ne prendraient point racine sur le sol français, et bientôt elles tomberaient desséchées comme la plante séparée du sol nourricier.

Français, voilà votre garantie, voilà votre sûreté ; elle est impérissable, elle repose tout entière sur votre courage et votre volonté.

Qu'on ne nous accuse donc plus de compromettre votre souveraineté, votre liberté !

Ah! celui qui nous adresse ce reproche a prouvé contre lui-même : et je le remercie d'avoir émis dans cette tribune une opinion qui prouvera à toute l'Europe la liberté du vœu que nous émettons.

Tribuns, je sens que le même sentiment m'entraîne toujours vers les mêmes idées ; mais je n'ai pu supporter l'accusation qui nous a été faite comme Français, comme citoyens, comme organes de la volonté nationale, de provoquer une mesure qui suspend, qui anéantit la volonté nationale.

Permettez-moi donc d'exprimer ici son vœu tout entier, tel que je le conçois, tel qu'il est imprimé dans vos âmes.

Vous voulez, avec tout le peuple français, que l'honneur et la vertu soient toujours le ressort du gouvernement, que le système représentatif soit la plus sûre garantie des droits de la nation : vous voulez que tous les cultes soient libres et qu'il n'y ait de proscrit que l'intolérance.

Vous voulez que l'impôt soit également réparti sur toutes les choses mobilières ou immobilières qui doivent le supporter, qu'il soit toujours consenti par la nation ou ses représentants.

Le peuple français veut que le chef qu'il choisit donne une telle force à cet Empire, que cette force même réalise, s'il est possible, le vœu d'une paix universelle continentale, en rendant désormais toute guerre impossible.

Que les mers appartiennent à toutes les nations civilisées, que le commerce maritime soit libre pour tous les peuples.

Il veut qu'à nos lois civiles enfin constituées, succèdent de bonnes lois criminelles, des lois et des règlements sages d'administration publique, qui remplacent nos erreurs et nos systèmes en économie politique.

Voilà le mandat que nous déléguons. Qui oserait maintenant nous accuser d'abandonner les droits de la nation, nous tous qui plus d'une fois avons compromis notre existence pour sauver les droits du peuple français ?

Illustre Napoléon, malgré vos éclatants services, malgré la gloire qui vous environne, je ne veux point ici vous le dissimuler, voilà à quelles conditions nous vous saluons Empereur des Français. L'Empire est à ce prix, osez donc l'accepter.

La tâche est grande sans doute, mais elle n'est point au-dessus de votre génie, parce que c'est de vous qu'un grand écrivain de l'antiquité semble avoir dit :

Il croit n'avoir rien fait, s'il reste encore à faire.

Jusqu'ici nous n'avons parlé que de vos droits à l'Empire, parce que nous le devions à la reconnaissance ; désormais, ces droits une fois *consacrés,* nous vous parlerons souvent des droits de la nation, des devoirs qu'elle vous impose. Remplissez donc vos hautes destinées : et puisse le Dieu dont vous avez relevé les autels vous donner des successeurs qui marchent sur vos traces, qui conservent vos institutions, qui soient dignes de vous et du peuple français ! Puisse leur sagesse éloigner d'eux à jamais les mesures que nous adoptons aujourd'hui pour le salut de cet empire !

Je vote pour la proposition énoncée dans la motion d'ordre qui est le sujet de la délibération.

Perin (*de la Moselle*). Citoyens tribuns, si l'objet important qui fixe en ce moment votre attention ne regardait que le héros à qui la nation française a confié les rênes du gouvernement ; s'il ne s'agissait que de lui donner un nouveau gage de notre reconnaissance et de notre dévouement, la question qu'il présente serait facile à résoudre ; et pour déterminer une acclamation spontanée à tout ce qui peut ajouter à l'éclat de sa gloire, il suffirait de retracer le tableau de tout ce qu'il a fait pour le bonheur et pour l'illustration de son pays ; il ne faudrait que le montrer terrassant tout à la fois les ennemis du dehors et les perturbateurs du dedans. Grand guerrier, habile politique, administrateur sage et prévoyant, nous le verrions sur le champ de bataille joindre l'olivier de la paix aux lauriers de la victoire ; et tout couvert encore de la noble poussière des combats, ramener le calme dans nos cités, tarir la source de nos malheurs, sécher les larmes que faisaient encore couler les tristes souvenirs des temps d'anarchie, poser d'une main assurée les justes limites de la liberté politique, ramener tous les citoyens au doux empire de la loi, et assurer les droits de la nation sur les bases d'une administration éclairée. Et quel est alors le citoyen qui ne céderait avec empressement au sentiment impérieux de la reconnaissance et à celui plus impérieux encore de la félicité publique ?

Mais ce n'est pas de Bonaparte qu'il s'agit en ce moment : un premier élan a fait de son grand cœur le patriotisme de la nation, et a fixé dans ses mains jusqu'à sa dernière heure les rênes du Gouvernement. Mais quelles mains après lui en deviendraient les dépositaires ? sera-ce lui qui les désignera à la nation ? recevra-t-elle de lui ce dernier bienfait ? les choisira-t-elle même ? ou bien la constitution de l'Etat, prévenant ses vœux, fixera-t-elle dans sa famille la souveraine puissance ? Telle est, tribuns, la grande question que fait naître dans votre sein la proposition sur laquelle vous avez à délibérer, et qui fixe maintenant l'attention de tous ceux qui s'intéressent au sort du peuple français.

On vous a dit avec raison que dans ce moment s'ouvraient devant vous les pages de l'histoire : et moi je dis que la postérité doit se présenter à vos yeux avec une voix plus impérieuse encore. Il n'y a pas à balancer : votre détermination, si elle est suivie, doit consolider les bienfaits de la Révolution ou les perdre sans retour ; vous élèverez à la liberté un trône indestructible, ou vous la bannirez à jamais de notre territoire.

Ces réflexions, tribuns, vous les avez faites avant moi ; et la lenteur, la solennité de votre délibération est un sûr garant de la sagesse qui y préside. Puis-je me flatter d'ajouter à la profondeur de vos réflexions ? Je suis loin de le penser ; et si je parais à cette tribune, ce n'est que parce que je crois devoir à mes concitoyens le compte des motifs qui dictent mon opinion ; c'est parce que ma franchise républicaine m'en impose l'étroite obligation.

Tout me paraît se réduire ici à une question principale. Le peuple français remettra-t-il le pouvoir suprême entre les mains d'un seul ? et ce pouvoir se transmettra-t-il par voie d'hérédité ou par voie d'élection ? Tel est le grand problème politique que vous avez à résoudre.

L'histoire, je suis loin d'en disconvenir, est une source dans laquelle il est permis de puiser pour y chercher les moyens de fixer son opinion ; mais cette source est-elle donc si pure qu'elle ne nous laisse pas craindre encore d'y rencontrer de fatales erreurs ? Qui peut s'assurer d'y apercevoir les causes de la prospérité et de la décadence des nations, de l'élévation et de la chute des gouvernements qu'elles ont successivement adoptés ? Qui peut se flatter de saisir toutes les nuances qui ont amené ces grands événements qui nous étonnent encore lorsqu'ils remontent à l'antiquité la plus reculée ?

Loin donc de nous renfermer dans le cercle de ces relations que le désir de s'instruire doit faire parcourir, mais dans lequel aussi nous ne devons pénétrer qu'avec une sage méfiance, ramenons la question à ses véritables termes, et demandons-nous d'abord si le gouvernement d'un seul est celui qui convient le mieux au peuple français, à raison de son étendue, de son caractère, de sa position politique et de ses préjugés ?

Avant d'entamer cette question, il est utile sans doute, et la reconnaissance nous en fait un devoir, de prévenir une objection forte, et qu'une expérience bien récente fait naître dans tous les esprits.

C'est à compter du 18 brumaire, époque à jamais mémorable dans les fastes de la France, qu'après les orages de la Révolution un jour serein a lui sur notre territoire ; c'est à compter de cette époque que nous avons vu la paix se rétablir sur le continent, le calme renaître dans l'intérieur se perfectionner toutes les institutions sociales, l'administration de la justice, le culte de la divinité qui y tient de si près, l'éducation de la jeunesse, l'administration des finances, et cette police qui ne déploie ses moyens de rigueur que dans les grands dangers et lorsqu'il s'agit du salut de la patrie.

Et tous ces bienfaits, nous les tenons d'un Gouvernement que la Constitution semblait avoir remis entre les mains de plusieurs, qui tous ont contribué par leurs lumières, leur infatigable dévouement et leur patriotisme, au bonheur dont nous jouissons. Sans doute ces améliorations paraissent s'élever contre le système que l'on vous propose aujourd'hui de voter, et préparer une réponse à tous les raisonnements dont on voudrait l'appuyer.

Mais que l'on consulte sans prévention la Constitution de l'an VIII, et bientôt on y reconnaîtra l'unité dans le pouvoir suprême, et l'on trouvera dans l'assentiment libre de la nation à cette charte constitutionnelle l'expression formelle de son vœu pour le gouvernement d'un seul, une nouvelle garantie qu'elle applaudit d'avance à celui que vous allez émettre; mais sans doute aussi de l'espoir qu'elle formera de voir toujours placés près du magistrat suprême ceux qui peuvent si puissamment l'aider à supporter le poids que vous lui imposez.

Ce vœu pour le gouvernement d'un seul est dicté par les plus puissantes considérations. Faut-il consulter le caractère national? Embrassons d'un seul coup d'œil la vaste étendue de l'Empire français: sans doute nous y trouverons des traits qui conviennent à tous ceux qui l'habitent; mais nous en rencontrerons aussi qui établissent entre eux des différences frappantes; et c'est cependant de l'union de tous que peuvent naître la gloire de la nation et le bonheur des individus.

L'unité dans la loi est un moyen précieux de la maintenir, un premier centre auquel le temps doit nécessairement ramener toutes les volontés, toutes les affections : mais est-il possible d'en soumettre l'exécution à la lenteur des délibérations de plusieurs individus réunis ? Autant cette lenteur est nécessaire à sa formation, autant elle serait dangereuse dans son exécution. L'empire de la loi est despotique : cette vérité est la base la plus solide de la liberté politique. Comment pourra-t-il s'exercer, si ses ressorts se compliquent, s'ils ne se réunissent entre les mains d'un seul, dont l'œil continuellement attaché sur toutes les parties de l'Empire, puisse les tendre suivant les circonstances, et donner mouvement aux autorités intermédiaires qui y correspondent.

Plus l'Empire est étendu, plus ces ressorts doivent réunir de force et d'élasticité, parce qu'ils ont plus d'intérêts particuliers à vaincre, et dès lors plus de sacrifices à exiger.

Cependant il est impossible de se le dissimuler, rien n'est plus propre à les affaiblir, à les détendre ou à en ralentir le mouvement, que le partage dans l'autorité qui doit le donner. Je ne veux point ici rappeler des souvenirs pénibles; mais qui de vous, tribuns, n'est convaincu que c'est à l'oubli momentané de ces vérités que sont dus les malheurs qui ont poursuivi la France depuis que la lâcheté du dernier de nos rois eut trahi l'espoir de l'Assemblée constituante, depuis qu'il eut refusé de recevoir des mains de la nation le sceptre que l'ignorance et la superstition lui avaient persuadé qu'il tenait de Dieu et de son épée !

Ces vérités ont été senties dans tous les temps par la nation française; et même, aux yeux de l'observateur, elle ne les a jamais si solennellement proclamées que dans les instants où elle paraissait uniquement vouée au gouvernement populaire.

Rappelons-nous comment tour à tour elle élevait et renversait ses idoles, comment toutes ses affections se portaient successivement sur celui qui avait su la captiver. Elle proclamait la République; et, cédant à une pente invincible, elle se soumettait au despotisme des tyrans les plus sanguinaires; à peine ne leur décernait-elle pas les honneurs qui ne sont dus qu'à la divinité.

Si l'étendue de l'Empire français, le caractère de la nation , si la différence qui existe dans les habitudes, les mœurs et même le langage des citoyens qui la composent, prescrivent le gouvernement d'un seul, sa sûreté, sa prospérité, sa gloire, ne parlent pas avec moins de force en faveur de ce gouvernement.

Elle étend ses limites sur l'Océan et la Méditerranée; elle rencontre sur ses vastes frontières des nations avec lesquelles elle peut à chaque instant avoir à démêler des intérêts politiques qui exigent le développement de ses forces pour la conservation de ses droits. Et qui osera méconnaître les inconvénients, je dirai plus, les malheurs, les déchirements nécessairement attachés à la division des pouvoirs, dans la direction de ses moyens de défense? Ce n'est pas seulement sa gloire qu'elle peut compromettre en assurant à ses ennemis une juste confiance, mais c'est encore sa sûreté; ce sont ses droits et ses prérogatives. Il n'est pas temps de délibérer lorsqu'elle est attaquée dans ses chers intérêts ; ils ne peuvent être conservés que par les moyens les plus prompts, que par l'accord le plus parfait dans toutes les parties qui constituent les moyens de défense. Et, je le demande, comment pourrait-il y avoir unité d'action que le salut de la patrie exige, s'il n'y a pas unité constante et nécessaire dans l'autorité qui la dirige?

Disons-le donc : l'autorité exécutive confiée à un seul est aussi le seul gouvernement qui convient à une grande nation ; il est particulièrement propre à la nation française ; il convient à ses penchants, aux différents éléments qui la composent ; il importe à sa gloire, à sa prospérité.

Doit-il être héréditaire? Je ne répéterai pas sur cette question ce qui vous a été dit des pouvoirs électifs et temporaires, de la fièvre politique qui agite nécessairement le corps entier de la nation, au moment où sa constitution l'appelle à désigner celui qui sera le dépositaire de ses pouvoirs, de l'activité qu'elle donne à toutes les passions subversives de l'ordre et de la tranquillité publics, et des malheurs qui en sont la suite presque inévitable; je me bornerai à examiner si l'élection, plus que l'hérédité, garantit les vertus et les talents de celui qui doit gouverner; si l'élection, plus que l'hérédité, est propre à assurer l'exécution de la loi, à adoucir la rigueur de son empire en déterminant une soumission volontaire.

Si l'on se renfermait ici dans une simple théorie, si on négligeait de consulter et l'expérience et l'imperfection de l'esprit humain, tout semblerait se réunir en faveur de l'éligibilité; elle se rapproche davantage du droit imprescriptible de la souveraineté, qui appartient à la nation : si c'est elle qui en confie l'exercice, son intérêt semblerait toujours devoir la diriger vers celui qui s'en sera montré le plus digne par ses vertus, par ses actions; et l'estime publique, qui aura réuni sur lui les suffrages de ses concitoyens, sera un garant assuré d'une soumission libre et volontaire à ses commandements.

Ces observations en faveur de l'éligibilité supposent que les citoyens exercent directement le droit; mais s'il est vrai, comme on n'en peut douter, qu'il y a nécessité de le déléguer, qui pourra garantir l'infaillibilité du corps auquel l'exercice en sera confié? L'intérêt public sera-t-il la seule boussole qu'il consultera lorsque toutes les ambitions se réuniront autour de lui pour capter ses suffrages? Je le suppose incorruptible, je le suppose à l'abri de tout ce que peuvent la brigue et les complots : eh bien! qui pourra encore le prémunir contre l'hypocrisie, sous laquelle s'est si souvent enveloppée l'ambition de commander? et si malheureusement son masque trompeur parvient à séduire, alors tous les vices dont il voilait la difformité se développent avec d'autant plus de force qu'ils ont été plus longtemps captivés; l'ambition se venge de la contrainte qu'elle a supportée, et le peuple, courbé alors sous le faix de la tyrannie, reconnaît, mais trop tard, son erreur; il ne peut arrêter le cours de ses maux qu'en renversant lui-même l'autorité qui l'opprime, et s'il ose recourir à ce remède extrême, souvent il n'y parvient qu'en opérant sa propre destruction.

Je suis loin de penser que le pouvoir héréditaire n'ait pas ses dangers; mais, pour les apprécier à leur juste valeur, il faut en écarter ces idées de propriété qui, nées sous l'empire tyrannique de la féodalité, nous rendaient étrangers à toute notion de la souveraineté du peuple, assimilaient la nation à un vil troupeau, née pour obéir aux caprices d'un maître, et à qui l'on ne devait offrir d'autres motifs de soumission à la loi que *le bon plaisir et la certaine science* de celui qui commandait.

Ces préjugés asservissants sont dissipés sans retour, le prestige est disparu; la nation connaît ses droits; elle les exerce dans leur plénitude lorsqu'elle prononce la proscription de ceux qui les avaient usurpés, et lorsqu'elle délibère à quel titre elle confiera l'exercice du pouvoir suprême, lorsqu'elle en fixe les limites, et lorsque, distinguant les différentes parties qui constituent la souveraineté, elle se réserve le droit de prononcer la loi par l'organe de ses représentants.

Alors le pouvoir héréditaire qu'elle délègue, en faisant disparaître tous les maux attachés à l'éligibilité, n'a plus rien lui-même qui menace les plus chers intérêts de la nation. Le pouvoir exécutif, ainsi déterminé, est plutôt un pouvoir conservateur de la liberté civile qu'il ne peut tendre à sa destruction; la nation est à l'abri de ces secousses qui ébranlent toutes les institutions jusque dans leur fondement; la machine politique se meut régulièrement, et par la seule force de la loi, son organisation ne laisse au magistrat suprême d'autre ambition que celle de contribuer à la gloire et au bonheur de la nation dont il tient les pouvoirs qu'il transmettra à ses descendants ; il se forme, d'un côté, des vertus de famille qui deviennent le patrimoine du peuple, et, de l'autre, la loi acquiert un empire d'autant plus facile, d'autant plus doux, que le peuple contracte l'habitude du respect et de l'amour pour celui qu'il en a constitué l'organe.

Et quel peuple est plus susceptible de ce sentiment que le peuple français? Il forme un des principaux attributs du caractère national : heureuses dispositions qui, en même temps qu'elles rendent plus criminels ceux qui trahissent sa confiance et ses droits, assurent à celui qui sait les respecter, une immortalité d'autant plus glorieuse, que les titres en sont gravés dans le temple de la reconnaissance.

Sous quels plus heureux auspices, tribuns, le peuple français peut-il consolider sa liberté, sa prospérité et son bonheur sous l'égide d'un pouvoir suprême héréditaire? Quel est le descendant de Bonaparte qui oserait aspirer à l'asservissement de la nation française, à laquelle il s'est si généreusement sacrifié? N'en doutons pas, j'aime du moins à en concevoir la douce espérance, ses derniers neveux, en parcourant les pages de son histoire, y chercheront le modèle qu'ils auront à suivre; sa famille se signalera, par une louable émulation dans la pratique des vertus qui le distinguent; ils respecteront sa gloire, qui sera leur propriété, et jamais nos descendants n'auront à nous reprocher le vœu que vous allez émettre, et auquel je me réunis de tout mon pouvoir.

Carret (*du Rhône*). Lorsqu'un sentiment unanime confia au chef actuel de l'État les destinées d'un grand peuple, et voulut que sa puissance n'eût de terme que celui de ses jours, le peuple français s'était proposé et remplissait au gré de ses vœux deux objets également sacrés, également chers à son cœur, assurait le bonheur et la tranquillité de son pays, et acquittait envers un grand homme une partie au moins de sa reconnaissance. Mais tout n'était fait encore; l'expérience vient de nous fournir une preuve récente, et qui doit, par son influence, devenir la leçon de tous les peuples. Essayons de le démontrer.

A peine le gouvernement français eut-il pris une ombre de consistance, garantie seulement par le génie et les ressources incalculables d'un seul homme, que, rapidement déchues de leurs espérances, les puissances ennemies de la France renoncèrent à leurs projets de conquêtes, et ne virent plus de salut pour elles que dans l'alliance des Français et dans l'amitié du héros qui les représentait au conseil comme il les avait défendus sur le champ de bataille. Dès lors s'évanouirent tous ces plans de partage, de division, arrangés dans les conciliabules de Pilnitz et de Mantoue; dès lors disparurent tous ces projets anarchiques qui avaient si longtemps déchiré la France, et qui la rendaient au dedans un objet de larmes et de regrets, tandis qu'elle frappait tous les yeux d'étonnement et d'admiration au dehors par l'éclat et la rapidité de ses conquêtes. La tranquillité reparut; l'ordre s'établit dans les finances, dès le moment que la confiance publique put se reposer sur une base moins frêle et moins précaire que tous les divers appuis qui s'étaient successivement brisés au milieu de ces diverses fluctuations. Elle entrevit dans le héros de l'Italie et de l'Égypte l'homme qui pouvait seul justifier tout ce qu'il avait fait concevoir d'espérances, qui pouvait seul achever tout ce qu'il promettait de grand et d'utile, et la confiance publique fut pleine, fut entière en lui, dès l'instant qu'il se montra. La mériter et l'obtenir ne devait être pour lui qu'une seule et même chose; comme la lui donner sans réserve ne pouvait être qu'un seul et même vœu pour tous les Français, *Bonaparte* n'étonna personne en la justifiant; il prouva seulement que les Français l'avaient bien jugé et qu'il était digne d'eux.

Mais à peine les destinées de l'État avaient-elles commencé à refleurir entre ses mains; à peine la France triomphante, mais avilie et opprimée jusqu'alors, puissante, mais méprisée, eut-elle repris par ses soins cette véritable prépondérance qui commande l'estime et force au respect, que l'on sentit la nécessité d'étendre le plus loin possible dans l'avenir la durée d'une magistrature dont les bienfaits étaient déjà incalculables. Forcé par le vœu de la reconnaissance générale et par l'intérêt du bien public, le chef de l'État se dévoua courageusement aux pénibles fonctions qui ne devaient avoir de terme désormais que celui de son existence, et s'imposa la tâche honorable de ne plus respirer que pour le bonheur et la gloire de son pays; et qu'il me soit permis de le dire en passant, citoyens collègues, pour peu que l'on réfléchisse sur l'effrayante responsabilité de celui qui préside au destin de trente millions de ses semblables; pour peu que l'on calcule les peines de tous les genres, les fatigues, les angoisses nécessairement inséparables de la suprême magistrature; ce dévouement du Premier Consul sera, aux yeux de la postérité, le plus important de ses bienfaits, comme il en aura été le plus doux pour ses contemporains.

Sans chercher à rouvrir les plaies de la patrie en revenant avec un pénible effort sur tant de malheurs et d'anarchie, qui variait en vain ses formes et ses noms, mais qui n'en était pas moins l'absence absolue ou le sommeil profond de toutes les lois; sans vous retracer ici les fautes ou les crimes, la faiblesse ou la perversité de vingt fantômes de gouvernements successivement entraînés avec les débris de la monarchie qu'ils avaient détruite : qu'opposer à l'expérience qui nous console et nous ranime depuis cinq ans? Et que sont de vaines théories ou de vagues déclamations, à côté de faits constatés par la reconnaissance des Français et par l'admiration du reste de l'Europe (car je ne compte pas au nombre des peuples policés, les seuls dont l'opinion puisse être de quelque poids pour nous, ces brigands forcenés qui font une si honteuse exception à la civilisation européenne? Je ne mets pas au rang des nations ce gouvernement qui a insulté à tous les sentiments généreux, qui a tout offensé, droit naturel, droit des gens, droit politique; qui a tout méprisé, foi publique, malheur; qui a tout sacrifié à son orgueilleuse et insatiable ambition, au délire extravagant de dominer partout... Oui, l'Angleterre a brisé tous les liens qui l'attachaient au monde.

Mais plus les maux dont nous saignons encore ont été profonds, plus le Gouvernement qui les répare doit nous être cher; plus il doit réunir les suffrages des vrais patriotes, des Français vraiment éclairés; plus il doit forcer même l'assentiment de ceux que pourraient égarer encore des spéculations dangereuses ou du moins impraticables.

C'est dans l'unité, citoyens tribuns, qu'est la force; c'est l'axiome de tous les temps; et quelle ne doit pas être celle destinée à mouvoir un aussi vaste empire, et dont l'action doit s'imprimer avec une égale énergie sur tous les points et dans le même instant! Plus on la divise, plus on l'affaiblit; son énergie diminue en raison de son éloignement du centre, et il en résulte que son action, dirigée par d'autres moyens que par des conseils nationaux et des institutions constitutionnelles, devient bientôt nulle et impuissante : c'est donc dans l'unité du pouvoir que réside la force du Gouvernement, la prospérité de l'État, et le bonheur individuel des administrés.

Mais, rassurés pour le présent, où est la garantie pour l'avenir, si la forme du gouvernement est telle que l'on puisse l'anéantir à chaque instant en frappant le chef qui le représente; et si ce chef en expirant ne laisse derrière lui que l'horreur de l'anarchie et les désastres de la guerre civile? Que se proposaient si récemment encore les poignards de l'Angleterre? Quel était le but atroce

de tant de conspirations aussi absurdes dans leurs plans que criminelles par leur objet? Que voulaient ces vils assassins, les plus méprisables des hommes, si ceux qui les paient ne l'étaient plus encore? Est-ce Bonaparte seulement que leurs glaives poursuivaient? Non, c'est le Premier Consul qu'ils voulaient frapper; c'est le Gouvernement, c'est la France tout entière qu'ils espéraient anéantir; et ils l'eussent fait sans doute, si la Providence, qui a signalé si souvent la protection de son bras, n'eût fait retourner sur eux-mêmes le fer des assassins... Ils l'eussent fait, citoyens collègues : désolante pensée! affreuse image! oui, sans doute, ils l'eussent fait, parce que la forme actuelle du Gouvernement leur en avait laissé concevoir l'idée et leur en devait confirmer l'espérance.

Ôtons donc, il en est temps, ôtons tout prétexte de retour à l'anarchie, terminons sans retour les inquiétudes de cette immensité de bons, de vrais citoyens : ranimons le courage et la confiance de nos alliés, achevons de désespérer les méchants; et ne hasardons plus notre tranquillité présente et le bonheur dont nous sommes comptables à nos neveux. Fixons enfin l'hérédité de la magistrature suprême dans une seule et même famille : dans une seule, parce que l'expérience en a démontré l'indispensable nécessité, et dans celle de celui qui l'exerce aujourd'hui, parce que nul autre n'a su la mieux mériter, et n'en doit être plus digne à nos yeux.

Par là, nous garantissons à jamais la tranquillité, la gloire et le bonheur de la France; nous fermons les portes de l'espérance aux amis des Bourbons, s'il est possible cependant que les Français puissent encore demeurer attachés à une race déshonorée au dedans et méprisée au dehors; nous déjouons à l'avance les intrigues toujours sanglantes des régimes électifs; nous prévenons la possibilité même des factions, la naissance des chefs de partis; nous conservons pure et entière la gloire de nos armées, nous les enchaînons toutes sous les drapeaux invaincus d'un chef unique, d'un Empereur enfin, grand par son titre, et plus grand encore par sa fortune... Eh! que l'on ne s'y trompe pas! nous n'entendons pas ici par fortune ce bonheur aveugle qui favorise l'homme digne ou indigne qu'il s'est choisi; mais cette fortune qui s'acquiert par un grand talent, se soutient par un grand caractère, et s'affermit par une grande vertu...

Par là nous donnons une nouvelle vie à notre industrie, nous rouvrons de nouveaux débouchés à ses produits, dont l'exportation mettait autrefois la balance du commerce en notre faveur, nous les remettons en harmonie avec ce luxe majestueux qui doit toujours accompagner les grandes dignités, dont l'exemple influe si prodigieusement sur les habitudes et les relations de l'étranger avec nous.

Par là nous retenons dans les bornes d'une juste modération les puissances voisines qui, quelles que soient aujourd'hui leurs intentions, ne trouveront plus du moins dans la variabilité d'un gouvernement éphémère les motifs sans cesse renaissants de calomnier ou d'essayer d'avilir une nation constituée désormais d'une manière aussi solide que majestueuse.

Par là enfin, citoyens tribuns, nous imposons à ce même chef, objet de tant de vœux, l'obligation sacrée pour son cœur de mériter sans cesse l'estime et l'amour du premier peuple du monde, et de se rappeler à chaque instant qu'en remettant entre ses mains augustes l'inappréciable dépôt de notre liberté, et en lui confiant le salut de tout ce qui doit rester de bon et de grand de la Révolution, nous avons compté sur ses vertus comme sur son génie.

Je vote l'adoption des mesures proposées par notre collègue Curée.

Delpierre. Citoyens tribuns, la nation française, fatiguée du régime féodal qui insultait à sa civilisation, honteuse de la pusillanimité de ses derniers rois, qui l'avilissait à ses yeux et dans l'opinion de l'Europe, ressaisit avec violence, en 1789, tous les pouvoirs émanés d'elle : elle avait alors, comme elle l'aura à jamais, ce droit imprescriptible qui ne sommeille que sous le règne des princes fidèles à leurs devoirs.

Elle essaya d'en faire usage sous divers modes d'organisation.

La chute prompte de la constitution de 1791 lui démontra qu'ils ne peuvent retourner aux mains qui les ont une fois laissé échapper.

Leur concentration dans la Convention nationale opéra de grands succès et causa de grandes calamités.

Leur distribution moins irrégulière en l'an III calma pour un instant la fièvre du corps politique ; mais elle laissa dans le gouvernement collectif qui fut alors établi les principes d'une fermentation sourde, qui produisirent, à des intervalles très-rapprochés, les crises qui appelèrent le 18 brumaire.

Depuis cette dernière époque, les dangers qui menacèrent la France lui vinrent plutôt du dehors que du dedans. On avait enchaîné les discordes intestines ; il nous restait à neutraliser les dangers extérieurs.

Pour atteindre ce but, on fit un premier pas dans la nomination à vie de Bonaparte à la dignité consulaire ; un second, dans le droit dont il fut investi de désigner son successeur : mais le droit d'adoption étant un droit qui dépend de la volonté de celui qui en est revêtu, qui s'exerce ordinairement dans la dernière période de la vie, promet beaucoup plus qu'il ne peut tenir. Selon le caractère du prince, une courtisane, un favori, un confesseur, une affection aveugle, peuvent en diriger l'application. Tibère. Caïus et Néron furent les premiers fruits de l'adoption des Césars... Que le droit d'élection appartienne au corps du peuple, il n'amène pas de plus heureux résultats. Des intrigues des cours et du tumulte des comices il tombe bientôt dans la licence des camps ; et alors tout est perdu : plus de sûreté, de liberté ni de gloire. La cupidité multiplie les élections, les élections multiplient les guerres civiles ; et c'est après avoir versé son sang et prodigué ses trésors pour acheter le droit d'être gouverné par une longue série de mauvais princes, qu'un peuple fatigué et affaibli devient la facile proie des nations que ses désordres ont enrichies et fortifiées.

Il est un troisième mode d'élire les chefs d'une nation ; c'est celui qui est confié au corps de ses représentants : il est en usage dans les États-Unis d'Amérique ; jusqu'ici il produit d'heureux résultats, et cela doit être.

Les Anglo-Américains sont un peuple neuf, disséminé sur un territoire d'une immense étendue et d'une fertilité prodigieuse. Autour d'eux il n'y a pas un seul ennemi qu'on ne puisse disperser avec un bataillon de grenadiers européens. Ils n'ont que des agriculteurs, des marchands et des milices. Tout l'art de gouverner consiste, chez eux, dans la police et l'administration intérieures. Défricher, bâtir, s'étendre et s'enrichir sont leurs occupations uniques. Ils sont dans l'en-

fance de leur grandeur future, et cette période de l'existence sociale comporte les formes les plus simples : la division en états fédérés, le système électif, l'absence d'une force publique permanente. Chercher chez eux des termes de comparaison, c'est, par rapport à nous, en aller emprunter dans une autre planète. Qu'ils développent leur population, leur industrie, leurs lumières et leurs arts ; qu'ils soldent des armées régulières, et on verra, malgré leur isolement, fermenter dans leur sein, plus tôt ou plus tard, des causes de troubles qu'ils ignorent aujourd'hui. Que serait-ce s'il s'élevait à côté d'eux un peuple rival et puissant ? Bien qu'ils soient à l'abri pour longtemps de cette circonstance, qui modifierait bien vite la forme de leurs pouvoirs, j'attends, néanmoins, dans un ou deux siècles, non-seulement leur système électif, mais encore leur système fédératif. Ces institutions, dont la bonté est relative à leur position géographique et politique dans le nouveau monde, ont dès longtemps cessé de convenir aux nations de la vieille Europe. L'union fédérale perdit les Gaules, qui, réunies en un seul corps de peuple, auraient brisé tous les efforts de la puissance de Rome. Elle sauva à la vérité deux fois la Grèce contre les invasions de l'Orient ; mais elle la déchira ensuite par la main de ses enfants, et finit par en rendre la conquête facile. Les débris de la Pologne et de l'Empire romain, nos essais récents et malheureux dans la formation du Directoire, déposent assez haut contre un mode électif plus ou moins populaire, plus ou moins dépendant des volontés individuelles et collectives.

Si la nation française ne cherchait à éviter l'écueil que ces témoignages, anciens et modernes, étrangers et domestiques, lui signalent à l'envi, elle consentirait à ressembler aux enfants, qui ne savent profiter des erreurs, des maux, ni des leçons de leurs pères.

Le système héréditaire n'est pas, sans doute, un préservatif absolu contre l'avènement des princes faibles ou méchants ; mais au moins, sous l'égide de cette institution, les peuples sont à l'abri des fermentations violentes qui se rallument sans cesse aux foyers des élections dans quelques mains que le principe en repose. Les gouvernements, sous la garde de cette organisation, peuvent être désordonnés, dissipateurs et scandaleux, sans que l'État en soit ébranlé jusque dans ses fondements. Les intérêts, froissés par les vices des personnes, ne sont pas entièrement détournés de leur cours ; les passions violentes ne sont pas jetées entre les individus et les familles ; les partis, tour à tour victorieux et vaincus, ne couvrent pas le sol de la patrie de gibets, de sang et de ruines. Sous de tels règnes, on essuie des guerres extérieures, moyen cruel de faire taire le mécontentement devant le danger, d'opposer l'orgueil national aux mesures populaires, et de dérober la corruption des cœurs sous le vernis brillant des opérations militaires et des triomphes.

Ce sont là de grands maux, sans doute, dont toutefois Rome et Athènes ne purent pas plus se préserver que Memphis et Babylone ; mais enfin, au milieu de ces souffrances et de ces désordres, l'État reste debout : il languit, mais il ne déchire pas ses entrailles ; il ne meurt pas.

Le système héréditaire est donc essentiellement celui des grandes sociétés modernes, dont l'économie politique est fondée sur l'agriculture et la manufacture, ressorts qui ne peuvent se développer qu'au sein de la paix et de la sécurité. Eh ! quelle nation plus que la nôtre doit tendre vers le système ami né du calme ; elle qui possède un territoire si riche, qui peut encore utilement employer tant de bras, qui renferme des hommes si ingénieux et si habiles dans l'art d'adapter aux besoins sociaux tous les produits de trois règnes de la nature !

Dans un État une fois constitué et déjà affermi par le temps, des chefs d'une intelligence médiocre, tels qu'en produit parfois le système héréditaire, aussi peu privilégié sous ce rapport que le système électif, peuvent soutenir avec une dignité convenable le fardeau de l'empire : il y a alors peu à créer, beaucoup à imiter et à reproduire. Les maximes de gouvernement et d'administration dont l'observance est devenue habituelle, assurent leur marche et suppléent au génie qui leur manque. C'est pour fonder surtout, c'est pour faire sortir les nations du chaos, que les grands hommes sont nécessaires ; il est heureusement dans la nature des choses que les générations qui suivent de près les fondateurs des empires aient assez d'énergie pour ne pas laisser périr leur ouvrage ; soit qu'enfermés dans la sphère des grands exemples qu'ils ont reçus, les hommes grandissent à la vue de leurs modèles ; soit que le sang qui coule dans leurs veines n'ait pas eu le temps de s'altérer encore, soit enfin que l'obligation de mieux valoir que ceux qu'ils remplacent et qu'ils ont à faire oublier, développe en eux des talents dont le germe ne serait pas éclos s'ils eussent vécu dans une condition privée, ou vieilli avec leur race dans la longue habitude de l'autorité.

Heureuse la main qui, dans notre établissement politique, jetterait un principe de vie sans cesse en action, qui réveillât en tout temps dans l'âme de nos chefs futurs le sentiment des grandes choses, qui émût en eux continuellement la fibre de l'honneur et de la modération, vertus sans lesquelles il n'y a ni force, ni charme, ni durée dans le pouvoir !

Dans les conjonctures où se trouvait la France, au milieu des intérêts nouveaux qui lient l'immense majorité de la nation à la grande mutation politique dont nous cherchons à fixer les résultats, à quelle famille confiera-t-elle d'une manière stable l'autorité exécutive suprême, premier et essentiel anneau de la chaîne des pouvoirs publics ? A celle sans doute dont les membres lui ont rendu le plus de signalés services, qui ont fait la guerre pour sa sûreté et la paix pour sa gloire, qui ont été magnanimes dans les camps, habiles dans le cabinet, et réparateurs dans la cité... Otez les noms, que les titres seuls paraissent. Ce seront les vainqueurs de Rivoli et de Marengo, le créateur du Code civil, le pacificateur des troubles de l'Ouest, le négociateur de Lunéville et d'Amiens, etc. La République doit son salut, sa fortune et son repos. La reconnaissance et la sagesse se réunissent pour leur imposer le devoir de les investir, eux et leurs descendants, de la magistrature suprême.

Tels sont les motifs qui, dans tous les temps, ont porté les hommes à élever leurs égaux au premier rang. Ce ne sont pas les familles impériales qui font les titres, ce sont les services qui créent les familles ; et quand les services se retirent et que l'oppression se met à leur place, elles s'écroulent comme des pyramides dont on aurait sapé les fondements. Ceux qui rappellent et regrettent les Bourbons expriment nos sentiments en d'autres termes ; ils professent notre doctrine politique avec la différence que nous sommes mus par des motifs plus puissants et plus légitimes que ceux qui déterminèrent la conduite des aïeux dont ils se glorifient. Hommes inconséquents ! Vous opposez l'aveugle résistance que châtièrent vos ancêtres dans les partisans des derniers rejetons de la race carlovingienne.

Environnés au dehors d'un ennemi puissant et passionné, en butte au dedans à une foule de partis plutôt contenus qu'étouffés, nous aurons besoin encore pendant longtemps d'une famille nouvelle, instruite à l'école de nos malheurs et de nos fautes, et irrévocablement associée à nos destins, dont toutes les vues soient dirigées, dont tous les muscles soient tendus par le désir brûlant de la prospérité nationale , et la crainte profonde d'un bouleversement contre-révolutionnaire, retour affreux qui coûterait bien plus cher que le voyage. Oserai-je dire, ou plutôt le répéter, d'après nos ennemis : Vous tous sans exception, qui avez d'une manière plus ou moins directe, plus ou moins influente, coopéré à la Révolution (dont les fureurs soient détestées), guerriers, magistrats, citoyens, vous êtes placés entre l'honneur et l'infamie, entre les trophées et les échafauds, alternative qui depuis douze années développe avec énergie toutes les puissances morales et physiques pour notre glorieuse France.

Ainsi autrefois les Athéniens, menacés par les Pisistratides qui s'étaient rangés sous la bannière des Perses, se dévouèrent unanimement aux champs de Marathon et au combat de Salamine, pressés par le double besoin de dérober leurs têtes aux fureurs de la vengeance, et la terre natale au joug de la servitude.

Que des transfuges que la patrie n'a pu ramener dans son sein continuent donc à mendier contre elle les haines de l'Europe ; qu'à la voix de sa clémence ils répondent par des cris de guerre ; qu'à des insignes proscrits ils suspendent des listes de proscriptions, les insensés ! Ils ne voient pas que, tant de mépris et d'audace donnerait du courage à un peuple d'ilotes, et que la menace de l'opprobre se transforme dans le cœur des braves en une puissance qui a toujours dévoré l'ennemi.

Après avoir organisé une grande institution contre les dangers, le retour périodique des agitations intestines, des guerres civiles et de l'anarchie qui se traîne à leur suite, il restera à défendre cette institution elle-même contre sa propre tendance vers le pouvoir absolu, précaution qui, à son tour, aboutira à préserver le corps politique du remède terrible des révolutions. La sanction des lois, le consentement annuel de l'impôt par une représentation nationale bienveillante et solidaire, l'indépendance des cours de justice, la responsabilité des ministres, occupent le premier rang parmi les moyens d'atteindre à ce but. Ces garanties, données à la nation , sont les plus puissantes et peut-être les uniques sauvegardes du pouvoir suprême. Elles sont compatibles avec l'établissement d'un gouvernement héréditaire; elles peuvent recevoir une organisation libérale et protectrice à la fois du chef de l'État et des citoyens. Le chef de l'État et les citoyens sont désormais indivisibles en France, dans leurs intérêts, leur repos, leur bonheur et leur gloire. Le temps n'est plus où les peuples étaient considérés comme la propriété des familles, où les princes, tenant leur autorité du ciel, semblaient ne rien devoir à la terre. Leurs obligations dérivent des mêmes contrats que ceux qui lient les hommes entre eux : la seule différence, c'est que les intérêts en sont plus vastes, les stipulations plus vénérables et les formes plus solennelles. Le ciel sans doute sanctionne ces augustes engagements, mais il ne les bénit et ne les éternise que quand ils sont religieusement observés par les peuples et par les rois, et il ne pardonne pas plus aux parjures couverts de la pourpre qu'à l'iniquité qui rampe dans la poussière.

D'après les motifs que je viens d'exprimer, j'appuie la motion d'ordre de Curée.

Favard. Citoyens collègues, si je monte à cette tribune, ce n'est pas pour préparer vos opinions, qui sont déjà formées, mais pour exposer franchement la mienne sur la motion d'ordre qui vous est soumise.

Je ne rappellerai pas ce qui a été dit avec tant de force par les orateurs qui m'ont précédé pour justifier les propositions faites par notre collègue Curée. Nous éprouvons ensemble ces rapports intimes, ces rapprochements d'opinions qui ne permettent pas d'être divisés quand il s'agit de concourir au bonheur du peuple.

Je sais que les vœux de tous les Français sont pour le Premier Consul, pour ce chef auguste de notre Gouvernement : les plumes les plus éloquentes ne s'occupent qu'à célébrer sa gloire, et la postérité, qui juge les grands hommes, ne sera pour lui que l'écho du siècle où il aura vécu.

Je connais la place qu'il occupe dans vos cœurs ; je connais, si j'en juge par moi-même, le dévouement qu'il mérite et qu'il vous inspire ; je connais enfin tous les droits que ses éminents services lui donnent à la dignité d'empereur, héréditaire dans sa famille.

Cependant ce n'est pas du héros de la France dont je vais vous entretenir, mais de la chose publique ; ce n'est pas de sa personne individuelle, mais de l'universalité des Français.

Examinons, abstraction faite, pour un moment, de tout sentiment particulier de reconnaissance et d'amour, si *l'unité* et *l'hérédité* d'un chef sont convenables au gouvernement de la France.

Cette question, de la plus haute importance, et que des fonctionnaires garants de la félicité publique ne doivent aborder qu'avec une crainte salutaire, peut donner lieu à de savantes dissertations déjà épuisées dans cette enceinte. Je dois donc me borner à quelques réflexions très-simples.

Les différents États doivent la forme du gouvernement dont ils jouissent à des principes invariables comme la nature dont ils émanent.

En vain des maladies politiques atteignent ces principes pour un moment : la crise cesse, et la nature reprend ses droits.

Il est dans la nature des choses qu'un vaste pays, dont la sûreté n'est pas garantie par la position géographique, et dont les rapports avec ses voisins menacent sans cesse sa tranquillité, soit gouverné par un chef unique.

Rome naissante eut des rois, parce qu'elle était environnée de peuples gouvernés par des rois.

Rome, après avoir triomphé de ses voisins, chassa ses rois et créa des consuls.

Quand sa puissance eut reculé les bornes de son territoire ; quand elle eut à combattre des peuples éloignés du centre de l'Etat, l'amour excessif de la liberté ne put pas prévenir la chute de la République ; et Rome n'eut plus que des empereurs.

Heureuse, cette grande nation, si son premier empereur eût fixé, comme il le pouvait, l'Etat dans sa famille. Les scènes qui ensanglantèrent le trône, les guerres civiles qui désolèrent ce vaste empire et qui en précipitèrent la chute, ne souilleraient pas les pages de l'histoire de ces maîtres du monde.

Ce fut une idée grande de corriger les abus qu'une vieille monarchie avait laissé s'accumuler en France.

Mais une grande erreur amena des abus plus grands.

A une monarchie détruite, on crut pouvoir substituer un gouvernement républicain. C'en était fait de la France, si le génie de Bonaparte n'eût créé le consulat, qui devait précéder de quelques années la création de l'Empire.

Il est appelé à ce poste éminent par le vœu unanime, et ce vœu est le premier sentiment qu'ont dû faire naître ses services militaires.

Il avait, comme Consul, le pouvoir de faire de grandes choses, et vous savez qu'il en a usé avec un succès dont l'histoire ne fournit pas d'exemple.

C'est assez pour sa gloire, ce n'est pas assez pour le bonheur de la France.

Il est dans la nature des choses que si les empires prospèrent sous un grand homme, l'instant qui les en prive les menace d'une chute terrible, si le même moment ne met à leur place celui qui doit lui succéder.

C'est alors que l'ambition s'enflamme, et longtemps auparavant l'ambitieux prépare en silence les moyens de supplanter ses rivaux.

Les longs débats suivis de guerres civiles aliènent les esprits, troublent pour des siècles l'union des citoyens ; et le peuple est souvent assez malheureux pour ne pas voir le plus digne des concurrents prendre le sceptre que la mort a ravi au prince, objet de ses regrets.

Qui peut donc prévenir ces fléaux ? Une loi constitutionnelle, qui décrète la successibilité, et qui la donne à la famille du chef de la nouvelle dynastie.

C'est l'objet de la motion mise à la discussion, et je m'y range, persuadé que si l'Empire est le prix des vertus du grand homme qui y est appelé, la successibilité dans sa famille garantit à la France des siècles de gloire et de repos.

Profitons du moment peut-être unique où la lumière vient de jaillir du point le plus inattendu ; où d'atroces complots nous rappellent les principes et nous éclairent sur les devoirs ; où, forts des leçons de l'expérience, et sans les avoir payées de nos larmes, nous pouvons améliorer notre sort sans avoir de pertes à réparer.

Ainsi, que le bonheur des Français, que la stabilité du Gouvernement reposent désormais sur l'*unité* et l'*hérédité* d'un chef revêtu de la dignité impériale.

On a dit que des gouvernements ennemis du repos des peuples, aveuglés sur leurs propres intérêts, pourraient se liguer pour s'opposer à ces deux institutions.

Mais de quel droit voudraient-ils se mêler de notre organisation sociale, et que pourrions-nous redouter maintenant ?

Voyez sur ces cimes élevées un chêne robuste luttait sans cesse contre les orages.

La nature, qui l'a placé sur ces hauteurs, savait qu'il y serait exposé.

Mais elle savait aussi que, placé entre deux rochers inébranlables, il serait lui-même inébranlable comme sa base.

Je vote pour la motion d'ordre de notre collègue Curée.

Costaz. Tribuns, je ne discuterai point sous ses rapports généraux et dans ses termes abstraits la grande mesure politique qui vous a été proposée par notre collègue Curée. Il ne s'agit point de savoir si le système électif est préférable au système héréditaire, ni de balancer les inconvénients de l'un et de l'autre. Les écoles s'exercent depuis des siècles sur ces lieux communs sans en avoir tiré aucun résultat applicable. Des discussions dont le résultat est de nature à être réalisé doivent avoir un caractère plus déterminé et plus positif. Ce n'est pas ce qui convient le mieux en général que nous sommes chargés de déterminer, c'est ce qui convient le mieux à la France dans son état actuel : or je déclare qu'ayant examiné sous ce point de vue la mesure proposée, elle m'a paru utile, salutaire et patriotique : utile, parce qu'elle dégage nos circonstances d'un certain vague qui s'attache à notre forme actuelle d'existence, et qui nuit considérablement à la renaissance du crédit public et de la prospérité nationale ; elle est salutaire en ce que son adoption peut prévenir d'affreuses calamités ; enfin elle est patriotique. parce qu'elle assure la conservation des résultats les plus importants de cette révolution, accomplie avec tant de sacrifices, qui fut entreprise en 1789 avec de si belles espérances, et à laquelle s'associèrent, du moins par leurs vœux, tous les hommes à qui la nature avait donné une âme douée de quelque élévation et de quelque énergie : c'est ce que je vais faire voir avec plus de développement.

En cherchant à me rendre compte des dangers qui peuvent menacer la France dans la situation actuelle, détruire tous les résultats de la révolution et amener la perte de ceux qui l'ont servie, il m'a semblé qu'on pouvait les réduire à trois, contre lesquels il est nécessaire de s'assurer avec un égal soin.

Le premier de ces dangers est le retour de la maison détrônée par la révolution ; le second, le rétablissement de ce régime effroyable qui a signalé 1793 ; le troisième, une anarchie militaire où les armées prétendraient avoir le droit de nommer le chef de l'État.

La restauration de la dynastie détrônée serait un fléau dont les ravages du terrorisme ne nous ont présenté qu'une pâle image. Ses partisans ne l'ont jamais conçue autrement que comme le bouleversement de tout ce qui a été fait depuis le mois de mai 1789, comme la proscription et le supplice de tous ceux qui ont coopéré à la révolution ; et la suite de tant de spoliations et de meurtres serait un état plus affreux encore, puisqu'il rendrait le gouvernement de la France à des princes abrutis par l'orgueil et la mollesse, stupides au point que le seul fruit qu'ils aient tiré de leur malheur est de se reprocher de n'avoir pas été assez fidèles aux maximes qui les ont perdus, et de ne les avoir pas outrées.

Ces princes, ayant la conscience de leur incapacité à gouverner des hommes raisonnables et éclairés, voudraient façonner des hommes propres à être gouvernés par eux, c'est-à-dire des êtres qui n'auraient plus rien d'humain que la forme extérieure, et qui, dépouillés de leurs facultés intellectuelles, pourraient, comme un vil bétail, être conduits sans effort d'intelligence. Toute la puissance du Gouvernement serait employée à étouffer les lumières ; des inquisitions seraient établies contre toutes sortes d'instruction ; on serait suspect pour avoir appris à lire, et criminel parce qu'on saurait écrire : la France, cette partie des sciences et des arts, serait bientôt couverte des ténèbres de l'ignorance ; et en perdant la supériorité des lumières, elle perdrait son agriculture, son commerce et toute sa considération politique. Nous devons à nous-mêmes, nous devons à notre postérité, à l'humanité entière, d'opposer d'invincibles obstacles à cette reconstitution de la barbarie et à ce déluge de maux : or cet obs-

tacle se trouve naturellement dans l'institution d'un pouvoir héréditaire attribué à une famille intéressée à soutenir les idées qui l'auront élevée. Car c'est opposer à une force qui attaque avec continuité et persévérance une cause qui résiste de même et qui agit de plus avec la supériorité que donne la disposition de moyens aussi puissants que ceux de la nation française.

Il est inutile de s'arrêter à démontrer que l'affreux système de l'année 1793, de cette année dont le souvenir seul glace encore toutes les âmes, sera irrévocablement écarté par l'institution de l'hérédité de la magistrature suprême ; c'est une chose si palpable qu'il suffit de l'avoir énoncée pour l'avoir prouvée. Je passe donc à la considération du troisième fléau qu'ont à redouter les vrais patriotes, c'est-à-dire ceux qui aiment sincèrement la France, qui s'intéressent à son bonheur et aux progrès de sa civilisation ; je veux parler de cet état de dissolution où les armées, corrompues par les factions et par l'avarice, renoncent à la discipline, qui fait leur gloire et les rend chères à la patrie, pour se transformer en une soldatesque effrénée, qui trafique de son influence dans les troubles politiques. L'empire romain en a présenté au monde un exemple mémorable qui doit servir de leçon à la postérité. On vit l'empire mis à l'encan ; et il ne fut pas plutôt adjugé qu'on songea à le rendre vacant, afin de pouvoir le vendre encore. Chaque armée crut avoir le droit de nommer l'empereur : ces prétentions opposées, soutenues à main armée, couvrirent le monde de désolation, et en affaiblissant l'empire, préparèrent sa conquête par les barbares du nord.

Un ordre fixe et invariable de succession pouvait seul prévenir tant d'effroyables maux. On en a été exempt dans tous les pays où un tel ordre a été connu ; on les a plus ou moins sentis partout où cet ordre a manqué. Pour me borner à des exemples fameux, je ne citerai que l'empire des califes, celui de Russie et la Pologne.

La mesure proposée dans la motion d'ordre a donc ce grand avantage, qu'elle nous délivre des dangers qui menacent le plus de détruire ou de dévorer les fruits de cette révolution, qui a rendu à la nation française son énergie au dedans et sa considération au dehors ; de cette révolution, qui fut entreprise avec un si noble enthousiasme pour l'amélioration des destinées humaines, et dont l'objet est déjà si bien rempli à l'égard de la classe la plus nombreuse et la plus laborieuse de la nation, celle des cultivateurs. Il faut donc adopter cette mesure et s'y attacher comme à une ancre qui fixe les destinées jusqu'ici incertaines et flottantes de la révolution.

Ici se présentent les objections que notre collègue Carnot a proposées hier à cette tribune. Il convient avec nous qu'il faut enfin se reposer dans un état calme et définitif, qui présente, contre le retour de l'ancien régime et contre celui de l'anarchie révolutionnaire, des garanties propres à rassurer tous les esprits.

« Mais, dit-il, ces garanties ne se peuvent-elles « trouver que dans l'institution d'un pouvoir hé-« réditaire ? Et parce que le Premier Consul a « rendu à la patrie d'éminents services, devons-« nous porter la reconnaissance jusqu'au point de « lui sacrifier la liberté publique et de faire de « la France son patrimoine ? »

Je réponds au citoyen Carnot que l'expérience du passé décide la question contre son opinion. Lui-même, avec la franchise d'un homme qui ne cherche point à se faire illusion sur le côté faible de la cause qu'il soutient, il a avoué qu'entre toutes les constitutions à pouvoir exécutif électif qui ont été essayées jusqu'ici, aucune ne s'est trouvée propre à procurer à la nation la paix intérieure et la liberté civile. Il se borne à indiquer la possibilité de combiner des institutions capables de produire ces deux effets, possibilité qu'il entend prouver par l'exemple des États-Unis. Mais cet exemple n'est point applicable à la France; il y a dans la position des deux pays des différences tellement essentielles, qu'elles changent complétement l'état de la question. La population des États-Unis est, vu l'étendue du territoire, exiguë en comparaison de celle de la France. Les Américains n'ont dans leur voisinage aucune puissance dont ils puissent craindre une invasion subite, et qui ait quelque intérêt à fomenter parmi eux des troubles domestiques et à y amener de grands changements. Enfin, et cette différence est capitale, les Américains n'ont point à se défendre contre les entreprises sans cesse renaissantes d'une famille expulsée du trône, et qui conserve parmi eux un assez grand nombre de partisans pour mettre en péril l'existence de tout gouvernement qui ne serait pas fortement constitué. Il ne reste donc qu'une probabilité bien vague, purement conjecturale, et nullement déduite des faits en faveur d'une constitution telle que la désire le citoyen Carnot. Je le prie de se souvenir que le sort des Stuarts n'a été réglé en Angleterre que lorsque le parlement eut établi un ordre fixe de succession dans une autre famille; et il verra ce qu'il faut faire pour régler le sort des Bourbons: c'est là le point essentiel, le point auquel il faut pourvoir avant tout; car il intéresse la vie et les biens de quiconque a participé à la Révolution, même dans ses événements les plus innocents: ce qui comprend la presque totalité de la partie active et éclairée de la nation.

Je trouve en général que le citoyen Carnot confond beaucoup trop deux choses très-distinctes: à savoir le système électif et la liberté. Loin de regarder le système du Gouvernement héréditaire comme contraire à la liberté, beaucoup de publicistes l'ont considéré comme en étant une condition essentielle. Les exemples ne leur manquent pas; ils citent de grands pays où, avec un gouvernement héréditaire, on jouit de plus de liberté que n'en ont jamais connu ces petites républiques grecques, si passionnées pour les formes démocratiques, et d'autres contrées où le système électif se trouve à côté de la plus affreuse servitude: et nous-mêmes, est-il besoin de chercher nos exemples hors de chez nous? Avons-nous jamais vu les actes arbitraires contre les personnes et les propriétés plus communs que sous l'empire de ces constitutions fondées sur le système électif du pouvoir suprême? A-t-on jamais, dans aucun pays, plus ouvertement violé le droit électoral du peuple? S'est-on plus obstinément refusé à rendre compte de l'emploi des deniers publics?

Ainsi, le citoyen Carnot n'a pas eu raison de dire qu'en instituant un pouvoir héréditaire on sacrifiait la liberté publique, puisque cette institution peut être elle-même un des moyens de la liberté. Ce n'est point un patrimoine que l'on fait à un homme, c'est une magistrature que l'on établit dans une certaine forme pour l'utilité de tous. On a vu des peuples fatigués des discordes et des malheurs qu'entraînaient les élections de leurs chefs, remettre au sort le soin de les désigner. Ceux qui ont adopté la forme héréditaire se conduisent d'après le même principe: au lieu de faire déclarer le sort en agitant des dez dans un cornet, ou en tirant des bulletins d'une urne, ils s'en sont rapportés à un accident également fortuit, celui de la naissance; et tous les peuples qui ont pris ce parti ont fini par avoir un gouvernement plus modéré et plus impartial que celui qu'ils avaient quitté. Or la modération et l'impartialité du Gouvernement sont le besoin et le bien de tous; le caractère électif dans le chef du Gouvernement n'est utile qu'au petit nombre de ceux qui peuvent prétendre à être élus.

Pour prouver les inconvénients du système héréditaire, le citoyen Carnot a rappelé la mémoire des épouvantables cruautés commises par les premiers empereurs romains; on a déjà remarqué que cet exemple ne pouvait s'appliquer au système héréditaire, puisqu'il est de fait que la succession des premiers empereurs fut déterminée, non par hérédité, mais par l'adoption que l'empereur régnant faisait de son successeur. Auguste adopta Tibère au préjudice de ses propres enfants; Claude adopta Néron et exclut Britannicus, son successeur naturel. Or cette manière de désigner le successeur de l'empereur devait nécessairement avoir de méchants résultats; car les affranchis et les femmes, qui circonvenaient l'empereur affaibli par l'âge et par la maladie, se trouvaient dans le fait investis du pouvoir de décerner l'empire. Au surplus, si notre collègue Carnot avait jeté les regards sur les temps qui ont précédé l'époque où il a choisi son exemple; s'il se fût souvenu de Carbon, de Marius, de Sylla et des massacres par lesquels ils épouvantèrent le monde sous un régime de consuls électifs; s'il eût pensé à la guerre des esclaves et des gladiateurs, aux longues et sanglantes querelles de César et de Pompée, qui précédèrent l'établissement de l'empire, peut-être n'eût-il pas songé à attribuer à cette dernière circonstance toute l'effusion du sang dont elle fut accompagnée; peut-être eût-il reconnu qu'après la destruction de Carthage, la puissance romaine était parvenue à un tel degré qu'il y avait contradiction entre l'étendue de la république et sa forme de gouvernement, et que les Romains se seraient épargné bien des malheurs et auraient prévenu la conquête du monde romain par les barbares, s'ils s'étaient rendu de bonne foi compte de leur situation et qu'ils y eussent approprié leurs institutions. Il est vrai qu'à cette époque on ne connaissait pas encore comme de nos jours le système représentatif, qui est le véritable correctif de tous les inconvénients que l'hérédité peut produire, et pour la nation qui l'a établie et pour la famille en faveur de laquelle elle est établie.

Notre collègue Carnot s'étonnait hier qu'on proposât au Tribunat d'offrir au Premier Consul la dignité impériale sans rien réserver pour la nation; il oubliait, sans doute, que le troisième article du projet de vœu est que celles de nos institutions qui ne sont que tracées soient définitivement arrêtées: ce qui indique clairement la consolidation du système représentatif dont nous avons déjà tous les éléments.

Le citoyen Carnot a nié que le vœu proposé fût véritablement un vœu national: selon lui, ce vœu n'a encore été exprimé que par des fonctionnaires publics et nullement par des citoyens indépendants. Mais le désir d'être constitué avec un gouvernement héréditaire fut unanimement manifesté par toute la France en 1789; il fut écrit dans tous les cahiers remis aux députés envoyés aux états généraux. La Révolution n'a point fait disparaître cette manière de voir; les hommes qui l'ont secondée sont unanimes pour exclure à perpétuité la maison de Bourbon : mais c'est le plus petit nombre d'entre eux qui a désiré une forme de gouvernement électif; la grande majorité s'est plusieurs fois déclarée pour une constitution dont le chef fût héréditaire. Cette opinion était tellement prédominante parmi eux, que, même en 1792, le club des Jacobins, d'où sont sortis les partisans les plus chaleureux du système électif, vit s'élever dans son sein un parti nombreux qui, convenant avec l'autre de la nécessité d'expulser la famille régnante, proposait d'aller chercher en Allemagne une autre dynastie. Enfin ce vœu doit être commun à tous ceux qui ont intérêt à consolider la Révolution, c'est-à-dire à la masse immense des acquéreurs de domaines nationaux, à la masse plus immense encore des citoyens qui ont commis aux yeux de la dynastie fugitive le crime d'avoir servi la patrie, de n'en avoir point désespéré dans ses malheurs, et d'avoir contribué à son agrandissement et à sa gloire. Au reste il est probable que, comme dans d'autres circonstances également importantes, on prendra des mesures pour constater ce vœu d'une manière authentique, soit par des signatures dans des registres, soit de toute autre manière. Notre collègue a nié que de telles signatures fussent un indice incontestable du vœu public : mais elles le représentent au moins aussi fidèlement que les délibérations de ces assemblées tumultuaires où l'on voyait sous le couteau des partis; et, pour un homme calme qui pèse de sang froid les probabilités, il est beaucoup mieux prouvé que le peuple français a désiré que Napoléon Bonaparte fût consul à vie, qu'il ne l'est qu'il ait jamais consenti à être gouverné par les formes de constitution dont le citoyen Carnot a pris hier la défense.

Si en 1791, après qu'on eut annoncé à l'Assemblée nationale la fuite de Louis XVI, un orateur fût monté à la tribune et eût dit : « Le roi a déserté le trône; mais nous avons parmi nous un « citoyen qui, dans le cours de huit ans, a plus « fait pour la gloire et pour la prospérité de la « France que toute la famille régnante dans le « cours de huit siècles; un homme également remarquable par la grandeur de son caractère, « par la force de sa raison et par les lumières de « son esprit : depuis César aucun homme n'a « paru avec le même éclat dans la carrière des « armes. Son bras est fort et sa tête est forte; ses « vues sur la législation sont originales et profondes : il est négociateur habile et administrateur infatigable; il se délasse du travail par « le travail : la nature semble l'avoir affranchi de « cette loi par laquelle elle a assujetti les êtres « organisés à partager leur existence entre l'activité et le repos. Cet homme est un produit de « la Révolution; la gloire de son nom est liée à « ses plus grandes époques, et il ne pourrait les « trahir sans se trahir lui-même. Sa gloire, loin « d'exciter la jalousie, semble être un patrimoine « commun, dont tous les Français s'enorgueillissent, car il s'est élevé en se rendant utile à tous « et sans blesser personne. Sa supériorité est si « universellement reconnue que les hommes qui « estiment le plus leur propre capacité ne croient « point s'humilier en soumettant leurs idées aux « siennes. Il réunit autour de lui une nombreuse « famille de frères déjà tous dévoués au service « public, qui ont bien mérité de la patrie en la « servant dans le cabinet comme négociateurs, « dans les assemblées publiques comme législa-

teurs, et dans les camps comme soldats. » Alors un cri unanime se fut élevé : « Que cet homme « miraculeux paraisse, et nous l'élèverons sur le « pavois; qu'il paraisse, et nous le proclamerons « modérateur suprême des destinées de la France. » Tel eût été le langage de l'Assemblée constituante : mais l'homme nécessaire n'était pas encore sorti du sein des événements. Nous avons le bonheur de le posséder. Je vote pour l'adoption de la motion de notre collègue Curée.

Koch. Tribuns, je ne répéterai pas ce que tant d'orateurs ont amplement développé avant moi à cette tribune; je me bornerai à énoncer succinctement mon opinion sur la matière importante qui nous est soumise.

Il m'a toujours été démontré, et il l'est sans doute à tous ceux qui réfléchissent sur les matières politiques, qu'un Etat tel que la France, que sa position topographique, que l'étendue de ses frontières, la grandeur de sa population, sa richesse territoriale et industrielle appelle à jouer un premier rôle parmi les puissances européennes, doit avoir une unité d'action plus parfaite, une suprême magistrature unique, à laquelle aboutissent, en dernier ressort, toutes les branches du pouvoir exécutif. Ce principe est même applicable à tout Etat qui aspire à avoir quelque poids dans la balance politique de l'Europe.

Le pouvoir de ce chef unique, de cette suprême magistrature, doit être héréditaire; un ordre de succession stable et permanent doit nécessairement avoir lieu. C'est là le seul et unique moyen de préserver l'Etat des orages et des convulsions qu'un système électif quelconque entraîne naturellement avec soi. L'expérience des siècles a constaté cette vérité; et les nations tant anciennes que modernes, qui s'en sont écartées pour suivre de vaines théories, ont toujours porté la peine de leur imprévoyance et de leur erreur.

Il ne peut plus être question parmi nous de l'ancienne dynastie; elle a depuis longtemps perdu ses droits : le vœu national s'est assez prononcé sur ce point. Les trônes et les gouvernements ne sont pas le patrimoine des familles; ils ne sont établis que pour les nations, en vue de leur salut et de leur bonheur. Et certes, ceux même qui étaient dévoués à l'ancienne dynastie, ceux qui répugnaient à voter sa déchéance, doivent être convaincus aujourd'hui que son retour, si on le supposait possible, entraînerait des maux incalculables, ramènerait tous les abus de l'ancien régime, ferait perdre à la nation les avantages inappréciables que la Révolution lui a procurés, que son pacte social lui a garantis, et qu'elle a mérité sans doute, par ses longues souffrances, de conserver à jamais.

La France ne pourra achever sa révolution, ni prendre l'assiette qui lui convient, qu'en établissant cette suprême magistrature héréditaire, cet ordre de succession immuable, qui seul pourra la mettre à l'abri de toute nouvelle secousse.

Son chef héréditaire doit être revêtu de toute la majesté nationale. Un titre éminent doit lui être conféré, qui soit adapté aux usages reçus parmi les membres de la grande famille européenne. C'est l'intérêt le plus cher de la France; c'est celui de sa tranquillité et de son bonheur qui exige cette mesure.

Et en qui pourra-t-elle mieux placer sa confiance qu'en celui même dont le génie a su fixer la victoire sous ses drapeaux, à qui l'Europe doit la paix, la France son calme, sa religion et ses lois?

Les puissances étrangères verront dans la stabilité du gouvernement français, dans l'hérédité du titre impérial, la garantie de leur tranquillité, la fin de toutes les tourmentes révolutionnaires.

J'adhère à la motion qui vous a été faite, et il ne me reste qu'à désirer que des mesures de prudence et de sagesse soient prises pour que toute l'Europe soit convaincue que ce n'est point ici le vœu du Premier Consul ni celui du Tribunat, mais le vœu de la France entière qui se prononce, le vœu enfin que le salut et la prospérité de l'État nous commandent.

Savoye-Rollin. Tribuns, après tant d'orateurs qui m'ont précédé à cette tribune, je n'y monte moi-même que pour déclarer mon opinion et non pour faire un discours.

Je pense que de tous les gouvernements, le plus absurde et le plus dégradant pour l'espèce humaine est la monarchie absolue.

Je pense que la monarchie héréditaire, liée à un système représentatif, est le gouvernement qui convient le mieux à un grand corps de peuple, et qui lui procure avec le plus de certitude et de stabilité la liberté politique et la liberté civile.

Je pense que dans l'état de civilisation et de lumières où l'Europe est parvenue, il n'est aucun gouvernement qui puisse aspirer à quelque durée, s'il est arbitraire, ou s'il persiste à l'être.

Entre toutes les autorités que je pourrais citer à l'appui de cette opinion, je n'en choisirai qu'une, mais elle est imposante.

Dans un écrit sur les raisons d'établir ou d'abroger les lois, Frédéric, législateur et conquérant, disait que *les lois ne peuvent réussir qu'autant qu'elles établissent un juste équilibre entre le pouvoir du gouvernement et la liberté des citoyens; que des lois dures et tyranniques sont toujours bientôt abolies, parce qu'il faut les maintenir par la violence, et que le tyran est seul contre tout un peuple qui n'a de désir que de les supprimer.*

Les grandes âmes, quels que soient les temps qui les séparent, sont contemporaines par leurs idées et par leurs vues ; ce que Frédéric pensait, Napoléon l'exécutera.

J'adhère à la motion de mon collègue Curée, qui a pour but d'unir le pouvoir héréditaire à un gouvernement représentatif.

Beauvais. Je demande la parole pour une motion d'ordre relative à la délibération.

Le Président. vous avez la parole.

Beauvais. J'étais inscrit pour parler dans la grande discussion qui nous occupe ; je voulais émettre mon vœu à cette tribune, mon vœu il est connu de vous, et particulièrement de ceux d'entre nous qui ont coopéré aux grandes journées des 18 et 19 brumaire : vous êtes tous inscrits, mes collègues, pour appuyer la motion d'ordre présentée dans la séance du 10 floréal ; mais le temps s'écoule et le peuple français attend l'émission de votre vœu. Je demande la clôture de la discussion, et que le rapport de votre commission spéciale soit entendu demain à l'ouverture de la séance.

Cette proposition est appuyée par divers membres.

Elle est mise aux voix et adoptée.

Le Président. Tous les membres présents avaient demandé à prendre la parole. Les noms de ceux qui n'ont pas été entendus seront insérés au procès-verbal dans l'ordre suivant qui est celui de leur inscription :

Thouret, Fabre (*de l'Aude*), Sahuc, Bosc, Beauvais, Lahary, Labrouste, Jubé, Mouricault, Perrée, Tarrible, Goupil-Préfeln, Garry, Dacier, Malès, Depinteville-Cernon, Van-Hulthem, Moreau, Daugier, Mallarmé, Gillet-Lajacqueminière et Poujeard-Dulimbert.

Le Tribunat ordonne l'impression et la distribution à six exemplaires de tous les discours prononcés dans cette séance.

La séance est levée.

Nota. Les tribuns Lahary, Labrouste et Perrée, ayant fait imprimer les discours qu'ils se proposaient de prononcer sur le gouvernement héréditaire, nous les reproduisons ici comme complément de la séance du 12 floréal.

Lahary (*de la Gironde*). Citoyens tribuns, et moi aussi, je me crois tenu de rendre compte au peuple des motifs de mon opinion sur l'importante question qui nous est soumise. C'est cet honorable devoir que je viens remplir, non sans une grande défiance de mes forces, mais avec la sincérité et la franchise d'un véritable ami de sa patrie; heureux si, en traitant un sujet déjà épuisé par des orateurs plus éloquents que moi, je puis encore captiver votre attention et faire passer dans vos âmes l'intime conviction qui est dans la mienne!

S'il était possible qu'on nous proposât d'abjurer les vrais principes; d'abandonner le fruit de quinze années d'efforts, de travaux et de sacrifices; de reprendre des fers que nous avons brisés; et, pour tout dire enfin, d'aliéner à la fois et la souveraineté du peuple si solennellement proclamée, et les droits imprescriptibles que nous avons si péniblement recouvrés : je le déclare, tribuns, non-seulement je ne me croirais pas permis de donner mon assentiment à une pareille motion, mais je croirais au contraire devoir la combattre de toutes mes forces; et il n'est pas un seul d'entre vous qui voulût souscrire à ce traité, qui ne serait autre chose qu'un pacte déshonorant entre le despotisme et la servitude.

Tel serait celui qui relèverait le trône *des Bourbons* et rétablirait le pouvoir féodal dans cette famille, bien infortunée sans doute, mais qui n'a que trop mérité ses infortunes, sa déchéance et sa proscription.

À Dieu ne plaise qu'elle règne jamais sur la France, contre laquelle elle n'a cessé de susciter des coalitions, des guerres civiles, des complots, des assassinats; puisque nous serions réduits, nous ou nos neveux, à la désespérante alternative, ou de renverser encore sa nouvelle tyrannie, ou de dévouer nos têtes à l'échafaud !

Mais qu'on ne s'y trompe pas; il s'en faut bien que notre collègue *Curée* (dont le patriotisme est garanti par ses opinions et ses services) nous propose rien de semblable, ni même rien qui en approche.

En effet, que peut-il y avoir de commun entre une liberté sagement réglée et une tyrannie qui s'organiserait sur des ruines; entre l'égalité des droits et d'odieux priviléges qui les violeraient tous ; entre un pouvoir constitutionnellement établi par la nation pour le maintien de ses prérogatives et un pouvoir despotique qui s'arrogerait la souveraineté pour nous asservir de nouveau et nous opprimer ?

Précisons donc bien scrupuleusement les termes, le sens et le véritable objet de la motion qui a été faite, puisque les oppositions, les divergences, les dissentiments naissent le plus souvent de ce que l'on raisonne avant de définir, et de ce qu'on discute sans s'entendre.

Cet objet, quel est-il ?

Est-ce de nous donner un roi féodal, sous le titre d'Empereur ? Non, car *la dignité impériale* n'a rien d'inconciliable avec l'existence *d'une République.*

Est-ce, comme on n'a pas craint de le dire, d'offrir au Premier Consul *le sacrifice de la liberté pour le récompenser de l'avoir restaurée ?* Non, car une telle récompense serait injurieuse à sa gloire, et il la rejetterait avec indignation, si nous étions assez lâches pour la lui décerner.

Est-ce, comme on l'a dit encore, *de faire de ce pays son patrimoine particulier* et celui de sa famille ? Non, car il n'y a plus de serfs attachés à la glèbe ; les peuples ne sont pas un vil troupeau qui se vend ou qui se donne, et une nation ne peut transmettre à son chef, par le pacte social, d'autre droit que celui de la gouverner.

Qu'est-ce donc qu'on nous propose ?

C'est d'établir *l'unité et l'indivisibilité* dans le gouvernement de la République française, et de consacrer héréditairement *le pouvoir exécutif suprême* dans la famille du Premier Consul ;

C'est de signaler ce pouvoir héréditaire par *un titre éminent*, qui lui concilie la vénération et les hommages au dedans, ainsi que le respect et la considération au dehors, et qui, par cela même, est le seul qui convienne à la fois, soit à la dignité du chef auguste d'un grand empire, soit à la majesté d'une des premières nations ;

C'est enfin d'imprimer le sceau de la permanence et de la stabilité à des institutions encore imparfaites, et tellement chancelantes, qu'une seule des atroces tentatives que *les diplomates anglais* ont si savamment organisées, eût suffi peut-être pour les renverser sans retour.

Or, je le demande même aux esprits les plus ombrageux ou le plus sincèrement *inquiets sur le sort de la liberté*, que trouvent-ils dans de telles propositions qui puisse la blesser ou la compromettre ? Serait-ce donc porter atteinte à la liberté, ou l'exposer à quelque danger, que de la placer, avec de nouvelles garanties, sous l'égide du grand homme qui lui doit son élévation, et qui a déjà tout fait pour elle ?

En effet, dès l'aurore de la Révolution, Bonaparte ne s'est-il pas lancé dans la carrière pour nous aider à la conquérir ? Ne s'est-il pas dévoué tout entier pour la faire triompher de la coalition des rois, qui voulaient l'étouffer dès sa naissance ? Ne l'a-t-on pas vu, d'abord aux derniers rangs, puis à la tête, puis enfin le premier et le plus illustre de ses défenseurs ? Quel soldat plus intrépide, quel plus grand capitaine, quel négociateur plus habile l'a aussi sincèrement aimée, et aussi puissamment défendue ? Quels autres gouvernants l'ont plus inviolablement maintenue et plus religieusement respectée ?

Parlerai-je de ses autres conquêtes ?

Il marche en *Italie* ; l'*Italie* est conquise et rendue à la liberté. Il débarque en *Égypte* ; l'*Égypte* est subjuguée, libre, civilisée. Il porte partout ses armes triomphantes, partout il les dépose aux pieds de la statue de la Liberté.

J'oubliais sa plus belle conquête :

Il va jusqu'aux portes de Rome, terre native des premiers héros qu'il a surpassés ; terre où s'éleva le trône des Césars ; terre qui réveille à la fois de si illustres et de si terribles souvenirs...

C'est là qu'il s'arrête.

C'est là qu'en planant, *par la pensée*, sur l'océan des *âges*, il se reporte sur le passé et s'élance dans l'avenir ;

C'est là qu'en présence des siècles et des événements qu'ils ont produits, il médite profondément sur le néant *des grandeurs humaines*, et qu'après avoir triomphé de tous ses ennemis, il triomphe de lui-même ;

C'est là enfin que le vainqueur du monde enchaîne la victoire, dédaigne de monter au capitole, et semble s'humilier devant l'image révérée du Dieu des armées, dont il se promet de rétablir un jour le culte et les autels (1).

Vous qui mettez en parallèle avec lui, et même au-dessus de lui, quelques-uns des *héros romains*, montrez-en un plus digne de commander et de régner ?

Et si l'absolu pouvoir pouvait s'allier avec vos principes, dites-nous si la monarchie elle-même ne serait pas, sous un tel chef, le plus beau et le plus heureux des gouvernements.

Mais ce n'est pas là que se borne sa gloire.

Depuis les fameuses journées de brumaire, depuis cette époque à jamais mémorable, que de preuves le Premier Consul n'a-t-il pas données, que de garanties n'a-t-il pas fournies de son imperturbable attachement à la liberté civile et à l'égalité politique ?

À peine les a-t-il arrachées aux périls qui les menaçaient, qu'il s'empresse de les rasseoir sur des fondements plus solides et plus durables.

Tous les Français s'applaudissaient de voir en lui l'unique arbitre de leurs destinées ; tous eussent consenti à lui laisser la dictature aussi longtemps qu'il l'eût jugée nécessaire à ses vues ; tous dormaient dans une profonde et inaltérable sécurité.

Lui seul veille à vos vrais intérêts et craint de méconnaître vos droits ; lui seul s'alarme et s'effraie de l'étendue illimitée d'un pouvoir qui n'a d'autre garantie que son génie et ses vertus ; seul il songe à le régulariser, à le limiter et à le contenir dans de justes bornes par le frein d'une nouvelle constitution.

C'est lui qui, de concert avec les deux commissions législatives *des conseils des Anciens et des Cinq-Cents*, en discute le plus profondément les bases et les détails. Il n'y a pas une seule idée généreuse et libérale, il n'est pas une seule grande conception qui ne soit émanée de son génie, ou auxquelles il n'ait donné son assentiment. C'est lui seul (pour en citer un exemple) qui a conçu et rédigé le 92e article de cette constitution (2). Cet article parut à tous d'une excessive rigueur ; mais sa rare prévoyance et sa juste application ont soustrait les départements de l'Ouest à toutes les horreurs de la guerre civile.

Enfin c'est pour le salut de la France qu'il a accepté le pouvoir absolu ; c'est pour le maintien de la liberté qu'il a proposé de le garantir de ses propres abus, que cependant nul autre que lui n'eût pu craindre.

Je le demande à mon collègue *Carnot*, qui nous a cité ces exemples : qu'ont fait de plus grand, de plus utile, de plus glorieux, les *Fabius*, les *Cincinnatus* et les *Camilles* ?

Ils ont sauvé leur pays.

---

(1) Vid. in fin., n° III.

(2) En voici le texte :

« Dans le cas de révolte à main armée, ou de troubles qui menacent la sûreté de l'État, *la loi peut suspendre*, dans les lieux et pour les temps qu'elle détermine, *l'empire de la Constitution*.

« *Cette suspension peut être provisoirement déclarée*, dans les mêmes cas, *par un arrêté du Gouvernement*, le Corps législatif étant en vacance, pourvu que *ce Corps soit convoqué au plus court terme* par un article du même arrêté. »

Quel énorme pouvoir, mais aussi avec quelle sagesse et qu'elle circonspection le Premier Consul n'en a-t-il pas usé ! Et l'on redouterait de lui conférer une dignité qui ne peut rien ajouter à ce pouvoir, si ce n'est peut-être le seul moyen d'en prévenir désormais le terrible exercice !...

Bonaparte a sauvé sa patrie.

Ils ont abdiqué la dictature pour ne pas perdre la liberté.

C'est pour ne pas la laisser périr, c'est pour la conserver intacte que *Bonaparte* a préféré à la dictature qu'il pouvait retenir un pouvoir constitutionnel dont il lui fût impossible d'abuser.

Fabius, Cincinnatus et Camille (1), après avoir quitté la dictature, furent obligés de la reprendre, chaque fois qu'elle leur fut offerte, et que la liberté se trouva en péril.

Bonaparte n'a exercé le pouvoir absolu qu'une seule fois ; il ne l'a gardé qu'autant de temps qu'il l'a fallu pour improviser une constitution, et cette constitution a mis la liberté à l'abri de tout danger.

Si *Bonaparte* eût servilement imité les Romains vraiment célèbres, il aurait livré sa patrie à des périls sans cesse renaissants. Vingt fois elle l'eût rappelé à la tête de la nation ; vingt fois elle eût été forcée de l'investir du pouvoir absolu ; et ce qui sauva Rome eût peut-être perdu la France.

C'est alors que ceux qui le blâment de l'avoir abdiqué tout pouvoir seraient fondés à l'accuser de ne s'être complu dans *la dictature*, puisqu'il était le seul à qui elle eût pu être décernée sans danger, dans les diverses crises politiques qui se seraient succédées.

Étrange aveuglement que celui qui méconnaît l'habileté de sa prévoyance, la profondeur de ses vues, la pureté de ses intentions, et qui ne craint pas de lui reprocher, comme ambition démesurée du plus illimité des pouvoirs, précisément ce qu'il a fait pour lui assigner des limites qu'il ne peut plus franchir !

Ainsi donc ces grands hommes sont tous parvenus au même but par deux voies opposées ; ils ont droit aux mêmes éloges, ils n'ont rien à se disputer ; ils sont respectivement et tour à tour modèles et rivaux ; ils ont tous *bien mérité de leur patrie*, puisqu'ils en ont été les libérateurs.

Faut-il maintenant rappeler le digne et bel usage que le Premier Consul a fait du suprême pouvoir que la nation lui a confié par un assentiment général et par une sorte d'acclamation unanime ?

C'est ici que va se déployer une foule innombrable de prodiges inconnus dans les annales des peuples anciens et modernes ; c'est ici que viennent se réunir à la garantie constitutionnelle, sans doute beaucoup trop faible, toutes les garanties qu'on peut exiger, mais que peuvent rarement offrir les gouvernants :

Celles du génie le plus consommé ;

De la valeur la plus signalée ;

Du zèle le plus infatigable ;

De l'amour le plus ardent pour le bonheur de la patrie ;

Enfin de la moralité la plus austère et de la vertu la plus incorruptible ;

---

(1) *Fabius* et *Cincinnatus* exercèrent deux fois la dictature. *Camille* fut créé cinq fois dictateur ; il battit deux fois les *Gaulois*, soumit les *Èques*, les *Volsques*, les *Étrusques*, et généralement tous les ennemis de la République ; il calma les factions dans l'intérieur, mérita le surnom de *père de la patrie*, et la statue qu'on lui érigea dans le *Forum* (an du monde 3588, de Rome 389, avant J.-C. 365).

Quels traits de ressemblance entre deux héros qui ont tant de fois sauvé leurs pays ! Rapprochez les temps, les circonstances, et la *nouvelle France* n'a plus rien à envier à l'*ancienne Rome*. Nous avons aussi notre *Camille*, et la reconnaissance de la nation française pour ses *libérateurs* ne le cède en rien à celle du peuple romain.

Dirai-je encore de la plus heureuse et de la plus constante fortune ?

Oui ; car elle n'a sans cesse favorisé ce héros, que parce qu'il s'est toujours montré aussi grand qu'elle.

Parcourons rapidement l'intervalle qui s'est écoulé depuis le 18 brumaire, et nous croirons à peine tout ce dont nous avons été les témoins.

Que de faits, que d'événements, que de miracles se sont opérés, pressés, accumulés dans le court intervalle de quatre années ?

Dénué de tous les secours, le Premier Consul crée toutes les ressources et pourvoit à tous les besoins.

Son génie prévoit tout dans sa bienfaisante sollicitude ; il embrasse tout dans ses vastes conceptions.

Les lois, les institutions, les arts, les sciences, l'industrie, l'agriculture, le commerce, tout se vivifie, tout se ranime, tout se perfectionne, tout prospère sous sa puissante influence ; et, pour tout dire enfin, il imprime à son siècle sa propre grandeur.

Sous son gouvernement (d'autant plus tutélaire qu'il est plus fortement constitué), la France reprend, parmi les nations, son premier rang, sa dignité, sa force, sa puissance ; le continent est pacifié, le repos de l'Europe garanti, le monde rassuré ; et s'il est encore un implacable ennemi, qui méconnaisse ces bienfaits, qui suscite partout les troubles, les divisions, la guerre, les complots, les assassinats, le moment approche où Bonaparte ira, dans Londres même, briser son sceptre de fer, proclamer dans l'intérêt de tous les peuples la liberté des mers et punir son orgueil et ses crimes, si du moins cet ennemi ne s'empresse de les racheter, en offrant une paix sincère et durable.

Et c'est avec de tels éléments, c'est avec une constitution nécessairement défectueuse, par la précipitation avec laquelle elle a été conçue et rédigée, que le *gouvernement consulaire* a réalisé, en un clin d'œil, tant d'inconcevables prodiges ! ... (Je dis le *gouvernement consulaire*, car la reconnaissance nationale ne peut séparer du Premier Consul les deux illustres magistrats qu'elle a associés à sa gloire, et qui ont partagé avec le plus grand succès ses honorables fonctions et ses immenses travaux).

Quelle étonnante époque pour l'histoire de *la République française!* Que de siècles brillants et prospères, écoulés, entassés, resserrés dans le court espace de quatre années! Quelle gloire ne s'éclipse et ne s'efface devant celle du héros incomparable qui les a toutes conquises, qui a tout tiré du chaos, et a créé pour nous un autre univers!

Stupete gentes.....

Maintenant, quelle récompense décerner à cet homme immortel, pour acquitter envers lui la dette de la patrie ? De quelle dignité le revêtir ? De quel nom pompeux le décorer?

Ah! sans doute, il n'en a pas besoin pour lui, puisqu'il n'est aucune dignité qui ne le cède à sa gloire, et qu'aucun nom n'est plus grand ni plus illustre que le sien!

Mais notre respect et notre amour;

Mais le vœu du peuple que nous représentons;

Mais la reconnaissance nationale;

Mais le sort de la génération présente et des races futures;

Tout nous presse, tout nous commande de voter en sa faveur la dignité impériale héréditaire...

Or, dès qu'il s'est tant de fois dévoué pour nous sau-

ver dès qu'il nous appartient déjà tout entier, pourrait-il se défendre de souscrire à ce nouveau pacte
d'alliance? Non, sans doute, le Premier Consul
de la République française ne refusera pas de
s'unir à elle par des liens plus étroits et plus
sacrés; de lier sa fortune à la fortune publique;
de confondre ses intérêts les plus chers avec ceux
de l'Etat, et de lui consacrer sa vie, son existence,
sa famille, pour consommer son ouvrage et assurer à jamais le bonheur du peuple français.

Mais écoutons la seule voix qui s'élève et réclame contre l'émission de ce vœu : c'est celle d'un
défenseur austère des droits du peuple. Il prétend et
affirme « que sa qualité l'oblige à voter contre
le *rétablissement de la monarchie.* » Il propose en
conséquence le rejet de la motion d'ordre, comme
s'il s'agissait de rétablir une *monarchie* proprement dite! comme si cette motion n'avait pas au
contraire pour unique but de maintenir à jamais
la *République française,* de la raffermir sur de
plus fortes bases, et de la rendre plus florissante
et plus respectable, en chargeant son premier
magistrat de ne plus la gouverner désormais que
sous le titre majestueux d'empereur des Français !

Et nous aussi, nous sommes tous également
pénétrés des devoirs que nous imposent nos fonctions, et nous ne voulons pas plus que lui trahir
les grands intérêts qui nous sont confiés. Cependant notre opinion, bien mûre, bien réfléchie,
bien éclairée par la plus profonde des discussions,
se trouve directement opposée à celle de notre
honorable collègue.

Or la première et la plus puissante des raisons
qui la motivent est précisément fondée sur cette
même qualité de tribun, qui, à notre avis, nous
commande impérieusement de souscrire à cette
grande mesure de *salut public.*

Quelle erreur serait la nôtre, s'il était possible
que nous eussions mal interprété le vœu du
peuple!...

Mais aussi combien de *l'illusion* de notre collègue
serait funeste, si, tout en voulant sauver la liberté par son vote de rejet, il la *sacrifiait* lui-
même, contre ses intentions, à un gouvernement
faible, impuissant, ou horriblement arbitraire ;
tel en un mot que ceux dont nous avons fait une
si fatale épreuve !

Notre collègue a cru nécessaire de nous avertir
qu'*aucun motif personnel* n'a déterminé son opinion, mais uniquement l'intérêt de la patrie.
« Puissent, dit-il, tous les membres de la grande
société, émettre un vœu aussi désintéressé que le
mien! »

Nous rendons tous hommage à ses intentions
et à ses principes, à sa sagesse et à sa modération;
surtout à ce noble dévouement qui lui a fait
d'abord acquitter sa conscience par son vote,
puis soumettre sa raison à l'empire de la majorité, enfin déclarer hautement « qu'aussitôt
« que le nouvel ordre sera établi, il serait le pre-
« mier à s'y conformer. »

Il n'est pas, sans doute, de patriotisme plus pur
et plus sublime que celui dont notre collègue
nous donne ici l'exemple.

Mais ne serait-ce pas encore une illusion de sa
part, de se persuader que *des motifs personnels*
ne doivent entrer pour rien dans notre vote d'acceptation ou de rejet, puisque ce vote, quel qu'il
soit, est toujours dicté, ou censé l'être, par l'intérêt du peuple, et que le nôtre se trouve nécessairement et éminemment confondu avec le sien?

Quoi donc! le grand levier des choses humaines,
le seul mobile qui dirige les hommes, c'est l'intérêt personnel, bien ou mal ordonné ; il n'est

pas même d'intérêt général qui ne soit composé
de la somme des intérêts individuels : les sociétés, les corps, les individus, tout ce qui respire
et se meut dans la nature; tout ce qui a une
existence quelconque dans l'ordre civil ou politique, est animé du désir et occupé du soin de
sa conservation : que dis-je! la religion elle-même
est fondée sur *l'amour de soi,* puisqu'elle nous
promet, pour ce qu'elle exige de nous, une félicité présente et future.

Et l'on prétend qu'appelés à prononcer sur
notre sort en prononçant sur celui de la liberté,
nous sommes les seuls au monde à qui il soit
prohibé de consulter nos intérêts dans cette grande
question ! Et l'on ne craint pas de poser en principe que notre propre, notre seul et unique bonheur, peut se trouver ailleurs que dans le bonheur
public !... Quel paradoxe !

Quant à moi, je l'avouerai avec la franchise
d'un vrai républicain, je ne saurais être de cet
avis, et ne me sens pas fait pour un tel héroïsme (1).

Je pense, au contraire, qu'il nous est même
ordonné (car nous sommes citoyens, fils, époux et
pères, avant d'être tribuns) de songer à nous, à
nos mères, à nos femmes, à nos enfants, tout en
songeant aux intérêts du peuple.

Je pense que nous ne devons pas entièrement
nous oublier, nous dévouer, nous sacrifier en pure
perte, pour nos commettants, et que nous serions
des insensés, si, à l'exemple de Curtius (2), nous
nous jetions dans *le gouffre* pour les sauver *seuls.*

Je pense que toutes ces considérations doivent
fléchir devant celle du *salut public;* qu'il faut
tout imaginer, tout proposer, tout mettre en
usage pour l'opérer ; mais qu'il faut aussi nous
sauver nous-mêmes.

Je pense enfin que je ne peux, ni de fait ni de
droit, séparer mon intérêt de celui de ma patrie,
et qu'il m'est impossible de délibérer sur son sort
sans nécessairement délibérer sur le mien propre.

Telle est ma profession de foi, telle est la première garantie de la sincérité de mon vote; et il
n'en est pas de plus sûre, puisque nous ne pouvons offrir celle d'un *désintéressement* absolu.

Mais je ne suis pas le seul qui pense ainsi.

C'est aussi ce que pensèrent des hommes courageux et dévoués, qui, les premiers, conçurent
le projet de changer la forme du Gouvernement
d'alors, qui préparèrent de loin toutes les mesures nécessaires pour opérer ce changement ;
qui travaillèrent, pendant près de quatre mois,
dans l'ombre et le silence, pour rechercher les
meilleurs moyens de l'opérer sans déchirement
ni secousse ; qui luttèrent, avec autant de constance que d'intrépidité, contre une faction qui
tentait de ressaisir le pouvoir ; qui enfin concoururent activement et éminemment à faire éclore
les mémorables journées de brumaire, aussitôt
qu'ils virent paraître un libérateur

C'est encore ce que pensa la majorité du conseil
des Anciens, lorsque, sur la proposition de *ces
hommes* (qu'on peut appeler à juste titre *brumairiens* (3), elle confia la dictature à ce héros qui,

(1) Piron, *Métromanie.*
(2) Tel fut l'héroïque dévouement du célèbre Romain,
que voulut *singer le capucin Chabot,* quand il proposa
de s'immoler pour le triomphe d'une faction.
(3) Qu'il me soit permis de m'honorer d'être de ce
nombre et d'avoir pris une des parts les plus actives à
ces heureuses journées. Les membres des commissions
législatives prirent aussi le nom de *brumairiens. Voyez*
une note imprimée à la suite de mon opinion, sous
le n° I.

par l'ascendant de son nom, la force de son génie, l'éclat de ses victoires, et la puissance d'opinion que lui avait acquise sa renommée, pouvait seul sauver la France près de périr, et fixer à jamais nos destinées.

Enfin, c'est ce que nous pensâmes tous alors; c'est ce que nous pensons aujourd'hui, et avec d'autant plus de raison, qu'étant tous liés *au nouvel ordre de choses*, ou par notre active coopération aux journées de *brumaire*, ou par notre concours à leurs beaux résultats, il est de l'intérêt de notre honneur, de notre gloire, de notre sûreté personnelle, de le consolider sur des bases indestructibles, et qu'ainsi notre propre salut se trouve tout aussi intimement lié au salut public.

Mais quoi ! Il est une malheureuse époque de la Révolution, où il suffisait de présenter *le salut du peuple* comme la suprême loi, pour se permettre de dénaturer toutes les notions, de bouleverser toutes les idées, de violer tous les principes et de consacrer tous les abus.

Je dirai plus, au seul nom de *salut public*, tout ce qu'on voulait se permettre : l'envahissement des pouvoirs, le vandalisme, les proscriptions, les ravages de tout genre; tout, dis-je, autorisé ou non, devenait légitime, légal, ou constitutionnel.

Enfin, tels étaient l'aveuglement et l'aberration dans ces temps à jamais déplorables, qu'on crut ne pouvoir parvenir à rendre imposante et célèbre la plus longue comme la plus effrayante des *dictatures*, qu'en la désignant sous le nom vraiment magique de *comité de salut public*.

On sait comment ce fameux comité sauva le peuple......

Et aujourd'hui, nous ne pourrions pas, nous aussi, invoquer cette loi suprême pour régulariser et justifier, non l'abus ou la violation des principes, mais ce qui seul peut en assurer le maintien et en garantir à jamais l'inviolabilité.

Que dis-je? nous serions infidèles à nos serments et traîtres à la patrie, en émettant un vœu si généralement pressenti, si universellement exprimé, si hautement proclamé, qu'il ne nous laisse, en quelque sorte, ni la faculté ni le mérite d'en consentir librement l'émission.

Non, non! mon cœur, ma conscience, ma raison, l'histoire et l'expérience m'avertissent, me démontrent que le temps des illusions est passé, et que l'austère vérité a seule le droit de démontrer nos suffrages.

« Mais, objecte-t-on, comment le même système politique pourrait-il admettre à la fois et l'existence d'une république, et le gouvernement d'un seul? »

C'est ici qu'il faut soigneusement scruter les termes et s'en tenir à leur vraie signification.

On a dit, il y a longtemps, que *c'est avec des mots qu'on gouverne les hommes.*

Personne n'ignore (car on ne l'a que trop éprouvé) quel est l'empire des mots et le prestige des dénominations. Mais cet empire et ce prestige sont utiles, puisqu'on peut rarement instruire les hommes, les diriger et les contenir, sans les frapper ou les émouvoir par tout ce qui peut faire impression sur l'esprit et les sens.

Ce n'est pas en vain que presque tous les peuples de l'antiquité ont inventé leur mythologie, leurs allégories, leurs emblèmes, pour voiler de précieuses vérités, de grands exemples et de sublimes leçons, qui, sans cette précaution, eussent été ou méconnus ou dédaignés.

De nos jours même, et malgré les progrès de la civilisation, l'austère morale n'est-elle pas for-

cée de se déguiser sous des formes qui plaisent, sous des charmes qui séduisent, pour trouver un plus facile accès dans nos âmes corrompues et dégénérées?

De même, la politique dans ses divers systèmes est contrainte à emprunter, pour atteindre son but, tantôt des dehors fastueux et éblouissants, mais souvent faux et trompeurs :

Telles furent les formes monarchiques de 1791;

Tantôt un aspect sombre et menaçant, mais épouvantable et atroce :

Telles furent les formes *acerbes* de 1793;

Tantôt une attitude modeste et vraiment populaire, mais si faible et si timide, qu'il ne faut qu'un souffle pour la renverser :

Telles furent les formes directoriales de l'an III;

Tantôt, enfin, un front calme et serein, grave et sévère, mais majestueux et rassurant :

Telles ont été depuis brumaire an VIII, telles seront surtout à l'avenir les formes mâles, vigoureuses et vraiment républicaines de l'an XII : il n'y aura réellement de changé que le nom (qui, quoi qu'on en dise, n'est point *un vain titre*) ; et le problème de la liberté et de l'égalité, unies à la dignité impériale, sera merveilleusement résolu par cette magistrature conservatrice, qui, comme une providence visible, veille sans cesse sur nos destinées.

Mais voyons les essais que nous avons faits jusqu'ici de ces divers systèmes ; et l'expérience nous apprendra quel est celui auquel nous devons rester invariablement attachés.

Sous le premier de ces régimes, on nous disait que nous avions une monarchie, tempérée par quelques éléments de démocratie, qui devaient assurer le triomphe de la liberté ; et l'on avait raison en théorie ; mais dans la pratique l'essai n'en fut pas heureux : Louis XVI se montra incapable de régner. Ce malheureux prince trompa notre attente, parce qu'il fut trompé lui-même par de perfides conseils (1).

Si l'Assemblée constituante eut fait ce que voulut le peuple alors, ce qu'il propose encore aujourd'hui par l'organe de ses représentants, combien de maux et de calamités elle nous eût épargnés!

Sans doute cette Assemblée, à jamais célèbre, eût osé changer la dynastie, si elle eût pu, si elle eût dû le faire. Mais où trouver un héros de la liberté, digne d'être le fondateur de cette nouvelle dynastie? Celui que nous avons le bonheur de posséder n'avait pas, à cette époque, étonné le monde par son nom et ses hauts faits. Le germe du grand produire ce génie étonnant poussait alors ses premières racines et n'était pas encore développé. Mais qui pourrait dire, qui oserait assurer, que ce n'est pas au feu créateur par elle soufflé sur la France, que ce germe si précieux s'est ranimé, réchauffé, et est parvenu au dernier terme de sa progression ?.....

Si l'on ne peut attribuer cette omission à la prévoyance de l'Assemblée constituante, ou plutôt à une sorte de prescience de sa part; et si

(1) Je puis attester ce fait, puisqu'ayant été nommé, par lui, *secrétaire général de l'administration de la justice et du sceau de l'État*, et ayant exercé cette fonction depuis le mois de mai 1792 jusqu'après le 10 août, sous les ministres Duranthon, Dejoli (et quelques jours sous Danton, pour remettre le fil de l'administration entre les mains de *Fabre-d'Églantine* et de *Camille Desmoulins*, qui me succédèrent), j'ai eu plus d'une occasion de bien connaître ses vues, ses projets et ses intentions. Voyez à ce sujet une plus longue note imprimée à la suite de mon opinion, sous le n° 2.

c'est vraiment là une faute, *une immense faute*, comme l'a dit un de nos collègues (1), avouons du moins qu'il n'en fut jamais de plus heureuse, puisqu'elle a laissé vide une place que nous pouvons si éminemment remplir, et puisque la Providence, en faisant naître parmi nous le plus grand des héros, nous l'a suscité le plus puissant des libérateurs. *O felix culpa quæ tantùm nobis mœruit redemptorem!*

Sous le second régime, à jamais abhorré, on nous disait que nous avions *une République*, d'autant plus fortement constituée, qu'elle n'admettait pas même un *roi constitutionnel*; d'autant plus incomparable, qu'elle seule pouvait garantir, sinon la propriété et la sûreté personnelles, du moins *la liberté et l'égalité*. Et cependant le gouvernement de cette affreuse République ne nous a donné d'autre liberté qu'une licence effrénée, d'autre égalité que celle des tombeaux. *Constitutionnellement* terroriste et féroce, il victimait sans pitié les républicains comme les royalistes, et osait lui-même se frayer *révolutionnairement* le chemin du trône, à travers les forfaits et les massacres, au milieu des cadavres et des décombres.

Sous le troisième régime, appelé *directorial*, on nous disait que nous avions un gouvernement purement démocratique et bien organisé, qui protégerait efficacement nos droits, et se défendrait puissamment lui-même contre toute attaque intérieure ou extérieure. Et cependant, malgré les talents et les lumières de quelques-uns des gouvernants (2), les rênes de l'État flottaient toujours incertaines dans leurs débiles mains; l'État lui-même, sans cesse ébranlé par les secousses et le choc des partis, était menacé d'une prochaine dissolution. Quelques factieux osèrent lui disputer le pouvoir, et s'ils ne purent s'en emparer, ils parvinrent du moins à l'affaiblir et à le déconsidérer pour le rendre nul ou impuissant. C'en était fait de la France, si deux membres (3) de ce gouvernement ne se fussent réunis aux *Brumairiens* et à tous les vrais amis de la patrie, si la Constitution de l'an III n'eût heureusement réservé la dictature au Conseil des Anciens, dans des cas graves, et surtout si la main toute-puissante du conquérant de l'Egypte ne fût venue la retenir sur les bords de l'abîme.

Enfin, sous le quatrième et dernier régime, on nous disait que nous avions une *vraie République*, mêlée des seuls éléments de la monarchie qui peuvent s'amalgamer ou se concilier avec elle; une République dont le gouvernement était franc et loyal, libéral et généreux, puissant et juste.

Et, pour cette fois, pour cette seule fois, l'on ne nous a pas trompés!

Et l'expérience a confirmé toutes ces consolantes vérités!

Et les magnifiques résultats des premiers essais

de ce gouvernement réparateur ont mille fois surpassé nos espérances!

C'est en effet ce gouvernement qui seul a anéanti les partis et les factions, réuni les membres dispersés de la grande famille, rétabli la religion et ses ministres, fondu toutes les opinions et tous les intérêts dans le seul amour de la patrie, triomphé de la guerre civile et étrangère, assigné à nos frontières les limites dans lesquelles la nature les a concentrées; créé autour de nous, comme autant de remparts inexpugnables, des monarchies et des républiques devenues nos amies et nos alliées; donné à la France un *Code civil*, auquel nul autre ne peut être comparé; enfin, porté le nom français au plus haut période de gloire et de splendeur.

Ainsi tous les gouvernements dont nous avons essayé depuis la Révolution ont péri ou par l'abus de leur pouvoir, ou par les vices de leur constitution. Celui du Premier Consul est seul resté debout au milieu de ses triomphes et de ses trophées, comme il resterait encore inébranlable, même au milieu des ruines d'un bouleversement général.

Et si totus illabatur orbis impavidum
Ferient ruinæ!...

Tel est le gouvernement qui nous a régis depuis le 18 brumaire sous le nom de *Gouvernement consulaire:* tel sera celui qui nous gouvernera à l'avenir sous le titre éminent d'*Empereur des Français*. Ce gouvernement est en effet le seul voulu par le peuple, le seul qu'il ait réclamé dans les cahiers des assemblées bailliagères, le seul enfin qui puisse lui garantir son repos, son bonheur et sa prospérité.

Je sais bien que le nom d'*Empereur* pourra choquer quelques oreilles judaïquement républicaines.

Mais il faudra bien qu'elles s'accoutument à l'entendre prononcer, puisque telle est la volonté du peuple souverain.

D'ailleurs ils doivent savoir que *la lettre tue et que l'esprit vivifie;* qu'il est puéril et dérisoire de s'arrêter aux apparences toujours plus ou moins trompeuses; qu'en un mot il faut apprécier les choses ce qu'elles sont et non ce qu'elles paraissent être.

Qu'importe donc la pompe, ou, si l'on veut, la magie des dénominations, si elle ne peut changer la nature des objets? Et qu'est l'orgueilleuse ou modeste, l'ingénieuse ou brillante enveloppe qui les couvre, pour quiconque sait et veut en pénétrer la réalité ou la véritable lettre?

Ainsi disparaissent sans retour les vaines alarmes, les absurdes soupçons, et les craintes chimériques qu'a manifestés un de nos collègues, qui croit voir l'anéantissement de la République dans l'érection d'une nouvelle magistrature héréditaire.

Comme si les mots pouvaient altérer l'essence des choses! Comme s'il n'était pas aussi simple que convenable d'emprunter un nouveau titre pour caractériser l'immense pouvoir (qui déjà nous gouverne sous un autre nom), sans nécessairement aliéner notre indépendance!...

Mais l'avons-nous aliénée, cette indépendance, quand nous avons confié le pouvoir absolu au général Bonaparte? L'avons-nous aliénée, en acceptant le pacte social qui *l'a nommé* Premier Consul, et qui a constitué la puissance exécutive sur de nouvelles bases et avec de nouvelles garanties?

L'avons-nous aliénée, lorsqu'en lui décernant le *consulat à vie*, nous lui confiâmes le dépôt de la liberté pendant toute la durée de son existence?

---

(1) Chabaud-Latour.

(2) Qu'il me soit permis de rendre cet hommage aux *François* (de Neufchâteau), aux *Merlin* et aux *Treilhard;* et ici encore je parle d'après l'expérience, puisqu'ayant exercé (en l'an VI et en l'an VII) la fonction de commissaire central du département *de la Gironde*, j'ai eu mille occasions de connaître par moi-même et la faiblesse de leur pouvoir, et la justice de leur administration. S'ils eussent été seuls au timon de l'État, si leur *pouvoir* eût été fondé sur une constitution plus mâle et plus vigoureuse, je ne doute nullement qu'ils ne nous eussent bien gouvernés.

(3) Les citoyens *Sieyes* et *Ducos*, membres du Sénat conservateur. Le citoyen Sieyes, surtout, rendit à cette époque de bien éminents services.

L'avons-nous aliénée, quand le Sénat lui conféra le droit de nommer son successeur?

Le lui confier aujourd'hui sous une qualification plus imposante, le charger plus spécialement encore de protéger nos droits, de les maintenir, de les défendre comme les siens propres, n'est-ce pas les mettre désormais à couvert de toute violation, et nous en assurer l'éternelle jouissance?

Sans ce puissant appui qui nous manque, sans ce secours protecteur qui nous est offert, comment prévenir les oscillations et les secousses, les trames et les complots, les maux et les calamités qui nous menacent encore?

Comment empêcher le retour de la dévorante anarchie, ou de l'implacable royauté qui, nous ayant voué la même haine, ne manqueraient pas d'exercer les mêmes vengeances?

Comment enfin échapper, tôt ou tard, à une contre-révolution qui, soit qu'une faction s'emparât du pouvoir, soit que nous devinssions la proie de l'étranger, nous ravirait, en un instant, le prix de quinze ans de luttes, de combats et de victoires?

Tribuns, si c'est là l'unique moyen de terminer enfin la Révolution, de jouir avec plus de sécurité de tous les bienfaits qu'elle nous assure, de consolider à jamais la liberté civile et l'égalité politique du peuple français, la mission que nous avons reçue ne nous donne-t-elle pas le *droit*, ne nous impose-t-elle pas le *devoir* d'y recourir sans plus différer?

Oui, mes collègues, nous pouvons et nous devons adopter avec empressement les propositions sages, libérales et éminemment utiles qui sont faites, puisque tous les orateurs qui ont été entendus ont invinciblement démontré que c'est la seule ressource qui nous reste pour arriver sans choc, sans trouble et sans commotion, au grand but où nous tendons depuis si longtemps.

« Sans doute (dit le citoyen *Carnot*), il n'y au- « rait pas à balancer sur le choix d'un chef hé- « réditaire, s'il était nécessaire de s'en donner « un. Mais l'exclusion des *Bourbons* n'entraîne « point la nécessité d'une dynastie nouvelle. Es- « père-t-on, en élevant cette nouvelle dynastie, « hâter l'époque de la paix générale? Ne sera-ce « pas plutôt un nouvel obstacle? Et si les puissan- « ces n'y adhèrent pas, prendra-t-on les armes « pour les y contraindre? »

Nos collègues Carrion-Nisas et Jard-Panvilliers, rapporteurs de la commission, ont si ingénieusement combattu, si fortement réfuté cette objection, que j'aurais pu me dispenser de la reproduire; mais elle m'a paru si grave, que j'ai pensé qu'il ne serait pas superflu d'y répondre encore.

Vous demandez si des *Français prendraient les armes* pour la défense de leurs *droits*, dans le cas où quelque puissance oserait les méconnaître, ou leur en contester l'exercice!... Eh qui mieux que vous connaît leur fidélité, leur attachement au véritable honneur, leur courage, leur bravoure?...

Oui, sans doute, ils prendraient les armes pour repousser une aussi injuste, une aussi inconcevable agression; ils forceraient bientôt cette puissance, quelle qu'elle fût, à reconnaître le chef qu'ils se seraient donné, et le titre dont ils l'auraient investi.

Mais quelle puissance s'ingérerait de demander compte à une nation de l'*exercice de sa souveraineté*? Quelle autre que l'Angleterre pourrait se permettre un tel oubli des principes et des premières notions *du droit des gens?* Or, si vous ne craignez ici qu'elle ou le ministère qui la dirige,

vos appréhensions n'ont aucun fondement, puisque déjà elle nous a déclaré la guerre. Ainsi, à son égard, la chance est la même.

Je pense néanmoins que s'il était un moyen quelconque de se réconcilier avec elle, nous le trouverions dans l'appareil extérieur des formes monarchiques, dont nous paraissons nous envelopper, vu que c'est là, à peu près, le seul caractère de légitimité qu'elle reconnaisse dans les gouvernements avec qui elle traite.

Emprunter de pareilles formes, c'est donc plutôt se rapprocher que s'éloigner d'elle; et par conséquent l'*établissement d'une nouvelle dynastie* peut beaucoup moins être un obstacle à la paix qu'un expédient pour terminer la guerre.

Je sais bien que le seul nom de Bonaparte la glace d'épouvante, sous quelque forme qu'il lui apparaisse et de quelque dignité qu'il puisse être revêtu; mais comme il ne faut que des prétextes pour faire la paix ou la guerre, pour tromper ou ensanglanter le monde, elle pourrait bien aussi, en mettant à profit cette circonstance, offrir Malte à l'empereur des Français.

J'avoue que mes espérances à cet égard ne reposent que sur de simples conjectures; mais n'est-ce pas aussi sur des conjectures que notre collègue *Carnot* fonde ses alarmes? Reste à savoir où se trouve le plus grand degré de probabilité, et si, toutes choses égales, il ne vaudrait pas mieux améliorer notre sort en risquant la guerre, que de le détériorer en sacrifiant nos plus chers intérêts au maintien d'une perfide paix.

Mais, je l'ai déjà dit, à l'égard de l'Angleterre, le problème est résolu, puisqu'on n'a pu obtenir d'*elle* à aucun prix une paix franche et solide.

Au reste, peu nous importe sa détermination, puisque nous sommes depuis longtemps en mesure de repousser ses attaques.

Quant aux autres puissances, nos amies ou nos alliées, quelle est celle qui pourrait se liguer avec elle contre nous?

Ce ne sera certainement,

Ni le Danemarck, dont la capitale réduite en cendres, et des milliers de braves ensevelis sous ses ruines, crient *vengeance* contre elle;

Ni l'Espagne, qui a le plus grand intérêt à conserver ses relations avec nous;

Ni l'Autriche, qui, par la paix, a augmenté sa prépondérance et est devenue puissance navale;

Ni la Prusse, qui n'a pas oublié qu'elle a perdu quarante mille hommes *dans les plaines de la Champagne*, et qui, depuis, s'est si franchement rapprochée de nous;

Ni enfin la Russie, qui a fait de si grands pas vers la civilisation, les lumières et les principes d'une vraie et loyale politique.

Oh! non certes, ce ne sera pas l'empereur Alexandre, qui marche si glorieusement sur les traces de ses illustres ancêtres; qui réalise tout ce qui lui paraît beau, grand et utile; qui chaque jour crée, améliore ou perfectionne ses institutions à l'instar des nôtres; qui appelle les philosophes et les publicistes de tous les pays pour répandre l'instruction et les lumières dans ses vastes états; non, ce ne sera pas un tel prince, si grand admirateur de Bonaparte, son digne émule et son ami particulier, qui prendra *pour offense* de le voir décoré d'un titre dont il est lui-même revêtu.

Non, encore une fois, nulle puissance n'aura garde d'improuver; toutes s'empresseront au contraire d'approuver la nouvelle réorganisation de nos pouvoirs, puisqu'en les rassurant davantage contre *la propagande* qu'elles ont si longtemps redoutée, elle nous mettra en accord, en conformité, et, s'il est permis de le dire, *en sympathie politique* avec elles.

Mais s'il en était une assez aveugle pour s'en faire un prétexte de nous déclarer la guerre, assez insensée pour regarder comme une *propagande* nouvelle, et plus dangereuse encore, le grand exemple que nous donnons à l'Europe :

Hé bien, qu'aurions-nous à redouter ? Nos cinq cent mille braves ne courraient-ils pas aux armes ! Marcher, combattre et vaincre, ne serait-ce pas pour eux la même chose? Malheur à celle qui croira, dans son délire, pouvoir retarder la fameuse époque qui se prépare pour le genre humain : celle de l'introduction d'un système politique entièrement neuf, qui protège également la liberté des peuples et la puissance des monarques.

Heureux les princes qui appuieraient leur puissance sur la liberté et l'égalité, puisqu'ils la fonderaient sur une base indestructible !

Et cependant à qui devraient-ils un aussi rare bienfait, si ce n'est au Premier Consul de la République française, qui n'aurait renoncé à sa première dignité que pour en prendre une plus analogue à la leur, et pour les inviter, en quelque sorte, à imiter ce bel exemple ?

Oui, j'ose le dire, parce que cela me paraît démontré :

En établissant le gouvernement consulaire, les Français ont fait un *appel* à tous les peuples ;

En acceptant le gouvernement impérial, Bonaparte fera *un appel* a tous les rois.

Cet appel, ils l'entendront ; et bientôt arrivera cette époque, *la plus mémorable de toutes*, où nous verrons se réaliser ce philantropique système de paix universelle, qui n'a été jusqu'ici *qu'un beau rêve.*

« Mais, nous dit-on encore, vous prétendez que « *le vœu du peuple éclate de toutes parts pour le* « *rétablissement de la monarchie*. Et moi, je pré- « tends être autorisé à regarder comme *factice* « *une opinion presque exclusivement concentrée* « *jusqu'ici parmi les fonctionnaires publics.* »

Je réponds que cette assertion est doublement fausse, et en ce que le peuple ne veut point de monarchie, dans l'acception que vous lui donnez, et en ce que nous n'avons jamais prétendu que ce fût là *le vœu du peuple.*

Nous disons (et nous n'avons jamais dit autre chose), nous disons que la nation veut que le gouvernement de la République française soit stabilisé, consolidé, rétabli sur de nouvelles bases, et devienne héréditaire dans la famille du Premier Consul, en la forme que le Sénat conservateur jugera devoir s'adapter le mieux avec *la liberté et l'égalité*, qu'elle veut aussi tout comme vous.

Or ce que nous disons ici est certain, patent, incontestable et notoire.

Si cependant vous portez le scepticisme jusqu'à en douter encore,

Lisez le *Moniteur*, et vous y verrez, comme nous, *ce vœu éclater de toutes parts* et se manifester de tous les points de la République;

Lisez le *Moniteur*, et vous y trouverez *ce vœu* consigné dans les innombrables *adresses* de toutes les *autorités constituées ; des collèges électoraux* d'arrondissement et de département; des municipalités , des préfectures, des tribunaux , *des camps*, des divisions, demi-brigades, bataillons et autres fractions de l'ARMÉE ; même individuellement de plusieurs des généraux, qui ont le plus vaillamment défendu la République (1) , enfin de

tous ceux qui la veulent comme vous, mais qui la veulent désormais à l'abri des trames, des complots des poignards, qui, en assassinant son auguste chef, la tueraient infailliblement elle-même.

Encore une fois, lisez le *Moniteur*, et osez répéter que *cette opinion est factice et concentrée dans les fonctionnaires publics*, vous qui savez bien que les citoyens n'ont pas le droit de se réunir pour émettre leur vœu, et que les membres des collèges électoraux sont les délégués ou les *mandataires* du peuple.

Et quant à l'armée, oseriez-vous aussi prétendre que son opinion est *factice* et son vœu *concentré* dans ses chefs ? Elle qui a cimenté de son sang les premières et trop faibles bases sur lesquelles s'éleva la République! Elle qui l'a si constamment et si glorieusement défendue contre la coalition des tyrans et contre les factions de l'intérieur ! Elle, en un mot, qui l'a illustrée par mille triomphes!...

Enfin oseriez-vous suspecter tous nos braves de ne vouloir plus être libres ?... Quel blasphème!... Eh! n'est-ce pas dans leur sein que se réfugia jadis la liberté , si dangereusement menacée ? N'est-ce pas des formidables divisions de l'armée d'Italie que partit la flamme électrique, qui ralluma son feu près de s'éteindre? N'est-ce pas le célèbre héros qui la commandait alors, qui en fut le *conducteur* et qui la sauva à cette époque, comme il l'a sauvée depuis, de concert avec ses invincibles défenseurs (1) ?

Rassurez-vous donc! *la liberté* ne périra jamais; car elle est sous la fidèle garde de l'armée, et elle y veillera aussi religieusement que les *vestales* sur le feu sacré.

Enfin prétendra-t-on , en dernière analyse, que ce vœu du peuple va directement contre ses intentions, attendu qu'il ne peut avoir d'autre effet que de rétablir le même gouvernement *monarchique* qu'il a déjà proscrit et aboli ?

Mais ce serait là encore une supposition gratuite, une allégation évidemment mensongère , puisqu'on ne propose aujourd'hui que ce qui a été proposé par tous les Français, dès le commencement de la Révolution, et depuis nous n'avons pas cessé de marcher tous vers le même but, quoique par des voies sans cesse opposées, quelquefois même contradictoires.

En effet, que voulut le peuple en 1789 ?

Il voulut l'abolition des ordres, la destruction des privilèges, le régime représentatif, le droit de voter l'impôt, enfin une constitution qui lui garantît *la propriété, la liberté civile et l'égalité politique.*

Que voulûmes-nous, pour le peuple, en *brumaire* de l'an VII?

Nous voulûmes précisément tous ces droits, toutes ces prérogatives, tous ces avantages; et la constitution de l'an VIII (improvisée d'autant plus à la hâte, que le Premier Consul était plus pressé de faire cesser sa dictature), cette constitution, dis-je, nous les a trop assurés, mais mal assurés.

Enfin le peuple et nous, que voulons-nous en ce moment suprême et décisif ?

Nous voulons, ce que nous avons toujours voulu, être libres, être heureux, être bien gouvernés et l'être à perpétuité.

Or tous nos orateurs ont rivalisé d'éloquence sur cette importante question, tous l'ont envisagée sous divers points de vue et sont arrivés aux mêmes résultats ; tous ont prouvé, avec la dernière évidence, que le seul moyen d'atteindre ce triple but, c'est d'appeler une nouvelle **dynas-**

---

(1) Murat, Bernadotte, Masséna, Augereau, etc.

(1) *Vid. in fin.*, nº IV.

tie; d'appuyer notre constitution sur de nouvelles garanties; d'en perfectionner les bases fondamentales et les détails organiques; de refondre ou de retremper toutes les institutions qui peuvent s'y adapter; enfin, de conférer un nouveau titre au sauveur de la France, et de rendre *ce titre* héréditaire dans sa famille.

Il n'y a donc ici rien de changé que le nom; la constitution reste inébranlable; le pouvoir est le même, ou, pour mieux dire, il sera plus concentré, mieux garanti et plus sagement balancé. Ce pouvoir est toujours dans les mêmes mains, qui l'ont si miraculeusement dirigé. Enfin Napoléon Bonaparte ne cesse pas d'être le chef de la nation, mais il l'est sous une nouvelle qualification; nous ne l'appellerons plus Premier Consul, nous ne le désignerons désormais que sous le titre d'Empereur.

Tel est le vœu du peuple français, telle est sa volonté souveraine; le Tribunat n'en est que le fidèle interprète et l'organe forcé (1).

Mais quand le peuple n'aurait pas voulu ce changement, quand nous ne l'aurions pas voulu nous-mêmes, je soutiens qu'il faudrait aujourd'hui le vouloir.

Pourquoi ?

Parce que nous ne pouvons plus rétrograder.

Par quel motif?

Par la plus impérieuse des lois, la nécessité, qui nous commande d'être d'accord avec nous-mêmes, de nous résigner et de souffrir ce qu'il nous est impossible d'éviter.

En voici la preuve.

La nation n'a-t-elle pas déjà décerné le pouvoir suprême au Premier Consul, par la constitution qu'elle a acceptée ?

Ne lui a-t-elle pas déféré, depuis, le Consulat à vie?

Enfin, le Sénat conservateur ne l'a-t-il pas autorisé à nommer son successeur ?

Or ce successeur, le premier magistrat peut sans doute, et à coup sûr, le nommer dans sa famille. Bien plus, il peut choisir, parmi les divers membres qui la composent, celui qu'il croira le plus digne de lui succéder. Ces membres eux-mêmes peuvent aussi, en vertu du sénatus-consulte organique, se succéder les uns aux autres. Et certes ils ne manqueraient pas de le faire jusqu'à l'entier épuisement de leur famille.

Donc le droit de transmission du pouvoir suprême réside déjà dans les mains et se trouve à l'entière disposition du Premier Consul; c'est-il dépend de lui de l'établir de fait et de l'impatroniser de droit dans sa famille; donc nous ne pouvons empêcher que ce pouvoir n'y devienne, malgré nous, héréditaire de fait et de droit, selon son bon plaisir, ou au gré de sa volonté.

Vous m'objecterez qu'il ne pourra au moins ni prendre ni transmettre le titre d'empereur.

Je réponds qu'il transmettra le titre de Premier Consul, et que cette dignité est, en un sens, plus respectable encore, puisqu'elle est *la seule* ainsi dénommée, et qu'elle caractérise le même pouvoir; d'où il suit qu'elle doit vous inspirer les mêmes alarmes, si du moins vous voulez être conséquent.

(1) Observons ici qu'on ne peut scinder le vœu *du peuple*. Il demande un système politique plus parfait que tous ceux que nous avons essayés. Mais ce n'est pas nous qui sommes appelés à organiser ce système, c'est le Sénat conservateur. Au reste *le peuple* veut son bonheur; il ne veut que son bonheur. Donc il veut tout ce qui peut et rien que ce qui peut le lui assurer sur les plus solides bases.

Reste toujours que toute la différence qui existe entre ce qui est et ce qui doit être, entre ce que *vous voulez* et ce que nous voulons, est toute dans le titre extérieur, et non dans l'essence du pouvoir qui vous offusque ; qu'ainsi il est maintenant bien clair que vous abandonnez la *chose* pour ne disputer que sur le *mot. Vide qualis causa cujus tam inanis et misera deffensio!*

Ainsi il n'est plus en notre puissance d'empêcher que le suprême pouvoir ne soit établi à *perpétuité* dans sa famille, si du moins elle se perpétue elle-même.

Mais ce qu'il nous est pas possible de ressaisir, sans inconséquemment revenir sur nos pas, il nous importe de le reprendre de sa main, en quelque sorte, pour le lui confier de nouveau sous un plus beau *titre*, et avec des garanties qui nous manquent encore; mais ce qui est une imperfection dans la Constitution et dans le *sénatus-consulte organique* peut et doit être rectifié ; mais ce que nous pouvons régulariser ou constitutionnaliser , il est de notre devoir de le faire , soit pour confier à *la loi* ce qui n'est encore soumis qu'à la disposition de *l'homme*, soit pour prévenir les inconvénients et les dangers d'un interrègne, attachés au mode existant.

Ainsi donc c'est le Premier Consul qui, effrayé d'un pouvoir dont pourraient abuser ceux qui viendraient après lui, nous remet, pour ainsi dire, une partie des droits que nous avions presque aliénés en sa faveur!... Et vous, qui lui reprochez d'être resté au-dessous *des Fabius, des Cincinnatus et des Camille*, reconnaissez ici votre étrange erreur, et rendez hommage à cette vraie grandeur d'âme, qui lui fait résigner dans les mains de la nation (pour que le Sénat conservateur puisse le mieux constituer) un immense pouvoir plus effrayant encore que la dictature; car je ne crains pas de le dire, c'est une sorte de pouvoir absolu, d'autant plus légitime, d'autant plus inviolable, qu'il a été organisé par ses représentants, et consenti par elle-même.

D'ailleurs ne serait-il pas ridicule de laisser subsister ce mode de transmission de la plus haute magistrature ?

Le Code civil a réglé l'ordre de succession pour nous et nos familles : la plus honorable de toutes sera-t-elle donc la seule qui ne puisse être irrévocablement fixée sur ses destinées ?

Cette contradiction dans nos lois serait aussi absurde qu'indécente. Le Sénat conservateur se hâtera donc de la faire disparaître, et la première famille de France aura la plus éminente des dignités comme *le plus beau des héritages*.

Quelle autre famille au reste pourrait y être appelée , puisqu'elles s'éclipsent toutes devant elle, et que nuls *titres* (quelque respectables qu'ils soient) ne peuvent rivaliser avec les siens.

Non, il n'en est aucune aussi grande , aussi illustre, aussi auguste que celle de Bonaparte, et il n'y a pas un seul potentat au monde qui ne se sentît plus qu'honoré de lui appartenir.

Quels éclatants services les honorables membres de cette famille n'ont-ils pas rendus à la liberté, dans les camps, dans les cabinets, dans les négociations, dans l'administration publique et à la tribune nationale ? Quelle est l'époque de la révolution où ils n'aient signalé leurs talents, leur courage, leur dévouement, leurs vertus, leur popularité ? Témoins *Rome , Lunéville , Amiens , le Portugal, Brest, Paris et Saint-Cloud* : autant de théâtres de leurs hauts faits , et où l'on ne sait trop ce qu'il faut le plus admirer, ou le zèle ardent qui les anime pour la défense commune, ou des brillants succès qui les ont couronnés.

Ajoutez à leur mérite personnel l'éclat que le nom radieux et la célèbre réputation du Premier Consul réfléchit sur ses frères; et osez leur disputer la prééminence.

Cet héritage encore, il n'a pas besoin de notre intervention ou de notre concours pour le leur transmettre; car sa gloire lui appartient, elle est à lui, c'est son *patrimoine* ; il a le droit d'en disposer à son gré, de le partager, de le léguer ; déjà même ils l'ont recueilli, puisqu'ils sont couverts de tous les genres d'illustrations.

Qui donc pourrait craindre de les voir passer au timon de l'Etat, et prendre les rênes de l'Empire ?...

Les héros, dit *Horace*, forment les héros.

Fortes creantur fortibus...

Quel heureux présage pour la France!

Il est temps sans doute de résumer une discussion déjà trop longue; mais le temps qui nous presse et les grands intérêts que j'avais à traiter ne m'ont pas permis de l'abréger.

Je crois avoir amplement justifié la motion d'ordre de notre collègue *Curée*, et le vote d'adoption que mon devoir, l'intérêt de ma patrie et le mien propre m'ont impérieusement prescrit d'émettre à son appui.

Je crois avoir suffisamment répondu à toutes les objections de notre collègue *Carnot* ; si l'on en excepte celle prise de la constitution des Etats-Unis d'Amérique, qu'il voudrait qu'on naturalisât en France, avec les modifications convenables. Mais cette objection a été si victorieusement réfutée par les orateurs qui ont parlé après lui, et notamment par notre collègue *Delpierre*, qu'il m'eût été impossible de rien ajouter aux démonstrations qu'ils ont présentées à cet égard.

Je crois avoir démontré 1° qu'il ne s'agit point ici, comme on le prétend, *du rétablissement du système monarchique*, proscrit en 1789, et imparfaitement reconstitué en 1791, mais d'une vraie République, adaptée au gouvernement d'un seul;

2° Que si, dans l'acception commune, elle ne ressemble en rien aux autres gouvernements républicains, il n'y a vraiment ici rien de changé que la dénomination, et que peu importe le mot quand on a la chose; mais qu'il n'en est pas moins incontestable qu'une telle forme de gouvernement n'a rien d'incompatible avec le *système représentatif ;* qu'elle paraît même être celle qui s'y approprie le mieux, puisqu'elle réunit les vrais avantages qu'on doit se promettre des républiques démocratiques et fédérales (comme celle des Etats-Unis), sans avoir aucun des inconvénients qui y sont attachés; inconvénients au reste d'autant plus redoutables, qu'à mesure qu'elles avancent vers la civilisation et la prospérité, ils préparent lentement et amènent tôt ou tard leur corruption, leur affaiblissement et leur chute;

3° Que ce système, qui nous a paru préférable à tous les autres, nous l'avons déjà essayé, en établissant d'abord le gouvernement consulaire, pour cacher, sous ce modeste emblème, la grande vérité, qui eût infailliblement alors effarouché les esprits trop timides, trop peu clairvoyants, ou trop servilement attachés à *leurs douces illusions* (puisqu'il en est aujourd'hui qu'elle effarouche encore); que ce fut là, en effet, le premier but que se proposèrent, et ceux qui concoururent le plus activement aux *journées de brumaire*, et les *brumairiens des* deux commissions législatives qui en organisèrent les résultats immédiats, et plus récemment encore ceux qui en furent les heureux *continua-*

teurs, en proposant le consulat à vie ; **mais** qu'aujourd'hui que le grand jour des manifestations est arrivé, nous pouvons hautement avouer nos louables intentions, *notre arrière-pensée*, **et** notre but ultérieur ;

4° Que ce gouvernement, dont nous avons **si** prudemment fait l'essai préliminaire avant de l'adopter définitivement, nous a prouvé par **la** plus sûre des expériences, et conséquemment par la plus incontestable des preuves, qu'il était **le** meilleur de tous, puisqu'il s'est majestueusement élevé au plus haut période de gloire, de force, de grandeur, et qu'il a fait, à lui seul, pendant le court intervalle de quatre années, plus de prodiges et de merveilles qu'aucun autre n'en **a** opéré pendant plusieurs siècles;

5° Enfin le moment étant venu de le **présenter** à l'Europe sous un aspect plus imposant, et **de** le mettre en harmonie avec elle, il est **urgent**, nécessaire, indispensable de substituer à sa première *forme extérieure* un emblème plus **magnifique**, plus resplendissant, plus conforme en **un** mot à la majesté de la nation française, en décorant son auguste chef du *nom sublime* d'Empereur des Français.

Ainsi le moment approche où le pacte **social** et les institutions qui s'y approprient vont **être** rétablis, perfectionnés et confirmés sur de **plus** sûres et de plus solides bases. Ainsi, par tout ce qui a été déjà fait comme par tout ce qui reste **à** faire, sera enfin résolu *le grand problème de la liberté publique dans ces vastes Etats*, et ce **grand** but ultérieur, où nous tendons tous depuis **quinze** années, ce but dont on nous reproche de **nous** éloigner, nous l'aurons pourtant éminemment atteint.

O vous le premier des héros et le plus **vertueux** des hommes, il vous était réservé, dans les immuables décrets de la Providence, de vous élever au-dessus de tous vos semblables, et **d'être** aussi digne de créer un nouveau siècle et de fonder un nouvel Empire !

Il vous était réservé, après avoir effacé *toutes les gloires*, d'en conquérir une que vous ne partagez avec aucun des héros de l'antiquité la plus reculée.

Enfin il vous était réservé, en conciliant ce qui paraît d'abord inconciliable, de présenter au monde le spectacle encore inouï de la liberté et de l'égalité unies par une *triple* alliance, **au** pouvoir d'un seul (1), et assises sous le dais à côté de la dignité impériale !

Ah ! si jamais les *factieux* ou les *tyrans* **se** coalisaient pour les désunir, nous vous en conjurons tous, soyez leur constamment fidèle, **et** que le lien sacré qui les lie et confond leurs destinées en une seule ne soit jamais ni rompu ni relâché ! songez qu'ils ne sauraient en attaquer une sans les ébranler toutes trois, **car elles sont** désormais inséparablement unies !

Vous les couvrirez donc de votre puissante égide; vous les ferez triompher de leurs communs ennemis; et elles seront aussi impérissables que votre nom, déjà voué à l'immortalité !

Et vous, appelés après lui à gouverner l'Empire, ne fussiez-vous que des hommes ordinaires, vous *grandiriez* bientôt en fixant le modèle de toutes les grandeurs. Oui, je me plais à le croire, le sceptre de l'Empereur des Français ne sera jamais déplacé dans vos mains, parce que vous l'aurez vu régner et que vous vous efforcerez de marcher sur ses traces. Ne pouvant espérer de

_____

(1) Véritable image de l'emblème sacré.

l'égaler, vous bornerez vos nobles efforts à l'imiter, et votre tâche sera encore aussi pénible qu'effrayante.

Mais la carrière que ce grand homme a parcourue et celle qu'il doit parcourir seront si vastes, si immenses, que vous pourrez même ne le suivre que de loin, et vous illustrer encore.

Un grand nom est toujours difficile à porter ; et quand la gloire n'est que transmise, elle est le plus accablant des fardeaux.

Cependant rassurez-vous, ne vous découragez pas, puisqu'une partie de celle qu'il vous transmettra vous est personnelle. Forts de son exemple et de ses sublimes leçons ; dirigés par des intentions pures; appuyés sur la Charte constitutionnelle, qui proclama la vraie liberté et l'égalité ; aidés par de bonnes lois et par de sages institutions; soutenus par ces corps intermédiaires qui sont à la fois et le rempart du pouvoir et la digue qui en arrête le débordement; enfin, secondés par tout ce qu'il y aura de gens de bien, par les vrais amis de la patrie, et surtout par ces hommes courageux, qui, également en butte aux deux partis, les ont combattus tour à tour, vous braverez les orages et les tempêtes, les dangers et les écueils, les trames et les complots, les guerres civiles et les guerres étrangères ; vous défendrez avec une magnanime impartialité les prérogatives de la nation et les vôtres ; vous saurez maintenir le rang suprême que la France a repris parmi les puissances de l'*Europe*; vous conserverez religieusement, comme l'Arche sacrée, le précieux dépôt qui vous aura été confié ; et vous transmettrez *intacte* et *pure* à vos successeurs cette dignité impériale héréditaire, que le plus grand des héros aura encore rehaussée et honorée !...

Héritiers de sa gloire, puissiez-vous hériter de son génie et de ses vertus !

Héritiers de l'Empire, puissiez-vous n'être heureux que du bonheur du peuple français !

Je vote pour la motion faite par notre collègue *Curée*.

NOTES.

N° I. Voici les noms de tous ceux de mes anciens collègues (siégeant aujourd'hui au Tribunat ou au Conseil d'État, ou au Sénat conservateur) qui ont concouru à préparer et à amener les événements mémorables de *brumaire*.

Les citoyens *Bonaparte* (Lucien) *Baudin (des Ardennes), Barailon, Boulay (de la Meurthe), Boutteville, Cabanis, Chasal, Cornet, Cornudet, Courtois, Delecroy, Fargues, Fregeville* (le *général*), *Goupil-Préfeln, Herwin, Lahary, Lemercier, Lenoir-Laroche, Régnier, Rousseau, Villetard, Vimar.*

On me pardonnera sans doute de publier cette honorable liste et de m'y inscrire moi-même, quand on saura que dans presque tous les écrits qui ont fait mention de ces journées, on semble avoir affecté, je ne sais pourquoi, ou de taire *mon nom*, ou de le défigurer pour le rendre méconnaissable, ou enfin de m'en donner un qui n'est pas le mien, et de me ravir ainsi la part que j'y ai prise pour l'attribuer à un autre (*). C'est ce qui m'engagea, dans le temps, à réclamer en secret contre cette inexactitude, par l'entremise et les conseils du sénateur Lucien *Bonaparte* (**)

<hr>

(*) *Hos ego versiculos feci tulit alter honores-Sic vos, non vobis,* etc...

(**) Voici la lettre que ce sénateur m'écrivit à cette occasion, le 28 fructidor an X.

« Je vois avec intérêt, citoyen tribun, les démarches que vous avez faites pour revendiquer la part qui vous est due de la journée du 18 *brumaire*. Il eût été fâcheux qu'une erreur de nom vous eût privé d'un recueillir les avantages. Je me ferai un plaisir, toutes les fois que l'occasion s'en présentera, de rendre témoignage aux faits énoncés (Ce sont ceux que j'ai rappelle ici) dans la lettre que vous adressez à l'éditeur du *Mémorial de la*

On me pardonnera encore, je l'espère, de rappeler ici l'acte de dévouement auquel j'ai concouru, et de dire ce que j'ai fait, à cette époque, pour justifier d'avance ce que j'ai dû faire aujourd'hui : car, comme l'a très-bien dit notre collègue *Chabaud-Latour*, le vœu qu'on nous propose d'émettre n'est que *la suite et la conséquence nécessaire de ces heureuses journées;* si, comme l'a tout aussi ingénieusement imaginé notre collègue *Albisson*, toute la question est de savoir *s'il faut achever le 18 brumaire;* on ne saurait trouver étrange ni déplacé que j'en réclame la part qui m'est due, puisque je fournirai par là un nouveau garant de la pureté de mes intentions et de la sincérité de mon vote.

Voici donc comment j'ai pu, quoique bien faiblement, y contribuer.

Le 15 brumaire nous assistâmes (à l'exception du malheureux *Baudin*, qui mourut de joie en apprenant l'arrivée subite et imprévue du général Bonaparte) à la fête que les deux Conseils donnèrent à ce général et à son état-major.

Nous y reçûmes l'invitation de nous réunir, et nous nous réunîmes en effet, chez le citoyen Lemercier (*), alors président du *Conseil des Anciens,* pour aviser aux moyens de faire prendre l'initiative à ce Conseil, afin qu'il pût remettre la dictature à ce héros que le ciel semblait nous avoir envoyé pour sauver la chose publique.

Le citoyen L. Bonaparte ouvrit la séance; nous nous liâmes d'abord par un serment; il nous proposa ensuite les mesures qui devaient être prises, et parla aussi éloquemment que chaleureusement pour en déterminer l'adoption.

Quelques-uns de nos collègues en proposèrent d'autres. Il y eut beaucoup de débats; mais on ne put rien résoudre, rien délibérer, rien arrêter dans cette première réunion, si ce n'est la nécessité d'en effectuer une autre, pour nous mettre en accord, et le danger qu'il y aurait à laisser transpirer cet important secret, en se rassemblant de nouveau dans la même maison, où déjà l'on nous avait découverts.

La délibération en était à ce point d'incertitude, et nous étions à même de nous séparer, sans trop savoir si nous nous réunirions le lendemain, ni où nous pourrions nous réunir.

Le citoyen Lucien Bonaparte reprend la parole et nous dit avec véhémence qu'il n'y a pas un instant à perdre, que le général Bonaparte était infiniment pressé, et se proposait dès le lendemain même de frapper le coup décisif; qu'au reste il a tout concerté avec lui, que le général *répond de tout,* et qu'il est urgent de se réunir le lendemain.

Je me lève soudain pour appuyer sa proposition, et j'offre à l'instant même de recevoir chez moi la réunion, qui me paraît en effet être de la plus indispensable et de la plus urgente nécessité.

Mes collègues hésitent un moment de crainte de compromettre ou ma sûreté en cas de non réussite, ou le succès même de la tentative; je soutiens et leur prouve qu'il n'est pas de local plus commode, plus sûr, ni plus rapproché du lieu de nos séances (**). Alors ma proposition est acceptée et l'on arrête que l'on se rendra chez moi le lendemain, 17, à 7 heures du matin.

Tous mes collègues y vinrent en effet, *deux à deux,* pour écarter toute idée de rassemblement, et pour ne pas donner l'éveil. C'est dans cette seconde réunion que toutes les mesures furent débattues, concentrées et définitivement arrêtées pour la journée du 18 *brumaire.*

Voilà ce que j'ai cru devoir faire alors pour contribuer autant qu'il était en moi à sauver la chose publique; et il m'est bien permis, je pense, de publier aujourd'hui, à l'appui de mon opinion, ce que j'ai tenu secret pendant plus de quatre ans.

N° II. Je ne parle pas ici des ministres d'alors qui tous, à l'exception d'un seul, étaient des hommes probes autant qu'éclairés : c'étaient les *Rolland,* les *Servan,* les *Clavière,* les *Duranthon;* les *Lacoste ;* j'entends désigner par là l'astucieux comité secret, présidé par le fameux

<hr>

Révolution, et je vous renvoie, pour que vous en fassiez l'usage auquel vous la destinez.

J'ai l'honneur de vous saluer.

        Signé : L. BONAPARTE. »

(*) Hôtel de Breteuil, près le Manège.

(**) J'étais logé alors rue de l'Échelle, n° 567.

Dumouriez, ministre des affaires étrangères, et où ce politique d'un jour réglait, avec quelques-uns de ses pareils, les grandes destinées de la France. Etant, comme je l'ai déjà dit, à cette époque, secrétaire général de la justice, j'eus plus d'une occasion de bien connaître la conduite et les intentions de ce malheureux prince. Il était probe, franc et bien intentionné ; mais il était faible, timide et irrésolu. Ce comité le maltraisait, le dominait au point que ce qu'il promettait la veille, il le rétractait le lendemain. C'est ce qui arriva notamment à l'égard des décrets relatifs *aux prêtres* et *au camp sous Paris*. Il prit, avec le ministre de la justice, l'engagement de sanctionner ces décrets, dont il le chargea de rédiger les motifs de sanction. Nous passâmes la nuit, le ministre et moi, pour n'en pas retarder la rédaction. Le lendemain matin, il les lui apporta ; et la sanction promise au *conseil privé* fut refusée, parce que le *comité secret* avait, dans l'intervalle, délibéré ce refus. Combien de traits pourrais-je citer qui feraient absoudre ce monarque des perfidies qu'on lui a reprochées ! mais cela serait superflu.

J'ai cru devoir à sa mémoire ce témoignage de sa probité, trahie par sa faiblesse et par les intrigues de ceux qui l'entouraient, pour qu'on ne le confonde pas avec les autres membres d'une famille devenue l'objet du mépris de toutes les puissances de l'Europe, si l'on en excepte celle qui ose la soudoyer pour le crime et pour notre destruction.

N° III. Après avoir fait cesser les hostilités, le héros de l'*Italie* accorde cinq jours au *Pape* pour lui envoyer un négociateur muni de pleins pouvoirs.

Ce procédé généreux, et le plus héroïque de tous, en pareille occurrence, détermine le Saint-Père à lui écrire une lettre ainsi conçue :

Pie VI,

« Cher fils, salut et bénédiction apostolique. Désirant terminer à l'amiable nos différends avec la République française, par la retraite des troupes que vous commandez, nous envoyons et députons vers vous, comme nos plénipotentiaires, deux ecclésiastiques, M. le cardinal *Mathai*, parfaitement connu de vous, et monseigneur *Caleppi*, et deux séculiers, le duc dom Louis *Brachi*, notre neveu, et le marquis *Camille Massimo*, lesquels sont revêtus de nos pleins pouvoirs... Assuré des sentiments de bienveillance que vous avez manifestés, nous nous sommes abstenus de tout déplacement de Rome ; et par là vous serez persuadé combien grande est notre confiance en vous. Nous finissons en vous assurant de *notre plus grande estime, et en vous donnant la paternelle bénédiction apostolique*.

« Donné à Saint-Pierre de Rome, le 22 février 1797.

« *Signé* : PIE P. P. VI. »

Bonaparte lui répond en ces termes :

« Très-Saint Père,

« Je dois remercier Sa Sainteté des choses obligeantes contenues dans la lettre qu'elle s'est donné la peine de m'écrire.

« La paix entre la République française et Votre Sainteté vient d'être signée.

« J'engage Votre Sainteté à se méfier des personnes qui sont à *Rome*, vendues aux cours ennemies de la *France*, ou qui se laissent exclusivement guider par les *passions qui entraînent toujours la perte des Etats*.

« Toute l'Europe connaît les *inclinations pacifiques* et *les vertus conciliatrices* de Votre Sainteté. La République française sera, j'espère, une des amies les plus vraies de Rome.

« J'envoie mon aide de camp chef de brigade (*) pour exprimer à *Votre Sainteté l'estime et la vénération parfaites que j'ai pour sa personne* ; et je la prie de croire au désir que j'ai de lui donner, dans toutes les occasions, les preuves de respect avec lesquelles j'ai l'honneur d'être *son très-obéissant serviteur*.

« *Signé* : BONAPARTE. »

N° IV. Je ne puis résister ici au désir de rappeler une des plus belles proclamations de ce général, qui retrace en quatre mots tous les résultats et tous les prodiges de la brillante campagne d'Italie. En voici le texte :

« Soldats,

« La prise de Mantoue vient de finir la campagne qui

(*) Ce fut le chef de brigade Marmont, aujourd'hui général de division, conseiller d'Etat, et premier inspecteur général de l'artillerie.

vous a donné *des titres* éternels à la reconnaissance de la patrie.

« Vous avez remporté la victoire dans quatorze batailles rangées et *soixante-dix* combats, vous avez fait plus de *cent mille prisonniers*, pris à l'ennemi *cinq cents* pièces de canon de campagne, *deux mille* de gros calibre et *quatre* équipages de pont.

« Le pays que vous avez conquis a nourri, entretenu et soldé l'armée pendant toute la campagne, et vous avez envoyé *trente millions au ministère des finances* pour le soulagement du *trésor public*.

« Vous avez enrichi le muséum de Paris de plus de trois cents chefs-d'œuvres de l'ancienne et de la nouvelle Italie, et qu'il a fallu trente siècles pour produire.

« Les Républiques Lombarde et Cisalpine vous doivent leur liberté... Les rois de Sardaigne, de Naples, le Pape et le duc de Parme se sont détachés de la coalition de nos ennemis et ont brigué notre amitié. Vous avez chassé les Anglais de Livourne et de la Corse... Mais vous n'avez pas encore tout achevé !... »

Quel prophétique langage !

Non, sans doute, tout n'était pas alors *achevé*, puisqu'il a fallu pendant *cinq ans* encore souffrir, combattre et vaincre ; endurer la faim, la soif et la nudité ; braver en Egypte les ardeurs dévorantes d'un ciel brûlant et les affreux ravages de la peste ; franchir la cime inaccessible des Alpes, à travers les neiges et les glaces éternelles qui en défendent l'approche, et de là se précipiter dans les plaines de Marengo, pour joindre à tous ces triomphes l'immortelle victoire qui ceignit sa couronne tous.

Non, tout n'était pas alors achevé !... Mais aujourd'hui enfin tout s'achève par alors soldats et par leur incomparable général, par la nation et par ses représentants, par le peuple et pour le peuple.

Labrouste (de la *Gironde*). Tribuns, au point où en est arrivée la discussion qui vous occupe, je n'ai pas la prétention de croire pouvoir rien ajouter aux vérités que des voix nombreuses et plus éloquentes que la mienne vous ont déjà fait entendre. Prolonger plus longtemps des dissertations non contredites sur des questions déjà jugées par l'expérience des siècles, par notre expérience propre, et par l'unanime conviction de tous les Français, ce serait à la fois abuser de vos moments et retarder celui si fort désiré par tous du bien que vous êtes appelés à faire. Mais j'ai cru que, dans une circonstance aussi importante, je devais toute ma pensée aux vrais amis de la liberté, dont je m'enorgueillis d'avoir constamment été le fidèle mandataire ; et c'est cette tâche sacrée, autant qu'honorable et douce, que je viens remplir, en proclamant et motivant mon vœu individuel.

Je vote *pour la réunion définitive du pouvoir exécutif dans les mains d'un seul*, parce que ce n'est que dans les mains d'un seul que le pouvoir exécutif peut avoir l'unité de vues, la rapidité d'action et la force nécessaires à un grand Etat, à une population nombreuse, à un peuple à la fois belliqueux, agricole, commerçant et industrieux, à une nation enfin que sa position topographique, le rang qu'elle occupe dans l'Europe, et ses relations avec toutes les parties du globe, exposeraient au dehors à de continuelles attaques, quand la multiplicité et la complication des intérêts de ses propres citoyens ne la menaceraient pas au dedans de dissensions fréquentes, de plus ou moins funestes agitations.

— Je vote l'unité du pouvoir exécutif, parce que huit ans d'essais malheureux n'ont que trop prouvé combien peu convenait à la France un gouvernement collectif quelconque, tandis qu'une expérience fortunée de quatre années nous a appris, au contraire, à quel degré de puissance et de considération, à quelle prospérité, elle peut prétendre sous l'empire des lois et la conduite d'un seul. — Je vote enfin l'unité du **pouvoir** exécutif, parce que cette unité du pouvoir exécutif existe, parce qu'elle existe par le vœu du peuple, et parce qu'en la consacrant aujourd'hui solennellement, nous ne faisons qu'obéir à sa voix souveraine et toute-puissante, qui nous commande de lui garantir à jamais les biens inappréciables dont il jouit depuis quatre années à l'abri de ce tutélaire pouvoir.

Je vote pour *l'hérédité du pouvoir exécutif*, parce que l'hérédité seule du pouvoir exécutif garantit la stabilité des gouvernements, et que l'instabilité des gouvernements est le fléau le plus destructeur des peuples; parce que l'hérédité seule assure aux États la tranquillité, sans laquelle il n'est pour eux ni vraie liberté, ni prospérité publique; parce qu'elle seule écarte les ambitions, prévient les rivalités, et étouffe le germe populaire des dissensions civiles. — Je vote pour l'hérédité du pouvoir exécutif, parce que je crois le gouvernement électif, quelque forme d'élection que l'on adopte, le plus dangereux, le plus abusif, le plus subversif de tous pour une nation telle que la France. — Je vote pour l'hérédité du pouvoir exécutif, parce que l'hérédité seule garantit les nations des déprédations d'un népotisme dévorateur, toujours renaissant sans elle, des convulsions périodiques qu'excite dans son sein chaque élection, et des fréquentes et inévitables révolutions qui en sont la suite. — Je vote enfin pour l'hérédité du pouvoir exécutif, parce qu'elle seule identifie l'intérêt des gouvernements à celui des peuples; parce qu'elle élève aujourd'hui entre les Bourbons et nous, entre la contre-révolution et nous, une nouvelle barrière indestructible et insurmontable; parce qu'enfin le pouvoir héréditaire seul est conservateur par essence, et que notre devoir aujourd'hui est d'assurer au peuple français la conservation des droits qu'il a recouvrés, des biens qu'il a conquis par tant d'efforts d'héroïsme et de sacrifices.

Je vote *le dépôt du pouvoir exécutif unique et héréditaire entre les mains de Napoléon Bonaparte et de sa famille*, parce que Napoléon Bonaparte est, de tous les citoyens français, le citoyen le plus grand et le plus illustre; parce qu'après avoir étonné le monde par le bruit de ses exploits presque fabuleux, il en a excité l'admiration par une modération vraiment héroïque et plus incroyable encore; parce qu'après avoir vaincu et pacifié l'Europe, il l'a consolée encore par sa longanimité, son respect pour les traités et la loyauté de sa politique. — Je vote le dépôt du pouvoir exécutif unique et héréditaire entre les mains de Napoléon Bonaparte et de sa famille, parce que, après avoir glorieusement défendu la France à la tête de ses invincibles guerriers, après l'avoir miraculeusement retirée des bords de l'abîme prêt à l'engloutir, Napoléon Bonaparte a su rallier tous les esprits, imposer silence aux factions, faire jouir les Français d'un repos inconnu pour eux depuis dix années, cicatriser au dedans toutes les plaies, et porter au dehors le nom français au plus haut point de gloire, de considération et d'estime où jamais il soit parvenu. — Je vote enfin le dépôt du pouvoir exécutif unique et héréditaire entre les mains de Napoléon Bonaparte et de sa famille, parce que, mieux que personne, Napoléon Bonaparte et sa famille sauront et voudront conserver ce dépôt sacré; parce que, mieux que personne, Napoléon Bonaparte et sa famille sauront et voudront maintenir la liberté sous les étendards de laquelle ils ont marché avec nous, l'égalité du sein de laquelle ils sont sortis avec nous, et les

principes libéraux, seule garantie assurée désormais de leur prospérité comme de la nôtre; parce que celui qui vainquit nos ennemis assura notre indépendance, et rendit à la France ses limites naturelles, celui qui rétablit parmi nous la religion et la liberté des cultes consacra l'uniformité de nos lois civiles, et nous fit jouir des douceurs de l'égalité politique, celui enfin qui, associé à tous les travaux d'une révolution fertile en malheurs mais également féconde en grandes choses, sut .en compléter, régulariser et consolider les sublimes résultats, voudra et saura, plus que personne, conserver intact son ouvrage, et le transmettre de génération en génération à ses descendants, solidairement intéressés à le conserver à leur tour.

Je vote enfin pour que les institutions garantes de la liberté et de l'égalité politiques et civiles soient clairement et irrévocablement fixées; que la liberté politique soit à jamais assurée par une représentation nationale, indépendante et libéralement combinée; qu'une magistrature respectée et indépendante préside au maintien de la liberté civile; que l'égalité politique et civile soient irrévocablement garanties par l'éternelle proscription du régime féodal, des distinctions de naissance et des priviléges, que les biens conquis sur la mainmorte et sur les transfuges soient imperturbablement acquis à leurs légitimes possesseurs; que des institutions enfin libérales à la fois et fortes préviennent pour toujours le retour des anciens abus, et celui non moins effrayant des révolutions qu'ils entraînent à leur suite : et nous pourrons dire alors, mais alors seulement, que la Révolution est finie, et la grandeur comme la prospérité du peuple français fondées à jamais.

Jamais ma conviction, que je votais dans l'intérêt du peuple, n'a été plus intime et plus profonde. Vive la grande nation ! vivent les droits imprescriptibles du peuple! Vive Napoléon Bonaparte, sauveur et glorieux Empereur des Français !

Perrée. Tribuns, il est temps, sans doute, de revenir au point d'où nous sommes si inconsidérément partis.

Dix ans de délire, de paroles et d'actions ; une génération engloutie; les richesses de plusieurs générations consommées;

Le savoir, l'honneur et l'innocence proscrits ou immolés ;

La divinité insultée :

Tel a été le résultat de cette souveraineté, créée pour l'effroi du présent et pour l'exemple de l'avenir.

Les plus viles passions ont bien pu s'emparer des rênes d'un empire que tenait d'une main faible la probité privée, jouet de la corruption de sa famille, si coupable pour sa félonie et sa trahison envers la nation.

Mais, dans un temple inconnu du crime, l'éternelle raison, la force du climat et des mœurs, la conscience de la nation, travaillaient de concert et en silence à rétablir une autorité digne de leurs efforts.

Depuis dix ans, chaque jour la victoire et la magnanimité déposaient dans cet asile leurs droits et leurs titres.

C'était le temple de la gloire : ses portes ne devaient s'ouvrir qu'à la voix de la patrie reconnaissante; elle y a donné l'autorité suprême à l'homme qui, par-dessus tous les genres de courage, a eu celui de l'accepter.

Il a justifié l'attente de la patrie; il s'est montré digne de sa fortune.

Les décrets de la Providence sont remplis.

Qu'il gouverne longtemps pour le bonheur des Français, pour l'affermissement de l'Empire dont il a si loin reculé les bornes.

Il vous était réservé d'évoquer les événements du septième et du dixième siècles, pour les appliquer à de semblables circonstances.

Mais alors la noblesse laissa prendre ce qu'elle ne pouvait garder.

Le clergé confirma ce qu'il s'était arrogé, le droit de disposer au nom du ciel.

Et tous deux ne s'oublièrent pas dans la transaction.

Les chaînes de la servitude restèrent les mêmes.

Maintenant la nation est dans tous et pour tous; tous sont la nation, illustrée par tant de prodiges de valeur, de dévouement et de patience.

Ici, sous les portiques de ce palais, ont été développées les premières opinions généreuses de 1789.

Les abstractions et leurs fauteurs ont passé.

Ici, au milieu de vous, qui avez traversé les orages de trois constitutions, commande la voix de la nécessité et du sentiment.

Dans quel moment plus calme sera-t-il permis d'obéir à une voix aussi puissante et aussi chère?

Vous êtes l'écho légal de l'acclamation nationale : elle veut l'hérédité du pouvoir, elle veut l'égalité des droits.

Elle veut l'un pour éternel hommage à tant de sacrifices, l'autre pour son repos et pour le maintien de tant de gloire.

Soyons donc en mesure de la majesté nationale, en mesure de la prescience de celui qui a devancé le temps.

Consacrons le vœu d'hérédité de l'autorité suprême dans la famille du Premier Consul par tous les vœux qui peuvent rendre cette autorité glorieuse, prospère et durable.

1. Je demande une loi relative à l'ordre successif de cette hérédité.

Cette loi, déclarée loi fondamentale de l'Etat, sera placée en tête du Code civil des Français; elle en sera le principe, tandis que l'hérédité féodale n'était que la conséquence de la loi salique.

2. La perpétuité du régime représentatif, objet de la vénération comme de l'attachement des Français.

3. La permanence d'un corps intermédiaire, égal à tous par les droits, supérieur à tous par les grands services rendus à la patrie ;

Que ces membres, gardiens de la liberté civile, obtiennent le respect des peuples par leur courage à dire la vérité au gouvernement, et la confiance du monarque qu'ils feront chérir des peuples.

4. L'indépendance des tribunaux.

5. La dépendance civile des ministres de tous les cultes.

Ainsi nous paierons notre dette à la patrie et à celui qui la préserva de l'anéantissement.

Puissent les successeurs du Premier Consul conserver, par vénération pour sa mémoire, pour leur propre intérêt, pour la prospérité nationale, le plus bel héritage qui ait jamais été transmis, celui de son génie et de sa gloire. celui de la reconnaissance des Français! ... t est notre ... rantie.

J'ado...

Le

Jard-Panvilliers fait un rapport *sur l'émission d'un vœu tendant à ce que Napoléon Bonaparte, actuellement premier consul de la République, soit déclaré Empereur des Français, et à ce que la dignité impériale soit héréditaire dans sa famille.*

Citoyens tribuns, après dix ans d'efforts inutiles pour se donner un gouvernement stable et régulier, la France allait être de nouveau livrée aux fureurs des partis et aux désordres de l'anarchie, lorsqu'elle vit luire la journée à jamais mémorable du 18 brumaire an VIII. Dès lors tous les cœurs se livrèrent à l'espérance.

Un héros, qui avait déjà rempli l'univers du bruit de ses exploits militaires et de la profondeur de ses vues politiques dans les divers traités qu'il avait conclus en Italie, et dans le gouvernement de ses conquêtes d'Egypte, était accouru des bords du Nil aux rives de la Seine, à la voix de la patrie éplorée. Conduit par le génie tutélaire de la France à travers des flottes ennemies, il avait touché le sol de la République au moment même où des factieux se disposaient à y rétablir le règne affreux de la terreur, son nom seul pouvait leur en imposer ; il devint l'objet des espérances de tous les bons citoyens. Tout ce qu'il y avait d'hommes amis de leur pays dans les premières autorités de l'Etat se rallia autour de lui, et sentit la nécessité de lui remettre les rênes du gouvernement. Il les saisit d'une main ferme, mais avec tous les ménagements que commande une politique sage et éclairée.

Il introduisit l'esprit de modération dans le gouvernement ; et le premier usage qu'il fit de l'autorité qui lui était confiée fut de proposer aux puissances étrangères de mettre un terme aux malheurs de la guerre qui depuis dix ans ensanglantait l'Europe. Des propositions de paix de la part d'un héros qui n'avait jamais connu de défaites, que celles de ses ennemis étaient bien propres à rassurer les gouvernements sur les projets de conquêtes et de bouleversement qu'on supposait à la France : mais les passions qui avaient allumé le feu de la guerre étaient encore trop exaspérées pour que ces propositions fussent accueillies. Il fallut recourir encore à la force des armes, et cette nécessité donna lieu à ce prodige militaire, à cette campagne de Marengo, monument éternel de la valeur des Français et de l'habileté de leur chef, qui, par une démarche aussi audacieuse que savamment combinée, s'empara de tous les magasins de l'ennemi, et le força par une seule victoire à lui remettre toutes les places fortes du Piémont et de la Lombardie.

Depuis longtemps il avait accoutumé les peuples à ses succès ; mais celui-ci parut si fort au-dessus de tout ce que l'histoire nous apprend de triomphes des plus grands capitaines et de ses propres victoires, qu'il excita une admiration universelle, et fit sentir aux puissances coalisées qu'elles tenteraient inutilement de vaincre une nation qui dès lors se crut elle-même invincible sous un tel chef.

Toutefois le fléau de la guerre ne fut encore ...tdu que pour quelques instants ; mais la ... militaire du premier consul de la République... administration intérieure, la dignité et ...ion qu'il mettait dans ses rapports avec gouvernements, inspirèrent tant à la nation, que la sécurité renaquit c ... que citoyen, que le commerce et le crédit public se rétablit ... naix la plus parfaite. ...de pouvait-on avoir en effet quand on savait qu'un génie actif et bienfaisant veillait à la sûreté intérieure et extérieure de l'État? la paix, ce bien si désiré, personne n'ignorait qu'elle était l'objet de ses vœux les plus ardents. On se flattait que la victoire et la modération écarteraient tous les obstacles qui s'opposaient à son retour, et cette espérance ne tarda pas à se réaliser. Dans moins d'un an l'Europe entière fut pacifiée ; elle le serait encore si une puissance, jalouse du bonheur des autres nations et de la prospérité de la France en particulier, n'avait violé le traité le plus solennel.

Mais ce manque de foi, tout en excitant dans le cœur des Français le mépris, l'indignation et le désir d'une juste vengeance, n'avait point troublé le bonheur intérieur de la République tant qu'on avait cru qu'il s'agissait entre les deux puissances d'une guerre franche et loyale, telle qu'elle doit se faire entre les nations civilisées. Tous les citoyens se confiant dans la sagesse et l'habileté du chef de l'État, et dans la valeur de nos guerriers, continuaient à jouir de la tranquillité à laquelle nous sommes accoutumés depuis le 18 brumaire. Tous les délits politiques étaient pardonnés. Chacun jouissait pour soi-même et pour ses propriétés d'une sécurité d'autant plus douce, qu'on en avait été privé plus longtemps.

On reconnaissait l'auteur de tant de bienfaits ; on faisait des vœux pour sa conservation ; mais, comme si on se fût fait illusion sur la fragilité de la vie humaine, ou qu'on eût cru que le bienfaiteur d'une nation devait être immortel comme son nom, bien peu de personnes portaient leur pensée au delà de la durée de son existence.

Peut-être est-il dans la nature du cœur de l'homme de craindre d'altérer sa propre félicité en osant en envisager le terme. Quoi qu'il en soit, c'était une idée commune et chère à la généralité des citoyens, même avant que le vœu public en fût émis, que la magistrature suprême devait être fixée à perpétuité sur la tête du Premier Consul ; mais on ne s'occupait point de prévoir entre les mains de qui elle passerait après lui, ni les commotions politiques que ce changement pourrait occasionner.

Ainsi la masse de la nation avait vécu dans cette dangereuse imprévoyance jusqu'à ce que la découverte des horribles attentats médités par le gouvernement anglais contre sa personne, nous ait averti des espérances que nos ennemis fondaient sur l'assassinat de ce grand homme, sur les agitations intérieures et sur les changements de systèmes politiques auxquels l'élection de son successeur pouvait donner lieu. Alors tous les esprits se sont réveillés sur le danger qui nous menaçait : l'attachement, inséparable de sentiment de la reconnaissance pour celui qui a fait succéder un état de prospérité à l'état d'angoisses et d'inquiétudes dans lequel nous avions vécu pendant plusieurs années, a d'abord fait frémir tous les cœurs du danger personnel qu'il a couru : mais à ce sentiment a succédé celui de l'intérêt de tous.

En continuant de faire des vœux pour la conservation des jours du héros à qui la France doit sa gloire et la félicité dont elle jouit, tous les hommes pensants ont senti que le mode prescrit par le sénatus-consulte organique de la Constitution, pour pourvoir à son remplacement en cas de mort, n'offrait pas une garantie suffisante de la tranquillité de l'État. De toutes parts les citoyens éclairés, réunis dans les colléges électoraux, dans les autorités constituées et même dans les camps, ont exprimé le vœu de voir prendre des mesures constitutionnelles pour donner à notre gouvernement une stabilité telle que la perte même de son chef actuel ne pût en entraîner la ruine, et que par conséquent le succès des crimes médités contre sa personne fut inutile à nos ennemis.

Interprète de ce vœu véritablement national, notre collègue Curée vous en a développé les motifs avec autant de force de raison que d'éloquence, et vous a proposé le moyen de le remplir. C'est cette proposition que la commission dont je suis l'organe a examinée par votre ordre, et qu'elle a adoptée à l'unanimité.

Elle a pour objet de décerner la dignité d'Empereur des Français au premier magistrat actuel de la République, et de la déclarer héréditaire dans sa famille.

Votre commission, frappée des diverses considérations qui vous ont été présentées par tous les orateurs qui ont parlé en faveur de cette mesure, a pensé qu'elle offrait le seul moyen de donner de la stabilité à notre gouvernement, d'assurer la tranquillité de l'État, et de garantir, pour la génération présente et celles qui lui succéderont, la jouissance des résultats avantageux de la Révolution.

Le temps des illusions politiques est passé. Il serait déraisonnable de ne pas profiter des leçons que l'histoire et l'expérience ont laissées sur la nature du gouvernement qui convient le mieux à notre situation, à nos habitudes, à nos mœurs, et à l'étendue de notre territoire.

Les orateurs qui ont parlé sur cette question vous ont démontré, avec toute la force du raisonnement et des faits de l'histoire, que le gouvernement d'un seul et héréditaire : nous allons essayer de le prouver par le simple exposé de notre propre expérience.

De quelque perfectibilité que l'esprit humain soit jugé susceptible, lorsqu'il s'agit de fixer le sort d'une nation entière, il est toujours imprudent d'abandonner des moyens éprouvés pour en employer de nouveaux, sous prétexte qu'on les présume meilleurs. Mais à l'époque où les Français venaient de secouer le joug d'une monarchie corrompue, et où l'enthousiasme de la liberté animait tous les esprits, il était excusable, il était même digne des âmes généreuses de croire qu'il était possible d'établir parmi nous un gouvernement démocratique. Le malheureux essai que nous en avons fait a dû détromper les hommes de bonne foi. Combien de maux ne nous a-t-il pas coûtés!

Tous les citoyens frémissent encore au seul souvenir du gouvernement du comité de salut public. Jamais la tyrannie ne pesa d'une manière plus dure sur un État que pendant son existence. La France fut couverte de prisons et d'échafauds ; et quand ce gouvernement fut obligé d'abandonner son sceptre de fer, il fut remplacé par un autre dont la faiblesse ne fut pas moins funeste à la France que ne l'avait été la cruauté de celui qui l'avait précédé.

Vint ensuite le Directoire exécutif. Nous ne chercherons pas à déprécier ici les services qu'il a rendus à la France. Il en a peut-être rendu plus que ne le comportait le mode de son organisation, et qu'on ne devait l'espérer dans les circonstances difficiles où il fut installé. Mais ce gouvernement, d'une constitution essentiellement faible, et bientôt épuisé par le jeu des passions des individus qui le composaient, passa rapidement de l'enfance à la décrépitude. N'ayant pas assez de force pour comprimer les factions, il eut recours au système perfide des contre-poids pour se servir alternativement de l'une contre l'autre. De là naquirent les funestes réactions qui ensanglantèrent la plupart des départements méridionaux, jusqu'à l'époque où il devint lui-même victime des partis qu'il avait créés pour en faire les instruments de ses vengeances et de son ambition.

Telle est l'histoire des gouvernements démocratiques qu'on a tenté d'établir parmi nous jusqu'à l'avénement de Bonaparte au consulat. On n'y voit que tyrannie, faiblesse et instabilité.

A la vérité on a prétendu qu'on n'avait pu consolider ces divers gouvernements, parce que les constitutions qui les avaient établis avaient été l'ouvrage des partis ou des circonstances ; mais alors nous demandons comment on pourra se flatter de faire une constitution stable, et qui ait l'assentiment général, ou du moins qui soit respectée par tous, lorsqu'il s'agira de régler les principes d'un gouvernement dont l'essence est, suivant les publicistes, d'être plus sujet qu'aucun autre aux agitations intestines et même aux guerres civiles, parce qu'il tend continuellement à changer de forme. On le pourra, dit notre collègue Carnot, lorsqu'un homme revêtu d'un grand pouvoir, et ayant acquis, par ses services éclatants, un grand ascendant sur l'esprit de la nation, voudra user à cet effet de son influence sur l'opinion générale, comme Bonaparte pouvait le faire après la signature du traité d'Amiens. Quoi ! notre collègue croit de bonne foi qu'un homme, quelque puissant qu'il soit, peut établir sur des bases solides un gouvernement essentiellement sujet à des troubles intestins ? Mais cela implique contradictions ! Oui, sans doute, il formera bien une constitution ; il en deviendra même, si l'on veut, le premier magistrat ; mais par cela seul qu'elle sera populaire, il sera en butte aux attaques de l'ambition qui voudra le supplanter ; et si l'on ne peut pas se servir de son ouvrage pour le renverser, on attaquera son ouvrage lui-même, on en fera plier les principes dans le sens le plus favorable aux changements qu'on aura projetés ; on les violera ; et pendant toutes ces agitations, les magistrats, étant plus occupés de veiller à leur propre défense que de gouverner, laisseront introduire l'anarchie dans la République, et nous offriront nécessairement bientôt l'exemple des vices des gouvernements que nous avons éprouvés. Et qu'on ne prétende pas que nous faisons ici des suppositions dénuées de fondement ; elles sont établies sur l'expérience. Nous avons vu le Directoire exécutif et les partis avec lesquels il était en opposition invoquer tour à tour et violer les mêmes principes constitutionnels, suivant que cela convenait à leurs intérêts. Ici on adoptait les élections faites par la majorité ; là on les repoussait pour adopter celles de la minorité ; aussi le système des scissions s'était-il établi dans les assemblées électorales de tous les départements. Cela ne tenait pas seulement à la faute des gouvernants ; cela tenait à la Constitution elle-même, qui ouvrait le champ à tous les ambitieux, et donnait par conséquent lieu à la formation de leurs partis.

Si l'on dit que les Etats-Unis d'Amérique nous offrent maintenant l'exemple d'une république sagement constituée, et qui n'est exposée à aucune des secousses dont nous venons de parler, nous répondrons, comme notre collègue Delpierre l'a déjà fait avec beaucoup de force et de raison, qu'il n'y a aucune comparaison à faire entre un peuple encore presque neuf, dont la majorité, éparse sur un territoire immense, et s'occupant presque uniquement d'agriculture, conserve toute la simplicité   mœurs primi-

tives, et une nation parvenue depuis longtemps au plus haut degré de civilisation et où le besoin des richesses s'est introduit avec le luxe, et la corruption des mœurs avec le luxe et le besoin des richesses. Dans celle-ci le commerce, l'industrie, le luxe et la dissipation, sont autant de causes continuelles qui détruisent l'égalité des fortunes ; et de cette inégalité naissent les ambitions et les moyens de les satisfaire aux dépens de la liberté et de la tranquillité publiques, lorsque le champ leur est ouvert par la constitution même de l'Etat, et qu'il n'y a pas un pouvoir assez vigoureux pour les contenir. Dans l'autre, au contraire, la simplicité des mœurs tend constamment à conserver cette égalité, ou du moins à ne pas la rendre nécessaire à la tranquillité de l'Etat, et à modérer les désirs ambitieux des individus. Cependant malgré les circonstances et le mérite personnel du président actuel des Etats-Unis ; malgré les services importants qu'il a rendus et qu'il vient de rendre encore à son pays, l'approche de l'époque où l'on doit nommer à ses fonctions a excité déjà des brigues et des cabales qui ont fixé l'attention publique. Puissent les habitants de ces heureuses contrées s'en tenir longtemps à ces moyens encore peu dangereux ! Mais ne nous flattons pas que nous serions en général assez dégagés d'ambition pour les imiter en pareil cas.

Quoi qu'il en soit, la fâcheuse expérience que nous avons faite du gouvernement démocratique eut du moins cet avantage, qu'en l'an VIII elle nous ramena au système nécessaire, et dont nous éprouvons de si heureux effets, de l'unité de pouvoir et d'action dans les mains du Premier Consul. Mais comme si les hommes qui se sont écartés de la vérité étaient condamnés à parcourir le cercle de toutes les erreurs avant de revenir au point qu'ils ont eu l'imprudence de quitter, sans retour au système de gouvernement le plus convenable à la France ne fut qu'incomplet. On méconnut la nécessité de l'hérédité du pouvoir dans la même famille ; les événements et la force des choses nous y ramènent aujourd'hui ; et ce sont nos ennemis qui nous la font sentir par leurs attentats réitérés contre la personne du magistrat suprême dont l'autorité tutélaire, dans l'ordre actuel des choses, serait nécessairement suspendue après sa mort, au moins pendant tout le temps indispensable pour élire ou confirmer son successeur.

Cette circonstance seule suffirait pour nous éclairer sur le défaut de stabilité de notre gouvernement, tant qu'il sera fondé sur le système électif, quand même les dangers et les inconvénients de ce système ne nous seraient pas connus. Car si, comme personne n'en doute, nos ennemis craignent surtout le génie de Bonaparte, ses talents et même sa fortune, ils craignent aussi la nation, qu'ils aimeraient mieux voir se déchirer de ses propres mains que de courir contre elle les chances des combats. Ils ne fondent donc pas seulement leurs espérances sur la mort du Premier Consul, ils les fondent aussi sur les rivalités que l'ambition pourrait exciter après sa mort entre nos guerriers, dont ils sont incapables d'apprécier le désintéressement et le dévouement à la patrie ; ils comptent sur les troubles intérieurs, sur les guerres intestines qui en seraient la suite inévitable, si leurs affreux calculs se réalisaient, et sur les ébranlements politiques de toute espèce que les passions ambitieuses ne
l   aient pas d'exciter dans cette circons-
"idée seule est alarmante, et dont ils

s'empresseraient de profiter pour l'accomplissement de leurs funestes projets.

Il n'y a que l'hérédité qui puisse les déjouer et prévenir les dangers que des exemples assez récents ne nous permettent pas de regarder comme chimériques. Quel est l'homme qui, pensant aux déchirements que le système électif a fait éprouver à la Pologne, ne craindrait pas d'exposer son pays à de si grands malheurs ? Si les faits ne parlaient pas encore plus haut que les autorités, nous rappellerions ici aux partisans de ce système les arguments irrésistibles que Mably, dont ils ne contestent pas sans doute l'attachement aux principes de la liberté, adressait à la confédération de Bar, pour lui prouver qu'il importait à la Pologne de rendre sa couronne héréditaire, parce que, disait-il, indépendamment du silence des lois et des troubles intérieurs durant un interrègne, par une action réciproque l'élection amène un mauvais règne, et un mauvais règne prépare une élection vicieuse.

En vain dira-t-on que les agitations politiques tiennent le peuple éveillé sur ses droits, et préviennent les abus du pouvoir. Les Français, éternellement en proie aux mêmes désordres, se lasseraient de défendre une ombre de république qui deviendrait à charge à tous les citoyens, et ne produirait que des despotes et des esclaves.

Ainsi les Anglais, dans l'avant-dernier siècle, après bien des efforts inutiles pour établir chez eux la démocratie, fatigués des agitations que ces essais infructueux leur avaient causées, se virent forcés de se reposer dans le gouvernement même qu'ils avaient proscrit.

Les Français ne sont point réduits à cette fâcheuse nécessité. Non, ce ne sera point en faveur d'une dynastie dégénérée, transfuge, et traître à la patrie, que nous rétablirons l'hérédité ; et quelle que soit notre admiration pour le héros que la reconnaissance publique y appellera, nous ne lui sacrifierons point, comme on l'a dit, notre liberté pour prix de ses services. Jamais un vœu contraire aux principes sacrés de la souveraineté du peuple ne sortira au sein du Tribunat, et celui que nous nous proposons d'émettre en ce moment n'a pour objet que de consolider les institutions qui seules peuvent garantir à la nation l'exercice de ses droits.

Est-ce donc sacrifier la liberté publique que de donner au gouvernement que le peuple a institué la stabilité nécessaire pour garantir l'Etat des secousses qui amèneraient infailliblement le retour de l'anarchie et du despotisme ? Interrogez tous les Français, et demandez-leur à quelle époque ils ont été réellement le plus libres depuis 1792 ; ils vous répondront tous, oui tous, sauf les malfaiteurs et les perturbateurs de l'ordre public, que le gouvernement est remis dans les mains d'un seul, c'est-à-dire depuis le 18 brumaire an VIII. Eh bien ! que proposons-nous ? c'est de consolider ou de perpétuer cet ordre de choses : car il ne s'agit pas de conférer à qui que ce soit le pouvoir absolu. Ce vœu impie ne peut entrer dans le cœur d'aucun de nous ; et quand même nous serions assez lâches pour le former, il serait repoussé avec indignation par tous les Français : il le serait, n'en doutons pas, par celui-là même en faveur de qui nous l'aurions formé.

Non, il n'est plus au pouvoir d'aucune puissance humaine de rétablir désormais le despotisme en France autrement que par la lassitude de l'anarchie. La nation a repris l'exercice de sa souveraineté ; elle ne se dessaisira point de ses droits, qui trouveront toujours des défenseurs dans le Sénat, dans le Corps législatif, dans le Tribunat et dans le Gouvernement lui-même, qui saura les respecter et les maintenir.

Ainsi tout ce qui existe sera conservé ou amélioré ; la nation continuera d'exercer sa souveraineté par l'organe des représentants qu'elle aura choisis pour l'interprétation et la conservation des lois fondamentales de l'Empire, pour la confection des lois civiles et criminelles, et pour le consentement des contributions publiques. Voilà les institutions dont le maintien et le perfectionnement sont l'objet de nos vœux. S'il en est quelques autres que la sage prévoyance du Sénat juge nécessaires pour la gloire et la sûreté de l'État, ou pour la garantie de la liberté civile, elles seront dignes de lui et du peuple pour l'intérêt duquel elles auront été créées.

Mais que parle-t-on de noblesse et de privilèges héréditaires ? Quel serait le Français, quel serait surtout le membre des premières autorités qui ne se trouverait pas suffisamment honoré du beau titre de citoyen ? Non, il n'y aura plus parmi nous d'autre distinction que celle que donneront les vertus et les talents, d'autre considération que celle qu'on acquerra par les services personnels ; et n'est-ce pas, nous le répétons encore, pour maintenir ces précieux avantages de la Révolution, que nous voulons consolider le Gouvernement qui seul peut nous les garantir ? N'avons-nous pas démontré qu'ils seraient perdus sans retour si, par suite de troubles inévitables sous un gouvernement faible et précaire, nous étions encore précipités dans une anarchie dont il est trop certain que nous ne pourrions sortir que pour retomber dans les bras du despotisme ? Croit-on qu'un autre gouvernement que celui qui doit son élévation et qui devra son affermissement à l'ordre des choses qui nous a procuré ces avantages, serait aussi intéressé à les conserver, et que celui-ci voudra risquer de détruire la première base de son existence ? Il est impossible de le présumer ; comment peut-on donc méconnaître le véritable objet de notre vœu ?

Mais, dit-on, l'unité et l'hérédité du Gouvernement ne sont rien moins qu'un gage de stabilité, car l'Empire romain dura moins que la République. Cette assertion, en ce qui regarde l'unité, est un paradoxe qui n'a pas besoin d'être réfuté ; car c'est une vérité généralement reconnue et constatée par l'expérience de tous les temps, qu'un gouvernement est d'autant plus fort qu'il est concentré, et que sa stabilité dépend principalement de sa force. Quant à ce qui concerne l'hérédité, il était difficile de choisir un exemple plus favorable au système que nous défendons ; car il est évident que la faiblesse et l'instabilité du gouvernement, sous les empereurs romains, tenaient surtout à ce que cette dignité était élective, et à ce que le mode de succession à l'autorité suprême était une source continuelle de révolutions qui entretenaient sans cesse l'inquiétude dans le sein des gouvernants, et qui favorisaient toutes les entreprises ambitieuses qu'on voulait former contre eux. On sait que ce fut la politique ambitieuse de Stilicon qui, dans l'espérance de s'emparer du trône que se partageaient les fils de Théodose, provoqua ou du moins favorisa l'irruption des barbares dans la Gaule, où ils accablèrent la puissance romaine, qui, depuis cette époque, tomba en décadence jusqu'à sa ruine définitive.

Nous nous serions abstenus de ces détails, s'ils n'eussent été nécessaires pour détruire une assertion fondée sur des faits d'où dérivent évidem ment des conséquences contraires à celles que notre collègue en a tirées.

Il est d'ailleurs incontestable que le système de l'hérédité du pouvoir exécutif est dans le vœu de la nation, bien moins encore à raison de l'habitude que par la conviction de préexcellence qui résulte, en faveur de ce système, de l'antiquité à laquelle il remonte. Ce fut, comme on l'a déjà dit, le vœu de l'Assemblée constituante, composée de tant d'hommes recommandables par leurs lumières et leur patriotisme, auxquels on ne reprochera pas, sans doute, d'avoir manqué d'idées libérales, puisqu'ils proclamèrent les premiers le principe inaliénable de la souveraineté du peuple, l'égalité de tous aux yeux de la loi, l'affranchissement des personnes et des propriétés, en un mot l'abolition entière du régime féodal. C'était aussi le vœu de tous les amis de la Révolution en 1789; et quoique plusieurs d'entre eux eussent pu être séduits par les avantages apparents d'un gouvernement démocratique, ils étaient trop éclairés pour vouloir faire un essai dont ils prévoyaient les dangers et l'inutilité chez une nation comme la nôtre. Nous ne faisons donc qu'exprimer le désir bien réfléchi et bien prononcé de tout ce qu'il y a d'hommes éclairés dans la République, moins quelques fanatiques partisans d'une démocratie qui ne peut nous convenir ou d'une dynastie que nous avons rejetée.

Si, après avoir démontré que l'unité et l'hérédité du Gouvernement sont nécessaires à la tranquillité de l'État, et l'objet des vœux de tous les Français, nous examinons ces avantages relativement à notre situation politique actuelle dans l'intérieur et à l'égard des puissances étrangères, nous verrons que sous ce double rapport l'établissement en est encore commandé par l'intérêt de tous. Dans l'intérieur, il est bien peu de Français dont le sort ne soit lié plus ou moins directement avec l'ordre de choses actuel, soit par la part qu'ils ont prise à son établissement, soit par l'acquisition ou héritage de domaines ci-devant nationaux.

Si vous consolidez cet ordre de choses de la manière qui est la seule efficace, vous dissipez toutes les craintes, vous fixez toutes les incertitudes, vous réunissez à l'intérêt commun les esprits auxquels il ne restera plus d'autres espérances.

A l'égard des puissances étrangères, vous mettez la forme du gouvernement en harmonie avec celle qu'elles ont adoptée. Vous n'êtes plus pour elles un sujet d'inquiétude continuelle : elles ne peuvent voir avec satisfaction tarir une source d'agitations intestines dans une grande nation qui, à raison de son influence nécessaire dans le système politique de l'Europe, ne peut guère être ébranlée sans que les autres États ne s'en ressentent. Vous changez en système de bienveillance pour votre gouvernement ce sentiment de défiance dont les gouvernements d'une autre nature ne peuvent se défendre envers lui, quelque estime qu'ils aient d'ailleurs pour son chef. Ainsi, vous faites cesser un état secret, mais réellement permanent de préventions contre la France, et vous détruisez peut-être la cause éventuelle de plusieurs guerres sanglantes.

Après tant et de grandes considérations, citoyens tribuns, pouvons-nous hésiter à nous rendre l'interprète du vœu du peuple français, en votant l'établissement d'une nouvelle dynastie? Non, sans doute; et déjà vous auriez peut-être à vous reprocher d'avoir trop différé, si vous n'aviez dû mettre dans votre délibération toute la maturité qu'exige un sujet d'un si grand intérêt.

Nous avons dit l'établissement d'une **nouvelle** dynastie; car nous n'imaginons pas qu'il **existe** un seul Français ennemi de la gloire et du bonheur de son pays pour vouloir y rappeler, avec les membres de cette famille dégénérée qui a laissé tomber le sceptre de ses mains, l'esprit **de** vengeance et de proscription qui les anime. **Ils** ont rompu tous les liens qui les unissaient **à la** France; ils ont soulevé contre elle toutes les **puis**sances de l'Europe; ils ont allumé les torches **de** la guerre civile : et ces mêmes hommes, **qui** n'avaient pas osé se mettre à la tête de leurs **par**tisans lorsqu'il s'agissait de les rétablir **sur le** trône d'où ils étaient tombés, viennent d'**offrir** leurs bras à l'Angleterre, maintenant qu'il s'**agit** de venger l'honneur de la nation française, outragée par la violation de la foi des **traités**. Ainsi, ils n'ont de courage que lorsqu'ils **espèrent** pouvoir livrer le sort de leur patrie à la merci de son plus cruel ennemi, et ils aspirent bien **moins** à l'honneur de le gouverner qu'à l'horrible satisfaction de la déchirer. Mais qu'ai-je dit ? leur patrie ! Non, ils n'en ont plus : du moment où **ils** se sont déclarés ses ennemis, ils l'ont perdue **sans** retour. Qu'ils renoncent donc à l'odieux **espoir** d'y venir exercer leurs vengeances !

Assez et trop longtemps les Français ont été divisés par les passions haineuses et l'esprit de parti; éloignons désormais tout ce qui pourrait les réveiller parmi nous. Livrons nos cœurs aux sentiments doux et généreux qui nous pressent : ce sont ceux de l'affection, de la reconnaissance publique et de l'honneur national qui nous désignent comme le seul digne de gouverner la **France** et d'être le chef de la dynastie que la nation veut créer, le héros qui l'a illustrée par ses exploits, qui l'a sauvée des horreurs de l'anarchie, et **qui** l'a fait jouir enfin des douceurs d'une sage liberté.

En recevant de la nation, qui dispense tous **les** pouvoirs, le dépôt de l'autorité suprême héréditaire dans sa famille, qu'il reçoive aussi le titre le plus analogue à sa gloire militaire et à **la gran**deur du peuple qui lui a confié ses **destinées !** Qu'il soit proclamé Empereur de la République française !

Jamais création d'une dynastie ne fut faite en faveur d'un guerrier plus grand par ses exploits, ni d'une famille qui offrît plus d'espérances. **Aux** grands souvenirs des victoires de Rivoli, d'Arcole et de Marengo, se joignent ceux des services **rendus** à la patrie par le sage négociateur de Lunéville et d'Amiens, et par l'éloquent président du conseil des Cinq-Cents au 18 brumaire. Que de motifs de sécurité dans la concession solennelle qu'elle va faire ! Une administration dont la sagesse est éprouvée depuis quatre ans; l'usage modéré d'une **grande** autorité dont le Premier Consul n'abusera jamais; le rétablissement de l'ordre le plus exact **dans les** finances; le respect le plus constant pour les **prin**cipes de la souveraineté du peuple et pour la liberté civile : tout nous garantit de la part du **ma**gistrat, que nos vœux appellent à la première dignité de l'Univers, le gouvernement le **plus** propre à faire la gloire et le bonheur de la France.

Sous son empire, la nation sera libre et tranquille; les magistrats, toujours dignes de la confiance publique, pourront se livrer à l'**exercice** de leurs fonctions sans inquiétude pour la stabilité de leur état; les acquéreurs de domaines nationaux ne craindront point d'être dépouillés de leurs propriétés; les défenseurs de la **patrie** recevront les honneurs et les récompenses dus **à** leurs services; ils ne seront point exposés à **se** voir déchus des grades qu'ils ont acquis au **prix** de leur sang et par de glorieux exploits ; tous les citoyens, quelles qu'aient été jusqu'ici leurs opinions et leur conduite politique, vivront en paix sous la protection des lois, et la carrière de toutes les dignités civiles et militaires sera ouverte à tous les Français, sans autre distinction que celle de leurs talents et de leurs vertus. Quel autre gouvernement que celui que nous allons consolider pourrait nous offrir les mêmes garanties ? Quel est le Français qui pourrait ne pas donner son assentiment à une institution qui nous assure tant d'avantages ?

Hâtons-nous donc, citoyens tribuns, de consacrer de la manière la plus authentique l'adhésion que nous avons déjà donnée individuellement au vœu dont l'émission vous a été proposée. N'attendons pas que l'armée, dans un mouvement d'enthousiasme bien légitime pour le chef auguste qui va bientôt la mener à de nouvelles victoires, nous devance en l'élevant sur le bouclier ! Qu'il reçoive du vœu calme et réfléchi de la nation entière la dignité héréditaire d'Empereur de la République, et qu'il soit déjà revêtu de la pourpre impériale lorsqu'il ira montrer à l'Angleterre le héros et le vengeur de la France !

Voici le projet d'arrêté que votre commission m'a chargé de vous présenter.

« Le Tribunat, considérant qu'à l'époque de la Révolution, où la volonté nationale put se manifester avec le plus de liberté, le vœu général se prononça pour l'unité individuelle dans le pouvoir suprême, et pour l'hérédité de ce pouvoir ;

« Que la famille des Bourbons ayant, par sa conduite, rendu le gouvernement héréditaire odieux au peuple, en fit oublier les avantages, et força la nation à chercher une destinée plus heureuse dans le gouvernement démocratique ;

« Que la France, ayant éprouvé les divers modes de ce gouvernement, ne recueillit de ces essais que les fléaux de l'anarchie ;

« Que l'État était dans le plus grand péril lorsque Bonaparte, ramené par la Providence, parut tout à coup pour le sauver ;

« Que sous le gouvernement d'un seul, la France a recouvré au dedans la tranquillité, et acquis au dehors le plus haut degré de considération et de gloire ;

« Que les complots formés par la maison de Bourbon, de concert avec un ministère implacable ennemi de la France, l'ont avertie du danger qui la menace, si, venant à perdre Bonaparte, elle restait exposée aux agitations inséparables d'une élection ;

« Que le Consul à vie, et le droit accordé au Premier Consul de désigner son successeur, ne sont pas suffisants pour prévenir les intrigues intérieures et étrangères qui ne manqueraient pas de se former lors de la vacance de la magistrature suprême ;

« Qu'en déclarant l'hérédité de cette magistrature, on se conforme à la fois à l'exemple de tous les grands États anciens et modernes, et au premier vœu que la nation exprima en 1789 ;

« Qu'éclairée par l'expérience, elle revient à ce vœu plus fortement que jamais, et le fait éclater de toutes parts ;

« Qu'on a toujours vu dans toutes les mutations politiques les peuples placer le pouvoir suprême dans la famille de ceux auxquels ils devaient leur salut ;

« Que quand la France réclame pour sa sûreté un chef héréditaire, sa reconnaissance et son affection appellent Bonaparte ;

« Que la France conservera tous les avantages de la Révolution par le choix d'une dynastie aussi intéressée à les maintenir que l'ancienne le serait à les détruire ;

« Que la France doit attendre de la famille de Bonaparte, plus que d'aucune autre, le maintien des droits et de la liberté du peuple qui la choisit, et toutes les institutions propres à les garantir ;

« Qu'enfin il n'est point de titre plus convenable à la gloire de Bonaparte, et à la dignité du chef suprême de la nation française, que le titre d'Empereur.

« Le Tribunat, exerçant le droit qui lui est attribué par l'article 29 de la Constitution, émet le vœu :

« 1° Que Napoléon Bonaparte, premier consul, « soit proclamé Empereur des Français, et en cette « qualité chargé du gouvernement de la Répu-« blique française ;

« 2° Que le titre d'Empereur et le pouvoir im-« périal soient héréditaires dans sa famille, de « mâle en mâle, et par ordre de primogéniture ;

« 3° Que faisant, dans l'organisation des auto-« rités constituées, les modifications que pourra « exiger l'établissement du pouvoir héréditaire, « l'égalité, la liberté, les droits du peuple, soient « conservés dans leur intégrité.

« Le présent vœu sera présenté au Sénat par six orateurs, qui demeurent chargés d'exposer les motifs du vœu du Tribunat. »

Le Tribunat ordonne l'impression du rapport et sa distribution au nombre de six exemplaires.

Le **Président**. Le tribun Gallois désire présenter quelques observations sur l'article 3 du projet de vœu.

L'état de santé de Gallois l'empêchant de se faire entendre, un membre donne lecture de son opinion ; elle est conçue en ces termes :

Citoyen **Gallois**. Tribuns, permettez-moi de vous présenter quelques observations sur le troisième article du projet d'arrêté qui vient de vous être lu par votre commission, et qui est conçu en ces termes : « Qu'en faisant, dans l'organisation « des autorités constituées, les modifications que « pourra exiger l'établissement du pouvoir héré-« ditaire, la liberté, les droits du peuple soient « conservés dans leur intégrité. » Je me réunis au vœu que vous présente votre commission, et par le même motif, l'espérance de trouver dans l'exécution de ce vœu une plus forte garantie de cette paix intérieure sans laquelle nulle société ne peut subsister, et de cette liberté sans laquelle nulle paix n'est durable.

Mais, tribuns, si la fixité du pouvoir exécutif dans la famille de ce grand citoyen qu'ont illustré tant de triomphes, tant de dévouement, tant d'efforts généreux pour la défense, la gloire et le bonheur de la patrie ; si cette fixité doit donner une plus grande garantie à la paix et à la liberté de l'État, quelle sera à son tour la garantie de cette fixité et de tous les avantages que nous espérons en l'établissant ? L'hérédité du pouvoir exécutif n'est qu'une partie d'un système politique.

Les pouvoirs établis par la Constitution actuelle ont été mis en rapport les uns avec les autres, soit par la nature de leur formation et de leur composition, soit par le caractère de leurs diverses fonctions. Le grand changement qui va être opéré dans la partie principale de notre système politique exige donc dans les autres parties des changements analogues ; il faut de nouvelles combinaisons, de nouvelles distributions de pouvoirs pour rendre le système complet, et par conséquent donner à la puissance exécutive elle-même la force réelle et la stabilité dont elle a besoin pour être utile au corps politique.

Il faut de nouvelles institutions qui, en déterminant avec exactitude les caractères du pouvoir d'exécution et des autres pouvoirs correspondants, défendent la nation contre les abus et les erreurs d'un gouvernement héréditaire, en même temps qu'elles puissent défendre ce pouvoir contre les entreprises de l'ambition et les attentats des passions particulières ; qui placent à côté de ce pouvoir des forces toujours prêtes à faciliter sa marche dans les temps ordinaires, à l'assurer dans les temps difficiles, à le préserver lui-même de l'irrégularité de ses mouvements, et à maintenir à jamais son action dans la sphère constitutionnelle, pour son propre intérêt autant que pour l'intérêt puplic, par des moyens paisibles et légitimes, et par conséquent prévus et établis d'avance.

C'est surtout dans les gouvernements héréditaires que les caractères de l'autorité doivent être déterminés avec le plus de soin. Le principal avantage du système héréditaire exécutif est de mettre plus de suite dans les projets, plus d'unité dans les vues, plus d'accord dans les détails, plus de force dans l'ensemble de toute la partie exécutive, en y portant l'attention, la surveillance et le soin d'une sorte de propriété personnelle.

Mais de cet avantage même naît aussi trop souvent un de ses plus grands inconvénients. Cette disposition, propre à consolider et accroître le pouvoir, expose souvent au danger de le consolider et de l'accroître par des moyens que ne peuvent avouer ni l'intérêt public, ni la liberté publique.

Ce n'est pas, quoiqu'on le dise généralement, qu'il y ait une opposition réelle et fondée dans la nature des choses, entre l'intérêt d'un Etat et celui de son gouvernement. L'expérience et le raisonnement apprennent aussi que les hommes ne savent pas toujours reconnaître leur véritable intérêt où il est ; et c'est à la loi à le prévenir, dans les choses qui sont de son ressort, les erreurs des passions particulières qui peuvent influer sur l'ordre public.

C'est ici surtout que la loi doit être éminemment prévoyante ; car à cette prévoyance est attachée la conservation de l'ordre politique tout entier.

Il est impossible, en effet, qu'à la longue, et dans un espace de temps indéfini, une puissance héréditaire, séparée des institutions qui doivent lui servir à la fois de garantie et de limites, ne s'use par son excès, ou ne se perde par sa faiblesse. Mais la fatale expérience du genre humain n'a que trop appris que ce n'est point la sagesse des peuples qui se présente alors pour corriger cet abus ; c'est l'anarchie qui se charge de les punir aux dépens des gouvernements et des peuples. Ces grandes catastrophes des corps politiques, lents mais inévitables résultats des opinions et des sentiments contre un ordre de choses devenu intolérable, sont le plus horrible calamité des empires. C'est donc cette funeste crise que le devoir des législateurs, qui stipulent pour l'intérêt des générations futures, est de prévoir et de prévenir par tous les moyens qui appartiennent à la prudence humaine.

Ici, tribuns, nous nous trouvons réunis dans le même sentiment, et avec la nation qui attend une garantie de paix et de liberté, et avec le Sénat qui a demandé de nouvell in utions, et avec le premier magistrat du veu i al t du Sénat l'expr arrd, désire, pour l hn dont il dirige

de la souveraineté nationale qu'il a proclamée.

Notre fonction, tribuns, n'est point de présenter les diverses parties du système politique dont la France a besoin dans les circonstances où elle se trouve ; mais notre devoir était de déclarer que ce système, pour être vraiment national, pour être durable, ne peut être séparé des principes de la liberté, de l'égalité, des droits du peuple, en un mot de toutes les idées et de tous les sentiments qui forment aujourd'hui l'opinion de la grande société européenne, et qui sont devenus en quelque sorte la conscience du genre humain.

Notre devoir était d'en faire la déclaration solennelle, et de porter au Sénat l'expression de ce vœu.

Plusieurs membres. Aux voix.

Le **Président** consulte l'assemblée.

Le projet de vœu est mis aux voix et adopté.

Les tribuns Jard-Panvilliers, rapporteur, Albisson, Challan, Goupil-Préfeln, Lahary et Sahuc, désignés par la voie du sort, sont chargés d'exposer au Sénat les motifs du vœu exprimé par le Tribunat.

Le **Président**. Je reçois de notre collègue Leroy *(de l'Orne) la lettre suivante :*

Paris, 13 floréal an XII.

« Mes collègues, malade depuis quinze jours, je n'ai pu suivre vos conférences privées, ni vos discussions publiques. J'espérai constamment pouvoir du moins aller voter aujourd'hui dans la grande question qui vous occupe ; mais le mal s'y oppose. J'ai pensé que, dans une délibération aussi grave, il était du devoir de chacun de nous de faire connaître son opinion. Je vous prie donc de me permettre d'exprimer ici la mienne.

« Je déclare que, dans toute la plénitude de ma conscience, je vote la dignité impériale en faveur de Napoléon Bonaparte, et héréditairement dans sa famille.

« Cette mesure peut seule assurer les grands résultats de la Révolution, sauver les nombreux intérêts enfantés par elle. Cette innovation introduite dans notre système politique obtiendra la reconnaissance de la nation. Sans doute elle éprouvera quelque contradiction de la part des préjugés, et il en est d'ancienne et de nouvelle date ; mais les premiers doivent se taire devant l'histoire, qui présente une foule d'exemples pareils à celui qu'offre en ce moment parmi nous une race usée et ennemie. Hugues Capet donna la terrible leçon dans le dixième siècle ; son descendant, le comte de Lille, la reçoit dans le dix-neuvième. La dynastie des Bourbons finit aussi légitimement qu'elle a commencé, du vœu et de l'intérêt des Français. Quant aux préjugés révolutionnaires, que peuvent dire ceux qui en conservent encore, pour justifier leur opiniâtre et funeste aveuglement ? La France ne s'est-elle pas soumise avec une incroyable docilité pendant près de huit ans à leurs nombreux et inutiles essais : Faut-il qu'elle consente à voir recommencer leurs sanglantes expériences? Diront-ils que l'égalité est perdue? Nous répondrons que l'égalité n'a fait qu'un sacrifice commandé par son propre salut, que nous n'en reconnaissons plus de nécessaire.

« Les mots *république* et *religion* ont ensanglanté la terre, parce que de leur exacte sens noms respectables signifient tout ce que veulent leur faire signifier des fourbes adroits. Il était temps de proclamer une vérité éternelle que le fanatisme méconnaît toujours, et que l'esprit de parti aussi ira grand soin d'obscurcir dans les temps t de révolutions : c'est qu'aux yeux sage, les diverses formes de gou.

vernement ne sont que des *moyens*, que *l'objet* est le bonheur.

« La question, ainsi réduite à ses véritables termes, est résolue, quant à la France actuelle, pour tout homme d'un bon esprit et sincère ; car point de bonheur pour les individus, point de prospérité pour les nations sans la sécurité. Le Premier Consul a donné la paix à la France ; il a ramené la tranquillité intérieure ; il a rendu le calme aux consciences : mais rien n'avait pu rendre encore le repos aux esprits. Oui, un gouvernement héréditaire était dans les besoins de mon pays, pour qu'à la mort du héros qui nous gouverne, nous fussions sûrs d'échapper aux ambitions rivales et à leurs déchirements. Il était surtout dans ses besoins, pour préserver une tête si chère des coups de la machiavélique Angleterre ; car, sans doute, son atroce politique ne va pas jusqu'à commettre des crimes inutiles.

« Je m'arrête, mes collègues ; je crains d'avoir suspendu déjà trop longtemps l'émission d'un vœu qui tarde à votre patriotique impatience. Pourtant, qu'avant de finir il me soit permis d'exprimer le regret que le tribun Curée n'ait pas développé le troisième paragraphe de sa motion. Il me semble que le vœu du Tribunat, pour en être la suite, eût été plus complet. Sans doute la dignité impériale établie, tous les rapports dans la constitution de l'État sont changés ; sans doute de nouvelles institutions, des modifications dans les anciennes, deviennent indispensables. Le Tribunat avait sa part dans la discussion de ces grands intérêts, et spécialement en ce qui était relatif à la nouvelle action de la représentation nationale, à la garantie de son indépendance, au maintien, devenu plus utile que jamais, d'une autorité tribunitienne distincte, au serment réciproque de fidélité devant unir l'Empereur et les représentants de la nation ; car nous ne travaillons pas pour le moment présent seulement, mais pour les siècles.

« Je regretterai toute ma vie qu'il ne m'ait pas été possible de discuter au milieu de vous ces importantes questions. Il m'eût été bien doux, en soumettant mes idées à votre amour éclairé des droits du peuple, d'attacher un modeste fleuron à la couronne impériale, qui est bien ici la couronne civique.

« Signé : LEROY. »

Le Tribunat ordonne l'impression de la lettre du tribun Leroy et la mention de son vote au procès-verbal.

Le **Président**. Notre collègue Sahuc demande à faire une proposition particulière. Je lui donne la parole.

Sahuc. Tribuns, tous nos collègues s'étaient fait inscrire pour parler sur la plus importante question qui jamais ait été soumise à vos délibérations. Eh ! qui d'entre nous eût resté muet, quand il s'agit de fixer les destins d'un grand peuple ; d'assurer par des institutions durables sa gloire et sa prospérité ; de consacrer, par une charte solennelle, les principes éternels et sacrés de la souveraineté, et d'en déléguer une partie pour mieux conserver l'exercice de ses droits et de sa liberté ?

Mais ces grandes considérations ayant été envisagées, sous tous les rapports, par les orateurs qui jusqu'à ce moment ont occupé la tribune, il eût été désormais impossible de rien ajouter à la démonstration des vérités qui sont sorties triomphantes de cette discussion, et aussi fastidieux qu'inutile de se traîner dans une carrière qu'ils viennent de parcourir d'une manière si éclatante.

Je dois cependant à l'armée dans laquelle j'ai l'honneur d'occuper un grade, d'exprimer ici une grande vérité : c'est que le vœu que vous venez d'émettre était depuis longtemps le sien. Si, plus qu'aucun corps de la République, elle a contribué à sa fondation, à ses succès, elle fut aussi la première à pressentir, à désirer le seul moyen qui pût la consolider. Ce vœu se manifesta surtout en l'an VII, lorsque, par l'impéritie d'un gouvernement faible et divisé, elle s'est vu arracher quelques branches de l'immense faisceau de lauriers qu'elle avait cueillis ; lorsque sacrifiée aux combinaisons étroites du Directoire, qui, pour assurer sa domination, retenait dans l'intérieur des troupes si nécessaires à la frontière, comme si dans un gouvernement populaire il y avait d'autre puissance que celle de l'opinion, elle fut contrainte de céder au nombre, et d'abandonner, en frémissant, un champ de bataille témoin de sa valeur et couvert de ses inutiles sacrifices. L'armée vit alors que des hommes occupés de leur propre intérêt, de leurs querelles domestiques, devenaient étrangers à l'intérêt général, et qu'elle ne pouvait confier le dépôt de sa gloire qu'entre les mains de celui qui en avait la plus grande part. Elle tourna ses regards vers le vainqueur de l'Italie et de l'Égypte, vers ce héros dont le génie sut constamment captiver la victoire, et qui seul pouvait sauver la patrie. Dès lors elle eût voulu l'élever sur le pavois... Mais ne tardons pas d'annoncer que ce grand acte de reconnaissance, de justice et d'intérêt public est effectué.

L'armée, le peuple entier brûle de joindre ses acclamations à celles de ses magistrats, et attend avec impatience le résultat de votre délibération.

Mais je demande que, dans cette unique et majestueuse circonstance, chaque membre du Tribunat, pour exprimer son vœu, soit admis à signer le procès-verbal de la séance.

Le **Président** met aux voix la proposition de Sahuc. Elle est adoptée.

L'extrait du procès-verbal est de suite présenté à la signature de chacun des membres de l'assemblée et rapporté sur le bureau.

Le **Président** annonce que cet extrait est signé par tous les membres présents, à l'exception de celui (Carnot) qui a manifesté son opposition à la tribune.

Ont signé les tribuns dont les noms suivent : Fabre (*de l'Aude*), *président*, Arnould, Jard-Panvilliers, Siméon, Faure, *secrétaires*, Garry, Albisson, Savoye-Rollin, Daugier, Tarrible, Favard, Chabaud-Latour, Mouricault, Mallarmé, Pougeard-Dulimbert, Depinteville-Cernon, Duvidal, Grenier, Perrée, Challan, Lahary, Chabot (*de l'Allier*), Gillet-Lajacqueminière, Joseph Moreau, Dacier, Perin, Bosc, Curée, Labrouste, Duveyrier, Van Hulthem, Goupil-Préfeln, Malès, Koch, Thouret, Jaubert, Gallois, Beauvais, Chassiron, Carret, Sahuc, Fréville, Costaz, Delaistre, Carrion-Nisas, Gillet (*de Seine-et-Oise*), Jubé et Delpierre.

La séance est levée.

TRIBUNAT.

PRÉSIDENCE DU TRIBUN FABRE (*de l'Aude*).

Séance du 15 floréal an XII (samedi, 5 mai 1804).

Le procès-verbal de la séance du 13 est adopté.

Le **Président**. J'invite la commission chargée de porter au Sénat conservateur le vœu exprimé par le Tribunat, dans la séance du 13 floréal, à rendre compte du résultat de sa mission.

Jard-Panvilliers prend la parole et dit qu'il

a prononcé devant le Sénat, le 14 floréal, le discours suivant :

Citoyens sénateurs, nous venons vous présenter et soumettre à la sagesse profonde du Sénat, conservateur des lois fondamentales de l'Etat, le vœu que le Tribunat a émis pour que la dignité d'Empereur des Français soit conférée à Napoléon Bonaparte, et qu'elle soit déclarée héréditaire dans sa famille.

Depuis la découverte des nouveaux attentats médités contre la vie de ce grand homme, à qui la France doit sa gloire et son repos, une inquiétude générale s'était répandue dans les esprits. Elle avait d'abord été excitée par l'intérêt que chacun prend à la conservation des jours précieux de celui qui a fait le bonheur de tous; mais bientôt après elle a eu pour objet le salut de la République elle-même.

Tous les yeux se sont ouverts sur les dangers qui menacent et menaceront toujours la tranquillité de l'Etat et son existence, tant que nos ennemis pourront concevoir l'horrible espérance de la livrer, par l'assassinat d'un seul homme, aux agitations politiques inévitables dans un interrègne, et que suivent presque toujours les guerres civiles.

On s'est rappelé les maux que le système électif des chefs des gouvernements a causés dans tous les temps, et récemment encore dans un Etat dont il a préparé la ruine.

On a craint pour la France, en cas de mort du héros qui la gouverne en ce moment, les discordes civiles et les déchirements que causeraient les rivalités excitées par l'ambition plus ou moins naturelle à tous les hommes, et par la perfidie de nos ennemis, dont le désir le plus ardent serait de nous voir entre-détruire.

Frappée de ces idées alarmantes, l'imagination de tous les bons citoyens s'est représenté l'anarchie avec toutes ses fureurs, traînant après elle l'affreux despotisme. Ce spectre hideux leur est apparu tenant encore le poignard dégouttant du sang du héros que nous aurions à regretter, insultant à la gloire de nos guerriers, les dépouillant des grades qu'ils ont acquis au prix de leur sang, et leur faisant un crime des services qu'ils ont rendus à la patrie, menaçant les acquéreurs de domaines nationaux de les dépouiller de leurs propriétés, signant la proscription de tous les hommes généreux qui ont pris quelque part à la Révolution, et n'épargnant pas même ces transfuges désabusés qui ont abandonné une cause à laquelle désormais ne peuvent plus tenir que des assassins, pour venir vivre en paix sous la protection des lois de leur pays, ni ces ministres d'un culte révéré qui, obéissant à la voix du souverain pontife et de leur conscience, sont retournés parmi nous pour y propager la morale d'une religion sainte, qui fait la sûreté des Etats et la consolation des malheureux.

Alors un cri général s'est fait entendre : tous les citoyens réunis dans les autorités constituées, dans les colléges électoraux, dans les camps même, ont manifesté le désir de voir prendre des mesures constitutionnelles pour rendre inutile le succès du crime qui devait être suivi de tant de malheurs. Ce vœu est parvenu jusque dans le Tribunat, qui, partageant depuis longtemps les sollicitudes qui l'ont fait naître, n'a pu l'entendre avec indifférence.

Nous avons mûrement médité sur les moyens de l'accomplir; et le résultat de nos réflexions a été que le seul efficace était l'hérédité du pouvoir exécutif, déjà concentré dans les mains d'un seul homme.

Nous ne nous sommes pas dissimulé que la proposition de cette mesure, contraire aux idées adoptées depuis douze ans, pourrait paraître un pas rétrograde de la part des amis de la liberté. Mais les essais que nous avons faits du gouvernement démocratique ont été si malheureux, ils ont laissé de si douloureux souvenirs, que le Tribunat a pensé que ce serait trahir l'intérêt du peuple et sa liberté, que de persister plus longtemps dans des tentatives inutiles, et jusqu'à présent si funestes.

Il faut enfin nous rendre aux leçons de l'expérience : celles que l'histoire nous a transmises, celles que nous avons reçues nous-mêmes, toutes sont d'accord pour nous convaincre que le gouvernement qui convient le mieux à notre situation, à nos habitudes, à nos mœurs, à l'étendue de notre territoire, est le gouvernement d'un seul, et héréditaire. Déjà le système de l'unité du pouvoir établi par la Constitution, et par le fait, dans les mains du Premier Consul, a prouvé par ses effets sa préexcellence sur le gouvernement de plusieurs. C'est à lui que nous devons l'anéantissement des factions, le rétablissement de la tranquillité dans l'intérieur et la considération que nous avons regagnée au dehors. Ainsi ses avantages sont incontestables. Il reste à démontrer ceux de l'hérédité, qui seule peut prévenir les ébranlements politiques, les troubles intérieurs, et même les guerres civiles que tout le monde sait être la suite inévitable du système électif. Il n'est pas douteux que c'est en partie parce que les ennemis de la France comptent sur ces résultats presque nécessaires de notre système actuel, qu'ils aiguisent avec tant d'acharnement les poignards contre le Premier Consul. En détruisant pour eux ce motif d'espérance, nous les détournerons peut-être d'un crime qui leur serait inutile et qui nous serait si funeste; et, certes, cette considération doit entrer pour quelque chose dans les calculs de ceux qui vivent sous le gouvernement de Bonaparte.

D'ailleurs l'hérédité présente pour gage de ses avantages l'antiquité de son existence, qui remonte bien au delà de l'établissement de la monarchie française. Elle avait été adoptée par l'Assemblée constituante, si féconde en grands hommes, dont plusieurs siégent honorablement dans cette enceinte, et qui proclamèrent les premiers la souveraineté du peuple, avec laquelle elle n'est point incompatible. Si elle n'avait pas ce dernier avantage, à quelque degré qu'elle eût eu tous les autres, le Tribunat l'aurait rejetée sans doute; car le premier devoir des représentants du peuple, leur premier vœu, comme celui de tous les hommes qui ont le sentiment de leur propre dignité, est de respecter et de consacrer pour toujours la souveraineté nationale : mais ce sentiment même nous a paru être un motif déterminant pour adopter le système héréditaire, parce que lui seul peut garantir au peuple la continuation de l'exercice de ses droits, en l'appliquant à une famille intéressée à maintenir l'ordre de choses actuel, puisque, sans lui, nous ne pouvons raisonnablement espérer de nous garantir pendant longtemps de l'anarchie, qui serait nécessairement suivie du despotisme.

Pénétré de ces principes, citoyens sénateurs, le Tribunat a cru de son devoir, parce qu'il a cru qu'il était de l'intérêt du peuple, de voter l'établissement d'une nouvelle dynastie. Dès lors il n'a plus eu qu'à se livrer à l'impulsion des plus doux sentiments, à ceux de l'affection, de la reconnaissance publique et de l'honneur national, pour désigner Napoléon Bonaparte comme le chef de cette nouvelle dynastie. Et à quel autre la nation pourrait-elle donner une si grande marque de confiance, de respect et de considération, qu'au héros qui l'a sauvée de l'erreur, de l'anarchie, qui l'a illustrée par ses exploits, et l'a replacée au premier rang des puissances de l'Europe? Quelle autre famille nous offrirait autant de garantie et d'espérances pour le maintien de l'ordre et de nos institutions, que la sienne qui aura été élevée par la volonté spéciale du peuple, et dont tous les membres ont rendu et rendent encore des services importants à la patrie? Dans les premières magistratures de l'État, dans les négociations, dans les camps, partout on les voit se rendre dignes de porter un nom que Napoléon a autant illustré par ses hauts faits qu'il le sera par la dignité impériale que nous avons votée en sa faveur, comme la plus analogue à sa gloire militaire et à la grandeur du peuple qui lui a confié ses destinées.

Toutefois, citoyens sénateurs, le Tribunat, en se rendant l'interprète du vœu national pour donner au gouvernement une si grande augmentation de stabilité, d'éclat et de force morale, n'a pas méconnu la nécessité de faire à nos institutions politiques les modifications ou additions qui seront jugées nécessaires pour que les principes fondamentaux de la souveraineté du peuple soient toujours respectés, et que la liberté civile ne soit jamais violée. Ce vœu a été constamment manifesté dans le sein du Tribunat, qui le devait à ses propres sentiments, à son honneur et à la nation à qui il doit aussi compte de ses principes; il est formellement exprimé dans l'arrêté que nous sommes chargés de vous présenter. Mais à votre égard, citoyens sénateurs, ce ne peut être que l'expression du désir qu'a chacun de nous de se montrer digne de siéger au rang où vous l'avez placé.

Quels vœux le Tribunat pouvait-il croire nécessaire d'exprimer pour l'intérêt du peuple, quand il savait que la conservation de ces intérêts vous était confiée, à vous, pères de la patrie, qui, dans toutes les magistratures, dans les assemblées nationales et dans les camps, avez donné tant de gages de la générosité de vos sentiments et de votre attachement aux principes d'une sage liberté?

Puissiez-vous ne pas dédaigner l'hommage que les orateurs du Tribunat osent ici rendre à vos lumières et à vos vertus! Puissions-nous reporter au Tribunat l'idée consolante que vous n'avez pas jugé ses travaux indignes de votre estime et de celle de la nation!

Jard-Panvilliers donne ensuite lecture de la pièce qui suit :

SÉNAT CONSERVATEUR.

Extrait des registres du Sénat conservateur, du 14 floréal an XII de la République française.

« On annonce des orateurs du Tribunat.

« Ils sont introduits.

« Le tribun Jard-Panvilliers à la parole.

« Il donne lecture d'un arrêté du Tribunat en date du jour d'hier, qui le charge, ainsi que les tribuns Albisson, Challan, Goupil-Préfeln, Lahary et Sahuc, de porter au Sénat le vœu émis par le Tribunat dans sa séance du même jour, et tendant à ce que Napoléon Bonaparte, actuellement Premier Consul, soit déclaré Empereur des Français, et à ce que la dignité impériale soit déclarée héréditaire dans sa famille.

« L'orateur développe les motifs et les circonstances du vœu émis à cet égard par le Tribunat.

« Il lit ensuite l'extrait du procès-verbal du Tribunat, contenant le vœu dont il s'agit, et dépose sur le bureau l'expédition de ce vœu et des pouvoirs donnés aux orateurs.

« Le vice-président du Sénat, après avoir témoigné à l'orateur la satisfaction avec laquelle l'assemblée reçoit l'expression d'un vœu qu'elle avait prévenu, assure, au nom du Sénat, les orateurs que ce vœu sera pris en considération.

« On demande l'impression tant du discours de l'orateur du Tribunat que de la réponse du vice-président, et qu'expédition du procès-verbal, contenant cette réponse, soit remise aux orateurs pour être communiquée au Tribunat.

« Ces propositions sont adoptées.

« Suit la teneur de la réponse faite par le vice-président du Sénat :

« Citoyens tribuns, ce jour est remarquable. « C'est celui où vous exercez pour la première « fois près du Sénat conservateur cette initiative « républicaine et populaire que vous ont déléguée « nos lois fondamentales. Vous ne pouvez ni « l'essayer dans un moment plus favorable, ni « l'appliquer à un plus grand objet. Citoyens tri- « buns, vous venez exprimer aux conservateurs « des droits nationaux un vœu vraiment natio- « nal. Je ne puis déchirer le voile qui couvre « momentanément les travaux du Sénat sur cette « matière importante : je dois vous dire cepen- « dant que, depuis le 6 germinal, le Sénat a fixé « sur le même sujet la pensée attentive du premier « magistrat. La prévoyance du Sénat avait dès « lors secondé l'opinion publique, et le Gouver- « nement a été averti. Mais connaissez vos avan- « tages. Ce que depuis deux mois nous méditons « dans le silence, votre institution vous a per- « mis de le livrer à la discussion en présence du « peuple. Vous avez servi à la fois le peuple et « le Gouvernement, en faisant retentir avec l'ac- « cent de l'éloquence cette opinion tutélaire, « émanée d'abord en secret du sein de cette en- « ceinte, où vous venez la reporter d'une manière « si brillante. Les développements heureux que « vous aviez donnés à cette grande idée, pro- « curent au Sénat, qui vous a ouvert la tribune, « la satisfaction de se complaire dans ses choix, « et d'applaudir à son ouvrage. Dans vos discours « publics, nous avons retrouvé le fond de toutes « nos pensées. Comme vous, citoyens tribuns, « nous ne voulons pas des Bourbons, parce que « nous ne voulons pas de contre-révolution, seul « présent que puissent nous faire ces malheureux « transfuges qui ont emporté avec eux le despo- « tisme, la noblesse, la féodalité, la servitude et « l'ignorance, et dont le dernier crime est d'avoir « supposé qu'un chemin pour rentrer en France « pouvait passer par l'Angleterre; comme vous, « citoyens tribuns, nous voulons élever une nou- « velle dynastie, parce que nous voulons garan- « tir au peuple français tous les droits qu'il a « reconquis, et que des insensés ont le projet de « lui reprendre. Comme vous, citoyens tribuns, « nous voulons que la liberté, l'égalité et les lu- « mières ne puissent rétrograder.

« Je ne parle pas du grand homme appelé par « la gloire à donner son nom à son siècle, et qui « doit l'être par nos vœux à nous consacrer dé- « sormais sa famille et son existence. Ce n'est « pas pour lui, c'est pour nous qu'il doit se dé- t vouer. Ce que vous proposez avec enthousiasme, « le Sénat le pèse avec calme. Citoyens tribuns, « c'est ici qu'est la pierre angulaire de l'édifice « social; mais c'est dans le gouvernement d'un « chef héréditaire qu'est la clef de sa voûte. Vous

« déposez dans notre sein le vœu que cette voûte
« soit enfin cimentée. En recevant ce vœu, le
« Sénat ne perd pas de vue que ce que vous solli-
« citez est moins un changement de l'état de la
« République qu'un moyen de perfection et de
« stabilité. C'est ce qui nous touche le plus. Dans
« ce temple national, la Constitution doit reposer
« en quelque sorte sur l'autel du dieu Terme.
« Si nous nous permettons de toucher à quelques
« articles de ce pacte sacré dont la garde nous est
« remise, ce ne sera jamais que pour ajouter à sa
« force et pour étendre sa durée. »

« Le Sénat conservateur donne acte à la députation de la remise faite sur son bureau du vœu
émis par le Tribunat, et charge la députation de
lui porter en réponse que ce vœu sera pris en
considération.

« *Les vice-président et secrétaires :*
« *Signé,* FRANÇOIS (de Neufchâteau),
vice-président;
MORARD DE GALLES et JOSEPH CORNUDET,
secrétaires.
Vu et scellé,
Le chancelier du Sénat,
Signé, LAPLACE. »

Le *Président* annonce que la prochaine séance
sera indiquée par une convocation à domicile.
La séance est levée.

CORPS LÉGISLATIF.

20 floréal an XII (jeudi 10 mai 1804).

ADRESSE PRÉSENTÉE AU PREMIER CONSUL, AU NOM
DU CORPS LÉGISLATIF, PAR LE PRÉSIDENT
FONTANES.

Citoyen Premier Consul, les membres du Corps
législatif ne sont plus réunis, mais ils communiquent toujours ensemble par le même zèle pour
la patrie, et dans cette grande circonstance ils ne
peuvent rester indifférents au vœu national qui
se manifeste de toutes parts.

Répandus sur les divers points de ce vaste empire, ils en peuvent mieux juger les besoins et les
habitudes. Ils savent que la force et l'action de
la puissance qui gouverne doivent être proportionnées à l'immensité du sol et de la population.
Quand ce premier rapport établi par la nature est
négligé par le législateur, son ouvrage ne dure pas.

Le premier bien des hommes est le repos, et le
repos n'est que dans les institutions permanentes.
La dignité suprême qui les garantit doit donc être
à l'abri du caprice des élections. Tout gouvernement électif est incertain, violent et faible comme
les passions des hommes, tandis que l'hérédité
donne en quelque sorte au système social la force,
la durée et la constance des desseins de la nature.
La succession non interrompue du pouvoir dans
la même famille maintiendra la paix et l'existence
de toutes. Il faut, pour leurs droits soient à
jamais assurés, que l'autorité qui les protège soit
immortelle. Le peuple, qui joint le caractère le
plus noble aux plus éminentes qualités, doit surtout préférer un système qui fixera ses vertus en
réprimant son inconstance.

L'histoire montre surtout à la tête des grandes
sociétés un chef unique et héréditaire. Mais cette
haute magistrature n'est instituée que pour l'avantage commun. Si elle est faible, elle tombe; si elle
est violente, elle se brise; et dans l'un et l'autre
cas elle mérite sa chute, car elle opprime le peuple, ou ne sait plus le protéger. En un mot, cette
autorité, qui doit être entiellement tutélaire,
cesse d'être légitime d qu'elle n' plus nationale.

Non, sans doute, ils ne sont pas des dieux ces
êtres puissants que l'intérêt général a rendus sacrés, et qu'il relègue à dessein dans une sphère
éclatante et inaccessible, pour que la loi proclamée de si haut par leur organe ait plus d'éclat,
d'empire et de persuasion. Mais si la grandeur
monarchique ne se fonde plus sur les mensonges
brillants qui séduisaient l'imagination de la multitude, elle se montre appuyée par toutes les vérités politiques qu'ont fait triompher enfin la leçon du malheur et la voix des sages.

Les illusions antiques ont disparu : mais en a-
t-il besoin celui qu'appelle notre choix ? Il compte
à peine trente-quatre ans, et déjà les événements de
sa vie sont plus merveilleux que les fables dont
on entoura le berceau des anciennes dynasties.

La victoire et la volonté nationale ne peuvent
trouver de résistance. Ces changements extraordinaires ne sont pas nouveaux. C'est au bruit des
trônes qui tombent, se relèvent, et doivent tomber encore, que les générations méditent sur l'inconstance des choses humaines. Les vieux empires se renouvellent dans ces crises salutaires, et
le chef d'une autre dynastie semble leur communiquer le mouvement de son âme et la vigueur
de ses desseins.

N'en doutons point, une longue carrière de
prospérité et de gloire s'ouvre encore pour nos
descendants. Le dix-neuvième siècle, en commençant, donne à l'univers le plus grand spectacle et la plus mémorable leçon. Il consacre le
principe de l'hérédité et de l'unité pour le bien
de la France, dont il finit la révolution, et pour
l'exemple de l'Europe, dont il prévient les erreurs.

L'esprit humain, travaillé de la pire de toutes
les maladies, je veux dire celle de la perfection,
a voulu faire d'autres hommes, un autre monde.
Mais bientôt, épouvanté de tout ce qu'il a produit,
et las de tant d'efforts, il est venu se remettre à la
suite de l'expérience et sous l'autorité des siècles.

C'est au moment qu'il reconnaît ses limites,
que l'esprit humain s'est véritablement agrandi;
c'est aujourd'hui qu'il dirigera bien l'emploi de sa
force, puisqu'il sait où doit s'arrêter sa faiblesse. Le souvenir de ses écarts lui donnera une
utile prévoyance, et la crainte de retomber dans
ses premiers excès ne le précipitera pas dans des
excès contraires.

On ne verra point le silence de la servitude
succéder au tumulte de la démocratie. Non, citoyen Premier Consul, vous ne voulez commander
qu'à un peuple libre; il le sait, et c'est pour cela
qu'il vous obéira toujours.

Les corps de l'État se balanceront avec sagesse;
ils conserveront tout ce qui peut maintenir la liberté, et rien de ce qui peut la détruire.

Le Gouvernement impérial confirmera tous les
bienfaits du Gouvernement consulaire, et va les
accroître encore. Le premier n'aura pas besoin
d'employer la même force que le second. La sécurité du pouvoir héréditaire en adoucit tous les
mouvements; il est moins rigoureux, car il a
moins d'obstacles à vaincre et moins de dangers
à combattre; plus il se modère et mieux il se
maintient, et s'il veut trop s'étendre il se relâche
et se détruit.

Ainsi, les prérogatives de l'Empereur, mieux
définies, seront plus limitées que celles du Premier Consul. Le danger des factions avait nécessité l'établissement d'une dictature passagère.
Ces temps ne sont plus; la monarchie renaît, la
liberté ne peut mourir : la dictature cesse, et
l'autorité naturelle commence.

Signé : FONTANES.

Aujourd'hui 12 floréal an XII, à midi, se sont présentés, dans la salle des séances de la Questure, les membres du Corps législatif actuellement à Paris, lesquels ont déclaré que dans une occasion aussi importante, et quand il s'agit des plus grands intérêts du peuple français, ils croient devoir à l'honorable mission dont ils sont chargés, de manifester solennellement et leurs principes et leurs sentiments ; que, regrettant de ne pouvoir les proclamer à la tribune du Corps législatif, ils désirent au moins en consigner l'expression individuelle dans un acte authentique.

En conséquence, ils ont énoncé leur vœu ainsi qu'il suit :

Que Napoléon Bonaparte, premier consul, soit déclaré Empereur;

Que la dignité impériale soit héréditaire dans sa famille;

Que le système représentatif soit affermi sur des bases inébranlables, et que nos institutions politiques reçoivent le caractère de grandeur qui convient à la majesté du peuple français et garantissent à la fois l'autorité tutélaire du Gouvernement et la liberté des citoyens.

(Suivent les signatures).

TRIBUNAT.

PRÉSIDENCE DU TRIBUN FABRE (*de l'Aude*).

Séance du 29 floréal an XII (samedi 19 mai 1804).

Le procès-verbal de la séance du 15 floréal est adopté.

Il est donné lecture des deux lettres suivantes :

Genève, 16 floréal an XII.

Au président du Tribunat.

« Citoyen président, veuillez recevoir et faire agréer à mes collègues l'expression sincère de mes regrets de n'avoir pu me rencontrer au milieu d'eux, dans la séance mémorable où le Tribunat a fixé le titre et tracé la première page du livre des destinées de l'Empire français. Un devoir sacré, celui de père, avait réclamé ma présence auprès de l'une de mes filles, atteinte d'une maladie très-grave, et mère de trois enfants. La Providence vient de la rendre à nos vœux.

« En saisissant pour la seconde fois l'initiative dans l'expression du vœu national parvenu à sa maturité, le Tribunat me semble avoir continué de répondre au but de son institution ; et ces deux services compteront sans doute parmi ceux que consacrera l'histoire, et par lesquels ce corps, auquel il m'est si honorable et si doux d'appartenir, aura bien mérité de la patrie.

« Si j'eusse été à portée d'élever ma faible voix à côté des orateurs qui se sont distingués dans la brillante discussion dont je viens de lire les principaux détails, je n'aurais sûrement rien ajouté à la conviction qu'ils ont dû produire : mais j'aurais peut-être saisi cette occasion d'ajouter un trait au parallèle tracé par quelques-uns de mes collègues; j'aurais remarqué que ce fut sous les relations de bon voisinage, avec la *monarchie* française, que la petite République de Genève atteignit le plus haut terme de la prospérité; sous le *Directoire*, elle perdit, après une série de malheurs et par une influence irrésistible, son existence politique; et qu'enfin sous le *consulat de Bonaparte*, en devenant, au terme du concordat, l'un des foyers principaux du culte réformé, Genève a retrouvé son existence morale, et conservé les institutions qui la lui avaient procurée.

« Si, dans la grande circonstance qui s'apprête, les villes pouvaient émettre un vœu régulier, la reconnaissance autant que la politique mettrait donc Genève en première ligne dans le concert de félicitations à porter auprès du trône, relevé avec plus d'éclat et de stabilité qu'il n'en eut jamais.

« Recevez, citoyen président, mes salutations les plus sincères.

« *Signé* : M. A. PICTET. »

Châteauroux, ce 17 floréal an XII.

Bertrand de Greuille, à ses collègues :

« Citoyens collègues, mon éloignement forcé de la capitale ne m'ayant pas permis d'assister à votre mémorable séance du 14 de ce mois, dont le résultat vient de m'être à l'instant connu, j'éprouve le besoin de vous exprimer, qu'inséparablement uni à mes collègues pour tout ce qu'ils peuvent concevoir de grand et d'utile dans les intérêts de la patrie, j'adhère de toutes mes forces et de toute mon âme au vœu vraiment national que vous venez de présenter au Sénat. Puisse Napoléon Bonaparte, empereur des Français, vivre autant que sa gloire ! Puisse-t-il continuer à assurer le bonheur et la prospérité de la France ! c'est le vœu de tout bon citoyen, c'est celui de mon cœur.

« Recevez, citoyens collègues, l'assurance de ma haute considération.

Signé : BERTRAND DE GREUILLE. »

Le Tribunat ordonne l'impression et la distribution de ces deux lettres au nombre de six exemplaires.

On annonce l'arrivée d'orateurs du Gouvernement.

Ils sont introduits.

Le conseiller d'État **Treilhard** monte à la tribune et donne lecture des pièces suivantes.

DÉCRET IMPÉRIAL

« NAPOLÉON, EMPEREUR DES FRANÇAIS, décrète ce qui suit :

« Le sénatus-consulte organique, promulgué « hier 28 floréal, sera donné en communication « au Tribunat, aujourd'hui 29, par MM. Treilhard, « Lacuée et Ségur, orateurs du Conseil-d'Etat.

« Donné au palais de Saint-Cloud, le 29 floréal.

« *Signé* : NAPOLÉON.

« Par l'Empereur,
« *Le secrétaire d'Etat,*
« *Signé*: HUGUES-B. MARET. »

M. Treilhard. Le sénatus-consulte organique, dont Sa Majesté Impériale a ordonné la communication au Tribunat, a été sollicité par notre vœu, interprète fidèle de la volonté nationale.

Le moment était venu d'assurer pour toujours à la France inquiète les résultats que l'humanité et la philosophie avaient dû attendre de la Révolution.

La liberté politique sans anarchie, la liberté civile sans confusion, la liberté des cultes sans licence, la liberté de la presse sans moyens de soulèvements et de diffamation, l'égalité des droits bien différente de l'égalité insensée des fortunes, voilà ce qu'avaient désiré les hommes éclairés de toutes les nations et de tous les âges ; voilà le fruit que nous retirons de quinze années d'une pénible et laborieuse expérience ; voilà les bienfaits que contient et que doit transmettre à nos derniers neveux le sénatus-consulte que nous vous présentons.

Il élève une barrière invincible contre toute institution qui n'aurait pas pour base la liberté publique, le bonheur et la gloire du peuple français ; il affermit les fortunes et les propriétés de toute nature dans la main des citoyens ; il brise à jamais les efforts de cette famille si justement, si unanimement proscrite, qui, après avoir lassé la patience des Français par une administration faible et désordonnée, après avoir trahi ses engagements les plus sacrés, a osé méditer encore la destruction du peuple qu'elle ne devait plus gouverner, et qui désormais ne pourrait traîner à sa suite que des chaînes et des poignards.

Toutes nos institutions vont recevoir une force nouvelle ; et si la passion du bien public n'absorbait pas toutes vos affections, je remarquerais que les fonctions des tribuns seront plus durables et la présidence du Tribunat plus honorée.

Ce monument repose sur un grand acte de reconnaissance et de justice nationale ; il exprime la volonté constante et unanime du peuple français : je ne crains pas de le dire, personne ne peut s'honorer justement de l'avoir provoqué le premier : et lorsque vous pressiez le chef du Gouvernement de mettre le vaisseau de l'Etat à l'abri des tempêtes inséparables de l'élection dans un empire immense, qui nécessairement renferme tant d'éléments d'agitation, vous cédiez vous-mêmes au vœu national qui vous pressait de toutes parts.

Oui, s'il a pu exister quelque dissentiment sur des points de politique et d'administration, il n'en existe aucun sur le vœu qui proclame Napoléon Bonaparte empereur des Français, ni sur le vœu qui fixe dans sa famille un gouvernement investi du pouvoir nécessaire pour le maintien de l'autorité qui lui fut déléguée, et cependant circonscrit par de justes limites qu'il ne saurait franchir ; un gouvernement qui exerce dans la formation de la loi une influence qu'on n'aurait pu lui enlever sans s'exposer à toutes les horreurs de l'anarchie, mais qui cependant ne peut ni faire la loi, ni établir les contributions, ni modifier notre régime sans le concours libre et parfait des organes de la volonté nationale ; un gouvernement enfin fondé par le peuple, pour le peuple, digne également d'une nation généreuse et du héros qui l'a retenue sur le penchant de l'abîme.

Je m'arrête... Pourquoi parlerais-je de celui qui remplit toute la terre du bruit de son nom, de sa gloire et de ses vertus? Hâtons-nous plutôt de vous faire connaître le nouveau bienfait d'une organisation qui, consolidant et perfectionnant nos institutions actuelles, ajoute à tous les avantages dont nous jouissons déjà, le bien inappréciable d'une stabilité qui nous manquait.

Remarquons seulement que le sénatus-consulte dont je vais donner lecture, rend un juste hommage à la souveraineté nationale. Déjà le peuple a nommé Napoléon Bonaparte pour gouverner pendant sa vie ; la voix du peuple se fera encore entendre sur la transmission héréditaire de la dignité impériale dans la famille de Napoléon.

SÉNATUS-CONSULTE ORGANIQUE.

NAPOLÉON, par la grâce de Dieu et par les Constitutions de la République, EMPEREUR DES FRANÇAIS, à tous présents et à venir, salut :

Le Sénat, après avoir entendu les orateurs du Conseil d'Etat, a décrété et nous ordonnons ce qui suit :

Extrait des registres du Sénat conservateur,
DU 28 FLORÉAL AN XII.

Le **Sénat conservateur**, réuni au nombre de membres prescrit par l'article 90 de la Constitution;

Vu le projet de sénatus-consulte rédigé en la forme prescrite par l'article 57 du sénatus-consulte organique en date du 16 thermidor an X;

Après avoir entendu, sur les motifs dudit projet, les orateurs du Gouvernement et le rapport de sa commission spéciale (1), nommée dans la séance du 26 de ce mois;

L'adoption ayant été délibérée au nombre de voix prescrit par l'article 55 du sénatus-consulte organique du 16 thermidor an X ;

Décrète ce qui suit :

TITRE PREMIER.

Art. 1er. « Le gouvernement de la République est confié à un Empereur, qui prend le titre d'Empereur des Français.

La justice se rend, au nom de l'Empereur, par les officiers qu'il institue.

Art. 2. « NAPOLÉON BONAPARTE, Premier Consul actuel de la République, est EMPEREUR DES FRANÇAIS. »

TITRE II.
De l'hérédité.

Art. 3. « La dignité impériale est héréditaire dans

(1) Ce rapport a été fait par le sénateur Lacépède. Nous l'insérons plus loin comme annexe à la séance de ce jour.

DÉCRET IMPÉRIAL

« NAPOLÉON, EMPEREUR DES FRANÇAIS, décrète ce qui suit :

« Le sénatus-consulte organique, promulgué « hier 28 floréal, sera donné en communication « au Tribunat, aujourd'hui 29, par MM. Treilhard, « Lacuée et Ségur, orateurs du Conseil-d'Etat.

« Donné au palais de Saint-Cloud, le 29 floréal.

« *Signé* : NAPOLÉON.

« Par l'Empereur,

« *Le secrétaire d'Etat,*

« *Signé*: HUGUES-B. MARET. »

M. Treilhard. Le sénatus-consulte organique, dont Sa Majesté Impériale a ordonné la communication au Tribunat, a été sollicité par notre vœu, interprète fidèle de la volonté nationale.

Le moment était venu d'assurer pour toujours à la France inquiète les résultats que l'humanité et la philosophie avaient dû attendre de la Révolution.

La liberté politique sans anarchie, la liberté civile sans confusion, la liberté des cultes sans licence, la liberté de la presse sans moyens de soulèvements et de diffamation, l'égalité des droits bien différente de l'égalité insensée des fortunes, voilà ce qu'avaient désiré les hommes éclairés de toutes les nations et de tous les âges ; voilà le fruit que nous retirons de quinze années d'une pénible et laborieuse expérience ; voilà les bienfaits que contient et que doit transmettre à nos derniers neveux le sénatus-consulte que nous vous présentons.

Il élève une barrière invincible contre toute institution qui n'aurait pas pour base la liberté publique, le bonheur et la gloire du peuple français ; il affermit les fortunes et les propriétés de toute nature dans la main des citoyens ; il brise à jamais les efforts de cette famille si justement, si unanimement proscrite, qui, après avoir lassé la patience des Français par une administration faible et désordonnée, après avoir trahi ses engagements les plus sacrés, a osé méditer encore la destruction du peuple qu'elle ne devait plus gouverner, et qui désormais ne pourrait traîner à sa suite que des chaînes et des poignards.

Toutes nos institutions vont recevoir une force nouvelle ; et si la passion du bien public n'absorbait pas toutes vos affections, je remarquerais que les fonctions des tribuns seront plus durables et la présidence du Tribunat plus honorée.

Ce monument repose sur un grand acte de reconnaissance et de justice nationale ; il exprime la volonté constante et unanime du peuple français : je ne crains pas de le dire, personne ne peut s'honorer justement de l'avoir provoqué le premier : et lorsque vous pressiez le chef du Gouvernement de mettre le vaisseau de l'Etat à l'abri des tempêtes inséparables de l'élection dans un empire immense, qui nécessairement renferme tant d'éléments d'agitation, vous cédiez vous-mêmes au vœu national qui vous pressait de toutes parts.

Oui, s'il a pu exister quelque dissentiment sur des points de politique et d'administration, il n'en existe aucun sur le vœu qui proclame Napoléon Bonaparte empereur des Français, ni sur le vœu qui fixe dans sa famille un gouvernement investi du pouvoir nécessaire pour le maintien de l'autorité qui lui fut déléguée, et cependant circonscrit par de justes limites qu'il ne saurait franchir ; un gouvernement qui exerce dans la formation de la loi une influence qu'on n'aurait pu lui enlever sans s'exposer à toutes les horreurs de l'anarchie, mais qui cependant ne peut ni faire la loi, ni établir les contributions, ni modifier notre régime sans le concours libre et parfait des organes de la volonté nationale ; un gouvernement enfin fondé par le peuple, pour le peuple, digne également d'une nation généreuse et du héros qui l'a retenue sur le penchant de l'abîme.

Je m'arrête... Pourquoi parlerais-je de celui qui remplit toute la terre du bruit de son nom, de sa gloire et de ses vertus? Hâtons-nous plutôt de vous faire connaître le nouveau bienfait d'une organisation qui, consolidant et perfectionnant nos institutions actuelles, ajoute à tous les avantages dont nous jouissons déjà, le bien inappréciable d'une stabilité qui nous manquait.

Remarquons seulement que le sénatus-consulte dont je vais donner lecture, rend un juste hommage à la souveraineté nationale. Déjà le peuple a nommé Napoléon Bonaparte pour gouverner pendant sa vie ; la voix du peuple se fera encore entendre sur la transmission héréditaire de la dignité impériale dans la famille de Napoléon.

SÉNATUS-CONSULTE ORGANIQUE.

NAPOLÉON, par la grâce de Dieu et par les Constitutions de la République, EMPEREUR DES FRANÇAIS, à tous présents et à venir, salut :

Le Sénat, après avoir entendu les orateurs du Conseil d'Etat, a décrété et nous ordonnons ce qui suit :

Extrait des registres du Sénat conservateur,

DU 28 FLORÉAL AN XII.

Le **Sénat conservateur**, réuni au nombre de membres prescrit par l'article 90 de la Constitution;

Vu le projet de sénatus-consulte rédigé en la forme prescrite par l'article 57 du sénatus-consulte organique en date du 16 thermidor an X;

Après avoir entendu, sur les motifs dudit projet, les orateurs du Gouvernement et le rapport de sa commission spéciale (1), nommée dans la séance du 26 de ce mois;

L'adoption ayant été délibérée au nombre de voix prescrit par l'article 55 du sénatus-consulte organique du 16 thermidor an X ;

Décrète ce qui suit :

TITRE PREMIER.

Art. 1er. « Le gouvernement de la République est confié à un Empereur, qui prend le titre d'Empereur des Français.

La justice se rend, au nom de l'Empereur, par les officiers qu'il institue. »

Art. 2. « NAPOLÉON BONAPARTE, Premier Consul actuel de la République, est EMPEREUR DES FRANÇAIS. »

TITRE II.

De l'hérédité.

Art. 3. « La dignité impériale est héréditaire dans

(1) Ce rapport a été fait par le sénateur Lacépède. Nous l'insérons plus loin comme annexe à la séance de ce jour.

DÉCRET IMPÉRIAL

« NAPOLÉON, EMPEREUR DES FRANÇAIS, décrète ce qui suit :

« Le sénatus-consulte organique, promulgué « hier 28 floréal, sera donné en communication « au Tribunat, aujourd'hui 29, par MM. Treilhard, « Lacuée et Ségur, orateurs du Conseil-d'Etat.

« Donné au palais de Saint-Cloud, le 29 floréal.

« *Signé :* NAPOLÉON.

« Par l'Empereur,

« *Le secrétaire d'Etat,*

« *Signé :* HUGUES-B. MARET. »

M. Treilhard. Le sénatus-consulte organique, dont Sa Majesté Impériale a ordonné la communication au Tribunat, a été sollicité par notre vœu, interprète fidèle de la volonté nationale.

Le moment était venu d'assurer pour toujours à la France inquiète les résultats que l'humanité et la philosophie avaient dû attendre de la Révolution.

La liberté politique sans anarchie, la liberté civile sans confusion, la liberté des cultes sans licence, la liberté de la presse sans moyens de soulèvements et de diffamation, l'égalité des droits bien différente de l'égalité insensée des fortunes, voilà ce qu'avaient désiré les hommes éclairés de toutes les nations et de tous les âges ; voilà le fruit que nous retirons de quinze années d'une pénible et laborieuse expérience ; voilà les bienfaits que contient et que doit transmettre à nos derniers neveux le sénatus-consulte que nous vous présentons.

Il élève une barrière invincible contre toute institution qui n'aurait pas pour base la liberté publique, le bonheur et la gloire du peuple français ; il affermit les fortunes et les propriétés de toute nature dans la main des citoyens ; il brise à jamais les efforts de cette famille si justement, si unanimement proscrite, qui, après avoir lassé la patience des Français par une administration faible et désordonnée, après avoir trahi ses engagements les plus sacrés, a osé méditer encore la destruction du peuple qu'elle ne devait plus gouverner, et qui désormais ne pourrait traîner à sa suite que des chaînes et des poignards.

Toutes nos institutions vont recevoir une force nouvelle ; et si la passion du bien public n'absorbait pas toutes vos affections, je remarquerais que les fonctions des tribuns seront plus durables et la présidence du Tribunat plus honorée.

Ce monument repose sur un grand acte de reconnaissance et de justice nationale ; il exprime la volonté constante et unanime du peuple français : je ne crains pas de le dire, personne ne peut s'honorer justement de l'avoir provoqué le premier : et lorsque vous pressiez le chef du Gouvernement de mettre le vaisseau de l'Etat à l'abri des tempêtes inséparables de l'élection dans un empire immense, qui nécessairement renferme tant d'éléments d'agitation, vous cédiez vous-mêmes au vœu national qui vous pressait de toutes parts.

Oui, s'il a pu exister quelque dissentiment sur des points de politique et d'administration, il n'en existe aucun sur le vœu qui proclame Napoléon Bonaparte empereur des Français, ni sur le vœu qui fixe dans sa famille un gouvernement investi du pouvoir nécessaire pour le maintien de l'autorité qui lui fut déléguée, et cependant circonscrit par de justes limites qu'il ne saurait franchir ; un gouvernement qui exerce dans la formation de la loi une influence qu'on n'aurait pu lui enlever sans s'exposer à toutes les horreurs de l'anarchie, mais qui cependant ne peut ni faire la loi, ni établir les contributions, ni modifier notre régime sans le concours libre et parfait des organes de la volonté nationale ; un gouvernement enfin fondé par le peuple, pour le peuple, digne également d'une nation généreuse et du héros qui l'a retenue sur le penchant de l'abîme.

Je m'arrête... Pourquoi parlerais-je de celui qui remplit toute la terre du bruit de son nom, de sa gloire et de ses vertus? Hâtons-nous plutôt de vous faire connaître le nouveau bienfait d'une organisation qui, consolidant et perfectionnant nos institutions actuelles, ajoute à tous les avantages dont nous jouissons déjà, le bien inappréciable d'une stabilité qui nous manquait.

Remarquons seulement que le sénatus-consulte dont je vais donner lecture, rend un juste hommage à la souveraineté nationale. Déjà le peuple a nommé Napoléon Bonaparte pour gouverner pendant sa vie ; la voix du peuple se fera encore entendre sur la transmission héréditaire de la dignité impériale dans la famille de Napoléon.

SÉNATUS-CONSULTE ORGANIQUE.

NAPOLÉON, par la grâce de Dieu et par les Constitutions de la République, EMPEREUR DES FRANÇAIS, à tous présents et à venir, salut :

Le Sénat, après avoir entendu les orateurs du Conseil d'Etat, a décrété et nous ordonnons ce qui suit :

Extrait des registres du Sénat conservateur,

DU 28 FLORÉAL AN XII.

Le **Sénat conservateur**, réuni au nombre de membres prescrit par l'article 90 de la Constitution;

Vu le projet du sénatus-consulte rédigé en la forme prescrite par l'article 57 du sénatus-consulte organique en date du 16 thermidor an X ;

Après avoir entendu, sur les motifs dudit projet, les orateurs du Gouvernement et le rapport de sa commission spéciale (1), nommée dans la séance du 26 de ce mois;

L'adoption ayant été délibérée au nombre de voix prescrit par l'article 55 du sénatus-consulte organique du 16 thermidor an X ;

Décrète ce qui suit :

TITRE PREMIER.

Art. 1er. « Le gouvernement de la République est confié à un Empereur, qui prend le titre d'Empereur des Français.

La justice se rend, au nom de l'Empereur, par les officiers qu'il institue. »

Art. 2. « NAPOLÉON BONAPARTE, Premier Consul actuel de la République, est EMPEREUR DES FRANÇAIS. »

TITRE II.

De l'hérédité.

Art. 3. « La dignité impériale est héréditaire dans

---

(1) Ce rapport a été fait par le sénateur Lacépède. Nous l'insérons plus loin comme annexe à la séance de ce jour.

la descendance directe, naturelle et légitime de NAPOLÉON BONAPARTE, de mâle en mâle, par ordre de primogéniture, et à l'exclusion perpétuelle des femmes et de leur descendance. »

Art. 4. « NAPOLÉON BONAPARTE peut adopter les enfants ou petits-enfants de ses frères, pourvu qu'ils aient atteint l'âge de dix-huit ans accomplis, et que lui-même n'ait point d'enfants mâles au moment de l'adoption.

« Ses fils adoptifs entrent dans la ligne de sa descendance directe.

« Si postérieurement à l'adoption, il lui survient des enfants mâles, ses fils adoptifs ne peuvent être appelés qu'après les descendants naturels et légitimes.

« L'adoption est interdite aux successeurs de NAPOLÉON BONAPARTE et à leurs descendants. »

Art. 5. « A défaut d'héritier naturel et légitime, ou d'héritier adoptif de NAPOLÉON BONAPARTE, la dignité impériale est dévolue et déférée à *Joseph Bonaparte*, à ses descendants naturels et légitimes, par ordre de primogéniture, et de mâle en mâle, à l'exclusion perpétuelle des femmes et de leur descendance. »

Art. 6. « A défaut de *Joseph Bonaparte* et de ses descendants mâles, la dignité impériale est dévolue et déférée à *Louis Bonaparte* et à ses descendants naturels et légitimes, par ordre de primogéniture, et de mâle en mâle, à l'exclusion perpétuelle des femmes et de leur descendance. »

Art. 7. « A défaut d'héritier naturel et légitime; ou d'héritier adoptif de NAPOLÉON BONAPARTE;

« A défaut d'héritier naturel et légitime de *Joseph Bonaparte* et de ses descendants mâles;

« De *Louis Bonaparte* et de ses descendants mâles;

« Un sénatus-consulte organique, proposé au Sénat par les titulaires des grandes dignités de l'Empire, et soumis à l'acceptation du peuple, nomme l'Empereur, règle dans sa famille l'ordre de l'hérédité, de mâle en mâle, à l'exclusion perpétuelle des femmes et de leur descendance. »

Art. 8. « Jusqu'au moment où l'élection du nouvel Empereur est consommée, les affaires de l'État sont gouvernées par les ministres, qui se forment en conseil de gouvernement, et qui délibèrent à la majorité des voix. Le secrétaire d'État tient le registre des délibérations. »

TITRE III.
De la famille impériale.

Art. 9. « Les membres de la famille impériale, dans l'ordre de l'hérédité, portent le titre de *Princes français.*

« Le fils aîné de l'Empereur porte celui de *Prince impérial.* »

Art. 10. « Un sénatus-consulte règle le mode de l'éducation des princes français. »

Art. 11. « Ils sont membres du Sénat et du Conseil d'État, lorsqu'ils ont atteint leur dix-huitième année. »

Art. 12. « Ils ne peuvent se marier sans l'autorisation de l'Empereur.

« Le mariage du prince français, fait sans l'autorisation de l'Empereur, emporte privation de tout droit à l'hérédité, tant pour celui qui l'a contracté que pour ses descendants.

« Néanmoins, s'il n'existe point d'enfants de ce mariage, et qu'il vienne à se dissoudre, le prince qui l'avait contracté recouvre ses droits à l'hérédité. »

Art. 13. « Les actes qui constatent la naissance, les mariages et les décès des membres de la famille impériale, sont transmis, sur un ordre de l'Empereur, au Sénat, qui ordonne la transcription sur ses registres et le dépôt dans ses archives. »

Art. 14. « **Napoléon Bonaparte** établit par des statuts auxquels ses successeurs sont tenus de se conformer :

« 1° Les devoirs des individus de tout sexe, membres de la famille impériale, envers l'Empereur;

« 2° Une organisation du palais impérial conforme à la dignité du trône et à la grandeur de la nation. »

Art. 15. « La liste civile reste réglée ainsi qu'elle l'a été par les articles 1 et 4 du décret du 26 mai 1791.

« Les princes français *Joseph* et *Louis Bonaparte*, et à l'avenir les fils puînés naturels et légitimes de l'Empereur, seront traités conformément aux articles 1, 10, 12 et 13 du décret du 21 décembre 1790.

« L'Empereur pourra fixer le douaire de l'Impératrice et l'assigner sur la liste civile ; ses successeurs ne pourront rien changer aux dispositions qu'il aura faites à cet égard. »

Art. 16. « L'Empereur visite les départements : en conséquence, des palais impériaux seront établis aux quatre points principaux de l'Empire.

« Ces palais sont désignés et leurs dépendances déterminées par une loi. »

TITRE IV.
De la régence.

Art. 17. « L'Empereur est mineur jusqu'à l'âge de 18 ans accomplis ; pendant sa minorité, il y a un régent de l'Empire. »

Art. 18. « Le régent doit être âgé au moins de vingt-cinq ans accomplis.

« Les femmes sont exclues de la régence. »

Art. 19. « L'Empereur désigne le régent parmi les princes français, ayant l'âge exigé par l'article précédent ; et, à leur défaut, parmi les titulaires des grandes dignités de l'Empire. »

Art. 20. « A défaut de désignation de la part de l'Empereur, la régence est déférée au prince le plus proche en degré, dans l'ordre de l'hérédité, ayant vingt-cinq ans accomplis. »

Art. 21. « Si l'Empereur n'ayant pas désigné le régent, aucun des princes français n'est âgé de vingt-cinq ans accomplis, le Sénat élit le régent parmi les titulaires des grandes dignités de l'Empire. »

Art. 22. « Si, à raison de la minorité d'âge du prince appelé à la régence dans l'ordre de l'hérédité, elle a été déférée à un parent plus éloigné, ou à l'un des titulaires des grandes dignités de l'Empire, le régent entré en exercice continue ses fonctions jusqu'à la majorité de l'Empereur. »

Art. 23. « Aucun sénatus-consulte organique ne peut être rendu pendant la régence, ni avant la fin de la troisième année qui suit la majorité. »

Art. 24. « Le régent exerce jusqu'à la majorité de l'Empereur toutes les attributions de la dignité impériale.

« Néanmoins il ne peut nommer ni aux grandes dignités de l'Empire, ni aux places de grands officiers qui se trouveraient vacantes à l'époque de la régence, ou qui viendraient à vaquer pendant la minorité, ni user de la prérogative réservée à l'Empereur d'élever des citoyens au rang de sénateur.

« Il ne peut révoquer ni le grand juge, ni le secrétaire d'État. »

Art. 25. « Il n'est pas personnellement responsable des actes de son administration. »

Art. 26. « Tous les actes de la régence sont au nom de l'Empereur mineur. »

Art. 27. « Le régent ne propose aucun projet de loi ou de sénatus-consulte, et n'adopte aucun règlement d'administration publique, qu'après avoir pris l'avis du conseil de régence, composé des titulaires des grandes dignités de l'Empire.

« Il ne peut déclarer la guerre, ni signer des traités de paix, d'alliance ou de commerce, qu'après en avoir délibéré dans le conseil de régence, dont les membres, pour ce seul cas, ont voix délibérative. La délibération a lieu à la majorité des voix ; et s'il y a partage, elle passe à l'avis du régent.

« Le ministre des relations extérieures prend séance au conseil de régence, lorsque ce conseil délibère sur des objets relatifs à son département.

« Le grand juge ministre de la justice peut y être appelé par l'ordre du régent.

« Le secrétaire d'Etat tient le registre des délibérations. »

Art. 28. « La régence ne confère aucun droit sur la personne de l'Empereur mineur. »

Art. 29. « Le traitement du régent est fixé au quart du montant de la liste civile. »

Art. 30. « La garde de l'Empereur mineur est confiée à sa mère, et, à son défaut, au prince désigné à cet effet par le prédécesseur de l'Empereur mineur.

« A défaut de la mère de l'Empereur mineur et du prince désigné par l'Empereur, le Sénat confie la garde de l'Empereur mineur à l'un des titulaires des grandes dignités de l'Empire.

« Ne peuvent être élus pour la garde de l'Empereur mineur, ni le régent et ses descendants, ni les femmes. »

Art. 31. « Dans le cas où NAPOLÉON BONAPARTE usera de la faculté qui est conférée par l'article 4, titre II, l'acte d'adoption sera fait en présence des titulaires des grandes dignités de l'Empire, reçu par le secrétaire d'Etat, et transmis aussitôt au Sénat pour être transcrit sur ses registres et déposé dans ses archives.

« Lorsque l'Empereur désigne, soit un régent pour la minorité, soit un prince pour la garde d'un Empereur mineur, les mêmes formalités sont observées.

« Les actes de désignation, soit d'un régent pour la minorité, soit d'un prince pour la garde d'un Empereur mineur, sont révocables à volonté par l'Empereur.

« Tout acte d'adoption, de désignation ou de révocation de désignation, qui n'aura pas été transcrit sur les registres du Sénat avant le décès de l'Empereur, sera nul et de nul effet. »

TITRE V
Des grandes dignités de l'Empire.

Art. 32. « Les grandes dignités de l'Empire sont celles :

« De grand électeur,
« D'archichancelier de l'empire,
« D'archichancelier d'Etat,
« D'architrésorier,
« De connétable,
« De grand amiral. »

Art. 33. « Les titulaires des grandes dignités de l'Empire sont nommés par l'Empereur.

« Ils jouissent des mêmes honneurs que les princes français, et prennent rang immédiatement après eux.

« L'époque de leur réception détermine le rang qu'ils occupent respectivement. »

Art. 34. « Les grandes dignités de l'Empire sont inamovibles. »

Art. 35. « Les titulaires des grandes dignités de l'Empire sont sénateurs et conseillers d'Etat. »

Art. 36. « Ils forment le grand conseil de l'Empereur ;

« Ils sont membres du conseil privé ;

« Ils composent le grand conseil de la Légion d'honneur.

« Les membres actuels du grand conseil de la Légion d'honneur conservent, pour la durée de leur vie, leurs titres, fonctions et prérogatives.

Art. 37. « Le Sénat et le Conseil d'Etat sont présidés par l'Empereur.

« Lorsque l'Empereur ne préside pas le Sénat ou le Conseil d'Etat, il désigne celui des titulaires des grandes dignités de l'Empire qui doit présider. »

Art. 38. « Tous les actes du Sénat et du Corps législatif sont rendus au nom de l'Empereur, et promulgués ou publiés sous le sceau impérial. »

Art. 39. « Le grand électeur fait les fonctions de chancelier : 1° pour la convocation du Corps législatif, des collèges électoraux et des assemblées de canton ; 2° pour la promulgation des sénatus-consultes portant dissolution, soit du Corps législatif, soit des collèges électoraux.

« Le grand électeur préside en l'absence de l'Empereur, lorsque le Sénat procède aux nominations des sénateurs, des législateurs et des tribuns.

« Il peut résider au palais du Sénat.

« Il porte à la connaissance de l'Empereur les réclamations formées par les collèges électoraux ou par les assemblées de canton pour la conservation de leurs prérogatives.

« Lorsqu'un membre d'un collège électoral est dénoncé, conformément à l'article 21 du sénatus-consulte organique du 16 thermidor an X, comme s'étant permis quelque acte contraire à l'honneur ou à la patrie, le grand électeur invite le collège à manifester son vœu. Il porte le vœu du collège à la connaissance de l'Empereur.

« Le grand électeur présente les membres du Sénat, du Conseil d'Etat, du Corps législatif et du Tribunat, au serment qu'ils prêtent entre les mains de l'Empereur.

« Il reçoit le serment des présidents des collèges électoraux de département et des assemblées de canton.

« Il présente les députations solennelles du Sénat, du Conseil d'Etat, du Corps législatif, du Tribunat, et des collèges électoraux, lorsqu'elles sont admises à l'audience de l'Empereur. »

Art. 40. « L'archichancelier de l'Empire fait les fonctions de chancelier pour la promulgation des sénatus-consultes organiques et des lois.

« Il fait également celles de chancelier du palais impérial.

« Il est président au travail annuel dans lequel le grand juge ministre de la justice rend compte à l'Empereur des abus qui peuvent s'être introduits dans l'administration de la justice, soit civile, soit criminelle.

« Il préside la haute cour impériale.

« Il préside les sections réunies du Conseil d'Etat et du Tribunat, conformément à l'article 95, titre IX.

« Il est présent à la célébration des mariages et à la naissance des princes ; au couronnement et aux obsèques de l'Empereur. Il signe le procès-verbal que dresse le secrétaire d'Etat.

« Il présente les titulaires des grandes dignités de l'Empire, les ministres et le secrétaire d'Etat, les grands officiers civils de la couronne et le premier président de la cour de cassation, au serment qu'ils prêtent entre les mains de l'Empereur.

« Il reçoit le serment des membres et du parquet de la cour de cassation, des présidents et procureurs généraux des cours d'appel et des cours criminelles.

« Il présente les députations solennelles et les membres des cours de justice admis à l'audience de l'Empereur.

« Il signe et scelle les commissions et brevets des membres des cours de justice et des officiers ministériels ; il scelle les commissions et brevets des fonctions civiles administratives et les autres actes qui seront désignés dans le règlement portant organisation du sceau. »

Art. 41. « L'archichancelier d'Etat fait les fonctions de chancelier pour la promulgation des traités de paix et d'alliance, et pour les déclarations de guerre.

« Il présente à l'Empereur et signe les lettres de créance et la correspondance d'étiquette avec les différentes cours de l'Europe, rédigées suivant les formes du protocole impérial, dont il est le gardien.

« Il est présent au travail annuel dans lequel le ministre des relations extérieures rend compte à l'Empereur de la situation politique de l'Etat.

« Il présente les ambassadeurs et ministres de l'Empereur dans les cours étrangères, au serment qu'ils prêtent entre les mains de S. M. I.

« Il reçoit le serment des résidents, chargés d'affaires, secrétaires d'ambassade et de légation, et des commissaires généraux et commissaires des relations commerciales.

« Il présente les ambassades extraordinaires et les ambassadeurs et ministres français et étrangers. »

Art. 42. « L'architrésorier est présent au travail annuel dans lequel les ministres des finances et du trésor public rendent à l'Empereur des comptes des recettes et des dépenses de l'Etat, et exposent leurs vues sur les besoins des finances de l'Empire.

« Les comptes des recettes et dépenses annuels, avant d'être présentés à l'Empereur, sont revêtus de son visa.

« Il préside les sections réunies du Conseil d'Etat et du Tribunat, conformément à l'article 95, titre IX.

« Il reçoit, tous les trois mois, le compte des travaux de la comptabilité nationale, et, tous les ans, le résultat général et les vues de réforme et d'amélioration dans les différentes parties de la comptabilité ; il les porte à la connaissance de l'Empereur.

« Il arrête, tous les ans, le grand-livre de la dette publique.

« Il signe les brevets des pensions civiles.

« Il reçoit le serment des membres de la comptabilité nationale, des administrations des finances, et des principaux agents du trésor public.

« Il présente les députations de la comptabilité nationale et des administrations de finances admises à l'audience de l'Empereur. »

Art. 43. « Le connétable est présent au travail annuel dans lequel le ministre de la guerre et le directeur de l'administration de la guerre rendent compte à l'Empereur, des dispositions à prendre pour compléter le système de défense des frontières, l'entretien, les réparations et l'approvisionnement des places.

« Il pose la première pierre des places fortes dont la construction est ordonnée.

« Il est gouverneur des écoles militaires.

« Lorsque l'Empereur ne remet pas en personne les drapeaux au corps de l'armée, ils leur sont remis en son nom par le connétable.

« En l'absence de l'Empereur, le connétable passe les grandes revues de la garde impériale.

« Lorsqu'un général d'armée est prévenu d'un délit spécifié au Code pénal militaire, le connétable peut présider le conseil de guerre qui doit juger.

« Il présente les maréchaux de l'empire, les colonels généraux, les inspecteurs généraux, les officiers généraux et les colonels de toutes les armes, au serment qu'ils prêtent entre les mains de l'Empereur.

« Il reçoit le serment des majors, chefs de bataillon et d'escadron de toutes les armes.

« Il installe les maréchaux de l'empire.

« Il présente les officiers généraux et les colonels, majors, chefs de bataillon et d'escadron de toutes les armes, lorsqu'ils sont admis à l'audience de l'Empereur.

« Il signe les brevets de l'armée et ceux des militaires pensionnaires de l'Etat.

Art. 44. « Le grand amiral est présent au travail annuel dans lequel le ministre de la marine rend compte à l'Empereur de l'état des constructions navales, des arsenaux et des approvisionnements.

« Il reçoit annuellement et présente à l'Empereur les comptes de la caisse des invalides de la marine.

« Lorsqu'un amiral, vice-amiral ou contre-amiral commandant en chef une armée navale, est prévenu d'un délit spécifié au Code pénal maritime, le grand amiral peut présider la cour martiale qui doit juger.

« Il présente les amiraux, les vice-amiraux, les contre-amiraux et les capitaines de vaisseau, au serment qu'ils prêtent entre les mains de l'Empereur.

« Il reçoit le serment des membres du conseil des prises et des capitaines de frégate.

« Il présente les amiraux, les vice-amiraux, les contre-amiraux, les capitaines de vaisseau et de frégate, et les membres du conseil des prises, lorsqu'ils sont admis à l'audience de l'Empereur.

« Il signe les brevets des officiers de l'armée navale et ceux des marins pensionnaires de l'Etat.

Art. 45. « Chaque titulaire des grandes dignités de l'Empire préside un collège électoral de département.

« Le collège électoral séant à Bruxelles est présidé par le grand électeur.

« Le collège électoral séant à Bordeaux est présidé par l'archichancelier de l'Empire.

« Le collège électoral séant à Nantes est présidé par l'archichancelier d'Etat.

« Le collège électoral séant à Lyon est présidé par l'archi trésorier de l'Empire.

« Le collège électoral séant à Turin est présidé par le connétable.

« Le collège électoral séant à Marseille est présidé par le grand amiral. »

Art. 46. « Chaque titulaire des grandes dignités de l'Empire reçoit annuellement, à titre de traitement fixe, le tiers de la somme affectée aux princes, conformément au décret du 21 décembre 1790. »

Art. 47. « Un statut de l'Empereur règle les fonctions des titulaires des grandes dignités de l'Empire auprès de l'Empereur, et détermine leur costume dans les grandes cérémonies. Les successeurs de l'Empereur ne peuvent déroger à ce statut que par un sénatus-consulte. »

TITRE VI.

Des grands officiers de l'Empire.

Art. 48. « Les grands officiers de l'Empire sont :
« Premièrement, des maréchaux de l'Empire, choisis parmi les généraux les plus distingués.

« Leur nombre n'excède pas celui de seize.

« Ne font point partie de ce nombre les maréchaux de l'Empire qui sont sénateurs.

« Secondement, huit inspecteurs et colonels généraux de l'artillerie et du génie, des troupes à cheval et de la marine.

« Troisièmement, des grands officiers civils de la couronne, tels qu'ils sont institués par les statuts de l'Empereur. »

Art. 49. « Les places des grands officiers sont inamovibles. »

Art. 50. « Chacun des grands officiers de l'Empire préside un collège électoral qui lui est spécialement affecté au moment de sa nomination. »

Art. 51. « Si, par un ordre de l'Empereur, ou par toute autre cause que ce puisse être, un titulaire d'une grande dignité de l'Empire ou un grand officier vient à cesser ses fonctions, il conserve son titre, son rang, ses prérogatives et la moitié de son traitement : il ne les perd que par un jugement de la haute cour impériale. »

TITRE VII.

Des serments.

Art. 52. « Dans les deux ans qui suivent son avénement, ou sa majorité, l'Empereur, accompagné des titulaires des grandes dignités de l'Empire, des ministres, des grands officiers de l'Empire, prête serment au peuple français sur l'Evangile et en présence :

« Du Sénat,
« Du Conseil d'État,
« Du Corps législatif,
« Du Tribunat,
« De la cour de cassation,
« Des archevêques,
« Des évêques,
« Des grands officiers de la Légion d'honneur,
« De la comptabilité nationale,
« Des présidents des cours d'appel,
« Des présidents des collèges électoraux,
« Des présidents des assemblées de canton,
« Des présidents des consistoires,
« Et des maires des trente-six principales villes de l'Empire.

« Le secrétaire d'État dresse procès-verbal de la prestation du serment. »

Art. 53. « Le serment de l'Empereur est ainsi conçu :

« Je jure de maintenir l'intégrité du territoire de la République ; de respecter et de faire respecter les lois du concordat et la liberté des cultes ; de respecter et faire respecter l'égalité des droits, la liberté politique et civile, l'irrévocabilité des ventes des biens nationaux ; de ne lever aucun impôt, de n'établir aucune taxe qu'en vertu de la loi ; de maintenir l'institution de la Légion d'honneur ; de gouverner dans la seule vue de l'intérêt, du bonheur et de la gloire du peuple français. »

Art. 54. « Avant de commencer l'exercice de ses fonctions, le régent, accompagné :

« Des titulaires des grandes dignités de l'Empire,
« Des ministres,
« Des grands officiers de l'Empire,
« Prête serment sur l'Evangile, en présence :
« Du Sénat,
« Du Conseil d'État,

« Du président et des questeurs du Corps législatif,
« Du président et des questeurs du Tribunat,
« Et des grands officiers de la Légion d'honneur.

« Le secrétaire d'Etat dresse procès-verbal de la prestation du serment. »

Art. 55. « Le serment du régent est conçu en ces termes :

« Je jure d'administrer les affaires de l'Etat conformément aux Constitutions de l'Empire, aux sénatus-consultes et aux lois ; de maintenir dans toute leur intégrité le territoire de la République, les droits de la nation et ceux de la dignité impériale, et de remettre fidèlement à l'Empereur, au moment de sa majorité, le pouvoir dont l'exercice m'est confié. »

Art. 56. « Les titulaires des grandes dignités de l'Empire, les ministres, et le secrétaire d'Etat, les grands officiers, les membres du Sénat, du Conseil d'Etat, du Corps législatif, du Tribunat, des collèges électoraux et des assemblées de canton, prêtent serment en ces termes :

« Je jure obéissance aux Constitutions de l'Empire et fidélité à l'Empereur. »

« Les fonctionnaires publics, civils et judiciaires, et les officiers et soldats de l'armée de terre et de mer, prêtent le même serment. »

TITRE VIII.

Du Sénat.

Art. 57. « Le Sénat se compose :

« 1° Des princes français ayant atteint leur dix-huitième année ;

« 2° Des titulaires des grandes dignités de l'Empire ;

« 3° Des quatre-vingts membres nommés sur la présentation de candidats choisis par l'Empereur sur les listes formées par les collèges électoraux de département ;

« 4° Des citoyens que l'Empire juge convenable d'élever à la dignité de sénateur.

« Dans le cas où le nombre des sénateurs excédera celui qui a été fixé par l'article 58 du sénatus-consulte organique du 16 thermidor an X, il sera à cet égard pourvu par une loi à l'exécution de l'article 17 du sénatus-consulte du 14 nivôse an XI. »

Art. 58. « Le président du Sénat est nommé par l'Empereur, et choisi parmi les sénateurs.

« Ses fonctions durent un an. »

Art. 59. « Il convoque le Sénat sur un ordre du propre mouvement de l'Empereur, et sur la demande, ou des commissions dont il sera parlé ci-après, articles 60 et 64, ou d'un sénateur, conformément aux dispositions de l'article 70, ou d'un officier du Sénat, pour les affaires intérieures du corps.

« Il rend compte à l'Empereur des convocations faites sur la demande des commissions ou du sénateur, de leur objet, et des résultats des délibérations du Sénat. »

Art. 60. « Une commission de sept membres nommés par le Sénat, et choisis dans son sein, prend connaissance, sur la communication qui lui en est donnée par les ministres, des arrestations effectuées conformément à l'article 46 de la Constitution, lorsque les personnes arrêtées n'ont pas été traduites devant les tribunaux dans les dix jours de leur arrestation.

« Cette commission est appelée commission sénatoriale de la liberté individuelle. »

Art. 61. « Toutes les personnes arrêtées et non mises en jugement après les dix jours de leur arrestation, peuvent recourir directement, par elles, leurs parents ou leurs représentants, et par voie de pétition, à la commission sénatoriale de la liberté individuelle. »

Art. 62. « Lorsque la commission estime que la détention prolongée au delà des dix jours de l'arrestation n'est pas justifiée par l'intérêt de l'Etat, elle invite le ministre qui a ordonné l'arrestation à faire mettre en liberté la personne détenue, ou à la renvoyer devant les tribunaux ordinaires. »

Art. 63. « Si, après trois invitations consécutives, renouvelées dans l'espace d'un mois, la personne détenue n'est pas mise en liberté ou renvoyée devant les tribunaux ordinaires, la commission demande une assemblée du Sénat, qui est convoqué par le président, et qui rend, s'il y a lieu, la déclaration suivante :

« Il y a de fortes présomptions que N... est détenu arbitrairement.

« On procède ensuite conformément aux dispositions de l'article 112, titre XIII, de la haute cour impériale. »

Art. 64. « Une commission de sept membres nommés par le Sénat, et choisis dans son sein, est chargée de veiller à la liberté de la presse.

« Ne sont point compris dans son attribution les ouvrages qui s'impriment et se distribuent par abonnement et à des époques périodiques.

« Cette commission est appelée *commission sénatoriale de la liberté de la presse.* »

Art. 65. « Les auteurs, imprimeurs ou libraires, qui se croient fondés à se plaindre d'empêchement mis à l'impression ou à la circulation d'un ouvrage, peuvent recourir directement et par voie de pétition à la commission sénatoriale de la liberté de la presse. »

Art. 66. « Lorsque la commission estime que les empêchements ne sont pas justifiés par l'intérêt de l'Etat, elle invite le ministre qui a donné l'ordre à le révoquer. »

Art. 67. « Si après trois invitations consécutives, renouvelées dans l'espace d'un mois, les empêchements subsistent, la commission demande une assemblée du Sénat, qui est convoqué par le président et qui rend, s'il y a lieu, la déclaration suivante :

« Il y a de fortes présomptions que la liberté de la presse a été violée.

« On procède ensuite conformément aux dispositions de l'article 112, titre XIII, de la haute cour impériale. »

Art. 68. « Un membre de chacune des commissions sénatoriales cesse ses fonctions tous les quatre mois. »

Art. 69. « Les projets de lois décrétés par le Corps législatif sont transmis, le jour même de leur adoption, au Sénat, et déposés dans ses archives. »

Art. 70. « Tout décret rendu par le Corps législatif peut être dénoncé au Sénat par un sénateur : 1° comme tendant au rétablissement du régime féodal ; 2° comme contraire à l'irrévocabilité des ventes des domaines nationaux ; 3° comme n'ayant pas été délibéré dans les formes prescrites par les Constitutions de l'Empire, les règlements et les lois ; 4° comme portant atteinte aux prérogatives de la dignité impériale et à celles du Sénat ; sans préjudice de l'exécution des articles 21 et 37 de l'acte des Constitutions de l'Empire, en date du 22 brumaire an VIII. »

Art. 71. « Le Sénat, dans les six jours qui suivent l'adoption du projet de loi, délibérant sur le rapport d'une commission spéciale, et après avoir entendu trois lectures du décret dans trois séances tenues à des jours différents, peut exprimer l'opinion *qu'il n'y a pas lieu à promulguer la loi.* »

« Le président porte à l'Empereur la délibération motivée du Sénat. »

Art. 72. « L'Empereur, après avoir entendu le Conseil d'Etat, ou déclare par un décret son adhésion à la délibération du Sénat, ou fait promulguer la loi. »

Art. 73. « Toute loi dont la promulgation, si elle n'a été de nouveau délibérée et adoptée dans cette circonstance, n'a pas été faite avant l'expiration du délai de dix jours, ne peut plus être promulguée par le Corps législatif. »

Art. 74. « Les opérations entières du collège électoral, et les opérations partielles qui sont relatives à la présentation des candidats au Sénat, au Corps législatif et au Tribunat, ne peuvent être annulées par cause d'inconstitutionnalité que par un sénatus-consulte. »

TITRE IX.
Du Conseil d'Etat.

Art. 75. « Lorsque le Conseil d'Etat délibère sur les projets de lois ou sur les règlements d'administration publique, les deux tiers des membres du conseil en service ordinaire doivent être présents.

« Le nombre des conseillers d'Etat présents ne peut être moindre de vingt-cinq. »

Art. 76. « Le Conseil d'État se divise en six sections ; savoir :
« Section de la législation,
« Section de l'intérieur,
« Section des finances,
« Section de la guerre,
« Section de la marine,
« Et section du commerce. »

Art. 77. « Lorsqu'un membre du Conseil d'Etat a été porté pendant cinq années sur la liste des membres du conseil en service ordinaire, il reçoit un brevet de conseiller d'Etat à vie.

« Lorsqu'il cesse d'être porté sur la liste du Conseil d'Etat en service ordinaire, ou extraordinaire, il n'a droit qu'au tiers du traitement de conseiller d'Etat.

« Il ne perd son titre et ses droits que par un jugement de la haute cour impériale, emportant peine afflictive ou infamante. »

TITRE X.
Du Corps législatif.

Art. 78. « Les membres sortants du Corps législatif peuvent être réélus sans intervalle. »

Art. 79. « Les projets de lois présentés au Corps législatif sont renvoyés aux trois sections du Tribunat. »

Art. 80. « Les séances du Corps législatif se distinguent en séances ordinaires et en comités généraux. »

Art. 81. « Les séances ordinaires sont composées des membres du Corps législatif, des orateurs du Conseil d'Etat, des orateurs du Tribunat.

« Les comités généraux ne sont composés que des membres du Corps législatif.

« Le président du Corps législatif préside les séances ordinaires et les comités généraux. »

Art. 82. « En séance ordinaire, le Corps législatif entend les orateurs du Conseil d'Etat et ceux des trois sections du Tribunat, et vote sur le projet de loi.

« En comité général, les membres du Corps législatif discutent entre eux les avantages et les inconvénients du projet de loi. »

Art. 83. « Le Corps législatif se forme en comité général :
« 1° Sur l'invitation du président pour les affaires intérieures du corps ;
« 2° Sur une demande faite au président et signée par cinquante membres présents ;

« Dans ces deux cas, le comité général est secret, et les discussions ne doivent être ni imprimées ni divulguées ;

« 3° Sur la demande des orateurs du Conseil d'Etat, spécialement autorisés à cet effet.

« Dans ce cas, le comité général est nécessairement public.

« Aucune délibération ne peut être prise dans les comités généraux. »

Art. 84. « Lorsque la discussion en comité général est fermée, la délibération est ajournée au lendemain en séance ordinaire. »

Art. 85. « Le Corps législatif, le jour où il doit voter sur le projet de loi, entend, dans la même séance, le résumé que font les orateurs du Conseil d'Etat. »

Art. 86. « La délibération d'un projet de loi ne peut, dans aucun cas, être différée de plus de trois jours au delà de celui qui avait été fixé pour la clôture de la discussion. »

Art. 87. « Les sections du Tribunat constituent les seules commissions du Corps législatif, qui ne peut en former d'autres que dans le cas énoncé, art. 113, titre XIII, *de la haute cour impériale.* »

TITRE XI.
Du Tribunat.

Art. 88. « Les fonctions des membres du Tribunat durent dix ans. »

Art. 89. « Le Tribunat est renouvelé par moitié tous les cinq ans.

« Le premier renouvellement aura lieu, pour la session de l'an XVII, conformément au sénatus-consulte organique du 16 thermidor an X. »

Art. 90. « Le président du Tribunat est nommé par l'Empereur, sur une présentation de trois candidats faite par le Tribunat, au scrutin secret et à la majorité absolue. »

Art. 91. « Les fonctions du président du Tribunat durent deux ans. »

Art. 92. « Le Tribunat a deux questeurs.

« Ils sont nommés par l'Empereur, sur une liste triple de candidats choisis par le Tribunat, au scrutin secret et à la majorité absolue.

« Leurs fonctions sont les mêmes que celles attribuées aux questeurs du Corps législatif, par les articles 19, 20, 21, 22, 23, 24 et 25 du sénatus-consulte organique du 24 frimaire an XII.

« Un des questeurs est renouvelé chaque année. »

Art. 93. « Le Tribunat est divisé en trois sections ; savoir :

« Section de la législation,

« Section de l'intérieur,

« Section des finances. »

Art. 94. « Chaque section forme une liste de trois de ses membres, parmi lesquels le président du Tribunat désigne le président de la section.

« Les fonctions de président de section durent un an. »

Art. 95. « Lorsque les sections respectives du Conseil d'Etat et du Tribunat demandent à se réunir, les conférences ont lieu sous la présidence de l'archichancelier de l'Empire, ou de l'architrésorier, suivant la nature des objets à examiner. »

Art. 96. « Chaque section discute séparément et en assemblée de section, les projets de lois qui lui sont transmis par le Corps législatif.

« Deux orateurs de chacune des trois sections portent au Corps législatif le vœu de leurs sections, et en développent les motifs. »

Art. 97. « En aucun cas les projets de lois ne peuvent être discutés par le Tribunat en assemblée générale.

« Il se réunit en assemblée générale, sous la présidence de son président, pour l'exercice de ses autres attributions. »

TITRE XII.
Des collèges électoraux.

Art. 98. « Toutes les fois qu'un collège électoral de département est réuni pour la formation de la liste de candidats au Corps législatif, les listes de candidats pour le Sénat sont renouvelées.

« Chaque renouvellement rend les présentations antérieures de nul effet. »

Art. 99. « Les grands officiers, les commandants et les officiers de la Légion d'honneur, sont membres du collège électoral du département dans lequel ils ont leur domicile, ou de l'un des départements de la cohorte à laquelle ils appartiennent.

« Les légionnaires sont membres du collège électoral de leur arrondissement.

« Les membres de la Légion d'honneur sont admis au collège électoral dont ils doivent faire partie, sur la présentation d'un brevet qui leur est délivré à cet effet par le grand électeur. »

Art. 100. « Les préfets et les commandants militaires des départements ne peuvent être élus candidats au Sénat par les collèges électoraux des départements dans lesquels ils exercent leurs fonctions. »

TITRE XIII.
De la haute cour impériale.

Art. 101. « Une haute cour impériale connaît :

« 1° Des délits personnels commis par des membres de la famille impériale, par des titulaires des grandes dignités de l'Empire, par des ministres et par le secrétaire d'Etat, par des grands officiers, par des sénateurs, par des conseillers d'Etat ;

« 2° Des crimes, attentats et complots contre la sûreté intérieure et extérieure de l'Etat, la personne de l'Empereur et celle de l'héritier présomptif de l'Empire ;

« 3° Des délits de *responsabilité d'office* commis par les ministres et les conseillers d'Etat chargés spécialement d'une partie d'administration publique ;

« 4° Des prévarications et abus de pouvoir commis, soit par des capitaines généraux des colonies, des préfets coloniaux et des commandants des établissements français hors du continent, soit par des administrateurs généraux employés extraordinairement, soit par des généraux de terre ou de mer ; sans préjudice, à l'égard de ceux-ci, des poursuites de la juridiction militaire, dans les cas déterminés par les lois ;

« 5° Du fait de l'obéissance des généraux de terre ou de mer qui contreviennent à leurs instructions ;

« 6° Des concussions et dilapidations dont les préfets de l'intérieur se rendent coupables dans l'exercice de leurs fonctions ;

« 7° Des forfaitures ou prises à partie qui peuvent être encourues par une cour d'appel, ou par une cour de justice criminelle, ou par des membres de la cour de cassation ;

« 8° Des dénonciations pour cause de détention arbitraire et de violation de la liberté de la presse. »

Art. 102. « Le siège de la haute cour impériale est dans le Sénat. »

Art. 103. « Elle est présidée par l'archichancelier de l'Empire.

« S'il est malade, absent ou légitimement empêché, elle est présidée par un autre titulaire d'une grande dignité de l'Empire. »

Art. 104. « La haute cour impériale est composée des princes, des titulaires des grandes dignités et grands officiers de l'Empire,du grand juge ministre de la justice, de soixante sénateurs, de six présidents de section du Conseil d'État, de quatorze conseillers d'État, et de vingt membres de la cour de cassation.

« Les sénateurs, les conseillers d'État et les membres de la cour de cassation, sont appelés par ordre d'ancienneté. »

Art. 105. « Il y a auprès de la haute cour impériale un procureur général, nommé à vie par l'Empereur.

« Il exerce le ministère public, étant assisté de trois tribuns nommés chaque année par le Corps législatif, sur une liste de neuf candidats présentés par le Tribunat, et de trois magistrats que l'Empereur nomme aussi, chaque année, parmi les officiers des cours d'appel ou de justice criminelle. »

Art. 106 « Il y a auprès de la haute cour impériale un greffier en chef, nommé à vie par l'Empereur. »

Art. 107. « Le président de la haute cour impériale ne peut jamais être récusé; il peut s'abstenir pour des causes légitimes. »

Art. 108. « La haute cour impériale ne peut agir que sur les poursuites du ministère public. Dans les délits commis par ceux que leur qualité rend justiciables de la cour impériale, s'il y a un plaignant, le ministère public devient nécessairement partie jointe et poursuivante, et procède ainsi qu'il est réglé ci-après.

« Le ministère public est également partie jointe et poursuivante dans les cas de forfaiture ou de prise à partie. »

Art. 109. « Les magistrats de sûreté et les directeurs de jury sont tenus de s'arrêter et de renvoyer, dans le délai de huitaine, au procureur général près la haute cour impériale, toutes les pièces de la procédure, lorsque, dans les délits dont ils poursuivent la réparation, il résulte, soit de la qualité des personnes, soit du titre de l'accusation, soit des circonstances, que le fait est de la compétence de la haute cour impériale.

« Néanmoins les magistrats de sûreté continuent à recueillir les preuves et les traces du délit. »

Art. 110. « Les ministres, ou les conseillers d'État chargés d'une partie quelconque d'administration publique, peuvent être dénoncés par le Corps législatif, s'ils ont donné des ordres contraires aux Constitutions et aux lois de l'Empire. »

Art. 111. « Peuvent être également dénoncés par le Corps législatif :

« Les capitaines généraux des colonies, les préfets coloniaux, les commandants des établissements français hors le continent, les administrateurs généraux, lorsqu'ils ont prévariqué ou abusé de leur pouvoir;

« Les généraux de terre ou de mer qui ont désobéi à leurs instructions;

« Les préfets de l'intérieur qui se sont rendus coupables de dilapidations ou de concussion. »

Art. 112. « Le Corps législatif dénonce pareillement les ministres ou agents de l'autorité, lorsqu'il y a eu, de la part du Sénat, déclaration de *fortes présomptions de détention arbitraire* ou *de violation de la liberté de la presse.* »

Art. 113. « La dénonciation du Corps législatif ne peut être arrêtée que sur la demande du Tribunat, ou sur la réclamation de cinquante membres du Corps législatif, qui requièrent un comité secret à l'effet de faire désigner, par la voie du scrutin, dix d'entre eux pour rédiger le projet de dénonciation. »

Art. 114. « Dans l'un et l'autre cas, la demande ou la réclamation doit être faite par écrit, signée par le président et les secrétaires du Tribunat, ou par les dix membres du Corps législatif.

« Si elle est dirigée contre un ministre ou contre un conseiller d'État, chargé d'une partie d'administration publique, elle leur est communiquée dans le délai d'un mois. »

Art. 115. « Le ministre ou le conseiller d'État dénoncé ne comparaît point pour y répondre.

« L'Empereur nomme trois conseillers d'État pour se rendre au Corps législatif le jour qui est indiqué, et donner des éclaircissements sur les faits de la dénonciation. »

Art. 116. « Le Corps législatif discute en comité secret les faits compris dans la demande ou dans la réclamation, et il délibère par la voie du scrutin. »

Art. 117. « L'acte de dénonciation doit être circonstancié, signé par le président et par les secrétaires du Corps législatif.

« Il est adressé par un message à l'archichancelier de l'Empire, qui le transmet au procureur général près la haute cour impériale. »

Art. 118. « Les prévarications ou abus de pouvoir des capitaines généraux des colonies, des préfets coloniaux, des commandants des établissements hors le continent, des administrateurs généraux, les faits de désobéissance de la part des généraux de terre ou de mer aux instructions qui leur ont été données, les dilapidations et concussions des préfets, sont aussi dénoncés par les ministres, chacun dans ses attributions, aux officiers chargés du ministère public.

« Si la dénonciation est faite par le grand juge ministre de la justice, il ne peut point assister ni prendre part aux jugements qui interviennent sur sa dénonciation. »

Art. 119. « Dans les cas déterminés par les articles 110, 111, 112 et 118, le procureur général informe sous trois jours l'archichancelier de l'Empire, qu'il y a lieu de réunir la haute cour impériale.

« L'archichancelier, après avoir pris les ordres de l'Empereur, fixe dans la huitaine l'ouverture des séances. »

Art. 120. « Dans la première séance de la haute cour impériale, elle doit juger sa compétence. »

Art. 121. « Lorsqu'il y a dénonciation ou plainte, le procureur général, de concert avec les tribuns et les trois magistrats officiers du parquet, examine s'il y a lieu à poursuites.

« La décision lui appartient; l'un des magistrats du parquet peut être chargé par le procureur général de diriger les poursuites.

« Si le ministère public estime que la plainte ou la dénonciation ne doit pas être admise, il motive ses conclusions sur lesquelles la haute cour impériale prononce, après avoir entendu le magistrat chargé du rapport. »

Art. 122. « Lorsque les conclusions sont adoptées, la haute cour impériale termine l'affaire par un jugement définitif.

« Lorsqu'elles sont rejetées, le ministère public est tenu de continuer les poursuites. »

Art. 123. « Dans le second des cas prévus par l'article précédent, et aussi lorsque le ministère public estime que la plainte ou la dénonciation doit être admise, il est tenu de dresser l'acte d'accusation dans la huitaine, et de communiquer au commissaire et au suppléant que l'archi-chancelier de l'Empire nomme parmi les juges de la cour de cassation qui sont membres de la haute cour impériale. Les fonctions de ce commissaire et, à son défaut, du suppléant, consistent à faire l'instruction et le rapport. »

Art. 124. « Le rapporteur ou son suppléant soumet l'acte d'accusation à douze commissaires de la haute cour impériale, choisis par l'archichancelier de l'Empire, six parmi les sénateurs, et six parmi les autres membres de la haute cour impériale. Les membres choisis ne concourent point au jugement de la haute cour impériale. »

Art. 125. « Si les douze commissaires jugent qu'il y a lieu à accusation, le commissaire rapporteur rend une ordonnance conforme, décerne les mandats d'arrêt et procède à l'instruction. »

Art. 126. « Si les commissaires estiment au contraire qu'il n'y a pas lieu à accusation, il en est référé par le rapporteur à la Haute Cour impériale, qui prononce définitivement. »

Art. 127. « La haute cour impériale ne peut juger à moins de soixante membres. Dix de la totalité des membres qui sont appelés à la composer peuvent être récusés sans motifs déterminés par l'accusé, et dix par la partie publique. L'arrêt est rendu à la majorité absolue des voix. »

Art. 128. « Les débats et le jugement ont lieu en public. »

Art. 129. « Les accusés ont des défenseurs; s'ils n'en présentent point, l'archichancelier de l'Empire leur en donne d'office. »

Art. 130. « La haute cour impériale ne peut prononcer que des peines portées par le Code pénal.

« Elle prononce, s'il y a lieu, la condamnation aux dommages et intérêts civils. »

Art. 131. « Lorsqu'elle acquitte, elle peut mettre ceux qui sont absous sous la surveillance ou à la disposition de la haute police de l'Etat, pour le temps qu'elle détermine. »

Art. 132. « Les arrêts rendus par la haute cour impériale ne sont soumis à aucun recours;

« Ceux qui prononcent une condamnation à une peine afflictive ou infamante ne peuvent être exécutés que lorsqu'ils ont été signés par l'Empereur. »

Art. 133. « Un sénatus-consulte particulier contient le surplus des dispositions relatives à l'organisation et à l'action de la haute cour impériale. »

TITRE XIV.
De l'ordre judiciaire.

Art. 134. « Les jugements des cours de justice sont intitulés *arrêts.* »

Art. 135. « Les présidents de la cour de cassation, des cours d'appel et de justice criminelle sont nommés à vie par l'Empereur, et peuvent être choisis hors des cours qu'ils doivent présider. »

Art. 136. « Le tribunal de cassation prend la dénomination de *cour de cassation.*

« Les tribunaux d'appel prennent la dénomination de *cour d'appel.*

« Les tribunaux criminels, celle de *cours de justice criminelle.*

« Le président de la cour de cassation et celui des cours d'appel divisées en section prennent le titre de *premier président.*

« Les vice-présidents prennent celui de *présidents.*

« Les commissaires du Gouvernement près de la cour de cassation, des cours d'appel et des cours de justice criminelle, prennent le titre de *procureurs généraux impériaux.*

« Les commissaires du Gouvernement auprès des autres tribunaux prennent le titre de *procureurs impériaux.* »

TITRE XV.
De la promulgation.

Art. 137. « L'Empereur fait sceller et fait promulguer les sénatus-consultes organiques,

« Les sénatus-consultes,

« Les actes du Sénat,

« Les lois.

« Les sénatus-consultes organiques, les sénatus-consultes, les actes du Sénat sont promulgués au plus tard le dixième jour qui suit leur émission. »

Art. 138. « Il est fait deux expéditions originales de chacun des actes mentionnés en l'article précédent.

« Toutes deux sont signées par l'Empereur, visées par l'un des titulaires des grandes dignités, chacun suivant leurs droits et leurs attributions, contre-signées par le secrétaire d'Etat et le ministre de la justice, et scellées du grand sceau de l'Etat. »

Art. 139. « L'une de ces expéditions est déposée aux archives du sceau, et l'autre est remise aux archives de l'autorité publique de laquelle l'acte est émané. »

Art. 140. « La promulgation est ainsi conçue :

« N. (*le prénom de l'Empereur*), par la grâce de Dieu et les Constitutions de la République, Empereur des Français, à tous présents et à venir; SALUT :

« Le Sénat, après avoir entendu les orateurs du Conseil d'Etat, a décrété ou arrêté, et nous ordonnons ce qui suit :

« (*Et s'il s'agit d'une loi*) le Corps législatif a rendu le... (*la date*) le décret suivant, conformément à la proposition faite au nom de l'Empereur, et après avoir entendu les orateurs du Conseil d'Etat et des sections du Tribunat, le...

« Mandons et ordonnons que les présentes, revêtues des sceaux de l'Etat, insérées au bulletin des lois, soient adressées aux cours, aux tribunaux et aux autorités administratives, pour qu'ils les inscrivent dans leurs registres, les observent et les fassent observer ; et le grand juge ministre de la justice est chargé d'en surveiller la publication. »

Art. 141. « Les expéditions exécutoires des jugements sont rédigées ainsi qu'il suit :

« N. (*le prénom de l'Empereur*), par la grâce de Dieu et les Constitutions de la République, Empereur des Français, à tous présents et à venir ; SALUT :

« La cour de... ou le tribunal de... (*si c'est un tribunal de première instance*) a rendu le jugement suivant :

(*Ici copier l'arrêt ou jugement.*)

« Mandons et ordonnons à tous huissiers sur ce requis de mettre ledit jugement à exécution ; à nos procureurs généraux, et à nos procureurs près les tribunaux de première instance, d'y tenir la main ; à tous commandants et officiers de la force publique de prêter main-forte lorsqu'ils en seront légalement requis.

« En foi de quoi le présent jugement a été signé par le président de la cour ou du tribunal et par le greffier. »

TITRE XVI et dernier.

Art. 142. « La proposition suivante sera présentée à l'acceptation du peuple, dans les formes

déterminées par l'arrêté du 20 floréal an X :
« Le peuple veut l'hérédité de la dignité impé-
« riale dans la descendance directe, naturelle, légi-
« time et adoptive de *Napoléon Bonaparte*, et dans
« la descendance directe, naturelle et légitime de
« *Joseph Bonaparte* et de *Louis Bonaparte*, ainsi
« qu'il est réglé par le sénatus-consulte organique
« du 28 floréal an XII.
« *Signé* : CAMBACÉRÈS, *second consul, président ;*
MORARD-DE-GALLES, *Joseph* CORNUDET, *secrétaires.*
« Vu et scellé,
« Le chancelier du Sénat,
          « *Signé* : LAPLACE. »
Mandons et ordonnons que les présentes, revêtues des sceaux de l'État, insérées au bulletin
des lois, soient adressées aux cours, aux tribu-
naux et aux autorités administratives, pour qu'ils
les inscrivent dans leurs registres, les observent
et les fassent observer ; et le grand juge ministre
de la justice est chargé d'en surveiller l'exé-
cution.
Donné au palais de Saint-Cloud, le 28 floréal
an XII de notre règne le premier.
              Signé : NAPOLÉON.
Vu par nous archichancelier de l'Empire,
              Signé : CAMBACÉRÈS.
Par l'Empereur,
Le secrétaire d'État,
              Signé : HUGUES-B. MARET.
Le grand juge ministre de la justice,
                  REGNIER.

Fabre (*de l'Aude*), *président.* Orateurs du Gouvernement, lorsque le Tribunat a émis le vœu du
Consulat à vie et ensuite de l'hérédité du pouvoir
exécutif, il n'a été que l'organe de l'opinion publique, dont il avait observé la naissance et les
progrès.
Avec quelle majesté imposante elle se prononce
de toutes parts !
C'est la nation tout entière qui discute ses
droits et ses intérêts, comme elle les discutait en
1789 ; qui réclame l'organisation d'une magistrature suprême, unique, héréditaire, mais avec des
institutions propres à garantir l'égalité, la liberté,
la propriété.
Orateurs du Gouvernement, ce vœu est déjà
rempli par le sénatus-consulte que vous venez de
nous apporter.
Le Sénat a proclamé Napoléon Bonaparte Empereur des Français.
Les premières autorités de l'Empire ont reçu
des attributions propres à rassurer les citoyens
contre les entreprises d'un grand pouvoir, qui doit
être assez fort pour opérer tout le bien qui résulte
de l'unité de pensée et d'action, mais qui en
même temps doit être circonscrit dans de justes
bornes, pour que les droits des citoyens n'en reçoivent aucune atteinte.
Les fonctions publiques, quelles qu'elles soient,
seront l'apanage, non de la naissance ou le
fruit du hasard, mais du mérite et des services
personnels. La dignité impériale sera seule héréditaire. Le vœu individuel des Français, qui va
être soigneusement recueilli dans des registres
ouverts sur tous les points de la République, confirmera la volonté nationale, qui s'est manifestée
dans de nombreuses adresses envoyées par la plupart des communes et par tous les corps de
l'armée.
La liberté des citoyens, si intimement liée au
repos des familles, à la sûreté du commerce et
des transactions, sera respectée ; chacun pourra
exprimer librement sa pensée et la communiquer
par la voie de l'impression, sans craindre des re-

cherches inquisitoriales qui l'ont trop longtemps
comprimée.
Deux commissions sont organisées à cet effet
dans le sein du Sénat ; l'une pour réparer les atteintes que la liberté individuelle pourrait recevoir, l'autre pour maintenir la liberté de la presse.
Enfin la propriété, ce premier élément de la
conservation et de la richesse des nations, dégagée pour jamais de toute prestation féodale, ne
sera point compromise par les impôts excessifs
ou arbitrairement répartis, ni par l'influence du
Gouvernement dans les contestations qui peuvent
s'élever entre lui et des citoyens ; l'indépendance
des tribunaux fidèlement maintenue s'accroît du
nouvel éclat dont le sénatus-consulte organique
les environne.
Il fallait consacrer d'une manière plus particulière la propriété des acquéreurs de domaines
nationaux, toujours inquiétés par les prétentions
des anciens possesseurs ; l'Empereur lui-même est
assujetti par le pacte qui l'a investi de la dignité
impériale, à empêcher que cette nature de propriété, qu'il a si religieusement défendue comme
Premier Consul, soit jamais violée.
Ainsi la France se trouve replacée sur des bases
plus solides que jamais, et capables de la soutenir contre tous les événements.
Il ne reste qu'à désirer que la Providence lui
conserve longtemps le nouveau fondateur qu'elle
lui a donné, afin que, tandis qu'elle recueillera
les fruits de sa gloire et de notre reconnaissance,
nous continuions à jouir de ceux de son génie ;
et qu'il transmette à ses successeurs un pouvoir
fort non-seulement de tout ce qui le constitue,
mais consacré par le long exercice et les exemples
de celui que ni la naissance ni la conquête n'y
ont appelé, qui n'a rien conquis que sur nos ennemis, qui tient tout de ses services et des volontés successives du peuple, empressé pour sa
propre sûreté et son bonheur à l'élever de grade
en grade au rang suprême.
Le Tribunat donne acte aux orateurs du *Conseil*
d'État de la remise par eux faite, sur le bureau,
du décret impérial du 28 de ce mois, et du sénatus-consulte organique du même jour, et arrête
que ces deux actes seront transcrits en entier
dans le procès-verbal de la séance de ce jour.
Le **Président.** Notre collègue Chabot demande
la parole.
Chabot (*de l'Allier*). Tribuns, nos espérances
sont remplies : le vœu que nous avons émis est
sanctionné par le Sénat, il le sera bientôt par la
nation tout entière.
Enfin le peuple français va se reposer à l'abri
d'institutions stables et permanentes.
Égaré trop longtemps par de vaines théories,
il va reprendre le Gouvernement qui, seul, peut
convenir à son caractère, à ses mœurs, à ses habitudes, à sa population et à la grande étendue de
son territoire.
Lorsqu'en 1789 il commença la Révolution,
c'étaient les abus de l'ancien gouvernement monarchique qu'il voulait détruire ; et ils n'existent
plus.
Il voulait recouvrer ses droits qui étaient méconnus ; et ils sont rétablis.
Il voulait une garantie contre les erreurs et les
excès du pouvoir ; et il la trouve dans nos institutions, que vient affermir encore le nouveau sénatus-consulte.
La liberté civile, qui est le but principal de la
société, ne sera plus impunément violée par des
actes arbitraires ; le Sénat a reçu l'honorable mission de la conserver et de la défendre.

La liberté de la presse, si nécessaire à la propagation des lumières et de la vérité, est également placée sous la sauvegarde du Sénat : la licence seule sera réprimée.

Il fallait à un grand empire de grandes dignités; mais elles ne seront que personnelles. Les distinctions de famille, les priviléges, la noblesse héréditaire et toutes ces ridicules chimères que l'orgueil inventa pour couvrir sa faiblesse, ne souilleront pas notre charte constitutionnelle : tous les Français seront égaux devant la loi; l'Empereur fait le serment solennel de faire respecter et de respecter lui-même l'égalité des roits.

Les ministres seront responsables de l'inexécution des lois et des atteintes portées à la Constitution, et cette responsabilité ne sera plus un vain mot.

Les délits des premiers fonctionnaires publics, et les crimes d'Etat, ne seront plus soumis à des commissions extraordinaires dont la composition était si souvent effrayante pour l'innocence : ils seront jugés par un tribunal permanent, composé d'hommes indépendants et inamovibles, d'hommes éclairés, revêtus des premières places de l'Empire, et qui ne se laisseront influencer ni maîtriser par aucun parti.

Les corps judiciaires reçoivent plus de dignité, et leur inamovibilité garantit leur indépendance.

La féodalité est à jamais abolie : le Sénat dénoncera les actes et les lois qui tendraient à la rétablir.

L'irrévocabilité des ventes nationales est pleinement assurée : l'Empereur s'engage expressément à la maintenir.

La liberté des cultes n'éprouvera plus d'obstacles ni de persécutions : les lois sur le concordat seront immuables; mais l'Eglise, ramenée à sa primitive institution, rentre dans l'Etat et ne le dominera plus.

Les hommes qui, par de grands talents, ou d'éclatants services, auront bien mérité de la patrie, formeront une légion d'honneur, et trouveront, dans cette institution digne d'un grand peuple, la récompense la plus glorieuse de leurs travaux.

Le droit de pétition est maintenu pour chaque citoyen.

Les actes inconstitutionnels sont soumis à une dénonciation légale, qui sera rare sans doute, mais qui sera libre.

Le chef du Gouvernement n'a le droit ni de faire des lois, ni d'établir des impôts. Ce droit, qui est l'attribut de la souveraineté, n'appartient qu'à la nation qui l'exerce par ses représentants, et c'est elle-même qui choisit les hommes qu'elle juge les plus dignes d'être appelés à la représenter.

Espérons qu'elle aura toujours dans le Corps législatif des représentants fidèles.

Espérons qu'elle ne verra jamais dans le Tribunat que ses organes et ses défenseurs.

Mais la garantie la plus forte est placée dans le Sénat, dans ce conseil des sages, qui a déjà donné tant de preuves de son amour pour le bien public, qui saura se tenir constamment à la hauteur de ses fonctions, et, conservateur de la Constitution, gardien des droits du peuple, se montrera digne, aux yeux des contemporains et de la postérité, d'un dépôt si précieux.

Quelle autre constitution dans l'Europe est organisée d'une manière si libérale? quelle autre offre autant de garanties pour la nation, et présente des institutions aussi fortes?

Une dynastie nouvelle prend les rênes du Gou-

vernement que nous avons établi : elle a pour chef un homme dont le nom seul excite l'attention, l'étonnement et le respect; un homme qu'il est impossible de contempler sans admiration; dont la valeur, la prudence et le génie surmontent toutes les difficultés; qui, à la tête des armées, semble commander à la victoire; qui, à la tête de l'administration, semble commander aux affaires; politique aussi profond qu'il est habile général, à qui nul autre dans l'histoire ne peut être comparé, dont la gloire et la renommée s'étendent jusqu'aux extrémités de l'univers; un homme dont on ne parle jamais sans regretter de ne pouvoir exprimer que très-faiblement tout ce qu'on voudrait dire.

Sous un chef aussi grand, avec une Constitution si bien organisée, que les destinées de la France vont être belles! quelles espérances nous devons concevoir!...

Français, livrons-nous à la plus douce confiance. Que tous les esprits se rallient, que tous les cœurs se réunissent, et que les vœux les plus sincères, les hommages les plus purs, offrent un concert unanime de reconnaissance et d'amour au chef auguste qui, après avoir sauvé la patrie des plus grands périls, après l'avoir replacée au premier rang parmi les autres Etats, va rendre encore à ses institutions la stabilité, la force, l'éclat et la dignité qu'elles avaient perdus.

Je demande : 1° que le Tribunat en corps se transporte auprès de l'Empereur des Français, pour le féliciter sur sa promotion a la dignité impériale, et lui présenter l'hommage d'une inviolable fidélité; 2° qu'il soit ouvert au secrétariat un registre sur lequel chacun des membres du Tribunat inscrira son vote sur la proposition présentée à l'acceptation du peuple par l'art. 142 du dernier sénatus-consulte organique.

Le **Président.** Notre collègue Albisson a la parole.

Albisson. Tribuns, le 18 brumaire est achevé. Le vœu du peuple français, proclamé par son organe légal, est rempli.

Le Sénat, qui l'a entendu, vient de consacrer à jamais son titre auguste de *conservateur;* comme nous, qui l'avons émis, avons consacré à jamais la mémoire du Tribunat.

Je propose d'arrêter qu'au moment où le Tribunat en corps rendra son premier hommage à l'Empereur, son président lui exprime le vœu de voir éterniser, par une médaille, l'heureuse époque de l'alliance, jusqu'ici peu connue, de l'Empire avec la liberté, d'après ce bel éloge donné à Trajan par le moins adulateur et le plus instructif des historiens : *Principatum ac libertatem, res olim dissociabiles, miscuit* (1).

Les propositions de Chabot (*de l'Allier*) et d'Albisson sont successivement mises aux voix et adoptées.

La séance est levée et remise au 4 prairial.

NOTA. Nous reproduisons ici le rapport fait au Sénat, dans la séance du 28 floréal, par le sénateur Lacépède, ainsi que les discours adressés à l'Empereur et à l'Impératrice par le consul Cambacérès. Ces pièces complétent les documents qui se rattachent à l'établissement de l'Empire.

Lacépède. Citoyen Consul, président, le Sénat a renvoyé à sa commission spéciale le projet de sénatus-consulte organique qui lui a été présenté par des orateurs du Gouvernement, et dont je viens de faire lecture.

La commission m'a chargé d'avoir l'honneur de

_____

(1) *Tacite.* Vie d'Agricola.

soumettre au Sénat les résultats de l'examen qu'elle a fait de ce projet.

Ce sera une grande époque dans l'histoire des nations, que celle où le peuple français, faisant entendre de nouveau sa volonté souveraine, met un frein à la fureur des discordes civiles, termine la plus mémorable des révolutions, fixe ses glorieuses destinées, et consacre un monument digne de lui, à la liberté, à l'égalité, à la raison, à la reconnaissance, en assurant, dans la famille de son héros, cette couronne impériale qui va briller sur un front décoré tant de fois des lauriers de la victoire.

C'est vous, citoyens sénateurs, qui avez pressenti ce grand événement, qui l'avez préparé, et dont la décision, que désire avec tant d'ardeur la France attentive, va donner le mouvement aux élans généreux de la grande nation.

Mais les pères de la patrie doivent commander à l'enthousiasme du sentiment. Vous avez émis un vœu solennel pour que le gouvernement de la République fût confié à Napoléon, Empereur héréditaire. Vous avez désiré que nos institutions fussent en même temps perfectionnées pour assurer à jamais le règne de la liberté et de l'égalité. Les mesures qui doivent garantir et les droits de la nation, et la durée de l'Empire héréditaire, vous sont aujourd'hui présentées dans les formes prescrites par les Constitutions de la République. Le projet de sénatus-consulte les renferme est sous vos yeux. L'orateur du Gouvernement vous en a développé les motifs. Vous avez pu en méditer la nature, en rechercher les résultats, en observer les liaisons.

Vous avez surtout étudié ces rapports secrets qui lient les unes aux autres les différentes parties de ces nombreuses dispositions.

Ils peuvent échapper à des yeux vulgaires, ces rapports qui font concourir au même but, tant de moyens divers, qui rapprochent tant d'objets éloignés, qui fortifient tant de ressorts, qui modèrent tant de mouvements, et qui établissent dans le tout cette correspondance, cette harmonie, et cet équilibre garant de la stabilité.

Mais qui sait mieux que vous, citoyens sénateurs, que les grandes institutions ne peuvent être bien jugées que d'en haut; qu'en cherchant à perfectionner un détail, on dénature souvent l'ensemble, et que tant de lois n'ont produit des effets opposés à ceux que l'on attendait, que parce que, dans leur examen, on n'avait considéré qu'une face, on n'avait écouté qu'une crainte, on n'avait consulté qu'une espérance?

Votre commission a donc cru superflu de vous retracer des dispositions que vous connaissez, des motifs que chacun de vous a pesés, des mesures dont vous avez vu l'enchaînement.

Vous avez dû remarquer, citoyens sénateurs, avec quelle attention on a prévu tous les événements qui auraient pu, en rendant le droit de succéder douteux et l'hérédité incertaine, exposer la patrie à ces guerres désastreuses dont elle a tant souffert, et ramener ces calamités effroyables sous lesquelles nos pères, braves, mais malheureux contemporains de l'infortuné Charles VI, ont vu la France presque expirante par les coups d'enfants dénaturés de la mère commune, et par ceux d'un ennemi audacieux et perfide.

L'ordre prescrit pour la succession à l'Empire présente le nom du sage que la patrie reconnaissante a vu, à Lunéville et dans les murs d'Amiens, faire briller du doux éclat de la paix l'olivier consolateur que lui avait remis la main triomphante de son auguste frère, et celui de ce jeune Louis qui, compagnon de l'Hercule français dès l'âge le plus tendre, et combattant près du héros de l'Europe, de l'Afrique et de l'Asie, dans les plaines de l'Italie, sur les rives du Nil, et non loin des ruines de l'antique Sidon, a pu de bonne heure accoutumer ses yeux à tout l'éclat de la gloire.

En ordonnant que les pères de la patrie règleront avec le chef suprême de l'Empire l'éducation des princes appelés à gouverner un jour la République, la loi fondamentale de l'État assure à nos neveux que les premières pensées de ceux qui devront perpétuer leur bonheur seront pour les devoirs que leur imposera la patrie, et leurs premières affections pour le peuple qui aura élevé leur race sur le pavois impérial.

Admis de bonne heure dans cette enceinte, et dans celle du Conseil d'État, ils y trouveront au milieu des nombreux résultats d'une longue expérience, cette suite imposante de maximes fondamentales et sacrées qui ne se développent et ne se conservent que dans les corps dont le renouvellement est insensible, et qui donnent aux institutions et tant de durée et tant de force et tant de majesté.

La régence, établie avec prévoyance, n'étant jamais ni usurpée, ni contestée, ni livrée à des mains trop faibles ou étrangères, ne confère le pouvoir de conserver qu'en enchaînant l'autorité qui tendrait à détruire.

De grandes dignités ajoutant à la splendeur du trône, en fortifiant la base sans pouvoir l'ébranler, en détournent la foudre dans des temps orageux, donnent aux conseils plus de maturité; peuvent, en écartant toute barrière funeste, ne laisser aucune pensée utile perdue pour l'Empereur, aucune action vertueuse perdue pour l'État, aucune affection de l'Empereur perdue pour le peuple; offrent aux plus grands services la plus brillante palme; ne deviennent l'objet de toutes les ambitions que pour les éloigner de tout dessein pervers; n'inspirent les grands projets et les grandes actions qu'en forçant à maintenir la Constitution de l'État, et n'élèvent des citoyens dans un rang éclatant que pour faire voir de plus loin le triomphe de l'égalité.

Toutes les fois qu'un nouveau prince prend les rênes du Gouvernement, un serment solennel lui rappelle ses devoirs, les droits inviolables de la propriété, et tous les autres droits imprescriptibles du peuple.

Le dépôt sacré de la liberté individuelle et de la liberté de la presse est remis au Sénat, plus spécialement que jamais.

Et dans quelles mains pourrait-il être plus en sûreté?

Ne trouve-t-on pas dans le Sénat:

Le *nombre* qui, par la diversité des opinions, des affections et des intérêts, écarte de la majorité tous les genres de séduction; l'*âge*, qui fait taire toutes les passions devant celle du devoir; la perpétuité qui ôte à l'avenir toute influence dangereuse sur le présent; l'étendue de l'autorité et la *prééminence du rang*, qui délivrent des illusions funestes l'ambition satisfaite?

La liberté sainte, devant laquelle sont tombées les remparts de la Bastille, déposera donc ses craintes; l'homme d'État sera satisfait, et les ombres illustres du sage L'Hôpital, du grand Montesquieu et du vertueux Malesherbes seront consolées de n'avoir pu que proposer l'heureuse institution que consacre le sénatus-consulte.

Les difficultés relatives aux opérations des colléges électoraux ne pouvant être résolues qu'avec l'intervention du Sénat, le vœu du peuple ne sera jamais méconnu.

Les listes des candidats que ces colléges choisissent étant souvent renouvelées, l'une des plus belles parties de la souveraineté du peuple sera fréquemment exercée.

Les membres du Corps législatif rééligibles sans intervalle, seront, s'il est possible, des organes plus fidèles de la volonté nationale. Les discussions auxquelles ils se livreront et leurs communications plus grandes avec le Tribunat, éclaireront de plus en plus les objets soumis à leur approbation ; et une plus longue durée des fonctions des tribuns ajoutera à leur expérience dans les affaires.

Une haute cour impériale, garante des prérogatives nationales confiées aux grandes autorités de la sûreté de l'État et de celle des citoyens, formera un tribunal véritablement indépendant et auguste, consacré à la justice et à la patrie. Son siége tutélaire et redoutable sera dans cette enceinte.

Les conservateurs du pacte social, les dépositaires des lois civiles, y rassureront l'innocence en faisant trembler le crime qu'aucun asile ne pourra dérober à la puissance de la nation.

L'aréopage d'Athènes jugeait au milieu des ombres de la nuit. C'était un emblème de l'impartiale équité. La France aura la réalité de cette image.

La haute cour, placée au sommet de l'État, n'apercevra ni les intérêts privés, ni les affections particulières que leur distance fera disparaître.

Elle ne verra que la République et la loi.

Elle assurera surtout la responsabilité des grands fonctionnaires, de ceux particulièrement qu'un grand éloignement de la métropole pourrait soustraire à la crainte de la vengeance des lois.

Elle assurera surtout la responsabilité des ministres, cette responsabilité sans laquelle *la liberté n'est qu'un fantôme derrière lequel se cache le despotisme.*

Enfin, le sénatus-consulte organique rend l'hommage le plus éclatant à la souveraineté nationale.

Il détermine que le peuple prononcera lui-même sur la proposition d'établir l'hérédité impériale dans la famille de Napoléon Bonaparte.

Il fait plus, et je prie qu'on soit attentif à cette observation, il consacre et fortifie, par de sages institutions, le Gouvernement que la nation française a voulu dans les plus beaux jours de la Révolution, et lorsqu'elle a manifesté sa volonté avec le plus d'éclat, de force et de grandeur.

La commission a donc pensé à l'unanimité qu'elle devait proposer au Sénat d'adopter le projet de sénatus-consulte qui lui a été présenté.

Que Napoléon Bonaparte soit Empereur des Français !

Et puisse-t-il faire le bonheur de nos arrière-neveux, comme il fera à jamais l'admiration de la postérité !

Ce sentiment nous amène à l'expression de la reconnaissance publique envers les deux Consuls, qui, pendant tout le cours de leur haute magistrature, n'ont cessé de bien mériter de la patrie, et que l'estime du Sénat suivra dans tous les rangs où le bien de l'État les portera.

Mais, citoyens sénateurs, lorsque vous aurez adopté le projet de sénatus-consulte qui vous est présenté, il vous restera encore un grand devoir à remplir envers la patrie.

Le peuple sera consulté sur la proposition de l'hérédité de la dignité impériale dans la famille de Napoléon Bonaparte.

Nous attendrons avec respect sa décision souveraine sur cette importante proposition.

Mais c'est par le sénatus-consulte organique qui vous est soumis, que la dignité consulaire est changée en dignité impériale pour Napoléon, et pour le successeur que les conditions actuelles de la République lui donnent le droit de présenter.

À l'instant où vous aurez imprimé le sceau de votre autorité au sénatus-consulte, Napoléon *est Empereur des Français.*

Hâtez-vous de satisfaire la juste impatience des citoyens, des magistrats, de l'armée, de la flotte, de la France entière.

Donnez le signal qu'on vous demande de toute part ; et qu'une démarche solennelle proclame l'Empereur.

Votre commission a donc l'honneur de vous proposer à l'unanimité :

Premièrement, d'adopter le projet de sénatus-consulte organique, présenté par les orateurs du Gouvernement ;

Secondement, de rendre le décret suivant :

Le Sénat, en corps, présentera immédiatement, après sa séance, le sénatus-consulte organique de ce jour, à NAPOLÉON BONAPARTE, *Empereur des Français.*

Le président du Sénat, Cambacérès, portera la parole.

La séance terminée, le Sénat, escorté de plusieurs corps de troupes, se met en marche pour Saint-Cloud.

Il est admis aussitôt à l'audience de l'Empereur.

Le consul CAMBACÉRÈS, *président,* présente le sénatus-consulte organique au PREMIER CONSUL et dit :

« Sire, le décret que le Sénat vient de rendre, et qu'il s'empresse de présenter à Votre Majesté Impériale, n'est que l'expression authentique d'une volonté manifestée par la nation.

« Ce décret qui vous défère un nouveau titre, et qui, après vous, en assure l'hérédité à votre race, n'ajoute rien ni à votre gloire, ni à vos droits.

« L'amour et la reconnaissance du peuple français ont, depuis quatre années, confié à Votre Majesté les rênes du Gouvernement ; et les Constitutions de l'État se reposaient déjà sur vous du choix d'un successeur.

« La dénomination plus imposante qui vous est décernée n'est donc que qu'un tribut que la nation paie à sa propre dignité, et au besoin qu'elle ressent de vous donner chaque jour des témoignages d'un respect et d'un attachement que chaque jour voit augmenter.

« Eh ! comment le peuple français pourrait-il trouver des bornes pour sa reconnaissance, lorsque vous n'en mettez aucune à vos soins et à votre sollicitude pour lui ?

« Comment pourrait-il, conservant le souvenir des maux qu'il a soufferts lorsqu'il fut livré à lui-même, penser sans enthousiasme au bonheur qu'il éprouve depuis que la Providence lui a inspiré de se jeter dans vos bras ?

« Les armées étaient vaincues ; les finances en désordre ; le crédit public anéanti ; les factions se disputaient les restes de notre antique splendeur ; les idées de religion et même de morale s'étaient obscurcies ; l'habitude de donner et de reprendre le pouvoir laissait les magistrats sans considération, et même avait rendue odieuse toute espèce d'autorité.

« Votre Majesté a paru. Elle a rappelé la victoire

sous nos drapeaux ; elle a établi la règle et l'économie dans les dépenses publiques ; la nation, rassurée par l'usage que vous en avez su faire, a repris confiance dans ses propres ressources ; votre sagesse a calmé la fureur des partis ; la religion a vu relever ses autels ; les notions du juste et de l'injuste se sont réveillées dans l'âme des citoyens, quand on a vu la peine suivre le crime, et d'honorables distinctions récompenser et signaler les vertus.

« Enfin, et c'est là sans doute le plus grand des miracles opérés par votre génie, ce peuple, que l'effervescence civile avait rendu indocile à toute contrainte, ennemi de toute autorité, vous avez su lui faire chérir et respecter un pouvoir qui ne s'exerçait que pour sa gloire et son repos.

« Le peuple français ne prétend point s'ériger en juge des constitutions des autres États.

« Il n'a point de critiques à faire, point d'exemples à suivre ; l'expérience désormais devient sa leçon.

« Il a, pendant des siècles, goûté les avantages attachés à l'hérédité du pouvoir.

« Il a fait une épreuve courte, mais pénible, du système contraire.

« Il rentre, par l'effet d'une délibération libre et réfléchie, dans un sentier conforme à son génie.

« Il use librement de ses droits, pour déléguer à Votre Majesté Impériale une puissance que son intérêt lui défend d'exercer par lui-même.

« Il stipule pour les générations à venir ; et, par un acte solennel, il confie le bonheur de ses neveux à des rejetons de votre race.

« Ceux-ci imiteront vos vertus.

« Ceux-là hériteront de notre amour et de notre fidélité.

« Heureuse la nation qui, après tant de troubles et d'incertitudes, trouve dans son sein un homme digne d'apaiser la tempête des passions, de concilier tous les intérêts, et de réunir toutes les voix !

« Heureux le prince qui tient son pouvoir de la volonté, de la confiance et de l'affection des citoyens !

« S'il est dans les principes de notre Constitution, et déjà plusieurs exemples semblables ont été donnés, de soumettre à la sanction du peuple la partie du décret qui concerne l'établissement d'un Gouvernement héréditaire, le Sénat a pensé qu'il devait supplier Votre Majesté Impériale d'agréer que les dispositions organiques reçussent immédiatement leur exécution ; et pour la gloire comme pour le bonheur de la République, il proclame à l'instant même *Napoléon, Empereur des Français.* »

L'Empereur a répondu en ces termes :

« Tout ce qui peut contribuer au bien de la patrie est essentiellement lié à mon bonheur.

« J'accepte le titre que vous croyez utile à la gloire de la nation.

« Je soumets à la sanction du peuple la loi de l'hérédité. — J'espère que la France ne se repentira jamais des honneurs dont elle environnera ma famille.

« Dans tous les cas, mon esprit ne sera plus avec ma postérité, le jour où elle cesserait de mériter l'amour et la confiance de la grande nation. »

Le Sénat a été ensuite admis à l'audience de Sa Majesté l'Impératrice.

Le consul Cambacérès, président, lui a dit :

« Madame,

« Nous venons de présenter à votre auguste époux le décret qui lui donne le titre d'empereur, et qui, établissant dans sa famille le Gouvernement héréditaire, associe les races futures au bonheur de la génération présente.

« Il reste au Sénat un devoir bien doux à remplir, celui d'offrir à Votre Majesté Impériale l'hommage de son respect et l'expression de la gratitude des Français.

« Oui, madame, la renommée publie le bien que vous ne cessez de faire. Elle dit que, toujours accessible aux malheureux, vous n'usez de votre crédit auprès du chef de l'État que pour soulager leur infortune, et qu'au plaisir d'obliger, Votre Majesté ajoute cette délicatesse aimable qui rend la reconnaissance plus douce et le bienfait plus précieux.

« Cette disposition présage que le nom de l'impératrice Joséphine sera le signal de la consolation et de l'espérance : et, comme les vertus de Napoléon serviront toujours d'exemple à ses successeurs pour leur apprendre l'art de gouverner les nations, la mémoire vivante de votre bonté apprendra à leurs augustes compagnes que le soin de sécher les larmes est le moyen le plus sûr de régner sur tous les cœurs.

« Le Sénat se félicite de saluer le premier Votre Majesté Impériale, et celui qui a l'honneur d'être son organe ose espérer que vous daignerez le compter au nombre de vos plus fidèles serviteurs. »

TRIBUNAT.

PRÉSIDENCE DE M. FABRE (de l'Aude).

Séance du 6 prairial an XII (samedi 20 mai 1804).

Le procès-verbal de la séance du 29 floréal est adopté.

M. Jard-Panvilliers. Conformément aux dispositions des articles 90 et 92 du sénatus-consulte du 28 floréal dernier, je demande qu'il soit procédé au scrutin pour la nomination de trois candidats à présenter à S. M. l'Empereur pour la présidence du Tribunat, et de six candidats pour les fonctions de questeur.

Cette proposition est adoptée.

On passe tout de suite au scrutin pour la nomination des candidats pour la présidence.

Le dépouillement du scrutin donne les résultats suivants : M. Siméon, 40 voix ; M. Fabre (de l'Aude), 35 voix ; M. Gerardin, 26 voix.

Ces trois tribuns ayant obtenu la majorité absolue des suffrages, sont proclamés candidats.

Il est procédé au scrutin pour la nomination de six candidats à la questure.

Un premier tour ne donne pas de résultat : au second tour, la majorité absolue des suffrages est acquise à MM. Sahuc, Labrouste, Perrée et Jard-Panvilliers.

Après deux nouveaux scrutins, MM. Pougeard-Dulimbert et Mouricault, sont proclamés cinquième et sixième candidats pour la questure du Tribunat.

La séance est levée.

SÉNAT.

7 PRAIRIAL AN XII (DIMANCHE 27 MAI 1804).

Le 7 prairial, à une heure, S. A. S. l'archichancelier de l'Empire (Cambacérès), suppléant dans ses fonctions le grand électeur (S. A. I. le prince Joseph Bonaparte), a présenté au serment les membres du Sénat, du Corps législatif et du Tribunat, dont les noms suivent.

S. Exc. M. François (de Neufchâteau), pré-

·sident du Sénat, après avoir prêté son serment, a adressé à S. M. I. le discours suivant :

Sire, le sénatus-consulte du 28 floréal confère à Votre Majesté l'Empire le plus légitime qu'il y ait sur la terre. Ce n'est point une charte arrachée par la force dans un siècle de barbarie, ce n'est point le droit de conquête qui vous fait Empereur ; c'est le choix libre et réfléchi d'une nation éclairée. Il n'y a dans le monde aucune autorité qui puisse présenter un plus saint caractère, ni qui ait pu avoir pour base un titre plus légal.

Les membres du Sénat viennent prêter entre vos mains le serment individuel que ce grand acte leur prescrit. Permettez à celui d'entre eux que Votre Majesté a bien voulu choisir pour être leur premier organe, d'essayer de vous exprimer les sentiments que leur inspire cette auguste cérémonie. Quand Votre Majesté qui répare tant de ruines, rétablit aussi parmi nous la religion du serment, nous devons bien considérer l'objet et l'étendue des promesses inviolables que nous allons vous faire. Heureux si je pouvais les rendre aussi bien que je les conçois !

En notre qualité de gardiens et d'interprètes des lois constitutionnelles, nous avons adopté, au nom de la patrie, le contrat solennel qui vous lie à ses destinées avec la qualité et le rang d'Empereur. Nous avons désiré que ce lien sacré s'étendît éternellement au sang de Bonaparte, et l'hérédité de l'Empire est proposée, en conséquence, à l'approbation du peuple. Sûrs d'avoir pressenti son vœu, parce que nous n'avons consulté que son intérêt, nous nous félicitons d'avance de son assentiment prochain ; mais pendant qu'il explique, dans une forme régulière, sa volonté suprême sur l'ordre de transmission de sa grande magistrature, nous remplissons ici un des premiers devoirs du corps conservateur en prenant à témoin le Dieu qui voit les consciences, le Dieu qui punit les parjures, de notre ferme volonté d'obéir scrupuleusement aux lois fondamentales de la République française, et d'être constamment fidèles à celui que ces lois appellent à nous gouverner, sous le seul nom qui rende d'une manière convenable l'idée d'un homme qui commande, en vertu de la loi, à trente millions d'hommes.

Pour remplir cette idée sublime, vous n'aviez pas besoin, sans doute, ni d'un titre nouveau, ni d'un autre pouvoir. Bonaparte, premier consul, était déjà l'honneur et l'orgueil de la France. Des siècles, écoulés sous le gouvernement des rois, sont effacés par quatre années du gouvernement consulaire. Mais le chef des Français était trop au-dessus des consuls et des rois, pour que leur nom pût lui suffire. Les consuls ne furent à Rome que des magistrats temporaires ; et déjà vous aviez été nommé premier consul à vie. En France, les rois n'ont été que des suzerains féodaux ; et la France n'a plus de fiefs, et n'en veut plus avoir. Tous les Français demandent un premier magistrat, dont le nom représente la majesté nationale, dont le pouvoir soit fixe, et s'accorde pourtant avec la liberté, c'est-à-dire avec ce beau droit dont les Français sont si jaloux, ce droit de n'obéir qu'aux lois et de ne craindre qu'elles.

Le seul nom d'Empereur remplit ces diverses conditions pour la France, pour vous, pour le peuple français.

Pour la France ! ce grand pays réunissant en un seul corps les trois cents nations qui jadis partageaient la surface des Gaules ; ce vaste territoire, devenu homogène, se classe naturellement au nombre des premiers empires.

Pour Votre Majesté, les vertus martiales et les vertus civiles, le génie et la fortune, s'unissent, d'un autre côté, pour élever Napoléon au rang des premiers Empereurs.

Pour le peuple français, cette dénomination est également assortie avec la dignité qui est redevenue aujourd'hui l'apanage de chaque citoyen. Si l'on put jadis réclamer, avec une juste fierté, les droits peut-être vexatoires, pour le reste des hommes, de la cité romaine, à combien plus forte raison les membres de la République doivent-ils se glorifier d'appartenir à un Etat où l'homme et la glèbe sont libres, où nul n'est plus serf ni vassal, où aucune propriété n'est plus déshonorée par la tache de la roture, où aucune industrie n'est plus découragée par des entraves flétrissantes, où il n'y a que le mérite qui puisse prétendre aux honneurs, et où bien loin d'avoir comme on le croit communément, aboli la noblesse, on n'a fait que reprendre cette distinction à un très-petit nombre de familles usurpatrices, pour en restituer l'éclat à la grande famille qui en était déshéritée, et pour ramener tout un peuple brave, ardent, magnanime à cette égalité des droits qui fut son attribut sous la première dynastie, mais qui, vers le milieu de la seconde race, ne fut plus, par malheur, que le monopole et la proie de quelques privilégiés ? C'est cette égalité des droits, seule véritable noblesse, que les Français ont conquise au prix de tant de sang, de tant d'exploits, de tant d'efforts dans ses longues années de révolutions, de tourments et d'angoisses, dont Napoléon Bonaparte, comme premier consul, leur a montré le terme, et dont, comme Empereur, il doit leur garantir le prix.

Sire, nous élevons, nous distinguons une famille, pour que toutes les autres demeurent dans l'égalité. On ne saurait trop le redire, c'est afin de la racheter, cette égalité primitive, que la France s'était armée en 1789 ; c'est afin de la conserver, qu'après trois lustres écoulés, la France vous nomme Empereur, et rend ce titre héréditaire. Nous faisons une seule et grande exception, parce qu'elle est indispensable pour conserver la règle.

Il n'y a point de bonnes lois, que celles qui reposent sur cette égalité des droits ; c'est un principe dont personne ne peut contester l'évidence.

Sans doute les avis diffèrent autant que les individus. Que l'on propose à tous les hommes toutes les lois possibles ! il est probable que chacun en choisirait de singulières, et que, par ce moyen, l'on ne parviendrait pas à faire un Code général. Nous avons cependant une règle infaillible pour discerner les bonnes et les mauvaises lois. C'est leur conformité à la loi naturelle, qui décide leur excellence. Or l'application des droits et des besoins des hommes réunis en société se distingue à deux caractères qu'on ne peut méconnaître, savoir : l'utilité commune et l'égalité naturelle.

Je dis en premier lieu, l'utilité commune. L'avantage du plus grand nombre est la mesure la plus juste du statut que prescrit la volonté de tous.

2° De l'égalité primitive, résulte un autre caractère de l'équité suprême. Rien n'est juste, en effet, que ce qui est égal aux regards de la loi pour tous les citoyens. Or quel était à cet égard, avant la Révolution, ce qu'on nommait pourtant le droit commun de nos provinces ? Quel droit commun, bon Dieu ! Quel amas de bizarreries, de contradictions, de bigarrures monstrueuses !

Sous le point de vue politique, combien de peuples, dans un peuple ? Combien d'États, dans un État ? Quelles barrières révoltantes, du bord d'une rivière à l'autre ?

Sous les rapports civils, qui touchent de plus près les hommes, quel mur de séparation, et entre les familles des castes différentes, et même entre les membres d'une même famille ?

N'était-il pas inique que les successions fussent distribuées à des enfants d'un même père, de façon qu'un seul avait tout, et que ses frères et ses sœurs le voyaient s'enrichir de leur propre substance ?

N'était-il pas intolérable qu'un petit nombre d'hommes, soi-disant de naissance, accaparassent les honneurs, les dignités, les fonctions ; et que la multitude laborieuse, instruite, maniant presque seule le soc, et la plume, et l'épée, portant tout le fardeau des contributions publiques, et formant le vrai fond du peuple, fût réduite à maudire ce régime anti-social, dont toutes les faveurs étaient de droit le patrimoine de quelques courtisans?

Voilà une partie des abus qu'a détruits la Révolution ; et voilà les seuls avantages que nous aurait rendus la contre-révolution.

Ah ! plaignons les victimes de cette révolution ! Plaignons ceux qu'elle a moissonnés et qui sont morts, hélas ! dans ces luttes terribles, sans espérer, ou sans prévoir, le jour que nous voyons éclore ! Les mânes généreux des martyrs de la liberté seraient sans doute consolés, s'ils pouvaient jouir du spectacle que présente aujourd'hui la France. Pour nous, qui avons par miracle traversé quinze années d'orages, nous nous félicitons d'être venus assez avant dans la carrière de la vie, pour voir notre patrie enfin indépendante, calme, tranquille, réfléchie, retournant d'elle-même au seul Gouvernement qui peut lui assurer l'égalité et le repos, et la préserver désormais des dissensions intestines, des invasions du dehors, et de la rage parricide de ceux de ses enfants qui veulent déchirer le sein de leur mère.

Grâce à votre étoile, Sire, ils sont donc arrivés pour nous ces jours si longtemps attendus, si chèrement payés ! ces jours où nous pouvons asseoir sur une base stable et à jamais invariable, les Constitutions de la République française ! grâce à votre génie, l'égalité des droits n'est plus une chimère ! et en la cimentant nous avons pu nous garantir des deux excès qui sont à craindre dans la formation du pacte social ! Je ne viens point comme tant d'autres accuser après coup ceux qui ont essayé des modes d'arriver à ce but, plus ou moins raisonnés, plus ou moins illusoires. Rendons grâces plutôt au courage de ceux qui ont voulu la République, et qui n'ont pas désespéré de la cause du peuple ! mais en voulant servir cette cause sacrée, on se trompe de deux manières. On craint toujours de trop donner, ou à la multitude qui ne peut exercer ses droits, ou aux hommes qu'elle commet pour les exercer en son nom. Les mandants et les mandataires récriminent sans cesse les uns contre les autres. Entre ces deux écueils, l'auteur qui a le mieux tracé la seule route à suivre est un grand écrivain français, celui qui a parlé une onction si rare pour les peuples et pour les princes, ce même Fénelon qui dessina pour Télémaque un bouclier supérieur aux armes d'Achille et d'Énée ; c'est lui qui, en faisant parler le vertueux Socrate, développe énergiquement l'esprit et les motifs d'un corps de lois fondamentales. Socrate et

Fénelon sont des autorités qu'on peut citer à Bonaparte. Écoutez, Sire, ce qu'ils disent :

« Un peuple gâté a une liberté excessive, « est le plus insupportable de tous les tyrans. « Ainsi, la populace soulevée contre les lois est « le plus insolent de tous les maîtres. Mais il « faut un milieu. Ce milieu est qu'un peuple ait « des lois écrites, toujours constantes, et consa- « crées par toute la nation, qu'elles soient au- « dessus de tout ; que ceux qui gouvernent n'aient « d'autorité que par elles ; qu'ils puissent tout « pour le bien et suivant les lois ; qu'elles ne « puissent rien contre ces lois, pour autoriser le « mal. Voilà ce que les hommes, s'ils n'étaient « pas aveugles et ennemis d'eux-mêmes, établi- « raient unanimement pour leur propre félicité. « Mais les uns, comme les Athéniens, renversent « les lois, de peur de donner trop d'autorité aux « magistrats par qui les lois devraient régner ; et « les autres, comme les Perses, par un respect « superstitieux de lois, se mettent dans un tel « esclavage sous ceux qui devraient faire régner « les lois, que ceux-ci règnent eux-mêmes, et « qu'il n'y a plus d'autre loi réelle que leur vo- « lonté absolue. Ainsi, les uns et les autres s'éloi- « gnent du but, qui est une liberté modérée par « la seule autorité des lois, dont ceux qui gou- « vernent ne devraient être que les simples dé- « fenseurs. Celui qui gouverne devrait être le « plus obéissant à la loi : sa personne détachée « de la loi n'est rien, et elle n'est consacrée « qu'autant qu'il est lui-même, sans intérêt et « sans passion, la loi vivante donnée pour le bien « des hommes (1). »

En lisant ce morceau si digne de l'archevêque de Cambrai et de celui qu'il fait parler, on croit lire le préambule du sénatus-consulte du 28 floréal. Ces lignes remarquables forment, en quelque sorte, la préface et l'extrait du contrat synallag- matique établi dans les clauses du grand acte, où l'on a stipulé les engagements réciproques et les droits respectifs entre le peuple et l'Empereur.

Plus on étudiera les dispositions de ce contrat auguste, pesées pendant deux mois avec une maturité et un calme si imposants, plus on se convaincra que le Sénat conservateur a tâché de répondre, non par esprit de corps, mais par esprit national, et à sa mission, et à la confiance que vous lui avez témoignée. Plus on y trouvera sur- tout l'empreinte de votre génie. Le Sénat, fidèle à son titre, a voulu conserver toutes nos institu- tions en les fortifiant. Vous avez partagé ses vues : non content de les accueillir, vous avez provoqué toutes les idées libérales. Ceux qui ont pu être témoins de ces discussions profondes par les- quelles on préparait un acte de cette importance, se sont félicités d'admirer de plus près et votre amour pour la patrie, et votre respect pour le peuple. Ah ! sans doute, sans un grand homme tel que notre auguste Empereur, nous n'aurions pas besoin de prendre tant de précautions pour garantir nos droits dont il est pénétré. Nous n'aurions eu qu'à nous livrer, qu'à nous confier à lui-même. Nous n'aurions qu'à nous dire que Votre Majesté, poursuivie à toute heure par un génie inexorable, par le soin de sa propre gloire, se délassant par le travail, n'ayant qu'un but et qu'un objet, n'existe en quelque sorte que pour la noble ambition de rendre les Français heureux.

Oui, Votre Majesté est vraiment *cette loi vivante et donnée pour le bien des hommes*, dont parle Fé-

(1) *Œuvres de Fénelon*, tom. IV, in-4°, page 208, éd. de F. A. Didot.

nelon. Mais qu'il est consolant pour nous d'avoir vu sa sollicitude, pour les chances de l'avenir, aller en quelque sorte au devant de nos craintes! Que nous sommes encouragés par les mesures qu'elle a prises pour perpétuer son esprit dans tous les rejetons de la famille impériale, et pour assurer parmi eux la survivance des lumières qui les rendra plus dignes de la transmission du sceptre et de l'autorité! Que nous sommes heureux de pouvoir annoncer à nos concitoyens que si l'expérience ou le besoin du peuple indiquent par la suite qu'il manque quelque chose au sénatus-consulte médité avec tant de soin, Votre Majesté, informée des désirs du peuple français, s'empressera d'y déférer; que vous n'avez en vue que la félicité publique, l'encouragement des vertus, le triomphe des bonnes mœurs, les progrès de l'agriculture, la splendeur du commerce, l'éclat des arts et des sciences, l'essor de tous les grands talents, la propagation de toutes les lumières; enfin, par dessus tout, l'honneur du nom français; et que, si vous suivez toujours vos propres inspirations, chaque moment de votre règne resserrera de plus en plus les liens du contrat qui vient d'intervenir de l'Empereur au peuple, et les oblige l'un et l'autre.

Mais, Sire, en ce jour, nos yeux cherchent en vain auprès de Votre Majesté Impériale, celui de vos augustes frères, appelé le premier, dans la charte nationale, au titre de l'hérédité. En lui les membres du Sénat chérissent un collègue aimable et vertueux; en lui, plusieurs peuples révèrent un négociateur intègre. Le Sénat aurait désiré de le voir ici à sa tête, comme grand électeur, et le saluer sous le titre qui lui est dû, et qu'il rendra si glorieux, de Son Altesse Impériale le prince Joseph Bonaparte. Mais vous avez voulu qu'il eût de nouveaux droits à l'amour de la nation : vous l'avez envoyé à l'armée sur les côtes. Cette main respectée qui a signé trois fois la paix, à Lunéville, à Morfontaine, et enfin dans Amiens, a quitté tout à coup la plume pacifique pour l'épée vengeresse de l'infraction des traités. Sire, quels souvenirs, et quel rapprochement! C'est le 6 germinal an X, que votre illustre frère signait la paix à Amiens avec le cabinet perfide; c'est le 6 germinal an XII, que la preuve authentique des attentats ourdis contre votre existence, par un agent diplomatique de ce gouvernement parjure, nous a déterminés à mettre un terme aux trames des conspirateurs, aux rêves des ambitieux et aux inquiétudes de tous les bons Français. Vous avez rempli nos désirs. Le sénatus-consulte du 28 floréal est un monument immortel dont nous devons peut-être remercier nos ennemis. Jamais la haine aveugle du ministre britannique ne fut si utile à la France. Il ne se doute pas du service éminent que nous ont rendu ses fureurs. En voulant vous assassiner, il s'est flétri lui-même aux yeux des nations; mais il a averti la nation française de ce qu'il lui restait à faire pour déconcerter à jamais les atroces combinaisons du cabinet de Londres, et des Français qui s'avilissent au point d'être ses satellites. Oui, sous ce point de vue, le 6 germinal est un jour qui devra être inscrit dans les fastes de notre histoire. Ce jour a affermi la grande République sur d'immuables fondements ; ce jour, sans sortir de Paris, nous avons vaincu l'Angleterre.

Souffrez, Sire, que le Sénat s'applaudisse d'avoir saisi une pensée qui était bien dans tous les cœurs, et qu'il n'a eu que le bonheur de vous exprimer le premier. Le vœu national, le vœu universel était de vous nommer Empereur des

Français, et de voir commencer en vous la dynastie des Bonaparte. Elle a commencé par cet acte que le Sénat, en corps, est venu vous offrir, et dont le serment solennel que ses membres vont vous prêter, garantit de leur part la fidèle exécution. Par ces démarches éclatantes, le premier corps constitué donne à tous les Français l'exemple qui sera suivi, des sentiments d'amour, d'obéissance et de respect par lesquels un grand peuple consacre son attachement à la haute magistrature qu'il charge du maintien de son bonheur et de sa gloire. Nulle autre nation n'est plus portée à vénérer et à chérir son chef, quand elle est convaincue, comme elle a le bonheur de l'être en ce moment, que le dépositaire de son pouvoir suprême ne peut être animé que du même esprit qu'elle, et ne peut jamais séparer ses propres intérêts de la patrie.

Un inconvénient des grandes dignités, c'est d'entraîner de longs discours. Ici heureusement les phrases sont plus qu'utiles. En parlant à notre Empereur, nous avons le bonheur de nous adresser à un homme qui connaît, aussi bien que nous, ses devoirs et nos droits. Son esprit nous entend, son génie nous devine, et son cœur nous répond. Unis en un si haut degré, l'esprit, le génie et le cœur, sont faits pour gouverner le monde. En imprimant à Bonaparte ce cachet naturel de sa supériorité, le ciel l'a formé pour le trône. Il n'a pas besoin de leçons ; il est au-dessus des éloges : ne le fatiguons pas par des harangues superflues. Si nous croyons pouvoir offrir un aliment à sa pensée, exprimons-le en peu de paroles.

Sire, trois mots mystérieux furent gravés jadis en caractère d'or au fronton du temple de Delphes : la liberté, les lois, la paix. Ces trois mots sont un abrégé des devoirs principaux des hommes qui gouvernent et des premiers besoins, par conséquent des premiers droits des hommes qui sont gouvernés. La liberté, les lois, la paix, voilà l'esprit et la substance de tous les traités politiques. Voilà ce que demande particulièrement la nation française, destinée à faire valoir les richesses d'un sol fertile et d'un climat heureux, mais qui ne peut les voir fleurir qu'autant qu'elle conserve ses trois premières bases du bonheur social.

Voilà, Sire, ce qu'elle sait que vous voulez lui assurer. Vous n'acceptez l'empire que pour sauver la liberté ; vous ne consentez à régner que pour faire régner les lois ; vous ne fîtes jamais la guerre que pour avoir la paix ; toujours prêt à poser les armes, sitôt que l'honneur le permit. Les prodiges de votre vie en présentent plus d'un exemple : vous vous êtes deux fois arrêté devant Vienne. Maître d'un territoire immense, vous décidâtes les Français à évacuer leurs conquêtes, par le seul amour de la paix. Même au milieu de vos trophées, les amis de l'humanité remarquaient avec intérêt que vous donniez dans le récit de vos propres victoires un soupir aux malheurs du monde. Si vous fûtes grand dans la guerre, vous avez bien senti que vous seriez plus grand encore et plus illustre dans la paix. La liberté, les lois, la paix, ces trois mots de l'oracle semblent avoir été réunis tout exprès pour composer votre devise et celle de vos successeurs. Si les ennemis de la France veulent nous arracher cette devise inestimable, ils éprouveront à jamais ce que peut notre nation quand elle est bien conduite, et que, d'accord avec ses chefs, elle ne combat seulement que pour montrer au monde son amour pour la liberté, son respect pour ses lois, son désir de la paix.

Sire, les Romains souhaitaient à chaque nouvel Empereur d'être plus fortuné qu'Auguste et plus vertueux que Trajan. Nous n'avons pas besoin de chercher dans l'histoire des rapprochements dont aucun ne saurait vous flatter. Nulle autre époque ne ressemble à l'époque de Bonaparte. Nous ne connaissons qu'un souhait qui soit digne de vous. Sire, soyez longtemps vous-même. Vous n'aurez point eu de modèle, et vous en servirez toujours. Oui, Sire, vous en servirez, et c'est ici le grand objet que nous nous sommes proposés en décrétant l'hérédité.

Dans un avenir reculé, quand les enfants viendront dans le même appareil, reconnaître comme Empereur celui de vos petits-enfants ou de vos arrière-neveux qui devra recevoir leur serment de fidélité; pour lui peindre les sentiments, les vœux et les besoins du peuple, pour lui tracer tous ses devoirs, on n'aura qu'un mot à lui dire : « Vous vous appelez Bonaparte. Vous êtes l'homme de la France. Prince, souvenez-vous du Grand Napoléon. »

Pardonnez, Sire, ah! pardonnez l'émotion involontaire qui accompagne ces paroles; elles sont sorties de mon cœur : l'attendrissement qui s'y mêle en a troublé l'expression; mais Votre Majesté n'en sera pas blessée. Ah! si la politique des princes ordinaires ne permet pas d'être sensible, celui qui fut un très-grand homme avant d'être un grand prince, celui-là, j'en suis sûr, ne me saura pas mauvais gré de m'être laissé émouvoir à tout ce qu'il y a de plus touchant pour les hommes généreux : l'idée de la patrie et celle du bonheur de la postérité.

Après ce discours, le serment a été prêté par MM. Morard de Galles et Cornudet, secrétaires.

M. le maréchal Lefebvre, } Préteurs.
M. le maréchal Serrurier, }
M. Laplace, chancelier.
M. Fargue, trésorier.

MM.	M. le maréch. Perignon,
	Grégoire,
Sieyes,	Desmeunier,
Berthollet,	Abrial,
Cornet,	Debelloy,
Destut-Tracy,	Aboville,
Dubois-Dubay,	Fouché,
Garran-Coulon,	Volney,
Garat,	Casa-Bianca,
M. le maréch. Kellermann,	Chasset,
Lacépède,	Choiseuil-Praslin,
Lambrechts,	Chollet,
Lecouteulx-Canteleu,	Clément-de-Ris,
Lemercier,	Davous,
Lenoir-Laroche,	Depere,
Lespinasse,	Dizès,
Monge,	Herwyn,
Porcher,	Lagrange,
Resnier,	Peré,
Rousseau,	Perregaux,
Vimar.	Rœderer,
Sers,	Emmery,
Vernier,	Garnier-Laboissière,
Vien,	De Gregory,
Villetard,	De Luynes,
Jacqueminot,	Lebrun,
Barthélemy,	Deviry,
Vaubcis,	Boissy-d'Anglas,
Dedelay-d'Agier,	Defontenay,
Rampon,	Cacault,
Lamartillière,	Garnier (Germain),
Colaud,	Brunetau-Sainte-Suzanne,
Marville,	Beauharnais,

Membres du Corps législatif.

MM. Fontanes, président.
Terrasson, } Questeurs.
Viennot-Vaublanc, }

Jacopin, } Questeurs.
Delatre, }

Tribunat.

MM. Fabre (*de l'Aude*), président.

Siméon, }
Arnould, } Secrétaires.
Faure, }
Jard-Panvilliers, }

MM.	Gallois,
	Gillet (*de Seine-et-Oise*,)
Albisson,	Gillet-Lajacqueminière,
Beauvais,	Goupil-Préfeln,
Carnot,	Jaubert,
Carret,	Jubé,
Carrion-Nisas,	Koch,
Chabaud-Latour,	Labrouste.
Chabot (*de l'Allier*),	Lahary,
Challan.	Leroy,
Chassiron,	Malès,
Curée,	Mallarmé,
Dacier,	Mouricault,
Daru,	Perin,
Daugier,	Perrée,
Delpierre,	Depinteville-Cernon,
Delaistre,	Pougeard-Dulimbert,
Duveyrier,	Sahuc,
Duvidal,	Savoye-Rollin,
Favard,	Thouret,
Fréville,	Van-Hulthem.

SÉNAT CONSERVATEUR.

PRÉSIDENCE DE M. FRANÇOIS (*de Neufchâteau*).

Séance du 13 prairial an XII (samedi 2 juin 1804).

Extrait des registres du Sénat conservateur.

Le Sénat conservateur, réuni au nombre de membres prescrit par l'article 90 de la Constitution ;

Vu l'article 60 du sénatus-consulte organique du 28 floréal dernier, ainsi conçu : « Une commission de sept membres nommés par le Sénat, « et choisis dans son sein, prend connaissance, « sur la communication qui lui en est donnée « par les ministres, des arrestations effectuées « conformément à l'article 46 de la Constitution, « lorsque les personnes arrêtées n'ont pas été tra- « duites devant les tribunaux dans les dix jours « de leur arrestation.

« Cette commission est appelée *commission sé- « natoriale de la liberté individuelle.* »

Vu pareillement les articles 61, 62 et 63 du même sénatus-consulte, relatif aux attributions de la même commission ;

Procède en exécution des dispositions ci-dessus, à la nomination des sept membres qui doivent composer la commission dont il s'agit.

Le dépouillement du scrutin donne la majorité absolue des suffrages pour cette nomination aux sénateurs Lenoir-Laroche, Boissy-d'Anglas, Emmery, Abrial, Vernier, Sers et Vimar.

Ils sont proclamés par M. le président membres de la *commission sénatoriale de la liberté indivi- duelle.*

Le Sénat arrête qu'il sera fait des messages à Sa Majesté l'Empereur, au Corps législatif et au Tribunat, pour leur donner connaissance de cette nomination.

TRIBUNAT.

PRÉSIDENCE DE M. FABRE (*de l'Aude*).

Séance du 13 prairial an XII (samedi 2 juin 1804).

Le procès-verbal de la séance du 6 prairial est adopté.

Un secrétaire donne lecture des trois pièces suivantes :

« Paris, 9 prairial an XII.

« Monsieur le président, Sa Majesté Impériale m'ayant fait l'honneur de m'appeler dans son Conseil d'État, je cesse d'être membre du Tribunat ; mais je ne cesserai jamais de lui appartenir par le souvenir des avantages que j'ai retirés des lumières, des talents et des exemples de mes collègues, des encouragements qu'ils ont bien voulu accorder à mes efforts ; qu'il me soit permis de dire de l'amitié dont ils m'ont honoré.

« Souffrez, monsieur le président, que j'offre ici à chacun d'eux l'hommage de ma reconnaissance et de mes sentiments, et l'expression de mon respect pour le corps entier et pour son chef.

« *Signé* : SIMÉON. »

« Saint-Cloud, le 11 prairial an XII.

« Monsieur le président,

« J'ai l'honneur de vous transmettre l'expédition d'un décret impérial, portant nomination du président et des questeurs du Tribunat.

« Veuillez recevoir, etc.

« *Signé* : HUGUES B. MARET. »

« Au Palais de Saint-Cloud, le 11 prairial an XII.

« NAPOLÉON, Empereur des Français,

« Sur la présentation des candidats nommés par le Tribunat le 6 présent mois, en exécution des articles 90 et 92 du sénatus-consulte organique du 28 floréal dernier,

« Nomme président du Tribunat, M. Fabre (de *l'Aude*), et questeurs du même corps, MM. Saluc et Jard-Panvilliers.

« Expédition du présent décret sera transmise au Tribunat par un messager d'État.

« *Signé* : NAPOLÉON. »

Fabre (de *l'Aude*), *président*. Messieurs, en m'honorant de vos suffrages pour la candidature de la présidence du Tribunat, vous m'avez donné une grande preuve de bienveillance.

Vous en avez rehaussé le prix lorsque vous m'avez associé deux collègues recommandables par leurs talents et leurs services.

Votre choix à leur égard a été un hommage éclatant rendu au mérite ; je n'y ai vu pour moi qu'une nouvelle preuve de la faveur dont vous m'avez sans cesse entouré.

Peut-être encore avez-vous pensé que vous deviez encourager celui que la nature n'a pas doué, il est vrai, des mêmes talents, mais qui a multiplié ses efforts pour se rendre utile à la chose publique, en secondant de ses faibles moyens le désir que vous avez toujours manifesté de voir rétablir l'ordre dans les finances, et fonder le crédit public sur les bases les plus solides.

Je puis croire aussi que vous avez voulu récompenser le zèle que j'ai montré constamment pour le maintien d'une institution essentiellement populaire, qui, d'après le témoignage honorable de Sa Majesté Impériale, a contribué par ses travaux à perfectionner les différents actes de notre législation, et qui en dernier lieu vient de donner au peuple français une grande preuve de dévouement par l'émission d'un vœu qui doit assurer son repos et son bonheur.

Après avoir payé à la candidature dont vous m'avez honoré, le tribut d'une reconnaissance fortement sentie, quoique faiblement exprimée, qu'il me soit permis de vous entretenir un instant du choix qu'a fait de moi Sa Majesté Impériale pour vous présider.

La concurrence de deux collègues aussi distingués devait nécessairement m'écarter ; la justice de l'Empereur et sa bonté pour moi ont levé tous les obstacles.

L'un de ces concurrents a été appelé dans les conseils de Sa Majesté Impériale, l'autre est destiné à des fonctions non moins importantes.

Quant à moi, il était difficile que Sa Majesté pût m'environner de plus grands avantages ; je continue ma carrière politique avec des collègues dont je ne voudrais jamais me séparer ; je préside une assemblée dont, à mes yeux, chaque membre avait au moins un droit égal aux mêmes honneurs ; et je deviens l'organe, auprès de l'Empereur, de la pensée et des vœux d'un des premiers corps de l'État.

C'est ainsi que Sa Majesté, en plaçant d'une manière aussi distinguée vos candidats pour la présidence, a prouvé combien elle savait honorer vos suffrages.

S'il fallait une nouvelle preuve de la haute considération de l'Empereur, pour les sujets qui lui sont présentés par le Tribunat, je vous rappellerais ce que Sa Majesté vous a dit récemment, lorsque vos devoirs vous ont appelés auprès d'Elle : « La liste des candidats que vous m'avez « envoyée hier pour les deux places de questeurs « est composée de six tribuns également recommandables : vous m'avez mis dans l'embarras « du choix. »

Messieurs, la récompense honorable que vous avez donnée à ma conduite passée est une nouvelle dette que je contracte envers vous, envers la nation, et envers son illustre chef ; je l'acquitterai en redoublant de zèle dans l'exercice de mes fonctions, en partageant votre sollicitude pour les intérêts du peuple, et en secondant avec vous de tout mon pouvoir les intentions paternelles et bienfaisantes de Sa Majesté Impériale.

Le Tribunat ordonne l'impression du discours du président et sa distribution au nombre de six exemplaires.

M. Savoye-Rollin. Messieurs, aux termes du sénatus-consulte du 28 floréal dernier, les règlements qui régissent l'administration intérieure du Tribunat doivent être revisés et modifiés : je demande, en conséquence, qu'il soit nommé une commission de six membres, dont deux seront pris dans chacune des trois sections, et à laquelle M. le président et MM. les questeurs seront adjoints, pour présenter des rapports sur ces différents objets, dans le plus court délai.

Cette proposition est adoptée.

Le bureau propose et le Tribunat nomme pour composer cette commission, MM. Savoye-Rollin, Faure, Perrée, Fréville, Arnould et Delaistre.

Le président lève la séance et annonce que la prochaine sera par lui indiquée.

SÉNAT CONSERVATEUR.

PRÉSIDENCE DE M. FRANÇOIS (de *Neufchâteau*).

Séance du 27 prairial an XII (samedi 16 juin 1804).

Extrait des registres du Sénat conservateur.

Le Sénat conservateur, réuni au nombre de membres prescrit par l'article 90 de la Constitution ;

Vu l'article 64 du sénatus-consulte organique du 28 floréal dernier, ainsi conçu : « Une commission de sept membres nommés par le Sénat, « et choisis dans son sein, est chargée de veiller « à la liberté de la presse.

« Ne sont point compris dans son attribution « les ouvrages qui s'impriment et se distribuent « par abonnement et à des époques périodiques.

« Cette commission est appelée *commission sénatoriale de la liberté de la presse.* »

Vu pareillement les articles 65, 66 et 67 du

même sénatus-consulte, relatifs aux attributions de la même commission,

Procède en exécution des dispositions ci-dessus, à la nomination des sept membres qui doivent composer la commission dont il s'agit.

Le dépouillement donne la majorité absolue des suffrages, pour cette nomination, aux sénateurs Garat, Jaucourt, Rœderer, Démeunier, Chasset, Porcher et Davous.

Ils sont proclamés par le président membres de la *commission sénatoriale de la liberté de la presse.*

Le Sénat arrête qu'il sera fait des messages à Sa Majesté l'Empereur, au Corps législatif et au Tribunat, pour leur donner connaissance de cette nomination.

DÉCRET IMPÉRIAL

relatif aux cérémonies publiques, préséances, honneurs civils et militaires (1).

Au palais de Saint-Cloud, le 24 messidor an XII.

Napoléon, par la grâce de Dieu et les Constitutions de l'Empire. Empereur des Français;

Le Conseil d'Etat entendu,

Décrète :

PREMIÈRE PARTIE.

Des rangs et préséances.

TITRE PREMIER.

Des rangs et séances des diverses autorités dans les cérémonies publiques.

SECTION PREMIÈRE.

Dispositions générales.

Art. 1er. Ceux qui, d'après les ordres de l'Empereur, devront assister aux cérémonies publiques, y prendront rang et séance dans l'ordre qui suit :

Les princes français;
Les grands dignitaires;
Les cardinaux;
Les ministres;
Les grands officiers de l'Empire;
Les sénateurs dans leur sénatorerie;
Les conseillers d'Etat en mission;
Les grands officiers de la Légion d'honneur, lorsqu'ils n'auront point de fonctions publiques qui leur assignent un rang supérieur;
Les généraux de division commandant une division territoriale de leur commandement;
Les premiers présidents des cours d'appel;
Les archevêques;
Le président du collège électoral du département, pendant la tenue de la session, et pendant les dix jours qui précèdent l'ouverture et qui suivent la clôture;
Les préfets;
Les présidents des cours de justice criminelle;
Les généraux de brigade commandant un département;
Les évêques;
Les commissaires généraux de police;
Le président du collège électoral d'arrondissement, pendant la tenue de la session, et pendant les dix jours qui précèdent l'ouverture et qui suivent la clôture;
Les sous-préfets;
Les présidents des tribunaux de première instance;
Le président du tribunal de commerce;

---

(1) Ce décret impérial concernant les grands corps de l'Etat, dans plusieurs de ses dispositions, nous a paru devoir prendre place dans les *Archives Parlementaires.*

Les maires;
Les commandants d'armes;
Les présidents des consistoires.
Les préfets conseillers d'Etat prendront leur rang de conseillers d'Etat.

Lorsqu'en temps de guerre, ou pour toute autre raison, Sa Majesté jugera à propos de nommer des gouverneurs de places fortes, le rang qu'ils doivent avoir sera réglé.

Art. 2. Le Sénat, le Conseil d'Etat, le Corps législatif, le Tribunat, la cour de cassation, n'auront rang et séance que dans les cérémonies publiques auxquelles ils auront été invités par lettres closes de Sa Majesté.

Il en sera de même des corps administratifs et judiciaires, dans les villes où l'Empereur sera présent.

Dans les autres villes, les corps prendront les rangs réglés ci-après.

Art. 3. Dans aucun cas les rangs et honneurs accordés à un corps n'appartiendront individuellement aux membres qui le composent.

Art. 4. Lorsqu'un corps ou un des fonctionnaires dénommés dans l'article 1er invitera, dans le local destiné à l'exercice de ses fonctions, d'autres corps ou fonctionnaires publics pour y assister à une cérémonie, le corps ou le fonctionnaire qui aura fait l'invitation y conservera sa place ordinaire ; et les fonctionnaires invités garderont entre eux les rangs assignés par l'article 1er du présent titre.

SECTION II.

Des invitations aux cérémonies publiques.

Art. 5. Les ordres de l'Empereur pour la célébration des cérémonies publiques seront adressés aux archevêques et évêques, pour les cérémonies religieuses, et aux préfets, pour les cérémonies civiles.

Art. 6. Lorsqu'il y aura dans le lieu de la résidence du fonctionnaire auquel les ordres de l'Empereur seront adressés, une ou plusieurs personnes désignées avant lui dans l'article 1er, celui qui aura reçu lesdits ordres se rendra chez le fonctionnaire auquel la préséance est due, pour convenir du jour et de l'heure de la cérémonie.

Dans le cas contraire, ce fonctionnaire convoquera chez lui, par écrit, ceux des fonctionnaires placés après lui dans l'ordre des préséances, dont le concours sera nécessaire pour l'exécution des ordres de l'Empereur.

SECTION III.

De l'ordre suivant lequel les autorités marcheront dans les cérémonies publiques.

Art. 7. Les autorités appelées aux cérémonies publiques se réuniront chez la personne qui doit y occuper le premier rang.

Art. 8. Les princes, les grands dignitaires de l'Empire, et les autres personnes désignées en l'article 1er de la section 1re du présent titre, marcheront dans les cérémonies suivant l'ordre des préséances indiqué audit article ; de sorte que la personne à laquelle la préséance est due ait toujours à sa droite celle qui doit occuper le second rang ; à sa gauche, celle qui doit occuper le troisième, et ainsi de suite.

Ces trois personnes forment la première ligne du cortège;

Les trois personnes suivantes, la deuxième ligne.

Les corps marcheront dans l'ordre suivant :

Les membres des cours d'appel;

Les officiers de l'état-major de la division, non

compris deux aides de camp du général, qui le suivront immédiatement ;
Les membres des cours criminelles ;
Les conseils de préfecture, non compris le secrétaire général, qui accompagnera le préfet ;
Les membres des tribunaux de première instance ;
Les corps municipaux ;
Les officiers de l'état-major de la place ;
Les membres du tribunal de commerce ;
Les juges de paix ;
Les commissaires de police.

SECTION IV.
De la manière dont les diverses autorités seront placées dans les cérémonies.

Art. 9. Il y aura, au centre du local destiné aux cérémonies civiles et religieuses, un nombre de fauteuils égal à celui des princes, dignitaires ou membres des autorités nationales présents qui auront droit d'y assister. Aux cérémonies religieuses, lorsqu'il y aura un prince ou un grand dignitaire, on placera devant lui un prie-Dieu, avec un tapis et un carreau. En l'absence de tout prince, dignitaire ou membre des autorités nationales, le centre sera réservé, et personne ne pourra s'y placer.
Les généraux de division commandant les divisions territoriales,
Les premiers présidents des cours d'appel,
Et les archevêques, seront placés à droite ;
Les préfets,
Les présidents des cours criminelles,
Les généraux de brigade commandant les départements,
Les évêques, seront placés à gauche ;
Le reste du cortège sera placé en arrière.
Les préfets conseillers d'Etat prendront leur rang de conseiller d'Etat.
Ces fonctionnaires garderont entre eux les rangs qui leur seront respectivement attribués.
Art. 10. Lorsque, dans les cérémonies religieuses, il y aura impossibilité absolue de placer dans le chœur de l'église la totalité des membres des corps invités, lesdits membres seront placés dans la nef et dans un ordre analogue à celui des chefs.
Art. 11. Néanmoins, il sera réservé, de concert avec les évêques ou les curés et les autorités civiles et militaires, le plus de stalles qu'il sera possible. Elles seront destinées, de préférence, aux présidents et procureurs impériaux des cours ou tribunaux, aux principaux officiers de l'état-major de la division et de la place, à l'officier supérieur de gendarmerie, et aux doyens et membres des conseils de préfecture.
Art. 12. La cérémonie ne commencera que lorsque l'autorité qui occupera la première place aura pris séance.
Cette autorité se retirera la première.
Art. 13. Il sera fourni aux autorités réunies pour les cérémonies des escortes de troupes de ligne ou de gendarmerie, selon qu'il sera réglé au titre *des honneurs militaires.*

IIᵉ PARTIE.
Des honneurs militaires et civils.

TITRE II.
Saint-Sacrement.

Art. 1ᵉʳ. Dans les villes où, en exécution de l'article 45 de la loi du 18 germinal an X, les cérémonies religieuses pourront avoir lieu hors des édifices consacrés au culte catholique ; lorsque le Saint-Sacrement passera à la vue d'une garde

ou d'un poste, les sous-officiers et soldats prendront les armes, les présenteront, mettront le genou droit en terre, inclineront la tête, porteront la main droite au chapeau, mais resteront couverts : les tambours battront aux champs ; les officiers se mettront à la tête de leur troupe, salueront de l'épée, porteront la main gauche au chapeau, mais resteront couverts ; le drapeau saluera.
Il sera fourni, du premier poste devant lequel passera le Saint-Sacrement, au moins deux fusiliers pour son escorte. Ces fusiliers seront relevés de poste en poste, marcheront couverts près du Saint-Sacrement, l'arme dans le bras droit.
Les gardes de cavalerie monteront à cheval, mettront le sabre à la main ; les trompettes sonneront la marche ; les officiers, les étendards et guidons salueront.
Art. 2. Si le Saint-Sacrement passe devant une troupe sous les armes, elle agira ainsi qu'il vient d'être ordonné aux gardes ou postes.
Art. 3. Une troupe en marche fera halte, se formera en bataille, et rendra les honneurs prescrits ci-dessus.
Art. 4. Aux processions du Saint-Sacrement, les troupes seront mises en bataille sur les places où la procession devra passer. Le poste d'honneur sera à la droite de la porte de l'église par laquelle la procession sortira. Le régiment d'infanterie, qui portera le premier numéro, prendra la droite ; celui qui portera le second, la gauche ; les autres régiments se formeront ensuite alternativement à droite et à gauche : les régiments d'artillerie à pied occuperont le centre de l'infanterie.
Les troupes à cheval viendront après l'infanterie. Les carabiniers prendront la droite, puis les cuirassiers, ensuite les dragons, chasseurs et hussards.
Les régiments d'artillerie à cheval occuperont le centre des troupes à cheval.
La gendarmerie marchera à pied entre les fonctionnaires publics et les assistants.
Deux compagnies de grenadiers escorteront le Saint-Sacrement ; elles marcheront en file à droite et à gauche du dais. A défaut de grenadiers, une escorte sera fournie par l'artillerie ou par des fusiliers, et, à défaut de ceux-ci, par des compagnies d'élite des troupes à cheval, qui feront le service à pied.
La compagnie du régiment portant le premier numéro occupera la droite du dais ; celle du second, la gauche.
Les officiers resteront à la tête des files. Les sous-officiers et soldats porteront le fusil sous le bras droit.
Art. 5. L'artillerie fera trois salves pendant le temps que durera la procession, et mettra en bataille sur les places ce qui ne sera pas nécessaire pour la manœuvre du canon.

TITRE III.
Sa Majesté Impériale.

SECTION PREMIÈRE.
Honneurs militaires.

Arrivée de Sa Majesté dans une place.

Art. 1ᵉʳ. Lorsque Sa Majesté Impériale devra entrer dans une place, toute la garnison prendra les armes. La moitié de l'infanterie sera mise en bataille sur le glacis, à droite et à gauche de la porte par laquelle Sa Majesté devra entrer, et l'autre moitié sur les places que Sa Majesté devra traverser ; les sous-officiers et soldats présenteront les armes; les officiers et les drapeaux salueront; les tambours battront aux champs.

Toute la cavalerie ira au-devant de Sa Majesté Impériale, jusqu'à une demi-lieue de la place, et l'escortera jusqu'à son logis.

Les officiers et les étendards salueront.

Les trompettes sonneront la marche.

Dans un camp, étant prévenu.

Art. 2. Lorsque Sa Majesté Impériale arrivera dans un camp, si l'on a été prévenu de son arrivée, toutes les troupes se mettront en bataille en avant du front de bandière, et rendront les honneurs prescrits art. 1er. La plus ancienne brigade de cavalerie se portera au-devant de Sa Majesté Impériale jusqu'à une demi-lieue du camp; les gardes et piquets prendront les armes ou monteront à cheval.

Inopinément.

Art. 3. Dans le cas où Sa Majesté Impériale arrivera ou passera inopinément dans un camp, les gardes et piquets prendront les armes ou monteront à cheval : les officiers se porteront promptement sur le front de bandière; les sous-officiers et soldats s'y rendront de même avec promptitude et sans armes; ils s'y formeront en bataille, et y resteront jusqu'à nouvel ordre.

Du poste d'honneur.

Art. 4. On regardera comme le poste d'honneur le côté qui sera à droite en sortant du logis de Sa Majesté Impériale; mais si l'Empereur ne loge pas dans la place, et qu'il ne fasse que la traverser, le poste d'honneur sera à la droite de la porte de la ville par laquelle Sa Majesté Impériale entrera.

Place des officiers généraux.

Art. 5. Les officiers généraux employés, s'il y en a dans la place, se mettront à la tête des troupes.

Le gouverneur de la place, s'il en a été nommé un pour commander en cas de siège, le commandant d'armes et les autres officiers de l'état-major de la place, se trouveront à la première barrière pour en présenter les clefs à Sa Majesté Impériale.

Art. 6. Le maire et les adjoints, accompagnés par une garde d'honneur de trente hommes au moins, fournie par la garde nationale sédentaire, se rendront à cinq cents pas environ hors de la place, pour présenter les clefs de la ville à Sa Majesté.

Salves d'artillerie.

Art. 7. Il sera fait trois salves de toute l'artillerie de la place après que Sa Majesté Impériale aura passé les ponts.

Il en sera de même de toute l'artillerie d'un camp de paix, et non à la guerre, à moins d'un ordre formel.

Garde d'infanterie.

Art. 8. Si Sa Majesté Impériale s'arrête dans la place ou dans le camp, et quoique les troupes de sa garde soient près de sa personne, les régiments d'infanterie de la garnison, à commencer par le premier numéro, fourniront, chacun à leur tour, une garde composée d'un bataillon avec son drapeau, et commandé par le colonel.

Garde de cavalerie.

Art. 9. Il sera mis pareillement devant le logis de Sa Majesté Impériale un escadron de cavalerie de la garnison, commandé par le colonel. Cet escadron fournira deux vedettes, le sabre à la main, devant la porte de Sa Majesté. Les escadrons de la garnison le relèveront chacun à leur tour, suivant l'ordre prescrit art. 4 du titre II.

Art. 10. Dès que l'Empereur sera arrivé, les colonels qui commanderont ladite garde prendront les ordres et la consigne du grand maréchal de la cour, ou de celui qui en fera les fonctions. Si Sa Majesté Impériale conserve tout ou partie de cette garde, elle sera particulièrement destinée à fournir des sentinelles autour du logis de Sa Majesté.

Au sortir de la place.

Art. 11. Lorsque Sa Majesté Impériale sortira de la place, l'infanterie sera disposée ainsi qu'il est dit article 1er.

La cavalerie se portera sur son passage hors de la place, pour la suivre jusqu'à une demi-lieue de la barrière.

Dès que Sa Majesté Impériale en sera sortie, on la saluera par trois décharges de toute l'artillerie.

Arrivant devant une troupe en bataille.

Art. 12. Si Sa Majesté Impériale passe devant des troupes en bataille, l'infanterie présentera les armes; les officiers salueront, ainsi que les drapeaux; les tambours battront aux champs. Dans la cavalerie, les étendards, les guidons et les officiers salueront; les trompettes sonneront la marche.

Passant devant une troupe ou colonne en marche.

Art. 13. Si Sa Majesté Impériale passe devant une troupe en marche, cette troupe s'arrêtera, se formera en bataille, si elle n'y est pas, et rendra à Sa Majesté les honneurs prescrits ci-dessus.

Passant devant un corps de garde.

Art. 14. Si Sa Majesté Impériale passe devant un corps de garde, poste ou piquet, les troupes prendront les armes et les présenteront; les tambours battront aux champs.

La cavalerie montera à cheval et mettra le sabre à la main; les trompettes sonneront la marche.

Les officiers salueront de l'épée ou du sabre.

Les sentinelles présenteront les armes.

Mot d'ordre.

Art. 15. Pendant le temps que Sa Majesté Impériale restera dans une place ou camp, elle donnera le mot d'ordre. Si le ministre de la guerre est présent, c'est lui qui recevra l'ordre et le rendra aux troupes. En son absence, ce sera le colonel général de la garde de service, à moins que le corps de troupe ne soit commandé par un maréchal de l'Empire, qui, dans ce cas, le recevra directement.

Audience.

Art. 16. Lorsque Sa Majesté Impériale recevra les officiers de la garnison ou du camp, chaque corps lui sera présenté, en l'absence du connétable et du ministre de la guerre, par le colonel général de la garde de service, à qui les corps s'adresseront à cet effet.

Art. 17. Lors des voyages de l'Empereur, la gendarmerie nationale de chaque arrondissement sur lequel Sa Majesté passera se portera sur la grande route, au point le plus voisin de sa résidence, et s'y mettra en bataille.

Art. 18. Un officier supérieur ou subalterne de gendarmerie, pris parmi ceux employés dans le département, pourra précéder à cheval, immédiatement, la voiture de Sa Majesté : cette voiture pourra être immédiatement suivie par deux officiers ou sous-officiers de la gendarmerie du département, marchant après le p quet de la garde.

Art. 19. Lorsque le général de la division dans laquelle l'Empereur se trouvera accompagnera Sa Majesté, il se placera et marchera près de la portière de gauche. Les autres places autour de la voiture de Sa Majesté seront occupées par les officiers du palais ou de la garde nationale, et autres personnes que Sa Majesté aura spécialement nominées pour l'accompagner.

Art. 20. Il ne sera rendu aucuns honneurs ni civils ni militaires à aucun officier civil ou militaire à Paris, et dans les lieux où se trouvera l'Empereur, pendant tout le temps de sa résidence, et pendant les vingt-quatre heures qui précéderont son arrivée et les vingt-quatre heures qui suivront son départ.

SECTION II.
Honneurs civils.

Art. 21. Dans les voyages que Sa Majesté fera, et qui auront été annoncés par les ministres, sa réception aura lieu de la manière suivante.

Art. 22. Le préfet viendra, accompagné d'un détachement de gendarmerie et de la garde nationale du canton, la recevoir sur la limite du département.

Chaque sous-préfet viendra pareillement la recevoir sur la limite de son arrondissement.

Les maires des communes l'attendront chacun sur la limite de leurs municipalités respectives : ils seront accompagnés de leurs adjoints, du conseil municipal, et d'un détachement de la garde nationale.

Art. 23. A l'entrée de l'Empereur dans chaque commune, toutes les cloches sonneront. Si l'église se trouve sur son passage, le curé desservant se tiendra sur la porte, en habits sacerdotaux, avec son clergé.

Art. 24. Dans les villes où Sa Majesté s'arrêtera ou séjournera, les autorités et les fonctionnaires civils et judiciaires seront avertis de l'heure à laquelle l'Empereur leur accordera audience, et présentés à Sa Majesté par l'officier du palais à qui ces fonctions sont attribuées.

Art. 25. Ils seront admis devant elle, dans l'ordre des préséances établi art. 1er de la 1re partie.

Art. 26. Tous fonctionnaires ou membres de corporation non compris dans l'article précité ne seront point admis, s'ils ne sont mandés par ordre de Sa Majesté Impériale, ou sans permission spéciale.

Art. 27. Lorsque Sa Majesté Impériale aura séjourné dans une ville, les mêmes autorités qui l'auront reçue à l'entrée se trouveront à sa sortie, pour lui rendre leurs hommages, si elle sort de jour.

Art. 28. Les honneurs, soit civils, soit militaires, à rendre à l'Impératrice, sont les mêmes que ceux qui seront rendus à l'Empereur, à l'exception de la présentation des clefs et de tout ce qui est relatif au commandement et au mot d'ordre.

TITRE IV.
Prince Impérial.

Art. 1er. Les honneurs à rendre au Prince Impérial, lorsqu'il n'accompagnera pas Sa Majesté l'Empereur, seront déterminés par un décret particulier. Il en sera de même de ceux à lui rendre quand l'Empereur sera présent.

Le Régent.

Art. 2. Le Régent recevra les mêmes honneurs que les princes français.

TITRE V.
Princes français.

SECTION PREMIÈRE.
Honneurs militaires.

Art. 1er. Les honneurs d'entrée et de sortie d'une place ou d'un camp qui doivent être rendus aux princes, aux grands dignitaires, ministres, grands officiers de l'Empire, en vertu des dispositions contenues dans les titres suivants, ne le seront jamais qu'en exécution d'un ordre spécial adressé par le ministre de la guerre aux généraux commandant les divisions ou les armées.

Art. 2. Quand les princes passeront dans une place, toute la garnison prendra les armes : un quart de l'infanterie sera mis en bataille hors de la porte par laquelle ils devront entrer ; le reste sera disposé sur les places qu'ils devront traverser, et présentera les armes au moment de leur passage.

Arrivée dans une place.

Moitié de la cavalerie ira au-devant d'eux jusqu'à un quart de lieue de la place, et les escortera jusqu'à leur logis ; le reste de la cavalerie sera mis en bataille sur leur passage.

Les drapeaux, étendards ou guidons, et les officiers supérieurs, salueront.

L'état-major les recevra à la barrière, mais ne leur présentera point les clefs, cet honneur étant uniquement réservé à Sa Majesté Impériale.

Salve d'artillerie.

Art. 3. Ils seront salués, à leur entrée et à leur sortie de la place, par vingt-un coups de canon.

Garde.

Art. 4. Ils auront une garde de cent hommes, avec un drapeau, commandée par un capitaine, un lieutenant et un sous-lieutenant. La garde sera à leur logis avant leur arrivée : elle sera fournie, le premier jour, par le régiment qui portera le premier numéro, et ensuite par les autres, à tour de rôle.

Arrivée dans un camp, étant prévenu.

Art. 5. Quand les princes arriveront dans un camp, si l'on a été prévenu du moment de leur arrivée, l'infanterie et la cavalerie se mettront en bataille en avant du front de bandière ; le plus ancien régiment de cavalerie se portera au-devant d'eux ; les gardes et les piquets prendront les armes et monteront à cheval.

Arrivée dans un camp, inopinément.

Art. 6. Dans le cas où les princes arriveront ou passeront inopinément dans un camp, les gardes ou piquets prendront les armes ou monteront à cheval . les officiers se porteront promptement sur le front de bandière ; les sous-officiers et soldats sortiront de leurs tentes et borderont la haie dans la rue du camp, et y resteront jusqu'à nouvel ordre.

Devant un camp en bataille.

Art. 7. Si les princes arrivent devant une troupe en bataille, l'infanterie présentera les armes ; la cavalerie mettra le sabre à la main ; les officiers supérieurs, les drapeaux, étendards ou guidons, salueront ; les tambours battront aux champs ; les trompettes sonneront la marche.

Devant une troupe en marche.

Art. 8. Si les princes passent devant une troupe en marche, la troupe s'arrêtera, se formera en bataille, si elle n'y est point, et rendra les honneurs ci-dessus prescrits.

Devant un corps de garde.

Art. 9. S'ils passent devant un corps de garde, poste ou piquet, les soldats prendront les armes, et les porteront; les tambours battront aux champs; la cavalerie montera à cheval et mettra le sabre à la main ; les trompettes sonneront la marche; les sentinelles présenteront les armes.

Art. 10. Il leur sera fait des visites de corps, en grande tenue. L'officier général le plus élevé en grade, ou à son défaut, le commandant de la place, prendra leurs ordres pour la réception des corps, et les présentera.

Le mot d'ordre sera porté aux princes par un officier de l'état-major général de l'armée, et, dans les places, par un adjudant de place.

Art. 11. Lorsque les princes feront partie du corps de troupes qui composera un camp ou formera une garnison, ils ne recevront plus, à dater du lendemain de leur arrivée jusqu'à la veille de leur départ, que les honneurs dus à leur grade militaire.

Art. 12. Lorsque les princes quitteront une place ou un camp, ils recevront les mêmes honneurs qu'à leur entrée.

SECTION II.

Honneurs civils.

Art. 13. Lorsque les princes voyageront dans les départements, et qu'il aura été donné avis officiel de leur voyage par les ministres, il leur sera rendu les honneurs ci-après.

Art. 14. Les maires et adjoints les recevront à environ deux cent cinquante pas en avant de l'entrée de leur commune ; et si les princes doivent s'y arrêter ou y séjourner, les maires les conduiront au logement qui leur aura été destiné. Dans les villes, un détachement de garde nationale ira à leur rencontre, à deux cent cinquante pas en avant du lieu où le maire les attendra.

Art. 15. Dans les chefs-lieux de département ou d'arrondissement, les préfets ou sous-préfets se rendront à la porte de la ville pour les recevoir.

Art. 16. Ils seront complimentés par les fonctionnaires et les autorités mentionnées au titre Ier art. 1er.

Les cours d'appel s'y rendront seulement par députation composée du premier président, du procureur général impérial et de la moitié des juges. Les autres cours et tribunaux s'y rendront en corps.

Art. 17. Lorsqu'ils sortiront d'une ville dans laquelle ils auront séjourné, les maires et adjoints se trouveront à la porte par laquelle ils devront sortir, accompagnés d'un détachement de la garde nationale.

TITRE VI.

Les grands dignitaires de l'Empire.

Article unique. Les grands dignitaires de l'Empire recevront, dans les mêmes circonstances, les mêmes honneurs civils et militaires que les princes.

TITRE VII.

Les ministres.

SECTION PREMIÈRE.

Honneurs militaires.

Art. 1er. Les ministres recevront les honneurs suivants :

1° Ils seront salués de quinze coups de canon.

2° Un escadron de la cavalerie ira à leur rencontre, à un quart de lieue de la place : elle sera commandée par un officier supérieur, et les escortera jusqu'à leur logis. Ils seront salués par les officiers supérieurs et les étendards de cet escadron, et les trompettes sonneront la marche.

3° La garnison prendra les armes, sera rangée sur les places qu'ils devront traverser, et présentera les armes au moment de leur passage.

4° Ils auront une garde d'infanterie composée de soixante hommes, avec un drapeau, commandée par un capitaine et un lieutenant : cette garde sera placée avant leur arrivée. Le commandant de la place ira les recevoir à la barrière.

Le tambour de la garde battra aux champs, et la troupe présentera les armes.

5° Les postes, gardes ou piquets d'infanterie devant lesquels ils passeront, prendront et porteront les armes ; ceux de cavalerie monteront à cheval, et mettront le sabre à la main ; les sentinelles présenteront les armes ; les tambours battront aux champs ; les trompettes sonneront la marche.

6° Il leur sera fait des visites de corps en grande tenue.

7° Ils seront salués et reconduits à leur sortie, ainsi qu'il a été dit pour leur entrée.

Art. 2. Le ministre de la guerre recevra de plus les honneurs suivants :

Il sera tiré pour le ministre de la guerre dix-neuf coups de canon.

Le quart de la cavalerie ira jusqu'à une demi-lieue au-devant de lui.

Sa garde sera de quatre-vingts hommes, commandée par trois officiers, et composée de grenadiers.

Il sera tiré pour le ministre directeur dix-sept coups de canon. Sa garde sera de quatre-vingts hommes, commandée par trois officiers, mais composée de fusiliers.

Le ministre de la guerre aura un officier d'ordonnance de chaque corps : cet officier sera pris parmi les lieutenants. Le ministre directeur en aura un aussi de chaque corps, pris parmi les sous-lieutenants.

Le ministre de la guerre donnera le mot d'ordre en l'absence de l'Empereur. Il sera porté au ministre directeur, au camp, par un officier d'état-major ; et dans les places, par un adjudant de place.

Le ministre de la marine recevra dans les chefs-lieux d'arrondissement maritime les mêmes honneurs que le ministre de la guerre.

SECTION II.

Honneurs civils.

Art. 3. Les ministres recevront dans les villes de leur passage les mêmes honneurs que les grands dignitaires de l'Empire, sauf les exceptions suivantes :

Les maires, pour les recevoir, les attendront à la porte de la ville.

Le détachement de la garde nationale ira au-devant d'eux à l'entrée du faubourg, ou, s'il n'y en a point, à cent cinquante pas en avant de la porte.

Art. 4. Les cours d'appel les visiteront par une députation composée d'un président, du procureur général ou du substitut, du quart des juges.

Les autres cours et tribunaux s'y rendront par députation composée de la moitié de la cour ou du tribunal.

Pour le grand juge, ministre de la justice, les

députations des tribunaux seront semblables à celles déterminées pour les princes et grands dignitaires.

Les maires et adjoints iront, au moment de leur départ, prendre congé d'eux dans leur logis.

TITRE VIII.
Les grands officiers de l'Empire.

SECTION PREMIÈRE.
Honneurs militaires.

Art. 1er. Les maréchaux d'Empire, dont les voyages auront été annoncés par le ministre de la guerre, recevront, dans l'étendue de leur commandement, les honneurs suivants :

1º Ils seront salués de treize coups de canon.

2º Un escadron ira à leur rencontre, à un quart de lieue de la place, et les escortera jusqu'à leur logis ; ils seront salués par les officiers supérieurs et l'étendard de cet escadron ; les trompettes sonneront la marche.

3º La garnison prendra les armes, sera rangée sur les places qu'ils devront traverser, et présentera les armes. Les officiers supérieurs, étendards et drapeaux salueront.

4º Ils auront une garde de cinquante hommes, commandée par un capitaine et un lieutenant. Elle sera placée avant leur arrivée, et aura un drapeau. Le commandant de la place ira les recevoir à la barrière.

5º Les postes, gardes et piquets sortiront, porteront les armes ou monteront à cheval ; les sentinelles présenteront les armes ; les tambours battront aux champs, et les trompettes sonneront la marche.

6º Il leur sera fait des visites de corps en grande tenue : ils donneront le mot d'ordre.

7º À leur sortie, ils seront traités comme à leur entrée.

Art. 2. Les maréchaux d'Empire voyageant hors de leur commandement, et dont le voyage aura été annoncé par le ministre de la guerre, recevront les honneurs prescrits article 1er, mais avec les modifications suivantes :

Ils ne seront salués que de onze coups de canon ; une seule compagnie de cavalerie, commandée par le capitaine, ira à leur rencontre.

Le commandant de la place ira les recevoir chez eux. Le mot d'ordre leur sera porté, au camp, par un officier de l'état-major, et dans les places, par un adjudant de place.

Art. 3. Les grands officiers de l'Empire, colonels ou inspecteurs généraux, recevront les honneurs suivants :

Ils seront reçus comme les maréchaux d'Empire voyageant hors de leur commandement, avec cette différence que les troupes ne présenteront point les armes, que les officiers supérieurs et drapeaux ne salueront point, et qu'il ne sera tiré que sept coups de canon ; mais ils trouveront tous leur corps de leur arme en bataille devant leur logis : ces corps les salueront, et laisseront une vedette si c'est de la cavalerie, et une sentinelle si c'est de l'infanterie.

Art. 4. Les grands officiers civils seront reçus comme les grands officiers d'Empire, colonels ou inspecteurs généraux ; mais ils ne seront salués que de cinq coups de canon, et leur garde ne sera placée qu'après leur arrivée.

Art. 5. Lorsque les colonels, inspecteurs généraux, et les autres grands officiers civils, feront partie d'un camp ou d'une garnison, ils ne recevront plus, à dater du lendemain de leur arrivée

et jusqu'à la veille de leur départ, que les honneurs affectés à leur grade militaire.

Ils recevront, le jour de leur départ, les mêmes honneurs qu'à celui de leur arrivée.

SECTION II.
Honneurs civils.

Art. 6. Les grands officiers de l'Empire recevront les honneurs suivants :

Les maires et adjoints se trouveront à leur logis avant leur arrivée.

Ils trouveront à l'entrée de la ville un détachement de la garde nationale sous les armes.

Les cours d'appel, autres cours et tribunaux, se rendront chez eux de la même manière que chez les ministres.

Les maires et adjoints iront prendre congé d'eux dans leur logis, au moment de leur départ.

Art. 7. Les maréchaux d'Empire recevront dans l'étendue de leur commandement les mêmes honneurs civils que les ministres.

TITRE IX.
Le sénat.

SECTION PREMIÈRE.
Honneurs militaires.

Art. 1er. Lorsque le Sénat en corps se rendra chez Sa Majesté Impériale, ou à quelque cérémonie, il lui sera fourni une garde de cent hommes à cheval, qui seront divisés en avant, en arrière et sur les flancs du cortège ; à défaut de cavalerie, cette garde sera fournie par l'infanterie.

Art. 2. Les corps de garde, postes ou piquets prendront les armes, ou monteront à cheval à son passage.

Art. 3. S'il passe devant une troupe en bataille, les officiers supérieurs salueront.

Art. 4. Les sentinelles présenteront les armes, et les tambours rappelleront.

Art. 5. Lorsque les sénateurs voudront faire leur entrée d'honneur dans le chef-lieu de leur sénatorerie, ce qu'ils ne pourront faire qu'une fois seulement, le ministre de la guerre donnera ordre de leur rendre les honneurs suivants.

Art. 6. Ils entreront dans une place en voiture, accompagnés de leur suite.

Art. 7. Le commandant de la place se trouvera à la barrière pour les recevoir et les accompagner.

Art. 8. Les troupes seront en bataille sur leur passage ;

Les officiers supérieurs salueront ;

Les tambours rappelleront ;

On tirera cinq coups de canon, et de même à leur sortie.

Art. 9. Il sera envoyé au-devant d'eux, à un quart de lieue, un détachement de vingt hommes de cavalerie, commandé par un officier, avec un trompette, qui les escortera jusqu'à leur logis. Outre ce détachement, il sera envoyé à leur rencontre quatre brigades de gendarmerie commandées par un lieutenant. Le capitaine de la gendarmerie se trouvera à la porte de la ville, et les accompagnera.

Art. 10. Il leur sera donné une garde de trente hommes, commandée par un lieutenant ; le tambour rappellera.

Il sera placé deux sentinelles à la porte de leur logis.

Art. 11. Les postes ou gardes, devant lesquels ils passeront, prendront et porteront les armes, ou monteront à cheval ; les tambours ou trompettes rappelleront ; les sentinelles présenteront les armes.

Art. 12. Il leur sera fait des visites de corps.

Art. 13. Les honneurs attribués par les articles 6, 7 et 8 leur seront rendus lors de leur première entrée dans toutes les places de l'arrondissement de leur sénatorerie. Toutes les fois qu'ils viendront dans le chef-lieu après leur première entrée, on leur rendra les honneurs prescrits articles 10, 11 et 12.

Art. 14. Les sentinelles feront face et présenteront les armes à tout sénateur qui passera à leur portée, revêtu de son costume.

SECTION II.
Honneurs civils.

Art. 15. Les sénateurs allant prendre possession de leur sénatorerie recevront, dans les villes du ressort du tribunal d'appel dans l'étendue duquel elle sera placée et où ils s'arrêteront, les honneurs suivants :

Un détachement de la garde nationale sera sous les armes à la porte de la ville.

Les maires et adjoints se trouveront à leur logis avant leur arrivée.

Ils seront visités, immédiatement après leur arrivée, par toutes les autorités nommées après eux dans le titre *des préséances.*

Les cours d'appel s'y rendront par une députation composée d'un président, du procureur général et de quatre juges ; les autres cours et tribunaux, par une députation composée de la moitié de la cour ou du tribunal.

S'ils séjournent vingt-quatre heures dans la ville, ils rendront, en la personne des chefs des autorités ou corps dénommés dans le titre 1er, les visites qu'ils auront reçues.

Les maires et adjoints iront prendre congé d'eux au moment de leur départ.

Art. 16. S'il se trouve dans la ville où le sénateur s'arrêtera, une personne ou autorité nommée avant lui dans l'ordre des préséances, il ira lui faire une visite dès qu'il aura reçu celles qui lui sont dues.

Art. 17. Les sénateurs, venant dans leur sénatorerie faire leur résidence annuelle, ne recevront d'honneurs civils que dans le chef-lieu de leur sénatorerie. Ils trouveront un détachement de la garde nationale à leur porte, les maires et adjoints dans leur logis. Les personnes ou autorités nommées après eux dans l'ordre des préséances, les visiteront dans les vingt-quatre heures ; et ils rendront ces visites dans les vingt-quatre heures suivantes.

TITRE X.
Le Conseil d'État.
SECTION PREMIÈRE.
Honneurs militaires.

Art. 1er. Les conseillers d'État en mission recevront, dans les chefs-lieux des départements où leur mission les appellera d'après les ordres que le ministre de la guerre donnera, les honneurs attribués aux sénateurs lors de leur première entrée dans leur sénatorerie.

Art. 2. Il leur sera rendu, dans les autres places de l'arrondissement où ils seront en mission, les honneurs fixés pour les sénateurs par les articles 10, 11 et 12 du titre IX.

Art. 3. Les sentinelles feront face et présenteront les armes à tout conseiller d'État qui passera à leur portée, revêtu de son costume.

SECTION II.
Honneurs civils.

Art. 4. Il sera rendu aux conseillers d'État en mission les mêmes honneurs civils qu'aux sénateurs lors de leur première entrée. Ils rendront les visites qu'ils auront reçues des autorités constituées, en la personne de leurs chefs, s'ils séjournent vingt-quatre heures dans la ville : ils feront, dans le même cas, des visites aux personnes désignées avant eux dans le titre *des préséances.*

TITRE XI.
Grands officiers de la Légion d'honneur chefs de cohorte.
SECTION PREMIÈRE.
Honneurs militaires.

Art. 1er. Quand les grands officiers de la Légion d'honneur chefs de cohorte se rendront pour la première fois au chef-lieu de leur cohorte, ils seront reçus comme les sénateurs dans leur sénatorerie : habituellement ces grands officiers recevront, dans le chef-lieu de leur cohorte, les honneurs déterminés pour les sénateurs par les articles 10, 11 et 12.

Art. 2. Les sentinelles présenteront les armes aux grands officiers et commandants de la Légion d'honneur; elles les porteront pour les officiers et les légionnaires.

SECTION II.
Honneurs civils.

Art. 3. Lorsque les grands officiers chefs de cohorte se rendront pour la première fois au chef-lieu de leur cohorte, il en sera de même, dans le chef-lieu de la cohorte, que des sénateurs lors de leur première entrée.

Lorsqu'ils y reviendront ensuite, ils seront reçus comme les sénateurs venant faire leur résidence annuelle.

TITRE XII.
Le Corps législatif et le Tribunat.

Art. 1er. Lorsque le Corps législatif et le Tribunat se rendront en corps chez Sa Majesté Impériale, à quelque fête ou cérémonie publique, il leur sera fourni par la garnison une garde d'honneur pareille à celle déterminée pour le Sénat.

Art. 2. Lorsque ces corps passeront devant un corps de garde, poste ou piquet, la troupe prendra les armes, ou montera à cheval, pour y rester jusqu'à ce qu'ils soient passés.

L'officier qui commandera le poste sera à la tête et saluera.

Art. 3. Les sentinelles porteront les armes à tout membre du Corps législatif ou du Tribunat qui passera à leur portée, revêtu de son costume.

TITRE XIII.
Les ambassadeurs français et étrangers.
SECTION PREMIÈRE.
Honneurs militaires.

Art. 1er. Il ne sera, sous aucun prétexte, rendu aucune espèce d'honneur militaire à un ambassadeur français ou étranger, sans l'ordre formel du ministre de la guerre.

Art. 2. Le ministre des relations extérieures se concertera avec le ministre de la guerre, pour les honneurs à rendre aux ambassadeurs français ou étrangers. Le ministre de la guerre donnera des ordres pour leur réception.

SECTION II.
Honneurs civils.

Art. 3. Il en sera des honneurs civils pour les ambassadeurs français et étrangers ainsi qu'il est dit ci-dessus pour les honneurs militaires.

TITRE XIV.
Les généraux de division.
SECTION PREMIÈRE.
Honneurs militaires.

Art. 1er. Les généraux de division commandant en chef une armée ou un corps d'armée recevront, dans toute l'étendue de l'Empire, les honneurs fixés article 3 du titre VIII pour les maréchaux d'Empire non employés; et dans l'étendue de leur commandement, les honneurs fixés article 2 du même titre pour les maréchaux d'Empire hors de leur commandement.

Art. 2. Les généraux de division commandant une division militaire territoriale, lorsqu'ils voudront faire leur entrée d'honneur dans les places, citadelles et châteaux de leur division, ce qu'ils ne pourront faire qu'une seule fois pendant le temps qu'ils y commanderont, en donneront avis aux généraux commandant dans les départements, et ceux-ci aux commandants d'armes, qui donneront l'ordre de leur rendre les honneurs ci-après.

Art. 3. Ils entreront dans la place en voiture ou à cheval, à leur option.

Art. 4. Le commandant d'armes se trouvera à la barrière pour les accompagner.

Art. 5. Ils seront salués de cinq coups de canon.

Art. 6. La garnison se mettra en bataille sur leur passage : celle du chef-lieu du département sera commandée par l'officier général ou supérieur commandant le département. Les officiers supérieurs, les drapeaux et étendards, les salueront; les troupes porteront les armes; les tambours et trompettes rappelleront. Ils seront reçus de la même manière, la première et la dernière fois où ils verront les troupes pour les inspecter ou exercer : dans les autres circonstances, ils ne seront salués ni par les officiers supérieurs, ni par les drapeaux ou étendards.

Art. 7. Il sera envoyé à un quart de lieue au-devant d'eux, un détachement de trente hommes de cavalerie, commandé par un officier avec un trompette : ce détachement les escortera jusqu'à leur logis.

Art. 8. On enverra à leur logis, après leur arrivée, une garde de cinquante hommes, commandée par un capitaine et un lieutenant.

Le tambour rappellera.

Art. 9. Le gouverneur ou le commandant d'armes prendra l'ordre d'eux le jour de leur arrivée et celui de leur départ; les autres jours ils le donneront à l'adjudant de place.

Art. 10. Ils auront habituellement deux sentinelles à la porte de leur logis; les sentinelles seront tirées des compagnies de grenadiers.

Art. 11. Les gardes ou postes des places ou quartiers prendront les armes ou monteront à cheval, quand ils passeront devant eux; les tambours et trompettes rappelleront.

Art. 12. Ils donneront le mot d'ordre.

Art. 13. Il leur sera fait des visites de corps en grande tenue.

Art. 14. A leur sortie, il sera tiré cinq coups de canon.

Art. 15. Ils seront reconduits par un détachement de cavalerie, pareil à celui qu'ils auront eu à leur arrivée.

Art. 16. Le commandant d'armes les suivra jusqu'à la barrière, et prendra d'eux le mot d'ordre.

Art. 17. Quand après un an et un jour d'absence ils retourneront dans les places après y avoir fait leur entrée d'honneur, ils y recevront les honneurs ci-dessus prescrits, sauf que les troupes ne prendront point les armes et qu'on ne tirera point de canon.

Art. 18. Les généraux de division employés auront une garde de trente hommes commandée par un lieutenant.

Le tambour rappellera.

Art. 19. Les gardes ou postes des places ou quartiers prendront les armes ou monteront à cheval, quand ils passeront devant eux; les tambours et trompettes desdites gardes rappelleront.

Art. 20. Quand ils verront les troupes pour la première ou dernière fois, les officiers supérieurs salueront; les étendards et drapeaux ne salueront pas; les tambours et trompettes rappelleront.

Art. 21. Il leur sera fait des visites de corps en grande tenue; et le mot d'ordre leur sera porté par un officier de l'état-major de l'armée ou de la place.

Art. 22. Ils auront habituellement, à la porte de leur logis, deux sentinelles tirées des grenadiers.

Art. 23. Les généraux de division inspecteurs recevront, pendant le temps de leur inspection seulement, les mêmes honneurs que les généraux de division employés.

SECTION II.
Honneurs civils.

Art. 24. Les généraux de division commandant une armée ou un corps d'armée recevront, dans l'étendue de leur commandement, les honneurs civils attribués aux maréchaux d'Empire, article 7 du titre VIII.

Art. 25. Les généraux de division commandant une division territoriale recevront la visite du président du tribunal d'appel et de toutes les autres personnes ou chefs des autorités nommés après eux dans l'article *des préséances* : ils rendront les visites dans les vingt-quatre heures.

Ils visiteront, dès le jour de leur arrivée, les personnes dénommées avant eux dans l'ordre des préséances : les visites leur seront rendues dans les vingt-quatre heures, par les fonctionnaires employés dans les départements.

TITRE XV.
Les généraux de brigade.
SECTION PREMIÈRE.
Honneurs militaires.

Art. 1er. Lorsque les généraux de brigade commandant un département feront leur entrée d'honneur dans les places, citadelles et châteaux de leur commandement, ce qu'ils ne pourront faire qu'une fois, ils en préviendront le général commandant la division, qui prescrira de leur rendre les honneurs déterminés pour les généraux de division commandant une division territoriale; excepté qu'il ne sera point tiré de canon, qu'ils n'auront qu'une garde de trente hommes commandée par un lieutenant, et que le tambour prêt à battre ne battra point.

Il sera envoyé au-devant d'eux, à un quart de lieue de la place, une garde de cavalerie composée de douze hommes, commandée par un maréchal des logis. Cette garde les escortera jusqu'à leur logis.

Lors de leur sortie, ils seront traités comme à leur entrée.

Art. 2. Quand les généraux commandant un département verront les troupes pour la première et dernière fois, les officiers supérieurs les salueront, les tambours seront prêts à battre, les trompettes à sonner.

Art. 3. Les gardes et postes prendront les armes et les porteront. Les gardes à cheval monteront à cheval et mettront le sabre à la main.

Les sentinelles présenteront les armes.

Art. 4. Ils auront habituellement à la porte de leur logis deux sentinelles tirées des fusiliers.

Art. 5. Il leur sera fait des visites de corps en grande tenue; et le mot d'ordre leur sera porté par un sergent.

Art. 6. Les généraux de brigade employés auront quinze hommes de garde, commandés par un sergent; un tambour conduira cette garde, mais ne restera point.

Les gardes prendront et porteront les armes, ou monteront à cheval et mettront le sabre à la main : les tambours et trompettes seront prêts à battre ou à sonner.

Ils auront une sentinelle tirée des fusiliers. Il leur sera fait des visites de corps.

Quand ils verront les troupes pour la première et dernière fois, ils seront salués par les officiers supérieurs.

Le mot d'ordre leur sera porté par un sergent.

SECTION II.

Honneurs civils.

Art. 7. Les généraux de brigade commandant un département recevront, dans les vingt-quatre heures de leur arrivée, les visites des personnes nommées après eux dans l'ordre des préséances, et les rendront dans les vingt-quatre heures suivantes.

Ils visiteront, dans les vingt-quatre heures de leur arrivée, les personnes nommées avant eux dans l'ordre des préséances : les visites leur seront rendues dans les vingt-quatre heures suivantes, par les fonctionnaires employés dans les départements.

TITRE XVI.

Adjudants-commandants.

Art. 1er. Les adjudants-commandants qui auront des lettres de service de Sa Majesté pour commander dans un département, auront une garde de dix hommes, commandée par un caporal.

Cette garde et les postes, à leur passage, se mettront en bataille et se reposeront sur les armes. Le mot d'ordre leur sera porté par un sergent.

Art. 2. Les adjudants-commandants, chefs d'état-major d'une division, auront une sentinelle à la porte du lieu où se tiendra leur bureau.

Art. 3. Toutes les sentinelles présenteront les armes aux adjudants-commandants.

Art. 4. Les adjudants-commandants qui auront des lettres de service de Sa Majesté pour commander dans un département, recevront la visite des commissaires généraux de police, et de toutes les personnes nommées après ces commissaires : ils rendront les visites dans les vingt-quatre heures.

Ils visiteront dans les mêmes vingt-quatre heures les personnes nommées avant les commissaires de police, qui leur rendront la visite dans les vingt-quatre heures suivantes.

TITRE XVII.

Les préfets.

SECTION PREMIÈRE.

Honneurs militaires.

Art. 1er. Lorsqu'un préfet conseiller d'Etat entrera pour la première fois dans le chef-lieu de son département, il y sera reçu par les troupes de ligne, d'après les ordres qu'en donnera le ministre de la guerre, comme un conseiller d'Etat en mission; de plus, la armerie de tout l'arrondissement du chef-lieu de la préfecture ira à sa rencontre : elle sera commandée par le capitaine du département.

Art. 2. Lorsque le préfet ne sera point conseiller d'Etat, la garnison prendra les armes ; la gendarmerie ira à sa rencontre; mais on ne tirera point le canon, et la cavalerie de ligne n'ira point au-devant de lui.

Art. 3. Pendant tout le temps où un préfet sera en tournée, il sera, s'il est conseiller d'Etat, accompagné par un officier de gendarmerie et six gendarmes ; par un maréchal des logis et quatre gendarmes, s'il n'est point conseiller d'Etat.

Art. 4. Lorsque les préfets entreront dans une autre ville que le chef-lieu de leur département, pendant leur tournée, les postes prendront les armes, les tambours seront prêts à battre.

Art. 5. Il sera établi un corps de garde à l'entrée de la préfecture : cette garde sera proportionnée au besoin du service, et commandée par un sergent.

Art. 6. Elle sera fournie par les troupes de ligne; en cas d'insuffisance, par les vétérans nationaux, et, à leur défaut, par la garde nationale sédentaire.

Art. 7. Le préfet donnera les consignes particulières à cette garde.

Art. 8. Le mot d'ordre lui sera porté chaque jour par un sergent.

Art. 9. Les sentinelles lui porteront les armes dans toute l'étendue du département, lorsqu'il passera revêtu de son costume.

Art. 10. Quand il sortira de la préfecture, sa garde prendra les armes et portera les armes.

Art. 11. Lors des fêtes et cérémonies publiques, une garde d'honneur, composée de trente hommes de troupes de ligne, commandée par un officier, accompagnera le préfet, de la préfecture au lieu de la cérémonie, et l'y reconduira.

Art. 12. A défaut de troupes de ligne, le capitaine de gendarmerie sera tenu de fournir au préfet, sur sa réquisition, une escorte de deux brigades au moins, commandée par un officier.

Art. 13. Lorsque le préfet, accompagné du cortége ci-dessus, passera à portée d'un corps de garde, les troupes prendront et porteront les armes; le tambour sera prêt à battre.

SECTION II.

Honneurs civils.

Art. 14. Le préfet, arrivant pour la première fois dans le chef-lieu de son département, sera reçu à la porte de la ville par le maire et ses adjoints accompagnés d'un détachement de la garde nationale, et d'un détachement de gendarmerie commandé par le capitaine. Cette escorte le conduira à son hôtel, où il sera attendu par le conseil de préfecture et le secrétaire général, qui le complimenteront.

Art. 15. Il sera visité, aussitôt après son arrivée, par les autorités nommées après lui dans l'article des préséances. Il rendra ses visites dans les vingt-quatre heures. Il recevra aussi les autres fonctionnaires inférieurs qui viendront le complimenter.

Art. 16. Il fera, dans les vingt-quatre heures, une visite au général commandant la division militaire et au premier président de la cour d'appel, qui la lui rendront dans les vingt-quatre heures suivantes. Il visitera aussi, s'il y en existe, les autres autorités ou personnes placées avant lui dans l'ordre des préséances.

Art. 17. Lors de sa première tournée dans chaque arrondissement du département, il lui sera rendu les mêmes honneurs dans les chefs-lieux d'arrondissement; il rendra les visites aux présidents des tribunaux, au maire et au commandant d'armes, dans les vingt-quatre heures.

Art. 18. Les sous-préfets, arrivant dans le chef-lieu de leur sous-préfecture, seront attendus dans leur demeure par le maire, qui les complimentera. Ils y recevront la visite des chefs des autorités dénommées après eux, et la rendront dans les vingt-quatre heures.

S'il existe, dans le chef-lieu de la sous-préfecture, des autorités dénommées avant eux, ils leur feront une visite dans les vingt-quatre heures de leur arrivée; ces visites leur seront rendues dans les vingt-quatre heures suivantes.

TITRE XVIII.

Commandants d'armes.

SECTION PREMIÈRE.

Honneurs militaires.

Art. 1er. Les commandants d'armes auront, à la porte de leur logis, une sentinelle tirée du corps de garde le plus voisin et des compagnies de fusiliers, s'ils ne sont point officiers généraux; s'ils le sont, la sentinelle sera tirée des grenadiers.

Art. 2. Les postes, à leur passage, sortiront et se mettront en bataille, se reposant sur les armes.

Art. 3. Les postes de cavalerie monteront à cheval, mais ne mettront point le sabre à la main.

Art. 4. Ils prendront le mot d'ordre du ministre de la guerre, des maréchaux d'Empire et des officiers généraux, dans les cas prévus par le présent décret, et le donneront dans toutes les autres circonstances.

Art. 5. Les sentinelles leur présenteront les armes.

Art. 6. Il leur sera fait des visites de corps par les troupes qui arriveront dans la place ou qui y passeront.

Art. 7. Quand bien même ils seraient officiers généraux, ils ne recevront que les honneurs fixés ci-dessus.

Art. 8. Les sentinelles porteront les armes aux adjudants de place.

SECTION II.

Honneurs civils.

Art. 9. Les commandants d'armes, à leur arrivée dans la ville où ils commandent, feront la première visite aux autorités supérieures, et recevront celle des autorités inférieures.

Toutes ces visites seront faites dans les vingt-quatre heures; et rendues dans les vingt-quatre heures suivantes.

TITRE XIX.

Les archevêques et évêques.

SECTION PREMIÈRE.

Honneurs militaires.

Art. 1er. Lorsque les archevêques et évêques feront leur première entrée dans la ville de leur résidence, la garnison, d'après les ordres du ministre de la guerre, sera en bataille sur les places que l'évêque ou l'archevêque devra traverser.

Cinquante hommes de cavalerie iront au-devant d'eux jusqu'à un quart de lieue de la place.

Ils auront, le jour de leur arrivée, l'archevêque, une garde de quarante hommes, commandée par un officier; et l'évêque, une garde de trente hommes, aussi commandée par un officier : ces gardes seront placées après leur arrivée.

Art. 2. Il sera tiré cinq coups de canon à leur arrivée, et autant à leur sortie.

Art. 3. Si l'évêque est cardinal, il sera salué de douze volées de canon, et il aura, le jour de son entrée, une garde de cinquante hommes, avec un drapeau, commandée par un capitaine, lieutenant ou sous-lieutenant.

Art. 4. Les cardinaux, archevêques ou évêques, auront habituellement une sentinelle tirée du corps de garde le plus voisin.

Art. 5. Les sentinelles leur présenteront les armes.

Art. 6. Il leur sera fait des visites de corps.

Art. 7. Toutes les fois qu'ils passeront devant des postes, gardes ou piquets, les troupes se mettront sous les armes; les postes de cavalerie monteront à cheval; les sentinelles présenteront les armes; les tambours et trompettes rappelleront.

Art. 8. Il ne sera rendu des honneurs militaires aux cardinaux qui ne seront en France, ni archevêques, ni évêques, qu'en vertu d'un ordre spécial du ministre de la guerre, qui déterminera les honneurs à leur rendre.

SECTION II.

Honneurs civils.

Art. 9. Il ne sera rendu des honneurs civils aux cardinaux qui ne seront en France, ni archevêques ni évêques, qu'en vertu d'un ordre spécial, lequel déterminera, pour chacun d'eux, les honneurs qui devront leur être rendus.

Art. 10. Les archevêques ou évêques qui seront cardinaux recevront, lors de leur installation, les honneurs rendus aux grands officiers de l'Empire : ceux qui ne le seront point recevront ceux rendus aux sénateurs.

Lorsqu'ils rentreront après une absence d'un an et jour, ils seront visités chacun par les autorités inférieures, auxquelles ils rendront la visite dans les vingt-quatre heures suivantes : eux-mêmes visiteront les autorités supérieures dans les vingt-quatre heures de leur arrivée, et leur visite leur sera rendue dans les vingt-quatre heures suivantes.

TITRE XX.

Les cours de justice.

SECTION PREMIÈRE.

Honneurs militaires.

Art. 1er. Lorsque la cour de cassation se rendra en corps près Sa Majesté, ou à une cérémonie publique, il lui sera donné une garde d'honneur composée de quatre-vingts hommes, commandée par un officier supérieur. Les postes devant lesquels cette cour passera avec son escorte présenteront les armes, et les tambours rappelleront.

Art. 2. Lorsqu'une cour d'appel se rendra à une fête ou cérémonie publique, il lui sera donné une garde d'honneur de cinquante hommes, commandée par un capitaine et un lieutenant.

Art. 3. Il sera donné une escorte de vingt-cinq hommes, dans les mêmes circonstances, à une cour criminelle; cette garde sera commandée par un lieutenant.

Art. 4. Il sera donné à un tribunal de première instance une garde de quinze hommes, commandée par un sergent.

Art. 5. Même garde de quinze hommes sera donnée à une municipalité en corps, d'une ville au-dessus de 5,000 âmes, se rendant à une fête ou cérémonie publique. Il en sera fourni une de cinq hommes à une municipalité des lieux au-dessous de 5,000 âmes.

Art. 6. Les gardes devant lesquelles passeront

les corps dénommés dans le présent titre, prendront les armes, les porteront pour les cours d'appel, et se reposeront dessus pour les cours de justice criminelle, de première instance et les municipalités.

Art. 7. Les tambours rappelleront pour les cours d'appel, et seront prêts à battre pour les autres cours judiciaires et pour les municipalités.

Art. 8. A défaut de troupes de ligne, les capitaines de gendarmerie prendront des mesures pour fournir aux cours d'appel deux brigades d'escorte, une aux cours de justice criminelle, et deux gendarmes aux cours de première instance.

SECTION II.
Honneurs civils.

Art. 9. Lorsque le premier président de la cour de cassation sera installé, toutes les cours et tous les tribunaux de la ville où résidera ladite cour de cassation iront le complimenter : la cour d'appel, par une députation du premier président, du procureur général et de quatre juges ; les autres cours et tribunaux, par une députation composée de la moitié de chaque cour ou tribunal.

Il recevra aussi les félicitations du préfet conseiller d'Etat et de tous les fonctionnaires dénommés après ce préfet.

Il rendra les visites dans les vingt-quatre heures; et il fera, dans le même laps de temps, des visites à toutes les personnes dénommées avant le préfet conseiller d'Etat.

Art. 10. Les premiers présidents des autres cours et tribunaux recevront, lors de leur installation, les visites des autorités dénommées après eux et résidant dans la même ville; ces visites seront faites dans les vingt-quatre heures de leur installation, et rendues dans les vingt-quatre heures suivantes. Lesdits présidents iront, dans les premières vingt-quatre heures de leur installation, visiter les autorités supérieures dans la personne de leur chef; ceux-ci leur rendront leurs visites dans les vingt-quatre heures suivantes.

TITRE XXI.
Les officiers avec troupe.

Art. 1er. Les sentinelles de tous les corps présenteront les armes à tous les colonels.

Art. 2. A leur arrivée, les officiers de leur régiment se rassembleront en grande tenue pour leur faire une visite de corps.

Art. 3. Ils auront une sentinelle à la porte de leur logis, tout le temps de leur séjour à leur régiment.

Art. 4. A leur passage, la garde de police de leur régiment sortira sans armes.

Art. 5. Les sentinelles de leur corps présenteront les armes aux majors, chefs de bataillon et d'escadron. Quand ils commanderont le régiment, ils jouiront des mêmes honneurs que le colonel.

Art. 6. Les sentinelles de tous les corps porteront les armes à tous les capitaines, lieutenants et sous-lieutenants de tous les corps et de toutes armes.

TITRE XXII.
Les inspecteurs aux revues.

Art. 1er. Les inspecteurs en chef aux revues, lorsqu'ils seront en tournée dans leur arrondissement, ou en mission particulière, auront à la porte de leur logis une sentinelle tirée du corps de garde le plus voisin, laquelle sera placée sitôt après leur arrivée.

Les sentinelles leur présenteront les armes.

Art. 2. Tant qu'ils seront dans l'exercice de leurs fonctions, le mot d'ordre leur sera porté par un sergent.

Art. 3. Il leur sera fait des visites de corps.

Art. 4. Les sentinelles porteront les armes aux inspecteurs.

Art. 5. Le mot d'ordre leur sera porté par un sergent.

Art. 6. Les sentinelles porteront les armes aux sous-inspecteurs.

TITRE XXIII.
Les commissaires des guerres.

Art. 1er. Le commissaire général d'une armée et les commissaires ordonnateurs en chef auront à la porte de leur logis une sentinelle qui, ainsi que toutes les autres sentinelles, leur présentera les armes.

Art. 2. Le mot d'ordre leur sera porté par un sergent.

Art. 3. Il leur sera fait des visites de corps.

Art. 4. Les commissaires ordonnateurs employés auront une sentinelle à la porte du lieu où se tiendra leur bureau, pendant le jour seulement.

Art. 5. Les sentinelles leur porteront les armes.

Art. 6. Le mot d'ordre leur sera porté par un sergent.

Art. 7. Les sentinelles porteront les armes aux commissaires des guerres.

TITRE XXIV.
Gardes et piquets.

Art. 1er. Les officiers et soldats de piquet sortiront sans armes pour les officiers généraux qui seront de séjour.

Art. 2. Les gardes de la tête du camp prendront les armes pour les princes, grands dignitaires et officiers de l'Empire, pour le commandant de l'armée et d'un corps d'armée.

Les tambours battront aussi aux champs.

Art. 3. Lesdites gardes de la tête du camp se mettront sous les armes en haie, pour les généraux de division et généraux de brigade employés ; mais les tambours ne battront pas.

Art. 4. Les postes qui seront autour de l'armée rendront les mêmes honneurs.

TITRE XXV.
Dispositions générales.

Art. 1er. A Sa Majesté l'Empereur seul est réservé le droit d'avoir deux vedettes à la porte de son palais.

Il en sera accordé une aux colonels généraux des troupes à cheval, lorsqu'il y aura dans la place un régiment de leur arme.

Art. 2. Les détachements et postes destinés à la garde de Sa Majesté ne prennent les armes pour rendre des honneurs militaires qu'à Sa Majesté elle-même, ou aux personnes à qui elle a accordé ou accordera cette prérogative.

Art. 3. On ne rendra point d'honneur après la retraite ni avant la diane.

Art. 4. Les gardes d'honneurs ne rendront des honneurs militaires qu'aux personnes supérieures ou égales en grade ou en dignité à celles près desquelles elles seront placées, et alors les honneurs restent les mêmes.

Art. 5. Les honneurs militaires ne se cumulent point; on ne reçoit que ceux affectés à la dignité ou grade supérieur.

Art. 6. Les officiers généraux qui ne commandent que par intérim ou que pendant l'absence des commandants titulaires, n'ont droit qu'aux honneurs militaires de leur grade et de leur emploi.

Art. 7. Les gardes ou troupes quelconques, qui se rencontreront en route, se céderont mutuellement la droite.

Art. 8. Dans le cas où les garnisons ne seront pas assez nombreuses pour fournir des gardes aux officiers généraux employés qui se trouveront dans la place, ou lorsque lesdits officiers généraux jugeront à propos de ne pas conserver leur garde en entier, on mettra seulement des sentinelles à la porte de leur logis; savoir : deux sentinelles tirées des grenadiers, à la porte d'un général de division ; et deux, tirées des fusiliers, à la porte d'un général de brigade.

Le nombre d'hommes nécessaire pour fournir ces sentinelles sera placé dans le corps de garde le plus voisin du logement où ces sentinelles devront être posées.

Art. 9. Les troupes qui passeront dans les places ou qui n'y séjourneront qu'un ou deux jours, ne seront point tenues d'y fournir de garde d'honneur.

Art. 10. A défaut d'infanterie, la cavalerie fournira les différents postes et sentinelles à pied.

Art. 11. Les troupes ne fourniront, dans aucun cas, de sentinelles d'honneur que celles ci-dessus nommées.

Art. 12. Pour les visites de corps en grande tenue, les officiers d'infanterie seront en baudrier, hausse-col et bottes ;

Les officiers de troupes à cheval, en bottes, sabre, casque ou schakos.

Pour les visites de corps, non en grande tenue, les officiers d'infanterie seront en baudrier, hausse-col et bottes ;

Les officiers de troupes à cheval, en bottes, sabre, casque ou schakos.

Pour les visites de corps, non en grande tenue, les officiers d'infanterie seront sans hausse-col ; et ceux de troupes à cheval porteront, au lieu de casque ou schakos, leurs chapeaux ordinaires.

Art. 13. Le mot d'ordre sera toujours donné par la personne du grade le plus élevé.

Art. 14. Défend Sa Majesté Impériale à tout fonctionnaire ou autorité publique d'exiger qu'on lui rende d'autres honneurs que ceux qui viennent d'être attribués à sa dignité, corps ou grade; et à tout fonctionnaire civil et militaire de rendre à qui que ce soit au delà de ce qui est prescrit ci-dessus.

TITRE XXVI.

Des honneurs funèbres.

SECTION PREMIÈRE.

Honneurs funèbres militaires.

Art. 1er. Il sera rendu des honneurs funèbres par les troupes aux personnes désignées dans les titres V, VI, VII, VIII *des honneurs militaires ;* il en sera rendu aux militaires de tous les grades; il en sera rendu aux sénateurs morts dans leur sénatorerie, aux conseillers d'Etat, aux membres du Tribunat et du Corps législatif, morts dans l'exercice de leurs fonctions, et dans la ville où leurs corps respectifs tiendront leurs séances, à tous les membres de la Légion d'honneur, et aux préfets dans leur département.

Art. 2. La totalité de la garnison assistera au convoi de toutes les personnes ci-dessus désignées, pour l'entrée d'honneur desquelles elle se fût mise sous les armes.

Pour les autres, il n'assistera que des détachements dont la force et le nombre seront déterminés ci-après.

Pour un général de division employé, la moitié de la garnison prendra les armes; pour un géné-

ral de brigade employé, le tiers de la garnison prendra les armes.

Pour un général de division en non activité, le tiers de la garnison prendra les armes; pour un général de brigade en non activité, le quart de la garnison.

Pour un général de division en retraite ou réforme, le quart de la garnison; pour un général de brigade en retraite ou réforme, le cinquième.

Dans aucun cas il n'y aura néanmoins au-dessous de deux cents hommes au convoi des généraux de division, et de cent cinquante au convoi des généraux de brigade.

Pour tout sénateur qui mourra dans la ville où le Sénat tiendra ses séances; pour tout conseiller d'Etat mort dans l'exercice de ses fonctions, et dans la ville où siégera le Conseil d'Etat; pour un tribun et membre du Corps législatif qui décédera pendant la session législative, et dans la ville où leurs corps respectifs seront réunis, la garnison fournira quatre détachements de cinquante hommes, commandés chacun par un capitaine et un lieutenant : les quatre détachements seront aux ordres d'un chef de bataillon ou d'escadron.

Pour un adjudant commandant en activité, quatre détachements;

En non-activité, trois détachements;

En retraite ou réforme, deux;

Pour les gouverneurs, la totalité de la garnison;

Pour les commandants d'armes, la moitié;

Pour les adjudants de place, un détachement ;

Pour les inspecteurs en chef aux revues, quatre détachements;

Pour les inspecteurs, trois;

Pour les sous-inspecteurs, deux ;

Pour les ordonnateurs en chef, quatre ;

Pour les ordonnateurs, trois;

Pour les commissaires des guerres, deux.

Si les inspecteurs ou commissaires des guerres ne sont point en activité, il y aura, dans chaque grade, un détachement de moins.

Art. 3. Les colonels seront traités comme les adjudants commandants.

Les majors en activité, deux détachements;

En retraite ou réforme, un détachement.

Les chefs de bataillon et d'escadron seront traités comme les majors.

Les capitaines en activité, retraite ou réforme, auront un détachement;

Les lieutenants ou sous-lieutenants, un demi détachement;

Les sous-officiers, un quart de détachement;

Les caporaux et brigadiers, un huitième de détachement;

Les grands officiers de la Légion d'honneur, comme les généraux de division employés ;

Les commandants, comme les colonels;

Les officiers, comme les capitaines;

Les légionnaires, comme les lieutenants.

Art. 4. Les troupes qui marcheront pour rendre les honneurs funèbres seront commandées, lorsque la garnison entière prendra les armes, par l'officier général ou supérieur du grade le plus élevé, ou le plus ancien dans le grade le plus élevé, employé dans la garnison.

Quand il n'y aura que partie déterminée de la garnison qui marchera, les troupes seront commandées par un officier du même grade que celui à qui on rendra les honneurs funèbres.

Quand il ne marchera que des détachements, quatre seront commandés par un colonel, trois par un major, deux par un chef de bataillon ou d'escadron, un par un capitaine, un demi par un lieutenant, un quart par un sergent ou maréchal des logis, un huitième par un caporal ou brigadier.

Art. 5. L'infanterie fournira, autant que faire se pourra, les détachements pour les convois funèbres ; à défaut d'infanterie, ils seront fournis par les troupes à cheval.

Art. 6. Chaque corps fournira proportionnellement à sa force, et les individus seront pris proportionnellement dans chaque compagnie.

Art. 7. La cavalerie marchera toujours à pied pour rendre les honneurs funèbres.

Art. 8. Pour les colonels qui mourront sous leurs drapeaux, le régiment entier marchera en corps au convoi ;

Pour les majors, la moitié du corps, avec deux drapeaux ou étendards ;

Pour les chefs de bataillon ou d'escadron, leur bataillon ou escadron, avec son drapeau ou étendard ;

Pour un capitaine, sa compagnie ;

Pour un lieutenant ou sous-lieutenant, son peloton.

Les dispositions du présent article sont indépendantes de celles prescrites article 3.

Art. 9. Les troupes qui seront commandées feront trois décharges de leurs armes : la première, au moment où le convoi sortira de l'endroit où le corps était déposé ; la deuxième, au moment où le corps arrivera au cimetière ; la troisième, après l'enterrement, en défilant devant la fosse.

La poudre sera fournie par les magasins de l'État.

Art. 10. Les sous-officiers et soldats porteront l'arme, la platine sous le bras gauche.

Art. 11. On tirera, pour les princes et grands dignitaires, un coup de canon de demi-heure en demi-heure, depuis leur mort jusqu'au moment du départ du convoi ;

D'heure en heure pour les ministres et les grands officiers : pour tous les autres fonctionnaires, on tirera, pendant le temps de leur exposition, autant de coups de canon qu'il leur en est accordé pour leur entrée d'honneur.

Il sera de plus tiré, au moment où le corps sera mis en terre, trois décharges de canon, chacune égale à celle qui leur est attribuée pour les honneurs militaires.

Art. 12. Les coins du poële seront portés par quatre personnes du rang ou grade égal à celui du mort, ou, à défaut, par quatre personnes du rang ou grade inférieur.

Art. 13. Il sera mis des crêpes aux drapeaux, étendards ou guidons qui marcheront aux convois ; les tambours seront couverts de serge noire ; il sera mis des sourdines et des crêpes aux trompettes.

Les frais de funérailles seront faits par l'État, pour tout individu mort sur le champ de bataille, ou dans les trois mois et des suites des blessures qu'il aura reçues.

Art. 14. Les crêpes ne resteront un an aux drapeaux que pour Sa Majesté : pour le colonel du corps, ils y resteront jusqu'à son remplacement.

Art. 15. Tous les officiers porteront le deuil de leur colonel pendant un mois ; il consistera en un crêpe à l'épée : les deuils de famille ne seront portés qu'au bras gauche.

SECTION II.
Honneurs funèbres civils.

Art. 16. Lorsqu'une des personnes désignées dans l'article 1er du titre 1er mourra, toutes les personnes qui occuperont, dans l'ordre des préséances, un rang inférieur à celui du mort, assis-

teront à son convoi, et occuperont entre elles l'ordre prescrit par le susdit article.

Si des personnes qui occupent un rang supérieur dans l'ordre des préséances, veulent assister au convoi d'un fonctionnaire décédé, et qu'elles soient revêtues de leurs costumes, elles marcheront dans le rang qui leur est fixé dans ledit article.

Les corps assisteront en totalité au convoi des princes, des grands dignitaires, des ministres, des grands officiers de l'Empire, des sénateurs dans leurs sénatoreries, et des conseillers d'État en mission ; pour les autres, ils y assisteront par députation.

Art. 17. Les ministres sont, chacun en ce qui le concerne, chargés de l'exécution du présent décret, qui sera inséré au bulletin des lois.

Signé : NAPOLÉON.
Par l'Empereur,
Le secrétaire d'État, signé : HUGUES B. MARET.

SÉNAT CONSERVATEUR.

PRÉSIDENCE DE M. FRANÇOIS (de Neufchâteau).

SÉANCE DU 15 THERMIDOR AN XII (vendredi 3 août 1804).

Extrait des registres du Sénat conservateur.

SÉNATUS CONSULTE.

« Le Sénat conservateur, réuni au nombre de membres prescrit par l'article 90 de la Constitution ;

« Vu le projet de sénatus-consulte, rédigé en la forme prescrite par l'article 57 du sénatus-consulte organique de la Constitution, du 26 thermidor an X ;

« Après avoir entendu sur les motifs dudit projet les orateurs du Conseil d'État, et le rapport de sa commission spéciale, décrète ce qui suit :

« Art. 1er. Le sénatus-consulte du 16 vendémiaire an XI, portant suspension pendant le cours de l'an XI et de l'an XII des fonctions du jury dans les départements des Côtes-du-Nord, du Morbihan, de Vaucluse, des Bouches-du-Rhône, du Var, des Alpes-Maritimes, du Golo, du Liamone, du Pô, de la Doire, de la Sésia, de la Stura, de Marengo et du Tanaro, est prorogé pendant le cours de l'an XIII et de l'an XIV.

« Art. 2. Le présent sénatus-consulte sera transmis, par un message, à Sa Majesté Impériale. »

GRAND ÉLECTEUR.

21 THERMIDOR AN XII (jeudi 9 août 1804).

Les premières autorités de l'Empire se sont successivement présentées aujourd'hui chez S. A. I. le prince JOSEPH, GRAND ÉLECTEUR, et lui ont adressé les discours suivants.

Discours de Son Excellence M. FRANÇOIS (de Neufchâteau), président du Sénat.

Prince,

Les membres du Sénat conservateur s'empressent d'apporter à Votre Altesse Impériale l'hommage d'un respect sincère et d'un attachement sans bornes.

Le premier corps de l'État devait sans doute cet hommage au frère de l'Empereur et au grand électeur de France ; mais en s'acquittant d'un devoir, combien n'est-il pas doux pour tous les membres du Sénat de n'obéir, en quelque sorte, qu'au sentiment dont chacun d'eux est depuis longtemps pénétré pour Votre Altesse Impériale !

Dans les hommages d'étiquette, il est aisé de distinguer les tributs qu'on paie à la place de ceux qu'on donne à la personne. On sait bien que l'autorité qui peut commander les démarches, ne peut jamais forcer les inclinations. Heureusement ici la dette légitime n'est qu'une offrande volontaire ; vos yeux ne sauraient s'y méprendre.

D'ailleurs, nous savons votre amour pour la simplicité ; nous savons comment Votre Altesse Impériale apprécie les grandeurs et les titres. Dans son opinion, la grandeur véritable est d'être utile aux hommes, et le titre le plus flatteur est celui du bien qu'on peut faire. Animé d'un pareil esprit, le prince Joseph est bien sûr que nous l'honorons pour lui-même.

Prince auguste et chéri, jouissez de l'impression que fait sur nous votre présence. Je ne viens point vous adresser une harangue d'appareil ; c'est le cœur de tous mes collègues qui vous parle ici par ma voix.

Je ne finirais point si j'entreprenais d'exprimer tout ce qu'ils auraient à vous dire ; mais nous respectons les moments de Votre Altesse Impériale. Ceux qu'elle peut nous accorder nous paraissent bien courts. A peine aurez-vous apparu dans le sein du Sénat, que Votre Altesse Impériale se hâtera de retourner dans le sein de l'armée. Fixés à notre poste, nous aurons le regret de ne pouvoir vous suivre.

Enfin nous le sentons, l'intérêt de l'État est la suprême loi. Puisque cette raison sacrée vous rappelle sitôt parmi nos braves légions, près du père de la patrie, les membres du Sénat espèrent que Votre Altesse Impériale voudra bien lui porter l'expression de leur amour, et lui répéter l'assurance de leur fidélité. Rendez-nous ce nouveau service : prince, soyez notre interprète auprès du grand Napoléon.

Dites lui que les vœux de tous les sénateurs pour l'Empereur et sa famille, se confondent entièrement avec leurs vœux pour le bonheur et la gloire de leur pays. Dans toutes nos affections, comme dans toutes nos pensées, la destinée des Bonaparte, et la fortune de la France, sont désormais inséparables.

Discours du même à Son Altesse Impériale madame la princesse Joseph.

Madame,

C'est un beau jour pour le Sénat que celui où il peut exprimer son amour, son respect et son dévouement pour l'auguste famille du digne Empereur des Français.

Madame, Votre Altesse Impériale peut remarquer encore, dans l'altération de la voix de celui qui a l'honneur de lui parler, le profond attendrissement qu'a fait éprouver au Sénat la réponse admirable de Son Altesse Impériale le prince Joseph, au discours, ou plutôt au très-petit nombre de mots qu'il m'a été permis de lui adresser tout à l'heure.

Votre palais est, à mes yeux, le temple de la modestie. Je crains d'en blesser la déesse, si j'ose peindre ses vertus.

Mais l'hommage le plus touchant, et le seul qui soit digne de Votre Altesse Impériale, c'est celui de nos cœurs ; et Votre Altesse Impériale est suppliée de l'agréer.

Discours de M. BIGOT-PRÉAMENEU, président de la section de législation, et organe du Conseil d'État.

Monseigneur,

Les membres du Conseil d'État viennent rendre à Votre Altesse Impériale leur hommage respectueux. Ils viennent vous féliciter du rang éminent auquel la Providence vous a élevé. Votre

dévouement à votre pays, vos talents, vos vertus, cette douceur, cette bienfaisance, cette affabilité qui vous concilient tous les cœurs, contribuent à rendre de plus en plus chère la famille auguste à laquelle la première nation de l'univers a confié ses destinées. Combien ces sentiments d'affection ne sont-ils pas encore plus vifs de la part des membres du Conseil d'État, qui avaient déjà eu le bonheur de vous posséder parmi eux, et auxquels cet avantage est rendu par votre nouvelle dignité ! Comblés chaque jour des témoignages de votre bienveillance et de votre attachement, ils ne cesseront de mettre le plus grand empressement à vous prouver qu'il n'est pour eux rien de plus précieux que de vous voir leur conserver ces sentiments !

Discours de M. FONTANES, président du Corps législatif.

Monseigneur,

Un pouvoir unique et permanent convient aux grands États. Cette vérité, longtemps combattue par l'esprit anarchique, était suffisamment prouvée par le génie de votre auguste frère.

L'hérédité du pouvoir n'est pas moins indispensable, et les hautes considérations sur lesquelles ce système est établi se sont fortifiées encore de tous les sentiments d'amour et de respect qu'a mérités Votre Altesse Impériale.

Comment le peuple français n'aurait-il pas mis à sa tête une famille où se réunissent à la fois l'art de vaincre et l'art de gouverner, le talent des négociations et celui de l'éloquence, l'éclat de l'héroïsme, les grâces de l'esprit et le charme de la bonté.

Telle, sur un moindre théâtre, parut autrefois cette race de grands hommes qui eut l'honneur de donner son nom au 3e siècle des arts, et qui, produisant tout à coup d'illustres amis des lettres, d'habiles politiques, de grands capitaines, prit une place glorieuse entre les maisons souveraines de l'Europe.

L'un des princes de cette famille obtint le titre d'*invincible ;* un autre fut appelé *le père des Muses ;* un autre enfin mérita le nom de *père du peuple et de libérateur de la patrie.* Tous ces titres deviendront héréditaires dans les successions du héros qui nous gouverne. Il leur transmettra ses leçons et ses exemples.

Mais permettez, Monseigneur, qu'un corps essentiellement populaire, que le Corps législatif, dont j'ai l'avantage d'être l'organe auprès de vous, fasse des vœux pour que le titre de *père du peuple* soit toujours le plus cher à ceux qui régneront sur la France. Ce sentiment doit plaire à Votre Altesse Impériale, et je ne puis rendre un plus digne hommage à ses vertus.

Discours de M. FABRE (de l'Aude), président du Tribunat.

Le Tribunat vient apporter le tribut de ses hommages au premier prince français, au grand électeur de l'Empire.

C'est avec regret que nous en avons différé l'expression jusqu'à ce jour, et que nous nous sommes vus privés, par votre absence, de remplir dès le principe un devoir si cher à nos cœurs.

Nous ne vous féliciterons pas, monseigneur, de ce que les liens du sang vous unissent au sauveur et au restaurateur de la France ; nous ne vous dirons point que l'éclat de ses victoires et de ses éminents services rejaillira à jamais sur votre auguste personne, parce que nous n'avons pas besoin de chercher hors de vous-même les faits qui vous honorent et vous rendent si précieux à la nation.

Vous aviez déjà servi d'une manière distinguée dans les guerres d'Italie, lorsque vous fûtes appelé à rendre à l'État des services de la plus haute importance : de grandes puissances étaient divisées ; vous reçûtes la mission honorable, mais difficile de les pacifier.

L'histoire, après avoir célébré les traités de Campo-Formio et de Leoben, dictés à nos ennemis par le vainqueur d'Arcole et de Lodi, n'hésitera pas de placer au même rang ceux que vous avez conclus à Morfontaines avec les États-Unis d'Amérique, à Lunéville avec l'Empereur, à Amiens avec l'astucieuse Angleterre.

La France vous doit aussi les négociations qui ont amené le concordat, acte mémorable qui vous fait partager le titre de restaurateur de la religion de nos pères.

Dans ces divers traités, vous avez déployé des ressources d'une politique consommée, et les talents du plus habile des négociateurs.

Replacé depuis dans les camps, vous y jouissez de l'estime et de la confiance de vos frères d'armes ; ils ont remarqué en vous, d'un côté, le génie et les talents qui conduisent à la gloire militaire, et de l'autre, cette douceur de caractère, cette obligeance et ces qualités aimables qui, dès longtemps, vous ont concilié tous les cœurs.

Le Tribunat, dont le dévouement à votre famille et à votre auguste personne en particulier est généralement connu, verra chaque jour croître avec un nouvel intérêt la popularité de Votre Altesse Impériale, et la reconnaissance due aux grands services que vous avez rendus à la nation française et à son chef suprême.

SÉNAT CONSERVATEUR.

PRÉSIDENCE DE M. FRANÇOIS(*de Neufchâteau*).

SÉANCE DU 22 THERMIDOR 'AN XII (*vendredi 10 août 1804*).

Extrait des registres du Sénat conservateur.

Vu le message en date du 29 messidor, par lequel Sa Majesté l'Empereur, conformément à l'article 85 des Constitutions de l'Empire, du 26 thermidor an X, présente au Sénat conservateur comme candidat, pour une place de juge vacante à la cour de cassation, par la démission de M. Riolz :

MM. Gérard, procureur général impérial près la cour de justice criminelle du département de la Seine ;

Lamarque, substitut du procureur général impérial près ladite cour de cassation ;

Et Guérin (Ch.-Ant.), juge en la cour d'appel séant à Aix.

Le Sénat conservateur, réuni au nombre de membres prescrit par l'article 90 de l'acte constitutionnel du 22 frimaire an VIII,

Procède, en exécution de l'article 20 du même acte, à la nomination d'un membre de la cour de cassation entre les trois candidats ci-dessus désignés.

Le résultat du dépouillement donne la majorité absolue des suffrages à M. Lamarque.

Il est proclamé par M. le président membre de la cour de cassation.

Le Sénat arrête qu'il sera fait un message à Sa Majesté l'Empereur, pour l'informer de cette nomination, laquelle sera pareillement notifiée au Corps législatif lors de sa rentrée, et au Tribunat.

La séance continue sous la présidence de S. A. I.

Mgr le prince JOSEPH BONAPARTE, grand électeur.

Le Sénat conservateur, réuni au nombre de membres prescrit par l'article 90 de l'acte des Constitutions de l'Empire, du 22 frimaire an VIII ;

Vu la liste des candidats pour le Corps législatif, formée sur les procès-verbaux des collèges électoraux de département et d'arrondissement du département de la Doire (troisième série) ; ladite liste adressée au Sénat par message du Gouvernement du 30 ventôse dernier ;

Après avoir entendu sur cette liste le rapport de sa commission spéciale,

Procède, en exécution de l'article 20 de l'acte constitutionnel du 22 frimaire an VIII, et conformément à l'article 73 de celui du 26 thermidor an X, à la nomination des deux membres du Corps législatif qui doivent être élus en l'an XII pour ce département, d'après l'article 2 du sénatus-consulte organique du 24 fructidor an X.

Le dépouillement du scrutin donne la majorité absolue des suffrages à MM. Botta (Charles), membre de l'académie des sciences, président de l'assemblée de canton de Saint-Georges,

Pavetti (Jacques), juge au tribunal criminel et spécial séant à Turin.

Ils sont proclamés par M. le président membres du Corps législatif pour le département de la Doire.

Le Sénat arrête qu'il sera fait un message à Sa Majesté l'Empereur, pour l'informer de cette nomination, laquelle sera pareillement notifiée au Corps législatif lors de sa rentrée, et au Tribunat.

SÉNAT CONSERVATEUR.

PRÉSIDENCE DE M. FRANÇOIS (*de Neufchâteau*).

SÉANCE DU 29 THERMIDOR AN XII (*vendredi* 17 août 1804).

Extrait des registres du Sénat conservateur.

Le Sénat conservateur, réuni au nombre de membres prescrit par l'article 90 de l'acte des Constitutions du 22 frimaire an VIII ;

Vu les listes des candidats au Corps législatif formées sur les procès-verbaux des collèges électoraux de département et d'arrondissement des départements de la Côte-d'Or, de la Dordogne, du Doubs, de la Drôme, de l'Hérault, de l'Indre, des Landes, du Léman, de la Loire (Haute), du Lot, des Pyrénées (Basses), du Rhône, de la Roër, de Saône-et-Loire, de la Sarthe, de la Seine-Inférieure et de Seine-et-Oise (cinquième série) ; lesdites listes adressées au Sénat par message de Sa Majesté l'Empereur, du 25 messidor dernier ;

Après avoir entendu sur ces listes le rapport de sa commission spéciale,

Procède, en exécution de l'article 20 de l'acte des Constitutions du 22 frimaire an VIII, et conformément à l'article 73 de celui du 26 thermidor an X, à la nomination des membres du Corps législatif qui doivent être élus en l'an XII pour chacun desdits départements, d'après les proportions indiquées par l'arrêt du Sénat, du 14 fructidor an X.

Le dépouillement successif des scrutins donne la majorité absolue dans l'ordre des élections, conforme à celui du tableau de la cinquième série, aux candidats ci-après désignés.

Département de la Côte-d'Or.

Villiers (Edme-Antoine), membre du conseil général du département ;

Larché (Claude-Michel), président de la cour d'appel de Dijon.

Département de la Dordogne.

Manières (Pierre), sous-préfet à Sarlat;
Chillaud-Larigaudie (Pierre), juge au tribunal de première instance séant à Périgueux ;
Limouzin (Jean), sous-préfet à Ribérac;
Prunis (Joseph), sous-préfet à Bergerac.

Département du Doubs.

Sainte - Suzanne (Alexandre - François) , sous-préfet à Saint-Hippolyte.

Département de la Drôme.

Ollivier (François-Antoine-Joseph) , juge à la cour de justice criminelle du département;
Lagier-Lacondamine (Joseph-Bernard), procureur impérial près le tribunal de première instance séant à Dye.

Département de l'Hérault.

Nougarède (André - Jean - Simon), auditeur au Conseil d'Etat ;
Grenier (Pierre), sous-préfet à Beziers ;
Lajard (Jean-Baptiste-Barthélemy), membre du conseil général du département.

Département de l'Indre.

Périgois (Charles), président du tribunal de première instance séant à La Châtre;
Duris-Dufresne (François), ancien militaire, domicilié à Châteauroux.

Département des Landes.

Ducos (Nicolas), général de brigade, commandant d'armes de la place de Bayonne.

Département du Léman.

Lefort (Jacques), président de la cour de justice criminelle du département;
Plagniat (François), sous-préfet à Thonon.

Département de la Haute-Loire.

Grenier (Jean-Baptiste), ex-constituant, sous-préfet à Brioude ;
Besquent (Jean-Louis-Augustin), maire de la ville du Puy.

Département du Lot.

Murat (Joachim), général en chef, maréchal d'Empire ;
Bastil (François), sous-préfet à Gourdon ;
Agar (Jean-Antoine-Michel), membre du conseil général du département.

Département des Basses-Pyrénées.

Pémartin (Joseph), ex-constituant, législateur.

Département du Rhône.

Rieussec (Pierre-François), juge à la cour d'appel séant à Lyon ;
Corcelette (Jean-Jacques), juge au tribunal de première instance séant à Villefranche.

Département de la Roër.

Peltzer (Mathias), membre du conseil général du département;
Vouder-Leyen (Frédéric-Henri), maire de la ville de Creveldt;
Salm-Dyck (Joseph-François-Marie-Antoine-Hubert-Ignace), membre du conseil général du département;
Bouget (Jacques), sous-préfet à Creveldt.

Département de Saône-et-Loire.

Créuzé (Augustin), sous-préfet à Autun ;
Boyelleau (Anne-Joseph), maire de la ville de Châlons ;
Larmagnac (Claude), président du tribunal de première instance séant à Louhans.

Département de la Sarthe.

Hardouin (Julien-Pierre-Jean) , conseiller de préfecture;
Salmon (Gabriel-René-Louis) , ex-législateur, maire de Mézières;
Ducan fils (Jean-Baptiste-Anne), ex-administrateur du département, domicilié à La Flèche.

Département de la Seine-Inférieure.

Dalleaume (Pierre-Barthélemy-François), sous-préfet à Neufchâtel ;
Levieux (Antoine-Simon-Pierre), membre du conseil général du département, et commissaire impérial près l'atelier monétaire de Rouen ;
Costé (Jean-Charles-Marie), ex-législateur, membre du Tribunat;
Aroux (Michel-Jean-Baptiste-Jacques), substitut du procureur général impérial près la cour d'appel séant à Rouen ;
Hébert (Louis-Constant-François-Jean), juge à la même cour ;
Thomas (Jean-Denis), procureur impérial près la cour de justice criminelle séant à Rouen.

Département de Seine-et-Oise.

Henin (Marie-Jean-Baptiste-Claude), sous-préfet à Etampes ;
Cholet (Antoine-Fabien), président de la cour de justice criminelle du département;
Dejunquières (Louis-Jacques-Antoine) , président du tribunal de première instance séant à Pontoise.

Les candidats élus sont, à mesure des élections, proclamés par M. le président, membres du Corps législatif pour les départements de la cinquième série auxquels ils appartiennent.

Le Sénat arrête qu'il sera fait un message à Sa Majesté l'Empereur, pour l'informer de ces nominations, lesquelles seront pareillement notifiées au Corps législatif lors de sa rentrée, et au Tribunat.

SÉNAT CONSERVATEUR.

PRÉSIDENCE DE S. A. I. Mgr LE PRINCE JOSEPH BONAPARTE, GRAND ÉLECTEUR.

SÉANCE DU 27 FRUCTIDOR AN XII (vendredi 14 septembre 1804).

Extrait des registres du Sénat conservateur.

Le Sénat conservateur, réuni au nombre de membres prescrit par l'article 90 de l'acte des Constitutions du 22 frimaire an VIII ;

Vu les listes des candidats au Corps législatif, formées sur les procès-verbaux des collèges électoraux de département et d'arrondissement des départements du Tanaro (5e série) et de Marengo (2e série); lesdites listes adressées au Sénat par message de Sa Majesté l'Empereur, du 29 thermidor dernier ;

Après avoir entendu sur ces listes le rapport de sa commission spéciale,

Procède, en exécution de l'article 20 de l'acte des Constitutions du 22 frimaire an VIII, et conformément à l'article 73 de celui du 26 thermidor an X, à la nomination des trois membres du Corps législatif qui doivent être élus pour chacun desdits départements, d'après l'article 2 du sénatus-consulte organique du 24 fructidor de la même année.

Le dépouillement successif des scrutins donne la majorité absolue des suffrages aux candidats ci-après désignés.

Département du Tanaro.

Pallieri (Hyacinthe), conseiller de préfecture, domicilié à Asti;

Mattéi (Félix), membre du conseil général du département du Tanaro ;

Gambini (François), ci-devant membre de la consulta législative du Piémont.

Département de Marengo.

Dal-Pozzo (Ferdinand), substitut du procureur général impérial près la cour d'appel, à Turin ;

Prati (Pie-Charles-Ignace-Camille-André-Jean-Marie), maire de la commune d'Alexandrie ;

Bonardo (François), sous-préfet à Voguère.

Les candidats sont proclamés par M. le Grand Electeur, président, membres du Corps législatif pour les départements auxquels ils appartiennent.

Le Sénat arrête qu'il sera fait un message à Sa Majesté l'Empereur, pour l'informer de ces nominations, lesquelles seront pareillement notifiées au Corps législatif lors de sa rentrée, et au Tribunat.

FIN DE L'AN XII.

EMPIRE FRANÇAIS AN XIII

Président.

M. Fontanes.

Vice-Présidents.

MM. Béguinot,
Lombard-Taradeau,
Duranteau,
Tardy.

Secrétaires.

MM. Danel,
Sieyes,
Francia,
Musset.

Questeurs.

MM. Delattre,
Terrasson,
Dallemagne,
Lejeas.

Législateurs.

A

MM.
Agar, Lot.
Agnel, Alpes (Hautes).
Albert, Maine-et-Loire.
Aroux, Seine-Inférieure.
Auguis, Sèvres (Deux).

B

Baillon, Nord.
Baraillon, Creuse.
Bardennet, Saône (Haute).
Barral, Isère.
Birrot, Lozère.
Bassaget, Vaucluse.
Bassenger, Ourihe.
Bastil, Lot.
Bavouz, Sésia.
Beauchamp, Allier.
Beaufranchet, Puy-de-Dôme.
Becquey, Marne.
Béquinot, Ardennes.
Bergey, Indre-et-Loire.
Berteaux, Moselle.
Bertezene, Gard.
Beslay, Côtes-du-Nord.
Besquet, Haute-Loire.
Bezave-Masière, Cher.
Blanc, Ain.
Blanquart-Bailleul, Pas-de-Calais.
Bodinier, Ille-et-Vilaine.
Bonardo, Marengo.
Boileau, Yonne.
Bonnot, Alpes (Hautes).
Bonvicino, Stura.
Bonvoust, Orne.
Bord, Creuse.
Borie, Ille-et-Vilaine.
Botta, Doire.
Bouget, Roër.
Boulard, Seine.
Bourguet-Travanet, Tarn.
Bourran, Lot-et-Garonne.
Boyelleau, Saône-et-Loire.
Brélivet, Côtes-du-Nord.
Brunets, Gironde.
Brunean-Beaumets, Pas-de-Calais.

C.

Caissoti, Stura.
Catoire-Moulainville, Meuse.
Caze-Labove, Seine.

Chaillot, Seine-et-Marne.
Chancel, Charente.
Chapuis, Vaucluse.
Charly, Arriège.
Chatry-Lafosse, Calvados.
Chestret, Ourthe.
Chillaud-Larigaudie, Dordogne.
Cholet, Seine-et-Oise.
Chovet-Lachance, Loire.
Clairon, Ardennes.
Claudet, Jura.
Cléricy, Stura.
Colard, Forêts.
Corcelette, Rhône.
Costé, Seine-Inférieure.
Couppé, Côtes-du-Nord.
Creuzé, Saône-et-Loire.

D

Dalesme, Vienne (Haute).
Dalleaume, Seine-Inférieure.
Dallemagne, Ain.
Dalmas, Ardèche.
Dal-Pozzo, Marengo.
Danel, Nord.
Defermon, Mayenne.
Dejunquières, Seine-et-Oise.
Delahaye, Loiret.
Delattre, Somme.
Delecroy, Somme.
Delort, Corrèze.
Deizons, Cantal.
Demeulenaère, Escaut.
Demissy, Charente-Inférieure.
Demonceaux, Aisne.
Dern, Sarre.
Despallières, Vendée.
Desprez, Orne.
Desribes, Puy-de-Dôme.
Deval, Puy-de-Dôme.
Devaux, Lys.
Devisme, Aisne.
D'Hame, Sarre.
D'Haucourt, Morbihan.
Doyen, Seine.
Dubosc, Calvados.
Ducan fils, Sarthe.
Duclaux, Ardèche.
Ducos, Landes.
Dufeu, Loire-Inférieure.
Duhamel, Manche.
Dumaire, Moselle.
Dumoulin, Nord.
Dupré, Sambre-et-Meuse.
Durand, Loir-et-Cher.
Duranteau, Gironde.
Durbach, Moselle.
Durean-Delamalle, Orne.
Durst, Charente-Inférieure.
Duris-Dufresne, Indre.

F

Ferat, Rhin (Bas).
Fery, Dyle.
Fieffé, Seine.
Fontanes, Sèvres (Deux).
Fontemoing, Gironde.
Fontenay, Indre-et-Loire.
Foubert, Dyle.
Foucher, Mayenne.
Francia, Sésia.
Franck, Forêts.

Franconville, Pas-de-Calais.
Frantz, Rhin (Bas).
Fremin-Beaumont, Manche.

G

Gally, Alpes-Maritimes.
Gambini, Tanaro.
Gantois, Somme.
Gaudin, Vendée.
Gautier, Corrèze.
Gédoin, Loire-Inférieure.
Gendebrien, Jemmapes.
Gesnouin, Finistère.
Gheysens, Lys.
Girardin, Oise.
Girod-Chantrans, Doubs.
Goblet, Jemmapes.
Godailh, Lot-et-Garonne.
Golzart, Ardennes.
Gonnet, Somme.
Gosse, Pas-de-Calais.
Grassy, Alpes (Basses).
Grenier, Haute-Loire.
Grenier, Hérault.
Guerin, Sèvres (Deux).
Guibal, Tarn.
Guichard, Yonne.
Guillot-Dubodan, Morbihan.

H

Hardoin, Sarthe.
Haxo, Vosges.
Hebert, Seine-Inférieure.
Henin, Seine-et-Oise.
Houzé, Jemmapes.
Huguet, Drôme.
Huon, Finistère.

J

Jacobé-Naurois, Seine.
Jacomet, Pyrénées-Orientales.
Jacopin, Meurthe.
Jacquier-Rosée, Sambre-et-Meuse.
Jan, Eure.
Janet, Jura.
Jaubert, Bouches-du-Rhône.
Jubié, Isère.
Juery, Oise.
Jumentier, Eure-et-Loire.

K

Kervegan, Loire-Inférieure.
Kervelégan, Finistère.

L

Labbé, Charente.
Laborde, Gers.
Lagier-Lacondamine, Drôme.
Lahure, Jemmapes.
Lajard, Hérault.
Langlois, Eure.
Larché, Côte-d'Or.
Larcher, Marne (Haute).
Larmagnac, Saône-et-Loire.
Lanberdière, Maine-et-Loire.
Laumond, Creuse.
Laurence-Dumail, Vienne.
Latour-Boismabeu, Orne.
Leclerc, Aisne.
Ledanois, Eure.
Lefauchœx, Vosges.
Lefort, Léman.
Lefranc, Landes.

Legris-Lasalle, Gironde.
Lejeas, Côte-d'Or.
Lemaire-Darion, Oise.
Lemoine, Loir-et-Cher.
Lemoisy, Lot.
Leroy, Eure.
Lesperut, Mayenne.
Lespinasse, Garonne (Haute).
Lespinasse, Nièvre.
Levesque, Calvados.
Levieux, Seine-Inférieure.
Ligniville, Marne (Haute).
Limouzin, Dordogne.
Lobjoy, Aisne.
Lombard-Taradeau, Seine.
Louvet, Somme.
Loyau, Vendée.

M

Macaire, Morbihan.
Manières, Dordogne.
Marcorelle, Garonne (Haute).
Marquette-Fleury, Marne (Haute).
Masséna, Seine.
Mathieu, Rhin (Bas).
Mattei, Tanaro.
Mauboussin, Sarthe.
Mauclère, Marne.
Mangenest, Allier.
Méric, Aude.
Metz, Rhin (Bas).
Metzger, Rhin (Haut).
Michelet-Rochemont, Loire.
Milscent, Maine-et-Loire.
Mollevault, Meurthe.
Monseignat, Aveyron.
Montault-Désilles, Maine-et-Loire.
Morand, Sèvres (Deux).
Moreau, Rhin (Haut).
Morizot, Aube.
Murat, Lot.
Musset, Creuse.

N

Nattes, Aude.
Noguier-Malijay, Bouches-du-Rhône.
Nougarede, Hérault.
Nourrisson, Saône (Haute).

O

Olbrechts, Dyle.
Ollivier, Drôme.
Oudaert, Escaut.
Oudinot, Meuse.

P

Pallieri, Tanaro.
Partarieu-Lafosse, Gironde.
Pascal, Isère.
Pavetti, Doire.
Peltzer, Roër.
Pémartin, Pyrénées (Basses).
Peppe, Nèthes (Deux).
Périgois, Indre.
Petit-Lafosse, Loiret.
Picolet, Mont-Blanc.
Plagniat, Léman.
Pougny, Vosges.
Poujaud, Charente.
Prati, Marengo.
Prunis, Dordogne.

R

Rabaud, Gard.
Raepsaet, Escaut.
Ramond, Pyrénées (Hautes).
Ratier, Charente-Inférieure.
Reybaud-Claussonne, Var.
Reinaud-Lascourt. Gard.
Richepance, Loire
Ricour, Lys.
Rieussec, Rhône.
Rivière, Aube.
Rivière, Nord.
Rodat, Aveyron.
Rœmers, Meuse-Inférieure.
Rolland-Chambaudoin, Loiret.
Roquain-Devienne, Eure-et-Loire.
Rossée, Rhin (Haut).
Roulhac, Vienne (Haute).

S

Saget aîné, Moselle.
Sainte-Suzanne, Doubs.
Saint-Pierre-Lesperet, Gers.
Salm-Dick, Roër.
Salmon, Sarthe.
Sapey, Isère.
Sauret, Allier.
Sautier, Mont-Blanc.
Sauzay, Mont-Blanc.
Savary, Eure.
Schirmer, Rhin (Haut).
Selys, Ourthe.
Servan, Bouches-du-Rhône.
Sieyes, Var.
Simon, Seine-et-Marne.

Sol, Arriège.
Solvias, Nèthes (Deux).
Soret, Seine-et-Oise.
Sturte, Mont-Tonnerre.

T

Talhouet, Loire-Inférieure.
Tardy, Ain.
Tartas-Conques, Lot-et-Garonne.
Terrasson, Rhône.
Thibaudeau, Vienne.
Thierry, Somme.
Thiry, Meurthe.
Thomas, Marne.
Thomas (Jean-Denys), Seine-Inférieure.
Toulgoet, Finistère.
Toulongeon, Nièvre.
Trottier, Cher.
Tuault-Golven, Morbihan.
Tupiner, Saône-et-Loire.

V

Vacher, Cantal.
Valeteau, Côtes-du-Nord.
Van-der-Leyen, Roër.
Van-Kempen, Nord.
Van-Reimbecke, Lys.
Vantrier, Nèthes (Deux).
Van-Wambecke, Escaut.
Viennot-Vaublanc, Seine-et-Marne.
Vigneron, Saône (Haute).
Villar, Garonne (Haute).
Villers, Côte-d'Or.
Villot-Fréville, Seine.

Moreau, Seine.

P

Pernon, Rhône.
Perrée, Manche.
Perrin, Moselle.
Pictet, Léman.
Pinteville-Cernon, Marne.
Poujard-du-Limbert. Vienne (Haute).

S

Sahuc, Oise.
Savoye-Rollin, Drôme.

T

Tarrible, Gers.
Thouret, Calvados.

V

Van-Hulthem, Escaut.

SÉNAT CONSERVATEUR.

PRÉSIDENCE DE M. FRANÇOIS (de Neufchâteau).

Séance du 10 vendémiaire an XIII (8 octobre 1804).

Extrait des registres du Sénat conservateur.

Le Sénat conservateur, réuni au nombre de membres prescrit par l'article 90 de l'acte des Constitutions, du 22 frimaire an VIII;

Vu le message de l'Empereur, daté do Mayence le 5 de ce mois, et par lequel Sa Majesté invite le Sénat à lui présenter des candidats pour la place de trésorier du Sénat, vacante par la mort de M. Fargues, conformément à l'article 9 du sénatusconsulte du 14 nivôse an XI,

Procède par voie de scrutin, et à la majorité absolue des suffrages, à la désignation de trois de ses membres pour ladite place de trésorier.

Le résultat du dépouillement donne la majorité absolue des suffrages aux sénateurs Sers, Chaptal et Vernier.

Ils sont proclamés, par M. le président, comme ayant réuni le vœu du Sénat pour la place dont il s'agit.

Le Sénat arrête qu'extrait de son procès-verbal sera transmis par un message à Sa Majesté Impériale, pour servir d'acte de présentation.

SÉNAT CONSERVATEUR.

PRÉSIDENCE DE M. FRANÇOIS (de Neufchâteau).

Séance du 24 vendémiaire an XIII (mardi 6 octobre 1804).

Extrait des registres du Sénat conservateur.

Le Sénat conservateur,

Vu l'article 64 de l'acte des Constitutions du 26 thermidor an X,

Procède, en exécution dudit article, à la nomination de deux de ses membres pour remplir, en l'an XIII, les fonctions de secrétaires.

Le dépouillement du scrutin donne la majorité absolue des suffrages aux sénateurs Porcher et Colaud.

Ils sont proclamés, par M. le président, secrétaires du Sénat pour l'an XIII.

Le Sénat arrête qu'il sera fait un message à Sa Majesté l'Empereur, pour l'informer de cette nomination, laquelle sera pareillement notifiée au Corps législatif lors de sa rentrée, et au Tribunat.

SÉNAT CONSERVATEUR.

PRÉSIDENCE DE S. A. I. JOSEPH BONAPARTE, GRAND-ÉLECTEUR.

Séance du 30 vendémiaire an XIII (samedi 22 octobre 1804).

Extrait des registres du Sénat conservateur.

Vu le message du 24 de ce mois, par lequel Sa Majesté l'Empereur présente, comme candidats au Sénat, soit pour l'une des places vacantes par la mort, soit pour l'une de celles auxquelles il doit être nommé, conformément à l'article 61 de l'acte des Constitutions de l'Empire, en date du 26 thermidor an X :

TRIBUNAT.

Président.

M. Fabre (de l'Aude).

Secrétaires.

Frimaire et nivôse. MM. Dacier et Albisson.
Pluviôse. MM. Mouricault et Koch.
Ventôse. MM. Perrée et Carret.
Germinal an XIII. et Nivôse an XIV. MM. Tarrible et Duvidal.

Questeurs.

MM. Sahuc et Jard-Panvilliers.

Tribuns.

A

MM.
Albisson, Hérault.
Arnould, Seine.

B

Beauvais, Seine-Inférieure.
Bertrand-de-Greuille, Indre.

C

Carnot, Pas-de-Calais.
Carret, Rhône.
Carrion-Nisas, Hérault.
Chabaud-Latour, Gard.
Chabaud, Allier.
Challan, Seine-et-Oise.
Chassiron, Charente-Inférieure.
Curée, Hérault.

D

Dacier, Seine-et-Oise.
Daru, Hérault.
Daugier, Vaucluse.
Delaitre, Charente.
Delpierre, Vosges.
Duveyrier, Var.
Duvidal, Seine.

F

Fabre, Aude.

Faure, Seine.
Favard, Puy-de-Dôme.
Fréville, Seine.

G

Gallois, Seine.
Gillet, Seine-et-Oise.
Gillet-Lajacqueminière, Loiret.
Girardin, Oise.
Goupil-Préfeln, Orne.
Grenier, Puy-de-Dôme.

J

Jard-Panvilliers, Sèvres (Deux).
Jaubert, Gironde.
Jubé, Seine-et-Oise.

K

Koch, Rhin (Bas).

L

Labrouste, Gironde.
Lahary, Gironde.
Leroi, Orne.

M

Malès, Corrèze.
Mallarmé, Meurthe.

M. Canclaux, général de division, présenté par le collége électoral du département de Seine-et-Oise;

M. Botton, président de la cour d'appel à Turin, présenté par le collége électoral du département de la Doire;

Et M. Lachaise, préfet du Pas-de-Calais, présenté par le collége électoral du département du Pas-de-Calais.

Le Sénat conservateur, réuni au nombre des membres prescrit par l'article 90 de l'acte des Constitutions, en date du 22 frimaire an VIII,

Procède, en exécution de l'article 61 de l'acte des Constitutions du 26 thermidor an X, au choix d'un sénateur entre les trois candidats ci-dessus désignés.

Le dépouillement du scrutin donne la majorité absolue des suffrages à M. Canclaux.

Il est proclamé par M. le Grand Electeur, président, membre du Sénat conservateur.

Le Sénat arrête qu'il sera fait un message à Sa Majesté l'Empereur, pour l'informer de cette nomination, laquelle sera pareillement notifiée au Corps législatif lors de sa rentrée, et au Tribunat.

Vu le message en date du 24 de ce mois, par lequel Sa Majesté l'Empereur présente, comme candidats au Sénat, soit pour l'une des places vacantes par la mort, soit pour l'une de celles auxquelles il doit être nommé, conformément à l'article 61 de l'acte des Constitutions de l'Empire, en date du 26 thermidor an X :

M. Sémonville, ambassadeur à la Haye, présenté par le collége électoral du département des Ardennes;

M. de Talhouet, présenté par le collége électoral du département de la Sarthe;

Et M. Saur, membre du Corps législatif, présenté par le collége électoral du département de Rhin-et-Moselle.

Le Sénat conservateur, réuni au nombre de membres prescrit par l'article 90 de l'acte des Constitutions, en date du 22 frimaire an VIII,

Procède, en exécution de l'article 61 de l'acte des Constitutions du 26 thermidor an X, au choix d'un sénateur entre les trois candidats ci-dessus désignés.

Le dépouillement du scrutin donne la majorité absolue des suffrages à M. Saur.

Il est proclamé par M. le Grand Electeur, président, membre du Sénat conservateur.

Le Sénat arrête qu'il sera fait un message à Sa Majesté l'Empereur, pour l'informer de cette nomination, laquelle sera pareillement notifiée au Corps législatif lors de sa rentrée, et au Tribunat.

Vu le message en date du 24 de ce mois, par lequel Sa Majesté l'Empereur présente, comme candidats au Sénat, soit pour l'une des places vacantes par la mort, soit pour l'une de celles auxquelles il doit être nommé, conformément à l'article 61 de l'acte des Constitutions de l'Empire, en date du 26 thermidor an X :

M. Fabre (de l'Aude), président du Tribunat, présenté par le collége électoral du département de l'Aude;

M. Villemanzy, inspecteur en chef aux revues, présenté par le collége électoral du département d'Indre-et-Loire;

Et M. Tascher (Pierre-Jean-Alexandre), présenté par le collége électoral de Loir-et-Cher.

Le Sénat conservateur, réuni au nombre de membres prescrit par l'article 90 de l'acte des Constitutions, en date du 22 frimaire an VIII,

Procède, en exécution de l'article 61 de l'acte des Constitutions du 26 thermidor an X, au choix d'un

sénateur entre les trois candidats ci-dessus désignés.

Le dépouillement du scrutin donne la majorité absolue des suffrages à M. Tascher.

Il est proclamé par M. le Grand Electeur, président, membre du Sénat conservateur.

Le Sénat arrête qu'il sera fait un message à Sa Majesté l'Empereur, pour l'informer de cette nomination, laquelle sera pareillement notifiée au Corps législatif lors de sa rentrée, et au Tribunat.

SENAT CONSERVATEUR.

PRÉSIDENCE DE M. FRANÇOIS (de Neufchâteau).

SÉANCE DU 2 BRUMAIRE AN XIII (mercredi 24 octobre 1804).

Extrait des registres du Sénat conservateur.

Le Sénat conservateur, réuni au nombre de membres prescrit par l'article 90 de l'acte des Constitutions de l'Empire, en date du 22 frimaire an VIII,

Vu l'article 20 du sénatus-consulte du 14 nivôse an XI, portant règlement sur l'administration économique du Sénat,

Procède, en exécution dudit article, à la nomination des sept sénateurs qui doivent entrer dans la composition du conseil d'administration pour l'an XIII.

Le résultat du dépouillement du scrutin donne la majorité absolue des suffrages aux sénateurs François (de Neufchâteau), Aboville, Garnier (Germain), Cornudet, Péré, Démeunier et de Viry.

Ils sont proclamés, par M. le président, membres du conseil d'administration du Sénat pour l'an XIII.

Le Sénat arrête qu'il sera fait un message à Sa Majesté l'Empereur, pour l'informer de cette nomination.

SENAT CONSERVATEUR.

PRÉSIDENCE DE S. A. I. Mgr. LE PRINCE JOSEPH BONAPARTE, grand électeur.

SÉANCE DU 7 BRUMAIRE AN XIII, (lundi 29 octobre 1804).

Extrait des registres du Sénat conservateur.

Vu le message en date du 2 de ce mois, par lequel Sa Majesté l'Empereur présente, comme candidats au Sénat, pour la place vacante par la mort du sénateur Fargues :

M. Dembarrere, général de division, inspecteur général du génie, présenté par le collége électoral du département des Hautes-Pyrénées;

M. Gouvion, général de division, inspecteur général de la gendarmerie, présenté par le collége électoral du département de la Vendée;

Et M. Rigal, législateur, présenté par le collége électoral de la Roër.

Le Sénat conservateur, réuni au nombre de membres prescrit par l'article 90 de l'acte des Constitutions, en date du 22 frimaire an VIII,

Procède, en exécution de l'article 61 de l'acte des Constitutions du 26 thermidor an X, au choix d'un sénateur entre les trois candidats ci-dessus désignés.

Le dépouillement du scrutin donne la majorité absolue des suffrages à M. Rigal.

Il est proclamé, par M. le Grand Electeur, président, membre du Sénat conservateur.

Le Sénat arrête qu'il sera fait un message à Sa Majesté l'Empereur, pour l'informer de cette nomination, laquelle sera pareillement notifiée au Corps législatif lors de sa rentrée, et au Tribunat.

SÉNAT CONSERVATEUR.

PRÉSIDENCE DE S. A. I. Mgr. LE PRINCE JOSEPH
BONAPARTE, *grand électeur.*

SÉANCE DU 17 BRUMAIRE AN XIII *(jeudi 8 novembre 1804).*

Extrait des registres du Sénat conservateur.

Le Sénat conservateur, réuni au nombre de
membres prescrit par l'article 90 de l'acte des
Constitutions en date du 22 frimaire an VIII,

Vu la liste des candidats au Corps législatif
formée sur les procès-verbaux des collèges électoraux de département et d'arrondissement du
département de la Loire-Inférieure ; ladite liste
adressée au Sénat par message de Sa Majesté l'Empereur, du 12 de ce mois;

Après avoir entendu sur cette liste le rapport de
sa commission spéciale,

Procède, en exécution de l'article 20 de l'acte
des Constitutions du 22 frimaire an VIII, et conformément à l'article 73 de celui du 26 thermidor
an X, à la nomination de quatre membres du
Corps législatif qui doivent être élus en l'an XIII
pour le département de la Loire-Inférieure, d'a-
près l'arrêté du Sénat, du 14 fructidor an X.

Le dépouillement du scrutin donne la majorité
absolue des suffrages aux candidats ci-après désignés :

Gédouin (Félix-Guillaume), procureur impérial
près le tribunal de première instance séant à
Nantes;

Dufeu (Jacques-Louis), conseiller de préfecture;

Kervégan (Daniel-Christophe-Clair), négociant,
président de la chambre de commerce à Nantes;

Talhouet (Augustin-Marie-Gabriel), maire de
Soudan.

Ils sont proclamés, par M. le Grand Electeur,
président, membres du Corps législatif pour le
département de la Loire-Inférieure.

Le Sénat arrête qu'il sera fait un message à Sa
Majesté l'Empereur, pour l'informer de ces nominations, lesquelles seront pareillement notifiées
au Corps législatif lors de sa rentrée, et au Tribunat.

COURONNEMENT DE L'EMPEREUR.

*Réception par le pape Pie VII des grands corps de
l'Etat.*

9 FRIMAIRE AN XIII *(vendredi 30 novembre 1804).*

Aujourd'hui 9 frimaire, une députation de
vingt-cinq membres du Sénat a été présentée à
Sa Sainteté.

S. E. M. FRANÇOIS *(de Neufchâteau)*, président,
a adressé au Saint-Père le discours suivant :

Très-Saint Père,

Le sacre des princes chrétiens a commencé
dans notre Europe, par les monarques de la
France, à l'imitation de l'usage suivi jadis chez
les Hébreux. Dans l'ancienne loi, cette cérémonie
fut d'institution divine. Sous la nouvelle loi, elle
n'est pas précisément une obligation des princes :
mais les Français y ont toujours attaché beaucoup
d'importance ; ils ont toujours aimé que leurs
simples actes civils fussent sanctifiés par la religion, pour ajouter encore au frein public des
lois, le frein secret des consciences; à plus forte
raison devaient-ils désirer que leurs grands contrats politiques fussent revêtus avec pompe de
cette garantie qui grave dans le ciel ce qui est
écrit sur la terre. Dans cette époque remarquable
où Votre Sainteté a bien voulu venir sacrer elle-
même le chef de leur nouvelle dynastie, cette
démarche leur rendra plus vénérable encore la

majesté impériale, comme elle leur rendra plus
chère l'autorité religieuse du souverain pontife.
La France méritait sans doute cette faveur particulière. Son Eglise est la fille aînée de l'Eglise
romaine. Il ne s'agit plus de nuages qui ont pu
obscurcir les beaux jours de leur union. Cette
union sera plus forte, et ces beaux jours seront
plus sereins que jamais. Napoléon, par sa sagesse,
répare toutes nos ruines, et Pie VII répond à ses
vœux par l'inspiration de ce Dieu dont il est l'organe. Intelligence précieuse du trône et de l'autel,
qui a rapproché les rivages de la Seine et du
Tibre, et à laquelle on doit le bonheur de voir à
Paris le père commun des fidèles ! Quelle réunion
de circonstances imposantes ! et combien de
plaies sont fermées !

Votre Sainteté aura eu la double gloire de rattacher d'abord par un concordat équitable l'Eglise
gallicane, une des premières du monde, et le
Saint-Siège apostolique, centre de l'unité chrétienne ; et de marquer ensuite l'ouverture des
nouveaux siècles qui se préparent pour la France,
en venant apposer le sceau même de l'Eternel à
la loi des serments intervenus entre un grand
peuple et l'Empereur qu'il s'est choisi dans un de
ses héros que le ciel a créé supérieur aux autres
hommes, et qui semble exprès parmi nous députe
par la Providence pour l'exécution de ses desseins
les plus augustes.

Oui, Très-Saint Père, ces deux traits distingueront dans l'avenir l'heureux pontificat de deux
cent cinquante-troisième successeur du Saint-
Pierre. Ils seront cités dans les fastes de la religion, comme deux grands bienfaits publics; mais
ils ont droit, dès à présent, à nos justes hommages, même en ne les considérant que sous les
rapports politiques. Aussi, c'est dans ces vues que
le Sénat, conservateur des lois fondamentales de
l'Empire français, touché comme il doit l'être de
ce que Votre Sainteté fait en ce moment pour la
France, a nommé vingt-cinq de ses membres, et
les a députés vers elle, pour vous présenter en
son nom et au nom de la nation, dont le Sénat
a l'honneur d'être le premier interprète, le témoignage solennel de sa reconnaissance et l'hommage
éclatant de son profond respect.

Le président, les questeurs et douze membres du
Corps législatif ont été ensuite présentés au Pape.

S. E. M. FONTANES, *président,* a porté la parole
en ces termes :

Très-Saint Père,

Quand le vainqueur de Marengo conçut au milieu du champ de bataille le dessein de rétablir
l'unité religieuse, et de rendre aux Français leur
culte antique, il préserva d'une ruine entière les
principes de la civilisation. Cette grande pensée
survenue dans un jour de victoire enfanta le
concordat, et le Corps législatif, dont j'ai l'honneur
d'être l'organe près de Votre Sainteté, convertit
le concordat en loi nationale.

Jour mémorable, également cher à la sagesse
de l'homme d'Etat et à la loi du chrétien ! C'est
alors que la France, abjurant de trop grandes
erreurs, donna les plus utiles leçons au genre
humain. Elle semble reconnaître devant lui que
toutes les pensées irréligieuses sont des pensées
impolitiques, et que tout attentat contre le christianisme est un attentat contre la société.

Le retour de l'ancien culte prépara bientôt celui d'un gouvernement plus naturel aux grands
Etats, et plus conforme aux habitudes de la France.
Tout le système social, ébranlé par les opinions
inconstantes des hommes, s'appuya de nouveau
sur une doctrine immuable comme Dieu même.

C'est la religion qui policait autrefois les sociétés sauvages; mais il était plus difficile aujourd'hui de réparer leurs ruines que de fonder leur berceau.

Nous devons ce bienfait à un noble prodige. La France a vu naître un de ces hommes extraordinaires qui sont envoyés de loin en loin au secours des Empires qui sont prêts à tomber, tandis que Rome en même temps a vu briller sur le trône de Saint-Pierre toutes les vertus apostoliques du premier âge.

Leur douce autorité se fait sentir à tous les cœurs. Des hommages universels doivent suivre un Pontife aussi sage que pieux, qui sait à la fois tout ce qu'il faut laisser au cours des affaires humaines, et tout ce qu'exigent les intérêts de la religion.

Cette religion auguste vient consacrer avec lui les nouvelles destinées de l'Empire français, et prend le même appareil qu'au siècle des Clovis et des Pépins.

Tout a changé autour d'elle; seule elle n'a point changé.

Elle voit finir les familles des rois comme celles des sujets; mais sur les débris des trônes qui s'écroulent, et sur les degrés des trônes qui s'élèvent, elle admire toujours la manifestation successive des desseins éternels, et leur obéit avec confiance.

Jamais l'univers n'eut un plus imposant spectacle, jamais les peuples n'ont reçu de plus grandes instructions.

Ce n'est plus le temps où le sacerdoce et l'Empire étaient rivaux. Tous les deux se donnent la main pour repousser les doctrines funestes qui ont menacé l'Europe d'une subversion totale. Puissent-ils céder pour jamais à la double influence de la religion et de la politique réunies! Ce vœu sans doute ne sera point trompé; jamais en France la politique n'eut tant de génie; et jamais le trône pontifical n'offrit au monde chrétien un modèle plus respectable et plus touchant.

Une députation de dix-huit tribuns est ensuite présentée à Sa Sainteté.

M. FABRE (de l'Aude), président du Tribunat, prononce le discours suivant :

Très-Saint Père.

Le Tribunat vous regarde depuis longtemps comme l'un des amis et des alliés les plus fidèles de la France; il se rappelle, avec les sentiments de la plus vive reconnaissance, les services que vous avez rendus à ce pays, avant même d'être élevé sur le trône pontifical; il n'oubliera jamais que dans votre dernier épiscopat d'Imola, vous sûtes apaiser par une conduite sage, éclairée et paternelle les insurrections organisées contre l'armée française, et prévenir celles qui la menaçaient.

Mais ce n'est point sous ce seul rapport que Votre Sainteté a acquis des droits à la vénération et à l'amour des Français.

Ils étaient agités par des troubles religieux, le concordat les a éteints; nous nous félicitons d'avoir concouru de tous nos moyens à seconder à cet égard votre sollicitude paternelle et celle du chef suprême de cet Empire.

Si nous examinons la conduite de Votre Sainteté dans le gouvernement intérieur de ses Etats, quels nouveaux sujets d'éloges et d'admiration!

Votre Sainteté a réduit les dépenses de tous les palais apostoliques; sa table, son entretien, ses dépenses personnelles, ont été réglées comme ceux du plus simple particulier; elle a pensé avec raison que sa véritable grandeur, consiste moins dans le faste et la pompe de sa cour,

que dans l'éclat de ses vertus et dans une administration économique et sage.

L'agriculture, le commerce et les beaux-arts, reprennent dans l'Etat romain leur ancienne splendeur.

Les contributions qu'on y prélevait étaient arbitraires, multipliées, mal réparties; Votre Sainteté les a remplacées par un système uniforme et modéré de contributions foncière et personnelle, toujours suffisant dans un pays auquel sa situation n'impose point la nécessité d'un grand état militaire, et où une sévère économie règne dans les dépenses.

Les priviléges et les exemptions ont été abolis; depuis le prince jusqu'au dernier sujet, chacun paie en proportion de son revenu.

Le cadastre des provinces ecclésiastiques, commencé en 1775, et celui de l'*Agro-Romano entrepris par Pie VI*, votre auguste prédécesseur, sont terminés et ont reçu la perfection dont ils étaient susceptibles.

Un bureau des hypothèques a été organisé, et la bourse des capitalistes est ouverte aux propriétaires malaisés.

Des primes ont été accordées à ceux qui formeront des établissements d'agriculture et des plantations; la campagne de Rome, depuis longtemps inculte et stérile, sera bientôt couverte de bois, comme dans le temps de la splendeur romaine; une loi oblige les grands propriétaires à mettre leurs terres en culture ou à abandonner pour une modique redevance celles qu'ils ne pourront faire travailler; enfin, le dessèchement des marais pontins, en rendant à l'agriculture de vastes terrains, contribuera à la salubrité de l'air et à l'accroissement de la population de cette partie de l'Etat romain.

Le commerce a besoin pour prospérer d'être dégagé de toutes les entraves de la fiscalité et de ce système destructeur des gênes et des prohibitions; il veut être libre comme l'air; Votre Sainteté a proclamé hautement la liberté du commerce.

Les monnaies de faux et de bas-aloi, sources de discrédit et d'immoralité, ont été remplacées par une monnaie réelle.

Des manufactures de laine, des filatures de coton sont établies à Rome et à Civita-Vecchia pour les indigents des hospices caméraux.

En poussant jusqu'à l'excès sa charité envers les pauvres, en ne réservant rien pour elle ni pour sa famille, Votre Sainteté veille cependant avec un soin particulier à ce que ses libéralités aient un emploi toujours utile.

La ville de Rome, malgré ses pertes, continuera à être la patrie des beaux-arts.

Votre Sainteté a ordonné des fouilles à Ostie et sur le lac Trajan.

Tous les chefs-d'œuvre dispersés et rachetables sont rachetés par elle.

L'arc de Septime Sévère est décombré, et la voie Capitoline retrouvée.

Tels sont les bienfaits qui ont distingué le règne paternel de Votre Sainteté, jusqu'à ce jour mémorable où elle vient au milieu de nous (à l'invitation du héros que la Providence et nos Constitutions ont placé au rang suprême) fixer les bénédictions du ciel sur un trône devenu la plus ferme garantie de la paix de l'Etat, et consacrer les destinées qui doivent assurer à la France l'éclat de sa gloire; à nos armées, la victoire; à tous les Français, la paix et le bonheur.

Quelle circonstance majestueuse! dix siècles à peine ont suffi pour la reproduire, et [vos vertus personnelles, Très-Saint Père, méritaient bien cette récompense d'avoir été choisi par la divinité pour consommer l'œuvre la plus utile à l'humanité et à la religion.

COURONNEMENT DE L'EMPEREUR.

Réception par l'Empereur des grands corps de l'Etat.

10 FRIMAIRE AN XIII *(samedi* 1er *décembre* 1804).

Le Sénat, en exécution d'une délibération qu'il avait prise dans sa séance du 5 de ce mois, s'est rendu en corps aujourd'hui à onze heures du matin au palais des Tuileries.

Ayant été introduit dans la salle du trône, il a été présenté à Sa Majesté Impériale par S. A. I. le prince JOSEPH BONAPARTE, grand électeur.

Son Excellence M. FRANÇOIS (*de Neufchâteau*), président, a porté la parole en ces termes :

Sire, le premier attribut du pouvoir souverain des peuples, c'est le droit de suffrage appliqué spécialement aux lois fondamentales. C'est lui qui constitue les véritables citoyens. Jamais chez aucun peuple ce droit ne fut plus libre, plus indépendant, plus certain, plus légalement exercé qu'il ne l'a été parmi nous depuis l'heureux 18 brumaire. Un premier plébiscite mit pour dix ans entre vos mains les rênes de l'Etat. Un second plébiscite vous les confia pour la vie. Enfin pour la troisième fois, la nation française vient d'exprimer sa volonté. Trois millions cinq cent mille hommes, épars sur la surface d'un territoire immense, ont voté simultanément l'Empire héréditaire dans l'auguste famille de Votre Majesté. Les actes en sont contenus dans soixante mille registres qui ont été vérifiés et dépouillés avec scrupule. Il n'y a point de doute ni sur l'état ni sur le nombre de ceux qui ont émis leur voix, ni sur le droit que chacun d'eux avait de la donner, ni sur le résultat de ce suffrage universel. Ainsi donc le Sénat et le peuple français s'accordent unanimement pour que le sang de Bonaparte soit désormais en France le sang Impérial, et que le nouveau trône élevé pour Napoléon et illustré par lui ne cesse pas d'être occupé ou par les descendants de Votre Majesté ou par ceux des princes ses frères.

Ce dernier témoignage de la confiance du peuple et de sa juste gratitude a dû flatter le cœur de Votre Majesté Impériale. Il est beau, pour un homme qui s'est dévoué comme vous au bien de ses semblables, d'apprendre que son nom suffit pour rallier un si grand nombre d'hommes. Sire, la voix du peuple est bien ici la voix de Dieu. Aucun gouvernement ne peut être fondé sur un titre plus authentique. Dépositaire de ce titre, le Sénat a délibéré qu'il se rendrait en corps auprès de Votre Majesté Impériale. Il vient faire éclater la joie dont il est pénétré, vous offrir le tribut sincère de ses félicitations, de son respect, de son amour, et s'applaudir lui-même de l'objet de cette démarche, puisqu'elle met le dernier sceau à ce qu'il attendait de votre prévoyance pour calmer les inquiétudes de tous les bons Français, et faire entrer au port le vaisseau de la République.

Oui, Sire, de la République! ce mot peut blesser les oreilles d'un monarque ordinaire. Ici le mot est à sa place devant celui dont le génie nous a fait jouir de la chose dans le sens où la chose peut exister chez un grand peuple : vous avez fait plus que d'étendre les bornes de la République; car vous l'avez constituée sur des bases solides. Grâce à l'Empereur des Français, on a pu introduire dans le Gouvernement d'un seul les principes conservateurs des intérêts de tous, et fondre dans la

République la force de la monarchie. Depuis quarante siècles on agite la question du meilleur des gouvernements ; depuis quarante siècles le gouvernement monarchique était considéré comme étant le chef-d'œuvre de la raison d'Etat et le seul port du genre humain. Mais il avait besoin qu'à son unité de pouvoir, et à la certitude de sa transmission, on pût incorporer sans risques des éléments de liberté. Cette amélioration dans l'art de gouverner est un pas que Napoléon fait faire en ce moment à la science sociale. Il a posé le fondement des Etats représentatifs; il ne s'est pas borné à leur existence présente; il a mis dans leur sein le germe de leur perfection future. Ce qui manque à leur premier jet doit sortir de leur propre marche. C'est l'honneur de l'âge présent; c'est l'espérance et le modèle des siècles à venir.

Sire, parmi les plus grands hommes dont la terre peut s'honorer, le premier rang est réservé pour les fondateurs des empires. Ceux qui les ont détruits n'ont eu qu'une gloire funeste; ceux qui les ont laissé tomber sont partout des objets d'opprobre. Honneur à ceux qui les relèvent! non-seulement ils sont les créateurs des nations, mais ils assurent leur durée par des lois qui deviennent l'héritage de l'avenir. Nous devons ce trésor à Votre Majesté Impériale; et la France mesure à la grandeur de ce bienfait les actions de grâces que le Sénat conservateur vient vous présenter en son nom.

Si une république pure avait été possible en France, nous ne saurions douter que vous n'eussiez voulu avoir l'honneur de l'établir, et dans cette hypothèse nous ne serions jamais absous de ne l'avoir pas proposée à un homme assez fort pour en réaliser l'idée, assez grand personnellement pour n'avoir pas besoin d'un sceptre, et assez généreux pour immoler ses intérêts aux intérêts de son pays. Eussiez-vous dû, comme Lycurgue, vous bannir de cette patrie que vous eussiez organisée, vous n'auriez pas hésité. Vos méditations profondes se sont portées plus d'une fois sur un si grand problème ; mais pour votre génie lui-même ce problème était insoluble.

Les esprits superficiels, frappés de l'ascendant que tant de succès et de gloire vous ont valu de si bonne heure sur l'esprit de la nation, ont pu s'imaginer que vous étiez le maître de lui donner à volonté le gouvernement populaire ou le régime monarchique. Il n'y avait point de milieu; personne ne voulait en France de l'aristocratie : mais le législateur doit prendre les hommes tels qu'ils sont, et leur donner les lois, non pas les plus parfaites que l'on puisse inventer, mais, comme Solon, les meilleures de celles qu'ils peuvent souffrir. Si le ciseau d'un grand artiste tire à son gré d'un bloc de marbre un trépied ou un dieu, on ne travaille pas ainsi sur les corps d'une nation. Sire, il est vrai que votre vie est tissue de prodiges : mais quand vous auriez pu ployer la nature des choses et le caractère des hommes au point de jeter un moment les masses de la France dans un moule démocratique, cette merveille n'eût été qu'une illusion passagère : si nous y eussions concouru, nous n'aurions forgé que des fers pour la postérité.

Le vaste miroir du passé est la leçon de l'avenir. Toutes les républiques célèbres dans l'histoire ont été concentrées ou sur des montagnes stériles ou dans une seule cité : hors de là ce régime a fait dans tous les temps le désespoir et la ruine des provinces sujettes. La liberté des uns ne pouvait subsister que par l'esclavage des autres. Le peuple-roi était dans Rome, et le reste du monde n'était compté pour rien. La France n'est point dans Paris. Une commune audacieuse voulait y usurper la place de la nation ; mais elle a prouvé seulement, ce qu'on savait déjà, que la pire des tyrannies est celle qui s'exerce sous le nom de la liberté.

Quand nos représentants, placés sur les débris du trône, crurent fonder la République, leurs intentions étaient pures : avant d'être désenchantés par une triste expérience, ils adoraient de bonne foi ce fantôme trompeur qu'ils prenaient pour l'égalité. Nous pouvons parler d'une erreur dont nous avons pu être un moment éblouis. Eh ! qui aurait pu s'en défendre ? le torrent populaire emportait malgré eux les plus indifférents. Mais ceux qui embrassaient avec une franchise aveugle la république de Platon, supposant qu'un grand peuple pouvait renouveler ses mœurs aussi rapidement qu'il réformait ses lois, ne voyaient pas que les piliers de cet édifice idéal portaient uniquement sur un espace imaginaire. Des hommes généreux s'écriaient avec Cicéron : Quel doux nom que la liberté ! le torrent populaire se plaignait déjà de son temps que ce n'était qu'un mot, et que l'esprit républicain ne pouvait plus sympatiser avec la lie de Romulus. Comment nous flattions-nous de faire une démocratie, quand pour y réussir il faudrait rassembler des hommes qui fussent tous également de sang-froid, désintéressés, supérieurs à leur nature, c'est-à-dire des hommes qui n'eussent presque rien d'humain ? Sans cela la démocratie n'aura jamais pour terme que la tempête des partis et l'anarchie modifiée. Et quels fléaux, grand Dieu, que les partis et l'anarchie ! La France les a éprouvés, et leur seul souvenir la fera longtemps frissonner.

On dit que les anciens Perses, pour convaincre le peuple du danger effroyable des abus de la liberté, pratiquaient un usage bien extraordinaire : ils s'inoculaient un moment la peste des corps politiques. Quand un de leurs rois était mort, il y avait cinq jours passés dans l'anarchie, sans autorité aucune et sans lois. La licence n'était ni réprimée alors ni châtiée ensuite : c'était cinq jours abandonnés à l'esprit de vengeance, aux excès, à la violence : pour tout dire, c'était cinq jours de révolution. Cette épreuve, dit-on, faisait rentrer le peuple avec beaucoup de joie sous l'obéissance du prince.

Oh ! que n'a pas coûté à notre nation le déplorable essai qu'elle a fait de ces saturnales de la licence politique ! non pendant cinq jours seulement, mais pendant les longues années de nos déchirements et de nos troubles intestins ! Quels fruits amers ont recueillis de leur enthousiasme ceux qui avaient rêvé des théories républicaines ! A quelle horrible alternative se sont trouvés réduits ceux qui, persuadés de l'erreur d'un grand peuple, et néanmoins pleins de respect pour les décisions de la majorité, n'ont su d'abord quel parti suivre dans l'ivresse populaire qui les punissait sur-le-champ de leur incertitude, et la conviction de l'intérêt national, qui leur montrait en perspective, dans un avenir éloigné, ce retour aux principes, ou plutôt ce miracle dont nous sommes témoins, mais qu'alors on pouvait désirer seulement sans oser l'espérer ! La justice et la vérité sont les filles du temps. La Révolution devait avoir un terme ; mais par quelles routes sanglantes devions-nous y être amenés ? et qui pouvait prévoir que ces affreuses tragédies obtiendraient de nos jours un dénouement si glorieux ?

Après des fluctuations plus terribles que celles

d'une mer agitée, on crut avoir trouvé un remède infaillible aux convulsions populaires par l'établissement d'une polygarchie. Le dépôt de l'autorité dans les mains de plusieurs valait mieux que l'absence ou la dispersion de cette autorité; mais on ne pouvait pas enfermer dans un même corps des âmes différentes et des volontés opposées, ainsi que le manichéisme plaçait deux principes contraires à la tête de l'univers. La lutte de ces deux principes aurait anéanti la France, sans le parti qu'on prit de revenir enfin à un pouvoir plus concentré. C'est ce qui consacre à jamais la journée du 18 brumaire.

C'est aussi ce qui vous ramène et vous attache, Sire, ceux des républicains dont le patriotisme a pu être le plus fervent et le plus ombrageux. Ils s'étaient affermis dans leur haine contre le trône par leur attachement aux intérêts du peuple, et le désir ardent de la félicité publique. Leurs idées n'ont été remplies que par votre Gouvernement; désabusés de leur chimère, et ramenés par vous à la réalité, ils sont bien convaincus qu'il était impossible de songer sérieusement à implanter la République proprement dite, chez un peuple attaché à la monarchie par besoin, par instinct, par la force d'une habitude que rien ne peut détruire. Oui, Sire, sur ce point il n'y a plus qu'un sentiment. Oui, le Gouvernement d'un seul est pour un si vaste pays ce que la statue de Pallas fut autrefois pour les Troyens. En la leur enlevant, on précipitait leur ruine.

Mais ce n'est pas encore assez. L'unité de l'Empire est le faisceau de sa puissance; mais les dards en seraient bientôt désunis et rompus, si l'hérédité du faisceau n'en assurait pas le lien. Un ordre de succession déterminé d'avance est le plus ferme appui du Gouvernement monarchique. Aussi, par l'élection même qui vous fait Empereur, le Sénat et le peuple se sont-ils dépouillés du droit d'élire à l'avenir, tant que subsisteront les lignes glorieuses auxquelles ils transmettent le droit exclusif à l'Empire. C'est un grand fidéicommis consacré par le droit des gens, et dont la nation a senti la nécessité, afin de n'avoir plus de lacune à prévoir ni de troubles à craindre dans cette délégation de son pouvoir suprême.

Parmi les résultats heureux de la loi de l'hérédité, telle que les Français viennent de l'adopter, la sagacité du grand peuple lui a fait distinguer deux avantages principaux : c'est d'abord qu'une dynastie élevée par la liberté sera fidèle à son principe : on ne voit point de fleuves qui remontent contre leur source. C'est qu'en outre on doit espérer d'une tradition suivie dans ce Gouvernement paternel et perpétuel, une nouvelle consistance pour le crédit public, soit au dedans, soit au dehors. Dans l'intérieur, en effet, quelle sécurité plus grande pour les créanciers de l'État, que la loyauté éprouvée de Votre Majesté Impériale, l'exactitude sans exemple en tout autre pays dans le paiement des arrérages, et la garantie prolongée que présente pour l'avenir une suite constante et non interrompue d'Empereurs, héritiers de vos intentions comme de votre dignité? Quel gage pour les fonds publics, que celui qui se trouve assigné à la fois sur la gloire de votre nom et sur l'honneur de votre Empire! Dans l'étranger aussi, sur quelle base plus solide vont reposer nos alliances! C'est l'intérêt commun qui fait tous les nœuds de ce monde : les amis de la France pouvant compter sur elle, elle pourra compter sur eux; et cette superbe contrée, replacée dans l'Europe au rang dont la faiblesse l'avait laissée déchoir, pourra exercer désormais une influence permanente sur le repos des nations et sur la paix du continent. Nous n'avons pas d'autre intérêt, et vous avez assez prouvé que vous n'avez pas d'autres vues.

Quant à nos ennemis, s'ils persistent à l'être, leur désespoir doit redoubler en considérant le service qu'ils nous ont rendu malgré eux. Nous avons été avertis par leurs trames atroces. Pour dernière ressource, ils méditaient des crimes ; nous devions les rendre inutiles. Ainsi donc, à quelques égards, notre bonheur est leur ouvrage. Mais, Sire, en attendant que leurs yeux se dessillent, ou que notre armée indignée aille punir leur perfidie, notre bonheur fait leur supplice. Quel spectacle pour eux que celui de la France, de cette même France qu'ils voulaient déchirer, et qu'ils doivent savoir maintenant réunie autour de son auguste chef, ayant un même esprit, formant les mêmes vœux, et célébrant tranquillement, les fêtes qui annoncent l'union de la liberté, ce premier des mobiles, avec ce grand système conservateur des nations, la monarchie héréditaire!

Il est bien vrai que ce principe avait été reçu en France ; mais malheureusement son application n'était ni fixe ni réglée. L'ordre de succéder au trône, qu'on appelait la loi salique, n'était point une loi, mais une coutume observée par une tradition vague et qui ne fut jamais écrite. Au lieu des lois fondamentales, nos ancêtres ne nous avaient guère laissé que des maximes dont le sens s'était dépravé au gré des partisans du pouvoir arbitraire. *Que veut le roi si veut la loi,* dans la langue de nos aïeux, cet adage ne signifie autre chose sinon que le roi ne veut rien que ce que veut la loi : mais on sait trop qu'on lui donnait un sens précisément contraire. Loin que le prince se fît gloire de dépendre des lois, on voulait que les lois dépendissent du prince. Dans cette monarchie informe et inconstante, tour à tour militaire et superstitieuse, féodale et fiscale, rien n'était défini. On n'avait aucun monument vraiment constitutionnel, aucun pacte du genre de ceux que les capitulaires caractérisent par ces mots : *La volonté nationale publiée sous le nom du prince.* C'était ce monument, c'était ce pacte que voulaient en 1787 les arrêts de toutes les cours ; en 1788, les cahiers de tous les bailliages ; en 1789, les vœux de tous les citoyens. On demandait que le contrat entre le monarque et le peuple fût reconnu et rédigé de manière à lier ensemble le peuple et le monarque. On désirait que celui-ci signât de bonne foi la définition du pouvoir monarchique donnée par Fénelon, lorsqu'il dit précisément : « Les lois de Minos veulent qu'un seul « homme serve par sa sagesse et par sa modération « à la félicité de tant d'hommes, et non pas que « tant d'hommes servent par leur misère et leur « servitude lâche à flatter l'orgueil et la mollesse « d'un seul homme. » On voulait que le chef d'un grand État comme la France promît à son avénement, non pas d'être le roi des nobles ni d'aucune autre caste, mais le chef de la nation ; non pas de maintenir les priviléges usurpés, qui, dans un pays agricole et chez un peuple industrieux, flétrissaient néanmoins l'agriculture et l'industrie pour enrichir de leurs dépouilles les complices du despotisme ; mais qu'il jurât au peuple ces articles fondamentaux, ces bases éternelles des sociétés policées :

La liberté d ... ce pr ... er droit de tous
l hon --- .'au(peut jamais
l
.. lité

Le respect pour la liberté politique et civile, sans lesquelles les nations ne sont que des troupeaux d'esclaves également indifférents à la fortune de leurs maîtres et à leur propre destinée ;

La garantie inviolable de la propriété, qui prévient surtout la levée des impôts arbitraires, et ne permet aucun subside direct ou indirect, sous quelque nom que ce puisse être, qu'en vertu de la loi ;

Enfin le rapport général de son Gouvernement au seul but primitif de tout gouvernement, l'intérêt, le bonheur et la gloire du peuple.

C'est le fond du serment que Votre Majesté Impériale va prêter au peuple français ; ce sont les propres termes que vous avez choisis pour faire votre loi et celle de vos successeurs. D'après les circonstances, Votre Majesté y ajoute l'engagement de maintenir :

L'intégrité du territoire de la République française, qui doit rester indivisible ;

Les acquisitions des biens nationaux, qui ont été la solde de notre indépendance ;

La sublime institution de votre légion d'honneur, digne prix des services rendus à la patrie.

Avec ces accessoires, ce serment remarquable paraît avoir été écrit sous la dictée de la nation tout entière. C'est à ce prix aussi que la nation tout entière jure de vous être fidèle. Ces deux serments se correspondent ; ils se garantissent l'un l'autre : ce sont les anneaux réciproques d'une alliance indissoluble ; et parmi tant de grandes vues qui distingueront à jamais le sénatus-consulte du 28 floréal, ce qui cimente tout l'ouvrage, ce qui lui imprime le sceau de l'immortalité, Sire, c'est la pensée du titre des serments.

Le vertueux Trajan en avait eu l'idée à Rome ; mais il n'en donna que l'exemple ; ce ne fut de sa part qu'un trait neuf et sublime, qui ne fut pas la règle des autres Empereurs ; au lieu que Votre Majesté en a fait un devoir non-seulement à ceux qui devront monter après elle au trône impérial, mais à ceux qui seront les régents de l'Empire dans les cas de minorité. Ainsi, tout se trouve prévu. C'est cet art de lier l'avenir au présent, qui est le secret du génie.

Depuis longtemps la France ne demandait qu'un pareil acte : il était à la fois sollicité par l'éloquence des écrivains les plus profonds ; reconnu nécessaire, même au sein de la cour, par les ministres les plus sages ; invoqué, en un mot, par un cri général dans les classes les plus vulgaires ; mais ceux qui étaient appelés à occuper le premier rang chez le premier des peuples, étaient loin d'être à son niveau. S'il faut surpasser en vertu ceux qu'on surpasse en dignité, il ne faut pas non plus leur être inférieur par la raison.

Le peuple français était mûr pour améliorer son état politique. Hélas! bien loin de lui aider, on lui a fait courir le risque de voir la France se dissoudre, au gré de ceux qui désiraient d'effacer son nom sur la carte. Elle était devenue le foyer d'un volcan qui ébranlait le monde, mais qui s'engloutissait lui-même.

Pour fermer cet abîme il fallait plus qu'un Curtius : suivant l'idée profonde d'un auteur politique, il fallait qu'un grand homme choisît pour le théâtre de son Gouvernement et la matière de sa gloire, les ruines de cet État qu'il se proposerait de refondre et de rajeunir. Il fallait que cet homme fût digne de donner son nom et d'imprimer son mouvement à une dynastie nouvelle. Il fallait qu'il fût au-dessus de ses contemporains, de leur aveu, par leurs suffrages, sans contradiction ni des siens ni des étrangers. Dans l'état où se trouvent les sociétés actuelles, ou sent, comme autrefois, le besoin d'être gouverné ; mais les moyens de gouverner sont devenus plus difficiles, parce que leur objet est plus vaste et plus compliqué. Labruyère a bien dit qu'*il ne faut ni art ni science pour exercer la tyrannie :* cela fut vrai dans tous les temps. Mais fonder un Empire modéré et durable sur trente-deux millions d'hommes, braves, sensibles, éclairés ; mais savoir s'arrêter soi-même, et ne faire servir la gloire éclatante des armes qu'au maintien paisible des lois ; mais tenir en suspens d'une main ferme et juste les deux bassins de la balance où sont en équilibre d'un côté les devoirs du prince, et de l'autre les droits du peuple ; mais faire ce prodige au dix-neuvième siècle, ce ne peut être le partage que d'un esprit supérieur.

Nous n'avons rien dans nos annales qu'on puisse mettre en parallèle. Nous pouvons du moins les citer : c'est encore un de vos bienfaits; car Votre Majesté Impériale restitue aussi aux Français l'usage de leur propre histoire, qui sans vous leur serait devenue étrangère.

Dans un siècle moins avancé, nous lisons que Philippe-Auguste, avant le combat de Bouvines, mit sa couronne sur l'autel, et, la faisant voir à ses troupes, leur dit à haute voix : « Français, si « vous croyez qu'un autre mérite mieux que moi « de porter la couronne, la voilà : nommez le « plus digne, je suis prêt à lui obéir. Mais si vous « me croyez capable de vous commander, il vous « faut défendre aujourd'hui votre chef et vos « biens, vos familles et votre bonneur. » A ces mots, les soldats tombèrent à ses pieds, et demandèrent à genoux sa bénédiction, qui fut suivie de la victoire.

Que cet exemple, Sire, s'applique heureusement à Votre Majesté Impériale ! Non pas qu'elle ait besoin de se Dieu adresser ces paroles ! C'est le Sénat conservateur et le peuple français qui vous assurent par ma voix qu'ils sont fiers de leur Empereur. S'ils vous ont offert la couronne, s'ils la rendent héréditaire dans votre descendance et dans celle de vos deux frères, c'est parce qu'il n'existe dans le monde aucun homme plus digne de porter le sceptre de la France, ni aucune famille plus chérie des Français. Commandés par Napoléon, ou par ses fils ou ses neveux, imbus de son esprit, formés à son exemple, liés enfin par son serment, nous, Sire, et les fils de nos fils, nous défendrons jusqu'à la mort ce Gouvernement tutélaire, objet de notre orgueil comme de notre amour, parce qu'en lui nous défendrons *notre chef et nos biens, nos familles et notre honneur.*

Sire, vous avez pris pour devise de nos monnaies ces mots que vous justifiez : *Dieu protège la France.* Oh ! oui, Dieu protège la France, puisqu'il vous a créé pour elle. Père de la patrie, au nom de ce Dieu protecteur, bénissez vos enfants, et, sûr de leur fidélité, comptez que rien ne peut ni effacer de leur esprit, ni déraciner de leur cœur les engagements résultant du contrat mutuel qui vient d'intervenir entre la nation française et la famille impériale.

Mais il faut compléter tout ce qui a rapport à ce contrat auguste, et pour y parvenir, le Sénat m'a chargé de prier Votre Majesté de faire promulguer d'une manière solennelle le sénatus-consulte du 15 brumaire dernier, qui proclame le vœu du peuple pour l'hérédité de l'Empire. Ce grand acte national est lié naturellement à l'auguste cérémonie du sacre et du serment de Votre Majesté Impériale. L'établissement de l'Empire est un phénomène éclatant ; mais nous désirons qu'il

soit stable, et il ne peut le devenir que par l'ordre établi pour la succession au trône. La sécurité du grand peuple et la vôtre, Sire, en dépendent. On ne saurait donc prendre trop de précautions ni déployer trop d'appareil pour graver cette idée et pour l'enfoncer plus avant dans les imaginations. Ce fut jadis un sentiment : la Révolution eut pour objet de l'étouffer. Nous ranimons ce feu sacré sur les autels de la patrie; la politique le rallume, la religion le consacre, la liberté lui applaudit : il ne doit plus s'éteindre.

Souffrez que le Sénat insiste sur ce point capital. C'est par là surtout qu'il mérite son titre de Conservateur ; n'eût-il rendu que ce service, il aurait bien justifié et le rang qu'il tient dans l'Etat, et la perspective qu'il offre à l'émulation des meilleurs citoyens.

En l'absence du trône, Sire, tous les grands caractères se livrent à des factions. Un peuple est d'autant plus à plaindre qu'il a des enfants plus illustres ; tout ce qui pourrait faire l'orgueil des nations en devient alors le fléau. Dès qu'il y a un trône dignement occupé, les sublimes vertus ont une récompense : c'est d'en approcher de plus près ; et la distinction est d'autant plus flatteuse que des dignités plus réelles portent des noms plus imposants. Le titre d'Empereur a toujours rappelé, non cette royauté devant laquelle s'humilient et se prosternent des sujets ; mais l'idée grande et libérale d'un premier magistrat, commandant au nom de la loi, à laquelle des citoyens s'honorent d'obéir. Le titre de Sénat indique aussi une assemblée de magistrats choisis, éprouvés par de longs travaux, et vénérables par leur âge. Plus l'Empereur est grand, plus le Sénat doit être auguste.

Heureux à cet égard les membres du Sénat français ! Il n'y a pas d'ambition, militaire ou civile, qui ne puisse être satisfaite de l'espoir d'arriver au rang de ces pères-conscrits, appelés les premiers à se trouver présents, lors du serment que l'Empereur doit prêter au peuple français. Oui, Sire, nous regardons comme le plus beau de nos jours celui où nous aurons été les premiers témoins nécessaires de votre engagement envers la nation ; et nous demanderons au ciel que la pompe d'un si grand jour se ne répète en France que dans les temps les plus lointains, et pour nos arrière-neveux. Ah ! puisse-t-il en être des fêtes du couronnement comme des fêtes séculaires, que nul individu romain, dans le cours de sa vie, ne put jamais voir qu'une fois !

Enfin, Sire, la conséquence de l'hérédité proclamée, c'est le dépôt dans nos archives des actes qui constatent l'état civil des princes du sang impérial. Nous réclamons ce grand dépôt, et le Sénat conservateur prie Votre Majesté de donner promptement les ordres nécessaires pour que ces actes importants, confiés à sa garde par l'article 13 du titre III de l'acte des Constitutions du 28 floréal dernier, lui soient apportés dans les formes et avec la solennité qui peuvent garantir au peuple l'authenticité de ces actes, auxquels doit s'attacher l'éternelle durée de l'Empire français.

Sa Majesté l'Empereur a répondu en ces termes :
Je monte au trône où m'ont appelé le vœu unanime du Sénat, du peuple et de l'armée, le cœur plein du sentiment des grandes destinées de ce peuple, que du milieu des camps j'ai le premier salué du nom de grand.

Depuis mon adolescence, mes pensées tout entières lui sont dévolues, et, je dois le dire ici, mes plaisirs et mes peines ne se composent plus que du bonheur ou du malheur de mon peuple.

Mes descendants conserveront longtemps ce trône.

Dans les camps, ils seront les premiers soldats de l'armée, sacrifiant leur vie pour la défense de leur pays.

Magistrats, ils ne perdront jamais de vue que le mépris des lois et l'ébranlement de l'ordre social ne sont que le résultat de la faiblesse et de l'incertitude des princes.

Vous, Sénateurs, dont les conseils et l'appui ne m'ont jamais manqué dans les circonstances les plus difficiles, votre esprit se transmettra à vos successeurs. Soyez toujours les soutiens et les premiers conseillers de ce trône si nécessaire au bonheur de ce vaste Empire.

Le même jour, à deux heures après midi, le Tribunat s'est rendu en corps au palais des Tuileries; il a été introduit dans la salle du trône, et M. FABRE (de l'Aude), président, a porté la parole en ces termes:

Sire, le Tribunat vient présenter à Votre Majesté ses respectueuses félicitations sur le nouveau témoignage de confiance et de gratitude que vient de lui donner le peuple français, en assurant dans sa famille la successibilité et la perpétuité de la dignité impériale.

L'immense quantité de votes que cette mesure a réunis ne laisse aucun doute sur la volonté nationale; elle constitue réellement la totalité des citoyens formant le corps de l'Etat.

En votant l'hérédité du pouvoir suprême dans votre auguste famille, le peuple français n'a pas été mû uniquement par un sentiment de générosité et de reconnaissance pour les services éminents que Votre Majesté lui a rendus, il a été aussi entraîné par un intérêt bien plus puissant, celui de sa conservation, de sa gloire et de son bonheur.

Après une expérience funeste des diverses natures du gouvernement, il a voulu reprendre son ancienne constitution, en l'alliant à un système représentatif, sagement combiné, et tel que l'unité de pensée et d'action ne pût jamais en être altérée dans son essence.

Sire, nous nous féliciterons sans cesse d'avoir provoqué les premiers un vœu qui, dès l'an VIII, était dans nos cœurs, et qui s'est manifesté dans tous les départements avec un enthousiasme dont les annales d'aucun peuple n'offrent point d'exemple.

Puisse la dynastie nouvelle régner aussi longtemps que les trois qui l'ont précédée, et avec autant de gloire et de sagesse que Votre Majesté l'a fait depuis que les rênes de l'Etat lui ont été confiées!

Puissent les jours de Votre Majesté se prolonger au delà des termes de la vie humaine! Ce dernier vœu est commandé au Tribunat par son attachement à votre personne sacrée, à votre auguste famille, à l'intérêt du peuple français, dont le bonheur a été l'unique objet de vos nobles travaux et de votre constante sollicitude.

TRIBUNAT.

PRÉSIDENCE DE M. FABRE (de l'Aude).

Séance extraordinaire du 11 frimaire an XIII (dimanche 2 décembre 1804.)

Le procès-verbal de la séance du 13 prairial an XIII est adopté.

M. le Président. J'ai fait convoquer le Tribunat à ce jour et à cette heure pour se rendre en corps à la cérémonie du sacre et du couronnement de Sa Majesté l'Empereur, en conformité des lettres closes du 9 de ce mois, qui sont ainsi conçues:

« Monsieur Fabre (de l'Aude), président du Tribunat, nous avons choisi le onzième jour du présent mois de frimaire pour la cérémonie de notre sacre et de notre couronnement. Les Constitutions de l'Empire appellent les grands corps de l'Etat pour y assister, et nous avons convoqué tous les citoyens dont elles exigent la présence. Les sentiments dont nous sommes animés pour les grands corps de l'Etat nous ont en même temps portés à décider que la formule du serment nous sera présentée par leurs présidents. Nous vous faisons en conséquence cette lettre, pour que vous ayez à faire connaître au Tribunat que nous désirons qu'il se rende dimanche prochain, 11 frimaire, dans l'église métropolitaine de Paris, et que son président y remplisse les fonctions que nous lui avons destinées. Sur ce, je prie Dieu qu'il vous ait en sa sainte garde. »

A Paris, le 9 frimaire an XIII.

Signé : NAPOLEON.

M. le Président ajoute ensuite qu'il s'est empressé de manifester les sentiments du Tribunat à Sa Majesté l'Empereur et à Sa Sainteté le pape, dans les discours qu'il leur a adressés les 9 et 10 frimaire, à la tête de deux députations (Voyez plus haut le texte de ces discours).

Après cette communication, la séance est levée, et le Tribunat en corps se rend sur-le-champ à l'église métropolitaine.

SÉNAT CONSERVATEUR.

PRÉSIDENCE DE M. FRANÇOIS (de Neufchâteau).

SÉANCE DU 22 FRIMAIRE AN XIII (jeudi 13 décembre 1804).

SON ALTESSE SÉRÉNISSIME M. L'ARCHICHANCELIER DE L'EMPIRE (CAMBACÉRÈS) prononce le discours suivant:

Messieurs, le message de Sa Majesté l'Empereur (1) vous a fait connaître la mission qu'elle a daigné nous confier, et qu'il nous est si doux de remplir.

Nous venons remettre entre vos mains les actes qui constatent la naissance de deux princes fils de Son Altesse Impériale Monseigneur le prince Louis, et satisfaire ainsi à nos lois constitutionnelles, qui ont commis à votre vigilance la garde des monuments et des titres de filiation de la dynastie impériale.

Quel jour pouvait offrir de plus favorables auspices pour le dépôt de pièces actes importants, que celui où, de l'ordre de Sa Majesté, l'on publie votre décret contenant le recensement des votes émis

---

(1) MESSAGE AU SÉNAT. Sénateurs, les Constitutions de l'Empire ayant statué que les actes qui constatent les naissances, les mariages et les décès des membres de la famille impériale seront transmis, sur un ordre de l'Empereur, au Sénat, nous avons chargé notre cousin l'archichancelier de l'Empire de vous présenter les actes qui constatent la naissance de NAPOLÉON-CHARLES, né le 18 vendémiaire an XI, et de NAPOLÉON-LOUIS, né le 19 vendémiaire an XIII, fils du prince Louis, notre frère, et nous invitons le Sénat à en ordonner, conformément aux Constitutions, la transcription sur les registres, et le dépôt dans les archives. Ces princes hériteront de l'attachement de leur père pour notre personne, de son amour pour ses devoirs, et de ce premier sentiment qui porte tout prince appelé à de si hautes destinées à considérer constamment l'intérêt de la patrie et le bonheur de la France comme l'unique objet et sa vie.

Au palais des Tuileries, le 21 frimaire an XIII.

Signé : NAPOLÉON.

par le peuple français, et constatant sa volonté authentique pour l'hérédité de la dignité impériale dans la famille de l'EMPEREUR NAPOLÉON ?

Ainsi, le même jour rappelle à la nation ses droits, et affermit ses espérances.

Ainsi, les deux jeunes princes ne pourront jeter les yeux sur les titres de leurs descendances sans y trouver réunis les témoignages de l'affection du peuple, et le souvenir des services éclatants qui ont inspiré ce sentiment.

Puissent ces enfants précieux, dans la carrière qu'ils auront à parcourir, se proposer sans cesse pour modèle le chef auguste de leur race, et, à l'exemple du prince Louis leur père, et du prince Joseph leur oncle, être dignes par leurs vertus de la gloire qui environne leur nom !

Je remets, messieurs, entre les mains de M. le président, les actes de naissance duement légalisés des deux princes, ainsi que le procès-verbal que j'ai dressé le 19 vendémiaire dernier, en exécution de l'article 40 de l'acte des Constitutions du 28 floréal an XII, lors de la naissance du prince NAPOLÉON-LOUIS. L'absence du secrétaire d'Etat ne lui a point permis de concourir à cet acte; mais le vœu de la loi a été rempli par le procès-verbal que je remets sous vos yeux.

Je requiers qu'il me soit donné acte du dépôt de ces pièces, dont je demande, au nom de l'Empereur, la transcription sur les registres du Sénat, et le dépôt dans ses archives, ainsi qu'il est réglé par l'article 13 du susdit acte des Constitutions.

S. E. M. FRANÇOIS (de Neufchâteau), président. Messieurs, le premier organe des lois vient siéger parmi vous pour un objet bien important; mais, après ce qu'a si bien dit Son Altesse Sérénissime, j'ai peu de chose à ajouter sur les considérations qui vous frappent, messieurs, dans cette grande circonstance.

Les lois ont pris avec raison des précautions infinies pour régler de races en races la distribution des fortunes particulières; mais si le droit de succéder dans les cas ordinaires est une portion assez considérable du Code purement civil, le droit de succéder au trône est le premier objet de ces lois d'un ordre majeur qui composent le droit public. Cette grande magistrature, qu'on nomme collectivement la couronne ou l'Empire, n'est pas un de ces héritages auxquels sont appelés sans aucune distinction tous ceux qui tiennent d'ailleurs par la communauté du nom et par les nœuds du sang. L'ordre de succéder au trône ne peut être réglé que par les lois fondamentales, ou ces lois qu'on appelle lois de l'Etat par excellence.

Ces dispositions sont de votre ressort, messieurs, en votre qualité de législateurs politiques. Conformément à ces principes, dans le sénatus-consulte du 28 floréal dernier, vous avez proposé au peuple, et il a adopté, pour la transmission du trône de l'Empire français, la succession agnatique, qu'on a nommée aussi française, et qui est proprement la consanguinité par les mâles, différente de l'ordre de la succession cognatique, appelée aussi castillane, où ceux qui sont nés de femelles parviennent au défaut de mâles. Dans l'ordre qu'ils ont préféré, le Sénat et le peuple ont eu un double objet : le premier, d'éviter par le droit de la naissance une femme fût appelée à gouverner la France, et d'empêcher, en second lieu, qu'à la faveur des mariages le trône impérial fût dans le cas d'être jamais occupé par des étrangers. Ce sont eux surtout que repousse une prévention véritablement invincible. De tout temps, messieurs, le grand peuple dont vous

gardez les droits fut jaloux de voir naître au sein de la patrie et de voir élever sous les yeux de la nation ceux qui devaient un jour présider à ses destinées. Quant aux femmes, jamais la France n'admit leur empire ; et quelque séduisantes et quelque ingénieuses que semblent à certains égards les réclamations élevées contre cet usage, l'expérience malheureuse que le peuple français a faite trop souvent des régences des femmes suffit pour confirmer l'aversion insurmontable qu'il a conçue contre leur règne.

On ne saurait argumenter du succès que des reines ou des impératrices ont obtenu sans peine en des contrées fort différentes. C'est sur l'opinion surtout que les gouvernements se fondent, et celle des Français est formée sur ce point. Elle tient à leur sol et à leur caractère : par sa position, la France doit rester intacte, afin d'être toujours la sauve garde de l'Europe. Heureusement aussi la nation est belliqueuse et l'armée est nationale. C'est un esprit qu'il faut soigneusement entretenir : c'est lui qui a sauvé notre chère patrie d'être la proie des étrangers. Nous ne voulons pas envahir, mais nous ne voulons pas risquer d'être envahis : plus nous aimons la paix, plus nous devons nous attacher à la science de la guerre. On en conçoit la conséquence : des guerriers veulent un héros pour les conduire à la victoire; ils ne marcheraient pas sous une autre bannière. Ainsi l'on sent la différence qu'on a dû établir entre le droit de partager les héritages ordinaires et la manière d'assurer la transmission d'un Empire, vrai boulevard du continent. On ne peut les considérer comme un immeuble de famille ou un patrimoine privé. C'est ici que le droit public est séparé du droit civil, et qu'il a dû s'en écarter sous plusieurs points de vue, parce qu'on n'aurait pas pu, sans exposer l'Empire à sa destruction, morceler le Gouvernement entre les fils d'un même père, ni le livrer aux étrangers qui auraient épousé ou sa fille ou sa veuve. D'après ces considérations, vous n'avez pas voulu que l'Empire pût être démembré de nouveau comme il le fut jadis par les enfants de Charlemagne, ni que la France pût revoir les régences sinistres des Catherine et des Marie qui ont si tristement éternisé dans nos annales les noms de Médicis.

Dans son immortelle réponse à la démarche du Sénat, la veille de son sacre, le grand Napoléon a promis aux Français, dans tous ses successeurs, des soldats et des magistrats. Ces deux mots disent tout. Le caractère du génie est de n'avoir besoin que de peu de paroles pour rendre des idées qui peuvent exiger de longues méditations.

Messieurs, vous n'avez en Sénat que de grandes choses à faire. Vous êtes les conservateurs des intérêts nationaux. La hauteur de vos fonctions doit élever vos vues; et c'est à vous qu'il appartient de discuter et de peser ces grandes questions, ces lois de majesté, auxquelles tiennent à la fois les besoins du peuple et du prince, et l'existence même comme la durée de l'Empire.

Puisque l'Empire est déféré successivement aux seuls mâles dans un ordre fixe et déterminé, d'adoption successive ou de naissance légitime, doivent être connus d'avance d'une manière incontestable ceux qui doivent entrer dans cette série.

Les titres de l'état des hommes sont consignés partout sur des registres authentiques. La place qu'un individu doit occuper dans sa famille influant plus ou moins sur celle qu'il aura dans la société, cette place est déterminée et attestée par ces registres. La Révolution nous a rendu un grand service quand elle a fait rentrer cette partie essentielle de l'ordre social dans le domaine de la loi, où le Code Napoléon l'a fait heureusement rester; mais ce qui est si important pour de simples particuliers le devient davantage quand il s'agit des princes, qui sont les fils de la patrie: aussi, pour assurer l'état des membres de la famille impériale, le sénatus-consulte du 28 floréal a-t-il réglé, avec raison, que le Sénat conservateur serait dépositaire des actes de naissance auxquels est attaché le droit éventuel d'hériter de l'Empire.

C'est la première fois, messieurs, que l'occasion s'offre à vous de constater l'état des princes du sang impérial, et tout s'est réuni pour donner à vos fonctions dans cette grande circonstance la splendeur et la gravité dont elles étaient susceptibles. Vous prenez aujourd'hui séance dans la nouvelle salle de votre palais : l'inauguration pouvait-elle s'en faire sous des auspices plus heureux? La prise de possession du temple dédié aux lois constitutionnelles est l'exécution d'un article important de ces Constitutions mêmes. Votre entrée dans ce sanctuaire sera consacrée à jamais par le dépôt dans vos archives des actes de naissance des deux princes français, tous deux nés à Paris, et tous deux tenant doublement au fondateur de cet Empire par la réunion heureuse qui confond dans leur origine le premier Empereur et la première Impératrice.

Nous nous félicitons aussi de ce que ce beau jour est encore celui où son Altesse Impériale Monsieur le Grand Électeur s'installe dans le logement que le sénatus-consulte du 28 floréal lui avait assigné au palais du Sénat. Ainsi donc successivement tout ce que vous avez voulu dans ce grand sénatus-consulte reçoit son exécution. Cette arrivée au Luxembourg de M. le prince Joseph est pour nous une circonstance particulièrement heureuse. Elle rend plus touchante et plus belle à nos yeux, la fête que nous avons cru devoir donner au peuple pour célébrer la grande époque du sacre et du couronnement. Rien ne manque peut-être à notre satisfaction dans cette séance importante que la présence même de celui qui la cause. Mais Son Altesse Impériale Monsieur le prince Joseph n'a pu y assister. Vous connaissez sa modestie : il a craint les expressions et les marques de notre joie; mais s'il peut ôter à ma bouche le plaisir de les rendre, il ne saurait jamais interdire à nos cœurs le sentiment dont ils se plaisent à lui faire un si juste hommage.

Vous, illustre archichancelier de l'Empire français, dont la dignité éminente vient d'exercer en ce moment une de ses prérogatives constitutionnelles, en déposant entre nos mains, de la part de S. M. l'Empereur, les actes de naissance de Leurs Altesses Impériales les princes français Napoléon-Charles et Napoléon-Louis, Votre Altesse Sérénissime est témoin de l'empressement avec lequel le Sénat conservateur reçoit ce dépôt solennel. Nous l'accueillons dans nos registres; nous le garderons dans nos cœurs : veuillez en rendre compte à Sa Majesté Impériale. Nous aimons avec cette obligation nouvelle. Les membres du Sénat, glorieux de compter votre nom sur leur liste, s'applaudiront toujours de vous voir dans leur sein; et il m'est surtout agréable de me trouver en ce moment l'interprète public de la pensée de mes collègues.

DÉLIBÉRATION QUI ORDONNE LA TRANSCRIPTION ET LE DÉPÔT DES ACTES.

Extrait des registres du Sénat conservateur, du jeudi 22 frimaire an XIII (13 décembre 1804).

Le Sénat conservateur, réuni au nombre de membres prescrit par l'article 90 de l'acte des Constitutions de l'Empire, en date du 22 frimaire an VIII;

Vu le message de Sa Majesté l'Empereur, en date du jour d'hier;

Délibérant sur la remise qui lui a été faite, en conséquence dudit message, dans la présente séance, par M. l'archichancelier de l'Empire, au nom de l'Empereur, des actes de naissance des princes français Napoléon-Charles et Napoléon-Louis, fils de M. le prince Louis, frère de Sa Majesté l'Empereur, ensemble du procès-verbal dressé lors de la naissance dudit prince Napoléon-Louis par M. L'archichancelier de l'Empire, en exécution de l'article 13 de l'acte des Constitutions, en date du 28 floréal an XII; lesdits actes et procès-verbal paraphés lors de leur remise par M. l'archichancelier,

Arrête:

1° Que les actes dont il s'agit seront paraphés par M. le président et par les secrétaires du Sénat;

2° Que ces actes ainsi paraphés seront transcrits, dans tout leur contenu, sur le registre des délibérations;

3° Qu'immédiatement après la transcription desdits actes, ils seront déposés par le bureau dans les archives du Sénat;

4° Qu'il sera dressé procès-verbal de ce dépôt, et ledit procès-verbal rapporté au Sénat, et pareillement transcrit sur les registres;

5° Qu'extrait du procès-verbal de la présente séance sera délivré à M. l'archichancelier pour sa décharge;

6° Qu'il sera fait un message, à S. M. l'Empereur, pour lui donner connaissance de la délibération du Sénat;

7° Que le message de Sa Majesté l'Empereur, le discours de l'archichancelier, la réponse de M. le président du Sénat, ensemble la présente délibération, et les actes dont elle ordonne le dépôt, seront imprimés.

Suit la teneur desdits actes transcrits à l'instant sur les registres du Sénat.

Extrait du registre des actes de naissance du deuxième arrondissement de Paris, du 24 vendémiaire an XI.

Acte de naissance de Napoléon-Charles, né le 18 du présent mois, à neuf heures du soir, rue de la Victoire, n° 16, division du Mont-Blanc, fils de Louis-Bonaparte, chef de brigade, et de madame Hortense-Eugénie Beauharnais, son épouse, demeurant à Paris, susdites rue et division.

Le sexe de l'enfant a été reconnu être mâle.

Premier témoin, Napoléon Bonaparte, premier consul de la République française, demeurant à Paris, palais national des Tuileries; second témoin, madame Marie-Joséphine-Rosa Tascher, épouse du Premier Consul.

Sur la réquisition à nous faite par M. Louis-Bonaparte, père de l'enfant, présent, et ont signé. *Signé* : Bonaparte, Tascher-Bonaparte, et Louis Bonaparte.

Et plus bas est écrit:

Constaté suivant la loi, par moi, Isidore-Simon Brière-Mondetour, maire du deuxième arrondissement municipal de l'arrondissement communal de Paris, faisant les fonctions d'officier public de l'état civil, soussigné. *Signé* : Brière-Mondetour.

Collationné et délivré par moi, soussigné, secrétaire en chef du deuxième arrondissement de Paris, le présent extrait. A Paris, le 20 frimaire an XIII, premier du règne de Sa Majesté l'Empereur Napoléon. *Signé* MOURICEAU.

Vu pour la légalisation de la signature du sieur Mouriceau, secrétaire en chef, par nous, maire du deuxième arrondissement municipal de Paris, ce 20 frimaire an XIII, premier du règne de Sa Majesté l'Empereur Napoléon.

Signé : BRIÈRE-MONDETOUR, maire.

Plus bas est écrit, *ne varietur,* l'archichancelier de l'Empire,

Signé : CAMBACÉRÈS.

Est encore écrit, paraphé par nous, président et secrétaires du Sénat, en vertu de son arrêté de ce jour. A Paris, ce jeudi 22 frimaire an XIII.

Signé : FRANÇOIS (de Neuchâtel), *président.*
PORCHER, COLAUD, *secrétaires.*

L'an XIII; le 1er du règne de l'Empereur Napoléon, le 19 vendémiaire, deux heures et demie après midi, nous soussigné, archichancelier de l'Empire français, avons été invité au nom de Son Altesse Impériale Monseigneur le prince Louis, et par M. de Caulaincourt, son premier écuyer, de nous rendre au palais du prince, pour, en conformité de l'article 40 de l'acte des Constitutions de l'Empire du 28 floréal dernier, être présent à la naissance de l'enfant dont Son Altesse Impériale Madame la princesse Louis allait être délivrée. Déférant à la susdite invitation, nous nous sommes transporté au palais de Son Altesse Impériale, où, ayant été reçu par les premiers officiers de sa maison, nous avons été introduit dans la chambre où la princesse était couchée, et dans le moment même de sa délivrance, le sieur Baudelocque, chirurgien-accoucheur, nous a représenté un enfant, du sexe masculin, qu'il nous a déclaré être celui dont Son Altesse Impériale venait d'être délivrée, et qu'il avait reçu.

Notre mission étant terminée, nous nous sommes retiré de la chambre à coucher de la princesse ; et en foi de ce que dessus, avons rédigé le présent procès-verbal, lequel a été pareillement signé par Sa Majesté l'Impératrice, par Son Altesse Impériale Monseigneur le prince Louis, par les sieurs Baudelocque, chirurgien-accoucheur, et Corvisart, premier médecin de Sa Majesté l'Empereur, de ce par nous requis.

Suivent les signatures : JOSÉPHINE, LOUIS BONAPARTE, CORVISART, BAUDELOCQUE.

Ainsi procédé par nous, archichancelier de l'Empire, *signé :* CAMBACÉRÈS.

Certifié conforme, le secrétaire d'Etat, *signé :* HUGUES-B. MARET.

Plus bas est écrit, *ne varietur,* l'archi chancelier de l'Empire, *signé :* CAMBACÉRES.

Est encore écrit, paraphé par nous, président et secrétaires du Sénat, en vertu de son arrêté de ce jour. A Paris, ce jeudi 22 frimaire an XIII.

Extrait du registre des actes de naissance du deuxième arrondissement de Paris, du mercredi 2 brumaire an XIII.

Acte de naissance de Son Altesse Impériale Monseigneur Napoléon-Louis Bonaparte.

L'an XIII, la première année du règne de Napoléon 1er, Empereur des Français, le 2 brumaire, heure de midi ; nous Isidore-Simon Brière-Mondetour, maire du deuxième arrondissement, membre de la Légion d'honneur, nous sommes transporté au palais de Son Altesse Impériale Monseigneur le prince Louis Bonaparte, frère de Sa Majesté Impériale, connétable de l'Empire ; auquel lieu Sadite Altesse Impériale nous a représenté un enfant du sexe masculin, né le jeudi 19 vendémiaire dernier, à deux heures et demie après-midi, de Son Altesse Impériale mondit seigneur prince Louis, et de Son Altesse Impériale Madame

la princesse Louis, son auguste épouse, née Hortense-Eugénie Beauharnais.

Lequel enfant a été nommé Napoléon-Louis Bonaparte par Sa Majesté Impériale Napoléon 1er, et par Son Altesse Impériale Madame Bonaparte, mère de Sa Majesté, représentée par Madame la princesse Joseph, épouse de Son Altesse Impériale Monseigneur le prince Joseph Bonaparte, frère de Sa Majesté, grand électeur de l'Empire.

Le tout en présence de M. Eugène Beauharnais, général des hussards, oncle maternel du prince nouveau-né, demeurant à Paris, rue de Lille, division de Grenelle ;

Et de Son Altesse Impériale Monseigneur le prince Joseph Bonaparte, oncle paternel du prince nouveau-né, grand électeur de l'Empire, demeurant en son palais, grande rue du faubourg Saint-Honoré, division des Champs-Élysées ;

Tous réunis avec nous, maire, au palais susdit de mondit seigneur prince Louis, rue Cérutti, division du Mont-Blanc, dans l'étendue de notre arrondissement ;

Et ont, Sa Majesté Impériale, Son Altesse Impériale Monseigneur le prince Louis, père du prince nouveau-né, Son Altesse Impériale Madame la princesse Joseph, et MM. de Beauharnais et Joseph Bonaparte, signé le présent acte avec nous même, après lecture faite ; et à Sa Majesté l'Impératrice Joséphine, auguste épouse de Sa Majesté l'Empereur, et aïeule maternelle du prince nouveau-né, signé aussi le présent acte ; *ainsi signé :* NAPOLÉON, JOSÉPHINE, LOUIS BONAPARTE, JULIE BONAPARTE, JOSEPH BONAPARTE, EUGÈNE BEAUHARNAIS, et BRIÈRE-MONDETOUR, maire.

Collationné et délivré par moi soussigné, secrétaire en chef du second arrondissement municipal de Paris, le présent acte de naissance, à Paris, le 20 frimaire an XIII, premier du règne de Napoléon 1er.

Signé : MOURICEAU.

Vu pour la légalisation de la signature du sieur Mouriceau, secrétaire en chef de notre mairie, par nous Isidore-Simon Brière-Mondetour, maire du second arrondissement de Paris, ce 20 frimaire an XIII, premier du règne de Napoléon 1er.

Signé : BRIÈRE-MONDETOUR, maire.

Plus bas est écrit, *ne varietur,* l'archi chancelier de l'Empire,

Signé : CAMBACÉRÈS.

Est encore écrit, paraphé par nous, président et secrétaires du Sénat, en vertu de son arrêté de ce jour, ce 22 frimaire an XIII.

Signé : FRANÇOIS (de Neufchâteau), *président,*
PORCHER et COLAUD, *secrétaires.*

TRIBUNAT.

PRÉSIDENCE DE M. FABRE (de l'Aude).

SÉANCE DU 29 FRIMAIRE AN XIII (jeudi 20 décembre 1804).

Le procès-verbal de la séance du 11 frimaire est adopté.

Le maire de la ville de Caderousse, département de Vaucluse, expose que l'hospice de cette ville est propriétaire d'un revenu de 3,500 fr. en rentes foncières ; que lors de la création de ces rentes, l'administration des hospices ayant suivi l'usage établi dans ce pays, de faire la réserve d'un cens, les débiteurs prétendent, d'après la loi du 17 juillet 1793, et d'après la décision du Conseil d'Etat du 3 pluviôse an XI, que ces ventes sont supprimées sans indemnité.

Le pétitionnaire observe que ces rentes ne peuvent être considérées comme féodales, puisque l'hospice n'a jamais été regardé comme seigneur foncier ni haut-foncier ; il demande en conséquence une nouvelle interprétation de la loi du 17 juillet 1793.

Plusieurs citoyens d'arrondissement de Maestrecht (Meuse-Inférieure) exposent que les représentants des ci-devant seigneurs de cet arrondissement les poursuivent en paiement de redevances seigneuriales ; ils réclament contre ces poursuites, et demandent en outre que restitution leur soit faite de ce qui a été perçu illégitimement.

La commune d'Aus (Basses-Pyrénées), propriétaire des Eaux-Bonnes, réclame contre la proposition faite au Gouvernement pour l'exproprier ; elle observe qu'elle n'a d'autres revenus que ceux qu'elle retire de cet établissement.

Ces diverses réclamations sont renvoyées au Gouvernement.

M. Gillot, magistrat de sûreté de l'arrondissement d'Étampes, adresse au Tribunat des réflexions sur la feuille indicative des ventes d'immeubles, soit en justice, soit à l'amiable ; des ventes par des interdictions ; des jugements rendus contre les prodigues ; des cessions ; des décès ; des scellés, etc., dont les rédacteurs du projet de Code de procédure civile désirent l'établissement par département.

Le Tribunat ordonne le dépôt de cet ouvrage au secrétariat.

M. Daizac, juge en la cour de justice criminelle du département des Bouches-du-Rhône, fait hommage d'un ouvrage ayant pour titre : *Analyse du projet de Code criminel*, proposé par la commission nommée par le Gouvernement.

M. Figarol, président de la cour de justice criminelle du département des Hautes-Pyrénées, adresse au Tribunat des observations sur le projet de Code criminel.

M. Laclède, ancien maître particulier des eaux et forêts, membre du conseil général du département des Basses-Pyrénées, président du canton d'Acous, adresse au Tribunat des observations sur quelques articles du projet de Code de procédure civile, relatifs à l'instruction par écrit devant les tribunaux de première instance.

Le Tribunat ordonne la mention de ces différents ouvrages au procès-verbal, et le dépôt au secrétariat.

Des habitants de la ville de Castres (Tarn) exposent au Tribunat que cette ville a obtenu, par une loi, la concession d'un terrain appartenant aux ci-devant dominicains, pour agrandir la place publique ; que cette loi n'a point encore reçu son exécution, sous prétexte que la place ne serait pas assez vaste ; que la municipalité demande aujourd'hui l'autorisation d'acquérir plusieurs maisons donnant sur cette place.

Le Tribunat ordonne le dépôt de cette pétition au secrétariat, pour être représentée lorsque le projet de loi relatif à cet objet sera communiqué à la section de l'intérieur du Tribunat.

M. Ladoucette, préfet du département des Hautes-Alpes, adresse au Tribunat des exemplaires du procès-verbal de la fête relative à l'inauguration de l'obélisque élevée sur le mont Genèvre, par le département des Hautes-Alpes, à la gloire de Sa Majesté Impériale Napoléon Ier.

Le Tribunat ordonne la mention au procès-verbal et le dépôt à la bibliothèque.

M. **Fréville** obtient la parole.

Messieurs, dit-il, je suis chargé de présenter au Tribunat un ouvrage ayant pour titre : *Leçons élémentaires de chimie à l'usage des lycées.* Pour le recommander auprès de vous, il suffit d'en nommer l'auteur. M. Adet, qui a laissé de si honorables souvenirs dans cette enceinte.

Il était convenable à tous égards que la rédaction d'un ouvrage nécessaire pour faciliter l'enseignement de la chimie fût confiée à un des savants qui s'engagèrent les premiers, avec le plus de succès, dans la route ouverte par le génie de l'illustre Lavoisier. Vous ne sauriez être étonnés, messieurs, que les soins de l'administration n'aient pas détourné le préfet de la Nièvre de se charger d'un travail si intéressant pour l'instruction publique. Il avait l'honneur d'être choisi par le Gouvernement ; on lui offrait un nouveau moyen de se rendre utile. Notre ancien collègue a dû être déterminé par son zèle, par son dévouement, par tous ces sentiments enfin qu'il a constamment manifestés parmi vous, messieurs, et dont votre exemple l'aurait pénétré, s'il avait eu besoin qu'on les lui inspirât.

J'ai l'honneur de vous proposer d'ordonner la mention de cet hommage au procès-verbal, et le dépôt de l'ouvrage à la bibliothèque.

Ces propositions sont adoptées.

Un secrétaire fait lecture de cinq messages du Sénat conservateur, annonçant des nominations de sénateurs et de membres du Corps législatif.

Mention au procès-verbal.

Un secrétaire donne lecture des pièces suivantes :

Du 20 frimaire an XIII.

Les membres du Tribunat se sont réunis conformément à l'invitation de M. le président du Tribunat, pour la formation des trois sections.

Il en est résulté la répartition ci-après :

Section de législation.	Daugier,
MM.	Delpierre,
Albi son,	Duvidal,
Bertrand de Greuille,	Fréville,
Chabot (de l'Allier),	Girardin,
Duveyrier,	Jard-Panvilliers,
Faure,	Jubé,
Favard,	Koch,
Gillet (de Seine-et-Oise),	Pernon,
Grenier,	Perrée,
Goupil-Préfeln,	Pictet,
Jaubert,	Sahuc,
Lahary,	Thouret,
Mallarmé,	Van-Hulthem.
Mouricault,	
Perin,	Section des finances.
Savoye-Rollin,	MM.
Tarrible.	Arnould,
	Dacier,
Section de l'intérieur.	Daru,
MM.	Delaistre,
Beauvais,	Fabre (de l'Aude),
Carnot,	Gallois,
Carret,	Gillet-Lajacqueminière.
Carrion-Nisas,	Labrousse,
Chabaud-Latour,	Leroi (de l'Orne),
Challan,	Malès,
Chassiron,	Moreau,
Curée.	Pinteville-Cernon.
	Pougeard-Dulimbert.

Lettre écrite par M. le président du Tribunat à ses collègues, membres des trois sections.

Paris, le 21 frimaire an XIII.

LE PRÉSIDENT DU TRIBUNAT,

A son collègue....., membre de la section de...

Monsieur et cher collègue,

L'article 93 du sénatus-consulte du 28 floréal an XII, porte que le Tribunat est divisé en trois sections, savoir : section de législation, section de l'intérieur, section des finances ; et l'article 94, que chaque section forme une liste de trois de ses membres, parmi lesquels le président du Tribunat désigne le président de la section, dont les fonctions doivent durer un an.

Je vous invite, Monsieur et cher collègue, en conformité de ce dernier article, à vous rendre vendredi prochain, à midi précis, au palais du Tribunat, dans la salle de votre section, pour y former une liste de trois des membres qui la composent, afin que sur cette liste je puisse faire le choix de celui de vos collègues qui doit vous présider.

Agréez, mon cher collègue, l'assurance de mon sincère attachement.

Signé : FABRE (*de l'Aude*), *président.*
Suivent les délibérations des trois sections.

Extrait du registre des délibérations de la section de législation.

Du 23 frimaire an XIII.

Les membres composant la section de législation du Tribunat se sont réunis au lieu ordinaire de leurs séances, sur la convocation du président du Tribunat, à l'effet de nommer trois candidats, qui, aux termes du sénatus-consulte du 28 floréal dernier, doivent être présentés au président du Tribunat, lequel doit désigner parmi eux le président de la section.

La section a d'abord émis le vœu que le tribun Faure, premier secrétaire, fît les fonctions de président, et que le tribun Grenier, second secrétaire, fît celles de secrétaire.

D'après un premier scrutin, les tribuns Faure et Grenier ont obtenu la majorité absolue des suffrages.

Un second scrutin n'ayant pas donné de majorité absolue, on a procédé à un nouveau scrutin entre les tribuns Mouricault et Jaubert, qui avaient réuni le plus de voix. Ce scrutin a donné la majorité absolue au tribun Mouricault.

En conséquence les tribuns Faure, Grenier et Mouricault ont été proclamés par le président candidats pour la présidence de la section.

La section arrête qu'une expédition du présent procès-verbal sera adressée au président du Tribunat.

Signé : FAURE, *président ;* GRENIER, *secrétaire.*

Extrait du registre des délibérations de la section de l'intérieur.

Du 23 frimaire an XIII.

La séance est ouverte à une heure après midi.

Le président annonce que l'objet de la convocation des membres de la section est de procéder à la nomination de trois candidats pour la présidence, en conformité du sénatus-consulte du 28 floréal dernier.

On procède à cette nomination au scrutin.

Le nombre des votants est de seize.

Le résultat du dépouillement du scrutin donne la majorité des suffrages à MM. Girardin, Perrée et Jard-Panvilliers ; ces deux derniers ont eu le même nombre de suffrages.

Le président les proclame candidats pour la présidence de la section pendant l'an XIII.

La section arrête que cette nomination sera notifiée sur-le-champ à M. le président du Tribunat.

La séance est levée.

Signé : JARD-PANVILLIERS, *secrétaire de la section.*

Extrait du registre des délibérations de la section des finances, du 23 frimaire an XIII.

Cejourd'hui 23 frimaire an XIII, les membres de la section des finances, réunis dans le lieu ordinaire de leurs séances, sur la convocation spéciale du président du Tribunat, à l'effet de lui présenter trois candidats, membres de ladite section, pour qu'il puisse en choisir le président, conformément au sénatus-consulte du 28 floréal dernier, procèdent à ladite nomination.

Le résultat du premier tour de scrutin donne, sur dix votants, huit voix à M. Arnould ; et aucun autre n'ayant réuni la majorité absolue, on procède à un second tour de scrutin.

Le dépouillement du second tour de scrutin donne sept voix à M. Pougeard-Dulimbert.

Enfin on procède à un troisième tour de scrutin, et M. Malès obtient six voix.

La nomination des trois candidats étant consommée, la section des finances ajourne la nomination des secrétaires après l'époque où le président de la section aura été désigné.

Les secrétaires de la section des finances,

Signé : ARNOULD et LAJACQUEMINIÈRE.

Suit l'arrêté de M. le président du Tribunat :

Vu les articles 93 et 94 du sénatus-consulte organique du 28 floréal an XII, ainsi conçus :

Art. 93. Le Tribunat est divisé en trois sections, savoir :

Section de législation,
Section de l'intérieur,
Section des finances.

Art. 94. Chaque section forme une liste de trois de ses membres, parmi lesquels le président du Tribunat désigne le président de la section.

Les fonctions du président de section durent un an.

Vu aussi les procès-verbaux desdites sections, en date de ce jour, desquels il résulte, savoir : de celui de la section de législation, que les trois candidats qu'elle a présentés pour la présidence de ladite section, sont MM. Faure, Grenier et Mouricault ; de celui de la section de l'intérieur, que ses candidats sont MM. Girardin, Perrée et Jard-Panvilliers, qui ont eu un nombre égal de suffrages. M. Perrée ayant été classé le premier à raison de son âge ; et de celui de la section des finances, que ses candidats sont MM. Arnould, Pougeard-Dulimbert et Malès.

Le président du Tribunat, en vertu de l'attribution qui lui est accordée par l'article 94 du susdit sénatus-consulte organique, désigne pour président de la section de législation, le tribun *Faure ;* pour président de la section de l'intérieur, le tribun *Girardin ;* et pour président de la section des finances, le tribun *Arnould.*

La présente désignation des présidents des trois sections, pour une année à compter de ce jour, sera transcrite sur les registres du Tribunat ; il en sera fait lecture à la prochaine séance publique, et une copie certifiée par nous sera adressée au ministre secrétaire d'État.

Fait au palais du Tribunat, ce 23 frimaire an XIII.

Signé : FABRE (*de l'Aude*).

M. *le président du Tribunat* a transmis à Son Excellence M. Maret, ministre secrétaire d'État, une copie certifiée par lui de la désignation qu'il a faite de trois présidents des sections de législation, de l'intérieur et des finances.

M. Savoye-Rollin, au nom de la commission chargée de la révision du règlement, propose, et le Tribunat adopte, les huit articles additionnels qui suivent.

ARTICLES ADDITIONNELS AU RÈGLEMENT POUR L'OR-
GANISATION INTÉRIEURE DU TRIBUNAT.

Tenue des séances.

CHAPITRE PREMIER.

Art. 1er. Le Tribunat élit tous les mois deux secrétaires qui ne sont point renouvelés pendant la
durée des ajournements du Tribunat.

Art. 2. En l'absence du président, il est remplacé
par le secrétaire le plus ancien d'âge.

Art 3. Les jours où le Tribunat tient ses
séances, les huissiers sont à la porte de la salle
pour en donner l'entrée aux membres du Tribunat et aux messagers d'Etat.

CHAPITRE II.
SECTIONS.

Art. 4. Les sections sont formées chaque année
d'après les tableaux sur lesquels les membres du
Tribunat sont inscrits.

Art. 5. Chaque section nomme tous les ans au
scrutin, et à la majorité absolue des voix, ses
candidats pour la présidence, et deux secrétaires.
Les présidents et les secrétaires sont rééligibles.
En l'absence du président, le secrétaire le plus
ancien d'âge préside.

Art. 6. Le président du Tribunat préside également les sections lorsqu'il croit devoir s'y rendre;
mais il n'a de voix délibérative que dans la section dont il est membre.

Art. 7. Les membres des trois sections ont réciproquement la liberté d'assister à leurs conférences particulières sans voix délibérative.

Art. 8. Tous les règlements du Tribunat subsistent provisoirement en ce qui n'est pas contraire aux articles ci-dessus et au sénatus-consulte du 28 floréal an XII.

En exécution de l'article 1er du chapitre 1er ci-
dessus, il est procédé à la nomination des deux
secrétaires du Tribunat.

Le nombre des votants est de 35.

MM. Dacier et Albisson obtiennent, le premier
21 suffrages, le second 19.

Ils sont proclamés par M. le président secrétaires du Tribunat.

La séance est levée.

OUVERTURE DE LA SESSION LÉGISLATIVE.

4 NIVÔSE AN XIII (*mardi* 25 *décembre* 1804).

*Cérémonial pour l'ouverture de la session du Corps
législatif.*

Art. 1er. Jeudi, 6 nivôse, à 6 heures du matin, la
garde impériale occupera tous les postes du palais du Corps législatif, sous le commandement
de M. le grand maréchal de la cour, qui aura la
police de ce palais.

Art. 2. L'Empereur partira du palais des Tuileries le même jour, à midi, pour se rendre au
Corps législatif.

Art. 3. La marche sera ouverte par les chas-
seur à cheval de la garde; les grenadiers à cheval et la gendarmerie d'élite la fermeront.

Art. 4. Le cortège marchera au milieu d'une haie
de troupes, traversera le jardin des Tuileries, la
place et le pont de la Concorde, la rue de Bourgogne, la place du palais du Corps législatif, entrera dans ce palais par la porte des Acacias, et
Sa Majesté descendra au perron du président du
Corps législatif.

Art. 5. Le cortége impérial marchera dans l'ordre suivant:

Les hérauts d'armes à cheval;

Une voiture pour les maîtres et aides des cérémonies;

Trois voitures pour onze grands officiers militaires désignés par S. M.;

Trois voitures pour les ministres;

Une voiture pour le grand chambellan, le grand
écuyer, et le grand maître des cérémonies;

Une voiture pour les deux grands dignitaires;

La voiture de Sa Majesté, dans laquelle seront
l'Empereur et les princes ses frères : les colonels
généraux de la garde, les aides-de-camp de S. M.
et les écuyers cavalcadours seront à cheval autour de la voiture;

Une voiture pour le grand maréchal, le grand
veneur et deux chambellans de S. M.

Art. 6. Une salve d'artillerie annoncera le départ de Sa Majesté des Tuileries, et son arrivée au
palais du Corps législatif.

Art. 7. Le président et vingt-cinq législateurs
iront à la porte extérieure du palais recevoir
S. M.

Art. 8. Le Tribunat partira de son palais à dix
heures et demie; le Conseil d'Etat, des Tuileries,
à onze heures et demie; et une députation du
Sénat, composée de douze sénateurs, partira du
palais du Sénat à onze heures demie et pour se
rendre au Corps législatif dans les salles qui leur
seront destinées, et où deux législateurs nommés
à cet effet conduisent chaque corps ainsi que la
députation du Sénat. Cette députation, ainsi que le
Conseil d'Etat et le Tribunat, auront chacun une
escorte de cent hommes de troupes à cheval.

Art. 9. Lorsque le cortège impérial arrivera, le
Tribunat, puis le Conseil d'Etat, et enfin la députation du Sénat, entreront successivement dans la
salle des séances du Corps législatif : les conseillers d'Etat occuperont les deux premiers rangs
de banquettes du côté de leurs places accoutumées; les tribuns, les deux premiers rangs de
banquettes vis-à-vis les conseillers d'Etat; les
douze sénateurs seront placés dans le parquet, en
face du trône, sur douze chaises richement ornées, devant les conseillers d'Etat et leurs tribuns.

Art. 10. L'Empereur, après s'être reposé dans
les appartements préparés pour le recevoir, se
mettra en marche par la bibliothèque et la galerie; son cortège marchera dans l'ordre suivant:

La députation des législateurs avant le cortége,

Les huissiers,

Les hérauts d'armes,

Les pages,

Les aides des cérémonies,

Les maîtres des cérémonies,

Les aides de camp de l'Empereur,

Les onze grands officiers militaires,

Le grand maréchal et le grand maître des cérémonies,

Les dignitaires,

Les princes,

L'Empereur,

Les deux colonels généraux de la garde de service, ayant à leur droite et à leur gauche le grand
chambellan et le grand écuyer; si les deux colonels généraux qui ne sont pas de service accompagnent l'Empereur, ils suivront les deux de
service;

Derrière eux les chambellans et les écuyers,

Les ministres.

Art. 11. Lorsque le cortège arrivera dans l
salle des séances, tous les législateurs se lèveront;
ceux de la députation iront prendre leurs places:
le président se placera en face du trône, au milieu
de son corps, sur une chaise, ayant deux huissiers
derrière lui. Les huissiers de S. M. se placeront

aux deux extrémités de l'escalier; deux hérauts se placeront à une entrée du parquet, et deux à l'autre, le chef au milieu devant la balustrade, entre les messagers d'État du Corps législatif; les aides des cérémonies au milieu du parquet, des deux côtés de l'estrade; les pages se rangeront en haie dans le parquet, jusqu'à ce que l'Empereur soit placé; le reste du cortége montera l'escalier, et, en montant par le couloir de droite, chacun ira prendre sa place ordinaire autour du trône; les princes et dignitaires à droite et à gauche sur leurs chaises; les onze ministres à droite; les onze grands officiers à gauche sur leurs bancs; les colonels généraux de la garde, le grand maréchal et le grand veneur, derrière le trône; le grand chambellan et le grand écuyer, sur des tabourets devant les ministres; le grand maître des cérémonies, sur un tabouret devant les grands officiers militaires; les maîtres des cérémonies, au haut des escaliers latéraux; les aides de camp, les deux chambellans et les écuyers, se tiendront derrière les princes et dignitaires; les pages se partageront sur les marches des escaliers latéraux.

Art. 12. L'Empereur étant assis, tout le monde se couvrira; le grand maître des cérémonies prendra ses ordres et les transmettra au grand électeur; celui-ci, descendant par le couloir, et s'avançant près de la balustrade, au bas des cinq marches du trône, dira à haute voix qu'il demande à Sa Majesté la permission de lui présenter successivement les membres du Corps législatif, et de les admettre à prêter serment : cela fait, le grand maître dira à un maître des cérémonies d'avertir un questeur pour indiquer successivement les législateurs.

Art. 13. Un aide des cérémonies appellera le questeur, qui montera sur l'estrade au milieu du parquet.

Art. 14. Le questeur appellera lentement et successivement les législateurs, par ordre alphabétique.

Art. 15. Dès qu'un législateur sera appelé, il se lèvera, se découvrira; le grand électeur répétera son nom à Sa Majesté; le législateur prêtera debout et à haute voix le serment.

Art. 16. L'appel terminé, et tous les législateurs ayant prêté serment, l'Empereur prononcera un discours; pendant que l'Empereur parlera, tous les législateurs se découvriront.

Art. 17. Le discours de Sa Majesté étant fini, Elle se lèvera, et tout le cortége retournera dans les appartements d'où il était sorti, en suivant le même ordre qui avait été observé pour arriver.

Art. 18. L'Empereur remontera en voiture, et prendra avec le même cortége le même chemin qu'il avait suivi pour venir au palais du Corps législatif.

Art. 19. Il sera de même précédé et reconduit par la députation des vingt-cinq législateurs, jusqu'à la porte extérieure.

Art. 20. Le départ de Sa Majesté du palais du Corps législatif, et son arrivée aux Tuileries, seront pareillement annoncés par des salves d'artillerie.

Art. 21. Lorsque le cortége impérial sera sorti du palais du Corps législatif, les douze sénateurs en partiront pour se rendre à leur palais, et successivement le Conseil d'État et le Tribunat en partiront pareillement pour retourner, le premier aux Tuileries, et le second au palais du Tribunat.

Le grand maître des cérémonies,
L. P. SÉGUR.

CORPS LÉGISLATIF.

PRÉSIDENCE DE M. FONTANES.

Ouverture de la session.

SÉANCE DU 6 NIVÔSE AN XIII (jeudi 27 décembre 1804).

Le 6 nivôse an XIII, jour indiqué par le décret impérial du 26 frimaire dernier, pour l'ouverture de la session, les membres du Corps législatif se réunissent en grand costume dans la salle des séances.

La cérémonie avait nécessité quelques changements dans l'ordonnance intérieure de la salle.

L'estrade du trône avait été établie sur et en avant de la tribune ordinaire du président, des orateurs et des secrétaires du Corps législatif, à la hauteur du soubassement. On y montait par deux rampes placées aux extrémités latérales. Le trône élevé de cinq marches au-dessus de l'estrade, était placé sous un palmier, à la tige duquel étaient suspendues les armes de l'Empereur.

Le trône était formé de deux accotoirs formant piédestaux, et portant deux génies, symboles de la justice et de la force, qui soutenaient une couronne au-dessus de la tête de Sa Majesté. Le trône était surmonté d'un dais semé d'abeilles et d'étoiles, et d'un aigle reposant sur son foudre.

On avait aussi préparé vis-à-vis du trône, dans la tribune des autorités constituées, un dais pour Sa Majesté l'Impératrice, et des places que les princesses occupaient.

Le Corps législatif avait nommé hier, dans une réunion particulière, une députation de 25 membres, pour aller recevoir aujourd'hui Sa Majesté l'Empereur.

A onze heures et demie, douze membres du Sénat, le Conseil d'État et le Tribunat, se rendent dans la salle où chacun de ces corps est introduit par deux législateurs désignés à cet effet.

A midi, une salve d'artillerie ayant annoncé l'arrivée de l'Empereur au Corps législatif, la députation, le président à sa tête, se met en marche pour aller au-devant de Sa Majesté.

Bientôt le cortége, au son d'une musique guerrière, entre dans la salle des séances. Tous les législateurs se lèvent. Ceux de la députation vont reprendre leurs places. L'Empereur monte sur son trône, et toutes les personnes qui l'accompagnent vont occuper à sa droite et à sa gauche les rangs qui leur sont assignés.

De chaque côté du trône, sur une marche plus bas, sont placés les princes et les dignitaires; sur les deux rangs de gradins, au-dessous à droite, les ministres; à gauche, les grands officiers de l'Empire; en avant des gradins, sur des tabourets, le grand chambellan et le grand écuyer; à droite, le grand maître des cérémonies; et derrière l'Empereur, et debout, le grand maréchal, le grand veneur, les colonels généraux de la garde et les aides de camp. En avant et aux deux angles de la balustrade, sont les deux maîtres des cérémonies; les pages, sur les marches des deux escaliers latéraux; et au bas de l'estrade, les hérauts d'armes.

En face, dans la partie circulaire formant le premier rang de l'amphithéâtre, est placée la députation du Sénat; sur les deux banquettes suivantes sont, à droite les conseillers d'État, et à gauche les tribuns. Sur le reste des banquettes de l'amphithéâtre siégent les membres du Corps législatif, au centre desquels et en face du trône est placé le président sur un siége particulier; à ses côtés les questeurs, et derrière lui deux huissiers.

Tous les assistants étant assis et couverts, le prince Joseph, grand électeur, quitte la droite de l'Empereur, s'avance près de la balustrade et demande à Sa Majesté la permission de présenter au serment les membres du Corps législatif.

M. Delattre, l'un des questeurs, invité par un maître des cérémonies, se place au milieu du parquet, en face du trône, et fait l'appel nominal.

Chaque membre appelé se lève découvert et prononce le serment conçu en ces termes : *Je jure obéissance aux Constitutions de l'Empire et fidélité à l'Empereur.*

Le serment est prêté par tous les législateurs, à l'exception de MM. Barailon (de la Creuse) ; Bassaget (de Vaucluse) ; Delort (de la Corrèze) ; Larmaguac (de Saône-et-Loire) ; Lespinasse (de la Haute-Garonne) ; Levêque (du Calvados) ; Roulbac (de la Haute-Vienne) ; Sauret (de l'Allier) ; Schirmer (du Haut-Rhin) ; Servan (des Bouches-du-Rhône) ; Toulongeon (de la Nièvre), qui avaient informé M. le président des causes légitimes qui les empêchaient de se rendre à la séance.

L'appel nominal terminé, les législateurs se découvrent. L'EMPEREUR assis et couvert (1) prononce le discours suivant :

Messieurs les députés des départements au Corps législatif, messieurs les tribuns et les membres de mon Conseil d'Etat, je viens présider à l'ouverture de votre session ; c'est un caractère plus imposant et plus auguste que je veux imprimer à vos travaux.

Princes, magistrats, soldats, citoyens, nous n'avons tous dans notre carrière qu'un seul but : l'intérêt de la patrie. Si ce trône, sur lequel la Providence et la volonté de la nation m'ont fait monter, est cher à mes yeux, c'est parce que, seul, il peut défendre et conserver les intérêts les plus sacrés du peuple français. Sans un Gouvernement fort et paternel, la France aurait à craindre le retour des maux qu'elle a soufferts.

La faiblesse du pouvoir suprême est la plus affreuse calamité des peuples. Soldat ou Premier Consul, je n'ai eu qu'une pensée ; Empereur, je n'en ai point d'autre : les prospérités de la France. J'ai été assez heureux pour l'illustrer par des victoires, pour la consolider par des traités, pour l'arracher aux discordes civiles et y préparer la renaissance des mœurs, de la société et de la religion. Si la mort ne me surprend pas au milieu de mes travaux, j'espère laisser à la postérité un souvenir qui serve à jamais d'exemple ou de reproche à mes successeurs.

Mon ministre de l'intérieur vous fera l'exposé de la situation de l'Empire. Les orateurs de mon Conseil d'Etat vous présenteront les différents besoins de la législation. J'ai ordonné qu'on mît sous vos yeux les comptes que mes ministres m'ont rendus de la gestion de leur département. Je suis satisfait de l'état prospère de nos finances ; quelles que soient les dépenses, elles sont couvertes par les recettes. Quelque étendus qu'aient été les préparatifs qu'a nécessités la guerre dans laquelle nous sommes engagés, je ne demanderai à mon peuple aucun nouve   rifice.

Il m'aurait   doux, à un   anas   an-nelle, de voir la   . I   . I les principes pou duite récente

naître les difficultés. Je ne veux pas accroître le territoire de la France, mais en maintenir l'intégrité. Je n'ai point l'ambition d'exercer en Europe une plus grande influence, mais je ne veux point déchoir de celle que j'ai acquise. Aucun Etat ne sera incorporé dans l'Empire ; mais je ne sacrifierai point mes droits, les liens qui m'attachent aux Etats que j'ai créés.

En me décernant la couronne, mon peuple a pris l'engagement de faire tous les efforts que requéraient les circonstances, pour lui conserver cet éclat qui est nécessaire à sa prospérité et à sa gloire comme à la mienne. Je suis plein de confiance dans l'énergie de la nation et dans ses sentiments pour moi. Ses plus chers intérêts sont l'objet constant de mes sollicitudes.

Messieurs les députés des départements au Corps législatif, messieurs les tribuns et les membres de mon Conseil d'Etat, votre conduite pendant les sessions précédentes, le zèle qui vous anime pour la patrie, me sont garants de l'assistance que je vous demande, et que je trouverai en vous pendant le cours de cette session.

Ce discours est écouté dans le plus profond silence. Mais à peine Sa Majesté a-t-elle cessé de parler, que les applaudissements et les cris de vive l'Empereur éclatent de toutes parts et se répètent jusqu'après le départ de Sa Majesté.

Le cortège est reconduit jusqu'à la porte extérieure du palais, par la même députation qui l'avait été recevoir.

Les douze sénateurs, les membres du Tribunat et du Conseil d'Etat, se retirent successivement.

Au retour de la députation, M. le président indique la prochaine séance pour demain à midi.

La séance est levée.

CORPS LÉGISLATIF.

PRÉSIDENCE DE M. FONTANES.

Séance du 7 nivôse an XIII (vendredi 28 décembre 1804).

La séance est ouverte à midi.

MM. Sapey, Duhamel, Laborde et Lespérut, ayant été reconnus les plus jeunes de l'assemblée, prennent place au bureau pour remplir provisoirement les fonctions de secrétaires.

M. le Président annonce divers hommages faits au Corps législatif, savoir :

1° *Dissertation historique et critique sur l'origine des francs.saliens et de la loi salique*, par M. J. F. Peppe, membre du Corps législatif.

2° *Code des prises et du commerce de terre et de mer*, par M. Du Friche-Foulaines.

3° *Dictionnaire universel, géographique, minéralogique, hydrographique, statistique, historique et politique de la France*, par M. L. Prudhomme.

4° *Ode latine sur le sacre et le couronnement de Napoléon*, par M. Maron.

Le Corps législatif agrée ces hommages. Les volumes seront déposés à la bibliothèque.

M. Bassenge (de l'Ourthe). En l'an II, la victoire ramenant les troupes de la République à Liège, a   ôt les habitants de cette cité, célèbre par son   ur pour la liberté, par son attachement   ance, et dont le sort est depuis 1792 insé   celui de ce puissant Empire, se conf   rangs de leurs libérateurs ; ils   lever à l'envi des obstacles sur   l'ennemi peut essayer de   en une nuit leurs tra   ce de l'ennemi est là ville des bombes qui font un grand ravage; il court, la torche à la main, mettre le feu au faubourg d'Amercœur, dont il est encore le maître. Ce faubourg considérable est entièrement consumé; les habitants fuient et se dispersent. Durant neuf ans ils ont espéré en vain de voir rétablir leurs foyers; mais au mois de thermidor de l'an XI, paraît au milieu de nous celui qui a déjà réparé tant de ruines; il est reçu avec des acclamations spontanées, vives, universelles; on se précipite en foule sur ses pas. Le respect, l'amour, l'espoir animent tous les cœurs; l'enthousiasme est au comble. Quel beau jour pour les Liégeois que celui où l'auguste chef de l'État peut juger par lui-même de leurs vrais sentiments! il va visiter le faubourg incendié, et il en trouve les décombres couverts des anciens habitants, hommes, femmes, enfants, vieillards. Heureux de voir le héros, ils oublient leurs malheurs : ces malheurs, Napoléon les connaît, ils ne peuvent plus durer : rentré dans son palais, Bonaparte dicte lui-même un arrêté qui accorde des secours donnés avec munificence, l'exemption de toute imposition foncière, pendant dix ans, aux habitants d'Amercœur qui feront rétablir leurs maisons. Les indigents, là comme partout, objet pour lui d'une sollicitude particulière, sont favorisés par une disposition spéciale; ceux dont les maisons ne valaient pas 2,000 fr. sont entièrement indemnisés. Un jeune artiste de Liège, M. Schotte, a senti le besoin de retracer cet événement par le burin; sa gravure, estimée des connaisseurs, a surtout le mérite d'offrir d'une manière très-ressemblante l'image du bienfaiteur des Liégeois, du bienfaiteur de tous les Français.

Il m'a chargé de vous présenter, en son nom, un exemplaire; je vous prie, mes collègues, de l'agréer, et d'ordonner qu'il soit placé dans une des salles du Corps législatif.

L'assemblée adopte la proposition de M. Bassenge, et ordonne l'impression de son discours.

Le président annonce que le Corps législatif va se former en comité général. — Les étrangers se retirent.

La séance rendue publique, le président prononce que le Corps législatif a voté à l'unanimité un projet d'adresse à Sa Majesté. (Voyez le texte de ce document à la date du 12 nivôse an XIII).

L'ordre du jour appelle le renouvellement du bureau. Plusieurs membres font observer que la liste de tous les députés qui composent la session actuelle n'est pas encore imprimée, et qu'on ne pourrait s'occuper en ce moment de cet objet sans faire porter en quelque sorte les suffrages sur les anciens membres seulement.

L'ajournement du scrutin est adopté.

Le **Président.** Je suis instruit que l'exposé de la situation actuelle de l'Empire sera incessamment communiqué au Corps législatif. Les nouvelles dispositions locales ne permettant pas de recevoir d'une manière convenable les orateurs, je pense que vous devez ajourner votre séance à lundi.

Cet ajournement est décrété.

La séance est levée.

TRIBUNAT.

PRÉSIDENCE DE M. FABRE (*de l'Aude*).

SÉANCE DU 8 NIVÔSE AN XIII (*samedi 29 décembre* 1804).

Le procès-verbal de la séance du 29 frimaire est adopté.

Un secrétaire donne lecture de plusieurs messages du Sénat conservateur, portant nomination de députés au Corps législatif et de sénateurs.

M. **Chabot** (*de l'Allier*) a la parole.

Messieurs, il n'est aucun de vous qui n'ait entendu avec une profonde émotion le discours prononcé par Sa Majesté l'Empereur à l'ouverture de la session du Corps législatif.

Je ne chercherai point à rappeler l'impression qu'il a faite sur tous les esprits. Pour dépeindre cette bonté touchante, cette généreuse modération, cette attitude énergique, ce ton majestueux et paternel, qui ont excité le plus vif enthousiasme, il faudrait rapporter les expressions mêmes prononcées du haut du trône, et ces expressions sont gravées dans votre mémoire comme dans vos cœurs.

Mais nous éprouvons tous le besoin de manifester les sentiments de reconnaissance et d'amour dont nous sommes pénétrés. Nous voulons tous répondre d'une manière solennelle au nouveau témoignage de confiance que nous a donné Sa Majesté l'Empereur, en nous appelant à seconder sa tendre sollicitude pour les prospérités de la France.

Je viens donc vous proposer, Messieurs, de faire une adresse qui ne sera dictée ni par l'étiquette, ni par la politique, mais qui sera un hommage pur et sincère, inspiré par les sentiments les plus généreux, et avoué par la nation tout entière.

Je demande : 1° que le Tribunat vote une adresse à Sa Majesté l'Empereur; 2° qu'il soit nommé une commission pour la diriger; 3° qu'elle soit présentée à Sa Majesté l'Empereur par le Tribunat en corps.

Ces trois propositions sont adoptées.

La commission est composée de MM. Fabre (de l'Aude), président, Dacier et Albisson, secrétaires, de MM. Faure, Girardin et Arnould, présidents des sections de législation de l'intérieur et des finances, et de MM. Chabot (de l'Allier), Savoye-Rollin et Gallois.

La séance est suspendue et reprise à quatre heures.

M. **le Président** donne lecture de l'adresse à présenter à Sa Majesté l'Empereur, laquelle a été rédigée par la commission nommée à cet effet.

Elle est ainsi conçue :

Sire,

Vos très-fidèles sujets, les membres du Tribunat, ont entendu avec émotion le discours que Votre Majesté a prononcé à l'ouverture de la session du Corps législatif ; il a été vivement touché des dispositions que vous avez manifestées pour maintenir au dehors l'honneur et la gloire de la nation française, et assurer au dedans sa tranquillité et son bonheur.

Vous avez déclaré, Sire, que vous conserveriez l'intégrité de l'Empire, mais que vous ne vouliez point en accroître le territoire; cette déclaration solennelle sera pour l'Europe le gage assuré des sentiments de modération et de paix qui vous ont constamment animé.

Votre Majesté a déclaré aussi qu'elle ne sacrifierait point ses droits, ni les liens qui l'attachent aux États qu'elle a créés.

Sire, la gloire du trône sur lequel vous êtes assis, l'honneur du peuple français, ses véritables intérêts, ceux mêmes de l'Europe entière, exigent que vous ne renonciez jamais à une influence qui est la garantie de la paix continuelle.

Vous avez encore annoncé que vous étiez satisfait de l'état prospère des finances, et qu'aucun sacrifice nouveau ne serait demandé à la nation. Sire, en rendant un hommage public à la vigilante et sage administration qui a produit cet heureux résultat, le Tribunat croit pouvoir assurer Votre Majesté qu'elle trouvera toujours dans le dévouement de la nation les ressources nécessaires pour déconcerter des vues ambitieuses et repousser d'injustes agressions.

Votre Majesté a réclamé du Tribunat la même assurance et le même zèle qu'elle a trouvés en lui dans les sessions précédentes. Sire, en secondant Votre Majesté de tous ses moyens et de toute son influence, le Tribunat ne fera qu'obéir au sentiment de ses devoirs, au vœu du peuple français, aux affections qui le lient irrévocablement à votre personne sacrée et à votre auguste famille.

La rédaction est adoptée.

La séance est levée.

CORPS LÉGISLATIF.

PRÉSIDENCE DE M. FONTANES.

Séance du 10 nivôse an XIII (lundi 31 décembre 1804).

Le procès-verbal de la séance du 7 nivôse est adopté.

Le Sénat conservateur annonce, par des messages, que dans ses séances des 22 et 29 thermidor et 27 fructidor an XII, ainsi que dans celle du 17 brumaire an XIII, il a procédé à la nomination de législateurs pour les départements de la Doire, la Côte-d'Or, la Dordogne, le Doubs, la Drôme, l'Hérault, l'Indre, les Landes, le Léman, la Haute-Loire, le Lot, les Basses-Pyrénées, le Rhône, la Roër, Saône-et-Loire, la Sarthe, la Seine-Inférieure, Seine-et-Oise, le Tanaro, Marengo, la Loire-Inférieure. (*Voy.* aux dates ci-dessus, le nom des législateurs nommés).

Le **Président**. Je reçois de Son Excellence M. le secrétaire d'Etat, ampliation d'un décret impérial dont je vais donner lecture.

Extrait des minutes de la secrétairerie d'Etat.

Au palais des Tuileries, le 10 nivôse an XIII.

Napoléon, Empereur des Français, nous avons nommé et nommons MM. Champagny, ministre de l'intérieur, Regnauld et Lacuée, conseillers d'Etat, pour se rendre au Corps législatif, aujourd'hui 10 nivôse, et y faire l'*exposé de la situation de l'Empire.*

Signé : NAPOLÉON.

M. CHAMPAGNY. Messieurs, en conséquence de la nomination dont il vient de vous être donné connaissance, je vais avoir l'honneur de vous faire l'exposé de la situation actuelle de l'Empire français.

EXPOSÉ DE LA SITUATION DE L'EMPIRE.

La situation intérieure de la France est aujourd'hui ce qu'elle fut dans les temps les plus calmes : point de mouvement qui puisse alarmer la tranquillité publique ; point de délit qui appartienne au souvenir de la Révolution; partout des entreprises utiles : partout l'amélioration des propriétés publiques et privées atteste les progrès de la confiance et de la sécurité.

Le levain des opinions... le sentiment de l'intérê... l'ordre social, mieux... attaché tous les co... C'est ce que procla... c'est ce qu'a recon... départements qu'il vient d'être démo... éclatante. Toutes l... fois séparées de leu...

militaires, de leurs chefs ; les tribunaux supérieurs privés de leurs premiers magistrats ; le ministère public, de ses premiers organes ; les églises, de leurs principaux pasteurs ; les villes, les campagnes, délaissées simultanément par tout ce qui a du pouvoir et de l'influence sur les esprits ; le peuple, partout abandonné à son génie : et le peuple, partout, s'est montré voulant l'ordre et des lois.

Dans le même moment, le Souverain Pontife traversait la France. Des rives du Pô jusqu'aux bords de la Seine, partout il a été l'objet d'un hommage religieux que lui a rendu avec amour et respect cette immense majorité qui, fidèle à l'antique doctrine, voit un père commun et le centre de la commune croyance dans celui que toute l'Europe révère comme un souverain élevé au trône par sa piété et ses vertus.

Une trame ourdie par un gouvernement implacable, allait replonger la France dans l'abîme des guerres civiles et de l'anarchie. A la découverte de cette horrible trame, la France entière s'est émue ; des inquiétudes mal assoupies se sont réveillées ; et dans tous les esprits à la fois se sont retrouvés des principes qui ont été ceux de tous les sages et qui furent constamment les nôtres, avant que l'erreur et la faiblesse eussent aliéné les esprits et que de coupables intrigues eussent égaré les opinions.

On avait éprouvé que le pouvoir partagé était sans accord et sans force ; on avait senti que, confié pour un temps, il n'était que précaire et ne permettait ni les longs travaux, ni les longues pensées ; que, confié pour la vie d'un seul homme, il s'affaiblissait avec lui, et ne laissait après lui que les chances de discorde et d'anarchie ; on a reconnu enfin qu'il n'y avait, pour les grandes nations, de salut que dans le pouvoir héréditaire ; que seul il assurait leur vie politique, et embrassait, dans sa durée, les générations et les siècles.

Le Sénat a été, comme il devait l'être, l'organe de l'inquiétude commune. Bientôt a éclaté ce vœu d'hérédité qui était dans tous les cœurs vraiment français ; il a été proclamé par les collèges électoraux, par les armées. Le Conseil d'Etat, les magistrats, les hommes les plus éclairés, ont été consultés, et leur réponse a été unanime.

La nécessité du pouvoir héréditaire dans un Etat aussi vaste que la France, avait été depuis longtemps aperçue par le Premier Consul. Vainement il avait résisté à la force des principes ; vainement il avait tenté d'établir un système d'élection qui pût perpétuer l'autorité et la transmettre sans danger et sans trouble.

L'inquiétude publique, les espérances de nos ennemis, accusaient son ouvrage, sa mort devait être la ruine de ses travaux. C'était à ce terme que vous attendaient la jalousie de l'étranger, et l'esprit de discorde et d'anarchie. La raison, le sentiment, l'expérience, disaient également à tous les Français qu'il n'y avait de transmission certaine du pouvoir que celle qui s'opérait sans intervalle ; qu'il n'y avait de succession tranquille que celle qui était réglée par les lois de la nature.

Lorsque... aussi pre... Consul ne... d'accepter... après lui, il... de des circ... de ses médi... même...

tifs appuyaient des vœux rmination du Premier outeuse. Il résolut.donc ur deux de ses frères, imposait la néces-

des conférences des discussions

dans les conseils, par les observations des hommes les plus sages, s'est formée une série de dispositions qui fixe l'hérédité du trône impérial ;

Qui assigne aux princes leurs droits et leurs devoirs ;

Qui promet à l'héritier de l'Empire une éducation réglée par les lois, et telle qu'il sera digne de ses hautes destinées ;

Qui désigne ceux qui, dans le cas de minorité, seront appelés à la régence, et marque les limites de leur pouvoir ;

Qui place entre le trône et les citoyens, des dignités et des offices accessibles à tous, encouragements et récompenses des vertus publiques ;

Qui donne aux hommes honorés de grandes distinctions, ou revêtus d'une grande autorité, des juges assez grands pour ne fléchir ni devant leur autorité, ni devant leurs distinctions ;

Qui donne aux délits contre la sûreté publique et les intérêts de l'Empire, des juges essentiellement attachés à la sûreté de l'Empire et à ses intérêts ;

Qui met plus d'éclat et plus de poids dans les fonctions du législateur, plus de développement et plus d'étendue dans la discussion publique des lois ;

Qui rappelle les tribunaux et leurs jugements à ces antiques dénominations qui avaient obtenu le respect des siècles ;

Qui garantit, enfin, les droits du prince et du peuple, par des serments gardiens éternels de tous les intérêts.

Ces dispositions ont été décrétées par le sénatus-consulte du 28 floréal dernier. Le peuple français a manifesté sa volonté libre et indépendante ; il a voulu l'hérédité de la dignité impériale dans la descendance directe, légitime et adoptive de Napoléon Bonaparte, dans la descendance directe et légitime de Joseph Bonaparte, dans la descendance directe et légitime de Louis Bonaparte.

Dès ce moment, Napoléon a été, au plus juste des titres, Empereur des Français ; nul autre acte n'était nécessaire pour constater ses droits et consacrer son autorité.

Mais il a voulu rendre à la France ses formes antiques, rappeler parmi nous ces institutions que la Divinité semble avoir inspirées, et imprimer au commencement de son règne le sceau de la religion même. Pour donner aux Français une preuve éclatante de sa tendresse paternelle, le chef de l'Eglise a voulu prêter son ministère à cette auguste cérémonie.

Quelles impressions profondes et durables elle a laissées dans l'âme de l'Empereur et dans le souvenir de la nation ! Quels entretiens pour les races futures ! Quel sujet d'admiration pour l'Europe !

Napoléon prosterné aux pieds des autels qu'il vient de relever ; le Souverain Pontife implorant sur la France et sur lui les bénédictions célestes, et dans ses vœux pour la félicité d'une nation, embrassant la félicité de toutes les nations ;

Des pasteurs et des prêtres, naguère divisés, unissant à des supplications leur reconnaissance et leur voix ;

Les sénateurs, les législateurs, les tribuns, des magistrats, des guerriers, les administrateurs du peuple, et ceux qui président à ses assemblées, confondant ensemble leurs opinions, leurs espérances et leurs vœux ; des souverains, des princes, des ambassadeurs, frappés par ce grand spectacle de la France rassise sur ses anciens fondements, et par son repos, assurant le repos de leur patrie ;

Au milieu de cette pompe, et sous les regards de l'Eternel, Napoléon prononçant le serment immuable qui assure l'intégrité de l'Empire, la stabilité des propriétés, la perpétuité des institutions, le respect des lois et le bonheur de la nation.

Le serment de Napoléon sera à jamais la terreur des ennemis et l'égide des Français. Si nos frontières sont attaquées, il sera répété à la tête de nos armées, et nos frontières ne craindront plus l'invasion étrangère.

Il sera présent à la mémoire des délégués de l'autorité ; il leur rappellera le but de leurs travaux et la règle de leurs devoirs ; et s'il ne garantit pas leur administration de quelques erreurs, il en assurera la prompte réparation.

Les principes qu'il consacre seront ceux de notre législation. Désormais, moins de lois nouvelles seront proposées aux délibérations du Corps législatif. Le Code civil a rempli l'attente publique, il est dans la mémoire des citoyens, il éclaire leur marche et leurs transactions, et partout il est célébré comme un bienfait.

Un projet de Code criminel, achevé depuis deux ans, a été soumis à la censure de tribunaux, et subit en ce moment les dernières discussions du Conseil d'Etat.

Le Code de la procédure et le Code du commerce en sont encore où les avaient laissés les travaux de l'année précédente. Des soins plus pressants ont appelé l'Empereur ; et il est dans ses maximes de ne proposer aux délibérations des législateurs, que des projets de lois mûris par de longues et sages discussions.

Les écoles de législation vont s'ouvrir ; des inspecteurs sont nommés, qui en éclaireront l'enseignement et empêcheront qu'il ne dégénère en vaines et stériles épreuves ; les lycées, les écoles secondaires se remplissent d'une jeunesse avide d'instruction. De Fontainebleau est déjà sortie une milice qui marque dans nos armées par sa tenue, par ses connaissances, par son respect pour la discipline.

L'école polytechnique peuple de sujets utiles nos arsenaux, nos ports et nos ateliers.

A Compiègne, l'école des arts et métiers obtient tous les jours de nouveaux succès ; celle qui se forme sur les limites de la Vendée y est attendue avec impatience, et bientôt y sera en pleine activité.

Des prix ont été décernés aux sciences, aux lettres et aux arts ; et dans une période de dix ans, assignée aux travaux que Sa Majesté veut récompenser, elle a droit d'attendre que le génie français enfantera des chefs-d'œuvre.

Dans le département des ponts et chaussées, les ouvrages commencés ont été suivis avec constance ; d'autres sont médités, et chaque année prépare aux années suivantes de nouveaux projets pour la prospérité de l'Etat. Mais l'intempérie des saisons a trompé la prévoyance et le zèle de l'administration ; des pluies, des torrents ont dégradé les routes avec plus de rapidité qu'on n'a pu en mettre à réparer leurs ravages ; quelques travaux ont été détruits ; d'autres ont été un moment suspendus ; de grandes calamités ont affligé quelques départements et surtout celui de Rhin-et-Moselle. Un préfet, judicieux interprète des intentions de l'Empereur, a porté les premiers secours aux malheureux qui en ont été les victimes. Sa Majesté a relevé leur courage par sa présence, et les a consolés par ses bienfaits.

Le fléau de la contagion affligeait des contrées voisines : la vigilance de l'administration en a préservé notre territoire ; il s'apaise dans les lieux où il exerçait ses ravages. En maintenant les mesures que commandent encore la prudence et l'intérêt de la santé publique, on préviendra l'invasion du mal, sans interrompre les communications nécessaires à l'aliment de notre commerce et de nos manufactures.

Au centre de la Vendée s'élève une nouvelle ville destinée à être le siège de l'administration. De là elle portera sur tous les points une surveillance active et sûre ; de là les lumières et les principes se propageront dans tout ce département où l'ignorance et le défaut d'information a livré si souvent des âmes simples et honnêtes aux intrigues de la malveillance.

Des décrets de l'Empereur ont rappelé le commerce sur la rive gauche du Rhin, et donné à Mayence et à Cologne tous les avantages des entrepôts réels, sans les dangers des versements frauduleux dans l'intérieur de la France.

Nos manufactures se perfectionnent ; et tandis que, dans de vaines déclamations, les mercenaires soudoyés par le gouvernement britannique vantent ses ressources lointaines et ses ressources précaires dispersées sur les mers et dans les Indes ; tandis qu'ils peignent nos ateliers déserts et nos ouvriers mourants de misère, notre industrie étend ses racines sur notre propre sol, repousse l'industrie anglaise loin de nos frontières, est parvenue à l'égaler dans ce qui faisait sa gloire et ses succès, la perfection de ses machines, et s'apprête à lui disputer les consommateurs dans tous les lieux où elle pourra les rencontrer et l'atteindre.

Nos manufactures premières, l'agriculture s'agrandit et s'éclaire : un système d'exportations, tellement combiné qu'il s'ouvre ou se ferme au gré de nos besoins, assure au cultivateur le prix de son travail, et l'abondance à nos marchés.

De nouveaux encouragements préparent l'amélioration de la race de nos chevaux ; nos laines se perfectionnent ; nos campagnes se couvrent de bestiaux, et sur tous les points de l'Empire se multiplient ses véritables richesses.

Avec la richesse, la sécurité renaissante a donné un plus libre essor à l'active bienfaisance : excitée par la religion et par le souvenir de nos malheurs, celle-ci ne se borne plus à des charités du moment ; elle embrasse l'avenir, et confie ses trésors au Gouvernement qui lui en garantit un emploi conforme à ses vœux. Jamais tant de legs, de donations pieuses, n'ont été faits en faveur des hospices et des établissements de bienfaisance. Quelques-unes de ces institutions ont été créées ou rétablies par de simples particuliers ; jamais l'humanité souffrante n'a trouvé plus d'amis, ni l'indigence plus de secours. Ils sont distribués avec autant de lumière que de zèle ; et les hospices de Paris, dirigés avec une intelligence qui multiplie les soins en économisant les fonds, soulageant tous les besoins, guérissent beaucoup de maux, et ne sont plus ces asiles meurtriers qui dévoraient leur nombreuse et misérable population. Aussi le nombre des indigents de la capitale est-il de 32,000 au-dessous de ce qu'il était en 1791, et de 25,000 de ce qu'il était en l'an X.

La religion a repris son empire ; elle ne s'exerce que pour le bien de l'humanité : une sage tolérance l'accompagne, et mit es { dif rents cultes qui adorent le ,,,, } ,,, " ,,,,, ent par les témoignages d'un ;   et

ne veulent plus connaître d'autre rivalité que celle des vertus.

Telle est notre position au dedans. Au dehors, le courage français, secondé par la loyauté espagnole, nous conserve Santo-Domingo ; la Martinique brave les menaces des ennemis ; et sous un gouvernement paternel se rétablissent, plus durables et plus forts, les liens qui l'attachaient à la mère patrie.

La Guadeloupe s'est enrichie des dépouilles du commerce britannique, et la Guyanne prospère toujours sous une active et vigoureuse administration.

Les îles de France et de la Réunion seraient aujourd'hui le dépôt des richesses de l'Asie ; Londres serait dans les convulsions et le désespoir, si l'inexpérience ou la faiblesse n'avaient trompé le projet le plus habilement concerté. Du moins, les îles de France et de la Réunion s'alimentent encore des prises que nous avons faites sur nos ennemis.

Nos armées sont encore dignes de leur réputation. Avec la même valeur et la même discipline, elles ont acquis cette patience qui attend, sans murmurer, les occasions, et se confie à la prudence et aux desseins du chef qui les conduit. Nos soldats, nos officiers, apprennent à maîtriser l'élément qui les sépara de cette île, objet de tous leurs ressentiments ; leur audace et leur adresse étonnent les marins les plus vieux et les plus expérimentés.

Nos flottes, dans des manœuvres continuelles, préludent aux combats ; et tandis que celles de nos ennemis s'usent contre les vents et les tempêtes, les nôtres apprennent à lutter contre elles, sans se détruire.

Enfin, depuis la guerre, nous avons gagné le Hanovre. Nous sommes plus en état que jamais de porter des coups décisifs à nos ennemis. Notre marine est en meilleur état qu'elle ne l'a été depuis dix ans ; sur terre, notre armée plus nombreuse et mieux tenue, plus approvisionnée de tout ce qui donne la victoire qu'elle ne l'a jamais été.

Dans le département des finances, c'est toujours la même activité dans les recettes, la même régularité dans les régies, le même ordre dans l'administration du trésor, et presque toujours la même fixité dans la valeur de la dette publique.

La guerre a nécessité des dépenses premières, des dépenses extraordinaires ; mais elles ont été faites sur notre propre sol, et nous ont donné des vaisseaux, des ports et tout ce qui est nécessaire au développement de nos forces contre nos ennemis.

Aujourd'hui ces dépenses extraordinaires cessent, et celles qu'exige notre attitude guerrière seront dirigées désormais avec une économie que ne permettait pas l'urgence des préparatifs nécessaires à l'attaque et à la défense.

Les revenus de la Couronne supporteront toutes les dépenses du sacre et du couronnement de l'Empereur, et celles que demandera encore la splendeur du trône. L'éclat qui l'environne ne sera jamais une charge pour la nation.

La situation de l'Europe n'a éprouvé qu'un changement important.

L'Espagne reposait dans une neutralité que la France avait consentie, et que le cabinet britannique avait avouée : tout à coup ses vaisseaux ont été attaqués, et le traité d'Amiens a été violé pour elle, comme il l'avait été pour la France. Sa Majesté {   1 pris le parti que lui commandaient.   de son trône, la foi trahie, et .

l'honneur de la nation généreuse dont il dirige la destinée.

L'empereur d'Autriche consacre à la restauration de ses finances, à la prospérité de ses provinces, aux progrès de leur commerce, le repos que lui conseillent la loyauté de son caractère et l'intérêt de ses sujets.

La république italienne, administrée et gouvernée par les mêmes principes que la France, demande, comme elle, une organisation définitive ui assure à la génération présente et aux générations futures, tous les avantages du pacte social. Uni à cette république par les devoirs qui lui sont imposés, et comme président et comme fondateur de cet Etat, l'Empereur répondra à la confiance qu'elle lui témoigne, et assurera ses destinées à son indépendance, en servant les intérêts du peuple français auquel, aussi, elle doit son existence, et en conciliant les intérêts des deux peuples amis avec les intérêts bien entendus des puissances limitrophes. Par ces changements que réclament la volonté d'une nation et l'intérêt de toutes, tomberont enfin d'absurdes calomnies, et la France ayant elle-même élevé des barrières là où elle avait posé ses limites, ne sera plus accusée de vouloir les franchir.

L'Helvétie jouit en paix des bienfaits de la constitution, de la sagesse de ses citoyens et de notre alliance.

La Batavie gémit encore sous un gouvernement oligarchique, sans union dans ses vues, sans patriotisme et sans vigueur; ses colonies ont été vendues une seconde fois et livrées, sans un coup de canon, à l'Angleterre; mais cette nation a de l'énergie, des mœurs et de l'économie; il ne lui manque qu'un gouvernement ferme, patriote et éclairé.

Le roi de Prusse, dans toutes les occasions, s'est montré l'ami de la France, et l'Empereur a saisi toutes celles qui se sont présentées de consolider cette heureuse harmonie.

Les électeurs et tous les membres du corps germanique entretiennent fidèlement les rapports de bienveillance et d'amitié qui les unissent à la France.

Le Danemarck suit les conseils d'une politique toujours sage, modérée et judicieuse.

L'esprit de Catherine la Grande veillera sur les conseils d'Alexandre Ier : il se souviendra que l'amitié de la France est pour lui un contre-poids nécessaire dans la balance de l'Europe; que, placé loin d'elle, il ne peut ni l'atteindre, ni troubler son repos, et que son grand intérêt est de trouver, dans ses relations avec elle, un écoulement nécessaire aux productions de son empire.

La Turquie est vacillante dans sa politique : elle suit par crainte un système que son intérêt désavoue. Puisse-t-elle ne pas apprendre, aux dépens de sa propre existence, que la crainte et l'incertitude accélèrent la chute des empires, plus funeste mille fois que les dangers et les pertes d'une guerre malheureuse!

Quels que soient les mouvements de l'Angleterre, les destins de la France sont fixés : forte de son union, forte de ses richesses et du courage de ses défenseurs, elle cultivera fidèlement l'alliance des peuples amis, et ne saura ni mériter des ennemis, ni les craindre.

Lorsque l'Angleterre sera convaincue de l'impuissance de ses efforts pour agiter le continent; lorsqu'elle saura qu'elle n'a qu'à perdre dans une guerre sans but comme sans motifs ; lorsqu'elle sera convaincue que jamais la France

n'acceptera d'autres conditions que celles d'Amiens, et ne consentira jamais à lui laisser le droit de rompre à plaisir les traités, en s'appropriant Malte, l'Angleterre alors arrivera à des sentiments pacifiques : la haine, l'envie n'ont qu'un temps.

M. le Président. M. le ministre de l'intérieur, MM. les conseillers d'Etat, le Corps législatif vous donne acte de l'exposé que vous venez de lui faire; il va se former en comité général pour s'occuper de cette communication et prendre une délibération digne de lui et du Gouvernement qui vous envoie.

MM. les conseillers d'Etat ayant quitté l'assemblée, les assistants sont invités à évacuer les tribunes.

Le Corps législatif ordonne l'impression et la distribution à six exemplaires de l'exposé qu'il vient d'entendre.

Après le comité général, l'assemblée procède à un premier tour de scrutin pour la nomination de nouveaux vice-présidents.

Le dépouillement des votes donne le résultat suivant :

Sapey, 63; Béguinot, 53; Lombard-Taradau, 53; Ramond, 39; Tardy. 35; Masséna, 28; Lespérut, 28; Rabaud, 26; Reynaud-Lascours, 24; Duranton, 23, et Case-Labove, 21.

Cette première opération n'ayant point donné de majorité absolue, un second tour de scrutin aura lieu dans la séance prochaine.

La séance est levée.

CORPS LEGISLATIF.

PRÉSIDENCE DE M. FONTANES.

Séance du 12 nivôse an XIII (mercredi 2 janvier 1805).

A midi, tous les membres qui se trouvent rassemblés se réunissent à la députation nommée dans la dernière séance, pour porter à S. M. l'Empereur la délibération du Corps législatif, et se rendent au palais des Tuileries dans leurs voitures, au milieu de deux rangs de gardes à cheval. Ils sont conduits par le grand maître des cérémonies (1) dans la salle du trône où sont présents les princes, les grands dignitaires, les ministres, les grands officiers de l'Empire. S. A. I. le prince Joseph, grand électeur, présente le Corps législatif à Sa Majesté Impériale.

M. Fontanes, président, remet entre les mains de Sa Majesté deux délibérations et une adresse, qui sont ainsi conçues :

Extrait du registre des délibérations prises en comité général, conformément à l'article 30 du sénatus-consulte organique du 28 frimaire an XII.

Du 7 nivôse an XIII.

A midi et demi, le Corps législatif se forme en comité général, d'après la proposition de M. le président.

Le président donne communication d'une lettre du secrétaire d'Etat, qui transmet au Corps législatif le discours que Sa Majesté, a prononcé à la séance impériale du 6 nivôse.

Après la lecture de ce discours, le Corps législatif en ordonne l'impression et l'insertion en son procès-verbal. Le président propose une adresse à Sa Majesté; qui est votée à l'unanimité. Il demande que la rédaction en soit confiée à une commission.

Le Corps législatif, après avoir entendu plu-

(1) M. L. P. Ségur.

26

sieurs de ses membres, arrête que le président est autorisé à rédiger un projet d'adresse à Sa Majesté. Il la communiquera ensuite au Corps législatif, pour être discutée et approuvée par lui.

Un des questeurs propose un projet de règlement sur la manière de voter sur les lois soumises au Corps législatif. L'impression de ce projet de règlement est ordonnée, pour être ensuite discuté en comité secret.

A une heure et demie, la séance a été rendue publique.

Collationné par nous, président et secrétaires du Corps législatif.

Paris, ce 10 nivôse an XIII.

Extrait du registre des délibérations prises en comité général, conformément à l'article 30 du sénatus-consulte organique du 28 frimaire an XII.

Du 10 nivôse an XIII.

M. le président, après la lecture faite par M. le ministre de l'intérieur de l'exposé de la situation de l'Empire, ayant annoncé que le Corps législatif allait se former en comité général, suivant l'article 30 du sénatus-consulte du 28 frimaire an XII, les tribunes ont été évacuées, et le Corps législatif s'est formé en comité général à une heure et demie.

Le président donne lecture de l'adresse à Sa Majesté, qu'il a rédigée, d'après l'arrêté pris par le Corps législatif, dans sa séance secrète du 7 nivôse.

Le Corps législatif l'approuve, et arrête qu'il y sera fait mention de ses remercîments à Sa Majesté, pour l'exposé de la situation de l'Empire, dont M. le ministre de l'intérieur lui a donné lecture. Après avoir entendu plusieurs de ses membres, le Corps législatif, considérant que cette adresse contient l'expression de son vœu sur l'élection de S. M. Napoléon Bonaparte pour Empereur des Français, et ses félicitations sur cet heureux événement auquel ont concouru individuellement, comme citoyens français, tous les membres du Corps, arrête que le président témoignera à Sa Majesté le désir que le Corps législatif éprouve de lui présenter en corps cette adresse, et de ne pas se borner, pour cette circonstance, à la simple députation réglée par l'article 34 du sénatus-consulte du 28 frimaire an XII.

Collationné à l'original; par nous, président et secrétaires du Corps législatif.

Paris, ce 12 nivôse an XIII.

ADRESSE DU CORPS LÉGISLATIF.

Sire, vos très-fidèles sujets, les membres du Corps législatif, viennent apporter aux pieds du trône l'adresse de remercîment et de félicitation qu'ils ont votée pour les sentiments contenus dans le discours de Votre Majesté.

L'ouverture de cette session sera une époque mémorable de notre histoire. Jamais le trône et la nation ne se prêtèrent l'un à l'autre tant d'éclat et tant d'appui.

Les droits du chef de l'Etat se sont accrus de tout l'intérêt qu'il a témoigné pour ceux du peuple français.

Nous goûtons déjà les biens qu'assure la force du pouvoir suprême, et grâce à vos soins, nous serons garantis des maux que son excès pourrait entraîner.

Les ressources nationales se développeront avec d'autant plus d'énergie que Votre Majesté promet d'en ménager l'emploi avec plus de surveillance.

Vous ne proposez point de nouveaux subsides, malgré les préparatifs immenses de la guerre. Vous méritez, Sire, que les Français ne comptent

jamais leurs sacrifices, puisque vous comptez si bien leurs besoins.

Ce grand peuple, adorateur des grands hommes, se précipita toujours à leur suite; et quand des chefs illustres l'appellent au combat, on a besoin de retenir son courage plutôt que de l'exciter. Fidèle à vos grands desseins, il protégera les Etats que vous avez créés, et dont une sage politique doit assurer l'existence.

Mais si, comme vous, ce peuple généreux est prêt à la guerre, comme vous, il ne désire que la paix, et trop prudent, pour céder ses droits légitimes, il est trop fort pour exagérer ses prétentions.

Votre Majesté déclare elle-même qu'elle ne veut point agrandir le territoire de la France, mais en maintenir l'intégrité. Ces paroles doivent ôter tout prétexte à nos ennemis. En effet, Sire, vous n'avez plus besoin de la gloire des conquêtes. Vous serez aussi grand dans les détails de l'administration intérieure que sur le champ des batailles. On parlera de vos institutions autant que de vos victoires.

Un long avenir est devant vous. Tout ce que Votre Majesté médite pour le bonheur de la France aura son exécution. Le plus beau destin ne sera point interrompu; et d'ailleurs il est un genre de gloire qui ne meurt jamais.

Les traités peuvent être abolis par des traités nouveaux; le fruit des victoires est quelquefois perdu, la grandeur même des Empires nuit à leur durée. Mais l'amour et l'admiration perpétuent les exemples de ceux qui ont fondé ou rétabli la société sur la triple base des lois, des mœurs et de la religion. L'ouvrage des hommes rares se conserve longtemps, et leur esprit gouverne la postérité.

Cette gloire, Sire, un jour sera la vôtre, et vos actions, comme vos paroles, nous en donnent l'assurance.

Aujourd'hui la voix de tous les départements se fait entendre à Votre Majesté : ils sont réunis, en quelque sorte autour d'elle, dans la personne de leurs députés. Chacun de nous n'a pu concourir encore que par son opinion individuelle au grand acte qui vous a donné la couronne. C'est en corps maintenant que nous manifestons le même vœu. Le peuple et ses députés ne se repentiront jamais de l'avoir formé; ils serviront avec le même zèle un pouvoir dont votre génie prouve de plus en plus tous les avantages, et dont votre sagesse a discerné toutes les limites.

S. M., en répondant à ce discours, s'est exprimée à peu près en ces termes : Elle a dit qu'elle agréait les sentiments du Corps législatif, que ces sentiments serviraient de guide aux discussions et aux délibérations de ce corps, de même que ceux qu'elle avait fait connaître lorsqu'elle est venue ouvrir la session seraient la règle de son Gouvernement...

Le Corps législatif, de retour dans son palais, ouvre sa séance par la lecture du procès-verbal de celle du 10 nivôse, dont la rédaction est approuvée.

Le président croit devoir rendre compte de la démarche du Corps législatif, pour ceux de ses membres qui n'ont pu se réunir à leurs collègues. En conséquence M. Fontanes rappelle en substance ce qui précède.

Quelques membres témoignent le désir qu'en attendant l'arrivée de MM. les conseillers d'Etat chargés de présenter un projet de loi dans cette séance, on s'occupe de la nomination des nouveaux vice-présidents et secrétaires.

M. **Vaublanc.** Je propose à l'assemblée de procéder à cette nomination en suivant le mode de scrutin auquel elle a paru donner son assentiment dans une de ses conférences particulières, afin de voir s'il remplit parfaitement le but que nous voulons atteindre.

M. **Jaubert.** Je ne m'oppose point à l'emploi du nouveau mode de scrutin ; mais je pense qu'il serait plus convenable d'en faire l'expérience en comité secret.

On annonce l'arrivée de MM. les conseillers d'État Laumond et Miot.

M. **Laumond** monte à la tribune et donne communication à l'assemblée d'un *projet de loi relatif à l'achèvement de la démolition des bâtiments nationaux dans l'enceinte des villes.*

Le Gouvernement pense que la discussion doit s'ouvrir le 18 nivôse.

Voici le texte et l'exposé des motifs du projet de loi :

Art. 1er. Les propriétaires de bâtiments nationaux situés dans l'enceinte des villes, ou à distance d'un myriamètre de cette même enceinte, seront tenus de parachever, avant le 1er vendémiaire an XIV, les démolitions qu'ils peuvent y avoir entreprises, ou d'entourer le terrain qu'occupent ces bâtiments de murs ou de cloisons en planches.

Art. 2. Faute par lesdits propriétaires de se conformer aux dispositions ci-dessus, il sera, indépendamment des peines de police qui pourront être prononcées contre eux, en vertu des lois, et notamment de celles des 24 août 1790 et 22 juillet 1791, pourvu aux démolitions des bâtiments, clôture des terrains et transports des matériaux, aux frais desdits propriétaires ; et le paiement desdits frais s'effectuera, soit par voie de contrainte, comme pour les contributions, soit par la vente d'une quantité de matériaux proportionnée au montant desdits frais.

Motifs.

Messieurs, nous venons, au nom de l'Empereur, fixer votre attention sur un abus dont les résultats peuvent devenir très-fâcheux, et qu'on ne saurait réprimer trop promptement.

Dans beaucoup de villes, des particuliers ont acquis des bâtiments nationaux, et en ont commencé la démolition ; mais soit que ces acquéreurs aient été des propriétaires insouciants, soit qu'ils n'aient été, au moment de l'acquisition, que des spéculateurs indiscrets, soit que des circonstances imprévues leur aient ôté les moyens d'achever leurs travaux, les démolitions ont été suspendues, ou même entièrement abandonnées.

De graves inconvénients ont été la suite de cet abandon.

La voie publique se trouve obstruée par les échafaudages établis pour les démolitions.

Les restes des édifices à demi-démolis menacent la vie des citoyens et les maisons voisines qu'ils peuvent écraser par leur chute.

Ouverts de toutes parts, sans gardiens, et entièrement abandonnés, ces bâtiments peuvent servir de retraite à la malveillance et quelquefois au crime.

Enfin, ce qui reste à abattre présente des ruines désagréables, et rappelle de douloureux souvenirs.

Il faut l'avouer, Messieurs, ces abus, et particulièrement ces images de destruction, contrastent, d'une manière bien étrange, avec l'état prospère de la France et avec l'ordre et l'harmonie qui règnent dans toutes les parties de ce vaste Empire : on est étonné, avec raison, qu'au milieu de plusieurs cités populeuses et florissantes, la main de l'homme, plus destructive que celle du temps, ait accumulé, avec un empressement inconsidéré, ces ruines dont l'aspect afflige l'œil du citoyen et celui de l'étranger ; on regrette que là où devait s'élever un édifice majestueux ou un établissement utile, on n'aperçoive que des décombres épars et de tristes débris : les amis de l'ordre s'affligent, surtout, de ce qu'on n'ait pas ôté tout prétexte de plainte au faux zèle ou à la malignité, en cessant d'offrir, aux regards des fidèles, les restes de nos temples abattus, restes augustes et vénérables parmi lesquels la piété craintive et alarmée va gémir encore sur les malheurs de la religion, tandis que la religion s'est relevée glorieuse et triomphante.

Sa Majesté a reconnu elle-même l'existence de ce désordre dans un de ces voyages solennels, où, allant au-devant des besoins et des vœux de son peuple, elle reçoit de lui, en échange de ses sollicitudes paternelles, des témoignages si touchants de l'admiration et de l'amour qu'elle inspire ; et vous concevez, Messieurs, que ce prince qui n'a combattu et qui ne veut régner que pour le rétablissement de l'ordre, a dû vouloir la prompte cessation d'un abus trop longtemps prolongé.

Quant aux moyens de répression à employer pour remplir les vues de Sa Majesté, vous n'ignorez pas, Messieurs, que plusieurs lois, et notamment celle du 24 août 1790, dont les dispositions sont rappelées dans celle du 22 juillet 1791, ont confié à la vigilance municipale tout ce qui intéresse la sûreté du passage dans les rues, quais, places et voies publiques, ce qui comprend l'enlèvement des encombrements, la démolition ou la réparation des bâtiments menaçant ruine ; mais ces dispositions législatives, particulières à la voirie et à la police des villes, n'ont pas une application positive aux cas que je viens d'avoir l'honneur de vous exposer : il y aurait donc lieu de craindre que l'autorité municipale, incertaine sur la nature de ses attributions en pareille matière, n'apportât, encore involontairement des obstacles et des lenteurs inévitables à l'exécution des mesures répressives déjà existantes. D'ailleurs, ces mesures devant atteindre les acquéreurs de domaines nationaux, classe à laquelle Sa Majesté ne cessera jamais d'accorder une protection éclatante, il a paru convenable de diriger contre ces acquéreurs l'autorité d'une loi spéciale, qui, sans nuire à leurs droits acquis par les contrats d'aliénation, subordonne néanmoins l'exercice de ces mêmes droits à la considération supérieure de la sécurité des citoyens et du maintien de l'ordre public.

Le projet de loi ne contient, au surplus, aucune disposition dont la rigueur ne soit tempérée par toutes les facilités que la justice peut réclamer ; car d'abord au plus grand nombre des propriétaires de bâtiments nationaux un terme plus que suffisant pour achever les démolitions commencées, et elle laisse à ceux que des circonstances imprévues mettraient dans l'impossibilité absolue de les terminer, tous les délais ultérieurement nécessaires, sous la seule condition de clôre leurs propriétés : mesure qui, en excluant toute idée de négligence et d'abandon, écarte encore, ou diminue au moins, les dangers qui peuvent résulter de l'interruption des travaux.

La loi soumise à votre sanction paraît donc, Messieurs, avoir tous les caractères d'utilité et de sagesse que vous pouvez désirer, et qui, sans doute, vous déterminerez à en voter l'adoption.

L'orateur dépose sur le bureau trois expéditions du projet de loi, dont l'une lui est rendue certifiée par Messieurs les président et secrétaires, conformément à la loi du 19 nivôse an XIII.

Le Corps législatif arrête ensuite que le projet de loi sera communiqué aux trois sections du Tribunat par un message.

M. le Président. Comme le Corps législatif a à s'entretenir d'un objet qui exige un comité général, j'invite les étrangers à se retirer.

La séance publique est levée.

CORPS LÉGISLATIF.

PRÉSIDENCE DE M. FONTANES.

Séance du 13 nivôse an XIII (jeudi 3 janvier 1805).

Le procès-verbal de la séance d'hier est adopté.

L'ordre du jour appelle un second tour de scrutin pour la nomination des vice-présidents.

Ce scrutin ne donne pas de résultat.

MM. Bigot-Préameneu, Lavalette et Begouen, conseillers d'Etat, sont introduits.

M. Bigot-Préameneu présente deux projets de loi : le premier relatif à la *translation du tribunal de première instance d'Argelès à Lourdes*; le second relatif à l'*établissement d'un tribunal de commerce à Bruges*.

Motifs

Du projet de loi relatif à la translation du tribunal de première instance d'Argelès à Lourdes.

Messieurs, la seconde loi que nous avons à vous présenter concerne la translation du siège d'un tribunal de première instance d'un lieu en un autre, dans le même arrondissement. Les motifs de cette mesure sont dans les circonstances de la localité qu'il suffit de vous exposer en peu de mots.

Le tribunal de première instance de l'arrondissement d'Argelès, dans le département des Hautes-Pyrénées, a été établi dans la commune du même nom.

L'expérience a démontré que cette commune n'est pas propre à être siège de la justice de cet arrondissement.

Dès l'an VIII, et successivement dans ses sessions des années IX, X et XI, le conseil général de ce département a exprimé son vœu pour la translation de ce tribunal dans la commune de Lourdes.

Il est vrai que la commune d'Argelès a l'avantage d'être plus au centre; mais le tribunal y est sans activité, et ne saurait y jouir de la considération qu'exige la dignité de la justice. Cette inaction, et la difficulté de trouver des logements, ont mis obstacle à ce qu'aucun avoué s'y fixât. Il y a même pendant l'hiver des époques où les denrées de première nécessité peuvent y manquer.

Ces inconvénients ne seront point à craindre dans la commune de Lourdes, où il faut espérer que le cours de la justice se rétablira. La mesure qui vous est proposée, et que vous jugerez sans doute indispensable, prouve avec quelle vigilance Sa Majesté s'occupe du bien public dans toutes les parties de l'Empire.

Projet de loi.

Le siège du tribunal de première instance, établi par la loi du 27 ventôse an VIII, dans la commune d'Argelès, sera transféré dans celle de Lourdes.

Motifs

Du projet de loi relatif à l'établissement d'un tribunal de commerce à Bruges.

Messieurs, l'établissement d'un tribunal de commerce à Bruges est l'objet de l'une des deux lois que nous sommes chargés de vous présenter aujourd'hui.

C'est surtout en matière de commerce, que la marche de la justice doit être rapide autant que ses formes doivent être simples : ce but serait manqué, si les tribunaux n'étaient pas placés à portée de ceux qui ont besoin d'y avoir recours. A quelles dépenses, à quelles lenteurs, à quelles dommages incalculables les commerçants ne seraient-ils pas exposés, si, pour contraindre au paiement d'une dette, ou pour éviter une injustice particulière, ils étaient obligés ou de livrer ces intérêts à un étranger, ou d'abandonner le cours général de leurs affaires. Il n'est personne qui ne sente la nécessité d'un tribunal de commerce dans tous les lieux où les transactions commerciales sont multipliées.

La ville de Bruges est dans cette classe : elle est, par sa population, qui s'élève à 35,000 âmes, au nombre des cités considérables de la France; son commerce la met au rang des premières places, et ce commerce est encore susceptible de plus grands développements.

On a la preuve de l'importance de cette ville dans les travaux immenses faits depuis plusieurs siècles pour seconder ses relations extérieures et intérieures. De grands canaux de navigation ont été creusés : l'un d'eux communique à la mer, et porte aux pieds des murs de Bruges des navires de trois cents tonneaux. Ces navires peuvent y être réunis au nombre de plus de cent dans un vaste bassin, environné de barques propres à recevoir toutes espèces de cargaisons. On voyait avant la guerre entrer dans ce port et en sortir chaque mois des bâtiments de diverses grandeurs au nombre de 30 à 40. Un autre canal sert de communication avec les villes de Gand, de Bruxelles, de Lille.

Cette heureuse situation au milieu d'une contrée qui, de son propre fonds est une des plus riches de la France en productions de tous genres, a dans tous les temps donné une très-grande activité à l'industrie de ses habitants.

A la fin du XVe siècle, et au commencement du XVIe, Bruges fut après Anvers l'un des plus grands entrepôts de l'Europe. Les marchandises du Levant et de la Méditerranée y étaient échangées avec celles de la Baltique et des pays septentrionaux. Les habitants de Bruges montrent encore, comme des preuves de leur ancienne splendeur, les maisons en grand nombre qui autrefois étaient spécialement destinées au commerce de chaque nation.

Anvers et Bruges qui, depuis la découverte du cap de Bonne-Espérance, avaient anéanti le commerce de Venise, ne purent se maintenir au milieu des révolutions qui, pendant un siècle, agitèrent la Belgique. Anvers fut remplacé par Amsterdam; et les superbes manufactures de draps de Bruges furent transportées à Londres avec d'immenses richesses. Sur ces ruines s'est élevé ce colosse que nous voyons maintenant agité des convulsions qui annoncent une chute prochaine. Tel est le sort inévitable d'une puissance qui, pour se maintenir, est réduite à l'abjuration de tous les droits, de tous les devoirs qui lient entre elles les nations civilisées. Le plus terrible des fléaux dont la terre pût être désolée, serait la longue durée d'un gouvernement qui, ne connaissant plus ni la foi des traités, ni les règles les plus sacrées du droit des gens, ni les sentiments de l'humanité, pourrait, en usurpant la domination des mers, enchaîner tous les peuples. L'histoire n'offre encore aucun exemple de cette absurde et cruelle ambition dans laquelle des efforts impuissants sont autant de causes d'une prompte destruction.

Il est dans la nature un ordre immuable. C'est ainsi que, sous le rapport du commerce, on peut être assuré qu'il se maintiendra, malgré l'interruption du commerce maritime, tous les genres d'industrie ne cessent, dans aucune partie de la France, de se maintenir et de se perfectionner. C'est ainsi que Bruges, privée pendant la guerre de son commerce maritime, conserve encore une grande activité. Plus de 40 mille pièces de toiles et 300 mille pièces de draps communs, ou autres étoffes de laines, sont fabriquées chaque année dans cette ville et aux environs. On y compte également plus de 10 mille pièces de basins et futaines.

Les autres fabriques qu'elle renferme consistent en quinze tanneries, quatre raffineries de sucre, huit de chapeaux, sept de savon, deux d'amidon, une de faïence, une de pipes à fumer, huit imprimeries de toiles et d'indiennes, trente blanchisseries de toiles et de fils, huit distilleries d'eau-de-vie. Il s'y trouve enfin une fabrique considérable de dentelles.

De si grands moyens, et l'espoir d'un nouvel accroissement, ont fixé l'attention de Sa Majesté Impériale, dans l'un de ces voyages qui deviendront autant d'époques à jamais mémorables pour les contrées où, portant l'œil de la prévoyance et du génie, il a joint à la sagesse de ses conseils l'emploi actuel de tous les moyens de prospérité que son autorité bienfaisante lui a suggérés.

À Bruges, un entrepôt réel pouvait encore entretenir le commerce de commission qui, avant la guerre, était très-considérable. Un entrepôt réel lui a été accordé.

La navigation du magnifique canal qui communique avec Ostende était interrompue par le mauvais état des écluses de Slyekens : ces écluses ont été réparées.

Les commerçants de Bruges ont ainsi présenté, comme un grand avantage, l'établissement d'un tribunal de commerce, et le Gouvernement a pensé que cette mesure devient chaque jour plus utile.

On pourrait même être surpris que dans l'organisation primitive des tribunaux de commerce, un seul ait été établi dans le département de la Lys, et qu'il l'ait été à Ostende plutôt qu'à Bruges, où les affaires du commerce d'Ostende se portaient autrefois.

Ostende ne peut être comparé à Bruges, ni par sa population, ni par le nombre ou les genres divers de ses transactions commerciales. Bruges est même, dans son état actuel, quatre fois plus considérable qu'Ostende en population, en étendue de territoire, en fabriques, en établissements.

Il paraît que l'état de ruine dans lequel on laissait les écluses de Slyekens, et que causait au commerce de Bruges un très-grand préjudice, fut le principal motif de la préférence donnée à Ostende pour l'établissement du tribunal de commerce. Cette raison n'existe plus, et la ville de Bruges peut au contraire se prévaloir de ce que toutes ses communications intérieures sont rétablies.

Au surplus, il ne s'agit point ici de préférer l'une des villes à l'autre. Celle d'Ostende est assez considérable, et doit aussi espérer une assez grande prospérité, pour qu'il soit convenable d'y conserver son tribunal de commerce.

Il faut procurer à chacune de ces deux villes le même avantage ; mais cette opération serait imparfaite, si on ne cherchait pas en même temps à régler le ressort de chacun de ces tribunaux, de manière qu'ils se trouvent le plus à la portée de tous les justiciables.

Le moyen d'atteindre ce but est de donner pour ressort au tribunal de commerce de Bruges les cantons des justices de paix de Bruges, Ardoye, Ruysselede, Thourout et Thielt, et au tribunal de commerce d'Ostende les cantons et justices de paix d'Ostende et de Ghistelles, de l'arrondissement communal de Bruges, et les cantons de la justice de paix de Nieuport, de l'arrondissement communal de Furnes.

Par cette disposition, il sera dérogé à l'article 2 de la loi du 3 vendémiaire an VII, qui assigne à chaque tribunal de commerce l'intégralité d'un arrondissement du tribunal de police correctionnelle ; mais, d'une part, il n'y a aucun inconvénient à ce qu'un tribunal de commerce ait des parties de son ressort dans plusieurs arrondissements, lorsque tous ces arrondissements relèvent du même tribunal d'appel ; et, d'un autre côté, la répartition du ressort entre les deux tribunaux étant faite par cantons, ne peut, dans l'exécution, souffrir aucune difficulté.

Tels sont, Messieurs, les motifs du projet de loi dont je vais avoir l'honneur de vous donner lecture.

Projet de loi.

Art. 1er. Il sera établi un tribunal de commerce dans la ville de Bruges, département de la Lys, conformément aux dispositions prescrites par les lois sur l'établissement des tribunaux de commerce de la République.

Art. 2. Les justices de paix des cantons de Bruges, Ardoye, Ruysselede, Thourout et Thielt, formeront le ressort dudit tribunal.

Art. 3. Le tribunal de commerce établi à Ostende, par la loi du 3 vendémiaire an VI, aura pour ressort les justices de paix des cantons d'Ostende et Ghistelles, de l'arrondissement communal de Bruges, et de celle du canton de Nieuport, de l'arrondissement communal de Furnes.

Le Corps législatif arrête que ces deux projets de loi seront transmis au Tribunat par un message.

L'ouverture de la discussion de ces deux projets de loi est fixée devant le Corps législatif au 19 nivôse.

L'assemblée procède au scrutin de ballottage entre les noms suivants, qui, dans les précédents scrutins, ont obtenu le plus de voix pour la vice-présidence, savoir :

Le général Béguinot, Lombard-Taradeau, Sapey, Ramond, Tardy, Duranteau, Rabaud et Lespérut.

Le nombre des votants est de 229. Majorité absolue, 115.

M. Béguinot et M. Lombard-Taradeau obtiennent, le premier 186 voix, et le second 151 suffrages. Ils sont proclamés vice-présidents du Corps législatif.

Aucun autre candidat n'ayant obtenu la majorité absolue, il sera procédé demain à un nouveau scrutin qui ne portera que sur MM. Duranteau, Sapey, Ramond et Tardy.

M. le Président. Il est d'usage, lorsque le Corps législatif a perdu un de ses membres, d'en informer officiellement le Sénat conservateur. Dans l'intervalle de la dernière session, la mort nous a enlevé le général Serviez, notre collègue. Le Corps législatif jugera sans doute convenable d'annoncer cette perte au Sénat conservateur par un message.

Cette proposition est adoptée.

La séance est levée.

CORPS LÉGISLATIF.

PRÉSIDENCE DE M. FONTANES,

Séance du 14 nivôse an XIII (vendredi 4 janvier 1805).

Le procès-verbal de la séance d'hier est adopté.

M. Pavetti, membre du Corps législatif, écrit qu'une indisposition l'empêche d'assister à cette séance.

MM. Beaumont et Babié font hommage au Corps législatif d'un ouvrage en sept volumes in-12, intitulé : *Galerie militaire* ou *Notice historique sur les généraux de terre et de mer qui ont commandé les armées françaises depuis le commencement de la Révolution jusqu'à l'an XIII.*

Le Corps législatif agrée cet hommage, qui sera mentionné au procès-verbal. L'ouvrage sera déposé à la bibliothèque.

MM. Régnauld (*de Saint-Jean-d'Angély*) et Ségur, conseillers d'État, sont introduits.

M. **Regnauld** (*de Saint-Jean-d'Angély*) présente deux projets de loi : le premier, *relatif à l'établissement d'un pont entre Avignon et Villeneuve, sur les deux bras du Rhône;* le second, *relatif à la concession des travaux restant à faire pour la coupure du lit de la Saône.* Il en développe successivement les motifs.

Motifs

Du projet de loi sur la construction d'un pont à Avignon, sur les deux bras du Rhône.

La communication entre le département de Vaucluse et celui du Gard par Avignon, n'a lieu en ce moment que par le moyen d'un bac.

Souvent cette communication est interrompue, et le commerce, l'agriculture, l'administration même, éprouvent des pertes, des embarras, des retards.

La ville d'Avignon surtout ressentait vivement ces inconvénients, et son maire avait pris des mesures pour les faire cesser par la construction d'un pont de charpente.

Il avait organisé une compagnie qui devait se charger de mettre à fin les travaux, moyennant la perception d'un péage.

Mais pour que le produit de ce péage pût fournir à la fois au remboursement des capitaux avancés, aux intérêts d'abord intégraux, ensuite décroissants de ces capitaux, et aux frais d'entretien du pont, la taxe devait être, et était effectivement très-forte.

Sa Majesté l'Empereur a jugé qu'une construction effectuée avec des fonds qu'on se procurerait par une contribution sur les parties des départements de Vaucluse et du Gard, qui profiteront le plus des avantages de la facile communication, serait plus convenable, et qu'il était digne de cette bienfaisance attentive qui veille aux besoins de toutes les parties de l'Empire, de faire contribuer le trésor public à l'ouverture d'une des plus utiles communications.

La quotité du péage alors sera modique, et ne paraîtra onéreuse ni au négociant, ni au cultivateur, ni au simple voyageur ou citadin.

C'est d'après cette pensée de l'Empereur, qu'après avoir réglé au 17/60 la part de dépenses qui sera fournie sur les fonds généraux de l'État, on a fixé la portion de la contribution des pays et villes environnants.

Le département du Gard supportera un quart ou 15/60, et l'arrondissement seul d'Uzès une moitié de ce quart, 7/60.

Le département de Vaucluse supportera 28/60, dont la ville d'Avignon paiera 18/60.

Cette contribution, payable en cinq ans, sera presque inaperçue, et les avantages qu'elle produira exciteront longtemps la reconnaissance des habitants de ces contrées.

Il est impossible de se défendre, en préparant ces utiles travaux, du regret de ne pouvoir les effectuer qu'en bois; mais l'économie, autant que le besoin d'une prompte exécution, ont commandé de prendre ce parti.

Un jour sans doute, il s'élèvera sur le Rhône si utile et si redoutable, si précieux et si terrible aux contrées qu'il arrose, un monument qui répondra à la grandeur du fleuve et ne craindra rien de sa fureur : un monument nouveau digne d'être mis en parallèle avec le monument antique qu'on admire, non loin de ses bords, et dont le Gard est orgueilleux.

Mais, en attendant que nous voyions effectuer ces travaux imposants qui parleront au grand peuple et à la postérité, il faut songer à ceux que l'utilité publique réclame actuellement, et ne pas douter que la nation française, avec le génie qui dirige sa puissance, n'aura bientôt aucun genre de gloire à envier au peuple qui éleva le pont du Gard.

Tels sont, Messieurs, les motifs de la loi que l'Empereur nous a ordonné de vous présenter.

Projet de loi.

Art. 1er. Il sera construit un pont en charpente sur les deux bras du Rhône, entre Avignon et Villeneuve.

Art. 2. Les frais de cette construction seront fournis, partie par le trésor public, et le surplus par les départements de Vaucluse et du Gard, et par la ville d'Avignon.

Art. 3. Les dépenses de construction de ce pont, évaluées à 600,000 francs, sont réparties de la manière suivante :

Le département du Gard contribuera pour une somme de 150,000 francs, dans laquelle l'arrondissement d'Uzès supportera la moitié, ou 75,000 francs.

Le département de Vaucluse contribuera pour une somme de 280,000 francs, dans laquelle la ville d'Avignon supportera seule celle de 180,000 francs.

Le trésor public fournira la somme de 170,000 francs. Total, 600,000 francs.

Art. 4. Les sommes à fournir par les départements du Gard et de Vaucluse, seront levées par voie de centimes additionnels aux contributions directes, à raison d'un cinquième par année, à compter de l'an XIV.

Art. 5. Il sera perçu, sur ce pont, une taxe d'entretien conforme au tarif qui suit :

Une personne à pied, chargée ou non d'un fardeau.. 5 c.
Un cheval ou mulet et son cavalier............ 15
Un cheval ou mulet chargé 10
Un cheval non chargé........................... 5
Un âne ou ânesse chargé ou non chargé........ 5
Bœuf ou vache.................................. 5
Veau ou cochon................................. 2
Dix moutons, brebis ou chèvres................. 5
Cinq moutons ne paieront rien ;
Six paieront comme dix.
Charrettes, chariots, traîneaux, chargés à un cheval ou mulet, y compris le conducteur.............. 25 c.

Pour chaque cheval ou mulet au-dessus........ 10
   Les mêmes voitures non chargées ne paieront que la moitié.
   Les mêmes voitures traînées par des bœufs ou des vaches, chargées, ne paieront que la moitié; non chargées, que le quart.
Voitures de voyage suspendues, à deux et à quatre roues, à un cheval, voyageurs et conducteurs compris....................................... 1 fr. c.
Pour chaque cheval au-dessus............... 25
Pour chaque chaise à porteurs ou litière...... 50
   Les militaires porteurs de feuilles de route, et les personnes voyageant par ordre de Sa Majesté, sur passe-port du secrétaire d'État, sont exempts du paiement du péage.
   Art. 6. La perception de la taxe d'entretien sera faite au profit de la ville d'Avignon, et administrée par le maire, à la charge de l'entretien perpétuel du pont, et à la charge aussi par la ville d'Avignon, de fournir dans tous les temps les sommes suffisantes pour cet entretien, dans le cas où les produits de la taxe ne suffiraient pas.
   Art. 7. La construction du pont et son entretien seront dirigés par les ingénieurs des ponts et chaussées, sous la surveillance du préfet.

Motifs

du projet de loi relatif aux travaux à faire au lit de la Saône.

Messieurs, il existe dans la Saône un passage dangereux qui rend la navigation difficile et longue, souvent même elle se trouve interrompue pendant l'espace de plusieurs mois.

L'ancienne administration, et particulièrement les États de Bourgogne, avaient entrepris de grands travaux pour faire une coupure au lit de la rivière; cette opération devait abréger les communications, éviter au navigateur un détour de 20,700 mètres, rendre la marche du commerce plus sûre et plus active, et faire gagner à l'agriculture les terrains que couvrent actuellement les eaux. L'utilité de cette entreprise était évidente; mais elle ne fut point achevée; et depuis, les obstacles croissant chaque jour, le mal est devenu plus grand, et le remède plus nécessaire.

Sa Majesté l'Empereur, qui s'occupe sans cesse des moyens de rendre la vie et la prospérité à l'agriculture et au commerce, a examiné avec une active attention tous les plans qui avaient été présentés pour faire disparaître les obstacles qui embarrassent la navigation de la Saône, et il a cru devoir vous proposer d'adopter celui du sieur Chaumette, qui offre d'exécuter tous les travaux nécessaires à la coupure projetée. Il ne demande pour prix de ce travail que la concession des terrains habituellement couverts par les eaux moyennes, formant le lit de la rivière; terrains dont personne ne réclame la propriété, et qui ne peuvent rien produire que par le travail de celui qui les demande.

Tous les propriétaires riverains consultés ont donné par acte leur consentement à un projet qui, loin de leur nuire, garantit leurs propriétés, et rend leurs communications plus sûres et plus faciles.

On estime par approximation les travaux que le sieur Chaumette doit faire à ses frais à 26 mille francs, et la valeur des terrains qui lui seraient concédés à 32 mille; il est vrai que la culture pourrait par la suite augmenter cette valeur, et lui donner une plus juste compensation de l'utilité de son entreprise.

Ces évaluations et les plans du sieur Chaumette ont subi tous les examens, toutes les vérifications nécessaires, et l'Empereur a pensé qu'on ne pourrait rien adopter de plus utile et de moins dispendieux, qu'un projet qui doit faire disparaître dans l'espace d'une année tous les obstacles de la navi-

gation de la Saône, dans ce passage dangereux, au moyen d'une concession de terre qui ne produit rien, et qui donnera un jour des contributions; qui n'appartient à personne, et qui devient la propriété de celui dont l'utile activité en fait, pour ainsi dire, la découverte et la conquête. Tels sont les motifs du projet de loi que nous sommes chargés de présenter à votre sanction.

Projet de loi.

   Art. 1er. Le sieur Chaumette est autorisé à exécuter tous les travaux restant à faire pour opérer la coupure du lit de la Saône au retour d'Epervans, conformément à sa soumission du 9 ventôse an XI.

   Art. 2. Ces travaux seront exécutés sous l'inspection des ingénieurs des ponts et chaussées, qui veilleront à ce qu'il n'en résulte aucun dommage ou empêchement au service de la navigation sur cette rivière.

   Art. 3. Le sieur Chaumette est tenu d'avoir terminé, dans l'espace d'une année, au plus tard, tous les ouvrages nécessaires pour établir dans ce passage une navigation sûre, facile, invariable; lesquels seront reçus dans la forme prescrite pour tous les travaux publics.

   Art. 4. Aussitôt après la réception desdits ouvrages, il sera dressé, aux frais du sieur Chaumette, un plan des terrains provenant des atérissements formés par cette opération dans l'ancien lit de la Saône, lequel, ayant été visé par l'ingénieur du département, demeurera annexé à la présente loi, et formera, pour le concessionnaire, son titre de propriété, conformément à sa soumission susdatée; ainsi qu'aux conditions exprimées dans les délibérations des conseils municipaux des communes d'Epervans et de Varennes-le-Grand, en date des 8 et 11 pluviôse an XI, qui contiennent le consentement des propriétaires riverains.

Le Corps législatif arrête que ces deux projets de loi seront transmis au Tribunat par un message.

On procède, par appel nominal, au scrutin secret, pour la nomination de deux vice-présidents qui restent à nommer.

Le nombre des votants est de 214.

M. Duranteau obtient 134 voix, et M. Tardy 108 suffrages. Ils sont proclamés troisième et quatrième vice-présidents.

L'ordre du jour appelle un nouveau scrutin pour la nomination de quatre secrétaires définitifs.

Sur 219 votants, M. Danel obtient 110 voix et obtient la majorité absolue. Il est proclamé secrétaire du Corps législatif.

La nomination des autres secrétaires est ajournée à demain.

La séance est levée.

CORPS LÉGISLATIF.

PRÉSIDENCE DE M. FONTANES.

Séance du 15 nivôse an XIII (samedi 5 janvier 1805).

Le procès-verbal de la séance d'hier est lu et adopté.

MM. Gheyzens et Despallières écrivent qu'une indisposition les empêche de se rendre à la séance.

Des citoyens de la commune de Saint-Hilaire-la-Gravelle réclament contre l'échange, proposé par M. Albert de Luynes, des usages de Saint-Hilaire, appartenant aux communes de Saint-Hilaire-la-Gravelle, Saint-Lubin-des-Prés et Freteval, contre des rentes sur l'État.

Renvoyé au Gouvernement.

L'ordre du jour appelle la nomination de trois secrétaires du Corps législatif, qui restent à nommer.

Un premier scrutin donne la majorité absolue des voix à M. Sieyès; un second scrutin donne la majorité absolue à M. Francia.

M. Sieyès et M. Francia sont proclamés par le président secrétaires du Corps législatif.

La nomination d'un quatrième secrétaire est renvoyée à demain. Les votes ne porteront que sur MM. Vantrier et Musset, qui, au troisième scrutin, ont obtenu le plus grand nombre de suffrages.

MM. Mollien et Dauchy, conseillers d'État, sont introduits.

M. **Mollien** présente un projet de loi *concernant les mesures relatives au remboursement des cautionnements fournis par les agents de change, courtiers de commerce et autres.* En voici le texte et l'exposé des motifs.

Motifs.

Messieurs, quoique la sollicitude de l'Empereur sur la législation des cautionnements n'ait été provoquée par aucune réclamation particulière, Sa Majesté a cru devoir porter aussi ses regards sur cette législation, et elle l'a jugée susceptible de plusieurs améliorations importantes.

Tel est, Messieurs, le but de la loi que nous sommes chargés de vous présenter.

Elle contient des mesures d'ordre et d'équité qui complètent les dispositions de lois rendues sur cet objet depuis l'an VIII.

Elle assure d'une manière plus précise la garantie des intérêts publics et privés, dont les cautionnements sont le gage. Cette intention, commune à toutes les lois antérieures, n'était en quelque sorte qu'implicite dans la plupart d'entre elles; la nouvelle loi supplée à l'insuffisance de leur texte.

Une partie des fonds employés en cautionnements sont le produit d'emprunts.

Sa Majesté Impériale a pensé que le motif et la destination de ces emprunts devaient placer les prêteurs dans une classe particulière; ce n'est évidemment qu'à la garantie de la gestion de leur débiteur qu'ils affectent leur propriété; ce n'est que de la moralité de cette gestion qu'ils veulent répondre; la nature de leur contrat les distingue des créanciers ordinaires : la loi doit donc établir une distinction entre leur droit *spécial* et le droit *commun* des autres créanciers. Celle qui vous est proposée, Messieurs, atteint ce but, en instituant, en faveur des prêteurs des fonds de cautionnements, un privilége de second ordre.

Elle règle enfin la forme des oppositions et la conduite des remboursements.

Elle y a pourvu dans une mesure propre à concilier tous les intérêts qui se lient à l'institution des cautionnements; elle facilite pour tous les citoyens l'exercice du recours qui leur est ouvert sur ce gage; elle ne fait dépendre la libération des agents publics que de l'accomplissement de quelques formalités simples et faciles.

Le texte de cette loi, Messieurs, vous fera mieux apprécier encore l'utilité de ses motifs.

Projet de loi.

Art. 1er. Les cautionnements fournis par les agents de change, les courtiers de commerce, les avoués, greffiers, huissiers et les commissaires-priseurs, sont, comme ceux des notaires (article 23 de la loi du 25 ventôse an XI), affectés, par premier privilége, à la garantie des condamnations qui pourraient être prononcées contre eux, par suite de l'exercice de leurs fonctions; par second privilége, au remboursement des fonds qui leur auraient été prêtés pour tout ou partie de leur cautionnement, et subsidiairement au paiement, dans l'ordre ordinaire, des créances particulières qui seraient exigibles sur eux.

Art. 2. Les réclamants, aux termes de l'article précédent, seront admis à faire sur ces cautionnements des oppositions motivées, soit directement à la caisse d'amortissement, soit au greffe des tribunaux dans le ressort desquels les titulaires exercent leurs fonctions; savoir, pour les notaires, commissaires-priseurs, avoués, greffiers et huissiers, au greffe des tribunaux civils; et pour les agents de change et courtiers, au greffe des tribunaux de commerce.

Art. 3. L'original des oppositions faites sur les cautionnements, soit à la caisse d'amortissement, soit au greffe des tribunaux, y restera déposé pendant vingt-quatre heures, pour y être visé.

Art. 4. La déclaration au profit des prêteurs des fonds de cautionnement, faite à la caisse d'amortissement à l'époque de la prestation, tiendra lieu d'opposition pour leur assurer l'effet du privilége du second ordre, aux termes de l'article 1er.

Art. 5. Les notaires, avoués, greffiers et huissiers près les tribunaux, ainsi que les commissaires-priseurs, seront tenus, avant de pouvoir réclamer leur cautionnement à la caisse d'amortissement, de déclarer au greffe du tribunal dans le ressort duquel ils exercent, qu'ils cessent leurs fonctions. Cette déclaration sera affichée dans le lieu des séances du tribunal, pendant trois mois; après ce délai, et après la levée des oppositions directement faites à la caisse d'amortissement, s'il en était survenu, leur cautionnement leur sera remboursé par cette caisse, sur la présentation et le dépôt d'un certificat du greffier, visé par le président du tribunal, qui constatera que la déclaration prescrite a été affichée dans le délai fixé, que pendant cet intervalle il n'a été prononcé contre eux aucune condamnation pour fait relatif à leurs fonctions, et qu'il n'existe au greffe du tribunal aucune opposition à la délivrance du certificat, ou que les oppositions survenues ont été levées.

Art. 6. Les agents de change et courtiers de commerce seront tenus de remplir les formalités ci-dessus devant les tribunaux de commerce; ils feront en outre afficher, pendant le même délai, la déclaration de la cessation de leurs fonctions à la bourse près de laquelle ils les exercent, et ils produiront à la caisse d'amortissement le certificat du syndic de cette bourse relatif à l'affiche de leur démission, joint au certificat du greffier, visé par le président du tribunal, motivé ainsi qu'il est prescrit par l'article précédent.

Art. 7. Seront assujettis aux mêmes formalités, pour la notification de la vacance, ceux qui seront destitués, et les héritiers de ceux qui seront décédés dans l'exercice de leurs fonctions.

Le Corps législatif arrête que ce projet de loi sera transmis au Tribunat par un message.

La séance est levée.

CORPS LÉGISLATIF.

PRÉSIDENCE DE M. FONTANES.

Séance du 17 nivôse an XIII (7 janvier 1805).

Le procès-verbal de la séance du 15 nivôse est adopté.

M. Daquin fait hommage d'un ouvrage intitulé la *Philosophie de la Folie.*

Cet hommage sera mentionné au procès-verbal.

MM. Lacuée et Regnauld (de *Saint-Jean-d'Angély*), conseillers d'État, sont introduits.

M. **Lacuée** présente un projet de loi *relatif à la conscription de l'an XIV.*

En voici le texte et l'exposé des motifs.

Motifs

du projet de loi relatif à la conscription de l'an XIV.

Messieurs, à l'ouverture de votre session, Sa Majesté l'Empereur a pris l'engagement solennel de maintenir l'intégrité du territoire de la France, et de conserver l'influence que son génie et la victoire lui ont donnée dans l'Europe.

Parmi les moyens qui doivent conduire Sa Majesté Impériale à ce but vraiment digne d'elle, et qui est en même temps l'objet des désirs et des vœux de la nation entière, on doit placer, sans doute, une armée bien complète et composée d'hommes qui, tous extraits du sein de la nation, aient un grand intérêt au bonheur de la patrie et à la gloire du nom français.

C'est pour avoir une telle armée, que vos prédécesseurs créèrent le système de la conscription militaire, et leurs espérances ne furent point trompées. C'est dans les mêmes vues que le Gouvernement, en exécution de la loi organique de l'an VI, vient aujourd'hui vous proposer de lever en l'an XIV, sur la classe conscriptionnaire de l'an XIV, le nombre d'hommes qu'il a jugé devoir, à cette époque, suffire aux besoins de la France.

Au moment où toutes les grandes puissances de l'Europe emploient, pour compléter leurs armées, un système de conscription plus ou moins perfectionné; après les essais heureux que nous avons faits de celui que vous avez adopté; après tout ce qui a été dit pendant vos précédentes sessions pour en développer la nécessité, il serait plus que superflu de vous entretenir aujourd'hui de ses avantages. Je vais donc passer à l'examen particulier de la loi qui vous est soumise.

A la simple lecture de cette loi, vous aurez sans doute reconnu, Messieurs, qu'elle est en tout semblable à celle qui obtint l'année dernière votre approbation; même nombre d'hommes pour l'armée active, même nombre pour la réserve, mêmes moyens d'exécution, mêmes dispositions générales.

La parfaite identité qui règne entre ces deux lois étonnera peut-être au moment où nous sommes engagés dans une lutte très-animée avec une nation puissante; dans un moment où l'on pourrait peut-être trouver quelques motifs de donner un plus grand développement à nos forces de terre; mais cet étonnement cessera, si l'on considère les victoires que nous avons remportées avec des armées moins nombreuses; si l'on réfléchit au dévouement des Français pour la patrie, à leur amour pour la gloire et à leur confiance dans le génie du héros qui les gouverne. Cet étonnement cessera si l'on daigne réfléchir aussi à la force imposante de l'armée, au renfort qu'elle va recevoir par la conscription de l'an XIII, et aux cinq portions de la réserve, qui, au premier besoin, entreraient dans nos rangs.

Ainsi, par un effet aussi heureux que naturel de notre système de conscription et de l'organisation de notre armée, nous pourrons avec la même facilité ou réduire notre force militaire, si les destins prospères nous amènent une paix solide, ou la porter au pied le plus formidable, si la haine ou l'envie nous donnaient de nouveaux ennemis.

Le seul objet qui, dans cette loi, peut donc exiger de notre part quelques développements, c'est la répartition du contingent général entre les cent huit départements. En effet, si ces développements vous manquaient, Messieurs, vous pourriez être surpris de voir quelques départements portés à un taux plus fort qu'ils ne l'étaient précédemment, et d'autres à qui on ne demande qu'un contingent plus facile que celui qu'ils ont fourni les années précédentes. Cette différence est l'effet des profondes réflexions que le Gouvernement a faites sur la nature de la conscription militaire, et des lumières qu'il a réunies sur les éléments qui doivent servir de base à sa répartition.

Lorsqu'en l'an XII, les orateurs du Gouvernement vous présentèrent le tableau de la répartition pour l'an XIII, ils ne vous dissimulèrent point qu'une exactitude arithmétique n'avait pas présidé à sa confection; ils vous dirent qu'on avait fait éprouver aux départements maritimes et littoraux une réduction considérable, mais que cette réduction n'avait pas été rigoureusement calculée; ils vous annoncèrent enfin que, pour la session de l'an XIII, une répartition fondée sur des éléments nouveaux vous serait soumise.

Ce que nous vous avions annoncé a été exécuté. Le tableau le plus exact de la population générale de l'Empire a été formé; il a été fait avec un soin égal un tableau de sa population maritime; ces deux tableaux sont devenus les éléments d'un calcul arithmétique dont la population générale de l'Empire, diminuée de la population maritime, a été le premier terme; dont la population générale de chaque département, aussi diminuée de sa population maritime, a été le second; dont le contingent général a été le troisième. Ces trois facteurs ont produit le quatrième terme, c'est-à-dire le contingent particulier de chaque département.

La population a été choisie pour base unique de la répartition du contingent, parce qu'elle fait connaître la véritable matière contribuable de la conscription, et parce qu'elle est la seule base qui ne puisse être contestée.

La population maritime a été déduite de la population générale, parce qu'il serait injuste d'exiger qu'une masse de population, diminuée déjà par l'inscription maritime, fût tenue du même contingent qu'une masse pareille qui n'aurait pas éprouvé cette même diminution.

Pour établir le rapport entre le nombre d'individus classés et la population maritime, nous avons choisi le nombre quatre pour facteur, parce qu'il nous a paru que le nombre cinq, généralement usité dans les opérations de ce genre, donnerait un faux résultat, attendu que dans chaque famille particulièrement consacrée à la marine, il se trouve très-souvent deux personnes au moins inscrites dans le contrôle des classes.

Nous avions pensé d'abord devoir défalquer aussi en faveur des départements maritimes, les hommes compris dans les compagnies de canonniers gardes-côtes; mais nous avons été détournés de cette pensée par l'incertitude sur le véritable domicile de plusieurs individus de corps, par l'idée vraie qu'ils sont pour la plupart engagés à prix d'argent, et que ceux qui sont désignés par l'autorité ne sont considérés par la loi que comme gardes nationales en réquisition : il est d'ailleurs évident que cette soustraction n'eût produit qu'une diminution presque insensible pour chaque département maritime; toutefois lorsque les renseignements que le Gouvernement a demandés lui seront parvenus, il mettra de nouveau cet objet en délibération, et le résultat de son travail vous sera soumis dans l'une de vos plus prochaines sessions.

Aucune considération politique, aucune considération locale n'a été admise comme élément de la répartition, parce que toutes peuvent être contestées, parce ' . toutes auraient ouvert la porte à des prétentions interminables, et à un arbitraire plus effrayant encore pour ceux qui l'exercent que pour ceux qui l'éprouvent; parce que chaque département devant naturellement avoir dans le cours d'un petit nombre d'années quelque motif de dégrèvement à faire valoir, il s'établira nécessairement entre eux, dans un laps de temps très-peu considérable, une balance plus exacte que celle que nous aurions choisie.

Cette base une fois bien connue, une fois adoptée dans tous les degrés de la hiérarchie administrative, chaque département, chaque arrondissement, chaque canton pourra connaître si les agents du Gouvernement ont opéré avec justice, et, ce qui est encore plus important, on pourra prouver leur injustice, s'ils en commettent, et en obtenir le redressement. C'est dans les mêmes vues que nous avons annexé au tableau qui fixe le contingent de chaque département les éléments qui ont servi à sa formation.

Tels sont, Messieurs, les motifs qui ont dirigé le Gouvernement dans la répartition du contingent pour l'an XIV. Ces motifs seront sans doute approuvés par vous, parce qu'ils sont un véritable perfectionnement à la loi sur la conscription ; parce que vous savez quels sont les dangers de toute répartition d'impôt qui n'est pas assise sur des bases certaines ; parce que celui à qui l'arbitraire procure aujourd'hui un léger avantage, peut demain en éprouver un immense détriment ; et enfin parce que, si une justice exacte, rigoureuse, invariable, est le premier des biens pour les peuples, elle est en même temps le plus saint des devoirs pour les gouvernements.

Projet de loi

RELATIF A LA CONSCRIPTION DE L'AN XIV.

Art. 1er. Il sera levé 30,000 conscrits pris sur la conscription de l'an XIV, pour compléter l'armée sur le pied de son organisation, et 30,000 pour rester en réserve, ou être uniquement destinés à porter l'armée au pied de guerre, si les circonstances l'exigeaient.

Art. 2. Le contingent de chaque département est fixé ci-dessous.

Art. 3. La répartition entre les arrondissements et les municipalités sera, ainsi que les désignations, et tout ce qui concerne les peines et les remplacements, exécuté conformément aux dispositions des lois du 28 floréal an X, et du 6 floréal an XI.

PROJET DE RÉPARTITION POUR LES CONSCRITS DE L'AN XIV.

Département	Popul. générale, 283,508.	Popul. maritime, 00,000.	Popul. disponible, 283,508.	Contingent 246.
Ain.	430,628.		430,628.	374.
Aisne.	Id. 272,616.	Id. 584.	Id. 272,032.	Id. 236.
Allier.	Id. 140,121.		Id. 140,121.	Id. 122.
Alpes (Basses).	Id. 120,100.		Id. 120,100.	Id. 104.
Alpes (Hautes).	Id. 87,071.	Id. 2,744.	Id. 84,327.	73.
Alpes-Maritimes.	Id. 267,525.		Id. 267,525.	Id. 232.
Ardèche.	Id. 254,000.		Id. 254,000.	Id. 221.
Ardennes.	Id. 191,693.	Id. 516.	Id. 191,177.	Id. 166.
Ariége.	Id. 240,661.		Id. 240,661.	Id. 209.
Aube.	Id. 226,198.	Id. 2,000.	Id. 224,198.	Id. 195.
Aude.	Id. 328,195.	Id. 60.	Id. 328,135.	Id. 285.
Aveyron.	Id. 320,072.	Id. 15,424.	Id. 304,648.	Id. 265.
Bouches-du-Rhône.	Id. 480,317.	Id. 9,964.	Id. 470,353.	Id. 409.
Calvados.	Id. 230,304.		Id. 230,304.	Id. 191.
Cantal.	Id. 321,477.	Id. 1,256.	Id. 320,221.	Id. 278.
Charente.	Id. 402,105.	Id. 19,433.	Id. 382,773.	Id. 333.
Charente-Inférieure.	Id. 218,297.	Id. 200.	Id. 218,097.	Id. 189.
Cher.	Id. 243,654.	Id. 200.	Id. 243,454.	Id. 211.
Corrèze.	Id. 347,842.		Id. 347,842.	Id. 302.
Côte-d'Or.	Id. 499,927.	Id. 28,372.	Id. 471,555.	Id. 410.
Côtes-du-Nord.	Id. 216,255.		Id. 216,255.	Id. 188.
Creuse.	Id. 224,127.		Id. 224,127.	Id. 195.
Doire.	Id. 410,350.	Id. 1,396.	Id. 408,954.	Id. 355.
Dordogne.	Id. 227,075.		Id. 227,075.	Id. 197.
Doubs.	Id. 231,188.		Id. 231,188.	Id. 201.
Drôme.	Id. 363,956.	Id. 2,728.	Id. 361,228.	Id. 314.
Dyle.	»	»		Id. 12.
Elbe (Ile d')*.	Id. 595,258.	Id. 5,832.	Id. 589,426.	Id. 512.
Escaut.	Id. 415,577.		Id. 415,577.	Id. 361.
Eure.	Id. 259,967.		Id. 259,967.	Id. 226.
Eure-et-Loir.	Id. 474,349.	Id. 20,948.	Id. 453,401.	Id. 394.
Finistère.	Id. 225,549.		Id. 225,549.	Id. 196.
Forêts.	Id. 309,052.	Id. 1,316.	Id. 307,736.	Id. 267.
Gard.	Id. 432,263.	Id. 5,748.	Id. 426,515.	Id. 371.
Garonne (Haute).	Id. 291,845.	Id. 200.	Id. 291,645.	Id. 253.
Gers.	Id. 519,685.	Id. 32,516.	Id. 487,169.	Id. 443.
Gironde.	Id. 103,466.	Id. 8,108.	Id. 95,358.	Id. 83.
Golo.	Id. 279,954.	Id. 5,460.	Id. 274,497.	Id. 238.
Hérault.	Id. 488,605.	Id. 10,364.	Id. 478,241.	Id. 416.
Ille-et-Villaine.	Id. 209,911.		Id. 209,911.	Id. 182.
Indre.	Id. 272,730.	Id. 2,800.	Id. 269,930.	Id. 235.
Indre-et-Loire.	Id. 441,208.		Id. 441,208.	Id. 383.
Isère.	Id. 412,129.		Id. 412,129.	Id. 358.
Jemmapes.	Id. 289,865.		Id. 289,865.	Id. 252.
Jura.	Id. 236,039.	Id. 2,900.	Id. 233,139.	Id. 203.
Landes.	Id. 215,884.	Id. 3,424.	Id. 215,884.	Id. 188.
Léman.	Id. 63.347.	Id. 696.	Id. 58,927.	Id. 52.
Liamone.	Id. 211,152.	Id. 808.	Id. 210,456.	Id. 183.
Loir-et-Cher.	Id. 292,688.		Id. 291,780.	Id. 253.
Loire.	Id. 237,901.	Id. 25,962.	Id. 237,901.	Id. 207.
Loire (Haute).	Id. 368,506.		Id. 342,534.	Id. 298.
Loire-Inférieure.	Id. 289,728.	Id. 3,248.	Id. 286,480.	Id. 249.
Loiret.	Id. 383,683.	Id. 7,088.	Id. 376,595.	Id. 327.
Lot.	Id. 325,475.	Id. 10,532.	Id. 314,943.	Id. 274.
Lot-et-Garonne.	Id. 155,936.		Id. 155,936.	Id. 135.
Lozère.	Id. 470,707.	Id. 9,084.	Id. 461,623.	Id. 401.
Lys.	Id. 376,113.	Id. 11,268.	Id. 364,845.	Id. 317.
Maine-et-Loire.	Id. 528,912.	Id. 25,808.	Id. 503,104.	Id. 437.
Manche.	Id. 322,954.		Id. 322,954.	Id. 281.
Marengo.	Id. 310,493.		Id. 310,493.	Id. 270.
Marne.				

*L'île d'Elbe, dont la population n'est pas connue, n'est pas portée pour un contingent proportionnel ; on s'est borné à lui assigner douze hommes qu'on a retranchés des départements qui auraient eu un homme à fournir pour une fraction extrêmement petite.

	Popul. générale		Popul. maritime		Popul. disponible		Contingent	
Marais (Hautes).	Popul. générale,	225,350.	Popul. maritime,	00,000.	Popul. disponible.	225,350.	Contingent.	196.
Mayenne.	Id.	325,397.	Id	60.	Id.	325,337.	Id.	285.
Meurthe.	Id.	342,107.			Id.	342,107.	Id.	297.
Meuse.	Id.	275,898.			Id.	275,898.	Id.	240.
Meuse-Inférieure.	Id.	232,662.			Id.	232,662.	Id.	202.
Mont-Blanc.	Id.	283,106.			Id.	283,106.	Id.	246.
Mont-Tonnerre.	Id.	342,316.			Id.	342,316.	Id.	297.
Morbihan.	Id.	425,485.	Id.	29,040.	Id.	396,445.	Id.	344.
Moselle.	Id.	353,788.			Id.	353,788.	Id.	307,
Nèthes (Deux).	Id.	249,376.	Id.	3,316.	Id.	246,060.	Id.	214.
Nièvre.	Id.	251,158.	Id.	3,280.	Id.	247,878.	Id.	216.
Nord.	Id.	774,450.	Id.	6,936.	Id.	767,514.	Id.	667.
Oise.	Id.	369,086.			Id.	369,086.	Id.	321.
Orne.	Id.	397,931.			Id.	397,931.	Id.	346,
Ourthe.	Id.	313,876.			Id.	313,873.	Id.	273.
Pas-de-Calais.	Id.	566,061.	Id.	5,508.	Id.	560,553.	Id.	487.
Pô.	Id.	395,193.			Id.	395,195.	Id.	343.
Puy-de-Dôme.	Id.	508,444.			Id.	508,444.	Id.	442.
Pyrénées (Basses).	Id.	385,708.	Id.	1,156.	Id.	374,652.	Id.	325.
Pyrénées (Hautes).	Id.	206,680.	Id.	348.	Id.	206,332.	Id.	179.
Pyrénées-Orientales.	Id.	117,764.	Id.	1,360.	Id.	116,404.	Id.	101.
Rhin (Bas).	Id.	450,238.			Id.	450,238.	Id.	391.
Rhin (Haut).	Id.	389,311.			Id.	389,311.	Id.	338.
Rhin-et-Moselle.	Id.	203,290.			Id.	203,290.	Id.	177.
Rhône.	Id.	345,644.			Id.	345,644.	Id.	300.
Roër.	Id.	516,287.			Id.	516,287.	Id.	449.
Sambre-et-Meuse.	Id.	163,192.			Id.	165,192.	Id.	143.
Saône (Haute).	Id.	391,576.			Id.	391,576.	Id.	340.
Saône-et-Loire.	Id.	447,365.	Id.	60.	Id.	447,505.	Id.	389.
Sarre.	Id.	219,049.			Id.	219,049.	Id.	190,
Sarthe.	Id.	387,166.	Id.	128.	Id.	387,038.	Id.	336.
Seine.	Id.	629,763.			Id.	629,763.	Id.	547.
Seine-et-Marne.	Id.	298,815.			Id.	298,815.	Id.	260.
Seine-et-Oise.	Id.	429,523.			Id.	429,523.	Id.	373.
Seine-Inférieure.	Id.	642,673.	Id.	29,812.	Id.	612,961.	Id.	533.
Sesia.	Id.	204,445.			Id.	204,445.	Id.	178.
Sèvres (Deux).	Id.	242,658.			Id.	242,658.	Id.	211.
Somme.	Id.	465,034.	Id.	5,264.	Id.	459,779.	Id.	399.
Stura.	Id.	395,074.			Id.	395,074.	Id.	343.
Tanaro.	Id.	310,459.			Id.	310,459.	Id.	270.
Tarn.	Id.	272,163.	Id.	40.	Id.	272,123.	Id.	236.
Var.	Id.	269,142.	Id.	17,792.	Id.	251,350.	Id.	218.
Vaucluse.	Id.	190,180.			Id.	190,180.	Id.	165.
Vendée.	Id.	270,271.	Id.	7,128.	Id.	263,143.	Id.	229.
Vienne.	Id.	250,807.	Id.	80.	Id.	250,727.	Id.	218.
Vienne (Haute).	Id.	259,795.			Id.	259,795.	Id.	226.
Vosges.	Id.	308,052.			Id.	308,052.	Id.	268.
Yonne.	Id.	239,278.			Id.	239,278.	Id.	208.

Total 34,518,385.   30,000.

L'ouverture de la discussion sur ce projet de loi est fixée au 27 nivôse.

Le Corps législatif arrête que ce projet de loi sera communiqué aux sections du Tribunat.

On procède par appel nominal au scrutin secret, pour la nomination d'un secrétaire qui reste à nommer pour compléter la formation du bureau du Corps législatif.

Le nombre des votants est de 219. M. Musset obtient 113 suffrages, et est proclamé par le président secrétaire du Corps législatif.

La séance est levée.

CORPS LÉGISLATIF.

PRÉSIDENCE DE M. BÉGUINOT, VICE-PRÉSIDENT.

Séance du 18 nivôse an XIII (mardi 8 janvier 1805).

Le procès-verbal de la séance d'hier est adopté.

M. Delorme, avocat à Poitiers, fait hommage d'un ouvrage intitulé : *Idée sur la conscription militaire et sur les finances.*

Cet hommage sera mentionné au procès-verbal. L'ouvrage sera déposé à la bibliothèque.

MM. Mollien et Bérenger, conseillers d'Etat, sont introduits.

M. **Mollien** présente un projet de loi relatif *au versement des consignations à la caisse d'amortissement.* En voici le texte et l'exposé des motifs.

Motifs
du projet de loi sur les consignations.

Messieurs, il nous suffira de mettre en parallèle l'ancienne législation sur les consignations, et les dispositions de la loi que nous sommes chargés de vous présenter, pour vous faire apprécier les motifs de la loi nouvelle.

Longtemps des consignataires exclusifs, munis d'un brevet du prince, sont restés en possession de recevoir le dépôt de toutes les sommes dont la propriété était litigieuse ; nous ne rappellerons pas que la mission qui les instituait simples dépositaires des consignations était devenue un droit pour en exiger et en poursuivre le recouvrement ; comment quelques-uns d'entre eux exerçaient ce droit ; quelle latitude de moyens restait en leur pouvoir pour retarder les remboursements. Ces abus, dont il serait d'ailleurs injuste d'accuser la généralité de ces anciens comptables, n'étaient pas sans doute dans l'intention de la loi. Mais un vice plus grave se trouvait dans la loi même. Les agents, qu'elle avait établis *conservateurs*, percevaient un impôt sur le capital confié à leur garde ; le privilège de leur charge était d'altérer le capital qu'ils devaient *conserver* ; et lorsque le propriétaire rentrait dans l'exercice de ses droits, aux privations qu'il avait souffertes par la longue indisponibilité de son capital, venait se joindre l'impôt d'une prime de cinq pour cent, prélevée par le tuteur même que la loi lui avait donné.

Cette contradiction entre le but et les moyens indique assez que, dans l'institution des receveurs des consignations, l'intérêt de la *propriété* n'avait été que le prétexte : et le motif réel n'a pas besoin, Messieurs, de commentaire auprès de vous

Un décret de 1793 avait substitué les receveurs de district aux receveurs des consignations, et modéré à deux pour cent le droit de *garde*. Un changement dans les agents n'était pas une amélioration dans le système; on ne soupçonnait pas encore que la propriété, retenue dans les liens de la consignation, devait être consolée par quelques dédommagements; que ces dédommagements n'étaient pas incompatibles avec le caractère des consignations, avec la sûreté des propriétaires, avec la règle de la comptabilité ; et que, par une heureuse réciprocité, quelques combinaisons favorables au crédit public pouvaient même s'associer à celles qui amélioreraient le sort des propriétaires des fonds consignés.

La propriété ne révèle ses besoins qu'au pouvoir éclairé qui sait protéger ses droits.

La loi que Sa Majesté Impériale nous a ordonné de vous présenter substitue au droit de *garde*, précédemment prélevé au préjudice des propriétaires des sommes consignées, un intérêt annuel de trois pour cent à leur profit.

Elle établit à la caisse d'amortissement le dépôt central des sommes consignées, parce que le service public, dont cette caisse est chargée, peut seul admettre la combinaison d'une pareille indemnité; parce que, d'ailleurs, son institution qui, sous beaucoup de rapports, l'assimile aux devoirs des maisons de banque, donne pour gage de son exactitude, l'intérêt de sa propre conservation ; car la caisse d'amortissement perdrait son rang parmi les administrations publiques, aussitôt qu'un seul de ses paiements éprouverait un atermoiement.

La caisse d'amortissement n'est dispensée de payer un intérêt, que sur les sommes dont la consignation durerait moins de soixante jours : ce délai ne représente que le temps nécessaire pour le mouvement des fonds ; et dans un terme aussi court, quel emploi le propriétaire lui-même pourrait-il faire d'un capital modique, tel que celui dont se composent en général les consignations ?

Une double garantie est offerte aux *consignataires*, et dans la caisse d'amortissement, et dans la personne de ses agents.

Toute action, toute poursuite pour le recouvrement des consignations, lui sont interdites ; ce n'est que par l'autorité de la loi, ce n'est que par le choix libre des intéressés, qu'elle peut devenir consignataire ; l'emploi qu'elle fera des fonds consignés aura donc reçu d'avance la sanction même des propriétaires ; et cette observation répondrait à l'objection indirecte tirée de l'inviolabilité des dépôts, si aujourd'hui et au milieu des lumières de ce siècle, une pareille objection pouvait encore se reproduire.

Ainsi ce qui était obligatoire pour les citoyens devient en quelque sorte facultatif pour eux ; la privation est remplacée par une jouissance ; l'autorité publique ne réduit que le gage sous prétexte de le conserver ; elle ne conserve que pour accroître.

Ainsi se marque la différence des temps et des règnes.

Il ne nous reste plus, Messieurs, après vous avoir exposé les motifs de la loi nouvelle, qu'à vous en présenter les dispositions dans l'ordre de leur rédaction.

Projet de loi.

Art. 1er. A compter de la publication de la présente loi, la caisse d'amortissement recevra les consignations ordonnées, soit par jugement, soit par décision administrative; elle établira, à cet effet, des préposés partout où besoin sera.

Art. 2. La caisse d'amortissement tiendra compte aux ayants droit de l'intérêt de chaque somme consignée, à raison de trois pour cent par année; cet intérêt courra du soixantième jour après la consignation, jusqu'à celui du remboursement; les sommes qui resteront moins de soixante jours en l'état de consignation ne porteront aucun intérêt.

Art. 3. Le recours sur la caisse d'amortissement pour les sommes consignées dans les mains de ses préposés est assuré à ceux qui auront fait la consignation, à la charge par eux de faire enregistrer dans le délai de cinq jours, les reconnaissances desdits préposés au bureau de l'enregistrement du lieu de la consignation.

Le droit d'enregistrement sur ces reconnaissances est fixé à 1 franc.

Art. 4. Le remboursement des sommes consignées s'effectuera dans le lieu où la consignation aura été faite, dix jours après la notification faite au préposé de la caisse d'amortissement de l'acte ou jugement qui en aura autorisé le remboursement.

Si la durée de la consignation donne ouverture à des intérêts, ils seront comptés jusqu'au jour du remboursement.

Art. 5. Les préposés de la caisse d'amortissement qui ne satisferaient pas au paiement après le délai fixé ci-dessus, seront contraignables par corps (sans préjudice du recours contre la caisse d'amortissement, conformément à l'article 3); sauf le cas où ils pourraient justifier d'oppositions faites dans leurs mains, auquel cas ils seront tenus de dénoncer immédiatement lesdites oppositions à ceux qui leur auraient fait connaître leur droit au remboursement, pour que ces derniers puissent en poursuivre la mainlevée devant les tribunaux.

Art. 6. La caisse d'amortissement et ses préposés ne pourront exercer aucune action pour l'exécution des jugements ou décisions qui auront ordonné des consignations.

Art. 7. La caisse d'amortissement est autorisée à recevoir les consignations volontaires aux mêmes conditions que les consignations judiciaires.

Art. 8. Tous les frais et risques relatifs à la garde, conservation et mouvement des fonds consignés, sont à la charge de la caisse d'amortissement.

Le Corps législatif arrête que ce projet de loi sera transmis aux sections du Tribunat par un message.

L'ouverture de la discussion est fixée au 28 nivôse.

M. le Président communique un extrait des procès-verbaux des sections du Tribunat, en date du 15 nivôse, portant que MM. les tribuns Challan-et Vari Hultem, pour la section de l'intérieur, Savoye-Rollin et Goupil-Préfeln, pour celle de législation ; Dacier et Daru, pour celle des finances, ont été nommés orateurs pour exposer devant le Corps législatif les motifs du vœu exprimé par les sections du Tribunat sur le *projet de loi relatif à la démolition des bâtiments nationaux dans l'enceinte des villes.*

L'ordre du jour appelle la discussion de ce projet de loi.

Les orateurs du Gouvernement et ceux du Tribunat sont introduits.

M. le Président. La parole est à un des orateurs du Tribunat.

M. Challan. Messieurs, nous venons, au nom de la section de l'intérieur du Tribunat, vous apporter son vœu sur un projet de loi d'après les dispositions duquel les propriétaires des bâtiments nationaux (dont la démolition est déjà commencée), situés dans l'intérieur des villes ou à la distance d'un myriamètre, seront tenus de l'achever avant le 1ᵉʳ vendémiaire an XIV, ou de clore l'espace qui les renferme.

Tolérer l'insouciance des propriétaires qui délaissent des ruines après avoir enlevé les matériaux d'un utile débit, et qui attendent pour le surplus que chacun vienne acheter d'eux la permission d'exploiter cette carrière d'un nouveau genre, c'est exposer le public à des accidents certains, ou parce que ces édifices, dont l'équilibre est rompu et la liaison détruite, croulent sous leur propre poids, ou parce qu'ils offrent aux malintentionnés une retraite aussi favorable à la perpétration du crime que propre à en couvrir les suites.

Les précautions indiquées par le projet sont donc commandées par la nécessité. Toutefois, elles ne sont relatives qu'à ceux qui ont manifesté leur intention en commençant la démolition. Les édifices entiers continuent à être assujettis aux règles de la police municipale.

Cependant l'exception qui vous est proposée n'anéantit point ces règles, même à l'égard des édifices dont il s'agit, elle ne fait qu'une application plus spéciale des anciens règlements et des lois nouvelles : les anciens même étaient plus rigoureux, puisque l'ordonnance de 1609, par exemple, autorisait jusqu'à la vente de l'emplacement après trois publications, *ne deformetur aspectus urbis*. Si cette raison suffisait pour contraindre dans un temps où les monuments publics étaient obstrués par de hideuses constructions, combien plus doit-elle déterminer, maintenant que chaque année voit changer l'aspect des villes et celui des départements, que le coup d'œil sûr et rapide de S. M., en parcourant les diverses parties de l'Empire, indique ce qui doit vivifier chacune d'elles, et assurer à la France une splendeur d'autant plus durable qu'elle sera fondée sur la prospérité publique et le bonheur des particuliers l L'embellissement des cités, Messieurs, est bien une des considérations du projet qui vous est proposé ; mais la sollicitude de S. M. l'Empereur a été excitée par un motif plus puissant sur son cœur, celui que nous vous avons indiqué : la sûreté publique ; et c'est à raison de cette sûreté qu'il importe d'étendre les dispositions de la loi au delà de l'enceinte des villes.

Un rayon d'un myriamètre a paru suffisant, parce qu'en effet c'est dans cette circonférence que les routes sont le plus multipliées et qu'il convient davantage d'éviter les encombrements.

C'est dans cet esprit que toutes les lois de police ont été rendues. Si celles d'août 1790 et juillet 1791 ne s'expliquent pas positivement, c'est qu'elles s'en rapportent à l'activité du magistrat municipal, auquel les articles 3 du titre II de celle de 1790, et 18 de celle de 1791, donnent le pouvoir de faire démolir les bâtiments menaçant ruine.

D'après cet aperçu, on sera peut-être disposé à croire que la loi proposée n'est pas indispensable. Un peu de réflexion suffira pour faire concevoir son utilité, à cause de la nature des domaines et à cause des dispositions pénales.

En effet, le courant administratif qui a transmis la propriété de ces biens a pu faire hésiter les administrations municipales ; les acquéreurs, d'ailleurs, ont invoqué la loi du 10 frimaire an IV, laquelle prononçant, à Paris, la suspension des démolitions, offre, par analogie, une excuse à leur retard, encore qu'elle soit restreinte aux aliénations faites en vertu de la loi du 13 fructidor an IV, et puisque toujours il faut éviter ce qui peut servir de prétexte à l'inexécution des

lois, ici rien n'est plus nécessaire et en même temps plus juste, que d'assimiler la propriété des domaines nationaux aux propriétés de toute nature, de les assujettir aux mêmes règles en les faisant jouir de la même protection. Celles qui résulteraient d'un privilége seraient un abus, et non un droit respectable.

Quant à la partie pénale, on conserve bien les peines prononcées par les lois. Ces lois punissent, il est vrai, la désobéissance à l'autorité administrative, qui prescrit les mesures à prendre ; et, jusqu'à présent, les préfets et les préfets de police, où il y en a, sont chargés de se rapprocher autant que possible des formes voulues par l'ordonnance de 1729 ; il y a peu d'inconvénients à continuer ce mode jusqu'à ce que le Code de police soit créé.

Mais dans l'espèce, il s'agit d'une opération à faire presque simultanément et relativement à un grand nombre d'édifices, ce qui exige une action prompte et peu coûteuse. Or l'article 2 du projet, en ordonnant que le remboursement des dépenses s'effectuera, soit par la vente proportionnelle d'une partie des matériaux jusqu'à due concurrence, soit par voie de contrainte comme pour les contributions publiques, est très-propre à accélérer le travail et à engager les propriétaires à ne pas s'y exposer.

Il a été fait une observation sur le délai accordé pour se conformer à la loi : quelques personnes auraient désiré qu'il fût moins rapproché, parce qu'il s'est écoulé plusieurs mois depuis le commencement de l'an XIII, et ensuite que c'est dans l'hiver que l'on se livre plus volontiers au travail des démolitions.

A cet égard, on ne doit pas oublier que depuis longtemps le danger aurait dû disparaître, et que ce ne sera qu'après l'expiration du délai fixé au 1ᵉʳ vendémiaire an XIV, que la contrainte pourra être exercée ; que pour agir régulièrement, il faudra des actes préalables qui apporteront assez de retards, sans qu'il soit besoin d'en permettre de plus grands.

Nous croyons, Messieurs, avoir démontré que la loi est nécessaire ; que, malgré l'urgence commandée par la sûreté publique, il sera procédé avec une telle maturité, qu'aucun propriétaire ne pourra être lésé ; que celui qui sera atteint par la loi ne pourra s'en prendre qu'à lui, puisqu'il aura lui-même provoqué la mesure en commençant la démolition et en ne prenant pas les précautions suffisantes ; enfin que les dépenses seront réduites autant que possible, et qu'elles ne seront point aggravées par des frais judiciaires. Ces diverses considérations ont déterminé la section de l'intérieur du Tribunat à vous proposer l'adoption du projet.

Les orateurs du Conseil d'Etat ne prenant point la parole, la discussion est fermée.

Le Corps législatif procède au scrutin secret en la forme prescrite par l'article 14 de la loi du 19 nivôse an XIII. Le projet de loi est adopté par 246 voix contre 3.

La séance est levée.

CORPS LÉGISLATIF.

PRÉSIDENCE DE M. FONTANES.

Séance du 19 nivôse an XIII (mercredi 9 janvier 1805).

Le procès-verbal de la séance d'hier est adopté.

M. Toulongeon écrit que les raisons de santé qui seules ont pu l'empêcher de se rendre à ses fonctions à la première séance du Corps législatif, le retiennent encore chez lui.

M. Béguinot prévient M. le président qu'une indisposition l'empêche de se rendre à cette séance.

MM. Regnauld (de Saint-Jean-d'Angély) et Miot, conseillers d'Etat, sont introduits.

M. **Regnauld** (de Saint-Jean-d'Angély) présente un projet de loi relatif aux *aliénations, acquisitions, etc., par des communes et des hospices.* En voici le texte et l'exposé des motifs.

TABLE NUMÉRIQUE
des titres contenus dans le projet de loi relatif aux aliénations, etc.

Titre Ier. Aliénations.
Titre II. Acquisitions.
Titre III. Concessions à rentes.
Titre IV. Echanges.
Titre V. Impositions extraordinaires.
Titre VI. Objets mixtes.
Titre VII. Dispositions générales.

Projet de loi
relatif à des acquisitions, concessions, échanges et impositions extraordinaires, par des communes et des hospices.

TITRE PREMIER.
Aliénations.

Art. 1er. Le préfet du département de l'Aisne est autorisé à aliéner au sieur Possel, deux domaines à Saint-Quentin, connus sous les dénominations d'ancien Gouvernement et d'emplacement des Jacobins et dépendances, moyennant la somme de 8,553 fr. en capital, portée dans les estimations du 28 floréal et quatrième jour complémentaire an XII, à la charge d'y former un établissement de filature de coton, conformément à sa soumission.

Le prix de cette acquisition sera versé dans la caisse du receveur des domaines, dans le mois de la publication de la présente loi.

L'acquéreur sera tenu de mettre en activité son établissement dans le délai d'un an.

Le préfet du département est spécialement chargé de surveiller l'exécution de la clause de mise en activité de l'établissement, et l'administration du domaine de celle du paiement.

Art. 2. Le maire de la commune de Rochegude, département de la Drôme, est autorisé à vendre aux enchères 8 ares de terrain communal, estimé 150 fr., suivant le procès-verbal du 21 ventôse an XII.

La première mise à prix sera du montant de l'estimation, et le produit de cette vente sera employé à la reconstruction d'un lavoir public.

Art. 3. Le maire de la commune de Montjoyre, département de la Haute-Garonne, est autorisé à vendre :

1º A la veuve Dubuisson, 5 ares 34 centiares de terrain communal, moyennant la somme de 21 fr.

2º A Bernard, Jean, Pierre et Jeanne Timbai, frères et sœurs, 9 ares, moyennant 60 fr.

3º A Raimond Caseneuve, 89 centiares, moyennant 6 fr.

4º A Vital Garipuy, 4 ares 50 centiares, moyennant 25 fr.

5º A Lucas Tannu, 3 ares 60 centiares, moyennant 20 fr.

6º A Mathieu Assaly, 1 are, moyennant 5 fr.

7º A Jean Vignier, 2 ares 50 centiares, moyennant 12 fr.

8º A Jean Durenos, 1 are, moyennant 10 fr.

9º A Pierre Bardy, un très-petit terrain, moyennant 3 fr.

10º A Dejean, 2 ares, moyennant 12 fr.

11º A Jean Gairaud, 50 centiares, moyennant 3 fr.

12º A Pierre Lafon, 9 ares 30 centiares, moyennant 42 fr.

13º Au sieur Liétard, 3 ares 6 déciares, moyennant 6 fr.

14º A Dominique Gay, 7 ares 60 centiares, moyennant 46 fr.

15º A Jean Jolibert, 25 ares, moyennant 153 fr.

16º A Silvain Vialas, 2 ares 70 centiares, moyennant 15 fr.

17º A Laurent Marty, 2 ares 70 centiares, moyennant 15 fr.

18º A Pierre Penalle, 3 ares 60 centiares, moyennant 15 fr.

19º A Pierre Auriolle, 9 ares 80 centiares, moyennant 46 fr.

20º A Jean Boussignes, 22 ares 3 centiares, moyennant 80 fr.

21º A Guillaume Gay, 1 are 20 centiares, moyennant 5 fr.

22º A André Plaffe, 4 ares 50 centiares, moyennant 18 fr.

23º A Jean-Pierre Marty, 2 ares 80 centiares, moyennant 20 fr.

24º A Pierre Vaisse, dit Vaisson, 1 are, moyennant 5 fr.

25º A Jean-Antoine Teissière, 1 are 50 centiares, moyennant 8 fr.

26º A Vital Audu, 1 are 80 centiares, moyennant 6 fr.

27º A Jean-François Jouve, 90 centiares, moyennant 3 fr.

28º A Jean Chaubart, 1 are 8 centiares, moyennant 9 fr.

29º A Jean-Pierre Marty, 3 ares 20 centiares, moyennant 19 fr.

30º A Marie Lauzeral, femme de Pierre Arnat, 1 are 30 centiares, moyennant 7 fr.

31º A Antoinette Beaute, 3 ares 10 centiares, moyennant 21 fr.

32º A Antoine Gary, 50 centiares, moyennant 3 fr.

33º A Antoine Teysseire, 50 centiares, moyennant 7 fr.

34º A Antoine Marty, 1 are 80 centiares, moyennant 7 fr.

35º A Jean Labau, 2 ares 70 centiares, moyennant 3 fr.

36º A Jean Magendie, 1 are 80 centiares, moyennant 5 fr.

37º A François Bagnie, 1 are, moyennant 3 fr.

38º A Jean-Pierre Maury, 1 are, moyennant 3 fr.

39º A Bernard Compeyre, 5 ares 40 centiares, moyennant 26 fr.

40º A Pierre Marty, fils de Bernard, 8 ares 90 centiares, moyennant 19 fr.

41º A Jean Salinie, 1 are, moyennant 3 fr.

42º A Jean-Pierre Barrat, 11 ares 20 centiares, moyennant 58 fr.

43º A André Baillet, 1 are 85 centiares, moyennant 10 fr.

44º A Raimond Bezombes, 2 ares 70 centiares, moyennant 12 fr.

45º A Antoine Caley, 90 centiares, moyennant 5 fr.

46º Au sieur Cheverry, 1 are 80 centiares, moyennant 15 fr.

47º A Pierre Barrat, 4 ares 45 centiares, moyennant 15 fr.

48º A Jean Bezombes, notaire, 5 ares 34 centiares, moyennant 18 fr.

49º Aux frères Planèse, 1 are 40 centiares, moyennant 4 fr.

50º A Jean Jouve, 1 are, moyennant 3 fr.

51º A la veuve Barthélemy, 5 ares 34 centiares, moyennant 18 fr.

52º A Olivier Massonnier, 3 ares 60 centiares, moyennant 25 fr.

53º A André Rivière, 50 centiares, moyennant 3 fr.

54º A Marie-Anne Delozèze, veuve Cazabon, 50 centiares, moyennant 3 fr.

Le tout suivant procès-verbal du 15 messidor an XI.

Art. 4. Le maire de la commune de Soulaires, département de Maine-et-Loire, est autorisé à vendre à l'enchère un terrain communal, dit le carrefour de Marans, contenant 11 ares 40 centiares, et estimé 72 fr., suivant procès-verbal du 8 frimaire an XII ; la première mise à prix sera du montant de l'estimation.

Art. 5. La commission administrative des hospices de Laval, département de la Mayenne, et le bureau de bienfaisance de ladite ville, sont autorisés à vendre au plus offrant et dernier enchérisseur, devant le sous-préfet, un grenier qui leur appartient en commun.

La première mise à prix sera de la somme de 600 fr., montant de l'estimation dudit grenier, suivant procès-verbal du 10 pluviôse an II.

Art. 6. Le maire de la commune de Baudrecourt, département de la Meurthe, est autorisé à vendre à Barbe Dauphin, veuve de Toussaint-François, un terrain communal, contenant 13 mètres de long sur 7 mètres de large, moyennant la somme de 100 fr., suivant l'estimation dudit fructidor an XI.

Art. 7. Le maire de la commune de Dommaitin, département de la Meurthe, est autorisé à vendre à madame veuve Bainville, un terrain communal, contenant 204 mètres 670 millimètres carrés, moyennant la somme de 50 fr., suivant l'estimation portée au procès-verbal du 18 brumaire an XII.

Art. 8. Le maire de la commune de Bazincourt, département de la Meuse, est autorisé à vendre au sieur Bricotte, un terrain communal, contenant 18 mètres 110 millimètres de longueur sur 6 mètres 68 centimètres de largeur, moyennant la somme de 60 francs, suivant l'estimation portée au procès-verbal du 12 thermidor an X.

Art. 9. Le maire de la commune de Pillon, département de la Meuse, est autorisé à vendre au sieur Charel, un terrain communal, contenant dix mètres de long sur sept mètres 80 centimètres de large, moyennant la somme de 15 francs cinquante centimes, suivant l'estimation portée au procès-verbal du 28 messidor an XI.

Art. 10. Le maire de la commune de Vassincourt est autorisé à vendre :

1o A Joseph Souel, 1 are 75 centiares de terrain communal, moyennant la somme de 60 francs, suivant l'estimation portée au procès-verbal du 6 messidor an X ;

2o A Nicolas Rouillon, 1 are 5 centiares, moyennant la somme de 34 francs, suivant procès-verbal du 10 thermidor an X ;

Et 3o A Pierre Adnot, 1 are 75 centiares, moyennant la somme de 60 francs, suivant l'estimation du procès-verbal du 8 thermidor an X.

Art. 11. Le maire de la commune d'Avesne, département du Nord, est autorisé à vendre aux enchères, deux maisons communales estimées, l'une 2,500 francs, et l'autre 3,000 francs, suivant procès-verbal du 5 pluviôse an XI.

La première mise à prix sera du montant de l'estimation.

Le produit desdites ventes sera employé, sous la surveillance du préfet, aux réparations du ci-devant couvent des Récollets, concédé à la commune par le Gouvernement, pour l'établissement d'une école secondaire.

Art. 12. L'administration des secours publics de Dunkerque, département du Nord, est autorisée à vendre par licitation, au plus offrant et dernier enchérisseur, devant le sous-préfet, le quart d'une maison sise en cette ville, rue du Jeu-de-Paume, no 8, qui lui appartient par indivis avec le sieur Gauthier.

Art. 13. Les bâtiments et dépendances de l'Hôtel-Dieu de Senlis, département de l'Oise, seront vendus en un ou plusieurs lots, et le prix en sera placé en rentes sur l'Etat, dont le produit annuel fera partie des revenus des hospices de ladite ville.

Les vitraux peints de l'Hôtel-Dieu seront réservés, et il en sera disposé sans délai comme objet d'art pour être placés au musée des monuments français.

Art. 14. Le maire de la commune de Beuejac, département des Basses-Pyrénées, est autorisé à vendre :

1o A Pierre Lacq, 4 ares 68 centiares de terrain communal, moyennant la somme de 280 francs.

2o A Bernard Faure, dit Lalanne, 52 centiares, moyennant la somme de 60 francs.

3o A Pierre Haure, dit Arrose, 39 centiares, moyennant la somme de 60 francs.

4o A Arnaud Coudesse fils, 4 ares 68 centiares, moyennant la somme de 280 francs.

Le tout suivant l'estimation portée aux quatre procès-verbaux du même jour 7 nivôse an XII.

Art. 15. Le préfet du département de la Vendée est autorisé à aliéner au maire de la commune des Bronzils, le domaine national dit le Four banal et ses dépendances, sis en ladite commune, et provenant du ci-devant prieuré, moyennant la somme de 60 francs en capital, portée dans l'estimation du 27 nivôse an XII, pour y tenir les séances du maire et du conseil de cette commune, et pour les dépôts de ses registres et papiers.

La répartition de ladite somme de 60 francs sera faite entre les habitants de la commune de Bronzils, au marc le franc des contributions foncières et personnelles.

Art. 16. Le maire de la commune de Bruges, département des Basses-Pyrénées, est autorisé à vendre :

1o Au sieur Casenave, dit Pichonlou, 2 ares 37 centiares 2 dixièmes de terrain communal, moyennant la somme de 60 francs.

Et 2o Au sieur Jean-Pierre Huzet, dit Couchet, également 2 ares 37 centiares 3 dixièmes de terrain, moyennant la somme de 60 francs.

Le tout suivant l'estimation portée aux deux procès-verbaux du même jour 20 vendémiaire an XII.

Art. 17. Le maire de la commune de Licharre, département des Basses-Pyrénées, est autorisé à vendre, au nom de la commune, et pour le prix de cent francs, montant de l'estimation, au sieur Sunhari, un terrain communal contenant 4 mètres 15 centimètres, suivant le procès-verbal du 26 thermidor an X.

Le produit de cette vente sera employé aux réparations de l'église et de la maison commune de Licharre.

Art. 18. Le maire de la commune de Nay, département des Basses-Pyrénées, est autorisé à vendre au sieur Cacaret, deux portions de terrain communal, contenant ensemble 53 ares, moyennant la somme de 85 francs, suivant l'estimation portée au procès-verbal du 3 pluviôse an XII.

Art. 19. Le bureau de bienfaisance de la commune de Cinez, département de Sambre-et-Meuse, est autorisé à vendre aux enchères, une maison avec un petit jardin y contigu, situés au lieu dit Saint-Roch-les-Cinez, appartenant aux pauvres de ladite commune, et estimés 500 francs, suivant procès-verbal du 3 ventôse an XI.

La première mise à prix sera du montant de l'estimation.

Art. 20. Le bureau de bienfaisance de Gembloux, département de Sambre-et-Meuse, est autorisé à vendre au plus offrant et dernier enchérisseur, devant le sous-préfet, une chapelle appartenant à l'hospice de cette ville.

La première mise à prix sera de la somme de 1,814 fr. 7 centimes, suivant l'estimation portée au procès-verbal du 17 brumaire an XII.

Art. 21. Le maire de la commune de Lesves, département de Sambre-et-Meuse, est autorisé à vendre aux enchères, un ancien chemin supprimé, appelé le Herdal de Rioux, contenant environ 10 ares, et estimé 50 francs, suivant procès-verbal du 9 nivôse an XII.

La première mise à prix sera du montant de l'estimation.

Art. 22. Le maire de la commune de Touches, département de Saône-et-Loire, est autorisé à vendre au sieur Joseph Vaury, 7 ares 49 centiares 94 milliares de terrain communal, moyennant la somme de 125 francs, suivant l'estimation portée au procès-verbal du 10 frimaire an XII.

Le prix de cette vente sera employé au paiement de l'horloge de la commune.

Art. 23. Le préfet du département de la Seine est autorisé à vendre au sieur Jean-Baptiste Barré, moyennant 1,251 fr. 25 cent., les terrains nationaux qui avaient été réservés pour former trois chemins vicinaux dans la commune de Saint-Maur, pour l'usage des propriétés acquises depuis par ledit sieur Barré, dans lesquelles ces terrains se trouvent enclavés.

Art. 24. La commission administrative de l'hospice de Nemours, département de Seine-et-Marne, est autorisé à vendre au plus offrant et dernier enchérisseur, devant le sous-préfet, et en un ou plusieurs lots, les terrains et bâtiments appartenant audit hospice, et occupés actuellement par le sieur Fleuri.

La première mise à prix sera de la somme de 4,500 francs, montant de l'estimation portée au procès-verbal du 18 pluviôse an XII.

Art. 25. La commission administrative des hospices de Niort, département des Deux-Sèvres, est autorisée à vendre au plus offrant et dernier enchérisseur, devant le sous-préfet, un terrain appartenant auxdits hospices, situé dans cette ville, à l'entrée de la rue d'Echiré, et contenant 140 mètres carrés.

La première mise à prix sera de la somme de 216 francs, montant de l'estimation portée au procès-verbal du 26 germinal an XI.

Art. 26. La commission administrative de l'hospice de Luçon, département de la Vendée, est autorisé à vendre à l'enchère, moyennant une rente perpétuelle et sur une première mise à prix de 72 francs de rente, quitte de déduction, selon le procès-verbal d'experts du 13 floréal an XI, une maison et ses dépendances, appartenant audit hospice, située rue des Sables, à Luçon.

TITRE II.

Acquisitions.

Art. 27. Le préfet du département du Calvados est autorisé à acquérir du sieur Lhonorey, le bâtiment dit la maison Manneville, situé à Caen, pour l'établissement de la préfecture.

Le prix de l'acquisition ne pourra excéder la somme de 34,500 francs.

Cette acquisition sera faite pour le compte du département, et payée en trois portions sur ce qui reste disponible de ses fonds de non-valeurs des années IX et X.

Le premier paiement aura lieu lors de la passation du contrat, et sera de 12,500 francs.

Le second échoira le 1er vendémiaire an XIII, et sera de 11,000 francs.

Enfin le troisième et dernier sera de la même somme de 11,000 francs, et payable le 1er germinal suivant.

Le coût de l'acte et tous autres résultats de la vente seront également payés sur le fonds de non-valeurs qui doivent servir au paiement du principal de l'acquisition.

Art. 28. La commission administrative de l'hospice de Montbard, département de la Côte-d'Or, est autorisée à acquérir de la commune de Montbard, 4 ares 26 centiares de terrain, moyennant la somme de 130 francs, suivant l'estimation portée au procès-verbal du 20 nivôse an XI; ladite somme entrera en déduction de plus forte somme due à l'hospice par ladite commune.

Art. 29. L'acquisition faite par les sieurs Bôle et Hauryé, suivant acte passé devant Laude, notaire à Besançon, le 18 pluviôse an IX, d'un four à eux vendu par madame veuve Liguiville, moyennant la somme de 240 francs, et dont ils ont passé déclaration au profit de la commune d'Orchamps, département du Doubs, est confirmée.

Art. 30. Le maire de la commune de Brix, département de la Manche, est autorisé à acquérir du sieur Linot, une maison destinée à servir de maison commune, moyennant la somme de 500 francs, et 10 francs de rente annuelle et sans retenue, suivant l'estimation portée au procès-verbal du 15 frimaire an XII.

Art. 31. Le maire de la commune de Château-Neuf, département de Maine-et-Loire, est autorisé à acquérir pour sa commune, la moitié d'un terrain et d'une petite maison appartenant à la République, destinée, d'après le vœu du conseil municipal émis le 28 germinal an XI, à former une halle et à agrandir la place du marché.

L'acte de vente sera consenti par le préfet au nom de la République.

Le prix de cette vente est fixé à 500 fr., suivant le procès-verbal d'estimation du 16 nivôse an XII, et sera payé sur les fonds appartenant à la commune, et provenant de ses revenus communaux et éventuels.

Le maire de Château-Neuf est également autorisé à traiter de gré à gré, sous l'approbation du préfet, pour l'acquisition de l'autre moitié du terrain et de la maison, si le propriétaire consent à la vente.

Art. 32. Le maire de la commune de Fays-Billot, département de la Haute-Marne, est autorisé à acquérir de la veuve Vautheny, une maison destinée au logement de l'instituteur et à la tenue des écoles, moyennant la somme de 3,000 fr., suivant l'estimation portée au procès-verbal du 8 ventôse an XII.

Le prix de cette acquisition sera payé sur les fonds qui sont à la disposition de la commune, provenant de vente de bois.

Art. 33. La commune de Colombiers, département de la Mayenne, est autorisée à acquérir la maison ci-devant occupée par les filles de la Visitation, destinée à l'instruction gratuite des enfants, et à employer pour cette acquisition une somme de 600 fr. que le Gouvernement, par son décret du 9 brumaire dernier, l'a autorisée d'accepter à cet effet.

Art. 34. L'acquisition faite par les maire et adjoint de Donzy, département de la Nièvre, et autres propriétaires de cette commune, au nom de ladite commune, du ci-devant couvent des Bénédictins et de ses dépendances, à eux vendus par le sieur Douesgue et son épouse, par acte passé devant le sieur Palteau-Terville, notaire à Donzy, le premier prairial an XI, moyennant la somme de 18,600 fr., suivant l'estimation portée au procès-verbal du 11 nivôse an XII, est confirmée.

Le prix de cette acquisition, le montant de ses frais et des réparations et travaux à faire audit couvent, pour y établir une école secondaire, la justice de paix, la maison commune, la caserne pour la brigade de gendarmerie, et la maison d'arrêt, seront payés sur le produit de la coupe des bois de ladite commune.

Art. 35. Le maire de la commune de Fives, département du Nord, est autorisé à acquérir du sieur Jean-Baptiste Lerminez, 17 ares 73 centiares de terrain, pour y établir le cimetière de la commune, moyennant la somme de 800 livres tournois, payables en écus de 6 livres, suivant une convention faite par écrit entre le maire et le sieur Lerminez, le 26 messidor an XI; ledit terrain évalué à la somme de 815 francs, suivant procès-verbal du 4 fructidor an XI.

Ladite somme de 800 livres tournois sera payée sur les revenus de la commune.

Art. 36. Le maire de la commune de Fresne, département du Nord, est autorisé à acquérir du sieur Desprez, 22 ares 98 centiares de terrain, pour y établir un cimetière, moyennant une somme de 300 fr., suivant procès-verbal du 21 nivôse an XII.

Art. 37. Le maire de la commune de Montigny-les-Cherlieux, département de la Haute-Saône, est autorisé à acquérir, au nom de la commune, du sieur Jean-Baptiste Bellequin, et moyennant la somme de 3,500 fr., suivant le consentement par écrit dudit sieur Bellequin, une maison avec dépendances, destinée à loger l'instituteur et l'institutrice, et estimée 4,200 fr., suivant procès-verbal du 3 fructidor an XI.

Le prix de cette acquisition sera payé sur les fonds qui sont à la disposition de la commune, provenant de la vente de partie de sa réserve.

Art. 38. La commission administrative de l'hospice d'Albert, département de la Somme, est autorisée à acquérir, au nom dudit hospice, un terrain appartenant au sieur Charlemagne Petit, contenant 4 ares 93 centiares, moyennant la somme de 2,000 fr., suivant l'estimation portée au procès-verbal du premier messidor an XII.

Le prix de cette acquisition sera payé sur les fonds qui sont à la disposition dudit hospice.

Art. 39. La commission administrative de l'hospice de Cuers, département du Var, est autorisée à acquérir du sieur Pothonier, pour la somme de 2,844 fr., une chapelle attenant audit hospice, estimée 4,365 fr., par procès-verbal d'experts, du 24 brumaire an XII.

TITRE III.

Concessions à rentes.

Art. 40. Le maire de la commune de Morey, département de la Côte-d'Or, est autorisé à concéder :

1° A Claude Ruby, 8 ares 56 centiares de vignes en deux parties, et 5 ares 32 centiares de terre, moyennant une rente annuelle et perpétuelle de 1 fr. 65.

2° A Pierre Ocquibant, 5 ares 32 centiares de terre, moyennant une rente de 85 centimes.

3° A Vivant Liebant fils, 7 ares 32 centiares de terre, moyennant une rente de 85 centimes.

4° A Claude Murgey, 5 ares 51 centiares, moyennant une rente de 75 centimes.

5° A Jean Berthaud, 8 ares 55 mètres, moyennant une rente de 1 fr. 55 c.

6° A Jacques Hudelot, trois pièces de vignes de 7 ares 48 centiares, et deux pièces de terre, moyennant une rente de 1 fr. 40 c.

7° A Etienne Berthaud père, une pièce de vigne de 3 ares 17 centiares, et deux pièces de terre, moyennant une rente de 90 centimes.

8° A Jean Jouan père, deux pièces de terre de 10 ares 70 centiares, moyennant une rente de 1 fr. 25 centimes.

9° A Jacques Gremaux, 4 ares 27 centiares de terre, moyennant une rente de 5 centimes.

10° A Etienne Galland, 5 ares 70 centiares, moyennant une rente de 70 centimes.

11° A Denis Peley, 4 ares 85 centiares, moyennant une rente de 60 centimes.

12° A Emilaud Noirot, 4 ares 99 centiares, moyennant une rente de 70 centimes.

13° A François Champy, 6 ares 42 centiares, moyennant une rente de 75 centimes.

14° A Philippe Gremaux fils, une pièce de vigne de 8 ares 52 centiares, et deux pièces de terre de 4 ares 27 centiares, moyennant une rente de 1 fr. 50 c.

15° A Etienne Fourrier, une pièce de vigne de deux ares 85 centiares, et deux pièces de terre de quatre ares,

31 centiares, moyennant une rente de 90 centimes.

16° A Denis Morizot aîné, 4 ares 27 centiares, moyennant une rente de 55 centimes.

17° A Jeanne Gremaux, veuve de Claude Morizot, une pièce de vigne de deux ares 85 centiares, et une pièce de terre de 4 ares 27 centiares, moyennant une rente de 90 c.

18° A Nicolas Parisot, 14 ares 23 centiares de terre, moyennant une rente de 1 fr. 75 c.

19° A Claude Galland, deux ares 85 centiares, moyennant une rente de 35 centimes.

20° A Pierre Garnier fils , 4 ares 27 centiares, moyennant une rente de 55 centimes.

21° A Philippe Gremaux père, une pièce de vigne de 2 ares 14 centiares, et 4 ares 27 centiares de terre, moyennant une rente de 80 centimes.

22° A Nicolas Midau-Mignote, 4 ares 27 centiares de terre, moyennant une rente de 55 centimes.

23° A François Mignardot, 3 ares 31 centiares, moyennant une rente de 40 centimes.

24° A François Martin, 5 ares 34 centiares, moyennant une rente de 65 centimes.

25° A Pierre Gay, 5 ares 42 centiares de vigne, et 4 ares 27 centiares de terre, moyennant une rente de 1 fr. 30 c.

26° A Jean Vilat, 4 ares 27 centiares de terre, moyennant une rente de 55 centimes.

27° A Bernard Borthaut père, deux pièces de vigne de 2 ares 22 centiares, et 4 ares 27 centiares de terre, moyennant une rente de 85 centimes.

28° A Philippe Chapuis père, 9 ares 85 centiares de terre, moyennant une rente de 1 fr. 10 c.

29° A Marguerite Gathereau, veuve Fion, 3 ares 57 centiares, moyennant une rente de 45 centimes.

30° A Pierre Midau-Barbier, 4 ares 55 centiares, moyennant une rente de 55 centimes.

31° A Emiliot Amiot, une pièce de terre de 12 ares 85 centiares, et deux autres pièces de terre de 3 ares 41 centiares, moyennant une rente de 85 centimes.

32° A Denis Morat, 9 ares 14 centiares de vigne, et 4 ares 27 centiares de terre, moyennant une rente de 1 fr. 65 c.

33° A Claude Midaut-Sigaut, 6 ares 42 centiares de vigne, et 4 ares 27 centiares de terre, moyennant une rente de 1 fr. 30 c.

34° A Benigne Mathiot, veuve Parizot, 8 ares 54 centiares de terre, moyennant une rente de 1 fr. 05 c.

35° A Bernarde Maignot, veuve de Pierre Midau, 3 ares 17 centiares, moyennant une rente de 40 centimes.

36° A Jean Ruby, 10 ares 71 centiares de vignes, et 3 ares 70 centiares de terre, moyennant une rente de 1 fr. 70 c.

37° A Claude Paclet, 10 ares 71 centiares de vigne, et 3 ares 70 centiares de terre, moyennant une rente de 1 fr. 70 c.

38° A Claude Sigault, 3 ares 85 centiares de terre, moyennant une rente de 50 centimes.

39° A Marguerite Maignot, veuve de Pierre Bzot, 2 ares 85 centiares, moyennant une rente de 45 centimes.

40° A Denis Morizot jeune, 4 ares 36 centiares, moyennant une rente de 50 centimes.

41° A Gabriel Champy, 6 ares 42 centiares de vigne, et 4 ares 27 centiares de terre, moyennant une rente de 1 fr. 30 c.

42° A Jacques Chauvenet, 20 ares 61 centiares de terre, moyennant une rente de 2 fr. 45 c.

43° A François Naudin père, 4 ares 7 centiares, moyennant une rente de 50 centimes.

44° A Reveflon fils, 4 ares 37 centiares, moyennant une rente de 55 centimes.

45° A Pierre Bornot, 4 ares 28 mètres de vigne, et 7 ares 12 centiares de terre, moyennant une rente d'un franc 35 centimes.

46° A Philippe Chapuis fils, 6 ares 42 centiares, moyennant une rente de 75 centimes.

47° A Claude Barbier, 4 ares 23 mètres de terre, moyennant une rente de 55 centimes.

48° A Jeanne Martin, veuve d'Etienne Berthaut, 5 ares 34 centiares, moyennant une rente d'un franc 35 centimes.

49° A François Fourrier, une pièce de terre de 17 ares 14 centiares, et deux autres pièces de terre de 4 ares 27 centiares, moyennant une rente de 95 centimes.

50° A Nicolas Cailler, 4 ares 55 centiares de terre, moyennant une rente de 55 centimes.

51° A Jean Jouan fils, 3 ares 91 centiares, moyennant une rente de 50 centimes.

52° A Claude Martin, 4 ares 28 centiares, moyennant une rente de 50 centimes.

53° A Jean Hudelot, 4 ares 27 centiares de vignes, et 4 ares 23 centiares de vignes, et 4 ares 23 centiares de terre, moyennant une rente d'un franc 5 centimes.

54° A Antoine Perret, 4 ares 23 centiares de terre, moyennant une rente de 55 centimes.

55° A Jean Petit, 4 ares 27 centiares, moyennant une rente de 55 centimes.

56° A Claude Achery, 6 ares 42 centiares de vignes, et 4 ares 27 centiares de terre, moyennant une rente d'un franc 30 centimes.

57° A Marguerite Crazot, veuve Bitouzet, deux ares 85 centiares de terre, moyennant une rente de 55 centimes.

58° A Jean Truchelet aîné, 4 ares 55 centiares, moyennant une rente de 55 centimes.

59° A Pierre Chaffotte, 4 ares 75 centiares, moyennant une rente de 60 centimes.

60° A Claude Lécrivain, 4 ares 28 centiares de vignes, et 4 ares 27 centiares de terre, moyennant une rente de 1 fr. 05 centimes.

61° A Pierre Garcier père, 3 ares 80 centiares, moyennant une rente de 50 centimes.

62° A la veuve de Pierre Chaffotte, 3 ares 91 centiares, moyennant une rente de 50 centimes.

63° A Claude Amiot aîné, 4 ares 27 centiares, moyennant une rente de 55 centimes.

64° A Henri Monin, 4 ares 28 centiares, moyennant une rente de 55 centimes.

65° A Jean Bossu, 4 ares 99 centiares, moyennant une rente de 60 centimes.

66° A Bernard Berthaud fils, 4 ares 85 centiares, moyennant une rente de 60 centimes.

67° A Pierre Morizot, 5 ares 13 centiares, moyennant une rente de 60 centimes.

68° A Jacques Morizot, 5 ares 13 centiares, moyennant une rente de 60 centimes.

69° A la veuve de Nicolas Petit, 4 ares 62 centiares de vigne, et 4 centiares de terre, moyennant une rente de 1 fr. 05 c.

70° A la veuve Peley, 4 ares 8 centiares de terre, moyennant une rente de 50 centimes.

71° A la veuve de Nicolas Morizot, 4 ares 76 centiares, moyennant une rente de 60 centimes.

72° A Bernard Sigaud, 4 ares 88 centiares, moyennant une rente de 60 centimes.

73° A Vivant Liébaud, père 3 ares 91 centiares, moyennant une rente de 50 centimes.

74° A Charles Liébaut fils, 3 ares 17 centiares, moyennant une rente de 40 centimes.

75° A Pierre Renard, 5 ares 12 centiares de vigne, et 4 ares 27 centiares de terre, moyennant une rente de 1 fr. 25 c.

76° A Jean Amiot-Murgey, 3 ares 80 centiares de terre, moyennant une rente de 50 centimes.

77° A Pierre Truchelet-Morizot, 2 ares 14 centiares de vignes, et 4 ares 55 centiares de terre, moyennant une rente de 85 centimes.

78° A Henry Voisin, 3 ares 80 centiares de terre, moyennant une rente de 50 centimes.

79° A François Jouan, 5 ares 23 centiares, moyennant une rente de 65 centimes.

80° A Jeanne Renaudot, veuve d'Etienne Amiot, 6 ares 13 centiares, moyennant une rente de 75 centimes.

81° A Claude Girard père, 5 ares 41 centiares, moyennant une rente de 70 centimes.

82° A Claude Bergeret, 3 ares 51 centiares, moyennant une rente de 45 centimes.

83° A Claude Sigaut, 5 ares 26 centiares, moyennant une rente de 65 centimes.

84° A Jean Monin, 4 ares 74 centiares, moyennant une rente de 74 centimes.

85° A François Midau, 3 ares 26 centiares, moyennant une rente de 45 centimes.

86° A Bernarde Truchelet, veuve de Claude Midau, 3 ares 51 centiares, moyennant une rente de 45 centimes.

87° A Jean Echarney, 5 ares 25 centiares, moyennant une rente de 60 centimes.

88° A Claude Chaffotte, 4 ares 56 centiares, moyennant une rente de 55 centimes.

89° A Bernard Mathion, 4 ares 8 centiares, moyennant une rente de 50 centimes.

90° A Denis Truchelet, 4 ares 75 centiares, moyennant une rente de 60 centimes.

91° A Nicolas Médau-Bzot, 3 ares 51 centiares, moyennant une rente de 45 centimes.

92° A Nicolas Léger, 4 ares 27 centiares, moyennant une rente de 55 centimes.

93° A Denis Petit, 3 ares 99 centiares, moyennant une rente de 55 centimes.

94° A Marguerite Barbier, veuve Jeanniard, 3 ares 99 centiares, moyennant une rente de 50 centimes.

95° A Benigue Cailler, veuve de Jean Mercier, 4 ares 27 centiares, moyennant une rente de 55 centimes.

96° A Jean Favelier, 3 ares 84 centiares, moyennant une rente de 70 centimes.

97° A la veuve Favelier, 4 ares 85 centiares, moyennant une rente de 60 centimes.

98° A Jean Gremeaux, 2 ares 85 centiares, moyennant une rente de 35 centimes.

99° A Nicolas Janniard, 4 ares 28 mètres de vigne, et 8 ares 57 centiares de terre, moyennant une rente de 70 centimes.

100° A Jean Moingeard, 4 ares 93 centiares de terre, moyennant une rente de 60 centimes.

101° A Catherine Amiot, veuve Bourset, 4 ares 23 centiares de terre, moyennant une rente de 55 centimes.

102° A Guillaume Baroche, 4 ares 27 centiares, moyennant une rente de 55 centimes.

103° A François Fraulois, 4 ares 22 centiares, moyennant une rente de 67 centimes.

104° A Louis Boursot, 5 ares 70 centiares, moyennant une rente de 70 centimes.

105° A Anne Midau, veuve de François Mercier, 3 ares 51 centiares, moyennant une rente de 45 centimes.

106° A Pierre Midau-Paussiot, 3 ares 91 centiares, moyennant une rente de 50 centimes.

107° A François Rubi, 2 ares 85 centiares de vigne et 3 ares 99 centiares de terre, moyennant une rente de 85 centimes.

108° A Henri Gremeaux, 3 ares 99 centiares de terre, moyennant une rente de 50 centimes.

109° A Jeanne Murgey, veuve Ruby, 3 ares 31 centiares, moyennant une rente de 40 centimes.

110° A Denis Bossu, 4 ares 27 centiares, moyennant une rente de 55 centimes.

111° A la veuve de Claude Bornot, 1 are 42 centiares, moyennant une rente de 20 centimes.

112° A Pierre Virey, 4 ares 28 centiares, moyennant une rente de 50 centimes.

113° A Pierre Seguin, 4 ares 21 centiares de terre, et 8 ares 58 centiares de vigne, moyennant une rente de 1 fr. 50 c.

114° A Etienne Ocquidant, 2 ares 85 centiares de vigne, et 3 ares 31 centiares de terre, moyennant une rente de 85 centimes.

115° A François Fourrier aîné, 5 ares 41 centiares, moyennant une rente de 55 centimes.

116° A René Fion, 3 ares 80 centiares, moyennant une rente de 43 centimes.

117° A Jean Amiot-Peyrouse, 4 ares 28 centiares de vigne, et 4 ares 27 centiares de terre, moyennant une rente de 1 franc.

118° A Jean Mergey, 4 ares 23 centiares de terre, moyennant une rente de 55 centimes.

119° A François Amiot, 2 ares 85 centiares, moyennant une rente de 35 centimes.

120° A Antoine Fion, 3 ares 81 centiares, moyennant une rente de 50 centimes.

121° A Jean Motot, 3 ares 81 centiares, moyennant une rente de 50 centimes.

122° A Jean Lapin, 3 ares 96 centiares, moyennant une rente de 50 centimes.

123° A Pierre Sigaut, 4 ares 56 centiares, moyennant une rente de 55 centimes.

124° A Claude Margey, 4 ares 27 centiares, moyennant une rente de 55 centimes.

125° A Sébastien Bordy, 6 ares 27 centiares, moyennant une rente de 75 centimes.

126° A Claude Petit, 8 ares 36 centiares de terre contenant 4 ares 28 centiares, de vignes, et deux autres pièces de terre contenant 4 ares 27 centiares, moyennant une rente de 1 fr. 25 c.

127° A René Jouan, 5 ares 27 centiares de terre, moyennant une rente de 75 c.

128° A Etienne Petit, 4 ares 27 centiares de terre, une autre pièce de terre contenant 4 ares 28 centiares et 19 ares 30 centiares de vigne, moyennant une rente de 3 francs.

129° A Pierre Jacotier, 4 ares 27 centiares de terre, moyennant une rente de 55 centimes.

130° A François Sigaut, 2 ares 14 centiares de vigne, et 4 ares 27 centiares de terre, moyennant une rente de 80 centimes.

131° A Jean Jacotier, 4 ares 23 centiares de terre, moyennant une rente de 55 centimes.

132° A Claude Bizot, 4 ares 27 centiares de terre, moyennant une rente de 55 centimes.

133° A Chrétien Jouan, 8 ares 57 centiares de vigne, et 3 ares 20 centiares de terre, moyennant une rente de 1 fr. 40 c.

134° A Pierre Bossu, 2 ares 85 centiares de terre, moyennant une rente de 35 centimes.

135° A Jean Peuriot, 2 ares 14 centiares de vigne, et 27 centiares de terre, moyennant une rente de 85 centimes.

136° A Bernade Bossu, 1 are 42 centiares de terre, moyennant une rente de 20 centimes.

137° A la veuve de Philippe Midau, 3 ares 83 centiares, moyennant une rente de 50 centimes.

138° A René Vitat, 2 ares 45 centiares, moyennant une rente de 35 centimes.

139° A René Fion père, 4 ares 27 centiares, moyennant une rente de 55 centimes.

140° A Jacques Achery, 4 ares 27 centiares, moyennant une rente de 55 centimes.

141° A Jean Dégrange, 8 ares 57 centiares de vigne, et 3 ares 56 centiares de terre, moyennant une rente de 1 fr. 45 c.

142° A Jean Morot, 2 ares 14 centiares de vigne, et 3 ares 91 centiares de terre, moyennant une rente de 75 centimes.

143° A Claude Chapuis, 4 ares 14 centiares de terre, moyennant une rente de 50 centimes.

144° A François Maignot, 2 ares 45 centiares de terre, moyennant une rente de 35 centimes.

145° A Henri Ocquidant, 3 ares 91 centiares de terre, moyennant une rente de 35 centimes.

146° A Claude Valot, 4 ares 88 centiares de terre, moyennant une rente de 60 centimes.

147° A Claude Girard fils, 4 ares 27 centiares de terre, moyennant une rente de 55 centimes.

148° A Pierre Bardon, 8 ares 55 centiares de vigne, et 2 ares 14 centiares de vigne, moyennant une rente de 1 fr. 30 centimes.

149° A Nicolas Bournot, 4 ares 65 centiares de terre, moyennant une rente de 55 centimes.

150° A Jean Truchelet jeune, 3 ares 89 centiares de terre, moyennant une rente de 55 centimes.

151° A Etiennette Truchelet, 1 are 64 centiares de terre, moyennant une rente de 20 centimes.

152° A Louis Faivre, 4 ares 27 centiares de terre, moyennant une rente de 55 centimes.

153° A Pierre Baudoin, 4 ares 28 centiares de terre, moyennant une rente de 55 centimes.

154° A la veuve de Pierre Degrange, 4 ares 28 centiares, moyennant une rente de 55 centimes.

155° A Bernard Virez, 4 ares 23 centiares de terre, moyennant une rente de 55 centimes.

156° A Jean Mercillet, 4 ares 23 centiares de terre, moyennant une rente de 55 centimes.

157° A Nicolas Fion, 4 ares 27 centiares de terre, moyennant une rente de 55 centimes.

Et 158° A Jean Renaudot, 4 ares 17 centiares de terre, moyennant une rente de 50 centimes.

Le tout suivant l'estimation portée au procès-verbal, clos le 5 vendémiaire an XII.

Art. 41. Le maire de la commune de Pézenas, département de l'Hérault, est autorisé à concéder au sieur Carrière, 12 mètres 50 centimètres carrés de terrain communal, moyennant une rente annuelle et sans retenue de 2 fr. 50 c., suivant l'évaluation portée en la délibération du conseil municipal, du 17 nivôse an XII.

Art. 42. Le maire de la commune de Chauvenes-les-Montaignes, département de la Meuse, est autorisé à concéder à Jean-Arnould Huart, moyennant une rente annuelle et sans retenue de 2 fr. 25 c., un terrain communal contenant 46 mètres carrés, et estimé à un revenu annuel de 75 centimes, suivant le procès-verbal du 28 floréal an XI.

Art. 43. Le maire de la commune de Pillon, département de la Meuse, est autorisé à concéder :

1° A Marie-Anne Jossé, veuve Mangin, moyennant

80 centimes de rente annuelle et sans retenue, 183 mètres 18 centimètres carrés de terrain communal, estimés 16 fr. 48 c., suivant le procès-verbal du 17 brumaire an XI.

Et 2° Au sieur Evrard, moyennant 60 centimes de rentes 400 mètres carrés de terrain, estimés 12 francs, suivant procès-verbal du même jour.

Art. 44. Le maire de la commune de Senlis, département de l'Oise, est autorisé à concéder :

1° A Jean-Jacques Leduc, maître de poste aux chevaux, 3 ares 12 centiares de terrain communal, moyennant une rente annuelle et sans retenue de 20 francs, suivant le procès-verbal du 15 prairial an XI.

Et 2° Au sieur Boitel, moyennant une rente de 4 francs, 111 centiares de terrain, estimés 60 francs, suivant procès-verbal du 1er nivôse an XIII.

Art. 45. Le maire de la commune de Cheratte, département de l'Ourthe, est autorisé à concéder au sieur Lehâne, 10 ares 899 milliares de terrain communal, moyennant une rente annuelle et sans retenue de 10 fr. 94 c., suivant l'estimation portée au procès-verbal du 10 pluviose an XI.

Art. 46. Le maire de la commune de Brumath, département du Bas-Rhin, est autorisé à concéder :

1° A Daniel Kratzeissen, 1 are 50 centiares de terrain communal, moyennant une rente annuelle et sans retenue de 2 fr. 50 c.

Et 2° A la veuve Grosholz, également 1 are 50 centiares, moyennant une même rente de 2 fr. 50 c.

Le tout suivant l'estimation portée au procès-verbal du 16 nivôse an XII.

Art. 47. Le maire de la commune de Dachstein, département du Bas-Rhin, est autorisé à concéder :

1° Au sieur Schreider, un terrain communal, contenant 19 mètres carrés et trois dixièmes, moyennant une rente annuelle et sans retenue de 1 fr. 73 c., suivant l'estimation portée au procès-verbal du 10 prairial an XI.

Et 2° Au sieur Martin, un autre terrain, contenant 77 mètres carrés, moyennant une rente de 6 fr. 93 c., suivant l'estimation portée au procès-verbal du 1er ventôse an XI.

Art. 48. Le maire de la commune de Molsheim, département du Bas-Rhin, est autorisé à concéder :

1° Au sieur François Ignace, un terrain communal, contenant 189 mètres 73 centimètres carrés, moyennant une rente annuelle et sans retenue de 8 francs, suivant l'estimation portée au procès-verbal du 8 floréal an X.

Et 2° Au sieur Chrétien Fohus, moyennant une rente de 11 francs, 229 mètres 28 centimètres carrés de terrain, estimés 220 francs, suivant le procès-verbal du 14 germinal an IX.

Art. 49. Le maire de la commune de la Chapelle-sous-Vangemont, département du Haut-Rhin, est autorisé à concéder au sieur Nicolas Fraye, un terrain communal, contenant 11 mètres 696 millimètres de long sur 7 mètres 808 millimètres de large, moyennant une rente annuelle et sans retenue de 5 francs, suivant l'estimation portée au procès-verbal du 8 nivôse an XI.

Art. 50. Le maire de la commune de Berzée, département de Sambre-et-Meuse, est autorisé à concéder au sieur François Rousseaux, 5 mètres 200 millimètres carrés de terrain communal, moyennant une rente annuelle et sans retenue de 63 centimes, suivant l'estimation portée au procès-verbal du 30 brumaire an XII.

Art. 51. Le maire de la commune de Chatel, département des Vosges, est autorisé à concéder au sieur François Hacquard, 1 are 66 centiares de terrain communal, moyennant une rente annuelle et sans retenue de 50 centimes, suivant l'estimation portée au procès-verbal du 23 nivôse an XII; et en outre aux conditions exprimées en la délibération du conseil municipal, du 22 du même mois, dont extrait sera joint à la présente loi.

Art. 52. Le maire de la commune de Ligneville, département des Vosges, est autorisé à concéder au sieur Charles Martin, un terrain communal, contenant 13 mètres de long sur 10 de large, moyennant une rente annuelle et sans retenue de 1 fr. 50 c., suivant l'estimation portée au procès-verbal du 28 frimaire an XII.

Art. 53. Le maire de la commune de Montmotier, département des Vosges, est autorisé à concéder au sieur Nicolas Morel, 65 ares 83 centiares de terrain communal estimés 150 francs, suivant procès-verbal du 7 brumaire an XII, moyennant une rente annuelle et sans retenue de 9 francs, et en outre à la charge par le sieur Morel, de laisser libre sans qu'il puisse jamais s'en em-

parer, le grand chemin vicinal qui traverse au midi ce dit terrain, et qu'il lui laissera toujours une largeur de 12 mètres.

TITRE IV.
Échanges.

Art. 54. La commission administrative des hospices de Laon, département de l'Aisne, est autorisée à céder, à titre d'échange, au sieur Magnier :

1° 6 hectares 89 ares 10 centiares de terrain appartenant aux hospices, situés à Berny, affermés 117 décalitres 758 millilitres de grains, moitié froment, moitié seigle, selon le procès-verbal d'experts, du 17 nivôse an XII ; et à recevoir en contre-échange 8 hectares 83 ares 83 centiares de terrain appartenant au sieur Magnier, situés à Chezy, affermés 140 décalitres 4,900 millilitres de grains, moitié froment, moitié seigle, selon ledit procès-verbal;

2° 45 ares 90 centiares d'un autre terrain aussi appartenant aux hospices, situés à Neuville-sous-Laon ; et à recevoir en contre-échange 48 ares 45 centiares de terrain appartenant au sieur Magnier; lesquels deux terrains ont été estimés d'un produit égal par ledit procès-verbal.

Art. 55. La commission administrative des hospices de Soissons, département de l'Aisne, est autorisée à céder, à titre d'échange, au sieur Regale-Romery, une pièce de pré appartenant auxdits hospices, contenant 1 hectare 89 ares 55 centiares, estimée 1,116 francs, suivant procès-verbal du 3 pluviose an XII ; et à recevoir en contre-échange, sans soulte ni retour, dudit sieur Regale-Romery, une autre pièce de pré contenant 1 hectare 93 ares 86 centiares, et estimée 2,034 francs, suivant le procès-verbal susdaté.

Le sieur Regale-Romery paiera les frais d'échange.

Art. 56. Le maire de la commune d'Ebreuil, département de l'Allier, est autorisé à céder, à titre d'échange, au sieur de Neufville, notaire à Vic, 76 ares de terrain communal, nature de marais, estimés 800 francs, suivant procès-verbal du 15 messidor an XII; et à recevoir en contre-échange, du sieur de Neufville, 17 ares de terre en verger, estimés à la même somme de 800 francs, suivant ledit procès-verbal.

Les frais d'échange seront partagés par moitié entre les parties.

Art. 57. La commission administrative de Donchery, département des Ardennes, est autorisée à céder, à titre d'échange, au sieur Quentelot, 7 ares 63 centiares de terre, sis au terroir de Dom-le-Mesnil, estimés 48 fr. 7 c., suivant procès-verbal du 2 ventôse an IX ; et à recevoir en contre-échange, sans soulte ni retour, dudit sieur Quentelot, 11 ares 75 centiares de terre, même terroir, estimés 105 francs, suivant ledit procès-verbal.

Le sieur Quentelot paiera les frais d'échange.

Art. 58. Le maire de la commune de Morey, département de la Côte-d'Or, est autorisé à céder, à titre d'échange, au sieur Jacques Chauvenet, une maison et plusieurs pièces de terre, estimées ensemble 2,400 francs, suivant procès-verbal des 7 et 8 thermidor an XI ; et à recevoir en contre-échange, dudit sieur Chauvenet, une maison à lui appartenant, et estimée pareillement 2,400 francs, suivant le procès-verbal susdaté.

Les frais d'échange seront partagés par moitié entre la commune et le sieur Chauvenet.

Art. 59. La commission administrative des hospices de Besançon, département du Doubs, est autorisée à céder, à titre d'échange, au sieur Brelet, maire de Montigni, une pièce de terre contenant 44 ares 28 centiares, située territoire de Grattery, canton de Suot, estimée 250 francs, suivant procès-verbal du 7 nivôse an XII; et à recevoir en contre-échange, sans soulte ni retour, dudit sieur Brelet. 3 pièces de terre, la première nommée en champ Boney, contenant 17 ares 71 centiares 2 milliares ; la seconde, canton dit en *Quarantin*, contenant 20 ares 70 centiares 4 milliares ; et la troisième canton dit *Sous le Charme*, contenant 15 ares 49 centiares 8 milliares ; le tout estimé ensemble 393 francs, suivant ledit procès-verbal.

Le sieur Brelet paiera les frais d'échange.

Art. 60. Le préfet du département de la Drôme est autorisé à abandonner à la commune de Nyons, pour le placement des autorités civiles, judiciaires et militaires de cette ville, la maison nationale des ci-devant religieuses de Sainte-Césaire, estimée 7,000 francs, par procès-verbal en date du 25 floréal an X, des sieurs

Auzias et Porte, experts respectivement nommés, en échange de l'ancienne maison communale, estimée par le même procès-verbal 5,000 francs, laquelle sera vendue conformément aux lois relatives aux domaines nationaux.

La somme de 2,000 francs, résultant de la plus-value des bâtiments cédés par la République, sera versée dans la caisse des domaines, dans le délai de six mois, et les maire et adjoints seront autorisés, pour parvenir à effectuer le paiement de cette soulte, à en répartir le montant par addition aux centimes additionnels aux contributions.

Art. 61. Le bureau de bienfaisance de la commune de Coublevic, département de l'Isère, est autorisé à céder, à titre d'échange, ou sieur Allegret, une partie appartenant aux pauvres de ladite commune, contenant 25 ares, et estimée 600 francs, suivant procès-verbal du 7 nivôse an XII; et à recevoir en contre-échange, du sieur Allegret, sans soulte ni retour, une pièce de terre contenant 38 ares, et estimée 1,500 livres, suivant le procès-verbal susdaté.

Les frais d'échange seront à la charge du sieur Allegret.

Art. 62. Le préfet du département de l'Isère est autorisé à céder, à titre d'échange, au maire de la commune de la Côte-Saint-André, les bâtiments et le clos des ci-devant Récollets, faisant partie des domaines nationaux, situés en ladite commune, et estimés 15,000 francs, suivant procès-verbal du 12 prairial an XI; et à recevoir en contre-échange, dudit maire, l'ancienne maison communale, appartenant à ladite commune, et portée à la valeur de 9,500 francs, suivant le procès-verbal du 13 du même mois de prairial.

La commune de la Côte-Saint-André paiera au trésor public la somme de 5,500 francs, par forme de soulte, et acquittera tous les frais d'échange.

Art. 63. Le maire de la commune de Montmiray-la-Ville, département du Jura, est autorisé à céder, à titre d'échange, au sieur François Patin, le jeune, et aux héritiers de Georges Patin, 89 centiares de terrain communal, estimés 100 francs, suivant procès-verbal du 26 thermidor an X; et à recevoir en contre-échange, sans soulte ni retour, desdits sieur et héritier Patin, 1 are 9 centiares de terrain à eux appartenant, et évalué à la même somme de 100 francs, suivant le procès-verbal du 7 pluviôse.

Les sieur et héritier Patin feront clore à leurs frais le terrain par eux donné en échange à la commune de Montmiray-la-Ville, et ils supporteront tous les frais dudit échange.

Art. 64. La commission administrative des hospices de Blois, département de Loir-et-Cher, est autorisée à céder, à titre d'échange, au sieur Étienne Crignon-Bonvallet, la métairie du Grand-Vilain, appartenant auxdits hospices, située commune d'Averdon, contenant 56 hectares de terre et 15 ares 19 centiares de pré, estimée, avec les bâtiments d'exploitation, à la somme de 13,000 francs, suivant procès-verbal du 3 ventôse an XII; et à recevoir en contre-échange, dudit sieur Crignon-Bonvallet, la métairie de Pontijon, située commune de Naves, composée de 65 à 67 hectares de terre, et estimée 20,000 francs avec les bâtiments d'exploitation, suivant procès-verbal du 14 ventôse an XII.

Le sieur Crignon paiera, en outre, auxdits hospices, la somme de 1,000 francs, pour les réparations qui seront jugées nécessaires aux bâtiments de la ferme de Pontijon, et il supportera tous les frais de l'échange.

Art. 65. La commission administrative des hospices de Blois, département de Loir-et-Cher, est autorisée à céder, à titre d'échange, au sieur Fauvre, 50 ares de terre appartenant auxdits hospices, commune de Chouzy, et estimés 800 francs, suivant procès-verbal du 24 thermidor an X; et à recevoir en contre-échange, sans soulte ni retour, dudit sieur Fauvre, dix pièces de terre, contenant ensemble 116 ares 49 centiares, et évaluées à la somme de 1,220 francs, suivant procès-verbal susdaté.

Le sieur Fauvre paiera les frais d'échange.

Art. 66. La commission administrative de l'hospice de Joinville, département de la Haute-Marne, est autorisée à céder, à titre d'échange, aux sieurs Jean-Baptiste Guillemain, François Rollot, Pierre Nablat, Eloi Brocard et Claude Malservet, 6 hectares 8 ares 50 centiares de terre labourable, et 1 hectare 78 ares 50 centiares de pré, appartenant audit hospice, et estimés 8,300 francs, suivant procès-verbal du 1er nivôse an XII; et à rece-

voir en contre-échange, des sus-nommés, sans soulte ni retour, 38 hectares 10 ares de terre labourable, 1 hectare 1 are 6 centiares de pré, et 31 ares 64 centiares de chenevière; le tout estimé 14,900 francs, suivant le même procès-verbal.

Les frais seront supportés par les échangistes.

Art. 67. La commission administrative des hospices de Reims, département de la Marne, est autorisée à céder, à titre d'échange, au sieur Jean-Baptiste Hanrot, cultivateur à Warnecerville, 144 mètres carrés de terrain, appartenant auxdits hospices, et estimés 78 francs, suivant procès-verbal du 7 vendémiaire an XII; et à recevoir en contre-échange, dudit Hanrot, sans soulte ni retour, une pièce de terre contenant 15 ares 6 centiares, estimée à 150 francs, suivant le même procès-verbal.

Le sieur Hanrot paiera les frais d'échange.

Art. 68. L'administration du bureau de bienfaisance de Sainte-Menehould, département de la Marne, est autorisée à céder, à titre d'échange, au sieur Durand, un jardin contenant 3 ares 36 centiares, et estimé 600 francs, suivant procès-verbal du 14 pluviôse an XII; et à recevoir en contre-échange, sans soulte ni retour, dudit sieur Durand, un terrain contenant 5 ares 48 centiares, et estimé 780 francs, suivant ledit procès-verbal.

Le sieur Durand paiera les frais d'échange.

Art. 69. Le maire de la commune d'Agincourt, département de la Meurthe, est autorisé à céder, à titre d'échange, à Antoine Voinier: 1° un petit chemin communal contenant 5 ares, et estimé 50 francs; et 2° un autre terrain contenant 16 ares, estimé 40 francs, suivant procès-verbal du 18 pluviôse an X; et à recevoir en contre-échange, dudit Voinier, sans soulte ni retour, un petit pré contenant 5 ares 108 millièmes d'are, estimé 150 francs, et une pièce de terre de 15 ares 128 millièmes d'are, estimée 100 francs, suivant le procès-verbal susdaté.

Les frais d'échange seront à la charge dudit Voinier.

Art. 70. La commission administrative de l'hospice de Varennes, département de la Meuse, est autorisée à céder, à titre d'échange, au sieur Guillemain, 78 ares 66 centiares de terrain, appartenant à l'hospice, estimés 600 francs, par procès-verbal d'experts du 18 nivôse an XII; et à recevoir en contre-échange 23 ares 60 centiares de terrain appartenant au sieur Guillemain, estimés 960 francs par ledit procès-verbal.

Le sieur Guillemain paiera les frais d'échange.

Art. 71. La commission administrative des hospices de Cambrai, département du Nord, est autorisée à céder, à titre d'échange, au sieur Richard Frémicourt, une pièce de terre en jardinage, contenant 70 ares 93 centiares, appartenant auxdits hospices, et estimée, avec une masure, 4,710 francs, suivant procès-verbal du 26 pluviôse an XII; et à recevoir en contre-échange, sans soulte ni retour, dudit sieur Richard Frémicourt, deux pièces de terre contenant ensemble 108 ares 16 centiares, et estimées 2,200 francs, suivant le même procès-verbal.

Le sieur Frémicourt paiera les frais d'échange.

Art. 72. La commission administrative des hospices de Lille, département du Nord, est autorisée à céder, à titre d'échange, au sieur André Delafosse, 9 ares 90 centiares à prendre en 46 ares 28 centiares de terre, situés au territoire de Wazemmes, appartenant auxdits hospices, et estimés 585 francs, suivant le procès-verbal du 12 ventôse an XI; et à recevoir en contre-échange, dudit sieur Delafosse, sans soulte ni retour, une pièce de terre labourable, située au territoire de Gondrecourt, contenant 26 ares 43 centiares, et estimée 825 francs, suivant procès-verbal du 7 ventôse an XI.

Le sieur Delafosse paiera les frais d'échange.

Art. 73. La commission administrative de l'hospice de Maubeuge, département du Nord, est autorisée à céder, à titre d'échange, au sieur Julien, 5 ares 25 centiares de terrain appartenant à l'hospice, estimés 100 francs, par procès-verbal d'experts du 15 pluviôse an XII; et à recevoir en contre-échange 48 perches 51 mètres 76 centimètres de terrain appartenant au sieur Julien, estimés 1,100 francs, par ledit procès-verbal.

Le sieur Julien paiera les frais d'échange.

Art. 74. Le bureau de bienfaisance des pauvres de Beaumont, département du Nord, est autorisé à céder, à titre d'échange, au sieur Lantoine, 13 ares 29 centiares de terrain, avec une maison en ruine, appartenant aux pauvres, évalués à 400 francs, par procès-verbal d'experts du 14 frimaire an XII; et à recevoir en contre-échange 57 ares 62 centiares de terrain appartenant au sieur Lantoine, évalués 800 francs, par ledit procès-verbal.

Le sieur Lantoine paiera les frais d'échange.

Art. 75. Le bureau de bienfaisance de Vertain, département du Nord, est autorisé à céder, à titre d'échange, au sieur Duwez, propriétaire à Valenciennes, une pièce de terre contenant 51 ares 88 centiares 750 milliares, et estimée 520 francs, suivant le procès-verbal du 18 frimaire an XII; et à recevoir en contre-échange, du sieur Duwez, sans soulte ni retour : 1° une pièce de terre contenant 37 ares 6 centiares 250 milliares; et 2° une autre pièce de terre contenant 14 ares 82 centiares 50 milliares, estimées ensemble 700 francs, suivant le procès-verbal susdaté.

Le sieur Duwez supportera les frais d'échange.

Art. 76. La commission administrative des hospices de Strasbourg, département du Bas-Rhin, est autorisée à céder, à titre d'échange, au sieur Arbrogats, cultivateur à Mittelhausen, 15 ares 45 centiares de terre, appartenant auxdits hospices, estimés 210 francs, suivant procès-verbal du 15 vendémiaire an XII; et à recevoir en contre-échange, sans soulte ni retour, dudit sieur Arbrogats, quatre parties de terre, contenant ensemble 32 ares 95 centiares, et estimées 543 francs, suivant le procès-verbal susdaté.

Le sieur Arbrogats paiera les frais d'échange.

Art. 77. Le maire de la commune de Fovent-la-Ville, département de la Haute-Saône, est autorisé à céder, à titre d'échange, à Laurent Morel, 416 mètres de terrain communal, estimés 40 francs, suivant le procès-verbal du 16 fructidor an XI; et à recevoir en contre-échange, dudit Morel, un terrain de même quantité et de même valeur, suivant le procès-verbal susdaté.

Les frais d'échange seront à la charge dudit Morel.

Art. 78. La commission administrative de l'hospice d'Autun, département de Saône-et-Loire, est autorisée à céder, à titre d'échange, au sieur Saladin, 3 ares 46 centiares 17 milliares de terre plantée en vigne, située sur le finage de Sautenay, et estimée 150 francs, suivant procès-verbal du 3 pluviôse an XI; et à recevoir en contre-échange, sans soulte ni retour, 5 ares 23 centiares 79 milliares aussi de vignes, situés au même lieu, et évalués à la somme de 225 francs, suivant ledit procès-verbal.

Le sieur Saladin supportera les frais d'échange.

Art. 79. La commission administrative des hospices de Châlons-sur-Saône, est autorisée à céder, à titre d'échange, au sieur Beaumé, une maison appartenant auxdits hospices, située audit Châlons, rue Saint-Lenges, et estimée 17,960 francs, suivant le procès-verbal du 25 pluviôse an XII; et à recevoir en contre-échange, sans soulte ni retour, dudit sieur Beaumé, diverses pièces de terre, prés et vignes, situées dans les commune de Sermesse et Saunière, canton de Verdun, désignées au procès-verbal du 28 pluviôse an XII, et évaluées ensemble à la somme de 17,890 francs.

Le sieur Beaumé acquittera les frais d'échange.

Art. 80. La commission administrative de l'hospice de Toulon-sur-Arroux, département de Saône-et-Loire, est autorisée à céder, à titre d'échange, à la veuve et aux héritiers Garchery, une petite maison avec jardin et dépendances, appartenant audit hospice, situés en ladite ville, rue des Tanneries, estimés 1,285 francs, suivant le procès-verbal du 6 thermidor an XII; et à recevoir en contre-échange, sans soulte ni retour, de la veuve et des héritiers Garchery, une autre maison et dépendances, situées aussi en la ville de Toulon, faubourg d'Autun, et estimées 1,500 francs, suivant le même procès-verbal.

La veuve et les héritiers Garchery supporteront les frais d'échange.

Art. 81. La commission administrative de l'hospice de Saint-Denis, département de la Seine, est autorisée à céder, à titre d'échange, au sieur Désobri, 6 ares 17 centiares de terre, faisant partie d'une pièce de 170 ares 83 centiares, appartenant audit hospice; lesdits 6 ares 17 centiares, estimés 178 francs, suivant procès-verbal du 5 germinal an XII; et à recevoir en contre-échange, sans soulte ni retour, dudit sieur Désobri, une pièce de terre contenant 25 ares 63 centiares, estimée 600 francs, suivant ledit procès-verbal.

Le sieur Desobri paiera les frais d'échange.

Art. 82. La commission administrative de l'hospice d'Ernemont, département de la Seine-Inférieure, est autorisée à céder, à titre d'échange, au sieur Grenier, treize pièces de terre, contenant ensemble 16 hectares 63 ares 80 centiares, et estimées à un revenu de 463 francs, suivant procès-verbal du 30 pluviôse an XII; et à recevoir en contre-échange, dudit sieur Grenier, onze pièces de terre, contenant ensemble 13 hectares 68 ares 70 centiares, et estimées au même revenu de 463 francs, suivant ledit procès-verbal.

Le sieur Grenier paiera les frais d'échange.

Art. 83. La commission administrative des hospices de Saint-Germain en Laye, département de Seine-et-Oise, est autorisée à céder, à titre d'échange, au sieur Parthon, une pièce de terre située au terroir de ladite commune, lieu dit *Bergette*, contenant 7 ares 67 centiares, et estimée 576 francs, suivant le procès-verbal du 5 pluviôse an X; et à recevoir en contre-échange, dudit sieur Parthon, sans soulte ni retour, une pièce de terre contenant 31 ares 64 centiares, située lieu dit la Croix-Saint-Léger ou le clus Victor, et évaluée à la somme de 720 francs, suivant ledit procès-verbal.

Art. 84. La commission administrative de l'hospice de Gaillac, département du Tarn, est autorisée à céder, à titre d'échange, au sieur Simon Mathieu, le ci-devant oratoire de Saint-Jacques, appartenant à l'hospice, estimé 800 francs, selon le procès-verbal d'experts du 16 ventôse au XI; et à recevoir en contre-échange 1 hectare 4 ares de vigne, estimés 3,150 francs, par procès-verbal d'experts du 16 ventôse an XI.

Art. 85. La commission administrative de l'hospice de Tonnerre, département de l'Yonne, est autorisée à céder, à titre d'échange, à Pierre Alepée, meunier, 14 ares 33 centiares de terre en deux parties, territoire de Roffey, appartenant audit hospice, et estimés 156 francs, suivant procès-verbal du 7 ventôse an XI; et à recevoir en contre-échange, sans soulte ni retour, dudit Alepée, 13 ares 92 centiares de pré, estimés 208 francs, suivant ledit procès-verbal.

Les frais seront à la charge dudit Alepée.

TITRE V.

Impositions extraordinaires.

Art. 86. Les hameaux de Chamarandes et des Vernettes, de la commune de Saint-Benigne, département de l'Ain, sont autorisés à s'imposer extraordinairement la somme de 324 francs, pour subvenir aux frais de poursuites d'un procès.

Art. 87. La commune de Bosmont, département de l'Aisne, est autorisée à s'imposer extraordinairement la somme de 3,400 francs, pour subvenir aux frais de reconstruction d'un pont.

Art. 88. La commune de Copeyre, département de l'Aveyron, est autorisée à s'imposer extraordinairement la somme de 1,200 francs, pour subvenir aux frais de reconstruction d'un bac.

Art. 89. L'arrondissement de Cognac, département de la Charente, est autorisé à s'imposer extraordinairement trois centimes par franc au principal des contributions directes, pour subvenir aux frais de translation de l'hospice civil de Cognac dans les bâtiments du ci-devant prieuré de Saint-Léger, donnés à cet effet par le sieur Guillet-Duplessis.

Le produit de cette imposition sera versé tous les mois, de la caisse du receveur particulier dans celle du trésorier de l'hospice commun de l'arrondissement. Dans le cas où le produit de la répartition des trois centimes excéderait la somme de 30 mille francs, jugée nécessaire pour lesdits frais, il sera disposé de l'excédant en améliorations utiles pour l'établissement, sur l'autorisation du ministre de l'intérieur et la surveillance du préfet.

Art. 90. La commune de Saint-Michel, département de l'Indre, est autorisée à s'imposer extraordinairement la somme de 1,234 francs, pour subvenir aux frais de réparations d'un pont.

Art. 91. La commune de Ravoire, département du Mont-Blanc, est autorisée à s'imposer extraordinairement, au marc le franc des contributions foncières et mobilières, jusqu'à la concurrence de 2,182 fr. 49 c., pour le paiement d'un pont construit sur l'Albane, au lieu dit *les Planches d'Arragon*.

Cette somme sera levée en une ou deux années, suivant que le préfet le jugera convenable.

Les sommes qui auraient été payées antérieurement à la présente loi, par les habitants de ladite commune, et pour le paiement dudit pont, conformément au rôle dressé sous l'autorisation de l'administration centrale du

Mont-Blanc, en date du 26 germinal an VII, seront imputées sur le rôle qui sera dressé en vertu de la présente, au profit de ceux qui les ont acquittées.

Art. 92. La commune de Geromagny, département du Haut-Rhin, est autorisée à imposer sur elle-même, au marc le franc de ses contributions directes, pendant l'an XIII, la somme de 3,350 fr. 05 centimes, qui sera employée aux réparations de la maison commune et des trois ponts de communication mentionnés au devis estimatif annexé à la délibération du conseil municipal du 9 germinal an XI.

Art. 93. La commune de Tourouvre, département de l'Orne, est autorisée à s'imposer extraordinairement la somme de 2,715 francs, pour subvenir aux frais d'établissement d'une maison commune et d'un local pour la en ue des audiences du juge de paix.

TITRE VI.

OBJETS MIXTES.

Aliénation et acquisition.

Art. 94. La commission administrative de l'hospice de Malencene, département de Vaucluse, est autorisée :
1° à vendre en divers lots, à l'enchère et dans les formes prescrites pour l'aliénation des domaines nationaux, une maison et ses dépendances, dite de la Charité, estimée en totalité 4,000 francs, par procès-verbal d'experts du 9 prairial an X ;
2° A acquérir du sieur Amondieu, pour le prix de 1,500 francs, suivant l'estimation portée audit procès-verbal, la ci-devant église des hospitalières, nécessaire au service de l'hospice.

Aliénation à charge de construction.

Art. 95 Le maire de la commune de Bédarieux, département de l'Hérault, est autorisé à vendre au sieur Lapierre un terrain communal de 90 mètres de superficie, et sur lequel est une mauvaise construction, moyennant la somme de 370 francs, suivant l'estimation portée au procès-verbal du 22 fructidor an XI ; et à la charge par le sieur Lapierre de clore ledit terrain et celui de l'hospice qui y est contigu, et qui contient 80 mètres carrés, par un mur de maçonnerie.

Concession à charge de construction.

Art. 96. Le maire de la commune d'Avignonet, département de la Haute-Garonne, est autorisé à concéder à Jean-Pierre Pommel, un terrain communal, contenant 483 mètres carrés, et qui n'est d'aucune utilité à la commune, à la charge de le déblayer à ses frais et d'y bâtir.

Art. 97. Le maire de la commune d'Aoste, département de la Doire, est autorisé à concéder au sieur Dormet, notaire, le Cheval-de-Croix-de-Ville, estimé 1,500 francs, suivant procès-verbal du 9 frimaire an XII, à la charge par le sieur Dormet de faire la construction énoncée audit procès-verbal, dont copie sera jointe à la loi, dont les frais sont évalués à 1,300 francs, et de verser en outre la somme de 200 francs dans la caisse de la commune.

Imposition et acquisition.

Art. 98. Le conseil général du département de la Seine-Inférieure est autorisé à répartir, en sus des centimes additionnels au principal des contributions directes du département pour l'an XIII, une somme de 25 mille francs, qui sera employée, tant au paiement de la valeur estimée des terrains appartenant aux sieurs de Gally et Girette, et qui doivent servir d'agrandissement à la maison d'arrêt de la commune de Neufchâtel, qu'à l'acquittement des frais de construction de cet établissement.

Ladite somme de 25 mille francs sera mise à la disposition du préfet de la Seine-Inférieure, pour être par lui délivrée sur ses mandats, savoir : au sieur de Gally, la somme de 900 francs ; et au sieur Girette, celle de mille francs, formant, d'après le procès-verbal d'estimation, le montant de la valeur du terrain nécessaire à l'agrandissement de ladite maison d'arrêt, et le surplus à l'acquittement des frais de construction, détaillés au devis estimatif qui en a été rédigé par l'ingénieur en chef du département, et conformément aux plans des travaux dressés par ledit ingénieur, après toutefois que lesdits travaux auront été mis en adjudication au rabais.

TITRE VII.

Dispositions générales.

Art. 99. Les impositions accordées aux communes,

auront lieu sur les contributions foncière, mobilière, personnelle et somptuaire, au centime le franc.

Art. 100. Toutes les fois qu'un des preneurs à rente voudra l'amortir, il en aura la faculté en payant 20 années du montant de la rente.

Art. 101. Si la somme que chaque commune ou hospice aura à sa disposition, provenant de remboursement, aliénation ou soultes d'échange par suite de la présente loi, n'a pas d'affection spéciale, et peut suffire à acquérir 50 francs de rente sur l'Etat, cette acquisition sera faite sous la surveillance du préfet, à moins qu'il n'y ait autorisation contraire et spéciale.

Si elle n'est pas suffisante pour acheter 50 fr. de rente, le préfet en réglera l'emploi.

Art. 102. Tous les travaux qu'une commune ou un département aura à faire en vertu de la présente loi, seront, si fait n'a déjà été, évalués par devis, adjugés au rabais, et ensuite faits, reçus et payés comme les travaux publics nationaux, sous l'inspection gratuite d'un ingénieur du département, et sous la surveillance du préfet.

MOTIFS

Du projet de loi relatif à des aliénations, acquisitions, concessions, échanges et impositions extraordinaires, par des communes et des hospices.

Messieurs, ces lois, qui semblent d'un faible intérêt quand on les compare à celles qui régissent toutes les parties de ce vaste empire, sont cependant l'objet des vœux et de l'attention des habitants où des lieux qui les sollicitent. Elles ne sont pas indignes de vos réflexions; et les années précédentes vous avez accueilli les changements adoptés par le Gouvernement dans la manière de vous les présenter.

A cette session, Sa Majesté a douté un moment si un nouveau mode ne vous serait pas proposé.

Le ministre de l'intérieur avait pensé que la loi pouvait autoriser à sanctionner les ventes, échanges, acquisitions des communes et impositions, par des décrets impériaux rendus en Conseil d'Etat.

Sa Majesté a renvoyé l'examen de cette question à son conseil, et elle a pensé que malgré les formes usitées et conservatrices dont on exige rigoureusement l'observation, malgré la nécessité de l'avis du conseil municipal, du sous-préfet, du préfet, du ministre, enfin du conseil même, il y avait des avantages à maintenir la solennité de la loi.

Il y a moins de promptitude et plus de travail dans l'expédition; mais aussi il y a plus de sécurité pour l'administration, plus de garantie pour les administrés.

Si quelque passion locale, si quelque intérêt personnel a trompé la vigilance des agents de S. M., en a imposé à ceux qu'elle a chargé de l'examen des pièces, les députés réunis dans cette enceinte, de toutes les parties de l'Empire, qui connaissent leurs intérêts, leurs besoins, peuvent rectifier les erreurs, ramener aux véritables intérêts des villes ou des départements les décisions qui les auraient blessées, et le Tribunat veille de son côté à l'observation sévère des formes protectrices.

Ainsi on ne dépouille pas une ville de son bien pour satisfaire à la fantaisie ou à la commodité d'un individu; on ne la charge pas d'une propriété inutile ou trop chère; on ne la grève pas d'un impôt sans objet. Ces motifs ont décidé Votre Majesté à maintenir la forme usitée les années précédentes, et qui a été insérée dans la loi qu'elle nous a chargés de vous apporter.

Le Gouvernement pense que la discussion sur ce projet de loi doit s'ouvrir le 29 nivôse.

Le Corps législatif arrête que ce projet de loi sera communiqué aux sections du Tribunat.

Le **Président**. Je viens de recevoir deux extraits des procès-verbaux des sections du Tribunat, en date des 15 et 17 nivôse, portant que MM. Bertrand de Greuille et Perrin, pour la section de législation; MM. Van Hultem et Thouret, pour la section de l'intérieur; MM. Delaistre et Gallois, pour la section des finances, ont été nommés orateurs pour exposer devant le Corps législatif les motifs du vœu exprimé par les sections du Tribunat, 1° sur le *projet de loi relatif à la translation du tribunal de première instance d'Argelès à Lourdes;* 2° sur le *projet de loi relatif à l'établissement d'un tribunal de commerce à Bruges.*

MM. les orateurs du Conseil d'État et du Tribunat sont introduits.

L'ordre du jour appelle la discussion du projet de loi concernant la *translation du tribunal de première instance d'Argelès à Lourdes.*

M. **le Président**. La parole appartient à l'un des orateurs du Tribunat.

M. **Bertrand de Greuille**, *rapporteur.* Avant d'entrer dans l'examen des motifs qui ont engagé le Gouvernement à vous proposer de transférer à Lourdes le siége du tribunal du second arrondissement des Hautes-Pyrénées, actuellement établi à Argelès, je dois, Messieurs, vous faire part des observations que la discussion a fait éclore dans la section, et qui ont préparé et déterminé son opinion.

En général, le siége des tribunaux a été fixé d'après la centralité des lieux, et cette centralité est d'une grande considération, parce qu'elle semble offrir aux justiciables plus de facilité pour obtenir, sans des déplacements trop gênants, la justice dont ils ont besoin et qu'ils réclament.

D'un autre côté, si l'on portait trop légèrement atteinte aux dispositions de la loi du 27 ventôse an VIII, relatives au placement des autorités locales, on verrait bientôt des villes rivales reproduire d'anciennes prétentions, réveiller d'anciennes jalousies, et troubler ainsi cette précieuse harmonie, premier besoin des hommes, qui ont entre eux des relations nécessaires d'habitude et d'affaires.

Enfin, l'intérêt des fonctionnaires publics, que l'on enlève à leurs amis, à leurs sociétés, à leurs occupations domestiques, par des changements de domicile souvent désagréables et toujours dispendieux, mérite aussi quelque attention.

Ces réflexions ont conduit la section de législation à la conséquence, qu'il ne faut admettre aucun changement partiel dans le placement actuel des autorités, s'il n'est justifié par de puissantes raisons d'ordre public.

Ce principe une fois reconnu, la section a dû examiner avec la plus scrupuleuse attention, toutes les pièces que le Gouvernement a pris soin de joindre au projet, afin d'établir, dans les intérêts de la justice, la nécessité de la translation qu'il sollicite aujourd'hui de votre zèle et de votre amour pour le bien public.

Il résulte de ces pièces qu'Argelès est une très-petite ville, ou plutôt un bourg qui contient à peine 600 habitants. Elle est, à la vérité, placée au centre de son arrondissement, mais c'est plutôt ici une centralité géométrique qu'une centralité de population, d'affaires et de relations commerciales. Elle est environnée au sud de montagnes presque inhabitées, et d'où s'échappent en différents temps des torrents qui interceptent les communications de telle manière qu'alors il est difficile de s'y procurer les objets les plus nécessaires à la vie. Les juges n'ont pu y fixer leur résidence avec leurs familles, parce qu'ils

n'y existe point de maisons propres à les recevoir. Sur dix places d'avoués créées à ce tribunal pour faciliter l'instruction des affaires, il n'y en a que quatre d'occupées, et encore faut-il observer que deux d'entre ceux qui en sont pourvus n'ont pu se loger à Argelès, d'où il suit que dans certaines affaires où l'intérêt de plusieurs se trouve compliqué, toutes les parties ne peuvent être légalement défendues.

Si l'on joint à ces inconvénients déjà très-graves ceux qui naissent des petites querelles, des animosités, des préventions, des rivalités qu'enfante trop souvent l'oisiveté qui règne dans les petites villes, et dont les magistrats peuvent devenir l'objet et les victimes, on se convaincra facilement de l'impossibilité où se trouve un tribunal de se voir entouré, dans un endroit aussi peu considérable, de la force d'opinion, de la considération et de la dignité dont il a besoin pour remplir utilement les augustes fonctions qui lui sont attribuées.

Ces vérités ont été senties par les juges du tribunal d'Argelès, qui sollicitent eux-mêmes leur translation dans la ville de Lourdes. De son côté, le conseil général de département a émis, dans trois sessions consécutives, son vœu désintéressé sur la convenance et la nécessité de ce transfèrement.

Le conseil général représente la ville de Lourdes comme offrant tout ce qu'il est permis de désirer pour un pareil établissement. C'est un ancien chef-lieu de district d'une population nombreuse, d'un commerce actif, où l'on trouve des communications faciles avec des villes importantes, où il se rencontre des hommes éclairés et animés d'un bon esprit; enfin, Lourdes n'est éloigné d'Argelès que de deux lieues et demie, de sorte que les justiciables les moins rapprochés du nouveau chef-lieu n'auront que cette distance de plus à parcourir pour s'y rendre.

Tant d'avantages d'un côté, tant d'inconvénients de l'autre, n'ont pas permis à la section de législation d'hésiter un seul instant à donner son assentiment au projet de loi dont il s'agit; et j'ai l'honneur, Messieurs, de vous proposer en son nom de le sanctionner par vos suffrages.

Les orateurs du Conseil d'État ne prenant point la parole, la discussion est fermée.

L'ordre du jour appelle la discussion du *projet de loi relatif à l'établissement d'un tribunal de commerce à Bruges.*

M. **le Président**. M. Perrin, orateur du Tribunat, a la parole.

M. **Perrin**, *rapporteur.* Messieurs, la loi qui vous est présentée en ce moment, et sur laquelle je viens vous exprimer le vœu de la section de législation du Tribunat, a pour objet l'établissement d'un tribunal de commerce à Bruges, département de la Lys.

Ses dispositions doivent se ranger en deux classes, à raison des points sur lesquels elles prononcent.

La première statue sur l'établissement même et ne donne d'autre question à examiner que celle de savoir si l'intérêt public sollicite en sa faveur.

Les autres dispositions s'occupent de la fixation du territoire sur lequel ce tribunal et celui qui existe à Ostende étendront leur juridiction; elles donnent à examiner si cette démarcation concorde avec les lois antérieures sur l'ordre judiciaire, ou si l'exception particulière qu'elle renferme n'offre pas des inconvénients qui s'opposent à ce que l'on puisse la consacrer.

Je ne répéterai pas ici ce que l'orateur du Gouvernement vous a déjà dit des motifs puissants et multipliés qui militent pour la création d'un tribunal de commerce à Bruges. Une population nombreuse et particulièrement remarquable par son industrie manufacturière et commerciale, un entrepôt réel créé par la loi du 14 ventôse an XI, des canaux qui, d'un côté, donnent à cette ville une communication directe avec l'Océan, et qui, de l'autre, facilitent, les transports, les relations de commerce dans l'intérieur des terres, avec les places les plus importantes de la Belgique; ces circonstances entretiennent nécessairement à Bruges une grande activité de transactions commerciales; elles semblent impérieusement préférer l'établissement de l'un de ces tribunaux qui, fixé près des justiciables, les dispense de déplacements ruineux, les affranchit de formes utiles, nécessaires même dans les autres matières, mais dont l'observation serait infiniment préjudiciable au commerce, et qui prononce avec toute la promptitude que la nature des conventions peut exiger.

La réunion de ces motifs a tellement fixé la section de législation, dont j'ai l'honneur d'être en ce moment l'organe, qu'elle n'a pas hésité un instant d'apercevoir la très-grande utilité de l'établissement, qu'elle a reconnu, dans la proposition qui en est faite par le Gouvernement, cette attention persévérante et paternelle à seconder de tout son pouvoir l'industrie nationale.

En donnant son assentiment à l'établissement de ce tribunal, il a été particulièrement du devoir de la section de législation de s'attacher à l'examen des dispositions qui ont pour objet de fixer l'étendue du territoire sur lequel les tribunaux de Bruges et d'Ostende étendront leur juridiction.

Pour apercevoir les difficultés que cette partie de la loi a pu faire naître, je dois vous rappeler, Messieurs, que, sous l'ancien régime, les édits de création, les arrêts de règlements avaient renfermé la juridiction des tribunaux de commerce dans le ressort des bailliages près desquels ils étaient érigés, et qu'il leur avait été constamment fait défense de franchir cette limite;

Que les lois particulières qui, en exécution de l'article 1er, titre XII du décret du 24 août 1790, ont créé des tribunaux de commerce, ont toutes fixé leur ressort dans celui du tribunal de district du lieu de leur établissement;

Que celle du 3 vendémiaire an VII, qui crée des tribunaux de commerce dans les départements réunis, porte qu'ils connaîtront de toutes les affaires du commerce dans l'étendue de l'arrondissement du tribunal de police correctionnelle où ils sont établis, en sorte que, si j'en excepte la Lorraine, pour laquelle on avait adopté une organisation particulière, le ressort des tribunaux civils a constamment déterminé celui des tribunaux de commerce, sans que jamais on ait autorisé aucun empiétement.

Cette règle, si constamment observée, n'est pas entièrement dénuée de motifs qui tendent à la faire respecter; la juridiction des tribunaux de commerce est essentiellement une distraction de celle des tribunaux civ : et quelques soins que les législateurs ou les t. aux ... érieurs aient pris dans te ... les règles de la comp ... l'ont parveni ... ltés cette co ... in risprude sagesse long int. Dans l avec le p

merce, il a été nécessaire de laisser subsister des points de contact entre leur compétence et celle des tribunaux civils; c'est ainsi qu'en cas de faillite, c'est au greffe des tribunaux de commerce que le bilan et les registres sont déposés, que les créanciers produisent leurs titres et affirment leurs créances; mais c'est devant le tribunal civil que doit être portée la demande en homologation des atermoiements, et que doivent être discutées toutes les questions qu'elle peut faire naître.

C'est ainsi que l'autorité du tribunal de commerce suffit pour l'exécution purement mobilière de ses jugements; mais qu'il faut renvoyer au tribunal civil dès qu'il s'agit d'une discussion immobilière, d'une expropriation forcée.

Il est aisé de s'apercevoir sans doute combien il importe de simplifier ces rapports qui existent nécessairement entre ces deux juridictions, et de prévenir ainsi la complication qui résulterait de la confusion des territoires. Telle est aussi la raison qui, jusqu'à présent, dans notre ancienne et dans notre nouvelle jurisprudence, a fait éviter avec soin toute espèce d'exception à cet égard.

Cet ordre paraît plus respectable encore dans l'état actuel des choses. On ne peut méconnaître les avantages qui résultent pour l'administration de cette division du territoire en parties homogènes, dans l'étendue desquelles se concentrent toutes les autorités, et dont l'ordonnance simplifie les ressorts du gouvernement, qui viennent sans aucun croisement se réunir dans la main qui doit leur communiquer le mouvement.

Cependant la loi qui vous est présentée porte une exception à cet ordre général : d'abord elle établit deux tribunaux de commerce dans le même arrondissement communal; le premier à Bruges, où siège également le tribunal civil et celui de police correctionnelle; le second à Ostende, où il a été créé par la loi du 3 vendémiaire an VII; secondement il attribue juridiction à celui d'Ostende sur un des cantons de l'arrondissement de Furnes, sur celui de Nieuport.

L'existence de deux tribunaux de commerce dans le même arrondissement n'offre aucun danger, et se concilie parfaitement avec les règles que je viens d'invoquer. Ce n'est pour ainsi dire qu'un seul tribunal divisé en deux sections; ils sont l'un et l'autre une distraction du même tribunal civil, auquel ils sont obligés de renvoyer toutes les contestations qui excèdent leur compétence. L'arrondissement de Montpellier, qui depuis longtemps comprend deux tribunaux de commerce, sans qu'il en soit résulté aucun inconvénient, justifie cette disposition.

Il n'en est pas de même de celle qui étend la juridiction d'un tribunal de commerce sur deux sections de deux arrondissements différents, et ce que j'ai observé jusqu'à présent, relativement à la compétence de ces tribunaux, montre assez que des circonstances impérieuses peuvent seules justifier une exception à la règle générale, qui serait encore confirmée par la solennité de la loi qui prononcerait l'exception.

La section de législation a rencontré ces motifs déterminants dans les rapports qui existent entre Bruges, Ostende et Nieuport.

L'utilité ou plutôt la nécessité d'un tribunal ..ommerce à Bruges ne peut pas être méconnu .lle est telle qu'ainsi que vous l'a dit l'ora- Gouvernement, s'il y avait à prononcer ..et Ostende, pour y placer un seul ..emière de ces deux villes obtien- ..nt la préférence. Cependant

Ostende est un port de mer; dans le calme de la paix, cette ville acquiert, dans sa position seule, une activité de commerce maritime qui mérite aussi de l'attention.

Le même motif sollicite en faveur de Nieuport les avantages d'une juridiction de commerce; mais la petitesse de son enceinte, la faiblesse de sa population, qui n'atteint pas 3,000 âmes, ne permet de l'en faire jouir qu'en l'associant avec Ostende, et les moyens de navigation intérieure que l'art a pratiqués entre ces deux villes sollicitent cette réunion que l'ordre des juridictions semblait repousser.

Telles sont, Messieurs, les considérations qui ont déterminé la section de législation à voter l'adoption de la loi. Nous devons espérer, sans doute, que les juges du tribunal d'Ostende, dans leurs rapports avec les tribunaux civils de Bruges et de Furnes, sauront assez se pénétrer des principes qui règlent la compétence, pour éviter les conflits de juridiction toujours si nuisibles à l'intérêt des citoyens.

Aucun autre orateur ne demandant la parole, la discussion est fermée.

Le Corps législatif, consulté par M. le président, décide qu'il procédera par un seul appel nominal au vote sur les deux projets de loi mis en délibération.

Deux urnes placées sur le bureau, et portant chacune l'indication d'un projet de loi, reçoivent les votes des membres appelés et présents.

Le scrutin donne les résultats suivants :

Le projet de loi relatif à la translation du tribunal de première instance d'Argelès à Lourdes est adopté par 234 suffrages contre 17.

Le projet de loi relatif à l'établissement d'un tribunal de commerce à Bruges est adopté par 240 voix contre 6.

Le **Président** proclame le résultat du scrutin. La séance est levée.

CORPS LÉGISLATIF.

PRÉSIDENCE DE M. FONTANES.

Séance du 20 nivôse an XIII (jeudi 10 janvier 1805).

Le procès-verbal de la séance d'hier est adopté.

M. Frochot, conseiller d'Etat, préfet du département de la Seine, fait hommage au Corps législatif d'un exemplaire des *Fastes guerriers de Sa Majesté l'Empereur*, rédigés dans le style lapidaire, à l'occasion de la fête donnée à l'Hôtel-de-Ville de Paris, à Leurs Majestés Impériales, le 25 frimaire an XIII (18 décembre 1804).

Le Corps législatif agrée cet hommage et en ordonne la mention au procès-verbal.

MM. Collin, Deloé et Begouen, conseillers d'Etat, sont introduits.

M. **Collin** présente un projet de loi relatif *aux douanes*. En voici le texte et l'exposé des motifs :

Messieurs, la loi que nous sommes chargés de vous présenter réunit les différents décrets impériaux qui ont été rendus sur les douanes depuis la dernière session du Corps législatif. Cette loi ne contient que des dispositions favorables au commerce et à l'industrie française. Les unes diminuent les droits d'entrée sur quelques matières premières, nécessaires à nos fabriques, et les droits de sortie sur des objets manufacturés; les autres accordent à chaque ville des entrepôts que réclamait leur position. Toutes enfin sont les effets de la sollicitude et de la bienfaisance éclairée de Sa Majesté l'Empereur.

Le titre 1er concerne les importations.

L'écorce de ce chêne blanc moulue, connue

sous le nom de *quercitron*, que l'on emploie dans les fabriques de toiles peintes, payait à l'entrée 5 francs par cinq myriagrammes. Ce droit trop disproportionné avec la modique valeur de la marchandise est réduit à 2 fr. 50 c.

Les fabriques d'aiguilles du département de la Meuse-Inférieure rivalisent avec celles d'Angleterre, et sont en possession d'approvisionner l'Allemagne. Les fils d'acier, comme matière première de leur fabrication, ne sont plus soumis qu'au droit de balance.

L'intérêt de nos fabriques de couperose verte exigeait une augmentation de droits sur celles étrangères; il a été doublé.

La permission d'introduire les sels provenant de prises faites sur les ennemis de l'Etat est une exception à la prohibition absolue dont cette denrée est frappée à l'entrée; mais elle est nécessaire pour favoriser les armements en course.

Les difficultés que les départements du Golo et du Liamone éprouvent à s'approvisionner de sels de France pendant la guerre, ont déterminé l'Empereur à leur accorder la facilité momentanée de les tirer de l'Ile d'Elbe.

Les habitants de la rive gauche du Rhin possèdent des vignes sur la rive droite. Avant leur réunion à la France, ils pouvaient faire transporter dans leur domicile les produits de leurs récoltes en exemption de droits. Il a paru juste de leur conserver cette facilité.

Les fabriques de tabacs des départements qui composaient le ci-devant Piémont ne pouvaient s'approvisionner de feuilles étrangères que dans nos entrepôts maritimes. Les frais de transport, en augmentant le prix de la matière première, nuisaient à ces établissements.

Les bureaux de Verceil et Pozzolo seront désormais ouverts à l'introduction des tabacs en feuilles.

Le titre II traite des exportations.

Le tarif de sortie imposait sur tous les bois de teinture, sans distinction, un droit de 4 0/0 de la valeur. Cette disposition était contraire au principe général qui veut que l'on favorise l'exportation des objets qui ont reçu une main-d'œuvre en France. Les bois de teinture moulus ne paieront que le droit de balance. Cet avantage est également accordé aux cotons filés et aux ouates de coton, qui, par une déviation du même principe, devaient, à leur exportation, acquitter les uns 10 francs par quintal métrique, les autres 40 fr.

Les chèvres sont en si grand nombre dans les départements des Pyrénées-Orientales, qu'elles dévastent les bois et nuisent à leur reproduction. L'exportation de ces animaux pour l'Espagne est permise pendant un an.

La sortie des cendres de toute espèce est prohibée, parce qu'elles servent d'engrais pour les terres. Il a été reconnu que la nature du terrain des départements du Mont-Tonnerre et de Rhin-et-Moselle ne permettait pas d'y employer les cendres lessivées provenant de la fabrication du savon. On leur a donné un écoulement utile, en permettant de les exporter sur la rive droite.

Il existe dans les environs d'Audernach, sur les rives du Rhin, une carrière inépuisable de pierres propres à faire des meules à moulins. Les quantités considérables de ces meules étaient précédemment enlevées pour l'Allemagne et la Hollande; mais le droit auquel elles étaient assujetties en arrêtait l'exportation. Il a été diminué, et déjà l'étranger a renouvelé ses achats.

Il se fait à Mayence un commerce considérable de futailles. Les tonneliers n'emploient à leur confection que des bois merrains qu'ils tirent de la rive droite. Il leur sera permis de les exporter dans la même proportion.

Les planches qui ne sont pas propres aux constructions navales pourront, pendant la durée de la guerre, être expédiées de l'Ile de Corse pour l'Italie. Cette mesure est nécessaire pour ouvrir un débouché aux bois qui excèdent la consommation des habitants.

Une sévère prohibition à la sortie sur les armes à feu est impérieusement commandée par les intérêts de l'Empire, dans un moment où nos ennemis qui en manquent ont des agents dans toute l'Europe pour s'en procurer à tout prix. Cette défense a été modifiée en faveur des fabriques de Liége, dont le principal commerce consiste en armes de luxe. La permission de les vendre à l'étranger est soumise à des conditions qui en éloigneront l'abus.

Le village de Putte, département des Deux-Nèthes, est divisé en deux parties, dont l'une est située en France, et l'autre en Hollande. Plusieurs habitants de la partie hollandaise ont des propriétés sur le territoire de la commune française. Il leur sera permis de faire enlever et transporter à leur domicile les grains et gerbes provenant de leurs terres, sous la condition qu'ils importeront en France, dans le délai de six mois, une quantité de grains calculée sur le nombre des gerbes exportées.

Le titre III défend l'importation des nankins. En vendémiaire dernier, l'Empereur, qui ne néglige aucun moyen d'affaiblir les ressources de notre implacable ennemi, a été informé que la compagnie des Indes Anglaises avait reçu des quantités considérables de nankins ; que la vente allait s'ouvrir, et que, transportés dans les ports des puissances neutres, ils passeraient en France.

Le décret impérial du 26 vendémiaire qui les prohibe a frappé le commerce des Anglais jusqu'au milieu de Londres, en faisant baisser le prix de cette marchandise.

La prohibition sera d'ailleurs utile à nos manufactures dont les produits peuvent très-bien remplacer les nankins étrangers dans la consommation. Cependant le projet de loi présente une exception pour les nankins pris sur les vaisseaux ennemis. Cette prime, accordée à ceux qui arment les corsaires dans les mers d'Europe comme dans celles des Indes, est une inconvénient, puisqu'alors le prix de la marchandise est totalement perdu pour l'Angleterre.

Le même titre assimile les chiffons de toile de coton et d'étoffe de laine à ceux de toile, parce qu'ils servent également à la fabrication des papiers.

Les villes de Nice, Cherbourg et Coblentz sont mises, par la première section du titre IV, au nombre de celles par lesquelles le tabac en feuilles peut entrer.

Cologne et Mayence, ces antiques cités, les métropoles du Rhin, depuis tant de siècles en possession de commander à la navigation de ce fleuve, attendaient la présence de l'Empereur pour conserver un commerce prêt à leur échapper et à se réfugier sur la rive droite.

Ce commerce d'économie est à jamais fixé dans leurs murs par l'entrepôt de toutes espèces de marchandises qui leur est accordé. La position de ces deux villes sur un fleuve dont la navigation est libre aux puissances riveraines, demandait ces établissements; mais les précautions contre la fraude ont été tellement calculées et combinées avec les localités, que les marchandises

déposées sur la rive droite pénétreraient plus facilement sur la rive gauche que celles renfermées dans l'enceinte des entrepôts.

Le commerce de Paris a demandé que les tabacs en feuilles étrangers pussent être expédiés de nos ports pour un entrepôt qui serait établi dans cette ville, sous la surveillance de l'administration des droits réunis. Cet entrepôt lui a été accordé, ainsi qu'à Toulouse, et pourra l'être successivement à quatre principales villes de l'intérieur.

La loi du 8 floréal an XI permet le *transit* par terre des sucres têtes et terrés, des cafés, cacaos des colonies françaises, et des poivres, en sortant par différentes villes des frontières qu'elle désigne. La situation de Coblentz sur le Rhin et la Moselle réclamait le même avantage.

Les départements voisins du Rhin sont en partie couverts de bois auxquels il est nécessaire de donner un écoulement en même temps qu'ils serviront à approvisionner les départements où la rareté de ce combustible le met à très-haut prix. La section II du titre V présente ce double avantage, en permettant leur expédition par le Rhin, et leur *transit* en Hollande à la destination du territoire français.

Enfin, le dernier article de la loi autorise l'exportation des tabacs en feuilles sur des bâtiments de 50 tonneaux venant des ports de Hollande à Anvers. Cette modification à la loi du 29 floréal an X, qui n'admet les tabacs que sur des navires de cent tonneaux et au-dessus, est nécessitée par les circonstances actuelles, pour faciliter l'arrivée de cette matière première par les canaux de la Hollande.

Tels sont, Messieurs, les motifs du projet de loi. C'est sur les lieux, c'est en visitant les départements du Rhin, que Sa Majesté a reconnu l'utilité de ses principales dispositions. Nous ne sommes plus au temps où les souverains, circonscrits dans les douze lieues de rayon de leur capitale, ne voyaient ce qui se passait dans les provinces que par les yeux des autres, ne savaient que ce qu'on voulait bien leur apprendre. L'Empereur veut tout voir, tout examiner : il approfondit les causes, il prévoit les résultats. Ses regards, ainsi que sa pensée, pénètrent dans l'intérieur des administrations comme dans l'intérieur des fabriques; effet extraordinaire de la puissance de son génie et de l'étendue de ses connaissances, qui lui permettent d'entrer dans tous ces détails, au moment même où il veille sur les grands intérêts de l'Empire, pose et consolide les bases de ses hautes destinées, et a les yeux ouverts sur les mouvements politiques du monde.

Les premiers voyages de l'Empereur vous annoncent, Messieurs, les heureux résultats de ceux qu'il fera désormais, et chacune des sessions du Corps législatif sera illustrée par les améliorations qui seront présentées sur toutes les parties de l'administration publique.

PROJET DE LOI

Relatif aux Douanes.

TITRE PREMIER.

Des Importations.

Art. 1er. L'écorce de chêne blanc moulue connue sous le nom de *quercitron*, paiera, à l'entrée sur le territoire de l'Empire, 2 fr. 50 c. par 5 myriagrammes.

Art. 2. Les sels provenant des prises faites sur les ennemis de l'Etat, seront admis à l'entrée, en payant 50 centimes par 5 myriagrammes.

Art. 3. La couperose verte paiera 10 francs par 5 myriagrammes.

Art. 4. Les fils d'acier employés à la fabrication des aiguilles dans le département de la Meuse-Inférieure, ne paieront que le droit de la balance du commerce. Ils devront, ainsi que ceux destinés pour les fabriques du département de la Roër, entrer par le bureau de Cologne, où ils seront expédiés pour le lieu de la destination, sous la formalité d'un acquit-à-caution, qui sera revêtu d'un certificat d'arrivée en fabrique, délivré par le maire, et visé par le préfet ou le sous-préfet.

Art. 5. Pendant la durée de la guerre, les départements du Golo et du Liamone pourront s'approvisionner de sel dans l'île d'Elbe et ses dépendances, en payant le droit de balance ; mais aussi longtemps que lesdits départements jouiront de cette faculté, il ne pourra y être fait aucune expédition de sel à la destination du territoire continental de l'Empire.

Art. 6. Le bureau de Coblentz est compris au nombre de ceux par lesquels les toiles de fil et coton, les toiles de coton et mousselines, les cotons filés. peuvent entrer, en payant les droits fixés par la loi du 22 ventôse an XII.

Art. 7. Les habitants de la rive gauche du Rhin qui possèdent des vignes sur la rive droite pourront y faire leur vin, et importer, chaque année, jusqu'au 1er nivôse, le produit de leur récolte. Ceux qui voudront jouir de cette faculté devront remettre aux directeurs des douanes un état des vignes qu'ils possèdent sur la rive droite, et en justifier par la représentation des titres de propriété.

Art. 8. Les propriétaires de ces vignes seront tenus, quinze jours après la vendange, de faire, au bureau des douanes par lequel ils se proposeront d'introduire leur vin, une déclaration exacte de la quantité d'hectolitres qu'ils auront récoltée. Les extraits de ces déclarations seront envoyés par le receveur des douanes au directeur du département, qui prendra des renseignements sur leur exactitude et sur la véritable produit des vignes dans chaque vignoble de la rive droite.

Art. 9. S'il est reconnu que les quantités de vin présentées à l'introduction par un propriétaire excèdent les produits de ses vignes, ou qu'il ait substitué des vins vieux à ceux de la dernière récolte, ils seront saisis et confisqués, avec amende de 50 francs par hectolitre.

Art. 10. Les dispositions des articles précédents ne sont point applicables à ceux qui auraient acheté des vignes sur la rive droite postérieurement au 1er vendémiaire an XIII.

Art. 11. Les tabacs en feuilles venant de l'étranger pourront être introduits par les bureaux de Verceil et Pozzolo, où ils paieront immédiatement les droits d'entrée, et seront expédiés directement pour une fabrique, sous la formalité de l'acquit-à-caution.

TITRE II.
Des Exportations.

Art. 12. Les bois de teinture moulus, les cotons filés et ouates de coton, ne paieront à l'exportation que le droit de balance.

Art. 13. L'exportation en Espagne des chèvres du département des Pyrénées-Orientales, est permise pendant une année, en payant le droit de 1 franc par tête.

Art. 14. Les fabricants de savon des départements du Mont-Tonnerre et de Rhin-et-Moselle, pourront exporter sur la rive droite du Rhin les cendres lessivées provenant de leur fabrication, en payant le droit de balance.

Art. 15. Les meules à moulins provenant des carrières situées dans les environs d'Andernach, département de Rhin-et-Moselle, paieront leur exportation par le Rhin; savoir :

Celles de 1 mètre 297 millimètres et au-dessus, dix pour cent de la valeur ; et celles au-dessous de 1 mètre 297 millimètres, 5 pour cent de la valeur.

Art. 16. Les tonneliers de Mayence pourront exporter un nombre de futailles proportionné à la quantité de bois merrain qu'ils tireront de l'étranger.

Les préposés aux douanes tiendront un état exact du bois merrain qui entrera, et s'assureront que la quantité de futailles exportées n'excédera pas la proportion du bois merrain qui aura été introduit.

Le bois merrain qui sera importé, et les futailles qui seront exportées, ne paieront que le droit de balance.

Art. 17. Pendant la durée de la guerre maritime, les planches, bûches et rameaux provenant des bois de l'île de Corse, qui ne seront pas reconnus propres aux constructions navales, pourront être expédiés pour l'Italie.

Art. 18. Les armes de luxe de la fabrique de Liége pourront être exportées, sous la condition qu'aucune arme n'excédera le calibre de 22 à la livre.

Art. 19. Les canons de ces mêmes armes, après avoir été alaisés, éprouvés, et avant d'être finis, seront soumis à la direction de l'artillerie établie à Liége, où ils recevront une empreinte sur le côté apparent de la culasse, portant les deux lettres E X; après quoi ils seront remis à leurs propriétaires.

Art. 20. Les armes portant la marque de la direction de l'artillerie pourront être exportées, sous les droits ordinaires, par les bureaux seulement d'Anvers, Venloo, Cologne et Verceil.

Pour assurer la vérification de la marque prescrite par l'article 19, il sera fourni des empreintes de poinçon dans les quatre bureaux précédemment désignés.

Art. 21. Les contrefacteurs de la marque seront poursuivis comme en matière de plombs faux.

Art. 22. Les habitants de la partie Batave de la commune de Putte, qui possèdent des terres situées sur le territoire de la partie française de la même commune, ou de celles environnantes, pourront faire enlever et transporter à leur domicile les grains en gerbes provenant desdites terres, en se conformant aux dispositions suivantes.

Art. 23. Lesdits habitants seront tenus, avant l'enlèvement, de déclarer au bureau français de Putte le nombre de gerbes qu'ils auront récoltées, et d'y souscrire une soumission valablement cautionnée d'importer par le même bureau, dans le délai de six mois, une quantité de grains qui sera calculée sur le nombre de gerbes exportées, et une quantité de fumier également proportionnée à celle des gerbes.

Art. 24. Les voitures chargées du produit de ces récoltes ne pourront point passer sur le territoire Batave qu'après avoir été conduites devant le bureau de Putte, où les préposés s'assureront de l'exactitude des déclarations.

Art. 25. La faculté accordée par les articles précédents n'est point applicable aux habitants de la partie française de Putte, qui, à compter de la publication, auraient transféré leur domicile dans la partie Batave de ladite commune.

TITRE III.
Prohibition.

Art. 26. L'importation des nankins même de la Chine ou de l'Inde est prohibée.

Art. 27. Les nankins provenant de prises faites sur les ennemis de l'État sont exceptés de la prohibition : ils pourront entrer en payant les droits.

Art. 28. L'exportation des chiffons de toile de coton et de laine est prohibée comme ceux de toile, et les règlements pour la circulation et le transport des derniers sont applicables aux premiers.

TITRE IV.
Des denrées coloniales et des entrepôts.

SECTION PREMIÈRE.
Tabacs.

Art. 29. Les villes de Nice, Cherbourg et Coblentz seront comprises au nombre de celles désignées à l'article 3 de la loi du 29 floréal an X, par lesquelles le tabac en feuilles venant de l'étranger peut être introduit sur le territoire de l'Empire.

Art. 30. L'exercice de la faculté accordée par l'article précédent sera soumis aux conditions et formalités prescrites par ladite loi.

SECTION II.
Entrepôt de Cologne.

Art. 31. Il y aura sur le port de Cologne un entrepôt réel de marchandises et denrées étrangères, prohibées et non prohibées.

Art. 32. L'entrepôt ne pourra être établi que dans une enceinte qui commencera à l'angle de la porte de la ville, dite *Murkmansgasse*, et finira au bastion dit *Muhlengasse*.

Art. 33. Les maisons et magasins compris dans cette enceinte ne pourront être employés qu'à recevoir les marchandises pour lesquelles on usera do la faculté de l'entrepôt.

Art. 34. Lesdites maisons et magasins n'auront aucune ouverture sur l'intérieur de la ville; celles qui existent seront immédiatement fermées, et tous les murs extérieurs de l'enceinte seront crépis et blanchis.

Art. 35. Toutes les caves existantes actuellement sur la partie du quai qui sera affectée à l'entrepôt réel, seront comblées.

Art. 36. Les égouts de la ville qui ont leur embouchure sur la partie du quai de l'entrepôt, seront fermés par deux grilles placées à quelque distance l'une de l'autre, et de manière qu'elles se trouvent dans l'enceinte du port franc. Les clefs des grilles seront remises au directeur des douanes, et les égouts ne pourront être nettoyés qu'en présence des préposés.

Art. 37. Deux chaloupes stationnaires, montées par des préposés, seront placées aux deux extrémités de l'enceinte, afin d'empêcher toutes communications par le fleuve entre la partie franche et les autres parties du port.

Art. 38. Il sera construit dans ladite enceinte un corps de garde pour les préposés des douanes, dont le service se bornera à tenir un état exact des bâtiments qui aborderont sur la partie franche, et à empêcher que l'on ne cherche à introduire dans la ville des marchandises, soit en pratiquant des souterrains, soit en les faisant passer par-dessus les murs. Les mêmes préposés s'assureront, chaque jour, de l'état des grilles qui fermeront les égouts.

Art. 39. La fiche-porte qui conduit de l'intérieur de la ville sur le quai d'entrepôt, sera condamnée et fermée par un mur de trois pieds d'épaisseur.

Art. 40. Le commerce prendra les mesures pour que la maison de *Dusmann*, commissaire des négociants, qui tient au mur de l'enceinte du port franc, et à la porte *Markmansgasse*, serve de corps de garde aux préposés des douanes, qui seront chargés de garder l'extérieur de l'enceinte.

Art. 41. Le corps de garde placé à la porte de *Markmansgasse*, dans l'intérieur du port, près du mur d'enceinte, continuera d'être affecté au service des douanes, et celui construit près de la porte de sortie de la douane sera mis à la disposition du directeur.

Art. 42. Il sera établi un bureau de douane succursale sur la partie du quai servant à l'abordage du pont volant.

Art. 43. Les marchandises arrivant par le pont volant ne pourront entrer que par la porte pratiquée dans le mur d'enceinte, vis-à-vis la porte *Markmansgasse*, et les clefs de la porte resteront entre les mains des préposés des douanes.

Les marchandises destinées pour l'intérieur de la ville ne sortiront de la partie franche que par la porte du bureau des douanes.

Art. 44. Il sera établi à la porte du quai appelé *Saly-Thorchen*, un tourniquet pour le passage des gens de pied, et un corps de garde pour les préposés, lequel sera placé hors de l'enceinte.

Art. 45. Le maire de Cologne prendra les mesures nécessaires pour que le port franc ne soit ouvert qu'aux négociants, bateliers et ouvriers. Les préposés des douanes concourront à l'exécution de ces mesures.

Art. 46. Toutes les dépenses auxquelles donneront lieu les dispositions prescrites par les articles précédents, à l'exception de celles relatives aux chaloupes stationnaires, seront supportées par le commerce de Cologne.

Art. 47. La ville de Cologne ne jouira dudit entrepôt qu'après qu'il aura été constaté, par un procès-verbal rédigé par le directeur des douanes, et signé par le sous-préfet, le maire et un membre de la chambre du commerce, que toutes les conditions ont été strictement et rigoureusement remplies.

SECTION III.

Entrepôt de Mayence.

Art. 48. Il y aura à Mayence un entrepôt réel de marchandises et denrées étrangères, prohibées et non prohibées.

Art. 49. L'entrepôt sera établi dans les bâtiments du palais électoral. Les murs d'enceinte de l'entrepôt et de la partie franche du port seront, ainsi que les portes d'entrée, de sortie et de communication, élevés et placés suivant le plan annexé au décret qui affecte spécialement audit entrepôt le palais électoral.

Art. 50. Les bâtiments ne pourront aborder et décharger que sur le quai du port franc.

Art. 51. Les marchandises venant de l'étranger par le pont du Rhin, seront conduites immédiatement à l'entrepôt, et ne pourront, pour y arriver, suivre d'autre chemin que celui pratiqué entre le fleuve et le parapet : il sera construit sur ledit parapet un mur ou une cloison en madriers, de la hauteur au moins de 15 pieds.

Art. 52. Lorsque les débordements du Rhin ne permettront pas aux voitures de se rendre à l'entrepôt par le chemin désigné en l'article précédent, elles pourront suivre la chaussée pavée qui est au delà du parapet, et entreront dans l'entrepôt par une porte pratiquée dans le mur d'enceinte qui fera face à ladite chaussée pavée : elles seront accompagnées par des préposés jusqu'à leur entrée en entrepôt.

Art. 53. Les clefs des portes d'entrée et de sortie du port franc et de la cour de l'entrepôt, resteront entre les mains des préposés des douanes : un corps de garde sera placé à chacune desdites portes, où il sera nécessaire.

Art. 54. Il sera également établi un corps de garde à la porte qui sera construite dans la partie du bâtiment contiguë à la vieille chancellerie, pour le passage des marchandises dans la cour de l'entrepôt : les pièces qui se trouvent au-dessus de ladite porte ne pourront être occupées que par des préposés des douanes.

Art. 55. Les préposés de service dans le corps de garde intérieur seront chargés de veiller à ce qu'on n'introduise des marchandises dans la ville, soit par des communications souterraines, soit en les faisant passer par-dessus les murs : ils pourront requérir l'ouverture et faire l'inspection des caves de l'entrepôt.

Art. 56. Toutes les fenêtres de la vieille chancellerie qui donneront sur la cour de l'entrepôt seront fermées.

Art. 57. La douane sera placée dans l'aile du vieux palais qui fait face à la ville : une cour, séparée par un mur de celle de l'entrepôt, et tenant immédiatement à la douane, sera affectée à son service. Cette cour sera divisée en deux parties, dont l'une servira pour la vérification des marchandises venant de l'intérieur, et l'autre pour celles venant de l'étranger : elle aura des portes de communication intérieure et extérieure.

Art. 58. Le corps de garde actuellement existant sur la place qui formera la place de l'entrepôt, sera occupé par les préposés des douanes. Il sera établi près de ce corps de garde un tourniquet pour le passage des gens à pied.

Art. 59. Le préfet prendra les mesures nécessaires pour que l'entrepôt ne soit ouvert qu'aux négociants et ouvriers : le directeur des douanes concourra à l'exécution de cette mesure.

Art. 60. Deux pataches stationnaires, montées par des préposés des douanes, seront placées sur le Rhin, aux deux extrémités de l'enceinte du port franc, afin d'empêcher toute communication, par le fleuve, entre la partie franche et les autres parties du port.

Art. 61. La ville de Mayence ne jouira dudit entrepôt qu'après qu'il aura été constaté, par procès-verbal rédigé par le directeur des douanes et signé par le préfet, que toutes les dispositions prescrites par les articles précédents ont été strictement et rigoureusement remplies.

SECTION IV.

Des entrepôts dans l'intérieur.

Art. 62. Il sera établi à Toulouse, Paris, et dans quatre autres villes, un entrepôt de feuilles de tabac étranger.

Art. 63. Les tabacs ne sortiront des ports de mer qu'après avoir payé les droits d'entrée au bureau des douanes. Ils seront expédiés pour les entrepôts de l'intérieur, sous plomb et avec acquits-à-caution.

Art. 64. Le tabac étranger ne sera expédié des entrepôts de l'intérieur que pour les manufactures, et avec acquits-à-caution de la régie des droits réunis.

Art. 65. Les grains, farines et légumes venus de l'étranger, peuvent toujours être réexportés sans payer de droits, en justifiant de l'entrée.

TITRE V.

Du transit.

SECTION PREMIÈRE.

Du transit des denrées coloniales.

Art. 66. Les sucres têtes et terrés, les cafés, cacaos des colonies françaises, et les poivres, qui seront tirés de l'entrepôt d'Anvers pour l'étranger, pourront y être envoyés en *transit* par terre, en passant par le bureau de Coblentz.

Art. 67. Si les denrées coloniales déclarées en *transit* ont été soustraites, et qu'il en ait été substitué d'autres, il y aura lieu au quadruple des droits de consommation, et à une amende de 500 francs contre les contrevenants, conformément à l'article 54 de la loi du 8 floréal an XI.

SECTION II.

Du transit, par la Hollande, des bois expédiés par le Rhin.

Art. 68. Les bois de toute espèce pourront être expédiés par le Rhin, et transiter en Hollande à la destination du territoire français.

Art. 69. Lesdits bois seront accompagnés d'un acquit-à-caution du bureau des douanes du lieu de l'enlèvement, qui indiquera, avec la plus grande exactitude, les quantités, espèces et dimensions des bois.

Art. 70. Les soumissions relatives auxdits acquits-à-caution ne seront annulées que sur la représentation des certificats des préposés des douanes du lieu de la destination ; les certificats ne seront valables qu'autant qu'ils seront signés du receveur, de deux visiteurs, et visés par le visiteur ou l'inspecteur des douanes.

TITRE VI.

Dispositions diverses.

Art. 71. Les tabacs en feuilles pourront être introduits par des bâtiments de cinquante tonneaux, des ports de Hollande à Anvers.

Le Corps législatif arrête que ce projet de loi sera transmis aux sections du Tribunat par un message.

La séance est levée.

CORPS LÉGISLATIF.

PRÉSIDENCE DE M. FONTANES.

Séance du 21 nivôse an XIII (vendredi 11 janvier 1805).

Le procès-verbal de la séance d'hier est adopté.

M. Fradin, docteur en droit, professeur au lycée de Poitiers, fait hommage d'un exemplaire en trois volumes de la *Traduction du géographe Pomponius Mela*.

M. Chavignard père, fait hommage d'un mémoire sur l'*Annuaire français*.

Le Corps législatif agrée ces hommages, et arrête qu'il en sera fait mention au procès-verbal.

M. Sauret, général de division, membre du Corps législatif, demande un congé jusqu'au 1er ventôse, pour se rendre dans ses foyers et donner ses soins à son épouse qui est malade.

Le congé est accordé.

MM. Regnauld (*de Saint-Jean-d'Angély*) et Pelet, conseillers d'État, sont introduits :

M. **Regnauld** (*de Saint-Jean-d'Angély*) présente un projet de loi relatif à *l'éducation, aux frais de l'État, d'un enfant dans chaque famille qui en aura sept vivants.*

En voici le texte et l'exposé des motifs.

Motifs.

Messieurs, l'intérêt, le bonheur des pères de famille ont toujours fixé la pensée des gouvernements justes et éclairés. Protéger leurs travaux, encourager leur émulation, récompenser leur zèle, est un devoir dont l'oubli a été souvent funeste, et dont l'accomplissement a toujours été récompensé par l'amour et la prospérité des nations.

Parmi les chefs à l'existence desquels est liée l'existence de tout ce qui partage leur modeste habitation, et tout ce qui vit près d'eux dans l'asile du travail et de la paix, il est juste de distinguer les citoyens qui, ayant une postérité plus nombreuse, ajoutent davantage à la richesse de l'État

dont la population est une portion importante.

La fécondité des mariages annonce presque toujours l'union entre les époux, les bonnes mœurs, le travail, l'industrie et cette heureuse confiance de l'homme juste dans la double providence de la Divinité et des lois qui s'unissent pour le protéger.

Ainsi, à toutes les époques, et dans tous les pays où l'administration a conçu des idées grandes et utiles, équitables et généreuses, les pères de nombreux enfants ont été l'objet d'une attention particulière qui est allé chercher la fécondité pour l'encourager par des bienfaits.

Louis XIV, dans les jours de sa gloire et de sa justice, avait accordé aux pères et mères de sept enfants vivants des avantages qui leur ont été retirés depuis.

On s'est borné ensuite à distribuer des secours, ou à accorder quelques faveurs aux chefs de nombreuses familles ; mais ces secours, ces faveurs implorés souvent par le besoin, étaient plus souvent sollicités par le crédit, et on donnait à la protection ce que réclamait en vain la justice.

Dans quelques-uns des pays réunis à l'Empire, la législation avait concédé plusieurs prérogatives et destiné des récompenses aux pères ou mères de sept enfants.

Ici le chef d'un de ces petits États unis actuellement à la grande nation donnait son nom au septième fils du même mariage ; là on accordait une gratification à la mère, et on envoyait déposer le prix de sa fécondité sur le berceau de son enfant ; ailleurs le père était exempt de l'impôt, ou d'une autre charge publique.

Sa Majesté l'Empereur a cherché dans les usages, dans les législations diverses, ce qui était le plus approprié aux mœurs de la France et aux principes de son administration.

Une récompense pécuniaire a paru peu convenable ; une exemption d'impôt serait incompatible avec nos lois, et n'offrant d'ailleurs qu'un avantage fort inégal, suivant l'état de la fortune du père de famille, et nul s'il était dans la pauvreté.

Un moyen plus noble s'est offert à la pensée de l'Empereur.

Trente-deux lycées sont organisés ; Compiègne offre déjà, le département de Maine-et-Loire et l'un de ceux des rives du Rhin offriront bientôt chacun une école d'arts et métiers.

Là, les services ou les vertus des pères sont récompensés dans leurs enfants : là s'élève, aux frais de l'État, pour les emplois honorables, pour les dangers glorieux, ou pour les travaux utiles de la société, une pépinière de jeunes citoyens, qui sont l'espoir de leurs parents et de la patrie.

C'est par une place dans ces établissements que Sa Majesté pense qu'on doit récompenser, encourager le père de famille qui comptera sept enfants.

Il pourra indiquer parmi eux celui qu'il croira le plus propre à étudier, ou les arts libéraux et les sciences, ou un art mécanique, ou une profession utile.

Il désignera ainsi d'avance un nouveau chef à sa famille, un second père à ses enfants, parmi leurs frères un guide, un protecteur à leur jeunesse, si le père de famille lui-même venait à leur manquer.

La sagesse des administrateurs locaux leur fera juger si l'enfant doit être destiné pour un lycée ou pour une école d'arts.

Ils n'oublieront pas que, dans toutes les classes de la société, il faut favoriser le développement des dispositions heureuses de l'enfance ou de la jeunesse pour les beaux-arts, la littérature, les sciences; mais qu'il ne faut pas indistinctement appeler à les cultiver ceux qui, avec des dispositions ordinaires, pourraient ensuite se trouver plutôt embarrassés qu'enrichis de connaissances médiocres qui donnent souvent plus de prétentions que de ressources.

Ils se souviendront que le fils d'un artisan honoré trouvera plus de bonheur quelquefois dans le lieu de sa naissance, dans l'atelier de son père, théâtre de ses premiers essais, et où il rapportera des connaissances plus étendues de sa profession et de ses ressources, que dans ces grandes villes où, après des études même brillantes, il irait mendier la tiède protection de l'un, la tardive justice de l'autre, et compromettre au sein de la corruption, dans les délais d'une stérile attente, ses mœurs, ses principes, le bonheur de sa famille et toutes les espérances de son avenir.

Ainsi les enfants seront placés avec discernement, selon leurs moyens personnels, l'état de leurs parents, leurs vœux, leurs ressources, leurs convenances.

Ainsi la société paiera noblement pour elle et utilement pour les citoyens, la dette dont elle est tenue envers le chef d'une postérité nombreuse.

Ainsi, l'Empereur fera plus que les souverains, qui permettaient de donner leur nom au septième fils; cérémonie infructueuse, qui entourait son enfance d'une auréole passagère de vanité, sans rien préparer de solide pour sa jeunesse.

L'enfant lui-même, ou un de ses frères, deviendra le fils adoptif de la patrie. Le dernier ne sera regardé comme une source de bien-être ou de faveur, et non d'appauvrissement ou de gêne pour la famille. Ses frères et sœurs s'uniront à ses parents, pour bénir en même temps le jour de sa naissance et le jour bienfaisante qui en aura fait pour eux un gage d'espérance, un présage de bonheur.

C'est sur ces vues, ces réflexions, c'est sur ces principes que repose la loi dont Sa Majesté a ordonné la présentation.

Projet de loi.

Tout père de famille, ayant sept enfants vivants, pourra en désigner un parmi les mâles. lequel, lorsqu'il sera arrivé à l'âge de dix ans révolus, sera élevé, aux frais de l'État, dans un lycée, ou dans une école d'arts et métiers. Le choix du père sera déclaré au sous-préfet dans le délai de trois mois, de la naissance du dernier enfant ; ce délai expiré, la déclaration ne sera plus admise.

Si le père décède dans l'intervalle de trois mois, le choix appartiendra à la mère.

Si la mère décède dans le même intervalle, le choix appartiendra au tuteur.

Le Corps législatif arrête que ce projet de loi sera transmis aux sections du Tribunat par un message.

Le Gouvernement pense que la discussion sur ce projet doit s'ouvrir le 29 nivôse.

La séance est levée.

CORPS LÉGISLATIF.

PRÉSIDENCE DE M. FONTANES.

Séance du 22 nivôse an XIII (samedi 12 janvier 1805).

Le procès-verbal de la séance d'hier est adopté. MM. Bigot-Préameneu et Berthier, conseillers d'État, sont introduits.

M. **Bigot-Préameneu** présente un projet de loi *relatif au ressort du tribunal d'appel de Liége.* En voici le texte et l'exposé des motifs.

Motifs.

Messieurs, les pays situés sur la rive gauche du Rhin, et dont on a formé les départements de la Roër, de Rhin-et-Moselle, du Mont-Tonnerre et de la Sarre, ont été en même temps soumis au pouvoir de la France : il a résulté de cette origine commune, relativement à notre gouvernement, que ces pays se sont trouvés réunis sous les diverses formes d'administration civile et militaire qui y ont été successivement établies.

Quant à la distribution de la justice, un tribunal de révision et ensuite une cour d'appel séant à Trèves ont aussi eu pour ressort ces quatre départements.

La ville de Trèves avait été choisie pour être le siége du tribunal supérieur, parce qu'elle semblait la moins éloignée du centre commun, et que, placée à une certaine distance de la frontière, le cours de la justice ne serait point exposé à être troublé par des hostilités.

L'expérience a fait connaître que cette disposition entraîne des inconvénients tellement graves, qu'il est indispensable d'y pourvoir. Sa Majesté l'Empereur en a été convaincue lorsqu'elle a visité ces contrées, et il sera encore facile de reconnaître dans le moyen proposé d'établir un meilleur ordre, combien sont toujours grandes et sages ses vues d'administration.

Une réclamation générale lui a été faite dans le département de la Roër, sur ce qu'il était trop difficile à ses habitants, et souvent même impossible, de se transporter, pour la suite de leurs affaires, jusque dans la ville de Trèves.

Il est vrai que le département de la Sarre, où cette ville est située, est, à l'une de ses extrémités, limitrophe du département de la Roër; mais c'est à l'extrémité la plus éloignée de Trèves, et les deux départements ne sont même contigus que dans l'espace d'un petit nombre de lieues.

Les deux principales villes de la Roër sont Aix-la-Chapelle et Cologne.

D'Aix à Trèves, il y a deux routes de poste, l'une par Liége et Luxembourg, et l'autre par Cologne. La première est de 58 lieues, la deuxième de 68. De Cologne à Trèves, la distance est de 50 lieues ; et si on se porte plus à l'extrémité vers le nord-ouest du département de la Roër, on trouve que Clèves est éloigné de 77 lieues du siége principal de la justice. Il faut même encore observer que tout le pays qui se trouve entre la ville de Trèves et le département de la Roër, est couvert de montagnes élevées, toujours pénibles à parcourir, et dans certains temps de l'année impraticables.

Si, à travers ces montagnes, il existe d'autres chemins moins longs, ils sont encore plus difficiles; et chaque année plus longtemps interrompus.

Ces communications eussent été moins gênantes, et les distances eussent en général été moins grandes en plaçant la cour d'appel à Coblents. Telle était aussi la mesure sur laquelle les habitants de ces contrées paraissaient s'accorder, et qu'ils proposaient d'adopter.

Mais Sa Majesté Impériale s'est déterminée par des vues plus générales, qui l'ont conduite à un résultat qui, sous tous les rapports, est plus avantageux.

Si, dans les premiers temps où la France a possédé le pays dont se composent les quatre départements de la Roër, de Rhin-et-Moselle, du Mont-Tonnerre et de la Sarre, on ne pouvait se dispenser d'y former pour les différents pouvoirs une organisation commune, aujourd'hui leur administration est en tout semblable à celle de la France. Loin qu'il y ait quelque motif pour maintenir une démarcation entre ces pays et le reste du territoire français, on doit au contraire regarder comme favorable à la formation des mœurs et de l'esprit public, la multiplication des rapports entre ces départements et ceux qui les avoisinent; il faut qu'une union resserrée par le plus grand nombre de liens entre tous les membres de la grande famille fasse oublier que quelques-uns d'entre eux ont eu une origine différente.

L'occasion d'appliquer d'une manière efficace ces principes à la distribution de la justice se présentait d'autant plus naturellement, que c'était, pour les habitants de la Roër, un malheur réel d'être contraints à des déplacements longs et pénibles, tandis que dans leur voisinage était le siége d'une cour d'appel où il leur serait facile et commode de porter et de terminer leurs différends.

La ville de Liége, où est établie une cour d'appel, n'est qu'à 10 lieues du chef-lieu du département de la Roër et de toutes les parties de ce département. Les moyens de communication sont faciles; ainsi le besoin du peuple a indiqué ce qui d'ailleurs était si convenable, et il ne pouvait plus rester aucun doute sur ce que le parti le plus sage est de comprendre dans le ressort de la cour d'appel séant à Liége le territoire du département de la Roër.

L'adoption de cette mesure entraîne des changements dans l'organisation des deux cours d'appel de Liége et de Trèves.

La cour d'appel à Trèves a maintenant pour ressort les départements de la Sarre, du Mont-Tonnerre, de Rhin-et-Moselle et de la Roër. On compte dans ces quatre départements 1,280,900 âmes.

Une aussi grande population et ce vaste territoire avaient rendu nécessaire de composer la cour d'appel d'un nombre de juges suffisant pour les diviser en deux sections, et pour fournir un président à la cour de justice criminelle de chacun de ces départements.

Le territoire de la Roër, qu'il faut aujourd'hui retrancher du ressort de la cour de Trèves, compte 516,246 habitants. C'est à la fertilité du sol, c'est à l'industrie des habitants d'un pays aussi heureusement situé qu'il est fertile, qu'est due cette immense population; mais ses richesses et ses transactions commerciales sont en même temps des causes qui multiplient les différends.

C'est aussi dans ce département que naissent en grande partie les contestations soumises à la cour d'appel séant à Trèves, et qui, dans la suite, seront jugées à Liége.

D'une autre part, la cour d'appel séant à Liége a maintenant pour ressort les départements de l'Ourthe, de Sambre-et-Meuse et de la Meuse-Inférieure. La population de ces trois départements s'élève à 711,730 habitants. La cour de Liége fut mise, par la loi d'organisation générale des tribunaux, du 27 ventôse an VIII, au nombre de ceux dont la division en sections n'était pas nécessaire. Elle ne fut composée que de treize juges, dont trois étaient destinés à remplir les fonctions de présidents des tribunaux criminels.

La cour séant à Liége, se trouvant chargée de toutes les affaires du département de la Roër, qui ne seront plus portées à Trèves, il se trouverait que, dans la proportion suivie pour les autres tribunaux de la France, le nombre des juges à Liége serait insuffisant, tandis que deux sections

cesseraient d'être nécessaires à la cour d'appel séant à Trèves.

La cour d'appel séant à Liége aura dans son ressort 1,227,976 habitants, ce qui égale, à une petite différence près, le nombre de 1,280,900 âmes que l'on compte dans la cour de Trèves : cette dernière cour n'aura plus, distraction faite des habitants de la Roër, que 664,755 justiciables; ce qui ne s'éloigne pas de l'état de population à 711,730 personnes, dans lequel est actuellement le ressort de la cour d'appel séant à Liége.

Ainsi, en supprimant à Trèves l'une des sections, et en augmentant à Liége le nombre des juges, de manière qu'ils se divisent en deux sections, on assure le service en même temps que l'on se conforme au système général d'organisation suivi de l'an VIII.

Mais en même temps, on a voulu que cette suppression d'une section dans l'une des deux cours d'appel, et la création d'une section dans l'autre, n'eussent, relativement aux magistrats de la cour de Trèves qui cesseront d'y exercer leurs fonctions, d'autre effet que celui d'une translation d'un siége dans un autre; huit d'entre eux seront désignés pour passer à la cour d'appel séant à Liége.

Je dois aussi, en cette occasion, rendre, au nom du Gouvernement, le témoignage de satisfaction le plus solennel aux magistrats de la cour de Trèves, qui ont si bien mérité de leur pays par de longs et utiles services, soit lorsque, sous le titre de tribunal de révision, ils étaient élevés au plus haut degré de l'ordre judiciaire, soit, dans leur qualité de juges d'appel, depuis que ces comtrées ont été, comme le reste de la France, soumises à la juridiction de la cour de cassation.

Un substitut du procureur général impérial était nécessaire dans la cour d'appel séant à Trèves, pour que le ministère public fût rempli auprès des deux sections : par le même motif que ce magistrat cesse d'être utile à la cour de Trèves, il faut qu'il en soit établi un près le procureur général impérial de la cour séant à Liége.

Les deux dernières dispositions du projet de loi contiennent des mesures d'exécution, relativement à la suite des procédures et à la translation des actes judiciaires d'un greffe à l'autre.

Tous les procès civils, jugés en première instance par les tribunaux du département de la Roër, dont l'appel serait interjeté ou pourrait l'être en la cour d'appel séant à Trèves seront portés en la cour d'appel séant à Liége.

On a voulu prévenir tout abus dans les procédures et les frais que des avoués croiraient nécessaires ou voudraient multiplier à l'occasion de ce changement de tribunal.

Les procès dont l'appel serait déjà interjeté seront suivis à Liége, sur une simple citation et suivant les derniers errements.

Quant aux minutes, arrêts, titres et pièces existant dans le greffe de la cour d'appel séant à Trèves, et qui concernent les procès des habitants du département de la Roër, ils doivent être transférés dans le greffe de la cour d'appel séant à Liége, tant pour qu'ils se trouvent plus à la portée des justiciables que par la nécessité, relativement aux affaires non finies, de mettre ces actes et pièces sous les yeux des juges.

Tels sont, Messieurs, les motifs de la loi dont je vais avoir l'honneur de vous donner lecture.

Projet de loi.

Art. 1er. Le département de la Roër sera distrait du ressort de la cour d'appel séant à Trèves, et fera partie de celui de la cour d'appel séant à Liége.

Art. 2. La cour d'appel séant à Trèves est réduite au nombre de treize juges, et n'aura qu'une section.

Il n'y aura plus de substitut du procureur général impérial près cette cour.

Art. 3. Huit juges de la cour d'appel séant à Trèves seront désignés pour passer à la cour d'appel séant à Liége.

Art. 4. Il y aura dans la cour d'appel séant à Liége, outre les huit juges tirés de la cour d'appel séant à Trèves, un juge de plus et un substitut du procureur général impérial.

Cette cour se divisera en deux sections.

Art. 5. Tous les procès civils jugés en première instance par les tribunaux du département de la Roër, dont l'appel serait interjeté, ou pourrait l'être en la cour d'appel séant à Trèves, seront portés à la cour d'appel séant à Liége ; ceux où l'appel serait déjà interjeté seront suivis à Liége, sur une simple citation et suivant les derniers errements.

Art. 6. Seront pareillement transférés au greffe de ladite cour les minutes, arrêts, titres et pièces existant en celui de la cour d'appel séant à Trèves, qui concernent les justiciables du département de la Roër.

La discussion de ce projet de loi est indiquée au 3 pluviôse.

Le Corps législatif arrête que ce projet de loi sera transmis par un message aux sections du Tribunat.

L'assemblée se forme en comité général pour s'occuper d'objets d'administration intérieure.

La séance est levée.

CORPS LÉGISLATIF.

PRÉSIDENCE DE M. FONTANES.
Séance extraordinaire du 24 nivôse an XIII
(Lundi 14 janvier 1805).

La séance est ouverte à sept heures du soir. L'assemblée se réunit pour l'inauguration de la statue de S. M. l'Empereur.

Les approches du palais annoncent par de brillantes illuminations la fête solennelle qui va s'y célébrer, et la présence des personnes augustes qui en ont agréé l'hommage.

Les salles, les galeries du palais sont ornées de fleurs et de feuillages, décorées des trophées de la victoire, d'attributs allégoriques, d'emblèmes et d'inscriptions.

On y voit aussi les bustes des illustres guerriers qui ont cimenté de leur sang la gloire de l'Empire français.

En face du bureau du président, une tribune richement décorée est destinée à S. M. l'Impératrice, aux princes et aux princesses de la famille impériale.

Au centre de la salle s'élève la statue de l'Empereur : des voiles l'environnent et la dérobent à l'œil.

Les membres de l'assemblée sont placés sur les gradins les plus voisins de la statue ; les bancs les plus élevés sont assises les dames invitées et conduites par messieurs les législateurs aisant fonctions de maîtres des cérémonies.

Le long des derniers bancs règne une tribune destinée aux membres du corps diplomatique, aux personnes de leur famille et aux étrangers de marque invités.

Autour de la statue sont des siéges réservés aux ministres, aux maréchaux de l'Empire, aux colonels généraux, aux sénateurs, aux conseillers d'État, tribuns, généraux, et aux officiers civils et militaires invités à la cérémonie.

M. le président monte au fauteuil. Un corps de musique, placé dans une salle voisine, exécute une symphonie d'Haydn.

S. A. I. la princesse Louise, S. A. I. la princesse Caroline, entrent dans la tribune qui leur est destinée, et prennent place avec les dames de leur suite.

L'Impératrice paraît : l'assemblée entière est debout : les cris de *vive l'impératrice* s'élèvent de toutes parts. Le corps de musique fait entendre le beau chœur de Gluck *Que d'attraits, que de majesté !...* Les premières mesures de ce chœur sont à peine reconnues que les applaudissements éclatent de nouveau.

L'Impératrice prend place : près d'elle sont assis LL. AA. II. Les princes Joseph et Louis, leurs excellences l'archichancelier et l'architrésorier de l'Empire, les dames et les officiers de sa cour.

M. **le Président**. Un de messieurs les secrétaires va donner lecture de l'extrait du procès-verbal de la séance du 3 germinal an XII.

Cet extrait est ainsi conçu :

« Le Corps législatif voulant éterniser l'époque
« à laquelle le Code civil devient la règle géné-
« rale du peuple français, et l'hommage de sa re-
« connaissance envers le chef suprême de l'État,
« arrête ce qui suit :

« Art. 1er. La statue en marbre blanc de l'Em-
« pereur Napoléon Bonaparte sera placée, à
« l'ouverture de la session prochaine, dans le lieu
« des séances du Corps législatif.

« Art. 2. Les questeurs du Corps législatif sont
« chargés de donner à cette inauguration toute
« la solennité qui convient à la dignité de son
« objet. »

Des applaudissements réitérés se font entendre.

M. **le Président**. J'invite Messieurs les maréchaux de l'Empire Murat et Masséna, membres du Corps législatif, à s'approcher de la statue et à lever le voile qui la couvre.

Tous les regards se portent à la fois sur les deux maréchaux que le président a nommés. Ils descendent des places qu'ils occupent, passent derrière la statue et font tomber le voile.

L'Empereur est représenté couronné de lauriers, vêtu du manteau impérial, tenant dans sa main le Code civil des Français. La statue est posée sur un cube, emblème de la stabilité. Une inscription placée sur le cube porte ces mots :
Questeurs : Delattre, Jacopin, Viennot-Vaublanc, Terrasson.

À L'EMPEREUR NAPOLÉON Ier.
LE CORPS LÉGISLATIF,
Fontanes, président.

À cette vue, les cris de *vive l'Empereur !* éclatent de toutes parts et se mêlent aux accents d'un chœur de musique qui fait retentir le *vivat ! vivat in æternum*, composé pour le sacre.

M. **le Président**. M. Viennot-Vaublanc a la parole.

M. **Viennot-Vaublanc** (1). Messieurs, vous avez signalé l'achèvement du Code civil des Français par un acte d'admiration et de reconnaissance. Vous avez décerné une statue au prince illustre, dont la volonté ferme et constante a fait achever ce grand ouvrage, et en même temps que sa vaste intelligence a répandu la plus vive lumière sur cette noble partie des institutions humaines. Premier Consul alors, Empereur des Français aujourd'hui, il paraît dans le temple des lois, la tête ornée de cette couronne triomphale dont la victoire l'a ceinte si souvent, en lui présageant le bandeau des rois, et couvert du manteau impé-

---

(1) Ce discours est fort incomplètement reproduit au *Moniteur*. Nous le donnons *in extenso*.

rial, le noble attribut de la première des dignités parmi les hommes.

Sans doute, dans ce jour solennel, en présence des princes et des grands de l'État, devant la personne auguste que l'Empire désigne par son penchant à faire le bien, plus encore que par le haut rang dont cette vertu la rend si digne, dans cette fête de gloire, où nous voudrions pouvoir réunir tous les Français, vous permettrez à ma faible voix de s'élever un instant, et de vous rappeler par quelles actions immortelles Napoléon s'est ouvert cette immense carrière de puissance et d'honneurs. Si la louange corrompt les âmes faibles, elle est l'aliment des grandes âmes. Les belles actions des héros sont un engagement qu'ils prennent envers la patrie : les rappeler, c'est leur dire qu'on attend d'eux ces grandes pensées, ces généreux sentiments, ces faits glorieux si noblement récompensés par l'admiration et la reconnaissance publiques.

Quel homme plus que Napoléon mérita de ses contemporains, comme de la postérité, cet honneur suprême que vous lui décernez aujourd'hui? Né pour les grandes choses, impatient de briser les entraves qui l'arrêtaient, dès l'âge de vingt ans il rendait d'importants services à l'État. Échappé si jeune encore aux dangers de la guerre, un plus grand péril le menaçait, et le démon du mal parcourant la République, et la couvrant de victimes, fut près de joindre à cet holocauste impie celui qu'attendait une si belle destinée. Mais à peine la France, glorieuse au delà de ses frontières, autant qu'infortunée au dedans de ses cités, espère enfin des jours plus sereins, qu'elle voit tout à coup une nouvelle auréole de gloire militaire environner sa tête auguste qui s'élevait péniblement du sein des ruines. Étonnée, elle regarde d'où partent ces nouveaux rayons. Ses yeux se fixent sur l'Italie, où elle voit un jeune guerrier marquant chaque jour par un nouveau triomphe.

L'armée française était peu nombreuse, et souffrait toutes les privations. Bonaparte lui montre l'abondance dans le chemin de la gloire. Bientôt il a vaincu dans les champs de Montenotte, de Millesimo, de Dego : quatre nouvelles victoires et le passage du Pô lui ouvrent la route de l'Italie. Mais Lodi lui prépare un plus grand péril, une plus grande gloire; Lodi, défendu par l'armée entière de Beaulieu; Lodi, dont le pont, couvert du feu de trente bouches de bronze, semblait opposer une barrière insurmontable. Il a peint lui-même, dans ses dépêches, la colonne formidable de nos grenadiers paraissant hésiter un instant. Il a peint le généreux Berthier, Masséna, Dallemagne, et une foule de braves se précipitant à la tête, et fixant la victoire encore incertaine. Quinze jours, chose incroyable, ont suffi pour tant d'exploits, et montrent à la France et à l'Europe, comme un météore éclatant, la jeunesse d'un guerrier qui, dès les premiers pas dans la carrière, égale les plus grands capitaines.

Essayons de le suivre dans le cours rapide de ses victoires. Il passe le Mincio; l'ennemi fuit dans le Tyrol, Mantoue est investie. On lui oppose successivement quatre chefs d'une conduite et d'une valeur éprouvées; on lui oppose successivement cinq armées, c'est en vain : quinze victoires, aussi rapides qu'éclatantes, sont remportées par les Français, qui, pour la première fois, pénètrent aux sources de la Brenta et dans l'antique ville de Trente. La célèbre bataille d'Arcole remplit toute l'Europe de son éclat; Man-

toue tombe au bruit de nouvelles victoires; Mantoue, où l'honorable vieillesse de Wurmser dut être consolée par les nobles respects de son jeune vainqueur.

Bientôt après, les combats de Langara et de Sacile, le passage et la bataille du Tagliamento, la prise de Gradisca, huit nouveaux combats, aussi glorieux que les premiers, conduisirent nos drapeaux sur le sommet des Alpes noriques; et terminèrent cette glorieuse campagne de seize mois.

Au milieu de tant de victoires, quels pensez-vous que furent les vœux les plus ardents de celui à qui l'on aurait pardonné de ne désirer que la guerre et d'en redouter le terme? Il voulait la paix, il la demandait avec instance; et c'est alors que commença de se manifester ce grand caractère, aussi pacifique que guerrier, qu'il a fait éclater depuis, au milieu de ses nouveaux triomphes. Déjà le roi de Sardaigne, les ducs de Parme et de Modène, la Toscane et la superbe Rome, où il dédaigna de monter au capitole, l'avaient vu leur donner la paix avec autant d'empressement et de modération qu'il avait mis d'ardeur à les vaincre. Enfin le traité de Campo-Formio mit le comble à sa gloire.

Rendez témoignage à mes paroles, illustres compagnons de ses victoires, vous surtout, assis dans nos rangs et honorés du sceptre antique des guerriers français; c'est à vous à nous peindre ce courage qui brave tous les dangers, cette prévoyance qu'aucune circonstance nouvelle ne peut étonner, cet esprit ferme et constant que rien ne peut rebuter, ces soudaines illuminations qui, dans le danger, relèvent le seul parti qu'il faut prendre. C'est de votre bouche que nous aimerions à entendre le récit de tous ces grands efforts de la vertu militaire, de cette campagne si glorieuse pour les vainqueurs, honorable pour les vaincus, qui ne cessèrent, sous plusieurs chefs justement renommés, d'opposer une résistance magnanime à une ardeur indomptable, et n'abaissèrent qu'avec honneur l'aigle de l'Autriche devant les drapeaux français.

Mais avec plus d'enthousiasme encore que je n'ai raconté tant d'exploits, je placerai près d'eux les nobles égards prodigués par un jeune vainqueur au Souverain Pontife, glorieux et premier exemple donné à la France du retour à cette dignité des convenances, aussi nécessaire aux gouvernements que naturelle au caractère français, plus honorable encore pour celui qui en pratique les loyales maximes que pour celui qui en est l'objet. C'est à ces traits, Messieurs, que j'aime à vous arrêter. C'est par là que Napoléon commence à bannir de la France cette grossièreté cynique qui rendait méconnaissable la nation réputée la plus polie de l'Europe. Quand nous paraissions avoir perdu à jamais cette urbanité, le fruit des bienséances, et qui la maintient, un jeune homme, au milieu des combats, du sang et du carnage, nous en rappelait les anciennes leçons. C'est que la hauteur de l'âme et l'élévation du caractère enseignent ces attentions mutuelles qui lient les hommes entre eux; et cette disposition de l'esprit, qui se plaît aux choses nobles et élevées, répand sur le langage et les manières cette dignité qui la rappelle à son tour. A peine a-t-il ajouté cette gloire nouvelle à celle de tant d'exploits, que la Méditerranée est couverte de nos vaisseaux; et dans cette Égypte si fameuse, qui vit jadis la gloire et les malheurs de nos plus grands rois, la défaite de Massoure est vengée, et les beys coupables envers la France sont punis. A peine les murs bâtis par Alexandre étaient ils emportés de vive force, que BONAPARTE était victorieux à Chebraisse ; et à côté de ces fameuses pyramides qui semblent indestructibles, de nouveaux exploits ont rendu la gloire française impérissable comme elles. Gaza, Nazareth et les rives du Jourdain revoient nos drapeaux six cents ans après avoir été gouvernés par neuf rois français ; une armée innombrable est vaincue près du Mont-Thabor ; quinze mille Turcs déploient vainement une intrépidité féroce près des restes de l'ancienne Canope ; et bientôt après, une alliance auguste ajouta son éclat à celui dont la victoire avait couvert ce jeune guerrier qui contribua le plus au succès de cette journée.

Oh ! si je n'étais pressé par le temps, avec quel charme je m'étendrais sur ces détails si attachants déjà tracés par le digne compagnon de ses travaux, qui, dans sa jeunesse, combattit pour l'indépendance de l'Amérique, en Europe, en Asie, en Afrique, pour la gloire française ; et qui jouit aussi du bonheur singulier d'avoir concouru aux triomphes de la France dans les quatre parties du monde ! Mais toutes mes pensées sont devancées par une seule. La gloire m'entraîne des bords du Nil aux rives de la Seine, où elle me montre NAPOLÉON placé sur le génie de la France à la tête du Gouvernement. Tout change aussitôt ; les principes modérateurs sont proclamés, et répandent la sérénité dans toutes les familles ; les nobles pensées reprennent leur empire ; et, dans nos belles contrées, si souvent l'asile des pontifes persécutés, les mânes d'un pontife outragé reçoivent une expiation honorable ; enfin, par une démarche solennelle, le Premier Consul promet la paix à la France, et l'offre à l'Europe. Mais la Grande-Bretagne en détourne l'heureux présage : il faut encore combattre. O champs de Marengo ! de quelle gloire vous avez couvert nos étendards ! quelles défaites récentes vous avez vengées ! et quel changement amenèrent un seul jour, une seule bataille ! C'est ainsi que le Premier Consul remercie la France de l'éminente dignité qu'il vient de recevoir.

Mais à peine a-t-il vaincu, qu'il accorde un armistice ; et pour la troisième fois, il a présenté la paix ; les préliminaires étaient signés : Albion encore, la fatale Albion, vient placer sa haine entre l'Autriche et la France. Son malheureux génie l'emporte ; mais cet ascendant si funeste tombe six semaines après, au bruit des exploits de quatre armées françaises qui, sur un front immense, de Lens au Splugen, du Splugen au Mincio, embrassaient l'Allemagne et l'Italie, comme une seule armée dirigée par une seule tête. Hélas ! la paix ne descendit alors sur l'Europe, à la voix d'un héros, que pour nous montrer quel prix attache Albion elle-même à ses traités fallacieux.

Le citoyen illustre, le prince que ses vertus auraient pu, comme sa naissance, placer sur les premiers degrés du trône impérial, dont les talents admirés dans Lunéville furent encore destinés par son auguste frère à négocier la paix la plus difficile, eut la joie de la signer dans Amiens, mais bientôt aprè͏̀ ... douleur de la voir ouvertement violée. C'... , que j'aime, invo... tre ... vec moi quelle fut l... ... l'Etat. Rappele... , où, sur ... se ma...

autant du titre auguste de pacificateur que de celui de guerrier invincible.

Mais non, législateurs, rien ne peut arrêter sa marche dans la paix comme dans la guerre ; et cette activité indomptable dans les camps, il l'a imprimée à toutes les parties de l'administration. L'anarchie hideuse est terrassée, le brigandage ne désole plus les provinces de l'Ouest ; une main victorieuse les presse de toutes parts, les combat, les anéantit ; et leurs derniers soupirs exhalés vers l'Angleterre lui annoncent combien vaines sont toutes ses tentatives, combien est puissant le génie qui préside à la destinée de la France. En même temps, les voies publiques sont réparées, des canaux réunissent le Rhin, la Meuse et l'Escaut ; le voyageur étonné admire les travaux hardis de Coblentz et ceux qui abaissent les Alpes entre la France et l'Italie ; la ville impériale s'embellit, et devient tous les jours plus digne d'être la métropole des peuples civilisés et le temple des beaux-arts ; la religion éplorée reparaît sur ses autels ; un schisme menaçant, réputé naguère invincible, n'alarme plus les consciences ; les esprits, longtemps divisés, sont réunis sous le double sacerdoce de la religion et des lois dans la même légion, sous la bannière de l'honneur, et décorés de l'effigie du triomphateur, marchent ensemble ; le législateur qui fit les lois, le magistrat qui les fit respecter, le savant dont les travaux sont utiles à la patrie, l'homme de génie qui s'illustra par les arts ; on y voit le citoyen courageux dont le front n'a point pâli devant les échafauds et le guerrier qui brava le fer de l'ennemi ; celui qui montre avec orgueil les cicatrices de ses blessures, et celui dont le nom rappelle d'honorables proscriptions : et c'est parmi tant de soins et de travaux, que des flottilles légères, construites dans nos ports, sur nos fleuves, se réunissent à Boulogne, et présentent aux rives de l'Angleterre mille vaisseaux couverts d'invincibles guerriers.

Comment se fait-il qu'au milieu des préparatifs d'une guerre terrible, dont les soins pourraient accabler le génie le plus vigoureux, la vigilance sur les lois n'ait pas été un instant ralentie ? Comment la France a-t-elle vu terminer le plus grand ouvrage de législation dont aucun peuple puisse encore s'enorgueillir ? Demandé depuis tant de siècles, si longtemps et si vainement désiré jusqu'à NAPOLÉON, enfin paraît ce Code qui règle l'état des personnes, organise les familles, assure la propriété, et fixe l'ordre des successions. Préparé par les méditations et les travaux d'un illustre magistrat que sa haute dignité place au rang mérité par ses lumières, établi sur les bases de la législation ancienne et moderne, enrichi des idées que les siècles nous ont transmises après la longue épreuve des temps, augmenté des observations que présentaient de nouveaux rapports, de nouvelles lumières et de nouveaux besoins, ce Code, dépositaire de ce que l'esprit de l'homme a conçu de plus simple et de plus convenable en législation, porte à la fois l'empreinte du génie et ... sens des législateurs les plus célèbres de ... té et des plus renommés jurisconsultes ... ce. Longtemps séparés par des cou... et différentes, les Français reçoi... lois nouvelles le lien le plus fort, ... es divers d'un empire immense ... seul peuple. C'est sur ce grand ... e vous avez principale... , et vous avez voulu voir ... pereur des Français, te... te, si souvent et si glorieusement armée, ce Code que vous avez sanctionné avec tant d'empressement.

Victorieux dans trois parties du monde, pacificateur de l'Europe, législateur de la France, des trônes donnés, des provinces ajoutées à l'Empire, est-ce assez de tant de gloire pour mériter à la fois et ce titre auguste d'*Empereur des Français*, et ce monument érigé dans le temple des lois? Eh bien, je veux effacer moi-même ces brillants souvenirs que je viens de retracer. D'une voix plus forte que celle qui retentissait pour sa louange, je veux vous dire : cette gloire du législateur, cette gloire du guerrier, anéantissez-la par la pensée, et dites-vous : avant le 18 brumaire, quand des lois funestes étaient promulguées, quand les principes destructeurs, proclamés de nouveau, entraînaient déjà les choses et les hommes avec une rapidité que bientôt rien ne pourrait plus arrêter; quel fut celui qui parut tout à coup, comme un astre bienfaisant, qui vint abroger ces lois, qui combla l'abîme prêt à s'ouvrir? Vous vivez, vous tous, menacés par les malheurs des temps, vous vivez, vous le devez à celui dont vous voyez l'image. Vous accourez, infortunés proscrits, vous respirez l'air si doux de votre patrie; vous embrassez vos pères, vos enfants, vos épouses, vos amis; vous le devez à celui dont vous voyez l'image. Il n'est plus question de sa gloire, je ne l'atteste plus, j'invoque l'humanité d'un côté, la reconnaissance de l'autre. Je vous demande à qui vous devez un bonheur si grand, si extraordinaire, si imprévu... vous répondez tous ensemble avec moi : c'est au grand homme dont nous voyons l'image.

L'orateur descend de la tribune au milieu des applaudissements réitérés de l'assemblée.

L'orchestre fait entendre un chant guerrier.

M. **Fontanes**, *président*, prend ensuite la parole et prononce le discours suivant :

Messieurs,

La gloire obtient aujourd'hui la plus juste récompense, et le pouvoir en même temps reçoit les plus nobles instructions. Ce n'est point au grand capitaine, ce n'est point au vainqueur de tant de peuples que ce monument est érigé : le Corps législatif le consacre au restaurateur des lois. Des esclaves tremblants, des nations enchaînées ne s'humilient point aux pieds de cette statue; mais une nation généreuse y voit avec plaisir les traits de son libérateur.

Périssent les monuments élevés par l'orgueil et la flatterie! Mais que la reconnaissance honore toujours ceux qui sont le prix de l'héroïsme et des bienfaits. Eh! quel bienfait plus mémorable que celui d'un Code uniforme donné à trente millions d'hommes! Le jour où le Code civil reçut dans cette enceinte la sanction nationale fut le premier jour qui fixa nos destinées. On n'a pu croire à la stabilité du nouveau gouvernement de la France que lorsque toutes les factions désarmées ont été contraintes d'obéir aux mêmes lois.

Les trophées guerriers, les arcs de triomphe, en conservant des souvenirs glorieux, rappellent les malheurs des peuples vaincus. Mais dans cette solennité d'un genre nouveau, tout est consolant, tout est paisible, tout est digne du lieu qui nous rassemble.

L'image du vainqueur de l'Egypte et de l'Italie est sous nos regards : mais elle ne paraît point environnée des attributs de la force et de la victoire. Le héros ne porte ici dans sa main, tant de fois triomphante, que le livre de la loi qui doit commander à la force et à la victoire elle-même.

Malheur à celui qui voudrait affaiblir l'admiration et la reconnaissance que méritent les vertus militaires! Loin de moi une telle pensée; pourrais-je la concevoir devant cette statue, et l'anniversaire même du jour où le vainqueur de Rivoli[1] défit en quelques heures deux armées ennemies qui se croyaient sûres de l'envelopper, et décida ce grand succès par une de ces heureuses inspirations qui sont envoyées aux grands capitaines sur le champ de bataille, en présence de tous les dangers et de tous les obstacles? Comment ne pas honorer la valeur au milieu des guerriers qui ont vaincu sous lui, et de ses plus illustres lieutenants? Mais j'ose le dire devant eux, et je suis sûr qu'ils ne me démentiront point, car l'intérêt de la patrie leur est plus cher que celui de leur propre renommée; les talents militaires pouvaient tout contre les ennemis du dehors, et ne pouvaient rien contre les ennemis du dedans. Invincibles sur la frontière, nos plus vaillants généraux succombaient quelquefois sous l'audace des factions qui déchiraient la France. Ce n'était point assez pour notre salut de ces légions victorieuses qui nous protégeaient contre l'Europe; il était temps qu'on vît paraître un législateur qui nous protégeât contre nous-mêmes. Ce législateur est venu, et nous avons respiré enfin sous son empire. Que d'autres vantent ses hauts faits d'armes, que toutes les voix de la renommée se fatiguent à dénombrer ses conquêtes! Je ne veux célébrer aujourd'hui que les travaux de sa sagesse. Son plus beau triomphe dans la postérité sera d'avoir défendu contre toutes les révoltes de l'esprit humain, le système social prêt à se dissoudre. Il a vaincu les fausses doctrines; elles commencent à s'éloigner devant son génie, et bientôt il achèvera leur défaite entière, en prouvant que la liberté publique n'est bien garantie que par un monarque, premier sujet de la loi.

Dans le chaos de tant d'opinions, et sous les ruines de tout un empire, combien il était difficile de recouvrer le principe conservateur qui l'anima pendant quatorze siècles! La première place était vacante, le plus digne a dû la remplir; en y montant, il n'a détrôné que l'anarchie qui régnait seule dans l'absence de tous les pouvoirs légitimes.

La fête qui nous rassemble est donc, s'il m'est permis de le dire, celle de la reconnaissance de la société. Les lois civiles l'ont en effet raffermie sur les fondements; et c'est alors que le caractère national s'est hâté de reparaître. Lorsqu'un peuple, longtemps séduit par de faux guides, se rallie autour de la gloire, lorsqu'il recommence à honorer les grandes actions par des monuments durables, les sentiments du juste et du beau rentrent dans les cœurs, et l'ordre social est rétabli. Les statues qu'on érige à ces hommes privilégiés, qui sont faits pour conduire la foule, indiquent à tous les autres le chemin du véritable honneur. Autour de ces monuments dressés par la reconnaissance publique, on voit se manifester les affections les plus douces et les plus nobles du cœur humain. L'enthousiasme de la gloire et de la vertu se communique à toutes les âmes, élève toutes les pensées, agrandit tous les talents, et peut enfanter tous les prodiges. Tel est l'état de la société réparée.

Au contraire, quand le corps politique tombe en ruines, tout ce qui fut obscur attaque tout ce qui fut illustre. La bassesse et l'envie parcourent les places publiques en outrageant les images

_____

(1) La bataille de Rivoli a été gagnée le 25 nivôse an V.

révérées qui les décorent. On persécute la gloire des grands hommes jusque dans le marbre et l'airain qui en reproduisent les traits. Leurs statues tombent, on ne respecte pas même leurs tombeaux. Le citoyen fidèle ose à peine dérober en secret quelques-uns de ces restes sacrés : il y cherche en pleurant l'ancienne gloire de la patrie, et leur demande pardon de tant d'ingratitude; cependant il ne désespère jamais du salut de l'État, et même au milieu de tous les excès, il attend le réveil de tous les sentiments généreux.

Ces sentiments se sont ranimés de toutes parts; mais leur retour fut préparé par l'homme supérieur qui nous rendit peu à peu toutes nos anciennes habitudes. C'est lui qui, dès les premiers jours de son gouvernement, honora les cendres de Turenne, et fit placer dans son palais les bustes de tous ces héros dont il égale la renommée. Déjà les artistes, animés par sa voix, se préparent à relever, sur nos places désertes, les statues des plus grands hommes français. Celui qui montra tant de respect pour leur mémoire a bien mérité que la sienne vive à jamais. Que ses leçons et ses exemples se perpétuent; que ses successeurs, formés par des frères dignes de lui, obtiennent un jour les mêmes honneurs! Le souvenir de cette solennité peut former une race de héros. Il nous sera toujours présent, il se confondra pour nous avec celui du jour solennel où l'Empereur ouvrit notre session. Quand son trône s'élevait à cette même place; quand sa grande âme s'exprimait tout entière dans des paroles si dignes de ses actions, rien ne manquait sans doute à notre gloire, mais il manquait quelque chose à notre bonheur. Celle dont la présence embellit toutes les fêtes n'était point dans cette enceinte. Aujourd'hui nos yeux peuvent la contempler. Les émotions de son cœur en ce moment répandent un nouveau charme sur elle; et chacun de nous, en la regardant, aime encore mieux celui dont elle partage la grandeur, et dont nous venons d'inaugurer l'image.

Ce discours est souvent interrompu par les applaudissements de l'assemblée. Les acclamations les plus vives se renouvellent au moment où M. le président le termine.

Une symphonie annonce que l'inauguration est terminée.

L'Impératrice, les princes et les princesses se lèvent.

L'assemblée entière passe dans les appartements de la présidence, dans les salles et galeries du palais, où divers plaisirs attendent les personnes invitées à cette solennité.

L'allégresse générale est portée à son comble par la présence de S. M. l'Empereur.

CORPS LÉGISLATIF.

PRÉSIDENCE DE M. FONTANES.

Séance du 25 *nivôse an* XIII (mardi, 15 janvier 1805).

Le procès-verbal de la séance du 22 nivôse est adopté.

MM. Treilhard et Siméon, conseillers d'État, sont introduits.

M. **Treilhard** présente un *projet de loi relatif à la diminution des frais de justice en matière criminelle ou de police correctionnelle*. En voici le texte et l'exposé des motifs :

Messieurs, le projet de loi soumis en ce moment à votre sanction a pour objet la diminution des frais de justice, à la charge du trésor public, en matière criminelle ou de police correctionnelle.

De toutes les manières d'accroître le revenu public, la plus naturelle et la plus convenable, est sans contredit la diminution des dépenses abusives; s'il faut ne rien épargner pour soutenir l'éclat du trône et la prépondérance nationale, il n'est pas moins juste de soulager la nation, autant qu'il est possible, de toute charge qui ne serait ni nécessaire ni utile.

Il en existe plusieurs de cette espèce dans l'administration de la justice, en matière criminelle ou de police correctionnelle. Pourquoi faut-il que les efforts obscurs, mais continus, de l'intérêt et de la cupidité, parviennent insensiblement à corrompre les plus saintes institutions?

Un citoyen, malheureusement enveloppé dans une procédure criminelle, doit sans doute éprouver une protection spéciale de la loi : jusqu'à ce qu'il soit condamné, tous les moyens de défense lui sont permis. La société doit même lui en faciliter l'emploi; elle est partie dans toutes les affaires de cette nature. Si elle gagne sa cause quand un coupable est condamné, elle en gagne une bien plus douce lorsqu'un innocent est absous.

C'est par une conséquence de ces considérations puissantes que les témoins indiqués par un accusé doivent être assignés aux frais du trésor public; mais cette maxime, si pure dans son principe, est devenue plus funeste par l'abus qu'on en fait tous les jours.

On assigne une foule de témoins complices quelquefois du délit, et dont toute la déclaration se borne à dire qu'ils connaissent l'accusé, et qu'ils ne le croient pas capable d'un crime.

Il arrive même que quelques personnes ont le secret de se faire assigner dans presque tous les procès criminels, encore qu'on sache bien qu'elles n'auront rien à déposer; mais on croit faire un acte de bienfaisance en procurant à un citoyen, intéressant peut-être sous quelques rapports, le bénéfice d'un salaire qu'on ne saurait refuser au témoin qui comparaît, quoiqu'il n'ait rien à dire.

D'un autre côté, les huissiers chargés de porter les exploits à des distances considérables de leur résidence se font taxer d'énormes frais de transports; et quoiqu'ils donnent plusieurs assignations le même jour et dans la même commune, ils ne rougissent pas d'exiger ces frais extraordinaires pour chaque citation, comme s'ils n'en avaient donné qu'une.

Les copies de pièces qu'on doit délivrer aux accusés sont une autre source d'abus également préjudiciables. Chaque accusé veut pour lui seul une copie; il veut une copie entière; il veut une copie de toutes les pièces, non-seulement de celles qui constatent le délit, mais encore une copie de chaque acte de la procédure, même des actes nécessairement connus de l'accusé, soit parce qu'ils émanent de lui, comme ses interrogatoires, soit parce qu'il en a déjà reçu copie comme de l'acte d'accusation qui toujours est transcrit en entier dans l'ordonnance de prise de corps déjà signifiée.

Il n'est pas de procès criminel dans lequel ces abus ne se renouvellent; non peut-être que les copies aient été réellement données, leur inutilité pour l'accusé nous permet de croire qu'il ne les a pas toujours exigées, mais il avait la faculté de les demander, et les personnes intéressées en requièrent la taxe, comme si elles avaient été fournies.

Enfin il existe une lutte éternelle entre les parties civiles et le trésor public; personne ne veut faire les avances des frais les plus légitimes; et dans ce choc, toute la charge retombe sur le domaine.

... s de mettre un terme à ce désordre;

c'est l'objet des quatre articles du projet qui vous est présenté.

Toutes les significations à la requête de la partie publique seront faites par les huissiers audienciers du lieu, ou par l'huissier du juge de paix, ou par les gendarmes ; il ne pourra jamais être alloué de frais de transport.

Une seule exception est établie ; elle sera infiniment rare : c'est le cas où la partie publique jugera convenable de donner à un huissier, dont le zèle et l'intelligence lui sont particulièrement connus, l'ordre exprès de se transporter, pour quelque opération délicate, hors du lieu de sa résidence.

Nous ne devons pas supposer que la partie publique abuse de la faculté qu'on a dû lui laisser ; l'abus serait bientôt découvert et réprimé.

Les témoins que l'accusé peut indiquer sont l'objet du deuxième article du projet. Ici, la difficulté semble plus sérieuse. S'il est hors de doute que le trésor public ne doit pas payer une foule de témoins inutiles pour l'instruction, il est aussi constant que des témoins dont la déclaration peut éclairer la justice ne doivent pas être écartés. Nous devons concilier une sage économie avec une autre espèce d'intérêt social qui réclame la lumière la plus grande sur une instruction criminelle.

Nous pensons avoir atteint le but, en imposant à la partie publique l'obligation de faire entendre ceux des témoins indiqués par l'accusé, qui peuvent avoir la connaissance des faits, et en laissant à la charge des parties les frais d'audition des autres témoins.

On dira peut-être qu'on peut craindre que la partie publique ne néglige de faire entendre quelque témoin important. Cette inquiétude ne serait pas raisonnable.

Quand on supposerait de la négligence, de la légèreté, de la mauvaise volonté même de la part du magistrat de sûreté, pourrait-on croire que le directeur du jury, dans l'examen qu'il fait des pièces, n'apercevrait pas cet oubli, et ne s'empresserait pas de le réparer ? Il y est autorisé, et c'est un de ses devoirs.

Dira-t-on que ces deux magistrats pourraient être également négligents ou prévaricateurs ? On n'ira peut-être pas jusqu'à supposer le même oubli, la même prévarication de la part du procureur général qui instruit l'affaire à la cour de justice criminelle, et de la part du président de cette cour, qui doit interroger l'accusé à son arrivée, et se mettre au fait de toutes les pièces de l'affaire, avant l'ouverture des débats.

Enfin, le magistrat de sûreté, le directeur du jury, le procureur général et le président de la cour, auraient négligé leurs premiers devoirs, sans que le sort de l'accusé fût pour cela compromis.

Ce n'est pas sur un rapport clandestin et dans une discussion secrète que s'examine et se juge l'affaire. C'est sous les yeux des conseils, des amis, des parents de l'accusé, en présence de tous les citoyens dont l'œil surveille le magistrat. Et si (ce qui n'est pas probable) un témoin nécessaire ou utile avait été laissé à l'écart, sa présence serait universellement réclamée au grand jour du débat ; et le tribunal ne manquerait pas de suspendre l'instruction, et d'ordonner, comme il en a incontestablement le droit, que ce témoin serait entendu.

On a donc pourvu à tous les intérêts en laissant les témoins de l'accusé à sa charge, et en obligeant néanmoins la partie publique à faire entendre aux frais du trésor public les témoins indiqués par l'accusé, lorsque leur déposition sera jugée utile pour la manifestation de la vérité.

Le troisième article du projet de loi est relatif aux copies des pièces qu'on doit fournir à l'accusé.

Dans le nombre des pièces du procès, il en est qui tendent à constater le fait, et à en indiquer les auteurs. Quelques-unes sont déjà à la connaissance personnelle de l'accusé, il peut ignorer le contenu des autres.

Par quel motif serait-on obligé de donner à l'accusé copie des pièces qui sont émanées de lui, ou qui lui ont été déjà communiquées ?

C'est le procès-verbal constatant le corps du délit ; ce sont les déclarations des témoins qu'il lui importe de connaître.

Le projet porte qu'une copie de ces pièces sera donnée pour tous les accusés : leurs conseils, s'ils en ont plusieurs, se concerteront facilement pour les examiner : voilà tout ce que peut exiger la raison.

Si les accusés veulent de secondes copies, elles seront à leur charge. La mesure proposée pourvoit également au vœu de l'humanité et à l'intérêt de la société et du trésor public.

Enfin, le dernier article du projet distingue les crimes qui intéressent la société plus que les particuliers, et les délits plus légers qui attaquent l'intérêt particulier plus que la société entière.

Les premiers sont de la compétence des tribunaux criminels ; la partie publique est chargée plus spécialement de leur poursuite, soit que son zèle soit ou ne soit pas excité par les actes des citoyens qui se rendent parties civiles. Les autres délits sont portés aux tribunaux de police correctionnelle.

C'est dans la nature même des choses qu'on a cherché la mesure des devoirs respectifs des officiers publics et des parties civiles.

Dans tous les cas, le citoyen qui veut se rendre partie doit, en cette qualité, supporter les frais de l'instruction ; mais, en matière criminelle, le domaine de l'action doit être tenu de l'avance des frais de poursuites : il ne faut pas qu'une instruction de cette gravité soit exposée à languir, et que l'intérêt de la société entière puisse être compromis par la tiédeur ou par le défaut de moyens d'une partie ; c'est assez qu'elle soit responsable des frais légitimes qui auront été faits.

Ces considérations ne s'appliquent pas aux simples affaires de police correctionnelle ; la société est ici moins intéressée que le particulier qui poursuit la réparation de son tort personnel. On a dû par conséquent laisser à celui-ci la charge de l'avance des frais.

C'est par l'application de ces règles, bien simples et bien naturelles, que nous verrons disparaître les abus dont on se plaint depuis longtemps ; mais nous ne pouvons pas nous dissimuler combien la chose coupable est ingénieuse. Une issue n'est pas plutôt fermée pour elle, qu'elle s'efforce d'en ouvrir une nouvelle, et nous ne pouvons trop solliciter la vigilance des magistrats.

Tous leurs devoirs ne sont pas remplis, quand ils ont instruit une procédure avec impartialité, quand ils ont discuté avec sagesse, quand ils ont prononcé avec justice ; ils ont encore une surveillance importante à exercer sur les agents ministériels qui les entourent. Qu'ils sachent se défendre de cette excessive confiance qu'il est si difficile de refuser à des hommes qu'on voit tous les jours, qui sont nos collaborateurs, et qui font d'autant plus d'efforts pour usurper quelque empire sur nos esprits, qu'ils ont eux-mêmes plus besoin de notre indulgence. Que les magistrats enfin se pénètrent fortement de cette vérité, qu'on se rend complice d'un écart, quand on a dû l'empêcher et qu'on ne l'a pas fait; et que, sous un prince à qui rien n'échappe, on peut à chaque instant leur demander compte des suites désastreuses d'une négligence que rien ne pouvait excuser.

PROJET DE LOI

Relatif à la diminution des frais de justice en matière criminelle ou de police correctionnelle.

Art. 1er. Les citations, notifications, et généralement toutes significations à la requête de la partie publique, en matière criminelle ou de police correctionnelle, seront faites par les huissiers audienciers des tribunaux établis dans les lieux où elles seront données, ou par les huissiers des tribunaux de paix; en conséquence il ne sera jamais alloué de frais de transport aux huissiers, à moins toutefois qu'ils n'aient été chargés par un mandement exprès du procureur général, ou du procureur impérial, ou du directeur du jury, chacun en ce qui le concerne, de porter hors du lieu de leur résidence lesdites citations, notifications ou significations: elles pourront aussi être données par les gendarmes.

Art. 2. Les citations et significations faites à la requête des prévenus ou accusés seront à leurs frais, ainsi que les salaires des témoins qu'ils feront entendre, sauf à la partie publique à faire citer à sa requête les témoins qui seraient indiqués par les prévenus ou accusés, dans les cas où elle jugerait que leur déclaration pût être nécessaire pour la découverte de la vérité, sans préjudice encore du droit de la cour criminelle d'ordonner, dans le cours des débats, lorsqu'elle le jugera utile, que de nouveaux témoins seront entendus.

Art. 3. Il ne sera délivré gratuitement aux accusés, en quelque nombre qu'ils puissent être, et dans tous les cas, qu'une seule copie des procès-verbaux constatant le délit, et des déclarations écrites des témoins. Les accusés ne pourront requérir d'autres copies de ces actes, ou des copies des autres pièces de la procédure, qu'à leurs frais.

Art. 4. En matière de police correctionnelle, ceux qui se constitueront parties civiles seront personnellement chargés des frais de poursuite, instruction et signification de jugement.

En toute affaire criminelle, la partie publique sera seule chargée des frais d'exécution; elle fera l'avance des frais d'instruction, expédition et signification des jugements, du remboursement desquels ceux qui se seront constitués parties civiles seront personnellement tenus; sauf, dans tous les cas, le recours des parties civiles contre les prévenus ou accusés qui auront été condamnés.

Le Corps législatif arrête que ce projet de loi sera communiqué aux trois sections du Tribunat.

L'ordre du jour appelle la discussion du projet de loi concernant les *mesures relatives au remboursement des cautionnements fournis par les agents de change, courtiers de commerce et autres.*

Les orateurs du Conseil d'État et ceux des trois sections du Tribunat sont introduits.

M. le Président. La parole appartient à un de messieurs les orateurs du Tribunat.

M. Daru, *rapporteur de la section des finances.* Messieurs, l'orateur du Conseil d'État, en vous présentant la loi qui est en ce moment l'objet de la délibération du Corps législatif, vous a annoncé qu'aucune réclamation ne l'avait provoquée. En effet, les dispositions de cette loi, ont par leur justice évidente, de la nature de celles qui existent, qui sont reconnues avant même d'être écrites. C'est vous dire que le Tribunat ne les a jugées susceptibles d'aucune objection, et s'il y en avait une à proposer, ce serait celle que je vous ai déjà fait pressentir; mais le législateur ne peut qu'être loué de sa prévoyance, lorsqu'il a le soin de convertir en loi positive un principe qui peut enfin être contesté, quoique juste. C'est ôter à la mauvaise foi un moyen de prolonger les contes-

tations, de les faire naître; c'est coordonner les droits de tous les intéressés.

Divers fonctionnaires sont assujettis à fournir un cautionnement pour la garantie de leur gestion. La première destination de ce cautionnement est donc de couvrir les intérêts qui pourraient être lésés par les fautes ou l'infidélité de ces fonctionnaires.

Cette première destination une fois remplie, il est naturel que ces fonds, déclarés libres après que la gestion des comptables aura été reconnue exacte et légale, soient affectés spécialement à la sûreté des prêts faits à ces fonctionnaires pour fournir leur cautionnement. Dans ce cas, le prêteur exercera le droit de se ressaisir de sa chose; mais il ne pourra pas se plaindre de ne pouvoir la ressaisir qu'après que le cautionnement aura été déclaré libre et affranchi de sa propre hypothèque, puisqu'en prêtant ses fonds il aura été prévenu du privilège réservé à cette première destination.

Enfin, après la responsabilité résultant de la gestion, après l'hypothèque réservée aux prêteurs de fonds employés en cautionnements, d'autres créanciers peuvent avoir des prétentions à élever sur ces fonds; la loi qui est présentée au Corps législatif ne détermine rien sur les droits réciproques de ces divers créanciers; elle porte que leurs réclamations seront réglées dans l'ordre ordinaire.

Cette disposition, qui ne fait que renvoyer ces créanciers pour leur collocation aux lois déjà existantes, ne peut donc être le sujet d'une délibération dans ce moment. Ainsi, les cautionnements fournis par les agents de change, courtiers de commerce, avoués, greffiers, huissiers et commissaires-priseurs, seront affectés: premièrement, à répondre de leur gestion; secondement, au remboursement des prêts qui leur auraient été faits spécialement pour ces cautionnements, enfin au paiement de leurs autres créanciers pour l'ordre ordinaire.

Les autres dispositions de la loi déterminent les formalités à remplir, par les créanciers, pour la sûreté de leur créance, et par ces fonctionnaires eux-mêmes pour se mettre en droit de réclamer la restitution de leur cautionnement. Ces formalités ne sont pas les plus simples, et par conséquent celles dont l'exécution est la plus facile pour les parties intéressées.

La section des finances nous a chargés de vous porter son vœu pour l'adoption de ce projet de loi.

Aucun des orateurs du Conseil d'État et du Tribunat ne prenant la parole, la discussion est fermée.

Le Corps législatif délibère sur le projet de loi, qui est décrété à la majorité de 203 boules blanches contre 2 noires.

Les orateurs du Conseil d'État et du Tribunat ayant quitté la salle, un membre du Corps législatif obtient la parole.

M. Cattouard. Mes collègues, si la cérémonie d'hier a été auguste, brillante et majestueuse, c'est sans contredit au héros qui en était l'objet que tout le mérite en est dû; mais nous devons des remerciements au président, dont la bouche éloquente a aussi dignement exprimé les sentiments du Corps législatif, dans cette circonstance à jamais mémorable. Je pense que nous ne pouvons mieux lui manifester notre reconnaissance qu'en ordonnant l'impression de son discours, au nombre de six exemplaires, et j'ai l'honneur de vous en faire la proposition.

Cette proposition mise aux voix est adoptée.

La séance est levée.

CORPS LÉGISLATIF.

PRÉSIDENCE DE M. FONTANES.

Séance du **26** *nivôse an* *XIII* (Mercredi , 16 janvier 1805).

Le procès-verbal de la séance d'hier est adopté.
MM. Regnauld (*de Saint-Jean-d'Angély*) et Ségur, conseillers d'Etat, sont introduits.

M. **Regnauld** (*de Saint-Jean-d'Angély*) présente un projet relatif au *sceau de l'Etat*. En voici le texte et l'exposé des motifs.

Motifs.

Messieurs, le sceau de l'Etat imprime le caractère légal et solennel aux constitutions de l'Empire, aux lois, aux décrets du monarque ; il commande la confiance; il ordonne le respect; il prescrit l'obéissance.

Chaque autorité constituée complète également l'authenticité de ses actes et assure l'exécution de ses ordres par l'apposition du sceau qui lui est donné.

Le type du sceau de l'Empire et des sceaux particuliers de chaque corps, de chaque individu dépositaire d'une partie de la puissance publique ou de l'action de l'administration, doit donc être connu de tous les citoyens.

Ce type doit donc être réglé, proclamé par une loi.

L'Empereur nous a chargés de vous présenter celle qui détermine les empreintes du sceau de l'Empire, et. règle la forme du sceau des autorités publiques.

Dans l'ancienne monarchie, lorsque le royaume était formé de tant de nominations diverses rassemblées, de tant de provinces réunies par des victoires, des traités, des alliances, il avait fallu transiger successivement avec la vanité qui avait voulu que, pour les fiefs incorporés, les titres unis, les pays concédés, les provinces achetées, les territoires conquis, le prince devenu possesseur, conservât les armoiries affectées jadis à son nouveau domaine, et scellât de leur empreinte les actes de son autorité qui les concerneraient.

C'est ainsi qu'on avait écartelé les armes des pays unis ou conservé l'usage des sceaux particuliers pour quelques provinces, telles que le Dauphiné et autres.

Cette bigarrure héraldique cessa dès les premiers temps de l'Assemblée constituante, et un sceau uniforme fut établi pour toute l'étendue du territoire français.

Mais le sceau décrété en 1790 ne dura qu'autant que la Constitution passagère à laquelle il avait été apposé.

Depuis, un sceau provisoire servit aux actes de la Convention, et ce ne fut qu'au 28 brumaire an II que le sujet de la légende du sceau de l'Etat fut décrété.

Aujourd'hui vous êtes appelés, Messieurs, à fixer le type du sceau impérial.

Un des côtés représente l'Empereur sur le trône où le vœu national l'a placé.

L'autre représente l'aigle impérial couronné, reposant sur la foudre.

En adoptant le modèle que nous vous présentons, Messieurs, vous consacrerez pour sceller les lois, l'image de celui auquel vous venez de décerner une statue, pour en avoir ramené l'empire, rétabli le respect, récompensé le Code.

Vous approprierez à la grande nation un emblème digne à la fois d'elle et de son chef.

L'aigle français, imprimé sur nos lois, porté devant nos légions, garantira toujours à nos lois l'obéissance, à nos légions la victoire.

Projet de loi.

Art. 1er. Le sceau de l'Etat portera pour type, d'un côté, l'effigie de l'Empereur assis sur son trône, revêtu des ornements impériaux, la couronne sur la tête, tenant le sceptre et la main de justice; de l'autre côté, l'aigle impériale couronnée, reposant sur la foudre, suivant le modèle joint à la présente loi.

Art. 2. Le sceau de toutes les autorités portera pour type l'aigle impériale, tel qu'il formera un des côtés du grand sceau de l'Etat, et pour légende, le titre de l'autorité publique par laquelle il sera employé.

Le Corps législatif arrête que ce projet de loi sera transmis au Tribunat par un message.

L'ordre du jour appelle la discussion de deux projets de loi.

Le premier est relatif à *l'établissement d'un pont sur les deux bras du Rhône, entre Avignon et Villeneuve.*

Le second est relatif à la *concession de travaux pour opérer la coupure du lit de la Saône.*

Les orateurs du Tribunat et ceux du Gouvernement sont introduits.

M. **le Président**. La parole est à un de messieurs les orateurs du Tribunat, sur le premier projet de loi.

M. **Daugier**. Messieurs, depuis longtemps l'agriculture et le commerce réclamaient pour les départements du midi, mais particulièrement pour ceux de Vaucluse et du Gard, la construction d'un pont sur le Rhône, auprès d'Avignon. Les communications n'ont lieu sur ce point que par un bac, et elles sont tellement incertaines, que la crue des eaux oblige souvent à les suspendre, et qu'elles sont également interrompues pendant la durée de ces vents impétueux si fréquents sur les bords du Rhône. Dans ces circonstances, le cours du commerce est ralenti, les cultivateurs perdent des moments bien précieux, et l'administration publique elle-même voit ses opérations paralysées.

Ces inconvénients, vivement sentis, avaient à différentes époques, mais principalement depuis la réunion du ci-devant comtat à la France, donné lieu à divers projets qui, souvent prêts à être effectués, n'ont cependant jamais reçu d'exécution. Il était réservé à l'Empereur d'ajouter ce nouveau bienfait à ceux qui déjà ont rendu son nom si cher aux habitants de ces contrées; et tandis que par ses ordres un pont construit sur la Durance unira les deux rives de ce torrent dévastateur, et facilitera les communications de Lyon et de Marseille, les produits de l'industrie du département de Vaucluse et de ceux qui l'avoisinent, parvenus sans détour au canal du midi, seront transportés avec rapidité sur les bords de l'Océan.

Encouragés par des avantages semblables, les départements de la rive droite du fleuve formeront aussi de plus vastes spéculations, et les cultivateurs, certains de ne plus trouver d'obstacles dans le transport de leurs denrées, s'attacheront à perfectionner leurs travaux, et à profiter des leçons de leurs voisins. Ainsi, les habitants des points les plus éloignés de l'Empire, comme ceux que les localités rapprochent, joindront bientôt de nouveaux liens à ceux qui les unissaient déjà, et la prospérité générale s'accroîtra par leurs succès.

Mais, Messieurs, comme les avantages généraux qui doivent résulter de la construction proposée se feront plus particulièrement sentir dans les départements de Vaucluse et du Gard, ces deux départements sont seuls appelés à concourir aux dépenses qu'elle doit occasionner ; et la loi, comme vous avez pu le remarquer, en déterminant les quotités particulières, a balancé avec justice les avantages qui résultent des positions respectives. Ainsi, dans la dépense totale, évaluée à 600,000 fr., le département du Gard est compris pour 150,000, dont l'arrondissement d'Uzès, qui occupe le littoral du Rhône , fournira la moitié. Par une suite des mêmes considérations, le département de Vaucluse, pour lequel les avantages que promet l'établissement du pont sont encore plus immédiats, sera imposé dans la dépense générale à 280 000 fr., dont la ville d'Avignon devra fournir 180,000 fr.

Enfin le chef de l'Etat, déterminé par cette active sollicitude qui s'étend également sur tous les points de l'Empire, et y porte l'encouragement et l'espérance, a pensé que le trésor public devait aussi concourir à cette dépense d'une utilité générale, en fournissant le complément de la somme fixée par le devis d'estimation, et s'élevant à celle de 170,000 fr.

Le Gouvernement a également jugé, Messieurs, que le moyen le moins onéreux pour lever les sommes nécessaires à la construction proposée, était celui des centimes additionnels sur les contributions directes, à raison d'un quinzième par année. Les contribuables, l'on ne saurait en douter, feront avec plaisir ce léger sacrifice, s'élevant à peine au vingt-sixième de leur contribution annuelle, pour le département de Vaucluse, et à moins du cinquantième pour l'arrondissement d'Uzès. Cette surtaxe momentanée leur assure pour l'avenir une source de prospérité qu'ils ne peuvent méconnaître.

Le tarif du droit de passe, ainsi que vous l'avez sans doute remarqué, Messieurs, est extrêmement modéré : il réduit de plus de moitié celui qui se perçoit aujourd'hui pour le passage du bac. Cette réduction est aussi un des avantages que présente la construction du pont, puisqu'elle assure aux commerçants et aux cultivateurs une économie considérable, en même temps que la communication nouvelle leur garantit et plus de sûreté et plus de rapidité dans leurs opérations.

La ville d'Avignon étant destinée par sa position à devenir un entrepôt considérable, et ses manufactures et sa population devant recevoir un accroissement rapide par une suite immédiate de la nouvelle communication, il a paru convenable de la charger de l'entretien et des réparations du pont, et de lui imposer aussi l'obligation de fournir à perpétuité les sommes nécessaires à ces travaux, dans le cas même où la taxe dont le profit lui est attribué serait insuffisant. Cette circonstance peut être facilement prévue, si l'on se rappelle les désastres que l'impétuosité du Rhône a occasionnés dans ses derniers débordements, et ceux que les glaces ont fait éprouver aux ponts d'Arles et de Tarascon pendant les hivers rigoureux de 1789 et de l'an III.

Par une conséquence naturelle de cette charge perpétuelle, imposée à la ville d'Avignon, et pour prévenir tout conflit d'autorité sur la démarcation des limites de la juridiction entre les départements du Gard et de Vaucluse, le projet de loi investit les tribunaux de ce dernier département de la connaissance des délits commis sur le pont, et de ce qui est relatif à l'exécution des règlements de police. Il prescrit également, et par de semblables motifs, que les travaux de construction et d'entretien seront exécutés sous la surveillance du préfet du département de Vaucluse.

Ces dispositions, Messieurs, sont à la fois sages et prévoyantes, puisqu'elles éloignent toute cause de discussion, et qu'elles assurent dans le temps la prompte exécution des travaux que circonstances peuvent un   ment nécessité avez dû observé ' 'H », comme le Gou

ment, que les ingénieurs employés dans le département de Vaucluse résident habituellement à Avignon ; que cette ville renferme de nombreux ouvriers et tous les matériaux dont le besoin peut se faire sentir, et qu'enfin l'autorité supérieure dont la loi appelle spécialement la surveillance sur les travaux sera constamment à même de remplir le nouveau devoir qu'elle lui impose.

Je viens, Messieurs , d'analyser le projet de loi soumis à votre approbation, et de vous présenter rapidement les avantages que promet l'établissement proposé. Ces avantages ont vivement frappé la section de l'intérieur du Tribunat. Elle a reconnu dans ce nouveau gage de la sollicitude du Gouvernement, pour une des parties les plus intéressantes du territoire de l'Empire, son attention constante à exciter l'industrie, à développer tous les germes de la prospérité publique, et à assurer le bonheur du peuple qui lui a confié ses destinées.

La section de l'intérieur m'a chargé, Messieurs, de vous exprimer son vœu d'adoption sur le projet de loi.

La discussion est fermée.

La parole est à M. Chassiron, orateur du Tribunat, sur le second projet de loi relatif à une *concession de travaux pour la coupure du lit de la Saône*.

M. Chassiron. Messieurs , le projet soumis à votre sanction est relatif à la navigation de la Saône ; il tend à abréger, à améliorer cette navigation par une coupure qui fera éviter un circuit de 2,700 mètres, sur une ligne difficile à parcourir par ses contours et ses sinuosités.

Sous ce rapport, ce projet de loi est avantageux au commerce, auquel il évite des dangers, des dépenses et surtout la perte du temps plus précieux que l'or dans les affaires.

Il n'est pas moins utile à l'agriculture, puisqu'il lui rend les terrains qui seront un jour très-fertiles, quand le temps et l'industrie des hommes auront procuré l'atterrissement de l'ancien lit de la Saône. Ce projet a un dernier avantage qui semble avoir échappé à ceux qui s'en sont occupés. En faisant parcourir une ligne droite au lit de la Saône, il accélère son cours, il donne plus de rapidité à ses eaux, et diminue les dangers des inondations pendant l'hiver, et les atterrissements pendant le temps des basses eaux.

Ainsi, sous les rapports de l'art, de la navigation, du commerce et de l'agriculture, ce projet de loi est conçu dans des principes qui méritent, Messieurs, votre approbation. Considérons-le maintenant sous des rapports administratifs.

Ce projet sera exécuté par un adjudicataire ou entrepreneur qui, pour tout salaire, obtient les terrains qui forment aujourd'hui le lit de la Saône dans cette partie de son cours et au moment des eaux moyennes.

Pour rendre ces terrains à la culture, il est indubitable qu'il y aura des travaux à faire pour accélérer des atterrissements qui, abandonnés à la nature, pourraient devenir l'ouvrage d'un siècle.

Ces difficultés auraient pu décourager tout autre adjudicataire que M. Chaumette, qui a des talents réels, et dont les moyens ingénieux pour former des atterrissements artificiels et détruire par le moyen de ceux-ci les obstacles que la nature oppose à la navigation des fleuves, sont connus depuis longtemps.

Vous voyez, Messieurs, que l'adjudicataire n'obtient pour prix de son industrie que les produits de cette même *industrie* et ses propres conquêtes sur les eaux de la Saône.

système d'administration doit obtenir votre ... ment ; car vous adoptez le principe que les gouvernements ne doivent faire par eux-mêmes que ce qu'ils ne peuvent obtenir de l'industrie particulière.

Peut-être, Messieurs, dans la rigueur du ministère que j'ai l'honneur d'exercer devant vous, pourrai-je vous dire que les travaux à faire pour la coupure de la Saône ne sont portés qu'à 26,000 francs, et la valeur des terrains concédés évalués à 32,000 francs. Peut-être devrais-je répéter, avec M. le rapporteur du Conseil d'Etat, que la culture pourra par la suite augmenter la valeur des terrains concédés. Ces avantages, fussent-ils aussi certains qu'ils sont hasardeux, ils ne seront que la faible compensation des dépenses, des avances du sieur Chaumette pour le succès d'une entreprise retardée, suspendue depuis l'ancienne administration des États de Bourgogne.

Enfin il serait à désirer que les avantages faits au concessionnaire surpassassent ses espérances et les nôtres.

Il serait à désirer que l'exemple utile qu'il donne aujourd'hui fût imité par un grand nombre d'adjudicataires.

Puisse bientôt, à l'aide de pareilles concessions, l'industrie particulière faire disparaître les obstacles qui s'opposent encore à la navigation des fleuves et rivières de cet Empire !

Puisse un jour, par les mêmes moyens, la navigation artificielle unir nos fleuves et rivières navigables, compléter ce grand système de la navigation intérieure, faire circuler dans tout l'Empire les produits du sol et de l'industrie française, la porter à peu de frais dans tous nos ports de l'Océan et de la Méditerranée, pour les livrer à l'exportation et au commerce maritime !

Puissent surtout nos fleuves, nos rivières, nos canaux, porter dans nos ateliers à feu les produits des mines de houille dont notre sol abonde, y faire baisser la main-d'œuvre, et enlever à une nation rivale la seule prime que la nature semble encore lui accorder, puisque nous ne lui cédons plus aujourd'hui en industrie, et que déjà plusieurs de nos machines surpassent celles qui ont fait la fortune des ateliers de l'Angleterre !

Ces grandes pensées, Messieurs, occupent sans cesse sa Majesté Impériale, qui, après avoir assuré la gloire et la grandeur de l'Empire français, lui prépare dans l'avenir les plus grandes destinées, en relevant nos ports maritimes, en creusant d'utiles canaux, en perfectionnant la navigation des fleuves et rivières navigables.

Telle est, Messieurs, la puissance du génie d'un grand homme; non-seulement il commande à son siècle, mais il prépare d'avance les destinées des siècles à venir, et déjà la postérité appartient à sa gloire.

La section de l'intérieur du Tribunat a pensé elle-même que vous seconderez les vues du Gouvernement, en adoptant un projet de loi qui peut donner un exemple utile, et qui est conçu dans de sages principes d'administration.

M. **Carret** (du Rhône). Messieurs, il est difficile d'ajouter à ce que vient de dire mon collègue; cependant je sollicite pour quelques instants votre attention.

J'ai depuis longtemps connaissance du projet qui vous occupe et de son auteur : il ne s'agit point ici d'une vaine théorie, d'une simple méditation de cabinet, mais de procédés heureux dont le succès est garanti par une longue expérience.

Enlever du sein des rivières les cailloux qui en obstruent le cours; déposer ces matériaux vers les bords et dans les bras inutiles; soutenir ces remblais par des plantations de saulées basses

et touffues, ou obtenir l'atterrissement des surfaces inutilement couvertes par les eaux en employant les seuls moyens de la nature, tel est le système de M. Chaumette : améliorer la navigation, garantir les terrains existants des ravages des eaux et créer de nouveaux terrains, tels sont les principaux résultats de ce système recommandable. L'auteur fait à ses dépens des opérations utiles à tous, et il n'en demande le prix à personne. Mais je dois surtout vous faire remarquer, Messieurs, qu'il ne s'agit point ici d'une opération isolée et sans suite; non-seulement les premiers ouvrages dont vous allez charger l'auteur seront un exemple aux hommes industrieux et bienveillants, mais lui-même désire d'étendre ses opérations; il veut se vouer sans réserve à ces travaux importants et sur la Saône et sur d'autres rivières; il a formé des coopérateurs, il les multipliera, il espère diriger l'industrie nationale vers un nouveau genre de spéculation qui offre d'immenses avantages sans laisser entrevoir le plus léger inconvénient.

En parcourant ces innombrables vallées qu'offre la France sur tous les points, l'observateur est attristé du désordre affreux qui y règne : les fleuves, les rivières, les moindres ruisseaux sont divisés en un nombre infini de bras sans rectitude et sans profondeur, obstrués et presque à sec pendant la belle saison, ne laissant nulle part aux grandes eaux la liberté de fluer; aussi partout les ravages sont effrayants et périodiques : vous le savez, Messieurs, l'entier produit de la contribution foncière n'indemniserait pas annuellement les agriculteurs insouciants ou inexpérimentés des pertes incalculables qui résultent pour eux du déplorable état des rivières.

Telle n'est cependant point l'intention de la nature : les rivières coulent pour le bonheur de l'homme, comme la terre lui prodigue chaque jour ses trésors, mais comme la terre, les rivières exigent de sa part des travaux, des soins assidus... Loin de murmurer contre ces conditions légitimes, l'homme de bien trouve dans leur accomplissement le gage de son bonheur; car le travail est le bonheur des âmes honnêtes.

Il ne manque donc aux propriétaires riverains que de bons exemples, et surtout la démonstration pratique de procédés simples, économiques, tenant bien plus à l'agriculture qu'à l'art des constructions, n'exigeant qu'une main-d'œuvre commune sans emploi de matériaux rares et dispendieux.

C'est ce que leur offre M. Chaumette, et vous le seconderez dans ses honorables efforts : son zèle et votre appui peuvent opérer un bien inappréciable; voyez, Messieurs, la florissante Italie ! elle a su donner au monde l'exemple de la plus heureuse industrie; par elle ses eaux, autrefois vagabondes et dévastatrices, fertilisent les terres qu'elles déchiraient, tempèrent les ardeurs du soleil, assurent à ses fortunés habitants la salubrité, l'abondance, pendant que chez nous les eaux coulent trop souvent pour ravager nos campagnes, ou ne s'arrêtent que pour répandre l'infection et la mort. Galilée et Léonard de Vinci donnèrent les premiers, en Italie, l'impulsion vers l'art d'utiliser les eaux; il était réservé à un gouvernement fort, éclairé, paternel, de répandre sur la France le même bienfait. Il était réservé à l'homme immortel, dont l'image rappelle de si grands devoirs, de développer toutes les idées libérales, de vivifier à la fois tous les genres d'utilité.

Ce que propose aujourd'hui M. Chaumette ne suffirait pas sans doute pour obtenir tout le bien qu'on a droit d'attendre des opérations fluviales;

mais il a de plus grandes vues, et ce premier pas doit conduire plus loin. Quand une rivière est plus régulière, les inondations sont moins fréquentes : les terrains auparavant submergés sont facilement restitués à la végétation ; la vallée alors redevient bien plus précieuse, le propriétaire s'y attache bien plus fortement, il songe à améliorer, à planter, à défendre, à augmenter les produits par les irrigations ; le goût, l'industrie prennent une direction nouvelle, des hommes intelligents et actifs font des découvertes utiles ; le Gouvernement les partage, et alors le produit, la population croissent dans des proportions inespérées. La gloire et la prospérité d'un empire sont les effets infaillibles des bonnes institutions.

C'est par votre organe, Messieurs, que le Gouvernement les proclame; fruits de sa prévoyance, elles sont aussi le but de vos méditations, comme elles sont les objets de la reconnaissance des citoyens.

La discussion est fermée.

Le Corps législatif délibère simultanément sur les deux projets de loi.

Le premier est décrété à l'unanimité de 239 votants; le second à la majorité de 229 boules blanches contre 10 noires.

Sur la demande de MM. les questeurs, énoncée par M. le président, le Corps législatif se forme en comité général.

A trois heures la séance est rendue publique.

M. **le Président** déclare 1° qu'aux termes des lois constitutionnelles de l'Empire, portant que deux membres de la questure seront renouvelés en l'an XIII, les quatre questeurs ont tiré au sort, en présence de l'assemblée, et que MM. Vaublanc et Jacopin sont ceux que le sort a désignés comme devant cesser leurs fonctions de questeurs ;

2° Que le Corps législatif a arrêté qu'il sera fait au procès-verbal de la séance du 24 une mention honorable du zèle de MM. Chaudet et Denon ; le premier, pour sa belle statue de l'Empereur; M. Denon, pour avoir concouru par ses conseils à l'heureuse distribution des embellissements de la fête de l'inauguration ;

3° Que le discours prononcé par M. Vaublanc, dans cette solennité sera inséré en entier au procès-verbal ;

4° Enfin que M. le président voudra bien se charger d'écrire à MM. Denon et Chaudet, pour leur témoigner la satisfaction du Corps législatif.

La séance est levée et indiquée à demain.

CORPS LÉGISLATIF.
PRÉSIDENCE DE M. FONTANES.

Séance du 27 nivôse an XIII (jeudi 17 janvier 1805).

Le procès-verbal de la séance d'hier est adopté. MM. Regnauld et Galli, conseillers d'État, sont introduits :

M. **Regnauld** présente un projet de loi relatif *à la perception, au profit de la ville de Paris, du droit d'expédition des actes de l'état civil.*

En voici le texte et l'exposé des motifs.

Motifs.

Messieurs, en l'an III, le désordre était extrême dans la tenue des registres de l'état civil.

Il fut non pas plus grand, mais plutôt aperçu et plus vivement senti par le Gouvernement, pour la ville de Paris ; et dans l'embarras de prendre une mesure générale, applicable sans inconvénient à tous les départements, on fit rendre une loi particulière pour la capitale.

Cette loi, du 3 ventôse an III, partage la ville de

Paris en arrondissements, organise les bureaux, règle le mode suivant lequel les registres de l'état civil doivent être tenus, et fixe un droit à percevoir pour l'expédition des actes.

Ce droit fut établi par la loi au profit de l'État, et la régie de l'enregistrement fut chargée de sa perception.

Sans doute cette disposition tenait à des idées générales, dont on projetait de faire ultérieurement l'application à toute la France.

Sans doute encore le peu de suite qui existait dans les systèmes d'administration a empêché l'émission de la loi qui devait généraliser la mesure adoptée pour Paris.

Sa Majesté n'a pas jugé qu'elle fût convenable aujourd'hui.

D'un autre côté, elle a reconnu que continuer de faire intervenir une des administrations générales de l'impôt dans la délivrance des expéditions des actes de l'état civil à Paris, c'est maintenir une exception sans motif, parce qu'elle n'est utile ni à l'État, ni à la capitale.

Elle n'est pas utile à l'État, car la dépense est presque égale à la recette, et la surveillance à exercer est plus embarrassante pour la régie de l'enregistrement et ses employés, dont le service est étranger à tout ce qui touche l'état civil, que pour l'administration municipale qui en est chargée.

Elle n'est pas utile, elle est même nuisible à la ville de Paris, qui a ses employés placés dans les mêmes bureaux que ceux de la régie, qui n'exerce qu'une surveillance incomplète, parce qu'elle est partagée, et qui ne peut effectuer des améliorations avantageuses à cause de ce même partage.

Sa Majesté a donc pensé que l'ordre pour la tenue des registres de l'état civil à Paris devait être assimilé à ce qui se pratique dans tout l'Empire.

Mais une loi avait établi l'état des choses qu'il est question de changer ; c'est donc par une loi qu'il doit être réformé, et c'est l'objet de celle que Sa Majesté nous a prescrit de vous présenter.

Projet de loi.

Le droit d'expédition des actes de l'état civil de la ville de Paris, dont la perception a été ordonnée par la loi du mois de nivôse an III, au profit de l'État, sera perçu désormais au profit de la ville de Paris. En conséquence elle sera chargée de toutes les dépenses relatives à l'expédition des actes de l'état civil, lesquelles ont été acquittées jusqu'à ce jour par la régie de l'enregistrement et du domaine.

Le Corps législatif arrête que ce projet de loi sera transmis au Tribunat par un message.

L'ordre du jour appelle la discussion du *projet de loi relatif à la conscription de l'an XIV.*

M. **le Président.** L'un de messieurs les orateurs du Tribunat a la parole.

M. **Sahuc,** *rapporteur de la section de l'intérieur.* Messieurs, parmi les lois décrétées dans les sessions précédentes et à la confection desquelles votre sagesse, votre amour pour la patrie et votre dévouement à son auguste chef, ont si puissamment concouru, il en est peu dont les résultats aient une influence plus directe sur les destinées de la France que la loi sur la conscription : cette institution nouvelle parmi nous a trouvé dans le principe plus d'un obstacle à combattre. Des affections bien estimables sans doute, des intérêts précieux dans les familles en repoussaient l'exécution ; mais la patrie appela ses enfants, et tous volèrent à sa défense ; et cette voix si puissante sur le Français fit taire toutes les affections, tous les intérêts particuliers. Bientôt les armées n[...] composées que de citoyens, et dès lors [...] lance fut assurée. Le théâtre de la guerre fut porté loin de nos frontières pour n'y plus reparaître; et tandis que vos ennemis tremblaient au sein de leurs capitales, vous n'étiez occupés qu'à célébrer le triomphe de vos guerriers. Lorsqu'enfin la paix vint consoler le monde, ces mêmes guerriers, terribles dans les combats, redevinrent de paisibles citoyens. Un grand nombre d'entre eux rentra dans ses foyers et cultiva la terre ou les arts; sur aucun point de l'Empire l'ordre public ne fut troublé, et ce fait, unique peut-être dans l'histoire, est encore dû à la composition purement nationale des armées. Elles sont maintenant les plus belles, les mieux disciplinées, les plus instruites de l'Europe, et réunissent au courage impétueux qui distingue si éminemment la nation française, une constance dont on la croyait peu susceptible. Elles attendent, non sans impatience, mais avec le calme que donne la conscience de sa propre force et la confiance qu'inspirent d'illustres chefs, l'instant marqué par la Providence pour punir une nation parjure et moissonner de nouveaux lauriers.

Il est donc du plus grand intérêt pour la continuation de la prospérité de la gloire de l'Empire, que l'armée reste ce qu'elle est, uniquement composée de l'élite de la nation. Mais l'expérience a trop bien prouvé l'utilité, la nécessité de cette institution pour qu'il ne soit désormais superflu de répéter ce qui a déjà été dit à cette tribune, et de multiplier les raisonnements, lorsque la conviction est complète.

La loi pour la levée de la conscription de l'an XIV, dont vous avez renvoyé, Messieurs, l'examen au Tribunat, est rigoureusement la même que celle que vous avez décrétée l'an dernier. Le nombre des conscrits est également de trente mille pour l'armée active, et de trente mille pour la réserve. Les dispositions générales, les facilités pour les remplacements, sont les mêmes que les années précédentes, et en s'occupant du recrutement de l'armée, le Gouvernement n'a pas perdu de vue que les arts, les sciences, coopèrent aussi à la gloire, à la puissance de l'Etat, et que la jeunesse qui s'y livre ne doit pas être distraite de ses études.

Le seul changement notable est dans la répartition du contingent; il résulte de la plus grande perfection des bases qui ont servi à cette répartition, et que l'orateur du Gouvernement vous a présentées dans l'exposé de ses motifs, d'une manière si claire et si précise, qu'il est impossible de rien ajouter aux développements qu'il vous a donnés.

Mais qui de nous, Messieurs, ne se sent pénétré d'admiration et de reconnaissance pour le héros qui nous gouverne, en considérant que c'est sans augmentation d'impôt ni de levée extraordinaire d'hommes qu'il enchaîne la fureur de ses ennemis et maintient la France au haut degré de splendeur et de puissance où son génie l'a placée? Oui, sans doute, il sera tenu, l'engagement solennel pris dans cette enceinte! et de quels prodiges n'est pas capable celui qui, à peine à l'aurore de sa carrière, a déjà parcouru toutes les routes qui conduisent à l'immortalité, et fatigué du récit de ses exploits la cent bouches de la renommée? Que ne pourra-t-il pas, à la tête d'un peuple guerrier idolâtre de la gloire, de la liberté et de son auguste Empereur!

La section de l'intérieur nous a chargés, Messieurs, de vous apporter son vœu d'adoption.

Aucun autre orateur du Conseil d'Etat ni du Tribunat ne prenant la parole, la discussion est fermée.

Le Corps législatif délibère sur le projet de loi, qui est décrété à la majorité de 203 boules blanches contre 11 noires.

La séance est levée.

CORPS LÉGISLATIF.

PRÉSIDENCE DE M. FONTANES.

Séance du 28 nivôse an XIII (vendredi, 18 janvier 1805).

Un secrétaire fait lecture des procès-verbaux des séances des 24 et 27 nivôse, dont la rédaction est adoptée.

MM. Dauchy et Fourcroy, conseillers d'Etat, sont introduits.

M. **Dauchy** présente un projet de loi *relatif à l'aliénation des immeubles affectés aux prytanées.* En voici le texte et l'exposé des motifs.

Motifs.

Messieurs, parmi les moyens qui doivent assurer la stabilité des grands établissements d'instruction publique, un des plus importants est le soin de faciliter l'administration des revenus destinés à en couvrir les dépenses. Le Gouvernement, en portant son attention sur la nature de ceux qui, affectés d'abord aux prytanées, forment maintenant la dotation du prytanée français établi à Saint-Cyr, a reconnu qu'ils se composaient d'immeubles dont la régie devait être plus embarrassante et plus dispendieuse que le produit n'en est avantageux et assuré.

Le projet de loi que nous avons l'honneur de vous présenter a pour objet d'en ordonner l'aliénation et le remplacement en rentes sur l'Etat.

Près de moitié de ces immeubles consiste en maisons, la plupart sises à Paris. Il n'est pas besoin de chercher à prouver que ce genre de propriétés est celui qui convient le moins à des établissements publics, à raison de la détérioration insensible qu'elles éprouvent, des non-valeurs fréquentes auxquelles elles exposent, et des détails de surveillance et d'entretien qu'elles exigent. On peut dire que leur aliénation générale est passée en maxime d'administration publique.

L'autre partie des revenus du prytanée est assise sur des fonds de terre en différentes cultures, mais ils se trouvent divisés en tant de marchés, chacun peu considérable, et dispersés dans beaucoup de départements à une grande distance de la capitale, qu'il n'est pas possible que le bureau d'administration fixé à Paris le surveille immédiatement, ni qu'il en fasse suivre la manutention par des agents dont le nombre est nécessairement hors de proportion avec l'importance des revenus partiels.

Vous verrez, dans le remplacement du produit des aliénations en rentes sur l'Etat, le double avantage d'augmenter, d'une part, le revenu du prytanée, tant par le taux de l'emploi des fonds que par la diminution des frais d'administration, et de soutenir, d'une autre, la confiance des effets publics et leur valeur dans la circulation.

L'accroissement qu'éprouvera le revenu du prytanée laissera toute la latitude nécessaire pour en réserver annuellement un huitième destiné à former un fonds d'accumulation. Les nouvelles rentes qu'il servira à acquérir, augmentant continuellement ce revenu, seront toujours plus que suffisantes pour balancer la disproportion que la succession des temps pourrait amener entre la valeur nominale à laquelle demeurerait fixé le revenu actuel, et le prix des besoins qu'il est destiné à remplir.

Nous ne doutons pas que vous ne vous empressiez de consacrer, par vos suffrages, une mesure dans laquelle vous reconnaîtrez la sollicitude attentive de l'Empereur pour la prospérité d'un des établissements les plus intéressants qui doivent illustrer son règne.

Projet de loi.

Art 1er. Les immeubles de toute nature affectés aux prytanées, et formant aujourd'hui la dotation du prytanée français établi à Saint-Cyr, seront vendus en la forme prescrite pour l'aliénation des domaines nationaux, et aux conditions portées par la loi du 5 ventôse an XII.

Art. 2. Le prix des ventes sera versé à la caisse d'amortissement, et employé en acquisition de rentes sur l'État.

Art. 3. Les intérêts annuels du prix des ventes jusqu'au paiement définitif, et les sept huitièmes des arrérages des rentes sur l'État dont l'acquisition aura été faite, seront affectés aux dépenses du prytanée, tant pour l'entretien des bâtiments que pour les pensions des élèves nationaux admis par Sa Majesté l'Empereur.

Le huitième restant desdits arrérages sera employé comme fonds d'accumulation, en acquisitions successives de nouvelles rentes.

Si les revenus excèdent ces dépenses, le surplus restera affecté aux autres dépenses de l'instruction publique.

Le Corps législatif arrête que ce projet de loi sera transmis au Tribunat par un message.

L'ordre du jour appelle la discussion du *projet de loi relatif au versement des consignations à la caisse d'amortissement.*

Les orateurs du Gouvernement et ceux du Tribunat sont introduits.

M. le Président. L'un de messieurs les orateurs du Tribunat a la parole.

M. Depinteville-Cernon, *rapporteur de la section des finances.* Messieurs, la consignation a été définie « un dépôt que le débiteur fait par « autorité de justice, entre les mains de l'officier « public destiné à recevoir ces sortes de dépôts, à « l'effet de le libérer envers celui auquel les de-« niers sont dûs, lorsqu'il ne veut pas les rece-« voir, ou qu'il n'est pas en état de donner quit-« tance valable, ou qu'il n'offre pas de remplir « les conditions nécessaires. »

Cette définition détermine la nature particulière de ce dépôt, et la nécessité de désigner l'officier public chargé de le recevoir.

Il paraît que Henri III fut le premier qui donna une existence légale aux receveurs des consignations, en créant un office de receveur dans chaque justice royale, et leur attribuant un droit pour la garde des dépôts à payer par les ayants droit lors de la remise.

Ces charges subirent divers changements dans leurs attributions : mais il y eut toujours, depuis cette époque, des receveurs des consignations près les tribunaux.

Un décret de l'Assemblée constituante, du 30 septembre 1791, ordonna la liquidation de ces offices, et autorisa les titulaires à continuer provisoirement leurs fonctions, jusqu'à ce que le Corps législatif eut organisé un nouveau mode de dépôt.

L'Assemblée constituante avait vu tous les abus de l'ancien ordre de choses ; elle avait reconnu l'inconvénient de laisser des fonds considérables à la garde de particuliers isolés ; que ces receveurs, trop souvent violateurs du dépôt qu'ils faisaient valoir à leur profit, étaient autorisés à en poursuivre le versement, et intéressés à en retarder la remise.

Sans la trop courte durée de   eût organisé un nouveau mode   ,

mieux combiné pour l'intérêt des propriétaires, et surtout fondé sur les vrais principes de finances qu'elle avait aperçus.

Cet état provisoire des consignations ne put durer longtemps, et le système des assignats appela bientôt une surveillance nouvelle sur la caisse de ces receveurs.

Un décret de la Convention nationale, du 23 septembre 1793, ordonna aux anciens titulaires des offices de receveurs de consignations et commissaires des saisies réelles, supprimés par le décret du 30 septembre 1791, qui avaient été provisoirement autorisés à continuer leurs fonctions, de verser tous les fonds qu'ils avaient dans leurs mains à la trésorerie ou dans les caisses de receveurs des districts.

Cette même loi obligeait les notaires ou autres officiers publics, dépositaires en vertu de jugement ou permission de justice, de verser pareillement, soit à la trésorerie à Paris, soit aux receveurs particuliers.

Cette disposition s'étendait jusqu'aux dépôts volontaires, lorsqu'il était survenu une opposition entre les mains du dépositaire.

Il fut ordonné qu'à l'avenir tout dépôt, en vertu de jugement ou par permission de justice, serait versé, pour Paris, à la trésorerie ; et pour les départements, aux caisses de justice.

Le droit de garde fut fixé à deux pour cent.

Cette loi de 1793 ne peut encore être considérée que comme une disposition provisoire, comme une mesure de circonstance dont le but principal était de faire verser à la trésorerie le numéraire métallique conservé dans ces dépôts. Mais ces dépôts furent restitués en assignats, et leur perte fut un des malheurs de cette époque ; elle imprima une défaveur sur la garantie du trésor public, qui dura longtemps dans l'imagination de ceux qui sont appelés à faire des dépôts, et que sa bonne administration et le juste crédit dont il jouit aujourd'hui n'ont pas encore effacés. D'ailleurs son organisation ne lui permet pas de donner aux propriétaires des dépôts les avantages que le Gouvernement désire leur procurer, et qui seront le résultat de la loi qu'il vous propose.

Cette loi a pour but de faire verser à la caisse d'amortissement, ou dans les mains de ses préposés, toutes les consignations ordonnées soit par jugement, soit par décision administrative.

La caisse tiendra compte aux ayants droit d'un intérêt de 3 pour 100.

Le conseiller d'État, en présentant cette loi au Corps législatif, vous a présagé, Messieurs, quels avantages résulteront de ses dispositions.

Depuis longtemps il est reconnu combien il est absurde que des capitaux, retenus dans les liens de la consignation, soient par cela soustraits à la circulation et restent sans produits pour leur propriétaire, et cela aussi longtemps que les délais des procédures, et souvent que d'odieuses chicanes parviendraient à prolonger la durée de cet état de mort.

Il était digne du Gouvernement de chercher un moyen de concilier l'intérêt des consignateurs avec la sûreté du dépôt, de présenter un mode d'après lequel la somme consignée se trouvât toujours prête à être rendue à celui à la disposition duquel un acte légal l'aurait remise, et que cependant cette comme ne restât pas inutile pour son propriétair   tile pour le Gouvernement ; il voulut en de   der un droit de garde, donner un   r....   cet intérêt sur les mêmes co   ; la conservation du capital

La caisse d'amortissement était le seul établissement qui pût remplir ces conditions, recevoir les consignations, offrir une garantie, et, par la nature de ses opérations, donner un intérêt en assurant la conservation du capital.

Un des abus le plus vivement reprochés à l'ancien ordre de choses sur les consignations, c'était le droit d'en poursuivre le recouvrement accordé aux receveurs; de là l'introduction dans chaque affaire d'un tiers faisant des frais, exigeant avec les moyens les plus rigoureux un dépôt que les parties elles-mêmes, quoique divisées d'intérêt, n'eussent souvent pas employés.

Aujourd'hui, c'est le jugement qui ordonne, c'est à la diligence des intéressés que la consignation s'exécutera, et la caisse d'amortissement, purement passive, en garantit l'existence; jusqu'à ce qu'un nouvel acte en ordonne la remise, elle n'exercera que des fonctions conservatoires : elle ne désirera pas la prolongation des délais; elle ne cherchera pas dans les oppositions un prétexte pour garder les fonds, puisque, payant un intérêt, et le payant jusqu'au moment de la remise, il doit être indifférent pour elle de se libérer.

La loi ne veut point ici donner à la caisse un accroissement de bénéfices, elle la charge d'un service public sous des conditions qui, en l'indemnisant de ses frais, donnent aux ayants droit le produit d'un capital qui ne doit jamais être inutile.

En considérant encore la loi proposée sous ses rapports avec le crédit public, vous y verrez, Messieurs, un nouveau moyen de le soutenir et de l'accroître.

Verser un fonds dans la caisse d'amortissement, c'est lui donner un moyen d'acquérir une portion de la dette publique, d'en diminuer la masse; c'est élever la valeur de la rente, sans ôter à la caisse les moyens de satisfaire à ses remboursements, puisque la proportion des rentes qu'elle reçoit sera toujours au delà du service qu'elle aura à remplir. On peut aussi compter sur son exactitude à fournir les remises de dépôt dans les délais fixés, puisque ses opérations et sa correspondance la mettent en relation avec tous les receveurs de départements, et qu'il suffira de moins de dix jours pour que de chaque coin d'un département on corresponde avec le chef-lieu.

La loi invite les dépôts volontaires à se verser à la caisse aux mêmes conditions, et c'est encore un bienfait que les Français sauront apprécier. Et toutes les fois que l'attente d'une formalité obligera de retarder un paiement, ou que des délais prudents engageront à suspendre une opération, ou enfin que des projets de spéculation ou d'acquisition détermineront à différer l'emploi définitif d'un capital, on aimera sans doute à se reposer de sa conservation, de sa garde sur une caisse qui présente tant de garantie par son organisation, par ses talents et la moralité de ceux qui la dirigent, et qui a encore l'avantage de donner un produit équivalent à celui qu'on espère dans un placement en biens-fonds.

Car il est à remarquer, Messieurs, que l'intérêt de 3 0/0 est dans une proportion très-approchante du produit net en biens-fonds. Et qu'ainsi le propriétaire d'un capital consigné, ou volontairement déposé, provenant du prix d'un bien-fonds, ou destiné à en faire l'acquisition, se trouve pendant la consignation dans le même état quant à son revenu.

La section des finances du Tribunat m'a chargé de vous présenter son vœu d'adoption de cette loi.

Aucun orateur du Conseil d'État ni du Tribunat ne prenant la parole, la discussion est fermée.

Le Corps législatif délibère sur le projet de loi, qui est décrété à la majorité de 219 boules blanches contre 19 noires.

La séance est levée.

CORPS LEGISLATIF.

PRÉSIDENCE DE M. FONTANES.

Séance du 29 nivôse an XIII (samedi 19 janvier 1805).

Le procès-verbal de la séance d'hier est adopté. MM. Bigot-Préameneu et Pelet, conseillers d'État, sont introduits.

M. **Bigot-Préameneu** présente un projet de loi relatif *au nouveau délai pour la révision des jugements, dans les départements de la rive gauche du Rhin.*

En voici le texte et l'exposé des motifs.

Messieurs, la loi du 19 germinal an XI, concernant les droits de propriété et d'usage des communes dans les bois et forêts, n'aurait point son exécution dans les départements du Haut et du Bas-Rhin, du Mont-Tonnerre, de la Sarre, de Rhin-et-Moselle et de la Roër, si on ne prolongeait pas, à l'égard de ces départements, le délai accordé pour la révision des jugements obtenus par les communes. La prolongation de ce délai est l'objet du projet de loi que j'ai l'honneur de présenter à votre délibération.

Vous vous rappellerez celle du 28 août 1792, qui fit naître, de la part d'un grand nombre de communes, des prétentions exagérées, soit à la propriété des bois et forêts, faisant alors partie du domaine public, ou de celui des seigneurs, soit à des droits d'usage. La législation antérieure sur le triage, sur le partage, sur les concessions de bois et forêts, fut considérée comme n'ayant été qu'un système de spoliation des communautés. Elle fut entièrement abrogée : tous les jugements, tous les actes qui en étaient la conséquence furent annulés.

Les communautés furent autorisées à se pourvoir dans un délai de cinq ans, afin de rentrer en possession des biens communaux dont elles avaient été privées par l'effet des anciennes lois, et il fut déclaré qu'elles seraient regardées comme injustement dépouillées de leurs droits de propriété ou d'usage dans les bois et forêts, toutes les fois qu'elles justifieraient les avoir anciennement possédés. On voulut que dans ces questions, s'il y avait concours de titres, le plus favorable aux communes et aux particuliers fût toujours préféré, sans avoir égard au plus ou moins d'ancienneté de leur date, ni même à l'autorité des jugements.

Ni l'ancien domaine national, ni celui provenant du clergé ou de l'émigration, n'avaient été exceptés, et les communes ne manquèrent pas de faire au domaine public, comme à celui des ci-devant seigneurs, l'application d'une loi qui leur était si favorable.

En vain mit-on dans la loi du 10 juin 1793 quelques dispositions en faveur du domaine public ancien et nouveau : on vit de toutes parts les communes se mettre, en vertu de jugements des tribunaux, en possession des bois nationaux, ou au moins en possession d'usages dont l'effet était également de les dévaster. Le mal s'accrut encore, lorsque, par l'effet de la loi du 10 juin 1793, de simples décisions d'arbitres furent suffisantes pour investir les communes de l'autorité de la chose jugée.

Cette invasion générale de la part des communes, l'injustice évidente d'un grand nombre de jugements et de décisions arbitrales, l'impossibilité dans laquelle les agents du Gouvernement avaient été de recouvrer et de rassembler les titres nécessaires à la défense des propriétés nationales, firent sentir la nécessité de mettre un frein à d'aussi grands abus. L'exploitation des bois, dont les communes s'étaient mises en possession en vertu des décisions arbitrales, fut d'abord suspendue le 7 brumaire an III ; et bientôt après le décret du 29 floréal suivant étendit, par les mêmes motifs, cette suspension aux cas où les communes avaient obtenu des arrêtés des corps administratifs et des jugements des tribunaux.

Une loi du 28 brumaire an VII enjoignit aux communes qui avaient obtenu des décisions arbitrales de les produire, dans un délai d'un mois, à l'administration du département qui était chargé, ou de se pourvoir par appel contre ces décisions, ou d'en faire l'envoi au ministre des finances.

On ne devait pas s'attendre à voir les communes dociles dans l'exécution de cette loi : elles craignirent les résultats de l'examen des décisions qu'elles avaient obtenues. Ces décisions ne furent pas produites. Un nouveau délai de six mois leur fut donné par la loi du 11 frimaire an IX.

Il était surprenant que dans ces deux dernières lois on eût omis de statuer sur la suspension qui, le 29 floréal an III, avait été prononcée à l'égard de l'exécution des jugements obtenus par les communes. Les mêmes motifs avaient déterminé la suspension dans tous les cas ; et puisque ces motifs avaient fait regarder comme indispensable de soumettre à une révision les décisions arbitrales, une conséquence nécessaire était de prendre la même mesure à l'égard de jugements rendus par les tribunaux.

C'est ce qui a été fait par la loi du 19 germinal an XI. Elle ordonne aux communes de produire, dans le délai de six mois, les jugements qui leur ont adjugé des droits de propriété ou d'usage, soit dans les forêts nationales, soit dans celles où la République a quelque intérêt, afin qu'il soit procédé à leur révision, conformément à la loi du 28 brumaire an VII.

Celle du 19 germinal an XI a fixé pour cette révision le délai d'un an, à compter de la remise de jugements non encore produits, et à compter de la publication de la loi à l'égard des jugements produits.

C'est la prolongation de ce délai d'un an, dans l'un et l'autre cas, qui est proposée à l'égard des bois et forêts situés dans les départements qui avoisinent le Rhin. Des causes particulières ont rendu, dans ces contrées, le premier délai insuffisant ; la France a été subrogée, par l'effet du traité de Lunéville, dans les droits d'anciens possesseurs dont les uns avaient leur domicile et leurs titres de propriété au delà du Rhin, et les autres avaient des titres qui avaient été détruits ou soustraits.

Une autre partie des biens qui ont ainsi été réunis au domaine de France dépendait de corporations et d'établissements existant sur la rive droite du Rhin.

On ne saurait parvenir à remplacer ou à recouvrer les titres de propriété de tous ces domaines, que par des recherches et des démarches qui entraînent des lenteurs inévitables.

Dans les deux départements du Haut et du Bas-Rhin , le voisinage des frontières a donné aux émigrés la facilité d'emporter leurs titres. Aussi a-t-on vu, dans ces deux départements, plus qu'en aucuns autres, les communes profiter avec empressement du dénûment de tous les moyens de défense dans lequel se trouvaient les agents du Gouvernement ; mais cet excès d'abus est un motif de plus pour que la mesure adoptée par la loi du 19 germinal an XI doive être exécutée ; et cette mesure serait illusoire, si le nouveau délai n'était accordé.

Une loi du 28 ventôse an XI enjoint aux communes et aux particuliers qui prétendent des droits d'usage dans les forêts nationales, de déposer, dans le délai de six mois, leurs titres au secrétariat des préfectures ou sous-préfectures.

Un nouveau délai a été accordé par la loi du 14 ventôse an XII ; et on y observe que ce second délai est d'un an pour les quatre départements de la Roër, de Rhin-et-Moselle, du Mont-Tonnerre et de la Sarre, tandis qu'il n'est que de six mois pour tous les autres départements. Cette exception a été fondée sur ce qu'il est beaucoup plus difficile, dans un pays qui a été si longtemps le théâtre de la guerre, de recouvrer les titres de propriété, et sur ce que la plupart de ces titres ont été transportés sur la rive droite du Rhin. Si on a trouvé juste d'accorder dans ces départements un délai plus long, dans lequel les communes pourront justifier leurs droits d'usage dans les forêts, cette justice ne saurait être refusée au Gouvernement pour la défense du domaine public. C'est un moyen impartial de découvrir les vrais propriétaires, quels qu'ils soient, pour consacrer leurs droits.

Tels sont, Messieurs, les motifs de la loi que j'ai l'honneur de vous présenter.

Projet de loi.

Le délai d'un an accordé par la loi du 19 germinal an XI, pour procéder à l'examen et à la révision des jugements des tribunaux qui ont adjugé à des communes situées dans les départements du Haut-Rhin, du Bas-Rhin, du Mont-Tonnerre, de la Sarre, de Rhin-et-Moselle et de la Roër, des droits de propriété ou d'usage dans les forêts nationales, ou dans celles où le domaine a quelque intérêt, est prorogé d'un an, à dater de la publication de la présente loi.

Le Corps législatif arrête que ce projet de loi sera transmis au Tribunat par un message.

Des orateurs du Gouvernement et du Tribunat sont introduits.

L'ordre du jour appelle la discussion d'un *projet de loi relatif à l'éducation, aux frais de l'État, d'un enfant dans chaque famille qui en aura sept vivants.*

M. **Pietet,** *rapporteur de la section de l'intérieur.* Messieurs, la fonction toujours honorable qui nous rappelle à cette tribune, n'est pas toujours également douce à remplir.

Lorsque la loi que nous vous rapportons impose des sacrifices, lorsqu'elle menace, lorsqu'elle punit, c'est toujours avec un sentiment plus ou moins pénible, qu'en l'offrant à vos suffrages nous venons réclamer de vous le tribut nécessaire à l'existence et au repos de la société.

Mais quand une loi se présente avec tous les caractères qui peuvent lui concilier la faveur publique, c'est une tâche facile et désirable que d'être appelé, je ne dirai pas à la défendre, car qui voudrait l'attaquer ? mais d'avoir à compter ses titres à l'approbation du législateur, à la reconnaissance des citoyens.

La loi qui établit que, dans chaque famille de sept enfants, l'un d'eux, au choix du père, serait élevé aux frais de l'État, une telle loi, dis-je, n'a besoin que d'être énoncée pour être appréciée ; le cœur devance l'esprit lorsqu'on veut la méditer, et l'orateur du Gouvernement, qui vous en a développé les motifs avec cette éloquence persuasive qui le distingue, ne m'a rien laissé à recueillir, pas même à glaner après lui. Si j'entreprends de montrer aujourd'hui que cette loi tend à honorer le mariage ; à augmenter la population, en l'améliorant ; à associer l'intérêt de l'État à celui des familles ; qu'elle est l'une des plus belles pensées d'une autorité prévoyante et paternelle, je ne ferai que classer de nouveau des idées qui, après vous avoir assaillis confusément à l'ouïe du texte de la loi, vous ont été complètement développées par le rapporteur du Conseil d'État.

Mais, Messieurs, c'est précisément lorsqu'une loi se présente sous tant de faces séduisantes, quand le sentiment de sa convenance nous saisit, nous éblouit presque, c'est alors surtout que nous devons nous mettre en garde contre ces impressions. L'évidence n'est complète que lorsque la froide raison a tout calculé, tout balancé ; c'est pour procurer cette évidence, que les Constitutions de l'Empire soumettent les projets de loi à deux discussions successives dans deux corps respectivement indépendants ; et s'il est un moyen de se préserver des erreurs qui, dans les sciences vulgaires, ne sont qu'humiliantes, mais qui peuvent devenir plus ou moins funestes en matière de législation, c'est sans doute ce double examen. Qu'il me soit donc permis de vous retracer les traits principaux de la discussion que le projet qui vous est soumis a provoquée dans la section du Tribunat, à laquelle vous l'avez renvoyé.

L'effet immédiat de la loi proposée paraît devoir être l'encouragement de la population : d'autres lois pourraient dans l'avenir avoir la même tendance. On a donc cherché à remonter jusqu'à des principes qui leur fussent applicables à toutes.

Convient-il toujours d'encourager la population ? Premier principe à examiner ; première question à résoudre.

S'il est établi qu'il convient de l'encourager dans des circonstances données, comment faut-il y procéder ? Seconde question.

Il semble que ce soit un paradoxe, et presque un blasphème, de mettre en doute qu'il convienne toujours d'encourager la population : mais, serrons la question de près, et nous découvrirons que sa solution n'est pas aussi simple qu'on pourrait le présumer.

Deux grandes forces, analogues dans leur principe, mais très-différentes dans leurs effets, animent et perpétuent la nature vivante : l'une, l'attrait réciproque des sexes, reproduit les animaux ; l'autre, la force, la végétation, fait croître les aliments nécessaires à leur subsistance, et à celle de l'homme en particulier.

Ces deux forces, quoiqu'en rapport constant et intime, ne marchent point parallèlement dans leurs résultats ; et la conséquence inévitable de ce défaut de proportion est très-essentielle à considérer.

C'est une vérité d'expérience, que, dans un climat tempéré et sur un sol passablement fertile, l'effet de la force propagatrice humaine est de doubler la population dans le terme de vingt-cinq ans. La période est bien plus courte dans les États-Unis d'Amérique, mais la différence s'explique en partie par l'immigration.

En supposant seulement 25 ans pour l'inter-valle dans lequel la population dans une zône tempérée se doublera naturellement, il s'ensuit qu'au bout de 50 ans elle sera quadruplée : octuplée en 75 ans ; et enfin seize fois plus considérable au bout d'un siècle sur un sol donné.

Supposons, d'autre part, qu'à l'origine de cette progression alarmante, le sol soit déjà cultivé de manière que ses produits soient consommés en totalité par les individus qui l'habitent. Quelques progrès qu'on veuille admettre dans l'art de la culture, peut-on raisonnablement espérer que ses produits annuels seront doublés au bout de 25 ans, quadruplés dans 50, octuplés dans 75, etc. ? Certainement non : l'expérience nous apprend que les efforts des agriculteurs n'augmentent que d'une aliquote assez bornée les produits du sol, et qu'on ne tarde pas à atteindre la limite à laquelle il fournit tout ce qu'il est possible d'en attendre.

Quel est l'effet naturel et nécessaire du défaut de proportion entre ces deux forces, l'une qui fait naître les consommateurs, en progression rapidement croissante ; l'autre qui produit les subsistances, selon une progression qui décroît très-promptement ? L'histoire nous apprend que l'état d'équilibre est ramené, tantôt par des causes qui agissent d'une manière brusque et violente ; par de grandes émigrations, des guerres sanglantes, des famines, des contagions ; tantôt par des causes dont l'action est lente, mais infaillible ; c'est-à-dire par l'influence combinée du climat, des lois, du gouvernement, et surtout des mœurs.

Il suit de ces considérations, d'abord, cette conséquence singulière et bien opposée au principe d'un encouragement indéfini ou illimité à donner à la population ; c'est que, partout où elle a atteint son équilibre avec les moyens de subsistance, les individus qui existent alors, les invités au banquet de la vie, loin d'être tenus de faire place aux nouveaux venus qui prétendraient s'y asseoir avec eux, sont autorisés à les repousser, par le premier de tous les droits, la légitime défense de soi-même.

Ce terme est atteint dans quelques contrées de l'Orient, où l'usage barbare de l'infanticide en a été la conséquence : il l'était en Grèce. « Les « politiques grecs (dit Montesquieu) nous parlent « toujours de ce grand nombre de citoyens qui « *travaillent* la République. » Ce terme était atteint, malgré la défaveur du climat, chez ces peuplades du Nord de l'Europe qui envahirent le Midi dans le moyen âge : il l'est de nos jours, et sous nos yeux, dans les grandes villes. Là, l'existence de la mendicité, l'établissement nécessaire des hospices, les difficultés, quelquefois les angoisses du Gouvernement pour assurer les subsistances, sont autant de symptômes de cette saturation qui précède l'anéantissement d'une portion de la race humaine.

Il n'est donc pas vrai qu'il soit toujours convenable d'encourager la population.

Mais admettons que dans l'Empire français, considéré en masse, ce *maximum* redoutable soit encore assez distant pour que la politique puisse actuellement sans crainte adopter des mesures qui tendent à combler l'intervalle, comment devra-t-elle procéder ? C'est la seconde question que nous avons examinée.

Les considérations que je viens de développer prouvent d'abord que prétendre *encourager* un principe d'action qui, par l'effet de sa propre énergie, tend toujours à multiplier indéfiniment et très-rapidement les hommes, et à en couvrir en très-peu de temps la portion habitable du globe, c'est employer une expression qui est fausse. Pourrait-on jamais dire qu'on encourage la gravitation, ou telle autre des forces premières de la nature?

Mais, dans les cas où la population est évidemment trop faible sur un sol donné, c'est indirectement, c'est-à-dire en écartant les obstacles naturels ou artificiels qui retardent ou restreignent l'action puissante et continue de l'instinct, qu'il faut procéder.

Le premier de ces obstacles est sans doute le défaut actuel de subsistances dans un sol qui pourrait d'ailleurs les fournir. Il faut donc le créer, ces subsistances, les assurer préalablement, en faciliter les transports, c'est-à-dire encourager l'agriculture, ouvrir des routes et des canaux : on verra les hommes naître et pulluler partout où ces mesures auront été prises.

Le second obstacle, l'insuffisance absolue du sol à nourrir ses habitants, peut encore être écarté par les admirables ressources de l'industrie qui crée les objets d'échange, et du commerce qui fait arriver dans un lieu les moyens de subsistance que la nature a prodigués dans un autre. Favorisez donc l'industrie, n'entravez pas le commerce, et vous créerez des hommes.

Le troisième obstacle à la population, l'existence des fléaux destructeurs, la guerre, la famine, les maladies épidémiques et contagieuses, est sous l'influence plus ou moins directe, puissante et éclairée des gouvernements. Ainsi, maintenez la paix, provoquez les lumières et les découvertes sur tous les arts conservateurs de l'espèce, et vous créerez encore des hommes.

Enfin, le quatrième obstacle résulte de l'intensité même de l'instinct en vertu duquel l'espèce se multiplie : son action cesse d'être productive quand elle est désordonnée. Rendez-la régulière par les mœurs, par les institutions civiles, et surtout par celle du mariage ; alors son produit sera en même temps le plus abondant et le meilleur possible. Ici la loi proposée forme un anneau brillant dans la chaîne que j'ai essayé de déployer.

Cette loi encourage évidemment le mariage. Quelle perspective plus rassurante pour un jeune homme qui pense à devenir père, que de prévoir qu'à l'époque où l'accroissement de sa famille pourrait être pour lui un objet d'inquiétude, alors le père de la grande famille adoptera un enfant ; que cet enfant puisera dans une source riche et pure une instruction assortie à ses talents naturels et à sa vocation ; qu'il y puisera encore, l'amour de la patrie, le désir constant de reconnaître le bienfait signalé qu'il aura reçu d'elle !

La loi tend à rendre féconde l'union que le père aura contractée. Ici, Messieurs, les belles expressions du rapporteur ont forcé ma plume, et deux fois elles résonneront dans cette enceinte. « La fé-« condité dans les mariages, dit-il, annonce pres-« que toujours l'union entre les époux, les bonnes « mœurs, le travail, l'industrie, et cette heureuse « confiance de l'homme juste dans la double pro-« vidence de la divinité et des lois qui s'unissent « pour le protéger. »

Mais cette fécondité même, quand elle dépasse de beaucoup les bornes ordinaires, peut de____ un inconvénient grave dans_____ familles, selon les circonstances_____ sure législative qui tendrait à l_ mal calculée. « Il n'est pas q____ penser des prodiges, » dit Montes___ d'une ordonnance de Louis X de certaines pensions à ceux ____ fants, et de plus fortes por___ raient douze. Presque partout

sont venus au secours des parents surchargés. Mais entre une faveur accordée à titre de secours et une prime d'encouragement, qui serait très-déplacée, la limite est difficile à établir. La loi se maintient à cet égard dans de sages bornes, et elle a, sous ce rapport, un titre de plus à votre approbation.

Le laconisme de sa rédaction laisse indécises plusieurs questions, qui se présenteront lorsqu'on sera dans le cas de l'appliquer selon les formes prescrites. Dans l'impossibilité où l'on était d'établir un rapport exact entre les demandes futures et les moyens d'y pourvoir, le Gouvernement a dû se réserver le droit d'étendre la faveur à la mesure de ses facultés, s'il ne peut le faire à celle de sa bienveillance. Mais il ne perdra point de vue que comme loi de faveur, celle que nous vous portons doit recevoir, dans les cas douteux, l'interprétation la plus avantageuse aux administrés.

Ainsi, Messieurs, la même autorité qui naguère vous a demandé la portion de la jeunesse française, annuellement dévouée à la défense de l'État, cette autorité suprême et tutélaire offre aujourd'hui à une classe de pères, sinon comme compensation, du moins comme adoucissement à leur sacrifice, l'espérance de voir un de leurs nombreux enfants spécialement adopté par cette patrie à laquelle il est si glorieux d'appartenir.

La section de l'intérieur a voté l'approbation de ce projet, et vous invite à le convertir en loi par vos suffrages.

Aucun autre orateur du Conseil d'État ni du Tribunat ne prenant la parole, la discussion est fermée.

Elle s'ouvre de suite sur un autre projet de loi présenté le 19 nivôse par MM. les conseillers d'État Regnauld (de Saint-Jean-d'Angély) et Miot, et relatif à des *échanges, concessions, acquisitions, impositions extraordinaires, demandés par un très-grand nombre de communes.*

M. **Beauvais**, *rapporteur de la section de l'intérieur du Tribunat.*

Messieurs, vous avez suivi avec intérêt, depuis plusieurs années, le développement de ce système bienfaisant d'administration qui parcourt les communes de l'Empire, et s'attache à féconder partout les ressources des hospices, des écoles publiques et de tous les établissements utiles.

Le Gouvernement, constant dans sa marche, veut offrir à votre sanction tous les projets de loi dont l'objet est le même. Vous ne montrerez pas, Messieurs, moins de zèle et d'empressement à seconder des opérations dont vous savez apprécier l'influence sur la prospérité générale.

La section de l'intérieur du Tribunat a eu à examiner un projet de loi qui se divise en sept titres, et à l'appui duquel il a été produit un grand nombre de procès-verbaux et de pièces justificatives : l'analyse détaillée ne peut faire partie du rapport que je suis chargé de vous présenter ; il suffira de vous assurer, après la lecture la plus attentive, que les formalités prescrites par les lois y sont observées avec toute l'exactitude désirable, et qu'il ne s'____ _____ rien qui puisse en affaiblir la garant__ ____ sur le sujet en lui-même me votre attentio____ culièrement se fixer. ____ettes-moi de ____vant vous chacune ___visions ___ière ___ ns à faire par ___ et par des bu- de pro-___tablisse-nue, de l'administrateur éclairé. Nous en retrouvons l'heureuse application dans les mesures dont il s'agit : par l'effet des aliénations proposées et par la destination de leur produit, des bâtiments inhabités seront remplacés par des constructions utiles, par des écoles, par des fontaines : ces terrains incultes serviront à constituer des revenus certains à des hospices ; et des fonds sans valeur seront utilement employés à des réparations d'églises et de maisons communes. C'est ainsi que de sages combinaisons créent des ressources là où l'insouciance et l'inactivité ne trouvaient que des besoins et des charges.

Je ne dois pas négliger de vous faire remarquer la disposition de l'article 13 de ce titre, qui réserve, pour le musée des monuments français, les vitraux peints de l'église de l'Hôtel-Dieu de Senlis. Il est digne d'un gouvernement ami des arts, de respecter leurs productions, et de recueillir soigneusement celles qui peuvent servir à l'histoire de leur progrès et même de leur décadence.

Le 2e titre, des *acquisitions*, contient une série d'observations qui réclament la faveur spéciale du législateur. Dans tel département, la préfecture acquiert un emplacement qui lui manquait : telle ville s'embellit d'une place publique ou d'une maison commune ; ici s'élèvera une halle nouvelle, une maison d'arrêt, une caserne de gendarmerie ; là se placera un tribunal de paix ; plus loin, un instituteur, un ministre du culte, trouveront un logement convenable. Telles sont les salutaires mesures qu'il est question de réaliser. Les conditions de la vente, les moyens de paiement, tout est prévu et déterminé, et l'intérêt public se concilie toujours avec l'intérêt particulier.

Dans le troisième titre, relatif aux concessions à rente, vous remarquerez avec satisfaction les efforts sans cesse croissants de l'industrie, et les progrès journaliers de l'agriculture. Des terrains ingrats ne rendaient que des produits illusoires entre les mains des communes : désormais ils répondront à l'activité des particuliers, et prépareront l'aisance et le bien-être de nouvelles familles, en même temps qu'ils assureront l'accroissement du revenu communal.

De toutes les mutations de propriété, les plus favorables aux intérêts de chaque partie sont celles qui s'opèrent par l'échange. C'est la convenance qui les détermine, et rarement la bonne foi peut avoir à redouter quelque surprise. Vous donnerez votre assentiment aux dispositions du titre qui consacre des arrangements de cette nature entre des particuliers et des communes ou des hospices : tel a paru devoir être le résultat des échanges à faire, que les deux parties y trouveront respectivement des avantages ; ce qui s'explique par la diversité des moyens d'exploitation.

Il s'agit ensuite d'autoriser des impositions extraordinaires dans diverses communes. Le cinquième titre en détermine la quotité et l'emploi. Il y a eu des procès à poursuivre, il y a des ponts à réparer, des bacs à reconstruire, des hospices à transférer : toutes ces dépenses exigent des suppléments aux recettes annuelles ; nous avons acquis la certitude que les besoins ont été rigoureusement calculés, et que les moyens d'y pourvoir se trouvent fixés dans la plus juste proportion.

Je ne vous entretiendrai pas du titre des objets mixtes ; vous n'y verriez qu'une réunion d'opérations du genre de celles qui précèdent, des aliénations à charge de constructions, et des concessions à charge de travaux publics. Cette partie du projet offre la même tendance au bien, les mêmes vues d'amélioration auxquelles vous avez eu tant d'occasions d'applaudir.

Il est un dernier titre qu'on peut regarder comme le complément de la loi, et qui prescrit des dispositions applicables également à tous les actes qu'elle autorise. Son objet principal est de fixer le mode des impositions, d'arrêter les conditions d'amortissement des rentes, de déterminer l'emploi des fonds provenant de remboursements, aliénations ou soultes d'échange, enfin de régulariser les travaux à faire dans les communes ou les départements. Vous vous rappelez, Messieurs, que la plupart de ces mesures ont été plusieurs fois adaptées à des lois du même ordre : elles sont devenues, en quelque sorte, traditionnelles par la sanction de l'expérience qui les justifie chaque jour, en même temps qu'elle indique de nouveaux moyens d'ajouter encore à leur utilité.

Je me bornerai, Messieurs, à ces considérations sur le projet de loi que vous avez transmis aux sections du Tribunat le 19 de ce mois. Toutes les dispositions qu'il présente découlent de principes qui sont les vôtres ; ce sont les conséquences d'une grande pensée du bien public qui occupe le Gouvernement tout entier, et qui, descendant des objets les plus élevés aux plus minutieux détails, représente en quelque sorte cette providence de la nature qui coordonne les relations de tous les êtres et en fait résulter l'ordre universel.

La section de l'intérieur m'a chargé, Messieurs, de vous exprimer son vœu d'adoption.

La discussion est fermée.

Le Corps législatif délibère simultanément sur les deux projets de loi.

Celui concernant l'éducation aux frais de l'État d'un des enfants des pères de famille surchargés est décrété à la majorité de 235 boules blanches contre 8 noires.

Celui relatif à des échanges, concessions, etc., à la majorité de 244 contre 1.

L'assemblée procède, par un second scrutin, à l'élection de candidats pour la questure. Personne n'ayant encore obtenu la majorité absolue, il sera formé lundi un troisième scrutin, et les suffrages devront porter sur les douze membres qui, aujourd'hui, ont obtenu le plus de voix.

M. **Agar.** M. Devisme, notre collègue, a désiré que j'eusse l'honneur de vous présenter, en son nom, un écrit intitulé : *Hugues Capet.* C'est un fragment d'un ouvrage plus étendu que l'auteur se propose de mettre au jour. Il offre un précis historique des événements qui arrachèrent le sceptre des mains de la race de Charlemagne, et firent monter sur son trône la troisième race de nos rois. La modestie qui a fait craindre à l'auteur de parler lui-même de son ouvrage l'aurait empêché sans doute de vous dire qu'on y trouve des détails peu connus, des recherches profondes et curieuses, des dissertations savantes sur quelques faits diversement racontés par nos anciens historiens et mal éclaircis par les modernes.

Je rends avec plaisir cet hommage aux talents et à l'érudition de notre collègue, après lui avoir déclaré cependant, et en déclarant ici, que sur des points très-graves je n'adopte pas ses conjectures qui ne paraissent peu d'accord avec les monuments qui nous restent de l'époque dont il a tracé l'histoire.

Le Corps législatif ordonne la mention de cet hommage au procès-verbal, et le dépôt de l'exemplaire offert par M. Devisme à sa bibliothèque.

La séance est levée.

CORPS LÉGISLATIF.

PRÉSIDENCE DE M. FONTANES.

Séance du 1er pluviôse an XIII lundi 21 janvier 1805.

Le procès-verbal de la séance du 29 nivôse est adopté.

M. Boulard. Messieurs, M. Gin d'Ossery, ancien magistrat, digne fils d'un homme de lettres respectable, auquel nous devons un grand nombre de productions littéraires justement estimées, vous prie de vouloir bien accepter l'hommage d'un nouvel écrit intitulé *Abrégé chronologique de l'histoire de la marine française*. Cet ouvrage, qui sera utile à l'instruction de la jeunesse, intéresse tous les Français, parce qu'il rappelle les hauts faits et les victoires de nos célèbres marins.

Le Corps législatif ordonne la mention honorable de cet hommage au procès-verbal, et le dépôt de l'exemplaire à sa bibliothèque.

M. Gallois. Mes collègues, dans une de vos précédentes séances, il vous a été donné lecture du procès-verbal de la séance du 24 du mois dernier, pour l'inauguration de la statue de NAPOLÉON BONAPARTE 1er, EMPEREUR DES FRANÇAIS. Je crois que, pour consommer le grand acte que ce procès-verbal renferme, il convient qu'il soit rédigé en double minute, et qu'une de ces minutes soit portée à Sa Majesté Impériale par une députation du Corps législatif. Cette démarche dictée par la bienséance et les procédés, sera en même temps un hommage rendu à la modestie de Sa Majesté qui ne lui a pas permis, sans doute, de venir dans cette enceinte recueillir en personne les témoignages de reconnaissance et d'amour que lui ont justement mérités ses sublimes et glorieux travaux. J'ai l'honneur de vous en faire la proposition.

Le Corps législatif arrête à l'unanimité qu'une députation sera chargée de porter à Sa Majesté une minute du procès-verbal de la séance du 24 du mois de nivôse an XIII, jour où le Corps législatif a érigé dans la salle de ses séances une statue à NAPOLÉON 1er, EMPEREUR DES FRANÇAIS, comme un juste tribut de reconnaissance nationale.

MM. Dauchy et Fleurieu, conseillers d'État, sont introduits.

M. Dauchy présente un projet de loi relatif à la dotation définitive de la Légion d'honneur. En voici le texte et l'exposé des motifs.

Messieurs, l'article 3 de la loi du 29 floréal an X, relative à l'établissement de la Légion d'honneur, porte qu'il sera affecté à chacune des cohortes qui la composent, des biens nationaux portant 200,000 francs de rente.

Quelque empressement que l'on ait mis à exécuter cette disposition, il n'a pas été possible, jusqu'à ce moment, d'en remplir le vœu d'une manière satisfaisante, et qui puisse faire regarder la dotation actuelle de la Légion autrement que comme provisoire.

Il a bien été assigné à chaque cohorte des propriétés nationales d'un revenu égal à celui qu'a fixé la loi. Les préfets et les directeurs des domaines ont mis le plus grand zèle à indiquer toutes celles qui étaient disponibles pour cette intéressante destination. Mais les ventes de domaines nationaux, très-avancées à cette époque dans la plupart des départements, avaient déjà mis hors des mains de la République presque toutes les masses importantes d'immeubles. Il ne restait plus, pour composer les dotations qu'il s'agissait de former, qu'une infinité de petits articles en fonds de terre épars, en bâtiments qui n'avaient point encore trouvé d'acquéreurs, en biens rentrés par déchéance, en droits indivis de propriétés, en faibles parties de rentes sur particuliers.

Quoiqu'on n'ait pas été dans le cas de se montrer difficile sur le choix des objets qu'on avait à faire entrer dans cette composition, on s'est encore trouvé obligé de chercher le complément du revenu de plusieurs cohortes dans des départements placés hors de leur circonscription, et quelquefois à une grande distance de leur chef-lieu.

On conçoit aisément combien la manutention de ces revenus dispersés doit occasionner d'embarras et de frais: combien leur recouvrement peut éprouver de retards et de non-valeurs: combien, par conséquent, un tel état de choses nuirait à l'ordre et à l'exactitude avec lesquels doivent s'acquitter, suivant l'esprit de la loi, les traitements affectés aux membres de tout grade de la Légion d'honneur.

Il était digne des vues du héros qui a conçu l'idée de cette grande institution, de vouloir que le caractère de grandeur et de perpétuité qui la distingue se fît reconnaître jusque dans la formation du patrimoine destiné à en soutenir les charges.

Le projet de loi qu'il nous charge de vous proposer a donc pour objet de constituer définitivement, et avec la dignité convenable, la dotation des seize cohortes de la Légion d'honneur. Le temps dans lequel cette grande opération doit être terminée est fixé par l'article 1er, au cours de cette année et de celle qui doit la suivre.

Ce n'est que par des acquisitions et des échanges de propriétés privées que l'on pourra parvenir à rassembler, à la proximité de chaque administration de cohorte, des corps de biens d'une consistance imposante, d'une régie simple et facile, d'un produit certain et susceptible d'amélioration. On a prévu qu'il serait souvent difficile de trouver prêt à se vendre, dans l'arrondissement d'une seule cohorte, une quantité d'immeubles tels qu'on cherchera à les acquérir, suffisante pour composer sa dotation entière. Il a paru convenable de ne l'astreindre à en former que la moitié en revenus de cette nature. C'est l'objet des dispositions de l'article 2.

La vente des immeubles qu'on sera, par ce moyen, dispensé de conserver en nature, fournira, par l'emploi de son produit, tel que le prescrit l'article 3, un genre de revenu qui, en liant plus particulièrement l'intérêt de la Légion à la fortune de l'État, ne peut qu'affermir le crédit des effets publics, et en élever de plus en plus la valeur. La bonification qui résultera de cet emploi dédommagera amplement la Légion des sacrifices en valeur capitale que les convenances auront pu conseiller, pour faciliter les réunions mentionnées en l'article précédent.

Ce genre de placement doit même produire un accroissement assez sensible de revenu annuel, pour en pouvoir distraire le dixième réservé par l'article 8 pour former un fonds d'accumulation. Cette mesure de prévoyance ne laissera point à craindre que la portion de revenus assignée en rente éprouve de diminution. On sera, au contraire, assuré qu'elle suivra toujours et pourra même devancer l'augmentation progressive dont les immeubles sont susceptibles en proportion du rehaussement du prix des denrées et des autres valeurs commerciales.

Le moment où l'on s'occupera de refondre aussi

la dotation de la Légion d'honneur sera le plus favorable pour faire cesser l'indivision et régler les droits litigieux qui ne peuvent qu'embarrasser l'administration ; c'est à quoi ont pourvu les art. 4 et 6.

La régularité et l'utilité de toutes ces opérations vous paraîtront, sans doute, suffisamment assurées par les formes que prescrit l'article 5 ; et leur fixité se trouve garantie par la sanction contenue dans l'article 7.

L'analyse que nous venons de faire des dispositions du projet de loi qui vous est soumis ne nous laisse point douter que vous ne le consacriez par vos suffrages. Toujours jaloux de vous associer aux pensées grandes et utiles du chef de l'Etat, vous vous empresserez de concourir avec lui pour maintenir la splendeur d'un établissement dont tous les membres de la nation sont appelés à mériter, par les talents, le courage et les vertus, de partager les avantages.

Voici le texte du projet de loi.

Art. 1er. Les dotations affectées, par l'institution de la Légion-d'honneur aux seize cohortes qui la composent, seront définitivement constituées pendant le cours des années XIII et XIV.

Art. 2. Il sera conservé à chaque cohorte des biens-fonds d'un revenu de 100,000 fr. au moins. Il sera pourvu à ce que ces biens se composent du moindre nombre de lots possible. Il sera procédé, par voie d'acquisition ou d'échange, aux réunions qui seront jugées nécessaires à cet effet.

Art. 3. Le surplus des biens affectés à la dotation de chaque cohorte excédant la réserve faite aux termes de l'article précédent, sera mis en vente. Le produit de ces ventes sera versé à la caisse d'amortissement, pour être employé en achat de rentes sur l'Etat, au profit de la Légion.

Art. 4. Il sera procédé dans le cours des mêmes années XIII et XIV, aux partage et licitation des biens possédés indivisément par la Légion et par des particuliers.

Art. 5. Les acquisitions ou échanges, les ventes et les partages mentionnés dans les quatre articles précédents, n'auront lieu qu'en vertu d'un règlement d'administration publique.

Art. 6. Il en sera de même de toute transaction sur des droits immobiliers, et de tout acquiescement à des demandes relatives aux mêmes droits.

Art. 7. Chaque dotation une fois constituée, les biens-fonds et les cinq pour cent qui en feront partie ne pourront plus subir aucun changement dans leur capital, qu'en vertu d'une loi.

Art. 8. Le grand trésorier de la Légion d'honneur sera spécialement chargé de placer, tous les ans, en en accroissement du capital et en cinq pour cent, le dixième du produit net des rentes appartenant à chaque cohorte.

Le Corps législatif arrête que ce projet de loi sera communiqué aux trois sections du Tribunat par un message.

L'ordre du jour appelle la discussion du *projet de loi relatif aux douanes.*

Les orateurs du Conseil d'Etat et ceux des sections du Tribunat sont introduits.

M. le **Président**. La parole est à l'un de messieurs les orateurs du Tribunat.

M. **Perrée**, *rapporteur de la section de l'intérieur.* Messieurs, en conformité de la loi du 10 brumaire an X, le Gouvernement propose au Corps législatif de réunir dans une seule loi les divers arrêtés que les circonstances et sa sagesse lui ont dictés sur la législation des douanes, depuis votre dernière session.

Je viens, Messieurs, au nom de la section de l'intérieur du Tribunat, vous exprimer son opinion à l'égard du projet de loi que vous lui avez adressé contenant les additions ou change-

ments aux dispositions antérieures du Code des douanes.

Vous savez, Messieurs, que cette législation embrasse de grands intérêts, ceux de l'agriculture et du commerce. Leurs produits et leur résultat, nos besoins et nos jouissances, en lutte perpétuelle avec l'identité des mêmes intérêts chez nos voisins, ou au delà des mers, sont sous la dépendance du système des douanes.

Tel est l'effet inévitable du progrès des arts et de la civilisation de l'Europe : état prospère sans doute, mais auquel, il faut le dire avec douleur, sont attachés les mêmes maux qu'à l'ignorance des peuples non civilisés. Des hordes sauvages se battent aux extrémités du monde pour les limites de la chasse ou des pâturages ; et chez les peuples qui se glorifient de leur civilisation, toutes les connaissances humaines sont appliquées à l'art de la guerre pour le triomphe d'une prétention mercantile : qui achètera le moins, et qui vendra le plus des denrées du sol, des objets fabriqués avec les matières premières de l'Amérique et des échanges avec l'Afrique et l'Asie.

A la supériorité des armes il a fallu réunir, pour réaliser ces prétentions, l'intelligence du commerce, l'influence des lois, et la vigilance des gouvernements.

Ces éléments composent l'essence du système administratif des douanes ; leur produit, résultat d'un jeu perpétuel avec les autres nations, a fourni matière à de vives controverses.

Les uns ont regardé les droits de douane comme un impôt au bénéfice du fisc.

Les autres ont soutenu que ces droits ne devaient être qu'un prélèvement sur l'industrie en faveur des progrès du travail.

Peut-être est-il vrai, c'est-à-dire plus conforme aux intérêts des gouvernants et des gouvernés, dont l'opposition apparente des intérêts se fond dans la nécessité de la sûreté et du repos ; peut-être, dis-je, le terme moyen entre ces deux extrêmes est-il le point de sagesse ? toutes les discussions se taisent, tous les intérêts se concilient, si les droits servent en partie à former une transaction entre l'entrée et la sortie, au profit de la prospérité publique.

Cette prospérité ne résulte pas du revenu des droits de douane, mais elle se constitue par la culture bien entendue des terres, par le mouvement des ateliers, par le bruit des ports, par le bas prix de l'intérêt du signe, par l'avantage du change avec l'étranger, enfin par un attachement d'intérêt et de confiance à la dette publique. De ces faits résulte la vraie richesse des nations, puisqu'à leur suite marchent l'exactitude du recouvrement des impositions, le travail et l'aisance mère d'une population capable de remplacer celle de cet âge si fécond en tant de prodiges de valeur et de gloire.

La loi qui vous est proposée, Messieurs, vous est la garantie de cette pensée qui tend sans cesse vers le terme de la prospérité publique. D'utiles et franches communications ont dissipé les doutes, et répondu aux observations fondées plutôt sur la lettre que sur l'esprit du projet. Déjà ses motifs vous ont été développés par l'orateur du Gouvernement dans votre séance du 20 nivôse. L'analyse des divers articles vous a aussi été présentée avec la clarté de l'expérience.

Je me bornerai, Messieurs, au nom de la section de l'intérieur du Tribunat, à vous soumettre les dispositions des cinq titres du projet, et les espérances que vous aimerez aussi , sans doute, à attacher aux nouveaux établissements d'entrepôt que le projet autorise sur les bords du Rhin.

L'importation est calculée sur les besoins des manufactures, ou sur de justes encouragements à l'industrie : ici, faculté de passage ; là, convenance momentanée, et partout facilité pour l'agriculture et les communications.

L'exportation des produits du sol, des métiers et des arts, est plus favorisée encore.

La prohibition s'étend aux nankins de la Chine et des Indes, et aux chiffons de toile de coton : les uns sont prohibés à l'entrée, les autres à la sortie.

Mais en même temps que la vigilance a déconcerté, par cette première mesure, les projets de la haine liée avec l'intérêt, les nankins provenant des prises de nos corsaires, dans toutes les mers, sont admis à l'entrée : ainsi protection nécessaire et légitime vengeance. Des entrepôts particuliers sont accordés à Nice, Cherbourg et Coblentz ; Mayence et Cologne obtiennent une franchise générale.

Toutes les précautions ont été prises pour assurer à ces deux établissements tous les avantages désirables : clôture parfaite suivant les localités, gardes intérieure et extérieure, gardes d'eau, accord des directeurs et des autorités publiques, facilités d'arrivage, de sortie et de travail, sûreté des marchandises, dépenses de bâtisse, constructions et réparations à la charge des villes.

Ces mesures ont été l'heureux fruit des observations directes de l'autorité sur le théâtre même des intérêts pour, et des objections contre le système des ports francs.

Le nœud a été tranché par qui en avait le droit : la victoire avait ajouté ces intéressantes frontières à notre ancien domaine ; c'était donc à la prudence d'y établir des points de défense contre une rivalité dangereuse ; ainsi au milieu des places de guerre se sont formés de vastes magasins à l'usage de toute espèce d'échange entre les nations.

Tous les regards du commerce sont fixés sur ce premier exemple ; la fabrique de Lyon est forcée de délaisser le port de Marseille ; elle emprunte Trieste et Livourne pour l'expédition de ses commandes de l'Afrique et de l'Asie : les navigateurs de ces deux parties du monde cherchent en vain sur nos côtes ce port jadis ouvert à tous les peuples.

Et cette ville qui fut dans le Nord le berceau du commerce d'entrepôt, objet de tant de jalousies, et que le génie a destinée à de si grandes choses, concourra avec l'antique sœur de Rome à en assurer l'exécution. Marseille et Anvers lieront le Nord au Midi par des parallèles d'un vaste commerce d'échange du Gange à la Baltique ; commerce d'autant plus précieux qu'il sera moins exposé aux périls de la navigation et aux dangers de la guerre.

Six entrepôts de tabacs en feuilles sont aussi proposés pour six grandes villes de l'intérieur de l'Empire ; Paris et Toulouse sont déjà désignés : ces exemples prouvent la volonté constante du Gouvernement d'accroître le domaine du travail. Ces essais auraient peut-être été plus heureux, si plus de facilités et moins de soupçons avaient présidé à la naissance de ces établissements.

Le dernier titre laisse toute liberté de sortie aux grains et farines venus de l'étranger, ainsi qu'à nos denrées coloniales et aux poivres de la Hollande entreposés à Anvers ; ils peuvent sortir par le bureau de Coblentz.

Les bois du Rhin, expédiés par la Hollande,

peuvent transiter avec toutes les facilités d'usage pour le commerce et appropriées aux localités.

L'arrivage des tabacs en feuilles de la Hollande à Anvers est facilité par des modifications de tonnage exigées par le commerce du petit cabotage sur les canaux qui marient les eaux de la Meuse avec celles de l'Escaut.

Ainsi, Messieurs, toutes les dispositions particulières des différents articles de ce projet de loi tendent au centre de l'unité publique. La vigilance paternelle du Gouvernement ne manquera pas de donner au commerce et à l'agriculture de nouveaux gages de sa sollicitude, toutes les fois que le temps lui conseillera une fermeté nécessaire, ou une variation réfléchie. Tel doit être le caractère du système des douanes, fondé sur la disette ou l'abondance, sur la morale nationale ou la politique relative, sur la présence de la guerre ou les projets pour la paix, sur l'attachement pour des alliés fidèles ou l'indignation contre de perfides ennemis.

La section de l'intérieur du Tribunat, convaincue de l'utilité du projet de loi sur les douanes, vous propose, Messieurs, d'en voter l'adoption.

Aucun autre orateur ne prenant la parole, la discussion est fermée.

Le Corps législatif délibère sur le projet de loi, qui est décrété à la majorité de 243 boules blanches contre 3 noires.

On continue l'élection de six candidats pour la questure.

La majorité des suffrages désigne, dans ce troisième tour de scrutin, MM. Méric et Dallemagne.

M. le président les proclame candidats, et annonce que demain l'élection sera continuée, et que les bulletins ne devront contenir que les noms des huit membres qui ont obtenu le plus grand nombre de suffrages après les candidats proclamés.

La séance est levée.

CORPS LÉGISLATIF.

PRÉSIDENCE DE M. FONTANES.

Séance du 2 pluviôse an XIII (mardi 22 janvier 1805).

Le procès-verbal de la séance d'hier est adopté. MM. Collin et Dauchy, conseillers d'État, sont introduits.

M. **Collin** présente un *projet de loi qui attribue aux préposés des douanes les poursuites relatives à l'importation des sels dans les départements réunis.*

En voici le texte et l'exposé des motifs.

Motifs.

Messieurs, la loi du 5 ventôse an XII, concernant les finances, établit une régie nationale qui est exclusivement chargée d'approvisionner de sels les départements de la Doire, de la Sésia, du Pô, du Tanaro, de la Stura et de Marengo.

Les produits de cette régie sont affectés au service de l'administration des ponts et chaussées, et tiennent lieu, dans les départements désignés, de la taxe d'entretien des routes. Il résulte de ces dispositions, que l'importation des sels autres que ceux appartenant à la régie y est prohibée ; mais la loi du 5 ventôse n'a point indiqué quelles sont les peines encourues par les contrevenants, et par quels agents ils doivent être poursuivis.

Le projet de loi que nous avons l'honneur de vous présenter a pour objet de faire cesser une incertitude dont l'effet   nuisible aux intérêts de la régie natio   plique à ceux qui importeront des sels en contravention à la loi du 5 ventôse an XII, les peines portées par l'article 1er du titre V de la loi du 12 août 1791. Ces peines sont la confiscation des marchandises, chevaux et voitures servant au transport, avec amende de 500 francs.

Les poursuites seront faites à la requête des préposés de l'administration des douanes.

Projet de loi.

Les contrevenants à la loi du 5 ventôse an XII, en ce qui concerne l'importation des sels, dans les départements de la Doire, de la Sésia, du Pô, du Tanaro, de la Stura et de Marengo, autres que ceux destinés à l'approvisionnement de la régie, seront poursuivis à la requête des préposés des douanes et susceptibles des condamnations prononcées par l'article 1er du titre V de la loi du 22 août 1791, concernant les marchandises prohibées à l'entrée et à la sortie.

Le Corps législatif arrête que ce projet de loi sera transmis au Tribunat par un message.

L'assemblée continue l'élection des candidats pour la questure.

Le scrutin donne la majorité à M. Despallières seulement.

M. le **Président** le proclame candidat.

Un nouveau scrutin désigne M. Bord pour quatrième candidat. Il est également proclamé par M. le président.

L'élection des deux autres candidats est remise à demain.

La séance est levée.

TRIBUNAT.

PRÉSIDENCE DE M. FABRE (*de l'Aude*).

Séance du 2 pluviôse an XIII (mardi, 22 janvier 1805).

Le procès-verbal de la séance du 8 nivôse est adopté.

On donne lecture de la correspondance.

M. Arthur Dillon fait hommage d'un mémoire sur les trottoirs à construire dans les rues de Paris.

On demande la mention honorable au procès-verbal, et le dépôt de l'ouvrage à la bibliothèque du Tribunat.

M. **Pictet**, tribun. Messieurs, j'ai lu avec beaucoup d'intérêt le mémoire dont M. Arthur Dillon vient de faire hommage au Tribunat. On doit au zèle de cet estimable citoyen, et à celui de l'administration municipale, l'introduction à Paris de l'invention des trottoirs, si précieuse aux personnes qui parcourent à pied les rues souvent sales, et toujours plus ou moins dangereuses par le mouvement des voitures. Mais cette invention n'est pas complétement acclimatée : les architectes ne sont point d'accord, ni sur les matériaux, ni sur le mode d'exécution. M. Dillon présente à cet égard d'excellentes vues, fondées sur l'expérience, et appuyées de raisonnements qui m'ont paru justes et convaincants. Le zèle louable et éclairé de ce citoyen mérite la reconnaissance des habitants de Paris et la nôtre en particulier. J'appuie la mention honorable qui a été proposée, ainsi que le dépôt à la bibliothèque. Je remercie M. Arthur Dillon de la communication individuelle qu'il nous a faite de son mémoire, et je désirerais que les entours du palais du Tribunat pussent offrir le premier modèle bien exécuté d'une invention dont l'immense population de la capitale sera tout entière appelée à jouir dans une époque plus ou moins prochaine.

Le Tribunat adopte les propositions de M. Pictet, et arrête que son discours sera imprimé.

M. **Koch**, tribun. Le sieur Lassaulx, défenseur officieux aux tribunaux de Coblentz, fait hommage au Tribunat de sa traduction en langue allemande du Code civil français, en 3 vol. in 8°.

Animé du désir de devenir utile aux habitants des quatre nouveaux départements réunis, dont la très-grande majorité ne connaît pas encore la langue française, M. Lassaulx a consacré ses talents et ses veilles à cette traduction, qu'il a enrichie de notes explicatives, et de tables de matières. On lui doit la justice qu'il a rempli avec succès, cette tâche qui intéresse les habitants de la rive gauche autant que ceux de la rive droite. Elle facilite aux uns les moyens de connaître leurs droits, leurs devoirs et leurs obligations, et met les autres en état d'étudier notre nouvelle législation, qui leur est indispensable par les relations habituelles qu'ils conservent avec la France.

La traduction est faite avec soin, exactitude et fidélité. Les notes dont le texte est accompagné ont pour principal objet d'expliquer le véritable sens de la loi, de développer les motifs sur lesquels elle est basée, et de faire connaître la différence qui existe entre l'ancienne législation et le nouveau Code civil. Quoique ces notes soient très-nombreuses, elles sont rédigées cependant avec beaucoup de précision et de discernement, et doivent avoir aux yeux du jurisconsulte éclairé, d'autant plus de mérite qu'elles ont été puisées en très-grande partie, soit dans les discours des orateurs du Gouvernement et du Tribunat, soit dans les procès-verbaux du Conseil d'Etat contenant la discussion du Code civil, soit enfin dans les décisions du grand juge et du tribunal de cassation.

M. Lassaulx, dans sa préface, s'attache à démontrer les avantages du nouveau Code. Il en fait la comparaison avec le Code prussien, le plus parfait de ceux qui ont paru jusqu'à ce jour. Il observe que l'auteur de ce dernier Code se trouvait dans la nécessité de ménager d'anciens préjugés, de prendre en considération des rapports particuliers, ainsi que les coutumes et les statuts des provinces et des villes, de respecter même les prérogatives et les privilèges des divers Etats qui composent la monarchie prussienne. Aucun de ces inconvénients ne frappait le Code civil des Français : depuis longtemps il existait une uniformité dans la législation française. Les diverses cartes avaient disparu avec leurs priviléges. Il ne s'agissait plus que de projeter de bonnes lois pour un seul et même peuple, pour un seul et même Etat, sans être obligé d'avoir égard aux éléments dont il est composé, ni de respecter des prérogatives, des coutumes et des usages particuliers.

M. Lassaulx n'en reconnaît pas moins la grandeur et la difficulté de l'entreprise de faire un Code qui, sans changer subitement les mœurs des divers peuples réunis sous un seul et même gouvernement, sans détruire tout à coup les coutumes et usages de plusieurs siècles, eût la même force depuis les Apennins jusqu'aux Pyrénées, depuis l'Océan jusqu'au Rhin ; qui tînt le milieu dans la réaction, qui a une tendance servilement respectueuse vers tout ce qui est ancien, et les innovations destructives de la législation révolutionnaire ; qui prévînt chaque doute et toute mésintelligence ; qui, sans violence et sans secousse, mais par la seule force de ses dispositions bienfaisantes, fondât l'empire des vertus sociales, de l'autorité paternelle, du bonheur domestique et de la sûreté des propriétés.

Comme rien de ce qui est utile ne peut être étranger au Tribunat, je ne doute pas, Messieurs, que l'ouvrage de M. Lassaulx ne reçoive de vous un accueil favorable, et c'est dans cette persuasion que je vous propose d'en ordonner la mention au procès-verbal et le dépôt à la bibliothèque.

Le Tribunat adopte cette proposition et ordonne l'impression du discours.

M. **Carret**, tribun. Messieurs, je suis chargé par M. Lombard, docteur en chirurgie, chirurgien en chef et professeur à l'hôpital militaire d'instruction de Strasbourg, correspondant de l'Institut national de France, de vous prier d'agréer l'hommage qu'il vous fait d'un ouvrage intitulé : *Clinique chirurgicale des plaies faites par armes à feu, pour servir à l'instruction des élèves en chirurgie des hôpitaux militaires.*

Cet ouvrage, Messieurs, fruit d'une expérience longue et profondément méditée, ne sera pas utile seulement aux élèves à qui la modestie de l'auteur le consacre, il pourra servir aussi aux vieux praticiens, qui se laissent quelquefois séduire par de brillantes nouveautés. Il conduira les premiers dans les routes difficiles de l'art ; il affermira les seconds dans l'exercice d'une pratique raisonnée et conforme aux lois de l'économie animale. Il préservera les uns et les autres de cet esprit de système si nuisible aux progrès des sciences qui reposent sur des faits : il montrera à tous que la nature n'a qu'un système, celui de conserver, et si sa marche varie quelquefois, c'est toujours en raison des obstacles qu'elle rencontre dans la différence des temps et des lieux ; mais il leur répétera, avec l'action de la raison et de la sensibilité, qu'elle approuve rarement les efforts anticipés et les grandes opérations pratiquées sans de longues préparations.

M. Lombard a parcouru toute la carrière d'un chirurgien distingué : dans les camps, sur les champs de bataille, dans les grands hôpitaux militaires, partout, il s'est montré l'ami de l'humanité souffrante ; retiré maintenant dans un hôpital sédentaire, loin du tumulte et de la fatigue des armées, il consacre le temps qu'il n'emploie pas auprès des malades à rédiger ses nombreuses observations, et à former des successeurs dignes de lui et des fonctions importantes auxquelles ils sont appelés.

Je demande, Messieurs, que vous ordonniez le dépôt de cet ouvrage à votre bibliothèque ; il fera suite à ceux que cet auteur a déjà offerts aux Assemblées qui vous ont précédés ; et qu'il en soit fait mention au procès-verbal.

Le Tribunat ordonne l'impression du discours de M. Carret, et adopte ses propositions.

On fait lecture d'une lettre de M. le conseiller d'État Frochot, préfet du département de la Seine, qui fait hommage au Tribunat, au nom de la ville de Paris, d'un exemplaire des fastes guerriers de Sa Majesté Impériale.

M. **Challan**, tribun. Messie ... 'd ...
vous est faite par M. le con ...
du département de la Seine, ...
de Paris, dont la prospérit ...
ont toujours été l'objet d ...
tra sans doute mérité ...
ne vous rendrai point ...
l'accompagne. Son ti ...
vous apprendre que e ...
la gloire de l'Empere ...
que d'avoir réuni dan ...
les traits qui le rend ...
conduite de victoires ...
pour lequel il a fait t ...

tous les citoyens jouissant des douceurs du repos.

C'était agir selon le vœu de la nation que d'en faire le principal ornement de la fête donnée à Sa Majesté.

Ce monument témoignera à la postérité qu'un même sentiment comme un même intérêt unit la capitale aux départements.

Le Tribunat doit donc savoir gré à M. le préfet de l'en avoir rendu dépositaire, et d'avoir fourni à ses membres une nouvelle occasion de manifester leur respectueux attachement pour S. M.

Je crois, mes collègues, prévenir vos vœux en vous proposant d'insérer la lettre de M. le préfet au procès-verbal, d'y faire mention de l'ouvrage, pour le tout être déposé aux archives; enfin de charger M. le président d'exprimer à M. le préfet la gratitude des membres du Tribunat.

Le Tribunat adopte ces propositions, et ordonne l'impression du discours.

M. le **Président** annonce au Tribunat qu'il lui a été adressé, de la part de Sa Majesté Impériale, un exemplaire signé de la main même de l'Empereur, du discours qu'il a prononcé à l'ouverture de la session du Corps législatif, le 6 nivôse an XIII.

Le Tribunat ordonne l'insertion de ce discours au procès-verbal de la séance, et arrête que l'exemplaire adressé par Sa Majesté sera déposé dans ses archives.

On procède au renouvellement des secrétaires du Tribunat; MM. Mouricault et Kock ayant réuni la majorité des suffrages, sont proclamés secrétaires et prennent place au bureau en cette qualité.

La séance est levée.

CORPS LÉGISLATIF.

PRÉSIDENCE DE M. FONTANES.

Séance du 3 pluviôse an XIII (mercredi 23 janvier 1805).

Le procès-verbal de la séance du 2 pluviôse est adopté.

M. **Jaubert**. Mes collègues, M. Azuni, ancien sénateur piémontais et juge au tribunal de commerce et maritime de Nice, membre des académies des sciences de Turin, de Rome et autres, fait hommage au Corps législatif du dernier ouvrage qu'il vient de publier à Paris, sur le droit maritime.

En vous priant en son nom d'agréer cet hommage, qu'il me soit permis d'observer que l'adoption d'un grand nombre de personnes distinguées dans tous les genres est un des plus précieux avantages qui ait produit à la France l'agrandissement de son territoire. Elles s'empressent de consacrer leurs connaissances, leurs talents et leurs moyens à la gloire et à la prospérité de leur nouvelle patrie.

L'ouvrage que M ... - ... a l'honneur de vous présenter a été fait ... objet. Il fut publié ... italien il y a ... ans. Les éditions ... multiplièrent. ... t traduit en fran-... comme au ... strats et les ... tes, notar ... discussions ... au Co ... , lorsqu'on ... s prise ... t ...

... l'amélio-

MM. **Français** et Defermon, conseillers d'Etat, sont introduits.

M. **Français** présente un projet de loi relatif *au remplacement des contributions mobilière et somptuaire de la ville de Lyon.*

En voici le texte et l'exposé des motifs.

Messieurs, le projet de loi que Sa Majesté nous a chargés de vous présenter, pour le remplacement des contributions mobilière et somptuaire de la ville de Lyon, ne peut être mieux justifié que par les termes mêmes dont se sert le conseil municipal de cette ville pour le solliciter :

« Le conseil, considérant que la convenance de « substituer, dans les grandes villes, l'impôt sur « les consommations à la contribution somptuaire « et mobilière , est généralement sentie; qu'il est « inutile de donner à cet égard des développe- « ments, puisque le principe est admis par le « Gouvernement, sanctionné par la loi, qui déjà « l'a mis en activité pour la ville de Paris ; que « l'intérêt de la cité, que le vœu des citoyens ré- « clament le bienfait d'une semblable disposition, « etc., etc. »

A peine Sa Majesté eût-elle connu le vœu de la ville de Lyon, qu'elle donna les ordres nécessaires pour son accomplissement.

Elle y vit une chose extrêmement utile aux habitants de cette importante cité, et heureuse pour l'autorité elle-même, qui n'aura plus à apprécier et taxer les facultés de chacun, ni à poursuivre et contraindre les redevables qui, par le mode de remplacement proposé, et paient et apportent eux-mêmes l'impôt d'une manière insensible et presque involontaire.

Il est remarquable que c'est avec une taxe de deux centimes par bouteille de vin, perçus sans frais et aux barrières de la ville, que l'on se débarrasse de deux contributions dont les rentrées étaient si difficiles et si coûteuses.

L'établissement chargé de percevoir les nouvelles taxes marche avec le plus grand succès, et fournit à la ville de Lyon des moyens proportionnés à ses nombreux besoins.

Projet de loi.

Art. 1er. Le remplacement en tout ou en partie du montant du rôle des contributions mobilière et somptuaire de la ville de Lyon, pourra être opéré, à compter de l'an XIV, par le produit d'une perception sur les consommations.

Art. 2. Le mode de perception, adopté pour le remplacement, sera provisoirement exécuté, et présenté en forme de projet de loi au Corps législatif dans le cours de sa prochaine session.

Le Corps législatif arrête que ce projet de loi sera transmis au Tribunat par un message.

L'ordre du jour appelle la discussion du *projet de loi relatif au ressort de la cour d'appel de Liége.*

Les orateurs du Gouvernement et ceux du Tribunat sont introduits.

M. **Mouricault,** *rapporteur de la section de législation.* Messieurs, la réunion qui vous est aujourd'hui proposée, du département de la Roër au ressort de la cour d'appel séant à Liége, aurait vraisemblablement eu lieu dès le principe, si les circonstances l'eussent permise.

Mais quand les tribunaux actuels furent organisés la loi du 27 ventôse an VIII, quand il fut ule établi à Liége notamment un tribunal d et dont le ressort est composé des trois dé- v ents de l'Ourthe, de Sambre-et-Meuse et de inférieure, le département de la Roër, qui venait aussi bien qu'eux à cet arrondissement, t pas encore incorporé à la France. Ce dé-

partement et ceux de Rhin-et-Meuse, du Mont-Tonnerre et de la Sarre, connus à cette époque sous la dénomination des *quatre départements de la rive gauche du Rhin,* et qui s'étendent depuis celui du Bas-Rhin jusqu'à la frontière batave, étaient possédés par la France, mais régis séparément par une administration provisoire.

Ce n'est que par une loi du 18 ventôse an IX qu'il fut expressément déclaré que ces quatre département faisaient partie intégrante du territoire français. Les tribunaux n'y ont même été définitivement organisés, à l'instar de ceux du reste de l'Empire, que par un arrêté du Gouvernement du 14 fructidor an X.

Or, comme jusqu'alors ces quatre départements avaient été réunis dans l'administration provisoire, on ne les sépara pas pour la justice; on leur donna un tribunal commun d'appel.

Ce tribunal fut établi à Trèves, chef-lieu du département de la Sarre, parce que Trèves se trouve à peu près vis-à-vis du centre de la ligne que forment les trois autres départements riverains du Rhin ; et parce que Trèves, placé dans l'intérieur comme le département dont il est le chef-lieu, et par cette position plus éloigné des mouvements de la guerre, offrait au tribunal une résidence plus sûre et plus paisible.

Mais on a bientôt reconnu, pour le département de la Roër, les inconvénients résultant de ce choix.

Le département dont Trèves est le chef-lieu ne touche en effet au département de la Roër que par la limite intérieure de celui-ci vers le sud-est ; et ce département de la Roër se prolonge tellement vers le nord-ouest, que Clèves, qui en dépend et qui est placé à cette autre extrémité, se trouve à 77 lieues de Trèves. Il existe d'ailleurs, entre Trèves et le département de la Roër, des montagnes qu'il est toujours difficile et souvent impossible de franchir. Or on compte dans ce département plus de 500,000 habitants ; de sorte qu'une population nombreuse, près de la moitié au total de celle des quatre départements de la rive gauche du Rhin, n'a point à sa proximité ou quelquefois ne peut pas aborder la cour d'appel dont elle relève.

Il en est résulté de nombreuses réclamations qui ont fixé l'attention de l'Empereur, comme toutes celles importantes qu'il cherche et qu'il lui-même s'est fait un devoir constitutionnel.

De là, Messieurs , le projet de loi qui vous est proposé , projet qui distrait le département de la Roër du ressort de la cour d'appel de Trèves, pour l'unir au ressort de la cour d'appel de Liége.

Cette disposition vaut mieux que celle qui eût transféré le tribunal de Trèves à Coblentz comme la proposition en avait été faite; parce qu'il n'y a pas de motif pour dépouiller Trèves de cette cour ; parce que Coblentz est sur l'extrême limite de l'Empire; parce que si cette ville est au milieu de la ligne prolongée que forment les quatre départements le long du Rhin, elle se trouve trop éloignée du moins des deux extrémités de cette ligne; enfin parce que l'inconvénient de la difficulté des passages existerait encore à l'égard des justiciables du département de la Roër, relativement à Coblentz.

Par la mesure proposée, au contraire, d'une part la cour d'appel de Trèves conserve l'avantage d'être, comme celle de Liége, établie dans l'intérieur ; d'autre part, le département de la Roër sera plus à portée de ses magistrats , étant beaucoup plus voisin de Liége que de Trèves, et les communications étant plus faciles avec la première ville qu'avec la seconde; d'autre part encore, Trèves conservera une cour d'appel dont le ressort réduit sera mieux arrondi, sans que celui de Liége, avec son extension, le soit plus mal. Enfin l'espèce de ligne de démarcation qui s'était maintenue entre les quatre départements et le reste de l'Empire achèvera de s'effacer.

Mais voici des conséquences de cette mesure auxquelles il fallait pourvoir, et c'est ce que fait le projet.

Premièrement, la cour de Liége, qui n'a été originairement établie que pour trois départements, n'a reçu par la loi du 17 ventôse an VIII que treize juges et un commissaire, et lorsqu'on augmente son ressort d'un département et d'une population de plus de 500,000 âmes, il convient de lui donner une seconde section et un substitut. C'est ce qu'il était aisé de faire presque sans innovation, au moyen de ce que le ressort de la cour de Trèves, qui a deux sections et un substitut, perd ce que le ressort de la cour de Liége acquiert. Aussi le projet porte-t-il (article 2) que la cour de Trèves est réduite à treize juges, et n'aura plus qu'une section, et que le procureur général impérial n'y aura plus de substitut. Et pour que des juges inamovibles ne se trouvent pas en quelque sorte révoqués, il est ajouté (art. 3 et 4) que la cour de Liége, qui désormais aura vingt-trois juges, pour pouvoir se diviser en deux sections, sera composée des treize qui la forment en ce moment, de huit pris dans les vingt-un actuellement existants à Trèves, d'un seul de création nouvelle. Celui-ci est ajouté, pour assimiler la cour de Liége à celles de Lyon, de Riom, de Poitiers et de Grenoble, dans la classe desquelles elle va entrer. Il est dit enfin que le procureur général de la cour de Liége aura un substitut. Par là, toutes les convenances sont observées dans la nouvelle organisation des deux cours.

Deuxièmement, il fallait pourvoir au sort des appels tant existants qu'à interjeter, des jugements des tribunaux de première instance de la Roër, qui passent dans un nouveau ressort. La cour de Trèves ne peut pas plus demeurer saisie de ceux-là qu'elle ne peut l'être de ceux-ci. Mais comme il est juste que ce changement n'entraîne aucuns frais superflus, le projet ordonne (art. 5) que la cour de Liége sera saisie des appels déjà interjetés par une simple citation, et d'après les derniers errements.

Troisièmement, pour que les habitants de la Roër trouvent au chef-lieu du ressort auquel ils vont être unis toutes les pièces qui les intéressent, le projet ordonne (art. 6 et dernier) la translation au greffe de la cour de Liége des minutes, arrêts, titres et pièces existants au greffe de la cour de Trèves, qui peuvent concerner les justiciables de la Roër.

Ainsi le projet a tout prévu; il est raisonnable et juste dans ses dispositions accessoires comme dans celle principale.

Aussi, Messieurs, la section de législation du Tribunat n'a-t-elle pas balancé à en voter l'adoption, et à me charger de vous proposer de la décréter.

La discussion est fermée.

Le Corps législatif délibère sur le projet de qui est décrété à la majorité de ? ches contre 3 noires.

On continue l'élection des questure.

Dans deux scrutins succe

seul qui obtienne la majorité absolue des suffrages. Il est proclamé cinquième candidat par M. le président, qui ajourne à après-demain la séance et la fin de cette élection.

La séance est levée.

CORPS LÉGISLATIF.

PRÉSIDENCE DE M. FONTANES.

Séance du 5 pluviôse an XIII (vendredi 25 janvier 1805).

Le procès-verbal de la séance du 3 de ce mois est adopté.

On procède à l'élection d'un sixième candidat pour la questure.

M. Pémartin ayant obtenu la majorité absolue, est proclamé candidat par M. le président.

L'arrêté suivant est mis aux voix et adopté :

« Le Corps législatif, formé au nombre de « membres prescrit par l'article 90 de l'acte des « Constitutions de l'Empire, du 22 frimaire an VIII, « procède, en exécution des articles 18 et 28 de « celui du 28 frimaire an XII, au choix de six « candidats parmi lesquels Sa Majesté l'Empe- « reur doit nommer deux questeurs en remplace- « ment de ceux sortis par le sort.

« Le résultat des scrutins secrets qui ont eu « lieu successivement dans les séances des 28 « et 29 nivôse dernier, 1er, 2, 3 et 5 pluviôse « présent mois, donne la majorité absolue des « suffrages aux membres du Corps législatif dont « les noms suivent, savoir :

« MM. Méric, Dallemagne, Despallières, Bord, « Lejeas et Pémartin.

« Ils sont proclamés successivement et dans « l'ordre de leur élection.

« Le Corps législatif arrête que cette présenta- « tion sera portée à Sa Majesté l'Empereur par « un message. »

MM. Regnauld et Berlier, conseillers d'État, sont introduits.

M. **Regnauld** (*de Saint-Jean-d'Angély*) présente un *projet de loi relatif à la tutelle des enfants admis dans les hospices*. En voici le texte et l'exposé des motifs.

Motifs.

Messieurs, il est dans la société une classe d'individus, enfants du malheur ou de la pauvreté, de la faiblesse ou du vice, délaissés dès leur naissance, abandonnés dans leurs premiers ans, repoussés du sein de leurs parents, ou orphelins dans un âge encore tendre, qui n'ont de ressource que dans la pitié des âmes généreuses, ou dans la bienfaisance publique.

Ces êtres faibles et misérables, recueillis d'abord dans les hôpitaux, où ils reçoivent les premiers secours, sont suivant leur âge, les lieux et les circonstances, confiés à des nourrices, placés en sevrage chez des habitants de la campagne, élevés dans les maisons publiques même, formés dans leur enceinte à des travaux utiles, placés comme serviteurs chez des citoyens, ou engagés comme apprentis chez des artisans.

Sans doute le nombre de ces êtres infortunés, dont la plupart naquin orphelins, diminuera successivement à m   les mœurs se réfor- nt. que le beso.   ail en ramènera , que l'ordr   t remettra us à leur   sentiments doux   droits dans les   nt plus   mieux troubles avec leurs funestes agitations et leurs trompeuses espérances s'éloigneront de nous davantage.

Mais dans un vaste pays couvert de cités populeuses, et qui compte un grand nombre de prolétaires parmi ses habitants, il y aura toujours des enfants abandonnés.

Sa Majesté a donc dû s'occuper d'assurer leur sort, de créer pour eux, à la place des parents qu'ils ne connurent jamais, ou qu'ils ont perdus, une paternité sociale qui exerçât tous les droits, toute la puissance de la paternité naturelle, et qui en suppléât les soins, la vigilance et la protection. Sous la dernière dynastie, des règlements plus sages que bien observés avaient déféré la tutelle des enfants abandonnés aux administrateurs des hôpitaux, et cette législation s'appliquait plus spécialement aux établissements de la capitale.

Mais dans les provinces, où l'obligation de se charger des enfants abandonnés, des bâtards, était une charge imposée à la féodalité, peu de règles étaient établies ; une grande disparité régnait dans les usages : il y avait, de la part d'un grand nombre de seigneurs, une grande tiédeur dans l'accomplissement de cette partie de leurs devoirs.

Les lois de 1791 imposèrent à l'administration générale le soin de veiller à l'existence et de pourvoir aux besoins des bâtards et des orphelins; les directoires de département et de district en furent chargés.

Depuis, et lorsque les municipalités de canton furent créées, les commissaires du Gouvernement établis près d'elles furent désignés pour tuteurs aux enfants abandonnés.

Lors de leur suppression, par la loi du mois de frimaire an V, nulle loi n'a dit, d'une manière explicite, qui devait leur succéder dans ces fonctions de bienfaisance.

Celle du 28 pluviôse an VIII, article 9, donne à la vérité collectivement aux sous-préfets toutes les fonctions alors exercées par les administrations municipales et les commissaires du Gouvernement.

La difficulté d'exercer convenablement, au milieu des occupations nombreuses de l'administration, la tutelle des enfants abandonnés a généralement éloigné d'eux ces fonctions.

Elles ont été presque partout exercées par les commissions administratives des hospices, par les réunions de gens de bien , dignes d'être offertes en exemple à tous les Etats de l'Europe, par ces hommes qui trouvent le prix de leurs travaux dans leur utilité, de leur dévouement dans la reconnaissance publique, et la récompense de leur zèle dans un éloge du chef de l'Etat.

Mais nulle règle positive n'étant établie , les droits de la tutelle des enfants abandonnés n'étant pas exactement définis, ils n'ont été qu'imparfaitement exercés ; le malheureux ont été moins bien servis, moins efficacement protégés, et l'Etat a perdu comme eux à cette incertitude.

Un habitant de la campagne laisse quelquefois à des orphelins un morceau de champ ou de vigne, qu'il faut affermer ou vendre; un mobilier qu'il faut réaliser, et dont il faut placer et conserver le prix.

Un enfant élevé dans un hospice a eu et aura plus d'une fois encore un héritage plus ou moins considérable à recueillir, et il faut qu'un protecteur fasse valoir ses droits.

Enfin, si ce ne sont pas ordinairement les biens qu'il faut conserver, défendre ou recouvrer, c'est la personne même de l'enfant qu'il faut gouverner, c'est son bien-être qu'il faut préparer.

Au sortir de l'enfance, il est utile de l'engager au service d'un laboureur, ou dans l'atelier d'un artisan, pour qu'il soit assuré d'un moyen d'existence, pour qu'il soit utile à l'Etat et à lui-même, pour qu'il ne soit pas exposé à la misère et à la perfidie de ses suggestions , pour qu'après avoir été en naissant repoussé du sein de ses parents , comme un être à charge, il ne soit pas, dans la force de l'âge , repoussé du sein de la société comme un être dangereux.

Si, à sa majorité, et après avoir appris un métier, un art, une profession , il trouve une occasion de s'établir avec avantage, il faut qu'il puisse obtenir de l'émancipation le droit de se livrer au commerce, d'exercer son industrie.

S'il se destine à porter les armes , s'il veut aller dans nos arsenaux, ou dans nos camps, remplacer l'enfant plus riche et souvent moins heureux, dont une famille craint de confier le sort aux hasards de la guerre , il faut qu'il puisse être autorisé à contracter comme remplaçant.

Il faut, si un établissement convenable s'offre pour lui, que la loi lui permette de disposer de sa personne, que l'autorisation d'un tuteur puisse accélérer, légitimer son mariage , et préparer à sa jeunesse le bonheur, qui fut refusé à son enfance, d'avoir une famille et les jouissances de la tendresse paternelle au lieu de celles de la piété filiale, qu'il ne lui fut pas donné de connaître.

Il faut que cette jeune fille , sortant d'un hospice, soit placée dans une maison où le travail la sauve de la corruption, où le bon exemple la préserve des mauvaises mœurs, où elle trouve un asile sûr pour le temps présent , et où elle acquière, par un apprentissage utile, des espérances pour le temps à venir.

La loi que l'Empereur nous a chargé de vous présenter assure aux enfants abandonnés tous ces avantages.

Un des membres de chaque commission administrative des hospices sera désormais désigné pour tuteur des enfants abandonnés ; il en exercera tous les droits : il en remplira tous les devoirs.

Les autres membres de la commission formeront le conseil de tutelle.

Si l'enfant s'éloigne de l'hospice qui le reçut d'abord, s'il passe dans l'arrondissement d'un autre hospice, il ne sera pas exposé à être loin de celui que la loi aura chargé de le protéger. Son premier tuteur déléguera son pouvoir à un autre qui, plus voisin de l'orphelin, veillera plus aisément et plus utilement sur sa personne.

Le même tuteur sera chargé de la conservation des biens s'il en existe, et le receveur de l'hospice en rendra le compte comme représentant un tuteur onéraire.

Si l'enfant meurt sans héritiers , pendant son séjour à l'hospice, ou lorsque, n'étant pas majeur encore, il est toujours à sa charge et sous sa protection, l'hospice, au lieu du fisc, recueillera comme indemnité son modique héritage.

Si des héritiers se présentent, ils ne recueilleront la succession qu'en acquittant ses charges, c'est-à-dire en remboursant à l'hospice les frais d'entretien , afin que le patrimoine des pauvres ne soit pas diminué, et que les parents qui délaissèrent leur parent malheureux, ne puissent pas jouir du bien qu'ils refusèrent d'administrer , ni succéder sans charges à celui qu'ils ont méconnu aux jours de son abandon.

Cette partie de la loi , Messieurs , contient une

leçon de morale qui aurait pu être plus rigoureuse et plus étendue dans son application.

Mais si toutes les conséquences du principe n'ont pas été déduites, elles n'échapperont pas à l'attention des administrateurs des départements.

Ils veilleront sur l'admission des enfants dans les hospices, devenue trop facile pendant quelque temps.

S'il est de leur devoir de ne pas repousser le véritable enfant du malheur, le véritable orphelin, il ne faut pas non plus accueillir trop légèrement cet autre enfant que la paresse, l'immoralité de son père repousse de sa famille, où il pourrait le nourrir, s'il voulait travailler. Il ne faut pas recevoir l'enfant de cette femme qu'embarrasse la présence de sa jeune fille, et qui l'envoie dans l'asile de l'indigence pour faire plus librement sa maison la retraite du vice.

Il faut, quand la vigilance des administrateurs, trompée d'abord, est ensuite éclairée, qu'ils punissent, du moins en faisant payer les dépenses faites par l'État ou par la cité, les parents qui ont méconnu leurs devoirs, offensé la société et outragé la nature.

La loi que nous vous présentons, Messieurs, est donc utile à la fois par les principes qu'elle contient par les leçons qu'elle donne, par les vues plus étendues qu'elle indique ; et l'humanité, la morale et la justice invoquent également la sanction que Sa Majesté nous a ordonné de vous demander.

Projet de loi.

Art. 1er. Les enfants admis dans les hospices, à quelque titre et sous quelque dénomination que ce soit, seront sous la tutelle des commissions administratives de ces maisons, lesquelles désigneront un de leurs membres pour exercer, le cas advenant, les fonctions de tuteur, et les autres formeront le conseil de tutelle.

Art. 2. Quand l'enfant sortira de l'hospice pour être placé comme ouvrier, serviteur ou apprenti, dans un lieu éloigné de l'hospice où il avait été placé d'abord, la commission de cet hospice pourra, par un simple acte administratif, visé du préfet ou du sous-préfet, déférer la tutelle à la commission administrative de l'hospice du lieu le plus voisin de la résidence actuelle de l'enfant.

Art. 3. La tutelle des enfants admis dans les hospices durera jusqu'à leur majorité ou émancipation par mariage ou autrement.

Art. 4. Les commissions administratives des hospices jouiront, relativement à l'émancipation des mineurs qui sont sous leurs tutelles, des droits attribués aux pères et mères par le Code civil.

L'émancipation sera faite sur l'avis des membres de la commission administrative, par celui d'entre eux qui aura été désigné tuteur, et qui seul sera tenu de comparaître à cet effet devant le juge de paix.

L'acte d'émancipation sera délivré sans autres frais que ceux d'enregistrement et de papier timbré.

Art. 5. Si les enfants admis dans les hospices ont des biens, le receveur de l'hospice remplira, à cet égard, les mêmes fonctions que pour les biens des hospices.

En cas d'émancipation, il remplira celle de curateur.

Art. 6. Les capitaux qui appartiendront ou écherront aux enfants admis dans les hospices, seront placés dans les Monts-de-Piété ; dans les communes où il n'y aura pas de Monts-de-Piété, ces capitaux seront placés à la caisse d'amortissement, pourvu que chaque somme ne soit pas au-dessous de 150 francs ; auquel cas il en sera disposé selon que réglera la commission administrative.

Art. 7. Les revenus des biens et capitaux qui appartiennent aux enfants admis dans les hospices seront perçus, jusqu'à leur sortie desdits hospices, à titre d'indemnité des frais de leur nourriture et entretien.

Art. 8. Si l'enfant décède, avant sa sortie de l'hospice, son émancipation ou sa majorité, et qu'aucun héritier ne se présente, ses biens appartiendront en propriété à l'hospice, lequel en pourra être envoyé en possession à la diligence du receveur et sur les conclusions du ministère public.

S'il se présente ensuite des héritiers, ils ne pourront répéter les fruits que du jour de la demande.

Art. 9. Les héritiers qui se présenteront pour recueillir la succession d'un enfant décédé, avant sa sortie de l'hospice, son émancipation ou sa majorité, seront tenus d'indemniser l'hospice des aliments fournis et dépenses faites pour l'enfant décédé, pendant le temps qu'il sera resté à la charge de l'administration, sauf à faire entrer en compensation, jusqu'à due concurrence, les revenus perçus par l'hospice.

Le Corps législatif arrête que ce projet de loi sera transmis au Tribunat par un message.

L'ordre du jour appelle la discussion du *projet de loi relatif à la diminution des frais de justice en matière criminelle ou de police correctionnelle.*

Les orateurs du Gouvernement et ceux du Tribunat sont introduits.

M. **Duveyrier.** Messieurs, lorsqu'à l'ouverture de votre session, et dans le premier discours émané du trône, le chef glorieux de l'Empire annonça que, quelque étendus qu'aient été les préparatifs de la guerre dans laquelle nous sommes engagés, il ne demanderait à son peuple aucun nouveau sacrifice : l'Europe a pu s'étonner ; mais la France n'a éprouvé que ce sentiment de gratitude et d'admiration qui la lie au plus grand de ses héros, à son libérateur, et elle n'a vu dans cette déclaration magnanime que les immenses ressources du génie et de la sagesse.

En effet, l'inépuisable richesse des bons princes est la réformation des abus, l'économie et le retranchement des dépenses inutiles, l'ordre sévère dans les parties les plus obscures de l'administration, parce que cet ordre fertile et cette économie féconde sont les premiers moyens du crédit qui reproduit sans cesse et multiplie sans mesure toutes les réalités utiles.

La loi dont le projet, Messieurs, est soumis à votre examen et à votre sanction, sera le premier bienfait de cette espèce, la première compensation de ces sacrifices que des besoins extraordinaires et moins de bienveillance attentive auraient pu rendre inévitables.

Elle vient réformer des abus scandaleux dans les développements arbitraires et dispendieux de la procédure criminelle. Elle vient rendre au trésor et à la force publique plusieurs millions, sans surcharge individuelle, sans porter aucune atteinte, même la plus indirecte et la plus légère, à ces règles salutaires qui mettent en équilibre, dans la poursuite des crimes, la garantie de l'innocent et la punition du coupable, la loi sacrée de l'humanité et l'impérieuse loi de la société sociale.

On pouvait croire difficile au premier coup d'œil de traiter ces matières sans devancer imprudemment les discussions réservées aux règles fondamentales du Code criminel, et sans préjuger des principes abandonnés pour quelque temps encore aux recherches de la politique et aux méditations de la sagesse.

Mais aussi, au premier examen, il devient d'une évidence extrême, que les moyens de donner les citations aux témoins et les significations aux accusés, que le choix et l'audition des témoins utiles à la découverte de la vérité, que la faculté pour l'accusé de connaître tout ce qui peut étendre et éclairer sa défense, que la répartition des frais qui doivent être à la charge du trésor impérial ou à celle de la partie civile ; il est, dis-je, de toute évidence que ces objets appartiennent à tous les systèmes de législation, et qu'on ne peut, sans inconséquence et sans injustice, remettre à d'autres temps une épargne toujours urgente pour la nation, sur des points de pure

pratique que l'expérience et la raison doivent soumettre, dans tous les temps et dans tous les systèmes, aux règles qui sont aujourd'hui proposées.

Le devoir du Tribunat était, dans cette circonstance, de seconder les vues générouses, politiques et bienfaisantes qui ont dicté le projet.

Générouses, lorsqu'il s'agit d'augmenter les ressources nationales sans augmenter les charges publiques.

Politiques, lorsqu'il faut que l'action de la justice criminelle conserve dans tous ses mouvements l'assurance et la célérité nécessaires à la garantie sociale.

Bienfaisantes, puisque nous voulons tous que l'accusé le plus obscur et le plus faible reçoive de la société même tous les moyens de se garantir de l'erreur, de l'intrigue et de la puissance.

Tel a été l'unique objet de notre travail, la règle de notre examen et le résultat de ces conférences établies par l'article 95 du sénatus-consulte organique du 28 floréal dernier, et dans lesquelles, en présence de l'illustre chef de la magistrature, deux autorités rivales seulement de zèle et de bonne intention s'expliquent, s'accordent sur les grands intérêts également confiés à leur surveillance réciproque.

Le Tribunat pense que le projet de loi, tel qu'il vous est présenté, Messieurs, balance avec exactitude les résultats de ces combinaisons diverses, et qu'il satisfait pleinement à tout ce qu'exigent ensemble et vos sentiments et vos devoirs.

Quatre articles composent ce projet.

Le premier, relatif aux citations et aux significations, c'est-à-dire à la transmission des actes de la procédure, soit aux témoins, soit aux accusés;

Le second, relatif à l'audition des témoins nécessaires ou seulement utiles à la justification de l'innocent, comme à la conviction du coupable;

Le troisième, relatif à la copie des pièces de procédure, dont la défense de l'accusé exige, ou seulement peut désirer la communication;

Le quatrième enfin, relatif à la répartition des frais du procès entre le trésor public et la partie civile.

On voit que deux articles, le premier et le dernier, doivent être combinés avec l'intérêt social, sous le rapport de la sûreté publique et de l'action de la justice, toujours impuissante, si elle n'est rapide et sûre, contre l'astuce et l'audace des crimes.

Les deux autres, le second et le troisième, doivent être combinés encore avec l'intérêt social, sous le rapport de la sûreté individuelle et de la protection due à tout accusé, même au coupable qui ne peut être légalement convaincu et justement condamné, qu'après avoir épuisé tous les moyens de se défendre.

L'estimable rapporteur du Conseil d'Etat vous a fait le tableau des abus vraiment intolérables, dont le projet poursuit la réformation.

Ce tableau n'est point exagéré, on pourrait lui reprocher même de n'être pas complet. Eh! qui pourrait se flatter de faire une telle énumération, sans omettre une seule des ruses inventées par la cupidité, pour l'intérêt privé, contre l'intérêt public?

Sur le premier article relatif à l'abus des frais de transports des huissiers, porteurs privilégiés des citations et significations, dans toute l'étendue de chaque département, on pourrait ajouter que cette dépense inutile a des résultats d'autant plus exorbitants, que l'abus s'est fondé presque dans tous les tribunaux criminels, sur un prétexte de raison et de nécessité dont la couleur favorable n'admet aucune règle, aucune modération.

C'est encore aujourd'hui par l'innocence, et je dirais presque par la légitimité de l'abus, qu'on combat et qu'on prétend repousser sa réforme.

On pense, on dit encore aujourd'hui avec candeur, que cette dépense de voyages dispendieux et le plus souvent inutiles est le salaire indispensable de deux huissiers attachés à chaque tribunal criminel.

Comment vivront ces deux huissiers, si l'on retranche des profits onéreux sans doute à la chose publique, mais nécessaires à leur existence?

Et si ces deux huissiers ne peuvent vivre, qui fera auprès de chaque tribunal criminel le service des audiences et de l'instruction?

Voilà l'objection dans toute sa force. Le sentiment qui la dicta n'a rien qu'on puisse blâmer; mais c'est un sentiment de bienveillance privée, qui se trompe dans son application.

Mais ce n'est point ici le lieu d'examiner et d'établir les moyens d'existence qui resteront à ces huissiers du tribunal criminel, pourvus, comme les autres huissiers de leur résidence, de tous les droits, de toutes les facultés attachés à leur ministère.

Ici, et devant vous, Messieurs, il suffit d'observer que de telles considérations ne peuvent entrer dans la balance qui pèse les différentes parties d'un système général de législation. Ces calculs et ces motifs ne sont point appelés à régler les finances de l'Etat, ni même les formes de l'instruction criminelle.

L'abus détruit, si ceux qui vivaient de l'abus exercent d'ailleurs des fonctions nécessaires, et s'il est prouvé que le produit de ces fonctions ne suffit point à leur existence, il y sera pourvu. Le Gouvernement est généreux autant que juste : il pourra rétablir le traitement qui fut dans le principe accordé aux huissiers audienciers des tribunaux criminels, ou assurer leur destinée de toute autre manière digne de sa prévoyante sagesse.

Personne ne doute que ce qui sera sur ce point nécessaire et juste, suivant les localités, ne soit accordé.

Ici, et devant vous, Messieurs, un abus découvert, et même avoué, doit être incessamment détruit. L'unique attention du législateur doit être en ce cas de ne point employer, pour la réforme, des moyens qui pourraient avoir d'autres inconvénients, et quelquefois plus graves.

Le moyen indiqué par le premier article du projet de loi est si simple et si naturel, qu'il était aperçu déjà et proposé par tous les hommes sages et désintéressés.

Dans tous les procès criminels, il faut que les témoins soient cités, et que tels actes de la procédure soient signifiés aux accusés.

Mais il n'importe point à la loi, il n'importe point à l'ordre public que ces citations et ces significations soient faites par tel huissier ou par tel autre.

Il importe beaucoup au trésor public qu'elles soient faites le plus économiquement possible.

Et pourquoi faire parcourir à grands frais toute l'étendue d'un département pour porter ces actes, qui peuvent être aussi régulièrement signifiés par les huissiers du domicile, même par les huissiers des justices de paix?

Cette forme n'engagera pas les procureurs généraux à une correspondance plus minutieuse. Les listes des témoins et les significations à faire seront envoyées aux procureurs impériaux, qui seront chargés, chacun dans son arrondissement, de cette distribution et de cette surveillance déjà naturellement liées aux autres fonctions de leur ministère.

Craindrait-on que les huissiers de campagne n'en sussent point assez pour donner réguliérement ces citations et significations?

Le modèle en est connu, il est toujours le même; il est imprimé : l'ignorance elle-même serait suffisamment capable.

Peut-on craindre qu'ils se refusent, ou qu'ils apportent une négligence préjudiciable à l'exercice de ces fonctions nouvelles? Mais chaque citation, chaque signification est payée, et nul ne repousse un travail facile, qui donne un salaire certain.

On admet d'ailleurs comme possible, et même on conseille comme un moyen plus sûr, plus prompt, plus convenable, de faire donner ces citations et ces significations par la correspondance de la gendarmerie.

Le Code des délits et des peines établissait déjà cette faculté. Elle est littéralement répétée dans l'article premier du projet que vous examinez. Ainsi les procureurs-généraux auront le choix, suivant les circonstances et les localités, d'employer les huissiers ordinaires ou les gendarmes, et l'action de la justice criminelle est infailliblement assurée.

Non : la mesure proposée ne pouvait être examinée, comme je l'ai dit, que sous le rapport de la sécurité sociale, et dans la supposition d'un cas extraordinaire, où la répression d'un crime, la capture du coupable, la saisie des pièces de conviction exigeraient le secret autant que la célérité.

Alors les moyens ordinaires ne suffisent plus. Ils sont même moins convenables, parce que l'habitude ou la routine, qui seule anime et règle leurs mouvements, est assez généralement incompatible avec l'énergie, la vivacité et le mystère.

Il fallait prévoir ces cas extraordinaires, et leur appliquer un moyen analogue et efficace.

L'article les prévoit, et leur rend toute la latitude qu'il vient d'enlever à la marche aisée des affaires communes.

Dans ces cas, rares sans doute, mais possibles, le procureur général, le procureur impérial, et même le directeur du jury, chacun en ce qui le concerne, c'est-à-dire tous les magistrats préposés à la poursuite, dans les différents degrés de l'instruction, pourront mander spécialement et aux frais de l'État, à quelque distance que ce soit, l'huissier le plus capable et le plus digne de leur confiance personnelle.

Le projet leur en donne la faculté littérale; et cette exception établie, le premier article n'a rien qui ne mérite une approbation unanime et raisonnée.

L'audition des témoins à la décharge de l'accusé a produit un autre abus fatal dans ses conséquences, et surtout plus onéreux à la fortune publique. Cet abus aurait été plus difficile à apercevoir, et peut-être même inaccessible à la censure, parce qu'il prend sa source dans les plus douces affections des cœurs droits et sensibles, la justice et l'humanité, s'il n'eût pas, d'un autre côté, audacieusement franchi toutes les bornes d'une tolérance possible.

L'accusé doit recevoir de la loi la faculté d'employer tous les moyens qu'il croit nécessaires, ou simplement utiles à sa défense; et lorsqu'il ne compromet, dans l'emploi de ces moyens, que

ses ressources personnelles, aucun modérateur ne peut se placer entre sa volonté, son caprice même, si l'on veut, et sa dépense.

Il peut aller jusqu'à l'insensé et l'absurde, sans que la loi doive y mettre obstacle, parce que la loi n'a point contrainte contre toute disposition libre des propriétés particulières.

Mais lorsque l'accusé, entre ses moyens de fortune et ses moyens de défense, fait intervenir le trésor public pour en payer les frais, alors un autre principe, tout aussi sacré, s'offre à la discussion; un autre intérêt, tout aussi précieux, entre dans la balance.

Alors les dépositaires de la fortune nationale deviennent, pour ainsi dire, parties dans le même procès. Ils ont le droit, que dis-je? ils sont soumis à l'obligation sérieuse de discuter et de circonscrire dans des bornes de justice et de sagesse l'emploi des deniers publics, parce que, lorsqu'il s'agit des contributions nationales, les dépenses folles et les exactions injustes ont le même caractère et la même conséquence.

Alors s'établit nécessairement la balance entre l'intérêt de l'accusé et le double intérêt de la société, à laquelle il importe également que l'innocence triomphe et que son trésor ne soit pas dilapidé.

Alors, enfin, s'introduit l'indispensable besoin d'examiner, de peser, de juger, de séparer le juste de l'arbitraire, le raisonnable de l'absurde, le probable de l'impossible, le nécessaire de l'inutile.

Ce principe n'est contesté par personne; et sur l'objet qui nous occupe en ce moment, personne ne prétend que le principe même le plus absolu et le plus favorable à la défense de l'accusé, aille jusqu'à commander sans examen et sans réserve l'audition de tous les témoins indiqués par le désespoir ou le caprice de l'accusé.

Nos lois, j'entends celles que le sentiment de l'humanité a combinées avec le système de la liberté civile; nos lois n'ont pas et n'expriment en aucun lieu cette intention bizarre, excessive et contraire à toutes les notions raisonnables.

Lorsque le Code des délits et des peines a ordonné, par le même article, que les témoins produits par l'accusateur public, la partie plaignante et l'accusé seraient entendus avant l'assemblée du jury de jugement, il n'a compris dans son intention raisonnable que les témoins possibles à trouver et utiles à entendre.

Autrement, l'accusé le plus hardi ou le plus malicieux dans la désignation de ses témoins, trouverait, dans la folie même de sa demande, la suspension de la procédure, l'impossibilité du jugement et l'impunité.

Une telle restriction ne pouvait être exprimée, parce que la conséquence nécessaire d'un principe établi est suffisamment énoncée par le principe lui-même.

Aussi l'excès du mal, au moins dans quelques tribunaux, a déjà produit le remède.

Les listes des témoins indiquées par les accusés sont, le plus souvent, si scandaleusement folles par le nombre, par l'éloignement, par l'inutilité notoire des témoins indiqués, que l'impossibilité de les rassembler ou l'évidente déraison de la dépense, ont naturellement introduit la nécessité de l'examen d'une sage distinction.

De là les procureurs généraux sont restés les juges discrets de l'audition des témoins nécessaires à la découverte de la vérité.

Il ne s'agit aujourd'hui que de légaliser un usage que la raison a déjà trouvé dans les conséquences du principe et de la loi.

On a proposé souvent d'accorder à l'accusé un nombre déterminé de témoins payés par le domaine, et de laisser promener librement dans ce cercle tracé ses volontés et même ses fantaisies.

Mais cette proposition, en apparence raisonnable, a le vice de ne rien faire du tout pour le premier objet qu'on se propose, la défense de l'accusé ; et peu de chose pour le second, l'économie des finances publiques.

Ici, le nombre déterminé serait insuffisant : là, il excéderait tout besoin probable. Là , quatre témoins seraient trop ; ici, vingt-cinq ne seraient point assez.

Une telle limitation choque le principe autant qu'un refus absolu.

Il faut suivre ici les variations infinies de chaque procès criminel. Il faut trouver et saisir ce qui est bien dans chaque circonstance.

Tout ce qui est possible et utile doit être admis. On ne doit rejeter que l'inutile et l'impossible.

Il faut donc, dans cette opération, admettre un examen et un jugement.

Mais qui seront les examinateurs et les juges ? Ceux-là déjà chargés de ce devoir par la nature même de leurs fonctions :

Le magistrat de sûreté, chargé sur la dénonciation ou sur la plainte qu'il reçoit, d'entendre et d'écrire toutes les déclarations, de recueillir tous les renseignements, tous les indices, toutes les preuves qu'il croit nécessaires à la découverte de la vérité ;

Le directeur du jury, chargé de rassembler et d'entendre, avant d'en dresser l'acte d'accusation, les témoins qui n'auraient pas été entendus devant le magistrat de sûreté ;

Le procureur général, qui complète l'instruction devant le tribunal criminel, et chargé de faire entendre, avant l'assemblée du jury de jugement, tous les témoins, même ceux fournis par l'accusé, qui n'auraient pas été entendus devant le magistrat de sûreté ou le directeur du jury ;

Enfin le président du tribunal criminel, dont le pouvoir *discrétionnaire* jusqu'aujourd'hui si sagement exercé, veille sur tous les actes du procès pour l'intérêt seul de la justice et de la vérité.

Lorsqu'on parle des dangers de la haine et de la prévention, l'esprit s'attache à la possibilité trop réelle de trouver dans un dépositaire de l'autorité publique un homme faible, ou méchant, ou corrompu.

Mais il est impossible de concevoir cet abominable complot entre quatre magistrats qui agissent séparément, dont le concours dans le même temps et les mêmes opérations est impossible, et parmi lesquels une surveillance réciproque introduit presque toujours une trop jalouse rivalité.

Voulez-vous cependant prévoir jusqu'à l'excès des perversités humaines ?

Eh bien, voyez intervenir dans cette opération le tribunal tout entier : il est là au moment décisif, au moment de l'examen et des débats ; il est là en présence des jurés et du public ; il entend l'accusateur, la partie publique, l'accusé, ses défenseurs, ses témoins ; il a le droit de tout faire pour assurer la preuve, la conviction et le jugement ; il a le droit de faire appeler et entendre un témoin, plusieurs témoins qu'il estime seulement utiles à la découverte de la vérité, et que la malice ou la négligence aurait écartés.

Point de doute qu'en ce cas les débats ne puissent être suspendus et remis à un autre temps.

Le Code des délits et des peines n'a point été jusques-là ; mais une loi qui ordonnerait de prononcer, sans désemparer, sur la vie d'un citoyen, lorsqu'une preuve nouvelle, lorsqu'un témoin nouveau se découvre nécessaire pour éclairer et assurer le jugement, ne serait qu'une aveugle et formaliste tyrannie.

Qui donc alors pourrait supposer qu'un magistrat, que plusieurs magistrats, chargés successivement de la poursuite et des actes antérieurs de l'instruction, voulussent, au grand jour de l'examen et du jugement, s'exposer à la honte d'une telle réclamation, aux plaintes de l'accusé, aux reproches du tribunal, au blâme des jurés, et à l'indignation publique ?

Nous savons bien que le pouvoir *discrétionnaire* des présidents, établi par l'article 276 de la loi du 4 brumaire, a été jusqu'à présent éminemment utile à la manifestation de la vérité.

Nous savons, et il nous est doux de le dire en cette circonstance, que tous l'ont exercé jusqu'à présent dans leur honneur et conscience, et d'une manière digne d'éloges.

Nous savons encore qu'il était rigoureusement utile pour les hommes instruits en législation d'exprimer dans la loi ce droit de la cour criminelle dont nous venons de parler, puisque ce n'est qu'un attribut essentiel de ses fonctions et de son pouvoir.

Mais le Tribunat a désiré qu'il fût littéralement énoncé pour la dignité de la loi elle-même ; pour éviter tout conflit même improbable entre la cour criminelle et le magistrat spécialement chargé de faire assigner les témoins ; pour tranquilliser toutes les consciences, et surtout pour jeter dans l'âme de l'innocent accusé toute la confiance que donne ce tableau consolateur des juges, des jurés, des défenseurs, du public lui-même, tous réunis au dernier moment pour compléter sa défense, et pour réclamer hautement avec lui la preuve ou le témoin favorable que la haine ou la prévention personnelle avaient cachés.

Ainsi se concilient les deux intérêts qu'il fallait nécessairement balancer : ainsi la défense de l'accusé sera portée au dernier degré de possibilité morale et physique. Ni la puissance arbitraire, ni l'animosité personnelle, ni la négligence, ni le défaut de fortune ne pourront l'en priver. Les finances de l'État y contribueront jusqu'au terme de toute probabilité raisonnable, elles y gagneront au moins, à l'avenir, ce qu'ont jusqu'aujourd'hui dévoré des dilapidations inutiles à la société, à la justice et à l'accusé lui-même.

Le troisième article du projet de loi, relatif aux copies qu'on doit délivrer à l'accusé, n'exige pas d'aussi longs développements.

Il repose sur une vérité manifeste, depuis longtemps reconnue, et dans ce moment même non contredite.

L'article 320 du Code des délits et des peines veut que l'accusé, après son interrogatoire, reçoive gratis, c'est-à-dire aux frais de l'État, copie de toutes les pièces de la procédure.

C'est en écartant avec opiniâtreté l'esprit de la loi, c'est en lui donnant une extension aveugle et littérale, qu'on a porté jusqu'à l'absurde un des premiers monuments que la raison et l'équité aient élevé à la liberté civile.

Le principe et l'esprit de la loi sont qu'on donne copie à l'accusé des actes de la procédure, pour qu'il puisse en avoir connaissance.

De là cette vérité simple que l'intention de la loi n'est pas qu'on donne à l'accusé connaissance des actes qu'il connaît déjà, soit parce qu'ils émanent de lui ou de ses coaccusés, soit parce que la même loi leur en a déjà fait faire une signification entière et littérale.

Les actes de la procédure ayant influence sur le jugement, et par conséquent sur la défense de l'accusé, sont bien connus, et peuvent être facilement désignés.

Ce sont les procès-verbaux constatant le délit, l'acte d'accusation, les déclarations écrites des témoins, les interrogatoires.

Tout le reste consiste en exploits ou ordonnances de forme, toutes écritures du même contexte et d'une indifférence extrême pour l'examen et la découverte de la vérité.

Des quatre pièces nécessaires, deux sont déjà à la parfaite connaissance de l'accusé. L'acte d'accusation lui a été signifié en entier; les interrogatoires s'adressent à sa personne, et les réponses émanent de lui. Nul ne sait mieux que lui ce qu'on lui a demandé et ce qu'il a répondu.

La plus légère attention suffit pour voir clairement que le principe et la loi la plus propice à l'accusé se bornent à vouloir qu'on lui donne copie des procès-verbaux constatant le délit, et des déclarations des témoins écrites soit devant le magistrat de sûreté, soit devant le directeur du jury, soit enfin devant le tribunal criminel, avant le débat.

Il est évident qu'alors tous les accusés, de quelque fortune et condition qu'ils soient, riches ou indigents, puissants ou faibles, ont, à leur connaissance parfaite et dans la faculté la plus absolue de leurs méditations, tout ce qu'ils doivent connaître et méditer pour préparer, diriger et proposer leur défense.

Les plus scrupuleux auraient désiré que l'article du projet, au nombre des copies à délivrer, annonçât littéralement aussi les interrogatoires des coaccusés, lorsqu'un intérêt contraire inspire leurs réponses, lorsqu'ils deviennent accusateurs, ou témoins à charge.

Mais si l'on se pénètre de l'objet véritable de cet article, des termes et de l'esprit dans lequel il est conçu, on voit sur-le-champ la surabondance et l'utilité de cette énonciation.

L'article veut littéralement qu'il soit donné copie des déclarations écrites dans le cours du procès contre l'accusé. Or si, dans le cours du procès, un coaccusé, soit par une dénonciation particulière, soit par ses réponses à l'interrogatoire, déclare ou dépose contre l'accusé, il devient naturellement à son égard témoin à charge; ses déclarations prennent place au nombre de celles dont l'accusé doit avoir connaissance, et nul doute que, dans ce cas, l'article, dans sa lettre et dans son esprit, n'ordonne d'en délivrer copie.

Lorsqu'il y a plusieurs accusés dans le même procès, l'article veut encore qu'une seule copie soit délivrée pour tous les accusés, et cette disposition sage est déjà justifiée par un usage presque universel.

L'article 320 du Code des délits et des peines ne parle que d'un accusé et d'une copie.

C'est encore par une extension arbitraire, et par une conséquence forcée, qu'on est parvenu à croire qu'une copie de la procédure entière était due à chaque coaccusé.

Et cette opinion, il faut bien le dire, a été établie non pas pour l'intérêt de l'accusé, mais contre l'intérêt du trésor public. Car l'abus qu'on poursuit ici consiste moins à donner une copie à

chaque coaccusé qu'à faire payer à l'État autant de copies qu'il y a d'accusés dans le même procès, lors même qu'une seule copie a été délivrée.

Tous les accusés dans un même procès ont assez généralement le même défenseur, ou bien leurs défenseurs associés et solidaires se concertent et se communiquent nécessairement. Aucun d'eux, dans aucun cas, ne demande et ne désire même plusieurs copies de la procédure.

L'abus que nous réformons ici cachait dans son obscurité des résultats effrayants. La déprédation se portait, pour tout l'empire, à des sommes immenses, par la copie des pièces inutiles, par le nombre des copies fictives, et surtout par la perfide fécondité des copistes.

Mais plus le désordre était funeste, plus il était, comme vous voyez, Messieurs, facile à réprimer sans inconvénient.

Le quatrième et dernier article du projet se dégage de toutes les considérations relatives à la défense de l'accusé.

Il a pour objet de faire supporter aux parties civiles les frais d'une poursuite qu'elles ont, pour leur propre intérêt, provoquée, entretenue et dirigée.

Ce principe est, de tous les temps et de tous les pays, ancien et immuable, comme les premières notions d'équité naturelle.

Nos lois antérieures en maintenaient l'exacte exécution.

Les parties civiles répondaient du domaine de tous les frais du procès qu'elles faisaient entreprendre et poursuivre; si depuis ce principe a été non pas inconnu, mais sans application, c'est que dans les formes de notre législation actuelle, et dans l'effervescence de cette vérité, que la poursuite des crimes est en même temps le droit honorable et le devoir rigoureux de la société, les parties civiles ont été cachées sous le nom et sous l'apparence de parties plaignantes.

Et pour ceux auxquels les termes et les dogmes de la législation ne sont pas familiers, il faut bien faire sentir la différence qui peut exister entre un plaignant et une partie civile.

Tout procès criminel commence par une dénonciation ou une plainte.

Sur l'une et l'autre, le ministère public accuse et poursuit.

Le dénonciateur indique le délit et le coupable; mais qu'il signe ou non sa dénonciation, il demeure étranger à la poursuite.

Le plaignant, s'il ne se constitue pas partie civile, abandonne aussi la poursuite et l'instruction au zèle de la partie publique, et attend la condamnation de l'accusé pour demander la réparation et les dommages et intérêts du tort qu'il prétend avoir souffert.

C'est ce qui se pratique communément dans nos formes actuelles.

La partie civile est celui qui, dans la plainte, ou après la plainte, déclare par un acte exprès qu'il se constitue partie civile, c'est-à-dire que, laissant au ministère public seulement le soin de la vindicte sociale, il entend diriger la poursuite, surveiller l'instruction, appeler les témoins, fournir les moyens, provoquer enfin, ou intervenir dans tous les actes de la procédure, jusqu'à la réparation du délit dont il est victime.

Et dans ce cas, n'est-il pas de toute raison que les frais d'un procès soient supportés par celui qui l'entreprend pour son honneur, ou pour son intérêt, et qui s'en attribue l'exclusive direction?

Ces principes sont communs aux procès poursuivis devant les tribunaux correctionnels, et aux procès plus graves jugés par les cours criminelles.

La disposition générale suffit aux premiers dans lesquels l'intérêt social est moins compromis et garantit l'action de la justice.

Mais devant les cours criminelles, et dans la poursuite des crimes qui troublent l'ordre public et menacent la sécurité sociale, il eût été d'une imprudence extrême de confier l'action de la justice et les moyens de la rendre active et sûre, à l'incertitude des facultés d'une partie civile, ou à la fluctuation de ses volontés.

C'est pour cela que, dans ces graves circonstances, le projet oblige la partie publique à faire l'avance des frais de poursuite et d'instruction, sauf le remboursement par ceux qui se seront constitués parties civiles.

Je n'ai pas besoin d'expliquer pourquoi, dans tous les cas, l'article distingue des frais de poursuite et d'instruction les frais d'exécution des jugements.

Parmi les règles les plus certaines du droit public, est celle qui attribue exclusivement à la puissance publique le droit de police et de justice, c'est-à-dire la surveillance, la répression et la punition des crimes. Aucun prétexte, aucun intérêt ne peut détourner l'exercice de ce droit souverain, et le mettre aux mains de la partie civile; celle-ci ne peut pas même conclure à la peine déterminée par la loi. L'exécution du jugement n'est que l'application de la peine prononcée par le jugement : la dignité nationale exige, plus encore que la raison d'équité, que la partie civile reste étrangère même à la dépense de cet acte solennel et social, dont le motif et l'effet lui sont également étrangers.

Au surplus, l'article du projet dont je termine l'examen, se distingue par deux caractères de justice et d'impartialité, qui, au moment même où il a été proposé, l'ont élevé au-dessus de toute contradiction.

Le premier, c'est que, dans tous les cas, les parties civiles auront leurs recours contre les accusés condamnés, pour le remboursement des frais qu'elles auront payés.

Il est bien simple que les accusés non condamnés pourront avoir, au contraire, de réparation ou des indemnités à réclamer contre la partie civile.

Le second, c'est que la disposition elle-même n'a rien de coercitif ni d'obligatoire : elle est purement facultative. Dans tous les cas, les frais ne seront supportés que par ceux qui se constitueront parties civiles. Rien n'oblige à cet acte. L'intérêt personnel peut seul le conseiller. Ainsi, pour éviter le fardeau, il suffit de ne pas vouloir le supporter.

En toutes matières, où le calcul et le sentiment se combinent et se balancent, il est bien rare que les affections du cœur n'arrêtent un moment les opérations de l'esprit.

Ici le calcul peut entraîner : il s'agit de sommes immenses dont le trésor exige l'économie, dont la nation réclame le soulagement. Ici le sentiment peut séduire : il s'agit de la garantie de l'innocent comme de la conviction du coupable.

Mais le calme et l'équilibre se retrouvent à l'instant avec les vrais principes ; et sur les points balancés, les principes ne sont ni obscurs ni variables.

On pourra bientôt encore examiner l'institution que nous avons empruntée de nos voisins, la comparer à nos mœurs, à nos habitudes, à nos institutions, profiter des secours d'une assez longue expérience, ou attendre les leçons d'une expérience nouvelle.

Mais la publicité de l'examen et le droit de défense, ces règles premières, consacrées en 1789 dans la poursuite et le jugement des crimes, par le vœu national, les cahiers des bailliages et les premiers décrets de l'Assemblée constituante seront immuables, comme l'humanité et la justice dont elles émanent.

C'est sous cet aspect que le projet de loi mérite d'être apprécié.

Et s'il a l'avantage brillant de justifier les généreuses paroles de Sa Majesté, d'apporter, sans aucun sacrifice nouveau, une grande amélioration dans les finances de l'État, une augmentation nécessaire dans les moyens de la force publique, il faut encore l'applaudir d'être en même temps la confirmation solennelle des maximes protectrices de la liberté civile.

Les trois sections du Tribunat pensent, Messieurs, que le projet de loi présenté est digne de votre approbation.

Aucun autre orateur ne prenant la parole, la discussion est fermée.

Le projet de loi est mis aux voix et adopté par 194 suffrages contre 56.

La séance est levée.

CORPS LÉGISLATIF.

PRÉSIDENCE DE M. FONTANES.

Séance du 6 pluviôse an XIII (samedi 26 janvier 1805.)

Le procès-verbal de la séance d'hier est adopté.

L'ordre du jour appelle la discussion du projet de loi présenté le 26 nivôse, par M. Regnauld (*de Saint-Jean-d'Angély*),concernant le *sceau de l'État*.

Les orateurs du Gouvernement et ceux du Tribunat sont introduits.

M. **le Président**. La parole est à un de messieurs les orateurs du Tribunat.

M. **Curée**, *orateur du Tribunat*. Messieurs, tous les actes émanés d'une autorité publique doivent se présenter avec un signe public qui soit en quelque sorte le cachet du prince. Ce sceau les légalise ; il forme une partie de leur authenticité ; c'est l'empreinte qui, pour parler ainsi, leur donne cours dans toute l'étendue de l'Empire, et qui de plus les fait reconnaître et respecter au dehors.

Aussi, chez toutes les nations, les sceaux de l'État ont toujours été regardés comme quelque chose de sacré ; les dignités auxquelles ils ont été éminemment attribués, comme les premières dignités de l'ordre civil, et les fonctions relatives au sceau, comme une partie très-importante dans l'administration supérieure ; jusque-là qu'en France les rois eux-mêmes s'étaient réservé de présider au sceau quand ils voulaient.

Sous ce premier point de vue, Messieurs, c'est une sage politique de la part du Gouvernement que de vous proposer, au commencement d'un nouvel ordre de choses, la loi qui consacre définitivement le sceau de l'État.

Celui qui vous est soumis aujourd'hui porte d'un côté pour type l'effigie de l'Empereur assis sur son trône, tenant le sceptre et la main de justice, et de l'autre côté l'aigle impériale reposant sur la foudre, emblème de la sagesse et de la justice, unis au courage, à la magnanimité et à la force irrésistible et victorieuse.

Tel sera donc, Messieurs, aux termes de l'article 1er du projet, le grand sceau de l'État, celui qu'on pourra appeler le sceau impérial, celui qu'offriront les actes émanés de la première, de la grande autorité.

Mais il importe aussi que toutes les autorités aient leur sceau, et que ce sceau prenne un type commun à toutes, et une inscription particulière à chacune d'elles, afin qu'il soit facile de reconnaître, et que ces actes émanent d'un pouvoir public, et quel est le pouvoir public d'où elles émanent. C'est la disposition de l'article 2 du projet de la loi qui attribue à toutes les autorités publiques un sceau portant pour type l'aigle impériale, et pour légende le nom de l'autorité à laquelle il appartiendra.

Tout ce qui est essentiel à la formation du nouveau sceau de l'État nous a paru renfermé dans les deux articles que je viens de vous exposer.

Messieurs, il y a peu de jours que vous avez inauguré dans le sanctuaire des lois la statue du législateur qui, par une volonté ferme, est parvenu à donner à la France un Code civil, et qui auparavant avait sauvé son pays en terminant une longue révolution au moment même où de nouveau elle le menaçait des plus terribles catastrophes. Aujourd'hui, vous pouvez encore rendre cette séance mémorable, si vous adoptez la proposition qui vous est faite d'attacher, et en quelque sorte d'inaugurer l'effigie de Napoléon 1er sur le sceau de l'État, signe auguste sous lequel on verra s'accomplir, j'en atteste le génie de l'Empereur, on verra, dis-je, s'accomplir d'âge en âge, et les grandes destinées du peuple français, et la glorieuse vocation de cette famille que la puissance nationale vient de placer au premier rang des dynasties.

La commission du Tribunat, section de législation, me charge de vous exprimer son vœu pour l'adoption du projet de loi relatif au sceau de l'État.

La discussion est fermée.

Le Corps législatif délibère sur le projet de loi, qui est décrété à la majorité de 216 boules blanches contre 3 noires.

La séance est levée.

CORPS LÉGISLATIF.

PRÉSIDENCE DE M. FONTANES.

Séance du 8 pluviôse an XIII (Lundi 28 janvier 1805).

Le procès-verbal de la séance du 6 pluviôse est adopté.

M. **Nougarède.** Messieurs et chers collègues, M. Bousquet, docteur en droit et ancien syndic de la ville de Montpellier, vous offre l'hommage du premier volume de son explication du nouveau *Code civil.* Parmi les avantages de ce Code, qui a excité tant d'admiration et de reconnaissance, vous aurez remarqué sans doute combien sa publication a ramené tous les esprits vers l'étude des lois, qui était absolument négligée, depuis que de vains systèmes avaient décrié toutes les notions positives et fait dédaigner l'expérience des siècles passés. Il s'est montré alors, dans les points les plus reculés de l'Empire, des lumières qu'une longue obscurité n'avait pu anéantir, qui n'ont plus besoin que de quelques encouragements, et qui doivent particulièrement compter sur l'intérêt des députés qui représentent les départements pour la section des lois. Les travaux des jurisconsultes des départements peuvent être très-utiles pour perfectionner la nouvelle jurisprudence. Ils serviront à l'enrichir d'une multitude de dispositions que les circonstances ou les localités avaient inspirées, et dont un long usage avait démontré la sagesse. Ils nous conserveront tout ce qu'il y avait d'utile dans notre ancien droit coutumier, sans pouvoir reproduire les abus qui en ont provoqué l'abolition, et principalement le dangereux système de sacrifier les principes généraux des lois pour des exceptions qui tendraient à les dénaturer. Le droit français est parvenu à cette époque qui fut si brillante dans la jurisprudence romaine, où les jurisconsultes des provinces l'enrichissaient à l'envi de tout ce qu'il y avait de plus sage dans la législation de tant de peuples, et le préparaient à devenir un jour le droit universel par un consentement volontaire de toutes les nations. Les jurisconsultes de nos anciens pays de droit écrit, plus accoutumés à leurs principes généraux, peuvent surtout concourir puissamment à mériter au droit français la même gloire.

Vous accorderez parmi eux quelque distinction au jurisconsulte qui vous présente l'hommage de ses travaux sur le nouveau Code civil. Il fut longtemps au barreau l'émule de feu M. Crassous (de l'Hérault), qui parut souvent avec succès dans cette tribune, et dont la mémoire sera toujours chère à ses compatriotes et à ses anciens collègues. M. Bousquet a réuni dans cette explication du Code civil les méditations d'une vie laborieuse et les résultats d'une longue expérience des affaires. Aussi, ce qui vous frappera le plus dans son ouvrage, c'est la multitude de questions accessoires qu'il a brièvement résolues et la sage méthode qui réunit constamment, par leur décision, l'expérience des lois anciennes et les principes généraux de chaque matière. Ce mérite, peu commun, paraît devoir assurer à M. Bousquet les suffrages dont il se montre avec raison si jaloux; et je vous propose d'ordonner qu'il sera fait une mention honorable de son ouvrage dans le procès-verbal de vos séances.

Le Corps législatif adopte cette proposition.

MM. Defermon et Galli, conseillers d'État, sont introduits.

M. **Defermon** présente un projet de loi relatif *à l'emploi des créances piémontaises, en paiement de domaines nationaux.* En voici le texte et l'exposé des motifs.

Motifs.

Messieurs, la loi du 5 ventôse an XII, articles 187 et 188, a ordonné que les domaines nationaux des six départements du ci-devant Piémont seraient mis en vente, à la concurrence de 40 millions, et que le prix de ces domaines serait payable en capitaux de la dette constituée de ce pays.

Au moment de l'exécution de cette loi, des observations ont été adressées au ministre des finances, sur la nécessité de donner aux porteurs de droits d'usufruit hypothécaires et autres sur les rentes admises en paiement des domaines nationaux, la garantie de leur propriété, et de faciliter aux tuteurs et administrateurs des propriétaires de rentes leur emploi dans les acquisitions.

Le projet de loi que nous venons vous proposer a pour objet d'atteindre ce double but. L'article 1er reporte sur les acquisitions qui seront faites toutes les charges dont pourraient être grevées les rentes données en paiement.

Cette disposition est conforme à l'équité; elle concilie tout à la fois l'intérêt de l'acquéreur et celui du porteur d'hypothèque.

L'article 2 exempte des formalités ordinaires auxquelles sont assujetties les administrations des biens des pupilles, les tuteurs et administrateurs qui emploi   n acm   ions de domaines nationaux l   udes appartenant à ceux dont ils c   eurs.

Vous reconnaîtrez, Messieurs, la convenance et même la nécessité de cette mesure ; elle est tout entière dans l'intérêt des pupilles, puisqu'elle tend à faciliter pour eux l'emploi de leurs rentes en immeubles, et qu'elle les dispense de formalités qui les constitueraient en frais et en pure perte.

Projet de loi.

Art. 1er. Les biens nationaux qui, d'après la loi du 5 ventôse an XII, seront vendus dans les départements du .Pô, de la Doire, de Marengo, de la Sésia et de la Stura, et payés en créances admissibles en paiement par la même loi, seront grevés de toutes charges dont lesdites créances pouvaient être grevées

Art. 2. Les créances appartenant à des pupilles et autres administrés pourront être employées en acquisitions et paiement desdits domaines, sans que les tuteurs et administrateurs soient tenus de remplir les formalités relatives aux aliénations des biens des pupilles.

Le Corps législatif arrête que ce projet de loi sera transmis au Tribunat par un message.

L'ordre du jour appelle la discussion de deux projets de loi relatifs :

1° A l'aliénation des immeubles affectés aux prytanées.

2° A la perception, au profit de la ville de Paris, d'un droit d'expédition des actes de l'état civil.

Les orateurs du Gouvernement et ceux du Tribunat sont introduits.

M. le Président. La parole est aux orateurs du Tribunat sur le premier projet de loi.

M. Pougeard Du Limbert. Messieurs, nous vous apportons le vœu de la section des finances sur le projet de loi relatif à l'aliénation des immeubles d'abord affectés aux prytanées, et formant aujourd'hui la dotation du prytanée français établi à Saint-Cyr.

Une femme célèbre par les grâces de son esprit, bien plus que par la détresse de ses premières années, parvenue du sein de la plus profonde indigence au faîte des grandeurs, ne pouvait oublier qu'elle était noble ; mais elle se souvint qu'elle avait été pauvre, et Saint-Cyr fut fondé.

Cet établissement, destiné par sa fondatrice à l'entretien et à l'éducation de deux cents jeunes filles comme elle de familles nobles et indigentes, méritait d'intéresser la bienfaisance d'un monarque dont l'amour pour la guerre avait fait beaucoup d'orphelins. Louis XIV affecta à sa dotation une partie des biens que la générosité de nos aïeux avait consacrés à l'entretien de quelques pieux solitaires.

Utile à la pauvre noblesse, cette maison a rempli pendant un siècle sa royale destination. Mais il était impossible qu'une institution consacrée à l'avantage exclusif d'une classe privilégiée, résistât au choc d'une Révolution qui, en proclamant l'égalité des droits, a renversé tous les établissements fondés sur des distinctions de naissance. Saint-Cyr fut évacué en 1792. La plupart des biens affectés à sa dotation furent bientôt vendus ; mais la maison fut conservée.

Dépeuplée, dépouillée et menacée d'une ruine prochaine, elle obtint en l'an VIII un regard du Gouvernement réparateur, dont la main a depuis relevé tant de ruines. Il jugea qu'il fallait lui rendre non pas tout à fait sa destination première, mais une destination conforme à la fois aux sentiments de bienfaisance de la fondatrice, aux besoins présents de la société, et aux principes d'un Gouvernement qui veut et doit récompenser tous les services, et qui, dispensateur impartial des faveurs et des grâces, ne distingue que les talents et les vertus. Une division du prytanée de

la rue Saint-Jacques fut établie à Saint-Cyr au commencement de l'an IX.

Ce rejeton, transplanté sur un sol imprégné des maximes de sagesse et de vertu qui l'avaient fécondé, pendant un siècle, y a déjà poussé de profondes racines, et commence à donner d'heureux fruits. Il forme aujourd'hui la tige unique à laquelle le Gouvernement a conservé le titre exclusif de prytanée français.

Ainsi, après dix ans d'interruption, le temple, consacré par madame de Maintenon à l'instruction gratuite d'une portion de la jeunesse française, a été restitué à sa première destination. Les sexes seuls ont été changés.

Au lieu de trois cents filles issues de pauvres et nobles parents, Saint-Cyr donne aujourd'hui asile à deux cent cinquante fils de braves morts sur le champ de bataille ou victimes de leur fidélité à la loi. L'éducation virile qu'ils y reçoivent sous les yeux de la patrie, devenue leur mère, et sous les auspices du chef auguste de l'État, les prépare à les servir un jour dans les armées ou dans toutes les fonctions civiles, non moins utiles, et souvent aussi périlleuses que celles du guerrier. Heureuse et belle institution où l'État s'enrichit de tout ce dont il s'acquitte, et où semant des récompenses et des bienfaits, il est sûr de recueillir des services et des vertus !

Tout ce qui peut concourir à assurer la perpétuité et la prospérité d'un pareil établissement vous paraîtra sans doute, Messieurs, mériter la faveur particulière du Corps législatif. Nous allons examiner si à ce titre l'on doit attendre cet heureux effet de la loi que vous a proposée le Gouvernement pour l'aliénation des immeubles affectés d'abord aux prytanées, et formant aujourd'hui la dotation du prytanée français.

Les questions à discuter se réduisent à celles-ci :

1° La vente proposée est-elle nécessaire, ou du moins sera-t-elle utile au prytanée ?

2° Le prix qui en proviendra peut-il recevoir un emploi plus avantageux et plus sûr que son remplacement en acquisition de rentes sur l'État ?

3° Enfin le moyen indiqué par le projet de loi, pour remédier à la différence que le temps amène entre la valeur nominale et la valeur réelle des rentes en argent, suffira-t-il pour assurer dans tous les temps au prytanée français tous les revenus nécessaires à ses besoins ?

La section des finances du Tribunat, ayant discuté toutes ces questions, les a résolues pour l'affirmative.

Et d'abord s'il est vrai, comme on n'en peut douter, d'après l'exposé affirmatif des orateurs du Gouvernement, que près de la moitié des immeubles affectés au prytanée français consiste en maisons situées à Paris, on peut dire que l'opinion du Corps législatif et du Tribunat était d'avance fixée sur l'usage à faire de cette portion du patrimoine de cette maison. Elle ne peut, en effet, différer de celle adoptée dans votre dernière session à l'égard des maisons urbaines appartenant aux hospices de Paris, dont l'aliénation avait été autorisée par la loi du 24 pluviôse an XII.

Cette loi n'a été, pour ainsi dire, que la proclamation solennelle d'une vérité depuis longtemps sentie par tous les hommes qui ont pris quelque part à l'administration : c'est que les maisons sont le genre de propriété qui convient le moins aux établissements publics. Leur dépérissement insensible et inévitable, les réparations qu'elles exigent, les non-valeurs auxquelles elles expo_ sent, enfin les détails multipliés de surveillance et d'entretien qu'elles entraînent, en rendent l'administration plus pénible et plus onéreuse que le produit n'en est assuré.

Leur aliénation, conseillée par la nécessité de simplifier l'administration des établissements auxquels elles sont affectées, est surtout commandée par celle de leur procurer des revenus invariables et fixes comme leurs besoins.

On peut en dire autant de tous les bâtiments et des usines.

A l'égard des autres natures de biens en fonds de terres affectés au prytanée français, leur dispersion dans un grand nombre de départements, leurs morcellements, leur éloignement du centre de leur administration en rendent la gestion extrêmement difficile, la surveillance excessivement dispendieuse ou nulle. Il paraît donc également utile de les aliéner.

Cette mesure, conseillée par l'intérêt particulier de l'établissement auquel ces immeubles sont affectés, est encore sollicitée par des considérations d'un ordre supérieur.

La section des finances pense en effet, Messieurs, que dans l'état actuel de la civilisation, où il est devenu facile de doter les établissements publics autrement que en immeubles, la puissance publique doit tendre à faire sortir sans secousse de leurs mains tous ceux qui peuvent encore s'y trouver.

On a depuis longtemps remarqué que ces biens sont les plus mal administrés et les moins productifs. Leur rentrée dans le commerce les ferait bientôt participer aux améliorations qu'on doit attendre de l'impulsion de l'intérêt privé. Elle serait encore utile à l'Etat, en multipliant le nombre des propriétaires, et favorable aux intérêts du trésor public, en le faisant jouir du produit de tous les droits de mutation et d'enregistrement dont l'immobilité de ces domaines les affranchit encore.

Nous ne doutons pas, Messieurs, que cette pensée n'ait déjà été émise dans les conseils de Sa Majesté; et peut-être en reconnaîtrez-vous l'empreinte dans le projet de loi qui vous a été présenté sur la dotation définitive de la Légion d'honneur.

La première rédaction du projet de loi que nous discutons, confidentiellement communiquée à la section des finances, exceptait de la vente, ordonnée par l'article 1er, les bois et forêts qui font partie de la dotation des prytanées français.

Cette exception avait paru sans doute nécessaire pour prévenir l'abus qu'on pourrait faire de la généralité des expressions employées par l'article cité pour se croire autorisé à tout vendre.

Elle pouvait aussi être fondée sur la différence existante pour l'avantage et la sûreté des produits entre la possession des bois et forêts et celle des autres natures d'immeubles. On ne peut en effet méconnaître que la première est exempte de beaucoup d'inconvénients qui rendent l'autre beaucoup plus dispendieuse, et moins productive. Nous les avons déjà énoncées plus haut.

L'exception paraissait donc sagement motivée.

Cependant on ne la retrouve plus dans la rédaction définitive du projet de loi actuellement soumis au Corps législatif. La section, dont nous sommes l'organe, ignore par quelles raisons on l'en a fait disparaître. Mais en se livrant à de nouvelles réflexions sur cet objet, elle est restée elle-même convaincue que l'exception dont il s'agit, inutile à énoncer à l'égard des grandes masses de bois et forêts affectés s'il en est, au prytanée, eût été contraire au but de la loi proposée, si elle eût compris indistinctement tous les bois possédés par cet établissement.

En effet, Messieurs, la section a considéré que les domaines affectés à la dotation d'un établissement public, loin de perdre par cette affectation le titre de *domaines nationaux*, le recevraient de cette affectation même, s'il ne leur eût pas précédemment appartenu. Cette vérité, obscurcie dans les siècles de superstition et d'ignorance, est devenue une maxime de notre droit public; proclamée par la première de nos assemblées nationales, elle a reçu sa plus grande application par le fameux décret du 2 novembre 1789 et par ceux qui l'ont suivi.

Or les lois rendues sur la vente des domaines nationaux ont constamment prohibé celle des bois et forêts de la contenance de 300 arpents et au-dessus, et même celle des bois d'une moindre contenance qui se trouvent situés à une faible distance des grandes masses. Le projet que nous discutons ne contenant aucune dérogation aux lois existantes sur cette matière, lois qui ont été fidèlement maintenues, même dans les temps où la plus folle imprévoyance disposait de la fortune publique, on doit se flatter de la section des finances en conclut qu'on doit être assuré que, malgré la généralité des termes employés par le 1er article du projet, les forêts de 300 arpents, s'il s'en trouve dans la dotation du prytanée, ne pourront pas être mises en vente.

A l'égard des forêts d'une faible contenance, et des bois épars appartenant au prytanée, on peut dire que, si leur possession est moins onéreuse que celles de beaucoup d'autres natures d'immeubles, leur administration n'en exige pas moins des soins très-multipliés et une surveillance qui ne peut utilement s'exercer sur tant de points éloignés. On ne trouve d'ailleurs ni dans l'intérêt public, ni dans l'intérêt privé de l'établissement auquel ils sont affectés, aucuns motifs de les soustraire à une disposition qui doit opérer, en peu d'années, un accroissement énorme et toujours progressif dans les revenus de cette maison.

Ici, Messieurs, j'arrive à la seconde question relative au placement du produit des ventes en rentes sur l'Etat. Qui pourrait douter de l'avantage qui en résultera pour le prytanée?

Cet établissement jouit aujourd'hui d'un revenu d'environ 400,000 fr., qui, par les causes exposées plus haut, s'est réduit, en l'an XII, à moins de 250,000 fr. Ainsi les trois huitièmes du produit de ces immeubles ont été absorbés par les frais d'administration, d'entretien et de réparations dont la plupart se renouvellent chaque année.

Le capital d'un revenu de 400,000 fr., multiplié par 20, terme ordinaire, donnerait pour produit 20 millions. L'on pourrait se flatter que la chaleur des enchères élèverait même au-dessus de cette somme le prix des immeubles à vendre s'ils consistaient tous en biens ruraux; mais comme ils consistent en partie en maisons urbaines, nous croyons devoir partir d'un calcul beaucoup plus faible. Ainsi, en multipliant la somme de 400,000 fr., produit brut des immeubles du prytanée, par le nombre 16, terme moyen entre la première mise à prix à douze fois pour les maisons et usines, et à vingt fois pour les biens ruraux, ainsi que le prescrit la loi du 5 ventôse an XII, on aurait pour produit une somme de 6,400,000 fr.

Ce capital, placé en acquisitions de rentes sur l'Etat à 60 pour cent, taux supérieur au cours actuel, donnera au prytanée un revenu net de 528,000 fr., c'est-à-dire plus que le double de ce qu'il est aujourd'hui.

Mais tant d'avantages présents ne seront-ils pas bientôt affaiblis par la différence que le temps amène insensiblement entre la valeur nominale des rentes en argent et leur valeur réelle. Cette crainte est fondée sans doute; mais la loi a prévu le danger, et les précautions qu'elle a prises suffiront pour l'éviter.

La huitième partie des arrérages de rentes sur l'Etat, dont l'acquisition sera faite par le prytanée, sera employée chaque année comme fonds d'accumulation, en acquisitions successives de nouvelles rentes. Ainsi le prescrit l'article 3 du projet de loi. On doit être sûr que l'exécution religieuse de cette disposition, toujours surveillée par le Gouvernement, fondateur et protecteur du prytanée, préviendra toute diminution sur les revenus de cet établissement. Il y a même tout lieu de croire que l'augmentation progressive de ce revenu suivra toujours, et pourra même devancer celle dont les immeubles sont susceptibles, en proportion du rehaussement du prix des denrées et des autres valeurs commerciales. Ainsi, au moyen d'une disposition dont l'effet infaillible doit être de doubler le montant de la rente dans une période de 160 ans, on peut être sûr que les ressources du prytanée seront dans tous les temps maintenues au niveau de ses besoins.

Au reste, ce n'est point devant le Corps législatif qu'il est permis d'élever des doutes sur la fidélité avec laquelle les rentes sur l'Etat seront toujours acquittées. L'ordre invariable existant dans l'administration du trésor public; la richesse du revenu public qui surpasse treize fois l'intérêt de la dette constituée de l'Etat; la loyauté de la nation et du Gouvernement offrent à cet égard toutes les garanties désirables. Vous avez donné vous-mêmes, Messieurs, dans le cours de votre dernière session, un témoignage solennel de la confiance qu'on doit y avoir, lorsque vous avez décrété la loi relative à l'aliénation des maisons urbaines appartenant aux hospices de Paris, et au placement du prix provenant de ces ventes en acquisitions de rentes sur l'Etat.

Ce que vous avez fait, Messieurs, en faveur des hospices de Paris, vous croirez sans doute devoir le faire en faveur du prytanée; et vous associant aux vues de S. M. L'EMPEREUR pour la prospérité d'un établissement si digne par sa destination de toute la protection du Corps législatif, vous accorderez votre sanction à la loi qui vous est proposée sur l'aliénation des immeubles qui forment sa dotation.

Tel est le vœu de la section des finances du Tribunat, dont nous avons l'honneur d'être en ce moment les organes auprès du Corps législatif.

M. le président s'étant assuré qu'aucun orateur du Conseil d'Etat ni du Tribunat ne se propose de parler sur le projet de loi, la discussion est fermée.

Elle s'ouvre de suite sur le projet de loi.

M. **Davidal**, *orateur du Tribunat (section de l'intérieur)*. Messieurs, le Gouvernement a présenté au Corps législatif un projet de loi dont l'objet est de rendre à la ville de Paris le produit du droit établi sur l'expédition des actes civils, à la charge d'acquitter toutes les dépenses relatives à l'expédition de ces actes.

Je viens, Messieurs, au nom de la section de l'intérieur du Tribunat, vous exprimer son opinion sur ce projet de loi.

Le droit dont il s'agit a été établi par une loi du 3 ventôse an III, qui détermine le mode de constater l'état civil dans la commune de Paris.

Il est perçu par la régie de l'enregistrement au profit du trésor public ; cependant une partie des frais de cet établissement est supportée par la commune, et aux termes de l'article 12 de la loi mentionnée ci-dessus, elle est chargée de la fourniture de tous les registres.

Le produit de ce droit est peu important pour l'Etat, car le salaire des agents et employés forme un objet de dépense presque égale à la recette. Cette recette oblige la régie à une surveillance embarrassante, attendu qu'il faut qu'elle suive ses employés dans les bureaux des municipalités où ils sont confondus avec des agents soumis à une autre autorité et chargés d'un service tout différent ; les attributions de la régie n'ont d'ailleurs aucun rapport avec tout ce qui concerne l'état civil.

Vous observerez en outre, Messieurs, que la loi du 3 ventôse an III n'est applicable qu'à la ville de Paris. Si le droit qu'elle établit est perçu dans quelques endroits, il y tourne au profit des secrétaires de l'état civil, et conséquemment à la décharge des communes qui, sans cette rétribution, se trouveraient obligées d'augmenter le salaire de leurs employés.

Cette différence entre Paris et le reste de l'Empire n'est fondée sur aucun motif de nécessité ni de convenance; il est probable qu'elle n'était point dans l'intention du législateur, et que la loi qui y donne lieu n'était que l'essai d'un système plus général. Sa Majesté n'ayant point pensé qu'il fût avantageux d'établir un pareil système dans tout son ensemble, il paraît naturel de remettre à cet égard Paris dans la même situation que les autres parties de l'Empire, et de rendre à cette ville le produit de ce droit perçu dans ses municipalités, en l'appliquant aux frais de la branche d'administration dont il tire sa source.

Vous avez déjà été instruits, Messieurs, que les frais sont presque égaux à la recette ; mais supposant qu'il y ait quelque excédant, les nécessités de la ville de Paris réclament cette légère ressource, et le zèle des fonctionnaires publics qui en ont en main l'administration méritent que vous leur faciliitez tous les moyens de remplir dignement la tâche qui leur est confiée.

C'est par ces motifs que la section de l'intérieur du Tribunat vous propose l'adoption du projet de loi.

Le Corps législatif ferme la discussion et passe de suite à l'appel nominal sur les deux projets de loi soumis à sa délibération.

Celui relatif à l'aliénation des immeubles du prytanée de Saint-Cyr est décrété à la majorité de 170 boules blanches contre 67 noires.

Celui concernant l'expédition des actes de l'état civil de Paris, à la majorité de 231 contre 3.

La séance est levée.

CORPS LÉGISLATIF.

PRÉSIDENCE DE M. FONTANES.

Séance du 9 pluviôse an XIII (mardi 29 janvier 1805).

Le procès-verbal de la séance d'hier est adopté.

M. Jaubert aîné, défenseur officieux près la cour de cassation, fait hommage au Corps législatif d'un *mémoire en révision des jugements criminels rendus pendant la Révolution française*.

Il sera fait mention de cet hommage au procès-verbal.

MM. Bigot-Préameneu et Treilhard, conseillers d'Etat, sont introduits.

M. **Bigot-Préameneu** présente un projet de loi relatif à *l'attribution aux cours de justice criminelle spéciale du crime de rébellion envers toute force armée.*

En voici le texte et l'exposé des motifs.

Motifs.

Messieurs, le projet de loi que nous sommes chargés de vous présenter a pour objet d'attribuer aux cours criminelles spéciales, établies par la loi du 23 floréal an X, la connaissance du crime de rébellion contre la gendarmerie, ou contre toute force armée agissant sur la réquisition d'une autorité compétente.

Vous vous rappellerez de quels désordres une grande partie de la France était affligée dans le temps où, sous le titre de premier consul, l'Empereur prit les rênes du Gouvernement. Les vagabonds étaient sans nombre; les grandes routes étaient infestées de brigands; des vols et des violences de tout genre avaient répandu la frayeur dans les campagnes; on y voyait s'y multiplier les incendies et des assassinats prémédités par des attroupements armés.

Il n'est maintenant personne qui ne mette au nombre des bienfaits les plus signalés rendus à la France, les mesures prises par la loi du 18 pluviôse an IX, pour faire cesser des maux aussi funestes et alors aussi incalculables dans l'avenir. Des tribunaux furent établis pour connaître spécialement de ces crimes, et la forme d'y procéder fut réglée de manière que les accusés et la société eussent respectivement une garantie suffisante.

Bientôt, Messieurs, vous avez recueilli le fruit de la sagesse qui vous avait fait adopter cette loi. Les tribunaux se sont conciliés, par leur humanité autant que par leur inébranlable fermeté, l'estime et la reconnaissance publiques, en même temps qu'ils ont frappé d'épouvante les brigands les plus redoutés. On peut regarder comme presque entièrement complet le rétablissement de l'ordre public : les campagnes offrent, comme dans leur ancien état, le spectacle des travaux paisibles de l'agriculture et du bonheur qui les accompagne. Mais plus à cet égard les succès du Gouvernement ont été heureux, et plus il doit s'occuper avec soin de prévenir le retour des anciens désordres.

On n'a point à craindre de voir s'altérer ou se refroidir le dévouement des cours criminelles spéciales; mais en même temps on doit reconnaître que si la punition des crimes par les tribunaux est un des plus grands moyens de les prévenir, ce moyen lui-même ne peut être assuré que par le concours d'une force armée qui mette, pour atteindre les coupables, un zèle à toute épreuve. Il faut des hommes qui ne craignent point de s'exposer jour et nuit pour livrer à la justice des gens qui leur opposent toute la résistance dont sont capables des scélérats, lorsqu'ils ont à sauver leur vie.

Non-seulement cette force armée concourt aussi d'une manière essentielle à la punition des crimes, mais encore elle produit, par la seule crainte que sa vigilance inspire, l'heureux effet de disperser des bandes de brigands, et de les mettre ainsi dans l'impuissance de continuer leurs attentats.

Lorsque par cette crainte on obtient non-seulement que les plus grands crimes aient cessé de se commettre, mais encore que de nouveaux brigands ne puissent ou n'osent se former, ce moyen de tarir le mal dans sa source, sans avoir une souvent besoin de recourir à l'appareil ~~des échafauds, doit être regardé comme~~ damentale de la tranquillité publ~~ique~~

Il n'est aucun autre moyen ~~~ que celui de donner aux ge~~~ prévoyance de la loi et dans ~~~ Gouvernement, la garantie do ~~~

pour l'exercice de leurs fonctions. Les personnes conduites ou détenues par eux sont sous la garde de la loi même; ils sont les dépositaires les plus indispensables, et conséquemment les plus sacrés de la police judiciaire, civile ou militaire. Enlever de leurs mains les personnes confiées à leur garde, est un attentat contre l'autorité publique. Employer pour ces enlèvements des armes meurtrières, assaillir les gendarmes par des coups qui leur causent la mort ou qui les y exposent, c'est un genre d'assassinat dont les conséquences sont tellement à craindre, que l'ordre social en serait ébranlé s'il restait impuni. Une telle impunité anéantirait sans retour la terreur qu'ils doivent inspirer, lors même qu'ils ne sont pas présents, ou sans qu'ils aient besoin d'employer leur force. Pour la maintenir, cette terreur salutaire, il faut que les méchants ne puissent pas être encouragés par un seul exemple de violences ou de voies de fait contre la gendarmerie, sans que les coupables en aient subi la peine.

Mais lorsque sur un grand nombre de points de l'Empire, il se trouve des gens assez audacieux et assez pervers pour attaquer les gendarmes dans leurs fonctions, lorsqu'il est constant que plusieurs ont été tués, que d'autres ont été blessés plus ou moins grièvement, lorsqu'en même temps les coupables reconnus et dénoncés par eux à la justice n'ont point été condamnés, il n'est personne qui ne soit effrayé d'un désordre dont les progrès seraient aussi rapides que funestes; il n'est personne qui ne reconnaisse qu'en laissant dépérir ou s'affaiblir la force qui seule peut s'opposer aux méchants, et les mettre sous la main de la loi, c'est leur livrer la société entière; le Gouvernement s'est ainsi vu dans la nécessité de rechercher la cause d'un aussi grand mal, et le remède que l'on doit y porter.

On a observé que le crime de rébellion contre la gendarmerie est de la nature de ceux dont la connaissance a été attribuée, par la loi du 18 pluviôse an IX, à des tribunaux spéciaux. C'est dans les campagnes, c'est sur les routes publiques, que cette loi a voulu rétablir la sûreté; c'est là que les scélérats ont plus de facilité à commettre leurs crimes, c'est aussi là qu'ils ont plus d'audace, parce que les témoins y sont moins nombreux, parce que ces témoins sont plus faciles à intimider par la crainte des vengeances, ou enfin parce qu'ils trouvent dans le pays où ils ont leurs habitudes des parents ou d'autres appuis. Les moyens qu'ils avaient d'écarter les témoins étaient employés par eux avec autant de succès à l'égard des jurés; et le nombre toujours croissant des crimes et des procédures terminées sans condamnations n'offrait qu'un spectacle scandaleux, et devenait pour les scélérats une sorte d'encouragement. L'institution des jurés a été suspendue à l'égard de ces crimes, et la connaissance en a été attribuée à des juges revêtus d'une dignité imposante, et qui d'ailleurs sont au-dessus de toute crainte, soit par leur habitation dans les villes, soit par la fermeté qui doit constituer le caractère du magistrat. Cette forme de procéder a fait cesser le désord~~re~~ ~~~ ne saurait, après d~ semblables résultats ~~~ des doutes ni sur ~~~ cause du mal, n ~~~ e.
~~~ également é ~~~ t ce qui vient
~~~ des crime ~~~ oyen de la
~~~ uviôse a~ ~~~ violences
~~~ fait c~ ~~~ e. C'est
~~~ pa~ ~~~ utes

cun autre secours que celui de sa propre force ; c'est là qu'elle est le plus exposée aux enlèvements par violence ; enlèvements auxquels ont le plus grand intérêt des complices, et en général tous ceux qui sont parents des personnes détenues, ou qui leur tiennent par d'autres rapports; c'est là que ceux qui ont assez de témérité pour se porter à de pareils excès et pour s'exposer aux peines sévères dont la loi les punit, ont aussi les mêmes moyens d'intimider les témoins et les jurés.

Il s'agit donc ici d'un mal de nature absolument semblable à celui contre lequel on a employé, en l'an IX, le seul remède qui ait pu réussir: il ne peut donc y avoir aucune incertitude sur la nécessité de l'appliquer.

La nature du crime de rébellion contre la gendarmerie a de tels rapports avec ceux dont la loi du 18 pluviôse an IX donne la connaissance aux tribunaux spéciaux , qu'il semble au premier coup d'œil que ce crime de rébellion pourrait y être regardé comme implicitement compris dans les expressions générales d'*assassinats préparés par des attroupements armés*. Mais une pareille interprétation ne pouvait être admise : une loi pénale doit être formelle et précise dans l'énonciation du délit comme dans l'énonciation de la peine : les violences et les voies de fait contre les gendarmes peuvent être assimilées à des assassinats prémédités, en ce que ces militaires se défendent au péril de leur vie, et que les scélérats qui se réunissent pour les attaquer avec des armes sont présumés avoir eu le dessein de porter les excès jusqu'à la mort même. Mais les violences et les voies de fait que l'on a besoin de réprimer, présentent un caractère, un but et des modifications autres que le crime ordinairement désigné sous le nom d'assassinat prémédité. Ces violences peuvent être exercées sans armes; elles peuvent l'être avec armes, mais sans attroupement, et même par une seule personne : elles peuvent avoir été accompagnées de blessures plus ou moins dangereuses; il est même possible que, suivant les circonstances, il n'y ait pas eu intention de tuer ni de blesser, et que néanmoins le crime de rébellion soit encore très-grave. Ce crime ne pouvait donc pas être regardé comme étant au nombre de ceux énoncés dans la loi du 18 pluviôse an IX ; et quoique les mêmes raisons eussent dû l'y faire comprendre, il n'en est pas moins nécessaire de déclarer, par une loi expresse, que l'attribution donnée, en l'an IX, à des tribunaux spéciaux, s'étend à la connaissance des violences et voies de fait contre la gendarmerie ; il n'est pas moins nécessaire de spécifier ce crime de manière que la peine prononcée par le Code pénal reçoive facilement son application ; il ne peut rester aucune difficulté en rappelant, comme on le fait dans l'article 1er de la loi proposée, les articles du Code pénal où sont énoncées les circonstances auxquelles s'appliquera l'attribution donnée aux tribunaux spéciaux, en même temps que les juges y trouveront exprimée la peine qu'ils doivent prononcer. Les juges n'oublieront point qu'il ne s'agit ici que de régler la compétence, et que si on n'a point, dans la loi actuelle, compris d'autre cas, tel que celui de l'article premier du même titre du Code pénal, tous les délits du même genre n'en doivent pas moins être poursuivis; mais alors ce doit être par la procédure ordinaire devant les jurés.

La violence avec des armes entraîne des peines beaucoup plus graves que dans le cas où ceux qui l'exercent ne sont pas *armés* ; il fallait que les juges trouvassent, dans la loi, une explication précise de ce que l'on doit entendre par cette expression : déjà elle est définie dans une loi du 13 floréal an XI, relative au jugement des contrebandiers, loi qui fait mention des porteurs d'armes en évidence ou cachées, telles que fusils, pistolets et autres à feu, sabres, épées, poignards, massues et généralement tous instruments tranchants, perçants ou contondants Il y est expliqué qu'on n'y considère pas comme armes les cannes ordinaires, sans dards ni ferrements, ni les couteaux fermants et servant habituellement aux usages ordinaires de la vie. Cette définition et cette explication si nécessaires pour que l'on ne puisse pas supposer contre les prévenus une circonstance aggravante qui n'existerait pas, ne se trouvant que dans cette loi qui est particulière pour le crime de contrebande, il était nécessaire de les consacrer aussi dans la loi proposée.

La garantie donnée par cette loi à la gendarmerie devait également, et par les mêmes motifs, s'étendre à toute autre force armée agissant sur la réquisition d'une autorité compétente. Cette force armée remplit alors les mêmes fonctions; elle les remplit pour le même but, et peut-être même a-t-elle, plus que les gendarmes, le besoin d'être protégée, parce que son organisation n'est point aussi imposante.

C'est dans la loi du 18 pluviôse an IX, c'est dans l'analogie entre les crimes qu'elle a voulu réprimer, c'est dans l'heureux succès qu'a eu le remplacement provisoire des jurés par les tribunaux spéciaux que l'on a puisé les motifs de la loi qui vous est proposée. On avait seulement à choisir entre le mode d'organisation de ces tribunaux, réglé par la loi de l'an IX, et le mode adopté pour les tribunaux spéciaux établis par la loi du 23 floréal an X. Cette dernière organisation a dû être préférée. En effet, les tribunaux spéciaux, constitués en l'an X, ont été mis en activité dans tous les départements; au lieu que la formation des tribunaux spéciaux, créés en l'an IX, a été subordonnée au besoin qu'en aurait le Gouvernement. Or il se trouve plusieurs départements dans lesquels ils n'ont point été nécessaires, et où cependant les voies de fait exercées contre la gendarmerie rendent indispensable l'exécution de la loi proposée; il est plus convenable d'employer les tribunaux spéciaux existant dans toute la France, que d'en établir qui n'auraient même pas, dans la répression du crime dont il s'agit, une cause permanente et suffisante d'occupation.

Il restait une mesure à prendre concernant les personnes déjà prévenues de ce crime, et contre lesquelles des procédures auraient été commencées.

On aurait pu, comme on l'a fait, en établissant les tribunaux spéciaux en l'an IX et en l'an X, et par plusieurs autres lois, leur renvoyer toutes ces procédures. Mais il ne s'agit point ici des crimes aussi multipliés que ceux qui ont été l'objet des précédentes lois ; et on n'a point vu que l'intérêt public pût être compromis. en exceptant du renvoi au tribunaux spéciaux les procédures sur lesquelles un jury d'accusation aurait déjà statué.

Tels sont, Messieurs, les motifs de la loi dont je vais avoir l'honneur de vous donner lecture.

Projet de loi.

Art. 1er. Dans les cas prévus par les articles 2, 3, 4, 5, 6, 8, 9 et 10 du titre 1er de la 4e section de la se-

En voici le texte et l'exposé des motifs.

Motifs.

Messieurs, le projet de loi que nous sommes chargés de vous présenter a pour objet d'attribuer aux cours criminelles spéciales, établies par la loi du 23 floréal an X, la connaissance du crime de rébellion contre la gendarmerie, ou contre toute force armée agissant sur la réquisition d'une autorité compétente.

Vous vous rappellerez de quels désordres une grande partie de la France était affligée dans le temps où, sous le titre de premier consul, l'Empereur prit les rênes du Gouvernement. Les vagabonds étaient sans nombre ; les grandes routes étaient infestées de brigands ; des vols et des violences de tout genre avaient répandu la frayeur dans les campagnes ; on y voyait s'y multiplier les incendies et des assassinats prémédités par des attroupements armés.

Il n'est maintenant personne qui ne mette au nombre des bienfaits les plus signalés rendus à la France, les mesures prises par la loi du 18 pluviôse an IX, pour faire cesser des maux aussi funestes et alors aussi incalculables dans l'avenir. Des tribunaux furent établis pour connaître spécialement de ces crimes, et la forme d'y procéder fut réglée de manière que les accusés et la société eussent respectivement une garantie suffisante.

Bientôt, Messieurs, vous avez recueilli le fruit de la sagesse qui vous avait fait adopter cette loi. Les tribunaux se sont conciliés, par leur humanité autant que par leur inébranlable fermeté, l'estime et la reconnaissance publiques, en même temps qu'ils ont frappé d'épouvante les brigands les plus redoutés. On peut regarder comme presque entièrement complet le rétablissement de l'ordre public : les campagnes offrent, comme dans leur ancien état, le spectacle des travaux paisibles de l'agriculture et du bonheur qui les accompagne. Mais plus à cet égard les succès du Gouvernement ont été heureux, et plus il doit s'occuper avec soin de prévenir le retour des anciens désordres.

On n'a point à craindre de voir s'altérer ou se refroidir le dévouement des cours criminelles spéciales ; mais en même temps on doit reconnaître que si la punition des crimes par les tribunaux est un des plus grands moyens de les prévenir, ce moyen lui-même ne peut être assuré que par le concours d'une force armée qui mette, pour atteindre les coupables, un zèle à toute épreuve. Il faut des hommes qui ne craignent point de s'exposer jour et nuit pour livrer à la justice des gens qui leur opposent toute la résistance dont sont capables des scélérats, lorsqu'ils ont à sauver leur vie.

Non-seulement cette force armée concourt d'une manière essentielle à la punition des crimes, mais encore elle produit, par la seule crainte que sa vigilance inspire, l'heureux effet de disperser des bandes de brigands, et de les mettre ainsi dans l'impuissance de continuer leurs attentats.

Lorsque par cette crainte on obtient non-seulement que les plus grands crimes aient cessé de se commettre, mais encore que de nouveaux brigands ne puissent ou n'osent se former, ce moyen de tarir le mal dans sa source, sans avoir aussi souvent besoin de recourir à l'appareil terrible des échafauds, doit être regardé comme base fondamentale de la tranquillité publique.

Il n'est aucun autre moyen de le maintenir, que celui de donner aux gendarmes, dans la prévoyance de la loi et dans la protection du Gouvernement, la garantie dont ils ont besoin pour l'exercice de leurs fonctions. Les personnes conduites ou détenues par eux sont sous la garde de la loi même ; ils sont les dépositaires les plus indispensables, et conséquemment les plus sacrés de la police judiciaire, civile ou militaire. Enlever de leurs mains les personnes confiées à leur garde, est un attentat contre l'autorité publique. Employer pour ces enlèvements des armes meurtrières, assaillir les gendarmes par des coups qui leur causent la mort ou qui les y exposent, c'est un genre d'assassinat dont les conséquences sont tellement à craindre, que l'ordre social en serait ébranlé s'il restait impuni. Une telle impunité anéantirait sans retour la terreur qu'ils doivent inspirer, lors même qu'ils ne sont pas présents, ou sans qu'ils aient besoin d'employer leur force. Pour la maintenir, cette terreur salutaire, il faut que les méchants ne puissent pas être encouragés par un seul exemple de violences ou de voies de fait contre la gendarmerie, sans que les coupables en aient subi la peine.

Mais lorsque sur un grand nombre de points de l'Empire, il se trouve des gens assez audacieux et assez pervers pour attaquer les gendarmes dans leurs fonctions, lorsqu'il est constant que, plusieurs ont été tués, que d'autres ont été blessés plus ou moins grièvement, lorsqu'en même temps les coupables reconnus et dénoncés par eux à la justice n'ont point été condamnés, il n'est personne qui ne soit effrayé d'un désordre dont les progrès seraient aussi rapides que funestes ; il n'est personne qui ne reconnaisse qu'en laissant dépérir ou s'affaiblir la force qui seule peut s'opposer aux méchants, et les mettre sous la main de la loi, c'est leur livrer la société entière ; le Gouvernement s'est ainsi vu dans la nécessité de rechercher la cause d'un aussi grand mal, et le remède que l'on doit y porter.

On a observé que le crime de rébellion contre la gendarmerie est de la nature de ceux dont la connaissance a été attribuée, par la loi du 18 pluviôse an IX, à des tribunaux spéciaux. C'est dans les campagnes, c'est sur les routes publiques, que cette loi a voulu rétablir la sûreté ; c'est là que les scélérats ont plus de facilité à commettre leurs crimes, c'est parce qu'ils ont plus d'audace, parce que les témoins y sont moins nombreux, parce que ces témoins sont plus faciles à intimider par la crainte des vengeances, ou enfin parce qu'ils trouvent dans le pays où ils ont leurs habitudes des parents ou d'autres appuis. Les moyens qu'ils avaient d'écarter les témoins étaient employés par eux avec autant de succès à l'égard des jurés ; et le nombre toujours croissant des crimes et des procédures terminées sans condamnations n'offrait qu'un spectacle scandaleux, et devenait pour les scélérats une sorte d'encouragement. L'institution des jurés a été suspendue à l'égard de ces crimes, et la connaissance en a été attribuée à des juges revêtus d'une dignité imposante, et qui d'ailleurs sont au-dessus de toute crainte, soit par leur habitation dans les villes, soit par la fermeté qui doit constituer le caractère du magistrat. Cette forme de procéder a fait cesser le désordre. On ne saurait, après de semblables résultats, élever des doutes ni sur la cause du mal, ni sur le remède.

Il est également évident que tout ce qui vient d'être dit des crimes réprimés au moyen de la loi du 18 pluviôse an IX s'applique aux violences et aux voies de fait contre la gendarmerie. C'est aussi dans les campagnes, c'est sur les routes publiques qu'elle fait son service le plus ordinaire, c'est là qu'elle ne peut compter sur aucun autre secours que celui de sa propre force ; c'est là qu'elle est le plus exposée aux enlèvements par violence ; enlèvements auxquels ont le plus grand intérêt des complices, et en général tous ceux qui sont parents des personnes détenues, ou qui leur tiennent par d'autres rapports; c'est là que ceux qui ont assez de témérité pour se porter à de pareils excès et pour s'exposer aux peines sévères dont la loi les punit, ont aussi les mêmes moyens d'intimider les témoins et les jurés.

Il s'agit donc ici d'un mal de nature absolument semblable à celui contre lequel on a employé, en l'an IX, le seul remède qui ait pu réussir: il ne peut donc y avoir aucune incertitude sur la nécessité de l'appliquer.

La nature du crime de rébellion contre la gendarmerie a de tels rapports avec ceux dont la loi du 18 pluviôse an IX donne la connaissance aux tribunaux spéciaux , qu'il semble au premier coup d'œil que ce crime de rébellion pourrait y être regardé comme implicitement compris dans les expressions générales d'*assassinats préparés par des attroupements armés*. Mais une pareille interprétation ne pouvait être admise : une loi pénale doit être formelle et précise dans l'énonciation du délit comme dans l'énonciation de la peine : les violences et les voies de fait contre les gendarmes peuvent être assimilées à des assassinats prémédités, en ce que ces militaires se défendent au péril de leur vie, et que les scélérats qui se réunissent pour les attaquer avec des armes sont présumés avoir eu le dessein de porter les excès jusqu'à la mort même. Mais les violences et les voies de fait que l'on a besoin de réprimer, présentent un caractère, un but et des modifications autres que le crime ordinairement désigné sous le nom d'assassinat prémédité. Ces violences peuvent être exercées sans armes; elles peuvent l'être avec armes, mais sans attroupement, et même par une seule personne : elles peuvent avoir été accompagnées de blessures plus ou moins dangereuses; il est même possible que, suivant les circonstances, il n'y ait pas eu intention de tuer ni de blesser, et que néanmoins le crime de rébellion soit encore très-grave. Ce crime ne pouvait donc pas être regardé comme étant au nombre de ceux énoncés dans la loi du 18 pluviôse an IX , et quoique les mêmes raisons eussent dû l'y faire comprendre, il n'en est pas moins nécessaire de déclarer, par une loi expresse, que l'attribution donnée, en l'an IX, à des tribunaux spéciaux, s'étend à la connaissance des violences et voies de fait contre la gendarmerie ; il n'est pas moins nécessaire de spécifier ce crime de manière que la peine prononcée par le Code pénal reçoive facilement son application; il ne peut rester aucune difficulté en rappelant, comme on le fait dans l'article 1ᵉʳ de la loi proposée, les articles du Code pénal où sont énoncées les circonstances auxquelles s'appliquera l'attribution donnée aux tribunaux spéciaux, en même temps que les juges y trouveront exprimée la peine qu'ils doivent prononcer. Les juges n'oublieront point qu'il ne s'agit ici que de régler la compétence, et que si on n'a point, dans la loi actuelle, compris d'autre cas, tel que celui de l'article premier du même titre du Code pénal, tous les délits du même genre n'en doivent pas moins être poursuivis; mais alors ce doit être par la procédure ordinaire devant les jurés.

La violence avec des armes entraîne des peines beaucoup plus graves que dans le cas où ceux qui l'exercent ne sont pas *armés*; il fallait que les juges trouvassent, dans la loi, une explication précise de ce que l'on doit entendre par cette expression : déjà elle est définie dans une loi du 13 floréal an XI, relative au jugement des contrebandiers, loi qui fait mention des porteurs d'armes en évidence ou cachées, telles que fusils, pistolets et autres à feu, sabres, épées, poignards, massues et généralement tous instruments tranchants, perçants ou contondants Il y est expliqué qu'on n'y considère pas comme armes les cannes ordinaires, sans dards ni ferrements, ni les couteaux fermants et servant habituellement aux usages ordinaires de la vie. Cette définition et cette explication si nécessaires pour que l'on ne puisse pas supposer contre les prévenus une circonstance aggravante qui n'existerait pas, ne se trouvant que dans cette loi qui est particulière pour le crime de contrebande, il était nécessaire de les consacrer aussi dans la loi proposée.

La garantie donnée par cette loi à la gendarmerie devait également, et par les mêmes motifs, s'étendre à toute autre force armée agissant sur la réquisition d'une autorité compétente. Cette force armée remplit alors les mêmes fonctions; elle les remplit pour le même but, et peut-être même a-t-elle, plus que les gendarmes, le besoin d'être protégée, parce que son organisation n'est point aussi imposante.

C'est dans la loi du 18 pluviôse an IX, c'est dans l'analogie entre les crimes qu'elle a voulu réprimer et les nouveaux désordres qu'il faut prévenir, c'est dans l'heureux succès qu'a eu le remplacement provisoire des jurés par les tribunaux spéciaux que l'on a puisé les motifs de la loi qui vous est proposée. On avait seulement à choisir entre le mode d'organisation de ces tribunaux, réglé par la loi de l'an IX, et le mode adopté pour les tribunaux spéciaux établis par la loi du 23 floréal an X. Cette dernière organisation a dû être préférée. En effet, les tribunaux spéciaux, constitués en l'an X. ont été mis en activité dans tous les départements; au lieu que la formation des tribunaux spéciaux, créés en l'an IX, a été subordonnée au besoin qu'en aurait le Gouvernement. Or il se trouve plusieurs départements dans lesquels ils n'ont point été nécessaires, et où cependant les voies de fait exercées contre la gendarmerie rendent indispensable l'exécution de la loi proposée; il est plus convenable d'employer les tribunaux spéciaux existant dans toute la France, que d'en établir qui n'auraient même pas, dans la répression du crime dont il s'agit, une cause permanente et suffisante d'occupation.

Il restait une mesure à prendre concernant les personnes déjà prévenues de ce crime, et contre lesquelles des procédures auraient été commencées.

On aurait pu, comme on l'a fait, en établissant les tribunaux spéciaux en l'an IX et en l'an X, et par plusieurs autres lois, leur renvoyer toutes ces procédures. Mais il ne s'agit point ici des crimes aussi multipliés que ceux qui ont été l'objet des précédentes lois ; et on n'a point vu que l'intérêt public pût être compromis. en exceptant du renvoi au tribunaux spéciaux les procédures sur lesquelles un jury d'accusation aurait déjà statué.

Tels sont, Messieurs, les motifs de la loi dont je vais avoir l'honneur de vous donner lecture.

Projet de loi.

Art. 1ᵉʳ. Dans les cas prévus par les articles 2, 3, 4, 5, 6, 8, 9 et 10 du titre 1ᵉʳ de la 4ᵉ section de la se-

En voici le texte et l'exposé des motifs.

Motifs.

Messieurs, le projet de loi que nous sommes chargés de vous présenter a pour objet d'attribuer aux cours criminelles spéciales, établies par la loi du 23 floréal an X, la connaissance du crime de rébellion contre la gendarmerie, ou contre toute force armée agissant sur la réquisition d'une autorité compétente.

Vous vous rappellerez de quels désordres une grande partie de la France était affligée dans le temps où, sous le titre de premier consul, l'Empereur prit les rênes du Gouvernement. Les vagabonds étaient sans nombre; les grandes routes étaient infestées de brigands; des vols et des violences de tout genre avaient répandu la frayeur dans les campagnes; on y voyait s'y multiplier les incendies et des assassinats prémédités par des attroupements armés.

Il n'est maintenant personne qui ne mette au nombre des bienfaits les plus signalés rendus à la France, les mesures prises par la loi du 18 pluviôse an IX, pour faire cesser des maux aussi funestes et alors aussi incalculables dans l'avenir. Des tribunaux furent établis pour connaître spécialement de ces crimes, et la forme d'y procéder fut réglée de manière que les accusés et la société eussent respectivement une garantie suffisante.

Bientôt, Messieurs, vous avez recueilli le fruit de la sagesse qui vous avait fait adopter cette loi. Les tribunaux se sont conciliés, par leur humanité autant que par leur inébranlable fermeté, l'estime et la reconnaissance publiques, en même temps qu'ils ont frappé d'épouvante les brigands les plus redoutés. On peut regarder comme presque entièrement complet le rétablissement de l'ordre public : les campagnes offrent, comme dans leur ancien état, le spectacle des travaux paisibles de l'agriculture et du bonheur qui les accompagne. Mais plus à cet égard le succès du Gouvernement ont été heureux, et plus il doit s'occuper avec soin de prévenir le retour des anciens désordres.

On n'a point à craindre de voir s'altérer ou se refroidir le dévouement des cours criminelles spéciales; mais en même temps on doit reconnaître que si la punition des crimes par les tribunaux est un des plus grands moyens de les prévenir, ce moyen lui-même ne peut être assuré que par le concours d'une force armée qui mette, pour atteindre les coupables, un zèle à toute épreuve. Il faut des hommes qui ne craignent point de s'exposer jour et nuit pour livrer à la justice des gens qui leur opposent toute la résistance dont sont capables des scélérats, lorsqu'ils ont à sauver leur vie.

Non-seulement cette force armée concourt aussi d'une manière essentielle à la punition des crimes, mais encore elle produit, par la seule crainte que sa vigilance inspire, l'heureux effet de disperser des bandes de brigands, et de les mettre ainsi dans l'impuissance de continuer leurs attentats.

Lorsque par cette crainte on obtient non-seulement que les plus grands crimes aient cessé de se commettre, mais encore que de nouveaux brigands ne puissent ou n'osent se former, ce moyen de tarir le mal dans sa source, sans avoir aussi souvent besoin de recourir à l'appareil terrible des échafauds, doit être regardé comme base fondamentale de la tranquillité publique.

Il n'est aucun autre moyen de le maintenir, que celui de donner aux gendarmes, dans la prévoyance de la loi et dans la protection du Gouvernement, la garantie dont ils ont besoin

pour l'exercice de leurs fonctions. Les personnes conduites ou détenues par eux sont sous la garde de la loi même; ils sont les dépositaires les plus indispensables, et conséquemment les plus sacrés de la police judiciaire, civile ou militaire. Enlever de leurs mains les personnes confiées à leur garde, est un attentat contre l'autorité publique. Employer pour ces enlèvements des armes meurtrières, assaillir les gendarmes par des coups qui leur causent la mort ou qui les y exposent, c'est un genre d'assassinat dont les conséquences sont tellement à craindre, que l'ordre social en serait ébranlé s'il restait impuni. Une telle impunité anéantirait sans retour la terreur qu'ils doivent inspirer, lors même qu'ils ne sont pas présents, ou sans qu'ils aient besoin d'employer leur force. Pour la maintenir, cette terreur salutaire, il faut que les méchants ne puissent pas être encouragés par un seul exemple de violences ou de voies de fait contre la gendarmerie, sans que les coupables en aient subi la peine.

Mais lorsque sur un grand nombre de points de l'Empire, il se trouve des gens assez audacieux et assez pervers pour attaquer les gendarmes dans leurs fonctions, lorsqu'il est constant que, plusieurs ont été tués, que d'autres ont été blessés plus ou moins grièvement, lorsqu'en même temps les coupables reconnus et dénoncés par eux à la justice n'ont point été condamnés, il n'est personne qui ne soit effrayé d'un désordre dont les progrès seraient aussi rapides que funestes; il n'est personne qui ne reconnaisse qu'en laissant dépérir ou s'affaiblir la force qui seule peut s'opposer aux méchants, et les mettre sous la main de la loi, c'est leur livrer la société entière; le Gouvernement s'est ainsi vu dans la nécessité de rechercher la cause d'un aussi grand mal, et le remède que l'on doit y porter.

On a observé que le crime de rébellion contre la gendarmerie est de la nature de ceux dont la connaissance a été attribuée, par la loi du 18 pluviôse an IX, à des tribunaux spéciaux. C'est dans les campagnes, c'est sur les routes publiques, que cette loi a voulu rétablir la sûreté; c'est là que les scélérats ont plus de facilité à commettre leurs crimes, c'est aussi là qu'ils ont plus d'audace, parce que les témoins y sont moins nombreux, parce que ces témoins sont plus faciles à intimider par la crainte des vengeances, ou enfin parce qu'ils trouvent dans le pays où ils ont leurs habitudes des parents ou d'autres appuis. Ces moyens qu'ils avaient d'écarter les témoins étaient employés par eux avec autant de succès à l'égard des jurés; et le nombre toujours croissant des crimes et des procédures terminées sans condamnations n'offrait qu'un spectacle scandaleux, et devenait par les scélérats une sorte d'encouragement. L'institution des jurés a été suspendue à l'égard de ces crimes, et la connaissance en a été attribuée à des juges revêtus d'une dignité imposante, et qui d'ailleurs sont au-dessus de toute crainte, soit par leur habitation dans les villes, soit par la fermeté qui doit constituer le caractère du magistrat. Cette forme de procéder a fait cesser le désordre. On ne saurait, après de semblables résultats, élever des doutes ni sur la cause du mal, ni sur le remède.

Il est également évident que tout ce qui vient d'être dit des crimes réprimés au moyen de la loi du 18 pluviôse an IX s'applique aux violences et aux voies de fait contre la gendarmerie. C'est aussi dans les campagnes, c'est sur les routes publiques qu'elle fait son service le plus ordinaire, c'est là qu'elle ne peut compter sur aucun autre secours que celui de sa propre force ; c'est là qu'elle est le plus exposée aux enlèvements par violence ; enlèvements auxquels ont le plus grand intérêt des complices, et en général tous ceux qui sont parents des personnes détenues, ou qui leur tiennent par d'autres rapports ; c'est là que ceux qui ont assez de témérité pour se porter à de pareils excès et pour s'exposer aux peines sévères dont la loi les punit, ont aussi les mêmes moyens d'intimider les témoins et les jurés.

Il s'agit donc ici d'un mal de nature absolument semblable à celui contre lequel on a employé, en l'an IX, le seul remède qui ait pu réussir : il ne peut donc y avoir aucune incertitude sur la nécessité de l'appliquer.

La nature du crime de rébellion contre la gendarmerie a de tels rapports avec ceux dont la loi du 18 pluviôse an IX donne la connaissance aux tribunaux spéciaux , qu'il semble au premier coup d'œil que ce crime de rébellion pourrait y être regardé comme implicitement compris dans les expressions générales *d'assassinats préparés par des attroupements armés.* Mais une pareille interprétation ne pouvait être admise : une loi pénale doit être formelle et précise dans l'énonciation du délit comme dans l'énonciation de la peine : les violences et les voies de fait contre les gendarmes peuvent être assimilées à des assassinats prémédités, en ce que ces militaires se défendent au péril de leur vie, et que les scélérats qui se réunissent pour les attaquer avec des armes sont présumés avoir eu le dessein de porter les excès jusqu'à la mort même. Mais les violences et les voies de fait que l'on a besoin de réprimer, présentent un caractère, un but et des modifications autres que le crime ordinairement désigné sous le nom d'assassinat prémédité. Ces violences peuvent être exercées sans armes ; elles peuvent l'être avec armes, mais sans attroupement, et même par une seule personne : elles peuvent avoir été accompagnées de blessures plus ou moins dangereuses ; il est même possible que, suivant les circonstances, il n'y ait pas eu intention de tuer ni de blesser, et que néanmoins le crime de rébellion soit encore très-grave. Ce crime ne pouvait donc pas être regardé comme étant au nombre de ceux énoncés dans la loi du 18 pluviôse an IX , et quoique les mêmes raisons eussent dû l'y faire comprendre, il n'en est pas moins nécessaire de déclarer, par une loi expresse, que l'attribution donnée, en l'an IX, à des tribunaux spéciaux, s'étend à la connaissance des violences et voies de fait contre la gendarmerie ; il n'est pas moins nécessaire de spécifier ce crime de manière que la peine prononcée par le Code pénal reçoive facilement son application ; il ne peut rester aucune difficulté en rappelant, comme on le fait dans l'article 1er de la loi proposée, les articles du Code pénal où sont énoncées les circonstances auxquelles s'appliquera l'attribution donnée aux tribunaux spéciaux, en même temps que les juges y trouveront exprimée la peine qu'ils doivent prononcer. Les juges n'oublieront point qu'il ne s'agit ici que de régler la compétence, et que si on n'a point, dans la loi actuelle, compris d'autre cas, tel que celui de l'article premier du même titre du Code pénal, tous les délits du même genre n'en doivent pas moins être poursuivis ; mais alors ce doit être par la procédure ordinaire devant les jurés.

La violence avec des armes entraîne des peines beaucoup plus graves que dans le cas où ceux qui l'exercent ne sont pas *armés* ; il fallait

que les juges trouvassent, dans la loi, une explication précise de ce que l'on doit entendre par cette expression : déjà elle est définie dans une loi du 13 floréal an XI, relative au jugement des contrebandiers, loi qui fait mention des porteurs d'armes en évidence ou cachées, telles que fusils, pistolets et autres à feu, sabres, épées, poignards, massues et généralement tous instruments tranchants, perçants ou contondants Il y est expliqué qu'on n'y considère pas comme armes les cannes ordinaires, sans dards ni ferrements, ni les couteaux fermants et servant habituellement aux usages ordinaires de la vie. Cette définition et cette explication si nécessaires pour que l'on ne puisse pas supposer contre les prévenus une circonstance aggravante qui n'existerait pas, ne se trouvant que dans cette loi qui est particulière pour le crime de contrebande, il était nécessaire de les consacrer aussi dans la loi proposée.

La garantie donnée par cette loi à la gendarmerie devait également, et par les mêmes motifs, s'étendre à toute autre force armée agissant sur la réquisition d'une autorité compétente. Cette force armée remplit alors les mêmes fonctions ; elle les remplit pour le même but, et peut-être même a-t-elle, plus que les gendarmes, le besoin d'être protégée, parce que son organisation n'est point aussi imposante.

C'est dans la loi du 18 pluviôse an IX, c'est dans l'analogie entre les crimes qu'elle a voulu réprimer et les nouveaux désordres qu'il faut prévenir, c'est dans l'heureux succès qu'a eu le remplacement provisoire des jurés par les tribunaux spéciaux que l'on a puisé les motifs de la loi qui vous est proposée. On avait seulement à choisir entre le mode d'organisation de ces tribunaux, réglé par la loi de l'an IX, et le mode adopté pour les tribunaux spéciaux établis par la loi du 23 floréal an X. Cette dernière organisation a dû être préférée. En effet, les tribunaux spéciaux, constitués en l'an X, ont été mis en activité dans tous les départements ; au lieu que la formation des tribunaux spéciaux, créés en l'an IX, a été subordonnée au besoin qu'en aurait le Gouvernement. Or il se trouve plusieurs départements dans lesquels ils n'ont point été nécessaires, et où cependant les voies de fait exercées contre la gendarmerie rendent indispensable l'exécution de la loi proposée ; il est plus convenable d'employer les tribunaux spéciaux existant dans toute la France, que d'établir qui n'auraient même pas, dans la réssion du crime dont il s'agit, une cause nente et suffisante d'occupation.

Il restait une mesure à prendre concernant personnes déjà prévenues de ce crime, et lesquelles des procédures auraient été mencées.

On aurait pu, comme on l'a fait, en été les tribunaux spéciaux en l'an IX et en l'au par plusieurs autres lois, leur renvoyer ces procédures. Mais il ne s'agit point ici crimes aussi multipliés que ceux qui ont l'objet des précédentes lois ; et on n'a pu que l'intérêt public pût être comprom ceptant du renvoi au tribunaux spé cédures sur lesquelles un jury d'acc déjà statué.

Tels sont, Messieurs, les motifs je vais avoir l'honneur de vous d

Projet de loi.

Art. 1er, Dans les cas prévus par les
5, 6, 8, 9 et 10 du titre 1er de la 4e s

conde partie du Code pénal, les violences et voies de fait exercées avec armes, ou par deux ou plusieurs personnes, même sans armes, contre la gendarmerie dans l'exercice de ses fonctions, et contre toute autre force armée agissant sur la réquisition d'une autorité compétente, seront jugées exclusivement par les cours de justice criminelle et spéciale, créées par la loi du 23 floréal an X.

Art. 2. Le délit sera commis avec armes lorsqu'il aura été fait avec fusils, pistolets et autres armes à feu, sabres, épées, poignards, massues, et généralement avec tous instruments tranchants, perçants ou contondants.

Ne seront réputés armes, les cannes ordinaires sans dards ni ferrements, ni les couteaux fermants et servant habituellement aux usages ordinaires de la vie.

Art. 3. La poursuite, l'instruction et le jugement auront lieu ainsi qu'il est prescrit par l'article 5 de la même loi.

Art. 4. Tous ceux qui, à l'époque de la présente loi, se trouvent être prévenus du crime ci-dessus mentionné, et sur la prévention desquels un jury d'accusation n'aurait pas encore statué, seront renvoyés sans délai, avec les pièces, actes et procédures, devant les cours de justice criminelle et spéciale qui devront en connaître.

Le Corps législatif arrête que ce projet de loi sera transmis au Tribunat par un message.

L'ordre du jour appelle la discussion du *projet de loi relatif à la prorogation du délai pour la révision des jugements obtenus par des communes, dans les départements de la rive gauche du Rhin.*

M. **Savoye-Rollin**, *orateur du Tribunat.* Messieurs, le projet de loi soumis à votre délibération est le douzième au moins du même genre qui a pour but unique de réprimer les désordres qu'une loi de 1792 a produits. Ainsi le mal qu'il est si aisé de faire, quand on est armé d'un si immense pouvoir, et qu'il se fait toujours avec tant de promptitude, ne se répare jamais qu'avec une extrême lenteur.

L'Assemblée législative, placée au milieu des ruines que lui avait léguées l'Assemblée constituante, n'eut pas même la pensée de s'en servir; elle ne sentit point ce qu'il fallait créer; elle ne vit que ce qui restait à détruire.

Les propriétés communales, les biens qui composaient l'ancien et le nouveau domaine national, les droits d'usage dans les forêts lui offrirent un vaste champ à bouleverser. La législation ancienne, il est vrai, favorisait les seigneurs aux dépens des communes avec une partialité odieuse; mais sur la police des bois, l'ordonnance des eaux et forêts était admirable; l'Assemblée législative, au lieu de rectifier l'un et de respecter l'autre, barra tout; elle voulut, dans une société instituée depuis vingt siècles, remonter à je ne sais quel droit de nature, par lequel tous les biens communaux appartenaient à la généralité des habitants des communes; et sur ce principe, elle fit deux lois, les 14 et 28 août 1792, qui introduisirent dans les propriétés un système d'usurpation si intolérable, et dans les forêts une dévastation si universelle, que la Convention nationale, toute habituée qu'elle était aux expériences téméraires, mais pleine d'une (?)   ? qui manqua co   mment à l'Assemblée ne craignit (?oner une erreur (d'abord (da. g   ?ute, i

ment des droits d'usage dans les forêts, qu'elle les soustrayait à l'empire de la chose jugée; qu'elle les autorisait pendant cinq ans à poursuivre devant les tribunaux la révision des jugements et même des accords et des transactions qui pourraient leur être contraires; et comme si l'on avait redouté que ces faveurs excessives fussent encore infructueuses, une loi du 10 juin 1793 ordonnait que toutes les contestations élevées seraient jugées par la voie de l'arbitrage, sans appel et sans recours en cassation.

Ce qu'il y a de remarquable dans l'esprit qui dictait ces lois, c'est qu'il était contradictoire à lui-même; c'est que ce qu'il faisait en haine de la féodalité lui en conservait la plupart des vices. La féodalité est exécrable parce qu'elle asservit les personnes et les choses; parce qu'elle est un obstacle invincible au bonheur de l'espèce humaine, au développement de ses facultés, aux progrès de l'industrie et de l'agriculture. Mais remettre à des communes une partie des droits qui, dans les mains des seigneurs, frappaient la terre de stérilité et de servitude, ce n'était que transposer les maux de la féodalité et non les détruire. Avec cette législation absurde, on semblait se rejeter dans ces temps barbares où s'établirent les premières communes en France; elles ne sortirent point de l'état d'oppression où les retenait la puissance féodale, par un élan généreux vers des idées de liberté; mais elles achetèrent de nos rois des privilèges qu'elles opposèrent aux privilèges des seigneurs; elles avaient si peu de notion des droits évidents des hommes, qu'elles crurent voir leur affranchissement dans un simple changement de servitude.

Ce que l'ignorance avait produit dans ces siècles reculés, un aveugle esprit de parti le renouvelait, pour ainsi dire, dans la Convention nationale : les communes à qui d'imprudentes lois montraient la double perspective d'hériter d'une portion des droits des seigneurs, et de se partager leurs biens sous le nom qualifiant de communaux, trouvèrent de toute part des arbitres dociles ou intimidés; les usurpations furent innombrables, et comme elles étaient trop scandaleuses pour que les auteurs en espérassent la durée, leur jouissance fut horriblement déprédatrice; la féodalité n'aurait pas causé de plus cruels ravages; et la Convention acquit la triste certitude que la conscience de l'intérêt particulier est rarement émue par la voix de l'intérêt public.

Aussi se détermina-t-elle à rendre une loi, le 7 brumaire an III, qui suspendit provisoirement l'exploitation des bois dont les communes auraient été mises en possession par des sentences arbitrales, et le 29 floréal suivant, elle appliqua la même mesure aux bois rendus aux communes par des arrêtés des corps administratifs ou par des jugements des tribunaux.

Ces deux lois reçurent deux exceptions, l'une que la suspension des exploitations se bornait aux biens qui appartenaient à la nation, ou dans lesquels elle avait un intérêt; et l'autre, que les coupes ordinaires des bois pourraient être exécutées sous la condition que les adjudicataires en verseraient le prix dans les caisses publiques.

Au moyen de ces diverses précautions, on avait mment lié les mains aux détenteurs injustes, enveloppait aussi les possesseurs légi-?ous quel prétexte une législation pro-it-elle souffrir des iniquités d'au-

imposer un terme dans une
VIII.

Elle ordonnait aux communes de produire à l'administration de leur département, dans le délai d'un mois, les jugements par elles obtenus contre la République, et les pièces justificatives; elle prescrivait aux commissaires près les administrations centrales d'interjeter appel de ces jugements que les administrations auraient reconnus susceptibles d'être réformés; elle voulait que ces administrations envoyassent aussi, dans le délai d'un mois, au ministre des finances, avec leur avis et les pièces justificatives, les jugements qu'elles croiraient devoir être maintenus enfin; elle enjoignait au ministre de s'expliquer, dans le délai de deux mois, sur la validité de ces jugements; et, ce délai passé sans opposition formée de sa part, les communes obtenaient leur possession définitive.

Cette loi demeura presque sans exécution, parce que trois vices principaux entravaient sa marche : 1° les délais d'un et deux mois qu'elle prescrivait étaient insuffisants; 2° elle ne prononçait aucune peine contre les communes qui ne se présenteraient pas dans les délais assignés; 3° elle n'exigeait pas les productions des titres de jouissance des communes, lorsqu'elles avaient en leur faveur des sentences d'arbitres, des jugements des tribunaux ou des décisions administratives, tandis que la loi du 29 floréal an III privait également de leur jouissance les communes qui avaient ces sortes de titres.

Une loi du 11 frimaire an IX accorda des délais plus raisonnables à toutes les parties : les communes eurent un délai de six mois pour la production de leurs titres et de leurs pièces justificatives, à peine de déchéance; et le Gouvernement, le délai d'un an, après la remise des pièces, pour faire examiner s'il y avait lieu à la réformation des sentences arbitrales. Ainsi cette loi, qui corrigeait deux vices de la précédente, laissa subsister la troisième, en ne statuant point sur la suspension prononcée par la loi du 29 floréal an III, à l'égard de l'exécution des jugements des tribunaux obtenus par les communes.

La loi du 19 germinal an XI a réparé cette omission : elle fixe le délai d'un an pour l'examen et la révision de ces sortes de jugements.

Ces diverses lois, qui s'enchaînent et se rectifient les unes par les autres, sont encore parvenues à vaincre l'obstination de presque toutes les communes de l'intérieur de l'Empire; il en est encore un certain nombre sur nos frontières qui résistent à l'appel qui leur est fait; les départements du Haut et Bas-Rhin, et les quatre départements de la rive gauche de ce fleuve sont dans ce cas; mais des circonstances qui leur sont particulières expliquent leurs refus.

A l'époque où nos armées ont pénétré dans les quatre départements réunis, presque tous les propriétaires des biens qui appartenaient aujourd'hui à la France transportèrent sur la rive droite du Rhin leurs archives et tous leurs documents; les départements des Haut et Bas-Rhin ont essuyé la même soustraction des titres; la proximité des frontières en a facilité l'enlèvement et la disparition.

Ce sont ces considérations qui avaient déterminé deux lois, des 28 ventôse an XI et 14 ventôse an XII, enjoignant aux communes et particuliers prétendant droit d'usage dans les forêts nationales de déposer leurs titres, dans les six mois, aux secrétariats des préfectures et sous-préfectures. Et comme la peine de la déchéance était attachée à l'injonction, la dernière loi du 14 ventôse

an XII a encore prorogé le délai de six mois pour toutes les communes de l'Empire, et l'a portée à une année pour les départements réunis.

Cette prorogation en leur faveur, pour la communication de leurs titres, doit être également accordée au Gouvernement, qui n'a pas seulement à vérifier les titres qu'on lui produira, mais encore à rechercher ceux qu'on s'obstine à lui cacher et sur lesquels il a des notions.

Tel est, Messieurs, l'objet de la loi qui vous est proposée; elle est une nouvelle preuve de la modération du Gouvernement dans l'exercice de ses droits; et puisse enfin cette loi terminer la lutte qui dure depuis dix ans entre des intérêts privés et un intérêt tout à fait national!

La discussion est fermée.

Le Corps législatif délibère sur le projet de loi, qui est décrété à la majorité de 218 boules blanches contre 7 noires.

· Aucun objet n'étant à l'ordre du jour pour demain, le Corps législatif s'ajourne à jeudi.

La séance est levée.

CORPS LÉGISLATIF.

PRÉSIDENCE DE M. FONTANES.

Séance du 11 pluviôse an XIII (jeudi 31 janvier 1805).

Le procès-verbal de la séance du 9 de ce mois est adopté.

MM. Miot et Defermon, conseillers d'État, sont introduits.

M. **Miot** présente un *projet de loi relatif à l'exemption de contribution foncière pour Ville-Napoléon.* En voici le texte et l'exposé des motifs.

Motifs.

Messieurs, lorsqu'après les longues secousses et les malheurs d'une guerre intestine, un pays rendu par une sage administration à la tranquillité renaît au bonheur et à la prospérité, celui qui opéra cette grande révolution, qui, par la paix, reconquit à la France une de ses plus fertiles provinces, ne s'est pas borné à fermer une blessure qui saignait depuis si longtemps, il a voulu s'occuper des moyens d'empêcher qu'elle ne se rouvrît un jour, et sa pensée, armée de l'expérience du passé, s'assure de l'avenir.

Couvert de bouquets de bois, presque sans communication avec les départements voisins, n'ayant ni grandes routes ni grandes villes, l'intérieur de la Vendée, quoique situé à portée des plus belles parties du territoire de l'Empire, en est presque entièrement séparé. Ni le commerce, ni la curiosité ne le visitent. Isolé de tout, livré entièrement à lui-même, les mœurs, les coutumes de ses habitants n'ont pu recevoir ce mouvement, ces modifications qu'impriment des relations étrangères sans cesse renouvelées : une seule ville, située à l'extrémité méridionale du département, rassemblait les autorités et l'administration; mais hors en quelque sorte du pays dont elle était la capitale, sa position ne lui permettait ni de l'éclairer, ni de le contenir.

C'est à cet isolement que nos ennemis durent en partie l'influence qu'ils exercèrent sur ce sol trop souvent arrosé du sang français; c'est à ces causes qu'il faut attribuer la nuit qui le couvrit, en quelque sorte, pendant plusieurs années, et qui nous déroba si longtemps sa véritable situation, et jusqu'aux événements dont il était le théâtre.

Les premiers besoins du peuple qui l'habite, et dont le courage fut tant de fois égaré, qui se crut pourtant toujours français en servant les ennemis de la France, étaient donc, après la paix, les bienfaits de la civilisation ; il fallait la porter au sein de ses demeures, lui ouvrir de nouvelles carrières à l'ambition et à la fortune, diriger sa force et ses moyens vers l'utilité générale, naturaliser chez lui les arts et le commerce ; et pour parvenir à ce grand résultat, il fallait rattacher par des liens communs les parties éparses d'un territoire qui n'attend que cet heureux changement pour faire valoir tous les biens qu'il tient du climat et de la nature.

Ce que demandait le peuple de la Vendée, l'Empereur l'a fait. Vers le centre du département, une ville nouvelle va s'élever. Autour d'un rocher dont le pied est baigné par la rivière d'Yon, et qu'un vieux château domine, la capitale de la Vendée va naître. Des établissements militaires, une préfecture, des tribunaux, un lycée, des hospices, une salle de spectacle, des promenades publiques sont tracés et se construisent aux frais du trésor public. Les forêts nationales vont fournir les bois nécessaires à ces édifices nouveaux. L'enceinte de la ville, la direction des rues sont déterminées ; des terrains propres à bâtir sont offerts aux spéculations des particuliers, et l'on veut multiplier toutes les facilités qui peuvent appeler l'industrie et l'utile emploi des capitaux.

Déjà la voix publique a donné à la nouvelle cité le nom de son fondateur, et jamais pareil hommage ne fut plus légitime. Ce n'est point ici l'orgueil qui le commande à des peuples vaincus, ou l'arrache à la flatterie pour éterniser un nom que l'histoire n'eut pas conservé ; c'est le prix du plus noble service que le prince puisse rendre aux hommes qu'il gouverne, et la justice et le temps eussent consacré ce titre, si la reconnaissance avait pu négliger de l'offrir.

Après vous avoir exposé, Messieurs, les motifs qui ont déterminé le Gouvernement à transporter le siége des autorités civiles et militaires dans la ville de Napoléon, j'entrerai dans quelques détails sur les avantages qu'offre le choix de cette position ; vous les reconnaîtrez avec moi, et vous vous déciderez ensuite plus facilement à lui accorder la faveur que la loi que je suis chargé de vous présenter doit lui assurer.

L'emplacement qu'occupera la Ville-Napoléon est, comme je l'ai déjà dit, au centre du département : la rivière d'Yon, qui la traverse, communique à une autre rivière qui se jette dans la mer non loin des Sables-d'Olonne, et permet d'y former un port, et d'ouvrir une navigation utile pour l'intérieur du pays et l'exportation de ses productions. A peu de distance passe la grande route de Nantes à Niort et à Poitiers. Un embranchement déjà ordonné va réunir Napoléon à cette route, et placera cette ville sur la communication la plus importante pour elle, et la mettra à peu près à moitié chemin entre les deux villes de Nantes et de Niort. Une autre route s'ouvrira directement de Napoléon sur Angers, en passant par Chollet et par tout le pays qui fut le plus exposé aux malheurs de la guerre.

Ainsi, de deux côtés, la Ville-Napoléon communiquera directement avec la Loire, en allant sur Nantes et sur Angers, et de là à Paris, par une route abrégée et commode ; d'un autre côté avec la mer, et enfin par le quatrième sur la Rochelle, Poitiers, Bordeaux et le midi de la France.

A ces avantages de situation se joignent tous ceux que peut offrir la localité, une rivière, un pays sain, ouvert, et un terrain assez varié pour rendre la ville pittoresque et agréable à habiter.

Favorisée de tant de manières, embellie et peuplée déjà par les établissements publics et par tout ce qu'ils mènent avec eux d'employés et de dépendants, la Ville-Napoléon doit devenir dans peu florissante, et sans doute les terrains qui seront abandonnés aux spéculations particulières trouveront aisément des acquéreurs. Cependant le Gouvernement a cru devoir vous proposer, comme encouragement, une loi qui exemptât de la contribution foncière, pendant quinze années, les maisons, jardins et dépendances, et en général tous les édifices qui seront construits dans l'enceinte de la ville.

Tant de raisons parlent en faveur de cette exemption ; elle est une exception si naturelle aux lois communes ; elle peut si difficilement être réclamée comme exemple et comme une autorisation pour obtenir une semblable faveur, que je pense que vous ne balancerez pas à l'accorder.

Pourtant cette faveur aura une grande influence sur le sort de la nouvelle ville, et vous aurez ainsi contribué, Messieurs, à la fonder, en vous prêtant aux vues du Gouvernement.

D'un autre côté, tant de soins pris pour assurer la prospérité d'un pays que ses malheurs et ses erreurs même semblent placer plus près de nos affections, le conserveront, n'en doutez pas, pour jamais et sans retour à la grande famille dont il fut quelque temps séparé. Déjà, chaque jour, se dissipe la trace des maux qu'il a soufferta, comme nous oublions ceux qu'il nous a causés. Déjà il est un sûr rempart contre notre plus redoutable ennemi ; il le repousse, les armes à la main, et, détrompé des fausses espérances qu'il fit luire jadis à ses yeux, il le repousse dans ses perfides insinuations. Ni l'or, ni le fer des Anglais ne trouvent plus d'accès dans la Vendée ; et ces côtes sur lesquelles tant de fois ils ont déposé leurs perfides émissaires, plus dangereux pour nous que leurs guerriers, ne leur présentent plus aujourd'hui que des ennemis et des boulevards honorés du nom du héros qui a su pacifier et défendre ces contrées.

Venez, habitants de la Vendée, peuplez ces murs nouveaux élevés par ses mains : là, tout vous parlera de votre prospérité, et rien de vos malheurs ; là, ni le souvenir de vos revers, ni celui de vos succès, tous les deux également déplorables, ne viendront se retracer : le présent tranquille, l'avenir plein d'espérance vous consoleront du passé, et votre bonheur paiera le Gouvernement de tout ce qu'il aura fait pour l'assurer.

Projet de loi.

Les maisons, jardins et dépendances, et généralement tous les édifices qui seront construits dans l'enceinte de Ville-Napoléon, département de la Vendée, seront exempts de contribution foncière pendant quinze années consécutives, à compter de l'an XIV.

Le Corps législatif arrête que ce projet de loi sera transmis au Tribunat par un message.

Des orateurs du Gouvernement et du Tribunat sont introduits.

M. **le Président**. La parole est à un orateur du Tribunat.

M. **Leroy** (*de l'Orne*) fait un rapport sur un *projet de loi relatif à la dotation définitive de la Légion d'honneur.*

Messieurs, les électeurs de Paris déposaient dans leurs cahiers, en 1789, ces paroles remarquables : « Il sera établi, par les États généraux, une récompense honorable et civique, purement personnelle et non héréditaire, laquelle, sur leur présentation, sera décernée sans distinction, par le roi, aux citoyens de toutes les classes, qui l'auront méritée par l'éminence de leurs vertus patriotiques ou l'importance de leurs services (1). »

Ainsi, la Légion d'honneur était au nombre des vœux qu'exprimait le peuple français aux beaux jours de sa liberté ! Ainsi, le héros dont la destinée semble avoir été de les réaliser tous, ne fit, en nous donnant une institution honorifique digne du siècle et de lui-même, ne fit, dis-je, que confier à la gratitude de la nation l'exécution des premières vues de sa sagesse.

La loi du 29 floréal an X, qui, en créant la Légion d'honneur, organisa le système des récompenses nationales, plaça toutes les vertus, tous les talents utiles sous la protection de la commune bienveillance. Le projet de loi qui vous est soumis, en constituant définitivement la dotation de la Légion d'honneur, a pour objet de compléter la garantie de cette bienveillance. Le vœu que nous apportons, au nom de la section des finances du Tribunat, est un vœu d'adoption. Je vais tâcher d'en développer les motifs.

La loi qui institua la Légion d'honneur voulut que deux cent mille francs de revenus en biens nationaux fussent affectés à chacune des seize cohortes qui la composent. Un arrêté des Consuls de la République, en date du 23 messidor an X, se proposa d'effectuer cette dotation ; mais, ainsi que l'a dit à cette tribune l'orateur du Gouvernement : « A l'époque où l'on forma cette dotation, « des masses importantes d'immeubles étaient « presque toutes aliénées ; il ne restait plus qu'une « infinité de petits articles en fonds de terre épars, « en biens rentrés par déchéance, en bâtiments qui « n'avaient point encore trouvé d'acquéreurs, en « droits indivis de propriété, en faibles parties de « rentes sur particuliers. On fut même obligé de « chercher le complément du revenu de plusieurs « cohortes dans les départements placés hors de « leurs circonscriptions ; et quelquefois à une « grande distance du chef-lieu. » De là, une administration gênée dans son action comme dans sa surveillance. De là, des frais, des non-valeurs, des produits incertains ; de là, l'impossibilité d'acquitter régulièrement ses engagements ; de là, enfin, le défaut d'équilibre entre les besoins de la Légion et les ressources qui lui avaient été assignées. Tel est le mal, Messieurs, vous en connaissez les causes ; le projet de loi les fait disparaître tous.

Dans le cours de l'an XIII et de l'an XIV, des partages, des licitations, toutes transactions utiles auront affranchi la culture de ses entraves, les revenus des biens de toute espèce de litige, tous les petits lots auront fait place à des immeubles d'une consistance convenable, la matière de l'administration sera mise dans son intégrité sous la main de l'administrateur. Ces dernières opérations s'effectueront au moyen d'échanges et d'acquisitions. Nul doute que dans celles-ci les convenances ne commandent souvent des sacrifices ; mais cette multitude de petits articles qu'on aliénera seront à leur tour dans la convenance des personnes qui les achèteront et qui les rechercheront presque toujours, passez moi le terme, Messieurs, pour arrondir leurs propriétés. On peut donc entrevoir déjà que la balance des revenus se rétablira en partie dans les mains d'une administration active et intelligente ; mais une autre opération est destinée à atteindre et même à dépasser la parfaite compensation.

(1) *Cahiers de Paris, procès-verbal des électeurs de* 1789. Tom. 3, pag. 72, *chapitre Constitution.*

On repoussait comme abusive une régie disséminée ; mais comment espérer, du moins, sans des sacrifices ruineux, trouver à acheter, dans l'arrondissement de chaque cohorte, des biens de la consistance désirée et dans une quantité suffisante pour former la dotation entière ? Le Gouvernement n'a cru pouvoir en rassembler que pour à peu près la moitié. Le projet de loi réduit en conséquence à cent mille francs au moins, à la vérité, le revenu immobilier des cohortes. L'excédant des immeubles nécessaires à cet objet sera aliéné, et le produit des ventes versé dans la caisse d'amortissement, pour être employé en achat de rentes sur l'Etat, au profit de la Légion. C'est ici, Messieurs, que devient sensible l'amélioration que reçoit une partie considérable des revenus. Son influence sur la totalité des ressources annuelles sera telle, au surplus, qu'après avoir satisfait à tous les besoins de la Légion, il a été calculé qu'elles laisseraient encore un dixième du produit net des rentes disponibles entre les mains de l'administration. Ce dixième, converti lui-même chaque année en rentes sur l'Etat, formera un fonds d'accumulation dont la destination sera de conserver, l'égalité de valeur réelle entre les revenus constants des rentes acquises et les revenus des terres aliénées, variables de leur nature, parce qu'ils suivent toujours la progression du prix des denrées.

Toutes les opérations d'acquisition, d'échange, de transaction, d'aliénation, n'auront lieu qu'en vertu d'un règlement d'administration publique. C'est un gage de protection de plus pour les intérêts de la Légion d'honneur ; et, en effet, à qui ses droits pourraient-ils être plus chers qu'à celui qui la fonda ?

La section des finances du Tribunat avait pensé d'abord que le projet aurait dû dire expressément que les ventes se feraient suivant les formes usitées pour les biens nationaux ; mais en y réfléchissant plus attentivement, elle a reconnu que cette mention aurait été superflue. Les principes d'administration, sur ce point, reposent dans des lois générales, auxquelles l'exécution des lois de détail est évidemment subordonnée.

Messieurs, j'ai cherché à faire ressortir les vices de l'ancien système de dotation et les avantages du nouveau. Si j'ai réussi, vous avez, comme nous, la conviction que de nouvelles dispositions législatives étaient indispensables et urgentes, que le projet présente toutes les combinaisons d'une loi de bonne administration, qu'enfin l'objet important et sacré est rempli, celui d'assurer la créance de tous les genres de gloire.

Mon ministère serait donc rempli, si je ne croyais pas, avant de finir, devoir pressentir avec vous quelques effets qu'il est permis d'attendre de ce nouvel état de choses, et qui ne me paraissent pas indignes de remarque, quoique étrangers, du moins directement, aux intérêts de la Légion d'honneur.

Plusieurs millions de biens nationaux vont être rendus au commerce, à la culture de l'intérêt privé. Le trésor public, la prospérité agricole y trouveront des avantages qui n'ont besoin que d'être énoncés pour être sentis.

Un tiers des aliénations environ se fera dans les pays réunis à l'ancien territoire de l'Empire ; c'est ajouter aux causes de l'affection, aux gages de la fidélité.

Le jour où la Légion d'honneur se présenta aux acquéreurs de biens nationaux avec sa dotation et ses serments, elle leur apporta une nouvelle garantie de la considération et de la paix dues à leurs propriétés. Les créanciers de l'État trouveront à leur tour, dans la loi proposée, de nouveaux motifs de sécurité.

Tous les légionnaires ont rendu à leur pays des services plus ou moins signalés; les hommes que leurs fonctions placent aux premiers rangs dans l'Empire, la Légion d'honneur les comptera toujours parmi ses membres. Quel essor ne devra pas prendre le crédit public, quand on verra, d'une part, les gardiens de la fortune de l'État être aussi, en cette qualité, les administrateurs de leur propre fortune! et de l'autre, le Gouvernement, en payant les dettes de l'État, acquitter encore celles de la reconnaissance!

Hommage à l'administration habile qui soutient toutes les valeurs nationales! mais hommage surtout au génie supérieur qui coordonne ainsi toutes les parties de son ouvrage; qui fait de la fidélité de l'État à ses engagements une simple affection; qui assure aux institutions les vœux et l'appui des intérêts; à ceux-ci, la protection toute puissante des institutions!

Tels sont, Messieurs, les titres dont l'ensemble nous a paru mériter au projet de loi la sanction du Corps législatif.

Carrion-Nisas. Messieurs, qu'il me soit permis d'ajouter aux développements et aux faits que vient de vous présenter mon collègue, quelques autres faits et quelques détails dont il est de mon devoir d'être plus particulièrement instruit, comme attaché à l'administration matérielle de la Légion d'honneur.

Je ne serais point étonné même que la loi dont nous venons vous proposer l'adoption laissât encore quelque doute et quelque incertitude dans les meilleurs esprits.

Le nombre assez considérable de votes contraires qu'a éprouvé la mesure, en quelque point identique, qui était relative aux biens du prytanée de Saint-Cyr, m'ont averti que la même répugnance peut exister ici; mais la composition du corps où elle s'est manifestée garantit en même temps que cette sorte d'opposition ne peut être qu'infiniment sage, éclairée, patriotique.

En effet, la matière de ces sortes de délibérations est délicate autant qu'elle est importante; elle réveille une foule de questions; elle comporte une grande diversité d'opinions.

L'attention qu'en pareil cas vous attachez, Messieurs, à cette lutte d'opinions, à cette controverse de systèmes et de principes, est un gage de plus que vous donnez au Gouvernement et au peuple.

Toujours animés par l'amour du bien, vous êtes, selon la direction de vos suffrages, ou poussés ou retenus par le même motif, par l'intérêt vif et profond que vous inspirent tous les grands établissements d'utilité publique et de gloire nationale.

Quels objets méritent mieux cet intérêt, et par conséquent ce doute et cet examen, que tout ce qui regarde la Légion d'honneur, tout ce qui peut tendre à affermir ou à ébranler, à faire prospérer ou décliner cette institution chère aux Français?

La Légion d'honneur est au milieu de la patrie générale, la patrie particulière des hommes comme vous.

Elle est la création favorite du monarque, faut-il s'en étonner, elle est au milieu de la grande famille, la famille spéciale, et comme la cour historique d'un homme, d'un héros, d'un prince comme lui.

Quand les princes, les rois, les suprêmes pasteurs des peuples comparaissent au tribunal de l'histoire et de la postérité, le cortège qui leur reste se compose de tous ceux de leurs sujets qui méritèrent éminemment du souverain et de la patrie dans tous genres de vertus, de talents, de services. Ils s'y présentent comme accusateurs, si le prince fut ingrat, fainéant ou pervers, comme défenseurs, s'il fut juste, brave et bon (1).

Un jour donc, la Légion d'honneur composera ce cortège pour Napoléon : il n'en a rien à craindre, il y verra dans les uns des précurseurs, des admirateurs, des instruments de sa gloire; dans les autres, l'heureux ouvrage de sa main puissante.

Mais, Messieurs, cette institution précieuse, consacrée par vos suffrages, est encore incomplète, elle l'est en choses et en hommes. Je le sais, je le vois, et c'est la loi dont nous vous apportons le projet qui est destinée à faire cesser cet état de langueur et d'imperfection inhérent à une existence provisoire.

Je n'essaierai point de défendre ce projet ou du moins ses principales dispositions avec ces maximes tranchantes, ces systèmes absolus qui s'irritent du doute, et dédaigneux même d'apercevoir les exceptions et les circonstances.

Ces armes sont favorables aux mouvements de l'éloquence et aux artifices de l'argumentation, elles sont suspectes à la raison, éclairée par l'expérience.

Elles sont interdites ici par la nature même de la cause; l'intention et le texte de la loi rentrent également dans toutes les idées modérées et les systèmes mitoyens.

Effectivement, si, pour défendre une partie de son dispositif, nous embrassions avec chaleur le système de ceux qui professent que les établissements publics doivent être exclusivement dotés en immeubles, sous peine d'être dotés illusoirement, nous nous ferions tort à nous-mêmes; car nous avons à vous proposer de convertir une portion assez considérable d'immeubles en valeurs qui n'ont pas, en apparence, la même solidité.

Que si, d'un autre côté, nous approuvions d'une manière trop forte et trop exclusive ce dernier genre de propriété, qui en effet présente des avantages infinis pour la facilité de l'administration et la régularité des rentrées, nous nous condamnerions encore nous-mêmes dans une partie de notre mission, car nous venons vous proposer aussi d'autoriser la Légion à acquérir dans la plupart des cohortes pour des sommes considérables d'effets immobiliers.

Ainsi donc, ce nous est une loi de nous éloigner également de tous les extrêmes et de condamner tous les systèmes absolus.

Aussi bien, Messieurs, vous êtes convaincus qu'une bonne opération administrative n'est jamais autre chose qu'une combinaison prudente des principes, en apparence, les plus contradictoires, qu'une transaction plus ou moins heureuse entre les opinions et les systèmes, comme entre les intérêts qui semblent les plus inconciliables.

Sans doute, pour qui ne chercherait que des arguments brillants, il serait facile de soutenir avec quelque vraisemblance que les grands corps nécessaires dans les grands États doivent s'attacher invariablement au genre de propriété le plus solide, le moins sujet aux chances, aux vicissitudes, aux détériorations que ces institutions doivent craindre, surtout d'affaiblir et de volatiliser en les mobilisant les éléments de leur richesse et de leur dotation, dont la ruine doit entraîner celle de l'établissement même.

---

(1) Paroles de Henri IV : Je suis de la religion de ceux qui sont braves et bons. (Lettres de Henri IV).

La thèse contraire ne se soutiendrait pas avec moins de succès; quels avantages n'y aurait-il pas à relever dans la simplicité de l'administration des rentes incorporelles ; ne serait-il pas facile de démontrer que la mainmorte nuit aux particuliers, en les privant de moyens d'échange, de circulation, en empêchant les propriétés de se rendre dans les mains qui en tireraient le meilleur parti;

Qu'elle nuit au public, en privant l'État des droits de mutation et en retenant les propriétés dans un état de moindre production ;

Qu'elle nuit au possesseur lui-même, par la raison déjà déduite, que ses propriétés valent moins pour lui que pour tout autre, à cause des formalités dont sa gestion est entravée. On pourrait ajouter qu'il est d'un exemple très-utile de voir un grand corps lier sa destinée à celle de l'État; que c'est une chimère, surtout pour une corporation, de regarder certaines natures de propriétés comme plus solides que les autres, quand les mêmes lois et les mêmes événements les régissent toutes ; — que dans les naufrages publics tout est entraîné; — que dans ces crises violentes rien n'est sacré; — que c'est par une fatale méprise, dont nous avons vu les funestes effets, qu'on s'obstine à vouloir faire un État dans l'État, et qu'on sépare sa cause de la cause commune?

Cette dernière erreur est la plus grande de toutes, et d'autant plus dangereuse qu'elle a quelque chose de plus spécieux, et qu'elle s'est effectivement reproduite chez tous les peuples dans les mêmes circonstances ; et Cicéron, à une époque semblable à celle dont nous avons été témoins, déplore l'aveuglement de ces insensés qui s'imaginent, dit-il, *que leurs parcs et leurs viviers* pourront subsister encore *quand la République aura péri* (1).

Entre ces arguments si divers, mais qui (toutefois à un degré inégal) ont tous quelques côtés plausibles, quelle sera pour des hommes d'État, pour vous, Messieurs, la raison de décider?

Elle sera toujours, et elle est particulièrement ici, dans les faits, dans les circonstances, dans les choses positives, dans les détails dont la connaissance corrige et fixe toujours heureusement ce que les pures spéculations ont de trop vague.

Une première loi promit à la Légion d'honneur 3,000,000 de revenu ; c'était 200,000 fr. par cohorte ; il n'y en avait alors que quinze. Celle qui réunit sous son administration les départements du ci-devant Piémont a été créée depuis.

Un arrêté subséquent, du 23 messidor an X, conféra à la Légion, en démarquant ses cohortes, une masse de propriétés dont le revenu brut était évalué, dans l'état annexé à l'arrêté, à 5,265,257 fr.

De ce revenu brut, ainsi présenté, ou plutôt présumé, à des rentrées claires, incontestables et quittes, il y avait sans doute loin ; mais ce n'est pas là le seul mécompte dont la Légion ait eu à se plaindre.

Quand les officiers chargés de l'administration des cohortes ont été prendre possession des domaines qui leur étaient indiqués, non-seulement il y a eu une infinité de non-valeurs, de dégradations, de dépréciations de tout genre ; mais même il y a eu absence totale d'un grand nombre d'articles qui avaient reçu une autre destination.

Ainsi je puis attester, et partout il en a été de même, que dans le département de l'Ardèche, par exemple, où il avait été indiqué *vingt-quatre articles*, il ne s'en est trouvé *que neuf.*

Dans ce même département, l'ensemble des différents lots se montait, dans l'état, à 17,456 fr. de revenu, il n'est en réalité que de 1,839 fr.

Dans le département du Tarn, au lieu de trente articles annoncés, on en a trouvé *un; au lieu* de 30,324 fr. de revenu, on touche 429 fr.

Dans le département du Cantal, au lieu de 11,325 fr. de rente, on a 279 fr.

Dans le département du Gard, au lieu de *trente-six articles*, on en trouve *un.*

Voilà ce qui existe à ma connaissance dans quatre départements limitrophes, appartenant à la même cohorte. Cette cohorte trouve un déficit total de 105,000 fr. dans le revenu qu'on lui a annoncé.

Plusieurs de vos collègues pourront vous affirmer, Messieurs, qu'il en est de même dans presque toutes les cohortes, du moins de l'ancienne France ; c'est ce vide énorme auquel on ne peut remédier que par de nouvelles concessions, dont la matière n'existe pas, ou par les revirements qu'on vous propose.

Le rapport du Conseil d'État a remarqué aussi, avec beaucoup de raison, que presque tous les petits articles qui se trouvent encore existants sont ceux qui, pendant plusieurs années, ont été rebutés, ou non payés par les acquéreurs.

Ce sont par conséquent, en général, de mauvais effets ; et quand même ils seraient intrinsèquement bons, ils sont tellement disséminés, et chacun à part est d'une valeur si médiocre, que dans la même cohorte (1) dont je vous entretenais tout à l'heure, près de *cinquante articles*, distribués sur six départements, ne font pas ensemble un revenu de plus de 4,000 fr.

Il est clair que si on voulait garder de pareils éléments de revenus, il faudrait faire annuellement une dépense double pour leur gestion.

Il faut donc vendre nécessairement ces sortes d'objets, et cependant on les vendra mal; car s'ils avaient été susceptibles d'être bien vendus, ils le seraient déjà. — Mais enfin, quelque peu qu'on les vende, il y aura toujours un gain relatif assez fort.

Toutes ces considérations doivent entrer dans la balance, et sont dignes, Messieurs, d'être pesées par vous.

Ce que je viens de vous dire est exact pour douze cohortes au moins sur seize ; à la vérité, les deux cohortes qui sont formées par les départements cisrhénans et transalpins, nouvellement réunis, sont dans une position différente; mais là, n'est-il pas utile à l'État, et par conséquent à la Légion, de vendre, de disséminer les propriétés publiques, de créer beaucoup de nouveaux intérêts?

Ainsi, d'un côté, nécessité économique de vendre;

De l'autre, utilité politique d'aliéner;

D'une part, surcharge dans l'administration des cohortes, qui peut-être administreraient avec moins de diligence un superflu qui devrait être reversé sur d'autres cohortes.

D'autre part, la matière manque à l'administration dans plusieurs cohortes ; mais l'inquiétude n'y manquerait pas sur des rentrées qu'on ne se procurerait pas soi-même immédiatement.

Tel est le système, ou plutôt le chaos d'inégalité onéreuse à tous, qu'il faut faire cesser.

Au lieu de cette inégalité, de cette discordance, on propose un ordre de choses qui satisfait à tout, qui fait tomber toutes les objections.

A ceux qui craignent qu'on ne reste les mains

---

(1) Cicéron, *Lettres à Atticus.*

(1) La neuvième cohorte, dont l'orateur est chancelier.

vides, en se dépouillant des propriétés territoriales, on répond que non-seulement on en gardera
jusqu'à la concurrence de cent mille francs de
rente au moins, là où il en existe une plus grande
valeur, mais qu'on en acquerra jusqu'à ce taux,
là où la valeur actuelle en est moindre.

Il est bon de remarquer que 100,000 fr. de
rentes, c'est justement la haute paie honorifique
de quatre cents braves par cohortes ; aussi, la
voilà appuyée sur les bases que les plus difficiles
regardent comme les plus solides, et ceux qui
seraient portés à s'alarmer seront tranquillisés,
par cette partie du dispositif, sur l'objet qui serait
le plus fait pour exciter et pour justifier leur
sollicitude.

A ceux qui craignent surtout les embarras et
les non-valeurs des rentrées territoriales , on
peut aisément faire entrevoir, grâce à l'opération
proposée, 150,000 fr. par cohorte de rentes fixes
et faciles à percevoir, en outre des revenus demeurés ou devenus territoriaux.

La grande quantité d'articles qui manquent, et
le peu de valeur d'une grande partie de ceux qui
restent, est cause que la conversion même en
rente ne produira guère à chaque cohorte que ce
revenu ; mais cela même est une très-grande
amélioration.

Ainsi donc, en considérant la loi sous ses véritables points de vue, de quelque opinion que l'on
soit, à quelque système qu'on appartienne, il est
difficile de refuser son assentiment à une opération qui concilie, qui accorde, qui contente tous
les systèmes, toutes les prévoyances, toutes les
opinions.

Ce serait, Messieurs, un succès bien flatteur
et un encouragement bien puissant pour ceux qui
participent à l'administration du matériel de la
Légion d'honneur, dont les connaissances locales,
le travail, les vues , les propositions sont fondus
et réunis dans le projet qui vous est soumis, de
voir ce projet, qu'ils croient utile, couronné par
l'unanimité de vos suffrages.

L'impression du rapport de M. Leroy (de l'Orne)
et du discours de M. Carrion-Nisas est ordonnée.

Le Corps législatif ferme la discussion et procède au scrutin.

Le projet de loi est adopté par 247 voix
contre 31.

M. le **Président**. Je reçois communication
du décret impérial dont la teneur suit :

« Napoléon, empereur des Français,

« Vu le message en date du 5 de ce mois, par
« lequel le Corps législatif , conformément à
« l'article 18 du sénatus-consulte organique du
« 28 frimaire an XII, présente, comme candidat, à
« deux places de questeurs, MM. Méric, Dallema-
« gne, Despalières, Bord, Lejeas et Pémartin ;

« Avons nommé et nommons MM. Dallemagne
« et Lejeas, questeurs du Corps législatif.

« Au palais des Tuileries, le 10 pluviôse an XIII.
              « Signé : NAPOLÉON. »

La séance est levée.

SÉNAT CONSERVATEUR.

PRÉSIDENCE DE S. A. S. M. CAMBACÉRÈS, ARCHI-
CHANCELIER DE L'EMPIRE.

Séance du 12 pluviôse an XIII (vendredi 1er février 1805).

S. A. S. l'archichancelier de l'Empire
donne lecture des deux pièces suivantes :
*Message de S. M. l'Empereur au Sénat conser-
vateur.*

Sénateurs, nous avons nommé grand amiral de

l'Empire notre beau-frère le **maréchal**   *et*
Nous avons voulu non-seulement reco;
les services qu'il a rendus à la patrie, et   .
chement particulier qu'il a montré à **notre**
sonne dans toutes les circonstances de sa **vie,**
mais rendre aussi ce qui est dû à l'éclat et à la
dignité de notre couronne, en élevant **an**
de prince une personne qui nous est de
attachée par les liens du sang.

Au palais des Tuileries, le 12 pluviôse an ?
              Signé : NAPOLÉ*·*)

Message de S. M. l'Empereur au Sénat (
vateur.

Sénateurs, nous avons nommé notre b   -**fils**
Eugène Beauharnais archichancelier d'E
l'Empire. De tous les actes de notre pouvoi. *u*
n'en est aucun qui soit plus doux à notre co

Élevé par nos soins et sous nos **yeux** de
son enfance, il s'est rendu digne **d'imiter,**
avec l'aide de Dieu, de surpasser **un jour**
exemples et les leçons que nous lui avons do

Quoique jeune encore, nous le **considérons** *une*
aujourd'hui, par l'expérience que nous en **avons**
faite dans les plus grandes circonstances, **comme**
un des soutiens de notre trône et un des **plus**
habiles défenseurs de la patrie.

Au milieu des sollicitudes et des **amertumes**
inséparables du haut rang où nous **sommes placé,**
notre cœur a eu besoin de trouver des **affections**
douces dans la tendresse et la constante **amitié**
de cet enfant de notre adoption ; **consolation**
nécessaire sans doute à tous les **hommes, mais**
plus éminemment à nous, dont **tous les instants**
sont dévoués aux affaires des peuples.

Notre bénédiction paternelle **accompagnera ce**
jeune prince dans toute sa carrière, **et secondé**
par la Providence, il sera un jour digne **de l'ap-**
probation de la postérité.

Au palais des Tuileries le 12 pluviôse **an XIII.**
              Signé : NAPOLÉON.

S. A. S. l'archichancelier de l'Empire
prononce ensuite le discours suivant :

Messieurs, l'époque du couronnement **des prin-**
ces a toujours été marquée par des **récompenses**
et par des grâces. Cet usage a été fondé **sur la**
raison et sur la saine politique, qui recommandent aux chefs des nations d'agrandir la **carrière**
du mérite et d'encourager le zèle et l'affection.

En même temps que S. M. Impériale a **voulu**
suivre les exemples du passé, elle en **laisse de**
grands pour l'avenir, par le noble emploi **qu'elle**
fait de sa puissance, et par son attention **soutenue**
à compléter, soit dans l'ensemble, soit **dans les**
détails, le système de nos institutions **politiques.**

Vous le savez, Messieurs, les grandes **dignités**
d'archichancelier d'État et de grand amiral **créées**
par l'acte des Constitutions du 28 floréal **an XII**
n'avaient point encore été remplies.

Sa Majesté y a pourvu en nommant, **d'une part,**
M. le maréchal Murat à celle de **grand amiral;**
et, de l'autre, M. le colonel général **Beauharnais à**
celle d'archichancelier d'État.

Les services éclatants de M. le maréchal **Murat**
et son attachement éprouvé pour la personne de
Sa Majesté lui ont déjà mérité d'être allié à **la**
famille impériale. Le choix dont Sa Majesté l'honore aujourd'hui sera pour lui la source d'une
nouvelle gloire, et il deviendra pour vous, **comme**
pour la patrie, un sujet d'espérance et de joie.

Quant à M. de Beauharnais, beau-fils de **Sa**
Majesté, élevé sous ses yeux, ses vertus **comme**
celles de son modèle, ont devancé son âge ; **par**
ses heureuses dispositions, par ses succès, par **sa**
tendre et constante affection, il a dignement **ré-**

pondu aux soins paternels dont il a été l'objet.

Sa Majesté a aussi nommé plusieurs sénateurs. Elle associe, Messieurs, à vos augustes fonctions, des pontifes distingués par le rang qu'ils occupent dans l'Église; d'anciens généraux recommandables par leurs talents et par leur courage; des hommes enfin à qui leurs services, dans les différentes carrières de l'administration publique, ont acquis soit au dedans, soit au dehors, de justes droits à l'estime générale.

Dans les résolutions de Sa Majesté vous retrouvez, Messieurs, cette constance dans ses desseins, cette persévérance pour l'exécution, qui caractérisent tous les actes de son gouvernement. Vous y voyez aussi une nouvelle preuve de la volonté qu'elle a de maintenir et d'accroître, s'il est possible, la haute considération qui environne le Sénat, ainsi que ce corps soit toujours, comme il l'est à présent, la retraite du mérite et l'objet d'une vertueuse émulation.

Plus ces promotions sont importantes, plus il a paru nécessaire de les communiquer au Sénat avec des formes plus solennelles. De là l'honneur que j'ai de vous présider, et la mission qui m'a été donnée de vous faire entendre les différents messages dans lesquels sont énoncées ces nominations.

S'il m'est honorable d'obtenir de Sa Majesté de nouveaux témoignages de la bonté avec laquelle elle veut bien accueillir mes services, croyez, Messieurs, que ces avantages deviennent plus chers à mon cœur, lorsque, m'appelant parmi vous, ils me procurent l'occasion de vous renouveler l'expression de mon respectueux attachement.

Voici le *décret impérial portant nomination de nouveaux sénateurs.*

Napoléon, empereur des Français, conformément à l'article, 57 § 4, du sénatus-consulte organique du 28 floréal an XII, nous avons nommé et nommons membres du Sénat :

M. le cardinal **Fesch**, archevêque de Lyon et notre grand aumônier.

M. le cardinal **Cambacérès**, archevêque de Rouen.

Le général **Beurnonville**, notre ambassadeur près Sa Majesté catholique.

M. **Sémonville**, notre ambassadeur près le gouvernement de la République batave.

M. **Daguesseau**, notre ministre plénipotentiaire près S. M. le roi de Danemark.

M. **Hedouville**, général de division.

M. **Férino**, général de division, commandant la troisième division militaire.

M. **Gouvion**, inspecteur général de la gendarmerie.

Nous désirons que la gendarmerie voie dans le choix que nous faisons, d'un de ses inspecteurs généraux, un témoignage de notre satisfaction pour les services qu'elle ne cesse de rendre à la patrie.

M. **Dambarère**, inspecteur général du génie.

Le génie reconnaîtra dans le choix que nous faisons, de l'un de ses inspecteurs généraux, l'estime que nous portons à ce corps si distingué par ses lumières.

M. **Doulcet-Pontécoulant**, préfet du département de la Dyle.

M. **Colchen**, préfet du département de la Moselle.

Notre intention est de montrer aux préfets de tous les départements la satisfaction que nous éprouvons des soins qu'ils n'ont cessé de porter à l'administration dans les temps les plus difficiles.

M. **Caulaincourt**, président du collège électoral du département de l'Aisne, présenté au Sénat par ce département

M. **Saint-Vallier**, président du collège électoral du département de la Drôme, présenté par ce département.

M. **Papin**, président de l'assemblée du canton d'Aire, département des Landes, présenté par ce département.

M. **Valence**, président du canton de Varzy, département de la Marne, présenté par ce département.

Les présidents des collèges électoraux et des assemblées de canton verront, dans ces nominations, une preuve de l'importance que nous attachons à leurs fonctions et de l'opinion que nous en avons conçue pour le maintien du trône et l'avantage de la patrie.

Au palais des Tuileries, le 12 pluviôse an XIII.

Signé : NAPOLÉON.

A la suite de cette communication, l'assemblée prend la délibération suivante :

Lecture faite de deux messages de l'Empereur, en date de ce jour, adressés au Sénat sous la présidence de S. A. S. l'archichancelier de l'Empire, par lesquels Sa Majesté Impériale notifie au Sénat : 1° la nomination qu'elle a faite de son beau-frère, M. le maréchal Murat, à la dignité de grand amiral de l'Empire; 2° la nomination que Sa Majesté a pareillement faite de son beau-fils, M. Eugène Beauharnais, à la dignité d'archichancelier d'État de l'Empire.

Le Sénat arrête :

1° Que les messages de Sa Majesté Impériale seront insérés au procès-verbal de ce jour, et imprimés ainsi que le discours prononcé par S. A. S. l'archichancelier de l'Empire, à l'ouverture de la séance qu'il a présidée;

2° Qu'il sera indiqué une séance extraordinaire du Sénat pour la réception du serment de sénateurs des deux nouveaux grands dignitaires;

3° Qu'il sera fait à LL. AA. SS. le grand amiral et l'archichancelier d'État de l'Empire une députation de onze membres du Sénat pour les féliciter sur leur nomination;

4° Qu'en réponse au message de l'Empereur, il sera fait à Sa Majesté le message dont la teneur suit :

Sire, deux noms manquaient à la liste des grands dignitaires de l'Empire. Votre Majesté Impériale vient de placer sur cette liste deux hommes que leur vertu appelait au rang de princes, comme elle les rendait dignes des titres déjà si respectables, l'un de votre beau-frère, l'autre de votre beau-fils.

Rien de plus touchant et de plus auguste que les motifs de ces deux nominations, consignés dans vos messages, dont le Sénat vient d'entendre la lecture.

Il en a été pénétré, et il a résolu de transmettre sur-le-champ à Votre Majesté le récit de l'impression qu'il a éprouvée. Le talent de ceux qui gouvernent est surtout dans l'art de choisir pour toutes les places les hommes les plus faits pour elles; et ce discernement devient plus difficile à mesure que les emplois sont plus considérables et les dignités plus sublimes. Votre Majesté donne une nouvelle preuve de tact du génie, par la nomination de LL. AA. SS. le grand amiral de l'Empire et l'archichancelier d'État.

Quelle magnifique récompense pour les services rendus à la patrie! quel titre, que celui de votre enfant d'adoption, donné à l'un des nouveaux princes nommés par Votre Majesté! Tout le

vides, en se dépouillant des propriétés territoriales, on répond que non-seulement on en gardera
jusqu'à la concurrence de cent mille francs de
rente au moins, là où il en existe une plus grande
valeur, mais qu'on en acquerra jusqu'à ce taux,
là où la valeur actuelle en est moindre.

Il est bon de remarquer que 100,000 fr. de
rentes, c'est justement la haute paie honorifique
de quatre cents braves par cohortes; aussi, la
voilà appuyée sur les bases que les plus difficiles
regardent comme les plus solides, et ceux qui
seraient portés à s'alarmer seront tranquillisés,
par cette partie du dispositif, sur l'objet qui serait
le plus fait pour exciter et pour justifier leur
sollicitude.

A ceux qui craignent surtout les embarras et
les non-valeurs des rentrées territoriales, on
peut aisément faire entrevoir, grâce à l'opération
proposée, 150,000 fr. par cohorte de rentes fixes
et faciles à percevoir, en outre des revenus demeurés ou devenus territoriaux.

La grande quantité d'articles qui manquent, et
le peu de valeur d'une grande partie de ceux qui
restent, est cause que la conversion même en
rente ne produira guère à chaque cohorte que ce
revenu; mais cela même est une très-grande
amélioration.

Ainsi donc, en considérant la loi sous ses véritables points de vue, de quelque opinion que l'on
soit, à quelque système qu'on appartienne, il est
difficile de refuser son assentiment à une opération qui concilie, qui accorde, qui contente tous
les systèmes, toutes les prévoyances, toutes les
opinions.

Ce serait, Messieurs, un succès bien flatteur
et un encouragement bien puissant pour ceux qui
participent à l'administration du matériel de la
Légion d'honneur, dont les connaissances locales,
le travail, les vues, les propositions sont fondus
et réunis dans le projet qui vous est soumis, de
voir ce projet, qu'ils croient utile, couronné par
l'unanimité de vos suffrages.

L'impression du rapport de M. Leroy (de l'Orne)
et du discours de M. Carrion-Nisas est ordonnée.

Le Corps législatif ferme la discussion et procède au scrutin.

Le projet de loi est adopté par 247 voix
contre 31.

M. le Président. Je reçois communication
du décret impérial dont la teneur suit :

« Napoléon, empereur des Français,

« Vu le message en date du 5 de ce mois, par
« lequel le Corps législatif, conformément à
« l'article 18 du sénatus-consulte organique du
« 28 frimaire an XII, présente, comme candidat, à
« deux places de questeurs, MM. Méric, Dallema-
« gne, Despalières, Bord, Lejeas et Pémartin;

« Avons nommé et nommons MM. Dallemagne
« et Lejeas, questeurs du Corps législatif.

« Au palais des Tuileries, le 10 pluviôse an XIII.
« Signé : NAPOLÉON. »

La séance est levée.

SÉNAT CONSERVATEUR.

PRÉSIDENCE DE S. A. S. M. CAMBACÉRÈS, ARCHI-
CHANCELIER DE L'EMPIRE.

*Séance du 12 pluviôse an XIII (vendredi 1er fé-
vrier 1805).*

S. A. S. l'archichancelier de l'Empire
donne lecture des deux pièces suivantes :

*Message de S. M. l'Empereur au Sénat conser-
vateur.*

Sénateurs, nous avons nommé grand amiral de

l'Empire notre beau-frère le maréchal 】
Nous avons voulu non-seulement reco〉
les services qu'il a rendus à la patrie, et 〉 ·
chement particulier qu'il a montré à notre
sonne dans toutes les circonstances de sa vie,
mais rendre aussi ce qui est dû à l'éclat et à la
dignité de notre couronne, en élevant au
de prince une personne qui nous est de si
attachée par les liens du sang.

Au palais des Tuileries, le 12 pluviôse an 〉
Signé : NAPOLÉON.

*Message de S. M. l'Empereur au Sénat co〉
vateur.*

Sénateurs, nous avons nommé notre beau-
Eugène Beauharnais archichancelier d'Etat
l'Empire. De tous les actes de notre pouv〉
n'en est aucun qui soit plus doux à notre c〉

Elevé par nos soins et sous nos yeux 〈
son enfance, il s'est rendu digne d'imiter, et,
avec l'aide de Dieu, de surpasser un jour
exemples et les leçons que nous lui avons don〉

Quoique jeune encore, nous le considéro〉
aujourd'hui, par l'expérience que nous en av〉
faite dans les plus grandes circonstances, com〉
un des soutiens de notre trône et un des p〉
habiles défenseurs de la patrie.

Au milieu des sollicitudes et des amertumes
inséparables du haut rang où nous sommes placé,
notre cœur a eu besoin de trouver des affections
douces dans la tendresse et la constante amitié
de cet enfant de notre adoption; consolation
nécessaire sans doute à tous les hommes, mais
plus éminemment à nous, dont tous les instants
sont dévoués aux affaires des peuples.

Notre bénédiction paternelle accompagnera ce
jeune prince dans toute sa carrière, et seconde
par la Providence, il sera un jour digne de l'approbation de la postérité.

Au palais des Tuileries, le 12 pluviôse an XIII.
Signé : NAPOLÉON.

S. A. S. l'archichancelier de l'Empire
prononce ensuite le discours suivant :

Messieurs, l'époque du couronnement des princes a toujours été marquée par des récompenses
et par des grâces. Cet usage a été fondé sur la
raison et sur la saine politique, qui recommandent aux chefs des nations d'agrandir la carrière
du mérite et d'encourager le zèle et l'affection.

En même temps que S. M. Impériale a voulu
suivre les exemples du passé, elle est digne des
grands pour l'avenir, par le noble emploi qu'elle
fait de sa puissance, et par son attention soutenue
à compléter, soit dans l'ensemble, soit dans les
détails, le système de nos institutions politiques.

Vous le savez, Messieurs, les grandes dignités
d'archichancelier d'Etat et de grand amiral créées
par l'acte des Constitutions du 28 floréal an XII
n'avaient point encore été remplies.

Sa Majesté y a pourvu en nommant, d'une part,
M. le maréchal Murat à celle de grand amiral;
et, de l'autre, M. le colonel général Beauharnais à
celle d'archichancelier d'Etat.

Les services éclatants de M. le maréchal Murat
et son attachement éprouvé pour la personne de
Sa Majesté lui ont déjà mérité d'être allié à la
famille impériale. Le choix dont Sa Majesté l'honore aujourd'hui sera pour lui la source d'une
nouvelle gloire, et il deviendra pour vous, comme
pour la patrie, un sujet d'espérance et de joie.

Quant à M. de Beauharnais, beau-fils de Sa
Majesté, élevé sous ses yeux, ses vertus comme
celles de son modèle, ont devancé son âge; par
ses heureuses dispositions, par ses succès, par sa
tendre et constante affection, il a dignement ré-

pondu aux soins paternels dont il a été l'objet.

Sa Majesté a aussi nommé plusieurs sénateurs. Elle associe, Messieurs, à vos augustes fonctions, des pontifes distingués par le rang qu'ils occupent dans l'Eglise ; d'anciens généraux recommandables par leurs talents et par leur courage ; des hommes enfin à qui leurs services, dans les différentes carrières de l'administration publique, ont acquis soit au dedans, soit au dehors, de justes droits à l'estime générale.

Dans les résolutions de Sa Majesté vous retrouvez, Messieurs, cette constance dans ses desseins, cette persévérance pour l'exécution, qui caractérisent tous les actes de son gouvernement. Vous y voyez aussi une nouvelle preuve de la volonté qu'elle a de maintenir et d'accroître, s'il est possible, la haute considération qui environne le Sénat, afin que ce corps soit toujours, comme il l'est à présent, la retraite du mérite et l'objet d'une vertueuse émulation.

Plus ces promotions sont importantes, plus il a paru nécessaire de les communiquer au Sénat avec des formes plus solennelles. De là l'honneur que j'ai de vous présider, et la mission qui m'a été donnée de vous faire entendre les différents messages dans lesquels sont énoncées ces nominations.

S'il m'est honorable d'obtenir de Sa Majesté de nouveaux témoignages de la bonté avec laquelle elle veut bien accueillir mes services, croyez, Messieurs, que ces avantages deviennent plus chers à mon cœur, lorsque, m'appelant parmi vous, ils me procurent l'occasion de vous renouveler l'expression de mon respectueux attachement.

Voici le *décret impérial portant nomination de nouveaux sénateurs.*

Napoléon, empereur des Français, conformément à l'article, 57 § 4, du sénatus-consulte organique du 28 floréal an XII, nous avons nommé et nommons membres du Sénat :

M. le cardinal **Fesch**, archevêque de Lyon et notre grand aumônier.

M. le cardinal **Cambacérès**, archevêque de Rouen.

Le général **Beurnonville**, notre ambassadeur près Sa Majesté catholique.

M. **Sémonville**, notre ambassadeur près le gouvernement de la République batave.

M. **Daguesseau**, notre ministre plénipotentiaire près S. M. le roi de Danemark.

M. **Hedouville**, général de division.

M. **Férino**, général de division, commandant la troisième division militaire.

M. **Gouvion**, inspecteur général de la gendarmerie.

Nous désirons que la gendarmerie voie dans le choix que nous faisons, d'un de ses inspecteurs généraux, un témoignage de notre satisfaction pour les services qu'elle ne cesse de rendre à la patrie.

M. **Dambarère**, inspecteur général du génie.

Le génie reconnaîtra dans le choix que nous faisons, de l'un de ses inspecteurs généraux, l'estime que nous portons à ce corps si distingué par ses lumières.

M. **Doulcet-Pontécoulant**, préfet du département de la Dyle.

M. **Colchen**, préfet du département de la Moselle.

Notre intention est de montrer aux préfets de tous les départements la satisfaction que nous éprouvons des soins qu'ils n'ont cessé de porter à l'administration dans les temps les plus difficiles.

M. **Caulincourt**, président du collège électoral du département de l'Aisne, présenté au Sénat par ce département

M. **Saint-Vallier**, président du collège électoral du département de la Drôme, présenté par ce département.

M. **Papin**, président de l'assemblée du canton d'Aire, département des Landes, présenté par ce département.

M. **Valence**, président du canton de Varzy, département de la Marne, présenté par ce département.

Les présidents des collèges électoraux et des assemblées de canton verront, dans ces nominations, une preuve de l'importance que nous attachons à leurs fonctions et de l'opinion que nous en avons conçue pour le maintien du trône et l'avantage de la patrie.

Au palais des Tuileries, le 12 pluviôse an XIII.

Signé : NAPOLÉON.

A la suite de cette communication, l'assemblée prend la délibération suivante :

Lecture faite de deux messages de l'Empereur, en date de ce jour, adressés au Sénat sous la présidence de S. A. S. l'archichancelier de l'Empire, par lesquels Sa Majesté Impériale notifie au Sénat : 1° la nomination qu'elle a faite de son beau-frère, M. le maréchal Murat, à la dignité de grand amiral de l'Empire ; 2° la nomination que Sa Majesté a pareillement faite de son beau-fils, M. Eugène Beauharnais, à la dignité d'archichancelier d'Etat de l'Empire.

Le Sénat arrête :

1° Que les messages de Sa Majesté Impériale seront insérés au procès-verbal de ce jour, et imprimés ainsi que le discours prononcé par S. A. S. l'archichancelier de l'Empire, à l'ouverture de la séance qu'il a présidée ;

2° Qu'il sera indiqué une séance extraordinaire du Sénat pour la réception du serment de sénateur des deux nouveaux grands dignitaires ;

3° Qu'il sera fait à LL. AA. SS. le grand amiral et l'archichancelier d'Etat de l'Empire une députation de onze membres du Sénat pour les féliciter sur leur nomination ;

4° Qu'en réponse au message de l'Empereur, il sera fait à Sa Majesté le message dont la teneur suit :

Sire, deux noms manquaient à la liste des grands dignitaires de l'Empire. Votre Majesté Impériale vient de placer sur cette liste deux hommes que leur vertu appelait au rang de princes, comme elle les rendait dignes des titres déjà si respectables, l'un de votre beau-frère, l'autre de votre beau-fils.

Rien de plus touchant et de plus auguste que les motifs de ces deux nominations, consignés dans vos messages, dont le Sénat vient d'entendre la lecture.

Il en a été pénétré, et il a résolu de transmettre sur-le-champ à Votre Majesté le récit de l'impression qu'il a éprouvée. Le talent de ceux qui gouvernent est surtout dans l'art de choisir pour toutes les places les hommes les plus faits pour elles ; et ce discernement devient plus difficile à mesure que les emplois sont plus considérables et les dignités plus sublimes. Votre Majesté donne une nouvelle preuve de ce tact du génie, par la nomination de LL. AA. SS. le grand amiral de l'Empire et l'archichancelier d'Etat.

Quelle magnifique récompense pour les services rendus à la patrie ! quel titre, que celui de votre enfant d'adoption, donné à l'un des nouveaux princes nommés par Votre Majesté ! Tout le

Sénat s'empresse d'applaudir à votre justice ; tout le Sénat se félicite de voir arriver dans son sein des membres aussi distingués, et il est bien sûr que ses acclamations vont être répétées par la France entière.

CORPS LEGISLATIF.

PRÉSIDENCE DE M. FONTANES.

Séance du 12 pluviôse an XIII (vendredi 1er février 1805).

Le procès-verbal de la séance du 11 est adopté.

M. **Méric**, au nom de M. Perreaut, ex-membre du Tribunat, présente au Corps législatif un ouvrage intitulé : *Principes généraux du droit civil privé* , et demande qu'il soit fait mention de cet hommage au procès-verbal , et que l'exemplaire soit déposé à la bibliothèque.

Ces propositions sont adoptées.

L'ordre du jour appelle la discussion du *projet de loi présenté le 2 pluviôse, et qui attribue aux préposés des douanes les poursuites relatives à l'importation des sels dans les départements réunis.*

M. **Delaitre**, *orateur du Tribunat*. Messieurs, le Corps législatif a sanctionné dans sa dernière session une exception au principe de la liberté du commerce, pour l'approvisionnement et la distribution du sel dans les départements de la Doire, de la Sésia, du Pô, du Tanaro, de la Stura et de Marengo.

Cette mesure n'est que la continuation de celle qu'avaient adoptée les anciens souverains du Piémont, qui, n'osant compter sur le commerce pour l'approvisionnement de cette denrée de première nécessité dans cette contrée, où il n'y a aucuns sels fossiles, avaient cru ne pouvoir s'en rapporter qu'à eux-mêmes pour assurer sa consommation et la soustraire aux variations continuelles et à la cherté excessive que la difficulté des communications, leur interruption fréquente avaient souvent fait naître, pouvaient encore occasionner à l'avenir.

Cet état de choses avait été constamment avantageux au Piémont. Ce qui s'est passé sous le gouvernement des Autrichiens, pendant la dernière guerre, où l'on a vu le sel s'élever jusqu'à 30 sous la livre, a confirmé l'utilité du système suivi jusqu'à leur entrée dans ce pays. Notre expérience, pendant les dernières années, a démontré au Gouvernement la nécessité de revenir à la vente exclusive du sel comme au seul moyen de parer aux inconvénients résultant , pour ces départements nouvellement réunis, de leur position topographique, de leur éloignement des lieux d'approvisionnement, dont ils sont séparés de la République italienne par le territoire de l'Etat de Gênes, et de l'incertitude des retards et souvent de l'impossibilité des transports des sels de France par terre, à travers les Alpes.

Une régie nationale a été chargée de la vente exclusive du sel dans les départements du ci-devant Piémont. La loi du 5 ventôse an XII a pourvu à ce que cette régie fît la moitié de ces approvisionnements en sels de France, à ce qu'elle conservât dans ses magasins 6 millions de kilogrammes de sel , pour garantir la consommation de six mois ; et pour que le sort des habitants de ces départements se rapprochât autant que possible de celui des autres habitants de l'Empire, pour la jouissance sûre, tranquille et peu coûteuse de cette précieuse denrée, le prix du sel de la régie nationale a été fixé au taux le plus modéré. Presque toujours au-dessous de 35 cent. le kilogramme ou 3 s. 6 d. la livre, il ne peut s'élever au-dessus de ce *maximum*. C'est ainsi que la vente exclusive du sel dans les départements du ci-devant Piémont, loin d'être une charge onéreuse aux consommateurs, ne fait au contraire que leur procurer une denrée de première nécessité au taux commun auquel elle s'élève pour une grande partie des départements de l'Empire par le moyen du commerce intérieur de département à département.

La destination des produits de cette régie concourt également à faire apprécier l'utilité sous des rapports de prospérité agricole et commerciale. Ces produits sont affectés au service des ponts et chaussées, et remplacent la taxe d'entretien des routes qui n'a point été établie dans ces départements. Ils affranchissent donc ce pays d'une imposition toujours grevante dans sa quotité et dans ses moyens de perception, et d'un autre côté, ils rendront plus au commerce, pour l'entretien et l'ouverture des communications, qu'ils ne lui enlèvent réellement en lui ôtant la liberté d'exercer sur le sel des spéculations incertaines et quelquefois malheureuses.

En vous rendant aussi, Messieurs , un compte sommaire des différents motifs qui vous ont déterminés à adopter la vente exclusive du sel dans les départements du ci-devant Piémont, j'ai rempli une grande partie de la tâche qui m'a été confiée par la section des finances du Tribunat, puisqu'il suffit de lire le projet de loi soumis à votre examen pour sentir qu'il est la conséquence immédiate et nécessaire de la loi du 5 ventôse an XII.

En effet, le propre de tout système exclusif est d'exciter la fraude. Une industrie coupable s'arme contre la loi qu'elle accuse de lui ravir son domaine. La cupidité s'exalte la perspective des bénéfices qu'elle convoite, l'aveugle sur les dangers auxquels elle s'expose. La soif de l'or lui fait tout braver : elle met ces dangers à prix, et tel est le perfectionnement malheureux de cette industrie anti-nationale, que le tarif de ces risques, évidemment connu, est presque authentique, si l'on peut ainsi s'exprimer, et qu'on sait généralement ce qu'il en coûte pour garantir aux fraudeurs tout ou partie de leurs infâmes spéculations, suivant qu'ils veulent s'en assurer toutes les chances, ou seulement les diviser.

Voilà, Messieurs, l'espèce d'ennemis qu'ont à combattre les établissements exclusifs. Quelque vile et méprisable qu'elle soit, on ne peut la dédaigner si l'on veut atteindre le résultat qu'on se propose. Plus elle emploie de ruses et d'adresse pour l'attaque, plus les mesures répressives doivent être sévères et bien combinées, sans quoi l'on verrait s'établir une concurrence ruineuse et destructive de tout le système.

En appliquant ces généralités au système de la régie nationale des sels en Piémont, il est évident que les fraudeurs épieront toutes les circonstances et les saisons favorables à l'introduction des sels, pour effectuer leurs versements ; que ces versements, s'ils réussissent, diminueront d'autant le débit et les bénéfices de la régie, et ne lui laisseront l'entière latitude de son privilège que dans les saisons ou dans les circonstances difficiles où elle seule peut fournir à la consommation, ce qui la constituera en perte, ou la forcera de demander l'élévation du prix fixé par la loi du 5 ventôse dernier ; par là, ces contrées qu'on a voulu préserver des variations et du surhaussement du prix du sel, seraient frappées de tous les inconvénients, lorsqu'elles éprouveraient qu'elles étaient livrées aux incertitudes , aux accaparements et à l'imprévoyance du commerce ; par là s'anéantiraient les ressources que les produits de la régie doivent procurer à une branche importante du service public pour laquelle il n'y a aucuns autres fonds d'assignés dans ces départements.

· Il faut donc employer les seuls moyens qui soient efficaces pour paralyser la contrebande et pour la réprimer. Le premier et le plus généralement adopté par une sage administration est le maintien de la denrée prohibée à un prix tel qu'il favorise la régie, et cependant qu'il ne présente pas un trop grand appât à la fraude. Il nous a paru que le taux déterminé par l'article 117 de la loi du 16 ventôse dernier remplissait parfaitement l'objet : ainsi, sous ce rapport, il n'y a rien à désirer.

Mais il en est d'autres encore auxquels on est forcé de recourir. La surveillance exacte et continuelle des frontières par des employés, la saisie des denrées introduites en fraude, les confiscations et les amendes sont les armes légales que les gouvernements opposent à la contrebande.

C'est pour organiser ces moyens subsidiaires que le Gouvernement vous propose le projet de loi dont j'ai l'honneur de vous entretenir. Il se divise en deux parties, dont votre sagesse a dû saisir et apprécier le mérite au premier examen.

La première attribue aux employés des douanes la surveillance et la poursuite des contraventions à la loi du 5 ventôse an XII.

La seconde détermine les peines encourues par les contrevenants.

L'attribution aux employés des douanes de la surveillance et des poursuites des contraventions est tellement dans la nature des fonctions de cette administration, qu'il suffit de l'énoncer pour lui concilier votre assentiment.

La seconde disposition applique aux contraventions à l'importation des sels, autres que ceux de la régie, les peines portées par la loi du 22 août 1791, concernant les marchandises prohibées à l'entrée et à la sortie. Cette application a paru également juste et convenable. Où il y a identité de débit, il doit y avoir indentité de peine, et l'importation frauduleuse des sels, autres que ceux de la régie, dans les départements dont il s'agit, ne doit pas être moins réprimée et punie que l'introduction de toutes les autres denrées prohibées par les lois concernant les douanes.

En exposant, l'année dernière, au Tribunat, le vœu de la section des finances sur la loi du 5 ventôse, comprise dans la loi générale des finances, son rapporteur exprima le vœu que les circonstances où se trouvaient les départements du ci-devant Piémont pussent se modifier de manière à ce qu'il fût possible au Gouvernement de les ramener bientôt au régime commun à tout l'Empire, soit sous le rapport de la taxe d'entretien, soit sous le rapport du commerce du sel. La section, en persistant dans ce vœu inspiré par le patriotisme et par son attachement pour l'auguste chef de l'Etat, a pensé que les circonstances actuelles réclamaient impérieusement l'exécution pleine et entière de la loi du 5 ventôse an XII pour la vente exclusive du sel dans les départements du ci-devant Piémont, et que le projet de loi proposé, formant le complément nécessaire à cette loi, devait être adopté comme pouvant seul en procurer les résultats.

J'ai l'honneur de vous proposer, Messieurs, de voter cette adoption.

Aucun orateur du Conseil d'Etat ni du Tribunat ne prenant la parole, la discussion est fermée.

Le Corps législatif délibère sur le projet de loi, qui est décrété à la majorité de 206 boules blanches contre 4 noires.

La séance est levée.

CORPS LEGISLATIF.

PRÉSIDENCE DE M. FONTANES.

Séance du 13 *pluviôse an* XIII (samedi 2 février 1805).

Le procès-verbal de la séance du 12 pluviôse est adopté.

L'ordre du jour appelle la discussion du projet de loi présenté le 3, et qui a pour objet le *remplacement des contributions mobilière et somptuaire de la ville de Lyon, par une extension aux droits d'octroi sur les consommations.*

M. **Labrouste**, *orateur du Tribunat.* Messieurs, le projet de loi soumis en ce moment à votre examen a pour objet d'autoriser la commune de Lyon à remplacer, en tout ou partie, le montant de ses contributions mobilière et somptuaire par le produit d'un droit sur les consommations.

Cette faculté que réclame la commune de Lyon n'est point une innovation à notre législation actuelle en matière de finances ; elle est une application naturelle, une conséquence nécessaire en quelque sorte, de principes souvent proclamés par le Gouvernement à la tribune, et plusieurs fois déjà consacrés par vous dans des cas semblables. Il suffira, pour vous en convaincre et déterminer votre assentiment à la loi qu'on vous propose, de remettre en peu de mots, sous vos yeux, ce qui a été fait sur le même objet dans les précédentes sessions.

Frappé des réclamations nombreuses qu'excitaient les contributions personnelle, mobilière et somptuaire , le Tribunat s'attacha, dès son entrée en fonctions, à en rechercher et en indiquer les causes. Il les trouva dans la nature de ces contributions qui, portant sur l'universalité des revenus présumés, sans distraction de ceux provenant des biens-fonds, cotisés à l'imposition foncière, étaient souvent dès lors bien plus un accroissement à cette imposition déjà onéreuse au cultivateur, qu'un moyen d'atteindre, comme on se l'était proposé, les fortunes mobilières et industrielles. Il les trouva dans la base toujours incertaine et souvent injuste du loyer, sur laquelle la plus importante comme la plus forte partie de ces contributions, la cote mobilière, était répartie. Il les trouva surtout dans l'étendue même de l'impôt, au fardeau duquel excitait encore l'inégalité de son assiette, les difficultés de sa perception, et les frais énormes des poursuites qu'entraînait son recouvrement, au détriment commun du trésor public et des facultés des contribuables.

Il vit que c'était surtout dans les grandes villes que ces inconvénients graves se faisaient sentir ; que la valeur locative des habitations y était, moins encore que partout ailleurs, un indice assuré des moyens des contribuables ; que les erreurs nombreuses résultant de l'application d'une base aussi fautive y rendaient l'impôt à la fois onéreux, odieux et d'une rentrée lente et difficile ; et que l'extrême multiplicité des cotes, l'infidélité des déclarations, l'instabilité des fortunes mobilières, celle encore plus grande des domiciles, et mille autres causes semblables en compliquant à l'infini l'assiette et la perception, y faisaient de ces contributions un moyen de produit presque illusoire, en même temps qu'elles étaient, pour les classes peu aisées, une source intarissable de poursuites ruineuses et de vexations.

Il manifesta dès lors le désir de voir opérer, sur ces contributions, une réduction qu'il regardait comme pouvant seule en diminuer les inconvénients et en rendre le recouvrement possible, et insista surtout pour qu'en attendant l'instant favorable à cette réduction, on convertît au moins en une extension aux droits d'octroi déjà existants, tout ou partie du contingent des grandes communes.

C'est cette dernière idée, la seule sans doute que les circonstances permissent encore de réaliser,qu'un Gouvernement paternel,toujours attentif aux besoins du peuple, s'est appropriée. Il l'a fait avec la circonspection qui accompagne toujours les innovations dans une administration sage et éclairée, avec les ménagements que pouvaient réclamer les localités ; et la nouvelle application qu'il vous en propose aujourd'hui prouve de plus en plus que l'évènement a pleinement justifié ses vues et les nôtres.

C'est dans ses vues, Messieurs, que le 15 germinal an XI. le Gouvernement propose au Corps législatif d'autoriser la commune de Paris à remplacer, en tout ou partie, le montant de ses contributions mobilière et somptuaire par une perception dont le mode, provisoirement exécuté, ne devait devenir définitif qu'après avoir été converti en loi dans la session suivante. Cette mesure que recommandait à l'avance l'opinion, et qui s'offrait à vous environnée des précautions les plus rassurantes, obtint votre assentiment ; et vous rendîtes, dans les termes proposés, la loi du 26 germinal an XI.

Il vous a été rendu compte dans le temps, Messieurs, de la faveur avec laquelle les dispositions de cette loi furent accueillies, et des résultats heureux qu'eut son exécution pour les contribuables à la fois et pour le trésor public. Le montant des contributions personnelle et somptuaire de la ville de Paris fut proportionnellement réparti à raison des loyers excédant cent francs ; son contingent à la contribution mobilière fut converti en une extension aux droits d'octroi déjà existants ; et ce mode de remplacement, provisoirement exécuté d'abord, d'après la loi du 26 germinal an XI, fut, conformément à la même loi, présenté dans la session suivante à la sanction du Corps législatif, qui le consacra définitivement par la loi du 5 ventôse an XII.

Peu de jours avant, et le 27 pluviôse, une loi, semblable en tous points à la première, avait accordé à la ville de Marseille la même faculté de remplacer, en tout ou partie, ses contributions mobilière et somptuaire ; et c'est identiquement encore la même mesure qui vous est proposée aujourd'hui pour la ville de Lyon.

Il serait superflu sans doute, Messieurs, il serait étranger, surtout à l'objet qui vous occupe. de reproduire ici ce qui a été si souvent dit et écrit sur la nature, les inconvénients et les avantages respectifs des contributions tant directes qu'indirectes, et les arguments plus ou moins spécieux, par lesquels deux sectes rivales, également éclairées, également pures dans leurs vues, mais également exagérées, parce que toutes les sectes le sont, s'efforcèrent respectivement d'obtenir à l'une ou à l'autre de ces deux natures d'impôts, une préférence absolue et exclusive. S'il est résulté quelques vérités constantes de ces discussions savantes, mais toujours restées interminables, c'est que chaque espèce d'imposition à ses avantages propres, comme elle a des inconvénients particuliers inhérents à sa nature ; que de la proportion de ces diverses impositions entre elles, de leur rapport avec les sources où elles doivent respectivement puiser, et de leur combinaison plus ou moins appropriée au temps, aux lieux et aux choses, dépend le plus ou moins

bon emploi de chacune d'elles ; et qu'en matière d'impôts comme dans toute autre, c'est entre les systèmes opposés et non dans les dogmes absolus de tel ou de tel système, que l'homme sage doit chercher sa règle de conduite et la vérité.

Ce n'est point en effet, Messieurs, sur la préférence à donner à tel ou tel système de contribution, à telle ou telle contribution même abstractivement envisagée, que vous avez à vous prononcer ici : c'est d'un cas particulier, d'une exception locale qu'il s'agit ; et la question circonscrite ainsi est elle-même, à proprement parler, déjà résolue et décidée. Elle l'est pour le Tribunat, dont l'opinion constante et le vœu souvent prononcé n'ont cessé de préparer, et ont provoqué plus d'une fois la mesure proposée ; elle l'est pour le Corps législatif, par qui cette mesure a été déjà consacrée deux fois dans des cas semblables ; elle l'est pour tous, par les résultats heureux et incontestables dont cette même mesure a été suivie, depuis deux ans, dans deux essais successifs.

La loi que vous discutez est en tout semblable à celles rendues en l'an XI, pour Paris, et l'année dernière pour Marseille, comme la position de Lyon, dans l'objet présent, est semblable en tout à la position de ces deux communes. Comme ces deux dernières lois, celle proposée aujourd'hui consulte et ménage l'intérêt local, en faisant intervenir dans le choix du mode de remplacement l'administration municipale ; comme elles, elle assure la continuité des rentrées par l'exécution provisoire du mode de remplacement adopté ; comme elles, enfin, elle n'est, à proprement parler, qu'un essai dont les inconvénients, s'il y en avait, seraient passagers, et dont les avantages seuls, consacrés par la loi, seront durables.

Messieurs, la section des finances du Tribunat, dont je suis en ce moment l'organe, a vu, dans la loi proposée, une application nouvelle de principes constamment professés par elle, consacrés plusieurs fois par vous et justifiés par l'expérience ; elle y a vu un pas de plus fait par la législation vers l'amélioration de notre système de contributions publiques ; elle y a vu en particulier, pour la ville de Lyon, un nouveau bienfait du génie réparateur que déjà elle admire et chérit à tant de titres. C'est sur ces motifs, dont vous apprécierez la justesse et l'importance, qu'elle en a unanimement voté l'adoption.

Aucun orateur ne prenant la parole, la discussion est fermée.

Le Corps législatif délibère sur le projet de loi, qui est décrété à l'unanimité de 215 votants.

Les orateurs du Conseil d'État et du Tribunat ayant quitté l'assemblée, un membre demande que le Corps législatif se forme en comité général.

M. le président invite les étrangers à évacuer les tribunes.

Quelques instants après, la séance est rendue publique.

M. le président prononce que l'assemblée, dans sa conférence particulière, vient d'arrêter qu'il serait nommé une députation de quinze de ses membres, à l'effet de se rendre auprès de LL. AA. SS. les princes Murat, grand amiral, et Beauharnais, archi chancelier d'État, pour leur exprimer les sentiments et les félicitations du Corps législatif au sujet de leur promotion à ces dignités.

D'après l'observation que M. le prince Beauharnais est en ce moment à Milan, il sera à son égard suppléé à la députation par une lettre que lui adressera M. le président.

Les membres de la députation sont tirés au sort. Il est décidé que M. Janet, auteur de la proposition adoptée, un vice-président et deux des plus anciens questeurs feront partie de cette députation.

La séance est levée.

SÉNAT CONSERVATEUR.

PRÉSIDENCE DE S. A. S. M. L'ARCHICHANCELIER DE L'EMPIRE.

Séance du 15 pluviôse an XIII (lundi 4 février 1805).

Le Sénat s'est réuni aujourd'hui en grand costume, sous la présidence de S. A. S. M. Cambacérès, archichancelier de l'Empire.

M. le **maréchal Murat,** *grand amiral,* étant venu prendre place au Sénat, S. A. S., avant de prêter le serment accoutumé, s'est exprimé de la manière suivante :

Sénateurs, je viens remplir des obligations que m'impose la dignité à laquelle je viens d'être élevé ; je viens prêter entre les mains du Sénat le serment voulu par ses règlements et par les Constitutions de l'Empire. Sa Majesté m'a nommé grand amiral ; elle m'a conféré le titre de prince ; elle m'a fait sénateur. Quelle récompense pour quelques services rendus, et quel prix pour l'attachement que je lui ai voué presqu'en entrant dans la carrière des armes! Mais quelles obligations ne m'impose pas le message de Sa Majesté au Sénat, et le message du Sénat à Sa Majesté! Comment pourrai-je jamais espérer de justifier les termes honorables dans lesquels l'un et l'autre sont conçus. Si jeune encore, je n'espérais trouver dans les bontés de Sa Majesté des occasions de lui prouver qu'elle n'a pas de sujet plus fidèle et plus ardent à la servir, et de prouver en même temps au Sénat que je suis digne d'appartenir à un corps tout composé de sages choisis parmi les personnages les plus distingués de l'Empire.

M. **l'archichancelier** (Cambacérès) , *président,* a répondu en ces termes au discours de M. le grand amiral :

Monsieur le grand amiral, depuis longtemps le vœu public avait marqué la place de Votre Altesse parmi les grands dignitaires de l'Empire.

L'utilité de vos services, vos talents militaires, vos rapports intimes avec la famille impériale, votre attachement inviolable pour la personne sacrée de Sa Majesté : tels sont les titres qui parlaient en votre faveur, que chacun de nous se plaisait à reconnaître, et que votre modestie seule semblait ignorer. Sa Majesté les a sanctionnés en vous élevant au plus haut rang de la société. Que n'a-t-elle pu être le témoin de la joie qui s'est manifestée dans cette enceinte lorsque votre nomination y a été annoncée! Que ne peut-elle entendre les applaudissements qui couvriront votre nom lorsque la nouvelle de son choix parviendra aux armées! Mais l'Empereur sait déjà combien à votre égard l'opinion publique est d'accord avec ses propres sentiments. Dans les camps, comme dans les conseils, soit qu'il s'agisse de défendre la gloire de nos armes, ou de délibérer sur les grandes affaires de l'État, tous les bons Français voient Votre Altesse Sérénissime à la place qui lui convient ; tous se réjouissent de penser que Sa Majesté peut dire de son beau-frère ce qu'un grand roi disait d'un grand ministre : *Il est bon à présenter à mes amis et à mes ennemis.*

Déjà le Sénat, par une démarche distinguée, a fait témoigner tout son intérêt pour Votre Altesse

Sérénissime. En me rendant plus longtemps son organe, je craindrais d'affaiblir ce qui vous a été dit de sa part par son éloquent interprète; mais en m'abandonnant aux effusions de l'amitié, j'ai la douce certitude que son langage est justifié par l'approbation de tous ceux qui m'écoutent.

M. **Talleyrand,** ministre des relations extérieures, est introduit.

M. **l'archichancelier Cambacérès** expose en ces termes l'objet de la communication que le ministre est chargé de faire au Sénat de la part de l'Empereur.

Messieurs, Sa Majesté a fait de nouveau connaître au gouvernement de la Grande-Bretagne les dispositions pacifiques, dont les plus flatteuses espérances ne l'ont détourné dans aucune circonstance de sa vie, et qui toujours lui ont fait préférer à la gloire des armes le repos du monde et le bonheur de l'humanité.

Si la réponse du cabinet de Londres n'a point été telle qu'on avait lieu de l'espérer, la démarche de l'Empereur n'en conserve pas moins tout son éclat. Il est beau de voir un prince accoutumé à vaincre déplorer les malheurs de la guerre, s'occuper sans relâche d'assurer à l'Europe les douceurs de la paix, et renoncer pour ainsi dire à l'esprit de conquête dans l'âge où la force des passions donne tant d'empire à la voix de l'ambition, et en laisse si peu aux conseils de la sagesse.

Quel que soit le résultat de cette ouverture, l'amour des Français pour leur prince, la reconnaissance de l'Europe, l'admiration même de ses ennemis, sont une récompense digne de son cœur et qui ne peut lui échapper.

Sa Majesté l'Empereur, voulant donner au Sénat un nouveau témoignage de sa confiance, a ordonné, Messieurs, que sa lettre au roi d'Angleterre fût mise sous vos yeux, ainsi que la réponse qui a été faite à cette lettre au nom du gouvernement britannique.

Tel est l'objet de la présente séance que j'ai reçu la mission de présider, et dans laquelle le ministre des relations extérieures se trouve pour satisfaire aux intentions de Sa Majesté.

M. **Talleyrand**, *ministre des relations extérieures,* invité à monter à la tribune, présente le rapport suivant :

Messieurs, la solennité nationale du couronnement, ce noble et nécessaire complément de nos institutions sociales, tenait à des sentiments trop profonds et trop universels pour ne pas occuper l'attention entière de toutes les classes de l'État ; aux approches, à la suite de ce grand événement intérieur, qui vient d'assurer à jamais les destins de la France, en consacrant par la voix des hommes et par celle du ciel, tout ce que nous avons acquis de gloire, de grandeur et d'indépendance, on a généralement et comme par une commune impression, senti diminuer et s'affaiblir l'intérêt de tous les autres événements ; la pensée de la guerre, au sein d'une nation qui doit tant à ses victoires, a semblé disparaître.

Tout est accompli, l'Empire est fondé : et en reprenant les soins extérieurs, et en rappelant les esprits aux intérêts de la guerre, le premier sentiment de l'Empereur a été de s'élever au-dessus de toutes les passions, et de justifier la grande destinée que la Providence lui réserve en se montrant inaccessible à la haine, à l'ambition, à la vengeance.

S'il existe des hommes qui ont conçu le projet de nous combattre avec les armes du crime, qui ont, autant qu'il a été en eux, réalisé cette

... Empereur, je n'en ai point d'autre. »
... s deux ans la guerre est déclarée, et n'a
... mencer encore. Toutes les actions ont été
... paratifs, en projets : mais le moment étant
... ve, où l'exécution devait amener des évé-
... ments réels, et faire naître les plus terribles
chances, l'Empereur a pensé qu'il était dans les
principes de cette religion politique, qui sans
doute attire sur les pensées et sur les efforts des
princes justes et généreux l'assistance du ciel, de
faire tout ce qui était en son pouvoir pour prévenir de grandes calamités en faisant la paix.

J'ai ordre de vous communiquer la lettre que,
dans cette vue de modération et d'humanité,
Sa Majesté l'Empereur a jugé convenable d'écrire à
Sa Majesté le roi d'Angleterre.

LETTRE DE L'EMPEREUR
AU ROI D'ANGLETERRE.

Monsieur mon frère, appelé au trône de France
par la Providence et par les suffrages du Sénat,
du peuple et de l'armée, mon premier sentiment est
un vœu de paix. La France et l'Angleterre usent leur
prospérité. Elles peuvent lutter des siècles ; mais
leurs gouvernements remplissent-ils bien le plus
sacré de leurs devoirs ? Et tant de sang versé
inutilement, et sans la perspective d'aucun but,
ne les accuse-t-il pas dans leur propre conscience ?
Je m'attache point de déshonneur à faire le premier
pas. J'ai assez, je pense, prouvé au monde que je
ne redoute aucune des chances de la guerre ; elle
ne m'offre d'ailleurs rien que je doive redouter.
La paix est le vœu de mon cœur, mais la guerre
n'a jamais été contraire à ma gloire. Je conjure
Votre Majesté de ne pas se refuser au bonheur de
donner elle-même la paix au monde. Qu'elle ne
laisse pas cette douce satisfaction à ses enfants ;
car enfin, il n'y eut jamais de plus belles circonstances, ni de moment plus favorable pour faire
taire toutes les passions, et écouter uniquement
le sentiment de l'humanité et de la raison. Ce
moment une fois perdu, quel terme assigner à
une guerre que tous mes efforts n'auraient pu
terminer ? Votre Majesté a plus gagné depuis dix
ans, en territoire et richesse, que l'Europe n'a
d'étendue. Sa nation est au plus haut point de
prospérité. Que veut-elle espérer de la guerre ?
coaliser quelques puissances du continent ? Le
continent restera tranquille ; une coalition ne
ferait qu'accroître la prépondérance et la grandeur
continentale de la France. Renouveler des troubles
intérieurs ? les temps ne sont plus les mêmes.
Détruire nos finances ? des finances fondées sur
une bonne agriculture ne se détruisent jamais.
Enlever à la France ses colonies ? les colonies sont
pour la France un objet secondaire ; et Votre
Majesté n'en possède-t-elle pas déjà plus qu'elle
n'en peut garder ? Si Votre Majesté veut elle-
même y songer, elle verra que la guerre est sans
but, sans aucun résultat présumable pour elle.
Eh ! quelle triste perspective de faire battre des
peuples pour qu'ils se battent ? Le monde est
assez grand pour que nos deux nations puissent
y vivre, et la raison a assez de puissance pour
qu'on trouve les moyens de tout concilier, si de
part et d'autre on en a la volonté. J'ai toutefois
rempli un devoir saint et précieux à mon cœur.
Que Votre Majesté croie à la sincérité des sentiments
que je viens de lui exprimer, et à mon désir de
lui en donner des preuves. Sur ce, etc., etc.
Paris, ce 1er nivôse an XIII (2 janvier 1805).

Signé : NAPOLÉON.
copie conforme :
... tions extérieures,
t. TALLEYRAND.

En calculant les avantages de notre position, et en pensant à cet élan unanime d'affection et de respect qui, dans les dernières circonstances, nous ont fait voir la France entière toute disposée à se dévouer pour maintenir l'honneur du nom français, la gloire du trône et la puissance de l'Empire, je ne cacherai pas qu'étant seul admis, comme ministre, dans la confiance d'une telle détermination, j'ai dû, pour l'apprécier tout entière, la considérer moins en elle-même que dans son principe héroïque, et la voir plutôt comme conséquence de caractère que comme application d'une maxime d'Etat. Si tout autre prince m'eût manifesté une telle disposition, j'eusse cru que l'honneur de ma place et mon dévouement personnel me faisaient une loi de la combattre par mes conseils.

Et, en effet, quelle est notre position? et de quel côté sont les avantages de la guerre? Nous n'avons rien perdu : au dedans et au dehors, tout s'est amélioré parmi nous. Nos flottilles, dont la création semblait une chimère, dont la réunion paraissait impossible, ont été créées et réunies comme par prestige. Nos soldats sont devenus marins; on dirait que les ports, les rivages se transforment en villes, où les soldats de terre et de mer se livrent en pleine sûreté, et comme pendant la paix, aux terribles et périlleux exercices de la guerre. Nous avons, sans doute, moins de vaisseaux que l'Angleterre; mais leur nombre suffit pour que leur réunion, sagement préparée, puisse porter des coups mortels à l'ennemi.

L'Espagne, engagée dans la lutte par des provocations sans pretexte et sans excuse, nous a donné pour auxiliaires la désapprobation de l'Europe contre une injuste agression, l'indignation d'un peuple généreux et les forces d'un grand royaume. Invulnérables sur notre territoire, nous avons éprouvé que la vigilance et une énergie qui ne se dément jamais suffisent à notre sûreté. Nos colonies sont à l'abri de toute attaque : la Guadeloupe, la Martinique, l'Ile-de-France, résisteraient à une expédition de 20 mille hommes.

Nos villes, nos campagnes, nos ateliers prospèrent : la perception constante et facile des impôts atteste la fécondité inépuisable de l'agriculture et de l'industrie; le commerce, accoutumé depuis dix ans à se passer de ses coûteuses relations avec l'Angleterre, se fait une autre assiette et trouve à remplacer ses relations par des communications plus profitables, plus indépendantes et plus sûres. Point de nouveaux impôts; point d'emprunts; une dette qui ne peut augmenter, et qui doit décroître; une réunion enfin de moyens suffisants pour soutenir pendant dix ans l'état actuel de la guerre : telle est la position de la France.

Cette guerre a donc été peu offensive; mais elle est loin d'avoir été inactive, la France a été garantie. Elle s'est créé des forces jusqu'à ce jour inconnues. Elle a perpétué dans le sein du pays ennemi un principe d'inquiétude sans remède; et par une prudence et une énergie sans relâche, elle a conquis pour toujours la confiance du continent, d'abord un peu ébranlée par le début d'une guerre incendiaire qui pouvait mettre l'Europe en feu, et dont le progrès a été arrêté par des efforts assidus de surveillance, de modération, de fermeté et de sagesse.

Quelle est la situation de l'ennemi? Le peuple est en armes, et pendant que le besoin, secondé du génie, nous a fait inventer une nouvelle espèce de marine, le besoin et la frayeur ont forcé le cabinet anglais de substituer partout les piques aux armes ordinaires de la guerre. Ce cabinet est partagé entre des projets d'invasion et des projets de défense. Il prodigue d'inutiles retranchements; il hérisse les côtes de forteresses; il établit et déplace sans cesse ses batteries; il cherche s'il ne pourrait pas arrêter ou détourner le cours des fleuves.

Il projette des inondations sur ses propres campagnes. L'indolence des villes est dans ses camps; la turbulence des camps est dans ses villes.

L'Irlande, les Indes, les rivages même de l'Angleterre sont un objet perpétuel et indéterminé d'inquiétudes. Tout ce qui appartient à l'Angleterre est incessamment menacé par 1500 bâtiments qui composent notre flottille aujourd'hui, par soixante vaisseaux de ligne, et par une armée valeureuse que les premiers généraux de l'univers commandent. La plus effrayante de toutes les menaces ne serait-elle pas celle de la patience facile, qui nous ferait persister pendant dix ans dans cet état d'arrêt et d'attente qui laisse à nos hostilités l'intelligence et le choix des lieux, du temps et des moyens de nuire?

Ces considérations et ce contraste eussent dû, ce me semble, inspirer au gouvernement anglais la sage résolution de faire les premières démarches, pour prévenir les hostilités : il ne l'a point fait. Il a laissé à l'Empereur tout l'avantage de cette initiative honorable. Toutefois, il a répondu aux propositions qui lui ont été faites, et si on compare sa réponse aux déclamations si honteusement célèbres de lord Grenville, en l'an VIII, j'aime à le dire, elle n'est pas dépourvue de modération et de sagesse. Je vais avoir l'honneur de vous en faire la lecture.

LETTRE DU LORD MULGRAVE
A. S. E. M. DE TALLEYRAND,
ministre des relations extérieures.

Sa Majesté a reçu la lettre qui lui a été adressée par le chef du Gouvernement français, datée du deuxième jour de ce mois.

Il n'y a aucun objet que Sa Majesté ait plus à cœur que de saisir la première occasion de procurer de nouveau à ses sujets les avantages d'une paix fondée sur des bases qui ne soient pas incompatibles avec la sûreté permanente et les intérêts essentiels de ses Etats. Sa Majesté est persuadée que ce but ne peut être atteint que par des arrangements, qui puissent en même temps pourvoir à la sûreté et à la tranquillité à venir de l'Europe, et prévenir le renouvellement des dangers et des malheurs dans lesquels elle s'est trouvée enveloppée. Conformément à ce sentiment, Sa Majesté sent qu'il lui est impossible de répondre plus particulièrement à l'ouverture qui lui a été faite, jusqu'à ce qu'elle ait eu le temps de communiquer avec les puissances du continent, avec lesquelles elle se trouve engagée dans des liaisons et des rapports confidentiels, et particulièrement avec l'empereur de Russie, qui a donné les preuves les plus fortes de sa sagesse et de l'élévation des sentiments dont il est animé, et du vif intérêt qu'il prend à la sûreté et à l'indépendance de l'Europe.

Signé : MULGRAVE.
Downing-Street, 14 janvier 1805.
Pour copie conforme :
Le ministre des relations extérieures.
Signé : CH. MAUR. TALLEYRAND.

Le caractère qui domine dans cette réponse est vague et sans détermination. Une seule idée se montre avec quelque précision, celle du recours à des puissances étrangères, et cette idée n'est point pacifique : une intervention superflue ne doit point être réclamée, si on n'a pas l'envie d'embarrasser les discussions et de les rendre interminables. Le résultat ordinaire de toutes les négociations compliquées est d'aigrir les esprits, de blesser les bonnes intentions, et de rejeter les États dans une guerre devenue plus ardente par le dépit d'une tentative de rapprochement sans succès.

Cependant dans une question qui tient à une multitude d'intérêts et de passions, qui sont loin d'avoir jamais été en harmonie, il ne faut pas s'arrêter à un seul indice.

Le temps nous dévoilera bientôt le secret des résolutions du gouvernement d'Angleterre. Si ces résolutions sont justes et modérées, nous verrons finir les calamités de la guerre; si, au contraire, cette première apparence de rapprochement n'était qu'une lueur trompeuse, destinée seulement à servir des spéculations de crédit, à faciliter un emprunt, des rentrées d'argent, des achats et des entreprises, alors nous saurions sans incertitude à quel point les dispositions de l'ennemi sont implacables et obstinées, et nous n'aurions plus qu'à rejeter loin de nous des espérances d'un attrait dangereux, et à nous confier sans réserve en la bonté de notre cause, à la justice de la Providence et au génie de l'Empereur.

En attendant que de nouvelles lumières nous éclairent sur l'obscurité de la situation actuelle des affaires, Sa Majesté l'Empereur a pensé que la révélation imparfaite que Sa Majesté le roi d'Angleterre a jugé à propos de faire des premières démarches de la France, exigeait de sa part une exposition complète de ce qu'elle a voulu, de ce qu'elle a fait, et de la réponse du gouvernement anglais.

En même temps elle me charge d'annoncer qu'elle trouvera toujours une satisfaction réelle et chère à son cœur, de faire connaître au Sénat et à son peuple, par des communications franches, entières et jamais douteuses, tout ce qui tiendra aux grands intérêts de sa prospérité et de sa gloire, toutes les fois que cette communication sera compatible avec les principes de la politique et avec les règles de la prudence.

Après ce rapport, un membre a dit qu'il convenait de faire une adresse à Sa Majesté Impériale pour la remercier du nouveau témoignage de confiance que le Sénat venait de recevoir, par la communication de ce rapport si remarquable et si important, et que suivant l'usage du Sénat dans les matières politiques, cet objet devait être renvoyé à une commission spéciale.

Le Sénat a nommé au scrutin cinq commissaires pour lui faire un rapport à ce sujet dans une prochaine séance. Ce sont MM. Barthélemy, Cacault, Hédouville, et LL. EE. M. le maréchal Pérignon et M. François (de Neufchâteau), président du Sénat.

CORPS LÉGISLATIF.

PRÉSIDENCE DE M. FONTANES.

Séance du 15 pluviôse an XIII (lundi 4 février 1805).

Le procès-verbal de la séance du 13 pluviôse est adopté.

MM. Béguinot et Bassenge écrivent qu'une indisposition les empêche de se rendre à cette séance.

Des orateurs du Gouvernement sont annoncés et introduits.

M. **Ségur**, *conseiller d'État*, fait à l'assemblée la communication suivante :

Messieurs, Sa Majesté a voulu que vous fussiez instruits, par une communication officielle, des faits récents qui intéressent notre situation politique.

Sa Majesté, depuis qu'elle a été élevée sur le trône, a pensé que cette situation nouvelle et les circonstances qui l'y avaient placée, pouvaient lui faire concevoir des espérances de paix.

L'ennemi, désabusé du vain espoir qu'il avait fondé sur nos divisions et sur les chances d'un pouvoir électif, se trouvait dans une position qui devait le disposer à écouter des conseils plus modérés. L'Empereur a fait ce que le général Bonaparte avait fait avant le passage de la Drave, ce qu'avait fait le Premier Consul avant que d'être forcé de combattre à Marengo. Il a écrit à Sa Majesté britannique la lettre dont nous allons vous donner lecture. (*Voy.* cette lettre, à la séance du Sénat conservateur de ce jour).

Cette lettre, Messieurs, convenait à la dignité d'une puissance qui connaît sa force et ne peut pas en abuser. Le caractère et les actions de l'Empereur ne permettaient pas d'y soupçonner de la faiblesse.

A cette lettre, le ministre britannique a fait une réponse non pas telle qu'il le devait à des ouvertures aussi franches et aussi pacifiques, mais une réponse dont les termes, du moins, si on les compare à ceux dont il se servit en l'an VIII dans d'autres circonstances, ne blessaient pas les convenances, et permettaient d'espérer des communications plus utiles. (*Voy.* cette lettre à la séance du Sénat conservateur de ce jour).

La lettre et la réponse seraient restées dans le secret du Gouvernement comme tous les actes préliminaires dont le but est de conduire à des négociations effectives, si le message du roi d'Angleterre à son parlement n'en eût appelé la publicité.

Ce message, Messieurs, qui annonce, de la part de la France, des communications pacifiques, n'est plein que d'aigreur, d'accusations et de reproches. On y feint une pitié insultante pour une nation généreuse qu'on vient subitement d'attaquer au sein de la paix, dont on a saisi, pillé, détruit les vaisseaux naviguant sur la foi des traités; et on s'étonne qu'elle ne s'abaisse pas à des explications vis-à-vis d'un ennemi qui la traite en brigands, et qu'à des hostilités elle ait répondu par une déclaration de guerre.

On y annonce des liaisons, une correspondance, des rapports confidentiels avec des puissances du continent. On s'efforce d'y établir l'idée d'une coalition qui n'existe point, et qu'il serait impossible de réaliser.

La France est trop grande pour s'abaisser à discuter des injures.

Elle doit, à un allié cruellement outragé, non pas une vaine pitié, mais le plus constant et le plus fidèle appui.

La France n'a point d'ennemis sur le continent; elle n'a, avec aucune puissance continentale, aucune discussion qui puisse s'attacher à sa querelle avec le ministère britannique.

L'Autriche, la Prusse, l'Allemagne tout entière, veulent la paix et la veulent avec la France. Depuis peu de jours encore, l'Empereur a reçu, de leurs dispositions amicales, les assurances les plus positives.

L'empereur Alexandre eût empêché la guerre, si l'Angleterre eût voulu accepter sa médiation ; il l'eût peut-être fait cesser depuis, si ses ministres, à Paris et à Londres, eussent suivi les intentions qu'il avait alors.

L'intervention de la Russie, très-utile pour prévenir les hostilités, ne peut l'être également lorsqu'il est question de les terminer. L'Angleterre n'a rien à redouter de cette puissance, et ne se croit point intéressée à garder des ménagements avec elle : toute l'Europe le sait, les événements de l'an IV l'ont démontré, le gouvernement britannique l'a prouvé. Si l'Angleterre aujourd'hui veut tirer parti de quelques communications confidentielles, ce n'est certainement pas pour montrer des dispositions plus pacifiques : son but est de faire croire à une apparente coalition; mais elle n'a pour elle aucune chance de succès, et ses espérances sont illusoires : car, à Pétersbourg aussi bien qu'à Vienne, aussi bien qu'à Berlin, on regarde comme des attentats au droit des gens, comme une injure à tous les souverains, l'attaque des frégates espagnoles en pleine paix, l'assassinat en pleine paix de trois cents victimes innocentes, immolées par les canons d'Angleterre ou ensevelies dans les flots; la prise en pleine paix d'un régiment espagnol, l'arrestation dans la Méditerranée de quatre-vingts bâtiments de toutes les nations, et cette violation perpétuelle de la liberté des mers, le domaine commun de tous les peuples.

Ces correspondances, ces rapports confidentiels ne sont donc que des chimères, des prétextes vains pour échapper aux négociations de la paix. C'est toujours ce système perfide qui cherche à semer des guerres sur le continent pour éterniser le monopole d'un seul peuple, et opprimer le commerce de tous.

C'est ce même esprit qui, pour autoriser la violation du traité d'Amiens, créait dans nos ports des armements imaginaires, et effrayait la nation anglaise de projets destructeurs.

Si la voix de l'humanité n'est point entendue, ils seront bien coupables ceux qui exposeront leur patrie à des dangers dont celui qui les accuse d'en être l'artisan, aura tenté constamment de les défendre.

Les politiques éclairés de tous les pays, la nation anglaise elle-même tardivement désabusée, ont blâmé l'aveugle opiniâtreté du gouvernement anglais, lorsqu'en l'an VIII il perdit l'occasion favorable qu'on lui présentait pour faire une paix honorable; et peut-être la grandeur actuelle de la France est-elle une conséquence de cette faute politique. L'avenir fera connaître les effets d'un aveuglement si obstiné. Nous n'avons rien à redouter, et peut-être dans dix ans notre position, pour traiter, sera-t-elle plus avantageuse encore. En guerre comme en politique, il est des occasions qu'on ne retrouve plus, et qui laissent pendant des siècles le regret de les avoir laissé échapper. Si telle doit être la destinée de l'Angleterre, il ne restera à la bravoure française qu'à déployer toute son énergie, et à triompher enfin de cet esprit ennemi de la liberté des mers et de la tranquillité des nations.

Le Corps législatif arrête qu'il sera fait un message à Sa Majesté l'Empereur, pour lui exprimer ses sentiments sur l'objet de la communication qui lui a été faite aujourd'hui, et que ce message sera porté par une députation de vingt-cinq membres.

L'ordre du jour appelle la discussion du *projet de loi relatif à la tutelle des enfants admis dans les hospices*.

Les orateurs du Gouvernement et ceux du Tribunat sont introduits.

M. le Président. La parole appartient aux orateurs du Tribunat.

M. Duvidal. Messieurs, j'ai l'honneur de vous soumettre le vœu de la section de l'intérieur du Tribunat, sur le projet de loi qui a pour objet la *tutelle des enfants admis dans les hospices*.

L'admission même de ces enfants dans ces asiles du malheur, prouve qu'ils ne peuvent avoir que bien peu de propriétés à soigner ou à défendre ; mais il arrive pourtant quelquefois que des successions ou la bienfaisance mettent de légères sommes à leur disposition.

Il importe que cette ressource leur soit conservée jusqu'au moment où ils seront livrés à leurs propres forces ; d'ailleurs, lorsqu'ils ont été placés en apprentissage, ils ont besoin que quelqu'un veille à l'accomplissement des obligations souscrites en leur faveur, dirige leurs premières démarches, les éclaire sur leurs véritables intérêts , et, par des conseils revêtus d'une autorité respectable, les garantisse des écarts auxquels ils ne sont que trop exposés, par leur âge, par leur misère, et surtout par leur état d'abandon.

Il était donc digne de l'âme paternelle de Sa Majesté Impériale de venir au secours de ces infortunés ; et le projet de loi dont j'ai l'honneur de vous entretenir prouve que les plus grandes conceptions de la politique ne ferment point son oreille et son cœur au cri de l'orphelin obscur et délaissé.

La tutelle des enfants élevés par la charité publique n'avait pas été oubliée dans les anciennes lois. Le droit romain la déférait aux directeurs des hospices, comme le prouve la 32me loi du code Justinien, livre 1er, titre III, *De Episcopis et Clericis, etc.*

Cette loi réglait le droit de tutelle et de curatelle qu'elle attribuait aux administrateurs des hospices, leur imposait l'obligation de défendre et de conserver les biens des mineurs et des orphelins, déterminait les formalités pour la vente des meubles et immeubles qui pouvaient leur appartenir, et, affranchissant leur gestion des entraves imposées aux autres tutelles, les garantissait de toute responsabilité personnelle à l'égard des orphelins confiés à leur piété.

Les lois de la France commettaient également les orphelins à la tutelle des administrateurs des hospices.

Dès l'an 1560, des lettres patentes attribuent à l'hôpital de Lyon la tutelle des enfants qui y sont admis ; elles ont été confirmées par de nouvelles lettres en 1643, et par celles de 1672 enregistrées au parlement en 1673.

Ces lois investissent les administrateurs de tous les droits de la puissance paternelle à l'égard des orphelins confiés à leurs soins ; elles donnent à l'hospice le droit de succéder à ces enfants en cas de décès, à défaut de parents, ou même à l'exclusion de ces parents dans le cas où ces enfants auraient été abandonnés par eux.

Il en était de même à l'égard du droit de tutelle et de succession pour les hôpitaux de Paris.

Un édit de Charles IX, de juillet 1566, ordonne, en parlant des orphelins nourris et entretenus à l'hospice du Saint-Esprit, que les biens meubles et choses mobilières qu'ils auront et qui leur seront échus, seront et demeureront audit hôpital, advenant le décès desdits enfants. Différents arrêts du parlement et sentences du Châtelet maintiennent les administrateurs de l'hôpital général de Paris, et de celui de la Trinité, dans la possession de la tutelle des mineurs reçus dans lesdits hôpitaux.

La loi du 27 frimaire an V a changé cette jurisprudence à l'égard des enfants abandonnés. Elle ordonne, article 4; qu'ils seront, jusqu'à majorité ou émancipation, sous la tutelle du président de l'administration municipale de l'arrondissement dans lequel sera l'hospice où ils auront été portés; les membres de l'administration seront les conseillers de tutelle.

Quel que soit le zèle des fonctionnaires qui ont remplacé les présidents d'administration municipale, l'expérience a prouvé que, dans les villes où sont établis les hospices, la multitude et la nature de leurs occupations ne leur permettent guère d'y joindre ces fonctions et de les exercer cumulativement d'une manière avantageuse pour les pupilles.

La loi soumise à votre attention rend la tutelle des enfants admis dans les hospices aux commissions administratives de ces maisons.

Il est impossible de les mieux placer; les occupations qu'elle entraîne sont analogues à leur travail habituel; l'affection que l'on porte toujours à l'objet de ses soins journaliers les y attache; d'ailleurs ils sont à portée de recueillir tous les renseignements qui peuvent les mettre en état de les exercer avec utilité pour ces enfants.

La loi suit l'enfant sortant de l'hospice pour être placé comme ouvrier, serviteur ou apprenti, et lui assure qu'en quelque endroit qu'il soit placé, il trouvera toujours une protection prochaine.

Mais si l'on se bornait à transférer la surveillance, sans transférer la tutelle, elle serait peu utile à l'orphelin à qui il importe surtout en cas de maladie ou de déplacement, de recevoir à propos une portion de son capital.

Il était donc nécessaire, comme fait la loi, de déférer la tutelle à l'administration de l'hospice du lieu de la résidence de l'enfant, ou le plus voisin.

La loi accorde aux administrations, relativement à l'émancipation des mineurs, les droits attribués aux pères et mères par le Code civil.

Cette disposition qui les distingue des autres tuteurs leur donne la faculté d'émanciper les orphelins dès l'âge de quinze ans, lorsque le développement de leurs facultés morales leur donnera lieu de penser qu'ils peuvent le faire, sans nuire aux intérêts de leurs pupilles; mais d'une autre part elle leur laisse le pouvoir de prolonger la tutelle jusqu'à son dernier terme, tant que leur conduite fait penser qu'ils sont encore incapables de se diriger eux-mêmes.

Il était non-seulement de l'utilité de l'orphelin, mais aussi convenable à la dignité des fonctions des administrateurs des hospices, de leur donner cette étendue de droits : ils sont véritablement les pères des orphelins, et leurs soins charitables suppléent bien aux titres que donne la nature.

Le receveur remplira pour les biens des enfants les mêmes fonctions que pour les biens des hospices. Cette obligation est tout à fait dans l'ordre de ses fonctions, et la loi lui accorde celle de curateur, lors de l'émancipation, parce qu'il a, mieux que tout autre, connaissance des capitaux du pupille et des caisses où ils ont été versés. Il est évident que personne ne peut remplir les devoirs de curateur avec plus d'avantage pour celui qu'il s'agit de protéger.

La prévoyance de la loi lui fait fixer l'emploi des capitaux : ils seront remis dans les Monts-de-Piété pour les y faire valoir. Cette remise convient parfaitement aux rapports qui existent entre ces établissements destinés, les uns à prévenir les premières atteintes de la misère, les autres à la soulager quand elle est tombée dans le dernier degré de dénuement et d'abandon. S'il

n'y a point de Mont-de-Piété dans la commune de la résidence de l'enfant, le placement est prescrit à la caisse d'amortissement qui est le dépôt central de toutes les sommes consignées.

Cette institution, que les talents d'un sage administrateur rendent de jour en jour plus florissante, ne peut qu'inspirer la plus haute confiance aux bienfaiteurs des orphelins, et assurer aux objets de leur charité un emploi de leurs fonds également solide et avantageux.

Les revenus des biens et capitaux seront perçus au profit des hospices, jusqu'à la sortie de l'enfant. Autrefois ils étaient successivement placés au profit du pupille; cette disposition était plus conforme à l'esprit de charité, qui est l'âme des établissements de cette nature. Il en résultait, par la longueur du temps, un accroissement assez considérable du capital. Mais les hospices étaient alors plus riches qu'ils ne le sont à présent; ils pouvaient faire le sacrifice de cette indemnité, qui, après tout, est conforme à la stricte justice : espérons que le temps viendra où la bienfaisance publique et particulière les mettra en état de reprendre ces premiers errements.

S'il est une circonstance où les administrations des hospices peuvent réclamer un juste dédommagement de leurs soins, c'est celle sans doute du décès des enfants avant leur sortie de ces hospices, leur émancipation ou leur majorité. Aussi la loi leur accorde-t-elle la propriété des biens et des capitaux s'il ne se présente pas d'héritiers : par là ces administrations auront les moyens d'étendre leurs bienfaits à d'autres infortunes. S'il se présente des héritiers, ils seront tenus d'indemniser l'hospice des aliments fournis et des dépenses faites pour l'enfant; c'est une obligation de leur part qui est évidemment équitable et qui contribuera à soulager les hospices de la charge des tutelles.

Vous avez vu, Messieurs, lorsque j'ai eu l'honneur de vous rappeler les anciens édits sur cette matière, que ce droit de succession était accordé aux hôpitaux.

Lorsque cette loi vous fut transmise, Messieurs, elle ne contenait aucune disposition tendant à affranchir les membres des commissions administratives des hospices, de l'hypothèque accordée à tous les mineurs sur les biens de leurs tuteurs. D'après les observations des sections du Tribunat, Sa Majesté a bien voulu suppléer à cette omission par une addition à l'article 5, qui déclare que les biens des administrateurs ne seront passibles d'aucune hypothèque à raison de leurs fonctions. La garantie de la tutelle résidera dans le cautionnement des receveurs des hospices, chargés de la manutention des deniers et de la gestion des biens.

Il n'eût pas été juste que les administrateurs des hospices, si recommandables par le zèle pur et désintéressé qui les anime, fussent détournés de leurs devoirs charitables par la crainte de voir leur fortune particulière entravée.

Il n'eût pas été juste non plus que la garantie fût tombée sur celui des administrateurs désigné pour être tuteur, le cas y advenant, c'est-à-dire pour représenter la commission dans une occasion particulière où il est inutile qu'elle figure collectivement; parce que ce tuteur ad hoc ne manie aucuns deniers, et qu'il cesse de l'être aussitôt que la fonction particulière pour laquelle il avait été nommé est remplie.

C'est la commission qui administre, et c'est le receveur des hospices qui perçoit les revenus et les capitaux des orphelins, et qui fournit en cautionnement pour répondre de sa gestion, et c'est donc sur ce cautionnement que portera la garantie comme pour tous les deniers de sa recette.

L'importance de cette loi, Messieurs, a rendu nécessaires les détails où nous sommes entrés ; ils ont dû vous convaincre qu'on a perfectionné les anciennes dispositions, dont l'utilité avait été démontrée par une longue expérience. Cette loi facilitera aux administrateurs des hospices les moyens d'élever les infortunés sans parents ou trop souvent cruellement abandonnés par eux ; elle conservera les modiques ressources de l'indigent ; elle préviendra les pertes et les dangers auxquels la cupidité peut sans cesse exposer l'impuissance ou la faiblesse.

Le vœu de la section de l'intérieur du Tribunat est pour l'adoption de la loi.

TRIBUNAT.

PRÉSIDENCE DE M. FABRE (de l'Aude).

Séance du 15 pluviôse an XIII (lundi 4 février 1805).

Le procès-verbal de la séance du 2 pluviôse est adopté.

Messieurs les conseillers d'Etat Regnauld (de Saint-Jean-d'Angély), Treilhard et Bérenger sont introduits.

M. **Regnauld** (de Saint-Jean-d'Angély). Messieurs, le gouvernement anglais, en publiant incomplètement un commencement de négociation avec la France, a violé le droit des nations, et imposé à Sa Majesté l'Empereur l'obligation de faire connaître à la France et à l'Europe les faits dans toute leur exactitude.

L'Europe et la France verront à quels nouveaux sacrifices de toute idée d'amour-propre, de tout sentiment de vaine gloire, un noble cœur plein de fierté et jaloux de sa renommée a pu se résoudre pour épargner le sang des hommes, et le sang de son peuple plus cher à son amour.

Elles verront ce que le premier guerrier de son siècle a tenté pour rendre plus tôt à la paix et au repos la génération actuelle, dont la tranquillité et le bonheur sont désormais le plus cher de ses vœux, et doivent constituer l'unique gloire qu'il veuille joindre à la gloire déjà acquise de ses triomphes militaires.

Ces sentiments, Messieurs, expliquent à la fois les pensées et les actions de Sa Majesté.

Et si on se demande comment un homme doué du caractère le plus fort, qui s'est montré plus entreprenant et plus audacieux que les personnages les plus audacieux et les plus entreprenants dont les historiens nous aient transmis le souvenir ; comment un homme, dans la force d'une jeunesse ardente, peut, en désirant la paix, triompher à la fois de ses souvenirs et de ses espérances ; comment le général de 500 mille braves peut commander à la plus noble comme à la plus tyrannique des passions, celle de la renommée ; comment il peut renoncer à la gloire qu'il peut acquérir encore dans cette carrière des armes où il n'a rencontré que des triomphes : il faut répondre : Cet homme a besoin du repos et du bonheur du monde.

Si on se demande comment un jeune monarque, poursuivi sans cesse par de lâches ennemis, attaqué par de vils diffamateurs, menacé par des assassins, fait taire ses ressentiments personnels et se décide à présenter le rameau de l'olivier au cabinet qui salarie les diffamateurs et gage les assassins, il faut répondre : Ce monarque est au-dessus des passions du commun des hommes.

Si on se rappelle comment la Grande-Bretagne, bravant la morale publique et le droit des nations, a ravalé ses ambassadeurs, dégradé ses militaires les plus distingués, par les plus avilissantes fonctions, par les missions les plus honteuses ; si on la considère employant les trésors du commerce, conquis au mépris du droit des gens et de toutes ses lois, à payer des créateurs de machines infernales, à organiser des conspirations dont les traces sont encore au milieu de nous, et qui ont excité des cris d'indignation qui retentissent encore en Europe : si on se retrace un tel tableau, et qu'on se demande comment le chef de la grande nation, le vengeur de tant d'outrages et de crimes désigné par la France et l'Europe, étouffe dans son cœur le fiel et la haine qui domineraient une âme ordinaire, il faut répondre : L'homme à qui la grande nation a donné la couronne n'aspire désormais qu'au titre de Père des Français.

NAPOLÉON était à peine monté sur le trône, il sortait à peine de cette métropole, où ce que la religion a de plus auguste avait consacré ce que le vœu du peuple a de plus solennel, lorsque son cœur, encore ému des acclamations publiques, lui inspira d'écrire à Georges III la lettre que je suis chargé de vous communiquer.

L'Empereur venait de faire à la France le serment sacré que l'Eternel avait reçu, de vivre pour le bonheur et la gloire du peuple ; et pour commencer à remplir ce saint engagement, il recueillit, il traça, il adressa au roi d'Angleterre l'expression de tous les sentiments généreux, modérés, et si je puis le dire, religieux, qui peuvent être conçus et professés par une grande âme ; et certes, cette dépêche immortelle ne sera pas un des moins glorieux monuments du règne de Sa Majesté ; elle ne sera pas le moins sûr de ses titres à la reconnaissance et à l'amour de la France ; elle ne sera pas le gage le moins certain de l'estime des philantropes sages, qui, quoi qu'en disent quelques hommes obscurs ou pervers qui les méconnaissent ou les calomnient, sont encore si nombreux au sein de l'Europe éclairée.

Mais en cette occurrence, l'humanité du monarque n'a-t-elle pas trompé sa sagesse ? Sa raison a-t-elle pu partager longtemps les espérances de sa bonté ? Avait-il oublié comment et sur quels motifs imposteurs les pactes les plus saints avaient été violés ? Avait-il oublié que quand les léopards déchirèrent le traité d'Amiens, nulle agression n'avait provoqué leur injuste fureur ? Avait-il oublié comment on représentait, le 7 mars, au parlement d'Angleterre, comme pleins de vaisseaux armés et d'approvisionnements menaçants, nos ports alors silencieux, nos arsenaux alors pacifiques ?

Non, Messieurs, de tels souvenirs sont ineffaçables ; mais, depuis l'époque qui les créa, que de changements heureux dans l'attitude de la France attaquée par d'imprudents et injustes ennemis !

Que de réponses à faire à ceux qui demanderaient si c'est le sentiment du besoin de la paix, ou la crainte de quelques malheurs prévus, qui ont dicté les paroles pacifiques que l'Empereur des Français a adressées à nos ennemis !

Ai-je besoin, Messieurs, d'appeler vos regards sur notre situation intérieure, et de vous retracer tout ce qu'elle présente de garantie, de sécurité, de force et d'espérance ?

N'est-ce pas vous qui avez été les premiers organes du vœu national ratifié par les suffrages de 5 millions de citoyens ? et depuis l'accomplissement de ce vœu, depuis que l'établissement de la dynastie Napoléonienne a pour jamais affermi les destinées de l'Empire français, en fut-il un plus fortement constitué? Jamais chez aucun peuple l'unité de volonté et d'action du Gouvernement et de la nation créa-t-elle une masse de puissance plus imposante et plus redoutable? Jamais aucun État marcha-t-il plus rapidement vers la prospérité et la grandeur?

Depuis deux ans, à la vérité, la guerre avec la Grande-Bretagne est déclarée, et nul événement important n'en a marqué le cours, nul coup décisif n'a été porté qui en présage la fin. Mais nos rades renferment des flottes, nos ports des flottilles armées.

Des quatre chances à surmonter pour arriver à une descente, puisqu'il faut enfin prononcer ce mot redoutable, trois sont déjà décidées en notre faveur : les bâtiments sont construits, ils sont réunis, des ports ont été édifiés pour les contenir.

Tout l'avantage de la guerre a donc été pour nous, puisque sans éprouver aucun échec devant des ennemis supérieurs, nous avons employé deux ans à réunir des moyens immenses.

Tout l'avantage de la guerre a été pour nous, puisque malgré les vaisseaux nombreux qui couvraient les mers du pavillon britannique, nous avons pu approvisionner et mettre hors d'atteinte nos colonies les plus importantes et les plus éloignées. La Martinique, la Guadeloupe, Cayenne, les Iles-de-France et de la Réunion sont pourvues de tout en abondance. Leurs garnisons ont été plus que triplées; tous les approvisionnements préparés pour elles y sont arrivés; nul renfort n'a manqué sa destination.

Une grande expédition échouerait devant la Martinique et l'Ile-de-France.

Et tandis que notre territoire colonial est intact et à l'abri de toute crainte, le domaine du roi d'Angleterre, le Hanovre, est entièrement en notre pouvoir.

Nous n'avons rien perdu de nos possessions, et nous occupons une importante province ennemie.

Quels avantages les Anglais ont-ils obtenus en compensation de ces avantages? à quoi a servi à ces dominateurs des eaux leur immense supériorité maritime?

Ils ont perdu 15 vaisseaux ou frégates, échoués sur des côtes ou brisés sur des rochers.

Ils ont consumé d'immenses trésors dans des croisières ordonnées par la peur, interrompues par la puissance des aquilons, et punies par des tempêtes et des avaries.

Dans leur île, les Anglais ont vu les marchands arrachés à leurs comptoirs, les ouvriers à leurs manufactures, et à défaut de fusils, passant le temps destiné à leur commerce et à leurs travaux, à manier d'impuissantes piques, fabriquées par la terreur d'une invasion.

Dans les accès de cette crainte toujours présente, le gouvernement anglais a eu recours à tous les moyens de défense : il a préparé des inondations et des batteries; il a barricadé ses ports et fortifié ses côtes; il a fait des vélocifères pour porter ses soldats, et mis en réquisition les chars, les roues, les chevaux des trois royaumes, il a acheté l'armement de la nation anglaise au prix de sa désorganisation, du renversement de ses habitudes, de la contrariété de ses mœurs.

Le voyageur qui, depuis deux ans, va de Paris à Londres et revient de Londres à Paris, s'étonne de voir dans la capitale de l'Empire français la paix, la sécurité la plus profonde établie et maintenue, et dans la capitale de l'Angleterre,

avec l'incertitude et l'effroi, l'agitation qui règne au quartier général d'un camp menacé et défendu par une masse incohérente, inorganisée, nouvelle au mérite de la guerre, pleine du sentiment de son impuissance à résister aux vieux soldats de César.

Si on compare l'état de l'opinion dans quelques parties des deux pays, on verra dans les départements qui furent insurgés, à l'ouest de la France, des évêques éclairés ramener la paix dans les esprits en rétablissant la tranquillité dans les consciences, des préfets vigilants rétablir une bonne administration, faire arrêter, désarmer, punir un reste des brigands jetés sur nos côtes et cachés dans nos cités ou errants dans nos forêts.

Dans ces pays où l'or britannique soudoyait naguère la guerre civile, la culture est rétablie, la tranquillité est maintenue, les impositions sont exigées sans contrainte, payées avec exactitude; de nouvelles villes s'élèvent, des canaux se creusent, des routes sont percées. Les conscrits appelés par nos armées se rendent librement au même son qui les appelait jadis à une guerre sacrilège, et qui ne les réunit plus que pour invoquer le ciel en faveur de celui qui les gouverne.

Point de mesures extraordinaires, point de suspension des lois générales et protectrices, point de différence désormais entre le Morbihan et la Côte-d'Or, entre la Vendée et la Meurthe.

Cependant de l'autre côté de l'Océan, l'Irlande nous offre le spectacle de conspirations sans cesse renaissantes, commandées par l'oppression sans cesse renouvelée; une armée de soldats contenant avec peine une armée de citoyens à l'aide de mesures violentes telles que la Révolution en offre à peine de plus cruels exemples; et pour tout dire en un mot, on voit dans cette triste contrée une guerre de religion, des persécutions inouïes en ce moment au sein de l'Europe indignée de voir que l'Irlande est le seul lieu de la terre où les droits les plus saints soient méconnus, et où le gouvernement ose s'armer contre l'indomptable pouvoir et la liberté sacrée de la conscience.

Si d'un autre côté, Messieurs, vous établissez un parallèle entre les finances des deux États, vous verrez sur la rive opposée des dépenses nouvelles accroître les dépenses déjà immenses d'une nation à qui un million et demi était annuellement nécessaire dans une guerre ordinaire, et qui, dans celle-ci, a pour la première fois be soin d'une levée en masse qui lui coûte plusieurs centaines de millions.

Elle y pourvoit, il est vrai, mais en tourmentant le présent et en dévorant l'avenir; mais en se dévidant à voir se réduire, loin de s'éteindre par l'action de sa caisse d'amortissement, se grossir par l'abus de son unique ressource, les emprunts.

Pour nous, nos nombreuses armées ont été de tout temps la cause de notre plus grande dépense, et leur entretien ne s'est accru que d'un faible supplément qui n'est pas exporté sur une terre étrangère.

Le budget, qui va vous être apporté, vous fera connaître que nos ressources territoriales ont pourvu à tout, et qu'au lieu d'accroître notre dette pendant ces deux années de guerre, notre caisse d'amortissement en a commencé efficacement l'extinction.

Ce que la France a fait, Messieurs, elle peut le faire encore pendant trente ans, et n'a rien à demander au ciel, sinon que le soleil continue à luire, que la pluie continue à tomber sur nos guérets, et la terre à rendre les semences fécondes.

Dix ans de guerre n'augmenteront pas notre dette;

dix ans de guerre ajouteront 4 milliards à la dette de l'Angleterre.

Qu'elle n'oublie pas cependant que si le crédit public est une arme puissante et terrible, un arc trop fortement tendu se brise sous la main qui en abuse, et laisse sans défense celui qui l'emploie.

L'Angleterre, il est vrai, a saisi sans péril, dans les trois premiers mois de l'an XI, sur nos vaisseaux sans défense, 40 à 50 millions enlevés à notre commerce.

Mais à la Martinique, à la Guadeloupe, à l'Ile-de-France, chaque jour voit nos corsaires faire entrer des prises anglaises, et déjà la balance est à notre avantage dans les calculs de nos finances, comme dans la comparaison de notre gloire.

Ainsi donc, et je le redis avec confiance, tout l'avantage est pour nous.

La France est invulnérable dans toutes les parties de son immense territoire ; elle n'a rien à redouter dans ses postes avancés aux Iles du Vent dans les Indes.

L'Angleterre est partout vulnérable, et même sans arriver jusqu'à elle en apparence, nous lui avons fait réellement des blessures dont le résultat peut être une atonie progressive ou des convulsions violentes.

Nos flottes de Brest, de Toulon, de Rochefort ont des armées disposées à franchir l'Océan avec elles ; nos flottilles sont prêtes à partir avec ces fiers enfants de la guerre, qui ne connaissent point d'obstacles, parce qu'ils ont surmonté tout ce qui, jusqu'à eux, avait étonné les plus intrépides.

Continuons d'avoir sur nos côtes des soldats habitant des camps au lieu de casernes, et devenant matelots intrépides autant qu'ils furent braves guerriers.

Que, pendant ce temps, la population anglaise s'arme, s'agite, se fatigue, s'épaisse et se décourage ;

Que nos ressources et nos revenus suffisent à nos dépenses, et ne soit besoin que de quelques secours extraordinaires que notre richesse territoriale nous assure ;

Qu'en Angleterre, les intérêts payés aux prêteurs absorbent, excèdent tous les moyens possibles pour solder ces levées en masse qui épuisent la nation sans la défendre ;

Qu'un tel état se prolonge, et que le cabinet anglais cherche les avantages qui résulteront de cette situation dont le péril et la honte sont égaux pour lui !

Vous parlerai-je de ces expéditions secrètes dont on amuse tous les trois mois la crédulité du peuple anglais, et qui n'aboutissent qu'à des tentatives infructueuses ?

Embarque-t-on quelques troupes pour renouveler la garnison de Gibraltar, moissonnée par l'épidémie ? ou bien veut-on conduire quelques recrues aux Indes, ou quelques renforts à Ceylan, où l'Angleterre a fait tant de pertes ? ou bien dispose-t-on de quelques milliers d'hommes pour réparer à la Jamaïque les ravages de la fièvre jaune, fortifier les garnisons des colonies anglaises, menacées par trois ou quatre mille hommes que la Martinique et la Guadeloupe peuvent détacher contre elles ?

Quand ces mesures ordinaires se préparent, le gouvernement laisse croire que de formidables mouvements menacent la France.

Pendant combien de temps et avec quel mystère a-t-on annoncé l'expédition de ces vaisseaux chargés de pierre pour combler nos ports, de ces brûlots lancés courageusement et de loin contre nos flottilles !

Et en effet, quelle autre expédition pourrait tenter les Anglais ? voudraient-ils, débarquant sur nos côtes occidentales, essayer comment nos seules gardes nationales, unies à nos garnisons de paix, les recevront à leur arrivée, et leur interdiront le retour ?

Maîtresses de la mer depuis deux ans, leurs flottes ont fatigué l'Océan et la Méditerranée, et leurs soldats n'ont osé se reposer sur aucune plage ; présents sur toutes les côtes, leurs vaisseaux n'y ont jeté que des brigands.

Au lieu de ces vains fantômes d'expéditions, supposez, Messieurs, que ces 25,000 hommes de Brest, ces 6,000 hommes de Rochefort ces 12,000 hommes de Toulon, ces 25,000 hommes du Texel se rendent en tout, en partie seulement, en Irlande, à la Jamaïque, aux Indes ; ou bien supposez que ces 200,000 hommes que peuvent porter les bateaux de nos flottilles passent en une nuit, menacent, touchent la rive opposée, où leur courage impatient s'élance depuis si longtemps ; supposez, ce qui est plus simple encore et plus facile, que les 50 frégates, les 60 vaisseaux de tout rang, que deux ans ont vu créer, armer, équiper, sortent par petites escadres, inondent les mers et tarissent partout ces canaux de prospérité et de vie, à l'aide desquels seuls l'Angleterre soutient sa monstrueuse existence : avec une partie seulement de ces suppositions réalisées, partout la raison verra contre l'Angleterre des chances terribles et sans contre-poids.

C'est donc dans le sentiment même de la puissance de son peuple et de sa propre force que l'Empereur a trouvé un motif de plus de parler le langage de la paix. C'est avec tant de plans de campagne, dont la réussite est d'une probabilité qui ressemble à la certitude, puisque celui-là même qui ne donne aucun danger produit des succès aussi réels, c'est avec ce coup d'œil vaste et rapide, qui embrasse toute l'étendue de ces ressources et tous les moyens de les développer, que Sa Majesté a fait une démarche honteuse pour une nation qui eût un autre chef, honteuse pour un guerrier qui eût commandé à un autre peuple.

Mais cette confiance dans l'issue de la guerre avec l'Angleterre ne pouvait-elle être troublée par aucune incertitude sur l'état des relations continentales de la France ?

S'il en eût été ainsi, Messieurs, qu'eût pu espérer Sa Majesté d'une démarche faite en de pareilles circonstances ? et l'histoire de sa vie atteste que nul ne sut saisir mieux que lui le moment opportun.

Si la guerre continentale eût paru imminente. Napoléon savait bien qu'il n'avait d'autre parti que le parti terrible et nécessaire de jeter au loin le fourreau de son épée si constamment victorieuse, et de faire briller aux yeux du monde une nouvelle lance d'Achille, loin d'abaisser le juste orgueil de sa fortune à des propositions qui, conseillées par la crainte et présentées par la faiblesse, n'auraient promis que l'humiliation pour résultat.

Heureusement, Messieurs, sous ce rapport encore de nos relations extérieures sur le continent, deux ans ont amené de rassurantes et honorables améliorations.

L'occupation du Hanovre était nécessaire, indispensable. L'Empereur la voulut, l'ordonna, l'exécuta.

Il le fit pour punir la perfidie d'une rupture sans déclaration : il le fit pour s'assurer d'un

moyen de compensation dans une guerre où la prudence pouvait craindre des désavantages dont la sagesse nous a préservés ; il le fit pour mettre des entraves aux relations mercantiles de ces dominateurs des mers, qui font le commerce par la guerre, et la guerre par le commerce.

Mais cette occupation, qui, pour la première fois, portait, fixait nos armées aux extrémités du Nord, pouvait alarmer les puissances les plus attachées à notre cause par leur position, les plus unies à notre fortune par leurs intérêts, les plus fidèles à notre alliance par inclination.

Des difficultés se sont effectivement élevées, mais la sagesse, la modération, la confiance dans la foi du cabinet des Tuileries, son éloignement de toute idée révolutionnaire et désorganisatrice, ont écarté bientôt tous les nuages ; et jamais nous n'avons été avec la Prusse dans des rapports mieux établis, dans une correspondance plus d'accord, dans une amitié plus intime.

D'un autre côté, si les changements qui ont été faits dans le Gouvernement français étaient appelés par l'expérience, indiqués par tous les bons esprits, désirés par les amis éclairés de la patrie, voulus par la nation entière, on ne pouvait songer à les opérer par la création d'une monarchie royale ; et le titre impérial pouvait faire craindre de la part de l'empereur d'Autriche, du mécontentement, de la froideur. Le mécontentement pouvait s'aigrir, la froideur pouvait dégénérer en ressentiment, à l'aide des intrigues de nos ennemis.

De là l'incertitude sur la durée d'une paix récente, encore imparfaitement assise ; de là la crainte de voir rallumer une guerre désolante, affligeante même pour le vainqueur.

Loin que nos institutions nouvelles aient produit de si funestes effets, l'empereur d'Allemagne et d'Autriche a vu, comme il le devait voir, dans l'établissement de la monarchie impériale en faveur d'une dynastie nouvelle, une garantie donnée à sa couronne, un motif de resserrer son alliance.

C'est dans l'organisation de notre Empire que le sage François II trouve un gage nouveau de sécurité et de paix, une raison pour écarter ses armées de nos frontières ou de celles de nos alliés, et pour ne pas tenir ses troupes sur le pied de guerre.

Enfin de tous les nuages que la jalousie ou la haine, la crainte ou l'espoir ont élevés, il n'est résulté que des explications heureuses, des assurances solides de la durée de la paix, du maintien de l'harmonie entre les deux empereurs.

La Bavière, la Saxe, Hesse-Cassel, Bade, Wurtemberg, l'électeur de Ratisbonne, tous les petits princes régnants en Allemagne, l'ordre équestre, ont donné à Sa Majesté des preuves multipliées d'intérêt, d'attachement et d'estime.

Les Drake, les Spencer-Smith, les Taylor, ont été chassés quand on a su que leur caractère diplomatique, honteusement profané par eux, servait à masquer les plus viles, les plus odieuses menées, et que le but de leurs intrigues était la guerre ; la guerre dont la génération actuelle, lasse de combats et avide de repos, ne veut plus courir les dangers, dont elle redoute les malheurs, dont elle abhorre les artisans.

Ayant la Prusse et l'Autriche pour alliés, où donc, Messieurs, chercherons-nous les éléments d'une coalition continentale ?

Est-ce en Suède ? Le jeune prince qui règne sur cet État, doué d'une chaleur de tête, d'une exaltation d'imagination, présents funestes pour les rois, quand la raison ne leur commande pas, n'a pas su mûrir ses desseins par la prudence, a négligé d'appeler à ses conseils les sages dont la Suède abonde, et d'éclairer son inexpérience par les lumières de ses vieux ministres.

Aussi ce monarque a-t-il manqué aux égards dus à la France, et dans l'effervescence de ses résolutions n'a-t-il gardé aucune mesure avec elle : mais en même temps son imprudente hardiesse n'a pas usé de plus de ménagements envers l'Autriche, et il a prouvé par l'inconséquence de ses emportements que ses démarches étaient sans calcul, ses projets sans maturité, ses volontés sans réflexion, ses passions sans guide.

Il avait même médité un traité de subsides avec l'Angleterre.

Il avait demandé au cabinet de Saint-James 48 millions en échange de 20 mille soldats ; mais les ministres anglais, trafiquant des hommes en Europe comme des marchandises en Asie, évaluant les Suédois comme des Cipayes, ne voulaient donner que 16 millions, et le traité ne s'est pas conclu.

La Prusse d'ailleurs, intervenue dans la négociation, l'a arrêtée, en déclarant que sa conclusion serait le signal de son entrée dans la Poméranie.

Et quand la sage prudence du cabinet de Berlin n'eût pas défendu le roi de Suède de ses propres erreurs, le sang des Suédois n'est pas do celui qui se marchande et se vend à l'intrigue ou à la tyrannie.

Si la France formait une prétention contraire aux intérêts, à l'honneur de la Suède, Stokholm verrait les descendants des soldats de Gustave s'armer pour la patrie ; mais aussi elle les verrait irrités de voir leur sang mis à l'enchère, échangé contre les guinées anglaises, prouver par leur indignation que les guerriers suédois, dont les pères composèrent les armées de Charles XII, ne sont pas faits pour descendre à tant d'abjection et de bassesse.

Où donc chercher le centre, les éléments de cette coalition ?

Serait-ce dans la Russie ? Mais le roi d'Angleterre lui-même annonce qu'aucune liaison n'existe avec cette puissance. Il parle de correspondance, et une correspondance entamée n'est pas une alliance conclue.

D'ailleurs la Russie est une grande puissance sans doute, mais cette puissance ne peut rien contre l'Empire français.

Je vais plus loin. Si les Woronsoff, les Marcoff peuvent concevoir la pensée de vendre l'influence, la force de la Russie au cabinet anglais, Alexandre a de plus sages conseillers et forme de plus prudentes résolutions.

Il n'a pas oublié comment les Russes ont été, dans la dernière guerre, traités par l'Angleterre leur alliée, se sont terminées, en Suisse et en Hollande, les expéditions faites par de grands généraux et de braves soldats, mais avec des plans inexécutables et sous l'influence d'une étoile funeste.

Enfin la froideur entre les cabinets des Tuileries et de Saint-Pétersbourg n'est point une inimitié.

Ils n'ont réciproquement aucun sujet réel de brouillerie, et ce qui depuis trois mois s'est passé entre les deux gouvernements fait assez connaître que dans cette conjoncture encore l'Angleterre aura conçu de vains projets, spéculé sur de fausses espérances, si elle a cru convertir sa correspondance en coalition.

Woronsoff peut avoir conçu un tel espoir. Mais qui ne sait que Woronsoff est moins Russe qu'Anglais; qu'établi en Angleterre, il a la volonté de s'y fixer; et qu'ennemi et désapprobateur de Paul Ier, il l'est également de la Grande Catherine?

Le cabinet de Saint-Pétersbourg connaît les vrais intérêts de son pays : il aura présent à la pensée l'insultante audace de Nelson, voulant dicter des lois dans le golfe de Finlande. Il ne pourra se dissimuler que l'attentat qui a été commis dans la Méditerranée, par les Anglais, contre les frégates espagnoles, contre un régiment presque sans armes, contre des femmes et des enfants sans défense, menace aussi sur toutes les mers les vaisseaux et les sujets du Czar.

Il ne pourra se dissimuler que cet attentat provient du même esprit, des mêmes principes qui firent attaquer le Danemarck dans sa capitale, qui peut faire attaquer les escadres russes dans la Méditerranée ou dans la Baltique; esprit de vertige et de fureur qui, dominant dans le cabinet anglais, le porte à mépriser toutes les puissances du continent, à n'en ménager aucune, et à se regarder comme hors de l'état social, hors de la grande famille civilisée du monde.

Il n'existe donc aucune coalition menaçante ou possible; mais ce qui garantit le plus sûrement l'Empire français de toute crainte, c'est que s'il eût pu s'en former une, l'Empereur l'eût attaquée, battue, dissoute, et après la victoire il eût encore écrit au roi d'Angleterre cette lettre où il appelle l'humanité au secours de la raison et de l'intérêt du peuple anglais.

Redisons-le donc, Messieurs, un sentiment, et le plus honorable de tous, a pu porter l'Empereur à la démarche glorieuse qu'il a faite envers l'Angleterre.

Ce sentiment est le même qui, dans une autre situation, dicta à Sa Majesté la dépêche qu'elle écrivit avant de passer la Save et la Drave.

Il est le même qui inspira cette autre lettre au roi d'Angleterre quelques mois avant la bataille de Marengo.

Il est le même encore qui, après le gain de la bataille, fit offrir la paix à l'Autriche par le vainqueur.

Enfin, c'est le même sentiment qui, à la paix de Lunéville, a décidé Sa Majesté à sacrifier d'immenses conquêtes, et plus de 20 millions d'habitants soumis par les armes françaises.

C'est l'amour de l'ordre social de la patrie, le saint amour de l'humanité, si souvent professé dans de vains discours, si rarement mis en action, et qui toujours respecté par l'Empereur, toujours pris pour guide dans ses démarches, a été le gage et la consolation de ses succès.

Vous allez, Messieurs, en retrouver les touchantes et augustes expressions dans la lettre que je vais vous lire.

(L'orateur donne lecture de la lettre de Sa Majesté l'Empereur au roi d'Angleterre, et de la réponse du ministre anglais. *(Voyez* Sénat conservateur, séance du 15 pluviôse).

Comparerai-je à présent, Messieurs, les deux monuments dont l'histoire s'est déjà emparée?

Vous ferai-je remarquer dans l'écrit français la franchise, l'élévation, la force : dans l'esprit anglais, la ruse, la duplicité, la faiblesse?

Ici tout est précis et noble, tout est empreint de dignité et de grandeur : la guerre est menaçante, mais subordonnée à ce rare courage qui fait sacrifier l'attrait des conquêtes, l'éclat de la victoire, les illusions même de la gloire, aux cris de l'humanité, aux larmes de cent mille familles nationales ou étrangères qui demandent la paix aux cieux et à leurs monarques.

Là, tout est hésitation et incertitude; on répond par des suppositions à des réalités; on oppose un avenir équivoque à un présent hors de doute; on oppose à une ouverture franche la possibilité d'une coalition qui, existât-elle, n'épouvanterait ni la nation ni son Empereur, qui, subsistante ou vaincue, ne ferait ni croître ni restreindre leurs prétentions, n'ajouterait ni ne retrancherait aux conditions de la paix écrites dans le traité d'Amiens.

Si, dans la communication qu'elle semble annoncer, l'Angleterre parle un langage plus digne de l'ouverture qu'elle a reçue, la paix peut renaître.

Mais si cette occasion unique, qui semble offerte par le maître de tous les empires, de rétablir la paix de l'univers, est manquée par l'Angleterre, l'Europe entière reconnaîtra que le cabinet de Londres seul a voulu, qu'il veut, qu'il voudra seul la guerre.

Et si la réponse par laquelle le roi d'Angleterre, en l'an VIII, repoussa les nobles ouvertures de paix faites par Sa Majesté est déjà jugée; si, pour la conduite des Anglais à cette époque, la génération actuelle est déjà la postérité; si une partie des grandes prospérités de la France et de la crise où est l'Angleterre résultent du refus fait d'entrer alors en négociation, j'ai lieu de penser, Messieurs, qu'une cause pareille produira de semblables effets ; qu'un nouveau refus, non moins coupable que le premier, nous préparera de nouveaux avantages, et que la postérité qui, dans cette seconde circonstance, jugera le ministère anglais, prononcera entre l'Empereur de la France et le roi de la Grande-Bretagne, n'est pas loin de nous.

D'un autre côté, un si digne, un si honorable usage du pouvoir dont le peuple a investi Napoléon Ier, excitera dans l'Empire un sentiment unanime de reconnaissance et d'amour.

Cette fois au moins nous aurons des grâces à rendre à ce cabinet britannique qui, par la publicité équivoque donnée à la plus franche des communications, a nécessité cette explication solennelle, cet épanchement sans réserve de l'Empereur envers son peuple. Nous féliciterons la France d'avoir acquis la preuve qu'en donnant le trône à Napoléon, les citoyens se sont donné un père jaloux de leur bonheur, économe des trésors de l'État, et avare du sang de leurs enfants.

M. le Président répond en ces termes :

Messieurs les orateurs du Gouvernement, le Tribunat partage, depuis longtemps, les sentiments d'indignation que doit inspirer à l'Europe la cupidité insatiable du gouvernement anglais, qui, sans oser l'avouer d'une manière formelle, cherche à mettre au nombre de ses prérogatives l'empire absolu et exclusif des mers, et le droit de s'emparer du commerce et de l'industrie de tous les peuples.

On ne doit pas dès lors être étonné qu'il élude toute espèce d'ouverture de paix, qu'il accumule les obstacles, que les propositions les plus modérées lui paraissent inadmissibles, et que sa politique soit incertaine et vacillante.

Le Gouvernement doit être bien convaincu que le Tribunat concourra de tous ses efforts et de toute son influence au maintien de la gloire du trône et de l'honneur national offensé.

Sur la proposition d'un grand nombre de membres, le Tribunat donne acte à Messieurs les orateurs du Gouvernement, de la présentation, de la lecture et du dépôt sur le bureau du message de

moyen de compensation dans une guerre où la prudence pouvait craindre des désavantages dont la sagesse nous a préservés ; il le fit pour mettre des entraves aux relations mercantiles de ces dominateurs des mers, qui font le commerce par la guerre, et la guerre par le commerce.

Mais cette occupation, qui, pour la première fois, portait, fixait nos armées aux extrémités du Nord, pouvait alarmer les puissances les plus attachées à notre cause par leur position, les plus unies à notre fortune par leurs intérêts, les plus fidèles à notre alliance par inclination.

Des difficultés se sont effectivement élevées, mais la sagesse, la modération, la confiance dans la foi du cabinet des Tuileries, son éloignement de toute idée révolutionnaire et désorganisatrice, ont écarté bientôt tous les nuages ; et jamais nous n'avons été avec la Prusse dans des rapports mieux établis, dans une correspondance plus d'accord, dans une amitié plus intime.

D'un autre côté, si les changements qui ont été faits dans le Gouvernement français étaient appelés par l'expérience, indiqués par tous les bons esprits, désirés par les amis éclairés de la patrie, voulus par la nation entière, on ne pouvait songer à les opérer par la création d'une monarchie royale ; et le titre impérial pouvait faire craindre de la part de l'empereur d'Autriche, du mécontentement, de la froideur. Le mécontentement pouvait s'aigrir, la froideur pouvait dégénérer en ressentiment, à l'aide des intrigues de nos ennemis.

De là l'incertitude sur la durée d'une paix récente, encore imparfaitement assise ; de là la crainte de voir rallumer une guerre désolante, affligeante même pour le vainqueur.

Loin que nos institutions nouvelles aient produit de si funestes effets, l'empereur d'Allemagne et d'Autriche a vu, comme il le devait voir, dans l'établissement de la monarchie impériale en faveur d'une dynastie nouvelle, une garantie donnée à sa couronne, un motif de resserrer son alliance.

C'est dans l'organisation de notre Empire que le sage François II trouve un gage nouveau de sécurité et de paix, une raison pour écarter ses armées de nos frontières ou de celles de nos alliés, et pour ne pas tenir ses troupes sur le pied de guerre.

Enfin de tous les nuages que la jalousie ou la haine, la crainte ou l'espoir ont élevés, il n'est résulté que des explications heureuses, des assurances solides de la durée de la paix, du maintien de l'harmonie entre les deux empereurs.

La Bavière, la Saxe, Hesse-Cassel, Bade, Wurtemberg, l'électeur de Ratisbonne, tous les petits princes régnants en Allemagne, l'ordre équestre, ont donné à Sa Majesté des preuves multipliées d'intérêt, d'attachement et d'estime.

Les Drake, les Spencer-Smith, les Taylor, ont été chassés quand on a su que leur caractère diplomatique, honteusement profané par eux, servait à masquer les plus viles, les plus odieuses menées, et que le but de leurs intrigues était la guerre ; la guerre dont la génération actuelle, lasse de combats et avide de repos, ne veut plus courir les dangers, dont elle redoute les malheurs, dont elle abhorre les artisans.

Ayant la Prusse et l'Autriche pour alliés, où donc, Messieurs, chercherons-nous les éléments d'une coalition continentale ?

Est-ce en Suède ? Le jeune prince qui règne sur cet État, doué d'une chaleur de tête, d'une exaltation d'imagination, présents funestes pour les rois, quand la raison ne leur commande pas, n'a pas su mûrir ses desseins par la prudence, a négligé d'appeler à ses conseils les sages dont la Suède abonde, et d'éclairer son inexpérience par les lumières de ses vieux ministres.

Aussi ce monarque a-t-il manqué aux égards dus à la France, et dans l'effervescence de ses résolutions n'a-t-il gardé aucune mesure avec elle : mais en même temps son imprudente hardiesse n'a pas usé de plus de ménagements envers l'Autriche, et il a prouvé par l'inconséquence de ses emportements que ses démarches étaient sans calcul, ses projets sans maturité, ses volontés sans réflexion, ses passions sans guide.

Il avait même médité un traité de subsides avec l'Angleterre.

Il avait demandé au cabinet de Saint-James 48 millions en échange de 20 mille soldats ; mais les ministres anglais, trafiquant des hommes en Europe comme des marchandises en Asie, évaluant les Suédois comme des Cipayes, ne voulaient donner que 16 millions, et le traité ne s'est pas conclu.

La Prusse d'ailleurs, intervenue dans la négociation, l'a arrêtée, en déclarant que sa conclusion serait le signal de son entrée dans la Poméranie.

Et quand la sage prudence du cabinet de Berlin n'eût pas défendu le roi de Suède de ses propres erreurs, le sang des Suédois n'est pas de celui qui se marchande et se vend à l'intrigue ou à la tyrannie.

Si la France formait une prétention contraire aux intérêts, à l'honneur de la Suède, Stokholm verrait les descendants des soldats de Gustave s'armer pour la patrie ; mais aussi elle les verrait irrités de voir leur sang mis à l'enchère, échangé contre les guinées anglaises, prouver par leur indignation que les guerriers suédois, dont les pères composèrent les armées de Charles XII, ne sont pas faits pour descendre à tant d'abjection et de bassesse.

Où donc chercher le centre, les éléments de cette coalition ?

Serait-ce dans la Russie ? Mais le roi d'Angleterre lui-même annonce qu'aucune liaison n'existe avec cette puissance. Il parle de correspondance, et une correspondance entamée n'est pas une alliance conclue.

D'ailleurs la Russie est une grande puissance sans doute, mais cette puissance ne peut rien contre l'Empire français.

Je vais plus loin. Si les Woronsoff, les Marcoff peuvent concevoir la pensée de vendre l'influence, la force de la Russie au cabinet anglais, Alexandre a de plus sages conseillers et forme de plus prudentes résolutions.

Il n'a pas oublié comment les Russes ont été, dans la dernière guerre, traités par l'Angleterre leur alliée, et comment se sont terminées, en Suisse et en Hollande, les expéditions faites par de grands généraux et de braves soldats, mais avec des plans inexécutables et sous l'influence d'une étoile funeste.

Enfin la froideur entre les cabinets des Tuileries et de Saint-Pétersbourg n'est point une inimitié.

Ils n'ont réciproquement aucun sujet réel de brouillerie, et ce qui depuis trois mois s'est passé entre les deux gouvernements fait assez connaître que dans cette conjoncture encore l'Angleterre aura conçu de vains projets, spéculé sur de fausses espérances, si elle a cru convertir sa correspondance en coalition.

Woronsoff peut avoir conçu un tel espoir. Mais qui ne sait que Woronsoff est moins Russe qu'Anglais; qu'établi en Angleterre, il a la volonté de s'y fixer; et qu'ennemi et désapprobateur de Paul Ier, il l'est également de la Grande Catherine?

Le cabinet de Saint-Pétersbourg connaît les vrais intérêts de son pays : il aura présent à la pensée l'insultante audace de Nelson, voulant dicter des lois dans le golfe de Finlande. Il ne pourra se dissimuler que l'attentat qui a été commis dans la Méditerranée, par les Anglais, contre les frégates espagnoles, contre un régiment presque sans armes, contre des femmes et des enfants sans défense, menace aussi sur toutes les mers les vaisseaux et les sujets du Czar.

Il ne pourra se dissimuler que cet attentat provient du même esprit, des mêmes principes qui firent attaquer le Dannemarck dans sa capitale, qui peut faire attaquer les escadres russes dans la Méditerranée ou dans la Baltique; esprit de vertige et de fureur qui, dominant dans le cabinet anglais, le porte à mépriser toutes les puissances du continent, à n'en ménager aucune, et à se regarder comme hors de l'état social, hors de la grande famille civilisée du monde.

Il n'existe donc aucune coalition menaçante ou possible; mais ce qui garantit le plus sûrement l'Empire français de toute crainte, c'est que s'il eût pu s'en former une, l'Empereur l'eût attaquée, battue, dissoute, et après la victoire il eût encore écrit au roi d'Angleterre cette lettre où il appelle l'humanité au secours de la raison et de l'intérêt du peuple anglais.

Redisons-le donc, Messieurs, un sentiment, et le plus honorable de tous, a pu porter l'Empereur à la démarche glorieuse qu'il a faite envers l'Angleterre.

Ce sentiment est le même qui, dans une autre situation, dicta à Sa Majesté la dépêche qu'elle écrivit avant de passer la Save et la Drave.

Il est le même qui inspira cette autre lettre au roi d'Angleterre quelques mois avant la bataille de Marengo.

Il est le même encore qui, après le gain de la bataille, fit offrir la paix à l'Autriche par le vainqueur.

Enfin, c'est le même sentiment qui, à la paix de Lunéville, a décidé Sa Majesté à sacrifier d'immenses conquêtes, et plus de 20 millions d'habitants soumis par les armes françaises.

C'est l'amour de l'ordre social de la patrie, le saint amour de l'humanité, si souvent professé dans de vains discours, si rarement mis en action, et qui toujours respecté par l'Empereur, toujours pris pour guide dans ses démarches, a été le gage et la consolation de ses succès.

Vous allez, Messieurs, en retrouver les touchantes et augustes expressions dans la lettre que je vais vous lire.

(L'orateur donne lecture de la lettre de Sa Majesté l'Empereur au roi d'Angleterre, et de la réponse du ministre anglais. (*Voyez* Sénat conservateur, séance du 15 pluviôse).

Comparerai-je à présent, Messieurs, les deux monuments dont l'histoire s'est déjà emparée?

Vous ferai-je remarquer dans l'écrit français la franchise, l'élévation, la force : dans l'esprit anglais, la ruse, la duplicité, la faiblesse?

Ici tout est précis et noble; tout est empreint de dignité et de grandeur : la guerre est menaçante, mais subordonnée à ce rare courage qui fait sacrifier l'attrait des conquêtes, l'éclat de la victoire, les illusions même de la gloire, aux cris de l'humanité, aux larmes de cent mille familles nationales ou étrangères qui demandent la paix aux cieux et à leurs monarques.

Là, tout est hésitation et incertitude; on répond par des suppositions à des réalités; on oppose un avenir équivoque à un présent hors de doute; on oppose à une ouverture franche la possibilité d'une coalition qui, existât-elle, n'épouvanterait ni la nation ni son Empereur, qui, subsistante ou vaincue, ne ferait ni croître ni restreindre leurs prétentions, n'ajouterait ni ne retrancherait aux conditions de la paix écrites dans le traité d'Amiens.

Si, dans la communication qu'elle semble annoncer, l'Angleterre parle un langage plus digne de l'ouverture qu'elle a reçue, la paix peut renaître.

Mais si cette occasion unique, qui semble offerte par le maître de tous les empires, de rétablir la paix de l'univers, est manquée par l'Angleterre, l'Europe entière reconnaîtra que le cabinet de Londres seul a voulu, qu'il veut, qu'il voudra seul la guerre.

Et si la réponse par laquelle le roi d'Angleterre, en l'an VIII, repoussa les nobles ouvertures de paix faites par Sa Majesté est déjà jugée; si, pour la conduite des Anglais à cette époque, la génération actuelle est déjà la postérité; si une partie des grandes prospérités de la France et de la crise où est l'Angleterre résultent du refus fait d'entrer alors en négociation, j'ai lieu de penser, Messieurs, qu'une cause pareille produira de semblables effets; qu'un nouveau refus, non moins coupable que le premier, nous préparera de nouveaux avantages, et que la postérité qui, dans cette seconde circonstance, jugera le ministère anglais, prononcera entre l'Empereur de la France et le roi de la Grande-Bretagne, n'est pas loin de nous.

D'un autre côté, un si digne, un si honorable usage du pouvoir dont le peuple a investi Napoléon Ier, excitera dans l'Empire un sentiment unanime de reconnaissance et d'amour.

Cette fois au moins nous aurons des grâces à rendre à ce cabinet britannique qui, par la publicité équivoque donnée à la plus franche des communications, a nécessité cette explication solennelle, cet épanchement sans réserve de l'Empereur envers son peuple. Nous féliciterons la France d'avoir acquis la preuve qu'en donnant le trône à Napoléon, les citoyens se sont donné un père jaloux de leur bonheur, économe des trésors de l'État, et avare du sang de leurs enfants.

M. le Président répond en ces termes :

Messieurs les orateurs du Gouvernement, le Tribunat partage, depuis longtemps, les sentiments d'indignation que doit inspirer à l'Europe la cupidité insatiable du gouvernement anglais, qui, sans oser l'avouer d'une manière formelle, cherche à mettre au nombre de ses prérogatives l'empire absolu et exclusif des mers, et le droit de s'emparer du commerce et de l'industrie de tous les peuples.

On ne doit pas dès lors être étonné qu'il élude toute espèce d'ouverture de paix, qu'il accumule les obstacles, que les propositions les plus modérées lui paraissent inadmissibles, et que sa politique soit incertaine et vacillante.

Le Gouvernement doit être bien convaincu que le Tribunat concourra de tous ses efforts et de toute son influence au maintien de la gloire du trône et de l'honneur national offensé.

Sur la proposition d'un grand nombre de membres, le Tribunat donne acte à Messieurs les orateurs du Gouvernement, de la présentation, de la lecture et du dépôt sur le bureau du message de

moyen de compensation dans une guerre où la prudence pouvait craindre des désavantages dont la sagesse nous a préservés ; il le fit pour mettre des entraves aux relations mercantiles de ces dominateurs des mers, qui font le commerce par la guerre, et la guerre par le commerce.

Mais cette occupation, qui, pour la première fois, portait, fixait nos armées aux extrémités du Nord, pouvait alarmer les puissances les plus attachées à notre cause par leur position, les plus unies à notre fortune par leurs intérêts, les plus fidèles à notre alliance par inclination.

Des difficultés se sont effectivement élevées, mais la sagesse, la modération, la confiance dans la foi du cabinet des Tuileries, son éloignement de toute idée révolutionnaire et désorganisatrice, ont écarté bientôt tous les nuages ; et jamais nous n'avons été avec la Prusse dans des rapports mieux établis, dans une correspondance plus d'accord, dans une amitié plus intime.

D'un autre côté, si les changements qui ont été faits dans le Gouvernement français étaient appelés par l'expérience, indiqués par tous les bons esprits, désirés par les amis éclairés de la patrie, voulus par la nation entière, on ne pouvait songer à les opérer par la création d'une monarchie royale ; et le titre impérial pouvait faire craindre de la part de l'empereur d'Autriche, du mécontentement, de la froideur. Le mécontentement pouvait s'aigrir, la froideur pouvait dégénérer en ressentiment, à l'aide des intrigues de nos ennemis.

De là l'incertitude sur la durée d'une paix récente, encore imparfaitement assise ; de là la crainte de voir rallumer une guerre désolante, affligeante même pour le vainqueur.

Loin que nos institutions nouvelles aient produit de si funestes effets, l'empereur d'Allemagne et d'Autriche a vu, comme il le devait voir, dans l'établissement de la monarchie impériale en faveur d'une dynastie nouvelle, une garantie donnée à sa couronne, un motif de resserrer son alliance.

C'est dans l'organisation de notre Empire que le sage François II trouve un gage nouveau de sécurité et de paix, une raison pour écarter ses armées de nos frontières ou de celles de nos alliés, et pour ne pas tenir ses troupes sur le pied de guerre.

Enfin de tous les nuages que la jalousie ou la haine, la crainte ou l'espoir ont élevés, il n'est résulté que des explications heureuses, des assurances solides de la durée de la paix, du maintien de l'harmonie entre les deux empereurs.

La Bavière, la Saxe, Hesse-Cassel, Bade, Wurtemberg, l'électeur de Ratisbonne, tous les petits princes régnants en Allemagne, l'ordre équestre, ont donné à Sa Majesté des preuves multipliées d'intérêt, d'attachement et d'estime.

Les Drake, les Spencer-Smith, les Taylor, ont été chassés quand on a su que leur caractère diplomatique, honteusement profané par eux, servait à masquer les plus viles, les plus odieuses menées, et que le but de leurs intrigues était la guerre ; la guerre dont la génération actuelle, lasse de combats et avide de repos, ne veut plus courir les dangers, dont elle redoute les malheurs, dont elle abhorre les artisans.

Ayant la Prusse et l'Autriche pour alliés, où donc, Messieurs, chercherons-nous les éléments d'une coalition continentale ?

Est-ce en Suède ? Le jeune prince qui règne sur cet État, doué d'une chaleur de tête, d'une exaltation d'imagination, présents funestes pour les rois, quand la raison ne leur commande pas, n'a pas su mûrir ses desseins par la prudence, a négligé d'appeler à ses conseils les sages dont la Suède abonde, et d'éclairer son inexpérience par les lumières de ses vieux ministres.

Aussi ce monarque a-t-il manqué aux égards dus à la France, et dans l'effervescence de ses résolutions n'a-t-il gardé aucune mesure avec elle : mais en même temps son imprudente hardiesse n'a pas usé de plus de ménagements envers l'Autriche, et il a prouvé par l'inconséquence de ses emportements que ses démarches étaient sans calcul, ses projets sans maturité, ses volontés sans réflexion, ses passions sans guide.

Il avait même médité un traité de subsides avec l'Angleterre.

Il avait demandé au cabinet de Saint-James 48 millions en échange de 20 mille soldats ; mais les ministres anglais, trafiquant des hommes en Europe comme des marchandises en Asie, évaluant les Suédois comme des Cipayes, ne voulaient donner que 16 millions, et le traité ne s'est pas conclu.

La Prusse d'ailleurs, intervenue dans la négociation, l'a arrêtée, en déclarant que sa conclusion serait le signal de son entrée dans la Poméranie.

Et quand la sage prudence du cabinet de Berlin n'eût pas défendu le roi de Suède de ses propres erreurs, le sang des Suédois n'est pas de celui qui se marchande et se vend à l'intrigue ou à la tyrannie.

Si la France formait une prétention contraire aux intérêts, à l'honneur de la Suède, Stokholm verrait les descendants des soldats de Gustave s'armer pour la patrie ; mais aussi elle les verrait irrités de voir leur sang mis à l'enchère, échangé contre les guinées anglaises, prouver par leur indignation que les guerriers suédois, dont les pères composèrent les armées de Charles XII, ne sont pas faits pour descendre à tant d'abjection et de bassesse.

Où donc chercher le centre, les éléments de cette coalition ?

Serait-ce dans la Russie ? Mais le roi d'Angleterre lui-même annonce qu'aucune liaison n'existe avec cette puissance. Il parle de correspondance, et une correspondance entamée n'est pas une alliance conclue.

D'ailleurs la Russie est une grande puissance sans doute, mais cette puissance ne peut rien contre l'Empire français.

Je vais plus loin. Si les Woronsoff, les Marcoff peuvent concevoir la pensée de vendre l'influence, la force de la Russie au cabinet anglais, Alexandre a de plus sages conseillers et forme de plus prudentes résolutions.

Il n'a pas oublié comment les Russes ont été, dans la dernière guerre, traités par l'Angleterre leur alliée, et comment se sont terminées, en Suisse et en Hollande, les expéditions faites par de grands généraux et de braves soldats, mais avec des plans inexécutables et sous l'influence d'une étoile funeste.

Enfin la froideur entre les cabinets des Tuileries et de Saint-Pétersbourg n'est point une inimitié.

Ils n'ont réciproquement aucun sujet réel de brouillerie, et ce qui depuis trois mois s'est passé entre les deux gouvernements fait assez connaître que dans cette conjoncture encore l'Angleterre aura conçu de vains projets, spéculé sur de fausses espérances, si elle a cru convertir sa correspondance en coalition.

Woronsoff peut avoir conçu un tel espoir. Mais qui ne sait que Woronsoff est moins Russe qu'Anglais; qu'établi en Angleterre, il a la volonté de s'y fixer, et qu'ennemi et désapprobateur de Paul Ier, il l'est également de la Grande Catherine?

Le cabinet de Saint-Pétersbourg connaît les vrais intérêts de son pays : il aura présent à la pensée l'insultante audace de Nelson, voulant dicter des lois dans le golfe de Finlande. Il ne pourra se dissimuler que l'attentat qui a été commis dans la Méditerranée, par les Anglais, contre les frégates espagnoles, contre un régiment presque sans armes, contre des femmes et des enfants sans défense, menace aussi sur toutes les mers les vaisseaux et les sujets du Czar.

Il ne pourra se dissimuler que cet attentat provient du même esprit, des mêmes principes qui firent attaquer le Danemarck dans sa capitale, qui peut faire attaquer les escadres russes dans la Méditerranée ou dans la Baltique; esprit de vertige et de fureur qui, dominant dans le cabinet anglais, le porte à mépriser toutes les puissances du continent, à n'en ménager aucune, et à se regarder comme hors de l'état social, hors de la grande famille civilisée du monde.

Il n'existe donc aucune coalition menaçante ou possible; mais ce qui garantit le plus sûrement l'Empire français de toute crainte, c'est que s'il eût pu s'en former une, l'Empereur l'eût attaquée, battue, dissoute, et après la victoire il eût encore écrit au roi d'Angleterre cette lettre où il appelle l'humanité au secours de la raison et de l'intérêt du peuple anglais.

Redisons-le donc, Messieurs, un sentiment, et le plus honorable de tous, a pu porter l'Empereur à la démarche glorieuse qu'il a faite envers l'Angleterre.

Ce sentiment est le même qui, dans une autre situation, dicta à Sa Majesté la dépêche qu'elle écrivit avant de passer la Save et la Drave.

Il est le même qui inspira cette autre lettre au roi d'Angleterre quelques mois avant la bataille de Marengo.

Il est le même encore qui, après le gain de la bataille, fit offrir la paix à l'Autriche par le vainqueur.

Enfin, c'est le même sentiment qui, à la paix de Lunéville, a décidé Sa Majesté à sacrifier d'immenses conquêtes, et plus de 20 millions d'habitants soumis par les armes françaises.

C'est l'amour de l'ordre social de la patrie, le saint amour de l'humanité, si souvent professé dans de vains discours, si rarement mis en action, et qui toujours respecté par l'Empereur, toujours pris pour guide dans ses démarches, a été le gage et la consolation de ses succès.

Vous allez, Messieurs, en retrouver les touchantes et augustes expressions dans la lettre que je vais vous lire.

(L'orateur donne lecture de la lettre de Sa Majesté l'Empereur au roi d'Angleterre, et de la réponse du ministre anglais. (*Voyez* Sénat conservateur, séance du 15 pluviôse).

Comparerai-je à présent, Messieurs, ces deux monuments dont l'histoire s'est déjà emparée?

Vous ferai-je remarquer dans l'écrit français la franchise, l'élévation, la force : dans l'esprit anglais, la ruse, la duplicité, la faiblesse?

Ici tout est précis et noble; tout est empreint de dignité et de grandeur : la guerre est menaçante, mais subordonnée à ce rare courage qui fait sacrifier l'attrait des conquêtes, l'éclat de la victoire, les illusions même de la gloire, aux cris de l'humanité, aux larmes de cent mille familles nationales ou étrangères qui demandent la paix aux cieux et à leurs monarques.

Là, tout est hésitation et incertitude; on répond par des suppositions à des réalités; on oppose un avenir équivoque à un présent hors de doute; on oppose à une ouverture franche la possibilité d'une coalition qui, existât-elle, n'épouvanterait ni la nation ni son Empereur, qui, subsistante ou vaincue, ne ferait ni croître ni restreindre leurs prétentions, n'ajouterait ni ne retrancherait aux conditions de la paix écrites dans le traité d'Amiens.

Si, dans la communication qu'elle semble annoncer, l'Angleterre parle un langage plus digne de l'ouverture qu'elle a reçue, la paix peut renaître.

Mais si cette occasion unique, qui semble offerte par le maître de tous les empires, de rétablir la paix de l'univers, est manquée par l'Angleterre, l'Europe entière reconnaîtra que le cabinet de Londres seul a voulu, qu'il veut, qu'il voudra seul la guerre.

Et si la réponse par laquelle le roi d'Angleterre, en l'an VIII, repoussa les nobles ouvertures de paix faites par Sa Majesté est déjà jugée; si, pour la conduite des Anglais à cette époque, la génération actuelle est déjà la postérité; si une partie des grandes prospérités de la France et de la crise où est l'Angleterre résultent du refus fait d'entrer alors en négociation, j'ai lieu de penser, Messieurs, qu'une cause pareille produira de semblables effets; qu'un nouveau refus, non moins coupable que le premier, nous préparera de nouveaux avantages, et que la postérité qui, dans cette seconde circonstance, jugera le ministère anglais, prononcera entre l'Empereur de la France et le roi de la Grande-Bretagne, n'est pas loin de nous.

D'un autre côté, un si digne, un si honorable usage du pouvoir dont le peuple a investi Napoléon Ier, excitera dans l'Empire un sentiment unanime de reconnaissance et d'amour.

Cette fois au moins nous aurons des grâces à rendre à ce cabinet britannique qui, par la publicité équivoque donnée à la plus franche des communications, a nécessité cette explication solennelle, cet épanchement sans réserve de l'Empereur envers son peuple. Nous féliciterons la France d'avoir acquis la preuve qu'en donnant le trône à Napoléon, les citoyens se sont donné un père pour leur bonheur, économe des trésors de l'État, et avare du sang de leurs enfants.

M. **le Président** répond en ces termes :

Messieurs les orateurs du Gouvernement, le Tribunat partage, depuis longtemps, les sentiments d'indignation que doit inspirer à l'Europe la cupidité insatiable du gouvernement anglais, qui, sans oser l'avouer d'une manière formelle, cherche à mettre au nombre de ses prérogatives l'empire absolu et exclusif des mers, et le droit de s'emparer du commerce et de l'industrie de tous les peuples.

On ne doit pas dès lors être étonné qu'il élude toute espèce d'ouverture de paix, qu'il accumule les obstacles, que les propositions les plus modérées lui paraissent inadmissibles, et que sa politique soit incertaine et vacillante.

Le Gouvernement doit être bien convaincu que le Tribunat concourra de tous ses efforts et de toute son influence au maintien de la gloire du trône et de l'honneur national offensé.

Sur la proposition d'un grand nombre de membres, le Tribunat donne acte à Messieurs les orateurs du Gouvernement, de la présentation, de la lecture et du dépôt sur le bureau du message de

Sa Majesté l'Empereur et des pièces qui y sont jointes; arrête que le tout sera inséré au procès-verbal, imprimé au nombre de six exemplaires, et distribué à ses membres.

Le Tribunat arrête aussi que le discours prononcé par M. Regnauld *(de Saint-Jean-d'Angely)*, l'un des orateurs du Gouvernement, et la réponse du Président, seront également imprimés au nombre de six exemplaires.

Il nomme, pour lui faire un rapport sur cette communication, une commission composée de M. Fabre (de l'Aude), président du Tribunat, de MM. Mouricault et Kock, secrétaires, de M. Faure, président de la section de législation, de M. Arnould, président de la section des finances, et des tribuns, MM. Gallois, Fréville, Pictet et Dacier.

Cette commission fera son rapport dans trois ours en séance publique.

La séance est levée.

TRIBUNAT.

PRÉSIDENCE DE M. FABRE (*de l'Aude.*)
Séance du 17 *pluviôse an XIII* (mercredi 6 février 1805).

Le procès-verbal de la séance du 15 pluviôse est adopté.

M. Peppe, membre du Corps législatif et de la société d'émulation d'Anvers, fait hommage au Tribunat d'un ouvrage ayant pour titre : *Dissertation historique et critique sur l'origine des Francs saliens et sur la loi salique.*

Le Tribunat ordonne la mention au procès-verbal et le dépôt à la bibliothèque.

Un message du Sénat conservateur donne connaissance des nouvelles nominations notifiées au Sénat par le message de Sa Majesté l'Empereur, en date du 12 de ce mois. (*Voy.* Sénat conservateur, séance du 12 pluviôse).

Le Tribunat ordonne la transcription au procès-verbal et le dépôt aux archives.

Un nouveau message du Sénat conservateur est ainsi conçu :

Sénateurs dont la nomination n'a point été notifiée au Corps législatif et au Tribunat.

M. Bonaparte (Lucien), entré au Sénat le 3 fructidor an X, comme membre du grand conseil de la Légion d'honneur, en vertu de l'article 62 du sénatus-consulte organique du 16 thermidor précédent.

M. Abrial, M. de Belloy, M. Aboville, M. Fouché, M. Rœderer, nommés par acte du Premier Consul, du 27 fructidor an X, conformément à l'article 63 du sénatus-consulte organique du 16 thermidor.

M. Chaptal, nommé par acte de l'Empereur, du 19 thermidor an XII conformément à l'article 57 du sénatus-consulte organique du 20 floréal précédent.

M. Barchioci, nommé par acte de l'Empereur, du 8 frimaire an XII.

M. Bévière, nommé par acte de l'Empereur, du 26 frimaire an XIII.

M. le Président. En exécution de l'article 105 du sénatus-consulte du 28 floréal an XII, j'invite MM. les membres du Tribunat à procéder au scrutin pour nommer, à la majorité absolue, les neuf candidats parmi lesquels le Corps législatif doit en choisir trois pour assister dans ses fonctions M. le procureur général de la haute Cour impériale.

Après trois tours de scrutin, les candidats nommés sont : MM. Faure, Albisson, Mouricault, Savoye-Rollin, Favard, Pictet, Gallois, Grenier et Chabot (de l'Allier).

Le Tribunat arrête que cette nomination sera notifiée au Corps législatif par un message.

La séance est levée.

SÉNAT CONSERVATEUR.

PRÉSIDENCE DE M. L'ARCHI CHANCELIER DE L'EMPIRE.

Séance du 18 *pluviôse an XIII* (jeudi 7 février 1805).

M. François (*de Neufchâteau*) présente le rapport suivant :

Messieurs, dans votre séance extraordinaire du 15 de ce mois, Sa Majesté l'Empereur vous a fait présenter, par son ministre des relations extérieures, un rapport d'un haut intérêt. Vous l'avez écouté avec l'attention profonde qu'exigeait du Sénat une communication si importante et si auguste. Une commission de cinq membres, nommés au scrutin a été chargée de présenter au Sénat un projet d'adresse, pour exprimer à Sa Majesté Impériale les sentiments de gratitude, de respect et d'amour qu'a redoublé dans le Sénat ce nouveau témoignage de sa confiance. C'est sur ce grand objet que je viens vous entretenir, au nom de la commission dont j'ai l'honneur d'être l'organe.

Le résultat de l'examen ne pouvait pas être douteux : personne en France n'a pu lire, sans une émotion profonde, la lettre que Sa Majesté l'Empereur a adressée, le 12 nivôse dernier, au roi de la Grande-Bretagne.

La politique tortueuse marche dans les ténèbres. Elle a obligé l'Empereur de révéler un secret qui honore tout à la fois son caractère et son gouvernement.

Peut-être en éludant des offres si loyales, le cabinet de Londres ne s'est-il pas douté de l'avantage immense qu'il allait nous donner sur lui. Du moins Sa Majesté Impériale a prouvé qu'elle ne craint pas la lumière; et comme elle n'est point capable de combattre dans l'ombre, elle est digne en effet de négocier au grand jour.

Une première idée nous est venue à ce sujet. Si c'eût été le roi de la Grande-Bretagne qui eût provoqué l'Empereur, afin de recourir aux voies de la négociation, peut-être sa démarche eût-elle été sujette à être mal interprétée, car il a été l'agresseur ; le public trop souvent complice de la mauvaise honte, accuse de faiblesse celui qui revient sur ses pas. Cependant d'autres circonstances pouvaient faire prévoir un autre résultat. On avait dit qu'on ne pouvait traiter en sûreté avec la République. À raisonner ainsi, on pouvait donc sans crainte se rapprocher de nous, quand nous vivons nous-mêmes avec plus de sécurité sous un pouvoir héréditaire. On pouvait être sûr que Sa Majesté Impériale se serait empressée d'écouter des principes de modération, et qu'elle n'aurait eu d'autre regret à cet égard que d'avoir été prévenue. Surtout elle n'eût pas voulu que l'on fît, en son nom, à une lettre franche et si bien motivée, une réponse vague, équivoque, évasive. À l'offre d'un traité direct, elle n'eût jamais répliqué par un appel à des puissances qui doivent y être étrangères. Mais nous n'avons point à partir de cette supposition. La pensée de la paix n'a pu éclore dans l'esprit des conseils du roi d'Angleterre. Quand ils en auraient eu l'idée, ils n'auraient pas cru inspirer assez de confiance pour paraître de bonne foi. Infracteurs du traité d'Amiens, ils n'auraient pas osé en proposer un autre. Voilà ce qui relève encore le prix de cette lettre à jamais mémorable écrite par Sa Majesté, c'est qu'il est impossible que les esprits les plus prévenus de ne la croire pas sincère.

D'ailleurs tout en est remarquable. Il en est jusqu'à la date qui n'ait dû faire naître une réflexion frappante. C'était le 2 janvier que S. M. I. préférait au droit du plus fort la puissance de la raison et les tempéraments d'une mutuelle équité pour régler la transaction entre l'Angleterre et la France. C'était donc au milieu des hommages touchants de la nouvelle année ; c'était bien peu de jours après les fêtes solennelles du sacre et du couronnement de Sa Majesté ; c'était après qu'au Champ-de-Mars avait défilé sous ses yeux cette armée formidable qui lui répond de la victoire ; c'était alors, Messieurs, que son humanité sublime a conçu cette grande idée en faveur de deux peuples, dont l'un s'est reposé sur elle du soin de son bonheur, et dont l'autre, quoique ennemi, ne peut être insensible à la démarche spontanée qu'elle faisait pour son repos. Quelle conception vraiment royale et magnanime d'oublier toutes ses injures, de fouler à ses pieds tant de justes ressentiments, et d'immoler tout amour-propre afin de consacrer, par une paix universelle, l'époque fortunée de son avénement au trône impérial ! quel beau présent à faire à l'univers entier, que ce noble projet de réconcilier deux peuples dont les querelles le tourmentent, et pour qui toutefois, comme le dit si bien Sa Majesté elle-même, l'univers doit être assez grand ! Sa Majesté a bien lu dans le cœur des Francais. Nous ne saurions douter que sa démarche ne réveille une estime cachée dans le cœur des Anglais. Oui, malgré les antipathies qu'on veut rendre nationales, les individus qui composent la famille du genre humain ont les mêmes affections. Le même sentiment jugera cette lettre à Paris, à Madrid, à Londres ; et partout où seront des hommes susceptibles de s'attendrir sur les malheurs de leurs semblables, on doit apprécier la résolution d'un prince qui a voulu mettre sa gloire à faire cesser ces malheurs, ces saccagements, ces pillages, ces catastrophes, ce vaste enchaînement d'atrocités et de désasires, suite inévitable du fléau de la guerre.

On a vu des héros sensibles gémir sur leurs propres trophées ; mais tout en pleurant leurs succès, ils n'en continuaient pas moins leur sanglante carrière. Napoléon est le premier qu'une pitié profonde pour les malheurs publics ait engagé à s'arrêter sur le chemin de la victoire. Qu'il est digne, Messieurs, de commander aux hommes, celui qui porte un cœur si humain ! celui qui sent si vivement que de tous les fléaux qui peuvent désoler ce globe, la guerre est le fléau que les peuples redoutent et détestent le plus ! Comment les conducteurs peuvent-ils l'oublier ? Quand le ciel commande la paix, quand les nations la désirent, par quelle impiété envers Dieu et les hommes peut-on vouloir la guerre ? La paix est le devoir des rois, puisqu'elle est le besoin du monde.

Que dis-je, Messieurs ! cette paix est bien plus nécessaire encore aux bords de la Tamise qu'à tout le reste de l'Europe ; la nation anglaise, si active et si éclairée, qui soumet tout à ses calculs, ne sait-elle donc plus calculer ses vrais intérêts ? Si elle veut compter pour le présent et l'avenir, que peut donc lui valoir la prolongation du fléau de la guerre ? Que peut-elle gagner à ces calamités qui menacent de l'engloutir, qui n'ont de chances que contre elle, qui peuvent l'entraîner vers sa destruction, tandis qu'elles ne peuvent effleurer la solidité de notre immense territoire ? Jamais la France ne s'est vue dans une situation plus tranquille et plus redoutable Jamais elle n'eut moins à craindre des hasards de la guerre. Et lorsque c'est la France qui pourtant propose la paix, on se demande avec surprise quelle est donc la raison puissante qui porte l'Angleterre à ne pas l'accepter d'abord ?

Une chose est à observer ; c'est que dans la réponse à la lettre de l'Empereur, le cabinet de Londres n'allègue rien qui ait rapport à la nation britannique. La guerre n'a pour les Anglais aucun motif qui leur soit propre. A en croire le lord Mulgrave, leur objet est de maintenir la liberté du continent. Eh ! qui donc les en a chargés ? Si cette liberté pouvait être en péril, comment serait elle affranchie en se mettant sous la tutelle d'un gouvernement insulaire ? l'indépendance de la terre serait-elle bien protégée par ceux qui veulent établir la servitude de la mer ? N'est-ce pas insulter l'Europe de lui donner pour champions ceux qui ont fait pleuvoir leurs bombes sur la ville de Copenhague ? ceux qui en pleine paix ont précipité dans la mer quatre navires espagnols ? ceux qui ont fait servir le sacré caractère des ministres à stipendier des brigands et à payer des assassins ? Voilà donc quels vengeurs s'arment pour assurer l'indépendance de l'Europe qui n'est réellement menacée que par eux ! L'Europe serait bien à plaindre, si son indépendance ne pouvait se défendre qu'au sein des Iles-Britanniques Le gouvernement de ces Iles serait bien généreux d'exposer ce pays à sa ruine entière pour un objet qui, après tout, ne le regarde pas. Aucun peuple du continent ne saurait être assez aveugle pour se faire jamais illusion à cet égard ; mais les Anglais eux-mêmes seraient-ils fascinés au point de se persuader que leur gouvernement doit s'élancer ainsi hors de sa sphère naturelle, impliquer leur île et sacrifier ses ressources dans des connexions qui lui sont étrangères ?

Le cabinet de Londres avait besoin de ce fantôme pour compliquer une querelle dans laquelle il est agresseur. Il lui faut un prétexte pour appeler à son secours des puissances intervenantes. Mais le traité d'Amiens n'a pu être conclu qu'entre la France et l'Angleterre. Les bases du traité d'Amiens sont les seuls fondements de la transaction à faire entre les deux États. Ce serait vouloir tout confondre d'appeler à l'arrangement de ces difficultés des princes qui n'y ont aucune espèce d'intérêt. Ces princes n'étant pas en guerre avec la France, n'ont pas besoin, sans doute, pour s'entendre avec elle, de choisir pour leur interprète une partie belligérante, surtout quand celle-ci persiste à repousser toute idée d'accommodement pour son propre compte. Avant d'être arbitre pour d'autres, il convient de régler soi-même ses propres différends. Ce n'est pas à l'Europe que nous avons à faire : l'Europe ne veut pas la guerre, et nous ne voulons que la paix.

Ah ! loin de défendre l'Europe, la résolution du cabinet de Londres est une attaque à tous les peuples de toutes les parties du monde. Qui fait la guerre sans sujet, qui persiste à la guerre quand il a pu faire la paix, nuit à toutes les nations, même à celles qui ne sont pas les objets directs de ses armes. La guerre trouble leur commerce, détruit leurs subsistances, empêche leur bonheur, inquiète leur sûreté. L'auteur d'une pareille guerre est l'ennemi du genre humain. Il donne à tous les peuples le droit de le maudire, et celui de se réunir, soit pour le réprimer, soit pour lui arracher la puissance dont il abuse.

Mais ce n'est point d'ici que peut jamais partir ce vœu féroce d'une guerre d'extermination, ce vœu que l'on nous a trop souvent adressé de l'autre côté de la Manche. Nous pouvions y répondre par la conclusion des opinions de Caton dans le Sénat de Rome. Mais la ruine de Carthage n'est point l'objet que se propose notre grand Empereur. Sa gloire est de fonder et non pas de détruire.

Quoique l'armée française brûlât du désir de punir les violateurs de la paix, elle suspendait son courroux à la voix souveraine de Sa Majesté Impériale.

Cinq cent mille hommes sous les armes, accoutumés à vaincre quand Napoléon les dirige, attendaient impatiemment le moment du départ et le signal de la vengeance. Mais après avoir tout épuisé pour arrêter encore le gouvernement britannique aux bords du précipice où son aveuglement jette sa nation, si Sa Majesté Impériale est réduite à donner ce signal si terrible, malheur, malheur à ceux qui n'auront pas voulu entendre ces conseils pacifiques! Que le sang qui sera versé retombe sur leurs têtes! Qu'ils répondent à leur pays d'en avoir causé la ruine! Que la voix de l'Europe entière dépose hautement contre eux! Que leur mémoire soit livrée aux imprécations de la postérité! Enfin, que le juge suprême des peuples et des rois leur fasse expier les trépas de tant de valeureux guerriers, les alarmes de tant de mères, le désespoir et les souffrances de tant d'innocentes victimes, que la lettre de l'Empereur avait pour objet de sauver!

Mais que l'Empereur soit béni! qu'il soit l'objet de nos hommages et de notre reconnaissance! qu'il soit récompensé par l'amour du peuple français! On admire en lui le héros; on vénère comme on le doit le grand législateur, mais c'est le pacificateur qui doit être adoré. Déjà, plus d'une fois, il a mérité par le fait ce titre, le premier de tous. Il l'obtient encore aujourd'hui par une intention dont la persévérance est un trait de son caractère, ce dont, quelle que soit l'issue de cette guerre, l'humanité lui tiendra compte. Nos armes étaient légitimes : maintenant elles sont pieuses. Notre cause était juste, dorénavant elle est sacrée. L'opinion du monde entier ne peut plus être corrompue. Quiconque aura lu cette lettre au roi de la Grande-Bretagne fera des vœux pour le succès du grand prince qui l'a écrite. Il suffira d'être homme pour être un de ses partisans. Qu'on juge à plus forte raison de ce surcroît d'enthousiasme qui va précipiter au milieu des batailles, et sur toutes les mers, le vol rapide de nos aigles, et enflammer encore cette ardeur martiale de nos invincibles armées!

Dans plusieurs grandes circonstances, le Sénat, le peuple et l'armée ont déjà réuni leurs vœux pour Sa Majesté Impériale; sans doute elle doit y compter plus que jamais. C'est la voix de la France qui s'élève, et qui assure à l'Empereur, pour la vie et la mort, la fidélité du Sénat, l'attachement du peuple et le dévouement de l'armée.

Messieurs, le monde entier le sait : la France s'était reposée sur le traité d'Amiens; elle ne voulait pas la guerre; elle est en paix avec l'Europe : elle serait en paix avec l'Angleterre elle-même, si le cabinet britannique n'eût pas déchiré sur-le-champ le pacte respectable qu'il venait de signer. La nation française n'aura ici qu'un sentiment.

Or c'est à vous, Messieurs, d'être les premiers interprètes du sentiment national. Pour remplir ce devoir sacré, la commission vous propose le projet d'arrêté suivant.

Les dispositions suivantes font partie de cet arrêté.

Le Sénat conservateur, réuni au nombre de membres prescrit par l'article 90 de l'acte des Constitutions de l'Empire, en date du 22 frimaire an VIII;

Après avoir entendu le rapport qui lui a été fait par sa commission spéciale nommée dans la séance du 15 de ce mois, sur la communication

donnée au Sénat dans la même séance par le ministre des relations extérieures, au nom de l'Empereur :

À d'abord arrêté de supplier Sa Majesté Impériale d'agréer les respectueux remercîments du Sénat, pour la communication qu'elle lui a fait donner par son ministre.

Sur cette communication, le Sénat considérant :

Qu'après avoir triomphé de tant de manières des factions intérieures et des ennemis du dehors, l'Empereur vient de remporter encore un triomphe plus éclatant, et peut-être plus difficile, en s'élevant au-dessus des ressentiments naturels que devaient inspirer à son cœur tant d'attentats et tant de haines, et en proposant la paix, en faveur de l'humanité, par sa lettre du 12 nivôse à S. M. britannique ;

Arrête que la copie de cette lettre sera consignée dans ses registres, comme un monument glorieux pour le prince qui l'a écrite, et pour la nation qu'il gouverne ;

Considérant ensuite que cette proposition, faite dans le moment où la France est dans la situation la plus redoutable, n'a obtenu des ennemis qu'une réponse qui paraît éluder tout projet de conciliation :

Le Sénat déclare que l'Empereur doit compter dans cette guerre sur tout son zèle, comme il doit compter sur la fidélité du peuple et de l'armée ;

Le Sénat arrête que le résultat de sa délibération et le rapport sur lequel elle est intervenue seront transmis à l'Empereur par M. le président du Sénat, qui est chargé de se retirer à cet effet devers Sa Majesté Impériale.

CORPS LÉGISLATIF.

PRÉSIDENCE DE M. FONTANES.

Séance du 18 pluviôse an XIII (jeudi 7 février 1805).

Le procès-verbal de la dernière séance est adopté.

On fait lecture d'un message par lequel le Sénat conservateur informe le Corps législatif des différentes nominations de sénateurs qu'il ne lui avait pas encore officiellement notifiées.

Ce message sera inséré au procès-verbal, et la minute déposée aux archives.

Le Tribunat transmet également, par un message, les noms de neuf candidats qu'il a nommés dans la séance d'hier, et dans le nombre desquels le Corps législatif doit en choisir trois pour assister dans ses fonctions M. le procureur général de la haute cour impériale.

L'assemblée, consultée par M. le président, décide qu'elle s'occupera de ce choix dans la prochaine séance.

L'ordre du jour appelle la discussion du *projet de loi présenté le 8 pluviôse, concernant l'emploi des créances piémontaises en paiement de domaines nationaux.*

M. **Malès**, orateur du Tribunat. Messieurs, le projet de loi sur lequel je viens vous exprimer le vœu de la section des finances du Tribunat, a pour objet un grand acte de justice distributive dans les six départements réunis d'au delà des Alpes; il tend à y concilier des intérêts divers, relativement à l'emploi des capitaux de la dette constituée du ci-devant État de Piémont en acquisition de domaines nationaux.

À peine la loi du 5 ventôse dernier, qui ouvre cet écoulement à la dette du Piémont, a-t-elle été connue dans les six départements, que des réclamations très-pressantes contre son exécution sont parvenues au ministre des finances : elles sont fondées, ces réclamations, sur des usages particuliers, qui donnent à la dette de ce pays-là des caractères que la dette de France n'a plus depuis quelques années.

La dette constituée du Piémont est, sous beaucoup de rapports, dans la catégorie des immeubles : elle est passible d'hypothèques, d'usufruit, de cession des arrérages à temps, et d'autres arrérages semblables : on ne peut former opposition sur les porteurs de contrats, soit au paiement des arrérages, soit à la vente et transfert du capital; et les portions de cette dette, qui se rencontrent dans le patrimoine des mineurs et des autres personnes qui n'ont pas le libre exercice de leurs droits, ne peuvent être aliénées qu'avec les formalités d'usage pour la vente des autres biens de ces personnes.

La loi du 5 ventôse dernier, en autorisant l'emploi des capitaux de cette dette en acquisition des domaines nationaux, ne s'est expliquée sur aucun de ces points, et il en est résulté pour tous les ayants droit à des usufruitiers et autres hypothécaires de très-vives craintes sur la conservation de leurs intérêts.

Ce sont ces craintes-là, Messieurs, que le projet de loi qui est soumis en ce moment à votre délibération a pour objet principal de faire cesser.Il porte, art. 1er, « que les biens nationaux qui, d'après « la loi du 5 ventôse an XII, seront vendus dans « les départements du Pô, du Tanaro, de la Doire, « de Marengo, de la Sésia, et de la Stura, et payés « en créances admissibles en 'paiement par la « même loi, seront grevés de toutes les charges « dont lesdites créances pouvaient être grevées. »

Ces dispositions, si le Corps législatif adopte le projet, doivent concilier tous les intérêts dans les six départements du ci-devant Piémont. Des droits et des hypothèques qui ne portent à présent que sur un immeuble de fictions dont tant d'événements pourraient altérer la valeur vénale, iront se reposer sur des immeubles très-réels et parfaitement à l'abri des tempêtes de la place ; et d'autre part, les propriétaires de la dette et l'Etat lui-même y trouveront leur avantage ; les propriétaires de la dette, en ce qu'ils pourront, sans empêchement, convertir leurs rentes en domaines ; et l'Etat, en ce qu'il ne restera plus d'obstacles à la liquidation de la dette du Piémont par les biens qui en font le gage naturel, et successivement à son extinction graduelle.

Le projet de loi présente une autre disposition très-importante dans l'intérêt des mineurs et des autres personnes en tutelle ou curatelle. Il est aussi de l'intérêt de ces personnes de convertir leurs contrats en immeubles. L'article 11 et dernier du projet dispense ici à la vente et administrateurs des formalités longues et coûteuses auxquelles la législation du Piémont soumet encore l'aliénation de leurs rentes sur l'Etat, comme s'il s'agissait de véritables immeubles fonciers.

Ainsi, les pupilles et les autres administrés pourront, comme tous les autres propriétaires de la dette publique du Piémont, profiter de la faveur de la loi, et convertir, selon qu'ils y auront intérêt, leurs contrats en domaines fonciers ; et ils le pourront sans formalités ni frais extraordinaires.

Tels sont les motifs qui, dans la section des finances du Tribunat, ont entraîné les suffrages en faveur du projet de loi sur lequel le Corps législatif présentement à délibérer, et elle nous a chargés en conséquence, mon collègue Dacier et moi, de vous en proposer l'adoption.

La discussion est fermée.

Le Corps législatif délibère sur le projet de loi, qui est décrété à la majorité de 227 boules blanches contre 3 noires.

La séance est levée.

CORPS LEGISLATIF.

PRÉSIDENCE DE M. FONTANES.

Séance du 19 pluviôse an XIII (vendredi 8 février 1805).

Le procès-verbal de la séance d'hier est adopté.

Un membre fait hommage au Corps législatif d'un ouvrage de M. Portier (de l'Oise), ancien tribun, ayant pour titre : *De l'influence du gouvernement anglais sur la Révolution française.*

Mention au procès-verbal.

MM. Réal et Treilhard, conseillers d'Etat, sont introduits.

M. **Réal** présente un *projet de loi relatif à l'interprétation de l'article 36 de la loi du 21 germinal an XI, concernant la police de la pharmacie.* En voici le texte et l'exposé des motifs.

Messieurs, l'article 36 de la loi du 21 germinal an XI, contenant organisation des écoles de pharmacie, prohibe sévérement « tout débit, au poids médicinal, toute distribution de drogues et préparations médicamenteuses, sur des théâtres ou étalages, dans les places publiques, foires et marchés, toute annonce et affiche imprimée qui indiquerait des remèdes secrets, sous quelque dénomination qu'ils soient présentés. »

Tous les bons esprits, tous les véritables philantropes ont applaudi à cette disposition, dont le but est d'arracher les hommes faibles de toutes les classes, et surtout les pauvres habitants des campagnes, à la séduction, aux promesses mensongères, et aux poisons des empiriques et des charlatans.

Une erreur de rédaction a empêché cette disposition bienfaisante de produire tout son effet.

Le même article 36 prononce que « les indivi-« dus qui se rendront coupables de ce débit, seront « poursuivis par mesure de police correctionnelle, « et punis conformément à *l'article 83 du Code des « délits et des peines.* » L'article 83 de ce Code n'est relatif qu'à la dénomination officielle des délits, et, ne renfermant aucune disposition pénale, ne pouvait être appliqué.

Le projet de loi que nous avons l'honneur de vous présenter, en précisant la peine, arrêtera le mal en permettant aux juges de punir le délit.

Projet de loi.

Ceux qui contreviendront aux dispositions de l'article 36 de la loi du 21 germinal an XI, relative a la police de la pharmacie. seront poursuivis, par mesure de police correctionnelle, et punis d'une amende de 25 à 600 francs, et en cas de récidive, d'une détention de trois jou s au moins, de dix au plus.

Le Corps législatif arrête que ce projet de loi sera transmis au Tribunat par un message.

L'ordre du jour appelle la discussion du *projet de loi relatif à l'attribution aux cours de justice criminelle spéciale du crime de rébellion envers toute force armée.*

Les orateurs du Gouvernement et ceux des sections du Tribunat sont introduits.

M. le **Président.** La parole appartient à l'un de Messieurs les orateurs du Tribunat.

M. **Grenier,** *orateur du Tribunat.* Messieurs, un projet de loi qui ôte la connaissance de certains délits aux tribunaux criminels ordinaires, et qui l'attribue à des tribunaux spéciaux, a paru au Tribunat, et vous paraîtra sans doute de même, digne de la plus grande attention.

Les mesures qui en sont l'objet ont obtenu l'assentiment du Tribunat, parce qu'elles sont sagement conçues, et qu'elles deviennent absolument nécessaires pour que les attentats contre l'autorité publique ne restent pas impunis. Car personne ne contestera que tout ce qui tendrait au mépris ou à l'impuissance de cette autorité ne troublât l'ordre social et ne fût une calamité générale.

Tel est le point de vue sous lequel se présente le projet de loi dont il s'agit, et c'est dans ce sens que je vais réunir mes efforts aux développements lumineux qui vous ont déjà été exposés par l'orateur du Gouvernement.

Tout ce qui attaque les personnes et les propriétés particulières, intéresse très-certainement la société, et elle est établie pour que les individus puissent s'en garantir. Voilà les crimes ordinaires, ceux malheureusement de tous les temps, qu'un bon gouvernement peut bien diminuer, mais qu'il est impossible qu'il extirpe entièrement. Ces délits ont pu être soumis à la décision des jurés.

Mais il est des crimes d'un autre ordre, qui ne procureraient pas seulement des maux partiels, mais qui, s'ils n'étaient promptement et sévèrement punis, produiraient un mal général dont les suites, selon les circonstances, deviendraient funestes à la masse des citoyens.

Ces crimes supposent, sans doute, dans leurs auteurs, la corruption du cœur, la dépravation des sentiments ; mais ce n'est pas tout, ils ont un caractère d'audace qui porte partout le trouble et l'effroi. C'est attendre plus sûrement des citoyens, et dans leurs personnes et dans leurs propriétés, que cette fureur se dirige isolément contre la force publique qui est particulièrement établie pour les protéger.

Alors les crimes se commettent avec attroupements armés, plus ou moins nombreux ; il se forme des séditions, des révoltes à force ouverte. Le brigandage s'accroît et s'organise, pour ainsi dire, et l'histoire nous apprend ce que nous avons vu nous-mêmes, qu'il se montre avec cet appareil effrayant à la suite des troubles civils qui ont longtemps tourmenté les nations. Dans l'agitation générale, les liens de l'ordre social se relâchent, le crime en attend l'impunité, et il ose paraître avec un degré d'audace porté au même terme que les plus sublimes vertus, qui, pour l'honneur du genre humain, semblent luire avec un plus grand éclat dans ces temps de troubles et de discordes.

Or de pareils attentats devaient-ils être du domaine de la justice par jurés qui ne peut s'exercer utilement qu'au sein de la paix, et à l'abri des tumultes et des orages ?

Aussi vous le savez, Messieurs, quels services importants n'ont pas rendus à la société les tribunaux spéciaux créés par la loi du 18 pluviôse an IX ? Et y avait-il un moyen plus efficace de rétablir l'ordre et la tranquillité générale, d'après l'état de notre législation criminelle, lorsque les rênes du Gouvernement furent confiées au héros sauveur de la France ?

Les citoyens qui, avec les intentions les plus pures, redoutaient l'établissement de ces tribunaux, ont été le plus heureusement trompés dans leur attente. C'est à cette institution que nous devons la disparition des révoltes dont on cherchait à colorer les crimes les plus bas, la sûreté des routes, l'état florissant de l'agriculture, et enfin l'ordre et la tranquillité sur tous les points de l'Empire, qui ne nous laissent que le souvenir des maux dont nous avons été témoins.

C'eût été une vaine illusion que d'espérer tous ces effets salutaires de l'institution des jurés. Il y aurait eu une haute imprudence à les laisser flotter entre la fermeté que leur commandait le devoir, et la faiblesse que leur eût inspirée la crainte de devenir victimes de la vengeance des scélérats qui auraient pu échapper à la punition.

On ne pouvait attendre tous ces avantages que de tribunaux composés de magistrats qui réunissent à la connaissance des lois l'oubli de toute considération personnelle lorsque le devoir se fait entendre, et de militaires amis de leur pays et de l'humanité, inaccessibles à toute crainte par état et par habitude ; amalgame qui imitait les jurisconsultes prévôtales, dont l'utilité depuis longtemps était généralement reconnue.

Quelle différence entre ces tribunaux spéciaux et des mesures que l'histoire nous apprend avoir été mises en usage pour détruire les brigandages qui infestaient la France, à la suite des règnes faibles ou des dissensions civiles !

On voit dans le 14e siècle, après la captivité du roi Jean et le règne orageux de Charles V, son fils, le premier capitaine de ce siècle, l'illustre Duguesclin, réduit à poursuivre avec des armes victorieuses un amas impur de brigands. On remarque encore que, pour les détruire, il fut forcé de les poursuivre dans Valogne, ville dont les Anglais étaient alors en possession, et dans laquelle ils ne manquèrent pas de leur donner asile (1).

Dans le siècle suivant, après les règnes de Charles VI et de Charles VII, la France fut infestée sur plusieurs parties de son territoire, de troupes de brigands qui se livraient impunément aux vols, aux pillages et aux meurtres. On se vit obligé de leur accorder des lettres de rémission, et c'est par ces lettres, qui sont parvenues jusqu'à nous, que l'on a connu l'horreur de leurs crimes (2).

La rémission de tels crimes prouve la faiblesse du gouvernement qui ne peut punir, et l'emploi des armées, lors du recours aux tribunaux, suppose toute absence de génie législatif.

Quoique dans le projet de loi en question, il ne s'agisse point des tribunaux spéciaux créés par la loi du 18 pluviôse an XI, il était néanmoins de mon sujet de rappeler les avantages qu'ils ont procurés.

En effet, sans les moyens indiqués par le projet de loi, non-seulement tous ces avantages disparaîtraient, mais encore tous les autres tribunaux seraient réduits à l'inaction, et on verrait les lois sans exécution. Pour qu'elles le devinssent, et que la justice fût, pour ainsi dire, paralysée, il ne faudrait que de l'audace, et que cette audace fût assurée de l'impunité.

Ce n'est point là une vaine théorie, c'est l'expérience qui a appris que lorsque les gendarmes nationaux ou d'autres forces armées, qui agissaient sur la réquisition d'une autorité compétente, avaient été repoussés avec une résistance qui avait le caractère de la rébellion, cette résistance accompagnée même de mauvais traitements et excès graves était restée impunie dans les tribunaux, dont les décisions se rendaient sur la déclaration des jurés.

Tel est l'effet d'une pusillanimité produite ou par une timide circonspection envers des coupables qu'on affectionne ou qu'on craint, ou par le

(1) Voy. L'histoire de Duguesclin, par Turpin.
(2) Voy. L'histoire de Louis XI, par Duclos, tom. 1er, pag. 13 et 14.

défaut de lumières, qui laisse souvent séduire par une identité d'intérêt personnel entre l'accusé et le citoyen appelé aux fonctions de juré.

C'est pour remédier à de si graves inconvénients que le projet de loi en question a pour objet d'attribuer la connaissance des violences et voies de fait contre la gendarmerie dans l'exercice de ses fonctions, et contre toute autre force armée agissant sur la réquisition d'une autorité compétente, non pas aux tribunaux spéciaux dont je vous ai déjà entretenu, mais aux cours de justice criminelle et spéciale, créées par la loi du 23 floréal an X.

Ces premiers tribunaux, créés pour les crimes qui auraient le caractère le plus alarmant, ne sont pas à beaucoup près généralement établis dans tous les départements ; c'est une ressource extraordinaire que le Gouvernement, dans sa sagesse, emploie seulement suivant le pouvoir qu'il en a, là où le besoin s'en fait sentir. Il n'était donc pas possible d'attribuer à ces tribunaux la connaissance des voies de fait et violences énoncées dans le projet de loi. Il était nécessaire de l'attribuer aux tribunaux spéciaux créés par la loi du 23 floréal au X, qui sont actuellement en activité dans tous les départements.

Vous savez, Messieurs, que ces tribunaux jugent sans jurés certains délits qui, quoiqu'ils eussent plutôt le caractère de la lâcheté que celui de l'audace, tels que les crimes de faux, de fausse monnaie, d'incendie, n'ont pas moins dû exciter le législateur à prendre les mesures les plus sévères, parce qu'ils s'étaient multipliés à un point effrayant.

Vous savez encore que dans la formation de ces tribunaux il n'y a point de militaires, qu'ils sont entièrement composés de magistrats pris dans la cour criminelle et dans le tribunal de première instance dont le siège est établi dans le même lieu que cette cour.

C'est ce mode de composition qui, respectivement aux délits dont il s'agit dans le projet de loi, donne à la société une garantie que ne présenteraient point les jugements par jurés. Les raisons en sont les mêmes que par rapport aux délits qui sont attribués aux tribunaux spéciaux créés par la loi du 18 pluviôse an IX. En rappelant les avantages de ceux-ci, j'ai démontré l'utilité des autres.

J'ajouterai seulement qu'on serait dans l'erreur, si on croyait qu'en Angleterre, d'où on a tiré dans les derniers temps l'institution des jurés, elle y a lieu pour toutes sortes de délits. Blakstone, dans son ouvrage sur la législation criminelle de son pays, nous apprend que ceux qui attaquent la personne du souverain, la sûreté de l'État, et qui sont commis par des citoyens d'une certaine classe, sont portés à des tribunaux revêtus d'une plus grande autorité.

J'examinerai actuellement si les dispositions du projet de loi, soit relativement à l'attribution, soit par rapport à la peine, ne sont pas tellement précises, qu'elles ne peuvent donner lieu à aucun arbitraire.

Quant à l'attribution, je vous prie de remarquer que l'article 1er suppose deux manières principales dont les voies de fait et violences auront été exercées. L'une avec armes, mais sans attroupement ; l'autre avec attroupement et sans armes, comme avec armes, et cette division étant une fois faite, cet article se réfère aux articles 2, 3, 4, 5, 6, 7, 8, 9 et 10 du titre Ier de la quatrième section de la seconde partie du Code pénal.

Or, si l'on consulte ces articles, on y voit exactement les délits de la nature de ceux dont il s'agit. L'article 2 suppose, comme le projet de loi, le cas de la résistance opposée avec armes, mais sans attroupement, et les articles suivants prévoient, et le cas du simple attroupement sans armes, et celui de l'attroupement avec armes. La peine est graduée selon que les circonstances sont plus ou moins aggravantes.

L'article 1er du projet de loi suppose, à la vérité, qu'un attroupement peut résulter de la réunion de deux ou plusieurs personnes. Mais cette idée ne fait que rappeler la disposition de l'article 3 du Code pénal. Il prévoit en effet le moindre attroupement possible sans armes, et il le fixe, sans aucune autre détermination, à la réunion de plusieurs personnes *au-dessous du nombre de seize*. Donc, depuis quinze personnes jusqu'à deux, il y a l'espèce d'attroupement dont la peine est prononcée dans cet article ; et c'est aussi dans ce sens qu'il a toujours été appliqué.

Il est inutile de rappeler les dispositions des autres articles du Code pénal qui établissent la gradation des peines, selon les circonstances. Mon objet principal est de démontrer que la division du délit, en résistance avec armes sans attroupement, et résistance avec attroupement, ou sans armes, ou avec armes, est conforme aux articles du Code pénal auxquels le projet de loi renvoie, et que dès lors il y a, quant à la définition des délits, une précision qui ne laisse rien à désirer.

Il y a plus encore, le projet de loi, quoiqu'il ne s'agisse que de la simple attribution, est allé plus loin que le Code pénal, en désignant ce qu'on devra appeler *armes*.

Le délit sera commis avec armes, dit l'article 2, lorsqu'il aura été fait avec fusils, pistolets et autres armes à feu, sabres, épées, poignards, massues, et généralement avec tous instruments tranchants, perçants ou contondants.

Ne seront réputés armes, les cannes ordinaires sans dards ni ferrements, ni les couteaux fermants et servant habituellement aux usages ordinaires de la vie.

Cette disposition est modelée sur l'article 3 de la loi du 13 floréal an II, relative au *jugement des contrebandiers*, avec cette différence majeure que cette loi avait pour objet la détermination du cas où il y aurait peine de mort, au lieu qu'il ne s'agit ici que de fixer le cas où il y aura lieu à l'attribution.

Relativement à la peine qui devra être prononcée contre les délits prévus par le projet de loi, vous avez dû apercevoir, Messieurs, qu'il n'y a à cet égard aucun changement. Cette peine reste la même que celle prononcée par les articles du Code pénal auxquels le projet de loi se réfère ; et personne n'ignore que ce Code, qui est l'ouvrage de l'Assemblée constituante, est remarquable par la modération des peines qu'il inflige.

Cette identité de peine ne peut éprouver de difficulté. L'article 3 du projet porte que « la poursuite, l'instruction et *le jugement* auront lieu ainsi qu'il est prescrit par l'article 5 de la même loi (du 23 floréal an X). »

Cet article 5 renvoie pour ces trois objets, et conséquemment pour la peine, aux dispositions contenues au titre III de la loi du 18 pluviôse an IX ; et dans ce titre III se trouve l'article 29, dans lequel il est dit : « quant aux autres délits spécifiés dans le titre II, (dans lesquels sont compris ceux dont il s'agit), le tribunal se conformera aux dispositions du Code pénal du 25 septembre 1791. »

Enfin, on ne doit s'attendre à aucune contradiction sur l'article 4 et dernier du projet de loi, conçu dans ces termes : « Tous ceux qui, à l'épo- « que de la présente loi, se trouveront être pré- « venus du crime ci-dessus mentionné, et sur la « prévention desquels un jury d'accusation n'au- « rait pas encore statué, seront renvoyés sans « délai, avec les pièces, actes et procédures, « devant les cours de justice criminelle et spé- « ciale qui devront en connaître. »

Il n'y a point là de rétroactivité, parce que sans doute vous n'en avez pas reconnu, Messieurs, dans des dispositions semblables de plusieurs projets qui sont devenus lois en obtenant votre sanction.

Il est dit dans l'article 30 de la loi du 18 plu- viôse an IX : « A compter du jour de la publica- tion de la présente loi, tous les détenus pour crime de la nature de ceux mentionnés dans le titre II, seront jugés par le tribunal spécial ; en conséquence, il est enjoint à tous juges de les y renvoyer, avec les pièces, actes et procédures déjà commencées, et néanmoins, en cas de con- damnation, on n'appliquera aux crimes antérieurs à la présente loi que les peines portées contre ces délits par le Code pénal. »

Le même renvoi résulte de la disposition de l'article 5 de la loi du 23 floréal an X.

On lit la même disposition dans l'article 3 de la loi du 2 floréal an II, qui attribue au tribunal criminel du département de la Seine la connais- sance de tous les crimes de faux dans lesquels le trésor public sera intéressé.

On la retrouve encore dans l'article 7 de la loi du 13 du même mois de floréal, relative au juge- ment des contrebandiers.

Il n'y a donc point de rétroactivité dans l'attri- bution au nouveau tribunal du délit commis au- paravant. Il n'y en aurait que dans le cas où l'on voudrait appliquer au délit une peine plus forte que celle qui était établie lorsqu'il a été commis ; et sur ce point on a l'avantage de pouvoir invo- quer l'autorité même des lois. Il était inutile d'énoncer cette dernière exception, quant à la peine, dans le projet de loi, puisque, comme je l'ai déjà observé, il n'y a point de changement de peine, il n'y a d'autre changement que celui de l'attribution.

Veuillez de plus remarquer, Messieurs, la sage circonspection de l'article 4 du projet de loi : il ne veut pas indéfiniment le renvoi de l'accusé par- devant les tribunaux spéciaux ; ce renvoi n'est prononcé que dans le cas où *un jury d'accusation n'aurait pas encore statué.*

Enfin, que ceux dans l'esprit desquels il reste- rait encore quelques doutes veuillent bien faire attention que la distraction des prévenus des délits en question, des tribunaux ordinaires, ne doit être que passagère, puisque la durée des tribunaux spéciaux, créés par la loi du 23 floréal an X, est limitée par l'article 7 de cette loi aux des tri- bunaux spéciaux créés par la loi du 18 plu- viôse an IX.

Messieurs, ce projet de loi ▓▓▓▓ d'une sollicitude particulière de la ▓▓▓▓▓. La rédaction actuelle ▓▓ conférences qui ▓ législation du Go▓ lesquelles il ne ▓ que le désir de avec la sûreté g▓ bunat ont chargé déclarer qu'elles était digne de vo▓ Le Corps législat▓

l'impression du rapport de M. Grenier, et **délibère** sur le projet de loi, qui est **décrété à la majorité** de 195 boules blanches contre 53 noires.

M. le président rappelle à l'assemblée qu'elle a à s'occuper de l'élection de trois membres, **sur** les neuf candidats dont la liste lui a été **adressée** hier par le Tribunal.

On procède à un premier tour de **scrutin.**

Le dépouillement des votes donne la **majorité** absolue des suffrages à MM. Faure et **Favard.**

Un second tour de scrutin n'ayant point **eu de** résultat, la fin de cette élection est remise à de- main.

Le Corps législatif se forme en comité général pour s'occuper de l'adresse qui doit être présentée à Sa Majesté par une députation de vingt-cinq de ses membres.

TRIBUNAT.

PRÉSIDENCE DE M. FABRE *(de l'Aude).*

Séance extraordinaire du 19 pluviôse an XIII (vendredi 8 février 1805).

Le procès-verbal de la séance du 19 pluviôse est adopté.

M. **Gallois**, organe de la commission spéciale nommée dans la séance du 15, fait un **rapport** sur les communications faites dans **la même** séance par les orateurs du Gouvernement.

M. **Gallois**, *rapporteur.* Messieurs, lorsque **les** orateurs du Gouvernement vinrent, il y a **peu de** jours, vous communiquer la lettre de S. M. I. **au** roi de la Grande-Bretagne, chacun de vous, **à la** lecture de cet acte mémorable et d'une **forme si** nouvelle dans les transactions des Etats, **fut frappé** du caractère de grandeur d'âme dont il **porte l'em-** preinte. Le sentiment qui s'est manifesté **parmi** vous sera bientôt celui de la nation entière. **La** France recueillera avec le même intérêt ces **paroles** d'humanité et de modération qui se sont **fait en-** tendre du milieu des préparatifs **formidables** d'une guerre entreprise pour le maintien de la foi des traités, pour la défense des droits et **de** l'honneur du peuple français.

Cette démarche, Messieurs, a rappelé à **votre** esprit celle dont l'Empereur avait déjà offert l'ho- norable exemple, le 5 nivôse de l'an VIII, peu de jours après que le vœu de la nation, depuis long- temps exprimé, l'eût placé à la tête du gouver- nement de l'Etat. Vous n'avez point oublié ces paroles si remarquables qu'il adressait au roi de la Grande-Bretagne : *La paix*, lui disait-il, *est le premier des besoins comme la première des gloires.* L'histoire conservera pour la postérité et pour l'exemple des chefs des nations ce vœu d'huma- nité si simplement énoncé par un guerrier déjà couvert de tant de gloire. Elle conservera aussi la réponse du ministre britannique à cette noble et franche communication. Elle montrera com- ment le ▓us formel de toute négociation, ac- comp▓ ▓ déclamations les plus ridiculement insul▓ ▓ngea de deux années les cala- mités ▓ devenue sans objet, et fit couler dans l. ▓ngo de nouveaux flots de sang hu▓

La ra▓ ▓rnement britannique ▓ent de▓ S. M. Impériale est bienséance. Elle timents de me- mière, elle en d'exé-

à côté d'elles que parce qu'elles sont des difficultés.

Sa Majesté, est-il dit dans cette lettre, est persuadée que ce but (la paix) ne peut être atteint que par des *arrangements* qui puissent en même temps pourvoir à la *sûreté et à la tranquillité à venir de l'Europe*, et prévenir le renouvellement des dangers et des malheurs dans lesquels elle se trouve enveloppée. Conformément à ce sentiment, S. M. sent qu'il lui est impossible de répondre plus particulièrement à l'ouverture qui lui a été faite, jusqu'à ce qu'elle ait eu le temps de *communiquer* avec les *puissances* du continer.t, avec lesquelles elle se trouve *engagée par des liaisons et des rapports confidentiels*.

Cette réponse paraît avec raison évasive et sans résultat, soit par le vague des expressions, soit par ce terme indéfini de la négociation qu'il plaît au gouvernement anglais de s'attribuer sous un prétexte illusoire.

Que signifient d'abord ces mots de *liaisons et de rapports confidentiels* auxquels il subordonne toute réponse? Ici, Messieurs, permettez-moi quelques observations qui me paraissent nécessaires sur ce point important.

Lorsqu'une puissance fait des ouvertures de paix à son ennemie, celle-ci, fût-elle liée par un traité d'alliance avec d'autres Etats, peut légitimement y répondre, recevoir la proposition et commencer les négociations de paix sans consulter ses alliés, sauf à leur en donner ensuite connaissance, à les y faire intervenir, à ne rien conclure enfin sans leur consentement si la nature de leurs engagements l'exige.

Toute puissance qui est animée d'un désir sincère de paix, doit, pour se mettre d'accord avec ses ennemis sur les bases et préliminaires de la pacification, préférer cette marche, soit à celle d'une négociation lente et compliquée, où il faudrait à tout moment faire intervenir les autres puissances, soit à celle d'une négociation de congrès.

Dans le cas actuel, on ne saurait voir où est, pour l'Angleterre, la nécessité de recourir à d'autres puissances. Seule elle a commencé la guerre que seule elle continue encore. On ne connaît point le traité d'alliance défensive ou offensive entre elle et un autre gouvernement. Le roi d'Angleterre n'en a point instruit le parlement, et sans doute ni le parlement ni personne au monde ne saurait entendre par les mots *rapports confidentiels* et de *liaisons* un traité d'alliance conclu et existant.

Mais soit qu'on suppose ce traité conclu et secret, soit que, sans traité, le gouvernement anglais ait pris des arrangements avec d'autres puissances, il est hors de doute que ce gouvernement, sachant déjà à quoi s'en tenir, n'avait nul besoin de les consulter pour répondre aux ouvertures du gouvernement français et commencer la négociation. Et si, comme il est plus vraisemblable, un pareil traité n'existe point, et qu'il n'ait pris nul arrangement entre l'Angleterre et d'autres Etats, alors le gouvernement anglais n'étant lié par aucune convention, il est évident qu'il n'a cherché dans sa réponse qu'un subterfuge ou un prétexte pour prolonger la guerre, peut-être même un moyen pour parvenir à former une coalition contre la France.

Si, d'un côté, l'on a droit de regarder cette réponse du gouvernement britannique comme évasive, de l'autre on peut remarquer cette différence entre les sentiments et les intentions qu'elle exprime et ceux que renferme le dernier manifeste de ce gouvernement; entre l'opinion qu'il a énoncée sur le traité d'Amiens et celle qu'il

énonce aujourd'hui, en demandant une paix fondée sur des bases qui ne soient pas *incompatibles avec la sûreté permanente et les intérêts essentiels de l'Angleterre*.

Si le gouvernement anglais, avec d'autres vues et d'autres sentiments, croit devoir montrer plus de sollicitude pour la *sûreté* et la *tranquillité à venir de l'Europe* et pour l'*indépendance du continent*, qu'il ne l'a fait à Amiens, il ne saurait trouver étrange que le gouvernement français montre aussi une égale sollicitude pour l'indépendance des mers, pour la garantie de la liberté du commerce et de la navigation des neutres, et même pour un système de choses qui puisse mettre des bornes à l'accroissement et à la prépondérance de l'Angleterre dans les Indes.

Serait-ce dans un congrès de toutes les puissances que le gouvernement anglais voudrait discuter ces questions? qu'il voudrait convenir des mesures nécessaires pour atteindre aussi à cette sûreté et à cette indépendance des nations maritimes de l'Europe et des peuples de l'Asie?

Et dans l'appel que le gouvernement anglais fait aux nations intéressées, selon lui, à la sûreté et à l'indépendance de l'Europe, a-t-il bien réfléchi que ces puissances pourraient n'avoir point oublié tant d'atteintes aux droits de la Russie, du Danemarck, de la Suède, des Etats-Unis et d'autres puissances neutres, et récemment encore son injuste agression à l'égard de l'Espagne, au milieu même des négociations? Ne croit-il pas que toutes ces puissances en conclueraient que l'établissement d'un équilibre maritime est aussi nécessaire à la sûreté de l'Europe que celui d'un équilibre continental?

La réponse du gouvernement britannique ne porte donc jusqu'ici aucun caractère déterminé d'intentions véritablement pacifiques.

Maintenant on se demande quel motif pourrait le retenir plus longtemps dans cette carrière d'hostilités plus menaçantes qu'offensives, et qui ne semblent lui promettre pour prix de tant de sacrifices, d'inquiétudes et d'embarras de tout genre, aucun résultat digne, et des efforts auxquels il se condamne, et des dangers auxquels il s'expose.

Serait-ce encore l'espoir de renouer une coalition continentale? Mais où placer le centre de cette coalition? Comment en rassembler, en ordonner les parties? Aura-t-on pour la former des éléments tout nouveaux, et dont les rapports ne soient pas encore connus? ou bien tentera-t-on de rapprocher d'une manière nouvelle des éléments anciens qui n'ont semblé s'unir un moment que pour mieux constater qu'ils étaient inalliables? Pourra-t-on montrer à l'ambition, à la crainte ou à la cupidité des intérêts qui n'aient pas été déjà offerts sans succès, ou pleinement satisfaits? Pourra-t-on faire valoir quelque motif que l'expérience ou la raison n'ait déjà réduit à sa juste valeur? Mais les déclarations que les orateurs du Gouvernement ont déjà faites, et les détails dans lesquels ils sont entrés à cet égard, ne laissent sur ce point aucune incertitude.

Serait-ce dans la probabilité de nouveaux troubles intérieurs qu'on irait chercher quelque nouveau motif d'espoir? Ah! sans doute, dans le cours de cette longue Révolution, où tant de factions furieuses ou faibles ont été tour à tour triomphantes et abattues, nous n'avons que trop vu les passions de parti devenir presque toujours les complices involontaires de nos ennemis extérieurs. Mais aujourd'hui, la France, heureuse et calme sous l'empire des lois, gouvernée par un chef qui a dévoué toute son existence au bonheur et à la gloire de la nation, voit tous les partis qui l'avaient si longtemps troublée réunis d'intentions, de vœux et d'efforts dans un seul intérêt, le sentiment de la prospérité publique, inséparable de l'ordre, du travail et de la tranquillité. L'hérédité du Gouvernement, en ôtant à la rivalité des ambitions particulières, et à l'influence corruptrice de l'étranger, les moyens de bouleverser l'Etat par l'ébranlement du centre de l'autorité, a donné une plus forte et plus durable garantie à la paix intérieure et à tous les biens qu'elle produit. Les principes du Gouvernement en ont acquis plus de fixité, et les rapports de la politique extérieure un plus solide gant.

C'est dans ces circonstances que la France, forte de son organisation intérieure, de la concentration et de l'union de tous ses moyens de volonté et de puissance, vient de voir le chef de son Gouvernement se rapprocher d'un gouvernement ennemi, et lui présenter le premier des paroles de paix. Si ce gouvernement, qui a paru méconnaître d'abord cette noble démarche, revient à des dispositions plus favorables aux vrais intérêts de l'Europe, dont il réclame si hautement la sûreté, ainsi qu'aux intérêts plus particuliers de la Grande-Bretagne, si, pour nous servir des expressions prononcées au nom de S. M. Impériale, *il montre des intentions justes et modérées, nous verrons finir les calamités de la guerre.*

Puisse ce résultat, auquel est attachée la paix du monde, être bientôt la récompense du sentiment généreux qui vient de l'appeler encore une fois d'une manière si solennelle ! et puissions-nous ne pas trouver ici une nouvelle preuve de la vérité de cette réflexion du célèbre historien d'Angleterre :

« Nos guerres avec la France, dit-il, ont toujours été poussées trop loin, par obstination et par passion. La même paix qui fut faite à Ryswick, en 1697, avait été offerte en 1692. Celle conclue à Utrecht, en 1713, aurait pu être terminée aux mêmes conditions, à Gertruidenberg, en 1708 ; et nous aurions pu accorder, à Francfort, en 1743, les mêmes articles de paix que nous fûmes trop heureux d'accepter à Aix-la-Chapelle, en 1748. Ainsi, il est aisé de voir que la moitié de nos guerres avec la France, et toutes nos dettes publiques, sont beaucoup plus l'ouvrage de notre imprudente véhémence que de l'ambition de nos voisins. » (*Essais*, tom. I, *essai* 7e).

Dans ces circonstances, Messieurs, la commission dont je suis l'organe vous propose d'adresser à S. M. I. un message pour lui exprimer les sentiments du Tribunat sur l'objet de la communication qui lui a été faite en son nom, et que cette adresse lui soit présentée par le Tribunat en corps.

M. Villot-Fréville. Messieurs, il vous a fallu faire effort sur vous-mêmes pour arrêter l'essor des sentiments dont vous a pénétrés cette lettre où l'humanité s'exprime avec une éloquence héroïque, et que l'histoire va consacrer comme un de ses monuments les plus précieux pour la leçon des rois et la consolation des peuples. Si vous aviez pu céder aux émotions généreuses dont vous étiez agités, vous auriez répondu à l'instant même par les acclamations de la reconnaissance et de l'enthousiasme. Mais votre devoir vous imposait l'austérité de la réflexion : il n'aurait pas été rempli, si vous vous étiez contentés de vous livrer aux transports de votre sensibilité, sans entrer dans l'examen des considérations politiques qui doivent précéder chacune de vos démarches.

Tel est, Messieurs, le déplorable effet de la perfidie avec laquelle le cabinet de Saint-James a violé le traité d'Amiens, qu'il est devenu, pour ainsi dire, problématique en France, si l'on peut encore traiter avec l'Angleterre. Combien de fois ne vous est-il pas arrivé d'entendre soutenir avec chaleur l'opinion contraire à toute négociation par des capitalistes dont les ennemis avaient pillé la fortune embarquée sur la foi des traités, par des militaires impatients de cueillir de nouveaux lauriers, par des citoyens de toutes les classes qui ne ressentaient pas moins vivement l'offense faite à la patrie ? Cette noble indignation honore trop le caractère national pour qu'elle n'ait pas été remarquée avec émotion par le chef auguste de l'Empire ; mais en même temps qu'il estimait cette généreuse colère, il a su prêter l'oreille aux supplications de l'humanité toujours avare du prix auquel il faut acheter la victoire, et aux conseils de la sagesse qui, surtout pour un monarque si souvent triomphateur, élève au-dessus des plus brillants exploits le bonheur d'épargner des privations et des larmes à ses sujets.

En supposant que les vaines et fausses espérances de l'Angleterre fussent réelles et fondées, l'orateur pense que le gouvernement britannique n'en avait pas moins la faculté d'exprimer, sans manquer à son allié, et au moins d'une manière conditionnelle, le désir d'entrer en négociation. On serait réduit à lui attribuer l'intention contraire, si l'on en jugeait par la nature de sa réponse, et en se rappelant une rupture sans prétexte, des invectives sans pudeur et tant de témoignages d'une haine sans frein. Mais, dit l'orateur, les passions les plus violentes s'usent par leur excès même ; cette réflexion peut jusqu'à un certain point contrebalancer les apparences les plus défavorables. Permettez-moi d'ajouter qu'il y a quelque chose de si touchant, de si religieux dans l'espérance de la paix, qu'on ne résiste presque jamais au désir de s'avancer à sa rencontre un peu plus loin que ne le conseillerait la raison froidement interrogée.

Aujourd'hui, Messieurs, la raison la moins indulgente pour de flatteuses illusions devrait nous faire supposer au gouvernement britannique l'intention de ne pas repousser la paix, si nous jugions de ses dispositions d'après ses intérêts, et de ses intérêts d'après l'origine, l'objet et les chances de la guerre.

L'opinion publique, qui ne repose pas seulement sur les calculs de l'intérêt, mais aussi sur le sentiment de la conscience, n'étant pas sans importance pour le succès plus ou moins facile des mesures du Gouvernement, l'orateur en conclut qu'il n'est pas indifférent d'observer que le cabinet de Saint-James a commencé la guerre, et sous les plus misérables prétextes.

Nous étions loin de menacer l'Angleterre, reprend-il, mais peut-être qu'en nous attaquant à l'improviste, elle était transportée par ces espérances enivrantes qui entraînent trop souvent les peuples et les rois ; peut-être qu'elle avait à choisir entre le respect d'un traité solennel et un de ces grands intérêts sur lesquels la politique permet si rarement à la justice de s'expliquer.

Ici, Messieurs, il ne saurait être question de l'accroissement du territoire français, puisque nos limites étaient les mêmes et lors de la signature du traité d'Amiens, et à l'époque de la rupture. D'ailleurs l'Europe tout entière ne sait-elle pas que c'était sur le rocher de Malte que portait la balance de la guerre et de la paix ? Pour nous,

cette question renfermait cette double considération. Il ne s'agissait pas seulement d'évaluer
l'augmentation de puissance que la possession
de Malte devait donner à nos rivaux ; il fallait
surtout examiner si, en leur permettant de violer
un engagement qu'ils avaient si récemment contracté, nous n'eussions pas couru le risque de
déchoir rapidement de ce haut degré d'influence
politique auquel nous avions été élevés par une
longue suite de victoires. L'honneur de la France
s'y trouvait intéressé ; le Gouvernement et l'opinion se prononcèrent promptement et d'accord.
Pour les Anglais, la question se réduisait à une
comparaison des avantages que pouvait leur promettre la possession de Malte avec les frais et les
chances de la guerre.

Suit la discussion du prix que cette possession
peut avoir réellement pour la Grande-Bretagne,
soit dans l'état de paix, soit dans l'état de guerre.
L'objet pour lequel a été violé le traité d'Amiens
est mis en parallèle avec la situation critique
dans laquelle s'est jeté le gouvernement anglais,
qui a proclamé lui-même les dangers de la patrie
en dépeuplant les ateliers, en appelant la nation
entière sous les armes, en ébranlant le système
social jusque dans ses fondements. Là où naguères on travaillait avec tant d'ardeur à multiplier les communications intérieures, à étendre
le domaine de l'agriculture, à rendre les rivières
navigables, on ne trouve plus de canaux que
pour la défense du pays ; on ne pense plus qu'à
barrer le cours des fleuves, ou à réparer de vastes
inondations.

Cependant, Messieurs, continue l'orateur, ne
nous en rapportons pas à tant d'alarmes, et quand
il n'arriverait jamais le moment où nous pourrons nous dire : encore quelques jours, et l'Angleterre aura brillé... Dans cette hypothèse, quels
effets la continuation de la guerre doit-elle produire à l'avantage ou au préjudice de la Grande-
Bretagne ?

Pourrait-elle méditer quelque nouvelle conquête malgré les difficultés qu'éprouve le recrutement de son armée, quoiqu'elle puisse être
obligée de voler au secours de ses colonies menacées par les escadres françaises, lorsqu'elle a
tant de peine à conserver ses possessions à Ceylan, et tandis qu'elle est réduite, dans l'Inde, à
recommencer si souvent un genre de guerre où
les triomphes mêmes sont des malheurs, parce-
qu'ils aguerrissent les vaincus ?

Je vous l'avouerai, Messieurs, une plus grande
dissémination de forces de nos ennemis ne me
paraîtrait un danger que pour eux.

En discutant l'influence de la guerre sur leurs
intérêts, nous ne pouvons omettre celui auquel
ils attachent tant d'importance, et qui, dans leur
esprit, se confond avec le sort des trois royaumes.
Votre sagacité me reprocherait une ridicule et
inutile omission, si j'essayais de dissimuler les
profits accidentels que le commerce des Anglais
peut devoir aux circonstances actuelles. Grâce
aux limites étroites dans lesquelles ils ont resserré les droits du pavillon neutre, je crois que
l'état de guerre leur donne une plus grande part
dans les bénéfices du transport. Je pense aussi
qu'ils se trouvent investis du privilège à peu près
exclusif d'apporter et de vendre à l'Europe des
denrées coloniales. Mais il me semble que ces
avantages sont plus que compensés par les pertes. Le débit le plus intéressant pour l'Angleterre,
c'est celui des objets qui sortent de ses manufactures, et d'où dépend la subsistance de ses nombreux ateliers. Aujourd'hui ces produits sont

repoussés de la majeure partie des marchés de
l'Europe, et tout en admettant la filtration de la
contrebande, il est évident que les profits de ce
trafic clandestin restent infiniment au-dessous
des bénéfices d'un commerce régulier. D'ailleurs
ce calcul manquerait de son premier élément, si
nous ne prenions en considération la dépense
extraordinaire à laquelle la Grande-Bretagne est
forcée par la guerre. Pour déterminer cette somme
d'une manière rigoureuse, il faudrait comparer
la dépense totale de 1792 avec celle de 1804, en
retranchant de celle-ci, d'abord les intérêts de
la dette contractée depuis la première époque,
ensuite une augmentation quelconque qu'il serait raisonnable de supposer dans l'état de paix.
Le temps ne me permettant pas les recherches
nécessaires pour arriver à une précision arithmétique, je suis forcé de me borner à une simple évaluation, et dès lors de m'arrêter fort en
deçà de ce que je crois la réalité. Personne ne
sera tenté de m'accuser d'exagération, si je porte
à 400 millions la dépense que la guerre actuelle
cause annuellement à la Grande-Bretagne. Le
chancelier de l'échiquier, lors de la création de
la taxe sur les revenus, estimait à 280 millions la
totalité des profits du commerce extérieur. Je le
demande à ceux qui prétendent qu'au lieu d'être
restreint, il est augmenté par la guerre actuelle ;
peut-on, même avec cette persuasion, mettre raisonnablement en balance une addition quelconque à ce profit habituel de 288 millions et le total
d'une dépense extraordinaire de 400 millions ?

Vous savez, Messieurs, qu'une partie de la dépense extraordinaire est toujours défrayée par
un accroissement de la dette. C'est encore de
l'opinion des Anglais eux-mêmes que je me pré-
vaudrai en parlant du danger dont cette accumulation les menace. Ils l'ont tellement senti, que
depuis quelques années ils ont voulu l'arrêter en
cherchant dans les impôts une partie de la dépense extraordinaire, et vous avez remarqué,
dans le dernier discours de Sa Majesté britannique,
qu'elle invite son parlement à suivre cette année
la même marche. Je ne doute nullement que la
principale cause de la splendeur de l'Angleterre
ne soit le système de crédit qu'elle adopta dans
les dernières années du XVIIe siècle. Si je ne me
trompe pas sur le rapport qui existe entre son
crédit et sa puissance, ne doit-elle pas trembler
lorsqu'elle voit chaque année ajouter à la dette
publique une surcharge telle qu'elle neutralise
la force de l'amortissement ?

Je dois vous l'avouer, Messieurs, je suis bien
loin de penser comme ceux qui paraissent persuadés que l'Angleterre pourra, lorsqu'elle le
jugera à propos, secouer le fardeau de sa dette,
et se relever ensuite avec toute la vigueur de la
jeunesse. Cette terrible régénération ressemblerait
à la méthode que Médée enseigna aux filles de
Pélias pour rajeunir leur père. La banqueroute
est, en tout pays, une opération désastreuse, qui
enlève à des citoyens leur propriété pour la transférer à ceux qui auraient dû contribuer au paiement du capital et des intérêts de la dette : mais
ce fléau est plus dévastateur encore que partout
ailleurs, là où l'on en est arrivé à un plus haut degré de prospérité, là où la richesse publique tient
surtout à l'industrie et à l'extension du commerce,
là où le trésor national trouve ses principales
ressources dans les contributions indirectes. Certes, le jour où l'Angleterre aurait essuyé cette catastrophe, il n'y aurait plus rien à craindre pour
l'industrie des autres peuples ou pour la liberté
des mers.

Cependant, Messieurs, tandis que les Anglais bravent des chances si redoutables, quels sont, de notre côté, les sacrifices ou les dangers qui peuvent encourager leur opiniâtreté? Nos colonies sont préparées pour une vigoureuse défense; quant au territoire de la métropole, nous n'avons qu'un regret à former : c'est qu'il ne soit pas possible d'espérer que les ennemis viennent y chercher nos braves.

Il est vrai que les circonstances retardent le développement de notre commerce, qui marchait si rapidement vers la prospérité. Nier que la langueur de notre commerce extérieur soit un malheur, ce serait pousserjusqu'au scandale la folie du paradoxe. Loin de moi l'idée d'atténuer l'importance du commerce extérieur, mais j'ose croire qu'on se trompe lorsqu'on lui attribue d'une manière trop exclusive la prospérité d'un État, en négligeant la considération du commerce intérieur. Pour l'Angleterre, dont les relations commerciales sont beaucoup plus vastes et la population bien moindre que celles de la France, le chancelier de l'échiquier, par les mêmes calculs que j'avais l'honneur de vous citer tout à l'heure, établit que le commerce intérieur est au commerce extérieur comme 28 à 12. Cette proportion ne doit-elle pas être bien plus forte encore dans un pays comme le nôtre, où l'agriculture et l'industrie ont la certitude d'approvisionner sans concurrence étrangère, ou au moins avec des privilèges prépondérants, trente-deux millions de consommateurs? Il me semble impossible de révoquer en doute l'amélioration progressive de l'une et de l'autre, et en reconnaissant que l'état passif de notre commerce extérieur contribue à arrêter leur essor, il ne faut pas oublier que la Révolution a dévoré une immense quantité de capitaux ; qu'il en est résulté l'extrême inconvénient du haut prix de l'argent, et que le remède de ce mal ne pouvant venir que de l'accumulation des capitaux, il ne faut pas confondre la lenteur que le temps met à l'opérer avec les circonstances par lesquelles la guerre peut la contrarier.

Les détails que nous venons de parcourir peuvent, ce me semble, se résumer par cette question : Y a-t-il parité de chances entre puissances belligérantes, dont l'une n'a à craindre que l'augmentation moins prompte, et l'autre doit redouter le renversement de la fortune publique?

Les ministres britanniques prétendent corriger cette inégalité par des alliances continentales ; ils comptent sur la vraisemblance ou le succès d'une nouvelle coalition, j'en appelle à l'expérience de la dernière guerre.

Cette considération n'est pas applicable au système de l'Angleterre. Très-sûrement elle pourrait être florissante sans s'attacher à empêcher la prospérité commerciale des autres peuples. Tout annonce cependant que cette confiance manque à elle-même ou à son gouvernement. N'est-ce pas l'inquiétude contraire qui explique ce système, turbulent et oppressif que le cabinet de Saint-James a manifesté fréquemment? Possédant le commerce le plus étendu et la marine la plus nombreuse. il paraît s'être constitué dans son opinion r   teur de la marine et du comm ce des autres pu   Partout où il a   r   ou l'autre faira   .m. il ir   l   it
                     av   e

dont il aurait pu tirer un grand parti contre les colonies de la France et de l'Espagne. C'est encore cette jalouse arrogance qui a dicté les lois sévères et humiliantes que le gouvernement britannique a imposées aux pavillons neutres. Le sentiment des droits de chaque souverain et le progrès des lumières avaient amené dans le cours de la guerre d'Amérique une convention qui assurait l'indépendance des neutres, et qui tendait à adoucir les calamités de la guerre. Ce pacte consolant pour l'humanité, par qui a-t-il été déchiré? par le gouvernement britannique, qui a forcé les puissances dont il avait été l'ouvrage, à rétracter les principes qu'elles-mêmes avaient consacrés. Serait-ce donc pour éterniser cet asservissement que des princes doués de quelque fierté pourraient s'armer à la voix de l'Angleterre?

L'Europe honore d'un respect profond le désir de paix manifesté par celui qu'elle déclare unaniment le plus habile dans la guerre. Les Français accueilleront avec des transports de reconnaissance cette preuve solennelle de préférence que celui qui les gouverne donne au bonheur de son peuple sur la gloire dans les combats. Dans cette circonstance encore, Messieurs, vous serez l'organe fidèle des sentiments de la France, comme à cette époque mémorable où votre vœu appelait au trône ce auguste monarque pour qui l'admiration de la postérité continuera les acclamations des contemporains.

M. Carrion-Nisas. Un ancien sage propose comme l'objet le plus digne de fixer sur la terre les regards du ciel, l'homme de courage luttant contre l'adversité. Il est un spectacle plus beau et plus rare, c'est l'homme héroïque triomphant de la prospérité même.

Une vaste cité était livrée à l'effervescence d'une jubilation tumultueuse : l'air retentissait d'acclamations; l'encens fumait encore dans le temple; l'huile sainte venait de couler des mains du pontife des pontifes, image visible du chef invisible de l'Église éternelle; les riches et les puissants, les forts et les sages, appelés de tous les points de l'Empire, avaient donné le signal des hommages et du respect aux étrangers accourus de toutes les parties du monde; l'élite d'une nation généreuse s'était inclinée devant le monarque de son choix.

Celui-ci respirait à peine du poids de ses ornements augustes, à peine il déposait le sceptre, la pourpre et le bandeau des rois, et son épée toujours victorieuse; seul inaccessible à l'ivresse universelle, les premiers instants de calme et de recueillement qui lui sont laissés, il ne les donne point aux projets d'orgueil et de conquêtes, il les consacre à des pensées de modération et de paix, et bientôt il trace ces lignes immortelles qui le recommanderont à la postérité autant que la mémoire de Lodi et de Marengo.

Le souvenir du peu de succès d'une première démarche ne retient point sa main; il immole avec joie un amour-propre excusable, mais vulgaire, à une gloire qui ne peut appartenir qu'à lui.

Poursuis, monarque magnanime, tes ennemis ne t'entendent point encore, mais la postérité jugera entre eux et toi; mais ton peuple t'entend, ton peuple dont l'obéissance éclairée fait ta force, et qui, dans ce moment, pèse avec reconnaissance chacune de ces paroles où tu fais briller l'humanité de tout l'éclat d'une raison supérieure.
.   mis servi de ses propres expressions, et
     i à les répéter : *Appelé au trône par la*
     v *et par les suffrages du Sénat, du peu-*

ple et de l'armée, mon premier sentiment est un vœu de paix.

Voilà ce qu'il faut graver sur l'airain, pour servir, comme il l'a dit lui-même, *d'exemple* ou de *reproche* à la postérité des rois et aux générations futures.

Mais ne se mêle-t-il pas à son insu, dans ce noble mouvement de son cœur, quelque désir moins sublime de jouir sans trouble des délices du trône? Non, ce sont de plus grandes affections qui le frappent; il les explique: *La France et l'Angleterre usent*, dit-il, *leur prospérité*. Voilà la connaissance de la vérité, que si souvent les princes ignorent; *elles peuvent*, ajoute-t-il, *lutter des siècles;* voilà le coupd'œil du génie qui embrasse et mesure les ressources de son adversaire comme les siennes.

Mais, se demande-t-il, et le gouvernement anglais qui n'oserait se faire cette question; n'osant point y répondre, *les gouvernements remplissent-ils bien le plus sacré de leur devoir? Tant de sang versé inutilement!... Ne les accusera-t-il pas dans leur propre conscience?* L'EMPEREUR DES FRANÇAIS ne craint point d'interroger la sienne; il est homme quand il est monarque; car avant d'être monarque il a été grand homme.

Un prince ordinaire redouterait toute espèce d'avance avec une orgueilleuse timidité; tel n'est point son langage.

Il n'attache aucun déshonneur à faire le premier pas. Mais ce n'est point au hasard ni par aucune faiblesse que ces avances lui échappent; il sait sa force; il sait tout le prix des sacrifices qu'il s'impose.

Il a assez prouvé au monde qu'il ne craint aucune des chances de la guerre. La paix est le vœu de son cœur; mais la guerre n'a jamais été contraire à sa gloire. Oh! que ce regret, oh! que ce soupir échappé vers la gloire, peint bien l'âme et le caractère! Mais comme le monarque triomphe du héros, comme il détourne les yeux de ces phalanges belliqueuses qui ne lui demandent que le signal, comme il étouffe ce mouvement de l'homme: *Je conjure Votre Majesté de ne pas se refuser à donner elle-même la paix au monde;* oui, au monde; ce n'est point une exagération, c'est l'objet dans sa discussion véritable: enflammé par un si noble but, il insiste: *Que Votre Majesté ne laisse pas cette douce satisfaction à ses enfants.* Comme ces paroles doivent ouvrir l'âme du monarque et remuer les entrailles du père, en lui rappelant les bénédictions dont la Providence l'a comblé! comme ce langage doit le disposer à écouter la sagesse, *à faire taire toutes les passions!* Eh! quelles passions haineuses et cruelles ne faut-il pas nourrir, en effet, pour éloigner opiniâtrement le terme d'une guerre que le plus grand homme de guerre du siècle, chef du peuple le plus belliqueux, mais vivement animé du désir de la paix, n'aurait pas même le pouvoir de terminer!

Cependant, quelles armes, quelles phalanges, ou plutôt quelles nations prétendez-vous lui opposer? Il sait ce que vous pouvez et où s'arrête votre puissance.

Espérez-vous encore soulever et ensanglanter le continent?

De quel côté s'allumera l'incendie que vous méditez?

Je ne pourrais, sans blasphémer la sainteté des alliances loyales, prononcer seulement le nom auguste des potentats de Vienne et de Berlin, des principaux souverains de la Germanie.

Je n'arrêterai mes regards sur la Baltique que pour y saluer la sagesse, le courage, la fidélité des braves Danois.

Comptent-ils donc sur la Russie, dont le roi et le ministre affectent de répéter le nom? Aucun souvenir ne détournera-t-il le souverain de cette vaste contrée, adossée au pôle, du projet de promener encore sur des lignes d'opérations si longues et si pénibles des armées inutilement braves que tous les hôpitaux de l'Europe disputent aux champs de bataille?

Le jeune et vertueux Alexandre, nourri des plus saines leçons de la philosophie, n'a-t-il donc plus, sous son illimitée domination, de marais et de landes à défricher, de ports à creuser et de fleuves à rendre navigables? N'a-t-il plus de villes à bâtir, de provinces, d'États à peupler, de peuples entiers à former et à civiliser? N'a-t-il pas une industrie nationale à défendre du monopole britannique, une marine à protéger contre le despotisme des mers?

Quand il dépend de lui de faire le bonheur de la moitié de l'Europe, voudra-t-il troubler sans fruit l'autre moitié? Non, sans doute, et si sa jeune âme est impatiente du repos et affamée de la gloire des conquérants, est-ce vers Paris que les grandes ombres de Pierre et de Catherine lui montrent son chemin?

Évanouissez-vous et cessez de briller aux yeux de l'Angleterre comme un météore sinistre, espoir insensé de troubler le continent!

Croyons-en donc Napoléon et ses oracles: le continent restera tranquille. Mais quoi! c'est dans notre sein peut-être qu'on espère rallumer les feux de la guerre intestine, remettre en fermentation les éléments des discordes civiles.

Perturbateurs, vos souvenirs vous trompent! Où sont les ennemis intérieurs? Où sont les factieux? Où sont les mécontents?

Que voudraient-ils, que pourraient-ils vouloir? Les plaies sont trop récentes, les souvenirs trop douloureux; vous avez beau, pour quelques instants encore, décliner la reconnaissance du nouveau titre, du nouveau pouvoir que les Français ont constitué, vous n'ébranlerez pas ce grand arbre qu'ils ont planté de leurs mains victorieuses. Ce n'est qu'à son ombrage qu'ils veulent se reposer.

N'affectez plus un langage équivoque ni des expressions qui ont l'air de s'adresser à telle ou telle faction, à telle ou telle secte; il n'y a plus plus; ne vous fatiguez pas à chercher des complices au milieu de nous; il n'y a plus en France qu'un peuple et un monarque; prenez votre parti, et n'éludez pas plus longtemps cette question que vous adressent le génie, la loyauté et le courage.

Pensez-vous enfin que le monde soit assez grand pour que nos deux nations puissent y vivre?

Vous n'avez garde de répondre franchement à cette interpellation, et vous triomphez peut-être d'avoir opposé au langage animé et pénétrant de la plus noble franchise, la contexture pénible et le triste embarras d'une aride et évasive réponse, qui certes ne soutiendra le parallèle ni aux yeux de la raison ni à ceux de la bonne foi.

Laissons donc au temps à dévoiler les obscurités officielles de cette dépêche insignifiante.

Ce qui n'est pas moins officiel, et ce qui est bien plus clair, bien plus propre à nous faire connaître la position de nos ennemis, et par conséquent la nôtre, c'est le discours du monarque anglais à l'ouverture de son parlement.

Les traits, les expressions de ce discours sont remarquables et utiles à recueillir. Il n'y est question que de *zèle, de discipline, d'efforts continuels pour la défense du pays ; c'est un danger envisagé avec résolution : plus loin, une sûreté maintenue par une persévérance inébranlable et une activité sans relâche. Ce sont encore des fardeaux additionnels exigés par le service public, des exertions vigoureuses pour la sûreté future, une anxiété nécessaire pour le soutien du crédit public et pour restreindre autant que possible l'accumulation de la dette nationale.*

Voilà donc la position de cet ennemi superbe, et qui reçoit si négligemment nos ouvertures de paix, qui a l'air de douter si en effet nos deux nations peuvent cohabiter le globe. Il va peut-être assumer l'effroyable responsabilité d'une réponse négative. Étrange aveuglement ! ils méditent l'embrasement du continent ; que dis-je ! l'asservissement du monde, et leurs propres foyers sont en péril, de leur aveu.

Tandis que, sans crainte d'être contredits, nous pouvons proclamer la France impérissable, osent-ils se déclarer invincibles?

Au contraire, ils s'avouent réduits à veiller avec une inquiétude et une agitation perpétuelle derrière le retranchement mobile des flots, et à ne reposer que sous la garde des tempêtes.

Comment et à quel prix cet état inouï pourra-t-il durer? Ces armées resteront-elles complètes, ou ces ateliers demeureront-ils déserts? Point de milieu; car ce nombre de soldats, bien qu'il n'épuise toutes les ressources du territoire, et trompe toutes les espérances de l'industrie; suffit à peine pour garder tant de points contre tant et de si grands dangers : point de milieu; donc il faut bientôt que cette multitude insuffisante soit tout à fait ou peuple ou soldats. Peuple, il n'y a plus de soldats; soldats, il n'y a plus de peuple!

Dans quelle position plus favorable à nos intérêts pourrions-nous placer l'obstination de notre ennemi?

Aggravons cet état, et gardons-nous de le changer.

Que, s'il le faut, tous les points, tous les ports de l'Europe obéissent à l'intérêt général de ses souverains! que l'eau et le feu soient interdits sur le continent à ces turbulents insulaires! que le vaste marché de l'Europe leur soit fermé! que, promenant d'un monde à l'autre une richesse inutile, ils restent comme exilés sur les mers, ou qu'ils ne puissent toucher la terre sans y trouver des ennemis! Telle est la loi que leur opiniâtreté prolongée imposera, plus tôt qu'ils ne le pensent, à l'Europe entière.

Je sais que l'arbitre de nos résolutions politiques répugne à ce dénouement, que la modération préside à tous ses conseils.

Je sais que les cabinets doivent cultiver avec scrupule les moindres espérances des peuples, et quelquefois taire leurs plus justes ressentiments; mais la tribune est libre; jamais elle n'en a vu indignation ni affaiblir le langage et le sentiment de leur force.

Puisse le ciel écarter de l'Europe le fléau terrible de cette nécessité! Puisse-t-il desseller les yeux de cet ennemi présomptueux et aveugle, à qui on ne demande que de reconnaître enfin qu'il peut cohabiter avec nous le globe.

Mais encore une fois, s'il le faut, nous, organes du peuple, toujours dignes de sa confiance, assurés de l'estime de nos concitoyens, par le témoignage de leur bouche, et mieux encore par celui de notre propre cœur, c'est à nous d'élever vers le trône une voix ferme, et qui ne sera point démentie.

Lorsque le héros qui l'occupe assurait solennellement chacun de nous de sa *bienveillance* (paroles douces à nos cœurs), nous venions de lui promettre l'aide de toute notre influence; elle sera toujours puissante auprès de tous les bons citoyens. Elle serait inutile dans cette cause, et nous pouvons déclarer d'avance au monarque, au général, au négociateur, à celui qui est tout pour la France, et pour qui la France est tout, que de même qu'aucun sacrifice, aucun soin, aucune démarche ne lui coûte pour assurer le bonheur et la paix à la France, de même aucun effort ne coûtera à la France pour lui assurer la victoire.

Le peuple français, de tout temps renommé pour sa franchise et pour sa loyauté, se félicite surtout d'avoir élevé un prince dont les démarches sont si conformes au caractère national, dont les paroles, les pensées, les actions, toujours en harmonie, rendent un constant et glorieux témoignage à cette vertueuse maxime d'un de ses prédécesseurs, qui disait que *si la bonne foi était bannie du reste de la terre, elle devrait se retrouver encore dans la bouche et dans le cœur des rois.*

L'orateur appuie le projet d'adresse.

M. **Curée.** Messieurs, le message qui vous a été adressé dans la séance du 15 de ce mois est de nature à fixer éminemment l'attention de l'Europe, à exciter de plus en plus parmi nous l'énergie nationale, et à assurer à l'Empereur un nouveau droit à la reconnaissance des peuples.

Au milieu des acclamations qui accompagnèrent le couronnement, Sa Majesté avait pensé qu'elle ne pouvait mieux répondre aux vœux et aux espérances dont elle était l'objet, qu'en exprimant de son côté en cette occasion mémorable le vœu de la paix, et qu'en l'adressant au roi d'Angleterre lui-même.

La lettre qui constate cette honorable démarche présente, soit dans ses motifs, soit dans son expression, un caractère de grandeur vraiment antique ; elle se ressent de la sublimité des circonstances qui l'ont inspirée : elle est digne de remplir une des pages de notre histoire, laquelle recommence à l'époque où une nouvelle dynastie vient prendre place.

Le premier acte du nouveau règne sera donc glorieusement marqué par une ouverture de pacification. Ce que le général victorieux, ce que le Premier Consul avait fait autrefois, l'Empereur n'a pas craint aujourd'hui d'en renouveler l'exemple.

Quelle a été la réponse du roi d'Angleterre aux paroles de paix qui lui ont été portées? Son ministre a répondu pour lui en se renfermant dans des expressions vagues sur une déclaration positive sur le dessein où il est d'en référer préalablement aux puissances continentales, faisant sonner bien haut de prétendus dangers qu'il craint pour ces puissances.

Ainsi, Messieurs, le cabinet anglais se déclare l'arbitre de l'Europe ; il veille pour la sûreté et l'indépendance de tous les États. Mais quoi ! les événements qui sont encore sous nos yeux, et que l'histoire fera retentir dans tous les siècles, ne viennent-ils pas démontrer que l'influence anglaise a été funeste à tous les gouvernements qui s'y sont laissé entraîner ; qu'elle a bien pu les pousser à la guerre, mais qu'elle n'a pu les soutenir dans les revers et les malheurs de la guerre; que ce cabinet n'a jamais eu ni flotte ni armée pour secourir des alliés qu'il voyait sur le point de succomber; qu'il a pris le parti de ne plus combattre sur le continent que par des complots, des machinations et des attentats inouïs jusqu'à ce jour parmi les peuples civilisés ; qu'au reste, si l'Angleterre, afin de maintenir son empire maritime et son monopole commercial, a besoin des divisions de l'Europe, il est vrai de dire, de l'autre côté, que l'Europe n'a pas moins besoin de la paix et du repos, afin de guérir les plaies qu'on a faites à sa population et à son agriculture, les divisions funestes que l'on voudrait, ou entretenir, ou renouveler, et toujours en haine du nom français ; qu'enfin il peut être facile, au moyen de la corruption et de la calomnie, de former des intrigues dans différents cabinets ; mais qu'avec tout cela il sera difficile de renouer une coalition qui vient de se dissoudre au milieu des revers, et après avoir ébranlé toutes les puissances qui s'y étaient engagées. Et contre qui serait dirigée cette alliance hostile? Serait-ce contre l'Empereur des Français ? Mais tous les gouvernements européens sont trop éclairés pour ne pas reconnaître qu'ils lui ont une immense obligation, qui consiste en ce qu'il est venu à bout de calmer un grand peuple qu'il avait eu, dans de fatales conjonctures, l'imprudence d'irriter, et qui, livré dès lors à des mouvements aussi irréguliers qu'ils étaient impétueux, qu'ils furent nécessaires en certaine crise, aurait fini peut-être par bouleverser toutes les bases de l'état actuel de l'Europe, si la main également habile et ferme du Premier Consul ne l'eût ramené à un équilibre civil et politique que l'Empereur saura bien maintenir, et cela pour la gloire de son règne, pour le bonheur de la France et pour la tranquillité de l'Europe.

C'est donc en vain que le cabinet de Saint-James, par l'insinuation perfide d'un prétendu concert avec les puissances du continent, voudrait se faire regarder comme le mobile d'une nouvelle coalition. Si cette coalition, ce qu'il est absurde de supposer, pouvait avoir même un commencement d'existence, l'Empereur aurait bientôt trouvé dans l'énergie de la nation, dans le courage des armées, dans le dévouement de tous les corps de l'État, et enfin dans son puissant génie, les moyens de la dissoudre avant qu'elle eût pu ou se relever ou se mettre en défense.

Mais non : malgré tous les efforts du cabinet anglais, la paix continentale sera affermie, et le sera par le seul concours des grandes puissances du continent ; en sorte que, d'après la pente irrésistible des choses, on verra bientôt ce gouvernement, ennemi-né de toute prospérité qui n'est pas la prospérité anglaise, réduit ou vaincu dans ses prétentions ; par conséquent la liberté des mers affermie et l'indépendance de tous les pavillons reconnue.

Je vote pour l'adoption du projet présenté par la commission.

M. **Pictet.** Messieurs, transportez-vous en imagination à ce premier jour d'une année qui commençait sous d'heureux auspices ; à ce jour où l'Empereur Napoléon, déjà fermement assis sur le trône où l'avait porté notre vœu répété par la nation tout entière, seul avec sa conscience, inspiré par son bon génie, par l'ange de la paix, écrivait à son ennemi la lettre que vous avez entendue, cette lettre mémorable dans les annales de l'humanité.

Assez grand, assez fort, pour qu'on ne puisse ni calomnier ses motifs, ni s'y méprendre ; de cette même main qui a cueilli tant de lauriers, il offre encore une fois l'olive de la paix : et pour s'assurer qu'aucun des caractères de son dévouement ne sera dénaturé par des intermédiaires, il

sort des formes communes de la diplomatie et veut arriver droit à la personne, et, s'il est possible, au cœur du monarque qu'il appelle son frère, qu'il voudrait toucher et dompter.

Les ministres de Sa Majesté britannique, étonnés, confondus, blessés peut-être d'une démarche qui les écartait des avenues qu'ils gardent avec des précautions jalouses, ont dû chercher à gagner du temps, à recouvrer cette initiative, cette influence qui leur échappait ; et ils ont probablement inspiré à leur souverain des craintes qu'une accession trop prompte de sa part à des ouvertures imprévues, qu'il recevait sous une forme inusitée, ne le détachât d'une grande puissance du continent qu'il a de l'intérêt à ménager : le prétexte était à peine spécieux, le rapporteur de la commission vous a démontré qu'il était faux ; mais ils l'ont fait valoir comme ils ont pu dans la réponse qu'ils ont dictée et dans la communication faite au parlement par l'organe du roi.

Peut-être enfin quelques doutes sur l'assiette actuelle de l'Empire français et de son Gouvernement, doutes que l'ignorance pouvait faire naître et la malveillance accréditer, ont-ils contribué à motiver, dans les conseils de S. M. britannique, la réponse dilatoire dont vous avez connaissance. Car, parmi les fatalités attachées à l'état de guerre, il en est une que dans cette époque nous avons surtout à déplorer: c'est ce voile épais que l'interruption des relations ordinaires jette sur toutes les circonstances intérieures et particulières de chacune des nations belligérantes : leur situation véritable leur est réciproquement cachée ; cependant les préventions, les passions haineuses s'élèvent dans ces ténèbres, elles fermentent, elles donnent à l'horizon politique une teinte sombre, de fausses couleurs.

Ainsi, par patriotisme, on se fait réciproquement le plus de mal qu'on peut ; on se bat parce qu'on se déteste ; on se déteste parce qu'on se bat ; alternativement l'effet devient cause ; et si les forces sont à peu près égales, si des obstacles naturels éloignent la possibilité d'une lutte corps à corps, un tel état de choses ne peut finir que par quelque grande catastrophe, ou par un acte de dévouement tel que celui dont Sa Majesté vient de donner l'exemple.

Dans une circonstance où jamais la vérité ne fut plus importante à découvrir, si par une supposition que les événements récents mettent dans l'ordre des possibles, et le gouvernement anglais poussant des émissaires qui l'ont trompé et qui espèrent le tromper encore, cherchait de bonne foi à se procurer des données certaines sur la situation intérieure de l'Empire français ; s'il obtenait du chef de cet Empire la permission d'envoyer à Paris, pour quelques jours seulement, un homme calme, clairvoyant et probe, son rapport changerait, je n'en doutons pas, toutes les idées des ministres et leur langage.

J'ai vu, leur dirait-il, la tranquillité la plus profonde régner, soit dans les parties de ce vaste Empire que j'ai traversées, soit dans la capitale. Toutes les principales autorités civiles et militaires, invitées aux cérémonies du couronnement, avaient quitté pendant un mois les chefs-lieux de l'administration sans que cette tranquillité eût été un instant troublée ; j'ai vu les autels relevés, la religion honorée ; j'ai vu, avec envie, que les cultes divers qu'elle inspire étaient non-seulement tolérés, mais également protégés par l'autorité suprême ; j'ai vu tous les symptômes d'une bonne administration dans les finances, d'un accord parfait entre les corps constitués ; j'ai retrouvé la capitale embellie par des quais, des rues, des édifices qui s'élèvent dans tous ses quartiers; j'ai vu près du monarque encore une cour brillante et nombreuse, composée de fonctionnaires civils, militaires et ecclésiastiques. Tous ces individus étaient animés des mêmes sentiments, d'un amour ardent pour leur patrie et d'une reconnaissance mêlée d'admiration pour le souverain qu'ils entouraient, pour l'homme qui a rendu la France à elle-même; et à la plus belle des monarchies, un chef digne d'elle. Tel serait, Messieurs, le langage de cet envoyé. Ecoutez celui de notre monarque.

« La paix, dit-il dans cette lettre qu'on n'a ja-
« mais assez relue et méditée, la paix est le vœu
« de mon cœur..... Il n'y eut jamais de plus belle
« circonstance ni de moment plus favorable pour
« faire taire toutes les passions et écouter uni-
« quement le sentiment de l'humanité et de la
« raison..... Je conjure V. M. de ne pas se refuser
« au bonheur de donner elle-même la paix au
« monde. » Telles sont les expressions touchantes et sublimes que traçait naguère la plume de notre souverain.

On lui répond « qu'il n'y a aucun objet que
« S. M. britannique ait plus à cœur que de saisir
« la première occasion de procurer de nouveau
« à ses sujets les avantages d'une paix fondée
« sur des bases qui ne soient pas incompatibles
« avec la sûreté permanente et les intérêts essen-
« tiels de ses États..... » Prenons acte, mes collègues, de ces deux déclarations faites à la face de l'Europe par deux têtes couronnées; ne considérons pas encore comme une évasion la clause dilatoire qui accompagne celle du roi d'Angleterre; ne nous refusons pas à admettre qu'elle a tenu à l'embarras de la circonstance, et qu'elle tendra peut-être à consolider la paix qu'elle retarde. Certes, l'espérance de cette paix est trop belle, elle a été trop rare, elle le sera trop peut-être dans l'avenir, pour qu'au nom des deux grands peuples à qui cette espérance vient d'être montrée, au nom de l'humanité qui gémit, loin de laisser éteindre faute d'aliment un flambeau qui luit encore, ou de le faire disparaître par un souffle inconsidéré, nous ne cherchions pas à entretenir sa lumière bienfaisante.

Je crois que les pièces officielles qui nous ont été communiquées laissent l'espérance légitime que la porte que Sa Majesté vient d'ouvrir par un noble effort, aux négociations pacifiques, n'a point été refermée, et que tenir à cette tribune le langage de la paix, c'est y parler en sujet qui veut la gloire de son prince et le bien de son pays.

Je crois que ces négociations n'auront d'issue utile et permanente que lorsqu'elles reposeront sur le principe de la liberté des mers et du commerce.

Je vote de cœur et d'âme l'adresse de remerciements à S. M. l'Empereur. Il nous donnera la paix, car il veut nous la donner.

Si, contre mon attente et ma plus chère espérance, il faut combattre encore, Napoléon sait ce que peut la France; son ennemi ne le sait pas.

Le **Président**. Je mets aux voix le projet présenté par la commission. Ce projet est adopté à l'unanimité.

Le Tribunat se forme en conférence particulière pour entendre la lecture de l'adresse à Sa Majesté l'Empereur.

La séance publique est levée.

CORPS LÉGISLATIF.

PRÉSIDENCE DE M. FONTANES.

Séance du 20 pluviôse an XIII (samedi 9 février 1805).

Le procès-verbal de la séance d'hier est adopté.

M. Baraillon, membre du Corps législatif, écrit que l'indisposition qui le retient depuis longtemps dans le département de la Creuse, l'empêche de se rendre à son poste pendant cette session.

MM. Regnauld (*de Saint-Jean-d'Angély*) et Miot, conseillers d'Etat, sont introduits.

M. **Regnauld** (*de Saint-Jean-d'Angély*) présente un *projet de loi relatif à des acquisitions, aliénations, concessions, échanges et impositions extraordinaires par des communes et des hospices.* En voici le texte et l'exposé des motifs.

Messieurs, le projet de loi que nous vous présentons aujourd'hui est en tout semblable à ceux qui vous ont déjà été soumis sur des objets d'intérêt communal; il a été rédigé dans la même forme, dans les mêmes principes et avec la même vigilance par la section de l'intérieur du Conseil d'État; il ne me reste donc qu'à vous indiquer les noms des villes où doivent se former les transactions ou les établissements demandés.

PROJET DE LOI.

TITRE PREMIER.

Aliénations.

Art. 1er. *Commune de Bourg (Ain).* Le maire de Bourg, département de l'Ain, est autorisé à vendre, dans la forme usitée pour la vente des domaines nationaux, deux écuries appartenant à ladite commune, et dont l'estimation est portée à la somme de 3,087 francs, suivant le procès-verbal du 18 germinal an XII.

La première mise à prix sera du montant de l'estimation.

Art. 2. *Commune de Challeranges. (Ardennes).* Le maire de Challeranges, département des Ardennes, est autorisé à vendre au sieur Damourette un are dix centiares de terrain communal, attenant à sa propriété, moyennant la somme de 30 francs, suivant l'estimation portée au procès-verbal du 6 messidor an XI, et à la charge par le sieur Damourette d'entretenir à ses frais la levée qu'il doit construire sur la longueur dudit terrain.

Art. 3. *Commune de La Bastide de Seron (Ariége).* Le maire de La Bastide de Seron, département de l'Ariége, est autorisé à vendre au sieur Michel un terrain communal, contenant 6 ares 86 centiares, attenant à un champ appartenant audit sieur Michel, moyennant la somme de 140 francs, suivant l'estimation portée au procès-verbal du 28 nivôse an XII.

Art. 4. *Commune de Pléaux (Cantal).* Le maire de Pléaux, département du Cantal, est autorisé à vendre, dans la forme prescrite pour l'aliénation des domaines nationaux, et en lots différents, 1° 3 hectares 98 ares un quart de marais communal, estimés 4,000 francs; 2° 50 ares de terrain, estimés 80 francs; 3° un terrain où était la chapelle de Saint-Jean, qui tombe en ruines, et un cimetière fermé depuis plus dix ans : ledit terrain évalué, non compris les matériaux de ladite chapelle, à la somme de 850 francs; le tout, suivant procès-verbal du 29 pluviôse an XII.

La première mise à prix sera du montant de l'estimation, et le produit de la vente sera employé par la commune à payer ce qu'elle doit au trésor public, pour l'acquit de l'enclos des ci-devant Carmes.

Art. 5. *Partie du bâtiment des Capucins de Lille (Nord).* Le préfet du département du Nord est autorisé à aliéner au sieur Dumont, demeurant à Lille, moyennant la somme de 9,860 francs, prix qu'il s'est soumis à payer, par acte du 19 brumaire dernier, la portion du bâtiment du ci-devant couvent des Capucins de la ville de Lille, désignée au procès-verbal d'expertise qui en a été dressé le 29 thermidor an XII et jours suivants, et lavée en rouge sur le plan annexé à ce procès-verbal, lequel a été approuvé par arrêté dudit préfet, du 20 fractidor suivant ; et en outre, aux charges, classes et conditions exprimées dans lesdits procès-verbal et arrêté du préfet, qui, ainsi que le plan et la soumission dudit sieur Dumont, demeureront annexés à la minute du contrat de vente.

Art. 6. *Moulin national à Blaid (Rhin-et-Moselle).* Le préfet du département de Rhin-et-Moselle est autorisé à vendre, moyennant la somme de 3,542 francs, montant de l'estimation qui en a été faite par experts, le 13 thermidor an XII, et dont expédition demeurera annexée à la minute de la présente loi, au sieur Nolden, fabricant à Blaid, un moulin national, situé dans ce lieu, et enclavé dans les propriétés dudit sieur Nolden, à la charge par lui de payer ladite somme de 3,540 fr. aussitôt que l'acte de vente lui aura été consenti ; et en outre d'acquitter les droits d'enregistrement, et tous frais auxquels cette vente pourra donner lieu, et autres aussi d'entretenir le bail actuel dudit moulin, si mieux il n'aime indemniser le fermier, conformément aux lois.

Art. 7. *Moulin provenant du ci-devant couvent de Brottenbroich (Roër).* Le préfet du département de la Roër est autorisé à aliéner au sieur Reinecker, propriétaire à Kerpen, un moulin national provenant du ci-devant couvent de Brottenbroich, moyennant la somme de 3,876 francs, montant de l'estimation contradictoire qui en a été faite par procès-verbal des 19 et 20 thermidor an XII, lequel demeurera annexé au contrat de vente ; et à la charge expresse de payer cette somme, ainsi que les droits d'enregistrement et frais de vente, immédiatement après la signature dudit contrat ; d'indemniser le fermier de cette usine, de manière à prévenir de sa part toute réclamation contre la demande, et de ne pouvoir employer ledit moulin, ainsi qu'il s'y est obligé, qu'à moudre des drogues et épices fines.

Art. 8. *Communes de Blassans et Blassangeaux (Doubs).* Les maires des communes de Blassans et de Blassangeaux, département du Doubs, sont autorisés à vendre au sieur Girardot un terrain indivis entre lesdites communes, contenant 18 mètres de long sur 11 mètres de large, moyennant la somme de 100 francs, suivant l'estimation portée au procès-verbal du 1er ventôse an XII.

Art. 9. *Commune de Longevelle (Doubs).* Le maire de Longevelle, département du Doubs, est autorisé à vendre au sieur Guillot un terrain communal contenant 40 centiares, moyennant la somme de 24 francs, suivant l'estimation portée au procès-verbal du 30 pluviôse an XII.

Art. 10. *Commune de Pierrelatte (Drôme).* Le maire de Pierrelatte, département de la Drôme, est autorisé à vendre, dans la forme prescrite pour l'aliénation des domaines nationaux, et en différents lots, trente-une parties de terrains communaux, contenant ensemble 10,576 mètres carrés, et une maison tombant en ruines, le tout estimé 13,237 fr. 50 cent., suivant procès-verbal du 25 fructidor an IX.

La première mise à prix de chacun des objets que la commune se propose de vendre, sera du montant de son estimation.

Le produit desdites ventes sera employé, jusqu'à due concurrence, aux réparations à faire à diverses propriétés communales, conformément au devis du 23 ventôse an XII ; le surplus de ce produit sera versé à la caisse d'amortissement, qui le tiendra à la disposition de ladite commune.

Art. 11. *Commune de Machtum (Forêts).* Le maire de Machtum, département des Forêts, est autorisé à vendre au sieur Brahy un terrain communal contenant 30 ares 3 centiares, moyennant la somme de 220 francs, suivant l'estimation portée au procès-verbal du 30 pluviôse an XII.

Art. 12. *Commune de Cazères (Haute-Garonne.)* Le maire de Cazères, département de la Haute-Garonne, est autorisé à vendre, dans la forme prescrite pour l'aliénation des domaines nationaux :

1° La maison communale dite *la Prison,* estimée 1,170 francs ;

2° La maison communale actuelle, estimée 786 francs ;

3° Un terrain contenant 60 mètres carrés, estimé 120 francs ;

Et 4° Un emplacement contenant, en trois parties, 177 mètres carrés, et évalué à la somme de 85 francs.

La première mise à prix sera du montant de l'estimation, et le produit de la vente sera employé à la construction d'une maison destinée à recevoir tous les établissements publics de la commune.

Art. 13. *Commune de Coudures (Landes).* Le maire de Coudures, département des Landes, est autorisé à vendre, dans la forme prescrite pour l'aliénation des domaines nationaux, et en lots différents, dix sept parties de terrains communaux, contenant ensemble 10 hectares 56 ares 95 centiares, et estimés 7,261 fr. 83 cent., suivant procès-verbal du 3 floréal an XI.

La première mise à prix de chacun desdits terrains sera du montant de son estimation, et le produit de la vente sera employé à la reconstruction de la halle de ladite commune.

Art. 14. *Commune de Castera (Gers).* Le maire de Castera, département du Gers, est autorisé à vendre, dans la forme prescrite pour l'aliénation des domaines nationaux, et en différents lots, sept parties de terrains communaux, contenant ensemble 5 hectares 47 ares, et estimés 1,015 francs, suivant procès-verbal du 21 frimaire an XI. Le produit de cette vente sera employé aux réparations à faire aux ponts de ladite commune.

Art. 15. *Commune de Dôle (Jura).* Le maire de Dôle, département du Jura, est autorisé à vendre, dans les formes prescrites pour l'aliénation des domaines nationaux :

1° Le corps de garde et dépendances de la porte de Besançon, estimé 4,000 francs ;

2° Une maison communale, située rue du Vieux-Marché, estimée 4,000 francs ;

3° Une autre maison, située rue de Paris, estimée pareillement 4,000 francs ;

Et 4° L'ancien Hôtel-de-Ville, estimé 12,000 francs.

Le tout suivant quatre procès-verbaux du même jour, 1er germinal an XI.

La mise à prix de chacune de ces propriétés sera du montant de l'estimation, et le produit de la vente sera employé à différentes constructions et réparations énoncées dans la délibération du conseil municipal, du 24 pluviôse an XII.

Art. 16. *Commune de Saint-Lupicin (Jura).* Le maire de Saint-Lupicin, département du Jura, est autorisé à vendre, dans la forme prescrite pour l'aliénation des domaines nationaux, et en différents lots :

1° Un terrain communal contenant 14 mètres carrés, estimé 35 francs ;

2° Un autre terrain contenant 20 mètres de long sur 14 de large, estimé 40 francs ;

3° Un autre terrain contenant 14 mètres carrés, estimé 20 francs ;

4° Un autre terrain contenant 98 mètres de long sur 14 de large, estimé 30 francs ;

Et 5° Une portion de terrain contenant 15 mètres carrés, estimée 20 francs.

Le tout suivant procès-verbal du 10 floréal an XI.

La première mise à prix sera du montant de l'estimation, et le produit de la vente sera employé à la construction d'une fontaine.

Art. 17. *Commune de Benoistville (Manche).* Le maire de Benoistville, département de la Manche, est autorisé à vendre au sieur Langlois un terrain communal de 2 ares, moyennant la somme de 48 francs, suivant l'estimation portée au procès-verbal du 28 pluviôse an XI.

Art. 18. *Commune de Saint-Jean de Dayes (Manche).* Le maire de Saint-Jean de Dayes, département de la Manche, est autorisé à vendre, dans les formes prescrites pour l'aliénation des domaines nationaux, et en différents lots, un terrain communal au lieu dit *du Ferrage,* divisé en vingt-cinq parties, contenant ensemble 3 hectares 41 ares, et estimé 1,620 francs, suivant procès-verbal du 16 frimaire an XII ; le produit de la vente sera employé à la construction d'une halle.

Art. 19. *Commune de Château-Chinon (Nièvre).* Le maire de Château-Chinon, département de la Nièvre, est autorisé à vendre, dans la forme prescrite pour l'aliénation des domaines nationaux, et en différents lots, 180 hectares de terrains communaux, estimés 26,815 fr., suivant procès-verbal des 5 et 6 fructidor an XI.

La première mise à prix de chacun desdits lots sera du montant de son estimation, et le produit de la vente sera employé, tant à l'acquisition, pour le prix de 10,000 francs, d'une maison appartenant au sieur Paumier-Ducoudray, estimée 11,000 francs, suivant procès-verbal du 8 thermidor an XI, qu'aux travaux à faire à ladite maison, pour y placer la sous-préfecture et autres établissements publics.

Art. 20. *Commune de Senlis (Oise).* Le maire de Senlis, département de l'Oise, est autorisé à vendre au sieur Legrand une pièce de pré contenant 100 ares 35 centiares, moyennant la somme de 1,803 fr. 35 cent., suivant l'estimation portée au procès-verbal du 29 frimaire an XII.

Art. 21. *Commune de Pardies (Basses-Pyrénées).* Le maire de Pardies, département des Basses-Pyrénées, est autorisé à vendre, dans la forme prescrite pour l'aliénation des domaines nationaux, et en plusieurs lots, diverses parties de terrain communal incultes, désignées au procès-verbal du 11 ventôse an X, et estimées 1,200 francs.

La première mise à prix sera du montant de l'estimation, et le produit de cette vente sera employé à réparer la maison commune.

Art. 22. *Commune d'Aas (Basses-Pyrénées).* Le maire de la commune d'Aas, département des Basses-Pyrénées, est autorisé à vendre, en six lots, et à l'enchère, devant le sous-préfet de l'arrondissement d'Oléron, les bâtiments destinés aux services des eaux bonnes, appartenant à ladite commune, lesquels bâtiments sont désignés dans les rapports et plans dressés par ordre du préfet, comme formant les 2, 3, 4, 5, 6 et 7e lots.

Le prix provenant de la vente de ces bâtiments sera employé à rétablir et mettre en bon état les sources, bains, douches et le bâtiment formant le premier lot, qui sera réservé comme propriété de la commune d'Aas; l'excédant, s'il y en a, sera versé à la caisse d'amortissement, pour en être disposé ainsi qu'il sera réglé par le Gouvernement, s'il y a quelque application particulière à la commune, sinon en acquisition de rentes sur l'Etat.

Art. 23. *Commune de Larunx (Basses-Pyrénées).* Le maire de la commune de Larunx, département des Basses-Pyrénées, est autorisé à vendre, en sept lots, et à l'enchère, devant le sous-préfet de l'arrondissement d'Oléron, les bâtiments destinés aux eaux chaudes de Larunx, lesquels bâtiments sont désignés dans les rapports et plans dressés par ordre du préfet, comme formant les 1, 3, 4, 5, 6, 7 et 8es lots.

Le prix provenant de la vente de ces bâtiments sera employé à rétablir et mettre en bon état les sources, bains et douches de la commune de Larunx. L'excédant, s'il y en a, sera versé à la caisse d'amortissement, pour en être disposé ainsi qu'il sera réglé par le Gouvernement, s'il y a quelque application particulière à la commune, sinon en acquisition de rentes sur l'Etat.

Art. 24. *Commune de Châlons-sur-Saône (Saône-et-Loire).* Le maire de Châlons, département de Saône-et-Loire, est autorisé à vendre à demoiselle Jeanne-Marie Brunet, moyennant la somme de 300 francs, un terrain communal contenant 7 mètres 995 millimètres de longueur sur 9 mètres 744 millimètres de largeur, d'un bout, et 7 mètres 470 millimètres, d'autre bout, et estimé 240 francs, suivant procès-verbal du 20 pluviôse an X.

Art. 25. *Hospice d'Alise (Côte-d'Or).* La commission administrative de l'hospice d'Alise, département de la Côte-d'Or, est autorisée à vendre, dans la forme prescrite pour l'aliénation des domaines nationaux, 1° un terrain sis à Paris, rue du Bon-Puits, contenant 600 mètres, et estimé 1,500 francs, suivant procès-verbal du 10 nivôse an XIII, et 2° une maison située à Paris, rue Cassette, n° 933, et estimée 13,560 francs, suivant procès-verbal du 12 du même mois de nivôse.

La première mise à prix sera du montant de l'estimation, et le produit des ventes sera employé en acquisition de rentes sur l'Etat.

Art. 26. *Hospice de Saint-Bertrand (Haute-Garonne).* La commission administrative de l'hospice de Saint-Bertrand, département de la Haute-Garonne, est autorisée à vendre, dans la forme prescrite pour l'aliénation des domaines nationaux, deux maisons appartenant audit hospice, sises en ladite ville de Saint-Bertrand, l'une 1,600 francs, et l'autre 796 fr. 60 cent., suivant procès-verbal des 3et 4 prairial an XII.

La première mise à prix desdites maisons sera du montant de leur estimation, et le produit de leur vente sera employé en acquisition de rentes sur l'Etat.

Art. 27. *Hospice de Tournay (Jemmapes).* La commission administrative des hospices de Tournay, département de Jemmapes, est autorisée à vendre, dans la forme prescrite pour l'aliénation des domaines nationaux, 59 maisons désignées au procès-verbal du 23 floréal an XI, et estimées en totalité à la somme de 143,410 francs.

Lesdites ventes se feront par lots différents, suivant qu'ils sont indiqués audit procès-verbal.

La première mise à prix de chacune desdites maisons sera du montant de son estimation.

Le produit de leur vente sera employé, jusqu'à concurrence de 50 mille francs, en acquisition de rentes sur l'Etat, et le surplus sera versé dans la caisse du Mont-de-Piété de la ville de Tournay.

Art. 28. *Hospice de Saint-Nicolas (Meurthe).* La commission administrative de l'hospice de Saint-Nicolas, département de la Meurthe, est autorisée à aliéner, dans la forme prescrite pour la vente des domaines nationaux, la maison de ferme de Manoncourt, appartenant audit hospice, et estimée, avec un jardin de 3 ares 92 centiares en dépendant, à la somme de 2,400 francs, suivant procès-verbal du 18 germinal an XII.

La première mise à prix sera du montant de l'estimation, et le produit de la vente sera employé aux frais de réparations et constructions à faire à un bâtiment dépendant dudit hospice, à l'effet d'y recevoir des pensionnaires malades.

Art. 29. *Hospice d'Arras (Pas-de-Calais).* La commission administrative des hospices d'Arras, département du Pas-de-Calais, est autorisée à vendre, dans la forme prescrite pour l'aliénation des domaines nationaux, dix-sept maisons appartenant auxdits hospices, désignées au procès-verbal du 17 nivôse an XII, et estimées à la somme de 44,550 francs.

La première mise à prix de chacune desdites maisons sera de la valeur de son estimation, et le produit de leur vente sera employé à la restauration du Mont-de-Piété de la ville d'Arras.

Art. 30. *Commune d'Orthès (Basses-Pyrénées).* Le maire de la commune d'Orthès, département des Basses-Pyrénées, est autorisé à vendre, dans la forme prescrite pour l'aliénation des domaines nationaux, le bâtiment de l'ancienne maison commune, estimé 2,500 francs, et l'emplacement d'un autre bâtiment communal, estimé 500 francs, suivant procès-verbal du 15 nivôse an XI.

La première mise à prix sera du montant de l'estimation, et le produit desdites ventes sera versé à la caisse d'amortissement, qui le tiendra à la disposition de la commune d'Orthès.

Art. 31. *Commune de Sarrebourg (Sarre).* Le maire de Sarrebourg, département de la Sarre, est autorisé à vendre, dans la forme prescrite pour l'aliénation des domaines nationaux, une maison communale tombant en ruines, estimée 295 francs, suivant procès-verbal du 21 pluviôse an XII.

La première mise à prix sera du montant de l'estimation, et le préfet réglera l'emploi du produit de ladite vente.

Art. 32. *Commune de Draguignan (Var).* Le maire de Draguignan, département du Var, est autorisé à vendre au sieur Bertrand un terrain communal contenant 28 mètres carrés, moyennant la somme de 42 francs, suivant l'estimation portée au procès-verbal du 22 ventôse an XII.

Art. 33. *Commune de Lorgues (Var).* Le maire de Lorgues, département du Var, est autorisé à vendre, dans la forme prescrite pour l'aliénation des domaines nationaux, et en différents lots :

1° Une maison sise rue de la Trinité, estimée 1,596 francs;
2° Une boutique située rue du Marché, estimée 429 francs ;
3° Une maison aux ci-devant Capucins, estimée 5,343 francs ;
4° Le moulin appelé *le Tambour*, estimé 2,976 francs ;
5° Le moulin dit de *Mingrainier*, estimé 2,066 francs ;
Et 6° le moulin dit *le Figuier*, estimé 2,410 francs.

Total, 14,820 francs, suivant procès-verbal du 20 fructidor an XI.

La première mise à prix de chacun desdits objets sera de la valeur de son estimation, et le produit de leur vente sera employé à la construction d'une maison destinée à recevoir tous les établissements publics de la commune de Lorgues.

Art. 34. *Commune de Cursay (Vienne).* Le maire de Cursay, département de la Vienne, est autorisé à vendre, dans la forme prescrite pour l'aliénation des domaines nationaux, 779 ares de marais communaux, divisée en 23 lots, et estimés 2,890 francs, suivant procès-verbal du 8 nivôse an XII.

La première mise à prix de chacun desdits lots sera

du montant de son estimation, et le produit de la vente sera employé à la réparation du pont de la commune de Cursay-sur-la-Dive, et de la levée qui conduit de ce pont à ladite commune.

TITRE II.
ACQUISITIONS.

Art. 35. *Agrandissement de la maison de détention à Embrun (Hautes-Alpes).* Le préfet du département des Hautes-Alpes est autorisé à acquérir une maison sise à Embrun, appartenant au sieur Peix, et attenant au jardin de la maison de détention, pour le prix de 1,000 fr.

L'emplacement de cette maison servira à l'agrandissement de la maison de détention.

La somme à payer au sieur Peix sera prise sur les fonds destinés à l'établissement de la maison de détention.

Art. 36. *Agrandissement de la maison d'arrêt et de justice, à Châteauroux (Indre).* Le préfet du département de l'Indre est autorisé à acquérir une maison sise à Châteauroux, et appartenant à la dame Robin, femme Bernard, pour le prix et somme de 3,000 francs, et à faire servir cette maison à l'agrandissement de la maison d'arrêt et de justice de ladite ville.

Ladite somme de 3,000 francs, formant le prix de ladite acquisition, sera payée à la dame Robin, femme Bernard, sur les fonds des centimes additionnels de l'exercice an X, qui restent disponibles.

Le préfet pourra disposer, sur les mêmes fonds, de la somme de 4,100 francs, à laquelle doivent s'élever les travaux pour l'agrandissement de ladite maison d'arrêt; lesdits travaux seront donnés à l'adjudication au rabais sur devis préalable.

Art. 37. *Commune de Laon (Aisne).* La commune de Laon, département de l'Aisne, est autorisée à acquérir :

1° 41 ares 85 centiares d'un terrain appartenant à la veuve Maréchal, estimés 800 francs, par procès-verbal d'experts, du 14 nivôse an XII, destinés à agrandir le cimetière ;

2° Un terrain et des bâtiments contenant en totalité 6 ares, appartenant au sieur Doby, estimés 1,000 francs, et destinés à servir de tuerie.

Lesdits terrains seront payés au prix de l'estimation.

Art. 38. *Commune de Beaumont (Ardennes).* La commune de Beaumont, département des Ardennes, est autorisée à acquérir diverses parties de terrain, formant en totalité 30 hectares 81 ares 28 centiares, évaluées, par procès-verbal d'experts, des 4 et 7 germinal an XII, rapporter annuellement 1,071 francs.

Ladite acquisition, dont le produit est destiné à fournir aux frais de logement et traitement d'un instituteur et d'une institutrice, pour les enfants pauvres de la commune, sera payée sur les fonds provenant de la vente des bois communaux, déposés entre les mains du receveur particulier, ou à la caisse d'amortissement.

Art. 39. *Commune de Lure (Haute-Saône).* L'acquisition faite le 27 brumaire an XII par la commune de Lure, département de la Haute-Saône, pour le prix de 22,000 francs, d'une maison et ses dépendances, appartenant aux sieurs Guenot, destinée à loger les administrations publiques, et estimée 28,000 francs, par procès-verbal d'experts du 23 pluviôse an XII, est confirmée.

Ladite acquisition sera payée sur le produit d'une vente extraordinaire de bois, autorisée par décret du Gouvernement du 14 fructidor an XI.

Art. 40. *Commune d'Angoulême (Charente).* La commune d'Angoulême, département de la Charente, est autorisée à acquérir, au prix de l'estimation, les bâtiments non aliénés du ci-devant couvent des Jacobins, destinés au placement de divers établissements publics, évalués 40,500 francs, par procès-verbal d'experts, du 1er germinal an XII.

Ladite acquisition sera payée, dans l'espace de dix ans, par dixième, chaque année ; le premier paiement aura lieu dans les trois premiers mois de la vente.

Art. 41. *Commune de Saverne (Bas-Rhin).* L'acquisition faite par la commune de Saverne, département du Bas-Rhin, d'une maison destinée à établir la sous préfecture, à elle adjugée le 19 pluviôse an XII, par jugement du tribunal de première instance de l'arrondissement de Saverne, pour le prix de 12,400 francs, laquelle maison a été estimée 20,000 francs, par procès-verbal d'experts, du 14 pluviôse an XII, est confirmée.

Art. 42. *Commune d'Amiens. (Somme).* La commune d'Amiens, département de la Somme, est autorisée à acquérir :

1° Pour le prix de 15,240 francs, selon le consentement des propriétaires, en date du 3 pluviôse an XII, l'église de Saint-Firmin, évaluée 16,340 francs, par procès-verbal d'experts, du 13 ventôse an XII ;

2° La maison presbytérale de ladite église, appartenant au domaine, évaluée 4,380 francs, par procès-verbal d'experts, dudit jour, laquelle sera payée au prix de l'estimation. Ces deux bâtiments seront démolis pour l'agrandissement de l'Hôtel-de-Ville.

TITRE III.
CONCESSIONS A RENTES.

Art. 43. *Commune de Gondelain (Côtes-du-Nord).* Le maire de Gondelain, département des Côtes-du-Nord, est autorisé à concéder au sieur Lecerf un terrain communal contenant 3 ares 60 centiares, moyennant une rente annuelle et sans retenue d'un franc, suivant l'estimation portée au procès-verbal du 20 thermidor an XI.

Art. 44. *Commune de Saint-Léonard (Oise).* Le maire de la commune de Saint-Léonard, département de l'Oise, est autorisé à concéder au sieur Délibessart, moyennant une rente annuelle et sans retenue de 72 francs, une pièce de pré appartenant au hameau d'Avilly, dépendant de la commune de Saint-Léonard ; ladite pièce de pré contenant 52 ares 50 centiares, est estimée 250 francs, suivant procès-verbal du 25 frimaire an XII.

Art. 45. *Commune de Liancourt (Oise).* Le maire de Liancourt, département de l'Oise, est autorisé à concéder au sieur la Rochefoucault-Liancourt, moyennant 20 francs de rente annuelle et sans retenue, 10 ares 73 centiares de terrain, faisant partie du marais de ladite commune, estimés 400 francs, suivant procès-verbal du 16 messidor an XII.

Art. 46. *Commune de Granvillars (Haut-Rhin).* Le maire de Granvillars, département du Haut-Rhin, est autorisé à concéder au sieur Bruat un terrain communal contenant 34 centiares, moyennant une rente annuelle et sans retenue de 1 fr. 50 cent., suivant l'estimation portée au procès-verbal du 29 prairial an XI, et aux charges et conditions imposées audit sieur Bruat, par les délibérations du conseil municipal, du 12 prairial an XI.

Art. 47. *Bureau des pauvres de la commune de Fréterive (Mont-Blanc).* L'administration des secours et hospices du canton d'Aubigny, département du Mont-Blanc, est autorisée à concéder au sieur Burchard, moyennant une rente annuelle et sans retenue de 90 fr., huit parties de terre, tant prés que marais et masures, situées dans la commune de Fréterive, appartenant aux pauvres de ladite commune, et estimées ensemble la somme de 1,236 francs, suivant procès-verbal du 9 ventôse an XII.

Art. 48. *Commune de Condrieu (Rhône).* La commission administrative de l'hospice de Condrieu, département du Rhône, est autorisée à concéder aux sieurs et dame Peillon le droit appartenant audit hospice, de rebâtir un second étage sur la maison dite *des Français*, moyennant une rente annuelle et sans retenue de 25 francs, suivant l'estimation portée au procès-verbal du 16 pluviôse an XII.

Art. 49. *Commune de Norroy (Vosges).* Le maire de Norroy, département des Vosges, est autorisé à concéder à François Pillot, moyennant une rente annuelle et sans retenue de 1 franc, 1 are 5 centiares de terrain communal, estimé 20 francs, suivant procès-verbal du 1er frimaire an XII.

TITRE IV.
ÉCHANGES.

Art. 50. *Commune de Châtillon-sur-Seine (Côte-d'Or).* Le préfet du département de la Côte-d'Or est autorisé à céder et délaisser, à titre d'échange, à la ville de Châtillon-sur-Seine, la maison nationale et l'église des ex-religieuses Carmélites de cette ville, où elle a établi ses séances, et estimées 15,000 francs, par procès-verbal contradictoire du 15 pluviôse an XII, lequel, ainsi que les plans des lieux et ceux des bâtiments ci-après désignés, demeureront annexés au contrat d'échange. Il est également autorisé à recevoir en échange la maison communale servant actuellement de maison de détention, et estimée par le même procès-verbal à pareille somme de 15,000 francs.

Ledit échange aura lieu de but à but et sans soulte ni part ni de d'autre.

Art. 51. *Commune de Salains (Jura).* La commune de Salains, département du Jura, est autorisée à céder, à titre d'échange, aux héritiers Bouteille, une écurie estimée 15,000 francs, par procès-verbal d'experts, du 18 vendémiaire an XIII ; et à recevoir en contre-échange une maison appartenant auxdits héritiers Bouteille, estimée 2,000 francs, par le même procès-verbal.

Art. 52. *Hospice de Tonnerre (Yonne).* La commission administrative de l'hospice de Tonnerre, département de l'Yonne, est autorisée à céder, à titre d'échange, à la dame Bazile, 26 ares 59 centiares de terrain appartenant à l'hospice, estimés 232 francs, par procès-verbal d'experts, du 17 pluviôse an XII ; et à recevoir en contre-échange 26 ares 29 centiares de terrain appartenant à ladite dame Bazile, estimés 438 francs, par ledit procès-verbal.

Art. 53. *Commune de Pons-de-Vaux (Aisne).* La commission administrative de l'hospice de Pons-de-Vaux, département de l'Aisne, est autorisée à céder, à titre d'échange, au sieur Rolland, 72 ares 12 centiares de terre, à prendre dans une pièce d'une plus grande étendue, appartenant audit hospice, et estimés 975 fr., suivant procès-verbal du 4 messidor an XII ; et à recevoir en contre-échange, sans soulte ni retour, dudit sieur Rolland, la même quantité de terre, en deux parties, estimée 1,125 francs, suivant le procès-verbal susdaté.

Le sieur Rolland paiera les frais d'échange.

Art. 54. *Commune de Bosmont (Aisne).* La commune de Bosmont, département de l'Aisne, est autorisée à céder, à titre d'échange, au sieur Latour-Dupin, 1 hectare 3 ares de terrain communal, estimé 600 francs, par procès-verbal d'experts, du 6 messidor an XII ; et à recevoir en contre-échange, sans soulte ni retour, 2 hectares 23 ares de terrain, appartenant au sieur Latour-Dupin, estimés 900 francs, par ledit procès-verbal.

Le sieur Latour-Dupin se conformera d'ailleurs aux clauses et conditions stipulées dans la délibération du conseil municipal, du 19 messidor an XII, et il paiera les frais d'échange.

Art. 55. *Commune de Crouy (Aisne).* La commune de Crouy, département de l'Aisne, est autorisée à céder, à titre d'échange, au sieur Desnoces, deux pièces de terre formant ensemble 96 ares 32 centiares, désignées et confrontées dans le procès-verbal d'experts, du 6 ventôse an XI, évaluées 1,380 francs ; et à recevoir en contre-échange un terrain appartenant au sieur Desnoces, contenant 1 hectare 53 ares, évalué 1,520 francs par ledit procès-verbal.

Le sieur Desnoces se conformera d'ailleurs aux clauses et conditions exprimées dans l'arrêté du préfet, du 6 nivôse an XII, et consenties par lui le 21 pluviôse même année, et paiera les frais d'échange.

Ledit arrêté restera déposé au secrétariat du Conseil d'Etat.

Art. 56. *Hospice de Manosque (Basses-Alpes).* La commission administrative de l'hospice de Manosque, département des Basses-Alpes, est autorisée à céder, à titre d'échange, aux sieurs Jacques et Jean-Baptiste Juglar frères, une partie de terre, appartenant audit hospice, située terroir dudit Manosque, quartier du château, contenant 371 mètres 83 centimètres 86 millimètres, et estimée 194 fr. 77 c., suivant procès-verbal du 13 ventôse an IX ; et à recevoir en contre-échange, sans soulte ni retour, desdits sieurs Juglar, une autre partie de terre de la contenance de 437 mètres 15 centimètres 78 millimètres, située au même terroir, quartier de Naves ou Fondglory, et estimée 314 fr. 64 c., suivant le procès-verbal susdaté.

Les sieurs Juglar paieront les frais d'échange.

Art. 57. *Commune d'Ervy (Aube).* La commune d'Ervy, département de l'Aube, est autorisée à céder, à titre d'échange, au sieur Monjardet, une grange communale contenant 1 are 5 centiares, estimée 330 francs, par procès-verbal d'experts, du 15 nivôse an XI ; et à recevoir en contre-échange, sans soulte ni retour, 26 ares 36 centiares de terrain appartenant au sieur Monjardet, estimés 600 francs, par ledit procès-verbal.

Le sieur Monjardet paiera les frais d'échange.

Art. 58. *Commune de Fontenelle (Côte-d'Or).* La commune de Fontenelle, département de la Côte-d'Or, est autorisée à céder, à titre d'échange, au sieur Clément, 14 ares 43 centiares de terrain communal, esti-

més 75 francs, par procès-verbal d'experts, du 16 pluviôse an XII ; et à recevoir en contre-échange 9 ares 1 centiare de terrain appartenant au sieur Clément, évalués à la même somme de 75 francs, par ledit procès-verbal d'experts ; lequel terrain est nécessaire à la commune pour se procurer une source d'eau.

Le sieur Clément paiera les frais d'échange.

Art. 59. *Commune de Cluse (Doubs).* La commune de Cluse, département du Doubs, est autorisée à céder, à titre d'échange, au sieur Paillard, un terrain communal contenant 9 ares, évalué 90 francs, par procès-verbal d'experts, du 17 pluviôse an XII ; et à recevoir en contre-échange, sans soulte ni retour, 18 ares 90 centiares de terrain appartenant au sieur Paillard, et évalué 180 francs, par ledit procès-verbal.

Le sieur Paillard paiera les frais d'échange.

Art. 60. *Hospices de Gand (Escaut).* La commission administrative de Gand, département de l'Escaut, est autorisée à céder, à titre d'échange, au sieur Desmet, 27 ares 40 centiares de terre en deux parties, appartenant auxdits hospices, situés près de ladite ville de Gand, hors de la Porte de Bruges, et estimés ensemble 2,158 fr. 72 c., suivant procès-verbal du 24 nivôse an XI ; et à recevoir en contre-échange, sans soulte ni retour, dudit sieur Desmet, trois parties de terre labourable, situées commune de Wachtebeke, contenant ensemble 192 ares 30 centiares, et estimées à la somme de 3,658 fr. 20 c., suivant procès verbal du 2 pluviôse an XII.

Le sieur Desmet paiera les frais d'échange.

Art. 61. *Hospices de Gand (Escaut).* La commission administrative des hospices de Gand, département de l'Escaut, est autorisée à céder, à titre d'échange, au sieur Kervyn, 1° une partie de 14 ares 96 centiares, située commune de Mérendrée ; 2° une autre partie de 31 ares 43 centiares, sise même commune ; et 3° le droit de planter sur une partie de bien communal de ladite commune de Mérendrée, contenant 4 ares 49 centiares ; le tout estimé 1,233 fr. 55 c., suivant procès-verbal du 22 nivôse an XI ; et à recevoir en contre-échange, sans soulte ni retour, du sieur Kervyn, 79 ares 17 centiares de terre, situés commune de Landeghem, et estimés 1,919 fr. 26 c., suivant un autre procès-verbal dudit jour 22 nivôse au XII.

Le sieur Kervyn paiera les frais d'échange.

Art. 62. *Commune de Dreux (Eure-et-Loir).* La commune de Dreux, département d'Eure-et-Loir, est autorisée à céder, à titre d'échange, une Bazin, une tourelle communale, estimée 1,000 francs, par procès-verbal d'experts dudit jour.

Le sieur Bazin paiera les frais d'échange.

Art. 63. *Hospices de Mons (Jemmapes).* La commission administrative des hospices de Mons, département de Jemmapes, est autorisée à céder, à titre d'échange, au sieur Monorez, la moitié d'une partie de prairie contenant 1 hectare 71 ares 45 centiares, appartenant auxdits hospices, ladite moitié estimée 1,800 francs, suivant procès-verbal du 2 thermidor au XII ; et à recevoir en contre-échange, sans soulte ni retour, dudit sieur Monorez, une autre partie de prairie contenant 92 ares 64 centiares, et estimée 2,250 francs, suivant le procès-verbal susdaté.

Le sieur Monorez paiera les frais d'échange.

Art. 64. *Hospice de Brioude (Haute-Loire).* La commission administrative de l'hospice de Brioude, département de la Haute-Loire, est autorisée à céder, à titre d'échange, au sieur Plagnol : 1° un champ contenant 4 ares, et estimé 750 fr. ; et 2° deux autres petites parties de terre, contenant ensemble 12 ares, et estimées 200 fr., suivant procès-verbal du 11 prairial an XI ; et à recevoir en contre-échange, sans soulte ni retour, du sieur Plagnol, un champ contenant 52 ares, et estimé 975 fr. ; et un autre champ de 32 ares, estimé 400 fr., suivant le procès-verbal susdaté.

Le sieur Plagnol paiera les frais d'échange.

Art. 65. *Hospice de Figeac (Lot).* La commission administrative de l'hospice de Figeac, département du Lot, est autorisée à céder, à titre d'échange, aux sieurs Cas et Bru : 1° quatre pièces de terre, contenant ensemble 2 hectares 91 ares 70 centiares, et estimées 4,200 fr. ; une maison avec grange et jardin, estimés 3,400 fr. ; une nevière contenant 6 ares 51 centiares, et ... le tout suivant procès-verbal du 21 ger... et à recevoir en contre-échange, sans soulte ni retour, desdits sieurs Cas et Bru, les maison, jardin et enclos du ci-devant Réfuge, estimés 11,150 fr., suivant procès-verbal du 10 ventôse an X.

Les sieurs Cas et Bru supporteront les frais d'échange.

Ladite commission est également autorisée à céder, à titre d'échange, au sieur Maleville, une petite maison avec jardin de 8 ares 13 centiares, estimés 1,300 fr., et trois pièces de terre contenant ensemble un hectare 29 ares 77 centiares, et estimées 1,700 fr., suivant le procès-verbal dudit jour 21 germinal an X; et à recevoir en contre-échange, dudit sieur Maleville, une maison avec jardin de 13 ares 5 centiares, estimés 3,000 fr., suivant le procès-verbal du 10 ventôse an X.

Le sieur Maleville paiera les frais d'échange.

Art. 66. *Hospice de Valognes (Manche).* La commission administrative de l'hospice de Valognes, département de la Manche, est autorisée à céder, à titre d'échange, au sieur Lemarrois :

1° 2 hectares 4 ares 20 centiares de terre, situés au quartier Saint-Lin, en trois pièces, tant de labour qu'herbages, estimés 6,000 fr., ci .... 6,000 fr.

2° 4 ares 8 centiares de pré et 30 ares 6 centiares de terre en labour, estimés 3,000fr., ci.   3,000

3° Deux mesures et 66 centiares de terre, estimés 600 fr., ci   600

4° Deux autres mesures et un morceau de terrain, de 5 ares 17 centiares, estimés 1800 fr., ci   1,800

5° Un petit jardin de 5 ares 17 centiares, estimé 600 fr., ci   600

Le tout suivant procès-verbal du 20 fructidor an XI.

6° Les maison, cour et jardin occupés ci-devant par l'hospice, estimés, suivant procès-verbal du 21 fructidor an XI, 7,950 fr., ci.   7,950

7° 173 ares 16 centiares de terre, en la commune de Monjarville, en cinq parties, estimés, suivant procès-verbal du 23 fructidor an XI, 3,600 fr., ci......................   3,600

Et 8° 20 ares 4 centiares de terre, en la commune de Valeauville, estimés, suivant procès-verbal dudit jour 23 fructidor an XI, 450 fr., ci....................   450

Total...........   24,000 fr.

Et à recevoir en contre-échange, dudit sieur Lemarrois, les bâtiments du pensionnat des ci-devant Bénédictins, et 12 hectares 80 ares 40 centiares de terres labourables, prairies et jardins, en dix pièces différentes, estimé le tout ensemble 24,000 fr., suivant procès-verbal du 24 fructidor an XI.

Le sieur Lemarrois paiera les frais d'échange.

Art. 67. *Commune de Pleurs (Marne).* La commune de Pleurs, département de la Marne, est autorisée à céder, à titre d'échange, au sieur Lenain, 13 ares 40 centiares de terrain communal, estimés 30 fr., par procès-verbal d'experts, du 4 pluviôse an XII; et à recevoir en contre-échange un terrain appartenant au sieur Lenain, estimé, par ledit procès-verbal, de même étendue et de même valeur, lequel terrain est nécessaire à la commune pour l'ouverture d'un canal.

Le sieur Lenain paiera les frais d'échange.

Art. 68. *Hospice de Vaucouleurs (Meuse).* La commission administrative de l'hospice de Vaucouleurs, département de la Meuse, est autorisée à céder, à titre d'échange, au sieur Sainserre, 2 hectares 14 ares 76 centiares de prés et jardin, en trois pièces, estimés ensemble 5,167 fr., suivant procès-verbal du 13 messidor an XII, clos le 18 du même mois; et à recevoir en contre-échange, sans soulte ni retour, dudit sieur Sainserre, deux prés, contenant ensemble 3 hectares 3 ares 10 centiares, et estimés 8,300 fr., suivant le procès-verbal susdaté.

Le sieur Sainserre paiera les frais d'échange.

Art. 69. *Hospices de Vannes (Morbihan).* La commission administrative des hospices de Vannes, département du Morbihan, est autorisée à céder, à titre d'échange, au sieur Burgault, les bâtiments de l'hôpital Saint-Nicolas, avec jardin et dépendances, appartenant auxdits hospices, et estimés 20,000 fr., suivant procès-verbal du 7 frimaire an XII; et à recevoir en contre-échange, sans soulte ni retour, dudit sieur Burgault, doux métairies, dites du *Pourpry* et de la *Porte*, sises commune d'Ambon, estimées, la première 27,236 fr., et la seconde 27,060 fr., avec les terres et bâtiments qui en

dépendent; le tout suivant procès-verbal des 6 et 7 nivôse an XII.

Le sieur Burgault paiera les frais d'échange.

Art. 70. *Hospices de Malines (Deux-Nèthes).* La commission administrative des hospices de Malines, département des Deux-Nèthes, est autorisée à céder, à titre d'échange, au sieur Wauters, une prairie appartenant auxdits hospices, sise au hameau d'Auweghem, contenant 43 ares 90 centiares, et estimée 771 fr., suivant procès-verbal du 16 ventôse an XII; et à recevoir en contre-échange, sans soulte ni retour, dudit sieur Wauters, une autre prairie sise au même hameau, contenant 34 ares 16 centiares, estimée 1,234 fr., suivant le même procès-verbal.

Le sieur Wauters est chargé de payer les frais d'échange.

Art. 71. *Hospices de Malines (Deux-Nèthes).* La commission administrative des hospices de Malines, département des Deux-Nèthes, est autorisée à céder, à titre d'échange, au sieur Scheppers, une pièce de terre appartenant auxdits hospices, située à Pennapoel, contenant 65 ares 40 centiares, et estimée 1,088 fr., suivant procès-verbal du 26 prairial an XII; et à recevoir en contre-échange, sans soulte ni retour, dudit sieur Scheppers, une pièce de terre sise commune de Wavre-Sainte-Catherine, contenant 1 hectare 55 ares 56 centiares, et estimée 3,265 fr., suivant le procès-verbal susdaté.

Le sieur Scheppers paiera les frais d'échange.

Art. 72. *Hospices de Cambrai (Nord).* La commission administrative des hospices et secours de Cambrai, département du Nord, est autorisée à céder, à titre d'échange, au sieur Jacques Leroi, une pièce de terre appartenant aux pauvres de ladite ville, située territoire de Catillon, contenant 34 ares 46 centiares, et estimée 608 fr., suivant procès-verbal du 18 ventôse an XII; et à recevoir en contre-échange, sans soulte ni retour, dudit sieur Leroi, une autre pièce de terre située même terroir, contenant 68 ares 27 centiares, et estimée 902 fr., suivant le même procès-verbal.

Le sieur Leroi acquittera les frais d'échange.

Art. 73. *Bureau de bienfaisance d'Annapes (Nord).* Les administrateurs du bureau de bienfaisance d'Annapes, département du Nord, sont autorisés à céder, à titre d'échange, à la dame veuve de Brigode, stipulant pour ses enfants, 70 ares 88 centiares de terre à labour, estimés 1,440 fr., suivant procès-verbal des 27 et 28 vendémiaire an XII; et à recevoir en contre-échange, sans soulte ni retour, de ladite dame de Brigode, la même quantité de terre labourable, estimée 1,600 fr., par le procès-verbal susdaté.

Les frais seront à la charge de ladite dame de Brigode.

Art. 74. *Hospices de Lille (Nord).* La commission administrative des hospices de Lille, département du Nord, est autorisée à céder, à titre d'échange, au sieur Bonnier-Cardon, 6 ares et 3 centiares de terrain, situés en ladite ville, rue des Vieux-Hommes, tenus en arrentement desdits hospices par ledit sieur Bonnier, et estimés 1,610 fr., suivant procès-verbal du 15 nivôse an XII; et à recevoir en contre-échange, sans soulte ni retour, dudit sieur Bonnier, 2 hectares 74 ares 1 centiare de terre labourable, sis territoire de Marquin, et estimés 3,333 fr., suivant procès-verbal du 1er nivôse, clos le 2 pluviôse an XII.

Le sieur Bonnier paiera les frais d'échange.

Art. 75. *Hospices de Cambrai (Nord).* La commission administrative des hospices et secours de Cambrai, département du Nord, est autorisée à céder, à titre d'échange, au sieur Mortier, une pièce de terre appartenant aux pauvres de ladite ville, située au territoire de Catillon, contenant 76 ares 24 centiares, et estimée 1,200 fr., suivant procès-verbal du 16 ventôse an XII; et à recevoir en contre-échange, sans soulte ni retour, dudit sieur Mortier, une autre pièce de terre sise même terroir, contenant un hectare 56 ares 86 centiares, et estimée 1,800 fr., suivant le même procès-verbal.

Le sieur Mortier paiera les frais d'échange.

Art. 76. *Hospices de Cambrai (Nord).* La commission administrative des hospices et secours de Cambrai, département du Nord, est autorisée à céder, à titre d'échange, au sieur Courtin, 53 ares 17 centiares et demi de terre appartenant aux pauvres de ladite ville, à prendre dans une plus forte pièce située commune d'Haynecourt, et estimés 900 francs, suivant procès-verbal du 22 nivôse an XII; et à recevoir en contre-échange, sans

Ledit échange aura lieu de but à but et sans soulte ni part ni de d'autre.

Art. 51. *Commune de Salains (Jura).* La commune de Salains, département du Jura, est autorisée à céder, à titre d'échange, aux héritiers Bouteille, une écurie estimée 15,000 francs, par procès-verbal d'experts, du 18 vendémiaire an XIII ; et à recevoir en contre-échange une maison appartenant auxdits héritiers Bouteille, estimée 2,000 francs, par le même procès-verbal.

Art. 52. *Hospice de Tonnerre (Yonne).* La commission administrative de l'hospice de Tonnerre, département de l'Yonne, est autorisée à céder, à titre d'échange, à la dame Bazile, 26 ares 59 centiares de terrain appartenant à l'hospice, estimés 252 francs, par procès-verbal d'experts, du 17 pluviôse an XII ; et à recevoir en contre-échange 26 ares 29 centiares de terrain appartenant à ladite dame Bazile, estimés 438 francs, par ledit procès-verbal.

Art. 53. *Commune de Pons-de-Vaux (Aisne).* La commission administrative de l'hospice de Pons-de-Vaux, département de l'Aisne, est autorisée à céder, à titre d'échange, au sieur Rolland, 72 ares 12 centiares de terre, à prendre dans une pièce d'une plus grande étendue, appartenant audit hospice, et estimés 975 fr., suivant procès-verbal du 4 messidor an XII ; et à recevoir en contre-échange, sans soulte ni retour, dudit sieur Rolland, la même quantité de terre, en deux parties, estimée 1,125 francs, suivant le procès-verbal susdaté.

Le sieur Rolland paiera les frais d'échange.

Art. 54. *Commune de Bosmont (Aisne).* La commune de Bosmont, département de l'Aisne, est autorisée à céder, à titre d'échange, au sieur Latour-Dupin, 1 hectare 3 ares de terrain communal, estimé 600 francs, par procès-verbal d'experts, du 6 messidor an XII ; et à recevoir en contre-échange, sans soulte ni retour, 2 hectares 23 ares de terrain, appartenant au sieur Latour-Dupin, estimés 900 francs, par ledit procès-verbal.

Le sieur Latour-Dupin se conformera d'ailleurs aux clauses et conditions stipulées dans la délibération du conseil municipal, du 19 messidor an XII, et il paiera les frais d'échange.

Art. 55. *Commune de Crouy (Aisne).* La commune de Crouy, département de l'Aisne, est autorisée à céder, à titre d'échange, au sieur Desnoces, deux pièces de terre formant ensemble 96 ares 32 centiares, désignées et confrontées dans le procès-verbal d'experts, du 6 ventôse an XI, évaluées 1,380 francs ; et à recevoir en contre-échange un terrain appartenant au sieur Desnoces, contenant 1 hectare 53 ares, évalué 1,520 francs par ledit procès-verbal.

Le sieur Desnoces se conformera d'ailleurs aux clauses et conditions exprimées dans l'arrêté du préfet, du 6 nivôse an XII, et consentis par lui le 21 pluviôse même année, et paiera les frais d'échange.

Ledit arrêté restera déposé au secrétariat du Conseil d'État.

Art. 56. *Hospice de Manosque (Basses-Alpes).* La commission administrative de l'hospice de Manosque, département des Basses-Alpes, est autorisée à céder, à titre d'échange, aux sieurs Jacques et Jean-Baptiste Juglar frères, une partie de terre, appartenant audit hospice, située terroir dudit Manosque, quartier du château, contenant 371 mètres 83 centimètres 86 millimètres, et estimée 194 fr. 77 c., suivant procès-verbal du 13 ventôse an IX ; et à recevoir en contre-échange, sans soulte ni retour, desdits sieurs Juglar, une autre partie de terre de la contenance de 437 mètres 15 centimètres 78 millimètres, située au même terroir, quartier de Naves ou Fonglglory, et estimée 314 fr. 64 c., suivant le procès-verbal susdaté.

Les sieurs Juglar paieront les frais d'échange.

Art. 57. *Commune d'Ervy (Aube).* La commune d'Ervy, département de l'Aube, est autorisée à céder, à titre d'échange, au sieur Monjardet, une grange communale contenant 1 are 5 centiares, estimée 350 francs, par procès-verbal d'experts, du 13 nivôse an XI ; et à recevoir en contre-échange, sans soulte ni retour, 26 ares 36 centiares de terrain appartenant au sieur Monjardet, estimés 600 francs, par le dit procès-verbal.

Le sieur Monjardet paiera les frais d'échange.

Art. 58. *Commune de Fontenelle (Côte-d'Or).* La commune de Fontenelle, département de la Côte-d'Or, est autorisée à céder, à titre d'échange, au sieur Clément, 14 ares 43 centiares de terrain communal, esti-

més 75 francs, par procès-verbal d'experts, du 16 pluviôse an XII ; et à recevoir en contre-échange 9 ares 1 centiare de terrain appartenant au sieur Clément, évalués à la même somme de 75 francs, par ledit procès-verbal d'experts ; lequel terrain est nécessaire à la commune pour se procurer une source d'eau.

Le sieur Clément paiera les frais d'échange.

Art. 59. *Commune de Cluse (Doubs).* La commune de Cluse, département du Doubs, est autorisée à céder, à titre d'échange, au sieur Paillard, un terrain communal contenant 9 ares, évalué 90 francs, par procès-verbal d'experts, du 17 pluviôse an XII ; et à recevoir en contre-échange, sans soulte ni retour, 18 ares 90 centiares d'un terrain appartenant au sieur Paillard, et évalué 180 francs, par ledit procès-verbal.

Le sieur Paillard paiera les frais d'échange.

Art. 60. *Hospices de Gand (Escaut).* La commission administrative des hospices de l'Escaut, est autorisée à céder, à titre d'échange, au sieur Desmet, 27 ares 40 centiares de terre en deux parties, appartenant auxdits hospices, situés près de ladite ville de Gand, hors de la Porte de Bruges, et estimés ensemble 2,158 fr. 72 c., suivant procès-verbal du 24 nivôse an XI ; et à recevoir en contre-échange, sans soulte ni retour, dudit sieur Desmet, trois parties de terre labourable, situées commune de Wachtebeke, contenant ensemble 192 ares 30 centiares, et estimées à la somme de 3,638 fr. 20 c., suivant procès-verbal du 2 pluviôse an XII.

Le sieur Desmet paiera les frais d'échange.

Art. 61. *Hospices de Gand (Escaut).* La commission administrative des hospices de Gand, département de l'Escaut, est autorisée à céder, à titre d'échange, au sieur Kervyn, 1° une partie de 14 ares 96 centiares de terre, située commune de Mérendrée ; 2° une autre partie de 31 ares 43 centiares, sise même commune ; et 3° le droit de planter sur une partie de bien communal de ladite commune de Mérendrée, contenant 4 ares 49 centiares ; le tout estimé 1,233 fr. 55 c., suivant procès-verbal du 22 nivôse an XII ; et à recevoir en contre-échange, sans soulte ni retour, du sieur Kervyn, 79 ares 17 centiares de terre, situés commune de Landeghem, et estimés 1,949 fr. 26 c., suivant un autre procès-verbal dudit jour 22 nivôse an XII.

Le sieur Kervyn paiera les frais d'échange.

Art. 62. *Commune de Dreux (Eure-et-Loir).* La commune de Dreux, département d'Eure-et-Loir, est autorisée à céder, à titre d'échange, au sieur Bazin, une tourelle communale, estimée 1,000 francs, par procès-verbal d'experts dudit jour.

Le sieur Bazin paiera les frais d'échange.

Art. 63. *Hospices de Mons (Jemmapes).* La commission administrative des hospices de Mons, département de Jemmapes, est autorisée à céder, à titre d'échange, au sieur Monorez, la moitié d'une partie de prairie contenant 1 hectare 71 ares 45 centiares, appartenant auxdits hospices, ladite moitié estimée 1,800 francs, suivant procès-verbal du 2 thermidor an XII ; et à recevoir en contre-échange, sans soulte ni retour, dudit sieur Monorez, une autre partie de prairie contenant 92 ares 61 centiares, et estimée 2,250 francs, suivant le procès-verbal susdaté.

Le sieur Monorez paiera les frais d'échange.

Art. 64. *Hospice de Brioude (Haute-Loire).* La commission administrative de l'hospice de Brioude, département de la Haute-Loire, est autorisée à céder, à titre d'échange, au sieur Plagnol : 1° un champ contenant 4 ares, et estimé 750 fr. ; et 2° deux autres petites parties de terre, contenant ensemble 12 ares, et estimées 200 fr., suivant procès-verbal du 11 prairial an XI ; et à recevoir en contre-échange, sans soulte ni retour, du sieur Plagnol, un champ contenant 52 ares, et estimé 975 fr. ; et un autre champ de 32 ares, estimé 400 fr., suivant le procès-verbal susdaté.

Le sieur Plagnol paiera les frais d'échange.

Art. 65. *Hospice de Figeac (Lot).* La commission administrative de l'hospice de Figeac, département du Lot, est autorisée à céder, à titre d'échange, aux sieurs Cas et Bru : 1° quatre pièces de terre, contenant ensemble 2 hectares 91 ares 70 centiares, et estimées 4,900 fr. ; 2° une maison avec grange et jardin, estimée 3,400 fr. ; et 3° un chenevière contenant 6 ares 54 centiares, et estimée 400 fr., le tout suivant procès-verbal du 21 germinal an X ; et à recevoir en contre-échange, sans soulte ni retour, desdits sieurs Cas et Bru, les maison, jardin et enclos du ci-devant Réfuge, estimés 11,150 fr., suivant procès-verbal du 10 ventôse an X.

Les sieurs Cas et Bru supporteront les frais d'échange.

Ladite commission est également autorisée à céder, à titre d'échange, au sieur Maleville, une petite maison avec jardin de 8 ares 13 centiares, estimés 1,300 fr., et trois pièces de terre contenant ensemble un hectare 29 ares 77 centiares, et estimées 1,700 fr., suivant le procès-verbal dudit jour 21 germinal an X; et à recevoir en contre-échange, dudit sieur Maleville, une maison avec jardin de 13 ares 5 centiares, estimée 3,000 fr., suivant le procès-verbal du 10 ventôse an X.

Le sieur Maleville paiera les frais d'échange.

Art. 66. *Hospice de Valognes* (*Manche*). La commission administrative de l'hospice de Valognes, département de la Manche, est autorisée à céder, à titre d'échange, au sieur Lemarrois :

1° 2 hectares 4 ares 20 centiares de terre, situés au quartier Saint-Lin, en trois pièces, tant de labour qu'herbages, estimés 6,000 fr., ci................. 6,000 fr.

2° 4 ares 8 centiares de pré et 30 ares 6 centiares de terre en labour, estimés 3,000 fr., ci. 3,000

3° Deux mesures et 66 centiares de terre, estimés 600 fr., ci...................... 600

4° Deux autres mesures et un morceau de terrain, de 5 ares 17 centiares, estimés 1800 fr., ci 1,800

5° Un petit jardin de 5 ares 17 centiares, estimé 600 fr., ci...................... 600

Le tout suivant procès-verbal du 20 fructidor an XI.

6° Les maison, cour et jardin occupés ci-devant par l'hospice, estimés, suivant procès-verbal du 21 fructidor an XI, 7,950 fr., ci. 7,950

7° 173 ares 46 centiares de terre, en la commune de Monjarville, en cinq parties, estimés, suivant procès-verbal du 23 fructidor an XI, 3,600 fr., ci.................... 3,600

Et 8° 20 ares 4 centiares de terre, en la commune de Valcanville, estimés, suivant procès-verbal dudit jour 23 fructidor an XI, 450 fr., ci.............................. 450

Total........... 24,000 fr.

Et à recevoir en contre-échange, dudit sieur Lemarrois, les bâtiments du pensionnat des ci-devant Bénédictins, et 12 hectares 80 ares 49 centiares de terres labourables, prairies et jardins, en dix pièces différentes, estimé le tout ensemble 24,000 fr., suivant procès-verbal du 24 fructidor an XI.

Le sieur Lemarrois paiera les frais d'échange.

Art. 67. *Commune de Pleurs* (*Marne*). La commune de Pleurs, département de la Marne, est autorisée à céder, à titre d'échange, au sieur Lenain, 13 ares 40 centiares de terrain communal, estimés 30 fr., par procès-verbal d'experts, du 4 pluviôse an XII; et à recevoir en contre-échange un terrain appartenant au sieur Lenain, estimé, par ledit procès-verbal, de même étendue et de même valeur, lequel terrain est nécessaire à la commune pour l'ouverture d'un canal.

Le sieur Lenain paiera les frais d'échange.

Art. 68. *Hospice de Vaucouleurs* (*Meuse*). La commission administrative de l'hospice de Vaucouleurs, département de la Meuse, est autorisée à céder, à titre d'échange, au sieur Sainserre, 2 hectares 11 ares 76 centiares de prés et jardin, en trois pièces, estimés ensemble 5,167 fr., suivant procès-verbal du 13 messidor an XI, clos le 18 du même mois; et à recevoir en contre-échange, sans soulte ni retour, dudit sieur Sainserre, deux prés, contenant ensemble 3 hectares 3 ares 10 centiares, et estimés 8,300 fr., suivant le procès-verbal susdaté.

Le sieur Sainserre paiera les frais d'échange.

Art. 69. *Hospices de Vannes* (*Morbihan*). La commission administrative des hospices de Vannes, département du Morbihan, est autorisée à céder, à titre d'échange, au sieur Burgault, les bâtiments de l'hôpital Saint-Nicolas, avec jardin et dépendances, appartenant auxdits hospices, et estimés 20,000 fr., suivant procès-verbal du 7 frimaire an XII; et à recevoir en contre-échange, sans soulte ni retour, dudit sieur Burgault, deux métairies, dites *du Pourpry et de la Porte*, sises commune d'Ambon, estimées, la première 27,286 fr., et la seconde 27,080 fr., avec les terres et bâtiments qui en

dépendent; le tout suivant procès-verbal des 6 et 7 nivôse an XII.

Le sieur Burgault paiera les frais d'échange.

Art. 70. *Hospices de Malines* (*Deux-Nèthes*). La commission administrative des hospices de Malines, département des Deux-Nèthes, est autorisée à céder, à titre d'échange, au sieur Wauters, une prairie appartenant auxdits hospices, sise au hameau d'Auweghem, contenant 43 ares 90 centiares, et estimée 771 fr., suivant procès-verbal du 16 ventôse an XII; et à recevoir en contre-échange, sans soulte ni retour, dudit sieur Wauters, une autre prairie sise au même hameau, contenant 34 ares 16 centiares, estimée 1,234 fr., suivant le même procès-verbal.

Le sieur Wauters est chargé de payer les frais d'échange.

Art. 71. *Hospices de Malines* (*Deux-Nèthes*). La commission administrative des hospices de Malines, département des Deux-Nèthes, est autorisée à céder, à titre d'échange, au sieur Scheppers, une pièce de terre appartenant auxdits hospices, située à Pennapoel, contenant 65 ares 40 centiares, et estimée 1,088 fr., suivant procès-verbal du 26 prairial an XII; et à recevoir en contre-échange, sans soulte ni retour, dudit sieur Scheppers, une pièce de terre sise commune de Wavre-Sainte-Catherine, contenant 1 hectare 55 ares 56 centiares, et estimée 3,265 fr., suivant le procès-verbal susdaté.

Le sieur Scheppers paiera les frais d'échange.

Art. 72. *Hospices de Cambrai* (*Nord*). La commission administrative des hospices et secours de Cambrai, département du Nord, est autorisée à céder, à titre d'échange, au sieur Jacques Leroi, une pièce de terre appartenant aux pauvres de ladite ville, située territoire de Catillon, contenant 34 ares 46 centiares, et estimée 608 fr., suivant procès-verbal du 18 ventôse an XII; et à recevoir en contre-échange, sans soulte ni retour, dudit sieur Leroi, une autre pièce de terre située même terroir, contenant 68 ares 27 centiares, et estimée 902 fr., suivant le même procès-verbal.

Le sieur Leroi acquittera les frais d'échange.

Art. 73. *Bureau de bienfaisance d'Annapes* (*Nord*). Les administrateurs du bureau de bienfaisance d'Annapes, département du Nord, sont autorisés à céder, à titre d'échange, à la dame veuve de Brigode, stipulant pour ses enfants, 70 ares 88 centiares de terre à labour, estimés 1,440 fr., suivant procès-verbal des 27 et 28 vendémiaire an XI; et à recevoir en contre-échange, sans soulte ni retour, de ladite dame de Brigode, la même quantité de terre labourable, estimée 1,600 fr., par le procès-verbal susdaté.

Les frais seront à la charge de ladite dame de Brigode.

Art. 74. *Hospices de Lille* (*Nord*). La commission administrative des hospices de Lille, département du Nord, est autorisée à céder, à titre d'échange, au sieur Bonnier-Cardon, 6 ares et 3 centiares de terrain, situés en ladite ville, rue des Vieux-Hommes, tenus en arrentement desdits hospices par ledit sieur Bonnier, et estimés 1,610 fr., suivant procès-verbal du 15 nivôse an XII; et à recevoir en contre-échange, sans soulte ni retour, dudit sieur Bonnier, 2 hectares 74 ares 1 centiare de terre labourable, sis territoire de Marquin, et estimés 3,333 fr., suivant procès-verbal du 1er nivôse, clos le 2 pluviôse an XII.

Le sieur Bonnier paiera les frais d'échange.

Art. 75. *Hospices de Cambrai* (*Nord*). La commission administrative des hospices et secours de Cambrai, département du Nord, est autorisée à céder, à titre d'échange, au sieur Mortier, une pièce de terre appartenant aux pauvres de ladite ville, située au territoire de Catillon, contenant 76 ares 24 centiares, et estimée 1,200 fr., suivant procès-verbal du 16 ventôse an XII; et à recevoir en contre-échange, sans soulte ni retour, dudit sieur Mortier, une autre pièce de terre sise même terroir, contenant un hectare 56 ares 86 centiares, et estimée 1,800 fr., suivant le même procès-verbal.

Le sieur Mortier paiera les frais d'échange.

Art. 76. *Hospices de Cambrai* (*Nord*). La commission administrative des hospices et secours de Cambrai, département du Nord, est autorisée à céder, à titre d'échange, au sieur Courtin, 53 ares 17 centiares et demi de terre appartenant aux pauvres de ladite ville, à prendre dans une plus forte pièce située commune d'Haynecourt, et estimés 900 francs, suivant procès-verbal du 22 nivôse an XII; et à recevoir en contre-échange, sans soulte ni retour, dudit sieur Courtin, deux pièces de terre, l'une située même commune, et contenant 53 ares 17 centiares et demi, et l'autre sise commune de Sailly, et contenant 17 ares 72 centiares ; lesdites deux pièces de terre estimées 1,300 francs, suivant le procès-verbal susdaté.

Le sieur Courtin paiera les frais d'échange.

Art. 77. *Hospices de Lille (Nord).* La commission administrative des hospices de Lille, département du Nord, est autorisée à céder, à titre d'échange, au sieur Romain de Brigode, 2 hectares 48 ares 10 centiares de terre à labour, en deux parties, situés à Annappes, et estimés 5,180 francs, suivant procès-verbal du 23 vendémiaire an XIII et jours suivants ; et à recevoir en contre-échange, sans soulte ni retour, dudit sieur de Brigode, 5 hectares 54 ares 43 centiares, en cinq parties, et estimés 7,690 fr., suivant le même procès-verbal.

Les frais d'échange seront supportés par le sieur de Brigode.

Art. 78. *Bureau de bienfaisance de Wahagnies (Nord).* Le bureau de bienfaisance de Wahagnies, département du Nord, est autorisé à céder, à titre d'échange, au sieur Mordacq, 17 perches 72 mètres de terre appartenant aux pauvres de ladite commune, et estimés 150 francs, suivant procès-verbal du 17 germinal an XII ; et à recevoir en contre-échange, sans soulte ni retour, dudit sieur Mordacq, la même quantité de terre, estimée 200 francs, suivant un autre procès-verbal dudit jour 17 germinal an XII.

Le sieur Mordacq paiera les frais d'échange.

Art. 79. *Hospices de Senlis (Oise).* La commission administrative des hospices de Senlis, département de l'Oise, est autorisée à céder, à titre d'échange, au sieur Legrain, 33 ares 68 centiares de terre appartenant auxdits hospices, situés à Precy-sur-Oise, et estimés 528 francs, suivant procès-verbal du 1er nivôse an XII; et à recevoir en contre-échange, sans soulte ni retour, dudit sieur Legrain, 52 ares 90 centiares de terre, situés au terroir de Villiers, et estimés 830 francs, suivant le même procès-verbal.

Art. 80. *Hospice de Longny (Orne).* La commission administrative de l'hospice de Longny, département de l'Orne, est autorisée à céder, à titre d'échange, au sieur Servy : 1° une portion du bas jardin de l'hospice et le lavoir y attenant, contenant 10 ares 21 centiares, et estimés 600 francs ; 2° 3 ares 20 centiares de terre, sis dans la pointe du haut jardin, estimés 100 francs ; et 3° une portion de la cour attenant au bâtiment servant d'école, contenant 12 centiares, et estimée 60 francs ; le tout suivant procès-verbal du 16 frimaire an XIII; et à recevoir en contre-échange, sans soulte ni retour, dudit sieur Servy, deux lots de terre en prés, situés commune de Boissy-Maugis, contenant 1 hectare 45 ares 20 centiares, et estimés 3,000 francs, suivant le même procès-verbal.

Le sieur Servy paiera les frais d'échange.

Art. 81. *Hospices de Liége (Ourthe).* La commission administrative des hospices de Liége, département de l'Ourthe, est autorisée à céder, à titre d'échange, au sieur Gilkinet, notaire, une maison appartenant aux hospices, sise en ladite ville, rue Feronstrée, n° 588, et estimée à un revenu net de 278 fr. 79 c., suivant procès-verbal du 5 germinal an XI; et à recevoir en contre-échange, sans soulte ni retour, dudit sieur Gilkinet, 11 pièces de terre, situées communes de Limon, Thys et Rocour, contenant ensemble 732 ares 599 milliares, et estimées à un revenu net de 336 francs, suivant le même procès-verbal.

Le sieur Gilkinet paiera les frais d'échange.

Art. 82. *Commune de Baudreix (Basses-Pyrénées).* La commune de Baudreix, département des Basses-Pyrénées, est autorisée à céder, à titre d'échange, au sieur Grilhon, 15 ares 79 centiares de terrain communal, estimé 280 francs, par procès-verbal du 15 vendémiaire an XII ; et à recevoir en contre-échange 5 ares 50 centiares de terrain appartenant au sieur Grilhon, estimés 150 francs, par ledit procès-verbal.

Le sieur Grilhon paiera à la commune une soulte de 130 francs et les frais d'échange.

Art. 83. *Hospice de Saint-Symphorien-sur-Coire (Rhône).* La commission administrative de l'hospice de Saint-Symphorien-sur-Coire, département du Rhône, est autorisée à céder, à titre d'échange, au sieur Bonhomme, les bâtiments du domaine appartenant audit hospice, situés au lieu dit *des Vernières*, commune de Saint-

Martin-en-Haut, estimés 2,000 francs, suivant procès-verbal du 8 messidor an XI; et à recevoir, en contre-échange, sans soulte ni retour, dudit sieur Bonhomme, d'autres bâtimens sis en la même commune, estimés 4,500 francs, suivant le même procès-verbal.

Le sieur Bonhomme paiera les frais d'échange.

Art. 84. *Commune de Mont-Joie (Roër).* La commune de Mont-Joie, département de la Roër., est autorisée à céder, à titre d'échange, au sieur Scheibler, 8 ares 77 centiares de terrain communal, estimés 68 francs, par procès-verbal du 9 ventôse an XII ; et à recevoir en contre-échange 12 ares 6 centiares de terrain appartenant au sieur Scheibler, évalués 134 francs, par ledit procès-verbal.

Le sieur Scheibler paiera les frais d'échange.

Art. 85. *Commune d'Anserème (Sambre-et-Meuse).* La commune d'Anserème, département de Sambre-et-Meuse, est autorisée à céder, à titre d'échange, au sieur Amand, differentes parties de terrain, formant ensemble 64 ares 7 centiares, désignées et confrontées dans le procès-verbal d'experts, du 23 nivôse an XII, et évaluées 714 fr. 25 c.; et à recevoir en contre-échange deux parties de terrain, formant ensemble 72 ares 3 centiares, évaluées 987 francs, selon ledit procès-verbal.

Le sieur Amand paiera les frais d'échange.

Art. 86. *Commune de Malans (Haute-Saône).* La commune de Malans, département de la Haute-Saône, est autorisée à céder, à titre d'échange, au sieur Odille, un terrain communal contenant 72 ares, estimé 7 francs, par procès-verbal d'experts, du 18 prairial an XII; et à recevoir en contre-échange, sans soulte ni retour, 26 ares de terrain appartenant au sieur Odille, estimés 300 francs, par ledit procès-verbal.

Le sieur Odille paiera les frais d'échange.

Art. 87. *Commune de Jussey (Haute-Saône).* La commune de Jussey, département de la Haute-Saône, est autorisée à céder, à titre d'échange, à la dame Légier, 1 hectare 12 ares 60 centiares de pré, estimés 2,834 fr., par procès-verbal d'experts, du 7 nivôse an XII; et à recevoir en contre-échange, sans soulte ni retour, 1 hectare 58 ares 89 centiares appartenant à la dame Légier, estimés 3,888 fr. 31 c., par ledit procès-verbal.

La dame Légier paiera les frais d'échange.

Art. 88. *Fabrique de Sarrebourg (Sarre).* Les administrateurs de la fabrique de Sarrebourg, département de la Sarre, sont autorisés à céder, à titre d'échange, au sieur Lion, une prairie contenant 52 ares, évaluée 56 francs, par procès-verbal d'experts, du 16 pluviôse an XII; et à recevoir en contre-échange, sans soulte ni retour, 48 ares d'un terrain appartenant au sieur Lion, et estimés 70 francs, par ledit procès-verbal.

Le sieur Lion paiera les frais d'échange.

Art. 89. *Commune de Sarrebourg (Sarre).* La commune de Sarrebourg, département de la Sarre, est autorisée à céder, à titre d'échange, au sieur Staadt, une prairie contenant 2 ares 28 centiares, estimée 30 francs, par procès-verbal d'experts, du 18 pluviôse an XII; et à recevoir en contre-échange une prairie appartenant au sieur Staadt, contenant 3 ares 19 centiares, estimée 40 francs, par ledit procès-verbal.

Le sieur Staadt paiera les frais d'échange.

Art. 90. *Commune de Neuilly (Seine).* Le maire de Neuilly, département de la Seine, est autorisé à céder, à titre d'échange, au maréchal d'empire Murat, un terrain communal contenant 292 mètres 50 centimètres carrés, et estimé 150 francs, suivant procès-verbal du 24 thermidor an X; et à recevoir en contre-échange moitié d'un terrain sur lequel étaient construits la ci-devant église et le cimetière de Villiers-la-Garenne, ledit terrain contenant en totalité 296 mètres 40 centimètres, et estimés 153 francs, suivant ledit procès-verbal, en sorte que la portion revenant à la commune est de la valeur de 76 fr. 50 c.

Le maréchal d'empire Murat transportera à la commune, par forme de soulte, une rente de 300 francs sur l'Etat.

Le maire de ladite commune est également autorisé à céder, à titre d'échange audit maréchal d'empire, un autre terrain communal situé à Villiers-la-Garenne, faisant partie d'un terrain anciennement appelé le *Chemin de la Procession*, contenant 1,930 mètres 50 centimètres, et estimé 990 francs, suivant un autre procès-verbal du même jour 24 thermidor an X; et à recevoir en contre-échange, de mondit le maréchal d'empire, un terrain de 17 ares 8 centiares, destiné à former un cimetière pour la commune de Neuilly; lequel terrain, avec les frais de clôture à la charge dudit sieur maréchal d'empire, est estimé à la somme de 4,450 francs, suivant le procès-verbal susdaté.

Les frais de ces deux échanges seront supportés par le maréchal d'empire Murat.

Art. 91. *Commune de Saint-Bris (Yonne).* Le maire de la commune de Saint-Bris, département de l'Yonne, est autorisé à échanger, au nom de ladite commune, la propriété de 12 hectares 50 ares de bois appartenant à cette commune, ainsi qu'ils sont énoncés au rapport d'experts, du 26 ventôse an IX, contre la halle sise audit Saint-Bris, appartenant au sieur Cornisset.

Le sieur Cornisset sera tenu de payer, pour soulte de la plus-value, de ces bois, la somme de 810 francs qui seront versés dans la caisse des recettes municipales, et seront spécialement affectés à l'exécution des réparations à faire à ladite halle.

Le sieur Cornisset sera chargé de tous les frais auxquels ledit échange pourra donner lieu.

TITRE V.

Impositions extraordinaires.

Art. 92. *Commune de Châtillon-Michaille (Ain).* La commune de Châtillon-Michaille, département de l'Ain, est autorisée à s'imposer extraordinairement, au centime le franc des contributions directes payables en dix années, la somme de 11,519 fr. 25 c., pour subvenir, avec le produit d'une vente de biens communaux, autorisée par décret du 24 nivôse an XIII, à la construction d'une église.

Art. 93. *Commune de Montbron (Charente).* La commune de Montbron, département de la Charente, est autorisée à s'imposer extraordinairement la somme de 7,324 francs, pour subvenir aux frais de réparations de la maison commune, et la rendre propre à fournir le casernement d'une brigade de gendarmerie.

Art. 94. *Commune de Caugé (Eure).* La commune de Caugé, département de l'Eure, est autorisée à s'imposer extraordinairement, au centime le franc de ses contributions directes, la somme de 2,190 fr. 60 c., pour subvenir aux frais d'appel d'un procès déjà gagné par elle en première instance.

Art. 95. *Commune de Nonancourt (Eure).* La commune de Nonancourt, département de l'Eure, est autorisée à s'imposer extraordinairement, au centime le franc de ses contributions directes, la somme de 1,054 francs, pour acquitter sa part contributive dans les frais de reconstruction d'un pont vicinal.

Art. 96. *Commune de Sours (Eure-et-Loir).* Les habitants de la commune de Sours, département d'Eure-et-Loir, sont autorisés à s'imposer, en trois ans, pour la reconstruction de leur église, au centime le franc des contributions directes, la somme de 9,600 francs.

Les travaux de l'église seront adjugés au rabais, et sur devis préalable.

Art. 97. *Département d'Indre-et-Loire (Réparations d'édifices publics).* Le département d'Indre-et-Loire est autorisé à s'imposer extraordinairement, en centimes additionnels aux contributions directes de l'an XIII, la somme de 100,000 francs, dont il sera fait l'emploi suivant, savoir:

Pour réparations de l'archevêché, 30,000 francs, ci	30,000 fr.
Pour celles de la cathédrale, 10,000 fr., ci	10,000
Pour l'ouverture du canal de Saint-Anne, 30,000 francs, ci	30,000
Pour aider à la construction du port de l'Ile Bouchard, 15,000 francs, ci . .	15,000
Et pour moitié de la construction du pont de Saint-Quentin, 15,000 francs, ci .	15,000
Total	100,000

Art. 98. *Commune de Senard (Meuse).* La commune de Senard, département de la Meuse, est autorisée à s'imposer extraordinairement, au centime le franc de ses contributions directes, la somme de 662 fr. 50 c., pour acquitter sa part contributive dans les frais de reconstruction d'un pont vicinal.

Lesdits travaux, détaillés dans un devis préalable, seront adjugés au rabais, faits, reçus et payés comme les autres travaux publics.

Art. 99. *Commune de Braux-Saint-Remy (Marne).*

La commune de Braux-Saint-Remy, département de la Marne, est autorisée à s'imposer extraordinairement la somme de 750 francs, pour subvenir aux frais de reconstruction d'un pont communal.

Art. 100. *Commune de Châtillon (Nièvre).* La commune de Châtillon, département de la Nièvre, est autorisée à s'imposer extraordinairement la somme de 927 fr. 36 cent., pour établir un nouveau cimetière.

Art. 101. *Commune d'Onaigue (Nièvre).* La commune d'Onaigue, département de la Nièvre, est autorisée à s'imposer extraordinairement la somme de 941 francs, pour compléter le prix d'acquisition d'un presbytère.

Art. 102. *Communes de Kircheim et Odratzheim (Bas-Rhin).* Les communes de Kircheim et d'Odratzheim, département du Bas-Rhin, sont autorisées à s'imposer extraordinairement la somme de 2,549 fr. 58 cent., pour payer les frais de délimitation de leur territoire.

La commune de Kircheim paiera, de ladite somme, 1,465 fr. 10 c.; celle d'Odratzheim paiera 1,084 fr. 48 c.

Art. 103. *Commune d'Huriel (Allier).* La commune d'Huriel, département de l'Allier, est autorisée à s'imposer extraordinairement, au centime le franc de ses contributions directes, la somme de 4,444 fr. 45 cent., pour subvenir aux frais d'acquisition d'une halle pour ses marchés, et d'une maison destinée aux audiences du juge de paix.

Art. 104. *Arrondissement de Loudéac (Côtes-du-Nord).* Le préfet du département des Côtes-du-Nord est autorisé à imposer, au centime le franc, sur toutes les impositions directes de l'arrondissement de Loudéac, et en trois ans, à commencer de l'an XIII, la somme de 30,000 francs, pour être employée à la construction d'une maison d'arrêt dans la ville de Loudéac.

Les devis seront préalablement approuvés par le préfet, sur l'avis du sous-préfet, et les travaux donnés à l'adjudication au rabais.

Art. 105. *Commune de Cernoy (Loiret).* La commune de Cernoy, département du Loiret, est autorisée à s'imposer extraordinairement, au centime le franc de ses contributions directes, la somme de 436 francs, pour subvenir aux frais de réparations d'un pont.

Art. 106. *Arrondissement de Villefranche (Rhône).* Les communes ci-après nommées, faisant partie de l'arrondissement de Villefranche, département du Rhône, sont autorisées à s'imposer extraordinairement, en centimes additionnels aux contributions directes, les sommes suivantes, pour subvenir aux frais de réparations du chemin qui conduit de Villefranche au Port-de-Franc

Savoir:

La commune de Villefranche, 1,172 fr. 51 cent.;
Celle de Beligny, 660 fr. 16 cent.;
Celle de Gleizé, 829 fr. 96 cent.;
Celle de Chervinges, 168 fr. 80 cent.;
Celle de Pouilly-le-Monial, 383 fr. 50 cent.;
Celle de Liergues, 540 fr. 30 cent.;
Celle de Lacenas, 400 fr. 50 cent.;
Celle de Cogny, 664 fr. 13 cent.;
Celle de Rivolet, 830 fr. 82 cent.;
Celle de Limas, 620 fr. 20 cent.;
Celle de Dernié, 795 fr. 96 cent.;
Celle de Pouilly-le-Châtel, 182 fr. 80 cent.;
Celle d'Ouilly, 423 fr. 44 cent.;
Celle de Ville-sur-Jarnioux, 570 fr. 27 cent.;
Et celle de Montmelas, 100 fr. 76 cent.

Total, 8,346 fr. 11 cent.

Cette imposition extraordinaire sera acquittée en une ou plusieurs années, ainsi que le préfet le jugera convenable.

Art. 107. *Commune de Villers-le-Bel (Seine-et-Oise).* La commune de Villers-le-Bel, département de Seine-et-Oise, est autorisée à s'imposer extraordinairement, au centime le franc de ses contributions directes, la somme de 5,234 fr. 84 cent., pour subvenir aux frais de réparations de son pavé.

Art. 108. *Commune de Celles (Deux-Sèvres).* La commune de Celles, département des Deux-Sèvres, est autorisée à s'imposer extraordinairement, en deux ans, au centime le franc de ses contributions directes, la somme de 4,850 francs, pour subvenir aux frais d'acquisition d'un jardin destiné à servir de champ de foire.

TITRE VI.

OBJETS MIXTES.

Aliénation et Acquisition.

Art. 109. *Commune de Saint-Gaudens. (Haute-Ga-*

ronne). Le maire de Saint-Gaudens, département de la Haute-Garonne, est autorisé à vendre, dans la forme prescrite pour l'aliénation des domaines nationaux, un terrain communal où était la halle aux grains, contenant 12 ares 75 centiares, et estimé 2,600 francs, suivant procès-verbal du 16 floréal an X : le produit de cette vente sera employé à acquérir, pour le prix de 2,639 fr., le bâtiment des ci-devant Jacobins, estimé 4,000 francs, suivant le procès-verbal du 23 vendémiaire an XII.

Aliénation à la charge d'établissement d'une filature de coton.

Art. 110. *Collége de Saint-Wast à Douai (Nord).* Le préfet du département du Nord est autorisé à aliéner au sieur Perrier, membre de l'institut national, un domaine à Douai, connu sous le nom de *Collége neuf de Saint-Wast,* moyennant la somme de 36,000 francs en capital, porté dans le procès-verbal d'estimation du 17 nivôse an XII, à la charge d'y former un établissement de filature de coton.

Le prix de cette acquisition sera versé dans la caisse du receveur des domaines, dans le délai de cinq années, à partir de la publication de la présente loi, et ce, en cinq paiements égaux : le premier sans intérêts, dans le mois de la passation du contrat de vente et avant la mise en possession, et les autres d'année en année, avec les intérêts à cinq pour cent.

L'acquéreur sera tenu de mettre son établissement en activité dans le délai d'un an, sous peine de résiliation du contrat et de perdre les sommes qu'il aura payées. L'administration des domaines est spécialement chargée de surveiller l'exécution de cette clause.

Echange et aliénation.

Art. 111. *Hospice de Bessan (Hérault).* La commission administrative de l'hospice de Bessan, département de l'Herault, est autorisée à céder, à titre d'échange, à la commune de Bessan, 194 mètres carrés de terrain, estimés 100 francs, suivant procès-verbal du 1er nivôse an XII ; et à recevoir de ladite commune, en contre-échange, un terrain de 595 mètres carrés, estimé pareillement 100 francs, suivant le procès-verbal susdaté.

Les frais d'échange seront partagés également entre la commune et l'hospice.

Ladite commission est également autorisée à aliéner, dans la forme prescrite pour l'aliénation des domaines nationaux : 1° un terrain contenant 2037 mètres carrés, au lieu dit *Taudon,* estimé 600 francs ; 2° 226 mètres carrés de terrain situés au-dessus de la grande route d'Agde à Pezenas, et estimés 300 francs, suivant le procès-verbal dudit jour 1er nivôse an XII.

L'aliénation desdits terrains se fera en différents lots, et le prix de chacun desdits lots sera stipulé payable à rentes en grains.

Echange et aliénation à charge de réparations.

Art. 112. *Commune de Vassy (Haute-Marne).* Le préfet du département de la Haute-Marne est autorisé à céder, à titre d'échange, à la commune de Vassy, la maison nationale dite des *Dames Régentes,* contenant 37 ares 82 centiares, évaluée 14,500 francs, par procès-verbal d'experts, du 2 nivôse an XII ; et à recevoir en contre-échange la maison communale dite *Caruvé,* contenant 8 ares 80 centiares, estimée 8,000 francs, selon ledit procès-verbal.

Pour soulte dudit échange, la commune de Vassy sera tenue de faire à la maison *Caruvé* les réparations nécessaires pour y établir le casernement de la brigade de gendarmerie, conformément au devis dressé le 2 nivôse an XII, par l'ingénieur des ponts et chaussées, qui porte lesdites réparations à 7,744 francs.

La maison dite des *Dames Régentes* sera destinée au logement : 1° de l'école secondaire et des professeurs ; 2° du curé, mais de manière que les deux logements soient séparés et sans aucune communication entre eux.

La commune de Vassy subviendra ~~...~~ lesdites réparations ~~...~~

(*Tarn*). L'adjoint à la mairie de la commune de Saint-Amans-la-Bastide, département du Tarn, est autorisé à concéder au sieur Gayzard, maire de ladite commune, un casal de bâtiment appelé *Place,* et estimé 800 francs, suivant procès-verbal, du 12 ventôse an XII ; à la charge par ledit sieur Gayzard de construire à ses frais un chemin d'embranchement qui communique de Saint-Amans à la grande route de Castre à Saint-Pons, conformément au devis dressé le 22 thermidor an XI.

TITRE VII.

Dispositions générales.

Art. 114. Les impositions accordées aux communes auront lieu sur les contributions foncière, mobilière, personnelle et somptuaire, au centime le franc.

Art. 115. Toutes les fois qu'un des preneurs à rente voudra l'amortir, il en aura la faculté en payant vingt années du montant de la rente.

Art. 116. Si la somme que chaque commune ou hospice aura à sa disposition, provenant du remboursement, aliénation ou soulte d'échange par suite de la présente loi, n'a pas d'affectation spéciale, et peut suffire à acquérir 50 francs de rente sur l'Etat, cette acquisition sera faite sous la surveillance du préfet, à moins qu'il n'y ait autorisation contraire et spéciale.

Si elle n'est pas suffisante pour acheter 50 francs de rente, le préfet en règlera l'emploi.

Art. 117. Tous les travaux qu'une commune ou un département aura à faire en vertu de la présente loi, seront, si fait n'a déjà été, évalués par devis, adjugés au rabais, et ensuite faits, reçus et payés comme les travaux publics nationaux, sous l'inspection gratuite d'un ingénieur du département, et sous la surveillance du préfet.

La discussion du projet de loi est indiquée au 29 pluviôse.

Le Corps législatif arrête que le projet de loi présenté par M. Regnauld (*de Saint-Jean-d'Angély*) sera communiqué aux sections du Tribunat.

L'ordre du jour appelle la discussion du *projet de loi relatif à l'exemption de contribution foncière pour Ville-Napoléon.*

Les orateurs du Conseil d'Etat et ceux des sections du Tribunat sont introduits.

M. le **Président.** La parole est aux orateurs du Tribunat.

M. **Jard-Panvilliers.** Messieurs, trop souvent cette enceinte a retenti du récit des maux qu'éprouva la Vendée. Tant que l'esprit de parti, la prévention ou l'impéritie s'obstinaient à les méconnaître ou même à les aggraver par des mesures qui ne pouvaient que les aigrir, il fallait bien en retracer le tableau, pour intéresser au moins les hommes sensibles à les faire cesser. Mais depuis qu'un génie bienfaisant veille sur la France, nous n'avons plus à vous en entretenir que pour vous proposer les moyens de les réparer.

Parmi les diverses causes qui favorisèrent les desseins des premiers moteurs de la guerre terrible, dont ces désastres furent la suite, on doit compter l'ignorance de la plupart des habitants des campagnes, dans un pays où il n'y a que de très-petites villes éloignées les unes des autres, et presque point de moyens de communication avec les autres parties de l'Empire. L'éloignement du centre de l'administration a peut-être aussi contribué ; au moins est-il certain que son action fut trop faible ou trop lente pour arrêter les troubles même dans leur principe. Mais ce ne fut pas tant sous ce rapport que l'éloignement des administrations devint nuisible au maintien de la paix, que parce qu'il les mettait dans l'impossibilité d'éclairer les citoyens du département sur leurs véritables intérêts, de détruire les fâcheuses préventions qu'on cherchait à leur inspirer contre les agents de l'autorité, et d'exercer à leur égard cette persuasion, toujours plus puissante que les armes, sur des hommes d'un caractère naturellement ferme et généreux, comme le sont en général ceux de la Vendée.

A ces causes premières s'en joignirent d'autres, que la fureur des partis et d'horribles spéculations inventèrent, mais qu'il est inutile de rappeler, maintenant que le rétablissement de la paix intérieure en a rendu le retour désormais impossible.

Grâces éternelles soient rendues au héros qui mit un terme à de si grandes calamités ! Son nom, cher à tous les Français, sera toujours l'objet de l'amour et de la vénération particulière de ceux qui lui doivent le repos, la paix et la vertu. Oui, Messieurs, la vertu; car ces mêmes hommes, qui pendant nos discordes civiles, immolaient sans pitié tous ceux qui n'étaient pas de leur parti, nous offrent aujourd'hui, comme autrefois, l'exemple de la philanthropie la plus touchante. Dans ce même pays où pendant six ans, la terre fut abreuvée du sang de tant de milliers de victimes, pas un assassinat privé n'a été commis depuis plus de trois ans. Longtemps encore les traces des maux qu'on y a soufferts rappelleront le bienfaiteur qui les a fait cesser ; mais quels sentiments de reconnaissance ne doivent pas y exciter les soins qu'il prend pour les réparer et en prévenir de nouveaux ?

Pour atteindre à ce double but, un décret de Sa Majesté a ordonné qu'à peu près au centre du département de la Vendée, sur les bords de l'Yon et sur les ruines de l'ancienne ville de la Roche, qui fut détruite de fond en comble pendant la dernière guerre, il serait bâti une nouvelle ville, qui doit être le siége de la préfecture et des tribunaux, dans laquelle on construira un log
e, des casernes pour deux mille hommes, et tous les édifices accessoires à ces établissements. De grandes routes seront ouvertes pour la faire communiquer avec toutes les villes importantes des environs. Cette nouvelle cité s'appellera la *Ville-Napoléon.*

Là, ce n'est point un prince qui, à l'instar du conquérant de l'Asie, avec lequel il a, d'ailleurs, tant de rapports de gloire et de célébrité, veut fonder une nouvelle ville pour lui donner son nom, et en faire un monument de ses triomphes. C'est encore moins un prince mû par les motifs du fastueux Constantin qui, pour satisfaire son orgueil et sa vengeance, voulut fonder une nouvelle capitale de l'empire qu'il ruina. Ce sont les habitants de la Vendée, qui ont sollicité et obtenu que leur nouvelle ville portât un nom déjà gravé dans tous les cœurs, afin que leurs descendants eussent sans cesse présent à la mémoire celui du monarque, réparateur des maux qu'ils ont soufferts. Ainsi, la ville Napoléon sera toujours un monument de leur amour et de leur reconnaissance.

Elle sera un centre commun, où les lumières se réuniront d'abord, pour se répandre ensuite dans les autres parties du département, et en préserver les habitants des erreurs auxquelles sont exposés ceux qui vivent dans les ténèbres de l'ignorance. On y verra se développer tous les genres d'industrie, qui ne peuvent guère naître qu'au sein d'une population nombreuse. L'esprit du commerce y attirera les produits d'un sol naturellement fertile pour les manufactures et les exporter, par le moyen des grandes routes et d'un canal, dont l'ouverture est ordonnée. La présence de l'administration favorisera l'essor de ces diverses sources de prospérité; et les améliorations promptement sensibles, qui en résulteront dans la fortune des habitants de ce pays, auquel l'ancien gouvernement n'avait jamais pensé que pour en tirer d'énormes contributions, les

attacheront de plus en plus à celui qui s'occupera si efficacement de leur bonheur. D'ailleurs, ces habitants, plus rapprochés des agents de l'autorité publique, seront plus à portée de leur faire entendre leurs réclamations, et en obtiendront une Justice plus prompte. Il s'établira entre eux et leurs magistrats des relations plus fréquentes et plus intimes, desquelles naîtront des sentiments de confiance et de bienveillance réciproques. Ainsi, tous les cœurs remplis de ces douces affections se trouveront fermés aux suggestions des ennemis de la paix, qui régnera désormais dans ce beau pays ; et s'il s'en trouvait encore quelques-uns qui voulussent y jeter de nouveaux brandons de discorde, la force publique serait là pour les réprimer.

Tel est, Messieurs, l'aperçu des avantages qui doivent résulter de l'établissement de la ville Napoléon ; mais pour en accélérer la jouissance, il faut hâter la construction de cette ville. Un des principaux moyens d'y parvenir est d'accorder une prime d'encouragement à ceux qui, les premiers, voudront y faire bâtir et s'y fixer. C'est l'objet du projet de loi soumis en ce moment à votre délibération, et qui accorde une exemption de contribution foncière pendant quinze années consécutives, à compter de l'an XIV, sur les maisons, jardins et dépendances, et généralement sur tous les édifices qui seront construits dans la ville Napoléon.

L'assentiment que vous avez déjà donné, l'année dernière, à des dispositions à peu près pareilles, en faveur des villes de Bressuire et Châtillon, qui avaient été également détruites par la guerre civile, est le présage de celui que vous donnerez au projet qui vous est soumis aujourd'hui; on est d'ailleurs sûr de l'obtenir, lorsqu'il s'agit d'acte de bienfaisance.

Habitants de la Vendée, vos longs malheurs sont finis ! Le sauveur de la France a jeté sur vous ses regards paternels. Celui qui releva les autels du Dieu de l'univers veut aussi relever vos villes et vos chaumières. Sa tendre sollicitude ne se borne pas à vouloir vous rendre votre ancienne prospérité; elle veut encore l'accroître ; et le bonheur dont les circonstances ne lui permettent pas de vous faire jouir dès ce moment, elle vous le fait espérer. Une maison impériale de chasse va être construite aux frais de la couronne, à une lieue environ de Napoléon. Ainsi, vous verrez luire le jour si désiré, où vous pourrez faire éclater, en présence de l'auguste chef que la nation s'est donné, l'expression de votre amour et de votre reconnaissance. Sa Majesté se convaincra qu'il n'est point de Français plus fidèles ou plus dévoués à sa personne, ni plus susceptibles de la tendre affection que sa bienveillance seule suffit pour inspirer à vos âmes généreuses ; et dans l'épanchement de vos sentiments de gratitude, vous bénirez aussi la puissance législative qui aura sanctionné l'acte de bienfaisance dont vous êtes aujourd'hui l'objet.

Messieurs, la section de l'intérieur du Tribunat vous exprime, par mon organe, le vœu d'adoption du projet de loi relatif à l'*exemption de la contribution foncière pour la ville Napoléon.*

Aucun autre orateur ne demandant la parole, la discussion est fermée.

L'assemblée procède au scrutin. Le nombre des votants était de 226, dont 222 ont voté pour l'adoption et 4 pour le rejet.

La séance est levée.

CORPS LÉGISLATIF.

21 *pluviôse an XIII* (dimanche 10 février 1805).

Aujourd'hui à deux heures une députation du Corps législatif, composée des membres dont les noms suivent,

MM. Fontanes, *président;* Béguinot et Lombard-Taradeau, *vice-présidents;* Delatre et Terrasson, *questeurs;* Janet, Desribes, Mauboussin, Desprez, Dumaire, Boyelleau, Foucher, Toulgoet, Beaufranchet, Barral, Lobjoy Lespérut, Despallières, Prunis, Vantrier, Delahaye, Debeaumont, Jubié, Delzons, Vigneron, a été introduite par le grand maître des cérémonies, auprès de l'Empereur, dans la salle du trône au palais des Tuileries, où étaient présents les princes, les grands dignitaires, les ministres, les maréchaux et grands officiers de l'Empire, les sénateurs et les conseillers d'Etat.

M. **Fontanes**, *président*, a fait lecture de l'adresse votée par le Corps législatif, le 15 de ce mois. Cette adresse est conçue en ces termes :

Sire, vous demandez la paix quand la guerre a toujours augmenté votre gloire ! vos fidèles sujets, les membres du Corps législatif, touchés comme ils doivent l'être d'une démarche aussi magnanime, et des communications qu'ils ont reçues, viennent remercier l'ami de la France, de l'Europe et du genre humain.

Le monde vous a vu constamment le même aux plus grandes époques de votre vie ; ce n'est jamais sur l'accroissement de votre puissance que vous mesurez vos prétentions. Les faveurs de la fortune égarent l'orgueil d'un prince vulgaire ; elles redoublent la modération du grand homme ; c'est pour cela que votre usage est de proposer la paix le lendemain ou la veille d'une victoire.

L'ennemi aurait pu apprendre comme nous, dans le récit de vos actions, qu'il est sage de terminer la guerre, quand Votre Majesté manifeste ce désir.

Il nous parle de ses alliés, mais il n'est point d'alliés sans des avantages réciproques ; et quand un peuple veut régner seul sur les mers, son intérêt est en opposition avec celui de tous les autres.

Il invoque le droit des gens, mais il le viole sans cesse.

Le plus grand des écrivains politiques (1) louait avec raison l'Angleterre d'avoir inséré dans sa grande Charte un article qui lui défend de saisir et de confisquer, en cas de guerre, les marchandises des négociants étrangers, hors dans le cas de représailles.

Les mers de Cadix ont vu naguères comme ce gouvernement est fidèle aux maximes de ses ancêtres. Il foule aux pieds ses propres lois, et leur substitue le code des pirates.

Ceux qui se permettent de tels attentats osent-ils affecter des alarmes sur la tranquillité future de l'Europe ! Oui, sans doute, l'Europe éprouva de grands dangers ; mais n'est-ce pas vous, Sire, qui les avez fait disparaître ?

Un esprit séditieux menaçait dans tous les grands Etats l'autorité publique ; il s'était souvent introduit dans les palais et jusque dans les conseils des princes ; Votre Majesté seule en a réprimé les ravages. Elle a raffermi tous les trônes en relevant celui de la France. Elle a défendu la cause des

(1) La grande Charte des Anglais défend de saisir et de confisquer, en cas de guerre, les marchandises des négociants étrangers, à moins que ce ne soit par représailles. Il est beau que la nation anglaise ait fait de cela un des articles de sa liberté. (Montesquieu, *Esprit des ois*, livre 20, chapitre 14).

rois, après avoir vengé celle des peuples: tous les intérêts aujourd'hui doivent être liés aux vôtres. A ce grand service rendu au monde, que peut opposer jusqu'ici l'Angleterre ? Ses violences contre le Danemarck et l'Espagne, et l'oppression de l'Inde entière.

Sire, il était digne de vous d'invoquer encore l'humanité avant de combattre. Elle vous absout désormais de tous les malheurs de la guerre, s'ils doivent se prolonger.

Les nations et les princes ont des devoirs et des engagements mutuels. Tous les vôtres ont été remplis dans cette grande circonstance. La nation sera fidèle aux siens. Elle vous promet un dévouement nouveau ; elle secondera de toutes ses ressources un prince qui est assez grand pour sacrifier la gloire des conquêtes à la prospérité de son pays.

Espérons pourtant que les calculs mercantiles ne s'opposeront pas toujours aux sentiments héroïques de Votre Majesté, et que l'intérêt de quelques comptoirs ne sera pas mis en balance avec celui du monde entier.

L'Empereur, assis et couvert, a répondu à cette adresse en ces termes :

Messieurs les députés des départements au Corps législatif, lorsque j'ai résolu d'écrire au roi d'Angleterre, j'ai fait le sacrifice du ressentiment le plus légitime et des passions les plus honorables. Le désir d'épargner le sang de mon peuple m'a élevé au-dessus des considérations qui déterminent ordinairement les hommes. Je serai toujours prêt à faire les mêmes sacrifices. Ma gloire, mon bonheur, je les ai placés dans le bonheur de la génération actuelle. Je veux, autant que je pourrai y influer, que le règne des idées philanthropiques et généreuses soit le caractère du siècle. C'est à moi, à qui de tels sentiments ne peuvent être imputés à faiblesse, c'est à nous, c'est au peuple le plus doux, le plus éclairé, le plus humain, de rappeler aux nations civilisées de l'Europe qu'elles ne forment qu'une même famille, et que les efforts qu'elles emploient dans leurs dissensions civiles sont des atteintes à la prospérité commune. Messieurs les députés des départements au Corps législatif, je compte sur votre assistance, comme sur la bravoure de mon armée.

Après ce discours, la députation se retire.

TRIBUNAT.

21 *pluviôse an XIII* (dimanche 10 février 1805).

Le Tribunat en corps est introduit auprès de Sa Majesté l'Empereur, au palais des Tuileries, par le grand maître des cérémonies.

M. **Fabre** *(de l'Aude), président,* fait lecture de l'adresse votée par le Tribunat, le 19 pluviôse, en comité général. Elle est ainsi conçue :

Sire, vos très-fidèles sujets les membres du Tribunat viennent remercier Votre Majesté de la communication qui leur a été faite en son nom, le 15 de ce mois.

Ils ont entendu avec la plus profonde sensibilité le vœu de paix qu'elle a adressé au roi de la Grande-Bretagne, du milieu des préparatifs formidables d'une guerre soutenue pour le maintien de la foi des traités, pour la défense des droits et de l'honneur du peuple français.

La France et l'Europe entière trouveront dans cette noble démarche de Votre Majesté une nouvelle preuve de ces sentiments de modération qui l'ont constamment animée, et dans ses plus éclatants triomphes, et dans ses plus hautes espérances. Elles y verront encore une fois le rare et généreux exemple de la puissance qui cherche elle-même des limites, et de la gloire qui veut s'imposer des sacrifices.

Elles regretteront que le gouvernement britannique n'ait pas répondu au vœu de Sa Majesté d'une manière plus digne des sentiments qui l'avaient inspirée, et qu'une fausse politique semble lui faire méconnaître et les vrais intérêts de l'Europe et les droits de l'humanité.

Sire, la nation qui vous a confié le soin de ses destinées sait que vous avez dévoué toute votre existence à son bonheur, et que la guerre qui *ne vous offre rien que vous deviez redouter* ne peut être pour vous qu'un moyen de conquérir et d'affermir la paix. Elle saura tout ce que vous avez fait pour mettre un terme aux calamités de la guerre, et vous trouverez toujours dans la constance de ses affections et l'énergie de son dévouement, tous les moyens qui seront nécessaires pour défendre ses droits et soutenir la gloire de votre trône.

L'Empereur a répondu à cette adresse en ces termes :

Messieurs les membres du Tribunat, la génération actuelle a besoin de bonheur et de repos ; et la victoire ne s'obtient qu'avec le sang des peuples. Le bonheur du mien est mon premier devoir comme mon premier sentiment.

Je sens vivement tout ce que vous me dites. La plus douce récompense de tout ce que je puis avoir fait de bien sera toujours pour moi l'union et l'amour de ce grand peuple.

CORPS LÉGISLATIF.

PRÉSIDENCE DE M. FONTANES.

Séance du 22 pluviôse an XIII (lundi 11 février 1805).

Le procès-verbal de la séance du 20 de ce mois est adopté.

MM. Regnauld, Defermon et Béranger, conseillers d'État, sont introduits.

M. **Regnauld** (*de Saint-Jean-d'Angély*) présente un projet de loi relatif *au budget de l'an XIII*.

En voici le texte et l'exposé des motifs.

Motifs.

Messieurs, l'époque où l'état des finances d'un grand peuple, présenté au Corps législatif dans son ensemble et dans ses détails, et mis aussi à la portée de tous les citoyens, par une publicité sans réserve, est une espèce de solennité politique : les faits qui y sont annoncés, les résultats qui y sont publiés, touchent, dans l'intérieur de l'Empire, à tous les intérêts; et à l'extérieur, ils éveillent toutes les réflexions. Ils nous montrent à nos amis et à nos ennemis avec tous nos besoins et toutes nos ressources, et fondent en même temps la juste confiance des premiers et les craintes désespérantes des seconds.

Ce double sentiment vous paraîtra d'autant mieux justifié, Messieurs, qu'à cette occasion périodique comme à toutes celles qui ont eu lieu depuis que Sa Majesté préside à l'administration de la France, et cette fois, s'il se peut, avec plus de précision encore, le tableau de l'état des finances françaises ne vous est pas offert seulement pour l'année courante.

Ce n'est pas la situation isolée d'une période passagère que Sa Majesté a ordonné de mettre sous vos yeux, c'est la suite non interrompue de l'état des finances depuis l'an VIII; c'est la correspondance exacte de toutes les années les unes avec les autres ; c'est l'intelligence facile de la

comptabilité de chaque exercice; c'est la certitude positive de l'apurement de toutes les dépenses qui y appartiennent, lorsque les liquidations permettent de les ordonnancer avec justice.

Ainsi la loi que je vous apporte, Messieurs, embrassant à la fois le temps qui s'est écoulé, le temps où nous sommes et celui qui s'approche, garantit la fidélité pour le passé, les moyens pour le présent, la sécurité pour l'avenir.

Je diviserai donc, Messieurs, l'exposé que je dois vous faire, en trois parties, dont chacune se rapportera à une des époques que je viens de vous indiquer.

PREMIÈRE PARTIE.
Dépenses antérieures à l'an XIII.

§ 1er.
Exercices antérieurs à l'an IX.

Vous n'avez pas oublié, Messieurs, ces temps de malheur et de désorganisation, dont les siècles de prospérité et d'ordre semblent déjà nous séparer, où la nation voyait, d'un côté, d'immenses besoins, et, de l'autre, de faibles ressources encore diminuées par leur mauvais emploi.

Le Gouvernement appelé, en l'an VIII, à relever les ruines de nos finances délabrées, ou plutôt à recréer nos finances détruites, eût été peut-être excusable de s'isoler de tout ce qui l'avait précédé.

Il ne le voulut pas; et la loi du 30 ventôse an IX prépara l'acquittement entier des années V, VI et VII.

Deux millions 700,000 livres de rentes à 3 0/0 furent créés et y furent affectés.

Un million de rentes à 5 0/0 fut affecté par la même loi aux dépenses de l'an VIII; et on destina, en outre, à la liquidation de ces exercices, toutes les rentrées effectives qui y appartenaient.

L'état comparatif de l'actif et du passif, pour les exercices antérieurs à l'an VIII, donne, au 1er vendémiaire an XIII, un résultat disponible, savoir : en numéraire, sur les rentrées probables, 1,073,356 francs ;

En capitaux de rentes à 3 0/0, 32,095,200 francs;

En capitaux à 5 0/0, 1,917,560 francs;

En tout 34,012,760 francs.

Ces deux sommes réunies suffiront, d'après les états par aperçu fournis par les divers départements du ministère, pour acquitter toutes les dépenses qui remontent au delà de l'an IX. La loi n'a rien à statuer à cet égard, et je n'en fais mention ici, Messieurs, que pour ne laisser dans votre pensée aucun doute, aucune obscurité sur toutes les années dont vous pouvez embrasser la comptabilité et connaître la régularisation.

§ II.
Compte de l'an IX.

Les fonds affectés par la loi aux dépenses de l'an IX étaient de 526 millions 477,041 francs. Les dépenses ont été plus fortes.

Mais, d'un autre côté, par une amélioration heureuse qui s'est renouvelée successivement chaque année dans nos revenus, ceux de l'an IX se sont élevés à 4,541.809 francs de plus que l'évaluation qui en avait été faite.

Les recettes en numéraire des exercices antérieurs à l'an IX, dont j'ai parlé à l'article précédent, offraient une somme supérieure aux besoins, un excédant qui a permis de disposer de 8 millions pour les dépenses de l'an IX.

Ces deux sommes laissaient encore une différence entre les dépenses et les moyens.

Et telle est, d'une part, Messieurs, la rigoureuse

fidélité commandée par l'Empereur, à ses administrateurs, dans l'accomplissement de leurs engagements; telle est, de l'autre, l'étendue de nos ressources actuelles, que Sa Majesté a voulu que l'an XIII, quoique chargé d'une masse de dépenses proportionnées à notre position, vînt au secours de l'an IX, et en complétât la liquidation.

En conséquence, Messieurs, 5,981,150 francs seront pris sur les recettes extraordinaires de l'an XIII, et joints aux deux sommes que je viens d'énoncer, satisferont à tous les besoins de l'an IX, en portant son crédit à la somme de 545 millions.

Ces dispositions sont consacrées dans le titre Ier de la loi.

§ III.
De l'an X.

Les revenus de l'an X, estimés à 500 millions, ont atteint cette évaluation, et les dépenses, fixées à la même somme, ne l'ont pas excédée.

Il reste sur cette année pour une somme de 13,210,390 livres de rentrées à opérer, de liquidations à consommer, ou plutôt de pièces à régulariser.

Conséquemment il n'est besoin d'aucune disposition législative pour cet exercice.

Mais je ne puis me refuser, Messieurs, à vous faire observer que dès lors a commencé la régularité des rentrées au trésor public, suite de l'exactitude dans le paiement des contributions; exactitude déjà si remarquable, qu'il n'est pas resté à recouvrer 300 mille francs sur plus de 273 millions de contributions directes de l'an X.

Les années suivantes vous offriront, Messieurs, les mêmes motifs de vous étonner d'un progrès aussi heureux, d'une amélioration aussi prompte, et d'applaudir aux mesures qui l'ont préparée.

§ IV.
De l'an XI.

En l'an X, la signature de la paix avait permis de restreindre les dépenses : la violation du traité d'Amiens créa de nouveaux besoins, commanda de rechercher de nouvelles ressources pour l'an XI.

La loi du 4 germinal an XI n'avait ouvert qu'un crédit de 589 millions 500 mille francs.

Celle du 5 ventôse an XII a accru ce crédit de 30 millions, et porté le budget de l'an XI à 619, 500,000 francs.

La dépense excédera cette dernière somme, et sera portée à 624,500,000 francs.

C'est conséquemment un supplément de crédit de 5 millions à accorder pour l'an XI, et le titre II de la loi contient cette disposition.

Mais telle a encore été, pendant l'an XI, la marche de l'administration, que la somme de 30 millions accordée de plus pour cet exercice en l'an XII, et celle de 5 millions qui vous est demandée aujourd'hui, seront prises sur les produits de l'année même à laquelle ces accroissements doivent s'appliquer; et notre système de finances, comme notre crédit, se soutiennent et s'améliorent ainsi d'année en année, sans arriéré comme sans anticipations.

Le titre II de la loi régularise sur ces bases le compte de l'an XI.

§ V.
De l'an XII.

Nous voici arrivés, Messieurs, à l'époque remarquable de l'an XII. Quelle était alors notre situation ?

Une guerre maritime à soutenir ; une guerre continentale à prévenir ; des flottes à créer ; une flottille à construire; des ports à creuser pour la recevoir ; des armements à faire ; des matelots à rassembler ; des équipages à solder ; une armée à mettre sur le pied de guerre ; des remontes à accélérer ; des approvisionnements extraordinaires à ramasser ; de l'artillerie à faire fondre ; des équipages à renouveler ; des fortifications à édifier ou à réparer.

Et cependant des travaux intérieurs à continuer ; les deux mers à réunir par de nouveaux canaux ; les deux sommets des Alpes à aplanir au mont Saint-Bernard et au mont Cenis ; des villes à fonder ; des communications territoriales à établir ; des marais à dessécher ; des ponts à jeter sur de grands fleuves ; des lycées à organiser. Tel est, Messieurs, le tableau rapide des dépenses auxquelles devait pourvoir cette année mémorable.

Ces dépenses ont été prévues, proposées, résolues, ordonnées, exécutées : elles sont acquittées jusqu'à concurrence de près des sept huitièmes ; et les ressources de l'année qui les vit effectuer suffiront pour les solder tout entières.

Hâtons-nous, en développant des faits incontestables et prouvés, d'expliquer ce prodige : hâtons-nous de faire taire les incrédules du dehors ou du dedans, et de convaincre ceux qui hésitent par étonnement, qui doutent par ignorance, qui contestent par prévention ou qui nient par mauvaise foi.

Le budget qui vous fut présenté l'année dernière, Messieurs, évaluait nos ressources et nos besoins à une somme égale de 700 millions ; nos besoins comme nos ressources, nos dépenses comme nos recettes dépasseront cette estimation de 62 millions, suivant les tableaux joints au compte du ministre des finances.

Les départements de la guerre et de la marine ont absorbé la majeure partie de cet excédant ; mais aussi ils se sont enrichis de tout ce qu'ils ont créé de grands vaisseaux et de petits bâtiments, d'équipages et de munitions, et ils ont amassé des approvisionnements de toute espèce.

Le ministre des cultes réclamait aussi un accroissement de dépense que le vœu général commandait à la justice de Sa Majesté. Il fallait pourvoir aux besoins pressant des prêtres desservants des succursales ; et, dès l'an XII, un décret impérial, en attendant la loi que vous allez rendre, a satisfait à ce devoir de l'humanité autant que de la religion.

Le ministère de l'intérieur a pris part aussi à cet accroissement de dépenses, par l'accélération des travaux d'arts de tous genres qui appartiennent à son département.

La fortune secondant la sagesse a voulu que les moyens ne manquassent pas à des besoins si honorables et si bien justifiés, et il ne reste à Sa Majesté qu'à s'applaudir avec vous, Messieurs, d'avoir été secondée dans ses vastes projets, par la confiance et le crédit public qui sont venus au secours d'une administration éclairée et vigilante.

Vous verrez, Messieurs, dans les comptes des ministres des finances et du trésor, qui, formés séparément et sur des éléments divers, donnent partout cependant des résultats identiques, comment plusieurs parties du revenu public ont excédé l'appréciation donnée par les directeurs généraux.

Vous verrez que, malgré la guerre, la régie de l'enregistrement et du domaine a dépassé cette appréciation de près de 19 millions. Vous remarquerez que cette administration, chargée jusqu'en l'an XII d'immenses détails de perceptions, dont la régie des droits réunis fera désormais les plus minutieuses, a réalisé en l'an XII une recette brute, en négligeant les fractions, de 257 millions, y compris, à la vérité, 48 millions pour le produit des forêts. Vous verrez en même temps qu'elle n'a coûté que moins de 14 millions de frais de régie, c'est-à-dire moins de 5 un quart pour cent, pour le personnel et le matériel, avantage étonnant, proportion presque inouïe dans la perception des impôts indirects, et dont des principes sûrs et invariables d'un côté et une surveillance active de l'autre garantissent la conservation.

Je ne dois pas omettre de vous faire remarquer, Messieurs, que dans ces produits sont compris les fermages du droit de pêche dans les rivières navigables.

Ces fermages s'élèvent déjà à plus de 60,000 fr.

Vous en parler, Messieurs, c'est vous retracer le bien que vous avez fait, puisque vous avez voté la loi qui a ressaisi cette partie usurpée du domaine impérial, et armé l'intérêt personnel en faveur d'une police que tant d'abus avaient rendue plus nécessaire.

Vous verrez encore, Messieurs, dans les comptes ministériels, que les douanes, portées à cause de la guerre à 25 millions seulement pour l'an XII, en ont produit près de 42.

Quand Sa Majesté prit les rênes du Gouvernement, le produit des douanes était presque nul, et les frais de régie comparés étaient excessifs.

En l'an IX, on obtint déjà un produit d'environ 19 millions;

En l'an X, de près de 31 millions;

En l'an XI, de plus de 36 millions;

En l'an XII, comme je viens de le dire, de 41, 485.621 francs.

Il est juste, Messieurs, de vous faire remarquer encore que la source de ces avantages est dans votre adhésion empressée aux mesures que Sa Majesté a ordonné au directeur général des douanes de vous présenter.

Le tarif des douanes, il y a quelques années, n'était que le résultat de calculs d'économie politique, commerciale, appliqués presque exclusivement à l'intérêt de notre culture, de nos manufactures et de notre industrie.

On avait négligé de faire entrer, dans les combinaisons qui préparèrent ce tarif, l'idée à la fois simple et juste d'atteindre, par une imposition calculée sur le danger plus ou moins probable de la contrebande, les consommations du luxe et les objets dont la classe la plus nombreuse, loin de connaître le besoin, ignore même les noms et l'existence.

Cette grave erreur n'a pas échappé aux regards de Sa Majesté : elle a usé avec une sage habileté du droit de changer le tarif des douanes; elle a fait d'utiles essais, et substitué une branche féconde et bien entendue de revenu public à une perception languissante et mal organisée.

Sa Majesté n'eût atteint son but qu'imparfaitement, si elle n'eût en même temps élevé de plus fortes barrières contre la fraude. La double ligne des douanes a en a déconcerté presque partout les ruses et les efforts, en même temps que les tribunaux, devenus plus justes et plus sévères, n'hésitent plus à en punir rigoureusement les auteurs.

Ainsi, Messieurs, cette partie de la législation, que vous avez consacrée, a justifié les espérances que Sa Majesté en avait conçues, et il n'y a pas de présomption à en fonder de nouvelles sur le

développement du même système, sur l'application du même principe à d'autres objets, ou aux mêmes objets sur une plus forte échelle.

Plus la quotité de la perception s'élèvera, plus les frais de régie diminueront relativement, et on peut espérer alors de les voir réduits à 17 ou 18 pour cent, au lieu de 21 pour cent environ, à quoi ils se bornent déjà, et au lieu de 50 pour cent qu'ils coûtaient il y a peu d'années.

Cependant le commerce, les manufactures, l'agriculture. n'ont pas à réclamer, car les matières premières n'ont pas été imposées à l'entrée. Nos productions territoriales ou industrielles sortent sans droits; et d'un autre côté, la classe pauvre ou laborieuse n'a pas à se plaindre; car la consommation des objets qui ont été taxés n'entre pas dans ses habitudes, et les droits qui se perçoivent ne prennent rien sur ses besoins ordinaires.

C'est donc sans s'écarter des plus sages, des plus rigoureux principes d'administration et d'économie publique; c'est en recueillant seulement les fruits d'une législation plus habilement conçue, plus savamment appropriée à notre position et à nos mœurs; en faisant valoir tous nos moyens et toutes nos ressources, que les recettes publiques se sont améliorées, et que, pour l'an XII, sans rien retrancher aux exercices antérieurs, sans rien enlever à l'année courante, ni à l'année qui va suivre, de ce qui leur appartient, nous pouvons élever le budget à la somme de 762 millions. C'est ce qu'attestent les états qui vous seront remis avec les comptes des ministres, et ce qu'autorise la loi.

Le titre III achève de pourvoir aux besoins des exercices passés, et ne laisse plus qu'à réaliser les moyens nécessaires pour l'an XIII, et à préparer ceux que la prévoyance indique pour l'année prochaine.

DEUXIÈME PARTIE.

Dépenses de l'an XIII.

§ 1er.

Évaluation des revenus.

La loi du 5 ventôse dernier, que j'ai déjà citée, Messieurs, avait mis à la disposition des divers départements du ministère, à-compte de leurs dépenses de l'an XIII, une somme de 400 millions.

L'article 8 du titre IV de la loi que je vous apporte fixe, pour leur crédit général, pendant la même année, une somme de 684 millions, à laquelle s'élève l'état des recettes présumées de l'an XIII.

Ces recettes se partagent en ressources ordinaires qui montent à 600 millions, et en ressources extraordinaires qui s'élèvent à 84 millions; elles sont les unes et les autres également assurées, et se composent absolument des mêmes éléments que l'année dernière.

Les impositions directes, assises sur les mêmes bases, établies dans les mêmes proportions, évaluées pour les mêmes totaux en capital et accessoires, sans modification ni changement, ne peuvent laisser aucun vide, donner lieu à aucune réduction.

Les dispositions législatives, nécessaires à leur perception, sont consignées, Messieurs, dans les articles 5 et 6.

L'article 12 a seulement pour objet de régulariser un nouveau tarif de la contribution personnelle à Paris, d'après lequel cet impôt est plus également réparti, plus aisément perçu.

L'estimation du produit des impositions indirectes est faite au taux le plus modéré.

On a déduit de l'article de la régie de l'enregistrement et du domaine, non-seulement une somme équivalente aux perceptions dont la régie des droits réunis est désormais chargée, mais une somme plus forte encore, à cause de la diminution survenue dans les revenus des biens nationaux, par suite des dotations et des ventes, et en supposant comme possible une moindre activité dans le cours des transactions sur les propriétés foncières.

La régie des douanes est tirée hors ligne pour un produit de 46 millions, quoiqu'elle n'ait, en l'an XII, fourni qu'un peu moins de 42 millions.

Mais 1° les heureux effets d'une législation, d'une administration meilleure, vont croissant chaque année; 2° l'augmentation du droit sur les tabacs étrangers n'a été sensible que pendant les six derniers mois de l'année passée : elle portera sur l'an XIII tout entier; 3° vendémiaire et brumaire an XIII offrent, sur les mêmes mois de l'an XII, un accroissement de 5 millions; 4° enfin, comme je l'ai dit plus haut, on pourrait appliquer avec plus d'étendue au tarif des douanes les principes dont les conséquences ont été déjà si heureuses, et préparer ainsi un excédant, loin de laisser craindre un déficit.

Les autres branches de revenus, toutes appréciées au-dessous de leurs produits de l'an XII, ne peuvent manquer d'atteindre la fixation approximative qu'elles ont reçue pour l'an XIII.

Les ressources extraordinaires ne sont pas moins assurées : elles consistent principalement dans la fixation et l'affectation au service courant des suppléments de cautionnement à exiger de divers comptables ou fonctionnaires publics.

Pour les receveurs généraux : 1° leur cautionnement, qui n'était que pour moitié, sera pour la totalité en numéraire ; 2° ce cautionnement s'étendra à la recette qu'ils font des impositions indirectes, lesquelles, jusqu'à ce jour, n'étaient pas entrées dans les éléments de sa fixation.

Le trésor public aura, par ce moyen, une plus juste et plus certaine garantie ; et pourtant, en cas de démission ou décès du comptable, des facilités équitables pourront faire rentrer dans les mains de ses héritiers, et sans délai, le montant de ces cautionnements.

Pour les receveurs particuliers d'arrondissement, la proportion de leur cautionnement est accrue, et fixée au douzième de leur recette.

Les notaires et les officiers ministériels de tous les tribunaux auront aussi un supplément de cautionnement à verser; mais ce cautionnement, ce supplément, sont loin d'être en disproportion avec les avantages dont ils ont, à ce prix, obtenu l'assurance.

Les agents de change, les commissaires-priseurs jouissent à Paris d'un état assez utilement exercé, et qui fait reposer dans leurs mains d'assez importants intérêts pour que, d'un côté, il soit convenable d'ajouter à la garantie donnée par les titulaires, et que, de l'autre, il ne soit pas injuste de l'exiger.

Sans doute, Messieurs, les cautionnements étant versés par la caisse d'amortissement au trésor public, et employés à ses besoins, font le service d'un emprunt, ainsi qu'on l'a précédemment pratiqué.

Mais vous n'avez pas oublié quelles mesures ont été sagement ordonnées, et rigoureusement exécutées pour l'amélioration de la dette.

1° D'après les lois du mois de ventôse an IX, 2,500,000 francs ont été annuellement restitués à la caisse d'amortissement, en remboursement des cautionnements qu'elle a versés au trésor ;

2° D'après la loi du 30 ventôse, articles 14 et 16, et celle du 21 floréal an X, titre II, articles 9 et 10, 10 millions sont versés annuellement à la caisse d'amortissement pour le rachat des 5 0/0 consolidés.

Vous trouverez encore ces deux sommes employées au budget de l'année, et au chapitre du département des finances.

Si vous voulez aller plus loin, Messieurs, et chercher de nouveaux motifs de sécurité, vous les trouverez dans la tenue fidèle et sévère du grand-livre de la dette, et dans la publicité périodique de son contenu ; 2° dans la vérification exacte, et dans la publication annuelle des opérations de la caisse d'amortissement.

Le compte du ministre du trésor public, dans ses tableaux, offre de mois en mois, et nature par nature, celui des inscriptions successives qui se font sur le grand-livre dans les limites des crédits ouverts, et selon les règles fixées par les lois. Chacun peut savoir à combien s'élevait la dette en cinq pour cent consolidés au 1er vendémiaire an XII, à combien elle s'élevait à la même époque de l'an XIII, et comment se sont opérés sa réduction ou son accroissement, avec toutes les solennités que le scrupule le plus minutieux pourrait souhaiter.

Le compte du ministre des finances, appuyé des procès-verbaux de la commission du Conseil, prouve, d'un autre côté, que la caisse d'amortissement est devenue propriétaire de 3 millions 732,409 francs de rentes en 5 0/0.

Elle possède aussi près du douzième de la dette consolidée, et, par cela seul, elle aurait les moyens d'en préparer l'extinction.

Les moyens s'accroissent encore des versements annuels qui lui sont faits aux termes des lois de ventôse an IX et de floréal an X, dont j'ai cité les dispositions et attesté l'exécution.

Non-seulement donc, et c'est ce que je voulais prouver, les ressources extraordinaires sont assurées comme les revenus ordinaires ; mais elles ne sont ni mal choisies, ni onéreuses dans leurs conditions, ni fâcheuses pour le crédit.

Et comment douter, Messieurs, que ce crédit ne soit intact, et que chaque jour n'ajoute à sa puissance, lorsque, pendant deux années de guerre, les effets publics se sont soutenus avec une sorte de fixité, d'invariabilité qui ne peut être due qu'à toutes les garanties qui les appuient.

De l'évaluation reconnue incontestable des revenus de l'an XIII, passons à leur distribution.

§ II.
Emploi des revenus.

L'affectation aux différentes dépenses, la répartition entre les divers ministères étant faites dans le même esprit et dans les mêmes proportions, à peu de chose près, que l'année dernière, je n'ai besoin que de vous faire remarquer celles des différences qu'il peut être utile de relever.

Je n'en vois d'essentielles et qui ne soient déjà connues, justifiées et sanctionnées, que dans ce qui est relatif au service de la guerre et de la marine, et au ministère des cultes.

La diminution de la dépense des deux premiers départements est le résultat des efforts qui ont été faits pour eux pendant les deux dernières années.

Des approvisionnements ont été faits pour les constructions et armements de la marine, et restreignent d'autant les dépenses de l'année pour nos arsenaux, sans que les constructions soient interrompues dans aucun port, et en assurant les armements de six vaisseaux de ligne (1), d'autant de frégates et d'un nombre proportionné de petits bâtiments.

Pour la guerre, les troupes à cheval et le train d'artillerie remontés, les magasins de l'habillement remplis, les arsenaux munis de pièces et de caissons de campagne ou de siége, les salles garnies d'armes à feu et d'armes blanches, les régiments de toutes les armes mis au complet en hommes, en chevaux, en fournitures et en masse de toute espèce, n'exigent plus qu'un entretien qui, bien que dispendieux encore sur le pied de guerre, est bien loin cependant de la somme qui a été nécessaire l'année précédente pour nous mettre dans cet état menaçant pour les uns, imposant pour les autres, respectable pour tous, et dans lequel les moindres sacrifices suffiront pour nous entretenir pendant longues années.

Le ministère des cultes a obtenu une augmentation du montant du traitement de 24 mille desservants de succursales, à 500 francs chacun, en déduisant cependant sur cette somme le montant des pensions que touchent les ecclésiastiques, ce qui réduit l'accroissement à 7,300,000 francs.

Cette dépense, Messieurs, est déjà justifiée par les observations que j'ai faites sur la partie qui appartient à l'an XII, et il ne peut rester aux esprits éclairés et aux bons cœurs, c'est-à-dire à toutes les branches, et à tous les membres de la législature, que le regret de ne pouvoir consacrer que la stricte justice, quand ils voudraient sanctionner la générosité.

En terminant ce qui regarde les dépenses de l'an XIII, Messieurs, je fortifierai, par une observation nouvelle, celles que j'ai déjà faites sur l'ordre dans l'administration, et sur le crédit public.

C'est à ces deux auxiliaires puissants qu'on est redevable de la réduction des frais de négociation de 18 à 11 millions, parce que l'ordre a rapproché l'époque des rentrées, les échéances des effets, et que le crédit a amélioré les conditions de la réalisation des valeurs.

Il ne peut donc exister de doute, ni sur la justesse de l'évaluation de nos revenus pour l'an XIII, ni sur la sagesse de leur quotité, de leur distribution, ni sur la suffisance ; et la loi que je vous présente étant justifiée sous ce second rapport, il ne me resterait qu'à motiver la troisième partie de ses dispositions.

Mais, avant d'aller plus loin, je ne puis, Messieurs, résister à une sorte d'entraînement qui porte malgré moi ma pensée sur les causes morales de la prospérité de nos finances.

Il ne vous sera pas pénible, Messieurs, d'être arrêtés un moment sur un sujet si intéressant pour la France, et j'aime à vous avoir en même temps pour témoins et pour juges de quelques vérités que je vais retracer.

Avant l'époque à laquelle remontent les calculs d'administration et de finances que je vous ai présentés, la France n'offrait que confusion, désordre, anarchie. Nul art, nul talent, nulle profession, nul métier, nulle occupation n'attachaient longtemps les citoyens qui s'y livraient. Sans garantie pour l'avenir, heureux de la sécurité d'un mois, d'une semaine, d'un jour, leur prévoyance n'osait, n'embrassait qu'un court espace de temps, au delà duquel ils ne voyaient qu'obscurité, malheurs privés et misère publique. Chacun changeait sans cesse de place par crainte ou par espérance, par faiblesse ou par audace, par désintéressement

(1) Le *Régulus*, l'*Achille*, l'*Ajax*, le *Borée*, le *Pluton*, le *Génois*.

ou par cupidité, par nécessité ou par ambition.

Cet ordre de choses si funeste à tous les genres de productions et de prospérité individuelle ou générale a cessé graduellement depuis cinq ans.

La société s'est réorganisée ; tous les liens relâchés se sont resserrés ; l'isolement, fruit déplorable de la terreur, a recommencé à paraître un mal ; chacun a cherché à reprendre sa place ou à s'en procurer une nouvelle dans la famille, dans la cité, dans l'Etat. Les citoyens se sont classés par une sorte d'instinct social, réveillé par la renaissance de l'ordre. Jetés hors de leur sphère par des mouvements violents, lancés au milieu d'un monde d'illusions, les Français ont reconnu leur erreur ; ils ont quitté la chimère brillante et trompeuse après laquelle ils avaient couru, pour revenir à la réalité modeste et assurée qu'ils avaient délaissée aux jours de trouble. Le besoin du travail en a ramené le goût, ou du moins l'habitude. Le respect de la propriété a fait renaître la résignation aux hasards nécessaires de l'inégalité des biens.

Dès lors deux grandes sources de cette prospérité qui nous étonne se sont rouvertes, l'agriculture et l'industrie.

L'agriculture, abandonnée faute de bras, négligée faute de sûreté, a repris toute son activité. On a semé le champ que ne devaient plus moissonner les réquisitions ; on a élevé les bestiaux que ne devaient plus dévorer des légions sans solde et sans subsistances.

On a entrepris des desséchements, des plantations, des semis, des défrichements, dont on a pu espérer de voir la fin et de recueillir les fruits.

Les biens des inscrits sur la liste des émigrés ont été remis en culture, et ont repris de la valeur ; on a retiré des fermages des domaines nationaux, au lieu de vivre de démolitions adjugées à l'enchère, de meubles ou de ruines livrés à vil prix aux spéculateurs.

Enfin les revenus fonciers des particuliers ont recréé les revenus fonciers de l'Etat, et donné des impôts directs.

D'un autre côté, les anciens genres d'industrie se sont ranimés, et des hommes habiles ont frayé devant l'activité française des chemins à des branches d'industries nouvelles.

Ainsi des fabriques jusqu'alors inconnues couvrent la France de toutes parts. Pendant que Lyon réparait ses métiers brisés, remontait ses ateliers déserts, pendant que les toiles de Bretagne reparaissaient sur nos marchés ; que Lodève et Carcassonne préparaient des expéditions pour le Levant ; que la bonneterie d'Orléans reprenait le chemin de l'Afrique ; que les cuirs de Buenos Ayres revenaient alimenter nos tanneries ; que le marché de Rouen se couvrait des marchandises accoutumées ; des filatures de coton s'élevaient de toutes parts, et leurs produits alimentaient de nombreuses fabriques de basins, de percales, de mousselines, étoffes devenues nécessaires aujourd'hui, et dont le tissage a cessé d'être le privilége de nos rivaux. Les velours de coton d'Amiens, les casimirs de Louviers, de Reims, rivalisaient avec ceux d'Angleterre.

Nous avons renvoyé de l'autre côté de la Manche les agitations et les malheurs de notre Révolution terminée. La Grande-Bretagne a emprunté de nous ce que nous ne reprendrons jamais, les levées en masse, l'armement de toute la population, les fabrications de piques, les voyages en poste de ses armées, la nécessité de donner un salaire journalier à tous ses propriétaires devenus soldats ; enfin l'art destructeur de convertir ses capitaux en revenus.

Nous avons appelé sur notre rive pacifiée les arts effrayés et sans emploi chez nos voisins : nous possédons leurs plus précieuses mécaniques, leurs secrets les plus difficiles ; la chimie a réussi à créer à peu de frais, au milieu de nous, avec des matières indigènes, les substances nécessaires aux teintures et aux arts, substances que nous tirions à grands frais de l'étranger et des contrées les plus éloignées.

Ainsi l'activité de nos négociants a pris une direction nouvelle, nos capitaux ont trouvé une nouvelle application sur laquelle l'avidité anglaise frémit de n'avoir plus de prise : ainsi nos richesses se fécondent au sein de nos cités, et le travail décuple, centuple la valeur des matières premières : ainsi nous prenons déjà une part de bénéfice sur les consommations du Nord et du Midi, de l'Allemagne et de l'Italie, et bientôt nous entrerons avantageusement en concurrence avec ces insulaires jaloux, usurpateurs exclusifs, monopoleurs tyranniques du commerce du monde.

Voilà, Messieurs, comment la circulation s'est rétablie ; comment les ventes, les échanges, toutes les transactions commerciales se sont multipliés ; et comment le produit fixe des impôts directs s'est uni au produit éventuel des contributions indirectes

Voilà comment le trésor public a fourni déjà à deux années de guerre ; comment une troisième année s'avance sous les mêmes auspices avec les mêmes garanties, et comment l'an XIV et ceux qui le suivront offriront les mêmes ressources puisées dans l'intérieur même de la France, et à la certitude, à la solidité desquelles nos ennemis ne peuvent porter atteinte.

TROISIÈME PARTIE.

Fixation des contributions directes. Prorogation des contributions indirectes pour l'an XIV.

§ 1er.
Des contributions directes.

Cette partie de la loi, Messieurs, est défendue d'avance par les suffrages que vous avez accordés aux dispositions entièrement semblables, contenues dans la loi décrétée il y a un an.

Tout est conforme dans celle que Sa Majesté a ordonné de vous apporter. Le total de chaque nature d'imposition est pareil ; la part contributive de chaque département est la même ; le nombre des centimes additionnels qui furent perçus en l'an XII, qui seront perçus en l'an XIII, n'est pas augmenté pour l'an XIV.

Je n'ai sur ce point aucun changement à expliquer, et je n'ai pas besoin de dire pourquoi Sa Majesté n'a pas jugé qu'il fût convenable ou possible d'en faire.

Mais je dois vous exposer les raisons qui l'ont décidée à vous proposer, après le vote des impositions et accessoires perçus les années précédentes, 1° quelques modifications dans l'application des seize centimes destinés aux dépenses fixes et variables des départements ; 2° d'autoriser l'imposition d'un centime et demi en addition à la contribution foncière ; 3° de donner aux conseils généraux de département la faculté de s'imposer, avec l'approbation de Sa Majesté, jusqu'à quatre centimes pour franc des contributions directes pour divers besoins.

§ II.
De l'emploi des seize centimes additionnels.

Partagés d'après les lois des années XI et XII, entre le trésor public, qui, en recevant la part qu'on lui laisse, acquitte toutes les **dépenses fixes**, et les départements qui, avec la **portion** qu'on leur assigne, doivent payer toutes les **dépenses variables**, plusieurs départements d'un côté, et de l'autre le trésor public, ont **trouvé** constamment une différence entre la **recette et** la dépense.

Le trésor public a payé et supporté la **perte** : les départements ont eu un déficit, et particulièrement sur les dépenses des enfants **trouvés et** des prisons.

Sa Majesté a cherché à le diminuer par des améliorations et par une répartition nouvelle. Ainsi, d'un côté, Sa Majesté a diminué quelques parties des dépenses variables, telles qu'elles étaient fixées pour l'an XII, et par suite pour l'an XIII. Elle a opéré cette diminution :

1° En retranchant environ six cent mille francs sur les dépenses administratives intérieures et particulières des préfectures, en fixant invariablement ces dépenses et par classes, **depuis** 30 mille francs pour la classe inférieure, **jusqu'à** quarante, cinquante, soixante et soixante-dix ;

2° En retranchant des dépenses à la **charge des** départements, celles variables de l'instruction publique, montant à 787 mille francs, et les **laissant** intégralement à la charge du trésor public.

D'un autre côté, Sa Majesté a fait porter **la part** des dépenses des départements dans les centimes additionnels qui, jusqu'ici, avait été de **moins de** 19 millions, à plus de vingt millions.

Il est résulté de cette double opération **une** somme disponible sur les centimes affectés **aux** dépenses variables, d'environ 2,500,000 francs provenant de l'économie de 14.000,000 d'un côté, et de l'addition de 11,000,000 de l'autre.

Sa Majesté en a disposé, en assignant un million environ en accroissement des fonds destinés aux enfants trouvés et aux prisons ; environ 300,000 fr. aux menues dépenses des tribunaux, réglées avec une parcimonie trop mesquine, et elle a destiné les douze cent mille francs restant au casernement de la gendarmerie.

Ce casernement sera, à compter de l'an XIV, à la charge des départements auxquels les **troupes** de cette arme semblent appartenir ; les **préfets** y pourvoiront avec plus d'économie et d'exactitude que le ministère de la guerre.

Le département de la guerre et le trésor public se trouvent donc, par ce moyen, **déchargés de** cette dépense d'environ douze cent mille francs.

Mais par contre, le trésor reçoit de moins, sur la répartition des 16 centimes, onze cent mille francs. Il acquitte de plus de huit cent mille francs pour les lycées ; enfin il s'est chargé d'une dépense nouvelle de plus de trois cent mille francs pour améliorer le sort des préfets qui avaient moins de vingt mille francs de traitement, et qui désormais auront douze, quinze et dix-huit mille francs par année.

A ces mesures, Messieurs, dont les tableaux joints à la loi vous feront mieux saisir l'ensemble et les rapports, vous reconnaîtrez cette bienveillance attentive, cette pénétration éclairée qui descend aux plus petits détails, pour y porter l'économie ou l'amélioration, et cette active providence qui veille du centre de l'empire sur les besoins de toutes ses provinces.

§ III.
De l'imposition d'un centime et demi pour la confection du cadastre.

Il semble, Messieurs, que cette époque soit celle de la maturité de toutes les grandes pensées; celle d'où les projets vastes, d'une exécution difficile, d'un avantage reconnu, d'une utilité durable, doivent dater leur exécution et leurs succès.

Cette définition convient à la formation d'un cadastre : l'idée de ce travail remonte à l'origine même de la taille.

Sous les premiers règnes de la dern
tie, la France était divisée en provinces qui formaient des États indépendants. Chaque province sentit, dès le principe, la nécessité d'un cadastre.

Le Dauphiné eu avait un sous ses anciens dauphins : Charles V en ordonna la révision en 1359.

La Haute-Guyenne en avait un dont la révision fut ordonnée en 1664.

En 1604, la vérification de l'arpentage de l'Agenois fut ordonnée.

En 1668, celle du cadastre de Condomois fut prescrite.

En 1491, Charles VII résolut de faire le cadastre général du royaume, divisé alors en quatre généralités : Languedoc, Languedoyl, Outre-Seine et Normandie. Ce projet ne fut exécuté qu'en Languedoc.

Colbert, qu'on peut citer comme autorité en pareille matière, Colbert, en 1679, fit ordonner la formation d'un règlement uniforme pour *la taille réelle*, et en chargea M. d'Aguesseau, intendant de Languedoc. La mort de Colbert, arrivée quatre ans après, fit abandonner ce projet.

M. de Chamillart, l'un de ses successeurs, l'avait repris; mais les malheurs de la fin du règne de Louis XIV le firent encore abandonner.

Plusieurs autres ministres des finances s'en occupèrent depuis; et M. Delaverdy fit ordonner, en 1473, la confection d'un cadastre général de tous les biens-fonds, même de ceux de la couronne, des princes, des nobles, du clergé, etc,. Ce plan froissait trop d'intérêts pour ne pas rester sans exécution.

Cependant la nécessité d'un cadastre était tellement sentie, que chaque province entreprenait le sien, dès qu'elle en trouvait quelques moyens.

C'est ainsi qu'il fut commencé dans l'Île de France, la Champagne, le Limousin, où il fit la réputation de Turgot.

A peine une administration provinciale fut-elle établie dans la Haute-Guyenne, qu'elle s'occupa du cadastre.

Les autres assemblées provinciales, créées depuis, en formèrent également le projet, que leur courte existence fit abandonner.

En 1791, à peine la contribution foncière fut-elle décrétée, qu'un cri général s'éleva contre la répartition.

L'Assemblée constituante décréta, pour faire taire les réclamations, la confection d'un cadastre général ; mais les troubles de la Révolution ne permirent pas de s'en occuper.

Des pétitions, des projets nombreux furent présentés aux Assemblées qui lui succédérent.

Depuis, les conseils généraux de départements, à leurs sessions des années VII, VIII, IX et X, se plaignirent de la répartition ; presque tous demandèrent la confection du cadastre.

Vers la fin de l'an X, l'Empereur assembla une commission spéciale, qui reconnut que le cadastre général était le seul moyen de perfectionner la répartition.

Mais le temps et la dépense effrayèrent, et on proposa de n'arpenter qu'un petit nombre de communes, disséminées sur tous les points de la France, pour fixer, par analogie, les revenus de toutes les communes.

Ordonné par un arrêté du Gouvernement, ce projet commença à s'exécuter. A la fin de l'an XI, il était encore peu avancé, et on s'en promettait peu de fruit, lorsqu'un autre arrêté du Gouvernement prescrivit l'arpentage général sans interrompre les premiers travaux.

Le ministre des finances s'empressa de préparer, d'assurer les intentions de Sa Majesté ; et pendant le cours de l'an XII, l'arpentage a avancé avec la plus grande rapidité.

Dans leur session de l'an XI, vingt-quatre conseils généraux applaudirent au projet d'exécuter un cadastre ; et si les autres n'en parlèrent pas, c'est qu'ils avaient émis leur vœu les années précédentes.

A la session de l'an XII, vingt-sept conseils généraux sont revenus sur cette importante matière, et ont demandé la confection du cadastre, avec une imposition égale sur tous les départements qui sont ou doivent être regardés comme tous également intéressés à l'opération.

En ce moment. Messieurs, l'opération est en pleine activité ; 4,029 arpentages sont entrepris, 2,900 sont terminés, et tout fait espérer que 5,000 communes seront arpentées avant la fin de l'an XIII.

Cependant un travail aussi important avait besoin d'être régularisé, sanctionné par la loi ; et la contribution nécessaire pour pourvoir à la dépense qu'il nécessite, quoique pavée avec empressement, même avec joie par les départements, devait être autorisée comme toutes les contributions publiques.

Alors quelques réflexions ont suspendu un moment la résolution de Sa Majesté.

On objectait la longueur du travail, la grandeur de la dépense, l'incertitude même du résultat.

Mais, après un mûr examen, Sa Majesté, frappée depuis longtemps de l'injuste inégalité de la répartition de l'impôt foncier qui se perpétue depuis 1790, malgré les dégrèvements accordés à quelques départements ; convaincue de l'importance d'une opération qui établira enfin dans les charges territoriales une balance désirée depuis longtemps; touchée de la presque unanimité d'un vœu des départements et des communes qui vont avec empressement au-devant des obligations qu'on propose de leur imposer ; pénétrée de cette vérité, que la richesse territoriale de la France est la base impérissable de sa grandeur et de sa force ; que les ressources qu'elle donne pour l'impôt doivent être toujours exigées avec ménagement, avec justice, mais qu'en temps de paix la contribution directe diminuée, en laissant le laboureur amasser des moyens de reproduction, permet, si la guerre est menaçante, ou commencée, d'obtenir sans délai, sans incertitude, sans disproportion, des moyens d'armements, de défense, d'attaque et de succès; entraînée peut-être par un noble instinct vers l'exécution du projet, à raison même de sa grandeur, et, si l'on veut, de ses difficultés, Sa Majesté a résolu de faire encore ce présent à la France; de lui donner, avec une base certaine, pour la répartition de l'impôt foncier, le moyen de réparer toutes les injustices passées, d'en prévenir le retour, et de faire taire toutes les plaintes, en réglant tous les intérêts.

La loi contient, en conséquence, la proposition d'une contribution d'un centime par franc pour continuer l'opération commencée, c'est-à-dire *la confection d'un cadastre général par masse de culture de toutes les communes de la France.*

Elle se compose de deux parties : le levé du

plan et l'évaluation du revenu foncier imposable de chaque commune.

Cette seconde partie semble, au premier coup d'œil, susceptible d'erreur ou d'arbitraire; cependant les instructions données pour l'expertise sont si précises, les modèles sont tellement clairs, les bases que les experts sont forcés de suivre tellement certaines, que cette opération a déjà atteint à peu près toute la perfection dont elle est susceptible.

Tous les plans sont levés à l'échelle uniforme de 1 sur le papier à 5,000 sur le terrain. Ils sont orientés plein nord et se rattachent à la méridienne de l'Observatoire de Paris, et à sa perpendiculaire par les grands triangles de la carte de Cassini.

Aussitôt que le plan d'une commune est levé, le géomètre en prend le calque sur du papier huilé. Ce calque est renvoyé à Paris, ainsi que le tableau indicatif des diverses masses de culture avec des numéros correspondants.

L'un et l'autre sont examinés dans des bureaux établis à cet effet près du ministre des finances, et renvoyés lorsqu'ils présentent quelque inexactitude ou quelque différence entre eux.

Le calque reconnu exact est remis à un bureau central de dessinateurs. Là, trois copies du plan sont dessinées avec des traits caractéristiques et lavées en teintes uniformes.

La minute du plan restée au géomètre est remise au contrôleur des contributions et à l'expert pour procéder à l'expertise.

Lorsqu'elle est terminée, le contrôleur l'envoie au directeur qui la remet au préfet du département, avec un rapport écrit, par lequel il en propose l'adoption ou le rejet.

Dans ce dernier cas, la contre-expertise est donnée.

Lorsque l'expertise ou la contre-expertise est reconnue exacte, le préfet en prononce l'adoption par un arrêté spécial qui fixe définitivement le revenu imposable de la commune. Le préfet envoie une expédition de cet arrêté et le résultat final de l'expertise.

Les résultats tant des arpentages que des expertises sont dépouillés dans les bureaux du cadastre, sur un grand registre en quarante volumes. Là, sont portées, commune par commune, d'un côté la contenance, de l'autre le revenu imposable de chaque masse de culture.

Le quarantième volume doit présenter la récapitulation des précédents : 1° par arrondissement; 2° par département.

Ainsi l'on connaîtra par ce grand registre quel est le nombre d'arpents métriques de terres labourables, de jardins, de prés, de châtaigneraies, de rizières, etc.; quel est le nombre de maisons, de moulins à eau, à vent, d'usines, etc., et quel est leur revenu net imposable, et cela par commune, par arrondissement, et par département.

La dernière addition des dernières colonnes présentera la contenance *totale* et le *revenu* foncier imposable *total* de la France, et complétera ce vaste monument qui n'existe chez aucun peuple, et qu'il est digne de la nation française d'élever.

§ IV.

Des centimes additionnels dont les conseils généraux de département pourront demander à Sa Majesté d'autoriser l'imposition.

Sa Majesté vous a adressé, Messieurs, un grand nombre de lois qui autorisent, pour divers arrondissements ou départements, des impositions particulières. Les bureaux du département de l'intérieur contiennent la demande d'un grand nombre de lois semblables.

Construire des ponts, créer des établissements utiles, élever des édifices publics, édifier des palais pour les tribunaux, bâtir des prisons sûres et salubres, réparer les cathédrales, monuments antiques ou modernes, chers à la piété autant que précieux pour les arts; pourvoir avec moins de parcimonie aux dépenses du culte rétabli, et aux besoins de ses ministres appauvris, tel est, Messieurs, l'objet de ces demandes et de ces lois.

Pressants dans quelques départements, inconnus dans plusieurs autres, ces besoins exigent souvent de prompts secours, des autorisations non différées.

La disposition contenue dans la loi permettra aux départements de les recevoir en temps opportun, et la limitation donnée à la quotité de l'imposition, en assurant les avantages de la mesure, en préviendra les abus.

Vous voyez, Messieurs, que la troisième partie de la loi, pareille à celle de l'année dernière, en ce qui touche au principal des impôts directs, prépare pour les accessoires une répartition plus avantageuse, et consacre des vues nouvelles, des arrangements utiles, et est digne de votre assentiment.

§ V.

Des contributions indirectes pour l'an XIV.

Nul changement ne vous est proposé, Messieurs, dans le système des contributions indirectes, dont la loi proroge la perception pour l'an XIV.

J'ai dit précédemment ce qu'on pouvait espérer du produit de celles dont la perception est déjà éclairée par l'habileté des administrateurs, assurée par l'aptitude d'anciens employés, et facilitée par l'habitude des contribuables.

Le temps seul nous donnera de semblables notions, des avantages pareils dans la régie des droits réunis.

A peine organisée, elle ne l'est complétement que dans ses parties supérieures.

Des règlements de détail sont nécessaires à sa marche, à ses succès.

Mais ces règlements seront souvent moins des résolutions invariables que des essais temporaires, soumis à l'épreuve du temps, et qu'il corrigera, modifiera, changera plus d'une fois.

Vous avez fait pour la régie des douanes, Messieurs, une heureuse expérience des mesures ordonnées provisoirement par des décrets impériaux, et sanctionnées ensuite par l'autorité de la loi.

Le même principe s'applique mieux encore à une régie plus nouvelle, dans la direction de laquelle l'hésitation peut être sagesse, et le tâtonnement peut devenir prudence : en l'adoptant, Messieurs, vous en obtiendrez les résultats heureux que vous vous êtes applaudis plus d'une fois d'avoir préparés pour une autre branche de revenu public.

Résumé.

Dans cette rapide analyse des trois parties de la loi sur les finances, je me suis efforcé, Messieurs, de vous en faire apercevoir l'harmonie, de vous en montrer tous les rapports, de vous présenter la suite des opérations depuis l'an VIII, l'affiliation non interrompue des idées d'ordre, l'observation stricte des règles de comptabilité; enfin, de vous développer tous les avantages de notre situation.

La véri n que chacun de vous peut faire,

qui est facile pour la France, et même pour l'Europe, pour nos alliés comme pour nos ennemis, de l'exactitude des faits, de la précision des calculs, de la justesse des évaluations, de la réalité des espérances que je vous ai présentées, donnera de l'autorité à mes paroles, près de l'incrédulité même,

On s'étonnera de voir jusqu'où la prospérité d'un grand peuple peut être élevée en peu d'années, par l'étendue de sa population, la richesse de son sol, l'activité de son industrie, quand le génie évalue, développe, emploie, conserve tous ses moyens de puissance.

On sera partagé entre l'admiration et la reconnaissance, en comparant les finances de l'an VIII à celles de l'an XII, de l'an XIII, de l'an XIV, et en trouvant dans les revenus extraordinaires de la France, dans la sagesse de leur emploi, dans la garantie de leur solidité, dans l'espérance de leur accroissement, le moyen de menacer, d'effrayer, d'atteindre, de frapper au delà des mers une puissance orgueilleuse et infidèle, qui ne veut pour alliés que des esclaves, qui reproche la tyrannie aux peuples qui se refusent à la dépendance, et le despotisme aux gouvernements qui se défendent de l'asservissement.

La France se reposera avec confiance sur le sentiment de sa force, le génie de son empereur, et la fortune de ses armes, de l'issue d'une guerre injuste, dans laquelle elle peut à son choix épuiser son ennemi, par la sage lenteur d'une défensive imposante, ou la frapper à mort par l'audace d'une attaque violente, inopinée.

Si la nation désire la paix, ce sera comme son chef l'a proposée : ce sera sans doute la prolongation d'une guerre qu'elle peut continuer désormais sans crainte, avec recourir même aux efforts nouveaux, que son dévouement rendrait faciles, et qui offre la chance des grands succès qu'aucune chance de perte ne peut balancer.

Enfin, si la nation désire la paix, ce sera parce que la paix fut voulue par le monarque qu'elle a choisi, par celui qui, élevé au-dessus des vulgaires ambitions, n'aspire désormais à conquérir que la reconnaissance du monde, en assurant la liberté des mers, la tranquillité de l'Europe, le repos de l'humanité.

Projet de loi
SUR LES FINANCES DE L'AN XIII.

TITRE PREMIER.
Dépenses de l'an IX.

Art. 1er. La somme de 4,541,809 fr., provenant des produits excédant les évaluations faites par le budget de l'au IX, et celle de 5.981,150, prélevée sur les moyens extraordinaires de l'an XIII, sont mises à la disposition du Gouvernement.

Art. 2. Les huit millions transportés de l'exercice an VIII à l'exercice an IX, par son arrêté du 13 floréal an XII, sont définitivement affectés à cet exercice.

Art. 3. Le budget de l'an IX est ainsi porté à cinq cent quarante-cinq millions.

TITRE II.
Dépenses de l'an XI.

Art. 4. La somme de 5,000,000 fr. nécessaire pour compléter le service de l'an XI, faisant, avec celle de 619,500.000 fr., comprise dans la loi du 5 ventôse an XII, celle de 684,500,000 fr., est mise à la disposition du Gouvernement.

Art. 5. Cette somme sera prise sur les divers produits de l'an XI excédant les évaluations faites par le budget.

TITRE III.
Dépenses de l'an XII.

Art. 6. La somme de 62 millions nécessaire pour le paiement des dépenses extraordinaires que la guerre a nécessitées en l'an XII, faisant, avec celle de 700 millions, comprise dans la loi du 5 ventôse an XII, la somme totale de 762 millions, est mise à la disposition du Gouvernement.

Art. 7. Cette somme sera fournie par l'excédant du produit effectif des revenus ordinaires et ressources extraordinaires portés au budget de l'an XII.

TITRE IV.
Dépenses de l'an XIII.

Art. 8. La somme de 284 millions, faisant, avec celle de 400 millions portée en l'art. 103 de la loi du 5 ventôse an XII, la somme totale de 684 millions, est mise à la disposition du Gouvernement.

Art. 9. Cette somme sera comprise sur le produit des contributions décrétées par les lois, et sur les autres ressources de l'an XIII.

Art. 10. Elle sera employée au paiement d'abord de la dette publique, et ensuite aux dépenses générales du service, comme il suit :

DETTE PUBLIQUE.

Perpétuelle. Aux créanciers de l'État, 42,942,225 fr. A la caisse d'amortissement, 3,732,409 francs. Total, 46,674,634 francs.

Viagères. 2e semestre an XII et 1er an XIII, 19,288,550.

Six nouveaux départements.

Dette perpétuelle, 2,677,277 fr.; *viagère,* 500,000 fr. Total, 3,177,227 francs.

Liste civile y compris deux millions pour les princes français, 27,000,000 francs.

DÉPENSES GÉNÉRALES DU SERVICE.

Grand juge, 21,200,000 francs. *Relations extérieures,* 6,861,000 francs.

Intérieur. Service ordinaire, 16,500,000 francs. Service extraordinaire, 13,000,000 francs. Total, 29,500,000 fr.

Finances, 43,335,200 fr. Trésor public, 8,000,000 fr.

Guerre, 166,500,000 fr. Administration de la guerre, 105,000,000 francs. Total, 271,500,000 francs.

Marine, 140,000,000 francs.

Cultes. Service du ministère, 13,000,000 fr. Pensions ecclésiastiques, 22,000,000 francs. Total, 35,000,000 fr.

Police générale, 700,000 francs. Frais de négociations, 11,000,000 francs. Fonds de réserve, 20,765,339 francs. Total général, 684,000,000 francs.

TITRE V.
Contributions pour frais de la guerre.

Art. 11. Les sommes votées en l'an XII, par les divers départements pour les frais de la guerre, et montant à 21,534,360 francs, sont converties pour l'an XIII, comme elles l'ont été pour l'an XII, en une addition de 10 centimes au principal de la contribution foncière de tous les départements de l'Empire, forment la somme de 20,690,000 francs.

TITRE VI.
Contribution personnelle de la ville de Paris.

Art. 12. La portion de la contribution personnelle à payer par la ville de Paris, en vertu d'un rôle, sera définitivement perçue, à compter de l'an XIII, conformément au tarif adopté par le décret impérial du 14 brumaire an XIII, qui sera joint à la présente loi.

TITRE VII.
Des cautionnements.

Art. 13. Le cautionnement des receveurs généraux des contributions directes est définitivement fixé au douzième du principal des contributions directes réunies, et sera fourni en totalité en numéraire.

Art. 14. Les cautionnements précédemment fournis par les receveurs généraux, en immeubles ou cinq pour cent constitué, sont remplacés par le complément à fournir par ces receveurs, conformément à l'état annexé à la présente loi, pour porter la totalité de leur cautionnement en numéraire à la proportion réglée par l'article précédent.

Art. 15. La moitié du cautionnement total des receveurs généraux demeure affectée à la garantie de leurs obligations, et continuera d'être remboursée à ceux qui cesseront leurs fonctions, ou à leurs familles, en justifaut du paiement de toutes les obligations échues, et du compte de clerc à maître accepté par le successeur.

La seconde moitié sera également restituée de suite, à la charge de le remplacer en immeubles, ou en cinq pour cent constitués jusqu'à la justification du *quitus* de la comptabilité nationale, pour les exercices terminés.

Art. 16. Les receveurs généraux fourniront en outre, pour la garantie des recettes des contributions indirectes versées entre leurs mains par les préposés des régies de l'enregistrement et des douanes, un cautionnement particulier en numéraire, tel qu'il est fixé par l'état n° 1 annexé à la présente loi.

Art. 17. Lorsqu'un receveur cessera ses fonctions, ce cautionnement particulier lui sera restitué, ou à sa famille, en justifiant par le compte de clerc a maître accepté par le successeur, qu'il a compté desdites recettes.

Art. 18. Le cautionnement des receveurs particuliers d'arrondissement est porté à la proportion du douzième des quatre contributions directes réunies. Ils fourniront, en conséquence, le supplément réglé pour chacun d'eux par l'état annexé à la présente loi, n° 2.

Art. 19. Lorsqu'ils cesseront leurs fonctions, la totalité du cautionnement des receveurs particuliers sera restituée à eux ou à leurs familles, en justifiant du *quitus* du receveur général.

Art. 20. Le cautionnement des notaires, tel qu'il a été fixé, en exécution de la loi du 25 ventôse an XI, est porté au double pour les notaires de la ville de Paris, et au tiers en sus de la fixation actuelle pour ceux des autres villes des départements de l'Empire.

Art. 21. Les cautionnements des agents de change de Paris sont portés de 60,000 francs à 100,000 francs.

Art. 22. Les cautionnements fournis par les avocats en cour de cassation, les greffiers, avoués et huissiers des tribunaux, ainsi que par les greffiers des justices de paix, en exécution des lois des 27 ventôse an VIII et 28 floréal an X, sont pareillement portés au tiers en sus de la fixation actuelle.

Art. 23. Le cautionnement des commissaires-priseurs établis à Paris, est porté de 10,000 francs à 20,000 francs.

Art. 24. Ces divers cautionnements et suppléments de cautionnements seront fournis, savoir : le premier quart dans les trois mois qui suivront la publication de la présente loi; et les trois autres quarts, dans les mois de vendémiaire, germinal et thermidor an XIV.

Art. 25. L'intérêt de ces cautionnements continuera d'être payé sur le même pied que par le passé.

Art. 26. Les fonds provenant desdits cautionnements seront versés au trésor public, pour le service de l'an XIII, et rétablis dans la caisse d'amortissement, conformément aux lois des 7 et 27 ventôse an VIII.

TITRE VIII.

CHAPITRE PREMIER.
Fixation des contributions directes de l'an XIV.

Art. 27. La contribution foncière est fixée, pour l'an XIV, à 206,508,000 francs en principal, comme en l'an XIII.

Art. 28. La répartition de cette somme entre les cent huit départements, est faite conformément au tableau annexé à la présente, n° 3.

Art. 29. Les dix centimes du principal de cette contribution imposés en l'an XIII pour les frais de la guerre, sont prorogés pour l'an XIV.

Art. 30. La contribution personnelle, somptuaire et mobilière est fixée, pour l'an XIV, à la somme de 32,800,000 francs.

Art. 31. La répartition de cette somme entre les cent huit départements est faite conformément au tableau annexé à la présente, n° 4.

Art. 32. Il sera réparti, en sus du principal de l'une et de l'autre contribution, comme en l'an XIII, deux centimes par franc pour fonds de non-valeurs, et de dégrèvements.

Art. 33. Il sera réparti en outre, sur le principal, pour être versé au trésor public, et pour servir à l'acquit du montant des dépenses fixes, énoncées au tableau annexé à la présente, n° 5, le nombre de centimes porté au même tableau.

Art. 34. Il sera également réparti : 1° sur le principal des deux contributions, le nombre de centimes nécessaire à l'acquit des dépenses variables, énoncées au tableau n° 6, après que le conseil général du département en aura réglé le montant, sans pouvoir excéder le *maximum* porté au même tableau;

2° Sur le principal de la contribution foncière seulement, un centime et demi, qui formera un fonds commun, pour subvenir aux frais de l'arpentage et de l'expertise dans les divers départements.

Les conseils généraux de département pourront en outre proposer d'imposer jusqu'à concurrence de 4 centimes au plus, soit pour réparations, entretien de bâtiments, et supplément de frais de culte, soit pour construction de canaux, chemins ou établissements publics. Sa Majesté en son Conseil d'État autorisera, s'il y a lieu, ladite imposition.

Art. 35. Les conseils municipaux des villes, bourgs et villages, répartiront de plus, au centime le franc de ces deux contributions, pour leurs dépenses municipales, d'après la fixation qui en aura été faite, le nombre de centimes par franc qu'ils jugeront nécessaire, sans pouvoir excéder le *maximum* fixé par la loi.

Art. 36. La contribution des portes et fenêtres est fixée, pour l'an XIV, à la somme de 16,000.000 francs.

Art. 37. La répartition de cette somme de 16,000,000 fr. est faite entre les départements, conformément au tableau annexé à la présente, n° 7.

Art. 38. Il sera perçu, en outre, du principal de la contribution des portes et fenêtres, dix centimes additionnels par franc, pour frais de confection des rôles et pour dégrèvements et non-valeurs.

Art. 39. Les patentes seront perçues, pour l'an XIV, comme elles l'ont été pour l'an XIII.

Art. 40. Des quinze centimes dont le prélèvement est autorisé par les lois, sur le montant des rôles des patentes, 2 centimes sont affectés aux frais de confection des rôles; les 13 centimes restants sont pareillement affectés, d'abord aux décharges et réductions, et l'excédant aux dépenses municipales.

Art. 41. Les contributions indirectes perçues en l'an XIII sont prorogées pour l'an XIV.

CHAPITRE II.
Crédit provisoire pour l'an XIV.

Art. 42. La somme de 400,000,000 francs est mise à la disposition du Gouvernement, à-compte des dépenses du service pendant l'an XIV.

Art. 43. Cette somme sera prise sur le produit des contributions décrétées, et sur les autres ressources de l'an XIV.

TITRE IX.
De la régie des droits réunis.

Art. 44. Les mesures nécessaires pour assurer la perception des droits réunis pourront être prises par des règlements d'administration publique, en se conformant, tant pour la nature et la quotité des droits que pour les peines contre les contraventions, aux dispositions portées au titre V de la loi du 5 ventôse an XII, concernant l'établissement de la régie des droits réunis; elles seront proposées en forme de loi au Corps législatif, à la session la plus prochaine.

Nᵒˢ Iᵉʳ et II.

ÉTAT DE SUPPLÉMENT DE CAUTIONNEMENT EN NUMÉRAIRE A FOURNIR TANT PAR LES RECEVEURS GÉNÉ-
RAUX QUE PAR LES RECEVEURS PARTICULIERS, POUR LES CONTRIBUTIONS DIRECTES, ET DU MONTANT
DU CAUTIONNEMENT A FOURNIR PAR LES RECEVEURS GÉNÉRAUX POUR LES CONTRIBUTIONS INDIRECTES.

DÉPARTEMENTS.	MONTANT du supplément de cautionnement des receveurs généraux pour les contributions directes.	MONTANT du cautionnement pour les contributions indirectes.	TOTAL.	MONTANT du supplément de cautionnement des receveurs particuliers pour les contributions directes.	TOTAL GÉNÉRAL.
Ain.	63,241	32,900	96,141	29,016	125,157
Aisne.	140,521	50,233	190,754	54,957	245,711
Allier.	70,281	21,333	91,614	32,464	124,078
Alpes (Basses-).	32,614	13,900	46,514	14,962	61,476
Alpes (Hautes-).	21,500	11,300	32,800	5,875	38,675
Alpes-Maritimes.	19,476	11,166	30,642	5,801	36.443
Ardèche.	42,841	24,600	67,441	19,746	87,187
Ardennes.	83,005	24,833	107,838	50,966	158,804
Ariége.	34,023	15,066	49,089	18,125	67,214
Aube.	85,241	31,500	116,741	39,054	155,795
Aude.	98,485	25,900	124,385	47,625	172,010
Aveyron.	101,583	31,066	132,649	54,315	186,964
Bouches-du-Rhône.	175,058	234,776	409,824	48,799	458,623
Calvados.	217,013	71,233	288,246	113,727	401,973
Cantal.	57,030	20,900	77,930	23,213	101,143
Charente.	105,038	33,333	138,371	54,419	189,790
Charente-Inférieure.	142,605	49,400	192,005	82,201	274,206
Cher.	56,920	17,166	74,086	26,067	100,153
Corrèze.	49,010	16,966	65,976	26,571	92,547
Côte-d'Or.	131,661	43,733	175,394	57,112	232,506
Côtes-du-Nord.	87,118	30,733	117,851	43,294	161,145
Creuse.	41,441	15,166	56,607	18,913	75,520
Doire.	30,175	6,133	36,308	21,301	57,609
Dordogne.	103,361	36,233	139,594	59,351	198,945
Doubs.	78,428	27,233	97,661	28,735	126,396
Drôme.	61,716	34,033	95,749	25,286	121,035
Dyle.	155,766	87,000	242,766	45,654	297,420
Escaut.	237,200	57,433	294,633	132,324	426,957
Eure.	182,328	46,500	228,828	97,489	326,317
Eure-et-Loir.	137,081	38,200	175,281	53,355	228,636
Finistère.	99,851	29,966	129,817	68,977	198,704
Forêts.	40,805	11,966	52,771	15,866	68,637
Gard.	109,055	38,666	147,721	41,072	188,793
Garonne (Haute-).	157,646	51,866	209,512	78,753	288,265
Gers.	83,216	32,100	115,346	48,492	165,838
Gironde.	229,366	284,433	513,799	59,069	572,868
Golo.	6,078	4,033	10,111	2,845	12,956
Hérault.	149,921	50,133	200,054	65,667	265,721
Ille-et-Vilaine.	105,556	38,900	144,456	57,292	210,718
Indre.	54,940	16,900	71,840	25,170	97,010
Indre-et-Loire.	97,401	34,200	131,601	34,919	166,520
Isère.	122,613	55,133	177,746	54,375	232,121
Jemmapes.	120,970	31,700	152,670	65,344	218,014
Jura.	71,458	28,366	99,824	32,929	132,753
Landes.	42,576	13,733	56,309	23,849	80,158
Léman.	36,853	25,700	62,553	10,859	73,412
Liamóne.	3,365	2,000	5,365	1,071	6,436
Loir-et-Cher.	77,635	21,233	98,868	28,319	127,187
Loire.	84,911	32,400	117,311	42,648	159,059
Loire (Haute-).	48,383	22,600	70,983	17,507	88,490
Loire-Inférieure.	112,476	70,166	182,642	36,885	219,527
Loiret.	135,443	34,900	170,343	45,114	215,457
Lot.	103,515	36,466	139,981	54,284	194,265
Lot-et-Garonne.	124,840	41,033	165,873	62,162	228,035
Lozère.	27,980	11,433	39,413	12,379	51,792
TOTAUX à reporter.	5,068,643	2,178,991	7,260,427	2,316,592	9,723,201

Nᵒˢ Iᵉʳ et II (SUITE).

SUITE DE L'ÉTAT DE SUPPLÉMENT DE CAUTIONNEMENT EN NUMÉRAIRE A FOURNIR TANT PAR LES RECEVEURS
GÉNÉRAUX QUE PAR LES RECEVEURS PARTICULIERS, POUR LES CONTRIBUTIONS DIRECTES, ET DU MONTANT
DU CAUTIONNEMENT A FOURNIR PAR LES RECEVEURS GÉNÉRAUX POUR LES CONTRIBUTIONS INDIRECTES.

DÉPARTEMENTS.	MONTANT du supplément de cautionnement des receveurs généraux pour les contributions directes.	MONTANT du cautionnement pour les contributions indirectes.	TOTAL.	MONTANT du supplément de cautionnement des receveurs particuliers pour les contributions directes.	TOTAL GÉNÉRAL.
Report........	5,088,643	2,178,991	7,260,427	2,316,592	9,923,201
Lys......	157,291	73,400	230,691	68,174	298,865
Maine-et-Loire................	134,790	32,866	167,656	66,586	234,242
Manche......................	174,245	49,633	223,878	98,843	322,721
Marengo.....................	82,091	25,366	107,457	56,340	163,797
Marne.......................	139,781	38,933	178,714	86,931	265,645
Marne (Haute-)...............	69,948	28,566	98,514	30,627	129,141
Mayenne.....................	95,685	18,466	114,151	43,660	157,811
Meurthe.....................	94,420	52,753	147,153	47,581	194,734
Meuse.......................	81,911	32,033	113,944	46,533	160,477
Meuse-Inférieure.............	62,088	28,400	90,488	24,471	114,959
Mont-Blanc..................	34,593	35,633	70,226	15,162	85,388
Mont-Tonnerre...............	131,875	42,266	174,141	55,108	229,249
Morbihan....................	83,646	27,500	111,146	46,411	157,557
Moselle.....................	108,358	39,466	147,824	46,032	193,856
Nethes (Deux-)...............	111,440	136,233	247,673	28,207	275,880
Nièvre......................	67,411	26,766	94,177	31.335	125,512
Nord.......................	260,403	133,100	393,503	98,970	492,473
Oise.....	143,616	41,266	184,882	62,241	247,123
Orne.......................	116,203	37,400	153,603	66,184	219,787
Ourthe.....................	100,216	19,700	119,916	38,118	158,034
Pas-de-Calais.............. ...	169,338	101,500	270,838	95,498	366,336
Pô.........................	134,983	44,233	179,216	101,237	280,453
Puy-de-Dôme................	117,365	49,000	166,365	53,425	219,790
Pyrénées (Basses-)...........	61,571	43,333	104,904	37,202	142,106
Pyrénées (Hautes-)...........	29,665	15,433	45,098	10,651	55,749
Pyrénées-Orientales..........	35,011	11,200	46,211	11,358	57,569
Rhin (Bas-).................	144,920	68,100	213,020	61,111	274,131
Rhin (Haut-)................	105,583	58,700	164,283	50,277	214,560
Rhin-et-Moselle.............	51,516	13,633	65,149	24,278	89,427
Rhône......................	176,976	66,933	243,909	24,039	267,948
Roër.......................	198,258	89,533	283,791	112,721	396,512
Sambre-et-Meuse.............	38,471	11,866	50,337	12,072	62,409
Saône (Haute-)..............	77,538	32,200	109,738	35,470	145,208
Saône-et-Loire..............	142,536	52,666	195,202	74,331	269,533
Sarre......................	53,266	13,906	67,232	27,539	94,771
Sarthe.....................	125,560	40,100	165,660	56,583	222,243
Seine......................	736,508	16,233	752,741	58,501	811,242
Seine-Inférieure............	350,956	319,900	670,856	146,021	816,877
Seine-et-Marne..............	151,953	39,500	191,453	71,304	262,757
Seine-et-Oise...............	229,720	67,666	297,386	101,977	399,363
Sesia......................	40,900	7,866	48,766	28,527	77,293
Sèvres (Deux-)..............	79,443	21,366	100,809	36,926	137,735
Somme......................	187,113	59,066	246,179	79,594	325,773
Stura......................	98,525	18,833	117,358	69,273	186,631
Tanaro.....................	55,400	10,133	65,533	37,897	103,430
Tarn.......................	91,070	26,266	117,336	51,629	168,965
Var........................	84,543	39,733	124,276	49,500	173,776
Vaucluse...................	48,270	28,000	76,270	22,690	98,960
Vendée.....................	78,286	17,600	87,886	21,557	109,443
Vienne.....................	66,238	22,466	88,704	31,670	120,374
Vienne (Haute-).............	54,096	19,733	73,829	21,504	95,333
Vosges.....................	65,063	34,400	99,463	38,816	138,279
Yonne......................	97,755	30,966	128,721	48,297	177,018
TOTAUX.........	11,497,050	4,591,833	16,088,883	5,083,553	21,172,436

N° III.

ÉTAT DE RÉPARTITION DE LA CONTRIBUTION FONCIÈRE DE L'AN XIV, ENTRE LES CENT HUIT DÉPARTE-MENTS DE L'EMPIRE.

DÉPARTEMENTS.	CONTINGENT en PRINCIPAL.	DÉPARTEMENTS.	CONTINGENT en PRINCIPAL.
Ain	1,170,000	Lozère	602,000
Aisne	3,070,000	Lys	2,993,000
Allier	1,423,000	Maine-et-Loire	2,880,000
Alpes (Basses-)	660,000	Manche	3,720,000
Alpes (Hautes-)	495,000	Marengo	1,940,000
Alpes-Maritimes	388,000	Marne	2,470,000
Ardèche	883,000	Marne (Haute-)	1,406,000
Ardennes	1,690,000	Mayenne	2,180,000
Ariége	590,000	Meurthe	1,690,000
Aube	1,570,000	Meuse	1,580,000
Aude	1,930,000	Meuse-Inférieure	912,000
Aveyron	2,240,000	Mont-Blanc	660,000
Bouches-du-Rhône	1,520,000	Mont-Tonnerre	2,190,000
Calvados	4,260,000	Morbihan	1,450,000
Cantal	1,359,000	Moselle	1,920,000
Charente	2,030 000	Nèthes (Deux-)	1,520,000
Charente-Inférieure	2,670,000	Nièvre	1,321,000
Cher	1,060,000	Nord	4,080,000
Corrèze	1,023,000	Oise	2,892,000
Côte-d'Or	2,540,000	Orne	2,500,000
Côtes-du-Nord	1,680,000	Ourthe	1,300,000
Creuse	880,000	Pas-de-Calais	2,950,000
Doire	680,000	Pô	2,590,000
Dordogne	2,109,000	Puy-de-Dôme	2,500,000
Doubs	1,140,000	Pyrénées (Basses-)	870,000
Drôme	1,260,000	Pyrénées (Hautes-)	570,000
Dyle	2,350,000	Pyrénées-Orientales	700,000
Escaut	4,000,000	Rhin (Bas-)	2,040,000
Eure	3,670,000	Rhin (Haut-)	1,800,000
Eure-et-Loir	2,860,000	Rhin-et-Moselle	1,070,000
Finistère	1,420,000	Rhône	2,100,000
Forêts	781,000	Roër	2,780,000
Gard	1,810,000	Sambre-et-Meuse	800,000
Garonne (Haute-)	2,970,000	Saône (Haute-)	1,460,000
Gers	1,737,000	Saône-et-Loire	3,030,000
Gironde	2,890,000	Sarre	949,000
Golo	110,000	Sarthe	2,760,000
Hérault	2,551,000	Seine	9,535,000
Ille-et-Vilaine	1,910,000	Seine-Inférieure	5,280,000
Indre	1,045,000	Seine-et-Marne	3,218,000
Indre-et-Loire	1,850,000	Seine-et-Oise	4,511,000
Isère	2,380,000	Sésia	950,000
Jemmapes	1,900,000	Sèvres (Deux-)	1,790.000
Jura	1,320,000	Somme	3,449,000
Landes	770,000	Stura	2,240,000
Léman	500,000	Tanaro	1,310,000
Liamone	60,000	Tarn	1,880,000
Loir-et-Cher	1,501,000	Var	1,400,000
Loire	1,665,000	Vaucluse	860,000
Loire (Haute-)-	1,020,000	Vendée	1,710,000
Loire-Inférieure	1,580,000	Vienne	1,350,000
Loiret	2,330,000	Vienne (Haute-)	1,080,000
Lot	2,190,000	Vosges	1,170,000
Lot-et-Garonne	2,650,000	Yonne	1,900,000
		TOTAL	206,908,000

Nº IV.

ÉTAT DE RÉPARTITION DE LA CONTRIBUTION PERSONNELLE, SOMPTUAIRE ET MOBILIÈRE DE L'AN XIV
ENTRE LES CENT HUIT DÉPARTEMENTS DE L'EMPIRE.

DÉPARTEMENTS.	CONTINGENT en PRINCIPAL.	DÉPARTEMENTS.	CONTINGENT en PRINCIPAL.
Ain..	133,300	Lozère	51,700
Aisne	381,700	Lys	546.600
Allier	154,900	Maine-et-Loire	330,400
Alpes (Basses-)	62,200	Manche	457,400
Alpes (Hautes-)	39,800	Marengo	132,000
Alpes-Maritimes	49,600	Marne	344,200
Ardèche	97,900	Marne (Haute-)	196,700
Ardennes	220,500	Mayenne	243,800
Ariége	100,100	Meurthe	229,600
Aube	244,300	Meuse	186,600
Aude	242,300	Meuse-Inférieure	210,000
Aveyron	227,500	Mont-Blanc	108,500
Bouches-du-Rhône	577,900	Mont-Tonnerre	311,500
Calvados	604,500	Morbihan	274,100
Cantal	147,300	Moselle	265,500
Charente	247,300	Nèthes (Deux-)	327,500
Charente-Inférieure	384,500	Nièvre	176,900
Cher	131,700	Nord	719,700
Corrèze	107,800	Oise	395,500
Côte d'Or	355,500	Orne	306,800
Côtes-du-Nord	241,600	Ourthe	416,200
Creuse	93,900	Pas-de-Calais	422,000
Doire	46,000	Pô	278,000
Dordogne	250,000	Puy-de-Dôme	346,700
Doubs	180,800	Pyrénées (Basses-)	150,900
Drôme	142,700	Pyrénées (Hautes-)	62,700
Dyle	518,000	Pyrénées-Orientales	61,200
Escaut	682,200	Rhin (Bas-)	380,500
Eure	383,400	Rhin (Haut-)	255,500
Eure-et-Loir	321,200	Rhin-et-Moselle	170,000
Finistère	351,800	Rhône	559,000
Forêts	98,300	Roër	485,200
Gard	282,100	Sambre-et-Meuse	165,800
Garonne (Haute-)	394,100	Saône (Haute-)	139,300
Gers	216,300	Saone-et-Loire	320,400
Gironde	680,100	Sarre	194,700
Golo	16,200	Sarthe	297,200
Hérault	388,100	Seine	4,177,400
Ille-et-Vilaine	329,300	Seine-Inférieure	1,095,400
Indre	142,800	Seine-et-Marne	443,600
Indre-et-Loire	232,000	Seine-et-Oise	616,500
Isère	265,000	Sésia	61,000
Jemmapes	383,200	Sèvres (Deux-)	196,100
Jura	164,700	Somme	467,000
Landes	95,600	Stura	160,000
Léman	79,800	Tanaro	103,000
Liamone	9,300	Tarn	210,000
Loir-et-Cher	209,100	Var	212,800
Loire	292,900	Vaucluse	121,400
Loire (Haute-)	116,600	Vendée	193,000
Loire-Inférieure	455,900		125,500
Loiret	373,100	te-)	134,100
Lot	6		131,900
Lot-et-Garonne			262,100
			100

N° V.

Tableau du maximum des centimes destinés dans chaque département aux dépenses fixes, pour les préfets, les secrétaires généraux, les membres des conseils de préfecture les sous-préfets, l'instruction publique, les tribunaux de première instance, d'appel, criminels, de commerce, spéciaux, de paix, de police, les traitements et remises des receveurs généraux et particuliers.

DÉPARTEMENTS.	QUOTITÉS des CENTIMES.	DÉPARTEMENTS.	QUOTITÉS des CENTIMES.
1. Ain	7 1/2	55. Lozère	3 2/5
2. Aisne	9 2/5	56. Lys	11 ; 1/3
3. Allier	4 2/5	57. Maine-et-Loire	10 1/3
4. Alpes (Basses-)	3 »	58. Manche	8 1/2
5. Alpes (Hautes-)	1 »	59. Marengo	6 5/6
6. Alpes-Maritimes	1 »	60. Marne	8 1/3
7. Ardèche	4 2/3	61. Marne (Haute-)	8 5/6
8. Ardennes	9 5/6	62. Mayenne	10 1/3
9. Ariége	5 1/2	63. Meurthe	4 1/5
10. Aube	8 1/3	64. Meuse	6 1/5
11. Aude	10 »	65. Meuse-Inférieure	6 1/5
12. Aveyron	9 »	66. Mont-Blanc	1 »
13. Bouches-du-Rhône	1 1/3	67. Mont-Tonnerre	9 1/4
14. Calvados	9 1/5	68. Morbihan	6 »
15. Cantal	5 4/5	69. Moselle	5 1/5
16. Charente	10 1/2	70. Nèthes (Deux-)	6 7/8
17. Charente-Inférieure	8 1/4	71. Nièvre	8 1/2
18. Cher	4 3/4	72. Nord	8 1/8
19. Corrèze	7 3/4	73. Oise	10 2/3
20. Côte-d'Or	10 1/2	74. Orne	8 »
21. Côtes-du-Nord	7 1/2	75. Ourthe	8 »
22. Creuze	3 »	76. Pas-de-Calais	9 1/4
23. Doire	1 2/3	77. Pô	4 2/3
24. Dordogne	9 4/5	78. Puy-de-Dôme	8 1/3
25. Doubs	3 2/5	79. Pyrénées (Basses-)	1 »
26. Drôme	5 6/2	80. Pyrénées (Hautes-)	2 7/8
27. Dyle	1 »	81. Pyrénées-Orientales	3 12/15
28. Escaut	10 1/2	82. Rhin (Bas-)	7 2/3
29. Eure	11 19/20	83. Rhin (Haut-)	7 »
30. Eure-et-Loir	11 2/5	84. Rhin-et-Moselle	7 »
31. Finistère	4 3/5	85. Rhône	3 3/4
32. Forêts	4 4/5	86. Roër	10 3/4
33. Gard	7 9/10	87. Sambre-et-Meuse	4 1/2
34. Garonne (Haute-)	8 3/5	88. Saône (Haute-)	8 2/3
35. Gers	7 3/5	89. Saône-et-Loire	11 1/20
36. Gironde	7 6/7	90. Sarre	5 2/3
37. Golo	1 »	91. Sarthe	9 1/2
38. Hérault	10 »	92. Seine	1 19/20
39. Ille-et-Vilaine	3 5/6	93. Seine-Inférieure	8 1/2
40. Indre	8 1/5	94. Seine-et-Marne	10 5/6
41. Indre-et-Loire	9 2/3	95. Seine-et-Oise	11 »
42. Isère	7 2/5	96. Sésia	7 1/2
43. Jemmapes	10 »	97. Sèvres (Deux-)	10 1/3
44. Jura	8 1/2	98. Somme	9 1/5
45. Landes	1 »	99. Stura	6 3/5
46. Léman	1 »	100. Tanaro	7 5/6
47. Liamone	1 »	101. Tarn	11 1/3
48. Loir-et-Cher	9 2/3	102. Var	2 3/5
49. Loire	10 1/5	103. Vaucluse	3 3/5
50. Loire (Haute-)	7 1/3	104. Vendée	9 7/8
51. Loire-Inférieure	8 2/5	105. Vienne	6 4/5
52. Loiret	8 1/3	106. Vienne (Haute-)	5 5/12
53. Lot	10 1/3	107. Vosges	7 4/5
54. Lot-et-Garonne	10 2/3	108. Yonne	8 2/5

N° VI.

Tableau du maximum des centimes destinés dans chaque département aux dépenses variables pour les préfectures et sous-préfectures, l'instruction publique, les enfants trouvés, les prisons, les loyers des prétoires de prisons et réparations extraordinaires, les menues dépenses des tribunaux, et les dépenses imprévues.

DÉPARTEMENTS.	QUOTITÉS des CENTIMES.	DÉPARTEMENTS.	QUOTITÉS des CENTIMES.
1. Ain	8 1/2	55. Lozère	
2. Aisne	6 3/5	56. Lys	
3. Allier	11 3/5	57. Maine-et-Loire	
4. Alpes (Basses-)	13 »	58. Manche	
5. Alpes (Hautes-)	15 »	59. Marengo	
6. Alpes-Maritimes	15 »	60. Marne	
7. Ardèche	11 1/3	61. Marne (Haute-)	
8. Ardennes	6 1/6	62. Mayenne	
9. Ariège	10 1/2	63. Meurthe	
10. Aube	7 2/3	64. Meuse	
11. Aude	6 »	65. Meuse-Inférieure	
12. Aveyron	7 »	66. Mont-Blanc	
13. Bouches-du-Rhône	14 2/3	67. Mont-Tonnerre	
14. Calvados	6 4/5	68. Morbihan	
15. Cantal	10 1/5	69. Moselle	
16. Charente	5 1/2	70. Nèthes (Deux-)	
17. Charente-Inférieure	7 3/4	71. Nièvre	
18. Cher	11 1/4	72. Nord	
19. Corrèze	8 1/4	73. Oise	
20. Côte-d'Or	5 1/2	74. Orne	
21. Côtes-du-Nord	8 1/2	75. Ourthe	
22. Creuse	13 »	76. Pas-de-Calais	
23. Doire	14 1/3	77. Pô	
24. Dordogne	6 1/5	78. Puy-de-Dôme	
25. Doubs	12 3/5	79. Pyrénées (Basses-)	
26. Drôme	10 1/6	80. Pyrénées (Hautes-)	
27. Dyle	15 »	81. Pyrénées-Orientales	1/12
28. Escaut	5 1/2	82. Rhin (Bas-)	
29. Eure	4 1/20	83. Rhin (Haut-)	
30. Eure-et-Loir	4 3/5	84. Rhin-et-Moselle	
31. Finistère	11 2/5	85. Rhône	
32. Forêts	11 1/5	86. Roër	
33. Gard	8 1/10	87. Sambre-et-Meuse	
34. Garonne (Haute)-	7 2/5	88. Saône (Haute-)	
35. Gers	8 2/5	89. Saône-et-Loire	
36. Gironde	8 1/7	90. Sarre	
37. Golo	15 »	91. Sarthe	
38. Hérault	6 »	92. Seine	
39. Ille-et-Vilaine	12 1/6	93. Seine-Inférieure	
40. Indre	7 4/5	94. Seine-et-Marne	
41. Indre-et-Loire	6 1/3	95. Seine-et-Oise	
42. Isère	8 3/5	96. Sésia	
43. Jemmapes	6 »	97. Sèvres (Deux-)	
44. Jura	7 1/2	98. Somme	
45. Landes	15 »	99. Str	
46. Léman		100. T	
47. Liamone		101. T	
48. Loir-et-Cher		102. V	
49. Loire		103. V	
50. Loire (Haute-)		Vend	
51. Loire-Inférieure			
52. Loiret			
53. Lot			8 1/5
54. Lot-et-Garonne			7 3/5

N° VII.

ÉTAT DE RÉPARTITION DE LA CONTRIBUTION SUR LES PORTES ET FENÊTRES, ENTRE LES DÉPARTEMENTS DE L'EMPIRE.

DÉPARTEMENTS.	CONTINGENT en PRINCIPAL.	DÉPARTEMENTS.	CONTINGENT en PRINCIPAL.
Ain	82,900	Lozère	30,100
Aisne	220,200	Lys	230,800
Allier	61,300	Maine-et-Loire	129,100
Alpes (Basses-)	41,000	Manche	155,700
Alpes (Hautes-)	25,400	Marengo	66,000
Alpes-Maritimes	34,300	Marne	228,600
Ardèche	59,500	Marne (Haute-)	106,300
Ardennes	110,200	Mayenne	61,200
Ariége	51,000	Meurthe	158,400
Aube	114,600	Meuse	118,700
Aude	93,800	Meuse-Inférieure	107,600
Aveyron	105,000	Mont-Blanc	64,600
Bouches-du-Rhône	429,900	Mont-Tonnerre	230,400
Calvados	234,900	Morbihan	88,800
Cantal	40.600	Moselle	181,500
Charente	110,600	Nèthes (Deux-)	220,000
Charente-Inférieure	163,900	Nièvre	60,200
Cher	68,900	Nord	420,400
Corrèze	55,500	Oise	234,300
Côte-d'Or	163,000	Orne	123,200
Côtes-du-Nord	85,600	Ourthe	190,100
Creuse	37,800	Pas-de-Calais	277,800
Doire	25,000	Pô	138,000
Dordogne	95,400	Puy-de-Dôme	77,300
Doubs	128,600	Pyrénées (Basses-)	140,500
Drôme	66,200	Pyrénées (Hautes-)	48,600
Dyle	282,500	Pyrénées-Orientales	36,800
Escaut	377,600	Rhin (Bas-)	305,400
Eure	268,000	Rhin (Haut-)	187,200
Eure-et-Loir	135,100	Rhin-et-Moselle	84,800
Finistère	126,800	Rhône	301,900
Forêts	102,200	Roër	302,800
Gard	144,100	Sambre-et-Meuse	69,300
Garonne (Haute-)	213,600	Saône (Haute-)	122,100
Gers	98,100	Saône-et-Loire	118,300
Gironde	419,400	Sarre	115,400
Golo	4,000	Sarthe	109,200
Hérault	153,600	Seine	1,279,900
Ille-et-Vilaine	123,400	Seine-Inférieure	538,300
Indre	50,400	Seine-et-Marne	162,100
Indre-et-Loire	118,800	Seine-et-Oise	345,500
Isère	114,300	Sésia	30,000
Jemmapes	226,800	Sèvres (Deux-)	68,900
Jura	110,800	Somme	302,400
Landes	65,500	Stura	83,080
Léman	77,200	Tanaro	50,000
Liamone	2,000	Tarn	99,500
Loir-et-Cher	85,200	Var	137,200
Loire	81,900	Vaucluse	78,900
Loire (Haute-)	57,400	Vendée	49,100
Loire-Inférieure	141,700	Vienne	96,300
Loiret	197,900	Vienne (Haute-)	63,200
Lot	106,300	Vosges	122,300
Lot-et-Garonne	99,400	Yonne	134,900
		TOTAL	16,000,000

Tarif (1) *de la répartition des contributions personnelle et somptuaire de la ville de Paris.*

Loyers de	fr. 100 à 140	} néant.	Loyers de	fr. 1,500 1,600 1, 00 1,800 1,900	} fr. 50
	150 200 300	} 5		2,000 2,100 2,200 2,300 2,400	} 60
	400 500	} 10			
	600 700 800	} 20		2,500 2,600 2,700 2,800 2,900 3,000	} 80
	900 1,000 1,100	} 30			
	1,200 1,300 1,400	} 40		et au- des,us.	

On demande l'impression du projet de loi et des motifs à six exemplaires.

Cette proposition est mise aux voix et adoptée.

A deux heures, le Corps législatif se forme en comité général.

A trois heures , la séance est rendue publique.

On procède à un nouveau scrutin pour le choix d'un membre du Tribunat, qui doit, avec les deux déjà nommés, assister dans ses fonctions M. le procureur général près la haute cour impériale.

Les deux candidats sur lesquels les votes doivent se porter sont MM. Savoye-Rollin et Albisson, tribuns.

Il résulte du dépouillement du scrutin que le nombre des votants est de 231. M. Albisson ayant réuni 120 suffrages, obtient la majorité absolue et est proclamé par M. le président.

L'arrêté suivant est adopté.

« En exécution de l'article 105 de l'acte des
« Constitutions de l'Empire, du 28 floréal an XII;
« Vu le message du Tribunat, en date du 17 de
« ce mois, portant présentation de neuf candidats,
« savoir : MM. Faure, Albisson, Mouricault, Savoye-
« Rollin, Favard, Pictet, Gallois, Grenier, Chabot
« (de l'Allier) ;
« Le Corps législatif procède à la nomination
« au scrutin secret, et à la majorité absolue,
« entre les candidats ci-dessus dénommés, des
« trois membres du Tribunat qui doivent assister
« dans ses fonctions M. le procureur général de
« la haute cour impériale.
« Le dépouillement des scrutins donne la majo-
« rité absolue des suffrages à MM. Favard, Faure
« et Albisson.
« Ces trois membres du Tribunat sont en con-
« séquence proclamés pour exercer les fonctions
« qui leur sont attribuées par l'article 105 de
« l'acte des Constitutions de l'Empire, du 28 flo-
« réal an XII.
« Le Corps législatif arrête que cette nomina-
« tion sera communiquée à Sa Majesté l'Empereur,
« au Sénat conservateur et au Tribunat, par des
« messages. »

La séance est levée.

---

(1) Ce tarif doit être annexé au projet de loi su finances de l'an XIII, en à 1 12.

ADDITION A LA SÉANCE DU CORPS LÉGISLATIF DU 22 PLUVIÔSE AN XIII.

ANNEXES AU BUDGET DE L'AN XIII.

ADMINISTRATION DES FINANCES DE L'EMPIRE FRANÇAIS.

COMPTE DE L'ADMINISTRATION DES FINANCES EN L'AN XII.

SIRE,

Je présente à Votre Majesté, pour l'an XII, le compte annuel de l'administration des finances de l'Empire.

Ce compte rappelle, pour la recette et pour la dépense, la situation des exercices antérieurs au 1er vendémiaire de l'an XII, et présente leur nouvelle situation au commencement de l'année courante.

Cet ordre constamment suivi depuis l'an VIII, et désormais invariable, en conservant toujours avec fidélité la trace du passé, devient le garant certain de l'avenir ; il rend indispensable l'explication de tout changement survenu dans les résultats antérieurement présentés, et met à portée de suivre les opérations de chaque exercice jusque dans les derniers détails.

Les états remis par les divers ministres, des sommes qui pourront rester dues sur les années IX, X, XI et XII, lorsque la liquidation de la totalité des dépenses déjà connues par aperçu sera entièrement terminée, n'offrent rien que de satisfaisant sous le rapport de la situation générale des finances.

Votre Majesté a déclaré, dès l'an IX, qu'il ne serait fait aucun arriéré.

Cet engagement sera fidèlement rempli.

Toutes les créances de ces diverses années, sans aucune exception, seront acquittées en numéraire, la seule valeur qui puisse, avec justice pour les créanciers de l'Etat, et avec convenance pour l'intérêt bien entendu du Gouvernement lui-même, être admise dans le paiement des dépenses publiques.

Je passe aux détails du compte que j'ai à rendre à Votre Majesté.

CHAPITRE PREMIER.

DES EXERCICES V, VI, VII ET VIII.

Suivant le compte des finances de l'année dernière, il restait disponible sur les recettes provenant de ces exercices, la somme de 12,489,094 fr. (Voyez l'état coté A).

Les dépenses acquittées en numéraire pendant le cours de l'an XII montent, y compris un prélèvement de 8 millions transportés à l'exercice an IX, pour le service de la guerre, à 11,415,738 fr.

Ainsi il restait disponible, au 1er vendémiaire an XIII, en numéraire, 1,073,359 francs.

Suivant le même compte des finances de l'année dernière, les sommes payables en rentes créées par la loi du 30 ventôse an XIX, s'élevaient pour le service des exercices dont il s'agit;

Savoir :

Pour les années V, VI et VII, à 40,848,400 francs.

Il a été inscrit, dans le cours de la même année, 262,596 francs de rentes, représentant un capital de 8,753,200 francs.

Il restait par conséquent disponible, au 1er vendémiaire an XIII, 32,095,200 francs.

Les sommes également payables en rentes pour l'exercice an VIII, ont été estimées par le compte de l'année dernière, à 10,515,680 francs. (Voy. coté B).

inscrit en l'an XII 429,906 francs de tant un capital de 8,598,120 francs.

Il restait disponible, au 1er vendémiaire an XIII, 1,917,560.

Total général, 34,012,760 francs.

Au moyen de ce que ces deux crédits sont indistinctement applicables aux dépenses de l'an VIII et années antérieures, ils doivent suffire pour solder ces divers exercices.

(A). PAIEMENTS *effectués en numéraire par le trésor public en l'an XII, sur les exercices V, VI, VII et VIII, déduction faite des compensations ou régularisations qui n'ont point exigé de sorties de fonds.*
GUERRE. (Ministère), 1,959,436 francs.
MARINE, 65,663 francs.
INTÉRIEUR, 73,990 francs.
FINANCES, 314,688 francs.
TRÉSOR PUBLIC, 28,430 francs.
RELATIONS EXTÉRIEURES, 60,848 francs.
JUSTICE, 2,201 francs.
FRAIS DE NÉGOCIATION, 24,513 francs.
REMBOURSEMENTS DIVERS, 579,993 francs.
PRÉLÈVEMENT POUR LE SERVICE DE L'AN IX, 8,000,000 fr.
TOTAL, 11,415,738 francs.
Restait disponible en numéraire au 1er vendémiaire an XII, 12,489,094 francs.
Reste au 1er vendémiaire an XIII, 1,073,356 francs.
(B) ÉTAT *de situation, au 1er vendémiaire an XIII, des crédits ouverts en rentes pour les exercices V, VI, VII et VIII.*
Suivant le compte des finances de l'an XI, il restait disponible au 1er vendémiaire an XII, ans V, VI et VII, 40,848,400 francs. An VIII, 10,515,680 francs.
Paiements faits en l'an XII. Ans V, VI et VII, 8,753,200 francs. An VIII, 8,598,120 francs.
Restait disponible au 1er vendémiaire an XIII. Ans V, VI et VIII, 32,095,200 francs. An VIII, 1,917,560 francs.

CHAPITRE II.
EXERCICE AN IX.

Le budget de l'an IX a été réglé à 526,478,041 fr., par la loi du 4 frimaire an XI.

De nouveaux recouvrements opérés depuis, au delà des produits que l'on avait espérés, 8,000,000 francs, transportés de l'an VIII, auquel ils étaient inutiles, à l'an IX en vertu d'un décret impérial du 15 floréal an XII, et 5,981,150 francs prélevés sur les revenus extraordinaires de l'an XIII, portent les moyens de cet exercice, tant rentrés au trésor public qu'à rentrer ou à régulariser, à la somme totale de 545,000,000 francs, reconnue nécessaire pour solder entièrement toutes ses dépenses.

La loi sur les finances contient en conséquence un titre particulier qui élève à cette somme celle mise à la disposition du Gouvernement pour le service de l'an IX.

La totalité des crédits étant ainsi portée à (Voyez l'état coté C) 545,000.000 francs et les dépenses acquittées et ordonnancées jusqu'au 1er vendémiaire an XIII, s'élevant suivant le compte du trésor public (état coté Q), à la somme de 529,416,732 francs (V)y. l'état coté D).

Il restait à acquitter ou à régulariser sur les crédits, au 1er vendémiaire an XIII, 15,583,268. francs

(C). ETAT *des revenus et produits affectés au service de l'an IX, des sommes rentrées au trésor public, et de ce qui restait à rentrer ou à régulariser au 1er vendémaire an XIII.*

CONTRIBUTIONS DIRECTES AN IX. Produits présumés suivant le budget, 263,600.236 francs.
Sommes rentrées en l'an IX, X et XI, 264,165,827 francs. En l'an XII, 241,725 francs.
Total du produit net, 264,407,552 francs.
Excédant sur les estimations du budget, 807,316 francs.
RÉGIE DE L'ENREGISTREMENT ET DES DOMAINES. Produits présumés suivant le budget, 147,676,000 francs.
Sommes rentrées en l'an IX, X et XI, 143,306,664 fr. En l'an XII, 1,210,153 francs.

Reste à rentrer d'après le produit net résultant des états des administrations et régies, 3,159,183 francs. *
Total du produit net, 147,676,000 francs.
DOUANES. Produits présumés suivant le budget, 18,862,511 francs.
Sommes rentrées en l'an IX, X et XI, 16,822,664 francs. En l'an XII, 1,228 francs.
Reste à rentrer d'après le produit net résultant des états des administrations et régies, 2,038,612 francs.
Total du produit net, 18,862.511 francs.
POSTES. Produits présumés suivant le budget, 8,239,517 fr.
Sommes rentrées en l'an IX, X et XI, 7,786,305, fr.
Reste à rentrer d'après le produit net résultant des états des administrations et régies, 452,212 francs.
Total du produit net, 8,239,517 francs.
LOTERIE NATIONALE. Produits présumés suivant le budget, 8,473,211 francs.
Sommes rentrées en l'an IX, X et XI, 8,473,311 francs.
Total du produit net, 8,473,311 francs.
Excédant sur les estimations du budget, 100 francs.
SALINES. Produits présumés suivant le budget, 2,837,902 francs.
Sommes rentrées en l'an IX, X et XI, 2,837,902 francs.
Total du produit net, 2,837,902 francs.
MONNAIES. Produits présumés suivant le budget, 24.381 francs.
Sommes rentrées en l'an IX, X et XI, 53,073 francs. En l'an XII, 146,443 francs.
Total du produit net, 199,516 francs.
Excédant sur les estimations du budget, 175,135 francs.
RECETTES DIVERSES (AN IX). Produits présumés suivant le budget, 3,763,283 francs.
Sommes rentrées en l'an IX, X et XI, 3,957,682 francs. En l'an XII, 878,076 francs.
Total du produit net, 4,835,758 francs.
Excédant sur les estimations du budget, 1,072.475 fr.
RECETTES EXTRAORDINAIRES ET EXTÉRIEURES. Produits présumés suivant le budget, 22,000,000 francs
Sommes rentrées en l'an IX, X et XI, 22,051,832 fr.
En l'an XIII, 65,975 francs.
Total du produit net, 22,117,827 francs.
Excédant sur les estimations du budget, 117,827 fr.
CRÉDIT EN DOMAINES NATIONAUX. Produits présumés suivant le budget, 20.000.000 francs.
Sommes rentrées en l'an IX, X et XI, 1,315,451 fr.
En l'an XIII, 6,158,777 francs.
Reste à rentrer d'après le produit net résultant des administrations et régies, 12,525,772 francs.
Total du produit net, 20,000.000 francs.
SUR LES SOMMES DUES PAR LES ACQUÉREURS DE DOMAINES VENDUS ANTÉRIEUREMENT A L'AN X. Produits présumés suivant le budget, 10,000,000 francs.
Sommes rentrées en l'an IX, X et XI, 7,280,593 francs.
En l'an XIII, 1,493,768 francs.
Reste à rentrer d'après le produit net résultant des états des administrations et régies, 1,225,639 francs.
Total du produit net, 10,000.000 francs.
SUR LE PRODUIT DES RACHATS DE RENTES. Produits présumés suivant le budget, 5,000,000 francs.
Reste à rentrer d'après le produit net résultant des états des administrations et régies, 5,000,000 francs.
Total du produit net, 5,000,000 francs.
SUR LES RESTES DES CONTRIBUTIONS ET PRODUITS DE L'AN VIII ET ANTÉRIEURS. Produits présumés suivant le budget, 8,000,000 francs.
Sommes rentrées en l'an IX, X et XI. 7,627,554 francs.
En l'an XII, 10,741,402 francs.
Total du produit net, 18,368,956 francs.
Excédant sur les estimations du budget, 10,368,956 fr.
SUR DIVERSES CRÉANCES. Produits présumés suivant le budget 3,000,000 francs.
Sommes rentrées en l'an IX, X et XI, 1,037,563 francs.
Reste à rentrer d'après le produit net résultant des états des administrations et régies, 1,962,437 francs.
Total du produit net, 3,000,000 fr.

_____

* Ces deux sommes sont représentées partie par des acquits restés dans les caisses des receveurs, et qui sont à régulariser par le trésor public sur les divers crédits, partie par des déficits de caisses dont le recouvrement est poursuivi, et sur lesquels il y aura, en dernière analyse, une non-valeur dont on ne peut estimer l'objet. Je propose, dans le nouveau crédit de l'an IX, un fonds particulier pour la régularisation dont ces objets seront successivement susceptibles.

OBLIGATIONS ET CÉDULES A RECOUVRER. Produits présumés suivant le budget, 5,000,000 fr.

Sommes rentrées en l'an IX, X et XI, 2,146,610 fr. En l'an XI, 1,428,212 francs.

Reste à rentrer d'après le produit net résultant des états des administrations et régies, 1,425,178 francs.

Total du produit net, 5,000,000 francs.

PRÉLÈVEMENT SUR LES MOYENS EXTRAORDINAIRES DE L'AN XIII. Reste à rentrer d'après le produit net résultant des états des administrations et régies, 5,981,150 francs '.

Total du produit net, 5,981,150 francs.

Excédant sur les estimations du budget, 5,981,150 francs,

TOTAUX. Produits présumés suivant le budget, 526,477,041 francs.

Sommes rentrées en l'an IX, X et XI, 488,863,048 francs. En l'an XII, 22,365.759 francs.

Reste à rentrer d'après le produit net résultant des états des administrations et régies, 33,771,193 francs.

Total du produit net, 545,000,000 francs.

Excédant sur les estimations du budget, 18,522,959 francs.

EXERCICE AN IX.

(D). ETAT *des sommes assignées pour le service d' l'an IX, des dépenses acquittées et du restant disponible sur les crédits, au 1er vendémiaire an XIII.*

DETTE PUBLIQUE ET PENSIONS. Sommes assignées à chaque chapitre, 77,000.000 francs.

Dépenses acquittées et ordonnancées au 1er vendémiaire an XIII, 77,000,000 francs.

GUERRE ET ADMINISTRATION DE LA GUERRE. Sommes assignées à chaque chapitre, 250,000,000 francs.

Dépenses acquittées et ordonnancées au 1er vendémiaire an XIII, 243,744,333 francs.

Restant disponible ou à régulariser sur les crédits, au 1er vendémiaire an XIII, 6,255,667 francs.

MARINE. Sommes assignées à chaque chapitre, 95,000,000 francs.

Dépenses acquittées et ordonnancées au 1er vendémiaire an XIII, 90,352,606 francs.

Restant disponible ou à régulariser sur les crédits, au 1er vendémiaire an XIII, 4,647,394 francs.

INTÉRIEUR. Sommes assignées à chaque chapitre, 39,095,150 francs.

Dépenses acquittées et ordonnancées au 1er vendémiaire an XIII, 38,160,907 francs.

Restant disponible ou à régulariser sur les crédits, au 1er vendémiaire an XIII, 934,243 francs.

FINANCES ET TRÉSOR PUBLIC, Y COMPRIS 800,000 FRANCS POUR REGULARISATION DES TAXATIONS DES RECEVEURS SUR L'INDIRECT. Sommes assignées à chaque chapitre, 32,331,891 francs.

Dépenses acquittées et ordonnancées au 1er vendémiaire an XIII, 30.543,707 francs.

Restant disponible ou à régulariser sur les crédits, au 1er vendémiaire an XIII, 1,788,184 francs.

RELATIONS EXTÉRIEURES. Sommes assignées à chaque chapitre, 6,000,000 francs.

Dépenses acquittées et ordonnancées au 1er vendémiaire an XIII, 5,907,333 francs.

Restant disponible ou à régulariser sur les crédits, au 1er vendémiaire an XIII, 92,667 francs.

JUSTICE. Sommes assignées à chaque chapitre, 10,350,000 francs.

Dépenses acquittées et ordonnancées au 1er vendémiaire an XIII, 10,311,801 francs.

Restant disponible ou à régulariser sur les crédits, au 1er vendémiaire an XIII, 38,199 francs.

POLICE GÉNÉRALE. Sommes assignées à chaque chapitre, 1,500,000 francs.

Dépenses acquittées et ordonnancées au 1er vendémiaire an XIII,

Restant disponible ou à régulariser sur les crédits, au 1er vendémiaire

FRAIS DE N... chapitre, 32,0...

Dépenses ... miaire an XII

Restant disp... 1er vendémiair...

FONDS DE RÉSERVE POUR DES RÉGULARISATIONS. Sommes assignées à chaque chapitre, 1,722,959 francs.

Restant disponible ou à régulariser sur les crédits, au 1er vendémiaire an XIII, 1,722,959 francs.

TOTAUX. Sommes assignées pour tous les chapitres, 545,000,000 francs.

Dépenses acquittées et ordonnancées au 1er vendémiaire an XIII, 529,416,732 francs.

Restant disponible ou à régulariser sur les crédits, au 1er vendémiaire an XIII, 15,583,268 francs.

CHAPITRE III.

EXERCICE AN X.

Le crédit de l'an X a été fixé à 500 millions. Cette somme est suffisante pour subvenir à tous les besoins.

L'état coté E présente le montant des produits et revenus de l'an X, et ce qui restait à rentrer ou à régulariser au 1er vendémiaire an XIII.

L'état coté F présente ce qui restait à payer ou à régulariser à la même époque.

Il en résulte, qu'au 1er vendémiaire an XIII, il restait à rentrer ou à régulariser sur les revenus de l'an X, une somme de 13,210,390 francs;

Et qu'il restait pareillement disponible ou à régulariser sur les crédits, celle de 12,390,040 fr.

EXERCICE AN X.

(E). ETAT *des produits et revenus de l'an X, des sommes rentrées au trésor public sur ces produits, et de ce qui restait à rentrer au 1er vendémiaire an XIII.*

CONTRIBUTIONS DIRECTES. Montant des produits et revenus, 273,417,000 francs.

Sommes rentrées au trésor public, an X et XI, 272,759,073 francs. An XII, 378,334 francs.

Total, 273,137,407 francs.

Restait à rentrer ou à régulariser au 1er vendémiaire an XIII, 279,593 francs.

RÉGIE DE L'ENREGISTREMENT ET DES DOMAINES. Montant des produits et revenus, 167,712,957 francs (a).

Sommes rentrées au trésor public, en l'an X et en l'an XI, 154,055,734 francs. En l'an XII, 1,700,599 fr. (b).

Total, 155,756,333 francs.

Restait à rentrer ou à régulariser au 1er vendémiaire an XIII, 11,956,624 francs (c).

DOUANES. Montant des produits et revenus, 30,979,901 fr.

Sommes rentrées au trésor public. En l'an X et en l'an XI, 30,977,325 francs. En l'an XII, 2,576 francs.

Total, 30,979,901 francs.

POSTES. Montant des produits et revenus, 10,367,421 fr.

Sommes rentrées au trésor public, en l'an X et XI, 9,393,248 francs.

Total, 9,393,248 francs.

Restait à rentrer ou à régulariser au 1er vendémiaire an XIII, 974,173 francs.

LOTERIE NATIONALE. Montant des produits ou revenus, 11,652,094 francs.

Sommes rentrées au trésor public en l'an X et XI, 11,652,094 francs.

Total, 11,652,094 francs.

RÉGIE DES SALINES. Montant des produits et revenus, 2,000,000 francs.

Sommes rentrées au trésor public en l'an X et XI, 2,000,000 francs.

Total, 2,000,000 francs.

MONNAIES. Montant des produits et revenus, 183,435 fr.

Sommes rentrées au trésor public en l'an X et XI, 183,435 francs.

Total, 183,435 francs.

RECETTES ACCIDENTELLES ET DE TOUTE NATURE EN L'AN X. Montant des produits et revenus, 3,687,192 francs.

Sommes rentrées au trésor public en l'an X et XI, 2,603,655 francs. En l'an XII, 1,083,537 francs.

Total, 3,687,192 francs.

TOTAUX. Montant de tous les produits et revenus, 500,000,000 francs.

Sommes rentrées au trésor public en l'an X et XI, 483,624,564 francs. En l'an XII, 3,165,046 francs.

Total, 486,789,610 francs.

Restait à rentrer ou à régulariser au 1er vendémiaire an XIII, 13,210,390 francs.

EXERCICE AN X.

(F). ETAT *des sommes assignées pour le service de l'an X, des dépenses acquittées et du restant disponible sur les crédits au 1er vendémiaire an XIII.*

DETTE PUBLIQUE ET PENSIONS. Sommes assignées au chapitre, 77,567,000 francs.

Dépenses acquittées et ordonnancées au 1er vendémiaire an XIII, 77,567,000 francs.

GUERRE ET ADMINISTRATION DE LA GUERRE. Sommes assignées au chapitre, 210,000,000 francs.

Dépenses acquittées et ordonnancées au 1er vendémiaire an XIII, 209,233,104 francs.

Restant disponible ou à régulariser sur les crédits au 1er vendémiaire an XIII, 766,896 francs.

MARINE. Sommes assignées au chapitre, 105,000,000 fr.

Dépenses acquittées et ordonnancées au 1er vendémiaire an XIII, 94,180,053 francs.

Restant disponible ou à régulariser sur les crédits au 1er vendémiaire an XIII, 10,819,947 francs.

INTÉRIEUR. Sommes assignées au chapitre, 38,000,000 fr.

Dépenses acquittées et ordonnancées au 1er vendémiaire an XIII, 37.787,836 francs.

Restant disponible ou à régulariser sur les crédits au 1er vendémiaire an XIII, 20,941 francs.

FINANCES (les pensions non comprises). Sommes assignées à chaque chapitre, 29,738,000 francs.

Dépenses acquittées et ordonnancées au 1er vendémiaire an XIII, 29.717,059 francs.

Restant disponible ou à régulariser sur les crédits au 1er vendémiaire an XIII, 20,941 francs.

TRÉSOR PUBLIC, Y COMPRIS UN FONDS D'UN MILLION POUR RÉGULARISER LES TAXATIONS DES RECEVEURS SUR L'INDIRECT. Sommes assignées à chaque chapitre, 5,631,000 francs.

Dépenses acquittées et ordonnancées au 1er vendémiaire an XIII, 5.552,594 francs.

Restant disponible ou à régulariser sur les crédits au 1er vendémiaire an XIII, 78,406 francs.

JUSTICE. Sommes assignées au chapitre, 9,880,000 fr.

Dépenses acquittées et ordonnancées au 1er vendémiaire an XIII, 9,826,902 francs.

Restant disponible ou à régulariser sur les crédits au 1er vendémiaire an XIII, 53,098 francs.

RELATIONS EXTÉRIEURES. Sommes assignées au chapitre, 7,400,000 francs.

Dépenses acquittées et ordonnancées au 1er vendémiaire an XIII, 73,999,429 francs.

Restant disponible ou à régulariser sur les crédits au 1er vendémiaire an XIII, 571 francs.

POLICE GÉNÉRALE. Sommes assignées au chapitre, 1,725,000 francs.

Dépenses acquittées et ordonnancées au 1er vendémiaire an XIII, 1.705,103 francs.

Restant disponible ou à régulariser sur les crédits au 1er vendémiaire an XIII, 19,897 francs.

FRAIS DE NÉGOCIATIONS. Sommes assignées au chapitre, 15,059,000 francs.

Dépenses acquittées et ordonnancées au 1er vendémiaire an XIII, 14 640,880 francs.

Restant disponible ou à régulariser sur les crédits au 1er vendémiaire an XIII, 418,120 francs.

TOTAUX. Sommes assignées pour tous les chapitres, 500,000,000 francs.

Dépenses acquittées et ordonnancées au 1er vendémiaire an XIII, 487,609,960 francs.

Restant disponible ou à régulariser sur les crédits au 1er vendémiaire an XIII, 12,390,040 fr.

CHAPITRE IV.

EXERCICE AN XI.

La somme affectée aux dépenses de cet exercice a été portée, par la loi du 5 ventôse an XII, à 619,500.000 francs ; un supplément de 5 millions a été nécessaire au crédit de la marine. La totalité des crédits s'élèvera ainsi à 624,500,000 francs.

L'état coté H présente : 1o la nouvelle distribution des crédits de l'an XI ; 2o ce qui restait à payer ou à régulariser sur ces crédits au 1er vendémiaire an XIII.

L'état coté G présente le montant des produits et revenus de l'an XI, et ce qui restait à rentrer ou à régulariser à la même époque.

Il en résulte qu'au 1er vendémiaire an XIII il restait à rentrer ou à régulariser sur les revenus de l'an XI, une somme de 15,733,905 francs ;

Et qu'il restait pareillement disponible ou à régulariser sur les crédits, celle de 18,622,537 fr.

EXERCICE AN XI.

(G). ETAT *des revenus et produits de l'an XI, et situation des rentrées au trésor public au 1er vendémiaire an XIII.*

CONTRIBUTIONS DIRECTES DE L'AN XI. Produits nets d'après les états des administrations et régies, 304,271,742 francs.

Sommes rentrées au trésor public, an XI, 301,445,106 fr.; an XII, 2,876,636 francs.

Total, 304,321,742 francs.

RÉGIE DE L'ENREGISTREMENT ET DES DOMAINES. Produits nets d'après les états des administrations et régies, 200,106,529 francs.

Sommes rentrées au trésor public, an XI, 169,832,183 fr.; an XII, 18,739,077 francs *.

Total, 188,571,260 francs.

Restait à rentrer au 1er vendémiaire an XIII, 11,535,209 francs **.

DOUANES. Produits nets d'après les états des administrations et régies, 36,924,900 francs.

Sommes rentrées au trésor public, an XI, 28,847,486 fr.; an XII, 6,545,214 francs.

Total, 35,392,700 francs.

Restait à rentrer au 1er vendémiaire an XIII, 1,532,200 francs ***.

POSTES. Produits nets d'après les états des administrations et régies, 11.500,000 francs.

Sommes rentrées au trésor public an XI, 8,218,352 fr.; an XII, 1,546,876 francs.

Total, 9,765,228 francs.

Restait à rentrer au 1er vendémiaire an XIII, 1,832,272 francs.

LOTERIE NATIONALE. Produits nets d'après les états des administrations et régies, 15,325,971 francs.

Sommes rentrées au trésor public, an XI, 15,218,000 fr.; an XII, 900 francs.

Total, 15,218,900 francs.

Restait à rentrer au 1er vendémiaire an XIII, 108,071 fr.

RÉGIE DES SALINES. Produits nets d'après les états des administrations et régies, 2,404,715 francs.

Sommes rentrées au trésor public, an XI, 2,300,000 fr.

Total, 2,300,000 francs.

Restait à rentrer au 1er vendémiaire an XIII, 104,715 fr.

CAUTIONNEMENT DES GREFFIERS DES JUSTICES DE PAIX. Produits nets d'après les états des administrations et régies, 2,000,000 francs.

Sommes rentrées au trésor public, an XI, 1,023,622 fr.; an XII, 457,500 francs.

Total, 1,481,122 francs.

* Cette somme comprend une somme de 3,303,443 francs régularisée pendant l'année dernière, a compte des 9,604,998 fr. de dépenses acquittées par la régie, a la décharge du trésor public, et qui faisaient partie des restes à rentrer au 1er vendémiaire an XII.

** Ce reliquat se compose en partie de 6,304,585 francs de pièces de dépenses restant à régulariser : le surplus est l'objet du compte définitif à faire entre le trésor public et les receveurs pour l'entier apurement de cet exercice.

Restait à rentrer au 1er vendémiaire an XIII, 718,878 francs.

RECETTES DIVERSES ET ACCIDENTELLES. Produits nets d'après les états des administrations et régies, 4,870,333 fr.
Sommes rentrées au trésor public, an XI, 2,863,528 fr.; an XII, 2,006,805 francs.
Total, 4,870,333 francs.

MONNAIES. Produits nets d'après les états des administrations et régies, 753,897 francs.
Sommes rentrées au trésor public, an XI, 51,230 fr.; an XII, 702.667 francs.
Total, 753,897 francs.

RECETTES EXTÉRIEURES. Produits nets d'après les états des administrations et régies, 21.200,000 francs.
Sommes rentrées au trésor public, an XI, 21,200,000 fr.
Total, 21,200,000 francs.

MOYENS EXTRAORDINAIRES. Produits nets d'après les états des administrations et régies, 24,890,913 francs.
Sommes rentrées au trésor public, an XI, 24,890,913 fr.
Total, 24,890,913 francs.

TOTAUX GÉNÉRAUX. Produits nets d'après les états des administrations et régies, 624,500,000 francs.
Sommes rentrées au trésor public, an XI, 575,890,420 f.; an XII, 32,875.675 francs.
Total, 608,766,095 francs.
Restait à rentrer au 1er vendémiaire an XIII, 15,733,905 francs.

EXERCICE AN XI.

(H). ÉTAT *des sommes assignées pour le service de l'an XI, des dépenses faites pendant les années XI et XII, et de ce qui restait disponible sur les crédits au 1er vendémiaire an XIII.*

DETTE PUBLIQUE ET PENSIONS. Sommes assignées pour le chapitre, 84,023,482 francs.
Dépenses acquittées et ordonnancées au 1er vendémiaire an XIII, 83,660,304 francs.
Restant disponible sur les crédits au 1er vendémiaire an XIII, 363,178 francs.

GRAND JUGE, MINISTRE DE LA JUSTICE. Sommes assignées pour le chapitre, 23,318,730 francs.
Dépenses acquittées et ordonnancées au 1er vendémiaire an XIII, 20,761,146 francs.
Restant disponible sur les crédits au 1er vendémiaire an XIII, 2,557,584 francs.

RELATIONS EXTÉRIEURES. Sommes assignées pour le chapitre, 7,820,000 francs.
Dépenses acquittées et ordonnancées au 1er vendémiaire an XIII, 7,813,999 francs.
Restant disponible sur les crédits au 1er vendémiaire an XIII, 6,001 francs

INTÉRIEUR. Sommes assignées pour le chapitre, 53,862,798 francs.
Dépenses acquittées et ordonnancées au 1er vendémiaire an XIII, 51,438,557 francs
Restant disponible sur les crédits au 1er vendémiaire an XIII, 2,224,241 francs.

FINANCES (*non compris les pensions*). Sommes assignées pour le chapitre, 37,167,688 francs.
Dépenses acquittées et ordonnancées au 1er vendémiaire an XIII, 34,285,380 francs.
Restant disponible sur les crédits au 1er vendémiaire an XIII, 2,882,308 francs.

TRÉSOR PUBLIC. Sommes assignées pour le chapitre, 7,000,000 francs.
Dépenses acquittées et ordonnancées au 1er vendémiaire an XIII, 5.963,723 francs.
Restant disponible sur les crédits au 1er vendémiaire an XIII, 1,036,277 francs.

GUERRE. Sommes assignées pour le chapitre, 164,705 799 francs.
Dépenses acquittées et ordonnancées au 1er vendémiaire an XIII, 164,218,860 francs.
Restant disponible sur les crédits au 1er vendémiaire an XIII, 486,939 francs.

ADMINISTRATION DE LA GUERRE. Sommes assignées pour le chapitre, 92,294,201 francs.
Dépenses acquittées et ordonnancées au 1er vendémiaire an XIII, 90,834,673 francs.
Restant disponible sur les crédits au 1er vendémiaire an XIII, 1,457,528 francs.

MARINE. Sommes assignées pour le chapitre, 143,000,000 francs.

Dépenses acquittées et ordonnancées au 1er vendémiaire an XIII, 135,313,923 francs.
Restant disponible sur les crédits au 1er vendémiaire an XIII, 7,486,077 francs.

FRAIS DE NÉGOCIATION. Sommes assignées pour le chapitre, 11,386.898 francs.
Dépenses acquittées et ordonnancées au 1er vendémiaire an XIII, 11.386,898 francs

DÉPENSES IMPRÉVUES. Sommes assignées pour le chapitre, 120,404 francs.
Restant disponible sur les crédits au 1er vendémiaire an XIII, 120,404 francs.

TOTAUX. Sommes assignées pour tous les chapitres, 624,500,000 francs.
Dépenses acquittées et ordonnancées au 1er vendémiaire an XIII, 605,877.463 francs.
Restant disponible sur les crédits au 1er vendémiaire an XIII, 18,622,537 francs.

CHAPITRE V.

EXERCICE AN XII.

Les dépenses de l'an XII avaient été estimées par le budget à 700 millions.

La nécessité de donner un grand mouvement aux préparatifs d'une guerre dont le renouvellement a été tout à fait imprévu, a forcé le Gouvernement de presser ses dispositions : il en est résulté un accroissement de dépense en l'an XII, qui exige que le budget de cet exercice soit augmenté d'une somme de 62 millions.

Ce supplément sera pris sur l'excédant du produit net des moyens de l'an XII, comparé à l'estimation qui en avait été faite par le budget.

La somme totale affectée aux dépenses de l'an XII se trouvera ainsi portée de 700 millions à 762 millions Cette disposition fait partie du projet de loi général sur les finances.

L'état coté J présente :

1o L'estimation qui avait été faite l'année dernière des revenus présumés de l'an XII ;

2o Le produit net résultant des états des administrations et régies ;

3o Ce qui était rentré au 1er vendémiaire an XIII ;

4o Ce qui restait à verser à la même époque.

L'État coté K présente la somme assignée pour l'an XII au service de chaque ministère ; les dépenses ordonnancées pendant la même année, et ce qui restait disponible sur les crédits des divers ministres au 1er vendémiaire an XIII.

Je crois devoir ici fixer l'attention de Votre Majesté sur la différence qui existe entre le montant du budget des diverses années qui se sont écoulées depuis que Votre Majesté tient les rênes du Gouvernement.

Le budget de l'an IX se porte à 545 millions.
Celui de l'an X est réduit à 500 millions.
Celui de l'an XI s'élève à 624,500,000 francs.
Enfin, celui de l'an XII est de 762 millions.

L'an IX a été le plus voisin du chaos dans lequel Votre Majesté a trouvé les finances.

Dès l'an X, l'ordre renaît ; le retour de la paix le seconde, et la dépense de tous les services n'excède pas 500 millions.

Au mois de messidor an XI. la guerre se rallume; des mesures imposantes doivent être prises avec célérité ; elles nécessitent une augmentation de dépenses de près de 125 millions.

Les mêmes circonstances exercent la même influence sur l'an XII, dont le budget dépasse encore de plus de 130 millions celui de l'année précédente.

Mais dans c   nnées, et cette circonstance sera à j   le dans les fastes du règne de Vo   me t   os qu'une flottille est créé   sont couverts de vaisseaux en construction, que l'armée est augmentée du plus d'un quart, les améliorations de tout genre, préparées au sein de la paix, se réalisent au milieu de la guerre ; de grands vaisseaux sont exécutés dans l'intérieur ; des ports sont formés, des canaux sont creusés, des communications importantes sont ouvertes ; les promesses faites, dans des temps plus heureux, aux rentiers viagers et aux pensionnaires de l'Etat, sont fidèlement remplies , et quinze mois de leurs arrérages leur sont payés dans la même année ; les fonds affectés à l'amortissement de la dette publique sont scrupuleusement conservés ; rien enfin de ce que Votre Majesté avait promis ou conçu n'est suspendu ou ralenti.

Dans le même temps, la liquidation des exercices anciens s'opère sans interruption , et ne cesse pas de fixer la sollicitude de Votre Majesté.

Les dépenses effectives des années VIII et antérieures doivent se trouver soldées avec les moyens qui y sont affectés. On a vu qu'au 1er vendémiaire an XIII, plus de 35 millions de capitaux restaient encore disponibles pour le paiement de ces dépenses.

Les exercices an IX et an X ont des ressources suffisantes pour couvrir tous les besoins qui restent à satisfaire.

La situation des exercices XI et XII paraît également satisfaisante ; et quoique ces années soient encore trop près de nous pour que l'on puisse en connaître dès à présent, avec une entière précision, les derniers résultats , on peut néanmoins apercevoir que les moyens qui restent disponibles sur chacune de ces deux années approcheront de très-près de leurs véritables besoins , en supposant qu'ils ne se trouvassent pas complétement remplis.

Que la paix renaisse, mais une paix inévitable et garantie par l'exécution fidèle des traités ; quelle carrière plus vaste s'ouvre à votre ambition, Sire, et à nos espérances !

Vos armées sont diminuées de plus de cent mille hommes ; 20 ou 30 mille chevaux du train d'artillerie sont réformés ; une immense quantité de marins qu'il faut entretenir sur vos escadres et dans vos ports sont rendus aux spéculations du commerce ; tant de travaux que commande aujourd'hui la situation de vos villes maritimes , plutôt qu'une véritable nécessité, sont ou suspendus ou suivis avec plus de lenteur ou d'économie. Partout cesse cette foule de dépenses imprévues auxquelles vous obligent ou les besoins ou les malheurs de la guerre.

Alors, Sire , Votre Majesté reporte tous les moyens que lui donnent ses finances , toute l'activité de son génie, toute l'énergie de sa pensée , sur les véritables sources de la prospérité publique.

Combien de fois nous l'avons entendu de sa bouche ! La grandeur des souverains n'es' ni dans la vaste étendue de leurs Etats, ni dans les forteresses qui appellent les efforts de l'ennemi plus encore qu'elles ne les arrêtent, ni dans ces monuments que la vanité d'une génération élève et que l'insouciance d'une autre génération laisse tomber.

Elle est dans des institutions qui fortifient les âmes, qui conservent les mœurs, qui propagent les lumières.

Elle est dans le bonheur d'un peuple nombreux qu'un même esprit anime , qu'un même intérêt attache au sort de la patrie : dans la prospérité de son agriculture, dans l'activité de son commerce et de son industrie , dans les canaux qui fécondent et enrichissent son territoire, dans les routes qui établissent des communications faciles entre toutes les parties de l'Empire.

Ceux qui croient que Votre Majesté est avide de guerre, parce qu'elle a obtenu de grands succès, parce qu'elle commande à l'armée la plus brave et la mieux disciplinée, que ne sont-ils , comme vos ministres, témoins des soins journaliers qui l'occupent, et, comme eux, les dépositaires des sentiments qui s'écoulent de son âme dans les heures d'abandon et de familiarité !

Ils sentiraient qu'elle a placé son ambition plus haut que les ambitions vulgaires ; qu'il est pour elle une gloire bien autre que celle des victoires et des conquêtes.

Dans cette France, objet de tant de jalousies, Votre Majesté voit partout encore des ruines à réparer, des landes arides à couvrir d'habitations et de troupeaux ; des marais qu'il faut rendre à la culture et à la salubrité ; des ports qu'il faut ouvrir ou recreuser ; des départements entiers qu'il faut, par des communications, attacher au reste de l'Empire ; et sous ce sol déjà si riche, des richesses nouvelles qu'il faut découvrir à la nation.

C'est à ces travaux qu'elle a, depuis les premiers jours de son gouvernement, attaché toutes ses pensées ; ce sont là les monuments durables qu'elle veut laisser de son règne et confier à la reconnaissance de la postérité.

Si la guerre se prolonge, qui peut ne pas sentir que Votre Majesté est détournée de ses vues les plus chères; qu'elle sacrifie à la nécessité, à l'honneur, ce premier sentiment de la nation , les intérêts de sa plus véritable gloire? Mais, Sire, les guerres finiront, et l'âge mûr de Votre Majesté sera environné de plus d'éclat et de renommée que les journées les plus brillantes de sa jeunesse.

EXERCICE AN XII.

(J). ÉTAT des revenus présumés portés au budget de l'an XII, des produits nets d'après les états des administrations et régies, et situation des rentrées au trésor public au 1er vendémiaire an XIII.

CONTRIBUTIONS DIRECTES DE L'AN XII. Estimations faites par le budget de l'an XII, 316,611,960 francs.

Produits nets d'après les états des administrations et régies, 313,062,468 francs *.

Sommes rentrées au trésor public, en l'an XII, 313,062,468 francs.

RÉGIE DE L'ENREGISTREMENT ET DES DOMAINES, COMPRIS LE PRODUIT DES BOIS NATIONAUX.

Estimations faites par le budget de l'an XII, 180,000,000 francs.

Produits nets d'après les états des administrations et régies, 198,584,340 francs.

Sommes rentrées au trésor public, en l'an XI, 170,738,248 francs.

Restant à rentrer au 1er vendémiaire an XIII, 27,846,092 francs **.

DOUANES. Estimations faites par le budget de l'an XII, 25,000,000 francs.

Produits nets d'après les états des administrations et régies, 41,485,621 francs.

Sommes rentrées au trésor public, en l'an XII, 33,054,276 francs.

---

* La différence entre l'estimation et le produit net de ce chapitre provient de ce que l'on avait compris dans l'estimation faite au budget, la portion de la contribution votée par les départements, qui a porté sur les dépenses de l'an XI , et que le trésor public ayant appliqué cette portion à l'exercice de cette même année, il a paru convenable de rectifier en conséquence l'estimation du budget de l'an XII.

** Y compris 9,968,400 francs en pièces de dépenses acquittées par la régie à la décharge du trésor public, et imputables sur les crédits, lorsqu'elles seront ordonnancées.

Restant à rentrer au 1er vendémiaire an XIII, 8,431,345 francs.

RÉGIE DES DROITS RÉUNIS. Produits nets d'après les états des administrations et régies, 1,000,000 francs *.

Restant à rentrer au 1er vendémiaire an XIII, 1,000,000 francs.

POSTES. Estimations faites par le budget de l'an XII, 11,000,000 francs.

Produits nets d'après les états des administrations et régies, 19,461,096 francs.

Sommes rentrées au trésor public, 7,400,000 francs.

Restant à rentrer au 1er vendémiaire an XIII, 3,071,096 francs.

LOTERIE NATIONALE. Estimations faites par le budget de l'an XII, 12,000,000 francs.

Produits nets d'après les états des administrations et régies, 15,658,500 francs **.

Sommes rentrées au trésor public, en l'an XII, 15,658, 500 francs.

RÉGIE DES SALINES. Estimations faites par le budget de l'an XII, 3,000,000 francs.

Produits nets d'après les états des administrations et régies, 3,290,000 francs.

Sommes rentrées au trésor public, en l'an XII, 2,700,000 francs.

Restant à rentrer au 1er vendémiaire an XIII, 520,000 fr.

MONNAIES. Estimations faites par le budget de l'an XII, 800,000 francs.

Produits nets d'après les états des administrations et régies, 571,578 francs.

Sommes rentrées au trésor public, an XII, 434,529 fr.

Restant à rentrer au 1er vendémiaire an XIII, 137,049 francs.

RECETTES DIVERSES ET ACCIDENTELLES. Estimations faites par le budget de l'an XII, 2,588,040 francs.

Produits nets d'après les états des administrations et régies, 6,098,456 francs.

Sommes rentrées au trésor public, en l'an XII, 6,098,456 francs.

NOUVEAUX CAUTIONNEMENTS DES PAYEURS DU TRÉSOR ET DES PERCEPTEURS DES CONTRIBUTIONS ET DES RECEVEURS D'ARRONDISSEMENT. Estimations faites par le budget de l'an XII, 21,000,000 francs.

Produits nets d'après les états des administrations et régies, 22,257,662 francs.

Sommes rentrées au trésor public, en l'an XII, 22,257,662 francs.

VENTES DE DOMAINES NATIONAUX. Estimations faites par le budget de l'an XII, 15,000,000 francs.

Produits nets d'après les états des administrations et régies, 15,000,000 francs.

Restant à rentrer au 1er vendémiaire an XIII, 15,000,000 francs.

RACHAT DE RENTES. Estimations faites par le budget de l'an XII, 10,000,000 francs.

Produits nets d'après les états des administrations et régies, 10,000,000 francs.

Sommes rentrées au trésor public, en l'an XII, 73,258 francs.

Restant à rentrer au 1er vendémiaire an XIII, 9,926,742 francs.

MOYENS EXTRAORDINAIRES. Estimations faites par le budget de l'an XII, 103,000,000 francs.

Produits nets d'après les états des administrations et régies, 124,590,279 francs.

Sommes rentrées au trésor public, en l'an XII, 687,698,532 francs.

Restant à rentrer au 1er vendémiaire an XIII, 74,301,468 francs.

TOTAUX. Estimations faites par le budget de l'an XII, 700,000,000 francs.

Produits nets d'après les états d~~ ~~ministrations et régies, 762,000,000 francs.

* Cette modique recette ~~est le rés~~
les dépenses de pre~~~~
bles perceptions q~~~~
n'a commencé à ê~~~~
partie de ses rece~~~~
le résidu de l'an 1~~~~
** Le produit d~~~~
14,707,404 francs.~~~~
cices versés en l'a~~~~
même année, et ~~~~
viennent.

Sommes rentrées au trésor public, en l'an XII, 687,698,532 francs.

Restant à rentrer au 1er vendémiaire an XIII, 74,301,468 francs.

EXERCICE AN XII.

(K). ÉTATS des sommes assignées pour le service de l'an XII, des dépenses faites pendant la même année, et de ce qui restait disponible sur les crédits au 1er vendémiaire an XIII.

DETTE PUBLIQUE ET PENSIONS. Sommes assignées au chapitre, 100,653,766 francs.

Montant des dépenses acquittées et ordonnancées en l'an XII, 98,873,205 francs.

Restant disponible sur les crédits au 1er vendémiaire an XIII, 1,780,561 francs.

MAISON DE L'EMPEREUR. Sommes assignées au chapitre, 8,333,333 francs.

Montant des dépenses acquittées et ordonnancées en l'an XII, 6,250,000 francs.

Restant disponible sur les crédits au 1er vendémiaire an XIII, 2,083,333 francs.

PRINCES FRANÇAIS. Sommes assignées au chapitre, 666,667 francs.

Restant disponible sur les crédits au 1er vendémiaire an XIII, 666,667 francs.

GRAND JUGE, MINISTRE DE LA JUSTICE. Sommes assignées au chapitre, 22,750,000 francs.

Montant des dépenses acquittées et ordonnancées en l'an XII, 16,039,454 francs.

Restant disponible sur les crédits au 1er vendémiaire an XIII, 6,710,546 francs.

POLICE GÉNÉRALE. Sommes assignées au chapitre, 250,000 francs.

Montant des dépenses acquittées et ordonnancées en l'an XII, 222,877 francs.

Restant disponible sur les crédits au 1er vendémiaire an XIII, 27,123 francs.

RELATIONS EXTÉRIEURES. Sommes assignées au chapitre, 7,000,000 francs.

Montant des dépenses acquittées et ordonnancées en l'an XII, 6,190,000 francs.

Restant disponible sur les crédits au 1er vendémiaire an XIII, 810,000 francs.

INTÉRIEUR. Sommes assignées au chapitre, 39,891,700 francs.

Montant des dépenses acquittées et ordonnancées en l'an XII, 23,839,280 francs.

Restant disponible sur les crédits au 1er vendémiaire an XIII, 16,052,420 francs.

CULTES. Sommes assignées au chapitre, 7,500,000 fr.

Montant des dépenses acquittées et ordonnancées en l'an XII, 3,916,410 francs.

Restant disponible sur les crédits au 1er vendémiaire an XIII, 3,583,590 francs.

FINANCES (les pensions non comprises.) Sommes assignées au chapitre, 45,777,000 francs.

Montant des dépenses acquittées et ordonnancées en l'an XII, 27,622,635 francs.

Restant disponible sur les crédits au 1er vendémiaire an XIII, 18,154,365 francs.

TRÉSOR PUBLIC. Sommes assignées au chapitre, 8,000,000 francs.

Montant des dépenses acquittées et ordonnancées en l'an XII ~~790,266~~ francs.

Restan~~t~~ ~~sur les crédits au 1er vendémiaire~~ an XIII, ~~~~4 francs.

GUE~~RRE.~~ ~~Sommes~~ assignées au chapitre, 179,500,0~~~~

Montan~~t des dépenses~~ acquittées et ordonnancées en l'an XII, ~~~~

Restant ~~disponible sur les c~~rédits au 1er vendémiaire an XIII, 5,2~~~~

ADMINISTRA~~TION~~ ~~~~116,8~~~~

Sommes assignées au

ordonnancées en

~~1er~~ vendémiaire

Montant des dépenses acquittées et ordonnancées en l'an XII, 175,612,431 francs.

Restant disponible sur les crédits au 1er vendémiaire an XIII, 19,387,869 francs.

Frais de négociations. Sommes assignées au chapitre, 18,489,869 francs.

Montant des dépenses acquittées et ordonnancées en l'an XII, 18,489,869 francs.

Fonds de réserve. Sommes assignées au chapitre, 12,187,665 francs.

Restant disponible sur les crédits au 1er vendémiaire an XIII, 12,187,665 francs.

Totaux. Sommes assignées à tous les chapitres, 762,000,000 francs.

Montant des dépenses acquittées et ordonnancées en l'an XII, 665,310,068 francs.

Restant disponible sur les crédits au 1er vendémiaire an XIII, 96,689,932 francs.

CHAPITRE VI.
DES ADMINISTRATIONS ET RÉGIES.
§ Ier.
RÉGIE DE L'ENREGISTREMENT ET DOMAINES.

Les produits bruts de cette administration, suivant le résultat général, remis par la régie, des comptes de tous ses préposés, vérifiés et arrêtés *sur pièces pour les neufs premiers mois et* provisoirement, *d'après les bordereaux des receveurs pour le quatrième trimestre*, se sont élevés, tant en numéraire effectif qu'en valeurs diverses, à la somme de 257,064,992 francs.

Les recettes, tant en numéraire qu'en traites des adjudicataires de bois et autres, qui font office de numéraire pour le trésor public, ont monté, savoir :

Pour les produits applicables au service de l'an XII, à 230,142,653 francs.

Sur les ventes de domaines en vertu des lois des 15 et 16 floréal an X, et 5 ventôse an XII, applicables au service de l'an IX, à 6,912,643 francs.

Total général, 237,055,296 francs.

Sur ce produit, la régie a acquitté directement pour les divers prélèvements et les dépenses administratives énoncées dans l'état n° 1er (*bis*) 31,558,313 francs. Reste, 205,496,983 francs.

Sur quoi, déduisant pour les sommes applicables au service de l'an IX, comme ci-dessus, 6,912,643 francs, le produit net au service de l'an XII est de 198,584,340 francs.

Il a été versé, sur cette somme, par les préposés de la régie, dans les caisses du trésor public, en numéraire et en traites, 188,235,097 fr.

La régie a de plus avancé à la décharge du trésor public 9,928,400 francs.

Total général, 198,163,497 francs.

Restait à verser par les préposés, au 1er vendémiaire an XIII, 420,843 francs.

Cette somme se compose, pour la presque totalité, de traites de coupes de bois, que la régie a remboursées, et dont elle poursuit le recouvrement, qui doit rentrer en l'an XIII.

Sur les 188,235,097 francs versés par la régie en numéraire et en traites, 188,235,097 francs.

La caisse centrale du trésor public avait reçu au dernier jour complémentaire an XII :

1° Des préposés du département de la Seine, 10,684,570 francs ;

2° Des receveurs généraux des autres départements, 160,953,098 francs.

Total général , 170,738,248 francs.

Il restait par conséquent à verser par les receveurs des départements, 17,496,849 francs.

Sur cette somme, 10,500,000 francs étaient rentrés au trésor public avant le 1er nivôse an XIII.

Diverses branches de perception ayant été distraites de cette régie, par la loi du 5 ventôse an XII, pour être confiées à la nouvelle régie des

droits réunis, j'ai eu égard à ces distractions ainsi qu'à la diminution des fermages de domaines, relativement aux dotations et aux ventes, dans la fixation de la somme pour laquelle les produits de la régie de l'enregistrement et domaines sont compris au budget de l'an XIII. (*Voy. l'état n° 1*).

§ II.
ADMINISTRATION DES FORÊTS.

Cette administration a continué de répondre avec zèle à l'objet de son institution.

Elle s'est occupée de ramener dans les bois communaux l'ordre qui en avait été banni depuis longtemps ; les coupes ont été réglées, et les gardes organisés à l'instar de ceux des forêts impériales.

On doit espérer, pour l'avenir, de grands avantages de la bonne administration d'une propriété dont l'étendue égale ou surpasse même, dans plusieurs départements, celle de bois des l'Empire. L'administration forestière s'occupe activement de repeupler les vides que ces bois présentent partout : ses efforts à cet égard, qui ont déjà obtenu d'heureux résultats, seront plus efficaces, lorsque le plan et les arbres de tiges, devenus rares à cause de la destruction des pépinières, se trouveront, en quantité suffisante, à portée des terrains ou des routes à planter, et que les circonstances permettront d'affecter à cette restauration des fonds suffisants.

Une attention particulière est donnée à la reconnaissance des anciennes limites des forêts ; il en est résulté déjà d'utiles découvertes, et cette opération a été liée à la confection du cadastre de l'Empire.

La fixation invariable du périmètre des bois sera infiniment favorable à leur aménagement : travail immense que nécessitent les réunions qui les ont agrandis, ou les ventes qui en ont altéré la consistance.

Ces vues générales n'ont pas fait négliger les aménagements particuliers et les réparations urgentes.

Les délits forestiers n'ont pas été aussi fréquents que les années précédentes. Ils deviendront plus rares encore, à mesure qu'une justice uniforme et sévère sera plus généralement exercée contre les délinquants.

La pêche des rivières navigables, qui n'était d'aucun produit pour le trésor public, a été restituée au domaine impérial et mise en adjudication ou en licence ; elle formera un article de recette qui excède déjà 600,000 fr., en même temps qu'elle échappera à la ruine dont elle était menacée par l'abus qu'on en faisait.

L'état coté 2, joint à ce compte, présente les divers résultats de cette partie d'administration pendant l'année dernière.

§ III.
DE L'ADMINISTRATION DES DOUANES.

Les produits bruts de cette administration se sont élevés en l'an XI à 50,147,395 fr. Les produits bruts de l'an XII montent à.... 55,412,242fr.

Sur lesquels, déduisant pour dépense de toute nature........ 13,926,621

Il reste un produit net de...... 41,485,621
Il n'avait été pour l'an XI que de 36,924,900

Augmentation en l'an XII...... 4,560,721

Si l'on compare le produit net de l'an XII, porté à............ 41,485,621

A celui de l'an IX, qui n'avait

été que de.................... 18,862.511 fr.

On trouve une augmentation,
de l'an IX à l'an XII, de........ 22,623,110

Cette amélioration, sur laquelle les circonstances de paix ou de guerre ne paraissent plus pouvoir influer, est due et au perfectionnement que la législation et les tarifs des douanes ont reçu, d'année en année, et à la réorganisation de la ligne de préposés qui veillent à la répression de la contrebande.

La perception du demi-droit de tonnage ordonnée par la loi du 14 floréal an X, pour l'entretien des ports, a produit, l'année dernière, 835,496 francs, y compris les droits de colis établis au port d'Anvers sur la fin du 3e trimestre de l'année dernière. (Voy. l'état n° 3.)

§ IV.
DE L'ADMINISTRATION DES POSTES.

Les produits bruts de cet administration sont évalués, pour l'an XII, à 19,830,024 francs.

Le produit net avait été évalué par le budget de l'année dernière à 11 millions : il ne sera que d'environ 10,400,000 francs.

Cette diminution est le résultat de la guerre, qui, en même temps qu'elle influe sur les correspondances, augmente les frais d'administration, par la nécessité d'entretenir les bureaux de poste près des armées.

Il ne restait à rentrer au 1er brumaire an XIII, sur le produit net de l'an XII, qu'environ 1,100,000 francs.

Je rappelle, comme je l'ai fait les années dernières, qu'indépendamment des versements que l'administration des postes fait au trésor public, le service du Gouvernement, des autorités constituées et d'un grand nombre de fonctionnaires publics, qu'elle exécute gratuitement, donnerait, s'il était payé, un produit de 10 à 12 millions. (Voy. l'état n° 4.)

§ V.
DE L'ADMINISTRATION DE LA LOTERIE.

Cette branche de revenu a donné, l'année dernière, un produit net de 14,723,861 fr., qui sont rentrés en totalité au trésor public.

La comptabilité de cette administration est constamment à jour. (Voy. l'état n° 5.)

§ VI.
DE LA RÉGIE DES DROITS RÉUNIS.

Cette régie a été établie par la loi du 5 ventôse an XII.

La fin de l'année dernière a été employée à son organisation ; elle n'a commencé à exister véritablement qu'en l'an XIII, et ce ne sera que l'année prochaine qu'il sera possible d'en présenter les premiers résultats.

Déjà Votre Majesté a fait droit à diverses réclamations qui lui avaient été adressées

Les distillateurs de grains, qui, par les procédés hollandais qu'ils emploient, obtiennent des eaux-de-vie d'une meilleure qualité, ont été déchargés de la moitié du droit ; et Votre Majesté a décidé que les agriculteurs qui ne distillent que pour se procurer une drèche nécessaire à la nourriture de leurs bestiaux, étaient susceptibles de la faveur d'un abonnement.

Les brasseurs, qui fabriquent de la bière rouge, ont aussi obtenu une diminution de droit ; et la *petite bière*, dans la véritable acception de cette dénomination, a été aussi exemptée de la taxe par une décision de Votre Majesté, qui est tout en faveur de la classe peu aisée de la société.

Enfin, Votre Majesté a voulu encore que le droit proportionnel ne fût pas perçu sur les distilleries de cerises qui existent dans des pays pauvres et montagneux.

C'est ainsi que la nouvelle administration pourra toujours être distinguée des anciennes fermes et régies fiscales, par une attention constante à respecter l'industrie, et à ne jamais violer les principes d'une sage liberté. (Voy. l'état n° 6.)

§ VII.
RÉGIE DES SALINES.

Le prix fixe du bail de cette régie, pour les salines de l'Est, est de 3,000,000 francs.

Le produit net des ventes effectuées en l'an XII n'a été, suivant les états fournis par la régie, que de 1,995,926 fr. 77 cent.

Mais il restait dans les magasins, au 1er vendémiaire an XIII, 147,591 quintaux décimaux de sels, que l'on ne peut estimer à moins de 1,500,000 fr., et dont l'écoulement, facilité par les nouvelles dispositions faites pour étendre les ventes de la régie doit la couvrir promptement du prix fixe qu'elle est tenue de verser chaque année au trésor public.

Elle doit en outre, pour les salines de Creutznach et pour les salines de Peccais, 440,000 francs sur sur lesquels, déduisant divers paiements qu'elle est autorisée à faire à la décharge du trésor public, le net à verser se réduit à 220,000 francs, conformément à l'état coté 7, sauf le réglement à faire, lors du compte définitif, des bénéfices excédant le prix du bail. (Voy. l'état n° 7.)

§ VIII.
RÉGIE DES MONNAIES.

La fabrication des nouvelles espèces, ordonnée par la loi du 7 germinal an XIII, est en pleine activité. Elle s'élevait, au mois de frimaire an XIII, tant en or qu'en argent, à 136,146,318 francs.

Les pièces de 5 francs fabriquées à l'ancien type, se sont élevées à (Voy. état n°8) 106,335,755.

Ainsi les monnaies de nouvelle fabrication montent actuellement à la somme de 242,482,073 fr.

Il se trouve dans cette somme pour 7,056,583 fr. de coupures de la pièce de 5 francs ; j'ai prescrit aux directeurs des monnaies de faire entrer les pièces de 2 francs pour un 2e, et les autres coupures pour un 10e au moins dans leur fabrication journalière, afin de les multiplier dans la circulation aussi prompte ment qu'il sera possible.

Il résulte des relevés que j'ai fait faire que, dans les 136 millions fabriqués depuis le 7 germinal an XI, il est entré environ 10 millions d'espèces d'or, et 20 millions d'espèces d'argent. Le surplus est provenu d'anciennes monnaies considérées comme *matière*, et de lingots sur lesquels on a perçu le droit de retenue. Ce droit a produit, savoir :

Sur l'or.

En l'an XI... 19,894 fr. 33 c.
                        109,808 fr. 25 c.
En l'an XII.. 89,913   92

Sur l'argent.

En l'an XI... 274,139 fr. 43 c.
                        755,804 fr. 14
En l'an XII... 181,664   71
TOTAL GÉNÉRAL.............. 865,612.   39.

Conformément à la loi du 7 germinal an XI, ... ces ne sont mises en circulation ... échantillons de chaque fonte ont été essayés à Paris. Indépendamment de cette précaution, j'ai recommandé aux administrateurs des monnaies de faire rechercher, chaque année, dans la circulation, plusieurs pièces de chacun des hôtels des monnaies, afin de les soumettre à un essai particulier, et de s'assurer ainsi que le poids et le titre sont exactement conformes à la loi. Les résultats de cette opération sur le travail de l'an XII ont été satisfaisants.

On s'occupe de la fabrication des balanciers dont le modèle a été adopté au concours qui avait été ouvert l'année dernière. Ces balanciers seront envoyés successivement dans les divers hôtels des monnaies, et serviront à la fabrication de l'or, qui n'a pu jusqu'à présent être fabriqué qu'à Paris. (*Voy.* la pièce n° 9.)

La mesure que j'ai eu l'honneur de proposer, l'année dernière, à Votre Majesté, relativement aux pièces dites de *deux sous*, a complétement réussi. Toutes les difficultés ont disparu, sans qu'il me soit parvenu une seule réclamation.

Le décret impérial, relatif aux pièces effacées, s'exécute également d'une manière satisfaisante.

Nous sortirons ainsi, peu à peu et sans secousse, des embarras qu'entraîne inévitablement l'altération des monnaies à la suite d'une longue circulation, surtout lorsqu'elles ont été longtemps perdues de vue par le Gouvernement, comme il est arrivé dans le cours des convulsions politiques qui, pendant dix années, ont agité la France. (*Voy.* l'*état n° 8.*)

ÉTAT GÉNÉRAL DES RECETTES ET DÉPENSES FAITES PAR L'ADMINISTRATION DE L'ENREGISTREMENT ET DES DOMAINES PENDANT L'AN XII.

N° 1er. EXERCICE AN XII.

ADMINISTRATION DE L'ENREGISTREMENT ET DES DOMAINES.

RECETTES.

MONTANT BRUT DES RECETTES.

Enregistrement, 95,266,105 fr. 52 c.
Timbre, 24,520,981 fr. 92 c.
Greffes, 4,763,740 fr. 73 c.
Hypothèques, 9,544.175 fr. 94 c.
Droits sur les voitures publiques, 883,907 fr. 09 c.
Droits sur l'or et l'argent, 818,844 fr. 76 c.
Amendes et indemnités, 1,828,882 fr. 08 c.
Patentes antérieures à l'an X, 68,638 fr. 94 c.
Droits sur les tabacs, 3,740,713 fr. 70 c.
Frais de justice recouvrés, 1,015,777 fr. 28 c.
Épaves et deshérences, 264,970 fr. 46 c.
Droits d'expéditions des actes de l'état civil à Paris, 53,934 fr. 75 c.
Recettes accidentelles, 326,172 fr. 07 c.
Décime sur les droits y sujets, 13,390.879 fr. 39 c.
Total du montant brut des recettes, 156,487,733 fr. 93 c.
Numéraire, 156,487,293 fr. 19 c.
Coupes de bois et accessoires, 48,533,599 fr. 81 c.
Fermages et loyers. 14,664,620 fr. 25 c.
Arrérages de rentes, 3,548,810 fr. 19 c.
Revenus des canaux et usines, 2,386,198 fr. 83 c.
Créances recouvrées, ventes et rachat de rentes, 9,706,009 fr. 93 c.
Prix de mobilier ordinaire, 822,703 fr. 61 c.
Prix des ventes d'immeubles. Loi du 5 ventôse an XII, 398,353 francs.
Idem. Lois des 15 et 16 floréal an X, 6,514,290 fr. 14 c.
Idem. Lois antérieures, 7.989,150 fr. 10 c.
Quart sur les domaines engagés, 544.844 fr. 31. c.
Matières d'or et d'argent versées aux ateliers monétaires, 13,543 fr. 97 c.
Revenus des biens saisis réellement, 249,839 fr. 60 c.
Total du montant brut des recettes, 95,368,963 fr. 74 c.
Numéraire, 37,194,030 fr. 74 c.

DÉTAIL DES DIFFERENTES VALEURS REÇUES.

OBLIGATIONS. Adjudicataires de coupes de bois, 40,432,860 fr. 86 c.
Fermiers de canaux et usines, 686,500 francs.
Débiteurs de rentes, et pour le quart de domaines engagés et prix de ventes d'immeubles, 284,612 fr. 07 c.
RESCRIPTION DE LA TRESORERIE. Transferts de rentes, 3,338,854 fr. 09 c.
Ventes de domaines, 1,550,172 fr. 16 c.
RÉCÉPISSES. Monnaies, 13,381 fr. 97 c.
Grains, 49,018 fr. 98 c.
RESCRIPTIONS pour mandats de dépenses d'ordonnances admissibles en paiements de domaines, 2,884,811 fr.01 c.
BONS DE RESTITUTION admissibles en paiement de droit d'enregistrement, 440 fr. 74 c.
DÉLÉGATIONS ET CERTIFICATS DE LIQUIDATIONS, et coupons d'emprunt forcé admis en paiement de domaines, 3,526 fr. 44 c.
TIERS CONSOLIDÉ, 687.926 fr. 25 c.
RESCRIPTIONS DU CAISSIER de la caisse de l'extraordinaire du Piémont et de la dette publique,10,036 fr. 09 c.
BONS D'ARRÉRAGES de deux tiers mobilisés et de 3/4 d'arrérages, 1,185,939 fr. 41 c.
REDUCTION EN NUMÉRAIRE DES VERSEMENTS faits en assignats et mandats, 27,293 fr. 66 c.
TOTAL GÉNÉRAL du produit brut en toutes valeurs, 251,856,697 fr. 67 c.
Prix des coupes de bois des communes et des hospices, 2,854,523 fr. 84 c.
Idem des ventes d'effets militaires, 156,825 fr. 44 c.
Recouvrement d'obligations et cédules protestées, 2,196,945 fr. 45 c.
TOTAL, 257,064,992 fr. 40 c.

(*bis* N° 1er). EXERCICE AN XII.

DEPENSES.

MONTANT DES PRÉLÈVEMENTS SUR LES RECETTES, ET DES DÉPENSES ADMINISTRATIVES.

Restitution des droits mal à propos perçus, 1,471,961 fr. 33 c.
Attributions sur les amendes, 483,310 fr. 08 c.
Idem sur les patentes, 260,773 fr. 90 c.
Traitements des greffiers, 1,058,373 fr. 07 c.
Idem et frais des bureaux de garantie, 332,064 fr.63 c.
Paiements aux copropriétaires des biens indivis, 63,851 fr. 83 c.
Idem aux créanciers des biens séquestrés, 381,870 fr. 45 c.
Créances et dépenses relatives aux biens saisis réellement, 225,648 fr. 03 c.
Dépenses relatives aux épaves et deshérences, 142,166 fr. 93 c.
Frais de séquestres, réparations et autres, 4,296,791 fr. 97 c.
Idem d'estimation, d'affiches et de ventes, 352,052 fr. 95 c.
Idem de poursuites à la charge de l'administration, 423,787 fr. 84 c.
Prix d'achat de papier à timbrer, 334,607 fr. 43 c.
Menues dépenses du timbre, 317,835 fr. 10 c.
Contributions sur les domaines, 2,849,594 fr. 84 c.
Contributions sur les bois, 107,709 fr. 14 c.
Contributions sur les canaux, 77,289 fr. 87 c.
Total, 13,160,309 fr. 39 c.

DÉPENSES ADMINISTRATIVES.

1° De la régie de l'enregistrement ; savoir :
Remises des receveurs de l'enregistrement et des domaines, 5,416,197 fr. 09 c.
Traitement des employés et administrateurs autres que les receveurs, 4,546,092 fr. 29 c.
Frais de bureau des directeurs, 395,687 fr. 97 c.
Frais extraordinaires des tournées des inspecteurs, 9,220 fr. 30 c.
Ports de lettres et ballots, 374,990 fr. 10 c.
Impressions et reliures :
Dépenses de l'administration centrale à Paris, 497,721 fr. 08 c.
Idem de l'état civil à Paris, 37,370 fr. 14 c.
2° De l'administration forestière, 6,300,207 fr. 69 c.
3° De celle des canaux, 885,503 fr. 68 c.
Total, 18,398,603 fr. 98 c.

TOTAL GÉNÉRAL, 31,558,313 fr. 37 c.

PRODUIT NET.

Numéraire, 154,164,608 fr. 83 c.

Obligations des coupes de bois, de fermages des débiteurs de rentes et pour ventes des domaines, 41,403,972 fr. 93 c.

En paiements à la décharge du trésor public, pour le service des ministres.

Guerre, 55,460 fr. 78 c. Marine, 45,053 fr 70 c. Intérieur, 41,494fr. 56 c. Justice, 7,556,287 fr. 74 c. Finances, 2,230,404 fr. 85 c. Total, 9,928,400 francs.

Total en numéraire et valeurs actives pour le trésor public, 205,496,983 fr. 49 c.

Rescription de la trésorerie pour transferts de capitaux de rentes et ventes de domaines nationaux, 10,565,275 fr.25 c.

Valeurs mortes, 4,236,125 fr. 51 c.

TOTAL DU PRODUIT NET, 220,298,384 fr. 30 c.

Résultat.

Les prélèvements sur les recettes s'élèvent à 13,160,309 fr. 39 c.

Les dépenses administratives à 18,398,603 fr. 98 c.

Le produit net est de 220,298,384 fr. 30 c.

Total, 251,856,697 fr. 67 c.

Il convient d'y ajouter, pour balancer les comptes de l'administration de l'enregistrement et des domaines :

1º Le prix de la vente des coupes de bois des communes et hospices, 2,854,523 fr. 94 c.

2º Le prix des ventes d'effets militaires, 156,825 fr. 44 c.

3º Le recouvrement des cédules et obligations protestées *, 2,196,945 fr. 45 c.

Total, 5,208,294 fr. 73 c.

TOTAL GÉNÉRAL, 257,064,992 fr. 40 c.

Nº 2. EXERCICE AN XII.

Administration générale des forêts.

CONTENANCE des forêts impériales, 2,383,000 hectares.

NOMBRE D'INSPECTIONS établies dans les conservations, y compris celles des conservateurs, 194.

NOMBRE DES AGENTS FORESTIERS. Conservateurs, 27. Inspecteurs, 167. Sous-inspecteurs, 265. Arpenteurs, 465. GARDES. Généraux, 456. Particuliers, 7,326.

QUANTITÉ DE BOIS MISE EN VENTE, Y COMPRIS CEUX DE L'AFFOUAGE. Hectares, 64,488 (a). Arbres provenant des coupes ordinaires des forêts de sapins de chablis et éclaircissements des forêts, 472,822 francs.

Comparaison de cette quantité avec celle de l'ordinaire an XI.

COUPES. En l'an XI, 64,490 hectares, 330,000 arbres. En l'an XII, 64,488 hectares, 472,822 arbres.

Différence pour l'an XII. En plus, arbres, 142,822 (b). En moins, hectares, 2.

* On a retranché du chapitre des prélèvements une somme de 4,395,814 fr. 18 c. pour remboursement d'obligations et traites protestées ; ce qui force en recette les caisses de la régie de pareille somme. Elles seront couvertes par le produit des mêmes traites.

(a) *Observations.* Dans cette quantité n'est pas comprise celle de 4,287 hectares de récépage ; elle est portée au 3ª tableau.

(b) Cet excédant provient des arbres marqués pour la marine, dans les coupes ordinaires.

MONTANT DU PRODUIT DES BOIS.

PRINCIPAL. Adjudications. 42,403,656 fr. 05 c. Affouages et délivrances sur estimation, 2,700,392 fr. 91 c. (a). Total, 45,104,048 fr. 96.

Prix moyen de l'hectare dans toute l'étendue de l'Empire, 656 francs.

ACCESSOIRES. (b). Menus produits, 1,276,368 fr. 47 c. ; Décime du produit des ventes des bois communaux et d'établissements publics, 488,263 fr. 66 c. ; Vacation pour martelage et récolement dans les bois communaux et établissements publics, 509,427 fr. 18 c. Total, 2,274, 059 fr. 31 c.

PÈCHE. 303,658 fr. 90 c. (c).

TOTAL de ces divers produits, 47,681,767 fr. 17 c.

COMPARAISON DE PRODUIT DE L'AN XI AVEC CELUI DE L'AN XII.

PRODUIT. An XI, 42,201,240 francs ; an XII, 47,681,767 fr. 17 c.

Différence en plus pour l'an XII, 5,480,527 fr. 17 c.

L'administration n'ayant pas encore reçu les procès-verbaux d'estimation de ces arbres, ne peut en faire connaître exactement la valeur ; néanmoins il y a lieu de croire qu'elle excédera cette somme.

AMÉLIORATIONS ET RÉPARATIONS DANS LES BOIS.

RÉCÉPAGES, 4,287 hectares.

PLANTATIONS ET SEMIS. Bois, 7,394 hectares. Routes, 181,107 arbres.

TERRES VAGUES données à temps à la charge de les semer et planter, 11,880 hectares.

AMÉNAGEMENTS AUTORISÉS. Bois impériaux, 10,989 hectares 17 ares ; communaux, 8,239 hectares 63 ares.

LONGUEUR MÉTRIQUE. Chemins et fossés réparés, 745,627 mètres. Élagages sur les chemins de vidanges, 378,666 francs.

NOMBRE DE PEPINIÈRES établies ou autorisées, 54.

DÉPENSES ADMINISTRATIVES AUTORISÉES PAR ARRÊTÉS DU GOUVERNEMENT, DES 19 FLOREAL AN X, 8 PLUVIÔSE ET 14 VENTÔSE AN XI.

TRAITEMENTS DES AGENTS. Rétributions des arpenteurs et fonds d'encouragements, 4,516,220 francs.

Frais d'administration, 183,780 francs. Dépenses effectives, 199,714 francs.

Fonds d'amélioration et surveillance de la pêche, 700,000 francs ; dépenses effectives, 684,066 francs.

Rapport entre les fonds de 5,400,000 francs, et la masse des produits, 1/9 environ.

BOIS RECOUVRÉS, 5,707 hectares.

PROCÈS-VERBAUX DES DÉLITS VENUS A LA CONNAISSANCE DE L'ADMINISTRATION. Rapportés, 21,363 ; jugés, 19,630 ; à juger, 1,733.

AMENDES ET CONDAMNATIONS. Montant en principal, 517,773 francs, frais liquidés par jugement, 176,340 francs. Total, 694,113 francs.

Recouvrements effectués, 248,327 francs. Restant à recouvrer, 445,786 francs.

(a) *Observations.* Dans cette somme est comprise celle de 1,500,000 francs, valeur approximative de 56,000 pieds d'arbres délivrés par extraordinaire aux agents de la marine, dans les 24ª et 25ª conservations.

(b) Il reste encore quelques états relatifs aux accessoires qui ne sont pas encore parvenus à l'administration ; mais ils sont en très-petit nombre.

(c). Le produit annuel de la pêche est de 573,000 francs ; il n'est ici porté que pour la portion qui appartient à l'an XII, les adjudications n'ayant eu lieu que dans le courant de l'exercice.

ADMINISTRATION GÉNÉRALE DES EAUX ET FORÊTS.

ÉTAT DES PRODUITS DES COUPES DE BOIS IMPÉRIAUX ADJUGÉES PENDANT L'EXERCICE DE L'AN XII.

CONSERVATIONS	DÉPARTEMENTS.	QUANTITÉ VENDUE.		MONTANT DES VENTES.	
		hectares.	arbres épars.	Prix principal.	Décime.
1re	Eure-et-Loir........................	933	1,072	644,256 91	64,425 69
	Seine.............................	39	»	69,405 60	6,940 56
	Seine-et-Marne.....................	1,163	228	1,530,600 62	153,528 52
	Seine-et-Oise......................	2,210	676	1,933,584 57	198,083 71
2e	Aube..............................	864	6,841	553,326 99	55,332 70
	Marne.............................	1,281	19,804	1,130,053 31	113,005 33
	Yonne.............................	1,097	876	783,052 19	78,305 23
3e	Eure..............................	1,528	7,213	1,198,122 72	119,812 27
	Seine-Inférieure...................	2,069	7,945	2,047,070 20	204,707 02
4e	Calvados...........................	726	1	317,004 81	31,700 48
	Manche............................	156	8	69,818 63	6,981 87
	Orne..............................	2,015	7	1,059,792 62	105,979 26
5e	Côtes-du-Nord......................	263	700	49,060 00	4,906 00
	Finistère..........................	192	»	83,495 00	8,349 50
	Ille-et-Vilaine....................	474	392	123,501 66	12,350 17
	Loire-Inférieure...................	342	5,900	103,223 03	10,322 30
	Morbihan..........................	79	40	41,645 00	4,164 50
6e	Sarthe............................	792	5,953	453,626 23	45,362 62
	Maine-et-Loire.....................	607	3,256	151,562 01	15,156 20
	Mayenne...........................	249	766	76,015 42	7,601 54
7e	Indre-et-Loire.....................	689	1,801	241,830 42	24,183 04
	Loiret............................	2,064	»	1,422,017 98	142,201 80
	Loir-et-Cher.......................	513	910	445,176 26	45,695 68
8e	Cher..............................	969	»	326,337 53	32,633 76
	Indre.............................	858	»	189,614 47	18,961 45
	Nièvre............................	1,544	11,601	484,842 14	49,482 03
	Charente-Inférieure................	83	»	25,147 70	2,514 77
9e	Deux-Sèvres........................	536	300	193,552 75	19,355 28
	Vendée............................	142	1,006	59,533 51	5,953 35
	Vienne............................	618	272	128,614 53	12,861 45
	Allier............................	487	245	234,302 43	23,430 24
	Cantal............................	5	870	6,050 00	605 00
	Corrèze...........................	49	»	3,500 00	350 00
10e	Creuse............................	88	»	7,474 75	747 48
	Haute-Loire.......................	9	»	450 00	45 00
	Puy-de-Dôme.......................	263	7,816	97,939 65	9,793 97
	Haute-Vienne......................	103	»	12,426 50	1,242 65
	Charente..........................	339	1,962	205,021 40	20,502 14
	Dordogne..........................	130	»	35,367 85	3,536 78
11e	Gironde...........................	145	4,151	22,202 04	2,220 20
	Lot...............................	»	»	» »	» »
	Lot-et-Garonne....................	40	»	9,384 65	938 47
	Gers..............................	102	»	40,825 00	4,082 50
12e	Landes............................	38	»	6,506 00	650 60
	Basses-Pyrénées....................	»	225	12,690 00	1,269 00
	Hautes-Pyrénées....................	32	2,197	30,220 00	3,022 10
13e	Ariége............................	33	2,481	85,310 00	8,531 00
	Haute-Garonne.....................	632	4,880	232,913 31	23,291 33
	Tarn..............................	229	»	149,591 66	14,959 16
	Aude..............................	130	4,978	111,633 99	11,163 40
14e	Aveyron...........................	27	»	6,490 00	649 00
	Hérault...........................	24	»	2,140 00	214 00
	Pyrénées-Orientales................	30	1,575	9,137 50	913 75
	Ardèche...........................	10	1,400	8,716 66	871 67
15e	Gard..............................	239	»	43,770 00	4,377 00
	Lozère............................	»	»	» »	» »
	Vaucluse..........................	324	»	54,118 40	5,418 84

ADMINISTRATION GÉNÉRALE DES EAUX ET FORÊTS (SUITE).

SUITE DE L'ÉTAT DES PRODUITS DES COUPES DE BOIS IMPÉRIAUX ADJUGÉES PENDANT L'EXERCICE DE L'AN XII.

CONSERVATIONS	DÉPARTEMENTS.	QUANTITÉ VENDUE.		MONTANT DES VENTES.	
		hectares.	arbres épars.	Prix principal.	Décime.
16e	Basses-Alpes.	»	»	» »	» »
	Alpes-Maritimes.	»	»	» »	» »
	Bouches-du-Rhône.	»	»	» »	» »
	Var.	220	2,000	24,970 00	3,327 00
	Ain.	71	1,486	89,652 50	8,965 25
	Hautes-Alpes.	»	»	3,000 00	300 00
	Drôme.	98	78	4,900 00	490 00
17e	Isère.	330	1,458	92,142 07	9,214 21
	Léman.	»	»	» »	» »
	Loire.	30	22,489	90,924 35	9,092 43
	Mont-Blanc.	42	»	15,693 56	1,569 35
	Rhône.	»	»	» »	» »
	Côte-d'Or.	2,598	11,323	1,389,728 67	139,265 67
18e	Haute-Marne.	2,416	35,221	1,872,419 59	187,340 46
	Saône-et-Loire.	1,028	2,075	629,260 01	62,926 00
	Doubs.	41	582	24,032 85	2,403 28
19e	Jura.	749	50	274,565 03	27,456 51
	Haute-Saône.	502	197	305,161 91	30,516 20
20e	Bas-Rhin.	1,485	4,416	696,782 30	69,678 23
	Haut-Rhin.	681	13,255	337,467 24	33,746 72
	Meurthe.	1,251	19,782	891,828 50	91,377 58
21e	Meuse.	1,775	26,028	1,190,690 06	121,707 07
	Vosges.	921	28,315	727,943 37	97,214 81
	Ardennes.	2,328	4,552	889,233 36	92,751 43
22e	Forêts.	960	246	477,839 36	47,783 97
	Moselle.	1,080	3,335	552,190 43	56,298 47
	Meuse-Inférieure.	254	3,066	48,674 00	4,867 40
23e	Ourthe.	1,054	5,704	209,504 55	20,950 45
	Sambre-et-Meuse.	1,750	30,891	606,083 84	61,216 22
	Dyle.	859	6,433	677,629 15	67,762 94
	Escaut.	257	624	53,395 97	5,339 60
24e	Jemmapes.	1,354	7,301	477,334 20	49,892 07
	Lys.	484	850	70,566 14	7,056 84
	Deux-Nèthes.	203	132	62,934 00	6,293 40
25e	Nord.	1,520	19,948	1,411,214 26	141,121 43
	Pas-de-Calais.	1,082	27,144	803,249 18	80,324 94
	Aisne.	1,671	5,565	2,354,265 09	235,426 51
26e	Oise.	2,127	7,238	2,194,531 82	225,040 70
	Somme.	614	23,654	592,268 57	59,226 85
27e	Golo.	»	»	» »	» »
	Liamone.	»	»	» »	» »
	Mont-Tonnerre.	1,241	16,963	363,240 50	36,324 05
28e	Rhin-et-Moselle.	448	1,524	67,990 00	6,799 00
	Roër.	1,185	6,184	262,156 85	26,215 68
	Sarre.	1,132	11,129	212,495 43	21,249 54
	Doire.	2	500	1,925 00	192 50
	Marengo.	»	»	» »	» »
29e	Pô.	117	»	41,734 37	4,173 44
	Sésia.	5	150	5,780 00	578 00
	Stura.	47	2,765	23,698 08	2,369 81
	Tanaro.	40	1,521	14,266 64	1,426 66
	TOTAUX.........	64,635*	466,522**	38,505,501 44	3,898,154
				42,403,656 fr. 05 c.	

* Dans cette quantité se trouve comprise celle de 4,287 hectares de récépages, dont le produit est entré dans la composition du prix total des ventes.
Si l'on distrait les 4,287 h., il ne restera plus que 60,348 h. pour la quantité de bois vendue; cette quantité ne concorde pas avec celle de 64,488 hect. portée dans l'état général de l'exercice an XII; mais cette différence provient de ce que, dans les 64,488 h., sont compris les bois délivrés sur estimations et pour affouages à des usines.
** Même observation sur la différence qui existe entre la quantité d'arbres ici portée et celle exprimée dans l'état général.

DOUANES IMPÉRIALES.

Nº 3. EXERCICE AN XIII.

État général des recettes et dépenses des douanes pendant l'an XII.

RECETTES.

BAYONNE. Droits de douanes, 1,690,874 fr. 21 c.; de commerce, 17,230 fr. 98 c.; de navigation, 65,102 fr. 46 c. Droit additionnel d'un décime par franc, 177,256 fr. 74 c. Recettes diverses et extraordinaires, 1,014 francs. Sixième dans les saisies et décime par franc sur les amendes et confiscations appartenant au trésor public, 3,793 francs.
Total des recettes brutes, 1,955,271 fr. 39 c.

BORDEAUX. Droits de douanes, 9,823,126 fr. 67 c.; de commerce, 46,283 fr. 50 c.; de navigation, 288,605 fr. 80 c. Droit additionnel d'un décime par franc, 948,590 fr. 91 c. Recettes diverses et extraordinaires, 8,404 fr. 51 c. Sixième dans les saisies et décime par franc sur les amendes et confiscations appartenant au trésor public, 11,655 fr. 38 c.
Total des recettes brutes, 11,126,666 fr. 77 c.

LA ROCHELLE. Droits de douanes, 429,512 fr. 65 c.; de commerce, 3,962 fr. 28 c.; de navigation, 166,216 fr. 73 c. Droit additionnel d'un décime par franc, 56,554 fr. 56 c. Recettes diverses et extraordinaires, 811 fr. 68 c. Sixième dans les saisies et décime par franc sur les amendes et confiscations appartenant au trésor public, 1,018 fr. 90 c.
Total des recettes brutes, 658,076 fr. 80 c.

NANTES. Droits de douanes, 3,808,314 fr. 82 c.; de commerce, 10,734 fr. 77 c.; de navigation, 115,764 fr. 15 c. Droit additionnel d'un décime par franc, 362,455 fr. 72 c. Recettes diverses extraordinaires, 357 fr. 41 c. Sixième dans les saisies et décime par franc sur les amendes et confiscations appartenant au trésor public, 1,076 fr. 02 c.
Total des recettes brutes, 4,298,702 fr. 89 c.

LORIENT. Droits de douanes, 274,429 fr. 10 c.; de commerce, 181 fr. 16 c.; de navigation, 40,195 fr. 41 c. Droit additionnel d'un décime par franc, 31,581 fr. 73 c. Recettes diverses et extraordinaires, 3,311 fr. 96 c.
Total des recettes brutes, 350,699 fr. 81 c.

BREST. Droits de douanes, 235,300 fr. 63 c.; de commerce, 1,744 fr. 90 c.; de navigation, 25,362 fr. 76 c. Droit additionnel d'un décime par franc, 26,281 fr. 98 c. Recettes diverses et extraordinaires, 1,772 fr. 50 c. Sixième dans les saisies et décime par franc sur les amendes et confiscations appartenant au trésor public, 109 fr. 78 c.
Total des recettes brutes, 290,472 fr. 55 c.

SAINT-MALO. Droits de douanes, 150,502 fr. 78 c.; de commerce, 973 fr. 27 c.; de navigation, 11,376 fr. 04 c. Droit additionnel d'un décime par franc, 16,286 fr. 03 c. Recettes diverses et extraordinaires, 2,188 fr. 25 c. Sixième dans les saisies et décime par franc sur les amendes et confiscations appartenant au trésor public, 949 fr. 61 c.
Total des recettes brutes, 182,275 fr. 98 c.

CHERBOURG. Droits de douanes, 45,539 fr. 78 c.; de commerce, 689 fr. 65 c.; de navigation, 20,947 fr. 38 c. Droit additionnel d'un décime par franc, 7,515 fr. 68 c. Recettes diverses et extraordinaires, 6,718 fr. 23 c. Sixième dans les saisies et décime par franc sur les amendes et confiscations appartenant au trésor public, 950 fr. 83 c.
Total des recettes brutes, 82,361 fr. 59 c.

ROUEN. Droits de douanes, 1,830,331 fr. 44 c.; de commerce, 1,957 fr. 28 c.; de navigation, 45,099 fr. 65 c. Droit additionnel d'un décime par franc, 187,671 fr. 03 c. Sixième dans les saisies et décime par franc sur les amendes et confiscations appartenant au trésor public, 6,074 francs.
Total des recettes brutes, 2,071,133 fr. 40 c.

SAINT-VALERY. Droits de douanes, 1,456,352 fr. 93 c.; de commerce, 5,125 fr. 89 c.; de navigation, 63,671 fr. 86 c. Droit additionnel d'un décime par franc, 152,518 fr. 01 c. Recettes diverses et extraordinaires, 317 fr. 96 c.

Sixième dans les saisies et décime par franc sur les amendes et confiscations appartenant au trésor public, 6,561 fr. 67 c.
Total des recettes brutes, 1,684,548 fr. 32 c.

BOULOGNE. Droits de douanes, 270,593 fr. 99 c.; de commerce, 1,159 fr. 28 c.; de navigation, 13,090 fr. 09 c. Droit additionnel d'un décime par franc, 28,495 fr. 46 c. Recettes diverses et extraordinaires, 78 fr. 85 c. Sixième dans les saisies et décime par franc sur les amendes et confiscations appartenant au trésor public, 2,778 fr. 33 c.
Total des recettes brutes, 316,196 fr. 02 c.

DUNKERQUE. Droits de douanes, 1,247,497 fr. 05 c.; de commerce, 3,834 fr. 64 c.; de navigation, 59,807 fr. 03 c. Droit additionnel d'un décime par franc, 131,114 fr. 35 c. Recettes diverses et extraordinaires, 555 fr. 92 c. Sixième dans les saisies et décime par franc sur les amendes et confiscations appartenant au trésor public, 3,137 fr. 18 c.
Total des recettes brutes, 1,445,946 fr. 17 c.

ANVERS. Droits de douanes, 11,008,411 fr. 87 c.; de commerce, 69,062 fr. 51 c.; de navigation, 162,564 fr. 49 c. Droit additionnel d'un décime par franc, 1,124,128 fr. 89 c. Recettes diverses et extraordinaires, 24,184 fr. 32 c. Sixième dans les saisies et décime par franc sur les amendes et confiscations appartenant au trésor public, 81,981 fr. 87 c.
Total des recettes brutes, 12,470,333 fr. 93 c.

CLÈVES. Droits de douanes, 1,162,500 fr. 17 c.; de commerce, 7,591 fr. 77 c. Droit additionnel d'un décime par franc, 117,031 fr. 76 c. Recettes diverses et extraordinaires, 143 fr. 95 c. Sixième dans les saisies et décime par franc sur les amendes et confiscations appartenant au trésor public, 47,758 fr. 39 c.
Total des recettes brutes, 1,335,026 fr. 04 c.

COLOGNE. Droits de douanes, 3,003,327 fr. 51 c.; de commerce, 40,428 fr. 31 c. Droit additionnel d'un décime par franc, 302,187 fr. 92 c. Sixième dans les saisies et décime par franc sur les amendes et confiscations appartenant au trésor public, 29,793 fr. 47 c.
Total des recettes brutes, 3,375,737 fr. 02 c.

MAYENCE. Droits de douanes, 807,488 fr. 21 c.; de commerce, 18,041 fr. 35 c. Droit additionnel d'un décime par franc, 82,728 fr. 23 c. Sixième dans les saisies et décime par franc sur les amendes et confiscations appartenant au trésor public, 23,266 fr. 61 c.
Total des recettes brutes, 931,524 fr. 40 c.

STRASBOURG. Droits de douanes, 3,002,330 fr. 78 c.; de commerce, 24,498 francs. Droit additionnel d'un décime par franc, 302,687 fr. 28 c. Recettes diverses et extraordinaires, 96 fr. 40 c. Sixième dans les saisies et décime par franc sur les amendes et confiscations appartenant au trésor public, 36,694 fr. 70 c.
Total des recettes brutes, 3,366,366 fr. 10 c.

BESANÇON. Droits de douanes, 245,330 fr. 70 c.; de commerce, 3,506 fr. 31 c. Droit additionnel d'un décime par franc, 24,914 fr. 97 c. Sixième dans les saisies et décime par franc sur les amendes et confiscations appartenant au trésor public, 9,102 fr. 39 c.
Total des recettes brutes, 282,854 fr. 37 c.

LYON. Droits de douanes, 79,419 fr. 54 c.; de commerce, 152 fr. 90 c. Droit additionnel d'un décime par franc, 7,958 fr. 92 c. Recettes diverses et extraordinaires, 171 fr. 50 c. Sixième dans les saisies et décime par franc sur les amendes et confiscations appartenant au trésor public, 28 fr. 34 c.
Total des recettes brutes, 87,732 fr. 20 c.

GENÈVE. Droits de douanes, 369,553 fr. 89 c.; de commerce, 6,943 fr. 27 c. Droit additionnel d'un décime par franc, 39,670 fr. 63 c.

Sixième dans les saisies et décime par franc sur les amendes et confiscations appartenant au trésor public, 17,890 fr. 62 c.

Total des recettes brutes, 454,058 fr. 04 c.

VERCEIL. Droits de douanes, 399,189 fr. 44 c. ; de commerce, 3,814 fr. 60 c.

Recettes diverses et extraordinaires, 6,584 fr. 06 c.

Sixième dans les saisies et décime par franc sur les amendes et confiscations appartenant au trésor public, 8,170 fr. 65 c.

Total des recettes brutes, 417,758 fr. 75 c.

VOGHÈRE. Droits de douanes, 913,338 fr. 39 c. ; de commerce, 4,595 fr. 64 c.

Recettes diverses et extraordinaires, 1,159 fr. 87 c.

Sixième dans les saisies et décime par franc sur les amendes et confiscations appartenant au trésor public, 3,441 fr. 11 c.

Total des recettes brutes, 922,535 francs.

MONDOVI. Droits de douanes, 319,111 fr. 85 c. ; de commerce, 2,875 fr. 26 c.

Recettes diverses et extraordinaires, 261 fr. 33 c.

Sixième dans les saisies et décime par franc sur les amendes et confiscations appartenant au trésor public, 4,854 fr. 20 c.

Total des recettes brutes, 327,102 fr. 64 c.

NICE. Droits de douanes, 47,483 fr. 60 c. ; de commerce, 475 fr. 76 c. ; de navigation, 110,117 fr. 72 c.

Droit additionnel d'un décime par franc, 15,820 fr. 27 c.

Recettes diverses et extraordinaires, 329 fr. 15 c.

Sixième dans les saisies et décime par franc sur les amendes et confiscations appartenant au trésor public, 4,189 fr. 75 c.

Total des recettes brutes, 178,418 fr. 25 c.

TOULON. Droits de douanes, 82,874 fr. 82 c. ; de commerce, 5,163 fr. 65 c. ; de navigation, 76,946 fr. 34 c.

Droit additionnel d'un décime par franc, 16,468 fr. 60 c.

Recettes diverses et extraordinaires, 36 fr. 12 c.

Sixième dans les saisies et décime par franc sur les amendes et confiscations appartenant au trésor public, 1,376 fr. 18 c.

Total des recettes brutes, 182,665 fr. 07 c.

MARSEILLE. Droits de douanes, 4,782,664 fr. 37 c. ; de commerce, 33,635 fr. 42 c. ; de navigation 232,095 fr. 53 c.

Droit additionnel d'un décime par franc, 504,680 fr. 72 c.

Recettes diverses et extraordinaires, 518 fr. 18. c.

Sixième dans les saisies et décime par franc sur les amendes et confiscations appartenant au trésor public, 5,354 fr. 98 c.

Total des recettes brutes, 5,558,949 fr. 20 c.

CETTE. Droits de douanes, 393,232 fr. 86 c. ; de commerce, 1,516 fr. 52 c. ; de navigation, 44,875 fr. 18 c.

Droit additionnel d'un décime par franc, 43,862 fr. 61 c.

Sixième dans les saisies et décime par franc sur les amendes et confiscations appartenant au trésor public, 1,738 fr. 12 c.

Total des recettes brutes, 484,225 fr. 02 c.

FOIRE DE BEAUCAIRE. Droits de douanes, 65,834 fr. 94 c. ; de commerce, 170 fr. 35 c. ; de navigation, 1,716 fr. 32 c.

Droit additionnel d'un décime par franc, 6,772 fr. 18 c.

Recettes diverses et extraordinaires, 89 fr. 54 c.

Total des recettes brutes, 74,583 fr. 33 c.

PERPIGNAN. Droits de douanes, 215,095 fr. 42 c. ; de commerce, 1,327 fr. 25 c. ; de navigation, 41,336 fr. 98 c.

Droit additionnel d'un décime par franc, 25,772 fr. 06 c.

Sixième dans les saisies et décime par franc sur les amendes et confiscations appartenant au trésor public, 2,614 fr. 19 c.

Total des recettes brutes, 286,145 fr. 96 c.

AIX. Droits de douanes, 141,573 fr. 32 c. ; de commerce, 5,877 fr. 99 c.

Droit additionnel d'un décime par franc, 14,795 fr. 36 c.

Sixième dans les saisies et décime par franc sur les amendes et confiscations appartenant au trésor public, 2,311 fr. 71 c.

Total des recettes brutes, 164,558 fr. 38 c.

DOUANE DE PARIS. Droits de douanes, 20,077 fr. 84 c. ; de commerce, 19,697 fr. 30 c.

Droit additionnel d'un décime par franc, 4,006 fr. 03 c.

Recettes diverses et extraordinaires, 5,564 fr. 80 c.

Total des recettes brutes, 49,345 fr. 99 c.

TOTAUX.

Droits de douanes, 48,340,247 fr. 57 c.

Droits de commerce, 344,252 fr. 21 c.

Droits de navigation, 1,584,591 fr. 92 c.

Droit additionnel d'un décime par franc, 4,759,308 fr. 65 c.

Recettes diverses et extraordinaires, 64,669 fr. 49 c.

Sixième dans les saisies et décime par franc sur les amendes et confiscations appartenant au trésor public, 318,671 fr. 98 c.

Total des recettes brutes, 55,412,242 fr. 82 c.

DÉPENSES.

BAYONNE. Dépenses fixes. Appointements, 415,867 fr. 31 c.

Loyers, frais de bureau et de corps de garde, 12,164 fr. 01 c.

Dépenses variables et de toute nature, 10,881 francs.

Frais de saisies tombés à la charge du trésor public, 151 fr. 95 c.

Remboursements de droits, 746 fr. 04 c.

Total des dépenses, 439,810 fr. 31 c.

BORDEAUX. Dépenses fixes. Appointements, 497,923 fr. 25 c. Loyers, frais de bureau et de corps de garde, 23,795 fr. 15 c.

Dépenses variables de toute nature, 55,213 fr. 78 c.

Remboursements de droits, 28,614 fr. 11 c.

Total des dépenses, 597,546 fr. 29 c.

LA ROCHELLE. Dépenses fixes. Appointements, 345,100 fr. 33 c. Loyers, frais de bureau et corps de garde, 15,863 fr. Dépenses variables et de toute nature, 16,212 fr. 68. c.

Frais de saisies tombés à la charge du trésor public, 199 fr. 23 c.

Remboursements de droits, 5,282 fr. 15 c.

Total des dépenses, 282,657 fr. 59 c.

NANTES. Dépenses fixes. Appointements, 496,304 fr. 70 c. Loyers, frais de bureau et de corps de garde, 16,387 fr. 57 c.

Dépenses variables et de toute nature, 13,496 fr. 22 c.

Frais de saisies tombés à la charge du trésor public, 89 fr. 39 c.

Remboursements de droits, 5,199 fr. 89 c.

Total des dépenses, 531,477 fr. 77 c.

LORIENT. Dépenses fixes. Appointements, 449,670 fr. 78 c. Loyers, frais de bureau et de corps de garde, 9,582 francs.

Dépenses variables et de toute nature, 18,168 fr. 33 c.

Remboursements de droits, 222 fr. 19 c.

Total des dépenses, 477,643 fr. 30 c.

BREST. Dépenses fixes. Appointements, 386,606 fr. 67 c. Loyers, frais de bureau et de corps de garde, 8,842 fr. 50 c. Dépenses variables et de toute nature, 11,664 fr. 12 c.

Remboursements de droits, 329 francs.

Total des dépenses, 407,442 fr. 29 c.

SAINT-MALO. Dépenses fixes. Appointements, 358,945 fr. 39 c. Loyers, frais de bureau et de corps de garde, 8,072 c.

Dépenses variables et de toute nature, 3,713 fr. 09. c.

Remboursements de droits, 1,087 fr. 31 c.

Total des dépenses, 371,817 fr. 79 c.

CHERBOURG. Dépenses fixes. Appointements, 612,883 fr. 66 c. Loyers, frais de bureau et de corps de garde, 12,035 fr. 84 c.

Dépenses variables et de toute nature, 19,597 fr. 45 c.

Frais de saisies tombés à la charge du trésor public, 244 fr. 29 c.

Remboursements de droits, 48 fr. 69 c.

Total des dépenses, 644,809 fr. 73 c.

ROUEN. Dépenses fixes. Appointements, 638,132 fr. 94 c. Loyers, frais de bureau et de corps de garde, 16,885 fr. 92 c.

Dépenses variables et de toute nature, 29,515 fr. 09 c.

Frais de saisies tombés à la charge du trésor public, 107 francs.

Remboursements de droits, 116 fr. 87 c.

Total des dépenses, 684,757 fr. 82 c.

SAINT-VALERY. Dépenses fixes. Appointements, 222,278 fr. 93 c. Loyers, frais de bureau et de corps de garde, 12,237 francs.

Dépenses variables et de toute nature, 2,824 fr. 52 c.
Remboursements de droits, 3,089 fr. 90 c.
Total des dépenses, 240,430 fr. 35 c.
BOULOGNE. Dépenses fixes. Appointements, 208,240 fr.
Loyers, frais de bureau et de corps de garde, 6,248 fr. 41 c.
Dépenses variables et de toute nature, 863 fr. 44 c.
Frais de saisies tombés à la charge du trésor public, 165 fr. 15 c.
Total des dépenses, 215,517 francs.
DUNKERQUE. Dépenses fixes. Appointements, 366,548 fr.
84 c. Loyers, frais de bureau et de corps de garde, 9,802 fr. 67 c.
Dépenses variables et de toute nature, 13,275 fr. 92 c.
Frais de saisies tombés à la charge du trésor public, 302 fr. 77 c.
Total des dépenses, 389,930 fr. 20 c.
ANVERS. Dépenses fixes. Appointements, 714,399 fr.
11 c. Loyers, frais de bureau et de corps de garde, 18,336 fr. 33 c.
Dépenses variables et de toute nature, 139,451 fr. 91 c.
Frais de saisies tombés à la charge du trésor public, 27,554 fr. 81 c.
Remboursements de droits, 503 fr. 56 c.
Total des dépenses, 900,245 fr. 72 c.
CLÈVES. Dépenses fixes. Appointements, 687,016 francs.
Loyers, frais de bureau et de corps de garde, 17,218 fr. 92 c.
Dépenses variables et de toute nature, 19,556 fr. 52 c.
Frais de saisies tombés à la charge du trésor public, 543 fr. 87 c.
Remboursements de droits, 20 francs.
Total des dépenses, 724,355 fr. 31 c.
COLOGNE. Dépenses fixes. Appointements, 700,208 fr.
99 c. Loyers, frais de bureau et de corps de garde, 17,909 fr. 50 c.
Dépenses variables et de toute nature, 5,973 fr. 68 c.
Frais de saisies tombés à la charge du trésor public, 6,961 fr. 31 c.
Remboursements de droits, 27,892 fr. 71 c.
Total des dépenses, 758,946 fr. 19 c.
MAYENCE. Dépenses fixes. Appointements, 772,666 fr.
06 c. Loyers, frais de bureau et de corps de garde, 27,033 fr. 87 c.
Dépenses variables et de toute nature, 32,417 fr. 09 c.
Frais de saisies tombés à la charge du trésor public, 1,857 fr. 23 c.
Remboursements de droits, 294 fr. 27 c.
Total des dépenses, 834,265 fr. 52 c.
STRASBOURG. Dépenses fixes. Appointements, 762,591 fr.
34 c. Loyers, frais de bureau et de corps de garde, 19,840 fr.
Dépenses variables et de toute nature, 33,508 fr. 20 c.
Frais de saisies tombés à la charge du trésor public, 378 fr. 68 c.
Remboursements de droits, 669 fr. 04 c.
Total des dépenses, 816,987 fr. 46 c.
BESANÇON. Dépenses fixes. Appointements, 597,609 fr.
54 c. Loyers, frais de bureau et de corps de garde, 13,641 fr. 26 c.
Dépenses variables et de toute nature, 7,143 fr. 02 c.
Frais de saisies tombés à la charge du trésor public, 642 fr. 35 c.
Total des dépenses, 619,036 fr. 17 c.
LYON. Dépenses fixes. Appointements, 10,800 francs.
Loyers, frais de bureau et de corps de garde, 1,200 fr.
Dépenses variables et de toute nature, 96 fr. 30 c.
Total des dépenses, 12,096 fr. 30 c.
GENÈVE. Dépenses fixes. Appointements, 486,477 fr.
56 c. Loyers, frais de bureau et de corps de garde, 10,661 fr. 57 c.
Dépenses variables et de toute nature, 16,814 fr. 21 c.
Frais de saisies tombés à la charge du trésor public, 72 fr. 47 c.
Remboursements de droits, 206 fr. 75 c.
Total des dépenses, 514,232 fr. 56 c.
VERCEIL. Dépenses fixes. Appointements, 356,471 fr.
83 c. Loyers, frais de bureau et de corps de garde, 10,473 fr. 34 c.
Dépenses variables et de toute nature, 35,489 fr. 46 c.
Remboursements de droits, 2,582 fr. 50 c.
Total des dépenses, 405,017 fr. 13 c.
VOGHÈRE. Dépenses fixes. Appointements, 562,816 fr.
45 c. Loyers, frais de bureau et de corps de garde, 15,655 fr. 82 c.
Dépenses variables et de toute nature, 6,585 fr. 82 c.

Frais de saisies tombés à la charge du trésor public, 401 fr. 23 c.
Remboursements de droits, 2,201 fr. 15 c.
Total des dépenses, 587,660 fr. 47 c.
MONDOVI. Dépenses fixes. Appointements, 303,655 fr.
74 c. Loyers, frais de bureau et de corps de garde, 8,833 fr. 38 c.
Dépenses variables et de toute nature, 1,064 fr. 50 c.
Frais de saisies tombés à la charge du trésor public, 251 fr. 20 c.
Remboursements de droits, 1,676 fr. 15 c.
Total des dépenses, 315,480 fr. 97 c.
NICE. Dépenses fixes. Appointements, 270,317 fr. 57 c.
Loyers, frais de bureau et de corps de garde, 8,476 fr.
Dépenses variables et de toute nature, 8,085 fr. 90 c.
Total des dépenses, 286,879 fr. 47 c.
TOULON. Dépenses fixes. Appointements, 258,045 fr.
75 c. Loyers, frais de bureau et de corps de garde, 13,422 fr. 86 c.
Dépenses variables et de toute nature, 13,037 fr. 63 c.
Total des dépenses, 284,506 fr. 24 c.
MARSEILLE. Dépenses fixes. Appointements, 416,063 fr.
59 c. Loyers, frais de bureau et de corps de garde, 38,633 fr. 33 c.
Dépenses variables et de toute nature, 18,319 fr. 15 c.
Remboursements de droits, 12,939 fr. 40 c.
Total des dépenses, 485,955 fr. 47 c.
CETTE. Dépenses fixes. Appointements, 263,247 fr. 36 c.
Loyers, frais de bureau et de corps de garde, 10,241 fr. 60 c.
Dépenses variables et de toute nature, 9,769 fr. 92 c.
Frais de saisies tombés à la charge du trésor public, 18 fr. 10 c.
Total des dépenses, 283,076 fr. 98 c.
FOIRE DE BEAUCAIRE. Dépenses fixes. Appointements, 4,860 francs. Loyers, frais de bureau et de corps de garde, 806 francs.
Dépenses variables et de toute nature, 54 francs.
Total des dépenses, 5,720 francs.
PERPIGNAN. Dépenses fixes. Appointements, 162,122 fr.
92 c. Loyers, frais de bureau et de corps de garde, 8,312 francs.
Dépenses variables et de toute nature, 6,883 fr. 03 c.
Frais de saisies tombés à la charge du trésor public, 87 fr. 18 c.
Remboursements de droits, 352 fr. 20 c.
Total des dépenses, 177,757 fr. 33 c.
AIX. Dépenses fixes. Appointements, 149,736 fr. 21 c.
Loyers, frais de bureau et de corps de garde, 6,738 francs.
Dépenses variables et de toute nature, 659 fr. 43 c.
Frais de saisies tombés à la charge du trésor public, 113 fr. 20 c.
Total des dépenses, 157,246 fr. 84 c.
DOUANE DE PARIS. Dépenses fixes. Appointements, 12,500 francs.
Total des dépenses, 12,500 francs.
DÉPENSES DU BUREAU CENTRAL. Dépenses fixes. Appointements, g. 38,000 francs, c. 232,283 fr. 33 c. Loyers, frais de bureau et de corps de garde, 30,790 fr. 33 c.
Dépenses variables et de toute nature, 36,361 fr. 38 c.
Frais de saisies tombés à la charge du trésor public, 4,000 francs.
Total des dépenses, g. 38,000 francs, c. 303,435 fr. 04 c.
DÉPENSES DE LA BALANCE DU COMMERCE. Dépenses fixes. Appointements, 19,180 francs.
Total des dépenses, 19,180 francs.

TOTAUX.

Dépenses fixes. Appointements, 779,572 fr. 35 c.
Loyers, frais de bureau et de corps de garde, 430,139 fr. 98 c.
Dépenses variables et de toute nature, 586,696 fr. 99 c.
Frais de saisies tombés à la charge du trésor public, 44,141 fr. 41 c.
Remboursements de droits, 86,070 fr. 88 c.
Total des dépenses, 13,926,621 fr. 61 c.

PRODUIT NET DANS CHAQUE DIRECTION.

Bayonne, 1,515,461 fr. 08 c. Bordeaux, 10,529,120 fr. 48 c. La Rochelle, 275,419 fr. 21 c. Nantes, 3,767,225 fr. 12 c. Rouen, 1,386,375 fr. 58 c. Saint-Valery, 1,444,117 fr. 97 c. Boulogne, 100,679 fr. 02 c. Dunkerque, 1,056,015 fr. 97 c. Anvers, 1,570,068 fr. 23 c. Clèves,

610,670 fr. 73 c. Cologne, 2,616,791 fr. 02 c. Mayence, 97,258 fr. 88 c. Strasbourg, 2,549,348 fr. 70 c. Lyon, 75,635 fr. 90 c. Verceil, 12,741 fr. 62 c. Voghère, 334,874 fr. 54 c. Mondovi, 11,621 fr. 67 c. Marseille, 5,072,993 fr. 73 c. Cette, 200,948 fr. 31 c. Foire de Beaucaire, 68,863 fr. 33 c. Perpignan, 108,388 fr. 57 c. Aix, 7,311 fr. 54 c. Douane de Paris, 36,845 fr, 97 c.
Total, 43,448,797 fr. 17 c.

PRÉLÈVEMENT FAIT SUR LES PRODUITS POUR ACQUITTER LES DÉPENSES DES DIRECTIONS PEU PRODUCTIVES.

Lorient, 126,943 fr. 49 c. Brest, 116,969 fr. 74 c. Saint-Malo, 189,541 fr. 81 c. Cherbourg, 562,448 fr. 18 c. Besançon, 336,181 fr. 80 c. Genève, 60,174 fr. 15 c. Nice, 108,461 fr. 22 c. Toulon, 101,840 fr. 53 c. Dépenses du bureau central, 360,615 fr. 04 c.
Total, 1,963,175 fr. 96 c.

PRODUIT NET DES DOUANES.

Total, 41,485,621 fr. 21 c.

POSTES.

N° 4. EXERCICE AN XII.

État général des recettes et dépenses de l'administration des postes pour l'an XII.
RECETTES.

Paris. Produit des lettres, 3,668,280 fr. 70 c. Droit de 5 pour cent sur les envois d'argent, 58,309 fr. 23 c. Ouvrages périodiques, 367,063 fr. 18 c. Produit de l'abonnement au Bulletin des lois, 11,427 fr. 06 c. *Total* général des recettes brutes, 4,105,088 fr. 77 c.
Paris et départements. Sur les voyageurs, dans les malles, 96,766 fr. 42 c.
Départements, iles de Corse et d'Elbe. Produit des lettres, 15,294,019 fr. 31 c.
Armées. Produit des lettres, 38,546 fr. 70 c.
Résultats des comptes avec les offices étrangers et les bureaux civils en Italie. Produit des lettres, 422,859 fr. 55 c.

TOTAUX.

Produit des lettres, 19,423,714 fr. 26 c.
Produit de 5 p. 100 sur les envois d'argent, 58,309 fr. 23 c.
Ouvrages périodiques, 367,063 fr. 18 c.
Sur les voyageurs dans les malles, 96,766 fr. 42 c.
Produit de l'abonnement au Bulletin des lois, 11,427 fr. 06 c.
Total général des recettes brutes, 19,957,280 fr. 75 c.

DÉPENSES.

Paris. Traitements. Appointements et remises, 1,706,058 fr. 19 c.
Paris et départements. Frais divers d'administration et d'entretien des bâtiments et bureaux, 460,093 fr. 28 c.; dépenses diverses, pertes, avances et remboursements, 45,384 fr. 70 c. *Total de la dépense*, 505,924 fr. 98 c.
Départements, iles de Corse et d'Elbe. Traitements. Appointements et remises, 2,434,065 fr. 63 c. Frais de transport et dépêches. Par terre, 4,370,114 fr. 07 c. Par mer, 39,975 fr. 75 c. *Total de la dépense*, 6,844,145 fr. 45 c.
Armées. Dépenses momentanées d'administration aux armées, 430,056 fr. 06 c.

TOTAUX.

Traitements, appointements et remises, 4,140,123 fr. 82 c.
Frais divers d'administration et d'entretien des bâtiments et bureaux, 460,093 fr. 28 c.
Dépenses momentanées d'administration aux armées, 430,056 fr. 06 c.
Frais de transports des dépêches, par terre, 4,370,114 fr. 07 c.; par mer, 39,965 fr. 75 c.
Dépenses diverses, pertes, avances et remboursements, 45,384 fr. 70 c.
Total général de la dépense, 9,486,184 fr. 68 c.

RÉSULTATS.

Recette brute, 19,957,280 fr. 75 c.
Dépense . . 9,486,184 fr. 68 c.
Produit net . 10,471,096 fr. 07 c.

LOTERIE IMPÉRIALE.

N° 5. EXERCICE AN XII.

État général des recettes et dépenses faites par l'administration pendant l'an XII.

Recette brute pour le trésor public, 20,789,214 fr. 30 c.
Remise aux receveurs, 3,818,480 fr. 89 c.
Remise à la Banque, 282,570 fr. 55 c.

DÉDUCTIONS ET DÉPENSES.

Achats de matière en papier et encre, 223,642 fr. 18 c.
Impression et gravures, 95,835 fr. 81 c.
Frais d'emballage et de transport par la poste et les messageries, 194,347 fr. 27 c.
Frais d'administration.
Frais ordinaires de tirages, 173,111 fr. 40 c.
Traitement des administrateurs et des employés 1,051,051 fr. 82 c.
Frais d'entretien des bâtiments et des bureaux, fournitures et dépenses diverses, lumière et chauffage, 197,412 fr. 22 c.
Dépenses relatives à la répression des bureaux clandestins, 46,459 fr. 14 c.
Total de la dépense, 6,081,462 fr. 28 c.
Produit net, 14,707,494 fr. 04 c.

N° 6. EXERCICE AN XII.

ADMINISTRATION DES DROITS RÉUNIS.

État général des produits perçus par la régie des droits réunis, jusqu'au 1er vendémiaire an XIII, tant en numéraire qu'en effets.

FONDS GÉNÉRAUX.

FABRICATION DE BIÈRE, DISTILLATION DE GRAINS ET DE CERISES.

Montant des produits recouvrés. Numéraire, 658,955 fr. 28 c. Effets, 62,709 francs. *Total*, 701,664 fr. 28 c.
Reste à recouvrer sur les bières, distilleries et tabacs, 245,342 fr. 78 c.
Total des droits recouvrés et à recouvrer, 947,007 fr. 06 c.
DROITS DE LICENCE DES DISTILLATEURS. Montant des produits recouvrés, Numéraire, 13,159 fr. 80 c.
FABRICATION DU TABAC. Montant des produits recouvrés. Numéraire, 160,996 fr. 26 c. Effets, 1,371,004 fr. 84 c. *Total*, 1,532,001 fr. 10 c.
Acquits de paiements, 1,138,932 fr. 16 c. *.
Total des droits recouvrés, 2,670,933 fr. 26 c.
TOTAUX. Montant des produits recouvrés. Numéraire, 813,111 fr. 34 c. Effets, 1,433,713 fr. 84 c. *Total général*, 2,246,825 fr. 18 c.
Acquits de paiements, 1,138,932 fr. 16 c. *.
Reste à recouvrer sur les bières, distilleries et tabacs, 245,342 fr. 78 c.
Total général des droits recouvrés et à recouvrer, 3,631,100 fr. 12 c.

FONDS SPÉCIAUX.

Octroi de navigation. Montant des produits recouvrés. Numéraire, 438,969 fr. 20 c. Cet article est établi définitivement.

RÉGIE DES SALINES.

N° 7. EXERCICE AN XII.

État général des produits et dépenses, tant en nature qu'en deniers, de la régie des salines de l'Est, pendant l'an XII, d'après le compte provisoire présenté par les régisseurs.

RÉSUMÉ DU COMPTE EN NATURE.

RECETTES.

1re Division. Sels restant au 1er vendémiaire an XII, 160,016 fr. 33 c. Formation pendant l'an XII, compensation des bons et déchets, 318,115 fr. 09 c.

Total de recette, 478,131 fr. 42 c.

Observations. Il y a lieu de croire qu'après le retour des bordereaux qui ont été renvoyés aux directe . . . .
les produits s'élèveront en totalité, en . . . .
une somme de 2,500, ...
* Ces acquits repré. . .
. . . 1er vendémiaire an . . .
. . . du tabac étrange . . .
. . . aux ró . . .
. . . lorés . . .

2e Division. Sels restant au 1er vendémiaire an XII, 11,511fr. 88 c. Formation pendant l'an XII, compensation des bons et déchets, 80,676 fr. 03 c. Total de la recette, 72,187 fr. 92.

Totaux. Sels restant au 1er vendémiaire an XII, 171,528 fr. 21 c. Formation pendant l'an XII, compensation des bons et déchets, 398,791 fr. 12 c. Total de la recette, 570,319 fr. 34 c.

DÉPENSES.

1re Division. Sels vendus, 347,953 fr. 21 c. Délivrances gratuites aux préposés, 256 fr. 82 c. Total de la dépense, 348,211 fr. 53 c.

Reste au 1er vendémiaire an XIII, 129,919 fr. 88 c.

2e Division. Sels vendus, 74,460 fr. 02 c. Délivrances gratuites aux préposés, 55 fr. 94 c. Total de la dépense, 74,515 fr. 96 c.

Reste au 1er vendémiaire an XIII, 17,671 fr. 95 c.

Totaux. Sels vendus, 422,415 fr. 23 c. Délivrances gratuites aux préposés, 312 fr. 27 c. Total de la dépense, 422,727 fr. 50 c.

Reste au 1er vendémiaire an XIII, 147,591 fr. 83 c.

RÉSUMÉ DU COMPTE EN DENIERS.
RECETTE.

1re Division. Nombre des quintaux vendus. En salines et aux traitants, 291,565 fr. 43 c. Aux cantons suisses, 56,389 fr. 78 c. Total, 347,953 fr. 21 c.

Prix des ventes, 21 fr. 25 c. — 20 fr. 40 c. — 13 francs. — 12 fr. 50 c. — 11 fr. 50 c. — 11 fr. 25 c. — 10 fr. 25 c. 9 fr. 20 c. — 9 fr. 25. — 8 francs.

Produit de la vente. Des sels, 3,805,484 fr. 11 c. Des matières salées, 49,085 fr. 57 c. Des fers, fontes, sacs, tonneaux, bois, ainsi que des locations, 293,539 fr. 06 c. *Total du produit brut de chaque mois*, 4,058,108 fr. 75 c.

2e Division. Nombre de quintaux vendus. En salines et aux traitants, 62,459 fr. 30 c. Aux cantons suisses, 12,000 fr. 72 c. Total, 74,460 fr. 02 c.

Prix des ventes, 20 francs. — 19 francs. — 16 fr. 50 c. — 7 fr. 20 c.

Produit de la vente. Des sels, 1,337,684 fr. 50 c. Des matières salées, 13,587 fr. 58 c. Des fers, fontes, sacs, tonneaux, bois, ainsi que des locations, 144,005 fr. 71 c. *Total* du produit brut de chaque mois, 1,495,277 fr. 79 c.

Totaux. Nombre des quintaux vendus. En salines et aux traitants, 354,024 fr. 73 c. Aux cantons suisses, 68,390 fr. 72 c. Total, 422,415 fr. 23 c.

Produit de la vente. Des sels, 5,143,168 fr. 61 c. Des matières salées, 62,673 fr. 15 c. Des fers, fontes, sacs, tonneaux, bois, ainsi que des locations, 347,544 fr. 77 c. *Total* général du produit brut de chaque mois, 5,553,386 fr. 54 c.

DÉPENSE.

Dépenses de toute nature de l'administration centrale à Paris, 173,980 fr. 55 c. (A).

Dépenses d'administration et d'exploitation des divisions.

1re Division. Appointements des préposés, 126,650 fr. Salaires et main-d'œuvre de toute nature, 272,354 fr. 46 c. Achats et transports de bois et de houille, 1,625,972 fr. 62 c. Achats de fers, fontes, tonneaux et approvisionnements de toute espèce, 250,996 fr. 47 c. Constructions et réparations, 76,691 fr. 17 c. Contributions, 158,285 fr. 99 c.

2e Division. Appointements des préposés, 86,428 fr. 33 c. Salaires et main-d'œuvre de toute nature, 134,721 fr. 88 c. Achats et transports de bois et de houille, 416,117 fr. 26 c. Achats de fers, fontes, tonneaux et approvisionnements de toute espèce, 61,220 fr. 46 c. Constructions et réparations, 26,332 fr. 40 c. Contributions, 11,068 fr. 44 c.

Totaux. Appointements des préposés, 213,078 fr. 33 c. Salaires et main-d'œuvre de toute nature, 407,076 fr. 34 c. Achats et transports de bois et de houille, 2,042,089 fr. 88 c. Achats de fers, fontes, tonneaux et approvisionnements de toute espèce, 312,216 fr. 93 c. Constructions et réparations, 103,023 fr. 57 c.

(A) La somme A ci-dessus, de 173,980 fr. 55 c., se compose de : Appointements, 110,300 francs. Frais de bureau des trois services, 91,209 fr. 55 c. Loyer de maison, 10,000 francs. Frais de voyage, 12,301 francs. Transports de fonds, 20,000 francs. *Total*, 173,980 fr. 55 c.

Contributions, 169,354 fr. 43 c.

Pensions de retraites et primes, 1re et 2e divisions, 20,000 francs.

Intérêts du remboursement des valeurs en inventaire au 1er messidor an VIII, 1re et 2e divisions, 116,639 fr. 72 c.

Total des dépenses en deniers, 1re et 2e divisions, 3,857,459 fr. 76 c.

Restant en produit net, 1re et 2e divisions, 1,995,926 f. 77 c.

État général des produits et dépenses, tant en matières qu'en deniers, des salines de la 3e division, pendant l'an XII.

RÉSUMÉ DU COMPTE EN MATIÈRES.

RECETTES. Sels restant au 1er vendémiaire an XII, 3,564 francs. Formation, compensation des bons et des déchets, 22,265 fr. 36 c. Total, 25,829 fr. 36 c.

DÉPENSES. Vente pendant l'an XII, 24,919 fr. 98 c. Délivrances gratuites aux préposés, 54 fr. 07 c. Total, 24,974 fr. 05 c.

Sels restant au 1er vendémiaire an XIII, 853 fr. 31 c.

RÉSUMÉ DU COMPTE EN DENIERS.

RECETTES. Vente des sels en salines et aux traitants, 24,919 fr. 98 c. Prix de vente 23 fr. — 22 fr. — 20 fr. Montant du produit de la vente des sels, 521,963 francs. Matières salées, fers et fontes et objets divers, 7,385 fr. 59 c. Total de la recette, 529,348 fr. 59 c.

DÉPENSES. Traitements fixes, 33,500 francs. Salaires et main-d'œuvre, 46,581 fr. 42 c. Achat de bois et de houille, 89,432 fr. 32 c. Ustensiles et menus approvisionnements, 17,222 fr. 46 c. Réparations et entretien, 35,863 fr. 29 c. 1/2. Transports de fonds, 1,200 francs. Avances de la régie sur l'an XI, 4,961 fr. 14 c. *. Total de la dépense, 227,760 francs.

Observations. NOTA. Sur le produit net, 301,588 fr. 50 c. Il y a, à la charge du trésor public, pour contributions, 57,222 fr. 73 c.

Reste en produit net, 244,365 fr. 86 c.

État général des produits et dépenses en nature et en deniers des salines de la 4e division pendant l'an XII.

RÉSUMÉ DU COMPTE EN NATURE.

RECETTE. Produit de l'an XII. Sels restant au 1er vendémiaire an XII, 174,609 fr. 76 c. Récolte, 97,061 fr. 64 c. Droit de septembre, 42,232 fr. 84 c. Total de la recette, 313,904 fr. 24 c.

DÉPENSE. Sels vendus, 171,839 fr. 20 c. Redevance à la commune de Aiguemortes, 2,432 fr. 56 c. Total de la dépense, 174,271 fr. 76 c.

Sels restant au 1er vendémiaire an XIII, 139,632 fr. 48 c.

NOTA. La récolte de la présente année comprend les binaisons de l'année précédente qui n'ont été connues qu'en l'an XII.

RÉSUMÉ DU COMPTE EN DENIERS.

RECETTE. Quantité de sels vendus, 171,839 fr 20 c. Prix de vente, 1 fr. 90 c. — 2 fr. 59 c. — 2 fr. 85. — 3 fr. 80. Montant de leur produit, 472,686 fr. 99 c.

DÉPENSE. Appointements fixes, 24,490 francs. Salaires et main-d'œuvre, 21,765 fr. 32 c. Levage ordinaire, 34,521 fr. 30 c. Approvisionnements divers, 6,070 fr. 85 c. Constructions et réparations, 18,714 fr. 16 c. Contributions, 40,267 fr. 80 c. Frais de transport de fonds, 1,400 fr. Avance de la régie sur le service de l'an XI, 87,563 fr. 76 c. **. Total de la dépense, 231,793 fr. 13 c.

Restant en produit net au 1er vendémiaire an XIII, 240,893 fr. 86 c.

Nº 8. EXERCICE AN XII.
MONNAIES.

NOUVELLE FABRICATION. (Loi du 7 germinal an XI.)

Relevé du montant des nouvelles espèces fabriquées jusqu'au 24 frimaire an XIII.

BAYONNE. Pièces d'argent de 5 fr., 2,228,635 fr.; de 2 fr., 32,818 fr.; de 1 fr., 150,767 fr.; de 1/2 fr., 33,534 fr.; de 1/4 de fr., 4,722 fr. 25 c. Montant total de la fabrication, 2,450,476 fr. 25 c.

BORDEAUX. Pièces d'argent de 5 fr., 3,133,355 fr.; de 2 fr., 73,718 fr.; de 1 fr., 161,514 fr.; de 1/2 fr., 21,692 fr.;

---

* Cet objet, ainsi que le précédent, seront discutés lors du règlement du compte définitif.
** Cet objet sera discuté lors du règlement du compte définitif.

de 1/4 de fr., 3,397 fr. 25 c. Montant total de la fabrication, 3,393,676 fr. 25 c.

GENÈVE. Pièces d'argent de 5 fr., 68,810 fr.; de 2 fr., 5,706 fr.; de 1 fr., 19,998 fr.; de 1/2 fr., 3,694 fr. Montant de la fabrication, 98,208 fr. 50 c.

LILLE. Pièces d'argent de 5 fr., 199,070 fr.; de 2 fr., 11,688 fr.; de 1 fr., 50,693. Montant total de la fabrication, 261,451 fr.

LIMOGES. Pièces d'argent de 5 fr., 2,913,115 fr.; de 2 fr., 224,668 fr.; de 1 fr., 371,018 fr.; de 1/2 fr., 224,232 fr. 50 c.; de 1/4 de fr., 18,153 fr. 25 c. Montant total de la fabrication, 3,751,136 fr. 25 c.

LA ROCHELLE. Pièces d'argent de 5 fr., 465,625 fr.; de 2 fr., 30,292 fr.; de 1 fr., 65,460 fr.; de 1/2 fr., 7,143 fr.; de 1/4 de fr., 2,979 fr. 25 c. Montant total de la fabrication, 571,499 fr. 25 c.

LYON. Pièces d'argent de 5 fr., 709,115 fr.; de 2 fr., 5,332 fr.; de 1 fr., 70,260 fr.; de 1/2 fr., 8,659 fr.; de 1/4 de fr., 1,286 fr. Montant total de la fabrication, 794,652 fr.

MARSEILLE. Pièces d'argent de 5 fr., 1,790,545 fr.; de 2 fr., 24,058 fr.; de 1 fr., 170,204 fr.; de 1/2 fr., 15,080 fr.; de 1/4 de fr., 2,267 fr. Montant total de la fabrication, 2,002,154 fr.

NANTES. Pièces d'argent de 5 fr., 752,910 fr.; de 2 fr., 14,362 fr.; de 1 fr., 51,412 fr.; de 1/2 fr., 10,298 fr. de 1/4; de fr., 3,430 fr. Montant total de la fabrication, 832,412 fr.

PARIS. Pièces d'or de 40 fr., 22,073,160 fr.; de 20 fr., 31,737,620 fr. Pièces d'argent de 5 fr., 47,658,985 fr.; de 2 fr., 772,930 fr.; de 1 fr., 2,464,923 fr.; de 1/2 fr., 187,975 fr.; de 1/4 de fr., 59,464 fr. 75 c. Montant total de la fabrication, 104,955,057 fr. 75 c.

PERPIGNAN. Pièces d'argent de 5 fr., 5,155,545 fr.; de 2 fr., 42,830 fr.; de 1 fr., 227,045 fr.; de 1/2 fr., 26,785 fr. 50 c.; de 1/4 de fr. 7,006 fr., 50 c. Montant total de la fabrication, 5,420,212 fr.

ROUEN. Pièces d'argent de 5 fr., 192,100 fr.; de 2 fr., 27,662 fr. de 1 fr.; 30,062 fr., Montant total de la fabrication, 249,824 fr.

STRASBOURG. Pièces d'argent de 5 fr., 56,965 fr.; de 2 fr., 7,490 fr.; de 1 fr. 6,327 fr.; de 1/2 fr.; 1,969 fr., de 1/4 de fr., 389 fr. 75 c. Montant total de la fabrication, 73,140 fr. 75 c.

TOULOUSE. Pièces d'argent de 5 fr., 9,943,445 fr.; de 2 fr., 374,822 fr.; de 1 fr., 751,040 fr.; de 1/2 fr., 146,766 fr. 50 c.; de 1/4 de fr., 18,245 fr. 25 c. Montant total de la fabrication, 11,234,318 fr. 75 c.

TURIN. Pièces d'argent de 5 fr., 49,735 fr.; de 1 fr., 5,583 fr.; de 1/2 fr., 2,732 fr. Montant total de la fabrication, 58,050 fr.

TOTAUX.

Pièces d'or de 40 fr., 22,073,160 fr.; de 20 fr., 31,737,620 fr.

Pièces d'argent de 5 fr., 75,278,955 fr.; de 2 fr., 1,648,376 fr., de 1 fr.; 4,596,306 fr.; de 1/2 fr.; 690,560 fr., 50 c.; de 1/4 de fr., 121,341 fr. 25 c. Montant total de la fabrication, 136,146,318 fr. 75 c.

RÉCAPITULATION.

Des divisions de la pièce de 5 francs.

Pièces de 2 fr., 1,648,376 fr. Pièces de 1 fr., 4,596,306 fr. Pièces de 1/2 fr., 690,560 fr. 50 c. Pièces de 1/4 de fr., 121,341 fr. 25 c. TOTAL, 7,056,583 fr. 75 c.

Nº 9. PIÈCES JUSTIFICATIVES DU CHAPITRE VI.

L'an XIII, du 7 brumaire, neuf heures du matin, nous, administrateurs des Monnaies, en exécution de notre délibération du 27 vendémiaire dernier, dont extrait a été fait du registre ainsi qu'il suit :

Le secrétaire général dépose sur le bureau 70 pièces de 5 francs, dont dix de chacune des Monnaies de Paris, Strasbourg, Rouen, Limoges, Toulouse, Perpignan et Bayonne, qui ont été réunies, d'après la demande de l'administration, par le caissier général de la Banque de France.

L'administration les envoie au grave monnaies, pour s'assurer si elles sont ... cation légale; et sur le rapport de ... qu'elles ont été fabriquées lé

néral, bien monnayées, l'administration arrête qu'il en sera fait remise à l'inspecteur des essais, pour vérification du titre en être faite en sa présence.

Et, aussi en exécution de semblable délibération prise le 5 brumaire an XIII, pour raison de dix pièces marquées de la lettre indicative de la Monnaie de Lyon, et de deux marquées à celle de la Monnaie de Bordeaux, les unes et les autres de 5 francs, pareillement remises sur le bureau de l'administration par le secrétaire général, envoyées au graveur des monnaies, et à l'égard desquelles cet artiste nous a fait le même rapport que pour les précédentes.

Nous sommes transportés, accompagnés du secrétaire général, au laboratoire de M. *Anfrye*, inspecteur des essais, où nous l'avons trouvé, ainsi que M. *Lecour*, vérificateur des essais, et MM. *Darcet* et *Constant*, essayeurs.

Représentation nous a été faite par M. *Anfrye* des paquets cachetés à leur adresse, lesdits jours 27 vendémiaire et 5 brumaire derniers, et contenant les pièces de 5 francs, de fabrication faite pendant l'an XII dans les Monnaies susdénommées, prises dans la circulation, les cachets reconnus sains et entiers, nous en avons ouvert un, et en avons retiré dix pièces de la Monnaie de Toulouse, que nous avons numérotées d'un à dix et remises à M. *Anfrye* pour en vérifier le titre. Cette opération, à laquelle il a de suite procédé avec MM. *Lecour*, *Constant* et *Darcet*, a donné le résultat suivant :

MONNAIE DE TOULOUSE. Nº 1, titre 902. 2, titre 902. 3, titre 900. 4, titre 901. 5, titre 903. 6, titre 900. 7, titre 901. 8, titre 900. 9, titre 903. 10, titre 901. *Titre commun*, 0,901,300.

Et attendu qu'il est trois heures sonnées, nous avons remis au 9 du courant, neuf heures du matin, la vérification des autres pièces dont il a été fait mention précédemment.

Signé : GUYTON, SIVARD et MONGEZ, *administrateurs* ; et BERTRAND, ANFRYE, LECOUR, DARCET et CONSTANT.

Et ledit jour, 9 brumaire an XIII, neuf heures du matin, nous, administrateurs des Monnaies, nous sommes transportés, accompagnés du secrétaire général, au laboratoire de M. *Anfrye*, inspecteur des essais, où nous l'avons trouvé, ainsi que MM. *Lecour*, vérificateur des essais, et *Darcet* et *Constant*, essayeurs.

Représentation à nous faite par M. *Anfrye* des paquets susmentionnés, nous en avons ouvert un, et en avons retiré dix pièces de la Monnaie de Rouen, que nous avons numérotées d'un à dix et remises à M. *Anfrye* pour en vérifier le titre. Cette opération faite de suite, comme ci-dessus, a donné le résultat suivant :

MONNAIE DE ROUEN. Nº 1, titre 898. 2, titre 897. 3, titre 898. 4, titre 899. 5, titre 900. 6, titre 900. 7, titre 899. 8, titre 899. 9, titre 899. 10, titre 898. *Titre commun*, 0,898,500.

Et attendu qu'il est quatre heures sonnées, nous avons remis au 12 du courant, à l'heure ordinaire, la vérification des autres pièces dont le titre doit être constaté, ainsi qu'il est dit ci-dessus.

Signé : GUYTON, SIVARD et MONGEZ, *administrateurs* ; BERTRAND ... YE, LECOUR, DARCET, et CONSTANT.

Et ledit jour, 12 ... "Il neuf heures du n. nous, adm ... nnaies, nous transpor ... n secrétaire labora ... nnecteur no ... qu

MM. *Lecour*, vérificateur des essais, *Darcet* et *Constant*, essayeurs.

Représentation à nous faite par M. *Anfrye* des paquets dont il est question aux précédents procès-verbaux, nous en avons ouvert un, et en avons retiré dix pièces de la Monnaie de Limoges, que nous avons numérotées de un à dix et remises à M. *Anfrye* pour en vérifier le titre. Cette opération a donné le résultat ci-après :
MONNAIE DE LIMOGES. Nᵒˢ 1, titre 899. 2, titre 903. 3, titre 899. 4, titre 903. 5, titre 902, 6, titre 903. 7, titre 903. 8, titre 903. 9, titre 903. 10, titre 902. *Titre commun*, 0,902,000.

Et attendu qu'il est quatre heures sonnées, nous avons remis la suite de l'opération, commencée les jours précédents, au 16 du présent mois, à l'heure ordinaire.

Signé : GUYTON, SIVARD et MONGEZ, *administrateurs*; BERTRAND, ANFRYE, LECOUR, DARCET et CONSTANT.

Et ledit jour 16 brumaire, neuf heures du matin, nous, administrateurs des Monnaies, nous sommes transportés, accompagnés du secrétaire général, au laboratoire de M. *Anfrye*, où nous l'avons trouvé, ainsi que MM. *Lecour*, vérificateur des essais, *Darcet* et *Constant*, essayeurs.

Représentation à nous faite par M. *Anfrye* des paquets susnommés, contenant des pièces de 5 francs fabriquées en diverses Monnaies, lesdits paquets cachetés séparément ; les cachets trouvés sains et entiers, nous en avons ouvert un et en avons retiré dix pièces marquées de la lettre indicative de la Monnaie de Strasbourg, que nous avons numérotées d'un à dix et remises à M. *Anfrye* pour en vérifier le titre. Cette opération, à laquelle il a procédé de suite avec les vérificateur et essayeurs susnommés, a donné les résultats ci-après :
MONNAIE DE STRASBOURG, Nᵒˢ 1, titre 903. 2, titre 901. 3, titre 896. 4, titre 898. 5, titre 897. 6, titre 900. 7, titre 899. 8, titre 899. 9, titre 896. 10, titre 899. *Titre commun*, 0,898,700.

Et attendu qu'il est trois heures sonnées, nous avons remis la vérification des pièces contenues dans les autres paquets, au 17 brumaire présent mois, à l'heure accoutumée.

Signé : GUYTON, SIVARD et MONGEZ, *administrateurs*; BERTRAND, ANFRYE, LECOUR, DARCET et CONSTANT.

Et ledit jour 17 brumaire, présent mois, neuf heures du matin, nous, administrateurs des Monnaies, nous sommes transportés, accompagnés du secrétaire général, au laboratoire de M. *Anfrye*, où nous l'avons trouvé, ainsi que MM. *Lecour*, vérificateur des essais, et *Darcet* et *Constant*, essayeurs.

Représentation à nous faite par M. *Anfrye* des paquets ci-dessus dénommés, nous en avons ouvert un, et en avons tiré 10 pièces de la monnaie de Lyon, que nous avons numérotées d'un à dix et remises à M. *Anfrye* pour en vérifier le titre. Cette opération faite de suite, comme il est dit ci-dessus, a donné le résultat suivant :
MONNAIE DE LYON. Nᵒˢ 1, titre 901. 2, titre 902. 3, titre 902. 4, titre 903. 5, titre 899. 6, titre 902. 7, titre 902. 8, titre 900. 9, titre 903. 10, titre 903. *Titre commun*, 0,901,700.

Et attendu qu'il est quatre heures sonnées, nous avons remis au 24 courant la suite de notre présente opération.

Signé : GUYTON, SIVARD et MONGEZ, *administrateurs*; BERTRAND, ANFRYE, LECOUR, DARCET et CONSTANT.

Et ledit jour, 24 brumaire courant, neuf heures

du matin, nous, administrateurs des Monnaies, nous sommes transportés, accompagnés du secrétaire général, au laboratoire de M. *Anfrye*, inspecteur des essais, où nous l'avons trouvé, ainsi que MM. *Lecour*, vérificateur des essais, *Darcet* et *Constant*, essayeurs.

Représentation à nous faite par M. *Anfrye* des paquets désignés aux précédents procès-verbaux, nous en avons ouvert un et en avons retiré dix pièces de la Monnaie de Paris, que nous avons numérotées d'un à dix, et remises à M. *Anfrye* pour en vérifier le titre. Cette opération, à laquelle il a de suite procédé comme dit est, a donné le résultat suivant :
MONNAIE DE PARIS. Nᵒˢ 1, titre 878. 2, titre 899. 3, titre 899. 4, titre 899. 5, titre 898. 6, titre 899. 7, titre 898. 8, titre 898. 9, titre 901. 10, titre 899. *Titre commun*, 0,898,700.

Et attendu qu'il est quatre heures sonnées, nous avons remis au 19 frimaire prochain la vérification des autres pièces.

Signé : GUYTON, SIVARD et MONGEZ, *administrateurs*; BERTRAND, ANFRYE, LECOUR, DARCET et CONSTANT.

Et ledit jour, 19 frimaire an XIII, neuf heures du matin, nous, administrateurs des Monnaies, nous sommes transportés, accompagnés du secrétaire général, au laboratoire de M. *Anfrye*, où nous l'avons trouvé, ainsi que MN. *Lecour*, vérificateur des essais, *Darcet* et *Constant*, essayeurs.

Représentation à nous faite par M. *Anfrye* des paquets contenant le surplus des pièces dont il s'agit, nous en avons ouvert un, et en avons retiré 10 pièces de la Monnaie de Perpignan, que nous avons numérotées d'un à dix, et remises à M. *Anfrye* pour en vérifier le titre. Cette opération, à laquelle il a de suite procédé, ainsi qu'il vient d'être dit à l'égard des précédentes, à donné le résultat suivant :
MONNAIE DE PERPIGNAN. Nᵒˢ 1, titre 898. 2, titre 900. 3, titre 899. 4, titre 898. 5, titre 900. 6, titre 900. 7, titre 899. 8, titre 898. 9, titre 898. 10, titre 899. *Titre commun*, 0,899,900.

Et attendu qu'il est trois heures sonnées, nous avons remis la continuation de la présente opération au 29 du courant, à l'heure ordinaire.

Signé : GUYTON, SIVARD et MONGEZ, *administrateurs*; BERTRAND, ANFRYE, LECOUR, DARCET et CONSTANT.

Et le 29 de ce mois, nous, administrateurs des Monnaies, nous sommes transportés, accompagnés du secrétaire général, au laboratoire de M. *Anfrye*, inspecteur des essais, où nous l'avons trouvé, ainsi que MM. *Lecour*, vérificateur des essais, *Darcet* et *Constant*, essayeurs.

Représentation à nous faite par M. *Anfrye* des paquets contenant les pièces des Monnaies de Bayonne et de Bordeaux, surplus de celles qui lui ont été par nous adressées, nous l'avons ouvert, et en avons retiré 10 pièces de la première de ces monnaies, que nous avons numérotées d'un à dix, et remises à M. *Anfrye*, pour en vérifier le titre, ainsi qu'il a été fait pour les précédentes opérations, qui a donné les résultats qui suivent :
MONNAIE DE BAYONNE. Numéros 1, titre 900. 2, titre 899. 3, titre 898. 4, titre 900. 5, titre 899. 6, titre 900. 7, titre 900. 8, titre 898. 9, titre 899. 10, titre 899. *Titre commun*, 0,899,200.

Et de suite nous avons retiré du paquet susmentionné les deux dernières pièces à la lettre de la Monnaie de Bordeaux, et seules de cette Monnaie, que nous avons numérotées un et deux, et remises à M. *Anfrye*, pour en vérifier le titre, opération à laquelle il a procédé de suite avec

MM. *Lecour*, *Darcet* et *Constant*, qualifiés ci-dessus, et qui a donné les résultats ci-après :
MONNAIE DE BORDEAUX. Numéros, 1, titre 900. 2, titre 898. *Titre commun*, 0,899,000.

Et attendu que la vérification de toutes les pièces déposées par le secrétaire général , et provenant de la caisse générale de la Banque de France, est terminée, et vu la difficulté de s'en procurer des Monnaies de *Marseille*, *Lille*, *Genève*, *La Rochelle*, *Turin* et *Nantes*, les fabrications dans ces Monnaies, pendant l'an XII, ayant été peu considérables, nous, administrateurs des Monnaies, nous sommes ajournés à demain, 30 du courant, pour établir le titre commun de la totalité des pièces en circulation, d'après les vérifications précédemment constatées, et nous assurer de la fidélité des travaux des directeurs, par le rapprochement de ce titre commun général, de celui qui résulte de délivrances des fabrications faites pendant le cours dudit an XII dans toutes les Monnaies.

Signé : GUYTON, SIVARD et MONGEZ, *administrateurs ;* BERTRAND, ANFRYE, DARCET et CONSTANT.

Et ledit jour, 30 frimaire an XIII, nous, administrateurs des Monnaies , avons établi le titre commun général de 82 pièces de 5 fr., dont le titre partiel a été par nous vérifié les 7, 9, 12, 16, 17 et 24 brumaire dernier, 19 et 29 du présent mois de frimaire, ainsi que le prouvent les procès-verbaux précédents, en date desdits jours, signés de nous, de notre secrétaire général et des inspecteurs et vérificateurs des essais, ainsi que des essayeurs, de la manière ci-après :

Monnaies. TOULOUSE. Titres communs partiels,
0, 901, 300.

ROUEN.	id.	0, 898,	500.
LIMOGES.	id.	0, 902,	000.
STRASBOURG.	id.	0, 898,	700.
LYON.	id.	0, 901,	700.
PARIS.	id.	0, 898,	700.
PERPIGNAN.	id.	0, 899,	900.
BAYONNE.	id.	0, 899,	200.
BORDEAUX.	id.	0, 899,	000.

Le titre commun des délivrances des fabrications faites dans toutes les Monnaies est de 0,899,472,752.

La différence est de 0,000,416,236.

D'où il résulte que les pièces en circulation sont au titre prescrit par la loi du 7 germinal an XI, le rapprochement du titre commun général ci-dessus, avec celui des délivrances des fabrications totales de l'an XII, ne présentant qu'une différence entre eux de 416,236 millionnièmes de millièmes ; qu'ainsi il y a eu une exacte conformité à la loi dans les échantillons envoyés.

En foi de quoi nous avons clos et signé le présent, et avec nous, le secrétaire général, inspecteur et vérificateur des essais , et essayers susnommés.

Signé : GUYTON, SIVARD et MONGEZ, *administrateurs ;* BERTRAND , ANFRYE, LECOUR , DARCET et CONSTANT.

CHAPITRE VII.

§ Iᵉʳ.

DE LA MARCHE DU RECOUVREMENT DES CO------TIONS DIRECTES EN L'AN XII, ET DE SA ---- AU 1ᵉʳ VENDÉMIAIRE AN XIII.

La marche du recouvrem---- s'est parfaitement soutenu----
Il ne restait plus à re---- miaire an XIII. qu'environ---- contributions de l'année de----

Les frais de poursuite ont néanmoins éprouvé une diminution sensible.
Sur un recouvrement de..... 360,203,000.
ils s'étaient élevés, en l'an XI, à . . 2,058,501.
La proportion commune était de 1/180.
Pour l'an XII, sur un recouvrement de.................... 371,720,000.
ils n'ont été que de........... 1,593,200.
Proportion commune 1/219.
Différence en moins, environ 1/5.
Cette amélioration est très-sensible : elle est due à la surveillance des préfets et à l'attention qu'ils donnent au choix des percepteurs qu'ils proposent.

§ II.

DES CAUTIONNEMENTS DES RECEVEURS GÉNÉRAUX ET PARTICULIERS.

Les percepteurs à vie, maintenant en activité dans tous les départements, ont fourni un cautionnement en numéraire du douzième du principal des quatre contributions directes réunies.
Cette proportion a été considérée comme propre à garantir, d'une manière satisfaisante, les intérêts du trésor public, eu égard aux époques déterminées pour le paiement des contributions directes : je crois convenable de rendre cette même proportion commune aux cautionnements des receveurs généraux et des receveurs particuliers.

Les quatre contributions réunies forment en principal une somme totale de 274,527,600 fr.
Le douzième de cette somme est de 22,877,262
Les receveurs généraux ont déjà fourni un premier cautionnement en numéraire de . . . 11,380,212
Le supplément à fournir serait de 11,497,050
Les mêmes contributions dans les arrondissements autres que les chefs-lieux s'élèvent en principal à la somme de 173,766,327
Le douzième de cette somme est de 14,480,499
Les cautionnements actuels des receveurs particuliers montent à 9,396,946
Le supplément à fournir serait de 5,083,553

Enfin les receveurs généraux n'ont point fourni, jusqu'à présent, de cautionnement pour les contributions indirectes, dont le produit est versé dans leurs caisses par les préposés de la régie de l'enregistrement et de l'administration des douanes. Votre Majesté a jugé que cette portion de leurs recettes ne devait pas demeurer sans garantie, et qu'il y avait lieu de la fixer au trentième environ de la somme qu'ils perçoivent : ce qui fera un objet d'enviror 4,000,000.

Au moyen de ces ----tions, les cautionnements en immeubl--- --0/0 constitués, précédemment fournis ---- ----ceveurs généraux, seraient supprimés.

Je propose qu'il soit ---- ----onné, en cas ----le décès ou de dém---- ----géné-
et particuliers : ----le montant d---- ---- ----s indirectes, ---- ----ur les ----les contrib---- ---- ----tion-
----- générau----

décès ou de la démission, que du compte de clerc à maître accepté par le successeur;

2° Que l'autre moitié leur sera pareillement restituée de suite, à la charge de la remplacer ou en immeubles ou en 5 0/0 constitués, jusqu'à la représentation du *quitus* de la comptabilité nationale, pour les comptes qui resteront à rendre des exercices terminés;

3° Que la totalité des cautionnements sera rendue aux receveurs particuliers, en justifiant par eux du *quitus* du receveur général.

Le produit des cautionnements ci-dessus déterminés sera mis à la disposition du Gouvernement pour le service de l'an XIII, et le remboursement en serait fait successivement par le trésor public à la caisse d'amortissement, conformément aux lois des 7 et 27 ventôse an VIII.

Ces diverses propositions font partie de la loi générale sur les finances pour l'exercice de l'an XIII.

§ III.
DES TRAVAUX ORDONNÉS POUR PERFECTIONNER LA RÉPARTITION DE LA CONTRIBUTION FONCIÈRE.

J'ai présenté, dans le compte des finances de l'année dernière, le détail des difficultés dont le début de cette vaste opération avait été environné. Les mesures prises pour surmonter ces difficultés, la marche établie pour l'exécution et pour la vérification du travail, enfin les premiers résultats qu'il avait obtenus; je dois aujourd'hui rendre compte à Votre Majesté de ses nouveaux progrès et de la situation au commencement de l'an XIII.

Cette opération se divise en deux parties :

1° L'opération partielle de l'arpentage et de l'expertise de 1,915 communes tirées au sort, disséminées dans toutes les justices de paix et destinées à servir de point de comparaison pour évaluer toutes les autres communes, en exécution de l'arrêté du Gouvernement du 12 brumaire an XI ;

2° L'opération générale appliquée à toutes les communes de l'Empire, conformément à l'arrêté du 29 vendémiaire an XII.

L'opération partielle est terminée dans quarante départements seulement : dans la plupart des autres, elle est faite à une ou deux communes près. Dix départements n'ont pu envoyer de résultats, par l'effet des contrariétés qu'ils ont éprouvées : il en est où il a fallu changer jusqu'à deux et trois fois le géomètre en chef, ou qui manquaient d'arpenteurs secondaires qu'il a fallu leur procurer en formant des élèves à Paris et dans quelques départements où il a été ouvert à cet effet des cours de géométrie pratique.

Néanmoins les résultats parvenus ont suffi pour exécuter le travail provisoire qui avait été prescrit par l'arrêté du 12 brumaire an XI, et pour rédiger en conséquence le tableau des revenus présumés des divers départements, moins les dix départements dont je viens de parler, et la ville de Paris, dont on ne peut évaluer le revenu par analogie avec ceux des communes rurales du département de la Seine.

Mais je dois observer à Votre Majesté que tous les préfets, en m'adressant leur travail, s'accordent à penser que les inductions que l'on voudrait en tirer seraient trop incertaines, trop hypothétiques, pour qu'elles pussent servir à une nouvelle répartition, sans s'exposer aux réclamations les mieux fondées du département dont le contingent augmenterait, parce que, partant de l'évaluation de quelques communes pour évaluer toutes les autres, on lui présumerait un revenu dont rien ne prouverait la réalité. Comment, en effet, se flatter de connaître, par les évaluations de 19,000 communes, le véritable revenu des 48,000 autres qui composent le territoire de l'Empire français !

Je ne puis donc que partager entièrement l'opinion unanime des préfets à cet égard; mais si l'opération partielle n'a pu remplir les vues du Gouvernement, l'opération générale s'annonce du moins de manière à réaliser ses espérances.

Le premier choix des géomètres en chef s'est successivement amélioré; le nombre des arpenteurs secondaires s'est augmenté et s'accroît tous les jours; les cours de géométrie ouverts dans vingt-quatre départements sont suivis par un grand nombre d'élèves; toutes les instructions ont été données; toutes les questions ont été résolues; 2,900 arpentages sont terminés; j'ai invité les préfets à distribuer toute l'opération de manière à ce qu'elle puisse être achevée en huit ans; ils en ont reconnu la possibilité, quelques-uns même croient pouvoir devancer ce terme.

Les résultats tant des arpentages que des expertises sont dépouillés dans mes bureaux, sur un registre divisé en quarante volumes : là sont portés, commune par commune, d'un côté la contenance, de l'autre le revenu imposable de chaque masse de culture.

Ainsi ce registre présentera : 1° le nombre d'arpents métriques de terres labourables, de jardins, de prés, de vignes, de bois, de châtaigneraies, de rizières, etc.; 2° le nombre des maisons, moulins à eau ou à vent, usines, etc.; 3° le revenu net imposable de toutes ces propriétés, par commune, par arrondissement et par département.

Le dernier volume de ce registre sera en quelque sorte le grand-livre terrier de l'Empire français.

Pour subvenir aux frais de ce travail, il a été imposé, d'après l'article 4 de l'arrêté du 12 brumaire an XI, des centimes spéciaux additionnels à la contribution foncière ; ces centimes produiront, pour les années XII et XIII, un fonds de 8,642,829 francs. Les dépenses de ces deux années acquittées, il restera environ un million applicable aux premiers travaux de l'an XIV; le surplus sera acquitté sur les centimes spéciaux à imposer l'année prochaine, conformément à l'un des articles du projet de loi sur les finances, joint au présent compte.

J'ai préparé l'ordre de la comptabilité de ces fonds particuliers, en envoyant aux préfets des modèles du compte qu'ils devront présenter, chaque année, aux conseils généraux, appuyé de toutes les pièces justificatives.

CONTRIBUTIONS DIRECTES.

ÉTAT GÉNÉRAL DES FRAIS OCCASIONNÉS PAR LES POURSUITES QUI ONT ÉTÉ EXERCÉES POUR LE RECOUVREMENT

PENDANT L'AN XII.

Département	Montant du recouvrement,		Montant des frais,		Proportion,	
Ain.	Montant du recouvrement,	1,545,784.	Montant des frais,	20,670.	Proportion,	1/74.
Aisne.	Id.	4,141,001.	Id.	4,308.	Id.	1/961.
Allier.	Id.	2,603,141.	Id.	4,336.	Id.	1/600.
Alpes (Basses).	Id.	1,292,407.	Id.	4,500.	Id.	1/287.
Alpes (Hautes).	Id.	831,000.	Id.	4,475.	Id.	1/185.
Alpes-Maritimes.	Id.	792,800.	Id.	4,795.	Id.	1/199.
Ardèche.	Id.	1,895,689.	Id.	9,482.	Id.	1/199.
Ardennes.	Id.	2,718,157.	Id.	40,305.	Id.	1/363.
Ariége.	Id.	1,030,966.	Id.	12,754.	Id.	1/82.
Aube.	Id.	2,871,852.	Id.	13,463.	Id.	1/213.
Aude.	Id.	3,763,239.	Id.	8,256.	Id.	1/455.
Aveyron.	Id.	2,988,932.	Id.	25,109.	Id.	1/119.
Bouches-du-Rhône.	Id.	3,961,475.	Id.	53,577.	Id.	1/73.
Calvados.	Id.	7,910,565.	Id.	20,568.	Id.	1/384.
Cantal.	Id.	2,221,911.	Id.	6,805.	Id.	1/326.
Charente.	Id.	3,305,004.	Id.	9,060.	Id.	1/364.
Charente - Inférieure.	Id.	4,647,627.	Id.	4,034.	Id.	1/1,152.
Cher.	Id.	1,994,353.	Id.	13,809.	Id.	1/144.
Corrèze.	Id.	1,802,686.	Id.	7,909.	Id.	1/227.
Côte-d'Or.	Id.	4,335,933.	Id.	21,705.	Id.	1/200.
Côtes-du-Nord.	Id.	3,148,373.	Id.	17,107.	Id.	1/184.
Creuse.	Id.	1,387,806.	Id.	1,882.	Id.	1/737.
Doire.	Id.	947,691.	Id.	8,203.	Id.	1/115.
Dordogne.	Id.	3,718,055.	Id.	41,296.	Id.	1/90.
Doubs.	Id.	2,031,677.	Id.	4,774.	Id.	1/425.
Drôme.	Id.	1,874,081.	Id.	15,438.	Id.	1/121.
Dyle.	Id.	3,473,673.	Id.	15,209.	Id.	1/228.
Escaut.	Id.	7,147,158.	Id.	10,926.	Id.	1/654.
Eure.	Id.	5,266,852.	Id.	10,513.	Id.	1/500.
Eure-et-Loir.	Id.	4,714,499.	Id.	23,134.	Id.	1/203.
Finistère.	Id.	2,574,886.	Id.	24,187.	Id.	1/106.
Forêts.	Id.	1,631,674.	Id.	11,265.	Id.	1/144.
Gard.	Id.	3,029,578.	Id.	8,239.	Id.	1/368.
Garonne (Haute).	Id.	5,423,875.	Id.	28,920.	Id.	1/187.
Gers.	Id.	2,783,740.	Id.	18,960.	Id.	1/146.
Gironde.	Id.	6,742,087.	Id.	54,920.	Id.	1/122.
Golo.	Id.	»	Id.	»	Id.	»
Hérault.	Id.	4,774,728.	Id.	12,669.	Id.	1/377.
Ille-et-Vilaine.	Id.	2,985,106.	Id.	7,257.	Id.	1/411.
Indre.	Id.	1,706,167.	Id.	15,452.	Id.	1/110.
Indre-et-Loire.	Id.	3,005,725.	Id.	12,904.	Id.	1/232.
Isère.	Id.	3,940,141.	Id.	42,750.	Id.	1/91.
Jemmapes.	Id.	3,403,969.	Id.	5,890.	Id.	1/578.
Jura.	Id.	2,131,114.	Id.	9,051.	Id.	1/235.
Landes.	Id.	1,277,384.	Id.	3,121.	Id.	1/409.
Léman.	Id.	909,414.	Id.	6,087.	Id.	1/149.
Liamone.	Id.	61,833.	Id.	1,339.	Id.	1/45.
Loir-et-Cher.	Id.	3,322,586.	Id.	17,256.	Id.	1/192.
Loire.	Id.	3,472,509.	Id.	10,941.	Id.	1/317.
Loire (Haute).	Id.	1,217,374.	Id.	7,460.	Id.	1/163.
Loire-Inférieure.	Id.	4,831,061.	Id.	9,181.	Id.	1/526.
Loiret.	Id.	4,687,455.	Id.	24,144.	Id.	1/494.
Lot.	Id.	3,350,467.	Id.	21,676.	Id.	1/454.
Lot-et-Garonne.	Id.	4,533,079.	Id.	56,037.	Id.	1/80.
Lozère.	Id.	958,436.	Id.	13,754.	Id.	1/69.
Lys.	Id.	5,093,579.	Id.	6,797.	Id.	1/749.
Maine-et-Loire.	Id.	3,964,968.	Id.	9,622.	Id.	1/412.
Manche.	Id.	6,106,571.	Id.	22,857.	Id.	1/267.
Marengo.	Id.	2,802,271.	Id.	27,395.	Id.	1/102.
Marne.	Id.	4,981,685.	Id.	20,859.	Id.	1/238.
Marne (Haute).	Id.	2,300,032.	Id.	8,888.	Id.	1/258.
Mayenne.	Id.	3,172,833.	Id.	15,661.	Id.	1/202.
Meurthe.	Id.	2,925,900.	Id.	9,590.	Id.	1/305.
Meuse.	Id.	2,499,605.	Id.	3,387.	Id.	1/738.
Meuse-Inférieure.	Id.	1,823,288.	Id.	3,038.	Id.	1/410.
Mont-Blanc.	Id.	1,260,036.	Id.	8,707.	Id.	1/144.
Mont-Tonnerre.	Id.	4,631,087.	Id.	22,668.	Id.	1/204.
Morbihan.	Id.	2,463,099.	Id.	1,790.	Id.	1/1,432.
Moselle.	Id.	4,114,025.	Id.	17,657.	Id.	1/233.
Nèthes (Deux).	Id.	3,290,449.	Id.	6,075.	Id.	1/541.
Nièvre.	Id.	2,565,322.	Id.	13,018.	Id.	1/197.
Nord.	Id.	8,096,873.	Id.	13,190.	Id.	1/613.
Oise.	Id.	5,921,393.	Id.	8,956.	Id.	1/661.
Orne.	Id.	4,670,091.	Id.	13,692.	Id.	1/341.
Ourthe.	Id.	2,689,758.	Id.	7,244.	Id.	1/371.
Pas-de-Calais.	Id.	5,475,973.	Id.	48,309.	Id.	1/299.
Pô.	Id.	4,420,183.	Id.	574.	Id.	1/154.
Puy-de-Dôme.	Id.	4,286,847.	Id.	574.	Id.	1/120.

Pyrénées (Basses).	Id.	1,578,767.	Id.	4,402.	Id.	1/358.
Pyrénées (Hautes).	Id.	966,414.	Id.	4,590.	Id.	1/210.
Pyrénées - Orientales.	Id.	1,150,556.	Id.	2,752.	Id.	1/418.
Rhin (Bas).	Id.	3,714,564.	Id.	18,265.	Id.	1/203.
Rhin (Haut).	Id.	3,818,287.	Id.	9,395.	Id.	1/406.
Rhin-et-Moselle.	Id.	1,726,253.	Id.	10,295.	Id.	1/167.
Rhône.	Id.	4,237,779.	Id.	12,040.	Id.	1/352.
Roër.	Id.	6,720,039.	Id.	14,118.	Id.	1/476.
Sambre- et-Meuse.	Id.	2,030,100.	Id.	6,586.	Id.	1/306.
Saône (Haute).	Id.	2,015,049.	Id.	6,183.	Id.	1/325.
Saône-et-Loire.	Id.	4,610,729.	Id.	15,958.	Id.	1/288.
Sarre.	Id.	1,853,011.	Id.	8,520.	Id.	1/217.
Sarthe.	Id.	3,819,694.	Id.	7,234.	Id.	1/528.
Seine.	Id.	21,290,408.	Id.	175,396.	Id.	1/121.
Seine-Inférieure.	Id.	10,405,471.	Id.	37,396.	Id.	1/278.
Seine-et-Marne.	Id.	6,746,519.	Id.	36,039.	Id.	1/187.
Seine-et-Oise.	Id.	8,757,098.	Id.	48,424.	Id.	1/180.
Sésia.	Id.	1.362,232.	Id.	8,772.	Id.	1/155.
Sèvres (Deux).	Id.	3,022,675.	Id.	8,185.	Id.	1/369.
Somme.	Id.	6,051,832.	Id.	9,448.	Id.	1/640.
Stura.	Id.	4,250,272.	Id.	12,972.	Id.	1/327.
Tanaro.	Id.	1,939,270.	Id.	10,912.	Id.	1/177.
Tarn.	Id.	2,286,281.	Id.	6,651.	Id.	1/343.
Var.	Id.	2,660,148.	Id.	10,836.	Id.	1/245.
Vaucluse.	Id.	1,722,747.	Id.	5,301.	Id.	1/325.
Vendée.	Id.	2,487,438.	Id.	6,189.	Id.	1/401.
Vienne.	Id.	2,198,013.	Id.	7,287.	Id.	1/301.
Vienne (Haute).	Id.	1,644,104.	Id.	4,853.	Id.	1/338.
Vosges.	Id.	1,846,699.	Id.	6,197.	Id.	1/298.
Yonne.	Id.	3,162,714.	Id.	25,549.	Id.	1/123.
Totaux.	Id.	372,769,248.	Id.	1,697,391.	Id.	1/219.

CHAPITRE VIII.

BUDGET DE L'AN XIII.

La loi du 5 ventôse an XII a prorogé pour l'an XIII les contributions de l'an XII.

D'après les produits de l'année dernière, les contributions, revenus et produits de l'an XIII ne rendront pas moins de 600 millions, conformément à l'état coté L. Divers moyens extraordinaires porteront la recette totale à la somme de 684 millions, à laquelle sont évaluées les dépenses de l'année courante, en y comprenant un fonds de réserve de 20 millions : le même état coté L présente la répartition de cette somme entre les divers services.

Dans les 600 millions ci-dessus, se trouvent compris 10 centimes de la contribution foncière, en remplacement des sommes votées par les divers départements, en l'an XI et en l'an XII, pour les frais de la guerre.

J'avais craint, au commencement de l'année dernière, qu'à raison des circonstances, le produit des douanes n'éprouvât une diminution sensible; mais la législation de cette partie et le service de cette administration se sont tellement améliorés, que les perceptions faites en l'an XI, au lieu de décroître, ont surpassé de plusieurs millions celles qui avaient été faites en l'an XI, malgré que l'augmentation du droit sur le tabac étranger n'ait eu son effet que pour les six derniers mois de l'an XII.

J'hésite donc d'autant moins à estimer le produit de l'année courante à 46 millions, que déjà les mois de vendémiaire et de brumaire ont donné une augmentation de plus de 5 millions sur les mêmes mois de l'année dernière.

Quoique les produits de la régie de l'enregistrement et des domaines se soient élevés à plus de 198 millions en l'an XII, je ne les estime cependant qu'à 185 millions pour l'an XIII, eu égard aux perceptions qui ont été distraites de cette régie pour être confiées à celle des droits réunis, et à la diminution dont le revenu des fermages de domaines nationaux est susceptible à cause des dotations et des ventes.

Je n'ai aucune raison de penser que les autres branches de revenus puissent éprouver des variations sensibles.

La loi du 5 ventôse an XII a confirmé le tarif qui avait été arrêté par le Gouvernement, pour la perception de la contribution personnelle à Paris.

Ce tarif ayant donné lieu à quelques réclamations, il a été proposé à Votre Majesté d'y apporter des modifications qui ont été adoptées par un décret impérial du 14 brumaire dernier.

Ces modifications doivent être sanctionnées par le Corps législatif; elles font en conséquence l'objet d'un titre particulier dans la loi des finances de l'an XIII.

BUDGET DE L'AN XIII.

RECETTE.

Contribution foncière, 206,908,000 francs. Contribution personnelle, mobilière et somptuaire, 32,000,000 fr. Centimes fixes , 18,576,934 francs. Portes et fenêtres, 16,000,000 francs. Patentes, 16,575,744 francs. Dix centimes pour les frais de guerre, 20,690,800 francs. Régie de l'enregistrement et domaines, y compris le produit des bois, 185,000,000 francs. Produit des douanes, 46,000,000 francs. Loteries, 14,000,000 francs. Postes, 10,000,000 francs. Régie des droits réunis, 25,000,000 fr. Régie des salines, 3,000,000 francs. Monnaies, 500,000 fr. Recettes diverses et accidentelles, 4,948,522 francs. Portion d'intérêts de la dette publique affectée à la partie du Piémont au delà de la Sésia, remboursable par la République italienne, et qui doit rentrer au trésor public, 3,000, francs. Contributions antérieures à l'an IX, 3,000,000 francs. Cautionnements des receveurs généraux et particuliers, 21,119,000 francs. Cautionnements des notaires, commissaires-priseurs, greffiers, avoués, huissiers et agents de change, 12,081,000 francs. Cautionnements provisoires des préposés de la régie des droits réunis, 2,800,000 francs. Ventes de domaines, 20,000,000 francs. Moyens extérieurs, 22,000,000 francs. *Total général*, 684,000,000 francs.

DÉPENSES.

DETTE PUBLIQUE.

Dette perpétuelle : aux créanciers de l'Etat, 42,942,235 fr.; à la caisse d'amortissement, 3,732,409 francs.

Viagère : 2e semestre an XII et 1er semestre an XIII, 19,288,550 francs.

SIX NOUVEAUX DÉPARTEMENTS.

Dette perpétuelle, 2,677,227 francs. *Viagère,* 500,000 f. *Liste civile,* y compris 2 millions pour les princes français, 27,000,000 francs.

DÉPENSES GÉNÉRALES DU SERVICE.

Du grand juge ministre de la justice, 21,200,000 francs. Des relations extérieures, 7,000,000 francs. *De l'intérieur,* service ordinaire, 16,500,000 francs. Service extraordinaire, 13,000,000 francs. Total pour l'intérieur 29,500,000 francs. *Des finances,* service ordinaire, 23,019,800 francs. Remboursement à la caisse d'amortissement de partie des cautionnements, conformément aux lois des 7 et 27 ventôse an VIII, 2,500,000 francs. Fonds d'amortissement en exécution de la loi du 21 floréal an X, 10,000,000 f. Intérêts des cautionnements à la charge du trésor public, 2,300,000 francs. Pensions, distraction faite de celles ecclésiastiques, 5,530,200 francs. Total pour les finances, 43,350,000 francs. Du trésor public, 8,000,000 francs. De la guerre, 166,500,0 0 francs. De l'administration de la guerre, 105,000,000 francs. Total de la guerre, 271,500,000 francs. De la marine, 140,000,000 francs. Des cultes, 13,000,000 francs. Pensions ecclésiastiques, 22.000,000 f. Total du ministère des cultes, 35,000,000 francs. De la police générale, 700,000 francs. Frais de négociations, 11,000,000 francs. Fonds de réserve, 20,309, 539 francs. *Total général* de la dépense, 684,000,000 francs.

CHAPITRE IX.
BUDGET DE L'AN XIV.

La seule proposition qu'il y ait lieu de faire, quant à présent, au Corps législatif, pour l'an XIV, est celle de proroger les contributions directes et indirectes de l'an XIII. Cette disposition fait partie de la loi sur les finances, qui sera proposée dans cette session.

LOI
SUR LES FINANCES DE L'AN XIII.

TITRE PREMIER.
DÉPENSES DE L'AN IX.

Art. 1er. La somme de 4,541,809 francs provenant des produits excédant les évaluations faites par le budget de l'an IX, et celle de 5,981,150 francs

prélevée sur les moyens extraordinaires de l'an XIII, sont mises à la disposition du Gouvernement.

Art. 2. Les 8 millions transportés de l'exercice de l'an VIII à l'exercice an IX, par arrêté du 15 floréal an XII, sont définitivement affectés à cet exercice.

Art. 3. Le budget de l'an IX est ainsi porté à 545,000,000 francs.

TITRE II.
DÉPENSES DE L'AN XI.

Art. 4. La somme de 5 millions, nécessaire pour compléter le service de l'an XI, faisant avec celle de 619,500,000 francs comprise dans la loi du 5 ventôse an XII, celle de 624,500,000 francs, est mise à la disposition du Gouvernement.

Art. 5. Cette somme sera prise sur les divers produits de l'an XI, excédant les évaluations faites par le budget.

TITRE III.
DÉPENSES DE L'AN XII.

Art. 6. La somme de 62 millions, nécessaire pour le paiement des dépenses extraordinaires que la guerre a nécessitées en l'an XII, faisant, avec celle de 700 millions comprise dans la loi du 5 ventôse an XII, la somme totale de 762,000,000 fr., est mise à la disposition du Gouvernement.

Art. 7. Cette somme sera prise, tant sur les contributions et revenus ordinaires de l'an XII, que sur les ressources extraordinaires de la même année.

TITRE IV.
DÉPENSES DE L'AN XIII.

Art. 8. La somme de 284,000,000, faisant, avec celle de 400,000,000 portée en l'article 103 de la loi du 5 ventôse an XII, la somme totale de 684,000,000, est mise à la disposition du Gouvernement.

Art. 9. Cette somme sera prise sur le produit des contributions décrétées par les lois, et sur les autres ressources de l'an XIII.

Art. 10. Elle sera employée au paiement, d'abord de la dette publique, et ensuite aux dépenses générales du service, comme il suit :

DETTE PUBLIQUE.

Dette	perpétuelle	Aux créanciers de l'État....................	42,942,225	46,674,634	
		A la caisse d'amortissement.................	3,732,409		
	viagère.....	2e semestre an XII et 1er semestre an XIII...		19,288,550	69,140,461
		Six nouveaux départements.			
		Dette perpétuelle.........................	2,677,277	3,177,277	
		viagère................................	500,000		
		Liste civile, y compris 2 millions pour les princes français...			27,000,000

DÉPENSES GÉNÉRALES DU SERVICE.

Ministères	Du grand juge........			21,200,000	
	Des relations extérieures...			7,000,000	
	De l'intérieur	Service ordinaire........	16,500,000	29,500,000	
		Service extraordinaire........	13,000,000		
	Des finances..................			43,350,000	
	Du trésor public.............			8,000,000	
	De la guerre.................		166,500,000	271,500,000	556,550,000
	De l'administration de la guerre........		105,000,000		
	De la marine.................			140,000,000	
	Des cultes	Service du ministère........	13,000,000	35,000,000	
		Pensions ecclésiastiques........	22,000,000		
	De la police générale........			700,000	
Frais de négociations...........................					11,000,000
Fonds de réserve.....					20,309,539
			TOTAL général........		684,000,000

TITRE V.

CONTRIBUTION POUR LES FRAIS DE LA GUERRE.

Art. 11. Les sommes votées en l'an XII par les divers départements pour les frais de la guerre, et montant à 21,534,360 francs, sont converties, pour l'an XIII, en une addition de 10 centimes au principal de la contribution foncière de tous les départements de l'Empire, formant la somme de 20,690,800 francs.

TITRE VI.

CONTRIBUTION PERSONNELLE DE LA VILLE DE PARIS.

Art. 12. La portion de la contribution personnelle à payer par la ville de Paris, en vertu d'un rôle, sera définitivement perçue, à compter de l'an XIII, conformément au tarif adopté par le décret impérial du 14 brumaire an XIII.

TITRE VII.

DES CAUTIONNEMENTS.

Art. 13. Le cautionnement des receveurs généraux des contributions directes est définitivement fixé au douzième du principal des quatre contributions directes réunies, et sera fourni en totalité en numéraire.

Art. 14. Les cautionnements précédemment fournis par les receveurs généraux en immeubles ou [en 5 0/0 constitués, sont remplacés par le complément à fournir par ces receveurs, conformément à l'état annexé à la présente loi, pour porter la totalité de leur cautionnement en numéraire à la portion réglée par l'article précédent.

Art. 15. La moitié du cautionnement total des receveurs généraux demeure affectée à la garantie de leurs obligations, et continuera d'être remboursée à ceux qui cesseront leurs fonctions, ou à leurs familles, en justifiant du paiement de toutes les obligations échues, et du compte de clerc à maître accepté par le successeur.

La seconde moitié sera également restituée de suite, à la charge de la remplacer en immeubles ou en 5 0/0 constitués, jusqu'à la justification du *quitus* de la comptabilité nationale pour les exercices terminés.

Art. 16. Les receveurs généraux fourniront en outre, pour la garantie de la recette des contributions indirectes versées entre leurs mains par les préposés des régies de l'enregistrement et des douanes, un cautionnement particulier en numéraire tel qu'il est fixé par l'état n° 1, annexé à la présente loi.

Art. 17. Lorsqu'un receveur cessera ses fonctions, ce cautionnement particulier lui sera restitué ou à sa famille, en justifiant du compte de clerc à maître accepté par le successeur.

Art. 18. Le cautionnement des receveurs particuliers d'arrondissement est porté à la proportion du douzième des quatre contributions directes réunies; ils fourniront en conséquence le supplément réglé pour chacun d'eux par l'état annexé à la présente loi.

Art. 19. Lorsqu'ils cesseront leurs fonctions, la totalité du cautionnement sera restituée à eux ou à leur famille, en justifiant du *quitus* du receveur général.

Art. 20. Le cautionnement des notaires, tel qu'il a été fixé en exécution de la loi du 25 ventôse an XI, est porté au double pour les notaires de la ville de Paris, et au tiers en sus de la fixation actuelle pour ceux des autres villes des départements de l'Empire.

Art. 21. Les cautionnements des agents de change de Paris sont portés de 60,000 à 100,000 fr.

Art. 22. Les cautionnements fournis par les greffiers, avoués et huissiers des tribunaux ainsi que par les greffiers des justices de paix, en exécution des lois des 27 ventôse an VIII et 28 floréal an X, sont pareillement portés au tiers en sus de la fixation actuelle.

Art. 23. Le cautionnement des commissaires-priseurs établis à Paris est porté de 10,000 francs à 20,000 francs.

Art. 24. Ces divers cautionnements et suppléments de cautionnements seront fournis, savoir : le premier quart dans les trois mois qui suivront la publication de la présente loi, et les trois autres quarts dans les mois de vendémiaire, germinal et thermidor an XIV.

Art. 25. L'intérêt de ces cautionnements continuera d'être payé sur le même pied que par le passé.

Art. 26. Les fonds provenant desdits cautionnements seront versés au trésor public pour le service de l'an XIII, et rétablis dans la caisse d'amortissement, conformément aux lois des 7 et 27 ventôse an VIII.

TITRE VIII.

CHAPITRE PREMIER.

Fixation des contributions directes de l'an XIV.

Art. 27. La contribution foncière est fixée, pour l'an XIV, à 206,908,000 francs en principal, comme en l'an XIII.

Art. 28. La répartition de cette somme entre les cent huit départements est faite conformément au tableau annexé à la présente, n° 2.

Art. 29. Les 10 centimes du principal de cette contribution, imposés en l'an XIII pour les frais de la guerre, sont prorogés pour l'an XIV.

Art. 30. La contribution personnelle, somptuaire et mobilière, est fixée, pour l'an XIV, à la somme de 32,800,000 francs.

Art. 31. La répartition de cette somme est faite entre les cent huit départements, conformément au tableau annexé à la présente, n° 3.

Art. 32. Il sera réparti, en sus du principal de l'une et de l'autre contribution, 2 centimes par franc pour fonds de non-valeurs et de dégrèvements.

Art. 33. Il sera réparti, en outre, sur le principal, pour être versé au trésor public et pour servir à l'acquit du montant des dépenses fixes énoncées au tableau annexé à la présente, n° 4, le nombre de centimes porté au même tableau.

Art. 34. Il sera également réparti :

1° Sur le principal des deux contributions, le nombre de centimes nécessaire à l'acquit des dépenses variables énoncées au tableau n° 5, après que le conseil général du département en aura réglé le montant, sans pouvoir excéder le *maximum* porté au même tableau ;

2° Sur le principal de la contribution foncière seulement, un centime et demi, qui formera un fonds commun pour subvenir aux frais de l'arpentage et de l'expertise dans les divers départements.

Art. 35. Les conseils municipaux des villes, bourgs et villages, répartiront de plus, au centime le franc de ces deux contributions, pour leurs dépenses municipales, d'après la fixation qui en aura été faite, le nombre de centimes par franc qu'ils jugeront nécessaire, sans pouvoir excéder le maximum fixé par la loi.

Art. 36. La contribution des portes et fenêtres est fixée, pour l'an XIV, à la somme de 16 millions.

Art. 37. La répartition de cette somme de 16 millions est faite entre les départements, conformément au tableau annexé à la présente, n° 5.

Art. 38. Il sera perçu, en outre du principal de la contribution des portes et fenêtres, 10 centimes additionnels par franc pour frais de confection de rôles et pour dégrèvements et non-valeurs.

Art. 39 Les patentes seront perçues, pour l'an XIV, comme elles l'ont été pour l'an XIII.

Art. 40. Des 15 centimes dont le prélèvement est autorisé par les lois sur le montant des rôles des patentes, 2 centimes sont affectés aux frais de confection des rôles : les 13 centimes restant sont pareillement affectés, d'abord aux décharges et réductions, et l'excédant aux dépenses municipales.

Art. 41. Les contributions indirectes, perçues en l'an XIII, sont prorogées pour l'an XIV.

CHAPITRE II.

Crédit provisoire pour l'an XIV.

Art. 42. La somme de 400 millions est mise à la disposition du Gouvernement, à compte des dépenses du service pendant l'an XIV.

Art. 43. Cette somme sera prise sur le produit des contributions décrétées et sur les autres ressources de l'an XIV.

N° 1.

ÉTAT DU SUPPLÉMENT DE CAUTIONNEMENT EN NUMÉRAIRE, A FOURNIR TANT PAR LES RECEVEURS GÉNÉRAUX QUE PAR LES RECEVEURS PARTICULIERS POUR LES CONTRIBUTIONS DIRECTES, ET DU MONTANT DU CAUTIONNEMENT A FOURNIR PAR LES RECEVEURS GÉNÉRAUX POUR LES CONTRIBUTIONS INDIRECTES.

DÉPARTEMENTS.	MONTANT du cautionnement des receveurs généraux pour les contributions directes.	MONTANT du CAUTIONNEMENT pour les contributions indirectes.	TOTAL.	MONTANT du SUPPLÉMENT de cautionnement des receveurs particuliers pour les contributions directes.	TOTAL GÉNÉRAL.
	fr.	fr.	fr.	fr.	fr.
Ain.	63,241	32,900	96,141	29,016	125,157
Aisne.	140,521	50,233	190,754	54,957	245,711
Allier.	70,281	21,333	91,614	32,464	124,078
Alpes (Basses-).	32,614	13,900	46,514	14,962	61,476
Alpes (Hautes-).	21,500	11,300	32,800	5,875	38,675
Alpes-Maritimes.	19,476	11,166	30,642	5,801	36,443
Ardèche.	42,841	24,600	67,441	19,746	87,187
Ardennes.	83,005	24,833	107,838	50,966	158,804
Ariège.	34,023	15,066	49,089	18,125	67,214
Aube.	85,241	31,500	116,741	39,054	155,795
Aude.	98,485	25,900	124,385	47,625	172,010
Aveyron.	101,583	31,066	132,649	54,315	186,964
Bouches-du-Rhône.	175,058	234,766	409,824	48,799	458,623
Calvados.	217,013	71,233	288,246	113,727	401,973
Cantal.	57,030	20,900	77,930	23,213	101,143
Charente.	105,038	33,333	138,371	51,419	189,790
Charente-Inférieure.	142,605	49,400	192,005	82,201	274,206
Cher.	56,920	17,166	74,086	26,067	100,153
Corrèze.	49,010	16,966	65,976	26,571	92,547
Côte-d'Or.	131,661	43,733	175,394	57,112	232,506
Côtes-du-Nord.	87,118	30,733	117,851	43,294	161,145
Creuse.	41,441	15,166	56,607	18,913	75,520
Doire.	30,175	6,133	36,308	21,301	57,609
Dordogne.	103,361	36,233	139,594	59,351	198,945
Doubs.	70,428	27,233	97,661	28,735	126,396
Drôme.	61,716	34,033	95,749	25,286	121,035
Dyle.	155,766	87,000	242,766	45,054	297,420
Escaut.	237,200	57,433	294,633	132,324	426,957
Eure.	182,328	46,500	228,828	97,489	326,317
Eure-et-Loir.	137,071	38,210	175,281	53,355	228,636
Finistère.	99,851	29,966	129,817	68,977	198,794
Forêts.	40,805	11,966	52,771	15,866	68,637
Gard.	109,055	38,666	147,721	41,072	188,793
Garonne (Haute-).	157,646	51,866	209,512	78,753	288,265
Gers.	83,246	32,100	115,346	48,492	163,838
Gironde.	229,366	284,433	513,799	59,069	572,868
Golo.	6,078	4,033	11,111	2,845	12,956
Hérault.	149,921	50,133	200,054	65,667	265,721
Ille-et-Vilaine.	105,556	38,900	144,456	57,292	201,748
Indre.	54,940	16,900	71,840	25,170	97,010
Indre-et-Loire.	97,401	34,200	131,601	34,919	166,520
Isère.	122,613	55,133	177,746	54,375	232,121
Jemmapes.	120,970	31,700	152,670	65,344	218,014
Jura.	71,458	28,366	99,824	32,929	132,753
Landes.	42,576	13,733	56,309	23,849	80,158
Léman.	36,853	25,700	62,553	10,859	73,412
Liamone.	3,356	2,000	5,365	1,071	6,436
Loir-et-Cher.	77,635	21,233	98,868	28,379	127,187
Loire.	84,911	32,400	117,311	42,648	159,959
Loire (Haute-).	48,383	22,600	70,983	17,507	88,490
Loire-Inférieure.	112,476	70,166	182,642	36,885	219,527
Loiret.	135,443	34,900	170,343	45,114	215,457
Lot.	103,515	36,466	139,881	54,284	194,265
Lot-et-Garonne.	124,840	41,033	165,873	62,162	228,035
Lozère.	27,980	11,433	39,413	12,579	51,792
Lys.	157,291	73,400	230,691	68,174	298,865
Maine-et-Loire.	134,790	32,866	167,656	66,586	234,242
Manche.	174,245	49,633	223,878	98,843	322,721
Marengo.	82,091	25,366	107,457	56,340	163,797
Marne.	139,781	38,933	178,714	86,931	265,643

DÉPARTEMENTS,	MONTANT du supplément de cautionnement des receveurs généraux pour les contributions directes.	MONTANT du CAUTIONNEMENT pour les contributions indirectes.	TOTAL.	MONTANT du supplément de cautionnement des receveurs particuliers pour les contributions directes.	TOTAL GÉNÉRAL.
	fr	fr.	fr.	fr.	fr.
Marne (Haute-).....................	69,948	28,566	98,514	30,627	129,141
Mayenne...........................	95,685	18,466	114,151	43,660	157,811
Meurthe...........................	94,420	52,733	147,153	47,581	194,734
Meuse.............................	81,911	32,033	113,944	46,533	160,477
Meuse-Inférieure...................	62,088	28,400	90,488	24,471	114,959
Mont-Blanc........................	34,593	35,633	70,226	15,162	85,388
Mont-Tonnerre.....................	131,875	42,266	174,141	55,108	229,249
Morbihan..........................	83,646	27,500	111,146	46,411	157,557
Moselle...........................	108,358	39,466	147,824	46,032	193,856
Nèthes (Deux-).....................	111,440	136,233	247,673	28,207	275,880
Nièvre............................	67,411	26,766	94,177	31,335	125,512
Nord.............................	260,403	133,100	393,503	98,970	492,473
Oise..............................	143,616	41,266	184,882	62,241	247,123
Orne.............................	116,203	37,400	153,603	66,184	219,787
Ourthe............................	100,216	19,700	119,916	38,118	158,034
Pas-de-Calais......................	169,338	101,500	270,838	95,498	366,336
Pô...............................	134,983	44,233	179,216	101,237	280,453
Puy-de-Dôme.......................	117,365	49,000	166,365	53,425	219,790
Pyrénées (Basses-).................	61,571	43,333	104,904	37,202	142,106
Pyrénées (Hautes-).................	29,665	15,433	45,098	10,651	55,749
Pyrénées-Orientales................	35,011	11,200	46,211	11,358	57,569
Rhin (Bas-)........................	144,920	68,100	213,020	66,111	274,131
Rhin (Haut-)......................	105,583	58,700	164,283	50,277	214,560
Rhin-et-Moselle....................	51,516	13,633	65,149	24,278	89,427
Rhône............................	176,976	66,933	243,909	24,039	267,948
Roer..............................	194,258	89,533	283,791	112,721	396,512
Sambre-et-Meuse...................	38,471	11,866	50,337	12,072	62,409
Saône-et-Meuse....................	77,538	32,200	109,738	35,470	145,208
Saône-et-Loire.....................	142,536	52,666	195,202	74,331	269,533
Sarre.............................	53,266	13,966	67,232	27,539	94,771
Sarthe............................	125,560	40,100	165,660	56,583	222,243
Seine.............................	736,108	16,233	752,741	58,505	811,246
Seine-Inférieure...................	350,976	319,900	670,856	146,021	816,877
Seine-et-Marne....................	151,953	39,500	191,453	71,304	262,757
Seine-et-Oise......................	229,720	67,666	297,386	101,977	399,363
Sésia.............................	40,900	7,866	48,766	28,527	77,293
Sèvres (Deux-).....................	79,443	21,366	100,809	36,926	137,735
Somme............................	187,113	59,066	246,179	79,594	335,773
Stura.............................	98,525	18,833	117,358	69,273	186,631
Tanaro............................	55,400	10,133	65,533	37,897	103,430
Tarn..............................	91,070	26,266	117,336	51,629	168,965
Var...............................	84,543	39,733	124,276	49,500	173,776
Vaucluse..........................	48,270	28,000	76,270	22,690	98,960
Vendée............................	70,286	17,600	87,886	21,557	109,443
Vienne............................	66,238	22,466	88,704	31,670	120,374
Vienne (Haute-)...................	54,096	19,733	73,829	21,504	95,333
Vosges............................	65,033	34,400	99,463	38,816	138,279
Yonne............................	97,755	30,966	128,721	48,297	177,018
TOTAUX.............	11,497,050	4,591,833	16,088,883	5,083,553	21,172,436

Nº II.

ÉTAT DE RÉPARTITION DE LA CONTRIBUTION FONCIÈRE DE L'AN XIV, ENTRE LES CENT HUIT DÉPARTEMENTS DE L'EMPIRE.

DÉPARTEMENTS.	CONTINGENT en PRINCIPAL.	DÉPARTEMENTS.	CONTINGENT en PRINCIPAL.
Ain...............................	1,700,000	Lozère............................	602,000
Aisne..............................	3,070,000	Lys...............................	2,993,000
Allier.............................	1,423,000	Maine-et-Loire....................	2,880,000
Alpes (Basses-)...................	660,000	Manche...........................	3,720,000
Alpes (Hautes-)..................	495,000	Marengo..........................	1,940,000
Alpes-Maritimes..................	884,000	Marne............................	2,470,000
Ardèche...........................	1,690,000	Marne (Haute-)...................	1,406,000
Ardennes..........................	1,690,000	Mayenne..........................	2,180,000
Ariège............................	590,000	Meurthe..........................	1,690,000
Aube..............................	1,530,000	Meuse............................	1,580,000
Aude..............................	2,240,000	Meuse-Inférieure.................	912,000
Aveyron...........................	1,520,000	Mont-Blanc.......................	660,000
Bouches-du-Rhône..................	1,520,000	Mont-Tonnerre....................	2,190,000
Calvados..........................	4,260,000	Morbihan.........................	1,450,000
Cantal............................	1,359,000	Moselle..........................	1,920,000
Charente...........................	2,030,000	Nèthes (Deux-)...................	1,520,000
Charente-Inférieure...............	2,670,000	Nièvre...........................	1,321,000
Cher..............................	1,060,000	Nord.............................	4,080,000
Corrèze...........................	1,023,000	Oise.............................	2,892,000
Côte-d'Or.........................	2,540,000	Orne.............................	2,500,000
Côtes-du-Nord.....................	1,680,000	Ourthe...........................	1,300,000
Creuse............................	880,000	Pas-de-Calais....................	2,950,000
Doire.............................	680,000	Pô...............................	2,590,000
Dordogne..........................	2,109,000	Puy-de-Dôme......................	2,500,000
Doubs.............................	1,140,000	Pyrénées (Basses-)..............	870,000
Drôme.............................	1,260,000	Pyrénées (Hautes-)..............	570,000
Dyle..............................	2,350,000	Pyrénées-Orientales.............	700,000
Escaut............................	4,000,000	Rhin (Bas)......................	2,040,000
Eure..............................	3,670,000	Rhin (Haut-).....................	1,800,000
Eure-et-Loir......................	2,860,000	Rhin-et-Moselle..................	1,070,000
Finistère.........................	1,420,000	Rhône............................	2,100,000
Forêts............................	781,000	Roër.............................	2,780,000
Gard..............................	1,810,000	Sambre-et-Meuse..................	800,000
Garonne (Haute-)..................	2,970,000	Saône (Haute-)...................	1,460,000
Gers..............................	1,737,000	Saône-et-Loire...................	3,030,000
Gironde...........................	2,890,000	Sarre............................	949,000
Golo..............................	110,000	Sarthe...........................	2,760,000
Hérault...........................	2,531,000	Seine............................	9,535,000
Ille-et-Vilaine...................	1,910,000	Seine-Inférieure.................	5,280,000
Indre.............................	1,045,000	Seine-et-Marne...................	3,218,000
Indre-et-Loire....................	1,850,000	Seine-et-Oise....................	4,511,000
Isère.............................	2,380,000	Sésia............................	930,000
Jemmapes..........................	1,900,000	Sèvres (Deux-)...................	1,790,000
Jura..............................	1,320,000	Somme............................	3,449,000
Landes............................	770,000	Stura............................	2,240,000
Léman.............................	500,000	Tanaro...........................	1,310,000
Liamone...........................	60,000	Tarn.............................	1,880,000
Loir-et-Cher......................	1,501,000	Var..............................	1,400,000
Loire.............................	1,665,000	Vaucluse.........................	860,000
Loire (Haute-)...................	1,020,000	Vendée...........................	1,710,000
Loire-Inférieure.................	1,580,000	Vienne...........................	1,350,000
Loiret............................	2,330,000	Vienne (Haute-)..................	1,080,000
Lot...............................	2,190,000	Vosges...........................	1,170,000
Lot-et-Garonne....................	2,650,000	Yonne............................	1,900,000
		TOTAL............	206,908,000

N° 3.

ÉTAT DE RÉPARTITION DE LA CONTRIBUTION PERSONNELLE, SOMPTUAIRE ET MOBILIÈRE DE L'AN XIV, ENTRE LES CENT HUIT DÉPARTEMENTS DE L'EMPIRE.

DÉPARTEMENTS.	CONTINGENT EN PRINCIPAL	DÉPARTEMENTS.	CONTINGENT EN PRINCIPAL	DÉPARTEMENTS.	CONTINGENT EN PRINCIPAL
Ain	133,300	Hérault	388,100	Ourthe	416,200
Aisne	381,700	Ille-et-Vilaine	329,300	Pas-de-Calais	422,000
Allier	154,900	Indre	142,800	Pô	278,000
Alpes (Basses-)	62,200	Indre-et-Loire	232,000	Puy-de-Dôme	348,700
Alpes (Hautes-)	39,800	Isère	265,000	Pyrénées (Basses-)	150,900
Alpes-Maritimes	49,600	Gemmapes	383,200	Pyrénées (Hautes-)	62,700
Ardèche	97,900	Jura	164,700	Pyrénées-Orientales	61,200
Ardennes	220,500	Landes	95,600	Rhin (Bas-)	380,500
Ariége	100,100	Léman	79,800	Rhin (Haut-)	255,500
Aube	244,300	Liamone	9,300	Rhin-et-Moselle	170,000
Aude	242,300	Loir-et-Cher	209,100	Rhône	559,000
Aveyron	227,500	Loire	292,900	Roër	485,200
Bouches-du-Rhône	577,900	Loire (Haute-)	116,600	Sambre-et-Meuse	163,800
Calvados	604,500	Loire-Inférieure	455,900	Saône (Haute-)	139,300
Cantal	147,300	Loiret	373,100	Saône-et-Loire	320,400
Charente	247,300	Lot	287,600	Sarre	194,700
Charente-Inférieure	384,500	Lot-et-Garonne	314,600	Sarthe	297,200
Cher	131,700	Lozère	51,700	Seine	4,177,400
Corrèze	107,800	Lys	546,600	Seine-Inférieure	1,093,400
Côte-d'Or	355,500	Maine-et-Loire	330,400	Seine-et-Marne	443,600
Côtes-du-Nord	241,600	Manche	457,400	Seine-et-Oise	616,500
Creuse	93,900	Marengo	132,000	Sésia	61,000
Doire	56,000	Marne	344,200	Sèvres (Deux-)	196,100
Dordogne	250,000	Marne (Haute-)	196,700	Somme	467,000
Doubs	180,000	Mayenne	243,800	Stura	160,000
Drôme	142,700	Meurthe	229,600	Tanaro	103,000
Dyle	518,000	Meuse	186,600	Tain	210,000
Escaut	682,200	Meuse-Inférieure	210,000	Var	212,800
Eure	383,400	Mont-Blanc	108,500	Vaucluse	121,400
Eure-et-Loir	321,200	Mont-Tonnerre	311,500	Vendée	193,000
Finistère	351,800	Morbihan	274,100	Vienne	123,500
Forêts	98,300	Moselle	265,500	Vienne (Haute)	134,100
Gard	282,100	Nèthes (Deux-)	327,500	Vosges	134,900
Garonne (Haute-)	394,100	Nièvre	176,900	Yonne	262,100
Gers	216,300	Nord	719,700		
Gironde	680,100	Oise	395,500	TOTAL	32,800,000
Golo	16,200	Orne	306,800		

N° 4.

ÉTAT DE RÉPARTITION DE LA CONTRIBUTION SUR LES PORTES ET FENÊTRES DE L'AN XIV, ENTRE LES CENT HUIT DÉPARTEMENTS DE L'EMPIRE.

DÉPARTEMENTS.	CONTINGENT EN PRINCIPAL	DÉPARTEMENTS.	CONTINGENT EN PRINCIPAL	DÉPARTEMENTS.	CONTINGENT EN PRINCIPAL
Ain	82,900	Hérault	153,600	Ourthe	190,100
Aisne	220,200	Ille-et-Vilaine	123,400	Pas-de-Calais	277,800
Allier	61,300	Indre	50,400	Pô	138,000
Alpes (Basses-)	41,000	Indre-et-Loire	118,800	Puy-de-Dôme	77,300
Alpes (Hautes-)	25,400	Isère	140,300	Pyrénées (Basses-)	140,500
Alpes-Maritimes	34,300	Jemmapes	226,800	Pyrénées (Hautes-)	48,600
Ardèche	59,500	Jura	110,800	Pyrénées-Orientales	36,800
Ardennes	110,200	Landes	65,500	Rhin (Bas-)	305,400
Ariége	51,000	Léman	77,200	Rhin (Haut-)	187,200
Aube	114,600	Liamone	2,000	Rhin-et-Moselle	84,800
Aude	93,800	Loir-et-Cher	85,200	Rhône	301,900
Aveyron	105,000	Loire	81,900	Roër	302,800
Bouches-du-Rhône	429,900	Loire (Haute-)	57,400	Sambre-et-Meuse	69,300
Calvados	234,900	Loire-Inférieure	141,700	Saône (Haute-)	122,100
Cantal	40,600	Loiret	197,900	Saône-et-Loire	118,300
Charente	110,600	Lot	106,300	Sarre	115,400
Charente-Inférieure	163,900	Lot-et-Garonne	99,400	Sarthe	109,200
Cher	98,900	Lozère	30,100	Seine	1,279,090
Corrèze	55,500	Lys	230,800	Seine-Inférieure	538,300
Côte-d'Or	163,000	Maine-et-Loire	129,100	Seine-et-Marne	162,100
Côtes-du-Nord	85,600	Manche	155,700	Seine-et-Oise	345,500
Creuse	37,800	Marengo	66,000	Sésia	30,000
Doire	25,000	Marne	228,600	Sèvres (Deux-)	68,900
Dordogne	95,400	Marne (Haute-)	106,300	Somme	302,400
Doubs	128,600	Mayenne	61,200	Stura	85,000
Drôme	66,200	Meurthe	158,400	Tanaro	50,000
Dyle	282,500	Meuse	118,700	Tarn	99,500
Escaut	377,600	Meuse-Inférieure	107,600	Var	137,200
Eure	268,000	Mont-Blanc	64,600	Vaucluse	78,900
Eure-et-Loir	135,100	Mont-Tonnerre	230,400	Vendée	49,100
Finistère	126,800	Morbihan	88,800	Vienne	96,300
Forêts	102,200	Moselle	181,500	Vienne (Haute-)	63,200
Gard	144,100	Nèthes (Deux-)	220,000	Vosges	122,300
Garonne (Haute-)	213,600	Nièvre	60,200	Yonne	134,900
Gers	98,100	Nord	420,400		
Gironde	419,400	Oise	234,300	TOTAL	16,000,000
Golo	4,000	Orne	123,200		

CHAPITRE X.

EXÉCUTION DES LOIS DES 15 ET 16 FLORÉAL AN X ET 5 VENTÔSE AN XIII, CONCERNANT LA VENTE DES DOMAINES NATIONAUX.

§ Iᵉʳ.

Lois des 15 et 16 floréal an X.

Les ventes faites en vertu de ces deux lois, pour le compte du trésor public, se sont élevées à la somme totale de 31,984,510 fr., conformément à l'état coté M (Voyez compte du trésor public, état A an XI; état G an XII.

Sur cette somme, il est rentré au trésor public :

En l'an XI............. .....   1,315,451.
En l'an XII.................   6,158.777.
        Total........   7,474.228.

Ces produits ont été appliqués à l'exercice an IX, à compte du crédit de 20 millions ouvert à cet exercice en domaines nationaux.

Ce crédit rempli, le surplus appartiendra à l'exercice an XII, à compte du crédit de 15 millions qui lui a été ouvert sur le produit des mêmes ventes de domaines.

§ II.

Loi du 5 ventôse an XII.

Les ventes faites en vertu de cette loi avaient produit, au 1ᵉʳ brumaire an XIII, 7,335,797 fr., conformément à l'état coté N.

Une partie du produit des ventes faites sera employée à compléter le crédit de 15 millions ouvert à l'exercice an XII par la loi du 5 ventôse de l'année dernière. L'excédant, ainsi que le produit des ventes ultérieures, se trouvera libre pour le service courant.

Ainsi le produit des ventes, d'après les lois des 15 et 16 floréal an X, s'est élevé, déchéances déduites, à 31,884,510 fr.

Celles en vertu de la loi du 5 ventôse an XII, à 7,333,467.

        Total........   39,317,977.

Il est affecté sur ce produit,
1° Au service de l'an IX.   20,000,000 fr.
2° A celui de l'an XII...   15,000,000.
                  35,000,000.
        Excédant........   4,317,977.

qui formera le premier fonds pour les 20 millions affectés au service de l'an XIII, par le budget de cette année.

Il est présumable que les ventes de l'an XIII dépasseront le montant nécessaire pour compléter l'ensemble de ces divers crédits.

Les lois des 15 et 16 floréal an X n'avaient fixé la mise à prix qu'à onze années de revenus pour les biens ruraux, et à six années pour les maisons.

La loi du 5 ventôse an XII a porté cette mise à prix à vingt années de revenus pour les terres, et à douze années pour les maisons.

Cependant les adjudications ont encore excédé la mise à prix, pour les biens ruraux de 3/5, et de 7/10 pour les maisons, bâtiments et usines.

(M).

ÉTAT, PAR DÉPARTEMENT, DES SOMMES QUI RESTAIENT A PAYER AU 1er VENDÉMIAIRE AN XIII, SUR LE PRODUIT DES VENTES FAITES EN EXÉCUTION DES LOIS DES 15 ET 16 FLORÉAL AN X, DÉDUCTION FAITE DES DÉCHÉANCES.

DÉPARTEMENTS	NOMBRE des VENTES.	MONTANT des VENTES.	SOMMES payées au 1er vendémiaire. an XIII.	RESTE A PAYER DANS LE COURS DES ANNÉES.				TOTAL du reste à payer.
				XIII.	XIV.	XV.	XVI.	
Ain.............	3	12,400	2,480	2,480	2,480	2,480	2,480	9,920
Aisne...........	150	131,924	48,519	27,336	26,784	26,784	4,501	85,405
Allier...........	19	85,550	30,950	17,110	17,100	17,100	3,270	54,600
Alpes (Basses-)...	11	12,642	4,181	1,737	2,528	2,528	1,668	8,461
Alpes (Hautes-)....	4	977	197	195	195	195	195	780
Alpes-Maritimes....	8	34,230	6,846	6,846	6,840	6,846	6,846	27,384
Ardèche..........	37	13,720	2,936	2,553	2,744	2,744	2,744	10,785
Ardennes.........	45	190,605	70,431	37,337	38,121	38,121	6,595	120,174
Ariège...........	»	»	»	»	»	»	»	»
Aube............	66	75,394	28,015	16,100	15,079	15,079	1,121	47,379
Aude............	21	55,472	21,859	8,611	11,094	11,094	2,814	33,613
Aveyron.........	31	31,846	6,111	6,628	6,369	6,369	6,369	25,735
Bouches-du-Rhône.	19	31,324	9,769	5,751	6,265	6,265	3,274	21,555
Calvados.........	112	630,142	184,223	126,159	126,028	126,028	67,704	445,919
Cantal...........	»	»	»	»	»	»	»	»
Charente.........	32	79,379	16,319	15,435	15,875	15,875	15,875	63,060
Charente-Inférieure.	7	12,840	2,562	2,562	2,562	2,562	2,562	10,248
Cher	22	166,897	55,705	33,261	33,379	33,379	11,173	111,192
Corrèze..........	21	83,785	21,406	15,368	16,757	16,757	13,497	62,379
Côte-d'Or........	21	41,692	8,338	8,338	8,339	8,338	8,339	33,354
Côtes-du-Nord....	291	511,492	110,397	104,371	102,299	102,299	92,126	401,095
Creuse..........	15	14,523	3,129	2,681	2,904	2,903	2,904	11,394
Doire...........	»	»	»	»	»	»	»	»
Dordogne........	23	31,737	9,247	6,369	6,347	6,347	3,427	22,590
Doubs...........	44	73,903	32,556	3,692	14,780	14,780	8,095	41,347
Drôme...........	77	33,501	5,081	8,321	6,700	6,699	6,700	28,420
Dyle	1,761	3,984,242	1,125,145	890,412	796,848	796,848	374,989	2,859,097
Escaut...........	235	456,925	171,822	86,758	91,385	91,385	15,575	285,103
Eure	101	220,441	52,165	53,748	44,088	44,088	26,352	668,276
Eure-et-Loir......	28	92,125	23,154	18,300	18,425	18,425	13,821	68,971
Finistère.........	403	622,511	141,920	107,085	124,502	124,502	124,502	480,591
Forêts...........	71	58,137	13,977	13,162	11,627	11,627	7,744	44,160
Gard	15	28,199	12,477	3,025	5,739	5,739	1,719	16,222
Garonne (Haute-)..	139	345,492	118,325	70,278	77,098	77,098	42,693	267,167
Gers	26	88,824	19,916	16,992	17,764	17,764	16,388	68,908
Gironde..........	27	69,790	18,036	16,510	13,958	13,958	7,328	51,754
Golo	»	»	»	»	»	»	»	»
Hérault..........	31	50,631	19,036	10,032	10,126	10,126	1,311	31,595
Ille-et-Vilaine.....	32	194,199	40,762	38,711	38,839	38,839	37,048	153,437
Indre...........	»	»	»	»	»	»	»	»
Indre-et-Loire.....	41	317,622	109,984	61,894	63,524	63,524	18,696	207,638
Isère	»	»	»	»	»	»	»	»
Jemmapes	130	521,523	131,705	109,107	104,304	104,304	72,103	389,818
Jura............	8	126,790	37,082	23,680	25,358	25,358	15,312	89,708
Landes..........	7	6,650	2,550	110	1,330	1,330	1,330	4,100
Léman..........	»	»	»	»	»	»	»	»
Liamone.........	»	»	»	»	»	»	»	»
Loir-et-Cher	63	320,655	70,071	58,191	64,131	64,131	64,131	250,584
Loire...........	17	10,455	2,006	2,116	2,091	2,091	2,091	8,389
Loire (Haute-)....	12	11,165	2,523	2,663	2,233	2,233	1,513	8,642
Loire-Inférieure....	25	35,420	4,634	9,534	7,084	7,084	7,084	30,786
Loiret	»	»	»	»	»	»	»	»
Lot	»	»	»	»	»	»	»	»
Lot-et-Garonne....	10	24,392	3,376	6,382	4,878	4,878	4,878	21,016

DÉPARTEMENTS.	NOMBRE des VENTES.	MONTANT des VENTES.	SOMMES payées au 1er vendémiaire an XIII.	RESTE A PAYER DANS LE COURS DES ANNÉES				TOTAL du reste à payer.
				XIII.	XIV.	XV.	XVI.	
Lozère...........	»	»	»	»	»	»	»	»
Lys..............	1,198	804,483	231,076	137,103	160,895	160,895	114,514	573,407
Maine-et-Loire....	»	»	»	»	»	»	»	»
Manche..........	7	25,530	5,106	8,326	5,106	5,106	1,886	20,424
Marengo.........	»	»	»	»	»	»	»	»
Marne...........	1	7,750	1,550	1,550	1,550	1,550	1,550	6,200
Marne (Haute-)....	59	162,015	53,239	33,141	32,403	32,403	10,829	108,776
Mayenne.........	76	442,546	138,994	53,832	88,509	88,509	70,792	303,552
Meurthe..........	22	64,045	15,963	12,419	12,809	12,809	10,045	48,082
Meuse...........	110	205,615	66,575	42,909	41,123	41,123	13,885	139,040
Meuse-Inférieure...	85	1,611,561	436,586	349,917	322,312	322,312	180,434	1,174,975
Mont-Blanc.......	11	33,490	10,016	7,580	6,698	6,698	2,498	24,474
Mont-Tonnerre...	63	2,957,017	586,223	596,585	591,403	591,403	591,403	2,370,794
Morbihan........	159	202,965	41,999	39,187	40,593	40,593	40,593	160,966
Moselle..........	46	393,454	89,595	79,445	78,691	78,691	67,032	303,859
Nèthes (Deux-)....	55	139,542	54,360	29,366	27,908	27,908	»	85,182
Nièvre	65	261,538	59,331	56,153	52,308	52,308	41,438	202,207
Nord	146	256,007	66,371	36,033	51,201	51,201	51,201	189,636
Oise............	37	21,684	4,337	4,336	4,337	4,337	4,337	17,347
Orne............	83	330,049	112,382	72,393	6010	66,010	12,804	217,217
Ourthe..........	263	394,257	85,935	90,714	78,851	78,851	59,906	308,322
Pas-de-Calais.....	35	24,344	5,079	4,658	4,869	4,869	4,869	19,265
Pô.............	10	»	»	»	»	»	»	»
Puy-de-Dôme.....	10	32,805	7,160	5,962	6,561	6,561	6,561	25,645
Pyrénées (Basses-).	2 8	17,688	3,538	3,537	3,538	3,538	3,337	14,150
Pyrénées (Hautes-)	14	52,781	12,297	10,557	10,556	10,556	8,815	40,484
Pyrénées-Orient...	95	149,065	45,338	32,230	29,813	29,813	11,871	103,727
Rhin (Bas-)......	196	201,039	50,458	42,225	40,208	40,208	27,940	150,581
Rhin (Haut-).....	18	64 490	13,333	12,463	12,898	12,898	12,898	51,157
Rhin-et-Moselle...	751	2,152,244	447,034	427,004	430,449	430,449	417,308	1,705,210
Rhône...........	11	61,750	24,700	12,350	12,350	12,350	»	37,050
Roër............	1,008	5,384,134	1,180,650	1,001,139	1,076,827	1,076,827	1,048,691	4,203,484
Sambre-et-Meuse..	713	265,811	74,717	63,994	53,162	53,162	20,776	191,094
Saône (Haute-) ...	3	9,935	1,874	2,100	1,987	1,987	1,987	8,061
Saône-et-Loire....	66	91,773	32,806	22,259	18,354	18,354	»	58,967
Sarre...........	680	2,678,496	602,437	527,000	535,699	535,699	477,661	2,076,059
Sarthe..........	23	84,630	16,386	17,466	16,926	16,926	16,926	68,244
Seine...........	109	773,665	219,958	180,215	154,733	154,733	64,026	553,707
Seine-Inférieure...	38	146,563	43,118	31,318	29,313	29,313	13,503	103,447
Seine-et-Marne ...	150	224,335	80,844	47,342	44,867	44,867	6,415	143,491
Seine-et-Oise	29	349,717	100,154	86,196	69,943	69,943	23,481	249,563
Sésia...........	»	»	»	»	»	»	»	»
Sèvres (Deux-) ...	33	92,330	16,496	24,980	18,466	18,466	13,922	75,834
Somme..........	76	384,864	121,548	86,569	76,973	76,973	22,801	263,316
Stura...........	3	72,645	14,529	14,529	14,529	14,529	14,529	58,116
Tanaro..........	«	»	»	»	»	»	»	»
Tarn............	45	76,674	24,273	17,483	15,335	15,335	4,248	52,401
Var.............	31	25,835	6,834	4,807	5,167	5,167	3,860	19,001
Vaucluse.........	41	24,620	7,937	4,545	4,924	4,924	2,290	16,683
Vendée..........	23	7,767	5,554	1,107	1,553	1 553	»	4,213
Vienne..........	56	143,294	44,441	28,519	28,658	28,657	13,019	98,853
Vienne (Haute-)...	19	11,128	2,226	2,224	2,226	2,226	2,226	8,902
Vosges..........	31	67,403	26,962	13,481	13,481	13,481	»	40,443
Yonne..........	1	14,500	3,000	2,800	2,900	2,900	2,900	11,500
TOTAUX	10,489	31,984,510	8,095,751	6,441,979	6,396,889	6,396,887	4,653,004	23,888,759

(N.)

ÉTAT, PAR DÉPARTEMENT, DU MONTANT DES VENTES DE DOMAINES FAITES EN EXÉCUTION DE LA LOI
DU 5 VENTÔSE AN XII.

DÉPARTEMENTS.	NOMBRE des VENTES.	MONTANT DES VENTES.		TOTAL GÉNÉRAL.
		BIENS RURAUX.	BATIMENTS, Maisons et Usines.	
Ain.......................	8	5,335 »	5,500 »	10,835 »
Aisne.....................	»	» »	» »	» »
Allier....................	»	» »	» »	» »
Alpes (Basses-)..........	5	1,155 »	5,350 »	6,505 »
Alpes (Hautes-)..........	28	» »	3,873 »	3,873 »
Alpes-Maritimes...........	»	» »	» »	» »
Ardèche..................	8	1,960 »	2,490 »	4,450 »
Ardennes.................	»	» »	» »	» »
Ariége...................	»	» »	» »	» »
Aube.....................	4	7,885 »	3,450. »	11,335 »
Aude.....................	2	» »	741 81	741 81
Aveyron..................	2	1,025 »	2,425 »	3,450 »
Bouches-du-Rhône.........	6	370 »	6,842 »	7,212 »
Calvados.................	»	» »	» »	» »
Cantal...................	»	» »	» »	» »
Charente.................	»	» »	» »	» »
Charente-Inférieure......	16	13,930 »	6,920 »	20,850 »
Cher.....................	»	» »	» »	» »
Corrèze..................	4	4,795 »	» »	4,795 »
Corse....................	»	» »	» »	» »
Côte-d'Or................	14	34,081 »	1,700 »	35,781 »
Côtes-du-Nord............	295	402,347 »	24,040 »	426,387 »
Creuse...................	»	» »	» »	» »
Dordogne.................	»	» »	» »	» »
Doubs....................	2	» »	2,903 »	2,903 »
Drôme....................	15	19,290 60	» »	19,290 60
Dyle.....................	610	655,907 »	30,760 »	686,667 »
Escaut...................	9	» »	40,365 »	40,365 »
Eure.....................	2	680 »	» »	680 »
Eure-et-Loir.............	10	8,430 »	14,425 »	22,855 »
Finistère................	34	19,737 25	» »	19,737 25
Forêts...................	»	» »	» »	» »
Gard.....................	6	1,980 »	205 »	2,185 »
Garonne (Haute-).........	25	1,358 44	1,675 »	3,033 44
Gers.....................	17	4,880 »	1,130 »	6,010 »
Gironde..................	14	10,000 »	73,560 »	83,560 »
Hérault..................	»	» »	» »	» »
Ille-et-Vilaine..........	»	» »	» »	» »
Indre....................	»	» »	» »	» »
Indre-et-Loire...........	8	2,738 »	» »	2,738 »
Isère....................	»	» »	» »	» »
Jemmapes.................	20	2,125 »	210,806 »	212,931 »
Jura.....................	1	5,320 »	» »	5,320 »
Landes...................	»	» »	» »	» »
Léman....................	»	» »	» »	» »
Loir-et-Cher.............	11	12,345 »	3,775 »	16,120 »
Loire....................	»	» »	» »	» »
Loire (Haute-)...........	2	» »	1,900 »	1,900 »
Loire-Inférieure.........	»	» »	» »	» »
Loiret...................	»	» »	» »	» »

DEPARTEMENTS.	NOMBRE des VENTES.	MONTANT DES VENTES.				TOTAL GÉNÉRAL.	
		BIENS RURAUX.		BATIMENTS Maisons et Usines.			
Lot...	»	»	»	»	»	»	»
Lot-et-Garonne..............................	»	»	»	»	»	»	»
Lozère...	6	1,850	»	2,665	»	4,515	»
Lys..	244	120,632	40	22,640	»	143,272	40
Maine-et-Loire...............................	»	»	»	»	»	»	»
Manche...	»	»	»	»	»	»	»
Marne..	4	2,995	»	8,350	»	11,345	»
Marne (Haute-)...............................	15	5,155	»	5,055	»	10,210	»
Mayenne...	17	1,243	»	10,018	»	11,263	»
Meurthe...	8	6,885	02	16,500.	»	23,385	02
Meuse...	15	5,645	»	5,565	»	11,210	»
Meuse-Inférieure.............................	330	460,334	»	10,450	»	470,784	»
Mont-Blanc.....................................	»	»	»	»	»	»	»
Mont-Tonnerre...............................	158	2,977	»	350,150	»	353,127	»
Morbihan..	»	»	»	»	»	»	»
Moselle...	»	»	»	»	»	»	»
Nèthes (Deux-)................................	14	16,290	»	1,040	»	17,330	»
Nièvre..	»	»	»	»	»	»	»
Nord..	30	6,074	»	79,190	»	85,264	»
Oise...	13	18,750	»	»	»	18,780	»
Orne..	8	3,110	»	8,465	»	11,575	»
Ourthe...	43	32,074	»	22,304	»	54,378	»
Pas-de-Calais..................................	3	1,160	»	1,235	»	2,395	»
Puy-de-Dôme...................................	8	1,272	»	828	»	2,100	50
Pyrénées (Basses-)...........................	4	1,220	»	12,435	»	13,655	»
Pyrénées (Hautes-)..........................	»	»	»	»	»	»	«
Pyrénées-Orientales.........................	9	14,731	»	»	»	14,731	»
Rhin (Bas-)....................................	51	33,280	»	9,330	»	42,610	»
Rhin (Haut-)...................................	1	»	.	1,006	25	1,006	25
Rhin-et-Moselle...............................	328	430,590	»	119,386	»	549,976	»
Rhône..	»	»	»	»	»	»	»
Roër..	341	1,715,642	»	174,529	»	2,390,171	»
Sambre-et-Meuse..............................	»	»	»	»	»	»	»
Saône (Haute-)................................	7	1,900	»	»	»	1,900	»
Saône-et-Loire.................................	»	»	»	»	»	»	»
Sarre...	439	581,341	»	92,100	»	673,441	»
Sarthe..	»	»	»	»	»	»	»
Seine...	16	»	»	426,775	»	426,775	»
Seine-Inférieure..............................	34	101,735	»	51,315	»	153,070	»
Seine-et-Marne................................	56	55,119	27	3,117	»	58,236	27
Seine-et-Oise...................................	»	»	»	»	»	»	»
Sèvres (Deux-)................................	»	»	»	»	»	»	»
Somme..	1	»	»	4,350	»	4,350	»
Tarn..	»	»	»	»	»	»	»
Var..	»	»	»	»	»	»	»
Vaucluse...	»	»	»	»	»	»	»
Vendée...	»	»	»	»	»	»	»
Vienne...	26	54,125	»	26,425	»	80,550	»
Vienne (Haute-)..............................	5	26,850	»	2,730	»	29,580	»
Vosges...	»	»	»	»	»	»	»
Yonne..	»	»	»	»	»	»	»
TOTAUX..	3,432	4,920,676	48	2,412,789			

CHAPITRE XI.
DE LA DETTE PUBLIQUE ET DES PENSIONS.

PREMIÈRE DIVISION.
DETTE PERPÉTUELLE.

§ 1er. DETTE INSCRITE.

Suivant l'état du trésor public, la dette perpétuelle inscrite s'élevait, au 1er vendémiaire an XIII, à 46,674,634 francs.

Au 1er vendémiaire an XII, elle ne s'élevait qu'à 45,180,624 francs.

Elle s'est accrue, pendant l'an XII, par l'inscription des objets qui suivent :

1º Parties non encore transférées de l'ancien grand-livre au nouveau, 244,380 francs.

Nouvelles liquidations de rentes provenant d'anciennes corporations et autres, 211,520 francs, ensemble, 455,900 francs.

2º Tiers provisoire de la dette exigible 528,175 fr.

3º Rentes données en paiement de bons de deux tiers, en exécution de la loi du 30 ventôse an IX, 23,955 francs. 4º Rentes créées par la même loi, savoir :

Pour le service des années V, VI et VII, 262,596 fr. Pour le service de l'an VIII, 429,905 francs. Total, 1,700,531 francs.

A déduire pour les parties données en paiement des domaines nationaux, de débets etc., passés au compte de la République, 206,410 francs.

Plus, pour rejets de rentes provenant du tiers consolidé de l'intégral du grand-livre, 111 francs, ensemble, 206,521 francs. Reste augmentation, 1,494,010 francs. Somme pareille, 46,674,634 fr.

Plus, pour la dette perpétuelle des six nouveaux départements, 2,677,277 francs.

* J'observe que cette dette doit incessamment s'éteindre par l'emploi qui en sera fait en paiement des domaines nationaux à vendre dans ces départements.

§ II. DU CRÉDIT RELATIF AUX INSCRIPTIONS A FAIRE AU GRAND-LIVRE EN L'AN XIII.

L'article 7 de la loi du 21 floréal an X porte que la loi déterminera, chaque année, le montant des inscriptions en 5 0/0 consolidés qui pourront être portées au grand-livre, en conséquence des nouvelles liquidations opérées dans le cours de la même année.

En exécution de cette disposition, l'article 8 de la même loi a autorisé le Gouvernement à faire inscrire sur le grand-livre, dans le courant de l'an X :

1º Trois millions, consolidation de la dette constituée, ci, 3,000,000 francs.

Il en a été inscrit dans l'an X, 979,958 francs, dans l'an XI, 283,118 francs, dans l'an XII, 455,900 francs, ensemble, 1,718,976 francs.

Il restait au 1er vendémiaire an XIII, sur le crédit de l'an X, 1,281,024 francs.

2º Quatre millions pour consolidation de la dette exigible avec jouissance du 1er vendémiaire an XII, ci, 4,000,000 francs.

Il en a été inscrit en l'an X, 1,782,371 francs, en l'an XI, 1,567,952 francs, en l'an XII, 528,175 fr., soit, 3,878,498 francs. Reste 121,502 francs.

A quoi il faut ajouter le nouveau crédit de 2 millions ouvert pour cette nature de dette par la loi du 4 germinal an XI, ce qui met le total du crédit restant libre sur cette partie au 1er vendémiaire an XIII, à 2,121,502 francs.

Ce qui reste à consommer sur l'un et l'autre crédit paraît suffisant pour procurer l'inscription des rentes à provenir des liquidations de chaque

nature qui pourront être arrêtées dans le cours de l'an XIII, et jusqu'à la nouvelle session du Corps législatif.

IIe DIVISION.
Dette viagère.

La dette viagère s'élevait, au 1er vendémiaire an XII, suivant le compte de l'an XI, à 19,576,821 fr. Malgré les nouvelles liquidations qui ont eu lieu en l'an XII, cette dette, à raison des extinctions survenues, ne monte plus, au 1er vendémiaire an XIII, qu'à 19,288,550 francs. Diminution, 288,271 francs.

Le trésor public aura donc à payer en l'an XIII, 1º comme ci-dessus, 19,288,550 francs ; 2º pour les rentes viagères des six nouveaux départements, déduction faite des extinctions qui ont dû avoir lieu en l'an XII, environ 500,000 francs. En tout, 19,788,550 francs.

IIIe DIVISION.
Des pensions.

Les pensions inscrites, y compris 12,542,367 fr. pour pensions ecclésiastiques, et 1,835,256 francs pour pensions des veuves des défenseurs de la patrie, s'élevaient, au 1er vendémiaire an XII, à 17,318,071 francs.

Les états du trésor public les portent, au 1er vendémiaire an XIII, ainsi qu'il suit :

Anciennes pensions, 2,274,740 francs. Pensions nouvelles, y compris celles de l'ordre de Malte déjà liquidées au 1er vendémiaire an XIII, 326,089 f.

Pensions des veuves des défenseurs de la patrie, 1,881,311 francs.

Anciennes pensions des six nouveaux départements, environ 1,000,000 francs.

Total des pensions civiles, 5,482,140 francs.

Pensions ecclésiastiques, 22,000,000 francs.

Total, 27,482,140 francs.

CHAPITRE XII.
CAISSE D'AMORTISSEMENT.

Les diverses opérations de la caisse d'amortissement pendant l'année dernière, l'origine de ses recettes et les motifs de ses dépenses, les rapports de la balance de ses différents comptes ouverts, au nombre de plus de 60,000, ont été vérifiés d'après les ordres de Votre Majesté, dans le courant du mois de vendémiaire dernier, par une commission du Conseil d'Etat.

Je me bornerai à soumettre à Votre Majesté les principaux résultats des deux rapports de la commission.

Parmi ces résultats, celui que je place en première ligne, parce qu'il caractérise le système de comptabilité de cette administration, est l'époque même de la reddition du compte. Il est satisfaisant de voir la caisse d'amortissement en possession de rendre, dans le premier mois de chaque année, un compte régulier et complet de tout ce qu'elle a reçu et de tout ce qu'elle a payé, sur tous les points de l'Empire, pendant l'année précédente.

Dans l'an XII, la caisse d'amortissement a payé en achats de 5 pour cent et autres effets publics, en intérêts de cautionnements, en restitution aux communes sur les fonds dont elle est dépositaire pour leur compte, une somme de 16,133,228 fr. 25 c.; elle justifie de ses paiements, dont une partie notable, telle que les intérêts et les remboursements de cautionnements, est disséminée sur tous les points de la France, par la production des pièces comptables, signées des diverses parties prenantes pour une somme de 16,232,155 fr. 53 c. Les quittances personnelles des parties qu'elle n'a pas encore recueillies, se réduisent à une somme de 201,072 fr. 72 c.; elles sont remplacées dans le compte par les récépissés des comptables publics, dont la caisse d'amortissement emprunte la médiation pour ses paiements dans les départements.

Les intérêts de cautionnements payés par la caisse d'amortissement dans l'an XII, s'élèvent à 3,006,189 fr. 11 c. (1).

Les remboursements de capitaux de cautionnements auxquels elle a pourvu en faveur des démissionnaires, pendant la même année, forment une somme de 2,721,062 fr. 48 c.

La caisse d'amortissement acquitte ses paiements sans frais et presque au domicile des parties.

Les besoins de la guerre n'ont pas suspendu les opérations de cette caisse sur la dette publique.

Dans le courant de l'an XII, elle a opéré sur la place le rachat de 670,205 fr. de rentes en cinq pour cent, qui lui ont été transférés additionnellement aux 3,062,204 fr. inscrits sous son nom pendant les années antérieures. Ainsi, lorsque l'an XIII s'est ouvert, la caisse d'amortissement était propriétaire de 3,732,409 fr. de rentes en cinq pour cent, c'est-à-dire, du douzième environ de la dette publique perpétuelle.

Le produit des anciennes ventes de maisons et usines nationales, affecté à l'extinction radicale des nouvelles rentes en cinq pour cent, données en remboursement des bons de deux tiers, suit aussi, par la médiation de la caisse d'amortissement, sa destination légale. Sur 512,485 fr. de rentes en cinq pour cent créées pour cet emploi, 356,654 sont, dès ce moment, rachetées et éteintes en capital et en intérêts, et une somme de 1,151,009 fr. 30 c. a été employée à cette extinction pendant l'an XII.

Les profits d'escompte obtenus par la caisse d'amortissement pendant l'an XII, s'élèvent, déduction faite de ses frais administratifs, à 476,437 fr. 40 c.

Les rentes en cinq pour cent qu'elle possède, excèdent de 1,584,604 fr. 25 c. les intérêts qu'elle est chargée d'acquitter sur les capitaux de cautionnements dont elle a disposé.

Au 1er vendémiaire an XII, les avances de la caisse d'amortissement pour remboursement d'obligations protestées, s'élevaient, en capital, à 3,712,843 fr. 35 c. Au 1er vendémiaire an XIII, ces avances se trouvaient réduites en capital à 2,142,113 fr. 14 c.

Il est un dernier résultat qui me paraît assigner à la caisse d'amortissement sa véritable place dans les combinaisons du crédit public. Les cautionnements (institués comme moyen de garantie pour l'État et les particuliers) ont en même temps fait l'office d'un emprunt; on peut en évaluer le produit à 85,000,000 depuis l'an VIII, et il semble, au premier aperçu, que la dette publique s'est accrue de cette somme : mais depuis l'an VIII la caisse d'amortissement est devenue propriétaire de 3,732,409 fr. de rentes en cinq pour cent; elle a donc effectivement racheté un capital de dette publique de 74,648,180 fr.; elle a de plus remboursé tous les capitaux de cautionnements successivement devenus exigibles par la démission des titulaires non remplacés.

Ainsi, par les opérations de la caisse d'amortissement, la dette publique se trouve réellement

(1) Dans cette somme se trouvent comprises des fractions d'intérêts dues sur les années antérieures à l'an XI, et qui n'avaient pas été réclamées.

diminuée d'un capital à peu près égal à celui dont elle s'était accrue par l'espèce d'emprunt ouvert sous le nom de cautionnements.

J'ai l'honneur de présenter à Votre Majesté les deux rapports de la commission du Conseil d'État, qui a vérifié sur les livres et sur les pièces le compte de l'an XIII, le bilan de la même année, et les extraits des bordereaux d'achats en cinq pour cent faits par la caisse d'amortissement.

Le Ministre des finances,
GAUDIN.

RAPPORT.

DE LA COMMISSION DU CONSEIL D'ÉTAT NOMMÉE PAR SA MAJESTÉ L'EMPEREUR, POUR L'EXAMEN DE LA COMPTABILITÉ DE LA CAISSE D'AMORTISSEMENT POUR L'AN XII.

SIRE,

La commission que Votre Majesté a nommée par son arrêté du 23 fructidor dernier, pour l'examen de la comptabilité de la caisse d'amortissement, a commencé cet examen le 2 vendémiaire, et l'a terminé le 27 du même mois.

Pour sa première opération, elle a constaté que le restant en caisse au 1er vendémiaire consistait, d'une part, en billets de banque et écus ou monnaie, montant à la somme de 695,629 fr. 97 c., et de l'autre, en valeurs en portefeuille, telles que mandats, effets à échéances, obligations, actions de banque, rentes acquises pour le compte de la caisse ou pour celui du trésor public et de diverses administrations, et évaluées en capital au denier vingt, formant ensemble la somme de 90,976,293 fr. 51 c.

Le procès-verbal du 2 vendémiaire présente tous les détails relatifs à cette opération, et constate également l'existence en portefeuille de valeurs appartenant à la comptabilité, de la vente des effets militaires, dont la caisse d'amortissement est spécialement chargée, et montant à 2,884,753 francs.

Le second procès-verbal est le résultat de la vérification que nous avons faite des livres de la caisse, de son bilan, de la concordance des articles qui composent ce bilan avec le restant en caisse trouvé le 2 vendémiaire, et avec le montant des dépenses, appuyées de pièces justificatives.

Cette concordance est parfaite, et la facilité avec laquelle on l'aperçoit ne permet pas de douter que la forme particulière de comptabilité adoptée par l'administration de la caisse, c'est-à-dire la tenue, en parties doubles, de ses registres, n'ait, ainsi que l'ont observé les commissaires qui ont vérifié la caisse l'année dernière, l'avantage de jeter une grande clarté sur ses opérations, et d'offrir un moyen aussi prompt que certain pour toutes les vérifications qu'il plaira à Votre Majesté d'ordonner.

Nous avons été particulièrement frappés de la promptitude avec laquelle les pièces de comptabilité arrivent à la caisse : elle est telle, que sur une somme de 6,809,725 fr. 69 c., distribuée entre cinquante mille parties prenantes, sur tous les points de l'Empire, pour remboursement de capitaux de cautionnements, intérêts de cautionnements et paiements aux communes sur le produit de leurs bois, toutes les quittances définitives sont déjà entre les mains de l'administration, à l'exception d'un très-petit nombre, montant à 201,072 francs, et pour lesquelles la caisse est nantie de ʀ t s provisoires de l'agence des receveurs

Quant :   . elles ont été, pendant l'an XII, ·   ʋu s sagesse et les mêmes succès que dans les années précédentes.

La caisse a acheté, dans le courant de cette année, pour son propre compte, 670,205 francs de rentes en cinq pour cent consolidés.

Ces rentes, qui, dans leur valeur primitive, représentaient un capital de 13,404,100 fr., ne lui ont coûté que 7,653,906 fr. 79 c., et la caisse a, en conséquence, fait, pour l'Etat, un bénéfice réel de 5,750,193 fr. 21 c.

Une somme de 120,959 fr. a également suffi pour l'achat de 11,141 fr. de rentes, représentant au denier vingt, un capital de 222,820 fr., ce qui a procuré à diverses administrations le placement, à 9 un quart pour cent, du capital des retenues qu'elles emploient à former un fonds de retraite.

145,255 fr. de rentes en cinq pour cent, définitivement éteintes au profit du trésor public, ont été acquises moyennant une somme de 1,551,009 fr. 50 c.; leur valeur originaire représente un capital de 2,905,100 fr. L'Etat a donc fait encore, sur cet objet, un bénéfice de 1,354,091 fr.

Malgré le retard apporté au versement de quelques créances actives sur l'Etat, la caisse jouissait, au 1ᵉʳ vendémiaire dernier, déduction faite de ses charges annuelles en intérêts et frais d'administration, d'un revenu libre de 1,584,604 fr. 25 c. Il n'est pas douteux que ce revenu prenne, par la suite, un grand accroissement, lorsque, cessant de compter le trésor public et les établissements auxquels elle a fait des avances, au nombre de ses débiteurs, la caisse pourra faire usage de toutes les ressources qui lui sont propres.

Enfin, si aux bénéfices résultant de la différence qui existe entre la valeur primitive des rentes dont elle est devenue propriétaire, et celle des capitaux qu'elle a consacrés à leur achat, on ajoute la différence de l'excédant des escomptes actifs sur les escomptes qu'elle a été tenue de payer pour les diverses négociations, on trouve qu'elle a, pendant le cours de l'an XII, augmenté d'une somme de 7,811,234 fr. 86 c. la masse des profits obtenus depuis sa création, savoir : 5,750,193 fr. 21 c. pour l'Etat, d'après le taux auquel elle a racheté les 5 p. c., et 2,061,041 fr. 65 c. qui forment le montant des bénéfices particuliers produits par le résultat de ses autres opérations.

Nous ne donnerons pas, Sire, plus d'étendue à cet exposé : des développements ultérieurs ne seraient qu'une répétition inutile des observations qui ont été présentées plusieurs fois à Votre Majesté, sur l'organisation de cet intéressant établissement, et des détails que nous avons consignés nous-mêmes dans les deux procès-verbaux ci-joints.

Nous nous bornerons à assurer à Votre Majesté que la caisse d'amortissement, indépendamment de la grande régularité de sa comptabilité et du zèle avec lequel elle soigne les objets accessoires dont elle est chargée, nous a paru avoir particulièrement le mérite réel de se rapprocher continuellement du but de son institution, en diminuant les fonds flottants de la place, d'une portion considérable de rentes, et en soldant un capital plus fort avec un capital moindre ; qu'elle tend par conséquent sans cesse vers l'amortissement de la dette nationale, et qu'elle acquiert ainsi, chaque jour, de nouveaux droits à la confiance publique et à celle que Votre Majesté accorde à ses administrateurs et au chef qui en dirige les opérations.

Signé : LAUMON, DAUCHY, REDOND.

CAISSE D'AMORTISSEMENT.

COMPTE DE L'AN XII.

PREMIER PROCÈS-VERBAL
DE LA COMMISSION DU CONSEIL D'ÉTAT.

Aujourd'hui 2 vendémiaire an XIII, nous, *Jean-Charles-Joseph Laumond, H. J. Edouard Dauchy* et *Jean-Claude Redon*, conseillers d'Etat, chargés, par le décret impérial du 22 fructidor dernier, d'examiner les comptes d'amortissement pour l'an XII, nous sommes transportés dans les bureaux de cette administration, pour procéder, conformément à ce décret, à la vérification préparatoire dont l'objet est de constater l'état des sommes et valeurs qui forment le restant en caisse et en portefeuille au présent jour 2 vendémiaire, et de fixer ainsi leur situation, telle qu'elle résulte des opérations de l'an XII, avant que ce résultat ait pu éprouver aucune variation par les opérations de l'an XIII; nous réservant de comparer ce restant en caisse et en portefeuille établi tant par les livres tenus par le caissier général que par la production effective et détaillée des sommes et valeurs qui seront portées à sa charge par les écritures contradictoires tenues dans les bureaux de la comptabilité, et dont la balance devra être mise sous nos yeux avant la fin de ce mois.

D'après l'exhibition qui nous a été faite par le sieur Dubois, caissier général, des valeurs en caisse et en portefeuille, en présence de M. *Mollien*, conseiller d'Etat directeur général, et de MM. *Dutramblay*, *Defaut*, *Decretot* et *Urtubie*, administrateurs, nous avons reconnu par le résultat de la vérification et énumération que nous avons personnellement faite :

1ᵉ Que la caisse contenant, tant par le produit du compte ouvert à la caisse d'amortissement *proprement dite*, que par celui des comptes ouverts aux biens communaux, au ministère de l'intérieur, aux fonds de retraite des deux ministères de la guerre, des relais des postes, de l'administration forestière, de la loterie, de la liquidation générale de la dette publique, des lycées et de la garde municipale de Paris,

603 billets de banque de 1,000 fr. chaque	603,000 fr.	
59 billets *idem* de 500 fr. chaque	29,500	
3 pièces d'or de 40 fr. chacune	1,200	»»
46 sacs de 120 fr. 30 c. chaque	55,213	80
3 sacs de 1,185 fr. 50 c. chaque	3,556	50
1 sac de 1,000 fr. 25 c. ci..	1,000	25
1 sac de 600 livres tournois, valant en francs	592	75
29 pièces de 5 fr.	145	»»
14 écus de 6 liv., 84 liv. valant en francs	82	96
94 écus de 3 liv., 282 liv. *idem*	278	52
25 pièces de 2 fr.	50	»»
En pièces d'un franc et 1/2 franc	395	50
En monnaie blanche, 155 liv. 2 sous	153	19
En monnaie de cuivre et billon	361	48
4 jetons de la banque.... (estimation fictive)	»	02
Total	695,529	97

2° Que le portefeuille contenait, par la réunion des mêmes comptes, en lettres de change, mandats et effets à échéance   1,493,823 f.   73

En obligations desreceveurs généraux, savoir :

Cellesappartenantà la caisse   1,842,619   » »

Idem, aux divers comptes de retenue et à la Légion d'honneur.   987,872   » »

Idem, en dépôt pour nantissement de prêt   801,857   » »

En obligations protestées représentant, pour la caisse d'amortissement, une avance en capital et frais de protêt de 2,156,110 25 cent.   2,238,941   78

500 actions de la banque représentant au dernier cours de la bourse.   572,500,   » »

3,732,409 fr. de rentes en 5 pour 0/0 acquises par la caisse d'amortissement, et inscrites sous son nom au grand-livre de la dette publique, suivant les certificats d'inscriptions qui nous ont été produits, lesquels représentent, au denier 20, un capital nominal de.   74,648,180,   » »

62.871 fr. de rentes en 5 pour 0/0 achetées par la caisse d'amortissement, pour le compte des diverses administrations qui en sont créditées au grand-livre sous son nom, dont les inscriptions nous ont été également produites, et représentant un capital nominal de   1,257,420   » »

356· 654 fr. de rentes en 5 pour 0/0 achetées à titre d'*extinction définitive*, par l'emploi du produit des maisons et usines, versé jusqu'à ce jour à la caisse d'amortissement, et représentées par des certificats constatant leur inscription sur le grand-livre au compte de la République, desquelles rentes le capital nominal est de.   7,133,080   » »

Total des valeurs en portefeuille, en y comprenant les 5 pour 0/0 pour leur valeur nominale.   90,976,293   51

Le conseiller d'Etat directeur général nous a fait observer que dans cette somme n'était pas comprise la valeur des 37 actions de la banque de France, déposées à la caisse d'amortissement, pour garantie d'une fourniture d'habillements, résultant d'un marché passé avec S. E. le ministre directeur de l'administration de la guerre; lesquelles 37 actions nous ont pareillement été représentées.

Nous observons en outre :

1° Que le caissier général nous a également exhibé une somme de 7,893 fr. 43 cent. en effets à échéance, laquelle n'a pas encore pu être portée sur les livres, parce qu'elle est parvenue à la caisse d'amortissement postérieurement à la clôture, c'est-à-dire dans l'intervalle du 5e j.

complémentaire an XII au 2 vendémiaire présent jour, et qui, se trouvant conséquemment étrangère au compte de l'an XII, sera comprise dans le compte de l'an XIII;

2° Que nous n'avons pas réclamé la représentation des rescriptions sur capitaux des rentes que la caisse d'amortissement est chargée de négocier, attendu que cette négociation se faisant, suivant sa direction générale, dans les lieux mêmes où les rentes nationales sur lesquelles ces rescriptions sont assignées, sont exigibles, le conseiller d'Etat directeur général de la caisse d'amortissement, d'après l'autorisation du Gouvernement, a transféré le dépôt de ces rescriptions dans les départements, à l'exception d'une somme de 400,000 fr. de ces valeurs, qui est restée provisoirement en caisse, et qui est destinée à être négociée ultérieurement, nous réservant en conséquence de constater l'état actuel de cette négociation à l'époque où nous procéderons à l'examen général du compte de la caisse d'amortissement de l'an XII;

3° Que nous nous sommes fait représenter, mais sans en faire la vérification détaillée, les dépôts faits à la caisse d'amortissement en bons de 2/3 par ceux qui ont réclamé la conversion de ces bons en inscriptions de 5 pour 0/0, la vérification de ces dépôts devant, aux termes de l'arrêté du Gouvernement, du 23 nivôse an XI, être déférée à une commission spéciale du Conseil d'Etat.

Ayant ainsi constaté les sommes et valeurs formant le restant en caisse et en portefeuille, par le résultat des opérations de l'amortissement relatives à l'an XII, nous avons procédé à la même vérification sur le produit des ventes d'effets militaires, qui sont l'objet d'une comptabilité particulière.

1° 203 billets de banque de 1,000 fr. chaque. . . . .   203,000 fr. »

63 billets *idem* de 500 fr. chaque.   31,500   » »

66 pièces de 5 fr.   330   » »

2 *idem* de 1 fr.   2   » »

2 *idem* de 12 sous, 1 liv.

4 sous.   1   19

Appoint   1   68

Total.   234,834   87

2° En effets à échéance.   275,000   » »

3° En obligations des receveurs généraux.   2,609,753   » »

Total des valeurs en portefeuille.   2,884,753   » »

Le conseiller d'Etat directeur général nous a fait observer que dans cette somme ne sont pas comprises les avances faites ce jour par cette caisse, d'après les ordres du Gouvernement: 1° pour restitution de plusieurs parties de rentes en 5 pour 0/0 frauduleusement soustraites à leurs propriétaires ; 2° pour les frais de régie de l'administration des droits réunis ; 3° pour les premières dépenses de la Légion d'honneur.

Et nous avons clos le présent procès-verbal, qui sera expédié par *duplicata* et signé de nous, du conseiller d'Etat directeur général, des administrateurs et du caissier, nous réservant de procéder successivement, av— ·· `·` fin du mois, à la vérification complète e·   des différentes opérations de la cais·.   nent dans l'an XII, lorsque la balan   » comm

— `·`ı être établie pa·   ı b

Paris, à la caisse d'amortissement, le 2 vendémiaire an XIII. *Signé* : REDON, LAUMOND, DAUCHY.

SECOND PROCÈS-VERBAL.

Aujourd'hui 27 vendémiaire an XIII, nous, conseillers d'Etat dénommés dans le précédent procès-verbal, après avoir, depuis le 2 de ce mois, successivement conféré pendant plusieurs jours avec le conseiller d'Etat directeur général, pour connaître dans leurs éléments les diverses opérations de la caisse d'amortissement, nous sommes rendus de nouveau dans les bureaux de cette administration, pour y continuer et y compléter, par l'examen du bilan de l'an XII, des livres et des pièces, la vérification que nous avions commencée le 2 de ce mois, en constatant le montant des sommes et valeurs qui formaient le matériel de la caisse à cette époque intermédiaire entre l'an XII et l'an XIII.

Et le conseiller d'Etat directeur général, assisté de MM. *Dutramblay, Dufaut, Decretot* et d'*Urtubie*, administrateurs, nous ayant fait présenter par M. *Paterson*, directeur des comptes, et M. *Hippolyte de Saint-Didier*, son adjoint, le bilan de l'an XII, les livres qui établissent les différents comptes, et les pièces justificatives des paiements, toutes les parties du bilan nous ont paru en parfaite harmonie entre elles. Nous avons reconnu que la somme, dont le caissier général était constitué dépositaire par le bilan, était précisément la même que celle que nous avions trouvée dans sa caisse le 2 de ce mois ; que la même identité se trouvait dans les articles du bilan énonciatifs des valeurs du portefeuille et les résultats de notre premier procès-verbal ; que tous les comptes balancés et soldés, les profits d'escompte acquis à la caisse d'amortissement en l'an XII s'élevaient à la somme de 476,437 fr. 40 cent.

Que la balance des rentes en 5 pour 0/0 qu'elle doit payer pour les capitaux de cautionnements dont elle a disposé, présentait à son profit une différence de 1,584,604 fr. 25 c., laquelle somme forme pour elle un revenu libre et disponible ;

Que, dans l'an XII, par l'emploi d'un capital de 7,653,906 fr. 79 c. qui l'avait mise en possession de 670,205 fr. de nouvelles rentes en 5 pour cent, elle avait libéré l'Etat d'un capital primitif de 13,404,100 fr. sur la dette publique, ce qui présentait un bénéfice réel de 5,750,193 fr. 21 c. ;

Qu'elle avait en outre, et proportionnellement avec le même avantage, acheté, sur les fonds de retraite qu'elle administre, avec un capital de 120,959 fr. 78 c., une rente de 11,141 en 5 pour cent, qui représente en capital primitif une somme de 222,820 fr. ;

Qu'elle avait employé en l'an XII, en amortissement radical, et en extinction définitive sur le produit des maisons et usines qui lui avait été successivement versé par le trésor public, une somme de 1,151,009 fr. 50 c., laquelle avait racheté un capital primitif de 2,905,100 fr. en dette publique (1).

Nous avons aussi reconnu qu'indépendamment de l'exactitude et de la précision rigoureuse qui existe dans le résultat du bilan, comparé aux comptes élémentaires (avantages qui doivent être attribués, ainsi que la commission du Conseil l'a observé l'année dernière, à la méthode des écritures en parties doubles), l'administration de la

caisse d'amortissement établissait encore les rapports de ces divers comptes entre eux, et leur concordance avec le résultat du bilan, par la production des pièces comptables qui sont le complément des preuves de l'exactitude de sa gestion ;

Qu'il résulte en effet des pièces qui ont été mises sous nos yeux :

Que la caisse d'amortissement, chargée du paiement de la totalité des intérêts dus, tant par elle que par le trésor public, sur les capitaux de cautionnements, a distribué dans l'an XII, pour ces intérêts, sur tous les points de l'Empire, d'après le détail des articles du bilan, 162, 245 et 18, une somme de 3,006,918 fr. 11 c. (2) ;

Qu'elle les a acquittés, soit directement, soit par la médiation des receveurs généraux ;

Que le paiement de cette somme de 3,006,189 fr. 11 c. est justifié par des quittances directes ou définitives, montant à 2,912,217 fr. 70 c., et par des quittances provisoires montant à 93,971 fr. 41 c. ;

Que celles des quittances définitives que la caisse n'a pas encore recueillies sont celles qui s'appliquent aux derniers moments de l'an XII ; mais que ces quittances se trouvent au moins provisoirement remplacées pour elle par les récépissés de l'agent intermédiaire qu'elle emploie, la seule condition qui puisse lui être imposée sans opérer aucun retard dans l'apurement des comptes de l'an XII, étant de rapporter au 1er vendémiaire de l'an XIV, lorsqu'elle présentera le compte de l'an XIII, les quittances définitives qui lui restent à ressembler pour la somme de 93,971 fr. 41 c. ;

Que la même méthode a été appliquée aux remboursements de capitaux de cautionnements, que cette caisse opère sans aucun retard, et par le même procédé, en faveur de tous ceux qui cessent d'exercer des fonctions soumises à des cautionnements, et dont la gestion est libre de toute reprise ;

Qu'elle a payé pour cet objet, pendant l'an XII, d'après le détail des articles 31, 218, 144, 95, 35, 200, 216, 197, 219, 183 du bilan, une somme de 2,721,068 fr. 48 c. ;

Qu'elle produit des quittances directes ou définitives pour une somme de 2,709,127 fr. 127 c., et des quittances provisoires de l'agence des receveurs généraux pour une somme de 11,941 fr. 21 c., lesquelles deux sommes réunies balancent le montant des paiements énoncés au bilan, et qu'ainsi il suffira que la caisse d'amortissement joigne à la fraction des quittances provisoires produites sur cet objet une quotité proportionnelle de quittances définitives, signées par les parties prenantes, lorsqu'au mois de vendémiaire an XIV elle rendra son compte de l'an XIII.

Nous avons eu particulièrement l'occasion de remarquer, relativement aux paiements faits pour le compte de la Légion d'honneur, dont la caisse d'amortissement se trouve provisoirement chargée, combien ces procédés particuliers et la forme de ces écritures sont favorables au prompt rappel de toutes les pièces comptables qui doivent lui être adressées de tous les points de l'Empire : mais nous nous sommes abstenus de porter un examen plus approfondi sur cette comptabilité, momentanément confiée à la caisse d'amortissement, comme agent du ministre grand trésorier ; les comptes de la Légion d'honneur, en recette et

---

(1) Il ne reste plus à éteindre sur les 542,487 francs de nouvelles rentes en 5 pour 0/0, créés en remboursement des bons de 2/3, que 155,834 francs de rentes.

(2) Les intérêts des cautionnements, à la caisse d'amortissement, s'élevaient, pour l'an XII, à 1,962,838 fr. 88 cent.

en paiements, quoique établis sur les mêmes livres, ne présentant d'ailleurs aucun mélange nuisible à l'ordre des autres comptes de la caisse d'amortissement relatifs à son service propre.

Nous avons ensuite constaté :

Que les dépenses administratives de cette caisse, dont les seuls frais de ports de lettres et d'impression forment une part considérable, d'après la multiplicité des comptes et l'étendue de la correspondance, étaient justifiées par des quittances régulières, et ne dépassaient pas les limites qui leur ont été fixées par les décisions de Sa Majesté l'Empereur et celles du ministre des finances ;

Que ces dépenses, qui s'élèvent au total pour l'an XII, à la somme de 286,684 fr. 49 c., y compris 11,822 fr. 29 c. qui seront payés en l'an XIII, sont d'ailleurs déduites et défalquées des produits d'escompte acquis dans l'an XII, ainsi qu'il résulte du détail du compte des profits et pertes, qui s'élèvent, en bénéfice net, à la somme de 476,437 fr. 40 c. ;

Que ses opérations pour le recouvrement, le placement et le remboursement du produit des biens communaux, annuellement soumises à la contradiction de chaque commune intéressée, par la médiation du ministre de l'intérieur et des préfets, présentaient la même régularité, tant pour les négociations et conversions de valeurs, dont chacune est constatée par des bordereaux d'agents de change, que pour les remboursements dont il est justifié par des pièces comptables en forme forme (1) ;

Que tous les détails des achats de 5 p. 0/0, et ceux des négociations de toute espèce, dont le résultat est consigné dans le compte des profits et pertes, sont pareillement appuyés sur des décisions ministérielles, et sur des bordereaux d'agents de change qui rappellent l'époque et les conditions de l'opération ;

Que les profits se composent des bénéfices réels produits par l'escompte actif acquis à la caisse, et les pertes de l'escompte passif qu'elle a supportées, lorsque, pour des achats de 5 p. 0/0 et des paiements urgents, elle a été obligée de convertir en espèces, avant leur échéance, une partie des valeurs productives d'intérêts qui se trouvaient dans son portefeuille.

En examinant ensuite une autre partie de la comptabilité de la caisse d'amortissement, relative aux produits des effets militaires, nous avons reconnu par l'analyse du bilan particulier qui s'applique à ce produit, que les profits d'escompte excèdent de 256,970 fr. 58 c. le capital primitif recouvré sur cet objet par la caisse d'amortissement.

Nous avons pareillement, tant aujourd'hui que dans nos précédentes séances, examiné, avec un soin particulier, la situation des fonds de retraite, déposés à cette caisse par divers ministères ou administrations publiques, leur emploi, les accroissements qui résultent de cet emploi, l'ordre établi dans cette comptabilité pour constater la situation de chaque fonds de retraite, les comptes ouverts à chaque ministère et à chaque administration, la balance de ces comptes, qui se composent tant des sommes versées à la caisse que des valeurs qui les représentent, ou des pensions de retraite qu'elle a acquittées.

(1) Sur 1,082,468 fr. 10 c. remboursés aux communes, la caisse produit en quittances définitives 987, 308 francs, en quittances provisoires 95,160 fr. 10 c.

Et résumant dans un seul procès-verbal les observations, recherches et vérifications partielles dont nous avons rendu compte ci-dessus, nous avons cru ne pouvoir le mieux terminer que par le résultat suivant.

Les articles du bilan relatif à des recouvrements faits par la caisse d'amortissement pendant l'an XII, indiquant leur origine, la publicité du bilan devient le contrôle naturel des recouvrements.

L'emploi des recouvrements a donné lieu à des accroissements en bénéfice d'escompte ; il est justifié de ces bénéfices par la balance du compte des profits et pertes qui termine le bilan.

Des remboursements de capitaux, des paiements d'intérêts ou pensions, et des achats de 5 pour 0/0 ont été faits par la caisse d'amortissement.

Chacune de ces opérations est appuyée sur des décisions ministérielles qui nous ont été produites.

9,325,876 fr. 07 c. ont été employés dans l'an XII en achats de 5 p. 0/0 pour les divers comptes mentionnés dans notre présent procès-verbal. Les bordereaux de ces achats indicatifs de leur taux, de leur date, et du nom du vendeur, seront imprimés à la suite du bilan.

2,721,068 fr. 48 c. en capitaux de cautionnements ont été remboursés dans l'an XII à des fonctionnaires qui ont quitté leurs fonctions, et dont la gestion était libre. Ce remboursement est à la fois justifié par la balance des comptes et par des pièces justificatives.

Il en est de même de la somme de 3,006,189 fr. 11 c. employée en paiements d'intérêts de cautionnements ;

De celle de 22,764 fr. employée en paiement de pensions de retraite ;

De celle de 1,082,468 fr. 10 c. employée en remboursements faits aux communes sur leurs biens propres ;

De celle de 274,862 fr. 20 c. employée pendant la même année en frais administratifs, déduction faite sur la somme totale de ces frais fixés à 286,684 fr. 49 c. de 11,822 fr. 29 c. en mémoires de fournisseurs qui n'auront été payés que dans l'an XIII.

Sur la somme totale de ces paiements, qui est de 16,433,228 fr. 25 c., il nous a été produit des quittances directes et définitives des parties prenantes, pour la somme de 16,232,155 fr. 53 c., et des récépissés provisoires des agents intermédiaires qu'emploie la caisse d'amortissement, pour la somme de 201,072 fr. 72 c., de manière que dans le premier mois de l'an XIII, un compte des paiements faits en l'an XII, et disséminés sur tous les points de l'Empire, se présente appuyé de pièces justificatives qui prouvent que la caisse d'amortissement a pourvu fidèlement, sans frais et sans retard, à tous les paiements dont elle était chargée, et que lorsqu'elle rendra le compte de l'an XIII, il ne lui restera à produire, pour apurer dans toute la sévérité des formes comptables le compte de l'an XII, qu'une dernière fraction des quittances définitives, à l'appui des pièces provisoires qu'elle représente, et pour une somme de 201,072 fr. 72 c. sur une dépense totale de 16,433,228 fr. 25 c.

En conséquence nous avons reçu ledit compte de l'an XII, et réclamé la remise du bilan de la caisse d'amortissement et du compte explicatif qui en développe les résultats, du bilan et de la note explicative relatifs au produit net des effets militaires, des bordereaux d'agents de change qui constatent les divers achats de 5 p. 0/0 faits par la caisse d'amortissement, avec la désignation de l'époque et du taux de ces achats, ainsi que du nom des vendeurs, pour être mis sous les yeux de Sa Majesté l'Empereur, en exécution du décret impérial, du 21 fructidor dernier.

Et nous avons clos le présent procès-verbal signé de nous, du conseiller d'Etat directeur général de la caisse d'amortissement, des administrateurs, du directeur des comptes et de son adjoint.

A l'hôtel de l'administration de la caisse d'amortissement, le 27 vendémiaire an XIII. *Signé* : LAUMOND, REDON, DAUCHY, MOLLIEN, DUTRAMBLAY, D'URTUBIE, DECRETOT, DUFAUT, PATERSON et HIP. DE SAINT-DIDIER.

DUPLICATA DU BILAN, *ou état de situation de la caisse d'amortissement et de garantie au 1er vendémiaire an XIII, comprenant le résultat de ses opérations depuis le 1er vendémiaire an XII.*

DÉBITEURS AU 1er VENDÉMIAIRE.

Caisse pour le solde qui doit s'y trouver, 695,529 fr. 97 c.

Bordereau du caissier.

Billets de la banque de France, 632,500 francs. Pièces d'or 1,200 francs. Espèces d'argent, y compris deux médailles évaluées 2 centimes, 91,829 fr. 97 c. Effets à échéance, pour ceux non échus qui doivent se trouver en portefeuille au crédit des suivants, 1,493,823 fr. 73 c. SAVOIR : le trésor public, compte de recette des cautionnements, 181,735 fr. 87 c.

Cautionnements des agents de change et courtiers des départements 8,035 fr. 06 c.

Directeurs des domaines, n/c de rescriptions sur rentes foncières, 117,986 fr. 02 c.

Directeurs des domaines, n/c de rescriptions sur rentes foncières, M. L.... 4,877 fr. 83 c.

Receveurs généraux, compte de cautionnements des receveurs particuliers des villes, 492 fr. 45 c.

Receveurs généraux, coupes de bois, 690,924 fr. 18 c.

Receveurs généraux, (Légion d'honneur), 43,728 fr. 14 c.

Intérêts dus aux titulaires des cautionnements 129 fr. 83 c.

Droits sur l'exportation des grains, 286,056 fr. 10 c.

Obligations des receveurs généraux, 159,000 francs.

Fonds de retraite des lycées, 858 fr. 25 c.

Obligations de receveurs généraux pour le capital des obligations qui doivent se trouver en portefeuille, 1,842,619 francs.

Obligations des receveurs généraux (retraites des relais de poste), pour le capital de celles qui doivent se trouver en portefeuille, y compris le droit d'agent de change, 27,033 fr. 39 c.

Obligations de receveurs généraux (Légion d'honneur), pour celles qui doivent se trouver en portefeuille, 889,272 francs.

Obligations de receveurs généraux (droits sur les grains), pour idem, 71,600 francs.

Obligations, dépôt fait par un receveur général, pour le montant des obligations qu'il a déposées en garantie de son cautionnement, 169,857 fr.

Actions de la banque de France, pour le capital de 500 actions qui doivent se trouver en portefeuille, ci, 500,000 francs. La banque de France, fonds de réserve pour 89 fr. 77 c. par action, sur 500 actions, partie des dividendes, réservées jusqu'au 1er germinal an XII, 44,885 francs.

Effets publics, pour le compte de la République, pour l'achat de 336,654 francs de rentes en 5 p. 0/0 consolidés, définitivement éteinte pendant les années XI et XII, y compris le droit d'agent de change, savoir, 211,399 francs pendant l'an XI, pour 2.302,740 fr. 58 c., 145,255 francs, pendant l'an XII, pour 1,551,009 fr. 50 c. Ensemble, 3,853,750 fr. 08 c.

Effets publics pour l'achat de 3,732,409 francs de rentes en 5 p. 0/0 consolidés, savoir : 3,062,204 francs pendant les années VIII, IX, X et XI, y compris le droit d'agent de change, pour 31,994,392 fr. 39 c.

Bénéfice jusqu'au 1er vendémiaire an XII, en portant le capital à sa valeur primitive au denier vingt 29,249,687 fr. 61 c. Ensemble 61,244,080 francs; 670,205 francs pendant l'an XII, y compris le droit d'agent de change, pour 7,653,906 fr. 79 c.

Bénéfice jusqu'à ce jour, en portant le capital à sa valeur primitive au denier vingt, 5,750,193 c. 21 c. Ensemble, 13,404,100 francs.

Ensemble général pour l'achat de rentes 5 0/0 consolidés, 74,648,180 francs.

Effets publics (retraites) pour l'achat de rentes 5 0/0 consolidés pour le compte des diverses administrations suivantes, y compris le droit d'agent de change :

	Rentes acquises au 1er vendém. an XII.		Rentes acquises en l'an XII.		TOTAUX.	
Administration de la guerre.......	1,665	18,269 66	510	5,554 77	2,175	23,824 43
Ministère de la guerre........	4,100	45,382 31	750	8,189 66	4,850	53,571 97
Administration de la loterie......	5,336	61,300 58	1,710	18,907 41	7,046	80,207 99
Administration forestière.........	4,951	54,208 13	3,050	33,280 66	8,001	87,488 79
Administ. des poudres et salpêtres.	»	» »	3,663	38,776 96	3,663	38,776 96
Liquid. génér. de la dette publique.	»	» »	1,350	15,046 60	1,350	15,046 60
Lycées.............	»	» »	108	1,203 72	108	1,203 72
	16,052	179,160 68	11,141	120,959 78	27,193	00, 12 0 46

Bons de 2/3 contre délivraison de certificats au denier 20, à inscrire au grand-livre de la dette publique, pour 13,594,171 fr. 20 c. en bons de 1/3 ou certificats du liquidateur général de la dette publique, qui doivent se trouver en portefeuille, et dont la rente au 400e forme en somme ronde 33,992 francs.

Le trésor public, compte de paiements d'acquéreurs de domaines nationaux, pour dépôts en inscription 5 0/0 consolidés, bons de 2/3 ou certificats du liquidateur général de la dette publique, 1,370,380 fr. 37 c.

Actions de la banque de France en dépôt, pour les actions qui doivent se trouver dans le portefeuille, pour cautionnement de fournitures à l'administration de la guerre, 37,000 francs.

Obligations en souffrance de receveurs généraux, pour ce qui reste dû par neuf receveurs généraux, pour capital et frais de protêt de leurs obligations remboursées, 2,142,126 fr. 66 c.

A déduire sur paiement de M. *Vanroye*, ex-receveur général des Deux-Nèthes, 13 fr. 52 c.

Et par 17 pour intérêt sur nos avances, 999,446 fr. 43 c. A déduire le solde des intérêts dus à sept receveurs généraux, lors du règlement de leurs comptes, 35,221 f. 51 c., intérêts revenant à M. *Vanroye*, 1,332, fr. 49 c. ensemble 36,554 francs.

Reste 962,892 fr. 43 c. sur 3,105,005 fr. 57 c.

Le trésor public, compte de recette des cautionnements, des lois des 7 et 27 ventôse et 4 germinal an VIII, pour le solde qui reste dû à la caisse d'amortissement, sur les cautionnements versés au trésor public, 25,630,679f. 13 c. le trésor public, compte d'intérêts dus aux titulaires des cautionnements, pour le solde que le trésor public reste devoir sur les intérêts de l'an XI 467,922 fr. 31 c.; pour les intérêts de l'an XII, 1,969,313 fr. 37 c., ensemble, 2,437,235 fr. 68 c.

Receveurs généraux, compte de supplément de cautionnement des notaires, pour ce qui a été versé au trésor public par l'entremise des receveurs généraux, suivant les quittances qui nous sont parvenues, 2,534,892 fr. 97 c.

A déduire ce qui a été versé par divers receveurs généraux et par le trésor public, y compris un versement de 902,339 fr. en obligations dont il a bonifié l'escompte, 902,820 fr. 82 c.; reste 1,632,072 fr. 15 c.

Le trésor public, compte de rescriptions en rachat de rentes foncières, pour solde des divers comptes relatifs à la négociation de ces rescriptions ; savoir :

Directeurs des domaines, pour le montant des rescriptions qui leur ont été envoyées, 14,720,000 fran's.

A déduire le montant des remises pour produit, 5,059,054 fr. 40 c.

Reste, solde à reporter d'autre part, 9,660,945 fr. 60 c.; rescriptions pour celles qui doivent se trouver en portefeuille, 280,000,000, ensemble, 9,940,945 fr. 60 c.

A déduire, trésor public, s/c de rescriptions pour les rescriptions remises à la caisse d'amortissement, 15,000,000 francs, dont il faut déduire le montant des obligations versées au trésor public, par anticipation sur le produit, 6,000,000 francs. Les divers frais et ports de lettres, 2,950 fr. 08 c., ensemble, 6,002,950 fr. 08 c.

Reste 8,997,049 fr.92 c.

Somme dont la caisse d'amortissement se trouve en avance sur les six millions 943,805 fr. 68 c.

Le ministère de l'intérieur, s/c d'emploi de rescriptions pour solde de divers comptes relatifs à la négociation de ces rescriptions ; savoir :

Directeurs des domaines, pour le montant des rescriptions qui ont été envoyées, 1,675,000 francs. A déduire le montant des remises pour produit, 477,982 fr. 92 c.; solde restant, 1,197,017 fr. 08 c.

Rescriptions pour celles qui doivent se trouver en portefeuille, 120,000 francs, ensemble, 1,317.017 fr.08 c.

A déduire, le ministère de l'intérieur, s/c d'emploi de rescriptions pour le montant des rescriptions remises par le ministère de l'intérieur, déduction faite de 275,000 fr. vendus sans l'intervention des directeurs des domaines, 1,795,000 francs.

Pour le produit des 275,000 francs, vendus, 127,760 francs.

Pour le montant de la rente 5 pour 0/0 consolidés échue, 55,429 fr. 50 c., ensemble, 1,975,189 fr. 50 c.

Dont il faut déduire le montant de l'achat de 55,678 fr. de rente 5 p. 0/0 consolidés dont les inscriptions doivent se trouver en portefeuille, 348,403 fr. 18 c. ; le montant des avances de la caisse d'amortissement, 310,024 fr. 58 c. ; frais d'escompte et ports de lettres, 610 fr. 16 c., ensemble, 659,037 fr. 92 c.

Reste, 1,316,151 fr. 58 c.

Somme dont la caisse d'amortissement se trouve en avance, 865 fr. 50 c.

Hennekine, receveur général du département de Jemmapes, s/c particulier pour solde de ce qu'il doit sur le produit des coupes de bois, 416 fr. 24 c.

Le Gouvernement, s/c de produit d'effets militaires pour solde en ports de lettres, 51 fr. 60 c.

Le trésor public, compte de bénéfice sur le produit de 12 millions de rescriptions, pour le bénéfice de la caisse d'amortissement, sur ce qui a été négocié de ces 12 millions de rescriptions, 17,929 fr. 65 c.

Prêt sur dépôt d'obligations, pour ce qui a été payé sur dépôt de 502,000 francs d'obligations de receveurs généraux, 484,000 francs.

Le trésor public, compte de rescriptions en rachats de rentes foncières (Rouvin), pour ce qui a été payé pour réparations des archives du département du Bas-Rhin, 3,000 francs.

Le trésor public, compte de rentes (retraites) pour le 2e semestre an XII, des rentes pour retraites, 13.596 fr. 50 c.

Le trésor public, compte de rentes, pour les rentes 5 p. 0/0 consolidés du 2e semestre an XII, 1,884.043 fr. 50 c.

Cautionnements des receveurs généraux, pour ce qui reste dû par deux receveurs généraux sur leur cautionnement, 204,870 francs.

Prêt sur actions des trois nouveaux ponts sur la Seine, pour le solde d'intérêts qui reste dû par l'association des trois ponts, 3,074 fr. 17 c.

Ports de lettres dus par divers. Pour ceux qui sont dus suivant le détail au grand-livre, folios 239, 240, 241, 243, 245, 1,303 fr. 72 c.

Somme égale, 122,340,082 fr. 09 c.

Certifié exact dans sa totalité.

Le directeur des comptes,

Signé : PATERSON, HIP. DE SAINT-DIDIER, directeur adjoint.

Vu par le conseiller d'Etat directeur général, et par les administrateurs, signé : MOLLIEN, DUFAUT, DUTRAMBLAY, DECRETOT, D'URTUBIE.

CREANCIERS AU 1er VENDÉMIAIRE.

Récépissés délivrés aux receveurs généraux, pour le capital (de ceux délivrés au 1er vendémiaire an XII, 12,008,981 francs.

Pour le capital de ceux délivrés depuis cette époque, 1,262,820 francs. Ensemble, 13,331,801 francs.

A déduire le capital de ceux retirés en l'an XII, contre remboursement de cautionnements, 823,545 francs. Reste, 12,508,256 francs, dont il faut déduire le montant de 13 récépissés délivrés deux fois, d'abord aux receveurs généraux démissionnaires, puis à leurs successeurs, savoir : de dont le capital n'est pas encore remboursé aux ex-receveurs généraux du Golo, de la Loire, de la Corrèze, de Lot-et-Garonne, de la Meuse, du Var et du Tarn, 707,955 francs. Et de cinq dont le capital a été imputé sur un débet d'obligations remboursées, pour le compte des receveurs généraux du Gard, du Morbihan, de Seine-et-Oise, du Mont-Tonnerre et des Pyrénées-Orientales, quoique leurs récépissés n'aient pas été rendus à la caisse d'amortissement revêtus de leur acquit, 601,525 francs. Total, 1,309,480 francs, dont il faut retrancher le montant du cautionnement de la recette générale de l'Aisne, dont le récépissé n'est pas encore délivré, 181.445 francs. Reste, 1,128,035 francs.

Montant des récépissés du cautionnement des cent huit recettes générales, 11,380,221 francs.

Récépissés délivrés aux titulaires des cautionnements, pour le capital de ceux délivrés jusqu'à ce jour, suivant les bordereaux transmis par le bureau des cautionnements, savoir :

Aux titulaires des lois des 7 et 27 ventôse et 4 germinal an VIII, 34,776 francs, récépissés pour 37,158,360 fr. 60 c. Aux agents de change et courtiers de Paris et des départements, 628 francs, récépissés pour 7,565,692 fr. 07 c. Aux receveurs particuliers des villes, 1,777 francs, récépissés pour 2,439,931 fr. 71 c. Aux notaires, compte de supplément, 3,407,300 francs ; soit 37,181 francs, récépissés pour 50,563,304 fr. 37 c.

Compte des cautionnements, pour solde des versements faits par les titulaires suivants, déduit le montant des récépissés délivrés, savoir :

Receveurs particuliers des villes, 1,494,282 fr. 20 c. Agents de change de Paris, 69,965 fr. 07 c. Agents de change et courtiers des départements, 242,464 fr. 33 c. Courtiers de Paris, 35,936 fr. 44 c. Notaires, compte de supplément, 3,320 fr. 01 c. Ensemble, 1,845,968 fr. 05 c.

Intérêts de cautionnement, pour les intérêts dus dus à divers titulaires, savoir : Solde des intérêts de l'an XI, 13,521 fr. 94 c. Aux receveurs généraux, intérêts de l'an XII, 710,545 fr. 71 c. Aux titulaires des cautionnements, compte ancien, 71,173 fr. 48 c. Aux titulaires des cautionnements, compte nouveau, et suivant les bordereaux transmis par le bureau des cautionnements, 3,151,490 fr. 95 c. Ensemble, 3,948,732 fr. 08 c.

Dépôt de divers, pour le solde applicable au paiement à présentation des obligations de cautionnement échues, et non présentées à divers titulaires de cautionnement, savoir :

Des employés de la loterie, 3,045 fr. 10 c. Des employés de l'enregistrement, 1,150 francs. Ensemble, 4,195 fr. 10 c.

Dépôt relatif à l'administration de la guerre, pour actions de la banque déposées pour cautionnement de nourritures, 37,000 francs.

Paiements collectifs de receveurs généraux démissionnaires, pour ce qui était à restituer au 1er vendémiaire an XII, à onze receveurs généraux démissionnaires, qui ont reçu leurs récépissés définitifs, savoir : à MM. Bresson, du département du Gard ; Poly, du Golo ; Petit, de la Loire ; Brostaret, de Seine-et-Oise ; Hareut, de la Roer ; Hoffmann, du Mont-Tonnerre ; Berdotin, des Pyrénées-Orientales ; Fages, de la Corrèze ; Barcalon, de Lot-et-Garonne ; Hébert, de la Meuse ; et Mel-Saint-Céran, du Morbihan ; 1,120,440 francs.

Et à MM.. *Tursan*, du département des Hautes-Pyrénées ; et *Petit*, de la Gironde, pour ce qu'ils avaient commencé de payer sur leurs cautionnements, 69,449 fr. 22 c. Ensemble, 1,189,889 fr. 22 c.

Pour les cautionnements de MM. *Davalet*, de la Seine ; *Thomas*, du Var ; *Dallet*, du Tarn ; *Vacher*, des Bouches-du-Rhône ; *Edmond*, de la Charente-Inférieure ; *Dibbon*, de l'Aisne ; et *Dereyrolles*, de la Haute-Loire, receveurs généraux démissionnaires, depuis le 1er vendémiaire an XII, 1,149,935 francs. Total, 2,339,824 fr. 22 c.

A déduire ce qui a été remboursé comptant sur le dépôt des récépissés définitifs de MM. *Davalet*, de la Seine ; *Harent*, de la Roër ; et *Dibbon*, de l'Aisne ; 823,545 francs.

Et par compensation au crédit de leurs obligations, remboursées sans reddition de récépissés à MM. *Bresson*, du Gard ; *Mel-Saint-Céran*, du Morbihan ; *Brostaret*, de Seine-et-Oise ; *Hoffmann*, du Mont-Tonnerre ; et *Berdolin*, des Pyrénées-Orientales, 601,525 francs. Ensemble, 1,425,070 francs. Reste, 914,754 fr. 22 c.

Fonds de retraite des employés de diverses administrations et des lycées, pour solde, suivant le détail ci-dessus, savoir :

	SOLDE au 1er vendémiaire an XII.		TOTAL au 1er vendém. an XII.	AN XII.		TOTAL	PAIEMENTS des pensions.	SOLDES.
	Versements	Rentes échues, escomp. act. ou intérêts à 5 p. 0/0 pour 365 jours.		Versements.	Rentes échues, escomp. act. ou intérêts à 5 p. 0/0 pour 365 jours.			
Administration de la guerre..	19,459 54	1,840 00	21,299 54	8,877 23	2,095 61	32,272 38	6,796 28	25,476 10
Ministère de la guerre.	45,082 33	4,585 00	49,667 33	16,224 47	4,775 85	70,667 65	13,586 38	57,081 27
Administration de la loterie.............	59,685 38	4,268 00	63,953 38	13,348 38	6,467 53	83,769 29		83,769 29
Administration forestière..............	52,874 87	3,901 00	56,775 87	27,601 57	7,188 98	91,566 42	»	91,566 42
Administration des poudres et salpêtres.	«	«	«	36,988 85	3,623 80	40,612 65	»	40,612 65
Relais de poste.......	26,387 66	574 66	26,962 32	14,513 52	2,449 63	29,411 95	2,381 63	27,030 32
Liquidation générale..	«	«	«	43,969 92	1,230 11	15,743 63	»	15,743 63
Garde municipale.....	6,212 36	43 32	6,255 68	«	1,174 21	51,399 81	»	51,399 81
Lycées..............	«	«	«	2,088 25	54 00	2,142 25	»	2,142 25
	209,702 14	15,211 98	224,914 12	163,612 19	29,059 72	417,586 03	22,764 29	394,821 74

Fonds pour l'amortissement de la rente provenant de l'échange des bons de 2/3, pour ce qui a été reçu par le trésor public jusqu'au 30 frimaire an XII, pour produit de maisons et usines nationales, 4,060,417 fr. 61 c.

A déduire, trésor public, compte de produits de maisons et usines nationales, pour le solde qui nous est dû, 206,493 fr. 12 c. Reste, 3,852,624 fr. 49 c.

Fonds provenant de rentes viagères et pensions ecclésiastiques, pour reçu comptant du trésor public, 1,250,383 fr. 03 c.

Le trésor public, compte de versements sur les contributions directes, pour le solde des versements de M. *Dibbon*, ex-receveur général du département de l'Aisne, d'après les décisions du ministre des finances, et dont il reste à s'entendre avec le trésor relativement à l'application définitive, 391,421 fr. 93 c.

Dépôt d'acquéreurs de domaines nationaux, pour la valeur des dépôts spécifiés à l'article débiteur 84, 1,370,380 fr. 37 c.

Le trésor public, compte des certificats de rentes, pour cent quatre-vingt-un certificats délivrés au denier vingt du quatre centième de 13,594,171 fr. 20 c. ; reçus en bons 2/3 ou certificats du liquidateur de la dette publique, 33,992 francs.

Fonds de coupes extraordinaires de bois communaux. Pour solde de fonds recouvrés ou à recouvrer par l'administration des domaines, déduction faite des remboursements faits aux communes des taxations et ports de lettres, 3,725,769 fr. 37 c. Receveurs généraux (coupes

de bois), pour l'excédant de leurs versements comparés aux bordereaux qu'ils nous ont transmis, 80,465 fr. 03 c. Ensemble, 3,806,234 fr. 40 c.

A déduire, à l'administration des domaines, pour ce qui reste à recouvrer par l'administration des domaines, suivant les bordereaux de l'administration forestière, 55,061 fr. 76 c. Reste, 3,221,172 fr. 64 c.

Intérêts dus aux communes, sur le produit des coupes extraordinaires de bois communaux, pour les intérêts de l'an XII, 45,140 fr. 03 c.

Fonds provenant de l'excédant des fermages des eaux minérales, pour reçu comptant, 2,763 fr. 44 c.

Revenus de la Légion d'honneur, pour le montant de a été reçu par les receveurs des domaines, ce qui suivant les bordereaux qu'ils nous ont transmis, 1,426,471 f. 93 c.

Pour reçu du grand trésorier, en dépôt, 304 fr. 45 c. **Pour reçu de la caisse des effets militaires**, 800,000 francs. Ensemble, 2,226,776 fr. 38 c.

Produire le montant des paiements faits pour le compte de la Légion d'honneur, ci, 1,403,020 fr. 40 c. Le montant d'avances en ports de lettres, 1,989 fr. 60 c. Ensemble, 1,405,010 francs. Reste, 821,766 fr. 38 c.

Receveurs généraux (Légion d'honneur), pour ce qu'ils ont reçu suivant leurs bordereaux, des directeurs des domaines, 1,650,343 fr. 59 c. Montant de leurs versements, 1,655,961 fr. 93 c.

Excédant versé par les receveurs généraux, 5,618 fr. 34 c.

Directeurs ou préposés des domaines (Légion d'honneur), pour l'excédant de leurs versements aux receveurs généraux, comparés à leur recette établie d'après leurs bordereaux, 223,934 fr. 16 c. Pour ce qui a été versé à la caisse d'amortissement, 4,332 fr. 23 c. Ensemble, 228,266 fr. 39 c.

Escompte acquis à la Légion d'honneur, pour solde jusqu'à ce jour, 37,227 fr. 48 c. Total, 1,092,878 fr. 59 c.

Droits sur l'exportation des grains, pour solde de ce qui a été reçu, 411,504 fr. 97 c. Créanciers pour fournitures de bureau, pour ce qui est dû à divers, 11,822 fr. Le trésor public, compte de 10 millions de rescriptions sur domaines nationaux comprises dans 20 millions. Pour solde, 190,409 fr. 72 c. Le receveur général de l'Aisne, pour le montant des obligations qu'il a déposées en garantie de son cautionnement, 169,859 francs. Le receveur général du département des Bouches-du-Rhône, pour ce qui est à restituer à M. *André*, pour supplément de cautionnement de receveurs particuliers, 1,450 francs.

Profits et pertes.

Solde des profits au 1er vendémiaire an XII, 33,482, 747 fr. 25 c.

Profits de l'an XII.

Dividende du deuxième semestre de l'an XI et du premier semestre de l'an XII, sur 500 actions de la banque de France, 49,350 francs. Retenue qui se trouve à la même banque sur le deuxième semestre de l'an XI et le premier semestre de l'an XII, 10,526 fr. 75 c.

Bénéfice sur un paiement d'intérêt fait par un receveur général, 0,02 c.

Idem sur cautionnement de receveurs particuliers des villes 0,68.

Idem sur la négociation des quatre millions de rescriptions sur domaines nationaux, faite en conformité de l'arrêté du Gouvernement, du 25 germinal an XI, 114,897, fr. 68 c.

Idem sur la négociation de 234,741 fr. de rescriptions sur domaines nationaux, partie du crédit de 10 millions ouvert à la caisse d'amortissement, pour le compte du trésor public, en conformité de l'arrêté du Gouvernement, du 28 vendémiaire an XII, 3,552 fr. 20 c.

Idem sur la négociation de 417,222 fr. de rescriptions sur domaines nationaux, partie du crédit de deux millions ouvert à la caisse d'amortissement, pour le compte du trésor public, en conformité de l'arrêté du Gouvernement, du 28 ventôse an XII, 14,377, fr. 45 c.

Idem réalisé au profit du trésor public, sur les achats de rentes en 5 pour 0/0 consolidés, lequel bénéfice résulte de la différence entre le prix d'achat, fait par la caisse d'amortissement au cours de la bourse, et le prix de la constitution originaire, fait au denier vingt, et qui forme le prix nominal, 5,750,193 fr. 21 c.

Idem résultant d'une diminution d'intérêts sur le produit de bois communaux, 101fr.95 c.

Idem (pour solde d'intérêts sur les avances faites à l'association des trois ponts sur la Seine, 3.074 fr. 17 c.

Idem solde créancier du compte d'escompte, résultant du bénéfice sur la négociation de 105,903 fr. 50 c. de rescriptions pour rachat de rentes foncières nouvellement découvertes, partie du crédit de dix millions à la caisse d'amortissement, d'après l'arrêté du Gouvernement, du 19 messidor an XI, 201 fr. 92 c.

Partie des intérêts sur les avances faites à l'association des trois ponts sur la Seine, 20,783 fr. 36 c.

Intérêts provenant du règlement des comptes avec les receveurs généraux, pour obligations protestées, 140, 257 fr. 96 c.

Excédant de l'escompte actif sur le passif, sur diverses négociations, 411,724 fr. 70. Ensemble, 572,967 fr. 94 c.

Solde créancier du compte, *intérêts passifs et rentes actives* résultant de la rente 5 pour 0/0 consolidés de l'an XII, 3,593,748 francs.

Dont il faut déduire les intérêts liquidés pendant l'an XII, sur les cautionnements versés à la caisse d'amortissement, 1,962,838 fr. 88 c.

Les intérêts liquidés pendant l'an XII, sur les fonds versés pour bois communaux, 45,130 fr. 66 c.

Les intérêts de l'an XII. sur les fonds de retraite de la garde municipale de Paris, 1.174 fr. 21 c. Ensemble 2,009, 143 fr. 75 c.

Reste, 1,584,604 francs 25 c. Total des profits, 8,103,646 fr. 50 c.

A déduire les *pertes de l'an XII* :

Perte pour le montant des frais administratifs, 286,684 fr. 49 c. *Idem* pour ports de lettres non remboursés, 2 francs. *Idem* pour taxation de receveurs généraux sur le recouvrement des cautionnements des receveurs particuliers des villes, 97 fr 44 c. *Idem* sur la conversion d'anciennes monnaies, 59 fr. 16 c. *Idem* pour courtage sur négociations d'obligations de receveurs généraux, 5,525 fr. 15 c. *Idem* pour courtage sur un achat de rentes pour les invalides de la marine, 43 fr. 10 c. Ensemble, 292,411 fr. 44 c. Reste, 7,811,234 fr. 86 c, sur 42,293,962,fr. 11 c.

Somme égale. 122,340,082 fr. 06.

Certifié exact quant aux articles 1, 13, 34, 36, 53, 84 99, 104, 121, 128, 134, 150, 153, 171, 172, 173, 189, 194, 204, 233, 234, 235 *et* 237, *qui regardent la caisse et le portefeuille.*

Le caissier général, *signé :* Dubois.

Et quant aux articles 153, 171 *et* 192, *qui regardent la Légion d'honneur,*

Le sous-caissier, *signé :* J. Mignotte.

Pour copie,

Le ministre des finances, signé : Gaudin.

Certifié exact quant aux articles 35, 94, 95, 144, *et* 218, *qui regardent le bureau des cautionnements.*

Le chef de ce bureau,

signé : Boyeldieu.

Caisse d'amortissement, an XII.

BORDEREAU DES ACHATS DE RENTES EN 5 POUR CENT CONSOLIDÉS, PENDANT LE COURANT DE L'AN XII.

DATE DES OPÉRATIONS.	PARTIES de rentes achetées.	TAUX de l'achat.		TOTAL des sommes payées.	
6 vendémiaire	16,879 »	52	»	175,541	60
7 vendémiaire	23,040 »	52	»	239,616	»
10 vendémiaire	14,735 »	51	75	152,504	60
11 vendémiaire	5,909 »	51	90	61,353	»
18 vendémiaire	2,500 »	52	»	26,000	»
3 brumaire	11,063 »	51	35	113,526	38
4 brumaire	2,956 »	51	65	30,502	02
5 brumaire	8,313 »	51	50	85,463	64
6 brumaire	5,281 »	51	25	54,110	25
15 brumaire	200 »	51	50	2,060	»
16 frimaire	700 »	51	65	7,231	»
25 frimaire	14,275 »	51	95	148,236	70
27 frimaire	6,968 »	52	»	72,607	77
25 pluviôse	46,313 »	57	75	188,552	65
26 pluviôse	161,895 »	57	80	1,869,417	72
27 pluviôse	100,918 »	56	60	1,145,832	90
28 pluviôse	92,494 »	57	»	1,049,232	56
14 ventôse	1,380 »	57	15	15,777	20
19 ventôse	7,079 »	55	20	78,110	58
21 ventôse	5,610 »	55	20	61,875	»
22 ventôse	2,002 »	55	»	22,022	»
26 floréal	23,947 »	57	20	273,485	80
27 floréal	18,500 »	57	25	211,760	»
1er prairial	22,500 »	57	40	258,150	»
3 prairial	15,900 »	57	30	182,214	»
13 prairial	16,999 »	57	20	194,357	40
15 prairial	16,116 »	57	15	189,884	72
20 prairial	3,730 »	57	20	42,671	20
26 prairial	7,879 »	57	50	90,608	50
29 prairial	26,500 »	57	50	304,750	»
30 prairial	89,500 »	57	40	1,027,015	»
3 fructidor	64,000 »	55	80	712,430	»
5 fructidor	20,000 »	55	90	223,500	»
TOTAL des achats de 5 pour cent pendant l'an XII	826,601 »	....		9,310,400	19
Courtage	....	....		15,475	88
				9,325,876	07

Montant des achats de 5 pour cent jusqu'au 1er vendémiaire an XII, 3,612,479 francs de rente, pour un capital de 38,233,202 fr. 08 c.

Total de tous ces achats, 4,439,080 francs, pour un capital de 47,559,078 fr. 15 c.

A déduire, 166,499 francs achetés pour le compte de diverses administrations auxquelles le transfert en a été fait, 1,976,804 fr. 66 c.

A déduire, 120,647 francs achetés pour le compte des effets militaires et transférés aux invalides de la marine, 1,431,700 fr. 59 c.

Reste, 4,151,934 francs de rente acquis pour un capital de 44,150,572 fr. 90 c.

Certifié conforme aux bordereaux, registres et écritures. PATERSON, *directeur des comptes*; DUBOIS, *caissier général*; J. MIGNOTTE, *sous-caissier*.

Vu par le conseiller d'État, directeur de la caisse d'amortissement, MOLLIEN.

Pour copie : *Le ministre des finances*, GAUDIN.

COMPTES GÉNÉRAUX DU TRÉSOR PUBLIC.

RECETTES ET DÉPENSES PENDANT L'AN XII.

Rapport fait à l'Empereur par le ministre du trésor public.

SIRE,

Je présente à VOTRE MAJESTÉ les comptes du trésor public, comprenant les RECETTES et les DÉPENSES faites pendant l'an XII.

Vous voulez, Sire, qu'ils soient rendus publics; et c'est pendant la seconde année de la guerre que vous faites connaître les dépenses qu'elle nécessite, et tant d'autres d'une utilité générale, qu'elle n'a point fait suspendre. On a douté autrefois si cette publicité était utile; mais nous n'en avons aujourd'hui que les avantages. Elle est le sujet d'une satisfaction générale, si ces comptes offrent des preuves d'une sage dispensation des revenus de l'État. On aura encore atteint le but qu'on s'est proposé en les publiant, si l'on y trouve matière à des améliorations.

La séance annuelle où ils sont soumis à Votre Majesté est toujours présente à tous ceux qui participent aux opérations consommées dans le cours de l'année, et les avertit d'avance de la nécessité d'être toujours prêts à rendre compte de leurs travaux.

La certitude que chaque tableau de recette ou de dépense, que chaque article, à son tour, fixera votre attention, Sire; que vous les comparerez, que vous n'y verrez pas seulement ce qui a été fait, mais encore ce qui a dû et pu se faire, cette certitude est un aiguillon pour les uns, un frein pour les autres, assure justice à tous. L'exactitude et l'ordre se font remarquer dans les différentes parties de la comptabilité des deniers publics : les avantages qui en résultent n'ont pas été recueillis par le fisc seulement; ses agents y ont aussi participé : on entend moins fréquemment ces murmures qu'excitait une longue habitude de soupçon contre ceux qui manient les affaires de finance. Les tribunaux ont cessé de retentir de ces procès honteux, nés des débats sur le partage du butin; ou, s'ils sont encore occupés d'affaires de ce genre, elles ont une origine antérieure à votre gouvernement.

Le sénatus-consulte du 8 floréal dernier a ajouté un nouveau caractère à la présentation de ces comptes, en ordonnant qu'ils seraient revêtus préalablement du *visa* de l'architrésorier de l'Empire; cette formalité importante a été remplie, et ne diminue en rien la responsabilité dont aucun agent du trésor ne doit craindre le poids.

OBSERVATIONS GÉNÉRALES SUR LES COMPTES DE L'AN XII.

Les formes des comptes précédents sont conservées dans ceux-ci. On y retrouve aussi les deux divisions principales prescrites par la loi : l'une est le compte de la caisse centrale; l'autre, celui de toutes les caisses, dont la première est le centre.

Les états relatifs aux exercices antérieurs à l'an XII correspondent aux états des comptes publiés en l'an XI et en l'an XII; ils en sont la suite; ils doivent successivement les compléter, et la réunion de ces divers tableaux suffira pour former le compte des différents exercices, soit en recette, soit en dépense. C'est pour faciliter ce travail et pour mieux établir la situation réelle du trésor que j'ai fait rédiger un état (1) qui contient le sommaire de toutes les opérations faites depuis quatre ans. Les rapprochements qu'on y

trouve font connaître que la répartition successive des moyens généraux du trésor, entre les divers exercices dont il acquitte les dépenses, est plus ou moins différente des rentrées effectuées pendant l'année même sur chacun de ces exercices. Le crédit ouvert par la loi annuelle de finance est la seule limite pour l'acquit des dépenses. Les rentrées successives, quelle que soit leur origine, forment un fonds général applicable à tous les exercices, pour toutes les parties du service dont les crédits ne sont pas épuisés. Votre Majesté règle elle-même, chaque mois, l'emploi des moyens, et les distribue suivant les besoins des divers exercices, et pour le paiement des créances définitivement liquidées. Elle connaît jour par jour, avec précision, les dépenses faites pour chaque service, à mesure que l'année s'écoule, et les moyens certains qui seront disponibles jusqu'à ce qu'elle soit révolue.

La distinction des exercices n'existe réellement que dans les comptes, et n'aurait aucune utilité à l'égard du matériel des fonds en caisse. Elle a pour objet de maintenir l'ordre que vous avez rétabli dans l'administration des deniers publics, et de faire connaître, à toutes les époques de l'année, la situation de nos finances. Ainsi tous les fonds, de quelque source qu'ils proviennent, sont propres à toutes les dépenses; et cette faculté d'en disposer indistinctement augmente les moyens, diminue les négociations de valeurs et entretient la circulation des espèces.

Cet avantage résulte essentiellement de la réunion de tous les revenus de l'État dans une caisse unique. Un exercice qui commence n'a pas encore la disposition des moyens qu'il obtiendra ensuite; et pour que les dépenses qui lui sont propres puissent être acquittées, il est nécessaire qu'il soit d'abord aidé par les recettes des exercices précédents, et de même il aidera plus tard les exercices qui suivront. La balance s'établit bientôt; et l'ordre est tel que la somme des emprunts réciproques des exercices est compensée par les remboursements. Les virements facilitent le service, et les revenus de l'État reçoivent, en dernier résultat, leur application régulière, légale et annuelle.

Les pièces ou acquits, sur lesquels s'établit le complément des recettes des exercices arriérés, n'entrent que tardivement au trésor, et diverses causes y contribuent. Une partie des dépenses à sa charge est acquittée par les régies et administrations, et imputable sur celle de l'enregistrement. Les pièces de ces dépenses sont ensuite versées à la caisse centrale pour comptant, à la décharge de ces établissements, et mises en règle par les ordonnances des ministres compétents. La plus grande partie des avances de cette nature, sur les exercices antérieurs à l'an X, n'a été réglée que pendant l'an XII, et a été portée en recette et en dépense sur ces exercices, dans le compte soumis aujourd'hui à Votre Majesté.

La nécessité de cette opération, qui n'est que d'ordre, résulte des dispositions de plusieurs lois, dont quelques-unes sont déjà anciennes. Elles veulent que toutes les opérations essentielles de finances entrent dans la comptabilité du trésor; et cependant les meilleurs ministres travaillèrent en vain pendant deux siècles à l'établissement, si facile en apparence, d'une caisse unique recevant tous les revenus, et faisant toutes les dépenses. Un grand nombre de lois et de règlements attestent leurs efforts; mais toujours des prétentions particulières élevèrent une résistance plus efficace : des individus, en opposition avec le

---

(1) État coté U.

lisc, défendirent les profits d'un grand abus, avec la même chaleur que s'ils eussent défendu leur patrimoine; et des lois protectrices de l'intérêt général furent moins puissantes que l'intérêt personnel.

La déclaration du 17 octobre 1779 s'exprimait clairement sur cette matière. « Toutes les recettes « et tous les paiements doivent passer par le tré- « sor, de manière qu'en ouvrant ses registres, on « puisse voir clairement les dépenses et les re- « venus ordinaires de chaque année, et séparé- « ment, le montant des dépenses et des ressources « extraordinaires. » Nonobstant ces dispositions précises, les affectations stipulées dans divers rè- glements et traités, des destinations spéciales, et une foule de réclamations particulières, susci- tèrent de nouvelles difficultés. Vous les avez fait cesser, Sire, pour la plus grande partie, et quoi- qu'il y ait encore à désirer, je crois qu'à aucune époque nos finances n'ont présenté autant d'unité qu'aujourd'hui.

Les recettes et dépenses, pour les exercices ar- riérés, qui ne sont entrées que pour ordre dans la comptabilité du trésor pendant l'an XII, s'élèvent à environ 48 millions (1). Elles concernent les années VI et suivantes, jusques et compris l'an IX. Pour connaître le montant des recettes et des dé- penses réelles faites au trésor pendant l'année qui vient de s'écouler, il faut déduire cette somme des résultats généraux (2).

La somme à déduire n'est aussi considérable que parce qu'on avait différé, pendant plusieurs années, do, mettre en règle les avances de cette nature, et parce qu'avant l'an X elles avaient pour objet divers services dont les dépenses ont été ramenées au trésor et sont maintenant payées par ses agents immédiats. Ces prélèvements n'ont guère d'autre objet aujourd'hui que la partie des frais de justice dont l'acquittement ne peut être retardé, et dont la quotité ne peut être prévue avec exactitude pour chaque département. L'at- tention immédiate que vous y avez donnée, Sire, ne permettra plus que de semblables retards se renouvellent : ces avances seront réglées en temps opportun, et n'occasionneront plus une irrégularité apparente dans les comptes de chaque exercice. Des dépenses de détail faites depuis cinq ou six années, dont les pièces sont en très-grand nombre, et dont les agents peuvent avoir été dé- placés, éloignés, ou être décédés, ne peuvent pas toujours être soumises à une vérification utile. Bientôt un travail aussi tardif n'est plus considéré que comme une mesure d'ordre, et il n'a souvent d'autre effet que d'assurer l'impunité à des mal- versations qu'un examen moins différé eût répri- mées efficacement ou qu'il eût même prévenues.

Je vais faire connaître la cause de quelques dif- férences qui existent entre les résultats en dé- pense, et ceux qui ont été précédemment publiés : elles proviennent d'annulations dont le montant a été rétabli aux crédits des ordonnateurs. Ainsi quelques envois de fonds aux colonies, expédiés à la fin de l'an XI, n'étant pas parvenus à leur destination, et les valeurs composant ces envois ayant été réintégrées au trésor, la dépense qui en avait été faite a depuis été annulée. La même opération a eu lieu, au commencement de chaque trimestre, pour les fonds envoyés dans les dépar- tements, et affectés à des paiements de la dette publique ou d'ordonnances ministérielles, lorsque six mois se sont écoulés sans aucune réclamation

de paiement. Ces fonds sont alors rétablis au tré- sor par les payeurs, en *déclarations* qui leur sont renvoyées comme comptant pour d'autres ser- vices (1). Cette marche rend aux ordonnateurs et au trésor la faculté de disposer des fonds restés sans emploi, prévient la stagnation des espèces.

La distinction des fonds généraux et des fonds spéciaux a été conservée dans les comptes de l'an XII; elle est d'une nécessité indispensable pour connaître la situation exacte du service général essentiellement propre au trésor, et la situation des services particuliers et locaux dont il n'est chargé que par attribution. La réunion de ces services facilite les secours qu'ils se prêtent réciproquement; mais, en dernier résultat, les fonds qui leur appartiennent reçoivent régulière- ment leur application.

J'ai fait connaître, dans le rapport de l'année dernière, les diverses natures de recettes spéciales versées au trésor. Elles se sont élevées pendant l'an XII, à la caisse centrale, à la somme de 44 mil- lions (2), et une somme égale a été appliquée, pendant le même temps, aux services spéciaux (3). Le montant de ces recettes, dans le compte général des caisses extérieures, est plus consi- dérable, parce qu'il comprend des recettes qui ne sont point versées à la caisse centrale, telle que le centime réservé pour les non-valeurs, et les centimes spéciaux affectés aux dépenses de l'arpentage des communes, et imposés addition- nellement à la contribution foncière. Cette der- nière nature de recette s'élève à 2 millions et demi pour l'an XII. La proportion de ces centimes ayant été augmentée pour l'an XIII dans un grand nombre de départements, cette imposition spéciale s'élève pour cette année à environ 6 millions. La loi réglera définitivement les mesures provi- soirement autorisées.

Un état sommaire et final (4) rapproche la tota- lité des opérations comprises dans les deux comptes du trésor, sous le rapport des fonds gé- néraux, soit en recette, soit en dépense. Les re- cettes effectuées pendant une année dans les dé- partements, et les versements faits au trésor public pendant le même temps, se balancent de telle sorte que, sur un mouvement de fonds qui s'élève à 812 millions, il n'y a qu'environ un million de différence entre les résultats de ces deux comptes. Les mêmes rapports existent entre le montant des fonds expédiés pendant l'an XII par la caisse cen- trale, et les dépenses faites par les payeurs du trésor ; les dernières remises faites à ces agents à la fin de l'année n'ont pu être réalisées et appli- quées par eux au service qu'après le 1er vendé- miaire suivant ; mais les fonds en caisse au com- mencement de l'année, et qui leur avaient été expédiés précédemment, avaient pareillement servi à acquitter des dépenses pour des sommes équivalentes.

EXERCICES DE L'AN VIII ET DES ANNÉES ANTÉ- RIEURES.

Pour mettre de la clarté dans les résultats des états relatifs aux exercices de l'an VIII et des années antérieures, et assurer l'exécution de la loi du 4 germinal an XI (5), il a été nécessaire de déduire (6) les recettes qui n'étaient que fic-

(1) Exécution de l'arrêté du 23 germinal an XI, *Bul- letin* n° 269.
(2) État coté B.
(3) État coté L.
(4) État coté RR.
(5) Titre II, art. 3.
(6) État coté A, n° 1er.

tives et d'ordre ; ce qui reste doit être transporté à l'exercice an IX, à titre de supplément de ressources réelles.

Les dépenses faites en numéraire ou valeurs représentant numéraire, pour le compte de ces exercices, se sont élevées, pendant l'an XII, à environ 37 millions (1) ; mais, pour l'acquit de ces dépenses, il n'y a eu de sortie réelle d'espèces que 3 millions et demi : le surplus consiste en avances mises en règle, et en compensations avec des débiteurs. Ces 3 millions et demi ont été prélevés sur le fonds que vous avez affectés à ces anciens exercices, pour solder les dépenses qui, par leur nature, sont susceptibles d'être acquittées en numéraire ; près de 1,100,000 francs ayant cette destination, étaient encore disponibles au 1er vendémiaire dernier (2).

Une somme de 1,105,000 francs en rentes, était aussi disponible à la même époque sur le fonds de 3,700,000 francs de rentes créées par la loi du 30 ventôse an XI, pour le service de l'an VIII et années antérieures (3). Près de 17 millions et demi de créances de ces années ont été éteintes par 693,000 francs de rentes inscrites pendant le cours de l'an XII, à raison de 3 0/0 pour les créanciers des années V, VI et VII, et à raison de 5 0/0 pour celle de l'an VIII.

La portion de crédit en rentes disponibles au 1er vendémiaire dernier, et qui est affectée au paiement des anciennes créances du ministère, sans égard à la limitation des sommes précédemment réglées pour chaque exercice, excède les dispositions faites sur les crédits généraux pendant chacune des années XI et XII. Elle sera appliquée au paiement des dépenses de ces exercices qui seront reconnues pendant l'an XIII, soit par le conseil de liquidation, soit par les ministres des divers départements, pour les parties qui les concernent.

EXERCICE DE L'AN IX.

Le trésor a fait pendant l'an XII des recouvrements des produits de l'an IX. Presque tous les versements de l'administration de l'enregistrement, sur cet exercice, ont été effectués en pièces de dépenses ; mais ils n'en ont pas moins été pour le trésor une valeur réelle ; ils ont été imputés sur les crédits des ministres ordonnateurs de ces dépenses, et le trésor a été libéré d'autant.

Le crédit en domaines nationaux affecté à l'exercice de l'an IX, présentait, au 1er vendémiaire, un reste à rentrer de 12 millions et demi. Les sommes dues pour le prix des domaines vendus avant le 1er vendémiaire an XIII, en exécution des lois de l'an X, viennent d'être déléguées à la caisse d'amortissement. Ces mesures permettent de porter dès à présent en recette le complément des crédits en domaines affectés par les lois aux exercices IX et XII, et qui, réunis, montaient à 35 millions. Elles libérèrent en même temps le trésor, envers cette caisse, des sommes qu'il lui doit, à raison de diverses affectations réglées par les lois.

Le transport qui a été fait à l'exercice de an IX (4), de 7,213,000 fr., provenant des recettes de l'an VIII, faites pendant l'an XII, est une suite des dispositions de la loi du 4 germinal an XI (5). Elle a affecté à l'exercice de l'an IX

31 millions à prélever sur les recettes des exercices précédents. Au 1er vendémiaire dernier, le trésor public avait encore à recevoir sur ces produits une somme de 6 millions.

Les notes qui accompagnent les états de dépenses de l'an IX, font connaître les mesures qui ont été ordonnées par Votre Majesté pour procurer à cet exercice un supplément provisoire de crédit ; il est de 8 millions, qui ont été prélevés sur le fonds en numéraire réservé pour l'an VIII (1). Ce supplément était devenu nécessaire pour mettre en règle les paiements faits pour la solde des troupes et diverses autres avances ; la loi qui réglera le montant du crédit définitif de cet exercice sera le complément nécessaire de ses dispositions.

Le trésor ayant employé les moyens disponibles de quelques exercices pour acquitter les dépenses affectées sur les revenus propres à l'an IX (2), dont la rentrée était retardée, il rétablira ces sommes aux crédits des exercices respectifs, et ils auront ainsi la jouissance entière des moyens qui leur sont assignés par les lois.

EXERCICE DE L'AN X.

L'exercice de l'an X est celui qui, dans ses comptes, présente le moins d'opérations, soit en recette, soit en dépense. Dans le résultat général de la situation comparée des exercices (3), les recettes et les dépenses effectuées se balancent à la différence seulement de 3 millions d'excédant de recettes. La situation de cet exercice offre des résultats satisfaisants, sous le rapport des crédits et sous celui des moyens ; le fonds de 30 millions en domaines nationaux, que la loi lui avait affecté, a été jugé inutile, parce que les autres moyens balançaient les dépenses.

Des mesures vont être prises pour clore le compte des deux exercices IX et X. Un fonds supplémentaire donnera en outre la marge suffisante, soit pour acquitter les taxations des receveurs, évaluées à près d'un million pour chaque exercice, soit pour régler les divers prélèvements et remboursements que ces comptables étaient autorisés à effectuer à cette époque. Ils ont atténué, par ces opérations, le net de leurs recettes, et il en résulte un vide apparent dans celles qui doivent parvenir à la caisse centrale. Il ne peut cesser qu'en admettant pour comptant, dans leurs versements, des pièces de dépenses pour une somme égale à ces prélèvements, et en l'imputant à des crédits correspondants. Le fonds supplémentaire devra aussi couvrir le trésor des pertes provenant des faillites de quelques receveurs, ainsi que du remboursement d'obligations protestées à défaut de recouvrement.

EXERCICE DE L'AN XI.

Les dépenses faites pendant l'an XII, pour l'exercice de l'an XI, montent à 87 millions (4) ; les recettes versées au trésor pendant le même temps, s'élèvent à 57 millions (5) ; elles sont donc, pendant l'an XII, inférieures de 30 millions aux dépenses. Cet exercice est cependant porté, dans la situation comparée (6), comme en avance de plus de 11 millions envers les autres ; la raison en est que, pendant l'an XI, une partie des

(1) État coté P, 1re division.
(2) État idem.
(3) État idem, 2e division.
(4) État coté A, n° 2.
(5) Titre 2, art. 3.

(1) État coté P, 1re division, n° 3.
(2) État coté U.
(3) État coté U.
(4) État coté G.
(5) État coté A, n° 4.
(6) État coté U.

moyens qui lui sont propres a été appliquée soit aux exercices précédents pour les dépenses générales, soit à l'an XII pour les avances relatives à la solde et à la dette publique. Une forte partie des sommes restant à rentrer au trésor, au 1er vendémiaire dernier, pour complément des fonds affectés à cet exercice, n'y arrivera qu'en acquits de dépenses déjà faites, et qui seront mises en règle pendant la présente année.

Les moyens extraordinaires de l'an XI montaient à près de 25 millions. Le trésor les a reçus en entier pendant l'an XII.

Le crédit ouvert au ministère de la marine, sur cet exercice, présentait, au 1er vendémiaire dernier, un restant libre de 2,500,000 francs. Votre Majesté a provisoirement assigné à ce ministère un supplément de 5 millions, mais qui n'est point compris dans les états que je vous présente, Sire, parce qu'il n'a pas été nécessaire d'en user pendant l'an XII. Cette addition de crédit est justifiée et balancée par les produits, tant de la contribution volontaire que de diverses recettes accidentelles et imprévues. Ils donnent les moyens de porter le crédit général de l'an XI à 624, 500,000 francs.

EXERCICE DE L'AN XII.

La lenteur dans les opérations du trésor est un mal qu'il faut continuellement combattre, parce qu'il tend sans cesse à se reproduire. Elles ont été sensiblement accélérées pendant l'an XII. Les recettes de cet exercice avaient été évaluées à 700 millions. Cette somme était réalisée à la caisse centrale, à 12 millions près, à la fin de l'année. Les recettes de l'administration de l'enregistrement sont parvenues au trésor plus promptement que dans les années précédentes. Celles des douanes ont été pareillement moins retardées; cette administration y verse aujourd'hui en nature les effets à terme donnés en acquits de droits de douanes, dont ses agents faisaient auparavant le recouvrement. Le trésor en jouit au jour même de leur échéance.

Les recettes faites sur les contributions directes, comparées aux fixations réglées par la loi, présentaient annuellement une différence qui portait en grande partie sur le département de la Seine. Pour la première fois elles entreront au trésor en totalité sur l'an XII; et si quelques parties des contributions de ce département ne peuvent être recouvrées, elles seront réimposées, comme elles le sont dans les autres parties de l'Empire, et cette différence ne sera plus à la charge du trésor.

Les premières recettes qui ont été faites sur le produit des nouvelles ventes des domaines nationaux sont imputées à l'an IX, jusqu'à l'entier recouvrement des 20 millions affectés à cet exercice; 15 millions des mêmes produits ont aussi été attribués à l'an XII. Il était nécessaire de faire jouir le trésor aussi promptement que possible de cette affectation. Les dispositions à faire étaient d'autant plus faciles, que les sommes dues par les acquéreurs de domaines nationaux vendus avant le 1er vendémiaire dernier, en exécution des lois de l'an X et de l'an XII, excédant le restant des 20 millions dus à l'an IX et les 15 millions assignés à l'an XII. Vous avez ordonné, Sire, que le trésor fît délégation à la caisse d'amortissement des sommes à payer par ces acquéreurs, et qu'il s'acquittât ainsi de celle qu'il lui doit, tant pour fonds d'amortissement que pour cautionnements et autres produits de recettes spéciales. Il se chargera en recette du montant de cette délégation, qui le libère d'une somme égale, et elle sera portée en dépense sur les crédits législatifs.

La guerre dans laquelle nous sommes engagés a rendu nécessaires de nouveaux suppléments de crédits pour les départements de la guerre et de la marine. D'un autre côté, les traitements accordés aux ecclésiastiques desservant les succursales, ont augmenté la somme primitivement affectée aux cultes. Ces nouvelles dépenses ont porté les besoins de l'exercice de 700 à 762 millions; des mesures provisoires ont été prises en conséquence, et les moyens présentent des résultats égaux.

Pendant l'an XII, le trésor a reçu 8 millions sur les douanes audelà des évaluations, et 6 millions sur les mêmes produits sont rentrés sur cet exercice depuis le 1er vendémiaire dernier. Je vous ai proposé, Sire, de faire verser par les payeurs du trésor un supplément à leurs cautionnements, et cette nouvelle garantie de leur gestion a ajouté aux ressources non prévues de cet exercice. L'accroissement des recettes extraordinaires et extérieures, audelà des premiers aperçus, a aussi facilité l'addition de 62 millions au crédit général.

L'exécution des projets formés par Votre Majesté, pour la prospérité de l'Empire, n'a point été suspendue par la guerre. Outre les fonds ordinaires destinés aux travaux des routes, 7 millions ont été assignés extraordinairement à leurs réparations; 2 millions l'ont été aux travaux du Simplon; une pareille somme à ceux des grands ponts; 6 millions aux canaux et desséchements des marais; 2 millions et demi à la navigation intérieure, et 3 à la restauration des ports de commerce.

Après ces importantes dépenses, on peut remarquer encore avec quelle munificence les sciences, les arts et les talents sont aujourd'hui encouragés; avec quel éclat nouveau sont relevés tous les établissements où se déploie le génie de notre nation: mais si le trésor a pourvu à tout ce qui lui a été demandé pour que tant de monuments, tant de richesses, auparavant enfouies ou ignorées, fussent offertes à notre admiration, qui de nous peut en jouir sans se rappeler par quelle main elles nous ont été rendues?

Je ferai connaître qu'aucun objet n'échappe à votre attention, Sire, en disant qu'elle s'est étendue à l'administration des grands théâtres où sont représentés les chefs-d'œuvre de la scène française, et plus particulièrement à celui où plus de magnificence exige aussi des dépenses plus considérables. Des administrateurs responsables y ont été préposés; un caissier a été nommé, et une gestion régulière établie pour l'an XII; les comptes sont rendus avec ponctualité; l'ordre et l'exactitude s'y font remarquer: c'est un premier pas vers l'économie.

Pour parvenir à acquitter les arrérages de la dette viagère et des pensions de toute nature avec la même exactitude que les intérêts de la dette constituée, cinq trimestres de ces arrérages ont été mis à la charge de l'exercice an XII; et cent mille pensionnaires, habitants de toutes les parties de l'Empire, ont reçu chacun dans son département les sommes auxquelles ils avaient droit.

On eût craint de paraître former des vœux indiscrets, en demandant cette accélération dans les paiements, au sein même de la paix. Vous avez accompli ces vœux pendant la guerre, Sire, et c'est d'après vos ordres que près de 100 millions ont été appliqués pendant l'an XII au paiement des rentes et pensions.

Diverses opérations moins générales, et cependant importantes, ont été consommées au trésor, dans le cours de l'an XII : je vais en rendre compte à Votre Majesté.

(*Grand-livre de la dette publique*). Des dispositions ont été faites pour revêtir le titre fondamental des créanciers de l'État, de toutes les garanties et précautions prescrites par les lois.

Le sénatus-consulte du 28 floréal an XII porte que l'architrésorier de l'Empire arrête tous les ans le grand-livre de la dette publique. Cette opération, précédée des vérifications nécessaires, a eu lieu le 3 vendémiaire dernier ; et le procès-verbal qui en a été dressé sera joint au rapport que je fais à Votre Majesté.

La loi du 23 août 1793 avait ordonné qu'il serait fait deux copies du grand-livre de la dette publique ; que l'une serait déposée aux archives de la trésorerie nationale, et que l'autre resterait dans les bureaux du payeur général.

L'objet principal de cette mesure était à la fois de mettre le grand-livre à l'abri des accidents auxquels est exposé un exemplaire unique, quelque soin que l'on apporte à sa conservation, et de prévenir efficacement tous les autres dangers ; mais la loi n'avait pas fixé d'époque, et jusqu'au commencement de cette année, il n'a existé qu'un seul exemplaire du grand-livre. Lorsque je rendis compte à Votre Majesté de cet état de choses, vous me donnâtes l'ordre d'examiner quelles seraient les mesures les plus propres à assurer l'exécution de la loi ; vous me prescrivîtes en même temps d'empêcher que ces mesures ne fussent connues avant d'être exécutées. C'est avec votre autorisation, Sire, que les dispositions suivantes ont eu lieu.

Une copie de tous les comptes ouverts sur près de 500 volumes qui composent aujourd'hui le grand-livre s'exécute avec activité, et sera finie dans le mois. Elle est placée dans un dépôt isolé de toutes parts. Un gardien spécial veille à sa conservation, et un bureau particulier a été établi pour opérer sur cette copie des changements correspondants à ceux de l'original. Ce travail sera constamment à jour. Il assure à toutes les époques les moyens de constater que le montant des rentes inscrites au grand-livre, et celui des inscriptions émises, est semblable soit collectivement, soit pour les diverses parties de la dette, au montant des copies authentiques qui seront conservées dans le dépôt.

Un contrôle manquait à la dette publique ; cet établissement a été formé, et c'est ainsi que le trésor et les créanciers de l'État ont reçu l'entière garantie que leur avaient promise les lois et la foi publique.

(*Mode de paiement des rentes et des pensions*). A la fin de l'an VIII, Sire, vous donnâtes l'ordre qu'à l'avenir les rentes et pensions seraient payées en espèces. Un changement aussi désirable parut alors ne pouvoir s'effectuer que par l'intervention de la banque ; tous les frais de service de cette nature étaient alors exorbitants, et quoique les fonds des rentes et pensions fussent remis exactement, et à l'avance par le trésor, on ne fut pas surpris de voir cette dépense portée pour l'an IX à près de 1,200,000 fr. J'ai obtenu successivement des améliorations. Elle a été réduite pour l'exercice de l'an X à 700,000 fr., et pour l'an XI à 280,000 fr., parce que j'ai cessé, dans cette dernière année, de faire effectuer ces paiements dans les départements, par les correspondants de la Belgique. L'accroissement de ce service a porté ces frais, pour l'an XII, à 250,000 fr.

Ce paiement est aujourd'hui ramené au trésor, et les frais ne montent pas à 40,000 fr. Le trésor a gagné à ces changements, non-seulement la différence entre cette somme et celle qui était précédemment allouée, mais encore la jouissance des fonds qui restaient à la disposition de la banque à Paris et dans les départements, pour les arrérages non réclamés.

Rien n'a été négligé pour assurer la promptitude des paiements, et les rendre plus commodes pour les rentiers et les pensionnaires.

(*Services de trésorerie et frais de négociations*). Les dépenses ou pertes résultant de la négociation des valeurs du trésor sont, non-seulement jusqu'à l'an VIII, plongées dans le chaos. Il semble qu'on croyait n'avoir pas fait la dépense, parce qu'elle était ignorée ou déguisée ; et comme on en dissimulait la grandeur, elle augmentait en secret, sans qu'on fût averti, par l'excès du mal, de la nécessité d'y mettre un terme. J'ai tenté de dissiper cette obscurité. Après de vains efforts, j'ai été obligé d'y renoncer. Il n'y a qu'un moyen de prévenir un tel désordre, c'est de régler les frais de chaque opération aussitôt qu'elle est faite. Maintenant les états détaillés des pertes à la négociation sont dressés et vous sont remis à l'expiration de chaque trimestre. Pour quelque affaire que le compte de ces dépenses depuis l'an VIII soit demandé, il peut être fourni sans retard. Toutes les parties se soldent complètement pour les moindres appoints comme pour les plus grandes sommes. La plupart des bureaux du trésor offrent des moyens de vérifier ces dépenses ; elles sont soumises à des calculs précis, et ceux à qui l'examen en est confié par Votre Majesté doivent recevoir tous les éclaircissements demandés, avoir accès à tous les registres : la communication d'aucune pièce originale ne peut leur être refusée. C'est parce que le mystère a trop longtemps présidé au règlement de ces dépenses, qu'elles doivent subir des examens plus sévères, et la sécurité de l'ordonnateur ne serait pas complète si elles n'étaient jamais soumises à ces épreuves. Des comptes fréquemment rendus et vérifiés rappellent à chacun son devoir ou sa situation.

C'est ici qu'il convient de mentionner d'autres opérations dans lesquelles les améliorations du service fait par le trésor se font remarquer.

Je remettrai d'abord sous les yeux de Votre Majesté les changements qui ont eu lieu dans les traités successivement faits pour le service du trésor. Depuis l'an VIII jusqu'à la fin de l'an X, diverses associations ont été changées, et toutes les fois qu'un changement a eu lieu, il en est résulté de nouvelles économies. En l'an XI, il est passé dans les mains d'une association de receveurs généraux, et les conditions auxquelles j'ai réglé le traité fait avec eux étaient propres à leur assurer les avantages modérés, mais suffisants, dont je voudrais toujours faire jouir les agents que le trésor emploie ; et cependant cette association, qui a fait une partie importante du service de l'an XI et de l'an XII, a fini sans avoir obtenu les bénéfices que les conditions de son traité semblaient lui garantir.

Il est aisé d'en rendre raison : c'est qu'une association nombreuse et dispersée met rarement dans ses opérations l'ensemble et la suite nécessaires : elle ne peut être aussi vigilante, aussi économe, aussi réservée sur ses projets, qu'un individu ou qu'un petit nombre d'associés qui concentrant leurs efforts, et portent un intérêt moins di·······cès de leur entreprise ; c'est aussi parce que le service de la banque et celui de la finance ne se concilient pas aisément et sont rarement réunis dans les mêmes mains sans dommage pour l'un ou pour l'autre.

Le traité pour le service de l'an XIII est le plus avantageux pour le trésor qui ait été fait depuis longtemps. Les agents de ce service ne sont point, comme les associations qui les ont précédés, chargés du recouvrement des points non soumissionnés. Ces produits n'étaient, avant le 1er vendémiaire dernier, réalisés à Paris, qu'environ un mois et demi après que les comptables des départements les avaient reçus. Aujourd'hui, le trésor fait directement ce recouvrement au moyen des mandats tirés à l'avance sur les recettes présumées. Dans la quinzaine qui précède leur échéance, il emploie une partie de ces valeurs dans ses envois de fonds aux caisses extérieures, et elles font pour lui office de comptant. Ces dispositions n'étant faites que dans une proportion moyenne, ces effets sont ponctuellement payés à présentation. Ce nouveau mode de service vaut constamment au trésor la jouissance d'un fonds de 12 millions.

On pourrait s'étonner qu'une disposition si désirable ait été aussi longtemps différée. On s'en étonnera encore plus en apprenant que depuis plus de deux ans vous en aviez pressenti l'utilité, et que vos ordres en pressaient l'exécution. Mais après une cessation de tout crédit, pendant plusieurs années, il fallait qu'il fût rendu aux valeurs émises par le trésor ; il fallait que l'expérience eût fait connaître les ressources de chaque département ; il fallait en un mot que le trésor eût recouvré, et même sans s'en prévaloir avec trop d'empressement, un privilége sans lequel il n'est que le sujet passif des pratiques de ses propres agents ; cet avantage que je prise au-dessus de tous les autres, qu'aucun sacrifice ne paie trop chèrement, c'est la confiance générale.

(Règlement du compte des bons au porteur).

L'artifice ordinaire des comptables qui ont malversé consiste à ne compter jamais, ou du moins à compter plus tard, dans l'espérance que l'intérêt qu'on portait à une affaire récente, s'affaiblira jusqu'à cesser entièrement à mesure qu'elle vieillira, que les chefs de l'administration se lasseront, que leurs successeurs seront distraits par d'autres objets, et qu'un délit d'abord grave ne paraîtra plus un délit, s'il est demeuré impuni.

C'est ce que démontrent les difficultés que j'ai éprouvées pour le règlement du compte des bons d'arrérages de rentes et pensions que j'ai fait établir pendant l'an XII.

L'admission de ces bons en paiement des contributions avait ouvert une ample carrière à l'agiotage. La cupidité fut stimulée par la grandeur des bénéfices, et de faux bons furent fabriqués ; aux premières poursuites qui furent faites contre les auteurs des faux, les récriminations de quelques comptables contre leurs subordonnés, de ceux-ci contre leurs chefs, présentèrent un spectacle déplorable d'agents qui se rejetaient mutuellement la honte d'un délit qui leur était commun. Toutes ces affaires excessivement embrouillées n'ont pu être complétement réglées en ce qui concerne le trésor.

Les résultats de la vérification qui a été faite présentent, avec toute l'exactitude qu'il a été possible d'y apporter, l'émission et la rentrée des bons aux porteurs et l'état du déficit. Mais la conversion de ces valeurs en rescriptions, le renouvellement ou la réassignation de ces derniers effets, leur échange par les receveurs contre d'au-

tres rescriptions admissibles par leurs préposés, en paiement des contributions, ont occasionné tant d'opérations diverses, qu'il a été impossible de déterminer avec une entière précision la somme restant à rentrer.

Cependant, la situation générale de ces bons étant établie, je n'ai pas attendu l'apurement définitif des comptes de tous les receveurs pour exiger le remboursement des déficits constatés. Quelques-uns résistent, et, entre autres, un comptable destitué, à l'égard duquel une enquête régulière pourra être nécessaire. Les comptables qui ont ainsi malversé sont connus, et leurs bénéfices illicites ont été évalués avec assez d'exactitude. Le tableau que je vous ai remis, Sire, vous les a fait connaître, ainsi que ceux dont la gestion a été irréprochable.

(Recouvrement des anciennes créances du trésor).

L'Assemblée constituante fit constater en 1791 le montant des anciennes créances non recouvrées. Suivant deux inventaires dressés à cette époque, les valeurs existantes au trésor, tant bonnes à recouvrer ou à régler, que caduques, montaient à 192 millions. Il paraît, au peu d'attention qu'on fit à ces créances pendant le cours de la Révolution, qu'elles furent regardées pour la plupart comme caduques, ou d'un recouvrement très-difficile.

Depuis 1791, ces créances actives ont été considérablement augmentées, tant par les arrêtés et les déclarations de la comptabilité nationale, que par les débets constatés par les diverses commissions ou par les ordonnateurs. J'ai reçu de vous, Sire, l'ordre de les faire examiner. Un contrôle spécial a été établi près de l'agent judiciaire du trésor. Un conseil contentieux où sont appelés des hommes versés dans la comptabilité et les lois, discute ces affaires importantes pour le fisc et pour les citoyens. Ce retour sur le passé permet de calculer avec exactitude les sommes perdues dans l'abîme du désordre ; et cet examen a donné les moyens de classer les créances et de faire connaître celles dont le recouvrement peut être affecté.

Les compensations et les recouvrements réels faits en l'an XII s'élèvent à près de 24 millions ; mais la nature des créances qui restent, leur ancienneté, l'insolvabilité notoire de beaucoup de débiteurs, la confiscation de leurs propriétés au profit du Gouvernement pour cause d'émigration ou de condamnation, l'état embarrassé de divers comptables, plusieurs débets qui disparaîtront lorsque les pièces produites auront été mises en règle, l'absence ou la fuite d'un assez grand nombre de ces débiteurs, tout conduit à croire qu'il faut être très-modéré dans l'évaluation des sommes qui pourront être recouvrées successivement, et dans le cours de quelques années.

Pour ne plus laisser subsister au compte du trésor des actifs chimériques, l'agent judiciaire fait, tous les six mois, un rapport à la suite duquel je propose à Votre Majesté de le décharger de l'obligation de poursuivre les débets à l'égard desquels tout espoir de recouvrement est perdu ; et c'est après que le Conseil d'État a pris connaissance de chaque affaire et donné son avis, que Votre Majesté prononce.

À l'égard des autres débiteurs, ils n'obtiennent des facilités pour leur libération que sur vos décisions, Sire ; il est tenu registre de l'échéance des termes accordés, et le défaut de paiement aux époques déterminées fait cesser la faveur des délais.

Les affaires définitivement et régulièrement

consommées ne sont l'objet d'aucune recherche : mais celles qui ne sont pas encore réglées sont attentivement examinées ; les détenteurs des deniers publics qui ont malversé, espèrent en vain d'être absous par le temps. Je nommerai à Votre Majesté ceux qui, par indifférence pour la chose publique, ou par des motifs encore plus condamnables, ont négligé les intérêts du fisc, ont profité des malversations, y ont connivé. La confusion était arrivée à un tel degré qu'on a souvent désespéré de pouvoir porter la lumière dans les opérations antérieures à l'an VIII, et ceux qui s'occupent de ces travaux, rebutés du peu de succès de leurs efforts, ont proposé plusieurs fois de renoncer à mettre ces affaires en règle : mais c'est un triomphe qu'il ne faut point laisser au désordre. Nous avons maintenant des points de reconnaissance au moyen desquels je crois pouvoir annoncer que nous sortirons de ce labyrinthe. Les comptables et autres, sur lesquels le trésor exerce son recours, opposent presque toujours une résistance contre laquelle les demandes et même des ordres positifs sont impuissants. La contrainte est souvent nécessaire ; elle n'est jamais exercée qu'après que tous les autres moyens ont été épuisés, et avec le plus grand respect pour les lois qui protègent la liberté des citoyens.

Une réflexion ne paraîtra pas étrangère à ce rapport : c'est que la plupart des comptables et autres agents qui ont causé le plus de dommage au fisc, bien loin de s'enrichir, ont laissé leurs propres affaires dans une extrême confusion. Ceux-là seuls dont la gestion est trouvée irréprochable possèdent en paix des biens qu'ils ont légitimement acquis, et si les uns éprouvent qu'il n'y a point de repos hors de la pratique des devoirs, l'exemple des autres sert à manifester qu'elle peut être la base des plus solides fortunes.

Sire, le trésor profite de tout ce qui se fait de grand et d'utile dans l'Empire ; et je ne terminerai pas ce rapport sans y consigner un des principaux résultats d'une institution que nous pouvons déjà mettre au rang de vos plus beaux ouvrages.

Au milieu des calamités dont vous avez arrêté le cours, une malheureuse habitude s'était introduite de tout évaluer au prix de l'or. On avait si complétement oublié les principes qui distinguent la richesse de l'honneur, que plusieurs se trouvaient moins honorés, parce qu'ils étaient moins rétribués. Il n'y avait rien dont on ne fît le prétexte d'une demande : on voulait des récompenses pour les devoirs remplis, pour ceux qu'on se proposait de remplir, pour les malversations qu'on avait empêchées, pour celles dont on s'était abstenu ; on supposait qu'il pouvait exister un tarif de grâces pour la sagesse ou la probité, et il n'était pas rare d'entendre solliciter un prix pécuniaire pour le désintéressement même. Une récompense, une augmentation de traitement accordée à un seul, n'excitait, au lieu d'une émulation louable, qu'une foule de demandes chagrines et de comparaisons envieuses. Presque tous aspiraient à toutes les faveurs. On en sollicitait à titre d'avancement, à titre d'indemnité : les demandes se déguisaient sous toutes les formes ; mais toutes avaient pour terme commun l'argent.

Vous avez voulu, Sire, élever une digue puissante contre ce débordement d'une cupidité si contraire à nos anciennes mœurs, et aux habitudes honorables de notre nation ; et parmi les avantages nombreux que lui promet une institution dont les récompenses sont essentiellement honorifiques, nous compterons celui d'avoir re-

mis la vertu et la richesse aux places inégales assignées à l'une et l'autre par la sagesse de nos pères.

Paris, le 15 nivôse an XIII.

Le ministre du trésor public,
BARBÉ-MARBOIS.

COMPTES DES RECETTES ET DÉPENSES FAITES PAR LA CAISSE CENTRALE DU TRÉSOR PUBLIC A PARIS, PENDANT L'AN XII.

Première comptabilité du trésor public.

EXTRAIT DE LA LOI DU 13 NOVEMBRE 1791, RELATIVE A L'ORGANISATION DU TRÉSOR PUBLIC.

TITRE 1er. DE LA COMPTABILITÉ.

Art. 1er. La première espèce de comptabilité du trésor public est purement *intérieure ;* elle ne s'étend pas au delà des caisses du trésor public. Le bordereau de fin d'année de cette première comptabilité présentera le compte de toutes les recettes et dépenses faites par les caisses du trésor public (à Paris) depuis le commencement jusqu'à la fin de l'année expirée, avec distinction d'exercices.

RECETTE

ETAT *des recettes faites par la caisse centrale du trésor public, à Paris, pendant l'an XII, sur tous les exercices.*

Les états qui suivent présentent avec détail la nature et l'origine des *recettes effectives*, ainsi que l'application et la nature des dépenses de la même classe.

Les résultats des recettes et dépenses, qui ne sont que des opérations d'ordre, sont établis dans la *balance générale*, état coté O.

COMPTE DE LA CAISSE CENTRALE DU TRÉSOR PUBLIC.

ETAT A. *Origine et nature des recettes effectives. Fonds généraux du trésor public.*

N° 1er. RECETTES EN NUMÉRAIRE PROVENANT DE L'AN VIII ET ANNÉES ANTÉRIEURES.

CONTRIBUTIONS DIRECTES (PRINCIPAL). **Numéraire,** 159,339 francs. Bons à vue, 2,566,703 francs. Rescriptions du trésor sur divers produits, 15,360 francs. **Total,** 2,741,402 francs.

VERSEMENTS DES RÉGIES ET ADMINISTRATIONS. Enregistrement et domaines. Divers produits. **Numéraire,** 8,797 francs. Obligations et traites de divers débiteurs, 40,742 francs. Bons à vue, 213,711 francs. Rescriptions du trésor sur divers produits, 405,813 francs. Récépissés du caissier des recettes, 30,209,532 francs. **Total,** 30,878,595 francs.

Bois nationaux. Bons à vue, 19,260 francs.

Douanes. Bons à vue, 23 francs.

RECETTES DIVERSES. Cautionnements. **Numéraire,** 9,200 francs.

Indemnités de conscrits. Numéraire, 705 francs. Rescriptions du trésor sur divers produits, 39,000 francs. *Total,* 39,705 francs.

PRODUITS D'EFFETS NÉGOCIÉS OU RECOUVRÉS. Rescriptions négociées par la caisse d'amortissement pour le trésor public et admissibles en paiement de domaines nationaux vendus antérieurement aux lois des 15 et 16 floréal an X (Arrêté du 25 germinal an XI). Obligations et traites des receveurs sur contributions directes, 1,493,768 francs.

Obligations sur rachats de rente, cédules pour domaines nationaux, etc., versées à l'administration de l'enregistrement pour en suivre le recouvrement. Numéraire, 10,695 francs. Bons à vue, 1,417,517 francs. *Total,* 1,428,212 francs.

TOTAUX DES RECETTES SUR L'AN VIII ET ANTÉRIEURS. Numéraire, 584,164 francs. Effets à terme, 102,993 francs. Obligations et traites des receveurs. Contributions directes, 1,493,768 f. [...] ses débiteurs, 40,742 francs. Bons à vue, 4,[...] [...]ancs. Rescriptions du trésor sur divers produits, 465,875 francs. Récépissés. Caissier des recettes, 30,256,276 francs. *Total*, 37,469, 649 francs. (*Voir l'état C*).

A déduire le montant des recettes faites *en récépissés du caissier des recettes* (*) 30,256,276 francs.

TOTAUX des recettes en numéraire ou valeurs représentant numéraire sur l'an VIII et années antérieures, et dont le montant doit être ajouté au tableau suivant, n° 2, aux recettes propres à exercice de l'an IX. Numéraire, 584,164 francs. Effets à terme, 102,993 francs. Obligations et traites des receveurs sur contributions directes, 1,493,768 francs. Divers débiteurs, 40,742 francs. Bons à vue, 4,525,831 francs. Rescriptions du tr sor sur divers produits, 464,875 francs. *Total*, 7,213,373 fr.

Observations.

Toutes les sommes rentrées à la caisse centrale, à dater du 1er vendémiaire an XI, et provenant des recettes propres à l'an VIII et années antérieures, doivent être ajoutées aux ressources de l'an IX, dans les proportions déterminées par la loi du 4 germinal an XI. En conséquence les recettes ci-dessus sont ajoutées dans le tableau suivant, n° 2, aux recettes sur les contributions de l'an IX. La distinction a dû en être établie : 1° afin de constater plus exactement la rentrée des contributions propres à l'an IX ; 2° parce que les fonds spéciaux propres à ces deux exercices doivent continuer à être séparés.

N° 1er BIS.

RECETTES EN VALEURS DIVERSES.

RÉSUMÉ DES RECETTES EN VALEURS DIVERSES, IMPUTÉES SUR L'AN VIII ET ANNÉES ANTÉRIEURES. Cédules sur domaines. Capitaux, 48,953 francs. Intérêts, 43,243 francs. *Total*, 92,196 francs.

Rescriptions sur domaines vendus antérieurement aux lois des 15 et 16 floréal an X, 2,411,741 francs.

Rescriptions sur capitaux de rentes nation ales,939,049 francs.

Rescriptions sur divers produits, 173,335 francs.

Inscriptions au grand-livre (*capitaux*),29,716 280 francs. *Total général*, 33,333,456 francs. (Voir l'état coté C).

Ces recettes en *valeurs diverses* ne concernent que les exercices de l'an VIII et des années antérieures, et sont affectées par les lois et arrêtés aux dépenses de ces exercices. (Voir l'état coté D).

N° II. RECETTES SUR L'EXERCICE DE L'AN IX.

CONTRIBUTIONS DIRECTES (PRINCIPAL). Bons à vue, 241,725 francs.

VERSEMENTS DES RÉGIES ET ADMINISTRATIONS. Enregistrement et domaines. Divers produits. Numéraire, 1,872 fr. Bons à vue, 241,725 francs. *Total*, 241,725 francs.

Bois nationaux. Obligations et traites. Adjudicataires de coupes de bois, 2,784 francs. Bons à vue, 64,342 fr. Rescriptions du trésor sur divers produits, 9,128 francs. *Total*, 76,254 francs.

Douanes. Bons à vue, 1,228 francs.

Monnaies. Bons à vue, 28,625 francs. Récépissés du caissier des recettes, 117,818 francs. *Total*, 146,443 fr.

RECETTES DIVERSES. Cautionnements. Récépissés du caissier des recettes, 15,189 francs.

Versements sur débets. Numéraire, 4,539 francs.

Versements à divers titres. Numéraire, 27,796 francs. Bons à vue, 15,718 francs. Récépissés de divers comptables, 6,445 francs. *Total*, 49,959 francs.

RECETTES EXTRAORDINAIRES ET EXTÉRIEURES. Il faut ici ajouter : 1° le produit de la vente des domaines nationaux (lois des 15 et 16 floréal an X) reçu pendant

l'an XII, et applicable à l'an IX. Bons à vue, 5,742,227 francs. (Voir l'état C) ;

2° Le produit des rescriptions sur domaines nationaux (lois *idem*) versé par la caisse d'amortissement. (Arrêté du 28 ventôse an XII). Numéraire, 8,474 francs. Obligations et tra tes des receveurs généraux, 408,076 francs. *Total*, 416,550 francs.

TOTAUX DES RECETTES PROPRES A L'AN IX. Numéraire, 108,656 francs. Obligations et traites des receveurs généraux, 408,076 francs. Adjudicataires de coupes de bois, 2,784 francs. Bons à vue, 6,292,989 francs. Rescriptions du trésor sur divers produits, 349,222 francs. Récépissés du caissier des recettes, 17,772,479 francs ; de divers comptables, 6,445 francs. *Total*, 24,940,651 francs, (Voir l'état C).

REPORT des recettes en numéraire, provenant de l'an VIII et années antérieures, applicables à l'an IX, et détaillées d'autre part, n° 1er. Numéraire, 584,164 francs. Effets à terme, 102,993 francs. Obligations et traites. Receveurs généraux, 1,493,768 francs. Divers débiteurs, 40,742 francs. Bons à vue, 4,525,831 francs. Rescriptions du trésor sur divers produits, 465,875 francs. *Total*, 7,213,373 francs.

TOTAUX DES RECETTES AFFECTÉES AU SERVICE DE L'EXERCICE DE L'AN IX. Numéraire, 692,820 francs. Effets à terme, 102,993 francs. Obligations et traites. Receveurs généraux, 1,901,844 francs. Adjudicataires de coupes de bois, 2,784 francs. Divers débiteurs, 40,742 francs. Bons a vue, 10,818,820 fr. Rescriptions du trésor sur divers produits, 815,097 francs. Récépissés du caissier des recettes, 17,772,479 francs ; de divers comptables, 6,445 francs. *Total*, 32,154,024 francs.

Observations.

On a ajouté aux recettes propres à l'an IX les rentrées sur l'an VIII, et le produit des domaines nationaux vendus en exécution des lois de l'an X. Ces ressources sont affectées à l'an IX par les lois des 30 ventôse an IX et 4 germinal an XI.

Sur le crédit de 20 millions, montant du produit des domaines nationaux affectés, à l'an IX, il est entré à la caisse centrale :

Pendant l'an XI, 1,315,451 francs.

Pendant l'an XII, 6,158,777 francs.

Total, 7,474,228 francs.

La somme de 17,639,472 francs en récépissés du caissier des recettes, versée par l'administration de l'enregistrement, représente une partie des avances faites pendant l'an IX par cette administration, et qui ont été régularisées pendant l'an XII par les divers ministres que ces dépenses concernaient.

N° III. RECETTES SUR L'EXERCICE DE L'AN X.

CONTRIBUTIONS DIRECTES (PRINCIPAL). Bons à vue, 378,334 francs.

VERSEMENTS DES RÉGIES ET ADMINISTRATIONS. Enregistrement et domaines (*). Divers produits. Numéraire, 85,234 francs. Bons à vue, 180 francs. Rescriptions du trésor sur divers produits, 234,465 francs. Récépissés du caissier des recettes, 1,200,700 francs. *Total*, 1,700,499 francs.

Bois nationaux. Obligations et traites d'adjudicataires de coupes de bois, 100 francs.

Douanes. Bons à vue, 2,576 francs.

RECETTES DIVERSES. Versements sur débets. Récépissés du caissier des recettes, 86,492 francs.

Cautionnements. Numéraire, 1,399 francs.

(*) Les recettes ordinaires, détaillées ci-dessus, comprennent 30,256,276 francs de *récépissés du caissier* des recettes. Ces récépissés représentent, presque en totalité, des versements de dépenses acquittées en l'an VIII et années antérieures, par l'administration de l'enregistrement, pour frais de justice, dépenses de prisons, etc. Ces recettes n'entrent que pour ordre dans la comptabilité du trésor ; et les acquits ainsi versés comme comptant par la régie, sont de suite passés en dépense, au moyen des ordonnances de régularisation délivrées par les ministres que chaque nature de dépense concerne. C'est parce que ces recettes en *récépissés* sont fictives, qu'il en a été fait ici déduction sur le montant des ressources réelles à affecter à l'exercice de l'an IX, en exécution de la loi du 4 germinal an XI.

Les comptes du trésor seraient incomplets et ne pourraient être établis avec exactitude, ordre et clarté, si ces recettes et ces dépenses n'y étaient comprises aussitôt qu'il en est justifié

(*) Les versements en numéraire ou valeurs représentant numéraire, provenant de l'administration de l'enregistrement pour l'exercice de l'an X, et parvenus à la caisse centrale, pendant ladite année et les suivantes, sont inférieurs au montant annoncé dans l'an XI, du produit net des recettes de cette administration.

Cette différence provient : 1° de ce que les états fournis pour l'an XI, comprenaient avaient compris comme numéraire des valeurs qui n'en font pas office. Un premier examen a déjà donné lieu à une réduction certaine de 6,800,000 francs.

2° De ce que le trésor comptait alors par exercice, tandis que la régie comptait par gestion d'année. Il en est résulté que les recouvrements faits pendant l'an X ont dû être attribués, par le trésor, aux exercices auxquels ils appartenaient par leur origine (*Voyez compte de l'an XI*). Un contrôle spécial a depuis été établi au trésor public, et il a fait cesser ces inconvénients de cette discordance.

3° Parce que la totalité des pièces de dépenses acquittées par la régie, pour le compte des ministres, n'a pas encore été mise en règle par les ordonnances.

A divers titres. Numéraire, 85,286 francs. Effets à terme, 393 francs. Bons à vue, 747,776 francs.
Récépissés de divers comptables, 162,191 francs. *Total*, 995,646 francs.
TOTAUX DES RECETTES SUR L'EXERCICE DE L'AN X. Numéraire, 171,919 francs. Effets à terme, 393 francs. Obligations et traites d'adjudicataires de coupes de bois, 100 francs. Bons à vue, 1,308,786 francs. Rescriptions du trésor sur divers produits, 234,465 francs. Récépissés du caissier des recettes, 2,227,192 francs; de divers comptables, 162,191 fr. *Total*, 3,165,046 francs. (Voir l'état C.)

No IV. RECETTES SUR L'EXERCICE DE L'AN XI.

CONTRIBUTIONS DIRECTES. Excédant des soumissions. Bons à vue, 53,120 francs.
Contribution volontaire pour la guerre. Obligations et traites de receveurs généraux, 2,823,516 francs.
VERSEMENTS DES RÉGIES ET ADMINISTRATIONS. Enregistrement et domaines. Divers produits. Numéraire, 3,056,435 francs. Obligations et traites de divers débiteurs, 5,510 francs. Bons à vue, 11,688,944 francs. Rescriptions du trésor sur divers produits, 219,068 francs. Récépissés du caissier des recettes, 3,303,443 francs. *Total*, 18,273,406 fr.
Bois nationaux. Numéraire, 962 francs. Obligations et traites d'adjudicataires de coupes de bois, 256,548 francs. Bons à vue, 208,160 francs. *Total*, 465,671 francs.
Douanes. Numéraire, 75,634 francs. Obligations et traites en acquit de droits de douanes, 1,478,993 francs. Bons à vue, 4,949,956 francs. Rescriptions du trésor sur divers produits, 40,631 fr. *Total*, 6,545,214 francs.
Postes. Numéraire, 930,054 francs. Effets à terme, 33,822 francs. Rescriptions de diverses régies, 583,000 fr. *Total*, 1,546,876 francs.
Monnaies. Numéraire, 582,433 fr Bons à vue, 120,234 fr. *Total*, 702,667 francs.
Loterie. Numéraire, 900 francs.
RECETTES DIVERSES. Vingtième de l'octroi de villes. Bons à vue, 340,190 francs. Indemnité de conscrits. Numéraire, 87,606 francs. Bons à vue, 1,172,355 francs. Rescriptions du trésor sur divers produits, 800 francs. *Total*, 1,260,761 francs.
Versements sur débets. Numéraire, 8,327 francs.
Dons pour la guerre. Numéraire, 409 francs. Bons à vue, 31,340 francs. *Total*, 31,749 francs.
A différents titres. Numéraire, 61,770 francs. Effets à terme, 201,205 francs. Bons à vue, 465,477 francs. Récépissés de divers comptables, 94,826 francs. *Total*, 823,278 francs.
RECETTES EXTRAORDINAIRES ET EXTÉRIEURES. Numéraire, 3,704,826 francs. Effets à terme, 21,186,067 francs. *Total*, 24,890,913 francs.
TOTAUX DES RECETTES SUR L'EXERCICE DE L'AN XI. Numéraire, 8,509,357 francs. Effets à terme, 21,421,114 fr. Obligations et traites. Receveurs généraux, 3,823,516 fr. Adjudicataires de coupes de bois, 256,548 francs. Acquit de droits de douanes, 1,478,993 francs. Divers débiteurs, 5,510 francs. Bons à vue, 19,029,776 francs. Rescriptions du trésor sur divers produits, 260,499 francs; de diverses régies, 583,000 francs. Récépissés du caissier des recettes, 3,303,443 francs. Divers comptables, 94,826 francs. Total, 57,766,588 francs. (*Voir l'état C.*)

Observations.

Le principal des contributions directes de l'an XI ne sera point versé intégralement au trésor, à raison principalement de la déduction de 910,000 francs faite sur la soumission du receveur général de la Seine (*Compte de l'an XI*, p. 35). Cette somme est affectée aux décharges, dégrèvements et remises qui excèdent le fonds de non-valeur de ce département, et qui n'ont point été réimposés sur l'an XII.

No V. RECETTES SUR L'EXERCICE DE L'AN XII.

CONTRIBUTIONS DIRECTES. Foncière (Principal). Obligations et traites des receveurs généraux, 210,000,000 francs.
Personnelle, mobilière et somptuaire. Obligations et traites des receveurs généraux, 31,860 fr. 79 c.
Centimes additionnels auxdites contributions (pour dépenses fixes). Obligations et traites des receveurs généraux, 48,930,164 francs.
Portes et fenêtres. Obligations et traites des receveurs généraux, 16,000,000 francs.
Patentes. Obligations et traites des receveurs généraux, 17,512,722 francs.

Contribution volontaire pour la guerre. Obligations et traites des receveurs généraux, 16,739,503 francs.
VERSEMENTS DES RÉGIES ET ADMINISTRATIONS. Enregistrement et domaines. Divers produits, numéraire, 12,727,979 francs. Obligations de divers débiteurs, 885,767 francs. Bons à vue, 111,308,960 francs. Rescriptions du trésor sur divers produits, 220,494 francs. Récépissés de divers comptables, 27,825 francs. *Total*, 125,771,025 francs.
Bois nationaux. Numéraire, 23,315 francs. Obligations et traites d'adjudicataires de coupes de bois, 39,334,837 fr. Bons à vue, 5,528,011 francs. Rescriptions du trésor sur divers produits, 181,060 francs. *Total*, 44,967,223 fr.
Domaines nationaux. *Mémoire*[*].
Douanes. Numéraire, 3,000 francs. Obligations et traites en acquit de droits de douanes, 20,602,318 francs. Bons à vue, 12,416,638 francs Rescriptions du trésor sur divers produits, 32,300 francs. *Total*, 33,054,276 francs.
Postes. Numéraire, 4,348,173 francs. Effets à terme, 66,827 francs. Rescriptions de diverses régies, 2,985,000 fr. *Total*, 7,400,000 francs.
Monnaies. Numéraire, 200,003 francs. Bons à vue, 234,526 francs. *Total*, 434,529 francs.
Loterie. Numéraire, 2,510,000 francs. Effets à terme, 13,148,500 francs. *Total*, 15,658,500 francs.
Salines. Effets à terme, 979,984 francs. Rescriptions de diverses régies, 1,720,016 francs. *Total*, 2,700,000 fr.
RECETTES DIVERSES Recettes sur cautionnements. Numéraire, 21,600 francs. Obligations et traites de receveurs généraux, 20,883,462 francs, de divers débiteurs, 1,352,600 francs. *Total*, 22,257,662 francs.
Vingtième de l'octroi des villes. Bons à vue, 563,526 fr.
Indemnités de conscrits. Numéraire, 78,648 francs. Bons à vue, 1,670,716 francs. *Total*, 1,749,364 francs.
Versements sur débets. Numéraire, 100,000 francs. Effets à terme, 285,613 francs. *Total*, 385,613 francs.
Dons pour la guerre. Numéraire, 29,120 francs. Effets à terme, 1,200,000 francs. Bons à vue, 338,625 francs. *Total*, 1,567,745 francs.
A différents titres. Numéraire, 116,943 francs. Effets à terme, 7,081 francs. Bons à vue, 1,681,120 francs. Récépissés de divers comptables, 26,867 francs. *Total*, 1,832,011 francs.
RENTES NATIONALES (PRODUIT DE) NÉGOCIÉES PAR LA CAISSE D'AMORTISSEMENT. Numéraire, 7,005 francs. Obligations et traites des recoveurs généraux, 66,253 francs. *Total*, 73,258 francs.
RECETTES EXTRAORDINAIRES ET EXTÉRIEURES. Numéraire, 7,721,894 francs. Effets à terme, 86,098,241 francs. Mandats du caissier général du trésor, 22,400,000 fr. *Total*, 116,221,135 francs.
TOTAUX DES RECETTES SUR L'EXERCICE DE L'AN XII. Numéraire, 27,887,877 fr. Effets à terme, 101,787,346 francs. Obligations et traites des receveurs généraux, 334,012,183 francs ; des adjudicataires de coupes de bois, 39,234,837 francs. Acquits de droits de douanes, 20,602,318 francs. Divers débiteurs, 2,238,367 francs. Bons à vue, 133,742,142 francs. Rescriptions du trésor sur divers produits, 1,033,854 francs; de diverses régies, 4,705,016 francs. Mandats du caissier général du trésor public, 22,400,000 francs. Récépissés de divers comptables, 54,692 francs. *Total*, 687,698,532 francs. (*Voir l'état C.*)

No VI. *Récapitulation des recettes en numéraire, ou valeurs représentatives, sur tous les exercices.*

CONTRIBUTIONS DIRECTES. Numéraire, 159,339 fr. Obligations et traites des receveurs sur contributions directes, 315,885,984 francs. Bons à vue, 3,239,882 francs. Rescriptions du trésor sur divers produits, 15,360 francs. *Total*, 319,300,565 francs.
VERSEMENTS DES RÉGIES ET ADMINISTRATIONS. Enregistrement et domaines. Divers produits. Numéraire, 15,880,317 francs. Obligations et traites de divers débiteurs, 932,025 francs. Bons à vue, 123,590,839 francs. Rescriptions du caissier des recettes, 52,353,147 francs; de divers comptables, 27,825 francs. *Total*, 194,804,087 fr.
Bois nationaux. Numéraire, 24,278 francs. Obligations

---

(1) Le produit de la vente des domaines nationaux (lois des 15 et 16 floréal an X), porté ici pour mémoire, a été transporté à l'exercice de l'an IX, no II, auquel il est affecté jusqu'à concurrence de 20 millions, par la loi du 30 ventôse an IX.

et traites d'adjudicataires de coupes de bois, 39,494,269 fr. Bons à vue, 5,819,773 francs. Rescriptions du trésor sur divers produits, 190,188 francs. *Total*, 45,528,506 fr.

Aliénations de domaines nationaux (*lois de l'an X*). Numéraire, 8,474 francs. Obligations et traites des receveurs sur contributions directes, 408,076 francs. Bons à vue, 5,742,227 francs. *Total*, 6,158,777 francs.

Douanes. Numéraire, 78,634 francs. Obligations et traites en acquit de douanes, 22,081,311 francs. Bons à vue, 17,370,441 francs. Rescriptions du trésor sur divers produits, 72,931 francs. *Total*, 39,603,317 francs.

Postes. Numéraire, 5,278,227 francs. Effets à terme, 100,649 francs. Rescriptions de diverses régies, 3,568,000 francs. *Total*, 8,946,876 francs.

Monnaies. Numéraire, 782,436 francs. Bons à vue, Récépissés du caissier des recettes, 117,818 francs. *Total*, 1,283,639 francs.

Loterie. Numéraire, 2,510,900 francs. Effets à terme, 13,148,500 francs. *Total*, 15,659,400 francs.

Salines. Effets à terme, 979,984 francs. Effets à terme. Rescriptions de diverses régies, 1,720,016 francs. *Total*, 2,700,000 fr.

RECETTES DIVERSES. Vingtieme de l'octroi des villes. Bons à vue, 903,716 francs.

Cautionnements. Numéraire, 32,199 francs. Obligations et traites des receveurs sur contributions directes, 20,883,462 francs. De divers débiteurs, 1,352,600 francs. Récépissés du caissier des recettes, 15,189 francs. *Total*, 22,283,450 francs.

Indemnités des conscrits. Numéraire, 167,156 francs. Bons à vue, 2,843,071 francs Rescriptions du trésor sur divers produits, 39,800 francs. *Total*, 3,050,027 fr.

Versements sur débets. Numéraire, 374,654 francs. Effets à terme, 388,606 francs. Récépissés du caissier des recettes, 86,492 francs. *Total*, 849,752 francs.

Dons pour la guerre. Numéraire, 29,529 francs. Effets à terme, 1,200,000 francs. Bons à vue, 369,965 francs. *Total*, 1,599,494 francs.

A divers titres. Numéraire, 432,440 francs. Effets à terme, 208,679 francs. Obligations et traites des receveurs sur contributions directes, 66,253 francs. Bons à vue, 3,218,708 francs. Rescriptions du trésor sur divers produits, 5,702 francs. Récépissés du caissier des recettes, 46,744 francs ; de divers comptables, 290,329 fr. *Total*, 4,268,855 francs.

RECETTES EXTRAORDINAIRES ET EXTÉRIEURES. Numéraire, 11,492,695 francs. Effets à terme, 107,285,328 fr. Mandats du caissier général du trésor public, 22,400,000 fr. *Total* 141,178,023 francs.

Produit de divers effets négociés ou recouvrés par la caisse d'amortissement. Obligations et traites des receveurs sur contributions directes, 1,493,768 francs. Produit de divers effets négociés ou recouvrés par l'administration de l'enregistrement. Numéraire, 10,595 fr. Bons à vue, 1,417,517 francs. *Total*, 1,428,212 francs.

TOTAUX GÉNÉRAUX. Numéraire, 37,261,973 francs. Effets à terme, 123,311,746 francs. Obligations et traites des receveurs sur contributions directes, 338,737,543 fr. D'adjudicataires de coupes de bois, 39,494,269 francs. En acquit de droits de douanes, 22,081,311 francs. De divers débiteurs, 2,284,625 francs. Bons à vue, 16,489,524 fr. Rescriptions du trésor sur divers produits, 2,343,915 fr. De diverses régies, 5,283,016 francs. Mandats du caissier général du trésor public, 22,400,000 francs. Récépissés du caissier des recettes, 52,619,390 francs. De divers comptables, 318,154 francs. *Total*, 811,040,466 francs. (*Voir l'état C.*)

Observations.

Cette récapitulation réunit toutes les recettes détaillées avec distinction d'exercices dans les cinq premières divisions du présent état. (*Voir la note de l'état coté C*).

No VII. RECAPITULATION DES MÊMES RECETTES PRESENTANT LES TOTAUX PAR EXERCICE.

AN VIII ET ANNÉES ANTÉRIEURES (*Voir le no I*). Numéraire, 584,164 francs. Effets à terme, 102,993 francs. Obligations et traites des receveurs sur contributions directes, 1,493,768 francs. De divers débiteurs, 40,742 fr. Bons à vue, 4,525,831 francs. Rescriptions du trésor sur divers produits, 465,875 francs. Récépissés du caissier des recettes, 30,256,276 francs. *Total*, 37,469,649 francs.

AN IX. (*Voir le no II*). Numéraire, 108,656 francs. Obligations et traites des receveurs sur contributions directes, 408,976 francs. D'adjudicataires de coupes de bois, 2,784 francs. Bons à vue, 6,292,989 francs. Res-

criptions du trésor sur divers produits, 349,222 francs. Récépissés du caissier des recettes, 17,772,479 francs. De divers comptables, 6,445 francs. *Total*, 24,940,651 fr.

AN X. (*Voir le no III*). Numéraire, 171,919 francs. Effets à terme, 383 francs. Obligations et traites d'adjudicataires de coupes de bois, 100 francs. Bons à vue, 1,308,786 francs. Rescriptions du trésor sur divers produits, 234,465 francs. Récépissés du caissier des recettes, 1,287,192 francs. De divers comptables, 162,191 francs. *Total*, 3,165,046 francs.

AN XI. (*Voir le no IV*). Numéraire, 8,509,357 francs. Effets à terme, 21,421,114 francs. Obligations et traites des receveurs sur contributions directes, 2,823,516 francs. D'adjudicataires de coupes de bois, 256,548 francs. En acquit de droits de douanes, 1,478,993 francs. De divers débiteurs, 5,516 francs. Bons à vue, 19,029,776 francs. Rescriptions du trésor sur divers produits, 260,499 fr. De diverses régies, 583,000 francs. Récépissés du caissier des recettes, 3,303,443 francs. De divers comptables, 94,826 francs. *Total*, 57,766,588 francs.

AN XII. (*Voir le no V*). Numéraire, 27,887,877 francs. Effets à terme, 101,787,246 francs. Obligations et traites des receveurs sur contributions directes, 334,012,183 fr. D'adjudicataires de coupes de bois, 39,234,837 francs. En acquit de droits de douanes, 20,602,318 francs. De divers débiteurs, 2,238,367 francs. Bons à vue, 133,742,142 francs. Rescriptions du trésor sur divers produits, 1,033,854 francs. De diverses régies, 4,703,016 fr. Mandats du caissier général du trésor public, 22,400,000 fr. Récépissés de divers comptables, 54,692 francs. *Total*, 687,698,532 francs.

TOTAUX SEMBLABLES A CEUX DU No VI CI-DESSUS. Numéraire, 37,261,973 francs. Effets à terme, 123,311,746 fr. Obligations et traites des receveurs sur contributions directes, 338,737,543 fr. D'adjudicataires de coupes de bois, 39,494,269 francs. En acquit de droits de douanes, 22,081,311 francs. De divers comptables, 2,284,625 fr. Rescriptions du trésor sur divers produits, 2,343,915 francs. De diverses régies, 5,288,016 francs. Mandats du caissier général du trésor public, 22,400,000 francs. Récépissés du caissier des recettes, 52,619,390 francs. De divers comptables 318,154 francs. *Total*, 811,040,466 francs. (*Voir l'état C.*)

ÉTAT B. ORIGINE ET NATURE DES RECETTES EFFECTIVES.

Fonds spéciaux du trésor public.

EXERCICES DE L'AN VIII ET ANNÉES ANTÉRIEURES.

CENTIMES ADDITIONNELS. Numéraire, 126,229 francs. Bons à vue, 623,121 francs. *Total*, 749,350 francs.

TAXE D'ENTRETIEN DES ROUTES. Bons à vue, 3,630 fr. Récépissés de divers comptables, 112,507 francs. *Total*, 116,137 francs.

VERSEMENTS EN NUMÉRAIRE D'ACQUÉREURS DE MAISONS, etc. (Arrêté du 3 ventôse an XII). Numéraire, 277,942 francs.

ABONNEMENT AU BULLETIN DES LOIS. Numéraire, 4 francs. Bons à vue, 314 francs. *Total*, 318 francs.

TOTAUX. Numéraire, 404,175 francs. Bons à vue, 627,065 francs. Récépissés de divers comptables, 112,507 francs. *Total*, 1,143,747 francs. (*Voir l'état C.*)

EXERCICE DE L'AN IX.

CENTIMES ADDITIONNELS. Bons à vue, 12,000 francs.

TAXE D'ENTRETIEN DES ROUTES. Récépissés de divers comptables, 90,495 francs.

VENTE D'EFFETS MILITAIRES. Bons à vue, 2,602 francs.

ABONNEMENT AU BULLETIN DES LOIS. Numéraire, 12 francs. Bons à vue, 212 francs. *Total*, 224 francs.

TOTAUX. Numéraire, 12 francs. Bons à vue, 14,813 fr. Récépissés de divers comptables, 90,495 francs. *Total*, 105,320 fr. (*Voir l'état C.*)

EXERCICE DE L'AN X.

CENTIME ADDITIONNEL de réserve pour dégrèvement de contributions. Bons à vue, 51,557 francs.

DEUX DÉCIMES DU 10e DES PATENTES. Numéraire, 8,578 francs. Bons à vue, 33,765 francs. *Total*, 42,343 fr.

TAXE D'ENTRETIEN DES ROUTES. Bons à vue, 6,047 francs. Récépissés de divers comptables, 117,831 francs. *Total*, 123,878 francs.

ABONNEMENT AU BULLETIN DES LOIS. Numéraire, 12 francs. Bons à vue, 803 francs. *Total*, 815 fr.

QUART DE RÉSERVE DES BOIS COMMUNAUX. Obligations et traites, 6,237 francs.

TOTAUX. Numéraire, 8,590 francs. Obligations et traites, 6,237 francs. Bons à vue, 92,172 francs. Récépissés de divers comptables, 117,063 francs. *Total*, 224,830,320 francs. (*Voir l'état C*).

EXERCICE DE L'AN XI.

CENTIME ADDITIONNEL de réserve pour dégrèvement de contributions. Numéraire, 26,929 francs. Bons à vue, 700,798 francs. *Total*, 727,727 francs.

DEUX DÉCIMES DU 10ᵉ DES PATENTES. Bons à vue, 201,776 francs.

TAXE D'ENTRETIEN DES ROUTES. Numéraire, 115,776 fr. Bons à vue, 357,732 francs. *Total*, 473,508 francs.

VENTE D'EFFETS MILITAIRES. Bons à vue, 34,809 francs.

ABONNEMENT AU BULLETIN DES LOIS. Numéraire, 1,219 fr. Bons à vue, 20,653 francs. *Total*, 21,872 francs.

SUPPLÉMENT DE CAUTIONNEMENT DES NOTAIRES. Numéraire, 3,349 francs. Obligations et traites, 10,800 francs. Bons à vue, 2,041,762 francs. *Total*, 2,055,911 francs.

QUART DE RÉSERVE DES BOIS NATIONAUX. Obligations et traites, 10,621 francs.

TOTAUX. Numéraire, 147,273 francs. Obligations et traites, 21,421 francs. Bons à vue, 3,357,530 francs. *Total*, 3,526,224 francs. (*Voir l'état C*).

Observations.

Les fonds spéciaux se composent de produits particuliers affectés à un service déterminé. Les dépenses en sont réglées sur l'étendue des rentrées; elles sont ordonnancées par les ministres, et ne sont point imputées sur les crédits qui leur sont ouverts par la loi.

EXERCICE DE L'AN XII.

CENTIMES ADDITIONNELS. Variables. Obligations et traites, 19,743,960 francs. Bons à vue, 23,627 francs. *Total*, 19,767,587 francs.

CENTIMES ADDITIONNELS de réserve pour dégrèvement de contributions. Obligations et traites, 2,428,000 francs.

DEUX DÉCIMES DU 10ᵉ DES PATENTES. Bons à vue, 413,519 francs.

TAXE D'ENTRETIEN DES ROUTES. Numéraire, 1,249,666 fr. Bons à vue, 14,276,797 francs. *Total*, 15,526,463 francs.

VENTE D'EFFETS MILITAIRES. Numéraire, 11,205 francs. Bons à vue, 131,678 francs. *Total*, 142,883 francs.

ABONNEMENT AU BULLETIN DES LOIS. Numéraire, 474 fr. Bons à vue, 289,621 francs. *Total*, 290,095 francs.

OCTROI DE NAVIGATION. Numéraire, 67,664 francs. Bons à vue, 464,432 francs. *Total*, 532,096 francs.

DROITS SUR LES BACS ET BATEAUX. Numéraire, 3,836 fr. Bons à vue, 315,231 francs. *Total*, 319,067 francs.

AMENDES DE DÉSERTION. Numéraire, 22,241 francs.

TOTAUX. Numéraire, 1,332,845 francs. Obligations et traites, 22,171,960 francs. Bons à vue, 15,637,146 francs. *Total*, 39,141,951 francs. (*Voir l'état C*).

RÉCAPITULATION DES RECETTES PROVENANT DES FONDS SPÉCIAUX.

DÉSIGNATION DES NATURES DE RECETTES.

Centimes additionnels. Numéraire, 153,158 francs. Obligations et traites, 22,171,960 francs. Bons à vue, 1,411,103 francs. *Total*, 23,736,221 francs.

Deux décimes du 10ᵉ des patentes. Numéraire, 8,578 francs. Bons à vue, 349,060 francs. *Total*, 357,638 francs.

Taxe d'entretien des routes. Numéraire, 1,365,442 fr. Bons à vue, 14,644,206 francs. Récépisses de divers comptables, 320,833 francs. *Total*, 16,330,481 francs.

Ventes d'effets militaires. Numéraire, 11,205 francs. Bons à vue, 169,088 francs. *Total*, 180,293 francs.

Versements en numéraire d'acquéreurs de maisons, etc. (*Arrêté du 3 ventôse an X*). 277,942 francs.

Abonnement au Bulletin des lois. Numéraire, 1,721 fr. Bons à vue, 311,603 francs. *Total*, 313,324 francs.

Supplément de cautionnement des notaires. Numéraire, 3,349 francs. Obligations et traites, 10,800 francs. Bons à vue, 2,041,762 francs. *Total*, 2,055,911 francs.

Quart de réserve des bois communaux. Obligations et traites, 16,858 francs.

Octroi de navigation. Numéraire, 67,664 francs. Bons à vue, 464,432 fr. *Total*, 532,096 francs.

Droits sur bacs et bateaux. Numéraire, 3,836 francs. Bons à vue, 315,231 francs. *Total*, 319,067 francs.

Amendes de désertion. Bons à vue. 22,241 francs.

TOTAUX. Numéraire, 1,392,895 francs. Obligations et traites, 22,199,618 francs. Bons à vue, 19,723,726 fr. Récépissés de divers comptables, 320,833 francs. *Total*, 44,142,072 francs. (*Voir l'état C*).

AUTRE RÉCAPITULATION PAR EXERCICE

EXERCICES AN VIII ET ANNÉES ANTÉRIEURES. Numéraire, 404,175 francs. Bons à vue, 627,065 francs. Récépissés de divers comptables, 112,507 francs. *Total* 1,143, 747 francs.

EXERCICE AN IX. Numéraire, 12 francs. Bons à vue, 14,813 francs. Récépissés de divers comptables, 90,495 francs. *Total*, 105,320 francs.

EXERCICE AN X. Numéraire, 8,590 francs. Obligations et traites, 6,237 francs. Bons à vue, 92,172 francs. Récépissés de divers comptables, 117,831 francs. *Total*, 224,830 francs.

EXERCICE DE L'AN XI. Numéraire, 147,273 francs. Obligations et traites, 21,421 francs. Bons à vue, 3,357,530 francs. *Total*, 3 526,224 francs.

EXERCICE DE L'AN XII. Numéraire, 1,332,845 francs. Obligations et traites, 22,171,960 francs. Bons à vue, 15,637,146 francs. *Total*, 39,141,951 francs.

TOTAUX GÉNÉRAUX. Numéraire, 1,892,895 francs. Obligations et traite, 22,199,618 francs. Bons à vue, 19,928,726 francs. Récépissés de divers comptables, 320,833 francs. *Total*, 44,142,072 francs. (*Voir l'état C*).

Etat C.

RÉSUMÉ GÉNÉRAL DES RECETTES.

1º FONDS GÉNÉRAUX (En numéraire).

CONTRIBUTIONS DIRECTES. An VIII et antérieurs, 2,741,402 francs. An IX, 241,725 francs. An X, 378,334 francs. An XI, 2,876,636 francs. An XII, 313,062,468 francs. *Total*, 319,300,565 francs.

VERSEMENTS DES RÉGIES ET ADMINISTRATIONS. *Enregistrement et Domaines*. Divers produits. An VIII et antérieurs, 30,878,595 francs. An IX, 18,180,562 fr. An X, 1,700,499 francs. An XI, 18,373,406 francs. An XII, 125771,025 francs. *Total*, 194,804,087 francs.

Bois nationaux. An VIII et antérieurs, 49,280 francs. An IX, 76,854 francs. An X, 100 francs. An XI, 463,671 fr. An XII, 44,967,223 francs *Total*, 45,528,508 francs.

Domaines nationaux. An IX, 6,158,777 francs.

Douanes. An VIII et antérieurs, 23 francs. An IX, 1,228 francs. An X, 2,576 francs. An XI, 6,545,214 fr. An XII, 33,054,276 francs. *Total*, 39,603,317 francs.

Postes. An XI, 1,546,876 francs. An XII, 7,400,000 fr. *Total*, 8,946,876 francs.

Monnaies. An IX, 146,443 francs. An XI, 702,697 fr. An XII, 434, 529 francs. *Total*, 1,283,639 francs.

Loterie. An XI, 900 francs. An XII, 15,658,500 fr. *Total*, 15, 659, 400 francs.

Salines. An XII, 2,700,000 francs.

RECETTES DIVERSES. An VIII et antérieurs, 906,389 fr. An IX, 69,687 francs. An X, 1,084,537 francs. An XI, 2,464,305 francs. An XII, 28,429,376 francs. *Total*, 32,955,294 francs.

RECETTES EXTRAORDINAIRES ET EXTÉRIEURES. An IX, 65,975 francs. An XI, 24,890,913 francs. An XII, 116,221,135 francs. *Total*, 141,178,023 francs.

PRODUITS DE DIVERS EFFETS NÉGOCIÉS OU RECOUVRÉS. (*Voir l'état A* Nº 1.) Caisse d'amortissement. An VIII et antérieurs, 1,493,768 francs.

Administration de l'enregistrement. An VIII et antérieurs, 1,420,212 francs.

TOTAUX DES FONDS GÉNÉRAUX. An VIII et antérieurs, 37,469,649 francs. (Etat A, nᵒ 1ᵉʳ). An IX, 24,940. 631 fr. (Etat A, nᵒ 2). An X, 3,165,046 francs. (Etat A, nᵒ 3). An XI, 57,766,588 francs. (Etat A, nᵒ 4). An XII, 687,698,532 francs. (Etat A, nᵒ 5). *Total*,811,040,66 fr. (Etat RR).

2º FONDS SPÉCIAUX. (En numéraire).

Centimes additionnels. An VIII et antérieurs, 749, 330 francs. An IX, 12,000 francs. An X, 51,557 francs. An XI, 727,727 francs. An XII, 22,195,587 francs. *Total*, 23,736,221 francs.

Deux décimes du dixième des patentes. An X, 42,343 francs. An XI, 201,776 francs. An XII, 113,549 francs. *Total*, 357,638 francs.

Taxe d'entretien des routes. An VIII et antérieurs,

116,137 francs. An IX, 90,495 francs. An X, 123,878 fr. An XI, 473,508 francs. An XII, 15,526,463 francs. *Total*, 16,330,481 francs.

Ventes d'effets militaires. An IX, 2,601 francs. An XI, 34,809 francs. An XII, 142,883 francs. *Total*, 180,293 francs.

Abonnement au Bulletin des lois. An VIII et antérieurs, 318 francs. An IX, 224 fr. An X, 815 francs. An XI, 21,872 francs. An XII, 290,095 francs. *Total*, 313,324 fr.

Supplément de cautionnement des notaires. An XI, 2,055,911 francs.

Numéraire pour domaines (arrêté du 3 ventôse an X). An VIII et antérieurs, 277,942 francs.

Octroi de navigation. An XII, 532,096 francs.

Droits sur les bacs et bateaux. An XII, 319,067 francs.

Amendes de désertion. An XII, 22,241 francs.

Quart de réserve des bois communaux. An X, 6,237 fr. An XI, 10,621 francs. *Total*, 16,858 francs.

TOTAL DES FONDS SPÉCIAUX. An VIII et antérieurs, 1,143,747 francs. An IX, 105,320 francs. An X, 224,830 fr. An XI, 3,526,224 francs. An XII, 39,141,951 francs. *Total*, 44,142,072 francs.

REPORT DES FONDS GÉNÉRAUX. An VIII et antérieurs, 37,469,649 francs. An XI, 57,766,588 francs. An XII, 687,698,532 francs. *Total*, 811,040,466 francs.

TOTAUX DES RECETTES EN NUMÉRAIRE. An VIII et antérieurs, 38,613,399 francs. An IX, 25,045,971 francs. An X, 3,389,876 francs. An XI, 61,292,812 francs. An XII, 726,840,483 francs. *Total*, 855,182,538 francs.

RECETTES EN VALEURS DIVERSES. (État A, n° 1er bis). An VIII et antérieurs, 33,333,456 francs.

TOTAUX GÉNÉRAUX DES RECETTES. An VIII et antérieurs, 71,946,852 francs. An IX, 25,045,971 francs. An X, 3,389,876 francs. An XI, 61,292,812 francs. An XII, 726,840,483 francs. *Total*, 888,515,964. (État O).

Observations. Les recettes faites pendant l'an XII, sur les exercices antérieurs à l'an X, sont très-considérables ; c'est parce qu'en l'an XII seulement, les acquits représentant les avances faites par l'administration de l'enregistrement, pendant les années VII, VIII et IX, pour frais de justice, dépenses des prisons, etc., ont été versés pour comptant au trésor, et régularisés par les ordonnances des ministres compétents.

Ainsi, sur le total des recettes provenant des fonds généraux sur tous les exercices, il faut défalquer les recettes fictives indiquées ci, et représentées par des récépissés du caissier des recettes ; savoir :

Sur l'an VIII et antérieurs, 30,209,532 francs. Sur l'an IX, 17,639,472 francs. *Total*, 47,849,004 francs.

Le total général des recettes est de 811,040,466 francs.

Il reste en recettes réelles, 763,191,462 francs.

MINISTÈRE DU TRÉSOR PUBLIC.
DÉPENSE.
ÉTATS DES DÉPENSES FAITES PAR LA CAISSE CENTRALE DU TRÉSOR PUBLIC A PARIS, PENDANT L'AN XII, SUR TOUS LES EXERCICES.

DÉPENSES SUR LES FONDS GÉNÉRAUX.

ÉTAT D. DÉPENSES DE L'AN VIII ET ANNÉES ANTÉRIEURES.

État sommaire des dépenses faites pendant l'an XII, sur les fonds généraux de l'exercice an VIII et années antérieures, avec désignation des dépenses propres à chaque ministère.

DÉPENSES EN NUMÉRAIRE OU VALEURS REPRÉSENTANT NUMÉRAIRE.

GUERRE (ministère). Solde. Paiements faits par la caisse centrale, 5,985. Envois de fonds aux payeurs extérieurs, 1,853,619 fr. Matériel. Paiements faits par la caisse centrale, 119,529 francs. Envois de fonds aux payeurs extérieurs, 138,546 francs. Total, 2,117,579 francs.

ADMINISTRATION DE LA GUERRE. Paiements faits par la caisse centrale, 453,002 francs. Envois de fonds aux payeurs extérieurs, 13,856 francs. Total, 466,858 francs.

MARINE. Paiements faits par la caisse centrale,161,339 f. Envois de fonds aux payeurs extérieurs, 11,742 francs. *Total*, 123,081 francs.

INTÉRIEUR. Paiements faits par la caisse centrale, 13,757,732 francs. Envois de fonds aux payeurs extérieurs, 17,473 francs. *Total*, 13,775,205 francs.

FINANCES. Paiements faits par la caisse centrale, 4,037,950 francs. Envois de fonds aux payeurs extérieurs, 1,234 francs. *Total*, 4,039,184 francs.

T. VIII.

TRÉSOR PUBLIC Paiements faits par la caisse centrale, 19,701 francs. Envois de fonds aux payeurs extérieurs, 8,729 francs. *Total*, 28,430 francs.

RELATIONS EXTÉRIEURES. Paiements faits par la caisse centrale, 60,848 francs.

JUSTICE. Paiements faits par la caisse centrale, 15,873,285 francs. Envois de fonds aux payeurs extérieurs, 2,201 francs. *Total*, 15,875,486 francs.

FRAIS DE NÉGOCIATIONS. Paiements faits par la caisse centrale, 24,513 francs.

REMBOURSEMENTS DIVERS. *Trésor public.* Paiements faits par la caisse centrale, 497,192. Envois de fonds aux payeurs extérieurs, 35,823 francs. *Total*, 533,015 fr. *Finances.* Paiements faits par la caisse centrale, 74,661 francs.

TOTAUX DES DÉPENSES EN NUMÉRAIRE. Paiements faits par la caisse centrale, 35,085,737 francs. Envois de fonds aux payeurs extérieurs, 2,083,123 francs. *Total*, 37,168,860 francs. (États M et N).

DÉPENSES EN VALEURS DIVERSES. *

GUERRE (ministère). Paiements faits par la caisse centrale, 5,123,753 francs. Envois de fonds aux payeurs extérieurs, 21,250 francs. *Total*, 5,145,003 francs.

ADMINISTRATION DE LA GUERRE. Paiements faits par la caisse centrale, 1,758,986 francs.

MARINE. Paiements faits par la caisse centrale, 18,207,689 francs.

INTÉRIEUR. Paiements faits par la caisse centrale, 884,402 francs.

FINANCES. Paiements faits par la caisse centrale, 9,817 francs. Envois de fonds aux payeurs extérieurs, 36,672 francs. *Total*, 46,489 francs.

REMBOURSEMENTS DIVERS. *Trésor public.* Paiements faits par la caisse centrale, 109,556 francs. Envois de fonds aux payeurs extérieurs, 311 francs. *Total*, 109,867 fr. *Finances.* Paiements faits par la caisse centrale, 183,782 francs.

TOTAUX DES DÉPENSES EN VALEURS DIVERSES. Paiements faits par la caisse centrale, 26,277,965 francs. Envois de fonds aux payeurs extérieurs, 58,233 francs. *Total*, 26,236,198 francs.

REPORT DES DÉPENSES EN NUMÉRAIRE. Paiements faits par la caisse centrale, 35,085,737 francs. Envois de fonds aux payeurs extérieurs, 2,083,123 francs. *Total*, 37,168,860 francs.

TOTAUX GÉNÉRAUX DES DÉPENSES IMPUTABLES SUR LES FONDS GÉNÉRAUX DE L'AN VIII ET ANTÉRIEURS. Paiements faits par la caisse centrale, 61,363,702 francs. Envois de fonds aux payeurs extérieurs, 2,141,356 francs. *Total*, 63,505,058 francs. (États M et N.)

Observations.

La majeure partie des dépenses faites sur l'an VIII et années antérieures, en numéraire ou valeurs représentant numéraire, a pour objet des régularisations d'avances faites par la régie de l'enregistrement pour le compte de divers ministres, et des compensations opérées avec divers débiteurs du trésor. Ces avances avaient pour objet les frais de justice, les dépenses des prisons, traitement des législateurs, de la direction des contributions, etc. *Voir* sur l'état ci-après coté P, 1re division, le détail des dépenses effectuées sur ces exercices pendant l'an XII, en espèces réelles, et qui montent à 3,415,738 francs.

La répartition entre les exercices V, VI, VII et VIII, des paiements faits sur chacun de ces exercices, pendant l'an XII, et compris dans le tableau ci-dessus, est établi ci-après. *(État coté E E.)*

Division par exercice des régularisations d'avances faites par les régies pour le compte de divers ministères, et comprises en dépense dans le présent état, relatif à l'an VIII et aux années antérieures.

MINISTÈRE DE L'INTÉRIEUR.

Exercices : an VI, 2,095,323 francs. An VII, 5,387,191 fr. An VIII, 6,218,701 francs. *Total*, 13,701,215 francs.

MINISTÈRE DES FINANCES.

Exercices : an VII, 42,826 francs. An VIII, 3,466,834 fr. *Total*, 3,509,660 francs.

* Ces valeurs diverses sont des inscriptions au grand-livre créées par la loi du 20 ventôse an IX, des réscriptions sur domaines et capitaux de rentes, des cédules, etc. (*Voir l'état coté N*).

38

MINISTÈRE DE LA JUSTICE.

Exercices : An VI, 5,772,395 francs. An VII, 5,234,568 fr. An VIII, 4,866,322 francs. *Total*, 15,873,285 francs.
TOTAL GÉNÉRAL, 33,084,160 francs.

ÉTAT E. DÉPENSES SUR L'EXERCICE DE L'AN IX.

ÉTAT *sommaire des dépenses faites pendant l'an XII, sur les fonds généraux de l'exercice an IX, avec désignation des dépenses propres à chaque ministère et à chaque chapitre de la nomenclature arrêtée par le Gouvernement.*

DETTE PUBLIQUE ET PENSIONS.

2e semestre an VIII et 1er semestre an IX. Paiements faits par la caisse centrale, 159,020 francs.

GUERRE (ministère).

ADMINISTRATION GÉNÉRALE. Paiements faits par la caisse centrale, 1,200 francs.
SOLDE. Paiements faits par la caisse centrale, 522 francs. Envois de fonds aux payeurs extérieurs, 2,624,604 francs.
MASSES. Paiements faits par la caisse centrale, 99,773 francs.
ARTILLERIE. Paiements faits par la caisse centrale, 17,303 fr. Envois de fonds aux payeurs extérieurs, 30,820 francs.
GÉNIE. Paiements faits par la caisse centrale, 44,664 fr. Envois de fonds aux payeurs extérieurs, 38,861 francs.
ÉQUIPAGES ET TRANSPORTS MILITAIRES. Paiements faits par la caisse centrale, 2,303 francs.
DÉPENSES DIVERSES ET EXTRAORDINAIRES. Paiements faits par la caisse centrale, 12,677 francs. Envois de fonds aux payeurs extérieurs, 41,639 francs.
TOTAL, 2,914,366 francs.

ADMINISTRATION DE LA GUERRE.

MASSES. Paiements faits par la caisse centrale, 1,395,749 francs. Envois de fonds aux payeurs extérieurs, 218,118 francs.
FOURNITURES DE CAMPAGNE. Paiements faits par la caisse centrale, 43,215 francs. Envois de fonds aux payeurs extérieurs, 16,905 francs.
ÉQUIPAGES ET TRANSPORTS MILITAIRES. Paiements faits par la caisse centrale, 517,939 francs. Envois de fonds aux payeurs extérieurs, 8,292 francs.
INVALIDES. Paiements faits par la caisse centrale, 453,993 francs.
DÉPENSES DIVERSES. Paiements faits par la caisse centrale, 677,068 francs. Envois de fonds aux payeurs extérieurs, 3,647 francs.
TOTAL, 3,334,928 francs.

MARINE.

ADMINISTRATION GÉNÉRALE. Paiements faits par la caisse centrale, 8,168 francs.
APPROVISIONNEMENTS. Paiements faits par la caisse centrale, 2,538,051 francs. Envois de fonds aux payeurs extérieurs, 2,357 francs.
TRAVAUX, ARMEMENTS ET DÉSARMEMENTS. Paiements faits par la caisse centrale, 147,824 francs.
APPOINTEMENTS ET SOLDE. Paiements faits par la caisse centrale, 175,451 francs. Envois de fonds aux payeurs extérieurs, 427,607 francs.
HÔPITAUX. Paiements faits par la caisse centrale, 6,570 fr.
DÉPENSES DIVERSES. Paiements faits par la caisse centrale, 10,637 francs.
VIVRES. Paiements faits par la caisse centrale, 103,887 francs.
COLONIES. Paiements faits par la caisse centrale, 298,859 francs.
TOTAL, 3,118,719 francs.

INTÉRIEUR.

MINISTÈRE ET ARCHIVES NATIONALES. Envois de fonds aux payeurs extérieurs, 1,064 francs.
SECOURS ET MAISONS DE BIENFAISANCE. Envois de fonds aux payeurs extérieurs, 1,938 francs.
TRAVAUX PUBLICS ET PRISONS. Paiements faits par la caisse centrale, 5,803,565 francs. Envois de fonds aux payeurs extérieurs, 5,683 francs.
ÉTABLISSEMENTS DE SCIENCES ET ARTS. Paiements faits par la caisse centrale, 19,189 francs. Envois de fonds aux payeurs extérieurs, 548 francs.

ENCOURAGEMENTS. Paiements faits par la caisse centrale, 1,500 francs.
PONTS ET CHAUSSÉES. Envois de fonds aux payeurs extérieurs, 103,881 francs.
FÊTES NATIONALES ET DÉPENSES ACCIDENTELLES. Paiements faits par la caisse centrale, 243 francs. Envois de fonds aux payeurs extérieurs, 110,440 francs.
FONDS COMMUNS DES DÉPARTEMENTS. Paiements faits par la caisse centrale, 3,000 francs. Envois de fonds aux payeurs extérieurs, 748,000 francs.
TOTAL, 6,799,076 francs.

FINANCES.

CORPS LÉGISLATIF ET TRIBUNAT. Paiements faits par la caisse centrale, 11,516 francs.
DÉPENSES DES CONSULS. Paiements faits par la caisse centrale, 566,612 francs.
MINISTÈRE ET ADMINISTRATIONS PERMANENTES. Paiements faits par la caisse centrale, 4,006,980 francs.
ADMINISTRATIONS TEMPORAIRES. Paiements faits par la caisse centrale, 50,490 francs.
DÉPENSES ACCIDENTELLES Paiements faits par la caisse centrale, 2,550 francs.
DÉPENSES DIVERSES SUR LE FONDS DE RÉSERVE. Paiements faits par la caisse centrale, 1,447,178 francs.
TOTAL, 6,085,326 francs.

TRÉSOR PUBLIC.

SERVICE INTÉRIEUR. Paiements faits par la caisse centrale, 5,646 francs. Envois de fonds aux payeurs extérieurs, 829 francs.
TOTAL, 6,475 francs.

JUSTICE.

FRAIS DE JUSTICE. Paiements faits par la caisse centrale, 6,531,916 francs.

REMBOURSEMENTS ET RESTITUTIONS.

TRÉSOR PUBLIC. Paiements faits par la caisse centrale, 105,238 francs. Envois de fonds aux payeurs extérieurs, 4,527 francs.
TOTAL, 109,765 francs.

TOTAUX DES DÉPENSES IMPUTABLES SUR LES FONDS GÉNÉRAUX DE L'EXERCICE DE L'AN IX.

Paiements faits par la caisse centrale, 25,270,098 fr. Envois de fonds aux payeurs extérieurs, 4,389,785 fr.
TOTAL, 29,659,883 francs. (État M.)

Observations.

Pour connaître la totalité des dépenses faites sur l'exercice de l'an IX, pendant les années IX, X, XI et XII, et la situation des crédits ouverts par la loi pour les dépenses de ce même exercice, il faut consulter l'état ci-après coté Q.

Dans les dépenses indiquées au présent tableau, sont comprises des dépenses de simple régularisation des avances faites par l'administration de l'enregistrement pour dépenses des prisons, traitements des législateurs et des agents de la direction des contributions, frais de justice, etc., montant en totalité à 15,960,800 francs.

Ces dépenses ont été ordonnancées par les divers ministres qu'elles concernaient, savoir :

Intérieur	5,674,758
Finances	3,754,126
Justice	6,531,916
	15,960,800

ÉTAT F. DÉPENSES SUR L'EXERCICE DE L'AN X.

État sommaire des dépenses effectives faites pendant l'an XII sur les fonds généraux de l'exercice de l'an X, avec désignation des dépenses propres à chaque ministère et à chaque chapitre de la nomenclature arrêtée par le Gouvernement.

DETTE PUBLIQUE ET PENSIONS.

2e semestre an IX, paiements faits par la caisse centrale, 109,152 francs. 1er semestre an X, paiements faits par la caisse centrale, 178,804 francs. TOTAL, 287,956 fr.

GUERRE (ministère).

ADMINISTRATION GÉNÉRALE. Paiements faits par la caisse centrale, 25,878 francs.

SOLDE. Envois de fonds aux payeurs extérieurs, 285,817 francs.
FOURNITURES DE CAMPAGNE. Paiements faits par la caisse centrale, 38,573 francs.
ARTILLERIE. Paiements faits par la caisse centrale, 1,673 francs. Envois de fonds aux payeurs extérieurs, 5,513 francs.
GÉNIE. Paiements faits par la caisse centrale, 1,350 fr. Envois de fonds aux payeurs extérieurs, 134,546 francs.
DÉPENSES EXTRAORDINAIRES. Paiements faits par la caisse centrale, 5,502 francs. Envois de fonds aux payeurs extérieurs, 14,069 francs.
DÉPENSES DIVERSES. Paiements faits par la caisse centrale, 162,854 francs. Envois de fonds aux payeurs extérieurs, 28,334 francs.
Total, 703,809 francs.

ADMINISTRATION DE LA GUERRE.

MASSES. Paiements faits par la caisse centrale, 2,470,704 francs. Envois de fonds aux payeurs extérieurs, 375,685 francs.
FOURNITURES DE CAMPAGNE. Paiements faits par la caisse centrale, 201,817 francs. Envois de fonds aux payeurs extérieurs, 38,101 francs.
INVALIDES. Paiements faits par la caisse centrale, 8,790 francs.
ÉQUIPAGES ET TRANSPORTS MILITAIRES. Paiements faits par la caisse centrale, 4,147 francs. Envois de fonds aux payeurs extérieurs, 16,311 francs.
DÉPENSES EXTRAORDINAIRES. Envois de fonds aux payeurs extérieurs, 6,452 francs.
DÉPENSES DIVERSES. Paiements faits par la caisse centrale, 100,661 francs. Envois de fonds aux payeurs extérieurs, 11,753 francs.
Total, 4,234,321 francs.

MARINE.

ADMINISTRATION GÉNÉRALE. Paiements faits par la caisse centrale, 3,189 francs.
APPROVISIONNEMENTS. Paiements faits par la caisse centrale, 500,446 francs. Envois de fonds aux payeurs extérieurs, 532,507 francs.
TRAVAUX. Paiements faits par la caisse centrale, 2,361 francs.
ARMEMENTS ET DÉSARMEMENTS. Paiements faits par la caisse centrale, 738,400 francs.
APPOINTEMENTS ET SOLDE. Paiements faits par la caisse centrale, 86,083 francs. Envois de fonds aux payeurs extérieurs, 1,048,968 francs.
HÔPITAUX. Paiements faits par la caisse centrale, 13,884 francs.
DÉPENSES DIVERSES. Paiements faits par la caisse centrale, 10,112 francs.
VIVRES. Paiements faits par la caisse centrale, 500,000 francs.
COLONIES. Paiements faits par la caisse centrale, 1,222,831 francs.
Total, 3,658,781 francs.

FINANCES.

SÉNAT CONSERVATEUR. Paiements faits par la caisse centrale, 242 francs.
CORPS LÉGISLATIF. Paiements faits par la caisse centrale, 16,031 francs.
TRIBUNAT. Paiements faits par la caisse centrale, 71,484 francs.
MINISTÈRE ET ADMINISTRATIONS PERMANENTES. Paiements faits par la caisse centrale, 178 francs.
ADMINISTRATIONS TEMPORAIRES. Paiements faits par la caisse centrale, 87,430 francs.
TOTAL, 175,365 francs.

INTÉRIEUR.

MINISTÈRE ET ARCHIVES NATIONALES. Envois de fonds aux payeurs extérieurs, 3.133 francs.
SECOURS ET TRAVAUX PUBLICS. Paiements faits par la caisse centrale, 163,186 francs. Envois de fonds aux payeurs extérieurs, 62,459 francs.
ÉTABLISSEMENTS D'AGRICULTURE ET DE COMMERCE. Paiements faits par la caisse centrale, 4,164 francs. Envois de fonds aux payeurs extérieurs, 4,117 francs.
ÉTABLISSEMENT D'INSTRUCTION PUBLIQUE. Paiements faits par la caisse centrale, 6,000 francs. Envois de fonds aux payeurs extérieurs, 23,086 francs.

ÉTABLISSEMENTS DES SCIENCES ET ARTS. Paiements faits par la caisse centrale, 13,510 francs.
ENCOURAGEMENTS. Paiements faits par la caisse centrale, 9,756 francs.

Service extraordinaire.

TRAVAUX A ROCHEFORT, CANAL DES BOUCHES-DU-RHÔNE ET QUAI BONAPARTE. Paiements faits par la caisse centrale, 4,000 francs.
TRAVAUX DE LA NAVIGATION. Envois de fonds aux payeurs extérieurs, 29,775 francs.
TOTAL, 323,186 francs.

CULTES.

Paiements faits par la caisse centrale, 7,278 francs.

TRÉSOR PUBLIC.

SERVICE INTÉRIEUR. Paiements faits par la caisse centrale, 16,512 francs.
SERVICE EXTÉRIEUR. Paiements faits par la caisse centrale, 17,609 francs.
FRAIS DE TRANSPORT. Paiements faits par la caisse centrale, 6,914 francs. Envois de fonds aux payeurs extérieurs, 52,265 francs.
TOTAL, 93,300 francs.

RELATIONS EXTÉRIEURES.

SERVICE INTÉRIEUR. Paiements faits par la caisse centrale, 168 francs.
SERVICE EXTÉRIEUR. Paiements faits par la caisse centrale, 16,605 francs.
SERVICE ACCESSOIRE. Paiements faits par la caisse centrale, 48,850 francs.
TOTAL, 65,623 francs.

JUSTICE.

TRIBUNAL DE CASSATION. Paiements faits par la caisse centrale, 624 francs.
JUGES DES TRIBUNAUX. Paiements faits par la caisse centrale, 9,983 francs. Envois de fonds aux payeurs extérieurs, 976 francs.
DÉPENSES ACCIDENTELLES. Paiements faits par la caisse centrale 1,333 francs. Envois de fonds aux payeurs extérieurs, 165 francs.
TOTAL, 13,081 francs.

POLICE.

SERVICE INTÉRIEUR. Paiements faits par la caisse centrale, 365 francs.

FRAIS DE NÉGOCIATIONS.

Paiements faits par la caisse centrale, 92,928 francs.

REMBOURSEMENTS ET RESTITUTIONS.

TRÉSOR PUBLIC. Paiements faits par la caisse centrale, 807,035 francs. Envois de fonds aux payeurs extérieurs, 200 francs.
TOTAL, 807,235 francs.

TOTAUX DES DÉPENSES IMPUTABLES SUR LES FONDS GÉNÉRAUX DE L'EXERCICE DE L'AN X.

Paiements faits par la caisse centrale, 7,789,096 francs. Envois de fonds aux payeurs extérieurs, 2,674,232 fr.
TOTAL, 10,463,328 francs. (Etat M.)
Observations. Pour connaître la totalité des dépenses faites sur l'exercice de l'an X pendant les années IX, X, XI et XII, et la situation des crédits ouverts par la loi pour ce même exercice, il faut consulter l'état ci-après coté R.

ETAT G. DÉPENSES SUR L'EXERCICE DE L'AN XI.

État sommaire des dépenses effectives faites pendant l'an XII, sur les fonds généraux de l'exercice an XI, avec désignation des dépenses propres à chaque ministère et à chaque chapitre de la nomenclature arrêtée par le Gouvernement.

DETTE PUBLIQUE ET PENSIONS.

2e semestre an X. Paiements faits par la caisse centrale, 361,457 francs. Envois de fonds aux payeurs extérieurs, 1,750,000 francs.
1er semestre an XI. Paiements faits par la caisse centrale, 3,085,691 francs. Envois de fonds aux payeurs extérieurs, 3,246,274 francs.
TOTAL, 8,443,422 francs.

GUERRE (ministère).

ADMINISTRATION GÉNÉRALE INTÉRIEURE. Paiements faits par la caisse centrale, 136,614 francs.

SOLDE D'ACTIVITÉ. Paiements faits par la caisse centrale, 41,242 francs. Envois de fonds aux payeurs extérieurs, 6,421,895 francs.

SOLDE DE RETRAITE ET DE RÉFORME. Envois de fonds aux payeurs extérieurs, 543,243 francs.

ARTILLERIE. Paiements faits par la caisse centrale, 97,737 francs. Envois de fonds aux payeurs extérieurs, 18,599 francs.

GÉNIE. Paiements faits par la caisse centrale, 22,860 fr. Envois de fonds aux payeurs extérieurs, 2,097,785 francs.

GARDE DES CONSULS (masses et indemnités). Paiements faits par la caisse centrale, 173,636 francs.

DÉPENSES DIVERSES. Paiements faits par la caisse centrale, 850,484 francs. Envois de fonds aux payeurs extérieurs, 3,239,930 francs.

TOTAL, 13,646,025 francs.

ADMINISTRATION DE LA GUERRE.

ADMINISTRATION GÉNÉRALE. Paiements faits par la caisse centrale, 75,840 francs.

BOULANGERIE. Paiements faits par la caisse centrale, 4,500,000 francs. Envois de fonds aux payeurs extérieurs, 60,660 francs.

FOURRAGES EN NATURE. Paiements faits par la caisse centrale, 1,106,361 francs. Envois de fonds aux payeurs extérieurs, 927,402 francs.

INDEMNITÉS DE FOURRAGES. Envois de fonds aux payeurs extérieurs, 220,765 francs.

ÉTAPES ET CONVOIS MILITAIRES. Paiements faits par la caisse centrale, 394,430 francs. Envois de fonds aux payeurs extérieurs, 39,889 francs.

CHAUFFAGE. Envois de fonds aux payeurs extérieurs, 3,381 francs.

HABILLEMENT ET ÉQUIPEMENT. Paiements faits par la caisse centrale, 3,351,906 francs. Envois de fonds aux payeurs extérieurs, 791,579 francs.

LITS MILITAIRES. Paiements faits par la caisse centrale, 11,782 francs. Envois de fonds aux payeurs extérieurs, 29,456 francs.

INDEMNITÉS DE LOGEMENT. Envois de fonds aux payeurs extérieurs, 338,399 francs.

INDEMNITÉS D'ÉCLAIRAGE. Paiements faits par la caisse centrale, 21,351 francs. Envois de fonds aux payeurs extérieurs, 86 francs.

HÔPITAUX. Paiements faits par la caisse centrale, 65,887 francs. Envois de fonds aux payeurs extérieurs, 190,343 francs.

REMONTES. Envois de fonds aux payeurs extérieurs, 283,173 francs.

CAMPEMENT. Paiements faits par la caisse centrale, 18,389 francs. Envois de fonds aux payeurs extérieurs, 8,160 francs.

FOURNITURES EXTRAORDINAIRES. Paiements faits par la caisse centrale, 769,830 francs. Envois de fonds aux payeurs extérieurs, 953,500 francs.

INVALIDES. Paiements faits par la caisse centrale, 404,038 francs. Envois de fonds aux payeurs extérieurs, 23,000 francs.

DÉPENSES DIVERSES. Paiements faits par la caisse centrale, 100,724 francs. Envois de fonds aux payeurs extérieurs, 316,268 francs.

TOTAL, 13,010,799 francs.

MARINE.

ADMINISTRATION GÉNÉRALE. Paiements faits par la caisse centrale, 70,952 francs.

APPROVISIONNEMENTS. Paiements faits par la caisse centrale, 3,951,571 francs. Envois de fonds aux payeurs extérieurs, 2,948,014 francs.

TRAVAUX. Paiements faits par la caisse centrale, 238 francs.

ARMEMENTS ET DÉSARMEMENTS. Paiements faits par la caisse centrale, 798,572 francs. Envois de fonds aux payeurs extérieurs, 1,374,486 francs.

APPOINTEMENTS ET SOLDE. Paiements faits par la caisse centrale, 317,970 francs.

HÔPITAUX. Paiements faits par la caisse centrale, 93,693 francs.

DÉPENSES DIVERSES. Paiements faits par la caisse centrale, 55,897 francs.

VIVRES. Paiements faits par la caisse centrale, 17,214 francs.

TRAVAUX HYDRAULIQUES. Paiements faits par la caisse centrale, 188,000 francs. Envois de fonds aux payeurs extérieurs, 300,000 francs.

CONSTRUCTIONS DE L'AN XI. Paiements faits par la caisse centrale, 1,899,391 francs. Envois de fonds aux payeurs extérieurs, 700,000 francs.

CONSTRUCTIONS DE L'AN XII. Paiements faits par la caisse centrale, 56,342 francs.

APPROVISIONNEMENTS DE FRANCE. Paiements faits par la caisse centrale, 476,202 francs.

APPROVISIONNEMENTS DU NORD. Paiements faits par la caisse centrale, 1,716,873 francs. Envois de fonds aux payeurs extérieurs, 96,000 francs.

COLONIES (a). Paiements faits par la caisse centrale, 6,455,388 francs.

TOTAL, 21,516,803 francs.

INTÉRIEUR.

MINISTÈRE ET ARCHIVES NATIONALES. Paiements faits par la caisse centrale, 145,995 francs. Envois de fonds aux payeurs extérieurs, 233,926 francs.

SECOURS ET TRAVAUX PUBLICS. Paiements faits par la caisse centrale, 230,941 francs. Envois de fonds aux payeurs extérieurs, 98,262 francs.

ÉTABLISSEMENTS D'AGRICULTURE ET DE COMMERCE. Paiements faits par la caisse centrale, 75,409 francs. Envois de fonds aux payeurs extérieurs, 57,394 francs.

ÉTABLISSEMENTS D'INSTRUCTION PUBLIQUE. Paiements faits par la caisse centrale, 91,484 francs. Envois de fonds aux payeurs extérieurs, 125,390 francs.

ÉTABLISSEMENTS DES SCIENCES ET ARTS. Paiements faits par la caisse centrale, 210,818 francs. Envois de fonds aux payeurs extérieurs, 12,196 francs.

ENCOURAGEMENTS. Paiements faits par la caisse centrale, 87,428 francs. Envois de fonds aux payeurs extérieurs, 13,250 francs.

PONTS ET CHAUSSÉES. Paiements faits par la caisse centrale, 13,618 francs.

DÉPENSES IMPRÉVUES. Paiements faits par la caisse centrale, 174,766 francs. Envois de fonds aux payeurs extérieurs, 1,318,655 francs.

Service extraordinaire.

RÉPARATION DES GRANDES ROUTES. Envois de fonds aux payeurs extérieurs, 4,622,447 francs.

TRAVAUX DU SIMPLON. Envois de fonds aux payeurs extérieurs, 321,000 francs.

GRANDS PONTS DE LA RÉPUBLIQUE. Paiements faits par la caisse centrale, 25,500 francs. Envois de fonds aux payeurs extérieurs, 1,139,250 francs.

CANAL DE SAINT-QUENTIN. Envois de fonds aux payeurs extérieurs, 975,000 francs.

CANAL D'ARLES, QUAI BONAPARTE ET MARAIS DE ROCHEFORT. Paiements faits par la caisse centrale, 78,000 fr. Envois de fonds aux payeurs extérieurs, 221,266 francs.

TRAVAUX DE LA NAVIGATION. Paiements faits par la caisse centrale, 2,323 francs. Envois de fonds aux payeurs extérieurs, 480,597 francs.

PORTS MARITIMES DE COMMERCE. Envois de fonds aux payeurs extérieurs, 278,000 francs.

PRIMES D'ENCOURAGEMENT. Paiements faits par la caisse centrale, 71,335 francs.

ACHATS EXTRAORDINAIRES DE GRAINS. (*Régularisation d'avances* (b). Paiements faits par la caisse centrale, 3,000,000 francs.

TOTAL, 14,106,350 francs.

CULTES.

Paiements faits par la caisse centrale, 428,450 francs. Envois de fonds aux payeurs extérieurs, 1,145,774 francs.

TOTAL, 1,574,224 francs.

FINANCES.

PREMIER CONSUL. Paiements faits par la caisse centrale, 500,000 francs.

SECOND ET TROISIÈME CONSULS. Paiements faits par la caisse centrale, 100,000 francs.

CONSEIL D'ÉTAT. Paiements faits par la caisse centrale, 157,500 francs.

SÉNAT CONSERVATEUR. Paiements faits par la caisse centrale, 385,917 francs.

CORPS LÉGISLATIF. Paiements faits par la caisse centrale, 817,202 francs.

TRIBUNAT. Paiements faits par la caisse centrale, 192,163 francs.

MINISTÈRES ET ADMINISTRATIONS PERMANENTES. Paiements faits par la caisse centrale, 783,100 francs. Envois de fonds aux payeurs extérieurs, 856,599 francs.

ADMINISTRATIONS TEMPORAIRES. Paiements faits par la caisse centrale, 152,213 francs. Envois de fonds aux payeurs extérieurs, 78,353 francs.

DÉPENSES ACCIDENTELLES. Paiements faits par la caisse centrale, 8,279 francs.

REMBOURSEMENTS D'INTÉRÊTS ET DE CAUTIONNEMENTS A LA CAISSE D'AMORTISSEMENT. Paiements faits par la caisse centrale, 850,000 francs.

TOTAL, 4,881,326 francs.

TRÉSOR PUBLIC.

SERVICE INTÉRIEUR. Paiements faits par la caisse centrale, 419,745 francs. Envois de fonds aux payeurs extérieurs, 484 francs.

SERVICE EXTERIEUR. Paiements faits par la caisse centrale, 32,402 francs. Envois de fonds aux payeurs extérieurs, 185,453 francs.

FRAIS DE TRANSPORTS. Paiements faits par la caisse centrale, 34,537 francs. Envois de fonds aux payeurs extérieurs, 296,366 francs.

DÉPENSES POUR TRAVAUX EXTRAORDINAIRES. Paiements faits par la caisse centrale, 50,000 francs.

TAXATION DES RECEVEURS. Envois de fonds aux payeurs extérieurs, 137,893 francs.

TOTAL, 1,176,880 francs.

RELATIONS EXTERIEURES.

SERVICE INTÉRIEUR. Paiements faits par la caisse centrale, 70,341 francs.

SERVICE EXTÉRIEUR. Paiements faits par la caisse centrale, 1,204,641 francs.

SERVICE ACCESSOIRE. Paiements faits par la caisse centrale, 655,454 francs.

TOTAL, 1,930,436 francs.

GRAND JUGE MINISTRE DE LA JUSTICE.

SERVICE INTÉRIEUR. Paiements faits par la caisse centrale, 231,641 francs.

TRIBUNAL DE CASSATION. Paiements faits par la caisse centrale, 56,390 francs.

POURSUITE DE CRIMES. Paiements faits par la caisse centrale, 2,780,979 francs. Envois de fonds aux payeurs extérieurs, 21,771 francs.

COMMISSAIRES DU GOUVERNEMENT. Paiements faits par la caisse centrale, 46,334 francs. Envois de fonds aux payeurs extérieurs, 164,939 francs.

DÉPENSES ACCIDENTELLES. Paiements faits par la caisse centrale, 25,261 francs. Envois de fonds aux payeurs extérieurs, 317 francs.

JUGES ET GREFFIERS DES TRIBUNAUX. Paiements faits par la caisse centrale, 182,843 francs. Envois de fonds aux payeurs extérieurs, 765,516 francs.

TOTAL, 4,275,971 francs.

FRAIS DE NÉGOCIATIONS (*).

Paiements faits par la caisse centrale, 760,765 francs.

REMBOURSEMENTS ET CAUTIONNEMENTS.

TRÉSOR. Paiements faits par la caisse centrale, 10,920 francs. Envois de fonds aux payeurs extérieurs, 9,261 francs.

TOTAL, 20,181 francs.

TOTAUX DES DÉPENSES IMPUTABLES SUR LES FONDS GÉNÉRAUX DE L'EXERCICE DE L'AN XI.

Paiements faits par la caisse centrale, 46,855,236 francs. Envois de fonds aux payeurs extérieurs, 40,487,946 fr. TOTAL, 87,343,182 francs. (Etat M.)

ETAT H. DEPENSES SUR L'EXERCICE DE L'AN XII.

Etat sommaire des dépenses effectives faites pendant l'an XII, avec désignation des dépenses propres à chaque ministère et à chaque chapitre de la nomenclature arrêtée par le Gouvernement.

DETTE PUBLIQUE ET PENSIONS.

1er semestre d'exercice. Paiements faits par la caisse

* Les frais de négociations sur l'exercice de l'an XI sont détaillés ci-après, état H H.

centrale, 35,006,252 francs. Envois de fonds aux payeurs extérieurs, 12,675,900 francs.

2e semestre d'exercice. Paiements faits par la caisse centrale, 30,426,624 francs. Envois de fonds aux payeurs extérieurs, 11,509,186 francs.

TOTAL, 89,617,962 francs.

MAISON DE L'EMPEREUR.

Paiements faits par la caisse centrale, 4,666,667 francs.

GUERRE (ministère).

ADMINISTRATION GÉNÉRALE INTÉRIEURE. Paiements faits par la caisse centrale, 1,255,385 francs.

SOLDE D'ACTIVITÉ. Paiements faits par la caisse centrale, 4,717,536 francs. Envois de fonds aux payeurs extérieurs, 93,374,850 francs.

SOLDE DE RETRAITE ET DE RÉFORME. Envois de fonds aux payeurs extérieurs, 24,000,000 francs.

ARTILLERIE. Paiements faits par la caisse centrale, 6,772,993 francs. Envois de fonds aux payeurs extérieurs, 3,171,279 francs.

GÉNIE. Paiements faits par la caisse centrale, 431,146 francs. Envois de fonds aux payeurs extérieurs, 13,660,682 francs.

GARDE IMPÉRIALE (masses). Paiements faits par la caisse centrale, 5,414,600 francs.

DÉPENSES DIVERSES. Paiements faits par la caisse centrale, 2,699,864 francs. Envois de fonds aux payeurs extérieurs, 7,439,830 francs.

TOTAL, 162,938,165 francs.

ADMINISTRATION DE LA GUERRE.

ADMINISTRATION GÉNÉRALE INTÉRIEURE. Paiements faits par la caisse centrale, 665,000 francs.

BOULANGERIE. Paiements faits par la caisse centrale, 14,360,000 francs. Envois de fonds aux payeurs extérieurs, 991,641 francs.

FOURRAGES EN NATURE. Paiements faits par la caisse centrale, 20,904,881 francs. Envois de fonds aux payeurs extérieurs, 2,202,000 francs.

INDEMNITÉS DE FOURRAGES. Envois de fonds aux payeurs extérieurs, 1,792,200 francs.

ÉTAPES, CONVOIS ET TRANSPORTS MILITAIRES. Paiements faits par la caisse centrale, 5,247,221 francs. Envois de fonds aux payeurs extérieurs, 909,525 francs.

CHAUFFAGE DES TROUPES. Paiements faits par la caisse centrale, 1,709,906 francs. Envois de fonds aux payeurs extérieurs, 3,524,423 francs.

HABILLEMENT ET ÉQUIPEMENT. Paiements faits par la caisse centrale, 1,584,266 francs. Envois de fonds aux payeurs extérieurs, 6,508,169 francs.

LITS MILITAIRES. Paiements faits par la caisse centrale, 2,283,354 francs. Envois de fonds aux payeurs extérieurs, 119,746 francs.

INDEMNITÉS DE LOGEMENT. Envois de fonds aux payeurs extérieurs, 2,982,200 francs.

HÔPITAUX. Paiements faits par la caisse centrale, 776,125 francs. Envois de fonds aux payeurs extérieurs, 8,264,727 francs.

REMONTES. Paiements faits par la caisse centrale, 28,569 francs. Envois de fonds aux payeurs extérieurs, 1,083,735 francs.

CAMPEMENT. Paiements faits par la caisse centrale, 97,852 francs. Envois de fonds aux payeurs extérieurs, 252,191 francs.

FOURNITURES EXTRAORDINAIRES. Paiements faits par la caisse centrale, 15,879,696 francs. Envois de fonds aux payeurs extérieurs, 10,899,755 francs.

INVALIDES. Paiements faits par la caisse centrale, 2,378,000 francs. Envois de fonds aux payeurs extérieurs, 272,000 francs.

DÉPENSES DIVERSES. Paiements faits par la caisse centrale, 29,490 francs. Envois de fonds aux payeurs extérieurs, 144,497 francs.

TOTAL, 107,271,169 francs.

MARINE.

SERVICE INTÉRIEUR. Paiements faits par la caisse centrale, 1,113,874 francs.

APPROVISIONNEMENTS. Paiements faits par la caisse centrale, 19,283,689 francs. Envois de fonds aux payeurs extérieurs, 14,809,376 francs

TRAVAUX. Paiements faits par la caisse centrale

240.871 francs. Envois de fonds aux payeurs extérieurs, 10,015,189 francs.

ARMEMENTS ET DÉSARMEMENTS. Paiements faits par la caisse centrale, 5,929,316 francs. Envois de fonds aux payeurs extérieurs, 19,417,049 francs.

APPOINTEMENTS ET SOLDE. Paiements faits par la caisse centrale, 1,051,608 francs. Envois de fonds aux payeurs extérieurs, 12,025,128 francs.

HÔPITAUX. Paiements faits par la caisse centrale, 721,881 f. Envois de fonds aux payeurs extérieurs, 876,408 f.

CHIOURMES. Envois de fonds aux payeurs extérieurs, 42,458 francs.

DÉPENSES DIVERSES. Paiements faits par la caisse centrale, 782,698 francs. Envois de fonds aux payeurs extérieurs, 1,464,148 francs.

VIVRES. Paiements faits par la caisse centrale, 16,200,684 francs. Envois de fonds aux payeurs extérieurs, 1,297 francs.

TRAVAUX HYDRAULIQUES. Boulogne, Ambleteuse, Ostende et Anvers. Paiements faits par la caisse centrale, 710,000 francs. Envois de fonds aux payeurs extérieurs, 5.446,967 francs. Bassin de Brest et formes de Lorient. Envois de fonds aux payeurs extérieurs, 117,799 francs. Toulon et fort Boyard. Envois de fonds aux payeurs extérieurs, 573,966 francs. Rade de Cherbourg. Envois de fonds aux payeurs extérieurs, 2,315,050 francs.

CONSTRUCTIONS DE L'AN XI. Paiements faits par la caisse centrale, 6,816,398 francs. Envois de fonds aux payeurs extérieurs, 22.108,466 francs.

CONSTRUCTIONS DE L'AN XII. Paiements faits par la caisse centrale, 1,632,125 francs. Envois de fonds aux payeurs extérieurs, 2,985,281 francs.

APPROVISIONNEMENTS EN MARCHANDISES DE FRANCE. Paiements faits par la caisse centrale, 4,100,000 francs. Envois de fonds aux payeurs extérieurs, 354,520 francs.

APPROVISIONNEMENTS EN MARCHANDISES DU NORD. Paiements faits par la caisse centrale, 15,388,607 francs. Envois de fonds aux payeurs extérieurs, 259,743 francs.

COLONIES (a). Paiements faits par la caisse centrale, 7,764,332 francs. Envois de fonds aux payeurs extérieurs, 34,367 francs.

TOTAL, 174,587,495 francs.

INTÉRIEUR.

MINISTÈRE ET ARCHIVES NATIONALES. Paiements faits par la caisse centrale, 1,153,763 francs. Envois de fonds aux payeurs extérieurs, 3,134,223 francs.

SECOURS ET TRAVAUX PUBLICS. Paiements faits par la caisse centrale, 721,007 francs. Envois de fonds aux payeurs extérieurs, 89,603 francs.

ÉTABLISSEMENTS D'AGRICULTURE ET DE COMMERCE. Paiements faits par la caisse centrale, 804,576 francs. Envois de fonds aux payeurs extérieurs, 303,450 francs.

ÉTABLISSEMENTS D'INSTRUCTION PUBLIQUE. Paiements faits par la caisse centrale, 917,009 francs. Envois de fonds aux payeurs extérieurs, 2,388,302 francs.

ÉTABLISSEMENTS DES SCIENCES ET ARTS. Paiements faits par la caisse centrale, 2,277,880 francs. Envois de fonds aux payeurs extérieurs, 70 254 francs.

ENCOURAGEMENTS. Paiements faits par la caisse centrale, 585,425 francs. Envois de fonds aux payeurs extérieurs, 49,161 francs.

PONTS ET CHAUSSÉES. Paiements faits par la caisse centrale, 114,489 francs.

Dépenses extraordinaires.

TRAVAUX DES GRANDES ROUTES. Envois de fonds aux payeurs extérieurs, 2,370,000 francs.

ENCOURAGEMENT A LA PEINTURE. Paiements faits par la caisse centrale, 79,459 francs.

TRAVAUX DE LA ROUTE DU SIMPLON. Envois de fonds aux payeurs extérieurs, 1,250,0,0 francs.

TRAVAUX DES GRANDS PONTS DE LA RÉPUBLIQUE. Paiements faits par la caisse centrale, 15,100 francs. Envois de fonds aux payeurs extérieurs, 500,000 francs.

TRAVAUX DES QUAIS BONAPARTE ET DESAIX. Paiements faits par la caisse centrale, 313,000 francs.

CONSTRUCTIONS DES BATIMENTS DE LA PRÉFECTURE ET DU TRIBUNAL DE LA ROCHE-SUR-YON. Envois de fonds aux payeurs extérieurs, 100,000 francs.

(a) Les dépenses pour les colonies comprennent des envois de fonds faits en traites du caissier général sur lui-même, montant à la somme de 6,839,000 francs. (Voir l'état coté N.)

DESSÉCHEMENT DES MARAIS DU CORENTIN. Envois de fonds aux payeurs extérieurs, 140,000 francs.

DESSÉCHEMENT DES MARAIS DE ROCHEFORT. Envois de fonds aux payeurs extérieurs, 138,790 francs.

NAVIGATION INTÉRIEURE. Paiements faits par la caisse centrale. Envois de fonds aux payeurs extérieurs, 897,300 francs.

PORTS MARITIMES ET DE COMMERCE. Envois de fonds aux payeurs extérieurs, 1,080,000 francs.

TRAVAUX DES CANAUX. De Saint-Quentin. Envois de fonds aux payeurs extérieurs, 486,600 francs. D'Arles. Envois de fonds aux payeurs extérieurs, 256,000 francs. Pour joindre la Vilaine à la Rance. Envois de fonds aux payeurs extérieurs, 170,000 francs. Entre Dijon et Côle. Envois de fonds aux payeurs extérieurs, 295,000 fr. Du Blavet. Envois de fonds aux payeurs extérieurs, 266,000 francs.

ACHATS DE BŒUFS POUR APPROVISIONNEMENTS. Paiements faits par la caisse centrale, 500,000 francs.

ADMINISTRATION GÉNÉRALE DU PIÉMONT. Envois de fonds aux payeurs extérieurs, 218,000 francs.

COMPAGNIE D'AFRIQUE. Paiements faits par la caisse centrale, 104,702 francs. Envois de fonds aux payeurs extérieurs, 6,877 francs.

COMMUNICATION DES ROUTES DE L'ARMÉE DES CÔTES. Envois de fonds aux payeurs extérieurs, 570,000 francs.

INDEMNITÉS DU BOMBARDEMENT PAR LES ANGLAIS. Envois de fonds aux payeurs extérieurs, 44,345 francs.

RÉPARATION A LA GALERIE NAPOLÉON. Paiements faits par la caisse centrale, 90,000 francs.

FABRIQUE DE CUIVRE ET TOLES VERNIS. Paiements faits par la caisse centrale, 50,000 francs.

TÉLÉGRAPHES. Paiements faits par la caisse centrale, 9,900 francs.

OPÉRA-BUFFA. Paiements faits par la caisse centrale, 40,000 francs.

PRIMES POUR APPROVISIONNEMENTS DE GRAINS. Paiements faits par la caisse centrale, 202,500 francs.

ENCOURAGEMENTS AUX ARTS ET MÉTIERS. Paiements faits par la caisse centrale, 26,500 francs.

SECOURS AUX REFUGIÉS MALTAIS. Paiements faits par la caisse centrale, 650 francs.

SECOURS AUX REFUGIÉS DE SAINT-PIERRE ET MIQUELON. Paiements faits par la caisse centrale, 8.410 francs.

LYCÉE DE PONTIVY. Envois de fonds aux payeurs extérieurs, 20,000 francs.

THEATRE DES ARTS. Paiements faits par la caisse centrale, 308,243 francs.

CESSION D'UNE MAISON A AIX-LA-CHAPELLE. Envois de fonds aux payeurs extérieurs, 144,000 francs.

FRAIS DE ROUTE. Paiements faits par la caisse centrale, 4,000 francs.

TOTAL, 23,481,391 francs.

FINANCES.

PREMIER CONSUL. Paiements faits par la caisse centrale, 4,000,000 francs.

SECOND ET TROISIÈME CONSULS. Paiements faits par la caisse centrale, 800,000 francs.

CONSEIL D'ÉTAT. Paiements faits par la caisse centrale, 1,890,000 francs.

SENAT CONSERVATEUR. Paiements faits par la caisse centrale, 4,000,000 francs.

CORPS LEGISLATIF. Paiements faits par la caisse centrale, 2,464,006 francs.

TRIBUNAT. Paiements faits par la caisse centrale, 1,268,684 francs.

MINISTÈRE ET ADMINISTRATIONS PERMANENTES. Paiements faits par la caisse centrale, 2,699,674 francs. Envois de fonds aux payeurs extérieurs, 6,454,505 francs.

ADMINISTRATIONS TEMPORAIRES. Paiements faits par la caisse centrale, 1,147,919 francs. Envois de fonds aux payeurs extérieurs, 814,149 francs.

DÉPENSES ACCIDENTELLES. Paiements faits par la caisse centrale, 28,827 francs.

TOTAL, 25,567,764 francs.

CULTES.

Paiements faits par la caisse centrale, 1,011,053 francs. Envois de fonds aux payeurs extérieurs, 2,903,357 francs.

TOTAL, 3,914,410 francs.

TRÉSOR PUBLIC.

TRAITEMENT DE L'ARCHITRÉSORIER. Paiements faits par la caisse centrale, 111,111 francs.

SERVICE INTÉRIEUR. Paiements faits par la caisse centrale, 3,382,282 francs. Envois de fonds aux payeurs extérieurs, 1,261 francs.

SERVICE EXTÉRIEUR. Paiements faits par la caisse centrale, 216,793 francs. Envois de fonds aux payeurs extérieurs, 1,497,742 francs.

FRAIS DE TRANSPORTS. Paiements faits par la caisse centrale, 276,049 francs. Envois de fonds aux payeurs extérieurs, 4,390 francs.

TAXATION DES RECEVEURS. Envois de fonds aux payeurs extérieurs, 24,036 francs.

TOTAL, 5,513,684 francs.

RELATIONS EXTÉRIEURES.

SERVICE INTÉRIEUR. Paiements faits par la caisse centrale, 504,260 francs.

SERVICE EXTÉRIEUR. Paiements faits par la caisse centrale, 3,156,458 francs.

SERVICE ACCESSOIRE. Paiements faits par la caisse centrale, 1,878,471 francs.

TOTAL, 5,539,189 francs.

GRAND JUGE MINISTRE DE LA JUSTICE.

SERVICE INTÉRIEUR. Paiements faits par la caisse centrale, 1,199,563 francs,

TRIBUNAL DE CASSATION. Paiements faits par la caisse centrale, 649,609 francs.

POURSUITE DE CRIMES. Paiements faits par la caisse centrale, 397,626 francs. Envois de fonds aux payeurs extérieurs, 151,352 francs.

COMMISSAIRES PRÈS LES TRIBUNAUX. Paiements faits par la caisse centrale, 186,535 francs. Envois de fonds aux payeurs extérieurs, 2,176,223 francs.

DÉPENSES ACCIDENTELLES. Paiements faits par la caisse centrale, 97,731 francs. Envois de fonds aux payeurs extérieurs, 3,133 francs.

JUGES ET GREFFIERS DES TRIBUNAUX. Paiements faits par la caisse centrale, 535,930 francs. Envois de fonds aux payeurs extérieurs, 10,016,029 francs.

TOTAL, 15,413,731 francs.

POLICE GÉNÉRALE.

Paiements faits par la caisse centrale, 194,522 francs. Envois de fonds aux payeurs extérieurs, 12,350 francs.

TOTAL, 206,872 francs.

FRAIS DE NEGOCIATIONS (a).

Paiements faits par la caisse centrale, 18,489,869 fr.

REMBOURSEMENTS ET RESTITUTIONS.

TRÉSOR PUBLIC. Paiements faits par la caisse centrale, 1,000 francs.

TOTAUX DES DEPENSES IMPUTABLES SUR LES FONDS GÉNÉRAUX DE L'EXERCICE DE L'AN XII.

Paiements faits par la caisse centrale, 288,113,085 fr. Envois de fonds aux payeurs extérieurs, 339,096,283 fr.

TOTAL, 637,209,368 francs. (Etat M.)

ETAT I. DÉPENSES SUR L'EXERCICE DE L'AN XIII.

Etat sommaire des dépenses effectives faites par avance pendant l'an XII, sur l'exercice an XIII, avec désignation des dépenses propres à chaque ministère.

GUERRE (ministère).

SOLDE. Divisions militaires. Envois de fonds aux payeurs extérieurs, 5,947,170 francs. Armée des côtes. Envois de fonds aux payeurs extérieurs, 1,926,000 francs. Armée de Brest. Envois de fonds aux payeurs extérieurs, 180,000 francs. Armée de Naples. Envois de fonds aux payeurs extérieurs, 190,000 francs. Troupes stationnées dans la république italienne. Envois de fonds aux payeurs extérieurs, 570,000 francs. *Total*, 8,813,170 fr.

MARINE.

Envois de fonds aux colonies. Paiements faits par la caisse centrale, 5,700,000 francs.

TOTAUX DES FONDS GÉNÉRAUX.

Paiements faits par la caisse centrale, 5,700,000 francs. Envois de fonds aux payeurs extérieurs, 8,813,170 fr.

TOTAL, 14,513,170 francs. (Etat M.)

_____

(a) Les frais de négociations de l'exercice de l'an XII sont détaillés ci-après, état côté MM.

Observations. Les envois de fonds aux colonies ont été effectués en traites du caissier général sur lui-même.

FONDS SPÉCIAUX.

ETAT L. DÉPENSES SUR LES EXERCICES VIII, IX, X, XI et XII.

Etat sommaire des dépenses effectives faites pendant l'an XII sur les fonds spéciaux des exercices VIII, IX, X, XI et VII, avec désignation des diverses dépenses.

EXERCICES DE L'AN VIII ET ANNÉES ANTÉRIEURES.

INTÉRIEUR. Taxe des routes. Paiements faits par la caisse centrale, 93 fr. Envois de fonds aux payeurs extérieurs, 36,433 francs.

Dépenses départementales. Paiements faits par la caisse centrale, 184,996 fr. Envois de fonds aux payeurs extérieurs, 504,992 francs.

Total, 726,514 francs.

TRÉSOR PUBLIC. Remboursement de numéraire pour domaines nationaux. Paiements faits par la caisse centrale, 640,063 francs.

Remboursement de produits de bois communaux. Envois de fonds aux payeurs extérieurs, 176 francs.

Total, 640,239 francs.

JUSTICE. Bulletin des lois. Paiements faits par la caisse centrale, 345 francs.

TOTAUX. Paiements faits par la caisse centrale, 825,497 francs.

Envois de fonds aux payeurs extérieurs, 541,601 francs.

Total, 1,367,098 francs.

EXERCICE DE L'AN IX.

INTÉRIEUR. Taxe d'entretien des routes. Envois de fonds aux payeurs extérieurs, 149,397 francs.

Sur le droit de navigation du Rhin. Envois de fonds aux payeurs extérieurs, 160,843 francs.

Total, 310,240 francs.

TRÉSOR PUBLIC. Remboursements de produits de bois communaux. Envois de fonds aux payeurs extérieurs, 11,971 francs.

JUSTICE. Bulletin des lois. Paiements faits par la caisse centrale, 287 francs.

TOTAUX. Paiements faits par la caisse centrale, 287 fr. Envois de fonds aux payeurs extérieurs, 322,211 fr.

Total, 322,498 francs.

Observations. Les fonds spéciaux se composent de produits particuliers affectés à un service déterminé. Les dépenses en sont réglées sur l'étendue des rentrées; elles sont ordonnancées par les ministres, et ne sont point imputées sur les crédits qui leur sont ouverts par la loi.

EXERCICE DE L'AN X.

INTÉRIEUR. Taxe d'entretien des routes. Paiements faits par la caisse centrale, 3,935 francs. Envois de fonds aux payeurs extérieurs, 577,292 francs.

Dépenses départementales. Paiements faits par la caisse centrale, 135,979 francs. Envois de fonds aux payeurs extérieurs, 738,380 francs.

Sur le droit de navigation du Rhin. Envois de fonds aux payeurs extérieurs, 166,233 francs.

Total, 1,641,819 francs

TRÉSOR PUBLIC. Remboursements. Produit de vente d'effets militaires. Paiements faits par la caisse centrale, 180,000 francs.

Produit des bois communaux. Envois de fonds aux payeurs extérieurs, 25,493 francs.

Total, 205,493 francs.

JUSTICE. Bulletin des lois. Paiements faits par la caisse centrale, 2,178 francs.

TOTAUX. Paiements faits par la caisse centrale, 342,092 francs.

Envois de fonds aux payeurs extérieurs, 1,507,400 fr.

Total, 1,849,492 francs.

EXERCICE DE L'AN XI.

INTÉRIEUR. Taxe d'entretien des routes. Paiements faits par la caisse centrale, 603,585 francs. Envois de fonds aux payeurs extérieurs, 6,858,372 francs.

Dépenses départementales. Paiements faits par la caisse centrale, 375,797 francs. Envois de fonds aux payeurs extérieurs, 1,420,154 francs.

Droit de navigation du Rhin. Envois de fonds aux payeurs extérieurs, 199,181 francs.

Total, 9,459,089 francs.

FINANCES. Dégrèvement sur contributions. Paiements faits par la caisse centrale, 100,000 francs. Envois de fonds aux payeurs extérieurs, 1,100,000 francs.

Confection des rôles des patentes. Paiements faits par la caisse centrale, 26,540 francs. Envois de fonds aux payeurs extérieurs, 326,938 francs.

Total, 1,553,478 francs.

TRÉSOR PUBLIC. Remboursements sur le produit des ventes d'effets militaires. Paiements faits par la caisse centrale, 115,923 francs.

Remboursements sur le produit du cautionnement des notaires. Paiements faits par la caisse centrale, 902,621 francs.

Remboursements sur le produit de bois communaux. Envois de fonds aux payeurs extérieurs, 33,068 francs.

Total, 1,051,612 francs.

JUSTICE. Bulletin des lois. Paiements faits par la caisse centrale, 44,467 francs.

Menus frais des tribunaux. Paiements faits par la caisse centrale, 3,030 fr. Envois de fonds aux payeurs extérieurs, 22,134 francs.

Total, 69,631 francs.

TOTAUX. Paiements faits par la caisse centrale, 2,173,963 francs.

Envois de fonds aux payeurs extérieurs, 9,959,847 fr.

Total, 12,133,810 francs.

EXERCICE DE L'AN XII.

INTÉRIEUR. Taxe d'entretien des routes. Paiements faits par la caisse centrale, 979,216. Envois de fonds aux payeurs extérieurs, 6,720,357 francs.

Dépenses départementales. Paiements faits par la caisse centrale, 1,444,013 francs. Envois de fonds aux payeurs extérieurs, 16,048,099 francs.

Sur le produit de l'octroi de navigation. Paiements faits par la caisse centrale, 7,250 francs. Envois de fonds aux payeurs extérieurs, 313,400 francs.

Droits de bacs et bateaux. Envois de fonds aux payeurs extérieurs, 245,000 francs.

Sur le droit de navigation du Rhin. Envois de fonds aux payeurs extérieurs, 270,000 francs.

Total, 26,027,335 francs.

FINANCES. Dégrèvement sur contributions. Paiements faits par la caisse centrale, 50,000 francs. Envois de fonds aux payeurs extérieurs, 1,164,000 francs.

Total, 1,214,000 francs.

TRÉSOR PUBLIC. Remboursements de produits de bois communaux. Paiements faits par la caisse centrale, 27,930 francs.

JUSTICE. Bulletin des lois. Paiements faits par la caisse centrale, 280,305 francs.

Menus frais des tribunaux. Paiements faits par la caisse centrale, 29,425 francs. Envois de fonds aux payeurs extérieurs, 816,385 francs.

Total, 1,136,115 francs.

TOTAUX. Paiements faits par la caisse centrale, 2,218,139 francs.

Envois de fonds aux payeurs extérieurs, 25,577,241 fr.

Total, 28,395,380 francs.

RÉSUMÉ DES DIVERS EXERCICES.

INTÉRIEUR. Taxe d'entretien des routes. Paiements faits par la caisse centrale, 1,588,829 francs. Envois de fonds aux payeurs extérieurs, 14,341,851 francs.

Dépenses départementales. Paiements faits par la caisse centrale, 2,160,785 francs. Envois de fonds aux payeurs extérieurs, 18,741,625 francs.

Sur le droit de navigation du Rhin. Envois de fonds aux payeurs extérieurs, 796,257 francs.

Sur le produit de l'octroi de navigation. Paiements faits par la caisse centrale, 7,250 francs. Envois de fonds aux payeurs extérieurs, 313,400 francs.

Droits de bacs et bateaux. Envois de fonds aux payeurs extérieurs, 245,000 francs.

Total, 38,164,997 francs.

FINANCES. Dégrèvements sur contributions. Paiements faits par la caisse centrale, 150,000 francs. Envois de fonds aux payeurs extérieurs, 2,264,000 francs.

Confection de rôles des patentes. Paiements faits par la caisse centrale, 26,540 francs. Envois de fonds aux payeurs extérieurs, 326,938 francs.

Total, 2,767,478 francs.

TRÉSOR PUBLIC. Divers remboursements. Paiements faits par la caisse centrale, 1,866,537 francs. Envois de fonds aux payeurs extérieurs, 70,710 francs.

Total, 1,937,247 francs.

JUSTICE. Bulletin des lois. Paiements faits par la caisse centrale, 327,582 francs.

Menus frais des tribunaux. Paiements faits par la caisse centrale, 32,457 francs. Envois de fonds aux payeurs extérieurs, 838,519 francs.

Total, 1,198,556 francs.

TOTAUX GÉNÉRAUX. Paiements faits par la caisse centrale, 6,159,978 francs.

Envois de fonds aux payeurs extérieurs, 37,908,300 fr.

Total, 44,068,278 francs. (Voir l'état M).

ÉTAT M. RÉSUMÉ DES DÉPENSES GÉNÉRALES.

RÉCAPITULATION DES DÉPENSES SUR TOUS LES EXERCICES.

Fonds généraux du trésor public.

1º DÉPENSES EN NUMÉRAIRE.

DETTE PUBLIQUE ET PENSIONS. An IX, 159,020 francs. An X, 287,956 francs. An XI, 8,443,422 francs. An XII, 89,617,962 francs.

Total, 98,508,360 francs.

MAISON DE L'EMPEREUR. An XII, 4,666,667 francs.

GUERRE (ministère). An VIII et antérieurs, 2,117,579 fr. An IX, 2,914,366 francs. An X, 703,809 francs. An XI, 13,646,025 francs. An XII, 162,938,165 francs. An XIII, 8,813,170 francs. *Total,* 191,133,114 francs.

ADMINISTRATION DE LA GUERRE. An VIII et antérieurs, 466,858 francs. An IX, 3,334,928 francs. An X, 3,234,421 f. An XI, 15,010,799 francs. An XII, 107,271,169 francs. *Total,* 129,318,175 francs.

MARINE. An VIII et antérieurs. 173,081 francs. An IX, 3,719,011 francs. An X, 4,658,781 francs. An XI, 21,516,803 francs. An XII, 174,587,493 francs. An XIII, 5,700,000 francs. *Total,* 210,355,171 francs.

INTÉRIEUR. An VIII et antérieurs, 13,775,305 francs. An IX, 6,799,076 francs. An X, 323,186 francs. An XI, 14,106,350 francs. An XII, 23,481,391 francs. *Total,* 58,485,208 francs.

CULTES. An X, 7,278 francs. An XI, 1,574,224 francs. An XII, 3,914,410 francs. *Total,* 5,495,912 francs.

FINANCES. An VIII et antérieurs, 4,039,184 francs. An IX, 6,085,326 francs. An X, 175,365 francs. An XI, 4,881,326 francs. An XII, 25,567,764 francs. *Total,* 40,748,965 francs.

TRÉSOR PUBLIC. An VIII et antérieurs, 28,430 francs. An IX, 6,475 francs. An X, 93,300 francs. An XI, 1,176,880 francs. An XII, 5,513,684 francs. *Total,* 6,818,769 fr.

RELATIONS EXTÉRIEURES. An VIII et antérieurs, 60,848 francs. An X, 65,823 francs. An XI, 1,930,436 fr. An XII, 5,539,189 francs. *Total,* 7,596,096 francs.

JUSTICE. An VIII et antérieurs, 15,875,486 francs. An IX, 6,531,916 francs. An X, 13,081 francs. An XI, 4,275,971 francs. An XII, 15,413,731 francs. *Total,* 42,110,185 francs.

POLICE GÉNÉRALE. An IX, 365 francs. An XII, 206,872 fr. *Total,* 207,237 francs.

FRAIS DE NÉGOCIATIONS. An VIII et antérieurs, 24,513 fr. An X, 92,922 francs. An XI, 760,765 francs. An XII, 18,489,869 francs. *Total,* 19,368,075 francs.

REMBOURSEMENTS DIVERS. An VIII et antérieurs, 607,676 francs. An IX, 109,765 francs. An X, 807,235 fr. An XI, 20,181 francs. An XII, 1,000 francs. *Total,* 1,545,857 francs.

TOTAUX. An VIII et antérieurs, 37,168,860 francs. (État D).

An IX, 29,659,883 francs. (État E.)

An X, 10,463,328 francs. (État F.)

An XI, 87,343,182 francs. (État G.)

An XII, 637,209,368 francs. (État H.)

An XIII, 14,513,170 francs. (État I.)

Total, 816,357,791 francs. (État RR.)

FONDS SPÉCIAUX.

DÉPENSES EN NUMÉRAIRE.

INTÉRIEUR. An VIII et antérieurs, 726,514 francs. An IX, 310,240 francs. An X, 1,551,037 francs. An XI, 9,458,120 francs. An XI, 26,027,334 francs. *Total,* 38,073,245 francs.

FINANCES. An X, 90,782 francs. An XI, 1,554,446 francs. An XII, 1,214,000 francs. *Total,* 2,859,228 francs.

TRÉSOR PUBLIC. An VIII et antérieurs, 640,239 francs. An IX, 11,971 francs. An X, 205,495 francs. An XI, 1,051,612 francs. An XII, 27,930 francs. *Total,* 1,937,247 francs.

Justice. An VIII et antérieurs, 345 francs. An IX, 287 francs. An X, 2,178 francs. An XI, 69,632 francs. An XII, 1,126,116 francs. *Total*, 1,196,558 francs.

Report des fonds généraux An VIII et antérieurs, 37,168,860 francs. An IX, 29,659,883 francs. An X, 10,463,328 francs. An XI, 87,343,182 francs. An XII, 637,209,368 francs. An XIII, 14,513,170 francs. *Total*, 816,357,791 francs.

Totaux des dépenses en numéraire. An VIII et antérieurs, 38,535,958 francs. An IX, 29,982,381 francs. An X, 12,312,820 francs. An XI, 99,476,992 francs. An XII, 665,604,748 francs. An XIII, 14,513,170 francs. *Total*, 860,426,069 francs.

FONDS GÉNÉRAUX.

II° DÉPENSES EN VALEURS DIVERSES.

Guerre (*ministère*). An VIII et antérieurs, 5,145,003 fr.

Administration de la guerre. An VIII et antérieurs, 1,758,986 francs.

Marine. An VIII et antérieurs, 18,207,689 francs.

Intérieur. An VIII et antérieurs, 884,402 francs.

Finances. An VIII et antérieurs, 46.489 francs.

Remboursements divers. An VIII et antérieurs, 293,629 francs.

Totaux des dépenses en valeurs diverses. An VIII et antérieurs, 26,336,198 francs. (Etat C).

III° RÉUNION DES DÉPENSES.

En numéraire. An VIII et antérieurs, 38,535,958 francs. An IX, 29,928,381 francs. An X, 12,312,820 francs. An XI, 99,476,992 francs. An XII, 665,604,748 francs. An XIII, 14,513,170 francs. *Total*, 860,426,069 francs.

En valeurs diverses. An VIII et antérieurs, 26,336,198 fr.

Totaux généraux semblables a ceux de l'état N. An VIII et antérieurs, 64,872,156 francs. An IX, 29,982,381 francs. An X, 12,312,820 francs. An XI, 99,476,992 francs. An XII, 665,604,748 francs. An XIII, 14,513,170 francs. *Total*, 886,762,267 francs. (Etat O, 2° partie.)

Observations.

Cette récapitulation contient les résultats des états de dépenses qui précèdent.

Voir l'observation de l'état coté RR, de laquelle il résulte que, pour évaluer les dépenses réelles faites avec imputation sur tous les fonds généraux, il faut déduire environ 48 millions de régularisations d'avances faites par la régie de l'enregistrement, pour les exercices antérieurs.

ÉTAT N. TABLEAU DES VALEURS EMPLOYÉES AUX DÉPENSES SUR TOUS LES EXERCICES.

I° DÉPENSES EN NUMÉRAIRE.

Numéraire. An VIII et antérieurs, 1,076,069 francs. An IX, 8,313,542 francs. An X, 5,945,345 francs. An XI, 31,916,083 francs. An XII, 200,665,087 francs. An XIII, 551,000 francs. *Total*, 248,467,126 francs.

Effets a terme. An VIII et antérieurs, 1,589,407 francs. An IX, 3,206,663 francs. An X, 2,537,532 francs. An XI, 36,413,716 francs. An XII, 279,197,147 francs. An XIII, 4,678,206 francs. *Total*, 327,672,671 francs.

Obligations et traites. Receveurs. An VIII et antérieurs, 1,293,014 francs. An IX, 1,051,000 francs. An X, 1,611,000 francs. An XI, 15,000,989 francs. An XII, 99,575,157 francs. An XIII, 1,582,000 francs. *Total*, 120,113,160 francs.

Adjudicataires des coupes de bois. An VIII et antérieurs, 147,253 francs. An IX, 29,054 francs. An XI, 1,887,193 francs. An XII, 20,084,863 francs. *Total*, 22,148,363 francs.

Acquit de droits de douanes. An VIII et antérieurs, 86,803 francs. An IX, 54,382 francs. An XI, 198,626 francs. An XII, 4,292,906 francs. An XIII, 787,664 francs. *Total*, 5,420,375 fr.

Divers débiteurs. An VIII et antérieurs, 450 francs. An XII, 1,402,954 francs. *Total*, 1,403,404 francs.

Bons a vue. An XI, 13,858 francs. An XII, 2,660,353 fr. *Total*, 2,674,211 francs.

Rescriptions du trésor sur divers produits. An VIII et antérieurs, 462,789 francs. An IX, 604,935 francs. An X, 235,696 francs. An XI, 239,506 francs. An XII, 564,154 francs. *Total*, 2,107,080 francs.

Rescriptions de diverses régies. An XI, 129,250 fr. An XII, 3,873,766 francs. An XIII, 370,000 francs. *Total*, 4,373,016 francs.

Mandats du caissier général du trésor public.

An VIII et antérieurs, 292,333 francs. An IX, 141,667 fr. An X, 131,333 francs. An XI, 1,391,000 francs. An XII, 17,013,667 francs. An XIII, 570,000 francs. *Total*, 19,540,000 francs.

Récépissés du caissier des recettes. An VIII et antérieurs, 33,840,982 francs. An IX, 15,960,800 francs. An X, 96,666 francs. An XI, 3,317,864 francs. *Total*, 53,616,312 francs.

Récépissés de divers comptables. An IX, 174,541 fr. An X, 339,651 francs. An XI, 289,558 francs. An XII, 101,884 francs. *Total*, 905,634 francs.

Traites du caissier général sur lui-même. Pour les colonies, an XI, 1,000,000 francs. An XII, 6,939,000 fr. An XIII, 5,700,000 francs. *Total*, 13,639,000 francs.

Traites pour les ports. An X, 15,000 francs. An XI, 20,505,000 francs. An XII, 18,308,000 francs. *Total*, 20,505,000 francs.

Traites pour les divisions militaires. An VIII et antérieurs, 4,000 francs. An IX, 152,000 francs. An X, 103,500 francs. An XI, 1,229,500 francs. An XII, 6,691,000 francs. *Total*, 8,180,000 francs.

Déclarations de fonds libres. An VIII et antérieurs, 293,507 francs. An IX, 288,198 francs. An X, 747,097 fr. An XI, 767,849 francs. An XII, 4,234,816 francs. An XIII, 274,300 francs. *Total*, 6,605,767 francs.

Délégations. An X, 500,000 francs. An XI, 3,500,000 fr. *Total*, 4,000,000 francs.

Engagements provisoires. An VIII et antérieurs, 49,351 francs. An IX, 5,599 francs. *Total*, 54,950 francs.

Totaux des dépenses en numéraire. An VIII et antérieurs, 38,535,958 francs. An IX, 29,982,381 francs. An X, 12,312,820 francs. An XI, 99,476,992 fr. An XII, 665,604,748 francs. An XIII, 14,513,170 francs. *Total*, 860,426,069 francs.

II° DÉPENSES EN VALEURS DIVERSES.

Inscriptions au grand-livre (capitaux). An VIII et antérieurs, 25,167,324 francs.

Cédules sur domaines nationaux. An VIII et antérieurs, 204,403 francs.

Rescriptions sur capitaux de rentes nationales. An VIII et antérieurs, 547,165 francs.

Rescriptions sur domaines nationaux. An VIII et antérieurs, 252,799 francs.

Rescriptions sur divers produits. An VIII et antérieurs, 164,507 francs.

Totaux des dépenses en valeurs diverses. An VIII et antérieurs, 26,336,198 francs.

III° RÉUNION DES DÉPENSES.

En numéraire. An VIII et antérieurs, 38,535,958 francs. An IX, 29,982,381 francs. An X, 12,312,820 francs. An XI, 99,476,992 francs. An XII, 665,604,748 francs. An XIII, 14,513,170 francs. *Total*, 860,426,069 francs.

En valeurs diverses. An VIII et antérieurs, 26,336,198 francs.

Totaux généraux semblables a ceux de l'état N. An VIII et antérieurs, 64,872,156 francs. An IX, 29,982,381 francs. An X, 12,312,820 francs. An XI, 99,476,992 francs. An XII, 665,604,748 francs. An XIII, 14,513,170 francs. *Total*, 886,762,267 francs. (Etat O, 2° partie).

Observations. Les résultats du présent état, soit pour le numéraire, soit pour les valeurs diverses, sont conformes aux résultats de l'état ci-contre, coté M. Ils font connaître la nature des valeurs qui ont été employées au paiement des dépenses de chaque exercice.

BALANCE GÉNÉRALE.

ÉTAT O. *Recettes et dépenses de toutes natures et valeurs, faites par la caisse centrale du trésor public à Paris, pendant l'an XII.*

RECETTE.

RECETTES DE TOUTES NATURES SUR TOUS LES EXERCICES PENDANT L'AN XII.

Numéraire. Solde de la caisse au 1er vendémiaire an XII, 6,776,265 francs.

Recettes effectives, 39,154,867 francs. Recettes d'ordre et de valeurs mortes, 84,235,043 francs. Recettes pour conversion de valeurs, 246,033,638 francs. *Total*, 369, 423,548 francs.

Réunion du solde au 1er vendémiaire an XII, et des recettes de toutes natures pendant l'an XII, 376,199,813 f.

EFFETS A TERME. Solde de la caisse au 1er vendémiaire an XII, 17,458,537 francs.

Recettes effectives, 123,311,746 francs. Recettes d'ordre et de valeurs mortes, 715,572,924 francs. Recettes pour conversion de valeurs, 21,535,706 francs. *Total*, 860,420,376 francs.

Réunion du solde existant au 1er vendémiaire an XII et des recettes de toutes natures pendant l'an XII, 877,878,913 francs.

OBLIGATIONS ET TRAITES DES RECEVEURS SUR CONTRIBUTIONS DIRECTES. Solde de la caisse au 1er vendémiaire an XII, 5,171,538 francs.

Recettes effectives, 360,937,161 francs. Recettes d'ordre et de valeurs mortes, 106,862,219 francs. Recettes pour conversion de valeurs, 105,341,536 francs. *Total*, 573,140,916 francs.

Réunion du solde existant au 1er vendémiaire an XII et des recettes de toutes natures pendant l'an XII, 578,312,454 francs.

OBLIGATIONS DES ADJUDICATAIRES DE COUPES DE BOIS. Solde de la caisse au 1er vendémiaire an XII, 3,116,634 fr.

Recettes effectives, 39,494,269 francs. Recettes d'ordre et de valeurs mortes, 14,596,722 francs. Recettes pour conversion de valeurs, 828,845 francs. *Total*, 54,916,836 f.

Réunion du solde existant au 1er vendémiaire an XII et des recettes de toutes natures pendant l'an XII, 58,036,470 francs.

OBLIGATIONS EN ACQUITS DE DROITS DE DOUANES. Solde de la caisse au 1er vendémiaire an XII, 1,571,808 francs.

Recettes effectives, 22,081,311 francs. Recettes d'ordre et de valeurs mortes, 445,201 francs. Recettes pour conversion de valeurs, 9,560 francs. *Total*, 22,536,081 francs.

Réunion du solde existant au 1er vendémiaire an XII et des recettes de toutes natures pendant l'an XII, 24,107,889 francs.

OBLIGATIONS DU CAISSIER GÉNÉRAL POUR LE SERVICE DES COLONIES. Recettes d'ordre et de valeurs mortes, 17,639,000 francs.

TRAITES DU CAISSIER GÉNÉRAL POUR LE SERVICE DES PORTS. Recettes d'ordre et de valeurs mortes, 20,505,000 francs.

TRAITES DU CAISSIER GÉNÉRAL POUR LE SERVICE DES DIVISIONS MILITAIRES. Recettes d'ordre et de valeurs mortes, 8,180,000 francs.

OBLIGATIONS DU CAISSIER GÉNÉRAL, ORDRE SEMONVILLE. Recettes d'ordre et de valeurs mortes, 800,000 francs. Recettes pour conversion de valeurs, 800,000 francs. *Total*, 1,600,000 francs.

Réunion du solde existant au 1er vendémiaire an XII et des recettes de toutes natures pendant l'an XII, 1,600,000 francs.

OBLIGATIONS ET TRAITES DE DIVERS DÉBITEURS. Solde de la caisse au 1er vendémiaire an XII, 274,634 francs.

Recettes effectives, 2,284,625 francs. Recettes d'ordre et de valeurs mortes, 20,590 francs. Total, 2,305,215 fr.

Réunion du solde existant au 1er vendémiaire an XII et des recettes de toutes natures pendant l'an XII, 2,579,849 francs.

BONS A VUE. Solde de la caisse au 1er vendémiaire an XII, 1,142,449 francs.

Recettes effectives, 184,628,250 francs. Recettes d'ordre et de valeurs mortes, 832,944 francs. Recettes pour conversion de valeurs, 266,625 francs. *Total*, 185,727,819 francs.

Réunion du solde existant au 1er vendémiaire an XII et des recettes de toutes natures pendant l'an XII, 186,870,268 francs.

MANDATS DU CAISSIER GÉNÉRAL. Solde de la caisse au 1er vendémiaire an XII, 3,109,000 francs.

Recettes effectives, 22,400,000 francs. Recettes d'ordre et de valeurs mortes, 66,667 francs. Recettes pour conversion de valeurs, 2,700,000 francs. Total, 25,166,667 fr.

Réunion du solde existant au 1er vendémiaire an XII et des recettes de toutes natures pendant l'an XII, 28,275,667 francs.

MANDATS DE LA CAISSE D'AMORTISSEMENT. Recettes d'ordre et de valeurs mortes, 180,635 francs.

Solde au 1er vendémiaire an XII et recettes de toutes natures pendant l'an XII. 180,635 francs.

DÉCLARATIONS DE FONDS LIBRES. Solde de la caisse au 1er vendémiaire an XII, 30,684 francs.

Recettes d'ordre et de valeurs mortes, 6,608,160 francs.

Réunion du solde au 1er vendémiaire an XII et des recettes de toutes natures pendant l'an XII, 6,638,844 fr.

RÉCÉPISSÉS DU CAISSIER DES RECETTES. Solde de la caisse au 1er vendémiaire an XII, 49,938 francs.

Recettes effectives, 52,619,390 francs. Recettes d'ordre et de valeurs mortes, 66,220 francs. *Total*, 52,685,610 fr.

Réunion du solde au 1er vendémiaire an XII et des recettes de toutes natures pendant l'an XII, 52,735,548 fr.

RÉCÉPISSÉS DE DIVERS COMPTABLES. Solde de la caisse au 1er vendémiaire an XII, 29,849,460 francs.

Recettes effectives, 638,988 francs. Recettes d'ordre et de valeurs mortes, 2,858,917 francs. *Total*, 3,497,905 fr.

Réunion du solde existant au 1er vendémiaire an XII et des recettes de toutes natures pendant l'an XII, 33,347,365 f.

RESCRIPTIONS DE DIVERSES RÉGIES. Solde de la caisse au 1er vendémiaire an XII, 1,257,200 francs.

Recettes effectives, 5,288,016 francs. Recettes d'ordre et de valeurs mortes, 126,844 francs. *Total*, 4,514,860 fr.

Réunion du solde existant au 1er vendémiaire an XII et des recettes de toutes natures pendant l'an XII, 6,672,060 fr.

RESCRIPTIONS SUR DOMAINES NATIONAUX. Solde de la caisse au 1er vendémiaire an XII, 13,607 francs.

Recettes effectives, 2,411,741 francs.

Réunion du solde existant au 1er vendémiaire an XII et des recettes de toutes natures pendant l'an XII, 2,425,348 francs.

RESCRIPTIONS SUR CAPITAUX DE RENTES. Solde de la caisse au 1er vendémiaire an XII, 55,960 francs.

Recettes effectives, 939,904 francs.

Réunion du solde existant au 1er vendémiaire an XII et des recettes de toutes natures pendant l'an XII, 995,864 francs.

RESCRIPTIONS SUR DIVERS PRODUITS. Solde de la caisse au 1er vendémiaire an XII, 206,087 francs.

Recettes effectives, 2,517,250 francs. Recettes d'ordre et de valeurs mortes, 425,000 francs, *Total*, 2,942,251 fr.

Réunion du solde existant au 1er vendémiaire an XII et des recettes de toutes natures pendant l'an XII, 3,148,338 francs.

DÉLÉGATIONS. Recettes d'ordre et de valeurs mortes, 4,000,000 francs.

ENGAGEMENS PROVISOIRES. Recettes d'ordre et de valeurs mortes, 150,328 francs.

CÉDULES SUR DOMAINES NATIONAUX. Solde de la caisse au 1er vendémiaire an XII, 1,711,978 francs.

Recettes effectives, 92,196 francs. Recettes d'ordre et de valeurs mortes, 20,080 francs. Recettes pour conversion de valeurs, 303,409 francs. *Total*, 315,685 francs.

Réunion du solde existant au 1er vendémiaire an XII et des recettes de toutes natures pendant l'an XII, 2,027,663 francs.

CERTIFICATS DE PERTE SUR LES PIÈCES DE DEUX SOUS. Recettes d'ordre et de valeurs mortes, 27,825 francs.

INSCRIPTIONS AU GRAND-LIVRE. Solde de la caisse au 1er vendémiaire an XII, 2,268,748 francs.

Recettes effectives, 29,716,280 francs.

Réunion du solde existant au 1er vendémiaire an XII et des recettes de toutes natures pendant l'an XII, 31,985,028 francs.

SUSPENS. — VALEURS DIVERSES. Solde de la caisse au 1er vendémiaire an XII, 35,121,396 francs.

Recettes d'ordre et de valeurs mortes, 1,758 francs. Recettes pour conversion de valeurs, 136,295,501 fr. *Total*, 136,297,259 francs.

Réunion du solde existant au 1er vendémiaire an XII et des recettes de toutes natures pendant l'an XII, 171,418,655 francs.

VALEURS ACTIVES NON DISPONIBLES. Solde de la caisse au 1er vendémiaire an XII, 52,258,890 francs.

Recettes d'ordre et de valeurs mortes, 27,578,855 fr.

Réunion du solde existant au 1er vendémiaire an XII et des recettes de toutes natures pendant l'an XII, 79,837,745 francs.

VALEURS EN DÉPÔT. NUMÉRAIRE. Solde de la caisse au 1er vendémiaire an XII, 637,916 francs.

Recettes d'ordre et de valeurs mortes, 70,079 francs.

Réunion du solde existant au 1er vendémiaire an XII et des recettes de toutes natures pendant l'an XII, 707,995 francs.

VALEURS EN DÉPÔT. — INSCRIPTIONS AU GRAND-LIVRE. Solde de la caisse au 1er vendémiaire an XII, 9,858,543 francs.

Recettes d'ordre et de valeurs mortes, 4,458,020 fr.

Réunion du solde existant au 1er vendémiaire an XII et des recettes de toutes natures pendant l'an XII, 14,316,963 francs.

VALEURS EN DÉPÔT. — VALEURS DIVERSES. Solde de la caisse au 1er vendémiaire an XII, 2,701,139 francs.
Recettes d'ordre et de valeurs mortes, 1,566,489 fr.
Réunion du solde existant au 1er vendémiaire an XII et des recettes de toutes natures pendant l'an XII, 4,267,628 francs.
TOTAUX. Solde de la caisse au 1er vendémiaire an XII, 174,642,811 francs. (Compte de l'an XI.)
Recettes effectives, 988,515,995 francs. (État C.)
Recettes d'ordre et de valeurs mortes, 1,017,895,730 fr.
Recettes pour conversion de valeurs, 514,014,824 francs.
Total, 2,420,426,544 francs.
Réunion du solde existant au 1er vendémiaire an XII et des recettes de toutes natures pendant l'an XII, 2,595,069,355 francs.

DÉPENSES.

DÉPENSES DE TOUTES NATURES ET SUR TOUS LES EXER-
CICES PENDANT L'AN XII.

NUMÉRAIRE. Dépenses effectives, 248,467,126 francs.
Dépenses d'ordre et de valeurs mortes, 98,844,867 fr.
Dépenses pour conversion de valeurs, 23,615,663 francs.
Total, 370,927,686 francs.
Solde de la caisse au 1er vendémiaire an XIII, 5,272,157 francs.
Réunions des dépenses de toutes natures et du solde existant en caisse au 1er vendémiaire an XIII, 376,199,813 francs.
EFFETS A TERME. Dépenses effectives, 327,672,671 fr.
Dépenses d'ordre et de valeurs mortes, 291,181,706 fr.
Dépenses pour conversion de valeurs, 221,954,407 fr.
Total, 840,808,784 francs.
Solde de la caisse au 1er vendémiaire an XIII, 37,070,129 francs.
Réunion des dépenses de toutes natures et du solde existant en caisse au 1er vendémiaire an XIII, 877,878,913 francs.
OBLIGATIONS ET TRAITES DES RECEVEURS SUR CONTRIBU-
TIONS DIRECTES. Dépenses effectives, 120,113,160 francs.
Dépenses d'ordre et de valeurs mortes, 347,978,883 francs.
Dépenses pour conversion de valeurs, 104,844,581 francs.
Total, 573,936,624 francs.
Solde de la caisse au 1er vendémiaire an XIII, 5,375,830 francs.
Réunion des dépenses de toutes natures et du solde existant en caisse au 1er vendémiaire an XIII, 578,312,454 francs.
OBLIGATIONS ET TRAITES DES ADJUDICATAIRES DE COUPES
DE BOIS. Dépenses effectives, 22,148,363 francs. Dé-
penses d'ordre et de valeurs mortes, 35,007,880 francs.
Dépenses pour conversion de valeurs, 467,972 francs.
Total, 57,624,215 francs.
Solde de la caisse au 1er vendémiaire an XIII, 412,255 fr.
Réunion des dépenses de toutes natures et du solde existant en caisse au 1er vendémiaire an XIII, 58,036,470 francs.
OBLIGATIONS ET TRAITES EN ACQUITS DE DROITS DE
DOUANES. Dépenses effectives, 5,420,375 francs. Dé-
penses d'ordre et de valeurs mortes, 15,050,108 francs.
Dépenses pour conversion de valeurs, 1,611,260 francs.
Total, 22,081,743 francs.
Solde de la caisse au 1er vendémiaire an XIII, 2,026,146 francs.
Réunion des dépenses de toutes natures et du solde existant en caisse au 1er vendémiaire an XIII, 24,107,889.
OBLIGATIONS ET TRAITES DU CAISSIER GÉNÉRAL POUR LE
SERVICE DES COLONIES. Dépenses effectives, 13,639,000 fr.
Dépenses d'ordre et de valeurs mortes, 4,000,000 fr.
Total, 17,639,000 fr.
Réunion des dépenses de toutes natures et du solde existant en caisse au 1er vendémiaire an XIII,17,639,000 f.
OBLIGATIONS ET TRAITES DU CAISSIER GÉNÉRAL POUR LE
SERVICE DES PORTS. Dépenses effectives, 20,505,000 francs.
OBLIGATIONS ET TRAITES DU CAISSIER GÉNÉRAL POUR LE

SERVICE DES DIVISIONS MILITAIRES. Dépenses effectives, 8,180,000 francs.
OBLIGATIONS ET TRAITES DU CAISSIER GÉNÉRAL. ORDRE
SÉMONVILLE. Dépenses d'ordre et de valeurs mortes, 800.000 francs. Dépenses pour conversion de valeurs, 800.000 francs. *Total*, 1,600,000 francs.
Réunion des dépenses de toutes natures et du solde existant en caisse au 1er vendémiaire an XIII, 1,600,000 francs.
OBLIGATIONS ET TRAITES DE DIVERS DEBITEURS. Dé-
penses effectives, 1,403,404 francs. Dépenses d'ordre et de valeurs mortes, 368,675 francs. Dépenses pour con-
version de valeurs, 420,095 fr. *Total*, 2,192,174 francs.
Solde de la caisse au 1er vendémiaire an XIII, 387,675 francs.
Réunion des dépenses de toutes natures et du solde existant en caisse au 1er vendémiaire an XIII, 2,579,849 francs.
BONS A VUE. Dépenses effectives, 2,674,211. Dépenses d'ordre et de valeurs mortes, 180,172,933fr. Dépenses pour conversion de valeurs, 3,815,926 fr. *Total*, 186,663,070 fr.
Solde de la caisse au 1er vendémiaire an XIII, 207,198 francs.
Réunion des dépenses de toutes natures et du solde existant en caisse au 1er vendémiaire an XIII, 186.870,268 francs.
MANDATS DU CAISSIER GÉNÉRAL. Dépenses effectives, 19,540,000 francs. Dépenses d'ordre et de valeurs mortes, 5,316,667 fr. Dépenses pour conversion de va-
leurs, 2,700 000 fr. *Total*, 27,556,667 fr.
Solde de la caisse au 1er vendémiaire an XIII, 719,000 francs.
Réunion des dépenses de toutes natures et du sold existant en caisse au 1er vendémiaire an XIII 28,275,667 francs.
MANDATS DE LA CAISSE D'AMORTISSEMENT. Dépenses d'ordre et de valeurs mortes, 174,704 francs.
Solde de la caisse au 1er vendémiaire an XIII, 5,931 francs.
Réunion des dépenses de toutes natures et du solde existant en caisse au 1er vendémiaire an XIII, 180,635 francs.
DÉCLARATIONS DE FONDS LIBRES. Dépenses effectives, 6,605,767 francs. Dépenses d'ordre et de valeurs mortes, 4,460 fr. *Total*, 6,610,227 francs.
Solde de la caisse au 1er vendémiaire an XIII, 28,617 francs.
Réunion des dépenses de toutes natures et du solde existant en caisse au 1er vendémiaire an XIII, 6,638,844 francs.
RÉCÉPISSÉS DU CAISSIER DES RECETTES. Dépenses effec-
tives, 52,616,312 francs. Dépenses d'ordre et de valeurs mortes, 1,418 francs. *Total*, 52,617,730 francs.
Solde de la caisse au 1er vendémiaire an XIII, 117,818 francs.
Réunion des dépenses de toutes natures et du solde existant en caisse au 1er vendémiaire an XIII, 52,733,548 francs.
RÉCÉPISSÉS DE DIVERS COMPTABLES. Dépenses effectives, 905,634 francs. Dépenses d'ordre et de valeurs mortes, 27,066,281 francs. *Total*, 27,971,915 francs.
Solde de la caisse au 1er vendémiaire an XIII, 5,373,450 francs.
Réunion des dépenses de toutes natures et du solde existant en caisse au 1er vendémiaire an XIII, 33,347,363 francs.
RESCRIPTIONS DE DIVERSES RÉGIES. Dépenses effectives, 4,373,016 francs. Dépenses d'ordre et de valeurs mortes, 109,379 francs. Dépenses pour conversion de valeurs, 284,665 francs. *Total*, 4,767,060 francs.
Solde de la caisse au 1er vendémiaire an XIII, 1,905,000 francs.
Réunion des dépenses de toutes natures et du solde existant en caisse au 1er vendémiaire an XIII, 6,672,060 francs.
RESCRIPTIONS SUR DOMAINES NATIONAUX. Dépenses effec-
tives, 251,799 francs. Dépenses d'ordre et de valeurs mortes, 2,159,772 francs.
Solde de la caisse au 1er vendémiaire an XIII, 12,777 fr.
Réunion des dépenses de toutes natures et du solde existant en caisse au 1er vendémiaire an XIII, 2,425,348 fr.
RESCRIPTIONS SUR CAPITAUX DE RENTES. Dépenses ef-
fectives, 547,165 francs. Dépenses d'ordre et de valeurs mortes, 437,411 francs. *Total*, 985,576 francs.
Solde de la caisse au 1er vendémiaire an XIII, 10,228 fr.

---

* Observations. Cette balance est destinée à contrôler les mouvements et conversions de toutes les valeurs encaissées au trésor public. Ces opérations d'ordre augmentent *fictivement* la recette et la dépense.
Le résultat du compte de chaque valeur dans la première partie de ce tableau est semblable au résultat correspondant dans la 2e partie.
Cette observation s'applique aussi à la dépense

Réunion des dépenses de toutes natures et du solde existant en caisse au 1er vendémiaire an XIII, 995,864 fr.

RESCRIPTIONS SUR DIVERS PRODUITS. Dépenses effectives, 2.271.587 francs. Dépenses d'ordre et de valeurs mortes, 850,949 francs. *Total,* 3.122.536 francs.

Solde de la caisse au 1er vendémiaire an XIII, 25,802 fr.

Réunion des dépenses de toutes natures et du solde existant en caisse au 1er vendémiaire an XIII, 3,148,338 francs.

DÉLÉGATIONS. Dépenses effectives, 400,000 francs.

ENGAGEMENTS PROVISOIRES. Dépenses effectives, 54.950 fr. Dépenses d'ordre et de valeurs mortes, 89,813 francs. Dépenses pour conversion de valeurs, 661 francs. *Total,* 145,424 francs.

Solde de la caisse au 1er vendémiaire an XIII, 5,104 fr.

Réunion des dépenses de toutes natures et du solde existant en caisse au 1er vendémiaire an XIII. 130,528 fr.

CÉDULES SUR DOMAINES NATIONAUX. Dépenses effectives, 204,403 francs. Dépenses d'ordre et de valeurs mortes, 1,312,666 francs. Dépenses pour conversion de valeurs, 333,484 francs. *Total,* 1,850,553 francs.

Solde de la caisse au 1er vendémiaire an XIII, 177,110 francs.

Réunion des dépenses de toutes natures et du solde existant en caisse au 1er vendémiaire an XIII, 2,027,663 francs

CERTIFICATS DE PERTE SUR LES PIÈCES DE 2 SOUS. Dépenses pour conversion de valeurs, 27,687 francs.

Solde de la caisse au 1er vendémiaire an XIII, 138 fr.

Réunion des dépenses de toutes natures et du solde existant en caisse au 1er vendémiaire an XIII, 27,825 fr.

INSCRIPTIONS AU GRAND-LIVRE. Dépenses effectives, 25,167,324 francs. Dépenses d'ordre et de valeurs mortes, 387,772 francs. *Total,* 25,555,096 francs.

Solde de la caisse au 1er vendémiaire an XIII, 6,429,932 francs.

Réunion des dépenses de toutes natures et du solde existant en caisse au 1er vendémiaire an XIII, 31,985,028 francs.

SUSPENS. — VALEURS DIVERSES. Dépenses d'ordre et de valeurs mortes, 1,838 francs. Dépenses pour conversion de valeurs, 153,104,419 francs. *Total,* 153,106,257 fr.

Solde de la caisse au 1er vendémiaire an XIII, 18,312,398 francs.

Réunion des dépenses de toutes natures et du solde existant en caisse au 1er vendémiaire an XIII, 171,418,655 fr.

VALEURS ACTIVES NON DISPONIBLES. Dépenses d'ordre et de valeurs mortes, 122,790 francs. Dépenses pour conversion de valeurs, 31,000 francs. Total, 153,790 francs.

Solde de la caisse au 1er vendémiaire an XIII, 79,683, 953 francs.

Réunion des dépenses de toutes natures et du solde existant en caisse au 1er vendémiaire an XIII, 79,837,745 fr.

VALEURS EN DÉPÔT. NUMÉRAIRE. Dépenses d'ordre et de valeurs mortes, 41,619 francs.

Solde de la caisse au 1er vendémiaire an XIII, 666,376 francs.

Réunion des dépenses de toutes natures et du solde existant en caisse au 1er vendémiaire an XIII, 707,995 fr.

VALEURS EN DÉPÔT. INSCRIPTIONS AU GRAND-LIVRE. Dépenses d'ordre et de valeurs mortes, 1,383.000 francs.

Solde de la caisse au 1er vendémiaire an XIII, 12,933,963 francs.

Réunion des dépenses de toutes natures et du solde existant en caisse au 1er vendémiaire an XIII, 14,316,963 francs.

VALEURS EN DÉPÔT. VALEURS DIVERSES. Dépenses d'ordre et de valeurs mortes, 388,168 francs.

Solde de la caisse au 1er vendémiaire an XIII, 3,879,460 francs.

Réunion des dépenses de toutes natures et du solde existant en caisse au 1er vendémiaire an XIII, 4,267,628 fr.

TOTAUX. Dépenses effectives, 886,762,267 francs. (État W et V). Dépenses d'ordre et de valeurs mortes, 1,013,251,759 francs. Dépenses pour conversion de valeurs, 514,014,820 francs. Total, 2,414,028,846 francs.

Solde de la caisse au 1er vendémiaire an XIII, 181,040,509 francs.

Réunion des dépenses de toutes natures et du solde existant en caisse au 1er vendémiaire an XIII, 2,595,069,355 francs.

Observations sur le solde de la caisse au 1er vendémiaire an XIII. On n'a pas compris, dans ce solde, les obligations des receveurs, sur les contributions de l'an XIII, qui étaient parvenues à la caisse centrale avant le 1er vendémiaire de ladite année. Ces valeurs n'ont été portées en recette que dans l'an XIII, en exécution de l'arrêté du 19 prairial an XI.

On n'a pas compris, dans les deux soldes établis au présent tableau, les *valeurs mortes* déposées dans une serre au trésor, et destinées à être brûlées, suivant les formes réglées par l'arrêté du 28 brumaire an XI.

SITUATION DES CRÉDITS.

ETAT P. *Crédits sur l'exercice de l'an VIII et années antérieures.*

1° CRÉDITS EN NUMÉRAIRE.

États des dépenses et dispositions faites pendant les années XI et XII, avec imputation sur le fonds de 20,840,335 francs en numéraire effectif, restant disponible au 1er vendémiaire an XI, pour les créances des exercices de l'an VIII et des années antérieures.

1° DÉPENSES PENDANT L'AN XI. (Compte du trésor de l'an XI.) États cotés D et M.

GUERRE (ministère). Dépenses comprises dans les comptes du trésor, 5,180,770 francs. Déduire les paiements pour compensations et régularisations, 188,652 francs. Reste en dépense en numéraire effectif, applicable au crédit général, 4,992,118 francs.

ADMINISTRATION DE LA GUERRE. Dépenses comprises dans les comptes du trésor, 1,026,965 francs. Déduire les paiements pour compensations et régularisations, 394,482 francs. Reste en dépense en numéraire effectif, applicable au crédit général, 632,483 francs.

MARINE. Dépenses comprises dans les comptes du trésor, 156,166 francs. Déduire les paiements pour compensations et régularisations, 8,326 francs. Reste en dépenses en numéraire effectif, applicable au crédit général, 147,840 francs.

INTÉRIEUR. Dépenses comprises dans les comptes du trésor, 1,096,260 francs. Déduire les paiements pour compensations et régularisations, 27,945 francs. Reste en dépenses en numéraire effectif, applicable au crédit général, 1,068,315 francs.

FINANCES. Dépenses comprises dans les comptes du trésor, 1,567,110 francs. Déduire les paiements pour compensations et régularisations, 806,367 francs. Reste en dépenses en numéraire effectif, applicable au crédit général, 760,743 francs.

TRÉSOR PUBLIC. Dépenses comprises dans les comptes du trésor, 4,293 francs. Reste en dépenses en numéraire effectif, applicable au crédit général, 4,293 francs.

RELATIONS EXTÉRIEURES. Dépenses comprises dans les comptes du trésor, 303,602 francs. Reste en dépenses en numéraire effectif, applicable au crédit général, 303,602 f.

JUSTICE. Dépenses comprises dans les comptes du trésor, 2,676 francs. Reste en dépenses en numéraire effectif, applicable au crédit général, 2, 676 francs.

POLICE. Dépenses comprises dans les comptes du trésor, 90,938 francs. Reste en dépenses en numéraire effectif, applicable au crédit général, 90,938 francs.

FRAIS DE NÉGOCIATIONS. Dépenses comprises dans les comptes du trésor, 6,250 francs. Reste en dépenses en numéraire effectif, applicable au crédit général, 6,250 f.

REMBOURSEMENTS DIVERS. Dépenses comprises dans les comptes du trésor, 341,983. Reste en dépenses en numéraire effectif, applicable au crédit général, 341,983 francs.

TOTAL DES SOMMES IMPUTABLES SUR LE CRÉDIT GÉNÉRAL, 8,351,241 francs.

II° DÉPENSES PENDANT L'AN XII. (Voir d'autre part état coté D.)

GUERRE (ministère). Dépenses comprises dans les comptes du trésor, 2,117,579 francs. Déduire les paiements pour compensations et régularisations, 158,143 fr. Reste en dépenses en numéraire effectif, applicable au crédit général, 1,959,436 francs.

ADMINISTRATION DE LA GUERRE. Dépenses comprises dans les comptes du trésor, 466,858 francs. Déduire les paiements pour compensations et régularisations, 160,882 fancs. Reste en dépenses en numéraire effectif, applicable au crédit général, 305,976 francs.

MARINE. Dépenses comprises dans les comptes du trésor, 173,081 francs. Déduire les paiements pour compensations et régularisations, 107,448 francs. Reste en dépenses en numéraire effectif, applicable au crédit général, 65,663 francs.

INTÉRIEUR. Dépenses comprises dans les comptes du trésor, 13,775,205 francs. Déduire les paiements pour compensations et régularisations, 13,701,215 francs. Reste en dépenses en numéraire effectif, applicable au crédit général, 73,990 francs.

FINANCES. Dépenses comprises dans les comptes du trésor, 4,039,184 francs. Déduire les paiements pour compensations et régularisations, 3,724,496 francs. Reste en dépenses en numéraire effectif, applicable au crédit général, 314,688 francs.

TRÉSOR PUBLIC. Dépenses comprises dans les comptes du trésor, 28,430 francs. Reste en dépenses en numéraire effectif, applicable au crédit général, 28,430 francs.

RELATIONS EXTÉRIEURES. Dépenses comprises dans les comptes du trésor, 60,848 francs. Reste en dépenses en numéraire effectif, applicable au crédit général, 60,848 fr.

JUSTICE. Dépenses comprises dans les comptes du trésor, 15,875,486 francs. Déduire les paiements pour compensations et régularisations, 15,873,285 francs. Reste en dépenses en numéraire effectif, applicable au crédit général, 2,201 francs.

FRAIS DE NÉGOCIATIONS. Dépenses comprises dans les comptes du trésor, 24,513 francs. Reste en dépenses en numéraire effectif, applicable au crédit général, 24,513 fr.

REMBOURSEMENTS. Dépenses comprises dans les comptes du trésor, 607,676 francs. Déduire les paiements pour compensations et régularisations, 27,683 francs. Reste en dépenses en numéraire effectif, applicable au crédit général, 579,993 francs.

TOTAL DES SOMMES IMPUTABLES SUR LE CRÉDIT GÉNÉRAL, 3,415,738 francs.

III° PRÉLÈVEMENT de 8 millions sur le fonds en numéraire restant disponible pour les dépenses de l'an VIII et années antérieures, et transport de cette somme à l'exercice de l'an IX, à titre de supplément de crédit pour le ministère de la guerre (arrêté du 15 floréal an XII). Ci, 8,000,000 francs.

TOTAL des dépenses et dispositions faites jusqu'au 1er vendémiaire an XIII sur le crédit en numéraire affecté à l'an VIII, 19,766,979 francs.

LE CRÉDIT GÉNÉRAL en numéraire a été fixé, au 1er vendémiaire an XI, à 20,840,335 francs.

Ainsi il restait encore à disposer sur ce crédit, au 1er vendémiaire an XIII, de 1,073,356 francs.

Observations.

La somme de 20,840,335 francs en numéraire, qui était disponible au 1er vendémiaire an XI, sur les exercices de l'an VIII et antérieurs, a été estimée suffisante pour les créances de ces exercices payables en numéraire. Provisoirement et sauf régularisation ultérieure par une loi, un prélèvement de 8 millions a été fait sur ce fonds pour fournir un supplément de crédit au ministre de la guerre, sur l'exercice de l'an IX, et donner la faculté à ce ministre d'ordonnancer les dépenses faites par le trésor pour le compte de ce département. Au moyen de l'affectation spéciale donnée à ce fonds de 20,840,335 fr., les rentrées provenant de ces années, et effectuées depuis le 1er vendémiaire an XI, doivent être ajoutées aux ressources des exercices suivants. (Voir la loi du 4 germinal an XI, titre II).

2° CRÉDITS EN RENTE.

État des rentes inscrites au grand-livre des rentes perpétuelles, jusqu'au 1er vendémiaire an XIII, avec imputation sur le fonds, de 3,700,000 francs de rentes créées par la loi du 30 ventôse an IX, pour le paiement des créances des divers ministères, sur les exercices des années V, VI, VII et VIII.

1° CRÉANCES DES ANNÉES V, VI ET VII, PAYÉES EN RENTES A 3 P. CENT.

LIQUIDATION DES MINISTRES.

GUERRE. Rentes appliquées au paiement des créances arriérées et inscrites avant l'an XII, 301,876 francs. Pendant l'an XII, 53,368 francs.

MARINE. Rentes appliquées au paiement des créances arriérées et inscrites avant l'an XII, 132,654 francs. Pendant l'an XII, 90,065 francs.

INTÉRIEUR. Rentes appliquées au paiement des créances arriérées et inscrites avant l'an XII, 69,636 francs.

TRÉSOR PUBLIC. Rentes appliquées au paiement des créances arriérées et inscrites pendant l'an XII, 11,496 fr. Total, 658,097 francs.

LIQUIDATIONS DU CONSEIL DE LIQUIDATION.

GUERRE. Rentes appliquées au paiement des créances arriérées et inscrites. Avant l'an XII, 91,472 francs. Pendant l'an XII, 33,315 francs.

MARINE. Rentes appliquées au paiement des créances arriérées et inscrites. Avant l'an XII, 241,565 francs. Pendant l'an XII, 38,478 francs.

INTÉRIEUR. Rentes appliquées au paiement des créances arriérées et inscrites. Avant l'an XII, 10,206 francs. Pendant l'an XII, 34,437 francs.

FINANCES. Rentes appliquées au paiement des créances arriérées et inscrites. Pendant l'an XII, 1,927 francs. Total, 451,400 francs.

TOTAUX des rentes pour les années V, VI et VII. Avant l'an XII, 846,409 francs. Pendant l'an XII, 263,088 francs. Total, 1,109,497 francs.

Observations.

Les 3,700,000 francs de rentes créées par la loi du 30 ventôse an IX, et affectées au paiement de l'arriéré des ministères, pour les exercices V, VI, VII et VIII, peuvent être employés à l'acquit des dépenses desdits exercices, sans égard à la limitation des sommes affectées à chacun d'eux. (Loi du 4 germinal an XI, titre 1er.)

La répartition de ces fonds en inscriptions, qui n'était pas portée au grand-livre de la dette publique à l'époque du 1er vendémiaire an XI, a été faite par le Gouvernement, d'après l'aperçu de ce qui restait dû par chaque ministère.

2° CRÉANCES DE L'AN VIII, PAYÉES EN RENTES A 5 P. CENT.

LIQUIDATIONS DES MINISTRES.

GUERRE. Rentes appliquées au paiement des créances arriérées et inscrites. Avant l'an XII, 411,759 francs. Pendant l'an XII, 170,486 francs.

MARINE. Rentes appliquées au paiement des créances arriérées et inscrites. Avant l'an XII, 494,360 francs. Pendant l'an XII, 207,910 francs.

INTÉRIEUR. Rentes appliquées au paiement des créances arriérées et inscrites. Avant l'an XII, 34,774 francs.

TRÉSOR PUBLIC. Rentes appliquées au paiement des créances arriérées et inscrites. Pendant l'an XII, 2,965 fr. TOTAL, 1,330,254 francs.

LIQUIDATIONS DU CONSEIL DE LIQUIDATION.

GUERRE. Rentes appliquées au paiement des créances arriérées et inscrites. Avant l'an XII, 64,449 francs. Pendant l'an XII, 19,417 francs.

MARINE. Rentes appliquées au paiement des créances arriérées et inscrites. Avant l'an XII, 41,074 francs. Pendant l'an XII, 8,877 francs.

INTÉRIEUR. Rentes appliquées au paiement des créances arriérées et inscrites. Avant l'an XII, 8,986 francs. Pendant l'an XII, 12,251 francs.

Total, 155,054 francs.

TOTAUX des rentes pour l'an VIII. Avant l'an XII, 1,055,402 francs. Pendant l'an XII, 429,906 francs. Total, 1,485,308 francs.

3° RÉCAPITULATIONS DES DISPOSITIONS FAITES SUR LES CRÉDITS EN RENTES.

Rentes appliquées au paiement des créances arriérées et inscrits, pour les créances des années V, VI et VII. Avant l'an XII, 846,409 fr. Pendant l'an XII, 263,088 fr. Total, 1,109,497 fr.

Pour les créances de l'an VIII. Avant l'an XII, 1,055,402 fr. Pendant l'an XII, 429,906 francs. Total, 1,485,308 francs.

TOTAUX des dispositions faites sur les crédits en rentes. Avant l'an XII, 1,901,811 fr. Pendant l'an XII, 692,994 fr. Total, 2,594,805 fr.

LE CRÉDIT GÉNÉRAL des rentes créées pour l'arriéré des ministères était de 3,700,000 francs.

Ainsi il restait à disposer sur ce crédit, au 1er vendémiaire an XIII, en rentes, 1,105,195 fr. °

Voir la situation générale des crédits ouverts par les lois pour les rentes à inscrire. État coté UU.

ÉTAT Q. CRÉDITS SUR L'EXERCICE DE L'AN IX.

Comparaison du montant des crédits accordés pour chaque ministère. sur l'exercice de l'an XI, avec le montant des ordonnances délivrées jusqu'au 1ᵉʳ vendémiaire an XIII, par la caisse centrale du trésor public, à Paris, avec imputation sur lesdits crédits.

DETTE PUBLIQUE ET PENSIONS (a). Crédits ouverts par la loi du 4 germinal an XI, 77,000,000 francs. Crédits définitifs, 77,000,000 fr. Montant des ordonnances délivrées par les ministres jusqu'au 1ᵉʳ vendémiaire an XIII, 77,000,000 francs.

Dépenses imputables sur les crédits, et consistant en paiements, à Paris, et envois de fonds aux caisses extérieures. *Rentes perpétuelles*, pendant l'an IX, 25,027,496 fr. Pendant l'an X, 13,951,125 fr. Pendant l'an XI, 177,503 francs. Pendant l'an XII, 65,154 francs. Total, 39,221,278 francs.

Rentes viagères. Pendant l'an IX, 11,665,067 francs. Pendant l'an X, 8,363,347 francs. Pendant l'an XI, 171,089 francs. Pendant l'an XII, 50,408 francs. Total, 20,249,911 francs.

Pensions. Pendant l'an IX, 7,910,028 francs. Pendant l'an X, 7,198,203 francs. Pendant l'an XI, 120,707 francs. Pendant l'an XII, 43,458 francs. Total, 15,272,396 francs.

Restait au 1ᵉʳ vendémiaire an XIII à payer sur les ordonnances délivrées par les ministres, 2,256,415 francs.

GUERRE (b). *Ministère et administration.* Crédits ouverts par la loi du 4 germinal an XI, 238,000,000 francs. Supplément de crédit accordé provisoirement par le Gouvernement, 8,000,000 francs. Crédits définitifs, 246,000,000 francs. Montant des ordonnances délivrées par les ministres jusqu'au 1ᵉʳ vendémiaire an XIII, 243,744,333 francs.

Dépenses imputables sur les crédits, et consistant en paiements, à Paris, et envois de fonds aux caisses extérieures. *Ministère.* Pendant l'an IX, 199,122,956 francs. Pendant l'an X, 24,500,134 francs. An XI, 7,077,520 francs. An XII, 2,914,366 francs. Total, 233,614,976 francs.

Administration. Pendant l'an X, 915,275 francs. An XI, 4,977,964 francs. An XII, 3,334,928 francs. Total, 9,228,167 francs.

Restait au 1ᵉʳ vendémiaire an XIII à payer sur les ordonnances délivrées par les ministres, 901,190 francs.

Restait au 1ᵉʳ vendémiaire an XIII à ordonnancer par les ministres sur la portion des crédits disponibles, 2,255,667 francs.

MARINE. Crédits ouverts par la loi du 4 germinal an XI, 91,000,000 francs. Crédits définitifs, 91,000,000 francs. Montant des ordonnances délivrées par les ministres jusqu'au 1ᵉʳ vendémiaire an XIII, 90,352,606 francs.

Dépenses imputables sur les crédits, et consistant en paiements, à Paris, et envois de fonds aux caisses extérieures. Pendant l'an XI, 67,806,057 francs. An X, 12,112,702 francs. An XI, 6,654,756 francs. An XII, 3,719,011 francs. Total, 90,292,526 francs.

Restait au 1ᵉʳ vendémiaire an XIII à payer sur les ordonnances délivrées par les ministres, 60,080 francs.

Restait au 1ᵉʳ vendémiaire an XIII à ordonnancer par les ministres sur la portion des crédits disponibles, 647,394 francs.

INTÉRIEUR. *Service ordinaire.* Crédits ouverts par la loi du 4 germinal an XI, 19,800,000 francs. Crédits définitifs, 19,800,000 francs. Montant des ordonnances délivrées par les ministres jusqu'au 1ᵉʳ vendémiaire an XIII, 19,362,764 francs.

Dépenses imputables sur les crédits, et consistant en paiements, à Paris, et envois de fonds aux caisses extérieures. Pendant l'an IX, 10,786 fr. An X, 1,507,517 fr. An XI, 909,313 francs. An XII, 6,048,076 francs. Total, 19,251,664 francs.

Restait au 1ᵉʳ vendémiaire an XIII à payer sur les ordonnances délivrées par les ministres, 111,100 francs.

Restait au 1ᵉʳ vendémiaire an XIII à ordonnancer par les ministres sur la portion des crédits disponibles, 437,236 francs.

INTÉRIEUR. *Service extraordinaire.* Crédits ouverts par la loi du 4 germinal an XI, 12,450,000 francs. Crédits définitifs, 12,450,000 francs. Montant des ordonnances délivrées par les ministres jusqu'au 1ᵉʳ vendémiaire an XIII, 12,450,000 francs.

Dépenses imputables sur les crédits, et consistant en paiements, à Paris, et envois de fonds aux caisses extérieures. Pendant l'an IX, 7,100,000 francs. Pendant l'an X, 5,350,000 francs. Total, 12,450,000 francs.

INTÉRIEUR. *Cultes.* Crédits ouverts par la loi du 4 germinal an XI, 1,000,000 francs. Crédits définitifs, 1,000,000 f. Montant des ordonnances délivrées par les ministres jusqu'au 1ᵉʳ vendémiaire an XIII, 1,000,000 francs.

Dépenses imputables sur les crédits, et consistant en paiements, à Paris, et envois de fonds aux caisses extérieures. Pendant l'an X, 1,000,000 francs. Total, 1,000,000 francs.

INTÉRIEUR. *Fonds communs des départements.* Crédits ouverts par la loi du 4 germinal an XI, 5,845,150 fr. Crédits définitifs, 5,845,150 francs. Montant des ordonnances délivrées par les ministres jusqu'au 1ᵉʳ vendémiaire an XIII, 5,348,143 francs.

Dépenses imputables sur les crédits, et consistant en paiements, à Paris, et envois de fonds aux caisses extérieures. Pendant l'an IX, 933,964 francs. An X, 3,463,179 francs. An XI, 200,000 francs. An XII, 751,000 f. Total, 5,348,143 francs.

Restait au 1ᵉʳ vendémiaire an XIII à ordonnancer par les ministres sur la portion des crédits disponibles, 497,007 francs.

FINANCES. *Service ordinaire. Finances et trésor public.* Crédits ouverts par la loi du 4 germinal an XI, 28,593,803 fr. Crédits définitifs, 28,593,803 francs. Montant des ordonnances délivrées par les ministres jusqu'au 1ᵉʳ vendémiaire an XIII, 27,942,332 francs.

Dépenses imputables sur les crédits, et consistant en paiements, à Paris, et envois de fonds aux caisses extérieures. Pendant l'an XI, 14,534,204 francs. An X, 3,465,522 francs. An XI, 2,934,347 francs. An XII, 4,644,623 francs. Total, 25,308,596 francs.

Restait au 1ᵉʳ vendémiaire an XIII à payer sur les ordonnances délivrées par les ministres, 2,543,736 francs.

Restait au 1ᵉʳ vendémiaire an XIII à ordonnancer par les ministres sur la portion des crédits disponibles, 653,471 francs.

FINANCES. *Intérêts de cautionnements.* Crédits ouverts par la loi du 4 germinal an XI, 1,154,197 francs. Crédits définitifs, 1,154,197 francs. Montant des ordonnances délivrées par les ministres jusqu'au 1ᵉʳ vendémiaire an XIII, 1,154,197 francs.

Dépenses imputables sur les crédits, et consistant en paiements, à Paris, et envois de fonds aux caisses extérieures. Pendant l'an XI, 1,447,478 francs. Total, 1,447,178 francs.

Restait au 1ᵉʳ vendémiaire an XIII à ordonnancer par les ministres sur la portion des crédits disponibles, 334,713 francs.

FINANCES. *Dépenses diverses imputées sur le fonds de réserve.* Crédits ouverts par la loi du 4 germinal an XI, 1,781,891 francs. Crédits définitifs, 1,781,891 fr. Montant des ordonnances délivrées par les ministres jusqu'au 1ᵉʳ vendémiaire an XIII, 1,447,178 francs.

Dépenses imputables sur les crédits, et consistant en paiements, à Paris, et envois de fonds aux caisses extérieures. Pendant l'an XII, 1,447,178 francs. Total, 1,447,178 francs.

Restait au 1ᵉʳ vendémiaire an XIII à ordonnancer par les ministres sur la portion des crédits disponibles, 334,713 francs.

JUSTICE. Crédits ouverts par la loi du 4 germinal an XI, 10,350,000 francs. Crédits définitifs, 10,350 francs. Montant des ordonnances délivrées par les ministres jusqu'au 1ᵉʳ vendémiaire an XIII, 10,311,801 francs.

Dépenses imputables sur les crédits, et consistant en paiements à Paris, et envois de fonds aux caisses extérieures. l'an IX, 2,676,576 francs, An X, XI, 89,335 francs. An XII, 6,534,916 fr. francs.

vendémiaire an XIII à payer sur les,

Observations. — (a) En indiquant le montant des ordonnances délivrées, on a porté à l'article de la dette publique le montant des états d'arrérages dont le paiement est autorisé. Quoique ces états d'arrérages excèdent d'environ 700,000 francs le crédit général de 77,000,000 francs, on les a réduits ici à cette dernière somme, à raison des arrérages non réclamés pour cause de décès des rentiers viagers et des pensionnaires. (b) Le crédit de la guerre a été réparti, en l'an X, entre le ministère et l'administration de la guerre. Le supplément de 8,000,000 francs au crédit général de la guerre a été autorisé par l'arrêté du 15 floréal an XI.

ordonnances délivrées par les ministres, 354,798 francs.

Restait au 1er vendémiaire an XIII à ordonnancer par les ministres sur la portion des crédits disponibles, 38,199 francs.

POLICE GÉNÉRALE. Crédits ouverts par la loi du 4 germinal an XI, 1,500,000 francs. Crédits définitifs, 1,500,000 francs. Montant des ordonnances délivrées par les ministres jusqu'au 1er vendémiaire an XIII, 1,499,345 fr.

Dépenses imputables sur les crédits, et consistant en paiements, à Paris, et envois de fonds aux caisses extérieures. Pendant l'an IX, 1,265,365 francs. An X, 160,070 francs. An XI, 63,910 francs. Total, 1,499,345 fr.

Restait au 1er vendémiaire an XIII à ordonnancer par les ministres sur la portion des crédits disponibles, 655 francs.

RELATIONS EXTÉRIEURES. Crédits ouverts par la loi du 4 germinal an XI, 6,000,000 francs. Crédits définitifs, 6,000,000 francs. Montant des ordonnances délivrées par les ministres jusqu'au 1er vendémiaire an XIII, 5,907,333 francs.

Dépenses imputables sur les crédits, et consistant en paiements, à Paris, et en envois de fonds aux caisses extérieures. Pendant l'an IX, 4,584,700 francs. Pendant l'an X, 975,803 francs. An XI, 345,949 francs. Total, 5,906,452 francs.

Restait au 1er vendémiaire an XIII à payer sur les ordonnances délivrées par les ministres, 881 francs.

Restait au 1er vendémiaire an XIII à ordonnancer par les ministres sur la portion des crédits disponibles, 92,667 francs.

FRAIS DE NÉGOCIATIONS. Crédits ouverts par la loi du 4 germinal an XI, 32,000,000 francs. Crédits définitifs, 32,000,000 francs. Montant des ordonnances délivrées par les ministres jusqu'au 1er vendémiaire an XIII, 31,896,700 francs.

Dépenses imputables sur les crédits, et consistant en paiements, à Paris, en envois de fonds aux caisses extérieures. Pendant l'an IX, 20,521,960 francs. An X, 10,178,721 francs. An XII, 1,206,019 francs. Total, 31,896,700 francs.

Restait au 1er vendémiaire an XIII à ordonnancer par les ministres sur la portion des crédits disponibles, 103,300 francs.

FONDS DE RÉSERVE (a). Mémoire.

TOTAUX (b). Crédits ouverts par la loi du 4 germinal an XI, 526,477,041 francs. Supplément de crédit accordé provisoirement par le Gouvernement, 8,000,000 francs. Crédits définitifs, 534,477,041 francs. Montant des ordonnances délivrées par les ministres jusqu'au 1er vendémiaire an XIII, 529,416,732 francs.

Dépenses imputables sur les crédits, et consistant en paiements, à Paris, et envois de fonds aux caisses extérieures. Pendant l'an IX, 373,985,131 francs. Pendant l'an X, 94,745,063 francs. Pendant l'an XI, 24,928,310 fr. Pendant l'an XII, 29,550,118 francs. Total, 523,188,622 fr.

Restait au 1er vendémiaire an XIII à payer sur les ordonnances délivrées par les ministres, 6,228,110 fr.

Restait au 1er vendémiaire an XIII à ordonnancer par les ministres sur la portion des crédits disponibles, 5,060,309 francs.

Somme égale au crédit général et définitif de l'exercice, 534,477,041 francs

(a) Ce fonds, montant à 1,781,891 francs, a été mis à la disposition du ministre des finances, par arrêté du 30 frimaire an XI, pour dépenses extraordinaires. (Voir l'article du ministère des finances).

(b) Le crédit général de l'an IX avait été fixé, par la loi de 15 nivôse an IX, à 445,000,000 fr. ; mais il a depuis été porté, par la loi du 4 germinal an XI, à 526,477,041 francs.

L'arrêté du Gouvernement, du 15 floréal an XII, a ajouté un supplément de 8,000,000 francs ainsi qu'il est établi ci-dessus note (b), 8,000,000 francs.

Somme égale au total du crédit définitif 534,477,041 francs. N. B. Pour établir la situation des crédits, on a dû rappeler dans ce tableau les dépenses faites antérieurement à l'an XII. Les différences que présente le montant de quelques parties de ces dépenses avec les résultats des comptes précédents, proviennent d'annulations de dépenses, opérées conformément à l'arrêté du 23 germinal an XI, pour le montant des fonds rentrés à la caisse centrale, en déclarations des payeurs, de virements d'exercices ordonnés par arrêtés, et de diverses déductions de dépenses.

ETAT R. CRÉDITS SUR L'EXERCICE DE L'AN X.

Comparaison du montant des crédits accordés pour chaque ministère sur l'exercice de l'an X, avec le montant des ordonnances délivrées jusqu'au 1er vendémiaire an XIII, et avec les dépenses effectuées jusqu'à la même époque, par la caisse centrale du trésor public à Paris, avec imputation sur lesdits crédits.

CRÉDITS.

DETTE PUBLIQUE ET PENSIONS. *Rentes perpétuelles.* Crédits ouverts par la loi du 17 floréal an X, 38,730,000 francs. Crédits définitifs, 38,730,000 francs.

Rentes viagères à des rentiers jouissants. Crédits ouverts par la loi du 17 floréal an X, 20,000,000 francs.

Rentes éteintes et acquises à la caisse d'amortissement. Crédits ouverts par la loi du 17 floréal an X, 625,000 fr. Crédits définitifs, 20,652,000 francs.

Pensions. Pensionnaires jouissants. Crédits ouverts par la loi du 17 floréal an X, 18,000 francs.

Pensions éteintes et acquises à la caisse d'amortissement. Crédits ouverts par la loi du 17 floréal an X, 185,000 francs. Crédits définitifs, 18,185,000 francs (a).

Montant des ordonnances délivrées par les ministres jusqu'au 1er vendémiaire an XIII, 77,567,000 francs.

GUERRE. Ministère et administration. Crédits ouverts par la loi du 17 floréal an X, 210,000,000 francs. Crédits définitifs, 210,000,000 francs.

Montant des ordonnances délivrées par les ministres jusqu'au 1er vendémiaire an XIII, 209,233,104 francs.

MARINE. Crédits ouverts par la loi du 17 floréal an X, 105,000,000 francs. Crédits définitifs, 105,000,000 francs.

Montant des ordonnances délivrées par les ministres jusqu'au 1er vendémiaire an XIII, 94,180,053 francs.

INTÉRIEUR. *Service ordinaire.* Crédits ouverts par la loi du 17 floréal an X, 14,000,000 francs. Augmentation de divers crédits provenant de prélèvements sur autres crédits, 120,000 francs. Crédits définitifs, 14,120,000 fr.

Montant des ordonnances délivrées par les ministres jusqu'au 1er vendémiaire an XIII, 14,020,019 francs.

Service extraordinaire pour les routes, canaux et autres objets. Crédits ouverts par la loi du 17 floréal an X, 16,000,000 francs. Sommes prélevées sur divers crédits, et appliquées à d'autres crédits, 1,550,000 fr. Crédits définitifs, 14,450,000 francs.

Montant des ordonnances délivrées par les ministres jusqu'au 1er vendémiaire an XIII, 14,403,439 francs.

Cultes. Augmentation de divers crédits provenant de prélèvements sur autres crédits, 1,550,000 francs. Crédits définitifs, 1,550,000 francs.

Montant des ordonnances délivrées par les ministres jusqu'au 1er vendémiaire an XIII, 1,494,378 francs.

Achats de blés. Augmentations de divers crédits provenant de prélèvements sur autres crédits, 7,880,000 fr. Crédits définitifs, 7,880,000 francs.

Montant des ordonnances délivrées par les ministres jusqu'au 1er vendémiaire an XIII, 7,880,000 francs.

FINANCES. *Service ordinaire.* Crédits ouverts par la loi du 17 floréal an X, 21,692,000 francs. Augmentation de divers crédits provenant de prélèvements sur autres crédits, 46,000 francs. Crédits définitifs, 21,738,000 fr.

Montant des ordonnances délivrées par les ministres jusqu'au 1er vendémiaire an XIII, 21,727,059 francs.

Remboursement de cautionnements. Crédits ouverts par la loi du 17 floréal an X, 5,000,000 francs. Crédits définitifs, 5,000,000 francs.

Montant des ordonnances délivrées par les ministres jusqu'au 1er vendémiaire an XIII, 5,000,000 francs.

Intérêts de cautionnements. Crédits ouverts par la loi du 17 floréal an X, 2,000,000 francs. Crédits définitifs, 2,000,000 francs.

Montant des ordonnances délivrées par les ministres jusqu'au 1er vendémiaire an XIII, 2,000,000 francs.

Restauration de Saint-Cloud. Augmentation de divers crédits provenant de prélèvements sur autres crédits, 1,000,000 francs. Crédits définitifs, 1,000,000 francs.

(a). — En indiquant le montant des ordonnances délivrées, on a porté à l'article de la dette publique le montant des états d'arrérages dont le paiement est autorisé. Quoique ces états d'arrérages excèdent d'environ 460,000 francs le crédit général de 77,567,000 francs, on les a réduits ici à cette dernière somme, à raison des arrérages non réclamés pour cause de décès des rentiers viagers et des pensionnaires.

Restait au 1er vendémiaire an XIII à payer sur les ordonnances délivrées par les ministres, ... francs.

Restait au 1er vendémiaire an XIII à ordonnancer par les ministres sur la portion des crédits disponibles, ... francs.

... An X ... francs. An XI ... francs. An XII ... francs. Total ... francs.

Restait au 1er vendémiaire an XIII à payer sur les ordonnances délivrées par les ministres, ... francs.

Restait au 1er vendémiaire an XIII à ordonnancer par les ministres sur la portion des crédits disponibles, ... francs.

INTÉRÊTS ... An X ... francs. An XI ... francs. An XII ... francs. Total ... francs.

Restait au 1er vendémiaire an XIII à payer sur les ordonnances délivrées par les ministres, 2,347 francs.

Restait au 1er vendémiaire an XIII à ordonnancer par les ministres sur la portion des crédits disponibles, 169,591 f. Cette somme restant à ordonner est relative, ... An X 4,877,540 francs. An XI 7,486,424 fr. An XII 32,775 francs. Total, 14,403,639 francs.

Restait au 1er vendémiaire an XIII à ordonnancer par les ministres sur la portion des crédits disponibles, 46,391 francs.

Cultes. An X 1,209,250 fr. An XI, 280,250 francs. An XII 7,278 francs. Total, 1,496,378 francs.

Restait au 1er vendémiaire an XIII à ordonnancer par les ministres sur la portion des crédits disponibles, 55,622 francs.

Achats de blés. An XI, 7,800,000 francs.

Finances, dette ordinaire. An X, 18,466,971 francs. An XI 2,663,390 francs. An XII, 175,363 francs. Total, 21,305,693 francs.

Restait au 1er vendémiaire an XIII à payer sur les ordonnances délivrées par les ministres, 611,364 francs.

Restait au 1er vendémiaire an XIII à ordonnancer par les ministres sur la portion des crédits disponibles, 20,941 francs.

Remboursement de cautionnements. An X, 1,000,000 f. An XI, 4,000,000 francs. Total, 5,000,000 francs.

Intérêts de cautionnements. An XI, 2,000,000 francs.

Restauration de Saint-Cloud. An XI, 1,000,000 francs.

TRÉSOR PUBLIC. An X, 4,659,593 francs. An XI, 778,372 francs. An XII, 93,300 francs. Total, 5,531,265 francs.

Restait au 1er vendémiaire an XIII à payer sur les ordonnances délivrées par les ministres, 31,329 francs.

Restait au 1er vendémiaire an XIII à ordonnancer par les ministres sur la portion des crédits disponibles, 78,600 francs.

RELATIONS EXTÉRIEURES. An X, 5,961,571 francs. An XI, 1,372,235 francs. An XII, 65,623 francs. Total, 7,399,429 francs.

Restait au 1er vendémiaire an XIII à ordonnancer par les ministres sur la portion des crédits disponibles, 871 francs.

JUSTICE. An X, 8,830,181 francs. An XI, 980,685 francs. An XII, 13,081 francs. Total, 9,823,947 francs.

Restait au 1er vendémiaire an XIII à payer sur les ordonnances délivrées par les ministres, 2,955 francs.

Restait au 1er vendémiaire an XIII à ordonnancer par les ministres sur la portion des crédits disponibles, 53,088 francs.

POLICE GÉNÉRALE. An X, 1,221,997 francs. An XI, 482,316 francs. An XII, 536 francs. Total, 1,704,678 fr.

Restait au 1er vendémiaire an XIII à payer sur les ordonnances délivrées par les ministres, 425 francs.

Restait au 1er vendémiaire an XIII à ordonnancer par les ministres sur la portion des crédits disponibles, 10,807 francs.

FRAIS DE NÉGOCIATIONS (c). An X, 13,677,750 francs. An XI, 870,202 francs. An XII, 92,928 francs. Total, 14,640,880 francs.

Restait au 1er vendémiaire an XIII à ordonnancer par les ministres sur la portion des crédits disponibles, 418,120 francs.

TOTAUX. An IX, 8,646,474 francs. An X, 384,268,794 fr.

(c) La majeure partie des sommes restant à ordonnancer sur le crédit du ministre des finances a pour objet la régularisation des dépenses déjà acquittées, soit par les régies et administrations, soit par les payeurs des armées, pour leurs frais de service.

An XI, 80,225,070 francs. An XII, 9,656,093 francs. Total, 482,796,431 francs.

Restait au 1er vendémiaire an XIII à payer sur les ordonnances délivrées par les ministres, 4,813,529 francs.

Restait au 1er vendémiaire an XIII à ordonnancer par les ministres sur la portion des crédits disponibles, 12,390,040 francs.

Somme égale au crédit général et définitif de l'exercice, 500,000,000 francs.

ÉTAT S. CRÉDITS SUR L'EXERCICE DE L'AN XI.

Comparaison du montant des crédits accordés pour chaque ministère sur l'exercice de l'an XI, avec le montant des ordonnances délivrées jusqu'au 1er vendémiaire an XIII, et avec les dépenses effectuées jusqu'à la même époque par la caisse centrale du trésor public, à Paris, avec imputation sur lesdits crédits.

CRÉDITS.

DETTE PUBLIQUE ET PENSIONS (a). *Dette perpétuelle.* Anciens départements. Crédits réglés par la loi du 4 germinal an XI, 40,842,973 francs. Six nouveaux départements du Piémont. Crédits réglés par la loi du 4 germinal an XI, 2,677,277 francs. Crédits définitifs, 43,520,250 francs.

Montant des ordonnances délivrées par les ministres jusqu'au 1er vendémiaire an XIII, 43,354,226 francs.

Dette viagère. Anciens départements. Crédits réglés par la loi du 4 germinal an XI, 19,986,674 francs. Six nouveaux départements du Piémont. Crédits réglés par la loi du 4 germinal an XI, 516,558 francs. Crédits définitifs, 20,503,232 francs.

Montant des ordonnances délivrées par les ministres jusqu'au 1er vendémiaire an XIII, 20,503,232 francs.

Pensions. Crédits réglés par la loi du 4 germinal an XI, 20,000,000 francs. Crédits définitifs, 20,000,000 fr.

Montant des ordonnances délivrées par les ministres jusqu'au 1er vendémiaire an XIII, 19,802,846 francs.

MINISTERE DE LA GUERRE (b). Crédits réglés par la loi du 4 germinal an XI, 153,000,000 francs. Supplément de crédits accordés par la loi du 5 ventôse an XII (art. 1er), 10,000,000 francs. Augmentations de divers crédits provenant de prélèvements sur autres crédits, 1,705,799 francs. Crédits définitifs, 164,705,799 francs.

Montant des ordonnances délivrées par les ministres jusqu'au 1er vendémiaire an XIII, 164,218,860 francs.

ADMINISTRATION DE LA GUERRE. Crédits réglés par la loi du 4 germinal an XI, 90,000,000 francs. Suppléments de crédits accordés par la loi du 5 ventôse an XII, 4,000,000 francs, Sommes prélevées sur divers crédits et appliquées à d'autres crédits, 1,705,799 francs. Crédits définitifs, 92,294,201 francs.

Montant des ordonnances délivrées par les ministres jusqu'au 1er vendémiaire an XIII, 90,834,673 francs.

MARINE. Crédits réglés par la loi du 4 germinal an XI, 126,000,000 francs. Supplément de crédits accordés par la loi du 5 ventôse an XII, 12,000,000 francs. Crédits définitifs, 138,000,000 francs.

Montant des ordonnances délivrées par les ministres jusqu'au 1er vendémiaire an XIII, 135,513,923 francs.

INTERIEUR. *Service ordinaire.* Crédits réglés par la loi du 4 germinal an XI, 14,000,000 francs. Crédits définitifs, 14,000,000 francs.

Montant des ordonnances délivrées par les ministres jusqu'au 1er vendémiaire an XIII, 13,601,809 francs.

Service extraordinaire pour les routes, canaux et autres objets. Crédits réglés par la loi du 4 germinal an XI, 22,500,000 francs. Crédits définitifs, 22,500,000 fr.

Montant des ordonnances délivrées par les ministres jusqu'au 1er vendémiaire an XIII, 21,146,312 francs.

Cultes. Crédits réglés par la loi du 4 germinal an XI, 3,000,000 francs. Augmentations de divers crédits provenant de prélèvements sur autres crédits, 800,000 fr. Crédits définitifs, 3,800,000 francs.

Montant des ordonnances délivrées par les ministres jusqu'au 1er vendémiaire an XIII, 3,700,007 francs.

Achats de blés. Crédits réglés par la loi du 4 germi-

nal an XI, 7,610,000 francs. Augmentation de divers crédits provenant de prélèvements sur autres crédits, 3,000,000 francs. Crédits définitifs, 10,610,000 francs.

Montant des ordonnances délivrées par les ministres jusqu'au 1er vendémiaire an XIII, 10,610,000 francs.

Dépenses imprévues. Augmentations de divers crédits provenant de prélèvements sur autres crédits, 2,752,798 f. Crédits définitifs, 2,752,798 francs.

Montant des ordonnances délivrées par les ministres jusqu'au 1er vendémiaire an XIII, 2,380,369 francs.

FINANCES. *Service ordinaire.* Crédits réglés par la loi du 4 germinal an XI, 29,047,788 francs. Augmentations de divers crédits provenant des prélèvements sur autres crédits, 1,119,900 francs. Crédits définitifs, 30,167,688 fr.

Montant des ordonnances délivrées par les ministres jusqu'au 1er vendémiaire an XIII, 28,435,380 francs.

Remboursements de cautionnements. Crédits réglés par la loi du 4 germinal an XI, 5,000,000 francs. Crédits définitifs, 5,000,000 francs.

Montant des ordonnances délivrées par les ministres jusqu'au 1er vendémiaire an XII, 5,000,000 francs.

Intérêts de cautionnements. Crédits réglés par la loi du 4 germinal an XI, 2,000,000 francs. Crédits définitifs, 2,000,000 francs.

Montant des ordonnances délivrées par les ministres jusqu'au 1er vendémiaire an XIII, 850,000 francs.

TRÉSOR PUBLIC. Crédits réglés par la loi du 4 germinal an XI, 6,000,000 francs. Augmentations de divers crédits provenant de prélèvements sur autres crédits, 1,000,000 francs. Crédits définitifs, 7,000,000 francs.

Montant des ordonnances délivrées par les ministres jusqu'au 1er vendémiaire an XIII, 5,963,723 francs.

RELATIONS EXTERIEURES. Crédits réglés par la loi du 4 germinal an XI, 7,000,000 francs. Augmentations de divers crédits provenant de prélèvements sur autres crédits, 820,000 francs. Crédits définitifs, 7,820,000 francs.

Montant des ordonnances délivrées par les ministres jusqu'au 1er vendémiaire an XIII, 7,813,999 francs.

JUSTICE. Crédits réglés par la loi du 4 germinal an XI, 23,318,730 francs. Crédits définitifs, 23,318,730 francs.

Montant des ordonnances délivrées par les ministres jusqu'au 1er vendémiaire an XIII, 20,761,146 francs.

Dépenses imprévues (c). Crédits réglés par la loi du 4 germinal an XI, 8,000,000 francs. Suppléments de crédits accordés par la loi du 5 ventôse an XI, 4,000,000 f. (art 1er). Sommes prélevées sur divers crédits et appliquées à d'autres crédits, 11,879,596 francs. Crédits définitifs, 120,404 francs.

FRAIS DE NÉGOCIATIONS. Crédits réglés par la loi du 4 germinal an XI, 9,000,000 francs. Augmentations de divers crédits provenant de prélèvements sur autres crédits, 2,386,898 francs. Crédits définitifs, 11,386,898 francs.

Montant des ordonnances délivrées par les ministres jusqu'au 1er vendémiaire an XIII, 11,386,898 francs.

TOTAUX. Crédits réglés par la loi du 4 germinal an XI, 589,500,000 francs. Suppléments de crédits accordés par la loi du 5 ventôse an XII, 30,000,000 francs (art. 1er). Augmentations de divers crédits provenant de prélèvements sur autres crédits, 13,585,395 francs. Sommes prélevées sur divers crédits et appliquées à d'autres crédits, 13,585,395 francs. Crédits définitifs, 619,500,000 f. (d).

Montant des ordonnances délivrées par les ministres jusqu'au 1er vendémiaire an XIII, 605,877,463 francs.

(c) Les prélèvements faits sur le fonds de 12,000,000 francs affecté aux dépenses imprévues, s'élevaient, au 1er vendémiaire an XIII, à 11,879,596 francs, et avaient été répartis ainsi qu'il suit :

Intérieur.
Cultes, 800,000 francs. Achats de blés, 3,000,000 francs. Dépenses diverses, 2,752,798 francs.

Finances.
Dépenses des monnaies et indemnités aux maîtres de postes. 1,119,900 francs.
Trésor public, 1,000,000 francs.
Relations extérieures, 820,000 francs.
Frais de négociations, 2,386,898 francs.
Total, 11,879,596 francs.

(d) Le crédit général de l'an XI a été fixé par la loi du 4 germinal de la même année à 589,500,000 francs.
La loi du 5 ventôse a accordé un supplément de crédit de 300,000,000 francs.
Somme égale au total du crédit définitif, 649,500,000 francs.
N. B. Pour établir la situation des crédits, on a dû rappeler dans ce tableau les dépenses faites antérieurement à l'an XII. Les différences que présente le montant de quelques parties de ces dépenses avec le résultat des comptes précédents, pro-

---

(a) Dans la colonne où est indiqué le montant des ordonnances délivrées, on a porté à l'article de la dette publique le montant des états d'arrérages dont le paiement est autorisé.

(b) Les sommes accordées au ministère de la guerre, en sus de ses crédits et suppléments de crédit, ont été prélevées sur les crédits de l'administration de la guerre.

DÉPENSES.

Dépenses imputables sur les crédits, et consistant en paiements, à Paris, et en envois de fonds aux caisses extérieures.

DETTE PUBLIQUE ET PENSIONS. *Dette perpétuelle.* Anciens départements. Six nouveaux départements du Piémont. An XI, 41,026,021 francs. An XII, 1,925,547 fr. Total, 42,951,568 francs.

Restait au 1er vendémiaire an XII à payer sur les ordonnances délivrées par les ministres, 812,650 francs.

Restait au 1er vendémiaire an XIII à ordonnancer par les ministres sur la portion des crédits disponibles, 166,024 francs.

Dette viagère. Anciens départements. Six nouveaux départements du Piémont. An XI, 17,287,746 francs. An XII, 1,606,145 francs. Total, 18,893,891 francs.

Restait au 1er vendémiaire an XIII à payer sur les ordonnances délivrées par les ministres, 1,609,341 francs.

PENSIONS. An X, 664,163 francs. An XI, 12,329,691 fr. An XII, 4,911,730 francs. Total, 17,905,584 francs.

Restait au 1er vendémiaire an XIII à payer sur les ordonnances délivrées par les ministres, 1,897,262 francs.

Restait au 1er vendémiaire an XIII à ordonnancer par les ministres sur la portion des crédits disponibles, 197,154 francs.

MINISTÈRE DE LA GUERRE. An X, 7,187,240 francs. An XI, 143,017,792 francs. An XII, 13,646,025 francs. Total, 163,851,057 francs.

Restait au 1er vendémiaire an XIII à payer sur les ordonnances délivrées par les ministres, 367,803 francs.

Restait au 1er vendémiaire an XIII à ordonnancer par les ministres sur la portion des crédits disponibles, 486,939 francs.

ADMINISTRATION DE LA GUERRE. An X, 474,950 francs. An XI, 75,336,012 francs. An XII, 15,010,799 francs. Total, 90,821,761 francs.

Restait au 1er vendémiaire an XIII à payer sur les ordonnances délivrées par les ministres, 12,912 francs.

Restait au 1er vendémiaire an XIII à ordonnancer par les ministres sur la portion des crédits disponibles, 1,459,528 francs.

MARINE. An XI, 113,372,389 fr. An XII, 21,516,803 fr. Total, 134,889,092 francs.

Restait au 1er vendémiaire an XIII à payer sur les ordonnances délivrées par les ministres, 624,831 francs.

Restait au 1er vendémiaire an XIII à ordonnancer par les ministres sur la portion des crédits disponibles, 2,486,077 francs.

INTÉRIEUR. *Service ordinaire.* An XI, 12,155,943 fr. An XII, 1,398,211 francs. Total, 13,554,154 francs.

Restait au 1er vendémiaire an XIII à payer sur les ordonnances délivrées par les ministres, 47,715 francs.

Restait au 1er vendémiaire an XIII à ordonnancer par les ministres sur la portion des crédits disponibles, 398,131 francs. *Service extraordinaire* pour les routes, canaux et autres objets. An X, 300,000 francs. An XI, 12,581,794 francs. An XII, 8,214,718 francs. Total, 21,096,512 francs.

Restait au 1er vendémiaire an XIII à payer sur les ordonnances délivrées par les ministres, 49,800 francs.

Restait au 1er vendémiaire an XIII à ordonnancer par les ministres sur la portion des crédits disponibles, 1,353,688 francs.

Cultes. An XI, 2,125,783 fr. An XII, 1,574,224 fr. Total, 3,700,007 francs.

Restait au 1er vendémiaire an XIII à ordonnancer par les ministres sur la portion des crédits disponibles, 99,993 francs.

ACHATS DE BLÉS. An XI, 7,610,000 francs. An XII, 3,000,000 francs. Total, 10,610,000 francs.

Dépenses imprévues. An XI, 867,742 francs. An XII, 1,493,421 francs. Total, 2,361,163 francs.

Restait au 1er vendémiaire an XIII à payer sur les ordonnances délivrées par les ministres, 19,206 francs.

Restait au 1er vendémiaire an XIII à ordonnancer par les ministres sur la portion des crédits disponibles, 372,429 francs.

viennent d'annulations de dépenses opérées conformément à l'arrêté du 23 germinal an XI, pour le montant des fonds rentrés à la caisse centrale, en déclarations des payeurs, de virements d'exercices ordonnés par arrêtés, et de diverses déductions de dépenses.

FINANCES. *Service ordinaire.* An XI, 23.385,894 fr. An XII, 4,031,326 francs. Total, 27,417,220 francs.

Restait au 1er vendémiaire an XIII à payer sur les ordonnances délivrées par les ministres, 1,018,160 francs.

Restait au 1er vendémiaire an XIII à ordonnancer par les ministres sur la portion des crédits disponibles, 1,732,308 francs.

Remboursement de cautionnements. An XI, 5 millions de francs.

Intérêts de cautionnements. An XII, 850,000 francs.

Restait au 1er vendémiaire an XIII à ordonnancer par les ministres sur la portion des crédits disponibles, 1,150,000 francs.

TRÉSOR PUBLIC. An XI, 4,737,380 francs. An XII, 1,176,880 francs. Total, 5,914,260 francs.

Restait au 1er vendémiaire an XIII à payer sur les ordonnances délivrées par les ministres, 49,463 francs.

Restait au 1er vendémiaire an XIII à ordonnancer par les ministres sur la portion des crédits disponibles, 1,036,277 francs.

RELATIONS EXTÉRIEURES. An XI, 5,808,117 fr. An XIII, 1,930,436 francs. Total 7,810,553 francs.

Restait au 1er vendémiaire an XIII à payer sur les ordonnances délivrées par les ministres, 3,446 francs.

Restait au 1er vendémiaire an XIII à ordonnancer par les ministres sur la portion des crédits disponibles, 6,001 francs.

JUSTICE. An XI, 14,148,420 francs. An XIII, 4,275,971 fr. Total, 18,424,391 francs.

Restait au 1er vendémiaire an XIII à payer sur les ordonnances délivrées par les ministres, 2,336,755 francs.

Restait au 1er vendémiaire an XIII à ordonnancer par les ministres sur la portion des crédits disponibles, 2,557,584 francs.

DÉPENSES IMPRÉVUES. Restait au 1er vendémiaire an XIII à ordonnancer par les ministres sur la portion des crédits disponibles, 120,404 francs.

FRAIS DE NÉGOCIATIONS. An XI, 10,626,133 francs. An XII, 760,765 francs. Total, 11,386,898 francs.

TOTAUX. An X, 8,626,553 francs. An XI, 501,488,757 fr. An XII, 87,323,001 francs. Total, 597,438,111 francs.

Restait au 1er vendémiaire an XIII à payer sur les ordonnances délivrées par les ministres, 8,439,352 francs.

Restait au 1er vendémiaire an XIII à ordonnancer par les ministres sur la portion des crédits disponibles, 13,622,537 francs.

Somme égale au crédit général et définitif de l'exercice, 619,500,000 francs.

ETAT T. CRÉDITS SUR L'EXERCICE DE L'AN XII.

Comparaison du montant des crédits accordés pour chaque ministère sur l'exercice de l'an XII, avec le montant des ordonnances délivrées jusqu'au 1er vendémiaire an XIII, et avec les dépenses effectuées jusqu'à la même époque par la caisse centrale du trésor public, à Paris, avec imputation sur les crédits.

CRÉDITS.

DETTE PUBLIQUE ET PENSIONS (a). *Rentes perpétuelles.* Crédits réglés par la loi du 5 ventôse an XII, 46,182,740 francs. Crédits définitifs, 46,182,740 francs.

Rentes viagères. Crédits réglés par la loi du 5 ventôse an XII, 24,971,026 francs. Crédits définitifs, 24,971,026 francs.

Pensions. Crédits réglés par la loi du 5 ventôse an XII, 29,500,000 francs. Crédits définitifs, 29,500,000 francs.

Montant des ordonnances délivrées par les ministres jusqu'au 1er vendémiaire an XIII, 98,873,205 francs.

MAISON DE L'EMPEREUR. Suppléments de crédits accordés provisoirement par le Gouvernement, 5,000,000 fr. Augmentations de divers crédits provenant du prélèvement sur d'autres crédits, 3,333,333 francs. Crédits définitifs, 8,333,333 francs.

Montant des ordonnances délivrées par les ministres jusqu'au 1er vendémiaire an XIII, 6,250,000 francs.

PRINCES FRANÇAIS. Augmentations de divers crédits provenant du prélèvement sur d'autres crédits, 666,667 francs. Crédits définitifs, 666,667 francs.

GUERRE (ministère). Crédits réglés par la loi du 5 ventôse an XII, 168,000,000 francs. Suppléments de crédits accordés provisoirement par le Gouvernement, 11,500,000 francs. Crédits définitifs, 179,500,000 francs.

Montant des ordonnances délivrées par les ministres jusqu'au 1er vendémiaire an XIII, 174,289,462 francs.

ADMINISTRATION DE LA GUERRE. Crédits réglés par la loi du 5 ventôse an XII, 100,000,000 francs. Suppléments de crédits accordés provisoirement par le Gouvernement, 16,000,000 francs. Crédits définitifs, 116,000,000 francs.

Montant des ordonnances délivrées par les ministres jusqu'au 1er vendémiaire an XIII, 108,084,479 francs.

MARINE. Crédits réglés par la loi du 5 ventôse an XII, 180,000,000 francs. Suppléments de crédits accordés provisoirement par le Gouvernement, 15,000,000 francs. Crédits définitifs, 195,000,000 francs.

Montant des ordonnances délivrées par les ministres jusqu'au 1er vendémiaire an XIII, 175,612,131 francs.

Intérieur (a). Service ordinaire. Crédits réglés par la loi du 5 ventôse an XII, 14,730,919 francs. Crédits définitifs, 14,730,919 francs.

Montant des ordonnances délivrées par les ministres jusqu'au 1er vendémiaire an XIII, 12,929,911 francs.

Service extraordinaire. Crédits réglés par la loi du 5 ventôse an XII, 15,000,000 francs. Crédits définitifs, 15,000,000 francs.

Crédits définitifs, 15,000,000 francs.

Montant des ordonnances délivrées par les ministres jusqu'au 1er vendémiaire an XIII, 5,838,000 francs.

Dépenses imprévues (diverses). Augmentations de divers crédits provenant du prélèvement sur d'autres crédits, 4,160,781 francs. Crédits définitifs, 4,160,781 francs.

Montant des ordonnances délivrées par les ministres jusqu'au 1er vendémiaire an XIII, 2,701,369 francs.

Dépenses imprévues (routes principales). Augmentations de divers crédits provenant du prélèvement sur d'autres crédits, 6,000,000 francs. Crédits définitifs, 6,000,000 francs.

Montant des ordonnances délivrées par les ministres jusqu'au 1er vendémiaire an XIII, 2,370,000 francs.

CULTES (b). Crédits réglés par la loi du 5 ventôse an XII, 5,000,000 francs. Suppléments de crédits accordés provisoirement par le Gouvernement, 2,500,000 fr. Crédits définitifs, 7,500,000 francs.

Montant des ordonnances délivrées par les ministres jusqu'au 1er vendémiaire an XIII, 3,916,410 francs.

FINANCES (c). Service ordinaire. Crédits réglés par la loi du 5 ventôse an XII, 31,927,000 francs. Sommes prélevées sur divers crédits, et appliquées à d'autres crédits, 2,400,000 francs. Crédits définitifs, 29,527,000 francs.

Montant des ordonnances délivrées par les ministres jusqu'au 1er vendémiaire an XIII, 27,622,635 francs.

Fonds d'amortissement (d). Crédits réglés par la loi du 5 ventôse an XII, 10,000,000 francs. Crédits définitifs, 10,000,000 francs.

Cautionnements. Crédits réglés par la loi du 5 ventôse an XII, 6,250,000 francs. Crédits définitifs, 6,250,000 francs.

TRÉSOR PUBLIC. Crédits réglés par la loi du 5 ventôse an XII, 8,000,000 francs. Crédits définitifs, 8,000,000 fr.

Montant des ordonnances délivrées par les ministres jusqu'au 1er vendémiaire an XIII, 5,880,266 francs.

JUSTICE (e). Crédits réglés par la loi du 5 ventôse an XII, 23,000,000 francs. Sommes prélevées sur divers crédits et appliquées à d'autres crédits, 250,000 francs. Crédit définitifs, 22,750,000 francs.

Montant des ordonnances délivrées par les ministres jusqu'au 1er vendémiaire an XIII, 16,039,454 francs.

POLICE GÉNÉRALE. Augmentations de divers crédits provenant du prélèvement sur d'autres crédits, 250,000 fr. Crédits définitifs, 250,000 francs.

Montant des ordonnances délivrées par les ministres jusqu'au 1er vendémiaire an XIII, 222,877 francs.

RELATIONS EXTERIEURES. Crédits réglés par la loi du 5 ventôse an XII, 7,000,000 francs. Crédits définitifs, 7,000,000 francs.

Montant des ordonnances délivrées par les ministres jusqu'au 1er vendémiaire an XIII, 6,190,000 francs.

FRAIS DE NÉGOCIATIONS. Crédits réglés par la loi du 5 ventôse an XII, 15,000,000 francs. Augmentations de divers crédits provenant du prélèvement sur d'autres crédits, 3,489,869 francs. Crédits définitifs, 18,489,869 fr.

Montant des ordonnances délivrées par les ministres jusqu'au 1er vendémiaire an XIII, 18.489,869 francs.

FONDS DE RÉSERVE (f). Crédits réglés par la loi du 5 ventôse an XII, 15,438,315 francs. Suppléments de crédits accordés provisoirement par le Gouvernement, 12,000,000 francs. Sommes prélevées sur divers crédits et appliquées à d'autres crédits, 15,250,650 francs. Crédits définitifs, 12,187,665 francs.

TOTAUX. Crédits réglés par la loi du 5 ventôse an XII, 700,000,000 francs. Suppléments de crédits accordés provisoirement par le Gouvernement, 62,000,000 francs. Augmentations de divers crédits provenant du prélèvement sur d'autres crédits, 17,900,650 francs. Sommes prélevées sur divers crédits et appliquées à d'autres crédits, 17,900,650 francs. Crédits définitifs, 762,000,000 francs (g).

Montant des ordonnances délivrées par les ministres jusqu'au 1er vendémiaire an XIII, 665,310,068 francs.

DÉPENSES.

Dépenses imputables sur les crédits, et consistant en paiements à Paris, et en envois de fonds aux caisses extérieures.

DETTE PUBLIQUE ET PENSIONS (a). Rentes perpétuelles. An XII, 42,610,567 francs. Rentes viagères. An XII, 20,571,850 francs. Pensions. An XI, 675,361 francs. An XII, 26,435,545 francs. Total, 27,110,906 francs.

Restait au 1er vendémiaire an XIII à payer sur les ordonnances délivrées par les ministres, 8,579,882 fr.

Restait au 1er vendémiaire an XIII, à ordonnancer par les ministres sur la portion des crédits disponibles, 1,780.561 francs.

MAISON DE L'EMPEREUR. An XII, 4,666,667 francs.

Restait au 1er vendémiaire an XIII à payer sur les ordonnances délivrées par les ministres, 1,583,333 francs.

Restait au 1er vendémiaire an XIII à ordonnancer par les ministres sur la portion des crédits disponibles, 2,083,323 francs.

PRINCES FRANÇAIS. Restait au 1er vendémiaire an XIII à ordonnancer par les ministres sur la portion des crédits disponibles, 666,667 francs.

GUERRE (ministère). An XI, 10,487,683 francs. An XII, 162,938,265 francs. Total, 173,425,848 francs.

(a) L'application du fonds de 15 millions accordé pour le service extraordinaire de l'intérieur, a été réglée comme suit, par arrête du 13 fructidor an XI :

Routes du Simplon, mont Cenis, etc., 2,000,000 francs.
Grands ponts, 1,000,000 francs.
Quais Bonaparte et Desaix, 500,000 francs.
Canaux et divers travaux, 4,500,000 francs.
Desséchement de marais, 1,500,000 francs.
Navigation intérieure, 2,500,000 francs.
Ports maritimes, 3,000,000 francs.
Total, 15,000,000 francs.

(b) La somme de 5 millions, portée par le crédit primitif de ce département, était comprise dans celle de 19,7.0,919 francs, accordée au ministre de l'intérieur par la loi du 5 ventôse an XII, pour le service ordinaire. Il a été fait déduction de ces cinq millions au ministère de l'intérieur.

(c) Il a été fait distraction, sur le crédit ordinaire de ce ministère, de la somme de 2,400,000 francs, restant libre au 1er prairial, sur les sommes qui étaient affectées pour le traitement des trois Consuls, pendant les quatre derniers mois de l'an XII. Cette somme de 2,400,000 francs a été transportée au nouveau crédit ouvert à la maison de l'Empereur.

(d) Un decret impérial d.1 3 nivôse an XIII a délégué à la caisse d'amortissement les sommes dues par les acquereurs de domaines vendus avant l'an XII, en exécution des lois de l'an X. Cette délégation a pour objet de remplir la caisse d'amortissement des fonds d'amortissement fixé par la loi du 5 ventôse an X, a dix millions par année, a compter de l'an XII, et des sommes qui lui sont dues par le trésor pour capitaux et intérêts de cautionnements. Il en sera fait incessamment recette et dépense dans la comptabilité du trésor.

(e) Presque tout le montant des sommes restant a ordonnancer au 1er vendémiaire, par le grand juge, est destiné a régulariser les avances faites par l'administration de l'enregistrement pour frais de justice et de poursuites de crimes.

(f) Le prélèvement sur le fonds de réserve, montant à 15,250,650 francs, a été réparti ainsi qu'il suit :

Maison de l'Empereur, 9 13,333 francs.
Princes français, 666,667 francs.
Interieur. Dépenses diverses, 4,160,781 francs.
Interieur. Routes principales, 6,000,000 francs.
Frais de négociations, 3,489,869 francs.
Total, 15,250,650 francs.

(g) Le crédit général de l'exercice avait été fixé par la loi du 5 ventôse an XII a 700,000,000 francs.

Il a été accordé comme supplément provisoire, sauf régularisation ultérieure par une loi, 62,000,000 francs.

Somme égale au crédit général au 1er vendémiaire an XIII 762,000,000 francs.

Restait au 1er vendémiaire an XIII à payer sur les ordonnances délivrées par les ministres, 863,614 francs.

Restait au 1er vendémiaire an XIII à ordonnancer par les ministres sur la portion des crédits disponibles, 5,210,538 francs.

ADMINISTRATION DE LA GUERRE. An XI, 95,800 francs. An XII, 107,271,169 francs. Total, 103,166,969 francs.

Restait au 1er vendémiaire an XIII à payer sur les ordonnances délivrées par les ministres, 707,510 francs.

Restait au 1er vendémiaire an XIII à payer sur la portion des crédits disponibles, 7,915,521 francs.

MARINE. An XII, 174,587,495 francs.

Restait au 1er vendémiaire an XIII à payer sur les ordonnances délivrées par les ministres, 1,024,636 fr.

Restait au 1er vendémiaire an XIII à ordonnancer par les ministres sur la portion des crédits disponibles, 19,387,869 francs.

INTÉRIEUR (a). Service ordinaire. An XI, 30,200 fr. An XII, 12,649,232 francs. Total, 12,679,432 francs.

Restait au 1er vendémiaire an XIII à payer sur les ordonnances délivrées par les ministres, 250,479 francs.

Restait au 1er vendémiaire an XIII à ordonnancer par les ministres sur la portion des crédits disponibles, 9,162,000 francs.

Service extraordinaire. An XII, 5,809,890 francs.

Restait au 1er vendémiaire an XIII à payer sur les ordonnances délivrées par les ministres, 28,110 francs.

Restait au 1er vendémiaire an XIII à ordonnancer par les ministres sur la portion des crédits disponibles, 9,162,000 francs.

Dépenses imprévues (diverses). An XII, 2,652,269 fr.

Restait au 1er vendémiaire an XIII à payer sur les ordonnances délivrées par les ministres, 49,100 francs.

Restait au 1er vendémiaire an XIII à ordonnancer par les ministres sur la portion des crédits disponibles, 1,459,413 francs.

Dépenses imprévues (routes principales). An XII, 2,370,000 francs.

Restait au 1er vendémiaire an XIII à ordonnancer par les ministres sur la portion des crédits disponibles, 3,630,000 francs.

CULTES (b). An XII, 3,914,410 francs.

Restait au 1er vendémiaire an XIII à payer sur les ordonnances délivrées par les ministres, 2,000 francs.

Restait au 1er vendémiaire an XIII à ordonnancer par les ministres sur la portion des crédits disponibles, 3,583,590 francs.

FINANCES(c). Service ordinaire. An XII, 25,567,764 fr.

Restait au 1er vendémiaire an XIII à payer sur les ordonnances délivrées par les ministres, 2,054,871 fr.

Restait au 1er vendémiaire an XIII à ordonnancer par les ministres sur la portion des crédits disponibles, 1,904,365 francs.

Fonds d'amortissement (d). Restait au 1er vendémiaire an XIII à ordonnancer par les ministres sur la portion des crédits disponibles, 10,000,000 francs.

Cautionnements. Restait au 1er vendémiaire an XIII à ordonnancer par les ministres sur la portion des crédits disponibles, 6,250,000 francs.

TRÉSOR PUBLIC. An XII, 5,513,684 francs.

Restait au 1er vendémiaire an XIII à payer sur les ordonnances délivrées par les ministres, 366,582 francs.

Restait au 1er vendémiaire an XIII à ordonnancer par les ministres sur la portion des crédits disponibles, 2,119,734 francs.

JUSTICE (e). An XII, 15,413,731 francs.

Restait au 1er vendémiaire an XIII à payer sur les ordonnances délivrées par les ministres, 625,723 francs.

Restait au 1er vendémiaire an XIII à ordonnancer par les ministres sur la portion des crédits disponibles, 6,710,546 francs.

POLICE GÉNÉRALE. An XII, 206,872 francs.

Restait au 1er vendémiaire an XIII à payer sur les ordonnances délivrées par les ministres, 16,003 francs.

Restait au 1er vendémiaire an XIII à ordonnancer

(a) Voir le compte des finances de l'an X.
(b) Voir le compte du tresor de l'an XI.
(c) Voir l'état coté A du présent compte.
(d) La somme de 8 millions, affectée à l'an IX, représente le transport de pareille somme prélevée sur les fonds de l'an VIII et antérieurs, et appliquée à l'exercice de l'an IX, par l'arrêté du 15 floréal an XII.
(e) Voir le compte du trésor de l'an XII, état coté M.

---

par les ministres sur la portion des crédits disponibles, 27.123 francs.

RELATIONS EXTÉRIEURES. An XII, 5,539,189 francs.

Restait au 1er vendémiaire an XIII à payer sur les ordonnances délivrées par les ministres, 650,811 francs.

Restait au 1er vendémiaire an XIII à ordonnancer par les ministres sur la portion des crédits disponibles, 810,000 francs.

FRAIS DE NÉGOCIATIONS. An XII, 18,489,869 francs.

FONDS DE RESERVE. Restait au 1er vendémiaire an XIII à ordonnancer par les ministres sur la portion des crédits disponibles, 12,187,665 francs.

TOTAUX. An XI. 11,289,044 francs. An XII,637,208,368 fr. Total, 648,497,412 francs.

Restait au 1er vendémiaire an XIII à payer sur les ordonnances délivrées par les ministres, 16,612,656 francs.

Restait au 1er vendémiaire an XIII à ordonnancer par les ministres sur la portion des crédits disponibles, 96,689,932 francs.

Somme égale au crédit définitif de l'exercice, 762,000,000 francs.

ÉTAT U. — RECETTES ET DÉPENSES.

SITUATION COMPARÉE

DES EXERCICES DES ANNÉES IX, X, XI ET XII.

État présentant la situation respective des exercices des années IX, X, XI et XII, d'après les comptes du trésor public au 1er vendémiaire an XII, et comparaison des recettes et dépenses effectuées par la caisse centrale jusques et compris l'an XII, sur chacun de ces exercices, avec imputation sur les fonds généraux.

1o RECETTES.

Pendant l'an IX. Exercice de l'an IX, 394,799,781 fr.
Pendant l'an X. Exercice de l'an IX, 47,223,749 fr. Exercice de l'an XI, 454,035,562 francs. Total, 501,259,311 francs.

Pendant l'an XI. Exercice de l'an IX, 23,945,676 fr. Exercice de l'an X, 29,589,003 francs. Exercice de l'an XI, 550,999,507 francs. Total, 604,534,186 francs.

Pendant l'an XII. Exercice de l'an IX, 32,154,024 fr. Exercice de l'an X, 3,165,046 francs. Exercice de l'an XI, 57,766,588 francs. Exercice de l'an XII,687,698,532 francs. Total, 788,784,190 francs.

Déduire pour les remboursements et restitutions formant déduction de recette. Exercice de l'an IX, 109,765 fr. Exercice de l'an X, 807,233 francs. Exercice de l'an XI, 20,181 fr. Exercice de l'an XII, 1,000 fr. Total, 938,181 fr.

TOTAUX DES RECETTES. Exercice de l'an IX, 506,013 465 fr. Exercice de l'an X, 485,982,376 francs. Exercice de l'an XI, 608,745,914. Exercice de l'an XII, 687,697,532 francs. Total, 2,288,439,287 francs.

2o DÉPENSES.

Pendant l'an IX. Exercice de l'an IX, 373,961,131 fr. Exercice de l'an X, 8,646,474 francs. Total, 382,611,605 fr.

Pendant l'an X. Exercice de l'an IX, 94,745,063 francs. Exercice de l'an X, 384,268,794 francs. Exercice de l'an XI, 8,026,353 francs. Total, 487,640,210 francs.

Pendant l'an XI. Exercice de l'an IX, 24,928,310 fr. Exercice de l'an X, 80.225,070 francs. Exercice de l'an XI, 501,488,757 francs. Exercice de l'an XI,11,289,044 francs. Total, 617,931,181 francs.

Pendant l'an XII. Exercice de l'an IX, 29,550,118 fr. Exercice de l'an X, 9,656,093 francs. Exercice de l'an XI, 87,323,001 francs. Exercice de l'an XII, 637,208,368 francs. Total, 763,737,580 francs.

TOTAUX DES DÉPENSES. Exercice de l'an IX, 523,188,622 francs. (État coté O.) Exercice de l'an X, 482,796,431, francs. (État coté R.) Exercice de l'an XI, 597,438,111 francs. (État coté S.) Exercice de l'an XII, 648,497,412 fr. (État coté T.) Total, 2,251,920,576 francs.

IIIo COMPARAISON DES RÉSULTATS EN RECETTES ET EN DÉPENSES PROPRES A CHAQUE EXERCICE.

Recettes (voir ci-dessus no (1). Exercice de l'an IX, 506,013,465 francs. Exercice de l'an X, 485,982,376 francs. Exercice de l'an XI, 608,745,014 francs. Exercice de l'an XII, 687,697,532 francs. Total, 2,288,439,287 francs.

Dépenses (voir ci-dessus no (2). Exercice de l'an IX, 523,188,622 francs. Exercice . . . . an X, 482,796,431 fr. Exercice de l'an XI, 597, ... Restait . . . . de l'an XII, ... cs. Total, ... francs.

Excédant des recettes. Exercice de l'an X, 3,185,945 fr. Exercice de l'an XI. 11,307,803 francs. Exercice de l'an VII, 39,200,120 francs.

Excédant des dépenses. Exercice de l'an IX, 17,175,157 fr. Total de l'excédant des recettes, 36,518,711 francs (a).

Résultat.

Il résulte de ce tableau que les recettes provenant des quatre exercices IX, X, XI et XI, excédent au 1er vendémiaire dernier, les dépenses relatives aux mêmes exercices, de 36,518,711 francs.

Sur cette somme il a été prélevé, en fructidor an XII, pour les envois de fonds relatifs à la solde de l'an XIII et aux dépenses des colonies, du même exercice (état coté J), la somme de 14,513,170 francs.

Ainsi, il n'y avait réellement de disponible sur cet excédant, au 1er vendémiaire an XIII, que 22,005,541 fr. (b).

Observations. — Ce tableau, en réunissant l'ensemble des opérations du trésor sur les quatre exercices IX, X, XI et XII, fait connaître que la distinction des exercices n'existe rigoureusement que dans les livres de la comptabilité, et que les moyens du trésor, en totalité, sont appliqués indistinctement à tous les exercices jusqu'à concurrence des crédits fixés par les lois. Tant que les exercices ne sont point soldés, ils sont ainsi respectivement créditeurs ou débiteurs ; mais en définitif la balance se rétablit, et les recettes propres à un exercice qui rentrent tardivement, servent à couvrir les autres exercices des avances qu'ils auraient faites.

MINISTÈRE DU TRÉSOR PUBLIC.

COMPTE GÉNÉRAL DES RECETTES ET DÉPENSES FAITES PAR TOUTES LES CAISSES DU TRÉSOR PUBLIC PENDANT L'AN XII.

SECONDE COMPTABILITÉ DU TRÉSOR PUBLIC.

Extrait de la loi du 13 novembre 1791, relative à l'organisation du trésor public.

TITRE 1er. DE LA COMPTABILITÉ.

Article 3. La seconde comptabilité du trésor public embrassera toutes les caisses des receveurs de département et des payeurs particuliers ; elle présentera la totalité de ce qu'ils auront reçu ou dépensé..... avec distinction d'exercices. Le compte de fin d'année de cette comptabilité présentera le tableau général de tout ce qui aura été reçu ou dépensé dans toute l'étendue du royaume, par les caisses du trésor public, depuis le 1er janvier jusqu'au dernier décembre de l'année expirée.

RECETTES.

ÉTATS DES RECETTES FAITES PAR LE TRÉSOR PUBLIC, PENDANT L'AN XII,

SUR TOUS LES EXERCICES, TANT A LA CAISSE DU TRÉSOR PUBLIC A PARIS QU'AUX CAISSES DES RECEVEURS GÉNÉRAUX ET PARTICULIERS DANS LES DÉPARTEMENTS.

ÉTAT V. RECETTES PROVENANT DES CONTRIBUTIONS DIRECTES.

État des recettes provenant des contributions directes de tous les exercices, faites, pendant l'an XII, par les caisses des receveurs généraux et particuliers.

EXERCICE DE L'AN VI ET ANTÉRIEURS. Recettes de toutes natures. Numéraire, 462,893 francs. Valeurs diverses, 699,609 francs. Ordonnances de décharges, 4,224,832 francs. Total, 5,387,334 francs.

EXERCICE DE L'AN VII. *Contribution foncière.* Numéraire, 221.256 francs. Valeurs diverses, 981,542 francs. Ordonnances de décharges, 1,415,199 francs. Total, 2,617,997 francs.

Subvention d'idem. Numéraire, 104,249 francs. Va-

(a) Cette somme de 36,519,711 fr. forme le résultat définitif de l'excédant de l'ensemble des recettes sur les dépenses des quatre exercices réunis.

(b) Cet excédant de recettes était compris dans le solde de caisse existant au 1er vendémiaire. Ce solde s'élevait cependant à une somme plus considérable, soit en numéraire, soit en valeur représentant numéraire. (Voir état coté O, III° partie) ;

1° Parce qu'il comprenait les fonds non employés qui provenaient des recettes spéciales ;

2° Parce qu'une partie des dépenses récapitulées ci-contre a été effectuée en traites du caissier général, tirées sur lui-même, et qui étaient en circulation au 1er vendémiaire dernier. Ces traites ne donneront lieu à une sortie d'espèces que lorsqu'elles seront rapportées au trésor.

leurs diverses, 46,308 francs. Ordonnances de décharges, 197,979 francs. Total, 348,536 francs.

Personnelle, somptuaire et mobilière. Numéraire, 101,676 francs. Valeurs diverses, 119,433 francs. Ordonnances de décharges, 462,202 francs. Total, 683,311 fr.

Subvention d'idem. Numéraire, 74,480 francs. Valeurs diverses, 20,371 francs. Ordonnances de décharges, 118,269 francs. Total, 213,120 francs.

Retenues sur les salaires publics. Numéraire, 12,407 fr. Ordonnances de décharges, 6,371 francs. Total, 18,778 fr.

Portes et fenêtres. Numéraire, 29,178 francs. Valeurs diverses, 1,558 francs. Ordonnances de décharges, 70,862 francs. Total, 101,598 francs.

Subvention d'idem. Numéraire, 20,408 francs. Ordonnances de décharges, 35,752 francs. Total, 56,160 francs.

EXERCICE DE L'AN VIII. *Contribution foncière.* Numéraire, 934,597 francs. Valeurs diverses, 1,589,914 francs. Ordonnances de décharges, 2,357,748 francs. Total, 4,882,619 francs.

Subvention d'idem. Numéraire, 240,972 francs. Valeurs diverses, 49,878 francs. Ordonnances de décharges, 308,814 francs. Total, 599,664 francs.

Personnelle, somptuaire et mobilière. Numéraire, 385,194 francs. Valeurs diverses, 180,103 francs. Ordonnances de décharges, 657,150 francs. Total, 1,222, 447 francs.

Subvention d'idem. Numéraire, 88,205 francs. Valeurs diverses, 4,961 francs. Ordonnances de décharges, 133, 865 francs. Total, 227,031 francs.

Retenues sur les salaires publics. Numéraire, 88,547 fr. *Portes et fenêtres.* Numéraire, 104,029 francs. Valeurs diverses, 6,745 francs. Ordonnances de décharges, 196,868 francs. Total, 307,642 francs.

TOTAUX DE L'AN VIII ET ANNÉES ANTÉRIEURES. Numéraire, 2,868,451 francs. Valeurs diverses, 3,700,422 francs. Ordonnances de décharges, 10,185,911 francs. Total, 16,754,784 francs.

EXERCICE DE L'AN IX. *Contribution foncière.* Numéraire, 647,727 francs. Valeurs diverses, 831,282 francs. Ordonnances de décharges, 275,544 francs. Total, 1,754,553 francs.

Personnelle, somptuaire et mobilière. Numéraire, 379.222 francs. Valeurs diverses, 125,435 francs. Ordonnances de décharges, 192,387 francs. Total, 697,044 fr.

Portes et fenêtres. Numéraire, 135,301 francs. Valeurs diverses, 8,140 francs. Ordonnances de décharges, 302,404 francs. Total, 445,845 francs.

EXERCICE DE L'AN X. *Contribution foncière.* Numéraire, 1,904,110 francs. Valeurs diverses, 1,223,027 francs. Ordonnances de décharges, 570,443 francs. Total, 3,697,580 francs.

Personnelle, somptuaire et mobilière. Numéraire, 815,721 francs. Valeurs diverses, 170,637 francs. Ordonnances de décharges, 343,156 francs. Total, 1,329,514 fr.

Portes et fenêtres. Numéraire, 347,365 francs. Valeurs diverses, 14,126 francs. Ordonnances de décharges, 143,689 francs. Total, 505,180 francs.

Patentes. Numéraire, 335,406 francs. Valeurs diverses, 79,484 francs. Ordonnances de décharges, 239,191 francs. Total, 654,081 francs.

EXERCICE DE L'AN XI. *Contribution foncière.* Numéraire, 47,506,785 francs. Valeurs diverses, 6,705,984 fr. Ordonnances de décharges, 879,906 francs. Total, 55,092,675 francs.

Personnelle, somptuaire et mobilière. Numéraire, 19,054,515 fr. Valeurs diverses, 848,879 fr. Ordonnances de décharges, 284,794 francs. Total, 11,188,188 francs.

Portes et fenêtres. Numéraire, 4,806,323 francs. Valeurs diverses, 30,010 fr. Ordonnances de décharges, 86,408 francs. Total, 4,922,741 francs.

Patentes. Numéraire, 5,836,212 francs. Valeurs diverses, 550,105 francs. Ordonnances de décharges, 757,494 francs. Total, 7,143,811 francs.

Contribution volontaire pour la guerre. Numéraire, 2,273,670 francs. Obligations de décharges, 223 francs. Total, 2,273,893 francs.

EXERCICE DE L'AN XII. *Contribution foncière.* Numéraire, 203,828,750 francs. Valeurs diverses, 2,798,465 fr. Ordonnances de décharges, 1,041,620 francs. Total, 207,668,835 francs.

Personnelle, somptuaire et mobilière. Numéraire, 29,228,924 francs. Valeurs diverses, 508,546 francs. Ordonnances de décharges, 536,676 francs. Total, 30,274,146 francs.

Portes et fenêtres. Numéraire, 12,491,335 francs. Valeurs diverses, 53,351 francs. Ordonnances de décharges, 20,652 francs. Total, 12,565,338 francs.

Patentes. Numéraire, 12,563,436 francs. Valeurs diverses, 75,885 francs. Ordonnances de décharges, 130,796 francs. Total, 12,771,117 francs.

Contribution volontaire pour la guerre. Numéraire, 14,894,258 francs. Ordonnances de décharges, 5,668 fr. Total, 14,899,926 francs.

TOTAUX GÉNÉRAUX. Numéraire, 350,917,511 francs. Valeurs diverses, 17,724,778 francs. Ordonnances de décharges, 15,996,962 francs. Total, 348,639,231 francs. (Etat D D).

Observation.

Cet état réunit le principal des contributions directes et les centimes additionnels.

ÉTAT X. *Développements relatifs aux recettes provenant des contributions directes de tous les exercices, faites pendant l'an XII, par les receveurs généraux et particuliers.*

1° RÉSUMÉ, PAR EXERCICES, DES RECETTES SUR LES CONTRIBUTIONS DIRECTES.

EXERCICES DE L'AN VI ET ANTÉRIEURS. Numéraire effectif, 462,893 francs. Valeurs diverses, 699,609 francs. Ordonnances de décharges, 4,224,832 francs. Total, 5,387,334 francs.

EXERCICE DE L'AN VII. Numéraire effectif, 563,654 francs. Valeurs diverses, 1,169,212 francs. Ordonnances de décharges, 2,306,634 francs. Total, 4,039,500 francs.

EXERCICE DE L'AN VIII. Numéraire effectif, 1,841,904 fr. Valeurs diverses, 1,831,601 francs. Ordonnances de décharges, 3,654,445 francs. Total, 7,327,950 francs.

Totaux de l'an VII et antérieurs. Numéraire effectif, 2,868,451 francs. Valeurs diverses, 3,700,422 francs. Ordonnances de décharges, 10,185,911 francs. Total, 16,754,784 francs.

EXERCICE DE L'AN IX. Numéraire effectif, 1,162,230 fr. Valeurs diverses, 964,857 francs. Ordonnances de décharges, 770,335 francs. Total, 2,897,442 francs.

EXERCICE DE L'AN X. Numéraire effectif, 3,402,602 fr. Valeurs diverses, 1,487,274 francs. Ordonnances de décharges, 1,296,479 francs. Total, 6,186,355 francs.

EXERCICE DE L'AN XI. Numéraire effectif, 70,477,505 fr. valeurs diverses, 8,134,978 francs. Ordonnances de décharges, 2,008,825 francs. Total, 80,621,308 francs.

EXERCICE DE L'AN XII. Numéraire effectif, 273,006,703 francs. Valeurs diverses, 3,437,247. Ordonnances de décharges, 1,735,412 francs. Total, 278,179,362 francs.

TOTAUX (*semblables à ceux de l'état V*). Numéraire effectif, 350,917,511. Valeurs diverses, 17,724,778 francs. Ordonnances de décharges, 15,969,962 francs. Total, 384,639,351 francs.

II° LES MÊMES RECETTES FAITES PENDANT CHAQUE MOIS DE L'AN XII, SUR LES CONTRIBUTIONS DIRECTES.

VENDÉMIAIRE AN XII. Numéraire effectif, 26,033,902 fr. Valeurs diverses, 2,293,987 francs. Ordonnances de décharges, 662,677 francs. Total, 28,990,566 francs.

BRUMAIRE. Numéraire effectif, 33,641,463 francs. Valeurs diverses, 2,105,504 francs. Ordonnances de décharges, 1,135,947 francs. Total, 36,882,914 francs.

FRIMAIRE. Numéraire effectif, 34,000,544 fr. Valeurs diverses, 1,922,316 francs. Ordonnances de décharges, 1,659,921 francs. Total, 37,582,781 francs.

NIVÔSE. Numéraire effectif, 31,754,744 francs. Valeurs diverses, 1,203,654 francs. Ordonnances de décharges, 1,560,628 francs. Total, 34,519,029 francs.

PLUVIÔSE. Numéraire effectif, 28,671,722 fr. Valeurs diverses, 1,073,310 francs. Ordonnances de décharges, 1,650,206 francs. Total, 31,395,238 francs.

VENTÔSE. Numéraire effectif, 31,918,531 francs. Valeurs diverses, 1,195,417 francs. Ordonnances de décharges, 2,006,119 francs. Total, 35,120,067 francs.

GERMINAL. Numéraire effectif, 29,472,054 francs. Valeurs diverses, 1,144,061 francs. Ordonnances de décharges, 1,792,727 francs. Total, 32,408,842 francs.

FLORÉAL. Numéraire effectif, 26,831,335 francs. Valeurs diverses, 1,086,725 francs. Ordonnances de décharges, 821,753 francs. Total, 28,739,813 francs.

PRAIRIAL. Numéraire effectif, 25,682,943 francs. Valeurs diverses, 1,081,212 francs. Ordonnances de décharges, 1,533,983 francs. Total, 28,298,138 francs

MESSIDOR. Numéraire effectif, 26,693,231 francs. Valeurs diverses, 1,051,696 francs. Ordonnances de décharges, 956,287 francs. Total, 28,700,214 francs.

THERMIDOR. Numéraire effectif, 23,577,184 francs. Valeurs diverses, 1,138,924 francs. Ordonnances de décharges, 606,704 francs. Total, 25,322,812 francs.

FRUCTIDOR. Numéraire effectif, 32,640,858 francs. Valeurs diverses, 2,427,969 francs. Ordonnances de décharges, 1,610,010 francs. Total, 36,678,837 francs.

TOTAUX (*semblables à ceux de l'état V*). Numéraire effectif, 350,917,511 francs. Valeurs diverses, 17,724,778 f. Ordonnances de décharges, 15,996,962 francs. Total, 384,639,251 francs.

III° DIVISION DES RECETTES PROVENANT DES CONTRIBUTIONS DIRECTES.

FONDS GÉNÉRAUX DU TRÉSOR PUBLIC. *Exercice an VIII et antérieurs.* Numéraire, 2,451,822 francs. Valeurs diverses, 3,162,954 francs. Ordonnances de décharges, 8,706,456 francs. Total, 14,321,232 francs.

Exercice an IX. Numéraire effectif, 991,092 francs. Ordonnances de décharges, 656,894 francs. Total, 1,647,869 f.

Exercice an X. Numéraire effectif, 2,987,077 francs. Ordonnances de décharges, 1,138,154 francs. Total, 4,125,231 francs.

Exercice an XI. Numéraire effectif, 66,047,474 francs.

Exercice an XII. Numéraire effectif, 255,402,783 francs.

Totaux des fonds généraux. Numéraire effectif, 327,880,248 francs. Valeurs diverses, 3,162,954 francs. Ordonnances de décharges, 10,501,504 francs. Total, 341,544,706.

FONDS SPÉCIAUX. *Exercice an VIII et antérieurs.* Numéraire effectif, 416,629 francs. Valeurs diverses, 537,468 fr. Ordonnances de décharges, 1,479,455 francs. Total, 2,433,552 francs.

Exercice an IX. Numéraire effectif, 171,158 francs. Valeurs diverses, 964,857 francs. Ordonnances de décharges, 113,441 francs. Total, 1,249,456 francs.

Exercice an X. Numéraire effectif, 415,525 francs. Valeurs diverses, 1,487,274 francs. Ordonnances de décharges, 158,325 francs. Total, 2,061,124 francs.

Exercice an XI. Numéraire effectif, 4,430,034 francs. Valeurs diverses, 8,134,978 francs. Ordonnances de décharges, 2,008,825 francs. Total, 14,573,834 francs.

Exercice an XII. Numéraire effectif, 17,603,920 francs. Valeurs diverses, 3,437,247 francs. Ordonnances de décharges, 1,735,412 francs. Total, 22,776,579 francs.

TOTAUX *des fonds spéciaux.* Numéraire effectif, 23,037,263 francs. Valeurs diverses, 14,561,824 francs. Ordonnances de décharges, 5,495,458 francs. Total, 43,094,545 francs.

Report des fonds généraux. Numéraire effectif, 327,880,248 francs. Valeurs diverses, 3,162,954 francs. Ordonnances de décharges, 10,501,504 francs. Total, 341,544,706 francs.

TOTAUX (*semblables à ceux de l'état V*). Numéraire effectif, 350,917,511 francs. Valeurs diverses, 17,724,511 f. Ordonnances de décharges, 15,996,962 francs. Total, 384,639,251 francs. (Etat DD).

Observation. La division des recettes, établie dans le présent état, comprend N° III, sous le titre de *fonds spéciaux*, les centimes additionnels variables, les remises des percepteurs, les centimes communaux et les centimes spéciaux, imposés additionnellement à la contribution foncière, pour les dépenses de l'arpentage des communes. Ces centimes, imposés conformément à l'arrêté du 11 brumaire an XII, pour l'exercice de ladite année, s'élèvent à environ 2,600,000 francs.

RECETTES PROVENANT DES CONTRIBUTIONS INDIRECTES.

ÉTAT Y. *Versements des administrations et régies chargées du recouvrement desdites contributions.*

FONDS GÉNÉRAUX DU TRÉSOR PUBLIC.

N° 1. Versements sur l'exercice de l'an VIII et années antérieures.

ADMINISTRATION DE L'ENREGISTREMENT ET DES DOMAINES. *Enregistrement, timbre et autres produits.* Numéraire effectif, 44,410 francs. Rescriptions et récépissés représentant numéraire, 30,208,907 francs. Traites et obligations de divers représentant numéraire, 144 francs. Valeurs diverses, 119 francs. Total, 30,253,580 francs.

Aliénation de domaines nationaux. (Lois antérieures

à l'an X). Numéraire effectif, 1,112 francs. Rescriptions et récépissés représentant numéraire, 625 francs. Total, 1,737 francs.

Bois nationaux. Numéraire effectif, 364,454 francs.

ADMINISTRATION DES DOUANES. Numéraire effectif, 23 fr.

TOTAUX. Numéraire effectif, 409,999 francs. Rescriptions et récépissés représentant numéraire, 30,209,532 fr. Traites et obligations de divers représentant numéraire, 144 francs. Valeurs diverses, 119 francs. Total, 30,619,794 francs.

N° II. *Versements sur l'exercice de l'an IX.*

ADMINISTRATION DE L'ENREGISTREMENT ET DES DOMAINES. *Enregistrement, timbre et autres produits.* Numéraire effectif, 33,573 francs. Rescriptions et récépissés représentant numéraire, 17,639,427 francs. Valeurs diverses, 10,096 francs. Total, 17,683,141 francs.

Bois nationaux. Numéraire effectif, 127,132 francs.

ADMINISTRATION DES DOUANES. Numéraire effectif, 4,238 f.

ADMINISTRATION DES MONNAIES. Numéraire effectif, 28,625 francs. Rescriptions et récépissés représentant numéraire, 117,818 francs. Total, 146,443 francs.

Ajouter le produit des domaines nationaux vendus en vertu des lois des 15 et 16 floréal an X, et qui est déduit ci-après des exercices XI et XII. (*Cette recette est affectée à l'an IX par la loi du 30 ventôse an IX, jusqu'à concurrence de 20 millions.*)Numéraire effectif,5,867,837 f. Valeurs diverses, 64,848 francs. Total, 5,932,685 francs.

TOTAUX. Numéraire effectif, 6,061,405 francs. Rescriptions et récépissés représentant numéraire, 17,737,290 fr. Valeurs diverses, 74,944 francs.

Total, 23,893,639 francs.

N° III. VERSEMENTS SUR L'EXERCICE EE L'AN X.

ADMINISTRATION DE L'ENREGISTREMENT ET DES DOMAINES. *Enregistrement, timbre et autres produits.* Numéraire effectif, 87,110 francs. Rescriptions et récépissés représentant numéraire, 1,200,700 francs. Valeurs diverses, 16,784 francs. Total, 1,304,594 francs.

Bois nationaux. Numéraire effectif, 84,449 francs.

ADMINISTRATION DES DOUANES. Numéraire effectif, 766 fr.

TOTAUX. Numéraire effectif, 172,325 francs. Rescriptions et récépissés représentant numéraire, 1,200,700 francs. Valeurs diverses, 16,784 francs. Total, 1,389,809 francs.

N° IV. VERSEMENTS SUR L'EXERCICE DE L'AN XI.

ADMINISTRATION DE L'ENREGISTREMENT ET DES DOMAINES. *Enregistrement, timbre et autres produits.* Numéraire effectif, 3,601,508 francs. Rescriptions et récépissés représentant numéraire, 3,303 443 francs. Valeurs diverses, 188,144 francs. Total, 7,093,095 francs.

Aliénations de domaines antérieures à l'an X). Numéraire effectif, 37,874 francs. Valeurs diverses, 157,574 francs. Total, 195,448 francs.

Aliénation de domaines nationaux. (Lois des 15 et 16 floréal an X). Numéraire effectif, 18,577 francs. Valeurs diverses, 857 francs. Total, 19,434 francs.

Bois nationaux. Numéraire effectif, 1,112,116 francs. Traites et obligations de divers représentant numéraire, 20,212 francs. Total, 1,132,328 francs.

ADMINISTRATION DES DOUANES. Numéraire effectif, 2,885,250 francs. Traites et obligations de divers représentant numéraire, 836,622 francs. Valeurs diverses, 224,613 fr.

Total, 3,946,485 francs.

ADMINISTRATION DES POSTES. Numéraire effectif,930,054 fr. Rescriptions et récépissés représentant numéraire, 583,000 francs. Traites et obligations de divers représentant numéraire, 33,822 francs. Total, 1,546,876 francs.

ADMINISTRATION DE LA LOTERIE. Numéraire effectif, 900 fr.

ADMINISTRATION DES MONNAIES. Numéraire effectif, 702,035 francs.

Déduire le produit des domaines nationaux vendus en exécution des lois de l'an X, et transporté ci-contre, n° II, exercice an IX. Numéraire effectif, 18,577 francs. Valeurs diverses, 857 francs. Total,19,434 francs.

TOTAUX. Numéraire effectif, 9,270,370 francs. Rescriptions et récépissés représentant numéraire, 3,886, 443 francs. Traites et obligations de divers représentant numéraire, 890,656 francs. Valeurs diverses, 570,331 fr. Total, 14,617,800 francs.

N° V. VERSEMENTS SUR L'EXERCICE DE L'AN XII.

ADMINISTRATION DE L'ENREGISTREMENT ET DES DOMAINES. *Enregistrement, timbre et autres produits.* Numé-

raire effectif, 136,693,084 francs. Traites et obligations de divers représentant numéraire, 872,951 francs. Valeurs diverses, 932,210 francs. Total, 138,498,245 francs.

Aliénations de domaines nationaux. (*Lois antérieures à l'an X*). Numéraire effectif, 2,354,722 francs. Traites et obligations de divers représentant numéraire, 116,235 francs. Valeurs diverses, 10,437,517 francs. Total, 12,908,474 francs.

Aliénations de domaines nationaux. (*Lois des 15 et 16 floréal an X*). Numéraire effectif, 5,849,260 francs. Valeurs diverses, 73,991 francs. Total, 5,914,251 francs.

Bois nationaux. Numéraire effectif, 4,665,145 francs. Traites et obligations de divers représentant numéraire, 39,226,776 francs. Valeurs diverses, 25,077 francs. Total, 43,916,998 francs.

ADMINISTRATION DES DOUANES. Numéraire effectif, 13,179,473 francs. Traites et obligations de divers représentant numéraire, 23,380,643 francs. Valeurs diverses, 161,542 francs. Total, 36,731,658 francs.

ADMINISTRATION DES POSTES. Numéraire effectif, 4,348, 174 francs. Rescriptions et récépissés représentant numéraire, 2,985,000 francs. Traites et obligations de divers représentant numéraire, 66,827 francs. Total, 7,400,000 francs.

ADMINISTRATION DE LA LOTERIE. Numéraire effectif, 15,656,501 francs.

ADMINISTRATION DES MONNAIES. Numéraire effectif, 434,529 francs.

RÉGIE DES SALINES. Rescriptions et récépissés représentant numéraire, 1,720,016 francs. Traites et obligations de divers représentant numéraire, 979,984 francs. Total, 2,700,000 francs.

Même déduction et transport que pour l'exercice de l'an XI. (Voir le n° IV.) Numéraire effectif, 5,849,260 fr. Valeurs diverses, 63,991 francs. Total, 5,913,251 francs.

TOTAUX. Numéraire effectif, 177,333,627 francs. Rescriptions et récépissés représentant numéraire, 4,705,016fr. Traites et obligations de divers représentant numéraire, 64,643,416 francs. Valeurs diverses, 11,566,346 francs. Total, 258,248,405 francs.

RÉCAPITULATION, PAR EXERCICES, DES VERSEMENTS DES RÉGIES ET ADMINISTRATIONS.

SUR L'EXERCICE DE L'AN VIII ET ANNÉES ANTÉRIEURES. Numéraire effectif, 409,999 francs. Rescriptions et récépissés représentant numéraire, 30,209,532 francs. Traites et obligations de divers représentant numéraire, 144 fr. Valeurs diverses, 119 francs. *Total,* 30,619,794 francs.

SUR L'EXERCICE DE L'AN IX. Numéraire effectif, 6,061,405 francs. Rescriptions et récépissés représentant numéraire, 17,737,290 francs. Valeurs diverses, 74,944 fr. *Total,* 23,893,639 francs.

SUR L'EXERCICE DE L'AN X. Numéraire effectif, 172,325 fr. Rescriptions et récépissés représentant numéraire, 1,200,700 francs. Valeurs diverses, 16,784 francs. *Total,* 1,389,809 francs.

SUR L'EXERCICE DE L'AN XI. Numéraire effectif, 9,270,370 francs. Rescriptions et récépissés représentant numéraire, 3,886,443 francs. Traites et obligations de divers représentant numéraire, 890,656 francs. Valeurs diverses, 570,331 francs. *Total,* 14,617,800 francs.

SUR L'EXERCICE DE L'AN XII. Numéraire effectif, 177,333,627 francs. Rescriptions et récépissés représentant numéraire, 4,705,016 francs. Traites et obligations de divers représentant numéraire, 64,643,416 francs. Valeurs diverses, 11,566,346 francs. *Total,* 258,248,405 fr.

TOTAUX DES VERSEMENTS. Numéraire effectif, 193,247, 726 francs. Rescriptions et récépissés représentant numéraire, 57,758,981 francs. Traites et obligations de divers représentant numéraire, 65,534,216 francs. Valeurs diverses, 12,228,524 fr. *Total,* 328,769,447 fr. (Etat DD.)

Observation. — Voir l'état coté A, n° I et II, les observations sur les versements faits par l'administration de l'enregistrement, pendant l'an XII, en pièces de dépenses pour avances faites pendant les années VII, VIII et IX.

ETAT Z.—RECETTES DIVERSES ET ACCIDENTELLES.

FONDS GÉNÉRAUX.

EXERCICE DE L'AN VIII ET ANNÉES ANTÉRIEURES.

CAUTIONNEMENTS. Numéraire effectif, 807,364 francs. Traites, effets à terme et obligations représentant numéraire, 24,650 francs. Valeurs diverses, 17,489 francs. Total, 849,503 francs.

INDEMNITÉS DE CONSCRITS. (*Arrêté du 17 ventôse an VIII.*) Numéraire effectif, 141,292 francs.

DÉBETS DE COMPTABLES. Numéraire effectif, 264,797 fr. Traites, effets à terme et obligations représentant numéraire, 102,993 francs. Valeurs diverses, 287 francs. Total, 368,077 francs.

PRODUITS DIVERS. Numéraire effectif, 312,749 francs. Traites, effets à terme et obligations représentant numéraire, 37,081 francs. Valeurs diverses, 60,294 francs. Total, 410,124 francs.

PRODUITS D'EFFETS RECOUVRÉS PAR L'ADMINISTRATION DE L'ENREGISTREMENT. Numéraire effectif, 1,400,445 fr. Valeurs diverses, 397,372 francs. Total, 1,797,817 francs.

PRODUITS DE RESCRIPTIONS NÉGOCIEES SUR DOMAINES NATIONAUX AVANT L'AN X. Traites, effets à terme et obligations représentant numéraire, 1,493,768 francs.

TOTAUX. Numéraire effectif, 2,926,647 francs. Traites, effets à terme et obligations représentant numéraire, 1,658,492 francs. Valeurs diverses, 475,442 francs. Total, 5,060,581 francs.

EXERCICE DE L'AN IX.

DÉBETS DE COMPTABLES. Numéraire effectif, 8,745 francs.

PRODUITS DIVERS. Numéraire effectif, 24,659 francs.

PRODUITS DE RESCRIPTIONS NÉGOCIEES SUR DOMAINES VENDUS D'APRÈS LES LOIS DE L'AN X. Numéraire effectif, 8,474 francs. Traites, effets à terme et obligations représentant numéraire, 408,076 francs. Total, 416,550 francs.

RECETTES EXTRAORDINAIRES ET EXTÉRIEURES. Numéraire effectif, 65,975 francs.

TOTAUX. Numéraire effectif, 107,853 francs. Traites, effets à terme et obligations représentant numéraire, 408,076 fr. Total, 515,929 francs.

EXERCICE DE L'AN X.

DÉBETS DE COMPTABLES. Numéraire effectif, 1,125 francs. Traites, effets à terme et obligations représentant numéraire, 393 francs. Valeurs diverses, 86,491 francs. Total, 88,009 francs.

PRODUITS DIVERS. Numéraire effectif, 86,100 francs. Valeurs diverses, 75,731 francs. Total, 162,031 francs.

TOTAUX. Numéraire effectif, 87,225 francs. Traites, effets à terme et obligations représentant numéraire 393fr. Valeurs diverses, 162,422 francs. Total, 250,040 francs.

EXERCICE DE L'AN XI.

CAUTIONNEMENTS DES GREFFIERS DE JUSTICE DE PAIX. Numéraire effectif, 553,556 francs. Traites, effets à terme et obligations représentant numéraire, 22,162 francs. Total, 575,718 francs.

INDEMNITÉS DE CONSCRITS. (Arrêté du 18 thermidor an X). Numéraire effectif, 1,004,290 francs. Valeurs diverses, 152,854 francs. Total, 1,193,144 francs.

DÉBETS DE COMPTABLES. Numéraire effectif, 14,441 fr. Valeurs diverses, 26 francs. Total, 14,467 francs.

VINGTIÈME DE L'OCTROI DES VILLES. Numéraire effectif, 300,689 francs.

PRODUITS DIVERS. Numéraire effectif, 73,493 francs. Valeurs diverses, 3 francs. Total, 73,496 francs.

RECETTES EXTRAORDINAIRES ET EXTÉRIEURES. Numéraire effectif, 3,704,826 francs. Traites, effets à terme et obligations représentant numéraire, 21,186,087 francs. Total, 24,890,913 francs.

TOTAUX. Numéraire effectif, 5,687,293 francs. Traites, effets à terme et obligations représentant numéraire, 21,208,249 francs. Valeurs diverses, 152,883 francs. Total, 27,048,427 francs.

EXERCICE DE L'AN XII.

CAUTIONNEMENTS. (Loi du 5 ventôse an XII, et arrêté du 26 germinal an XII.) Numéraire effectif, 16,689,415 francs. Traites, effets à terme et obligations représentant numéraire, 1,374,200. Total, 18,063,615 francs.

INDEMNITÉS DE CONSCRITS. (Arrêté du 29 fructidor an XI.) Numéraire effectif, 2,103,516 francs. Valeurs diverses,35,491 francs. Total, 2,139,007 francs.

DÉBETS DE COMPTABLES. Numéraire effectif, 417,710 fr. Traites, effets à terme et obligations représentant numéraire, 185,613 fr. Valeurs diverses, 19 francs. Total, 603,342 francs.

VINGTIÈME DE L'OCTROI DES VILLES. Numéraire effectif, 635,928 francs.

DONS POUR L'ARMEMENT CONTRE L'ANGLETERRE. Numéraire effectif, 390,968 francs. Traites, effets à terme et

obligations représentant numéraire, 1,200,000 francs. Total, 1,590,968 francs.

PRODUITS DIVERS. Numéraire effectif, 874,565 francs. Traites, effets à terme et obligations représentant numéraire, 3,657 francs. Valeurs diverses, 5 francs. Total, 878,227 francs.

RECETTES EXTRAORDINAIRES ET EXTÉRIEURES. Numéraire effectif, 7,721,894 francs. Traites, effets à terme et obligations représentant numéraire, 108,497,241 francs. Total, 116,221,135 francs.

TOTAUX. Numéraire effectif, 28,833,996 francs. Traites, effets à terme et obligations représentant numéraire, 111,262,711 francs. Valeurs diverses, 35,515 francs. Total, 140,132,222 francs.

RÉCAPITULATION, PAR EXERCICE, DES RECETTES PROVENANT DES FONDS GÉNÉRAUX.

SUR L'EXERCICE DE L'AN XIII ET ANNÉES ANTÉRIEURES. Numéraire effectif, 2,926,647 francs. Traites, effets à terme et obligations représentant numéraire, 1,658,492 fr. Valeurs diverses, 475,442 francs. Total, 5,060,581 francs.

SUR L'EXERCICE DE L'AN IX. Numéraire effectif, 107,853 francs. Traites, effets à terme et obligations représentant numéraire, 408,076 francs. Total, 515,929 fr.

SUR L'EXERCICE DE L'AN X. Numéraire effectif, 87,225 fr. Traites, effets à terme et obligations représentant numéraire, 393 francs. Valeurs diverses, 162,422 francs. Total, 250,040 francs.

SUR L'EXERCICE DE L'AN XI. Numéraire effectif, 5,687,293 francs. Traites, effets à terme et obligations représentant numéraire, 21,208,249 francs. Valeurs diverses, 152,883 francs. Total, 27,048,427 francs.

SUR L'EXERCICE DE L'AN XII. Numéraire effectif, 28, 833,996 francs. Traites, effets à terme et obligations représentant numéraire, 111,262,711 francs. Valeurs diverses, 35,515 francs. Total, 140,132,222 francs.

TOTAUX DES RECETTES SUR LES FONDS GÉNÉRAUX. Numéraire effectif, 37,643,016 francs. Traites, effets à terme et obligations représentant numéraire, 134,537,921 f. Valeurs diverses, 826,262 francs. Total ,173,007,199 fr. (Voir l'état coté DD).

Observations.

Les Recettes diverses provenant des fonds généraux, et détaillées dans le présent état, s'élèvent à 73,007,199 francs.

Celles des fonds spéciaux, état AA, s'élèvent à 23,601,781 francs.

Total, 196,608,980 francs.

Somme égale au résultat général des recettes diverses, état DD.

ÉTAT AA. FONDS SPECIAUX.

EXERCICE DE L'AN VIII ET ANNÉES ANTÉRIEURES.

Taxe d'entretien des routes. Numéraire effectif, 246,275 francs.

Abonnement au Bulletin des lois. Numéraire effectif, 1,648 francs.

Quart de réserve des bois communaux. Numéraire effectif, 7,152 francs. Total, 255,075 francs.

EXERCICE DE L'AN IX.

Taxe d'entretien des routes. Numéraire effectif, 63,173 francs.

Abonnement au Bulletin des lois. Numéraire effectif, 958 francs.

Quart de réserve des bois communaux. Numéraire effectif, 17,135 francs.

Total, 81,266 francs.

EXERCICE DE L'AN X.

Taxe d'entretien des routes. Numéraire effectif, 97,033 francs.

Abonnement au Bulletin des lois. Numéraire effectif, 2,454 francs.

Quart de réserve des bois communaux. Numéraire effectif, 265,808 francs.

Bois des communes. Numéraire effectif, 2,055 francs. Total, 367,350 francs.

EXERCICE DE L'AN XI.

Supplément de cautionnements des notaires. Numéraire effectif, 1,845,109 francs. Valeurs diverses, 3,400 fr. Total, 1,848,509 francs.

Taxe d'entretien des routes. Numéraire effectif, 444,862 francs.

Abonnement au Bulletin des lois. Numéraire effectif, 13,784 francs.
Bois des communes. Numéraire effectif, 19,232 francs.
Ventes d'effets militaires. Numéraire effectif, 9,574 fr.
Dépôts et consignations. Numéraire effectif, 9,179 fr.
Total, 2,345,140 francs.

EXERCICE DE L'AN XII.

Octroi de navigation. Numéraire effectif, 557,361 francs.
Taxe d'entretien des routes. Numéraire effectif, 15,578,339 francs. Valeurs diverses, 117,041 francs. Total, 15,695,380 francs.
Abonnement au Bulletin des lois. Numéraire effectif, 307,294 francs.
Bois des communes. Numéraire effectif, 2,086,377 fr.
Traites et obligations représentant numéraire, 905,304, fr. Total, 2,991,681 francs.
Ventes d'effets militaires. Numéraire effectif, 150,619 fr.
Droits de bacs et bateaux. Numéraire effectif, 387,348 francs.
Consignations et dépôts. Numéraire effectif, 358,536 francs.
Produits divers. Numéraire effectif, 104,731 francs.
TOTAUX. Numéraire effectif, 19,530,605 francs. Traites et obligations représentant numéraire, 903,304 francs. valeurs diverses, 117,041 francs. Total, 20,552,950 francs.

RÉCAPITULATION, PAR EXERCICE, DES RECETTES PROVENANT DES FONDS SPÉCIAUX.

Sur l'exercice de l'an VIII et années antérieures. Numéraire effectif, 255,075 francs.
Sur l'exercice de l'an IX. Numéraire effectif, 81,266 fr.
Sur l'exercice de l'an X. Numéraire effectif, 367,350 fr.
Sur l'exercice de l'an XI. Numéraire effectif, 2,341,740 francs. Valeurs diverses, 3,400 francs. Total 2,345,140 francs.
Sur l'exercice de l'an XII. Numéraire effectif, 19,530,605 francs. Traites et obligations représentant numéraire, 905,304 francs. Valeurs diverses, 117,041 fr. Total, 20,552,950 francs.
Totaux des recettes sur les fonds spéciaux. Numéraire effectif, 22,576,036 francs. Traites et obligations représentant numéraire, 905,304 francs. Valeurs diverses, 120,441 francs. Total , 23,601,781 francs. (Voir l'état coté DD.)
Observation. Voir l'observation portée à l'état coté Z.

RÉSUMÉS GÉNÉRAUX DES RECETTES.

ÉTAT BB. RECETTES EN NUMÉRAIRE.

ÉTAT sommaire et récapitulatif des recettes en numéraire et valeurs représentant numéraire, faites par toutes les caisses du trésor public pendant l'an XII, sur tous les exercices, et détaillées dans les états précédents cotés V, X, Y, Z et AA.

FONDS GÉNÉRAUX.

CONTRIBUTIONS DIRECTES. An VIII et antérieurs, 2,451,822 francs. An IX, 991,092 fr. An X, 2,987,077 fr. An XI, 66,047,474 francs. An XII, 255,402,783 francs. *Total*, 327,880,248 francs.
ENREGISTREMENT ET DOMAINES. *Divers produits.* An VIII et antérieurs, 30,255,198 francs. An IX, 17,673,045 francs. An X, 87,110 francs. An XI, 3,639,382 francs. An XII, 140,036,992 francs. *Total*, 191,691,727 francs.
Bois nationaux. An VIII et antérieurs, 364,454 francs. An IX, 127,132 francs. An X, 84,449 francs. An XI, 1,132,328 francs. An XII, 43,891,921 francs. *Total*, 45,600,284 francs.
Ventes de domaines nationaux. (Lois de l'an X.) An IX, 6,284,387 francs.
DOUANES. An VIII et antérieurs, 23 francs. An IX, 4,238 francs. An X, 766 francs. An XI, 3,721,872 francs. An XII, 36,560,116 francs. *Total*, 40,287,015 francs.
POSTES. An XI, 1,546,876 francs. An XII, 7,400,000 fr. *Total*, 8,946,876 francs.
LOTERIE. An XI, 900 francs. An XII, 15,658,501 francs. *Total*, 15,659,401 francs.
MONNAIES. An IX, 146,443 francs. An XI, 702,668 francs. An XII, 434,529 francs. *Total*, 1,283,640 francs.
SALINES. An XII, 2,700,000 francs.
RECETTES DIVERSES. *Recettes ordinaires.* An VIII et antérieurs, 1,690,926 francs. An IX, 33,404 francs. An X, 87,618 francs. An XI, 2,004,634 francs. An XII, 23,675,572 francs. *Total*, 27,692,154 francs.

Recettes extraordinaires et extérieures. An IX, 65,975 francs. An XI, 24,890,913 francs. An XII, 116,221,135 francs. *Total*, 141,178,023 francs.
PRODUITS DE DIVERS EFFETS NÉGOCIÉS OU RECOUVRÉS. *Par l'administration de l'enregistrement.* An VIII et antérieurs, 1,400,445 francs.
Par la caisse d'amortissement. An VIII et antérieurs, 1,493,768 francs.
TOTAUX DES FONDS GÉNÉRAUX. An VIII et antérieurs, 37,656,636 francs. An IX, 25,325,716 francs. An X, 3,247,020 francs. An XI, 103,687,044 francs. An XII, 642,181,549 francs. *Total*, 812,097,965 francs.

FONDS SPÉCIAUX.

Centimes additionnels aux contributions directes. An VIII et antérieurs, 416,629 francs. An IX, An X, 413,525 francs. An XI, 4,430,031 francs. An XII, 17,603,920 francs. *Total*, 23,037,263 francs.
Supplément de cautionnements des notaires. An XI, 1,843,109 francs.
Octroi de navigation intérieure. An XII, 557,361 francs.
Taxe d'entretien des routes. An VIII et antérieurs, 246,275 francs. An IX, 63,173 francs. An X, 97,053 fr. An XI, 414,862 francs. An XII, 15,578,339 francs. *Total*, 16,429,702 francs.
Abonnement au Bulletin des lois. An VIII et antérieurs, 1,648 francs. An IX, 938 francs. An X, 2,454 francs. An XI, 13,784 francs. An XII, 307,294 francs. *Total*, 326,138 francs.
Quart de réserve des bois communaux. An VIII et antérieurs, 8,152 francs. An IX, 17,135 francs. An X, 265,808 francs. *Total*, 290,093 francs.
Bois des communes. An X, 2,035 francs. An XI, 19,232 francs. An XII, 2,991,681 fr. *Total*, 3,012,948 fr.
Vente d'effets militaires. An XI, 9,574 francs. An XII, 150,619 francs. *Total*, 160,193 francs.
Consignations et dépôts. An XI, 9,179 francs. An XII, 358,536 francs. *Total*, 367,715 francs.
Droits de bacs et bateaux. An XI, 387,348 francs.
Produits divers. An XII, 104,731 francs.
TOTAUX DES FONDS SPÉCIAUX. An VIII et antérieurs, 671,704 francs. An IX, 202,424 francs. An X, 782,875 fr. An XI, 6,771,771 francs. An XII, 38,039,829 francs. *Total*, 46,518,603 francs.
REPORT DES FONDS GÉNÉRAUX. An VIII et antérieurs, 37,656,636 francs. An IX, 25,325,716 francs. An X, 3,247,020 francs. An XI, 103,687,044 francs. An XII, 642,181,549 francs. *Total*, 812,097,965 francs.
TOTAUX GÉNÉRAUX DES RECETTES EN NUMÉRAIRE. An VIII et antérieurs, 38,328,340 francs. An IX, 25,578,140 francs. An X, 4,029,895 francs. An XI, 110,458,815 francs. An XII, 680,221,378 francs. *Total*, 858,616,568 francs. (Voir l'état coté DD.)
Observation. Le total général des recettes en numéraire détaillées dans le présent état s'élèvent à 858,616,568 francs. Les recettes en *valeurs diverses*, comprises dans l'état CC, s'élèvent à 51,401,110 francs. Total, 910,017,678 francs.
Somme égale au total général des recettes de toute nature, faites pendant l'an XII, et réunies dans l'état coté DD.

ÉTAT CC. RECETTES EN VALEURS DIVERSES.

ÉTAT sommaire et récapitulatif des recettes en valeurs diverses, faites par toutes les caisses du trésor public pendant l'an XII, sur tous les exercices, et détaillées dans les états précédents cotés V, X, Y, Z et AA.

FONDS GÉNÉRAUX.

CONTRIBUTIONS DIRECTES. An VIII et antérieurs, 11,869,410 francs. An IX, 656,894 francs. An X, 1,138,154 francs. *Total*, 13,664,458 francs.
ENREGISTREMENT ET DOMAINES. *Divers produits.* An VIII et antérieurs, 119 francs. An IX, 10,096 francs. An X, 1,217,484 francs. An XI, 3,649,161 francs. An XII, 11,369,727 francs. *Total*, 16,246,587 francs.
Bois nationaux. An XII, 25,077 francs.
Ventes de domaines nationaux. (Lois de l'an X). An IX, 64,848 francs.
DOUANES. An XI, 224,613 francs. An XII, 171,542 fr. *Total*, 396,155 francs.
RECETTES DIVERSES. (Ordinaires). An VIII et antérieurs, 78,070 francs. An X, 162,422 francs. An XI, 152,883 fr. An XII, 35,515 francs. *Total*, 428,890 francs.

PRODUIT D'EFFETS RECOUVRÉS PAR L'ADMINISTRATION DE L'ENREGISTREMENT. An VIII et antérieurs, 397,372 francs.

TOTAUX DES FONDS GÉNÉRAUX. An VIII et antérieurs, 12,344,971 francs. An IX, 731,838 francs. An X, 2,518,060 francs. An XI, 4,026,657 francs. An XII, 11,601,861 francs. *Total*, 31,223,387 francs

FONDS SPÉCIAUX.

Centimes additionnels aux contributions directes. An VIII et antérieurs, 2,016,923 francs. An IX, 1,078,298 francs. An X, 1,645,599 francs. An XI, 10,143,803 francs. An XII, 5,172,659 francs. *Total*, 20,057,282 francs.

Supplément de cautionnements des notaires. An XI, 3,400 francs. Taxe d'entretien des routes. An XII, 117,041 francs.

TOTAL DES FONDS SPÉCIAUX. An VIII et antérieurs, 2,016,923 francs. An IX, 1,078,298 francs. An X, 1,645,599 francs. An XI, 10,147,203 francs. An XII, 5,289,700 francs. *Total*, 20,177,723 francs.

REPORT DES FONDS GÉNÉRAUX. An VIII et antérieurs, 12,344,971 francs. An IX, 731,838 francs. An X, 2,518,060 francs. An XI, 4,026,657 francs. An XII, 11,601,861 francs. *Total*, 31,223,387 francs.

TOTAUX GÉNÉRAUX. An VIII et antérieurs, 14,361,894 fr. An IX, 1,810,136 francs. An X, 4,163,659 francs. An XI, 14,173,860 francs. An XII, 16,891,561 francs. *Total*, 51,401,110 francs. (Voir l'état DD.)

Observations. Voir la note de l'état coté BB. Sous la dénomination de *valeurs diverses*, on comprend les ordonnances de décharges, les déclarations de retenue des percepteurs, les bons de réquisition, diverses rescriptions acquittées, les bons d'arrérages et autres effets de la dette publique, versés pour le prix de domaines ou pour l'acquit d'anciennes contributions, etc.

ÉTAT DD. TABLEAU DES CAISSES DU TRÉSOR PUBLIC QUI ONT FAIT, PENDANT L'AN XII, LES RECETTES DE TOUTES NATURES ET VALEURS, PROVENANT DE DIVERS EXERCICES, ET DÉTAILLÉES DANS LES PRÉCÉDENTS ÉTATS.

DÉPARTEMENTS OU RÉSIDENT LES RECEVEURS GÉNÉRAUX QUI ONT FAIT LES RECETTES AU TRÉSOR PUBLIC.

AIX. Sur les contributions directes, 1,883,411 francs. Versements de l'administration de l'enregistrement et des domaines, 1,232,448 francs. Recettes diverses et accidentelles, 352,873 francs. Total, 3,468,732 francs.

AISNE. Sur les contributions directes, 5,077,427 francs. Versements de l'administration de l'enregistrement et des domaines, 4,806,393 francs. Recettes diverses et accidentelles, 593,568 francs. Total, 10,477,388 francs.

ALLIER. Sur les contributions directes, 2,520,708 francs. Versements de l'administration de l'enregistrement et des domaines, 1,248,304 francs. Recettes diverses et accidentelles, 382,773 francs. Total, 4,151,785 francs.

ALPES (*Basses*). Sur les contributions directes, 1,144,416 francs. Versements de l'administration de l'enregistrement et des domaines, 388,459 francs. Recettes diverses et accidentelles, 139,852 francs. Total, 1,672,727 francs.

ALPES (*Hautes*). Sur les contributions directes, 876,662 francs. Versements de l'administration de l'enregistrement et des domaines, 321,332 francs. Recettes diverses et accidentelles, 101,640 francs. Total, 1,299,634 francs.

ALPES-MARITIMES. Sur les contributions directes, 800,067 francs. Versements de l'administration de l'enregistrement et des domaines, 287,421 francs ; des douanes, 20,169 francs. Recettes diverses et accidentelles, 111,608 francs. Total, 1,219,265 francs.

ARDÈCHE. Sur les contributions directes, 1,802,969 fr. Versements de l'administration de l'enregistrement et des domaines, 887,714 francs. Recettes diverses et accidentelles, 204,145 francs. Total, 2,489,828 francs.

ARDENNES. Sur les contributions directes, 2,853,898 fr. Versements de l'administration de l'enregistrement et des domaines, 1,829,113 francs. Recettes diverses et accidentelles, 450,122 francs. Total, 5,133,133 francs.

ARIÉGE. Sur les contributions directes, 1,179 fr. Versements de l'administration de ... et dos domaines, 580,976 francs ; des d... ... Recettes diverses et accidentell... Total, 1,939,150 francs.

AUBE. Sur les cont... ti...

Versements de l'administration de l'enregistrement et des domaines, 1,632,478 francs. Recettes diverses et accidentelles, 490,593 francs. Total, 5,015,579 francs.

AUDE. Sur les contributions directes, 2,917,874 francs. Versements de l'administration de l'enregistrement et des domaines, 937,352 francs ; des douanes, 5,001 francs. Recettes diverses et accidentelles, 301,358 francs. Total, 4,161,585 francs.

AVEYRON. Sur les contributions directes, 3,915,710 fr. Versements de l'administration de l'enregistrement et des domaines, 991,210 francs. Recettes diverses et accidentelles, 355,768 francs. Total, 5,262,688 francs.

BOUCHES-DU-RHÔNE. Sur les contributions directes, 4,105,967 francs. Versements de l'administration de l'enregistrement et des domaines, 2,645,444 francs ; des douanes, 4,357,096 francs. Recettes diverses et accidentelles, 740,875 francs. Total, 11,849,382 francs.

CALVADOS. Sur les contributions directes, 7,904,606 fr. Versements de l'administration de l'enregistrement et des domaines, 3,318,378 francs ; des douanes, 2,125 francs. Recettes diverses et accidentelles, 838,969 francs. Total, 12,064,078 francs.

CANTAL. Sur les contributions directes, 2,124,826 fr. Versements de l'administration de l'enregistrement et des domaines, 858,238 francs. Recettes diverses et accidentelles, 195,250 francs. Total, 3,188,414 francs.

CHARENTE. Sur les contributions directes, 3,424,896 fr. Versements de l'administration de l'enregistrement et des domaines, 1,418,125 francs. Recettes diverses et accidentelles, 475,803 francs. Total, 5,318,824 francs.

CHARENTE-INFÉRIEURE. Sur les contributions directes, 4,686,981 francs. Versements de l'administration de l'enregistrement et des domaines, 1,619,006 francs ; des douanes, 342,102 francs. Recettes diverses et accidentelles, 555,260 francs. Total, 7,203,349 francs.

CHER. Sur les contributions directes, 2,096,274 francs. Versements de l'administration de l'enregistrement et des domaines, 1,031,585 francs. Recettes diverses et accidentelles, 191,350 francs. Total, 3,319,209 francs.

CORRÈZE. Sur les contributions directes, 1,822,154 fr. Versements de l'administration de l'enregistrement et des domaines, 668,459 francs. Recettes diverses et accidentelles, 216,079 francs. Total, 2,706,692 francs.

CÔTE-D'OR. Sur les contributions directes, 4,478,449 fr. Versements de l'administration de l'enregistrement et des domaines, 3,271,716 francs. Recettes diverses et accidentelles, 847,874 francs. Total, 8,598,039 francs.

CÔTES-DU-NORD. Sur les contributions directes, 3,297,669 francs. Versements de l'administration de l'enregistrement et des domaines, 1,980,334 francs ; des douanes, 6,550 francs. Recettes diverses et accidentelles, 383,930 francs. Total, 5,668,503 francs.

CREUSE. Sur les contributions directes, 1,434,062 fr. Versements de l'administration de l'enregistrement et des domaines, 686,343 francs. Recettes diverses et accidentelles, 129,340 francs. Total, 2,249,745 francs.

DOIRE. Sur les contributions directes 1,143,276 francs. Versements de l'administration de l'enregistrement et des domaines, 305,728 fr. ; des douanes, 3,040 francs. Recettes diverses et accidentelles, 91,512 francs. Total, 1,543,556 francs.

DORDOGNE. Sur les contributions directes, 3,740,503 fr. Versements de l'administration de l'enregistrement et des domaines, 1,199,832 francs ; des douanes, 21,234 fr. Recettes diverses et accidentelles, 514,979 francs. Total, 3,733,045 francs.

DOUBS. Sur les contributions directes, 1,997,010 fr. Versements de l'administration de l'enregistrement et des domaines, 1,199,832 francs ; des douanes, 21,234 fr. Recettes diverses et accidentelles, 514,979 francs. Total, 3,733,045 francs.

DRÔME. Sur les contributions directes, 2,013,454 francs. Versements de l'administration de l'enregistrement et des domaines, 1,030,778 francs. Recettes diverses et accidentelles, 322,958 francs. Total, 3,367,190 francs.

DYLE. Sur ... contributions directes, 4,564,557 fr. Versements d... ...ation de l'enregistrement et des domaines, ... ; des douanes, 9,737 francs. Recettes di... ...lles, 681,319 francs. Total, 9,836,426 f.

ESCAUT. S... ...directes, 7,303,847 fr. Versements ... l'enregistrement et ...domaines ...es, 1,837,740 fr. ...4,781

EURE. Sur les contributions directes, 3,543,518 francs. Versements de l'administration de l'enregistrement et des domaines, 5,036,965 francs. Recettes diverses et accidentelles, 738, 806 francs. Total, 11,320,289 francs.

EURE-ET-LOIR. Sur les contributions directes, 4,874, 789 francs. Versements de l'administration de l'enregistrement et des domaines, 2,013,879 francs. Recettes diverses et accidentelles, 453,283 francs. Total, 7,343,951 francs.

FINISTÈRE. Sur les contributions directes, 2,697,266 fr. Versements de l'administration de l'enregistrement et des domaines, 1,594,340 francs; des douanes, 208,975 fr. Recettes diverses et accidentelles, 492,959 francs. Total, 4,993,540 francs.

FORÊTS. Sur les contributions directes, 1,519,965 fr. Versements de l'administration de l'enregistrement et des domaines, 1,025,034 francs. Recettes diverses et accidentelles, 172,784 francs. Total, 2,717,783 francs.

GARD. Sur les contributions directes, 3,128,226 francs. Versements de l'administration de l'enregistrement et des domaines, 1,370,178 francs; des douanes, 68,863 fr. Recettes diverses et accidentelles, 460,226 francs. Total, 5,027,493 francs.

GARONNE (HAUTE). Sur les contributions directes, 5,635,426 francs. Versements de l'administration de l'enregistrement et des domaines, 2,354,697 francs. Recettes diverses et accidentelles, 707,890 francs. Total, 8,698,013 francs.

GERS. Sur les contributions directes, 2,948,408 francs. Versements de l'administration de l'enregistrement et des domaines, 1,113,991 francs. Recettes diverses et accidentelles, 327,625 francs. Total, 4,390,024 francs.

GIRONDE. Sur les contributions directes, 6,770,658 fr. Versements de l'administration de l'enregistrement et des domaines, 3,428,353 francs; des douanes, 8,948, 696 francs. Recettes diverses et accidentelles, 723,804 fr. Total, 19,881,513 francs.

GOLO. Sur les contributions directes, 315,997 francs. Versements de l'administration de l'enregistrement et des domaines, 52,091 francs; des douanes, 1,369 francs. Recettes diverses et accidentelles, 7,939 francs. Total, 377.376 francs.

HÉRAULT. Sur les contributions directes, 4,825,898 fr. Versements de l'administration de l'enregistrement et des domaines, 236,135 francs. Recettes diverses et accidentelles, 615,638 francs. Total, 7,076,453 francs.

ILE D'ELBE. Versements de l'administration de l'enregistrement et des domaines, 47,675 fr. Recettes diverses et accidentelles, 51,603 francs. Total, 99,278 francs.

JEMMAPES Sur les contributions directes, 3,918,466 fr. Versements de l'enregistrement et des domaines, 2,299, 884 francs. Recettes diverses et accidentelles, 1,227,678 fr. Total, 7,496,028 francs.

ILLE-ET-VILAINE. Sur les contributions directes, 3,051, 072 fr. Versements de l'administration de l'enregistrement et des domaines, 1,893,794 francs; des douanes, 51,490 fr. Recettes diverses et accidentelles, 407,856 francs. Total, 5,404.212 francs.

INDRE. Sur les contributions directes, 1,748,448 francs. Versements de l'administration de l'enregistrement et des domaines, 886,691 francs. Recettes diverses et accidentelles, 203,095 francs. Total, 2,839,234 francs.

INDRE-ET-LOIRE. Sur les contributions directes, 3,041, 577 francs. Versements de l'administration de l'enregistrement et des domaines, 1,793,199 francs. Recettes diverses et accidentelles, 331,827 francs. Total, 5,113, 393 francs.

ISÈRE. Sur les contributions directes, 3,972,571 francs. Versements de l'administration de l'enregistrement et des domaines, 1,879,379 francs. Recettes diverses et accidentelles, 592,268 francs. Total, 6,444,218 francs.

JURA. Sur les contributions directes, 2,153,014 francs. Versements de l'administration de l'enregistrement et des domaines, 1,574,791 francs; des douanes, 262 francs. Recettes diverses et accidentelles, 463,032 francs. Total, 4,191,119 francs.

LANDES. Sur les contributions directes, 1,312,583 francs. Versements de l'administration de l'enregistrement et des domaines, 515,704 francs. Recettes diverses et accidentelles, 200,322 francs. Total, 2,028,609 francs.

LÉMAN. Sur les contributions directes, 1,004,122 francs. Versements de l'administration de l'enregistrement et des domaines, 1,103,182 francs; des douanes, 13,038 francs. Recettes diverses et accidentelles, 162,249 francs. Total, 2,382,591 francs.

LIAMONE. Sur les contributions directes, 138,416 francs. Versements de l'administration de l'enregistrement et des domaines, 175,746 francs; des douanes, 33 francs. Recettes diverses et accidentelles, 4,938 francs. Total, 318,833 francs.

LOIR-ET-CHER. Sur les contributions directes, 3,333,632 fr. Versements de l'administration de l'enregistrement et des domaines, 1,368,636 francs Recettes diverses et accidentelles, 280,440 francs. Total, 4,982,708 francs.

LOIRE. Sur les contributions directes, 3,410,674 francs. Versements de l'administration de l'enregistrement et des domaines, 1,265,248 francs. Recettes diverses et accidentelles, 335,418 francs. Total, 5,011,340 francs.

LOIRE (Haute). Sur les contributions directes, 1,627,978 francs. Versements de l'administration de l'enregistrement et des domaines, 950,564 francs. Recettes diverses et accidentelles, 271,697 francs. Total, 2,850,239 francs.

LOIRE-INFÉRIEURE. Sur les contributions directes, 3,481,856 francs. Versements de l'administration de l'enregistrement et des domaines, 1,908,790 francs; des douanes, 3,783,943 francs. Recettes diverses et accidentelles, 351,057 francs. Total, 9,525,646 francs.

LOIRET. Sur les contributions directes, 5,425,779 francs. Versements de l'administration de l'enregistrement et des domaines, 3,496,094 francs. Recettes diverses et accidentelles, 535,283 francs. Total, 9,457,156 francs.

LOT. Sur les contributions directes, 3,434,004 francs. Versements de l'administration de l'enregistrement et des domaines, 1,280,806 francs. Recettes diverses et accidentelles, 412,392 francs. Total, 5,127,202 francs.

LOT-ET-GARONNE. Sur les contributions directes, 4,317,592 francs. Versements de l'administration de l'enregistrement et des domaines, 1,844,295 francs. Recettes diverses et accidentelles, 473,138 francs. Total, 6,635,025 fr.

LOZÈRE. Sur les contributions directes, 935,465 francs. Versements de l'administration de l'enregistrement et des domaines, 388,637 francs. Recettes diverses et accidentelles, 135,011 francs. Total, 1,459,113 francs.

LYS. Sur les contributions directes, 5,898,716 francs. Versements de l'administration de l'enregistrement et des domaines, 1,764,217 francs; des douanes, 142,940 fr. Recettes diverses et accidentelles, 478,277 francs. Total, 8,284,150 francs.

MAINE-ET-LOIRE. Sur les contributions directes, 4,684,520 francs. Versements de l'administration de l'enregistrement et des domaines, 1,624,680 francs. Recettes diverses et accidentelles, 430,611 francs. Total, 6,739,811 fr.

MANCHE. Sur les contributions directes, 6,125,980 francs. Versements de l'administration de l'enregistrement et des domaines, 2,041,231 francs; des douanes, 38,097 fr. Recettes diverses et accidentelles, 682,568 francs. Total, 8,887,876 francs.

MARENGO. Sur les contributions directes, 3,108,803 fr. Versements de l'administration de l'enregistrement et des domaines, 965,173 francs; des douanes, 273,042 francs. Recettes diverses et accidentelles, 117,992 francs. Total, 4,465,010 francs.

MARNE. Sur les contributions directes, 5,104,554 francs. Versements de l'administration de l'enregistrement et des domaines, 2,709,914 francs. Recettes diverses et accidentelles, 716,974 francs. Total, 8,531,442 francs.

MARNE (Haute). Sur les contributions directes, 2,370,996 francs. Versements de l'administration de l'enregistrement et des domaines, 3,478,522 francs. Recettes diverses et accidentelles, 703,350 francs. Total, 6,552,868 fr.

MAYENNE. Sur les contributions directes, 3,399,680 fr. Versements de l'administration de l'enregistrement et des domaines, 1,226,581 fr. Recettes diverses et accidentelles, 271,531 francs. Total, 4,897,792 francs.

MEURTHE. Sur les contributions directes, 3,012,594 fr. Versements de l'administration de l'enregistrement et des domaines, 3,280,020 francs. Recettes diverses et accidentelles, 939,507 francs. Total, 7,232,121.

MEUSE. Sur les contributions directes, 2,745,092 francs. Versements de l'administration de l'enregistrement et des domaines, 272,549 francs. Recettes diverses et accidentelles, 763,085 francs. Total, 6,233,726 francs.

MEUSE-INFÉRIEURE. Sur les contributions directes, 1,822,833 francs. Versements de l'administration de l'enregistrement et des domaines, 1,422,028 francs; des douanes, 355,402 francs. Recettes diverses et accidentelles, 196,040 francs. Total, 3,706,303 francs.

MONT-BLANC. Sur les contributions directes, 1,255,456 fr.

Versements de l'administration de l'enregistrement et des domaines, 1,019,709 francs. Recettes diverses et accidentelles, 195,384 francs. Total, 2,470,549 francs.

MONT - TONNERRE. Sur les contributions directes, 4,742,368 fr. Versements de l'administration de l'enregistrement et des domaines, 2,870,189 francs; des douanes, 396,241 francs. Recettes diverses et accidentelles, 479,613 francs. Total, 8,388,511 francs.

MORBIHAN. Sur les contributions directes, 2,463,098 fr. Versements de l'administration de l'enregistrement et des domaines, 1,186,790 francs; des douanes, 116,012 fr. Recettes diverses et accidentelles, 333,588 francs. Total, 4,099,488 francs.

MOSELLE. Sur les contributions directes, 3,162,048 fr. Versements de l'administration de l'enregistrement et des domaines, 2,220,074 francs. Recettes diverses et accidentelles, 802,402 francs. Total, 6,184,524 francs.

NÈTHES (Deux). Sur les contributions directes, 3,516,474 francs. Versements de l'administration de l'enregistrement et des domaines, 1,371,745 francs; des douanes, 7,698,047 francs. Recettes diverses et accidentelles, 309,314 francs. Total, 12,895,580 francs.

NIÈVRE. Sur les contributions directes, 2,584,562 francs. Versements de l'administration de l'enregistrement et des domaines, 1,519,660 francs. Recettes diverses et accidentelles, 341,646 francs. Total, 4,445,868 francs.

NORD. Sur les contributions directes, 8,183,537 francs. Versements de l'administration de l'enregistrement et des domaines, 5,786,312 francs; des douanes, 1,043,519 francs. Recettes diverses et accidentelles, 1,138,745 francs. Total, 16,152,113 francs.

OISE. Sur les contributions directes, 5,513,459 francs. Versements de l'administration de l'enregistrement et des domaines, 4,278,533 francs. Recettes diverses et accidentelles, 1,025,679 francs. Total, 10,817,671 francs.

ORNE. Sur les contributions directes, 4,131,960 francs. Versements de l'administration de l'enregistrement et des domaines, 2,982,539 francs. Recettes diverses et accidentelles, 401,728 francs. Total, 7,516,227 francs.

- OURTHE. Sur les contributions directes, 2,688,601 fr. Versements de l'administration de l'enregistrement et des domaines, 2,527,840 francs. Recettes diverses et accidentelles, 362,533 francs. Total, 5,578,974 francs.

PAS - DE - CALAIS. Sur les contributions directes, 5,601,505 fr. Versements de l'administration de l'enregistrement et des domaines, 3,100,673 francs; des douanes, 105,100 francs. Recettes diverses et accidentelles, 714,961 francs. Total, 9,522,239 francs.

PÔ. Sur les contributions directes, 4,774,872 francs. Versements de l'administration de l'enregistrement et des domaines, 1,108,333 francs; des douanes, 62,534 fr. Recettes diverses et accidentelles, 206,251 francs. Total, 6,151,990 francs.

PUY - DE - DÔME. Sur les contributions directes, 4,865,768 francs. Versements de l'administration de l'enregistrement et des domaines, 1,967,990 francs. Recettes diverses et accidentelles, 429,585 francs. Total, 7,263,343 fr.

PYRÉNÉES (Basses). Sur les contributions directes, 1,597,174 francs. Versements de l'administration de l'enregistrement et des domaines, 1,116,303 francs; des douanes, 1,644,987 francs. Recettes diverses et accidentelles, 258,368 francs. Total, 4,616,832 francs.

PYRÉNÉES (Hautes). Sur les contributions directes, 1,002,361 francs. Versements de l'administration de l'enregistrement et des domaines, 544,243 francs; des douanes, 1,202 francs. Recettes diverses et accidentelles, 188,878 francs. Total, 1,736,684 francs.

PYRÉNÉES-ORIENTALES. Sur les contributions directes, 1,166,290 francs. Versements de l'administration de l'enregistrement et des domaines, 483,317 francs; des douanes, 108,329 francs. Recettes diverses et accidentelles, 163,089 francs. Total, 1,921,025 francs.

RHIN (Bas). Sur les contributions directes, 4,149,133 fr. Versements de l'administration de l'enregistrement et des domaines, 3,344,839 francs; des douanes, 629,525 fr. Recettes diverses et accidentelles, 834,998 francs. Total, 8,958,515 francs.

RHIN (Haut). Sur les contributions directes, 3,201,535 fr. Versements de l'administration de l'enregistrement et des domaines, 2,077,188 fran s; des douanes, 1,830,121 fr. Recettes diverses et accidentelles, 417,204 francs. Total, 7,526,048 francs.

RHIN-ET-MOSELLE. Sur les cont or tes. 1,754,026 francs. Versements de l'i

registrement et des domaines, 1,135,297 francs; douanes, 131,125 francs. Recettes diverses et accidentelles, 275,448 francs. Total, 3,295,896 francs.

RHÔNE. Sur les contributions directes, 4,955,322 fr. Versements de l'administration de l'enregistrement et des domaines, 2,266,713 francs; des douanes, 75, r. Recettes diverses et accidentelles, 702,901 francs. Total, 8,000,572 francs.

ROER. Sur les contributions directes, 4,818,580 francs. Versements de l'administration de l'enregistrement et des domaines, 3,264,370 francs; des douanes, 2,624,601 f. Recettes diverses et accidentelles, 560,963 francs. Total, 11,268,514 francs.

SAMBRE-ET-MEUSE. Sur les contributions directes, 2,084,035 francs. Versements de l'administration de l'enregistrement et des domaines, 1,379,822 francs. Recettes diverses et accidentelles, 171,540 francs. Total, 3,635,417 francs.

SAÔNE (Haute). Sur les contributions directes, 2,383,071 f. Versements de l'administration de l'enregistrement et des domaines, 1,446,814 francs. Recettes diverses et accidentelles, 614,223 francs. Total, 4,444,108 francs.

SAÔNE-ET-LOIRE. Sur les contributions directes, 4,602,345 f. Versements de l'administration de l'enregistrement et des domaines, 3,192,624 francs. Recettes diverses et accidentelles, 579,678 francs. Total, 8,374,617 francs.

SARRE. Sur les contributions directes, 1,839,724 francs. Versements de l'administration de l'enregistrement et des domaines, 1,790,602 francs. Recettes diverses et accidentelles, 189,827 francs. Total, 3,820,153 francs.

SARTHE. Sur les contributions directes, 4,125,226 francs. Versements de l'administration de l'enregistrement et des domaines, 2,215,506 francs. Recettes diverses et accidentelles, 412,476 francs. Total, 6,753,208 francs.

SEINE. Sur les contributions directes, 21,981,234 francs. Versements de l'administration de l'enregistrement et des domaines, 551,375 francs. Recettes diverses et accidentelles, 1,449,173 francs. Total, 23,981,782 francs.

SEINE-INFÉRIEURE. Sur les contributions directes, 10,701,104 francs. Versements de l'administration de l'enregistrement et des domaines, 6,334,880 francs; des douanes, 3,421,204 francs. Recettes diverses et accidentelles, 1,497,440 francs. Total, 21,954,628 francs.

SEINE - ET - MARNE. Sur les contributions directes, 8,233,139 francs. Versements de l'administration de l'enregistrement et des domaines, 3,348,240 francs. Recettes diverses et accidentelles, 887,394 francs. Total, 12,468,773 francs.

SEINE - ET - OISE. Sur les contributions directes, 9,326,469 francs. Versements de l'administration de l'enregistrement et des domaines, 4,663,904 francs. Recettes diverses et accidentelles, 1,465,527 francs. Total, 15,455,900 francs.

SÉSIA. Sur les contributions directes, 1,505,058 francs. Versements de l'administration de l'enregistrement et des domaines, 549,320 francs; des douanes, 29,502 fr. Recettes diverses et accidentelles, 69,788 francs. Total, 2,153,668 francs.

SÈVRES (Deux). Sur les contributions directes, 3,025,353 fr. Versements de l'administration de l'enregistrement et des domaines, 1,032,677 francs. Recettes diverses et accidentelles, 293,266 francs. Total, 4,351,296 fr.

SOMME. Sur les contributions directes, 7,020,105 francs. Versements de l'administration de l'enregistrement et des domaines, 2,699,503 francs; des douanes, 21,909 francs. Recettes diverses et accidentelles, 770,351 francs. Total, 10,511,870 francs.

STURA. Sur les contributions directes, 3,455,177 francs. Versements de l'administration de l'enregistrement et des domaines, 866,757 francs; des douanes, 23,586 francs. Recettes diverses et accidentelles, 170,473 francs. Total, 4,515,993 francs.

TANARO. Sur les contributions directes, 1,981,029 francs. Versements de l'administration de l'enregistrement et des domaines, 624,771 francs; des douanes, 23,398 francs. Recettes diverses et accidentelles, 52,259 francs. Total, 2,681,457 francs.

TARN. Sur les contributions directes, 3,072,796 francs. Versements de l'administration de l'enregistrement et des domai   francs. Recettes diverses et accidentel   ns. Total, 4,500,291 francs.

VAR   ions directes, 2,775,837 francs. Versem.   n de l'enregistrement et des domair   douanes, 7,230 francs.

Recettes diverses et accidentelles, 321,331 francs. Total, 4,372,499 francs.

VAUCLUSE. Sur les contributions directes, 1,523,133 fr. Versements de l'administration de l'enregistrement et des domaines, 1,130,393 francs. Recettes diverses et accidentelles, 293,264 francs. Total, 2,946,790 francs.

VENDÉE. Sur les contributions directes, 2,621,211 fr. Versements de l'administration de l'onregistrement et des domaines, 849,262 francs ; des douanes, 55,580 fr. Recettes diverses et accidentelles, 228,426 francs. Total, 3,754,479 francs.

VIENNE. Sur les contributions directes, 2,158,502 fr. Versements de l'administration de l'enregistrement et des domaines, 1,049,597 francs. Recettes diverses et accidentelles, 301,590 francs. Total, 3,509,689 francs.

VIENNE (*Haute*). Sur les contributions directes, 1,883,665 francs. Versements de l'administration de l'enregistrement et des domaines, 951,840 francs. Recettes diverses et accidentelles, 254,770 francs. Total, 3,090,275 francs.

VOSGES. Sur les contributions directes, 1,896,537 fr. Versements de l'administration de l'enregistrement et des domaines, 2,358,598 francs. Recettes diverses et accidentelles, 820,085 francs. Total, 5,075,220 francs.

YONNE. Sur les contributions directes, 3,191,452 fr. Versements de l'administration de l'enregistrement et des domaines, 2,153,874 francs. Recettes diverses et accidentelles, 641,975 francs. Total, 5,987,301 francs.

TOTAUX DES RECETTES FAITES PAR L'ENTREMISE DES RECEVEURS GÉNÉRAUX.

CONTRIBUTIONS DIRECTES, 384,569,611 francs.

VERSEMENTS DES ADMINISTRATIONS. Enregistrement et des domaines, 196,230,082 francs. Douanes, 40,674,536 fr. Total, 236,904 618 francs.

RECETTES DIVERSES ET ACCIDENTELLES, 49,164,731 fr. Total, 670,638,960 francs.

RECETTES FAITES DIRECTEMENT PAR LA CAISSE DU TRÉSOR A PARIS, ET SANS L'ENTREMISE DES RECEVEURS GÉNÉRAUX.

CONTRIBUTIONS DIRECTES, 69,640 francs.

ADMINISTRATION DE L'ENREGISTREMENT. Versements des administrations et régies, 63,266,278 francs.

ADMINISTRATION DES DOUANES. Versements des administrations et régies, 8,634 francs.

ADMINISTRATION DES POSTES. Versements des administrations et régies, 8,946,876 francs.

ADMINISTRATION DES LOTERIES. Versements des administrations et régies, 15,659,401 francs.

ADMINISTRATION DES MONNAIES. Versements des administrations et régies, 1,283,640 francs.

RÉGIE DES SALINES. Versements des administrations et régies, 2,700,000 francs.

RECETTES DIVERSES ET ACCIDENTELLES, 6,206,226 fr.

RECETTES EXTRAORDINAIRES ET EXTÉRIEURES. Diverses et accidentelles, 141,178,023 francs.

TOTAUX. Contributions directes, 69,640 francs. Versements des administrations et régies, 91,864,829 francs. Recettes diverses et accidentelles, 141,444,249 francs. Total, 239,378,718 francs.

REPORT DES RECETTES FAITES PAR LES RECEVEURS GÉNÉRAUX. Contributions directes, 384,569,611 francs. Versements des administrations et régies, 236,904,618 fr. Recettes diverses et accidentelles, 49,164,731 francs. Total, 670,638,960 francs.

TOTAUX GÉNÉRAUX DES RECETTES.

CONTRIBUTIONS DIRECTES, 384,639,251 francs. (Etats cotés V et X.)

VERSEMENTS DES ADMINISTRATIONS ET RÉGIES, 328,769,447. (Etat coté Y.)

RECETTES DIVERSES ET ACCIDENTELLES, 196,608,980 fr. (Totaux réunis des états cotés Z et AA.)

TOTAL, 910,017,678. (Totaux réunis des états cotés BB et CC.)

Observation. Les résultats de ce tableau contrôlent les résultats de chacun des états qui précèdent.

ETAT DD bis. ECHEANCES DE DIVERSES VALEURS.

Etat particulier des échéances de diverses valeurs à terme, versées par les receveurs généraux des départements au trésor public, pendant l'an XII, tant sur l'exercice de ladite année que sur l'exercice de l'an XI.

PENDANT L'AN XII.

VENDÉMIAIRE.

Obligations et traites des receveurs généraux. Con-

tribution volontaire tant sur l'an XI que sur l'an XII, 437,000 francs.

Traites pour acquit de droits de douanes, tant sur l'an XII que sur l'an XII, 61,166 francs.

Total, 498,166 francs.

BRUMAIRE.

Obligations et traites des receveurs généraux. Contributions foncière, personnelle, mobilière et somptuaire, en principal et centimes additionnels (exercice an XII), 13,776,000 francs. Contributions des portes et fenêtres et droits de patentes de l'an XII, 1,182,000 francs. Contribution volontaire, tant sur l'an XI que sur l'an XII, 1,459,000 francs.

Traites pour acquit de droits de douanes, tant sur l'an XI que sur l'an XII, 583,933 francs.

Total, 17,000,933 francs.

FRIMAIRE.

Obligations et traites des receveurs généraux. Contributions foncière, personnelle, mobilière et somptuaire, en principal et centimes additionnels (exercice an XII), 15,618,000 francs. Contributions des portes et fenêtres et droits de patentes de l'an XII, 1,182,000 fr. Contribution volontaire, tant sur l'an XI que sur l'an XII, 1,604,052 francs.

Traites d'adjudicataires de coupes de bois, 675 francs.

Traites pour acquit de droits de douanes, tant sur l'an XI que sur l'an XII, 598,675 francs. Total, 19,003,402 francs.

NIVÔSE.

Obligations et traites des receveurs généraux. Contributions foncière, personnelle, mobilière et somptuaire, en principal et centimes additionnels (exercice an XII), 18,524,000 francs. Contributions des portes et fenêtres et droits de patentes de l'an XII, 2,474,000 francs. Contribution volontaire, tant sur l'an XI que sur l'an XII, 1,555,161 francs.

Traites d'adjudicataires de coupes de bois, 8,913 francs.

Traites pour acquit de droits de douanes, tant sur l'an XI que sur l'an XII, 949,085 francs. Total, 23,511,159 francs.

PLUVIÔSE.

Obligations et traites des receveurs généraux. Contributions foncière, personnelle, mobilière et somptuaire, en principal et centimes additionnels (exercice an XII), 18,662,000 francs. Contributions des portes et fenêtres et droits de patentes de l'an XII, 1,463,255 francs. Contribution volontaire, tant sur l'an XI que sur l'an XII, 1,463,255 francs.

Traites d'adjudicataires de coupes de bois, 1,240 francs.

Traites pour acquit de droits de douanes, tant sur l'an XI que sur l'an XII, 1,053,736 francs.

Total, 23,827,231 francs.

VENTÔSE.

Obligations et traites des receveurs généraux. Contributions foncière, personnelle, mobilière et somptuaire, en principal et centimes additionnels, 18, 504,000 francs. Contributions des portes et fenêtres et droits de patentes de l'an XII, 2,647,000 francs. Contribution volontaire, tant sur l'an XI que sur l'an XII, 4,245,120 francs.

Traites d'adjudicataires de coupes de bois, 6,358 fr.

Traites pour acquit de droits de douanes, tant sur l'an XI que sur l'an XII, 1,174,926 francs.

Total, 23,757,404 francs.

GERMINAL.

Obligations et traites des receveurs généraux. Contributions foncière, personnelle, mobilière et somptuaire, en principal et centimes additionnels (exercice an XII), 18,930,000 francs. Contributions des portes et fenêtres et droits de patentes de l'an XII, 2,626,000 francs. Contribution volontaire, tant sur l'an XI que sur l'an XII, 1,367,093 francs.

Traites d'adjudicataires de coupes de bois, 8,990,550 francs.

Traites pour acquit de droits de douanes, tant sur l'an XI que sur l'an XII, 529,928 francs.

Total, 32,443,571 francs.

FLORÉAL.

Obligations et traites des receveurs généraux. Contributions foncière, personnelle, mobilière et somptuaire, en principal et centimes additionnels (exercice an XII, 18,708,000 francs. Contributions des portes et fenêtres et droits de patentes de l'an XII, 2,807,000 francs. Contribution volontaire, tant sur l'an XI que sur l'an XII, 1,163,955 francs.

Traites d'adjudicataires de coupes de bois, 48,200 francs.

Traites pour acquit de droits de douanes, tant sur l'an XI que sur l'an XII, 1,008,997 francs.

Total, 23,796,152 francs.

PRAIRIAL.

Obligations et traites des receveurs généraux. Contributions foncière, personnelle, mobilière et somptuaire, en principal et centimes additionnels (exercice au XII), 18,798,000 francs. Contributions des portes et fenêtres et droits de patentes de l'an XII, 2,750,000 fr. Contribution volontaire, tant sur l'an XI que sur l'an XII, 1,128,280 francs.

Traites d'adjudicataires de coupes de bois, 30,083 fr.

Traites pour acquit de droits de douanes, tant sur l'an XI que sur l'an XII, 1,784,669 francs.

Total, 24,491,032 francs.

MESSIDOR.

Obligations et traites des receveurs généraux. Contributions foncière, personnelle, mobilière et somptuaire, en principal et centimes additionnels (exercice an XII), 18,789,000 francs. Contributions des portes et fenêtres et droits de patentes de l'an XII, 2,751,000 francs. Contribution volontaire, tant sur l'an XI que sur l'an XII, 1,114,500 francs.

Traites d'adjudicataires de coupes de bois, 9,309,901 francs.

Traites pour acquit de droits de douanes, tant sur l'an XI que sur l'an XII, 2,486,680 francs.

Total, 34,511,081 francs.

THERMIDOR.

Obligations et traites des receveurs généraux. Contributions foncière, personnelle, mobilière et somptuaire, en principal et centimes additionnels (exercice an XII), Contribution des portes et fenêtres et droits de patentes de l'an XII, 2,764,000 francs. Contribution volontaire, tant sur l'an XI que sur l'an XII, 1,112,000 fr.

Traites d'adjudicataires de coupes de bois, 100,600 fr.

Traites pour acquit de droits de douanes, tant sur l'an XI que sur l'an XII, 2,172,856 francs.

Total, 25,023,456 francs.

FRUCTIDOR.

Obligations et traites des receveurs généraux. Contributions foncière, personnelle, mobilière et somptuaire, en principal et centimes additionnels (exercice an XII), 20,976,000 francs. Contributions des portes et fenêtres et droits de patentes de l'an XII, 2,818,000 francs. Contribution volontaire, tant sur l'an XI que sur l'an XII, 1,216,500 francs. Cautionnements réglés par la loi du 5 ventôse an XII, 10,441,433 francs.

Traites d'adjudicataires de coupes de bois, 7,800 fr.

Traites pour acquit de droits de douanes, tant sur l'an XI que sur l'an XII, 3,072,526 francs.

Total, 38,532,259 francs.

TOTAUX.

Obligations et traites des receveurs généraux. Contributions foncière, personnelle, mobilière et somptuaire, en principal et centimes additionnels (exercice an XII), 200,219,000 francs. Contributions des portes et fenêtres et droits de patentes de l'an XII, 26,648,000 francs. Contribution volontaire, tant sur l'an XI que sur l'an XII, 15,045,916 francs. Cautionnements réglés par la loi du 5 ventôse an XII, 10,441,433 francs.

Traites d'adjudicataires de coupes de bois, 18,364, 320 francs.

Traites pour acquit de droits de douanes, tant sur l'an XI que sur l'an XII, 15,477,177 francs.

Total, 286,393,846 francs.

PENDANT L'AN XIII.
VENDÉMIAIRE.

Obligations et traites des receveurs généraux. Contributions foncière, personnelle, mobilière et somptuaire, en principal et centimes additionnels (exercice an XIII), 13,670,511 francs. Contributions des portes et fenêtres et droits de patentes de l'an XII, 2,259,000 francs. Contribution volontaire, tant sur l'an XI que sur l'an XII, 1,117,000 francs. Cautionnements réglés par la loi du 5 ventôse an XII, 10,442,029 francs.

Traites d'adjudicataires de coupes de bois, 9,657, 211 francs.

Traites pour acquit de droits de douanes, tant sur l'an XI que sur l'an XII, 2,475,097 francs.

Total, 39,620,848 francs.

BRUMAIRE.

Obligations et traites des receveurs généraux. Contributions foncière, personnelle, mobilière et somptuaire, en principal et centimes additionnels (exercice an XIII), 13,347,000 francs. Contributions des portes et fenêtres et droits de patentes de l'an XII, 2,259,000 francs. Contribution volontaire, tant sur l'an XI que sur l'an XII, 1,104,500 francs.

Traites d'adjudicataires de coupes de bois, 34,400 fr.

Traites pour acquit de droits de douanes, tant sur l'an XI que sur l'an XII, 1,726,227 francs.

Total, 18,471,127 francs.

FRIMAIRE.

Obligations et traites des receveurs généraux. Contributions foncière, personnelle, mobilière et somptuaire, en principal et centimes additionnels (exercice an XIII), 13,347,000 francs. Contributions des portes et fenêtres et droits de patentes de l'an XII, 2,346,722 francs. Contribution volontaire, tant sur l'an XI que sur l'an XII, 1,170,553 francs.

Traites d'adjudicataires de coupes de bois, 73,400 fr.

Traites pour acquit de droits de douanes, tant sur l'an XI que sur l'an XII, 664,431 francs.

Total, 17,601,806 francs.

NIVÔSE.

Obligations et traites des receveurs généraux. Contributions foncière, personnelle, mobilière et somptuaire, en principal et centimes additionnels (exercice an XIII), 13,355,553 francs. Contribution volontaire, tant sur l'an XI que sur l'an XII, 1,018,807 francs.

Traites d'adjudicataires de coupes de bois, 9,789, 802 francs.

Traites pour acquit de droits de douanes, tant sur l'an XI que sur l'an XII, 480,341 francs.

Total, 24,644,503 francs.

PLUVIÔSE.

Obligations et traites des receveurs généraux. Contributions foncière, personnelle, mobilière et somptuaire, en principal et centimes additionnels (exercice an XIII), 12,079,792 francs. Contribution volontaire, tant sur l'an XI que sur l'an XII, 910,648 francs.

Traites d'adjudicataires de coupes de bois, 83,600 fr.

Traites pour acquit de droits de douanes, tant sur l'an XI que sur l'an XII, 181,857 francs.

Total, 13,255,897 francs.

VENTÔSE.

Obligations et traites des receveurs généraux. Contributions foncière, personnelle, mobilière et somptuaire, en principal et centimes additionnels (exercice an XIII), 9,071,060 francs. Contribution volontaire, tant sur l'an XI que sur l'an XII, 700,720 francs.

Traites d'adjudicataires de coupes de bois, 1,200 fr.

Traites pour acquit de droits de douanes, tant sur l'an XI que sur l'an XII, 192,460 francs.

Total, 9,965,440 francs.

GERMINAL.

Obligations et traites des receveurs généraux. Contributions foncière, personnelle, mobilière et somptuaire, en principal et centimes additionnels (exercice an XIII), 4,100,222 francs.

Contribution volontaire, tant sur l'an XI que sur l'an XII, 269,067 francs.

Traites d'adjudicataires de coupes de bois, 909,900 fr.

Traites pour acquit de droits de douanes, tant sur l'an XI que sur l'an XII, 140,372 francs.

Total, 5,419,561 francs.

FLORÉAL.

Obligations et traites des receveurs généraux. Contributions foncière, personnelle, mobilière et somptuaire, en principal et centimes additionnels (exercice an XII), 2,402,007 francs. Contribution volontaire, tant sur l'an XI que sur l'an XII, 142,245 francs.

Traites d'adjudicataires de coupes de bois, 12,000 fr. Traites pour acquit de droits de douanes, tant sur l'an XI que sur l'an XII, 200,689 francs.

Total, 2,756,941 francs.

PRAIRIAL.

Obligations et traites des receveurs généraux. Contributions foncière, personnelle, mobilière et somptuaire, en principal et centimes additionnels (exercice an XII), 1,127,709 francs. Contribution volontaire, tant sur l'an XI que sur l'an XII, 75,179 francs.

Traites pour acquit de droits de douanes, tant sur l'an XI que sur l'an XII, 192,487 francs.

Total, 1,395,375 francs.

MESSIDOR.

Obligations et traites des receveurs généraux. Contributions foncière, personnelle, mobilière et somptuaire, en principal et centimes additionnels (exercice an XII), 262,349 francs. Contribution volontaire, tant sur l'an XI que sur l'an XII, 8,384 francs.

Traites d'adjudicataires de coupes de bois, 37,8000 fr. Traites pour acquit de droits de douanes, tant sur l'an XI que sur l'an XII, 139,139 francs.

Total, 447,692 francs.

THERMIDOR.

Traites d'adjudicataires de coupes de bois, 600 francs. Traites pour acquit de droits de douanes, tant sur l'an XI, que sur l'an XII 104,397 francs.

Total, 104,994 francs.

FRUCTIDOR.

Traites pour acquit de droits de douanes, tant sur l'an XI que sur l'an XII, 106,617 francs.

ÉCHÉANCES DIVERSES.

Traites d'adjudicataires de coupes de bois, 70,904 fr.

TOTAUX.

Obligations et traites des receveurs généraux. Contributions foncière, personnelle, mobilière et somptuaire, en principal et centimes additionnels (exercice an XII), 82,763,203 francs. Contributions des portes et fenêtres et droits de patentes de l'an XII, 6,864,722 francs. Contribution volontaire, tant sur l'an XI que sur l'an XII, 6,517,103 francs. Cautionnements réglés par la loi du 5 ventôse an XII, 10,442,029 francs.

Traites d'adjudicataires de coupes de bois, 20,670,507 fr. Traites pour acquit de droits de douanes, tant sur l'an XI que sur l'an XII, 6,604,134 francs.

Total, 133,861,708 francs.

REPORT DES ÉCHÉANCES DE L'AN XII.

Obligations et traites des receveurs généraux. Contributions foncière, personnelle et somptuaire, en principal et centimes additionnels (exercice an XII), 200, 219,000 francs. Contributions des portes et fenêtres et droits de patentes de l'an XII, 26,648,000 francs. Contribution volontaire, tant sur l'an XI que sur l'an XII, 15,045,916 francs. Cautionnements réglés par la loi du 5 ventôse an XII, 10,441,433 francs.

Traites d'adjudicataires de coupes de bois, 18,564,320 fr. Traites pour acquit de droits de douanes, tant sur l'an XI que sur l'an XII, 115,477,177 francs.

Total, 286,395,846 francs.

TOTAUX GÉNÉRAUX.

Obligations et traites des receveurs généraux. Contributions foncière, personnelle, mobilière et somptuaire, en principal et centimes additionnels (exercice an XII), 282,982,203 francs. (État A, n° V, et état B).

Contributions des portes et fenêtres et droits de patentes de l'an XII, 33,512,722 francs *. (État A, n° VI).

Contribution volontaire, tant sur l'an XI que sur l'an XII, 21,563,019 fr. (État A, n° VI).

Cautionnements réglés par la loi du 5 ventôse an XII, 20,883,462 (État A, n° VI).

* Cette somme de 33,512,722 francs se compose comme suite :
Portes et fenêtres, 16,000,000 francs.
Patentes, 17,512,822 francs.
Total, 33,512,722 francs.

Traites d'adjudicataires de coupes de bois, 39,234,837 fr. (État A, n° V).

Traites pour acquit de droits de douanes, tant sur l'an XI que sur l'an XII, 22,081,311 francs (État A, n° VII).

Total, 420,257,554 francs.

Observations. Cet état fait connaître les échéances des diverses valeurs versées par les receveurs généraux et portées en recette dans le compte de la caisse centrale. En le comparant à l'état correspondant, inséré dans le compte de l'an XI, on reconnaîtra que les termes de paiements des obligations de receveurs, sur les contributions directes ont été rapprochés : une partie considérable des produits des douanes ayant été versée en traites, en exécution de l'arrêté du 5 vendémiaire an XII, la jouissance du trésor a été accélérée. Précédemment le trésor ne recevait le produit de ces effets qu'après que le paiement en avait été effectué aux caisses des receveurs des douanes.

Les échéances éloignées ne peuvent être appliquées au service courant que par le moyen de l'escompte, et ces frais font partie de ceux de négociations. (Voir l'état coté MM).

MINISTÈRE DU TRÉSOR PUBLIC.

DÉPENSE.

ETATS DES PAIEMENTS FAITS PAR LE TRÉSOR PUBLIC, PENDANT L'AN XII, SUR TOUS LES EXERCICES.

TANT A LA CAISSE DU TRÉSOR PUBLIC, A PARIS, QU'AUX CAISSES DES PAYEURS DES DIVISIONS MILITAIRES, DES ARRONDISSEMENTS MARITIMES ET DES DÉPARTEMENTS.

DÉPENSES SUR LES FONDS GÉNÉRAUX.

ÉTAT EE. DÉPENSES SUR L'AN VIII ET ANNÉES ANTÉRIEURES.

État sommaire des paiements faits pendant l'an XII, sur les fonds généraux de l'exercice an VIII et années antérieures, avec désignation des paiements propres à chaque ministère.

PAIEMENTS EFFECTUÉS EN NUMÉRAIRE.

GUERRE (ministère). Solde. An V, 47,493 francs. An VI, 126,152 francs. An VII, 921,387 francs. An VIII, 924, 143 francs. Matériel. An V, 3,050 francs. An VI, 19,163 fr. An VII, 9,108 francs. An VIII, 203,460 francs. Total, 2,253,956 francs.

ADMINISTRATION DE LA GUERRE. An V, 74,450 francs. An VII, 133,787 francs. An VIII, 257,606 francs. Total, 465,843 francs.

MARINE. An V, 36,040 francs. An VI, 27,671 francs. An VII, 21,651 francs. An VIII, 239,910 francs. Total, 325,272 francs.

INTÉRIEUR. An V, 1,327 francs. An VI, 2,097,010 francs. An VII, 5,425,813 francs. An VIII, 6,318,458 francs. Total, 13,842,608 francs.

FINANCES. An V, 16,786 francs. An VI, 1,598 francs. An VII, 251,156 francs. An VIII, 3,798,942 francs. Total, 4,068,482 francs.

TRÉSOR PUBLIC. An VII, 12,855 francs. An VIII, 15,575 .. Total, 28,430 francs.

RELATIONS EXTÉRIEURES. An V, 47,182 francs. An VI, 9,876 francs. An VIII, 3,790 francs. Total, 60,848 francs.

JUSTICE. An VI, 8,772,395 francs. An VII, 5,235,324 fr. An VIII, 4,866,686 francs. Total, 15,874,405 francs.

FRAIS DE NÉGOCIATIONS. An VIII, 24,513 francs.

REMBOURSEMENTS. *Finances.* An VIII, 74,661 francs. *Trésor public.* An VII, 96 francs. An VIII, 525,785 fr. Total, 525,881 francs.

TOTAUX DES PAIEMENTS EN NUMÉRAIRE. An V, 226,328 fr. An VI, 2,053,865 francs. An VII, 12,011,177 francs. An VIII, 17,253,529 francs. Total, 37,544,899 francs. (Voir l'état OO).

Observations. La majeure partie de ces dépenses a pour objet la régularisation d'avances faites par la régie. (Voir les notes des états cotés D et P, 1re division).

PAIEMENTS EFFECTUÉS EN VALEURS DIVERSES.

GUERRE (ministère). Matériel. An V, 686,221 francs. An VI, 1,393,621 francs. An VIII, 1,068,530 francs. An VIII, 2,010,207 francs. Total, 5,158,639 francs.

ADMINISTRATION DE LA GUERRE. An V, 69,022 francs. An VI, 51,127 francs. An VII, 328,677 francs. An VIII, 1,310,160 francs. Total, 1,758,986 francs.

MARINE. An V, 6,140,838 francs. An VI, 1,190,331 fr. An VII, 4,453,898 francs. An VIII, 6,452,622 francs. Total, 18,207,689 francs.

INTÉRIEUR. An V, 326,391 francs. An VI, 252,752 francs. An VII, 322,856 francs. An VIII, 134,440 francs. Total, 1,036,439 francs.

FINANCES. An V, 7,575 francs. An VI, 897,428,828 fr. An VII, 36,085 fr. An VIII, 4,195 francs. Total, 47,944 fr.

REMBOURSEMENTS. Finances. An V, 473 francs. An VI, 197 francs. An VII, 58,162 francs. An VIII, 124,930 fr. Total, 183,762 francs.

Trésor public. An V, 1,920 francs. An VIII, 107,947 fr. Total, 109,867 francs.

TOTAUX DES PAIEMENTS EN VALEURS DIVERSES*. An V, 7,202,500 fr. An VI, 2,888,117 fr. An VII, 6,268,208 fr. An VIII, 10,144,501 francs. Total, 26,503,326 francs.

REPORT DES PAIEMENTS EN NUMÉRAIRE. An V, 226,328 fr. An VI, 8,053,865 francs. An VII, 12,011,177 francs. An VIII, 17,253,529 francs. Total, 37,544,899 francs.

TOTAUX GÉNÉRAUX DES PAIEMENTS SUR LES FONDS GÉNÉRAUX DE L'AN VIII ET ANNÉES ANTÉRIEURES. An V, 7,428,828 francs. An VI, 10,941,982 francs. An VII, 18,279,385 francs. An VIII, 27,398,030 francs. Total, 67,048,225 francs. (Voir l'état OO).

ÉTAT FF. DÉPENSES SUR L'EXERCICE DE L'AN IX.

État sommaire des paiements faits pendant l'an XII, sur les fonds généraux de l'exercice an IX, avec désignation des dépenses propres à chaque ministère et à chaque chapitre de la nomenclature arrêtée par le Gouvernement.

DETTE PUBLIQUE ET PENSIONS. Sommes payées. 2e Semestre an VIII, 63,793 francs. 1er Semestre an IX, 95,227 francs. Total, 159,020 francs.

GUERRE (ministère). Sommes payées. Administration générale. Par chapitre, 1,200 francs. Solde générale. Par chapitre, 2,537,702 francs. Masses générales. Par chapitre 101,179 francs. Artillerie générale. Par chapitre, 51,974 francs. Génie général. Par chapitre, 90,080 fr. Équipages et transports militaires. Par chapitre, 2,715 francs. Dépenses extraordinaires. Par chapitre, 275 francs. Dépenses diverses. Par chapitre, 69,164 fr. Total des *sommes payées*. Par ministère, 2,854,289 francs.

ADMINISTRATION DE LA GUERRE. *Sommes payées*. Masses. Par chapitre, 1,629,356 francs. Fournitures de campagne. Par chapitre, 59,976 francs. Équipages et transports militaires. Par chapitre, 534,243 francs. Invalides. Par chapitre, 453,995 francs. Dépenses diverses. Par chapitre, 682,963 francs. Total des sommes payées par ministère, 3,360,533 francs.

MARINE. Sommes payées. Administration générale. Par chapitre, 8,168 francs. Approvisionnements. Par chapitre, 2,584,081 francs. Travaux, armements et désarmements. Par chapitre, 745,144 francs. Appointements et solde. Par chapitre, 300,522 francs. Hôpitaux, chiourmes. Par chapitre, 7,031 francs. Dépenses diverses. Par chapitre, 44,426 francs. Vivres. Par chapitre, 103,554 francs. Colonies. Par chapitre, 298,859 fr. Total des sommes par ministère, 4,091,785 francs.

INTÉRIEUR. Sommes payées. Ministère et archives nationales. Par chapitre, 1,235 francs. Secours et maisons de bienfaisance. Par chapitre, 2,647 francs. Travaux publics et prisons. Par chapitre, 5,827,139 francs. Établissements d'agriculture, commerce, sciences et arts. Par chapitre, 19,587 francs. Encouragements. Par chapitre, 1,500 francs. Ponts et chaussées. Par chapitre, 223,172 fr. Fêtes nationales et dépenses accidentelles. Par chapitre, 27,848 francs. Dépenses sur les fonds communs des départements. Par chapitre, 638,662 francs. Total des sommes payées par ministère, 6,741,790 francs.

FINANCES. Sommes payées. Corps législatif et Tribunat. Par chapitre, 11,516 francs. Dépenses des Consuls. Par chapitre, 566,612 francs. Ministère et administrations en dépendant. Par chapitre, 4,007,021 francs. Administrations temporaires. Par chapitre, 50,490 francs. Dépenses accidentelles. Par chapitre, 2,550 francs. Dépenses diverses sur le fonds de réserve. Par chapitre, 1,447,178 francs. Total des sommes payées par ministère, 6,085,367 francs.

TRÉSOR PUBLIC. Service intérieur. Sommes payées par ministère, 6,475 francs.

JUSTICE. Sommes payées. Juges des tribunaux. Par chapitre, 6 francs. Frais de justice. Par chapitre,

* Ces *valeurs diverses* sont des inscriptions au grand-livre, créées par la loi du 30 ventôse an IX, des inscriptions sur capitaux de rentes, des cédules, etc. (Voir l'état coté N).

6,531,916 francs. Total des sommes payées par ministère, 6,531,922 francs.

REMBOURSEMENTS. Sommes payées. A la caisse d'amortissement, d'obligations protestées de receveurs généraux en faillite. Par chapitre, 105,238 francs. A divers titres. Par chapitre, 4,527 francs. Total des sommes payées, 109,765 francs.

TOTAUX des dépenses sur les fonds généraux de l'exercice an IX.

Sommes payées par ministère, 29,940,946 francs. (État OO).

Observations. Les dépenses indiquées dans ce tableau comprennent des régularisations d'avances faites par la régie de l'enregistrement, pendant l'an IX, pour une somme de 15,960,800 francs. (Voir la deuxième note de l'état coté E).

ÉTAT GG. DÉPENSES SUR L'EXERCICE DE L'AN X.

État sommaire des paiements effectués pendant l'an XII sur l'exercice de l'an X, avec désignation des dépenses propres à chaque ministère et à chaque chapitre de la nomenclature arrêtée par le Gouvernement.

DETTE PUBLIQUE ET PENSIONS.

IIe SEMESTRE AN IX. Rentes perpétuelles. Sommes payées par article, 31,088 francs. Rentes viagères. Sommes payées par article, 47,661 francs. Pensions. Sommes payées par article, 30,503 francs. Sommes payées par chapitre, 109,152 francs.

1er SEMESTRE AN X. Rentes perpétuelles. Sommes payées par article, 37,162 francs. Rentes viagères. Sommes payées par article, 95,710 francs. Pensions. Sommes payées par article, 45,932 francs. Sommes payées par chapitre, 178,804 francs.

TOTAL des sommes payées, 287,956 francs.

MINISTÈRE DE LA GUERRE.

CHAPITRE 1er. Dépenses de l'administration générale. Frais de bureau et d'impression. Sommes payées par article, et par chapitre, 25,578 francs.

CHAPITRE II. Solde. Infanterie. Sommes payées par article, 32,841 francs. Troupes à cheval. Sommes payées par article, 11,847 francs. Artillerie. Sommes payées par article, 2,236 francs. Génie. Sommes payées par article, 869 francs. Vétérans nationaux. Sommes payées par article, 5,101 francs. Gendarmerie nationale. Sommes payées par article, 3,038 francs. État-major de l'armée. Sommes payées par article, 27,436 francs. Commandants d'armes. Sommes payées par article, 500 francs. Officiers de santé. Sommes payées par article, 5,201 francs. Indemnité de 15 centimes par lieue aux militaires. Sommes payées par article, 118 francs.

Total des sommes payées par chapitre, 89,207 francs.

CHAPITRE III. Masses. Fourrages. Sommes payées par article, 18,660 francs. Étapes. Sommes payées par article, 400 francs. Chauffage. Sommes payées par article, 732 francs. Hôpitaux. Sommes payées par article, 326 francs. Logement, campement et casernement. Sommes payées par article, 5,269 francs. Total des sommes payées par chapitre, 25,387 francs.

CHAPITRE IV. *Fournitures de campagne.* Eau-de-vie. Sommes payées par article, 3,064 francs. Vin. Sommes payées par article, 28,339 francs. Vinaigre. Sommes payées par article, 38,573 francs. Total des sommes payées par chapitre, 38,573 francs.

CHAPITRE V. *Artillerie.* Armes et projectiles. Sommes payées par article, 4,927 francs. Arsenaux de construction. Sommes payées par article, 2,259 francs. Train d'artillerie. Sommes payées par article, 68 francs. Total des sommes payées par chapitre, 7,254 francs.

CHAPITRE VI. *Génie.* Fortifications. Sommes payées par article, 27,002 francs. Entretien et réparations de bâtiments militaires. ' Sommes payées par article, 10,681 francs. Loyer de caserne de la gendarmerie. Sommes payées par article, 96,049 francs. Total des sommes payées par chapitre, 133,732 francs.

CHAPITRE IX. *Dépenses extraordinaires.* Dépenses extraordinaires des généraux. Sommes payées par article, 3,000 francs. Frais de bureau des états-majors et inspecteurs aux revues. Sommes payées par article, 15,541 francs. Frais de poste des militaires. Sommes payées par article, 5,067 francs. Total des sommes payées par chapitre, 23,608 francs.

CHAPITRE X. *Dépenses diverses.* Indemnités et gratifications d'entrée en campagne. Sommes payées par article, 1,500 francs. Police militaire, gîte et geolage. Sommes payées par article, 4,795 francs. Dépenses de la gendarmerie. Sommes payées par article, 23,764 francs. Dépenses accidentelles. Sommes payées par article, 166,059 francs. Total des sommes payées par chapitre, 196,118 francs.

CHAPITRE XI. *Solde de retraite.* Sommes payées par article et par chapitre, 113,481 francs.

TOTAL des sommes payées par ministère, 652,938 fr.

ADMINISTRATION DE LA GUERRE.

CHAPITRE III. *Masses.* Boulangerie. Sommes payées par article, 1,406,387 francs. Fourrages. Sommes payées par article, 94,864 francs. Etapes. Sommes payées par article, 3,539 francs. Chauffage. Sommes payées par article, 11,862 francs. Habillement, équipement. Sommes payées par article, 883,419 francs. Hôpitaux. Sommes payées par article, 206,191 francs. Logement, campement, casernement. Sommes payées par article, 228,297 francs. Remontes. Sommes payées par article, 10,057 francs. Total des sommes payées par chapitre, 2,844,616 francs.

CHAPITRE IV. *Fournitures de campagne.* Viande et vin. Sommes payées par article 34,213 francs. Vinaigre. Sommes payées par article, 190,000 francs. Sommes payées par chapitre, 224,213 francs.

CHAPITRE VII. *Equipages et transports militaires.* Equipages militaires ; service des casernes de Paris. Sommes payées par article, 947 francs. Equipages pour le service extérieur. Sommes payées par article, 2,220 francs. Transports militaires et directs par le roulage. Sommes payées par article, 18,204 francs. Total des sommes payées par chapitre, 21,371 francs.

CHAPITRE VIII. *Invalides.* Subsistance et entretien. Sommes payées par article, 8,790 francs.

CHAPITRE IX. *Dépenses extraordinaires.* Frais de bureau des états-majors. Sommes payées par article et par chapitre, 4,490 francs.

CHAPITRE X. *Dépenses diverses.* Police militaire, gîte et geolage. Sommes payées par article, 41,271 francs. Dépenses accidentelles. Sommes payées par article, 77,034 francs. Total des sommes payées par chapitre, 118,305 francs.

TOTAL des sommes payées par ministère, 3,221,785 fr.

MINISTÈRE DE LA MARINE.

CHAPITRE PREMIER. *Service intérieur.* Frais de bureau. Sommes payées par article et par chapitre, 3,189 francs.

CHAPITRE II. *Approvisionnements, achats de marchandises et munitions.* Bois de construction, mâtures et autres. Sommes payées par article, 168,669 francs. Fer, acier et autres métaux. Sommes payées par article, 62,051 francs. Bouches à feu, armes et poudre de guerre. Sommes payées par article, 131,993 francs. Chanvre, toile, brai, goudron. Sommes payées par article, 183,500 francs. Etoffe et habillement. Sommes payées par article, 31,510 francs. Effets de casernement. Sommes payées par article, 79,060 francs. Médicaments et autres objets relatifs aux hôpitaux. Sommes payées par article, 8,431 francs. Achats, loyers et réparations de bâtiments civils. Sommes payées par article, 29,297 fr. Affrétements et valeurs de navires. Sommes payées par article, 39,972 francs. Frais de transport par terre. Sommes payées par article, 62,296 francs. Achats de marchandises et autres dépenses concernant ce chapitre. Sommes payées par article, 126,838 francs. Total des sommes payées par chapitre, 924,219 francs.

CHAPITRE III. *Travaux.* Solde d'ouvriers et autres à la journée. Sommes payées par article, 308,817 francs. Solde à l'entreprise. Sommes payées par article, 64,134 fr. Diverses dépenses comprises dans ce chapitre, telles que conduite et secours aux veuves des défenseurs de la patrie. Sommes payées par article, 23,685 francs. Total des sommes payées par chapitre, 396,636 francs.

CHAPITRE IV. *Armements, désarmements.* Solde et demi-solde des équipages de vaisseaux et marins casernés. Sommes payées par article, 433,271 francs. Traitement de table et de passagers. Sommes payées par article, 28,714 francs. Conduite et autres frais. Sommes payées par article, 6,584 francs. Diverses dépenses relatives à ce chapitre. Sommes payées par article,

931,031 francs. Total des sommes payées par chapitre, 1,399,600 francs.

CHAPITRE V. *1re section. Appointements.* Des préfets maritimes. Sommes payées par article, 6,500 francs. Des officiers de marine et officiers employés dans les ports. Sommes payées par article, 33,741 francs. Des officiers d'administration. Sommes payées par chapitre, 2,885 fr. Des officiers de santé. Sommes payées par article, 3,687 francs. Des maîtres et autres entretenus. Sommes payées par chapitre, 387 francs. Des différents agents non compris dans ces dénominations. Sommes payées par chapitre, 2,026 francs.

2e section. Solde. Des troupes d'artillerie de la marine. Sommes payées par article, 4,691 francs. Des apprentis canonniers. Sommes payées par article, 92 francs. Des gendarmes maritimes et autres agents de surveillance. Sommes payées par article, 35,612 francs. Frais de voyage et conduite. Sommes payées par article, 1,552 francs. Vacations. Sommes payées par article, 2,460 francs. Indemnités. Sommes payées par article, 172 francs. Dépenses relatives à ce chapitre. Sommes payées par article, 63,854 francs. Total des sommes payées par chapitre, 157,659 francs.

CHAPITRE VI. *Hôpitaux.* Journées d'hôpitaux. Sommes payées par article, 14,655 francs. Solde de divers employés. Sommes payées par article, 492 francs. Dépenses diverses relatives à ce chapitre. Sommes payées par article , 51 francs. Total des sommes payées par chapitre, 15,198 francs.

CHAPITRE VIII. *Dépenses diverses.* Dépenses des forges et fonderies. Sommes payées par article, 3,426 francs. Entretien des phares et illuminations des quais. Sommes payées par article, 11,050 francs. Exploitation dans les forêts nationales. Sommes payées par article, 24 fr. Frais de bureau et autres. Sommes payées par article, 2,231 francs. Dépenses diverses relatives à ce chapitre. Sommes payées par article, 1,419 francs. Total des sommes payées par chapitre, 18,150 francs.

CHAPITRE IX. *Vivres.* Comestibles. Sommes payées par article, 502,521 francs. Boissons. Sommes payées par article, 2,307 francs. Combustibles. Sommes payées par article, 170 francs. Frais de transports. Sommes payées par article, 1 franc. Diverses dépenses relatives à ce chapitre. Sommes payées par article, 7 francs. Total des sommes payées par chapitre, 505,006 francs.

CHAPITRE XI. *Colonies.* Armements, désarmements. Sommes payées par article, 142 francs. Appointements et solde. Sommes payées par article, 7,942 francs. Vivres. Sommes payées par article, 100,000 francs. Diverses dépenses relatives à ce chapitre. Sommes payées par article, 1,151,031 francs. Total des sommes payées par chapitre, 1,259,135 francs.

Total des sommes payées par ministère, 4,678,792 fr.

MINISTÈRE DE L'INTÉRIEUR.

CHAPITRE PREMIER. *Ministère et archives nationales.* Triage des titres. Sommes payées par article, 2,126 francs. Traitements des préfets ; secrétaires généraux et conseillers de préfectures. Sommes payées par article, 3,449 francs. Total des sommes payées par chapitre, 5,575 francs.

CHAPITRE II. *Secours et travaux publics.* Secours aux colons réfugiés. Sommes payées par article, 9,682 francs. Accidents imprévus, épidémies, etc. Sommes payées par article, 12,000 francs. Bâtiments civils. Sommes payées par article, 213,645 francs. Total des sommes payées par chapitre, 235,327 francs.

CHAPITRE III. *Établissements d'agriculture et de commerce.* Manufactures nationales. Sommes payées par article, 4,164 francs. Haras. Sommes payées par article, 229 francs. Épizooties. Sommes payées par article, 1,226 francs. Pépinières nationales. Sommes payées par article , 616 francs. Total des sommes payées par chapitre, 6,235 francs.

CHAPITRE IV. *Instruction publique.* Traitements des professeurs des diverses écoles des départements. Sommes payées par article et par chapitre , 30,196 francs.

CHAPITRE V. *Établissements des sciences et arts.* Bibliothèque des Quatre-Nations. Sommes payées par article, 282 francs. Muséum des monuments français. Sommes payées par article, 5,777 francs. Théâtre des arts. Sommes payées par article, 6,607 francs. Achats de livres. Sommes payées par article, 843 francs. Total des sommes payées par chapitre, 13,509 francs.

CHAPITRE VI. *Encouragements.* Secours aux gens de lettres et artistes. Sommes payées par article, 150 francs. Encouragements pour l'agriculture. Sommes payées par article, 2,267 francs. *Idem* aux arts et métiers et découvertes utiles. Sommes payées par article, 300 francs. *Idem* à l'art dramatique et théatral. Sommes payées par article, 4,273 francs. Total des sommes payées par chapitre, 6,990 francs.

CHAPITRE VII. *Ponts et chaussées.* Navigation intérieure, travaux ordinaires. Sommes payées par article, 198,127 francs. Ecoles des géographes. Sommes payées par article, 2,867 francs. Total des sommes payées par chapitre, 200,994 francs.

CHAPITRE IX. Dépenses accidentelles. Sommes payées par article et par chapitre, 180 francs.

SERVICE EXTRAORDINAIRE. Réparations des grandes routes. Sommes payées par article, 500,235 francs. Canal d'Arles. Sommes payées par article, 4,050 francs. Travaux de Rochefort. Sommes payées par article, 5,544 francs. Ports de commerce. Sommes payées par article, 24,632 francs. Total des sommes payées par chapitre, 534,461 francs.

TOTAL des sommes payées par ministère, 1,033,467 fr.

MINISTÈRE DES CULTES.

Dépenses pour le service des cultes. Sommes payées par chapitre et par ministère, 7,278 francs.

MINISTÈRE DES FINANCES.

CHAPITRE PREMIER. *Sénat conservateur.* Dépenses administratives. Sommes payées par chapitre, 242 fr.

CHAPITRE II. *Corps législatif.* Dépenses administratives. Sommes payées par chapitre, 16,031 francs.

CHAPITRE III. *Tribunat.* Dépenses administratives. Sommes payées par chapitre, 71,484 francs.

CHAPITRE VI. *Ministère et administrations en dépendant.* Frais de bureau et d'impression. Sommes payées par article, 3 fr. Direction des contributions directes. Sommes payées par article, 750 francs. Administration des forêts. Sommes payées par article, 175 francs. Total des sommes payées par chapitre, 928 francs.

CHAPITRE VII. *Administrations temporaires.* Liquidation de la dette publique. Sommes payées par article, 184 francs. Bureau particulier du domaine national dans le département de la Seine. Sommes payées par articles, 565 francs. Bureau particulier du domaine national dans les départements. Sommes payées par article, 191 francs. Commission de la liquidation des postes. Sommes payées par article, 86,491 francs. Total des sommes payées par chapitre, 87,431 francs.

TOTAL des sommes payées par ministère , 176,116 fr.

MINISTÈRE DU TRÉSOR PUBLIC.

CHAPITRE PREMIER. *Service intérieur.* Appointements des employés. Sommes payées par article, 1,758 francs. Frais de bureau et d'impression. Sommes payées par article, 14,754 francs. Total des sommes payées par chapitre, 16,512 francs.

CHAPITRE II. *Service extérieur.* Traitements et frais de service des préposés des payeurs généraux. Sommes payées par article et par chapitre, 17,609 francs.

CHAPITRE III. Frais de transport. Sommes payées par chapitre, 75,715 francs.

TOTAL des sommes payées par ministère, 109,836 fr.

MINISTÈRE DES RELATIONS EXTÉRIEURES.

CHAPITRE PREMIER. *Service intérieur.* Frais de bureau et d'impression. Sommes payées par chapitre, 168 fr.

CHAPITRE II. *Service extérieur.* Traitement des agents extérieurs. Sommes payées par article, 4,791 fr. Frais d'établissement et de voyage. Sommes payées par article, 3,575 francs. Frais de service des agents extérieurs. Sommes payées par article 8,239 francs. Total des sommes payées par chapitre, 16,605 francs.

CHAPITRE III. *Service accessoire.* Frais de course et service de la correspondance. Sommes payées par article, 33,499 francs. Dépenses accidentelles. Sommes payées par article, 15,351 francs. Total des sommes payées par chapitre, 48,850 francs.

TOTAL des sommes payées par ministère, 65,623 fr.

MINISTÈRE DE LA JUSTICE.

CHAPITRE II. *Tribunal de cassation.* ... du tribunal. Sommes payées par chapitre,

CHAPITRE III. *Juges des tribunaux.* Traitement des juges et greffiers des tribunaux de première instance. Sommes payées par article, 11,480 francs. Traitement des tribunaux d'appel. Sommes payées par article, 200 francs. Traitement des tribunaux criminels. Sommes payées par article, 1,178 francs. Traitement des greffiers des tribunaux de commerce. Sommes payées par article, 1,106 francs Traitement des greffiers des tribunaux spéciaux. Sommes payées par article, 100 fr. Total des sommes payées par chapitre, 14,064 francs.

CHAPITRE IV. *Commissaires près les tribunaux.* Traitement des commissaires du gouvernement près les tribunaux criminels. Sommes payées par chapitre, 105 fr. Dépenses accidentelles et secrètes. Sommes payées par chapitre, 3,498 francs.

TOTAL des sommes payées par ministère, 18,291 francs.

MINISTÈRE DE LA POLICE GÉNÉRALE.

CHAPITRE PREMIER. *Service intérieur.* Frais de bureau et d'impression. Sommes payées par chapitre et par ministère, 363 francs.

FRAIS DE NÉGOCIATIONS ET DE SERVICE.

FRAIS DU SERVICE DU TRÉSOR. Pour pertes à la réalisation de traites sur Naples. Sommes payées par chapitre, 5,342 francs. Pour pertes à la réalisation de traites sur Florence. Sommes payées par chapitre, 15,123 francs. Commission, courtage, perte et divers frais aux traites et valeurs employées au service de la Corse pendant l'an X, et remboursés au payeur de cette division. Sommes payées par chapitre, 72,463 francs.

TOTAL des sommes payées, 92,928 francs.

REMBOURSEMENTS ET RESTITUTIONS.

TRÉSOR PUBLIC. Remboursements d'obligations protestées sur des receveurs généraux en faillite. Sommes payées par chapitre, 807,035 francs. Remboursement d'indemnité de conscrits. Sommes payées par chapitre, 100 francs.

TOTAL des sommes payées, 807,135 francs.

TOTAL des paiements faits pendant l'an XII, sur les fonds généraux de l'exercice de l'an X, 11,152,510 francs. (Etat OO).

ETAT HH. DEPENSES SUR L'EXERCICE DE L'AN XI.

Etat sommaire des paiements faits pendant l'an XII, sur l'exercice de l'an XI, avec désignation des dépenses propres à chaque ministère et à chaque chapitre de la nomenclature arrêtée par le gouvernement.

DETTE PUBLIQUE ET PENSIONS.

2e SEMESTRE AN X. Rentes perpétuelles. Sommes payées par article, 1,130,887 francs. Rentes viagères. Sommes payées par article, 482,779 francs. Pensions. Sommes payées par article, 440,960 francs. Total des sommes payées par chapitre, 2,054,626 francs.

1er SEMESTRE AN XI. Rentes perpétuelles. Sommes payées par article, 1,162,843 francs. Rentes viagères. Sommes payées par article, 2,978,625 francs. Pensions. Sommes payées par article, 2,851,136 francs. Total des sommes payées par chapitre, 6,992,604 francs.

TOTAL des sommes payées, 9,047,230 francs.

MINISTÈRE DE LA GUERRE.

CHAPITRE PREMIER. Administration générale et intérieure. Sommes payées par article, 136,614 francs. Sommes payées par chapitre, 136,614 francs.

CHAPITRE II. *Solde.* Infanterie. Sommes payées par article, 2,608,817 francs. Troupes à cheval. Sommes payées par article, 667,853 francs. Artillerie. Sommes payées par article, 563,189 francs. Génie. Sommes payées par article, 201,859 francs. Garde des Consuls. Sommes payées par article, 45,375 francs. Vétérans nationaux. Sommes payées par article, 58,003 francs. Gendarmerie nationale. Sommes payées par article, 1,197,852 francs. Etat-major des armées. Sommes payées par article, 608,367 francs. Commandants d'armes. Sommes payées par article, 154,368 francs. Inspecteurs aux revues. Sommes payées par article, 80,705 francs. Commissaires des guerres. Sommes payées par article, 111,181 francs. Total des ... payées par chapitre, 6,297,569 francs.

CHAPITRE ... *... de retraite et de réforme.* Solde de retraite. S... ... par ar... .B.l ,882 francs. ... par article,

1,328,628 francs. Total des sommes payées par chapitre, 6,392,510 francs.

CHAPITRE IV. *Artillerie.* Ecoles et arsenaux. Sommes payées par article, 723,533 francs. Armes portatives. Sommes payées par article, 52,477 francs. Projectiles. Sommes payées par article, 28,298 francs. Poudres. Sommes payées par article, 35,562 francs. Total des sommes payées par chapitre, 839,870 francs.

CHAPITRE V. *Génie.* Ecoles et plans en relief. Sommes payées par article, 12,520 francs. Fortifications. Sommes payées par article, 2,194,377 francs. Bâtiments militaires, logement et casernement de la gendarmerie. Sommes payées par article, 1,013,991 francs. Total des sommes payées par chapitre, 3,220,888 francs.

CHAPITRE VI. Masses et indemnités. Sommes payées par article et par chapitre, 175,636 francs.

CHAPITRE VII. Dépenses diverses et imprévues. Sommes payées par article et par chapitre, 4,368,640 francs.

TOTAL des sommes payées par ministère, 21,431,727 fr.

ADMINISTRATION DE LA GUERRE.

CHAPITRE PREMIER. Administration générale et intérieure. Sommes payées par article et par chapitre, 75,840 fr.

CHAPITRE II. *Masses.* Boulangerie. Sommes payées par article, 4,580,660 francs. Fourrages en nature. Sommes payées par article, 2,006,006 francs. Indemnités de fourrage. Sommes payées par article, 542,109 fr. Etapes et convois militaires. Sommes payées par article, 476,365 francs. Chauffage des troupes et corps de garde. Sommes payées par article, 156,504 francs. Habillement et équipement. Sommes payées par article, 4,305,660 francs. Lits militaires. Sommes payées par article, 45,852 francs. Indemnité de logement. Sommes payées par article, 1,031,693 francs. Indemnité d'éclairage. Sommes payées par article, 21,437 francs. Hôpitaux. Sommes payées par article, 928,566 francs. Remontes. Sommes payées par article, 666,472 francs. Campement. Sommes payées par article, 57,463 francs. Total des sommes payées par chapitre, 14,818,787 francs.

CHAPITRE III. *Fournitures extraordinaires.* Indemnité et fourniture en nature. Sommes payées par article et par chapitre, 2,518,968 francs.

CHAPITRE IV. Invalides (hôtel et succursales). Sommes payées par article et par chapitre, 429,039 francs.

CHAPITRE V. Dépenses diverses et imprévues. Sommes payées par article et par chapitre, 508,810 francs.

TOTAL des sommes payées par ministère, 18,441,474 fr.

MINISTÈRE DE LA MARINE.

CHAPITRE PREMIER. *Administration générale et intérieure.* Traitement du ministre et appointements des employés du ministère. Sommes payées par article, 10,581 fr. Frais de bureau et d'impression. Sommes payées par article, 60,371 francs. Total des sommes payées par chapitre, 70,952 francs.

CHAPITRE II. *Approvisionnements, achats de marchandises et munitions.* Bois de construction, mâture, etc. Sommes payées par article, 1,090,340 francs. Fer, acier et autres métaux. Sommes payées par article, 913,333 fr. Bouches à feu et poudre de guerre. Sommes payées par article, 804,723 francs. Chanvres, toiles, brai et goudron. Sommes payées par article, 1,214,153 francs. Etoffes et habillement. Sommes payées par article, 154,520 francs. Effets de casernement. Sommes payées par article, 20,723 francs. Médicaments et objets relatifs aux hôpitaux. Sommes payées par article, 123,136 fr. Achats, loyers et réparations de bâtiments. Sommes payées par article, 140,318 francs. Affretements et valeurs de navires. Sommes payées par article, 308,703 fr. Frais de transport par terre. Sommes payées par article, 36,427 francs. Achats de marchandises et autres dépenses. Sommes payées par article, 595,344 francs. Total des sommes payées par chapitre, 5,401,742 francs.

CHAPITRE III. *Travaux.* Solde d'ouvriers et autres à la journée. Sommes payées par article, 1,152,560 francs. Solde d'ouvriers à l'entreprise. Sommes payées par article, 787,687 francs. Depenses diverses non comprises dans ce chapitre, telles que conduites et secours. Sommes payées par article, 107,292 francs. Total des sommes payées par chapitre, 2,047,539 francs.

CHAPITRE IV. *Armements, désarmements.* Solde et demi-solde des équipages de vaisseaux et marins casernés. Sommes payées par article, 1,700,934 francs. Traitement de table et de passagers. Sommes payées par article, 126,312 francs. Conduite et autres frais. Sommes payées par article, 44,722 francs. Diverses dépenses relatives à ce chapitre. Sommes payées par article, 782,348 francs. Total des sommes payées par chapitre, 2,654,316 francs.

CHAPITRE V. *Première section.* Appointements des préfets maritimes. Sommes payées par article, 11,783 francs. Appointements des officiers de marine et officiers employés dans les ports. Sommes payées par chapitre, 364,855 francs. Appointements des officiers d'administration. Sommes payées par article, 109,722 francs. Appointements des officiers de santé. Sommes payées par article, 65,589 francs. Appointements des professeurs de navigation. Sommes payées par article, 8,642 francs. Appointements des maîtres et autres entretenus. Sommes payées par article, 37,389 francs. Appointements des différents agents non compris dans ces dénonciations. Sommes payées par article, 35,165 francs.

2e *Section.* Solde des troupes d'artillerie de la marine. Sommes payées par article, 149,155 francs. Solde des apprentis canonniers. Sommes payées par article, 33,440 francs. Solde des gendarmes maritimes et autres agents de surveillance. Sommes payées par article, 138,994 francs. Solde des frais de conduite et de voyages. Sommes payées par article, 93,074 francs. Solde des frais de vacations. Sommes payées par article, 54,714 francs. Solde des frais d'indemnités. Sommes payées par article, 9,947 francs. Depenses diverses relatives à ce chapitre. Sommes payées par article, 114,540 fr. Total des sommes payées par chapitre, 1,226,709 francs.

CHAPITRE VI. *Hôpitaux.* Journées d'hôpitaux. Sommes payées par article, 93,205 francs. Solde de divers employés. Sommes payées par article, 8,715 francs. Diverses dépenses relatives à ce chapitre. Sommes payées par article, 42,390 francs. Total des sommes payées par chapitre, 144,310 francs.

CHAPITRE VII. Capture et conduite des forçats évadés. Sommes payées par article, 120 francs. Conduite des forçats libérés. Sommes payées par article, 485 francs. Dépenses non prévues. Sommes payées par article, 1,160 francs. Total des sommes payées par chapitre, 1,765 francs.

CHAPITRE VIII. *Dépenses diverses.* Ecoles de mathématiques et d'hydrographie. Sommes payées par article, 3,135 francs. Prisonniers de guerre. Sommes payées par article, 1,354 francs. Dépenses des forges et fonderies. Sommes payées par article, 18,004 francs. Entretien des phares et illuminations. Sommes payées par article, 40,341 francs. Exploitations dans les forêts nationales. Sommes payées par article, 36,330 francs. Frais de saisie et autres. Sommes payées par article, 27,850 fr. Dépenses non prévues dans ce chapitre. Sommes payées par article, 86,099 francs. Total des sommes payées par chapitre, 213,113 francs.

CHAPITRE IX. *Vivres.* Comestibles. Sommes payées par article, 271,655 francs. Boissons. Sommes payées par article, 51,991 francs. Combustibles. Sommes payées par article, 21,605 francs. Frais de transport. Sommes payées par article, 24,576 francs. Frais de magasin et bureau. Sommes payées par article, 5,610 francs. Diverses dépenses relatives à ce chapitre. Sommes payées par article, 81,277 francs. Total des sommes payées par chapitre, 437,714 francs.

CHAPITRE X. *Service spécial des travaux hydrauliques.* Ambleteuse, Anvers, Ostende, Etaples et le Havre. Sommes payées par article, 177,966 francs. Port de Boulogne. Sommes payées par article, 109,477 francs. Fort du Boyard. Sommes payées par article, 116,431 francs. Rade de Cherbourg. Sommes payées par article, 511,442 fr. Port de Toulon. Sommes payées par article, 23,147 fr. Bassin couvert de Brest. Sommes payées par article, 9,049 francs. Formes de l'Orient. Sommes payées par article, 1,620 francs. Total des sommes payées par chapitre, 949,032.

CHAPITRE XI. Constructions de l'an XI. Sommes payées par article et par chapitre, 5,071,840 francs.

CHAPITRE XII. Constructions de l'an XII. Sommes payées par article et par chapitre, 56,466 francs.

CHAPITRE XIII. Approvisionnements en marchandises de France. Sommes payées par article et par chapitre, 750,550 francs.

CHAPITRE XIV. Approvisionnements en marchandises du Nord. Sommes payées par article et par chapitre, 2,774,122 francs.

Chapitre xv. *Colonies.* Sommes payées par article et par chapitre, 7,057,233 francs.
Total des sommes payées par ministère, 28,877,403 fr.

MINISTÈRE DE L'INTÉRIEUR.

Chapitre premier. *Ministère, archives nationales et préfectures.* Traitement du ministre et appointements des employés par article, 109,437 francs. Frais de bureau et d'impression. Sommes payées par article, 16,549 fr. Archives nationales. Sommes payées par article, 10,853 fr. Triage des titres. Sommes payées par article, 5,105 fr. Traitement des préfets, secrétaires généraux, conseillers de préfectures et sous-préfets. Sommes payées par article, 449,867 francs. Total des sommes payées par chapitre, 691,813 francs.

Chapitre ii. *Secours et travaux publics.* Hospice des Quinze-Vingts, aveugles travailleurs. Sommes payées par articles, 11,215 francs. Sourds-muets. Sommes payées par article, 10,823 francs. Secours aux réfugiés. Sommes payées par article, 61,889 francs. Entretien des bâtiments civils. Sommes payées par article, 248,919 francs. Total des sommes payées par chapitre, 332,846 francs.

Chapitre iii. *Établissements d'agriculture et de commerce.* Manufactures nationales. Sommes payées par article, 37,109 francs. Haras. Sommes payées par article, 28,271 francs. Écoles vétérinaires, 35,365 francs. Épizooties. Sommes payées par article, 8,855 francs. Pépinières nationales. Sommes payées par article, 11,639 francs. Conservatoire des arts et métiers. Sommes payées par article, 3,393 francs. Conseil et inspection des mines. Sommes payées par article, 13,358 francs. Poids et mesures. Sommes payées par article, 16,112 francs. Total des sommes payées par chapitre, 156,002 francs.

Chapitre iv. *Établissements d'instruction publique.* École polytechnique. Sommes payées par article, 15,658 fr. École de médecine. Sommes payées par article, 58,796 fr. Prytanée. Sommes payées par article, 25,053 francs. Collége de France. Sommes payées par article, 11,994 francs. Cours de langues orientales et d'archéologie. Sommes payées par article, 2,881 francs. Traitement des professeurs des écoles centrales. Sommes payées par article, 278,112 francs. Total des sommes payées par chapitre, 392,496 francs.

Chapitre v. *Établissements de sciences et arts.* Institut national. Sommes payées par article, 42,726 francs. Écoles de peinture, d'architecture et sculpture. Sommes payées par article, 4,007 francs. Écoles de Rome. Sommes payées par article, 9,308 francs. Conservatoire de musique. Sommes payées par article, 10,672 francs. Bureau de longitude. Sommes payées par article, 12,746 francs. Cabinet de minéralogie. Sommes payées par article, 1,327 fr. Bibliothèque nationale. Sommes payées par article, 24,233 francs. Bibliothèque des Quatre-Nations. Sommes payées par article, 1,621 francs. Bibliothèque de l'Arsenal. Sommes payées par article, 3,247 francs. Bibliothèque du Panthéon. Sommes payées par article, 2,893 fr. Dépôt littéraire. Sommes payées par article, 4,860 francs. Musée central des arts. Sommes payées par article, 8,855 fr. Musée des monuments français. Sommes payées par article, 5,364 fr. Direction du domaine de Versailles. Musée spécial, palais, eaux, fontaines, jardins, orangeries. Sommes payées par article, 13,157 francs. Musée d'histoire naturelle. Sommes payées par article, 27,687 francs. Transports des monuments recueillis. Sommes payées par article, 28,036 francs. Achats de livres, tableaux, bustes. Sommes payées par article, 11,787 francs. Total des sommes payées par chapitre, 222,526 francs.

Chapitre vi. *Encouragements.* Secours aux gens de lettres. Sommes payées par article, 12,392 francs. Bureaux consultatifs d'agriculture et commerce. Sommes payées par article, 4,448 francs. Encouragements pour l'agriculture. Sommes payées par article, 11,814 francs. Encouragements à la peinture, architecture, gravure et sculpture. Sommes payées par article, 19,886 francs. Encouragement à l'art dramatique théâtral. Sommes payées par article, 48,408 francs. Total des sommes payées par chapitre, 96,948 francs.

Chapitre vii. *Ponts et chaussées.* Lignes télégraphiques. Sommes payées par article et par chapitre, 13,618 fr.

Chapitre viii. Dépenses imprévues et accidentelles. Sommes payées par article et par chapitre, 1,155,150 francs.

Service extraordinaire. Réparations des routes. Sommes payées par article, 5,9.. vaux de la route du Simplon. So..

ticle, 1,317,678 francs. Travaux des grands ponts de la République. Sommes payées par article, 994,639 francs. Travaux du canal Saint-Quentin. Sommes payées par article, 1,443,213 francs. Travaux du canal d'Arles. Sommes payées par article, 246,082 francs. Travaux du canal de Blavet. Sommes payées par article, 500 francs. Travaux du quai Bonaparte. Sommes payées par article, 78,000 francs. Desséchement des marais de Rochefort. Sommes payées par article, 165,591 francs. Travaux de la navigation intérieure. Sommes payées par article, 1,041,522 francs. Primes d'encouragement pour la pêche de la morue. Sommes payées par article, 71,335 francs. Administration générale du Piémont. Sommes payées par article, 21,500 francs. Ports de commerce. Sommes payées par article, 943,674 francs. Achats extraordinaires de grains. Sommes payées par article, 3,000,000 fr. Total des sommes payées par chapitre, 15,284,234 francs. Total des sommes payées par ministère, 18,245,633 fr.

MINISTÈRE DES FINANCES.

Chapitre premier. Représentation du Premier Consul, frais et entretien du palais des Tuileries, Saint-Cloud, et dépenses de voyage. Sommes payées par article et par chapitre, 500,000 francs.

Chapitre ii. Second et troisième Consuls. Sommes payées par article et par chapitre, 100,000 francs.

Chapitre iii. Conseil d'État. Sommes payées par article et par chapitre, 137,500 francs.

Chapitre iv. Sénat conservateur. Sommes payées par article et par chapitre, 385,917 francs.

Chapitre v. Corps législatif. Sommes payées par article et par chapitre, 817,202 francs.

Chapitre vi. Tribunat. Sommes payées par article et par chapitre, 192,163 francs.

Chapitre vii. *Ministère et administrations permanentes.* Traitement du ministre, appointements des employés du ministère, et frais de bureau y compris ceux du conseiller d'État chargé des domaines nationaux. Sommes payées par article, 106,178 francs. Comptabilité nationale. Sommes payées par article, 84,113 francs. Direction des contributions directes. Sommes payées par article, 323,640 francs. Taxation et remise des receveurs généraux des contributions directes. Sommes payées par article, 847,168 francs. Administration des monnaies. Sommes payées par article, 763,586 francs. Total des sommes payées par chapitre, 2,127,685 francs.

Chapitre viii. *Administrations temporaires.* Conseil général de liquidation. Sommes payées par article, 141,175 francs. Bureau des domaines nationaux du département de la Seine. Sommes payées par article, 11,039 francs. Bureau des autres départements. Sommes payées par article, 110,514 francs. Sommes payées par chapitre, 262,728 francs. Dépenses accidentelles. Sommes payées par article, 8,279 francs. Sommes payées par chapitre, 8,279 francs. Remboursement d'intérêts de cautionnements à la caisse d'amortissement. Sommes payées par article, 850,000 francs. Total des sommes payées par chapitre, 850,009 francs.

Total des sommes payées par ministère, 5,398,474 fr.

MINISTÈRE DU TRÉSOR PUBLIC.

Chapitre premier. *Service intérieur.* Traitement du ministre et appointements des administrateurs et employés. Sommes payées par article, 304,119 francs. Frais de bureau et d'impression. Sommes payées par article, 116,076 fr. Total des sommes payées par chapitre, 420,195 francs.

Chapitre ii. *Service extérieur.* Traitements et frais de service des préposés des payeurs généraux. Sommes payées par article, 277,291 francs. Inspecteurs généraux. Sommes payées par article, 10,783 francs. Total des sommes payées par chapitre, 288,074 francs.

Chapitre iii. Frais de transport. Sommes payées par article, 302,971 francs; par chapitre, 302,971 francs. Taxations aux receveurs sur les contributions indirectes. Sommes payées par article et par chapitre 41,673 francs. Dépenses pour travaux extraordinaires. Sommes payées par article et par chapitre, 50,000 francs.

Total des sommes payées par ministère 1,102,913 fr.

MINISTÈRE DES ı TIONS EXTÉRIEURES.

Chapitre premier. S⁻ ⁻⁻ⁱ⁻⁻ ⁻ᵘʳ. Traitement du mi- ⁻ⁱ⁻ⁱ⁻ⁿ et appointem⁻ ⁻és du ministère. Frais de bu- ⁻ ⁻ᵃʸᵉ⁻ ᵖᵃʳ ᵃ ⁻ⁱcle, 18,253 fr.

Total des sommes payées par chapitre, 70,341 francs.
CHAPITRE II. *Service extérieur.* Traitement des agents extérieurs. Sommes payées par article, 810,134 francs. Frais d'établissements et de voyage. Sommes payées par article, 72,771 francs. Frais de service des agents extérieurs. Sommes payées par article, 196,973 francs. Missions fortuites. Sommes payées par article, 1,204,641 francs. Total des sommes payées par chapitre, 2,284,519 francs.
CHAPITRE III. *Service accessoire.* Frais de course et service de la correspondance. Sommes payées par article, 87,904 f. Présents, secours et indemnités. Sommes payées par article, 184,294 francs. Dépenses secrètes. Sommes payées par article, 49,747 francs. Dépenses accidentelles. Sommes payées par article, 333,509 francs. Total des sommes payées par chapitre, 655,454 francs.
TOTAL des sommes payées par ministère, 1,930,436 fr.

MINISTÈRE DES CULTES.

Dépenses pour le service des cultes, 1,705,511 francs.

GRAND JUGE MINISTRE DE LA JUSTICE.

CHAPITRE PREMIER. *Service intérieur.* Traitement du grand juge ministre et appointements des employés du ministère. Sommes payées par article, 145,955 francs. Frais de bureau et d'impression. Sommes payées par article, 85,686 francs. Total des sommes payées par chapitre, 231,641 francs.
CHAPITRE II. *Tribunal de cassation.* Traitement des membres du tribunal de cassation. Sommes payées par article, 47,000 francs. Traitement des officiers ministériels. Sommes payées par article, 4,550 francs. Menues dépenses du tribunal. Sommes payées par article, 4,841 francs. Total des sommes payées par chapitre, 56,391 francs.
CHAPITRE III. *Poursuites de crimes.* Frais de justice. Sommes payées par article, 2,733,664 francs. Dépenses secrètes de toute nature. Sommes payées par article, 63,307 francs. Bureau de l'inspecteur général de la gendarmerie. Sommes payées par chapitre, 2,816,971 francs.
CHAPITRE IV. *Commissaires du Gouvernement près les tribunaux.* Traitements des commissaires du Gouvernement près les tribunaux de première instance. Sommes payées par article, 138,344 francs.
Traitements des tribunaux d'appel. Sommes payées par article, 37,046 francs. Traitements des tribunaux criminels. Sommes payées par article, 232,319 francs. Total des sommes payées par chapitre, 407,709 francs.
CHAPITRE V. Dépenses accidentelles. 25,878 francs.
CHAPITRE VI. Traitement des juges et greffiers des tribunaux de première instance. Sommes payées par article, 538,334 francs. Traitement des tribunaux d'appel. Sommes payées par article, 290,522 francs. Traitement des tribunaux criminels. Sommes payées par article, 215,027 francs. Traitement des greffiers des tribunaux de commerce. Sommes payées par article, 35,266 francs. Traitement des greffiers près les tribunaux spéciaux. Sommes payées par article, 36,159 francs. Traitement des greffiers des justices de paix. Sommes payées par article, 883,403 francs.
Traitement des greffiers des tribunaux de police. Sommes payées par article, 20,120 francs. Total des sommes payées par chapitre, 2,020,831 francs.
TOTAL des sommes payées par ministère, 5,559,421 fr.

FRAIS DE NÉGOCIATIONS ET DE SERVICE.

1º FRAIS DE NÉGOCIATIONS.

Obligations et traites de receveurs négociées à demi pour cent par mois à la caisse d'amortissement.
28 frimaire an XII. Sommes négociées, 1,121,048 francs. Terme moyen des mois et jours d'escompte, 11 mois 23 jours. Frais d'escompte. Sommes partielles, 66,413 francs.
8 nivôse an XII. Sommes négociées, 420,605 francs. Terme moyen des mois et jours d'escompte, 15 mois 15 jours. Frais d'escompte. Sommes partielles, 32,587 fr. *Total* partiel par chapitre, 99,000 francs.

A la caisse des invalides de la marine.
13 fructidor an XI. Sommes négociées, 7,000,000 fr. Terme moyen des mois et jours d'escompte, 15 mois 6 jours. Frais d'escompte. Sommes partielles, 53,267 fr.
12 vendémiaire an XII. Sommes négociées, 300,000 fr. Terme moyen des mois et jours d'escompte, 16 mois

13 jours. Frais d'escompte. Sommes partielles, 24,650 fr. *Total* partiel par chapitre, 77,917 francs.

A la Banque de France.
1er vendémiaire an XII. Sommes négociées, 9,977,541 f. Terme moyen des mois et jours d'escompte, 5 mois 18 jours. Frais d'escompte. Sommes partielles, 279,540 fr. *Total* partiel par chapitre, 279,530 francs.

A divers.
1er messidor an XI. Sommes négociées, 10,000,000 fr. Terme moyen des mois et jours d'escompte, 1 mois 10 jours. Sommes payées par article. Frais d'escompte. *Total* partiel par chapitre, 66,667 francs.
Obligations pour coupes de bois négociées à demi pour cent par mois. A divers.
1er messidor an XI. Sommes négociées, 10,000,000 fr. Terme moyen des mois et jours d'escompte, 1 mois 10 jours. Sommes payées par article. Frais d'escompte. Sommes partielles, 66,667 francs. Commission pour frais de recouvrement. Frais d'escompte. Sommes partielles, 2,400 francs.
10 vendémiaire an XII. Sommes négociées, 387,985 francs. Commission pour frais de recouvrement à 1/2 pour cent. Frais d'escompte. Sommes partielles, 1,293 francs.
Frais d'escompte. Total partiel, 70,360 francs.

2º FRAIS DE SERVICE DU TRÉSOR.

Versements de fonds dans les ports.
Commission de demi pour cent allouée à l'agence sur la somme de 1,434,038 francs versée dans divers ports. Frais d'escompte. Sommes partielles, 71,720 francs. Intérêts et commission pour service de même nature. Frais d'escompte. Sommes partielles, 11,273 francs.

Paiement de la dette publique.
Commission de un tiers pour cent à la Banque sur un versement de 4,000,000 francs, fait par le trésor public. Frais d'escompte. Sommes partielles, 13,333 francs.

Pertes sur les monnaies.
Déficit sur le prix de la vente de monnaies étrangères existantes dans la caisse du trésor, 70,921. fr. Idem sur les monnaies françaises, 34 francs. Frais d'escompte. Sommes partielles, 70,955 francs. Total partiel, 167,281 fr.
TOTAL des sommes payées, 760,765 francs.

REMBOURSEMENTS ET RESTITUTIONS.

TRÉSOR PUBLIC. Remboursement d'obligations protestées sur des receveurs en faillite. Sommes payées, 9,920 francs. Remboursement pour trop soumissionné sur la contribution volontaire. Sommes payées, 8,300 fr. Remboursements aux receveurs généraux pour trop soumissionné sur patentes. Sommes payées 798,878 fr. Remboursement à divers titres. Sommes payées, 1,900 fr.
TOTAL des sommes payées, 818,998 francs.
TOTAL des paiements faits pendant l'an XII, sur les fonds généraux de l'exercice de l'an XI, 113,319,985 fr.

ETAT JJ. DÉPENSES SUR L'EXERCICE DE L'AN XII.

Etat sommaire des paiements faits pendant l'an XII, sur l'exercice de la même année, avec désignation des dépenses propres à chaque ministère et à chaque chapitre de la nomenclature arrêtée par le Gouvernement.

DETTE PUBLIQUE ET PENSIONS.

2º SEMESTRE AN XI. Rentes perpétuelles. Sommes payées par article, 20,363,262 francs. Rentes viagères. Sommes payées par article, 13,093,792 francs. Pensions. Sommes payées par article, 13,241,006 francs. Total des sommes payées par chapitre, 46,698,060 francs.
1er SEMESTRE AN XII. Rentes perpétuelles. Sommes payées par article, 22,212,452 francs. Rentes viagères. Sommes payées par article, 9,060,573 francs. Pensions. Sommes payées par article, 7,362,364 francs. Total des sommes payées par chapitre, 38,635,389 francs.
TOTAL des sommes payées, 85,333,449 francs.
INTENDANCE GÉNÉRALE DE LA MAISON DE L'EMPEREUR. Sommes payées par article, et par chapitre, 4,666,667 fr.

MINISTÈRE DE LA GUERRE.

CHAPITRE PREMIER. Administration générale et intérieure. Sommes payées par article et par chapitre, 1,235,383 fr.
CHAPITRE II. *Solde d'activité.* Infanterie. Sommes payées par article, 43,960,587 francs. Troupes à cheval. Sommes payées par article, 12,415,476 francs. Artillerie. Sommes payées par article, 9,973,118 francs. Génie. Sommes payées par article, 2,741,197 francs. Garde impériale. Sommes payées par article, 5,677,693 francs. Vétérans nationaux. Sommes payées par article, 3,010,464 francs. Gendarmerie nationale. Sommes payées par article, 14,243,308 francs. Etat-major de l'armée. Sommes payées par article, 6,564,133 francs. Commandants d'armes. Sommes payées par article, 1,559,819 francs. Inspecteurs aux revues. Sommes payées par article, 962,351 francs. Commissaires des guerres. Sommes payées par article, 1,300,766 francs. Total des sommes payées par chapitre, 102,408,914. fr.
CHAPITRE III. *Solde de retraite.* Solde de retraite. Sommes payées par article, 15,511,876 francs. Traitement de réforme. Sommes payées par article, 2,862,360 fr. Total des sommes payées par chapitre, 18,374,236 fr.
CHAPITRE IV. *Artillerie.* Ecoles et arsenaux. Sommes payées par article, 3,068,083 francs. Armes portatives. Sommes payées par article, 4,837,033 francs. Projectiles. Sommes payées par article, 1,377,053 francs. Poudres. Sommes payées par article, 416,848 francs. Total des sommes payées par chapitre, 9,699,017 francs.
CHAPITRE V. *Génie.* Ecoles et plans en relief. Sommes payées par article, 107,400 francs. Fortifications. Sommes payées par article, 8,192,002 francs. Bâtiments militaires, logement, casernement de la gendarmerie. Sommes payées par article, 4,432,639 francs. Total des sommes payées par chapitre, 12,732,041 francs.
CHAPITRE VI. Masses et indemnité. — Garde impériale. Sommes payées par article et par chapitre, 5,414,600 fr.
CHAPITRE VII. Dépenses diverses. Sommes payées, 10,329,571 francs.
TOTAL des sommes payées par ministère, 160,213,764 fr.

ADMINISTRATION DE LA GUERRE.

CHAPITRE PREMIER. Administration générale et intérieure. Sommes payées par article et par chapitre, 665 francs.
CHAPITRE II. *Masses.* Boulangerie. Sommes payées par article, 15,304,000 francs. Fourrages en nature. Sommes payées par article, 22,943,058 francs. Indemnités de fourrages. Sommes payées par article, 1,356,809 francs. Etapes et convois militaires. Sommes payées par article, 10,263,359 francs. Chauffage et éclairage. Sommes payées par article, 4,890,986 francs. Habillement. Sommes payées par article, 9,333,037 francs. Lits militaires. Sommes payées par article, 2,355,309 francs. Indemnité de logement. Sommes payées par article, 2,281,920 francs. Hôpitaux. Sommes payées par article, 7,583,472 francs. Remontes. Sommes payées par article, 952,379 francs. Campement. Sommes payées par article, 318,537 francs. Total des sommes payées par chapitre, 77,582,876 francs.
CHAPITRE III. Fournitures extraordinaires. Sommes payées par article et par chapitre, 36,316,189 francs.
CHAPITRE IV. Invalides. Hôtel et succursales. Sommes payées par article et par chapitre, 2,630,000 francs.
CHAPITRE V. Dépenses diverses et imprévues. Sommes payées par article et par chapitre, 1,621,263 francs.
TOTAL des sommes payées par ministère, 109,015,328 fr.

MINISTÈRE DE LA MARINE.

CHAPITRE PREMIER. *Service intérieur.* Traitement du ministre et appointements des employés. Sommes payées par article, 750,649 francs. Frais de bureau et d'impression. Sommes payées par article, 363,225 francs.
Total des sommes payées par chapitre, 1,113,874 fr.
CHAPITRE II. *Approvisionnements, achats de marchandises et munitions.* Bois de construction, mâture, etc. Sommes payées par article, 5,507,570 francs. Fer, acier et autres métaux. Sommes payées par article, 5,923,469 fr. Bouches à feu et poudres de guerre. Sommes payées par article, 5,089,720 francs. Chanvre, toile, brai et goudron. Sommes payées par article, 6,009,801 ⁂ Etoffes et habillements. Sommes payées par article, 969,185 francs. Effets de casernement. S par article, 333,855 francs. Médicame tifs aux hôpitaux. Sommes payées par -

Achats, loyers, réparations de bâtiments. Sommes payées par article, 1,520,268 francs. Affrètement et valeurs de navires. Sommes payées par article, 1,132,332 francs. Frais de transport par terre. Sommes payées par article, 2,790,210 francs. Achats de marchandises et autres. Sommes payées par article, 3,809,728 francs. Total des sommes payées par chapitre, 33,333,437 francs.
CHAPITRE III. *Travaux.* Solde d'ouvriers et autres à la journée. Sommes payées par article, 5,005,623 francs. Solde d'ouvriers à l'entreprise. Sommes payées par article, 3,991,544 francs. Diverses dépenses non comprises dans ce chapitre. Sommes payées par article, 812,122 fr. Total des sommes payées par chapitre, 9,809,289 francs.
CHAPITRE IV. *Armements, désarmements.* Solde et demi-solde des équipages des vaisseaux et marins casernés. Sommes payées par article, 12,314,522 francs. Traitement de table et de passagers. Sommes payées par article, 4,879,601 francs. Conduites et autres frais. Sommes payées par article, 640,517 francs. Dépenses diverses relatives à ce chapitre. Sommes payées par article, 6,001,725 francs. Total des sommes payées par chapitre, 23,836,265 fr.
CHAPITRE V. 1re *Section. Appointements.* Des préfets maritimes. Sommes payées par article, 140,692 francs. Des officiers de marine et officiers employés dans les ports. Sommes payées par article, 2,382,220 francs. Des officiers d'administration. Sommes payées par article, 1,283,534 francs. Des officiers de santé. Sommes payées par article, 572,019 francs. Des professeurs de navigation. Sommes payées par article, 83,923 francs. Des maîtres et autres entretenus. Sommes payées par article, 387,800 fr. Des différents agents non compris sous ces dénominations. Sommes payées par article, 607,664 francs.
2e *Section. Solde.* Des troupes d'artillerie de la marine. Sommes payées par article, 2,619,985 francs. Des apprentis canonniers. Sommes payées par article, 1,148,135 francs. Des gendarmes maritimes. Sommes payées par article, 1,194,131 francs. Frais de voyage et conduite. Sommes payées par article, 948,490 francs. Vacations. Sommes payées par article, 269,975 francs. Indemnités. Sommes payées par article, 200,400 francs. Dépenses non prévues dans ce chapitre. Sommes payées par article, 747,768 francs. Total des sommes payées par chapitre, 12,516,736 francs.
CHAPITRE VI. *Hôpitaux.* Journées d'hôpitaux. Sommes payées par article, 1,137,091 francs. Solde de divers employés. Sommes payées par article, 104,308 francs. Diverses dépenses relatives à ce chapitre. Sommes payées par article, 350,890 francs. Total des sommes payées par chapitre, 1,592,289 francs.
CHAPITRE VII. *Chiourmes.* Capture et conduite de forçats évadés. Sommes payées par article, 11,772 francs. Conduite de forçats libérés. Sommes payées par article, 8,633 francs. Dépenses non prévues dans ce chapitre. Sommes payées par article, 22,052 francs. Total des sommes payées par chapitre, 42,457 francs.
CHAPITRE VIII. *Diverses dépenses.* Ecoles de mathématiques et d'hydrographie. Sommes payées par article, 11,692 francs. Prisonniers de guerre. Sommes payées par article, 8,371 francs. Dépenses des forges et fonderies. Sommes payées par article, 446,114 francs. Entretien des phares et illuminations. Sommes payées par article, 198,576 francs. Exploitations dans les forêts nationales. Sommes payées par article, 256,412 francs. Frais de bureau et autres. Sommes payées par article, 224,688 francs. Dépenses non prévues dans ce chapitre. Sommes payées par article, 954,993 francs. Total des sommes payées par chapitre, 2,100,846 francs.
CHAPITRE IX. *Vivres.* Comestibles. Sommes payées par article, 16,200,000 francs. Frais de transports. Sommes payées par article, 532 francs. Frais de bureau et de magasins. Sommes payées par article, 197 francs. Dépenses diverses relatives à ce chapitre. Sommes payées par article, 1,253 francs. Total des sommes payées par chapitre, 16,201,982 francs.
CHAPITRE X. *Travaux hydrauliques.* Ambleteuse et Anvers. Sommes payées par article, 669,424 francs. Port de Bordeaux. S par article, 5,017,632 fr. Port d part. S article, 362,338 francs. Bassin couvert 159,128 francs. Dunkerque et payées par

CHAPITRE XI. Constructions de l'an XI. Sommes payées par chapitre, 28,813,300 francs.

CHAPITRE XII. Constructions de l'an XII. Sommes payées par chapitre, 3,734,246 francs.

CHAPITRE XIII. Approvisionnements en marchandises de France. Sommes payées par chapitre, 4,454,520 francs.

CHAPITRE XIV. Approvisionnements en marchandises du Nord. Sommes payées par chapitre, 15,648,350 francs.

CHAPITRE XV. Colonies. Sommes payées par chapitre, 7,794,931 francs.

TOTAL des sommes payées par ministère, 169,845,804 fr.

MINISTÈRE DES FINANCES.

CHAPITRE PREMIER. Premier Consul. Sommes payées par chapitre, 4,000,000 francs.

CHAPITRE II. Second et troisième Consuls. Sommes payées par chapitre, 800,000 francs.

CHAPITRE III. Conseil d'Etat. Sommes payées par chapitre, 1,890,000 francs.

CHAPITRE IV. Sénat conservateur. Sommes payées par chapitre, 4,000,000 francs.

CHAPITRE V. Corps législatif. Sommes payées par chapitre, 2,464,006 francs.

CHAPITRE VI. Tribunat. Sommes payées par chapitre, 1,268,684 francs.

CHAPITRE VII. *Ministère et administrations permanentes.* Traitement du ministre, appointements des employés et frais de bureaux, y compris ceux du conseiller d'Etat chargé des domaines nationaux. Sommes payées par article, 1,028,117 francs. Comptabilité nationale. Sommes payées par article, 746,741 francs. Direction des contributions directes. Sommes payées par article, 2,976,090 francs. Taxations et remises des receveurs généraux des contributions directes. Sommes payées par article, 2,021,162 francs. Administration des monnaies. Sommes payées par article, 1,346,104 francs. Total des sommes payées par chapitre, 8,118,214 francs.

CHAPITRE VIII. *Administrations temporaires.* Conseil général de liquidation. Sommes payées par article, 1,016,208 francs. Bureaux des domaines nationaux du département de la Seine. Sommes payées par article, 131,711 francs. *Idem* des autres départements. Sommes payées par article, 702,806 francs. Commissaires des comptes arriérés de la 27e division. Sommes payées par article, 25,000 francs. Total des sommes payées par chapitre, 1,875,725 francs.

CHAPITRE IX. *Dépenses diverses.* Sommes payées par chapitre, 28,827 francs. Total des sommes payées par ministère, 24,445,456 francs.

MINISTÈRES DE L'INTÉRIEUR.

CHAPITRE PREMIER. *Service intérieur.* Traitement du grand électeur. Sommes payées par article, 83,333 francs. Traitement du ministre et appointements de ses bureaux. Sommes payées par article, 779,629 francs. Frais de bureaux. Sommes payées par article, 118,693 francs. *Idem* d'impression. Sommes payées par article, 34,857 francs. Archives nationales, 71,100 francs. Triage des titres. Sommes payées par article, 27,389 francs. Traitement des préfets, secrétaires généraux, conseillers de préfecture et sous-préfets. Sommes payées par article, 9,823,188 francs. Total des sommes payées par chapitre, 4,008,189 francs.

CHAPITRE II. *Secours et travaux publics.* Hospice de Charenton. Sommes payées par article, 40,000 francs. Hospice des Quinze-Vingts. Sommes payées par article, 124,298 francs. Sourds-muets, à Paris et à Bordeaux. Sommes payées par article, 81,587 francs. Entretien des bâtiments civils. Sommes payées par article, 559,568 fr. Total des sommes payées par chapitre, 805,453 francs.

CHAPITRE III. *Etablissements d'agriculture et commerce.* Manufactures nationales. Sommes payées par article, 261,167 francs. Bureau de commerce près le ministre. Sommes payées par article, 48,822 francs. Haras. Sommes payées par article, 180,897 francs. Ecoles vétérinaires. Sommes payées par article, 188,506 francs. Pépinières nationales. Sommes payées par article, 4,636 francs. Conservatoire des arts et métiers. Sommes payées par article, 85,857 francs. Conseil de l'inspection des mines. Sommes payées par article, 189,925 francs. Poids et mesures. Sommes payées par article, 71,215 francs. Secours en subsistance. Sommes

payées par article, 12,794 francs. Total des sommes payées par chapitre, 1,079,817 francs.

CHAPITRE IV. *Etablissements d'instruction publique.* Ecole polytechnique. Sommes payées par article, 214,118 francs. Ecole de médecine. Sommes payées par article, 230,592 francs. Ecole des arts, à Compiègne, 254,428 francs. Collège de France. Sommes payées par article, 111,053 francs. Cours de langues orientales, etc. Sommes payées par article, 36,373 francs. Traitement des professeurs des diverses écoles des départements. Sommes payées par article, 879,801 francs. Dépenses des lycées. Sommes payées par article, 1,257,525 francs. Total des sommes payées par chapitre, 2,983,890 francs.

CHAPITRE V. *Etablissements des sciences et arts.* Institut national. Sommes payées par article, 356,701 francs. Ecole de peinture, architecture et sculpture. Sommes payées par article, 55,520 francs. Ecole de Rome. Sommes payées par article, 60,000 francs. Conservatoire de musique. Sommes payées par article, 90,755 francs. Bureau des longitudes. Sommes payées par article, 109,946 francs. Cabinet de minéralogie à la monnaie. Sommes payées par article, 11,899 francs. Bibliothèque impériale. Sommes payées par article, 148,628 francs. *Idem* des Quatre-Nations. Sommes payées par article, 20,655 francs. *Idem* de l'Arsenal. Sommes payées par article, 24,813 francs. *Idem* du Panthéon. Sommes payées par article, 24,866 francs. Dépôts littéraires. Sommes payées par article, 36,351 francs. Direction du musée Napoléon. Sommes payées par article, 154,210 fr. Monnaie des médailles. Sommes payées par article, 40,408 francs. Direction du domaine de Versailles. Musée spécial, palais, eaux, fontaines, jardins, orangerie. Sommes payées par article, 67,475 francs. Musée d'histoire naturelle. Sommes payées par article, 265,000 francs. Théâtre des arts. Sommes payées par article, 631,000 fr. Transports des monuments. Sommes payées par article, 61,729 francs. Bustes et monuments sur les places Desaix et Charlemagne. Sommes payées par article, 196,460 francs. Total des sommes payées par chapitre, 2,346,406 francs.

CHAPITRE VI. *Encouragements.* Pensions aux gens de lettres et artistes. Sommes payées par article, 125,779 fr. Commission pour la rédaction d'un ouvrage sur l'Egypte. Sommes payées par article, 144,311 francs. Encouragement à l'agriculture. Sommes payées par article, 65,318 francs. Encouragement à la peinture et à la sculpture. Sommes payées par article, 129,248 francs. Encouragement à l'art dramatique. Sommes payées par article, 160,143 francs. Total des sommes payées par chapitre, 624,799 francs.

CHAPITRE VII. Lignes télégraphiques. Sommes payées par article et par chapitre, 114,489 francs.

DÉPENSES EXTRAORDINAIRES. Grandes routes. Sommes payées, 665,901 francs. Route du Simplon. Sommes payées, 820,369 francs. Travaux des grands ponts. Sommes payées, 185,371 francs. Travaux des quais Bonaparte et Desaix. Sommes payées, 313,000 francs. Desséchement des marais du Corentin. Sommes payées, 14,483 francs. Navigation intérieure. Sommes payées par article, 377,384 francs. Ports maritimes de commerce. Sommes payées, 559,214 francs. Travaux des canaux d'Arles. Sommes payées par article, 159,510 francs. Travaux des canaux pour joindre la Vilaine à la Rance. Sommes payées par article, 20,200 francs. Travaux des canaux entre Dijon et Dôle. Sommes payées par article, 116,614 fr. Travaux des canaux du Blavet. Sommes payées par article, 121,000 francs. Total des sommes payées par chapitre, 417,324 francs.

CRÉDITS SPÉCIAUX. Achats de bœufs. (*Approvisionnement extraordinaire*). Sommes payées par article, 500,000 francs. Administration générale du Piémont. Sommes payées par article, 199,833 francs. Nouvelle compagnie d'Afrique. Sommes payées par article, 111,579 francs. Réfugiés maltais. Sommes payées par article, 46,102 francs. Réfugiés de Saint-Pierre-et-Miquelon. Sommes payées par article, 35,538 francs. Encouragements aux arts et métiers. Sommes payées par article, 26,500 francs. Encouragement à la sculpture et peinture, etc. Sommes payées par article, 79,459 francs. Réparations de la galerie Napoléon. Sommes payées par article, 90,000 francs. Fabrique de tôle, cuivre, vernis. Sommes payées par article, 50,000 francs. Frais de voyage. Sommes payées par article, 4,000 francs. Théâtre des arts. Sommes payées par article, 308,243 fr.

Opéra Buffa. Sommes payées par article, 40,000 francs. Communication de l'armée des côtes. Sommes payées par article, 600,000 francs. Indemnité pour perte par le fait de l'ennemi. Sommes payées par article, 20,953 fr. Cession d'une maison à Aix-la-Chapelle. Sommes payées par article, 144,000 francs. Prime pour approvisionnement de grains. Sommes payées par article, 202,500 fr. Dépenses des télégraphes. Sommes payées par article, 9,900 francs. Total des sommes payées par chapitre, 2,468,609 francs.

TOTAL des sommes payées par ministère, 17,784,698 fr.

MINISTÈRE DES CULTES.

DÉPENSES. Service des cultes. Sommes payées, 3,519,268 francs.

MINISTÈRE DU TRÉSOR PUBLIC.

CHAPITRE PREMIER. *Service intérieur.* Traitement de l'archi trésorier. Sommes payées par article, 111,111 fr. Traitement du ministre, appointements des employés et frais de bureaux et d'impression. Sommes payées par article, 3,383,479 francs. Total des sommes payées par chapitre, 3,494,590 francs.

CHAPITRE II. *Service extérieur.* Dépenses des payeurs de la guerre, de la marine, des colonies, de leurs préposés et des inspecteurs. Sommes payées, 1,566,500 fr.

CHAPITRE III. Frais de transport. Sommes payées, 276,736 francs.

CHAPITRE IV. Taxation sur les recettes indirectes. Sommes payées par chapitre, 21,728 francs.

TOTAL des sommes payées par ministère, 5,359,554 fr.

MINISTÈRE DES RELATIONS EXTÉRIEURES.

CHAPITRE PREMIER. *Service intérieur.* Traitement du ministre et appointements des employés des bureaux du ministre. Sommes payées par article, 400,434 francs. Frais de bureaux et d'impression. Sommes payées par article, 103,826 francs. Total des sommes payées par chapitre, 504,260 francs.

CHAPITRE II. *Service extérieur.* Ambassadeurs, ministres et chargés d'affaires. Sommes payées par article, 1,802,857 francs. Agents commerciaux. Sommes payées par article, 831,238 francs. Ingénieurs-géographes. Sommes payées par article, 12,373 francs. Frais d'établissements et de voyage. Sommes payées par article, 157,976 francs. Frais de service des agents extérieurs. Sommes payées par article, 242,708 francs. Missions fortuites. Sommes payées par article, 109,304 francs. Total des sommes payées par chapitre, 3,156,458 francs.

CHAPITRE III. *Service accessoire.* Frais de course et service de la correspondance. Sommes payées par article, 320,259 francs. Présents, secours et indemnités. Sommes payées par article, 454,879 francs. Dépenses secrètes. Sommes payées par article, 710,593 francs. Dépenses accidentelles. Sommes payées par article, 392,740 francs. Total des sommes payées par chapitre, 1,878,471 francs.

TOTAL des sommes payées par ministère, 5,539,189 fr.

MINISTÈRE DE LA JUSTICE.

CHAPITRE PREMIER. *Service intérieur.* Traitement de l'archichancelier de l'empire. Sommes payées par chapitre, 55,556 francs. Traitement du grand juge, des auditeurs et des employés des bureaux du ministre. Sommes payées par article, 1,122,103 francs. Frais d'impression. Sommes payées par article, 77,460 francs. Total des sommes payées par chapitre, 1,199,563 francs.

CHAPITRE II. *Tribunal de cassation.* Traitement des membres du tribunal de cassation. Sommes payées par article, 575,999 francs. Traitement du greffier, des commis, etc. Sommes payées par article, 50,050 francs. Menues dépenses. Sommes payées par article, 23,560 fr. Total des sommes payées par chapitre, 649,609 francs.

CHAPITRE III. *Poursuite de crimes.* Dépenses secrètes de la police. Sommes payées par article, 347,206 francs. Bureau de l'inspecteur de la gendarmerie. Sommes payées par article, 200,000 francs. Total des sommes payées par chapitre, 547,206 francs.

CHAPITRE IV. Commissaires du gouvernement près les tribunaux de première instance. Sommes payées par article, 724,616 francs. Commissaires du gouvernement près les tribunaux d'appel. Sommes payées par article, 204,267 fr. Commissaires du gouvernement près les tribunaux criminels. Sommes payées par article, 1,173,320 francs. Total des sommes payées par chapitre, 2,102,223 francs.

CHAPITRE V. Dépenses imprévues. Sommes payées par chapitre, 44,992 francs.

CHAPITRE VI. Juges et greffiers des tribunaux de première instance. Sommes payées par article, 2,800,780 francs. Juges et greffiers des tribunaux d'appel. Sommes payées par article, 1,348,919 francs. Juges et greffiers des tribunaux criminels. Sommes payées par article, 1,256,165 fr. Juges et greffiers des tribunaux de commerce. Sommes payées par article, 138,993 francs. Juges et greffiers des tribunaux spéciaux. Sommes payées par article, 174,698 fr. Juges et greffiers des tribunaux de paix. Sommes payées par article, 3,150,720 francs. Juges et greffiers des tribunaux de police. Sommes payées par article, 63,983 francs. Total des sommes payées par chapitre, 9,134,270 francs.

TOTAL des sommes payées par ministère, 13,733,419 fr.

MINISTÈRE DE LA POLICE GÉNÉRALE.

CHAPITRE PREMIER. Bureaux du ministre. Sommes payées, 62,276 francs. Bureau de l'inspecteur de la gendarmerie. Sommes payées, 40,000 francs. Total des sommes payées par chapitre, 102,276 francs.

CHAPITRE II. Bureaux des conseillers d'État et employés. Sommes payées par chapitre, 42,246 francs. Dépenses secrètes. Sommes payées par chapitre, 50,000 francs.

TOTAL des sommes payées par ministère, 194,522 fr.

FRAIS DE NÉGOCIATIONS.

N. B. Le tableau détaillé des frais de négociations de l'exercice de l'an XII est établi ci-après. État coté NN. Le montant de ces frais est ici porté, pour réunir dans le présent état la totalité des dépenses faites sur les fonds généraux de l'exercice de l'an XII. *Sommes payées,* 18,489,869 francs.

REMBOURSEMENTS ET RESTITUTIONS.

TRÉSOR PUBLIC. Remboursements à divers titres. *Sommes payées,* 1,000 francs.

TOTAL des paiements faits sur les fonds généraux de l'exercice de l'an XII, 618,141,987 francs. (État OO).

ETAT LL. DEPENSES FAITES PAR AVANCE SUR L'EXERCICE DE L'AN XIII.

MINISTÈRE DE LA MARINE ET DES COLONIES.

COLONIES. Guadeloupe. Sommes payées par chapitre, 1,400,000 francs. La Martinique. Sommes payées par chapitre, 900,000 francs. Cayenne. Sommes payées par chapitre, 300,000 francs. Sénégal. Sommes payées par chapitre, 100,000 francs. Iles de France et de la Réunion. Sommes payées par chapitre, 1,700,000 francs. Saint-Domingue. Sommes payées par chapitre, 1,300,000 fr. *Total* des sommes payées par ministère, 5,700,000 fr.

TOTAL des dépenses faites sur les fonds généraux pendant l'an XII sur l'exercice de l'an XIII. Sommes payées, 5,700,000 francs. (État OO).

Observations. Ces dépenses, relatives aux colonies, ont été faites en traites du caissier général, sur lui-même, qui ont été adressées aux payeurs des colonies ici indiquées. Ces traites sont acquittées par le trésor, à 20 et à 30 jours fixes de la date de leur présentation.

ÉTAT MM. SUITE DES DÉPENSES SUR L'EXERCICE DE L'AN XII.

Tableau particulier et résumé des frais résultant de la négociation de diverses valeurs, et des frais de service de trésorerie, sur l'exercice de l'an XII, qui ont été réglés et acquittés pendant ladite année.

FRAIS DE NEGOCIATIONS.

ARTICLE PREMIER. OBLIGATIONS ET TRAITES DES RECEVEURS GÉNÉRAUX,
négociées à l'agence des receveurs. (Traité du 23 thermidor an XI).

Sommes négociées.	Echéances des valeurs négociées.	Mois et jours d'escompte.	Escompte. Sommes par échéances.
	1ᵉʳ VENDÉMIAIRE.		
1,414,702	30 vendémiaire an XIII	13 mois 5 jours.	139,702
7,500,000	30 brumaire	14　　5	796,875
7,500,000	30 frimaire	15　　5	853,125
7,500,000	30 nivôse	16　　5	909,375
7,500,000	20 pluviôse	17　　5	965,625
		Total partiel...	3,664,702
	1ᵉʳ BRUMAIRE.		
1,500,000	30 floréal an XII	7 mois.	78,750
1,500,000	30 prairial	8	90,000
1,500,000	30 thermidor	10	112,500
1,950,000	30 fructidor	11	160,875
486,520	30 vendémiaire an XIII	12 mois 5 jours.	44,395
		Total partiel...	486,520
	1ᵉʳ FRIMAIRE.		
1,500,000	30 ventôse an XII	4 mois.	45,000
500,000	Diverses échéances	6　　18 jours.	24,750
2,000,000	30 fructidor	10	150,000
10,619,372	30 vendémiaire an XIII	11　　5	889,372
		Total partiel...	1,109,122
	1ᵉʳ NIVÔSE.		
803,000	30 vendémiaire an XII	10 mois 5 jours.	61,229
5,823,000	30 brumaire	11　　5	487,676
5,823,000	30 frimaire	12　　5	531,349
5,831,553	30 nivôse	13　　5	575,866
3,010,144	30 pluviôse	14　　5	319,827
		Total partiel...	1,975,947
	1ᵉʳ VENTÔSE.		
819,000	Diverses échéances	5 mois 25 jours.	35,802
2,636,000	30 vendémiaire an XII	8　　5	161,455
2,634,000	30 brumaire	9　　5	181,122
2,742,293	30 frimaire	10　　5	209,100
604,827	Diverses échéances	11　　28	54,159
		Total partiel...	641,638
	1ᵉʳ GERMINAL.		
3,276,929	30 ventôse an XII	12 mois 5 jours.	299,019
4,100,222	30 germinal	13　　5	404,897
2,402,007	30 floréal	14　　5	255,213
1,127,709	30 prairial	15　　5	128,277
262,349	30 messidor	16　　5	31,810
		Total partiel...	1,119,216
	1ᵉʳ MESSIDOR.		
111,000	30 vendémiaire	4 mois 5 jours.	3,469
430,000	30 brumaire	5　　5	16,662
387,000	30 frimaire	6　　5	17,899
3,183,360	30 ventôse	9　　5	218,856
		Total partiel...	256,886
	1ᵉʳ THERMIDOR.		
1,537,739	30 pluviôse	7 mois 5 jours.	82,653
2,521,196	30 ventôse	8　　5	154,424
103,037,422		Total partiel...	237,077

Escompte. Totaux partiels, 9,491,108.

Observation. On a réuni dans ce tableau, en une seule somme et sous le titre de *diverses échéances*, le montant des valeurs et des frais relatifs à plusieurs échéances comprises dans la même négociation, lorsque ces échéances etaient multipliées et portaient sur des sommes peu considérables. Dans ce cas, les mois et jours d'escompte indiqués en chiffres sont le terme moyen et le plus approximatif. Le calcul rigoureux peut, en résultat, présenter quelque différence si légère qu'elle n'excède jamais la fraction d'un jour. Les calculs sont néanmoins précis, et par appoints pour les paiements alloués.

Sommes négociées.   Echéances des valeurs négociées.   Mois et jours d'escompte.   Escompte. Sommes par échéances

Négocié aux négociants réunis. (Traité du 14 germinal an XII).

1er FLORÉAL.

10,000,000	30 frimaire an XII.	5 mois.	375,000
2,149,410	30 vendémiaire an XIII.	6 5 jours.	99,410

1er PRAIRIAL.

8,000,000	30 vendémiaire an XIII.	5 mois 5 jours.	310,000

Total partiel. . . 784,410

Négocié à la Banque de France, à demi pour cent par mois.

30 FRUCTIDOR AN XI.

4,400,000	30 frimaire an XII	3 mois 6 jours.	70,400

EN BRUMAIRE AN XII.

3,000,000	30 brumaire	1 mois 8 jours.	19,167

EN FRIMAIRE AN XII.

17,000,000	Diverses échéance	1 mois 22 jours.	145,833

EN NIVÔSE AN XII.

6,000,000	30 pluviôse	1 mois 13 jours.	45,500

EN PLUVIÔSE AN XII.

8,000,000	30 ventôse	1 mois 2 jours.	42,333

EN VENTÔSE AN XII.

14,000,000	Diverses échéances	1 mois 15 jours.	105,122

EN GERMINAL AN XII.

9,035,000	30 floréal	1 mois 7 jours.	55,588

EN FLORÉAL AN XII.

8,355,000	30 prairial	1 mois 7 jours.	50,882

EN PRAIRIAL AN XII.

7,855,000	Diverses échéances	4 mois 3 jours.	43,351

EN MESSIDOR AN XII.

5,535,000	30 thermidor	1 mois 8 jours.	35,342

EN THERMIDOR AN XII.

4,260,944	Diverses échéances	1 mois 13 jours.	30,749

EN FRUCTIDOR AN XII.

2,612,944	30 vendémiaire	1 mois 9 jours.	17,178
	Frais de recouvrement.		22,500

Total partiel. . . 681,940

Négocié à la Caisse d'amortissement, à demi pour cent par mois.

24 VENDÉMIAIRE AN XII.

2,000,000	Diverses échéances	13 mois 17 jours.	135,648

Total partiel. . . 135,648

Négocié à la Caisse des invalides de la marine, à demi pour cent par mois.

2 BRUMAIRE.

500,000	Diverses échéances	14 mois 2 jours.	35,226

Total partiel. . . 35,226

215,740,720	Obligations négociées.	Frais d'escompte,	11,128,332

TOTAUX GÉNÉRAUX. 11,128,332

ARTICLE II. TRAITES D'ADJUDICATIONS DE COUPES DE BOIS.

Négocié à l'agence des receveurs généraux.

1er MESSIDOR.

753,762	30 vendémiaire an XIII	4 mois 5 jours.	23,555
736,402	30 nivôse	7 5	39,582
223,200	30 germinal	10 5	17,019
88,600	Diverses échéances	5 13	3,612
	Commission pour frais de recouvrement.		9,009

Total partiel. . . 92,777

Négocié à la Banque de France, à demi pour cent par mois.

1er VENTÔSE.

5,000,000	30 germinal an XII	2 mois.	50,000
5,000,000	30 messidor	5 mois.	125,000

Total partiel. . . 175,000

Observation. On a réuni par mois le montant des obligations négociées à la banque de France. L'observation portée à la page précédente, sur les *diverses échéances*, s'applique à plusieurs de ces négociations.

Sommes négociées.	Échéances des valeurs négociées.	Mois et jours d'escompte.	Escompte. Sommes par échéances.

Négocié à divers, à demi pour cent par mois.

15 PLUVIÔSE.

3,427,300	30 messidor an XII.	5 mois 15 jours.	94,250
8,804,100	30 vendémiaire an XIII.	8 20	381,511
8,994,900	30 nivôse	11 20	524,703
666,200	30 germinal	14 20	48,855
107,500	Diverses échéances.	11 15	6,186

BRUMAIRE ET MESSIDOR.

1,805,726	Commission pour frais de recouvrement.		6,018
		Total partiel. . .	1,061,523
35,607,690	Coupes de bois négociés. Frais,		1,329,300
	TOTAUX généraux.....	1,329,300.	

ARTICLE III. EFFETS DE COMMERCE ET DIVERSES VALEURS.

Négocié à la Banque de France, à demi pour cent par mois.

EN BRUMAIRE.

1,918,363	Diverses échéances.	1 mois 4 jours.	10,751

EN GERMINAL.

5,964,036	Diverses échéances.	27 jours.	27,699

EN MESSIDOR.

2,000,000	Diverses échéances.	1 mois 17 jours.	15,500

EN THERMIDOR.

1,294,332	Diverses échéances.	1 mois 18 jours.	10,310

EN FRUCTIDOR.

4,574,841	Diverses échéances.	1 mois 15 jours.	34,493
		Total partiel. . .	98,675

Négocié à divers, à demi pour cent.

EN MESSIDOR.

1,232,430	Diverses échéances.	1 mois 1 jour.	6,418
		Total partiel. . .	6,418

Négocié à l'agence des receveurs généraux.

1er VENTÔSE.

222,430	Diverses échéances.	1 mois 25 jours.	9,725
341,000	30 brumaire an XIII.	9 5	24,444

1er MESSIDOR.

444,000	Diverses échéances.	5 mois.	16,672

15 MESSIDOR.

1,419,124	Diverses échéances.	23 jours.	18,815

19 FRUCTIDOR.

1,210,000	Diverses échéances.	19 jours.	4,885
		Total partiel. . .	73,541

Négocié à divers.

EN PLUVIÔSE.

,456,989	12 germinal.	2 mois 1 jour.	22,291

30 PLUVIÔSE.

3,543,011	12 germinal.	1 mois 12 jours.	37,202

EN PLUVIÔSE.

2,000,000	30 germinal.	2 mois 20 jours.	39,880

22 VENTÔSE.

300,000	2 thermidor.	4 mois 11 jours.	9,825
396,000	15 thermidor.	4 23	14,157
303,391	25 thermidor.	5 5	11,605

12 GERMINAL.

3,161,567	Diverses échéances.	19 jours.	14,650
1,478,080	Diverses échéances.	5 mois 12	59,981
343,250	Diverses échéances.	3 29	10,217

17 GERMINAL.

148,894	30 prairial.	2 mois 18 jours.	2,903

EN FLORÉAL.

2,190,009	Diverses échéances.	1 mois 23 jours.	28,951

Sommes négociées.   Echéances des valeurs négociées.   Mois et jours d'escompte.   Escompte. Sommes par échéance

EN PRAIRIAL.

1,727,111	Diverses échéances.	2 mois 5 jours.	28,127

EN MESSIDOR.

1,727,962	Diverses échéances.	1 mois 10 jours.	17,332

8 THERMIDOR.

845,724	27 vendémiaire.	2 mois 24 jours.	17,760

11 THERMIDOR.

1,768,047	27 vendémiaire.	2 mois 21 jours.	35,803

13 THERMIDOR.

1,086,229	27 vendémiaire.	2 mois 19 jours.	21,453

15 THERMIDOR.

1,226,316	30 vendémiaire.	2 mois 20 jours.	24,530

20 THERMIDOR.

1,630,082	30 vendémiaire.	2 mois 15 jours.	30,564

EN THERMIDOR.

1,008,631	Diverses échéances.	1 mois 27 jours.	14,343

10 FRUCTIDOR.

1,000,000	20 fructidor.	10 jours.	2,500

Commission pour les frais de recouvrement allouée sur une partie des négociations.   4,553

Total partiel. . .   448,547

47,962,049.	Effets négociés.	Frais d'escompte.	627,179

TOTAUX généraux.   627,179

ARTICLE IV. INTÉRÊTS BONIFIÉS.

Bonifié à divers.

Pour prêts, avances, etc., et pour solde débiteur de compte d'intérêts. Total partiel. . .   43,006
Id.   Id.   Id.   Id.   19,528

TOTAUX généraux.   62,534

ARTICLE V. EFFETS NÉGOCIÉS ET PROVENANT DE RECETTES EXTRAORDINAIRES ET EXTÉRIEURES. *

Négocié à divers, à demi pour cent.

9 FRIMAIRE.

8,000,000	Diverses échéances.	7 mois 26 jours.	314,076

30 GERMINAL.

9,500,000	Diverses échéances.	1 mois 6 jours.	57,417

1er FLORÉAL.

34,500,000	Diverses échéances.	9 mois 21 jours.	1,674,646
52,000,000*		Total partiel. . .	2,046,139

Négocié aux négociants réunis.

1er PRAIRIAL.

2,000,000	30 fructidor an XII.	4 mois.	60,000

1er MESSIDOR.

2,000,000	30 fructidor an XII.	3 mois.	45,000
4,000,000	25 vendémiaire an XIII.	4	120,000
4,000,000	25 brumaire.	5	150,000

1er THERMIDOR.

4,000,000	25 frimaire.	5 mois.	150,000
4,000,000	25 nivôse.	6	180,000
2,000,000	30 pluviôse.	7 5 jours.	107,500

1er FRUCTIDOR.

2,000,000	30 pluviôse.	6 mois 5 jours.	92,500
4,000,000	30 ventôse.	7 5	215,000
4,000,000	30 germinal.	8 5	245,000

Total partiel. . .   1,365,000

84,000,000	Effets négociés.	Frais d'escompte.	3,411,139

TOTAUX généraux.   3,411,139

* Ces effets montant à 52 millions, ont été versés au trésor public conformément à une commission du 13 floréal an XI. étaient payables à raison de 6 millions en germinal an XII, et de 2 millions pendant chacun des mois suivants. Mais le 1er flori an XII, celles de ces valeurs qui étaient encore disponibles ont été échangées contre d'autres payables à des échéances plus ra prochées.

FRAIS DE SERVICE.

ARTICLE 1er. ACHATS DE PAPIERS. SUR L'ÉTRANGER ET SUR DIVERSES PLACES.

Divers frais, pertes, commissions et courtage des effets employés au service pendant l'an XIII, sur 11,323,905 fr. de frais. Total général, 56,123 francs.

ARTICLE II. VERSEMENTS DE FONDS DANS DIVERS PORTS.

Commission de 1/2 p. 0/0 allouée à l'agence des receveurs généraux et à divers, sur leurs versements dans les ports pendant l'an XII, montant à 50,297,276 francs. Total général, 251,489 francs.

ARTICLE III. PAIEMENTS DES ARRÉRAGES DE LA DETTE PUBLIQUE PAR LA BANQUE DE FRANCE.

Commission réglée à un tiers pour 0/0 par le traité du 26 fructidor an X, sur le montant des paiements effectués par la Banque pendant l'an XII, sur 75,477,000 fr. de frais. Total général, 251,590 francs.

ARTICLE IV. ACHATS DE PIÈCES D'OR.

Prime et courtage sur les pièces achetées pour le service du trésor public, pendant l'an XII, sur 3,714,498 fr., valeur des pièces achetées, courtage à 1/8 p. 0/0, 4,643 francs.
Prime à divers taux, 8,383 francs.
Total général 13,026 francs.

ARTICLE V. PERTE SUR LES MONNAIES.

Perte sur pièces de 3 livres, 24 sous, 12 sous et 6 sous, décriées par l'arrêté du 6 fructidor an XI; lesdites pièces ont été versées à la Monnaie et fondues. Valeur nominale, 4,632,424 francs. Produit net, 3,389,419 francs. Perte, 1,243,005 francs.
Perte sur pièces de 2 sous de billon, réduites au cours de 1 sou 6 deniers, par l'article 113 de la loi du 5 ventôse an XII. Valeur nominale, 330,219 francs. Produit net, 229,205 francs. Perte, 101,014 francs.
Pièces d'or altérées, versées à la Monnaie et fondues. Valeur nominale, 51,829 francs. Produit net, 50,700 fr. Perte 1,129 francs.
Pièces étrangères, versées à la Monnaie et fondues. Valeur nominale, 338,836 francs. Produit net, 324,848 fr. Perte, 13,988 francs.
Total général, 1,359,136 francs.
Total de la valeur nominale des monnaies, 5,353,308 fr. Produit net, 3,994,172 francs. Perte, 1,359,136 francs.
Déficit sur envois, 19 francs.
TOTAL des frais de négociation et de service réglés et acquittés pendant l'an XII, 18,489,869 francs. (Voir l'état JJ).

ÉTAT NN. DEPENSES SUR LES FONDS SPECIAUX.

État sommaire des paiements faits pendant l'an XII, sur les fonds spéciaux des exercices VIII, IX, X, XI et XII, avec désignation des diverses dépenses.

EXERCICES DE L'AN VIII ET ANNÉES ANTÉRIEURES.

INTÉRIEUR. Taxe d'entretien des routes. Sommes payées par article, 148,035 francs. Dépenses départementales. Sommes payées par article, 878,066 francs. Total des sommes payées par ministère, 1,026,121 fr.
TRÉSOR PUBLIC. Remboursement à la caisse d'amortissement de numéraire d'acquéreurs de maisons, etc. Sommes payées par article, 640,063 francs. Remboursement de produit de bois communaux. Sommes payées par article, 176 francs.
Total des sommes payées par ministère, 640,239 francs.
JUSTICE. Bulletin des lois. Sommes payées par article et par ministère, 343 francs.
TOTAL de l'exercice an VIII, 1,666,703 francs.

EXERCICE DE L'AN IX.

INTÉRIEUR. Taxe d'entretien des routes. Sommes payées par article et par ministère, 131,936 francs.
TRÉSOR PUBLIC. Remboursement de coupes de bois communaux. Sommes payées par article et par ministère, 11,971 francs.
JUSTICE. Bulletin des lois. Sommes payées par article et par ministère, 287 francs.
TOTAL de l'exercice an IX, 144,194 francs.

EXERCICE DE L'AN X.

INTÉRIEUR. Taxe d'entretien des routes. Sommes payées par article, 582,886 francs. Dépenses départe-

mentales. Sommes payées par article, 596,956 francs. Total des sommes payées par ministère, 1,179,842 fr.
FINANCES. Dégrèvement sur contributions. Sommes payées par article, 108,585 francs. Deux décimes du dixième des patentes. Sommes payées par article, 55 fr. Dépenses départementales. Sommes payées par article, 291,794 francs. Total des sommes payées par ministère, 400,434 francs.
TRÉSOR PUBLIC. Remboursement sur le produit des ventes d'effets militaires. Sommes payées par article, 180,000 francs. Remboursement de bois communaux. Sommes payées par article, 25,493 francs. Total des sommes payées par ministère, 205,495 francs.
JUSTICE. Bulletin des lois. Sommes payées par article et par ministère, 2,178 francs.
TOTAL de l'exercice an X, 1,787,949 francs.

EXERCICE DE L'AN XI.

INTÉRIEUR. Taxe d'entretien des routes. Sommes payées par article, 8,161,837 francs. Dépenses départementales. Sommes payées par article, 3,894,541 francs. Sur le droit de navigation du Rhin. Sommes payées par article, 164,418 francs. Total des sommes payées par ministère, 12,220,796 francs.
FINANCES. Dépenses départementales. Sommes payées par article, 10,869 francs. Dégrèvement sur contributions. Sommes payées par article, 2,172,000 francs. Confection des rôles des patentes. Sommes payées par article, 349,798 francs. Total des sommes payées par ministère, 2,532,667 francs.
TRÉSOR PUBLIC. Remboursement sur le produit des ventes d'effets militaires. Sommes payées par article, 115,923 francs. Remboursement sur le produit du cautionnement des notaires. Sommes payées par article, 902,621 francs. Remboursement du produit des bois communaux. Sommes payées par article, 33,068 francs. Total des sommes payées par ministère, 1,051,612 fr.
JUSTICE. Bulletin des lois. Sommes payées par article, 44,467 francs. Menus frais des tribunaux. Sommes payées par article, 252,825 francs. Total des sommes payées par ministère, 297,292 francs.
TOTAL de l'exercice an XI, 16,102,367 francs.

EXERCICE DE L'AN XII.

INTÉRIEUR. Taxe d'entretien des routes. Sommes payées par article, 4,794,101 francs. Dépenses départementales. Sommes payées par article, 13,775,614 francs. Sur le produit de l'octroi de navigation. Sommes payées par article, 50,173 francs. Droits de bacs et bateaux. Sommes payées par article, 18,130 francs. Sur le droit de navigation du Rhin. Sommes payées par article, 87,350 fr. Total des sommes payées par ministère, 18,725,388 fr.
FINANCES. Dégrèvement sur contributions. Sommes payées par article et par ministère, 552,000 francs.
TRÉSOR PUBLIC. Remboursement de produit de bois communaux. Sommes payées par article et par ministère, 27,930 francs.
JUSTICE. Bulletin des lois. Sommes payées par article, 280,305 francs. Menus frais des tribunaux. Sommes payées par article, 548,445 francs. Total des sommes payées par ministère, 828,750 francs.
TOTAL de l'exercice an XII, 20,134,068 francs.
TOTAL GÉNÉRAL des paiements faits pendant l'an XII avec imputation sur les fonds spéciaux, 39,835,283 fr. (Voir l'état OO).
Observations. Les fonds spéciaux comprennent des produits particuliers affectés à un service déterminé. Les dépenses en sont réglées sur l'étendue des rentrées; elles sont ordonnancées par les ministres, et ne sont point imputées sur les crédits qui leur sont ouverts par la loi.

ÉTAT OO. RÉSUMÉ GÉNÉRAL DES DÉPENSES.

1° DÉPENSES EN NUMÉRAIRE.

Fonds généraux du trésor public.

DETTE PUBLIQUE ET PENSIONS. An IX, 159,020 francs. An X, 287,956 francs. An XI, 9,047,230 francs. An XII, 85,333,449 francs. *Total*, 94,827,655 francs.
MAISON DE L'EMPEREUR. An XII, 4,666,667 francs.
GUERRE (ministère). An VIII et antérieurs, 2,253,956 fr. An IX, 2,854,289 francs. An X, 652,938 francs. An XI, 21,431,727 francs. An XII, 160,213,764 francs. *Total*, 187,406,674 francs.

ADMINISTRATION DE LA GUERRE. An VIII et antérieurs, 468,843 francs. An IX, 3,360,533 francs. An X, 3,221,785 francs. An XI, 18,441,474 francs. An XII, 109,015,328 francs. *Total*, 134,504,963 francs.

MARINE. An VIII et antérieurs,325,272 francs. An IX, 4,091,785 francs. An X, 4,678,792 francs. An XI, 28,877,403 francs. An XII, 169,845,804 francs. An XIII, 5,700,000 francs..*Total*, 213,519,056 francs.

INTÉRIEUR. An VIII et antérieurs, 13,842,608 francs. An IX, 6,741,790 francs. An X, 1,033,467 francs. An XI, 18,245,633 francs. An XII, 17,784,698 francs. *Total*, 57,648,196 francs.

CULTES. An X, 7,278 francs. An XI, 1,705,511 francs. An XII, 3,519,268 francs. *Total*, 5,232,057 francs.

FINANCES. An VIII et antérieurs, 4,058,482 francs. An IX, 6,068,482 francs. An IX, 6,083,367 francs. An X, 176,116 francs. An XI, 5,398,474 francs. An XII, 24,445,456 francs. *Total*, 40,173,895 francs.

TRÉSOR PUBLIC. An VIII et antérieurs, 28,430 francs, An IX, 6,475 francs. An X, 109,836 francs. An XI, 1,102,913 francs. An XII, 5,359,554 francs. *Total*, 6,607,208 francs.

RELATIONS EXTÉRIEURES. An VIII et antérieurs, 60,848 fr. An X, 65,623 francs. An XI, 1,930,436 francs. An XII, 5,539,189 francs. *Total*, 7,596,096 francs.

JUSTICE. An VIII et antérieurs, 15,874,405 francs. An IX, 6,531,922 francs. An X, 18,291 francs. An XI, 5,559,421 francs. An XII, 13,733,419 francs. *Total*, 41,717,458 francs.

POLICE GÉNÉRALE. An X, 365 francs. An XII, 194,522 fr. *Total*, 194,887 francs.

FRAIS DE NÉGOCIATIONS. An VIII et antérieurs, 24,513 francs. An X, 72,928 francs. An XI, 760,763 fr. An XII, 18,489,869 francs. *Total*, 19,368,075 francs.

REMBOURSEMENTS DIVERS. An VIII et antérieurs, 600,542 francs. An IX, 109,765 francs. An X, 807,135 fr. An XI, 818,998 francs. An XII, 1,000 francs. *Total*, 2,337,440 francs.

TOTAL des dépenses des fonds généraux. An VIII et antérieurs, 37,544,899 francs. (État EE). An IX, 29,940,946 francs. (État FF). An X, 11,152,510 francs. (État GG). An XI, 113,319, 985 francs. (État HH). An XII, 618,141,987 francs. (État JJ). An XIII, 5,700,000 francs. (État LL). *Total*, 815,800,327 francs. (État RR).

Fonds spéciaux.

INTÉRIEUR. An VIII et antérieurs, 1,026,121 francs. An IX, 131,936 francs. An X, 1,179,842 francs. An XI, 12,220,796 francs. An XII, 18,725,388 francs. *Total*, 33,284,083 francs.

FINANCES. An X, 400,434 francs. An XI, 2,532,667 fr. An XII, 552,000 francs. *Total*, 3,485,101 francs.

TRÉSOR PUBLIC. An VIII et antérieurs, 640,239 francs. An IX, 11,971 francs. An X, 203,495 francs. An XI, 1,051,612 francs. An XII, 27,930 francs. *Total*, 1,937,247 francs.

JUSTICE. An VIII et antérieurs, 343 francs. An IX, 287 francs. An X, 2,178 francs An XI, 297,292 francs. An XII, 828,750 francs. *Total*, 1,128,852 francs.

REPORT DES FONDS GÉNÉRAUX. An VIII et antérieurs, 37,544,899 francs. An IX, 29,940,946 francs. An X, 11,152,510 francs. An XI, 113,319,983 francs. An XII, 618,141,987 francs. An XIII, 5,700,000 francs.

TOTAUX DES DÉPENSES EN NUMÉRAIRE. An VIII et antérieurs, 39,211,604 francs. An IX, 30,085,140 francs. An X, 12,940,459 francs. An XI, 129,422,352 francs. An XII, 638,276,055 francs. An XIII, 5,700,000 francs. *Total*, 855,635,610 francs.

IIᵒ DÉPENSES EN VALEURS DIVERSES.

Fonds généraux.

GUERRE (ministère). An VIII et antérieurs, 5,158,639 fr. ADMINISTRATION DE LA GUERRE. An VIII et antérieurs, 1,758,986 francs.

MARINE. An VIII et antérieurs, 18,207,689 francs.

INTÉRIEUR. An VIII et antérieurs,1,036,439 francs.

FINANCES. An VIII et antérieurs, 47,944 francs.

REMBOURSEMENTS DIVERS. An VIII et antérieurs, 293,629 francs.

Total des dépenses en valeurs diverses. An VIII et antérieurs, 26,503,326 francs. (État EE).

IIIᵒ RÉUNION DES DÉPENSES.

En numéraire. An VIII et antérieurs, 39,211,604 fr.

An IX, 30,085,140 francs. An X, 12,940,459 francs. An XI, 129,422,352 francs. An XI, 638,276,055 francs. An XIII, 5,700,000 francs. *Total*, 855,635,610 f.

EN VALEURS DIVERSES. An VIII et antérieurs, 26,503,326 francs.

TOTAUX GÉNÉRAUX. An VIII et antérieurs, 65,714 An IX, 30,085,140 francs. An X, 12,940,459 An XI, 129,422,352 francs. An XII, 638,276,055 An XIII, 5,700,000 francs. *Total*, 982,138,936 francs. (État PP).

ÉTAT PP. ÉTAT DES DÉPENSES.

Tableau des caisses du trésor public qui ont effectué pendant l'an XII, les dépenses comprises dans le compte général desdites caisses.

1ᵒ SERVICE DE LA GUERRE.

1ʳᵉ DIVISION militaire. Seine, Seine-et-Oise, Aisne, Seine-et-Marne, Oise, Loiret, Eure-et-Loir. Résidence du payeur, Paris. Sommes payées, 20,381,873 francs.

2ᵈ DIVISION. Ardennes, Meuse et Marne. Résidence, Mézière. Sommes payées, 5,903,372 francs.

3ᵉ DIVISION. Moselle et Forêts. Résidence, Metz. Sommes payées, 4,769,803 francs.

4ᵉ DIVISION. Meurthe et Vosges. Résidence, Nancy. Sommes payées, 3,423,820 francs.

5ᵉ DIVISION. Bas-Rhin, Haut-Rhin. Résidence, Strasbourg. Sommes payées, 5,871,785 francs.

6ᵉ DIVISION. Haute-Saône, Doubs, Jura, Ain. Résidence, Besançon. Sommes payées, 4,339,602 francs.

7ᵉ DIVISION. Mont-Blanc, Isère. Drôme, Haute-Alpes, Léman. Résidence. Grenoble. Sommes payées, 4,260,004 fr.

8ᵉ DIVISION. Basses-Alpes, Alpes-Maritimes, Vaucluse, Bouches-du-Rhône, Var. Résidence, Marseille. Sommes payées, 7,498,044 francs.

9ᵉ DIVISION. Ardèche, Gard, Lozère, Hérault, Tarn, Aveyron. Résidence, Montpellier. Sommes payées, 3,021,555 francs.

10ᵉ DIVISION. Aude, Pyrénées-Orientales, Ariége, Haute-Garonne, Hautes-Pyrénées, Gers. Résidence, Toulouse. Sommes payées, 4,302,714 francs.

11ᵉ DIVISION. Basses-Pyrénées, Landes, Gironde. Résidence, Bordeaux. Sommes payées, 2,909,936 francs.

12ᵉ DIVISION. Charente-Inférieure, Deux-Sèvres, Vendée, Loire-Inférieure, Vienne. Résidence, Nantes. Sommes payées, 9,473,997 francs.

13ᵉ DIVISION. Ille-et-Vilaine, Morbihan, Finistère, Côtes-du-Nord. Résidence, Rennes. Sommes payées, 11,472,256 francs.

14ᵉ DIVISION. Manche, Calvados, Orne. Résidence, Caen. Sommes payées, 5,068,753 francs.

15ᵉ DIVISION. Seine-Inférieure. Résidence, Eure. Résidence, Rouen. Sommes payées, 5,671,308 francs.

16ᵉ DIVISION. Nord, Pas-de-Calais, Lys. Résidence, Lille. Sommes payées, 16,115,868 francs.

18ᵉ DIVISION. Aube, Haute-Marne, Yonne, Côte-d'Or, Saône-et-Loire. Résidence, Dijon. Sommes payées, 3,554,631 francs.

19ᵉ DIVISION. Rhône, Loire, Cantal, Puy-de-Dôme, Haute-Loire. Résidence, Lyon. Sommes payées, 2,810,006 francs.

20ᵉ DIVISION. Corrèze, Lot, Lot-et-Garonne, Dordogne, Charente. Résidence, Périgueux. Sommes payées, 2,852,483 francs.

21ᵉ DIVISION. Cher, Indre, Allier, Creuse, Nièvre, Haute-Vienne. Résidence, Bourges. Sommes payées, 2,671,098 francs.

22ᵉ DIVISION. Sarthe, Indre-et-Loire, Maine-et-Loire, Mayenne, Loir-et-Cher. Résidence, Tours. Sommes payées, 2,793,696 francs.

23ᵉ DIVISION. Golo, Liamone. Résidence, Bastia. Sommes payées, 3,105,585 francs.

24ᵉ DIVISION. Dyle, Escaut, Jemmapes, Deux-Nèthes. Résidence, Bruxelles. Sommes payées, 6,493,357 francs.

25ᵉ DIVISION. Sambre-et-Meuse, Ourthe, Meuse-Inférieure. Résidence, Liége. Sommes payées, 1,961,560 fr.

26ᵉ DIVISION. Mont-Tonnerre, Sarre, Rhin-et-Moselle, Roër. Résidence, Coblentz. Sommes payées, 4,973,148 fr.

27ᵉ DIVISION. Piémont. Résidence, Turin. Sommes payées, 12,581,959 francs.

TROUPES STATIONNÉES. En Italie. Sommes payées, 15,835,572 francs. En Helvétie. Sommes payées, 1,091,461 f. En Batavie. Sommes payées, 912,576 francs.

ARMÉES. Des côtes. Sommes payées, 31,589,635 francs.

De Naples. Sommes payées, 3,309,860 francs. De Hanovre. Sommes payées, 685,033 francs.

CAMPS. De Bayonne. Sommes payées, 1,325,905 francs. De Brest. Sommes payées, 2,726,800 francs.

PAIEMENTS FAITS A LA CAISSE CENTRALE, 113,210,307 fr. TOTAL des paiements pour le service de la guerre (voir ci-après, n° V). 328,829,262 francs.

II° SERVICE DE LA MARINE.

1ᵉʳ ARRONDISSEMENT MARITIME. Anvers. Sommes payées par port, 3,535,341 francs. Dunkerque. Sommes payées par port, 7,675,864 francs. Boulogne. Sommes payées par port, 15,877,072 francs. Ostende. Sommes payées par port, 2,460,707 francs. *Total*, 29,548,984 francs.

2° ARRONDISSEMENT. Le Havre. Sommes payées par port, 12,683,404 francs. Cherbourg. Sommes payées par port, 3,812,986 francs. *Total*, 16,496,390 francs.

3° ARRONDISSEMENT. Brest. Sommes payées par port, 19,457,983 francs. Saint-Malo. Sommes payées par port, 4,067,134 francs. *Total*, 23,525,117 francs.

4° ARRONDISSEMENT. Lorient. Sommes payées par port, 5,009,380 francs. Nantes. Sommes payées par port, 1,589,451 francs. *Total*, 6,598,831 francs.

5° ARRONDISSEMENT. Rochefort. Sommes payées par port, 8,508,786 francs. Bordeaux. Sommes payées par port, 5,602,150 francs. *Total*, 14,110,936 francs.

6° ARRONDISSEMENT. Toulon. Sommes payées par port, 11,616.909 francs. Nevers. Sommes payées par port, 1,555,611 francs.

TOTAL des paiements faits dans les ports, 103,452,778 fr. Paiements faits à la caisse centrale, à Paris, 128,273,967 francs.

TOTAL des paiements pour le service de la marine (voir ci-après, n° V), 231,726,745 francs.

IIIᵉ IVᵉ SERVICE DES DÉPENSES DIVERSES ET DE LA DETTE PUBLIQUE.

DÉPARTEMENTS	DÉPENSES diverses.	DETTE publique et pensions.	DÉPARTEMENTS	DÉPENSES diverses	DETTE publique et pensions.	DÉPARTEMENTS	DÉPENSES diverses.	DETTE publique et pensions.
Ain	465,760	144,271	Ille-et-Vilaine.	1,199,508	178,239	Pô (Le)	2,325,093	5,744,038
Aisne	963,791	462,563	Indre	400,835	162,404	Puy-de-Dôme..	859,428	311,728
Allier	625,767	159,373	Indre-et-Loire.	806,995	192,554	Pyrénées (Basses-)	904,415	225,063
Alpes (Basses-).	493,656	178,143	Isère	899,135	291,732	Pyrénées (Hautes-)	399,626	153,377
Alpes (Hautes-).	609,505	98,336	Jemmapes. ...	701,377	183,841	Pyrénées-Orientales.....	542,713	79,683
Alpes-Maritim.	778,432	60,392	Jura	630,320	308,238	Rin (Bas-)....	1,352,058	123,009
Ardèche	492,197	53,331	Landes	462,197	56,754	Rhin (Haut-)...	820,633	185,703
Ardennes	499,725	258,526	Léman	667,378	138,212	Rhin-et-Moselle..	577,477	1,182
Arriége	424,608	77,820	Liamone	396,937	16,030	Rhône	1,260,262	177,264
Aube	655,254	271,934	Loir-et-Cher..	561,370	151,198	Roër	1,257,426	3,265
Aude	578,782	188,116	Loire	549,300	127,773	Sambre-et-Meuse..	535,263	40,312
Aveyron	681,998	239,342	Loire (Haute-).	498,990	151,878	Saône (Haute-).	518,239	257,390
Bouches-du-Rhône	1,712,909	243,160	Loire-Inférre...	971,659	95,619	Saône-et-Loire.	803,402	223,810
Calvados	1,236,542	445,221	Loiret	896,567	227,175	Sarre	635,478	2,239
Cantal	614,184	112,524	Lot	590,024	197,430	Seine-Intérieure.	2,258,199	406,573
Charente	677,669	185,019	Lot-et-Garonne	618,448	221,833	Seine-et-Marne.	1,037,606	284,004
Charente-Infre.	1,161,706	150,090	Lozère	446,625	62,002	Seine-et-Oise..	1,466,134	378,650
Cher	669,533	199,128	Lys	838,501	111,308	Sésia	352,588	»
Corrèze	409,299	115,303	Maine-et-Loire.	826,456	256,337	Sèvres (Deux-).	439,818	121,067
Côte-d'Or	1,086,482	386,517	Manche	831,252	308,158	Somme	1,423,201	386,367
Côtes-du-Nord.	831,350	113,196	Marengo	557,961	... ...	Stura (La)...	542,596	»
Creuse	414,440	112,532	Marne	936,574	454,693	Tanaro	319,996	»
Doire	280,311	....	Marne (Haute-)	541,587	267,467	Tarn	468,572	142,342
Dordogne	741,492	246,488	Mayenne	482,975	91,773	Var	792,770	210,035
Doubs	651,152	282,370	Meurthe	1,033,071	456,100	Vaucluse	650,318	221,375
Drôme	622,987	198,664	Meuse	537,725	426,022	Vendée	597,374	41,106
Dyle	1,218,783	107,601	Meuse-Inférre..	488,624	31,453	Vienne	636,895	196,837
Escaut	1,292,523	71,438	Mont-Blanc...	650,640	79,935	Vienne (Haute-)	656,912	146,390
Eure	822,687	355,016	Mont-Tonnerre	775,392	7,366	Vosges	503,214	230,321
Eure-et-Loir...	624,567	259,816	Morbihan	1,114,343	74,313	Yonne	838,888	272,655
Finistère	742,123	115,706	Moselle	762,970	351,809	Saint-Quentin (canal de)	1,443,214	»
Forêts	470,833	58,567	Nèthes (Deux-).	627,367	138,619	Simplon (route du)	384,573	»
Gand	805,701	94,913	Nièvre	564,843	144,474			
Garonne (Haute-).	1,126,044	394,889	Nord	1,969,79	492,352			
Gers	601,563	146,084	Oise	z 1,215,185	393,314			
Gironde	1,437,559	235,896	Orne	755,352	234,478			
Golo	170,406	65,087	Ourthe	791,408	117,142			
Hérault	1,037,030	214,090	Pas-de-Calais..	1,688,784	394,662	86,315,353	25,500,635	

Paiements faits à la caisse centrale, à Paris, dépenses diverses, 140,439,921. Dette publique et pensions, 69,327,000.

Totaux des paiements pour les services des dépenses diverses et de la dette publique. Dépenses diverses, 226,755,274. Dette publique et pensions, 94,827,655.

Nº V; RÉSUMÉ GÉNÉRAL DES PAIEMENTS.

Nº 1ᵉʳ. Service de la guerre, 328,829,262.
Nº 2.   Id.   de la marine, 231,726,745.
Nº 3.   Id.   des dépenses diverses, 226,755,274.
Nº 4.   Id.   de la dette publique, 94,827,655.

Total général des paiements semblable au total de l'état coté OO, 882,138,936.

ÉTAT QQ. Supplément au compte général des dépenses du trésor public pendant l'an XII.

SERVICE DE LA GUERRE.

État sommaire des paiements relatifs au service de la guerre, qui ont été effectués pendant l'an XII par les payeurs du trésor public, sur tous les exercices réunis, avec le produit des recettes extraordinaires et extérieures qui n'ont pas été employées à ces comptables par la caisse centrale du trésor à Paris.

DÉPENSES POUR LES TROUPES FRANÇAISES STATIONNÉES.

DÉPENSES DE LA SOLDE.

INFANTERIE. Dans le royaume d'Etrurie, 428,083 francs. Dans l'Etat de Parme, 30,709 francs. Dans la Ligurie, 11,398 francs. Dans la 27e division, ci-devant Piémont, 7,239 francs. Dans le Hanovre, 3,727,549 francs. *Total* des dépenses, 4,204,978 francs.

TROUPES A CHEVAL. Dans l'Etat de Parme, 1,759 fr. Dans la 27e division, ci-devant Piémont, 121 francs. Dans le Hanovre, 982,241 francs. *Total* des dépenses, 984,121 francs.

ARTILLERIE. Dans le royaume d'Etrurie, 2,489 francs. Dans l'Etat de Parme, 22,385 francs. Dans la 27e division, ci-devant Piémont, 719 francs. Dans le Hanovre, 420,964 francs. *Total* des dépenses, 446,557 francs.

GÉNIE. Dans la 27e division, ci-devant Piémont, 39 francs. Dans le Hanovre, 19,281 francs. *Total* des dépenses, 19,320 francs.

VÉTÉRANS NATIONAUX. Dans la 27e division, ci-devant Piémont, 153 francs.

GENDARMERIE NATIONALE. Dans la 27e division, ci-devant Piémont, 396 francs. Dans le Hanovre, 122,484 fr. *Total* des dépenses, 122,880 francs.

ÉTAT-MAJOR. Dans le royaume d'Etrurie, 54,029 francs. Dans l'Etat de Parme, dans la Ligurie, 121 francs. Dans la 27e division, ci-devant Piémont, 2 francs. Dans le Hanovre, 370,673 francs. *Total* des dépenses, 425,948 fr.

COMMANDANTS D'ARMES. Dans le royaume d'Etrurie, 3,117 francs. Dans l'Etat de Parme, 308 francs. *Total* des dépenses, 3,425 francs.

INSPECTEURS AUX REVUES. Dans le royaume d'Etrurie, 5,250 francs. Dans l'Etat de Parme, 500 francs. Dans le Hanovre, 29,301 francs. *Total* de la dépense, 35,051 fr.

COMMISSAIRES DES GUERRES. Dans le royaume d'Etrurie, 5,167 francs. Dans l'Etat de Parme, 667 francs. Dans le Hanovre, 40,681 francs. *Total* de la dépense, 46,515 francs.

SOLDE DE RETRAITE. Dans la 27e division, ci-devant Piémont, 11,287 francs. *Total* des dépenses, 11,287 fr.

TRAITEMENT DE REFORME. Dans la 27e division, ci-devant Piémont, 9,628 francs.

TOTAUX des dépenses de solde. Dans le royaume d'Etrurie, 498,135 francs. Dans l'Etat de Parme, 57,161 fr. Dans la Ligurie, 11,519 francs. Dans la 27e division, ci-devant Piémont, 29,874 francs. Dans le Hanovre, 5,713,174 francs. *Total*, 6,309,863 francs.

DÉPENSES DU MATÉRIEL.

BOULANGERIE (masses). Dans la 27e division, ci-devant Piémont, 18,310 francs.

FOURRAGES (masses). Dans la 27e division, ci-devant Piémont, 3,985 francs. Dans le Hanovre, 11,497 francs. *Total* des dépenses, 15,482 francs.

ÉTAPES (masses). Dans le royaume d'Etrurie, 26,861 fr. Dans la 27e division, ci-devant Piémont, 4,288 francs. Dans le Hanovre, 103,291 francs. *Total* des dépenses, 134,440 francs.

HABILLEMENT (masses). Dans le royaume d'Etrurie, 16,728 francs. Dans l'Etat de Parme, 817 francs. Dans la Ligurie, 926 francs. Dans le Hanovre, 202,126 francs. *Total* des dépenses. 220,597 francs.

HÔPITAUX (masses). Dans le Hanovre, 82,275 francs.

LOGEMENT. (*Indemnités*). (Masses). Dans le Hanovre, 182 francs.

REMONTES (masses). Dans le Hanovre, 3,476 francs.

FOURNITURES EXTRAORDINAIRES. Dans le royaume d'Etrurie, 47,766 francs. Dans le Hanovre, 445,030 fr. *Total* des dépenses, 492,796 francs.

ARTILLERIE. Dans le Hanovre, 111,000 francs.

GÉNIE. Dans le Hanovre, 30,000 francs.

DÉPENSES DIVERSES. Dans la 27e division, ci-devant

Piémont, 67 francs. Dans le Hanovre, 2,108,824 francs. *Total* des dépenses, 2,108,891 francs.

TOTAUX des dépenses du matériel. Dans le royaume d'Etrurie, 91,355 francs. Dans l'Etat de Parme, 817 fr. Dans la Ligurie, 926 francs. Dans la 27e division, ci-devant Piémont, 26,650 francs. Dans le Hanovre, 3,097,701 francs. *Total*, 3,217,449 francs.

REPORT DES DÉPENSES DE LA SOLDE. Dans le royaume d'Etrurie, 498,135 francs. Dans l'Etat de Parme, 57,161 fr. Dans la Ligurie, 11,519 francs. Dans la 27e division, ci-devant Piémont, 29,874 francs. Dans le Hanovre, 5,713,174 francs. *Total*, 6,309,863 francs.

TOTAUX GÉNÉRAUX. Dans le royaume d'Etrurie, 589,490 fr. Dans l'Etat de Parme, 57,978 francs. Dans la Ligurie, 12,445 francs. Dans la 27e division, ci-devant Piémont, 56,524 francs. Dans le Hanovre, 8,810,875 francs. *Total*, 9,527,312 francs.

Observations. Les dépenses comprises dans le présent état, comme ayant été acquittées dans l'Etat de Parme et la Ligurie, sont relatives aux exercices antérieurs à l'an XII. A compter du 1er vendémiaire de ladite année, les fonds nécessaires au service des troupes françaises ont été expédiés par la caisse centrale du trésor, suivant le mode prescrit par les arrêtés du Gouvernement.

Les recettes et les dépenses de la 27e division, ci-devant Piémont, entrent dans la comptabilité du trésor public à compter du 1er vendémiaire an XI, époque de sa réunion à la France, en vertu du sénatus-consulte du 24 fructidor an X. Les dépenses comprises dans cet état, comme acquittées dans cette division, sont relatives aux exercices arriérés, auxquels les recettes qui leur sont propres demeurent affectées.

N. B. Les dépenses relatées dans ce tableau ne sont point comprises dans les états qui précèdent, parce qu'elles n'ont point été acquittées avec des fonds portés en recette au trésor. Il sera justifié de ces dépenses à la comptabilité nationale dans la forme ordinaire; mais elles sont ici classées distinctement, attendu qu'elles ne doivent pas être imputées sur les crédits législatifs qui n'ont pour objet que l'emploi des recettes mises par la loi à la disposition du Gouvernement.

ÉTAT RR. RÉSULTATS GÉNÉRAUX DES COMPTES DU TRÉSOR PUBLIC.

FONDS GÉNÉRAUX DU TRÉSOR PUBLIC.

Recettes et dépenses en numéraire de la caisse centrale sur tous les exercices réunis, comparées aux recettes et dépenses en numéraire effectuées par toutes les caisses du trésor avec imputation sur les fonds généraux.

RECETTES.

CONTRIBUTIONS DIRECTES. Compte de la caisse centrale, 319,300,563 francs. Compte général des caisses, 327,880,248 francs.

ENREGISTREMENT ET DOMAINES. Divers produits. Compte de la caisse centrale, 194,804,087 francs. Compte général des caisses, 191,691,727 francs. Bois nationaux. Compte de la caisse centrale, 45,528,508 francs. Compte général des caisses, 45,600,284 francs. Aliénation de domaines nationaux. (Lois de l'an X). Compte de la caisse centrale, 6,158,777 francs. Compte général des caisses, 6,284,387 francs.

DOUANES. Compte de la caisse centrale, 39,603,317 fr. Compte général des caisses, 40.287,015 francs.

POSTES. Compte de la caisse centrale, 8,946,876 francs. Compte général des caisses, 8,946,886 francs.

MONNAIES. Compte de la caisse centrale, 1,283,639 fr. Compte général des caisses, 1,283,639 francs.

LOTERIE. Compte de la caisse centrale, 15,659,400 fr. Compte général des caisses, 15,659,401 francs.

SALINES. Compte de la caisse centrale, 2,700,000 francs. Compte général des caisses, 2,700,000 francs.

RECETTES DIVERSES. Compte de la caisse centrale, 32,955,294 francs. Compte général des caisses, 27,692,151 fr.

RECETTES EXTRAORDINAIRES ET EXTÉRIEURES. Compte de la caisse centrale, 141,178,023 francs. Compte général des caisses, 141,178,023 francs.

PRODUITS D'EFFETS NÉGOCIÉS OU RECOUVRÉS. *Caisse d'amortissement.* Compte de la caisse centrale, 1,493,768 fr. Compte général des caisses, 1,493,768 francs.

Administration de l'enregistrement. Compte de la caisse centrale, 1,428,212 francs. Compte général des caisses, 1,400,445 francs.

TOTAUX DES RECETTES. Compte de la caisse centrale,

811,040,466 francs. (Voir l'état C). Compte général des caisses, 812,097,964 francs. (Voir l'état BB).

DÉPENSES.

DETTE PUBLIQUE ET PENSIONS. Compte de la caisse centrale, 98,508,360 francs. Compte général des caisses, 94,827,655 francs.

MAISON DE L'EMPEREUR. Compte de la caisse centrale, 4,666,667 francs. Compte général des caisses, 4,666,667 fr.

GUERRE (ministère). Compte de la caisse centrale, 191,133,114 francs. Compte général des caisses, 187,406,674 francs.

ADMINISTRATION DE LA GUERRE. Compte de la caisse centrale, 129,318,175 francs. Compte général des caisses, 134,504,963 francs.

MARINE. Compte de la caisse centrale, 210,355,171 fr. Compte général des caisses, 213,519,056 francs.

INTÉRIEUR. Compte de la caisse centrale, 58,485,208 fr. Compte général des caisses, 57,648,196 francs.

CULTES. Compte de la caisse centrale, 5,495,912 francs. Compte général des caisses, 5,232,075 francs.

FINANCES. Compte de la caisse centrale, 40,748,965 fr. Compte général des caisses, 40,173,895 francs.

TRÉSOR PUBLIC. Compte de la caisse centrale, 6,818,769 francs. Compte général des caisses, 6,707,208 fr.

RELATIONS EXTÉRIEURES. Compte de la caisse centrale, 7,596,096 francs. Compte général des caisses, 9,596,096 fr.

JUSTICE. Compte de la caisse centrale, 42,110,185 fr. Compte général des caisses, 41,717,458 francs.

POLICE GÉNÉRALE. Compte de la caisse centrale, 207,237 francs. Compte général des caisses, 194,887 fr.

FRAIS DE NÉGOCIATIONS. Compte de la caisse centrale, 19,368,075 francs. Compte général des caisses, 19,368,075 francs.

REMBOURSEMENTS DIVERS. Compte de la caisse centrale, 1,545,857 francs. Compte général des caisses, 2,337,440 fr.

TOTAUX DES DÉPENSES. Compte de la caisse centrale, 816,357,791 francs. (Voir l'état coté M.) Compte général des caisses, 815,800,327 fr. (Voir l'état coté OO).

Observations. Les recettes établies dans le compte de la caisse centrale diffèrent de celles du compte général des caisses, tant sur les produits des contributions directes que sur ceux de l'enregistrement et des domaines. Il ne peut, en effet, y avoir similitude parfaite entre le montant des recouvrements faits par les receveurs de département pendant un temps déterminé, et le montant de leurs versements correspondants parvenus à la caisse centrale pendant le même temps. Les versements des administrations et régies qui sont effectués immédiatement à la caisse centrale, faisant fonction de caisse particulière, sont nécessairement semblables dans les deux comptes.

Nonobstant ces causes de différence, les résultats généraux des deux comptes diffèrent peu, soit sous le rapport de la recette, soit sous celui de la dépense. C'est parce que dans le cours d'une année les versements faits à la caisse centrale par les receveurs généraux, en obligations ou en autres valeurs, balancent à peu près le montant des recouvrements faits dans les départements pendant le même temps ; il en est de même pour le montant des fonds expédiés par la caisse centrale aux payeurs, comparé au montant des paiements effectués par ces comptables, soit avec le solde des envois qui leur avaient été expédiés à la fin de l'année précédente, soit avec ceux de l'année précédente, soit avec ceux de l'année courante qu'ils ont pu réaliser.

Il est remarquable que les totaux comparés de deux sortes de mouvements de fonds si différents, et qui s'élèvent en recette à environ 812 millions et à 816 millions en dépense, ne donnent qu'environ un million de différence.

La recette et la dépense sur tous les exercices n'a été aussi considérable qu'à raison des régularisations opérées pendant l'an XII, pour les avances de la régie faites avant l'an X, et qui s'élèvent à près de 48,000,000. (Voir la note de l'état coté C). Cette dernière somme serait à déduire, soit de la recette, soit de la dépense, si l'on voulait connaître les recettes et dépenses réelles.

DETTE PUBLIQUE ET PENSIONS.

Tableaux des rentes perpétuelles et viagères, et des pensions de toute nature inscrites aux grands-livres et sur les registres du ministère du trésor public, pendant chaque mois de l'an XII, et montant de toutes les rentes et pensions inscrites au 1er vendémiaire an XIII.

ETAT SS.

RÉSUMÉ PRÉSENTANT LA SITUATION DE LA DETTE PUBLIQUE ET DES PENSIONS AU 1er DE CHAQUE MOIS DE L'AN XII ET AU 1er VENDÉMIAIRE AN XIII.

1er VENDÉMIAIRE AN XII.

Rentes perp. ou 5 p. 0/0 consolidés.	Nombre des parties, 121,746.	Sommes payables annuellement,	45,180,624.
Rentes viagères.	id. 101,308.	id.	19,576,821.
Pensions.	id. 83,562.	id.	17,318,072.
Totaux...............	306,616.		82,075,517.

1er BRUMAIRE.

Rentes perp. ou 5 p. 0/0 consolidés.	Nombre des parties, 122,309.	Sommes payables annuellement,	45,211,753.
Rentes viagères.	id. 101,305.	id.	19,575,846.
Pensions.	id. 83,391.	id.	17,276,038.
Totaux...............	307,005.		82,063,637.

1er FRIMAIRE.

Rentes perp. ou 5 p. 0/0 consolidés.	Nombre des parties, 122,684.	Sommes payables annuellement,	45,275,724.
Rentes viagères.	id. 101,234.	id.	19,548,090.
Pensions.	id. 86,271.	id.	17,890,404.
Totaux...............	301,189.		82,714,218.

1er NIVÔSE.

Rentes perp. ou 5 p. 0/0 consolidés.	Nombre des parties, 122,719.	Sommes payables annuellement,	45,310,194.
Rentes viagères.	id. 101,169.	id.	19,538,773.
Pensions.	id. 89,205.	id.	18,612,421.
Totaux...............	313,103.		83,461,388.

1er PLUVIÔSE.

Rentes perp. ou 5 p. 0/0 consolidés.	Nombre des parties, 123,796.	Sommes payables annuellement,	45,546,049.
Rentes viagères.	id. 101,059.	id.	19,501,903.
Pensions.	id. 92,793.	id.	19,484,342.
Totaux...............	317,648.		84,532,294.

1er VENTÔSE.

Rentes perp. ou 5 p. 0/0 consolidés. Nombre des parties, 123,524. Sommes payables annuellement, 45,589,62 .
Rentes viagères.   id.   100,881.   id.   19,441,897.
Pensions.   id.   92,531.   id.   19,416,592.

Totaux .... 316,936.   84,448,116.

1er GERMINAL.

Rentes perp. ou 5 p. 0/0 consolidés. Nombre des parties, 122,993. Sommes payables annuellement, 45,710,620.
Rentes viagères.   id.   100,939.   id.   19,425,922 .
Pensions.   id.   94,801.   id.   20,305,418.

Totaux .... 318,733.   85,441,960.

1er FLORÉAL.

Rentes perp. ou 5 p. 0/0 consolidés. Nombre des parties, 122,688. Sommes payables annuellement, 45,919,368.
Rentes viagères.   id.   100,838.   id.   19,377,425.
Pensions.   id.   98,295.   id.   21,221,426.

Totaux .... 321,820.   86,540,220.

1er PRAIRIAL.

Rentes perp. ou 5 p. 0/0 consolidés. Nombre des parties, 122,002. Sommes payables annuellement, 45,977,104.
Rentes viagères.   id.   100,862.   id.   19,3,81873.
Pensions.   id.   102,084.   id.   22,088,146.

Totaux .... 324,948.   87,447,123.

1er MESSIDOR.

Rentes perp. ou 5 p. 0/0 consolidés. Nombre des parties, 123,988. Sommes payables annuellement, 46,194,851.
Rentes viagères.   id.   100,816.   id.   19,359,109.
Pensions.   id.   105,699.   id.   22,938,108.

Totaux .... 330,503.   88,512,068.

1er THERMIDOR.

Rentes perp. ou 5 p. 0/0 consolidés. Nombre des parties, 124,936. Sommes payables annuellement, 46,407,630.
Rentes viagères.   id.   100,772.   id.   19,331,590.
Pensions.   id.   108,270.   id.   23,521,913.

Totaux .... 333,968.   89,261,133.

1er FRUCTIDOR.

Rentes perp. ou 5 p. 0/0 consolidés. Nombre des parties, 125,891. Sommes payables annuellement, 46,555,030.
Rentes viagères.   id.   100,720.   id.   19,290,502.
Pensions.   id.   111,207.   id.   24,208,647.

Totaux .... 337,818.   90,054,169.

1er VENDÉMIAIRE AN XIII.

Rentes perp. ou 5 p. 0/0 consolidés. Nombre des parties, 126,546. Sommes payables annuellement, 46,674,634.
Rentes viagères.   id.   100,335.   id.   19,288,850.
Pensions.   id.   112,521.   id.   24,891,177.

Totaux .... 139,722.   90,854,361.

SITUATION AU 1er VENDÉMIAIRE AN XII, COMPARÉE A LA SITUATION AU 1er VENDÉMIAIRE AN XIII.

1er VENDÉMIAIRE AN XII (voir ci-dessus).

Rentes perp. ou 5 p. 0/0 consolidés. Nombre des parties, 121,746. Sommes payables annuellement, 45,180,624.
Rentes viagères.   id.   101,308.   id.   19,576,821.
Pensions.   id.   83,562.   id.   17,318,072.

Totaux .... 306,616.   82,075,517.

1er VENDÉMIAIRE AN XIII (voir ci-dessus).

Rentes perp. ou 5 p. 0/0 consolidés. Nombre des parties, 126,546. Sommes payables annuellement, 46,674,634.
Rentes viagères.   id.   100,335.   id.   19,288,550.
Pensions.   id.   112,521.   id.   24,891,177.

Totaux .... 339,722.   90,854,361.

RÉSULTAT DE LA COMPARAISON.

Augmentation pendant l'an XII.

Rentes perp. ou 5 p. 0/0 consolidés. Nombre des parties, 4,800. Sommes payables annuellement, 1,494,010. [1]
Pensions.   id.   28,959.   id.   7,573,105. [2]

Totaux .... 32,687.   8,778,844.

Diminution pendant l'an XII.

Rentes viagères. Nombre des parties, 973. Sommes payables annuellement, 288,271 [3].

Observations. Indépendamment des rentes et pensions inscrites aux registres du trésor public, la loi du 4 germinal an XI a autorisé le paiement des rentes et pensions du Piémont. Ces rentes sont portées dans cette loi pour la somme de 3,193,835 francs ; savoir :

Pour la dette perpétuelle, 2,677,277 fr.
Pour la dette viagère...   516,558

Total...... 3,193,835

Les pensions anciennes du Piémont, et les pensions nouvelles accordées aux établissements ecclésiastiques supprimés, sont évaluées dans le compte de l'an X (état coté GGG) à 4,000,000 francs.

1. Voir l'état TT.
2. Voir l'état YY.
3. Voir l'état XX.

ÉTAT TT. RENTES PERPÉTUELLES OU CINQ POUR CENT CONSOLIDÉS.

ÉTAT *présentant : 1º l'origine des rentes perpétuelles ou cinq pour cent consolidés, qui ont été inscrites pendant chaque mois de l'an XII, et de celles qui étaient inscrites antérieurement au 1er vendémiaire de ladite année ; 2º le montant des rentes éteintes par leur transport au compte de la République ; le nombre des parties de rentes existant au 1er vendémiaire an XIII, déduction faite des parties rejetées ou réunies pendant l'an XII.*

MOIS DE L'AN XII PENDANT LESQUELS LES RENTES ONT ÉTÉ INSCRITES AU GRAND-LIVRE.

VENDÉMIAIRE. Arriéré des ministères sur les années V, VI, VII et VIII, payable en rentes créées par la loi du 30 ventôse an IX. Créances liquidées par les ministères, 85,512 francs.

Remboursement ou échange de bons deux tiers à raison du 20e, en exécution de la loi du 30 ventôse an IX, par la caisse d'amortissement, 4,085 francs. *Total* des rentes inscrites, 89,597 francs.

Déductions par le compte de la République et celui des rejets. Paiements de domaines nationaux, etc., 2,853 fr. Extinction définitive par la caisse d'amortissement, 55,563 francs. Compte des rejets, 52 francs. *Total* des déductions, 58,468 francs.

Augmentation. Nombre des parties, 563. Montant des rentes, 31,129 francs.

BRUMAIRE. Anciennes rentes inscrites au grand-livre intégral, et consolidées en exécution des lois des 9 vendémiaire an VI et 12 brumaire an VII, par le conseil de liquidation, 30,417 francs.

Nouvelles liquidations en vertu de la loi du 24 frimaire an VI, par le conseil de liquidation, 9,821 francs.

Rentes affectées à la consolidation du tiers provisoire, 8,686 francs. Arriéré antérieur à l'an V, 23,397 francs.

Arriéré des ministères sur les années V, VI, VII et VIII, payable en rentes créées par la loi du 30 ventôse an IX. Créances liquidées par les ministères, 7,877 fr. Créances liquidées par le conseil de liquidation, 10,047 francs.

Remboursement ou échange de bons deux tiers à raison du 20e, en exécution de la loi du 30 ventôse an IX, par le conseil de liquidation, 9,630 francs. *Total* des rentes inscrites, 99,875 francs.

Déductions par le compte de la République et celui des rejets. Paiements de domaines nationaux, etc., 3,744 francs. Extinction définitive par la caisse d'amortissement, 32,130 francs. Compte des rejets, 10 francs. *Total* des déductions, 35,904 francs.

Augmentation. Nombre des parties, 373. Montant des rentes, 63,971 francs.

FRIMAIRE. Arriéré des ministères sur les années V, VI, VII et VIII, payable en rentes créées par la loi du 30 ventôse an IX. Créances liquidées par les ministères, 35,459 francs.

Remboursement ou échange de bons deux tiers à raison du 20e, en exécution de la loi du 30 ventôse an IX, par la caisse d'amortissement, 112 francs. *Total* des rentes inscrites, 35,571 francs.

Déductions par le compte de la République et celui des rejets. Paiements de domaines nationaux, etc., 1,043 francs. Compte des rejets, 58 francs. *Total* des déductions, 1,101 francs.

Augmentation. Nombre des parties, 35 francs. Montant des rentes, 34,470 francs.

NIVÔSE. Anciennes rentes inscrites au grand-livre intégral, et consolidées en exécution des lois des 9 vendémiaire an VI et 12 brumaire an VII, par le conseil de liquidation, 38,024 francs.

Nouvelles liquidations en vertu de la loi du 24 frimaire an VII, par le conseil de liquidation, 32,562 francs.

Rentes affectées à la consolidation de l'arriéré antérieur à l'an V, 145,739 francs.

Arriéré des ministères sur les années V, VI, VII et VIII, payable en rentes créées par la loi du 30 ventôse an IX, 21,236 francs. *Total* des rentes inscrites, 237,694 francs.

Déductions par le compte de la République et celui des rejets. Paiements de domaines nationaux, etc., 1,810 francs. Compte des rejets, 29 francs. *Total* des déductions, 1,839 francs.

Augmentation. Nombre des parties, 1,077. Montant des rentes, 235,855 francs.

PLUVIÔSE. Anciennes rentes inscrites au grand-livre intégral, et consolidées en exécution des lois des 9 vendémiaire an VI et 12 brumaire an VII, par le directeur du grand-livre, 1,408 francs.

Arriéré des ministères sur les années V, VI, VII et VIII, payable en rentes créées par la loi du 30 ventôse an IX. Créances liquidées par les ministères, 42,588 francs.

Remboursement ou échange de bons deux tiers à raison du 20e, en exécution de la loi du 30 ventôse an IX, par la caisse d'amortissement, 1,276 francs. *Total* des rentes inscrites, 45,272 francs.

Déductions par le compte de la République et celui des rejets. Paiements de domaines nationaux, etc., 732 francs. Compte des rejets, 942 francs. *Total* des déductions, 1,694 francs.

Augmentation. Montant des rentes, 43,578 francs. Diminution. Nombre des parties, 272.

VENTÔSE. Anciennes rentes inscrites au grand-livre intégral, et consolidées en exécution des lois des 9 vendémiaire an VI et 12 brumaire an VII, par le conseil de liquidation, 62,630 francs.

Nouvelles liquidations en vertu de la loi du 24 frimaire an VI, par le conseil de liquidation, 60,893 fr.

Arriéré des ministères sur les années V, VI, VII et VIII, payable en rentes créées par la loi du 30 ventôse an IX. Créances liquidées par les ministères, 129 francs.

Remboursement ou échange de bons deux tiers à raison du 20e, en exécution de la loi du 30 ventôse an IX, par la caisse d'amortissement, 2,576 francs. *Total* des rentes inscrites, 126,225 francs.

Déductions par le compte de la République et celui des rejets. Paiements de domaines nationaux, etc., 5,091 francs. Compte des rejets, 141 francs. *Total* des déductions, 5,232 francs.

Augmentation. Montant des rentes, 120,993 francs. Diminution. Nombre des parties, 531.

GERMINAL. Rentes affectées à la consolidation de l'arriéré antérieur à l'an V, 130,417 francs.

Arriéré des ministères sur les années V, VI, VII et VIII, payables en rentes créées par la loi du 30 ventôse an IX. Créances liquidées par les ministères, 81,682 francs.

Remboursement ou échange de bons deux tiers à raison du 20e, en exécution de la loi du 30 ventôse an IX, par la caisse d'amortissement, 2,072 francs. *Total* des rentes inscrites, 214,171 francs.

Déductions par le compte de la République et celui des rejets. Paiements de domaines nationaux, etc., 5,293 francs. Compte des rejets, 130 francs. *Total* des déductions, 5,423 francs.

Augmentation. Montant des rentes, 208,748 francs. Diminution. Nombre des parties, 305.

FLORÉAL. Anciennes rentes inscrites au grand-livre intégral, et consolidées en exécution des lois des 9 vendémiaire an VI et 12 brumaire an VII, par le conseil de liquidation, 21,851 francs.

Nouvelles liquidations en vertu de la loi du 24 frimaire an VII, par le conseil de liquidation, 21,836 francs.

Rentes affectées à la consolidation de l'arriéré antérieur à l'an V, 27,684 francs.

Remboursement ou échange de bons deux tiers à raison du 20e, en exécution de la loi du 30 ventôse an IX, par la caisse d'amortissement, 276 francs. *Total* des rentes inscrites, 71,647 francs.

Déductions par le compte de la République et celui des rejets. Paiements de domaines nationaux, etc., 13,911 francs. *Total* des déductions, 13,911 francs.

Augmentation. Montant des rentes, 57,736 francs. Diminution. Nombre des parties, 686.

PRAIRIAL. Anciennes rentes inscrites au grand-livre intégral, et consolidées en exécution des lois des 9 vendémiaire an VI et 12 brumaire an VII, par le conseil de liquidation, 21,809 francs.

Nouvelles liquidations en vertu de la loi du 24 frimaire an VI, par le conseil de liquidation, 15,903 fr.

Rentes affectées à la consolidation de l'arriéré antérieur à l'an V, 47,712 francs.

Arriéré des ministères sur les années V, VI, VII et VIII, payable en rentes créées par la loi du 30 ventôse an IX. Créances liquidées par les ministères, 41,689 fr. Créances liquidées par le conseil de liquidation, 108,923 francs.

Remboursement ou échange de bons deux tiers à raison du 20e, en exécution de la loi du 30 ventôse an IX, par la caisse d'amortissement, 684 francs. *Total* des rentes inscrites, 236,693 francs.

Déductions par le compte de la République et celui des rejets. Paiements de domaines nationaux, etc., 18,838 fr. Compte des rejets, 35 francs. *Total* des déductions, 18,873 francs.

Augmentation. Nombre des parties, 1,986. Montant des rentes, 217,747 francs.

MESSIDOR. Anciennes rentes inscrites au grand-livre intégral, et consolidées en exécution des lois des 9 vendémiaire an VI et 12 brumaire an VII, par le conseil de liquidation, 23,374 francs.

Nouvelles liquidations en vertu de la loi du 24 frimaire an VI, par le conseil de liquidation, 26,317 francs.

Rentes affectées à la consolidation du tiers provisoire à l'an V, 31,810 francs.

Arriéré des ministères sur les années V, VI, VII et VIII, payable en rentes créées par la loi du 30 ventôse an IX. Créances liquidées par les ministères, 117,743 fr. Créances liquidées par le conseil de liquidation, 14,398 francs.

Remboursement ou échange de bons deux tiers à raison du 20e, en exécution de la loi du 30 ventôse an IX, par la caisse d'amortissement, 558 francs. *Total* des rentes inscrites, 214,200 francs.

Déductions par le compte de la République et celui des rejets.

Paiements de domaines nationaux, etc., 1,406 francs. Compte des rejets, 15 fr. *Total* des déductions, 1,421 fr.

Augmentation. Nombre des parties 948. Montant des rentes, 212,779 francs.

THERMIDOR. Anciennes rentes inscrites au grand-livre intégral, et consolidées en exécution des lois des 9 vendémiaire an VI et 12 brumaire an VII, par le conseil de liquidation, 20,798 francs.

Nouvelles liquidations en vertu de la loi du 24 frimaire an VI, par le conseil de liquidation, 18,048 francs.

Rentes affectées à la consolidation du tiers provisoire, 7,544 francs. De l'arriéré antérieur à l'an V, 56,906 fr.

Arriéré des ministères sur les années V, VI, VII et VIII, payable en rentes créées par la loi du 30 ventôse an IX. Créances liquidées par les ministères, 40,632 francs. Créances liquidées par le conseil de liquidation, 5,748 francs.

Remboursement ou échange de bons deux tiers à raison du 20e, en exécution de la loi du 30 ventôse an IX, par le conseil de liquidation, 997 francs. *Total* des rentes inscrites, 150,673 francs.

Déductions par le compte de la République et celui des rejets. Paiements de domaines nationaux, etc., 3,265 francs. Compte des rejets, 8 francs. *Total* des déductions, 3,273 francs.

Augmentation. Nombre des parties, 955. Montant des rentes, 147,400 francs.

FRUCTIDOR. Anciennes rentes inscrites au grand-livre intégral, et consolidées en exécution des lois des 9 vendémiaire an VI et 12 brumaire an VII, par le conseil de liquidation, 25,477 francs.

Nouvelles liquidations en vertu de la loi du 24 frimaire an VI, par le conseil de liquidation, 26,140 fr.

Rentes affectées à la consolidation de l'arriéré antérieur à l'an V, 48,280 francs.

Arriéré des ministères sur les années V, VI, VII et VIII, payable en rentes créées par la loi du 30 ventôse an IX. Créances liquidées par les ministères, 69,122 fr. Créances liquidées par le conseil de liquidation, 9,686 francs.

Remboursement ou échange de bons deux tiers à raison du 20e, en exécution de la loi du 30 ventôse an IX, par la caisse d'amortissement, 1,689 francs. *Total* des rentes inscrites, 180,394 francs.

Déductions par le compte de la République et celui des rejets. Paiements de domaines nationaux, etc., 2,749 fr.

Extinction définitive par la caisse d'amortissement, 57,942 francs. Compte des rejets, 99 francs. *Total* des déductions, 60,790 francs.

Augmentation. Nombre des parties, 655. Montant des rentes, 119,604 francs.

EXCÉDANT DES AUGMENTATIONS SUR LES DIMINUTIONS PENDANT L'AN XII. Nombre des parties, 4,800. Montant des rentes 1,494,010 francs.

RENTES INSCRITES AVANT LE 1er VENDÉMIAIRE AN XII. (Voir le compte de l'an XI, page 37). Anciennes rentes inscrites au grand-livre intégral, et consolidées en exécution des lois des 9 vendémiaire an VI et 12 brumaire

an VII, par le directeur du grand-livre, 39,896,827 fr. Par le conseil de liquidation, 176,559 francs.

Nouvelles liquidations en vertu de la loi du 24 frimaire an VI. Par l'ancien liquidateur général, 3,612,554 fr. Par le conseil de liquidation, 106,559 francs.

Rentes affectées à la consolidation du tiers provisoire, 2,643,440 francs. De l'arriéré antérieur à l'an V, 706,883 francs.

Arriéré des ministères sur les années V, VI, VII et VIII, payable en rentes créées par la loi du 30 ventôse an IX. Créances liquidées par les ministères, 1,444,552 fr. Créances liquidées par le conseil de liquidation, 457,752 francs.

Remboursement ou échange de bons deux tiers à raison du 20e, en exécution de la loi du 30 ventôse an IX. Par la caisse d'amortissement, 499,157 francs. Par le conseil de liquidation, 9,341 francs. *Total* des rentes inscrites, 49,553,624 francs.

Déductions par le compte de la République et celui des rejets. Paiements de domaines nationaux, etc., 4,159,038 fr. Extinction définitive par la caisse d'amortissement, 212,500 francs. Compte des rejets, 1,462 fr. *Total* des déductions, 4,373,000 francs.

Nombre des parties, 121,746. Montant des rentes, 45,180,624 francs.

RÉUNION DE TOUTES LES INSCRIPTIONS AU 1er VENDÉMIAIRE AN XIII.

Anciennes rentes inscrites au grand-livre intégral, et consolidées en exécution des lois des 9 vendémiaire an VI et 12 brumaire an VII, par le directeur du grand-livre et par le conseil de liquidation, 40,319,174 francs.

Nouvelles liquidations en vertu de la loi du 24 frimaire an VI. Par l'ancien liquidateur général et par le conseil de liquidation, 3,930,633 francs.

Rentes affectées à la consolidation du tiers provisoire de l'arriéré antérieur à l'an V, 3,878,498 francs.

Arriéré des ministères sur les années V, VI, VII et VIII, payable en rentes créées par la loi du 30 ventôse an IX. Créances liquidées par les ministères et par le conseil de liquidation, 2,594,805 francs.

Remboursement ou échange de bons deux tiers à raison du 20e, en exécution de la loi du 30 ventôse an IX. Par la caisse d'amortissement et par le conseil de liquidation, 532,453 francs. *Total* des rentes inscrites, 51,255,563 francs *.

Déductions par le compte de la République et celui des rejets. Paiements de domaines nationaux, etc., 4,219,793 francs. Extinction définitive par la caisse d'amortissement, 358,155 francs. Compte des rejets, 2,981 francs. *Total* des déductions, 4,580,929 francs.

Nombre des rentes, 126,546. Montant des rentes, 46,674,634 francs.

Observations. Pour connaître le montant des arrérages de rentes 5 pour cent consolidés, payables sur les fonds de l'exercice de l'an XIII, il faut, du montant des rentes inscrites au 1er vendémiaire de ladite année, ci 46,674,634 francs, déduire la somme de 316,281 fr. formant un semestre de 632,562 francs de rente dont la jouissance n'a commencé qu'audit jour 1er vendémiaire an XIII, ci 316,681 francs.

Reste à payer sur les fonds de l'exercice de l'an XIII, qui comprend le 2e semestre an XII et le 1er semestre an XIII, 46,358,353 francs.

Il y aura de plus à payer un semestre des anciennes rentes perpétuelles qui seront consolidées avant le 1er germinal prochain, avec jouissance du 1er vendémiaire an XIII, conformément à l'article 6 de la loi du 21 floréal an X.

ÉTAT UU.

Etat présentant la situation au 1er vendémiaire an XIII: 1° *des crédits ouverts par les lois pour les nouvelles rentes à inscrire au grand-livre de la dette perpétuelle;* 2° *du compte particulier des rentes inscrites au nom de la caisse d'amortissement;* 3° *et du résultat des transferts et mutations opérés pendant chaque mois de l'an XII.*

TABLEAU DES DIVERS CRÉDITS EN RENTES, ACCORDÉS PAR LES LOIS, ET SITUATION DE CES CRÉDITS AU 1er VENDÉMIAIRE AN XIII.

LOI DU 21 FLORÉAL AN X, ARTICLE 8, N° 1er. Nou-

* Le procès-verbal, dressé le 3 vendémiaire an XII, par S. A. S. l'ar-

velles inscriptions portées au grand-livre, à compter du 1er vendémiaire an X, et provenant de nouvelles liquidations ou de rentes intégrales.

Montant des crédits en rentes accordés, 3,000,000 fr.

Rentes imputables sur ces crédits et inscrites. Avant l'an XII, 1,263,076 francs. Pendant l'an XII, 445,900 fr.

Total des rentes inscrites, 1,708,976 francs.

Restant disponible sur les crédits au 1er vendémiaire 1 XIII, 1,291,024 francs.

Loi du 30 ventôse an IX, article 9. Consolidation du tiers provisoire, 1,500,000 francs.

Loi du 21 floréal an X, article 8, n° 2. Consolidation du tiers provisoire, 2,500,000 francs.

Loi du 4 germinal an XI, article 8. Consolidation du tiers provisoire, 2,000,000 francs.

Montant des crédits en rentes accordés par ces lois, 6,000,000 francs.

Rentes imputables sur ces crédits et inscrites. Avant l'an XII, 3,350,323 francs. Pendant l'an XII, 528,175 fr.

Total des rentes inscrites, 3,878,498 francs.

Restant disponible sur les crédits au 1er vendémiaire an XIII, 2,121,502 francs.

Loi du 30 ventôse an IX. articles 1er et 15. Service de l'arriéré des ministères. Exercice an V, 750,000 fr. Exercice an VI, 450,000 fr. Exercice an VII, 1,500,000 francs. Exercice an VIII, 1,000,000 francs.

Montant des crédits en rentes accordés par les lois, 3,700,000 francs.

Rentes imputables sur ces crédits et inscrites. Avant l'an XII, 1,902,304 francs. Pendant l'an XII, 692,501 fr.

Total des rentes inscrites, 2,594,805 francs.

Restant disponible sur les crédits au 1er vendémiaire an XIII, 1,105,195 francs.

Loi du 3 ventôse an IX. article 3. Echange ou remboursement de bons de 2/3. Montant des crédits en rentes accordés, 1,000,000 francs.

Rentes imputables sur ces crédits et inscrites. Avant l'an XII, 508,498 francs. Pendant l'an XII, 23,955 francs.

Total des rentes inscrites, 532,453 francs.

Restant disponible sur les crédits au 1er vendémiaire an XIII, 467,547 francs.

Totaux. Montant des crédits en rentes accordés par les lois, 13,700,000 francs.

Rentes imputables sur ces crédits et inscrites. Avant l'an XII, 7,024,201 francs. (Voir le compte du trésor pour l'an XI.) Pendant l'an XII, 1,690,531 francs. Total des rentes inscrites, 8,714,732 francs.

Restant disponible sur les crédits au 1er vendémiaire an XIII, 4,985,268 francs.

Observations. La répartition des rentes employées à l'acquit des créances arriérées des ministères, en vertu de la loi du 30 ventôse an IX, a été faite ainsi qu'il est établi dans l'état coté P, 2e division.

COMPTE DE LA CAISSE D'AMORTISSEMENT AU GRAND-LIVRE DE LA DETTE PUBLIQUE.

Mois de l'an XII pendant lesquels les rentes ont été inscrites.

Vendémiaire. Montant des rentes destinées à l'amortissement de la dette publique, 79,567 francs. Montant des rentes appartenant à divers établissements et ministères pour pensions de retraite, 2,650 francs.

Brumaire. Montant des rentes appartenant à divers établissements et ministères pour pensions de retraite, 3,563 francs.

Frimaire. Montant des rentes appartenant à divers établissements et ministères pour pensions de retraite, 700 francs.

Nivôse. Montant des rentes destinées à l'amortissement de la dette publique, 20,898 francs.

Ventôse. Montant des rentes destinées à l'amortissement de la dette publique, 371,620 francs. Montant des rentes appartenant à divers établissements et ministères pour pensions de retraite, 1,380 francs.

Germinal. Montant des rentes destinées à l'amortissement de la dette publique, 14,691 francs.

Fructidor. Montant des rentes destinées à l'amortissement de la dette publique, 455,118 francs. Montant des rentes appartenant à divers établissements et ministères pour pensions de retraite, 5,498 francs.

chitrésorier de l'Empire, et dont copie est à la suite de l'état coté BB, déduit des rentes inscrites celles portées distinctement dans le présent tableau, sous le titre de *compte des rejets.*

SITUATION AU 1er VENDÉMIAIRE AN XII.

Montant des rentes destinées à l'amortissement de la dette publique, 2,790,515 francs. Montant des rentes appartenant à divers établissements et ministères pour pensions de retraite, 49,080 francs.

TOTAUX FORMANT LA SITUATION AU 1er VENDÉMIAIRE AN XIII.

Montant des rentes destinées à l'amortissement de la dette publique, 3,732,409 francs. Montant des rentes appartenant à divers établissements et ministères pour pensions de retraite, 62,871 francs. Total, 3,795,280 fr.

Observations. Indépendamment de ces rentes, la caisse d'amortissement a fait porter dans l'an XII, au compte de la République, à titre d'extinction définitive, 145,653 francs de rentes acquises avec le produit du numéraire versé par les acquéreurs de bâtiments, maisons et usines. (*Arrêtés des 2 nivôse et 14 ventôse an XI.*)

MUTATIONS ET TRANSFERTS DE PROPRIÉTÉS DE 5 POUR CENT CONSOLIDÉS, PENDANT CHAQUE MOIS DE L'AN XII.

Mois de l'an XII pendant lesquels les mutations et transferts ont été opérés.

Vendémiaire. Mutations par décès, partages et jugements. Nombre des parties, 178. Montant des rentes, 102,141 francs.

Transferts par ventes et cessions. Nombre des parties, 1,804. Montant des rentes, 1,348,606 francs.

Brumaire. Mutations par décès, partages et jugements. Nombre des parties, 336. Montant des rentes, 101,707 francs.

Transferts par ventes et cessions. Nombre des parties, 2,037. Montant des rentes, 1,264,605 francs.

Frimaire. Mutations par décès, partages et jugements. Nombre des parties, 270. Montant des rentes, 123,347 fr.

Transferts par ventes et cessions. Nombre des parties, 2,037. Montant des rentes, 1,354,071 francs.

Nivôse. Mutations par décès, partages et jugements. Nombre des parties, 299. Montant des rentes, 524,229 fr.

Transferts par ventes et cessions. Nombre des parties, 2,086. Montant des rentes, 1,224,540 francs.

Pluviôse. Mutations par décès, partages et jugements. Nombre des parties, 316. Montant des rentes, 235,919 fr.

Transferts par ventes et cessions. Nombre des parties, 1,820. Montant des rentes, 1,064,476 francs.

Ventôse. Mutations par décès, partages et jugements. Nombre des parties, 326. Montant des rentes, 171,721 fr.

Transferts par ventes et cessions. Nombre des parties, 2,337. Montant des rentes, 2,819,348 francs.

Germinal. Mutations par décès, partages et jugements. Nombre des parties, 134. Montant des rentes, 67,366 francs.

Transferts par ventes et cessions. Nombre des parties, 1,575. Montant des rentes, 1,630,416 francs.

Floréal. Mutations par décès, partages et jugements. Nombre des parties, 414. Montant des rentes, 174,344 fr.

Transferts par ventes et cessions. Nombre des parties, 2,236. Montant des rentes, 1,404,493 francs.

Prairial. Mutations par décès, partages et jugements. Nombre des parties, 430. Montant des rentes, 172,701 fr.

Transferts par ventes et cessions. Nombre des parties, 2,366. Montant des rentes, 1,430,307 francs.

Messidor. Mutations par décès, partages et jugements. Nombre des parties, 411. Montant des rentes, 145,744 francs.

Transferts par ventes et cessions. Nombre des parties, 2,018. Montant des rentes, 1,227,719 francs.

Thermidor. Mutations par décès, partages et jugements. Nombre des parties, 529. Montant des rentes, 203,938 francs.

Transferts par ventes et cessions. Nombre des parties, 1,951. Montant des rentes, 1,219,077 francs.

Fructidor. Mutations par décès, partages et jugements. Nombre des parties, 431. Montant des rentes, 176,607 fr.

Transferts par ventes et cessions. Nombre des parties, 2,140. Montant des rentes, 1,875,872 francs.

Totaux. Mutations par décès, partages et jugements. Nombre des parties, 4,064. Montant des rentes, 2,198,764 fr.

Transferts par ventes et cessions. Nombre des parties, 24,407. Montant des rentes, 17,863,530 francs.

Total. Nombre des parties, 28,471. Montant des rentes, 20,062,294 francs.

Observation. Les transferts et mutations opérés sur le grand-livre n'influent point sur le montant de la dette publique inscrite.

ÉTAT XX

RENTES VIAGÈRES

———

État XX.

RENTES VIAGÈRES.

ÉTAT *présentant :* 1° *l'origine des rentes viagères qui ont été inscrites pendant chaque mois de l'an XII, et de celles qui étaient inscrites au 1er vendémiaire de ladite année ;* 2° *la division des rentes par classes ;* 3° *les déductions opérées pendant l'an XII, soit par décès notifiés, soit par rejets ; et* 4° *le nombre des rentiers viagers existants au 1er vendémiaire de l'an XIII.*

MOIS DE L'AN XII pendant lesquels LES RENTES ONT ÉTÉ INSCRITES au grand-livre.	ORIGINE DES RENTES INSCRITES pendant chaque mois de l'an XII.				DIVISIONS PAR CLASSES DES RENTES dont l'origine est indiquée dans les quatre colonnes ci-contre.				TOTAUX DES RENTES INSCRITES pendant chaque mois de l'an XII.	
	RENTES INTÉGRALES consolidées.		NOUVELLE LIQUIDATION en vertu de la loi du 24 frimaire an VI.							
	par le directeur du grand-livre.	par le conseil de liquidation.	Par les ex-liquidateurs.	par le conseil de liquidation.	Rentes sur une tête.	Rentes sur deux têtes.	Rentes sur trois têtes.	Rentes sur quatre têtes.	Nombre des parties.	Rentes.
Vendémiaire										
Brumaire.......		4,579		11,434	13,552	2,193	268		103	16,013
Frimaire........		771		40,041	17,142	23,645	25		87	40,812
Nivôse.........		1,337		14,772	11,982	3,766	161		96	15,909
Pluviôse........										
Ventôse........		5,290		31,659	31,354	5,364	80	47	255	36,949
Germinal.......		705		12,125	9,863	2,687	280		94	12,830
Floréal		2,698		9,901	10,791	1,721	60		112	12,599
Prairial........		1,563		9,628	7,700	3,361		132	110	11,193
Messidor.......		1,016		23,216	20,790	2,921	521		134	24,232
Thermidor.....		1,375		10,803	9,838	2,180	160		121	12,178
Fructidor......		896		36,433	15,809	21,127	393		126	37,329
TOTAUX.....	....	20,032		200,012	148,825	69,092	1,948	179	1,238	220,044
Situation au 1er vendém. an XII	14,480,127	4,822	7,906,114	108,201	15,722,998	6,384,502	381,095	102,679	111,050	22,594,264
Résultat formant la situation au 1er vend. an XIII	14,480,127	24,854	7,906,114	308,213	15,871,813	6,453,594	383,043	102,858	112,288	22,811,308
		22,811,308				22,811,308				

Suite de l'état XX.

MOIS DE L'AN XII pendant lesquels LES RENTES ONT ÉTÉ INSCRITES au grand-livre.	DÉDUCTIONS OPÉRÉES PENDANT L'AN XII.								EXCÉDANT DES DIMINUTIONS, compensation faite des augmentations.	
	COMPTE DE LA RÉPUBLIQUE				COMPTE DES RENTES rejetées du grand-livre.		TOTAUX des déductions.			
	PAIEMENTS de domaines nationaux, acquits de débets, émigration. etc.		EXTINCTIONS par décès.		Nombre des parties.	Rentes.	Nombre des parties.	Rentes.	Nombre des parties.	Rentes.
	Parties.	Rentes.	Parties.	Rentes.						
Vendémiaire.......	»	»	3	975	»	»	3	975	3	975
Brumaire	»	»	173	43,769	»	»	173	43,769	71	27,756
Frimaire..........	»	»	153	50,329	»	»	153	50,329	65	9,317
Nivôse............	»	»	205	52,579	»	»	205	52,579	110	36,870
Pluviôse..........	»	»	178	59,906	»	100	178	60,006	178	60,006
Ventôse...........	»	»	197	52,924	»	»	197	52,924	»	15,975
Germinal	»	»	195	39,327	»	»	195	39,327	43	26,497
Floréal	»	»	88	30,151	»	»	88	30,151	»	17,552
Prairial..........	»	»	156	33,957	»	»	156	33,957	22	22,764
Messidor..........	»	»	178	51,106	»	645	178	51,751	44	27,519
Thermidor	»	»	173	53,266	»	»	173	53,266	52	41,088
Fructidor	1	36	189	38,746	321	499	511	39,281	385	1,952
TOTAUX......	1	36	1,888	507,035	321	1,244	2,210	508,315	973	288,271
Situation au 1er vendémiaire an XII .. (Voir le compte de l'an 11).	2,119	521,233	7,622	2,448,691	1	4,519	9,742	3,014,443	101,308	19,576,821
RÉSULTAT formant la situation au 1er vendémiaire an XIII	2,120	521,269	9,510	2,995,726	322	5,763	11,952	3,522,758	100,335	19,228,550

Observations. La dette viagère est fixée à 20 millions en intérêts annuels (titre 3, loi du 21 floréal an x). Le montant des déductions ayant été, pendant l'an XII, plus considérable que celui des nouvelles inscriptions, il en est résulté une diminution de 288,271 francs de rentes. (Voir l'état coté SS).
Le procès-verbal dressé le 3 vendémiaire an XII, par S. A. S. l'architrésorier de l'Empire, et dont copie est à la suite de l'état coté BB, déduit des rentes inscrites celles portées distinctement dans le présent tableau, sous le titre de compte des rejets.

État

DETTE PUBLIQUE

PENSIONS DE

ÉTAT PRÉSENTANT : 1° L'ORIGINE DES PENSIONS DE TOUTES NATURES QUI ONT ÉTÉ INSCRITES PENDANT
3° LES DÉDUCTIONS OPÉRÉES SUR LES PENSIONS PENDANT L'AN XIII, SOIT D'APRÈS DÉCÈS NOTIFIÉS,

MOIS de l'an XII pendant lesquels les pensions ont été inscrites aux registres du trésor public.	PENSIONS CIVILES				PENSIONS ECCLÉSIASTIQUES				PENSIONS de veuves et enfants des défenseurs de la patrie.		TOTAUX	
	anciennes décrétées et liquidées.		nouvelles (Loi du 15 germinal an XI).		ancienne France.		Quatre nouveaux départements du Rhin.					
	Nombre des pensionnaires.	Sommes payables annuellement.	Nombre des pensionnaires.	Sommes payables annuellement.	Nombre des pensionnaires.	Sommes payables annuellement.	Nombre des pensionnaires.	Sommes payables annuellement.	Nombre des pensionnaires.	Sommes payables annuellement.	Nombre des pensionnaires.	Sommes payables annuellement.
Vendémiaire..	.....	....	...	......	....	......	....	......	1	380	1	380
Brumaire..	21	1,597	...	......	2,792	630,683	....	......	253	33,528	3,066	665,808
Frimaire...	24	3,337	1	200	3,128	768,570	....	......	10	5,369	3,163	777,516
Nivôse....	13	1,612	1	600	3,734	917,118	....	......	28	3,164	3,776	922,494
Pluviôse...	.....	....	...	......	....	......	....	......	1	200	1	200
Ventôse...	57	7,461	6	3,259	7,838	1,946,465	....	......	54	16,226	7,955	1,973,411
Germinal..	28	3,364	5	7,600	3,650	945,313	....	......	26	14,653	3,709	970,930
Floréal....	25	6,618	5	3,703	3,952	906,953	....	......	13	3,396	3,995	920,679
Prairial....	19	6,281	1	200	3,782	917,312	....	......	47	7,246	3,849	931,030
Messidor...	29	6,146	3	900	2,718	603,187	....	......	32	4,026	2,782	614,259
Thermidor.	35	4,438	4	2,900	3,130	731,681	....	......	14	10,263	3,183	749,282
Fructidor..	55	7,395	3	302,127	1,879	459,103	154	82,200	7	19,047	2,098	852,772
	306	48,289	29	321,489	36,603	8,826,385	154	82,200	486	100,398	37,578	9,378,761
Excédant pour l'an XII	.....	....	...	......	....	......	....	......	.....	....	......	....
Situation au 1er vendémiaire an XII.......	19,993	2,935,648	7	4,600	51,722	12,542,368	....	......	11,840	1,835,456	83,562	17,318,072
Résultat formant la situation au 1er vendémiaire an XIII........	20,299	2,983,937		326,089	88,325	21,368,753	154	82,200	12,326	1,935,854	121,140	26,696,833

YY.

ET PENSIONS (Suite.)

TOUTES NATURES.

CHAQUE MOIS DE L'AN XII; 2° DE CELLES QUI ÉTAIENT INSCRITES AU 1ᵉʳ VENDÉMIAIRE DE LADITE ANNÉE; SOIT PAR REJETS; ET 4° LE NOMBRE DES PENSIONNAIRES EXISTANTS AU 1ᵉʳ VENDÉMIAIRE AN XIII.

| DÉDUCTIONS OPÉRÉES PENDANT L'AN XII | | | | | | RÉSULTAT COMPARATIF des augmentations et des déductions faites pendant l'an XII. | | | | OBSERVATIONS. |
| par décès. | | par rejets. | | Total des déductions. | | Augmentations. | | Diminutions. | | |
Nombre des pensionnaires.	Sommes payables annuellement.	Nombre des pensionnaires.	Sommes payables annuellement.	Nombre des pensionnaires.	Sommes payables annuellement.	Nombre des pensionnaires.	Sommes payables annuellement.	Nombre des pensionnaires.	Sommes payables annuellement.	
165	41,413	7	1,000	172	42,413	......	....	171	42,033	Il a été inscrit, pendant l'an XII, sur les *registres du trésor*, 37,578 pensionnaires nouvellement liquidés et ayant droit à une somme annuelle de 9,378,761 francs.
186	48,109	.....	3,333	186	51,442	2,880	614,366			
194	51,769	25	3,730	219	55,499	2,944	722,017			
189	47,564	9	3,010	198	50,574	3,578	871,920			De cette somme a été déduite celle de 1,805,656 francs, pour extinctions de 8,619 parties par décès ou rejets; ce qui réduit à 28,959 parties, et à 7,573,105 francs l'accroissement réel des pensions pendant l'an XII.
258	66,917	5	1,033	263	67,950	......	....	262	67,750	
243	60,543	5,442	1,024,041	5,685	1,084,584	2,270	888,827			
207	52,825	9	2,087	216	54,912	3,493	916,018			
200	52,982	5	979	205	53,961	3,790	866,709			Dans ce montant des déductions est comprise une diminution extraordinaire de 1,109,410 francs pour rejet de 5,903 pensionnaires qui n'avaient pas réclamé leurs arrérages depuis trois ans et plus, en exécution de l'arrêté du 15 floréal an XI. (Voir l'état coté BBB).
210	54,964	24	6,112	234	61,076	3,615	869,963			
191	47,056	20	3,398	211	50,454	2,571	563,805			
231	59,593	15	2,965	246	62,558	2,937	686,724			
285	76,950	499	93,283	784	170,233	1,314	682.539			
2,559	660,685	6,060	1,144,971	8,619	1,805,656	29,392	7,682,888	433	109,783	Le surplus des déductions par rejets a eu lieu pour cause de conversion de pensions en solde de retraite, par renonciation faite en vertu de l'arrêté du 27 nivôse an IX, et pour double emploi de liquidation et d'inscription.
.....	....	.....	....	.....	....	28,959 pensionnaires.	7,573,105 francs			
.....	....	.....	....	.....	....	83,562			17,318,072	
2,559	660,685	6,060	1,144,971	8,619	1,805,656	112,521 pensionnaires, 24,891,177 fr.				
						Voir la date de la naissance de ces pensionnaires, état coté AAA.				

État ZZ.

RENTIERS VIAGERS.

TABLEAU *présentant l'année de la naissance: 1° des rentiers viagers jouissants au 1er vendémiaire an XII; 2° des rentiers expectants; 3° et des rentiers dont le décès a été connu au trésor public pendant l'an XII.*

RENTIERS VIVANTS AU 1er VENDÉMIAIRE AN XIII.

ANNÉES DE LA NAISSANCE des Rentiers.	RENTIERS jouissants.	EXPECTANTS 1re classe	2e classe	3e classe
Années antérieures à 1701.	4.	»	»	»
1701	1.	»	»	»
1702	2.	»	»	»
1703	1.	»	»	»
1704	3.	»	»	»
1705	7.	»	»	»
1706	8.	»	»	»
1707	9.	»	»	»
1708	24.	»	»	»
1709	38.	»	»	»
1710	53.	»	»	»
1711	54.	»	»	»
1712	72.	2.	»	»
1713	134.	2.	»	»
1714	191.	1.	»	»
1715	199.	1.	»	»
1716	256.	1.	»	»
1717	295.	1.	»	»
1718	373.	1.	3.	»
1719	385.	10.	»	»
1720	504.	7.	»	»
1721	650.	9.	»	»
1722	794.	19.	1.	»
1723	878.	21.	»	1.
1724	996.	32.	1.	»
1725	1,151.	34.	2.	»
1726	1,230.	51.	»	»
1727	1,334.	57.	»	»
1728	1,509.	77.	»	»
1729	1,665.	96.	1.	»
1730	1,870.	93.	4.	»
1731	2,117.	134.	6.	»
1732	2,189.	154.	1.	»
1733	2,287.	194.	5.	»
1734	2,596.	268.	9.	»
1735	2,577.	290.	6.	2.
1736	2,462.	255.	6.	1.
1737	2,447.	142.	4.	»
1738	2,145.	296.	4.	»
1739	2,381.	332.	6.	»
1740	2,338.	368.	8.	»
1741	2,405.	307.	7.	»
1742	2,251.	321.	5.	1.
1743	2,518.	450.	9.	»
1744	2,783.	539.	7.	4.
1745	2,513.	506.	8.	1.
1746	2,281.	465.	12.	1.
1747	2,362.	502.	15.	»
1748	2,221.	491.	7.	1.
1749	2,315.	491.	11.	»
1750	2,319.	582.	18.	»
A reporter...	00,000.	0,000	00.	0.

ANNÉES DE LA NAISSANCE des Rentiers.	RENTIERS jouissants.	EXPECTANTS 1re classe	2e classe	3e classe
Report....	0,000.	0,000.	000.	00.
1751	2,427.	645.	13.	3.
1752	2,363.	582.	16.	1.
1753	2,127.	609.	15.	1.
1754	2,107.	637.	23.	2.
1755	2,016.	608.	26.	2.
1756	1,835.	637.	23.	5.
1757	1,838.	666.	30.	»
1758	1,540.	599.	36.	3.
1759	1,465.	603.	26.	3.
1760	1,282.	563.	26.	2.
1761	1,219.	579.	22.	3.
1762	1,112.	546.	46.	1.
1763	1,145.	593.	51.	3.
1764	1,111.	644.	54.	8.
1765	997.	623.	57.	10.
1766	1,082.	671.	59.	14.
1767	1,041.	825.	78.	8.
1768	1,041.	779.	77.	13.
1769	1,020.	787.	105.	12.
1770	930.	890.	86.	24.
1771	846.	863.	87.	18.
1772	931.	895.	116.	16.
1773	745.	892.	109.	34.
1774	870.	1,921.	108.	26.
1775	707.	943.	117.	26.
1776	689.	896.	132.	24.
1777	662.	961.	120.	32.
1778	658.	1,013.	122.	34.
1779	471.	850.	97.	22.
1780	448.	712.	74.	22.
1781	336.	5 650.	23.	9.
1782	296.	570.	3.	2.
1783	244.	494.	2.	»
1784	206.	371.	3.	»
1785	173.	336.	2.	1.
1786	114.	265.	»	»
1787	77.	232.	1.	»
1788	44.	125.	»	1.
1789	19.	59.	»	»
1790	7.	32.	2.	»
1791	9.	30.	»	»
1792	2.	»	»	»
1793	4.	»	»	»
1794	1.	1.	»	»
1795	4.	»	»	»
1796	6.	»	1.	»
Naissances inconnues.	12.	1,520.	41.	5.
Tontine Genevoise....	1.	»	»	»
Tontine d'Orléans....	1.	»	»	»
TOTAUX....	100,335.	34,393.	2,191.	406.

(Voir l'état XX.)

EXTINCTIONS CONNUES AU TRÉSOR PENDANT L'AN XII.

ANNÉES de la naissance des Rentiers décédés.	NOMBRE des Rentiers.	ANNÉES de la naissance des Rentiers décédés.	NOMBRE des Rentiers.	ANNÉES de la naissance des Rentiers décédés.	NOMBRE des Rentiers.
Années antérieures......	»	1735....................	73	1770....................	14
1701.....	»	1736.....	59		
1702....................	»	1737.....	51		
1703....................	»	1738....................	38	1771....................	6
1704....................	»	1739....................	40	1772....	8
1705....................	1	1740....................	24	1773....................	4
1706....................	1			1774....................	7
1707....................	1			1775....................	4
1708....................	1	1741....................	37	1776....................	5
1709....................	3	1742....................	30	1777....................	3
1710....................	2	1743....................	33	1778....................	7
		1744....................	38	1779....................	7
		1745....................	43	1780....................	4
1711....................	5	1746....................	28		
1712....................	6	1747....................	20		
1713....................	3	1748....................	20	1781....................	2
1714....................	24	1749....................	19	1782....................	4
1715....................	17	1750....................	21	1783....................	»
1716....................	21			1784....................	1
1717....................	30			1785.	3
1718....................	23	1751....................	18	1786....................	2
1719....................	18	1752....................	28	1787....................	»
1720....................	42	1753....................	14	1788....................	1
		1754....................	22	1789....................	»
		1755....................	20	1790....................	»
1721....................	34	1756....................	9		
1722....................	43	1757....................	14		
1723....................	48	1758....................	10	1791....................	»
1724....................	64	1759....................	6	1792....................	»
1725....................	57	1760....................	8	1793....................	»
1726....................	40			1794....................	»
1727....................	65			1795....................	»
1728....................	64	1761....................	11	1796....................	»
1729....................	56	1762....................	7	1797....................	»
1730....................	71	1763....................	5	1798....................	»
		1764....................	5	Inconnus..............	3
		1765....................	13		
1731....................	67	1766....................	6		
1732....................	77	1767....................	7		
1733....................	61	1768....................	2	TOTAL.............	1,888
1734....................	72	1769....................	7		

Observations. — L'année moyenne de la naissance des rentiers viagers qui étaient inscrits au 1er vendémiaire an XIII comme *jouissants*, était l'année 1747, ce qui donne un âge moyen de 57 ans.

En comparant le total des décès notifiés pendant l'an XII, avec celui des rentiers inscrits au premier jour de ladite année, on trouve que les décès paraissent avoir eu lieu dans une faible proportion.

Deux causes contribuent à ce que ces résultats paraissent au-dessous de la vérité :

1° Parce que la mesure prescrite par l'arrêté du 15 floréal an XI, pour faire rejeter du registre des pensions les pensionnaires qui ne réclameraient pas leurs arrérages pendant trois ans consécutifs, et dont le décès est ainsi présumé, n'a pas encore été appliquée aux rentiers viagers ; il en résulte qu'un assez grand nombre de rentiers viagers décédés continuent à rester inscrits, parce que leurs héritiers ont peu ou point d'intérêt à faire connaître au trésor le décès de ces rentiers ;

2° Parce que l'extinction, ici détaillée, ne comprend que les rentiers dont les rentes ont été éteintes par leur décès, et qui n'ont pas été remplacés par des expectants, lorsque la rente portait sur plusieurs têtes, et que l'un des expectants survivait aux jouissants.

État AAA.

PENSIONNAIRES DE DIVERSES CLASSES.

TABLEAU PRÉSENTANT : 1° L'ANNÉE DE LA NAISSANCE DES PENSIONNAIRES VIVANTS AU 1er VENDÉMIAIRE AN XIII ; 2° LE NOMBRE DES PENSIONNAIRES DE CHAQUE CLASSE ; 3° LE TOTAL DES PENSIONNAIRES DE DIVERSES CLASSES, NÉS DANS LA MÊME ANNÉE.

ANNÉES de la naissance des pensionnaires.	NOMBRE DES PENSIONNAIRES des diverses classes.							ANNÉES de la naissance des pensionnaires.	NOMBRE DES PENSIONNAIRES des diverses classes.						
	CIVILS et militaires.		ECCLÉSIASTIQUES.			Veuves et enfants des défenseurs de la patrie.	TOTAUX.		CIVILS et militaires.		ECCLÉSIASTIQUES.			Veuves et enfants des défenseurs de la patrie.	TOTAUX.
	Anciennes.	Nouvelles.	Hommes.	Femmes.	4 départements du Rhin.				Anciennes.	Nouvelles.	Hommes.	Femmes.	4 départements du Rhin.		
1702......	»	»	»	1	»	»	1	Report..	000	0	0,000	000	0	00	00,000
1705......	»	»	1	»	»	»	1	1731......	401	«	803	405	2	38	1,649
1706......	»	»	»	2	»	»	2	1732......	437	1	896	463	3	46	1,846
1707......	1	»	»	1	»	»	2	1733......	449	«	893	490	2	68	1,902
1708......	2	»	3	2	»	»	7	1734......	488	«	1,018	616	2	78	2,202
1709......	3	»	3	»	»	»	6	1735......	485	«	1,104	575	5	74	2,243
1710......	2	»	1	6	»	»	9	1736......	507	1	1,144	621	3	77	2,353
1711......	5	»	8	7	»	»	20	1737......	509	2	1,209	631	3	82	2,436
1712.....	5	»	11	14	»	»	30	1738......	470	3	1,210	651	2	95	2,431
1713......	19	»	19	19	»	»	57	1739......	486	«	1,232	621	4	121	2,464
1714......	21	»	29	23	»	»	73	1740......	527	1	1,292	626	4	121	2,571
1715......	29	»	41	24	»	»	94	1741......	515	1	1,288	638	2	135	2,579
1716......	31	»	47	40	»	»	118	1742......	470	«	1,347	638	7	192	2,654
1717......	45	»	70	48	»	»	163	1743......	550	1	1,366	665	3	190	2,775
1718......	48	»	77	53	»	»	178	1744......	511	2	1,363	645	2	210	2,733
1719......	71	»	127	75	1	1	275	1745......	436	«	1,328	623	1	202	2,590
1720......	79	»	157	111	2	2	351	1746......	414	«	1,321	684	5	231	2,655
1721......	104	»	184	133	»	4	425	1747......	418	«	1,366	716	3	243	2,746
1722......	119	1	220	154	2	»	496	1748......	415	«	1,501	720	2	250	2,888
1723......	176	1	280	195	2	7	6+1	1749......	434	«	1,616	775	5	298	3,128
1724......	158	»	327	195	1	11	692	1750......	437	1	1,607	851	4	296	3,196
1725......	231	1	429	233	»	12	906	1751......	423	1	1,608	818	4	332	3,186
1726......	246	1	427	252	3	14	943	1752......	466	»	1,657	870	6	335	3,334
1727.....	267	»	510	271	1	9	1,058	1753......	380	1	1,672	834	6	376	3,268
1728......	295	»	566	298	3	19	1,181	1754......	370	1	1,636	777	9	397	3,190
1729......	305	1	643	327	2	35	1,313	1755......	336	»	1,651	758	11	373	3,129
1730......	370	1	772	401	1	33	1,578	1756......	349	2	1,692	783	3	423	3,252
A reporter	000	6	000	000	0	00	0,000	A reporter	000	00	0,000	0,000	00	0,000	00,000

Suite de l'État AAA.

ANNÉES de la naissance des pensionnaires.	NOMBRE DES PENSIONNAIRES des diverses classes.							ANNÉES de la naissance des pensionnaires.	NOMBRE DES PENSIONNAIRES des diverses classes.					
	CIVILS et militaires		ECCLÉSIASTIQUES		4 départements de tête.	Veuves et enfants des défenseurs de la patrie.	TOTAUX.		CIVILS et militaires		ECCLÉSIASTIQUES		4 départements de tête.	Veuves et enfants des défenseurs de la patrie.	TOTAUX.
	Anciennes.	Nouvelles.	Hommes.	Femmes.					Anciennes.	Nouvelles.	Hommes.	Femmes.			
Report..	090	0	0,000	0,000	00	0,000	00,000	Report..	000	00	0,000	0,000	00	0,000	00,000
1757	293	»	1,637	704	2	382	3,018	1779	5	»	1	1	»	30	37
1758	267	»	1,672	712	9	380	3,040	1780	9	»	1	1	»	23	34
1759	224	»	1,654	676	5	356	2,922	1781	3	»	»	»	»	9	12
1760	159	»	1,619	683	4	362	2,820	1782	4	»	1	1	»	17	23
1761	113	1	1,570	673	1	350	2,708	1783	»	»	»	»	»	4	4
1762	103	»	1,436	631	3	372	2,545	1784	4	»	2	»	»	3	9
1763	84	»	1,387	569	2	358	2,400	1785	1	»	»	»	»	6	7
1764	65	»	1,330	579	1	403	2,378	1786	»	2	»	»	»	11	13
1765	65	1	1,143	496	2	374	2,081	1787	1	»	»	»	»	6	7
1766	52	»	1,044	413	»	371	1,880	1788	»	»	»	»	»	9	9
1767	40	»	829	406	1	332	1,608	1789	2	»	»	»	»	8	10
1768	29	»	536	316	1	290	1,172	1790	»	1	»	»	»	4	5
1769	34	»	283	230	»	218	867	1791	»	»	»	»	»	8	8
1770	30	»	238	168	»	251	687	1792	»	»	»	»	»	11	11
1771	26	»	125	80	1	229	461	1793	»	»	»	»	»	8	8
1772	22	»	88	48	»	196	354	1794	»	»	»	»	»	3	3
1773	16	2	38	32	1	194	283	1796	»	»	»	»	»	1	1
1774	13	»	32	15	»	143	203	1797	»	»	»	»	»	1	1
1775	12	1	11	1	»	133	160	1798	»	»	»	»	»	2	2
1776	4	2	6	3	»	95	108	Naissances inconnues et secours temporels	59	2	13	5	»	355	434
1777	17	1	2	»	»	69	89								
1778	6	»	1	»	»	50	57	TOTAUX..	16,077	36	56,475	27,322	154	11,967	112,521
A reporter	000	00	0,000	0,000	00	0,000	00,000				84,451				(Voir l'état coté YY.)

Observation. — Dans le compte de l'an XI, l'état des pensionnaires classés par dates de naissance, contenait 12 centenaires et 333 nonagénaires, sur 83,562 pensionnaires restés inscrits au 1er vendémiaire an XII. Le présent état ne donne plus que 1 centenaire et 207 nonagénaires, sur 112,521 pensionnaires inscrits au 1er vendémiaire an XIII. C'est l'effet du rejet fait pendant l'an XII, en exécution de l'arrêté du 15 floréal an XI. (Voir l'état coté BBB).

L'année moyenne de la naissance des pensionnaires civils était au 1er vendémiaire an X.............. 1742
Des pensionnaires ecclésiastiques (hommes)... 1749
Idem (femmes).. 1748
Et des veuves des défenseurs... 1758

Ces résultats donnent pour la 1re classe un âge moyen de 62 ans; pour la 2e, de 55 ans; pour la 3e, de 56 ans, et pour la 4e, de 46 ans.

D'où l'on peut conclure que l'âge moyen de tous les pensionnaires, pris ensemble, est de 55 ans; ce qui, d'après les tables de mortalité dressées par M. de Parcieux, donnerait, pour tous réunis, une vie moyenne de 17 ans.

Etat B B B.

PENSIONS ÉTEINTES PENDANT L'AN XII.

TABLEAU PRÉSENTANT : 1° LE NOMBRE DES PAIEMENTS DE CHAQUE AGE DONT LE DÉCÈS A ÉTÉ NOTIFIÉ AU TRÉSOR PUBLIC PENDANT L'AN XII; 2° LE NOMBRE DES PENSIONNAIRES REJETÉS EN VERTU DE L'ARRÊTÉ DU 15 FLORÉAL AN XI, ET QUI SONT CENSÉS DÉCÉDÉS, PAR DÉFAUT DE RÉCLAMATION DES ARRÉRAGES ÉCHUS DEPUIS TROIS ANS ET PLUS.

ANNÉES de la naissance des pensionnaires.	NOMBRE des pensions éteintes		ANNÉES de la naissance des pensionnaires.	NOMBRE des pensions éteintes		ANNÉES de la naissance des pensionnaires.	NOMBRE des pensions éteintes	
	par décès constatés.	par décès présumés.		par décès constatés.	par décès présumés.		par décès constatés.	par décès présumés.
1699	»	1	Report........	00	000	Report.......	00	00
1700	»	2						
1702	»	2	1735	89	157	1768	8	20
1703	»	6	1736	71	138	1769	1	6
1704	»	3	1737	79	152	1770	1	8
1705	»	3	1738	73	149			
1706	»	10	1739	59	122	1771	4	6
1707	1	15	1740	64	110	1772	«	5
1708	1	10				1773	1	3
1709	5	16	1741	60	109	1774	2	7
1710	3	28	1742	72	117	1775	1	1
			1743	67	126	1776	«	2
1711	3	28	1744	43	98	1777	«	1
1712	10	38	1745	41	94	1778	«	1
1713	6	39	1746	43	82	1779	1	«
1714	11	62	1747	40	85	1780	«	1
1715	21	97	1748	30	84			
1716	23	92	1749	32	88	1781	«	1
1717	30	101	1750	32	89	1782	«	1
1718	19	90				1783	«	1
1719	30	105	1751	27	77	1784	«	1
1720	56	121	1752	35	93	1785	«	1
			1753	44	74	1786	«	1
1721	49	139	1754	22	66	1787	«	1
1722	54	142	1755	31	65	1788	«	1
1723	82	167	1756	24	55	1789	«	1
1724	62	154	1757	19	53	1790	1	«
1725	74	171	1758	17	53			
1726	85	165	1759	15	42	1792	«	1
1727	71	182	1760	27	45	1793	«	1
1728	102	173				1794	«	1
1729	86	177	1761	18	23	1796	«	1
1730	87	164	1762	14	33	Naissances incon-		
			1763	0	27	nues et secours		
1731	91	152	1764	7	22	temporaires ...	2	45
1732	83	163	1765	11	21			
1733	79	155	1766	9	30			
1734	86	189	1767	5	24	TOTAUX.....	2,359	5,903
A reporter....	000	000	A reporter ...	00	000		8,462.	

Observation. — En comparant le total des décès constatés pendant l'an XII, à celui des pensionnaires inscrits au 1er vendémiaire an XIII (voir l'état coté AAA), on trouve que la proportion qui existe entre le nombre des décès et celui des pensionnaires vivants est dans le rapport de 1 à 44.

D'après le compte de l'an XI, ce rapport était de 1 à 47 ; par conséquent, les décès ont été plus nombreux dans l'an XII, ou au moins la notification en a été faite plus exactement.

Si l'on faisait entrer dans le calcul les décès présumés avec ceux constatés, la proportion qu'on obtiendrait serait dans un rapport très-approximatif des résultats que donnent les théories généralement adoptées; mais il faut observer que cette réunion ne doit pas se faire pour l'an XII, attendu que les rejets faits pendant cette année ont été beaucoup plus nombreux qu'ils ne le seront à l'avenir.

Des pensionnaires avaient cessé de réclamer leurs arrérages depuis dix à douze ans, à l'époque de cette opération, faite pour la première fois, et il n'y aura jamais par la suite que trois ans de non-réclamation, quand elle se renouvellera.

C'est alors que la réunion des décès constatés et présumés donnera le véritable rapport qui doit exister entre le nombre des décès et celui des pensionnaires vivants. On pourra comparer, avec utilité, les calculs de la théorie et les résultats de l'expérience.

SITUATION DE LA DETTE PUBLIQUE ET DES PENSIONS, CONSTATÉE PAR SON ALTESSE SÉRÉNISSIME L'ARCHITRÉSORIER DE L'EMPIRE.

PROCÈS-VERBAL D'ARRÊTÉ DES REGISTRES DU GRAND-LIVRE DE LA DETTE PERPÉTUELLE ET DE LA DETTE VIAGÈRE, ET DU REGISTRE DES PENSIONS.

PAR SON ALTESSE SÉRÉNISSIME L'ARCHITRÉSORIER DE L'EMPIRE.

Ce jourd'hui 3 vendémiaire an XIII, Son Altesse Sérénissime Monseigneur l'architrésorier s'étant transporté au trésor public, à l'effet d'arrêter le grand-livre de la dette publique, conformément à l'article 42 du sénatus-consulte du 28 floréal an XII, s'est rendu à cet effet dans les bureaux où le grand-livre est établi, accompagné de Son Excellence le ministre du trésor public, M. *Turpin*, administrateur présent, ainsi que M. *Wante*, contrôleur de la dette publique.

Le sieur *Housel*, sous-directeur du grand-livre, suppléant le directeur absent pour cause de maladie, a représenté : 1° quatre cent quatre-vingt-treize volumes composant, dans l'ordre alphabétique, le grand-livre des inscriptions 5 pour cent consolidés; 2° quarante-cinq registres appelés *livres auxiliaires*, et contenant le même nombre de parties et les mêmes sommes que celles qui sont inscrites sur le grand-livre; 3° six volumes composant le compte de la République, au crédit de laquelle sont portées les réunions faites à son profit, et provenant de paiements de domaines nationaux, d'acquits de débets de comptables, de compensations autorisées par les lois, et de confiscation dans le cas où elle aura lieu ; et 4° un volume destiné à constater les rejets ou rectifications d'erreurs qui peuvent avoir été commises lors des différentes liquidations.

L'examen desdits registres a fait connaître qu'au 1er vendémiaire, présent mois, les inscriptions 5 pour cent consolidés montaient à 51,252,582 fr. d'annuel, sur laquelle en déduisant les inscriptions portées au compte de la République et montant à 4,577,948 francs, restait celle de 46,674,634 francs.

Le sieur *Housel* a ensuite exposé à Son Altesse Sérénissime que le registre de la dette viagère était établi d'après les mêmes règles que le grand-livre des 5 pour cent consolidés, à la seule différence que lors des consolidations ordonnées par la loi du 9 vendémiaire an VI, il n'avait point été fait de nouveaux registres, en telle sorte que les rentiers viagers étaient restés intégralement inscrits, quoique le paiement se fît dans la proportion déterminée pour les 5 pour cent consolidés.

Il a aussi observé que les registres des inscriptions viagères se divisaient non-seulement par numéros et par lettres, ainsi que le grand-livre, mais encore par classes formées du nombre de têtes sur lesquelles les rentes viagères étaient établies.

Les registres formant les inscriptions de rentes viagères sur une tête sont au nombre de quatre-vingt-quinze; ceux sur deux têtes sont au nombre de soixante-quatre; ceux sur trois têtes au nombre de vingt-six ; et il existe une cinquième classe de rentes viagères créées en vertu de différentes lois, qui est inscrite sur un registre unique.

Le compte de la République, pour la dette viagère, lequel comprend les extinctions par décès, s'élève, au 1er vendémiaire présent mois, à la somme de 3,516,995 francs.

La dette viagère sur une tête s'élève, au 1er vendémiaire présent mois, à la somme de 15,860,740 francs.

Celle sur deux têtes, à celle de 6,153,494 francs ;

Celle sur trois têtes, à celle de 383,043 francs;

Celle sur quatre têtes, à celle de 102,858 francs ;

Et la cinquième classe, formée de rentes créées par différentes lois, monte à la somme de 5,410 fr.

Ces classes réunies forment au total la somme de 22,805,545 francs, de laquelle il faut déduire celle de 3,516,995 francs, montant du compte de la République ; en sorte que la dette viagère, payable dans le cours de l'an XIII, monte à la somme de 19,288,550 francs, sauf les autres extinctions qui pourront être connues sur les précédents semestres, et celles qui pourront survenir dans le cours de la présente année.

Son Altesse Sérénissime s'est ensuite transportée dans les bureaux où sont tenus les registres sur lesquels sont inscrits les divers pensionnaires de l'Etat, qui reçoivent leur annuel au trésor public. Le sieur HARMAND, directeur du bureau des pensions, a observé que les pensions se divisaient en cinq classes ;

Savoir :

Les anciennes pensions;

Les pensions ecclésiastiques;

Les pensions des ecclésiastiques des quatre nouveaux départements du Rhin;

Les pensions accordées aux veuves des défenseurs de la patrie;

Et les pensions nouvelles.

Que les pensions ecclésiastiques des quatre nouveaux départements du Rhin, les pensions des veuves et les nouvelles pensions se payaient intégralement.

Il a représenté les divers registres sur lesquels les pensionnaires sont inscrits, savoir : quatorze volumes comprenant les anciennes pensions; quarante-six volumes comprenant les pensions ecclésiastiques ; un volume comprenant les ecclésiastiques des quatre départements du Rhin; treize volumes comprenant les pensions des veuves des défenseurs ; et enfin un seul registre, sur lequel les pensions nouvelles sont inscrites; que le nombre des pensionnaires inscrits était de 127,204, dont il fallait déduire 14,683 parties portées sur les registres des extinctions, d'où il résulte qu'au 1er vendémiaire an XIII il existe 112,521 pensionnaires.

Examen fait de ces différents registres, il a été reconnu que toutes les pensions sont inscrites intégralement, et que d'après la proportion dans laquelle se paient les anciennes pensions, ainsi que les pensions ecclésiastiques, les anciennes pensions montent, au 1er vendémiaire an XIII, à la somme de 2,274,740 francs, et les pensions ecclésiastiques à celle de 20,326,837 francs ; que les pensions ecclésiastiques des quatre nouveaux départements du Rhin s'élèvent à la somme de 82,200 francs ; les pensions des veuves des défenseurs à celle de 1,881,311 francs ; et les pensions nouvelles à 326,089 francs ; et que ces diverses sommes réunies forment un total de 24,891,177 francs.

Il a été pareillement reconnu que la balance des registres des pensions s'établit par le rapprochement qui s'en fait tous les mois sur les états de liquidation.

Le sieur WANTE, contrôleur de la dette publique, a représenté les registres du contrôle, lesquels ont donné les mêmes résultats.

Son Altesse Sérénissime Monseigneur l'architrésorier ayant demandé qu'il lui fût remis une situation générale de la dette publique au 1er vendémiaire présent mois, le directeur du grand-livre et celui des pensions l'ont remise à l'instant certifiée par eux; les résultats ont été comparés avec les divers registres auxquels ils se rapportent, et ils ont été trouvés absolument conformes.

Les états qui contiennent cette situation ont été annexés au procès-verbal.

Monseigneur l'architrésorier a ensuite arrêté les divers registres destinés à établir le montant des inscriptions 5 pour cent consolidés, des rentes viagères et des pensions de toute nature. Les registres des 5 pour cent consolidés, à l'arrêté desquels il a été procédé, sont au nombre de 28; ceux concernant la dette viagère, au nombre de cent, et ceux des pensions de toute nature, au nombre de onze. Les registres concernant les inscriptions consolidées et les rentes viagères sont restées en la possession dudit sieur HOUSEL; et ceux concernant les pensions de toute nature, entre les mains du sieur HARMAND.

Monseigneur l'architrésorier a également arrêté les registres du contrôle de la dette publique : ces registres, au nombre de six, sont également restés entre les mains du sieur WANTE, contrôleur.

A Paris, les jour, mois et an que dessus.
Signé : LEBRUN.

Pour copie conforme :
Le secrétaire intime de Son Altesse Sérénissime,
Signé : LAFLOTTE.

Pour copie :
Le ministre du trésor public.
Signé : BARBÉ-MARBOIS.

COMPTE DU TRÉSOR PUBLIC.

Visa DE S. A. S. L'ARCHITRÉSORIER DE L'EMPIRE.

Les comptes du trésor public, **présentant la totalité des recettes et dépenses faites, pendant l'an** XII, par toutes les caisses du trésor sur **l'exercice** de ladite année et sur les exercices **précédents,** qui n'étaient pas entièrement terminés, **ont été** vus par nous, architrésorier de l'Empire. **Le présent** *visa* apposé, pour être lesdits comptes **présentés à Sa Majesté l'Empereur, et ce, en exécution** de l'article XLII de l'acte des **Constitutions de** l'Empire, du 28 floréal an XII.

Paris, le 10 nivôse an XIII.
Signé : LEBRUN.
Par Monseigneur :
Le secrétaire intime de S. A. S.
Signé : LAFLOTTE.

FIN DU BUDGET DE L'AN XIII.

CORPS LÉGISLATIF.

PRÉSIDENCE DE M. BÉGUINOT, VICE-PRÉSIDENT.

Séance du 27 pluviôse an XIII (samedi 16 février 1805).

Le procès-verbal de la séance du 22 pluviôse est adopté.

On introduit Messieurs les conseillers d'État Defermon et Gally.

M. **Defermon** présente un *projet de loi relatif à l'application des articles 1, 2 et 4 de la loi du 25 nivôse an XIII aux cautionnements des receveurs généraux, particuliers et autres comptables publics ou préposés d'administrations.* En voici le texte et l'exposé des motifs.

Messieurs, vous trouverez dans la loi générale des finances une nouvelle fixation des cautionnements des receveurs généraux et particuliers. Cette mesure, qui fut dictée par la nécessité d'augmenter la garantie de la gestion de ces comptables envers le trésor public, réunira en outre l'avantage d'augmenter les ressources pour le service de cette année; mais il a paru juste à Sa Majesté l'Empereur d'appliquer aux receveurs généraux et particuliers, et en général à tous les comptables et préposés qui sont soumis à des cautionnements, les dispositions de la loi du 25 nivôse dernier. Cette loi, Messieurs, a eu pour objet de donner aux agents de change et autres fonctionnaires, soumis à des cautionnements, de nouvelles facilités à s'en procurer les fonds, en leur permettant de prêter à leurs prêteurs les plus grandes sûretés de remboursement.

Ainsi, après avoir accordé le premier privilége aux condamnations pour fait de change, la loi accorde le second rang aux prêteurs des fonds de cautionnement.

Il en sera de même pour les comptables, en adoptant le projet de loi que j'ai l'honneur de vous présenter.

Les fonds de cautionnement resteront affectés par premier privilége à la garantie des répétitions que pourrait avoir à faire contre eux le trésor public par suite de l'exercice de leurs fonctions; mais ils pourront être affectés par le second privilége au remboursement des fonds qui leur auraient été prêtés pour tout ou partie de leur cautionnement.

Les formalités à remplir pour donner aux prêteurs cette garantie ne sont ni difficiles, ni dispendieuses, et sans doute, Messieurs, vous ne verrez dans ce nouveau projet de loi qu'une nouvelle preuve de la constante sollicitude de Sa Majesté pour donner à toutes les parties de l'administration la marche la plus convenable à l'intérêt public et particulier.

Projet de loi.

Art. 1er. Les dispositions des articles 1er, 2 et 4 de la loi du 25 nivôse dernier, relative aux cautionnements fournis par les notaires, avoués et autres, s'appliqueront aux cautionnements des receveurs généraux et particuliers, et de tous les autres comptables publics ou préposés d'administrations.

Art. 2. Les prêteurs des sommes employées auxdits cautionnements jouiront du privilége du second ordre institué par l'article 1er de la loi du 25 nivôse dernier, en se conformant aux articles 2 et 4 de la même loi.

L'orateur annonce que Sa Majesté a fixé au 6 ventôse la discussion de ce projet de loi.

MM. les conseillers d'État ayant quitté l'Assemblée, M. le Président fait lecture d'un message de l'Empereur au Corps législatif, conçu en ces termes :

Législateurs, conformément à l'article 9 du sénatus-consulte du 28 frimaire an XII, portant que les candidats pour la nomination du président du Corps législatif seront présentés dans le cours de la session annuelle pour l'année suivante, et à l'époque de cette session qui sera désignée, nous vous invitons à procéder aux opérations relatives à cette présentation.

Au palais des Tuileries, le 23 pluviôse an XIII.

Signé : NAPOLÉON.

Par l'Empereur,

Le secrétaire d'État, signé : H. B. MARET.

M. LE PRÉSIDENT rappelle la teneur des divers articles du sénatus-consulte, concernant le choix des candidats à présenter à Sa Majesté.

L'Assemblée décide qu'elle procédera à ce choix séance tenante. Les bulletins ne peuvent porter que sur les 4e, 3e, 5e et 1re séries, les membres composant la seconde série devant cesser leurs fonctions avec la session actuelle.

On procède à un premier tour de scrutin.

Le nombre des votants est de 247 ; majorité absolue, 124.

M. Fontanes obtient 155 suffrages ; en conséquence, il est proclamé premier candidat par M. Béguinot, vice-président.

Aucun autre membre n'ayant réuni la majorité absolue, il sera procédé lundi à un nouveau scrutin.

Le Corps législatif lève sa séance et s'ajourne à lundi.

CORPS LÉGISLATIF.

PRÉSIDENCE DE M. FONTANES.

Séance du 29 pluviôse an XIII (lundi 18 février 1805).

Le procès-verbal de la séance du 27 est adopté.

Plusieurs membres demandent la parole pour divers hommages.

M. **Chapuis.** Mes collègues, dans le courant de floréal an XI, parut le premier volume des *Mémoires du Parlement de Paris;* il fut présenté au Corps législatif, qui en ordonna la mention dans son procès-verbal, et le renvoi à sa bibliothèque.

Je réclame aujourd'hui la même faveur pour les 2e et 3e volumes qui sortent des presses, et dont je suis chargé de faire hommage à l'Assemblée.

Les parlements furent entraînés avec les autres institutions par le torrent révolutionnaire. Depuis leur chute, la crainte, la haine ou l'incertitude, les ont fait juger avec trop de faveur par les uns, avec injustice par les autres. Leur ombre semblait planer encore sur la France; mais aujourd'hui, grâce au bras puissant qui a fixé les destinées de la patrie, grâce au génie tutélaire qui a comprimé et les souvenirs haineux et les espérances déréglées, les parlements ne sont plus pour nous que des objets historiques. Il s'agit de les apprécier et de les faire connaître à nos neveux et le plus imposant avec impartialité, et c'est principalement dans l'ouvrage qui vous est présenté, que l'historien trouvera des monuments irrécusables pour et contre le corps de magistrature le plus ancien et le plus imposant de l'Europe. Ses fautes, ses prétentions, ses lumières et son courage, sont souvent retracés dans les registres secrets qu'on livre au public dans cette circonstance.

Du reste, l'utilité historique n'est pas la seule question : les mémoires du parlement, les discussions savantes sur les lois, les traités de paix, de subsides, et autres actes présentés par les rois à l'enregistrement, sont pour l'homme d'État et le jurisconsule, des sources précieuses et inépuisables.

Par ces motifs, mes collègues, je propose au Corps législatif d'agréer l'hommage des deux volumes que je dépose sur le bureau, d'en ordonner la mention au procès-verbal et le renvoi à sa bibliothèque.

Ces propositions sont adoptées. — L'Assemblée ordonne en outre l'impression du discours de M. Chapuis.

M. **Boulard** fait hommage au Corps législatif d'un ouvrage dont il est l'éditeur, intitulé : *Distiques de Caton*, en vers latins, grecs et français, suivis de *Quatrains de Pibrac*, traduits en prose grecque par Dumoulin ; le tout avec des traductions interlinéaires ou littérales du grec.

L'Assemblée ordonne également la mention au procès-verbal et le dépôt de l'exemplaire à sa bibliothèque.

MM. Ségur et Miot, conseillers d'État, sont introduits.

M. **Ségur** présente un *projet de loi relatif à la reconstruction de la place Bonaparte, ci-devant Bellecour, à Lyon.* En voici le texte et l'exposé des motifs.

Motifs.

Messieurs, le Premier Consul revenant en France, victorieux et triomphant, arrêta tristement ses regards sur les ruines qui couvraient le sol de Lyon ; le génie réparateur qui voulait, qui devait rendre si promptement à la France le repos, la richesse, la puissance et la gloire, vit avec douleur cette cité jadis si florissante, et qui rendait toute l'Europe tributaire de son industrie, faible, pauvre, déserte et n'offrant d'autres vestiges de sa grandeur passée que l'étendue vaste et silencieuse de ses débris.

Il résolut dès lors de faire disparaître les traces honteuses de ces temps de discorde et de délire, où les Français égarés avaient fait plus de maux à la France que ses ennemis mêmes ne pouvaient lui en souhaiter. Il parla, il promit. Les pensées, les paroles d'un tel homme sont fécondes ; elles firent à l'instant renaître l'espérance, l'activité ; et Lyon, avant qu'on eût posé la première pierre de sa réédification, sembla déjà jouir de ses ateliers relevés et de ses monuments reconstruits ; la confiance des Lyonnais était juste, elle ne fut pas, elle ne sera point trompée. De nouvelles victoires, une paix glorieuse, l'ordre rétabli dans les impositions et dans leur emploi, le silence imposé aux passions, la puissance rendue aux lois, le retour de la sûreté publique, la renaissance de la religion et des sentiments généreux, les encouragements donnés à l'industrie, les communications rétablies avec les puissances du continent, redonnèrent la vie à l'agriculture et au commerce, et Lyon recommença bientôt à faire reparaître quelques premiers produits de ses manufactures renaissantes, dans nos villes et dans les marchés de l'Europe.

Mais il ne suffisait pas de la faire participer au bien général qu'une législation sage répandait chaque jour sur la France entière ; le Gouvernement proposa, et vous sanctionnâtes des lois particulières pour seconder l'activité des Lyonnais et pour rendre à leur intéressante et malheureuse ville son ancienne prospérité et son premier éclat. La confiance, le crédit, les capitaux versés progressivement par l'industrie dans le commerce, pouvaient bien lui rendre promptement quelque vie ; mais pour rebâtir tout ce qu'avait détruit la barbarie ; pour relever un palais que le canon de la guerre civile avait renversé ; pour reconstruire les beaux édifices de la place Bellecour, jadis le plus bel ornement de cette place, dont les décombres présentent aujourd'hui un spectacle si douloureux, il fallait du temps, de grands efforts, beaucoup de sacrifices et d'encouragements. On tenta dans ces premiers moments tout ce qui paraissait possible, et la loi du 7 nivôse an IX, ainsi que l'arrêté du 23 germinal an X, contenaient des dispositions qui semblaient promettre d'heureux succès. On accorda 400,000 francs aux propriétaires de maisons de cette place, qui bâtiraient en se conformant au plan alors adopté, et on les exempta pour quinze ans de toute imposition, pourvu que leurs édifices fussent élevés de 5 mètres pendant le cours de la première année. Enfin on prolongea cette exemption pour l'espace de vingt ans en faveur des propriétaires dont les constructions auraient été achevées en l'an XI. Malgré ces promesses, ces dons, ces encouragements, l'espoir qu'on avait conçu ne s'est point jusqu'à présent réalisé ; le commerce des Lyonnais se relève, mais les ruines de Bellecour affligent toujours leurs regards, et leur activité qui a su ranimer tant d'ateliers, s'arrête avec effroi devant ces tristes masses dont le mouvement exige de fortes dépenses, et ne promet que de tardifs dédommagements.

Vos intentions cependant doivent être remplies ; le vœu des habitants de Lyon doit être exaucé, et l'Empereur doit achever ce que le Premier Consul a commencé.

On a, par son ordre, examiné avec le plus grand soin la nature, la force des obstacles qui s'opposent à une réédification si nécessaire. Le préfet du Rhône, le conseil municipal de Lyon, ont donné à cet égard toutes les lumières qu'on devait attendre d'eux. Il faut de nouveaux sacrifices ; ils demandent de nouveaux encouragements, et Sa Majesté nous a chargés de vous proposer un projet de loi dont les dispositions doivent rétablir la balance entre les dépenses des constructions à faire et les dédommagements éloignés que les propriétaires doivent en attendre. Nous venons vous démontrer la nécessité de cette loi, qui sera pour Lyon un bienfait. Peu de mots suffiront pour vous développer les motifs de chacune de ses dispositions.

L'exemption d'imposition précédemment accordée aux propriétaires sera étendue au terme de vingt-cinq années.

Vous trouvez sans doute cet encouragement sage autant que juste. L'impôt ne porterait que sur un terrain qui ne produit rien, et l'exemption sert à créer des matières contribuables ; elle donne d'ailleurs le droit d'exiger que les propriétaires, en relevant leurs bâtiments, en construisent les façades conformément à un plan adopté, pour rendre à cette place son ancienne magnificence.

On ajoute un secours de 400,000 fr. aux 400,000 fr. que l'arrêté du 23 germinal an X avait déjà accordés aux propriétaires de la place. Cette somme, prise sur les octrois et les revenus de Lyon, sera distribuée par annuités, pendant dix ans, aux propriétaires, et répartie entre eux proportionnellement à la part que chacun, suivant les devis, doit avoir à supporter dans les dépenses de la construction.

Ce nouveau sacrifice est nécessaire, et le préfet atteste qu'à cet égard le vœu général des habitants est conforme à celui qui a été émis par le conseil municipal.

En observant les parties de la cité que vivifie déjà l'activité du commerce, on voit qu'il s'y est établi une juste proportion entre les dépenses des constructions et le prix du loyer des habitations; et que là où les travaux ont été démontrés utiles, ils ont été commencés, suivis et achevés. Dans les quartiers de Bellecour, au contraire, l'emplacement des façades reste couvert de décombres, parce que la valeur locative y demeure stationnaire, ou y décroît; tandis que les intérêts des capitaux et le prix des matériaux et de la main-d'œuvre s'y élèvent progressivement. Les encouragements proposés n'étaient pas suffisants pour rétablir cet équilibre rompu; et les propriétaires intimidés n'osent donner à leurs fonds un genre d'emploi reconnu pour onéreux. Pour faire cesser cette inactivité, le seul moyen est de faire disparaître la disproportion qui existe entre les avances que demande la construction et les produits qu'on peut s'en promettre.

Tels sont les motifs qui portent le conseil municipal à offrir de nouveaux secours. Vous approuverez sans doute la sagesse de ses intentions et la justesse de ses calculs. Enfin la ville de Lyon, en se déterminant à ce nouveau sacrifice, a désiré qu'on lui concédât le terrain de l'arsenal et les bâtiments qui s'y trouvent encore. Sa Majesté vous propose d'y consentir. La ville sera seulement obligée de payer les travaux nécessaires pour réparer la maison de Sainte-Claire, qui servira dorénavant de dépôt aux transports militaires.

C'est par cette réciprocité de sacrifices et de libéralités, par ces efforts que tente l'activité des citoyens et que soutient la sagesse du Gouvernement, qu'on répare en peu de temps de longs malheurs, et qu'on efface de tristes souvenirs.

Vous apprécierez, Messieurs, dans votre sagesse, le zèle louable et éclairé des magistrats de Lyon, et vous vous empresserez sans doute, en sanctionnant le projet de loi que nous vous présentons, de réparer les pertes d'une cité célèbre, de faire disparaître ses ruines et d'accomplir le vœu que forment ses habitants, d'élever sur cette place reconstruite un monument digne du nom que lui donne la reconnaissance.

PROJET DE LOI.

Article 1er. L'exemption de la contribution foncière, pendant 15 années, à compter de l'an X, accordée, par la loi du 7 nivôse an IX, aux propriétaires des maisons situées sur la place de Bellecour, actuellement place Bonaparte, à Lyon, est étendue au terme de 25 années, à compter du 1er vendémiaire an X, à la charge de se conformer, pour la reconstruction des façades, au plan adopté par le Gouvernement.

Art. 2. Indépendamment du secours de quatre cent mille francs, accordé aux propriétaires des maisons par l'arrêté du 23 germinal an X, il leur sera réparti un nouveau secours de quatre cent mille francs, payables par annuités égales de 40 mille francs chacune.

Cette somme sera prise sur le produit des octrois et autres revenus de la ville de Lyon.

Art. 3. Il sera dressé, d'après le plan adopté par le Gouvernement, un devis estimatif du prix des façades, et de ce qu'il en doit coûter à chacun desdits propriétaires des maisons de la place Bonaparte, pour sa part dans la construction générale.

Art. 4. Le secours annuel de 40 mille francs, porté à l'article 2, sera réparti entre les propriétaires dans la proportion indiquée par le devis estimatif des façades.

Art. 5. Pour y avoir droit, les propriétaires seront tenus de commencer leurs constructions en l'an XIII, et de les continuer sans interruption, en se conformant au plan adopté.

Art. 6. L'emplacement situé sur le bord de la Saône, servant ci-devant à l'arsenal de cette ville, avec ses bâtiments et dépendances, tel que le veut se comporte actuellement, est concédé à la ville de Lyon, à la charge de verser au trésor public, dans le cours des années XIII et XIV, une somme de quarante mille francs, qui sera employée aux réparations et distributions à faire aux bâtiments des dames de Sainte-Claire, servant actuellement d'arsenal dans la ville de Lyon.

Le Corps législatif arrête que ce projet de loi sera transmis au Tribunat par un message.

Des orateurs du Gouvernement et du Tribunat sont introduits.

L'ordre du jour appelle la discussion de deux projets de loi relatifs:

1° A l'interprétation de l'article 36 de la loi du 21 germinal an XI, concernant la police de la pharmacie;

2° A des aliénations, acquisitions, impositions extraordinaires, par des communes et des hospices (projet présenté le 20 pluviôse).

M. le **Président.** M. Chabot (de l'Allier), orateur du Tribunat, a la parole sur le premier projet de loi.

M. **Chabot** (de l'Allier). Messieurs, le projet de loi qui vous est soumis a pour objet de rectifier une erreur de rédaction dans l'article 36 de la loi sur la police de la pharmacie.

Cet article, après avoir sévèrement prohibé toute distribution de drogues et préparations médicamenteuses sur des théâtres ou étalages, dans les places publiques, foires et marchés, ajoute que la contravention sera punie conformément à l'article 83 du Code du 3 brumaire.

Mais l'article 83 ne désigne aucune peine: il ne parle que de la dénonciation officielle.

Il y a donc erreur évidente dans la citation de cet article, et il en résulte que la loi n'ayant pas précisé de peine, les tribunaux ne peuvent en prononcer aucune contre les empiriques et les charlatans qui continuent à tromper les citoyens.

Le projet de loi vient réparer l'erreur, en déterminant, d'une manière équitable et modérée, la peine qui doit être prononcée.

La section de législation du Tribunat, dont je suis l'organe, a voté l'adoption du projet.

Aucun autre orateur ne demandant la parole, la discussion est fermée.

M. le **Président.** M. Carret (du Rhône), orateur du Tribunat, a la parole sur le projet de loi d'intérêt local, relatif à des aliénations, acquisitions et impositions.

M. **Carret** (du Rhône). Législateurs, le projet de loi qui vous a été présenté, le 20 de ce mois, par les orateurs du Gouvernement, est relatif à des acquisitions, des concessions, des échanges, des impositions extraordinaires sollicitées par des communes, des hospices ou des particuliers.

Cette loi contient sept titres: celui qui la termine renferme des dispositions générales conformes à celles que vous avez déjà approuvées pour de semblables objets. Chaque titre se divise en articles dont la réunion forme 113 demandes qui auraient autrefois exigé 113 lois particulières: ainsi la marche de l'administration générale, en devenant rapide, satisfait plus d'intérêts à la fois, débarrasse dans la même proportion les administrations secondaires, et leur laisse plus de temps pour surveiller les autres intérêts qui leur sont confiés.

Le premier titre se porte à des aliénations sollicitées par des communes, par des hospices; celui de Tournay, par exemple, demande l'autorisation pour vendre 59 maisons vieilles et exigeant toutes des réparations dispendieuses, qui dépassent de beaucoup les moyens pécuniaires de cet hospice; si cette autorisation pouvait être refusée, chaque jour ces maisons se dégraderaient davantage, et bientôt les pauvres n'auraient plus de patrimoine.

La ville de Lorgues, département du Var, demande l'autorisation de vendre quelques immeubles communaux, pour en employer le produit à la construction d'une maison communale dont elle est dépourvue. Observez je vous prie, législateurs, que les particuliers qui achètent des communes ou des hospices se soumettent à des conditions avantageuses à ces administrations, parce qu'elles sont essentiellement populaires et bienfaisantes, et que chaque citoyen est intéressé à ce qu'elles soient maintenues dans un état d'aisance qui profite à tous.

Le titre II est relatif à des acquisitions nécessaires par des motifs bien pressants. Ici, le Gouvernement régularise, en confirmant des acquisitions déjà faites et destinées à loger des autorités publiques; là, il en permet de nouvelles pour agrandir des cimetières, des prisons, des maisons de justice. A Angoulême, département de la Charente, il autorise la commune à acquérir, au prix de l'estimation, les bâtiments non aliénés du ci-devant couvent des Jacobins, destinés au placement de divers établissements publics, reconnus nécessaires au commerce de cette ville, dont la position est aussi avantageuse que le caractère de ses habitants est probe et industrieux : partout il imprime de sa main puissante la trace d'une amélioration successive et qui s'approche autant de la perfection que peuvent le permettre les circonstances d'une guerre soutenue pour la foi des traités, et qui finira nécessairement par une paix honorable ou par la victoire.

Le titre III, des concessions à rentes, se compose d'autorisations demandées par des hospices ou des communes, pour vendre des terrains vagues et presque sans rapports, ou des maisons qui tombent en ruines, tandis que leurs possesseurs sont dans l'impossibilité de les réparer, moyennant une rente proportionnelle, rachetable au denier vingt.

Ces transactions, législateurs, toujours avantageuses en de pareilles circonstances aux vendeurs, le sont en même temps à l'État; car l'homme achète pour cultiver ou bâtir : et partout où il y a maison et culture, il y a mariage, population, impositions, et par conséquent nouvelle source de prospérité pour l'État.

Les échanges forment le IV° titre; il est composé de 43 articles ; tous se rapportent à des intérêts loyalement balancés entre le Gouvernement et des communes, entre des communes, des hospices et des particuliers ; ce sont des convenances réciproques qui les sollicitent ; le Gouvernement les apprécie, les régularise pour le plus grand intérêt de tous, les assujettit aux formes conservatrices de la propriété ; et votre approbation leur donne le caractère imposant de la loi.

On pourrait rappeler ici l'observation que j'ai faite au 1er titre : c'est que, toutes les fois qu'il s'agit d'échanges proposés aux hospices ou aux communes par des particuliers, ces derniers font toujours des avantages considérables à l'autre partie. Cette vérité résulte de la correspondance des préfets, des sous-préfets, et de toutes les autorités locales avec le Gouvernement ; correspondance annexée aux pièces nombreuses qui ont motivé son opinion, lorsqu'il a rédigé le projet qui vous est présenté.

Des impositions extraordinaires, sollicitées par les communes elles-mêmes, forment le V° titre. Certes, législateurs, les habitants de ces communes ne demanderaient pas avec tant d'instance la permission de s'imposer, si, dans leur intérêt particulier, chacun d'eux n'avait calculé à l'avance le résultat avantageux que peut lui procurer la modique addition d'impôts exigée, ou pour l'acquisition d'un local plus rapproché, et destiné au culte, ainsi qu'au pasteur chargé de leur enseigner, par ses exemples et ses discours, la morale d'une religion consolatrice et bienfaisante ; ou bien à l'instituteur qui doit apprendre à leurs enfants les éléments des connaissances dont on ne peut se passer, même dans les conditions les plus ordinaires des grandes sociétés.

D'autres circonstances, toutes aussi impérieuses, forcent encore les communes à ces demandes ; elles ont des levées à faire pour se préserver des inondations ; des tranchées à ouvrir pour dessécher des marais infects ; des ponts à réparer ou à construire, afin de communiquer plus facilement, soit avec les chemins vicinaux, soit avec les rivières, les grandes routes, et ouvrir ainsi des débouchés moins dispendieux aux produits de leur sol ou de leur industrie. Beaucoup d'entre elles ont des procès à soutenir ou à terminer, car l'esprit de chicane se glisse sous le chaume comme dans les salons dorés des grandes villes. Espérons qu'en multipliant les sources d'instruction et de morale, on diminuera efficacement cette fatale disposition des esprits, qui peut tourner autant au désavantage du Gouvernement qu'elle nuit aux mœurs et aux particuliers.

Le titre VI comprend cinq articles ; il se compose d'objets mixtes, tous relatifs à des demandes par des communes, des hospices ou des particuliers, de l'autorisation de la loi pour échanger, construire, établir des manufactures ou procéder à des opérations du genre de celles dont j'ai eu l'avantage de vous parler dans les titres précédents.

Chacun de ces objets, législateurs, a été examiné dans le Conseil d'État ; et le génie qui préside aux destinées de la France a pensé que, si les grands intérêts des nations se maintiennent par la fermeté du Gouvernement, c'est aussi par la sagesse et la sollicitude paternelle de l'administration dans les plus petits détails de ceux des particuliers, qu'ils s'agrandissent et se conservent.

Le VII° et dernier titre prescrit des formes applicables à tous les actes, à tous les changements que cette loi va autoriser; c'est sous l'inspection immédiate des délégués du Gouvernement qu'elle sera exécutée; ses dispositions leur sont familières, législateurs, puisqu'elles ne sont que la répétition d'actes et de formes déjà consacrées par des lois du même ordre.

Mais avant de terminer, qu'il me soit permis d'appeler toute votre attention sur la sagesse et l'extrême prévoyance de l'article 3 de ce titre; il est ainsi conçu :

« Si la somme que chaque commune ou hos« pice aura à sa disposition, provenant de rem« boursement, aliénation ou soulte d'échange par « suite de la présente loi, n'a pas d'affectation « spéciale, et peut suffire à acquérir cinquante « francs de rente sur l'État, cette acquisition « sera faite sous la surveillance du préfet, à « moins qu'il n'y ait autorisation contraire et « spéciale... Si elle n'est pas suffisante pour ache« ter cinquante francs de rente, le préfet en ré« glera l'emploi. »

C'est une maxime d'État, vous le savez, législateurs, avouée par la plus saine politique, que le grand art des gouvernements consiste surtout à unir tellement les fortunes particulières à la leur, que jamais ces deux intérêts ne puissent être séparés ; c'est le plus puissant moyen de faire naître un esprit national s'il n'existait pas, de le retremper s'il pouvait s'affaiblir, de rendre enfin éternel ce feu sacré du véritable patriotisme, qui consiste à préférer son pays à tout , et le Gouvernement qui le préserve et le défend, à soi-même. Honneur donc au chef illustre qui a trouvé le lien fortuné qui attache et confond ensemble le bonheur du peuple et la grandeur du Monarque, de manière à les rendre, l'un par l'autre, heureux au dedans, et respectables au dehors!

Le Tribunat me charge , Messieurs, de vous proposer l'adoption du projet.

La discussion est fermée.

Le Corps législatif, consulté par M. le Président, décide qu'il procédera simultanément par un seul appel nominal au scrutin pour l'adoption ou le rejet des deux projets de loi qui viennent d'être discutés.

Le nombre des votants est de 238, dont 237 ont voté pour l'adoption et un pour le rejet sur chacun des deux projets de loi.

Le Président proclame le résultat du vote.

On procède par appel nominal à un second scrutin secret pour le choix de trois candidats, dont un de chacune des troisième, quatrième et cinquième séries, pour compléter le nombre de quatre, parmi lesquels Sa Majesté l'Empereur doit nommer le président du Corps législatif pour l'an XIV.

M. Pémartin, de la cinquième série, réunit seul la majorité absolue.

La suite de cette opération est ajournée à demain.

La séance est levée.

SENAT CONSERVATEUR.

PRÉSIDENCE DE M. FRANÇOIS (DE NEUFCHATEAU).

Séance du 30 pluviôse an XIII (mardi 19 février 1805).

Le Sénat conservateur, réuni au nombre de membres prescrit par l'article 90 de l'acte des Constitutions de l'an XIII;

Après avoir entendu les orateurs du Conseil d'État, et le rapport de sa commission spéciale, nommée dans la séance du 28 nivôse dernier ;

Décrète ce qui suit :

TITRE PREMIER.

Des biens affectés au Sénat.

Art. 1er. Dans le délai d'un an, le chancelier présentera au grand conseil d'administration du Sénat un état général des domaines affectés au Sénat.

Il désignera en même temps ceux de ces biens qu'il croira convenable de conserver, vendre, échanger ou concéder à longues années.

Art. 2. Le grand conseil d'administration du Sénat décidera, sur la proposition du chancelier, et arrêtera l'état :

1° Des biens à conserver ;
2° De ceux à vendre ou à échanger ;
3° De ceux à concéder à longues années.

Art. 3. Les biens désignés pour être aliénés seront vendus en vertu de l'autorisation mentionnée en l'article précédent, administrativement et sans frais, devant le préfet du département, à la diligence du chancelier ou de son fondé de pouvoirs, et d'après un cahier des charges approuvé par lui-même ou son représentant.

Art. 4. Ces ventes seront faites avec les mêmes formalités que les ventes des domaines nationaux.

Art. 5. Les actes d'échange et baux à longues années seront consentis par le chancelier du Sénat ou son fondé de pouvoirs.

Ils seront passés administrativement et sans frais comme les actes de ventes par le préfet.

Toutefois, ils ne seront définitifs et exécutoires qu'après avoir été approuvés par un conseil particulier du Sénat.

Ce conseil sera composé du président et des secrétaires en fonctions, et de deux sénateurs nommés à cet effet, tous les ans, par le Sénat.

Art. 6. Le prix des ventes sera versé à la caisse d'amortissement.

Art. 7. Le chancelier proposera, et le grand conseil d'administration du Sénat déterminera l'emploi des capitaux provenant de ventes, et en réglera les conditions.

Dans le cas où le grand conseil d'administration ordonnerait la conversion en rentes de tout ou partie des capitaux, elle sera opérée à la diligence et par les soins du directeur général de la caisse d'amortissement.

TITRE II.

Des biens affectés aux sénatoreries,

Art. 8. Dans le délai d'un an, chaque sénateur titulaire d'une sénatorerie présentera au chancelier du Sénat un état des domaines affectés à sa sénatorerie.

Il désignera en même temps ceux de ces domaines qu'il croira convenable de conserver, de vendre, échanger ou concéder à longues années.

Art. 9. Le conseil particulier du Sénat, dont il est parlé à l'article 5, arrêtera pour chaque sénatorerie l'état :

1° Des biens à conserver ;
2° De ceux à vendre ou à échanger ;
3° De ceux à concéder à longues années.

Art. 10. Ces états seront soumis à l'approbation du grand conseil d'administration du Sénat, laquelle servira d'autorisation aux ventes, échanges et concessions à longues années.

Art. 11. Les biens désignés pour être aliénés seront vendus comme il est dit pour ceux du Sénat, articles 3 et 4 du titre 1er.

Art. 12. Les actes d'échanges et baux à longues années seront consentis par le sénateur titulaire de la sénatorerie, en son nom et au nom du Sénat, et passés comme il est dit en l'article 5 du titre 1er.

Ils ne seront définitifs et exécutoires qu'après l'approbation du conseil particulier du Sénat.

Art. 13. Le prix des ventes des biens des sénatoreries sera versé par les acquéreurs dans la caisse d'amortissement.

Art. 14. Un cinquième du prix des dites ventes pourra être converti en rentes sur l'État, comme il est dit pour le Sénat, art. 7, titre 1er.

Art. 15. Le surplus du prix des ventes sera employé en acquisitions d'immeubles pour la sénatorerie.

Art. 16. Les acquisitions se feront par les titulaires de chaque sénatorerie, au nom du Sénat, et ne seront définitives et obligatoires qu'après l'approbation du conseil particulier du Sénat, donnée sur le rapport du chancelier.

Art. 17. Avant de procéder à aucun emploi du prix des ventes pour chaque sénatorerie, on prélèvera les sommes nécessaires pour mettre en bon état les maisons d'habitation et d'exploitation de la sénatorerie, selon les devis qui ont été ou seront dressés, et d'après leur approbation par le conseil particulier d'administration, sur le rapport du chancelier.

Art. 18. Lorsque les opérations relatives à chaque sénatorerie , c'est-à-dire les ventes, échanges, baux à long terme, acquisitions et réparations, seront terminées, le titulaire de la sénatorerie déposera à la chancellerie du Sénat :

1° L'état exact des biens, contenant leur nature, leur étendue, leur situation, leur produit annuel ;
2° Un état descriptif des bâtiments dépendant de la sénatorerie.

Art. 19. Le chancelier du Sénat soumettra ces états, de lui certifiés, au grand conseil d'administration, après l'approbation duquel la sénatorerie demeurera définitivement constituée.

Art. 20. Lorsqu'une sénatorerie sera constituée, il ne pourra être rien changé à l'état de ses biens qu'en vertu d'un sénatus-consulte spécial.

Les réparations qui auront été jugées nécessaires pour remettre les biens en bon état, et qui auront été arrêtées conformément à l'article 17, seront exécutées par le titulaire, de la manière la plus avantageuse, sans qu'il soit soumis à d'autres formalités que celle de justifier au chancelier du Sénat qu'elles ont toutes été faites conformément au devis.

Quant aux · grosses réparations qui surviendraient dans la suite par force majeure, cas fortuit ou simple vétusté, elles seront à la charge de la sénatorerie, et le grand conseil d'administration avisera aux moyens d'y pourvoir, suivant les circonstances ; le tout sans préjudice de l'exécution des dispositions des articles 57 et 58 du sénatus-consulte du 8 brumaire an XII, relatives à l'entretien des bâtiments.

TITRE III.

Dispositions communes à la vente des biens du Sénat et des sénatoreries.

Art. 21. Les ventes et échanges qui seront faits en vertu du présent sénatus-consulte, seront irrévocables, et ne pourront être attaqués sous quelque prétexte que ce soit.

Art. 22. Ils ne donneront pas lieu à la résiliation des baux faits régulièrement avant l'aliénation.

Art. 23. Dans les baux à longues années, toutes les redevances seront stipulées en nature.

Art. 24. Un dixième du montant des arrérages de rentes appartenant au Sénat, ou à chaque sénatorerie, d'après la conversion autorisée par les articles 7 et 13 du présent sénatus-consulte, sera versé annuellement à la caisse d'amortissement par le trésorier du Sénat ou le titulaire de chaque sénatorerie.

Le directeur général emploiera les sommes ainsi versées en acquisitions de rentes sur l'Etat, au profit du Sénat ou de la trésorerie.

Art. 25. Le présent sénatus-consulte sera transmis par un message à Sa Majesté Impériale.

Le Sénat conservateur, réuni au nombre de membres prescrit par l'article 90 de l'acte des Constitutions de l'an VIII;

Vu le procès-verbal des opérations du collège électoral du département de Marengo, duquel il résulte que le sieur Campana, préfet de ce département, a été nommé candidat pour le Sénat conservateur;

Vu l'acte de naissance dudit sieur Campana, duquel il résulte qu'il est né le 6 février 1771, et que, par conséquent, il n'a pas l'âge requis par les Constitutions de l'Empire;

Vu le projet de sénatus-consulte, rédigé en la forme prescrite par l'article 57 du sénatus-consulte organique, du 16 thermidor an X;

Après avoir entendu les orateurs du Conseil d'Etat et le rapport de la commission spéciale, nommée dans la séance du 28 nivôse dernier;

Décrète ce qui suit :

Art. 1er. La nomination du sieur Campana au titre de candidat au Sénat conservateur, faite le 11 floréal an XI, par le collège électoral du département de Marengo, est annulée.

Art. 2. Le présent sénatus-consulte sera transmis par un message à S. M. l'Empereur.

CORPS LÉGISLATIF.

PRÉSIDENCE DE M. FONTANES.

Séance du 30 pluviôse an XIII (mardi 19 février 1805).

Le procès-verbal de la séance d'hier est approuvé.

MM. Siméon et Berlier, conseillers d'Etat, sont introduits.

M. **Siméon** présente un *projet de loi relatif à l'établissement d'un tribunal de commerce à Aix-la-Chapelle.* En voici le texte et l'exposé des motifs.

MOTIFS.

Messieurs, la ville d'Aix-la-Chapelle et les fabricants de son arrondissement ont sollicité de l'Empereur l'établissement d'un tribunal de commerce. Sa Majesté en a reconnu l'utilité, dans un

de ces voyages qu'elle s'est imposé, pour connaître par elle-même les besoins des diverses parties de l'Empire, y porter les secours les mieux appropriés, y répandre les bienfaits d'une administration éclairée.

Le département de la Roër, dont Aix-la-Chapelle est le chef-lieu, est un des neuf départements réunis à la France les plus peuplés et les plus manufacturiers ; il n'a cependant qu'un tribunal de commerce, séant à Cologne, tandis que des départements, inférieurs en habitants, en ont deux, ou même davantage.

Aix-la-Chapelle et divers lieux de son arrondissement sont éloignés de Cologne de 70 à 90 kilomètres (14 à 18 lieues), distance trop considérable pour les affaires de commerce qui sont toujours urgentes, et que, dans tous les cas, il lui est si avantageux de voir décider promptement.

Si le propriétaire dans l'arrondissement d'Aix-la-Chapelle y trouve un tribunal pour ses intérêts civils, pourquoi le négociant, le manufacturier, le fabricant, à qui l'on doit la même protection et qui a besoin de plus d'encouragement, irait-il chercher au loin un tribunal pour ses intérêts commerciaux?

Les affaires de commerce sont nombreuses dans un arrondissement où il y a six mille vingt-deux personnes, payant pour droit de patentes 95,616 francs.

Aix-la-Chapelle et le bourg de Borcète, qui n'en est qu'à une portée de fusil, emploient plus de 10,000 bras à la fabrication et à la préparation des draps ; cette branche d'industrie s'étend dans divers autres lieux de l'arrondissement. Les draps et les casimirs, qu'elle fournit à meilleur compte que l'Angleterre, sont préférés dans une partie de l'Europe. Le commerce en est si étendu, qu'on évalue à plus de trois millions les gains faits dans trente années par la seule maison de Klans.

Aix-la-Chapelle contient de plus douze fabriques d'aiguilles, qui fournissent la Suisse et l'Italie ; des manufactures importantes d'épingles, de dés à coudre.

C'est dans l'arrondissement, à Saint-Olberg, que l'on fait le fil de laiton, mélange de cuivre rouge et de calamine, dont on y exploite plusieurs mines ; fabrication précieuse que nous ne possédons qu'à Saint-Olberg et à Namur.

Plusieurs cantons de l'arrondissement présentent, les uns de nombreuses papeteries ; les autres, des forges, des usines multipliées, des tanneries, des houillères, dont une est exploitée en grand par une machine à feu ; on y extrait de plusieurs mines le plomb qui remplace dans nos manufactures de cristaux le plomb d'Angleterre.

Ainsi le commerce de cet arrondissement a le double mérite de développer l'industrie locale, et d'écarter l'industrie étrangère et ennemie.

Je ne parle pas de plusieurs autres fabriques de tout genre, de toiles, de coton, de clous, de savon, de tabac. Il suffira de dire que la population de cet arrondissement, qui s'élève à deux cent mille âmes, est beaucoup plus manufacturière et commerçante qu'agricole. C'est sans doute plus qu'il ne faut pour accorder à ses désirs et à ses besoins un tribunal de commerce.

On peut craindre de multiplier les tribunaux civils. Non-seulement ils coûtent des salaires à l'Etat, mais en offrant aux litiges une occasion trop facile de se développer, ils les favorisent.

Un premier mouvement conduit au tribunal qu'on a près de soi ; s'il était moins voisin, on songerait, avant de s'y rendre, au moyen de s'en passer.

En matière civile, les cas urgents sont rares; la plupart des questions sont prévues, des contrats ordinairement faits avec soin fournissent les bases auxquelles s'appliquent les décisions d'un Code assez étendu et assez clair, pour que le plus souvent on puisse se juger soi-même, lorsqu'on n'est aveuglé ni par l'humeur ni par la passion.

S'il est des hypothèses qui présentent des questions épineuses et d'une solution difficile, il est bon que quelques difficultés et de sages lenteurs, donnent le temps aux parties de se calmer et de bien éclairer leurs contestations. Il y a donc assez de tribunaux civils.

Mais en matière de commerce, tout est urgent, tout porte sur des conventions rapidement arrêtées, qui ont chacune leurs règles dans leurs circonstances particulières. S'il y a un doute, il faut qu'il soit promptement éclairci. S'il s'agit d'exécution, il est essentiel qu'elle ne soit pas retardée.

Il n'y a pas dans le commerce d'affaire isolée : toutes se confondent dans son vaste cours et réagissent sur celles qui précèdent et qui suivent. L'obstacle qui arrête un négociant dans une seule affaire, peut le gêner dans toutes les autres, et faire souffrir aussi celles d'une multitude de ses correspondants. Ici l'intérêt général, plus encore que l'intérêt particulier, veut que la justice ait des ailes, et qu'elle soit présente presque partout où un négociant a besoin de l'invoquer; le temps est pour lui d'un prix inestimable; un procès est une avarie qu'il a hâte de faire cesser.

La multiplicité des tribunaux de commerce est à la fois un secours pour le commerce et un signe de sa prospérité; il n'en réclame point dans les lieux où son activité ne les lui rend pas nécessaires.

Projet de loi.

Il sera établi un tribunal de commerce dans la ville d'Aix-la-Chapelle, département de la Roër, conformément aux dispositions prescrites par les lois sur l'établissement de tribunaux de commerce actuels ; ce tribunal aura le même ressort que celui du tribunal de première instance séant à Aix-la-Chapelle.

Le Corps législatif arrête que ce projet de loi sera transmis au Tribunat par un message.

La séance est levée.

CORPS LÉGISLATIF.

PRÉSIDENCE DE M. DURANTEAU, *vice-président.*

Séance du 1er ventôse an XIII (mercredi, 20 février 1805).

Le procès-verbal de la séance d'hier est adopté.

On procède au choix des 3e et 4e candidats pour la présidence du Corps législatif en l'an XIV.

Le résultat du scrutin donne la majorité absolue des suffrages à MM. Oudinot et Huguet, qui sont proclamés par M. le président.

L'élection des quatre candidats étant terminée, l'Assemblée prend l'arrêté suivant :

« Le Corps législatif, réuni au nombre de membres prescrit par l'article 90 de l'acte des Constitutions de l'Empire, du 22 frimaire an VIII,

« Procède en vertu des articles 9 et 10 de celui du 28 frimaire an XII, et en exécution de l'acte émané de Sa Majesté l'Empereur, en date du 25 pluviôse présent mois, au choix de quatre candidats pris dans les quatre séries restantes en l'an XIV, parmi lesquels candidats l'Empereur doit nommer le président du Corps législatif pour la même année.

« Le résultat des scrutins secrets qui ont eu lieu successivement dans les séances des 27, 29 pluviôse, et de ce jour 1er ventôse, donne la majorité absolue des suffrages aux membres du Corps législatif dont les noms suivent, dans l'ordre de leur élection; savoir :

« A Messieurs

« Fontanes, de la 1re série.

« Pémartin, de la 5e série.

« Oudinot, de la 3e série.

« Huguet, de la 4e série.

« Ils sont en conséquence proclamés candidats pour la présidence du Corps législatif en l'an XIV.

« Le Corps législatif arrête que cette présentation de candidats sera portée à Sa Majesté l'Empereur par un message. »

Le Corps législatif, n'ayant plus rien à l'ordre du jour, lève la séance et s'ajourne à demain.

CORPS LÉGISLATIF.

PRÉSIDENCE DE M. FONTANES.

Séance du 2 ventôse an XIII (jeudi 21 février 1805).

Le procès-verbal de la séance d'hier est approuvé.

M. C. J. Oudaert (*de l'Escaut*), membre du Corps législatif, demande un congé pour se rendre auprès de son père, âgé de 89 ans, qui est au lit de la mort.

Ce congé est accordé.

MM. Miot et Bérenger, conseillers d'État, sont introduits.

M. Miot présente un projet de loi relatif *à la plantation des grandes routes et des chemins vicinaux.* En voici le texte et l'exposé des motifs.

Motifs.

Messieurs, la plantation des grandes routes a de tout temps appelé l'attention du Gouvernement, soit sous le rapport des avantages qu'elle offrait, en multipliant la production des bois utiles dans les arts, soit sous le rapport de l'embellissement des chemins et de l'abri que l'ombre des arbres prête aux voyageurs. Plusieurs lois avaient réglé le mode de cette plantation; mais ces lois, ou tombées en désuétude pendant le cours de la Révolution, ou n'étant plus applicables dans une partie de leurs dispositions que nos principes politiques repoussent, ne pouvaient être remises en vigueur sans éprouver de grandes modifications.

Le Gouvernement a donc voulu, en s'occupant de cette partie de l'administration publique, écarter tout ce qui ne se trouverait plus d'accord avec nos institutions sociales, et concilier autant qu'il serait possible l'utilité publique avec les intérêts privés; c'est le but de la loi que Sa Majesté l'Empereur nous a chargés d'avoir l'honneur de vous présenter.

Avant de vous développer les principes qui ont été suivis pour sa rédaction et l'économie de ses diverses dispositions, je vous rappellerai succinctement quelle était l'ancienne législation sur cette matière.

Elle se trouve particulièrement dans l'arrêt du Conseil, du 3 mai 1720, qui ordonne l'élargissement des routes, qui met l'entretien des fossés à la charge des propriétaires des terres aboutissantes à la voie publique, et enfin, qui oblige ces mêmes propriétaires à planter les bords des chemins, à une toise en dehors du fossé, en ormes, hêtres, châtaigners, ou autres arbres, suivant la nature du terrain. Faute par les propriétaires d'exécuter cette plantation dans un délai donné, une autre disposition du même arrêt donne aux seigneurs auxquels appartient le droit de voirie sur les chemins, la faculté de planter à leurs frais dans l'étendue de leur voirie sur le terrain du riverain, et leur concède la propriété des arbres ainsi plantés par eux, et de leurs fruits.

Les divers arrêts qui se sont succédé sur le même objet, n'ayant apporté aucune altération sensible à celui de 1720, les principes qu'il établit étaient réellement la loi générale relativement aux plantations des routes, sauf quelques exceptions locales.

Ainsi il était reconnu jusqu'à l'époque de la Révolution que les seigneurs avaient le droit de planter sur les routes, au défaut des propriétaires, et d'empiéter même sur un terrain qui ne leur appartenait pas, lorsqu'ils voulaient user de ce droit.

La destruction de la féodalité ne permettant plus de maintenir une semblable disposition, ni de transporter un droit semblable, ou tout autre analogue, soit aux communes, soit à l'État, le respect pour les droits de la propriété que nos institutions sociales actuelles commandent particulièrement, ne laissant également aucun prétexte d'imposer aux propriétaires l'obligation d'user d'une manière déterminée de leurs possessions, et d'en ordonner l'emploi ou le sacrifice, lorsque l'utilité publique ne l'exige pas impérieusement, il n'était pas possible d'adopter, pour parvenir au but que le Gouvernement se proposait d'atteindre, aucune mesure analogue à celles qu'avait consacrées l'ancienne législation.

On a donc rejeté dans la rédaction de la loi qui vous est proposée, tout ce qui aurait rappelé un système tout à fait incompatible avec notre organisation politique; et l'analyse que je vais faire de ce projet vous prouvera que l'on ne s'est point écarté de la route que nos principes actuels nous prescrivaient de suivre.

Les deux premiers articles veulent que les routes de l'Empire, non plantées et qui seront jugées · susceptibles d'être plantées, le soient par les propriétaires riverains, mais que la plantation soit faite sur le terrain appartenant à l'État, et que le contre-fossé nécessaire pour la défense et la conservation des arbres soit à la charge de l'administration publique.

D'abord vous remarquerez, Messieurs, que l'obligation de planter les routes n'est point indéfinie, que la loi dit expressément les routes susceptibles d'être plantées, et qu'ainsi partout, où il serait par la nature du sol et du climat plus désavantageux qu'utile à la conservation et à la sûreté des routes, ou d'une dépense excessive et d'un entretien coûteux de faire des plantations, elles ne seront point ordonnées, et qu'ainsi la mesure ne donnera lieu à aucun arbitraire ni à des travaux ou des avances perdus.

Ensuite vous voyez que la seule obligation imposée au propriétaire riverain est celle de fournir l'arbre; que l'État lui fournit le terrain sur lequel il doit planter, et rend ainsi à la culture un emplacement jusqu'ici stérile et inutile à la voie publique; qu'on ne force pas ce même propriétaire de disposer de sa propriété, pour l'employer d'une manière qui ne soit pas d'accord avec ses intérêts privés, ou avec le genre de spéculations qu'il a adopté pour la faire valoir, et qu'enfin la plantation faite hors de son champ n'étendant pas son ombrage sur le terrain qu'il cultive, ne nuira pas au produit du sol qu'il a ensemencé.

Ainsi ses premiers et ses pl   nt respectés par cette disposition.

laquelle l'oblige la plantation n'est-elle pas une charge trop considérable? Ici nous répondrons que cette charge n'est certainement pas dans le rapport des avantages que procure au propriétaire riverain le voisinage d'une grande route et à l'augmentation de valeur que ce voisinage donne à son fonds et aux produits qu'il en retire; sans doute le Gouvernement eût désiré pouvoir vous proposer de mettre cette dépense à la charge du trésor public, mais la portion des revenus de l'État, employée à la dépense des routes, est déjà plus qu'absorbée par les réparations qu'exigent leur confection et leur entretien, et il est impossible d'en détourner la moindre partie, sans sacrifier l'objet principal. L'essai que l'on a tenté pour la plantation des routes, au moyen de jeunes plants, choisis dans les forêts nationales, et transportés sur les grandes routes, a été sans succès. Les pépinières où le Gouvernement aurait pu puiser, pour les faire exécuter, ne sont pas assez nombreuses, et il aurait fallu, avant de planter, commencer par en créer dans un grand nombre de départements.

Tant de difficultés qu'il était, comme vous voyez, impossible de surmonter, mettaient le Gouvernement dans la nécessité de renoncer aux avantages de la plantation des grandes routes, s'il voulait l'exécuter par lui-même : il s'est donc vu forcé de la laisser à la charge des riverains, ainsi qu'elle l'avait toujours été, et certes, quand on compare les sacrifices qu'exigeait d'eux l'ancienne législation et ceux que la nouvelle leur demande aujourd'hui, il sera facile de reconnaître combien ce fardeau est allégé; nul propriétaire n'aura donc le droit de se plaindre, s'il veut faire un moment cette comparaison. Il verra que la désignation des arbres à planter, qui était faite jadis par l'administration publique, lui est actuellement abandonnée; qu'on le laisse le maître de choisir l'espèce qui convient le mieux au sol sur lequel il cultive, et qui lui sera la moins chère à se procurer, ou la plus avantageuse par ses produits; que les fossés dont la construction et le curage étaient autrefois à sa charge se feront au compte de l'administration des ponts et chaussées; enfin il reconnaîtra qu'il n'y a que justice à demander à celui qui profite autant des dépenses immenses que l'État fait pour la confection des routes, de contribuer, en raison de l'étendue de ses possessions, à la perfection et à l'embellissement des routes dont il est le premier en quelque sorte à retirer les avantages, et de satisfaire à cette juste contribution, par une opération utile pour lui, et qu'une spéculation bien entendue devrait lui faire entreprendre; et la loi lui en laissait seulement la faculté, au lieu de la lui commander.

Après vous avoir exposé la théorie sur laquelle . reposent les premières et les principales dispositions de la loi, je poursuis l'examen des autres articles, et vous y trouverez la même doctrine et les mêmes ménagements pour la propriété.

L'article 3 assure aux riverains la propriété des arbres et de leur produit; ils peuvent même les élaguer, les ébrancher lorsqu'ils le jugent convenable; ils ne dépendent, dans l'usage qu'ils peuvent en faire, de l'administration publique que pour les couper, abattre ou arracher, et cette dépendance qui n'a pour but que de préserver ces plantations du caprice ou de l'avidité, et d'accroître la ·ᵇ⁻ ᵎ nationale en bois utiles, est trop bien   ⁻   le but que la loi se propose d'atteindr⸱   ⁻r besoin d'être justifiée ou même pl⸱⁻   motivée.

L'articl⸱   années, à partir de

l'époque à laquelle l'administration aura désigné les routes à planter, le délai accordé aux propriétaires pour exécuter la loi, et ce n'est qu'à l'expiration de ce délai qu'elle prescrit de la faire exécuter à leurs frais, en leur réservant toujours la propriété des arbres, et aux mêmes conditions que s'ils les avaient plantés eux-mêmes.

La longueur du terme et la facilité qu'il laisse aux propriétaires riverains de se procurer les plants d'arbres nécessaires, font espérer que cette disposition n'aura pas fréquemment d'application ; mais elle était nécessaire comme le complément de la loi et comme son véritable moyen d'exécution.

Enfin il fallait, Messieurs, indépendamment de ces mesures dont le détail dans lequel je viens d'entrer vous aura démontré l'utilité, mais qui ne sont applicables qu'aux grandes routes dont la largeur permettra de planter sur le terrain de l'Etat, en prescrire quelques-unes pour les routes, d'une dimension inférieure.

C'est l'objet de l'article 5; mais la manière dont il est conçu, vous prouvera que l'on a mieux aimé renoncer à l'avantage de la plantation sur ces routes plutôt que d'empiéter sur les propriétés privées, et en disposer contre la volonté du propriétaire; et c'est particulièrement par cette disposition que la loi proposée diffère essentiellement de la législation de 1720.

En effet, cet article se borne à prescrire au propriétaire riverain des routes, dont la largeur ne permettra pas de planter sur le terrain appartenant à l'Etat, l'obligation de prendre l'alignement de la route, lorsqu'il voudra planter sur son propre terrain, à une distance moindre de 6 mètres du bord de la route ; obligation légère, sans aucun inconvénient pour lui, et à laquelle ne se joint d'ailleurs aucune autre dépendance, la faculté de disposer entièrement et absolument de ces arbres, et aux époques qu'il jugera convenables, lui étant réservée sans aucune restriction.

Tel est, Messieurs, l'ensemble des dispositions relatives à la plantation des grandes routes ; je pense les avoir suffisamment justifiées, et que vous les jugerez dignes d'être sanctionnées par vous, comme devant avoir pour résultat un important objet d'utilité publique, et comme un monument de l'esprit qui anime le Gouvernement, et du respect que la législation actuelle porte aux propriétés.

Je vais actuellement vous parler de la dernière partie de la loi qui concerne les chemins vicinaux.

Depuis longtemps l'agriculture réclame quelques dispositions législatives, plus précises que celles qui sont actuellement en vigueur sur les chemins vicinaux. Des empiétements successifs les ont, dans quelques parties de la France, rendus tout à fait impraticables ; il n'a pas paru déplacé, dans une loi qui traite du perfectionnement des chemins publics, de s'occuper des moyens d'améliorer ceux qui sont les canaux de l'exploitation des terres, et une partie si essentielle de l'économie rurale ; d'ailleurs, cette matière se rattachait naturellement à la loi, sous le rapport de la plantation des chemins vicinaux qu'il convenait de ne pas passer sous silence, et qui demandait aussi d'être réglée, autant qu'il était permis de le faire, uniquement pour empêcher que les plantations ne se continuassent sans aucune restriction, et ne finissent par obstruer entièrement ces chemins.

On a essayé de pourvoir à l'un et à l'autre objet, par les dispositions des articles 6 et 7 de la loi. L'administration publique est autorisée à faire connaître et rechercher les anciennes limites des chemins vicinaux, et à fixer ensuite, d'après cette reconnaissance, leur largeur suivant les localités ; mais en même temps elle ne peut, lorsqu'il sera nécessaire d'augmenter cette largeur, la porter au delà de six mètres.

Le principe de cette disposition se trouve dans l'esprit qui a dicté le reste de la loi. En effet, la largeur de six mètres est suffisante pour l'exploitation ; elle permet le passage de deux voitures ; et en supposant que les limites retrouvées d'un ancien chemin vicinal lui donnassent une plus grande dimension, quelle nécessité d'enlever à l'agriculture une portion de terrain dont elle tire aujourd'hui un utile produit, pour le rendre au luxe stérile d'un chemin?

Mais en même temps la loi veut qu'une fois cette largeur nécessaire déterminée, personne ne puisse la restreindre, et elle oblige tout propriétaire qui veut planter sur le bord des chemins vicinaux à la respecter.

Ainsi, ce que demandaient l'utilité publique et les besoins de l'exploitation, est accordé sans qu'aucune représentation légitime puisse s'élever, sans qu'aucun propriétaire puisse se plaindre d'être arbitrairement dépossédé, ou inutilement gêné dans l'usage de sa propriété.

Je n'ai plus rien à ajouter, Messieurs, ni sur l'ensemble, ni sur les détails du projet que nous avons l'honneur de vous présenter ; vous êtes actuellement parfaitement en état de l'apprécier et de le juger.

Je ne crois pas me tromper en vous assurant que, lorsque vous l'aurez converti en loi, vous aurez rendu un nouveau et important service à l'Etat, en augmentant la culture sans arbres, complété le système suivi jusqu'ici avec une constance infatigable par le Gouvernement, pour l'embellissement et l'amélioration des routes, et répondu aux vœux des cultivateurs, qui appelaient l'attention du législateur sur les obstacles que l'intérêt personnel apporte à la facilité de l'exploitation rurale, et qu'ils demandaient de faire paraître.

Je vais actuellement donner lecture du projet.

Projet de loi.

Article 1er. Les grandes routes de l'Empire non plantées, et susceptibles d'être plantées, le seront en arbres forestiers ou fruitiers, suivant les localités, par les propriétaires riverains.

Art. 2. Les plantations seront faites dans l'intérieur de la route et sur le terrain appartenant à l'Etat, avec un contre-fossé qui sera fait et entretenu par l'administration des ponts et chaussées.

Art. 3. Les propriétaires riverains auront la propriété des arbres et de leurs produits; ils ne pourront cependant les couper, abattre ou arracher, que sur une autorisation donnée par l'administration préposée à la conservation des routes, et à la charge du remplacement.

Art. 4. Dans les parties de routes où les propriétaires riverains n'auront point usé, dans le délai de deux années, à compter de l'époque à laquelle l'administration aura désigné les routes qui doivent être plantées, de la faculté qui leur est donnée par l'article précédent, le Gouvernement donnera des ordres pour faire exécuter la plantation aux frais de ces riverains, et la propriété des arbres plantés leur appartiendra aux mêmes conditions imposées par l'article précédent.

Art. 5. Dans les grandes routes dont la largeur ne permettra pas de planter sur le terrain appartenant à l'Etat, lorsque le propriétaire riverain voudra planter des arbres sur son propre terrain, à moins de six mètres de distance de la route, il sera tenu de demander et d'obtenir l'alignement à suivre de la préfecture du dé-

partement ; dans ce cas, le propriétaire n'aura besoin
d'aucune autorisation particulière pour disposer entièrement des arbres qu'il aura plantés.

Art. 6. L'administration publique fera rechercher et
connaître les anciennes limites des chemins vicinaux, et
fixera, d'après cette reconnaissance, leur largeur, suivant
les localités, sans pouvoir cependant, lorsqu'il sera nécessaire de l'augmenter, la porter au delà de six mètres,
ni faire aucun changement aux chemins vicinaux qui
excèdent actuellement cette dimension.

Art. 7. A l'avenir nul ne pourra planter, sur le bord
des chemins vicinaux, même dans sa propriété, sans
l.ur conserver la largeur qui l.ur aura été fixée, en exécution de l'article précédent.

Art. 8. Les poursuites en contravention aux dispositions de la présente loi seront portées devant les conseils de préfecture, sauf le recours au Conseil d'Etat.

Le Corps législatif arrête que ce projet de loi
sera transmis au Tribunat par un message.

L'ordre du j ur appelle la discussion du *projet
de budget pour l'an XIII.*

M. le **Président**. La parole appartient à un
de Messieurs les orateurs du Tribunat.

M. **Arnould** (*de la Seine*). Messieurs, *la section
des finances du Tribunat* nous a chargés, mon
collègue et moi, de soumettre à l'approbation du
Corps législatif la loi générale et annuelle sur les
finances, que les orateurs du Conseil d'Etat nous
ont apportée dans la séance du 22 pluviôse dernier.

Messieurs, rien ne caractérise mieux l'importance de la décision que vous allez rendre que
les premières paroles, vraiment profondes, de
l'orateur du Conseil d'Etat, en vous présentant le
projet de loi qui vous occupe.

« L'époque, dit cet orateur, où l'état des finan-
« ces d'un grand peuple, présenté au Corps législa-
« latif dans son ensemble comme dans ses détails,
« est mis aussi à la portée de tous les citoyens,
« par une publicité sans réserve, devient une es-
« pèce de *solennité politique.* »

Oui, Messieurs, c'est une *solennité politique* que
la délibération qui nous conduit à former du
tribut des propriétés particulières une propriété
générale destinée à la gloire, à la défense et à
la prospérité de la patrie; oui, Messieurs, c'est
une *solennité politique* que le droit que nous
exerçons, en vertu des Constitutions de l'Empire,
d'approfondir et de légaliser les dépenses et les
revenus de l'Etat; mais, Messieurs, lorsque, dans
les siècles à venir, nos neveux nous béniront
de leur avoir transmis cette *solennité politique,*
avec quelle curiosité réfléchie ne rechercheront-
ils pas, dans les premières pages de l'histoire de
la quatrième dynastie, par quelle solennité
de principe nous aurons été conduits à exercer
le ministère sévère du *vote libre et annuel de
l'impôt.*

La section des finances du Tribunat a examiné,
Messieurs, avec le recueillement de la méditation,
toutes les parties du projet de loi qui vous est soumis; elle s'est fait représenter les états détaillés
des dépenses; elle a analysé, avec la plus grande
attention, les comptes des ministres des finances
et du trésor public; et c'est le résultat des travaux
de la *section des finances du Tribunat* qu`   ' vais
avoir l'honneur de vous présenter,   ent
toute votre attention sur le `  ` ` ` ` ` ` `
rante-cinq articles du proje

Ce projet vous présent-
points principaux à déterm

1° *Les dispositions d'*
antérieurs à l'année co

2° *Les dépenses de*
l'an XIII ;

3° *Les voies et moyen*

4° *Les vues actuelles d'amélioration et de prévoyance pour l'an XIV.*

Je vais successivement vous présenter, sous ces
quatre divisions de mon rapport, toutes les réflexions générales et particulières faites par la
section des finances du Tribunat.

PREMIÈRE PARTIE.

*Dispositions d'ordre pour les exercices antérieurs
à l'année courante.*

Les trois premiers titres, en sept articles, du
projet de loi, se reportent aux exercices des
années IX, XI et XII. Ces époques antérieures à
l'année courante sont les seules qui réclament
des *dispositions législatives.* Quant aux exercices
des années V, VI, VII, VIII, et de l'an X, le compte
des ministres des finances rappelle avec exactitude comment tous les fonds ont été faits, pour
en acquitter les dépenses tant par la loi du
30 ventôse an IX, qui a créé, à cet effet, des inscriptions rente et à cinq pour cent, que par des
rentrées successives sur les contributions arriérées.
Le concours de ces moyens balance parfaitement
l'*actif* et le *passif,* de manière que tous les soins
de l'administration se bornent maintenant à
régulariser les soldes des crédits de quatre
années antérieures à l'an IX, et même pour
l'an X, à mesure que les dépenses sont ordonnancées.

Le titre premier du projet de loi est applicable
à l'exercice de l'an IX. Les trois articles qui composent ce premier titre disposent trois choses :

1° Le budget de l'an IX y est définitivement arrêté à la somme de......545 millions.

2° Sur cette somme, le compte du ministre du
trésor public démontre, avec détails et clarté,
que les dépenses acquittées et ordonnancées jusqu'au 1er vendémiaire an XIII, pour l'an IX s'élèvent à 529,416,732 francs.

3° Pour compléter les 545, il faut donc une
somme de 15,583,268 francs.

Or trois natures de recettes, déjà effectuées et
indiquées dans le projet, ferment cet exercice;
ces recettes ont trois sources : 1° un produit de
4,541,809 francs, excédant les évaluations faites
par le budget de l'an IX; 2° une application spéciale de 5,981,150 francs prélevés sur les moyens
extraordinaires de l'an XIII; 3° un transport, à
l'an IX, de 8 millions de recettes de l'exercice de
l'an VIII. C'est au Corps législatif à légaliser ces
dispositions d'ordre infiniment claires, et qui
n'offrent pas la plus petite objection.

Une semblable disposition législative est requise par le projet de loi pour l'exercice an XI,
dont le budget définitif est fixé à la somme de
621,500,000 francs.

Le montant provisoire, jusqu'à ce jour, était
de 519,500,000 francs.

Mais la somme de 5,000,000 francs, nécessaire
pour compléter le service de cette année, devant
être prise, suivant l'article 5 du même titre II,
sur les divers produits des revenus de l'an XI, qui
excèdent efffectiv~ment les évaluations précédemment faites p~   udget de cette même année,
le Corps lég~   nsera sans doute, comme *la
section des fi~   Tribunat,* que l'autorisation
~ollicitée es~
~nt au~   l'an XII, qui forment
~n tit.~   ire, Messieurs, de
~me~   pements qui
                            l'utilité des

                            illions,

« ordinaires que la guerre a nécessitées en
« l'an XII, faisant, avec celle de 700 millions,
« comprise dans la loi du 5 ventôse an XII, la
« somme totale de 762 millions, est mise à la
« disposition du Gouvernement. »

L'article 7 ajoute : « Cette somme de 62 mil-
« lions sera fournie par l'excédant des revenus
« ordinaires et ressources extraordinaires portés
« au budget de l'an XII. »

Vous avez pu, Messieurs, vous convaincre, en
comparant le compte du ministre des finances,
qui vient de vous être distribué, pour l'an XII,
avec celui de l'année précédente, quelles sont les
sources qui ont procuré au trésor public cet
excédant de 62 millions, sur les évaluations de
recettes présentées au budget de l'année dernière.

Pour faciliter vos réflexions, je vais récapituler
les éléments de cette augmentation de 62 millions
de recettes; et j'indiquerai ensuite l'emploi utile
à la patrie qui en a été fait, et cette partie du
rapport de la *section des finances du Tribunat*
sera aussi le complément des dispositions législatives que l'autorité tribunitienne a réclamé,
l'année dernière, du Corps législatif.

L'augmentation de 62 millions nets sur les recettes effectives pendant l'an XII porte, *en revenus ordinaires* :

Augmentation de 62 millions.

1° Sur la régie de l'enregistrement, et des domaines et bois.	18,584,840 fr.
2° Sur les douanes.	16,485,601
3° Sur la loterie nationale.	3,658,500
4° Sur les droits réunis et régie des salines.	1,220,000.
Total à reporter	39,948,941
Report.	39,948,941 fr.
5° En recettes extraordinaires, entrées, accidentelles, cautionnements et autres, augmentation nette.	22,051,059
Total égal à l'augmentation.	62,000,000

L'emploi utile de ces 62 millions d'accroissement des recettes publiques en l'an XII a eu lieu
de la manière suivante :

Emploi des 62 millions.

1° Le département de la guerre a été augmenté de	27,500,000 fr.
2° Le département de la marine de	15,000,000.
3° Le ministère de l'intérieur de	5,160,000.
4° Le ministère des finances, pour dépenses de gouvernement, en raison du sénatus-consulte organique du 28 floréal an XII	3,000,000.
5° Le ministère des cultes de	7,500,000.
6° Les frais de négociation	3,489,869.
7° Augmentation sur tous les autres services	349,350.
Total égal à l'augmentation.	62,000,000.

D'après ces développements, messieurs, il ne
peut s'élever aucun doute, ni sur la réalité des
produits augmentés et réalisés pendant l'an XII,
ni sur l'assignation utile qui en a été faite en accroissement de dépenses, pour divers départements, particulièrement de la *guerre* et de la *marine*. — La précision du calcul justifie donc l'assentiment que la *section des finances du Tribunat*
propose au Corps législatif de donner aux articles
6 et 7 du projet de loi.

Avant de passer aux dépenses de l'an XIII, qu'il
soit permis, Messieurs, à la *section des finances*

du *Tribunat*, de relever les avantages qui résultent de la ponctualité et de la clarté avec lesquelles les ministres des finances et du trésor pu-
blient, chaque année, les comptes détaillés de
leur administration respective. Tout, dans ces
comptes, se contrôle réciproquement ; et vous avez
été à portée, Messieurs, dans l'examen que vous
en avez fait, de reconnaître l'étendue du travail
et la netteté des résultats. Le compte particulier
de la caisse d'amortissement, accompagné de
procès-verbaux qui en certifient l'exactitude,
prouve tout ce que peut l'esprit d'ordre et d'analyse, uni à une prodigieuse activité qui triomphe
de l'aridité de détails innombrables; quant au
fond même des opérations de la caisse d'amortissement, son état de situation, imprimé à la
suite du compte du ministre des finances, en fait
suffisamment connaître la perfection progressive.

Nous devons le dire, parce que notre remarque
tournera au profit de la science administrative,
encore plus qu'elle ne fera l'éloge des administrateurs actuels, c'est que ces divers comptes, ces
nombreux tableaux n'ont pas une utilité seulement matérielle et de simple vérification, mais
plusieurs de ces états offrent des points de vue
économiques qui doivent aider aux grands aperçus
de gouvernement. C'est ainsi, par exemple, que
dans les comptes du trésor public, on peut rechercher quelles sont les parties de l'Empire, *intérieures, maritimes ou frontières*, qui, après avoir
porté au trésor public les tributs de leur contingent, repompent dans une proportion plus ou
moins forte, par les dépenses de l'État, le numéraire qui n'aboutit au centre que pour se répandre sur tous les points de la circonférence.

La section des finances du Tribunat regrette de
ne pas voir encore réunis aux comptes des ministres des finances, du trésor public et de la
caisse d'amortissement, le compte spécial de la
recette et de l'emploi de la taxe d'entretien des
routes; le tableau général et raisonné de tous les
centimes additionnels perçus sur les contributions
directes de toute nature ; enfin le compte général
des *octrois* dans les communes de l'Empire où il
en est établi. On ne peut se dissimuler que tous
ces documents ne fassent partie de la situation
financière de la France, et *la section des finances
du Tribunat* est dans la persuasion, qu'après que
ces diverses ramifications de l'arbre économique
auront acquis toute leur maturité, *Sa Majesté
Impériale* donnera des ordres pour que ces dernières branches de comptabilité soient mises,
comme les autres comptes des ministres, sous les
yeux du Corps législatif.

J'ai examiné, Messieurs, les trois premiers titres du projet, sous le rapport *des dispositions
d'ordre* complètement justifiées; je passe à la seconde partie de mon rapport, *les dépenses de l'établissement politique en l'an XIII.*

DEUXIÈME PARTIE.

Dépenses de l'établissement politique en l'an XIII.

Les dépenses de *l'établissement politique* se
trouvent fixées par les articles 8, 9 et 10 du titre IV du présent projet, à une somme, pour l'an
XIII, de 684,000,000 fr.

Le montant général de ces dépenses, pour l'an
XII, avec l'augmentation dont il vient d'être justifié, est de 762,000,000.

En sorte que la dépense de l'établissement politique, en l'an XIII, est en moins, sur l'an XII, de
78,000,000.

Il convient, avant tout, de rechercher dans

quelles proportions toutes les branches des services publics se partageront les 684,000,000 francs, montant estimatif des dépenses à la charge du trésor public en l'an XIII.

En voici la répartition :

1° Dette publique, perpétuelle et viagère, y compris celles des six nouveaux départements du ci-devant Piémont, 69,140,461 francs.

2° Ministères du grand juge, des relations extérieures, de l'intérieur, des finances, du trésor public et de la police générale, comprenant les dépenses de *gouvernement*, celles administratives, diplomatiques, judiciaires et civiles, 98,719,800 francs.

3° Liste civile, y compris deux millions pour les princes français, conformément au sénatus-consulte organique du 28 floréal an XII, 27,000, 000 francs.

4° Remboursement et paiement à la caisse d'amortissement, 14,800,000 francs.

5° Pensions civiles, anciennes, nouvelles, des veuves des défenseurs de la patrie, des six nouveaux départements du ci-devant Piémont et de l'ordre de Malte, 5,530,200 francs.

6° Ministère des cultes, dont 22 millions en pensions ecclésiastiques, 35,000,000 francs.

7° Ministère de la guerre et armées de terre, 271,500,000 francs.

8° Ministère de la marine et des colonies, 140,000,000 francs.

9° Frais de négociation, 11,000,000 francs.

10° Fonds de réserve, 20,309,539 francs.

Total égal, 684,000,000 francs.

La diminution des dépenses de l'an XIII, estimée sur l'an XII de 78,000,000 francs, se fait remarquer sur chaque branche de service dans les proportions suivantes.

Cette diminution sur les paiements à faire pour les dettes publiques, perpétuelles et viagères, est comparativement à ceux faits en l'an XII, de 2,013,305 francs.

La dette perpétuelle inscrite pour nouvelle liquidation est augmentée, en l'an XII, de 1,494,010 francs, mais les paiements à faire pour toute la dette seront diminués de toute la différence d'un trimestre avancé, en l'an XII, aux *rentiers viagers.*

La diminution sur les ministères, ou dépenses administratives, judiciaires et civiles, est de 23,098,119 francs.

Et cette diminution provient en grande partie des changements de dépenses, opérés et reportés dans un autre chapitre, tant pour la liste civile que pour le ministère des cultes et le rétablissement du ministère de la police générale.

La diminution sur les paiements à faire à la caisse d'amortissement est de 1,450,000 francs.

La diminution sur le ministère de la guerre et armées de terre est de 24,690,800 francs.

Et sur le ministère de la marine et des colonies, elle est de 55,000,000 francs.

Enfin sur les frais effectifs de négociations, en l'an XII, la diminution en l'an XIII sera de 7,489,869 francs.

Montant de la diminution, 113,051,293 francs.

Mais les augmentations résultant de la représentation du Gouvernement impérial, aux termes du sénatus-consulte organique du 28 floréal an XII, des nouvelles liquidations des pensions ecclésiastiques et même civiles, ainsi que des dépenses du ministère des cultes et de celui de la police générale, toutes ces augmentations, disons-nous, étant en masse de 35,051,293 fr.

Il résulte une diminution définitive déjà remarquée dans le budget de l'an XIII, comparé à celui de l'an XII, de 78,000,000.

Une semblable diminution, qui laisse dans toute leur activité nos moyens de défense contre l'ennemi, diminution qui ne fait souffrir aucun service d'administration et d'amélioration intérieure, diminution qui existe après que notre considération au dehors aura été assurée par les dépenses d'établissements formidables de nos armées de terre et de mer, au moyen de l'abondance des recettes ordinaires et extraordinaires de l'an XII; une semblable diminution est l'éloge le plus complet du génie créateur et réparateur des destinées de l'Empire français. *La section des finances du Tribunat* n'a donc qu'à se féliciter de soumettre à votre approbation le titre IV du projet de loi qui offre un tel emploi glorieux, en même temps qu'économique des contributions des peuples.

Nous allons maintenant apprécier la nature et l'étendue des *voies et moyens, ou recettes en l'an XIII.*

TROISIÈME PARTIE.

Voies et moyens, ou recettes en l'an XIII.

Les recettes qui, en l'an XIII, doivent faire face à tous les services de cette année, font l'objet des titres V, VI et VII, depuis l'article 11 jusqu'à celui 26 du projet : ces recettes sont de deux sortes ; les *revenus ordinaires, et les recettes extraordinaires.*

Voici l'évaluation que présente le compte du ministre des finances de l'une et l'autre branche de recettes, eu égard au produit effectif de l'an XII, et aux circonstances qui doivent influer sur les mêmes rentrées pendant l'an XIII.

Revenus ordinaires.

Contribution foncière, personnelle, mobilière, somptuaire, centimes additionnels pour les dépenses fixes, versés au trésor public, portes et fenêtres et patentes, la somme réunie de 290,860,678 fr.

Régie de l'enregistrement et domaines et bois nationaux, douanes, loteries, postes, régie des droits réunis, monnaies, recettes diverses et accidentelles sur les évaluations raisonnées et modérée, 288,448,522.

Total des revenus ordinaires, 579,319,200.

Montant des revenus ordinaires, 579,319,200.

Recettes extraordinaires.

Portion d'intérêts de la dette publique du ci-devant Piémont, remboursable par la République italienne, 3,000,000 fr.

Contributions antérieures en l'an IX, 3,000,000.

Cautionnements des receveurs généraux et particuliers, notaires, commissaires-priseurs, greffiers, avoués, huissiers, agents de change et préposés de la régie des droits réunis, 36,000,000.

Vente de domaines, 20,000,000.

Moyens extérieurs 22,000,000.

Dix centimes comme en l'an XII, sur la contribution foncière, 30,690,800.

Total, 105,690,800.

Total égal aux voies et moyens en l'an XIII, 684,000,000 fr.

Dans ce tableau général de toutes les recettes à opérer en l'an XIII, *année de guerre,* il n'existe aucune évaluation qui ne puisse être complètement justifiée par les circonstances présentes ; l'estimation du produit de l'enregistrement et des domaines et bois est déterminée au-dessous des produits réels de l'an XII, en raison surtout de quelque distraction de certains droits qui font aujourd'hui partie de la régie des *droits réunis* ; et sur la fixation du produit des douanes de l'an XIII, elle est encore supérieure de quelques millions aux perceptions faites l'année dernière. Le ministre des finances observe que l'amélioration progressive de cette partie, devenue importante des revenus publics, est due au *perfectionnement que la législation et les tarifs de douanes ont reçu d'année en année, et à la réorganisation de la ligne des préposés qui veillent à la répression de la contrebande.*

La *régie des droits réunis* est à la vérité comprise pour 25 millions en l'an XIII, dans les évaluations qui précèdent; mais le projet réclamant des autorisations comme moyen d'exécution de la loi du 5 ventôse dernier, il y a lieu d'espérer que l'expérience et d'utiles règlements mettront dans une activité productive cette nouvelle branche de revenus que le *ministre des finances* assure, dans son compte, être conduite par une administration jalouse de se *distinguer des anciennes fermes et régies fiscales, par une attention constante à respecter l'industrie, et à ne violer jamais les principes d'une sage liberté.*

Enfin, le projet ne présente pas d'innovation financière de l'an XIII à l'an XII, relativement aux frais de la guerre assignés par l'article 11, ainsi qu'il suit : « Les sommes votées en l'an XII, par « les divers départements, pour les frais de la « guerre, et montant à 21,534,360 fr., sont conver- « ties pour l'an XIII, *comme elles l'ont été pour l'an* « *XII,* en une addition de 10 centimes au princi- « pal de la contribution foncière de tous les dé- « partements de l'Empire, formant la somme de « 20,690,000 francs. »

L'article 12 du projet légalise le tarif de la répartition des contributions personnelle et somptuaire de la ville de Paris, sur une échelle par classe de loyers, rectifiée par décret impérial; opération provisoire, autorisée par les lois précédentes, et que la sanction sollicitée du Corps législatif va rendre définitive.

Quant aux *cautionnements* exigés de divers comptables et officiers publics, *la section des finances du Tribunat* n'a pu se dissimuler que la rentrée des 36 millions destinés au service de l'an XIII ne devait pas être considérée seulement sous les rapports d'une plus grande *garantie* de la gestion de ces divers officiers publics, mais bien aussi comme un emprunt indirect, qui devait aider les opérations du *trésor public,* pour l'année courante ; sous ce dernier rapport même, celui de l'*emprunt indirect, la section des finances du Tribunat a dû considérer* que les conditions de paiement des intérêts à six pour cent n'en étaient pas onéreuses pour le trésor public, puisque les opérations bien conduites de la caisse d'amortissement et de ses relations combinées avec le trésor public, pour le rétablissement successif dans cette caisse des capitaux de ces cautionnements, libérera le grand-livre d'une masse d'inscriptions supérieures au montant des intérêts payés annuellement pour ces 56 millions de cautionnements.

D'un autre côté, toutes les dispositions favorables sont assurées aux comptables et officiers publics, par le projet, pour ne faire verser au trésor public que par quart, et d'ici en thermidor un XIV, le complément de ces cautionnements ; enfin une loi précédemment rendue a l'égard de plusieurs comptables, et une autre qui sera soumise incessamment au Corps législatif, assureront à tous les prêteurs un privilège de bailleur de fonds, qui leur garantira le remboursement de leurs capitaux, par préférence à tous les créanciers particuliers desdits comptables, pour lesquels ces prêteurs auront fait les fonds du cautionnements.

La section des finances du Tribunat, Messieurs,

regarde toute cette partie du projet, qui assure des rentrées fixes au trésor public, par les titres V, VI et VII, en raison des dépenses urgentes de la guerre, comme devant recevoir votre approbation. Ces moyens, qui se fortifient réciproquement, sont propres à déployer, aux yeux de l'Europe, et les ressources inépuisables de la grande nation, et l'esprit d'union et de zèle qui nous anime tous pour la gloire et la défense de la commune patrie.

Il me reste, Messieurs, à vous faire connaître les dispositions actuelles d'amélioration et de prévoyance pour l'an XIV, que présentent les titres VIII et IX du projet.

QUATRIÈME PARTIE.

Dispositions actuelles d'amélioration et de prévoyance pour l'an XIV.

Pour obtenir, Messieurs, l'assentiment du Corps législatif sur les mesures de prévoyance pour l'an XIV, contenues dans le projet qui vous est soumis, il suffit de vous rappeler que le titre VIII, composé de 17 articles, du vingt-septième au quarante-troisième, contient des dispositions qui doivent autoriser jusqu'à votre session prochaine, d'une part, la mise en recouvrement des contributions directes et indirectes, et de l'autre, un crédit provisoire de *quatre cent millions,* à prendre sur les recettes, pour acquitter d'autant les dépenses du service de l'an XIV.

Toutes les bases de ce titre VIII, à l'exception des articles 33, 34 et 40, sur lesquels il sera nécessaire d'entrer dans quelques explications, toutes ces bases, disons-nous, sont communes aux mêmes contributions consenties par le Corps législatif pour l'an XIII, soit au égard au contingent général et particulier, soit par rapport à la répartition des contributions foncière, personnelle, mobilière et somptuaire, portes et fenêtres et patentes. Les contributions indirectes perçues en l'an XIII sont également prorogées pour l'an XIV.

Messieurs, ce n'est pas dans un moment où l'Europe est attentive à l'issue des propositions de paix faites à l'Angleterre par l'Empereur des Français, que le Corps législatif pourrait affaiblir nos moyens de guerre pour l'an XIV. Dans toutes les hypothèses, des moyens redoutables sont toujours propres à faire respecter des intentions pacifiques.

Les articles 33 et 34 du projet présentent des dispositions actuelles d'amélioration dans les 16 centimes additionnels destinés à l'acquit des dépenses fixes et des dépenses variables de chaque département.

Voici le texte de ces articles 33 et 34.

Article 33. « Il sera réparti en outre, sur le « principal de l'une et de l'autre contribution, « (foncière, personnelle, mobilière et somp- « tuaire), pour être versé au trésor public, et « pour servir à l'acquit du montant des dépenses « fixes énoncées au tableau annexé à la présente, « n° 5, le nombre des centimes porté au même « tableau. »

Article 34, 1er paragraphe. « Il sera également « réparti, sur le principal des deux contribu- « tions, le nombre de centimes nécessaire à « l'acquit des dépenses variables énoncées au « tableau n° 6, après que le conseil général de « département en aura réglé le montant, sans « pouvoir excéder le *maximum* porté au même « tableau. »

Vous vous rappelez, Messieurs, que les *dépenses fixes,* assignées sur la partie des « 16 cen- « times versés, pour leur acquit au trésor public,

« consistent dans les dépenses pour les *préfets*, « les *secrétaires généraux*, les *membres des con- « seils de préfecture*, des *sous-préfets*, de *l'instruc- « tion publique, les tribunaux de première instance*, « *d'appel, criminels, de commerce, spéciaux, de « paix, de police*, et enfin les *traitements et « remises des receveurs généraux et particuliers*. »

Quant aux *dépenses variables*, elles s'acquittent sur des centimes réservés dans chaque département, pour les dépenses non fixes des *préfectures et sous-préfectures*, de *l'instruction publique*, des *enfants trouvés*, des *prisons*, *loyers de prétoire*, des *prisons et réparations extraordinaires, menus dépenses des tribunaux* et *dépenses imprévues*.

Jusqu'à présent le mode de répartition des 16 centimes entre le *trésor public* et les *départements* a été désavantageux à l'un et à l'autre, en ce que le produit abandonné respectivement ne pouvait acquitter toutes les assignations, de manière que le trésor public suppléait par des fonds additionnels à la perte qu'il éprouvait dans le recouvrement des centimes qui lui étaient attribués, et de sorte encore que les départements qui avaient un déficit, n'ayant aucun moyen de remplacement, laissaient languir divers services, spécialement ceux des enfants trouvés et des prisons.

Sa Majesté Impériale, comme l'a judicieusement remarqué l'orateur du Conseil d'État, embrassant également et l'ensemble et les détails qu'il régit par une bienveillance attentive et une pénétration éclairée, Sa Majesté Impériale a tout concilié, a tout coordonné par de nouvelles répartitions, dont les résultats sont de faire payer, par le trésor, toutes les dépenses de l'instruction publique, de diminuer les dépenses administratives intérieures et particulières des préfectures, d'améliorer le sort des préfets qui avaient moins de 20,000 francs ; enfin en augmentant d'un million environ un fonds spécial consacré aux enfants trouvés. aux prisons et aux tribunaux, et en destinant 1,200,000 francs au casernement de la gendarmerie qui, à compter de l'an XIV, s'exécutera à la diligence des préfets, avec une surveillance plus directe, et conséquemment plus efficace, que ne pouvait être celle trop éloignée du ministre de la guerre. De semblables bonifications se recommandent par leur simple exposé, et les membres du Corps législatif sont plus à portée que personne d'y applaudir, pour leurs départements respectifs.

Un autre point d'amélioration, qui se trouve énoncé dans le deuxième paragraphe de l'article 34 que nous analysons, est ainsi conçu :

« 2° Sur le principal de la contribution foncière seulement (il sera réparti), un *centime et demi*, qui formera un fonds commun pour subvenir aux frais de l'arpentage et l'expertise dans les divers départements.

C'est, Messieurs, une œuvre aussi importante que difficile, que l'entière exécution d'un cadastre du territoire français. *La section des finances du Tribunat* a tant de fois proclamé à cette tribune la nécessité d'une répartition plus égale de la contribution foncière qu'elle ne peut voir qu'avec intérêt les soins du Gouvernement se portervers des connaissances positives, pour faire servir un jour les faits bien vérifiés à la rectification des inégalités de répartition qui font gémir des communes de tout l'allégement que d'autres obtiennent dans les contingents respectifs.

Le 3e et dernier paragraphe du même article 34 s'exprime ainsi :

« Les conseils généraux de département pour« ront, en outre, proposer d'imposer jusqu'à con« currence de quatre centimes au plus, soit pour « réparations, entretien de bâtiments et supplé« ment de frais de culte, soit pour constructions « de canaux, chemins ou établissements publics; « Sa Majesté Impériale en son Conseil d'État auto« risera, s'il y a lieu, ladite imposition. »

L'idée d'une fondation pécuniaire et locale pour chaque département est vraiment féconde en résultats utiles, surtout lorsque l'application aura été déterminée par la conviction difficile à égarer sur les lieux même où le subside sera établi, des avantages d'une entreprise ou d'un service quelconque de bien public. La censure que le Gouvernement se réserve d'exercer sur des propositions de ce genre, est la plus sûre garantie qu'elles n'excéderont pas les bornes posées par la loi, et que l'application de ces nouveaux centimes se fera dans la direction de prospérité que le législateur a intention de procurer à chaque localité de l'Empire français.

Une autre vue d'utilité communale, liée à une plus grande surveillance sur la rentrée de l'impôt général, déjà établi, des patentes, a dicté les dispositions de l'article 40 du projet, et dont voici le texte :

Article 40. « Des quinze centimes dont le pré« lèvement est autorisé par les lois sur le mon« tant des rôles des *patentes*, deux centimes « (comme par le passé) sont affectés aux frais de « confection des rôles ; les treize centimes res« tants sont pareillement affectés, d'abord aux « décharges et réductions, et l'excédant aux dé« penses municipales. »

La modification que présente cet article sur les dispositions actuellement existantes, consiste à faire de treize centimes, après le prélèvement sur quinze des deux centimes applicables à la confection des rôles : à faire, dis-je, des treize autres centimes, un fonds commun qui serve aux décharges et réductions en même temps que de supplément aux dépenses municipales. Cette cumulation des cinq centimes assignés précédemment pour décharges, et des huit centimes abandonnés aux dépenses municipales, a pour objet d'intéresser les administrations, par l'espérance d'obtenir au delà des huit centimes qui leur sont affectés dans ce moment, à les intéresser à ne pas prononcer des décharges sans bornes du droit *des patentes :* de trop grandes facilités comprometent, dans plusieurs départements, le contingent qui leur est attribué pour les *patentes*.

Il me reste, Messieurs, à vous entretenir de l'article 44 et dernier du projet. Vous serez convaincus de son importance, par la teneur même de cet article :

Art. 44. « Les mesures nécessaires pour assurer « la perception des droits réunis pourront être « prises par des règlements d'administration pu« blique, en se confondant, tant pour la nature et « la quotité des droits que pour les peines contre « les contraventions. aux dispositions portées au « titre V de la loi du 15 ventôse an XIII, concer« nant l'établissement de la régie des droits « réunis; elles (*ces mesures*) seront proposées, en « forme de loi, au Corps législatif, à la session la « plus prochaine. »

La section des finances du Tribunat a fixé son attention particulière sur *l'utilité* et les *limites* de la concession législative que réclame cet article 44.

Par rapport à son *utilité, la section des finances* a fait les observations suivantes :

La régie des droits réunis, qui embrasse des perceptions de la plus haute importance, soit par leur nature, soit par leur étendue, n'a eu vraiment d'existence et d'organisation que dans la dernière partie de l'an XII. L'expérience n'a donc encore pu fixer d'une manière utile, même aux contribuables, les principes et les formes qui doivent faire la garantie respective et de l'administration et des redevables.

La loi du 5 ventôse, dans quelques-unes de ces dispositions, recommandait à la sagesse du Gouvernement certaines modérations dans la perception des droits, dont la rigueur aurait affecté quelques branches du commerce national. Sa Majesté Impériale a fait droit dans cet esprit à diverses réclamations qui lui avaient été adressées principalement sur les *distilleries* et les *brasseries;* mais d'autres modifications sont sollicitées, qui ne peuvent être admises qu'avec des précautions restrictives de tout abus, et d'autres dispositions sollicitées par les fabricants de tabacs de bonne foi, doivent être essayées, comme répressives de la fraude des droits établis par la loi du 5 ventôse an XII.

Dans tous les cas, c'est à l'expérience à décider si les articles réglementaires doivent obtenir par la suite le caractère immuable et solennel de dispositions législatives. De si grandes considérations ont fait penser à la section des finances du Tribunat qu'il était utile sous tous les rapports que le Corps législatif conférât au Gouvernement la faculté d'assurer la perception des droits réunis, provisoirement, par des règlements d'administration publique.

Mais lorsque la section des finances du Tribunat a examiné les *limites* que devait avoir naturellement cette concession législative, réclamée par l'article 44 du projet, elle a reconnu que cette délégation ne pouvait être entièrement assimilée à celle précédemment accordée par le Corps législatif, relativement aux *octrois municipaux*, par la loi du 5 ventôse an VIII, et aux *douanes* de l'Empire, par la loi du 29 floréal an X.

Dans ces deux lois, les principes d'après lesquels le Gouvernement peut agir, ou sont textuellement exprimés, ou naissent de la nature même des choses. Les *octrois municipaux* sont le résultat de besoins locaux, et les conditions de leur établissement peuvent être contredites ou approuvées par les préliminaires de délibération communale.

Par rapport aux *douanes*, leur *existence mixte, fiscale* et *politique*, en soumet plus particulièrement les variations à l'œil perpétuellement observateur de l'administration; et d'ailleurs un exercice qui n'a lieu qu'à la circonférence de l'Empire, et sur des objets qui sont amenés pour ainsi dire au devant de *l'institution bursale*, circonscrit, dans des bornes facilement aperçues, la faculté réglementaire qui se trouve alors être en quelque sorte la sentinelle de la puissance législative.

Mais quant à la *régie des droits réunis*, tout se trouve indéterminé soit de sa nature, soit par la nouveauté de l'organisation. Une perception qui se promène sur toute la surface de l'Empire, qui pénètre même, quoique momentanément, et sous certaines précautions, dans l'intérieur de l'habitation des citoyens; un semblable établissement ne peut s'enraciner dans la confiance des peuples, demeurer même sous la garantie des tribunaux, juges et vengeurs d'odieuses vexations, qu'en exerçant ses droits et ses moyens dans le cercle tracé par *l'impassibilité de la loi*.

En conséquence, la section des finances du Tribunat, dans ses communications officieuses, en adoptant le principe de la concession législative, réclamé par l'article 44 du projet, a été d'avis de la réserve qu'il contient; savoir : *En se conformant, tant pour la nature et la quotité des droits que pour les peines contre les contraventions, aux dispositions portées au titre V de la loi du 5 ventôse an XII, concernant l'établissement de la régie des droits réunis.*

La section des finances du Tribunat se plaît à proclamer l'accord parfait qui subsiste entre la *prérogative du trône*, et les droits de la *puissance législative*, dans un moment où les acclamations recueillies par le Tribunat, de toutes les parties de la France, ont élevé à l'Empire le grand Napoléon. Oui, Messieurs, c'est la première fois, depuis cette mémorable époque, que vous êtes appelés à sceller de la puissance législative *l'alliance du trône sous la quatrième dynastie, avec le vote libre et annuel de l'impôt.* C'est dans cette charte d'émancipation de la propriété et de l'industrie française, qu'est la garantie de la gloire et de la durée de la dynastie des Bonaparte qui ont conquis nos cœurs, parce qu'ils ont cimenté nos droits.

Messieurs, je crois avoir entièrement justifié le projet de loi générale sur les finances, en ce qu'il statue convenablement sur les exercices antérieurs à l'an XIII ; en ce qu'il pourvoit aux besoins urgents de la guerre, par des recettes suffisantes, pour appuyer du déploiement d'armées formidables de terre et de mer de futures négociations de paix.

Enfin, les dernières dispositions du projet font marcher l'administration financière vers un système d'amélioration graduellement progressif.

La section des finances du Tribunat, par toutes ces considérations, propose au Corps législatif d'adopter le projet de loi sur le budget de l'an XIII.

Aucun autre orateur ne demandant la parole, la discussion est fermée.

Le Corps législatif procède au scrutin.

Le nombre des votants est de 272, dont 260 votent pour l'adoption et 12 pour le rejet.

La séance est levée.

TRIBUNAT.

PRÉSIDENCE DE M. FABRE (DE L'AUDE).

Séance du 4 ventôse an XIII (samedi 23 février 1805).

Le procès-verbal de la séance du 19 pluviôse est adopté.

Un secrétaire fait lecture de la correspondance.

Le conseil général de la ville d'Ernée sollicite le rétablissement dans cette commune d'un tribunal de première instance ; il se fonde sur la nécessité où sont les habitants d'aller chercher leurs juges à grands frais par des chemins de traverse impraticables.

La ville de Lons-le-Saulnier demande la réunion à son territoire de plusieurs maisons et dépendances de la commune de Montmorot, qui lui est contiguë.

Ces deux objets sont renvoyés au Gouvernement.

M. Chabot (de l'Allier), membre du Tribunat, fait hommage d'un second ouvrage qu'il a composé sur la loi relative aux successions, formant le titre 1er du livre III du Code civil.

M. Prestat l'aîné, domicilié à Jouarre, adresse au Tribunat un ouvrage ayant pour titre : *Mémoire sur l'indigence et sur les moyens d'éteindre sans retour la mendicité.*

M. **Pernon**. Messieurs, je suis chargé par

mable et profond penseur trouve, dans la protection que notre EMPEREUR accorde à tous les talents, la récompense de ses pénibles et immenses recherches.

Je vote en conséquence que mention soit faite au procès-verbal de l'hommage que M. Azuni adresse au Tribunat, et que le dépôt des deux exemplaires que je mets sur le bureau, soit fait à la bibliothèque.

M. Grenier. Messieurs, je viens, au nom de notre ancien collègue Perreau, inspecteur général des écoles de droit, vous faire hommage d'un nouvel ouvrage dont il est l'auteur, intitulé : *Principes généraux de Droit civil privé.*

Si l'auteur a voulu par ces hommages donner une preuve des sentiments dont il est animé pour le Tribunat, il était bien sûr d'y rappeler des souvenirs précieux. Il est aussi agréable pour ses anciens collègues de saisir l'occasion de lui donner des marques de leur estime et de leur attachement, qu'il est honorable pour lui de les avoir si justement mérités.

Ces sentiments seraient encore accompagnés du regret de ne plus le voir parmi nous, si nous pouvions avoir oublié le vif intérêt avec lequel nous l'avons vu appeler par S. M. I. à des fonctions importantes qui seraient une récompense moins digne de ses talents, si elles n'en exigeaient pas toujours l'emploi.

J'ai lu avec autant d'attention que de plaisir l'ouvrage que notre ancien collègue offre au Tribunat, et je ne crois pas que le jugement que j'en porte soit l'effet de la séduction du cœur sur l'esprit.

Le livre est digne de son titre; il est divisé dans le même ordre que le Code civil, et chacun de ses chapitres est une introduction très-lumineuse au titre du Code civil qui y correspond.

L'auteur y expose dans un style simple, clair et correct, les principes du droit naturel qui servent de bases aux dispositions du Code civil. L'ouvrage présente d'autant plus de facilité, que l'auteur est très-versé dans la science de ce droit qu'il a professé longtemps avec distinction. Il a aussi extrait du mélange des lois romaines, qui lui sont encore très-familières, ces grands principes qui sont l'expression de la raison, qui servent de fondements à toutes les législations, et sans lesquels le monument de la législation romaine aurait obtenu bien moins d'admiration.

Ces maximes fondamentales, ainsi détachées et présentées avec ordre, semblent devenir plus instructives, surtout lorsqu'on voit sans effort leur liaison avec les dispositions du Code civil, qui en paraissent être des conséquences.

Cette méthode, qui lie l'effet avec la cause, facilite singulièrement l'intelligence du Code civil; elle fait apprendre, par principes, avec son secours; ce n'est pas seulement la mémoire qui retient, c'est l'esprit qui juge et qui discerne.

A la vérité, l'auteur n'entre pas dans des détails relatifs à des interprétations dont aucunes lois, quelque soignée que soit leur rédaction, ne sont à l'abri; ce n'était pas là son but.

Mais ses introductions préliminaires sont le guide le plus sûr qu'on puisse suivre pour se pénétrer de l'esprit de la loi et en découvrir les justes applications; il flatte même l'amour-propre du lecteur en ce qu'il ne le mène pas par la lisière, sur toutes les routes qui peuvent se présenter; il se contente de les indiquer de loin.

En un mot, on verra dans cet ouvrage d'excellents prolégomènes pour chacun des titres du Code civil. Un livre qui a l'avantage de bien préparer à la science, est toujours un bon livre. Il peut être agréable aux hommes de lettres; il deviendra usuel pour les étudiants, et il sera utile même aux hommes déjà versés dans la science. On peut lui appliquer heureusement ce qu'on dit des ouvrages de ce genre, lorsqu'ils ont son mérite, *Indocti discant, et ament meminisse periti.*

Je demande qu'il soit fait mention au procès-verbal de l'hommage de M. Perreau, et que le Tribunat ordonne le dépôt de l'ouvrage à la bibliothèque.

Le Tribunat arrête qu'il sera fait mention de ces hommages au procès-verbal; il ordonne en outre l'impression des discours prononcés par MM. Grenier et Pernon, et le renvoi des exemplaires à sa bibliothèque.

M. le Président. Conformément au vœu de l'Assemblée, j'avais écrit à S. A. I. le prince Eugène pour lui demander le jour où il pouvait recevoir le Tribunat. Voici la réponse qui m'est parvenue, et dont je dois vous donner communication.

Lyon, le 19 pluviôse an XIII.

M. le Président, j'ai lu avec beaucoup de satisfaction l'expression des sentiments du Tribunat à mon égard. Je suis infiniment sensible à la démarche que se propose ce corps aussi respectable par les fonctions qui lui sont attribuées que par les membres qui le composent. Mon éloignement de Paris m'empêche de recevoir cet hommage qui m'honore. Veuillez bien être auprès du Tribunat l'interprète de ma reconnaissance et de mes regrets.

« Agréez, Monsieur le Président, l'assurance de ma parfaite considération.

« Le prince EUGÈNE. »

Le Tribunat ordonne l'insertion de cette lettre au procès-verbal.

On fait lecture d'un message dans lequel le Corps législatif notifie au Tribunat que, sur les neuf candidats qui lui ont été présentés, il a choisi MM. Favard, Faure et Albisson pour remplir les fonctions d'adjoints au procureur général de la haute cour impériale.

Ce message sera inséré au procès-verbal.

L'ordre du jour appelle le renouvellement des secrétaires.

La majorité des suffrages désigne MM. Perrée (*de la Manche*) et Carret (*du Rhône*) pour remplir ces fonctions pendant le mois de ventôse.

La séance est levée.

CORPS LÉGISLATIF.

PRÉSIDENCE DE M. BÉGUINOT, *vice-président.*

Séance du 6 ventôse an XIII (lundi 25 février 1805).

Le procès-verbal de la séance du 2 ventôse est lu et adopté.

M. Boulard fait hommage au Corps législatif d'un ouvrage intitulé : *Vie de Milton et d'Addisson,* auxquelles on a joint un jugement sur les ouvrages de Pope ; le tout traduit de l'anglais de Samuel Johnson, et suivi de divers morceaux de littérature.

Un autre membre présente, au nom de M. Rondonneau, imprimeur du Corps législatif, l'*Annuaire de la Légion d'honneur pour l'an XIII,* contenant les états nominatifs des membres de cette institution, et tous les discours, lois, décrets et arrêts qui la concernent.

Le Corps législatif ordonne la mention de ces hommages au procès-verbal, et le dépôt des exemplaires à la bibliothèque.

L'ordre du jour appelle la discussion du projet de loi présenté le 28 pluviôse, et relatif au coutionnement des receveurs généraux et particuliers, et de tous les autres comptables publics préposés d'administration.

M. Delaitre, *rapporteur de la section des finances du Tribunat.* Messieurs, le projet de loi sur lequel je viens fixer votre attention ne peut fournir la matière d'une longue discussion dans le sein du Corps législatif, puisqu'il n'est qu'une conséquence plus générale des principes que votre sagesse a consacrés, dans la loi du 25 nivôse dernier, au sujet des cautionnements des agents de change, courtiers de commerce, avoués, greffiers, huissiers et commissaires-priseurs.

Il s'agit d'appliquer les dispositions des articles 1, 2 et 4 de cette loi à une autre classe de comptables et à tous les fonctionnaires et préposés d'administration assujettis à des cautionnements.

Vous vous rappelez, Messieurs, que ces mesures d'ordre et d'équité, qui reçurent vos suffrages lors de l'émission de cette loi, étaient le fruit de la sollicitude éclairée de Sa Majesté l'Empereur qui, sans qu'aucune réclamation particulière en eût provoqué la proposition, crut devoir vous soumettre les vues qu'il avait conçues pour l'amélioration du sort des comptables et de leurs prêteurs.

C'est encore le même sentiment de bienveillance qui a porté Sa Majesté à vous proposer l'extension de ces mesures, dans une circonstance où les besoins du service et la nécessité d'obtenir une plus forte garantie de la gestion d'un grand nombre de comptables et de fonctionnaires, ont provoqué une augmentation dans les cautionnements sous le double rapport de la responsabilité de ces agents, et de la création d'une ressource extraordinaire de finances pour cette année.

On ne pouvait tout à la fois pourvoir au présent par les facilités offertes aux comptables pour trouver des prêteurs et des capitaux à des conditions meilleures, et se préparer plus sûrement dans l'avenir des moyens de crédit et de confiance que la justice et la loyauté fondent toujours sur des bases inébranlables.

Le projet de loi dont nous nous occupons, Messieurs, accorde, comme la loi du 25 nivôse, aux prêteurs de fonds employés par les receveurs généraux et particuliers, et par tous les autres comptables et préposés d'administration à leurs cautionnements, le privilège spécial de second ordre qui les met à portée d'exercer leur recours sur ces mêmes fonds, sans autre préférence que celle du trésor public, et sans aucune concurrence de la part des autres créanciers de ces agents.

Permettez-moi, Messieurs, d'arrêter un moment votre intérêt sur la position où se trouve la plupart des fonctionnaires sur lesquels va peser l'augmentation des cautionnements. Elle me fournira quelques développements propres à déterminer de plus en plus vos suffrages.

Les receveurs généraux sont assujettis par la loi des finances du 2 de ce mois, à verser à la caisse d'amortissement, dans un délai convenable, à la vérité, mais invariablement fixé, des sommes considérables.

Ces fonctionnaires, dont le crédit est en quelque sorte lié d'une manière spéciale à celui du trésor, dont le nom se trouve dans presque toutes les transactions, dont la probité, la fidélité à remplir leurs engagements importent si éminemment au service public, vont avoir besoin de toutes les ressources de leur fortune, de leur industrie et de la confiance qu'ils inspirent pour faire les fonds de supplément exigés d'eux par la loi.

Quoique la fixation de ce supplément ne puisse

être réputée excéder une juste proportion, puisqu'elle n'est, d'une part, que le remplacement de la moitié de ce cautionnement, fournie jusqu'ici en immeubles ou en cinq pour cent consolidés; de l'autre, qu'une addition calculée d'après des règles générales sur leurs recettes des contributions indirectes; cependant il n'en est pas moins vrai que la plupart d'entre les receveurs généraux, ne pouvant fournir ce supplément de leurs propres deniers, seront obligés de traiter avec des capitalistes, et à des conditions sur lesquelles le projet de loi dont nous nous occupons doit avoir une influence très-favorable aux emprunteurs, en augmentant le gage et la sécurité des bailleurs de fonds.

Les receveurs particuliers se présentent sous un aspect également favorable et digne de tout l'avantage que leur promet le projet.

L'augmentation de leurs cautionnements sera pour eux, dans la proportion de leurs moyens particuliers, un poids aussi onéreux qu'il l'est pour les receveurs généraux. Peut-être même ne s'éloignerait-on pas de la vérité, en les classant dans une position plus difficile et plus embarrassante que celle de ces derniers; et en effet, Messieurs, vous êtes vous-mêmes à portée de voir ce qui se passe chaque jour dans les départements; l'argent y est en général plus rare, l'intérêt plus élevé que dans la capitale de l'Empire. Ainsi, les ressources des receveurs particuliers, déjà moindres par cela même, sont en outre circonscrites dans les bornes des arrondissements où ces agents exercent leurs fonctions, et leur offriraient moins de latitude pour acquitter le nouveau contingent qui leur est imposé, si les dispositions du projet de loi ne venaient à leur secours.

Les prêteurs, trouvant de nouvelles sûretés dans le privilège du deuxième ordre, créé en leur faveur par le projet, confirmés de plus en plus dans la confiance aussi générale que justement acquise des administrateurs de la caisse d'amortissement, seront disposés à se relâcher dans leurs prétentions, et à traiter à un taux moins élevé. Ainsi le projet facilite à ces comptables l'acquittement des nouvelles obligations qui leur sont opposées, et concilie l'intérêt du trésor public, qui consiste dans la certitude du paiement des suppléments de cautionnements, et l'intérêt respectif des comptables et des prêteurs.

Ces considérations plus spécialement applicables aux receveurs généraux et particuliers qui se présentent en première ligne, comme les plus fortement atteints par l'augmentation des cautionnements, s'appliquent également à tous les autres fonctionnaires, comptables et préposés d'administration frappés de cette augmentation; tous ont un intérêt égal à l'adoption du projet, parce qu'il doit avoir pour eux des conséquences qui sont proportionnellement les mêmes. Il leur rend communs les avantages qui résultent de l'article 1er de la loi du 25 nivôse dernier, et ne prescrit aux prêteurs de fonds affectés aux cautionnements, pour acquérir le privilège de second ordre institué par cet article, que de se conformer à ses articles 2 et 4, en faisant des oppositions motivées sur ces mêmes cautionnements, soit directement à la caisse d'amortissement, soit aux greffes des tribunaux dans le ressort desquels les titulaires remplissent leurs fonctions, ou bien en exigeant, au moment de la prestation et du paiement à la caisse d'amortissement, la déclaration à leur profit de la part des emprunteurs.

Ces formalités aussi facilement remplies qu'elles sont peu coûteuses, donneront aux prêteurs la garantie du privilége de second ordre qu'ils acquerront, et les mettront à même d'exercer un recours que l'ordre établi dans la comptabilité, et la sévérité tutélaire de la surveillance exercée par l'administration sur les caisses publiques et sur tous les agents de fisc, doivent assurer presque toujours dans son entier en prévenant l'application du privilége du trésor public.

La section des finances du Tribunat n'a pu qu'applaudir à un projet dont les principes avaient déjà reçu votre assentiment lors de la discussion de la loi du 25 nivôse dernier. Ce projet complète la législation sur les cautionnements; il a reçu l'approbation de la section qui m'a chargé de vous exprimer son vœu pour qu'il reçoive votre sanction.

La discussion est fermée.

Le Corps législatif délibère sur le projet de loi, qui est décrété à la majorité de 229 boules blanches contre 3 noires.

M. **Béguinot**, vice-président, occupant le fauteuil, donne lecture d'un message de Sa Majesté Impériale conçu en ces termes :

Au palais des Tuileries, le 3 ventôse an XIII.

« Législateurs, vu le message en date du 1er du présent mois, par lequel le Corps législatif, conformément aux articles 9 et 10 de l'acte des Constitutions de l'Empire, du 28 floréal an XII, présente *MM. Fontanes, Pémartin, Oudinot* et *Huguet*, comme candidats à la présidence en l'an XIV, Nous avons nommé et nommons *M. Fontanes*, président du Corps législatif pour la même année. »

Signé : NAPOLÉON.

Par l'Empereur,

Le secrétaire d'État, signé : H.-B. MARET.

En conséquence de ce message, M. Béguinot proclame M. Fontanes président du Corps législatif pour l'an XIV.

La séance est levée.

CORPS LÉGISLATIF.

PRÉSIDENCE DE M. FONTANES.

Séance du 7 ventôse an XIII (mardi 26 février 1805).

Le procès-verbal de la séance d'hier est adopté. Des orateurs du Gouvernement et du Tribunat sont introduits.

L'ordre du jour appelle la discussion du *projet de loi relatif à la reconstruction de la place Bonaparte, ci-devant Bellecour, à Lyon.*

M. **Pernon**, *orateur du Tribunat.* Messieurs, malgré la sollicitude du chef de l'Empire, et le zèle des magistrats de Lyon à seconder ses vues régénératrices, de vastes décombres couvrent encore les quais et les places de cette ville.

C'est en vain que la loi du 7 nivôse an VII et l'arrêté du Gouvernement, du 23 germinal an X, accordèrent aux propriétaires des maisons démolies, formant autrefois la place *Bellecour*, une indemnité de 400 mille francs, et une exemption de l'imposition foncière pendant douze ans.

La perte de la plus grande partie du numéraire en circulation sur cette place, l'anéantissement de plus d'un tiers de sa population, ne permirent pas à des propriétaires ruinés de trouver ces capitaux que la renaissance du commerce absorbait. Ils ne purent également espérer que le prix de la location de leurs maisons fût en proportion de la dépense de leurs reconstructions, lors même qu'ils profiteraient du bénéfice de la loi.

Heureusement, le commerce qui avait fui devant les phalanges dévastatrices de l'anarchie est revenu, sous des lois tutélaires, se replacer au milieu d'une cité dont il avait fait longtemps

l'ornement et la prospérité. Avec lui ont reparu l'aisance et le bonheur. Il en est résulté une plus grande consommation, qui, en augmentant les revenus de la commune de Lyon, lui offre le double avantage de donner à la place de *Bellecour*, qui porte aujourd'hui le nom du héros qui gouverne la France, la majesté que lui impose son nouveau titre, et celui de faire disparaître ces ruines, vestiges sanglants de nos erreurs, que l'œil ne saurait apercevoir sans porter à la pensée d'affreux souvenirs.

Dans cette situation, le Gouvernement, en se rendant aux désirs des habitants et du conseil général de la municipalité de Lyon, a, par le projet de loi qui vous a été présenté, prorogé à vingt-cinq ans le terme de l'exemption de la contribution foncière ; il a porté à 800,000 fr. à prendre, dans l'espace de dix ans, sur les octrois de cette ville, la somme de l'indemnité accordée, et il lui a cédé, en dédommagement de ses avances, l'ancien arsenal situé dans les murs, pour le prix de 40,000 francs.

Je dois vous observer, Messieurs, que le premier article de la loi qui prononce une exemption de contribution, loin d'être pour l'État un sacrifice par une faveur qui serait sans effet sur un sol infertile, lui devient au contraire avantageux par la perception d'un droit de mutation sur des objets immobiliers qu'elle va mettre en circulation.

Par les autres articles, l'impôt qui ne doit et ne peut être créé que pour défendre, protéger et secourir tous les membres de la famille qui composent le peuple français, atteint le but que le législateur s'est proposé. L'Empereur, dans leur exécution, voit en même temps s'accomplir une partie de son projet le plus cher, celui de réparer les maux qu'un temps de vertige a disséminés sur le sol de notre patrie.

Ces motifs puissants ont engagé, Messieurs, la section de l'intérieur du Tribunat à vous proposer l'adoption du projet de loi que j'ai eu l'honneur de vous présenter.

Carret (*du Rhône*). Messieurs, il semblerait inutile, sans doute, de rien ajouter à ce que vient de vous exposer notre collègue M. Pernon : il a plaidé avec autant de sagesse que d'éloquence la cause d'une cité qui devient de jour en jour plus précieuse et plus chère aux Français. Le zèle de mon compatriote ne laisse au mien que le désir et l'espoir de fortifier, s'il est possible, par de nouveaux motifs encore, tout ce qu'il vient de vous dire au sujet de la loi proposée.

Peut-être d'ailleurs me peut-il être permis de me glorifier, dans cette enceinte, de mon attachement inviolable pour l'importante cité de Lyon (1).

Peut-être m'est-il permis de rappeler ici que j'ai été l'un des premiers à appeler sur elle la sollicitude paternelle du Gouvernement, et à ne plus désespérer de la voir reprendre bientôt et son lustre et son rang, dès l'instant que la France a commencé à reprendre le sien. Ce que j'avais prévu, ce qu'il était si facile de prévoir, sous un règne ami de l'ordre et de la justice, s'est déjà réalisé en partie, et avec une célérité qui pourrait paraître un prodige à ceux même que Napoléon

(1) Après le 9 thermidor, je fus nommé premier officier municipal de Lyon, appelé alors *commune affranchie*. Chargé, par le conseil général, de la rédaction d'une adresse à la Convention nationale, pour demander que Lyon reprît son nom, la Convention rendit un décret, le 14 nivôse an IV, qui faisait droit à toutes les demandes des Lyonnais, dont j'avais l'honneur d'être l'organe.

a dû familiariser jusqu'ici avec tous les genres d'étonnement.

Mais quelles que soient la bienveillance du réparateur et l'activité du zèle qui le seconde, il est des obstacles qui dépendent tellement des circonstances et des localités, que le premier coup d'œil n'en calcule pas aisément toute l'étendue, et qu'il faut, pour les combattre et en triompher, réitérer plus d'une fois les mêmes efforts.

Le premier objet qui affligea les regards du héros de l'Italie, en rentrant en France, fut le spectacle des ruines de Lyon ; et dès cet instant, il fut arrêté dans sa pensée que Lyon sortirait de ses ruines. Il dit, avec l'accent de son grand caractère : « Qu'elles disparaissent, ces traces hideuses ! que ces ateliers, que tous ces édifices, « écroulés sous la bombe ou sous le marteau, « s'élèvent plus grands, plus magnifiques encore ! « que l'étranger qui viendra dans ces murs « cherche en vain de l'œil ces débris ! qu'il ne « trouve à leur place que l'empreinte auguste et « vénérée d'un Gouvernement paternel et réparateur. » Il dit, et les Lyonnais qui savaient, comme le reste du monde, que Bonaparte ne promet pas en vain, par un mouvement unanime et aussi prompt que le sentiment, les Lyonnais indiquèrent dès lors à la reconnaissance publique le nom qui consacrait à jamais dans l'avenir ce grand bienfait du chef de la nation ; ils immortalisèrent la place de *Bellecour*, ils le nommèrent Bonaparte.

La grandeur des secours n'a point été et ne pouvait être d'abord en proportion de celle des besoins. Aussi, malgré la confiance naturellement attachée au nom et aux promesses du Premier Consul, malgré le zèle des corps constitués de Lyon, et la bonne volonté de ses habitants, les ruines de *Bellecour*, toujours immobiles, continuent d'importuner les regards du citoyen et de l'étranger, et retracent, malgré nous, le souvenir d'un temps qu'il ne faut plus rappeler, si ce n'est pour bénir à jamais le puissant génie qui a travaillé si efficacement à nous le faire oublier.

Déjà l'industrie a reporté dans Lyon la vie et la chaleur ; déjà le commerce y a rappelé cette ancienne splendeur qui attirait sur elle les yeux et l'envie du reste de l'Europe. En protégeant les arts, en ranimant cette espèce de luxe qui est la vie des grands Etats, comme il devient bientôt la mort des petits, le Gouvernement a vraiment fait sortir Lyon de ses ruines ; car c'est là surtout que ce ses ennemis avait voulu détruire ; et comme la puissance du mal est beaucoup plus active, beaucoup plus efficace que celle du bien, un très-petit nombre d'années avaient suffi pour paralyser l'industrie lyonnaise, pour renverser l'imposant édifice de son commerce, et pour tarir d'un bout du monde à l'autre les sources que ses relations alimentaient, et qui venaient à leur tour seconder ce même commerce.

Mais ici, et pour la première fois peut-être, depuis que les génies du bien et du mal se disputent le monde, la pensée qui reconstruit a été aussi vite que la main qui renversait ; et c'est peut-être le plus bel éloge que l'on puisse faire du Gouvernement actuel.

Il y a plus : affligé quelquefois des obstacles qui arrêtaient sa marche réparatrice, Napoléon s'est indigné que la Franc~ ~t~ ore, quand il n'a consenti à ~ er ~ ~ la rendre et la voir ~ ~out est heureux.
vouloir le]
pour un el

instant dans son chef cette volonté toute puissante, lorsqu'il en recueille à chaque pas les heureux effets.

La loi qui vous est présentée maintenant nous en offre une preuve bien touchante ; mais qu'est-il besoin, après ce que vous ont dit l'orateur du Gouvernement et celui du Tribunat, et surtout ce que vous sentez si bien vous-mêmes, législateurs, de vous en développer plus longuement l'importance et l'équité ? C'est, vous le savez comme moi, le caractère distinctif de tout ce qui émane de Napoléon. Son génie et son cœur se retrouvent partout ; mais je n'ai pu ni voulu laisser passer cette occasion de témoigner de nouveau ma reconnaissance au chef de l'Etat, pour ce qu'il daigne faire encore en faveur d'une ville dont mon premier titre d'honneur est d'être citoyen.

La discussion est fermée.

Le Corps législatif procède au scrutin. Le nombre des votants est de 217, dont 214 ont voté l'adoption, et 3 le rejet.

Le président proclame ce résultat.

La séance est levée.

CORPS LÉGISLATIF.

PRÉSIDENCE DE M. BÉGUINOT, VICE-PRÉSIDENT.

Séance du 8 ventôse an XIII (mercredi 27 février 1805).

Le procès-verbal de la séance d'hier est adopté.

M. Savary présente, au nom de M. Bernard, un ouvrage qui a pour titre : *Cours de morale à l'usage des jeunes demoiselles.*

L'auteur de cet ouvrage, M. Amalric, secrétaire de la Légion d'honneur, ne l'avait pas jugé assez important, dit M. Savary, pour être offert au Corps législatif. L'éditeur ne s'est pas soumis à ce jugement ; il a pensé qu'un ouvrage dont le but est de former le cœur et d'éclairer la raison des jeunes personnes, la plus belle espérance de leurs familles, et destinées à faire le bonheur de celles dans lesquelles elles doivent entrer, serait sans doute accueilli par vous avec quelque intérêt.

Cet ouvrage a le double mérite d'amuser et d'instruire. L'auteur a réuni à des leçons utiles des exemples touchants, des anecdoctes intéressantes, et les grâces du style font disparaître le sérieux du sujet. Je propose en conséquence qu'il soit fait mention de cet hommage au procès-verbal, et que l'ouvrage soit déposé à la bibliothèque du Corps législatif.

L'Assemblée adopte la proposition de M. Savary.

L'ordre du jour appelle la discussion du projet de loi présenté le 30 pluviôse, et relatif à l'*établissement d'un tribunal de commerce à Aix-la-Chapelle.*

M. **Favard**, *rapporteur de la section de législation du Tribunat.* Messieurs, la section de législation du Tribunat a émis son vœu pour l'établissement d'un tribunal de commerce dans la ville d'Aix-la-Chapelle, département de la Roër : elle a chargé mon collègue Joubert et moi de vous exprimer les motifs qui l'ont déterminée à adopter ~ ~rojet de loi soumis à votre délibération.

~1789. les différentes assemblées se sont ~ occupées de l'organisation des ~ ~mmerce ; mais il ne leur a pas ~ ~r par une loi générale des ~ ~ur le nombre de ces tribu- ~ ~allait attendre pour en ~ ~ citoyens, avertis par leurs besoins, réclamassent la sollicitude du Gouvernement et la décision du Corps législatif.

C'est ce qui s'est constamment pratiqué depuis le 18 brumaire. Vous avez successivement décrété l'établissement de plusieurs tribunaux de commerce quand l'utilité en a été démontrée.

La ville d'Aix-la-Chapelle en demande un : vous connaissez déjà les motifs qu'elle fait valoir, et nous sommes convaincus qu'ils sont déterminants en sa faveur.

Le plus puissant de tous, selon nous, c'est la grande quantité d'affaires commerciales ; et on ne peut douter qu'elles ne soient très-nombreuses, si l'on considère que dans l'arrondissement dont cette ville est le chef-lieu, il y a plus de 6,000 individus payant patente, et par conséquent soumis, pour les affaires de leur commerce ou profession, à la juridiction consulaire ; si l'on considère qu'Aix-la-Chapelle et le bourg de Borcette qui y touche, emploient dix mille bras à la fabrication et à la préparation des draps ; si l'on considère encore que cette ville contient plus de douze fabriques d'aiguilles, de manufactures d'épingles et de dés à coudre ; si l'on considère enfin que dans son arrondissement il existe plusieurs autres fabriques en tous genres, et qu'on y exploite beaucoup de mines qui donnent une grande activité à son commerce.

Je ne rappellerai pas les principes invoqués par l'orateur du Gouvernement, pour appuyer l'établissement de ce tribunal de commerce; mais qu'il me soit permis de vous présenter des considérations d'un autre genre, et qui ne me paraissent pas moins intéressantes.

La multiplicité des affaires commerciales doit être considérable dans un pays où il y a tant de manufactures, de fabriques, d'exploitations, d'usines ; et ces affaires, pour la plupart d'un intérêt modique, exigent, plus que les grandes opérations, le voisinage d'un tribunal de commerce. C'est surtout l'ouvrier qui doit trouver une justice prompte. Comment l'aura-t-il, cette justice, s'il est obligé de l'aller chercher à Cologne, seul tribunal de commerce, éloigné de 70 à 90 kilomètres? Il ne peut le faire sans dépenser beaucoup relativement à ses facultés. Et s'il faut qu'il soit rebuté, et par la perte du temps et par la dépense, il n'y a pas de justice pour lui.

C'est sans doute cette considération qui a fait dire à l'orateur du Gouvernement que la multiplicité des tribunaux de commerce est à la fois un secours pour le commerce et un signe de sa prospérité ; et nous avons pensé, comme lui, que ces établissements ne sont pas réclamés, quand l'intérêt du commerce n'en fait pas sentir le besoin.

Enfin, Messieurs, ce besoin a été reconnu par Sa Majesté, qui, dans le voyage qu'elle a fait dans ces contrées, a tout vu avec cette justesse et cette précision qui distinguent le grand homme d'Etat. Il est beau pour vous de pouvoir concourir au bonheur qu'il aime à répandre sur toutes les parties de son Empire. C'est la plus douce des jouissances; et vos cœurs sont dignes de l'apprécier.

Tels sont, Messieurs, les motifs qui limitent en faveur du projet pour lequel on réclame votre sanction.

La discussion est fermée.

Le Corps législatif délibère sur le projet de loi, qui est décrété à la majorité de 228 boules blanches contre 1 noire.

La séance est levée.

CORPS LÉGISLATIF.

PRÉSIDENCE DE M. FONTANES.

Séance du 9 ventôse an XIII (jeudi 28 février 1805).

Le procès-verbal de la séance d'hier est adopté.

L'ordre du jour appelle la discussion du *projet de loi relatif à la plantation des grandes routes et des chemins vicinaux.*

M. le **Président.** J'invite un de messieurs les orateurs du Tribunat à monter à la tribune.

Challan. Messieurs, lors de la session de l'an X, le Gouvernement appela votre attention sur la police des routes ; aujourd'hui, Sa Majesté l'Empereur propose au Corps législatif de substituer à l'ordonnance de 1669, et à l'arrêt de 1720, des dispositions plus en rapport avec le respect des propriétés que notre législation a consacré, et telles que la plantation des grandes routes ne retranchera plus rien de la propriété riveraine, que l'arbre qui doit servir d'abri au voyageur fatigué ne dévorera plus le sol engraissé par le cultivateur ; il sera planté sur le domaine public, en observant les distances prescrites par le Code civil ; à cet effet, la largeur des routes sera réduite autant qu'il sera possible.

L'ordonnance de Blois avait conçu le projet de cette réduction ; l'article 156 *l'ordonnait,* et de plus, *qu'ils seraient bordés d'arbres selon la nature et commodité du pays, au profit de celui auquel la terre prochaine appartenait.* Cette règle, dont l'Empereur a senti les avantages, en parcourant les diverses parties de l'Empire, parce que rien de ce qui est bon et juste ne lui échappe, est loin du système oppresseur, d'après lequel le propriétaire riverain était tenu de planter sur son propre terrain, ou de souffrir que la plantation fût faite, soit par le seigneur voyer, qui alors était maître de l'arbre et en récoltait les fruits, soit par le Gouvernement, qui concédait souvent ce droit à des compagnies, lesquelles acquéraient aussi la propriété des arbres plantés sur le champ d'autrui. Cette violation du droit de propriété n'avait point échappé ; on essaya de la rendre moins odieuse en abandonnant la jouissance des fruits, des émondes et du corps de l'arbre, à la charge du remplacement par le propriétaire, et même d'un remboursement dans certains cas. Mais bientôt une partie des nombreuses avenues qui couronnèrent les routes disparurent. L'obligation d'obtenir l'agrément des corps administratifs était alors illusoire, parce que ces corps n'osaient pas toujours s'opposer aux entreprises, et que leurs décisions étaient rarement respectées. Dans cet état de choses, les riverains trouvèrent facilement le moyen de laisser périr des arbres dont ils convoitèrent les routes.

Le projet de loi qui vous est présenté ne prononce rien sur les routes déjà plantées, mais il conduit à une législation générale; en proposant un essai sur celles qui ne le sont point, il fait un grand pas vers la restauration des autres, et c'est ensuite qu'on verra dans quelle largeur il conviendra de les maintenir. Sans doute les approches de la capitale conserveront ce noble aspect qui convient à la première cité d'un grand empire, et celles des grandes villes auront toute l'étendue qu'exige la circulation ; sans doute dans les lieux couverts, les bois et les buissons continueront à être essartés à des distances convenables. pour qu'ils ne puissent servir de retraite prochaine au brigand. Mais partout ailleurs l'extrême largeur n'ajoutant rien à l'utilité, il n'y a aucun inconvénient à prendre sur cet excès l'espace nécessaire pour la plantation, afin de laisser à l'agriculture la disposition entière de son champ.

On a souvent répété que les plantations entretenaient l'humidité du chemin, et par cette cause quelques coutumes les ont défendues; mais à l'époque où l'on a recueilli ces règles dictées par des usages souvent peu éclairés, le sol de la France était bien plus couvert, on considérait tout ce qui était plantation comme bois; et les plaintes que l'on portait dans ces temps, contre cette multiplication d'arbres sans symétrie, ne peuvent être fondées à l'égard d'avenues espacées convenablement, élaguées avec soin et à travers desquelles le soleil et l'air ont un libre cours.

La plantation des grandes routes, ainsi dirigée, est donc sans inconvénient; elle offre au contraire d'utiles résultats, en multipliant les bois de chauffage et de construction; leur direction guide la marche du voyageur pendant la nuit, et lors des inondations ou la chute de neiges.

Si donc il y a de l'avantage à planter les routes, il faut prendre les moyens les plus prompts d'y parvenir, et les plus propres à assurer la conservation des arbres.

On ne peut accélérer le travail; qu'en opérant simultanément sur beaucoup de points; à cet effet, le concours des propriétaires riverains devient nécessaire.

C'est donc à eux que l'article premier confie le soin de planter; en les chargeant, elle ne leur impose pas une obligation au-dessus de leurs moyens; ce serait pousser trop loin la rigueur des principes, que d'en conclure qu'elle est contraire à la juste répartition des charges publiques. Il en est d'inhérentes à la position; telles sont les servitudes naturelles, telles sont celles qui résultent d'un ruisseau qu'il faut curer, d'un grand fleuve le long duquel il faut passer, des alignements qu'il faut suivre pour la facilité du passage, de la décoration uniforme à laquelle il faut s'astreindre pour l'ornement des villes; mais le cours des eaux fertilise le champ, la proximité de la route facilite l'exploitation et donne un grand prix aux denrées: ce n'est donc pas agir contre l'esprit de justice distributive, que de solliciter de celui qui en profite quelques sacrifices; celui de la plantation, d'ailleurs, ne peut être fort onéreux, d'abord parce que le plus souvent les propriétés sont aboutissantes sur la route; qu'ainsi le fardeau est très-subdivisé, et qu'en supposant même que celles de quelques particuliers fussent prolongées parallélement, le nombre des arbres à planter ne pourrait jamais être fort considérable, puisque la distance à observer entre eux est de dix mètres, et que certainement le particulier plantera à meilleur marché que le Gouvernement, obligé d'employer des entrepreneurs; le choix du terrain, enfin, étant laissé au propriétaire, il pourra trouver sur son propre fonds ceux qui seront nécessaires, ou au moins prendre ceux qui seront les plus favorables à ses intérêts.

Peut-être, Messieurs, ai-je eu tort de répondre de suite à une partie des objections faites contre l'article premier avant que d'avoir fait connaître les articles 2 et 3, puisque ces articles modifient les obligations du riverain, ajoutent même à ses bénéfices sans rien enlever de son domaine.

L'article 2 prononce textuellement que *les plantations seront faites dans l'intérieur de la route et sur le terrain appartenant à l'État*; il en serta de même du contre-fossé qui sera fait et entretenu par l'administration *des ponts et chaussées*. L'arrêt de 1720 n'avait mis à la charge de cette administration que la première confection, les riverains

étant tenus de l'entretien même, de jeter sur leurs héritages ce qui provenait du curage rendu quelquefois avantageux, mais souvent dommageable dans les lieux abondants en gravier et en ravines; cependant ce contre-fossé est moins destiné à la conservation des arbres qu'à écouler les eaux de la route, à procurer un moyen de la rechausser et à en fixer les limites; il était donc juste de le comprendre dans les dépenses générales. Ainsi la dépense du propriétaire se réduit à celle de l'avance et de sa plantation. L'article 3 en faveur de cette avance accorde la propriété des arbres et de leurs produits.

Cet abandon trouve cependant des contradicteurs. Pourquoi, dit-on, forcer quelqu'un d'accepter un bienfait dont il ne se soucie peut-être pas de jouir? Ce raisonnement est plus spécieux que solide; car le riverain qui ne peut empêcher la plantation, puisqu'elle ne se fait pas sur son terrain, a le plus grand intérêt à ce que la jouissance ne soit pas abandonnée à un étranger qui aurait un prétexte pour s'approcher de ses récoltes, et qui n'aurait pas comme lui le soin de choisir l'arbre le moins préjudiciable, d'entretenir la tige assez élevée pour ne pas nuire au passage, et de diriger ses rameaux pour éviter l'ombre. Cette considération sera sans doute de quelque poids lorsque, par un règlement d'administration publique, on fera l'application des principes de la loi, et déterminera l'abandon en faveur du riverain, non de la propriété du sol compris entre le contre-fossé et son champ, mais la faculté d'en jouir, lorsqu'il ne servira pas de dépôt aux matériaux de la route, afin qu'il puisse cultiver l'arbre et éviter sa destruction par une main étrangère ou la dent des bestiaux. Cette mesure est d'autant plus juste, que le propriétaire riverain en est responsable envers l'administration, et qu'il doit obtenir sa permission pour le couper, l'abattre ou l'arracher, et que toujours il doit le remplacer.

Il est vrai que cette responsabilité a excité quelques réclamations; mais si vous daignez, Messieurs, considérer que cet arbre est planté sur le domaine public, qu'ainsi on a bien pu opposer une condition à la jouissance, et vous rappeler l'effet que produisit la disposition à peu près pareille de la loi du 8 septembre 1793, elles ne seront d'aucun poids auprès de vous; le droit d'user et d'abuser produirait l'effet de la cognée du sauvage, qui renverse l'arbre pour satisfaire la jouissance du moment. Sans la précaution voulue par le projet, qui pourrait empêcher que plusieurs ne préférassent de renouveler l'arbre dont ils convoiteraient l'exploitation, au lieu d'attendre une parfaite croissance? En applaudissant à l'établissement d'une surveillance conservatrice, je fais cependant des vœux pour que les agents de l'administration n'abusent pas de sa confiance; car le plus souvent c'est du zèle mal entendu des subalternes que vient le mal.

En vous exprimant cette inquiétude, que la sagesse du Gouvernement diminue chaque jour, je dois aussi, Messieurs, vous faire remarquer qu'il était difficile de donner à l'exécution d'une loi moins de sévérité. Aucune peine n'est prononcée contre ceux qui n'auront point usé de la simple remboursement des frais de plantation; et cependant l'État a déjà fait la dépense du contre-fossé, il a garanti le travail du propriétaire, de la main mise du voyageur; il a montré d'avance la protection de la loi.

Il en est donc juste d'unir l'intérêt du propriétaire à celui de l'ordre public; et le moyen que le projet emploie pour y parvenir est aussi simple que modéré, et le propriétaire peut toujours s'en garantir, en plantant lui-même : nous n'avons donc que des actions de grâces à rendre à l'esprit de bonté qui a voulu qu'on s'écartât du despotisme de l'arrêt de 1720, et qui a été convaincu qu'un embellissement, qu'un objet d'utilité future même, n'étaient pas des motifs suffisants pour employer une grande coercition, et encore moins anticiper sur la propriété.

Je ne vous parlerai pas du délai accordé pour accomplir le vœu de la loi : il est fixé à deux années, à compter de l'époque à laquelle l'administration aura désigné les routes à planter ; cette latitude est telle qu'elle ne peut être l'objet d'aucune réflexion.

Je passe à l'article 5. Il est relatif aux routes *dont la largeur ne permettra pas de planter sur le terrain appartenant à l'État.* Il se borne à exiger du propriétaire riverain de prendre alignement lorsqu'il voudra planter sur son propre terrain, à moins qu'il n'éloigne sa plantation de six mètres de la route; cette précaution était indispensable; car si on eût abandonné ces routes déjà étroites au caprice des particuliers, on aurait pu les intercepter en poussant la plantation jusque sur la ligne de séparation : il fallait préserver la route de l'humidité qu'aurait entretenue une suite d'arbres trop serrés, il fallait faire en sorte qu'ils ne pussent couvrir la marche de l'assassin, procurer au voyageur le moyen de se mettre en garde contre celui qui traverserait le guéret pour venir à lui.

Le propriétaire n'a point encore à se plaindre de cette disposition, parce qu'il a la faculté de planter en prenant alignement, ou de s'en abstenir.

L'ensemble de l'article, au surplus, est un hommage rendu au droit de propriété, puisque l'on a plutôt renoncé à planter ces routes que de le faire sur le terrain d'autrui, et que lorsque le propriétaire s'y détermine, il n'a besoin d'aucune permission pour la coupe de ses arbres.

Outre les routes qui sont anciennement plantées, ou qui sont susceptibles de l'être sur le terrain appartenant à l'État, ou enfin qui peuvent l'être par la volonté des propriétaires, il est d'autres chemins qui ont excité la sollicitude du Gouvernement : ce sont ceux connus sous le nom de chemins vicinaux.

Jusqu'à ce jour leur administration n'a été fondée sur aucun système régulier; elle dépend de diverses coutumes, d'usages purement locaux, et presque partout ils sont dans le plus mauvais état; cependant c'est par ces chemins si négligés que passent les premiers transports de tous les comestibles, de toutes les choses de première nécessité.

La confection de ces chemins, leur conservation, n'est peut-être pas aussi facile qu'on le croirait d'abord, à cause de leur grand nombre, du genre de leur construction, à cause des énormes fardeaux qu'on leur fait porter presque en toutes saisons : car leur poids n'est point calculé en raison du chemin de traverse, mais du roulage de la grande route que l'on va joindre avec des chevaux de supplément.

Ce sont ces difficultés qui ont forcé de généraliser les expressions de l'article 6; c'est ainsi qu'une sage administration prépare des améliorations, et l'on doit espérer beaucoup du travail préparatoire que cet article prescrit; il sera long, il est vrai, mais la prudence commandait cette lenteur salutaire pour ne point ordonner inconsidérément des réparations ou des élargissements qui n'auraient point été indispensables; il n'en est pas des chemins vicinaux comme des grandes routes : le commerce doit trouver dans celles-ci la facilité d'une grande circulation, mais dans les autres le besoin d'un petit nombre les détermine, et c'est à ce besoin seulement qu'il faut les approprier d'après la diversité des positions des sols et des usages.

Ce que nous venons de dire pour leur confection s'applique aussi à leur plantation; dans beaucoup d'endroits il est bon de les planter, dans d'autres il faut s'en abstenir. lorsque les chemins sont très-excavés; l'arbre qui les couvre ajoute au mauvais chemin; lorsque le charroi des moissons se fait avec des voitures, leur tige doit être plus élevée; lorsque la culture principale est en vigne, il faut éviter qu'ils n'ombragent le côté du midi : le projet de loi n'a donc pu être obligatoire, il a dû laisser à chaque propriétaire la faculté de planter ou de ne pas planter, mais il a dû s'opposer à ce que l'on anticipât sur la voie publique; c'est aux préfets, aux administrations locales, qu'il convient d'encourager, d'exciter. Les dispositions de la loi sont conçues de manière à produire un grand bien dans beaucoup d'endroits et à ne nuire dans aucun. Sur les chemins vicinaux, sur les routes étroites, c'est l'intérêt particulier qui se détermine; sur les autres routes on ne plante que là où cela est possible; sur le terrain appartenant à l'État, rien d'arbitraire, rien d'absolu; tout est subordonné à la nature du sol et du climat, à la conservation ou à la sûreté des routes. La poursuite des contraventions même est dépouillée de l'appareil judiciaire, c'est le conseil de préfecture qui prononcera par voie administrative.

Déjà la loi du 29 floréal an X avait investi ces conseils de la police de grande voirie et de conservation, celle des arbres des routes en fait partie; ainsi l'article 8 n'est pas une disposition nouvelle, il rappelle seulement cette attribution; et les motifs qui vous déterminèrent à l'adopter, lors de l'émission de cette loi, s'appliquent à cet article qui n'en est que la conséquence.

J'ai parcouru, Messieurs, les diverses dispositions du projet de loi; je ne vous ai pas dissimulé les objections qui ont été faites, je crois avoir présenté les avantages qui peuvent résulter de son exécution; vos lumières suppléeront aisément à ce qui aurait pu m'échapper. La section de l'intérieur du Tribunal en a voté l'adoption, et nous a chargés de vous présenter son vœu.

Aucun autre orateur ne demandant la parole, la discussion est fermée.

Le Corps législatif procède au scrutin. Le nombre des votants est de 221, dont 196 votent l'adoption et 25 le rejet.

MM. Regnauld (*de Saint-Jean-d'Angély*) et Ségur, conseillers d'État, sont introduits.

M. Regnauld (*de Saint-Jean-d'Angély*) présente un *projet de loi relatif à un échange entre la liste civile et les sieurs Letourneur et Geoffroy.* En voici le texte et l'exposé des motifs.

Motifs.

Messieurs, au milieu des bois qui dépendent du domaine impérial et de la liste civile, existent deux fermes considérables dans les forêts de Marly et de Saint-Germain.

À l'époque où les ventes de biens nationaux ont été effectuées sans distinction, sans aucune considération de convenances, sans aucune des exceptions que l'intérêt national eût motivées, que la conservation des forêts nécessitait, les fermes dont je viens de parler ont été vendues, l'une au sieur Letourneur; l'autre au sieur Geoffroy.

Il est utile, presque nécessaire de réunir ces fermes au domaine de la liste civile. Des arrangements ont été pris à ce sujet d'une manière qui concilie les droits sacrés des acquéreurs de domaines nationaux avec les convenances du domaine impérial.

On a réglé de gré à gré avec les propriétaires les conditions auxquelles ils cèdent leurs domaines.

Elles sont présentées en forme d'échange dans la loi que je vous apporte, au moyen de laquelle, sans dépense pour le trésor public, aux frais du trésor particulier de Sa Majesté, tout ce qui est commandé par la justice d'un côté, et de l'autre tout ce qui convient pour l'arrondissement, la conservation, l'amélioration des domaines et forêts de la liste civile, sera effectué.

Projet de loi.

Art. 1er. Les sieurs Letourneur et Geoffroy céderont, suivant leurs offres volontaires, à la liste civile :

1° La ferme du Trou-d'Enfer, sise dans le grand parc de Marly, composée de bâtiments, terres et autres dépendances, appartenant au sieur Letourneur, et contenant environ 159 hectares ;

2° La ferme de Garenne, consistant en bâtiments, terres, prés et autres dépendances, contenant environ 273 hectares 16 ares de bois appartenant à la liste civile, situés sur les communes de Rueil, la Selle, Vaucresson et Garches, en plusieurs portions dont le détail suit :

Noms.	Contenances.
Bois plantés	13 hect.
Fontaine aux prêtres, côté de la Selle	28
Bois dits *du clos Toutin*	29
Vente dite *des vingt-deux*	15
Partie des vingt-deux	6
Vente du clos de la Selle	15
Bois Bachelier et Dardayette.	
Vente des Malards comprenant la partie dite *le bois Bérenger*, trois parties dites *Prés Boni*, et une dite Saint-Cucufa	57
Bois de l'Église et Saurin	28
Bois Brûlé	2
Bois de charme	5
Garennes de Garches	28
Total	239 hect.

Le Corps législatif arrête que ce projet de loi sera transmis au Tribunat par un message.

M. **Regnauld** (*de Saint-Jean-d'Angély*) présente un second *projet de loi relatif à des aliénations, acquisitions,* etc., *par des communes et hospices.* En voici le texte et l'exposé des motifs :

Table numérique.

Titre 1er Aliénations ;
     2. Acquisitions ;
     3. Concessions à rentes ;
     4. Échanges ;
     5. Impositions extraordinaires ;
     6. Objets mixtes ;
     7. Dispositions générales.

MOTIFS.

Messieurs, j'apporte un dernier projet de loi concernant les intérêts locaux des villes ou établissements publics. L'indécision où on est resté au ministère de l'intérieur, sur la question de savoir si les formes législatives continueraient à être exigées pour de telles transactions, a retardé le travail, et empêché que toutes les demandes de ce genre aient pu vous être soumises pendant cette session.

On a toutefois compris dans le travail tout ce qui paraissait le plus urgent, ou offrait plus d'utilité pour les communes, les hospices ou autres établissements : tout ce qui restera réuni aux demandes nouvelles se préparera pour votre prochaine session.

Projet de loi.

TITRE PREMIER.

Aliénations.

Commune de la Roche-Derien (Côtes-du-Nord).

Art. 1er. Le maire de la Roche-Derien, département des Côtes-du-Nord, est autorisé à vendre à Pierre Coadon, moyennant la somme de 165 francs, un terrain communal de 6 ares 7 centiares, sans aucune valeur, mais susceptible d'un revenu de 8 fr. 25 cent., lorsqu'il sera défriché, ainsi qu'il est dit au procès-verbal du 18 thermidor an XII.

Commune de Beaumont (Dordogne).

Art. 2. L'adjoint à la mairie de Beaumont, département de la Dordogne, est autorisé à vendre au sieur Ters, maire de cette commune, deux portions de terrain communal contenant 3 ares 30 centiares, moyennant la somme de 230 francs, suivant l'estimation portée au procès-verbal du 26 pluviôse. Le prix de cette vente sera employé à la réparation de la fontaine Castelot.

Commune de Belvoir (Doubs).

Art. 3. Le maire de Belvoir, département du Doubs, est autorisé à vendre à Nicolas Vernier, le vieux, un terrain communal contenant 1 are 50 centiares, moyennant la somme de 12 francs, suivant l'estimation portée au procès-verbal du 14 vendémiaire an XIII.

Commune de Dun (Meuse).

Art. 4. Le maire de Dun, département de la Meuse, est autorisé à vendre :

1° Au sieur Godfrin, deux terrains communaux contenant ensemble 7 ares 8 centiares, moyennant la somme de 135 francs, suivant l'estimation portée au procès-verbal du 3 pluviôse an XI ;

2° Au sieur Aimont, un terrain contenant 2 ares 9 centiares, moyennant la somme de 126 francs, suivant l'estimation portée au procès-verbal du 25 pluviôse an XI ;

3° Au sieur Degronaty, un autre terrain de la contenance de 7 ares 14 centiares, moyennant la somme de 468 fr. 73 c., suivant l'évaluation fixée au procès-verbal du 23 pluviôse an XI.

Commune d'Epreville (Seine-Inférieure).

Art. 5. Le maire d'Epreville, département de la Seine-Inférieure, est autorisé à vendre au sieur Poret un terrain communal contenant 7 ares 10 centiares, moyennant la somme de 60 francs, suivant le procès-verbal du 5 thermidor an XII.

Commune de Saint-Lary (Ariége).

Art. 6. Le maire de Saint-Lary, département de l'Ariége, est autorisé à vendre, dans la forme prescrite pour l'aliénation des domaines nationaux, un terrain communal contenant 90 ares 69 centiares, et estimé 90 francs, suivant procès-verbal du 23 pluviôse an XI. La première mise à prix sera du montant de l'estimation, et le produit de la vente sera employé à la réparation de l'horloge de la commune.

Commune de Saint-Mandé (Côtes-du-Nord).

Art. 7. Le maire de Saint-Mandé, département des Côtes-du-Nord, est autorisé à vendre, dans la forme prescrite pour la vente des domaines nationaux, 12 ares 75 centiares de terrain communal, estimé 60 francs, suivant procès-verbal du 28 nivôse an XII. La première mise à prix sera du montant de l'estimation, et le produit de la vente sera employé à la réparation du pont de Bertraumas.

Hospices de Trèves (Sarre).

Art. 8. La commission administrative des hospices de Trèves, département de la Sarre, est autorisée à vendre, dans la forme prescrite pour l'aliénation des domaines nationaux, et en différents lots :

1° Une maison appartenant auxdits hospices, située à

Trèves, rue de la Viande, n° 773, estimée huit mille fr.;
2° Une maison située même rue, n° 774, estimée 2,200 francs;
3° Une autre maison, sise même rue, estimée 2,800 francs;
Suivant trois procès-verbaux du 17 pluviôse an XII;
4° Une maison, située à Wittliche, estimée 900 francs;
5° Un verger situé dans cette ville, contenant 8 ares 80 centiares, et estimé 450 francs;
Suivant deux procès-verbaux du 10 pluviôse an XII.
Total, 14,634 francs.
La première mise à prix de chacune desdites propriétés sera du montant de son estimation, et le produit de la vente sera employé à l'amortissement de la somme capitale de 15,600 francs que lesdits hospices doivent au sieur Winslersdoff.

Commune de Crépy (Aisne).

Art. 9. Le maire de Crépy, département de l'Aisne, est autorisé à vendre, dans la forme prescrite pour l'aliénation des domaines nationaux, un bâtiment communal, estimé 2,521 francs, suivant procès-verbal du 26 pluviôse an XII. La première mise à prix sera du montant de l'estimation, et le produit de la vente sera versé à la caisse d'amortissement, qui le tiendra à la disposition de la commune.

Commune de Saulce (Hautes-Alpes).

Art. 10. Le maire de la commune de Saulce, département des Hautes-Alpes, est autorisé à vendre, dans la forme prescrite pour l'aliénation des domaines nationaux, un terrain communal, situé à l'extrémité de la place publique, contenant 27 mètres 300 millimètres, et estimé 200 francs, suivant procès-verbal du 20 messidor an XI. La première mise à prix sera du montant de l'estimation, et le produit de la vente sera employé aux réparations d'une digue le long de la Durance.

Commune de Foix (Ariége).

Art. 11. Le maire de Foix, département de l'Ariége, est autorisé à vendre, dans la forme prescrite pour l'aliénation des domaines nationaux, un terrain communal, nommé Fonichet, contenant 82 ares 52 centiares, et estimé 500 francs, suivant procès-verbal du 8 messidor an XII. La première mise à prix sera du montant de l'estimation, et le produit de la vente sera employé aux réparations des fontaines de la ville.

Commune de Mailhoux (Haute-Garonne).

Art. 12. L'adjoint à la mairie de Mailhoux, département de la Haute-Garonne, est autorisé à vendre au sieur Dalmas, maire de cette commune, au prix de 30 fr., un terrain communal contenant deux ares 60 centiares, et estimé 30 francs, suivant procès-verbal du 24 ventôse an XII.

Commune de Saint-Geniès (Hérault).

Art. 13. Le maire de Saint-Geniès, département de l'Hérault, est autorisé à vendre au sieur Coulongon deux petits terrains communaux, contenant ensemble 65 mètres, moyennant la somme de 33 fr., suivant l'estimation portée au procès-verbal du 5 nivôse an XII.

Hospices de Mons (Jemmapes).

Art. 14. La commission administrative des hospices de Mons, département de Jemmapes, est autorisée à vendre à l'enchère et dans la forme prescrite pour l'aliénation des domaines nationaux, différentes maisons désignées et estimées ainsi qu'il suit, par procès-verbaux d'experts, des 20 et 29 ventôse an XII :
1° Une maison, rue de Sart, estimée 6,500 fr;
2° Trois maisons contiguës, rues de la Petite-Guirlande et du Séminaire, estimées ensemble six mille trois cents francs;
3° Une maison, rue des Cinq-Visages, estimée 10,000 francs;
4° Une brasserie et une maison, rue de Liége, estimées 16,800 francs;
5° Une maison, rue des Capucines, estimée 900 fr.;
6° Une maison, rue Saint-Hilaire, estimée 900 fr.;
7° La maison dite l'Hôpital Saint-Nicolas, et neuf maisons y contiguës, estimées ensemble 91,300 fr.;
8° Une maison, rue de Bertaincourt, estimée 5,000 fr.;

9° Une maison, rue de la Petite-Boucherie, estimée 2,000 francs;
10° Une maison, rue de Quivray, estimée 900 francs;
11° Une maison dite l'Enfant-Jésus, estimée 8,500 fr.
Total, 148,300 fr.
La première enchère de chacun desdits objets sera du montant de l'estimation.
Le produit de ladite vente sera employé à acquitter les frais de réparations de la ci-devant abbaye Duval, accordée à la ville de Mons, par arrêté du Gouvernement, du 11 brumaire an XII, pour le placement de ses hospices et autres travaux nécessaires à cet effet ; le surplus sera placé soit en rentes sur l'Etat, soit sur le Mont-de-Piété de la ville de Mons.

Commune de Pras (Jura).

Art. 15. Le maire de Pras, département du Jura, est autorisé à vendre, dans la forme prescrite pour l'aliénation des domaines nationaux, et en différents lots, six parties de terrains communaux, contenant ensemble 124 ares 21 centiares, et estimés 489 francs, suivant procès-verbal du 7 germinal an XI. La première mise à prix de chacun desdits lots sera du montant de son estimation, et le produit de la vente sera employé à la construction d'une fontaine.

Commune de Tourcoing (Nord).

Art. 16. Le maire de Tourcoing, département du Nord, est autorisé à vendre au sieur Crombez une ruelle appartenant à la commune, et contenant 89 mètres de long sur un de large, moyennant la somme de 450 fr., suivant l'estimation portée au procès-verbal du 19 brumaire an XI.

Commune d'Ainvelle (Vosges).

Art. 17. Le maire d'Ainvelle, département des Vosges, est autorisé à vendre à Nicolas Bouvenet un terrain communal, contenant 6 mètres 200 millimètres de long sur 6 mètres de large, moyennant la somme de 20 fr., suivant l'estimation du procès-verbal du 16 floréal an XII.

Commune d'Attigueville (Vosges).

Art. 18. Le maire d'Attigueville, département des Vosges, est autorisé à vendre à Jacques Durand un terrain communal, contenant 13 mètres 643 millimètres de long sur 5 mètres 846 millimètres de large, moyennant la somme de 32 francs, suivant l'estimation portée au procès-verbal du 23 pluviôse an XII.

Commune d'Aidoilles (Vosges).

Art. 19. Le maire d'Aidoilles, département des Vosges, est autorisé à vendre à Jean-Baptiste Honor 2 ares 45 centiares de terrain communal, moyennant la somme de 90 francs, suivant l'estimation portée au procès-verbal du 30 germinal an XII.

Commune de Badevel (Haut-Rhin).

Art. 20. Le maire de Badevel, département du Haut-Rhin, est autorisé à vendre à Pierre Saisselin 5 ares 37 centiares de terrain communal, moyennant la somme de 60 francs, suivant procès-verbal d'estimation du 11 brumaire an XII.

Commune de Ballerstorff (Haut-Rhin).

Art. 21. Le maire de Ballerstorff, département du Haut-Rhin, est autorisé à vendre à Jean Himmelberger, le jeune, un terrain communal, contenant 1 mètre 79 centimètres carrés, moyennant la somme de 30 fr., suivant l'estimation du procès-verbal du 22 floréal an XII.

Commune de Bardenberg (Roër).

Art. 22. Le maire de Bardemberg, département de la Roër, est autorisé à vendre au sieur Schierbach un terrain communal, contenant 81 centiares 4 milliares, moyennant la somme de 12 francs, suivant l'estimation portée au procès-verbal du 4 ventôse an XII, et à la charge par le sieur Schierbach de ne pouvoir ouvrir des jours dans le pignon de la maison qu'il se propose de bâtir sur ledit terrain, de ne pouvoir établir des issues sur les propriétés joignantes, ni élever aucune bâtisse sur le terrain compris entre l'édifice à construire, la maison Plaisances, et le chemin vicinal nommé Gass.

Commune de Brietenbach (Bas-Rhin).

Art. 23. Le maire de Brietenbach, département du Bas-Rhin, est autorisé à vendre, dans la forme prescrite pour l'aliénation des domaines nationaux, l'emplacement de l'ancienne maison d'école, contenant 192 mètres carrés, et estimé 250 francs, suivant procès-verbal du 25 ventôse an XII. La première mise à prix sera du montant de l'estimation, et le prix provenant de la vente sera employé à couvrir une partie des frais de construction de la nouvelle maison d'école.

Commune de Chatenois (Vosges).

Art. 24. Le maire de Chatenois, département des Vosges, est autorisé à vendre à Joseph Nivel 2 ares 70 centiares de terrain communal, moyennant la somme de 9 francs, suivant l'estimation du procès-verbal du 12 germinal an XII.

Commune de Cherasco (Stura).

Art. 25. Le maire de Cherasco, département de la Stura, est autorisé à vendre, dans la forme prescrite pour l'aliénation des biens nationaux, une maison communale, estimée douze cents francs, suivant procès-verbal du 27 floréal an XII. La première mise à prix sera du montant de l'estimation, et le produit de la vente sera employé à réparer le bâtiment de l'école secondaire.

Commune de Cortemiglia (Tanaro).

Art. 26. Le maire de Cortemiglia, département du Tanaro, est autorisé à vendre, dans la forme prescrite pour l'aliénation des domaines nationaux, une maison tombant en ruines, et estimée 135 francs, suivant l'expertise rapportée dans la délibération du conseil municipal, en date du 5 messidor an XI. La première mise à prix sera du montant de l'estimation.

Commune de Creslet (Vaucluse).

Art. 27. Le maire de Creslet, département de Vaucluse, est autorisé à vendre, dans la forme prescrite pour l'aliénation des domaines nationaux, une maison tombant en ruines, appartenant à ladite commune, et estimée 90 francs, suivant procès-verbal du 6 frimaire an XII. La première mise à prix sera du montant de l'estimation, et le produit de la vente sera employé à aire quelques réparations à la maison commune.

Commune d'Escamps (Vosges).

Art. 28. Le maire d'Escamps, département des Vosges, est autorisé à vendre à Pierre Munié 3 ares de terrain communal, moyennant la somme de 100 francs, suivant l'estimation portée au procès-verbal du 18 pluviôse an XI, et à la charge par l'acquéreur de laisser subsister le chemin pratiqué sur ledit terrain.

Commune d'Etupes (Haut-Rhin).

Art. 29. Le maire d'Etupes, département du Haut-Rhin, est autorisé à vendre à Joseph Chenot, le jeune, un terrain communal de 2 mètres 1/2, moyennant la somme de 8 francs, suivant l'estimation portée au procès-verbal du 9 germinal an XII.

Commune de Guebwiller (Haut-Rhin).

Art. 30. Le maire de Guebwiller, département du Haut-Rhin, est autorisé à vendre, dans la forme prescrite pour l'aliénation des domaines nationaux, la maison d'école communale, estimée 3,400 francs, suivant procès-verbal an XII La première mise à prix sera du montant de l'estimation, et le prix provenant de cette vente sera employé aux changements et réparations à faire au bâtiment qui se trouve derrière la maison de ville, pour y établir l'école primaire et y loger l'instituteur.

Commune de Gournay-sur-Marne (Seine-et-Oise).

Art. 31. Le maire de Gournay-sur-Marne, département de Seine-et-Oise, est autorisé à vendre au sieur Bruyeres-Chalabres un chemin vicinal inutile, appartenant à la commune, et contenant 1751 mètres carrés, moyennant la somme de 350 fr. 20 centimes, suivant l'estimation portée au procès-verbal du 18 pluviôse an XII.

Commune d'Hayemont (Vosges).

Art. 32. Le maire d'Hayemont, département des Vosges,

est autorisé à vendre à Joseph Blaise un terrain communal contenant 9 mètres 94 millimètres de largeur sur huit mètres 11 centimètres 83 millimètres de profondeur, moyennant la somme de 5 francs, suivant l'estimation portée au procès-verbal du 6 fructidor an XII.

Commune de Jarmenil (Vosges).

Art. 33. Le maire de Jarmenil, département des Vosges, est autorisé à vendre à Jean Munier un terrain communal, contenant 12 mètres de long sur 4 mètres de large, moyennant la somme de 6 francs, suivant l'estimation portée au procès-verbal du 30 thermidor an XII.

Commune de Laveline (Vosges).

Art. 34. Le maire de Laveline, département des Vosges, est autorisé à vendre à Jean-Baptiste Louis 13 mètres carrés de terrain communal, moyennant la somme de 50 francs, suivant l'estimation portée au procès-verbal du 21 floréal an XII.

Commune de Miécourt (Haut-Rhin).

Art. 35. Le maire de Miécourt, département du Haut-Rhin, est autorisé à vendre à Joseph Meche 11 centiares 52 milliares de terrain communal, moyennant la somme de huit francs, suivant l'estimation portée au procès-verbal du 4 fructidor an XI.

Commune de Neuf-Château (Vosges).

Art. 36. Le maire de Neuf-Château, département des Vosges, est autorisé à vendre, dans la forme prescrite pour l'aliénation des domaines nationaux :

1° L'emplacement de l'ancien hôtel de ville, estimé 1,620 francs, avec les matériaux restant sur place, suivant procès-verbal du 2 ventôse an XII;

Et 2° une maison appartenant à la commune, estimée 1,200 francs, suivant procès-verbal du 20 nivôse an XII.

La première mise à prix sera du montant de l'estimation, et le produit des ventes sera versé à la caisse d'amortissement, qui le tiendra à la disposition de la commune.

Commune de Norroy (Vosges).

Art. 37. Le maire de Norroy, département des Vosges, est autorisé à vendre à Jean Hallard 54 centiares de terrain communal, moyennant la somme de 13 fr., suivant l'estimation portée au procès-verbal du 24 pluviôse an XII.

Commune de Roccabaldi (Stura).

Art. 38. Le maire de Roccabaldi, département de la Stura, est autorisé à vendre, dans la forme prescrite pour l'aliénation des domaines nationaux, et en différents lots, 32 hectares 9 ares 6 centiares de terrains communaux, estimés ensemble 5,608 fr. 45 c., suivant procès-verbal du 14 messidor an XII. La première mise à prix de chacun desdits lots sera du montant de son estimation, et le produit de la vente sera employé, jusqu'à due concurrence, à réparer la maison communale. Le surplus sera versé dans la caisse d'amortissement, qui le tiendra à la disposition de la commune.

Commune de Saint-Jean de Chaussant (Rhône).

Art. 39. Le maire de Saint-Jean de Chaussant, département du Rhône, est autorisé à vendre, dans la forme prescrite pour l'aliénation des domaines nationaux, une partie d'un bâtiment communal, estimée 500 fr., suivant procès-verbal du 9 germinal an XII. La première mise à prix sera du montant de l'estimation, et le produit de la vente sera employé à réparer l'autre partie dudit bâtiment, qui servira aux séances de la municipalité et de logement pour l'instituteur.

Hospice de Saint-Nicolas (Escaut).

Art. 40. Le préfet du département de l'Escaut est autorisé à vendre, à la commission administrative de l'hospice de Saint-Nicolas, pour le prix de l'estimation, la maison nationale dite des Fileuses, destinée à recevoir les orphelins, évaluée 4,500 fr., par procès-verbal d'ex———, du 18 thermidor an XI.

———— on sera payée en capitaux de rentes ... t audit hospice.

Commune de Saint-Vith (Ourthe).

Art. 41. Le maire de Saint-Vith, département de l'Ourthe, est autorisé à vendre au sieur Mattones, moyennant la somme de 192 fr. 59 c., une portion de terrain communal, contenant 25 ares 976 milliares, à prendre dans une plus forte partie de la contenance de 4 ares, et estimée 60 francs, suivant procès-verbal du 1er jour complémentaire an XII.

Commune de Strasbourg (Bas-Rhin).

Art. 42. Le maire de Strasbourg, département du Bas-Rhin, est autorisé à vendre, dans la forme prescrite pour l'aliénation des domaines nationaux, et en différents lots :

1o 60 hectares 63 ares 98 centiares de terrains appartenant à ladite commune, divisés en petites portions éparses dans différents cantons, et estimés 36,711 francs, suivant procès-verbal du 17 nivôse an XII et jours suivants ;

2o Une forêt, située canton de Marlenheim, contenant 46 hectares 90 ares, et estimée, avec la maison du garde forestier, 14,600 francs, suivant procès-verbal du 19 dudit mois de nivôse ;

3o Les bâtiments de la basse-cour des hôtels des commandants de la ci-devant province d'Alsace, avec deux terrains dépendant autrefois des jardins desdits hôtels, estimés ensemble 14,000 fr., suivant procès-verbal du 21 nivôse an XII ;

Et 4o trois petites parties de forêts ; l'une dite Sainte-Anne, contenant 1 hectare 46 ares, estimée 16,000 fr. ; l'autre, dite Thiergarten, contenant un hectare 17 ares, estimée 600 fr. ; et la dernière, Silserberg, contenant 41 ares, estimée pareillement 600 fr. ; le tout suivant procès-verbal du 21 du même mois de nivôse.

La première mise à prix de chacune desdites propriétés sera du montant de leur estimation, et le produit des ventes sera employé à la construction de la salle de spectacle de ladite ville, à la construction d'une orangerie et d'une halle aux blés.

Commune de Valdajol (Vosges).

Art. 43. Le maire de Valdajol, département des Vosges, est autorisé à vendre à André Colle un terrain communal contenant 84 ares 49 centiares, moyennant la somme de 150 fr., suivant l'estimation portée au procès-verbal du 16 thermidor an XII.

Hospice de l'Aigle (Orne).

Art. 44. La commission appartenante de l'hospice de l'Aigle, département de l'Orne, est autorisée à aliéner, à l'enchère et dans la forme prescrite pour la vente des biens nationaux, quatre parties de terrain désignées et confrontées dans le procès-verbal de commodo et incommodo, du 17 messidor an XI, contenant ensemble 12 hectares 19 ares 83 centiares, évaluées à un revenu annuel de 414 francs.

Ladite aliénation se fera moyennant une rente en grains, qui ne pourra être au-dessous de 9 décalitres de blé par are, sur 3 ares de profondeur, pour les portions de terrain donnant sur la grande route, et de six décalitres pour les autres portions.

En cas de remboursement, il se fera moyennant 25 fois la quantité de grains égale à la rente.

Hospice d'Honfleur (Calvados).

Art. 45. La commission administrative de l'hospice d'Honfleur, département du Calvados, est autorisée à aliéner, par voie d'enchère, les immeubles désignés et estimés par procès-verbal du 10 nivôse an XIII, ainsi qu'il suit :

1o Une maison tombée en ruines, au lieu dit Saint-Nicot, estimée 320 francs ;

2o Une partie de maison, rue de l'Homme de bois, estimée 2,000 francs ;

3o Une partie de maison, rue Haute-Rue, estimée 950 francs.

Ladite aliénation se fera moyennant une rente, dont la première mise à prix sera de cinq pour cent d'intérêt du montant capital de l'estimation.

Hospices de Rouen (Seine-Inférieure).

Art. 46. La commission administrative des hospices de Rouen, département de la Seine-Inférieure, est autorisée à aliéner, par voie d'enchère et dans la forme prescrite pour la vente des biens nationaux, 6 ares 83 centiares de terrain appartenant aux hospices, évalués dans l'information de commodo et incommodo au taux moyen de 40 francs de rente.

Ladite aliénation se fera moyennant une rente perpétuelle, dont la première mise à prix sera de 40 francs de rente.

Collège des Irlandais et Ecossais à Tournay (Jemmapes).

Art. 47. La commission administrative des collèges des Irlandais et Ecossais est autorisée à vendre, à l'enchère et dans les formes prescrites pour l'aliénation des domaines nationaux, le Collège des Irlandais, sise à Tournay, département de Jemmapes, estimée 3,600 fr., par procès-verbal d'experts, du 14 messidor an XII.

Le produit de ladite vente sera placé en rentes sur l'Etat, au profit des établissements irlandais réunis.

Commune d'Autun (Saône-et-Loire).

Art. 48. Le maire d'Autun, département de Saône-et-Loire, est autorisé à vendre, dans la forme prescrite pour l'aliénation des domaines nationaux, et en différents lots :

1o les bâtiments, cours et jardins occupés par le sieur Demommerot, et situés rue des Marchaux, à la réserve de la grande tour de l'horloge des Marchaux, et d'une allée de desserte pour communiquer à ladite tour ;

2o les anciens bâtiments et tour de Bicêtre, cour, jardin et dépendances, situés dans la grande rue des Marchaux, et occupés par les sieurs Legros père et fils ; et 3o un ancien magasin pour la fabrication du salpêtre, situé audit lieu des Marchaux ; le tout estimé 24,000 francs, suivant procès-verbal du 6 nivôse an XII.

Le produit de la vente sera employé à réparer la maison du ci-devant collège, pour y établir l'école secondaire.

Hospices d'Auxonne (Côte-d'Or).

Art. 49. La commission administrative des hospices d'Auxonne, département de la Côte-d'Or, est autorisée à concéder au sieur Etienne Berteaux la mitoyenneté du mur d'un magasin d'un petit hospice, moyennant la somme de 229 fr., suivant l'estimation portée au procès-verbal du 25 messidor an XII.

Hospices de Lille (Nord).

Art. 50. La commission administrative des hospices de Lille, département du Nord, est autorisée à vendre au sieur Rousselle, moyennant la somme de 7,900 fr., un terrain appartenant auxdits hospices, contenant 44 ares 90 centiares, et estimé à un revenu annuel de 316 francs, suivant le procès-verbal du 15 germinal an X. Ladite somme de 7,900 francs sera placée sur le Mont-de-Piété de la ville de Lille.

Hospices de Metz (Moselle).

Art. 51. La commission administrative des hospices de Metz, département de la Moselle, est autorisée à vendre à l'enchère, et dans la forme prescrite pour l'aliénation des domaines nationaux :

1o Une maison sise rue Chambrière, estimée 700 fr., par procès-verbal d'experts, du 10 frimaire an XIII ;

2o Une autre maison, sise même rue, estimée 1,500 fr., selon le même procès-verbal.

Le produit de ladite vente sera placé sur le Mont-de-Piété de la ville de Metz.

Commune de Rive-de-Gier (Loire).

Art. 52. Le maire de Rive-de-Gier, département de la Loire, est autorisé à vendre, dans la forme prescrite pour l'aliénation des domaines nationaux : 1o deux chambres appartenant à ladite commune, dans un vieux bâtiment situé dans les fossés de la ville ; lesdites deux chambres estimées 356 fr. 36 cent. ; et 2o un vieux bâtiment estimé 1,564 fr. 68 c. ; le tout suivant procès-verbal du 2 floréal an IX.

La première mise à prix de chacune desdites propriétés sera du montant de son estimation, et le produit de leur vente sera versé à la caisse d'amortissement, qui le tiendra à la disposition de la commune.

Commune de Rueil (Seine-et-Oise).

Art. 53. La commune de Rueil, département de Seine-et-Oise, est autorisée à vendre au sieur Lhuillier, moyennant une inscription sur le grand-livre, produisant 1,200 francs de rente perpétuelle, 6 hectares 40 centiares de terrain communal, estimés 12,000 francs, par procès-verbal d'experts, du 14 pluviôse an XIII.

Etablissement d'un port de commerce à Saint Quentin (Aisne).

Art. 54. Il sera établi un port de commerce dans la ville de Saint-Quentin, département de l'Aisne, en face de la Courtine et le corps de garde de Tourivat, conformément au plan annexé à la présente loi.

Le Gouvernement est autorisé à faire procéder à la vente des terrains, des glacis et des fossés dont l'exécution du projet nécessite le comblement. Le produit de cette vente est affecté aux dépenses à faire pour le creusement du bassin et autres ouvrages relatifs à l'établissement du port, ainsi qu'à indemniser le sieur Garand de la démolition de son moulin, dont il sera fait estimation.

Fabrique de la commune de Taverny (Seine-et-Oise).

Art. 55. L'administration de la fabrique de Taverny, département de Seine-et-Oise, est autorisée à vendre au sieur Lecerf 2 hectares 33 ares de bois taillis, moyennant la somme de 4,194 francs, suivant l'estimation portée au procès-verbal du 11 pluviôse an XIII. Le prix de cette vente sera employé en acquisition de rentes sur l'Etat.

Commune d'Orpierre (Hautes-Alpes).

Art. 56. Le maire d'Orpierre, département des Hautes-Alpes, est autorisé à aliéner, dans la forme prescrite pour l'aliénation des domaines nationaux, et en différents lots, cinq parties de terre, estimées ensemble à la somme de 373 fr. 50 c., suivant le procès-verbal du 15 nivôse an XII.

La première mise à prix de chacun desdits lots sera du montant de son estimation, et le produit des ventes sera employé à la reconstruction d'un pont sur le torrent de Beleriq.

Commune de Ribemont (Aisne).

Art. 57. Le maire de Ribemont, département de l'Aisne, est autorisé à vendre, dans la forme prescrite pour l'aliénation des domaines nationaux, un vieux bâtiment appartenant à ladite commune, et estimé 2,215 fr., suivant procès-verbal du 2 germinal an XII.

La première mise à prix sera du montant de l'estimation, et le produit de la vente sera versé à la caisse d'amortissement, qui le tiendra à la disposition de la commune.

Bâtiments nationaux à Bourg (Ain).

Art. 58. La vente consentie, le 8 fructidor an XII, par le préfet du département de l'Ain, au sieur Antoine-Marie Gauthier, d'un domaine national situé à Bourg, nommé l'Aumônerie, provenant de l'abbaye de Sainte-Claire, et consistant en plusieurs corps de bâtiments en ruines, et leurs dépendances ; ladite vente autorisée par un décret impérial du 11 thermidor an XII, et faite moyennant la somme capitale de 2,200 francs, et aux charges et conditions exprimées dans l'acte dudit jour 8 fructidor, enregistré à Bourg, le 19 du même mois, est approuvée.

TITRE II.

ACQUISITIONS.

Commune de Castel-Moron (Lot-et-Garonne).

Art. 59. La commune de Castel-Moron, département de Lot-et-Garonne, est autorisée à acquérir, pour la somme de 500 francs, selon l'estimation faite par experts, le 30 prairial an X, une échoppe qui gêne la circulation de la place publique.

Ladite acquisition sera payée sur les revenus ordinaires de la commune.

Commune de Montbrison (Loire).

Art. 60. La commune de Montbrison, département de la Loire, est autorisée à acquérir, pour le prix de 3,000 francs, selon l'estimation qui en a été faite par experts, le 25 nivôse an XII, les églises dites des Cordeliers et de Saint-André, destinées à servir de halle et de boucherie.

Ladite acquisition sera payée de l'octroi.

Commune de Valenciennes (Nord).

Art. 61. La commune de Valenciennes, département du Nord, est autorisée à acquérir, pour le prix — 1,000 francs, selon l'estimation faite par ex 19 pluviôse an XII, deux maisons destinées à un marché.

Ladite acquisition sera payée sur les revenus ordinaires de la commune.

Commune d'Annonay (Ardèche).

Art. 62. La cession faite par le sieur Frachon à la commune d'Annonay, département de l'Ardèche, du bail d'adjudication de la maison nationale, dite de Sainte-Marie, est confirmée.

La commune se conformera aux clauses et conditions exprimées dans l'acte passé entre elle et le sieur Frachon, le 15 nivôse an XI.

Ladite acquisition sera payée sur le prix prov d'une transaction passée entre la commune d'Annonay et le sieur Clozel, et homologuée par décret imperial.

Commune d'Arras (Pas-de-Calais).

Art. 63. La commune d'Arras, département du Pas-de-Calais, est autorisée à acquérir, pour le prix de 18,198 fr. 33 c., une maison attenant à la salle de spectacle, estimée 19,500 francs, selon procès-verbal d'experts, du 8 frimaire an XIII.

Ladite acquisition se paiera sur la vente d'une partie de la maison, et le produit de l'octroi.

Commune de Boulogne (Seine).

Art. 64. La commune de Boulogne, département de la Seine, est autorisée à acquérir, pour la somme de 1,975 fr. 31 c., selon le prix de l'estimation faite par experts, le 19 nivôse an XII, la moitié de deux maisons appartenant au sieur Doucet, et destinées à loger le maître et la maîtresse d'école.

Ladite acquisition sera payée sur les revenus ordinaires de la commune.

Commune de Bucey (Haute-Saône).

Art. 65. La commune de Bucey, département de la Haute-Saône, est autorisée à acquérir, pour divers usages publics, selon le prix de l'estimation, deux maisons dont l'une appartenant au sieur Bonnotte, est évaluée 3,600 francs, par procès-verbal d'experts, du 1er thermidor an XII, et l'autre appartenant à la dame veuve Lambert, est évaluée 17,000 francs, par ledit procès-verbal.

Les deux dites acquisitions seront payées sur les fonds en réserve de la commune déposés à la caisse d'amortissement.

Hospices de Verceil (Sésia).

Art. 66. Le préfet du département de la Sésia est autorisé à vendre à la commission administrative des hospices de Verceil, les ci-devant monastères de Saint-Pierre-Martyr et des Capucins de cette ville, pour servir à l'agrandissement desdits hospices, moyennant la somme de 44,416 francs, suivant les estimations portées aux procès-verbaux du 26 floréal an XII; ladite somme sera acquittée en capitaux dits tassés, monti, et autres capitaux qui sont à la disposition desdits hospices.

Hospices de Joinville (Haute-Marne).

Art. 67. La commission administrative de l'hospice de Joinville, département de la Haute-Marne, est autorisée à acquérir de la dame veuve Dorb, pour le prix de 5,727 fr. 50 c. : 1° la jouissance de 32 années d'un bail emphythéotique d'une vigne, contenant 1 hectare 60 ares 51 centiares ; 2° la nue propriété d'une maison, et deux petits jardins contigus à ladite vigne, estimés ensemble 6,015 francs, par procès-verbal d'experts, du 22 frimaire an XII.

Ladite acquisition sera payée, partie par une somme de 4,200 francs, donnée à cet effet à l'hospice par un bienfaiteur anonyme, partie sur les revenus ordinaires d.

Commune d'Aigle. (O   ).

Art. 6   la co   de l'Aigle, départ   quérir, au prix
de   le dite le Couvent

de la Madeleine, destinée à servir d'hospice, évaluée 6,370 francs, par procès-verbal d'experts, du 21 messidor an XI.

Commune d'Ammenancourt (Marne).

Art. 69. La commune d'Ammenancourt, département de la Marne, est autorisée à acquérir, pour le prix de l'estimation, 84 mètres 50 centimètres de terrain nécessaires au prolongement d'une rue, évalués 24 francs, par procès-verbal du 28 floréal an XII.

Commune de Boudressy (Moselle).

Art. 70. La commune de Boudressy, département de la Moselle, est autorisée à acquérir, pour le prix de 414 francs, une maison destinée à loger le pâtre, estimée 450 francs, par procès-verbal d'experts, du 15 fructidor an X.

Ladite acquisition sera payée sur les fonds disponibles de la commune.

Commune de Bresles (Oise).

Art. 71. La commune de Bresles, département de l'Oise, est autorisée à acquérir, pour le prix de l'estimation, le ci-devant château de Bresles et les terrains en dépendant, destiné à loger la mairie, la brigade de gendarmerie, le maître et la maîtresse d'école et le desservant, évalué 15,308 fr. 65 centimes, par procès-verbal d'experts, du 22 messidor an XII.

Ladite acquisition sera payée sur les revenus ordinaires de la commune, et sur les fonds disponibles.

Commune de Frégiécourt (Rhin-Haut).

Art. 72. La commune de Frégiécourt, département du Haut-Rhin, est autorisée à acquérir, pour le prix de l'estimation, une maison destinée à servir de corps de garde, évaluée 216 francs, par procès-verbal d'experts du 18 floréal an XII.

Commune de Marseille (Bouches-du-Rhône).

Art. 73. La commune de Marseille, département des Bouches-du-Rhône, est autorisée à acquérir, pour l'établissement de la préfecture, moyennant la somme de 225,000 francs, une maison dite *le grand et le petit hôtel Roux,* estimée 245,522 fr. 58 c., par procès-verbal d'experts, du 18 nivôse an XIII.

L'acquisition sera payée sur les revenus ordinaires de la ville de Marseille, savoir : 70,000 francs en l'an XIII, 6,000 francs en l'an XIV, le surplus en l'an XV, et par douzième, de manière que tout soit soldé au 1er vendémiaire an XVI, avec les intérêts à 5 pour cent sans retenue.

Commune de Vergt (Dordogne).

Art. 74. La commune de Vergt, département de la Dordogne, est autorisée à acquérir, pour le prix de 1.350 francs, une halle estimée 1,500 francs, par procès-verbal d'experts, du 12 floréal an XII.

Hospices de Cologne (Roër).

Art. 75. L'acquisition faite le 23 germinal an XII, par-devant le tribunal civil de Cologne, département de la Roër, pour et au nom de la commission administrative des hospices de cette ville, par le sieur Hamen, l'un de ses membres, au prix de 1,915 francs, d'une maison sise dans cette ville, n° 7212, et affectée d'une hypothèque de 4000 francs envers lesdits hospices, est conforme.

Le prix de cette acquisition sera prélevé sur le produit des maisons appartenant aux hospices, que la commission administrative est autorisée à vendre, en vertu de la loi du 16 ventôse an XII.

Commune de Voillecomte (Haute-Marne).

Art. 76. La commune de Voillecomte, département de la Haute-Marne, est autorisée à acquérir, pour le prix de 22,500 francs : 1° l'étang dit de *la Boulaye,* nécessaire à la nourriture des bestiaux, contenant 22 hectares 88 ares 82 centiares; 2° une petite maison destinée au logement d'une maîtresse d'école; lesquels deux objets désignés et confrontés dans le procès-verbal d'experts, du 21 ventôse an XI, sont évalués ensemble à la somme de 22,600 francs.

Ladite acquisition sera payée sur les fonds en réserve de la commune, et sur le produit annuel de son affouage.

Commune de Chaumont (Haute-Marne).

Art. 77. Le préfet du département de la Haute-Marne est autorisé à vendre à la commune de Chaumont le bâtiment national des Capucins, sur le prix de l'estimation qui en a été faite, suivant procès-verbal du 12 brumaire an XIII.

Le prix de ladite acquisition sera payé sur les fonds à la disposition de la commune, et sur le produit de la vente des coupes arriérées de ses bois.

Commune de Brie-sur-Hyères (Seine-et-Marne).

Art. 78. La commune de Brie-sur-Hyères, département de Seine-et-Marne, est autorisée à acquérir, pour le prix de 7,600 francs, la maison dite le Vieux Château de Brie, estimée 11,420 francs, par procès-verbal d'experts, du 2 pluviôse an XIII.

Ladite acquisition sera payée sur les revenus de la commune.

Commune de Saint-Jean-d'Angély. (Charente-Inférieure).

Art. 79. Le préfet du département de la Charente-Inférieure est autorisé à concéder à la ville de Saint-Jean-d'Angély ce qui reste invendu de l'emplacement et bâtiments. des anciennes ursulines, pour y faire un marché aux herbes, à la charge : 1° de faire démolir sans délai les bâtiments qui menacent ruine; 2° de verser à la caisse du domaine, à Saint-Jean-d'Angély, la somme que les matériaux se trouveront valoir de plus que les frais de démolition et de déblaiement, suivant l'estimation qui en sera faite dans les formes accoutumées.

TITRE III.

Concessions à rentes.

Commune de Genlis (Aisne).

Art. 80. Le maire de Genlis, département de l'Aisne, est autorisé à concéder au sieur Goudmand, moyennant une rente annuelle et sans retenue de 15 fr. 30 c., un terrain communal contenant 93 centiares, un tiers faisant partie du ci-devant jardin de l'Arc, et estimé 127 fr. 50 c., suivant le procès-verbal du 1er floréal an X.

Commune de Montigny-sur-Aube (Côte-d'Or).

Art. 81. Le maire de Montigny-sur-Aube, département de la Côte-d'Or, est autorisé à concéder à Nicolas Tridont, Edme Nodot le jeune et Pierre Thévenot, moyennant une rente annuelle et sans retenue de 20 francs, payable solidairement, un terrain communal contenant sept ares, et estimé quatre cents francs, suivant procès-verbal du 29 pluviôse an X.

Hospices d'Entrevaux (Hautes-Alpes).

Art. 82. La commission administrative de l'hospice d'Entrevaux, département des Hautes-Alpes, est autorisée à concéder à rente une maison appartenant à l'hospice, dite la *maison d'Evêque,* estimée 3,000 francs, par procès-verbal d'experts, du 28 brumaire an XIII.

Ladite concession, se fera à l'enchère pour une rente de 150 francs.

Commune des Gras (Doubs).

Art. 83. Le maire de la commune des Gras, département du Doubs, est autorisé à concéder à Etienne-François Robillier deux terrains communaux, contenant ensemble 4 ares 37 centiares, moyennant une rente annuelle et sans retenue de deux francs dix centimes, suivant l'estimation portée au procès-verbal du 28 vendémiaire an XI.

Commune d'Hendicourt (Meuse).

Art. 84. Le maire d'Hendicourt, département de la Meuse, est autorisé à concéder au sieur Claude un terrain communal contenant 4 ares 26 centiares, et estimé 195 francs, suivant procès-verbal du 24 pluviôse an XII, moyennant une rente annuelle et sans retenue de 10 fr.

Commune de Perros-Guiret (Côtes-du-Nord).

Art. 85. Le maire de Perros-Guiret, département des Côtes-du-Nord, est autorisé à concéder : 1° à Thomas Bannier trois parties de terrain communal, contenant ensemble 124 ares 560 milliares, moyennant une somme de 9 francs une fois payée, et une rente annuelle et sans retenue de 3 francs, suivant l'estimation portée au procès-verbal du 16 germinal an XII;

Et 2° à Jacques Lebivic, un terrain communal contenant 60 ares 800 milliares, moyennant une somme de 7 fr. 50 c. une fois payée, et une rente annuelle et sans retenue de 3 francs, suivant l'estimation d'un autre procès-verbal dudit jour 16 germinal.

Commune de Squifflec (Côtes-du-Nord).

Art. 86. Le maire de Squifflec, département des Côtes-du-Nord, est autorisé à concéder a Alexandre Lemal un terrain communal contenant 23 ares 36 centiares, moyennant une rente annuelle et sans retenue d'un franc 50 centimes, suivant l'estimation portée au procès-verbal du 14 fructidor an XII.

Commune de Bas-Lintre (Dyle).

Art. 87. Le maire de Bas-Lintre, département de la Dyle, est autorisé à concéder à Jean-François Schotz un terrain communal contenant 27 centiares et demi, moyennant une rente annuelle et sans retenue de 2 fr. 53 c., suivant l'estimation portée au procès-verbal du 1er ventôse an XII.

Commune d'Hendicourt (Meuse).

Art. 88. Le maire d'Hendicourt, département de la Meuse, est autorisé a concéder au sieur Garin un terrain communal contenant 6 ares 63 centiares 60 milliares, moyennant une rente annuelle et sans retenue de 15 francs, suivant l'estimation portée au procès-verbal du 8 pluviôse an XII.

Commune de Pierrepont (Moselle).

Art. 89. Le maire de Pierrepont, département de la Moselle, est autorisé à concéder : 1° a Jean-Baptiste Evrad, l'aîné, un terrain communal de 4 mètres de long sur autant de large, moyennant une rente annuelle et sans retenue de 30 cent., suivant l'estimation portée au procès-verbal du 28 pluviôse an XII;

Et 2° à Joseph Zente un autre terrain de 5 mètres carrés, moyennant une rente annuelle et sans retenue de 37 centimes et demi, suivant l'estimation d'un autre procès-verbal dudit jour 28 pluviôse an XII.

Commune d'Avesnes (Nord).

Art. 90. Le maire d'Avesnes, département du Nord, est autorisé à concéder au sieur Blanchard un terrain communal contenant 2 m. 108 millimètres de long sur 2 m. 275 millim. de large, moyennant une rente annuelle et sans retenue de 9 francs, suivant l'estimation portée au procès-verbal du 17 pluviôse an XII.

Commune de Loueuse (Oise).

Art. 91. Le maire de Loueuse, département de l'Oise, est autorisé à concéder à Louis Monuchay un terrain communal de 8 mètres de long sur 5 mètres de large, moyennant une rente annuelle et sans retenue d'un franc suivant l'estimation portée au procès-verbal du 1er fructidor an XI.

Commune de Bouxwiller (Bas-Rhin).

Art. 92. Le maire de Bouxwiller, département du Bas-Rhin, est autorisé a concéder a Georges Meisser un terrain communal contenant 6 ares 30 centiares, moyennant une rente annuelle et sans retenue de 8 francs, suivant l'estimation portée au procès-verbal du 17 nivôse an XII.

Commune de Coinches (Vosges).

Art. 93. Le maire de Coinches, département des Vosges, est autorisé a concéder a Nicolas Ferry un terrain communal de 11 mètres 5 dixièmes de mètres de long sur autant de large, moyennant une rente annuelle et sans retenue d'un franc, suivant l'estimation portée au procès-verbal du 28 pluviôse an XII;

Et à Charles Tisselin, un autre terrain de la contenance de 4 déciares, moyennant une même rente d'un franc, suivant l'estimation du procès-verbal du 20 pluviôse an XII,

Commune de Cuigny (Oise).

Art. 94. Le maire de Cuigny, département de l'Oise, est autorisé a concéder au sieur Leclercq un terrain communal contenant 1 hectare 7 ares 25 centiares, moyen-

nant une rente annuelle et sans retenue de 96 francs, suivant l'estimation portée au procès-verbal du 25 pluviôse an XII.

Commune d'Eguisheim (Haut-Rhin).

Art. 95. Le maire d'Eguisheim, département du Haut-Rhin, est autorisé à concéder au sieur Bendelé un terrain communal contenant environ 40 mètres, moyennant une rente annuelle et sans retenue de 3 francs, suivant l'estimation portée au procès-verbal du 26 thermidor an XII.

Commune d'Eguisheim (Haut-Rhin).

Art. 96. Le maire d'Eguisheim, département du Haut-Rhin, est autorisé à concéder à Joseph Wiss, moyennant une rente de 1 fr. 50 cent., un terrain communal contenant 62 mètres 5 décimètres, et estimé 30 francs, suivant procès-verbal du 5 pluviôse an X.

Commune de Fontaine-sur-Somme (Somme).

Art. 97. Le maire de Fontaine-sur-Somme, département de la Somme, est autorisé à concéder au sieur Ternisien un terrain communal contenant 7 ares 30 centiares, avec les arbres qui sont sur ledit terrain, moyennant la somme de 16 francs une fois payée, et une rente annuelle et sans retenue de 9 fr. 70 c., suivant l'estimation portée au procès-verbal du 13 nivôse an XII;

Et au sieur Soimont un autre terrain contenant 23 ares 12 centiares, avec les arbres existants sur ce terrain, moyennant la somme de 218 francs une fois payée, et une rente aussi annuelle et sans retenue de 25 fr. 60 c., suivant l'estimation d'un autre procès-verbal du même jour 13 nivôse an XII.

Les concessionnaires ne pourront, sous aucun prétexte, même sous celui qu'il y aurait de la tourbe, détériorer lesdits terrains, qui ne leur sont accordés que pour les mettre en culture ou plantation, ou y bâtir.

Commune d'Housseras (Vosges).

Art. 98. Le maire d'Housseras, département des Vosges, est autorisé à concéder :

1° A Hubert Demenge, 75 centiares de terrain communal, moyennant une rente annuelle et sans retenue de 3 francs;

2° A Nicolas Frachet, 60 centiares, moyennant une même rente de 3 francs;

3° A Marguerite Vaive, veuve Cholé, 1 are 2 centiares, moyennant une rente de 2 fr. 50 cent.;

Et 4° A Marie-Madeleine Dantan, veuve de Jean-Baptiste Frachet, un autre terrain contenant 2 ares 0 centiares, moyennant une rente de 3 francs.

Le tout suivant les estimations de quatre procès-verbaux, en date du même jour 9 thermidor an XII.

Commune de Jouchery (Vosges).

Art. 99. Le maire de Jouchery, département du Haut-Rhin, est autorisé à concéder à Louis Progné 347 m. carrés de terrain communal, moyennant une rente annuelle et sans retenue de 2 fr. 70 c., suivant l'estimation portée au procès-verbal du 5 pluviôse an XII;

Et à Jean-Pierre Cattey, la même quantité de terrain, moyennant une même rente de 2 fr. 70 c., suivant l'estimation du procès-verbal du 4 nivôse an XII.

Commune de la Salle (Vosges).

Art. 100. Le maire de la commune de la Salle, département des Vosges, est autorisé à concéder à Jean-Baptiste Collé, moyennant une rente annuelle et sans retenue de 75 centimes, un terrain communal contenant 245 m. 705 millim. carrés, estimé 15 fr., suivant procès-verbal du 16 pluviôse an XII.

Commune de Munwiller (Haut-Rhin).

Art. 101. Le maire de Munwiller, département du Haut-Rhin, est autorisé à concéder à Arbogast Mostier 4 ares 60 centiares de terrain communal, moyennant une rente annuelle et sans retenue de 4 francs, suivant l'estimation portée au procès-verbal du 3 prairial an XI.

Commune de Plainfaing (Vosges).

Art. 102. Le maire de Plainfaing, département des Vosges, est autorisé à concéder à Anne Villaume, veuve de Louis-Jean-Claude, moyennant une rente annuelle et sans retenue de 3 fr., un terrain communal contenant

2 ares 43 centiares, et estimé 60 fr., suivant procès-verbal du 8 germinal an XII.

Commune de Port-sur-Saône (Haute-Marne).

Art. 103. Le maire de Port-sur-Saône, département de la Haute-Marne, est autorisé à concéder aux sieurs Nurdin et Barbier un terrain communal contenant 6 mètres de large sur 18 de profondeur, moyennant une rente annuelle et sans retenue de 25 fr., suivant l'estimation portée au procès-verbal du 29 pluviôse an XII.

Commune de Reppe (Haut-Rhin).

Art. 104. Le maire de Reppe, département du Haut-Rhin, est autorisé à concéder à Joseph Bourcarday 7 ares 50 centiares de terrain communal, moyennant une rente annuelle et sans retenue de 10 francs, suivant l'estimation portée au procès-verbal du 22 ventôse an XII.

Commune de Romont (Vosges).

Art. 105. Le maire de Romont, département des Vosges, est autorisé à concéder à Jean-Claude Beangé un terrain communal contenant 11 mètres 436 millimètres de hauteur sur 10 mètres de largeur, moyennant une rente annuelle et sans retenue de 1 franc, suivant l'estimation énoncée au procès-verbal du 27 messidor an XII.

Commune de Saint-Dié (Vosges).

Art. 106. Le maire de Saint-Dié, département des Vosges, est autorisé à concéder au sieur Febvrel la jouissance d'une partie des eaux qui s'échappent du bassin de la fontaine de la rue Saint-Eloi, moyennant une rente annuelle et sans retenue de 1 fr. 50 cent., suivant l'estimation énoncée au procès-verbal du 11 fructidor an XII.

Commune de Soulmes (Sambre-et-Meuse).

Art. 107. Le maire de Soulmes, département de Sambre-et-Meuse, est autorisé à concéder au sieur Contamine 7 ares de terrain communal, moyennant une rente annuelle et sans retenue de 36 francs, suivant l'estimation portée au procès-verbal du 25 nivôse an XII.

Commune de Taintrux (Vosges).

Art. 108. Le maire de Taintrux, département des Vosges, est autorisé à concéder à Joseph Gérard 3 ares de terrain communal, moyennant une rente de 1 fr. 80 c., suivant l'estimation portée au procès-verbal du 17 pluviôse an XII.

Commune de Valines (Somme).

Art. 109. Le maire de Valines, département de la Somme, est autorisé à concéder à Jean-Charles Dumont 3 ares de terrain communal, moyennant une rente annuelle et sans retenue de 15 francs, suivant l'estimation portée au procès-verbal du 5 pluviôse an XII.

Commune de Vaxoncourt (Vosges).

Art. 110. Le maire de Vaxoncourt, département des Vosges, est autorisé à concéder à Nicolas Severin 1 are 25 centiares et demi de terrain communal, moyennant une rente annuelle et sans retenue de 1 franc, suivant l'estimation portée au procès-verbal du 22 messidor an XII.

Commune de Neuilly (Seine).

Art. 111. Le maire de Neuilly, département de la Seine, est autorisé à concéder au grand amiral le prince Murat un chemin allant de Neuilly à Villiers, reconnu superflu pour le service de la commune, et contenant 1 hectare 3 ares, estimé 50,000 francs, par procès-verbal du 28 pluviôse an XIII, moyennant une rente annuelle et sans retenue de 2,500 francs, hypothéquée sur le terrain cédé, et subsidiairement sur les autres domaines possédés par le grand amiral, dans la commune de Neuilly; l'hypothèque pourra être toutefois transférée sur d'autres domaines de suffisantes valeurs, situés dans le département de la Seine.

TITRE IV.

ÉCHANGES.

Commune de Brumath (Bas-Rhin).

Art. 112. La commune de Brumath, département du Bas-Rhin, est autorisée à céder, à titre d'échange, au sieur Coulmann, un terrain communal contenant

17 ares 85 centiares, estimé 300 fr., par procès-verbal d'experts, du 18 ventôse an XII, et à recevoir en contre-échange un terrain appartenant au sieur Coulmann, contenant 19 ares 70 centiares, estimé à une valeur égale, par ledit procès-verbal.

Le sieur Coulmann paiera les frais d'échange.

Commune de Castel-Moron (Haute-Garonne).

Art. 113. La commune de Castel-Moron, département de la Haute-Garonne, est autorisée à céder, à titre d'échange, au sieur Chevery, 99 ares 57 centiares d'un terrain communal, estimé 1,742 fr. 47 centimes, par rapport d'experts, du 20 pluviôse an XII, et à recevoir en contre-échange un terrain appartenant au sieur Chevery, désigné dans le rapport de l'expert Dardignac, estimé par lui d'une valeur égale à celle du communal.

Le sieur Chevery paiera les frais d'échange.

Commune de Castel-Moron (Haute-Garonne).

Art. 114. La commune de Castel-Moron, département de la Haute-Garonne, est autorisée à céder, à titre d'échange, au sieur Périgord, un terrain communal contenant 1 hectare 69 ares 82 centiares, estimé valoir 1,400 francs l'hectare, par procès-verbal d'experts, du 5 germinal an XII, et à recevoir en contre-échange, du sieur Périgord, deux prés de même contenance que le terrain communal, estimés valoir 1,750 francs l'hectare, selon ledit procès-verbal.

Le sieur Périgord paiera les frais d'échange.

Commune de Coiffy-le-Haut (Haute-Marne).

Art. 115. La commune de Coiffy-le-Haut, département de la Haute-Marne, est autorisée à céder, à titre d'échange, au sieur Barthélemy, un terrain communal contenant 6 ares, estimé 300 francs, par procès-verbal d'experts, du 15 ventôse an XII, et à recevoir en contre-échange trois pièces de terre appartenant au sieur Barthélemy, contenant ensemble 25 ares, évaluées 500 francs, par ledit procès-verbal.

Le sieur Barthélemy paiera les frais d'échange.

Commune de Diedendorf (Bas-Rhin).

Art. 116. La commune de Diedendorf, département du Bas-Rhin, est autorisée à céder, à titre d'échange, au sieur Elie Lami, un jardin communal contenant 2 ares 43 centiares, estimé 70 francs, par procès-verbal d'experts, du 3 frimaire an XII, et à recevoir en contre-échange un jardin appartenant au sieur Elie Lami, contenant 2 ares 43 centiares, estimé 80 francs, par ledit procès-verbal.

Le sieur Elie Lami paiera les frais d'échange.

Commune d'Ervy (Aube).

Art. 117. La commune d'Ervy, département de l'Aube, est autorisée à céder, à titre d'échange, au sieur Huguenin, deux fossés communaux contenant 2 ares 72 centiares, estimés 75 francs, par procès-verbal d'experts, du 25 pluviôse an XII, et à recevoir en contre-échange un pré appartenant au sieur Huguenin, contenant 10 ares 54 centiares, estimé 230 francs, par ledit procès-verbal.

Les frais d'échange seront supportés par le sieur Huguenin.

Commune de Keskastel (Bas-Rhin).

Art. 118. La commune de Keskastel, département du Bas-Rhin, est autorisée à céder, à titre d'échange, aux sieurs Bour, Behe et Bindner, 8 ares 26 centiares de terrain communal, estimés 198 fr. 24 c., par procès-verbal d'experts, du 4 brumaire an XII, et à recevoir en contre-échange 19 ares 30 centiares de terrain appartenant aux susnommés, par procès-verbal.

Les sieurs Bour, Behe et Bindner paieront les frais d'échange.

Commune de Laigny (Aisne).

Art. 119. La commune de Laigny, département de l'Aisne, est autorisée à céder, à titre d'échange, au sieur Flament, 4 ares 29 centiares de terrain communal, estimés 20 francs, par procès-verbal d'experts, du 20 pluviôse an XII, et à recevoir en contre-échange 8 ares 57 centiares de terrain appartenant au sieur Flament, estimés 45 francs, par ledit procès-verbal.

Le sieur Flament paiera les frais d'échange.

Commune de Ligny (Meuse).

Art. 120. La commune de Ligny, département de la Meuse, est autorisée à céder, à titre d'échange, au sieur Ribaucourt, 3 ares 7 centiares de terrain communal, et des matériaux d'une tour démolie, estimés ensemble 1,440 fr. 80 centimes, par procès-verbal d'experts, du 14 fructidor an X, et à recevoir en contre-échange une partie de la maison du sieur Ribaucourt, nécessaire à l'alignement de la rue, estimée 1,140 francs, par ledit procès-verbal.

Le sieur Ribaucourt paiera à la commune une soulte de 300 francs, et les frais de l'échange.

Commune de Long-Champs (Aube).

Art. 121. La commune de Long-Champs, département de l'Aube, est autorisée à céder, à titre d'échange, au sieur Noblot, un terrain communal contenant 10 ares 717 milliares, et un autre terrain communal contenant 8 ares 522 milliares, estimés ensemble 200 francs, par procès-verbal d'experts, des 4 germinal et 4 floréal an XI, et à recevoir en contre-échange du sieur Noblot 2 ares 993 milliares, et du sieur Chamerois 5 ares 987 milliares de terrain à eux appartenant, destiné à servir d'emplacement à une maison commune évaluée à la somme de 200 francs, par ledit procès-verbal.

Les sieurs Noblot et Chamerois paieront les frais d'échange.

Commune de Montmirez-la-Ville (Jura).

Art. 122. La commune de Montmirez-la-Ville, département du Jura, est autorisée à céder, à titre d'échange, au sieur Boisseau, 13 ares de terrain communal, estimés 100 francs, par procès-verbal d'experts, du 29 ventôse an XII, et à recevoir en contre-échange du sieur Boisseau 14 ares de terrain estimés 150 francs, par ledit procès-verbal.

Le sieur Boisseau paiera les frais d'échange.

Commune de Noyers (Haute-Marne).

Art. 123. La commune de Noyers, département de la Haute-Marne, est autorisée à céder, à titre d'échange, au sieur Ravier, un terrain communal contenant 15 ares 50 centiares, estimé 180 francs, par procès-verbal d'experts, du 6 germinal an XII, et à recevoir en contre-échange un terrain appartenant au sieur Ravier, contenant 16 ares, estimé 240 francs, par ledit procès-verbal.

Le sieur Ravier paiera les frais d'échange.

Commune de Osthoffen (Bas-Rhin).

Art. 124. La commune de Osthoffen, département du Bas-Rhin, est autorisée à céder, à titre d'échange, à la dame Ottmann, un terrain communal contenant 14 ares 68 centiares, estimé 110 francs, par procès-verbal d'experts, du 22 ventôse an XII, et à recevoir en contre-échange deux pièces de terre formant ensemble 5 hectares 5 ares 85 centiares, estimées 240 francs, par ledit procès-verbal.

La dame Ottmann paiera les frais d'échange.

Commune de Percey-le-Paulet (Haute-Marne).

Art. 125. La commune de Percey-le-Paulet, département de la Haute-Marne, est autorisée à céder, à titre d'échange, au sieur Cussonnet, un terrain communal contenant 50 centiares, estimé 15 francs, par procès-verbal d'experts, du 13 pluviôse an XII, et à recevoir en contre-échange un terrain appartenant au sieur Cussonnet, de même étendue et même valeur, selon ledit procès-verbal.

Le sieur Cussonnet paiera les frais d'échange.

Commune de Salomé (Nord).

Art. 126. La commune de Salomé, département du Nord, est autorisée à céder, à titre d'échange, au sieur Debriois, 2 hectares 54 ares 22 centiares de terrain communal, estimés 1,814 francs, par procès-verbal d'experts, du 11 frimaire an XII, et à recevoir en contre-échange 2 hectares 12 ares 66 centiares de terrain appartenant au sieur Debriois, estimés 4,320 francs, par procès-verbal de même date.

Le sieur Debriois paiera les frais d'échange.

Commune de Salornay, hameau d' · · · (Loire).

Art. 127. La comm · · ·

Saône-et-Loire, est autorisée à céder, à titre d'échange, au sieur Fropier, deux parties de terrains communaux, appartenant au hameau d'Angoin, contenant ensemble 1 hectare 74 ares 54 centiares, estimées 3,316 francs, par procès-verbal d'experts, du 11 thermidor an XII, et à recevoir en contre-échange trois parties de terrains appartenant au sieur Fropier, formant ensemble 2 hectares 48 ares 70 centiares, estimées 4,076 francs, par ledit procès-verbal.

Le sieur Fropier paiera les frais d'échange.

Commune de Villiers-Exel (Haute-Saône).

Art. 128. La commune de Villiers-Exel, département de la Haute-Saône, est autorisée à céder, à titre d'échange, au sieur Rappart, un petit portique communal, estimé sans valeur, par procès-verbal d'experts, du 12 ventôse an XII, et à recevoir en contre-échange un pré contenant 13 ares 27 centiares, estimé valoir 10 fr. de revenu annuel.

Le sieur Rappart paiera les frais d'échange.

Hospice du Croisic (Loire-Inférieure).

Art. 129. La commission administrative de l'hospice du Croisic, département de la Loire-Inférieure, est autorisée à céder, à titre d'échange, au sieur Millon, deux vieilles maisons estimées ensemble 480 francs, par procès-verbal d'experts, du 26 germinal an XII, et à recevoir en contre-échange 37 ares d'un terrain appartenant au sieur Millon, estimés 700 francs, par procès-verbal de même date.

Le sieur Millon paiera les frais d'échange.

Hospices de Châlons-sur-Marne (Marne).

Art. 130. La commission administrative des hospices de Châlons-sur-Marne, département de la Marne, est autorisée à céder, à titre d'échange, à Étienne Bonvalet, Jean Gougelet et Marie-Jeanne Bonvalet, sa femme, un terrain appartenant auxdits hospices, contenant 61 mètres de surface, et estimé 120 francs, suivant procès-verbal du 13 brumaire an XII, et à recevoir en contre-échange, sans soulte ni retour, des susnommés, qui paieront tous les frais d'échange, 11 ares 26 centiares de terre labourable, à prendre dans une plus forte pièce, située terroir de Fagnières, et estimés 200 francs, suivant le procès-verbal susdaté.

Hospices de Maubeuge (Nord).

Art. 131. La commission administrative des hospices de Maubeuge, département du Nord, est autorisée à céder, à titre d'échange, au sieur Huart, 35 ares 46 centiares 7 dixièmes de terre, sis au territoire de Roussier, et estimés 180 francs, suivant procès-verbal du 20 pluviôse an XII, et à recevoir en contre-échange, dudit sieur Huart, 48 ares 61 centiares de terre labourable, situés au même terroir, et estimés 300 francs, suivant le procès-verbal susdaté.

Hospices de Vitteaux. (Côte-d'Or).

Art. 132. La commission administrative de l'hospice de Vitteaux, département de la Côte-d'Or, est autorisée à céder, à titre d'échange, au sieur Xavier Maire, une pièce de terre labourable appartenant audit hospice, contenant 41 ares 28 centiares, et estimée 466 fr. 45 c. suivant procès-verbal du 5 nivôse an XIII, et à recevoir en contre-échange, sans soulte ni retour, dudit sieur Maire, 77 ares de terre labourable, à prendre dans la plus forte pièce, et estimés 9 fr. 30 c. l'are, suivant le procès-verbal susdaté.

Le sieur Maire paiera les frais d'échange.

Bois nationaux dans la forêt de Blois (Loir-et-Cher).

Art. 133. Le préfet du département de Loir-et-Cher est autorisé à passer contrat d'échange de 300 hectares 81 ares 82 centiares, composant les bois nationaux de Rançon, Porteaux, Lorigny, la Gélerie et le Prieuré distant de 4 kilomètres de la forêt de Blois, contre 262 hectares 37 ares 36 centiares faisant partie de la même forêt, et comprenant les bois du Nujagot, les Aquères, le Pindenhu· · · Prieuré, appartenant au sieur Mesnard de Chous · · ·

Ledit é · · · · · · u sans soulte de part ni d'autre.

autorisée à recevoir du sieur Morel la cession d'une partie de terrain joignant l'hôpital des Vénériens, contenant en superficie 73 ares, selon le plan joint à la présente loi, et à lui donner en échange une partie d'un autre terrain dépendant dudit hospice, d'environ 50 mètres de long sur 16 de large, lequel terrain sera clos de murs, et avec une soulte ou retour de 7,500 fr., suivant le procès-verbal d'experts, du 3 prairial an XII, et aux conditions acceptées par le sieur Morel, et portées à la délibération du conseil général des hospices, du 3 pluviôse an XIII, qui sera jointe à la loi.

TITRE V.

IMPOSITIONS EXTRAORDINAIRES.

Arrondissements de Castelnaudary, Carcassonne et Narbonne (Aude).

Art. 135. Les arrondissements de Castelnaudary, Carcassonne et Narbonne, département de l'Aude, sont autorisés à s'imposer extraordinairement pour subvenir aux frais des réparations de leurs palais de justice et prisons :

1º L'arrondissement de Castelnaudary, la somme de 50 mille francs, payable par cinquièmes en cinq ans ;
2º L'arrondissement de Carcassonne, la somme de 45,000 francs ;
3º L'arrondissement de Narbonne, la somme de 17,451 fr. 54 c.

Commune de Saint-Lubin-des-Joncherets (Eure-et-Loir).

Art. 136. La commune de Saint-Lubin-des-Joncherets, département d'Eure-et-Loir, est autorisée à s'imposer extraordinairement au centime le franc de ses contributions directes, la somme de 1,054 francs, pour subvenir aux frais de réparation d'un pont vicinal.

Commune de Tulle (Corrèze).

Art. 137. Le pont de Lenurol sur la Corrèze et au confluent de la Solane, situé dans l'intérieur de la ville de Tulle, sera reconstruit.

Les dépenses relatives à la construction de ce pont, évaluées à la somme de 23,000 francs, sont pour les deux tiers à la charge de la ville de Tulle, et pour l'autre tiers à la charge des fonds du trésor public, destinés au service des ponts et chaussées.

Il sera à cet effet perçu une somme de 15,333 francs par addition aux contributions foncière et mobilière de la commune de Tulle ; seront néanmoins affranchis de cette contribution les habitants qui ne sont qu'à la cote personnelle.

Commune de Vanves (Seine).

Art. 138. La commune de Vanves, département de la Seine, est autorisée à s'imposer extraordinairement la somme de 6,337 francs, pour subvenir aux frais de réparations de sa fontaine et de son église.

Commune de Colombiers (Hérault).

Art. 139. La commune de Colombiers, département de l'Hérault, est autorisée à s'imposer extraordinairement la somme de 2,356 francs, pour subvenir aux frais de réparations de la fontaine publique, des rigoles, des canaux et contre-canaux communaux.

Commune de Lislet (Aisne).

Art. 140. La commune de Lislet, département de l'Aisne, est autorisée à s'imposer extraordinairement la somme de 2,138 fr. 39 c., pour subvenir aux frais de reconstruction d'un pont.

Commune de Saint-Geniès-le-Bas (Hérault).

Art. 141. La commune de Saint-Geniès-le-Bas, département de l'Hérault, est autorisée à s'imposer extraordinairement la somme de 3,756 francs, pour subvenir aux frais d'acquisition d'un moulin à huile nécessaire à la commune.

Commune de Ville-Montausson (Aude).

Art. 142. La commune de Ville-Montausson, département de l'Aude, est autorisée à s'imposer extraordinairement la somme de 4,273 fr. 5 c., pour subvenir aux frais de reconstruction d'un pont et de réparations d'un puits.

TITRE VI.

OBJETS MIXTES.

Aliénations et acquisitions.

Commune de Saint-Remy (Bouches-du-Rhône).

Art. 143. Le maire de Saint-Remy, département des Bouches-du-Rhône, est autorisé à vendre, dans la forme prescrite pour l'aliénation des domaines nationaux, l'ancienne maison commune, estimée 3,200 francs, suivant procès-verbal du 13 thermidor an X. La première mise à prix sera du montant de l'estimation, et le produit de la vente sera employé à acquérir du sieur Durand-Maillane les bâtiments restants du ci-devant couvent des Augustins, moyennant la somme de 3,200 fr., suivant l'estimation portée au procès-verbal du même jour 13 thermidor.

Commune de Condom (Gers).

Art. 144. Le maire de Condom, département du Gers, est autorisé à vendre, dans la forme prescrite pour l'aliénation des domaines nationaux :

1º La petite boucherie de la ville, estimée	4,000 fr.
2º Le bâtiment de la grande boucherie, estimé	6,000
3º Une maison sise dans la rue de Pradeau, estimée	5,000
4º Une maison sise près la porte d'Agen, estimée	3,000
5º Une maison située en face du Cours, estimée	8,000
6º Une autre maison sise près la porte d'Auch, estimée	2,000
7º Et enfin quelques carreaux du jardin situé à ladite porte d'Auch, contenant 5,641 m. de surface, et estimés	2,000
Total	30,000

Le tout suivant procès-verbal du 2 germinal an XI.

La mise à prix de chacune desdites propriétés sera du montant de son estimation, et le produit de leur vente sera employé : 1º à acquérir, au profit de la commune de Condom, les bâtiments de l'évêché appartenant au domaine, moyennant la somme de 18,045 fr. 50 c., suivant l'évaluation portée au procès-verbal du 20 germinal ; et 2º aux réparations desdits bâtiments.

Hospice et commune de Valognes (Manche).

Art. 145. La commission administrative de l'hospice de Valognes, département de la Manche, est autorisée à vendre à la commune de Valognes le local dit *l'ancien hospice civil*, moyennant une rente annuelle de 1,800 fr., et la somme de 8,000 francs une fois payée, selon le procès-verbal d'estimation du 20 frimaire an XI.

Le maire de Valognes est autorisé à vendre à l'enchère, pour paiement de ladite acquisition, quatre maisons sises en cette ville, estimées ensemble 18,500 francs, par procès-verbaux d'experts, du 10 brumaire an XI.

Le surplus des 8,000 francs qui doivent être payés d'abord à l'hospice, sera placé en rentes sur l'État, pour faire en tout ou en partie le service de la rente susénoncée.

L'hospice civil de Valognes est confirmé dans la possession et propriété desdits bâtiments des *ex-Bénédictins*, estimés 17,300 francs, par procès-verbal d'experts, du 21 brumaire an XI.

Ladite concession lui est faite à titre de remplacement de diverses rentes, montant ensemble à 533 francs au capital de 10,748 fr., appartenant audit hospice, et remboursées dans les caisses de l'État, par l'effet de la loi du 23 messidor an II, à la charge par l'hospice de payer à la caisse du domaine une soulte de 6,352 francs.

Commune de Longeau (Haute-Marne).

Art. 146. Le maire de Longeau, département de la Haute-Marne, est autorisé à vendre, dans la forme prescrite pour l'aliénation des domaines nationaux, l'ancien presbytère de la commune, estimé 2,400 fr., suivant procès-verbal du 1er brumaire an XII. La première mise à prix sera du montant de l'estimation, et le produit de la vente sera employé à une maison destinée à servir de presbytère, estimée 5,500 francs, suivant procès-verbal du même jour 1er brumaire an XII, et que le vendeur consent à abandonner à la commune, moyennant la somme de 5,000 francs.

Le surplus du prix de cette acquisition sera imposé en

centimes additionnels aux contributions directes de l'an XIII, sur les communes de Longeau, Percey et Versailles (Haut-et-Bas).

Commune de Wolxheim (Bas-Rhin).

Art. 147. Le maire de Wolxheim, département du Bas-Rhin, est autorisé à vendre, dans la forme prescrite pour l'aliénation des domaines nationaux, et en différents lots : 1° la maison commune actuelle, estimée 6,000 fr. ; 2° la maison servant à l'instruction publique, estimée 2,500 fr. ; 3° la boulangerie, estimée 1,700 fr. ; et 4° les matériaux provenant de la démolition de la halle et du corps de garde, estimés 350 francs; le tout suivant procès-verbal du 6 brumaire an XII.

La première mise à prix sera du montant de l'estimation, et le produit de la vente sera employé : 1° à la construction d'un corps de garde; 2° à acquérir du sieur Feldner, moyennant le prix de l'adjudication, montant à 9,200 francs, une maison à lui vendue par le syndic des créanciers du sieur Charpentier; ladite maison estimée à une valeur de 14 à 15 mille francs, suivant le procès-verbal susdaté; et 3° à quelques réparations à faire à ladite maison, destinée à recevoir les différents établissements publics de la commune.

Hospices de Nice (Alpes-Maritimes).

Art. 148. Le grand hospice de Nice, département des Alpes-Maritimes, sera transféré dans les bâtiments et dépendances du ci-devant couvent de Sainte-Claire, qui sont cédés en toute propriété à la commission administrative desdits hospices, en remplacement de leurs biens aliénés par l'effet de la loi du 23 messidor an II.

Pour subvenir aux frais de translation et de placement dudit hospice, la commission administrative est autorisée à vendre à l'enchère, et dans la forme prescrite pour l'aliénation des domaines nationaux, les immeubles désignés et évalués dans le procès-verbal d'experts, du 20 fructidor an XI, ainsi qu'il suit :

1° Le local de l'hôpital Saint-Roch, estimé 35,000 fr.;

2° Trois maisons, rue des Marais, estimées 20,000 fr.;

3° La maison sise au coin de la rue La Gloire, estimée 2,200 fr.;

4° De petites portions de maisons sises rues Jouissances, Fécondité et Glissante, estimées 2,500 francs.

Total, 59,700 francs.

La première mise à prix desdits immeubles sera du montant de l'estimation.

Dans le cas où la commission administrative ne croirait pas utile aux intérêts des hospices de vendre simultanément lesdits immeubles, elle est autorisée à emprunter, à un intérêt qui ne pourra excéder 6 pour cent par an, jusqu'à la concurrence de 59,000 fr., montant total de leur estimation, avec faculté d'hypothéquer partiellement ou en totalité ladite somme sur lesdits immeubles jusqu'à son parfait remboursement par leur vente successive.

ALIÉNATION A LA CHARGE DE RECONSTRUCTION D'UN CHEMIN COMMUNAL.

Commune de Saint-Nicolas (Meurthe).

Art. 149. Le maire de la commune de Saint-Nicolas, département de la Meurthe, est autorisé à vendre au sieur Guinet un terrain communal contenant 279 centiares, et estimé 100 fr., suivant procès-verbal du 22 germinal an XII, moyennant la somme de 125 francs, et à la charge par le sieur Guinet de reconstruire à ses frais le chemin qui conduit à l'abreuvoir.

ALIÉNATION ET IMPOSITION EXTRAORDINAIRES.

Commune de Vindé (Marne).

Art. 150. La commune de Vindé, département de la Marne, est autorisée à vendre à l'enchère deux parties de terrain communal, contenant ensemble 500 mètres carrés, évaluées 130 francs, par procès-verbal d'experts, du 5 ventôse an XIII.

Le produit de la vente sera employé aux réparations du mur du cimetière, évaluées par devis estimatif 334 fr.

Dans le cas où ledit produit ne suffirait pas pour couvrir cette dépense, la commune est autorisée à s'imposer extraordinairement, au centime le franc de ses contributions directes, la somme nécessaire pour la compléter.

ACQUISITION ET ALIÉNATION.

Commune de Niort (Deux-Sèvres).

Art. 151. Le maire de Niort, département des Deux-Sèvres, est autorisé à acquérir du sieur Gaborian une maison sise dans l'un des angles de la place des casernes, moyennant la somme de 1,700 francs, et une rente annuelle de 3 livres tournois, suivant l'estimation portée au procès-verbal du 27 fructidor an XII. Le prix de cette acquisition sera payé sur les fonds faits en l'an XII, pour l'acquisition d'une autre maison qui n'a pas eu lieu.

Le maire de Niort est également autorisé à vendre, dans les formes prescrites pour l'aliénation des domaines nationaux, et en différents lots, des terrains provenant des anciens fossés de la ville et terrains adjacents, divisés en cinq parties.

La première mise à prix des lots formant la première division sera de 1 fr. 50 c. par mètre carré;

Celle des lots formant la deuxième division sera de 2 fr. 25 c. par mètre carré;

Celle des lots formant la troisième division sera de 3 francs par mètre carré, sous l'obligation, en outre, par les acquéreurs desdits lots répondant au prolongement de la rue du Peuple, de bâtir suivant les façades obligées qui doivent avoir lieu dans cette partie;

Celle des lots formant la quatrième division sera de 1 fr. 75 c. par mètre carré;

Et celle des lots formant la cinquième et dernière division sera de 1 fr. 25 c. également par mètre carré, avec la condition imposée aux acquéreurs des lots répondant à la place circulaire projetée en avant de la porte Saint-Gelais, de suivre les dessins de façade uniforme qui leur seront donnés pour cette partie;

Le tout suivant l'estimation portée au procès-verbal dudit jour 27 fructidor an XII.

Le produit de la vente desdits terrains sera employé à la continuation de la construction des casernes, à l'introduction des eaux de la fontaine du Vivier en ville, et à l'établissement des fontaines publiques pour leur distribution.

Concession à charge d'établissement et d'entretien de chemins vicinaux.

Commune de Lalinde. (Dordogne).

Art. 152. Le maire de Lalinde, département de la Dordogne, est autorisé à concéder à M. Geoffre, curé de cette commune : 1° un terrain communal contenant 2 centiares 1 quart, estimé 30 francs, suivant procès-verbal du 24 thermidor an XII, moyennant une rente et sans retenue de 2 fr. 50 centimes, à la charge par M. Geoffre de pratiquer une ouverture vis-à-vis la rue Sainte-Madeleine, de la largeur de 2 mètres sur 2 mètres et demi de hauteur, et d'entretenir en bon état le chemin qui conduit à la fontaine de la Bassenie; et 2° un autre terrain contenant 8 centiares 3 huitièmes, et estimé 60 francs, suivant procès-verbal dudit jour 24 thermidor an XII, moyennant une rente aussi annuelle et sans retenue de 4 fr. 50 centimes.

Concession à charge de construction.

Commune de Plemeur-Gautier (Côtes-du-Nord).

Art. 153. Le maire de Plemeur-Gautier, département des Côtes-du-Nord, est autorisé à concéder à Charles Silvestre un terrain communal contenant 6 ares 78 milliares, moyennant une somme de 6 francs, une fois payée, et à la charge par ledit Sylvestre de pratiquer sur ledit terrain une fontaine et un lavoir à l'usage public, et de laisser et entretenir un chemin de servitude pour la fréquentation de la fontaine et du lavoir ; le tout ainsi qu'il est porté au procès-verbal d'expertise, du 22 messidor an XI.

Concession à charge de travaux pour l'élargissement de la voie publique.

Commune d'Olonzac (Hérault)

Art. 154. Le maire d'Olonzac, département de l'Hérault, est autorisé à céder au sieur Michel Gazel un terrain communal contenant 86 centiares, et estimé 50 francs, et la faculté de ce passage pour aboutir de ce terrain à sa porte haute, une longueur d'environ 30 centiares, évaluée à la somme de 22 francs ; le tout suivant procès-verbal du 27 pluviôse an IX, à la charge par le sieur Gazel de verser dans la caisse de la commune la somme de 175 francs, de faire exécuter à ses frais les constructions et travaux énoncés au devis du 23 pluviôse an X, et de ne rien demander pour indemnité à raison du mur coupé qui sera fait à sa maison, pour l'éla... de la voie publique.

Echange, aliénation et acquisition.

Commune de *Vic* (Hautes-Pyrénées).

Art. 155. Le maire de Vic, département des Hautes-Pyrénées, est autorisé à céder, à titre d'échange, à dame Jeanne Croulzet et aux sieurs et dame Fourcade, le terrain de l'ancien cimetière, à l'exception d'une partie dudit cimetière ayant une étendue d'un are 34 centiares, et sur laquelle sera établie une rue; ledit terrain concédé contenant 6 ares 15 centiares, et estimé 6,000 francs, suivant procès-verbal du 5 germinal an XI, et à recevoir en contre-échange l'emplacement de la maison qu'habitent les susnommés, et celui sur lequel était construite la maison qu'ils avaient acquise du sieur Claverie; le tout estimé 10,000 francs, suivant le procès-verbal susdaté.

La commune de Vic paiera, par forme de soulte, une somme de 4,000 francs auxdits concessionnaires, qui seront tenus de faire démolir à leurs frais les constructions existantes sur les terrains par eux donnés en échange; la propriété des matériaux leur sera réservée, et ils paieront les frais d'échange.

Le maire de Vic est également autorisé à acquérir, 1° l'écurie, cour, hangar et partie du jardin appartenant au sieur Drouilhet, moyennant la somme de 2,200 francs, suivant l'estimation portée au même procès-verbal, à la charge par ledit sieur Drouilhet de faire faire les démolitions à ses frais, en gardant les matériaux;

Et 2° un jardin appartenant au sieur Pommerol, ayant 16 mètres 10 centimètres de longueur sur 10 mètres de largeur, moyennant la somme de 1,500 francs, suivant l'estimation dudit procès-verbal.

Le maire de Vic est enfin autorisé à vendre, dans la forme prescrite pour l'aliénation des domaines nationaux, et en différents lots, 34 hectares 55 ares de landes et marais appartenant à la commune, et estimés 7,700 francs, suivant le procès-verbal dudit jour 5 germinal en XI.

Le produit de la vente desdits marais et landes sera employé à acquitter la soulte due à la dame Croulzet et au sieur Fourcade, et à solder les sieurs Drouilhet et Pommerol.

Echange à charge de reconstruction de clôtures communales.

Commune de *Besançon* (Doubs).

Art. 156. Le préfet du département du Doubs est autorisé à céder et abandonner, à titre d'échange, à la ville de Besançon, à l'effet d'y établir des boucheries, la partie des bâtiments des Dominicains de cette ville, désignée sous les nos 4 et 8, au plan qui en a été dressé le 4 germinal an X, et estimée, par procès-verbal d'experts, du 2 floréal an XII, à la somme de 13,808 francs en capital; lesquels plan et procès-verbal demeureront annexés à la minute du contrat d'échange.

Il est également autorisé à accepter en contre-échange deux petits bâtiments près le pont de pierre, loués l'un à l'administration militaire, l'autre à un particulier; et un autre bâtiment situé sur la place des Casernes, servant de boucheries, et estimé par ledit procès-verbal à 4,960 francs; lesquels bâtiments faisant partie des propriétés de la ville de Besançon, seront abandonnés au ministre de la guerre pour le service de la gendarmerie.

La ville de Besançon sera chargée expressément de faire construire à ses frais et sans aucune répétition envers le domaine, ou envers les particuliers auxquels pourrait être aliéné par la suite le surplus du bâtiment des Dominicains, les murs de clôture nécessaires pour fermer le terrain cédé, et isoler l'établissement des boucheries du reste de ce bâtiment; elle sera tenue, en outre, conformément à la soumission qu'elle en a faite, de construire à ses dépens, si la défense de la place venait à l'exiger, une porte de ville à la place de l'ancien arc de triomphe qui a été démoli et dont le sol n'appartient pas à cette ville.

L'échange dont il s'agit sera fait but à but, et sans que la ville de Besançon puisse, dans aucun temps et sous quelque prétexte que ce soit, réclamer une soulte, pour raison de la plus-value des objets par elle cédés en contre-échange.

Echange à charge de construction d'un four communal.

Commune d'*Aisy-sur-Armançon* (Yonne).

Art. 157. La commune d'Aisy-sur-Armançon, département de l'Yonne, est autorisée à céder, à titre d'échange, au sieur Paris, un vieux four communal et un terrain adjacent contenant 127 mètres carrés, estimés 600 francs, par procès-verbal d'experts, du 5 vendémiaire an XI, et à recevoir en contre-échange une halle et un four que le sieur Paris s'engage à faire construire, conformément au devis estimatif du 28 frimaire an XI, laquelle dépense est évaluée à 1,328 francs 50 centimes.

Le sieur Paris paiera les frais d'échange.

IMPOSITION EXTRAORDINAIRE ET ACQUISITION.

Commune de *Manosque* (Basses-Alpes).

Art. 158. La commune de Manosque, département des Basses-Alpes, est autorisée à s'imposer extraordinairement, en centimes additionnels aux contributions directes, la somme de 5,974 fr. 92 c., pendant chacune des années XIII, XIV et XV, formant en tout celle de 17,924 fr. 76 c.

Le montant de cette imposition sera employé à acquérir des sieurs d'Herber, Piolle et Latil, moyennant la somme de 26,172 fr.: 1° les vingt-un et vingt-quatrième des bâtiments du séminaire, pour y établir une école secondaire, avec jardin et dépendances, désignés au procès-verbal du 19 brumaire an XIII, et estimés, suivant ledit procès-verbal, à la somme de 22,561 francs;

2° Une basse-cour dépendant des biens du ci-devant chapitre de Saint-Victor, et appartenant aux susnommés, moyennant la somme de 800 francs, suivant l'estimation portée au même procès-verbal;

3° Et les greniers publics, avec dépendances, appartenant au sieur Piolle, moyennant la somme de 5,300 fr., suivant l'estimation énoncée au procès-verbal dudit jour, 19 brumaire an XIII.

Le surplus des différentes acquisitions sera payé sur les revenus ordinaires de la commune, ainsi que les réparations à faire aux bâtiments du séminaire.

Art. 159. La commune d'Hazebrouck, département du Nord, est autorisée:

1° A emprunter à 5 pour cent d'intérêt la somme de 30,000 francs, pour subvenir aux frais de reconstruction de son hôtel de ville; laquelle somme sera remboursée par cinquième tous les ans sur les produits d'une augmentation de trois décimes par franc sur les droits d'octroi, autorisée par décision du ministre de l'intérieur, du 3 frimaire an XII;

2° A acquérir, pour le prix de 7,435 fr. 85 c., deux maisons appartenant, l'une au sieur Wit, estimée 4,360 fr. 85 c., l'autre à la demoiselle Lauverrière, estimée 3,075 fr., par procès-verbaux d'experts, des 30 prairial et 4 messidor an XII; laquelle acquisition sera payée sur le produit de l'octroi.

Hospice de *Mirande* (Gers).

Art. 160. La commission administrative de l'hospice de Mirande, département du Gers, est autorisée à acquérir des sieur et dame Bernès, moyennant la somme de 6,600 francs, une maison dite *Trianon*, estimée 9,960 fr. 25 c., suivant procès-verbal du 25 vendémiaire an XIII; et pour solder le prix de cette acquisition, ladite commission est également autorisée à vendre, dans la forme prescrite pour l'aliénation des domaines nationaux, la maison actuelle de l'hospice, estimée 4,867 fr., suivant le procès-verbal susdaté. La première mise à prix sera du montant de l'estimation.

TITRE VII.

Dispositions générales.

Art. 161. Les impositions accordées aux communes auront lieu sur les contributions foncière, mobilière, personnelle et somptuaire au centime le franc.

Art. 162. Toutes les fois qu'un des preneurs à rente voudra l'amortir, il en aura la faculté en payant 20 années du montant de la rente.

Art. 163. Si la somme que chaque commune ou hospice aura à sa disposition, provenant de remboursement, aliénation ou soulte d'échange, par suite de la présente loi, n'a pas d'affectation spéciale, et peut suffire à acquérir 50 francs de rente sur l'Etat, cette acquisition sera faite sous la surveillance du préfet, à moins qu'il n'y ait autorisation contraire et spéciale.

Si elle n'est pas suffisante pour acheter 50 francs de rente, le préfet en réglera l'emploi.

Art. 164. Tous les travaux qu'une commune ou un département aura à faire en vertu de la présente loi, seront, si fait n'a déjà été, évalués par devis, adjugés au rabais, et ensuite faits, reçus et payés comme les travaux publics nationaux, sous l'inspection gratuite d'un ingénieur du département, et sous la surveillance du préfet.

Le Corps législatif arrête que ce projet de loi sera communiqué aux trois sections du Tribunat.

La séance est levée.

CORPS LÉGISLATIF.

PRÉSIDENCE DE M. BÉGUINOT, VICE-PRÉSIDENT.

Séance du 10 ventôse an XIII (vendredi 1er mars 1805).

Le procès-verbal de la séance d'hier est adopté.

On introduit Messieurs les conseillers d'État Rhédon et Ségur.

M. **Rhédon** présente un *projet de loi relatif à l'acquisition du château de Treffaven, situé près de la ville de Lorient, pour le service de la marine.* En voici le texte et l'exposé des motifs :

Messieurs, le département de la marine, depuis l'établissement de l'arsenal royal à Lorient, jouissait du château de Treffaven pour y déposer les poudres de guerre. La commodité de cet emplacement, qui n'est qu'à un quart de lieue de la ville, et où les transports se font avec facilité par la rivière de Scorf qui en baigne les murs, et la certitude qu'on a acquise depuis plus de quatre-vingts ans, que les poudres s'y conservent parfaitement, en rendent l'acquisition indispensable.

Il eût sans doute été bien à désirer que cette partie des biens nationaux n'eût pas été aliénée. Mais en l'an IV, le ministre de la marine, sans égard pour les réclamations instantes et réitérées des administrateurs de Lorient, ayant prétendu qu'elle n'était pas nécessaire au service de ce département, elle fut vendue à vil prix ; et ce qui vous démontrera, Messieurs, l'inconséquence de ce consentement, c'est que, depuis cette époque, ce château n'a pas cessé d'être loué pour le même service, par l'impossibilité où on s'est trouvé de remonter les poudres ailleurs.

On a dit, pour prouver que ce château n'était pas d'une nécessité indispensable à la marine, que l'ancien gouvernement avait eu le projet de construire une poudrière sur l'île Saint-Michel, et que les plans qui en avaient été levés ne se montant qu'à 240,000 fr., il serait plus juste de reprendre ce projet que de déposséder un acquéreur de biens nationaux.

Gardez-vous de croire, Messieurs, que l'intention du Gouvernement soit d'enfreindre la loi inviolable et sacrée qu'il s'est faite de ne jamais revenir sur aucune vente de biens nationaux. Il obéit en ce moment à la loi impérieuse de la nécessité, et la demande qu'il vous fait du château de Treffaven, il vous la ferait de même si c'était un bien patrimonial. Des motifs très-puissants, dont je vais vous faire part, feront, je l'espère, disparaître ce qu'a de spécieux l'objection de l'acquéreur.

Il n'est personne d'entre vous, Messie... s'il a fait bâtir, qui n'ait éprouvé que da... cution il en coûte toujours un tiers et... fois la moitié en sus du prix auquel s'él... plans et devis d'un bâtiment ; et vou... taxerez pas d'exagération, lorsque je sup... la construction de cette poudrière sur l... Michel reviendra à près de 400,000 fr... quelque chose pour un Gouvernement... et qui a proscrit toute dépense inutile ;... raison qui sera d'un bien plus grand p...

yeux, c'est que tous les vaisseaux de l'État et du commerce mouillent journellement autour de cette île. S'il survenait une explosion occasionnée, soit par le feu du ciel, soit par toute autre cause imprévue, concevez, Messieurs, quel affreux désastre, quelle perte d'hommes et de vaisseaux, et quel douloureux repentir pour nous d'avoir creusé nous-mêmes le tombeau de tant de malheureuses victimes. Ajoutez à ce tableau, que je n'ai pas besoin de charger pour vous persuader, qu'il est au moins incertain, si les poudres se conserveront dans un bâtiment construit sur un sol entouré d'eau de mer, et nécessairement très-humide ; et vous penserez qu'il faut s'en tenir à une expérience de plus de quatre-vingts ans, qui atteste qu'elles ne se sont jamais affaiblies dans le château de Treffaven.

La veuve Arnoux, propriétaire actuelle de ce château, a été sollicitée de céder de gré à gré cette propriété à la marine, et on lui a offert tous les dédommagements qu'elle croirait avoir le droit de réclamer ; mais cette dame s'étant constamment refusée à toutes sortes d'accommodements, le Gouvernement est obligé de vous proposer une loi qui l'autorise à rentrer dans une possession qu'il n'aurait jamais dû perdre, et dont il ne peut pas se passer.

Projet de loi.

Le propriétaire du château de Treffaven, situé près de la ville de Lorient, sur les bords de la rivière de Scorf, sera tenu de céder sa propriété pour cause d'utilité publique, moyennant une juste et préalable indemnité.

L'orateur annonce que Sa Majesté Impériale a fixé au 15 la discussion de ce projet de loi.

Le Corps législatif donne aux orateurs du Conseil d'État acte de la présentation qu'ils viennent de faire, et arrête qu'il en sera adressé, sans délai, une expédition au Tribunat par un message.

La séance est levée et ajournée au 13.

CORPS LÉGISLATIF.

PRÉSIDENCE DE M. FONTANES.

Séance du 13 ventôse an XIII (lundi 4 mars 1805).

Le procès-verbal de la séance du 10 ventôse est adopté.

M. Frochot, conseiller d'État, préfet du département de la Seine, adresse, pour être déposées à la bibliothèque du Corps législatif, deux boîtes de médailles frappées par la ville de Paris, à l'occasion des fêtes du couronnement de L. L. M. M. Impériales :

Grande médaille, argent et bronze ;

Petite médaille, or, argent et bronze.

Le Corps législatif arrête qu'il en sera fait mention au procès-verbal.

MM. Lavallette, Regnauld (de *Saint-Jean-d'Angély*) et Ségur, conseillers d'État, sont introduits.

M. **Lavallette** présente un *projet de loi relatif aux postes et messageries.* En voici le texte et l'exposé des motifs.

Motifs.

Sa Majesté ... argé de présenter ... une lo... ante qui a pour ... à la ... on des postes

une partie d'une prien faveur des maîtres de poste. Ces priviléges furent abolis en 1790 ; et les différentes législatures qui se sont succédé ont cru trouver des dédommagements suffisants pour les maîtres de poste dans des gages plus considérables, dans des indemnités plus fortes, et dans un tarif plus élevé. Malgré tous ces avantages, les relais sont tombés dans un état de langueur et d'inactivité qui peut devenir funeste à la marche du Gouvernement et aux relations du commerce.

Il provient de ce qu'un petit nombre d'individus fait usage de la poste, et que les maîtres des relais, ou s'épuisent en dépenses inutiles par la nourriture de chevaux qui ne sont pas employés, ou laissent leurs relais incomplets, et par là même éloignent encore de prendre la poste le petit nombre de voyageurs qui seraient disposés à s'en servir, et qui craignent de ne pas être conduits avec exactitude.

Il provient de ce que les messageries heureusement multipliées pour le service du commerce n'emploient pas les maîtres de poste, et ont des relais sur toutes les routes, indépendants des relais privilégiés par la loi de 1791, qui est violée ou éludée.

Cependant on a cherché des moyens d'amélioration, et les projets ont été nombreux : mais, discutés devant Sa Majesté, aucun n'a pu soutenir l'examen, aucun n'a paru atteindre le but désiré. Le rétablissement des priviléges dont jouissaient autrefois les maîtres de poste est inadmissible, parce qu'ils blessent les principes qu'une sage égalité a consacrés, s'ils s'adressent aux individus, et en outre le système général de l'administration, s'ils portent sur les propriétés comme ci-devant l'exemption de l'impôt. L'augmentation des indemnités ou des gages, pour qu'elle fût efficace, devrait être considérable, et alors elle serait beaucoup trop onéreuse au trésor public. et serait sans effet si elle était modérée. Ce genre de secours a d'ailleurs ses distributions l'inévitable inconvénient d'être appliqué aux relais, en raison inverse de leur utilité, puisque ceux qui ont le plus besoin sont établis sur les routes de communication les moins importantes.

Enfin, une ferme de messageries obligée de se servir des relais de poste, outre qu'elle ne présenterait aux relais que des avantages contestés, priverait le public de la multiplicité des moyens de communications, et détruirait un grand nombre d'établissements formés avec de grandes dépenses par des particuliers sur tous les points de l'Empire. et sur la foi des lois qui avaient autorisé la liberté indéfinie des transports, en en payant les droits qu'elles ont établis.

Il n'y a donc qu'un amalgame du service des voitures publiques avec le service de la poste, qu'une communauté d'avantages entre les services, qui puissent secourir celui qui est en péril. Les nombreuses diligences ou messageries, qui couvrent les routes et marchent par relais, devraient se servir de ceux des postes et ne le font pas. Il est juste, il est utile de leur imposer cette augmentation, ou de leur faire payer aux maîtres de poste une indemnité comme équivalent approximatif du bénéfice qu'ils pourraient en retirer.

Sans doute, il en résultera une augmentation dans le prix des places pour les voyageurs ; mais cette obligation sera si faible, qu'elle n'élèvera pas le prix actuel à celui qui existait en 1789. Mais d'ailleurs n'est-il pas convenable d'associer tous ceux qui profitent des avantages des routes et des postes, les voyageurs et le commerce, la prospérité d'un établissement indispensable pour un grand Empire, et de leur faire payer, par un léger accroissement de dépenses, une partie de ce qui est nécessaire à son entretien, en ramenant au surplus à des principes déjà consacrés en 1791 ceux du droit exclusif du relayeur en faveur des maîtres de poste ?

La loi ne doit cependant pas atteindre toutes les petites voitures qui font le service près des grandes villes, ou celles qui servent surtout aux pauvres, aux artisans, aux militaires. Ainsi une des principales dispositions de la loi dispense formellement de son application tou'es les voitures publiques qui parcourent de courtes distances, qui, par conséquent, ne relaient point. Elle n'atteint pas toutes celles qui sont connues dans quelques départements sous le nom de *pataches*, qui marchent sans relais et partent à volonté ; enfin, toutes celles qui n'ont point d'époques déterminées pour leur départ, et vont à petites journées avec les mêmes chevaux.

Ainsi, Messieurs, les avantages du commerce ne sont point blessés. Les droits du pauvre sont soigneusement assurés, l'homme d'une fortune aisée trouvera toujours les frais de son transport au-dessous du niveau de toutes les autres dépenses, et le riche, auquel des convenances peu sévères permettent de préférer les voitures publiques aux avantages de la poste, ne pourra pas se plaindre s'il contribue indirectement au soutien d'un établissement dont il ne veut pas faire usage.

La mise en activité du principe exigera des mesures dont le détail n'a pas été assuré dans la loi même.

Ces mesures seront souvent provisoires, elles seront des essais d'abord, et deviendront définitives seulement en cas de succès.

Voilà pourquoi la loi renvoie à un règlement d'administration publique, discuté en Conseil d'État, le jugement des prétentions et des droits des messageries dans leurs rapports avec les postes, le soin de déterminer le nombre des chevaux assujettis à la taxe, et de distinguer par des caractères détaillés et sûrs celles des voitures publiques qui devront en être affranchies. Sa Majesté a voulu que ce règlement vous fût présenté à la prochaine session ; lorsque les moyens qu'il contiendra ne laissent plus de doute sur leur sagesse. parce qu'ils auront été éprouvés, la loi pourra lui imprimer le caractère de fixité qui lui appartient, et que les essais administratifs ne peuvent pas toujours présenter.

Il n'est pas un de vous, Messieurs, qui ne sente la nécessité de venir promptement au secours des maîtres de poste. Le mal est sous vos yeux dans les départements que vous habitez. Vous avez pu le suivre dans ses progrès, et vous consacrerez sans doute par vos suffrages les dispositions qui compléteront les vues bienfaisantes et restauratrices de Sa Majesté. Ces hommes modestes et laborieux qui sont appelés à vous ramener sous peu de jours dans le sein de vos familles vous béniront de ne point les avoir oubliés dans vos importants travaux.

Projet de loi.

Art. 1er. A compter du 1er messidor prochain, tout entrepreneur de voitures publiques et de messageries qui ne se servira pas de chevaux de la poste, sera tenu de payer, par poste et par cheval attelé sur chacune de ses voitures, 25 centimes au maître du relais dont il n'emploira pas les chevaux.

Sont exceptés de cette disposition les loueurs allant

à petites journées et avec les mêmes chevaux, les voitures de place allant également avec les mêmes chevaux et partant à volonté, et les voitures non suspendues.

Art. 2. Tous les contrevenants aux dispositions ci-dessus seront poursuivis devant les tribunaux de police correctionnelle, et condamnés à une amende de 500 francs, dont moitié au profit des maîtres de postes intéressés, et moitié à la disposition de l'administration des relais.

Art. 3. Il sera pourvu provisoirement à l'exécution de la présente loi, par un règlement d'administration publique, délibéré en Conseil d'État, lequel sera présenté en forme de loi à la prochaine session du Corps législatif.

Le Corps législatif arrête que ce projet de loi sera transmis au Tribunat par un message.

M. **Regnauld** (*de Saint-Jean-d'Angély*) présente un *projet de loi relatif à l'organisation municipale des villes de Lyon, Marseille et Bordeaux.* En voici le texte et l'exposé des motifs.

Motifs.

Messieurs, toutes les villes de l'Empire avaient, avant 1789, et obtinrent en 1790, par la législation nouvelle, une administration municipale uniforme.

S'il y avait des différences entre les titres avant l'Assemblée constituante, on en trouvait peu entre la nature et l'étendue des pouvoirs administratifs qu'exerçaient ici les capitouls, là les jurats, d'un côté un maire, et de l'autre un prévôt des marchands.

La Révolution donna des maires à toutes les communes de la France; mais, malgré la parité de titres, il y eut nécessairement une disparité immense entre l'importance des fonctions et leur influence sur l'administration générale de l'Empire.

Les municipalités furent longtemps et durant l'anarchie le seul pouvoir actif, et ce pouvoir fut trop souvent redoutable à ceux même qui l'avaient créé. On a vu d'abord le maire et ensuite le corps municipal de Paris porter la terreur au sein de la même assemblée qui répandait la terreur sur tout l'Empire.

Aussi un sentiment de frayeur, né des souvenirs profondément tracés pendant l'époque qui embrasse depuis 1791 jusqu'en 1791, fit repousser l'idée de remettre l'autorité municipale dans les grandes villes entre les mains d'un seul homme. La défiance fut extrême, et le passé la justifiait. On imagina pour Paris, Lyon, Marseille et Bordeaux, la formation d'un bureau central, d'une administration délibérante, à laquelle toute l'autorité municipale fut confiée, et chaque ville eut en outre plusieurs maires dépositaires des fonctions de l'état civil et de quelques autres attributions de bienfaisance.

C'est ainsi qu'un gouvernement ombrageux et faible divisait le pouvoir pour n'être pas obligé de le craindre, et en multipliait les agents faute d'oser le confier à un seul.

En l'an VIII, les mêmes idées subsistaient encore : on entrevoyait le moment où elles cesseraient d'être vraies ; mais on ne se flattait pas qu'il arrivât avec tant de rapidité. On ne voulut pas encore donner des maires aux grandes cités qui jusqu'alors avaient été dans l'exception depuis l'an III.

On les assimila à Paris, Paris, ville immense où les Parisiens natifs ne forment pas, à beaucoup près, la population entière ; où les habitants des départements, les voyageurs, les administrations, les grandes autorités, les maisons de l'Empe des princes, forment une masse co le nombre, la richesse, l'influen

une population, une cité qui a un caractère, des mœurs, des besoins, des prérogatives distinctes, et qui ne peut être assimilée à aucune population, à aucune cité de l'Empire ni de l'Europe.

On donna à Paris un préfet; à Lyon, Marseille et Bordeaux, des commissaires généraux de police, et on leur confia la portion de l'autorité municipale qu'exerçaient les bureaux centraux.

Ces trois dernières villes ont exprimé longtemps le désir d'être assimilées aux autres grandes cités de France.

Orageuse pendant les temps de malheur, l'administration y est paisible depuis cinq ans. Irritée il y a quelques années par l'oppression, révoltée et non soumise par la terreur, leur nombreuse population n'est plus que laborieuse et reconnaissante. Exilés, proscrits ou cachés avant l'an VIII, leurs commerçants, leurs manufacturiers, leurs premiers citoyens, rappelés dans leurs familles, jouissent de la douceur des affections domestiques, et sont rattachés aux intérêts de la cité.

Le pouvoir peut désormais, dans ces villes, être concentré utilement pour elles, et sans péril comme sans crainte pour un gouvernement concentré en lui-même, et dont la sagesse, la justice font la force autant et plus encore que l'unité.

Sa Majesté a donc voulu donner une preuve nouvelle d'intérêt et de confiance à trois grandes cités de son Empire, en leur rendant les administrations municipales qu'elles désiraient : elle a voulu remettre le soin de leur police intérieure à des citoyens honorés de l'estime de leurs égaux, et appelés par elle à l'estime de leurs chefs; elle a voulu restituer à Marseille, Lyon et Bordeaux, cette administration paternelle et gratuite qui honore ceux qui l'exercent, qui est respectée par son utilité, bénie par sa bienfaisance.

C'est l'objet de la loi que je vous apporte. Elle laisse subsister les commissaires généraux de police ; mais un règlement nouveau séparera leurs fonctions de celles du maire et des adjoints ; ils seront toujours l'œil du Gouvernement au milieu d'une population nombreuse ; mais ils ne seront plus les administrateurs d'intérêts auxquels ils sont presque étrangers, et pour lesquels l'habitude et les connaissances leur manquent.

C'est ainsi, Messieurs, que successivement tout se coordonne à nos principes généraux ; que les débris qui embarrassaient la marche de l'administration disparaissent; que la trace de nos erreurs législatives s'efface avec celle de nos malheurs politiques ; et que la force d'un gouvernement monarchique assure la sage liberté des administrations communales, qu'elle veut toujours protéger et qu'elle ne pourra jamais craindre.

Projet de loi.

Art. 1er. L'administration municipale des villes de Lyon, Marseille et Bordeaux sera organisée comme celle des autres villes de l'Empire.

Chacune d'elles aura un maire et six adjoints.

Art. 2. Les fonctions des commissaires généraux de police dans ces villes seront déterminées par un règlement d'administration publique.

Le Corps législatif arrête que ce projet de loi sera transmis au Tribunat par un message.

La séance est levée.

SÉNAT CONSERVATEUR.

PRÉSIDENCE DE M. FRANÇOIS (*de Neufchâteau*).

Séance du 14 ventôse   (l rdi 5 mars 1805).

Le Sénat conserva   au nombre de
a pr it   de l'acte des
uu 22 1

En exécution de l'article 68 du sénatus-consulte organique du 28 floréal an XII;

Procède à la nomination d'un membre de la commission sénatoriale de la liberté individuelle, en remplacement du sénateur Sers, qui a terminé l'exercice de ses fonctions.

Le dépouillement du scrutin donne la majorité absolue des suffrages au sénateur Cacault. Il est proclamé par M. le président membre de la commission sénatoriale de la liberté individuelle.

Le Sénat arrête qu'il sera fait un message à Sa Majesté l'EMPEREUR pour lui donner connaissance de cette nomination.

Le Sénat conservateur, réuni au nombre de membres prescrit par l'article 90 de l'acte des Constitutions du 22 frimaire an VIII;

En exécution de l'article 58 du sénatus-consulte organique du 28 floréal an XII;

Procède à la nomination d'un membre de la commission sénatoriale de la liberté de la presse, en remplacement du sénateur Rœderer, qui a terminé l'exercice de ses fonctions.

Le dépouillement du scrutin donne la majorité absolue des suffrages au sénateur Depère. Il est proclamé par M. le président, membre de la *commission sénatoriale de la liberté de la presse.*

Le Sénat arrête qu'il sera fait un message à Sa Majesté l'EMPEREUR, pour lui donner connaissance de cette nomination.

Le Sénat conservateur, réuni au nombre de membres prescrit par l'article 90 de l'acte des Constitutions du 22 frimaire an VIII;

En exécution de l'article 5 du sénatus-consulte du 30 pluviôse dernier, relatif à l'aliénation et au remplacement des domaines affectés à la dotation du Sénat et à celle des sénatoreries ;

Procède à la nomination de deux membres qui, avec le président et les secrétaires du Sénat, doivent composer le conseil particulier établi par ledit article.

Le dépouillement du scrutin donne la majorité absolue des suffrages aux sénateurs Abrial et Vimar; ils sont proclamés par M. le président membres du conseil particulier du Sénat.

Le Sénat arrête qu'il sera fait un message à Sa Majesté l'Empereur, pour lui donner connaissance de cette nomination.

CORPS LÉGISLATIF.

PRÉSIDENCE DE M. LOMBARD-TARADEAU, VICE-PRÉSIDENT.

Séance du 14 *ventôse an XIII* (mardi 5 mars 1805).

Le procès-verbal de la séance d'hier est adopté.

M. **Metzger**. Messieurs, j'ai l'honneur de vous présenter un nouvel hommage de la part de MM. Levrault et Schoelle, libraires et hommes de lettres distingués, établis en cette ville.

Ce sont les *mémoires d'un témoin de la Révolution, ou journal des faits qui se sont passés sous ses yeux et qui ont préparé la Constitution française ; ouvrage posthume de M. Bailly, premier président et premier maire de Paris.*

L'exemplaire que je dépose sur le bureau a pris le titre d'*Avant-moniteur :* les éditeurs lui ont donné le format de ce journal, auquel il peut servir pour compléter les fastes de notre Révolution. Ils ont rempli l'intervalle entre le 2 octobre 89, où finit le journal de Bailly, au 24 novembre suivant, où commence le *Moniteur,* sur des notes rédigées, jour par jour, par un membre de l'Assemblée constituante.

Le nom de Bailly a dû faire revivre des souvenirs douloureux, la haine des jugements dictés par l'esprit de parti. Marmontel l'avait ajourné lorsqu'il traçait pour la postérité le portrait de ce sage, victime de l'intrigue et des fureurs stipendiées. Voici ce passage si remarquable :

« Il possède une fermeté douce, un caractère « modeste, une raison conciliante, une égalité « d'âme inébranlable, un esprit calme et toujours « présent, un sentiment pur et précis des conve- « nances dans les cas les plus difficiles et dans « les circonstances les plus inattendues; en un « mot, cette dignité de caractère, de langage et « d'action, qui, dans la conduite d'un homme « sage, réunit toutes les bienséances, et concilie « tous les devoirs. »

En lisant le journal, on est forcé d'admirer la vérité du peintre ; partout on retrouve la modestie, la dignité de caractère, de langage et d'action; partout l'homme qui croit faire le bien, et qui, comme il le dit, doit lui donner l'espèce d'immortalité la plus désirable, celle d'avoir rendu des services à sa patrie.

Tout respire le sentiment de la vertu, de la bonté. L'on a douté de l'authenticité de ce journal si précieux pour les hommes qui veulent s'instruire, devenir meilleurs, et éviter les écueils si dangereux et si cachés. Il était à souhaiter que l'on pût s'assurer que Bailly a rédigé ces notes, ces maximes, ces observations. Sa veuve a fixé ce nouveau fleuron sur l'urne cinéraire de son mari ; elle a remis à MM. Levrault et Schoelle le manuscrit, écrit par lui-même, et les éditeurs m'ont chargé d'en faire également hommage au Corps législatif, pour être déposé à sa bibliothèque. Il y restera comme un des monuments des plus intéressants de notre histoire; et nos collègues ne le verront, ne le toucheront jamais sans être saisis de respect pour la vertu et la sagesse d'un homme qui a sincèrement voulu le bien de sa patrie; ils méditeront avec fruit la marche de la Révolution, et ils seront frappés de la vérité et de la justice avec laquelle il défend le philosophe.

« Il aime, dit-il, la vérité, il connaît la dignité de « l'homme; mais il demande surtout que la paix « règne autour de lui; il veut que la lumière se « répande, que l'humanité recouvre ses droits, « mais par degré et sans efforts ; il craint les se- « cousses et les révolutions violentes.

« La raison est simple : il calcule ce qu'on « achète avec le prix qu'il faut y mettre : les ef- « forts ne font que devancer le temps : quand les « choses sont mûres, la nécessité les amène iné- « vitablement.

« Le philosophe croit qu'il y a un *moins* préfé- « rable au *plus,* payé par les maux publics et par « le sang de nos frères. Si les esprits exaltés, qui « se croient les fils uniques de la liberté, regardent « comme bâtards ceux qui font ces calculs, il faut « pourtant convenir qu'ils sont assez raisonna- « bles, et je pense encore qu'un peu plus de cet « esprit philosophique n'aurait pas nui à l'As- « semblée constituante.

« Voilà quels ont été mes principes; ma con- « duite a été celle de mes devoirs; je ne me sou- « viens plus de ma raison, quand la raison gé- « nérale s'est expliquée. »

Soyons justes comme lui en jugeant des collègues : « il n'y a de base sûre et de mesure juste, » dit-il, « que la probité et l'amour de la Patrie.

« Les désordres et l'anarchie, voilà nos enne- « mis. »

Écoutez ce législateur : combien il reconnaît la nécessité de l'autorité, quand il s'exprime par cette phrase :

« Quelle magistrature que celle qui n'a pas « l'autorité d'empêcher le crime commis sous ses « yeux ! »

Avec quelle candeur ne convient-il pas des fautes et des vices qui avaient gouverné l'Assemblée dès son origine? C'est par la méditation de pareils ouvrages que l'homme public s'instruit et devient meilleur. Chacun de nous doit à soi, à ses enfants, un compte de ses actions. Quel bonheur, si, rentré chez lui, il peut, couvert d'estime et entouré de respect, parler de la Révolution, des dangers pour ceux qui la font et pour ceux qui la supportent; s'il peut convaincre que le sage est presque toujours le jouet de l'intrigue, et, sans s'en douter, l'instrument de la passion! il citera Bailly et sa fin, aggravée par les raffinements les plus atroces. Il parlera de ses propres sollicitudes, des braves qui n'ont jamais varié dans leur soumission aux lois; des dangers que la patrie courait lorsqu'on voulait la déclarer en danger. Nous n'oublierons pas que Paris devait sa tranquillité, la France son repos, des représentants leur vie, au dévouement d'un général qui, fidèle à son gouvernement, maintint le calme et dispersa les factieux qui entouraient notre palais.

Nous retracerons à nos neveux la situation de la France prête à être replongée dans le deuil par des mesures extravagantes, si le génie tutélaire de la France n'avait pas cherché en Egypte le fils de la victoire.

Nous leur dirons que nous l'avons vu arriver au milieu de nous, imposer aux passions un éternel silence et diriger pour la patrie les armes prêtes à l'égorger : nous leur dirons que nous avons été témoins des maux qui devaient rayer la France de la liste des empires; que nous avons été témoins des prodiges que son sauveur a ordonnés; que nous avons vu les ennemis battus, les troubles apaisés, l'ordre rétabli, les arts refleurir, les sciences recultivées et les derniers éléments de la révolution pour toujours anéantis par le serment que notre nouveau souverain a spontanément prêté; il a rempli les vœux que les sages ont pu former; il a fixé pour toujours le bonheur et la prospérité dans l'Empire français.

En déposant sur le bureau le manuscrit de M. Bailly, ainsi que l'Avant-Moniteur, j'en demande le dépôt dans notre bibliothèque et la mention au procès-verbal.

Ces propositions sont adoptées.

M. Rieussec. Messieurs, M. Mermet, professeur de belles-lettres latines et françaises au lycée de Moulins, membre de plusieurs académies, fait hommage au Corps législatif d'un ouvrage intitulé : L'Art du raisonnement présenté sous une nouvelle face, ouvrage analytique où, d'après des exemples particuliers, on s'élève à une théorie générale des opérations de l'esprit.

Déjà M. Mermet était connu par plusieurs ouvrages qui avaient eu du succès.

Déjà l'académie de Montauban lui avait décerné le prix de l'Eloge de La Valette, grand maître de l'ordre de Malte ; et l'humanité avait applaudi à son discours sur la manière de prévenir les délits dans la société.

Dans l'ouvrage que je vous présente, M. Mermet pose, avec clarté et précision, les principes de l'art de raisonner.

Il commence par les mettre en pratique dans deux dialogues où des points importants de morale publique sont discutés avec une méthode dont l'exactitude ajoute à la pureté et à la clarté du style un mérite de plus.

Il expose ensuite ses principes, et il finit par prouver le danger des mauvais raisonnements, et la nécessité d'appliquer la logique des vraisemblances au courant des choses humaines, dans lesquelles, ne pouvant pas toujours trouver la certitude, on est obligé de se régler sur des indices.

Dans cet ouvrage, M. Mermet se montre toujours plus digne des places qui lui ont été confiées par un gouvernement dont les choix sont la preuve et la récompense du mérite.

Je prie le Corps législatif d'agréer cet hommage, d'arrêter qu'il en sera fait mention dans le procès-verbal, et d'ordonner que l'ouvrage offert sera déposé dans sa bibliothèque.

Cette proposition est adoptée.

Des orateurs du Gouvernement et du Tribunat sont introduits.

M. le Président. La parole appartient aux orateurs du Tribunat.

M. Carrion-Nisas fait un rapport sur le projet de loi relatif à des acquisitions, aliénations et échanges, présenté le 9 ventôse.

Messieurs, le projet de loi relatif à des échanges, concessions, aliénations, etc., etc., dont je viens vous entretenir, présente un mouvement d'environ 2 millions de capitaux.

Par le premier titre de ce projet, 79 communes, hospices ou autres établissements publics, sollicitent l'autorisation d'aliéner des bâtiments, des usines, des terrains cultes ou incultes, tous objets qui leur sont à charge ou inutiles, et pour lesquels il y a demande et concours de la part des citoyens.

Ainsi, 79 communes attestent que, dans leur territoire, le moindre objet de produit, de spéculation, de commodité même, trouve un exploitant, trouve un acquéreur.

Entre ces opérations les plus considérables sont celles de l'hospice de Trèves, qui éteint, avec des valeurs peu avantageuses, les dettes dont il est grevé;

De l'hospice de Mons qui, avec le produit de petites maisons du nul service pour lui, répare un local commode que le Gouvernement lui a concédé ; le résidu est placé sur le Mont-de-Piété de cette ville ; les hospices de Metz et de Lille font de semblables placements qui réunissent tous les genres d'avantages pour les localités.

La commune d'Autun, avec des masses de bâtiments gothiques et sans usage, répare son ancien collége et y établit une école secondaire.

Celle de Saint-Quentin affecte à la construction d'un port de commerce le produit de l'aliénation de fossés et glacis, devenus heureusement superflus depuis que Saint-Quentin est au milieu de la France.

Strasbourg, au moyen d'aliénations à peu près du même genre, s'embellit d'une halle aux blés, d'une orangerie et d'une salle de spectacle.

Enfin l'hospice d'Honfleur tire parti, par l'aliénation de masures inhabitables, hypothèque des rentes à son profit sur la vente de ces ruines, se crée ainsi des ressources, et change ses pierres en pain.

Dans le second titre de la loi, 21 communes ou hospices demandent l'autorisation d'acquérir ; ainsi vingt et un établissements publics vont se réparer, s'agrandir ou s'embellir sans recourir au zèle des citoyens ni aux secours du Gouvernement.

Par ces moyens,

Valenciennes étend l'espace de ses marchés ;

Verceil, l'enceinte de ses hospices;

Joinville agrandit aussi le sien ; mais à ses ressources se joint le don d'un modeste et pieux citoyen qui se cache sous le voile de l'anonyme : Hommage et imitation au *bienfaiteur inconnu !*

Marseille achète un bel édifice pour servir d'hôtel à la préfecture, et le paie avec les revenus de la ville, améliorés par l'excellente administration de ses préfets.

Enfin Arras élève une salle de spectacle, Arras! quel souvenir, et à quelle distance! et selon la vive expression du prince de nos orateurs (1), quel état, et quel état!

Par le troisième titre, trente et une communes font des concessions à rente ; même indice que pour les aliénations de l'essor de l'industrie et du mouvement des capitaux.

Vingt-trois échanges sont consentis dans le quatrième titre ; c'est-à-dire que 46 propriétés publiques ou privées reçoivent une amélioration constatée et désirée.

Par le titre cinquième, sept communes ou arrondissements demandent à s'imposer extraordinairement, afin de pourvoir à des établissements utiles, nécessaires même : leur vœu est l'expression du désir ou de l'adhésion de la masse des citoyens, et aucun particulier ne réclame contre ce vœu public.

Dix-sept objets sont classés au sixième titre comme mixtes, et participent en effet, de l'aliénation, de l'acquisition, de l'échange, de l'imposition partielle, de l'emprunt volontaire, et enfin de toutes les voies dont usent les particuliers pour l'amélioration de leur fortune et de leurs propriétés. La loi est ici, pour les corps et les établissements publics, ce qu'est, dans les affaires domestiques, la volonté ferme et éclairée du père de famille.

Vous y remarquerez la commune d'Hazebrouck, et les conditions avantageuses au public, d'un emprunt que les particuliers offrent de remplir, que la ville remboursera sur ses revenus, et qui lui procurera un hôtel de ville, dont le plan, joint aux pièces, annonce un édifice, sinon magnifique, du moins commode et régulier.

Le projet actuel, comme tous les projets de cette nature qui vous ont été soumis, règle par des dispositions générales qui forment le septième et dernier titre de la loi, la destination du prix, ou reste de prix ou de soultes d'échanges, dont l'emploi spécial n'a pas été déterminé et fixé par les articles particuliers dans les titres précédents. Ces dispositions générales sont ici les mêmes qui ont toujours été consacrées par vos suffrages.

Législateurs, cette activité de l'industrie, ce mouvement des capitaux, n'a point lieu dans les sociétés vieillies ou tombées en langueur. — Il indique la jeunesse ou la régénération des corps politiques.

Il est surtout remarquable, au milieu de la guerre, de voir se manifester tant de signes de vie, et d'une heureuse fermentation qui semble n'appartenir qu'à l'état de paix.

Ces lois de ménage, ces règlements d'intérêts domestiques, font connaître la position intérieure de la famille.

L'observateur fait un cas particulier de ces éléments précieux de statistique générale.

Le vrai politique n'a garde de dédaigner ces considérations qui se rattachent aux plus grandes vues.

De telles lois ne sont pas seulement des symptômes de bien-être général, ce sont de véritables tarifs de l'aisance, de la prospérité publique, très-dignes de l'attention de législateurs éclairés, qui, témoins, juges et participes des besoins et des améliorations dans leurs départements, sont ici

(1) Bossuet.

les arbitres et les consécrateurs des mesures qui les allouent et qui les règlent.

Vous applaudirez donc, Messieurs, à la décision du Gouvernement, qui, incertain d'abord s'il fallait continuer de donner à ces sortes de transactions les formes et le caractère de loi, s'est prononcé pour l'affirmative.

Malheur au fonctionnaire public, quelque haut qu'il soit élevé par sa place ou par lui-même, qui n'éprouverait une jouissance véritable dans le travail, en apparence ingrat, de dépouiller, avec un soin scrupuleux et jaloux, la volumineuse collection des pièces qui viennent en grand nombre à l'appui de chacun des articles de ces lois : tant de biens peuvent résulter de cet examen et de cette sollicitude!

Jamais l'autorité suprême ne sera trompée ou surprise; jamais aucune injustice, aucune violence ne sera faite à un citoyen; jamais aucune réclamation n'échappera à tant de regards, et ne restera inconnue ou méprisée si elle est juste.

Ainsi, dans les précédentes années, au département de l'Allier, à celui d'Ille-et-Vilaine et sur beaucoup d'autres points, soit dans nos conférences secrètes, soit à cette tribune même, la propriété particulière a été préservée d'atteintes, de sacrifices qui n'ont point paru motivés par une nécessité publique assez impérieuse, assez constatée.

Nous nous apercevons aujourd'hui que les autorités locales, corrigées par ces exemples et ces redressements, mettent beaucoup plus de circonspection dans leurs projets et dans leurs propositions, et beaucoup plus d'exactitude dans les formalités à remplir.

Conservons donc avec un soin religieux ce principe sur lequel la réflexion a mis tout le monde d'accord, que les formes législatives sont nécessaires pour de semblables transactions, qui sont, à la vérité, quelquefois petites et minutieuses dans leur objet matériel, mais qui touchent toujours par tant de points, et des points si sensibles et si intimes, à des objets moraux si grands et si sacrés : la propriété, et en plus d'un sens la liberté même (1).

Toutes les transactions contenues dans ce projet qui vous est aujourd'hui présenté, attentivement

---

(1) On lit dans un recueil de prétendues pensées attribuées à feu M. Necker, le paragraphe suivant :

« Ils ne savent donc pas que les Gracches étaient des « tribuns, ces orateurs modernes qui, en parlant pour « l'établissement d'un bac ou d'un octroi municipal, « répètent sans cesse dans leurs discours, tribuns, tri- « buns mes collègues, nous collègues tribuns ; il est des « gens qui ne se sentent gênés par aucun nom, et qui « s'appelleraient volontiers César en fuyant à toute « bride. »

Il est à croire que si nous avions le journal du soir du *forum* de Rome, nous y verrions que les tribuns et les Gracches eux-mêmes entretenaient souvent le peuple d'objets d'un intérêt local et précieux comme un bac, d'objets d'un intérêt majeur et public comme un octroi, c'est-à-dire un impôt; et en parlant de ces choses, ils ne cessaient apparemment point de s'appeler par leur nom.

Quant à l'homme qui s'appellerait volontiers César en fuyant, cela ressemble beaucoup à un ministre qui ne cesse de se proclamer grand homme d'État dans la retraite et la nullité où l'ont réduit les premiers mouvements d'un orage politique qu'il a excité, et qu'il n'a su ni juger ni maîtriser, qu'il n'a pas même osé combattre de manière à se placer dans la glorieuse alternative de vaincre ou de périr.

Or cet homme, c'est M. Necker, et c'est lui-même qui a prononcé son jugement, en voulant juger les autres un peu légèrement.

estimées dans leurs dispositions, dans leurs motifs, dans leurs formalités, dans le caractère des
pièces produites à l'appui, nous ont paru, Messieurs, mériter la sanction de vos suffrages, et
nous vous proposons de convertir le projet en loi.

M. **Carrion-Nisas** fait un second rapport sur le
projet de loi relatif à un échange entre la liste ci-
vile et MM. Geoffroi et Letourneur.

Messieurs, de tous les actes d'amélioration et
de bonne administration auxquels les propriétaires
peuvent se livrer, il n'en est point de plus généralement favorable que les échanges.

De tous les contrats synallagmatiques, l'échange
est le plus constamment avantageux aux deux
parties contractantes; aussi est-il le type. l'origine,
l'essence de tous les contrats, il est le contrat
primitif.

Comme administrateur de sa liste civile, le chef
de l'État a les mêmes intérêts, les mêmes moyens.
et doit avoir les mêmes vues que les particuliers.

C'est un soin louable en lui, c'est même un
heureux présage pour l'administration de l'État
que de lui voir gérer ses propriétés rurales avec
sagesse, économie, et d'après les principes qui
guideraient un bon ménager et père de famille ;
de lui voir réunir, améliorer, acquérir, échanger,
suivant les convenances locales de ses corps de
domaines, et l'intérêt de leur surveillance ou de
leur exploitation.

Que si cette louange vous paraissait petite pour
un grand souverain, daignez entendre, Messieurs,
comment un écrivain politique du premier ordre,
et réputé classique par nos ennemis mêmes, s'est
exprimé sur un sujet semblable.

« Il mit, dit Montesquieu, en parlant de Charle-
« magne, il mit une règle admirable dans sa dé-
« pense, il fit valoir ses domaines avec sagesse,
« avec attention, avec économie ; un père de fa-
« mille pourrait apprendre dans ses lois à gou-
« verner sa maison. On voit dans ses capitulaires
« la source pure et sacrée d'où il tira ses richesses ;
« je ne dirai plus qu'un mot, il ordonnait qu'on
« vendît les œufs des basses-cours de ses domaines
« et les herbes inutiles de ses jardins; et il avait
« distribué à ses peuples toutes les richesses des
« Lombards et les immenses trésors de ces hommes
« qui avaient dépouillé l'univers . »

Ainsi s'exprime Montesquieu ; il semble que ces
dernières paroles soient une sorte de prophétie.
Oui, si Londres ne suit pas de meilleurs conseils,
le successeur de Charlemagne partagera à ses
braves les dépouilles des spoliateurs de l'Inde qui
voudraient dépouiller l'univers.

Cependant, noble imitateur de cet illustre modèle dans les petites choses comme dans les
grandes, il nous propose aujourd'hui de sanctionner une amélioration notable dans les domaines impériaux.

Cet échange, avantageux aux particuliers qui
traitent avec la liste civile autant qu'à elle-même,
est non-seulement volontaire, mais vivement désiré de leur part.

Toutes les moralités, toutes les égalités ont été
également appelées, suivies et respectées.

La section de l'intérieur du Tribunat vous propose de sanctionner ce projet de loi par votre approbation.

Les deux projets sont mis aux voix et adoptés
à la majorité de 224 boules blanches contre six
noires.

La séance est levée.

CORPS LÉGISLATIF.

PRÉSIDENCE DE M. FONTANES.

Séance du 15 ventôse an X (mercredi 6 mars
1805). *III*

Le procès-verbal de la séance d'hier est adopté.

M. **Rieussec**. J'ai l'honneur de faire hommage
au Corps législatif, au nom de M. Chabot (*de l'Al-*
lier), ancien jurisconsulte et membre du Tribunat,
des deux premières parties d'un grand ouvrage
dont il s'occupe sur les dispositions du Code civil,
relatives aux successions.

La première partie est intitulée : *Tableau de la*
législation ancienne sur les successions, et de la lé-
gislation civile établie par le Code civil.

La seconde partie a pour titre : *Commentaire sur*
la loi du 29 germinal an XI, relative aux succes-
sions, formant le titre Ier du IIIe livre du Code civil.
Je demande que le Corps législatif agrée cet
hommage et qu'il en soit fait mention au procès-
verbal.

Ces propositions sont adoptées.

Un secrétaire fait lecture de la lettre suivante,
de M. Brémontier, inspecteur général des ponts et
chaussées :

Messieurs, la commission des travaux des dunes, créée par l'arrêté du 13 messidor an IX, m'a
chargé par sa délibération ci-jointe, du 2 pluviôse
an XII, d'avoir l'honneur de vous présenter quelques pains de résine ; ce sont les premiers produits des plantations que j'avais fait faire dans
ces sables en 1788 et 1789.

Cette commission s'est flattée, Messieurs, que
vous recevriez ce faible hommage avec bonté ;
il vous donne la certitude du succès, j'ose dire,
d'une très-grande entreprise, dont l'exécution
avait jusqu'à nos jours et à plusieurs égards été
regardée comme impossible.

La possibilité de la fixation et de la fertilisa-
tion des dunes n'est plus un problème, et les résultats avantageux qui doivent en être la suite
sont inappréciables et ne doivent pas être contestés.

Signé : BRÉMONTIER.

Le Corps législatif arrête qu'il sera fait mention
honorable de cette lettre au procès-verbal.

L'ordre du jour appelle la discussion de trois
projets de loi.

Les orateurs du Gouvernement et du Tribunat
sont introduits.

M. le **Président**. La parole appartient à Messieurs les orateurs du Tribunat.

M. **Daru** fait un rapport *sur le projet de loi rela-*
tif à l'acquisition du château de Treffaven.

Messieurs, les armements que la compagnie des
Indes faisait autrefois dans le port de Lorient,
firent éprouver la nécessité d'un local où fussent
enmagasinées les poudres destinées à ces caser-
nements, et déposer celles que les vaisseaux sont
obligés de décharger avant d'entrer dans le port.

On loua, pour cette destination, le château de
Treffaven, situé hors la ville et sur la rivière de
Scorff, qui, après avoir traversé le port, va se
jeter dans la rade de Lorient.

Le changement que ce port éprouva lorsqu'il fut
affecté à la marine militaire n'en entraîna aucun
dans la destination de ce magasin. Son isolement
était compté pour un avantage, sa position permettait d'y faire tous les transports par eau ; et
une expérience qui datait de 1730 prouvait que
le choix de ce local avait été judicieux, puisque
les poudres s'y conservaient parfaitement. Ainsi,
depuis soixante ans, on se félicitait de cet établissement, lorsque la Révolution vint en donner

la propriété au Gouvernement, qui n'avait pas
cessé d'en payer la jouissance. On devait s'attendre que ce château, devenu domaine national,
allait être définitivement affecté à sa destination
habituelle. Cependant ce domaine national fut
aliéné ; il le fut du consentement du ministre qui
devait tenir le plus à sa conservation, mais à qui
d'autres projets sur un établissement nouveau
firent oublier les représentations que les administrateurs du port de Lorient lui avaient adressées.

Depuis ce moment, l'intérêt public fut en opposition avec l'intérêt privé. Le propriétaire voulut
évincer le locataire ; l'administration qui louait,
ne pouvant entreposer ailleurs un approvisionnement si dangereux, désira conserver le seul local
où les poudres pussent être en sûreté. On eut
d'abord des discussions sur le prix de location :
ce prix fut augmenté ; ensuite il fallut faire des
réparations ; et comme elles n'étaient pas dans le
sens de l'utilité du propriétaire, il entreprit de
s'y opposer.

Cependant elles étaient commencées, parce que
la sûreté du dépôt les exigeait.

Il serait à désirer, sans doute, qu'on n'eût pas
à mettre sous les yeux des dépositaires de la loi
cette lutte de deux intérêts, dans laquelle il faut
que l'intérêt public soit compromis, si l'intérêt
privé ne fait quelques sacrifices ; mais c'est précisément un acte de respect pour la volonté privée, que d'invoquer l'intervention de la loi même,
afin de vaincre sa résistance. Quel arbitre plus
auguste pourrait désirer ce citoyen qui se voit
pressé de céder sa propriété pour le service public ? Cette autorité collective, qui se compose du
prince et des mandataires des administrés, cette
autorité, destinée à prononcer sur les plus grands
intérêts du peuple, consacre elle-même l'inviolabilité des principes et le droit de la propriété, lorsqu'elle délibère sur la nécessité de convertir une
propriété privée en propriété nationale.

Le droit de propriété est sacré aux yeux du Gouvernement comme aux vôtres, Messieurs, puisqu'il
provoque une loi sur une affaire qui, dans cette
circonstance, n'appartiendrait qu'aux détails de
l'administration. Mais il est un autre principe,
également reconnu dans toute société, c'est que
le sacrifice de l'intérêt privé est dû à l'intérêt de
tous. Il ne s'agit donc que d'examiner si l'utilité
publique exige la cession du château de Treffaven.

Il n'y a pas, dans ce moment, d'autre local
pour emmagasiner les poudres du port de Lorient ;
par conséquent, pour que ce local cessât d'être
indispensable, il faudrait construire un autre magasin. Pour construire un autre magasin, il faudrait que celui-ci eût de graves inconvénients,
ou qu'on pût disposer d'un autre emplacement
aussi avantageux, et y faire des constructions
sans des frais trop considérables.

Les avantages du magasin de Treffaven sont
constatés par quatre-vingts ans d'expérience. Il
est assez spacieux pour contenir les approvisionnements jugés nécessaires ; les poudres s'y conservent parfaitement ; les arrivages sont faciles,
puisqu'il communique par eau avec le port et
avec la rade ; enfin il est isolé de la ville.

On a craint que cet isolement ne fût un inconvénient dans des circonstances de guerre civile ;
mais l'expérience elle-même a prouvé que cette
crainte était peu fondée, puisque ce château n'a
jamais été menacé ; et en effet, quoique isolé de
la place de Lorient, il en est assez voisin pour en
recevoir des secours dans un quart-d'heure ; d'ail-

leurs la pensée doit écarter le souvenir de nos
dissentions politiques, et le bon esprit des habitants du Morbihan est la plus forte garantie de la
paix intérieure de ce département. Quant aux
tentatives de la part d'un ennemi extérieur, elles
ne peuvent être présumées, puisque ce château
est situé en arrière de la rade du port et de la
place de Lorient.

Après avoir insisté sur l'inconvénient résultant
de la distance où ce magasin est de la ville, on
en a trouvé un autre dans sa proximité. Le conseil d'arrondissement a paru craindre que l'explosion de ce magasin, si elle avait lieu, ne fût
très-fatale à la ville. La distance qui sépare l'une
de l'autre est d'environ un tiers de lieue : et qui
ne sait que toutes les places de guerre, et celle de
Lorient elle-même, ont des magasins à poudre
dans l'enceinte même de leurs murs ? Ainsi, puisque cette ville a déjà de semblables dépôts dans
son intérieur, les craintes de ses habitants ne
doivent pas avoir pour objet un magasin éloigné
d'environ mille toises.

On a représenté (car je ne veux omettre aucune
des objections) que le transport des poudres ne
pourrait avoir lieu du magasin dans la rade qu'à
travers le port. C'est un inconvénient, sans doute,
mais il est commun à presque tous les arsenaux
de la marine, et l'expérience prouve que les précautions habituelles suffisent pour éviter les accidents.

Je viens d'examiner les convenances locales du
château de Treffaven, et il en résulte, ce me semble, que l'intérêt public n'exige pas que le dépôt
qu'il renferme soit transféré ailleurs.

Mais si, par déférence pour le refus du propriétaire, on voulait former un autre établissement,
il faudrait trouver un local également convenable. On en avait désigné un : l'île de Saint-Michel,
située au milieu de la rade de Lorient. Trois considérations se sont opposées à l'adoption de ce
projet. D'abord le mouillage des vaisseaux est auprès de cette île, et il est évident qu'un magasin à
poudre n'est pas bien placé au milieu d'un es-
cadre, puisqu'on oblige les bâtiments qui entrent en rade à déposer leurs munitions. En second lieu, rien ne garantit que l'humidité du sol
de cette île, la mer qui l'environne, les vents auxquels elle est exposée, ne fussent pas nuisibles à
la conservation de l'approvisionnement qu'on voudrait y placer. Enfin on vous a dit que les frais
de construction de ce nouveau magasin s'élèveraient à 400,000 francs, tandis que les réparations
du magasin actuel sont évaluées qu'à 100,000
francs ; et comme on les a déjà effectuées en partie, ce serait une perte de plus, si on abandon-
nait cet établissement.

Les conséquences de cet exposé sont que, puisque la dépense d'un nouvel établissement excéderait de près de 4 cent mille francs les frais de
réparation de celui-ci existe, la conservation de
celui-ci est une économie importante, et par conséquent il y a utilité publique à le conserver. Que
si on considère les inconvénients du local désigné
pour ce nouvel établissement, et l'incertitude du
résultat après une construction fort dispendieuse,
on ne peut s'empêcher de reconnaître que cette
entreprise serait imprudente, et dès lors la conservation de l'établissement actuel devient une
indispensable nécessité.

D'ailleurs, il faut considérer dans quelles incertitudes on se jetterait volontairement, si, chaque
fois que l'exécution d'un plan adopté par l'autorité publique exige l'abandon d'une propriété particulière, on entrait dans la discussion de tous les

plans que les intéressés pourraient proposer pour éviter cette cession.

Sans doute, dans la circonstance actuelle, on pourrait construire ailleurs ; mais cette possibilité n'entraîne point l'obligation de construire. Il est au contraire du devoir de l'administration d'examiner auparavant s'il y aurait convenance et économie. Ainsi, par exemple, lorsqu'on ouvre un chemin, on pourrait, en prenant une autre direction ou en faisant quelques détours, éviter de passer sur une propriété particulière ; cependant on ne considère point cet acte comme une injustice, et la cession des terrains nécessaires est une conséquence immédiate de la loi, qui, en affectant des fonds pour les routes à ouvrir, en a implicitement déclaré l'utilité.

Le propriétaire du château de Treffaven ne peut, ce semble, proposer aucun motif d'exception à un principe si universellement reconnu. Il a fait cette acquisition de l'aveu du ministre de la marine ; le ministre pouvait compter sur la continuation de la jouissance de ce magasin par location ; il pouvait avoir des vues sur un nouvel établissement, mais rien n'oblige l'administration actuelle à réaliser un projet dans l'exécution duquel elle croit entrevoir des inconvénients très-graves. Le consentement donné par un ancien ministre à l'aliénation d'un local, n'empêche pas que, dans des circonstances ultérieures, ce local ne puisse devenir nécessaire.

Quel a pu être l'effet de ce consentement ? De légaliser l'acquisition. Aussi cette légalité n'est-elle point contestée. La solennité de cette discussion qui vous occupe en est elle-même une preuve. On a lieu de regretter que cet établissement ait été aliéné, mais il l'a été, et dès lors l'acquéreur rentre dans la classe de tous les propriétaires, parmi lesquels vous ne distinguez que pour les protéger, ceux qui, par des acquisitions de domaines nationaux, ont lié leur fortune à la fortune publique. Aussi ne demandez-vous ici au propriétaire du château de Treffeven que ce que vous prescririez à tout autre, dans une circonstance semblable : de céder sa propriété, parce que l'intérêt public le réclame ; mais cette cession sera précédée d'une juste indemnité. La loi qui vous est proposée en contient spécialement la garantie.

D'après ces considérations, nous sommes chargés par le Tribunat de vous proposer de revêtir ce projet de votre sanction.

M. Ferville fait un rapport sur le projet de loi relatif *aux postes et messageries*.

Messieurs, l'orateur du Gouvernement vous a indiqué toutes les circonstances, et vous a fait apprécier toutes les raisons qui se réunissent pour vous convaincre que l'état actuel des postes de l'Empire exige des mesures promptes et d'un effet certain. Cet exposé vous a paru d'autant plus intéressant, qu'il vous associait aux observations d'un administrateur éclairé, en même temps qu'il reproduisait l'esprit de la discussion qui a précédé la détermination du Gouvernement. Certes, il n'aurait eu un seul instant d'embarras ou de doute, s'il s'était borné à chercher des moyens capables de faire cesser le mal auquel il faut porter remède, sans examiner l'influence que chacun de ces moyens pouvait avoir sur les diverses parties du système général de l'administration. Il ne se présente jamais une question semblable sans qu'on propose une multitude d'expédients dont la plupart doivent avoir été cité ; mais c'est alors surtout que l'administration a besoin de tout son discernement

pas remplacer l'inconvénient dont on se plaint par des inconvénients plus graves encore.

Avant de mettre en parallèle les différents partis que l'on aurait pu prendre et la mesure qui vous est proposée, il importe de bien fixer le point de vue sous lequel les postes doivent être considérées. Si elles servent à l'usage particulier, cette destination n'est véritablement qu'accessoire à leur emploi le plus essentiel ; c'est une facilité que le Gouvernement accorde, parce qu'il en résulte, sans aucun préjudice pour son service, une diminution des sacrifices qu'il est obligé de faire pour l'entretien des relais. Le premier rapport sous lequel les postes doivent être examinées, c'est donc le besoin de l'État. Elles sont indispensables pour le Gouvernement, qui doit être en communication rapide et continuelle avec des points très-éloignés, et qui d'ailleurs joint le transport des lettres particulières à celui des dépêches publiques. Les maîtres de poste ne sauraient être rangés dans la classe des citoyens qui exploitent à leurs risques et périls une branche quelconque d'industrie ; ce sont les agents d'un service dans lequel il importe à l'État de prévenir toute interruption.

Vous ne sauriez être surpris, Messieurs, que, dans un moment où la nécessité d'améliorer la position des maîtres de poste devenait évidente, on ait commencé par examiner s'il était possible de leur rendre des exemptions semblables à celles dont ils jouissaient avant la Révolution. Mais plus on a mis de soin à traiter cette question, mieux on s'est convaincu qu'il fallait renoncer à toute idée de ce genre. Qu'à l'époque où existait cette prodigieuse variété de privilèges pour les localités et pour les personnes, on imaginât d'en créer quelques-uns de plus pour compléter le paiement des entrepreneurs d'un service public, c'était un effet naturel de l'analogie. Peut-être y aurait-il eu moyen, même alors, de prendre un meilleur parti ; mais au moins celui qu'on adoptait n'avait pas le tort de déranger la régularité d'un système uniforme. Aujourd'hui qu'il existe pour la gloire de l'administration et pour le bonheur de la France, il ne peut être maintenu avec trop de soin. L'entamer par des exceptions telles que celles qu'on a dû discuter, ce serait entrer dans un dédale dont il n'appartiendrait plus à la prévoyance humaine, à quelque hauteur qu'elle pût s'élever, de découvrir toutes les sinuosités. Dès qu'une exception de ce genre est prononcée, il se forme une multitude de demandes que l'on n'avait pu pressentir ; on est sollicité par des considérations non moins intéressantes que celles auxquelles on a cédé d'abord, et le législateur se voit réduit à la nécessité d'être inconséquent dans ses refus, ou imprudent dans sa condescendance. Vos propres méditations, Messieurs, vous auront démontré cette vérité mieux que je ne pourrais faire.

Il aurait été bien difficile qu'une occasion, telle que celle qui a motivé le projet sur lequel vous allez prononcer, se présentât sans donner lieu à quelque proposition de ⸻ lège exclusif. Cette tendance n'appartient ⸻ ⸻ ⸻ à la cupidité ⸻ ⸻ attentive à s⸻ des profits du ⸻ doute propor⸻ avances et son ⸻ ve sou⸻ ⸻ très ⸻ rfait ⸻ voient ⸻ re ⸻ parti ⸻ ⸻

l'attention du législateur et du magistrat suprême; quand, dis-je, ce grand et puissant motif, affaibli par l'action du temps et des événements, s'évanouit et se range au nombre des choses passées, alors on voit, on distingue une foule d'embarras partiels qu'on n'avait pas aperçus, on est frappé, on se sent gêné d'un grand nombre d'incommodités qui avaient paru de peu de poids et de considération; et comme il n'y a plus que des abus de détails à corriger, on y avise et on découvre qu'on peut y pourvoir d'une manière prompte et certaine en détruisant l'institution qui protégeait ces abus, laquelle, ne faisant plus un grand bien sous un certain rapport, ne peut plus être soufferte, à cause du grand mal qu'elle fait sous un autre rapport, en autorisant mille petits maux.

Heureuses circonstances pour les gouvernements, où la solidité de l'édifice n'étant plus douteuse, on peut en soigner plus attentivement l'intérieur, et penser à ce qui décore, parce qu'on est bien sûr de ce qui soutient.

C'est l'époque où nous nous trouvons; et c'est ce qui amène l'opération politique dont le projet vous est soumis.

Elle ne regarde point Paris; Paris, exception éternelle; Paris, ville commune de tous les Français, où tous ont en quelque sorte droit de cité; Paris, qui recrute sans cesse les départements, et qui en est recruté par une circulation régulière et continuelle; dont les prérogatives morales ou matérielles, fictives ou réelles, sont également utiles à ses propres citoyens et à tous les nationaux; Paris, qui possède enfin la plus grande part des conditions qui firent appeler Rome à une époque glorieuse de l'Empire (1), *aussi bien la mère et la nourrice, que la dominatrice des nations.*

D'ailleurs, sur ce point central de l'Empire français, la presqu'identité de l'arrondissement municipal et de l'arrondissement départemental donne à Paris, dans la personne du préfet de la Seine, tous les avantages d'un magistrat unique; c'est pour la cité, comme un maire prééminent, assisté de douze pairs, image dans de moindres proportions, mais assez remarquable dans l'état moderne, d'une époque de l'état ancien, qui est restée dans la mémoire des hommes.

Il s'agit donc seulement, dans le projet, des villes de Lyon, Marseille et Bordeaux, les seules, après Paris, qui soient dans un état d'exception à la loi commune.

Ces villes, toutes trois douloureusement agitées pendant nos longues discordes, ne présentent plus aujourd'hui que calme, tranquillité, bon esprit, amour du Gouvernement, unité de vouloir, et tendance à la prospérité par la sagesse.

Donc, sous les grands points de vue politiques, point d'inconvénient à ce que l'administration municipale de ces importantes cités soit rattachée à un seul centre.

Cette opération aura beaucoup d'avantages administratifs, dont il ne faut point se priver, puisque cette privation n'est plus compensée.

Ces villes, par le projet, n'auront plus qu'un maire; ce maire aura six adjoints, nombre jugé nécessaire et suffisant à l'exactitude du service; aucune ville n'en a actuellement plus de cinq.

Voici les biens incontestables qui résulteront de cette organisation nouvelle, ou plutôt de ce retour à l'organisation primitive et naturelle.

Les moyens d'administration qui peuvent être aujourd'hui discordants, ou du moins dissem-

blables, inconvénient réel et sensible, surtout dans un si proche voisinage, vont devenir communs dans leurs sources, nécessairement conformes dans leur action, et par conséquent concordants dans leurs effets.

Les prétentions rivales qui (depuis longtemps sans scandale, mais toujours avec détriment pour la chose publique) se renouvellent à chaque instant entre les pouvoirs égaux, qui s'exercent en même lieu et sur des objets semblables, vont être entièrement éteintes.

Un grand texte de plaintes, de contestations, de comparaisons, va être ôté aux contribuables, dans la répartition des impôts et prestations de tout genre, et entre les arrondissements, et entre les citoyens eux-mêmes.

La responsabilité qui s'évanouit quand elle se partage, va reprendre toute sa consistance et toute sa réalité.

Tels et plus nombreux encore seront les avantages administratifs que va procurer à ces trois grandes cités le premier article du projet de loi; vous avez vu que ces avantages ne sont balancés aujourd'hui par aucun inconvénient, par aucun danger.

Des hommes vertueux, il est vrai, vont quitter des magistratures honorables, mais pénibles, mais gratuites, mais dans lesquelles ils n'avaient à espérer que ce qui leur est acquis, que ce qui ne leur sera point ôté, l'amour et la reconnaissance de la cité, de la patrie; de tels hommes sont faits pour trouver un dédommagement complet et bien doux dans l'amélioration de l'état de ces mêmes cités, pour lesquelles ils ont fait tant de nobles sacrifices.

Le second article du projet contient une disposition sage et nécessaire.

Les rapports qui existent entre les maires et les commissaires de police cessent d'être les mêmes dans le fait, doivent être modifiés aussi dans le droit.

Il est aisé de juger que les attributions de la police devaient se ressentir de cette circonstance, qu'elle seule avait un centre unique, et agissait sur tout le ressort de plusieurs centres municipaux.

Le pouvoir municipal, jouissant du même avantage aujourd'hui, peut et doit retrouver et reprendre des attributions que, pour le bien du service et de l'administration, il avait été obligé de céder à un pouvoir mieux constitué, et plus analogue aux grands pouvoirs publics.

Enfin, Messieurs, cette loi qui sort pour ainsi dire toute faite de la contemplation de l'ordre actuel, qui est provoquée par tout ce qu'elle touche incessamment, n'a paru à la section de l'intérieur du Tribunat susceptible d'aucune objection dans son principe, d'aucun amendement dans sa rédaction, d'aucune difficulté dans l'époque de son exécution; et telle qu'elle a été présentée à notre examen, telle nous la soumettons à vos lumières, et la proposons avec confiance à votre approbation.

On procède par un seul appel nominal à la délibération sur les trois projets de loi qui viennent d'être discutés.

Le Corps législatif vote l'adoption : 1° du projet relatif à *l'acquisition du château Treffaven* par 167 voix contre 82; 2° de celui relatif aux *postes et messageries* par 217 voix contre 34; 3° de celui relatif à *l'organisation municipale de Lyon, Marseille et Bordeaux*, par 212 voix contre 7.

Des orateurs du Gouvernement sont annoncés et introduits.

M. **Ségur** monte à la tribune et prononce le discours suivant.

(1) Sous Théodose, expression de Saint-Augustin.

Messieurs, en nous chargeant de vous apporter le décret qui termine cette mémorable session, Sa Majesté l'Empereur nous a donné l'ordre de vous exprimer la satisfaction que lui fait éprouver votre utile concours à tout le bien qu'il a voulu faire.

Avec cette harmonie de volontés, cette unité d'intentions, cet ensemble dans les efforts, aucun obstacle n'est insurmontable, aucune amélioration n'est impossible, les malheurs passés s'oublient, les opinions se confondent, les espérances renaissent, les ressources s'augmentent, les forces se multiplient; et la confiance publique, accélérant la marche du temps, exécute tout ce que le génie a projeté, réalise tout ce qu'il a conçu, consolide tout ce qu'il a créé.

Ce que vous avez vu, ce que vous avez entendu, ce que vous avez fait pendant le cours de quelques mois, suffirait pour occuper de longs souvenirs.

En vous rassemblant ici de toutes les parties de l'Empire, dont vous êtes les dignes soutiens, vous êtes venus compléter, décorer et admirer ce noble et touchant spectacle, cette grande cérémonie, cette consécration religieuse et civique qui semblait réunir dans une même enceinte tout ce qui doit imprimer le respect, frapper les esprits, élever les âmes, enfin tout ce que l'union de la gloire et de la religion peut offrir d'auguste et de sacré.

Vous avez vu un pontife vénérable, digne par ses vertus des premiers âges du christianisme, appeler les bénédictions célestes sur Napoléon, sur ses armées victorieuses, et sur son auguste épouse que depuis longtemps la reconnaissance avait bénie et couronnée.

En présence de toutes les autorités, de toutes les classes des citoyens, de toutes les députations de nos invincibles armées, vous avez reçu le serment d'un Empereur qui n'avait à promettre que la durée de la gloire qu'il nous avait acquise, des lois qu'il avait fait renaître, de la liberté de conscience qu'il avait établie, des institutions qu'il avait créées, de l'Empire qu'il venait de fonder.

Et tandis que les voûtes du temple retentissaient des acclamations d'un peuple qui jurait unanimement une fidélité éternelle, ce peuple lui-même, tout entier répandu sur la surface de l'Empire, et qui se trouvait à la fois privé de chefs, d'administrateurs, de magistrats, de généraux, attestait, par sa tranquillité profonde et par son respect pour l'ordre public, son adhésion à ce serment d'obéissance, son attachement au noble faisceau qui se formait pour sa gloire et sa juste confiance dans le chef qui préside à ses destinées.

Voilà, Messieurs, la faible esquisse du premier tableau qui s'est offert à vos regards avant de reprendre le cours de vos utiles travaux.

Bientôt votre session s'est ouverte, et Napoléon, par sa présence, est venu imprimer un caractère plus imposant, plus majestueux à vos séances. Le respect qu'inspirait cette cérémonie vit dans tous les souvenirs, et le discours qu'a prononcé Sa Majesté est gravé dans tous les esprits.

Vos acclamations vives, unanimes, prolongées, qu'il me semble encore entendre, m'avertissent qu'il est superflu de rappeler ici une solennité dont nous croyons encore être témoins, et un discours dont aucune parole ne sera perdue.

Peu de jours après, le ministre de l'intérieur est venu vous présenter le tableau de la situation de l'Empire. Cet exposé fidèle, satisfaisant pour nous, rassurant pour nos alliés, redoutable pour nos ennemis, vous répondait de la sécurité pro-

fonde avec laquelle vous pouviez vous livrer à l'examen impartial et tranquille des projets qui devaient vous être successivement soumis.

Vous me permettrez sans doute ici, Messieurs, de vous présenter, avec satisfaction, l'énumération rapide des différentes lois que vous avez rendues. Heureux le temps et le pays où le récit tient lieu d'éloges, et l'histoire de panégyrique!

Vous attendiez avec impatience la discussion du Code criminel, du Code de procédure et du Code de commerce, qui vous étaient annoncés; mais l'Empereur a pensé qu'ils devaient encore être mûris avant de vous être présentés, et vous avez approuvé la sagesse de celui qui sait apprécier la puissance du temps, quoiqu'il en ait si souvent devancé la marche.

Vos premières lois ont eu pour objet les vœux de quelques localités; vous avez encouragé leur activité, en réalisant leurs espérances.

La ville d'Anvers a obtenu un tribunal de commerce; le temps approche où l'on verra renaître partout ce commerce qu'avait détruit la violence, et sur les débris duquel s'était élevé le colosse britannique.

D'autres villes ont obtenu la translation de quelques tribunaux, et leur établissement dans des lieux où la justice sera plus à portée des justiciables et plus convenablement placée.

En élevant un pont sur le Rhône, vous avez rétabli une utile communication entre les deux rives d'un fleuve rapide et dangereux.

Vous avez débarrassé la Saône des entraves qui arrêtaient les navigateurs, et vous payez l'art industrieux qui rend dans cette partie la vie au commerce, en lui donnant pour récompense les terrains qu'il doit conquérir sur les eaux.

Après avoir, par une loi, délivré la ville de Lyon de la contribution mobilière, de l'arbitraire qui l'accompagne, des vexations qu'elle entraîne; après avoir remplacé cette contribution par une taxe légère sur les consommations, impôt volontaire qui n'offre point de non-valeur et qui se perçoit sans gêne et sans injustice, vous avez pris des mesures qui feront disparaître les ruines de cette cité célèbre, et rendront la place Bonaparte digne du nom que lui donne la reconnaissance.

D'autres lois autorisent des échanges, des aliénations, des impositions avantageuses pour une grande quantité de communes, et vous facilitez par ce moyen la construction des ponts, le rétablissement des bacs, l'édification des monuments utiles, l'amélioration du sort des hospices, le service des cultes, et tout ce que l'intérêt, guidé par la sagesse, devait attendre des législateurs.

Tandis que chez nos ennemis tout fermente, tout s'agite, tout s'arme, vous prouvez, par une loi sur la conscription, que nous n'avons pas besoin de nouveaux efforts, et cette loi nouvelle ne diffère de celle de l'année dernière que par une répartition plus juste et plus modérée, relativement à nos côtes et à nos départements maritimes.

Vous avez régularisé la législation sur les consignations.

Cette partie de la propriété, dont les tribunaux suspendent la jouissance, ne sera plus si longtemps perdue sans intérêt pour les propriétaires, et leur remboursement sera plus prompt et plus assuré.

En portant vos regards sur les cautionnements, vous avez aussi donné une plus forte garantie aux intérêts publics et privés, aux particuliers, aux prêteurs et à l'État.

La loi sur les douanes contient de nouvelles

dispositions favorables à notre commerce, à notre industrie ; elle diminue les droits d'entrée sur les matières premières nécessaires à nos fabriques, et les droits de sortie sur nos objets manufacturés ; elle accorde à de grandes villes des entrepôts que leur faisait souhaiter leur position, et prouve cette sollicitude éclairée d'un gouvernement paternel qui s'occupe autant des ateliers et des détails de l'administration que des grands objets qui décident de la destinée des Empires.

Vous avez accordé, pour la révision des jugements obtenus par les communes dans les départements de la rive gauche du Rhin, un délai qu'exigeaient la justice, l'intérêt national et la dispersion des titres dans des régions que le sort a si longtemps condamnés à être le théâtre de la guerre.

D'autres lois, venant au secours des administrations, des prytanées et de celles de la Légion d'honneur, autorisent des aliénations, des échanges et des remplacements qui rendront leur dotation plus convenable, leurs revenus plus sûrs, leur gestion plus simple et plus facile.

Frappés d'un désordre trop longtemps toléré, vous avez ordonné qu'on désobstruât les voies publiques ; votre loi fera disparaître ces démolitions interrompues, ces tristes ruines, cette image de la destruction qui contrastait si honteusement avec tant de créations et avec le rétablissement de l'ordre public.

Par l'effet de vos sages décrets, toutes les routes de l'Empire vont offrir aux voyageurs du repos et de l'ombrage, et par cette mesure salutaire, vous multipliez la reproduction des bois que réclament les arts.

Il existait entre Paris et les autres cités de l'Empire une différence sans motif sur les droits des actes civils ; votre loi parle, et cette différence va cesser.

Le sceau de l'État, adopté par vous, prend le caractère le plus propre à commander la confiance, à prescrire l'obéissance aux lois dont il présage la durée.

La cupidité s'était ouverte une voie honteuse que vous venez de fermer ; vous avez diminué les frais de procédure de la justice criminelle ; retrancher des dépenses abusives, c'est prendre le moyen le plus noble pour augmenter les revenus de l'État.

Pour encourager les bonnes mœurs, l'union des époux, la fécondité des mariages, vous avez approuvé la disposition bienfaisante qui, sur chaque famille où sept enfants se trouvent vivants, on en choisit un pour l'élever aux frais de l'État : par là vous faites plus et mieux que les autres législateurs qui accordaient des exemptions injustes, ou des récompenses pécuniaires plus dangereuses qu'utiles aux mœurs.

Grâce à vos lois, les pupilles, les tuteurs, les prêteurs, trouveront dans le Piémont un emploi et une garantie pour leurs créances.

Les orphelins, les enfants abandonnés avaient déjà obtenu des asiles ; aujourd'hui, vous leur faites trouver, dans de sages administrations, des parents et des tuteurs. Celui qui protège les États n'a pas cru devoir laisser sans appui l'innocence abandonnée, et vous avez fait, par une loi pieuse, un devoir général et sacré de ce qui n'était jusqu'à présent qu'une obligation volontaire, incertaine et individuelle.

La gendarmerie, ce corps respectable à qui nous devons en grande partie le retour de la tranquillité publique, trouve dans vos décrets une juste protection contre les brigands qu'elle poursuit ; vous avez attribué aux tribunaux spéciaux le jugement des crimes de rébellion contre elle ; une triste expérience et trop de sang versé prouvaient la nécessité de cette loi juste et sévère.

L'Empereur avait ramené la paix dans cette Vendée qu'on vit si longtemps en proie à la fureur des discordes civiles ; les champs ravagés tant de fois y redeviennent fertiles, les passions y sont éteintes, le commerce y reprend la vie ; enfin, une capitale s'y élève sous le nom et l'augure de Napoléon ; vous sanctionnez le vœu de la reconnaissance, et, par une exemption d'impôt juste et sage, vous encouragez l'activité d'une création destinée à faire oublier de si longs malheurs.

Un intérêt plus général, plus pressant, a fixé votre attention ; l'Empereur vous a fait présenter la loi sur les finances et les comptes du ministre. Conformément à l'usage salutaire établi par Sa Majesté, ces tableaux contiennent l'exposition détaillée de notre situation passée et présente ; on y suit, par degrés, la marche du talent qui, dans ses pas semés d'obstacles, a tout régularisé, tout aplani, tout fécondé.

Les comptes de l'an XII surtout prouvent l'inutilité des efforts qu'ont employés nos ennemis pour nous empêcher d'atteindre l'heureux but dont ils nous voyaient approcher, et que nous touchons.

Pour s'opposer à notre restauration, ils ont risqué leur existence, ils ont tenté la guerre, et la guerre a trompé leur espoir. Dans le cours de cette année mémorable, ils nous ont forcés de sortir tout armés du sein de la paix ; leur agression impolitique autant qu'injuste nous a obligés de creuser des ports, d'équiper des flottes, de créer des flottilles, de lever des matelots, d'armer nos troupes, de construire des forts, de garnir nos côtes, de fondre de l'artillerie ; tout a été presque aussitôt exécuté que conçu, et les revenus de cette même année, qui s'est trouvée chargée de tant de dépenses imprévues, ont suffi pour les acquitter.

Cependant les encouragements promis aux arts, l'entretien des routes, le soulagement des hospices, le creusement des canaux, les projets d'embellissement des villes, rien n'a été suspendu ; les frais du culte ont même été augmentés ; nos rivages seuls ont entendu de loin le bruit de la guerre, et l'Europe attentive a dû voir avec un juste étonnement que vous n'imposiez au peuple français pour l'an XIII aucun nouveau sacrifice.

La loi que vous avez sanctionnée, Messieurs, améliore la répartition de quelques impôts, assure, par de meilleures dispositions, l'accroissement naturel de quelques branches de revenus, et n'offre de ressources extraordinaires que l'augmentation des cautionnements, augmentation qui, dans toute autre circonstance, eût été jugée également nécessaire pour offrir plus de garantie au trésor public.

Et quelle confiance ne doit pas inspirer l'emploi de ces revenus, puisqu'ils ont suffi l'année dernière à tant de préparatifs achevés aujourd'hui ! Nos ports garnis, nos troupes armées, nos arsenaux remplis, nos magasins renouvelés, notre artillerie augmentée, nos équipages complets, nos forts réparés, beaucoup de vaisseaux construits, nous placent dans la position la plus rassurante ; et si l'humanité nous fait désirer constamment la paix, de longtemps la lassitude ne nous en fera sentir le besoin.

Quelle crainte, en effet, pourrait concevoir une nation qui jette, en sortant d'une si longue et si désastreuse Révolution, un si vif éclat? un peuple qui s'est régénéré par ses malheurs, aguerri par ses dangers et fortifié par ses secousses?

La loi sur les finances, Messieurs, donne la mesure vraie de nos ressources; elle prouve que cette guerre qui inspire de si vives alarmes à nos ennemis, qui leur fait barrer leurs rivières, armer leurs ateliers, augmenter leurs dettes, suspendre leur liberté, et rêver sans cesse à l'invasion qu'ils ont provoquée, laisse le chef de notre gouvernement poursuivre, dans la plus entière sécurité, ses nobles projets, amortir graduellement la dette publique, travailler à la confection d'un cadastre général, et parcourir toutes les parties de l'Empire que sa présence vivifie.

C'est dans cette position brillante où l'ivresse d'un noble orgueil pouvait si facilement se concevoir et s'excuser; c'est dans un moment où un guerrier, presque toujours favorisé par la fortune, devait si naturellement se promettre de nouveaux lauriers, qu'imposant silence à ses passions, Napoléon a modestement proposé la paix à nos ennemis. Chargés par lui de l'honorable mission de vous communiquer sa lettre au roi d'Angleterre, nous avons vu la touchante, la profonde impression qu'elle vous a faite. Ah! si le sang doit couler encore sur la terre et sur l'océan, cette lettre nous en absout à jamais; à jamais elle doit en rendre responsable le gouvernement aveugle qui en prolongerait l'effusion!

Cette victoire remportée par la modération sur de si justes ressentiments, ce triomphe de l'humanité sur la gloire, étaient dignes de l'homme qui, préférant à toutes les renommées celles de législateur et de pacificateur, a reçu de vous le prix de la sagesse.

Son image, qui frappe en ce moment mes regards, me rappelle, Messieurs, ce jour mémorable où, suspendant le cours de vos travaux, vous avez si solennellement inauguré la statue du chef de l'Empire! La voix éloquente de votre président a proclamé que cette statue n'etait pas offerte au vainqueur de tant de généraux, au conquérant de l'Égypte et de l'Italie, mais au sage à qui nous devons le Code immortel de nos lois; jamais un plus digne hommage ne fut plus noblement offert dans le sanctuaire de la législation; et la France entière a répété vos vœux pour le principe qui a détrôné l'anarchie, reposé l'ordre social sur ses véritables bases, et qui tend, par ses constants efforts, à vous rapporter le repos à sa patrie, l'indépendance aux mers, et la paix au monde.

En retournant, Messieurs, au milieu de vos concitoyens, vous leur porterez tous ces grands souvenirs; vous recevrez les justes hommages qu'ils rendront à votre sagesse; vous les verrez jouir des bienfaits des lois que vous avez sanctionnées, et vous pourrez, avec une noble fierté, leur répéter ces paroles si vraies que l'Empereur proférait dans cette enceinte : *Princes, soldats, magistrats, citoyens, nous n'avons tous qu'un seul but : l'intérêt de la patrie.*

Ce discours est couvert des plus vifs applaudissements de l'assemblée et des tribunes, et l'impression en est ordonnée à six exemplaires.

L'orateur donne lecture du décret suivant :

Napoléon, par la grâce de Dieu et par les Constitutions de la République, Empereur des Français;

Les affaires pour lesquelles le Corps législatif a été convoqué étant terminées, nous avons *décrété* et *décrétons* ce qui suit ·

Article 1er. La clôture de la   ⁓ rps législatif aura lieu mercr⸱   1⸱

Article 2 Le pré⸱⸱⸱⸱   4⸱

législatif par les orateurs de notre Conseil d'État, et inséré au Bulletin des lois.

         Signé : Napoléon.

M. FONTANES, *président.* Messieurs les orateurs du Conseil d'État, les plus heureuses époques pour une nation ne sont pas celles où les discussions nationales ont le plus d'éclat, d'énergie et de mouvement; c'est par les soins paisibles d'une sage administration que la prospérité s'accroît dans les empires comme dans les familles. Le Corps législatif peut donc se féliciter, au nom du peuple français, d'avoir vu s'écouler cette session dans des travaux plus utiles que brillants; je n'ai pas besoin de relever leur importance lorsqu'ils viennent d'être retracés avec tant d'intérêt par un orateur qui honore à la fois le Corps législatif dont il est sorti, et le Gouvernement dont il est un des plus dignes organes.

Quelle que soit désormais la nature de nos délibérations politiques, tous les vœux doivent être satisfaits. Nous cherchions le moyen de réunir la monarchie avec la liberté, et la liberté avec le repos ; ce problème difficile est enfin résolu. Le Gouvernement est fort, et il doit l'être ; car le pire de tous les malheurs pour un grand peuple, est la faiblesse de son gouvernement; mais cette force a ses limites naturelles dans le droit de voter l'impôt que se réserve la nation française. Le corps à qui ce droit est attribué méritera toujours une haute considération ; il se trouve heureux de vivre sous un prince qui met l'ordre et l'économie au rang de ses premiers devoirs. En ne sacrifiant aucun principe, la nation peut confier sans crainte à celui qui gouverne des ressources proportionnées à l'exécution des plus grands desseins ; c'est pour l'intérêt même de la patrie, que jusqu'à ce moment il fallait plutôt donner à l'autorité des appuis que des contre-poids.

Cette nécessité reconnue d'affermir le pouvoir, a fait revivre le système monarchique. La religion et la victoire ont relevé le trône abattu; et ne le dissimulons pas, de ces deux forces, à qui rien ne peut résister, la religion n'est pas la moins puissante ; elle seule explique et consacre le plus grand des mystères, celui du pouvoir et de l'obéissance.

Dix siècles se sont écoulés depuis l'époque où la France vit un semblable spectacle. Une monarchie de 1,400 ans, qui semblait ensevelie sous tant de ruines, a reparu tout à coup avec ses antiques splendeurs ; et presque tous les diadèmes qu'avait perdus la famille des Martel se sont réunis encore une fois sur la même tête, Le Corps législatif, présent à la solennité de ce grand jour, en a partagé toutes les émotions. Dès qu'il a pu se faire entendre, il a confirmé le vœu individuel de tous ses membres pour la dignité impériale. Nulle faveur particulièrement n'a déterminé son opinion ; et dans cette circonstance, comme dans toutes les autres, il n'a regardé que l'intérêt national.

Le sentiment qui nous dirige ne peut changer; il anime ceux de nos collègues que nous perdons cette année, et qui emportent nos regrets ; il sera transmis à ceux qui doivent les remplacer, et ne s'éteindra jamais au milieu de nous.

L'image auguste que nous avons placée dans cette enceinte nous rappellera toujours nos devoirs ⸱   montrant ce livre de la loi, sur lequel   jugé lui-même le premier déposit⸱   '6. Le prince qui eut la gloire d⸱   ⸱ mémorable, l'un des premier⸱   en sera le plus constant observateur ; il ne cessera point d'être fidèle à sa gloire, et notre zèle ne peut pas plus se démentir que ses actions et son génie.

Les plus vifs applaudissements se renouvellent de toutes parts.

M. LE PRÉSIDENT. Je déclare, au nom du Corps législatif, qu'en exécution du décret impérial du 14 ventôse présent mois, la session ouverte le 6 nivôse, en vertu de celui du 26 frimaire précédent, est terminée.

Le Corps législatif arrête que cette déclaration sera transmise par des messages à Sa Majesté l'Empereur, au Sénat conservateur et au Tribunat.

Un secrétaire fait lecture du procès-verbal.

Le procès-verbal ayant été approuvé, le Corps législatif se sépare.

SÉNAT CONSERVATEUR.
Séance du 27 ventôse an XIII.
(Lundi 18 mars 1805).

Aujourd'hui, lundi 27 ventôse, à deux heures après midi, Sa Majesté l'Empereur s'est rendu au Sénat avec le cortège et dans l'ordre annoncé par le programme qui a été inséré au *Moniteur* du 27 ventôse, et en traversant un immense concours de citoyens qui se pressaient sur son passage.

Sa Majesté a été reçue à la porte extérieure du palais du Sénat, par les grands officiers de ce corps et vingt-quatre de ses membres qui l'ont précédée dans la nouvelle salle, dont les dispositions sont très-belles, et qui offrent un magnifique coup d'œil.

Sa Majesté a pris place sur le trône, entourée des princes, de ses ministres, de ses grands officiers, et des officiers de sa maison.

Le grand maître des cérémonies ayant pris les ordres de l'Empereur, a appelé M. de Sémonville et M. le général Férino, sénateurs nouvellement nommés, qui ont été présentés par S. A. I. Mgr le prince Joseph, grand électeur, au serment qu'ils ont prêté entre les mains de l'Empereur.

Le grand maître des cérémonies ayant pris de nouveau les ordres de Sa Majesté, les a communiqués à M. Maret, ministre secrétaire d'Etat, qui a donné lecture du message et du décret suivants :

Sénateurs, la principauté de Piombino, que la France possède depuis plusieurs années, a été depuis ce temps administrée sans règle et sans surveillance. Située au milieu de la Toscane, éloignée de nos autres possessions, nous avons jugé convenable d'y établir un régime particulier. Le pays de Piombino nous intéresse pour la facilité qu'il offre pour communiquer avec l'Ile d'Elbe et la Corse : nous avons donc pensé devoir donner ce pays, sur le haut domaine de la France, à notre sœur la princesse Elisa, en conférant à son mari le titre de prince de l'Empire. Cette donation n'est pas l'effet d'une tendresse particulière, mais une chose conforme à la saine politique, à l'éclat de notre couronne et à l'intérêt de nos peuples.

Signé : NAPOLÉON.
Par l'Empereur,
Le secrétaire d'Etat, signé : H. B. MARET.

Au palais des Tuileries, le 27 ventôse an XIII.
NAPOLÉON, par la grâce de Dieu et par les Constitutions de la République, EMPEREUR DES FRANÇAIS, à tous présents et à venir, salut.

Nous avons décrété et décrétons ce qui suit :

Art. 1er. L'EMPEREUR NAPOLÉON cède et donne en toute propriété la principauté de Piombino à la princesse Elisa, sa sœur.

Art. 2. Le gouvernement de cet État et la propriété du domaine du prince sont héréditaires dans la descendance de la princesse Elisa, et se perpétuent dans sa branche aînée ; les cadets et les femmes n'ayant droit qu'à une légitime viagère.

Art. 3. A chaque mutation, le prince héréditaire de Piombino ne pourra succéder, s'il n'a reçu l'investiture de l'EMPEREUR DES FRANÇAIS.

Art. 4. Les enfants, nés ou à naître de la princesse Elisa, ne pourront se marier sans le consentement de l'EMPEREUR DES FRANÇAIS.

Art. 5. La descendance de la princesse Elisa venant à s'éteindre, ou ayant perdu ses droits par l'infraction de la règle prescrite dans l'article précédent, l'EMPEREUR DES FRANÇAIS disposera de nouveau de la principauté de Piombino, en consultant l'intérêt de la France et celui du pays.

Art. 6. Le mari de la princesse Elisa prend le nom et le titre de prince de Piombino ; il jouira du nom et des prérogatives de prince de l'Empire français.

Art. 7. Le prince de Piombino maintiendra en bon état la forteresse de Piombino. Il donnera ses soins à favoriser les communications avec l'Ile d'Elbe. Il assurera la défense des côtes en maintenant le nombre de batteries qui sera jugé nécessaire pour leur sûreté.

Art. 8. Le prince de Piombino sera tenu d'avoir à sa solde, pour le service de la côte et de la forteresse, un bataillon de cinq compagnies de 80 hommes chacune.

Art. 9. En recevant l'investiture de son État, le prince de Piombino prête le serment dont la teneur suit :

« Je jure obéissance et fidélité à Sa Majesté N..... « EMPEREUR DES FRANÇAIS. Je promets de secourir de « tout mon pouvoir la garnison française de l'Ile « d'Elbe, de contribuer en tout ce qui dépendra de moi « à l'approvisionnement de cette Ile ; et je déclare que je « ne cesserai de remplir, dans toutes les circonstances, « les devoirs d'un bon et fidèle sujet envers Sa Majesté « l'EMPEREUR DES FRANÇAIS. »

Signé : NAPOLÉON.
Par l'empereur,
Le secrétaire d'Etat, signé : H. B. Maret.

D'autres ordres de l'Empereur ont été communiqués par le grand maître des cérémonies à M. de Talleyrand, ministre des relations extérieures, qui est monté à la tribune et a lu le rapport suivant :

Rapport fait à Sa Majesté l'Empereur en séance du Sénat, par M. de Talleyrand, ministre des relations extérieures.

Sire, les pensées dont je vais occuper Votre Majesté tiennent à des affections les plus chères comme aux intérêts les plus importants de l'Empire ; et en même temps l'objet de ces pensées se lie, par les plus intimes rapports, aux grands principes de la politique extérieure, à la sûreté d'un grand nombre d'Etats, qui ne peuvent se maintenir et prospérer sans votre appui, et enfin à la tranquillité de toutes les puissances du continent.

Depuis plusieurs mois l'Europe entière a les yeux fixés sur l'Italie. Les plus grands souvenirs, une longue suite de malheurs, l'immense gloire que Votre Majesté y a recueillie, attachent tous les esprits à sa destinée. On se demande si le sort de cette belle contrée, qui si longtemps gouverna le monde, qui, depuis qu'elle est déchue de sa première grandeur, de siècle en siècle est devenue le théâtre et le jouet de toutes les ambitions, sera enfin déterminé. De toutes parts on entend éclater le vœu généreux que l'Italie retire de l'honneur d'avoir décidé du sort de la dernière guerre, l'avantage inespéré d'exister par elle-même, de se conduire par les règles d'une politique indépendante, et enfin de rester pour toujours étrangère aux débats, à la mésintelligence, à la jalousie des grandes puissances.

Sire, sous un règne tel que le vôtre, toutes les conjectures qui s'attachent à des choses justes et grandes ne sont que le pressentiment et le présage des desseins magnanimes du souverain. L'Italie, ses intérêts, ses besoins, n'ont cessé d'être l'objet de votre sollicitude, et on peut l'annoncer avec confiance, le sort que vous lui destinez comblera toutes les espérances qu'elle peut former, lorsqu'à la suite de vos belles victoires, la première entre toutes les nations, elle fit éclater son admiration et sa reconnaissance, et vous exprima le vœu de s'attacher pour toujours à votre grande destinée.

Ce fut par suite de ce vœu souvent renouvelé, que vingt peuples réunis, impatients de consolider leur liberté ou de consacrer leur obéissance par la solennité d'une transaction publique, recurent à Lyon une organisation commune, et déférèrent à Votre Majesté la première magistrature. Cette institution, indéterminée par sa dénomination et indécise par sa durée, ne répondait qu'à l'intérêt et au besoin d'associer les affections et d'apaiser les inquiétudes du moment; mais si l'organisation de la France avait permis à ces peuples de s'ouvrir sans réserve sur le Gouvernement qu'ils préféraient, dès lors ils auraient exprimé à Votre Majesté tout ce que, depuis la fondation de l'Empire, l'armée italienne, les autorités constituées et des réunions nombreuses de citoyens, douées de prévoyance et de lumières, lui ont unanimement exposé, dans leurs adresses, que même quand le système héréditaire ne serait pas établi en France, le nombre, la diversité, la rivalité, la faiblesse, les habitudes, les opinions des peuples qui habitent l'Italie, y rendaient son rétablissement indispensable.

De telles considérations ont dû prévaloir sur toutes les théories. Votre Majesté voulait assurer à ce peuple une existence indépendante. Elle a senti que quelle que fût la force de son autorité et celle de son génie, elle ne pouvait remplir ce généreux dessein, si elle entreprenait de lutter contre l'empire de toutes les circonstances et contre la tendance de toutes les opinions : et la monarchie italienne a été fondée.

Mais un autre obstacle s'opposait à l'accomplissement des destinées de cet Etat. Deux trônes réunis ont paru présenter à Votre Majesté une complication difficile et dangereuse de puissance et de devoirs, et elle a voulu que la séparation des couronnes fût positivement déterminée. A regret ses sujets d'Italie ont dû se soumettre à cette disposition, mais ils ont hautement demandé que l'exécution en fût différée. « Sire, vous ont-ils dit, il n'appartient à aucun homme, quelque grand qu'il puisse être, de subordonner à des vues de modération les sentiments libres et unanimes des peuples. »

Il n'appartient à aucun homme, quelque puissant qu'il soit, de devancer la marche du temps. Plus d'un grand dessein a échoué par l'effet d'une précipitation peu réfléchie ; plus d'une nation a manqué sa destinée parce qu'on a voulu accélérer pour elle ce qui, faute de patience et de durée, n'avait pu acquérir une suffisante maturité.

Nous sommes un peuple nouveau, et vous êtes le souverain d'un grand Empire. En séparant aujourd'hui les deux couronnes, que deviendrons-nous, éloignés que nous sommes des regards immédiats de notre fondateur, et délaissés, sans appui et sans guide, au milieu des discussions qui peuvent s'élever dans notre sein et autour de nous? Qui nous défendra des agitations, suite nécessaire d'une situation longtemps indécise? Qui nous préservera du tort de trop nous défier de nous-mêmes, ou du malheur d'une trop aveugle confiance ?

La séparation des deux couronnes déterminera-t-elle l'éloignement des troupes françaises de notre territoire? Mais le royaume d'Italie n'est pas isolé ; il est contigu à de puissants voisins.

Il se compose d'un grand nombre d'éléments autrefois ennemis, récemment incorporés. Il touche à des rivages qui peuvent être exposés à des invasions soudaines. La formation d'une armée nouvelle, quelle que soit sa fidélité, quel que soit son courage, calmera-t-elle toutes les alarmes qui peuvent s'élever? Garantira-t-elle l'Etat contre la possibilité de toute entreprise?

Et si la séparation des couronnes ne détermine, que dans un avenir indéfini, l'éloignement des troupes françaises, il n'en faut pas douter, une confiance juste, mais fâcheuse par ses suites, en nous rendant moins nécessaire le devoir pénible et dispendieux de pourvoir nous-mêmes à notre défense, éloignera peut-être pour jamais l'établissement d'une armée nationale, sans laquelle cependant toute nation, quelles que soient sa population et son étendue, perd le droit de prendre la part qui lui appartient dans les sentiments réciproques de considération et de respect que les peuples se doivent les uns aux autres.

Si de ces considérations nous passons à celles que présente la politique extérieure, le danger devient plus pressant; une armée française occupe l'Etat de Naples, où elle n'a rien à faire. Elle y existe pour observer une armée anglaise qui occupe Malte, et une armée russe qui peut-être n'existe dans les îles Ioniennes que pour observer l'armée française. Dans cette attente confuse d'événements, dans cette complication de rapports incertains et lorsqu'une fausse mesure, de quelque part qu'elle vienne, peut attirer sur nous les plus grandes calamités, couvrir notre pays de sang et de deuil, nous rendre victimes de la guerre, et ce qui est plus effrayant encore, nous rendre peut-être victimes de la paix, que pouvons-nous faire que de nous attacher, tant que le danger existe, à notre seul garant, à notre seule espérance, à notre seul défenseur, et de l'enchaîner, s'il se peut, par sa généreuse volonté, à l'ouvrage de son génie et de sa bienfaisance ?

Sire, tels sont les vœux de vos peuples d'Italie; ils sont si pressants, si décisifs et si légitimes, que vous avez dû les exaucer.

Ainsi Votre Majesté régnera en Italie ; et pendant quelque temps encore, l'Empire et le Royaume que vous avez institués, liés par les mêmes affections, engagés par les mêmes serments, s'élèveront, se raffermiront à l'abri du même pouvoir.

Et le temps étant venu où cette association ne sera plus indispensable à l'Italie, ne sera d'aucun intérêt pour la France, et n'importera plus à la tranquillité de l'Europe, elle sera rompue. Votre Majesté en a marqué irrévocablement le terme. Sur ce point, elle a résisté aux plus vives, aux plus touchantes sollicitations. Elle n'a voulu laisser aucun doute, aucune illusion, aucune espérance sur les peuples d'Italie. Elle a sagement pensé que dans d'aussi grands intérêts, et dans une aussi solennelle circonstance, il lui convenait, avant tout, de faire un digne et libre usage de sa puissance.

Tout n'est pas incertain dans l'avenir; les âmes fortes, les esprits élevés savent y distinguer ce qui est du domaine de leur prudence et ce qui appartient au grand arbitre des événements. Votre Majesté prévoit avec certitude l'événement futur de l'affranchissement de Malte, et de l'indépendance légitime de la république Ionienne. Elle ne veut pas mettre un prix à la séparation des couronnes d'Italie et de France, et c'est pour cela même qu'elle en détermine l'époque, pour ne pas l'exposer un jour à s'entendre proposer l'alternative offensante de la séparation des couronnes, ou de la guerre ; car alors le soin de sa dignité lui imposerait de faire prévaloir la voix de l'honneur sur le vœu même de l'humanité.

La générosité est un sentiment qui, dans les âmes élevées, s'associe toujours à une sorte de délicatesse jalouse. Renoncer à une couronne. dissoudre soi-même ces liens de dépendance et de fidélité, d'autant plus flatteurs qu'ils sont un résultat légitime et comme un mouvement consacré d'une grande gloire acquise, par des efforts heureux de courage et de génie, abdiquer enfin le suprême pouvoir, est une détermina ion assez grande pour qu'on ait le droit de vouloir que rien n'altère la satisfaction noble et pure de l'avoir prise, par la simple et libre impulsion d'une disposition magnanime et modérée.

Et la France, sur qui doit rejaillir l'éclat d'une telle modération, ne peut que sentir avec orgueil et reconnaissance toute la grandeur de la position à laquelle Votre Majesté l'élève. Cette noble détermination l'honore et l'agrandit autant et plus que la plus brillante conquête. Elle peut se dire et dire à l'Univers, qu'ainsi que l'Océan, elle a vu poser les bornes de sa puissance et les limites de l'ascendant de son souverain, dans ses propres lois, dans la mesure de ses droits, dans la règle de ses intérêts, et non pas dans de vaines digues qui pourraient être élevées par les prétentions de la jalousie, de la susceptibilité et de la haine.

L'avenir. le passé sont pour la malveillance un texte inépuisable de mensonges ; elle calomnie par de vaines présages, elle calcule par de vaines comparaisons. N'a-t-elle pas souvent affecté d'abuser de l'éclat des victoires de Votre Majesté, en exagérant leurs résultats ? N'a-t-elle pas cherché à répandre l'alarme en rappelant la gloire, le nom et la destinée d'Alexandre et de Charlemagne ? Frivoles et trompeuses analogies ! Charlemagne n'a eu ni successeurs ni voisins ; son empire ne lui a pas survécu ; il fut partagé, et il devait l'être. Charlemagne a été conquérant et non pas fondateur. Les fondateurs gouvernent pendant leur vie et ensuite pendant des siècles. Charlemagne vivait à une époque où l'esprit humain, affaibli par l'ignorance, ne pouvait se porter sur l'avenir.

Alexandre, en reculant sans cesse les limites de ses conquêtes, ne fit que se préparer des funérailles sanglantes ; la grande, l'héroïque pensée de la succession n'entra jamais dans son esprit ; Charlemagne, Alexandre, léguèrent leur empire à l'anarchie.

Comme ces grands hommes, nous avons vu Votre Majesté porter avec rapidité ses armes en Europe et en Asie ; son activité, comme la leur, a su embrasser en peu de temps la plus vaste étendue et franchir les plus grandes distances. Mais dans ses plus glorieuses expéditions et dans ses plus hardies entreprises, a-t-elle été entraînée par une passion vague et indéfinie de dominer et d'envahir ? Non, sans doute, et l'histoire l'a déjà inscrit dans ses fastes dès le début de sa noble carrière, Votre Majesté voulut rappeler la France à des idées d'ordre, et l'Europe à des idées de paix. Elle vit avec horreur une guerre qui menaçait de ramener la barbarie. et avec effroi, une révolution qui couvrait la France de deuil, de destruction et de débris ; et elle crut que la Providence l'avait suscitée pour mettre un terme à ces deux grandes calamités : en Italie, elle a vaincu pour réconcilier l'Allemagne avec la France ; elle est allée vaincre en Asie, pour attendre le temps où elle pourrait en revenir triomphante, et à son retour réconcilier la France avec elle-même. Telles ont été les vues, telle a été la noble ambition de Votre Majesté.

Et agissant toujours d'après l'impulsion d'un caractère incapable de se démentir, aujourd'hui, en organisant un Etat nouveau, Votre Majesté est occupée du désir de manifester encore à tous les peuples ses principes de stabilité, de conservation et de justice, et en même temps elle donne à la paix future un gage généreux de ses invariables dispositions.

J'ose l'assurer à Votre Majesté, quelque effort que l'on puisse faire pour égarer l'opinion, cet irrésistible penchant qui entraîne tous les esprits vers la gloire des nobles actions, et qui attache tous les cœurs par l'enthousiasme qu'inspirent les grands sacrifices, triomphera de toutes les mécréances. La France, l'Italie vous chérissent comme fondateur de leurs lois et comme défenseur de leurs droits et de leur puissance ; l'Europe révère en vous le conservateur de ses intérêts, et pourquoi craindrais-je de le dire, un jour viendra où l'Angleterre même, vaincue par l'ascendant de votre modération, abjurera ses haines, et, à l'exemple de tous les peuples contemporains, ne manifestera plus envers vous que le sentiment de l'estime, de l'admiration et de la reconnaissance, qu'en secret, même aujourd'hui, les hommes justes et éclairés de cette nation ne refusent pas à Votre Majesté.

Le Sénat va entendre avec reconnaissance la communication des actes constitutionnels qui ont fondé le royaume d'Italie.

Ensuite est monté à la tribune M. de Marescalchi, ministre des relations extérieures de la République italienne, averti par le grand maître des cérémonies. Ce ministre a lu le statut constitutionnel conçu en ces termes :

Estratto dei registi della consulta di stato del giorno.

STATUTO COSTITUZIONALE.

La consulta di stato, sentito il voto unanime della consulta e deputazione unite del giorno ;

Veduto lo articolo 60 della costituzione sulla iniziativa costituzionale.

Decreta :

Art 1er. L'IMPERADORE DE FRANCESI NAPOLEONE Io È RE D'ITALIA.

Art. 2. La corona d'Italia è ereditaria nella sua discendenza legitima e per retta linea, sia naturale, sia adottiva, di maschio in maschio escluse in perpetuo le femine, e discendenza loro ; il diritto d'adozione non potrà estendersi ad altri che ad un cittadino dell Impero francese, o del regno d'Italia.

Art. 3. Tosto che le armate straniere si saranno ritirate dal regno dit Napoli, dalle isole Ionie, e da quella di Malta, l'Imperadore Napoleone trasmetterà la corona d'Italia ad uno de suoi figli maschi legitimi, sia naturale, o addotivo.

Art. 4. Da quest' epoca la corona d'Italia non potrà essere più unita colla corona di Francia, nella stessa persona, ed i successori di Napoleone Io nel regno d'Italia dovranno stabilmente risiedere sul territorio delle Republica italiana.

Art. 5. Entro l'anno corrente l'Imperadore Napoleone col parere della consulta di stato, e delle deputazioni di collegi elettorali dara alla monarchia italiana constituzioni fondate sopra le stesse basi di quelle dell' Impero francese, et sopra i principi medesimi delle leggi ch' egli a già date all' Italia.

Napoléon, par la grace de Dieu et les Constitutions, Empereur des Français et Roi d'Italie, à tous ceux qui les présentes verront, Salut :

Extrait des registres de la consulte d'Etat du jour 17 mars 1805.

STATUT CONSTITUTIONNEL.

La consulte d'Etat, vu le vœu unanime de la consulte et de la députation réunies, du jour 15;

Vu l'article 60 de la Constitution, sur l'initiative constitutionnelle,

Décrète :

Art. 1er. L'Empereur des Français, Napoléon 1er, est roi d'Italie.

Art. 2. La couronne d'Italie est héréditaire dans sa descendance directe et légitime, soit naturelle, soit adoptive, de mâle en mâle, et à l'exclusion perpétuelle des femmes et de leur descendance, sans néanmoins que son droit d'adoption puisse s'étendre sur une autre personne qu'un citoyen de l'Empire français ou du royaume d'Italie.

Art. 3. Au moment où les armées étrangères auront évacué l'Etat de Naples, les îles Ioniennes et l'île de Malte, l'Empereur Napoléon transmettra la couronne héréditaire d'Italie à un de ses enfants légitimes mâle, soit naturel, soit adoptif.

Art. 4. A dater de cette époque, la couronne d'Italie ne pourra plus être réunie à la couronne de France sur la même tête, et les successeurs de Napoléon premier dans le royaume d'Italie, devront résider constamment sur le territoire de la République italienne.

Art. 5. Dans le courant de la présente année, l'Empereur Napoléon, de l'avis de la consulte d'Etat et des députations des colléges électoraux, donnera à la monarchie italienne des constitutions fondées sur les mêmes bases que celles de l'Empire français, et sur les mêmes principes que les lois qu'il a déjà données à l'Italie.

Signé : Napoléon.

Melzi, Marescalchi, Caprara, Paradisi, Fenakoli, Costabili, Luosi, Guicciardi.

Mandons et ordonnons que les présentes, revêtues des sceaux de l'Etat, insérées au Bulletin des lois, soient adressées aux tribunaux et autorites administratives, pour qu'ils les transcrivent dans leurs registres, les observent et les fassent observer, et notre Grand Juge, ministre de la justice de notre royaume d'Italie, est chargé d'en surveiller l'exécution.

Donné au palais des Tuileries, le 17 mars 1805, et de notre règne le premier.

Signé : Napoléon.

Par l'Empereur et Roi,

Signé : Marescalchi.

M. Marescalchi étant descendu de la tribune, le grand maltre des cérémonies a appelé au serment, dont la formule a été présentée par ce ministre, d'abord M. Melzi, vice-président de la ci-devant République italienne, qui a juré obéissance aux constitutions du royaume, et fidélité au roi.

Le grand maltre a appelé ensuite au serment M. Paradisi, membre de la consulta, qui a prononcé le discours suivant :

Sire, Voi fondaste la libertà italiana, e creaste di là dell' Alpi una Républica che langui nel disordine tosto che vene dipartiste, e cessò di esistere quando rimase del tutto priva de vostri auspici.

Fedele alle date promesse accoreste poscia trionfando fra di noi nel colmo dé nostri mali ed i bri giorni ricomparvero con voi nelle nostre contrade.

Una replicata esperienza ci ha dunque dimonstrato che la nostra sicurezza dipende interamente dal vestro genio, e la nostra felicità dal vostro cuore.

La consulta straordi.... vinta, allorchè pro.... tuzione per la Républ.... di accettare l'incarico.... diresse per tal modo.... e fece quanto poteva....

circonstanze de qué tempi. Ma l'inquietudine che non ha doppoi cessato di agitare l'Europa nel riposo stesso della parce ci ha dato a conoscere che quel passo fù ancor troppo debole per assicurare fermamente i nostri destini.

Mentre le armate straniere minacciano l'Italia, et ne occupano una parte, la nostra salvezza ci consiglia imperiosamente d'imprimere nelle mozioni un' alta e nobile opinione della forza e della stabilita del nostro governo.

Et dunque necessario che l'Europa sappia che il vostro baccio non cesserà di sostener ci fin chè viseranno per noi rischi et pericoli; che la confidenza che riponiamo in V. M. non ha verum limite : e che voi avete sopra gli italiani tutta l'autorità bastevole per dar loro un governo potente ad un tempo tranquillo, e degno del grand' animo vostro e della vostra gloria.

La deputazione italiana in Parigi vi ha diretti i suoi voti a questo intendimento, supplicandovi di accettare lo scettro italiano, e di circondarvi di tutta la forza e di tutto lo splendore che si richieggono per sostenerlo. Voi avete aderito alle sue preghiere e quando ne ricusaste alcuna che tendesse alla nostra felicità? Ora la nostra sorte è al dissopra di tutte le vicende.

Sire, noi abbiamo l'onore di precedere il popolo italiano nel manifestarvi i sentimenti della profonda nostra ricon noscenza. L'gloriosa e dolce cosa per noi di poterveli offerire in questo accelso consesso di pradi, il consiglio de' quali el precorre nel' esempio luminoso che ora seguiamo, ed in mezzo del popolo francese che vi debbe la sua prosperità, e tanta parte della gloria ond' è rivestito.

Sire, noi sospiravamo questo momento, quando le circostanze sembrevano allontanarlo. Noi siamo i secondi nella carriera ; ma l'amore rispettoso che ne stringe alla sacra vostra persona non teme di verum confronto : ma noi non ci lasceremo superare giammai nella sommessione e nella fedeltà che veniamo a guirarvi.

Le grand maltre a appelé ensuite les autres membres de la consulte; savoir :

MM. Marescalchi,
Caprara,
Fenaroli,
Costabili,
Et Guicciardi, qui ont prêté serment.

Enfin, il a appelé au serment les députés italiens dont les noms suivent :

MM. Guastavillani, conseiller de législation;
Lambertenghi, conseiller de législation;
Carlotti, conseiller de législation;
Dabrowsky, général de division;
Rangone, orateur au Corps législatif;
Calepio, du Corps législatif;
Litta, du collége électoral des propriétaires;
Fò, du collége électoral des propriétaires;
Alessandri, du collége électoral des propriétaires;
Salimbeni, général de brigade, et du collége électoral des savants;
Appiani, du collége électoral des savants;
Busti, du collége électoral des commerçants;
Guilini. du collége électoral des commerçants;
Negri.... saire du gouvernement près du tribuna....n:
Sobra.... du tribunal de révision à
Von.... n tribunal de révision

Le serment prêté, l'Empereur a parlé en ces termes :

Sénateurs, nous avons voulu, dans cette circonstance, nous rendre au milieu de vous, pour vous faire connaître, sur un des objets les plus importants de l'Etat, notre pensée tout entière.

La force et la puissance de l'Empire français sont surpassées par la modération qui préside à toutes nos transactions politiques.

Nous avons acquis la Hollande, les trois quarts de l'Allemagne, la Suisse, l'Italie toute entière. Nous avons été modérés au milieu de la plus grande prospérité. De tant de provinces, nous n'avons gardé que ce qui était nécessaire pour nous maintenir au même point de considération et de puissance où a toujours été la France. Le partage de la Pologne, les provinces soustraites à la Turquie, les conquêtes des Indes et de presque toutes les colonies, avaient rompu à notre détriment l'équilibre général.

Tout ce que nous avons jugé inutile pour le rétablir, nous l'avons rendu, et par là nous avons agi conformément au principe qui nous a constamment dirigé, de ne jamais prendre les armes pour de vains projets de grandeur, ni par l'appât des conquêtes.

L'Allemagne a été évacuée ; ses provinces ont été restituées aux descendants de tant d'illustres maisons, qui étaient perdues pour toujours, si nous ne leur eussions accordé une généreuse protection. Nous les avons relevées et raffermies, et les princes d'Allemagne ont aujourd'hui plus d'éclat et de splendeur que n'en ont jamais eu leurs ancêtres.

L'Autriche elle-même, après deux guerres malheureuses, a obtenu l'Etat de Venise ; dans tous les temps elle eut échangé de gré à gré Venise contre les provinces qu'elle a perdues.

A peine conquise, la Hollande a été déclarée indépendante. La réunion à notre Empire eût été le complément de notre système commercial, puisque les plus grandes rivières de la moitié de notre territoire débouchent en Hollande ; cependant la Hollande est indépendante, et ses douanes, son commerce, et son administration, se régissent au gré de son gouvernement.

La Suisse était occupée par nos armées, nous l'avions défendue contre les forces combinées de l'Europe. Sa réunion eût complété notre frontière militaire. Toutefois la Suisse se gouverne par l'acte de médiation, au gré de ses dix-neuf cantons, indépendante et libre.

La réunion du territoire de la République italienne à l'Empire français eût été utile au développement de notre agriculture ; cependant après la seconde conquête, nous avons à Lyon confirmé son indépendance : nous faisons plus aujourd'hui, nous proclamons le principe de la séparation des couronnes de France et d'Italie, en assignant pour l'époque de cette séparation, l'instant où elle devient possible et sans danger pour nos peuples d'Italie.

Nous avons accepté, et nous placerons sur notre tête cette couronne de fer des anciens Lombards, pour la retremper, pour la raffermir, et pour qu'elle ne soit point brisée au milieu des tempêtes qui la menaceront, tant que la Méditerranée ne sera pas rentrée dans son état habituel.

Mais nous n'hésitons pas à déclarer que nous transmettrons cette couronne à un de nos enfants légitimes, soit naturel, soit adoptif, le jour où nous serons sans alarmes, sur l'indépendance que nous avons garantie des autres Etats de la Méditerranée.

Le génie du mal cherchera en vain des prétextes pour remettre le continent en guerre ; ce qui a été réuni à notre Empire par les lois constitutionnelles de l'Etat y restera réuni. Aucune nouvelle province n'y sera incorporée, mais les lois de la République batave, l'acte de médiation des dix-neuf cantons suisses, et ce premier statut du royaume d'Italie, seront constamment sous la protection de notre couronne, et nous ne souffrirons jamais qu'il y soit porté atteinte.

Dans toutes les circonstances et dans toutes les transactions, nous montrerons la même modération, et nous espérons que notre peuple n'aura plus besoin de déployer ce courage et cette énergie qu'il a toujours montrés pour défendre ses légitimes droits.

S. M. s'est ensuite levée, est descendue du trône, et s'est rendue aux Tuileries, où elle a successivement reçu les félicitations des princes, des ministres et des grands officiers.

Les membres de la consulte d'Etat, et des députations des corps et autorités du royaume d'Italie, ayant alors été introduits, S. M. leur a donné une audience qui a duré plus d'une heure, et pendant laquelle elle les a entretenus des différents intérêts de leur patrie.

SÉNAT CONSERVATEUR.

PRÉSIDENCE DE M. FRANÇOIS (DE NEUFCHATEAU).

Séance du 2 germinal an XIII (samedi 23 mars 1805).

M. **Lacépède** fait un rapport au nom de la commission spéciale nommée dans la séance du 28 ventôse, et composée des sénateurs Barthélemi, Cacault, Démeunier, François (de *Neuchâteau*) et Lacépède.

Messieurs, vous avez renvoyé à votre commission spéciale les actes et le rapport dont vous avez entendu la lecture, dans la séance mémorable où S. M. Impériale et Royale a bien voulu venir *parmi vous, pour vous faire connaître sa pensée toute entière sur un des objets les plus importants de l'Etat.*

Telles sont, sénateurs, les propres expressions du discours de S. M. L'EMPEREUR et Roi.

Seules elles montreraient combien est grand et élevé l'objet dont votre commission va vous entretenir.

L'EMPEREUR vous a annoncé lui-même qu'il avait accepté la couronne d'Italie.

Quel grand événement pour le monde et pour la postérité !

Qu'il inspire de vastes pensées et de sentiments profonds !

Quel spectacle que celui du héros des Français, fixant le destin de l'Italie !

La voix de vingt peuples de cette Italie deux fois sauvée par L'EMPEREUR s'est fait entendre autour de lui. Leurs représentants ont paru devant son trône. Ils ont réclamé la permanence pour leurs institutions, et la garantie de leur bonheur pour leurs descendants.

Eclairés par l'expérience des siècles et par les heureux effets du gouvernement de NAPOLÉON, ils ont demandé pour eux l'appui de L'EMPEREUR, et pour leurs neveux, celui d'une monarchie constitutionnelle et héréditaire.

Ils ont désiré que ce double lien retînt à jamais dans le sein d'une même commune des Etats rendus pendant longtemps trop étrangers les uns aux autres, et par la diversité de leurs territoires et par la différence de leurs habitudes.

Ils ont montré tous les dangers dont ce double bienfait pouvait seul les préserver.

Leurs yeux uniquement tournés vers leur libérateur, ils ont voulu que leur destinée, à jamais inséparable de la sienne, reposât sous l'égide de sa renommée dans les siècles à venir comme dans celui qui commence.

L'EMPEREUR a exaucé leurs vœux.

Son cœur généreux l'y a porté. La raison d'Etat le lui a prescrit. L'intérêt de la France le lui a commandé.

Le grand ouvrage commencé dans les comices de Lyon a été terminé au milieu du Sénat de France, par la solennité du discours émané du trône, par la promulgation du décret de L'EMPEREUR et ROI, et par la sainteté du serment qu'ont prêté devant lui les représentants constitutionnels des peuples d'Italie.

Il n'aurait pas pu être achevé plus tôt. L'organisation de l'Empire français 'n'était pas encore terminée.

Mais depuis que l'Empereur s'est assis sur le trône de la France, la force de toutes les circonstances, et l'autorité de toutes les opinions, puissances irrésistibles que la raison, le génie et la victoire même, voudraient en vain braver, exigeaient que la couronne de fer des anciens Lombards brillât sur la tête de Napoléon d'un éclat inconnu jusqu'à lui.

Une Constitution, établie sur les bases que le peuple français a données aux lois fondamentales qui nous régissent, va garantir aux peuples d'Italie la jouissance de ces droits, que la sagesse des nations n'a cessé de réclamer pour le bonheur des sociétés humaines, et dont il est si agréable au Sénat des Français de savoir que l'exercice est consacré chez des peuples amis.

Ce noble sentiment ne sera pas troublé, sénateurs, par la crainte de voir l'élévation de l'étendard royal en Italie donner le signal des combats dans le continent européen.

L'acte qui établit la monarchie italienne n'est que le complément de celui que les comices de Lyon ont proclamé, que les puissances de l'Europe ont reconnu, et qui a produit le traité solennel par lequel les Etats de Venise ont accru les vastes domaines de la maison d'Autriche.

On pourrait même dire qu'il n'en est qu'une sorte de traduction dans une langue plus adaptée aux mémorables événements qui se sont succédé.

Et, en effet, le pouvoir du roi sera-t-il bien différent de celui du président?

Le territoire du royaume d'Italie sera-t-il plus étendu que celui de la République italienne?

Les ressources de la monarchie seront-elles plus nombreuses que celles du gouvernement qu'elle remplace?

Tous les rapports extérieurs avec les autres Etats ne seront-ils pas les mêmes? Et ces rapports extérieurs ne sont-ils pas les seuls qui puissent atteindre et blesser la puissance étrangère la plus inquiète et la plus jalouse?

D'ailleurs, quelle modération pourrait-être plus grande que celle de la France?

Sénateurs, devancez le temps par votre pensée; placez-vous au milieu de la prospérité, et lisez sur les bronzes de l'histoire impartiale et sévère, ce discours remarquable qui retentit encore dans cette enceinte:

« Nous avons conquis la Hollande, les trois
« quarts de l'Allemagne, la Suisse, l'Italie tout en-
« tière. Nous avons été modérés au milieu de la
« plus grande prospérité. De tant de provinces,
« nous n'avons gardé que ce qui était nécessaire
« pour nous maintenir au même point de consi-
« dération et de puissance où a toujours été la

« France. Le partage de la Pologne, les provinces
« soustraites à la Turquie, la conquête des Indes
« et de presque toutes les colonies avaient rompu,
« à notre détriment, l'équilibre général.

« Tout ce que nous avons jugé inutile pour le
« rétablir, nous l'avons rendu... »

Ajoutez à ces paroles admirables cette considération importante qui ne peut pas échapper à la politique.

L'ancienne monarchie française ne possédait pas la couronne d'Italie; mais les liens du sang et le pacte de famille, qui l'unissaient étroitement au royaume des Deux-Siciles, plaçaient en sa faveur, dans la balance européenne, un poids d'autant plus important, que par sa position au bout de l'Italie, la cour de Naples pouvait agir comme à l'extrémité d'un grand levier.

Depuis douze ans, les événements ont montré si des liens d'une telle nature pouvaient être remplacés par ces intérêts que la froide raison découvre, sans doute, avec facilité, mais que les passions déguisent avec plus de facilité encore.

Cependant, lorsque la Méditerranée, les îles qu'elle renferme et les continents qu'elle arrose, ne seront plus menacés de nouvelles tempêtes, la couronne d'Italie ne sera plus réunie avec celle de l'EMPEREUR DES FRANÇAIS.

Quelle preuve éclatante de cette modération qui place la félicité des nations bien au-dessus de la gloire des conquêtes!

La tranquillité de l'Europe ne sera donc troublée ni par la considération du présent qui n'offre aucun changement dans les relations de l'Italie avec les puissances du continent, ni par la vue de l'avenir où le héros qui a conquis deux fois cette même Italie, a posé une limite que ses successeurs respecteront d'autant plus, qu'elle sera marquée du sceau de ses vertus et de ses principes.

Ils sont tels, ces principes de modération, qu'ils l'auraient porté à refuser une seconde couronne. Mais il sait mieux que tout autre, que la force du temps est la seule que rien ne remplace.

Il a été obligé de se soumettre à la nécessité de laisser ce temps, dont l'homme ne peut pas plus accélérer que retarder la course, consolider le monument qu'il élève pour le bonheur de l'Italie, avant d'en confier la conservation à d'autres mains que les siennes.

Ces mêmes principes n'annoncent-ils pas assez haut quels sentiments le dirigeront, lorsqu'il pourra donner au monde la paix, pour laquelle il a surmonté tant d'obstacles, remporté tant de victoires et consenti à tant de sacrifices?

Voilà donc l'Europe rassurée et pour l'avenir et pour le présent.

Le passé seul aurait dissipé ses craintes.

A-t-on oublié en effet cette époque terrible, où la France ne croyait plus pouvoir résister à l'envahissement dont elle était menacée, qu'en renversant toutes les digues, et en précipitant sur la face du globe ces torrents destructeurs contre lesquels toute résistance aurait été vaine?

Quel est celui qui a comblé les gouffres où allaient s'engloutir et toutes les idées d'ordre et de conservation, et toutes les leçons de l'expérience, et toutes les maximes de la sagesse?

Quelle main a soutenu des trônes ébranlés de toutes parts?

Quelle puissance, si ce n'est celle du génie de Napoléon, a raffermi l'Europe sur ses antiques fondements?

Le même pouvoir rend aujourd'hui le repos à

Ce vaste pays a été, depuis la chute de l'Empire romain, le théâtre sanglant de presque toutes les discordes que l'Europe a vues s'élever.

Les foudres de la guerre ont encore plus ravagé sa surface que les laves brûlantes de ses volcans.

Ces orages vont s'apaiser. Le calme va renaître dans son sein avec la stabilité de ses institutions.

Les Etats qui ont été le plus bouleversés seront les plus paisibles, gloire nouvelle destinée au chef auguste des Français, et digne du grand siècle qui portera son nom.

Sénateurs, vous avez transmis à votre commission, avec le décret par lequel Sa Majesté Impériale a accepté la couronne d'Italie, celui qui donne la principauté de Piombino à Son Altesse Impériale la princesse Elisa et à sa descendance, et confère le titre de prince de Piombino, ainsi que le rang et les prérogatives du prince de l'Empire français, au mari de la princesse Elisa.

Le Sénat, qui partage vivement les sentiments de la France pour l'auguste famille de Sa Majesté Impériale, voit d'ailleurs cette détermination avec d'autant plus de plaisir, qu'il compte parmi ses membres le prince de Piombino.

Mais indépendamment de ce motif, personnel à chacun de nous, le Sénat a reconnu facilement dans le décret impérial une nouvelle marque de l'attention constante de Sa Majesté à tous les intérêts de la France.

Piombino, dont le sort a dû être de dépendre presque toujours d'un Etat plus étendu, et qui a successivement passé sous la protection ou le haut domaine des Pisans, des Siennois, des d'Arragon, des souverains pontifes, des ducs de Toscane, des empereurs d'Allemagne, et des rois d'Espagne, aurait pu être donné à une puissance voisine, par *le Gouvernement français auquel l'a cédé* le traité de Florence de 1801, avec la faculté *d'en disposer à son gré*, sans qu'il ait été réuni depuis au territoire de la France, par aucune loi, ni par aucun sénatus-consulte.

Mais la sûreté de l'Ile d'Elbe, et même celle d'une partie de la Corse, exigeaient que le territoire de Piombino ne cessât pas de dépendre de l'Empire français.

La ville et la forteresse de Piombino sont situées à l'extrémité d'une péninsule qui termine à l'orient le golfe de Gênes, et qui s'avance vers l'Ile d'Elbe, au point de n'en être séparée que par un canal assez étroit. Le promontoire sur lequel elles sont bâties est la partie de terre ferme la plus voisine, non-seulement de l'Ile d'Elbe, mais encore de la Corse. Porto-Ferrajo, l'un des ports de l'Ile d'Elbe, est tourné vers Piombino, et c'est uniquement par ce dernier territoire qu'on peut établir une communication facile au continent avec cette île importante pour la France, et par ses mines et par sa position.

Sa Majesté Impériale aurait pu vous proposer un sénatus-consulte pour réunir la principauté de Piombino à l'Empire français ; mais elle a voulu éviter toute apparence de chercher à étendre notre territoire. Elle s'est contentée d'établir à Piombino un tel régime, que le prince ne pût jamais céder à aucune influence étrangère nuisible à nos intérêts, contracter des alliances dont les effets nous fussent préjudiciables, négliger l'entretien des batteries, le soin des fortifications, et l'emploi des autres moyens de défense nécessaires pour empêcher son territoire de tomber sous un pouvoir ennemi.

De plus, l'éclat de la couronne impériale de France demandait que le titre de prince de l'Empire fût réuni avec la qualité éminente de beau-frère de l'auguste monarque des Français.

En créant ce titre d'honneur, S. M. Impériale a usé de la prérogative que lui donne l'article 14 de l'acte des Constitutions de l'Empire, du 28 floréal an XII, d'établir par des statuts auxquels ses successeurs seront tenus de se conformer, et les devoirs des membres de la famille impériale envers l'EMPEREUR, et une organisation du palais Impérial conforme à la dignité du trône et à la grandeur de la nation.

C'est ainsi que des développements successifs complètent nos institutions, et leur donnent cet éclat qui dispense si souvent du recours à la force, et cette stabilité, le premier vœu de l'homme d'Etat, parce qu'elle est la première source du bonheur des Empires.

Et remarquons, en finissant, une des choses qui frapperont le plus les observateurs attentifs, dans la suite des merveilles opérées par NAPOLÉON.

C'est au milieu des mouvements rapides et multipliés qui se succèdent et se pressent, qu'il établit les éléments de la permanence. Il dirige toutes les actions, pour les conduire au repos, et maîtrise tous les efforts pour produire l'équilibre.

Votre commission m'a chargé d'avoir l'honneur de vous proposer le décret et la délibération qui suivent.

Extrait des registres du Sénat conservateur, du 2 germinal an XIII.

Le Sénat conservateur, réuni au nombre de membres prescrit par l'article 90 de l'acte des Constitutions, du 22 frimaire an VIII ;

Après avoir entendu le rapport de sa commission spéciale, nommée dans la séance du 28 ventôse dernier,

Décrète ce qui suit :

Le Sénat se transportera en corps auprès de S. M. l'EMPEREUR et *Roi*, pour lui offrir l'expression de la reconnaissance et de la vive satisfaction que lui inspire la communication que S. M. Impériale et Royale a bien voulu lui donner elle-même de son acceptation de la couronne d'Italie, et des autres déterminations qu'elle a prises pour le plus grand intérêt du peuple français et des peuples d'Italie.

Ces propositions sont adoptées.

SÉNAT CONSERVATEUR.

PRÉSIDENCE DE M. FRANÇOIS (*de Neufchâteau*).

3 *germinal an XIII* (dimanche 24 mars 1805).

A onze heures, le Sénat en corps a été introduit par le grand maître des cérémonies et présenté par Son Altesse Impériale le grand lecteur à Sa Majesté l'Empereur, qui l'a reçu étant sur son trône environné des princes, des ministres, des grands officiers de la couronne et de l'Empire, et des officiers de sa maison.

S. Exc. M. François (*de Neufchâteau*), président, a adressé à Sa Majesté le discours suivant :

Sire, les nations indépendantes peuvent déterminer la forme de leur gouvernement. Elles peuvent changer les titres et les fonctions de leur suprême magistrat. La République italienne vient d'exercer pour son bonheur ce droit de tous les peuples libres ; mais le contrat qu'elle a passé, intéressant aussi la grande nation, doit avoir son assentiment, et nous l'avons examiné avec l'attention qui devait nous prescrire la démarche éclatante de Votre Majesté Impériale et Royale.

Par un choix réfléchi, la nation française s'est

donnée à vous, Sire, mais aussi vous êtes à elle; vous lui appartenez, et au premier de tous les titres. La propriété d'un grand homme est un droit dont elle est jalouse; elle ne vous céderait pas à l'univers entier; et lorsqu'elle consent que Votre Majesté se prête aux vœux d'un autre peuple, il faut qu'elle y soit décidée par des considérations d'une haute importance.

Tout justifie sans doute la résolution des députés de l'Italie. Pour eux comme pour nous, la République était impraticable et illusoire; pour eux comme pour nous, il n'y avait point d'appui que dans le régime monarchique et la loi de l'hérédité.

Cependant, nous devons le dire, et faire remarquer; dans cette grande affaire, ce qui frappera d'avantage l'observateur impartial. Pour se rassurer pleinement sur ses intérêts politiques, la République italienne avait plus d'un parti à prendre. Emancipée par nos victoires, elle aurait pu d'abord se rattacher à ceux qui l'avaient affranchie : ensuite, au lieu de copier chez elle les lois de l'Empire français, elle aurait pu fleurir par ces lois elles-mêmes. Cette réunion avantageuse aux deux pays, sous des rapports économiques, n'eût paru qu'un retour à l'ordre primitif et à ces limites antiques, tracées par la nature. Les colonies Insubriennes, fondées par Bellovèse, firent jadis partie des Gaules. Tout le rappelait vers la France. Si elles avaient pu y rester toujours annexées, elles se seraient épargné les cruelles vicissitudes dont ces belles contrées ont trop souvent été la proie.

Mais les peuples de l'Italie ont voulu se charger des frais d'un gouvernement séparé. Ils avaient gémi sous un joug qui livrait exclusivement à des mains étrangères toute l'administration et toutes les charges publiques; ils ont eu la noble fierté d'exister enfin par eux-mêmes. Loin de contrarier cet essor généreux, loin d'imiter, à leur égard, la politique envahissante des princes de Savoie et de quelques autres puissances, les conquérants de ce pays ont respecté son vœu; et vous n'avez usé sur lui de la double influence de la victoire et du génie, que pour l'aider de vos conseils et de votre protection, à reprendre une place à part dans les États du continent. Quelle réponse aux calomnies des adversaires de la France! et quand les faits parlent si haut, quelle prévention pourrait les obscurcir encore?

Certes! il ne s'agit point ici d'une de ces notes obscures, qu'une diplomatie perfide peut glisser à la dérobée dans quelques cabinets, pour faire prendre le change. Votre politique est plus franche; elle ne veut tromper personne. Dans la séance impériale que Votre Majesté a tenue au Sénat, elle a ouvert toute son âme; elle a manifesté d'une manière solennelle, la modération sublime qui la caractérise. Oui, elle consent à monter sur le trône qu'elle aime; mais elle aspire à en descendre; elle n'accepte une couronne que dans la vue de l'abdiquer. Exemple unique dans l'histoire!

Ce n'est point Votre Majesté que nous venons féliciter sur un titre qui ne saurait rien ajouter à sa grandeur; mais nous trouvons ici de quoi féliciter la France, l'Italie et l'Europe, parce que nous voyons ici la gloire de la France se fondant à la fois sur le bonheur de l'Italie et sur le repos de l'Europe.

Quant au peuple français, premier objet de vos pensées, Votre   sait   il   i-
sible au vérital   eur.   vous
alles faire dans le ro   é-

nédictions que Votre Majesté se prépare au delà des Alpes, nous les recueillerons, nous en augmenterons l'éclat du nom français. La gloire de notre Empereur est devenue une partie de la gloire nationale. Sous un roi tel que vous, il est facile de prévoir quelle prospérité attend l'un des plus beaux pays du monde, si mal régi pendant longtemps, que sa fécondité fut son premier fléau. Plus la nature a fait pour lui, plus la politique a fait contre. Milan a été dépeuplée. Une opinion populaire croyait même que la ruine de cette ville magnifique était indispensable pour le repos de l'Italie. C'est à vous de détruire ce préjugé barbare. Rendez à Milan sa splendeur et les trois cent mille âmes qu'elle avait autrefois. Pour nous, satisfaits des limites que vos armes et vos traités assurent à la France, nous ne désirons pas l'extension de notre Empire, nous ne voulons que sa durée.

Quant à vos sujets d'Italie, combien ils doivent s'applaudir que l'aigle de Napoléon aille les éclairer du feu de ses regards et les ombrager de ses ailes! Cultivateurs heureux du jardin de l'Europe, ils vont être assurés d'en recueillir les fruits. De toutes les parties de leur beau territoire, des bords de tous leurs riches fleuves, ils pourront désormais contempler avec confiance ces boulevards des Alpes, qui jusques à vous, Sire, n'ont servi qu'à les exposer; mais qui, grâces à vous, doivent enfin les garantir. Si leur tranquillité venait à être menacée, ils n'auront qu'à lever les yeux vers ces montagnes, d'où votre providence saura venir à leur secours.

Quant au reste du continent, tous les potentats de l'Europe doivent vous savoir gré de la nouvelle assise que cette érection du trône d'Italie met sous la base de leurs trônes. La Révolution française avait ébranlé leurs couronnes, tout l'ordre social aurait pu être renversé. C'est à le reconstruire que Votre Majesté s'applique avec un soin infatigable. Le ciel vous a donné aux hommes pour rétablir les fondements de la civilisation.

Sire, nous n'en saurions douter, votre dernier discours, dans la séance du Sénat, doit retentir de cette enceinte dans toutes les cours de l'Europe; partout il sera répété par cette voix du cœur humain qui, même au milieu de la guerre, est toujours l'écho de la paix.

Cet amour de la paix, qui respire dans vos paroles, est prouvé par vos actions. Cet amour de la paix est le sentiment que la France désire le plus de trouver réuni dans son chef avec le talent de la guerre; car l'un importe à sa défense, et l'autre à son bonheur. Sous ces deux points de vue, nous n'avons rien à désirer.

D'ailleurs, aucun détail n'échappe à Votre Majesté. En s'occupant de l'Italie, elle a saisi l'occasion de veiller à la sûreté de la Corse et de l'île d'Elbe, et d'assigner en même temps un titre convenable à l'un de ses beaux-frères. Le sénatus-consulte du 28 floréal an XII confère à Votre Majesté le droit de fixer l'étiquette et les rangs de sa cour. En décorant ce nouveau prince, elle n'a fait qu'user d'une prérogative nécessaire à l'éclat du trône; mais elle a su y réunir les vues d'utilité publique qui ne s'abandonnent jamais. Tout s'agrandit dans les pensées de Votre Majesté; tout doit respirer autour d'elle la sublimité de son rang, l'élévation de son âme, la hauteur de sa d   uée.

S-   us avons approcher l'instant où Votre
Ma   igner de nous; nos vœux et nos
cœ   vre. Nous allons recueillir
av   es immortelles que Votre

Majesté laisse partout sur son passage. Fixés à notre poste pour conserver le grand dépôt des lois constitutionnelles, nous offrons, dans tous les moments, à Votre Majesté, notre zèle et notre assistance ; de loin comme de près Votre Majesté peut compter sur la fidélité, le dévouement et le respect dont le Sénat en corps s'empresse de lui renouveler l'hommage. J'ai l'honneur de remettre à Votre Majesté Impériale et Royale l'acte par lequel le Sénat a décrété cette démarche, dictée également par la reconnaissance, par la justice et par l'amour. Organe de ses sentiments, je ne puis avoir qu'un regret : c'est que ma voix, beaucoup trop faible, n'ait pu les exprimer que d'une manière imparfaite.

CONSEIL D'ÉTAT.

3 *germinal an XIII* (dimanche 24 mars 1805).

Le Conseil d'Etat ayant été introduit près de Sa Majesté Impériale et Royale, au palais des Tuileries, Defermon, l'un de ses présidents, a prononcé les paroles suivantes :

Les membres de votre Conseil d'État sont attachés à votre personne sacrée par l'amour de vos vertus et la reconnaissance de vos bienfaits. Tout ce qui peut contribuer à votre gloire et à votre satisfaction, est l'objet de leurs vœux et de leurs pensées. Ils viennent féliciter Votre Majesté du nouveau titre qu'elle doit à l'amour et à la reconnaissance des peuples du royaume d'Italie.

Ces peuples, comme le peuple français, doivent à votre puissant génie leur liberté, leur existence politique et leur bonheur. Animés des mêmes sentiments, ils ont suivi son exemple. Vous avez comblé leurs vœux, et il n'existera entre les citoyens des deux nations de rivalité que pour prouver à Votre Majesté leur fidélité, leur dévouement et leur amour.

Sa Majesté a répondu :

Je suis bien touché des sentiments que vient de m'exprimer, au nom du Conseil d'Etat, l'un de ses présidents. Je suis convaincu que ses membres s'occuperont toujours avec intérêt et avec zèle de tout ce qui pourra ajouter au bonheur de mes peuples et à l'éclat de ma couronne ; car j'ai toujours trouvé parmi eux de vrais amis.

SÉNAT CONSERVATEUR.

PRÉSIDENCE DE M. FRANÇOIS (de *Neufchâteau*).

Séance du 4 germinal an XIII (lundi 25 mars 1805).

M. **Regnauld** (de *Saint-Jean-d'Angély*), orateur du Gouvernement, est introduit et présente un *projet de sénatus-consulte, tendant à conférer au prince Camille Borghèse, beau-frère de Sa Majesté l'Empereur, les droits de citoyen français.*

Regnauld (de *Saint-Jean-d'Angély*). Messieurs, un de vos décrets vient de donner le titre de *prince* à un citoyen français, beau-frère de Sa Majesté Impériale et Royale.

Le sénatus-consulte que je viens vous présenter a pour objet d'accorder à un prince, allié de Sa Majesté au même degré, le titre de *citoyen français.*

Le prix des droits qui y sont attachés pourra se mesurer désormais sur celui que met à les obtenir le prince Camille Borghèse.

Issu d'une des plus nobles familles d'Italie, devenu membre de la famille auguste qui a été appelée par le vœu de deux nations généreuses à occuper deux trônes puissants, il aspire à devenir membre de la grande famille française ; il veut tenir à celui qui en est le chef, et le père, par le serment commun d'amour et de fidélité que lui prêtent tous les citoyens.

Ce vœu, Messieurs, suffirait, je pense, pour décider vos suffrages en faveur de celui qui le forma.

Je n'ajouterai point qu'alors même que la naissance obtenait tous les privilèges après avoir usurpé tous les droits, le prince Camille Borghèse pouvait aspirer à se placer près de tous les trônes de l'Europe ; que sa famille a donné des souverains à l'Italie, des pontifes au monde chrétien. Mais je dirai qu'elle a fourni à la vertu des exemples, aux sciences des modèles, aux arts des protecteurs, aux Français des amis.

Au milieu des événements divers de la guerre, le dévouement, l'attachement du prince Camille Borghèse furent inaltérables, et c'est sous les drapeaux de nos légions qu'il a acquis ses premiers droits à la faveur que vous êtes appelés à lui succéder.

Et j'ose le dire, Messieurs, il était compté d'avance parmi les citoyens français, celui qui les a admirés dans leurs succès, protégés dans leurs malheurs ; celui qui se montra dans Rome conquise leur hôte généreux, dans Rome évacuée leur courageux protecteur ; celui qui a partagé leurs dangers avant d'aspirer à partager leur gloire ; enfin celui à qui est remis le soin de rendre heureuse la veuve d'un brave et la sœur d'un héros.

M. Treilhard, orateur du Gouvernement, est introduit et présente un *projet de sénatus-consulte sur l'aliénation des biens de dotation du Sénat.*

M. **Treilhard**. Messieurs, le premier Corps de l'Empire doit être environné d'un éclat qui pût répondre à ses fonctions augustes et à son immense influence sur la tranquillité et la prospérité publiques.

Elle fut aussi grande et salutaire, la conception qui, après de longues et violentes agitations, raffermissait les bases de la propriété, en plaçant le Sénat dans la première ligne des propriétaires.

Une masse considérable d'immeubles lui fut donc affectée ; mais cette dotation se trouve concentrée, du moins en grande partie, dans quelques départements qui, nous ne pouvons le dissimuler, durent voir à regret une portion si considérable de leur territoire enlevée au commerce , et plusieurs de leurs habitants privés ainsi de l'espoir de s'unir plus directement à la fortune de la grande famille, par l'acquisition de propriétés nationales.

Ces propriétés sont établies aujourd'hui sur des bases inébranlables comme le génie qui les a posées, et vous avez reconnu qu'il était temps de donner aussi votre propriété à une propriété d'une autre nature; propriété moins sacrée, non moins importante, puisqu'elle fournit à l'industrie ses aliments, et sa fécondation à la propriété territoriale. Déjà vous avez déclaré qu'une partie de la dotation du Sénat serait convertie en fonds de la dette publique ; le projet que nous vous présentons doit consommer cette union d'intérêts si précieuse à établir entre le Sénat et les capitalistes, en substituant à une partie de la première dotation une autre propriété également solide, que vous déclarerez également inaliénable, dont les produits certains ne laissent aucune inquiétude sur l'époque des recouvrements, et préparent une jouissance sans embarras et des rentrées sans contestations et sans frais.

Tel est l'objet, tels sont les avantages du projet, dont vous avez entendu la lecture.

Il autorise la vente des domaines affectés à la dotation du Sénat dans les quatre départements de la Roër, du Mont-Tonnerre, de la Sarre et de Rhin-et-Moselle.

La vente sera faite à la caisse d'amortissement qui, n'acquérant que pour revendre, replacera ces domaines dans la classe des domaines libres, et restituant des fonds au commerce, se procurera, par cette opération, de nouveaux capitaux à l'effet de remplir plus largement l'objet de son institution.

Mais en s'occupant de combinaisons si puissamment influentes sur le crédit public, si salutaires à l'agriculture et à l'industrie, on n'a pas dû perdre de vue l'intérêt du premier corps de l'État, qui est inséparable des intérêts de toute nature, dont il sera toujours le centre.

Le prix de la vente est réglé d'une manière utile et convenable; pour chaque 1000 francs de revenu net que le Sénat cédera en immeubles, il recevra de la caisse d'amortissement 1715 francs en rentes à cinq pour cent : ainsi en même temps que l'éclat du Sénat s'augmentera par un accroissement notable de revenus, le crédit public acquerra de nouvelles forces par la nature de cet accroissement.

Peut-être se serait-il élevé quelques difficultés sur la fixation du revenu net; on a dû les prévenir; le prix des fermes en formera la base à la seule déduction d'un cinquième pour les contributions.

Il a fallu aussi fixer une époque à l'entrée en jouissance des objets respectivement cédés : elle aura lieu à compter du 1er germinal; tout ce qui écherra postérieurement appartiendra aux nouveaux propriétaires; ce qui est déjà échu à cette époque reste au premier possesseur, comme de raison.

Voilà, Messieurs, toute l'économie de ce sénatus-consulte; il est une suite de vos premiers aperçus, et vous n'y verrez sans doute qu'un nouveau bienfait de cette vaste prévoyance à laquelle nul détail ne peut échapper, et qui, en même temps qu'elle balance les destinées des nations, s'occupe des intérêts particuliers, comme s'ils étaient seuls l'objet de toutes ses pensées.

SÉNAT CONSERVATEUR.

PRÉSIDENCE DE M. FRANÇOIS (de Neufchâteau).

Séance du 6 germinal an XIII (mercredi 27 mars 1805).

Le Sénat conservateur, réuni au nombre de membres prescrit par l'article 90 de l'acte des Constitutions de l'an VIII;

Vu le projet de sénatus-consulte rédigé en la forme prescrite par l'article 57 de l'acte des Constitutions de l'Empire, en date du 16 thermidor an X;

Après avoir entendu, sur les motifs dudit projet, les orateurs du Gouvernement et le rapport de sa commission spéciale, nommée dans la séance du 4 de ce mois,

Décrète :

Art. 1er. Le prince Camille Borghèse, beau-frère de S. M. l'Empereur, est admis aux droits de citoyen français.

Art. 2. Il entrera dans l'exercice de ces droits et sera tenu d'en remplir les devoirs, sans être assujetti à la résidence préalable, exigée par l'article 3 de l'acte des Constitutions, en date du 22 frimaire an VIII.

Art. 3. Le présent sénatus-consulte sera transmis par un message à Sa Majesté Impériale.

Le Sénat conservateur, réuni au nombre de membres prescrit par l'article 90 de l'acte des Constitutions de l'an VIII;

Vu le projet de sénatus-consulte rédigé en la forme prescrite par l'article 57 de l'acte des Constitutions, en date du 16 thermidor an X;

Après avoir entendu, sur les motifs dudit projet, les orateurs du Gouvernement et le rapport de sa commission, nommée dans la séance du 4 de ce mois,

Décrète :

Art. 1er. La caisse d'amortissement est autorisée à acquérir du Sénat les domaines qui ont été affectés à sa dotation dans les quatre départements de la Roër, du Mont-Tonnerre, de la Sarre et de Rhin-et-Moselle.

Elle en acquittera le prix par une concession de rentes en 5 pour cent dans la proportion suivante.

Art. 2. Pour chaque quotité de 1,000 francs de revenu net en domaines ruraux qui sera cédé par le Sénat à la caisse d'amortissement, la caisse d'amortissement cédera au Sénat 1,715 fr. 26 centimes de rentes en 5 pour cent sur celles qui sont inscrites sous son nom.

Sera considéré comme revenu net en domaines le produit des fermages actuels, déduction faite d'un cinquième pour les contributions.

Art. 3. La jouissance des rentes à 5 pour cent, qui seront cédées au Sénat par la caisse d'amortissement, aura lieu à compter du 1er germinal an XIII, et le 1er semestre de ces rentes sera, en conséquence, payé au Sénat en vendémiaire an XIV.

Réciproquement, la caisse d'amortissement recouvre pour son compte, sur les domaines qui lui seront cédés par le Sénat, tous les produits dont l'échéance sera postérieure au 1er germinal prochain.

Art. 4. Le traité qui sera fait entre le chancelier du Sénat et le directeur de la caisse d'amortissement, en exécution des articles ci-dessus, subrogera la caisse d'amortissement à la propriété, possession et disponibilité des domaines qui auront été échangés en rentes à 5 pour cent, conformément aux articles 2 et 3.

Art. 5. Les rentes qui seront transférées au Sénat par la caisse d'amortissement, sont déclarées inaliénables.

Art. 6. Le présent sénatus-consulte sera transmis par un message à Sa Majesté Impériale.

TRIBUNAT.

PRÉSIDENCE DE M. FABRE (de l'Aude).

Séance du 6 germinal an XIII (mercredi 27 mars 1805).

Le procès-verbal de la séance du 4 ventôse est adopté.

M. Billacsys de Boismont, jurisconsulte, membre de l'académie de législation de Paris, juge au tribunal et directeur du jury d'accusation de l'arrondissement de Courtray, département de la Lys, adresse au Tribunat ses réflexions sur un écrit ayant pour titre : *Observations sur l'instruction criminelle par jurés.*

Le Tribunat ordonne le dépôt de ces observations aux archives.

M. Alexandre de Crève-Cœur, ancien lieutenant-colonel au 5e régiment d'infanterie, et membre de la ci-devant académie des belles-lettres de la ville de Caen, fait hommage d'un ouvrage ayant pour titre : *Choix d'inscriptions et devises proposées au concours général, à l'occasion de l'inauguration de la statue de l'Empereur Napoléon dans la salle des séances du Corps législatif.*

M. Prault-Saint-Germain, ingénieur, adresse un mémoire intitulé : *Projet de la seule navigation naturelle et commerciale qui existerait en Europe, et joindrait le Rhin à la Seine jusqu'à Paris, sous la dénomination de Navigation Bonaparte, et d'un port devant servir de gare à tous les bâtiments employés à cette navigation, et à celle de la Seine dans les temps de glaces, ainsi que d'un nouveau quartier de commerce à Paris, attenant au port.*

M. Poti... ...s, du Mans, fait hommage

d'un ouvrage ayant pour titre : *Nouvelle décou-verte qui embrasse toute la géométrie , donne la solution de ses plus grands problèmes, etc., ou iden-tité géométrique du cercle et du carré.*

M. Lorio, élève en législation de la ci-devant école centrale du département de l'Escaut, et sous-chef au bureau de police de Gand, fait hommage d'un exemplaire du Code civil qu'il a traduit en langue flamande.

M. Donnant, secrétaire perpétuel de la société académique des sciences de Paris, etc., fait hom-mage d'un ouvrage dont il est l'auteur, et qui a pour titre : *Théorie élémentaire de la statis-tique.*

Le Tribunat ordonne la mention de ces diffé-rents hommages au procès-verbal, et le dépôt des ouvrages à sa bibliothèque.

M. Moll fait hommage d'un plan de ville à construire dans les départements dont la capitale est trop petite, mal bâtie ou mal placée.

M. **Challan**, tribun. L'ouvrage qui vous est présenté ne doit pas être confondu dans la foule des projets que l'imagination enfante; l'auteur de celui-ci a voulu retracer tous les avantages physiques qu'une ville peut offrir; dans ses nombreux voyages il a observé, recueilli ce qui pouvait contribuer à la salubrité et à l'embellis-sement, et en a formé son projet. Sans doute il ne prétend pas y soumettre les villes actuelle-ment édifiées; mais chacune d'elles peut s'em-parer des idées de l'auteur lors de leur agrandis-sement, ou de la reconstruction de quelques-uns des édifices qui les composent. M. Moll donne lui-même pour objet d'application la ville d'An-vers, dont le Gouvernement s'occupe, et celle de Napoléon, dont il jette les fondements.

Si, de plus, vous considérez, Messieurs, que l'auteur n'est mû par aucun motif d'intérêt, mais seulement par l'amour du bien, vous lui saurez gré de ses efforts, et vous les encouragerez en ordonnant la mention de l'hommage qu'il vous fait au procès-verbal, et le dépôt de l'ou-vrage à votre bibliothèque.

Ces propositions sont adoptées.

M. **Joubert** (de la Gironde). Messieurs, M. Ser-van, général de division, et M. l'ex-adjudant-géné-ral Jubé, notre collègue, m'ont chargé de vous faire hommage de leur *Histoire des guerres des Gaulois et des Français en Italie*, dédiée à S. M. l'**Empereur** et **Roi**.

Ce sujet rappelle de grands souvenirs; c'est sur un des théâtres favoris de sa gloire et des arts, dans des contrées qui furent témoins de tant de prodiges, et où de nos jours nous en avons vu qui ont effacé tous ceux qui avaient précédé; c'est dans cette Italie, dont le sort a toujours été lié avec le repos de l'Europe, qu'il est beau de suivre les progrès de l'art militaire, et son influence sur la civilisation.

Aujourd'hui il n'y a plus d'Alpes que pour la sûreté de la France; mais avec quel intérêt on remonte vers ces temps où elles furent comme un des boulevards de la grandeur romaine ! Avec quel orgueil notre âge doit rapprocher les époques où l'Italie fut l'objet de l'émulation de si grands capitaines !

Le premier volume dont M. Jubé est auteur, embrasse une période de 21 siècles. Dans ce tableau, que l'importance des événements mo-dernes ne permettait à l'histoire que d'esquisser, on aperçoit le berceau de Rome et des plus célèbres empires, leurs progrès, leur gloire et leur décadence : les Gaulois et Annibal franchis-sent les Alpes sans aplanir les difficultés innom-

brables d'une si périlleuse entreprise. Charle-magne n'assure pas la durée de son ouvrage. Une longue suite de guerres mémorables déploie successivement les leçons de l'expérience et les progrès des connaissances humaines. Les arts épouvantés par la barbarie, s'étaient réfugiés vers leur berceau ; ils sont rappelés de l'Orient par les Médicis et le commerce. De nouvelles communications s'établissent entre l'Occident et l'ancien monde et les riches parages de l'Inde. Un nouvel hémisphère semble sortir du fond des mers. La découverte de la boussole, celle de l'imprimerie, la renaissance des lettres donnent à la politique de nouvelles formes et lui impo-sent de nouveaux devoirs. L'art militaire puise d'autres maximes, une autre tactique dans l'in-vention de la poudre ; les intéressantes vicissi-tudes qu'éprouvent les armes de Charles VIII et de Louis XII, combattant pour la possession de Naples et du Milanais, s'offrent aux méditations de l'homme d'État, du philosophe et du guerrier.

Ce volume contient en outre des recherches importantes sur les Alpes, sur les divers passages de ces montagnes, opérés par les armées nom-breuses, des détails sur les armes à feu et sur les sièges militaires.

Dans les volumes suivants, M. Servan décrit les événements passés en Italie depuis la mort de Louis XII jusqu'au traité d'Amiens. Il nous montre les fautes, la gloire et les malheurs de François Ier ; la mort surprenant Henri IV au milieu de ses vastes projets ; Richelieu se char-geant de les exécuter ; Louis XIV guidé par la même politique, mais éprouvant ensuite tous les revers de la fortune et perdant le fruit de ses succès en Italie ; enfin la nation française con-fiant au plus grand des guerriers le soin de ven-ger d'anciennes injures et d'illustrer ses drapeaux par d'immortels triomphes.

Il faut revoir, Messieurs, dans l'ouvrage, tous les prodiges qui signalèrent la première campa-gne d'Italie, et qui, donnant la mesure du génie de Bonaparte, faisaient dire à tous les vrais amis de la patrie : voilà le héros que la Providence a suscité pour la sauver.

Cependant Arcole, Lodi, Rivoli, Tagliamento et tant d'autres journées n'avaient été que le pré-lude de plus grandes merveilles. Le héros repasse les Alpes à la vue d'une armée victorieuse ; un mois auparavant, il avait fixé l'époque où il li-vrerait et gagnerait la bataille qui devait avoir de si grands résultats pour le bonheur de la France et pour le rétablissement de l'équilibre politique en Europe.

Le travail de MM. Jubé et Servan comprend aussi le tableau de tous les événements civils qui ont accompagné les faits militaires, et il retrace l'in-fluence des diverses époques sur la civilisation et les progrès de l'esprit humain.

C'est ainsi, Messieurs, que l'histoire de l'art mi-litaire est rendue utile aux contemporains et à la postérité; car si, par une condition inévitable de l'humanité, on ne peut lire quelques pages de l'histoire sans y voir des peuples en guerre , que du moins les leçons de l'expérience ne soient pas perdues pour les hommes, pour les nations et pour les gouvernements.

N'est-il pas juste aussi que les grands traits de vaillance soient fidèlement transmis à la mémoire et à l'admiration ? L'ouvrage qui vous est offert aura cet avantage précieux, qu'il sera en quelque sorte l'arbre généalogique de la gloire des Fran-çais en Italie. On aime à voir figurer à côté des Latrémouille, des Bayard, des Gaston, des Vendôme et des Cutimat, les guerriers qui, tout récemment, y ont cueilli tant de palmes.

Si dans l'honorable association des auteurs de l'ouvrage, nous ne trouvions un collègue qui possède éminemment votre affection, je pourrais, Messieurs, vous parler de tous les droits qu'ils ont acquis à l'estime et à la reconnaissance publiques, pour prix d'un travail où ils se sont si bien montrés comme hommes de lettres, de guerre ou d'État. Je dois me borner à vous proposer d'agréer l'hommage, d'arrêter qu'il sera mentionné au procès-verbal, et que l'exemplaire sera déposé à la bibliothèque.

Le Tribunat adopte ces propositions.

M. le Président rappelle que, le 3 de ce mois, le Sénat en corps a présenté ses respectueuses félicitations à S. M. l'Empereur sur son avénement au trône d'Italie.

Aucune vue d'ambition, dit-il, n'a déterminé l'acceptation de S. M.; elle ne conservera cette couronne que le temps nécessaire pour assurer l'indépendance de l'Italie, consolider la paix du continent. Je propose au Tribunat de se transporter en corps auprès de Sa Majesté pour lui présenter une adresse de félicitations, et lui renouveler, dans cette circonstance d'un intérêt majeur, l'assurance de son zèle et de son dévouement.

Cette proposition mise aux voix est adoptée.

M. le Président est chargé de la réduction de l'adresse, qui sera soumise à l'approbation du Tribunat en comité général.

On donne lecture d'un message du Corps législatif, du 15 ventôse dernier, par lequel cette autorité annonce la clôture de sa session de l'an XIII.

Le Tribunat ordonne l'insertion de ce message au procès-verbal.

On procède au renouvellement de MM. les secrétaires.

MM. Tarrible et Duvidal obtiennent la majorité des suffrages.

La séance est levée.

SÉNAT CONSERVATEUR.

PRÉSIDENCE DE M. FRANÇOIS (de Neufchâteau).

Séance du 15 fructidor an XIII (lundi 2 septembre 1805).

On introduit MM. Regnauld (de *Saint-Jean-d'Angély*) et Mounier, orateurs du Gouvernement.

N. **Regnauld** (de *Saint-Jean-d'Angély*) présente un *projet de sénatus-consulte relatif au rétablissement du calendrier grégorien.*

Messieurs, tous les changements, toutes les réformes que la politique a approuvés lorsque le génie les a conçus, que les mœurs ont sanctionnés lorsque les lois les ont consacrés, que les nations étrangères commenceront par envier et finiront par emprunter à la nation française, sont et seront toujours soigneusement maintenus par l'administration, fortement protégés par le Gouvernement.

Tel est, par exemple, l'établissement des nouveaux poids et mesures, que défendront toujours contre la routine, l'obstination ou l'ignorance, l'unanimité de l'opinion des savants, la base invariable de leur travail, la nature même de cette base, qui est commune à tou... les nations, les avantages de la division p... ...alculs, enfin le besoin de l'uniformité ... et tôt ou tard le besoin de l'u...

Mais parmi les ...

été niée, dont la perfection a été contestée, dont les avantages sont demeurés douteux, il n'en est point qui ait éprouvé de contradiction plus forte, de résistance plus opiniâtre que le nouveau calendrier décrété le 5 octobre 1793, et régularisé par la loi du 4 frimaire an II.

Il fut imaginé dans la vue de donner aux Français un calendrier purement civil, et qui, n'étant subordonné aux pratiques d'aucun culte, convînt également à tous.

Cependant quand la première idée de la division décadaire fut proposée au nom du comité d'instruction publique de la Convention, à un comité de géomètres et d'astronomes pris dans l'académie des sciences, cette innovation fut unanimement désapprouvée et combattue par des raisons qu'il est inutile de rappeler, puisque la division par semaines est déjà rétablie, et que l'opposition des savants portait sur la difficulté et les inconvénients de sa suppression.

Cette substitution de la semaine à la décade a déjà fait perdre au calendrier français un de ses avantages les plus usuels, c'est-à-dire cette correspondance constante entre le quantième du mois et celui de la décade. En effet, le nombre 7 n'étant diviseur ni des nombres des jours du mois, ni de celui des jours de l'année, il est impossible, dans le calendrier français, qui en cela ressemble à tous les autres, d'établir une règle tant soit peu commode pour trouver le quantième du mois par celui de la semaine, ou réciproquement.

Les avantages qui restent encore au calendrier français ne seraient pas pourtant à dédaigner: la longueur uniforme des mois composés constamment de 30 jours; les saisons qui commencent avec le mois, et ces terminaisons symétriques qui font apercevoir à quelle saison chaque mois appartient, sont des idées simples et commodes qui assureraient au calendrier français une préférence incontestable sur le calendrier romain, si on les proposait aujourd'hui tous deux pour la première fois, ou pour mieux dire, personne n'oserait aujourd'hui proposer le calendrier romain, s'il était nouveau.

Dans le calendrier français on voit une division sage et régulière, fondée sur la connaissance exacte de l'année et du cours du soleil, tandis que dans le calendrier romain on voit, sans aucun ordre, des mois de 28, 29, 30 et 31 jours, des mois qui se partagent entre des saisons différentes; enfin le commencement de l'année y est fixé, non pas à un équinoxe ou à un solstice, mais 9 ou 10 jours après le solstice d'hiver.

Dans ses institutions bizarres on trouve l'empreinte des superstitions et des erreurs qui ont successivement entravé ou même dirigé les réformateurs successifs du calendrier Numa, Jules-César et Grégoire XIII.

C'est, par exemple, pour ne rien ajouter à la longueur d'un mois consacré aux mânes et aux expiations, que février n'eut que 28 jours; c'est pour d'autres raisons aussi vaines, que Numa avait fait tous les autres mois d'un nombre impair de jours:

C'est par respect pour ces préjugés, ... pas déplacer certaines fêtes, que Jules... ...en corrigeant la longueur de l'année s... ...re, ne toucha point au mois de févr... ce ... ...ui donnait 7 jours à répartir entre les ... ...m...; et c'est de venue la t... ...e d'a... plusieurs ... ...ra de ... ...mil b... ... b... ...

l'on ignorait la vraie longueur de l'année et l'anticipation des équinoxes dans le calendrier Julien, avait établi, pour la célébration de la Pâques, une règle devenue impraticable par le laps du temps; et c'est par l'importance que Grégoire XIII mit à assurer à jamais l'exécution du canon du concile relatif à la fête de Pâques qu'il entreprit sa réformation.

Tous les embarras de ce calendrier sont venus de ce qu'il fut commencé dans un temps où, par ignorance de l'année solaire, on était forcé de se régler sur la lune, et de ce qu'ensuite, lorsqu'on eut une connaissance moins inexacte du cours du soleil, on ne voulut pas renoncer tout à fait à l'année lunaire, pour ne point déranger l'ordre des fêtes réglées primitivement sur la lune.

Rien de plus simple que l'année civile, qui depuis longtemps est purement solaire; rien de plus inutilement compliqué que l'année ecclésiastique, qui est luni-solaire.

Ce n'est pas que le calendrier français soit luimême à l'abri de tout reproche, ni qu'il ait toute la perfection désirable, perfection qu'il était si facile de lui donner, s'il eût été l'ouvrage de la raison tranquille.

Il a deux défauts essentiels :

Le premier et le plus grave est la règle prescrite pour les sextiles, qu'on a fait dépendre du cours vrai et inégal du soleil, au lieu de les placer à des intervalles fixes. Il en résulte que sans être un peu astronome on ne peut savoir précisément le nombre des jours qu'on doit donner à chaque année, et que tous les astronomes réunis seraient, en certaines circonstances, assez embarrassés pour déterminer à quel jour telle année doit commencer; ce qui a lieu quand l'équinoxe arrive tout près de minuit.

Il n'existe encore aucun instrument, aucun moyen assez précis pour lever le doute en ces circonstances; la décision dépendrait de savoir à quelles tables astronomiques on donnerait la préférence, et ces tables changent perpétuellement.

Ce défaut, peu sensible pour les contemporains, a les conséquences les plus graves pour la chronologie : il pourrait toutefois se corriger avec facilité; il suffirait de supprimer l'article 3 de la loi qui a réglé ce calendrier, et d'ordonner qu'à commencer de l'an XVI les sextiles se succédassent de quatre ans en quatre ans, les années séculaires de quatre cents ans en quatre cents ans.

Cette correction, réclamée par les géomètres et les astronomes, avait été accueillie par *Romme*, l'un des principaux auteurs du calendrier; il en avait fait la matière d'un rapport et d'un projet de loi, imprimé et distribué le jour même de la mort de son auteur, et que cette raison seule a empêché d'être présenté à la Convention.

Mais un défaut plus important du calendrier français est dans l'époque assignée pour le commencement de l'année. On aurait dû, pour contrarier moins nos habitudes et les usages reçus, le fixer au solstice d'hiver, ou bien à l'équinoxe du printemps, c'est-à-dire au passage du soleil par le point d'où tous les astronomes de tous les temps et de tous les pays ont compté les mouvement célestes.

On a préféré l'équinoxe d'automne pour éterniser le souvenir d'un changement qui a inquiété toute l'Europe; qui, loin d'avoir l'assentiment de tous les Français, a signalé nos discordes civiles; et c'est du nouveau calendrier qu'on a daté en même temps la gloire de nos camps et les malheurs de nos cités.

Il n'en fallait pas davantage pour faire rejeter

éternellement ce calendrier par toutes les nations rivales, et même par une partie de la nation française.

C'est la sage objection qu'on fit dans le temps et qu'on fit en vain aux auteurs du calendrier :
« Vous avez, leur disait-on, l'ambition de faire
« adopter un jour par tous les peuples votre sys-
« tème des poids et mesures, et pour cela vous
« ménagez tous les amours-propres. Rien dans ce
« système ne laissera voir qu'il est l'ouvrage des
« Français. Vous faites choix d'un module qui ap-
« partient également à toutes les nations.
« Eh bien! il existe en Europe et en Amérique
« une mesure universelle qui ne doit pas plus
« appartenir à une nation qu'à aucune autre, et
« dont toutes, presque toutes du moins, sont con-
« venues; c'est la mesure du temps, et vous
« voulez la détruire; et vous mettez à la place
« une ère qui a pour origine une époque particu-
« lière de votre histoire, époque qui n'est pas jugée,
« et sur laquelle les siècles seuls prononceront.
« Les Français eux-mêmes, ajoutant-on, divi-
« sés d'opinion sur l'institution que vous voulez
« consacrer, résisteront à l'établissement de votre
« calendrier. Il sera repoussé par tous les peuples
« qui cesseront de vous entendre, et que vous
« n'entendrez plus, à moins que vous n'ayez
« deux calendriers à la fois, ce qui est beaucoup
« plus incommode que de n'en avoir qu'un seul,
« fût-il plus mauvais encore que le calendrier
« nouveau. »

Cette prédiction, Messieurs, s'est accomplie, nous avons en effet deux calendriers en France. Le calendrier français n'est employé que dans les actes du gouvernement, ou dans les actes civils, publics ou particuliers qui sont réglés par la loi; dans les relations sociales, le calendrier romain est resté en usage; dans l'ordre religieux, il est nécessairement suivi, et la double date est ainsi constamment employée.

Si pourtant, Messieurs, ce calendrier avait la perfection qui lui manque, si les deux vices essentiels que j'ai relevés plus haut ne s'y trouvaient pas, S. M. I. et R. ne se serait pas décidée à en proposer l'abrogation.

Elle eût attendu du temps, qui fait triompher la raison des préjugés, la vérité de la prévention, l'utilité de la routine, l'occasion de faire adopter par toute l'Europe, par tous les peuples civilisés, un meilleur système de mesure des années, comme on peut se flatter qu'elle adoptera un jour un meilleur système des mesures des espaces et des choses.

Mais les défauts de notre calendrier ne lui permettaient pas d'aspirer à l'honneur de devenir le calendrier européen. Ses auteurs n'ont pas profité des leçons qu'après l'histoire les savants contemporains leur avaient données. Il faut, quand on veut travailler pour le monde et les siècles, oublier le jour que l'on compte, le lieu où l'on est, les hommes qui nous entourent; il faut ne consulter que la sagesse, ne céder qu'à la raison, ne voir que l'avenir.

En méconnaissant ces principes, on ne fait que montrer des institutions passagères auxquelles l'opinion résiste, que l'habitude combat même chez le peuple pour qui elles sont faites, et qu'au dehors la raison repousse comme une innovation sans utilité, comme une difficulté à vaincre, sans bienfait à recueillir.

Le calendrier grégorien, auquel S. M. vous propose, Messieurs, de revenir, a l'avantage inappréciable d'être commun à presque tous les peuples de l'Europe.

Longtemps, à la vérité, les protestants le repoussèrent ; les Anglais en haine du culte romain l'ont rejeté jusqu'en 1753 ; les Russes ne le reconnaissent pas encore ; mais tel qu'il est, il peut être regardé comme le calendrier commun de l'Europe, tandis que le nôtre nous mettait pour ainsi dire en scission avec elle, et en opposition avec nous-mêmes ; puisque le calendrier grégorien était resté en concurrence avec le nouveau, puisqu'il était constamment dans nos usages et dans nos mœurs, quand le calendrier français n'était que dans nos lois et nos actes publics.

Dans cette position, Messieurs, S. M. a cru qu'il vous appartenait de rendre à la France, pour ses actes constitutionnels, législatifs et civils, l'usage du calendrier qu'elle n'a pas cessé d'employer en concurrence avec celui qui lui fut donné en 1793, et dont l'abrogation de la division décimale avait fait disparaître les principaux avantages.

Quand vous aurez consacré le principe, les détails d'application seront réglés suivant les besoins du Gouvernement et de l'administration.

Un jour viendra, sans doute, où l'Europe calmée, rendue à la paix, à ses conceptions utiles, à ses études savantes, sentira le besoin de perfectionner les institutions sociales, de rapprocher les peuples, en leur rendant ces institutions communes ; où elle voudra marquer une ère mémorable par une manière générale et plus parfaite de mesurer le temps.

Alors un nouveau calendrier pourra se composer pour l'Europe entière, pour l'univers politique et commercial, des débris perfectionnés de celui auquel la France renonce en ce moment, afin de ne pas s'isoler au milieu de l'Europe ; alors les travaux de nos savants se trouveront préparés d'avance, et le bienfait d'un système commun sera encore leur ouvrage.

SÉNAT CONSERVATEUR.

PRÉSIDENCE DE M. FRANÇOIS (de *Neufchâteau*).

Séance du 22 fructidor an XIII (lundi, 9 septembre 1805).

M. **Laplace** fait un rapport sur le *projet de sénatus-consulte portant rétablissement du calendrier grégorien.*

Sénateurs, le projet de sénatus-consulte qui vous a été présenté dans la dernière séance, et sur lequel vous allez délibérer, a pour but de rétablir en France le calendrier grégorien, à compter du 11 nivôse prochain, 1ᵉʳ janvier 1806. Il ne s'agit point ici d'examiner quel est de tous les calendriers possibles le plus naturel et le plus simple. Nous dirons seulement que ce n'est ni celui qu'on veut abandonner, ni celui que l'on propose de reprendre. L'orateur du Gouvernement vous a développé, avec beaucoup de soin, leurs inconvénients et leurs avantages. Le principal défaut du calendrier actuel est dans son mode d'intercalation. En fixant le commencement de l'année au minuit qui précède à l'observatoire de Paris l'équinoxe vrai d'automne, il remplit, à la vérité, de la manière la plus rigoureuse, la condition d'attacher constamment à la même saison l'origine des années ; mais alors elles cessent d'être des périodes du temps régulières et faciles à décomposer en jours, ce qui doit répandre de la confusion sur la chronologie, déjà trop embarrassée par la multitude des ères. Les astronomes, pour qui ce défaut est très-sensible, en ont plusieurs fois sollicité la réforme. Avant que la première année bissextile s'introduisît dans le nouveau calendrier, ils proposèrent au comité d'instruction

publique de la Convention nationale d'adopter une intercalation régulière, et leur demande fut accueillie favorablement. A cette époque, la Convention, revenue à de bons principes et s'occupant de l'instruction et du progrès des lumières, montrait aux savants une considération et une déférence dont ils conservent le souvenir. Ils se rappelleront toujours avec une vive reconnaissance que plusieurs de ses membres, par un noble dévouement au milieu des orages de la Révolution, ont préservé d'une destruction totale les monuments des sciences et des arts. *Romme*, principal auteur du nouveau calendrier, convoqua plusieurs savants ; il rédigea, de concert avec eux, le projet d'une loi par laquelle on substituait un mode régulier d'intercalation au mode précédemment établi ; mais enveloppé peu de jours après dans un événement affreux, il périt, et son projet de loi fut abandonné. Il faudrait cependant y revenir, si l'on conservait le calendrier actuel qui, changé par là, dans un de ses éléments les plus essentiels, offrirait toujours l'irrégularité d'une première bissextile placée dans la troisième année. La suppression des décades lui a fait éprouver un changement plus considérable. Elles donnaient la facilité de retrouver à tous les instants le quantième du mois ; mais à la fin de chaque année, les jours complémentaires troublaient l'ordre des choses, attaché aux divers jours de la décade, ce qui nécessitait alors des mesures administratives. L'usage d'une petite période indépendante des mois et des années, telle que la semaine, obvie à cet inconvénient ; et déjà l'on a rétabli en France cette période, qui depuis la plus haute antiquité dans laquelle se perd son origine, circule sans interruption à travers les siècles, en se mêlant aux calendriers successifs des différents peuples.

Mais le plus grave inconvénient du nouveau calendrier est l'embarras qu'il produit dans nos relations extérieures, en nous isolant, sous ce rapport, au milieu de l'Europe ; ce qui subsisterait toujours, car nous ne devons pas espérer que ce calendrier soit jamais universellement admis. Son époque est uniquement relative à notre histoire : l'instant où son année commence est placé d'une manière désavantageuse, en ce qu'il partage et répartit sur deux années, les mêmes opérations et les mêmes travaux : il à les inconvénients qu'introduirait dans la vie civile, le jour commençant à midi suivant l'usage des astronomes. D'ailleurs, cet instant se rapporte au seul méridien de Paris. En voyant chaque peuple compter de son principal observatoire, les longitudes géographiques, peut-on croire qu'ils s'accorderont tous à rapporter au nôtre le commencement de leur année ? Il a fallu deux siècles et toute l'influence de la religion, pour faire adopter généralement le calendrier grégorien. C'est dans cette universalité si désirable, si difficile à obtenir, et qu'il importe de conserver lorsqu'elle est acquise, que consiste son plus grand avantage. Ce calendrier est maintenant celui de presque tous les peuples d'Europe et d'Amérique ; il fut longtemps celui de la France ; présentement il règle nos fêtes religieuses ; c'est d'après lui que nous comptons les siècles. Sans doute il a plusieurs défauts considérables : la longueur de ses mois est inégale et bizarre, l'origine de l'année n'y correspond à celle d'aucune des saisons ; mais il remplit bien le principal objet d'un calendrier, en se décomposant facilement en jours et en conservant à très-peu près le commencement de l'année moyenne, à la même distance de l'équinoxe. Son mode d'intercalation est commode et simple

Il se réduit, comme on sait, à intercaler une bissextile tous les quatre ans ; à la supprimer à la fin de chaque siècle, pendant trois siècles consécutifs, pour la rétablir au quatrième ; et si en suivant cette analogie, on supprime encore une bissextile tous les quatre mille ans, il sera fondé sur la vraie longueur de l'année. Mais dans son état actuel, il faudrait quarante siècles pour éloigner seulement d'un jour l'origine de l'année moyenne de sa véritable origine. Aussi les savants français n'ont jamais cessé d'y assujettir leurs tables astronomiques, devenues par leur extrême précision la base des éphémérides de toutes les nations éclairées.

On pourrait craindre que le retour de l'ancien calendrier ne fût bientôt suivi du rétablissement des anciennes mesures. Mais l'orateur du Gouvernement a pris soin lui-même de dissiper cette crainte. Comme lui, nous sommes persuadés que loin de rétablir le nombre prodigieux de mesures différentes qui couvraient le sol de la France, et entravaient son commerce intérieur, le Gouvernement, bien convaincu de l'utilité d'un système unique de mesures et de la perfection du système métrique, prendra les moyens les plus efficaces pour en accélérer l'usage, et pour vaincre la résistance que lui opposent encore les anciennes habitudes, qui déjà s'effacent de jour en jour.

D'après toutes ces considérations, votre commission vous propose, à l'unanimité, l'adoption du projet de sénatus-consulte, présenté par le Gouvernement.

Le Sénat conservateur, réuni au nombre de membres prescrit par l'article 90 de l'acte des Constitutions, du 22 frimaire an VIII ;

Vu le projet de sénatus-consulte rédigé en la forme prescrite par l'article 57 de l'acte des Constitutions, du 16 thermidor an X ;

Après avoir entendu, sur les motifs dudit projet, les orateurs du Gouvernement et le rapport de la commission, spéciale nommée dans la séance du 15 de ce mois, décrète ce qui suit :

Art. 1er. A compter du 11 nivôse prochain, 1er janvier 1806, le calendrier grégorien sera mis en usage dans tout l'Empire français.

Art. 2. Le présent sénatus-consulte sera transmis par un message à Sa Majesté Impériale.

SÉNAT CONSERVATEUR.

PRÉSIDENCE DE S. A. I. LE PRINCE JOSEPH BONA-PARTE (grand électeur).

Séance du 3e jour complémentaire an XIII (vendredi 20 septembre 1805).

Le Sénat conservateur, réuni au nombre de membres prescrit par l'article 90 de l'acte des Constitutions du 22 frimaire an VIII ;

Vu la liste des candidats au Corps législatif, formée sur les procès-verbaux des collèges électoraux de département et d'arrondissement, du département du Pô (1re série), ladite liste adressée au Sénat par un message de S. M. l'Empereur, du 12 fructidor dernier ;

Après avoir entendu, sur cette liste, le rapport de la commission spéciale, nommée dans la séance du 22 du même mois ;

Procède, en exécution de l'article 20 de l'acte des Constitutions, du 22 frimaire an VIII, et conformément à l'article 73 de celui du 16 thermidor an X, à la nomination des quatre membres du Corps législatif, qui doivent être élus pour le département du Pô, d'après l'article 2 du sénatus-consulte organique du 24 fructidor de la même année.

Le résultat du dépouillement donne la majorité absolue des suffrages aux candidats ci-après désignés :

Laugier (Ignace), maire de la ville de Turin ;

Boncompagni (Louis), substitut du procureur impérial près le tribunal de première instance à Turin ;

Rigon (Jean-François-Michel-Ange), propriétaire domicilié à Turin ;

Rocci (Étienne), juge à la cour d'appel de Turin.

Ils sont proclamés par S. A. I. M. le grand électeur, président, membres du Corps législatif pour le département du Pô.

Le Sénat arrête qu'il sera fait un message à S. M. l'Empereur, pour lui donner connaissance de ces nominations, lesquelles seront pareillement notifiées au Corps législatif lors de sa rentrée, et au Tribunat.

FIN DE L'AN XIII.

AN XIV

SÉNAT CONSERVATEUR.

Séance du 1er vendémiaire an XIV (lundi 23 septembre 1805).

Exposé de la conduite réciproque de la France et de l'Autriche depuis la paix de Lunéville, lu par le ministre des relations extérieures (M. de Talleyrand), en présence de S. M. l'Empereur et Roi.

Toute l'Europe sait que, dans la guerre, au milieu même des succès les plus signalés et les plus décisifs, l'Empereur des Français n'a pas cessé de désirer la paix ; qu'il l'a souvent offerte à ses ennemis ; qu'après les avoir réduits à la recevoir comme un bienfait, il la leur a donnée à des conditions qu'ils n'auraient pas osé se promettre, et qui ont rendu sa modération non moins éclatante que ses victoires. Il sent tout le prix de la gloire acquise par les armes dans une guerre juste et nécessaire ; mais il est une gloire plus douce et plus chère à son cœur ; son premier vœu, le but constant de ses efforts ont toujours été la tranquillité de l'Europe, le repos et la félicité des peuples.

Ce but était atteint. Ce vœu se trouvait rempli par la paix d'Amiens. L'Empereur fit tout pour la rendre durable. Elle subsisterait encore si la prospérité croissante de la France n'en eût pas fixé le terme. D'abord, elle fut altérées par les démarches artificieuses et bientôt rompue par la perfidie ouverte du cabinet de Saint-James. Mais du moins la paix régnait sur le continent. A travers les prétextes mensongers et vains dont l'Angleterre cherchait à se couvrir, l'Europe démêlait aisément ses véritables motifs.

L'Angleterre craignait de voir se relever de leurs ruines et comme renaître de leurs cendres, les colonies françaises qui avaient été et qui pouvaient redevenir si florissantes. La jalousie voulait étouffer ou du moins arrêter, dans son essor, l'industrie française ranimée par la paix. Elle nourrissait le désir insensé d'éloigner le pavillon français des mers où il parut jadis avec tant d'éclat, ou du moins de le réduire à ne plus s'y montrer que dans un état d'abaissement indigne du rang que la France tient entre les nations. Mais ce n'étaient pas là les seuls motifs de l'Angleterre. Elle était encore poussée par cette insatiable avidité qui lui fait convoiter le monopole de tous les commerces et de toutes les industries, par cet orgueil démesuré qui lui persuade qu'elle est la souveraine des mers, et qui est l'unique fondement du despotisme monstrueux qu'elle y exerce.

La cause que la France avait à défendre était donc la cause de l'Europe, et il était naturel de penser que ni les intrigues de l'Angleterre, ni l'or qu'elle annonçait à tous ceux qui voudraient servir son ambition(1), ni ses promesses fallacieuses ne pourraient engager dans son parti aucune des puissances continentales. Aucune, en effet, ne

(1) M. Pitt, dans la séance du 18 février 1805, après avoir présenté le budget de l'année, demanda et obtint, pour ce qu'il appela *continental uses* cinq millions sterlings.
Et dans la séance du 12 juillet ar de la clôture du Parlement, il demanda et obtint sage, un supplément de trois millions

parut vouloir accueillir ses propositions et ses instances.

Tranquille sur les dispositions du continent, l'Empereur tourna toutes ses pensées vers la guerre maritime, pour laquelle il lui fallait tout créer. Des flottes furent construites ; des ports furent creusés ; des camps s'élevèrent sur les bords de l'Océan ; l'Empereur y réunit toutes les forces de son empire, et ses troupes se formant ; sous ses yeux, à des opérations toutes nouvelles, se préparèrent à de nouveaux triomphes.

L'Angleterre vit quels dangers la menaçaient. Elle crut les détourner par des crimes. Des assassins furent jetés sur les côtes de France. Les ministres anglais près les puissances neutres devinrent les agents d'une guerre infâme autant que d'atroce, d'une guerre de conspirations et d'assassinats.

L'Empereur vit ces misérables complots. Il les méprisa et n'en offrit pas moins la paix aux mêmes conditions auxquelles elle avait été précédemment faite.

Tant de générosité ne put calmer et sembla plutôt accroître les fureurs du cabinet de Saint-James. Sa réponse fit voir clairement qu'il ne penserait à la paix qu'après avoir perdu l'espoir de couvrir le continent de carnage et de sang. Mais il sentait que, pour venir à bout d'un tel dessein, il ne lui suffisait pas d'associer à ses vues une puissance étrangère, presque autant que l'Angleterre, par sa position, au système continental ; que n'ayant rien à attendre de la Prusse dont les sentiments étaient trop connus, son espérance serait vaine tant que l'Autriche resterait fidèle à sa neutralité.

L'Autriche, après avoir éprouvé deux fois, à l'issue des deux guerres malheureuses, aux époques des traités de Campo-Formio et de Lunéville, jusqu'à quel point la France aimait à se montrer généreuse envers un ennemi vaincu, n'avait pas comme la France religieusement observé ses traités. Nonobstant leurs stipulations formelles, la dette de Venise n'était point acquittée ; elle était même déclarée anéantie. L'Empereur savait que ses sujets de Milan et de Mantoue éprouvaient un déni de justice, et que la cour de Vienne n'en payait aucun, au mépris des engagements solennels qu'elle avait contractés.

Il savait que les relations de commerce de son royaume d'Italie avec les Etats héréditaires étaient entravées, et que ses sujets français et italiens ne trouvaient en Autriche qu'un accueil bien différent de celui auquel l'état de paix leur donnait le droit de s'attendre.

Dans le partage des indemnités en Allemagne, l'Autriche avait été traitée avec une faveur qui devait combler ses désirs et passer même ses espérances. Cependant ses démarches annonçaient que son ambition n'était pas satisfaite. Elle employait tour à tour la séduction et les menaces pour se faire céder, par de petits princes, des possessions à sa convenance. C'est ainsi qu'elle avait acquis, sur le lac de Constance, Lindau, et, dans le lac même, l'île de Mennau, ce qui mettait entre ins l'une des clefs de la Suisse. Elle s'éta nar l'ordre teutonique, Altthou- sen, it maîtresse d'un poste im- porti Rhinau. Elle avait agrandi son territoire par une foule d'autres acquisitions. Elle en méditait de nouvelles.

Comme moyen d'agrandissement, elle ne craiguait pas d'employer des usurpations évidentes qu'elle cherche à voiler par des formes légales.

C'est ainsi que, sous le prétexte d'un droit d'épave, droit auquel elle avait expressément renoncé par un traité, et dont l'exercice était incompatible avec l'exécution du recès de l'Empire germanique (1), elle s'appropriait des possessions qu'elle feignait de croire en déshérence et sans propriétaires légitimes, quoique le recès en eût formellement disposé pour la répartition des indemnités. Elle frustrait par là plusieurs princes de celles qu'il avait été trouvé juste de leur assigner; sous prétexte de ce même droit d'épave que, relativement aux Suisses, elle appelait droit d'incarnération, elle enlevait à l'Helvétie des capitaux considérables. Elle séquestrait en Bohême les fiefs appartenant à un prince voisin, sous le prétexte de compensations dues à l'électeur de Salzbourg, et dont elle prétendait, contre tout droit, se constituer seule l'arbitre. Elle insistait, avec menaces, pour conserver des recruteurs dans les provinces bavaroises, en Franconie et en Souabe, et elle y entravait, de tout son pouvoir, la conscription pour l'armée électorale. Abusant de prérogatives autrefois données au chef de l'Empire germanique, pour l'utilité commune des États qui le composent, et tombées en désuétude, elle les faisait revivre pour troubler l'exercice de la souveraineté des princes voisins sur les possessions qui leur étaient échues en partage, et pour les priver, dans les diètes, de l'accroissement d'influence qui devait résulter de ces possessions.

Le recès de l'Empire, conséquence et complément du traité de Lunéville, avait pour objet, indépendamment de la répartition des indemnités, d'établir, par cette répartition même, dans le midi de l'Allemagne, un équilibre qui en assurât l'indépendance, et prévenir les causes éventuelles de mésintelligence et de guerre qu'un contact immédiat des territoires de la France et de l'Autriche aurait pu fréquemment faire naître. Tel était le vœu des médiateurs et de l'Empire germanique, c'était le vœu de la justice, de la raison, d'une politique humaine et conforme aux vrais intérêts de l'Autriche elle-même.

L'Autriche renversait donc tout ce que le recès avait établi si sagement, lorsque par ses acquisitions en Souabe elle affaiblissait la barrière qui devait la séparer de la France, lorsqu'elle tendait à s'interposer entre la France et les principaux États du midi de l'Allemagne, et lorsque par un système combiné de séquestres, de prétentions, de carresses et de menaces, elle tendait sans relâche à s'assurer une influence exclusive, universelle et arbitraire sur cette partie de l'Empire germanique ; elle violait donc évidemment les traités, et chacun de ses actes devait être considéré comme une infraction de la paix.

Depuis la rupture du traité d'Amiens, l'Autriche s'était plus d'une fois montrée partiale en faveur de l'Angleterre; elle avait reconnu par le fait ce prétendu droit de blocus que le cabinet de Saint-James a osé s'arroger, et suivant lequel une simple déclaration de l'amirauté anglaise suffit pour mettre en interdit toutes les côtes d'un vaste Empire; elle avait souffert, sans réclamer et sans se

(1) Voyez aperçu relatif à la saisie des biens et fonds appartenant aux fondations ecclésiastiques et séculières.

plaindre, que la neutralité de son pavillon fût continuellement violée au détriment de la France contre laquelle toutes les violences faites aux pavillons neutres étaient évidemment dirigées.

Tous ces faits étaient connus de l'Empereur : plusieurs excitèrent sa sollicitude. C'étaient de véritables griefs; ils auraient été de justes motifs de guerre; mais par amour de la paix, l'Empereur même s'abstint de toute plainte, et la cour de Vienne ne reçut de lui que de nouveaux témoignages de déférence.

Il s'était fait une loi d'éviter tout ce qui aurait pu causer à l'Autriche le plus léger ombrage.

Lorsque, appelé par les vœux de ses peuples d'Italie, il se rendit à Milan, des troupes furent rassemblées, des camps furent formés, dans l'unique vue de mêler les pompes militaires aux solennités religieuses et politiques, et de présenter la majesté souveraine au milieu de cet appareil qui plaît aux yeux des peuples; l'Empereur conviendra qu'il avait aussi quelque plaisir à voir réunis ses compagnons d'armes dans des lieux et sur les terrains mêmes consacrés par la victoire; mais voulant prévenir les inquiétudes de la cour de Vienne, s'il était possible qu'elle en conçût aucune, il la fit assurer de ses intentions pacifiques, en déclarant que les camps qui avaient été formés seraient levés au bout de quelques jours, et cette promesse fut exactement remplie.

L'Autriche répondit par des protestations également amicales et pacifiques, et l'Empereur quitta l'Italie avec la douce persuasion que la paix du continent serait maintenue.

Quel fut son étonnement, lorsque à peine de retour en France, étant à Boulogne, hâtant les préparatifs d'une expédition qu'il était enfin au moment d'effectuer, il reçut de toutes parts la nouvelle qu'un mouvement général était imprimé à toutes les forces de la monarchie autrichienne, qu'elles se portaient, à marches forcées, sur l'Adige, dans le Tyrol et sur les rives de l'Inn, qu'on rappelait les semestriers, qu'on formait des magasins, qu'on fabriquait des armes, qu'on faisait des levées de chevaux, qu'on fortifiait les gorges du Tyrol, qu'on fortifiait Venise, qu'on faisait enfin tout ce qui annonce et caractérise une guerre imminente.

L'Empereur ne put d'abord croire que l'Autriche voulût sérieusement la guerre, qu'elle voulût se commettre à de nouveaux hasards et condamner à de nouvelles calamités ses peuples fatigués par tant de revers, épuisés par tant de sacrifices.

Maître, par deux fois, de priver pour toujours la maison d'Autriche de la moitié de ses États héréditaires, loin de diminuer sa puissance, il l'avait accrue. S'il ne pouvait pas compter sur sa reconnaissance, il croyait pouvoir compter sur sa loyauté. Il lui avait donné la plus haute marque de confiance qu'il lui fût possible de donner, en laissant dégarnies et désarmées ses frontières continentales. Il la croyait incapable d'en abuser, parce qu'il l'aurait été lui-même. Il est des soupçons qui ne peuvent entrer dans les cœurs généreux ni trouver place dans un esprit réfléchi.

L'Empereur se plaisait à s'affermir dans ces favorables présomptions, et il ne craignait pas de manifester à quel point il désirait de les voir fondées. La cour de Vienne ne négligea rien pour en prolonger l'illusion. Elle multiplia les déclarations pacifiques; elle protesta de son religieux attachement aux traités; elle autorisa son ambassadeur à faire les déclarations les plus rassurantes; elle chercha enfin, soit par des explications plausibles, soit par des dénégations formelles, à dissiper les soupçons que ses mesures pouvaient faire naître.

Cependant les préparatifs hostiles, redoublant tous les jours d'activité et d'étendue, devenaient plus faciles à justifier. L'Empereur ordonna que M. le comte Philippe de Cobentzl, ambassadeur de la cour de Vienne, fût invité à de nouvelles conférences, et que la correspondance des agents diplomatiques et commerciaux de Sa Majesté lui fût communiquée. Quatre jours consécutifs, M. de Cobentzl se rendit chez le ministre des relations extérieures, qui mit sous ses yeux les dépêches précédemment reçues et celles qui arrivaient successivement de tous les points de l'Allemagne et de l'Italie. Les cabinets de l'Europe trouveront dans leurs archives peu d'exemples de communications semblables faites dans les circonstances où le soupçon était si naturel. L'Empereur ne pouvait donner une preuve plus convaincante de sa bonne foi. Il ne pouvait porter plus loin la loyauté et la délicatesse. L'ambassadeur de Vienne prenait connaissance des renseignements les plus positifs, les plus incontestables qui, de toutes parts, annonçaient l'éclat prochain d'une guerre toujours préparée et si soigneusement dissimulée.

Que pouvait-il répondre? Jusqu'à ce moment, la paix avait été hautement professée par sa cour à Paris et à Vienne. Mais sur toutes ses frontières, la guerre était enfin ouvertement organisée.

Toutefois l'Empereur ne voulut pas rejeter tout espoir de rapprochement. Il se persuada que l'Autriche pouvait être entraînée par des suggestions étrangères. Il résolut de tout faire pour la ramener au sentiment de ses véritables intérêts. Il lui représenta (1) que, si elle ne voulait pas la guerre, tous ses préparatifs étaient sans objet, puisque tous ses voisins étaient en paix; qu'elle servait alors, contre son intention et à son insu, le parti de l'Angleterre, en faisant en sa faveur une diversion non moins puissante et plus nuisible à la France que ne le serait une guerre déclarée. Si elle voulait la guerre, il lui en fit envisager les suites déplorables. Supérieur à toutes les considérations qui n'arrêtent que la faiblesse, il ne dissimula pas qu'il craignait la guerre, non qu'après tant de combats livrés dans les trois parties de l'ancien monde, il puisse craindre des dangers bravés tant de fois et tant de fois surmontés: mais il craignait la guerre à cause du sang qu'elle fait verser, à cause des sacrifices sans nombre qu'elle devait coûter à l'Europe. et, par suite d'un amour peut-être excessif pour la paix, il conjura l'Autriche de cesser des préparatifs qui, dans l'état présent de l'Europe, et dans la situation particulière de la France, ne pouvaient être considérés que comme déclaration de guerre, comme le résultat d'un accord qu'elle aurait fait avec l'Angleterre.

Bien plus, il désira que des représentations semblables fussent adressées à la cour de Vienne par tous ses voisins (2), qui, quoique étrangers à la cause de la guerre, quelle que puisse être cette cause, devaient craindre d'en être les victimes.

La conduite de la cour de Vienne affaiblissait chaque jour l'espérance. Loin de cesser ses préparatifs, elle les augmentait. Elle effrayait, par ses armements, les peuples de la Bavière et de la Souabe. Elle faisait craindre à ceux de l'Helvétie de se voir ravir le repos que l'acte de médiation leur a rendu. Tous invoquaient la France

comme leur appui, comme le garant de leurs droits.

Cependant elle dissimulait encore, et, comme un gage de ses intentions pacifiques, elle offrait une sorte d'intervention qu'il est difficile de caractériser, mais qui, à ne considérer que son objet apparent, pouvait être regardée comme oiseuse et puérile (1). L'Empereur de Russie avait fait demander des passeports pour l'un de ses chambellans qu'il était dans l'intention d'envoyer à Paris. L'Empereur ignorait quelles étaient les vues du cabinet de Pétersbourg. Elles ne lui furent jamais officiellement communiquées; mais toujours prêt à saisir tout ce qui pouvait conduire à un rapprochement, il avait accordé les passeports sans délai comme sans explication. Toute l'Europe sait quel était le prix de sa déférence; l'Empereur apprit ensuite, par des voies indirectes et aussi par les bruits qui s'en sont répandus en Europe, que le dessein de la cour de Russie avait été d'essayer, par des pourparlers, de faire goûter à Paris un système de médiation fort étrange, d'après lequel elle aurait à la fois stipulé pour l'Angleterre, dont elle avait, disait-elle, les pleins pouvoirs (ce qui prouve jusqu'à quel point l'Angleterre était sûre d'elle), et négocié pour son propre compte; de sorte que, médiatrice de nom, elle aurait été partie de fait, et à deux titres différents. Tel était le but de l'intervention que la Russie avait projetée, et à laquelle elle avait elle-même renoncé, sans doute parce que la réflexion lui en avait fait sentir l'inconvenance. Or c'était précisément cette même intervention que les bons offices de l'Autriche auraient eu pour objet de reproduire. Il n'était pas vraisemblable que la France se laissât placer dans une situation où ses ennemis réels, sous le doux nom de médiateurs, osaient se flatter de lui imposer une loi dure et outrageante; mais le cabinet de Vienne, sans espérer peut-être que ses bons offices pussent être acceptés, trouvait un grand avantage à les offrir, celui d'abuser plus longtemps la France, de lui faire perdre du temps et d'en gagner lui-même.

Enfin, levant le masque, l'Autriche a, dans une réponse tardive, manifesté par son langage ce qu'elle avait annoncé par ses préparatifs; aux représentations de la France, elle a répondu par des accusations (2). Elle s'est faite l'apologiste de l'Angleterre; et annonçant qu'elle ouvrait ses États à deux armées russes, elle a avoué hautement le concert dans lequel elle est entrée avec la Russie en faveur de l'Angleterre.

Cette réponse de la cour de Vienne, pleine à la fois d'allégations injurieuses, de menaces et d'astuces, avait dû naturellement exciter l'indignation de l'Empereur; mais à travers ces injures et ces menaces, croyant entrevoir quelques idées qui semblaient permettre d'espérer qu'un arrangement serait encore possible, l'Empereur fit céder sa fierté naturelle à des considérations toutes puissantes sur son cœur.

L'intérêt de ses peuples, celui de ses alliés et de l'Allemagne qui allait devenir le théâtre de la guerre, le désir aussi de faire quelque chose d'agréable pour un prince qui, repoussant avec une honorable constance les insinuations, les instances, les offres tant de fois réitérées de l'An-

---

(1) Voyez plus loin les notes de M. le ministre des relations extérieures à M. le comte Philippe de Cobentzl, et sa lettre à M. le comte Louis de Cobentzl.
(2) La Bavière, l'Helvétie, le corps germanique. Voyez la note remise à la diète par M. Bacher.

(1) Voyez la déclaration de la cour de Vienne, portant offre de sa médiation.
(2) Voyez la note du cabinet de Vienne et la déclaration remise à ce cabinet par l'ambassadeur russe comte de Razumousky.

gleterre et de ceux qu'elle avait séduits, s'était montré toujours prêt à concourir, par ses bons offices, soit au rétablissement, soit au maintien de la paix : tous ces motifs portèrent l'Empereur à faire taire ses justes ressentiments. Il se détermina à demander à la cour de Vienne des explications qui fissent connaître les bases sur lesquelles on pourrait négocier. Il ordonna au ministre des relations extérieures de préparer une note à cet effet (1) : le courrier qui devait la porter était au moment de partir lorsque l'Empereur apprit l'invasion de la Bavière.

L'électeur avait été sommé de joindre son armée à celle de l'Autriche, et comme si son refus prévu de faire cause commune avec l'Autriche, dont il n'a jamais reçu que du mal, contre la France, dont il n'a jamais reçu que du bien, eût été, pour la cour de Vienne, un juste motif de guerre, l'armée autrichienne, sans déclaration préalable, au mépris des devoirs qu'impose à l'empereur d'Autriche sa qualité d'empereur d'Allemagne, au mépris de la constitution germanique et de l'Empire germanique lui-même, au mépris enfin de tous les droits les plus saints, avait passé l'Inn et envahi la Bavière en pleine paix.

Après un tel acte de la cour de Vienne, l'Empereur ne pouvait plus rien avoir à lui demander. Il devenait évident que même ce congrès, proposé d'un ton si impérieux, et dans des vues si visiblement hostiles contre la France, n'était qu'un nouveau piége tendu à sa bonne foi ; que l'Autriche, irrévocablement décidée à la guerre, ne reviendrait point à des idées pacifiques, et qu'elle n'était même plus libre d'y revenir. Les changes de toutes les places prouvaient jusqu'à l'évidence qu'une partie des sommes accordées au ministre anglais, pour servir à ses fins sur le continent, était arrivée à sa destination, et la puissance qui avait ainsi trafiqué de son alliance ne pouvait plus épargner le sang de ses peuples dont elle venait de recevoir le prix.

Toute explication ultérieure avec la cour de Vienne était ainsi devenue impossible ; la voix des armes est désormais la seule compatible avec l'honneur.

Que l'Angleterre s'applaudisse d'avoir enfin trouvé des alliés ; qu'elle se réjouisse de ce que le sang va couler sur le continent ; qu'elle se flatte que le sien sera épargné ; qu'elle espère trouver sa sûreté dans les discordes des autres États, sa joie sera de courte durée, son espérance sera vaine, et le jour n'est pas éloigné où les droits des nations seront enfin vengés.

L'Empereur, obligé de repousser une agression injuste qu'il s'est vainement efforcé de prévenir, a dû suspendre l'exécution de ses premiers desseins. Il a retiré des bords de l'Océan ses vieilles bandes tant de fois victorieuses, et il marche à leur tête. Il ne posera les armes qu'après avoir obtenu satisfaction pleine et entière, et sécurité complète, tant pour ses propres États que pour ceux de ses alliés.

Motifs du sénatus-consulte sur la levée de 80,000 conscrits, présenté au Sénat par M. **Regnauld** *(de Saint-Jean-d'Angély).*

Sire, les aigles de vos armées allaient traverser les mers ; les violateurs du traité d'Amiens, tourmentés par les remords, agités par la crainte, allaient être punis par votre justice ; encore quelques jours et la liberté des mers pouvait être con-

quise pour le monde dans le siége même de la tyrannie des mers.

Mais voilà qu'un autre parjure appelle Votre Majesté à d'autres combats. Au mépris de la foi jurée à Lunéville, l'empereur d'Allemagne menace l'Empire français. Il fait marcher contre vos frontières ses propres troupes et des troupes russes, débris de celles que Votre Majesté a vaincues ou renvoyées sans rançon, recrutées par des hommes sans patrie et payées par des subsides de l'Angleterre.

Votre armée, Sire, formée des mêmes légions qui ont vaincu les Autrichiens et les Russes, complétée par des citoyens français pris dans toutes les classes comme dans toutes les parties de l'Empire ; votre armée dont la composition accroît la force, dont le dévouement à votre personne double l'énergie ; votre armée qui sait sentir et penser comme elle sait se battre, dont l'indignation augmenterait la valeur, s'il était possible ; votre armée suffit pour combattre et vaincre, et la diversion si chèrement payée par l'Angleterre n'aura fait que retarder son humiliation et changer le champ de vos premiers triomphes.

Mais si, se préparant d'un côté à combattre la Grande-Bretagne, et se confiant de l'autre dans la fidélité de ses alliés, se reposant peut-être sur le sentiment éclairé de leurs intérêts qui leur conseillait du moins la neutralité, Votre Majesté n'a pas grossi son armée, n'en a pas préparé par des levées extraordinaires le recrutement complet et successif, d'autres circonstances commandent d'autres mesures.

Dans les années qui ont suivi la paix comme dans les années qui ont suivi la guerre, Votre Majesté n'a appelé aux drapeaux que la même quantité de conscrits. Elle a voulu laisser le plus grand nombre d'hommes possible à l'agriculture et aux arts ; aujourd'hui, Sire, votre sagesse veut que la jeunesse française se prépare à payer à la patrie sa dette tout entière, et même avant l'époque où elle en réclamait l'acquittement.

Les orateurs de votre conseil demandent par votre ordre aux sages de l'Empire d'armer le génie d'une partie plus considérable de la force de la nation, et d'ordonner pour l'an 1806 une levée de 80,000 conscrits.

Plusieurs raisons ont porté Votre Majesté à penser que le Sénat devait décréter cette mesure.

La levée de la conscription a été, à la vérité, ordonnée jusqu'à ce jour par des actes du Corps législatif.

La proposition qui est déférée au Sénat n'intervertira pas l'ordre, ne détruira pas l'usage suivi jusqu'à présent ; elle y formera seulement une exception que les circonstances justifient.

Et d'abord, quand Sa Majesté s'éloigne pour mener elle-même ses légions à la victoire, sa prudence lui prescrit de préparer, d'assurer, avant de quitter le centre de l'Empire, tous les moyens de succès que sa sagesse a conçus ; les délais nécessaires à la convocation du Corps législatif retarderaient des mesures auxquelles l'intervention du Sénat garantit une célérité devenue nécessaire.

Secondement, le changement de calendrier prolonge l'exercice de l'an XIV, qui sera même que celui de 1806 jusqu'au 1er janvier 1807, et il sera composé de 15 mois. Il en résulte le besoin d'un changement dans l'époque de la conscription de l'an XV.

En suivant la règle de division de l'année à laquelle la France vient de renoncer, cette conscription ne devrait comprendre que les jeunes gens qui auront atteint, le 22 septembre 1805,

---

(1) Cette note, remise à M. le comte Philippe de Cobentzl, à Paris, sera imprimée à la suite des pièces.

dernier jour de l'an XIV, l'âge de vingt ans.

Pour régulariser cette partie comme les autres branches d'administration publique, la conscription de l'an XIV, ou 1806, doit enfin comprendre les jeunes gens qui auront vingt ans, du 23 septembre 1806 au 31 décembre de la même année; afin que cette levée s'opère sur les contrats de 15 mois, et que la levée suivante puisse compter du 31 décembre 1806 au 31 décembre 1807, et ainsi de suite d'année en année.

Votre Majesté a juré que l'intervention du Sénat rendrait cette régularisation plus solennelle.

Troisièmement, les conscrits se trouveront cette fois appelés avant 20 ans, d'après ce que je viens d'exposer, et cette détermination nécessaire, mais qui, par cela même qu'elle est extraordinaire, ne doit pas être dans la législation de la conscription, doit être décrétée par le corps qui a reçu la mission de pourvoir aux cas imprévus, aux besoins urgents de l'Empire.

Quatrièmement enfin, tout ce qui touche à l'appel des conscrits de l'an XV, qui sera l'an 1806, même ce qui était du domaine de la loi, comme la confection des tableaux, sera fait par des décrets impériaux, et cette utile dérogation au droit commun doit encore être l'ouvrage du Sénat.

Parlerai-je à présent, Sire, de la prudence qui ordonne, et du zèle qui exécutera, et du dévouement qui facilitera, et du succès qui suivra cette nouvelle levée de la jeunesse française.

Sire, Votre Majesté l'a déclaré dans son conseil, vos armées ont dans cet instant en hommes, en armes, en munitions tous les moyens de triompher de l'attaque inopinée, de la déloyauté malavisée de vos ennemis.

Une ligue plus nombreuse et plus redoutable se forma naguères contre la France, et ces armées alliées, grossies, enflées comme les vagues dans la tempête, se sont brisées comme elles contre les digues que nos bataillons dirigés et guidés par vous leur ont opposées.

Le sentiment aveugle et froid d'une obéissance passive mènera au combat les troupes que rassemblent nos ennemis : le sentiment éclairé et brûlant de l'amour de leur patrie et leur monarque précipitera les soldats français au milieu des périls.

Les chefs des puissances et des armées étrangères, séparés d'intérêts entre eux, s'unissent un moment dans des traités, pour se diviser ensuite sur leur exécution. D'accord dans leurs cabinets, ils le sont rarement durant la campagne, et plus rarement encore leurs généraux s'entendent sur le champ de bataille.

En France au contraire, aux conseils et aux armées un seul esprit unit toutes les âmes, confond tous les intérêts, associe toutes les forces, conçoit toutes les ressources, crée tous les moyens, prévoit toutes les difficultés, dispose de toutes les affections, dirige tous les mouvements, prépare tous les succès, et cet esprit se compose de l'amour, de la confiance de la nation et du génie de son chef.

Toutefois, Sire, Votre Majesté sait que, même à ses favoris, la fortune ne donne jamais, et que souvent elle vend chèrement la victoire; père du peuple, comme de l'armée, vous serez cependant forcé de payer du sang de vos enfants les triomphes auxquels vous les conduirez.

Mais, Sire, un noble sentiment de dévouement et de patriotisme donnera au peuple, comme à l'armée, le courage de vouloir, d'exécuter, de réparer les sacrifices nécessaires. Un brave remplacera un brave : dans les bataillons de réserve

toujours complets, Votre Majesté sera sûre de trouver constamment de quoi remplir les vides que les combats auraient laissés dans les bataillons de guerre. Les conscrits que vous appellerez le disputeront de zèle et de fidélité, d'empressement et de bravoure, aux vieux guerriers de vos légions.

J'en atteste, Sire, et cette marche de votre armée des côtes de l'Océan aux rives du Rhin, cette marche, presque sans séjour, durant laquelle nul soldat ne s'est éloigné de son drapeau ; j'en atteste le vœu de ces conscrits désolés d'être condamnés à l'inaction d'un dépôt, et qui ont réclamé leurs places dans les rangs des combattants.

Le peuple français, Sire, vous a remis le droit de vouloir pour lui, et sa volonté libre, fière, courageuse, est, comme la vôtre, *de maintenir l'intégrité de son territoire*, et de défendre ses intérêts, sa gloire et tous les biens qu'elle tient de Votre Majesté.

Votre Majesté soutiendra de sa force toute-puissante, de l'énergie de ses regards inspirateurs, la force et l'énergie de la nation, et vous ne prononcerez, vous ne lui ferez entendre le nom de paix, que quand elle sera par vous victorieuse et vengée.

Tel est, Sire, le vœu de la France, à l'accomplissement duquel le Sénat va concourir en ordonnant la levée de 80,000 guerriers, qui assureront que nos bataillons et nos escadrons seront toujours complets, toujours renouvelés jusqu'à la dernière victoire.

Quand Votre Majesté, dont la personne est infatigable comme la pensée, se fait du travail un devoir qui remplit ses jours et abrége ses nuits; quand elle va présenter aux hasards de la guerre sa tête auguste, les Français, Sire, nous en jurons, nous en jurons d'après nos cœurs, ne disputeront que d'émulation, d'empressement, de dévouement; les regrets ne seront que pour ceux qui, soumis à d'autres devoirs ou condamnés à suivre une autre carrière, ne peuvent aspirer à l'honneur de partager les périls et la gloire de vos braves, d'affronter les dangers avec eux, et de vaincre ou de mourir sous les yeux de Votre Majesté, pour elle et pour la patrie.

NAPOLÉON, par la grâce de Dieu et les Constitutions de la République, EMPEREUR DES FRANÇAIS, décrète ce qui suit :

PROJET DE SÉNATUS-CONSULTE.

Extrait des registres du Sénat conservateur, du...

Le Sénat conservateur, réuni au nombre de membres prescrit par l'article 90 de l'acte des Constitutions, du 22 frimaire an VIII ; vu le projet de sénatus-consulte rédigé en la forme prescrite par l'article 57 du sénatus-consulte organique du 16 thermidor an X;

Après avoir entendu les orateurs du Conseil d'État et le rapport de sa commission spéciale, nommée dans la séance du.....

L'adoption ayant été délibérée au nombre de voix prescrit par l'article 56 du sénatus-consulte organique, du 16 thermidor an X, décrète ce qui suit :

Quatre-vingt mille conscrits seront levés en l'an 1806.

L'appel en sera fait aux époques qui seront fixées par des décrets impériaux. Ils seront pris parmi les Français nés depuis et y compris le 23 septembre 1785, jusques et y compris le 31 décembre 1786.

Le présent sénatus-consulte sera transmis par un message à Sa Majesté.

« Le projet de sénatus-consulte ci-dessus, discuté en » conseil privé, conformément à l'article 57 de l'acte des » Constitutions de l'Empire, du 16 thermidor an X, sera » présenté au Sénat le lundi 1er vendémiaire an XIV, » par MM. Regnauld (de Saint-Jean-d'Angély) et de Ségur, conseillers d'État. »

Au palais de Saint-Cloud, le 4e jour complémentaire an XIII.

Signé : NAPOLÉON.
Par l'Empereur et Roi,
Le ministre secrétaire d'État, signé : H. B. MARET.

Discours de M. de Ségur, conseiller d'État.

Sire, Votre Majesté se voit contrainte d'aller chercher de nouveaux combats. Elle y est forcée par l'injuste agression d'une puissance dont le trône, ébranlé par vos armes, avait été relevé par votre générosité. La passion de la jalousie fait taire la voix de l'humanité ; la séduction ferme les yeux sur les leçons de l'expérience, les Autrichiens oublient Marengo. Le vainqueur voulait conserver la paix, les vaincus redemandent la guerre. Eh bien ! la guerre ne tardera pas à leur apprendre qu'une politique artificieuse ne peut tromper votre vigilance, qu'on ne brave pas en vain vos armées, qu'on expose nos propres États en attaquant ceux de nos alliés, que toute proposition contre l'honneur est une offense pour nous, et qu'un grand peuple ne reçoit jamais la loi de ses ennemis.

Mais en partant pour exiger une juste et éclatante satisfaction, Votre Majesté a voulu prendre toutes les mesures propres à maintenir dans l'intérieur de l'Empire l'ordre et la paix : la guerre ne doit troubler que le sein des pays qui osent la recommencer contre nous. Vous avez voulu que l'armée sédentaire reprît les armes au moment où l'armée active portait les siennes loin de nos frontières ; et vous nous avez chargés de présenter au Sénat un projet de sénatus-consulte dont l'objet est de réorganiser la garde nationale.

Je vais, d'après les ordres de Votre Majesté, expliquer au Sénat les dispositions de ce projet, et lui en développer les motifs.

Sénateurs, vous venez de l'entendre. On menace la France, on envahit les États de ses alliés ; l'indignation que vous éprouvez sera le sentiment de tous les citoyens de l'Empire. Cette attaque injuste autant que téméraire va réveiller avec une nouvelle force, dans les cœurs des Français, ce dévouement au prince qui, dans tous les temps, enfanta tant de prodiges. L'ennemi a déjà senti ce que produisent sur nous les mots sacrés *d'honneur et de patrie* ; bientôt nos efforts lui prouveront plus que jamais quelle est leur puissance.

Mais si le génie qui nous gouverne vole à la victoire à la tête de nos armées, et poursuit loin de nos frontières un ennemi qu'il a déjà tant de fois forcé à la retraite, sa sagesse, qui veille à notre tranquillité intérieure, a cru devoir vous proposer la mesure la plus propre à garantir cette tranquillité et à prévenir tous les projets hostiles que l'éloignement d'une partie de nos troupes pourrait faire naître. Sa Majesté a pensé qu'il était convenable et nécessaire de réorganiser la garde nationale.

Cette institution, dont le nom seul réveille tant de glorieux souvenirs, est encore autorisée par nos lois ; elle n'est pas en activité, mais elle existe ; les décrets des 7 janvier et 16 mars 1790, des 14 octobre et 3 août 1791, et 28 prairial an III, n'ont pas été révoqués. L'Empereur lui-même a de nouveau sanctionné cette institution ; il a convoqué à son couronnement les députés de toutes les gardes nationales de l'Empire. Il a reçu leur serment dans le Champ de Mars, il leur a solennellement donné ces mêmes drapeaux, qu'à sa voix ils doivent déployer aujourd'hui. Qu'ils s'arment donc, que leur barrière imposante garnisse au besoin nos frontières, défende nos côtes, garde nos places fortes ; que cette armée intérieure dé-

concerte tout espoir hostile, que cette force en repos apprenne à l'ennemi que la guerre n'existera que sur son sol, et qu'il tenterait vainement de la porter sur notre territoire.

Il est d'autres devoirs aussi sacrés qu'ils ont à remplir, tandis que leurs amis, leurs frères, leurs enfants sous les drapeaux de l'armée active portent au loin notre gloire, il faut que notre armée sédentaire, occupée de notre repos, veille au maintien de l'ordre et des lois, assure le respect dû à la religion et aux autorités publiques, garantisse les propriétés, protège la paix des champs, l'industrie des ateliers, la sûreté des routes, et maintienne cette prospérité qui excite à la fois et l'étonnement et l'envie de nos rivaux ; mais, sénateurs, pour recueillir tous les avantages qu'on doit attendre de cette institution salutaire, il est indispensable qu'elle reçoive une organisation nouvelle et plus parfaite : les lois qui l'ont précédemment réglée doivent subir aujourd'hui des changements dont l'expérience a démontré la nécessité.

Cependant il est des circonstances qui peuvent exiger des mesures sûres et rapides, partout on doit être prêt à montrer la France armée de la force de son chef et de la force de ses citoyens ; mais si cette force doit être toujours prête, c'est à la sagesse à en faire un prudent emploi : son développement doit être proportionné avec ses besoins, réglé sur les facultés, les occupations des citoyens, sur les moyens différents que présentent les différentes positions : cette force armée doit enfin toute la garantie que les propriétés exigent des hommes appelés à les défendre, et vous jugerez sans doute que dans le moment actuel il est convenable et nécessaire de donner à l'Empereur le droit de faire à l'organisation de la garde nationale, par un règlement, les changements que dans une circonstance moins pressante on aurait pu attendre de la loi.

Il est également important que les officiers de la garde nationale soient nommés par l'Empereur ; toute force doit émaner du pouvoir suprême, tout doit être en harmonie dans nos institutions, et une même et unique direction doit être donnée à tout ce qui commande des citoyens armés ; d'ailleurs n'est-ce pas au modèle et aux juges des braves à les choisir, et à leur chef à les nommer ? Il est juste aussi, en imposant des devoirs aux citoyens, ou plutôt en les leur rappelant, de leur annoncer d'avance leur destination et les conditions sous lesquelles ils seront tenus de faire le service auquel l'Empereur les appellera ; il faut qu'ils sachent qu'ils seront employés au maintien de l'ordre dans l'intérieur, à la défense des frontières et des côtes, et que les places fortes sont spécialement confiées à leur honneur et à leur bravoure. Quel Français, attaché à l'ordre par son éducation, ses propriétés, son industrie, pourrait ne pas sentir la justice d'une loi que dictent ses intérêts les plus chers ! Ils doivent en même temps être assurés que, lorsqu'ils auront été requis pour un service militaire, il leur sera compté comme tel, leur en donnera les avantages et les droits, et qu'en défendant leurs propres foyers contre l'ennemi, ils partageront la gloire et les récompenses des guerriers qui, de conquêtes en conquêtes, ont porté notre nom aux extrémités de l'Europe, de l'Afrique et de l'Asie.

Sénateurs, telles sont les dispositions du projet de sénatus-consulte que Sa Majesté nous a ordonné de vous présenter, et dont je viens de vous développer les motifs ; en l'adoptant, vous donnerez un nouveau lustre, une utilité plus solide à cette garde nationale qui, dans sa naissance, malgré les défauts de son organisation, fit évanouir l'espérance d'une coalition redoutable, et cette garde d'élite imposante au dehors, rassurante au dedans, sagement distribuée, jamais prodiguée, inactive dans les moments, dans les lieux où les circonstances ne la rendaient pas nécessaire, mais toujours organisée, toujours prête au premier besoin et au premier péril, réunira tous les avantages de la force dirigée par la sagesse : dans d'autres temps la France lui dut son salut : aujourd'hui elle lui devra son repos.

NAPOLÉON, par la grâce de Dieu et les Constitutions de la République, EMPEREUR DES FRANÇAIS, Décrète ce qui suit :

PROJET DE SÉNATUS-CONSULTE.

Extrait des registres du Sénat conservateur, du...

Le Sénat conservateur, réuni au nombre de membres prescrit par l'article 90 de l'acte des Constitutions, du 22 frimaire an VIII ;

Vu le projet de sénatus-consulte, rédigé en la forme prescrite par l'article 57 du sénatus-consulte organique de l'an X ;

Après avoir entendu les orateurs du Conseil d'Etat et le rapport de sa commission spéciale, nommée dans la séance du.....;

L'adoption ayant été délibérée au nombre de voix prescrit par l'article 56 du sénatus-consulte organique du 16 thermidor an X,

Décrète ce qui suit :

Art. 1er. Les gardes nationales seront réorganisées par décrets impériaux, rendus en la forme prescrite par les règlements d'administration publique.

S. M. l'EMPEREUR nommera les officiers.

Art. 2. S. M. l'Empereur déterminera l'époque où la nouvelle organisation sera effectuée dans chacun des départements, arrondissements et cantons de l'Empire, qui seront alors designés.

Art. 3. Les gardes nationales seront employées au maintien de l'ordre dans l'intérieur, et à la défense des frontières et des côtes.

Les places fortes sont spécialement confiées à leur honneur et à leur bravoure.

Art. 4. Quand les gardes nationales auront été requises pour un service militaire, il leur sera compté comme tel et leur en assurera les avantages et les droits.

Art. 4. Le présent sénatus-consulte sera transmis par un message à Sa Majesté Impériale.

« Le projet de sénatus-consulte ci-dessus, discuté en » conseil privé, conformément à l'article 57 de l'acte des » Constitutions de l'Empire du 16 thermidor an X, sera » présenté au Sénat, le lundi 1er vendémiaire an XIV, » par MM. de Ségur et Regnauld (de Saint-Jean d'Angély), » conseillers d'Etat.

Au palais de Saint-Cloud, le 4e jour complémentaire an XIII.

Signé : NAPOLÉON.

Par l'Empereur,

Le ministre secrétaire d'Etat, signé : H. B. MARET.

Discours de Sa Majesté l'Empereur et Roi.

« Sénateurs, dans les circonstances présentes « de l'Europe, j'éprouve le besoin de me trouver au « milieu de vous, et de vous faire connaître mes « sentiments.

« Je vais quitter ma capitale pour me mettre à « la tête de l'armée, porter un prompt secours à « mes alliés et défendre les intérêts les plus « chers des peuples.

« Les vœux des éternels ennemis du continent « sont accomplis : la guerre a commencé au « milieu de l'Allemagne. L'Autriche et la Russie « se sont réunies à l'Angleterre, et notre géné- « ration est entraînée de nouveau dans toutes les « calamités de la guerre. Il y a peu de jours, « j'espérais encore que la paix ne serait point « troublée ; les menaces et les outrages m'avaient « trouvé impassible : mais l'armée autrichienne « a passé l'Inn, Munich est envahie, l'électeur de

« Bavière est chassé de sa capitale ; toutes mes « espérances se sont évanouies.

« C'est dans cet instant que s'est dévoilée la « méchanceté des ennemis du continent.

« Ils craignaient encore la manifestation de « mon profond amour pour la paix ; ils crai- « gnaient que l'Autriche, à l'aspect du gouffre « qu'ils avaient creusé sous ses pas, ne revint à « des sentiments de justice et de modération : « ils l'ont précipitée dans la guerre. Je gémis du « sang qu'il va en coûter à l'Europe, mais le « nom français en obtiendra un nouveau lustre.

« Sénateurs, quand, à votre vœu, à la voix du « peuple français tout entier, j'ai placé sur ma « tête la couronne impériale, j'ai reçu de vous, de « tous les citoyens, l'engagement de la maintenir « pure et sans tache. Mon peuple m'a donné, « dans toutes les circonstances, des preuves de sa « confiance et de son amour. Il volera sous les « drapeaux de son Empereur et de son armée, « qui dans peu de jours auront dépassé les « frontières.

« Magistrats, soldats, citoyens, tous veulent « maintenir la patrie hors de l'influence de l'An- « gleterre qui leur prévalait, ne nous accorde- « rait qu'une paix environnée d'ignominie et de « honte, et dont les principales conditions se- « raient l'incendie de nos flottes, le comblement « de nos ports, et l'anéantissement de notre in- « dustrie.

« Toutes les promesses que j'ai faites au peuple « français, je les ai tenues.

« Le peuple français, à son tour, n'a pris aucun « engagement avec moi qu'il n'ait surpassé. Dans « cette circonstance si importante pour sa gloire « et la mienne, il continuera à mériter ce nom de « Grand Peuple dont je le saluai au milieu des « champs de bataille.

« Français, votre Empereur fera son devoir, « mes soldats feront le leur ; vous ferez le vôtre. »

Extrait des registres du Sénat conservateur, du 1er vendémiaire an XIV.

Le Sénat conservateur, délibérant en séance ordinaire, sur les communications importantes qu'il vient de recevoir dans la séance impériale ;

Pénétré, comme tous les Français, de la plus vive indignation, à la nouvelle inopinée de l'envahissement de l'électorat de Bavière par les troupes autrichiennes ;

Considérant que plus la nation française a dû être sensible aux nombreux sacrifices que fait depuis longtemps la patience magnanime de S. M. l'Empereur et Roi, pour maintenir la paix que lui devait le continent, et plus elle doit déployer sa valeur et son énergie, lorsqu'elle est forcée à la guerre,

Décrète ce qui suit :

Art. 1er. Attendu que, d'après le départ de S. M. l'Empereur et Roi pour se mettre à la tête de ses armées, le Sénat ne peut se rendre en corps auprès de Sa Majesté afin de lui porter son vœu pour le succès de ses armes, le Sénat charge son président et ses secrétaires de se transporter à Saint-Cloud à l'issue de sa séance, et d'exprimer à Sa Majesté Impériale et Royale le dévouement profond et unanime du Sénat et du peuple ; leur attachement à sa gloire, à sa personne et à sa famille ; leur confiance dans son génie ; enfin la résolution où sont tous les Français de venger sous ses ordres l'outrage que leur fait une agression aussi inattendue.

Art. 2. Le Sénat se rassemblera extraordinairement sur la convocation de son président, pour entendre, sur les mesures proposées par le Gouvernement, le rapport de la commission spéciale qui vient d'être nommée au scrutin.

Art. 3. Le présent décret sera imprimé, à la suite des discours prononcés dans la séance impériale, et une expédition en sera remise par M. le président à S. M. l'Empereur et Roi.

ANNEXES
A LA SÉANCE DU SÉNAT-CONSERVATEUR DU 1er VEN-
DÉMIAIRE AN XIV.

*Rapport du ministre de l'intérieur (M. Cham-
pagny) sur les gardes nationales, du 1er jour complémentaire an XIII.*

Sire, les menaces de la France ont excité dans
tous les cœurs français un mouvement d'indignation universelle; elles ont réveillé avec une nouvelle énergie leur attachement à votre auguste
personne, leur dévouement à la patrie; le Français
que le double sentiment d'amour pour son prince
et pour son pays rendit toujours capable de si
grands efforts, en éprouvera aujourd'hui plus que
jamais toute la puissance.

Parmi les mesures propres à prévenir les succès de tous les desseins hostiles , et même à les
déconcerter dès leur naissance, il en est une qui,
plus que toute autre, s'emparerait de ces sentiments; qui, dans des circonstances presque semblables, concourut au salut de la France; qui
semble invoquée par nos souvenirs; qui, d'ailleurs, est autorisée par les lois existantes, ou
plutôt qui existe même, du moins dans son principe, et qui n'a besoin que de recevoir un développement momentané, une activité nouvelle.

Sire, je veux parler de l'emploi des gardes nationales.

Pendant que cette armée active qui, dans son
organisation et dans son esprit, n'est elle-même
qu'un détachement de la grande armée nationale,
pendant que l'armée active poursuivra au-delà
de nos frontières un ennemi qu'elle est accoutumée à voir se retirer devant elle, qu'elle péné-
trera sur la terre des conquêtes par les routes
qui lui sont connues, la garde nationale reprendra au dedans cet exercice de vigilance dont
elle fut quelque temps exemptée par le repos de
nos braves. Elle veillera au maintien de l'ordre
et des lois; elle assurera le respect dû aux autorités publiques; elle veillera autour des temples,
des tribunaux, des établissements publics; elle
veillera autour des champs, des propriétés, des
ateliers de l'industrie, et entretiendra cette sécurité nécessaire à tous les travaux; elle concourra
doublement à l'exécution des lois sur la conscription, en donnant des moyens de surveillance
plus multipliés, et en affaiblissant les préjugés
qui s'y opposent, par le réveil des goûts militaires dans le cœur de la jeunesse. Debout, sur
la limite de l'Empire, elle encouragera la marche
de vos soldats, assurera leur retour, en cas de
revers, présentera à l'ennemi une barrière imposante, garantira du moins à la France, au milieu
de toutes les chances des combats, l'avantage le
plus grand à la guerre, celui de ne point faire la
guerre sur son propre sol; elle rappellera ces
temps antiques où l'arrière-ban, tranquille dans
ses foyers, mais prêt à se mouvoir à la voix du
prince, formait une immense et invincible ar-
rière-garde; elle rappellera ces temps récents où
une institution semblable détruisit une coalition
plus puissante encore, lorsque la France ne possédait au dedans, ni les mêmes forces, ni le
même génie pour les mettre en œuvre. Elle communiquera à l'opinion publique une impulsion
salutaire; elle ramènera toutes les pensées au
salut de l'État. Elle imposera elle seule à nos
ennemis, peut-être autant que nos autres préparatifs militaires, et la force qu'elle aura créée,
quoique encore en repos, équivaudra ainsi à des
forces agissantes.

Pourquoi le prince et la patrie en demande-
raient-ils moins aujourd'hui qu'à d'autres époques, à l'affection des Français? Pourquoi la
reconnaissance pour des biens réels n'opèrerait-
elle pas autant que peut opérer un enthousiasme
qui n'en était que l'espoir? Non, il n'est pas un
des fonctionnaires publics, quels que soient son
emploi et son grade, qui ne sente que l'empressement de ses fils et de ses neveux pour ce service intérieur est comme une suite et une portion de ses propres devoirs. Il n'est pas un
propriétaire, un homme jouissant de quelque fortune, ou dirigeant quelque établissement d'industrie, qui ne sente qu'il est de son premier
intérêt de concourir, par lui-même ou par les
siens, à un service qui seul pourra assurer son
repos. Ceux donc qui ont ainsi un intérêt direct
à la conservation de l'ordre public, dont les sentiments sont garantis par leur éducation, seront
les premiers à former cette garde véritablement
d'élite, sur laquelle le Gouvernement et les citoyens honnêtes se reposeront avec une égale
sécurité.

Les lois des 7 janvier et 16 mars 1790, des
14 octobre, 3 août 1791 et 28 prairial an III, n'ont
point encore été révoquées, et subsistent dans
toute leur force : elles ont réglé l'organisation
des gardes nationales, leur mode de service, leur
rapport avec les autorités civiles; elles ont même
prévu le cas où leur concours deviendrait nécessaire à la défense de l'État. Votre Majesté a montré elle-même quels sentiments elle conservait à
l'égard de cette institution lorsqu'elle a convoqué à son couronnement les députés de toutes
les gardes nationales de l'Empire, lorsqu'elle leur
a délivré des drapeaux; ces drapeaux , reçus avec
transport, conservés dans chaque département, se
dérouleront aujourd'hui et seront les bannières
du patriotisme et de l'honneur.

Il est cependant, dans les détails d'organisation que ces lois ont établis, deux objets qui me
paraissent mériter aujourd'hui une attention particulière et quelques modifications essentielles.

Le premier est la nomination des officiers.
Déjà, en germinal dernier, j'avais présenté à
Votre Majesté quelques observations sur ce sujet;
je lui avais rappelé que les gardes-nationales se
trouvaient presque partout sans officiers; je
l'avais priée de remarquer que la forme actuelle
de nos institutions, que l'état de l'opinion publique, autant que l'intérêt de la subordination,
ne permettaient plus d'admettre le mode de nomination introduit à une époque où toutes les
idées démocratiques avaient été exagérées; je
lui avais proposé d'établir que les officiers de la
garde nationale seraient brevetés par le chef de
l'État, comme ceux de l'armée active, et recevraient d'un héros qui se connaît en braves, leur
mission et leur titre.

Le second objet est relatif à la composition des
compagnies de grenadiers et de chasseurs, dont
la formation est ordonnée par les lois des 18 octobre et 25 messidor an III; il importe, d'une
part, qu'il y ait dans la garde nationale, formée
de citoyens plus ou moins libres ou occupés, plus
ou moins disposés au service, quelques détachements facilement disponibles, dont les mouvements soient toujours prompts, dont l'emploi soit
toujours sûr, dont l'esprit soit éprouvé; quelques
détachements de choix, en un mot, qui soient
prêts pour les premiers besoins; il importe, d'un
autre côté, de soulager ce qui est possible d'un
service pénible et dispendieux même, par l'interruption du travail, la classe la moins fortunée
de la société, et de ne compter pour un service

un peu actif que sur des sujets qui ont le temps, les moyens, la volonté de s'y livrer, et par conséquent qui y sont portés par un intérêt plus sensible. Les compagnies de grenadiers et de chasseurs, formées de sujets qui s'équiperont à leurs frais, qui s'offriront par un mouvement spontané, ou qui seront l'objet d'un choix honorable, me paraissent propres à remplir ce double but.

Enfin, Sire, votre intention sera sans doute que les gardes nationales soient uniquement employées au maintien de l'ordre intérieur, à la garde des places, à la défense des frontières et des côtes. Au dehors, les armées conduites par vous-même n'ont pas besoin de ce secours. La certitude de ne point être éloignées de leurs foyers inspirera un plus grand empressement, une plus grande assiduité pour le service de cette garde, et la présence des foyers, rappelant aux citoyens qui la composeront tous les intérêts pour lesquels ils sont armés, donnera à leur service plus d'efficacité, à leur dévouement plus d'énergie.

Des fonctionnaires publics, occupant aujourd'hui dans l'Etat un rang élevé, l'ayant obtenu par d'anciens et glorieux services militaires, des fonctionnaires portant un nom cher aux soldats français, et revêtus d'un caractère que nos lois rendent vénérable, placés par Votre Majesté à la tête des gardes nationales, honoreraient ces corps, leur donneraient une sage direction, et annonceraient plus que tout le reste, en paraissant à leur tête. dans quel esprit ils auraient été fondés, de quel esprit ils devraient être animés.

Signé : CHAMPAGNY.

Rapport au Conseil d'Etat sur la garde nationale. — M. Regnauld (de Saint-Jean-d'Angély), rapporteur.

Sire, l'institution des gardes nationales, consacrée par les actes des Constitutions de l'Empire, déterminée par les lois, a pu avoir une action moins sensible, mais a signalé souvent sa conservation par d'éminents services, et par le développement rapide de forces imposantes et d'un courage à l'épreuve.

Au moment où Votre Majesté, à la tête de *la garde nationale en activité*, de l'armée, va venger la foi violée et porter la guerre au sein des Etats qui l'ont provoquée, la garde nationale sédentaire doit reprendre toute son activité, garantir la paix au dedans quand son prince va chercher la victoire au dehors ; former autour du territoire français une barrière imposante, et montrer à l'ennemi la grande nation dans toute l'énergie de ses forces, dans tout l'appareil de sa puissance.

Pour cela, Sire, on ne peut se le dissimuler, une nouvelle organisation de la garde nationale sédentaire est indispensable, et des changements aux lois qui l'ont réglée sont devenus nécessaires.

Aux termes de l'article 48 de l'acte des Constitutions de l'Empire, du 3 nivôse an VIII, une loi seule pourrait faire ces changements.

Il est utile qu'ils puissent, cette fois seulement, s'opérer par des règlements d'administration publique ; que des mesures rapides, sûres, présentent à l'Europe le spectacle de la France armée de la force de son chef et de la force de ses citoyens, de la puissance de l'Empereur et de la puissance de la nation.

Pour cela, Sire, un sénatus-consulte est nécessaire.

Mais ce sénatus-consulte ne doit contenir qu'une seule disposition principale, celle qui, dérogeant à l'article 48 de celui que nous avons cité, donne

à V. M. le droit de faire par un règlement ce qu'on aurait attendu de la loi dans une circonstance moins pressante.

Il faut seulement ajouter à cette autorisation les dispositions limitatives, ou les dispositions de bienfaisance et de justice, qui formeront les conditions principales sous lesquelles les citoyens seront tenus de faire le service auquel Votre Majesté les appellera.

De ce nombre seront : 1° la garantie que jamais les gardes nationales ne pourront être employées hors du territoire de l'Empire; 2° que quand elles auront été requises pour servir hors de leur canton, leur service comptera comme service militaire, et leur donnera droit à toutes les récompenses, à toutes les indemnités, à tous les avantages accordés à l'armée.

Telles pourraient être, Sire les bases d'un sénatus-consulte, si Votre Majesté adoptait ces vues.

Conseil d'Etat.

Rapport par M. DARU, *sur la proposition faite par le ministre de la guerre, de mettre à la disposition du Gouvernement la conscription de 1806.*

Sire, Votre Majesté était sur le point d'accomplir une de ces grandes entreprises qu'il n'appartient qu'au génie de concevoir et qu'aux courages extraordinaires de méditer : elle allait assurer les mers ; toutes les nations de l'Europe allaient être admises à ce partage, lorsqu'un peuple qui ne conserve de l'influence sur le continent que parce qu'il en est séparé, a corrompu des ministres, trompé l'imprudence ambitieuse des rois et suscité de nouveaux ennemis à la France.

Un ordre a été donné, et cette brave armée qui s'indignait contre les éléments, impatiente de combattre des hommes, s'est trouvée transportée à l'autre extrémité de nos frontières. Dans cette marche, dont la rapidité est déjà un présage de succès, vos soldats ont recueilli chez leurs concitoyens des sentiments d'affection, de reconnaissance, qu'ils retrouveront chez vos alliés, et que partout ils justifieront par leur exacte discipline.

Mais le peuple français ne se contentera pas d'applaudir au dévouement de l'armée. Il sera jaloux de l'imiter, il sait qu'elle doit trouver des troupes alliées au delà des frontières, qu'elle s'est frayé deux fois un chemin jusqu'aux murs de cette capitale où l'on ne nous braverait pas maintenant si nous eussions voulu. Cependant il n'oubliera pas que pour que la guerre soit décisive, il faut qu'elle soit vigoureuse, et que là où la prudence n'a pas préparé des ressources, le danger peut commander des efforts quelquefois trop tardifs et infructueux.

Pendant que l'armée assurera les destinées de l'Europe, V. M., sûre des sentiments de tous les citoyens, met sous la garantie des gardes nationales la tranquillité intérieure de la France. Cette belle institution va prouver une seconde fois que la puissance d'un grand peuple ne peut impunément être offensée. On verra régner le calme et les lois, malgré l'éloignement des forces militaires, comme à une époque récente on a vu l'ordre subsister dans ce vaste Empire, malgré l'absence de tous les fonctionnaires institués pour le maintenir. Les Français savent que le génie de V. M. réside toujours parmi eux, comme les ennemis doivent savoir qu'il est toujours prêt à les atteindre.

La patrie n'est point en danger. Les talents de V. M. inspirent plus que de la sécurité : ils inspirent de l'orgueil à toute la France ; mais la gloire est au delà des frontières , et ces vieux soldats qui ont déjà connu la gloire, qui sont familiarisés avec les dangers , ambitionneront l'honneur d'être encore admis à ce noble partage.

Cette élite de citoyens qui se sont rangés autour de V. M., lorsqu'elle parcourait son Empire, qui lui ont formé une garde lorsqu'elle n'était entourée que de l'amour et de la reconnaissance des Français, seront jaloux de l'environner, lorsqu'elle va braver encore pour son peuple les périls que son bonheur et son génie ont conjuré tant de fois.

Au milieu de ce mouvement général , la jeunesse française ne restera point spectatrice insensible de tant d'enthousiasme et de dévoument. Ceux que les lois ont déjà appelés dans les rangs de nos braves imiteront l'exemple de ces généreux soldats, dont aucun ne s'est éloigné de ses drapeaux dans une marche longue et précipitée.

Ceux que leur âge devait faire bientôt inscrire sur le tableau de nos défenseurs sentiront que, pour être prêts à remplir ce devoir , si la patrie réclamait leur secours , il importe de devancer l'époque ordinaire de leur inscription. Appelés un peu plus tard , ils n'auraient été que des recrues : par cette sage mesure, ils seront déjà des soldats exercés. Et si, comme tout doit le faire espérer, cette guerre est aussi brillante, aussi rapide que les autres campagnes de V. M. , il n'est pas un conscrit qui ne se dise à lui-même combien l'honneur d'y avoir concouru sera préférable à la destinée vulgaire de remplir un service obscur pendant la paix sans occasion de gloire, sans espérance d'avancement. La patrie leur présente des armes, et l'opinion est là pour leur dire ce que disait naguères l'esprit de parti : Point de milieu : des armes ou des fuseaux.

Si tous les Français pouvaient vous entendre , Sire, ils seraient vivement émus par cette voix qui éveille l'enthousiasme et qui promet la victoire. Mais vos actions sont encore plus éloquentes que vos paroles, et vos bienfaits ont imposé une dette que la reconnaissance et le patriotisme sauront acquitter.

Ce grand peuple, en vous voyant chercher de nouveaux dangers, quand vous pourriez trouver le repos sur le trône, se félicitera de ce concours unanime qui vous y a placé. Il se montrera digne de son Empereur. Il ne calculera point si les efforts qu'on lui demande sont nécessités par les circonstances présentes. Il sent qu'il ne faut pas qu'une nation, en différant l'emploi de ses forces, accoutume ses ennemis à essayer les leurs et à prolonger par de petits moyens les guerres dont la durée est un fléau , des discussions politiques dont l'issue n'est souvent qu'une calamité. Il sait que fournir de grands moyens pour décider l'événement de la guerre, c'est épargner le sang, assurer le succès, éviter les impôts.

Dans cette grande lutte qui se prépare, on verra les peuples de l'extrémité orientale de l'Europe armés pour des intérêts qui ne sont pas les leurs, des peuples qui se vantent de leur civilisation s'allier à des troupes demi-barbares, plus à craindre encore comme maîtres que comme ennemis ; mais tous les Français savent que la gloire de l'Empereur est la gloire nationale. Les haines contre l'Empereur sont des haines contre la nation. Tous les Français seront jaloux de prendre part à ces grands événements, et V. M., suivie, s'il le faut, d'un million de braves , élèvera au plus haut point la prospérité de son Empire ,

fixera les destinées de l'Europe, punira l'imprudence de ses ennemis, et environnera ses alliés de tout l'appareil de sa puissance.

Pièces annoncées dans l'exposé de la conduite réciproque de la France et de l'Autriche, depuis la paix de Lunéville.

No 1er.

ÉTAT APPROXIMATIF DES SAISIES FAITES SUR LA BAVIÈRE PAR L'AUTRICHE , EN VERTU DU DROIT D'ÉPAVE.

Aperçu de la valeur des biens et fonds dont la cour de Vienne a ordonné la saisie, en vertu du droit d'épave.

Lorsqu'en exécution du recès des indemnités, les princes d'Allemagne eurent pris possession des États et domaines ecclésiastiques qui avaient été sécularisés en leur faveur, l'empereur d'Allemagne fit frapper de séquestre toutes les dépendances des évêchés , chapitres , abbayes médiates et immédiates qui se trouvaient enclavées dans les États autrichiens.

Cette disposition, absolument contraire à la volonté du recès, fut d'abord présentée par la cour de Vienne comme une mesure provisoire dont l'effet était de garantir les intérêts de S. A. R. le grand-duc de Toscane, dans le cas où les possessions de l'électeur de Bavière en Bohême, et les terres de Freysing en Autriche, ne suffiraient point à former l'équivalent dû à ce prince pour les parties d'Aichstedt et de Salzbourg qu'il avait cédées. Ce n'est que plus tard que la cour impériale mit en avant le prétendu droit d'épave, droit tellement inconnu en Allemagne, que pour l'exprimer, on a été obligé de recourir à un ancien mot de la jurisprudence française. Les tribunaux suprêmes de l'Empire, et particulièrement le Conseil aulique , ont autrefois rejeté des prétentions fondées sur un droit semblable, lors de la suppression des Jésuites en Allemagne.

L'application de ce prétendu droit d'épave entraînerait pour la Bavière des pertes que l'on peut évaluer à un capital de 8,860,000 florins de Vienne.

En effet, l'évêché de Wurtzbourg possède dans la banque de Vienne au delà de	4,000,000 flor.
L'évêché de Bamberg et les autres corporations de ce pays . .	2,200,000
La cour féodale de l'évêché de Bamberg à Vienne comprend la seigneurie de Salzbourg et plusieurs fiefs, qui sont d'une valeur foncière de.	1,000,000
L'évêché d'Augsbourg possède dans le Tyrol la douane de Luex et plusieurs droits à Balzan, évalués à un capital de	160,000
L'abbaye de Waldsassen , celles de Vahrnach, Tegernsee, Railenharlach , Beuernbourg , Benedeilbeuern, Ettat, Furstenzelle, etc., et presque toutes ces abbayes , tant immédiates que médiates des provinces électorales en Souabe , ont des possessions très-considérables en Autriche, dont la valeur s'élève au delà de	1,500,000
Total	8,860,000 flor.

La cour de Vienne s'est servie du même droit d'épave pour obliger l'électeur de Wurtemberg, le prince de Nassau-Fulde, l'ordre teutonique , les comtes de Sterberg , d'Aspremont et autres, à faire avec elle des conventions par lesquelles les revenus domaniaux séquestrés leur ont été rendus, moyennant qu'ils ont abandonné à l'Autriche tous les droits de souveraineté, ce qui a étendu le territoire autrichien dans la Haute-Souabe.

Nº II.

Note du ministre des relations extérieures à M. le comte Philippe de Cobentzl, en date du 5 thermidor an XIII.

Le soussigné a mis sous les yeux de S. M. l'Empereur et Roi, la lettre de M. Rostagny, dont il a l'honneur d'envoyer la copie à son excellence M. le comte de Cobentzl.

Sa Majesté a été sensiblement affectée de l'outrage fait à un membre de l'Institut de France, homme personnellement digne de toutes sortes d'égards, et qu'elle honore d'une bienveillance particulière.

M. le comte de Cobentzl ne sera donc pas surpris d'apprendre qu'elle ait cru devoir, pour la sûreté de M. de Prony et pour sa propre dignité, donner l'ordre que deux des Autrichiens les plus notables qui se trouvent à Paris, soient mis aux arrêts.

M. de Prony n'est ni le premier, ni le seul qui ait eu à souffrir des mauvais procédés que les autorités de l'Autriche, sans égard pour l'état de paix, et en opposition aux liens d'amitié qui existent entre les deux souverains, font journellement essuyer aux sujets de Sa Majesté. Les Etats de l'Autriche leur sont interdits comme à des ennemis, comme si les deux nations étaient en guerre. Récemment encore, et à Vienne même, M. Coiffier en a fait la triste épreuve. Homme de lettres d'une réputation intacte, exempt de reproche et au-dessus du soupçon, il n'a pas pu se rendre en Hongrie, parce que sans raison, sans prétexte même, on n'a pas voulu le lui permettre.

Dans les rapports entre les Etats, une exacte réciprocité étant la règle de conduite la plus juste et la plus sage, S. M., soit comme Empereur des Français, soit comme Roi d'Italie, la suivra toujours invariablement. Ainsi les passeports des ministres, généraux et autres agents de Sa Majesté l'empereur d'Allemagne et d'Autriche auront créance en France et aussi longtemps seulement que les passeports des ministres et autres agents de S. M. l'Empereur et Roi trouveront créance en Autriche; et ce que les sujets autrichiens rencontreront en France de facilités ou d'obstacles, sera fidèlement calculé sur un système de procédés dont la cour de Vienne aura fixé la mesure.

Le soussigné a l'ordre exprès d'en informer son excellence M. le comte de Cobentzl.

Il est en même temps chargé de demander des explications sur le cordon de l'Adige, qui, dans la saison et dans les circonstances où nous sommes, n'est évidemment propre qu'à gêner le commerce et les relations des deux peuples. De tous les points des possessions de la maison d'Autriche, des troupes sont dirigées sur l'Etat de Venise; des magasins se sont formés; des chevaux sont achetés; tout ce qui caractérise des préparatifs de guerre se fait en Autriche, et dans le temps même où Sa Majesté I. n'a cessé de donner des preuves de la plus extrême condescendance pour la cour de Vienne, tout ce que cette puissance a fait de contraire à l'esprit et à la lettre des traités, l'Empereur l'a toléré. Il ne s'est point récrié contre l'extension immodérée donnée au droit d'épave, contre l'acquisition de Lindau,

contre tant d'autres acquisitions faites en Souabe, et qui, postérieurement au traité de Lunéville, ont matériellement altéré la situation relative des Etats voisins dans le midi de l'Allemagne. Il a feint d'ignorer que la dette de Venise n'était point acquittée, nonobstant l'esprit et la lettre des traités de Campo-Formio et de Lunéville, qui portent expressément que les dettes hypothéquées sur le sol des pays cédés, seront à la charge de nouveaux possesseurs : il s'est tû sur le déni de justice que ses sujets d'Italie éprouvaient à Vienne, où aucun d'eux n'était payé malgré les stipulations du traité de Lunéville. Il a également, et par amour pour la paix, gardé le silence sur la partialité avec laquelle l'Autriche, contre ses intérêts et contre ses propres principes, a, par une aveugle déférence, favorisé les prétentions les plus monstrueuses de l'Angleterre, de sorte que les contrées qu'il a plu au gouvernement britannique de déclarer en état de blocus, ont été tenues pour réellement bloquées par la cour de Vienne, qui a contremandé à Trieste et à Venise les expéditions destinées pour ces contrées; et lorsque l'Angleterre, violant comme elle l'a fait constamment le pavillon autrichien, la cour de Vienne l'a souffert sans résistance. Sa Majesté, quoiqu'elle fût en droit d'accuser une partialité contraire, sans doute, à la dignité de l'Autriche, mais non moins contraire aux intérêts de la France, a fait encore à l'amour de la paix un nouveau sacrifice en gardant le silence.

Ce sera toujours un sujet du plus juste étonnement que la cour de Vienne, à des procédés si remplis de modération et d'égards, n'ait répondu que par des démarches qui mettent aujourd'hui S. M. l'Empereur et Roi dans la nécessité de demander des explications.

S. M. l'empereur d'Allemagne et d'Autriche est libre, sans doute, d'établir dans ses Etats la police qui lui convient; cependant le droit général de l'Europe a restreint la liberté que les souverains ont à cet égard, en lui donnant pour limites l'utilité réelle et les convenances. Si ces convenances, ou n'étaient point senties ou étaient dédaignées par la cour de Vienne, si elle adoptait des principes différents, et si elle persistait à maintenir un cordon qui, dans l'état de paix et avec des vues pacifiques, ne peut être d'aucune utilité, le soussigné est chargé de prévenir M. le comte de Cobentzl que S. M. l'Empereur se verrait pour lors forcé d'ordonner un contre-cordon sur l'Adige, et que ses Etats d'Italie seront fermés aux marchandises de Trieste et de Vienne.

Sa Majesté veut éloigner jusqu'à l'idée que le cabinet de Vienne ait pu compter sur une condescendance illimitée de sa part, dans un moment où elle est engagée dans une guerre maritime qui absorbe une partie de ses moyens; mais la violation de ses droits les plus sacrés et les plus chers l'obligeant à manifester ses sentiments, elle a chargé le soussigné de faire connaître à M. de Cobentzl que, dans aucun cas et quelles qu'en puissent être les suites, elle ne souffrira les outrages qu'une police oppressive se plaît à faire endurer aux citoyens français.

Si, ce que Sa Majesté ne peut encore se persuader, si tous ces outrages n'étaient qu'une sorte de prélude pour commencer la guerre et pour s'unir à une coalition à laquelle les Anglais se vantent d'avoir amené la maison d'Autriche, S. M. l'Empereur et Roi ne le verrait pas sans regret; mais quelque douleur qu'elle en pût ressentir et quelques larmes qu'il en pût coûter à l'humanité, elle préférerait une guerre ouverte et décidée à une guerre de préparatifs hostiles, d'outrages et de menaces. .

Cependant Sa Majesté enjoint au soussigné de terminer la présente note par une déclaration positive, qui est qu'elle veut la paix avec Sa Majesté l'empereur d'Allemagne et d'Autriche, mais une paix loyale, évidente, entière, une paix que des mouvements de troupes, la formation de camps hostiles, des insultes faites à ses sujets et des entraves mises à leur commerce ne rendent pas plus fâcheuse et pire mille fois que la guerre elle-même ne le pourrait être ; une paix telle enfin que l'Empereur, pendant que ses forces sont occupées sur l'Océan, ne soit pas obligé, par des préparatifs de la maison d'Autriche, à croire ce que disent les Anglais, qu'elle est entrée dans une coalition, puisque dans tous les temps une semblable conduite dans des circonstances pareilles ne serait point susceptible d'une autre interprétation.

Le soussigné a reçu l'ordre de porter immédiatement à la connaissance de Sa Majesté l'Empereur et Roi la réponse que M. le comte de Cobenzl sera chargé par sa cour de faire à la présente note.

Il saisit cette occasion pour renouveler à M. le comte de Cobenzl l'assurance de sa très-haute considération.

Signé : Ch Maur. Talleyrand.

Nº. III.

Lettre du ministre des relations extérieures à M. le comte de Cobenzl, vice-chancelier de cour et d'État à Vienne.

17 thermidor an XIII.

Monsieur le comte, l'Empereur reçoit de toutes parts l'avis que Sa Majesté l'empereur d'Allemagne et d'Autriche est entré dans des projets de coalition qui menacent de rallumer la guerre sur le continent. Cet avis semble confirmé par une multitude d'indices et même par des actes qu'il est impossible de concilier avec des idées de paix : M. de Winzingerode est à Vienne, et n'a pu y être envoyé que dans des vues sur la nature desquelles la mission toute hostile qu'il vient de remplir à Berlin, et les écarts récents de la Russie, ne permettent pas de se méprendre. Les Anglais, après avoir publiquement déclaré dans leurs discussions parlementaires que la Russie, sans le concours de l'Autriche, serait pour eux une alliée onéreuse et inutile, se vantent maintenant d'avoir achevé de conclure une alliance continentale ; enfin l'empereur d'Allemagne et d'Autriche accumule à tout prix, dans ses possessions en Italie, ou dirige vers cette contrée un nombre sans mesure de troupes, et cela sous le prétexte de défendre l'État vénitien qui n'est pas menacé. Sa Majesté ne peut se persuader encore que la maison d'Autriche consente à sacrifier aujourd'hui son repos à des craintes chimériques, ou à des espérances tout au moins incertaines ; mais ne voulant point que, si les plaies du continent, à peine fermées, doivent être rouvertes et saigner encore, l'Europe puisse reprocher à la France de n'avoir pas fait tout ce qui était en son pouvoir pour la garantir des calamités qui viendraient l'accabler, Sa Majesté m'ordonne de m'adresser directement à vous, M. le comte, dont elle connaît les lumières, et qui, sans doute, ne pourriez voir qu'avec regret le renversement d'une paix à laquelle vous avez si puissamment contribué.

Je prie donc V. Exc. de permettre que j'entre avec elle dans l'examen des motifs qui pourraient porter Sa Majesté l'empereur d'Allemagne et d'Autriche à rompre la paix ; des raisons qui doivent l'engager à la maintenir, et des conséquences probables que sa détermination dans l'une et l'autre hypothèse aura, soit pour l'Autriche, soit pour l'Europe en général.

Dans la partie de ses possessions où la maison d'Autriche réunit ses forces, elle ne peut être attaquée que par la France, et la France, engagée dans une guerre maritime où presque tous ses moyens sont employés, ayant ses forces à 300 lieues de l'Autriche, campées sur les bords de l'Océan, a un intérêt bien sensible à rester en paix avec les puissances du continent, et ne peut pas même être soupçonnée de vouloir leur faire la guerre. Pour l'exécution d'un tel dessein, il faudrait qu'elle levât ses camps et qu'elle portât l'immense matériel de ses armées des côtes sur le Rhin et au delà des Alpes. Elle a, il est vrai, une armée en Italie, mais infiniment moins considérable qu'on ne s'est plu à le prétendre, et encore cette armée est-elle disséminée et répandue jusqu'aux extrémités de la péninsule.

L'Autriche ne peut donc avoir de craintes présentes. Quelles alarmes peut-elle concevoir pour l'avenir ? Craint-elle que la France ne convoite l'État de Venise ? mais n'est-ce pas la France qui l'a donné à l'Autriche ? Et si elle l'eût convoité, s'en serait-elle dessaisie ? Elle voudrait, dira-t-on, augmenter le royaume d'Italie ; Sa Majesté impériale n'a point d'intérêt à augmenter un royaume qu'elle ne possède que pour un temps, et pour un temps qu'il appartient à ses ennemis eux-mêmes de rendre fort court. Il est, d'ailleurs, bien évident que la France, à moins de renfermer tous ses calculs et toutes ses vues dans le cercle étroit du présent, et de ne point embrasser l'avenir par la prévoyance, ne saurait être portée à désirer que le royaume d'Italie acquière une trop grande extension de territoire et de puissance.

À entendre les ennemis de la France, elle aspire à la monarchie universelle. Ce sont là de ces accusations banales que l'on a dirigées successivement contre diverses puissances, et dont la plus simple réflexion démontre l'absurdité. Sa Majesté ne se berce pas de chimères, et bien loin que la France ait de telles prétentions, à peine a-t-elle le degré de puissance nécessaire pour défendre l'étendue actuelle de ses possessions. Toutefois elle ne désire aucun agrandissement ; elle n'en cherchera aucun, si ses ennemis ne lui en donnent pas l'exemple.

Quels griefs fondés la maison d'Autriche a-t-elle contre la France ? La réunion de Gênes n'en peut être un pour aucune puissance continentale ; et la maison d'Autriche ne saurait tout au plus y trouver qu'un prétexte pour récriminer contre les observations que nous avons faites au sujet des réunions qu'elle a elle-même effectuées. Sa Majesté l'empereur d'Allemagne et d'Autriche n'a-t-il pas réuni à ses possessions de grands établissements en Souabe, et nommément la ville de Lindau, si importante pour l'Autriche comme position militaire ? N'y a-t-elle pas fait des acquisitions telles, que l'équilibre que l'on avait eu pour objet d'établir par le partage des indemnités, en a été considérablement dérangé ? Il n'est aucune de ses opérations qui n'ait attiré vivement l'attention de Sa Majesté ; et je dois vous avouer, Monsieur le comte, qu'elles ont excité à un haut degré sa sollicitude : cependant elle s'est bornée, sur ce point, à de simples représentations : elle n'a pas jugé qu'il fallût recourir à des démonstrations de guerre, à des préparatifs hostiles; et si la possession de Gênes lui a paru une légitime compensation, elle a donné, en se contentant d'un tel équivalent, une preuve de sa constante modération, puisque Gênes n'ajoute rien et ne peut rien ajouter à sa force continentale et à ses ressources contre la maison d'Autriche, tandis que cette puissance, par ses acquisitions en Souabe, est devenue plus menaçante pour la Bavière, plus capable d'attenter à l'indépendance du midi de l'Allemagne, et enfin, qu'en rapprochant ses forces de nos frontières, elle a rendu plus imminente et plus facile la première agression qu'elle tentera contre l'Empire français.

Peut-on parler de griefs sans songer combien la France serait en droit de se plaindre de la partialité si manifeste de l'Autriche en faveur de l'Angleterre, de la facilité inexplicable avec laquelle elle a souffert et même favorisé les usurpations les plus monstrueuses du cabinet de Saint-James, en reconnaissant implicitement ce prétendu droit de blocus, si inouï, si violent, si tyrannique, si contraire à tous les principes, comme à tous les intérêts de l'Europe, que le gouvernement britannique a osé s'arroger dans les derniers temps? L'amirauté de Londres avait à peine déclaré le port de Gênes bloqué, quoique réellement il ne le fût pas, que les expéditions destinées pour la Ligurie furent arrêtées à Venise et à Trieste. Les Anglais n'ont cessé d'insulter le pavillon autrichien : quelles plaintes l'Autriche a-t-elle portées? Quels efforts a-t-elle faits pour assurer à son pavillon la jouissance des avantages de la neutralité, sur lesquels la France avait droit de compter? L'Autriche a gardé le silence sans égard pour sa dignité, sans égard pour les intérêts de ses peuples, mais en sacrifiant ainsi les intérêts de la France, puisque les violences exercées contre le pavillon autrichien n'étaient réellement dirigées que contre elle.

Mais laissons, Monsieur le comte, la discussion des griefs ; je n'en prolongerai point l'énumération. Je ne m'étendrai point sur le droit d'épave, sur le non-paiement de la dette de Venise, sur une foule d'autres détails. Dans une circonstance aussi grande, leur objet, quoique grave autant que juste, est d'une importance inférieure à celle des résultats qu'un avenir peut-être prochain place devant nous.

Allons au fond de la question : l'Autriche veut-elle prendre les armes dans la vue d'abaisser le pouvoir de la France? Si c'est là son dessein, je vous demande, Monsieur le comte, d'examiner si une telle entreprise, dût-elle réussir, serait conforme aux vrais intérêts de l'Autriche? Si elle doit toujours considérer la France comme une rivale parce qu'elle le fut autrefois, parce qu'elle l'est même aujourd'hui, et si ce n'est pas d'un côté bien différent que viendront les dangers qui peuvent menacer et l'Autriche et l'Europe?...

Le jour n'est pas éloigné peut-être, où l'Autriche et la France réunies auront à combattre, non-seulement pour leur propre indépendance, mais encore pour la préservation de l'Europe et des principes mêmes de la civilisation.

Dans toute guerre entre la Russie et l'Autriche d'une part, la France de l'autre, l'Autriche, quelque nom qu'elle veuille prendre, sera toujours partie principale. Le fardeau sera tout entier pour elle. Abandonnée peut-être par un allié dont elle a déjà éprouvé l'inconstance et les caprices, elle restera seule exposée aux coups de la fortune; son armée est brave sans doute ; mais les armes sont journalières, et l'exemple du passé autorise la France à ne pas craindre les chances de la guerre, et, dût l'Autriche avoir des succès, ces succès mêmes l'auraient affaiblie. Cependant la Russie, profitant de nos divisions, achèverait sans obstacle la conquête déjà si avancée de l'Empire ottoman. Qui peut prévoir où s'arrêterait alors ce torrent s'il s'était répandu de l'Euxin à l'Adriatique, et du Danube à l'Hellespont? A quels dangers l'Europe ne serait-elle pas exposée si la croix grecque, relevée dans Constantinople y remplaçait, une fois le croissant? Quel est le politique autrichien ou français qui pourrait rester sans inquiétude en considérant les acquisitions que la Russie a faites depuis un demi-siècle? Les deux tiers de la Pologne lui sont échus en partage; elle possède la Crimée; elle s'établit aux bouches du Phase; elle s'étend dans la Géorgie; elle s'avance sur la Perse; elle occupe les îles Ioniennes, arme secrètement la Morée, et hâte par son ascendant et ses intrigues, la décadence et la dissolution de l'Empire ottoman. Tous ces événements sont funestes à la France, et si quelques-uns ont été favorables à l'Autriche, dans leur ensemble ils lui seront certainement funestes.

C'est de là que le danger viendra pour l'Autriche, non de la part de la France, qui, étant dans la dure nécessité de dépenser chaque année 200 millions pour la défense de ses côtes, pour l'entretien de ses colonies et pour faire front à la puissance si redoutable de l'Angleterre, n'est pas plus puissante que l'Autriche; et je prie Votre Excellence de considérer si la conduite que la Russie ose tenir aujourd'hui envers la France, dont elle est si éloignée et qu'elle ne peut atteindre, si cet oubli de toute décence que marque son langage et ses procédés, n'annoncent pas clairement ce qu'elle sera un jour pour l'Autriche, quand le moment lui paraîtra venu de ne plus la ménager.

L'Autriche a éprouvé les Français et dans la guerre et dans la paix. Dans la guerre elle les a trouvés ennemis loyaux, et s'il m'est permis de le dire, ennemis généreux; dans la paix, amis sincères, pleins de déférence et d'égards.

Elle a trouvé dans les ennemis de la France des alliés infidèles, disposés à lui laisser supporter des revers et à profiter eux-mêmes de ses victoires.

Par quelle étrange fatalité les leçons de l'expérience seraient-elles perdues pour elle?

Que demande la France à l'Autriche? Ce ne sont ni des efforts ni des sacrifices. L'Empereur désire le repos du continent; il est même prêt à faire la paix avec l'Angleterre, quand celle-ci voudra revenir au traité d'Amiens. Mais dans les dispositions présentes de l'Angleterre, ne pouvant arriver à la paix que par la guerre maritime, Sa Majesté veut pouvoir s'y livrer tout entière. Elle demande à l'Autriche de ne point l'en détourner; de n'entrer dans aucun engagement contraire à l'état de paix qui les unit, et enfin de la tranquilliser en remettant ses forces sur le pied de paix.

Sa Majesté n'a plus de corps qui soient disponibles pour renforcer son armée d'Italie. Si elle était obligée d'en tirer de son armée des côtes, son système de guerre maritime serait entièrement dérangé. Dans cette extrémité, elle le dit avec douleur, mais avec franchise, après avoir calculé toutes les chances et tout apprécié, elle préférerait la guerre et ses maux à une paix indécise et ruineuse; car pour ne pas se trouver prise au dépourvu, elle vient de donner l'ordre d'approvisionner ses places d'Italie; ce qui lui causera d'énormes dépenses. Elle préférerait la guerre à une paix pleine de menaces qui contrarierait et rendrait impossible tout système régulier d'administration. Enfin, elle préférerait la guerre à une paix qui ôterait tout espoir de pacification raisonnable avec l'Angleterre. La paix maritime est entre les mains de l'Allemagne. Qu'au lieu de mouvements de troupes qui annoncent l'intention de faire la guerre, l'empereur d'Allemagne et d'Autriche dise à l'Europe qu'il veut vivre en paix avec la France, l'Angleterre sentira aussitôt l'impossibilité d'une coalition; elle sentira la nécessité de la paix.

Aussi l'Angleterre met-elle tout en œuvre pour exciter la défiance, pour semer les soupçons, pour amonceler les nuages sur le continent, parce que si elle ne peut obtenir une coopération plus directe et plus efficace, elle a du moins pour auxiliaires ceux-là mêmes que des [alarmes mal conçues poussent à des préparatifs sans objet, et que les apparences seules de la guerre, si elles ne suffisent point à sa haine, lui paraissent suffire à sa sûreté, sachant bien que l'Empereur ne pourra pas se livrer pleinement à l'exécution de ses desseins, tant que la paix du continent sera menacée.

Dans l'état actuel des choses, l'Empereur ne remplirait pas son devoir envers ses peuples; il s'exposerait aux reproches des contemporains et de la postérité, si des protestations pacifiques que les faits contredisent lui faisaient négliger de considérer les mesures et les dispositions de l'Autriche sous leur véritable aspect, c'est-à-dire comme de véritables préparatifs de guerre dirigés contre lui, surtout lorsqu'en les rapprochant du langage de l'Angleterre et de la conduite de la Russie, il n'est presque plus permis de douter que ces trois puissances se soient unies dans un concert contre la France.

Si cependant le langage de l'Angleterre n'est de sa part qu'un artifice, si la conduite de la Russie n'est qu'une suite des caprices et de l'inconséquence dont elle a donné tant de preuves, soit à ses ennemis, soit à ses amis; si les protestations de l'Autriche sont sincères, les faits devant alors s'accorder avec elles, l'empereur d'Allemagne et d'Autriche sentira qu'il est juste et conforme à l'esprit de la véritable neutralité de ne point inquiéter la France, de ne point l'obliger à lever ses camps et à porter ses forces sur le Rhin et sur ses autres frontières;[il sentira qu'il ne peut rassurer la France qu'en faisant rentrer dans leurs garnisons respectives les troupes qui ont été dirigées vers l'Italie et les provinces limitrophes, et en réduisant au pied de paix tout le matériel de son armée.

S'il en était autrement, ceux-là seuls qui ont fait les premiers des préparatifs hostiles et tiré l'épée du fourreau, devant être considérés comme les véritables auteurs de la guerre, et responsables des maux qui en seront la suite, quelle que soit d'ailleurs celle des deux puissances qui aura frappé les premiers coups, Sa Majesté n'hésitera point à prendre les mesures qui lui seront conseillées par l'honneur autant que par le soin de sa sûreté, soit qu'elle lève ses camps et qu'elle envoie sur le Rhin et en Italie les forces qu'elle a maintenant sur l'Océan, soit qu'elle appelle tous les conscrits de la réserve pour porter au grand complet de guerre son armée qui, jusqu'à présent, est restée tout entière sur le pied de paix, les corps employés contre l'Angleterre n'ayant été mis sur le pied de guerre qu'au moyen des renforts tirés des troisièmes bataillons laissés dans les garnisons.

La réponse que j'aurai reçue de Votre Excellence réglera ses déterminations.

La franchise de ces communications ne me fait pas craindre, M. le comte, que les vues dans lesquelles j'ai été chargé de les faire puissent être mal interprétées. Vos lumières me sont garant que vous y reconnaîtrez le langage de la loyauté. J'ose croire que vous serez frappé de l'exactitude des raisonnements que j'ai eu l'honneur de vous soumettre; j'ose même espérer que vous leur prêterez une nouvelle force en les développant dans le conseil de votre auguste souverain, et que non-seulement Sa Majesté l'empereur d'Allemagne et d'Autriche dissipera toutes les inquiétudes et tous les doutes qui ont pu s'élever sur la conservation de la paix du continent; que non-seulement il la maintiendra en replaçant le matériel de ses armées sur le pied de paix, en faisant rentrer dans leurs garnisons ordinaires toutes les troupes dirigées sur l'Italie et les provinces limitrophes, mais encore qu'il aura la gloire de contribuer à la paix maritime, qui sera certaine du moment qu'il sera connu de tout le monde que son intention est de persévérer dans la paix, et de rester inébranlable au milieu de toutes les sollicitations et de toutes les instances de l'Angleterre.

Ainsi l'Europe, qui compte Votre Excellence parmi ceux auxquels elle a dû le bienfait de la paix, vous devra, Monsieur le comte, le bienfait non moins grand de sa continuation.

Recevez, Monsieur le comte, l'assurance de ma haute considération.

Signé : CH. MAUR. TALLEYRAND.

No IV.

Déclaration de la cour de Vienne, portant offre de sa médiation.

Quoique l'Empereur n'ait pris jusqu'ici aucune part directe aux diverses tentatives faites dans le cours de la présente guerre maritime, pour rapprocher les parties belligérantes, et opérer le rétablissement de la paix, Sa Majesté n'en a pas moins toujours vivement désiré qu'un but aussi salutaire puisse être obtenu par les soins des puissances dont l'intervention avait été spécialement requise à cet effet.

Ce désir de la cour de Vienne a dû redoubler depuis que des événements, impliquant directement les intérêts et l'équilibre du continent, ont été motivés par des conséquences dérivées de la guerre entre la France et l'Angleterre, et depuis que SA MAJESTÉ L'EMPEREUR DES FRANÇAIS a publiquement déclaré que l'arrangement définitif des affaires de la Lombardie serait ajourné jusqu'à la fin de cette guerre, et lié aux négociations qui auraient lieu pour le terminer : dès lors la cour de Vienne, possessionnée en Italie, et vis-à-vis de laquelle il a été pris des engagements concernant cette partie intéressante de l'Europe, s'est trouvée immédiatement intéressée au succès des négociations pacifiques, et a témoigné en conséquence, en diverses occasions, combien elle désirait de pouvoir contribuer à en accélérer l'ouverture.

Par une suite de ces dispositions, rien ne lui a été plus agréable que d'apprendre la démarche pacifique faite au commencement de cette année par SA MAJESTÉ L'EMPEREUR DES FRANÇAIS, vis-à-vis de la cour de Londres, ainsi que celle de cette dernière puissance, par laquelle il s'en est remis à cet égard à l'intervention de Sa Majesté Impériale de toutes les Russies : démarches annonçant de part et d'autre des intentions modérées et conciliantes, et dont on se flattait de voir réaliser le but par la mission de M. de Novosilzoff à Paris, offerte et acceptée avec un égal empressement.

C'est donc avec bien du regret que l'Empereur vient d'être informé que cette mission était arrêtée par les nouveaux changements concernant le sort des Républiques de Gênes et de Lucques : trouvant de son côté, dans ces derniers changements, des motifs d'autant plus urgents de désirer la plus prompte ouverture des voies de la conciliation, et ne pouvant abandonner l'espoir qu'elle avait fondé jusqu'ici sur les dispositions modérées, annoncées et confirmées solennellement par le souverain de la France, la cour de Vienne s'empresse d'offrir ses bons offices, afin que l'attente générale, placée dans les intentions conciliantes de toutes les puissances intéressées, ne soit pas de nouveau frustrée. En conséquence, elle invite les cours des Tuileries et de Pétersbourg à ce que la négociation, qui était sur le point de s'ouvrir, soit immédiatement renouée, étant prête à concourir, par ses soins les plus zélés, à cette fin désirable, et se flattant que la cour de Berlin voudra bien y contribuer aussi de sa part par une suite du vif intérêt qu'elle a toujours témoigné prendre au rétablissement de la tranquillité publique.

Nº V.

Note du ministre des relations extérieures à M. le comte Philippe de Cobenzl, remise le 25 thermidor an XIII.

Le soussigné s'étant empressé, à l'issue de la conférence qu'il a eu l'honneur d'avoir avec M. le comte de Cobenzl, d'envoyer à Boulogne la déclaration qui lui a été remise par Son Excellence, a reçu de l'EMPEREUR ET ROI l'ordre d'y faire la réponse suivante :

L'EMPEREUR n'a pu qu'être touché des sentiments de modération manifestés par la déclaration susdite, et des dispositions amicales qui portent Sa Majesté l'empereur d'Allemagne et d'Autriche à vouloir hâter par son intervention la fin des maux que la guerre cause à la France ; mais plus Sa Majesté attache d'importance et de prix aux bons offices de Sa Majesté l'empereur d'Allemagne et d'Autriche, plus elle est reconnaissante de l'intention qui les a fait offrir, et plus elle sent que sa reconnaissance même lui défend de s'en prévaloir, lorsque, soit par la nature des choses, soit par celle des circonstances, il n'est pas même permis d'espérer qu'ils puissent être employés avec fruit, ni conséquemment sans compromettre la dignité du médiateur. Ce motif seul serait déterminant pour Sa Majesté, quand bien même il lui serait possible d'oublier de quel retour les cabinets de Londres et de Pétersbourg ont payé tout récemment encore ses procédés les plus nobles et les plus généreux.

M. Novosilzoff venait en France, sans que l'EMPEREUR sût avec quelles intentions. Le roi de Prusse avait demandé des passeports pour ce chambellan de l'empereur de Russie. Les passeports avaient été délivrés sur-le-champ et sans explication. Quel fruit Sa Majesté a-t-elle retiré de cette extrême déférence ? Une note injurieuse et remplie d'assertions mensongères a été l'unique résultat d'une mission que l'Empereur n'avait ni provoquée ni désirée.

Ainsi insulté dans   a l neur
plus possible de rien   de
de la Russie, qui, d'i
paix, trouve son int
son renouvellement
drait en vain dissim
sa conduite les de
pénétrants.

Depuis un an, l'l

russe que des outrages. Son caractère et ses sentiments sont trop connus, pour que l'on puisse croire qu'il s'exposera à des outrages nouveaux. C'est à l'empereur Alexandre à juger lequel de ces deux partis lui convient, ou de persister dans le système que des suggestions étrangères lui ont fait embrasser, ou de revenir à des sentiments plus modérés, plus justes et plus sages. Il a plus d'intérêt à y revenir que la France à l'y ramener ; ce changement doit être le fruit de ses propres réflexions, et ne peut faire l'objet d'aucune négociation.

Quant à l'Angleterre, Sa Majesté fit, il y a huit mois, pour la porter à la paix, des instances que l'Europe sut apprécier, et qui n'auraient point été vaines si l'Angleterre n'eût compté que sur ses propres ressources ; mais par la réponse du cabinet de Saint-James, il devint évident qu'elle ne penserait à la paix qu'après avoir perdu l'espoir d'embraser le continent et de couvrir de carnage et de sang l'Allemagne et l'Italie. C'est dans cette vue et dans cette vue seulement, qu'elle avait appelé l'intervention de la Russie. Le cabinet de Vienne est trop éclairé pour s'y être mépris, quand bien même les projets et les motifs de l'Angleterre ne lui auraient pas été connus par les sollicitations et les offres de subsides dont elle n'a cessé d'obséder la cour de Vienne, pour l'engager à reprendre les armes.

Ce n'est point à une telle puissance que l'on peut espérer de faire goûter les conseils de la modération et de la justice. Ce serait même inutilement qu'on lui parlerait de ses intérêts les plus chers. Des passions aveugles les lui font méconnaître. La voix de la persuasion n'aurait sur elle aucun empire. Mais, ce que les bons offices de l'Autriche ne pourraient obtenir de l'Angleterre, l'Autriche peut la mettre dans la nécessité de le faire. Elle n'a besoin pour cela ni d'efforts, ni de menaces, mais uniquement d'une démarche fort simple qui donne à l'Angleterre la conscience de son impuissance.

L'Angleterre sait, et plus d'une fois elle a déclaré que la Russie seule ne peut lui être d'aucun secours, et qu'une diversion lui serait inutile, tant que la Prusse et l'Autriche n'y coopéreraient pas.

La Prusse a déclaré dans tous les temps, que dans aucun cas elle n'entrerait dans aucun projet hostile contre la France. Que l'empereur d'Autriche fasse la même déclaration, et aussitôt le cabinet britannique, sentant ses intérêts sur lesquels aucune illusion ne l'abusera plus, entraîné par l'opinion des hommes éclairés de son pays, verra la nécessité de revenir aux stipulations du traité d'Amiens, et sera heureux de cette nécessité même. Alors, non-seulement l'empereur d'Allemagne aura obtenu des droits à la reconnaissance de l'EMPEREUR DES FRANÇAIS, mais encore il aura plus fait pour sa propre utilité, que s'il eût gagné dix batailles contre la France ; car une conséquence immédiate de la paix sera l'exécution de l'engagement que SA MAJESTÉ L'EMPEREUR DES FRANÇAIS a pris, et qu'il se plaît à renouveler, de   es couronnes de France et d'Italie.

Si au contra·   par des mesures in-
ises, laiss   n dans le doute et
ritude, c   ise les assertions
istère i   entraînée dans
ion,   voir 72 mille
tal   rra s'empê-
                      à rête
                      wi l

tilités dont la génération actuelle doit être fatiguée.

Sa Majesté qui n'a en Italie que 50 mille hommes, dont 15 mille à l'extrémité du royaume de Naples, voyant sa frontière la plus importante exposée, et ne pouvant la dégarnir qu'en retirant des troupes de son armée de l'Océan, ne pourra considérer l'Autriche que comme faisant en faveur de l'Angleterre une diversion non moins efficace et plus onéreuse pour lui que ne le serait une guerre ouverte.

Son Excellence M. le comte de Cobenzl n'aura pas manqué d'observer ce que les circonstances présentes ont de grand et d'extraordinaire ; de telles circonstances nécessitent des mesures qui leur correspondent. C'est une vérité sentie de tous les hommes éclairés et dont Sa Majesté est pénétrée. Frédéric II, quand il vit que l'on méditait la guerre contre lui, prévint ses ennemis. Plus d'une fois la maison d'Autriche en a fait autant. Aujourd'hui l'EMPEREUR DES FRANÇAIS voit des préparatifs se faire en Pologne, et d'autres préparatifs en Italie. Les lieux mêmes où ils se font indiquent, et qu'ils sont le résultat d'un concert, et contre qui ils sont dirigés. Le soussigné doit le demander à M. le comte de Cobenzl : que ferait l'empereur d'Allemagne s'il était à la place de l'EMPEREUR DES FRANÇAIS ?

Cependant l'EMPEREUR se plaît à bien augurer d'un avenir qu'il dépend de l'Autriche de rendre heureux pour l'Europe, et dont il regarde comme un présage les sentiments exprimés dans la note que le soussigné a reçue de M. de Cobenzl. Que l'Autriche fasse la même déclaration que la Prusse, et que confirmant cette déclaration par les faits, elle remette sur le pied de paix toutes ses forces et tout le matériel de son armée ; qu'elle renonce à tenir 72 mille hommes en Italie ; qu'elle fasse rentrer dans leurs garnisons habituelles les régiments qui sont réunis en corps d'armée dans le Tyrol ; qu'elle fasse cesser la formation des magasins et des travaux des fortifications de campagne qui désignent que la guerre est imminente : rien alors ne pourra plus troubler la paix du continent, cette paix si désirable pour tous, puisque, si la France n'a rien à gagner dans une nouvelle lutte, l'Autriche n'y gagnera pas davantage ; et la paix maritime une fois de près ; lorsque l'Autriche aura déclaré qu'elle reste et qu'elle veut rester neutre, la paix sera le désir et l'espoir de l'Angleterre ; avant le mois de janvier elle sera conclue et le traité d'Amiens rétabli ; les couronnes de France et d'Italie seront séparées et pour toujours ; l'Europe jouissant de la sécurité et du repos les devra à la sagesse de la France, qui, par une conduite opposée, l'aurait précipitée dans un état de choses que ni le cabinet des Tuileries, ni celui de Vienne, ni tout autre ne pourrait calculer ni prévoir.

Son Excellence M. le comte de Cobenzl sentira que dans ses communications que le soussigné a été chargé de faire, il était impossible à Sa Majesté de mettre plus de franchise, de grandeur et de loyauté. C'est pour les intérêts de l'Autriche elle-même et pour la gloire de son souverain qu'elle désire que Sa Majesté l'empereur d'Allemagne et d'Autriche mette à profit l'occasion qui lui est offerte. Il a maintenant entre ses mains et le destin de ses propres États et celui de l'Europe. Dans l'une, il tient les troubles et les bouleversements ; dans l'autre, la paix générale. Une impartiale neutralité lui suffit pour obtenir ce qu'il désire et pour assurer la paix du monde. La médiation la plus efficace que puisse faire l'Autriche pour la paix, c'est d'observer la plus parfaite neutralité, de ne pas armer, de n'obliger la France à aucune diversion, de ne laisser à l'Angleterre aucun espoir de l'entraîner.

Le soussigné ne peut douter que Son Excellence M. le comte de Cobenzl n'apprécie les considérations développées dans la présente note, et ne contribue, par son influence, à les faire envisager sous leur véritable point de vue.

Signé : CH. MAUR. TALLEYRAND.

No VI.

Note remise à Son Excellence M. le comte Philippe de Cobenzl, le 17 thermidor an XIII.

Sa Majesté l'Empereur s'était livré avec d'autant plus de confiance aux protestations de paix et d'amitié de l'Autriche, qu'il croyait être en droit de compter sur de bons sentiments de la part de cette puissance, s'étant conduit envers elle comme il l'a fait après deux guerres dont tout l'avantage avait été du côté de la France, et dans lesquelles la plus grande partie des possessions autrichiennes avait été conquise par ses armes. Occupé tout entier à la guerre que l'Angleterre lui a suscitée, il espérait que, ne donnant aucun sujet de plainte à l'Autriche, elle garderait la plus fidèle et la plus impartiale neutralité. Mais les mouvements de troupes et les autres dispositions hostiles qui se font dans les États héréditaires et dont l'Europe s'inquiète ou s'étonne, obligent Sa Majesté l'Empereur à demander non-seulement une explication catégorique, mais aussi l'explication la plus prompte.

Les nouvelles réitérées que l'Empereur reçoit de toutes parts le forcent à suspendre ses projets contre l'Angleterre. Ainsi l'Autriche a fait autant que si elle eût commencé les hostilités, car elle a fait en faveur de l'Angleterre la diversion la plus puissante.

L'Autriche réunit une armée dans le Tyrol quand la France a évacué toute la Suisse. Son Excellence M. le comte de Cobenzl sait très-bien que l'Autriche a 72 mille hommes en Italie, quand la France n'y en a pas 50 mille, dont 15 mille sur le golfe de Tarente, et c'est là ce qui a surtout décidé l'Empereur à suspendre ses projets. L'Autriche fait élever de toutes parts des fortifications de campagne comme si la guerre était déclarée ou imminente. Toutes les troupes de l'Autriche sont en mouvement ; toutes ont quitté leurs garnisons de paix ; toutes marchent dans une direction qui annonce la guerre. Et comment en effet Sa Majesté l'empereur d'Allemagne et d'Autriche, avec des vues pacifiques, rassemblerait-il tant de régiments dans un pays tel que le Tyrol, pays si ingrat et si pauvre, où il ne peut les maintenir qu'au détriment de ses finances ? Pourquoi formerait-il des magasins ? Pourquoi ferait-il fabriquer du biscuit ? Pourquoi lèverait-il tant de chevaux de charroi ? Il est dans le droit commun de l'Europe que des rassemblements de troupes, la formation de magasins, la fabrication de biscuit, les levées des chevaux pour les charrois, soient considérées par toutes les puissances comme une déclaration de guerre, surtout lorsque de tels préparatifs se font sur la frontière dégarnie d'une puissance occupée ailleurs sur une frontière opposée et lointaine.

Sa Majesté, qui voudrait concilier de telles dispositions avec les paroles de paix de Sa Majesté l'empereur d'Allemagne, dans lesquelles elle a toujours eu une entière foi, ne peut le faire qu'en supposant que ce monarque ignore le tort qu'il fait à la France, et que la diversion opérée par ses armements équivaut à de véritables hostilités. Sa Majesté aime à se persuader qu'il l'ignore effectivement ; mais les conséquences naturelles d'une pareille erreur n'étant pas moins préjudiciables à la France que ne le seraient des vues décidément hostiles, Sa Majesté n'est pas moins intéressée à les prévenir.

Ce ne sont plus des protestations qui peuvent la rassurer ; Sa Majesté ne peut admettre un état intermédiaire entre l'état de guerre et l'état de paix. Si l'Autriche veut la paix, tout en Autriche doit être remis sur le pied de paix. Si l'Autriche voulait la guerre, il ne resterait plus à Sa Majesté qu'à rejeter sur l'agresseur tous les maux qu'il attirerait non-seulement sur la génération actuelle, mais encore (Sa Majesté ose le dire avec fierté] sur ses propres Etats et sa propre famille ; car Sa Majesté se flatterait d'obtenir dans une guerre nouvelle les mêmes succès que dans les guerres précédentes, et de se mettre désormais à l'abri de ces diversions qui sont comme le premier pas d'une coalition en faveur de l'Angleterre.

Le soussigné est donc chargé de demander, dans la supposition la plus agréable à Sa Majesté l'Empereur, c'est-à-dire dans la supposition que l'Autriche désire véritablement la paix ;

1° Que les vingt-un régiments qui ont été envoyés, soit dans le Tyrol allemand, soit dans le Tyrol italien, en soient retirés et qu'il ne reste dans l'une et l'autre de ces provinces que les troupes qui y étaient il y a six mois ;

2° Que les travaux de fortification de campagne soient suspendus ; non que l'Empereur prétende que l'Autriche n'élève point de véritables fortifications : le droit d'en élever appartient à tous les Etats, et la prévoyance en fait souvent un devoir aux princes ; mais Venise n'étant assurément point une place forte, les travaux qui s'y font actuellement ne sont que des travaux de campagne ;

3° Que les troupes qui sont dans la Styrie, la Carinthie et la Carniole, dans le Frioul et le pays vénitien, soient réduites au nombre où elles étaient il y a six mois ;

4° Enfin que l'Autriche déclare à l'Angleterre la ferme et inébranlable résolution de rester dans une stricte et scrupuleuse neutralité, sans prendre part aux différends actuels, puisqu'il est du devoir de l'Autriche, si elle veut conserver la neutralité, de ne rien faire directement ni indirectement en faveur de l'Angleterre.

Le soussigné est en même temps chargé de déclarer à S. E. M. le comte de Cobenzl, ou plutôt de lui réitérer la déclaration déjà faite tant de fois, que le vœu le plus cher de S. M. L'Empereur des Français est la continuation de la paix avec l'Empereur d'Allemagne ; qu'en prenant les mesures auxquelles elle serait forcée, soit par un refus positif, soit même par une réponse évasive et dilatoire aux demandes que le soussigné a été chargé de faire, Sa Majesté ne s'y porterait qu'à regret ; mais que, dans une position pareille à la sienne, le prince Charles n'hésiterait pas, ce prince était trop bon militaire pour ne pas se comporter de la même manière, et qu'étant obligée de repousser la force par la force, et de pourvoir à la sûreté de ses frontières, elle ne commettra pas la faute d'attendre que les Russes se réunissent aux Autrichiens contre elle.

Son Excellence le comte de Cobenzl sait trop combien les circonstances présentes sont graves, et combien elles sont urgentes, pour que le soussigné croie nécessaire de l'inviter à accélérer autant qu'il dépendra de lui la réponse que Sa Majesté attend avec une impatience que tant de raisons justifient.

Signé : Ch. Maur. Talleyrand.

Nº VII.

Note présentée à la Diète de Ratisbonne, par M. Bacher, le 24 fructidor.

Dans les circonstances présentes où les préparatifs et les mouvements de la maison d'Autriche menacent le continent d'une guerre nouvelle, S. M. L'Empereur des Français, Roi d'Italie, sent le besoin d'exposer, dans une déclaration franche et solennelle, les sentiments qui l'ont animé et qui l'animent, afin de mettre les contemporains et la postérité à portée de juger avec connaissance de cause, dans le cas où la guerre viendrait à éclater, quel aura été l'agresseur.

C'est dans cette vue que le soussigné, chargé d'affaires de S. M. L'Empereur des Français près la Diète germanique, a reçu l'ordre de présenter un exposé fidèle des principes qui ont constamment dirigé la conduite de S. M. L'Empereur envers l'Autriche.

Tout ce que cette puissance a fait de contraire à l'esprit et à la lettre des traités, L'Empereur l'a souffert. Il ne s'est point récrié contre l'extension immodérée donnée au droit d'épave, contre l'acquisition de Lindau, contre tant d'autres acquisitions faites en Souabe, et qui, postérieurement au traité de Lunéville, ont matériellement altéré la situation relative des Etats voisins dans le midi de l'Allemagne, contre celles enfin qui sont encore en ce moment en négociation avec différents princes, à la connaissance de l'Allemagne tout entière ; il a feint d'ignorer que la dette de Venise, non-seulement n'était point acquittée, mais était déclarée anéantie, nonobstant l'esprit et la lettre des traités de Campo-Formio et de Lunéville : il s'est tû sur le déni de justice que ses sujets de Milan et de Mantoue éprouvaient à Vienne, où, malgré les stipulations formelles, aucun d'eux n'a été payé, et sur la partialité avec laquelle l'Autriche a reconnu par le fait ce droit si monstrueux de blocus qu'à voulu s'arroger l'Angleterre ; et lorsque la neutralité du pavillon autrichien, tant de fois violée au détriment de la France, n'a provoqué de la part de la cour de Vienne aucune plainte, il a fait encore à l'amour de la paix un sacrifice, en gardant le silence.

L'Empereur a évacué la Suisse rendue tranquille et heureuse par l'acte de médiation ; il n'a laissé en Italie que le nombre de troupes indispensable pour soutenir les positions qu'il devait occuper à l'extrémité de la péninsule, dans la vue de protéger son commerce du levant, et de s'assurer un objet de compensation qui pût déterminer l'Angleterre à évacuer Malte, et la Russie à évacuer Corfou : il n'a laissé sur le Rhin et dans l'intérieur de son Empire, que le nombre de troupes indispensable pour la garde des places.

Livré tout entier aux opérations d'une guerre qu'il n'a point provoquée, qu'il soutient autant pour les intérêts de l'Europe que pour les siens, et dans laquelle son principal but est le rétablissement de l'équilibre dans le commerce et l'égale souveraineté de tous les pavillons sur les mers, il a réuni toutes ses forces dans des camps sur les bords de l'Océan, loin des frontières autrichiennes ; il a employé toutes les ressources de son Empire à construire des flottes, à lever des marins, à creuser des ports, et c'est dans le moment même où il se repose avec une entière confiance sur l'exécution des traités qui ont rétabli la paix sur le continent, que l'Autriche sort tout à coup de l'état de repos, organise ses forces sur le pied de guerre, envoie une armée dans ses Etats d'Italie, en établit une autre tout aussi considérable dans le Tyrol : c'est dans ce moment qu'elle fait des levées de chevaux, qu'elle forme des magasins, qu'elle fait travailler à des fortifications de campagne, qu'elle effraye par tous ses préparatifs les peuples de la Bavière, de la Souabe et de la Suisse, et découvre ainsi l'intention évidente de faire une diversion aussi réellement favorable à l'Angleterre, et plus nuisiblement hostile envers la France, que ne pourraient l'être une campagne ouverte, et une guerre déclarée.

Dans d'aussi graves circonstances, L'EMPEREUR DES FRANÇAIS a pensé qu'il était de son devoir de tout tenter pour ramener la cour de Vienne au sentiment de ses véritables intérêts. Toutes les démarches qu'un ardent amour de la paix pouvait suggérer ont été faites avec instance, et plusieurs fois renouvelées. La cour de Vienne a protesté hautement de son respect pour les traités qui l'unissent à la France; mais ses préparatifs militaires n'ont fait que se développer avec une plus active célérité, dans le temps même où ses déclarations devenaient de plus en plus pacifiques. L'Autriche a déclaré qu'elle n'avait aucune intention hostile contre les Etats de SA MAJESTÉ L'EMPEREUR DES FRANÇAIS. Contre qui dirige-t-elle donc ses préparatifs? Est-ce contre la Suisse? Est-ce contre la Bavière? Serait-ce enfin contre l'Empire germanique lui-même?

SA MAJESTÉ L'EMPEREUR DES FRANÇAIS a chargé le soussigné de faire connaître qu'elle considérera comme déclaration de guerre formellement dirigée contre elle-même, toute agression qui serait portée contre le corps germanique, et spécialement contre la Bavière.

SA MAJESTÉ L'EMPEREUR DES FRANÇAIS ne séparera jamais les intérêts de son Empire de ceux des princes d'Allemagne qui lui sont attachés. Aucun des maux qui les atteignent, aucun des dangers qui les menacent ne seront jamais étrangers à sa sollicitude.

Persuadé que les princes et les Etats de l'empire germanique sont pénétrés du même sentiment, le soussigné, au nom de L'EMPEREUR DES FRANÇAIS, engage la Diète à s'unir à lui pour presser, par toutes les considérations de la justice et de la raison, l'empereur d'Autriche à ne pas exposer plus longtemps la génération actuelle à d'incalculables malheurs, et à épargner le sang d'une multitude d'hommes destinés à périr victimes d'une guerre dont le but est tellement étranger à l'Allemagne, qu'au moment même où elle éclate, il est partout un objet de recherche et de doute, et que ses véritables motifs ne peuvent être avoués.

Les alarmes du continent ne seront calmées que lorsque l'empereur d'Autriche, déférant aux justes et instantes représentations de l'Allemagne, cessera ses préparatifs hostiles, ne laissera en Souabe et en Tyrol que les troupes nécessaires pour les garnisons des places, et remettra son armée sur le pied de paix. Ne fut-il pas entendu, lors des conventions faites dans les circonstances du traité de Lunéville, que les armées autrichiennes ne pourraient dépasser le territoire de l'Autriche antérieure, sans commettre une véritable hostilité? L'Autriche ne comprit-elle pas dans ce temps que la France était alors dans une guerre étrangère, et qu'ayant retiré ses troupes de la Souabe, et ayant arrêté des mouvements qu'elle pouvait faire à la faveur du corps de troupes qu'elle avait en Suisse, il était juste de ne pas s'opposer à de telles mar-

ques de confiance des précautions véritablement agressives? Les circonstances étant les mêmes aujourd'hui de la part de la France, pourquoi les mesures de l'Autriche sont-elles si différentes? Pourquoi entretient-elle 60 bataillons dans le Tyrol et dans la Souabe, lorsque toutes les forces de la France sont rassemblées au loin pour une expédition contre l'Angleterre?

Il n'existe aujourd'hui aucun différend entre la Suisse et l'empire d'Allemagne; il n'en existe aucun entre la Bavière et l'Autriche, et s'il faut ajouter foi aux déclarations de la cour de Vienne, il n'en existe aucun entre elle et la France. Pour quels motifs inconnus la cour de Vienne a-t-elle donc rassemblé tant de forces?

Elle ne peut avoir qu'un objet plausible : c'est de tenir la France dans l'indécision, de la fixer dans un état d'inertie, de l'arrêter enfin à la veille d'un essor décisif. Mais cet objet ne peut être atteint que pour un temps. La France a été trompée; elle ne l'est plus. Elle a été forcée de différer ses entreprises; elle les diffère encore; elle attend l'effet de ses réclamations; elle attend l'effet des réclamations de la Diète germanique. Mais quand tout aura été vainement tenté pour amener l'Autriche aux procédés ou d'une paix sincère, ou d'une loyale inimitié, SA MAJESTÉ L'EMPEREUR DES FRANÇAIS remplira tous les devoirs que lui imposent sa dignité et sa puissance; il portera ses efforts partout où la France aura été menacée. La Providence lui a donné assez de force pour combattre d'une main l'Angleterre, et pour défendre de l'autre l'honneur de ses aigles et les droits de ses alliés.

Si la Diète adhère à la démarche que le soussigné a eu l'ordre de faire auprès d'elle; si elle met avec succès, sous les yeux de Sa Majesté l'empereur d'Autriche, la véritable situation où des mouvements peut-être irréfléchis, peut-être ordonnés sans intention hostile, et seulement par l'effet d'une suggestion étrangère, ont placé le continent; si elle réussit à persuader à ce souverain personnellement humain et juste, qu'il n'a point d'ennemis, que ses frontières ne sont pas menacées; que la France a pu par deux fois le priver pour toujours de la moitié de ses Etats héréditaires, si elle eût voulu autre chose que ce qui a été établi à Campo-Formio et à Lunéville; que par ses dispositions qui, même avant d'être entièrement développées, atteignent la France au centre même de son action, il intervient sans profit pour ses Etats et sans honneur pour sa politique, dans une querelle qui lui est étrangère, la Diète aura bien mérité de l'Allemagne, de la Suisse, de l'Italie, de la France, de l'Europe entière, hormis un peuple ennemi de la tranquillité générale, et qui a fondé sa prospérité sur l'espérance et le projet ardemment, persévéramment soutenu, d'éterniser la discorde, les troubles et les divisions du continent.

Le soussigné, etc.
Signé : BACHER.

No VIII.
Note du cabinet de Vienne.

(Cette pièce et la suivante ont été remises au ministre des relations extérieures par M. le comte Philippe de Cobenzl, le 25 fructidor an XIII).

La cour de Vienne défère sans hésiter à la demande qui lui a été faite de la part de l'EMPEREUR DES FRANÇAIS, de s'expliquer catégoriquement sur ses intentions et sur les motifs de ses armements.

Elle n'a d'autres intentions que de maintenir la

paix et ses relations d'amitié avec la France, ainsi que le repos général du continent; d'autre désir que de voir les intentions de l'EMPEREUR NAPOLÉON correspondre aux siennes.

Mais le maintien de la paix entre deux puissances ne consiste pas seulement à ne point s'attaquer. Il consiste non moins essentiellement dans l'accomplissement des traités sur lesquels la paix se trouve établie. La puissance qui les enfreint dans des points essentiels, et qui refuse de faire droit aux réclamations, est tout aussi bien l'agresseur que si elle attaquait l'autre injustement.

La paix entre l'Autriche et la France repose sur le traité de Lunéville, dont une des conditions stipule et garantit l'indépendance des Républiques de l'Italie, ainsi que des Républiques helvétiques et bataves, et leur assure la liberté de se choisir leur gouvernement. Toute entreprise pour les obliger d'adopter un gouvernement, une constitution, un maître, autrement que de leur choix libre, autrement qu'en conservant une indépendance politique réelle, est une infraction de la paix de Lunéville, et l'Autriche a le droit d'en réclamer et d'en poursuivre le redressement.

Le désir de maintenir l'amitié mutuelle, de calmer les défiances, de préserver le repos public de plus grands dangers, peut, au milieu des circonstances critiques et délicates, engager la partie réclamante à user de ménagements, à mettre une grande modération dans la poursuite de ses griefs, à renvoyer la discussion à des négociations subséquentes : mais les égards de l'amitié ne sauraient lui faire un devoir de renoncer aux stipulations des traités, et la puissance qui, après les avoir enfreints, décline de s'en expliquer, refuse de négocier, et substitue les voies de la menace à celles de la conciliation, blesse autant des lois de l'amitié que les droits sacrés de la paix.

Quant au maintien du repos public, il exige que chaque État se renferme dans ses limites, et respecte les droits et l'indépendance des autres États, forts ou faibles. Ce repos est troublé, quand une puissance s'attribue des droits d'occupation, de protection, d'influence qui ne sont avoués ni par le droit des gens, ni par les traités ; quand elle parle des droits de la victoire après la paix qui les a éteints ; quand elle emploie la force et la crainte pour dicter des lois à ses voisins, pour les obliger d'assimiler leurs constitutions à la sienne, ou pour leur arracher des alliances, des concessions, des actes de soumission et d'incorporation ; quand elle prétend que sa dignité est offensée par des représentations fondées, tandis que ses propres feuilles attaquent successivement tous les monarques ; enfin quand elle s'érige seule en arbitre du sort et des intérêts communs des nations, et qu'elle veut exclure d'autres puissances de toute participation au maintien de la tranquillité et de l'équilibre général, les unes parce qu'elles sont trop éloignées, d'autres parce qu'un bras de mer les sépare du continent ; opposant aux réclamations des puissances les plus voisines du danger, des réponses évasives, des rassemblements de troupes sur leur frontière, des menaces de rupture, si elles se mettent en défense.

C'est elle alors qui provoque les autres puissances à s'armer, à se secourir, à s'unir enfin, s'il le faut, pour le maintien de leur sûreté et de la sûreté publique.

C'est ainsi que les armements de la cour de Vienne ont été provoqués graduellement, tant par les armements de la France que par l'insuffisance des voies conciliantes, pour s'assurer du maintien d'une paix véritable et d'un avenir tranquille.

Toute l'Europe a reconnu la sincérité des dispositions pacifiques de Sa Majesté l'Empereur, dans son exactitude à remplir les conditions du traité de Lunéville ; dans sa grande condescendance au sujet des extensions nuisibles à ses intérêts données à l'exécution de ce traité en Allemagne ; dans sa modération non moins grande lors des premières déviations de la République française du même traité, relativement aux autres Républiques.

Attribuant ces déviations au besoin de garantir de tout danger externe le développement du plan formé pour le rétablissement du gouvernement monarchique en France, Sa Majesté n'a pas fait difficulté de reconnaître l'état des choses établi en Italie vers la fin de l'an 1802. Sa confiance dans les vues du Premier Consul, les engagements pris par ce dernier vis-à-vis de la nouvelle République italienne sur la durée temporaire de sa présidence, les assurances publiques et solennelles qui ont accompagné et suivi son élévation à la dignité impériale, et son éloignement de toute vue d'agrandissement et de toute lésion de l'indépendance des États italiens, enfin les engagements subsistants de sa part vis-à-vis du souverain de la Russie, nommément sur le dédommagement du roi de Sardaigne, et sur un arrangement commun des affaires de l'Italie : tous ces motifs ont concouru à faire naître et à nourrir dans le cœur de Sa Majesté l'espoir que la consolidation du nouvel Empire des Français ramènerait dans peu la politique et les mesures de son gouvernement à des rapports compatibles avec l'équilibre et la sûreté de l'Europe. Et lorsque, quelque temps après, les premiers bruits de nouveaux changements prochains dans les États de la Lombardie portèrent l'ambassadeur de la cour de Vienne à Paris, à demander des explications sur ce point, SA MAJESTÉ fut encore confirmée dans ses espérances par l'assurance officielle donnée au nom de l'EMPEREUR NAPOLÉON, que les Républiques de l'Italie ne seraient point réunies à la France, et qu'il n'y serait fait aucune innovation contraire à leur indépendance politique.

L'Europe jugera si ces assurances ont été remplies.

L'Empereur n'a pas cessé de les réclamer comme le prouvent la correspondance qui s'ensuivit entre les deux souverains, et les représentations officielles et ostensibles dont fut chargé l'ambassadeur comte Philippe Cobenzl. Et quoique les lettres par lesquelles l'EMPEREUR NAPOLÉON fit part à Sa Majesté de ses dispositions pour l'établissement du royaume d'Italie, fussent accompagnées de menaces et d'armements ; quoique tout décelât dès lors ce que l'événement a prouvé depuis, que l'EMPEREUR DES FRANÇAIS était décidé à soutenir ses innovations par la force, néanmoins Sa Majesté n'a jamais reconnu des dispositions qu'on ne lui annonçait que comme un arrangement provisoire. Elle s'est bornée à repousser les inculpations qui servaient de prétexte aux menaces, et à manifester l'espoir que le principe de séparation et d'indépendance consacré par le traité serait maintenu par des arrangements définitifs que l'EMPEREUR NAPOLÉON faisait dépendre de négociations ultérieures avec les cours de Pétersbourg et de Londres, à l'époque du rétablissement de la paix.

Ces négociations étaient effectivement le seul espoir qui restait à Sa Majesté de parvenir par les voies de la conciliation à consolider la paix et à rendre enfin le calme à l'Europe alarmée, du nord au midi, par des entreprises dont le nombre et l'étendue s'accroissent à chaque instant.

Sa Majesté l'EMPEREUR DES FRANÇAIS avait fait envers le roi d'Angleterre une première démarche pacifique, en continuant toutefois de vouloir l'exclure du droit de participer aux intérêts majeurs du continent. Cette restriction, jointe aux rapports qui existaient entre lui et la cour de Pétersbourg, engagèrent Sa Majesté Britannique à recourir à la médiation de Sa Majesté l'empereur de Russie, qui, malgré l'interruption de ses relations officielles avec la France, n'hésita pas d'interposer ses bons offices, d'envoyer à cet effet un négociateur et d'en faire demander l'admission au souverain de la France.

Mais l'espoir fondé sur toutes ces démarches pacifiques ne tarda pas à s'évanouir ; de nouveaux coups furent portés à l'existence politique d'autres Etats indépendants de l'Italie, au moment que l'on envoyait au négociateur russe le passeport demandé pour son voyage en France ; l'empereur Alexandre crut dès lors devoir regarder sa médiation comme compromise. D'un autre côté, des armées françaises furent subitement rassemblées en Italie, malgré la promesse faite de n'y point armer ; un camp de 30,000 hommes réuni dans les plaines de Marengo, fut suivi d'un autre camp de 40,000 hommes placé sur les frontières du Tyrol et des provinces vénitiennes de l'Autriche ; Sa Majesté se vit donc forcée de pourvoir efficacement à sa sûreté ; elle acquit alors la conviction que les sentiments de paix, d'amitié et de modération qu'elle professe, ne rencontrent point un tel retour de sentiments de la part de SA MAJESTÉ L'EMPEREUR DES FRANÇAIS, qu'elle puisse négliger plus longtemps de préparer les mesures pour la défense de ses droits, et pour le maintien de la dignité de son Empire.

Telle est la cause de ses armements actuels. Mais les mêmes sentiments qui ont tant fait désirer à Sa Majesté d'éviter l'emploi de semblables mesures, en ont aussi déterminé le but. L'Empereur arme, non dans des vues hostiles, non pour faire diversion à la descente en Angleterre, dont l'exécution, après deux ans de menaces, ne devait pas paraître réservée pour le moment où la France venait de provoquer l'Autriche et la Russie ; il arme pour la conservation de la paix qui subsiste entre lui et la France, pour le maintien des conditions de paix sans lequel cette paix serait illusoire ; pour parvenir à un accommodement équitable, fondé sur la modération de toutes les puissances intéressées, et propre à assurer l'équilibre et la tranquillité permanente de l'Europe.

La démarche par laquelle Sa Majesté a invité en même temps les principales cours intéressées à renouer les négociations interrompues tendait au même but. Le refus inattendu que son interposition vient d'éprouver de la part de l'Empereur des Français, ne la détourne pas de la renouveler.

Elle a été plus heureuse vis-à-vis de l'empereur Alexandre. Ce monarque qui occupe avec gloire une place distinguée dans le sénat des puissances de l'Europe, dont l'équilibre et le bien-être général font l'objet de ses soins constants, témoigne dans la réponse ci-jointe, qu'il vient de faire remettre à Sa Majesté un désir égal au sien pour la conclusion d'un arrangement équitable et modéré. Il est également convaincu de la nécessité d'un armement éventuel, et se croit obligé, par ce même éloignement qu'on allègue pour contester et le droit et la conséquence de son inter-

vention, à porter en avant une partie de ses troupes, afin d'assurer à cette intervention tout le poids et l'efficacité dignes d'une aussi grande puissance.

Pour achever de prouver la rectitude des intentions des deux cours impériales d'Autriche et de Russie, on déclare ici solennellement au nom de l'une et de l'autre :

Qu'elles sont prêtes à négocier avec la cour de France pour le maintien de la paix du continent, aux termes les plus modérés compatibles avec le repos et la sûreté générale ;

Que quelle que soit l'issue de la négociation, et dût l'éclat de la guerre être inévitable, elles se sont mutuellement engagées à s'abstenir de toute entreprise qui tendrait, soit à s'immiscer dans les affaires internes de la France, soit à altérer l'état des possessions et des rapports qui se trouvent actuellement établis légalement dans l'Empire germanique, soit à blesser le moins du monde les droits ou les intérêts de la Porte-Ottomane, dont elles sont, au contraire, prêtes à défendre, autant qu'il dépendra d'elles, les possessions et l'intégrité ;

Enfin, que la Grande-Bretagne leur a fait connaître des sentiments parfaitement analogues aux leurs, et des dispositions également modérées pour le rétablissement de la paix avec la France.

Sa Majesté espère que les explications aussi sincères que franches, dans lesquelles elle vient d'entrer, seront propres à dissiper les doutes qui peuvent exister de la part de Sa Majesté l'empereur Napoléon, sur les intentions et les motifs qui l'animent ; et tous ses vœux seront remplis, si ces explications peuvent contribuer à prévenir les malheurs qu'il n'aura pas tenu à elle d'épargner à l'humanité.

(Pièce jointe au n° VIII.)

Copie de la déclaration remise par M. le comte de Rasoumowsky, ambassadeur de Sa Majesté impériale de toutes les Russies.

Il serait superflu de revenir ici sur les motifs qui ont déterminé Sa Majesté l'empereur de toutes les Russies à rappeler le plénipotentiaire qu'elle avait expédié, de concert avec Sa Majesté britannique, pour traiter de la paix avec le chef du Gouvernement français.

Ces motifs sont trop justes et trop évidents pour n'être pas appréciés par toute l'Europe. Ils ont été énoncés dans la note remise au ministère de Sa Majesté prussienne par M. de Novosilzoff le 28 juin (10 juillet), et la résolution qu'ils ont provoquée n'est qu'une conséquence des mêmes sentiments et des mêmes principes qui ont constamment porté Sa Majesté Impériale à employer ses soins assidus au rétablissement de la tranquillité générale.

Depuis la rupture entre l'Angleterre et la France, Sa Majesté a vu avec surprise et douleur la majeure partie des Etats du continent successivement forcés à porter le fardeau d'une guerre purement maritime dans son principe, et étrangère à leurs intérêts directs ; mais elle n'a pu conserver l'espoir que les voies d'une négociation franche et amicale suffiraient pour faire cesser cet état de choses affligeant, lorsqu'elle eut appris que, sans aucun égard pour les démarches solennelles qui tendaient à rétablir la paix et au moment même où la Russie offrait de traiter de sa conclusion, de nouveaux Etats encore perdaient leur indépendance.

Si donc Sa Majesté Impériale a pris la résolution de rappeler son plénipotentiaire, c'est uniquement parce qu'elle avait acquis l'entière certitude que cette mission n'aurait point de résultats satisfaisants, et non que ses vœux ardents pour rendre la paix à l'Europe se fussent aucunement ralentis.

La preuve la plus éclatante que l'Empereur puisse en donner, est d'adhérer maintenant à la demande qui vient d'être faite par Sa Majesté Impériale et Royale simultanément à l'Angleterre, à la France, à la Prusse et à la Russie, dans le but de voir renouer la négociation interrompue.

Cependant Sa Majesté Impériale ne saurait en même temps se cacher la probabilité qu'une conduite de la part du Gouvernement français, pareille à celle qui a déjà forcé l'Empereur à rétracter ses premiers pas pour une négociation de paix, ne rende encore infructueuse celle que l'Autriche propose de renouer.

L'appréhension pénible, mais que l'expérience justifie, de voir de nouveaux empiétements exécutés au moment où la négociation aura été acceptée, ou pendant son cours, celle que des dangers plus grands naîtront pour l'Europe d'une démarche qui n'a pour but que de la sauver ; la certitude qu'ils seront inévitables dès que les justes demandes des puissances continentales, aussi bien que celles du Gouvernement français veut soutenir à la suite de ses envahissements successifs, n'auront pu être satisfaites d'aucune part ; l'obligation surtout où se trouve l'Empereur dans des circonstances aussi calamiteuses et difficiles, de venir au secours de ses alliés dont la sûreté et même l'existence est éminemment menacée, et de leur offrir enfin, non une assistance illusoire, mais réelle, immédiate et efficace ; toutes ces considérations réunies tracent la seule conduite qu'il appartient à S. M. Impériale de suivre. La Russie ne peut plus maintenant reprendre le fil des négociations interrompues qu'en se mettant en état de secourir ses alliés au moment où ils seraient attaqués, et de garantir l'Europe d'un bouleversement ultérieur. Elle doit combiner ses mesures de manière à se procurer un espoir fondé que la négociation de paix pourra promettre des résultats plus heureux que ceux que l'on a obtenus de toutes les démarches pacifiques qui ont été faites jusqu'ici, et qui malheureusement n'ont été marquées que par le manque d'égards que le Gouvernement français a montré pour les instances et les représentations de la Russie et des autres puissances continentales, et par un accroissement toujours répété des dangers de l'Europe.

C'est en conséquence de tout ce qui vient d'être allégué, que le soussigné a ordre de faire connaître au ministre de S. M. I. et R. A. en réponse à la note que M. l'ambassadeur comte de Stadion a remise au cabinet de Saint-Pétersbourg, le 26 juillet (7 août), que S. M. l'empereur de toutes les Russies a pris sur son contenu les déterminations suivantes :

D'adhérer à la demande de renouveler les négociations de paix rompues par le rappel de M. de Novosilzoff, et d'y procéder aussitôt que le chef du Gouvernement français aura manifesté une disposition semblable ;

De faire avancer immédiatement deux armées de 50 mille hommes chacune, à travers la Gallicie vers le Danube, dans le but de combiner avec les négociations de paix un armement puissant de médiation et d'observation, propre à prévenir de empiétements ultérieurs [...] travail de b pacification, et à [...] ntrich-
et les pays av[...]
de la Fran[...]

D'inviter S. M. Impériale et Royale, et d'autres puissances encore, à coopérer de leur côté à cette mesure salutaire dont le Gouvernement français, s'il veut lui-même juger avec impartialité, reconnaîtra la convenance.

Le soussigné, en s'acquittant auprès du ministère de S. M. I. et R. A. du présent office, doit y ajouter, par ordre exprès de l'Empereur son maître, que c'est uniquement le désir le plus sincère de rendre la paix à l'Europe qui règle sa conduite en cette occasion ; que la Russie apportera aux négociations de paix les dispositions les plus conciliantes et les plus propres à en amener l'heureuse issue, et qu'elle déclare solennellement être prête à retirer ses troupes aussitôt que ce résultat tant désiré aura été obtenu par des sûretés suffisantes pour tous les États de l'Europe.

S. M. Impériale invite formellement S. M. I. et R. A. de se joindre aux mesures qu'elle a adoptées, et le soussigné est autorisé à s'entendre avec son ministre sur tout ce qui peut être relatif à cet objet important.

Vienne, le samedi 19 août (31 août) 1805.
Signé : C. A. DE ROSOUMOWSKY.

No IX.

Lettre du ministre des relations extérieures à M. le comte Philippe de Cobenzl, en lui envoyant un mémoire en réponse à la note remise le 25 fructidor an XIII.

Le soussigné a l'honneur d'envoyer à S. Exc. M. le comte de Cobenzl le mémoire ci-joint, fait en conséquence de la note du cabinet de Vienne, que M. le comte de Cobenzl adressa au soussigné, le 25 fructidor.

Depuis que ce mémoire a été approuvé par S. M. L'EMPEREUR DES FRANÇAIS, l'armée autrichienne a passé l'Inn et envahi la Bavière. Si les sentiments pacifiques dont S. M. l'empereur d'Allemagne et d'Autriche se dit animé sont réels, il sentira qu'aucune négociation ne peut avoir lieu, qu'aucune proposition ne peut être entendue, qu'au préalable les troupes autrichiennes n'aient repassé l'Inn et ne soient rentrées dans leurs limites. Si la cour de Vienne refusait de les y faire rentrer, l'intention de S. M. l'Empereur est de l'y contraindre par la force des armes. Les maux qui seront la suite inévitable d'une telle guerre retomberont en entier sur la maison d'Autriche, et la victoire se déclarera contre l'oppresseur en faveur du faible opprimé.

Le soussigné a reçu de S. M. l'Empereur et Roi l'ordre exprès de déclarer que, dans aucun cas, S. M. ne souffrira que l'Autriche s'étende en Allemagne, fasse des acquisitions en Bavière et mette à exécution le projet qu'elle a laissé souvent entrevoir, de porter ses frontières jusqu'au Lech, et de reléguer l'électeur de Bavière sur la rive gauche du Danube. Ce projet est trop contraire aux intérêts du corps germanique, à ceux de la France, aux promesses que S. M. l'Empereur et Roi a faites, aux engagements qu'il a pris de maintenir l'intégrité de la Bavière.

Après cette déclaration positive d'une détermination qui, dans toutes les circonstances, quelles qu'elles soient, sera pour la France une règle de conduite invariable, c'est à la maison d'Autriche à examiner s'il lui convient de courir toutes les ces de la guerre, par cela seulement qu'elle mais sans pouvoir raisonnablement espé- [...] une portion de la Bavière ; car elle inement à dissimuler ce qui est au-[...] [...] toute l'Europe, que tel est vé-[...] [...] que but.

Le soussigné renouvelle à S. Exc. M. le comte de Cobenzl l'assurance de sa haute considération.

Signé : CH. MAUR. TALLEYRAND.

Mémoire indiqué dans la note qui précède. — Pièce à joindre au N° IX.

Sans s'arrêter aux allégations dont est remplie la note du cabinet de Vienne, en date du 16 fructidor (3 septembre dernier,) on ne s'attachera qu'aux idées de paix que cette note semble présenter.

La cour de Vienne a fait des levées et des préparatifs de toute espèce ; aujourd'hui elle fait entrer une armée étrangère sur son territoire.

Son unique but, à ce qu'elle assure, est d'obliger la France et l'Angleterre à conclure la paix ; mais si tel est le but de la cour de Vienne, comment a-t-elle oublié de faire connaître sur quelles bases cette paix devra se conclure ?

Prendra-t-on pour base les traités de Lunéville ou d'Amiens, ou le *status præsens* des deux nations, comme le voulait l'Autriche lors des premières ouvertures pour la dernière paix? ou enfin des prétentions puisées à la même source que les allégations dirigées aujourd'hui contre la France ?

En lisant attentivement la note de la cour de Vienne, on croit entrevoir qu'elle voudrait prendre pour bases des négociations futures les traités de Lunéville et d'Amiens ; mais l'Angleterre, qui naguères a refusé de rétablir la paix sur ces mêmes bases, les adopte-t-elle aujourd'hui ?

Le cabinet de Vienne ne l'a pas fait connaître, et s'il arrivait qu'elle ne voulût point les adopter, S. M. l'empereur d'Allemagne, qui ne se chargerait pas du rôle de médiateur s'il n'en avait pas le véritable caractère, lequel consiste essentiellement dans une impassible justice et une impartialité parfaite, a sans doute pris, de concert avec d'autres puissances, des mesures pour obliger l'Angleterre à reconnaître son principe de médiation, comme il en a pris pour y contraindre la France ; sans doute il a des flottes prêtes, des croisières toutes établies, tous les moyens enfin qui sont indispensablement nécessaires au but qu'il s'est proposé.

La note du cabinet de Vienne n'offre d'éclaircissement sur aucun de ces points. Il est cependant essentiel de savoir :

1° Si la cour de Vienne entend que les traités de Lunéville et d'Amiens doivent être pris pour bases des nouvelles négociations, ou si ces traités doivent être considérés comme abolis ;

2° Dans cette dernière supposition, sur quelles bases la cour de Vienne entend-elle que les négociations doivent s'établir ?

3° Si l'Angleterre a manifesté son adhésion aux principes de la médiation ;

4° En cas de refus de sa part, quelles mesures ont été prises par le médiateur, et quels moyens sont à sa disposition pour la contraindre d'y adhérer ?

Si la cour de Vienne ne s'est point fait à elle-même ces questions, et si elle a besoin de charger pour y répondre, cela seul doit l'avertir qu'elle a mis dans ses démarches une précipitation contraire, non-seulement à toutes les assurances qu'elle avait données, mais encore au but qu'elle déclare s'être proposé, et on ose le dire, à ce qu'une politique éclairée conseillait à la maison d'Autriche. Au reste le temps à venir décideront si elle a été guidée par un juste sentiment de ses propres intérêts, ou séduite par d'aveugles préventions.

OBSERVATIONS MARGINALES FAITES A LA NOTE DE LA COUR DE VIENNE (1).

Nota. Nous publions d'abord la *note de la cour de Vienne* en donnant un numéro d'ordre à chaque paragraphe. Nous insérerons ensuite la *réponse du Gouvernement français* avec un numérotage correspondant au premier.

NOTE DE LA COUR DE VIENNE.

1. La cour de Vienne défère sans hésiter à la demande qui lui a été faite de la part de l'empereur des Français, de s'expliquer catégoriquement sur ses intentions et sur les motifs de ses armements.

2. Elle n'a d'autres intentions que de maintenir la paix et ses relations d'amitié avec la France, ainsi que le repos général du continent, d'autre désir que de voir les intentions de l'Empereur Napoléon correspondre aux siennes.

3. Mais le maintien de la paix entre deux puissances ne consiste pas seulement à ne pas s'attaquer. Il consiste, au moins, essentiellement dans l'accomplissement des traités sur lesquels la paix se trouve établie. La puissance qui les enfreint dans des points essentiels, et qui se refuse de faire droit aux réclamations, est tout aussi bien l'agresseur que si elle attaquait l'autre injustement.

4. La paix entre l'Autriche et la France repose sur le traité de Lunéville, dont une des conditions stipule et garantit l'indépendance des Républiques d'Italie, ainsi que des Républiques helvétique et batave, et leur assure la liberté de se choisir leur gouvernement. Toute entreprise pour les obliger d'adopter un gouvernement, une constitution, un maître, autrement que de leur choix libre, autrement qu'en conservant une indépendance politique et réelle, est une infraction de la paix de Lunéville, et l'Autriche a le droit d'en réclamer et d'en poursuivre le redressement.

5. Le désir de maintenir l'amitié mutuelle, de calmer les défiances, de préserver le repos public de plus grands dangers, peut, au milieu de circonstances critiques et délicates, engager la partie réclamante à user de ménagements, à mettre une grande modération dans la poursuite de ses griefs, à renvoyer la discussion à des négociations subséquentes : mais les égards de l'amitié ne sauraient lui faire un devoir de renoncer aux stipulations des traités, et la puissance qui, après les avoir enfreints, décline de s'en expliquer, refuse de négocier et substitue la voie de la menace à celle de la négociation, blesse autant les lois de l'amitié que les droits sacrés de la paix.

6. Quant au maintien du repos public, il exige que chaque État se renferme dans ses limites et respecte les droits et l'indépendance des autres États, forts ou faibles. Ce repos est troublé quand une puissance s'attribue des droits d'occupation, de protection, d'influence qui ne sont avoués ni par le droit des gens ni par les traités ; quand elle parle des droits de la victoire après la paix qui les a éteints ; quand elle emploie la force et la crainte pour dicter des lois à ses voisins, pour les obliger d'assimiler leurs constitutions à la sienne, ou pour leur arracher des alliances, des concessions, des actes de soumission et d'incorporation ; quand elle prétend que sa dignité est offensée par des représentations fondées,

(1) La note de la cour de Vienne, ayant été publiée dans les gazettes allemandes, a attiré, par la forme pamphlétaire qui la distingue, une réfutation victorieuse dans un style analogue.

tandis que ses propres feuilles attaquent successivement les monarques; enfin quand elle s'érige seule en arbitre du sort et des intérêts communs des nations, et qu'elle veut exclure d'autres puissances de toute participation au maintien de la tranquillité et de l'équilibre général, les unes parce qu'elles sont trop éloignées, d'autres parce qu'un bras de mer les sépare du continent, opposant aux réclamations des puissances les plus voisines du danger des réponses évasives, des rassemblements de troupes sur leurs frontières, des menaces de rupture si elles se mettent en défense.

7. C'est elle alors qui provoque les autres puissances à s'armer, à se secourir, à s'unir enfin s'il le faut, pour le maintien de leur sûreté et de la sûreté publique.

8. C'est ainsi que les armements de la cour de Vienne ont été provoqués graduellement, tant par les armements de la France que par l'insuffisance des voies conciliantes, pour s'assurer du maintien d'une paix véritable et d'un avenir tranquille.

9. Toute l'Europe a reconnu la sincérité des dispositions pacifiques de Sa Majesté l'Empereur dans son exactitude à remplir les conditions du traité de Lunéville, dans sa grande condescendance au sujet des extensions, nuisibles à son intérêt, données à l'exécution de ce traité en Allemagne; dans sa modération non moins grande lors des premières déviations de la République française du même traité, relativement aux autres Républiques.

10. Attribuant ces déviations au besoin de garantir de tout danger externe le développement du plan formé pour le rétablissement du gouvernement monarchique en France, Sa Majesté n'a pas fait difficulté de reconnaître l'état des choses, établi en Italie vers la fin de l'année 1802. Sa confiance dans les vues du Premier Consul, les engagements pris par ce dernier vis-à-vis de la nouvelle République italienne sur la durée temporaire de sa présidence, les assurances publiques et solennelles qui ont accompagné et suivi son élévation à la dignité impériale, de son éloignement de toute vue d'agrandissement et de toute lésion de l'indépendance des Etats italiens; enfin les engagements subsistants de sa part vis-à-vis du souverain de la Russie, nommément sur le dédommagement du roi de Sardaigne et sur un arrangement commun des affaires d'Italie : tous ces motifs ont concouru à faire naître et à nourrir dans le cœur de Sa Majesté l'espoir que la consolidation du nouvel Empire des Français ramènerait dans peu la politique et les mesures de son Gouvernement à des rapports compatibles avec l'équilibre et la sûreté de l'Europe, et lorsque, quelque temps après, les premiers bruits de nouveaux changements prochains dans les États de la Lombardie portèrent l'ambassadeur de Vienne à Paris à demander des explications sur ce point, Sa Majesté fut encore confirmée dans ses espérances par l'assurance officielle, donnée au nom de l'Empereur Napoléon, que les Républiques d'Italie ne seraient pas réunies à la France, et qu'il ne serait fait aucune innovation contraire à leur indépendance politique.

11. L'Europe jugera si ces assurances ont été remplies. L'Empereur n'a pas cessé de les réclamer, comme le prouve la correspondance qui s'ensuivit entre les deux souverains, et les représentations officielles et ostensibles dont fut chargé l'ambassadeur comte Philippe Cobe͏̈ ; ͏ mo͏
les lettres par lesquelles l'Em͏

fit part à Sa Majesté de ses dispositions pour l'établissement d'un royaume d'Italie fussent accompagnées de menaces d'armements, quoique tout décélât dès lors ce que l'événement a prouvé depuis, que l'Empereur des Français était décidé à soutenir ces innovations par la force, néanmoins Sa Majesté n'a jamais reconnu des dispositions qu'on ne lui annonçait que comme un arrangement provisoire; elle s'est bornée à repousser les inculpations qui servaient de prétexte aux menaces, et à manifester l'espoir que ce principe de séparation et d'indépendance consacré par le traité serait maintenu par des arrangements définitifs, que l'Empereur Napoléon faisait dépendre de négociations ultérieures avec les cours de Pétersbourg et de Londres, à l'époque du rétablissement de la paix.

12. Ces négociations étaient effectivement le seul espoir qui restait à Sa Majesté de parvenir, par les voies de la conciliation, à consolider la paix et à rendre enfin le calme à l'Europe alarmée du nord au midi, par des entreprises dont le nombre et l'étendue s'accroît à chaque instant.

13. Sa Majesté l'Empereur des Français avait fait envers le roi d'Angleterre une première démarche pacifique, en continuant toutefois de vouloir l'exclure du droit de participer aux intérêts majeurs du continent.

14. Cette restriction jointe aux rapports qui existaient entre elle et la cour de Pétersbourg, engagèrent Sa Majesté britannique à recourir à la médiation de Sa Majesté l'empereur de Russie, qui malgré l'interruption de ses relations officielles avec la France, n'hésita pas d'interposer ses bons offices, d'envoyer à cet effet un négociateur et d'en faire demander l'admission au souverain de la France.

15. Mais l'espoir, fondé sur toutes ces démarches pacifiques, ne tarda pas à s'évanouir. De nouveaux coups furent portés à l'existence politique d'autres Etats indépendants de l'Italie, au moment où l'on envoyait au négociateur russe le passeport demandé pour son voyage en France; l'empereur Alexandre crut dès lors devoir regarder sa médiation comme compromise ; d'un autre côté, des armées françaises furent subitement rassemblées en Italie, malgré la promesse faite de ne point armer.

16. Un camp de 30 mille hommes, réuni dans la plaine de Marengo, fut suivi d'un autre camp de 40 mille hommes placés sur les frontières du Tyrol et des provinces vénitiennes de l'Autriche. Sa Majesté se vit donc forcé de pourvoir efficacement à sa sûreté. Elle acquit alors la conviction que les sentiments de paix, d'amitié et de modération qu'elle professe ne rencontraient point un tel retour de sentiments de la part de Sa Majesté l'empereur des Français, qu'elle puisse négliger plus longtemps de préparer les mesures nécessaires pour la défense et pour le maintien de la dignité de son Empire.

17. Telle est la cause de ses armements actuels. Mais les mêmes sentiments qui ont tant fait désirer à Sa Majesté d'éviter l'emploi de semblables mesures en ont aussi déterminé le but. L'Empereur arme, non dans des vues hostiles, non pour faire diversion à la descente en Angleterre, dont l'exécution, après deux ans de menaces, ne devait pas paraître réservée pour le moment où la France venait de pr͏   l'Autriche et la Russie : il arme pour l͏   ͏ on de la paix qui
                                     ͏ antre lui e
                         ͏ le main   ͏ ns de paix,

sans lequel cette paix serait illusoire; pour parvenir à un accommodement équitable, fondé sur la modération de toutes les puissances intéressées, et propre à assurer l'équilibre et la tranquillité permanente de l'Europe, la démarche par laquelle Sa Majesté a invité en même temps les principales cours intéressées à renouer les négociations interrompues, tendait au même but. Le refus inattendu, que son interposition vient d'éprouver de la part de Sa Majesté l'empereur des Français, ne la détourne pas de la renouveler.

19. Elle a été plus heureuse vis-à-vis de l'empereur Alexandre.

20. Ce monarque qui occupe une place distinguée dans le sénat des puissances de l'Europe, dont l'équilibre et le bien-être général sont l'objet de ses soins constants, témoigne dans la réponse ci-jointe qu'il vient de faire remettre à Sa Majesté, un désir égal pour la conclusion d'un arrangement équitable et modéré. Il est également convaincu de la nécessité d'un armement éventuel, et se croit obligé par ce même éloignement qu'on allègue, pour contester et le droit et la conséquence de son intervention, à porter en avant une partie de ses troupes, afin d'assurer à cette intervention tout le poids et l'efficacité d'une aussi grande puissance.

21. Pour achever de prouver la rectitude des intentions des deux cours impériales d'Autriche et de Russie, on déclare ici solennellement et au nom de l'une et de l'autre :

22. Qu'elles sont prêtes à négocier avec la cour de France pour le maintien de la paix du continent, aux termes les plus modérés compatibles avec le repos et la sûreté générale ;

23. Que, quelle que soit l'issue de la négociation, et dût l'éclat de la guerre être inévitable, elles se sont mutuellement engagées de s'abstenir de toute entreprise qui tendrait, soit à s'immiscer dans les affaires internes de la France ,

24. Soit à altérer l'état des possessions et des rapports qui se trouvent actuellement établis légalement dans l'Empire germanique, soit à blesser le moins du monde les droits et les intérêts de la Porte-Ottomane, dont elles sont au contraire prêtes à défendre, autant qu'il dépendra d'elles, les possessions et l'intégrité ;

25. Enfin que la Grande-Bretagne leur a fait connaître des sentiments parfaitement analogues aux leurs,

26. Et ses dispositions également modérées pour le rétablissement de la paix avec la France.

27. Sa Majesté espère que les explications aussi sincères que franches, dans lesquelles elle vient d'entrer, seront propres à dissiper les doutes qui peuvent exister de la part de Sa Majesté l'empereur Napoléon, sur les intentions et les motifs qui l'animent, et tous ses vœux seront remplis, si ces explications peuvent contribuer à prévenir des malheurs qu'il n'aura pas tenu à elle d'épargner à l'humanité.

Réponse du Gouvernement français (1).

1. A cette exposition vague qui annonce des occupations, des explications, et qui n'explique et ne prouve rien, il n'y a qu'une observation à faire, elle sera péremptoire et précise.

2. La Suisse , la Hollande, l'Italie ont établi librement la constitution qu'elles ont désirée. En quoi ce légitime usage du droit primitif de tous les Etats attente-t-il aux droits particuliers de

l'Autriche ? Aux négociations de Lunéville, l'Autriche demanda que le territoire des Républiques italienne, helvétique et batave fût évacué de nos troupes françaises, et la France s'y refusa. La France demanda que l'Autriche garantît l'existence indépendante de ces Républiques, et l'Autriche montra, il est vrai, la plus grande répugnance à y consentir; mais, enfin, elle y consentit. Ces trois Etats durent donc, dans le sens entendu par l'Autriche, rester libres, et conserver cependant sur leur territoire une armée française. Comment cette indépendance a-t-elle pu être altérée par l'établissement spontané de la forme fixe de gouvernement qui a mis un terme aux incertitudes antérieures, et du systême fédératif qui les a attachées à l'alliance de la France ?

3. Si l'Autriche se réfère aux temps qui ont précédé la conclusion de ce traité, elle verra que la France était maîtresse de tout en Italie ; elle avait tous les pouvoirs, jusqu'au pouvoir législatif ; et l'autorité qui gouvernait avait été formée par les généraux français. En Helvétie, Batavie, les armées françaises étaient la seule force organisée qui garantît la sûreté publique. Que l'Autriche cite un article du traité de Lunéville qui ait prescrit la sortie des troupes françaises ; qu'elle cite une seule note adressée par elle, une seule démarche formelle depuis la conclusion du traité, et ayant pour objet de demander cette évacuation.

4. Si l'Autriche considère l'état présent, qu'elle dise comment ces constitutions appropriées aux temps, aux lieux, aux intérêts des peuples, et déjà éprouvées par une heureuse expérience, peuvent motiver de sa part des regrets sur le passé et des inquiétudes sur l'avenir. Quel est ce genre d'intérêt qui inspire de déplorer le bonheur et la sécurité des peuples? Quelle est cette espèce de bienveillance qui conseille aux Etats de se croire opprimés, quand ils ont des lois et un gouvernement ouvrage de leur volonté, et résultats de leurs communs suffrages ? Quelle est, enfin, cette justice qui propose la guerre pour ramener le désordre et la confusion là où règnent actuellement l'ordre, la tranquillité et la confiance ?

5. Ici la cour de Vienne reste encore dans les généralités ; mais sous le voile de ses vagues allégations, on voit percer les vues d'une politique timidement jésuitique: elle glisse sur les souvenirs, et se prépare aux désaveux. L'empereur d'Autriche n'a pas méconnu les changements survenus en Suisse, puisqu'il a un ministre à Berne ; il n'a pas méconnu les changements qui ont eu lieu en Hollande, puisqu'il a accrédité un ministre à La Haye ; il n'a pas méconnu les changements de l'Italie : les lettres de l'Empereur lui-même et celles de son ministre M. le comte de Cobenzl en font foi. Aujourd'hui cette cour voudrait se relever de toutes ses mesures précédentes. Est-ce que le roi des Romains ne reconnaîtrait pas les actes de l'empereur d'Allemagne ? ou ne serait-ce pas que les circonstances lui semblent meilleures, et que, se sentant appuyé, il veut désavouer tous les engagements du passé ? C'est ainsi que l'Autriche rejeta le traité de Campo-Formio. Alors, comme aujourd'hui, elle attribua à la nécessité *des ménagements, aux circonstances délicates et critiques, au désir d'éloigner de plus grands dangers*, des stipulations formellement contractées. Mais, il faut le dire, les circonstances ne sont pas entièrement semblables. Quand l'Autriche déclara que la paix de Campo-Formio était

---

(1) Chaque paragraphe de cette pièce répond au paragraphe correspondant de la pièce qui précède.

rompue, elle avait engagé une bataille : au moins aujourd'hui aurait-elle dû attendre une victoire avant de faire ostentation des étranges principes qui ont dirigé sa conduite.

Les réflexions de ce paragraphe sont littéralement tirées des gazettes anglaises. Il n'y en a pas une qui ne serve de texte aux déclamations journalières de ces écrivains, qui ne se flattaient pas sans doute d'obtenir les honneurs d'un tel plagiat.

6. Quant à l'imputation faite à la France de vouloir exclure la Russie de toute participation aux affaires générales, elle est extraordinaire après les démarches connues faites par la France, pour demander la médiation de la Russie dans le début de la guerre actuelle avec l'Angleterre. Cette imputation est neuve surtout de la part de l'Autriche, qui n'oubliera sûrement jamais que c'est la France qui, malgré l'Autriche, a fait intervenir la Russie dans les arrangements de l'Empire germanique. N'est-ce pas l'Autriche qui, mille fois, a sollicité avec instance que la Russie ne prît aucune part aux affaires d'Allemagne : et c'est elle aujourd'hui qui reproche à la France de vouloir l'exclure de tout intérêt *au maintien de l'équilibre général* ! La France n'a pas plus montré cette prétention à l'égard de l'Angleterre. Le traité d'Amiens ne stipule-t-il pas sur des objets étrangers aux deux puissances contractantes et uniquement relatifs au système général ? L'Autriche parle *des droits de la victoire après la paix qui les éteint.* Sans doute, et la France reconnaît ce principe, tandis que l'Autriche, non-seulement fait revivre, mais usurpe les droits de la victoire après la paix. Quelle victoire, en effet, lui a donné le droit de ne pas payer la dette de Venise ? L'Autriche avait-elle conquis Venise ? Quelle victoire lui a donné le droit de s'incorporer en Souabe une foule de possessions qui, en la fortifiant, affaiblissent et alarment les États voisins ? L'Autriche avait-elle conquis la Souabe ? Quelle victoire enfin lui a donné le droit de tourmenter la Bavière par des prétentions soutenues à main armée, et de ruiner la Suisse par des séquestres ? L'Autriche avait-elle conquis la Bavière et la Suisse ? Sans doute il ne faut pas abuser de la victoire, mais c'est surtout de celles qu'on n'a pas remportées qu'il n'est ni juste ni sensé de se prévaloir.

7. Il est possible qu'on ait réussi à alarmer l'empereur d'Allemagne, et à lui persuader que sa sûreté pourrait être un jour menacée par la France ; mais il s'apercevra trop tard peut-être que la puissance qu'il doit le plus redouter n'est pas la France, et que ses dangers sont bien plus prochains et plus grands du côté de celle dont, pour la seconde fois, il a eu l'imprudence d'accepter des secours : Est-ce à l'Autriche qu'il faut apprendre si cette puissance est redoutable pour ses voisins ? Si elle a mis des bornes aux accroissements qui sont dans le système politique ? S'il est facile de régler avec elle les opérations de la guerre et les combinaisons de la paix ? Si l'entretien de ses armées n'est pas onéreux aux pays qui les reçoivent ? Si la distance des lieux d'où elles viennent ne rend pas leur séjour plus long et leur retour plus difficile ? Si enfin les dévastations de ses troupes légères ne laissent pas partout des traces ineffaçables de leur passage ? Mais ceci est le langage de la raison, et la cour de Vienne n'a voulu écouter que les passions et un ressentiment irréfléchi contre la France.

8 et 9. On ne s'attendait pas à voir parmi les griefs de la maison d'Autriche le recès de l'Empire, qui lui a valu l'évêché d'Eischted, Saltzbourg, des territoires qu'elle n'a cessé d'agrandir, des droits qu'elle n'a cessé d'exagérer, et des indemnités enfin que ne lui avait pas promises le traité de Lunéville. Ce recès, d'ailleurs, n'est-il pas aussi l'ouvrage de la puissance que l'Autriche associe aujourd'hui à ses réclamations et à sa cause? Peuples d'Allemagne, c'est à vous que ces récriminations s'adressent. Si la maison d'Autriche a des succès contre la France, le recès sera annulé. Tous les États de l'Allemagne doivent s'attendre à se voir présenter des demandes d'indemnités pour les indemnités qu'ils ont reçues. Tel est le respect de la maison d'Autriche pour ses engagements; telle est la protection qu'elle accorde aux États faibles.

10. Cet article renferme sa propre réfutation. Les explications données par la France ont été confirmées par les événements. C'est une question de fait, de savoir si on a violenté ou non les volontés dans les pays qui ont amélioré leur constitution. Des allégations de contrainte sur ce point ne sauraient être admises de la part d'une puissance jalouse. La France a dû désirer que des peuples qu'elle avait séparés d'une domination étrangère fussent heureux, et elle n'a pris pour le seul moyen d'assurer le bonheur d'un pays est de lui laisser le choix de ses institutions et de ses lois. La prépondérance de la France sur l'Italie et sur la Suisse est d'abord le résultat de ses victoires, et ensuite elle a été consacrée par le traité de Lunéville , puisqu'il n'en a pas exclu les troupes françaises, et qu'alors ces pays n'étaient pas constitués. À l'époque du traité, l'armée française les possédait : il n'y avait là ni république, ni gouvernement. Le plus bel usage que la France pût faire de sa prépondérance était, sans doute, de laisser à ces peuples le temps de se constituer. Ils s'en sont occupés pendant trois années, et ils n'ont pas mal employé leur temps; tandis que la maison d'Autriche, qui n'avait qu'un règlement intérieur à établir dans ses provinces italiennes, n'y est pas parvenue. Le pays de Venise n'est pas encore organisé.

11. Les réclamations et les assurances dont parle ici la cour de Vienne sont de pures illusions. Elle n'a fait aucune observation, elle n'a élevé aucune plainte, pas plus que la cour de France n'en a adressé pour l'incorporation de Lindau, et pour toutes celles qui ont été faites en Souabe. Les menaces d'armements et la prétendue détermination de soutenir par la force ce que la cour de Vienne appelle des innovations, sont encore moins réelles. L'organisation volontaire et salutaire d'un pays auparavant mal gouverné par des lois de circonstance, n'a, certes, pas besoin d'être étayée par des menaces, ni garantie par des armements hostiles. Et comment peut-on dire, avec quelque ombre de vraisemblance, que l'Empereur des Français menaçait l'Autriche, au moment même de la plus grande activité de ses préparatifs contre l'Angleterre?

12. Cette allégation n'est pas moins fausse que les précédentes. Les démarches de la France pour faire la paix avec l'Angleterre ont été publiques. Toutes les pièces de cette négociation se réduisent à une seule lettre, et on peut défier la cour de Vienne de trouver dans cette lettre que l'Empereur des Français ait mis pour clause à la pacification, que l'Angleterre ne prendrait point de part aux affaires du continent.

13. L'Angleterre n'a pas répondu à la démarche de la France: avant tout elle voulait s'assurer s'il serait possible de renouer une coalition. La con-

lition s'est formée, et l'Angleterre est dispensée de répondre.

14 et 15. Cette restriction est une chimère, et les rapports qui existaient alors entre les cours de Londres et de Pétersbourg n'avaient pas l'intimité qu'ils ont eue depuis. L'Angleterre n'avait d'autre motif que des espérances de discorde, qu'elle a trop réussi à réaliser. C'est lorsque les instigations de l'Angleterre ont pris de la consistance en Russie, que la prétendue médiation entre l'Angleterre et la France a été déterminée : et c'est parce que cette médiation n'était pas établie sur des principes de modération et d'impartialité, qu'elle a été révoquée presque aussitôt qu'annoncée. Ce que la cour de Vienne allègue ici relativement à l'existence politique d'autres États indépendants est un prétexte usé. L'organisation de ces États est une suite naturelle de leur position, de leurs besoins, de leurs dangers. Cette organisation est indifférente à l'Angleterre comme à l'Autriche, et ne peut causer de regrets qu'à l'Angleterre. Il est bien peu séant à des puissances centinentales de désirer qu'il n'y ait aucun · État du continent qui puisse améliorer sa marine et se défendre contre l'oppression maritime de l'Angleterre.

16. Évaluations hypothétiques, assertions exagérées. Le camp de Marengo et celui de Castiglione n'avaient rien d'alarmant ni pour leur nombre ni pour leur objet.L'Empereur des Français a donné à cet égard les explications les plus satisfaisantes.Les officiers autrichiens ont vu ces camps. On ne peut pas croire que ce soit d'après leur rapport que la cour de Vienne en a apprécié le nombre.

17. Cette explication n'est pas la sincère. Les armements de l'Autriche ont eu deux causes, les seules vraies, les seules qu'elle n'osera avouer. La première est l'ambition d'envahir la Bavière, et la persuasion que le moment actuel était le plus favorable pour en obtenir la cession; la seconde est le subside de l'Angleterre, fastueusement annoncé depuis plus de six mois dans les débats du parlement, et secrètement distribué depuis deux mois aux puissances à qui il était destiné.

18. Pour le maintien de la paix, l'Autriche a commencé par envahir la Bavière. C'est ainsi qu'elle a dit plus haut que le but de ses mesures était déterminé par des sentiments pacifiques, et que ce n'était pas dans des vues hostiles qu'elle armait.

19. Quant à l'empereur Alexandre, s'il eût voulu la paix, il eût compris que ce n'était pas en insultant les grandes puissances qu'on se rapprocherait d'elles. S'il eût voulu être médiateur, il fût resté impassible entre la France et l'Angleterre. On ne discute pas ici les intentions personnelles de l'empereur Alexandre; on ne met pas en doute qu'elles ne soient justes, humaines et modérées ; mais l'expérience de tous les temps a montré que partout les agents diplomatiques de la Russie s'écartent, quand ils le veulent, des principes de leur souverain, et suivent chacun leurs passions et leur politique particulières. Du reste, la cour de Vienne devrait laisser à celle de Russie le soin de faire connaître elle-même quelles sont ses intentions et ses vues.

20. Toute puissance qui invoque les principes généraux en intervenant dans la querelle qui existe entre deux autres puissances, doit, ce semble, avoir le même langage et employer les mêmes mesures envers l'une et envers l'autre. Or, quand l'Autriche et la Russie annoncent qu'elles ont armé pour amener la France à entendre des propositions d'accommodement, pour-

quoi ne font-elles pas connaître ce qu'elles ont fait pour forcer l'Angleterre de se soumettre à leur médiation? Elles envoient des armées contre la France : pourquoi n'envoient-elles pas aussi des escadres contre l'Angleterre? Elles disent que l'équilibre continental est altéré : est-ce que les règles de droit maritime établies par l'Angleterre sont à leur convenance? leur paraît-il que la neutralité des mers soit observée? trouvent-elles que la marine anglaise respecte leur pavillon, et ses prétentions sur le blocus des ports leurs semblent-elles des enfants légitimes? Quand on discute sur les procédés de deux États belligérants, il ne faudrait pas avoir deux poids et deux mesures.

21 et 22. Si les deux cours impériales voulaient véritablement la paix, si leur intention était de placer la négociation hors de l'Empire et de la domination de l'Angleterre, au lieu d'employer des expressions vagues et indéterminées, telles que celles-ci, *aux termes les plus modérés compatibles avec le repos et la sûreté générale*, elles auraient dit que leur intention était d'arriver par l'effet d'une loyale et sincère médiation à l'exécution entière du traité d'Amiens et de Lunéville.

23. Nous sommes trop loin du temps où les puissances s'arrogeaient le droit d'intervenir dans les affaires intérieures de la France, pour que l'abandon de ce droit puisse être compté pour quelque chose.

24. C'est pour la première fois qu'en Europe, une cour a osé promettre que la Russie défendrait l'Empire ottoman. Ce langage cependant est depuis longtemps employé dans la chancellerie de Pétersbourg. C'est là qu'on peut voir que c'était pour le bien de la Sublime-Porte qu'ont été conclus les traités qui lui ont successivement enlevé ses plus belles provinces. Il est à regretter que l'Autriche n'ait pas pensé à promettre, au nom de la Russie, la garantie de la Perse.

25. Ainsi, nous devons donc juger des sentiments de la cour de Vienne par ceux de l'Angleterre, par sa politique impartiale et par la conduite constante de l'Angleterre, de sa bienveillance pour les faibles, de sa justice pour les neutres, par la modération de l'Angleterre. Si l'Angleterre avait des sentiments pacifiques, si elle était juste et modérée, il n'y aurait pas aujourd'hui de guerre sur le continent, parce qu'il n'y aurait pas eu de guerre maritime.

26 et 27. Les doutes de l'Empereur Napoléon sont, en effet, entièrement dissipés. Vous voulez la Bavière; mais il faut qu'il ne vous reste aussi aucun doute sur les intentions de l'Empereur Napoléon : il ne vous laissera jamais conserver la Bavière. Quant à la question générale, elle n'est pas plus compliquée. Lorsque la Russie fera connaître ses dispositions, on pourra en juger, et il sera facile de lui répondre : Pour ce qui regarde l'Angleterre, l'Autriche essayerait en vain de persuader qu'elle est juste dans ses prétentions et modérée dans ses vues. On croira à la justice de l'Angleterre, quand elle aura consenti à revenir aux engagements qu'elle avait contractés par le traité d'Amiens, et qu'elle a violés.

N° X.

Extrait d'une dépêche du ministre des relations extérieures, à M. Otto, ministre plénipotentiaire de Sa Majesté l'Empereur et Roi, à la cour de Munich.

29 thermidor an XIII.

Vous ajouterez que l'Empereur, désirant d'épargner à l'Europe les calamités d'une guerre nouvelle, a fait, pour ramener l'Autriche au sentiment de ses véritables intérêts et à l'observation d'une impartiale neutralité, les démarches qui pouvaient être compatibles avec l'honneur de sa couronne, et que Sa Majesté pense que l'Electeur doit aussi, par les mêmes motifs, envoyer à Vienne un courrier extraordinaire, portant au ministre électoral l'ordre de faire des représentations à la cour de Vienne, et de lui demander dans quelles vues elle remplit le Tyrol de troupes, quand tous ses voisins sont en paix.

Des représentations sages à la fois et énergiques, faites en même temps par divers cabinets, peuvent arrêter l'Autriche si elle n'est qu'entraînée par des suggestions étrangères, comme Sa Majesté se plaît encore à le croire; et dans la supposition contraire, elles feront peser sur l'Autriche seule la responsabilité des évènements qu'elles avaient pour objet de prévenir.

Nota. Une lettre semblable a été écrite à l'ambassadeur de Sa Majesté à Berne. En conséquence de cette invitation qui leur a été adressée, les gouvernements helvétique et de Bavière ont fait les démarches désirées.

Signé : CH. MAUR. TALLEYRAND.

MINISTÈRE DE LA JUSTICE.

Le grand juge ministre de la justice, à Messieurs les procureurs généraux impériaux près les cours de justice criminelle.

Paris, le 3 vendémiaire an XIV.

Les intrigues et l'or de l'Angleterre ont enfin prévalu, Messieurs : elle a entraîné dans la guerre deux grandes puissances, dont l'une est d'autant plus coupable envers la France, que son trône deux fois ébranlé par la valeur de nos soldats, n'est resté debout que grâce à la modération du vainqueur.

L'Empereur marche en personne pour déconcerter les projets de nos ennemis, et sous un tel chef, secondé par d'aussi braves armées, la victoire ne saurait être douteuse.

Mais pour assurer la durée et la plénitude de nos succès, il faut que tout s'enflamme du saint amour de la patrie. Guerriers, magistrats, citoyens, nous devons tous, par un commun effort, contribuer, autant qu'il est en nous, à soutenir la plus juste des guerres, et seconder de toute notre énergie le généreux monarque qui, pour maintenir la France au haut degré de gloire et de puissance où il l'a élevée, vole de nouveau affronter les fatigues et les dangers.

Parmi les moyens qui doivent garantir nos succès, la conscription est sans contredit le plus puissant de tous, puisque c'est d'elle que dépendent le renouvellement et la permanence de nos forces militaires, ainsi que la bonne composition de nos armées; il faut donc s'attacher avec une infatigable persévérance à faire religieusement exécuter les lois et les décrets qu'elle a rendus nécessaires.

Sans doute la jeunesse française, si distinguée par sa valeur, et toujours si prête à marcher à la voix de l'honneur et de la patrie, va se précipiter en foule sur les pas du bon Empereur, et au milieu de cet élan sublime, il faut espérer qu'il ne se rencontrera guères de Français assez peu dignes de ce nom pour refuser de s'associer aux périls et à la gloire de nos guerriers.

Cependant, s'il s'en trouvait qui, cédant lâchement à la peur, ou s'abandonnant à des suggestions perfides, préférassent l'infamie à l'honneur, il faut qu'eux et leurs fauteurs et complices s'attendent à une punition inévitable.

Ainsi, tandis que les tribunaux militaires fe-

ront justice des conscrits réfractaires, vous devez poursuivre et faire poursuivre par vos subordonnés, avec une sévérité inflexible, tous ceux qui, par malveillance, par corruption ou même par une intempestive et fausse pitié, oseraient, d'une manière plus ou moins criminelle, aider ou favoriser le lâche qui fuit nos drapeaux. Point d'acception de personnes, point de molles complaisances; songez que, dans une matière aussi grave et à laquelle le salut public est si essentiellement lié, toute partialité, comme tout relâchement dans l'exécution des lois, serait un grand crime envers la patrie.

Pénétrez-vous de cette doctrine salutaire; frappez-en souvent l'oreille des magistrats devant lesquels vous exercez vos fonctions, et faites-leur bien sentir qu'un devoir impérieux leur commande de ne s'en écarter jamais.

Recevez, Messieurs, l'assurance de mes sentiments affectueux.

Signé : REGNIER.

MINISTÈRE DE L'INTÉRIEUR.

Le ministre de l'intérieur à M. le préfet du département.

Monsieur, je vous envoie le discours que Sa Majesté l'Empereur a prononcé au Sénat quelques heures avant son départ pour l'armée. Qu'il soit connu des fonctionnaires publics et des citoyens de votre département. Que tous s'animent des sentiments qui l'ont dicté : qu'à l'exemple de l'Empereur, *ils fassent leur devoir!* Ce devoir n'est pas douteux : la France est menacée, insultée, attaquée dans les possessions de ses alliés; les armées ennemies marchent contre nos frontières; l'Empereur se met à la tête de nos troupes pour les rejeter sur leur territoire. Quel sacrifice peut coûter pour imiter cet exemple de dévouement? Que ceux qui n'auront pas le bonheur de partager ses dangers, concourent au moins à sa gloire par une obéissance empressée aux ordres du Gouvernement. L'Empereur, secondé par son peuple, obtiendra des succès qui seront le partage de tous, la prospérité de la France, son indépendance et une paix solide et honorable devant être le résultat de ses travaux, de ses périls et de nos efforts.

Le ministre de l'intérieur à M. le préfet du département

Paris, le premier vendémiaire an XIV.

Monsieur, l'Empereur a dû compter, dans tous les moments, sur votre zèle pour son service et votre amour pour votre patrie. Il est aujourd'hui dans le cas de réclamer d'une manière particulière la preuve de ce double sentiment. Une circonstance inattendue change la position de la France et exige d'elle de nouveaux efforts qui doivent la conduire à une gloire nouvelle et à un repos qui ne sera plus troublé. Des puissances de l'Europe, intervenant dans notre querelle avec l'Angleterre, ont armé pour prescrire à la France les conditions d'une paix désavantageuse, ce qui déjà était une déclaration de guerre; car sans doute elles n'attendaient pas d'elle cette lâche condescendance. Leurs armées ont envahi le territoire de ses alliés, et marchent contre nos frontières; la paix du continent n'existe plus! Ainsi est détourné ou plutôt suspendu le coup qui allait frapper l'Angleterre. C'est encore sur le continent, et par de nouvelles victoires, qu'il faut aller chercher la paix. L'Empereur voit avec regret cette triste nécessité; mais il n'hésite pas lorsque l'honneur et l'intérêt national ne laissent pas le choix d'un autre parti. Que la guerre soit vive pour être courte! Que la nation fasse un grand effort, et détruise, par son union toute-puissante, par son invincible courage, et surtout par son activité, cette coalition nouvelle, non moins odieuse que les autres, puisqu'elle a pour but de la mettre sous le joug d'une nation rivale, qui ne sera satisfaite que lorsqu'elle aura détruit, sans qu'il soit possible de les voir renaître, notre marine, notre commerce, notre industrie, notre richesse et nos moyens de prospérité. Les menaces de l'ennemi commandent surtout une détermination prompte et unanime. L'Empereur appelle la conscription de l'an XIV: pour une guerre extraordinaire, il se borne à accélérer de quelques mois une mesure ordinaire. Que cet appel fait au courage de la jeunesse française soit entendu par elle et répété par tous les fonctionnaires publics! Employez votre activité, votre influence, pour en hâter les résultats. Plus l'opération sera prompte, plus ses suites seront heureuses. Joignez les moyens de persuasion à l'emploi de votre autorité. Appelez, pressez ceux que la loi appelle; encouragez le zèle de ceux qui se montrent prêts à lui obéir; déployez contre les autres toutes ses rigueurs.

Dites à vos administrés que c'est par cette mesure décisive qu'ils arriveront à une prompte paix, premier et dernier objet des vœux de l'Empereur; qu'elle seule peut leur épargner les calamités, l'épuisement d'une guerre longtemps prolongée et les sacrifices qu'elle nécessite; que c'est elle qui éloignera la guerre de nos frontières et en rejettera le fardeau sur l'ennemi. Parlez de leurs intérêts, de leurs véritables intérêts, à ceux qui pourraient ne pas être touchés de la gloire nationale; mais ceux-là ne seraient pas Français. L'honneur, ce sentiment essentiellement français, parlera avec force à tous les cœurs dignes de ce nom; la voix de la patrie, les appelant à sa défense contre une injuste provocation, ne sera pas méconnue par eux, et tous s'empresseront à partager ce long héritage de gloire recueilli sur les Alpes, dans les plaines de l'Italie, sur les bords du Rhin et du Danube.

Celui qui a toujours maîtrisé la victoire, dont le génie est aussi puissant que sa volonté est ferme et inébranlable, dont la pensée embrasse toutes les combinaisons des temps, des lieux, des hommes, qui vous a sauvé des maux du dedans et des périls du dehors, et sous l'égide duquel vous avez placé vos destinées, votre Empereur, l'homme du siècle et de la nation, guide lui-même vos phalanges. Quel Français n'est pas jaloux de partager ses dangers et sa gloire?

Quel est celui qui entendra sans émotion ce mot de l'Empereur au Sénat, à l'instant de son départ : *Votre Empereur fait son devoir, l'armée fera le sien : Français, faites le vôtre.*

Fonctionnaires publics, c'est surtout à vous que ce mot s'adresse. Le premier de vos devoirs, c'est la défense de la patrie : propriétaires, cultivateurs, il faut vous assurer la tranquille possession de vos champs ; négociants, manufacturiers, artistes, artisans, c'est dans votre industrie que votre richesse et votre existence : sachez vous en assurer le libre exercice et de nouveaux débouchés à ses produits. Pères de familles, vous avez à éloigner de vos paisibles demeures, et les maux et jusqu'au fruit de la guerre; et si vos fils ne marchaient contre l'ennemi, vous auriez à prendre les armes pour la défense de vos foyers; Français, il est question de votre gloire et de votre indépendance.

Vous, Monsieur, vous avez à justifier le choix dont l'Empereur vous a honoré, et c'est en hâtant la marche de la conscription que vous acquer-

rez le plus de droits à son suffrage et à sa bienveillance. Votre zèle sera jugé par ses résultats : qu'ils soient tels, que j'aie à vous féliciter d'avoir bien mérité du prince et de la patrie.

Recevez, Monsieur, l'assurance de ma parfaite considération.

Signé : CHAMPAGNY.

MINISTÈRE DES FINANCES.

Le ministre des finances, aux chefs des administrations placées dans ses attributions.

Paris, le 3 vendémiaire an XIV.

La guerre, Monsieur, se rallume sur le continent par la perfidie de nos voisins.

L'Empereur marche à la tête d'une armée formidable, et l'honneur des aigles françaises sera bientôt vengé.

Le zèle de tous les citoyens de l'Empire doit seconder le dévouement de son auguste chef, et prouver qu'ils sont tous animés du même sentiment : l'amour de la patrie.

Il appartient à ceux que leurs fonctions placent plus près du Gouvernement de se distinguer, dans cette circonstance importante, par leur empressement à concourir aux mesures qui peuvent hâter le retour de la paix, l'unique but des travaux et des vœux du héros qui préside à nos destinées.

Ceux dont les enfants sont appelés par leur âge à l'honorable devoir de défendre leur pays, doivent presser leur réunion à leurs émules dans cette glorieuse carrière.

Tous doivent redoubler de zèle, soit pour empêcher les fraudes qui pourraient diminuer les revenus de l'État, soit pour accélérer la rentrée de ses revenus au trésor public.

Je vous invite, Monsieur, à écrire dans cet esprit aux divers préposés de l'administration que vous dirigez.

J'ai l'honneur de vous saluer,

Signé : GAUDIN.

MINISTÈRE DES CULTES.

Lettre de Son Excellence le ministre des cultes, à NN. les cardinaux, archevêques et évêques français, à l'occasion de la guerre.

Monsieur, la foi solennelle des traités avait paru à la grande âme de l'Empereur une barrière inviolable qui couvrit nos frontières orientales ; il en avait rappelé les défenseurs, pour les associer à cette grande expédition qui, ramenant sur les îles britanniques, comme vers leur source, toutes les calamités de la guerre, en eût peut-être à jamais délivré le continent. Mais la corruption des cours ouvrait mille voix secrètes aux instigations d'une politique insidieuse. Tout à coup, deux grandes puissances s'unissent à l'Angleterre, elles dévoilent leurs pactes mystérieux ; l'Ottoman circonvenu par de vils complots frémit de n'être plus que le passif instrument des vengeances et de l'ambition des Russes ; l'Allemagne, au mépris de ses lois, est envahie par son propre chef, et les bataillons autrichiens occupent la Bavière. Napoléon était dans son camp de Boulogne ; il ne veut pas désespérer encore de la paix ; mais déjà ses aigles s'ébranlent, les soldats jurent aux citoyens qu'ils ne font qu'échanger le théâtre de la victoire, et les citoyens promettent aux soldats ce concours vraiment français de toutes les volontés et de tous les cœurs vers un seul but : l'honneur national, le salut de la patrie, l'inaltérable fidélité au souverain que la Providence a couronné. L'Empereur vient déposer dans son Sénat ses sentiments pacifiques et ses dispositions guerrières. Il donne à son peuple un grand témoignage de confiance, et en reçoit un grand témoignage d'amour. Il part et va se placer à la tête de nos légions invincibles, en se reposant du soin de ses destinées sur la main puissante qui l'a ramené d'Egypte.

Dans cet instant solennel, il veut que, dans tous les temples qu'il a ouverts, des prières soient adressées au Dieu des armées. Il reconnaît que la justice de sa cause ne lui en garantit le triomphe qu'avec le secours de Celui qui est le distributeur de toute justice, qui dissipe les ligues et qui fait régner les rois. Quel appel touchant au patriotisme et à la piété des ministres de la religion ! Ils y répondront : nous avons un clergé vraiment national qui veut tout ce que l'intérêt de l'Etat exige, qui désire la paix, parce que l'esprit de l'Evangile est un esprit de paix, de charité et d'amour, mais qui la désire stable, glorieuse, digne de la France, telle enfin que les armes victorieuses de S. M. I. et R. peuvent seules nous la garantir.

C'est à votre zèle, Monsieur, à développer dans votre diocèse ces affections généreuses, ce dévouement héroïque qui distinguent notre nation. C'est la patrie, c'est l'EMPEREUR, c'est la religion même qu'il s'agit de défendre. Tout ce qui peut désoler l'Etat et ébranler le trône est éversif des autels. La France doit aux Constitutions de l'Empire le libre exercice de la religion sainte que vous annoncez; c'est sous les auspices de Napoléon qu'elle est sortie glorieuse du sein des ruines avec toute la pompe de ses cérémonies, toute la douceur de ses consolations, toute la puissance de sa parole. Qu'une sainte émulation embrase à votre voix tous les cœurs! qu'on se dispute l'honneur de servir sous celui qui a rétabli le culte de nos pères; et que le peuple français prouve que sous le règne de NAPOLÉON il n'a plus qu'un même esprit, qu'un même cœur, et qu'il *est devenu comme un seul homme !*

Vous apprécierez Monsieur, cette preuve de confiance que S. M. I. et R. vous donne par mon organe; vous lèverez les mains vers le ciel, et vous ne cesserez de parler au cœur des hommes pour l'exercice de leur devoir, et éclairer les manœuvres ténébreuses des ennemis du bien public. Par vos sages inspirations, vos coopérateurs béniront en tous lieux les armes de ces jeunes citoyens que la Providence appelle à l'honorable tâche de défendre la patrie; ils leur citeront d'illustres exemples, et distribueront à leurs parents ces consolations pieuses qui nourrissent l'âme et lui font concevoir de généreuses résolutions. Plus que jamais ils inculqueront à leurs ouailles les principes d'ordre et de charité; en un mot, ils développeront toute la puissance de leur influence pour concourir de tous leurs moyens au succès des desseins magnanimes de notre auguste souverain.

J'ai l'honneur de vous saluer, monsieur, avec la considération la plus distinguée.

Signé : PORTALIS.

SENAT CONSERVATEUR.

Séance du 2 vendémiaire an XIV (mardi, 24 septembre 1805).

S. Exc. M. FRANÇOIS (*de Neufchâteau*) fait un rapport au nom d'une commission spéciale composée de Messieurs les sénateurs, maréchal Serrurier, Lemercier, Barthélemy, Jacqueminot, d'Aguesseau et François (*de Neufchâteau*), sur deux projets de sénatus-consultes relatifs: 1° *à la*

conscription de 1806 ; 2° à la *réorganisation des gardes nationales.*

Messieurs, la France se trouve placée dans une circonstance tout à fait extraordinaire, et vos délibérations doivent prendre aujourd'hui un caractère tout nouveau, mais qui n'est toutefois qu'un simple développement de l'idée renfermée dans les deux mots qui font le titre de votre autorité : *Sénat conservateur.*

Avant de partir pour l'armée, l'Empereur s'est rendu dans le sein du Sénat. Le discours qu'il a prononcé a laissé dans vos cœurs une profonde impression.

SA MAJESTÉ étant sortie, le Sénat s'est formé en séance ordinaire, et il a renvoyé à une commission spéciale deux projets de sénatus-consultes qui avaient été présentés par des orateurs du Conseil d'Etat. Tout est pressant dans ces mesures, parce que tout est rapide dans les événements qui les ont motivées. Votre commission n'a point perdu de temps pour les examiner. Je vais avoir l'honneur de vous en rendre compte.

Vous avez confié l'examen de ces deux projets à la même commission, parce qu'en effet il y a connexité dans leur objet.

Le premier est relatif à la conscription pour l'an 1806.

Et le second prépare la réorganisation de la garde nationale, dans les points où Sa Majesté jugera qu'elle peut être plus utile.

La première question à examiner est la compétence du Sénat.

Si le Sénat est compétent, le fond ne présente pas de difficultés.

La compétence du Sénat ne nous a pas paru pouvoir être révoquée en doute, dans la situation où nous nous trouvons jetés tout à coup.

Quant au premier projet, l'on sait que la conscription est le mode adopté pour recruter l'armée française, suivant la loi du 19 fructidor an VI, modifiée par d'autres lois.

Sans doute, ce qui concerne la conscription est, dans l'ordre naturel, simple et habituel des choses, de la compétence du Corps législatif, sur la proposition du Gouvernement. Et le Sénat, qui nomme le Corps législatif, et qui veille à ses attributions, est bien éloigné de l'idée de songer à l'en dépouiller.

Mais le Sénat est conservateur de la Constitution, c'est-à-dire de l'organisation de l'Empire; il doit être considéré comme pouvoir constituant et permanent; le Corps législatif n'a qu'un pouvoir déterminé et temporaire. L'autorité chargée de conserver la Constitution, de parer à toutes les atteintes qui pourraient lui être portées, de suppléer à son silence, lorsque des besoins imprévus et pressants l'exigent, a, par une conséquence nécessaire, le pouvoir d'adopter les mesures que le Gouvernement juge indispensables à la conservation du territoire menacé d'une agression qu'on n'a pas pu prévoir.

Il importe surtout que ce soit le Sénat qui délibère sur tout ce qui excède le tribut ordinaire et annuel de la conscription militaire.

Dans toute constitution libérale, il faut distinguer deux états, l'un ordinaire, l'autre extraordinaire.

Dans l'état ordinaire, le Gouvernement ne doit s'adresser qu'au pouvoir commun; ce pouvoir commun est, dans notre organisation, le Corps législatif, formé de députés choisis, de degrés en degrés, par divers corps électoraux, dont le dernier est le Sénat.

Dans l'état extraordinaire, le Gouvernement

doit porter ses demandes au corps dont le pouvoir n'a de limites que celles de la conservation.

Dans la République française, ce corps est le Sénat, qui, dans les cas urgents, est appelé à exercer la souveraineté nationale.

La distinction de ces deux états, de l'état ordinaire et de l'état extraordinaire, importe aux citoyens, importe à l'existence du corps politique.

En la reconnaissant, cette distinction, le Gouvernement, qui est particulièrement la puissance exécutive, s'oblige de lui-même à une sage réserve.

Il se place dans l'heureuse nécessité de ne pas abuser des moyens des citoyens et de ne pas exagérer l'emploi de la force nationale.

On a pu remarquer qu'à chaque grande époque, la destinée et la sagesse ont fixé, de concert, dans le sein du Sénat, le lien de la nation et du Gouvernement, et le dépôt central des droits et des devoirs.

Il sera digne de la méditation de l'histoire, que ce soient les projets de ruine conçus contre la nation française, qui aient successivement amélioré notre organisation politique. Ainsi, l'atroce projet de l'assassinat du chef de la République, de la part de l'Angleterre, a démontré la nécessité de l'hérédité du pouvoir gouvernant dans une famille consacrée. Ainsi, l'agression subite de la puissance autrichienne aura développé, dans l'institution du Sénat, la plénitude de son pouvoir et son grand caractère.

Appliquons plus particulièrement ces idées aux objets des deux sénatus-consultes.

La conscription militaire est le plus délicat.

Tous les peuples supportent impatiemment les sacrifices ; ils n'y voient d'abord que ce qu'ils ont d'onéreux ; ceux qui privent momentanément les pères de leurs enfants sont surtout les plus pénibles. Mais le peuple français est magnanime, fier et généreux. Il est jaloux de sa gloire. Il supporterait impatiemment toute espèce d'humiliation ; il n'est rien qu'il ne fît, qu'il ne supportât pour s'y soustraire. Il ne voudra pas être humilié par un ennemi qui espère la guerre en protestant qu'il veut la paix ; qui espère suppléer à sa faiblesse par l'artifice et la perfidie ; auquel le souverain magnanime que ce peuple s'est donné a deux fois fait grâce. C'est au corps qu'il sait être son appui plein de sollicitude, l'interprète fidèle et zélé de ses vœux et de ses besoins, le conservateur de ses Constitutions, à lui montrer la vérité, à lui dire qu'il s'agit non-seulement de sa gloire, mais de son repos, de son commerce, de sa prospérité tout entière. Dites-lui donc que les préparatifs faits avec tant d'artifices contre lui, que la coalition de la Russie et de l'Autriche vendues à l'or de l'Angleterre, commandent aussi des mesures subites et extraordinaires : Sénateurs, votre voix sera entendue. Eh ! quel Français pourrait rester impassible, lorsque son souverain brave tous les dangers, supporte toutes les fatigues, pour terminer glorieusement et promptement une guerre qu'il n'a pu éviter, malgré sa longanimité ! Oui, c'est au Sénat qu'il appartient de parler au peuple, de lui montrer que les sacrifices qu'on lui demande sont pour lui-même et dans son intérêt.

Nous le répétons avec confiance. Sénateurs, votre voix sera entendue. La jeunesse française, naturellement belliqueuse, ne verra dans le sénatus-consulte qu'une mesure indispensable pour repousser un ennemi qui semble ne vouloir nous laisser de repos qu'autant que nous l'y aurons contraint.

Quant au sénatus-consulte relatif à la garde nationale, il faut observer que le dernier état de la législation sur cette matière résulte des dispositions de la Constitution de l'an III, et non pas d'une simple loi.

L'article 78 portait : « Son organisation et sa discipline sont les mêmes pour toute la République ; elles sont déterminées par la loi. »

L'article 28 : « Les officiers de la garde nationale sédentaire sont élus à temps, par les citoyens qui la composent, et ne peuvent être réélus qu'après un intervalle. »

Le caractère de l'acte où ces dispositions sont consignées, acte sur lequel le peuple français a délibéré, ne permet pas de soumettre au pouvoir ordinaire et commun, la révocation expresse de ces dispositions, qui ne sont plus en accord avec la nature de notre Gouvernement.

Il ne s'agit plus aujourd'hui d'un de ces mouvements désordonnés qu'on appelait des levées en masse. Il s'agit de régulariser, dans les points où cela peut être jugé nécessaire, le dévouement de l'armée nationale intérieure. La garde nationale laissera disponibles toutes les troupes de ligne, sans laisser dégarnir aucune partie menacée ou importante. Les amis de l'honneur français adopteront cette mesure avec enthousiasme, et cet enthousiasme, dirigé par notre héros, sera toujours sublime et ne pourra jamais devenir dangereux. La France a ainsi dans son sein une force prodigieuse qu'il serait imprudent d'abandonner à elle-même ; mais qui, sagement dirigée par des décrets impériaux, sera extrêmement utile et ne peut être inquiétante.

Maintenant que la compétence du Sénat est justifiée, nous demandera-t-on, Messieurs, de nous expliquer sur le fond de la question ? En vous répétant ce qu'a dit l'orateur du Gouvernement, nous craindrions de l'affaiblir. Mais cependant, Messieurs, tandis que nous délibérons, les Autrichiens sont en marche ; nos alliés sont dépouillés, et la position de l'Europe est changée.

Il y a peu de jours, le continent était tranquille.

Un cabinet perfide avait rompu la paix d'Amiens presque aussitôt que cette paix avait été signée. Les motifs de cette rupture étaient alors inexplicables : enfin, nos efforts avaient dû se tourner vers la mer. Toutes les forces de la France, fixées sur un seul point, menaçaient l'Angleterre. Des manœuvres savantes nous donnaient les moyens d'embarquer en 15 minutes une armée de 200 mille hommes, et de la débarquer en dix. Cette armée n'avait devant elle qu'un trajet de mer de sept lieues ; et tandis que nos flottes reparaissaient sur l'océan, unies aux flottes espagnoles, il ne fallait plus désormais à la flottille de Boulogne qu'un jour de brume, une nuit calme, quelques heures peut-être, pour porter tout à coup de l'autre côté de la Manche nos invincibles légions, impatientes de punir la violation d'un traité solennel. D'un jour à l'autre pouvait luire le moment favorable, et telle était l'anxiété où cette perspective réduisait l'Angleterre, qu'il était impossible qu'elle pût résister longtemps, je ne dis pas à la descente effective de notre armée, mais à la terreur qu'inspirait la seule démonstration de cette descente prochaine et son attente inévitable.

Si le gouvernement de la Grande-Bretagne eût voulu sauver aux Anglais cette crise effrayante, il en ayait été le maître. Vous avez su, Messieurs, par quel mouvement généreux notre Empereur avait cru devoir ouvrir une porte à la réconciliation. Toute l'Europe a su comment cette ouverture magnanime a été repoussée. On ne pouvait alors concevoir les motifs cachés du refus de la paix ; mais enfin nous avons le mot de cette énigme politique : on voit que la cour de Saint-James n'a pas voulu la paix que lui offrait notre EMPEREUR, parce que dès ce moment-là même, elle avait l'espérance d'une diversion qui écarterait de son île le fléau de la guerre, et qui renverserait les calamités qu'elle entraîne sur les peuples du continent.

Comment cette affreuse espérance s'est-elle donc réalisée ?

Il est une puissance qui a toujours, depuis deux siècles, troublé le repos de l'Europe. Un de ses premiers traits dans l'histoire moderne fut de déchirer l'Allemagne par une guerre de trente ans. Tous les moyens de s'agrandir lui ont été indifférents. Entre autres exemples sinistres, elle a donné celui d'appeler au Midi des torrents de barbares, qu'une politique plus sage n'avait jamais laissés sortir des limites du Nord. Ayant rêvé longtemps la monarchie universelle, elle a englouti des royaumes, et son ambition n'en a pas été assouvie. Toujours jalouse de nos rois, elle leur fut bien moins funeste par sa rivalité que par son alliance. Armée contre la République, elle a voulu l'anéantir et démembrer son territoire. La République généreuse a pourtant arrondi le sien, dont les possessions éparses avaient été consolidées pour la première fois par le traité de Lunéville. Tant d'États réunis lui faisaient enfin une masse homogène et immense ; mais la Bavière lui manquait, la Bavière qu'elle a déjà plusieurs fois envahie et n'a jamais pu conserver.

C'est à cette puissance que s'est adressée l'Angleterre ; c'est l'usurpation de l'électorat de Bavière qu'on a fait briller à ses yeux. C'est au moyen d'un tel appât qu'une cour imprudente a consenti à vendre aux querelles d'autrui le sang de ses sujets. C'est pour un peu d'argent qu'elle a bien voulu se charger de tous les torts de l'Angleterre, et c'est pour sauver l'Angleterre que l'Allemagne est écrasée par son propre Empereur.

Vous avez entendu, Messieurs, dans la séance impériale tenue hier matin, la révélation de cet incroyable mystère, enseveli depuis neuf mois dans les profondeurs ténébreuses d'une diplomatie qui s'est crue bien adroite, parce qu'elle a pu réussir à en imposer un moment à la candeur d'une grande âme. Elle épiait l'instant où les flots de la mer devaient apporter bientôt César et sa fortune : et pendant qu'elle prodiguait les protestations de paix, elle faisait entrer les Russes sur ses terres, et ses propres troupes entraient sans déclaration sur les terres d'un Électeur qui est un de nos alliés.

Vous vous ressouvenez, Messieurs, que très-longtemps notre EMPEREUR a refusé de croire à tant de perfidie ; il disait hautement qu'elle lui semblait impossible, et qu'il mettrait sa gloire à être pris au dépourvu. Paroles mémorables, que l'histoire doit recueillir ! elles n'ont été que trop vraies ; mais ceux qui s'applaudissent d'avoir cru tromper l'EMPEREUR se sont bien plus trompés eux-mêmes. De fausses notions sur l'état de la France ont pu les aveugler ; mais qu'ils seront désabusés ! J'en atteste, Messieurs, l'émotion profonde avec laquelle vous avez tous entendu dans cette enceinte, et le discours de l'EMPEREUR, et le rapport de son ministre, et les communications qui ont rendu cette séance si remarquable et si auguste. Dès hier, vous vous

êtes empressés de placer au bas du manifeste impérial le témoignage motivé de l'assentiment unanime de tous les membres du Sénat. En s'adressant à vous, Messieurs, S. M. I. a parlé au peuple français. Vous avez répondu au nom de ce grand peuple. Votre décret sera scellé par son suffrage et par ses acclamations. Il le sera surtout par l'exécution facile et spontanée de ces mesures de prudence que l'Empereur a cru devoir vous proposer de revêtir de votre sanction. Les sénatus-consultes dont les projets vous sont soumis ne sont qu'un appel régulier au patriotisme, à l'honneur, et à la bravoure des Français.

Patriotisme ! honneur ! bravoure ! idoles de la nation ! sources constantes de sa gloire ! ressorts puissants de son génie ! mobiles de tous ses succès ! Celui qui vous réclame est ce même héros dont le premier mérite, parmi tant d'autres qualités, a été d'avoir su connaître l'esprit national. Ah ! c'est à lui surtout qu'il appartient de l'invoquer. À cette voix toute-puissante, se répétera le prodige dont se vantait jadis ce célèbre Romain à qui il suffisait de frapper la terre du pied pour en faire sortir des légions.

N'en doutons pas, Messieurs, elle retentira dans tous les cœurs français, cette phrase sublime prononcée hier par l'EMPEREUR. Oui ! le peuple français voudra toujours être ce qu'il était, lorsque, sur un champ de bataille, le premier il le salua du nom de Grand Peuple.

Messieurs, votre commission spéciale m'a chargé de vous proposer d'adopter les deux projets de sénatus-consultes.

Les deux projets de sénatus-consultes sont mis aux voix et adoptés.

(*Voy.* le texte. Sénat conservateur, 1er vendémiaire an XIV.

La séance est levée.

TRIBUNAT.

PRÉSIDENCE DE M. FABRE (*de l'Aude*).

Séance secrète du 2 vendémiaire an XIV (mardi 24 septembre 1805).

M. le **Président** annonce qu'il a reçu ce matin, à trois heures, de M. le ministre secrétaire d'État, la lettre dont la teneur suit :

À Saint-Cloud, le 1er vendémiaire an XIV.

Monsieur le président, j'ai l'honneur de vous annoncer que des orateurs du Conseil d'État se rendront demain mardi, à cinq heures après midi, au Tribunat, pour y faire une communication au nom de S. M. L'EMPEREUR.

L'Empereur désire que cette séance ne soit pas publique.

Veuillez agréer, Monsieur le président, les assurances de ma plus haute considération.

Signé : HUGUES-BERNARD MARET.

Les orateurs du Conseil d'État sont introduits.

M. **Mounier**, l'un d'eux, s'exprime ainsi :

Tribuns, nous sommes chargés par l'EMPEREUR et Roi de vous donner communication du discours que S. M. a prononcé hier au Sénat, de l'exposé de la conduite réciproque de la France et de l'Autriche depuis la paix de Lunéville, et des causes de la guerre présente.

L'orateur du Conseil d'État fait, en conséquence, lecture des pièces suivantes :

(*Ces pièces ont été imprimées dans la séance du Sénat, du 1er vendémiaire*).

L'orateur du Conseil d'État continue en ces termes :

Tribuns, vous venez de l'entendre ; la guerre a commencé sur le continent. Cet événement affligera tous les amis de l'humanité, mais ne sera terrible que pour les ennemis de la France.

Vainement l'EMPEREUR offrait la paix à l'Angleterre, au milieu de la terreur dont il l'avait frappée, au milieu des prodiges qu'il créait chaque jour, pour rendre au pavillon français son ancienne gloire. Le ministre britannique, bien loin d'accepter cette offre, après avoir soudoyé des assassins, épuisé tous les moyens de livrer de nouveau la France aux horreurs de l'anarchie, vient de séduire, par son or et ses intrigues, deux gouvernements dont les intérêts sont étrangers à ses querelles, ou plutôt pareils aux nôtres relativement à la liberté des mers, que l'EMPEREUR DES FRANÇAIS veut rétablir, et que l'Angleterre ne cesse d'opprimer.

Si les passions n'eussent pas aveuglé l'Autriche et la Russie, le rôle qu'elles avaient à remplir était si noble et si facile; elles pouvaient en s'efforçant de contribuer au retour de la paix, se déclarer contre l'absurde système des blocus, proclamer une seconde fois les principes de cette neutralité armée, qui fit tant d'honneur à quelques souverains pendant la guerre de l'indépendance de l'Amérique, principes fondés sur les droits des nations, et qu'une des puissances du Nord n'a pu réclamer depuis cette époque, qu'en éprouvant la vengeance des ennemis de la liberté des mers. Il était temps sans doute de les promulguer solennellement et de mettre un terme à l'orgueilleuse prétention d'un État de se réserver pour lui seul ce qui est la propriété de tout le genre humain; et quand un si grand intérêt était d'une telle évidence, comment a-t-on pu le méconnaître au point, non-seulement de l'abandonner, mais encore de s'unir contre la seule puissance qui voulût le défendre!

Le gouvernement autrichien, qu'on a vu deux fois près de sa ruine, et deux fois épargné par le vainqueur, ose s'exposer à retomber dans l'abîme dont il vient de sortir. Insensible aux vœux de tous les autres États germaniques, il livre aux calamités de la guerre des pays qui, de toutes parts, offrent encore les traces de ses ravages; il rassemble toutes ses forces, il les dirige vers la France et l'Italie; il ose dire qu'il arme pour le maintien de la paix. Quel avantage a-t-il pu se promettre de ce langage dérisoire? A-t-il pu présumer que les Français attendraient au sein de leur patrie ces armées prétendues pacifiques, ces négociateurs d'une espèce inconnue jusqu'à ce jour, qui, le glaive à la main, viendraient leur dicter des ordres?

Enfin, sans provocation de la part de l'électeur de Bavière, sans la moindre apparence de motifs légitimes, le gouvernement autrichien vient d'envahir une partie de ses États. Il ne s'est donc pas borné à des menaces que notre Empereur a dédaignées: il attaque nos alliés; il a donc commencé la guerre!

Que les maux qui vont être la suite de ce cruel fléau retombent sur ses auteurs! Ils frémissent maintenant, sans doute, des conséquences de leur entreprise, et leurs regards inquiets ne se portent sur l'avenir que pour apercevoir des malheurs! Combien notre situation est différente! Pour nous, toutes les vraisemblances sont en faveur du succès.

Les plus belles armées de l'univers, qui ont le sentiment de leur force, l'enthousiasme de l'honneur français, l'habitude de la victoire; un peuple que ses dissensions ont rendu plus énergique; toutes les ressources de la nature, des sciences et des arts dirigées par Napoléon: comment, quels

que soient les hasards des combats, redouter l'issue de cette guerre?

Le courage de nos guerriers a produit les plus brillants triomphes quand la France était déchirée par des troubles intérieurs: que n'obtiendra-t-il pas maintenant, que tous les citoyens de l'Empire ne peuvent avoir qu'une volonté!

On parle d'ambition, d'accroissement de puissance; mais ces reproches ne s'appliquent-ils pas à la rapidité des progrès de la domination britannique dans la plus riche contrée du monde; au machiavélisme des moyens dont elle fait usage pour y détruire les États qui n'ont pas encore perdu leur indépendance? Ces reproches ne s'appliquent-ils pas à l'empire russe, trois fois plus étendu que le territoire de tous les États de l'Europe, qui chaque jour multiplie ses envahissements, qui menace les pays policés d'un nouveau déluge des peuples barbares soumis à son pouvoir, et qu'il arme de toutes les ressources de la civilisation?

La France doit son salut à son illustre chef. Nul homme, quelles qu'aient été ses opinions ou sa conduite politique dans le cours de nos divisions précédentes, ne saurait nier qu'il a pu seul poser une digue insurmontable aux fureurs des factions. C'est à lui devons la conservation de tout ce qui nous est cher; et ses ennemis s'abuseraient au point de croire que lorsque, renonçant, après tant de glorieux exploits, aux douceurs du repos, il va se mettre à la tête de ses armées, les Français pourraient être les froids spectateurs de ses efforts! Ah! qu'ils reconnaissent enfin leurs funestes illusions; l'expérience ne tardera pas à leur apprendre que nos troupes continueront de mériter notre reconnaissance au delà des frontières. Tous les Français restés dans l'intérieur les seconderont par leurs vœux, par leurs sacrifices, par leur zèle à maintenir le bon ordre et l'exécution des lois. Quelques nombreuses que soient les armées de cet Empire, elles ne renferment pas tous nos guerriers; et s'il était possible que des succès momentanés permissent aux ennemis de faire un pas sur notre territoire, ils trouveraient autant de soldats que de citoyens.

Ces sentiments sont si conformes au caractère de notre nation, qu'il n'est besoin d'aucun effort pour les répandre: mais s'il pouvait être utile de les propager, qui plus que vous, Tribuns, s'empresserait d'employer toute son influence pour éclairer le peuple sur ses intérêts et sur ses devoirs? Qui plus que vous a le droit d'exciter son zèle, sa fidélité et sa reconnaissance envers notre auguste Empereur?

M. le **Président** fait la réponse suivante:

MM. les orateurs du Conseil d'État.

La postérité aura de la peine à croire que tandis que nous combattions pour l'indépendance des mers et la liberté du commerce de tous les peuples, l'empereur d'Autriche et celui de Russie aient voulu faire une diversion en faveur de l'ennemi commun, se coaliser avec lui, contre la foi des traités et contre leurs propres intérêts, et nous déclarer la guerre la plus injuste et la plus absurde.

Cette agression inopinée est le triste résultat de l'ancienne haine qu'a vouée à la France la cour de Vienne, et de l'or corrupteur de celle de Saint-James.

Sans doute elle produira l'effet de diviser nos forces, et de suspendre pour un temps les vastes projets de génie du grand Napoléon allait enfin exécuter contre le gouvernement anglais.

Mais l'insigne déloyauté de la cour de Vienne recevra bientôt sa juste punition, et le monarque

que la France a pu deux fois dépouiller sans retour de plus de moitié de ses États héréditaires, ne tardera point à se repentir d'avoir renouvelé la guerre continentale par des motifs étrangers aux véritables intérêts de l'empire germanique, et au mépris des traités solennels qui avaient rétabli sa paix sur le continent.

MM. les orateurs du Conseil d'État, le Tribunat, qui sent tout le prix de l'indépendance et de la considération de la nation française, va réunir tous ses efforts et user de toute son influence pour les conserver dans leur intégrité.

En vain nos ennemis chercheraient-ils à exciter dans l'intérieur de la France des divisions et des troubles : la nation n'a qu'une seule pensée, celle de ne pas déchoir du rang auquel ses hautes destinées l'ont appelée : elle veut assurer à l'Europe la liberté des mers et du commerce ; animée d'un enthousiasme égal à un si grand intérêt, elle ne souffrira point que nos braves armées manquent un seul instant d'aucun des moyens de subsister et de vaincre.

Conduites par le génie et l'étoile de Bonaparte, elles vont se couvrir de nouveaux lauriers et venger avec éclat l'honneur national traîtreusement offensé.

Le Tribunat vous donne acte de la lecture et de la remise sur le bureau du décret impérial qui contient votre mission, des pièces relatives à la communication que vous venez de lui faire au nom de S. M. l'Empereur et Roi, et du discours que vous avez prononcé à ce sujet.

Les orateurs du Conseil d'État se retirent.

Le Tribunat ordonne que le discours prononcé par l'orateur du Conseil d'État et la réponse qui lui a été faite par son président, seront insérés au procès-verbal.

Les pièces déposées sur le bureau sont renvoyées à l'examen d'une commission, qui en fera son rapport incessamment.

Cette commission est composée du président, de deux secrétaires ; de MM. Faure, président de la section de législation ; Arnauld, président de celle des finances ; Jard-Panvilliers, questeur ; Jaubert, Fréville, Leroy, Julié et Carrion-Nisas.

M. le **Président** annonce que les pièces relatives à la communication qui a été faite au Tribunat, au nom de S. M. l'Empereur et Roi, devant être rendues publiques, il n'existera plus dès lors de motif pour que cette séance reste secrète ; le procès-verbal en sera donc lu au commencement de la séance d'après-demain, et les orateurs qui désirent d'exprimer leur opinion sur la communication de S. M., pourront être entendus dans cette séance, après que le rapport de la commission aura été fait.

La séance secrète est levée, et la séance publique indiquée pour le 4 vendémiaire, une heure après midi.

TRIBUNAT.

PRÉSIDENCE DE M. FABRE (de l'Aude).

Séance du 4 vendémiaire an XIV (jeudi 26 septembre 1805).

Le procès-verbal de la dernière séance publique du 6 germinal est lu et adopté.

Un secrétaire fait lecture de la correspondance.

MM. Riffé Caubray et Delaporte, jurisconsultes, font hommage au Tribunat des 8e, 9e, 10e, 11e et 12e volumes des *Pandectes françaises, ou Recueil complet de toutes les lois en vigueur,* avec des observations, formant un traité substantiel et succinct de chaque matière.

M. Crosilhes, avocat et juge suppléant fait hommage d'un ouvrage en 13 volumes, ayant pour titre : *Recueil des lois de la République française,* concernant l'ordre judiciaire, depuis l'année 1790 jusqu'au 15 floréal an XII.

M. Debray, imprimeur du Musée Napoléon, fait hommage d'un ouvrage dont il est un des éditeurs, ayant pour titre : *Histoire du couronnement,* ou *Relation des cérémonies religieuses, politiques et militaires qui ont eu lieu pour le sacre de Sa Majesté Impériale;* ouvrage enrichi de sept belles gravures, etc.

Les descendants de Pierre-Paul Riquet de Bonrepos font hommage d'un ouvrage ayant pour titre : *Histoire du canal de Languedoc,* rédigée sur les pièces authentiques conservées à la Bibliothèque impériale et aux archives du canal.

M. Félix Faulcon, de l'Institut national, fait hommage d'un ouvrage ayant pour titre : *Voyages et Opuscules.*

Le Tribunat accepte ces différents hommages, en ordonne la mention au procès-verbal et le dépôt des ouvrages à sa bibliothèque.

M. TARRIBLE, tribun. Messieurs, je suis chargé de vous présenter l'hommage d'un livre ayant pour titre : *Conférences du Code civil, avec la discussion particulière du Conseil d'État et du Tribunat.*

Cet ouvrage offre la réunion rare autant que précieuse d'une très-grande utilité, avec l'extrême modestie de son auteur.

Du milieu d'un amas confus de lois étrangères, de coutumes vieillies, de plans nouveaux, de projets, d'observations et de critiques, on a vu le Code civil s'élever majestueusement et donner une loi uniforme aux nations et aux siècles.

Les magistrats, les jurisconsultes et tous ceux qui, par état ou par choix, se livrent à l'étude de cette grande loi, sentent le besoin de pénétrer dans les discussions vastes et profondes, où les éléments qui devaient la composer ont été agités, choisis et élaborés, où l'on voit la lumière jaillir du choc des opinions, où la pensée du législateur se montrant tout entière sous tout ses formes différentes, peut être saisie par tous les points.

Mais, par un effet inévitable de l'action simultanée de divers coopérateurs, le même sujet a été tour à tour interrompu, repris et renvoyé de nouveau; aussi les discussions relatives à un même article se trouvent disséminées dans toute l'étendue d'un ouvrage très-volumineux, et il est d'autant plus difficile d'en suivre le fil que les numéros indicateurs des articles d'un titre ont subi des variations continuelles et ont fini par être refondus dans une série générale et différente des premiers.

Un travail ayant pour objet de retracer tous les articles du Code civil dans leur ordre actuel, de coordonner toutes les discussions du Conseil d'État éparses dans cinq volumes, de les réunir et de les placer séparément sous chacun des articles auquel elles se reportent : un pareil travail, dis-je, ne pouvait qu'être infiniment précieux ; mais il n'atteignait pas encore le dernier degré de perfection dont il était susceptible.

On trouve fréquemment des différences entre la rédaction définitive proposée au Tribunat et celle présentée au Corps législatif, sans que les raisons de ces changements soient toujours expliquées.

Ces raisons restaient cachées sous le voile qui couvrait les communications *officieuses* faites au Tribunat, et les conférences particulières de ce corps avec le Conseil d'État.

Il était nécessaire, pour l'intelligence parfaite de la loi, de soulever ce voile et de suivre pas à pas, dans toutes leurs sinuosités, les discussions qui ont amené la rédaction de chaque article, telle qu'elle est présentée dans le Code.

C'est ce qu'a fait l'auteur du livre qui vous est offert. Il a tû son nom; mais il ne vous dérobera pas l'ordre, la netteté, l'exactitude, et surtout la sage réserve qui régnent dans son ouvrage. Persuadé, comme il l'a dit dans sa préface, qu'il *ne peut y avoir de meilleur interprète d'une loi que le législateur lui-même*, il n'a inséré dans son livre que le pur texte des discussions émises dans le sein du Conseil d'Etat et du Tribunat. Il n'y a mêlé aucune réflexion ni personnelle ni étrangère. Il s'est contenté de l'enrichir d'une table très-étendue, qui mettra les lecteurs à portée de recueillir sans effort le fruit de ses longues et laborieuses recherches.

Il vous sera permis, Messieurs, d'accueillir avec quelque faveur l'hommage d'un livre qui est, en partie, votre propre ouvrage, et qui fera connaître avec quel zèle, avec quelle application et avec quelle intelligence vous avez mis la dernière main au grand édifice de la législation civile.

Je propose la mention de cet ouvrage au procès-verbal, et le dépôt de l'ouvrage à la bibliothèque du Tribunat.

Ces propositions sont adoptées.

M. **Challan** présente un ouvrage de M. Girardin père, sur la composition des paysages, et dit :

Messieurs, l'ouvrage qui vous est présenté par M. Girardin, père d'un de nos estimables collègues, est celui d'un homme de goût, qui conserve à la végétation toute sa liberté, et ne dispose de son excès que pour la faire contribuer à la salubrité.

Toutefois l'ouvrage n'offrirait peut-être à quelques esprits qu'un but d'agrément, si des jouissances d'un beau site, M. Girardin ne conduisait à la jouissance des bonnes œuvres; c'est dans l'ouvrage même qu'il faut suivre la marche de l'auteur : elle est dirigée par la loi de la nature ou de subsistance, et par la loi civile ou de propriété.

De ces deux principes, M. Girardin tire une foule de conséquences relatives à la police rurale, à l'impôt et aux routes; il propose de réduire le nombre et la proportion de ces dernières, et de simplifier leur construction. Il croit que leur direction absolue en ligne droite est une erreur qui multiplie de beaucoup la dépense sans ajouter à la facilité du roulage. Il cite des exemples, d'après lesquels il essaye de démontrer les inconvénients qui résultent des efforts qu'il faut faire pour franchir un long espace montueux.

Les réflexions de l'auteur sont rapides, méthodiques, et leur sagesse rend l'ouvrage digne d'être placé dans la bibliothèque du Tribunat.

Je demande pour lui ce dépôt et la mention au procès-verbal.

Cette proposition est adoptée.

Un secrétaire donne lecture de la lettre suivante :

Paris, 28 messidor an XIII.

Monsieur le président, j'ai l'honneur de vous informer que Sa Majesté vient de m'appeler à son Conseil d'Etat. Ce choix m'apprend tout ce que je dois aux bontés dont MM. les membres du Tribunat m'ont comblé. L'honneur de leur appartenir et leur bienveillance ont été mes seules recommandations. Oserai-je vous prier d'être auprès du Tribunat l'interprète de mon respect et de ma reconnaissance?

Agréez, Monsieur le président, l'hommage de la haute considération avec laquelle j'ai l'honneur de vous saluer.

Signé : DARU.

La mention au procès-verbal est ordonnée.

M. le **Président.** Je crois devoir rappeler dans ce moment, que des orateurs du Conseil d'Etat sont venus le 2 de ce mois, d'après les ordres de SA MAJESTÉ L'EMPEREUR ET ROI, faire au Tribunat, réuni en comité général et secret, la communication du discours que Sa Majesté avait prononcé la veille au Sénat, de l'exposé de la conduite réciproque de la France et de l'Autriche, depuis la paix de Lunéville, et des causes de la guerre présente.

Les pièces relatives à cette communication ayant été rendues publiques, il n'existe dès lors aucun motif pour que la séance du 2 de ce mois demeure plus longtemps secrète.

L'un des secrétaires va donc faire lecture du procès-verbal de cette séance, dont la rédaction doit être soumise à votre approbation.

Je donnerai ensuite la parole au rapporteur de la commission, nommée dans la séance secrète du 2 de ce mois, et successivement à tous les tribuns qui se sont inscrits pour émettre leur opinion sur la communication qui vous a été faite par SA MAJESTÉ L'EMPEREUR ET ROI.

Un secrétaire fait lecture du procès-verbal de la séance secrète. La rédaction en est adoptée.

On demande l'impression du discours prononcé par les orateurs du Gouvernement, et de la réponse de M. le président.

L'impression en est ordonnée.

Au nom de la commission spéciale formée dans la séance secrète, et composée de MM. Fabre (*de l'Aude*), président du Tribunat; Tarrible et Duvidal, secrétaires; Faure, président de la section de législation; Girardin, président de celle de l'intérieur; Jard-Panvilliers, questeur; Jaubert, Fréville, Leroi, Jubé et Carrion-Nisas, M. Fréville, rapporteur de la commission, paraît à la tribune, et présente le rapport suivant.

M. **Fréville.** Messieurs, si, à l'époque où les acclamations de l'Europe ratifiaient le traité de Lunéville, on vous eût dit : Ce monument des plus brillantes victoires, des négociations les plus habiles, doit à peine subsister quatre années, vous auriez rejeté avec impatience cette sinistre prédiction. Vous vous seriez écriés : Le vainqueur n'a-t-il pas donné les plus hautes preuves de modération et de sagesse? n'a-t-il pas su combiner les avantages dont il ne devait pas se dessaisir avec les compensations les plus satisfaisantes pour une puissance que la victoire avait si peu favorisée? Si l'on eût insisté en vous affirmant que la même puissance, tant maltraitée dans les combats, tant épargnée par les traités, oserait rallumer les torches de la guerre, vous n'eussiez trouvé dans cette supposition qu'un motif de plus pour tenir à une honorable incrédulité, car la sagacité des hommes d'Etat consiste à bien apprécier les véritables intérêts des gouvernements, mais non à prévoir tous les écarts des passions les plus extravagantes.

Cependant, Messieurs, cette douce persuasion n'a pu subsister dans toute sa force qu'à l'instant même où la paix venait d'être signée. Bientôt diverses démarches de l'Autriche ont autorisé à croire qu'elle pourrait bien préférer aux conseils d'une saine politique les suggestions d'une haine invétérée. Vous l'avez vue, Messieurs, se déceler dans mille circonstances, par des mesures malveillantes, par des procédés presque hostiles ; vous avez retrouvé vos propres observations dans le tableau si fidèlement tracé par le ministre des relations extérieures. Votre commission ne reproduira pas des détails que vous avez trop bien saisis pour qu'il soit nécessaire de vous les rappeler, et qui d'ailleurs ont été trop heureusement placés dans leur véritable jour, pour qu'une nouvelle exposition n'en altérât pas l'exactitude et l'intérêt.

Nous n'avons pas besoin de nous attacher à chacun de ces griefs en particulier pour démêler les sentiments et pour expliquer la conduite du gouvernement autrichien. Ce que nous avons dû soupçonner est aujourd'hui proclamé par l'évidence. Le cabinet de Vienne, épuisé par de longs efforts, frappé par les plus cruels revers, s'était vu forcé de signer la paix; mais lorsqu'il en proférait les serments, il ne voulait que se ménager une trêve et le temps de réparer ses forces, pour engager avec la France une lutte nouvelle. Elle devait donc, cette opiniâtre inimitié, résister à la générosité comme à la victoire; rien ne pouvait donc ni l'adoucir, ni la subjuguer.

Ce n'est pas la première fois que l'Autriche se joue des traités: elle fausse aujourd'hui la paix de Lunéville, comme elle viola celle de Campo-Formio. A peine son vainqueur avait-il quitté l'Europe, qu'elle s'élança de nouveau dans le champ de bataille; ses succès ne durèrent pas plus que l'absence du héros: un seul jour lui arracha les conquêtes d'une année. Cette mémorable bataille de Marengo, dont l'Europe entendit la nouvelle dans le recueillement de l'admiration, ne put inspirer à notre ennemi le désir sincère de la paix. Un armistice avait été accordé à son armée vaincue et presque prisonnière; une convention solennelle avait été négociée en son nom à Paris: il osa refuser sa ratification. L'indignation du Gouvernement français se fit entendre; l'Autriche offrit, pour gage de sa bonne foi, plusieurs des forteresses de l'Allemagne, Hé bien! Messieurs, ce gage trompeur était entre nos mains, un négociateur autrichien se trouvait à Lunéville. Il fallut encore que le sort des armes prononçât!

N'est-elle pas suffisamment caractérisée, la haine de cet implacable ennemi de la France? il commence la guerre avec le projet de lui enlever plusieurs de ses provinces; lorsqu'il obtient des succès momentanés, il se garde bien d'en profiter pour faire entendre des paroles de paix; quand enfin il la sollicite, ce n'est qu'après une longue suite de défaites, et avec l'intention formelle de la rompre dès qu'il se croira assez fort pour retourner au combat.

Rapprochons, Messieurs, ces diverses circonstances, de la détermination actuelle de l'Autriche, et le secret de la longue intelligence de nos ennemis nous sera complètement révélé. On ne saurait voir ici le commencement d'une guerre nouvelle: celle qui se rallume, c'est la même qui éclata il y a treize ans, et qui, dans l'intention de l'Autriche et de l'Angleterre, ne fut jamais que suspendue, non terminée. L'Autriche, qui s'était exposée à nos coups, se retira la première du champ de bataille. Cette apparente défection n'éleva aucun nuage entre elle et le cabinet de Saint-James. Il n'est plus permis de douter que son consentement formel n'ait autorisé son allié à rechercher, à l'abri de la paix, les avantages d'une suspension d'armes. Il ne tarda pas à affecter lui-même des dispositions pacifiques, et le traité d'Amiens fut conclu

La cessation momentanée des hostilités promettait plusieurs avantages au gouvernement britannique. Il abusait ainsi, sur ses véritables projets, la nation qui faisait entendre des murmures contre la prolongation de la guerre. Il se promettait

que la sécurité de la France, égalant sa bonne foi, lui ménagerait, lors d'une nouvelle agression, ces profits odieux qu'il s'est si souvent procurés en commençant la guerre sans l'avoir déclarée. Il se flattait qu'une partie de nos forces navales deviendrait sa proie aussi facilement que les capitaux de notre commerce; enfin, en paraissant concourir au repos général de l'Europe, il cachait plus profondément ce mystère de perfidie qui l'unissait à la cour de Vienne.

A présent, Messieurs, il est facile d'expliquer cette rupture, qui n'excita pas moins notre étonnement que notre indignation. Que l'Angleterre ne fût pas sincèrement réconciliée avec la France, ce ne pouvait être là un motif de surprise; mais il était difficile de concevoir comment le cabinet de Saint-James s'était décidé à négliger le secours de toute alliance continentale, à attirer sur lui seul tout le poids de cette coalition, qui prend enfin le parti de nous attaquer avec toutes ses forces. Si la Grande-Bretagne a commencé par se mesurer seule avec nous, c'est que sa position insulaire et sa prépondérance maritime lui inspiraient une orgueilleuse confiance, surtout pour la première époque de la guerre. Elle ne comptait pas sur cette activité prodigieuse qui a su, en si peu de temps, lancer des flottes sur toutes les mers, créer et réunir cette immense flottille, dont l'importance a été jugée par les alarmes de ceux qu'elle menaçait.

Vous l'avez remarqué, Messieurs: à mesure que nos préparatifs ont augmenté la terreur de l'Angleterre, ses ministres, sacrifiant une partie de leur secret au besoin de calmer l'opinion, se sont montrés plus disposés à encourager l'espoir d'alliances continentales. Enfin, quand le danger est devenu plus pressant, lors de la dernière session du parlement, ils sont allés jusqu'à se faire accorder cinq millions sterling pour des subsides à employer dans l'année; et si l'opposition leur a demandé de quel effet pourrait être l'intervention de la Russie sans celle de l'Autriche, ils n'ont paru embarrassés que de cacher leur assurance.

Ces faits s'accordent tous pour produire la même conviction; ils sont récents, ils sont connus de l'Europe entière. Le cabinet de Vienne se flatte-t-il donc de les ensevelir dans l'oubli, lorsqu'il allègue je ne sais quels prétextes relatifs aux améliorations que les habitants de quelques portions de l'Italie ont désirées dans leur existence politique? Le traité de Lunéville les avait trouvés et laissés sous l'influence de la France, en leur garantissant de la manière la plus formelle le droit de se donner le gouvernement qui leur conviendrait le mieux. Certes, la France était bien autorisée à faire entrer cette maxime dans le droit public de l'Europe: assez d'énergie, de constance et de succès l'avaient consacré.

Elle n'ignore pas non plus la force de nos armes, cette puissance qui envoie si loin ses soldats provoquer une guerre dans laquelle son intervention est si étrange. La distance qui sépare l'Empire français de l'Empire russe réduit leurs relations à une extrême simplicité, et prévient entre eux tout sujet de véritable discussion. Quelle est la portion de territoire qu'ils pourraient se disputer? Vit-on même jamais ces flottes, qui rapprochent les ennemis les plus distants, balancer la fortune de deux pavillons? Ces puissances son tellement destinées à rester étrangères l'une à l'autre, qu'à l'époque où le cours des événements les a mises dans le cas de signer un traité de paix, on a dû se borner à stipuler le rétablissement de la bonne intelligence. Elle a cessé depuis plus d'un an, et jusqu'à ce jour on ne l'a su de part et d'autre que par l'absence des agents diplomatiques.

Si la Russie se décide aujourd'hui à d'ouvertes hostilités, quel motif peut donc l'y engager? Elle a manifesté des alarmes pour l'équilibre politique de l'Europe. Oui, l'équilibre politique fut menacé lorsque, cinquante ans après le traité de Westphalie, la Russie survint, pour ainsi dire, dans le système de l'Europe. L'équilibre politique fut dérangé vers le milieu du dix-huitième siècle, quand la Russie, profitant de l'aveuglement dont l'Autriche avait frappé le Gouvernement français, s'unit à elle pour combattre Frédéric II, que le cabinet de Versailles attaquait lui-même au mépris de toutes les considérations qui devaient l'en détourner. La Russie prouvait-elle mieux sa sollicitude pour l'équilibre de l'Europe en minant l'indépendance de la Suède, qui ne fut sauvée que par la révolution de 1772, ou en préparant l'anéantissement de la Pologne par ce premier partage, dans lequel tous les observateurs aperçurent le germe des plus terribles commotions? Est-ce donc aussi pour assurer l'équilibre de l'Europe, que la Russie a employé contre la Porte-Ottomane et la force des armes, et les ressources de l'intrigue, et la persévérance des envahissements? À une époque qui ne saurait être effacée du souvenir de personne, en 1791, le même ministre qui gouverne en ce moment la Grande-Bretagne jeta un cri d'alarme contre la Russie. Il ne fallut rien moins que l'opposition la plus forte dans l'opinion, et même dans le parlement, pour l'empêcher de courir aux armes, afin de défendre contre la Russie l'équilibre de l'Europe. De quoi s'agissait-il alors? d'obtenir quelque adoucissement en faveur de la Turquie dans les conditions de la paix. Que devrait donc dire le ministre, aujourd'hui que l'empereur de Russie se fait obéir à Constantinople non moins facilement qu'à Pétersbourg?

Mais il est passé le temps des combinaisons politiques; il a fait place au concert des passions haineuses. Il faut l'avouer, la plus parfaite harmonie règne à cet égard entre la Russie et l'Angleterre. Il ne faut, pour preuve de ce merveilleux accord, que la mission même de ce négociateur qu'on affectait d'annoncer à l'Europe comme l'ange de la paix, qui devait sans cesse et partir et rester, dont le voyage fut si tardif, dont le retour fut si précipité.

Vous n'avez pas oublié, Messieurs, quelles étaient alors les angoisses de l'Angleterre. Ses flottes erraient sur toutes les mers pour savoir où avaient paru les flottes françaises. Chaque jour elle voyait arriver sur ses côtes de nouveaux bataillons. Les bâtiments nécessaires pour transporter plusieurs armées étaient réunis dans les ports les mieux situés pour le départ de l'expédition; tout était prêt; on n'attendait plus que celui dont la victoire ne se sépara jamais; mais au milieu des plus formidables préparatifs, son cœur n'avait pas un seul instant démenti le vœu de la paix. On s'attacha à entretenir cette généreuse espérance tant que l'Autriche ne fut pas prête à jeter le gage de la bataille. J'en atteste votre mémoire, Messieurs: à peine avions-nous appris que le négociateur russe avait rétrogradé, que nous connaissions les mouvements des troupes autrichiennes. Ainsi l'on n'affichait le désir de la paix que pour mieux préparer la guerre; tandis qu'on annonçait la noble ambition de rendre la tranquillité à l'Europe, on se disposait à l'ensanglanter.

Il est impossible de se le dissimuler, Messieurs: l'Angleterre a obtenu un grand avantage, mais est-ce sur nous, ou sur ses propres alliés?

Notre auguste monarque, se préparant à punir le parjure des Anglais, aimait à croire que les calamités de la guerre ne s'étendraient pas sur le continent. Il avait été si généreux! pouvait-il supposer la perfidie? Il est si puissant! devait-il imaginer qu'on osât le défier? Qu'une coalition conduite comme un complot vienne interrompre l'exécution de ses projets, il n'en résulte pas qu'ils soient abandonnés. La totalité de ses forces ne sera pas dirigée contre l'Angleterre, mais il saura bien lui disputer la mer en même temps que soumettre les provinces de ses alliés. Peut-être même lui ménage-t-elle d'autres triomphes. N'a-t-elle pas proféré la flatteuse menace d'employer une partie de ses troupes sur le continent?

Enfin, pour peu que les chances de la guerre continentale répondent aux espérances que nous sommes autorisés à former, ne sera-t-il pas décidé dès lors que la fortune de l'Angleterre devra fléchir sous l'ascendant de la France?

Si donc le gouvernement britannique diminue momentanément ses dangers, s'il détourne la foudre sur ses alliés, ce n'est que de leur aveuglement qu'il doit triompher. Comment se fait-il que l'Autriche ait oublié si vite tant de revers? Comment arrive-t-il qu'elle méconnaisse complétement la différence des époques? Lorsqu'elle adopta ce système d'inimitié éternelle, de négociations fallacieuses, de guerres sans cesse interrompues et rallumées, elle pouvait regarder le temps comme un précieux auxiliaire. Tout était variable en France, excepté le courage des armées. Des troubles sans cesse renaissants menaçaient chaque jour d'anéantir le résultat des plus belles victoires. Chaque instant donnait lieu de craindre que tous les ressorts de l'administration se brisassent à la fois. Trop bien instruits de nos maux, auxquels ils n'étaient pas étrangers, nos ennemis se consolaient de la perte d'une bataille par l'espoir ou la nouvelle d'une instruction. Mais qu'ont de commun ces temps avec ceux où nous sommes parvenus? d'éternelles agitations ont fait place à la tranquillité la plus profonde; la fureur du changement s'est convertie en esprit de perfectionnement. L'énergie que la nation avait puisée dans les troubles civils se porte tout entière sur les travaux utiles. Le sentiment des jouissances privées est d'autant plus vif, qu'elles avaient été plus longtemps et plus douloureusement suspendues. Tous les jours, d'une extrémité de l'Empire à l'autre, on adresse des vœux au ciel pour celui qui a rendu à l'État sa splendeur, aux citoyens le repos et la confiance dans l'avenir. Nos ennemis n'ont plus à épier le jeu des factions, à espérer dans les orages: ce serait l'erreur la plus grossière de la plus étrange crédulité.

Ne pouvant s'abuser à ce point sur l'état de l'Empire, ils doivent connaître mieux encore les armées qui leur ont laissé d'immortels souvenirs. Le courage bouillant qui les a signalées dans la guerre de l'indépendance ne s'est pas refroidi. Jamais l'ardeur ne fut plus grande, jamais la confiance dans les troupes en elles-mêmes et dans leurs chefs ne fut portée plus loin. Ils existent dans toute leur force, les sentiments qui ont produit ces exploits, ces prodiges que l'Europe n'oubliera de longtemps. Toutes les probabilités se réunissent pour nous promettre des triomphes plus brillants encore, s'il est possible. Jamais ces guerriers, qui ont conquis l'admiration du monde, n'auront été enflammés par des passions plus généreuses, entraînés par des motifs plus puissants sur le cœur des braves. Ils vont combattre sous les yeux de leur monarque qu'ils aiment comme ils aiment la patrie et la gloire; ils vont combattre sous les yeux de celui que ses ennemis mêmes ont nommé le premier capitaine de son siècle.

Il est un autre titre, Messieurs, qu'il n'a pas moins mérité, et dont il s'est montré encore plus jaloux, c'est celui de pacificateur. Le vainqueur de Montenotte, d'Arcole et de Rivoli, pouvait conduire son armée au Capitole. Il préféra de s'arrêter à Tolentino pour donner la paix au Souverain Pontife. Le général constamment victorieux, qui avait soumis le Frioul, la Carniole, la Carinthie, la Styrie, devait être tenté de faire encore une marche de deux journées pour entrer dans la capitale de l'Autriche. Il aima mieux adresser à l'archiduc Charles ce langage de paix et de philantropie auquel répondiront d'âge en âge les bénédictions de la postérité. Dès qu'il eut pris en main les rênes du Gouvernement, quelle fut sa première démarche? Il proposa la paix. Après avoir essuyé des refus, après avoir surpassé par la victoire la plus éclatante jusqu'à l'espérance nationale, il se montra toujours prêt à négocier. Déjà nous avons eu occasion de vous faire remarquer quelle patience il manifesta en accordant successivement à l'Autriche les divers armistices qui précédèrent le traité de Lunéville, quel empressement il mit à accueillir les premières paroles de paix qui échappèrent au cabinet de Saint-James. De plus fortes épreuves devaient encore mieux constater à quel point l'amour de la paix est invariable dans le cœur de Sa Majesté. Depuis la violation du traité d'Amiens, nous avons eu plusieurs fois à frémir en voyant des parricides menacer ses jours, et nous avons été réduits à ne pas douter que le gouvernement britannique n'eût encouragé ces affreuses tentatives. L'Empereur n'a-t-il pas étouffé le plus juste ressentiment pour prêter uniquement l'oreille à la voix de l'humanité? Jamais on ne réclama ses droits avec plus d'éloquence et de magnanimité que dans cette lettre au roi d'Angleterre, dont la lecture vous pénétra d'un religieux attendrissement. Les mêmes sentiments ont inspiré Sa Majesté dans ses dernières relations avec l'Autriche. Déjà mille circonstances s'accordaient pour déceler des intentions hostiles: l'Empereur s'efforçait de douter; il demandait des explications au cabinet de Vienne; il revenait à la charge pour obtenir de nouveaux éclaircissements; il essayait de lui ouvrir les yeux sur ses véritables intérêts; il pressait tous les États voisins de joindre leurs représentations aux siennes; il allait jusqu'à imposer silence à sa fierté pour opposer encore les instances de la raison à des allégations injurieuses, lorsque les armées de l'Autriche, envahissant la Bavière, ont anéanti toute autre ressource que celle des armes.

Elle aura donc été infructueuse pour la paix, cette modération héroïque; cependant elle ne demeurera pas stérile. L'Empereur en trouvera la récompense dans la reconnaissance de son peuple. Plus le monarque a montré de sollicitude pour lui épargner les sacrifices qu'exige la guerre, plus la nation déploiera de zèle et d'énergie pour

défendre la cause du trône et de l'Empire. Ceux qui nous provoquent, ce sont les mêmes ennemis que nous avons déjà forcés de reconnaître notre indépendance. Ils conspirent aujourd'hui contre la gloire de l'Empereur et la splendeur de la France. L'Empereur et la France, plus unis que jamais par les liens de la bienveillance et de la fidélité, de l'amour et de l'admiration, opposeront à une agression odieuse l'irrésistible alliance de la force et du génie.

Ces sentiments, Messieurs, nous les partageons avec tous les Français; c'est à nous qu'il appartient d'en porter jusqu'au trône les touchants témoignages. La commission dont j'ai l'honneur d'être l'organe, vous propose d'arrêter qu'il sera rédigé une adresse à S. M. l'Empereur et Roi, pour lui exprimer l'indignation que ses fidèles sujets ont éprouvée à la nouvelle des démarches hostiles de l'Autriche et de la Russie, la reconnaissance dont ils ont été pénétrés en apprenant tout ce que Sa Majesté a tenté pour leur éviter les sacrifices inséparables d'une nouvelle guerre, la disposition où ils sont de multiplier les actes du dévouement le plus chaleureux pour venger le prince et la patrie, pour abréger la guerre par des succès décisifs, et pour mettre l'Empereur en état de dicter à ses ennemis une paix glorieuse et durable.

M. **Jaubert** (de la Gironde). Messieurs, ne semblait-il pas que les derniers événements politiques devaient prévenir pour longtemps tout nouveau déchirement en Europe?

Les ennemis de la France ont-ils donc déjà oublié que le génie qui l'avait sauvée avait aussi rétabli les principes fondamentaux de l'ordre public et social! Qui a douté que si l'Empereur Napoléon n'avait surpassé en modération les plus illustres conquérants, il n'eût pu introduire les plus grands changements en Europe?

La liberté des mers, l'équilibre du continent, c'étaient-là tous les vœux de la France.

Voilà pourquoi, au lieu d'entrer en triomphe à Rome, le général Bonaparte écrivit au chef de l'Église cette lettre mémorable, qui lors annonça que le plus grand des guerriers était aussi le plus grand homme d'État, et qu'il travaillait plus pour son siècle et la postérité que pour sa gloire personnelle.

Ce furent les mêmes principes qui dictèrent la paix de Campo-Formio, firent pardonner à l'Autriche ses nouveaux attentats, amenèrent le traité de Lunéville, et servirent de base au traité d'Amiens.

Mais les intérêts des peuples ne sont pas toujours le mobile des gouvernements; les princes qui ne tiennent pas les rênes de leur empire ne sont que trop souvent les jouets et les victimes de l'intrigue de leurs ministres.

Nous en voyons, Messieurs, de terribles exemples.

La France exécutait scrupuleusement les traités. Quelle a été la conduite des cabinets de Londres et de Vienne?

L'ordre que le cabinet de Londres donnait ostensiblement de rendre le Cap de Bonne-Espérance aux Hollandais était suivi presque au même instant de l'ordre secret de le retenir.

Les orateurs de son parlement avouent que l'Angleterre est connue des autres cours par son extrême égoïsme; mais sans rappeler ses anciens excès, n'est-il pas connu de toute l'Europe que depuis sa nouvelle agression contre la France, tous actes du cabinet de Londres ne forment qu'une succession d'attentats contre le droit des gens, témoin la violation de la neutralité maritime, la théorie absurde du blocus, et cette conduite atroce envers les frégates espagnoles ?

Qu'a fait l'Autriche ?

Conservée deux fois sur ses trônes, jouissant même de nouvelles concessions qui lui avaient été faites, dans l'objet de rehausser la dignité du chef de l'empire germanique, elle n'avait qu'à se féliciter du rang qu'elle occupait.

Tout à coup et au milieu des plus affectueuses protestations de bon voisinage et d'amitié, lorsque le coup fatal va être porté à l'Angleterre, elle développe ses bataillons et occupe la Bavière.

L'Autriche viole donc la foi des traités; elle manque à sa dignité en se mettant aux gages d'un gouvernement qui outrage tous les principes, et elle déchire de ses propres mains le pacte germanique.

On voit à présent pourquoi, dans un temps où il semblait qu'elle n'avait aucun titre à ambitionner, elle en a pris un nouveau, au grand étonnement de l'Europe. C'est que dès lors le cabinet de Vienne avait la conscience du sort qui l'attendait, et que, décidé à rompre tous les liens qui l'attachaient au corps de l'Empire, il sentait que les droits s'effaçaient là où les devoirs étaient méconnus.

Enfin l'Autriche n'oublie-t-elle pas ses intérêts, lorsqu'elle paraît unir sa destinée à cette nation moitié européenne, moitié asiatique, qui peut un jour lui faire payer bien cher son aveugle intervention ?

Quel est donc ce nouvel intérêt qui a pu déterminer le cabinet de Saint-Pétersbourg à oublier nos procédés et à changer ses maximes ?

La fille de Pierre Ier avait publié, en 1715, toute la reconnaissance qu'elle devait au cabinet de Versailles, pour avoir condescendu à ce qu'elle portât le titre d'Impériale.

L'impératrice Catherine s'était réunie à la France pour proclamer les principes de la navigation. Ceux que l'Empereur Napoléon veut faire revivre ne sont autres que les axiomes qui avaient été reconnus dans tous les temps, et qui furent consacrés par la France et la Russie dans le traité de 1787.

Cependant le successeur de Catherine fait aujourd'hui cause commune avec le gouvernement anglais, qui ne combat que pour s'arroger la domination exclusive des mers contre la France, qui ne résiste que pour maintenir l'indépendance des pavillons.

Chose étrange : l'Angleterre incendie l'Europe sous prétexte de défendre le système continental, et la Russie et l'Autriche s'avancent vers le midi du continent pour faire triompher le despotisme que les Anglais exercent sur les mers.

Oui, oui, les cabinet de Londres, de Pétersbourg et de Vienne n'invoquent que de vains prétextes. Les preuves irrécusables en sont consignées dans l'exposé si remarquable par sa précision, sa force, de la conduite réciproque de la France et de l'Autriche depuis la paix de Lunéville, présentée à Sa Majesté par son ministre des relations extérieures.

Nous ne sommes encore en guerre avec l'Autriche que parce que la guerre est le principal élément de sa fortune, et que son influence politique ne peut exister que par les discordes du continent.

Les ministres de Pétersbourg et de Vienne sont accoutumés à céder à l'or des Anglais.

Les anciens projets des princes de Russie sont connus

Quant à l'Autriche, les princes de cette maison sont encore agités par leur haine héréditaire contre la France, par la crainte qu'ils ont de sa ruine, par le fol espoir de réunir quelques débris d'un trône qu'ils regardent comme prêt à s'écrouler, et par leur ambition sans cesse renaissante de joindre la Bavière à leurs États.

Ainsi, la France est audacieusement menacée; le territoire de ses alliés est envahi, la confusion règne dans toute l'Allemagne; il n'y a pas à délibérer : l'Empereur des Français doit à l'honneur national, à la sûreté de nos frontières et à sa gloire de repousser la force par la force.

Cette guerre commence par un prodige... Comment appeler autrement cette apparition subite et instantanée de l'armée de la Manche sur les bords du Rhin ?

Les calamités inséparables de la guerre ne peuvent être trop déplorées : mais quelle consolation pour le peuple français que d'avoir vu tous les efforts, tous les sacrifices que son Empereur a faits pour la prévenir !

La guerre n'aurait pas éclaté avec l'Angleterre, si le cabinet de Londres n'avait voulu qu'une chose, la paix.

Qui de nous ne se souvient avec émotion des tendres sollicitudes que l'Empereur manifestait, lorsqu'au nom de la justice et de l'humanité il se renfermait dans l'exécution du traité d'Amiens? Qui de nous n'a pas été pénétré de la plus profonde sensibilité, lorsque l'Empereur exprimait de si énergiques regrets sur le mal qu'une nouvelle guerre maritime ferait au commerce, et que par une temporisation si difficile pour un si grand caractère, il diminuait, plus qu'on ne pouvait l'espérer, le nombre des victimes ?

Ses dispositions étaient les mêmes, lorsque le continent de l'Europe a paru s'ébranler.

Enfin, la longanimité de l'Empereur a été telle que des serviteurs fidèles des Français qui aiment ardemment leur pays, se sont demandé s'il était vrai que Bonaparte se fût laissé tromper ou prévenir.

Pour nous, Messieurs, rendons grâce à un prince qui n'a connu que la victoire, qui est né pour régner sur la plus belle des nations de l'univers, et qui sait arrêter l'élan de sa grande âme, lorsqu'il s'agit d'épargner le sang des hommes.

Notre confiance ne peut être déçue; notre sécurité ne peut être troublée.

L'histoire a-t-elle jamais parlé d'une force militaire pareille à celle qui fait aujourd'hui notre appui et notre orgueil ?

Je ne parle pas du nombre de nos guerriers; il est immense; mais quelle composition est celle de nos armées! Quels soldats! Quels capitaines! Presque tous n'auront qu'à reconnaître les champs où ils ont vaincu.

L'âme s'élève, s'agrandit, le cœur s'émeut, lorsqu'on voit ce grand homme environné des héros qu'il a formés, et animant par sa présence ces milliers de braves qu'un seul de ses regards rend capables de tous les prodiges.

Dans l'intérieur chacun fera son devoir. Cette cause est celle de la nation tout entière.

Il ne s'agit de rien moins que de savoir si la France sera assujettie à subir des conditions avilissantes, si notre pavillon sera humilié, si les Anglais n'oseront pas mettre pour condition à la paix maritime, qu'ils auront encore un commissaire à Dunkerque, si nous ne pourrons recevoir les étrangers dans nos ports qu'avec la permission de l'Angleterre, si des puissances qui nous séparent de nos ennemis ne seront pas subjuguées, si nous ne devons pas laisser établir dans l'Adriatique un nouveau pouvoir qui rompe l'équilibre de la Méditerranée, si enfin nous ne serons pas condamnés à souffrir que le titre et les droits de grande nation nous soient ignominieusement enlevés.

Chacun fera son devoir : la voix du sauveur de la France pénètre dans tous les cœurs : tous les vœux, toutes les volontés s'uniront aux efforts de l'armée; aucun sacrifice ne sera pénible. La garde nationale, qui ne se forma en 1789 que pour procurer à la nation les garanties que Napoléon lui a depuis assurées, sera fière de la glorieuse destination qu'elle est appelée à remplir. Enfin l'Empereur a fait un appel à l'honneur : les Français y répondront par leur reconnaissance, et qu'il soit permis de le dire, par leur respectueuse et inviolable affection pour la personne sacrée de Sa Majesté.

Non, Messieurs, le résultat ne peut être incertain. La paix sera rendue au monde ; la liberté des mers sera entière ; les principes sociaux seront à l'abri de nouveaux déchirements; l'Europe sera assise sur des bases fermes et inébranlables, nos alliés seront garantis de toute insulte ; les traités de Westphalie et de Munster seront remplacés par des capitulations analogues à la nouvelle position du continent. La Russie restera près du pôle, et pour l'exemple des principes et la sûreté des nations, il faudra bien que l'Autriche, qui rompt la confédération pour se rendre complice des pirateries du cabinet de Londres, trouve son jugement dans ces paroles remarquables, consignées par l'empereur Charles IV dans la fameuse bulle d'or : *Omne regnum in se ipsum divisum desolabitur; nam principes ejus facti sunt socii furum.* »

Je vote pour le projet de la commission.

M. **Auguste Jubé**. Messieurs, cinq ans ne se sont pas encore écoulés depuis que le Gouvernement français, scellant du sceau de la victoire la paix continentale, promettait à ses nouveaux alliés sa généreuse assistance. Les yeux tournés vers les efforts réunis de trois États pour assurer l'indépendance de leur pavillon, il vous disait : « Les puissances du Nord, injustement attaquées, « ont droit de compter sur la France. Le Gouver- « nement français vengera avec elles une injure « commune à toutes les nations, sans perdre « jamais de vue qu'il ne doit combattre que pour « la paix et pour le bonheur du monde. »

Depuis cette glorieuse époque, un seul instant n'a point été perdu pour remplir cet engagement magnanime. Toutes les ressources ont été réunies; ce qui existait a été employé ; ce qui manquait a été créé, et l'océan étonné a vu nos phalanges victorieuses travailler à briser le joug qui tient ses ondes asservies.

Mais, ô aveuglement! les puissances les plus intéressées aux succès de notre entreprise en suspendent l'exécution. Etrange garantie que celle qui a pour but d'assurer la honte de leur pavillon, et de cimenter cet avilissement par le sang de leurs soldats !

Philippe de Macédoine ne regardait comme imprenables que les places où son or ne pouvait pénétrer. L'histoire des temps où nous vivons dira peut-être combien sont chancelants sur leurs trônes les princes dont les ministres sont accessibles à l'or de l'Angleterre, de l'Angleterre qui ne s'applaudira pas longtemps d'avoir ainsi détourné sur d'autres têtes la foudre prête à écraser la sienne.

Bien loin d'imiter l'inébranlable persévérance de l'héritier du trône et de la politique du grand Frédéric, l'Autriche, constante dans sa jalousie, le Czar, infidèle aux leçons de son aïeule, sacrifient leur propre cause aux intérêts du cabinet de Saint-James, et veulent tenter encore les hasards de la guerre. Mais les champs que foulent déjà les armées françaises sont couverts de leurs trophées; tout y parle de leur gloire : les appeler à de nouveaux combats, c'est leur assurer de nouvelles victoires.

Quel spectacle en effet, Messieurs, que cette armée innombrable comme ces troupes de barbares, disciplinée comme une légion romaine, qui voit à sa tête tant de généraux dont la France s'honore, et au-dessus d'eux un chef dont ils s'honorent eux-mêmes !

Ah ! ce n'est point par une vaine présomption que nous devançons la voix de la renommée! Qui ne peut prédire comme nous les merveilles de la campagne qui s'ouvre au moment où l'on s'occupait autrefois de l'emplacement des quartiers d'hiver? Qui ne peut calculer toutes les chances qu'offre la réunion de la science militaire possédée au degré le plus éminent, de la bravoure la mieux éprouvée, de la considération la plus imposante dont puisse jouir une tête couronnée, et de cette fortune constante que le ciel n'accorde qu'à ceux qu'il a en même temps favorisés des qualités les plus accomplies? Quand un tel chef ne tire l'épée que pour l'indépendance de sa nation ou pour la défense de ses alliés, et qu'il a pour soldats des Français, il n'est pas de succès auxquels ses armes ne puissent prétendre.

Prince qui, pour le plus noble des motifs, allez encore affronter de nouveaux dangers, vous qui (pour me servir des expressions de ce Romain illustre, non moins recommandable par son dévouement à sa patrie que par son éloquence) avez livré plus de combats que les autres n'en ont lu, qui avez appris l'art de la guerre, non par l'expérience des vieux capitaines, mais par la vôtre, non par des exemples étrangers, mais par vos propres victoires, non par le nombre de vos campagnes, mais par une suite brillante et non interrompue de triomphes, croyez que le peuple français ne restera point spectateur oisif de la lutte honorable où vous entraîne la mauvaise foi de ses ennemis. L'élite de sa jeunesse rougirait d'une langueur inutile; elle volera sur vos pas, sur les traces de ces autres Français généreux réunis sous vos étendards, et que vous avez si souvent guidés dans le chemin de la gloire.

Le peuple entier, répondant à l'appel que lui fait Votre Majesté, reprendra ces armes fatales aux coalitions réunies contre son indépendance. Il ne souffrira point que, par la moindre lenteur dans le paiement des contributions, la solde, les vivres, l'habillement, l'armement de tant de braves puissent cesser un moment d'être assurés, et que la rapidité de vos opérations militaires puisse en être retardée. Elle sait, cette grande nation, que les calamités de la guerre ne peuvent être rejetées sur vos ennemis qu'en déployant cette énergie que doivent lui inspirer la justice de sa cause, la valeur de vos troupes, et le génie qui s'est chargé de leur direction.

Prince, vous avez justifié sa confiance et mérité son amour. Votre personne est un dépôt sacré dont lui répond la valeur de nos armées, et sans la conservation duquel il n'y a point de victoire qui ne devienne à ses yeux un échec irréparable. Songez que tous vos projets, conçus pour sa gloire, que dis-je? pour le bonheur du monde, ont besoin, pour être exécutés, de **tout** le génie que vous reçûtes de la nature, de toute la puissance dont les hommes vous ont investi. Des alliés fidèles à récompenser, des trônes ébranlés à soutenir, des contrées immenses à délivrer du joug britannique, la liberté des mers à conquérir en dépit de ces cabinets qui arborent un pavillon flétri par une soumission humiliante, les vrais principes de droit public à rétablir sur des bases inébranlables, et au milieu de ces vastes occupations, le bonheur de tous vos peuples à consolider : voilà les soins dont le cliquetis des armes ne saurait distraire votre grande âme, et auxquels vous laisseront tout entier les loisirs de la paix continentale.

Ah ! ce n'était qu'à l'abri des lauriers qui vous couvrent qu'il était permis de renouveler tant d'instances pour le maintien de cette paix, et votre héroïsme ne s'est jamais mieux signalé que par votre patience. La diplomatie cauteleuse s'est méprise à votre langage; pour le comprendre, il fallait être Français. Il aurait fallu prévoir tout le zèle, toute l'impatience, toute l'enthousiasme de l'armée lorsque vous l'appelleriez à de nouveaux combats. Il fallait enfin connaître toute la magie qu'exerce sur les cœurs français cette devise immortelle à laquelle vos institutions ont rendu tout son éclat : *Honneur et Patrie!*

Tribuns, la terre s'est tue devant Alexandre qui voulait l'asservir : devant Napoléon, la terre, les mers, qu'il veut affranchir, l'univers qu'il remplit de son nom, parlent hautement de la grandeur de son âme, de la gloire de ses armes, des merveilles de son règne, de la reconnaissance des peuples, comme pour servir de témoins authentiques à l'histoire, afin que la postérité surprise n'en accuse point la véracité.

Unissons nos voix à celle de tous les Français, de tous les soldats, de tous les alliés, de tous les amis des idées grandes, libérales et généreuses.

Je vote pour l'adresse à Sa Majesté Impériale et Royale.

M. **Albisson**. Messieurs, lorsque le vœu du peuple français, émis fortement de toutes parts, et proclamé solennellement à cette tribune, appelait Napoléon Bonaparte au trône impérial de la France.

Lorsque ce peuple, individuellement consulté, déclarait unanimement ce sceptre impérial héréditaire, il acquittait une énorme dette nationale : envers le héros auquel il devait son salut, sa tranquillité intérieure, sa gloire au dehors et le recouvrement de son rang parmi les puissances européennes; envers sa famille, dont il avait reçu tant et de si importants services dans les camps et dans les négociations.

L'Europe entière devait applaudir à ce grand acte, si propre à affermir son repos, en détruisant tous les prétextes de tergiversation, motivés en apparence sur l'instabilité possible du Gouvernement français.

L'envie, la cupidité et la faiblesse le replongent dans les horreurs de la guerre. Un cabinet corrupteur a offert d'en faire les frais; des cabinets corrompus ont accepté cette offre ignominieuse en déguisant à leurs maîtres ce qu'elle avait d'injurieux à leur dignité.

Celui-là, bourrelé de ses longues perfidies, tremblant dans son île aux approches de la foudre qui grondait à quelques milles de ses côtes, n'a trouvé d'autre moyen prochain de salut que dans une prompte et momentanément salutaire diversion; il a dit à ceux-ci : J'ai de l'or et vous avez des hommes; je vous fais le sacrifice de mon or, faites-moi celui de vos soldats. Le marché a été conclu, et, sans motif, sans ombre de provoca-

tion, sans prétexte, au sein de la paix, au mépris des traités les plus solennels et les plus sacrés, et le lendemain des protestations souvent répétées de bienveillance et d'amitié, le territoire d'un de nos plus fidèles alliés est envahi; le nord de l'Allemagne est menacé. Heureusement, sans doute, pour son repos, un prince sage et puissant, le neveu du grand Frédéric, est là pour y veiller et le garantir du trouble; mais des milliers de descendants des Vandales et des Huns s'avancent vers nos frontières, et ce n'a été qu'à ce moment que l'Empereur, perdant enfin tout espoir de faire connaître la vérité à des princes assidument trompés par des conseils avides et vendus à nos éternels ennemis, a pu se résoudre à venger la France de tant de déloyauté.

Nous connaissions sa valeur, son génie, sa sagesse ; nous croyions connaître à fond sa grande âme : mais nous n'imaginions pas qu'il pût joindre à tant de moyens de punir l'audace et la perfidie, tant de longanimité : cette épreuve manquait à sa gloire. Français! le géant a repris sa massue; il l'a reprise des mainsde la justice et de l'humanité, et seulement pour donner enfin une paix solide à l'Europe : douter du succès de ses armes, ce serait douter de la Providence.

Soldats de Napoléon! les forces ennemies qui vous attendent, vous les avez constamment terrassées en combattant sous ses drapeaux. Vous n'assiérez pas un camp, vous n'établirez pas une station qui ne soit célèbre par quelque victoire, ou signalée par les hauts faits déjà transmis à votre postérité. Vous avez été avec lui les sauveurs de la France; vous êtes avec lui les instruments de sa gloire et les dépositaires de son honneur. Les aigles de Napoléon seront toujours les plus sûrs garants, les fidèles gardiennes de l'un et de l'autre.

Allez, et après avoir assis sur vos trophées les immuables bases du repos du continent, venez achever d'établir celui de l'Europe, et consacrer pour toujours la liberté des mers sur les débris du foyer de corruption qui déshonore la patrie des Bacon, des Locke et des Newton.

Je vote pour l'adresse proposée par la commission.

M. **Delaistre**. Messieurs, s'il eût été possible de réunir, il y a quelques mois, des hommes éclairés et impartiaux de toutes les nations civilisées, pour leur demander contre laquelle des puissances alors en guerre l'intérêt bien calculé de la grande association européenne était de former une coalition, quelle eût été la réponse de de cette espèce de *jury politique*, dont on n'eût pu décliner l'autorité morale, garantie par ses lumières et par son indépendance?

Il n'y eût eu que quelques questions à examiner, sur lesquelles on eût été bientôt unanime.

Est-il juste et avantageux à toutes les nations de l'Europe que les mers soient libres ?

Est-il juste et avantageux à toutes les nations de l'Europe que le pavillon neutre soit respecté par les puissances en guerre, qu'il garantisse le commerce, l'industrie, la propriété des sujets neutres?

Est-il contraire à la dignité, à l'intérêt de toutes les nations de l'Europe, qu'un peuple de marchands s'arroge l'empire exclusif des mers, qu'il frappe isolément d'un interdit absolu la navigation de tous les autres peuples, les côtes et les ports ennemis ou neutres; qu'il soit maître de violer à son gré, et suivant l'unique loi de son intérêt ou de son caprice, le droit des gens, d'en étendre, modifier ou éluder les principes généraloment fixés et respectés par toutes les puissances ; qu'enfin il exerce de fait, et sans contradiction efficace, le despotisme le plus intolérable et le plus fatal au commerce et aux individus ?

La solution de ces questions n'eût pas été douteuse : le cri du monde entier eût dicté la réponse du jury.

Si, venant ensuite aux événements qui ont précédé l'origine de la guerre actuelle, on eût balancé la conduite des deux puissances belligérantes, placé d'un côté la force unie à la modération sur les trophées de la victoire, posant des limites à sa propre puissance, invoquant le terme de l'effusion du sang humain, et proposant la paix à des conditions honorables pour toutes les parties; obtenant enfin, à force de triomphes et de magnanimité, un traité solennel jugé à la face de l'univers... de l'autre, une politique astucieuse et perfide cédant à la nécessité des circonstances, avec l'intention (formellement avouée depuis) de rompre à la première occasion favorable; saisissant cette occasion offerte par la noble confiance d'un héros, pour violer sans pudeur ce que les peuples ont de plus sacré, piller des vaisseaux sans défense qui voguaient sur la foi des traités, et pour rallumer une guerre à outrance. Oh! certes, il eût été évident que l'intérêt universel appelait alors toutes les puissances à s'unir pour mettre un terme à l'ambition effrénée, au brigandage de l'Angleterre, et pour assurer à l'Europe la durée d'une paix due à la générosité de celui qu'elle avait salué du nom de pacificateur.

Voilà, Messieurs, n'en doutons point, les considérations qui auraient frappé les bons esprits; il n'eût pu venir dans la pensée d'un homme doué de raison, qu'une puissance aussi injustement provoquée à la guerre, toute occupée de ses moyens de défense contre une attaque aussi déloyale que peu prévue, au moment où elle aurait tout préparé pour porter des coups sûrs à l'ennemi général, et venger la cause de l'Europe, serait ellemême l'objet et le but d'une coalition; que cette alliance serait formée par deux puissances lâchement abandonnées par l'Angleterre à la dernière guerre, dont l'une a été deux fois redevable à notre Empereur de l'intégrité de ses possessions héréditaires, et l'autre n'a éprouvé, de sa part, que des actes de la générosité la plus désintéressée.

C'est là pourtant, Messieurs, ce que nous atteste la communication que Sa Majesté l'Empereur et Roi a daigné nous donner.

Quelle est donc la raison d'un renversement aussi étonnant de toutes les idées? Comment colore-t-on une agression aussi peu méritée contre un prince désormais immortel, autant par sa patience et ses démarches publiques pour la paix, que par la renommée de ses exploits et de sa gloire?

Quels prétextes donne-t-on à des hostilités que rien ne pouvait faire croire aussi imminentes? On a allégué les prétendus changements survenus en Italie; mais ces vains prétextes sont pleinement détruits par l'exposé de la conduite du Gouvernement avec l'Autriche; ils le sont par l'éloquent rapport de votre commission; ils auront le sort de ceux que l'Angleterre a mis en avant pour rompre le traité d'Amiens, et l'opinion de l'Europe flétrira de son mépris ces injustes motifs d'une guerre dont la responsabilité pèsera sur ses seuls auteurs. Mais, au reste, que pouvaient-ils mettre en avant qui ne fût aisément réfuté par les faits mêmes connus de toute l'Europe? Quels sujets de plainte a-t-on eus contre la France? A-t-elle violé ses traités? A-t-elle envahi le territoire de l'Autriche ou de la Russie? Lui a-t-on opposé des griefs, demandé quelque satisfaction qu'elle ait refusée? Non, rien de tout cela n'a été fait. L'Autriche a accusé, menacé, envahi, presque au même instant, chassé un prince allié de ses Etats et de sa capitale, sans autre grief que son alliance avec nous. L'horrible fléau de la guerre vient de sortir des mains de l'Autriche qui en avait rassemblé tous les éléments pour les verser inopinément sur le continent épouvanté. On ne peut se le dissimuler, le seul, le vrai motif de cette attaque précipitée, c'est qu'on a cru l'occasion propice, et qu'il n'y avait plus qu'à marcher en avant pour assurer le succès de tant de préparatifs. Il est démontré que c'est à la prospérité renaissante de la France, à sa gloire, à sa prépondérance, qu'on prétend porter un coup mortel. L'esprit d'envahissement qui caractérise la maison d'Autriche, et qui dirige depuis plusieurs siècles des projets de grandeur que les revers et les défaites ont pu quelquefois interrompre, mais qu'ils n'ont jamais fait perdre de vue, cet esprit de conquête et d'agrandissement est toujours resté dominant dans ce cabinet. Le souvenir d'une puissance colossale, des droits anéantis, mais à ressusciter, au besoin, sur une partie de l'Italie, une influence à reprendre sur quelques princes de l'association germanique, la jalousie du rang où nous ont élevé nos victoires et l'héroïsme de notre monarque, le concours de la Russie, les sollicitations et les subsides de l'Angleterre ont décidé cette puissance à profiter des embarras où elle nous a cru engagés, pour tenter de nouveau le sort des combats.

Quant à la Russie, tourmentée, au milieu de ses immenses possessions, du désir héréditaire de jouer un rôle dans les affaires intérieures de l'Europe, dans lesquelles ses alliés se repentiront trop tard de l'avoir initiée, l'occasion de réaliser des projets longtemps caressés lui a fermé les yeux sur l'odieux d'une alliance monstrueuse en morale autant qu'en politique.

Ainsi donc ces deux puissances ont adopté les maximes machiavéliques du cabinet de Londres, et sanctionné par leur adhésion ce système antisocial du blocus sur simple déclaration, et toute l'absurdité de la tyrannie maritime de leur nouvel allié ; mais si, en attaquant la France, elles ont calculé autre chose que les guinées anglaises, si elles ont compté sur d'autres chances que celles des armes et de la valeur, l'issue de cette nouvelle lutte dans laquelle elles s'engagent sur la foi britannique, ne répondra pas à leurs espérances. Et en effet, Messieurs, qui mieux que nous connaît et peut attester la situation véritable de l'Empire? Quel changement s'est opéré dans les esprits depuis quelques années! Quelle heureuse sécurité dans toutes les parties de son vaste territoire! Quelle unanimité d'opinion, de confiance, de fidélité pour l'auguste chef de l'État et pour sa famille! Quelle horreur pour les factions et pour l'étranger qui les a soudoyées, dont, dans sa haine constante pour la France, a successivement dit anathème à la maison de Bourbon, à la République et à l'Empereur Napoléon !

Il a percé jusqu'à nous ce cri infâme de guerre *personnelle*, proféré contre notre Empereur sur les bords de la Tamise. Cette manière de faire la guerre à un grand homme n'est pas nouvelle pour le pays. Les machines infernales, les conspirations, les tentatives d'assassinat, les calomnies et les outrages sont, depuis le 18 brumaire, les instruments de la guerre personnelle qu'il fait au héros du siècle.

Mais on peut annoncer au cabinet de Londres que si, en déclarant enfin publiquement ou en avouant une pareille guerre, il a pour but d'isoler le chef de l'État de la nation, il a perdu le fruit qu'il prétendait recueillir de la honte et de l'infamie de sa déclaration.

A ce cri de guerre personnelle, poussé par les furies des îles britanniques, un cri unanime a répondu d'un bout de la France à l'autre : *guerre nationale* aux ennemis de la France et de l'Empereur ! Cet élan de patriotisme et de fidélité est l'expression des vrais sentiments de toutes les classes de citoyens. Tous sont disposés aux plus grands efforts pour soutenir l'honneur de la patrie, la dignité du trône et de la couronne qu'ils ont décernée à leur Empereur.

C'est dans cet esprit, Messieurs, que la France entière attend du génie de son auguste chef, de la sagesse du Sénat et de votre courageuse impulsion, les mesures nécessaires pour repousser l'agression inattendue qu'elle éprouve.

A la justice de sa cause se joint le noble sentiment de sa gloire et de ses forces. Sa confiance dans l'immensité de ses ressources est plus que doublée par son enthousiasme pour le monarque chéri qui les dirige et qui marche à la tête de ses armées. A sa voix tous les Français deviendront soldats. Ils renouvelleront, sous les aigles impériales, les prodiges qui signalèrent les drapeaux tricolores dans les premières années de son illustre carrière. Ce sont encore les mêmes guerriers qui firent trembler l'Autriche et la Russie, et que son amour pour la paix arrêta deux fois sur le chemin de Vienne; encore quelques jours, et les ennemis reconnaîtront les vainqueurs de Lodi, d'Arcole, de Marengo, et leur invincible général.

Est-il besoin de rappeler qu'à l'époque d'une partie de ces triomphes, la France était déchirée par les factions; que l'anarchie et la désorganisation régnaient dans l'intérieur, tandis que l'honneur et la gloire s'étaient réfugiés aux armées? Aujourd'hui nous sommes invariablement unis. Nous avons tout ensemble l'énergie brûlante de la République et la force centralisée de la monarchie : l'ordre règne au dedans, l'honneur et la fidélité partout.

Dans ces circonstances, Messieurs, le Tribunat usera de sa plus chère prérogative, en faisant parvenir aux pieds du trône les vœux, les hommages et le dévouement des Français. Vous peindrez cette rivalité de zèle et d'empressement qu'a fait naître l'appel du monarque entre ces vieux guerriers qui brûlent de continuer leur carrière de gloire et les jeunes conscrits qui volent sous ses aigles pour la commencer. Vous montrerez les gardes nationales de l'Empire reprenant leurs armes avec les souvenirs touchants qui les y attachent, et l'espoir de s'en servir utilement pour le maintien des lois, pour le triomphe de notre juste cause.

Vous montrerez la France entière offrant à son Empereur toutes les ressources du territoire, de la population, de l'industrie. pour maintenir l'indépendance nationale, l'honneur de sa couronne, et obtenir par la victoire un traité glorieux qui, en garantissant le bonheur de son peuple, lui assure à jamais le plus beau titre qu'il ambitionne, celui de pacificateur.

J'appuie le projet de la commission.

M. **Carrion-Nisas.** Messieurs. les circonstances où se trouve l'Euro e paraissent ce qu'elles sont, graves et sérieuses, aux esprits les moins exercés.

Aux yeux de qui veut les méditer et les approfondir, elles s'agrandissent sans mesure.

En effet, que le sang lorrain, si fatal à la France, mêlé au sang de Charles-Quint, toujours ennemi, se laisse enflammer d'une haine et d'une jalousie aveugle à l'aspect de nos prospérités croissantes avec l'ordre et la paix, on ne saurait jusqu'à un certain point s'en étonner.

Que la nécessiteuse maison d'Autriche et son gouvernement de plomb se laissent éblouir par l'intrigue et agiter par l'or de la Grande-Bretagne, c'est encore ce qui se conçoit, d'autant mieux qu'on est averti par beaucoup d'exemples antérieurs.

Mais que Vienne, la gardienne naturelle et constituée (1) des ports de la Germanie et des barrières de l'Europe. et qui les a longtemps défendues avec fidélité contre les Turcs, les ouvre maintenant de gaieté de cœur à ce géant moitié barbare, moitié corrompu, qui d'une main trouble la Baltique, de l'autre domine la mer Noire; qui met en mouvement les hordes du Caucase et les peuplades de la Thessalie; qui pousse l'Orient sur l'Occident, et l'Asie sur l'Europe, c'est un délire anti-social, un crime de l'Autriche contre l'Europe et contre elle-même, pour lequel il est impossible de trouver assez d'étonnement et d'indignation.

Qu'espère donc devenir l'Autriche quand il n'y aura plus d'Europe? Et l'Europe n'est-elle pas dans un danger réel de perdre son indépendance, quand elle est attaquée par les richesses des deux Indes, par les forces d'une vaste portion de l'Asie et par la défection insensée, par la politique parricide d'une partie de ses propres États?

« Mais, crient des publicistes mercenaires ou stupides, c'est la France qui doit fixer les regards et l'animadversion du reste de l'Europe : c'est elle qui en rompt l'équilibre; il est vrai que ce qu'elle ajoute à son territoire est peu de chose et presque imperceptible en comparaison des provinces qu'engloutit la Russie, des royaumes que l'Angleterre subjugue : mais ces conquêtes de l'Angleterre et de la Russie sont si éloignées ! »

Pas si éloignées que l'or n'en arrive avec facilité, pas si éloignées que les hordes armées qui s'y rassemblent n'aient tout à l'heure pénétré au cœur de l'Europe.

« Mais, ose-t-on ajouter, ces agrandissements de l'Angleterre et de la Russie se doivent plus aisément pardonner : il leur est impossible de tirer parti de tant de conquêtes et de les bien gouverner. La population de l'Inde diminue tous les jours sous le sceptre de fer de la Grande-Bretagne, et la prospérité de l'Asie n'augmente pas d'une manière fort sensible sous le knout des Russes. »

Étrange manière d'argumenter avec laquelle on voudrait nous faire conclure de l'impuissance à faire le bien contre sa jouissance à faire le mal!

Voyez cependant ces armées, qu'un territoire moins peuplé sans doute, mais trois fois plus grand que le reste de l'Europe. peut recruter; voyez-les se donnant la main du Borysthène à la Néva ; voyez de l'embouchure de ces mêmes fleuves deux flottes partant au même signal, et traçant autour de l'Europe une ceinture d'ignominie et de servitude, dans un court espace de temps se rencontrer et se croiser devant les bouches du Rhône ou celles du Tibre, et dites que l'Europe n'est pas menacée.

---

(1) Quand les électeurs préférèrent *Charles d'Autriche* à notre *François Ier*, ce fut certainement pour défendre plus sûrement l'entrée de l'Empire aux Turcs, qui jouaient alors le rôle que jouent aujourd'hui les Russes.

Si l'Angleterre se trouvait dans une position semblable, doutez-vous qu'elle n'eût déjà officiellement proclamé le blocus de l'Europe. La nature, plus forte que l'ambition, s'oppose à ce que l'Angleterre soit dans la position de la Russie ; mais l'ambition, si conforme à la nature, ne peut-elle pas inspirer à la Russie la logique de l'Angleterre ?

Que lui manquera-t-il pour exécuter ce plan de tyrannie gigantesque, dont sa marine, toujours croissante, doit être le principal instrument ? Sera-ce des bois dans ces forêts immenses, vierges depuis la création ? Sera-ce ces fers, ces approvisionnements de toute espèce dont elle est le magasin pour l'Europe ? Sera-ce des hommes ? elle n'en épuisera pas de sitôt ni ces plages de l'antique Scandinavie, qui ont été appelées les pépinières du genre humain (1), ni ces vastes sommités de l'Asie, réservoirs éternels qui ont périodiquement inondé tout l'ancien monde.

Mais peut-être il lui manquera de l'or, nécessaire aux guerres modernes ; peut-être on lui opposera les digues des barrières.

De l'or ? L'Angleterre se fiant à sa position insulaire et comme étrangère l'Europe, s'aveuglant sur le danger qu'elle croit éloigné ou impossible, épuise les trésors de l'Inde en sa faveur. Des obstacles, des remparts ? Mais l'Autriche, mille fois plus insensée encore que l'Angleterre, puisque son danger est bien plus prochain, l'Autriche lui fait de ses Etats une avenue, lui trace une route vers l'occident et le midi de l'Europe, où les armées tartares et russes espèrent bientôt rejoindre les flottes russes et tartares.

Oui, le prix certain, pour l'Autriche et pour l'Angleterre, d'un tel abandon de toute pudeur et de toute prudence, sera pour l'Autriche la chute prochaine d'un gouvernement dont ses peuples ne sont pas complices ; pour l'Angleterre, la ruine et la perte, plus tardives, mais plus terribles, de l'Etat et du peuple même, complice de son gouvernement.

En vain ces deux puissances cherchent à se tromper elles-mêmes : leur destin est écrit sur toutes les pages de l'histoire.

Quand deux traîtres ouvrirent aux Maures l'Espagne et l'Europe, il semblait que la différence de la religion, des mœurs et de la couleur seule rendait impossible la durée de leur établissement. Ce père de famille et ce pontife qui les avaient appelés ne se doutaient pas, dans l'ardeur de venger un grief légitime (2), que leur race et leur foi seraient bientôt presque entièrement abolies ; et cependant avant peu d'années, à peine, dans des montagnes inaccessibles, restait-il en Espagne quelques gouttes de sang chrétien.

Et à qui la cour de Vienne ouvre-t-elle avec tant de complaisance ses royaumes héréditaires ? A une puissance maîtresse aujourd'hui par le fait de ces mêmes peuples qui, sous le premier Léopold, appelés par les Hongrois révoltés, vinrent mettre le siège devant Vienne, au nombre de 300,000 combattants, et l'auraient infailliblement prise et ravagée, sans le secours magnanime de Sobieski.

Dans un danger semblable et peut-être prochain, il ne viendra plus de Sobieski : il n'y a plus de Pologne : l'ingratitude l'a laissée périr, l'avidité l'a partagée.

(1) Le Got Jornandès appelle ces contrées la manufacture du genre humain : *hominum generis officina.*

(2) Le comte Julien et l'archevêque Oppas : le grief était un outrage vrai ou prétendu, fait par le roi Rodrigue à la fille du comte Julien. La tradition appelle cette fille *la Cava* (la méchante), ce qui laisse à penser que l'opinion commune était qu'elle avait méchamment accusé le roi Rodrigue.

Il n'y a plus de Pologne ! J'ai touché la vraie cause, la déplorable origine de toutes les révolutions dont l'Europe a gémi depuis cette époque, et de toutes celles qui lui restent encore à parcourir.

Quand Charles XII et Pierre Ier se cherchaient, se choquaient avec de faibles armées qui semblaient perdues dans les déserts de l'Ukraine, l'Europe pouvait voir ces mouvements avec une sorte d'indifférence ; cette indifférence n'appartenait pas à une prévoyance éminente, mais elle n'était pas choquante pour une politique vulgaire.

Ce fut toute autre chose quand un premier partage de la Pologne eut averti l'Europe que la Russie allait influer de tout son poids dans cette complication d'intérêts, dans cet équilibre de forces dont se composait la balance des pouvoirs européens.

Toute action amène nécessairement une réaction : la France devait tôt ou tard se venger sur elle-même et sur l'Europe de l'affront qu'elle recevait de son propre Gouvernement, et de l'injure étrangère.

La réaction de la France sur elle-même a eu lieu ; nous avons été témoins de ses prodiges et de ses horreurs : la Révolution a été complète : la dynastie est changée ; le sang est renouvelé dans toutes les artères du corps politique ; au dedans l'œuvre est consommée.

Il n'en est pas de même au dehors : la réaction commençant, elle a été suspendue ; la Révolution s'est arrêtée par la modération des vainqueurs ; nous avons cru à la résipiscence des cabinets égarés, aux protestations des puissances humiliées, chimère de la magnanimité dont on a pris soin de nous désabuser.

C'est un spectacle singulier et remarquable que de voir l'Europe poussée à la destinée qui la presse contre le vœu de ceux-là mêmes que les événements qu'on hâte doivent rendre les arbitres de l'Europe.

Ceux qui doivent profiter des destructions les craignent et cherchent à les conjurer ; ceux qui en seront écrasés se précipitent au devant d'elles.

La politique furieuse de l'Angleterre, la politique stupide de l'Autriche, la nullité incendiaire de la Suède, l'absence de la Pologne, la prostration absolue de toutes les forces physiques et morales de l'empire ottoman, enfin l'ambition trop facile à comprendre de la Russie placent l'Europe dans des circonstances qui réclament en ce moment de tous les esprits susceptibles de réflexion une attention profonde et qui ne sera pas infructueuse.

La méditation et la pensée sont les grandes puissances de l'homme, les plus forts leviers des affaires ; il semble qu'il y ait déjà quelque chose d'accompli ou d'empêché dans un événement prévu.

Nous sommes à une époque où les événements courent et se précipitent avec une telle rapidité que les prédictions les plus hardies, et dont l'effet semble si peu lointain, se réalisent en moins de temps que des esprits réputés sages et habiles n'en demandent pour les examiner.

Tout est brouillé, tout est détruit dans cet équilibre dont nous parlions tout à l'heure, dans cette balance et cette complication savante d'intérêts et de systèmes opposés et concordants qui pourrait servir de base à la prospérité de l'Europe dans les temps ordinaires, quand ces guerres ne sont pour ainsi dire que des guerres civiles, des querelles de ménage, mais qui lui deviendrait funeste, qui ne peut subsister quand elle est attaquée par de grandes forces extra-européennes, quand elle a tout à craindre de la pression de l'Asie ou de l'Afrique, ensemble ou séparément.

Dans ces circonstances grandes et singulières, mais qui ont existé plus d'une fois et qui se reproduisent aujourd'hui, l'Europe est infailliblement destinée à une servitude générale, si elle s'obstine dans ses haines et dans ses divisions intestines.

A quelle époque ont eu lieu les premières irruptions impunies des Barbares dans le monde romain? Lorsque sous Gallien, fantôme d'empereur, trente tyrans, à la fois proclamés par une soldatesque en délire ou des cités en tumulte, se disputaient l'empire, également ardents à le déchirer et incapables de le défendre.

Le monde est bien vieux, mais toujours divers, et toujours le même : en proie aux mêmes passions, séduit ou éclairé par les mêmes intérêts, il voit sans cesse les mêmes événements se reproduire du sein des mêmes causes, se modifier au gré des mêmes circonstances : non qu'il faille chercher servilement dans les récits du passé les règles minutieuses du présent; mais ce grand miroir de l'histoire nous offre des leçons répétées qu'il serait insensé de négliger, surtout à de certaines époques.

Dès ces temps qui touchent aux temps fabuleux, l'Europe insultée par l'Asie se rangea, pour sa vengeance, sous un seul commandement militaire (1).

Quelques siècles après, la Grèce (c'était alors l'Europe civilisée) fut mise à deux doigts de sa perte par les monarques de l'Asie qui profitèrent de ses dissensions intérieures.

Bientôt, à la voix de ses amphictyons, elle se réunit pour nommer un capitaine général; la liberté, trop souvent ombrageuse et ennemie d'elle-même, résista d'abord à la suprématie de Philippe et de son fils ; Thèbes paya cher sa résistance; mais bientôt ce ne fut qu'un cri de reconnaissance dans la Grèce délivrée de la crainte des Barbares, et tous les autels fumèrent en l'honneur d'Alexandre.

Quand l'Europe serait composée aujourd'hui, je ne dis pas de républiques, mais de démocraties les plus follement jalouses, non-seulement de la liberté chère à tous les cœurs généreux, mais de ses plus frivoles apparences, elle serait obligée, si Vienne et Londres ne changent de politique, d'adopter des idées d'ensemble et d'unité, compatibles sans doute avec toute la dignité des Etats indépendants; mais qui peuvent seules la sauver quand elle est attaquée par une autre partie du monde ; et l'on ne saurait trop insister sur cette vérité, que ceux-là même et ceux-là seuls qui se plaignent avec le plus d'aigreur du pouvoir de la France, et appellent l'intervention de la Russie, mettent tout l'occident de l'Europe dans l'alternative nécessaire, ou de périr, et de périr bientôt, sous la Russie, ou de donner beaucoup plus d'intensité et de solennité à la prépondérance du Gouvernement français.

Certainement Annibal attaquait l'Italie avec des désavantages et des obstacles infinis, si l'on compare son expédition aux autres irruptions de l'Asie ou de l'Afrique sur l'Europe, ou même à celle qui la menace en ce moment; néanmoins, si à cette époque l'Italie n'eût été à peu près

(1) C'est ainsi qu'on a précisément caractérisé cette guerre dont l'histoire et la fable se disputent les récits : un conflit de l'Europe contre l'Asie barbare, *Græcia Barbariæ lento collis a duello.* Hor.

réunie sous la même influence, si la puissance de Rome n'eût été que ce qu'elle était avant le siége de Véies, c'était fait de Rome, de l'indépendance de l'Italie, et l'Europe était subjuguée par l'Afrique.

Octave soutenait la cause de l'Europe, de l'Europe indignée de voir Antoine traîner à sa suite les rois de l'Orient, et menacer l'Italie des mœurs et de la servitude de l'Asie et de l'Afrique. Cette disposition des esprits valut à Auguste l'empire du monde (1).

Constantin le réunit de nouveau, et prit un poste avancé contre l'effort de l'Asie, en plaçant à Byzance le siége de l'empire.

Sous ses successeurs tout s'avilit, tout se divisa de nouveau.

Déjà se préparait dans les déserts de l'Arabie la plus terrible leçon pour l'Europe, l'exemple qui plus que tous les autres est aujourd'hui à notre usage, et nous doit servir d'enseignement.

Certes, ce bouleversement horrible de trois parties du monde était bien moins facile à prévoir que les fléaux qui nous effrayent, et qu'il est sans doute possible de détourner.

Lorsque Mahomet courait les déserts à la tête d'une caravane plutôt que d'une armée, et que cependant il jetait les fondements de cette puissance militaire si formidable qui a dominé si longtemps, et sur une si grande portion du globe, je conçois qu'il fallait une prévoyance audacieuse pour annoncer les conquêtes des califes ses successeurs, pour prédire qu'après avoir subjugué une partie de l'Asie et de l'Afrique, ils s'avanceraient triomphants en Europe, et ne trouveraient un terme à leurs succès que dans les plaines de Tours.

Les alarmes sont bien autrement motivées et vraisemblables quand les Scythes et les Tartares déjà marchent à la proie au sein de l'Allemagne, quand les peuplades indigentes et féroces de la Morée et de l'Épire se réjouissent déjà du pillage de l'Italie, prêtes à être vomies sur les côtes de cette belle contrée, sous la conduite des Russes et à la solde des Anglais.

O Italie! tu as détesté, tu as appelé barbares ces peuples, ces soldats qui, tantôt du sommet des Alpes, tantôt des gorges de la Noricie, se sont répandus dans tes vallées! quel nom réserves-tu à ces essaims dévastateurs que l'Adriatique va pousser sur ton rivage?

C'est le moment de rappeler ta valeur antique; il s'agit pour tes citoyens de se garder eux-mêmes, leurs femmes, leurs filles, des derniers outrages.

Mais est-ce l'Italie seule qui doit s'alarmer? encore une fois et cent fois encore, c'est l'Occident, c'est l'Europe qui sont menacés, qui le sont d'une manière plus terrible qu'à cette époque fameuse et tant calomniée, où, par un mouvement qui sauva son indépendance, son existence sociale et politique, l'Occident se leva tout entier et marcha en s'écriant qu'il voulait conserver les bienfaits du christianisme et de la civilisation, qui étaient alors une seule et même chose.

(1) C'est bien ce que la clameur populaire de l'Italie reprochait à Antoine. Voyez le chant d'Horace, qui est l'organe de ces reproches publics; il accuse *Antoine* et *Cléopâtre* d'avoir menacé Rome de leurs vils troupeaux d'eunuques : *Contaminato cum grege turpium morbo virorum.* Les poëtes ne sont pas sans doute des autorités pour les détails des faits, ils le sont pour les rumeurs générales et les traditions.

Martel, son premier vengeur. Croyez-vous qu'aujourd'hui les sages de l'Europe, les zélateurs de son indépendance, cherchassent ailleurs un chef militaire, un régulateur politique ?

Il faut donc le répéter et le graver dans les esprits, si la politique insensée qui agite un trop grand nombre des cabinets de l'Europe, si leur aveugle haine pour nous continue à creuser pour elle un vaste précipice, l'Europe se jettera dans nos bras, bien sûre que nous ne trahirons pas sa dernière espérance ; elle se fiait à Vienne contre Byzance, à Byzance contre Moscou et Cherson, à Stockholm contre Pétersbourg : tout lui manque à la fois.

Le chef et le père de la Germanie appelle les tyrans du Nord et de l'Asie.

Le Musulman ne peut, ne veut ou n'ose défendre des passages que le soin de sa propre conservation lui commandait de ne jamais laisser franchir.

Le Suédois, préposé par la nature à la garde du Sund, rend, par sa félonie, la bonne volonté du Danois inutile.

L'Angleterre jouit follement de cette subversion de tous les principes, de tous les intérêts, de tous les droits, de tous les devoirs ; et avec tous les moyens que ses hautes lumières et ses progrès dans l'art social ont mis entre ses mains, elle achète le retour des ténèbres et du chaos.

Tout conspire contre l'indépendance de l'Europe, tout abandonne sa cause ; la France ne peut pas l'abandonner, elle ne livrera pas ainsi le théâtre de sa gloire.

Entrons donc dans la carrière qui nous est tracée par la gloire et par la fidélité.

Les peuples, avertis par leurs besoins et par leur raison, feront, s'il le faut, une heureuse scission avec des gouvernements qui se laisseraient asservir par une routine aveugle ou un aveugle intérêt.

Ces gouvernements pourront voir en nous des ennemis : les peuples n'y verront que des alliés, des amis, des protecteurs.

Nos imprudents aïeux s'écrièrent avec trop d'insolence : Malheur aux vaincus ! et ils en furent justement punis. Nous proclamons, au contraire : Bonheur aux vaincus ! nous tiendrons parole et nous en serons récompensés.

Quel est le soldat traîné de la glèbe aux drapeaux, à qui nos camps n'offrent pas une patrie plus douce, une perspective plus heureuse que cette terre marâtre et cette carrière ingrate où ils sèment la sueur et le sang, sans jamais recueillir même l'espérance ?

Bientôt tous ceux qui auront succombé sous nos armes seront des sujets volontaires de nos lois ; tous ceux qu'on poussera contre nous comme ennemis, nous resterons comme frères.

Nos armes n'arrêteront point nos négociations, et nos négociations ne ralentiront point nos armes.

L'Europe verra, d'un côté, les mœurs qu'elle aime, les arts qui font ses délices, les lumières qu'elle respecte ; de l'autre, la férocité qu'elle redoute, la rapacité dont elle a horreur, la corruption sans politesse, et, comme l'a dit un

taculum; viderunt mundi lumina intra paucas horas Asiæ Africæque eversores eosdemque Europæ molientes excidium ab uno unius gentis duce stratos, etc. Paul-Emile. Ce passage n'est-il pas remarquable sous plus d'un rapport, et n'est-il pas aussi l'histoire anticipée des bataillons russes qui vont arriver, comme il est l'histoire véritable de ceux qui se sont déjà présentés sous leur plus fameux général ?

homme d'État d'une éloquence énergique, la pourriture sans maturité (1).

C'est entre ces deux forces que la lutte définitive va s'établir, quand l'Autriche, perfide à l'Europe, l'aura effrayée et réjouie de sa chute.

Cette cause de la civilisation contre la barbarie ne laisse pas le succès douteux dans un siècle où la science combat autant que le courage.

Si les chances de cette guerre offrent une perspective brillante à l'amour de la gloire, ses résultats n'offrent pas une perspective moins douce à l'amour de l'humanité.

Le chaos où les intérêts de l'Europe sont tombés se débrouille, son système se simplifie, la démarcation des frontières devient partout plus conforme aux besoins et aux vœux de la civilisation ; ces conscriptions accablantes qui pèsent sur tous les États de l'Europe cessent d'être nécessaires ; de vastes contrées sont les ateliers imperturbables de l'industrie et des arts, les théâtres tranquilles de l'agriculture et du commerce.

Pour obtenir ces effets heureux, ces biens qu'on ne pourra plus ravir de longtemps à l'Europe et à ses vengeurs que les auront conquis au prix de leur sang, il ne faut pas que ce sang coule goutte à goutte ; il faut que la guerre soit vive et terrible, pour qu'elle puisse être courte et peu sanglante.

Il faut que les efforts surpassent les besoins, pour n'avoir pas longtemps besoin d'efforts.

Montrons enfin que nous sommes aujourd'hui ce que nous étions hier, avec plus d'ordre, et par conséquent plus de ressources et de véritable force.

Peuples des cités, préparez des fêtes pour la victoire et pour la paix !

Peuple de la capitale, cette cour brillante qui vit de son éclat, et te prête son lustre, ne s'est éloignée que pour quelques instants.

Peuple des campagnes, votre Empereur, votre père, se glorifie d'avoir été trompé, prévenu par le délire perfide d'un agresseur qui semblait vouloir cacher sa honte dans sa dissimulation ; toutefois il aurait pu vous appeler aux armes quelques semaines plus tôt ; il a voulu vous laisser à vos travaux, bientôt il vous y renverra : entre deux moissons il espère frapper les grands coups, et rendre par une longue paix le bienfait infaillible et prochain de ses armes.

Messieurs, l'avenir s'avance à grands pas ; nos paroles ne précèdent que de peu d'instants les développements qu'elles annoncent. Pour les faire éclore, pour les faire éclater, lions-nous au temps qui mûrit en courant les événements du dix-neuvième siècle ; au besoin, à l'intérêt des peuples, dont le sentiment devient tous les jours plus vif et plus exquis ; à la sagesse, à l'énergie du grand peuple, aux exploits de la grande armée, au génie enfin et à la fortune du digne chef d'un peuple et d'une telle armée, non moins digne vengeur de l'Europe qui l'implore.

J'appuie la proposition faite par le rapporteur.

Le Tribunat ordonne l'impression de tous les discours prononcés.

La commission est chargée de la rédaction de l'adresse à Sa Majesté l'Empereur et Roi ; elle sera soumise à l'approbation du Tribunat dans une séance secrète.

La séance est levée.

———

(1) Mirabeau, en parlant de la Russie. *Correspondance de Berlin.*

SÉNAT CONSERVATEUR.

PRÉSIDENCE DE M. FRANÇOIS (de Neufchâteau).

Séance du 13 vendémiaire an XIV (samedi 5 octobre 1805).

On lit un message de SA MAJESTÉ L'EMPEREUR, daté de Strasbourg, le 8 vendémiaire an XIV, et dont la teneur suit :

« Sénateurs, j'ai délégué au grand électeur les pouvoirs nécessaires pour présider les séances et les conseils d'administration du Sénat.

« J'ai été fort aise de trouver l'occasion de donner à ce prince une preuve de mon estime pour ses talents, et de ma confiance illimitée dans son attachement à ma personne, et à vous, sénateurs, un garant que mon absence ne retardera en rien la marche des affaires.

« J'ai pensé aussi que le bien de la patrie exigeait que, pendant que je serai sur les frontières, le grand électeur restât au milieu de vous.

A notre quartier général impérial de Strasbourg, le 8 vendémiaire an XIV.

Signé : NAPOLÉON.

Par l'Empereur.

Le secrétaire d'État, signé : H. B. MARET.

Lecture faite de ce message, on demande que le Sénat arrête :

1° D'offrir à Sa Majesté Impériale et Royale ses remerciments respectueux pour cette nouvelle disposition;

2° De présenter à Son Altesse Impériale monseigneur le grand électeur, par une députation solennelle, l'expression de la joie qu'éprouve le Sénat.

Ces deux propositions sont adoptées, et M. le président est chargé spécialement, en transmettant l'arrêté du Sénat à SA MAJESTÉ L'EMPEREUR, de lui rendre compte de la satisfaction et de la reconnaissance avec laquelle le Sénat a entendu la lecture de son message.

Le Sénat arrête que la députation sera composée du président et des secrétaires, des préteurs, chancelier et trésorier du Sénat, et des sénateurs Lacépède, Papin, Tascher, Demeunier, Villetard, Vernier, Beauharnais, Aboville, Berthollet, Bevière et Rampon.

Les président et secrétaires,

Signé : FRANÇOIS (de Neufchâteau), *président;*

COLAUD et PORCHER, secrétaires.

Vu et scellé.

Le chancelier du Sénat, signé : LAPLACE.

Discours adressé à S. A. I. Mgr le prince Joseph, par S. Ex. M. François (de Neufchâteau), président du Sénat, à la tête de la députation du Sénat, le samedi 3 vendémiaire an XIV.

Monsieur le grand électeur, Votre Altesse Impériale avait témoigné son vif désir de suivre SA MAJESTÉ L'EMPEREUR à l'armée, et de partager la gloire de nos braves défenseurs. à la tête de son régiment. Mais il est plus d'un genre de gloire, et dans le haut rang qu'occupe Votre Altesse Impériale, il est plus d'une sorte de devoirs. De grandes considérations politiques ont empêché Sa Majesté d'accéder à votre vœu. L'EMPEREUR a pensé qu'au moment où il s'éloigne des frontières, il doit rester présent au Sénat par un autre lui-même. En conséquence, Sa Majesté Impériale et Royale laisse au milieu de nous (ce sont ces expressions qui nous ont vivement touchés), elle laisse au milieu de nous Votre Altesse Impériale, et lui délègue, dans son absence, la présidence suprême du Sénat et de son grand conseil d'administration. Ces arrangements si sages viennent de nous être communiqués par un message de Sa Majesté Impériale et Royale, daté du quartier général de Stras-

bourg, le 8 de ce mois. La lecture de ce message a comblé le Sénat de la plus vive satisfaction et de la plus juste reconnaissance. Le Sénat a arrêté : 1° d'offrir à Sa Majesté l'EMPEREUR et ROI ses remerciments respectueux pour cette nouvelle disposition, qu'il considère tout à la fois comme un bienfait public et comme une marque particulière de l'attention bienveillante de notre auguste monarque en faveur du Sénat; 2° de présenter à Votre Altesse Impériale, par une députation solennelle, l'hommage de son respect et l'expression sincère de sa joie. Nous sommes venus sur-le-champ nous acquitter d'un devoir qui nous est bien cher. Il est extrêmement flatteur pour moi de me trouver aujourd'hui l'interprète des sentiments unanimes de tous mes collègues envers le prince généralement aimé et digne de l'être, par lequel Sa Majesté Impériale et Royale se fait remplacer à la tête du premier corps de l'État.

SÉNAT CONSERVATEUR.

PRÉSIDENCE DE S. A. I. Mgr LE PRINCE JOSEPH, GRAND ÉLECTEUR.

Séance du 29 vendémiaire an XIV (lundi 21 octobre 1805).

S. Exc. M. **François** (de Neufchâteau). Sénateurs, nous avons à déplorer en ce moment la perte d'un de nos collègues, M. François Cacault, décédé à la Madeleine, près la ville de Clisson, le 18 de ce mois, à soixante-trois ans.

Voici la lettre par laquelle M. Belleville, préfet du département de la Loire-Inférieure, nous a instruit de ce décès :

Copie de la lettre écrite de Nantes, le 19 vendémiaire an XIV, par M. Belleville, l'un des commandants de la Légion d'honneur, préfet du département de la Loire-Inférieure, à S. Exc. M. le président du Sénat.

Monsieur le Président, je remplis, auprès de Votre Excellence, un triste devoir : j'apprends ce soir, et sans détails, que M. le sénateur Cacault est décédé cette nuit à sa maison de Clisson. Il faut que sa mort ait été bien précipitée, car avant-hier on ne savait pas qu'il fût incommodé.

Demain matin, je me rendrai auprès de sa famille, pour concerter avec elle les honneurs funèbres dus à la dignité du défunt. Votre Excellence sera informée de ce qui sera exécuté.

Tous les habitants de Nantes ont reçu cette fatale nouvelle, comme des enfants reconnaissants apprennent la perte d'un père chéri et respecté. Il n'est aucun de nous qui n'ait reçu quelque marque d'obligeance de M. le sénateur Cacault; aussi l'éloge de ses vertus est dans toutes les bouches, et les plus profonds regrets dans tous les cœurs.

J'ai l'honneur de présenter à Votre Excellence l'hommage de mon respect.

Signé : BELLEVILLE.

Sénateurs, vous avez entendu cette lettre avec intérêt. Elle contient un juste hommage aux mânes de notre collègue. Vous nous demanderez sans doute quelques notions sur sa vie, et les renseignements que nous avons pu recueillir, présentent en effet des traits dignes de votre attention.

Né près de la ville de Nantes, M. Cacault eut le bonheur d'y trouver des moyens d'instruction qui font honneur à cette grande ville, car Nantes n'est pas seulement l'entrepôt d'un vaste commerce : ses habitants se sont toujours distingués par l'amour des bonnes études. M. Cacault avait du goût pour le dessin; l'architecture militaire fut l'objet auquel il s'attacha dans sa jeunesse.

Il avait commencé sa carrière honorable par la place de professeur de fortification à l'école militaire, où il était entré en 1761. Vous savez que ce n'est pas le seul présent que cette école ait fait au Sénat. En 1766, M. Cacault fut nommé inspecteur des études. Il exerçait ses fonctions concurremment avec celles de professeur, et reçut, sous ce double rapport, des marques spéciales de la satisfaction et de la gratitude du conseil d'administration. En 1769, on introduisit dans l'école un nouveau plan d'études. M. Cacault se retira. L'école lui faisait cent pistoles de pension ; c'était toute sa fortune. Cet avoir, qui paraît modique à ceux dont les vœux sont sans bornes, était vraiment une fortune pour un ami de la sagesse. Cette pension lui suffit assez longtemps pour satisfaire le désir qu'il avait de parcourir l'Europe. Il visita donc l'Allemagne, la Sicile et l'Italie; comme il portait dans ses voyages un esprit déjà mûr, il revint avec des connaissances très-étendues, très-variées et telles qu'on peut les attendre d'un homme qui a vu le monde avec des yeux très-exercés. C'était un mérite assez rare. Beaucoup de gens courraient la poste; peu d'hommes savaient voyager.

En 1775, M. Cacault fut attaché, comme secrétaire au gouvernement de Bretagne, dont était alors pourvu le maréchal d'Aubeterre. Il resta avec lui jusqu'à sa mort. La bonne conduite qu'il tint dans l'exercice de cette place, les connaissances positives qu'il avait acquises dans ses voyages, celles qu'il s'était procurées par un travail très-assidu, lui valurent enfin un trésor d'autant plus flatteur qu'on ne saurait jamais le devoir qu'à soi-même, c'est-à-dire une bonne réputation. M. Cacault avait donc fait ses preuves, et dans plus d'une guerre, quand l'ancien gouvernement se décida à le nommer secrétaire d'ambassade à Naples, où il remplaça M. Denon en 1785. Le baron de Talleyrand était alors ambassadeur de France à Naples, et nous savons que ce ministre a rendu à M. Cacault des témoignages honorables (dépêche du 16 octobre 1785).

Il fut chargé des affaires de France dans cette résidence au commencement de 1788, pendant l'absence du baron de Talleyrand. Quand il cessa ses fonctions, en 1789, le ministre des affaires étrangères lui témoigna, d'une manière particulière, sa satisfaction de ses services.

Il fut chargé une seconde fois des affaires de France à Naples, en 1791, jusqu'à l'arrivée de M. Makau, ministre plénipotentiaire, avec lequel il resta en qualité de secrétaire de légation.

On se rappelle les circonstances difficiles dans lesquelles il était jeté au moment de l'effervescence de la Révolution, et surtout dans une cour où il avait à éclairer l'aveuglement de tous les partis et à soutenir le choc de toutes les passions. Dans quelque circonstance qu'il se trouvât placé, fidèle à son Gouvernement et attaché à ses devoirs, il sut les remplir de manière à mériter l'estime des ministres napolitains, et arracher jusqu'au suffrage des nombreux émigrés qui se trouvaient alors à Naples. Enfin, comme il l'écrivait lui-même au ministre Lebrun, dans les temps les plus désastreux de la Révolution, où, accusé comme tant d'autres pour prix de ses services, il avait à justifier sa conduite :

« J'ai eu toutes les épines, toutes les charges et les difficultés de la légation de Naples ; j'ai soutenu, sans jamais fléchir, un intervalle que tout rendait difficile ; ma conduite a toujours été droite et mon patriotisme naturel et vrai. »

En janvier 1793, il fut nommé chargé d'affaires

à Rome, et fut présenté au Saint-Père en cette qualité, le 14 thermidor an IV (1). Ce fut à cette époque que commencèrent ses rapports avec l'homme extraordinaire qui attirait dès lors les regards de l'Europe, et qui devait fixer les destins de la France. Le 3 fructidor an IV, il reçut un courrier extraordinaire du général Bonaparte, qui le chargeait de signifier à Naples au général ministre Acton, que si les troupes napolitaines envahissaient l'État du pape, ami des Français, on regarderait cet acte comme une rupture de l'armistice, et l'on ferait marcher une division de l'armée républicaine pour défendre l'État du pape. M. Cacault rendit alors, par l'inspiration du héros de la France, de grands services au Saint-Siège.

Le Directoire exécutif le nomma ministre plénipotentiaire à Florence, le 2 brumaire an IV, et il se fit aimer de la cour de Toscane et des habitants de Florence ; car, dans toutes ses missions, il a eu le même succès d'honorer son pays et de se faire aimer lui-même. Il fut nommé ensuite ministre plénipotentiaire pour négocier la paix avec le Pape, et il signa le traité de Tolentino, concurremment avec le général en chef de l'armée d'Italie.

Ce traité de Tolentino confirmait le premier. Une lettre fameuse du général en chef, du 7 brumaire an V (28 octobre 1796), avait fait pressentir l'esprit dans lequel serait rédigé cette convention. On y remarque ces paroles : « J'aime mieux « être le sauveur du chef de l'Église et de ces « belles contrées, que leur destructeur. »

Des circonstances bien pénibles auraient porté le Directoire à adopter d'autres principes envers la cour de Rome. Et le 3 pluviôse an V, le général en chef lui-même enjoignit à M. Cacault de s'éloigner de cette ville et de venir le joindre aussitôt à Boulogne. « On vous a abreuvé d'hu-« miliations à Rome, et on a tout mis en usage « pour vous en faire sortir. Aujourd'hui, résistez « à toutes les instances, partez (2). » Mais notre héros a toujours su se mettre au-dessus des ressentiments naturels. Aussitôt que la cour de Rome comprit mieux ses vrais intérêts, elle revint à lui et n'eut pas à s'en repentir.

Le traité de Tolentino lui avait pourtant imposé des sacrifices nécessaires. Pour les réaliser, M. Cacault rentra dans Rome le 1 ventôse an V (22 février 1797), et y fut accueilli de la manière la plus distinguée (3). Nos collègues, MM. Monge et Berthollet, étaient dans cette ville pour recueillir les objets d'art qui ont enrichi nos musées ; pendant tout ce temps, ils furent enchantés, je ne dirai pas de la parfaite probité du ministre de France, parce que personne n'en doute, mais de sa modération, de son esprit conciliant et de la sagacité avec laquelle il suggérait les moyens d'exécution. Le traité fut rempli en entier avec promptitude, et à la satisfaction du général en chef qui put partir pour Léoben. Il aurait été difficile à tout autre que M. Cacault d'agir aussi bien et aussi vite, parce qu'il ne se comptait pour rien dans sa mission, du succès de laquelle il était constamment et uniquement occupé.

A son retour de Florence, il entra au Corps législatif.

Le 9 ventôse an IX, un arrêté du Premier Consul renvoya M. Cacault à Rome, où il a été mi-

(1) Moniteur du 10 fructidor an IV, n° 350.
(2) Moniteur, n° 136, 4 ventôse an V.
(3) Moniteur, n° 183, 8 germinal an V.

nistre plénipotentiaire de France, jusqu'à l'arrivée de Son Éminence M. le sénateur et cardinal Fesch, qui l'a remplacé au mois de germinal an IX. On sait que dans cet intervalle, M. Cacault a secondé avec zèle et avec succès les vues supérieures du chef auguste de l'État, pour renouer les nœuds antiques de l'Église de France et du Saint-Siége apostolique. Après de si longs troubles, soit civils, soit religieux, cette pensée du concordat était grande et sublime ; mais indépendamment de ses propres difficultés, il s'y en joignait d'accessoires qui semblaient rendre le problème impossible à résoudre. M. Cacault servit à lever les obstacles, et reçut du Premier Consul, en sortant de sa mission, une lettre que sa famille conserve avec respect comme le titre de sa gloire. Heureux, dans toutes les carrières, ceux qui ont mérité un seul coup d'œil de ce grand homme, qui classe tout et n'oublie rien!

L'estime générale que M. Cacault avait obtenue ne pouvait échapper à ses compatriotes. Au mois de germinal an XI, il fut présenté comme candidat pour le Sénat, par le collége électoral du département de la Loire-Inférieure, et il fut admis parmi vous le 6 germinal an XII. M. Cacault était placé à juste titre dans la réunion de lumières et de vertus, de services et de travaux, que présente ce corps auguste, et il a plusieurs fois obtenu vos suffrages dans le choix des commissions relatives à des objets de haute politique.

Malgré les places importantes que M. Cacault a occupées à différentes époques et les études sérieuses qu'il faisait pour les remplir convenablement, il avait trouvé le moyen de donner encore du temps à la connaissance des beaux-arts. Il avait dans cette partie ce qu'il n'est pas commun de trouver réuni dans le même degré, c'est-à-dire un goût vif et un tact éclairé. Les amateurs ne manquent pas : les vrais connaisseurs sont très-rares. M. Cacault parlait des arts en homme très-passionné; il en jugeait en homme instruit. Il avait rassemblé depuis trente ans une riche et superbe collection de tableaux. Il possédait aussi des statues et bustes de marbre. de terre cuite, et une réunion de gravures, depuis les plus anciennes jusqu'à nos jours. Il avait fait construire exprès chez lui d'immenses galeries où ses tableaux, ses statues, sa bibliothèque avaient été placés et ordonnés par les soins de son frère, aussi ami des arts, et qui cultive avec succès celui de la peinture.

Nous ne saurions, Messieurs, vous donner une idée plus juste et plus intéressante de la collection disposée par M. Cacault, qu'en mettant ici sous vos yeux la description qu'en a faite M. Huet, secrétaire général de la préfecture de Nantes, auteur des *recherches statistiques et économiques sur le département de la Loire-Inférieure,* l'un des meilleurs ouvrages de ce genre.

Extrait des recherches économiques et statistiques sur le département de la Loire-Inférieure, annuaire de l'an XI.

MUSÉE DE M. CACAULT.

« La commune de Clisson possède la plus riche collection de tableaux qui existe hors de la capitale. Elle appartient à M. Cacault, ambassadeur de la République française à Rome. C'est sur la rivière de Moine, là où la nature est si belle et si riche, qu'est placé ce musée.

« Il comprend un salon pour les statues et les plâtres, un salon pour les gravures, trois grandes galeries pour les tableaux.

« La plupart des voyageurs qui s'y rendent en

foule demandent, en entrant dans la ville, où est le palais. On s'attend à traverser des portiques de marbre et des vestibules richement décorés. Il n'en est pas ainsi : il faut quitter la ville, parcourir des sentiers sinueux et silencieusement ombragés, à travers les rochers que tapissent le lierre et la vigne sauvage. Tantôt on cotoie la Moine, sur des prairies couvertes de troupeaux ; tantôt on la voit rouler en torrent sous ses pieds, franchir en écumant les obstacles qu'elle rencontre, ou s'élancer en jets brillants. ou s'étendre en nappes transparentes, ou, asservie aux usages de l'homme, s'échapper en mugissant des entraves qu'on lui donna : des rivières, des prairies, des bois, des montagnes, tels sont les portiques du musée de M. Cacault. On dirait qu'à la manière des anciens, il a voulu rendre sensibles les préceptes de l'imitation, et rappeler aux arts qu'ils ne peuvent produire rien de beau, rien de grand, quand ils s'écartent de la nature; que c'est d'elle qu'ils tiennent tous leurs charmes et tout leur pouvoir.

« On est admis tous les jours, à toute heure. Quand on a parcouru ces galeries décorées sans faste, quand on a vu ces chefs-d'œuvre de toutes les écoles, distribués sans luxe inutile, sous des toits qui n'insultent point aux chaumières, on admire l'homme de goût qui a, pour ainsi dire, mis en opposition les prodiges de l'art et les merveilles de la nature, en choisissant un angle de terre qui ne le cède en rien aux sites les plus renommés de Suisse et d'Italie.

« On admire l'homme de génie qui, avec des moyens bornés, sans dépenses excessives, au milieu de fonctions importantes et laborieuses, a trouvé, par une persévérance de vingt années, le moyen de se créer une collection immense et choisie, que l'impatience ne parviendrait pas à former avec d'immenses trésors.

« On admire le citoyen qui voue ce qu'il possède aux jouissances et à l'utilité du public; qui fait un si grand sacrifice, sans ostentation, avec cette modestie, vertu particulière de nos pays, qui nuit à la célébrité, mais justifie la reconnaissance et suffit au bonheur. »

Vous vous le rappelez, Messieurs, lorsque notre collègue demanda au Sénat, il y a environ sept mois, le congé dans lequel il a terminé sa carrière : c'était vers son musée qu'il tournait ses derniers regards; c'était ce beau présent, fait à l'instruction publique, qu'il voulait achever d'organiser dans sa patrie, et c'est au milieu de ces soins que la mort vient de le surprendre.

M. Cacault doit être pleuré de ses compatriotes, et regretté de ses collègues : il avait des amis; sa société était douce, parce qu'il n'était pas exigeant pour lui-même, quoiqu'il tînt fort à ses principes en morale comme en physique. Son instruction étendue le faisait rechercher de ceux qui aiment les beaux-arts. Enfin, ce qui ajoute un dernier trait à son éloge, c'est l'estime particulière qu'il avait inspirée à Son Altesse Impériale monseigneur le prince Joseph, qui avait suivi sa carrière avec un intérêt marqué, et qui honore la mémoire de M. Cacault du témoignage le plus flatteur.

Un regret de notre collègue, en quittant cette vie. a été d'ignorer quel était, au delà du Rhin, le succès des armes françaises. Ses dernières paroles ont exprimé ses vœux pour la gloire de sa patrie, et son entière confiance dans le génie qui la dirige. Il savait, au surplus, ce que nous devions en attendre : il n'y a pas un mois que Sa Majesté l'Empereur est venu nous communiquer,

dans cette même enceinte, les incroyables perfidies par le moyen desquelles les troupes de l'Autriche étaient entrées dans la Bavière, dans l'instant où les forces de l'Empire français étaient aux
bords de l'Océan, à la veille d'être embarquées.
Il n'y a pas un mois, et déjà vous savez, Messieurs,
que nos troupes sont à Munich; peut-être même,
en ce moment, nos braves ont-ils passé l'Inn, et
les aigles de la France sont-elles arborées dans
les États héréditaires de l'imprudente Autriche.
Quelle vaste conception! quelle marche rapide!
Mais rien ne peut nous étonner de la part du
grand homme qui préside à nos destinées. Activité, coup d'œil, fortune, il réunit à lui seul tous
les présents du ciel. Sa marche prévient tout,
son regard saisit tout, et son étoile entraîne tout.
Il ne pouvait laisser à d'autres l'honneur de réprimer la dernière entreprise de la maison d'Autriche sur la liberté germanique, quoique d'autres
puissances en soient plus menacées que la France.
Frédéric II le savait bien lorsqu'il défendit les
Bavarois d'une première invasion. (en 1877).

Il savait que l'expérience avait réformé les idées
du cabinet de Vienne, non sur la vue de s'agrandir, mais sur le moyen spécial d'inquiéter d'abord
la France, et surtout d'écraser la Prusse. L'Autriche regardait la Prusse comme invulnérable pour
elle, en la prenant directement du côté de la Si-
lésie; enfin, c'était par la Bavière que la maison
d'Autriche se proposait d'aller, d'un côté, à Turin,
et, de l'autre, à Breslau. On n'a point oublié, Messieurs, cette première usurpation de l'électorat de
Bavière en 1778.

En rapprochant les circonstances, en comparant les deux époques, on verra que rien n'est
changé dans les plans de la cour de Vienne. On
reconnaîtra le système uniforme et impertura-
ble qu'a tracé à cette maison l'ambition des deux
Joseph, et en vertu duquel, toujours fidèle à ses
desseins, elle tourne vers la ruine des États germaniques, la même autorité qu'elle en reçut pour
les défendre; ouvre à des hordes étrangères les
portes qu'elle eût dû leur fermer à jamais; déchire
l'Allemagne qu'elle veut asservir; saisit, dans
cette vue, les premières provinces qui se trouvent à sa portée, et afin de pouvoir dérober cette
proie avec sécurité, attend soigneusement l'instant où elle croit que la France n'est occupée qu'à
faire face à l'Angleterre. Voilà bien ce qu'offrit
l'époque de 1778. Voilà ce que présente encore
l'époque où nous vivons; plus enfin, grâce au
ciel, il y a cette différence que la France a repris
son rang; que le grand peuple a le bonheur d'avoir
un chef digne de lui, et que nous entendons retentir, de la Germanie jusque dans cette enceinte,
ces acclamations de reconnaissance et de joie: *Vive
Napoléon, Empereur des Français, et Libérateur
des Germains!* qui mérite à la fois l'amour de son
pays, l'amitié de ses alliés, l'enthousiasme de son
siècle et l'admiration de ses ennemis même!

SÉNAT CONSERVATEUR.

PRÉSIDENCE DE SON ALTESSE IMPÉRIALE Mᵍʳ LE
PRINCE JOSEPH, GRAND ÉLECTEUR.

Séance du 2 brumaire an XIV (*jeudi 24 octobre 1805*).

A une heure après midi, les membres du Sénat
se réunissent en vertu d'une convocation extraordinaire ordonnée par SON ALTESSE IMPÉRIALE
Mᵍʳ le prince Joseph, grand électeur.

SON ALTESSE IMPÉRIALE Mᵍʳ le prince Louis,
connétable, SON ALTESSE Mᵍʳ le prince archi-

chancelier de l'Empire, et une partie des ministres
sont présents à la séance.

Elle est ouverte sous la présidence de Mᵍʳ le
grand électeur, par le discours suivant, que prononce SON ALTESSE IMPÉRIALE.

Sénateurs, au milieu de ses triomphes, Sa Majesté l'Empereur a éprouvé le besoin de donner
au Sénat une nouvelle marque de son affection :
c'est l'objet du message que Sa Majesté m'ordonne
de mettre sous vos yeux.

Vous verrez, Messieurs, qu'il tarde à Sa Majesté
que la jeunesse française puisse prendre part aux
nouveaux succès qui l'attendent.

Mais déjà nos jeunes conscrits sont en mouvement; tous partent ou sont partis.

Toutes les familles savent que, lorsque leurs
enfants se rendent à la grande armée, ils vont se
ranger sous l'égide du père commun des Français, plus avare encore de leur sang qu'avide de
leur gloire.

L'Empereur et son armée ont dépassé les espérances de la nation; je suis heureux de pouvoir
vous dire qu'elle répond d'une manière digne
d'elle à l'appel glorieux de son chef.

Le message de Sa Majesté l'Empereur et Roi,
dont SON ALTESSE IMPÉRIALE fait donner lecture
à l'assemblée , est conçu dans les termes suivants :

« Sénateurs, je vous envoie quarante drapeaux
« conquis par mon armée dans les différents com-
« bats qui ont eu lieu depuis celui de Wertingen.
« C'est un hommage que moi et mon armée fai-
« sons aux sages de l'Empire; c'est un présent que
« des enfants font à leurs pères. Sénateurs, voyez-
« y une preuve de ma satisfaction pour la manière
« dont vous m'avez constamment secondé dans les
« affaires les plus importantes de l'Empire. Et
« vous, Français, faites marcher vos frères, faites
« qu'ils accourent combattre à nos côtés, afin que
« sans effusion de sang, sans efforts, nous puis-
« sions repousser loin de nous toutes les armées
« que forme l'or de l'Angleterre, et confondre les
« auxiliaires des oppresseurs des mers. Sénateurs,
« il n'y a pas encore un mois que je vous ai dit
« que votre Empereur et son armée feraient leur
« devoir : il me tarde de pouvoir dire que mon
« peuple a fait le sien. Depuis mon entrée en
« campagne , j'ai dispersé une armée de cent
« mille hommes; j'en ai fait près de la moitié pri-
« sonnière; le reste est tué, blessé, ou déserté et
« réduit à la plus grande consternation. Ces suc-
« cès éclatants, je les dois à l'amour de mes sol-
« dats, à leur constance à supporter la fatigue.
« Je n'ai pas perdu 1500 hommes tués ou blessés.
« Sénateurs, le premier objet de la guerre est déjà
« rempli. L'électeur de Bavière est rétabli sur son
« trône. Les injustes agresseurs ont été frappés
« comme de la foudre, et, avec l'aide de Dieu,
« j'espère, dans un court espace de temps, triom-
« pher de mes autres ennemis. »

De mon camp impérial d'Elchingen, le 26 vendémiaire an XIV.

Signé : NAPOLÉON.

Par l'Empereur,
Le ministre secrétaire d'État, signé : H. B. MARET.

Son Altesse Impériale fait ensuite donner lecture du 6ᵉ bulletin de la grande armée , et des
articles de la capitulation d'Ulm , imprimés à la
suite de ce bulletin.

L'assemblée témoigne par ses acclamations la
part qu'elle prend aux grandes nouvelles qui lui
sont communiquées.

Un membre, après avoir exprimé à la hâte les
sentiments dont il est pénétré pour la marque

éclatante que reçoit le Sénat de la bienveillance de S. M. L'EMPEREUR, demande qu'il soit nommé de suite une commission de cinq membres, chargée de rédiger, séance tenante, une adresse qui sera portée à Sa Majesté dans son camp impérial, par une députation composée de l'un des membres du bureau du Sénat, et trois autres sénateurs.

Cette proposition, unanimement appuyée, est mise aux voix et adoptée par le Sénat.

On demande l'impression tant du message de Sa Majesté que du discours de Son Altesse Impériale Mgr le grand électeur, de celui qui a été prononcé par un des membres, et du bulletin communiqué au Sénat.

Cette impression est ordonnée.

On procède de suite à la nomination des cinq membres qui doivent composer la commission spéciale dont la formation vient d'être arrêtée.

Le résultat du dépouillement donne la majorité absolue des suffrages aux sénateurs Lacépède, Clément-de-Ris et François (de Neufchâteau), à Son Altesse Impériale Mgr le prince Louis, et à Son Altesse Impériale Mgr le prince archichancelier de l'Empire.

La commission se retire pour rédiger le projet d'adresse à SA MAJESTÉ L'EMPEREUR.

Ce projet que, par l'organe de M. Lacépède, son rapporteur, elle présente bientôt à l'assemblée, est adopté dans les termes suivants :

« Sire, il nous semblait entendre Votre Majesté Impériale et Royale, nous adresser, du haut de son trône, les mémorables paroles qui ont donné, il n'y a que peu de jours, le signal des combats, et déjà Votre Majesté a fixé le destin de la Germanie.

« Elle a paru, et les armées de l'Autriche ont été détruites ou dispersées.

« La grande nation répond par ses vives acclamations aux chants de victoire dont la grande armée fait retentir les rives du Danube, de l'Iller et de l'Iser, délivrées par les armes de Votre Majesté.

« De toutes les parties de l'Empire, s'élancent de nombreuses phalanges, impatientes de combattre sous les yeux de Votre Majesté. Ces jeunes Français n'ont qu'un désir, celui d'arriver dans les camps de Votre Majesté Impériale avant que tous les ennemis de la tranquillité de l'Europe n'aient disparu devant Votre Majesté.

« Le Sénat, Sire, pénétré de la nouvelle et si honorable marque de la bienveillance de Votre Majesté, vous présente l'hommage de l'admiration et de l'amour du grand peuple.

« Les trophées de votre gloire, ces témoins de la valeur des braves que dirige la puissance irrésistible de votre génie, vont orner le lieu de nos séances. Ils y attesteront à la postérité vos merveilleux triomphes, et la reconnaissance des Français. Il faudra bien des monuments, Sire, pour que l'histoire puisse rendre croyables les prodiges que vous opérez.

« Le Sénat tout entier voudrait aller vous exprimer tous les sentiments qui l'animent. Un devoir sacré peut seul le retenir loin de Votre Majesté. Son respect, son dévouement et ses vœux vous suivront partout où la gloire conduira vos légions victorieuses. »

On procède à la nomination des membres qui doivent former la députation chargée de porter cette adresse à Sa Majesté.

Le résultat du scrutin désigne pour membres de cette députation les sénateurs Colaud, l'un des secrétaires, Sainte-Suzanne, Monge et Garnier-Laboissière.

SÉNAT CONSERVATEUR.

PRÉSIDENCE DE SON ALTESSE IMPÉRIALE MONSEIGNEUR LE PRINCE JOSEPH, GRAND ÉLECTEUR.

Séance du 14 frimaire an XIV (jeudi 5 décembre 1805).

M. **Garnier-Laboissière**, au nom de la députation nommée dans la séance du 2 brumaire an XIV, pour porter à l'Empereur les remerciements du Sénat pour les 40 drapeaux dont Sa Majesté lui a fait don, s'exprime de la façon suivante (1) :

Sénateurs, nous nous sommes efforcés de remplir dignement l'honorable mission qui nous était confiée. Vos intentions et nos sentiments nous faisaient un égal devoir d'y apporter de la célérité ; mais la vitesse de la grande armée a dû nous donner une apparence de lenteur. Ce n'est qu'après treize jours de marche que nous avons pu atteindre le quartier général impérial, et il a été malaisé à vos envoyés d'arriver jusqu'auprès de notre monarque, tandis que nos ennemis le trouvaient partout.

Toutefois nous aurions pu croire à chaque instant que nous étions près des lieux occupés par Sa Majesté, si des rapports fidèles ne nous avaient garantis de l'erreur ; car, dans tous les pays que nous traversions, nous entendions encore les acclamations de peuples conquis ; et jusqu'à NAPOLÉON, ce n'était qu'en sa présence que les vaincus bénissaient leur vainqueur.

Mais le héros dont le génie s'écarte tellement des routes accoutumées, que peu s'en faut qu'il n'ôte à la guerre jusqu'à ses combats, ne pouvait rendre désastreux ses triomphes : c'est le sang versé qui irrite la vengeance, et si l'on entend des gémissements dans l'Autriche, ils n'accusent que ceux qu'elle appelait ses alliés, tandis que le conquérant est reçu comme un libérateur.

C'est à Linz que SA MAJESTÉ L'EMPEREUR ET ROI, par une bienveillance particulière, a admis à son audience votre députation le jour même de son arrivée, et peu d'heures après qu'elle en eut sollicité la faveur. L'adresse de remerciements et de félicitations que nous lui apportions de la part du Sénat a été accueillie avec bonté, et la réponse de Sa Majesté exprimait sa satisfaction.

Peut-être se complaisait-elle dans la pensée qu'elle recevait, à plus de deux cents lieues de sa capitale, au milieu de ses troupes victorieuses, quelques-uns des membres du premier corps de l'État, devant lequel elle avait dévoilé plusieurs de ses grandes pensées, et qu'elle pouvait ainsi leur montrer de près les hautes destinées qu'elle nous avait présagées, presque entièrement accomplies dans l'espace d'un mois.

Durant l'entretien que Sa Majesté daigna prolonger, elle nous parla avec simplicité des événements les plus mémorables, parce que le génie dit sans chaleur ce qu'il enfanta sans effort.

En nous entretenant du Sénat, nous dûmes voir sans surprise, et non sans un sentiment profond de satisfaction et de gratitude, qu'elle tournait souvent ses regards vers lui ; mais ce qui pouvait exciter notre étonnement, c'est qu'au milieu du fracas des camps, près d'arriver aux dernières limites des grands États qu'elle a conquis, elle songe à l'amélioration intérieure de la France,

(1) La députation était composée des sénateurs Colaud, Sainte-Suzanne, Monge et Garnier-Laboissière.

comme si elle parcourait les diverses parties de son Empire : le cours habituel de ses pensées n'en est pas même changé.

Lorsque, après avoir pris congé de Sa Majesté, nous avons parcouru de nouveau les pays que nos troupes avaient traversés, c'est alors surtout que nous avons pu saisir le caractère particulier qui, aux yeux de l'étranger, distingue nos armées. On ne songe pas à vanter leur courage : leurs actions en disent cent fois plus que la renommée ; mais on répète avec admiration que, dans une armée de toutes parts triomphante, la victoire n'a pas coûté une larme au citadin paisible, et que l'entrée des troupes françaises dans une ville conquise, diffère peu de celle d'un corps national qui viendrait y maintenir la tranquillité.

Nous aurions cru, sénateurs, n'avoir satisfait qu'en partie à vos intentions, si nous n'étions allés offrir à Sa Majesté l'Impératrice les hommages du Sénat ; l'accueil que vos envoyés ont reçu a été marqué chaque jour par les témoignages d'une bienveillance qui devrait leur être enviée, si ces bontés pouvaient être l'apanage d'un individu ; mais c'est au corps que nous avions l'honneur de représenter qu'elles étaient adressées, et c'est à lui que nous les rapportons, en le priant d'accueillir l'expression de notre reconnaissance pour avoir bien voulu, dans des circonstances si illustres, nous remettre le soin de lui servir d'organe.

TRIBUNAT.

PRÉSIDENCE DE M. FABRE (de l'Aude).

Séance publique et extraordinaire du 9 nivôse an XIV (lundi 30 décembre 1805).

Le procès-verbal de la séance du 4 vendémiaire est lu et adopté.

M. le **Président**. J'invite les membres de la députation, de retour de la grande armée, à vouloir bien se rendre dans une salle voisine pour y prendre et présenter au Tribunat les 70 drapeaux confiés par Sa Majesté, dont 54 sont destinés au Sénat, huit à la ville de Paris et huit au Tribunat.

La députation sort. Un instant après elle rentre avec les drapeaux. Ils sont portés par des officiers et soldats vétérans, précédés d'une musique guerrière. Les applaudissements retentissent de toutes parts ; les membres du Tribunat partagent cet enthousiasme, et les cris réitérés de Vive l'Empereur ! Vive la grande armée ! se font partout entendre.

M. le **Président**, au nom de la députation, rend le compte suivant de la mission dont le Tribunat l'avait chargé.

Messieurs, le 2 vendémiaire dernier, Sa Majesté l'Empereur et Roi voulut bien faire une communication au Tribunat, pour lui annoncer les projets hostiles de l'Autriche et de la Russie, et la violation par les armées autrichiennes du territoire de l'illustre et fidèle électeur de Bavière.

Confiante dans la foi des traités, Sa Majesté n'avait fait aucun préparatif pour une guerre continentale : ses troupes étaient, les unes éparses sur une surface immense, et les autres réunies au camp de Boulogne, pour l'expédition qu'elle préparait depuis longtemps contre l'Angleterre, expédition dont l'objet, bien connu de toute l'Europe, était de ramener la cour de Saint-James à l'exécution du traité d'Amiens, d'assurer l'indépendance des mers et la liberté du commerce de tous les peuples.

Le Tribunat répondit, le 4 vendémiaire, à la communication de Sa Majesté, en délibérant qu'il lui serait fait une adresse, pour lui exprimer l'indignation que ses fidèles sujets avaient éprouvée à la nouvelle des démarches hostiles de l'Autriche et de la Russie, la disposition où ils étaient de multiplier les actes du dévouement le plus étendu pour venger le trône et l'honneur national audacieusement outragés, abréger la guerre par des succès prompts et décisifs, et mettre Sa Majesté en état de dicter à ses ennemis une paix solide et durable.

Les événements mémorables qui se sont passés depuis ont jeté la terreur parmi les ennemis de la France, et rempli le monde entier de la gloire du grand Napoléon. Quelques jours lui ont suffi pour rassembler ses troupes, pour détruire ou faire prisonnières des armées innombrables, rétablir sur son trône l'électeur de Bavière, et conquérir de vastes États sur la maison d'Autriche.

Ainsi, le vœu que vous aviez exprimé au nom du peuple français, pour que la guerre fût abrégée par des succès prompts et décisifs, a été rempli au delà de ses espérances, même avant que nous ayons pu le porter aux pieds de Sa Majesté.

Dès le 10 vendémiaire, votre députation était partie pour Strasbourg, où elle avait l'espérance de trouver l'Empereur ; mais Sa Majesté était déjà à la tête de son armée.

Instruite de l'arrivée de la députation à Strasbourg, elle la fit inviter, par le ministre secrétaire d'État, à attendre que le quartier général fût devenu plus fixe.

Pendant le temps que la députation resta à Strasbourg, les membres qui la composent furent admis chaque jour à faire leur cour à l'Impératrice ; ils sentirent et partagèrent vivement ses sollicitudes et sa joie pendant les premières opérations et après les premiers succès de la grande armée. Tous les Français savent qu'il est impossible de réunir à autant de grâces autant de bonté et de sensibilité, que la digne compagne du grand Napoléon : la ville de Strasbourg lui avait déjà donné le surnom de bien-aimée : notre reconnaissance a trouvé bien doux de le confirmer.

Après la capitulation de l'armée autrichienne à Ulm, la députation fut autorisée à se rendre à Augsbourg, et ensuite à Munich, en vertu d'une lettre que le ministre des relations extérieures fut chargé de lui écrire ; l'Empereur en était parti depuis quelques jours ; la députation le suivit de près à Braunn et jusqu'à Lintz, capitale de la Haute-Autriche,

Pendant qu'elle se rendait dans cette dernière ville, l'Empereur la quittait pour se porter sur Vienne.

Mais avant son départ, Sa Majesté chargea le ministre secrétaire d'État d'écrire à la députation (qu'on croyait encore à Munich), qu'elle était satisfaite de la démarche du Tribunat et des sentiments que ce corps avait exprimés par l'organe de son président et de sa députation ; que la marche rapide des troupes s'opposait à ce que la députation se rendît de Munich au quartier général ; que la distance serait bientôt de 80 lieues ; que la saison était très-rigoureuse, les communications difficiles et presque impraticables pour douze magistrats voyageant en poste à la suite d'une grande armée, dont le service exige impérieusement et absorbe tous les moyens de transports.

Mais que Sa Majesté désirait que la députation emportât une preuve de son estime et de son affection pour le Tribunat ; qu'elle confiait à la

députation le dépôt des trophées recueillis par la grande armée, qu'elle l'autorisait à prendre à Munich les drapeaux réunis dans la galerie du palais qu'elle avait habité; que ces enseignes arrachées aux ennemis de l'Etat seraient montrées à la France par la députation, qui, dans le voyage qu'elle venait de terminer, avait eu l'avantage d'être la première à apprendre les victoires dont elles sont les glorieux fruits; qu'elles orneraient le palais du Sénat; qu'elles décoreraient la salle des délibérations du Tribunat, et qu'elles perpétueraient le souvenir de ces triomphes, par lesquels ont été comblés les vœux que le Tribunat n'a cessé de former pour la gloire de l'Empereur et la prospérité de la patrie.

Pour remplir la nouvelle mission contenue dans cette lettre, la députation revint à Munich; M. le baron de Deux-Ponts, accompagné de la garde de S. A. électorale, lui remit solennellement les drapeaux qu'elle devait porter à Paris.

Il en fut dressé un procès-verbal, qui fait partie des pièces justificatives du rapport que j'ai l'honneur de vous faire.

Avant de quitter Munich, vos députés crurent devoir remercier Sa Majesté de la mission honorable qu'elle venait de leur donner, et de la touchante sollicitude qu'elle avait manifestée sur les difficultés qui les avaient empêchés de parvenir jusqu'à elle; ils lui envoyèrent en même temps l'adresse du Tribunat du 5 vendémiaire dernier, l'arrêté de la veille en vertu duquel elle avait été faite et le procès-verbal contenant leur nomination.

Après avoir ainsi rempli ce qu'elle devait à l'Empereur et au Tribunat, la députation revint en France, et arriva à Paris le 7 frimaire, après un voyage de cinquante-sept jours.

La lettre du ministre secrétaire d'Etat, du 18 brumaire, constatait la mission donnée à la députation de retirer les soixante-dix drapeaux déposés dans le palais électoral de Munich, et de les porter à Paris.

Mais Sa Majesté n'avait pas encore décidé ni en quel nombre ni de quelle manière ils seraient remis aux autorités dont ils devraient décorer la salle des délibérations.

Le prince Joseph voulut bien solliciter auprès de l'Empereur cette décision.

Elle porte que les drapeaux qui ont été confiés à la députation du Tribunat seront distribués de la manière suivante :

Huit à la commune de Paris, c'est-à-dire ceux qui ont été pris au combat de Wertingen ;

Huit qui resteront au Tribunat ;

Cinquante-quatre qui seront portés au Sénat.

C'est le Tribunat en corps qui doit, le 1ᵉʳ janvier, apporter au Sénat les drapeaux qui lui sont destinés, et arrêter, pour la partie qui le concerne, le programme de cérémonie du transport.

Quant à ceux qui sont destinés à la commune de Paris, la députation du Tribunat doit en faire la remise le jour qui sera jugé convenable ; le préfet convoquera pour cette solennité les maires, le conseil général faisant les fonctions de conseil municipal, et tous les fonctionnaires publics qu'il est d'usage de réunir dans les occasions d'apparat.

Messieurs, la députation vient de vous rendre un compte exact des faits et des pièces relatifs à la mission dont vous l'aviez chargée.

Maintenant, si l'on demande et ce qu'elle a vu à la grande armée, et ce que mille témoins oculaires lui en ont raconté, elle dira qu'à aucune

époque de la Révolution, les conscrits n'ont montré un empressement égal à celui dont ils sont animés. Nous en avons rencontré dans les routes allant à marches forcées au son des instruments; d'autres, plus favorisés de la fortune, courant la poste pour atteindre l'armée; tous ne manifestaient qu'une crainte, celle de n'être pas à temps à combattre et à signaler par des actions d'éclat leur dévouement pour la patrie et pour le héros qui couvre d'illustration et de gloire le nom français.

La députation vous attestera encore le bon ordre, la belle tenue et l'exacte discipline de nos troupes, leur respect pour les personnes et les propriétés des alliés et des vaincus. Une bonne partie de nos soldats a reçu une éducation soignée; ils aiment à montrer des sentiments généreux, et tous tiennent à honneur d'imiter sous ce rapport, comme sous celui du courage, leurs officiers et leurs généraux.

Aussi remarque-t-on une grande différence entre les pays qu'ils ont parcourus et ceux où les Russes ont pénétré.

Dans ces derniers pays, nous avons été saisis d'horreur en voyant des villages entiers tout à fait déserts, et dont les édifices avaient été la proie des flammes.

Les habitants de ces malheureuses contrées n'y ont reparu que lorsqu'ils ont appris que la grande armée en était la maîtresse, et nous les avons entendus, d'un côté, accuser amèrement leur Empereur d'avoir introduit dans ses Etats les barbares du Nord, et de l'autre, combler de bénédictions le vainqueur généreux qui les avait délivrés de ces féroces alliés.

Enfin la santé de nos troupes, bien loin de s'affaiblir par les grandes manœuvres et les marches forcées, s'est affermie et corroborée à tel point, qu'on n'y voit pas à beaucoup près le même nombre de malades qu'on trouve, proportion gardée, dans nos cités les plus salubres.

Combien la députation se félicite d'avoir pu vous rendre, Messieurs, un compte aussi satisfaisant ! En voyant tant de miracles opérés par le génie de l'Empereur, tant d'habileté et de présence d'esprit dans les généraux, tant de bravoure et de discipline parmi les officiers et les soldats, on ne peut se défendre d'un sentiment profond d'admiration et de reconnaissance.

C'est à vous, Messieurs, qui, par la nature de vos fonctions, pouvez exprimer constitutionnellement le vœu du peuple français, à être ses organes dans les circonstances actuelles.

Vous avez aussi à remercier le vainqueur des magnifiques présents dont il veut bien décorer la salle de vos délibérations.

Par le don de ces enseignes, il a voulu en quelque sorte nous associer aux triomphes de la grande armée, et consacrer cette union intime entre les pouvoirs militaires et civils qui constituent la force et assurent la perpétuité des empires.

La lecture de ce rapport est suivie des plus vifs applaudissements et des acclamations réitérées de *Vive l'Empereur et Roi ! Vive la grande Armée !*

Le Tribunat ordonne l'impression du compte rendu fait par M. le président.

Jard-Panvilliers. Messieurs, trois mois se sont à peine écoulés depuis que, pénétrés d'indignation par l'agression aussi injuste qu'impolitique de l'empereur d'Autriche contre la France, nous présagions les malheurs que cette guerre allait attirer sur les peuples soumis à sa domination.

Notre confiance dans le génie du grand homme qui nous gouverne, et l'expérience que nous avons de la valeur des soldats français, ne nous permettaient pas de douter que cette imprudence ne reçût tôt ou tard une juste punition : mais aucun de nous ne pouvait prévoir qu'elle serait aussi terrible ni aussi prompte: Il n'appartenait qu'au héros qui avait la conscience de son habileté et du parti qu'il pouvait tirer de l'ardeur de ses braves, d'en calculer d'avance tous les événements. Il paraît, en effet, qu'il avait réglé sa marche victorieuse vers la capitale de l'Autriche, comme un voyageur aurait réglé son itinéraire en temps de paix, et s'il s'est trouvé quelque inexactitude dans ses prédictions, il ne faut l'attribuer qu'à une rapidité d'exécution plus grande que son génie même n'avait cru devoir l'espérer.

Qui parlera jamais dignement de si hauts faits? qui pourra les rendre vraisemblables aux yeux de la postérité, quand l'histoire de tous les temps qui les ont précédés n'en offre point qui puissent leur être comparés, quand nous-mêmes, qui en sommes les contemporains et les témoins presque oculaires, craignons, pour ainsi dire, de nous livrer à des illusions trop flatteuses, lorsque nous en lisons le récit fidèle?

Comment concevoir, en effet, qu'une armée de 80,000 hommes qui avait pris tout le temps qu'elle avait jugé nécessaire pour faire ses préparatifs contre une puissance généreuse et sans défiance, qu'une armée si nombreuse, qui s'était avancée jusque sur nos frontières, et s'était emparée des dispositions les plus formidables, serait prise, dispersée ou réduite en moins de quarante jours, et qu'en moins de deux mois, le monarque agresseur serait chassé de ses Etats, et verrait ses propres alliés forcés de l'abandonner et d'implorer pour eux-mêmes la clémence du vainqueur?

De pareils événements n'entrent point dans les chances ordinaires de la guerre : ils ne peuvent être que le résultat des conceptions d'un esprit surnaturel et d'une valeur sans exemple. Heureuse la nation qui peut se glorifier d'avoir pour chef et pour défenseurs des hommes capables d'opérer tant de prodiges !

Toutefois, Messieurs, nous avons à nous féliciter d'être les dépositaires d'une portion des monuments de leurs exploits, et de compter parmi nos membres un des braves qui, par leur courage, ont puissamment contribué à conquérir ces gages honorables de nos triomphes.

L'histoire qui racontera la journée à jamais mémorable de la prise d'Ulm, où près de quarante mille Autrichiens ont mis bas les armes devant notre Empereur, ne se taira point sur les combats glorieux qui l'ont précédée, à Wertingen, à Gunsburg et à Memmingen. Elle ne passera point sous silence l'affaire brillante d'Albeck, où six mille Français, cernés par vingt-cinq mille Autrichiens, opposèrent partout une résistance victorieuse, firent quinze cents prisonniers, enlevèrent plusieurs des drapeaux qui sont sous vos yeux, et préludèrent ainsi à la grande journée dont ils sont principalement le fruit; comme peu de jours après, les mêmes braves, en plus petit nombre encore, attaqués à Diernstein par trente mille Russes, firent mettre bas les armes à une grande partie de cette armée, s'emparèrent de ses drapeaux et préludèrent de même à la victoire européenne d'Austerlitz.

Qu'ils sont honorables pour les vainqueurs, les drapeaux enlevés avec tant de bravoure! qu'il est précieux pour nous, le témoignage d'estime et de satisfaction de Sa Majesté l'Empereur qui nous permet d'en décorer la salle de nos délibérations !

Sans doute l'aspect de ces glorieux trophées n'augmentera pas le sentiment d'admiration dont nous sommes déjà pénétrés pour le génie qui a conçu les savantes manœuvres dont ils sont le fruit, et pour les braves qui les ont si vaillamment exécutées : la faculté de sentir, comme toutes les autres facultés physiques et morales, a des bornes, il n'y a que la valeur de nos guerriers à laquelle on n'en connaisse pas encore ; mais il élèvera nos âmes, il y entretiendra le désir de suivre l'exemple de la grande armée dans l'accomplissement de nos devoirs, et de seconder les conceptions législatives de notre Empereur avec le même zèle et la même distinction qu'elle a secondé ses conceptions militaires.

Au degré de gloire où la nation française se trouve maintenant élevée, rien de ce qui ne porte pas un caractère éminent de sagesse et de grandeur ne peut être toléré dans sa législation, ni dans aucune partie de son système politique intérieur ou extérieur. Tout doit en être harmonie avec l'élévation du génie qui la gouverne. C'est un principe que nous ne devons jamais perdre de vue. Tous nos efforts doivent tendre à remplir dignement la tâche qu'il nous impose dans les attributions que les Constitutions de l'Empire nous ont déléguées. Nous ne devons faire ni adopter aucune proposition, nous ne devons former ni émettre aucun vœu, pas même celui de la paix que nous désirons si ardemment pour le bonheur de l'humanité, qui ne soit d'accord avec ce principe.

Ah ! oui, sans doute, au sentiment d'orgueil national que nous inspire la vue de ces drapeaux conquis par la valeur de nos guerriers, se mêle aussi l'espérance consolante d'une paix prochaine, et nous ne pouvons douter qu'elle ne soit digne du grand peuple et du héros qui seul a le droit d'en dicter les conditions. Mais si, par des prétentions exagérées, si, dans l'espoir d'abuser de la générosité du vainqueur, nos ennemis refusaient de souscrire aux conditions justes et modérées que sa magnanimité n'a cessé de leur offrir, nous invoquerions de nouveau le Dieu des combats, et le peuple français tout entier répondrait à cet appel; car ce serait trahir ses propres intérêts, ce serait trahir les intérêts de l'Europe, que de faire le sacrifice de tous les avantages que nous a donnés la victoire, et de ne pas exiger des garanties contre le succès des nouvelles intrigues et des corruptions de la part des insulaires ennemis du repos du continent.

Mais écartons ces suppositions affligeantes pour l'humanité. Livrons-nous sans réserve aux sentiments de reconnaissance, d'amour et d'admiration dont nous sommes pénétrés pour le sauveur de la France !

Quoi de plus propre à exalter ces sentiments, que la réponse honorable que Sa Majesté daigne faire à l'expression de nos vœux pour le succès de ses armes ? Ce ne sont point seulement des paroles obligeantes comme de la bonté si naturelle aux grandes âmes ne leur permet pas souvent de refuser à la manifestation de quelques intentions louables; ce sont des monuments durables de sa satisfaction comme de sa gloire; c'est, pour ainsi dire, une part que Sa Majesté daigne nous accorder dans les triomphes de la grande armée. Qu'ils soient religieusement conservés dans cette enceinte dont ils seront le plus bel ornement. Qu'ils soient autant un nouveau sujet d'émulation pour acquérir quelques titres à la gloire; et si jamais le Tribunat avait à justifier de son zèle et de ses services pour le bien public, nous di rions : *Voilà le don que lui fit le* GRAND NAPOLÉON.

Messieurs, je demande que le Tribunat arrête :

1° Qu'il sera procédé sur-le-champ à l'inauguration des drapeaux qui lui sont donnés par S. M. l'Empereur et Roi ;

2° Qu'il soit nommé une commission pour lui présenter, séance tenante, un projet d'adresse ayant pour objet d'exprimer à Sa Majesté la reconnaissance dont le Tribunat est pénétré pour le témoignage de satisfaction qu'elle a daigné lui donner en lui envoyant ces drapeaux ;

3° Que le Tribunat en corps se rendra mercredi prochain, premier janvier 1806, au Sénat, pour lui remettre les cinquante-quatre drapeaux qui lui sont destinés par S. M. l'Empereur et Roi ;

4° Que la commission, qui va être chargée de présenter un projet d'adresse à Sa Majesté, sera également chargée de lui présenter aussi, séance tenante, un projet de programme de la cérémonie relative au transport des drapeaux au Sénat ;

5° Qu'il charge la députation qui avait été envoyée par S. M. l'Empereur et Roi, de porter dimanche prochain, 5 janvier 1806, à la préfecture du département de la Seine, les huit drapeaux pris au combat de Wertingen par S. A. S. le prince Murat, gouverneur de Paris, et que Sa Majesté a bien voulu donner à cette ville, en témoignage de son affection particulière.

Challan. Messieurs, la vue des drapeaux dont la bienveillance de S. M. l'Empereur et Roi a chargé votre députation, le souvenir des événements qui ont précédé et suivi la mission que vous lui avez confiée, ou qui ont eu lieu pendant son cours, imposent aux membres qui en ont fait partie l'obligation de vous faire connaître les diverses affections dont ils ont été émus, en traversant un pays immense tout rempli de la gloire de Napoléon le grand.

M. le Président, dans le compte qu'il a rendu, vous a transmis les actes officiels et les traits d'héroïsme dont nous avions été les témoins ou que nous avons recueillis les premiers; mais comme une foule de circonstances ne sont pas toujours observées par les mêmes personnes, et qu'aucune n'est indifférente lorsqu'il s'agit d'un héros qui veut que vous n'ignoriez rien de ce qui intéresse la nation, j'ai pensé que vous m'accorderiez votre indulgence et votre attention.

Ne vous entretiendrai cependant pas, mes collègues, que je suive avec vous ces marches étonnantes, qui, de l'aspect des côtes d'Angleterre, ont fait franchir aux troupes le Rhin et le Danube avec la rapidité de l'éclair : d'autres, mieux que moi, vous exprimeront le génie de l'Empereur a imprimé de grand à cette immortelle campagne.

Je vous avouerai même qu'en voyant ces champs dont la terre foulée par les hommes, sillonnée par les machines de guerre, offrait encore l'image des combats, en entrant dans ces cités dont les murs ébranlés attestaient l'attaque et la résistance, je fus plus étonné de la sécurité des habitants que de l'éclat des victoires.

Elles sont cependant dues à des manœuvres savantes et à des méditations plus qu'humaines ; mais au milieu de la mêlée, prévenir le massacre des vaincus, préserver des fléaux de la guerre l'utile laboureur et le citoyen paisible, me parut être l'œuvre d'une âme céleste qui, comme la divinité, ne la~~ la foudre que sur~~ coupables.

Au~~ ... ient ou-~~
hl~~ ... ... de S.~~
~~le~~
~~.~~

Des proclamations écrites dans deux langues annonçaient partout cette volonté bienfaisante ; quelques officiers suffisaient pour la rappeler aux soldats (ils ne sont terribles que dans le combat); une police sévère la faisait respecter de ceux qui, dans tous les pays, font un métier de fuir et de piller. Le dirai-je, Messieurs? les prisonniers ne montraient aucune tristesse : un grand nombre d'entre eux avaient déjà été retenus en France, et le souvenir de leur séjour rassurait les plus timides ; de sorte, mes collègues, que ces drapeaux, en annonçant à ceux qui assisteront à vos séances, les conquêtes que Sa Majesté a faites par les armes, rappelleront en même temps celles qu'il a faites par l'affection.

Si votre députation a entendu quelques gémissements, aperçu des pays incendiés, des habitations désertes, le croirez-vous, cette barbarie était l'ouvrage des alliés de l'Autriche, de ces hordes aussi funestes lors de leur arrivée que cruelles lors de leur départ.

Cependant ce ministre qui les avait appelées du fond du Nord, qui avait dédaigné les conseils des hommes sages, des militaires expérimentés, qui avait donné sa confiance à un homme que des défaites et une honteuse fuite avaient signalé depuis longtemps au mépris, ne connaissait ni sa force ni son impuissance.

Content d'abandonner Vienne à la discrétion du vainqueur, il essaya inutilement de rallier les restes d'une armée en déroute ; de nouveaux renforts ne peuvent le soutenir ; la masse des Russes, qui devait tout renverser par son poids, et elle-même rompue, divisée ; des marais que la glace semble avoir rendus praticables leur donnent en vain l'espoir de la retraite : bientôt ces malheureuses victimes, dont l'Anglais avait payé la vie avec un peu d'or, sont englouties sous les eaux.

Messieurs, en vous parlant de la victoire d'Austerlitz, dont la nouvelle est arrivée à Paris presque en même temps que ces drapeaux, de cette victoire qui a sauvé l'Europe de l'invasion des barbares, je me sens pressé par le sentiment qui vous anime tous pour celui de nos collègues qui, avec tant de braves, a eu le bonheur, dans cette mémorable journée, de combattre sous les yeux de l'Empereur. Sa Majesté me pardonnera, je l'espère, d'avoir suspendu un instant votre admiration en faveur de l'amitié. Le tribun, général Sahuc, avait également combattu à Ulm : jugez, mes collègues, combien il sera flatteur pour lui, combien il sera heureux pour nous de pouvoir dire en contemplant le trophée de ces enseignes : Il est le témoignage des bontés de Napoléon le grand pour le Tribunat et pour chacun de ses membres !

Au sein des plaisirs, au milieu d'une capitale, on se dissimule quelquefois des dangers qui semblent ne devoir menacer que les frontières (l'Autriche en fait aujourd'hui la triste expérience); quelquefois aussi, égaré par l'imagination, on ajoute à la crainte des revers.

L'aspect du théâtre de la guerre fait naître d'autres pensées.

Il imprime d'abord le sentiment de la reconnaissance la plus profonde pour le génie qui sut l'éloigner de son Empire, en portant au loin l'action de ses armes, en triomphant au milieu même des États de ceux qui, au mépris des traités, recommençaient la guerre,

Il apprend ensuite combien il importe de conserver l'attitude imposante qui convient à une grande nation, assez heureuse pour avoir un chef plus grand encore.

Je sais que dans le cœur de Napoléon un nouveau succès est toujours un nouveau motif pour accorder la paix ; mais il n'en est pas moins du devoir des magistrats spécialement chargés d'exprimer les vœux de la nation, de faire connaître à S. M. l'Empereur et Roi que la conduite passée des ennemis l'a éclairée sur ses vrais intérêts, qu'elle conjure Sa Majesté, trop généreuse peut-être, d'user des droits de la victoire; et que chacune de ses acclamations et un acte de dévouement.

Vous partagez cet enthousiasme, princes de l'Allemagne qui avez trouvé dans le cœur d'un héros les sentiments d'un bienfaiteur, et la voix de vos peuples s'unit à celle du peuple français. Les membres de la députation, mes collègues, ont entendu un prince recommandable par de rares qualités manifester son inviolable attachement pour l'Empereur et Roi qui l'avait rendu à ses États.

Des bords du Danube aux portes de Paris, les souverains, le peuple et l'armée n'ont donc qu'un même désir. La jeunesse, pleine d'ardeur, écoute avidement le récit des hauts faits d'armes que raconte le soldat contraint de rentrer dans ses foyers par une honorable blessure ; il échauffe ceux qui n'ont point encore couru le hasard des combats, et chasse de leur cœur toute crainte ; il ne leur reste que celle de n'avoir plus de lauriers à cueillir.

Rassurez-vous, jeunesse intéressante, votre empressement aussi est utile à la patrie ; d'ailleurs ne vous reste-t-il pas à punir et le farouche insulaire, et ces puissances haineuses qui se sont mises à sa discrétion ?

Se seraient-ils flattés que la diversion, occasionnée par de perfides trames, ferait autre chose que de retarder leur ruine ?

Espérance fondée sur le crime, vous serez encore déçue ; les bataillons de Boulogne, illustrés par tant d'actions surprenantes, sauront la dissiper.

Peut-être même que l'insidieuse politique de cette nouvelle Carthage accélérera sa perte : il ne serait pas étonnant que les rois du Nord rapprochés de nous par le malheur, que dis-je! par la magnanimité du vainqueur, ne reconnussent qu'il est de leur intérêt d'abandonner à lui-même un gouvernement qui, dans tous les temps, a trompé ses amis et dépouillé ses alliés.

Alors les chefs des nations proclamant de concert l'indépendance des pavillons, on verrait enfin le tyran des mers disparaître, et peut-être forcé de cacher sa honte sous un autre hémisphère.

Messieurs, le marbre et le bronze peuvent transmettre à la postérité ce que la renommée publie du génie et de la puissance de l'Empereur ; mais le marbre et le bronze dureront moins que l'amour des peuples : c'est sur cet amour que Napoléon fonde principalement son empire et sa gloire.

Voyez-le essuyer les larmes des familles que le sort des armes fait gémir : ce n'est plus le dieu de la guerre, c'est un père qui console, c'est un roi qui récompense.

Les veuves des braves morts au champ d'Austerlitz n'éprouveront point les rigueurs de la misère ; leurs enfants ne seront point orphelins ; le nom immortel de Napoléon leur sera imposé par la loi bienfaisante de l'adoption.

Ainsi, le cœur de celui qui balance dans ses mains les destinées de l'univers, qui sait allier les lois de l'honneur aux calculs de l'utilité, qui sait préparer des armes pendant la paix, et jeter les fondements du bonheur pour la postérité, sait encore s'occuper des malheureux.

Messieurs, un tel prince n'eut point de modèle dans l'antiquité, ni d'égaux parmi les modernes.

Les monuments anciens, les usages des derniers siècles ne peuvent donc suffire à la composition de celui que la génération présente voudrait élever à la gloire de S. M. l'Empereur et Roi : leur réunion même exprimerait faiblement ce que l'Empire, l'Église, l'armée, la justice, l'instruction et l'industrie doivent à ses hautes conceptions.

Toutefois, en indiquant la difficulté, je suis loin de penser qu'on ne puisse la vaincre ; je suis loin de vouloir affaiblir l'enthousiasme qui se manifeste dans tous les corps et dans tous les rangs des citoyens : je le partage, au contraire, mes collègues, et si vos pensées ne m'étaient connues, j'essayerais aussi d'offrir ma couronne ; peut-être me sera-t-il permis un jour, lorsque les arts s'empareront du programme, de joindre mon offrande au vœu que le Tribunat doit émettre comme organe de l'amour national.

A ce vœu vous unirez, sans doute, des actions de grâces particulières et personnelles.

S. M. l'Empereur et Roi, en daignant confier à votre députation ces enseignes de l'armée vaincue, en chargeant le corps entier de les montrer au peuple, de les porter au Sénat, a donné non-seulement un témoignage de bienveillance au Tribunat, mais elle a encore proclamé les principes d'union qui, pour le bien de son service, doivent exister entre tous les citoyens. Cette manifestation ajoute un motif de plus à la reconnaissance du Tribunat, puisqu'elle le met à portée de payer à l'armée un tribut mérité, d'offrir au Sénat un hommage respectueux, et de répéter à la capitale de l'Empire les expressions affectueuses dont Sa Majesté s'est servie en parlant de sa bonne ville de Paris.

Notre collègue Jard-Panvilliers a proposé une adresse à S. M. l'Empereur et Roi, pour le remercier de tant de bontés : je me joins à lui pour que le Tribunat porte au pied de son trône l'hommage de son dévouement, de son respect et de sa reconnaissance.

Grenier. Messieurs, quel est celui de nous qui oserait s'imposer la tâche de raconter dignement les merveilles qui viennent d'étonner le monde ?

Lorsque le plus célèbre orateur de l'antiquité tonnait contre l'indifférence de ses concitoyens sur les progrès de leur ennemi, alarmants surtout par leur rapidité, il leur disait que ses récits emportaient plus de temps que Philippe n'en mettait à prendre des villes et à gagner des batailles.

Pour que cette fiction oratoire pût devenir une réalité, il fallait arriver à une époque féconde en prodiges qui n'obtiendront la croyance des générations les plus reculées que parce que l'histoire les leur transmettra avec tous les caractères de la vérité.

Mais si l'esprit devait s'effrayer devant la grandeur des objets qu'il voudrait peindre, il n'en est pas de même du cœur qui exprime ses sentiments d'amour et de reconnaissance.

Ma pensée se porte en ce moment sur ce que Sa Majesté l'Empereur et Roi, même au milieu de ses nouveaux triomphes, a daigné faire pour le Tribunat.

La garde des trophées de ses victoires, dont elle a voulu honorer notre députation, pour les remettre au premier corps de l'État et à la municipalité de Paris, était déjà pour nous tous une marque précieuse de sa confiance. L'ordre que Sa Majesté a donné ensuite de déposer une partie de ces mêmes trophées dans cette enceinte, a été pour le Tribunat un trait signalé de sa bienfaisance.

postérité qui goûtera pleinement les fruits de ce mémorable avénement, sans rien éprouver de ce qu'il nous en a coûté de soins et de constance pour le mûrir, le conduire à son terme et lui en transmettre la douce et imperturbable jouissance !

Le fête solennelle qui nous rassemble reçoit un nouveau degré d'intérêt de ces réflexions patriotiques.

Il s'agit de l'inauguration d'une partie des drapeaux enlevés à nos ennemis au premier moment où l'Empereur a pu les atteindre et en purger nos frontières, après avoir fait retomber sur eux les maux que nous préparait leur déloyale agression ; drapeaux qui, grâce à la munificence de ce prince adoré, feront désormais le plus bel ornement de nos séances.

Ces drapeaux, mémoriaux assidus de toutes les grandes actions qui ont illustré sa carrière militaire, la seule que nous devions considérer dans ce moment, nous rappelleront ces belles campagnes de l'an IV et de l'an V, dans lesquelles, simple général, il marqua par une victoire chacun de ses pas dans l'Italie ; détruisit, dans l'espace de quelques mois, cinq armées ennemies ; réduisit la superbe *Mantoue* à implorer sa clémence, et cinq grands potentats coalisés contre nous à demander la paix ; effaça par ses talents, ses exploits, son activité, la gloire d'*Annibal* dans les mêmes lieux qui avaient fait sa renommée, et mérita d'être placé auprès de *Scipion*, par sa sagesse, sa modération, sa générosité.

Ils ne peuvent nous rien rappeler des deux années qui suivent tant de gloire.

La fortune jalouse, ou le mauvais génie de la France, l'occupèrent loin d'elle dans cette Égypte, jadis si éclairée, si florissante, si renommée par la sagesse de ses lois, aujourd'hui si abrutie, si dégradée, si désolée par les brigands qui la dépècent alternativement, et s'en partagent les misérables dépouilles.

Mais, là même, la grande âme de Bonaparte, toujours active, toujours ouverte au cri de l'humanité, aurait commencé une restauration qui aurait annoncé à cette mère patrie des mœurs, des sciences et des arts, le retour de ses antique splendeur, si son cœur tout français lui eût permis de l'achever, s'il eût pu se résoudre à voir d'un œil indifférent la France prête à tomber dans l'abîme que l'anarchie dévorante lui avait creusé.

Un nouvel ordre de choses va naître.

Je ne rouvrirai pas les plaies de ma patrie par le douloureux souvenir d'une de ses plus déplorables crises.

Bonaparte, instruit de son danger, traverse, avec la rapidité de l'éclair, les mers qui le séparent de cette terre chérie, quoique couvertes de vaisseaux ennemis : il touche nos côtes, et soudain l'espoir et la confiance renaissent dans tous les cœurs ; son nom seul atterre la malveillance ; le 18 brumaire luit ; il se forme, sous l'égide de sa seule réputation, un ralliement de tout ce qui restait au gouvernement de la France d'hommes forts et généreux : la Révolution reprend le caractère qu'elle n'aurait jamais dû perdre : ses principes primitifs sont proclamés et remis en honneur, une nouvelle Constitution les conserve ; l'acte en est présenté au peuple français qui l'accepte avec transport, et place Bonaparte à la tête de son Gouvernement.

Cependant une nouvelle coalition avait mis à profit son absence.

Ici, j'interroge ces drapeaux, et ils ramènent ma pensée à la glorieuse campagne de l'an VIII, et, avec une application plus particulière, au camp de *Marengo*, où le sort de l'Italie et des armées ennemies parut et aurait dû être définitivement décidé.

Mais d'un côté, l'ambition démesurée du cabinet de Saint-James, de l'autre la soif insatiable de l'or qu'elle a provoquée et promis d'assouvir dans quelques cabinets du Nord accessibles à cette ignominieuse cupidité, ont suscité de nouveaux orages.

Bonaparte, élevé au trône impérial, devait mettre un terme aux insolentes prétentions du gouvernement insulaire qui se jouait impunément des traités les plus sacrés. Il avait épuisé toutes les tentatives de conciliation que sa modération et son désir de la paix pouvaient permettre à sa dignité et aux intérêts de son peuple. Il était temps de mettre un mors à l'indomptable chimère de ce gouvernement sans foi sur l'empire exclusif et tyrannique des mers.

La foudre était au moment d'éclater : une diversion salutaire peut seule alors la suspendre : la perfidie et l'avarice se donnent la main pour l'opérer ; les États de l'électeur de Bavière, notre fidèle allié, sont envahis ; nos frontières menacées de l'irruption d'une horde de barbares descendants de ces Vandales, Huns et Sarmates qui infestèrent l'Europe dans le déclin de l'Empire romain. Il n'y avait pas un moment à perdre, pour garantir la France et l'Italie des horreurs d'une pareille irruption. Mais Napoléon était là. Quelques jours lui suffirent pour faire passer, comme par enchantement, une armée entière des bords de la Manche à la rive droite du Rhin. Il y surprend l'armée ennemie : il pouvait la tailler en pièces par des moyens trop savants pour les généraux qu'il avait en tête ; mais son génie humain éloigne ces ressources. Avare du sang des hommes, il se contente de faire poser les armes à ceux qu'il pouvait détruire, et peu de jours après le passage du Rhin, la journée d'Ulm anéantit ou disperse une armée de 100,000 hommes, dont nous voyons flotter les drapeaux dans cette enceinte.

Vous savez, Messieurs, tout ce qui a suivi cette brillante journée, et les prodiges de valeur comme qui se sont succédé depuis, jusqu'à la victoire décisive d'Austerlitz, sont tous présents à vos esprits. Ils sont trop récents et trop intéressants pour que leur impression ait rien perdu de sa vivacité ; je n'entreprendrai donc pas de vous les retracer, je craindrais d'en affaiblir le tableau.

Mais ce qui doit surtout intéresser de bons Français, c'est l'enthousiasme qu'ont produit dans toutes nos armées la présence de l'Empereur, la sûreté de ses plans, l'abandon de sa personne à toutes les rigueurs d'une âpre et rude saison, à toutes les fatigues, à toutes les plus grandes privations des soldats, la sollicitude paternelle qu'il n'a cessé de montrer pour leurs besoins et leurs soulagements, le partage qu'il a fait entre eux tous, sans autre distinction que celle du grade, de la contribution des 100 millions à lever sur l'Autriche, la Moravie et les autres provinces de la maison d'Autriche occupées par l'armée française ; les pensions assurées aux veuves de tous les militaires morts à la bataille d'Austerlitz, l'adoption de tous leurs enfants et l'engagement de les entretenir, élever et doter, le tout encore sans autre distinction que celle du grade ; son humanité et sa générosité héroïque pour les vaincus, sa sévérité pour toute atteinte à leur repos et à leurs propriétés.

tages et signalé le même génie, la même valeur!

Mais il est surtout un point essentiel, et qui caractérise bien éminemment toutes les opérations militaires dont l'Europe étonnée vient d'être le témoin... Quelle est donc cette nouvelle tactique, inconnue ou négligée jusqu'ici, et qui fait autant d'honneur au génie qu'aux sentiments philanthropiques du héros qui nous gouverne? D'autres capitaines avaient connu l'art des retranchements, la combinaison de ces marches savantes qui trompent habilement l'ennemi, l'enveloppent à son insu et le font tomber dans le piége inévitable que son adresse avait cru tendre à d'autres; mais où retrouverons-nous cette attention scrupuleuse à ménager constamment le sang de ses soldats; à adopter, de tous les plans, non pas celui dont il obtiendra le plus de gloire, mais celui qui épargnera le plus de larmes à l'humanité! On les a recueillies, et l'histoire les conservera à nos derniers neveux, ces paroles mémorables de l'Empereur des Français, lorsqu'à l'aspect d'une position où l'ennemi s'était retranché avantageusement, il s'écria : *Non, il y faut renoncer; il en coûterait trop de sang!!!*

Suivons-le un instant sur le champ de bataille, après cette fameuse journée d'Austerlitz, qui fera à jamais l'admiration comme le désespoir des généraux de tous les temps. Qui de nous ne sera pas attendri de son empressement, de sa sollicitude pour les blessés? et qui devons-nous le plus admirer, ou du soldat consolé, guéri déjà par un mot, un seul mot de satisfaction de son Empereur, ou de l'Empereur versant des larmes sur les blessures de ce brave soldat, et ne marchant à de nouveaux succès que pour tarir plus promptement les larmes de l'humanité?

Le grand jour est enfin arrivé. Dernier espoir de cette troisième et dernière coalition, les armées combinées de la Russie et de l'Autriche attendent *Napoléon* dans un camp inexpugnable. D'habiles manœuvres les forcent d'abandonner cette superbe position, les attirent dans la plaine, où leur perte est inévitable : quelques heures ont décidé du destin, disons plus, du bonheur de l'Europe. Qu'elles retournent donc dans leurs foyers, ces phalanges sauvages des enfants du Nord (celles du moins qui n'ont pas eu l'honneur de tomber sous le glaive puissant des enfants civilisés du Midi). Ces nouveaux Sarasins ont rencontré un héros qui joint à la bravoure de *Martel* un génie que n'eut point, et des connaissances que ne pouvait avoir ce grand homme.

Aussi, Messieurs, quel est le peuple, ancien ou moderne, dont l'histoire offre une pareille suite de triomphes si grands, resserrés dans un si court espace de temps, et dûs à un seul et même héros? La fable, qui disposait des temps, des lieux et des hommes, n'a-t-elle pas été obligée de réunir et d'attribuer à un seul, les exploits d'une foule de héros du même nom, pour offrir son fabuleux Hercule à notre admiration?

L'historien d'Alexandre, l'élégant Quinte-Curce, n'a-t-il pas été accusé par ses contemporains mêmes, d'exagération ou de flatterie dans le récit des campagnes de son héros? Que présente cependant son histoire, que celle de nos jours n'ait surpassé de bien loin, soit que l'on considère les actions en elles-mêmes, soit que l'on s'arrête surtout aux motifs qui les ont dirigées, et aux conséquences qui en sont résultées pour le bien général?

On l'a dit cent fois, Messieurs, et il faut bien le répéter encore, qu'est-ce que la gloire des armes? Que seraient eux-mêmes les succès guerriers, s'ils n'amenaient à leur suite pour les peuples, qu'un triomphe d'un moment, et rien pour assurer leur bonheur et leur tranquillité! Aussi, ce qui distinguera à jamais Napoléon aux yeux de la postérité, ce qui attache un prix de plus aux trophées conquis par sa valeur, ce qui l'élève enfin au-dessus de tous les héros que son génie militaire a déjà surpassés, c'est la pensée consolante que la paix, et la paix solidement établie, est le but unique de ses veilles et de ses fatigues, que la justice seule a armé son bras, et que dans le cours même des succès les plus glorieux, il n'a pas cessé un instant de présenter aux puissances jalouses, mais non rivales de sa gloire, cette même paix qu'elles ont eu l'imprudence de dédaigner, et qui leur coûte aujourd'hui des regrets aussi tardifs que superflus.

Mais qu'ils ne s'y trompent pas, ces princes faibles ou séduits qui pourraient céder encore aux conseils perfides de l'ennemi naturel du continent! Le héros des Français veut la paix, sans doute; mais il la veut durable, il la veut garantie de manière à ôter aux ennemis l'espoir comme les moyens de remuer une quatrième coalition. Qu'ils ne s'y trompent pas, si leur superbe imprudence pouvait se refuser encore aux conditions proposées, de nouvelles armées, déjà organisées, n'attendent qu'un mot de leur Empereur pour voler sur ses pas à de nouvelles victoires.

Paisible, ami des arts, le peuple français veut les cultiver avec sécurité, en étendre les bornes, et en répandre au loin les fruits; mais sa loyauté a été si souvent, si cruellement trompée, qu'il lui faut des garants, désormais infaillibles, de la foi que l'on va lui jurer.

Voilà, Messieurs, voilà ce qui doit nous rendre plus chers encore les monuments de la valeur française, et (pour que tout soit prodige dans ce qui concerne cet homme étonnant), pour la première fois peut-être, le signe de la guerre a rappelé le souvenir et donné le présage de la paix.

Poursuis, ô Napoléon! ta carrière de gloire n'est pas remplie encore. Tu l'as promis, et les héros ne jurent pas en vain! Tu l'as dit : tu châtieras l'orgueil de cette puissance jalouse qui pèse si insolemment sur la liberté des mers; tu as déjoué tous ses complots, trompé toutes ses espérances, brisé entre ses propres mains tous les ressorts dont sa politique criminelle se promettait tant de succès : achève, arrache à cette puissance altière le trident usurpé de Neptune, et rends aux nations la liberté du commerce si longuement attendue : c'est le seul laurier qui manque à ton front, et l'Éternel créa pour les réunir tous. Vive, vive à jamais Napoléon le grand!

Albisson. Messieurs, quand on aurait pu douter jusqu'ici (disait Pline le jeune au Sénat romain, dans ce panégyrique du meilleur des princes, le seul peut-être, entre tant d'autres, dont la vérité n'ait pas eu à rougir); quand on pourrait douter si c'est le Ciel ou le hasard qui donne des souverains à la terre, ne serait-il pas évident pour nous que c'est à quelque divinité que nous devons notre Empereur (1) ?

Quel texte, mes collègues, pour un éloge digne du prince qu'une Providence divine a évidemment appelé elle-même, par la voix du peuple, au trône impérial de la France! Heureux qui remplira une si belle tâche! plus heureuse notre

_____

(1) *Si adhuc dubium fuisset, forte eosque rectores terris, an aliquo numine darentur, principem tamen nostrum liqueret divinitus constitutum.* Panégyrique de Trajan. I.

postérité qui goûtera pleinement les fruits de ce mémorable avénement, sans rien éprouver de ce qu'il nous en a coûté de soins et de constance pour le mûrir, le conduire à son terme et lui en transmettre la douce et imperturbable jouissance !

La fête solennelle qui nous rassemble reçoit un nouveau degré d'intérêt de ces réflexions patriotiques.

Il s'agit de l'inauguration d'une partie des drapeaux enlevés à nos ennemis au premier moment où l'Empereur a pu les atteindre et en purger nos frontières, après avoir fait retomber sur eux les maux que nous préparait leur déloyale agression ; drapeaux qui, grâce à la munificence de ce prince adoré, feront désormais le plus bel ornement de nos séances.

Ces drapeaux, mémoriaux assidus de toutes les grandes actions qui ont illustré sa carrière militaire, la seule que nous devions considérer dans ce moment, nous rappelleront ces belles campagnes de l'an IV et de l'an V, dans lesquelles, simple général, il marqua par une victoire chacun de ses pas dans l'Italie ; détruisit, dans l'espace de quelques mois, cinq armées ennemies ; réduisit la superbe *Mantoue* à implorer sa clémence, et cinq grands potentats coalisés contre nous à demander la paix ; effaça par ses talents, ses exploits, son activité, la gloire d'*Annibal* dans les mêmes lieux qui avaient fait sa renommée, et mérita d'être placé auprès de *Scipion*, par sa sagesse, sa modération. sa générosité.

Ils ne peuvent nous rien rappeler des deux années qui suivent tant de gloire.

La fortune jalouse, ou le mauvais génie de la France, l'occupèrent loin d'elle dans cette Égypte, jadis si éclairée, si florissante, si renommée par la sagesse de ses lois, aujourd'hui si abrutie, si dégradée, si désolée par les brigands qui la dépècent alternativement, et s'en partagent les misérables dépouilles.

Mais, là même, la grande âme de Bonaparte, toujours active, toujours ouverte au cri de l'humanité, avait commencé une restauration qui aurait annoncé à cette mère patrie des mœurs, des sciences et des arts, le retour de son antique splendeur, si son cœur tout français lui eût permis de l'achever, s'il eût pu se résoudre à voir d'un œil indifférent la France prête à tomber dans l'abîme que l'anarchie dévorante lui avait creusé.

Un nouvel ordre de choses va naître.

Je ne rouvrirai pas les plaies de ma patrie par le douloureux souvenir d'une de ses plus déplorables crises.

Bonaparte, instruit de son danger, traverse, avec la rapidité de l'éclair, les mers qui le séparent de cette terre chérie, quoique couvertes de vaisseaux ennemis : il touche nos côtes, et soudain l'espoir et la confiance renaissent dans tous les cœurs ; son nom seul atterre la malveillance ; le 18 brumaire luit ; il se forme, sous l'égide de sa seule réputation, un ralliement de tout ce qui restait au gouvernement de la France d'hommes forts et généreux : la Révolution reprend le caractère qu'elle n'aurait jamais dû perdre : ses principes primitifs sont proclamés et remis en honneur, une nouvelle Constitution les conserve ; l'acte en est présenté au peuple français qui l'accepte avec transport, et place Bonaparte à la tête de son Gouvernement.

Cependant une nouvelle coalition avait mis à profit son absence.

Ici, j'interroge ces drapeaux, et ils ramènent ma pensée à la glorieuse campagne de l'an VIII, et, avec une application plus particulière, au camp de *Marengo*, où le sort de l'Italie et des armées ennemies parut et aurait dû être définitivement décidé.

Mais d'un côté, l'ambition démesurée du cabinet de Saint-James, de l'autre la soif insatiable de l'or qu'elle a provoquée et promis d'assouvir dans quelques cabinets du Nord accessibles à cette ignominieuse cupidité, ont suscité de nouveaux orages.

Bonaparte, élevé au trône impérial, devait mettre un terme aux insolentes prétentions du gouvernement insulaire qui se jouait impunément des traités les plus sacrés. Il avait épuisé toutes les tentatives de conciliation que sa modération et son désir de la paix pouvaient permettre à sa dignité et aux intérêts de son peuple. Il était temps de mettre un mors à l'indomptable chimère de ce gouvernement sans foi sur l'empire exclusif et tyrannique des mers.

La foudre était au moment d'éclater : une diversion salutaire peut seule alors la suspendre : la perfidie et l'avarice se donnent la main pour l'opérer ; les Etats de l'électeur de Bavière, notre fidèle allié, sont envahis ; nos frontières menacées de l'irruption d'une horde de barbares descendants de ces Vandales, Huns et Sarmates qui infestèrent l'Europe dans le déclin de l'Empire romain. Il n'y avait pas un moment à perdre, pour garantir la France et l'Italie des horreurs d'une pareille irruption. Mais Napoléon était là. Quelques jours lui suffirent pour faire passer, comme par enchantement, une armée entière des bords de la Manche à la rive droite du Rhin. Il y surprend l'armée ennemie : il pouvait la tailler en pièces par des moyens trop savants pour ses généraux qu'il avait en tête ; mais son génie humain éloigne ces ressources. Avare du sang des hommes, il se contente de faire poser les armes à ceux qu'il pouvait détruire, et peu de jours après le passage du Rhin, la journée d'Ulm anéantit ou disperse une armée de 100,000 hommes, dont nous voyons flotter les drapeaux dans cette enceinte.

Vous savez, Messieurs, tout ce qui a suivi cette brillante journée, et les prodiges sans nombre qui se sont succédé depuis, jusqu'à la victoire décisive d'Austerlitz, dont vous présents à vos esprits. Ils sont trop récents et trop intéressants pour que leur impression ait rien perdu de sa vivacité ; je n'entreprendrai donc pas de vous les retracer, je craindrais d'en affaiblir le tableau.

Mais ce qui doit surtout intéresser de bons Français, c'est l'enthousiasme qu'ont produit dans toutes nos armées la présence de l'Empereur, la sûreté de ses plans, l'abandon de sa personne à toutes les rigueurs d'une âpre et rude saison, à toutes les fatigues, à toutes les plus grandes privations des soldats, la sollicitude paternelle qu'il n'a cessé de montrer pour leurs besoins et leurs soulagements, le partage qu'il a fait entre eux tous, sans autre distinction que celle du grade, de la contribution des 100 millions à lever sur l'Autriche, la Moravie et les autres provinces de la maison d'Autriche occupées par l'armée française ; les pensions assurées aux veuves de tous les militaires morts à la bataille d'Austerlitz, l'adoption de tous leurs enfants et l'engagement de les entretenir, élever et doter, le tout encore sans autre distinction que celle du grade ; son humanité et sa générosité héroïque pour les vaincus, sa sévérité pour toute atteinte à leur repos et à leurs propriétés.

Comment s'étonner, après cela, de l'ardeur toute guerrière avec laquelle nous avons vu, sur tous les points de notre route, les conscrits s'empresser de rejoindre les aigles de Napoléon, moins touchés des apparences d'une paix prochaine que de l'espoir d'obtenir un regard, un signe d'approbation de leur Empereur, et du désir d'être inscrits dans ses légions?

Leur exemple ne sera pas perdu pour les jeunes citoyens appelés par la loi à partager avec eux l'honneur de servir la patrie sous les enseignes d'un prince si digne de tout notre amour et de notre confiance ; d'un prince si grand par lui-même, si ouvertement protégé par cette Providence qui nous l'a donné.

Qu'ils se hâtent de remplir un si saint devoir. La paix sera le prix de leur noble et prompt dévouement. La dernière épreuve que nous ;venons de faire de l'acharnement déloyal de nos ennemis, ne nous permet pas de nous endormir sur la foi de quelques apparences, peut-être encore fallacieuses, d'une réconciliation sincère. Si tu veux la paix, prépare la guerre, dit un ancien et salutaire adage; *si vis pacem, para bellum*. Plus d'une fâcheuse expérience nous en commande l'application.

J'adhère à la motion d'ordre. Quelque énergie que nous puissions mettre dans l'expression de notre reconnaissance et de notre admiration pour un prince si au-dessus de tout éloge, elle sera toujours au-dessous du sentiment qui l'aura dictée.

Gillet (*de Seine-et-Oise*). Messieurs, il était réservé à notre âge de voir dans le cercle d'un petit nombre d'années se reproduire tous les événements fameux que notre antique histoire a célébrés. La valeur française vient de surpasser, près des marais d'Austerlitz, les exploits qui rendirent célèbres autrefois les rivages du Cher, et l'Europe, menacée d'une nouvelle inondation de barbares, a dû son salut au génie d'un autre Charles Martel.

Que les trophées qui signalent ces grands événements soient attachés aux murs de nos temples, qu'ils deviennent le plus bel ornement des palais de la nation. Les vaincus n'en seront point humiliés ; leur défaite ne fut point pour eux un désastre, elle fut une délivrance. Déjà le Danube, si fier d'avoir coulé sous les lois de Rome, s'indignait d'entendre les cris farouches de la postérité des Huns; déjà, sur ses bords désolés, fumaient les incendies allumés par les héritiers des Gépides. De la mer Caspienne jusqu'au Finistère, et des Apennins jusqu'aux monts Proyas, les nations lancées les unes contre les autres semblaient dévouées à un bouleversement général, lorsqu'avec la rapidité de l'aigle s'est élancé au milieu des combats l'homme à qui il a été donné de fonder la prospérité du dix-neuvième siècle; aussitôt, par des prodiges opérés dans une campagne de deux mois, les bords du Danube ont été purgés, les nations ont cessé de s'entrechoquer, et les gémissements des peuples, maintenant suspendus, ont fait place aux transports de l'admiration et de la reconnaissance.

Heureux triomphe, où les acclamations de l'étranger peuvent se mêler aux applaudissements du citoyen! La contrée qui en fut le théâtre est devenue moins infortunée sous la sage domination des vainqueurs que sous la protection dévorante de ceux qui se vantaient d'être ses défenseurs. Les armées fugitives elles-mêmes ont trouvé, dans la promptitude soudaine de leurs revers, l'assurance de n'être point sacrifiées à l'opiniâtreté d'une guerre sans motif, et à une continuité de combats sans utilité. C'est à ces traits surtout que la campagne de l'an XIV sera distinguée dans la mémoire des hommes. Tout y respire cette véritable gloire qui s'attache aux grands services rendus à l'humanité; tout y retrace cette loyauté guerrière, cette franchise magnanime qui constitue le solide honneur; et la première supériorité qui s'y fait sentir est celle de la justice et des idées libérales sur les préventions et sur la fureur.

Aussi jamais nos cités n'ont-elles retenti d'un concert aussi unanime de louanges et de bénédictions. Les Français peuvent repousser le danger sans émotion, parce qu'ils savent le mesurer avec froideur; ils peuvent vaincre sans être exaltés, parce que la victoire est presque une dette de la fortune envers leur bravoure. Mais leur âme généreuse ne peut contempler sans enthousiasme des actions où le noble caractère de la générosité éclate comme dans son plus parfait modèle.

Cependant, au milieu de cette trêve de tous les dissentiments, il est encore une nation qui laisse apercevoir ses chagrins. Le repos des armées l'épouvante; elle craint le retour de la bonne intelligence entre les puissances de l'Europe, comme le brigandage craint le retour de l'ordre : et tandis que le continent demande la paix par tous ses vœux, la seule idée que la paix soit possible répand la terreur dans cette île, que son égoïsme isole du reste du monde encore plus que les mers qui l'environnent.

C'est qu'au lieu de fonder sa puissance sur la prospérité commune des États, elle veut que son intérêt privé soit la loi exclusive de tous les autres. La férocité des peuples sauvages ont par ignorance, elle se l'est appropriée par calcul. Acheter du sang pour avoir de l'or, ou distribuer de l'or pour faire répandre du sang, sont les deux spéculations sur lesquelles se meut tout le système de sa politique.

Mais le moment est arrivé où doit cesser enfin l'ascendant de cette politique funeste. Trop longtemps l'Angleterre a osé disputer à la France l'honneur d'être la conservatrice des intérêts de l'Europe. Voici les questions que la réflexion offrira aux potentats, et dont la réponse est dans les événements de nos jours.

Quel est le gouvernement le plus loyal? Est-ce celui qui réclame la foi des traités et du respecte, ou bien est-ce celui qui emploie les serments comme un piège, et qui use des conventions publiques comme d'une simple expérience qu'il faut cesser dès qu'elle cesse elle-même de lui être agréable?

Quel est le gouvernement dont l'amitié est la plus sûre? Est-ce celui dont les alliés ont vu décroître ou anéantir leur puissance à mesure qu'ils se sont dévoués à être les instruments de la sienne, ou bien est-ce celui qui n'a pas eu un allié constant que la vue lui doive ou son agrandissement ou sa conservation, pas un allié irrésolu ou infidèle qui n'ait trouvé dans son irrésolution ou dans son infidélité même la cause de sa ruine?

Quel est le gouvernement dont l'influence est la plus légitime? Est-ce celui qui salarie toutes les passions basses des cours pour faire accueillir par les rois des conseils meurtriers envers les peuples, ou bien est-ce celui qui ne les sollicite que d'affranchir le commerce et l'industrie de leurs sujets d'une tyrannie étrangère, et de protéger l'indépendance naturelle de leurs rivages?

Quel est le gouvernement le plus fidèle aux

principes de l'humanité? Est-ce celui qui rejette sur les bords ensanglantés d'Haïti des femmes fugitives pour les livrer à une mort cruelle et à un massacre inévitable? ou bien est-ce celui dont le chef victorieux renonce à poursuivre les débris des bataillons vaincus, *afin que quelques larmes de moins soient versées ?*

Quel est le gouvernement enfin qui, dans ses ennemis même, sait le mieux respecter la dignité des souverains? Est-ce celui qui soudoie contre les chefs des nations les bras des assassins, ou bien est-ce celui qui leur renvoie sans rançon leur garde prisonnière?

Rois, pesez vous-mêmes à cette balance vos propres destinées; la France restera fidèle aux siennes. Elles furent, dans tous les temps, de suivre l'instinct de la gloire plutôt que les calculs de la timidité ou de la convoitise. Si, dans les négociations importantes qui vous occupent encore, la gloire est du côté de la paix, la France la consentira avec joie. Si, par votre aveuglement, la gloire est dans les combats, elle y marchera avec une ardeur nouvelle; elle servira encore vos peuples et vous-mêmes contre les intrigues de vos cours et contre la vénalité de vos conseils.

Que ne peut point la nation française, lorsqu'elle est dirigée par un chef digne de l'apprécier et d'être honoré d'elle ! L'époque où cet heureux concours se manifeste est pour le monde entier une époque illustre, et cette époque a commencé dans notre âge, avec le règne de Napoléon. Admirons, tribuns, par quel signe éclatant la Providence s'est plu à nous en assurer le présage ! Elle a voulu qu'une victoire immortelle marquât l'anniversaire du jour où le héros qui nous gouverne a été consacré par la religion au service public. Il semble que dans cette auguste solennité, une inspiration plus qu'humaine ait été communiquée à son génie, afin que le glaive fût dans ses mains, comme il est dans les mains de la justice, l'instrument qui protège l'ordre des sociétés.

Quel espoir pourrait rester à de nouvelles jalousies? Quel motif pourrait entretenir des animosités nouvelles? Autant les efforts hostiles cèdent à l'impétuosité de sa valeur, autant la défiance doit disparaître devant l'abandon où se livre sa générosité : un de ses nobles adversaires l'a déclaré lui-même. Les destins de cet homme extraordinaire ont été déterminés d'avance par les décrets éternels; il faut qu'ils se développent malgré tous les obstacles, il faut que sa mission s'accomplisse pour l'exemple des princes et pour le bonheur des peuples.

Je me joins au vœu de mon collègue Jard-Panvilliers.

Curée. Messieurs, un sentiment dont je ne puis me défendre m'amène à cette tribune, pardonnez-moi si j'y rappelle d'anciens souvenirs : ils ne seront pas déplacés dans cette circonstance, ou du moins ils serviront à faire admirer les voies incompréhensibles de ce pouvoir suprême qui exerce sur nos si inévitables jugements.

Lorsque l'horreur du meurtre commis à Rastadt vint tout à coup en l'an VII se mêler aux calamités publiques et aux désastres militaires qui couvrirent, comme une nuit épaisse, cette année de l'absence du triomphateur de l'Autriche, le Corps législatif qui existait alors, en dénonçant à l'Europe ce crime de la férocité et du machiavélisme de quelques ministres vendus à l'Angleterre, exprima en même temps à ce sujet un vœu terrible, et y consacra la formule d'une imprécation solennelle.

Le sang malheureux et sacré recommandé ainsi

à la justice éternelle, et d'un autre côté l'or anglais aussi fatal de nos jours que le fut jadis cet or sacré de Toulouse dont parle l'histoire, n'ont cessé de poursuivre et d'agiter les ministres de la monarchie autrichienne jusqu'à ce que leur témérité ait fini par livrer une troisième fois cette puissance aux mains irritées de son perpétuel vainqueur.

Ainsi donc les mânes des deux ministres de la paix, errants sur une terre étrangère dans l'attente de celui qui devait venir, seront apaisés.

Grâces vous soient rendues au nom de l'humanité sainte et de la justice des nations, ô vous qui êtes véritablement empereur, c'est-à-dire général toujours victorieux, j'ai presque dit invincible, car vos ennemis eux-mêmes commencent à vous croire tel ! Ils ne sauraient expliquer autrement tous les prodiges de votre activité et de votre génie qui les étonnent et les confondent; et ici en effet, Messieurs, je le demande : quelle foule d'événements extraordinaires est venue s'entasser, si je puis me servir de ce mot, sur un espace de quelques mois ou même de quelques jours ? Jamais coalition plus formidable a-t-elle été déconcertée par une attaque plus soudaine, et aussi a-t-on jamais vu ni des mouvements d'armée plus rapides, ni des combinaisons militaires plus vastes et à la fois plus sûres, ni des combats plus décisifs, et cependant moins meurtriers, ni des victoires plus signalées et suivies de contre-coups plus éclatants, tels que l'occupation de la capitale d'un grand empire et la chute de l'une des premières puissances de l'Europe ? En même temps qui ne demeure saisi d'admiration en voyant ces bataillons qui menaçaient Londres, et qui, tout à coup fondant sur Vienne, traversent l'Allemagne comme un torrent, emportent une armée autrichienne retranchée à Ulm, et en entraînant pêle-mêle, avec les restes de cette armée, les colonnes russes qui s'étaient avancées, qu'ils poussent et rejettent par débris sur leurs autres armées, réunies en un grand corps aux environs d'Olmutz ?

Enfin la journée d'Austerlitz, par l'issue que doit avoir le choc de trois armées impériales, va décider si l'Angleterre conservera le domaine exclusif des mers, si des hordes de barbares viendront encore ravager les plus belles contrées de l'Europe ; si la guerre, que le machiavélisme anglais est parvenu à rallumer, s'étendra au loin, et embrasera tout le continent. Sur toutes ces questions, la valeur française ne laisse aucun doute ; les destinées de la grande nation l'emportent ; le génie de Napoléon triomphe, et il est désormais reconnu que son ascendant sur la victoire est le même, soit qu'il combatte les armées russes ou les armées autrichiennes.

Tels sont en raccourci les événements qui, au bout d'une campagne de quelques mois, nous permettent déjà d'entrevoir le terme désiré, et sans doute désirable où la paix doit couronner tant de trophées ; mais une paix qui soit solide et fondée sur des garanties suffisantes, qui ne dépende point de la corruption de quelques ministres, ni du caprice de quelques femmes, qui soit liée à la constitution fondamentale d'un certain ordre de choses, qui surtout ne laisse au cabinet anglais aucune prise par laquelle il puisse remuer le continent et y attacher encore des trames et des coalitions, qui rejette ces insulaires dans leur île ; et une convention européenne, les sépare, si cela était possible, du système européen jusqu'à ce qu'eux-mêmes se soient soumis au droit des gens sur l'indépendance des

pavillons ; enfin une paix qui, de la part des ennemis de la France , ne soit pas un moyen , ménagé plus ou moins habilement, pour se relever
et ensuite réorganiser la guerre. Ici la politique
invoquerait-elle la générosité et la magnanimité
du vainqueur? Mais qui fut jamais plus généreux
et plus magnanime que Napoléon ? Il l'a été quelquefois jusqu'à être dans le cas de s'en repentir,
semblable à César qui , suivant l'expression de
l'historien Pline, exerça aussi la clémence jusqu'à
s'en repentir, *quà omnes superavit usque ad
pœnitentiam*. Et à mon tour je le demande , si
nos ennemis avaient été les plus forts, s'ils nous
avaient vaincus , si leurs armées se trouvaient
réunies au cœur de la France, de quelle générosité auraient-ils usé envers l'Empereur et envers la nation ? Quel traité auraient-ils fait? point
d'autre qu'un traité de démembrement et de partage. Pourrait-on attendre des conditions plus favorables de la haine invétérée du gouvernement
britannique contre le nom français? Cependant
il importe d'écarter à jamais de tous les esprits
l'idée même de la possibilité d'une chance aussi
formidable, et cela dépend du système politique
de puissance qui va s'établir. C'est sans doute à
l'Empereur à marquer les conditions de la paix,
puisqu'il a tous les avantages de la guerre , et
qu'il tient tout le prix de la victoire. Mais si
après cela ses ennemis refusent de se renfermer
dans le cercle qu'il aura tracé , s'ils veulent encore tenter le hasard des combats, on pourra leur
dire avec raison : Vous êtes des insensés qui
n'avez jamais su comprendre combien il était
dangereux pour vous d'attaquer une grande nation, lorsque sortie d'une crise politique où toutes
les passions se sont exaltées, où tous les courages
se sont enflammés, elle se trouve enfin réunie sous
un chef puissant auquel elle obéit, et par le sentiment d'enthousiasme qu'inspire toujours un homme d'un grand caractère, et ensuite par le sentiment même de sa propre conservation et de son
propre salut. J'appuie toutes les propositions présentées par notre collègue Jard-Panvilliers.

M. le **Président**. Je rappelle les cinq propositions faites par M. Jard-Panvilliers, et je mets aux
voix la première tendant à inaugurer sur-le-champ
les drapeaux donnés au Tribunat par Sa Majesté
l'Empereur et Roi.

Cette proposition est adoptée.

En conséquence on procède à l'inauguration de
huit drapeaux. Ils sont placés au-dessus de l'estrade sur laquelle est élevé le bureau du président, au son des instruments, au bruit des tambours, aux applaudissements des membres du
Tribunat et des nombreux spectateurs pressés
dans les tribunes, aux cris mille fois répétés de
Vivat! Vive l'Empereur et Roi!

Le corps de musique fait entendre le chœur :
La victoire est à nous. Les applaudissements et les
acclamations redoublent ; les vétérans porteurs
des drapeaux les agitent en signe d'allégresse ;
tous les membres de l'assemblée sont debout, élèvent leurs chapeaux et répètent le cri de *vive
l'Empereur!*

Le Tribunat accorde les honneurs de la séance
aux officiers et vétérans porteurs des drapeaux.

Les quatre autres propositions de M. Jard-Panvilliers sont successivement mises aux voix et
adoptées.

La commission chargée de proposer une adresse
à Sa Majesté, est composée de MM. Jard-Panvilliers , Duvidal , Chassiron, Favard et Gillet (*de
Seine-et-Oise*); elle fera son rapport et présentera
cette adresse en comité secret.

T. VIII.

Cette commission se réunit sur-le-champ.

La proposition de M. Favard est rappelée et renvoyée à une commission composée de MM. Faure,
Girardin, Gallois, Curée et Albisson.

Les membres de la commission se retirent.

M. **Jard-Panvilliers**, au nom de la commission spéciale dont il est l'organe, présente et fait
adopter le projet de programme suivant :

*Programme de la cérémonie du transport des
drapeaux destinés au Sénat, en conformité de
l'ordre de Sa Majesté l'Empereur et Roi.*

« Le mercredi 1er janvier 1806, les membres du
« Tribunat se réuniront en grand costume dans le
« lieu ordinaire de leurs séances.

« A midi, le Tribunat se mettra en marche pour
« aller remettre au Sénat les cinquante-quatre dra-
« peaux destinés à ce corps par Sa Majesté l'Em-
« pereur et Roi, et qu'elle a daigné confier à une
« députation du Tribunat pour les lui porter.

« La marche sera ouverte dans l'ordre suivant :
« Un groupe de trompettes;
« Un escadron de chasseurs à cheval ;
« Un escadron de dragons à cheval ;
« Un groupe de musiciens à cheval ;
« L'état-major de la place de Paris;
« Un peloton d'officiers de toutes armes à che-
« val, portant les drapeaux pris sur l'ennemi; ce
« peloton sera entouré de militaires à cheval;
« Les huissiers du Tribunat;
« Les messagers du Tribunat;
« M. le président du Tribunat;
« Les voitures de Messieurs les tribuns.
« Le corps du Tribunat sera escorté par cent
« hommes à cheval ;
« Un corps de gendarmerie à cheval fermera la
« marche;
« Le cortège se rendant au palais du Sénat sui-
« vra les rues Saint-Honoré, du Roule, le Pont-
« Neuf, la rue de Thionville, la rue de l'Ancienne-
« Comédie française, celle des Quatre-Vents et la
« rue de Tournon.
« Après la remise des drapeaux au Sénat, le
« Tribunat retournera à son palais accompagné
« de son escorte. »

Plusieurs membres demandent la parole pour
faire des *propositions de vœux*, selon l'attribution
qui en est donnée au Tribunat par l'article 29 des
Constitutions de l'Empire.

Jaubert (*de la Gironde*). Messieurs, au milieu
des transports d'admiration qui éclatent de toutes
parts pour Napoléon le Grand, il se manifeste un
vœu que le Tribunat ne pourrait différer de recueillir sans négliger une des plus belles attributions qui lui sont confiées par les Constitutions
de l'Empire.

Les Français se demandent : *que ferons-nous
pour notre Empereur?* L'anarchie nous consumait,
il l'a détruite; la religion de nos pères était per-
sécutée, il a relevé ses autels; il a reconstruit les
bases de la morale, de l'ordre social, de l'instruction publique; donné un Code uniforme à son
vaste Empire; imprimé à l'administration intérieure une force qui vivifie toutes les parties; les
professions utiles sont honorées; les beaux-arts
sont encouragés; enfin il a dépassé toutes nos
espérances : pourrions-nous donc exprimer avec
assez d'énergie nos respects et notre reconnaissance ?

Ces sentiments qui, vous le savez, Messieurs,
remplissent les cœurs des plus délicieuses émotions, prennent un caractère plus grand, plus solennel, lorsque les Français considèrent leur position à l'égard des autres peuples.

L'honneur est l'élément national; le Français,

50

né fier et courageux, a éminemment la conscience de sa force et de sa dignité. Cependant les suites des calamités qui avaient affligé la France faisaient espérer à nos ennemis que nos plus belles provinces deviendraient leur proie; Napoléon a paru, il a nommé le peuple français la grande nation, et c'est lui, c'est son génie qui a développé tout ce que les Français ont de vertus; ce sont ses travaux, ses triomphes qui les ont élevés au plus haut point qu'une nation puisse atteindre; et voilà ce qui explique l'enthousiasme dont les Français sont transportés pour l'auteur de leur gloire, et ce qui fait répéter avec une noble sollicitude... *que ferons-nous pour notre Empereur?*

Les victoires excitent toujours l'admiration chez un peuple belliqueux; mais le Français, qui a toutes les vertus militaires, est de plus sensible, délicat, généreux. Il existe pour lui un droit des gens; pour lui la victoire doit être le triomphe de la justice.

Toute l'Europe en a été témoin, Napoléon n'a repris les armes que pour repousser des agresseurs, venger des alliés fidèles, maintenir les droits des nations, assurer la liberté des mers et du commerce. Napoléon, toujours vainqueur, a posé lui-même des bornes à la victoire pour ne songer qu'à l'humanité; des potentats, après avoir été vaincus par son épée, l'ont été une seconde fois par sa magnanimité.

Ce sont encore ces traits héroïques qui pénètrent toutes les âmes, et qui font dire aux Français... *que ferons-nous pour notre Empereur?*

Enfin, Messieurs, les rêves flatteurs de l'ambition, les faveurs de la fortune, ont souvent inspiré aux grands conquérants une confiance dans leurs forces, une audace dans leurs entreprises, qui ont été pour eux le présage de leurs succès.

Mais ce qu'on n'a jamais vu, c'est un général prophétiser sa victoire, en assigner l'époque, en fixer les résultats.

Napoléon nous a accoutumés à ces prodiges.

Avant de passer les Alpes, et lorsqu'il méditait l'immortelle bataille de Marengo, il fixait le jour où il la gagnerait.

L'armée autrichienne est tournée, elle ne peut m'échapper, écrivait-il peu de temps avant la prise d'Ulm.

La veille de la bataille d'Austerlitz, lorsque les ennemis, fiers d'une retraite simulée, manœuvraient pour l'envelopper de leurs nombreux bataillons, on le vit calculer froidement leur défaite, et faire passer dans l'âme de tous ses soldats, par une proclamation à jamais mémorable, la certitude de sa victoire.

Tu n'auras pas besoin de t'exposer, Sire ; *demain nous t'apporterons pour bouquet les drapeaux et l'artillerie des Russes,* lui dit avec une noble liberté un de ses vétérans qui connaissait si bien la valeur de ses promesses.

Quel plus bel hommage fut jamais rendu au génie et à la valeur! Ah! toute autre louange languit auprès de l'apostrophe sublime de ce brave grenadier.

Qu'avec cette supériorité de moyens, cet ascendant de génie, et ces succès inouïs, il eût été facile à Napoléon de réaliser les projets de conquêtes que nos ennemis lui ont gratuitement opposés, et qui sont pourtant si pardonnables à un grand courage!

Mais son âme inflexible dans ses desseins, est aussi inébranlable dans sa vertu.

Oui, oui, ce sont tous ces prodiges qui font naître cette pensée si naturelle... *que ferons-nous pour notre Empereur?*

Nous pourrions demander à notre tour : Que peut-on faire, qu'admirer et chérir un mortel dont le nom remplit le monde, et qui, au jugement de l'Europe, ne peut plus être comparé qu'à lui-même?

Les premiers rangs au temple de la gloire sont assignés aux fondateurs des empires, aux législateurs, aux conquérants qui, par des motifs utiles pour leurs États, en ont étendu les limites, aux princes sages, justes et vigilants, qui ont acquis le titre de pères de la patrie.

Napoléon ne réunit-il pas tous ces droits sur sa tête auguste? N'est-il pas l'homme de l'histoire, l'homme de tous les siècles; et ne pouvons-nous pas dire qu'il y a en lui quelque chose de surnaturel, puisqu'il est vrai que Dieu dispose du sort des empires, et que Napoléon le Grand se plaît lui-même à soumettre tout à la Providence, et qu'il rapporte tout à la religion?

Nous sommes donc forcés d'avouer que la grandeur des bienfaits et l'immensité de la gloire ne laissent aucun moyen d'exprimer dignement la reconnaissance.

Toutefois, Messieurs, l'élan du peuple ne peut être perdu : c'est pour la nation et pour la postérité que nous avons un vœu à former.

La gloire attachée aux événements mémorables de la vie de Napoléon le Grand est une propriété nationale; et si cette grande suite de prodiges fait l'orgueil de la génération présente, elle doit être aussi l'instruction de nos derniers neveux.

Les arts vont tous à l'envi continuer à retracer les merveilles du siècle de Napoléon le Grand. Chacune est digne d'admiration. Leur réunion offrirait un spectacle nouveau qui serait toujours l'unique dans le monde, toujours le plus grand que l'imagination pût concevoir, toujours le plus beau que la première nation de l'univers pût présenter à l'étonnement des autres peuples, toujours le plus utile qu'elle pût créer pour entretenir la passion de l'honneur et de la gloire, et pour exciter toutes les émulations nobles et généreuses.

Oui, Messieurs, que par le concert de tous les arts et de tous les talents, le siècle de Napoléon le Grand se retrouve pour les siècles à venir plein de vie et d'expression, dans un édifice digne de la grandeur de l'objet. Tel est le vœu que je vous propose d'émettre; et quoique je ne doive vous arrêter que sur la pensée qui seule peut former la matière d'un vœu constitutionnel, vous pourriez peut-être examiner si ce ne serait pas aussi dans ce superbe édifice que pourraient être célébrées de grandes solennités, comme celles de la Légion d'honneur et des distributions des grands prix que Sa Majesté l'Empereur et Roi veut faire, de sa propre main, aux auteurs des grandes productions.

Ah! Messieurs, songez à l'enchantement que tant de monuments réunis dans cet édifice produiraient sur l'imagination, toutes les émotions qu'ils exciteraient dans les cœurs, tout le feu dont ils pénétreraient les âmes!

On verrait Napoléon le Grand dans toute sa gloire militaire, civile et politique; son cortège serait formé de son illustre famille, des personnages éminents qui, par ses inspirations, auraient secondé ses grandes vues de gouvernement, de ses lieutenants, de ses fidèles compagnons d'armes, et de cette foule de héros qu'il a créés; on retrouverait cette campagne d'Italie qui, la première, nous accoutuma aux prodiges, l'Égypte, le passage des Alpes, Marengo, qui nous sera toujours cher, quoiqu'il n'ait plus que le second rang dans le temple de mémoire, le concordat, Ulm, Austerlitz : Austerlitz ! journée immortelle ! je te salue au nom de la France, de l'Europe! On verrait gravé sur l'airain cette lettre touchante du 20 frimaire, au cardinal archevêque de Paris, monument de la piété du vainqueur des rois, et ces décrets de récompenses et de secours qui ont fait verser tant de larmes de reconnaissance.

Mais pourrais-je mentionner les innombrables sujets qui devraient décorer l'édifice que la nation élèverait à sa gloire!

Grand prince ! cette gloire, la nation la tient de vous; il doit lui être permis de la montrer tout entière. Vous aviez dit que la postérité jugerait s'il vous était dû des monuments : la voix de la postérité s'est fait entendre, lorsque l'immortalité a commencé.

Je propose au Tribunat d'émettre le vœu qu'un grand édifice, que tous les arts concourront à embellir, soit spécialement destiné à perpétuer le souvenir des événements mémorables du siècle de Napoléon le Grand, et qu'il serve à la distribution des récompenses nationales.

Chabot (de l'Allier). Messieurs, je n'essayerai pas de retracer les événements qui fixent aujourd'hui l'admiration de toute l'Europe. Je ne parlerai ni de la gloire immense à laquelle s'est élevé notre Empereur, ni des triomphes inouïs de nos armées, ni de cette victoire d'*Austerlitz*, qui formera l'une des époques les plus brillantes de nos annales, et qui mérite si bien le nom de victoire européenne, puisqu'elle a sauvé la civilisation de cette belle partie du monde de la férocité des hordes barbares du Nord.

La langue ne fournit d'expressions assez fortes ni pour atteindre à de si grands objets, ni pour rendre les émotions qu'ils nous ont fait éprouver.

Ici, les faits en disent bien plus que toutes les paroles. Eh! que seraient les éloges les plus pompeux, à côté des bulletins de la grande armée?

Lorsque les événements sont des prodiges, les tableaux qu'on en veut faire ne peuvent être que froids et décolorés.

Lorsque l'admiration est à son comble, il n'y a que le silence qui puisse en exprimer le sentiment.

Je me borne donc, Messieurs, à faire une proposition qui ne pourra répondre à la grandeur des motifs qui nous commandent, mais qui offrira du moins à la postérité un monument de notre reconnaissance.

Elle n'exclut point celle qui vient d'être faite par notre collègue Jaubert; elle tend à y ajouter.

Comment se restreindre à l'objet d'un seul vœu, quand il s'agit de reconnaître tant et de si éminents services?

Je propose l'arrêté suivant :

Le Tribunat émet le vœu que l'une des places de la capitale soit appelée place de *Napoléon le Grand*, et qu'il y soit élevé une colonne, sur le modèle de la colonne Trajanne, laquelle sera surmontée de la statue de l'Empereur, et aura pour inscription :

A Napoléon le Grand,
La Patrie reconnaissante.

Carrion-Nisas. Messieurs, d'innombrables batailles ont ensanglanté la vieille Europe : en quelque lieu que nous y combattions aujourd'hui, c'est presque toujours sur les tombeaux de nos pères.

Que de sang! et combien de ces journées où il a coulé par torrents, n'ont été qu'une calamité inutile, un malheur obscur !

Un petit nombre de souvenirs de ce genre surnage avec gloire sur cet océan des âges qui submerge tant de faits, de dates et de noms.

Ces grands exploits, destinés à vivre dans la mémoire, sont tous marqués du même sceau, du même caractère.

Il ne suffit pas de l'acharnement et du courage déployés dans l'action, il faut que le résultat ait influé sur les destinées du monde, sauvé une portion du genre humain.

Ainsi, dans les premiers et les plus beaux jours de la Grèce, Marathon et Salamine sauvèrent l'Europe du joug de l'Asie.

Ainsi, quoique les plaines de Philippe et de Pharsale aient vu combattre avec le même acharnement presque les mêmes hommes, et en plus d'un point, pour la même cause que les mers d'Actium, c'est Actium qui forme une grande époque dans l'histoire; c'est là qu'il fut décidé de l'Empire du monde entre Rome et Alexandrie; c'est qu'il s'agissait de savoir si l'Occident serait forcé de recevoir les mœurs et les servitudes orientales.

De même, bien que plusieurs faits d'armes figurent avec éclat dans notre histoire moderne, elle n'offrait rien jusqu'à ce jour qui égalât en importance et en majesté ce grand conflit où l'épée de Charles Martel la querelle entre l'Évangile et l'Alcoran, entre l'Europe d'un côté, et de l'autre l'Asie et l'Afrique qui la pressaient de toutes parts.

Les croisades, qui tiennent une si grande place dans les annales de l'Orient et de l'Occident, ne sont que la conséquence, que l'exécution de l'arrêt porté dans les plaines de Tours.

Par un rapprochement singulier, la terreur du nom arabe fut anéantie à Tours par Charles Martel, environ cent ans après que l'Arabie eut été illustrée par Mahomet.

La terreur du nom russe est dissipée par le vainqueur d'Austerlitz environ cent ans après l'époque où l'on commence à s'occuper en Europe de la Russie, inconnue jusqu'à Pierre-le-Grand.

Chose étrange, les grands événements, qui déjà s'enfoncent dans la nuit des temps, nous attachent fortement sous la plume des historiens; nous nous sommes passionnés au récit de ces importantes circonstances où nos aïeux ont vécu; et quand ces mêmes circonstances se présentent autour de nous, quand les mêmes ou d'aussi graves événements se préparent, éclatent, se consomment sous nos yeux, ils sont loin d'obtenir de nous le même degré d'attention et d'intérêt.

Tel est l'homme, avec son imprévoyance et sa frivolité, don quelquefois funeste et souvent précieux, à la faveur duquel, ne pouvant échapper à la réalité de nos maux, nous échappons du moins à leur pensée.

Toutefois, des hommes, dès longtemps attentifs à la marche des événements, en mesuraient, en annonçaient toute la grandeur.

Ils sentaient toute l'importance des résultats de cette vaste et nouvelle fermentation.

Ils voyaient avec effroi s'ouvrir aux Russes et aux Tartares les barrières de la Germanie, les ports du midi et du nord de l'Europe.

Pénétrés de l'imminence du péril, ils auraient voulu emprunter cette voix prophétique qui seule égala les lamentations aux calamités.

L'Europe a été ébranlée; quelques rois, quelques peuples, ont continué de marcher dans leur aveuglement, d'autres se sont réveillés de leur fatale léthargie.

Quelques prétendus sages ont souri, et on a cru voir sur leurs lèvres le rire funeste du délire et de la mort.

Vous riez, malheureux, et déjà le torrent qui menace de vous emporter s'est déchaîné avec fureur.

Si vous doutez encore, venez et voyez.

Certes le champ de guerre a été spacieux; il s'est étendu de l'Adriatique à la Baltique, des plaines de la Moravie à celles du Palatinat.

Du haut des Pyrénées et des bords de la Vistule, de la Bretagne et de l'Istrie, de la Provence et de la Bohême, des troupes ont marché, elles se sont choquées, elles ont combattu.

Mais depuis la ligne du Rhin jusqu'au triple repli de l'Inn, ce sont les véritables soldats de l'Europe, les enfants de la civilisation qui ont couvert la terre.

Français, Bataves, Hongrois, guerriers de la Souabe, de la Bavière, de l'Autriche, il faut le dire en hommage à la vérité et à votre gloire, on ne voit sur le théâtre de vos meurtrières évolutions que les maux nécessaires, indispensables de la guerre.

Si les rigueurs qu'elle entraîne font toujours soupirer l'humanité, la justice est obligée d'absoudre ceux qui les ont adoucies, épargnées, autant que leur terrible devoir le leur a permis.

Mais si, franchissant pour la dernière fois la barrière de l'Inn, nous touchons cette terre foulée par une espèce d'hommes, de soldats, encore nouvelle dans les querelles de l'Europe,

Quel changement! quel aspect!

Partout les traces d'une dévastation gratuite, d'une marche dévorante; partout la solitude et des restes d'incendie.

Ce ne sont point les hommes qui parlent et se plaignent, ce sont les pierres qui crient dans les cités désertes et en ruine, c'est la nature qui gémit dans les campagnes.

Ce n'est point l'oreille qui reçoit un récit menteur ou exagéré, c'est l'œil qui embrasse la vérité nue et horrible (1).

Position singulière du gouvernement et du peuple des provinces autrichiennes, leçon effrayante pour d'autres peuples et pour d'autres gouvernements.

Quel est donc ce vainqueur dont les revers seraient le plus grand désastre et le désespoir des vaincus?

Quel est ce souverain qui tremble devant ses alliés, et qui ne trouvera le commencement de son salut que dans la consommation de sa défaite?

Voilà les signes, voilà les nouveaux et frappants caractères d'une guerre, d'une campagne, d'une victoire que la reconnaissance nationale, dont vous êtes les dignes organes, doit retracer, célébrer, développer.

Quelle source de méditation et d'enseignement!

D'abord l'espoir et l'effroi que donnaient ces barbares s'est dissipé.

L'horreur seule en est demeurée aux amis et aux ennemis.

Trait remarquable, heureuse révélation qui confirme cette vérité déjà aperçue, que les lumières sont la grande force, que la civilisation n'est pas toujours amollissement et faiblesse!

Que les armes nouvelles, la tactique nouvelle, ...ldat instruit fort au-dessus du bar-

---

raconte ici ce qu'il a vu, ce qu'ont vu ... la députation dont il faisait partie.

Que l'art et la discipline donnent une supériorité décidée sur le nombre et la férocité même valeureuse;

Que nos soldats sont en effet les premiers soldats du monde, par ce mode de recrutement qui donne à une grande nation des armées toujours dignes d'elle, toujours semblables à elle.

Composition inappréciable, qui fait des soldats aussi doux aux citoyens que terribles à l'ennemi;

Qui rend toute désertion au dehors inconnue, impossible;

Qui naturalise au sein des camps la politesse des cités;

Qui agit même sur la santé du soldat dont l'honneur toujours actif, l'esprit toujours exercé, double la force, et par l'action de l'intelligence sur les organes, qui distingue éminemment l'homme de la brute, donne à des âmes invincibles des corps infatigables.

Que deviennent ces théories trop longtemps accréditées, qui, parmi nous, ont flétri le soldat d'un traitement inconnu au citoyen, ces systèmes avilissants qui plaçaient sa perfection dans le mérite d'une machine obéissante!

Misérables! ils avaient des Français, et ils voulaient faire des Russes!

Remarquons encore combien elle est convaincue d'erreur cette croyance si répandue au dehors et qui avait même jeté quelques racines au-dedans, que, l'élan révolutionnaire une fois passé, le soldat français serait comme tous les autres soldats; que l'ordre et la discipline attiédiraient l'énergie et dans la nation et dans l'armée, parce que l'énergie avait quelquefois éclaté aux dépens de l'ordre et de la discipline.

Le problème est résolu: la discipline et l'énergie, l'honneur et l'ordre, l'obéissance et l'enthousiasme, alliance universelle et désormais invariable chez les Français dans les camps et dans les cités.

Si l'armée donc l'exemple à la nation, ou la nation à l'armée, c'est le seul problème qui reste, et celui-là peut demeurer longtemps sans solution.

Mais ces éléments de force, de grandeur, de gloire, de vertu, répandus chez tous les Français, ils auraient été impuissants et stériles, ou du moins ils n'auraient produit que des effets lents, pénibles, incertains, si tous ces moyens, tous ces germes n'avaient été fécondés, mis en œuvre, dirigés avec la rapidité de la foudre par un de ces chefs de nation et d'armée qu'une permission rare et expresse de la Providence fait naître égaux ou supérieurs aux circonstances qui les attendent à leur passage sur la terre.

Donc le résultat de la campagne, de la journée que nous célébrons, c'est la gloire de la France, le salut de l'Europe.

Les moyens ont été :

La civilisation de l'Europe et de la France;

La composition de notre armée;

Les circonstances dont nous sortons, celles où nous sommes;

La tête et le bras de notre chef.

Voilà l'échelle d'idées et d'objets que doit parcourir notre pensée, notre reconnaissance.

Voilà ce que doit révéler au dernier âge le monument que vous préparez.

J'applaudis à cette idée heureuse d'un bon citoyen, de graver sur le bronze, d'offrir aux regards des contemporains et de la postérité ces bulletins de l'armée, cette histoire qui n'est comparable à nulle autre, écrite avec l'épée, pleine de vie, pleine d'instruction;

Tantôt attachante par la naïveté des récits, tantôt étonnante par la profondeur des réflexions qui les sillonnent.

Que ces tables sacrées se multiplient et se répètent dans toutes les parties de l'Empire.

Revivez-y pour une éternelle mémoire et pour une reconnaissance éternelle, noms chers à la France, Mas, Saint-Dizier, Morland, braves chefs de braves;

Toi, dans un rang moins élevé, âme sublime, intrépide Brard;

Jeune et sage Valhubert, dernière et intéressante victime offerte à la patrie dans les plaines d'Austerlitz;

Et toi, caractère si noble, esprit si cultivé, cher Lacuée, première rançon que nous avons payée à la victoire dans cette mémorable campagne (1).

Mais quoi, vous n'avez pas seulement honoré la France, vous avez sauvé l'Europe, et c'est le caractère particulier de votre gloire.

Que l'Europe participe à la reconnaissance, comme elle a participé au bienfait.

Napoléon l'a dit (2), ou plutôt il l'a fait:

Paris est la capitale de l'Europe civilisée.

Que des fêtes soient instituées sur un plan nouveau et grand comme son objet;

Que des prix soient proposés par nous à tous les arts, à toutes les sciences, à toutes les vertus dont l'Europe civilisée s'honore;

Que ces fêtes reviennent au bout d'un certain nombre d'années seulement, pour en mieux marquer l'importance et la majesté;

Que toujours l'Empereur des Français les préside en personne;

Que de ses mains augustes il distribue les prix aux vainqueurs.

C'est là qu'à jamais, aux yeux des nationaux et des étrangers, les Empereurs qui succéderont à Napoléon seront obligés de répondre à un grand souvenir.

Précieux aiguillon d'émulation et de vertu.

Vous aurez vos places dans ces grandes solennités, vous dont l'influence sur les mœurs, la présence dans les cérémonies publiques, est le gage le plus assuré, le prix le plus doux de la civilisation, le caractère de l'Europe entre toutes les régions de la terre, la France, entre toutes les contrées de l'Europe.

Des prix seront distribués aux arts, aux vertus qui vous sont propres.

Les prix remportés par les femmes, ainsi le veut la modestie de leur sexe, elles les recevront des mains de l'Impératrice des Français.

Et que puissent, pour l'embellissement des fêtes dont nos neveux seront témoins, toutes les Impératrices des Français ressembler à celle qui est aujourd'hui pour eux l'objet d'un amour si universel et si juste!

Puissent-elles toutes porter sous un extérieur orné des grâces les plus touchantes une de ces âmes heureusement nées, que la bienveillance, la sensibilité, toutes les affections douces, remplissent si bien qu'il n'y reste plus aucune place pour les passions tristes, vindicatives, qui troublent et désolent tant de cœurs et tant de sociétés!

Mais tarderai-je plus longtemps à saluer l'objet en quelque sorte principal, ce symbole de force, ce gage de puissance et de conservation que j'ai voulu surtout vous proposer d'honorer?

(1) Voyez le 4e bulletin, le 9e, la lettre du général Valhubert mourant à l'Empereur, etc.
(2) A l'Hôtel de Ville.

Je parle de l'épée de Napoléon.

Qu'à la paix générale (jusque-là elle est trop nécessaire dans ses mains), qu'à la paix générale, avec une pompe digne de la solennité, l'épée que portait Napoléon à la bataille d'Austerlitz soit déposée et consacrée comme objet éternel de vénération et d'effroi, de reconnaissance et de crainte;

Qu'il soit décidé qu'à l'avenir, sitôt que la trompette de la guerre se fera entendre, l'Empereur des Français ira solennellement ceindre cette épée pour les combats;

Que ses successeurs s'enflamment à l'idée de la toucher.

Ils marcheront aux combats comme lui; ils verront, comme lui, de près, les maux de la guerre, pour les abréger par les conceptions du génie et les mesures de la sagesse.

Tant que leur cœur palpitera à la vue du lieu qui contiendra ce dépôt sacré, il n'y aura rien à craindre pour la dynastie ni pour la France.

Mais quel sera le lieu de ce dépôt solennel, précieux, unique?

Quel sera l'emplacement de ces tables héroïques à l'aspect desquelles le conscrit brûlera de rejoindre ses drapeaux, le magistrat s'enflammera d'un nouvel amour pour la patrie, à l'aspect desquelles l'ambassadeur d'un monarque insensé qui voudrait recommencer la grande erreur de la maison d'Autriche, sentirait déjà la mort dans son sein, et, retournant vers son maître, lui porterait d'avance son arrêt?

Où contemplerons-nous, où ferons-nous contempler à l'étranger ces objets du culte de l'honneur?

C'est ici que je diffère essentiellement de ceux qui m'ont précédé à cette tribune.

Mon opinion est précise, et j'y tiens, je l'avoue, avec une forte conviction.

Rappelez-vous, Messieurs, quel fut le premier soin de l'Empereur après le premier combat qui ouvrit si glorieusement la campagne de la grande armée? quel, après la bataille décisive, la victoire européenne, comme il l'appelle avec raison, qui a mis un terme si glorieux à cette campagne merveilleuse?

A qui a-t-il écrit pour célébrer sa gloire et celle de sa brave armée?

Ignore-t-il quel enthousiasme animait tous les magistrats, électrisait tous les citoyens?

Il a écrit aux évêques.

C'est dans le lieu saint qu'il a voulu qu'on célébrât sa victoire.

Il l'a rapportée tout entière au Dieu qui la lui avait donnée.

Par là combien il s'en est rendu plus digne!

Aussi, dans cet état de triomphe où l'ivresse s'empare des âmes ordinaires, et attaque quelquefois les grandes âmes;

Où l'orgueil, assouvi par tous les sens, laisse éclater tout ce qui remue au fond des cœurs, quel calme, quelle magnanimité, quelle modération!

Reconnaissons-en la source pure et sacrée.

La terre tremble devant lui; il s'abaisse devant Dieu, lui fait hommage de sa victoire, et il en reçoit en échange quelque chose de plus rare, de plus difficile, de plus grand que la victoire même.

Coulez, larmes généreuses, sur le sang qui a été versé; ce sang, le génie l'épargne, la vertu le pleure.

Relevez-vous, ennemi humilié, monarque déjà dépouillé et tant de fois battu en quelques jours.

Utile entretien, précieuses semences, puissiez-vous n'être pas perdues pour un prince né vertueux et personnellement digne d'une meilleure fortune !

Partez, Repnin, retournez à la tête des braves, plus honorés de leur défaite qu'ils n'ont jamais pu l'être d'aucun triomphe ; allez dire à votre maître quel noble adversaire il est venu provoquer de si loin et si gratuitement.

Oh ! pourquoi ce jeune Alexandre n'a-t-il pu recevoir à son tour de cette bouche victorieuse des renseignements salutaires, ineffaçables ! L'ombre du magnanime et infortuné Paul serait venue se placer entre eux ; et quel poids elle eût donné aux paroles de Napoléon, pour le bonheur du monde !

Messieurs, la vertu purement humaine a quelquefois des efforts admirables : mais cette constante sagesse, cette modération non démentie, cette infatigable longanimité, avouons que ces vertus appartiennent à un principe d'un ordre supérieur.

Attribuons-les avec franchise à l'esprit de la religion, et de la religion chrétienne ; elle seule a pu inspirer tant de détails qui nous pénètrent de tendresse pour celui qui nous terrassait d'admiration.

Nous voulons que le monument où sa gloire sera consacrée soit durable comme elle, comme notre amour, transmis à nos derniers neveux.

Vous l'avez vu, les monuments religieux sont les seuls qui se soutiennent ou se relèvent ; les solennités religieuses, les seules qui ne se perdent jamais.

Tel est sans doute l'ordre d'en haut ; mais ce n'est pas par prévoyance seulement et par intérêt qu'il faut associer avec une étroite fidélité la reconnaissance à la religion.

C'est par la reconnaissance même que nous devons à cette religion, et qu'il serait aussi injuste de ne pas s'avouer à soi-même, qu'il serait impolitique de s'en interdire l'aveu authentique.

Observez et voyez que l'esprit du christianisme s'est tellement insinué dans toutes les habitudes de la vie et dans tous les détails de la société moderne, qu'il gouverne à leur insu ceux-là mêmes qui font l'imprudente profession d'en être les ennemis.

Tel qui n'est pas chrétien dans ses paroles, ni peut-être dans sa foi, l'est tous les jours dans ses mœurs, dans ses moindres actions, dans les mouvements spontanés de sa pensée.

J'entends me renfermer dans les développements nécessaires aux vues que je vous propose, et je dis :

C'est le christianisme qui, en nous délivrant de la tyrannie extrême, nous affranchit aussi de l'extrême adulation.

À quelque excès que nous portions nos hommages pour un de nos semblables, jamais nous ne nous arrêtons à lui, et notre encens s'ennoblit, s'épure et se légitime en s'élevant.

Édifier un temple, un monument à un autre qu'à Dieu ; l'en exclure, ou même ne pas l'appeler expressément en partage de notre encens, c'est du paganisme, c'est de l'idolâtrie, ou c'est un vague stérile, une confusion d'idées indigeste et inexplicable.

Je sais qu'autrefois on élevait un temple, des autels à Auguste, à d'autres bien plus indignes encore.

Le plus méchant prince, s'il était habile, savait qu'il serait applaudi dans sa vie, déifié à sa mort, et il avait l'exemple de ses plus détestables prédécesseurs.

Que résultait-il de ce système, ou plutôt de cette absence de tout système ?

Une abjection pour l'humanité, dont les temps modernes n'offrent heureusement plus d'exemples :

Un orgueil, une tyrannie, une démence sur le trône, auxquels les pires excès de princes les plus abandonnés ne présentent plus rien de semblable.

Un Caligula parricide et incestueux pouvait-il être repris au nom de ses dieux incestueux et parricides, au nom de lui-même qui allait le devenir, et de Tibère qui l'était déjà ?

La liberté, la vérité, au contraire, se réfugieraient encore dans nos temples chrétiens, si elles n'avaient point d'autre asile sur la terre, et les philosophes viendraient y adorer leurs derniers oracles.

Leur asile y sera inexpugnable tant que les princes feront profession ouverte du christianisme.

Observons donc d'honorer spécialement les rois dans le seul lieu de la terre où l'on dira toujours la vérité aux rois.

C'est là que la leçon est toujours à côté de l'hommage.

C'est là qu'on leur commande au nom de Dieu d'écouter et d'être attentifs ; qu'on leur répète sans cesse d'être parfaits *comme le Père céleste est parfait*.

C'est là qu'un orateur sacré, devant la dépouille récente d'un prince chargé pendant quarante ans du nom de grand, commence par ces mots simples et sublimes : *Dieu seul est grand*.

C'est là qu'une fois l'année retentit aux oreilles les plus délicates et les plus superbes cet avertissement sévère : *Souviens-toi que tu es homme et poussière, et que la poussière t'attend*.

Dans cet état mitoyen connu seulement dans les sociétés modernes, dans cet état dont l'indépendance et le bonheur sont des bienfaits du christianisme, on peut, humainement parlant, l'oublier ou le méconnaître en quelque sorte avec impunité.

Mais aux deux points extrêmes de la société, parmi ceux qui souffrent et ceux qui peuvent faire souffrir, il faut que la religion soit toujours présente et visible, ici comme espoir, là comme crainte.

Aussi la masse populaire et ceux qui gouvernent s'entendront toujours, se répondront et se rallieront sans peine au nom de Dieu.

J'insiste donc sur ce point, que l'hommage principal soit décerné là où Dieu sera et où il recevra lui-même le premier encens.

Vous me direz : Dieu est partout, je le sais ; mais les vérités les plus communes, comme les idées les plus sublimes, s'évaporent promptement si vous ne leur donnez un corps, si vous ne les attachez à des choses matérielles et sensibles.

Je n'exige pas que les trésors et les arts s'épuisent à élever un monument nouveau ; je suis trop impatient de jouir et de bénir.

Tous les temples chrétiens sont également propres à mon dessein.

Toutefois je n'ai garde de m'opposer à ce que vous appeliez à vous tous les efforts et tous les arts, soit pour achever, soit pour orner et consolider un édifice commencé ou presque parfait, pourvu qu'on voie le terme de l'attente, qu'on puisse fixer à peu près l'époque de la première solennité.

Un noble édifice commencé termine le beau point de vue du pont de la Concorde.

Une basilique superbe s'élève et domine Paris ; elle semble appeler le Français et l'étranger à ses solennités.

La douce Geneviève, antique patronne de la bonne ville, partageant ses tabernacles avec

Napoléon, si heureusement adopté dans le ciel et sur la terre, du haut de son dôme sacré, remplacerait heureusement pour l'Europe chrétienne le Jupiter qui tonnait du haut du Capitole sur le monde romain.

Des avenues, des places, des embellissements faciles à exécuter, joindraient cette majestueuse basilique au palais habité par le premier corps de l'État, et rapprocheraient les objets du culte sacré de ceux de la vénération sociale.

J'attends une objection.

Pourra-t-on, me direz-vous, effacer, anéantir d'affreux souvenirs ?

Je sais que, dans un temps qui menaça notre existence, et qui pèse encore sur notre pensée, ce fut peu d'avoir diverti ce monument sacré à des usages profanes, d'y avoir porté les cendres de deux hommes, flambeaux de leur siècle, mais flambeaux qui brûlèrent souvent en éclairant quelquefois. Autant les âmes religieuses avaient gémi de voir cette alliance d'une célébrité toute mondaine avec la gloire modeste d'une vierge pure, autant ces deux nouveaux habitants du Panthéon s'indignèrent quand on approcha de leurs dépouilles celle d'un monstre exécrable aux yeux de l'humanité et de la raison.

Mais quoi, est-ce donc le seul temple qui ait été profané ? et quelle partie de nos cités serait sans tache, si une mémoire implacable voulait rappeler tout et toujours ?

Les hommes foulent partout le théâtre de leurs erreurs et de leurs crimes, et si l'indulgence ne couvrait pas la terre, elle serait depuis longtemps inhabitable.

Je sais bien que si nous avions échoué dans la tentative de notre indépendance et de nos grands changements politiques, que si nous étions retombés vaincus et désarmés sous le joug de ceux qui nous menaçaient alors et qui nous flattent aujourd'hui, je sais bien qu'éternellement les crimes de quelques hommes auraient été reprochés à tous, que la moitié de la nation aurait été, sans fin, sans terme, traitée en complice des scélérats qu'elle avait le plus détestés.

Le ciel et la victoire en ont autrement décidé.

Je ne dis pas que la gloire ait tout absous ;

Mais elle a préparé les voies de la justice, elle a imposé silence à cette malveillance extensive qui versait sur tous l'ignominie d'un petit nombre.

Déjà les exercices d'une intéressante et studieuse jeunesse ont fait retentir, ont purifié cette enceinte.

Que des mains habiles la raffermissent et la décorent ;

Qu'elle ne soit pas plus longtemps sans usage, et pour ainsi dire inconnue au milieu de Paris ;

Qu'elle s'agrandisse au gré de nos nouvelles pensées, qu'elle s'ouvre aux fêtes napoléennes, à ce concours de la France et de l'Europe qui viendront rendre grâce au ciel protecteur et aux vainqueurs d'Austerlitz, instrument de la délivrance de l'Europe.

Il n'y a pas encore beaucoup d'années que nos premiers magistrats se montraient à nos fêtes publiques dans un triste isolement ou accompagnés d'un cortège presque imperceptible de ministres de paix, interprètes et liens des nations.

À quelle distance nous sommes de ces temps ! Au milieu de la conflagration de l'Europe, la moitié de ses habitants, la moitié de ses gouvernements aime à reconnaître en nous cette suprématie, je ne dis pas d'orgueil et d'empire, mais celle qui s'exerce par les douces influences des arts et des mœurs.

Voyez déjà se grouper à nos premières fêtes, et peut-être avant que cette épée redoutable ait été déposée sur les autels, les ambassadeurs, les sujets :

Du loyal Castillan ;

Du brave Danois ;

Du Toscan, notre ouvrage ;

Du Batave fidèle ;

De cet allié dont le titre et les sentiments rappelleront dans l'histoire le nom fameux dans nos chroniques d'un ami de Charlemagne ;

De ses voisins, valeureux émules de nos soldats ;

De l'Helvétien vertueux ;

Du Lusitanien éclairé sur ses intérêts véritables.

Nous y verrons les sujets de l'héritier du grand Frédéric, tant que la sagesse sera assise avec lui sur le trône.

Il se souviendra qu'il est chargé du poids d'une monarchie dont la puissance est moins l'ouvrage de la nature que l'édifice des hommes. Le second de ses rois la fonda en abusant de sa vertu ; le troisième l'éleva en abusant de son génie : un seul mauvais conseil peut la ruiner sans retour.

Puisse une paix que nous désirons sans impatience, mais surtout que nous voulons solide et durable autant que nous avons droit de l'exiger glorieuse, pour nous décider à l'échanger contre une guerre si belle ;

Puisse, dis-je, cette paix que nous fait souhaiter l'intérêt général de l'humanité bien plus que l'intérêt particulier de la France, ramener au concours de nos fêtes européennes tous les peuples de cette Germanie dont nous aimons à nous rappeler l'antique fraternité !

Que les Hongrois, les Polonais, tous ceux qu'une douce sympathie rapproche de nos mœurs et de nos manières, y paraissent bientôt.

Vous n'en êtes point exclue, portion européenne du vaste empire des czars, qu'une influence trop perverse et une crédulité trop aveugle a rendu notre ennemi.

Nous vous avons maudits, nous vous avons appelés barbares, non à cause du degré de latitude que vous habitez, nous ne sommes pas insensés à ce point ; mais à cause de ces excès dont vous êtes honteux vous-mêmes, qu'il faut corriger dans une grande portion de vos peuples, au lieu d'en affliger l'Europe à qui vous devez le bienfait de la politesse, et sur qui vous déchaînez la férocité.

Réveillez-vous, et songez que cette barbarie dont vous rougissez, l'Angleterre paie pour l'éterniser. Cela seul vous avertit assez.

Faut-il donc désespérer de te voir jamais réunie dans les mêmes intérêts, dans les mêmes sentiments que le reste de l'Europe, aveugle Angleterre?

Est-ce donc cet esprit d'industrie et de commerce qu'on a peint si doux et si pacifique, si ami de tous les hommes et de tous les peuples, qui t'inspire ces fureurs, qui te dicte ce funeste appel à la barbarie ?

Ou les sages nous ont bien trompés sur l'influence de l'esprit de commerce, ou tu le corromps étrangement en le confondant avec l'empire.

Mais quoi ! tu affectes un empire plus noble, une gloire plus pure, celle des lettres, des arts, de l'excellence des grandes polices sociales ;

Et cependant tu veux couvrir l'Europe de ténèbres et de misères?

Tu ne songes pas qu'en immolant tes rivaux tu ferais disparaître tes appréciateurs.

Tu ne veux donc plus qu'il y ait des peuples qui puissent être touchés de ta grandeur!

Combien ton orgueil est ennemi de ta gloire!
Ta gloire pourra-t-elle périr qu'elle n'entraîne
ta richesse et ton existence même?

Tout succombera sous les armes affreuses que
ton gouvernement aiguise.

Si, au lieu de porter par les canaux du commerce les arts et les vertus de la société aux Tartares et aux Cosaques, tu les achètes brutes et féroces pour les lancer sur l'Europe civilisée, si tu parviens à leur livrer les descendants des Gaulois, des Romains, qu'auras-tu fait, qu'en résultera-t-il pour ton gouvernement et pour toi?

Si tu fais couler sous le fer de ces hordes barbares tout le vieux sang de l'Europe, alors tremble, population insensée,

De ce sang déplorable,
Tu mourras la dernière et la plus misérable (1).

Mais cette punition tardive coûterait trop au monde.

Un châtiment plus prochain menace ton obstination cruelle.

Déjà, comme un premier et fatal présage des revers qui t'attendent, ton plus intrépide homme de mer, ton grand Nelson (car nous savons rendre justice à nos ennemis), ce héros dont la guerre avait dévoré la moitié, vient d'achever de mourir avec autant de gloire sans doute qu'il avait vécu; mais il a frémi en mourant de trouver la victoire si terrible, et de la laisser encore si incertaine.

Ici la foudre tombe sur tes alliés; là les fleuves se déchaînent pour arrêter leur marche.

Le ciel t'avertit toi-même par la voix des tempêtes.

Sur cent lieues de côtes, tes flottes, tes transports, tourmentés, submergés, ou vont échouer sur tes propres rivages, ou s'abîment sur nos récifs.

Les restes de leurs équipages viennent embrasser, nus et suppliants, les sables de ce continent qu'ils menaçaient tout à l'heure en dominateurs et en maîtres (2).

Sois attentive à ces hautes leçons, entends les malédictions de l'Autriche, profite de son exemple.

Et nous, en attendant la résipiscence de nos plus cruels ennemis, que nous préférerons toujours à leur ruine, allons au-devant de celui qui rendra cette ruine inévitable, si on ne fléchit sa juste vengeance.

Marchons à sa rencontre, le laurier dans une main, le chêne dans l'autre, et que seul il décide à quel instant il y devra joindre l'olivier.

Cependant appelons tous les arts pour donner un corps à nos sentiments, à nos pensées, pour animer, ton grand vivifier ce monument que nous voulons remplir de sa gloire.

Je dépose sur le bureau un projet conforme aux idées que j'ai eu l'honneur de vous soumettre.

Art. 1er. Le peuple français consacre dans une basilique nationale la mémoire, les monuments et les trophées de la journée d'Austerlitz et de la campagne terminée par cette victoire européenne.

Art. 2. Lors de la paix générale, l'épée que portait Napoléon Ier à cette bataille sera déposée, avec une pompe religieuse, civile et militaire, dans cette basilique, pour y être prise dorénavant avec la même pompe, par l'Empereur des Français, toutes les fois qu'il se mettra à la tête de ses troupes, et y être replacée avec les mêmes cérémonies après la victoire et la paix.

Art. 3. Dans cette basilique, seront inscrits en bas-relief et en bronze les bulletins de la grande armée, les noms de tous les officiers généraux et supérieurs qui la

commandaient, de tous les corps qui la composent, des braves qui ont péri pendant la campagne, de tous ceux qui ont été blessés, de tous ceux qui ont reçu des marques d'honneur, et le nom de tous les membres des grands corps de l'État à l'époque où le présent vœu sera adopté.

Art. 4. Chaque année, le 15 août, jour anniversaire de la naissance de Napoléon le Grand (2), sauveur de la France et de l'Europe, sera pour tout l'Empire le jour d'une grande solennité religieuse, civile et militaire.

Art. 5. A cette solennité, dans tous les départements, seront lus publiquement les noms de tous les conscrits qui seront sous leurs drapeaux, les récits de leurs belles actions, et on témoignera à leurs parents la satisfaction de la patrie. Seront lus également les noms de ceux qui n'auront pas rejoint leurs drapeaux; ils seront déclarés morts à l'honneur, et on témoignera à leurs parents l'affliction de la patrie.

Art. 6. Tous les trois ans cette solennité prendra le nom de grande fête européenne. Des jeux solennels seront célébrés en l'honneur de Napoléon Ier, sauveur de l'Europe; de grands prix seront distribués à tous les arts, à tous les talents, à toutes les sciences, à toutes les vertus dont l'Europe civilisée s'honore. Cette fête sera présidée par l'Empereur des Français. Les hommes recevront les prix de sa main; les femmes de la main de l'Impératrice. Tous les ambassadeurs étrangers seront invités à cette cérémonie, tous les peuples du continent de l'Europe seront admis à ce concours.

Art. 7. La première solennité annuelle et la première grande fête triennale auront lieu le 15 août prochain. Le Tribunat vote que le Gouvernement veuille bien veiller au mode et aux détails d'exécution des articles du vœu ci-dessus exprimé.

Duveyrier. Messieurs, lorsque l'enthousiasme exalte tous les esprits, soulève et confond toutes les pensées, remplit tous les cœurs des plus vifs transports, et tous les yeux des plus douces larmes, c'est une tâche bien honorable, mais bien difficile, d'exprimer ce que l'expression ne peut rendre.

Mes collègues, c'est notre devoir et notre bonheur.

Les Constitutions de l'Empire ne donnent qu'à nous le droit heureux, n'imposent qu'à nous l'obligation glorieuse de proclamer le vœu du grand peuple sur la gloire du grand Empereur.

Il ne peut être digne de l'un qu'il ne soit digne de l'autre, sublime comme son génie, immense comme son bienfait, majestueux et durable comme sa renommée.

Pourquoi l'admiration et la reconnaissance qui, dans le sentiment, s'élancent au delà des bornes matérielles, sont-elles forcées, dans l'expression, de s'agiter faiblement dans le cercle étroit des possibilités humaines? Pourquoi l'imagination n'a-t-elle que des fables et des prestiges? Les illusions majestueuses d'Homère et d'Ossian ne peuvent-elles se réaliser pour le grand homme qui en a surpassé les merveilles? Que n'est-il donné aux nations magnanimes et reconnaissantes de transformer en trône immortel ce nuage d'or et d'azur, qui balance le héros entre le ciel dont il est le bienfait, et la terre dont il est le bienfaiteur?

Il est pénible de renoncer à ces images héroïques, qui seules peuvent satisfaire les délires de l'allégresse et de l'affection. Il est pénible de retomber dans l'impuissance des réalités, et de n'y trouver pour moyens que l'industrie et la force des hommes, pour guide que leur exemple, et pour langage que leurs expres-

---

(1) Racine, *Phèdre.*
(2) Pont de Prag (Pologne) emporté; mort de Colloredo: tempête de la Manche.

---

(1) M. le maréchal Pérignon, dans son discours au Sénat, a indiqué le surnom de *prédestiné.* Il ne faut pas beaucoup de réflexion pour être frappé du bonheur de cette épithète: elle convient en effet d'une manière bien spéciale à celui qui finit une révolution, commence une dynastie, relève les autels, etc., etc. Le nom de grand a été prodigué et quelquefois même prostitué.

sions trop souvent corrompues par la flatterie, et toujours épuisées pour des circonstances moins éclatantes.

Et, dans cet état de faiblesse, encore faut-il accorder toute indulgence, et je l'implore pour moi-même, aux écarts que l'ivresse des sensations arrache aux froids calculs du projet et de l'exécution.

J'adopte l'érection d'un monument qui retrace aux siècles les plus reculés les actions mémorables de Napoléon et le prodige de ses derniers exploits.

Parmi les monuments de l'antiquité, ceux qui nous offrent presque l'image de l'immortalité sont les pyramides.

Mais leur existence, dont le commencement se perd dans les ténèbres du temps, leur forme intérieure, l'immensité du travail, l'ignorance absolue sur leur objet, les mœurs des Égyptiens, tout ne nous donne sur elles que des idées de servitude et de mort.

Les statues étaient, dans ces derniers temps, devenus parmi nous une espèce de compliment périodique, sans motif comme sans expression, et pour chaque successeur au trône, sans distinction, une espèce de droit : de manière que le roi le plus inhabile était, en ce genre, mieux traité que le meilleur des rois.

J'adopte donc, comme partie principale du monument à ériger, l'idée que j'ai trouvée parmi le plus grand nombre de mes collègues, l'idée d'une colonne triomphale.

Je ne désire pas qu'un concours soit ouvert pour régler la forme et les dimensions de cette colonne.

Les épreuves faites dernièrement sous nos yeux, et comprimées par la pusillanime témérité qui a voulu s'écarter du modèle, n'ont contenté personne, et ont prouvé seulement que ce modèle, fruit des sublimes conceptions d'Apollodore, était ce que l'homme en ce genre peut inventer et produire de plus beau, comme dans la sculpture et la peinture, l'Apollon et la Transfiguration sont au-delà des plus présomptueux efforts.

Artistes français! si je suis intimement convaincu, et si je déclare ici hautement que vous êtes capables d'égaler ce chef-d'œuvre, acceptez cet hommage de mon estime et de l'opinion où je suis que vous êtes parvenus au degré possible de perfection.

Ce modèle, formé de cinquante-six blocs de marbre statuaire, et haut de cent quatre-vingt-dix palmes, existe encore tel qu'il a été construit, sans autre altération que celle qui lui fut imposée dans les temps modernes, par la volonté des hommes. Dix-sept siècles l'ont salué avec respect, malgré les convulsions de l'Empire, les ravages des barbares, et l'action corrosive du temps et du climat. Il est impossible de dire combien de siècles doivent le respecter encore.

Tout le monde sait que cette admirable colonne était surmontée de la statue colossale de Trajan, que les contours de son fût représentent en bas-reliefs les guerres et les triomphes de cet empereur contre les Daces et les Parthes; et que les quatre faces de son piédestal sont aussi des trophées en bas-reliefs, composés des armes des enseignes et des instruments de guerre des nations vaincues.

Je désire donc que la forme et les dimensions de notre colonne triomphale ne restent point indécises, et que l'arrêté du Tribunat lui applique les formes et les dimensions de la colonne trajane;

Qu'elle soit construite en marbre blanc statuaire, des carrières de Carrare, si les carrières

nationales n'en peuvent fournir d'une égale beauté;

Qu'elle soit couronnée par la statue colossale de l'Empereur Napoléon;

Que la sculpture représente en bas-reliefs, sur toutes les surfaces du contour, ses actions mémorables;

Que les quatre côtés du piédestal soient réservés aux miracles de la dernière campagne, la journée d'Ulm, la prise de Vienne, la victoire d'Austerlitz, et la conférence des deux Empereurs dans le bivouac de l'Empereur des Français.

Mais j'ose présenter et dire que l'érection de cette colonne triomphale ne suffit, ni à l'ensemble des principes et des combinaisons de l'art, ni à l'ensemble des grands souvenirs que doit consacrer le vœu du peuple français dans cette circonstance nouvelle.

Je vais m'expliquer en peu de mots.

Dans les combinaisons de l'art, une colonne n'a jamais été qu'une partie, un embellissement, un centre de l'édifice ou du monument consacré. Si quelques villes modernes, comme Londres, ont élevé des colonnes isolées, c'est une faiblesse, une imperfection, que le génie de l'art libre et puissant désavoue.

La colonne trajane, aujourd'hui pressée de masures, et presque adossée à une petite église, a été construite au milieu du grand forum de Trajan.

Le forum était l'espace carré ou circulaire qu'environnaient les édifices, dont l'ensemble composait son habitation impériale, son palais, ses thermes.

Ces admirables sculptures, ces trophées qui, après avoir orné pendant longtemps le château de l'Acqua Martia, ont été transportés au capitole; ces sculptures étrangères à la colonne trajane, mais consacrées à Trajan, attestent encore qu'elles embellissaient quelques parties de son palais ou de ses thermes.

La colonne Antonine, belle, mais imparfaite copie de la première, parce que moins d'un siècle après, l'art commençait à décliner, subsiste encore, voisine d'une façade à demi ruinée de la basilique d'Antonin, avec laquelle elle se coordonnait sans doute dans l'ensemble des édifices consacrés à cet empereur.

O gloire des Romains! elle éclate encore; elle est gravée sur la poussière des derniers débris de leurs magnificences.

Le Sénat et le peuple élevaient aux empereurs des statues, des arcs de triomphes, des colonnes, des temples. Les empereurs donnaient au peuple des cirques, des spectacles, des thermes.

Qui n'a point admiré les restes imposants de Dioclétien, de Nerva, de Titus, de Caracalla surtout, dont les murs retracent encore dans une vaste enceinte tous les édifices destinés à la religion, aux sciences, à l'exercice, aux délassements; des gymnases, des bibliothèques, des académies, plusieurs temples, ces bains immenses où trois mille cuves de rouge d'Égypte recevaient le peuple romain, et cet aqueduc construit dans une étendue de quinze milles, tout exprès pour fournir de l'eau à ce superbe monument?

Quel peuple! sa volonté était son premier moyen de puissance; il faisait parce qu'il voulait faire.

Nous ne pouvons prétendre à tant de merveilles, j'en conviens, pour dix ans, pour un siècle : mais ce langage, qui tous les jours afflige l'admiration jalouse, étouffe l'émulation et irrite la fierté nationale, conduit aussi tous les jours à des entreprises, ou du moins à des projets sans convenance et sans proportion avec la puissance de la grandeur de la nation.

Les Romains disposaient des marbres de l'Egypte et de la Grèce.

Mais ceux de France et d'Italie sont aujourd'hui connus et suffisent ; mais les moyens de transport sont plus faciles et plus sûrs. Des bords du Tibre aux portes du Louvre sont arrivées, sans dépense notable, des masses énormes dont vous verrez bientôt s'embellir nos fontaines publiques.

Les Romains étaient le premier peuple du monde. Et que sont donc les Français au rang où Napoléon les place !

Commençons : imitons d'abord ; tâchons d'égaler. Nos neveux surpasseront peut-être.

Commençons : jamais l'occasion ne se présentera plus belle et plus légitime.

Notre colonne ne sera point isolée au milieu d'une place déserte, sans décorations, sans édifices analogues, ou, ce qui serait moins convenable, entourée de maisons particulières.

Je crois pouvoir présumer que votre intention est de l'environner d'édifices qui répondent à l'ordre de son architecture, à la majesté de sa construction, et qui complètent le monument.

Il convient aussi, ce me semble, de compléter la consécration de tous les grands souvenirs que cette époque nouvelle attache à la gloire de l'Empereur et Roi, et au vœu du peuple français.

Vous avez déjà, dans ce que je viens d'entendre, la majestueuse destination de cet édifice ou de ces édifices ; l'art doit être le seul maître de l'ordonnance.

Ce monument sera nommé palais, thermes, cirque, colisée, basilique. La dénomination est indifférente.

C'est là que seront convoquées les grandes réunions et célébrées toutes les solennités civiles, militaires et religieuses, relatives à la conservation, à la prospérité, à la gloire de l'Empire.

C'est là que seront gravés les récits, exposés les tableaux des victoires de la grande armée, et placées les images chéries de ses héros.

C'est là enfin, comme l'un de nos collègues en a donné l'heureuse idée, que se fera la distribution solennelle des grands prix déjà promis aux sciences et aux arts, et que tous les dix ans l'Empereur doit décerner lui-même.

Ces solennités seront appelées jeux, fêtes, grands jours, jours solennels. Mais, dans tous les cas, je pense qu'on voudra les éterniser par le nom du grand homme à la gloire duquel ils seront consacrés.

Je ne désire ajouter à cette grande institution qu'un caractère, une application sans laquelle, il me semble, on n'aurait pas rassemblé dans l'acte commémoratif toutes les conséquences de la victoire, tous les ornements du triomphe, tous les rayons de l'auréole du triomphateur.

La victoire d'Austerlitz a fondé une époque nouvelle, non pour la France seulement, mais pour l'Europe continentale.

Cette époque se signalera dans la postérité par deux résultats nouveaux, d'un intérêt commun et d'une égale conséquence pour le continent européen.

Les barbares du Nord repoussés et contenus pour longtemps encore dans leurs déserts glacés : L'Europe entière proclame ce premier résultat, ce premier bienfait, et surtout les peuples plus voisins de ces hordes presque sauvages, qui n'ont pu perdre, comme nous, ni le souvenir ni la crainte de leurs invasions ; et surtout les infor-

tunés habitants de ces régions aujourd'hui couvertes de leurs ravages et de nos trophées, blasphémant un allié féroce, et bénissant un ennemi libérateur.

Et ce grand résultat ne peut être indifférent au midi de l'Europe ; non que ces armées d'hyperboréens rassemblées contre la France sur les bords du Danube et de la Méditerranée, pussent ébranler ses destinées : encore bien, comme l'a dit un bulletin de la grande armée, qu'ils auraient leurs tentes sur la butte Montmartre.

Mais chaque page de notre histoire atteste que la première entreprise des premiers peuples du Nord, sortis de leurs repaires pour fondre sur de plus riantes contrées, fut pour tous les autres un appât, un exemple entraînant, et pour nos ancêtres un avertissement funeste et trop méprisé.

Quel tableau que celui de ces hordes innombrables s'élançant l'une sur l'autre, des cavernes du Nord pour dévorer les moissons du Midi !

Que d'efforts, que de combats, de convulsions et de ravages dans la Germanie avant la dévastation générale des Gaules, dans les premières années du cinquième siècle !

Si l'on calcule les conséquences possibles d'un événement contraire à celui que nous célébrons, et si l'on pèse dans l'avenir l'enchaînement probable des causes et des effets dans les sociétés humaines, on peut affirmer que les campagnes d'Austerlitz seront pour nos neveux ce que sont pour nous les plaines de Poitiers et les camps de Catalauniens.

Le second résultat, moins éclatant peut-être et moins remarqué, est plus direct, plus sensible à l'existence commune, aux intérêts communs de la population continentale.

Depuis leurs établissements dans les Indes, pour s'assurer l'entière possession de ces riches et vastes contrées, et tous les avantages de ses immenses produits, les Anglais ont voulu l'empire des mers et le commerce du monde.

La France seule pouvait disputer. Pour l'écarter, l'Angleterre n'avait que de l'argent, et cet argent ne pouvait servir qu'à acheter la France elle-même, ou contre la France le reste du continent.

Le premier système était employé avec succès depuis longtemps, avant la Révolution.

Je n'écris point un traité historique, je rappelle des faits connus.

De là l'espionnage, l'intrigue dans nos conseils et dans nos bureaux, la vénalité de certains ministres, la turpitude des derniers règnes, l'avilissement de la France.

La Révolution étant venue déployer tout à coup et diriger toutes les forces de l'Empire, et surtout lorsqu'à ces forces imposantes vint se joindre la force invincible de Napoléon, il fallut renoncer au premier système et recourir au second.

De là le continent presque entier soulevé trois fois contre la France ; de là les complots, les trahisons, les assassinats, la corruption des cabinets étrangers, l'erreur des rois, l'aveuglement des peuples, les guerres continentales.

Ce système affreux, caché pour la moitié de l'Europe sous des amas d'or et d'argent britanniques, la victoire d'Austerlitz l'a tout à coup révélé à l'Europe entière ; ce miracle a déchiré le voile sombre et sanglant qui s'étendait des bords du Rhin à ceux du Volga, des bords du Danube à l'Adriatique. Les peuples sont détrompés, et les monarques éclairés.

L'un deux, retournant dans ses lointains États, déclare qu'il ne se mêlera plus des affaires de l'Angleterre.

L'autre, plus directement intéressé, et plus fortement convaincu, avoue que l'or de l'Angleterre a été le poison et la ruine du continent.

La vérité s'est élancée sur les ailes de la victoire; elle a parcouru le continent européen; elle a découvert à tous ses habitants les perfides auteurs de leurs guerres intestines, et dans leur véritable intérêt, leur ennemi véritable, le tyran de leur industrie et de leur commerce.

Elle leur a montré, dans les conséquences, les guerres continentales désormais impossibles, ou des débats, s'il faut en prévoir encore, partiels et incapables d'ébranler l'existence et de troubler l'équilibre.

Un nouveau lien a rapproché et réuni l'Europe continentale.

Ce résultat glorieux, ce bienfait mémorable ne peut être oublié dans un monument, dans une institution consacrée à la gloire du vainqueur et du bienfaiteur.

Et je crois digne de la magnanimité du peuple français d'admettre au souvenir et à la célébration périodique de ce grand événement, tous ceux qui doivent en partager avec lui le précieux avantage.

Le moyen que je propose est simple, facile, conforme aux mœurs du peuple le plus affectueux et le plus hospitalier, et calculé sur les droits réciproques de l'indépendance politique.

Je voudrais seulement que tous les étrangers continentaux, amis de la France, fussent admis au concours, et, par députés choisis, à la distribution des grands prix donnés tous les ans par l'Empereur lui-même, et à toutes les solennités des grands jours.

Quel que soit le sort de cette dernière proposition, je me flatte que son intention du moins plaira au sentiment universel qui rassemble aujourd'hui tous les éléments de gloire pour le triomphe du grand homme accordé au bonheur de la génération présente.

Et quelle que soit la disposition que le Tribunat trouve convenable d'adopter, je suis persuadé d'avance que son vœu remplira les vœux du peuple français, si toutefois les œuvres les plus éclatantes de l'amour et de la reconnaissance peuvent égaler les prodiges qu'elles doivent consacrer.

J'appuie la proposition de voter l'érection d'un monument à la gloire de Napoléon le Grand, empereur des Français et roi d'Italie.

J'appuie les propositions diverses de composer ce monument d'une colonne triomphale, et d'un ou plusieurs édifices analogues et correspondants.

Je propose que la colonne soit construite sur le modèle exact de la colonne trajane, surmontée de la statue colossale de l'Empereur, et ornée de sculptures représentant, sur les contours de son fût, les actions mémorables de la vie de Napoléon, et sur les faces de son piédestal les principaux événements de la dernière guerre.

Je propose que, dans l'enceinte de ce monument, soient placés les récits des exploits de la grande armée, les noms de ses braves, et les images de ses chefs.

Je propose que, dans la même enceinte, soient distribués les grands prix déjà institués par l'Empereur lui-même, et célébrées à la même époque, des solennités civiles, militaires et religieuses en mémoire du grand événement.

Je propose enfin qu'à ces concours, distribution et solennités, soient admis les étrangers continentaux, amis de la France, et ce suivant ce qui sera réglé et ordonné par Sa Majesté l'Empereur et Roi.

Fréville. Messieurs, entraînés par la reconnaissance et l'admiration, vous cherchez à solenniser les témoignages de ces deux sentiments. Vous venez d'en entendre à plusieurs reprises l'expression éloquente; ils ont inspiré toutes ces propositions, et nobles et touchantes, entre lesquelles vous demeurez incertains. Si votre choix n'est pas encore arrêté, si j'ose moi-même solliciter votre attention pour très-peu de moments, c'est d'après une disposition qui nous est commune. Chacun de nous, découvrant l'immensité de tant de gloire, et obligé de s'avouer que toutes les formules, toutes les cérémonies, tous les monuments ne sauraient être que d'impuissantes tentatives pour bien rendre les transports de la France. Chacun de nous est également disposé à accueillir tout ce qui porte le caractère de l'amour et du respect envers Napoléon, et à s'interroger encore sur de nouveaux moyens de témoigner le respect et l'amour que tant de miracles ont portés dans tous les cœurs français au plus haut degré d'exaltation.

Mais cet embarras même, mes collègues, est une sorte de résultat. Une partie de votre vœu s'accomplit pendant que vous balancez entre les idées justes et grandes qui se disputent l'honneur de le fixer. Il n'est peut-être pas téméraire de le proclamer digne de l'Empereur, cet hommage que vous lui rendez, ne dois-je pas dire à votre insu? par votre indécision sur les mesures les plus convenables pour honorer dignement son génie! Vous prouvez déjà combien vous vénérez le héros du dix-neuvième siècle, lorsque vous pressentez que rien ne pourra satisfaire complétement l'exigence de votre zèle, les délicatesses de votre enthousiasme.

Votre détermination ne serait pas difficile, Messieurs, si vous ne deviez vous rendre les organes de la gratitude nationale qu'envers un monarque dont la grandeur se bornât à égaler ceux à qui l'histoire a décerné le titre de grands. Alors, ou une victoire signalée, ou un traité mémorable, ou quelque acte, soit d'une législation éclairée, soit d'une administration habile, décideraient bientôt le caractère de l'hommage qu'il faudrait rendre, du monument qu'on pourrait voter. Elle n'est pas douteuse la cause de la difficulté que nous éprouvons; pour la reconnaître, il ne faut que prêter l'oreille à ce concert de louanges et d'acclamations qui s'élèvent de toutes parts au nom de Napoléon.

Celui qui avait érigé tant de trophées sur les monts de la Ligurie, sur les rives de l'Adda, de l'Adige, du Tagliamento, du Nil, du Jourdain, et dans les champs de Marengo, ne connaissait plus de rival dans l'art de la guerre; mais voilà qu'il vient de se frayer des routes nouvelles pour déposer lui-même ses propres triomphes. Il ôte à la guerre ses chances et presque ses combats; il asservit tous les événements aux combinaisons de son génie. Les intérêts de sa gloire se confondent avec les vœux de l'humanité; la guerre passe si rapidement qu'elle ne foule aucun des peuples dont elle traverse le territoire; de nombreuses armées sont détruites sans effusion de sang. Lorsqu'enfin il faut fixer l'opinion et les destinées du monde en combattant cette formidable réserve de la coalition, le génie exerce avec plus de force que jamais son invincible ascendant. On croirait voir un de ces phénomènes qu'atteste l'histoire naturelle; à peine l'aigle de la France attache ses regards sur les ennemis qu'ils sont irrésistiblement attirés à leur perte, et sur le champ de bataille choisi pour la consommer. Est-ce là chercher la victoire? N'est-ce pas plutôt la décréter? Entre l'Empereur et la coalition tout est décidé en moins de temps qu'il n'en faut ordinairement pour conduire une négociation des articles préliminaires au traité définitif, ou pour faire arriver à un résultat légal la moindre contestation entre des particuliers.

Quand il s'agit d'hommages, de monuments, ne devons-nous pas être jaloux de prouver à nos contemporains et à la postérité que nous n'avons pas été témoins aveugles de tant d'exploits? Ne devons-nous pas marquer profondément notre admiration pour ce nouvel art de la guerre, puisqu'il place au-dessus de tous les grands capitaines le héros créateur qui vient d'en donner la première leçon?

Mais, Messieurs, le même génie a deux fois sauvé la civilisation. D'abord il assura l'indépendance et la tranquillité intérieure de la France, qui joue un rôle trop important dans le système général pour n'en avoir pas entraîné la décomposition par sa chute, si elle avait dû tomber par l'anarchie ou le démembrement. Plus récemment, nous l'avons vu opposer son égide à l'irruption de ces peuples qui, par le genre même de leur bravoure opiniâtre, mais inhabile, se montrent bien moins avancés dans la civilisation que les armées françaises, dont les mouvements sont rapides autant que leur courage est bouillant, dont les chefs sont habiles dans le commandement autant que les soldats sont audacieux dans l'exécution, et qui présentent dans toute sa perfection l'art auquel les sociétés civilisées ont dû recourir pour assurer leur existence entre les nations moins éloignées de la barbarie. Si elle a pu menacer l'Europe, c'est que le système politique avait subi trop d'altération pour qu'il ne fût pas nécessaire de le réparer. Déjà Napoléon en a préparé la restauration par l'attitude qu'il a fait prendre à la France; sans doute nous connaîtrons bientôt de nouveaux traités dont il n'appartiendrait qu'à une présomption ridicule de prédire les stipulations, mais qui étendront infailliblement leur influence sur un grand nombre de générations. Hé bien! Messieurs, ces vastes combinaisons, qui embrassent une partie de la terre et la série de plusieurs siècles, ne doivent-elles pas aussi être consacrées par l'admiration des peuples et par les monuments qu'élève leur reconnaissance?

N'exigerait-elle pas encore, la reconnaissance nationale qu'on rappelât l'immense bienfait d'une législation uniforme et analogue aux lumières de notre âge? À côté des plus brillantes victoires, des plus larges conceptions de la politique, on ne peut citer cette volonté ferme et éclairée qui a donné aux Français le *Code Napoléon*. Ce n'est pas dans cette enceinte qu'on sentirait faiblement la convenance de mêler à tant d'autres hommages un hommage distinct pour le héros législateur : ne vois-je pas ici plusieurs de ceux à qui leurs talents et leur expérience ont valu l'honneur de concourir le plus utilement à cet immortel ouvrage?

Messieurs, quel que puisse être votre choix entre les divers emblèmes de la gloire, vous allez demander aux arts d'être les interprètes de vos sentiments. Mais les arts, prêts à servir le sentiment national, ont aussi leur dette particulière à acquitter envers Napoléon. Ne doivent-ils pas à ses victoires leurs plus riches trésors? N'ont-ils pas reçu de son génie cette impulsion qui peut seule expliquer comment il arrive qu'au milieu même des embarras de la guerre, tous les travaux qui intéressent la splendeur ou la prospérité de l'Empire se soient poursuivis avec une activité qui aurait encore étonné dans les loisirs de la paix?

Jamais aucune fête ne fut troublée par des souvenirs de générosité; vous ne serez donc pas surpris de m'entendre compter parmi les bénédictions qui voudraient se perpétuer d'âge en âge celle des Français qui avaient presque cessé de l'être. Ils se trouvaient étrangers à la patrie à l'époque où l'on devenait si fier de lui appartenir. La patrie était partagée entre le désir de rappeler ses enfants et la crainte d'introduire avec eux les émissaires de ses plus cruels ennemis. Napoléon se constitua médiateur entre la prudence et les regrets, entre la France et ceux qui méritaient de lui être rendus. Plusieurs fois, dans les temps anciens et dans les siècles modernes, le retour des exilés fut célébré par leur gratitude. Oh! combien ils voudraient, ceux qui sont rentrés en possession du beau nom de Français, que l'expression de leur reconnaissance fût immortalisée!

Et vous, âmes religieuses, qui pleuriez sur la profanation de vos temples, parmi tous les titres dont se compose la gloire de Napoléon, lequel a le plus de prix à vos yeux? N'est-ce pas la restauration du culte de vos ancêtres? N'est-ce pas là le bienfait incomparable que vous voudriez, de préférence à tous les autres, redire à la postérité?

Oui, Messieurs, il est aisé, il n'est pas moins satisfaisant d'expliquer la variété infinie des propositions qui se multiplient dans le public, et au milieu de nous, à cette époque d'explosion pour l'amour et l'enthousiasme de la France. Elle est unanime dans les sentiments qu'elle porte à Napoléon, mais son génie et sa bonté sont tellement actifs, qu'il n'existe aucune classe de Français qui n'ait des actions de grâces spéciales à lui décerner. Chacun voudrait que l'hommage de la nation prît la nuance de l'hommage que son cœur aime le mieux à offrir.

Il est, si je ne m'abuse, un moyen bien simple de concilier tous ces sentiments, dont la douce rivalité est le plus noble panégyrique qu'un mortel ait jamais obtenu. Parmi les vertus, les bienfaits, les traits héroïques dont le grand nom de Napoléon réveille l'idée, quel que soit pour chacun l'objet de sa prédilection, suivant sa position ou son caractère, tous s'accordent pour bénir le jour qui a vu naître Napoléon. Qu'il prenne donc désormais, ce jour de bonheur et de gloire, l'éclat d'une fête nationale ; que tous les ans le peuple français fasse monter vers le ciel l'hymne de la reconnaissance, pour le plus beau présent que le ciel ait jamais accordé à la terre ; que, dans la capitale, cette cérémonie religieuse soit célébrée avec la plus grande pompe, et solennisée par le concours des premiers corps de l'Empire.

Dans le cas où cette proposition obtiendrait votre suffrage, je pense qu'elle devrait être pour vous le motif d'une démarche ultérieure auprès du Sénat. Il me semble que c'est à lui qu'il appartiendrait de solliciter de l'Empereur l'autorisation nécessaire pour que notre vœu, devenant aussi le vœu du premier corps de l'État, pût s'accomplir. Mais pourquoi m'arrêterais-je à vous prouver cette convenance? Votre approbation me devance, puisqu'il s'agit d'une nouvelle marque de déférence envers le Sénat. Vos respects sont acquis à ceux que Napoléon a salués du titre de sages de l'Empire, et votre reconnaissance n'oublie jamais que c'est leur suffrage qui vous a consacrés au service du monarque et de la patrie.

Messieurs, l'idée que je viens de vous soumettre a l'avantage d'être indépendante de l'adoption ou du rejet de toute autre. Je ne doute pas que vous n'accordiez votre assentiment à plusieurs de celles qui vous ont été présentées avec tant de charmes dans le cours de cette séance. Ne croyez-vous pas que votre choix sera plus facile et plus prompt s'il est préparé par une commission spéciale? J'ai l'honneur de vous en proposer la formation, ainsi que le renvoi à son examen des différents projets que vous avez entendus.

Je n'ajoute pas qu'elle sera invitée à faire son rapport séance tenante; le délai d'un seul jour serait-il supportable pour l'ardeur de votre zèle?

Permettez-moi, mes collègues, avant de quitter cette tribune, au milieu des émotions dont nous sommes pénétrés, de vous demander si l'époque à laquelle nous sommes parvenus ne nous autorise pas à faire un retour heureux sur nous-mêmes. Fidèles interprètes de l'opinion publique, témoins de tout ce que Napoléon faisait pour la prospérité de la France, nous avons dû commencer de bonne heure à le louer, nous avons dû le louer souvent; mais nous avons toujours rempli ce devoir avec la pudeur qui convient à des hommes faits pour se respecter, craignant de descendre à l'adulation, et s'adressant à une grande âme. Nous avons veillé avec austérité sur la mesure de nos paroles, pour qu'elles ne méritassent aucun reproche d'exagération. Désormais ne sommes-nous pas affranchis de toute sollicitude à cet égard? Irons-nous puiser dans l'histoire ancienne ou emprunter des temps modernes quelque comparaison? Elle restera toujours bien au-dessous de la gloire de l'Empereur. Ferons-nous usage des expressions les plus fortes, les plus animées? Elles ne seront jamais que des images faibles et décolorées de nos sentiments. Nous pouvons donc nous livrer à tous les transports de notre admiration, sans autre motif d'appréhension que l'impuissance de les exprimer; il nous est donc permis de nous écrier en hommage à la grandeur de Napoléon. A force de prodiges, il a rendu la flatterie impossible.

Le Tribunat ordonne l'impression de tous les discours prononcés dans cette séance.

Sur la proposition de M. Jard-Panvilliers, le Tribunat vote des remerciments à la députation qui s'est rendue auprès de l'Empereur pour le zèle et le dévouement avec lesquels elle a rempli la mission qui lui était confiée.

Faure fait un rapport au nom de la commission composée de MM. Faure, Girardin, Gallois, Albisson et Curée.

Messieurs,

La commission dont j'ai l'honneur d'être l'organe vient d'examiner les diverses propositions qu'a fait naître la plus juste admiration pour le héros du dix-neuvième siècle.

Jamais aucun peuple ne sentit aussi vivement le besoin d'exprimer sa reconnaissance. Jamais les talents et les arts n'eurent à s'exercer sur un aussi vaste champ d'honneur et de gloire. Ils vont être appelés à célébrer le plus beau siècle dont la France ait à s'enorgueillir. Ils diront à la postérité comment un seul homme étonna l'univers par l'immense étendue de son génie, par la rapidité de ses conceptions, et par la célérité non moins grande avec laquelle ses desseins furent exécutés, et toujours couronnés des succès les plus éclatants. Ils transmettront d'âge en âge les noms des braves qui luttèrent de zèle et d'ardeur pour suivre ses sublimes inspirations. Ils tâcheront de faire concevoir cette campagne de

deux mois, qui fut une suite non interrompue de triomphes, et finit par la victoire d'Austerlitz, victoire tellement décisive, que les résultats en sont incalculables. Peut-être un jour, si de nombreux monuments n'attestaient pas tant de merveilles, la postérité regarderait-elle comme fabuleux des récits puisés dans la plus exacte vérité.

Les idées heureuses que vous avez présentées, Messieurs, ont rendu l'examen de la commission extrêmement facile, et elle ne pouvait hésiter à les adopter.

La nation est impatiente de voir cette colonne surmontée de la statue du plus grand des héros, et que le peuple bénira comme les Romains bénirent celle de Trajan.

Avec quel transport d'admiration on contemplera l'image de cet être extraordinaire, dont les prodiges opérés dans sa jeunesse suffiraient pour illustrer la vie de plusieurs grands hommes!

Puisse aussi bientôt s'élever un édifice où les arts se disputeront l'honneur de rappeler aux siècles futurs cette foule d'événements mémorables qui efface l'éclat des plus brillantes époques de l'antiquité!

La commission désire comme vous, Messieurs, que dans cet édifice soit déposée l'épée de l'Empereur, ce glaive devant lequel disparurent les armées ennemies. Là se rassemblera le peuple pour être témoin des récompenses décernées aux services éminents rendus à la patrie, pour entendre l'éloge de ses plus zélés défenseurs; là, tous les objets qui s'offriront à ses regards élèveront son âme, enflammeront son courage et porteront tous les genres de vertus jusqu'au plus haut degré d'enthousiasme.

Il est encore un autre objet universellement réclamé; c'est l'institution d'une fête nationale pour célébrer l'anniversaire de la naissance de Napoléon. Ce sera la fête du peuple français, puisqu'il y trouvera l'occasion de présenter à son auguste chef un nouvel hommage de son amour et de son respect.

La commission a réuni toutes ces pensées pour en former un vœu qu'elle me charge de vous proposer en ces termes :

Le Tribunat exerçant le droit qui lui est accordé par l'article 29 des Constitutions de l'Empire ;

Considérant que des gages éternels de la reconnaissance nationale sont dus à un monarque qui fait la gloire et le bonheur de son peuple, et dont la vie offre un tissu d'actions héroïques ;

Qu'il n'est pas d'expressions qui puissent peindre l'étendue et la rapidité des prodiges opérés par Napoléon et les armées françaises, surtout dans cette campagne à jamais mémorable, terminée si glorieusement par la victoire d'Austerlitz ; que tant de sujets d'admiration et de gratitude doivent être transmis à la postérité par des monuments où tout rappelle de si précieux souvenirs ;

Emet le vœu ;

1° Que sur une des principales places de la capitale, il soit érigé une colonne surmontée de la statue de l'Empereur. Cette colonne portera pour inscription : *A Napoléon le Grand, la Patrie reconnaissante.* La place recevra le nom de *Napoléon le Grand.*

2° Qu'il soit élevé un édifice où soient réunis les chefs-d'œuvre des arts destinés à consacrer la gloire de Napoléon et des armées françaises.

Que dans ce monument soit déposée, avec l'appareil le plus pompeux, pour y rester pendant la paix, l'épée que l'Empereur portait à Austerlitz, et qu'elle en soit retirée avec la même pompe, si la guerre impose la nécessité d'en faire usage ;

que dans ce même lieu soient distribués les grands prix que S. M. doit donner, de sa propre main, aux productions du génie et de l'industrie nationale; qu'il soit également destiné aux actes solennels de la Légion d'honneur et de l'instruction publique.

3° Que chaque année l'anniversaire de la naissance de Napoléon soit célébré par une fête nationale, dont l'éclat soit digne d'un monarque si cher à son peuple.

La commission vous propose en outre le projet d'arrêté suivant :

Le Tribunat, pénétré d'une sensibilité respectueuse pour le don qui lui a été fait par S. M. l'Empereur et Roi, de huit drapeaux pris sur les ennemis de la France, et voulant perpétuer le souvenir du bienfait et de la reconnaissance ;

Arrête qu'il sera frappé une médaille en mémoire de l'inauguration de ces drapeaux dans la salle de ses séances.

Toutes les propositions de la commission sont unanimement adoptées.

La séance publique est levée.

Le Tribunat se forme immédiatement en séance secrète.

M. **Jard-Panvilliers** présente un projet d'adresse à S. M. l'Empereur.

« Sire,

« Vos fidèles sujets les membres du Tribunat « supplient Votre Majesté de recevoir avec bonté « l'expression de leur reconnaissance pour le « don qu'elle a daigné leur faire d'une partie des « drapeaux conquis par la grande armée. Ce « gage mémorable de votre bienveillance leur est « d'autant plus précieux, qu'il leur a fourni « l'occasion de célébrer les hauts faits des guer- « riers qui ont vaincu sous vos ordres, et les « prodiges par lesquels vous avez encore une « fois étonné l'univers.

« Sire, depuis longtemps le Tribunat se glo- « rifie de son dévouement à votre auguste per- « sonne; il s'enorgueillit aujourd'hui d'une mar- « que d'estime qui l'autorise à penser qu'il a « rempli ses devoirs envers la patrie et envers « Votre Majesté. C'est la récompense la plus ho- « norable de son zèle ; elle est un encouragement « aux efforts qu'il ne cessera de faire pour en « mériter de nouvelles.

« Le Tribunat a arrêté qu'une médaille perpé- « tuerait le souvenir du bienfait et de la recon- « naissance. »

La rédaction de cette adresse est adoptée.

La séance est levée.

FIN DE L'AN XIV.

ARCHIVES PARLEMENTAIRES.

TABLE CHRONOLOGIQUE

DU

TOME HUITIÈME.

TABLE ALPHABÉTIQUE ET ANALYTIQUE

DES

TOMES SEPTIÈME ET HUITIÈME.

EXPLICATION DES PRINCIPALES ABRÉVIATIONS EMPLOYÉES DANS CETTE TABLE :

(C. lég. Corps législatif. — S. C. Sénat Conservateur. — Trib. Tribunat).

A

AAS (*Basses-Pyrénées*). Voir *Aliénations* 42°.

ABOVILLE, sénateur. Membre du conseil d'administration du Sénat (t. VIII, p. 381).

ABRIAL, ministre de la justice. Prend part à la discussion du projet de Code civil au Conseil d'Etat (Voir *Code civil*, 2°). — Membre du conseil particulier du Sénat (t. VIII, p. 697).

ACHERY (Jacques). Voir *Concessions* 1°.

ACQUISITIONS. Embrun (*Hautes-Alpes*); Châteauroux (*Indre*); Laon (*Aisne*); Beaumont (*Ardennes*); Lure (*Haute-Saône*); Angoulème (*Charente*); Saverne (*Bas-Rhin*); Amiens (*Somme*).
Projet de loi (20 pluv. an XIII, t. VIII, p. 506 et suiv.) ; — rapport par Carret (*du Rhône*) (29 pluv., p. 661 et suiv.) ; — adoption (*ibid.*, p. 663).
Castel-Moron (*Lot-et-Garonne*); Montbrison (*Loire*); Valenciennes (*Nord*); Annonay (*Ardèche*); Arras (*Pas-de-Calais*); Boulogne (*Seine*); Bucey (*Haute-Saône*); Verceil (*Sesia*); Joinville (*Haute-Marne*); Aigle (*Orne*); Ammenancourt (*Marne*); Boudressy (*Moselle*); Bresles (*Oise*); Fregiecourt (*Haut-Rhin*); Marseille (*Bouches-du-Rhône*); Vergt (*Dordogne*); Cologne (*Roër*); Voillecomte, Chaumont (*Haute-Marne*); Brie-sur-Hyères (*Seine-et-Marne*); Saint-Jean-d'Angély (*Charente-Inférieure*).
Projet de loi (9 vent., p. 682 et suiv.) ; — rapport par Carrion-Nisas (14 vent., p. 698 et suiv.) ; — adoption (*ibid.*, p. 700).

ACTES DE L'ÉTAT CIVIL. — Projet de loi relatif à la perception, au profit de la ville de Paris, du droit d'expédition (27 niv. an XIII, t. VIII, p. 442) ; — rapport par Duvidal (8 pluv., p. 467) ; — adoption (*ibid.*).

ADMINISTRATION MUNICIPALE. — Projet de loi relatif à l'administration municipale des villes de Lyon, Marseille et Bordeaux (13 vent. an XIII, t. VIII, p. 642) ; — rapport par Carrion-Nisas (15 vent., p. 704 et suiv.) ; — adoption (*ibid.*, p. 705).

ADNOT (Pierre). Voir *Aliénations* 10°.

AGENTS DE CHANGE.— Projet de loi concernant les mesures relatives au remboursement des cautionnements fournis par eux (14 niv. an XIII, p. 408) ; — rapport par Daru (25 niv., p. 438) ; — adoption (*ibid.*).

AGINCOURT (*Meurthe*). Voir *Échanges* 16°.

AIDOILLES (*Vosges*). Voir *Aliénations* 43°.

AIGLE (*Orne*). Voir *Aliénations* 43°, *Acquisitions*.

AIMONT. Voir *Aliénations* 43°.

AINVELLE (*Vosges*). Voir *Aliénations* 43°.

AISY-SUR-ARMANÇON (*Yonne*). Voir *Échanges* 98°.

AIX-LA-CHAPELLE (*Roër*). Projet de loi relatif à l'établissement d'un tribunal de commerce dans cette ville (30 pluv. an XIII, t. VIII, p. 664 et suiv.) ; — rapport par Favard (8 vent., p. 678 et suiv.) ; — adoption (*ibid.*, p. 679).

ALBERT (*Somme*). Voir *Aliénations* 38°.

ALBISSON, tribun. Parle pour le gouvernement héréditaire (t. VIII, p. 295 et suiv.) ; — à propos de la proclamation de l'Empire (p. 353) ; — pour le projet d'adresse à l'Empereur au sujet de la guerre avec l'Autriche (p. 763) ; — à l'occasion des victoires remportées par l'Empereur (p. 781 et suiv.).

ALEPÉE. Voir *Échanges* 32°.

ALIÉNATIONS.

1° Aisne ; 2° Rochegude (*Drôme*); 3° Montjoyre (*Haute-Garonne*); 4° Soulaire (*Maine-et-Loire*); 5° Laval (*Mayenne*); 6° Baudrecourt (*Meurthe*); 7° Dommartin (*Meurthe*); 8° Bazincourt (*Meuse*); 9° Pillon (*Meuse*); 10° Vassincourt (*Meuse*); 11° Avasne (*Nord*); 12° Dunkerque (*Nord*); 13° Senlis (*Oise*); 14° Benejac (*Basses-Pyrénées*); 15° Bronzils (*Vendée*); 16° Bruges (*Basses-Pyrénées*); 17° Licharre (*Basses-Pyrénées*); 18° Nay (*Basses-Pyrénées*); 19° Cinet (*Sambre-et-Meuse*); 20° Gembloux (*Sambre-et-Meuse*); 21° Lesves (*Sambre-et-Meuse*); 22° Touches (*Saône-et-Loire*); 23° Seine ; 24° Nemours (*Seine-et-Marne*); 25° Niort (*Deux-Sèvres*); 26° Luçon (*Vendée*); 27° Calvados ; 28° Montbart (*Côte-d'Or*); 29° Orchamps (*Doubs*); 30° Brix (*Manche*); 31° Château-Neuf (*Maine-et-Loire*); 32° Fays-Billot (*Haute-Marne*); 33° Colombiers (*Mayenne*); 34° Dorzy (*Nièvre*); 35° Fives (*Nord*); 36° Fresne (*Nord*); 37° Montigny-les-Cherlieux (*Haute-Saône*); 38° Albert (*Somme*); 39° Cuers (*Var*); 40° Malencove (*Vaucluse*); 41° Bédarieux (*Hérault*).
Projet de loi (19 niv. an XIII, t. VIII, p. 414 et suiv.) ; — rapport par Beauvais (29 niv., p. 448 et suiv.) ; — adoption (*ibid.*, p. 449).
42° Bourg (*Ain*); Chaleranges (*Ardennes*); la Bastide-de-Seron (*Ariège*); Pléaux (*Cantal*); Lille (*Nord*); Blaid (*Rhin-et-Moselle*);Brottenbroich (*Roër*); Blassans et Blassangeaux (*Doubs*); Longeville (*Doubs*); Pierrelatto (*Drôme*); Machtum (*Forêts*); Cazères (*Haute-Garonne*); Coudures (*Landes*); Castera (*Gers*); Dôle (*Jura*); Saint-Lupicin (*Jura*); Benoistville (*Manche*); Saint-Jean de Dayes (*Manche*); Château-Chinon (*Nièvre*); Senlis (*Oise*); Pardies, Aas, Larunx (*Basses-Pyrénées*); Châlon-sur-Saône (*Saône-et-Loire*); Alise (*Côte-d'Or*); Saint-Bertrand (*Haute-Garonne*); Tournay (*Jemmapes*), Saint-Nicolas (*Meurthe*); Arras (*Pas-de-Calais*); Orthès (*Basses-Pyrénées*); Sarrebourg (*Sarre*); Draguignan, Lorgues (*Var*); Cursay (*Vienne*); Saint-Gaudens (*Haute-Garonne*); Doua (*Nord*).
Projet de loi (20 pluv., p. 506 et suiv.) ; — rapport par Carret (*du Rhône*) (29 pluv., p. 661 et suiv.) ; — adoption (*ibid.*, p. 663).
43° La Roche-de-Rien (*Côtes-du-Nord*); Beaumont (*Dordogne*); Belvoir (*Doubs*); Dun (*Meuse*); Epreville (*Seine-Inférieure*); Saint-Lary (*Ariège*); Saint-Mandé (*Côtes-du-Nord*); Trèves (*Sarre*); Crépy (*Aisne*); Saulce (*Hautes-Alpes*); Foix (*Ariège*); Mail-

CARRET (du Rhône), tribun. Parle pour le gouvernement héréditaire (t. VIII, p. 309 et suiv.). — Son rapport sur le projet de loi relatif au lit de la Saône (p. 441 et suiv.); — sur un projet de loi relatif à des aliénations, acquisitions et impositions (p. 661 et suiv.). — Parle pour le projet de loi relatif à la reconstruction de la place Bonaparte à Lyon (p. 677 et suiv.). — Son discours à l'occasion des victoires remportées par l'Empereur sur l'Autriche (p. 780 et suiv.).

CARRIÈRE. Voir Concessions 2°.

CARRION-NISAS, tribun. Parle pour le gouvernement héréditaire (t. VIII, p. 283 et suiv.), (p. 302 et suiv.); — pour le projet de loi relatif à la dotation définitive de la Légion d'honneur (p. 474 et suiv.). — Son discours au sujet du discours de l'Empereur à l'adresse du roi (p. 502 et suiv.). — Ses rapports sur un projet de loi relatif à des aliénations, échanges, etc., par des communes (p. 698 et suiv.) ; — sur un projet de loi concernant un échange entre la liste civile et les citoyens Geoffroy et Letourneur (p. 700); — sur un projet de loi concernant l'administration municipale des villes de Marseille, Lyon et Bordeaux (p. 704 et suiv.). — Parle pour le projet d'adresse à l'Empereur au sujet de la guerre avec l'Autriche (p. 765 et suiv.). — Demande que le 15 août, jour anniversaire de la naissance de l'Empereur, devienne un jour de fête nationale (p. 789 et suiv.).

CAS. Voir Echanges 47°.

CASENAVE. Voir Aliénations 16°.

CASENEUVE (Raimond). Voir Aliénations 3°.

CASTEL-MORON (Haute-Garonne). Voir Echanges 75°.

CASTELNAUDARY (Aude). Voir Impositions.

CASSEL-MORON (Lot-et Garonne). Voir Acquisitions.

CASTERA (Gers). Voir Aliénations 42°.

CATOIRE, membre du C. lég. Dit quelques mots au sujet de l'inauguration de la statue de l'Empereur (t. VIII, p. 438) ; — demande qu'une députation soit envoyée à l'Empereur pour lui porter une minute du procès-verbal de cette inauguration (p. 430).

CATTAY (Jean-Pierre). Voir Concessions 18°.

CAUGE (Eure). Voir Impositions.

CAULINCOURT, président du collège électoral du département de l'Aisne. Nommé sénateur (t. VIII, p. 477).

CAUTIONNEMENTS.

Projet de loi relatif à l'application des articles 1, 2 et 4 de la loi du 25 niv., an XIII, aux cautionnements des receveurs généraux, particuliers et autres comptables publics ou préposés d'administration (27 pluv. an XIII, t. VIII, p. 659) ; — rapport par Delaistre (6 vent., p. 676 et suiv.) ; — adoption (ibid.), p. 677).

Voir Agents de change et Courtiers de commerce.

CAZÈRES (Haute-Garonne). Voir Aliénations 42°.

CELLES (Deux-Sèvres). Voir Impositions.

CEREMONIES PUBLIQUES, PRESÉANCES, HONNEURS CIVILS ET MILITAIRES. Décret y relatif (t. VIII, p. 362 et suiv.).

CERNOY (Loiret). Voir Impositions.

CHABAUD-LATOUR, tribun. Parle pour le gouvernement héréditaire (t. VIII, p. 297 et suiv.).

CHABOT (de l'Allier), tribun. Son discours à propos de la proclamation de l'Empire (t. VIII, p. 352). — Autre discours tendant à faire voter une adresse à l'Empereur (p. 397). — Son rapport sur un projet de loi relatif à la police de la pharmacie (p. 661). — Demande qu'une des places de Paris porte le nom de Napoléon-le-Grand (p. 788 et suiv.).

CHALLAN, tribun. Parle pour le gouvernement héréditaire (t. VIII, p. 301 et suiv.). — Ses rapports sur le projet de loi sur les bâtiments nationaux (p. 412 et suiv.), — sur le projet relatif à la plantation des grandes routes et des chemins vicinaux (p. 679 et suiv.). — Son discours à l'occasion des victoires remportées par l'Empereur sur l'Autriche (p. 778 et suiv.).

CHALLERANGES (Ardennes). Voir Aliénations 42°.

CHALON-SUR-SAÔNE (Saône-et-Loire). Voir Echanges 26°, Aliénations 42°.

CHALONS (Marne). Voir Echanges 91°.

CHAMARANDES (Ain). Voir Impositions.

CHAMPAGNY, ministre de l'intérieur. Présente l'exposé de la situation de l'Empire (t. VIII, p. 398 et suiv.). — Son rapport sur le projet de réorganisation des gardes nationales (p. 731 et suiv.). — Ses circulaires aux préfets au sujet de la guerre d'Allemagne (p. 750 et suiv.).

CHAMPY (François). Voir Concessions 1°.

CHAPUIS (Claude). Voir Concessions 1°.

CHAREL. Voir Aliénations 9°.

CHARPENTIER. Voir Aliénations 43°.

CHASSIRON, tribun. Parle pour le gouvernement héréditaire (t. VIII, p. 305 et suiv.); — pour le projet de loi relatif au lit de la Saône (p. 440 et suiv.).

CHATEAU-CHINON (Nièvre). Voir Aliénations 42°.

CHATEAUNEUF (Maine-et-Loire). Voir Aliénations 31°.

CHATEL (Vosges). Voir Concessions 12°.

CHATENOIS (Vosges). Voir Aliénations 43°.

CHATILLON (Nièvre). Voir Impositions.

CHATILLON-MICHAILLE (Ain). Voir Impositions.

CHATILLON-SUR-SEINE (Côte-d'Or). Voir Echanges 33°.

CHAUBART (Jean). Voir Aliénations 3°.

CHAUMONT (Haute-Marne). Voir Acquisitions.

CHAUVENET (Jacques). Voir Echanges 5°.

CHAUVENEY-LES-MONTAIGNES (Meuse). Voir Concessions 3°.

CHEMINS VICINAUX. Voir Plantation.

CHENOT (Joseph). Voir Aliénations 43°.

CHERASCO (Stura). Voir Aliénations 43°.

CHERATTE (Ourthe). Voir Concessions 6°.

CHERVINGES (Rhône). Voir Impositions.

CHEVERY. Voir Echanges 75°.

CHEVERNY. Voir Aliénations 3°.

CINEZ (Sambre-et-Meuse). Voir Aliénations 19°.

CLAUDE. Voir Concessions 18°.

CLEMENT. Voir Echanges 41°.

CLUSE (Doubs). Voir Echanges 42°.

COADON (Pierre). Voir Aliénations 43°.

CODE CIVIL.

1° Observations des tribunaux d'appel et du tribunal de cassation sur le projet de Code civil : Tribunal d'appel de Rennes (t. VII, p. 1); de Rouen (p. 36); de Toulouse (p. 57); de cassation (p. 84).

2° Discussion du projet de Code civil au Conseil d'État.

Division en projets de lois ; de la publication, des effets et de l'application des lois ; — de la jouissance et de la privation des droits civils; orateurs : Portalis, le Premier Consul, Tronchet, le consul Cambacérès, Boulay, Rœderer, Abrial, ministre de la justice, Régnier, Emmery, Berlier, Bigot-Préameneu, Defermon, Duchatel, Cretet, Maleville, Regnauld (de Saint-Jean-d'Angély), Réal, Thibaudeau, Lacuée, Fourcroy, le consul Lebrun, Shée (t. VIII, p. 196 — 240).

Des actes de l'état civil; orateurs : Thibaudeau, Fourcroy, Regnauld (de Saint-Jean-d'Angély), le Premier Consul, Boulay, le consul Cambacérès, Duchatel, Abrial, ministre de la justice, Tronchet, Rœderer, Cretet, Bigot-Préameneu, Portalis, Defermon, Régnier, Berlier, Maleville, Réal, Fourcroy, Emmery, Brune (p. 241-254).

Du domicile; des absents ; orateurs : Emmery, le consul Cambacérès, Tronchet, Rœderer, Regnauld (de Saint-Jean-d'Angély), Portalis, Boulay, le Premier Consul, Cretet, Abrial, ministre de la justice, Régnier, Brune, Berlier, Réal, Bigot-Préameneu, Thibaudeau, Defermon, Maleville (p. 254-263).

Des actes destinés à constater l'état civil ; — des absents ; orateurs : Tronchet, Thibaudeau, Régnier, Boulay, Bigot-Préameneu, le Premier Consul, le consul Cambacérès, Abrial ministre de la justice, Defermon, Maleville, Portalis, Réal, Emmery, Lacuée (p. 263-273).

Du mariage; orateurs : Réal, le consul Cambacérès, Bigot-Préameneu, Maleville, Berlier, Rœderer, le Premier Consul, Tronchet, Defermon, Regnauld (de Saint-Jean-d'Angély), Fourcroy, Portalis, Tronchet, Abrial, ministre de la justice, Emmery, Boulay, Cretet, Maleville, le Premier Consul, le consul Lebrun, Thibaudeau (p. 273-294).

Dissolution du mariage; divorce ; orateurs : le consul Cambacérès, Tronchet, Boulay, le Premier Consul, Abrial, ministre de la justice, Defermon, Portalis, Maleville, Réal, Emmery, Bigot-Préameneu, Devaines, Berlier, Cretet, Bérenger, Thibaudeau, Regnauld (de Saint-Jean-d'Angély), Régnier, Emmery, Rœderer (p. 294-323).

Des actes de l'état civil ; dispositions générales : des actes de naissance ; des actes de mariage, des actes de décès ; — du divorce ; de la séparation de corps ; orateurs : le consul Cambacérès, Jollivet, Emmery,

taire (t. VIII, p. 298 et suiv.). — Ses rapports sur le projet de loi relatif à l'importation des sels dans les départements réunis (p. 478 et suiv.) ; sur le projet relatif aux cautionnements des receveurs généraux et particuliers (p. 676 et suiv.). — Parle pour le projet d'adresse à l'Empereur au sujet de la guerre avec l'Autriche (p. 763 et suiv.).

DELIBESSART. Voir *Concessions* 17º.

DELOZÈSE (Marie-Anne). Voir *Aliénations* 3º.

DELPIERRE, tribun. Parle pour le gouvernement héréditaire (t. VIII, p. 311 et suiv.).

DEMENGE (Hubert). Voir *Concessions* 18º.

DEMEUNIER, sénateur. Membre du conseil d'administration du Sénat (t. VIII, p. 381).

DEPERE, sénateur. Membre de la commission sénatoriale de la liberté de la presse (t. VIII, p. 697).

DERNIÉ (*Rhône*). Voir *Impositions*.

DESMET. Voir *Échanges* 43º.

DESNOCES. Voir *Échanges* 38º.

DESOBRI. Voir *Échanges* 28º.

DESPREZ. Voir *Aliénations* 36º.

DEVAINES, conseiller d'État. Prend part à la discussion du projet de Code civil au Conseil d'État. (Voir *Code civil*, 2º).

DIEDENDORF (*Bas-Rhin*). Voir *Échanges* 77º.

DOHY. Voir *Acquisitions*.

DÔLE (*Jura*). Voir *Aliénations* 42º.

DOMMARTIN (*Meurthe*). Voir *Aliénations* 7º.

DONCHERY (*Ardennes*). Voir *Échanges* 4º.

DONZY (*Nièvre*). Voir *Aliénations* 34º.

DORB (veuve). Voir *Acquisitions*.

DORMEL. Voir *Concessions* 16º.

DOTATION DU SÉNAT. Voir *Biens affectés au Sénat*.

DOUAI (*Nord*). Voir *Aliénations* 42º.

DOUANES.

1º Projet de loi y relatif (20 niv. an XIII, t. VIII, p. 425 et suiv.) ; — rapport par Perrés (1er pluv., p.431 et suiv.); — adoption (*ibid.*; p. 452).

2º Projet de loi qui attribue aux préposés des douanes les poursuites relatives à l'importation des sels dans les départements réunis (2 pluv. p. 452 et suiv.); — rapport par Delaistre (15 pluv., p. 478 et suiv.); — adoption (*ibid.* p. 479).

DOUCET. Voir *Acquisitions*.

DOULCET-PONTECOULANT, préfet de la Dyle. Nommé sénateur (t. VIII, p. 477).

DRAGUIGNAN (*Var*). Voir *Aliénations* 42º.

DREUX (*Eure-et-Loir*). Voir *Échanges* 44º.

DRÔME (département de la). Voir *Échanges* 7º

DUBUISSON (veuve). Voir *Aliénations* 3º.

DUCHATEL, conseiller d'État. Prend part à la discussion du projet de Code civil au conseil d'État (Voir *Code civil*, 2º).

DUMAS, conseiller d'État. Prend part à la discussion du projet de Code civil au conseil d'État (Voir *Code civil*, 2º).

DUMONT. Voir *Aliénations* 42º.

DUMONT (Jean-Charles). Voir *Concessions* 18º.

DUN (*Meuse*). Voir *Aliénations* 43º.

DUNKERQUE (*Nord*). Voir *Aliénations* 12º.

DUPUY, conseiller d'État. Prend part à la discussion du Code civil au conseil d'État. (Voir *Code civil*, 2º.)

DURAN (Jacques). Voir *Aliénations* 43º.

DURAND. Voir *Échanges* 15º.

DURANTEAU, membre du C. lég. Vice-président (t. VIII, p. 407).

DURAND-MAILLANE. Voir *Aliénations* 43º.

DURENOS (Jean). Voir *Aliénations* 43º.

DUVEYRIER, tribun. Parle pour le gouvernement héréditaire (t. VIII, p. 275 et suiv.). — Son rapport sur le projet de loi relatif aux frais de justice en matière criminelle ou de police correctionnelle (t. VIII, p. 458 et suiv.). — Demande qu'on institue des concours nationaux pour perpétuer la gloire de Napoléon (p. 794 et suiv.)

DUVIDAL, tribun. Parle pour le gouvernement héréditaire (t. VIII, p. 277 et suiv.). — Ses rapports sur le projet de loi relatif à l'expédition des actes de l'état civil de Paris (p. 467), — sur le projet relatif à la tutelle des enfants admis dans les hospices (p. 483). — Secrétaire (p. 720).

DUWEZ. Voir *Échanges* 22º.

E

EBREUIL (*Allier*). Voir *Échanges* 3º.

ÉCHANGES.

1º Entre les hospices de Laon (*Aisne*) et le sieur Magnier.

2º Entre les hospices de Soissons (*Aisne*) et le citoyen Regale Romery.

3º Entre la commune d'Ebreuil (*Allier*) et le citoyen de Neufville.

4º Entre la commission administrative de Donchery (*Ardennes*) et le citoyen Quentelot.

5º Entre la commune de Morey (*Côte-d'Or*) et le citoyen Jacques Chauvenet.

6º Entre les hospices de Besançon (*Doubs*) et le citoyen Brelet.

7º Entre le département de la Drôme la commune de Nyons.

8º Entre le bureau de bienfaisance de la commune de Coublevic (*Isère*) et le citoyen Allegret.

9º Entre l'État et la commune de la Côte-Saint-André (*Isère*).

10º Entre la commune de Montmiray-la-Ville (*Jura*) et le citoyen François Patin.

11º Entre les hospices de Blois (*Loir-et-Cher*) et le citoyen Etienne Crignon-Bonvalet.

12º Entre les hospices de la même ville et le citoyen Fauvre.

13º Entre l'hospice de Joinville (*Haute-Marne*) et les citoyens Jean-Baptiste Guillemain, François Rollot, Pierre Nablat, Eloi Brocard et Claude Malservet.

14º Entre les hospices de Reims (*Marne*) et le citoyen Jean-Baptiste Hanrot.

15º Entre le bureau de bienfaisance de Sainte-Menehould (*Marne*) et le citoyen Durand.

16º Entre la commune d'Agincourt (*Meurthe*) et le citoyen Antoine Voinier.

17º Entre l'hospice de Varennes (*Meuse*) et le citoyen Guillemain.

18º Entre les hospices de Cambrai (*Nord*) et le citoyen Richard Frémicourt.

19º Entre les hospices de Lille (*Nord*) et le citoyen André Delafosse.

20º Entre l'hospice de Maubeuge (*Nord*) et le citoyen Julian.

21º Entre le bureau de bienfaisance de Beaumont (*Nord*) et le citoyen Lantoine.

22º Entre le bureau de bienfaisance de Vertain (*Nord*) et le sieur Duwez.

23º Entre les hospices de Strasbourg (*Bas-Rhin*) et le citoyen Arbrogats.

24º Entre la commune de Fovent-la-Ville (*Haute-Saône*) et le citoyen Laurent Morel.

25º Entre l'hospice d'Autun (*Saône-et-Loire*) et le citoyen Saladin.

26º Entre les hospices de Châlon-sur-Saône et le citoyen Beaumé.

27º Entre l'hospice de Toulon-sur-Aroux (*Saône-et-Loire*) et les héritiers Garchery.

28º Entre l'hospice de Saint-Denis (*Seine*) et le citoyen Desobri.

29º Entre l'hospice d'Ernemont (*Seine-Inférieure*) et le citoyen Grenier.

30º Entre les hospices de Saint-Germain-en-Laye (*Seine-et-Oise*) et le citoyen Parthon.

31º Entre l'hospice de Gaillac (*Tarn*) et le citoyen Simon Mathieu.

32º Entre l'hospice de Tonnerre (*Yonne*) et le citoyen Pierre Alépée.

Projet de loi (19 niv. an XIII, t. VIII. p. 449 et suiv.) ; — rapport de Beauvais (29 niv., p. 448 et suiv.); — adoption (*ibid.* p. 449).

33º Entre l'État et la ville de Châtillon-sur-Seine (*Côte d'Or*).

34º Entre la commune de Salains (*Jura*) et les héritiers Bouteille.

35º Entre l'hospice de Tonnerre (*Yonne*) et la dame Bazile.

36º Entre l'hospice de Pons-de-Vaux (*Aisne*) et le citoyen Rolland.

37º Entre la commune de Bosmont (*Aisne*) et le citoyen Latour-Dupin.

38º Entre la commune de Crouy (*Aisne*) et le citoyen Desnoces.

PARIS. — IMPR. PAUL DUPONT, RUE DE GRENELLE-SAINT-HONORÉ, 45.